U0532235

中国主要宗教研究论著提要

(1949—2016)

王了华 何险峰 主编

中国社会科学出版社

图书在版编目(CIP)数据

中国主要宗教研究论著提要：1949—2016 / 王子华，何险峰主编．—北京：中国社会科学出版社，2021.1

（中国社会科学院老学者文库）

ISBN 978-7-5203-5379-3

Ⅰ.①中⋯ Ⅱ.①王⋯②何⋯ Ⅲ.①宗教—研究—著作—内容提要—中国—1949—2016 Ⅳ.①Z89：B929.2

中国版本图书馆 CIP 数据核字（2019）第 228404 号

出 版 人	赵剑英
责任编辑	伊 岚
责任校对	张爱华
责任印制	戴 宽
出　　版	中国社会科学出版社
社　　址	北京鼓楼西大街甲158号
邮　　编	100720
网　　址	http://www.csspw.cn
发 行 部	010-84083685
门 市 部	010-84029450
经　　销	新华书店及其他书店
印刷装订	北京君升印刷有限公司
版　　次	2021年1月第1版
印　　次	2021年1月第1次印刷
开　　本	787×1092　1/16
印　　张	66.75
字　　数	1705千字
定　　价	518.00元

凡购买中国社会科学出版社图书，如有质量问题请与本社营销中心联系调换
电话：010-84083683
版权所有　侵权必究

前 言

宗教是什么？它的产生基础、发展动因、精神依据和逻辑结构是什么？它有着怎样的本质属性与外部特征？宗教对于人类文明的演进相较于其他"社会化的客观存在"究竟具有何种特殊的影响，以及宗教与社会、宗教与国家、宗教与科学的关系等诸多有待深入解答的问题，长期困扰着中外宗教界、学术界，引发旷日持久地争论与思考。

近代以来，随着社会生产力和科学技术的发展，"理性主义的光芒"普照大地，人们对宗教现象的探索与研究亦随之深入。在西方，自英国语言学家、比较宗教学之父麦克斯·缪勒（Friedrich Max Muller, 1823—1900）于1870年在其所著《宗教学导论》中第一次提出"宗教学"（Science of religion）这一概念以来，宗教学作为一门以宗教为研究对象的"独立、完整的学科"应运而生。西方学者们逐渐挣脱基督教神学的束缚，转而借鉴、吸收和运用现代自然科学与社会科学的发展成果，力图从社会学、文化学、哲学、语言学、历史学、考古学、心理学、伦理学、传播学、管理学等多个角度对宗教问题展开"不是以信仰为前提"的学术探讨与义理透视，并由此建构出基于不同的研究主体、研究目的和研究方法的宗教学学科体系。这种由"神学"向"人学"的立场转换，从另一个侧面印证了自启蒙运动之后整个西方社会的历史发展脉络。概言之，由西方学者率先发展起来的宗教学，诚如卓新平所说："从其一开始就是跨学科、多学科研究，具有学科交叉、领域广泛的特点"，"反映了西方学者对宗教现象所进行的纵向和横向研究，在一定程度上反映出西方思想文化在近现代的发展"。[1]宗教学的分支学科有：宗教学原理、比较宗教学、宗教史学、宗教现象学、宗教人类学、宗教考古学、宗教社会学、宗教文化学、宗教哲学、宗教心理学、宗教伦理学、文献学、宗教文学、宗教艺术学、宗教语言学、宗教教育学、宗教管理学等。

在我国，现代科学意义上的宗教研究比西方起步晚，即运用"现代意义的理论和方法对传统宗教进行理智性、学术性的研究"，是"随着'西学东渐'的进程逐步发展起来的，至今已有一百余年的历史"。[2]此前的漫长岁月里，"中国学术中关于宗教的论述主要有三大类：一是佛家学者站在佛教立场上，以佛教信仰和弘扬佛法的态度对佛教

---

[1] 卓新平：《论西方宗教学研究的主体、方法与目的》，《中国社会科学院研究生院学报》1988年第4期。
[2] 吕大吉：《中国现代宗教学术研究的百年回顾与展望》，载牟钟鉴《宗教与民族》，2002年特辑。

教义或内容所作的阐述和传扬；二是道教学者站在道教立场上，以道教信仰和追求长生或登仙的态度对道教教义或内容所作的阐释和探究；三是儒家学者站在'敬天法祖'（儒教）立场上，以儒家维护'道统'的态度对佛教、道教、基督教等进行的抨击，以及由此引起的其他宗教的学者为自己的宗教进行的辩护。所有这些，都不是现代意义上的宗教学。"①

回首百余年来的"现代宗教学术史"，著名宗教学者吕大吉将其划分为三个阶段：一、从戊戌变法到民国时期（"西学东渐"和现代意义的宗教学术研究的兴起）；二、1949年至1976年（马克思主义指导下的宗教研究）；三、1976年之后（理论和方法的多样化与当前宗教学术研究的繁荣）。吕先生认为，从19世纪末到20世纪上半叶，由于受西方文化影响发展起来的"新文化"对中国社会所固有的"旧文化"造成的冲击，"以更尖锐的形式出现在宗教领域，逐渐兴起了不同于传统宗教观念的具有现代意义的宗教批判运动和宗教学术研究。与此同时，各种传统宗教内部则出现了因应社会变动的宗教文化革新和学术活动。"处于重大历史变革时代的"中国革命派和先进知识分子几乎都在不同程度上批判传统宗教"，推动了具有"反帝反封建"性质的中国宗教启蒙思潮的发展，开创了"新佛学和以佛教史、道教史为核心的宗教史学"，促发了中国传统宗教内部的自我革新，从而构成了中国近现代新文化运动进程中的一道独特风景。

1949年10月新中国成立后，建立在辩证唯物主义、历史唯物主义科学世界观和方法论基础上的马克思列宁主义成为党和国家的指导思想。宗教改革顺势而行，用很短的时间就肃清了帝国主义对宗教的影响，废除了宗教的封建特权。此一时期，"对马列主义的研究宣传成为意识形态领域的重要任务，马列主义宗教观研究也随之发展起来。"在1958年召开的第五次全国宗教工作会议上，中国共产党正式提出了宗教"五性论"（群众性、民族性、国际性、复杂性、长期性），这一著名论述后来成为党正确处理宗教问题、制定宗教工作方针政策的重要理论依据，堪称"马克思主义宗教观中国化的一个标志性成果"。②然而就整体而言，建国后的前17年，以马克思主义为指导对宗教现象展开学术研究仍处于"正式起步、初步发展、出现曲折的阶段"；同时，"对马克思主义宗教观的认识在一定程度上还受到苏联的影响，1957年以后又逐步受到党和国家'左'倾错误的影响。这期间，我国学者公开发表的专门性论文很少，据不完全统计总共不足10篇，学术专著没有。"③

宗教问题从来都是上层建筑领域不可忽视的重要组成部分，是党的统战工作所需重

---

① 何光沪：《中国宗教学百年回顾》，《中国社会科学院院报》，2003年3月18日。
② 任杰：《宗教五性论：马克思主义宗教观中国化的一个标志性成果》，《马克思主义宗教观研究》2013年期刊。
③ 龚学增：《马克思主义宗教观研究60年》，载卓新平《当代中国宗教学研究》（1949-2009），2011年12月。

点关注的对象之一，也是马克思主义无神论亟须占领的思想阵地。1955年至1963年，著名学者任继愈先后发表《南朝晋宋间佛教"般若"、"涅槃"学说的政治作用》《禅宗哲学思想略论》《天台宗哲学思想略论》等重要论文，并结集出版了《汉唐佛教思想论集》。这些著述引起毛泽东的高度重视，成为中国马克思主义宗教学的奠基之作，由此开启国内学者应用马克思主义历史唯物论、哲学史观来分析和研究宗教问题之先河。1963年12月30日，毛泽东还专门就周恩来提交的一份报告作出批示，表明他对宗教和宗教研究的基本看法，认为"世界三大宗教（耶稣教、回教、佛教），至今影响着广大人口，我们却没有知识，国内没有一个由马克思主义者领导的研究机构，没有一本可看的这方面的刊物"，并且进一步指出"不批判神学，就不能写好哲学史，也不能写好文学史和世界史"。根据毛泽东的批示，任继愈于1964年受命筹建世界宗教研究所，它的成立标志着"以马克思主义宗教观为指导思想"的宗教研究正式登上当代中国学术舞台。

改革开放以来，伴随着"解放思想、实事求是"之思想路线的贯彻执行，对宗教及其社会作用的认识和相应的政策选择经历了一个不断演进的过程：从1982年中央19号文件全面恢复党的宗教信仰政策，到1991年6号文件首次提出"依法对宗教事务进行管理"，再到2004年《宗教事务条例》的颁布施行，直至十七大把宗教工作基本方针写入报告和党章，宗教工作理论政策不断得到丰富和完善，宗教事务管理工作逐步走上了法制化轨道。在这样的社会背景下，宗教研究也迎来了繁荣兴盛的新时期，呈现出朝气蓬勃、蒸蒸日上的景象。这期间，中西文化交流日趋活跃，由"问题意识"所主导的大量西方学术成果和研究方法被国内学者广泛运用到宗教研究领域，使之"论证更精密、方法更多元化、思路更为开阔"。其中有关"如何处理好宗教与社会主义的关系，或者说如何处理好社会主义社会的宗教关系，从而为中国现代化和社会主义精神文明建设服务"、"如何对整个宗教现象的本质加以描述和理解，对宗教作出科学的解释"，以及"如何透过宗教与中国传统文化的关系的多维视角，来加深对世界面貌和中国国情的全面了解，增进对人类观念形态和社会文化发展的整体认识"等方面问题，成为摆在宗教研究者、宗教管理工作者面前的重大理论与现实课题；同时，面向马克思主义宗教观本身的"学术性、系统性"研究亦逐步深化。

进入21世纪后，经济全球化和信息技术发展使得不同宗教文化之间的国际交流出现了前所未有的活跃局面，与此同时，民族与宗教矛盾也因地缘政治和经济利益的分化而日益突出。在这个冲突与对话并存的时代格局中，基于"促进不同宗教之间的对话和相互理解，提升在国际事务和世界文明对话中的地位和作用"的战略需要，特别是随着我国海外利益的全球化，以及"一带一路"倡议的实施，"文化和宗教在中国国家外交和安全战略中的作用和影响进一步进入学界视野，宗教与国际关系研究获得新的推动力。"①内外部环境因素的变化，促使我国宗教研究领域因应时势要求而不断拓宽，学术研究方法不断创新，新的学术成果不断涌现；比较宗教研究、民族宗教问题研究、国际宗教对话、宗教与国际和地区冲突、新兴宗教、国际伊斯兰教研究、宗教与外交、宗教与"一带一路"、宗教与国家安全、反宗教极端主义及反恐怖主义等热点议题，开始占据当今我国宗教与国际关系研究领域的重要位置。

纵观新中国宗教研究走过的60余年风雨历程，不难看出隐含其中的三条主线。一是马克思主义宗教观作为我国宗教研究指导思想（以世界宗教研究所的创立为标志）的历史演进：从建国初期对马克思主义宗教观的狭隘与片面理解，转向从实际出发，通过事实和理性分析，摒弃了以往的教条主义，进而"在肯定宗教有消极作用的同时，尽可能地发挥宗教教义中的积极因素，提出和论证了'宗教与社会主义社会相适应'的命题，为规范宗教活动和依法管理宗教事务提供了理论根据"（吴云贵语）；二是学界更加注重从广义的文化视角对宗教意识形态、宗教历史文化传统、宗教社会群体三个层面进行综合研究，以求全面认识人类宗教现象；三是新世纪以来，学界主要着眼于中国特色马克思主义宗教观的理论建设、创新与发展。

厘清马克思主义宗教观中国化的历史发展线索，并将其置放于中国五大宗教研究，即道教、佛教、天主教、基督新教、伊斯兰教，以及民间宗教、原始宗教、新兴宗教等个案研究的学术场域中加以检视，则可以清晰地展示出它们的整体轮廓。现就我国五大宗教的研究状况和学术动态作一简要陈述：

一、道教。我国道教研究起步晚于国外。"1949年以前，专门从事道教研究的学者凤毛麟角，研究工作集中于考察《道藏》和道教历史，发表的文章和专著都不多。"② 1949年–1978年，道教研究经历了一段漫长而特殊的"拓荒"和"中断"期；1979年–1990年，中国社会科学院世界宗教研究所和四川大学相继建立了道教研究的专门机构，道教研究内容纳入国家社科研究课题，其间以卿希泰主编的四卷本《中国道教史》和任继愈主编的《中国道教史》这两部大型道教通史著作的出版为标志，道教研究迈入"空前繁荣的境界"。20世纪90年代后，学界在道经研究、道教史研究、道教思想和道教哲学研究、道教内丹术研究、道教音乐研究、道教外丹与科技研究、道教斋醮科仪符咒法术研究、道教医药养生与环境保护研究等方面，均取得较大进展。21世纪以来，道教研究的范围在原有基础上进一步拓宽，道教考古、道教生态思想、道教伦理思想、道教与儒释、道教与政治、道教与民俗、道教与民族关系等方面的研究日趋深入。

二、佛教。我国的佛教研究源远流长，是一门古老而历久弥新的学科。"自两汉之

---

① 《21世纪以来宗教与国际关系研究的发展：徐以骅教授访谈》，《国际政治研究》（双月刊）2017年第4期。
② 李刚：《道教研究》，载卓新平主编《当代中国宗教学研究》（1949-2009），2011年12月。

际佛教传入汉地，一直到21世纪的今天，佛教研究几乎没有长时间中断过"，使之"积累了丰富的资料，从多方面提供了经验和教训，成为整个中国学术史的最重要内容之一"。[①]而中国近现代佛教研究的兴起，则产生于东西方文明相互碰撞与融合的大背景，时人"希望从佛学中寻求挽救民族危亡的思想资源"，同时也与清末民初"一批著名的佛僧和有学问的居士企图重振佛教，建立具有现代意义的佛学系统、现代形式的宗教组织和宗教教育系统"[②]密切相关。至新中国成立，前30年间虽然政治运动不断，但是由于佛教对中国文化有着深刻影响，其研究境况相比其他宗教来说也要好些。对此，中国社会科学院学部委员魏道儒先生指出，"这个时期佛教研究取得的最显著的成就，就是确立了以辩证唯物主义和历史唯物主义为指导理论。这方面最有成就和最具影响力的是任继愈，"当时还有"不少主要从事中国历史、哲学研究的著名学者也涉及佛教研究，并且取得重要成果，如陈垣、熊十力、汤用彤等"。改革开放之后，一直到21世纪初，我国佛教研究不断取得突破性进展，学术成果层出不穷，其中尤以"包括各种通史、断代史、思想史、地区史、专题史、宗派史"等在内的中国佛教史研究最为引人瞩目。佛教的基础性研究工作，如中国佛教宗派研究（禅宗、天台宗、净土宗、华严宗、密宗、律宗等），佛教文献整理与典籍研究（主要成果有《中华大藏经》、《中国写本大藏经研究》、《汉文大藏经研究》、《大藏经总目提要》等），佛教文化与哲学研究（佛教文化及其佛教与中国传统文化的比较研究、佛教哲学思想研究和佛教因明研究），近现代中国佛教研究（主要是近现代中国佛教思潮、著名佛教人物及其思想的研究，以及关于"人间佛教"问题的探讨），藏传佛教研究（主要涉及藏传佛教史、藏传佛教思想和哲学、藏传佛教义理和教派研究等方面），国外佛教研究（主要是印度佛教、东亚和东南亚佛教研究）等，都在不同程度上得以巩固和发展；此外，学界还运用跨学科的比较研究方法，加强了对佛教经济、语言、艺术、佛教与其他宗教的对话等领域的探索。

三、天主教。"中国基督教的历史，既是基督教世界传播整个历史的一个部分，也是中国宗教史的重要构成。"[③]以唐朝《大秦景教流行中国碑》的诠释研究为起点，"基督教早在中世纪便与中国取得了联系"[④]之结论已属学界共识，继之而起的"元朝景教研究则与元朝也里可温教的研究同构一体"，二者共同勾绘出中国基督教古代史的完整画卷。而罗马天主教（Catholicism）传教士作为基督教世界里的一支重要力量，其从元代到明清的在华传播史，特别是有关"来华传教士"的历史评价问题，至今颇有争论。

---

① 魏道儒：《佛教研究》，载卓新平主编《当代中国宗教学研究》（1949-2009），2011年12月。
② 吕大吉：《中国现代宗教学术研究的百年回顾与展望》，载牟钟鉴主编《宗教与民族》，2002年特辑。
③ 卓新平：《基督教发展研究》，载卓新平主编《当代中国宗教学研究》（1949-2009），2011年12月。
④ 晏可佳：《中国天主教》，五洲传播出版社2004年版。

针对该研究领域的历史沿革与学术动向，著名宗教学者卓新平作了如下总结，由于建国初期"中国基督教研究主要是政治局面的思考和意识形态上的批判"，故而"从1949年至1978年，中国内地学术界对来华耶稣会士及其传教活动基本上持否定态度，认为他们反映出'基督教的殖民制度'之背景"，"是披着宗教外衣的文化侵略者"；20世纪80年代后，"随着中国对外开放、中西关系改善，中国学术界对明清来华传教士的评价逐渐趋于积极，客观和肯定的论述明显增多。"这些研究"虽然不能否认耶稣会等西方传教修会与当时西方国家海外殖民侵略的复杂关联"，但是其发展态势表明：契合全球文明对话的新形势，国内学者对早期耶稣会入华传教、中国礼仪之争、耶儒关系等问题的研究均获得了新突破，在明清天主教文献史料整理研究方面亦有新进展，学术志趣则"更多集中在'西学东渐'、'东学西传'的意义上"。

四、基督新教。基督新教（Protestantism）在中国民间称之为"耶稣教"，单指"中国基督教"，它由16世纪欧洲宗教改革运动中脱离天主教会而分化衍生出来的路德宗、加尔文宗、安立甘宗等宗派组成。1807年，英国伦敦会传教士马礼逊将新教首次传入中国内地，标志着基督教第四次入华传教的开端。迄至1949年的百余年间，来自西方的新教传教士深入中国民间，他们"宣讲福音、发展信徒、兴办学校、设立医院、推广发刊书报、举办慈善福利事业，有时甚至干预中国的内政。其影响之广之大，毋庸置疑"[①]。1949年后，鉴于新教传教士"在近代帝国主义侵华史中脱不了干系"等原因，学界"对基督教第四次入华传教批评最多、评价最低"；新时期以来，新教研究才逐步深入，马礼逊及其与之相关联的欧美新教早期来华传教士研究得以全面铺展，尤其是"近三十年来，对司徒雷登的研究明显增加，成果甚丰"。以上仅为中国基督教史（天主教、新教）研究的粗略描述，未涉及东正教、本色化运动，以及基督教思想研究、圣经研究、基督教神哲学研究等方面情况的介绍。一言以蔽之，"当代中国基督教研究六十年的历程，是探索、反思、寻求、突破、发展的过程"，其意义在于"中国的基督教研究打破了国际上由基督教会及其神学界一统天下的局面，出现了以宗教学方法为基础、悬置基督教信仰、由教外学者为主体的研究态势"（卓新平语）。

五、伊斯兰教。伊斯兰教传入中国有着近1400年历史，元末明初，即已跻身于佛、道教同等地位；明清时期，因应王岱舆、刘智、马注等人主张的"教理与仪规革新"，中国穆斯林内部"产生了具有中国作风、中国气派的教义学体系。它是一个里程碑，标志着伊斯兰教本土化历程的基本结束"。[②]尽管伊斯兰教与中国本土文化渊源深厚，但教外学者对于伊斯兰教的研究"一直寂然无闻"。迨至民国时期，学术意义上的中国伊斯兰教研究才正式展开。新中国成立后，中国伊斯兰教研究进入新阶段，特别是20世

[①] 黄光域：《基督教传行中国纪年》（1807-1949），广西师范大学出版社2017年版。
[②] 秦惠彬：《中国伊斯兰教研究回顾》，《世界宗教资料》（季刊）1994年第4期。

纪80年代以来，我国学者在伊斯兰教教法学研究、《古兰经》研究、苏菲主义研究、中国伊斯兰教史研究、中国伊斯兰教文化研究、教派与门宦研究、经堂教育研究、地区伊斯兰教研究、民族伊斯兰教研究等方面均取得了长足进步。进入21世纪后，随着"新泛伊斯兰主义"成为"当今世界政治舞台上的一支不可忽视的重要势力"，伊斯兰教与国际政治问题引发学界广泛关注，相关著述接踵而至。其中以吴云贵、金宜久、王宇洁等知名学者的专题研究较具代表性，他们一方面"客观、公允地论述、研究了当代国际重大事件中的伊斯兰问题"，另一方面对"伊斯兰教的自我"进行了"不带有偏见"的分析、介绍，"解决了现实社会中一部分人对伊斯兰教的一些错觉和错误认识"，从而为"当代中国伊斯兰教学科体系"建设提供了更宽广的学术视角。

依循上述思路，本书收录了从1949年至2016年在我国大陆出版的中文宗教图书内容提要2500余条（册），旨在对这些著作进行全局性、系统性地扫描、归纳与总结，以求理清我国宗教理论演进之脉络、探析世界宗教学术之动态、展示不同类别宗教研究之状况，并力求科学的分析和归类，使之成为一部能够为后继学者提供重要参考的工具书。全书主要围绕横、纵两条线索展开：一、横向线索。包括马克思主义宗教观；宗教学研究；无神论与宗教政策；原始宗教与神话；中国宗教、民族宗教、民间宗教；道教；佛教；伊斯兰教；基督教；其他宗教十大类；二、纵向线索。包括中古时期东西方宗教经典著作、近现代东西方宗教经典著作、当代东西方宗教学术著作三个部分，重点展示新时期以来我国宗教研究的进展情况。

书中所选宗教研究著作，均为不同历史时期、不同宗教种类、不同思考向度和不同研究理路的代表性作品，基本上反映了我国1949年-2016年间宗教学术领域的发展态势、学术水准与最新动向，亦可从中窥视世界三大宗教研究的整体面貌。当然，这些著作的著（译）者在其研究范围的选择上常有"跨界、互渗"之举，并非"囿于一隅"，此不赘述。

需要强调的是，本书将马克思主义宗教观的指导作用及其现实意义置于我国宗教政策和当代宗教学术研究的具体实践中加以梳理和介绍，大致描绘出其理论建设、创新与发展之成果的存在形态与时代特征，内容牵涉马克思、恩格斯、列宁、斯大林、毛泽东等领袖人物有关宗教的经典论述，前苏联及东欧地区对于宗教及宗教问题的分析研究，新中国成立初期关于宗教和宗教问题的政策研究与理论探讨，改革开放以来我国宗教研究"与时俱进"的学术进路，此外还触及马列主义宗教观与宗教核心理论研究、宗教哲学思想研究、研究宗教的方法论、民族宗教问题研究、当代宗教热点问题研究的关系等多个方面，可以说是对马克思主义宗教观中国化进程进行了一次全方位、立体化的巡览，这也是本书的特色之一。

作为一部世界宗教研究领域的工具书，本书除采用"目录学"与"文献学"一般意义上的归纳方法外，还针对宗教研究的"历史跨度大、地域覆盖面广、学科跨界与交叉程度深、内容繁复且庞杂"，即"大"、"广"、"深"、"杂"等特点，重新对其做了较为精细化与集约化的分类、归整，以便读者按图索骥、一目了然。由于本书容括了古今中外各种宗教学术信息，故此在单部宗教著作提要撰写层面，既着意展现中外学者思维迥异的原创风采，又兼顾本书在整体文风上的统一性与协调性，同时注重其内在学理的关联性、有机性与延续性。概括说来，单部著作提要主要包含以下六个方面内容：

一、出版信息（著作及丛书名称、著译者姓名、出版社、出版日期、字数和页码数）；二、提要导引（通常将每位作者在该部著作中的研究结论、精彩语句或主要观点作为提要引言）；三、文本结构（介绍每部著作的章节构成）；四、研究目的与研究方法（针对因何而来的单个或多个论题，采用何种方法、从何种角度切入展开论述、研究）；五、研究结论（经过作者严密论证后得出何种研究结论，此结论与他者有何异同）；六、学术价值（言明该部著作的学术价值所在）。

本部工具书从立意、立项直至编撰完成，延宕6年之久。因其体量较大、内容庞杂，且时间迫促，故难免多有纰漏，在此恳请各位作者及读者体谅，并予批评、指正。编撰此书虽耗费大量时间精力，然所阅资料卷帙浩繁，笔者收获可谓大焉，是为幸事！

何险峰

2018年3月28日于北京南城寓所

编辑体例

一、本书主要收录从1949年至2016年我国大陆出版的中文宗教领域论著（含1949年后再版）。

二、本书收录范围是从1949年至2016年出版（含再版）的1万余部论著中精选出2500余部，进行编写。

三、本书著录参考《普通图书著录条例》，每部著作著录内容有：书名、著（译）者、出版社、出版时间、字数、页码、内容提要等。

四、本书框架结构原则上采用《中国图书馆图书分类法》（第五版），但也有少部分调整。凡需调整的大类、类目则采纳了学术界的宗教专业分类。如《中国图书馆图书分类法》的第十类"迷信术数类目"，现被"原始宗教"或"民间宗教"替代；将"马克思主义宗教观"单列为大类，使本书仍保持十大类序列，即：马克思主义宗教观；宗教学研究；无神论与宗教政策；原始宗教与神话；中国宗教、民族宗教、民间宗教；道教；佛教；伊斯兰教；基督教；其他宗教。此外，根据收录著作的多寡，分类层级将有变化。

五、本书有部分提要采用学科主题法。如佛教"敦煌"类，将其典籍、研究、文学艺术等划归一类，放在佛教"石窟"类中；有关寺庙的各种论著都编入"寺庙"类，方便查阅。

六、本书所收录的论著在同一类下，则按出版时间先后排序；对于再版论著则以再版时间为准。

七、书后附有所收书名汉语拼音索引，便于检索。

目 录

壹、马克思主义宗教观

一、马克思主义宗教观 ……………………………………………（1）
二、马克思宗教理论研究 …………………………………………（6）

贰、宗教学研究

一、宗教理论研究 …………………………………………………（9）
  （一）总论 ………………………………………………………（9）
  （二）宗教与诸学科 ……………………………………………（18）
    1. 宗教与人类学 ……………………………………………（18）
    2. 宗教与心理学 ……………………………………………（23）
    3. 宗教与文化 ………………………………………………（25）
    4. 宗教与伦理学 ……………………………………………（27）
    5. 宗教与社会学 ……………………………………………（29）
    6. 宗教与科学 ………………………………………………（35）
    7. 宗教与哲学 ………………………………………………（38）
    8. 宗教比较与对话 …………………………………………（51）
    9. 论文集 ……………………………………………………（55）
二、世界宗教研究 …………………………………………………（57）
  （一）总论 ………………………………………………………（57）
  （二）中国 ………………………………………………………（69）
  （三）亚洲 ………………………………………………………（70）

1. 东亚……………………………………………………………………（70）
　　2. 东南亚…………………………………………………………………（71）
　　3. 南亚……………………………………………………………………（73）
　　　（1）印度………………………………………………………………（74）
　　　（2）斯里兰卡…………………………………………………………（76）
　　4. 中亚……………………………………………………………………（77）
　　5. 西亚……………………………………………………………………（77）
　（四）非洲……………………………………………………………………（78）
　（五）欧洲……………………………………………………………………（79）
　　1. 东欧……………………………………………………………………（79）
　　2. 南欧……………………………………………………………………（80）
　　3. 西欧……………………………………………………………………（81）
　（六）美洲……………………………………………………………………（82）
三、宗教与文学艺术………………………………………………………………（86）
　（一）文学……………………………………………………………………（86）
　（二）艺术……………………………………………………………………（87）
四、世界宗教史……………………………………………………………………（88）
　（一）总论……………………………………………………………………（88）
　（二）中国……………………………………………………………………（92）
　（三）亚洲……………………………………………………………………（92）
　（四）欧洲……………………………………………………………………（93）
　　1. 东欧……………………………………………………………………（93）
　　2. 南欧、西欧……………………………………………………………（94）
　（五）美洲……………………………………………………………………（95）
五、传记（人名传记按笔画排序）………………………………………………（95）
六、工具书…………………………………………………………………………（102）

叁、无神论与宗教政策

一、无神论…………………………………………………………………………（103）

二、社会主义时期宗教问题研究……………………………………………（106）

三、宗教政策研究……………………………………………………………（109）

肆、原始宗教与神话

一、原始宗教……………………………………………………………………（111）
 （一）总论……………………………………………………………………（111）
 （二）世界原始宗教研究……………………………………………………（112）
  1. 总论………………………………………………………………………（112）
  2. 萨满教研究………………………………………………………………（113）
  3. 中国………………………………………………………………………（126）
   （1）总论…………………………………………………………………（126）
   （2）各民族原始宗教研究………………………………………………（129）
   （3）图腾与各种崇拜研究………………………………………………（133）
  4. 亚洲………………………………………………………………………（136）
  5. 欧洲………………………………………………………………………（136）

二、神话…………………………………………………………………………（137）
 （一）总论……………………………………………………………………（137）
 （二）中国神话………………………………………………………………（139）
 （三）外国神话………………………………………………………………（148）
  1. 亚洲………………………………………………………………………（148）
   （1）东亚…………………………………………………………………（148）
   （2）西亚…………………………………………………………………（149）
  2. 欧洲………………………………………………………………………（149）
   （1）东欧…………………………………………………………………（149）
   （2）南欧…………………………………………………………………（150）
 （四）工具书…………………………………………………………………（151）

伍、中国宗教、民族宗教、民间宗教

一、中国宗教研究………………………………………………………………（152）

（一）总论……………………………………………………………（152）
（二）中国宗教与诸学科……………………………………………（155）
  1. 中国宗教与文化…………………………………………………（155）
  2. 中国宗教与社会学………………………………………………（158）
  3. 中国宗教与科学、哲学…………………………………………（162）
  4. 论文集……………………………………………………………（164）
（三）中国古代宗教…………………………………………………（172）
  1. 古代宗教研究……………………………………………………（172）
  2. 儒道佛三教关系…………………………………………………（182）
    （1）儒教研究……………………………………………………（182）
    （2）三教关系……………………………………………………（186）
（四）宗教与文学艺术………………………………………………（191）
  1. 文学………………………………………………………………（191）
  2. 艺术………………………………………………………………（193）
（五）中国宗教地域研究……………………………………………（195）
（六）宗教史…………………………………………………………（202）
  1. 断代史……………………………………………………………（205）
  2. 地域史……………………………………………………………（206）
（七）传记（人名传记按笔画排序）………………………………（209）
  1. 古代人物传………………………………………………………（209）
  2. 近现当代人物传…………………………………………………（211）
（八）工具书…………………………………………………………（213）

二、民族宗教研究………………………………………………………（216）
（一）总论……………………………………………………………（216）
（二）华北、东北地区民族宗教……………………………………（218）
（三）西北地区民族宗教……………………………………………（220）
（四）中南地区民族宗教……………………………………………（222）
（五）西南地区民族宗教……………………………………………（224）

三、民间宗教……………………………………………………………（233）
（一）民间宗教研究…………………………………………………（233）

1.民间宗教典籍研究……………………………………（233）
　　2.民间宗教研究…………………………………………（235）
　　　（1）总论………………………………………………（235）
　　　（2）断代研究…………………………………………（239）
　　　（3）地域研究…………………………………………（243）
　（二）民间宗教史…………………………………………（250）

陆、道教

一、道教典籍研究……………………………………………（253）
二、道家理论、教义研究……………………………………（266）
　（一）教义研究……………………………………………（266）
　（二）道家与道教…………………………………………（267）
三、道教礼仪…………………………………………………（280）
四、教派………………………………………………………（284）
五、道教道观与文学艺术研究………………………………（292）
　（一）山志…………………………………………………（292）
　（二）道教宫观……………………………………………（296）
　（三）文学、艺术…………………………………………（299）
　　1.文学……………………………………………………（299）
　　2.艺术……………………………………………………（306）
六、道教研究…………………………………………………（315）
　（一）总论…………………………………………………（315）
　（二）道教与诸学科………………………………………（318）
　　1.道教与文化……………………………………………（318）
　　2.道教与生态学…………………………………………（326）
　　3.道教与伦理学…………………………………………（329）
　　4.道教与社会学…………………………………………（332）
　　5.道教与科学……………………………………………（334）
　　6.道教与哲学……………………………………………（336）

7. 比较研究……………………………………………………………（339）
　　8. 论文集………………………………………………………………（340）
　（三）中国道教研究………………………………………………………（347）
　　1. 总论…………………………………………………………………（347）
　　2. 断代研究……………………………………………………………（350）
　　3. 地域研究……………………………………………………………（362）

七、道教史……………………………………………………………………（366）
　（一）总论…………………………………………………………………（366）
　（二）断代史………………………………………………………………（372）
　（三）地域史………………………………………………………………（375）

八、传记（人名传记按笔画排序）…………………………………………（378）
　（一）神仙传………………………………………………………………（378）
　（二）古代人物传…………………………………………………………（380）
　（三）当代人物传…………………………………………………………（392）

九、炼丹、修炼………………………………………………………………（393）

十、工具书……………………………………………………………………（404）

柒、佛教

一、佛教典籍研究……………………………………………………………（406）
　（一）总论…………………………………………………………………（406）
　　1. 大藏经辑要序跋及目录研究………………………………………（406）
　　2. 佛经研究……………………………………………………………（420）
　（二）经藏…………………………………………………………………（428）
　　1. 大乘经………………………………………………………………（428）
　　2. 小乘经………………………………………………………………（430）
　（三）律藏…………………………………………………………………（432）
　（四）论藏…………………………………………………………………（432）
　　1. 大乘论………………………………………………………………（432）
　　2. 小乘论………………………………………………………………（438）

（五）密藏⋯⋯⋯⋯⋯⋯⋯⋯⋯⋯⋯⋯⋯⋯⋯⋯⋯⋯⋯⋯⋯⋯⋯⋯⋯（440）

　　（六）疑伪经⋯⋯⋯⋯⋯⋯⋯⋯⋯⋯⋯⋯⋯⋯⋯⋯⋯⋯⋯⋯⋯⋯⋯（444）

　　（七）撰述⋯⋯⋯⋯⋯⋯⋯⋯⋯⋯⋯⋯⋯⋯⋯⋯⋯⋯⋯⋯⋯⋯⋯⋯⋯（445）

二、佛教律仪研究⋯⋯⋯⋯⋯⋯⋯⋯⋯⋯⋯⋯⋯⋯⋯⋯⋯⋯⋯⋯⋯⋯⋯（448）

三、教派⋯⋯⋯⋯⋯⋯⋯⋯⋯⋯⋯⋯⋯⋯⋯⋯⋯⋯⋯⋯⋯⋯⋯⋯⋯⋯⋯（449）

　（一）总论⋯⋯⋯⋯⋯⋯⋯⋯⋯⋯⋯⋯⋯⋯⋯⋯⋯⋯⋯⋯⋯⋯⋯⋯⋯（449）

　（二）大乘佛教⋯⋯⋯⋯⋯⋯⋯⋯⋯⋯⋯⋯⋯⋯⋯⋯⋯⋯⋯⋯⋯⋯⋯（450）

　　1. 三论宗⋯⋯⋯⋯⋯⋯⋯⋯⋯⋯⋯⋯⋯⋯⋯⋯⋯⋯⋯⋯⋯⋯⋯⋯（452）

　　2. 天台宗⋯⋯⋯⋯⋯⋯⋯⋯⋯⋯⋯⋯⋯⋯⋯⋯⋯⋯⋯⋯⋯⋯⋯⋯（453）

　　3. 华严宗⋯⋯⋯⋯⋯⋯⋯⋯⋯⋯⋯⋯⋯⋯⋯⋯⋯⋯⋯⋯⋯⋯⋯⋯（455）

　　4. 禅宗⋯⋯⋯⋯⋯⋯⋯⋯⋯⋯⋯⋯⋯⋯⋯⋯⋯⋯⋯⋯⋯⋯⋯⋯⋯（457）

　　5. 密宗⋯⋯⋯⋯⋯⋯⋯⋯⋯⋯⋯⋯⋯⋯⋯⋯⋯⋯⋯⋯⋯⋯⋯⋯⋯（470）

　　6. 律宗⋯⋯⋯⋯⋯⋯⋯⋯⋯⋯⋯⋯⋯⋯⋯⋯⋯⋯⋯⋯⋯⋯⋯⋯⋯（475）

　　7. 净土宗⋯⋯⋯⋯⋯⋯⋯⋯⋯⋯⋯⋯⋯⋯⋯⋯⋯⋯⋯⋯⋯⋯⋯⋯（476）

　　8. 唯识宗⋯⋯⋯⋯⋯⋯⋯⋯⋯⋯⋯⋯⋯⋯⋯⋯⋯⋯⋯⋯⋯⋯⋯⋯（478）

　　9. 藏传佛教⋯⋯⋯⋯⋯⋯⋯⋯⋯⋯⋯⋯⋯⋯⋯⋯⋯⋯⋯⋯⋯⋯⋯（479）

　　10. 其他⋯⋯⋯⋯⋯⋯⋯⋯⋯⋯⋯⋯⋯⋯⋯⋯⋯⋯⋯⋯⋯⋯⋯⋯⋯（484）

　（三）小乘佛教⋯⋯⋯⋯⋯⋯⋯⋯⋯⋯⋯⋯⋯⋯⋯⋯⋯⋯⋯⋯⋯⋯⋯（485）

四、佛教寺院与文学艺术研究⋯⋯⋯⋯⋯⋯⋯⋯⋯⋯⋯⋯⋯⋯⋯⋯⋯⋯（485）

　（一）寺院⋯⋯⋯⋯⋯⋯⋯⋯⋯⋯⋯⋯⋯⋯⋯⋯⋯⋯⋯⋯⋯⋯⋯⋯⋯（485）

　　1. 山志⋯⋯⋯⋯⋯⋯⋯⋯⋯⋯⋯⋯⋯⋯⋯⋯⋯⋯⋯⋯⋯⋯⋯⋯⋯（486）

　　2. 寺院⋯⋯⋯⋯⋯⋯⋯⋯⋯⋯⋯⋯⋯⋯⋯⋯⋯⋯⋯⋯⋯⋯⋯⋯⋯（487）

　　3. 石窟⋯⋯⋯⋯⋯⋯⋯⋯⋯⋯⋯⋯⋯⋯⋯⋯⋯⋯⋯⋯⋯⋯⋯⋯⋯（495）

　　（1）石窟寺研究⋯⋯⋯⋯⋯⋯⋯⋯⋯⋯⋯⋯⋯⋯⋯⋯⋯⋯⋯⋯（495）

　　（2）敦煌研究⋯⋯⋯⋯⋯⋯⋯⋯⋯⋯⋯⋯⋯⋯⋯⋯⋯⋯⋯⋯⋯（499）

　　4. 塔⋯⋯⋯⋯⋯⋯⋯⋯⋯⋯⋯⋯⋯⋯⋯⋯⋯⋯⋯⋯⋯⋯⋯⋯⋯⋯（506）

　　5. 藏传佛教寺庙⋯⋯⋯⋯⋯⋯⋯⋯⋯⋯⋯⋯⋯⋯⋯⋯⋯⋯⋯⋯⋯（506）

　（二）佛教文学艺术⋯⋯⋯⋯⋯⋯⋯⋯⋯⋯⋯⋯⋯⋯⋯⋯⋯⋯⋯⋯⋯（509）

　　1. 佛教文学⋯⋯⋯⋯⋯⋯⋯⋯⋯⋯⋯⋯⋯⋯⋯⋯⋯⋯⋯⋯⋯⋯⋯（509）

　　2. 佛教艺术⋯⋯⋯⋯⋯⋯⋯⋯⋯⋯⋯⋯⋯⋯⋯⋯⋯⋯⋯⋯⋯⋯⋯（516）

（1）音乐⋯⋯⋯⋯⋯⋯⋯⋯⋯⋯⋯⋯⋯⋯⋯⋯⋯⋯⋯⋯⋯⋯⋯⋯⋯⋯⋯⋯⋯⋯（519）
　　　（2）美术、绘画等⋯⋯⋯⋯⋯⋯⋯⋯⋯⋯⋯⋯⋯⋯⋯⋯⋯⋯⋯⋯⋯⋯⋯⋯（521）
五、佛教研究⋯⋯⋯⋯⋯⋯⋯⋯⋯⋯⋯⋯⋯⋯⋯⋯⋯⋯⋯⋯⋯⋯⋯⋯⋯⋯⋯⋯⋯⋯⋯（526）
　（一）总论⋯⋯⋯⋯⋯⋯⋯⋯⋯⋯⋯⋯⋯⋯⋯⋯⋯⋯⋯⋯⋯⋯⋯⋯⋯⋯⋯⋯⋯⋯（526）
　（二）佛教与诸学科⋯⋯⋯⋯⋯⋯⋯⋯⋯⋯⋯⋯⋯⋯⋯⋯⋯⋯⋯⋯⋯⋯⋯⋯⋯⋯（527）
　　1.佛教与文化⋯⋯⋯⋯⋯⋯⋯⋯⋯⋯⋯⋯⋯⋯⋯⋯⋯⋯⋯⋯⋯⋯⋯⋯⋯⋯⋯（527）
　　2.佛教与心理学⋯⋯⋯⋯⋯⋯⋯⋯⋯⋯⋯⋯⋯⋯⋯⋯⋯⋯⋯⋯⋯⋯⋯⋯⋯⋯（534）
　　3.佛教与伦理学⋯⋯⋯⋯⋯⋯⋯⋯⋯⋯⋯⋯⋯⋯⋯⋯⋯⋯⋯⋯⋯⋯⋯⋯⋯⋯（535）
　　4.佛教与社会学⋯⋯⋯⋯⋯⋯⋯⋯⋯⋯⋯⋯⋯⋯⋯⋯⋯⋯⋯⋯⋯⋯⋯⋯⋯⋯（537）
　　5.佛教与科学⋯⋯⋯⋯⋯⋯⋯⋯⋯⋯⋯⋯⋯⋯⋯⋯⋯⋯⋯⋯⋯⋯⋯⋯⋯⋯⋯（540）
　　6.佛教与哲学（含因明学）⋯⋯⋯⋯⋯⋯⋯⋯⋯⋯⋯⋯⋯⋯⋯⋯⋯⋯⋯⋯（541）
　　7.比较研究⋯⋯⋯⋯⋯⋯⋯⋯⋯⋯⋯⋯⋯⋯⋯⋯⋯⋯⋯⋯⋯⋯⋯⋯⋯⋯⋯⋯（553）
　　8.佛教研究论文集、文汇等（按编著者笔画排序）⋯⋯⋯⋯⋯⋯⋯⋯⋯（556）
　（三）世界佛教研究⋯⋯⋯⋯⋯⋯⋯⋯⋯⋯⋯⋯⋯⋯⋯⋯⋯⋯⋯⋯⋯⋯⋯⋯⋯⋯（597）
　　1.总论⋯⋯⋯⋯⋯⋯⋯⋯⋯⋯⋯⋯⋯⋯⋯⋯⋯⋯⋯⋯⋯⋯⋯⋯⋯⋯⋯⋯⋯⋯（597）
　　2.中国⋯⋯⋯⋯⋯⋯⋯⋯⋯⋯⋯⋯⋯⋯⋯⋯⋯⋯⋯⋯⋯⋯⋯⋯⋯⋯⋯⋯⋯⋯（597）
　　　（1）总论⋯⋯⋯⋯⋯⋯⋯⋯⋯⋯⋯⋯⋯⋯⋯⋯⋯⋯⋯⋯⋯⋯⋯⋯⋯⋯⋯⋯（597）
　　　（2）断代研究⋯⋯⋯⋯⋯⋯⋯⋯⋯⋯⋯⋯⋯⋯⋯⋯⋯⋯⋯⋯⋯⋯⋯⋯⋯⋯（608）
　　　（3）地域研究⋯⋯⋯⋯⋯⋯⋯⋯⋯⋯⋯⋯⋯⋯⋯⋯⋯⋯⋯⋯⋯⋯⋯⋯⋯⋯（618）
　　　（4）藏传佛教⋯⋯⋯⋯⋯⋯⋯⋯⋯⋯⋯⋯⋯⋯⋯⋯⋯⋯⋯⋯⋯⋯⋯⋯⋯⋯（626）
　　3.亚洲⋯⋯⋯⋯⋯⋯⋯⋯⋯⋯⋯⋯⋯⋯⋯⋯⋯⋯⋯⋯⋯⋯⋯⋯⋯⋯⋯⋯⋯⋯（636）
　　　（1）总论⋯⋯⋯⋯⋯⋯⋯⋯⋯⋯⋯⋯⋯⋯⋯⋯⋯⋯⋯⋯⋯⋯⋯⋯⋯⋯⋯⋯（636）
　　　（2）东亚⋯⋯⋯⋯⋯⋯⋯⋯⋯⋯⋯⋯⋯⋯⋯⋯⋯⋯⋯⋯⋯⋯⋯⋯⋯⋯⋯⋯（636）
　　　（3）东南亚⋯⋯⋯⋯⋯⋯⋯⋯⋯⋯⋯⋯⋯⋯⋯⋯⋯⋯⋯⋯⋯⋯⋯⋯⋯⋯⋯（639）
　　　（4）南亚⋯⋯⋯⋯⋯⋯⋯⋯⋯⋯⋯⋯⋯⋯⋯⋯⋯⋯⋯⋯⋯⋯⋯⋯⋯⋯⋯⋯（639）
　　4.美洲⋯⋯⋯⋯⋯⋯⋯⋯⋯⋯⋯⋯⋯⋯⋯⋯⋯⋯⋯⋯⋯⋯⋯⋯⋯⋯⋯⋯⋯⋯（643）
六、佛教史⋯⋯⋯⋯⋯⋯⋯⋯⋯⋯⋯⋯⋯⋯⋯⋯⋯⋯⋯⋯⋯⋯⋯⋯⋯⋯⋯⋯⋯⋯⋯⋯（643）
　（一）总论⋯⋯⋯⋯⋯⋯⋯⋯⋯⋯⋯⋯⋯⋯⋯⋯⋯⋯⋯⋯⋯⋯⋯⋯⋯⋯⋯⋯⋯⋯（643）
　（二）世界佛教史⋯⋯⋯⋯⋯⋯⋯⋯⋯⋯⋯⋯⋯⋯⋯⋯⋯⋯⋯⋯⋯⋯⋯⋯⋯⋯⋯（645）
　　1.中国⋯⋯⋯⋯⋯⋯⋯⋯⋯⋯⋯⋯⋯⋯⋯⋯⋯⋯⋯⋯⋯⋯⋯⋯⋯⋯⋯⋯⋯⋯（645）

（1）总论……………………………………………………………………（645）
　　（2）断代史…………………………………………………………………（655）
　　（3）地域史…………………………………………………………………（661）
　　（4）藏传佛教史……………………………………………………………（667）
　　（5）中外关系史……………………………………………………………（671）
　2. 亚洲……………………………………………………………………………（674）
　　（1）总论……………………………………………………………………（674）
　　（2）东亚……………………………………………………………………（675）
　　（3）南亚……………………………………………………………………（676）
　3. 欧美洲…………………………………………………………………………（677）

七、传记（人名传记按笔画排序）………………………………………………（678）
　（一）佛传、菩萨传……………………………………………………………（678）
　（二）中国古代僧传、人物传…………………………………………………（681）
　（三）中国近现当代僧传、人物传……………………………………………（696）
　（四）藏传佛教人物传…………………………………………………………（702）
　（五）其他人物传………………………………………………………………（708）
　（六）外国人物传………………………………………………………………（710）

八、工具书…………………………………………………………………………（711）

捌、伊斯兰教

一、伊斯兰教典籍研究……………………………………………………………（718）
　（一）古兰经……………………………………………………………………（718）
　（二）圣训………………………………………………………………………（722）
　（三）伊斯兰教法………………………………………………………………（723）
　（四）汉文典籍研究……………………………………………………………（727）
二、教义研究………………………………………………………………………（729）
三、礼仪研究………………………………………………………………………（730）
四、教派……………………………………………………………………………（730）
　（一）总论………………………………………………………………………（730）
　（二）中国………………………………………………………………………（732）

9

（三）亚洲···（734）
　　1. 南亚···（734）
　　2. 西亚···（734）

五、伊斯兰教教育、清真寺与文学艺术·······························（735）
　（一）教育···（735）
　（二）清真寺···（736）
　　1. 中国···（736）
　　2. 亚洲···（741）
　　　（1）西亚（西南亚）··（741）
　（三）文学、艺术···（742）
　　1. 文学···（742）
　　　（1）总论··（742）
　　　（2）中国··（742）
　　　（3）南欧··（742）
　　2. 艺术···（743）
　　　（1）总论··（743）
　　　（2）中国··（744）

六、伊斯兰教研究···（744）
　（一）总论···（744）
　（二）伊斯兰教与诸学科···（746）
　　1. 伊斯兰教与人类学···（746）
　　2. 伊斯兰教与文化···（746）
　　3. 伊斯兰教与生态学···（752）
　　4. 伊斯兰教与伦理学···（752）
　　5. 伊斯兰教与社会学···（753）
　　6. 伊斯兰教与经济学···（758）
　　7. 伊斯兰教与哲学···（760）
　　8. 比较研究···（762）
　　9. 论文集···（762）
　（三）世界伊斯兰教研究···（772）

1. 总论……………………………………………………………（772）
　　2. 中国……………………………………………………………（783）
　　　（1）断代研究…………………………………………………（785）
　　　（2）地域研究…………………………………………………（787）
　　3. 亚洲……………………………………………………………（796）
　　　（1）东南亚……………………………………………………（796）
　　　（2）南亚………………………………………………………（797）
　　　（3）中亚………………………………………………………（798）
　　　（4）西亚（西南亚）…………………………………………（799）
　　4. 欧洲……………………………………………………………（802）
　　5. 美洲……………………………………………………………（803）
七、伊斯兰教史…………………………………………………………（803）
　（一）总论…………………………………………………………（803）
　（二）中国…………………………………………………………（808）
　（三）亚洲…………………………………………………………（813）
　　1. 中亚……………………………………………………………（813）
　　2. 西亚（西南亚）………………………………………………（814）
八、传记（人名传记按笔画排序）……………………………………（816）
　（一）穆罕默德传…………………………………………………（816）
　（二）中国人物传…………………………………………………（817）
　（三）外国人物传…………………………………………………（820）
九、工具书………………………………………………………………（824）

玖、基督教

一、基督教典籍研究……………………………………………………（826）
二、教义、神学…………………………………………………………（836）
　（一）教义…………………………………………………………（836）
　（二）神学…………………………………………………………（838）
三、礼仪、传教研究……………………………………………………（852）

（一）礼仪……………………………………………………（852）
　　（二）传教……………………………………………………（853）
　　　1.天主教……………………………………………………（854）
　　　2.新教………………………………………………………（857）
　　　3.东正教……………………………………………………（860）
四、教派……………………………………………………………（860）
　　（一）天主教…………………………………………………（860）
　　（二）新教……………………………………………………（862）
　　（三）东正教…………………………………………………（864）
五、教会组织、教育及教堂………………………………………（865）
　　（一）教会组织………………………………………………（865）
　　　1.总论………………………………………………………（865）
　　　2.天主教……………………………………………………（869）
　　　3.新教………………………………………………………（871）
　　　4.东正教……………………………………………………（873）
　　（二）教育……………………………………………………（875）
　　（三）教堂……………………………………………………（879）
　　（四）文学、艺术……………………………………………（881）
　　　1.文学………………………………………………………（881）
　　　2.艺术………………………………………………………（883）
六、基督教研究……………………………………………………（885）
　　（一）总论……………………………………………………（885）
　　（二）基督教与诸学科………………………………………（887）
　　　1.基督教与文化……………………………………………（887）
　　　2.基督教与伦理学…………………………………………（890）
　　　3.基督教与社会学…………………………………………（892）
　　　4.基督教与科学……………………………………………（895）
　　　5.基督教与哲学……………………………………………（896）
　　　6.比较研究…………………………………………………（904）
　　　7.论文集……………………………………………………（907）

（三）世界基督教研究……………………………………………………（910）
　　　1. 总论……………………………………………………………………（910）
　　　2. 中国……………………………………………………………………（911）
　　　　（1）断代研究…………………………………………………………（915）
　　　　（2）地域研究…………………………………………………………（920）
　　　3. 亚洲……………………………………………………………………（927）
　　　4. 欧洲……………………………………………………………………（928）
　　　　（1）东欧………………………………………………………………（928）
　　　　（2）南欧………………………………………………………………（929）
　　　　（3）西欧………………………………………………………………（930）
　　　5. 美洲……………………………………………………………………（931）

七、基督教史………………………………………………………………………（933）
　　（一）总论…………………………………………………………………（933）
　　（二）世界基督教史………………………………………………………（937）
　　　1. 总论……………………………………………………………………（937）
　　　2. 中国……………………………………………………………………（938）
　　　　（1）断代史……………………………………………………………（941）
　　　　（2）地域史……………………………………………………………（942）
　　　3. 欧洲……………………………………………………………………（947）
　　　4. 美洲……………………………………………………………………（947）

八、传记（人名传记按笔画排序）………………………………………………（948）
　　（一）耶稣、圣徒传………………………………………………………（948）
　　（二）中国人物传…………………………………………………………（949）
　　　1. 天主教人物传…………………………………………………………（949）
　　　2. 新教人物传……………………………………………………………（951）
　　（三）外国人物传…………………………………………………………（952）
　　　1. 天主教人物传…………………………………………………………（952）
　　　2. 新教人物传……………………………………………………………（962）
　　　3. 其他人物传……………………………………………………………（971）

九、工具书…………………………………………………………………………（973）

拾、其他宗教

一、总论 ……………………………………………………………（975）

二、韩国新宗教 ……………………………………………………（977）

三、日本新宗教等 …………………………………………………（977）

四、印度教等 ………………………………………………………（979）

五、犹太教 …………………………………………………………（982）

六、摩尼教、祆教等 ………………………………………………（990）

索引 …………………………………………………………………（995）

后记 …………………………………………………………………（1039）

壹、马克思主义宗教观

一、马克思主义宗教观

马克思主义宗教观及其相关动向

施船升（高师宁）著

四川人民出版社　1998年9月　220千字　313页

  马克思、恩格斯并非天生的无神论者，他们经历了从有神论者到启蒙无神论者再到历史唯物主义无神论者的过程。在这个过程中，他们批判地吸取了德国古典哲学的某些因素，尤其是青年黑格尔派的精神养料，最终又以批判青年黑格尔派而与之分道扬镳。事实上，对宗教所作的理论研究，是马克思、恩格斯全部理论活动的起点，对宗教神学的批判是他们对社会批判的前提。本书以20世纪末席卷全球的"宗教热"现象为切入点，详细介绍了马克思主义宗教观的产生背景与形成过程，并对马克思主义宗教观的基本理论、列宁的宗教观、某些相关的动向，以及马克思主义宗教观与宗教社会学的发展趋势等方面问题作了全面的考察和论述，试图透过历史与现实、理论与实践的双重视角来探究马克思主义宗教观对于当代中国的重大意义。全书共6章。作者指出，马克思主义宗教观与宗教社会学有着一种特殊的关系，全书论述了现代宗教社会学在宗教定义、宗教功能、宗教未来等方面的发展，这有助于我们更为深刻与全面地理解马克思主义宗教观在宗教学研究中的意义与作用。

马克思主义宗教观与当代中国宗教卷（当代中国宗教研究精选丛书／马西沙　吕大吉　牟钟鉴　卓新平等主编）

吕大吉　龚学增主编

民族出版社　2008年1月　380千字　409页

  新中国的马克思主义宗教观研究大致分为三个阶段：1949—1966年，此一阶段是马克思主义宗教理论研究的初步发展期；1966—1976年，此一阶段是马克思主义宗教观正常研究的被迫中断期；1978年至今，此一阶段是马克思主义宗教观研究伴随着中国宗教学学科的形成、发展而重新焕发生机，并取得丰硕成果的繁荣发展期。本书为"当代中国宗教研究精选丛书"之一，由包括中国社会科学院、部分高等学校、党政机关的著名研究员、教授和有关领导在内的多位作者撰写，下设"马克思、恩格斯、列宁宗教观研究"、"马克思主义宗教观的中国化研究"、"以马克思主义宗教观研究宗教社会性质与社会作用"、"当代中国宗教现状研究"四个版块，共辑录相关论文23篇。这些论文深刻分析了马克思主义的唯物史观对于科学研究宗教的世界观和方法论意义，全面论述了百年来中国宗教的演变过程以及当前中国宗教的发展状况，同时以马克思主义宗教观为指导研究了宗教的社会性质、历史作用以及宗教如何与社会主义社会相适应，如何为当前中国构建社会主义和谐社会发挥积极作用等方面问题，反映了我国当代马克思主义宗教观研究的最高水平。

马克思主义宗教观的形成与变迁（宗教与民族研究丛书）
魏琪著
宗教文化出版社　2008年4月　220千字　269页

　　马克思主义的宗教观是在马克思主义哲学的理论基础上建立起来的宗教理论，它的基本精神和主要内容，经受了历史实践的检验，至今仍是正确的，有生命力的。片面理解以至歪曲马克思主义宗教理论，在宗教理论建设和宗教实际工作中难免会犯教条主义的错误。因为彻底的辩证法不承认超时空的绝对物，当然也反对把马克思主义自身绝对化。本书为"宗教与民族研究丛书"之一，也是一篇以"马克思主义宗教观的形成与变迁"为研究对象的博士论文。这篇论文对马克思、恩格斯的宗教理论和相关论著把握得比较系统，对马克思、恩格斯宗教理论的来龙去脉、历史发展的概括也相当准确，被中央民族大学研究生院评审为当年博士论文中的"优秀博士论文"。全书分为"马克思主义宗教观产生的思想背景"、"从信仰、置疑走向理性主义的宗教批判"、"对宗教的社会经济批判"、"唯物史观创立时期的宗教思想"等6章。作者在书中秉持"科学与理性"的态度来研究马克思主义宗教观的形成与变迁，注重将人类宗教现象置于特定的历史背景及其各种客观条件下作具体分析，系统而准确地说明了马克思、恩格斯宗教理论生成、演变与发展的历史轨迹，见解不乏新意。

马克思主义宗教观研究
陈荣富著
四川人民出版社　2007年5月　580千字　755页

　　马克思主义宗教观是马克思主义理论宝库的重要组成部分，是中国共产党和中国政府在领导人民群众争取社会主义胜利和建设社会主义现代化过程中正确认识和处理宗教问题的指南。本书试图通过对马克思、恩格斯有关宗教问题的经典论述及其思想渊源的深入挖掘和探析，使马克思主义宗教观研究在理论上有所突破，以利我们更加准确、完整地理解和掌握马克思主义宗教观的核心思想，更好地为党和政府制定宗教政策服务，为建设社会主义和谐社会服务。全书共分10章。第1章概述了新中国成立以来马克思主义宗教观研究的进展情况及其存在的问题。第2-3章分别论述了马克思、恩格斯早期宗教思想的发展。第4章论述了马克思、恩格斯所共同创立的历史唯物主义宗教观。第5章论述了《资本论》及其手稿对马克思主义宗教观的深化。第6章论述了恩格斯对马克思主义宗教观的卓越贡献。第7章论述了马克思、恩格斯宗教思想的第二次飞跃。第8章论述列宁的宗教思想。第9章论述马克思主义宗教观在中国的发展。第10章论述马克思主义宗教观与现时代。

中国化马克思主义宗教观研究
何虎生著
华文出版社　2007年5月　378千字　424页

　　中国化马克思主义宗教观，是中国共产党将马克思主义宗教观运用于中国宗教的具体实践，而产生的关于宗教问题的理论观点、方针政策和实践经验的总结,是马克思主义宗教观中国化的理论成果,是被实践证明了的正确的理论原则和经验总结,是中国共产党集体智慧的结晶,既体现了马克思主义宗教观的基本原理,又包含了中华民族的优秀宗教思想和中国共产党的实践经验。本书结合文献史料,将在长期的革命、建设和改革历程中形成的中国化马克思主义宗教观,归纳为中国化马克思主义宗教本质观、历史观、价值观、政教观、安全观、适应观和和谐观诸方面来进行研究,从理论与实践的多重角度论证了"中国化马克思主义宗教观"的科学性及其本质特征。全书共分9章。第1章阐述马克思主义宗教观中国化的历史条件,主要是明确马克思主义宗教观中国化既是中国共产党处理中国宗教问题的客观要求,也是马克思主义宗教观的实践性和阶级性的要求。第2-8章阐述中国化马克思主义宗教观的主要内容,包括本质观、历史观、价值观、政教观、安全观、适应观和和谐观,是本书的主体部分。第9章阐述中国化马克思主义宗教观的历史地位,马克思主义宗教观中国化的历史经验,以及如何进一步推进马克思主义宗教观中国化的一些建议。

论马克思主义宗教观
卓新平　唐晓峰主编
社会科学文献出版社　2009年10月　325千字　328页

中国社会科学院世界宗教研究所自1964年建所至今的四十多年中,一直自觉坚持马克思主义的思想指导,认真研究马克思主义的宗教观,并以马克思主义的立场、观点、理论和方法来统领所里的宗教研究工作。尤其是新时期以来,世界宗教研究所先后完成了多项马克思主义宗教观的研究课题,组织了许多学术讨论,并发表、出版了一批又一批有学术影响力的研究马克思主义宗教观的著作和论文,使这一研究获得突破性进展。本书为目前国内学界少有的几部有关马克思主义宗教观研究的精品著作之一,也是在世界宗教研究所成立四十五周年之际为系统回顾和总结"我国马克思主义宗教观研究所取得的学术成就"而汇编的一部论文集。全书包括:方法研究、文本研究、处境研究、运用研究、研究现状五个部分,共辑录论文19篇。文中着眼于如何"对马克思主义宗教观的精髓和科学方法加以真正的理解和正确的运用",重点探讨了马克思主义宗教观之"中国化"问题,集合了该研究领域的主要观点、流派及最新成果,内容涵括马克思主义宗教观研究的诸多方面。

马克思主义宗教观中国化研究
龚学增等著
四川人民出版社　2012年3月　360千字　460页

马克思主义中国化是当代中国哲学社会科学研究的重大课题。作为马克思主义中国化的组成部分,马克思主义宗教观中国化始终与中国革命和建设的历史进程紧密相连。本书运用马克思主义的立场、观点和方法,叙述了马克思主义宗教观从初创、在俄国的发展,到逐步中国化的曲折历程,阐明了马克思主义宗教观在不同历史时期与中国宗教问题的实际相结合,并在不断总结经验教训中得到丰富和发展的历史必然性,论证了马克思主义宗教观在当今时代所具有的强大生命力和指导意义,展示了其最新成果:中国特色社会主义宗教理论的体系构建。全书分四编,共12章。作者指出,马克思主义宗教观的中国化,就是中国共产党把马克思主义宗教观的基本原理应用于中国革命和建设中的宗教问题的实际，使二者正确结合，走出了一条具有中国特色的解决宗教问题的道路的过程，是中国共产党解决宗教问题的经验不断积累的过程，是在宗教理论政策上逐步系统化的过程，是坚持和不断丰富、发展马克思主义宗教观的过程。

马克思主义宗教观探究（文化名家暨"四个一批"人才作品文库）
卓新平著
中华书局　2013年11月　315千字　319页

马克思主义经典作家关于宗教的基本观点构成了马克思主义宗教观的学说体系，其核心内容为马克思、恩格斯和列宁对于宗教问题的论述。这些论述集中体现了马克思主义在宗教问题上的立场、观点和方法，是马克思主义思想的重要组成部分。本书为"文化名家暨'四个一批'人才作品文库"丛书之一，它既是中国社会科学院世界宗教研究所卓新平所长近十年来系统研究马克思主义经典作家关于宗教论述而完成的一部专著，也是我国马克思主义宗教观研究取得重要进展的标志性著作。全书共5章。书中探讨了研究马克思主义宗教观的基本定位和方法，梳理了马克思主义宗教观的主要表述、马克思主义宗教观的基本理论，分析与讨论了当代世界对马克思主义宗教观的回应，以及当代中国对马克思主义宗教观的正确理解与科学发展。作者追本溯源，旨在深化马克思主义宗教观的全方位思考，指导、启迪我们今天对宗教的分析评价，借以推动我国马克思主义宗教观研究步入新的领域。

马克思主义宗教观（宗教文明品析丛书／刘成有主编）
常宏著
中国民主法制出版社　2015年9月　196千字　210页

传承民族血脉的是文化，开启世界文化的是哲学，奠基哲学思考的是宗教。本书为"宗教文明品析丛书"之一，作者通过全面叙述马克思在不同人生阶段的生活体验与思想转向的关系、马克思宗教批判思想的形成过程，以及恩格斯的宗教观、列宁论宗教和苏联的宗教政策，中国共产党的宗教理论和宗教政策等方面问题，梳理出马克思主义宗教观一脉相承的内在连续性，并在此基础上详细介绍了马克思主义宗教观的基本内容及主要特色，重点体现出中国特色社会主义宗教观的重大发展。全书共12章。内容包括：马克思的童年时代、马克思的大学时代和爱情、马克思转向黑格尔哲学、宗教批判与黑格尔哲学的解体、黑格尔哲学体系三要素、青年黑格尔派对宗教的批判、青年马克思对宗教的批判、走出黑格尔的马克思等。

马克思主义宗教观研究（2010）（世界宗教研究丛书／卓新平主编）
曾传辉主编
社会科学文献出版社　2011年7月　330千字　303页

马克思主义宗教观是以马克思主义的基本观点和方法为指导，对一定时空条件下宗教实际的认识及其应用，是无产阶级政党在正确对待和处理宗教问题的实践过程中不断总结和发展起来的，又对其实践具有指导意义的理论体系，是建立中国特色的宗教学的思想方法和理论基础。本书为"世界宗教研究丛书"之一，收录了2010年6月中国社会科学院世界宗教研究所主办"第二届马克思主义宗教观"研讨会的参会论文和讲话26篇。全书按其主题思想，分为五组。其中前3篇是指导性或介绍性文章，后面各组为："理论思考"栏目（12篇），围绕"中国化马克思主义宗教观"的内涵、特色、历程和趋势等问题进行了探讨；"政策探讨"栏目（6篇），围绕我国宗教政策进行了分析和反思；"文化语境"栏目（5篇），阐述了马克思主义宗教观与传统文化的联系与区别，从中看出马克思主义宗教观如何受文化传统的影响，又如何改变和塑造着中国的传统文化；"他山之石"栏目（1篇）辑选的《简论苏联的宗教理论与实践》（张雅平撰，非参会论文）一文，对苏联时期的马克思主义宗教观进行了全面的梳理和简要的评价，旨在为"中国化马克思主义宗教观"研究提供可以攻玉的他山之石。本书作者均为国内各科研院所、高校与政府相关部门的资深专家和业务骨干，反映了该论题的最新成果和现有水平。

马克思主义宗教观研究（2011）（世界宗教研究丛书/卓新平主编）
曾传辉主编
社会科学文献出版社　2013年7月　392千字　378页

中国共产党成立90多年来，始终高度重视宗教问题，坚持把马克思主义宗教观的基本原理同中国实际相结合，根据革命、建设、改革的实践要求，不断进行探索和总结，走出了一条正确处理宗教问题的成功道路。本书为"世界宗教研究丛书"之一，收录了以"马克思主义宗教观中国化"为主题的论文28篇。这些论文分别从基本理论、经典解读、中国化进程、与传统文化的互动、国外情况评介及本学科研究综述等方面，追根溯源，既有高度的理论思辨和精湛的史实考证，又密切联系实际，反映了该论题的最新成果和现有水平，具有较高的学术价值和现实意义。内容包括：《坚持马克思主义基本原理，促进宗教研究的创新与繁荣》（李慎明）、《中国共产党处理宗教问题的重要经验》（王作安）、《与时俱进　推进马克思主义宗教观研究》（卓新平）、《以实事求是的态度研究马克思主义宗教观》（吴云贵）、《马克思主义宗教观之我见》（李申）等。

马克思主义宗教观研究（2012）（世界宗教研究丛书/卓新平主编）
曾传辉主编
社会科学文献出版社　2013年12月　300千字　320页

宗教作为一种掌握世界的重要方式，具有丰富的文化意义，宗教发展史与人类文化史的密切交织在马克思主义宗教观中，因此得到了特别的关注。本书为"世界宗教研究丛书"之一，收录了2012年内的马克思主义宗教观研究领域里具有代表性的原创论文18篇。这些论文主要围绕"宗教与文化建设"这一颇具时代特色之主题，分别从宗教文化话语、基本理论阐发、思想演化进程、热点现实问题讨论、高校宗教观教育，以及本学科前沿研究报告等方面，开展理论分析和史实考证，在尚未形成共识的问题上不回避交锋，不掩饰分歧。既严格遵循学术规范，又有联系实际问题意识，兼具学术价值和现实意义。内容包括：《中国共产党的宗教文化观》（龚学增）、《简论中国宗教的文化特征》（任杰）、《论宗教文化性命题的元理论意蕴：基于中国共产党认识宗教与文化关系的思想史考察》（毛胜）、《庙堂与江湖：马克思主义视域下的中国宗教文化》（周骅）等。

马克思主义宗教观研究（2013）（世界宗教研究丛书/卓新平主编）
曾传辉主编
社会科学文献出版社　2015年1月　280千字　307页

在今天中国特色社会主义理论体系的构建中，马克思主义宗教观研究和中国宗教学研究有一个特别需要注意的问题,就是研究上应注意的范式转变、社会存在与社会意识的逻辑关联。本书为"世界宗教研究丛书"之一,收录了2013年马克思主义宗教观研究领域里具有代表性的原创论文18篇。这些论文主要围绕中国宗教研究范式与话语反思,中国特色社会主义宗教理论阐发、思想概念辨析和演进,高校宗教观教育,以及本学科重要问题研究综述和前沿报告等方面展开,既有高度的理论思辨和严谨的史实考证,又密切联系实际,反映了该领域的最新成果和现有水平,具有较高的学术价值和现实意义。内容包括:《邓小平的宗教观》(曾传辉)、《毛泽东思想活的灵魂与中国宗教学研究》(毛胜)、《追寻人文,超越终极:构建中国宗教研究范式的几点思考》(任杰)、《正典的进路:西方科学主义圣经研究的范式转换:兼论正典语境下中国现代文化的重建》(成祖明)、《对建国以来我国马克思主义宗教观研究范式的回顾和反思》(叔贵峰)等。

马克思主义宗教观研究(第2辑·2012)(马克思主义专题研究文丛)
卓新平著
中国社会科学出版社　2014年3月　310千字　290页

　　本书为"马克思主义专题研究文丛"之一,收集、编辑和整理了2012年度国内理论界和学术界相关人士在近期发表的研究马克思主义宗教观的重要文章及最新成果,集中反映了这一年度马克思主义宗教观研究的理论热点和难点,从不同的角度和侧面展示了该研究领域的理论趋势及思想动向。其中一些文章讨论的角度和深度超出了以往同领域的论文,是一部有新意又不失厚重的论文集。全书分为"作用发挥"、"学理探讨"、"人物思想"、"原则阐发"、"域外视野"五个部分,共收录论文31篇。内容包括:《从"文化强国"战略看中国传统文化及宗教的意义》(卓新平)、《宗教文化论》(牟钟鉴)、《对"宗教与文化"关系的思考》(朱晓明)、《与时俱进的中国共产党的宗教文化观》(龚学增)、《宗教与社会主义社会相适应的新视角新发展》(毛国庆)、《以实事求是的态度研究马克思主义宗教观》(吴云贵)、《宗教五性论:马克思主义宗教观中国化的一个标志性成果》(任杰)、《中国特色宗教社会作用"两重性"略论》(沈桂萍)等。

二、马克思宗教理论研究

马克思　恩格斯　列宁　斯大林论宗教问题
国务院宗教事务局政策法规司编
中国社会出版社　1992年8月　180千字　235页

　　无产阶级革命导师运用辩证唯物主义与历史唯物主义之观点解析宗教问题,思想博大精深。他们批判宗教的最根本立场是:人创造了宗教,而不是宗教创造了人。就是说,宗教是那些还没有获得自己或是再度丧失了自己的人的自我意识和自我感觉,但人并不是抽象的栖息在世界以外的东西。本书是国务院宗教事务局政策法规司"应一些地方宗教工作干部的要求"而编写的一部"摘编"著作,其"目的是帮助读者领会和掌握无产阶级革命导师研究宗教问题的立场、观点和方法,以利于结合我国实际和建国以来宗教工作的实践,对我国的宗教问题进行有益的研究和探索"。全书包括"论点摘编"和"文章选编"两个部分。书中选取马克思、恩格斯、列宁、斯大林关于宗教问题的经典论述和文章节录,在尊重作者原意的前提下,按"宗教的本质特征"、"宗教发生、发展的根源"、"宗教的社会作用"、"宗教的消亡是一个漫长的历史过程"等由浅及深的问题进行分类编排，较为准确地展现了无产阶级革命导师对于宗教问题的基本看法与精神实质。

马克思恩格斯宗教思想研究
王珍著

宗教文化出版社　2005年12月　200千字　277页

马克思与恩格斯共同创建的马克思主义，标志着迄今为止人类思想的一个高峰，它所阐发的关于人、自然、社会的理论至今仍在有力地影响着世界，这种理论也包括了对宗教的理解与把握。马克思恩格斯的宗教观是宗教领域的巨大变革，也是他们博大精深的思想理论体系的重要组成部分。本书严格从马克思、恩格斯文本出发，在遵循时间线索的前提下，将马克思恩格斯宗教理论置于历史传统和当时的历史条件中加以解析，客观论述了马克思主义宗教观产生与发展所依托的历史背景、社会理论基础及其冲破传统的必然性，力图将他们关于宗教的理解清晰化、条理化，以揭示其宗教理论演进的过程与内在发展逻辑。全书分为"马克思恩格斯宗教观的理论来源"、"从有神论到无神论的转变"、"马克思从唯心宗教观到唯物宗教观的转变"、"马克思向历史唯物主义宗教观的接近"等8章。书中对一些或被前人所忽略、或有待进一步探讨的问题，进行了有益的探索，指出马克思恩格斯宗教理论作为植根于19世纪西欧社会现实的一种哲学思想，将随着时代的发展演变而不断自我完善。

马克思宗教批判的革命变革：从理性的批判到实践的批判
叔贵峰著

人民出版社　2008年4月　208千字　284页

马克思同近代所有资产阶级思想家在宗教批判方面的根本区别在于，近代的宗教批判是理性理论的批判，不否定宗教本身，而马克思是现实的批判、实践的批判，是对宗教的根本否定。在作为整个马克思主义理论起点的宗教批判中，马克思借助于对人类物质生产实践活动的观察与思考，要求把对宗教神学的批判变成对现实的国家政治和法的批判。因此，近代的宗教批判同马克思的宗教批判相比，在阶级背景、理论基础、批判方式、批判目的、批判结果等方面，都有本质的改变。本书是以作者的博士学位论文为基础修订而成的一部"从宗教批判的视阈，研究马克思在宗教批判方面所实现的革命性变革"，进而探讨马克思哲学革命的深层动因的专著。全书共分5章。书中通过系统梳理从古希腊哲学到中世纪哲学、从近代哲学到德国古典哲学对于宗教及宗教神学批判所走过的复杂历程，即宗教批判从抽象到现实的路向转换，阐释了康德的道德化批判、黑格尔的人本化批判，以及青年黑格尔派和费尔巴哈从理论批判向现实批判转折的过渡性，论述了马克思基于"人性"革命思想的宗教批判的革命性转向，指出宗教成为意识形态的一个组成部分是马克思宗教批判革命性变革的标志，马克思的宗教批判所实现的革命性变革丰富了马克思哲学革命的内容。

马克思宗教批判思想研究及其当代意义
刘丽著

巴蜀书社　2009年8月　180千字　218页

宗教批判作为其他一切批判的前提，在马克思思想中有着令人瞩目的影响力。尽管宗教批判不是马克思哲学的中心，但是马克思对黑格尔理性主义宗教观、费尔巴哈人本主义宗教观、施蒂纳的浪漫主义及虚无主义宗教思潮所进行的批判，显示了马克思对近代以来文艺复兴、启蒙运动、浪漫主义运动宗教批判的继承与超越。本书主要从两个方面着手对马克思宗教批判思想及其当代意义展开分析研究：一是将马克思宗教批判思想置于宏大的宗教批判运动背景之下，将马克思的宗教批判思想与近代宗教批判思想进行比较与分析，阐发马克思宗教批判思想对于近代宗教批判思想的继承与超越，从而彰显马克思宗教批判思想的独特性与优越性；二是将马克思宗教批判思想置于马克思整个思想体系中进行考察，一方面阐发马克思宗教批判思想在马克思思想体系中的地位与作用，另一方面解析宗教批判思想与马克思其他理论的关联。全书共分4章。作者认为，马克思宗教批判思想的独特性在于，它不是一个简单的否定而是一个扬弃的过程，马克思所提出的"人的全面解放"的价值目标，为"伴随神的缺场而来的人类精神危机指明了出路"。

马克思主义宗教理论研究（中国社会科学院文库·哲学宗教研究系列）
吕大吉　高师宁著
中国社会科学出版社　2011年5月　373千字　365页

马克思主义宗教理论，本质上是马克思、恩格斯运用历史唯物主义对历史上的宗教和现实生活中的宗教问题进行理性分析的结果。本书为"中国社会科学院文库·哲学宗教研究系列"丛书之一，是著名学者吕大吉主持的中国社会科学院重大课题的最终研究成果，也可以说是吕大吉马克思主义宗教观研究的总结性著作。全书共分6章。书中围绕马克思主义宗教理论的历史具体性与历史发展性两个方面，详细介绍了马克思主义宗教理论的历史背景及其在历史发展中的全部过程，还原了马克思主义的宗教学说在历史情境中的发生史，内容涉及从古希腊罗马时代到18世纪法国的启蒙宗教学说；19世纪德国青年黑格尔派发动的宗教批判运动和费尔巴哈的人本主义宗教观；马克思、恩格斯参加青年黑格尔派宗教批判运动时期的宗教观；马克思主义历史唯物主义宗教观的形成；《共产党宣言》之后的历史唯物主义宗教观；列宁的宗教观；苏联时代的宗教理论、政策、实践与反思等。本书的研究有助于我们打破对马克思主义的僵化理解，使我们更真切地认清马克思主义宗教理论的发展脉络。

马克思的宗教批判与现代性批判
袁芳著
上海大学出版社　2016年1月　175千字　223页

宗教批判虽然不是马克思哲学的主要问题和中心，但马克思宗教批判思想的价值和对于当代哲学和神学思想的影响力却是不朽的。与青年黑格尔派的人本主义宗教批判和经典宗教社会学的宗教功能论不同，马克思的宗教批判代表了一条独特的、"批判性"的宗教研究路向。本书从"马克思宗教批判与现代性批判"的向度关联入手，力图阐明马克思宗教批判本身所呈现出来的对资本主义市民社会和商品经济的批判，以及马克思对于宗教所承载的形而上学价值和意义的保留。马克思的宗教批判中固然有否定基督教意义上的上帝的维度，以及对于西方近代宗教批判运动成果的继承，但这并非意味着对于宗教的否定，而是对资本主义社会在一种新的存在论基础上的批判。全书共5章。内容包括：西方近代宗教运动与现代性计划、近代西方哲学与黑格尔的宗教哲学、马克思的宗教批判思想的发展、马克思的宗教批判与资本主义批判的内在关联、在马克思共产主义学说中的历史观与现代性批判等。

贰、宗教学研究

一、宗教理论研究
（一）总论

宗教的本质
[德] 费尔巴哈著　王复译
商务印书馆　1959年9月　55千字　73页

　　人的依赖感，是宗教的基础；而这种依赖感的对象，亦即人所依靠并且人也自己感觉到依靠的那个东西，本来不是别的东西，就是自然。自然是宗教的最初原始对象，这一点是一切宗教和一切民族的历史所充分证明的。本书是德国旧唯物主义哲学家费尔巴哈的一部重要著作，根据德国斯图加特弗罗曼斯出版社1903年全集本第七卷译出。在这部具有深远历史影响的著作中，费尔巴哈进一步论证了他的唯物主义思想，肯定了自然离开人的意识而独立存在，人能够认识客观世界。他认为，人的依赖感是宗教的基础，自然是宗教最初的原始对象；并且指出基督教认为宗教是人生下来就有，自然而然地具有的观点是错误的，从而在根本上揭示了宗教的本质。

宗教概论（哲学社会科学基础知识丛书）
雷镇闻主编
河南人民出版社　1984年8月　146千字　234页

　　本书是中国社科院世界宗教研究所数位同仁的集体成果，简论了宗教之产生、演化、发展及至走向衰亡的历史图景，共分9章。书中分别介绍了佛教、基督教、伊斯兰教及中国本土道教的起源与发展、教义与传布、信仰与派系、戒律与节日等方面情况；重点阐述了"宗教的社会本质和社会作用"、"社会主义时期的宗教问题"、"无产阶级政党对宗教的态度和政策"等核心论题。作者以马列主义为指导思想来审视宗教，界定了宗教属性；在充分肯定宗教信仰自由政策的同时，明确提出"封建迷信不是宗教"、"对无产阶级政党来说，宗教决不是私人的事情"等观点。

宗教的奥秘
吕鸿儒　辛世俊著
河南人民出版社　1989年1月　316千字　432页

　　宗教既是一种非常复杂的文化现象，又是一种多要素、多层次、多功能的社会实体；同时，它还以特定的方式影响并作用于政治、法律、道德、艺术、科学、哲学等人类社会的上层建筑领域。宗教这种全向渗透的信仰特征和社会特征，均是其本质属性的外延体现。本书以马克思主义唯物史观为思想武器，着力研究宗教自身的特征、本质和功能，以求从社会存在的历史行程中找寻出宗教产生、发展和消亡的客观依据与流变轨迹，使扑朔迷离的宗教现象得到合理而明确的解释。全书共分七编，计20章。作者不仅简明扼要地论析了"宗教的本质属性"、"宗教的社会特征和功能"、"宗教意识和其他社会意识"、"宗教组织与其他社会组织"等各编内容，而且运用对比分析的方法概述了世界三大宗教及中国道教各自产生和发展的历史；在"现代宗教"和"宗教的归宿"二编中，作者还对现代宗教特别是社会主义时期宗教的概况、马克思主义政党对宗教的态度和政策，以及宗教的发展趋势和最终归宿等问题进行合乎逻辑的探讨和预测；并指出，对待宗教消亡的唯一正确的态度是马克思主义的态度，这就是努力创造条件、促使宗教自行消亡的态度。

宗教学概论
赖永海编著
南京大学出版社　1989年3月　320千字　399页

　　宗教的悠久历史使得谈论和评判宗教也成为一个古老的话题。尽管宗教作为一门独立的学科，是19世纪中期以后才出现的，但这并不意味着在此之前人们没有自己的宗教观。鉴于宗教的复杂性和历史性，本书作者在试图解构"宗教学"这一理论体系时，除了坚持以历史唯物主义的科学方法为指导原则外，丝毫不排斥古今中外的一些哲学家、宗教学家的研究成果；对于现代西方的一些宗教学派，甚至部分宗教徒或信仰者的某些有价值的研究方法及研究资料，诸如心理学、社会学、人类考古学等，均采取兼收并蓄的态度，酌情采纳、引为借鉴。全书共8章。书中不仅归纳了宗教学的研究对象与方法，宗教的本质与特征、宗教的要素与类型、宗教的起源与发展、宗教与社会、宗教与文化等，还分别对"宗教与社会主义"、"宗教消亡的必然性与条件性"予以阐释，认为宗教最后的也是最深刻的主观根源是心理根源，仅有高度的物质文明，还不足以促使宗教的消亡；只有建立共产主义的人与人之间平等合作关系，极大地提高人们的文化科学知识水平，不断地培养人们的共产主义道德素质，创立高度的共产主义精神文明，才是造成宗教消亡的一个极其重要的实际步骤。

新编宗教学纲要
郭世启　徐杰强　刘彦生主编
天津人民出版社　1990年6月　285千字　397页

　　宗教不论是在人类历史发展的进程中，还是在今天科学发达的时代，都曾经发挥过并且至今仍然发挥着重大的影响作用。在我们国家，在整个社会主义历史时期，宗教不仅要长期存在，而且在一定条件下还会得到发展。因此，研究和探讨宗教问题，学习和掌握马克思主义的宗教理论与政策，既直接关系着我们能否科学地认识宗教，正确地对待宗教问题，也直接关系着我们的社会能否安定，关系着民族的团结和充分调动信教群众积极投身到社会主义现代化建设的重大问题。本书运用马克思主义的立场、观点和方法，从动态的角度，通过对宗教产生、发展的客观过程以及对当代世界几大主要宗教及其思想的分析，阐明了宗教的本质和特征，揭示了宗教演变的规律和宗教发展的未来趋势。全书分为"总论"、"宗教的演变及其历史形态"、"当代世界几大主要宗教"、"宗教意识与其他社会意识"、"宗教演变的规律和发展趋势"和"社会主义时期的宗教和政策"六篇，共19章。各章内容由郭世启、徐榕梅、刘彦生、李振茹等多位学者分头撰写，其中针对社会主义社会宗教存在的根源，宗教的本质和特点，宗教的变化和作用，宗教同社会主义的关系以及党对宗教的政策等具体问题所提出的观点，尤为独到。

宗教学概论
罗竹风主编

华东师范大学出版社　1991年12月　360千字　432页

宗教学是一门十分年轻的学科，它既不同于以神灵的存在为前提的神学，亦有别于论证不存在神灵的无神论学说，而是以宗教一般为研究对象，以存在于社会、历史之中的宗教现象为客体，考察其观念、行动、组织的形式和内容，研究其起源与演变的过程及产生与存在的基础，并探索其性质、规律和社会作用的一门社会科学。本书在吸取国内外最新科研成果的基础上，试图从一般的角度考察宗教在人类社会生活中的地位和作用，并从不同层面论述宗教现象。全书共分五编。第一编（3章）介绍、论述宗教学的学科性质、宗教的起源和构成要素，并将宗教加以分类。第二编（4章）论述宗教意识，指出宗教信仰的特点是客观物质世界在人们思想和情感的反映，是人对人生终极和彼岸的寻求；同时阐述宗教神学的哲学原理，揭示宗教的神秘主义色彩。第三编（3章）论述宗教与社会生活的关系，首先对西方学者的宗教社会学观点加以介绍，指出宗教社团组织发展的作用和意义，随后探讨了宗教中的伦理观点，介绍了宗教礼仪与修炼的内容与含义。第四编（5章）为了说明宗教与历史文化的关系，阐述了宗教作为跨学科领域的意义，介绍了宗教与神话、语言、艺术、文化和科学之间的相互联系和区别。第五编（4章）论述社会主义时期的宗教问题。

宗教学引论
［苏］德·莫·乌格里诺维奇著　王先睿译

上海人民出版社　1992年1月　208千字　303页

本书是1973年出版的《理论宗教学引论》的再版。作者结合20世纪80年代以来国内外宗教学研究的最新成果，在原稿基础上进行大量增补和修订，以求对既往的某些结论与表述作更加精确的论证。全书分"宗教研究的若干哲学问题"、"对宗教的社会学分析"、"心理学和宗教"3章，内容中又添加"科技革命和宗教"、"宗教信仰是一种社会心理学现象"两节；并以马克思主义哲学方法论为指导，批判性地阐析了自"宗教学"诞生后西方学者的主要思想观点；还引用数据资料，论证在社会主义条件下，劳动群众的知识水平和技能水平及其劳动的性质和内容，是促进世俗化的一些重要因素。作者认为，马克思主义哲学在历史上第一次科学地表明了人的本质并不取决于人的生物学本性，也不取决于人的理性，而是由人在其中生活、活动并同其他个体交往的那些社会关系的总和规定的；在论及"技术拜物教"问题时，作者指出"人和技术"的关系总是掩盖着人与人的关系。从马克思主义的观点来看，"超验的"上帝的形象，无非是对尘世的"偶像"或"物神"，即奴役人们的现实力量的一种幻想的歪曲的反映。在现代资本主义制度下，科学和技术都表现为这样的"偶像"或"物神"。由此可见，在资本主义社会里，科技进步按自己的方式培育着崇信。

宗教学原理（新版）
陈麟书　陈霞主编
宗教文化出版社　1999年8月　470千字　560页

　　从古至今，宗教现象涉及到人类生活异常广泛的各个领域和不同的层面。因此，要全面地研究和认识宗教，必须对宗教进行多维性的研究，这就必须从学科性的各种不同的具体方法来研究宗教，从不同的视角来剖析宗教现象。这种具体学科性的基本方法大致包括：历史学方法，哲学方法，社会学方法，心理学方法，人类学方法，伦理学方法，政治学方法，文化学方法，民俗学方法，地理学方法，生态学方法，神学研究方法和评论学方法等。通过这些具体学科性研究方法的广泛使用，确立宗教研究上不同的相对独立的宗教学分支学科，建立起完备的宗教学科体系。本书既是国家教育部指定的全国高校文科教材，也是作者20年来持续研究宗教理论新成就的成果，同时还是一部具有高度创新精神的学术专著。全书分为"绪论"、"宗教实体的基本要素和基本功能"、"宗教现象的客观规律性"、"宗教的社会意识形态关系"、"宗教和政治"、"宗教和社会主义"六篇，共25章。书中采用新的概念和范畴来对各种复杂的宗教现象加以概括和解说，并以自然的逻辑顺序构建了新的理论体系、新的学术观点和新的资料信息。所述内容包含了古今中外有关的历史内涵，并涉及各种知识层面的广泛领域，从而对宗教学理论做了较为全面系统地分析、提炼、归纳和整合。

宗教学纲要
吕大吉主编　吕大吉　龚学增　何其敏　金泽　魏琪编著
高等教育出版社　2003年12月　470千字　418页

　　宗教学的研究涉及面很广。近20多年来，我国的宗教学研究逐步走向繁荣，并纷纷走上了高等学校的殿堂，特别是对各种具体宗教和历史的研究更是丰富多彩，成果累累。随着对具体宗教研究的深入，学者们越来越感到宗教研究方法论的重要性。本书系以吕大吉所著《宗教学通论》（荣获第四届中国图书奖一等奖、第一届国家图书奖提名奖、中国社会科学院优秀著作一等奖、中国国家哲学社会科学基金项目一等奖等奖项）及《宗教学通论新编》为蓝本，重新编写而成，是一部主要可供高等院校哲学和宗教学专业教学使用的最新读本。全书分为"绪论"、"宗教的本质及其表现"、"宗教的起源和发展"、"宗教的社会文化功能"、"现代社会的宗教及其发展趋势"五个部分，共18章。书中坚持以马克思主义为指导，强调以真理为师，博采众长；在吸取国内外宗教学研究最新成果的基础上，提出"学术需理性、信仰要宽容"的原则，对各种形式的宗教进行实事求是的具体分析和评价；其中的一些学术观点，如"宗教四要素说"以及宗教是一种"社会文化形式"而不仅仅是一种政治性的"社会意识形态"等，已成为一家之说并形成广泛影响。

宗教论（当代重大理论和现实问题研究／宋士昌　姜铁军主编）
冯天策著
山东人民出版社　2005年2月　280千字　341页

　　宗教是一种古老的社会文化现象，具有世界的普遍性，其与人类文明的发展关系密切，影响巨大。客观地认识宗教现象，深刻理解宗教的本质，准确把握党的宗教方针与政策，使其自觉地融入社会主义和谐社会的建设，是所有关注宗教、热心宗教事业的社会组织和个人的责任与义务。

本书为"当代重大理论和现实问题研究"系列丛书之一,作者在书中以唯物辩证法为指导,并结合我国宗教的历史特点和现实情况,概括地介绍和论述了有关宗教的本质与现象、功能与结构、历史与现实、马克思主义宗教理论与实践、党的政策与国家法规,对宗教这一庞大而复杂的问题作了全面而简洁的勾勒,从而使读者能在马克思主义世界观的框架内对宗教问题及我党宗教政策形成更为清晰准确的认识和理解。全书共8章。内容包括:宗教的起源与演化,宗教的组成要素,宗教的信仰价值,宗教与政治、经济、道德、科学、艺术的关系,世界宗教的现状及热点问题等。

宗教的七种理论(香港中文大学崇基学院宗教与中国社会研究中心宗教社会学译丛)
[美]包尔丹著　陶飞亚　刘义　钮圣妮译
上海古籍出版社　2005年2月　303千字　435页

　　宗教学作为独立学科是19世纪中叶开始在欧洲建立起来的。经过泰勒和弗雷泽、弗洛伊德、马克思、伊利亚德、普里查德、格尔兹等学者的努力,其理论不断完善,方法不断更新,逐渐形成了一门系统的科学。本书为"香港中文大学崇基学院宗教与中国社会研究中心宗教社会学译丛"之一,作者从19世纪以来的思想家入手,以"对宗教的科学思考"为导引,选出了七种最具代表性的理论进行分析研讨。在涉及每种理论时,都从介绍该理论的代表人物的生活和背景开始,然后讨论一些主要著作中体现出来的理论核心要点,最后在与其他理论作比较的过程中指出它的特点,并列出其批评者提出的主要反对意见。全书共8章。其主要内容大致分为三个部分,一是以泰勒和弗雷泽为代表的传统态度;二是以弗洛伊德、涂尔干和马克思为代表的化约论思想;三是伊利亚德、埃文斯—普里查德和格尔兹反化约论的理论。

宗教的意义与终结(宗教学译丛/何光沪主编)
[加拿大]威尔弗雷德·坎特韦尔·史密斯(Wilfred Cantwell Smith)著　董江阳译
中国人民大学出版社　2005年6月　410千字　427页

　　本书为"宗教学译丛"之一,在这部"具有开拓性"的经典著作中,史密斯从范畴与观念发展演化史的角度,考察了人类迄今几乎一切高级文明形式有关各自宗教生活的名称、指涉、术语、范畴、观念与自我理解以及它们彼此之间的相互影响与关联。作者指出当今的"宗教"一词因理解的不同而具有多重含义,其中许多含义都是将人们导向了理解之外而不是理解之内;要真正描述和理解在人类宗教生活中所发生的一切,就应当放弃使用不论是一般意义上还是个体意义上的"宗教"这一概念,而代之以"累积的传统"与"个人的信仰"这两个独立的概念。正基于此,史密斯提议抛开西方的"宗教"一词而采纳另外两个术语来指称人们通常所指称的东西,即信仰与传统。全书分为"导论"、"西方的'宗教'"、"其他的文化,'诸宗教'"、"伊斯兰的特殊个案"等8章。书中对表达宗教概念的每一个具体的术语和词语都进行了详细的考察,并且在每一章主体内容之外又都附有详尽无遗和大有助益的注释,以求为我们能够"以一种新的方式来理解宗教现象"提供有别于他者的解释路径。

宗教概论(大学人文教材系列)
段德智著
人民出版社　2005年10月　325千字　432页

　　本书为"大学人文教材系列"之一,作者使用《宗教概论》这样一个书名,其目的正在于直截了当地昭示宗教学这样一门人文学科的学科内容和学科性质,阐释宗教学的基本范畴和基本原理;同时纠偏补弊,为宗教学这门人文学科正名。以此为出发点,本书基于唯物史观方法论的高度,力求打破常规,从宗教的起源问题着手,纵向讨论宗教发展观的形成及其理论背景,宗教发展的两个向度(从"自然宗教"到"多神教"和"一神教"、从"氏族宗教"到"民族宗教"和"世界宗教"),以及现存的世界几大宗教(犹太教、基督教、伊斯兰教、印度教、佛教和道教)的历史源流,经典和教义,教法、礼仪和节日;横向研究宗教信仰与宗教观念、宗教行为、宗教组织与宗教制度、宗教奥秘与对神圣者的信仰、宗教的社会本质与社会功能、宗教的世俗化与宗教的历史发展等诸多具体问题。全书共9章。作者指出,宗教学作为一门独立的人文学科,就学科内容和学科性质讲,是一个关于宗教普遍本质和一般发展规律的概念系统;因此,相应地,作为一种学术研究或学术活动,宗教学研究即是对于宗教的研究,或对于宗教普遍本质和一般发展规律的研究。

宗教论(第一卷·神祇论)

李申著

中国社会科学出版社　2006年10月　440千字　399页

宗教作为一种社会现象,始终伴随着社会的历史演变而演变,并且在历史上发挥过自己应有的作用。鉴于宗教现象的复杂性及宗教学这门新兴学科的特殊性,同时也是为中国宗教学在整个宗教学科中争取独立地位,中国社会科学院世界宗教研究所李申教授在研究众多关于宗教学的著作基础之上,撰写了《宗教论》(包括"神祇论"、"事神论"、"宗教的社会功能"三卷)这部宗教学理论专著,就此提出作者自己对宗教的定义,并对宗教学的研究方法和内容重新进行了梳理。本书为《宗教论》之第一卷,分为"导论"和"神祇论"两部分。导论部分(11章),主要论述了宗教和宗教学的基本概念、马克思主义宗教观以及国际上宗教学的各种流派,指出"宗教"不是外来语,而是中国固有的概念。神祇论部分(16章),主要论述了中西神祇理论的起源和演化问题。作者认为,人类创造的第一批神祇乃是现实的动物,第二批神祇乃是人类中的英雄。这些神祇都被认为是物质性的。纯粹精灵性的神祇乃是人类创造的第三批神祇,也是我们现在熟知的神祇。继精灵神祇之后,现在已经出现了第四批神祇,可称之为"超精灵化"神祇。在人类的历史长河中,后起的神祇总是否定前一批神祇。神祇的发展史证明了神祇是不存在的。

宗教论(第二卷·事神论)

李申著

中国社会科学出版社　2008年5月　440千字　376页

人类造出了神,就有了对神的事奉。中国古人事奉天,基督教事奉上帝,其他民族也各有自己事奉的对象,事奉的形式也多种多样。献祭是事奉,按照神祇意志行事,是更高的事奉。事奉,从尊信神祇这一方面说,就是"宗";从事奉过程和达到的效果这一方面说,就是"教"。本书为《宗教论》之第二卷,主要论述神人关系,也就是"宗"和"教",解析了宗教的诸种活动及其意义。全书共分13章。第1章介绍宗教的分类,讨论了以前宗教学的各种宗教分类,认为只有按恩格斯提到的原始宗教、国家民族宗教、世界宗教分类,才能反映宗教的本质特点。因为宗教是社会现象，它随着社会的历史演变而演变。鉴于近二三百年出现的新宗教，本书又加上"新兴宗教"一类；第2-6章分别介绍献祭、德行和出离德三种事神方式，并对献祭与礼仪的关系、事神的目的与方式等作出说明；第7-9章介绍神意的载体——经典，论述了经典在宗教中的意义、宗教为维护经典权威的斗争，以及释经与经学的产生、经学与教义的关系等；第10-12章介绍事神的群体，探讨事神群体的世俗性质及宗教群体的盛衰嬗变；第12章论述宗教心理、体验和情感。最后的"综论"讨论了宗教观念和群体发展的一般趋势，认为人类的前途只能是走出宗教，而不是回到宗教。

宗教论（第三卷·宗教的社会功能）
李申著
中国社会科学出版社　2010年6月　410千字　376页

宗教社会功能中首先引起人们注意的，是宗教与科学的关系。近来引起注意较多的，是宗教与道德的关系。在这两种关系中，人们更多关注的是宗教在文化方面的功能，并且随着政教分离政策日益深入的贯彻，宗教也日益仅仅作为文化现象而存在。本书为《宗教论》之第三卷，主要论述了宗教的社会功能。全书共分11章。第1章是宗教社会功能的总论，指出宗教观念的产生是历史的必然，在历史上曾经作为社会的总的理论，指导过人类的社会生活。但是近代社会的发展表明，宗教的历史使命已经日趋衰减，要想重新占据社会生活的顶巅，是永远也不可能的了。第2章论述宗教与战争的关系，指出原始宗教时期，是神祇与神祇们的战争。这种战争曲折地反映了原始时代人类的战争状况。第3章论述宗教与国家权力的关系。第4章论述宗教与法律的关系。第5章论述宗教与经济的关系。第6章论述宗教与教育的关系。第7章论述宗教与哲学的关系。第8章论述宗教与道德的关系。第9章论述宗教与科学的关系。第10章论述宗教与文学艺术的关系。第11章论述宗教发展日趋衰落的大势及中国宗教的历史与现状问题。

宗教学概论
彭自强主编
宗教文化出版社　2008年12月　270千字　417页

宗教是人类特有的文化现象，在有文字历史以前就已产生，宗教学则是以宗教一般为研究对象的科学。本书是一部以马克思主义宗教观为指导，以国内外宗教学研究的相关成果为参考，全面介绍宗教学理论框架和宗教基本知识的高校教材。全书分为"绪论"、"宗教要素论"、"宗教起源与发展论"、"宗教与文化关系论"、"当代中国宗教论"5章。编者在书中结合自己的思考和观点，除介绍一般的宗教学理论和对宗教一般的看法外，还介绍了一定的宗教常识和粗略的宗教发展史知识，如世界三大宗教的一般情况，尤其是当代中国宗教问题等等，以期使学生不仅对宗教学理论具有一定基础，而且对世界宗教，特别是对在当代中国尚发生一定影响的宗教现象有所了解，并对之持正确的态度。

宗教学通论新编（当代中国学者代表作文库／李扬主编）
吕大吉著
中国社会科学出版社　2010年9月　755千字　706页

本书为"当代中国学者代表作文库"丛书之一，是对吕大吉先生主笔和主编的《宗教学通论》(1989年初版)的完善和发展。《通论》曾是我国宗教学术界建构范畴体系、填补空白的理论巨著,具有划时代的意义。1998年,吕大吉先生根据原有内容结构及学科新发展对该书重写,从内容到体系结构都进行了大量的修改、删节和补充,其中约近一半的篇章是重新编写的,是为《新编》。此次重印,作者又对《新编》进行了文字上的修订,增加了附录部分。在《新编》一书中,作者以真理为师,博采众长;提出学术需理性、信仰要宽容的原则,对各种形态的宗教进行了实事求是的具体分析和评价。全书除"导言"和"附录"部分外,包括"宗教的本质及其表现"、"宗教的起源和发展"、"宗教与文化"三编。第一编(5章),通过对宗教的本质、宗教的基本要素及其逻辑结构、宗教的分类等宗教学基础理论层面的分析,作者提出了"宗教四要素说",认为宗教是由宗教观念—宗教体验—宗教行为—宗教体制四要素逻辑构成的社会文化体系,从而使宗教学的范畴体系更加逻辑化,内容更加丰富和充实。第二编(4章),进一步应用宗教四要素说的理论,力图说明世界宗教如何从各自所有的最基本的"宗教观念",逻辑地发展出相应的宗教体验,外在化为相应的崇拜行为,最后体制化为制度性的氏族—部落宗教、古代文明古国的民族—国家宗教,三大世界性宗教这一历史脉络的逻辑发展过程。第三编(5章),主要从"文化"的角度论证宗教是一种"社会文化形式",而不仅仅是一种政治性的"社会意识形态",同时运用"宗教四要素说"来具体分析宗教诸要素何以并如何对其他社会文化形式发挥自己的作用与影响。

宗教学
段德智著

人民出版社　2010年9月　490千字　504页

宗教学是认识宗教现象的本质,揭示宗教产生和发展规律的科学。宗教学研究的对象是作为社会现象的宗教。19世纪下半叶,西方宗教学者首先建立了这门学科。一般以麦克斯·缪勒1873年发表《宗教学导论》、率先使用"宗教学"一词为其开端。因对宗教学研究对象、主体、目的和方法等的不同看法,西方宗教学有狭义和广义之分。在我国,运用马克思主义的世界观和方法论指导对宗教各种问题的研究形成了马克思主义宗教学。本书是普通高等教育"十一五"规划教材,也是作者在其从事宗教学科研20年、从事宗教学教学15年及其所编著出版的《宗教概论》的基础上修订而成的一部宗教学理论专著。书中立足于中外对宗教的研究,以历史和逻辑相一致的方法,对宗教学进行了全面而系统的梳理,对当代宗教的热点问题作出观点明晰的解答。全书分为"概论篇"、"历史篇"、"本质篇"、"功能篇"、"时代篇"和"宗教与社会主义篇"六篇,共13章。内容涉及宗教学的历史沿革与学科性质、宗教学的学科结构与研究方法、宗教的起源与历史发展、宗教的要素、宗教的特殊本质与普遍本质、宗教的社会功能与文化功能、宗教的世俗化、宗教对话与宗教多元主义、依法管理宗教和宗教与社会主义社会相适应等多方面议题。本书既注重学术思想的厚重性和严谨性,又有较强的可读性或通俗性;既注重学术观点的前沿性和创新性,又注重理论阐述的系统性和科学性;是一部既能够比较好地与国际接轨,又能够具有比较鲜明的中国特色的宗教学研究著作。

贰、宗教学研究

走向神圣：现代宗教学的问题与方法
张志刚著
人民出版社　1995年12月　250千字　328页

　　对宗教现象的学术探讨由来已久，然而，严格意义上的"宗教学"是一门新学问，若以麦克斯·缪勒（Friedrich Max Muller）于1873年出版的《宗教学导论》为标志，历史仅有百余年。在这不长的时间里，宗教学确有很大发展，形成了诸多活跃的研究方向。但就总体研究状况而言，宗教学远不是一门成熟的学科，既没有在研究对象、方法、目的等方面达成共识，更没有构造出某种影响广泛的理论体系，而是仍处于不断地发展变化之中。本书是一部引论性的学术著作，主要以基本理论问题、尤其是方法论观念为经纬，简要评述当代宗教学的研究状况。全书共6章。第1章分别介绍比较宗教学、文化人类学、宗教社会学、深层心理学等学科对宗教起源问题的表述。第2章分别介绍对立论、相关论、分离论等涉及宗教与科学之关系的理论。第3章分别从宗教与情感、信仰与意志、宗教与深层心理等角度探讨宗教与非理性的问题。第4章论述宗教与语言的关系。第5章介绍有关当代宗教对话的理论。第6章论述宗教与人类文化及文明形态的关系。

宗教研究新方法（第二轴心时代文丛）
[英]唐·库比特著　王志成　朱彩虹译
宗教文化出版社　2008年8月　150千字　181页

　　本书为"第二轴心时代文丛"之一，是英国学者唐·库比特基于"我们的宗教哲学已经进入后现代时期，传统实在论已经终结，我们的哲学和信仰走向日常生活世界"这样一种认识而提出"宗教研究新方法"，并且尝试把宗教哲学和神学视为一种经验科学来研究的作品集。全书分上、下两篇，共15章。上篇"宗教研究新方法"（第1-9章），作者"试图厘清宗教研究新方法是什么，以及我们可以期待它告诉我们什么"，为此，作者探讨了后现代宗教研究的方法论问题。下篇"日常话语中新的宗教"（第10-15章），作者"试图表明西方宗教思想如何将其焦点从上帝转向生活。"作者指出，宗教是关于"理解人类处境，并根据我们的生活方式表达对我们的处境的一种适切回应"的尝试，故而"通过研究日常语言在我们的毕生生活中的变化方式，我们就能够瞥见我们自己的宗教信念的发展方式。"他还强调，"在过去，哲学和神学是精英学科，但我现在试图将思想本身民主化。"

宗教学讲义（任继愈研究会丛书）
任继愈著
北京图书馆出版社　2013年8月　162千字　173页

　　宗教学是社会上层建筑的一个重要部门，它渗透到人们社会生活的各个方面。自马克思主义诞生以来，马克思主义的奠基人用辩证唯物主义和历史唯物主义的科学世界观对宗教问题进行了大量的研究，总结了前人关于宗教研究的成果，批判地继承了历史上各种无神论的遗产，奠定了马克思主义宗教学的基础，从此宗教学成为一门科学。马克思主义宗教学是马克思主义整个科学体系的一个重要方面。本书为"任继愈研究会丛书"之一，是任先生于20世纪80年代在北京大学给宗教专业本科生讲课的讲义中的一部分；其中的个别章节，曾被先生编入《念旧企新》一书。其他部分在先生逝世后，曾被编入《任继愈宗教论集》。全部讲义共分21小节，所讲内容是任先生以马克思主义为指导对宗教一般理论展开研究的成果,它揭示了宗教的本质,说明了宗教产生和发展的规律,论述了宗教与哲学、道德、美学等社会生活和文化建树方面的关系等,表现了作者对于宗教问题的深刻理解和严肃的科学态度,也体现了作者坚定的无神论立场和对神学的严肃批判。

当代宗教多元论(第二轴心时代文丛)
王志成编著
宗教文化出版社 2013年11月 250千字 342页

宗教多元论是在西方兴起的一股重要的思潮。作为一种理解宗教之间关系的模式,宗教多元论自其成为一股思潮伊始,就在国际上引起极大的争议。20世纪90年代初,宗教多元论开始进入中国学界,为部分学者所关注。本书为"第二轴心时代文丛"之一,亦为当代中国学界对宗教多元论思潮进行研究的最系统专著之一。作者在界定"宗教、多元宗教和宗教多元论"三个概念之后,分别论述了宗教多元论之模式及其与宗教他者、宗教认识论、基督论、救赎论、宗教伦理、宗教对话之间的关系,并综论了宗教多元论的问题、挑战及其与中国宗教学之间的关系。全书共9章。书中不仅介绍了宗教多元论的理论诞生背景和经过,而且详细论述了其内涵和内部派别;不仅提到这些理论的优点和长处,而且还仔细地分析梳理了它们所面对的挑战和可能性缺陷;最后,本书还对宗教多元论的翻译、辩护、反对、借鉴和发展的多种可能性进行了展望。

(二)宗教与诸学科

1. 宗教与人类学

宗教人类学导论
金泽著
宗教文化出版社 2001年10月 260千字 362页

宗教人类学是一门边缘学科,是宗教学的基本方法和一个主要流派。它聚焦于宗教这种特殊的社会实体和文化形态,从发生学的角度研究整个人类文化的起源、成长、变迁和进化过程,比较各部族、各民族、各国家、各地区、各社区的文化异同,借以发现和归纳人类文化事象的起源、结构和功能,着重探讨宗教事象的发生或起源,及宗教事象所具有的文化意义。本书依据著者对宗教人类学体系及目标诉求的独到理解将论点辟为八个部分,全面阐述了宗教人类学的形成与发展、宗教人类学的基本框架、宗教的起源、原生性宗教、创生性宗教、宗教运动与社会变革等内容。关于宗教人类学的主旨问题,金泽先生在本书"结语"中给予精辟概括:宗教人类学,归根到底是一门研究人、研究人类文化的学问,它研究宗教的目的,不是为了认识神,而是为了理解人自己,理解人类的文化本身。无论是泰勒、弗雷泽的宏观比较,马林诺夫斯基、埃文斯·普里查德对部落群体的田野调查,还是当代的格尔茨对宗教的解说,虽然表面上都是寻根溯源的,实际上却是面向现实、面向未来。

宗教人类学导论(宗教学译丛/何光沪主编)
[英]菲奥纳·鲍伊(Fiona Bowie)著 金泽 何其敏译
中国人民大学出版社 2004年3月 310千字 335页

本书为"宗教学译丛"之一,是英国学者菲奥纳·鲍伊根据其在威尔士兰彼得大学的授课经验撰写而成的一部旨在讨论宗教人类学相关论题的专著。作者在书中将宗教人类学内部的"观念与争论"的起源和演进，同这些论题的最新发展结合起来加以考察，并以导论的形式指引读者深入探析。全书共分8章。第1章"理论与争论"，阐释宗教人类学内部争论和宗教研究的方法论等方面问题，提出思考方向；第2章"作为象征的身体"和第3章"保持与改变边界：宗教认同的政治"，关注的是象征、具体化、策略和性别，重点考察人类身体分类机制所衍生出的个体与生理身份及群体的形成、文化、社会之间的关系的表达方式；第4章"性，性别与神圣"，探究性别与性特征以及女权主义理论对宗教人类学的影响；第5章"宗教，文化与环境"，通过引介不同的关于宇宙论的解释，探讨神话、性别与环境的关联；第6章"仪式理论、通过仪式与仪式的暴力"，借用宗教仪式的典型例证来说明某些宗教人类学家的观点；第7章"萨满教"，阐述古今萨满教的演变，论及全球化背景下的所谓本土社会与工业社会之间的文化交流；第8章"妖术与邪恶眼"，介绍非洲和法国的妖术，诊析欧洲和其它地区的有关邪恶眼的信仰，由此展开围绕西方思维方式的"智力论战"。

仪式过程：结构与反结构（当代世界学术名著·人类学系列／庄孔韶主编）
维克多·特纳著　黄剑波　柳博赟译
中国人民大学出版社　2006年4月　218千字　227页

　　本书为"当代世界学术名著·人类学系列"丛书之一，是一部人类学经典著作，堪与列维—斯特劳斯和伊里亚德的伟大作品同列。在本书中，特纳通过在非洲恩丹布部落中的田野考察，将仪式在这个群体中的地位进行了诠释。其主要特点在于，特纳拓展了"阈限"与"交融"的概念，发展了传统的结构主义。与之同时代的范·杰内普、马克斯·韦伯、涂尔干等都曾经试图把所有的文化行为统一在超级结构里，提出涵盖全体的普遍化模式，特纳则突破了传统静态的社会结构的研究，把仪式放在运动的社会过程中加以考察，他把社会看作是交融与结构的辩证统一，从而有"分化—阈限—再整合"的过程，是结构与反结构的相互作用的结果。全书共5章。内容包括：生死仪式中的分类层次；恩丹布仪式中的双胞胎困境；阈限与交融；交融：模式与过程；谦卑与等级：地位提升与地位逆转的阈限等。

神之简史：人类对终极真理的探寻
[英]约翰·鲍克著　高师宁　朱明忠　周燮藩等译　高师宁审校
生活·读书·新知三联书店　2007年1月　655千字　373页

　　在任何人类社会，神祇都是其中的一个部分，通常是发挥控制与创造作用的部分。人类对于神的探寻是如何开始与发展的，人的心身如何向神敞开，人类如何通过历史，文学，艺术，音乐，建筑解秘神的意义，邪恶的行为为什么会以神的名义进行，神的死亡为什么经常发生，然而它却依然存在，祈祷与赞美为什么是人类天性中重要的组成部分,对于神的寻求为什么会导向神的启示。所有这些问题，都指向"人类对终极真理的探寻"。本书旨在通过叙述世界上不同文明区域的"神之简史"，从时间与空间的双重维度上来讨论和揭示"人类自己发现神祇的方式，以及他们发展和改变我们谁是神祇、神祇有何特性、神祇如何被人类相信的方式"。全书包括：导言、混沌初开、印度、亚洲诸宗教、亚伯拉罕系统诸宗教五个部分。导言部分介绍了对神祇信仰的背景，以说明信仰深深地浸润在人的大脑和身体中的方式；混沌初开部分考察了早期人类的艺术、性别、故事、音乐、舞蹈、建筑、礼仪、祭祀以及对自然界的崇敬等，以探究神祇之性质与意义的方式；随后的几个部分探究了世界上三大主要宗教传统中，即印度诸宗教、亚洲诸宗教及中东和地中海世界原初宗教的神祇信仰之开端与发展的方式。

宗教人类学学说史纲要（中国社会科学院文库·哲学宗教研究系列）
金泽著
中国社会科学出版社　2009年8月　496千字　441页

宗教人类学是一门边缘学科，和其他边缘学科一样是交叉性的，它是宗教学的一个组成部分，但又和人类学，特别是文化（社会）人类学关系密切。宗教人类学与文化人类学所包括（或涉及）的考古学、民族志、民俗学、语言学、心理学乃至哲学等多个学科，有着共同的关注点，这就是从发生学的角度探究人类文化（整个的或其中的某个方面）的起源、成长、变迁和演化的过程；所不同的是，宗教人类学聚焦于宗教这种特殊的精神现象、社会实体和文化形态的起源和意义，宗教在整个人类文化和社会发展中的地位和功能。本书为"中国社会科学院文库·哲学宗教研究系列"之一，作者以宗教人类学的基本范畴为主干，从宗教的纵向方面入手，对宗教这种历史悠久、特殊而又复杂的社会文化现象的发生和起源、它的文化意义与社会功能，展开深入地分析和探索，并对宗教人类学学说史上的重要理论及主要人物的思想作了系统的梳理和论述。全书分为"定位的转变：由意识形态到文化"、"'荒谬'中的逻辑"、"图腾崇拜：最早的宗教形态"、"范式的转换"等8章。内容涉及孔德的宗教理论，马克思主义宗教观，缪勒、泰勒、弗雷泽等人的宗教学说，史密斯、杜尔凯姆、弗洛伊德的宗教观与图腾崇拜理论，以及人类历史上的主要宗教学派和宗教运动等；最后对"不同的宗教现象中有没有共同的诉求"、"中国的本土经验和研究地位若何"、"我们可能实现的突破何在"这三个现实问题提出了疑问。

轴心时代：人类伟大宗教传统的开端
［英］凯伦·阿姆斯特朗著（Karen Armstrong）　孙艳燕　白彦兵译
海南出版社　2010年5月　500千字　466页

20世纪40年代末，德国哲学家卡尔·雅斯贝斯提出了"轴心时代"之命题。其核心思想是指在公元前800年至公元前200年间，在北纬30度左右的地区，诞生了苏格拉底、柏拉图、佛陀、孔子、老子等先哲，人类文明精神获得了重大突破，至今都无法超越，未来也不可能超越。"轴心时代"命题的提出，在国际思想界和学术界产生了巨大反响，并引发长期而广泛的讨论。本书作者基于这一重要命题，着眼于古代中国、印度、中东和希腊这四个曾经高度文明的地区，对它们哺育出的人类宗教和哲学传统的开端作出了精彩的评述。全书分为"酝酿"、"开端"、"辉煌"和"结束"四个部分，共10章。书中通过细致梳理世界主要民族的宗教、哲学思想在古代社会中的形成与演进脉络，深入挖掘了宗教对于战争与和平的特殊意义，展现了古人的灵性智慧，使读者不仅清楚地了解到中国的儒道思想，印度的耆那教、印度教和佛教，以色列的一神教以及希腊的哲学理性主义的形成过程及其当时错综复杂的社会背景，对中国传统文化在世界历史长河中的重要地位有更为清晰的认识。

贰、宗教学研究

宗教人类学（第1辑）
金泽　陈进国主编
民族出版社　2009年11月　510千字　446页

"宗教人类学"丛书是中国社会科学院世界宗教研究所的学科建设重点图书之一，计划每年出版一辑。本辑（第1辑）所讨论的主题为"走近宗教现场"（文本现场和田野现场），系指研究者在运用人类学方法研究宗教事实时，必须兼顾两个现场的文化反观，以穿越时空，走近宗教传统自身的生存真实及宗教实践者的生活真实(心性的体会)。全书由"田野现场"、"本土眼光"、"域外视野"、"学术交谈"和"学术书评"五个部分组成，共收录文章28篇。这些文章针对不同气质的宗教形态在地方特色中的实际表现(民间信仰)展开论述，涉及中国部分农村地区的祖先崇拜、地方道教、基督教，以及日本冲绳的民俗风水等内容。书中试图通过走进"宗教文本"与"宗教田野"这两个"现场"，寻找中国境域之下的"宗教气质之变"的文化感觉，藉此同情地理解其中"生的宗教"、"半生不熟的宗教"、"熟的宗教"各自的存在状态以及彼此交织、转化的结构机制。

宗教人类学（第2辑）
金泽　陈进国主编
社会科学文献出版社　2010年12月　488千字　449页

尽管宗教人类学并不像历史学那样注重有关宗教信仰之社会文化事实的考证，或像神学研究那样关切宗教信仰的真理或精神的体证，却不能回避宗教信仰与历史社会事实或地方文化体系之间的整体关联，也不能回避宗教信仰与日常生活世界的紧密关系，更不能回避宗教信仰在日常生活世界中所呈现的多重维度和象征意义。本书为"宗教人类学"丛书第2辑，以"灵性反观"为主旨，在继续探索中国传统信仰（宗教）体系在本土的历史变迁及其在海外中国的"文化变容"的同时，着重探讨了域外中国的宗教：基督教如何"嵌入"、"嫁接"在地社会并演化出它的独特的信仰形态。全书包括"域外视域"、"本土眼光"、"历史向度"、"思想交谈"和"书评综述"五个部分，收录中外学者论文30篇。这些文章透过不同文化间的"自观"、"我观"、"他观"、"反观"和"互译"，解析中国文明体系的"文化拼盘"现象，走向自在的"天下之观"。编者认为，对于"宗教"的人类学研究的旨向，不仅仅是为了增长我们有限的宗教知识，而是要透过对域内与域外的宗教生活场景的了解，对日常的宗教实践与信仰生活的意义、象征的多重把握，借以促进自我的心性体会以及不同国家或社群间的相互理解。

宗教人类学（第3辑）
金泽　陈进国主编
社会科学文献出版社　2012年5月　481千字　380页

本书汇编了中国社会科学院世界宗教研究所、民族学与人类学研究所、亚洲太平洋研究所的专家学者及数位西方人士撰写的22篇论文。这些文章立足于宗教人类学的理论视野，通过田野考察和文本解读，对中国本土从古至今的各种宗教现象作了深入分析与描述，生动展示了宗教在中国民间社会及政治与日常生活中的具体表现。全书由"历史向度"、"田野现场"、"名家特约"、"思想交谈"、"学术书评"五个部分组成，内容包括：《民国救世团体与中国救度宗教：历史现象还是社会学类别？》（宗树人）；《太平天国上帝教"民间宗教化"了吗》（周伟驰）；《族群认同的最后界限：马来西亚回族的殡葬与祭祖》（［马来西亚］王琛发）；《捍卫"清真"：世界宗教、迷信与鲁西南回民的伊斯兰想象》（苏敏）；《巫觋活动与神明创生：以温州苍南蒲城乡桃花仙姑为例》（林敏霞）；《"Ethnohermeneutics" and the Comparative Study of Religion》(Jordan Paper);《日本的中国穆斯林研究：以1980年后的回族研究为中心》（［日］泽井充生 宛瑞译）；《中国本土早期宗教研究之实践：读李慰祖之＜四大门＞》（李金花）等。

宗教人类学（第4辑）
金泽 陈进国主编
社会科学文献出版社 2013年9月 456千字 459页

无论何种形式的宗教，其生命力以及存在性都在于与民众生活的相互适应与不断变化。无论是传统社会还是现代社会，官方与不同形式的宗教之间的互动，直接影响着宗教的存在与发展，这种互动模式是与某个特定文化的特征密切相关，在不同的民族、文化中有各自不同的宗教样态。本书收录了国内外学者从宗教人类学角度探讨有关"传统宗教及其现代功能"的论文、评论、综述及调研报告24篇。这些文章用丰富的人类学资料，与相关的理论进行对话，在展示传统宗教在现代生活中的生命力的同时，也指出传统宗教在现代社会中不可避免地受到各种因素的影响、对其现代功能的期待亦超出了其固有的内容。具体包括：《神山与家屋：嘉绒藏人的神圣历史和社会结构》（张原）、《妈祖造像与"标准化"问题讨论》（张珣）、《现代非洲妖术研究的发展：以非洲市场经济化及妖术现象为中心》（［日］沟口大助）、《基督教人类学在美国》（刘琪）、《丹尼尔·法布尔的狂欢节研究》（鞠熙）等。

宗教人类学（第5辑）
陈进国主编
社会科学文献出版社 2014年12月 503千字 508页

人类学有一个经典的方法论特征，是对"边缘研究"倾注了持久的激情，诸如边缘的族群或异邦、边缘的信仰与文化。关于宗教的边缘研究，或许是我们参与观察人类复杂的宗教现象的一个绝佳的镜位。就中国研究而言，华夏边缘的宗教和华夏宗教的边缘有助于我们追问那些华夏边缘的宗教、华夏宗教的边缘，何以"文化"为中国人的灵性需求，何以"文化"为中华文明的古典基因。古丝绸之路上的苯教、道教、萨满教、佛教、伊斯兰教、基督教的当代处境，以及那些唤醒信仰记忆的节庆、仪礼，则是我们喜欢追寻的边缘声音。本书收录了国内外学者撰写的主要涉及"宗教人类学中的边缘研究"的论文、评论、综述及调研报告24篇。具体包括：《多拉仁姆山的人与神：祁连山西北缘东纳藏人的山神信仰》（宗喀·漾正冈布 英加布）、《试探阿尼玛卿山神与格萨尔王的关系：兼论藏族关于神圣性的界定》（才贝）、《济度道教的发展与信仰位育实践：以香港金兰观为例》（陈进国）、《"边缘人"的可能性：以20世纪初中国穆斯林精英为中心》（［日］山崎典子）、《人类学伊斯兰》（Gabriele Marranci）、《Shifting Daoist Ritual Practices, Specialists and Practitioners in Hong Kong》（David A.Palmer）等。

贰、宗教学研究

宗教人类学（第6辑）
陈进国主编

社会科学文献出版社　2015年10月　512千字　499页

人类学的宗教研究传统，向来强调从发生学、结构功能、象征符号等"非信仰传统"切入思考，属于一种对宗教表象的外部性观察。是否有可能走向一种内部性理解的路径，去思考信仰者自身的文化习得机制或信仰的内在动力，成为当今宗教人类学所需重点关注的问题。本书收录了国内外学者从本土概念"修"入手来寻求宗教人类学的新的研究进路的论文、评论、综述及调研报告28篇。具体包括：《The Animistic Turn: Implications for the Anthropology of the Anima》（Edith Turner）、《营造神圣之地：作为宗教与社会关联的核心的宗教场所》（何蓉）、《村落社会的知识生产与传统再造：以山西寺庙重建为例》（刘正爱）、《弱者的抵抗、现世的幸福与来世的救赎：两个阿美族聚落早期接受基督宗教的初步比较》（黄宣卫）、《日本社会的宗教特征》（高桥典史）、《生存艰辛与宗教：宗教参与社会的新形式》（白波濑达也）、《"信仰飞地"的历史原罪、现实困境和价值植入——论赵文词的China`s Catholics: Tragedy and Hope in an Emerging Civil Society》（刘国鹏）等。

2. 宗教与心理学

宗教心理学导论（宗教学译丛／何光沪主编）
［英］麦克·阿盖尔（Michael Argyle）著　陈彪译　高师宁校

中国人民大学出版社　2005年10月　334千字　331页

天文学、地质学和进化论造成了科学与宗教间的主要矛盾冲突。针对此种冲突，一种解决方法是说，科学研究的是物质世界，宗教研究的是内心世界。不过，心理学也宣称要研究和解释主观现象。本书为"宗教学译丛"之一，英国著名学者阿盖尔在仔细辨别"心理学与宗教的关系"之基础上，对心理学领域就宗教所作的研究及其成果进行了探究，阐述了作者对有关问题的独到见解，向人们展示心理学如何以不同的方式处理宗教这一特殊的人类行为领域中的问题。全书共16章。第1章旨在梳理心理学与宗教的特殊关系。第2-3章描述儿童的宗教发展，讨论皈依（改宗）现象和其他随年龄增长而发生的变化以及宗教是否与特定的人格相关联。第4-5章探讨宗教经验的范围和种类、原因和结果。第6-7章讨论宗教信念以及弗洛伊德和荣格对宗教信念的解释。第8-9章描述宗教仪式的主要形式，如崇拜、治疗和献祭，并运用人类学和心理学的思想方法对其作出解释。第10-11章探询宗教对于人们所关心的幸福、婚姻、身心健康等问题是否有利。第12-13章考察宗教和道德之间的联系以及更好的道德和亲社会的行为是否对于一个团体有利。第14-15章描述在现代社会中，宗教是否在衰减、世俗化是否在加速，同时分析了新宗教运动的兴起。第16章是有关宗教现象本身的结论。

宗教形态的心理学：宗教传统和研究的心理学智慧（心理学形态研究系列）
葛鲁嘉著

上海教育出版社　2016年6月　311页

科学的宗教心理学和宗教的宗教心理学，既有着十分重要的区别，也有着不可忽视的联系。

宗教形态的心理学旨在考察宗教活动的心理性质、宗教信仰的心理起因、宗教崇拜的心理功能、宗教皈依的心理过程、宗教意识的产生发展、宗教心理的教养培育、皈依的心理转换和改变、信仰的心理特征和作用、祈祷的心理历程和功能等，涉及人的宗教信仰、宗教崇拜、宗教观念、宗教认知、宗教情感、宗教体验、宗教行为等。它提供了阐释人的信仰心理和干预人的心理皈依的重要方式，为科学心理学的发展和进步提供了丰富和重要的心理学思想理论、研究方法和干预技术。本书为"心理学形态研究系列"丛书之一，作者基于宗教形态的心理学所包含的两种不同的含义（一是科学的含义，即科学传统中的宗教心理学，是科学家运用科学的理论、方法和技术对宗教心理的研究。这是科学心理学的一个分支。二是宗教的含义，即宗教传统中的宗教心理学，是宗教家按照宗教的方式和教义对人的心理行为的说明、解释和干预），着重探讨和论述了心理学和宗教学中关于宗教心理行为的解说与干预问题。全书共12章。内容包括：宗教心理学的界定、两种宗教的心理学、宗教心理学的探索、宗教的宗教心理学、宗教传统的心理学意蕴、本土传统的心理学资源、科学的宗教心理学、宗教心理学的历史等。

宗教心理学（第1辑）

金泽　梁恒豪主编

社会科学文献出版社　2013年6月　385千字　300页

宗教心理学产生于19世纪下半叶，起源于欧洲，在西方已经有百余年的历史。截止到目前，国内外学者尽管对宗教心理学的学科内涵、研究主体和研究对象仍存在争议，然而随着时代的发展，学科的发展也需要与时俱进，因此对宗教心理学这个学科也需要进行重新定义。本书是一部以"宗教心理学学科建设"为旨归的论文集，试图概要勾勒该学科的大致轮廓，为该领域学者建立学术交流的平台，促进该学科在中国的发展。全书分为"历史展望"、"域外视野"、"理论前沿"、"思想交谈"、"实证研究"、"学术书评"六个主题，共收入论文21篇。主要介绍西方及中国宗教心理学的历史，西方著名宗教心理学家的思想，西方宗教心理学研究中的新趋向和研究方法，对宗教认同、宗教经验、宗教皈依等相关概念进行理论探讨，分别从各大宗教的角度探讨宗教心理学的相关领域，介绍国内宗教心理学领域有代表性的实证研究和实验研究成果。

宗教心理学（第2辑）

金泽　梁恒豪主编

社会科学文献出版社　2015年12月　402千字　409页

本书是一部"以西方宗教心理学研究的最新成果为参照，着重探讨中国宗教心理学实证研究进展情况"的论文集。书中全面介绍了西方著名宗教心理学家的思想，西方宗教心理学研究的新成果，中国宗教心理学研究中的理论问题和研究方法，致力于从不同宗教的角度探究宗教心理学的相关领域，从而完整呈现宗教心理学实证研究领域的发展态势。本书还收录"中美宗教心理学双边研讨会"的部分论文，并特别向国内外宗教心理学研究领域的专家约稿，以求保证该辑刊的学术水准。全书分为"历史展望"、"理论前沿"、"思想交谈"、"域外视野"、"实证研究"、"研究述评"六个主题，共收入论文20篇。内容包括：《意识经验与宗教》（陈彪）、《斯塔伯克的宗教心理学思想》（陆丽青）、《弗洛伊德精神分析里的宗教爱》（费迎晓）、《中国宗教心理学实验研究的可行性和重大主题》(陈永胜 陈晓娟)、《个体宗教心理发展的Ψ(普西)模型及其应用:兼论埃里克森的自我同一性理论》(周普元)等。

3. 宗教与文化

宗教与文化("面向现代化 面向世界 面向未来"丛书)
卓新平著
人民出版社 1988年10月 128千字 266页

  人类宗教的发展与人类文化的发展密切相关,宗教不可能脱离开人类的文化和历史,因为宗教本身就是人类思想文化的一种表现形态,蕴藏着丰厚的人类思想文化内容。人类在表达其思想、精神境界时,会采用不同的文学、艺术形式,有着种种思维、信仰方式。宗教的表述,反映出不同的文化素质、传统的影响。人类文化的斑斓多彩决定了世界宗教的丰富多姿,文化之间的交流、融会,促进了各种宗教的接触和混合。本书为"面向现代化 面向世界 面向未来"丛书之一,是卓新平教授力求从宏观上思考和把握"宗教与文化"二者之关系的早期论著。全书共分6章。作者在书中将宗教与文化作为一种整体来看待,分别从宗教与文化概念、宗教与人类社会、宗教与民族发展、宗教与文化传统、宗教与文化形式、宗教与文化交流六个方面分析探讨了人类宗教问题,对宗教作出了广义的理解。本书指出,宗教的"本色化"(外来文化的适应过程和结果)趋向所展现的文化融合,表明人类文化在寻求一种"等同",即无论外来宗教在新的文化土壤上立足,得到本土文化的承认,还是本土文化以自我为主体,选择并改造外来宗教以及随之而来的外在文化因素,都是一种走向"合一"的过程。

宗教文化学导论
张志刚著
人民出版社 1993年10月 244千字 345页

  在当代人文科学领域,文化研究与宗教研究已被推到了学术探索的前沿,将二者混融为一体的"宗教-文化"研究则更是一项跨学科且综合性极强的课题。本书即尝试由此学术交汇点入手,通过对当代西方六位著名的文化史学家(道森)、文化神学家(蒂利希)、文化人类学家(马林诺夫斯基)、宗教社会学家(韦伯)、历史哲学家(汤因比)、文化哲学家(卡西尔)之主要理论的介绍、分析和评论,考察宗教观念的晚近发展,揭示当代人文学科研究中宗教研究与文化研究相结合的趋势,进而推出一个新的学科建设构想。全书共分8章。作者以批判的眼光窥测新形态的"宗教-文化观念"、审视现代人文研究逻辑的走向。

文化的演进:宗教礼仪研究
陈荣富著
黑龙江人民出版社 2004年12月 320千字 370页

  宗教礼仪是宗教信仰观念的行为表现,内在的宗教信仰观念由于表现在礼仪上而被外在化、客观化和具体化,所以宗教信仰观念与宗教礼仪的关系实质上就是理论与实践、思想与行动的关系,只不过这种理论和实践、思想与行动都是同关于超自然力量的实在性这一信仰相联系的。以往对于宗教的研究，大多重视宗教信仰体系和宗教史，而忽视对宗教礼仪的研究。其实，无论是研究宗教的产生和发展，宗教的社会作用，宗教与艺术、风俗、道德的关系，还是研究宗教心理学、宗教现象学、宗教社会学、宗教比较学，都离不开对宗教礼仪的研究。本书首先概述了礼仪在宗教中的地位、宗教礼仪的产生与功能、研究宗教礼仪的各种学说、宗教礼仪的基本形式，并在厘清宗教与礼仪之伴生关系的基础上，从发生学的角度全面探讨了原始宗教礼仪以及东西方宗教礼仪的产生与发展过程、表现形式和主要特点，从而清晰勾勒出宗教礼仪的整体轮廓。全书共7章。内容涉及中国传统宗教的信仰和礼仪、宗教礼仪的发展与文化进步、佛教礼仪的源流和演变、基督教礼仪、宗教礼仪与艺术等方面。

宗教文化与经济发展
孙健灵著

云南大学出版社　2010年11月　270千字　207页

"宗教经济学"是一门晚近才取得学科名称、但还未能获得独立地位的新兴学科。该学科至少包含着四大研究领域：一是宗教与经济的互动，二是教团经济问题，三是宗教的经济观，四是对宗教的经济学分析。前三个领域的逻辑主线是"宗教文化与经济发展"，或可简称为"宗教经济互动论"；第四个领域的基本特征是"对宗教的经济学分析"，可以统称为"宗教市场论"。本书着眼于宗教经济学的总体视野（包括三个方面的内涵：一、总体性事实；二、多学科研究；三、全球化背景），对宗教经济学的重要内容，即宗教与经济的互动关系问题进行了积极、深入的探索，提出佛教理念与经济和合的观点。全书共6章，内容包括：经济秩序的宗教渊源、宗教活动的经济基础、宗教文化与经济增长、宗教伦理与经济行为、宗教冲突与经济矛盾等。本书之研究结果对于实现宗教与经济发展的适度契合，促进和谐社会建设具有一定积极意义。

法律文化视野下的宗教规范研究（法意文丛）
王宏选著

厦门大学出版社　2013年9月　236千字　204页

宗教不仅是抽象的世界观和意识形态，还是活生生的社会综合体系和文化生活方式。宗教规范作为一种传统法律文化，长期存在并具有活力的根源在于，其中有着灵活的解释和适应机制，开展多个层面的对话与交流。在当代世俗化和多元化的背景下，传统宗教规范必须适应时代要求，进行创造性转化。本书为"法意文丛"之一，作者运用史论结合、法理分析的研究方法，将宗教规范置于法律文化的视野下进行系统考察，试图通过对宗教规范的基本理论、传统社会宗教规范产生和存在的根据和现状，以及社会宗教规范面临的困境和机遇等方面问题的探究，发掘出宗教规范所蕴含的有利于法制建设与和谐社会的现代价值。全书共7章。第1章阐述了宗教规范的含义和分类。第2章阐述了宗教规范的文化根源和演变轨迹。第3章论述了宗教规范作为一种社会规范的特征。第4章论述了宗教规范作为一种社会治理方式的特征。第5章论述了宗教规范作为一种价值体系的特征。第6章论述了中国传统社会宗教规范的特征。第7章论述了传统宗教规范的现实处境和创造性转化问题。

4. 宗教与伦理学

人道与神道（宗教伦理学导论）
吕大吉著

上海人民出版社　1991年3月　254千字　377页

　　宗教的道德功能，宗教在历史上对社会道德的影响，宗教道德本身的作用，是极其深远的，这是客观存在的事实，任何人都无法否定。本书试图通过对原始宗教、古代民族宗教乃至当代世界各种宗教以及它们的道德要求所进行的系统性研究，逐层剖析宗教与道德之间极为复杂的对应关系，阐释基于"道德神启说"等种种假设下的伦理学命题。全书分为"宗教与道德的起源"、"宗教与道德生活的保证"、"宗教道德和世俗道德"、"神道主义与人道主义"等7章。作者认为，唯物史观关于阶级分析的方法在宗教－道德领域并未过时，不对宗教及其道德功能的性质进行必要的阶级分析，是不可能得出合理的结论的。

宗教伦理学概论
陈麟书著

宗教文化出版社　2006年10月　340千字　374页

　　宗教伦理学是一个庞大的理论体系。本书全面阐述了宗教伦理学的基础理论、类型、世俗化倾向以及宗教的人文理论和宗教伦理史的典型评论，着重对宗教伦理的最基本理论作了较为系统而简明的论述。全书分五篇，共34章。第一篇（第1-11章），分别探讨宗教伦理学的基本问题、命题、结构、特征、功能、层次，以及宗教基本礼仪形式的伦理性、宗教的经济伦理、宗教的政治伦理和文化伦理等方面。第二篇（第12-20章），依照各宗教自身所处的不同历史的发展过程，将宗教伦理概括为原始宗教的生存伦理、犹太教的律法伦理、印度教的行为伦理、传统佛教的解脱伦理、基督教的救赎伦理、道教的生命伦理、伊斯兰教的圣典伦理、国家神道的政祭伦理等几种类型，并加以论述。第三篇（第21-26章），从"道德宗教"伦理观的人本性、"境遇伦理"观、"人间佛教"的伦理观、"现代禅宗"的伦理观等角度阐明现代宗教伦理的世俗化倾向。第四篇（第27-31章），从宗教的人生伦理、智慧伦理、社交伦理、家庭伦理、善恶伦理五个方面分析探讨宗教的人文伦理。第五篇（第32-34章），分别对奥古斯丁的神学伦理、康德宗教伦理观的两重性、尼采的伦理哲学这三个宗教伦理史上的典型作出评论。

宗教伦理学（上、下册）
王文东著

中央民族大学出版社　2006年11月　800千字　1015页

　　世界大多数宗教都是伦理型的宗教。如果没有伦理因素，不仅宗教生活将会失去精神支持，而且整个宗教信仰乃至人类社会文化也将失去道德基础。但这一信念在当代和平主义思潮和全球化境域里，特别是在20世纪90年代以后世界范围内的民族宗教矛盾和区域战争的新高潮中，面临着艰难而复杂的处境。如何看待宗教的价值趋向、宗教能够为当代社会提供什么等关涉宗教伦理的问题，已引起当今社会大众及学界的深切关注。本书为"中央民族大学国家'十五''211工程'建设项目"成果之一，作者以前人研究所取得的学术进展为依据，在全面叙述和总结宗教伦理学的题材、性质和研究法的基础上，对宗教伦理的合理化与类型、宗教信仰及其价值律、宗教伦理的实体系统与层次、个体宗教伦理意识、中国民族宗教伦理的形态及功能结构进行了深入细致地分析讲解，并对当代社会宗教伦理的适应性及其发展作了富有创见性地论述和展望。全书共8章。书中所述涉及宗教逻辑结构中的伦理关系，宗教与伦理的逻辑关联及现实互动，一般宗教伦理与特种宗教伦理，后宗教时代宗教伦理价值，少数民族中的道教伦理、基督教伦理和伊斯兰教伦理等诸多理论细节问题，本书呈现出体系完整、条理分明、内容丰富、论证扎实的显著特点，对于我国宗教伦理学研究及学科建设向更深层次拓展具有积极意义。

宗教与伦理（宗教文化大系／赖永海主编）
杨明著
译林出版社　2010年1月　197千字　261页

宗教与伦理的关系是宗教学也是伦理学研究的重要课题。本书为"宗教文化大系"丛书之一，亦为南京大学"宗教与文化"创新基地（其主要任务是对哲学社会科学领域的某些重大课题进行开创性研究）的系列研究成果之一。作者在本书中试图从学理上系统阐释宗教与伦理的历史与逻辑关系，构建在文化视域中理解宗教与伦理关系的基本图式，同时对全球化背景下宗教伦理的现实意义、现代社会宗教发展的伦理化趋势、宗教在和谐世界建设中的积极作用等问题，做出独到的解答。全书共5章。第1章介绍宗教与伦理的基本关系及其研究意义与现状。第2章对宗教与伦理的关系进行历史与逻辑的分析。第3章分别探讨佛教、道教、基督教和伊斯兰教的宗教伦理。第4章探讨全球化背景下的文明冲突与宗教伦理，指出宗教对构建和谐世界的作用。第5章探讨现代宗教的伦理化趋势，重点说明宗教伦理化趋势的必然性及其具体表现。

道德与神圣：宗教与道德关系问题研究
曾广乐著
宗教文化出版社　2008年10月　250千字　285页

宗教与道德从来就是紧密结合在一起的。无论在古代社会还是当代社会，宗教信仰促使人们的注意力转向人们的精神世界、道德世界，引导人们关注自身的精神品质。道德本身即需要神圣化，而宗教的神圣性赋予道德以神圣性，铸就人的内心中一种神圣感，使遵守道德变得神圣不可侵犯。本书是一部研究道德与宗教关系这个"常谈常新"的"老问题"的专著，旨在通过对历史上有关宗教与道德关系的主要观点评介，宗教的道德效应的形成途径与方式，宗教、道德及其相互关系的发展趋势等方面内容的分析考察，对两者的关系问题作出较为清晰地梳理和解答。全书共分7章。作者认为，在世俗化、现代化进程日益推进的当代社会，宗教的发展呈现出一种伦理化的趋势，本质就是宗教日益把人类社会的伦理道德问题作为重点与核心进行关注，并以之为核心开展工作；并且指出，脱离了宗教的神圣性，道德理性很容易被异化为某种工具理性，而宗教则使道德变得神圣不可侵犯，捍卫了道德的尊严和权威。

5. 宗教与社会学

宗教社会学
[美] 托马斯·奥戴著　胡荣　乐爱国译
宁夏人民出版社　1989年11月　137千字　201页

宗教是构成整个社会系统的极其重要的一个制度结构。作为科学理论，宗教社会学为解析宗教的社会性存在，即"共同具有的信仰与实践"提供了一种思考和研究的框架。本书系根据美国新泽西州思格尔伍德、克利夫斯：普兰提斯－霍尔出版公司1983年版（1966年首次出版）译出的一部宗教社会学论著。作者托马斯·F·奥戴是美国当代著名社会学家，他在这部书中概述了宗教社会学的基本内容和研究方法，既充分肯定了功能理论对宗教研究的意义，也从社会学的角度分析了宗教的矛盾、冲突和困境。全书分为"宗教和社会：功能学派的观点"、"宗教经验"、"宗教的制度化"等6章。作者指出，宗教社会学本身并不关心宗教所依赖的超验信条的真理性或价值，它关心的仅是这些信条在人的历史经验和人的社会发展中所起的作用，但它确实为看待宗教现象提供了经验的信息和方法。

人与神：宗教生活的理解（西方学术译丛）
[美] 斯特伦著　金泽　何其敏译
上海人民出版社　1991年11月　300千字　403页

在宗教意识中，终极实体意味着一个人所能感知的、最富有理解性的源泉和必然性，即人类所能认识到的最高价值。宗教则是把人们从其所深陷于一般存在的困扰中，如罪过与无知等，彻底转变为能够在最深刻的层次上驾驭自我以及处理世俗关系的一种手段。宗教使个人和社会经历一种终极的和动态的转变过程。象征、社会联系、情感、理智活动等都可促发这一转变过程。人们借此超越自己，达到与真正的和终极的实体合一。本书为"西方学术译丛"之一，以百多年来欧美学术界对宗教生活的研究为基础，强调对所谓"宗教"的人类经验中的根本因素作一番全球的、历史的、社会科学的和哲学的审视。全书分三编，共计15章。斯特伦关于"根本转变"的理论学说，具有很强的解释能力，几乎把古往今来、宗教的与世俗的各种文化形式全都囊括于自己的理论体系之中。在他看来，人类生活的一切方面皆可看作有可能成为实现根本转变的途径。由此产生一个问题：在终极的层面上，宗教与非宗教的区别消失了。译者金泽认为，尽管斯特伦表明这地不意味所有人类活动都会成为宗教的活动，而是说宗教的诸因素，已经渗透到过去不曾同宗教密切相关的人类生活的其他方面之中；但仅此解释，并不能弥补其理论体系的一个重大缺陷。

宗教生活论（宗教文化丛书/王志远主编）
[美] 弗雷德里克·J·斯特伦著　徐钧尧　魏道儒　刘靖华　江亦丽合译　立道　文溪校订
今日中国出版社　1992年2月　280千字　397页

本书为"宗教文化丛书"之一，是一部教科书式的专著，分三大部分，共计15章；各章末均附有对应其议题的"选读书目"以供参考。全书立论基于两个假设：一、对认识宗教人生的探求是一个不断发展的过程；二、宗教多元论的事实要求人们承认终极主张的多样性，并运用类型学的分组归类方法概观世界三大宗教和重要的地区性宗教，如犹太教、儒教、道教、婆罗门教、神道教以及古希腊罗马的宗教和美洲土著人的宗教。围绕各种宗教生活现象，作者不仅指出其神圣性的心理依据，而且阐明人类表现宗教意义的意识和行为模式，并由此对19世纪末以来西方宗教学的演进脉络进行梳理；此外，扼要介绍了宗教学、考古学、社会学、人类学和心理学等领域内的学者研究宗教生活的方法、集中讨论的问题及其得出的结论。本书在重视研究史前宗教、古代宗教的同时，对当代西方，特别是当代美国的宗教发展趋势给予密切关注。作者认为，构建于现象学基础之上的类型学体系框架，有助于人们把握宗教生活的实质，这种方法将古今的宗教体验解释成一种终极转变的能动过程，也就是说，它注重宗教感情、思想和行为的力量，以唤起人们的最深感受和最深价值。

宗教社会学通论
陈麟书　袁亚愚主编
四川大学出版社　1992年9月　288千字　390页

　　宗教社会学，是一门集宗教学与社会学于一体的边缘性学科，尽管这门学科在国外已有近百年的历史，但在我国直到最近还几乎是一片空白。本书是1988年国家社会科学基金会首次向全国学术界"招标"的研究项目："宗教社会学"的最终研究成果（该项目的课题负责人是陈麟书教授，项目研究任务由四川大学宗教学研究所和四川大学哲学系社会学研究室的几位教师共同承担），亦为我国学者撰写的第一部宗教社会学专著。其学术价值在于：本书的整个理论体系，为创建有中国特色的宗教社会学开辟了新路。全书分为"绪论"、"宗教的本质、构成和类别"、"宗教的功能与社会作用"、"宗教与其他社会基本因素"、"宗教与各类社会成员"、"宗教和婚姻、家庭"、"现代社会和宗教"七编，共25章。书中以马克思主义的基本观点为指导，同时广泛汲取国内外专家学者、各个学派的有价值的学术思想与研究成果，全面介绍和论述了宗教社会学产生与发展的历史以及宗教社会学的研究方法，使读者不仅对该学科的基本理论有系统的认识，而且能从中掌握宗教社会学从产生到现在的历史梗概，并了解其研究的基本方法。

人·社会·宗教
罗竹风主编
上海社会科学院出版社　1995年2月　460千字　564页

　　20世纪以来，人们立足精神文化，从新托马斯主义、从存在主义、从结构主义等等角度，在社会学、心理学、人类学等等学科中，对宗教作了多方位的探索。其中，以马克思主义的立场、观点和方法来认识宗教现象，分析社会和宗教、人和宗教等关系，正确处理不同国家和不同民族的人和社会生活中的宗教问题，已成为20世纪的宗教学研究的最大理论突破。本书是一部以马克思主义为指导思想来综合研究"人"、"社会"与"宗教"问题的"颇有新意的学术专著"（由多位专家学者共同执笔撰写）。书中试图摆脱哲学史、思想史的传统模式，力求从"内层"入手，就宗教本身所固有的规律和特点研究宗教。全书分两编。第一编"世纪之交的宗教观"（6章），旨在切入宗教内层探讨其本身的诸多属性和侧面，内容涉及宗教发生、发展，各学派对重大问题的研究成果和影响，人和宗教、社会和宗教、宗教和文化的关系等。第二编"20世纪宗教学发展的轨迹"（9章），历史性地阐述20世纪宗教研究各分支学科，包括宗教人类学、宗教史学、比较宗教学、宗教社会学、宗教伦理学等的研究成果，介绍著名学科创始人和带头人以及各种学派有关著述。

贰、宗教学研究

宗教社会学（现代社会学文库）
戴康生　彭耀主编
社会科学文献出版社　2000年6月　306千字　387页

　　宗教社会学是立足于宗教与社会的关系来研究宗教的。离开了人类、社会，便无宗教可言；反过来说，有了社会和具有社会性的人，宗教的产生、发展、消亡才有其合理性、普遍性与必然性的内在依据。本书为"现代社会学文库"丛书之一，是一部以马克思主义唯物史观为指导，运用社会学的统计原理和研究方法，对历史上及当代中国社会与宗教二者关系的若干问题加以理论说明的专著。全书共分8章，大致包括两个方面内容：一是根据编者对国外相关研究的了解及中国社会与中国宗教的特性对宗教信仰者及其宗教行为、宗教组织及其制度、宗教的社会功能、宗教与现代社会的发展变迁之间的关系，并结合西方宗教社会学的成果，从宏观上对社会与宗教之关系问题作出理论阐析；二是对中国传统社会中的宗教与改革开放以来中国宗教的状况和变化进行一些理论上的探讨，并在其基础上提出某些思考与展望。本书认为，在社会主义中国，宗教虽然已经作为并将继续作为社会一个必不可少的部分存在下去，但它又是中国主体意识形态的相异物，必然受到相应的制约，不会过度发展为对社会起重大影响作用的子系统。

宗教社会学（韦伯作品集）
［德］韦伯著　康乐　简惠美译
广西师范大学出版社　2005年11月　270千字　356页

　　宗教展现了人性的一个基本的和永久的面向，宗教社会学则试图解释人们身边这一现实存在。宗教社会学中，韦伯的研究举足轻重，他既以理论见长又不乏实证，尤其在比较宗教社会学方面的学术水准，其奠基地位举世公认。正如韦伯所言，"如果要简洁地以一句话描述出所谓世界诸宗教的主要担纲者，那么，可以这么说：儒教，维持现世秩序的官僚；印度教，维持现世秩序的巫师；佛教，浪迹世界的托钵僧；伊斯兰教，征服世界的武士；犹太教，流浪的商人；基督教，流浪的职工。"韦伯这句话画龙点睛地描绘出世界各大宗教的特色，也是他从事宗教社会学研究多年的心血结晶。相较于韦伯其他针对世界各大宗教的具体研究，本书偏重理论的构架，带有提纲挈领的性质。换言之，本书可谓韦伯整体宗教社会学研究的一个凝缩本，书中所展示出的关于宗教与社会、宗教与现代性之关系的研究方法和独特视角，对于当今宗教社会学理论的进一步发展仍有相当的启示意义。全书共12章。内容包括：宗教的起源；神概念、宗教伦理、禁忌；先知；教团；神圣的知识、布道、司牧；身份、阶级与宗教；神义论的问题；救赎与再生；救赎之道及其对生活态度的影响等。

宗教社会学史（宗教学译丛 / 何光沪主编）
［意］罗伯托・希普里阿尼（Roberto　Cipriani）著　［意］劳拉・费拉罗迪（Laura　Ferrarotti）英译　高师宁译　何光沪校
中国人民大学出版社　2005年11月　310千字　340页

　　本书为"宗教学译丛"之一，是意大利罗马大学社会学教授罗伯特・希普里阿尼从历史的角度全面、系统地阐述宗教社会学发展历程的专著。书中以宗教社会学以及相关领域的约70位学者的主要思想和理论为线索，并将宗教社会学近200年的发展走向分门别类，既注意到每一位学者的独特性，又关注他们之间在理论上的关联，并以图表、概要说明等形式展示了这种关联，从而构成了一部具有独特视角的学科史。全书按宗教社会学形成的思想文化背景及其发展时序分为"丰富的源泉"、"古典时期"、"当代阶段"和"近期的发展"4章。内容涉及奥古斯特·孔德：普遍的宗教；托克维尔：宗教与民主；杜尔凯姆：宗教的诸种形式；韦伯：世界诸宗教；西美尔：宗教性与宗教；弗洛伊德：宗教的心理维度；法兰克福学派与宗教；罗伯特·贝拉：公民宗教；尼克拉斯·卢曼著作中作为功能的宗教；新兴宗教运动等多个方面。更重要的是，本书不仅关注宗教社会学在北美的发展，同时也没有将北美与欧洲的关联切断。正如作者所希望的，本书能够成为横贯两岸的大桥，并以这样一种方式来促进交流，创造出新的成果。

宗教生活的基本形式（汉译世界学术名著丛书）
[法]爱弥尔·涂尔干著　渠东　汲喆译
商务印书馆　2011年4月　634页

本书为"汉译世界学术名著丛书"之一，系享有"19世纪末20世纪初人文和社会科学领域不可多得的集大成者之一"美誉的爱弥尔·涂尔干晚年之作。这部著作立足于宗教社会学的观察视角，意图透过"原始初民社会的基本互动方式"，来认识、提取和建构出社会构成的最基本元素。首要主题是"分析研究已知的最简单的宗教，用以确定宗教生活的基本形式—为何在原始宗教中更容易发现和解释这些形式"，研究次题是"思想和范畴之基本概念的起源—认为其起源是宗教的亦即社会的之根由—对知识理论的重新阐释"。书中引用大量人类学材料，从图腾制度出发讨论了宗教生活之构成的基本原理及命题，堪称涂尔干所有作品中最精湛的作品，最能代表其社会思想取向的文献。本书还反映了涂尔干晚年思想的主要转向，即用社会决定论来构建道德个体主义的理论企图，其中的若干章节被认为知识社会学研究的范本。全书分为"先导问题"、"基本信仰"、"主要仪式态度"三卷。内容包括：宗教现象和宗教的定义、基本宗教的主导概念、作为基本宗教的图腾制度、图腾信仰以及这些信仰的起源、灵魂观念、精神和神的观念、消极膜拜及其功能、积极膜拜等。

宗教与文明
朱来常著
安徽人民出版社　1986年7月　146千字　271页

从人类文明史的发展方面来研究宗教的起源、发展、兴衰以及宗教走向消亡的趋势，阐明宗教与文明的关系，乃社会科学需要回答的一个重要课题。宗教与文明归结为两种截然相反的社会历史现象。文明属历史范畴，是人类逐步摆脱蒙昧、野蛮状态的社会标志。人类文明每前进一步，都要冲决宗教和有神论思想的束缚。宗教是离开社会物质生活最远的意识形态，不仅包括宗教观念，同时也包括与宗教观念相联系的宗教情感，以及宗教仪式和教团组织等。无论从理论抑或实践上看，社会主义社会都不是宗教终结的时代。宗教在社会主义时期的总趋向是削弱而非加强，但问题的另一面却是社会主义时期的宗教将体现出特有的复杂性和长期性。宗教有它产生、发展的阶段，随着人类文明的延伸和社会进步，它又必然要走向消亡。

宗教与文明
潘显一　冉昌光主编
四川人民出版社　1999 年 5 月　431 千字　543 页

　　在人类历史上，宗教与文明的关联十分紧密。本书以马克思主义宗教观为指导，试图从宗教与人类文明的几大关系上，来考察宗教的文明史价值，探索宗教对于人类文明各个方面所起的作用、所发生的影响，并由此构建自己的思想体系和理论框架。全书分为"宗教与文明的界定"、"宗教与文明的演进"、"宗教与社会"、"宗教与人"、"宗教与哲学"等 10 章。各章所述内容可概括为四个角度：一、依据宗教学、文化学的一般理论解析宗教与文明的基本范畴和基本概念；二、通过实事求是的历史总结，探讨宗教对人和社会生活各个方面的影响和作用；三、通过透视宗教与文学艺术、宗教与哲学思想、宗教与伦理道德、宗教与民俗的关系等，探讨宗教思想对整个意识形态的影响；四、在国际纷争、国内政治往往与宗教、民族紧密联系的今天，需要从更高的文化层次上思考宗教与民族关系问题。本书的基础，建立在宗教的文明史地位及其现实影响之上，也建立在我国宗教学的最新发展、最新成果之上，其基本观点是宗教还将相当长久地影响人类文明的发展，正确认识和处理宗教问题，将是我们建设"两个文明"不可回避的现实问题，因而本书对于宗教与文明互动关系的思考和研究具有较强的现实针对性。

二十一世纪宗教与文明新探
史作柽著
宗教文化出版社　2007 年 4 月　480 千字　449 页

　　本书为台湾知名诗人、学者史作柽先生运用哲学人类学的思考方式探讨 21 世纪人类宗教与文明之发展前景的力作。在书中，作者用哲学的方式表达了他对于人、文明和历史的独到理解，解读了宗教赋予人类心灵慰藉的意义，通过对历史文明的穿透，倡导属人自然存在状态的恢复，提出新宗教、新文明之可能。全书共分 16 章。第 1-2 章分别介绍 21 世纪人类文明与宗教之概况，并从哲学人类学角度，诠释"人自体"之存在性基础，展望新世纪之文明与宗教的发展。第 3-9 章则以中国哲学为题材，用哲学人类学的研究方法，探讨存在性的三元结构，试图从多个角度呈现"自然为人文之基础"的根本事实，以找寻其属人共通性之人类感及其作为新文明与新宗教之基础。第 10-12 章探究"人的出生"、"自然身体"、"无欲"与"休闲"等主题，以寻求古典理想精神在现世的再生与应用。第 13-14 章将"三星堆神话"与"兵马俑"作为理想与现实两极限之实际例证加以解析，前者代表对于理想抉择的艰困历程，后者则显示自然理想失落之后的现实作风。第 15 章以"自然—人—社会"三者之关系为题，对于人在宇宙中的位置作了一次再定位，指出人之外于社会性，破解人必活于社会城墙中的迷思，展现属人自然之广大世界，以及"一人一宇宙"之大想象的可能。第 16 章为本书之结论，表达人类文明的美好祈愿。

法律与宗教
[美]哈罗德·J·伯尔曼著　梁治平译
生活·读书·新知三联书店　1991 年 8 月　92 千字　199 页

　　法律与宗教是两个不同然而彼此相关的方面，是社会经验的两个向度。本书为"新知文库"丛书之一，系根据美国法学家伯尔曼先生于 1971 年在波士顿大学所作的一系列公开演讲整理而成，在这部书中，伯尔曼既谈了法律，也谈了宗教，"试图向美国人提示法律与宗教更宽泛且更深层的意蕴"，展示了作者深邃的历史意识与不同寻常的哲学领悟。全书包括四个部分。第一部分"法律中的宗教"，从人类学角度把法律与宗教定性为所有文化都拥有的领域，认为包括今天我们自己的文化在内的所有文化里面，法律与宗教共同具有某些要素，即仪式、传统、权威和普遍性。第二部分"基督教对西方法律发展的影响"，从历史角度解读了过去2000年间宗教（犹太教和基督教）对于西方法律的影响。第三部分"宗教中的法律"，从哲学角度讨论了"宗教的法律方面"的问题，试图揭示那些认为法律与爱，法律与信仰，抑或法律与神恩之间存在不可调和的矛盾的宗教思想派别的谬误。第四部分"超越法律、超越宗教"，从"末世学"角度探讨了西方人于"革命时代"所面临的困境，涉及东方基督教与西方基督教、基督教与非基督教宗教之间看待法律的不同态度问题。

宗教社会学（第1辑）
金泽　李华伟主编
社会科学文献出版社　2013年6月　463千字　467页

宗教社会学的研究为中国的宗教研究注入了活力，人们越来越以研究方法是否科学、样本如何确定、调查过程是否合理、调查方法是否全面等作为衡量研究成果的主要指标，其中可以看到，"科学"的位置越来越高。本书是国内首次针对"宗教与现代性"这一主题进行集中研究与深入探讨的论文集。书中强调围绕西方宗教社会学理论某一议题进行多方位的深入研究，以及对中国宗教有理论深度的社会学研究，从不同理论家对宗教在现代性语境下的变迁之诊断，围绕歧异的理论主张：理性化、世俗化、非世俗化、宗教私人化、宗教的去私人化、宗教的进化、公共宗教等具体议题展开分析论述。全书由中心论题、经典钩沉、理论前沿、书评、综述等栏目组成，共收入论文25篇。内容包括：《变奏中的创新》（何其敏）、《现代性语境下的世俗化理论研究》（郑莉）、《论中国宗教的社会学研究》（莫里斯·弗里德曼）、《超越宗教研究：玛丽·道格拉斯的"格/群"文化理论》（陈锐钢）等。本书注重厘清宗教社会学理论源流，推崇有理论支撑与历史深度的研究报告，力求为中国宗教社会学学科建设夯实基础、搭建平台。

宗教社会学（第2辑）
金泽　李华伟主编
社会科学文献出版社　2014年7月　395千字　399页

本书是一部旨在透过西方宗教社会学视野来分析和探讨中国宗教的论文集。书中围绕"西方宗教社会学理论与中国宗教"这一主题，试图反思西方宗教社会学理论框架及其背后的知识论，分析其对中国宗教研究带来的影响，力求在理论反思与经验研究的基础上，呈现西方话语遮蔽下的中国宗教现实。全书由中心论题、专题、经典钩沉、书评与综述等栏目组成，共收入论文24篇。这些论文对公民宗教、弥撒型宗教等西方话语进行了知识考古，既注重译介、分析经典文本和一手文献，又切入中西语境反思这些概念范式的适切性及其存在的问题。内容包括：《美国的公民宗教》（罗伯特·贝拉）、《从西美尔的宗教性理论到贝拉的公民宗教》（邵铁峰）、《美国"公民宗教"的概念及来源》（威尔·赫伯格）、《北京广化寺的护法组织和居士生活》（张恒艳）、《中国是"无神"国度吗：对中国宗教信仰状况的定量分析》（郭慧玲）、《当代中国宗教捐赠行为的初步研究》（何蓉）等。

宗教社会学（第 3 辑）
金泽　李华伟主编
社会科学文献出版社　2015 年 8 月　298 千字　322 页

　　本书是一部"以中国宗教现象为依据，尝试对部分西方宗教社会学理论与概念进行溯源，并对其进行反思与本土化考量"的论文集。书中既关注西方理论，又立足中国宗教与社会实际，对中国宗教进行了类型学研究的尝试；既追溯西方理论之源，又探讨其对中国宗教经验的解释力及其适用性、局限性。力求通过溯源厘清西方宗教社会学理论，反思学界在概念移植、使用中存在的问题，尝试在理论溯源和对中国宗教经验体悟的基础上融会贯通。全书由中心论题、经典钩沉、专题、书评与综述等栏目组成，共收入论文 21 篇。内容包括：《涂尔干的知识论：宗教与概念》（邵铁峰）、《中国宗教研究的类型学问题：从江南民间宗教出发》（郁喆隽）、《宗教组织拓扑结构的"理想型"及社会学启示》（胡安宁）、《解禁与教派演化：以台湾地区的一贯道为例》（卢云峰　梁景文）、《导言：探索"宗教认同"研究的基本路径》（何其敏）等。

宗教社会学（第 4 辑）
金泽　李华伟主编
社会科学文献出版社　2016 年 12 月　401 千字　380 页

　　本书辑录了国内外宗教哲学与宗教研究方面的专家学者撰著的论文 20 篇。这些论文内容丰富、方法论多元，涵盖了社会学、思想史、宗教学等学科方法，涉及宗教与认同、城市新移民与宗教、民间宗教与基层社会以及经济学在宗教社会学中的应用等话题，提出了颇多值得深思的理论和现实议题。其中部分论文以宗教与公共领域为中心论题，围绕宗教可否进入公共领域、可进入何种公共领域，以及宗教与法律、宗教与政治等领域的关系进行研讨，是国内对相关问题最为集中的研究尝试。全书分设"中心论题"、"经典钩沉"、"理论前沿"与"学科综述"等六个栏目，内容包括：《公民宗教与西方政治思想中的法律》（邵铁峰）、《试析边界在宗教认同中的功能及意义》（蒋雨樨）、《中国宗教社会学研究的功能主义偏向》（李向平）、《宗教与中国城市新移民研究的理论思考》（范丽珠）、《关于宗教的中国式思考》（冯巧英）、《伊斯兰女性主义研究》（范若兰）、《2015 年度宗教社会学学科综述》（李华伟）等。

6. 宗教与科学

灵魂　自然　死亡：宗教与科学的接点（21 世纪重大话题译丛）
[日] 河合隼雄著　公克　晓华编译
辽宁大学出版社　1991 年 11 月　120 千字　177 页

　　宗教与科学的对话，很可能成为 21 世纪的极其重要的课题。而要研究宗教与科学的接点问题，首先须审视 C.G. 荣格所提出的"共时性"理论，意即"灵魂现象"中那些不符合因果决定论的规律的部分。本书为"21 世纪重大话题译丛"之一，是日本著名心理疗法专家河合隼雄从人的意识结构的角度审视"宗教与科学的接点"撰写而成的一部探讨人类灵魂现象的专著。全书分为"灵魂"、"共时性"、"死亡"、"意识"、"自然"、"心理疗法"六个部分。作者在书中运用临床心理学和荣格的精神分析方法，对潜藏于人类心灵深处的具有普遍性的"灵魂"意识及其超常体验，作了细致入微地分析和研究，试图通过对人生而固有的某种"原始模型"的考察，来探觅宗教的起源踪迹。本书认为，宗教的起源虽然系从"如何阻止（接受）死亡"之课题发展而来，但它却不是单纯的知识体系。就观察者而言，正如西方医学把人体当成"客观对象"观察，使科学的医学获得巨大发展。但是，按同样的思想方法把人的"心"也当成客观对象加以观察就得不到预期效果了，因为观察者本身也有"心"。

宗教的科学研究（上、下册）（世界宗教研究译丛／卓新平主编）
[美] J.M. 英格著　金泽等译　刘澎校
中国社会科学出版社　2009年6月　728千字　852页

　　宗教能动地反映出人的精神生活，是人类文明的重要现象，也是人类社会的一个基本组成部分。宗教作为人类历史发展的产物，与"人性"、人的"社会性"和"精神性"有着密切关联，展示出人的精神世界之丰富、复杂，并对世界大多数人的宇宙观、人生观、价值观形成重大影响。而在英格看来，宗教是人们借以和生活中的终极问题进行斗争的信仰和行动体系，是人们获得最大幸福的一种手段。它既可以满足人在最深层次上的需求，也能够处理我们用其他方法或其他手段不可能处理的问题，因而"宗教对于人类是必不可少的"。本书为"世界宗教研究译丛"之一，是当代美国著名宗教学者英格出版于1970年的一部宗教社会学力作，被后人视为"宗教社会学第一部系统的教材"，影响极为深远。全书分上下册，共22章。上册（第1—13章），首先探讨了宗教的定义，在此基础上，对宗教行为，宗教与伦理道德的关系，宗教、科学与巫术，宗教场域，宗教与性格，宗教与个人需要等理论范畴展开全面分析，最后介绍了宗教、文化与社会的关系及宗教组织的类型。下册（第14-22章），主要从宗教的整合功能角度考察了宗教与人类社会生活诸方面的关系，内容包括：宗教、分层与抗议，宗教与少数群体地位，宗教与经济发展，宗教与政治，复杂社会中的教会和政府，宗教和战争，社会变革与宗教变革等。

宗教与科学（宗教文化大系／赖永海主编）
蔡仲著
译林出版社　2009年12月　185千字　254页

　　科学与宗教之间的积极对话与沟通，是当前学术界面临的一个十分迫切的研究课题。本书为"宗教文化大系"丛书之一，作者以20世纪"创世论与进化论之争"为中心线索，分析探讨了宗教与科学的关系。书中收纳了大量深具学术价值的现当代科学史、科学哲学、科学论和宗教史的研究文献，为进一步深入研析提供了参考。全书共5章。第1章讨论20世纪发生在美国的三场论战，即："猴子审判"案件、"平等对待进化论与创世科学"法案、"智慧设计理论与进化论"之争。第2章讨论现代主义意义上的自然主义与超自然主义之争，指出以实证主义为主要代表的现代主义的观点在化解宗教与科学的冲突时是行不通的。第3章讨论后现代意义上的文化权力之争，认为欧洲大陆的后现代文化相对主义与社会建构主义在面对上述问题时同样行不通。第4章讨论"科学的后殖民主义"，认为科学哲学的后实证分析虽然提供了一条融合的途径，但却提出了一个科学与宗教之间关系的僵硬的机械等级模式。第5章是西方学术界关于"融合"问题的探讨，认为怀特海的辩证的过程哲学、中国传统文化中的有机自然观与佛教能够为协调宗教与科学的关系提供很好的分析视角。

贰、宗教学研究

宗教与科学（汉译世界学术名著丛书）
[英]罗素著　徐奕春　林国夫译
商务印书馆　2010年9月　155页

　　宗教与科学乃是社会生活的两个方面，前者远在我们对人类思想史稍稍有点了解时就已经是很重要的了，而后者在希腊人和阿拉伯人中间时隐时现地存在之后，突然在16世纪一跃而居于重要地位，而且从此以后对我们生活于其中的思想和制度产生越来越大的影响。本书为"汉译世界学术名著丛书"之一，是20世纪英国著名哲学家、数理逻辑创始人罗素出版于1935年的作品。此书甫一问世，就颇引人注目，到五六十年代，已多次再版，仍很风行。全书共分10章。书中探讨了引发宗教与科学冲突的根本原因，描述了哥白尼学说与天主教廷的对阵过程，解析了宗教与科学的理论交锋及其各自存在的局限性。罗素认为，自文艺复兴以来，科学与神学的冲突和斗争，每次斗争的结局，总是科学战胜神学。宗教虽然始终不渝地为神学辩护，但在科学进步面前，不得不一步一步退却，为上帝存在的论证不得不一次又一次地进行修饰和补缀。他同时指出，科学本身依然要面对它所无法解决的伦理方面的问题，在这一点上，科学又恰恰给宗教的存在创造了条件。

科学与宗教：当前争论
朱东华　[美]梅尔·斯图尔特主编　王旭　王梓　陈越骅　冯梓琏等译
北京大学出版社　2014年9月　377千字　484页

　　本书脱胎于2009年秋季在清华大学举办的"科学与宗教"系列演讲。来自西方学界的威廉·赫尔伯特、彼得·凡·英瓦根等学者在这场系列演讲中针对当前"科学与宗教"争论中所涉及的热点问题进行了思考。全书由17篇文章组成，分为"科学与圣经"、"科学与神学相互依存"、"物理学与科学唯物论"、"生物技术与人类尊严"、"理论与不可观测者：科学与宗教中的实在论者与非实在论者之争"、"科学、突创与宗教"六个主题。其中彼得·凡·英瓦根（Peter van Inwagen，美国圣母大学哲学教授）主要围绕科学与圣经讨论了达尔文主义与圣经解释的关系；阿兰·佩吉特（Alan Padgett，美国路德神学院系统神学教授）的文章讨论了西方历史上科学与宗教的互动关系；科学家史蒂芬·巴尔（Stephen M. Barr）探讨了物理科学中的物质主义，主要涉及多重世界与物理学之基础问题；斯坦福大学的医学家威廉·霍尔伯特（William Hurlbutt）从生物化学和人类尊严方面讨论了生物学与人性以及人类未来的关联；布鲁斯·莱欣巴克（Bruce Reichenbach，美国奥古斯堡大学哲学教授）从实在论与非实在论两方面讨论了不可观察世界与人类认知的关系。这些文章在科学与宗教关系上都基于同样的假设：科学与宗教在人类文明史上和未来的发展道路上，是可以和谐对话、相互支持的。

科学与宗教：21世纪的问题
[美]梅尔·斯图尔特　徐向东　邢滔滔主编　陈玮等译
北京大学出版社　2015年6月　262千字　318页

　　本书主要从哲学视角探讨了"科学与宗教"的关系，就一些前沿科学理论对宗教的影响进行实验性的检视和论述。全书由15篇文章组成，分为"科学与宗教的联系"、"进化论与宗教"、"进化心理学与宗教"、"宇宙学与生命"、"宇宙论与有神论"、"时间与开放有神论"、"管理与生态和谐"、"后现代语境中的神学与科学"八个主题。所收文章包括:《反思科学革命（1543-1687）》、《达尔文与智能设计》、《消解上帝：来自进化心理学的挑战》、《物理规律的本性和它们神秘的生物友向》、《时间与永恒》、《A时间理论、现存主义（presentism）和开放有神论（open theism）》等。这些文章的作者既有科学家，如哈佛大学的天文物理学家欧文·金戈里奇（Owen Gingerich）、威斯康星大学的环境科学家加尔文·德维特（Calvin Dewitt），又有来自哲学、宗教学领域的学者，如迪恩·齐默曼（Dean Zimmerman）、威廉·克莱格（William Lane Craig）、南希·墨菲（Nancey Murphy）等。他们从各自的专业领域出发，讨论涉及很多学科的边界领域，假设了倘若理论受到某些信念之影响而可能取得的进展，以及科学发展本身对那些相关信念的改进和推动。

科学与宗教的领地（科学史译丛）
[澳] 彼得·哈里森著　张卜天译
商务印书馆　2016年10月　388页

　　科学与宗教之间的冲突似乎是难以消除的，甚至是永恒的。那么，两种分歧巨大的宇宙观是否总是在激烈地斗争，科学与宗教是否真的水火不容……针对诸如此类的问题，彼得·哈里森给予明确地回答：我们的科学概念和宗教概念都是相对晚近的，都是在过去的300年里兴起的。正是这些范畴限制着我们对自然研究与宗教生活之间关联的理解。本书为"科学史译丛"之一，系哈里斯教授根据2011年在爱丁堡大学举行的吉福德讲演整理而成。这部关于"宗教与科学"的力作，也是自近四分之一世纪以前约翰·布鲁克的里程碑式研究《科学与宗教》问世之后对科学与宗教的历史领域做出的最重要贡献。全书分为"科学与宗教的领地"、"宇宙和宗教追求"、"象征和原因"、"科学与'宗教'的起源"、"功用与进步"、"科学的职业化"6章。作者在书中利用其丰富的历史、哲学和语言知识，解构了我们对宗教与科学这两个范畴自以为是的了解，然后再以一种挑战性的全新方式将其重新组织在一起；追溯了相关概念演化的历史，阐明了科学与宗教之间的他样边界以及鲜为人知的关系，为这个经常被误解的话题提供了一个新鲜的权威介绍。

7. 宗教与哲学

宗教哲学研究：当代观念、关键环节及其方法论批判
张志刚著
中国人民大学出版社　2003年1月　569千字　649页

　　宗教哲学意指"关于宗教的哲学思考"。这种广义的宗教哲学源远流长，既在古今中外的哲学传统里积累了丰富的思想观点，又与各大宗教传统的教义及其神学体系结下不解之缘。本书是一部立足于"当代观念"，着眼于"关键环节"，致力于"方法论批判"的宗教哲学专著，旨在通过梳理西方宗教哲学研究的历史、流派及其特点，指出问题的由来、观念的演变、现存的疑难，尤其是方法论争端，以便读者能够在掌握清晰线索的前提下，抱着批判意识涉足宗教哲学的前沿领域。全书分为"'上帝存在证明'及其批判"、"罪恶问题研究"、"宗教经验研究"、"宗教语言问题"、"宗教对话问题"，"理性与信仰的关系问题"6章。作者把信仰问题视为宗教哲学的根本问题，抓住了问题之关键，并以"理性与信仰的关系问题"作为"根本线索、主要矛盾或基本张力"，来反思宗教哲学研究的"过去、现在和未来"，同时对"宗教对话"这类现代才开始出现的重大话题予以哲学高度的概括，体现了作者对哲学、宗教发展及其理论成果的现实关切和敏锐把握。

全球宗教哲学（第二轴心时代文丛）
王志成著
宗教文化出版社　2005年1月　200千字　303页

传统宗教哲学在凯罗斯意义上大致经历以下几个阶段：一、宗教哲学就是基督教宗教哲学；二、宗教哲学就是基督教思想家以基督教信仰为背景发展起来的宗教哲学；三、从全球视域发展起来的宗教哲学。本书为"第二轴心时代文丛"之一，是一部从全球范围考察宗教哲学的体系性著作。全书共分10章。缘于当代哲学家、思想家约翰·希克（John Hick）和雷蒙·潘尼卡（Raimom Panikkar）的启发和影响，作者在书中提出"灵性实在"的假设，藉此观照宗教真理、宗教伦理，分析神的善恶，整合了各种有神论、非有神论、宗教与人文主义，探讨了有神论传统的终极实在、非有神论传统的终极实在、宗教经验、宗教语言等问题，指出宗教间对话的重要性，使读者能够从中看到一幅理解世界各大宗教以及人文主义的新图像。本书认为，不同的宗教哲学理论都会对终极实在做出自己的解释，通过分析能够了解它们之间存在着某种共性，而这种共性达成了各宗教所追求目标的汇聚性；正是在此基础上，人们才可能接受多元宗教的神圣性或其中任何一种宗教，承认它的彼岸价值。

理性与宗教信念：宗教哲学导论（宗教学译丛/何光沪主编）
［美］麦克·彼得森（Michael Peterson）、威廉·哈斯克
　　（Willianm Hasker）等著　孙毅　游斌译/校
中国人民大学出版社　2005年6月　430千字　475页

本书为"宗教学译丛"之一，旨在探讨有关宗教哲学的一些恒久问题。美国的麦克·彼得森、威廉·哈斯克等四位作者从古典及当代所共同关注的讨论出发，考察和研究了宗教经验、信仰与理性、有神论证、恶的问题、改革宗认识论、神迹以及宗教语言；他们还涉及了流行教材中不常包括的一些主题，如过程有神论、宗教多元论、宗教与科学以及宗教与道德的关系等。针对此书"深入浅出、问答犀利、题域广泛"之特点，美国内布拉斯加大学罗伯特·奥迪教授作出如下评价："这是一本文笔流畅、易于理解、紧随时代、在神学上又具有一定思辨性的介绍宗教哲学的著作。这本书涵盖了诸多的方面，具有相当的严密性。它所具有的清晰性、易于接受性以及对一般哲学的使用，都使得它成为初次接触这个领域之学生的教本。"全书共分15章。内容包括：沉思上帝，宗教经验，信仰与理性，上帝存在的证明，认识上帝，无需证明等。

宗教哲学（上、下册）
［德］乔·威·弗·黑格尔著　魏庆征译
中国社会出版社　2005年7月　950千字　885页

本书为德国著名哲学家乔·威·弗·黑格尔（1770-1831）的重要著作之一，破天荒第一次从哲学角度，对纷繁万千的宗教现象进行了深邃、精辟、系统的思考和阐述。就其历史和学术价

值而言，该书可谓集德国古典哲学之大成，在宗教学及哲学领域具有长久的魅力。书中辑入黑格尔《宗教哲学讲演录》、《上帝存在之论证讲演录》以及黑格尔早期宗教著作《耶稣生平》、《基督教的精神及其命运》、《1800年体系的片断》。《宗教哲学讲演录》主要阐述宗教思维的理论问题以及宗教信仰早期阶段的历史沿革，对"宗教概念"、"宗教哲学"、"宗教哲学与哲学和宗教的关系"、"启示宗教"、"自然宗教"、"法术"、"善或光明的宗教"、"苦难的宗教"、"崇高的宗教"、"美的宗教"、"幻想的宗教"、"绝对宗教"、"精神个体性宗教"、"宗教与国家的关系"、基督教、佛教、伊斯兰教、印度教、犹太教以及世界诸多国家和地区的宗教作了全面论析。《上帝存在之论证讲演录》系黑格尔哲学著作的重要组成部分，充分展示了其辩证艺术，具有很高的价值。黑格尔早期宗教学著作剖析了理性和信仰诸问题，涉及黑格尔辩证法重要范畴。其中两篇堪称《圣经》的摘编，体现了黑格尔明晰的哲学立场，可视为对上述讲演录的补充。

历史与逻辑：作为逻辑历史学的宗教哲学（宗教与社会研究丛书）
查常平著
巴蜀书社　2007年9月　280千字　339页

　　逻辑历史学属于宗教哲学的延伸、扩展，它不仅追问宗教使命中人的原初信仰与终极信仰的关系，而且在终极信仰与终极差别的意义上讨论物理的、生命的、生理的、心理的、社会的、历史的个别时间相与普遍时间、个别价值逻辑相与普遍价值的相关性与差别性。正是基于这样的讨论，逻辑历史学明晰地展示了关于人的在、生长、生存、存在、共在、同在这些核心的存在论概念的含义，提出人是一个由物质自然体、自然生命体、肉体生命体、意识生命体、精神生命体、文化生命体构成的存在者。本书为"宗教与社会研究丛书"之一，旨在阐明人类生存的四大根本范畴：时间、历史、价值、逻辑的含义，以及逻辑历史学作为人文科学之方法论成立的必要性及可能性。全书共分时间历史论、价值逻辑论两编。作者利用逻辑直观的方法，从历史逻辑的高度，深入探究个别时间相与普遍时间的关系、各个别时间相的内在特性以及个别价值逻辑相与普遍价值的关系、各个别价值逻辑相的内在特性，详细论证了历史与逻辑的相关性，重新审视了科学（物理学、生命学、生理学）、伦理（广义的社会学）、美学之学问形态和形上、艺术、宗教之精神样式的终极依据。

我们的头顶是天空：日常生活的宗教
［英］唐·库比特著　王志成　王蓉译
宗教文化出版社　2008年1月　180千字　177页

　　库比特是当代最富有原创性的宗教哲学家之一、后现代宗教哲学之代表。库比特的写作风格独特，思想深刻，具有极强的穿透力。本书是库比特一生思想的总结，也是一部全面探讨"非异化生活"的后现代的宗教哲学著作。在这部著作中，库比特通过对回到"日常生活世界"的宗教的观察和探问，向人们展示了"一个后现代的、非信条的、高度强调人自身的、反思性的世界图像"。全书分"日常生活的宗教"和"天使时代"两大部分；其中天使时代部分包括"哲学"、"宗教"、"为什么旧宗教现在都缺乏活力"、"太阳式生活和文化更新"、"当前论"五篇，共28章。库比特认为，随着传统实在论的终结，我们的哲学和信仰走向日常生活世界。生活世界是我们唯一的世界，是神圣和世俗合一的世界。生活世界是最初的世界，也是最终的世界。

百川归海：走向全球宗教哲学
何光沪著
中国社会科学出版社　2008 年 3 月　322 千字　374 页

　　当今，人类生活的过程正在逐步加速，人类生活的群体正在日益混乱，人类生活的方式正在急剧变化。人生的延续，需要思维的革新。相互依存性正在日益加强，但仍滞留于个人和群体的自我中心，因而彼此对立的人类，需要顾及整体的全球主义；面对国际族际的紧张冲突，各文明各宗教的对话却因各执己见而停滞不前的人类，需要一种全球性的、宗教性的哲学。本书作者基于对"人类生活面临巨大威胁"的观察和思考，明确提出"全球宗教哲学"这一概念。所谓全球宗教哲学，是以作为整体的人类之不同社会、历史和文化中的不同宗教内的共同因素为资源，以说明人类生活之整体性、精神性和全球化的根据为宗旨，采用理性的方法又吸收超理性的宗教要素的哲学。全书包括六个部分。书中以起源于亚洲而辐射到全球的儒教、道教、佛教、印度教、犹太教、基督教和伊斯兰教这七大宗教哲学中的共同因素为依据，从认识论、本体论、神性论、世界观和人生观这五大领域论述了它们相容互通、对话共处的基础,从而论证了人类生活之整体性、精神性和全球化的根据，探索了一种有益于人类和平与个人生活的全球宗教哲学。

宗教与哲学：精神—文化生活图式的两重解读
张禹东　杨楹等著
社会科学文献出版社　2009 年 4 月　511 千字　431 页

　　宗教与哲学是人类精神—文化生活完整图式中两种结构性要素。作为两种相对独立的文化形式，宗教与哲学呈现出两种清晰的精神倾向，共同镶嵌于人类精神文化生活之中，成为人类精神文化生命的两种既有区别又高度内联的力量，共同支撑与引导着人类的生命。从这个意义上来说，对宗教与哲学的关系进行深度的探析，本质上是通过宗教与哲学这两个视窗深刻透析当代人类的现实生命境遇，从而对现实生活作出检讨，促进人类生活的自我塑造与自我完善。本书通过对"宗教"与"哲学"的深入分析，揭示了二者双向生成与相互转换的历史生活样态及变化逻辑，勾勒出人类精神—文化图谱展开的全程景象。全书分为"宗教学理论"、"马克思主义宗教观"、"中国佛教与哲学"、"道教与哲学"、"儒家哲学与宗教"、"基督宗教与哲学"六编，共 38 章。书中既有对宗教学研究的理路与方法论等问题的思索，也有对儒、佛、道的历史追寻和理论探讨，还有对马克思主义宗教观的研究概括；此外，对西方思想史上的宗教理论，特别是对中世纪经院哲学泰斗托马斯·阿奎那思想体系也作了系统勾勒和透彻辨析，专门探讨了以马里坦等人为代表的"新经院哲学"，以及"新托马斯主义"的问题意识和现代视域，力图使宗教与哲学在人类探寻宇宙与自我、信仰与理性、神圣与世俗、灵魂与存在等问题的复杂交织关系和角色嬗变得以厘清。

宗教与哲学（宗教文化大系 / 赖永海主编）
李承贵著
译林出版社　2009 年 12 月　174 千字　247 页

　　宗教与哲学的关系成为人类关注的话题，是自从哲学被人类"自觉地"认识到其独立于宗教时便开始的。纵观中外思想史，对于宗教与哲学未来关系走向的观点，最为典型的是用哲学取代宗教，然而也有很多人认为什么也取代不了宗教，宗教就是宗教，宗教将与人类相始终。本书为"宗教文化大系"丛书之一，作者基于对宗教与哲学关系之复杂性的认识，主要就宗教与哲学的结构特性、宗教与哲学的认知方式、宗教与哲学的人类关怀、宗教对哲学的影响、哲学对宗教的影响、宗教与哲学的互渗等问题展开较细致、深入的讨论，并在这个基础上展望了宗教与哲学的未来关系。全书共7章。附录所收英国思想家汤朴威廉的《哲学与宗教间的紧张关系》一文，是一篇专门讨论宗教与哲学关系的文章。此文对宗教与哲学紧张关系的原因、形式及未来走向等问题都作了深入细致地研讨，很有参考价值。

科学·宗教·哲学：西方哲学中之科学与宗教两种思想方式研究（中国社会科学院文库·哲学宗教研究系列）
叶秀山著
社会科学文献出版社　2009年12月　411千字　394页

本书为"中国社会科学院文库·哲学宗教研究系列"丛书之一，系叶秀山先生积几十年哲学研究之功力，围绕"科学·宗教·哲学"三者之复杂关系展开系统研究的成果结晶。整个研究的核心任务是要在哲学视野下，或者说是从哲学的角度，去研究科学与宗教向哲学提出的问题，以及哲学分别与宗教、科学的关系的问题，并对人类"救赎—解放"之路重新加以审视。全书分为"西方哲学源头中之科学与宗教"、"哲学视野中的'自然'"、"哲学视野中的'人'"、"'人'作为'自觉'的'（诸）自由者'之间的关系"、"哲学视野中的宗教—基督教"等8章。书中以"时间"和"空间"这两个哲学体系中的最基本范畴为出发点，由此对关涉哲学、宗教认知的有限与无限、永恒与流变、存在与自由、绵延与扩展等观念提出独到的解说和寓意深刻的引申，在其哲学的视域中触及对神人、善恶、生死、奖惩等宗教问题的诠释。本书充满了对哲学、宗教和科学中许多重要概念的创造性运用和建设性解读，尤其对"时"、"空"之间的意义转换、延伸与突破，对"在"、"思"之间的亲历和体认，"知"、"信"之间的互动与互促，都有深邃和独到的见解。

启蒙时代的宗教哲学（思想与文化研究丛书/王晓纯　吴晚云主编）
单纯著
中国社会科学出版社　2010年8月　516千字　439页

宗教在本质上是弱者表达自己强力意志本能的一种精神上的掩饰，它通过耶稣的例子所能警示人类的普遍价值是自主、博爱、平等、公正。在西方人的精神生活中总是交织着信仰和理性的因素及其关系，一如中国人的历史学之父司马迁说中国人的精神生活是关乎"天人之际"的问题。本书为"思想与文化研究丛书"之一，是一部集中介绍和探讨西方近代启蒙思想家关于宗教哲学的思想成果及其时代意义的专著。书中通过全面考察启蒙思想的时代背景、基本内涵和思想特色，勾勒出这一力求"打破中世纪教会的思想权威"时代的宗教哲学的发展轨迹，得出一个纲领性的结论：实验观察和理性思辨的方式是对中世纪神学传统中的"启示理性"方式的反叛和超越，其全部的思想价值就是确立了人在精神生活中的主体地位，将宗教传统中的上帝实体观念转化成了一种"隐喻式"（metaphorlike）的人类思想表达方式，在这个人类精神生活的价值转换中，独断论的神学也演变成了思辨论的宗教学。这就是启蒙时代的宗教哲学贡献于人类思想进程中的理性思辨方法和人文主义的价值取向。全书共分12章。内容涉及近代哲学之父笛卡尔的上帝观、斯宾诺沙的泛神论、休谟的怀疑主义、康德的理性主义与上帝、黑格尔的哲学与绝对精神、施莱尔马赫的宗教哲学、费尔巴哈的人文主义、克尔凯郭尔关于宗教与哲学的主体转向、马克思的异化论、尼采的上帝之死与价值重估等。

分析的宗教哲学（宗教文化大系／赖永海主编）
张力锋　张建军著
江苏人民出版社　2010年9月　178千字　188页

　　"分析的宗教哲学"自20世纪60年代起逐步进入西方宗教哲学研究主流，在当代宗教对话之现实需要的推动下获得蓬勃发展，亟待我们予以关注与研究。本书为"宗教文化大系"丛书之一，作者从对"逻辑与宗教对话"的全景把握入手，全面考察了分析的宗教哲学研究之兴起的思想背景与来龙去脉，继而围绕"上帝的本性问题"、"上帝存在的本体论证明"、"恶与苦难疑难"、"宗教认识论"等重大焦点课题，进行深入系统的历史—逻辑分析与评述，清晰地揭示了分析的宗教哲学各流派运用逻辑与语言分析方法所取得的研究成果及存在的问题及其进一步发展的趋势。全书共5章。书中以"澄清概念，分辨层次，清理矛盾，追问可能，揭示预设，辨析共识，合理怀疑，严格推证"为方法论诉求，力图表明这样一个观点：分析的宗教哲学研究凸显出现代逻辑与语言分析工具在宗教哲学研究中的方法论功能，为逻辑、哲学与宗教研究的互动发展，为人类进一步探索信仰与理性的关系、开展良性的宗教对话，搭建了一个新的重要平台。

哲学的宗教维度
段德智著
商务印书馆　2014年10月　518页

　　"哲学的宗教维度"包括哲学的宗教性与对宗教的哲学反思两重含义。从哲学的角度看，哲学的宗教性关涉的是哲学的理论品格和发展动因问题，而对宗教的哲学反思所关涉的则是哲学的研究范围问题，亦即哲学究竟有无"禁区"的问题。本书针对长期以来我国哲学界普遍存在的将哲学研究与宗教研究简单割裂开来并对置起来的理论倾向，围绕着哲学的宗教维度的两重含义，从哲学、哲学动力学以及哲学研究无禁区的角度和高度，审视哲学与宗教的辩证关系。全书分为"作为西方中世纪基督宗教哲学的经院哲学"、"西方近现代哲学的宗教性"、"中国传统哲学的宗教性"、"对宗教人学本质的哲学思考"、"对宗教功能的哲学反思"、"《圣经》之道：对《圣经》的哲学解读"6章。作者在本书导论中强调，哲学真理与宗教真理不仅存在有历史的统一性和兼容性，而且还存在有逻辑的统一性和兼容性。哲学真理与宗教真理在逻辑层面的统一性和兼容性最根本的即是黑格尔所指出的它们都以"完全普遍的对象"为内容。而所谓"完全普遍的对象"也就是我们说过的"一切皆一"中的那个"一"，亦即世界的"终极实存"或"普遍存在"。

政治哲学与启示宗教的挑战（西方传统：经典与解释·施特劳斯集／刘小枫主编）
［德］迈尔（Heinrich Meier）著　余明锋译
华夏出版社　2014年10月　210千字　210页

　　本书为"西方传统：经典与解释"丛书之一，是德国著名学者、施特劳斯研究者迈尔分析探讨"政治哲学"的概念范畴及其与"启示宗教的挑战"之内在联系的专著。作者在书中尝试将政治哲学（Politische Philosophie）规定为哲学概念，并让政治哲学面对面地经受启示宗教的挑战，即哲学必须与可能提出来反对自己的最强有力的异议相对峙，必须在这种对峙中证明自身的权利和必然性，而这种对峙成为政治哲学的职责所在。全书由三个部分组成。第一部分"为何政治哲学"，主要从政治哲学架构中相互交织的四重规定入手，来把握其概念构成：按照政治哲学的对象，即政治事物或人类事物；作为哲学的一种样式或着眼于哲学生活的政治辩护；顾及哲学生活的理性奠基；以及最终作为哲人的自我认识之所。第二部分"哲学的更新与启示宗教的挑战"和第三部分"政治的权利与哲人的认识"为本书主体，分别讨论了施特劳斯的《思索马基雅维里》的意图、卢梭的《社会契约论》的意图；解析了前者如何侧重从理性奠基的角度、后者如何侧重从政治辩护的角度，来回应启示宗教的神学和政治挑战。

复魅何须超自然主义：过程宗教哲学
[美]大卫·雷·格里芬著　周邦宪译
译林出版社　2015年2月　461千字　561页

德国思想家马克思·韦伯曾提出现代性思想核心是对世界的"祛魅"：世界的神秘性被消解，人们不再相信任何规定自己生活的内在意义或规范价值。后现代思想家认为，"祛魅"带来的是一个普世价值被摧毁、科学规律独占鳌头的荒漠化世界。在祛魅的世界中人们无法诗意的安居。本书是当代著名建设性后现代思想家、过程哲学家大卫·雷·格里芬在英国哲学家阿尔弗雷德·诺斯·怀特海过程哲学的基础上，针对现代化转型所带来的祛魅世界的迷茫与困惑，而确证"复魅何须超自然主义"的论著。全书分为"宗教，科学，及自然主义"、"感知与宗教经验"、"泛经验主义，自由，以及心—身关系"、"自然主义的、双极的有神论"、"基于自然主义有神论的自然神学"等10章。书中对过程哲学进行了清晰而全面的介绍，第一次完整地讨论了过程宗教哲学，并对全然自然的和全然宗教的观点进行了有力反驳；作者不仅探讨了如何将自由、宗教经验及死后生命与自然主义调和，同时也指出自然主义有神论在伦理价值的意义上如何"复魅"这个世界，从而明确指认"过程哲学的复魅理论作为一种自然主义的有神论，既是自然主义的，又是宗教性的。"

哲学与宗教学研究（中国社会科学院学部委员专题文集）
吕大吉著
中国社会科学出版社　2016年9月　564千字　560页

本书为"中国社会科学院学部委员专题文集"丛书之一，收集了荣誉学部委员吕大吉历年来研究宗教学的具有代表性的论文19篇，主要集中在四大领域：马克思主义宗教理论研究；西方近现代哲学、宗教研究；中国宗教研究；宗教研究方法及其他。这些论文既体现了吕大吉先生在宗教学研究实践中长期关注的方向或主题，也历时动态地展现了他在宗教学研究中不断深化的研究路径和学术心得，具有重要的学术价值和历史价值。具体内容包括：《马克思、恩格斯历史唯物主义宗教观的理论与历史概说》、《以理性的态度认识和对待马克思主义宗教理论》、《不可知主义哲学与宗教：休谟、康德宗教哲学述评》、《从神本主义到人本主义：关于文艺复兴和人文主义》、《泛论宗教与文化的关系：兼谈中国传统文化的特质》、《中国传统宗教与传统道德的历史关联》、《中国现代宗教学术研究的百年回顾与展望》、《唯物史观与宗教研究方法论》、《宗教是什么：宗教的本质、基本要素及其逻辑结构》、《试论宗教在历史上的作用》等。

贰、宗教学研究

东方宗教与哲学（世界文化丛书）
[美] J.M. 肯尼迪著　董平译　滕复校
浙江人民出版社　1988 年 12 月　137 千字　196 页

　　东方是人类文明最早和最重要的发祥地，从阿拉伯半岛延伸至太平洋西域的这片广袤的地区，曾诞生和生长了人类历史上最古老、最悠久的文明：埃及文明、巴比伦文明、亚述文明、印度文明、中国文明等。世界其他地区的各类文明形态，包括古希腊文明在内，几乎或多或少受到东方文明的熏陶和影响；古代东方也孕育了几乎所有人类历史上产生过重要影响的宗教，如西方世界普遍奉行的基督教，即是东方这块土地上的产物。本书为"世界文化丛书"之一，作者运用文化人类学方法作比较研究（人种、语言、哲学的宗教道德精神、基于种族气质的心理学、历史文献及宗教神话等），系统论述了东方主要的宗教与哲学、涵括印度、阿拉伯、小亚细亚、巴勒斯坦、中国和日本在内的宗教与哲学体系及其宗教教派和思想发展史，其中除了对中国与日本的宗教文化的介绍稍显简略，对上述其他地区特别是印度教、佛教、伊斯兰教等思想文化的介绍和论述较为详尽。作者在宗教定义问题上深受尼采之"超人"及"权力意志"（生命意志）观念的影响，反对为宗教作任何神学意义的解释（宗教并非是神的意志的产物，而是种族或民族生存需要的结果），从而力图赋予宗教某种科学的解说。这种将种族与宗教联系起来考察的努力，虽然颇具独到之处，却使其在宗教与种族关系问题上的看法带有明显的种族等级观念的色彩，自成缺憾。但作者抨击"基督教文明优越"的文化偏见，主张以科学的态度研究东方宗教和文明，于其所处时代而言，确属难能可贵。

多元化的上帝观：20 世纪西方宗教哲学概览
何光沪著
贵州人民出版社　1991 年 4 月　263 千字　331 页

　　宗教哲学作为最集中地表现宗教与哲学密切关系的一个学科，其所承载的内容具有显而易见的交叉性特点：既涉及认识论、本体论、世界观、人生观等哲学基本问题，又涉及上帝或神能否认识、是否存在，上帝或神有何性质、同世界人生有何关系等宗教根本问题。本书是国内宗教哲学研究领域的一部开拓性论著。作者以摸索和清理西方现代宗教哲学思想为主要目的，通过对"以上帝观同哲学研究范畴相关联的宗教哲学构架"的设定，全面概述了 20 世纪西方重要思想家的宗教思想，并在比较不同理论的基础上研究了宗教哲学各大问题的发展线索。全书共分 7 章。书中将认识论、本体论、世界观、人生观等哲学基本问题，以及上帝或神能否认识、是否存在、有何性质、同世界人生有何关系等宗教基本问题统合为宗教哲学范畴，据此建构了这门学科的体系框架，以求呈现其丰富多彩的思想景象。本书认为，多元状态和多元化势头始终伴随着人类社会的演变，包括宗教在内的意识形式或文化的多元化，同包括政治、经济在内的社会的多元化是相互影响、相互渗透的。多元蕴含着繁荣的机会，也潜伏着冲突的危机。唯一的选择只能是和谐的多元并存。在宗教问题、宗教哲学问题和社会问题上，都是如此。

宗教与意识形态（宗教与世界丛书 / 何光沪主编）
[英] 罗伯特·鲍柯克、肯尼思·汤普森编　龚方震　陈耀庭等译　赵月瑟校
四川人民出版社　1992 年 11 月　327 千字　441 页

　　本书为"宗教与世界丛书"之一，是西方大学中"信仰与意识形态"课程的原著教材，也是

我国出版的第一部以宗教与意识形态的关系这一广泛而复杂的课题为研究对象的专著。全书分"信仰社会学"、"宗教与社会控制"、"宗教是一种社会凝结剂"、"宗教与抵抗"四编,收录了马克思、恩格斯、韦伯、杜尔克姆、弗洛伊德和格尔茨、赫斯特、卢克斯、伍利、威尔逊及编者本人等经典和现代作家有关此课题之精萃论述。编者不仅从宏观角度对宗教在社会中的地位、作用及其与意识形态的关系作了恢弘的阐发和全方位的探讨,更以微观的视角对之进行了研究,并把宗教与意识形态看作两个既相互交融,又相对独立的文化系统:一方面,解析宗教对阶级和阶级意识,对社会控制、社会凝聚、社会变革、社会运动及其对哲学、政治、道德、教育以至风俗习惯的积极的和消极的作用和影响;另一方面,就意识形态对各种宗教派别、巫术巫技等信仰活动以至宗教礼仪、宗教教育等的互动关系,也作了细致入微的探考。书中所提出的新颖的观点、所展示的丰富内容以及它所运用的哲学、社会学、人类学、宗教学甚至最新的阐释学、符号学、类型学等研究方法,对于人们研究宗教和意识形态的社会作用和文化意义具有参考价值,有助于人们从更深层面上去理解和把握宗教的本质和社会作用。

理性的彷徨:现代西方宗教哲学理性观比较
张志刚著
东方出版社　1997年10月　315千字　417页

　　本书是一部全面介绍现代西方宗教哲学主要流派的代表人物及理论,并对他们的宗教哲学理性观进行分析、提炼、整合和比较研究的专著。全书分为"科学主义、实用主义和宗教现象学"、"逻辑实证主义与宗教语言哲学"、"新正统神学与新托马斯主义"、"现实主义、新约解释学和历史神学"、"普世神学与文化神学"五个部分,共18章。第一部分(第1-4章),论述"罗素:科学主义"、"詹姆斯:实用主义"、"奥托:宗教现象学",并从"科学·情感·宗教"三个方面加以比较。第二部分(第5-8章),论述"艾耶尔:逻辑实证主义"、"斯温伯恩:理性护教论"、"普兰丁格:改革派认识论",并从"语言·逻辑·上帝"三个方面加以比较。第三部分(第9-11章),论述"巴特:新正统神学"、"马思坦:新托马斯主义",并从"正统·哲学·神学"三个方面加以比较。第四部分(第12-15章),论述"尼布尔:现实主义神学"、"布尔特曼:新约解释学"、"潘能伯格:历史神学",并从"历史·生存·启示"三个方面加以比较。第五部分(第16-18章),论述"汉斯·昆:普世神学"、"蒂利希:文化神学",并从"伦理·文化·信仰"三个方面加以比较。

当代西方宗教哲学
单纯著
中国社会科学出版社　2004年10月　380千字　454页

　　宗教是西方人的文化基因,神人关系是他们生命中最核心的关系。而造就这一特殊文化基因的正所谓"二希"传统(希腊为这个传统提供的是哲学,希伯来则为这个传统提供了宗教)。数千年的西方社会发展也一直在波动式地演绎着它们二者之间的断裂关系,表现为哲学与宗教的相互区别和联系。特别是近几十年来,哲学和神学都在各自的内容和研究方法上发生了许多变化,这些变化导致它们之间相互关系的变化,即从传统的相互对立、排斥转变为相互批评和对话,进而构成了当代西方宗教哲学的全部内容。本书从当代西方宗教哲学的历史背景入手,将其放置于欧洲大陆理性主义与英美经验主义两大参照系中来分析和评判，系统介绍了 19 世纪末至 20 世纪末这一百年间西方宗教哲学的分支、发展与变化，并对其发展趋势作出预测，较为准确地揭示出西方思想的价值追求从经验性的人格神向超验的神圣性概念的演变过程。全书共分 9 章。内容涉及分析哲学、归正宗认识论、存在主义、新托马斯主义、过程哲学与过程神学等当代宗教哲学的主要流派，涵盖当代西方文化的两个核心领域：宗教与哲学。

宗教与哲学（第 1 辑）
金泽　赵广明主编
社会科学文献出版社　2012 年 6 月　285 千字　450 页

宗教与哲学的关系成为人类关注的话题，自从哲学被人类"自觉地"认识到其独立于宗教时便开始。它既是哲学的一个老问题，也是贯穿宗教学 100 多年发展进程的一个重大问题。本书分设"宗教哲学"、"经典诠释"、"思想视野"、"宗教研究"四个版块，共辑录相关论文 24 篇。书中就《宗教与哲学：对立还是互动？》（金泽）、《宗教哲学的中国意义》（张志刚）、《康德与人性论》（傅永军、尚文华）、《唐君毅论儒家的宗教精神》（彭国翔）、《科学实在论与宗教的合理性：比较与反思》（关启文）等多项论题展开探讨，致力于宗教哲学的深耕性研究和理论探索，在此支点上践行对不同哲学、不同宗教、不同文化进行原创性学术研究和思想拓新。

宗教与哲学（第 2 辑）
金泽　赵广明主编
社会科学文献出版社　2013 年 4 月　496 千字　500 页

人类头脑中的世界不是绝对客观的世界，而是附加了认知网格的世界，人们在认知世界和解释事物或事件时，会自觉不自觉地将现象纳入这些框架。所以，在探讨宗教与哲学的关系时，最重要的是坚持哲学的批判精神，尤其是自我批判精神。本书设有"宗教哲学"、"经典诠释"、"思想视野"和"宗教研究"四个栏目，收录了国内外宗教哲学与宗教学研究方面的专家学者撰著的论文 24 篇。这些论文充分展现了国内宗教哲学与宗教学研究的最新成果，内容涵盖西方宗教哲学、宗教与哲学的关系、对中国哲学思想的宗教信仰考察、犹太思想、伊斯兰哲学、宗教学理论等诸多领域，具有很高的学术价值。本辑包括：《简论西方哲学神学》（卓新平）、《情感何以是有序的？：续论马克斯·舍勒的"质料的价值伦理学"基础》（黄裕生）、《宗教思想中的后现代主义》（约翰·麦奎利）、《王阳明三教之判中的五个向度》（陈立胜）、《巫术、宗教与科学：既是分类，也是发展序列？》（金泽）、《伊斯兰哲学新论》（周燮藩）、《关于道家思想与中西价值观融合的一篇读书述评》（王卡）等。

宗教与哲学（第 3 辑）
金泽　赵广明主编
社会科学文献出版社　2014 年 1 月　406 千字　411 页

宗教与哲学，关乎神圣与世俗。神圣与世俗，乃是对世界的不同言说，是生命的不同面相。神圣即生命的信仰，不是对生命之外什么东西的信仰，而是对生命本身的信仰。神圣信仰意味着对自然和生命本身的无限肯定、热爱、敬畏之情，生命的最高智慧和终极奥秘尽在其中。本书设有"宗教哲学"、"经典诠释"、"思想视野"、"宗教研究"四个栏目,收录了国内外宗教哲学与宗教学研究方面的专家学者撰著的论文22篇。这些论文着眼于自然和生命本身,从宗教与哲学的双重视角对游走于神圣与世俗之间的"人"的价值体验作了深入挖掘和反思。本辑包括:《亚当的童年:爱任纽人性论的当代意义》(许志伟)、《"因行称义""因信称义"与"因德称义"》(李秋零)、《新时代的新宗教》(戴晖)、《天人感应与天人合一:从宗教与哲学视角看董仲舒天人关系思想》(韩星)、《语言、情感与生存:宗教哲学的方法论问题》(谢文郁)等。

宗教与哲学(第4辑)
金泽 赵广明主编
社会科学文献出版社 2015年2月 392千字 397页

人"在"时间中,时间为"变化","人"在时间中"从而有"变化万千"的自由,有"选择—决定"的自由,因而也就不能"摆脱"由自己做出决定所承担的"责任"。"责任"不在"神",而在人,只有人"有一个"自己,人无权把"责任"推诿于神,或借口天命而推脱"责任"。本书设有"宗教哲学"、"经典诠释"、"徐梵澄先生诞辰106周年纪念"、"思想视野"、"宗教研究"五个栏目,收录了国内外宗教哲学与宗教学研究方面的专家学者撰著的论文21篇。这些论文基于宗教与哲学的广阔视野,探讨了东西方不同文明语境中关于"人"与"神"的理论内涵及其深层意蕴。本辑包括:《"神性",太"神性"了:克尔凯郭尔的"神"》(叶秀山)《在观念与历史之间:对余英时分疏"道统"与"道学"之意义的思考》(王健)、《〈黄帝内经〉中"神"概念的现象学意义》(方向红)、《"无神论"的理论内涵与思想限度:从"梵二会议"文献说起》(刘素民)、《"情心"与"思心"——对徐梵澄评〈清代八卦教〉一文的读解》(孙波)等。

宗教与哲学(第5辑)
金泽 赵广明主编
社会科学文献出版社 2016年1月 416千字 418页

中国的"教"与"学",将西方的哲学与宗教合二为一。"无宗教,无哲学",这正是中国文化的深义所在。中国人信佛教,可以做居士而不出家;中国人信佛教,同时又能信其他宗教,这些信仰可以和平相处;老庄学说的继承者创立了道教,而儒家的广大且高明之处则在于,始终没有成为一教;中国民俗里有土地城隍,以及千奇百怪的鬼怪妖精,非道非释,不成为教,虽然官方或许大加挞伐,但并不严加废禁。由以上这些可以看出"中国人性的广大融通",即不仅"天人合一",而且大地山川、宇宙万物也是合一的。本书收录了国内外宗教哲学与宗教研究方面的专家学者撰著的论文21篇。全书分设"宗教哲学"、"经典诠释"、"思想视野"、"宗教研究"四个栏目,内容包括:《宗教论》(叔本华著 徐梵澄译)、《"人是目的":一个有待澄清的康德命题》(李秋零)、《神性探索的新模式:麦奎利的辩证有神论》(何光沪)、《荀学中人类知性的运用及其限度》(杨春梅)、《儒家通三统的新形式和北美阿米什人的社团生活:不同于现代性的另类生活追求》(张祥龙)、《从〈近思录〉看宋儒的"道体"观念》(戈国龙)、《商人伦理与宗教伦理:兼论华南地区道教世俗化运动》(李大华)等。

贰、宗教学研究

精神分析学派的宗教观（文化新视野丛书）
[苏]马·阿·波波娃（Попова, М.А.）著　张雅平译
上海人民出版社　1992年12月　150千字　261页

　　弗洛伊德主义在20世纪西方社会思想史上占有特殊的地位。它的影响遍及资本主义社会精神生活中，包括哲学、道德、艺术和宗教在内的各个领域。弗洛伊德及其追随者——首先是荣格和弗洛姆的思想，不仅早已渗透到科学的宗教学中，而且在现今广泛地被神学家们利用来对宗教的思想内容和实际活动洗旧翻新。本书为"文化新视野丛书"之一，是苏联莫斯科大学哲学系教授波波娃完成于20世纪80年代的一部论述精神分析与宗教的专著（俄文题名：Фрейдизм и религия，本书系根据苏联科学出版社1985年版本译出）。全书共4章。作者在书中对弗洛伊德及其继承者荣格和弗洛姆等人的宗教学原著作了言之有据的具体分析和评述，并力图对他们宗教学理论的文化史根源、认识论根源、社会根源和心理根源进行描述、分析、批判。此外，作者还评介了弗洛伊德在宗教研究领域提出的独到见解，和他的宗教观与整个精神分析学的关系。本书角度新颖，论述独到，为深入探讨弗洛伊德的宗教观、社会观，以及宗教心理学研究提供了有益参考。

宗教观的历史·理论·现实
陈麟书主编
四川大学出版社　1996年7月　500千字　664页

　　本书为国家哲学社会科学"八五"规划的重点科研项目，在项目课题负责人陈麟书教授的主持下定稿完成。书中把宗教观的历史、理论和现实融为一体，既对中西方自古至今大跨度的宗教观发展变化的历史进行了概述，又对宗教学基本理论作了新的高度理论概括，也对现代社会宗教现象的焦点和热点问题加以分析与评述，使之呈现出理论体系结构新颖、理论内涵具有创新精神、信息资料新这"三新"的显著特点，从而为宗教学的基本理论提供了一个新的理论框架。全书分四编，共20章。第一编"宗教观的历史"（第1-5章），分别论述中国古代宗教观及其影响、西方宗教观发展的历史进程、马克思恩格斯的宗教观、列宁和普列汉诺夫宗教观的历史特征、中国共产党人宗教观的历史进程。第二编"宗教学的基本理论"（第6-10章），分别论述宗教研究的方法问题、宗教现象的多相属性、宗教功能的社会作用、宗教现象的客观规律性、宗教的诸社会关系。第三编"当代宗教和社会主义"（第11-14章），分别论述宗教和空想社会主义、宗教社会主义、社会主义国家宗教问题的实践经验、宗教与社会主义社会的相适应相协调问题。第四编"宗教和当代社会"（第15-20章），分别论述当代宗教的世俗化问题、当代社会的新宗教运动、当代原教旨主义、现代西方神学、现代西方宗教思想、现代宗教的传播方式。

20世纪宗教观研究（北京大学宗教学文库）
张志刚主编
北京大学出版社　2007年8月　525千字　539页

　　在刚过去的20世纪，宗教并没有像许多思想家所预言的那样迅速退出历史舞台，反倒在全球范围内呈现出种种复兴的迹象，显露的问题愈发复杂，宗教研究也比前二三百年更有生气，更受哲学、社会科学和人文科学的诸多学科或理论分支的重视。本书为"北京大学宗教学文库"丛书

之一,是教育部人文社科研究"十五"规划博士点基金项目成果。书中集合一批优秀中青年学者的力量,以共同"廓清相关背景、重视一手的文献"为前提,系统梳理了20世纪宗教观的思想进路与理论特质,特别介绍了诸多前沿性的学术研究成果,其中部分内容或解决或弥补了国内宗教学研究的某些理论难点及薄弱环节。全书分三编,共11章(各章内容由不同作者分头撰写)。上编"思想传统考察"(第1—4章),分别论述20世纪东正教神哲学、犹太神哲学、伊斯兰神哲学的主要思潮,以及20世纪中国思想家的宗教观。中编"理论思潮研究"(第5—8章),分别对20世纪的"世俗化与宗教观"、"虚无主义与宗教观"、"女性主义的宗教观"、"多元主义的宗教观"四大问题中的各种理论思潮作出回应。下编"学术观念反思"(第9—11章),在当代学术语境中以及"中国意义"的背景下,主要就"理性与信仰",20世纪宗教哲学、宗教现象学之相关问题,进行具有自身理论特色的概念比较和方法论反思。

宗教人生哲学思想研究(北京师范大学博士文库)
尚九玉著
北京师范大学出版社　2000年11月　237千字　249页

宗教是人类社会中存在的重要而复杂的客观历史现象,其中包含着丰富的人生哲学思想,以马克思主义理论为指导对之进行科学的研究具有重要的意义。本书为"北京师范大学博士文库"丛书之一,作者选取基督教、佛教、伊斯兰教三大世界性宗教和中国道教作为人类众多宗教的主要代表,从宗教与人生,宗教的人类起源说、人性论、人的价值论、人生理想论、人生法则论、人生超越论,宗教人生哲学与人类生活等各方面,较为系统和全面地研究了宗教的人生哲学思想。全书共分8章。书中通过对宗教所包含的人生哲学思想的系统梳理和概括,总结和提出了宗教的人生哲学模式,基于马克思主义的基本立场,作了尽可能客观而合理的评价。这对于当代中国的宗教研究,对于研究和解决当代中国的宗教问题,对于吸取人类文化中的一切优秀成果,加强社会主义精神文明建设,建设有中国特色的社会主义新文化,具有一定的积极意义和价值。

信仰的智慧:信仰和科学信仰教育研究
盖伯琳　王晓路等著
中国社会科学出版社　2006年11月　260千字　304页

信仰是对人生基本矛盾的一种理解或解决方式,是人最基本、最深刻的精神活动,体现着人对最高价值的追寻,维系着人对精神家园的寻觅。公众信仰是否科学直接关系到社会的和谐发展,因此信仰及信仰教育问题是当今新的社会历史条件下所面临的重大理论和现实问题,是进行文化建设的重大课题。本书以信仰的科学化为主题,围绕着信仰的内涵与外延及其多重社会价值,系统地研究了马克思主义科学信仰教育问题,指出"中国社会的发展需要科学信仰的支撑和引导",并且认为"马克思主义信仰是科学信仰教育的核心内容"。全书分三编,共13章。第一编"信仰的形而上学追问"(第1—5章),从"形而上学"角度对信仰的本体论、信仰外延的划分、信仰的逻辑起点和静态结构等方面展开深入探询。第二编"信仰的社会价值"(第6—10章),分别论述信仰在社会有机体中的位置,信仰的道德价值、法律价值、哲学价值等。第三编"科学信仰教育:信仰科学化的重要途径"(第11—13章),分析探讨科学信仰教育的社会背景、合理性及其实质和特征,以及科学信仰教育与教育改革的关系,论证马克思主义信仰的科学性,阐明科学信仰教育的原则。

贰、宗教学研究

理性信仰之道：人类宗教共同体
安伦著
学林出版社　2009年9月　230页

宗教信仰，作为人类文明"包罗万象的纲领"，其合理性备受置疑和挑战，以致成为人类社会争议最大、最难以辨明的问题。尽管启蒙运动以来各种类型的思想家对宗教信仰实施了毁灭性的攻击，但宗教信仰至今依然主宰着人类绝大多数成员的精神世界。本书通过对人类"理性与信仰"精神的探寻，论证了建构于"共同终极神圣"基础上的"人类宗教共同体"和合共生的前景与路径，并提出诸教同源、宗教理性化改革、各宗教共存共荣、调控宗教以造福社会、以信仰化解精神危机、以信仰促进社会和谐稳定、汇聚各宗教信仰精华以弘扬中华文明等一系列新观点。作者指出，宗教所面临的危机首先是对信仰合理性的质疑；而消除宗教间对立冲突、树立人类共同的价值和伦理体系，则是全球化时代人类宗教发展的必然趋势。全书共分7章。内容包括：信仰的合理性、诸神同一、理性认识神圣、共同体的作用、共同体与中华民族等。

8. 宗教比较与对话

比较宗教学史（西方学术译丛）
［英］埃里克·J·夏普（Sharpe, E.J.）著　吕大吉　何光沪　徐大建译
上海人民出版社　1988年3月　297千字　393页

从1870年到19世纪末叶，越来越多的人开始承认，撇开个人的信仰不论，要理解宗教，不可避免会涉及比较的问题，即对于来自不同传统、世界的不同地区、人类历史上不同时期的材料进行比较的问题。本书为"西方学术译丛"之一，作者以广阔的历史时空为背景依托，以比较宗教学在形成过程中所必然牵涉的诸多线索、途径和方法为分解对象，较为系统地说明了近代西方比较宗教形成和发展的历史过程，时间范围上溯古代希腊时代，下及20世纪70年代。全书共12章。书中追踪了比较宗教学的历史渊源，考察了它在19世纪下半纪出现于世的时代特征，说明了比较宗教学的演变和分化，论述了各派宗教学的代表人物及其基本理论和主要著作，探讨了宗教之间的对话问题，最后对1950-1970年这20年间有关比较宗教学的国际争论作了概述和总结。本书作者埃里克·J·夏普是宗教史国际协会（宗教学者的国际性协会，于1950年成立）的秘书（1971—1975），多年执教于英国曼彻斯特大学和兰开斯特大学宗教研究系。他的学术经历使他得以对比较宗教学各分支及其历史有更深的理解。通过本书，我们大体上可以比较系统地看到西方宗教学的各个主要方面。

比较宗教学
陈荣富著
世界知识出版社　1993年2月　182千字　263页

有关比较宗教学的精准定义，学术界尚无定论。一般认为，运用比较研究的方法去陈述和探索各种不同来源的宗教体系的普遍属性和特殊属性及其相互关系和发展规律的就是比较宗教学。其意义在于运用比较这种认识方法和研究方法可以把两个或两个以上不同宗教体系的不同特点和相同之处准确而明晰地描绘出来，从而正确地把握形成这些个性及其共性的具体条件和原因。本

书以马克思主义为指导，全面介绍了比较宗教学的产生和发展、比较宗教学的定义和研究对象及其与相关学科的关系，立足于比较宗教学的研究视野，系统讲述了宗教的起源和本质、宗教的构成要素及其基本观念、宗教产生的历史文化背景、宗教的发展和传播、汉民族与西方民族宗教信仰等具体问题。全书包括九个部分。作者将唯物史观灵活贯穿于所涉论题，指出宇宙和人类的神创论在漫长的历史时期能被广泛接受，不能完全归之于统治阶级的欺骗，而应溯其深刻的认识论根源和社会根源。

自然宗教与启示宗教之类比（"自然神论"译丛/赵林主编）
[英]约瑟夫·巴特勒著　闻骏译
武汉大学出版社　2008年1月　321千字　317页

自然神论是17世纪产生于英国的一种宗教思潮，它在17、18世纪具有理性精神和自由思想的英国科学家和哲学家中影响甚巨，并且从英国传播到整个欧洲大陆，成为启蒙运动的重要思想根源。自然神论的基本特点就是强调宗教信仰的理性根据，如果说16世纪宗教改革的显著特征是用信仰的权威来取代教会的权威，那么17世纪自然神论的显著特征就是用理性的权威来取代信仰的权威。本书为"'自然神论'译丛"之一，是英国国教会约瑟夫·巴特勒博士（Joseph Butler，1692-1752）发表于1736年的宗教哲学名著。书中以宗教类比的方法，结束了自然神论与传统基督教之间的争论，并对构成自然神论思想根据的、基于经验证据和归纳类比方法之上的经验理性（自然理性）提出了作者本人的崭新理解，从而维护了基督教的正统思想，也在客观上推动了启蒙思想和近代科学的发展。因此，本书成为了17-18世纪英国自然神论发展的一个转折点，直接刺激了休谟对自然神论的毁灭性打击和批判，进而导致近代西方宗教哲学的基础由知识论转向道德论的重大转向。全书分为"论自然宗教"和"论启示宗教"两个部分，共15章；两部分各章内容相互对应，章节排列较为对称。此外，书末还附有作者的两篇论文：《论人格的同一性》和《论德性的本质》，以及由本瑟姆博士起草并由巴特勒亲自修订的全书索引。

儒学与巴哈伊信仰比较研究（宗教对话与比较研究丛书）
蔡德贵著
山东大学出版社　2010年5月　253千字　216页

儒学以"为万世开太平"为使命，天人合一追求天人和谐，三纲六纪追求人际和谐，修身养性追求身心和谐。而在东方传统宗教基础上产生的巴哈伊教，也以"人类一家，宗教和合，文化包融"为使命。对人性美善的自信是其理想构架的基点，是孔孟和巴哈伊构思大同理想的基本点。具有强烈社会责任感的孔孟及其门人和巴哈伊信徒，在实践中将其德行思想外化，形成的就是一个德治社会，这种社会的最理想状态就是天下大同，并且两者对此天下大同社会之达成与体制的构思框架有诸多共通之处。本书为"宗教对话与比较研究丛书"之一，是山东大学犹太教与跨宗教研究中心承担的"儒学与巴哈伊信仰比较研究"项目的最终成果。全书共分9章。书中简要介绍了儒学和巴哈伊信仰的基本内容及主要特点，对比研究了儒学和巴哈伊信仰的世俗性、世界观、经济观念、教育思想、社会思想等方面，并就儒学在现代化进程中的发展方向及其应向巴哈伊信仰汲取何种经验作出回应和解答。

贰、宗教学研究

中韩宗教思想比较研究（中韩文化交流丛书/中央民族大学朝文系编）
金京振著
中央民族大学出版社　2010年4月　363千字　384页

中、韩宗教思想的产生和发展均有其悠久的历史，对两国宗教思想进行全方位的比较研究，有助于加强中韩两国人民间的相互了解，增进彼此的友好合作关系。本书为"中韩文化交流丛书"之一，系根据作者近几年在中央民族大学主讲《朝鲜古代宗教与思想概论》《韩国宗教文化概论》等课程的基础上，就所讲内容加以概括和总结而成。书中运用历史和逻辑相统一的方法及比较分析方法，对中国理论界与韩国思想界关于原始宗教、儒学（儒教）、佛教、道教、新兴宗教等进行了阐述和对比、类比等研究，为读者从比较研究的角度管窥中韩宗教思想的特质及异同开启了一扇视窗。全书共5章。第1章阐述了中韩原始宗教的主要思想、特点及作用并作了比较。第2章对中韩儒学（儒教）思想作了重点阐述并予以对比。第3章对中韩佛教思想作了重点论述并作了类比。第4章对中韩道教基本思想作了重点说明并阐述了它们之间的相同点和相异点。第5章阐述了中（台湾地区）韩新兴宗教的主要思想观点并在此基础上作了概括性的比较。书末附有相关的统计表，这些统计表对理解和研究中韩宗教思想的基本概况并进行比较研究具有一定的参考价值。

当代宗教冲突与对话研究
张志刚等著
经济科学出版社　2011年4月　610千字　484页

本书是教育部哲学社会科学研究重大课题攻关项目"当代宗教冲突与对话研究"的最终成果。书中努力尝试"跨学科的研究方法"，全面论述了世界范围内宗教冲突的严峻性、宗教对话的必要性和中国宗教的和谐传统与现代价值。全书由"当代宗教冲突研究"、"当代宗教对话研究"和"中国宗教的和谐传统与现代价值"三编构成，分为22章。第一编（第1-8章），较为全面地考察分析了当代宗教冲突的主要表现形式，探讨了冷战后的诸国际热点问题或重大冲突所包含的宗教因素，即宗教因素对于国际热点问题或重大冲突的影响，进而从"表现形式"和"冲突原因"双重意义上强调指出了"当代宗教冲突的错综复杂性"，并力图就此种复杂性加以理论深思。第二编（第9-15章），主要从三个方面展开对当代宗教对话的研究：（1）考察宗教对话的形成背景与理论难题；（2）梳理世界范围的宗教对话现状；（3）基于前两部分研究工作，力求全面而深入地探讨国际宗教学界现行的五种主要的宗教对话观念，即宗教排他论、宗教兼并论、宗教多元论、宗教兼容论和宗教实践论，以通过批判它们各自在宗教哲学方法论上的得失利弊，从总体上反思宗教对话的特性与矛盾、难题与张力、历程与目标，以及观念与出路等。第三编（16-22章），主要包括三部分内容：（1）着眼中国文化传统，力求较为全面地回顾考察本土的和外来的宗教传统与中国社会、思想和文化相冲突、相融合的历史过程，着重阐释诸宗教在中国文化背景下逐渐形成的和谐特征；（2）立足当代中国国情，力求较为准确地勾勒当今中国宗教现状，总结新中国成立以来宗教政策法规方面的经验教训；（3）关注国际学术对话，力求为促进宗教对话、化解文明冲突、共建和谐世界提供"中国宗教文化经验"。

全球对话时代的宗教学（宗教与世界丛书／何光沪主编）

[美]列奥纳多·斯威德勒、[美]保罗·莫泽著　朱晓红　沈亮译
四川人民出版社　2014年1月　235千字　318页

宗教存在于每一种文化和每一类文明的核心之中，反映并塑造着自身所在的文化和文明。本书为"宗教与世界丛书"之一，旨在考察过去的一个半世纪以来人类所形成和发展起来的宗教学研究的各种方法，亦即当代学者在研究宗教时所采用的方法，如历史学、原典研究、哲学、人类学、社会学、心理学、比较宗教研究和对话等方法，并且更多地关注于"全球对话时代"这一人类意识的新时代，因为正是这样一种全新的意识，从根本上改变了我们理解生活（以及宗教）所有方面的方式。书中还探讨了"全球对话时代"的闯入和"全球伦理"的开端，有助于读者理解在他们周围到底发生了什么，从而使他们可以基于充分的信息，对生活的意义以及如何更好地生活作出明智的决定。全书分为"什么是宗教"、"宗教哲学"、"宗教史学"、"经典研究"、"宗教演化"、"宗教人类学和宗教社会学"等13章。作者指出，宗教远比在某个具体国家或文化中所遇到的宗教表象更加复杂多样，本书不仅能够帮助读者对人类的宗教现象有更好的理解，也能唤起人们参与不同层面的宗教／意识形态间对话的欲望，特别是激发出共造一个全球伦理的愿望。

在上帝面具的背后：儒道与基督教

[美]南乐山著　辛岩　李然译　张西平校
社会科学文献出版社　1997年4月　160千字　181页

关于某个神的正确的神学概念应当从一开始就被认为是多层面的。这个神学概念可以区分为三个层面：综合的层面、向度的层面和主题的层面。这三个层面一起提供了一个关于神的人类学的深刻概念。本书是一部比较神学、比较宗教学的著作（根据纽约州立大学出版社1991年版译出）。全书共分10章。作者把神学研究、历史研究和哲学研究结合起来进行论述，并将论据限定于基督教（主要是新教）和中国宗教之内，旨在"从终极创造（'从无创造'）的层面比较中西印的神学观念及其在各自系统中的展开"。所述囊括了四个主要论题：一、关于神的一般概念，认为"可使我们整理和论述各种其他的、已被证明存在于文明人的宗教传统中的重要的概念、象征和象喻"，"是一种从无（ex nihilo）创造的特殊的神学理论"。二、特定的神学概念的发展，认为"神学的根本立场从来不能只维护传统的同一性而不服从现实"。三、源于神学实践自身的比较研究，认为"在这种神学实践中，不同的神的形象、一个个面具，以和神学概念发生联系的方式被人们互相比较。"四、宗教哲学，作者在此"将其界定为研究抽象是如何从所抽象的东西上既得到些什么又失去些什么。"

试析艾香德的耶佛对话观：基督教与佛教的相遇和互动（基督教中国化研究丛书／张志刚　卓新平总主编）

王鹰著
宗教文化出版社　2015年5月　300千字　317页

本书为"基督教中国化研究丛书"之一，是在作者博士论文基础上修订、完善而成的一部"以

艾香德通过本色化进路开展的耶佛对话"为研究对象的学术专著。作者在书中置身于19世纪末、20世纪前半世纪的时空场景，综合运用历史研究、比较研究、田野考察和宗教心理分析等研究方法，对艾香德宗教对话的理论与实践进行了全面、系统地分析和论述，试图透过艾香德作为"基督徒和宗教对话者"的双重视角，从他与近代中国僧侣的对话及其面向佛教徒所采取的"基督教东方文化披戴方式"的应对策略等方面，来客观展现艾香德宗教对话的内容、演变、形式、特色和张力，从中挖掘宗教之间的关系与互动及基督教和佛教对话的特点，以求进一步探索本色化实践的可行路径。全书共分6章。第1-2章旨在阐明本书的写作目的、意义、研究方法和框架，简要介绍艾香德的生平和信仰特点等。第3章依托于丰富的资料展现艾香德宗教对话的实践方式。第4章解析艾香德的相关专著和文章，从神学、宗教学、比较文化学等方面探讨艾香德宗教对话的理论依据。第5章考察艾香德宗教对话观之基督教背景，探析其在跨文化传教时对待异质文化态度的转变，总结他比较不同宗教教义的方法。第6章从整体上审视和评价艾香德耶佛对话的内容、特色、理论来源和理论依据等，以辨析其利弊；尔后将艾香德宗教对话与诸多基督教和他者的对话方式进行比较，藉此探究宗教对话的前景。

9. 论文集

非宗教论
罗章龙 编

巴蜀书社　1989年6月　100千字　184页

　　1922年3月，针对在北京召开的"世界基督教学生同盟"大会，李大钊等79位学者及知名人士联名发表宣言，成立"非宗教大同盟"予以抵制。许多名人教授，如胡汉民、吴稚晖、蔡元培、陈独秀、胡适、丁文江、陶孟和、余家菊、陈启天等，皆公开发表"反宗教言论"以示支持。在此背景下，罗章龙先生于1923年前后编辑出版了"非宗教大同盟"同仁的言论集：《非宗教论》，以同声讨伐近现代西方宗教的文化侵略即所谓"教毒"施予广大青年的毒害，提出以"美育代宗教"的主张，可视为五四运动以后的一种社会政治思潮。全书共收录由罗章龙、萧子升、蔡子民、陈独秀、李璜、汪精卫、朱执信等知名人士撰写的论文及杂谈29篇，内容包括：《自然道德论》（萧子升）；《我们何故反对宗教》（罗章龙）；《以美育代宗教说》（蔡子民）；《基督教与基督教会》（陈独秀）等。本书真实记录了20世纪初叶中国思想界的历史风景，为认识中国共产党建党初期的社会政治环境，也为研究现代社会思想史、近代基督教在华传播史提供了原始材料。

宗教：关切世界和平（献给在联合国召开的"宗教与精神领袖世界千年和平大会"）
王作安　卓新平　主编

宗教文化出版社　2000年8月　248千字　310页

　　和平，无论古今中外，都是宗教共同的关切。2000年8月，联合国召开了来自世界各地的1000多名宗教领袖共同参与的"宗教与精神领袖世界千年和平高峰会议"，发表《为全球的和平而奋斗》宣言，主张世界和平的对话应该首先从"宗教对话"开始。本书系为回应此次全球宗教盛会而汇编的"以关切世界和平"为主题的专著。全书分为"化解冲突　维护和平"、"致力对话　促进交流"、"消除贫困　保护环境"、"以和为贵　兼容并蓄"四个部分，共收录中国宗教领袖和学者撰写的论文39篇。这些论文阐述了宗教在促进世界和平、消除矛盾和化解冲突方面已做出及理应做出的种种贡献；表达了对"现实世界中的许多暴力和罪恶，却在宗教'神圣外衣'的包裹下进行"等现象的担忧；指出人类社会需要对话而不是对抗、需要协商而不是冲突，从而有代表性地反映了中国宗教人士、宗教学者维护世界和平的美好意愿，以及改善人类生存环境的思考与探索。

月映万川：宗教、社会与人生
何光沪著
中国社会科学出版社　2003年10月　451千字　567页

　　在宗教哲学的山路上攀登不息，我们终会发现，宗教及其种种象征体系，不过是指月之手、望月之眼、赏月之心；不同的社会、历史和文化，不过是映月之湖、映月之河、映月之川；而人生，则不过是其中闪光的水滴。本书是在《何光沪自选集》出版之后，作者对宗教与社会、人生之间关系问题的继续关注和思考的结果，收录了作者近年来在国内外发表过以及未曾发表过的论文31篇。这些论文以"一个多思的观察者"的立场，从人性、社会、哲学、文化、历史等角度，就宗教、道德与爱的维度，基督教哲学与中国宗教哲学人性论的相通、基督宗教与儒教中的人性尊严等问题进行了探讨与研究。全书包括七个部分。内容涉及中国现代化的矛盾与教会应取的态度、极端民族主义与基督宗教信仰、基督宗教与中国传统宗教的神性论之相通、基督教神学哲学在中国的翻译和吸纳问题、基督教研究对中国学术的意义、宗教之间的对话问题等多个方面，代表了作者近年来的学术成就。

宗教慈善与社会发展（中国社会科学论坛文集）
卓新平　郑筱筠主编
中国社会科学出版社　2015年7月　393千字　356页

　　本书为"中国社会科学论坛文集"之一，是一部由中国社会科学院世界宗教研究所卓新平所长、郑筱筠副所长主编的围绕"宗教慈善与发展社会"这一中心议题展开探讨的论文集。全书由26篇中文文章和8篇英文文章构成，讨论范围涉及四个方面：一、慈善观念与理论探索，阐发了慈善的宗教与信仰的理论基础；二、宗教慈善与社会发展，解释了各大宗教发展慈善事业的历程及其对社会的意义；三、宗教慈善经验与个案研究，阐述了相关宗教发展慈善的典型案例；四、中外专家学者论慈善。内容包括：《加强"四化"建设，实现中国宗教慈善的战略性跨越式发展》（郑筱筠）；《慈善是民间宗教的第一义》（韩秉芳）；《基督教慈善事业对于现代社会发展的意义》（黄保罗）；《中国慈善事业立法的现状与问题》（余少祥）；《现代社会中的伊斯兰教慈善活动：以宁夏穆斯林的慈善实践为例》（马景）；《Religiously Affiliated Organizations in the United States of America Collaborate with the Government in Being Agents of Community Benefit》（Thomas Harvey）等。这些著名专家和学者的文章，集中展示了宗教慈善研究的最高水平，对我们的理论研究和政策制定都有重要的借鉴意义。

走向第二轴心时代（第二轴心时代文丛）
王志成著　段丽萍编
宗教文化出版社　2005年11月　250千字　328页

　　本书为"第二轴心时代文丛"之一，收录了王志成教授近年来秉持"第二轴心时代的立场"

(the second Axial age)从事宗教研究而撰写的25篇论文。全书包括四部分。第一部分"生命回顾"（1篇），文中回顾和反思了作者近年来在宗教哲学、宗教对话领域的心路历程。第二部分"预备性思考"（6篇），主要就宗教对话的理由、内容和方式表达了作者的看法，希望可以为其他人提供新的理解，也希望在中国宗教内部、宗教之间以及宗教与非宗教间能够产生一些实际的对话，为世界和平做出应有的作为。第三部分"全新探索"（6篇）为本书核心所在，集中展示了作者在"走向第二轴心时代"这个领域研究和探索的宗教哲学与宗教对话思想理论。第四部分"评述"（12篇），所选文章涉及当代宗教哲学家、基督教神学家约翰·希克，天主教普世神学家、社会活动家、宗教多元论者保罗·尼特，当代哲学家、神学家、佛学家、跨文化研究的倡导者、宗教对话之父雷蒙·潘尼卡，后现代宗教哲学家、后基督教神学家、非实在论哲学代表、剑桥大学尹曼努尔学院前院长唐·库比特以及我国著名宗教哲学家何光沪教授、张志刚教授等国内外诸多学界同仁的学术思想，反映了作者宽广的学术视野及其开放的学术心态。

宗教经典汉译研究
雷雨田　万兆元主编

社会科学文献出版社　2013年8月　297千字　282页

　　翻译是人类历史上最悠久的活动之一，对文明的交流与演进做出了巨大贡献。无论是中国规模宏大的佛经翻译，还是西方波澜壮阔的《圣经》翻译，都是明证。本书系2012年5月在穗举办的首届"宗教经典翻译的理论与实践"学术研讨会论文选集，也是国内出版的首部宗教经典汉译文集，对于推动我国宗教经典汉译研究的发展具有十分积极的意义。全书分为"宗教经典翻译通论"、"佛教经典翻译研究"、"基督教经典翻译研究"、"伊斯兰教经典翻译研究"和"巴哈伊教经典翻译研究"五个专栏，共收入论文17篇。这些论文以具体的翻译史料和史实为基础，从语言学、历史学、诠释学、社会学、比较宗教学等多个角度，对宗教经典翻译的理论共性和实践多样性进行了深入探讨，其中既有对传统翻译理论的梳理，也有对当代翻译实践的审视，涉及翻译思想、翻译原则、翻译过程、翻译方法、译本传播、文化交流等多个方面。

二、世界宗教研究
（一）总论

世界三大宗教及其流派
于可主编

湖南人民出版社　1988年5月　372千字　511页

　　世界宗教是人类历史出现帝国后宗教自身发展的最高和最完备的形态，具有三个主要特征：一、无排他性；二、拥有系统而完整的教义（神学、哲学、伦理道德等）、组织机构和神职人员；三、打破了民族宗教特有的繁琐礼仪与陈规，废除了献祭和大量陋习，易为其他民族所接受。本书分别论述了世界三大宗教的产生、发展、教义、教规、派别、组织、分布等各方面情况，阐析了各宗教衍变的共性与差异性问题，共分为10章。编者认为，世界三大宗教在2000年左右的历史发展过程中，长期被统治阶级所利用，教派纷争甚多，故需依据历史唯物主义的基本观点和方法，从社会历史发展的角度加以具体分析，力避一概而论。

世界宗教
[美] L.M. 霍普夫著　张云钢　秦平等译
知识出版社　1991年4月　269千字　324页

哪里有人，哪里就有宗教。人类生存的长时期内，已经有过千百种宗教或宗教体系；至今仍然存在并积极活动着的宗教，可归纳为四种类型，即原始宗教、起源于印度的宗教、起源于中国和日本的宗教、起源于中东的宗教。本书是一部教材性质的著作，全面介绍了世界各种宗教和派别，窥探了各种宗教产生的历史、基本教义，以及平行出现的哲学、文化、政治、经济、社会结构、家庭、风俗等，提出了许多独到见解。全书共分14章。作者较为关注宗教对历史，对当代社会的影响和作用；在评述历史背景、历史事件时，阐明了宗教方面的特定原因；亦主张不同文化、不同宗教的人们要和睦相处，必须了解和尊重各种宗教以及它们之间的分歧。

世界宗教与宗教学
卓新平著
社会科学文献出版社　1992年6月　344千字　415页

宗教属于人的灵性世界和精神生活，有着神秘的魅力，也使人感到迷惘费解。在对宗教的理解上，西方学术界往往从思辨意义和神性经验两个方面加以阐释；中国学者则更多的倾向于对宗教作比较具体、明确的标定。本书是卓新平教授立足于"世界文化的视角与角度对中外宗教及其研究展开讨论"的专著。书中侧重于探索宗教与现实人生的关系和宗教的灵性意境，从一个侧面反映了作者在过往十多年的宗教研究中"对宗教这一灵性世界探奥洞幽中的经历与感受"。全书分三编。第一编"世界宗教与宗教学"，重点讲解西方不同历史时期的宗教观念及其发展、西方的宗教社会学研究、当代西方宗教理论和宗教对话、宗教与文化及人生的关系。第二编"中国宗教探讨"，集中论述有关"中国宗教的历史研究、理论探讨和文化反思"等方面问题。第三编"基督教研究"，主要针对基督教与世界文化、西方文明和现代社会的关系等问题进行探讨，内容涉及基督教的产生与发展、基督教与西方文明、基督教与现代社会、基督教与欧美文艺等。

宗教理解
卓新平著
社会科学文献出版社　1999年9月　526千字　653页

宗教的历程与人类的发展密切相关。如何加深对宗教的认识和研究，实质上关涉到对宗教的理解和解释。在人类的精神沟通中，宗教理解占有很大比重。这种理解包含对宗教的灵性体验、理性思考、行为观察和社会分析等诸多方面。本书是卓新平教授在其于1992年编著出版的《世界宗教与宗教学》一书基础上修改、补充而成的一部致力于探索和试说"宗教理解"的专著。作者在书中依凭多年从事基督宗教研究之精神体验及其相应的学术思路，紧紧围绕"宗教理解"这一主线，运用比较研究的方法，深入探究了中外宗教与宗教研究领域的诸多论题，以求达成对宗教灵性意境的真实理解和对宗教与现实人生关系的客观展示。全书分四编。第一编"宗教是什么"，旨在阐明宗教的本质、意义、结构、价值及其境界，此部分是宗教理解中的理论探讨和文化反思。第二编"宗教的历程"，通过对宗教的起源与发展、世界各大宗教概况的呈现和梳理，回溯宗教理解的历史、关注新兴宗教与"新时代"运动；第三编"宗教的研究"，回顾并总结宗教研究的历史、视域、方法及体系等,此部分是宗教理解中的学科界说和学派分析;第四编"基督宗教之探",结合作者多年从事基督宗教研究之思路和感想,以及宗教理解中的个案研究和典型剖析,对当今世界宗教发展中人数最多、影响最大的基督宗教做了系统阐释和解说。

阐释神圣:多视角的宗教研究("现代社会与人"名著译丛/陈维正主编)
[美]W.E.佩顿著 许泽民译 陈维纲校
贵州人民出版社 2006年6月 172千字 199页

解释架构决定解释视角,这一点适用于任何宗教理论。不同解释架构所提供的不仅仅是对世界的不同解释,它们反过来也构造了其所解释的世界。就此而言,宗教阐释不是纯粹的智力活动,而是一种社会行为,即有动机的社会行动。本书为"'现代社会与人'名著译丛"之一,是美国学者威廉·佩顿(William E. Paden)撰写的一部"专门探讨宗教研究中的多重视角问题"的著作。全书共分8章。书中介绍了人们在解释宗教时所采取的各种经典视角和理论框架,试图澄清在有关宗教的话语中各种描述流派之间的诸多差别,并且在这种多视角情境下解读了宗教的神圣性议题,从而为跨文化的比较宗教研究构建起新的方法论和多元解释平台。作者确认,本书之要旨"不在于为各种宗教理论作一综合解说,而在于揭示出几条重要的阐释途径,阐明它们相互之间的区别,以凸显阐释视角在宗教理论中的关键作用"。

世界十大宗教(中国社会科学院文库·国际问题研究系列)
黄心川主编
社会科学文献出版社 2007年5月 339千字 319页

宗教是一种社会历史现象,有它产生、发展和消亡的过程。从历史的角度探察宗教的发展轨迹,窥测其发展趋势,有助于人们更加清晰地认识宗教的本质、把握现实世界中的种种宗教问题。本书为"中国社会科学院文库·国际问题研究系列"之一,系统地介绍了世界历史上与当代社会中曾经或者正在流行的十大宗教,如古代埃及宗教、古代巴比伦宗教、琐罗亚斯德教、摩尼教、婆罗门教、神道教等具有重要历史影响的古代宗教。书中特别对现代有影响的基督教、伊斯兰教、佛教、印度教、犹太教等作了比较系统和深入的阐述,对这些宗教的起源、历史和发展、基本教理、宗派,在世界所起的变化与影响及其在当前世界全球化过程中对世界政治、经济和社会文化等方面所起的作用等,都作了详细说明。此外,本书对我国有影响的佛教、基督教和伊斯兰教作了比较全面的历史评价,发掘了我国唯一保存的摩尼教、琐罗亚斯德教、佛教等重要历史资料。全书共13章。各章内容由中国社会科学院著名的宗教学家黄心川研究员主持编写,并由国内宗教学研究领域的专家分头撰写。

世界主要宗教系统纲要
丁培仁著
巴蜀书社 2010年12月 230千字 274页

本书为丁培仁教授多年来从事"世界宗教研究"研究生课程教学的讲义。作者从人类学的视点出发,在突出"主要"的前提下,以"东西方文明"为地缘分野,将世界宗教划分为三大系统,比较研究了不同宗教体系间的思想特质及文明传承,以便提纲挈领地掌握它们的来龙去脉。全书共分 4 章。第 1 章首先介绍了人类文明中"已经消失的宗教",即古埃及宗教、古代巴比伦宗教、古希腊宗教和古罗马宗教。第 2-4 章分别论述了"目前大多还持续存在和发展"的世界主要宗教系统(宗教文化圈)的三大构成,即闪米特型宗教(犹太教-基督教-伊斯兰教系统,起源于巴勒斯坦和小亚细亚,浸淫于欧洲、非洲,再回向传播于亚洲的广大地区);印度次大陆宗教(印度教-佛教-耆那教系统,它们都源于印度次大陆,除佛教外,有较强的局域性)和东亚宗教(中国传统祭祀宗教-道教-神道教系统,它们皆为东亚宗教,亦具显著的区域性,既富包容性也有着顽强的传统性、稳定性)。

宗教与政治(宗教文化大系 / 赖永海主编)

顾肃著

译林出版社　2010 年 1 月　155 千字　206 页

宗教与政治的关系相当复杂,也相当重要。然而,我们多年来对宗教与政治的关系还存在一些简单化的看法,即把宗教看作是少数国家和有限时期里在局部起作用的社会建制,相信宗教很快就会从人们的生活中消失。更有一些理论只看到宗教的政治和社会影响的消极面,对其采取全盘否定的态度。这些都不符合事实,缺少实事求是的科学态度,因而有必要进行深入的澄清和论述。本书为"宗教文化大系"丛书之一,作者摈弃以往宗教与政治关系研究中存在的某些主观和片面观点,转而以历史的视角、科学的态度论述了宗教与政治从古至今复杂的互动关系,讨论了宗教与意识形态、宗教与政权、宗教与政治势力、宗教与文明及国际关系这四大方面的热点问题。全书共 4 章。书中富有创意地阐述了宗教与政权关系的不同模式和历史发展,当今世界宗教与政治的复杂互动关系,特别是宗教与民主法治、宗教与社会主义的关系,以及开展宗教对话、构建和谐世界的主题。

全球化背景下的宗教与政治(转型期的近代中国社会丛书 / 陶飞亚主编)

刘义著

上海大学出版社　2011 年 1 月　272 千字　277 页

宗教与全球化的课题愈来愈受到学者们的重视。在当今国际政治和国际关系舞台上,宗教的影响力日益突出;在全球化运动中,宗教所扮演的角色亦举足轻重,更形成了宗教政治化及政治宗教化的趋势。本书为"转型期的近代社会丛书"之一,是根据作者的博士论文编订而成的一部"跨学科、跨宗教"研究专著。全书共分 8 章。书中以"全球化"和"宗教政治"为中心议题,以罗伯逊、贝耶、詹金斯等西方学者有关全球化问题的宗教社会学理论为思考要点,同时结合全球化的反思和国际关系中有关宗教命题的最新理论成果,对全球化背景下从基要主义到恐怖主义的发生机制、发展逻辑、治理方法等进行了综合考察,并对亨廷顿的文明冲突论作出回应;同时,作者通过分析全球宗教政治的三重性(宗教运动与认同政治、宗教冲突与权力政治、宗教恐怖与暴力政治),不仅阐明了认同是宗教政治发生的基础,暴力是最外在的表现,权力是将二者联系起来的中间逻辑此三者的联动关系,更进一步指出宗教运动实际体现的仍是政治的本质,因为权力比信仰更重要。本书涵蕴宗教学、社会学、政治学、历史学、文化学等多个方面,具有一定的学术开拓意义。

贰、宗教学研究

全球化时代宗教的发展与未来（全球化文明丛书/卓新平　王晓朝　安伦主编）
王志成　安伦著
学林出版社　2011年12月　180千字　220页

宗教共同体既是全球化时代宗教发展的历史趋势，也应当是人类的理性选择。本书为"全球化文明丛书"之一，是王志成（第二轴心时代和宗教对话的著名倡导者）、安伦（人类宗教共同体和理性信仰造福社会理论的原创者）两位学者之间展开多次对话的思想结晶，是一部对话体裁的创新性学术著作。全书共分5章。作者在书中从"全球化与宗教的关系"的视角切入，全面探讨了世界宗教传统、轴心时代和第二轴心时代、宗教现代化和宗教全球化等问题，深入诠释了"人类宗教共同体"的理念及其现实意义的可能性，指出：很多宗教之间的冲突伴随的是利益的冲突，而利益的冲突影响了人们对宗教真理的认识。他们还从中国宗教的实际状况出发，反思中国宗教和社会面临的机遇和挑战，为中国社会走出宗教认识困境、解决信仰危机、价值观虚位和伦理缺失等重大社会问题与宗教问题，探索了可行之路。

周边地区民族宗教问题透视
何希泉主编　中国现代国际关系研究所民族与宗教研究中心编著
时事出版社　2002年9月　400千字　505页

我国周边地区分为五大板块：俄罗斯、中亚、南亚、东南亚和东北亚，总面积约3258万平方公里，共30个国家。在这片广袤的土地上生活着22亿多分属不同民族和信奉不同宗教的居民，分别占世界陆地总面积和总人口的22％和37％，这些地区各国的民族与宗教以其情况复杂、问题突出为特点而著称于世。本书全面系统地介绍了中国周边地区近26个国家的主要民族、宗教及现存主要问题的历史渊源、现状及有关当局解决民族宗教问题的基本政策及经验教训，以期为我国在新世纪的持续发展保持良好的周边安全环境，更好地维护边境少数民族聚居区的社会政治稳定，乃至妥善解决民族宗教问题提供某些基本思路。全书共分5章。第1章概述俄罗斯的民族与宗教状况及其宗教领域存在的问题和当局的宗教政策等。第2章概述中亚五国的民族状况、民族问题、宗教状况和民族宗教政策。第3章概述南亚地区主要国家的民族与宗教问题及民族宗教政策。第4章概述东南亚地区主要国家的民族与宗教问题及民族宗教政策。第5章概述东北亚各国的民族与宗教状况及其在处理民族、宗教问题上的主要经验教训等。

当代世界民族宗教（中共中央党校"五当代"教材丛书/郑必坚主编）
李德洙　叶小文主编
中共中央党校出版社　2003年12月　343千字　390页

当今世界是一个多民族多宗教的世界，民族宗教问题是对国际社会影响巨大、令人关注的重大社会政治问题。我国是一个多民族多宗教的国家，民族宗教问题一直是我国革命和建设总问题的一部分。今天，在建设中国特色社会主义事业中，民族宗教工作同样是党和国家全部工作的重要组成部分。本书为中央党校"五当代"系列教材之一，是为拓宽党政领导干部的世界眼光、增强对民族宗教问题重要性的认识而在中央党校校委领导下组织编写的，是集体智慧的结晶。全书共分10章。作者注重从战略和全局的高度讨论民族宗教问题，内容涉及世界民族问题的历史发展，21世纪初世界民族问题发展趋势，世界宗教问题的历史发展，当代世界宗教问题，前苏联、前东欧社会主义国家的民族宗教问题,当代中国的民族问题,当代中国的宗教问题等方面。本书撰写完成后,先作内部试用,再广泛征求意见,其间几易其稿,历经三年方才公开发行,堪称我国民族宗教研究领域的权威读本。

民族宗教和谐关系密码：宗教相通性精神中国启示录（民族宗教冲突出路的反思）
曹兴著

中国政法大学出版社　2007年12月　420千字　326页

宗教相通性精神是一切宗教和教际关系共通的、具有正向价值的本质,这一本质必然展开为从民族宗教冲突走向和解、从不相容到相容、从宗教战争演变为宗教对话、从宗教对立发展到统一的规律。本书运用民族学、宗教学、哲学和史学四种研究方法的学术资源,旨在通过对中外民族宗教问题的对比研究,以及世界民族宗教热点问题的深入追踪与探讨,来总结中国历史上解决宗教问题的经验、破解民族宗教和谐关系的密码、挖掘并提炼宗教相通性精神,从而为解决国内外民族宗教冲突寻求重要启示。全书分上、下两篇,共12章。上篇"民族宗教关系的历史实证研究"（第1-6章）,概述世界民族问题与宗教问题,主要是对中国现象进行实证研究。内容包括世界民族宗教冲突的聚焦及其出路的思考,中国先民缘何营造和谐社会,儒佛、儒穆、儒耶在中国的相遇与互动等。下篇"宗教相通性精神的理论研究"（第7-12章）,主要是对宗教相通性精神进行理论性和实证性研究。内容包括民族宗教关系的中外不同理念,中国和古希腊两种民族宗教关怀,人类进步、宗教的全球化与本色化,宗教的本质功能及其诸多属性等。

世界民族与宗教
丁金光主编

甘肃民族出版社　2008年8月　250千字　342页

在世界各民族中,有的民族几乎全民信仰某种宗教,这就是所谓的民族一定程度的宗教性与宗教一定程度的民族性。世界民族问题和宗教问题往往交织在一起,相互影响。譬如阿以冲突交织着犹太教和伊斯兰教的矛盾；两伊战争交织着伊斯兰教什叶派和逊尼派之间的矛盾；波黑战争中交织着天主教、东正教、伊斯兰教之间的矛盾；印度民族问题交织着印度教、伊斯兰教、锡克教的冲突；斯里兰卡的僧泰民族冲突伴随着佛教和印度教的斗争；英国的北爱尔兰问题、加拿大的魁北克问题都与天主教和基督教新教的矛盾分不开；西欧的种族排外倾向也渗透着天主教、基督教新教和伊斯兰教的冲突等,都体现了世界民族与宗教的复杂关系。本书是一部运用马克思主义理论解析世界民族与宗教问题的知识性著作,也是一部学术质量较高的专业教材。全书共分6章。书中从多个层面论述了世界民族概况、各大洲世界民族概况、当代世界民族问题与主要国家的民族政策,以及佛教、基督教和伊斯兰教；重点阐述了有代表性和影响力的国家的民族问题与民族政策,三大宗教产生的原因、基本教义及其在当今世界的地位和作用,提出了解决民族与宗教问题的正确途径。

民族个性与民族兴衰：宗教改变的国家走向
于歌著

当代中国出版社　2015年6月　121千字　164页

基督新教中的加尔文主义,深刻地改变了英国人的民族性格,使之带上了鲜明的现代特征。

基督新教中的清教徒主义,造就了美国最初的文明,使它们从一开始就处于现代化状态。而德、法的民族个性则主要受惠于启蒙主义,它们掌握了现代文明的力量,迅速上升为强势民族。在亚洲,日本文明受中华文明影响,但日本的儒教和佛教却与中国有着很大的不同,这种不同使中日两个民族在近代有着不同的命运遭际。本书试图从宗教角度阐述世界各主要民族国家的现代化进程,即人的心态与这个民族国家的现代化是怎样关联的。全书共分8章。书中例举中、英、美、德、法、意、日及拉美国家,分析它们在不同宗教或传统文化的影响下所形成的差异悬殊的民族个性,这种民族个性反映在社会、经济、政治、文化各方面,进而影响到不同民族国家的现代化进程。作者认为,现代化终究是由人推进的,人在现代化进程中的作用,才是最根本和最应该注目的。如果说,宗教启动了以上国家的现代化进程,宗教的作用也是通过具体的人来发挥发扬。

宗教与当代国际关系（宗教与当代国际关系论丛/徐以骅主编）
徐以骅等著
上海人民出版社　2012年7月　467千字　537页

　　冷战结束后,特别是"9·11"事件发生以来,世界上几乎所有的重大事件或多或少均有宗教的背景和动因,使宗教从所谓"威斯特法利亚的放逐"回归国际关系的中心,宗教的作用越来越从隐性转为显性,日益成为跨地区和跨国界现象。本书为"宗教与当代国际关系论丛"之一,是国际关系研究专家徐以骅教授领衔的项目组,在同名国家社科基金项目资助下,完成的有关宗教在当代国际关系中有影响的最新研究成果。书中以国内外相关研究为参照,对宗教在当代国际关系中的地位、影响以及若干重要问题作了较为全面系统的分析和评估。全书分上、中、下三编,共15章。上编（第1-4章）分别从宗教与国际法、全球化互联网的关系等方面介绍国际关系"宗教回归"的新动向。中编（第5-9章）分别从宗教与国际人权、地区冲突、国际恐怖主义的关系等多个角度探讨国际关系"宗教回归"的新问题。下编（第10-15章）,通过考察当代梵蒂冈外交、当代基督教传教运动、国际宗教非政府组织等各类宗教实体的运行状况,论述国际关系"宗教回归"的新形式。

诸神的争吵：国际冲突中的宗教根源
辛旗著
华艺出版社　2007年1月　200千字　167页

　　宗教是个严肃的课题,若与种族及国际利益联系起来,更为复杂,远非一般的评论所能涵盖。本书立足于东西方历史文化传统及地缘战略的宏阔视野,对世界主要宗教的基本特点及其演变历程作了定向分析,总结和论述了国际冲突中的宗教根源,认为"种族、宗教、政治、利益"是一个永远解不开的连环套,引用埃及政治家安瓦尔·萨达特"反对霸权主义"的主张,指出"只要西方坚持其目前对东方的看法,而这些看法都建立在一无是处和不公正的、同尘世的和神的原则截然相反的基础之上,这场冲突就会继续下去"。全书共分五篇。第一篇"耶和华、基督、穆罕默德的赌场",讲解巴以纷争、恐怖主义、伊斯兰复兴运动等一系列国际冲突的宗教根源。第二篇"天堂与地狱的通廊",讲解历史上的"十字军东征"与现实中的伊斯兰问题。第三篇"基督徒和犹太人共同造就的资本主义",讲解东西欧意识形态分立的原因以及基督新教与商业资本主义的关系。第四篇"东方：释迦牟尼的法界和孔子的村落",讲解南亚次大陆宗教冲突的起因及中华文化"准宗教"的特殊效应。第五篇"新世纪来临之际的预言式思考",从全球化角度预测了21世纪国际冲突的走势。

天使的和弦:全球化时代的宗教冲突与对话
高长江著
中国社会科学出版社　2008年12月　251千字　242页

本书是国家哲学社会科学"十五"规划基金项目。作者将"宗教对话与人类和平"作为讨论主题,从全球化时代的文化冲突入手,通过各种文化冲突现象的描述,把宗教冲突问题展现出来,然后在一种宏观的文化语境层面解读宗教冲突的文化因素;在此基础上运用"新人类学"理论论证宗教对话的意义及可能;最后从文化的观点阐释宗教对话的基本原则。全书共4章。创新之处在于:一、在认识论层面,提出当代世界的宗教冲突是全球化时代文化冲突的一种表现形式,是当代世界文化冲突的另一种变体。因而,对宗教冲突的原因应当从文化层面加以解读,只有这样,才能厘清当代世界宗教冲突的实质,并据此在文化的框架内提出宗教对话的基本原则,以推动宗教对话、宗教和平、人类和平事业的发展。二、在方法论层面,作者运用"开放式文化阐释学"的研究方法,在"文化/社会/宗教"的互动结构的认识论基础上,以文化分析为基本方法论,将文化史实考证与文化现场分析、文化现象分析与文化发展可能解释结合起来,并与文化博弈、文化心理分析、语言游戏分析等各种研究方法的互补配合,不仅使研究的问题发生与常识思维不同的结构性改变,而且也生产出新的问题、知识和理论。

宗教功能单位与地区暴力冲突:以科索沃冲突中的德卡尼修道院和希南帕夏清真寺为个案(宗教与当代国际关系论丛)
章远著
上海人民出版社　2014年3月　273千字　292页

本书为"宗教与当代国际关系论丛"之一,是作者在其博士论文基础上修改而成的一部以科索沃冲突为背景,具体描述和探讨宗教在这场冲突中所扮演的角色,以及宗教在当代地区冲突和国际关系中所起的一般作用的学术专著。书中借助国际关系新现实主义大师肯尼斯·华尔兹(Kenneth Waltz)基于结构——功能主义立场对国家作为国际关系行为体和国际政治系统基本单元的分析,提出了宗教功能单位的概念,以此为理论框架,将德卡尼修道院和希南帕夏清真寺这两座处于同一区域内的宗教场所及其与地区冲突有关联的内部运作、外部表现和对外行为作为考察对象,整理和分析了从1999年6月科索沃战争停火,到科索沃单方面宣布独立之后的数年间,上述两个最普遍与最传统的宗教功能单位在冲突地区中的角色地位,以及宗教功能单位与冲突格局变化的相互关系。全书分为"宗教功能单位与地区暴力冲突"、"科索沃暴力冲突中的德卡尼修道院和希南帕夏清真寺"和"宗教绵延"三编,共6章。通过考察分析,本书得出如下结论:一、现代性国际社会环境下的宗教功能单位是依据信念的绝对道德和责任的实用道德相结合进行理性选择的主流政治行为体;二、为减少宗教性质的地区暴力冲突发生的概率和降低冲突升级的可能性,宗教功能单位可以采取的行为是自我调节,包括尝试限制自身行为和转变自身过激政治属性,以及参与和接受有助于地区安全的调解以促进更大范围的群体聚合。

贰、宗教学研究

当今世界宗教热
邢东田著
华夏出版社　1995年1月　220千字　326页

　　历史上任何一次宗教热都有其地区局限。而在当今，具有现代化通讯和交通网络的地球村时代，宗教热已突破国界、人种、语言和文化等一切界限，成为全球性现象。本书借助典型事例、现象，对始于20世纪70年代前后的世界范围内的宗教热潮进行了深入细致地分析描述，揭示了当今世界宗教热的主要构成方面：传统宗教复兴、新兴宗教崛起、大众神秘文化泛滥、宗教冲突加剧、宗教对话与联合，认为全球性的经济衰退迫使隐藏在永远高速发展神话背后的各种矛盾渐次爆发，人类科学与理性难以消灭贫穷与战争，只是手段更加高级也更加残忍。全书共分5章。作者在书中系统回顾了伊斯兰复兴运动、当代"神圣同盟"、阿以冲突、耶路撒冷之争、印度教与印伊教派大仇杀、人民圣殿教集体升天、圣母玛丽亚显灵等众多历史事件，指出当代宗教热的出现绝非偶然，标志着"科学万能"信仰的终结，是人类对工业革命以来历史的全面反思。

二十世纪宗教思想（西方学术译丛）
[英]约翰·麦奎利著　高师宁　何光沪　译
上海人民出版社　1989年7月　448千字　564页

　　"宗教思想"一语，包括对于宗教核心问题的所有各种带有哲学性质的严肃的反思。哲学与神学的交织，则构成了"20世纪宗教思想"的主题内容。其中既有被视为哲学分支的"宗教哲学"（它关注的是解释和评价宗教），也有被视为神学分支的"哲理神学"（它关注的是阐明并考察某种宗教信仰的哲学含义）。本书为"西方学术译丛"之一，是当代著名的英国哲学家、神学家、宗教思想家约翰·麦奎利（John Macquarrie）撰写的一部"20世纪西方宗教思想的百科全书或者工具书"。全书共分24章。书中追溯了1900—1980年间西方宗教思想的历史，几乎囊括20世纪西方所有的重要哲学家、神学家、宗教思想家以及研究宗教的人文科学家的宗教思想。内容不仅涉及西方200多位神学家、哲学家和科学家的各种宗教学说，还旁涉20世纪欧洲、英美和拉美影响宗教的主要哲学思想，新教和天主教哲学思想、世俗神学或"上帝之死"神学、黑人神学、解放神学和妇女神学等宗教思想与宗教运动，以期在众多的相互冲突的观点中，窥探其类型或动向，从而为世人"穿过这错综复杂和令人困惑的领域"提供理论向导。

当代视角下的宗教（世纪之交丛书／夏军主编）
米寿江著
江苏人民出版社　1992年3月　121千字　179页

　　处在20世纪至21世纪之交的种种宗教现象，是一个无可回避的现实之谜。它给人们带来了困惑，引起了人们的沉思，特别是在洞察20世纪宗教发展的一般状况和主要特点之后，人们对当代宗教继续存在和发展的缘由，以及宗教在未来社会的发展趋向和影响，会投以更大的关心。本书为"世纪之交丛书"之一，作者运用马克思主义的观点，全面审视了二次世界大战以后全球宗教信仰的演化特征，重点考察了20世纪70年代以来世界宗教的发展轨迹，试图透过世纪之交的时代律动，解开现代宗教信仰之谜，并从中了解和认识世界的今天及未来。全书共分4章。第1章概述了二战以后全球宗教信徒悄然增长的情况、宗教多元化的倾向及宗教信仰变迁的迹象。第

2 章主要介绍 20 世纪中后期全球范围内宗教神权力量的兴起、宗教改革的呼声与宗教世俗化的潮流。第 3 章从宗教对 20 世纪政治、经济、文学艺术及哲学的影响的角度论述宗教的渗透力及其对科学的让步。第 4 章分析阐述了当代宗教继续存在和发展的缘由与趋向,预测了宗教在未来社会中的地位和影响。

当代世界宗教学
范丽珠等著
时事出版社　2006 年 3 月　380 千字　459 页

　　本书是一部着力探讨"宗教和宗教在当代世界的经验"的宗教社会学专著。来自不同的学科(社会学、社会心理学、宗教历史)的三位作者,立足于中西文化解说宗教、宗教性和现代性,分别用中文和英文两个版本对宗教进行了跨学科、跨文化研究。全书分为"建构意义"、"宗教性与现代性"、"宗教·中国与未来"三个部分,共 12 章。第一部分(第 1-4 章)介绍了宗教性的几个基本因素:意义建构或在生命较深层面对意义的需要,以及超越或寻找那些值得为之生、甚至为之死的价值,论证了宗教的精神皈依存在于中国民间信仰与实践文化传统的核心部分;第二部分(第 5-8 章)吸收了某些现代宗教意识相关主题,从曾经产生巨大影响而今受到广泛质疑的世俗化假设开始,讨论随后转向作为中西方现代化内在动力的相同性和相异性,分析了在现代文化中宗教的位置和宗教性的表现方式;第三部分(第 9-12 章)提出宗教在中国未来发展趋势的几种观点。第 9-10 章讨论了中国传统遗产的信仰与实践,作为中国在 21 世纪发展的潜在资源。最后两章思考了中国宗教和宗教性对世界文明和平发展可能的贡献。

宗教的未来(宗教学译丛)
[美] 罗德尼·斯达克(Rodney Stark)　威廉姆·希姆斯·本布里奇(William Sims Bainbridge)著　高师宁　张晓梅　刘殿利译　高师宁审校
中国人民大学出版社　2006 年 12 月　571 千字　639 页

　　在启蒙运动的伟大先驱以及近现代西方崇尚理性的知识分子看来,随着科学的进步,宗教必将消亡似乎是不证自明的事。然而,本书作者提出了另外一种观点:宗教在未来将会持久地存在。本书为"宗教学译丛"之一,作者着眼于宗教仍然能够存活的原因,在充分利用调查、统计、历史案例研究以及人种学领域探索等方面信息的基础上,通过对当今宗教所呈现形式的解释,绘制出了一幅关于当代宗教的全景图,它涵盖了从传统的宗派到最兴旺的膜拜团体。全书由"宗教经济"、"教派运动"、"膜拜团体"和"新成员的吸纳"四个部分组成,共计 22 章。书中所提出的论点和结论,均源自实际的调查统计数据,罕有猜测和想象的成分,从而构建起一种将宗教作为人类一般需要的理论框架。它试图证明:尽管世俗化乃当今世界的一种主要倾向,但它并未预示宗教的消亡。因为,当世俗化在一个社会的某些方面获得成功时,宗教抵抗就会出现;并且任何社会中的主流宗教组织总是紧跟世俗化的步伐而逐渐趋于更世俗。这不是宗教的终结,而是各种宗教的命运在发生变化,意味着已经变得太具此世性的信仰,将会被更具生气的、更少此世性的宗教所取代。

贰、宗教学研究

西方宗教学研究导引
卓新平编著

中国社会科学出版社　1990年7月　181千字　258页

　　宗教学成为一门独立、完整的学科，是近百年来由西方宗教学者首先发展起来的。这个新兴学科对各种宗教现象所进行的深入研究，在一定程度上折射出西方思想文化在近现代的发展轨迹。迄今为止，西方学者对宗教学的研究对象和范围、学科分类，以及理论和方法仍存在较大分歧。本书全面观览了西方宗教学的起源、发展、现状、研究目的、研究方法、学科分支等学术演进脉络，分别介绍了有代表性的学术著作及最新科研成果，基本上反映了西方宗教学研究的整体面貌。全书共分14章，附录4篇学术论文。作者认为，由西方学者首创的宗教学，有着其时代背景和主体认识上的局限性，唯其所作出的不少有价值的研究和探索，确是值得借鉴，以使我国宗教研究提高到一个新的阶段。

宗教改革与西方近代社会思潮（宗教文化丛书/王志远主编）
李平晔著

今日中国出版社　1992年6月　180千字　250页

　　宗教改革使欧洲基督教神学成功地实现了从中古向近代的转换。中世纪的欧洲是神明主宰的蒙昧主义神权统治的乐土，其特征为反科学、反人道、反对个人理性思考；近代欧洲属理性主义张扬的时代，其特征是擎举科学主义、人道主义和个人理性的大旗。宗教改革通过一系列社会革命、思想革命和经济革命，令西欧的社会面貌焕然一新，为其全面发展奠定坚实的思想基础。尽管宗教改革者们的思想和学说体现了近代精神，但他们毕竟是刚刚从中世纪僵死的、教条的神坛废墟中走出的前驱，是立足于时代分界线上的历史人物，故其理论旗幡不可避免地深深烙有中世纪的印记。路德于维滕堡万圣教堂大门上张贴《九十五条论纲》后的百余年间，信义宗不但在西北欧和中欧许多国家成为国定教会，而且出现占统治地位的正统教义。当年路德用以反抗教皇权威的那种发扬信徒自身理性的精神，竟又受到新正统的束缚。宗教改革开创的欧洲近代文明，并没有把西方引向一个理想至善的完美境界。它的许多弊端，也已蕴涵在那个时代的社会变革之中。本书为"宗教文化丛书"之一，分上、下两篇；上篇"基督教与人的理性"，重点论述理性主义对于宗教改革的指导作用及《圣经》与近代理性主义的关系问题；下篇"基督教与人的拯救"，主要阐述基督教原罪说和新教的救赎理论，以及路德与加尔文宗教改革理论的区别。

西方宗教文化
赵林著

武汉大学出版社　2005年4月　361千字　427页

　　学术界在对中西传统文化进行比较研究时，往往会强调二者之间的一个重要差异，即认为中国传统文化基本上是一种重现世、尚事功的世俗性文化，重心始终落在现实的人伦关系之上，其结果就导致了中国古代社会中盛行的三纲五常、四维八德等一系列实践性的伦理规范；与此相应，把西方传统文化看作一种重彼岸、尚超越的宗教性文化，重心在相当长的一段历史时期是落在虚幻的神人关系之上，从而使得超现实的信仰祈度和超经验的形而上学成为推动西方文化发展的一个重要的精神杠杆。本书是国内第一部系统研究西方宗教文化的学术专著。作者从希腊神话的源流谱系入手，通过对古希腊罗马文化、中世纪基督教文化和西方近现代文化的细致考察，勾勒出西方宗教文化发展演变的基本轨迹，揭示和阐述了西方不同时期宗教文化的主要特点，以及如何在西方近现代文化的历史合题中实现了自我更新的神圣使命。全书共3章。内容包括：希腊罗马多神教与古典文化、基督教与中世纪文化、基督教与西方近现代文化等。

现代欧美国家宗教多元化的历史与现实（世界文明史研究丛书／王晋新主编）
董小川著
上海三联书店　2008年3月　280千字　313页

　　现代欧美国家宗教多元化问题的研究是一个涉及到自古以来欧美社会政治、经济和文化等各个领域的跨学科问题。就"宗教信仰多元化"本身而言，它所涉及的问题不仅仅是宗教信仰问题，或者说不仅仅是一个个人信仰的意识问题，在很大程度上还是一个重大的社会问题，甚至是一个全球性的、全人类的社会问题。本书为"世界文明史研究丛书"之一，通过对西欧各国、俄罗斯、苏联加盟共和国和东欧、北欧各国，以及北美和拉丁美洲各国宗教多元化进程的细致描述，较为清晰地展示了现代欧美宗教信仰多元化的历史由来与现实状况。全书分为"西欧、南欧和北欧国家宗教多元化"、"俄国与东欧国家宗教多元化"、"美洲国家宗教多元化"三个部分，共计10章。作者指出，欧美文化的主角是基督教文化，其多元化走向是伴随着各国社会政治历史的发展而形成的，具有如下五点特征：一、以地域为中心的信仰分布特征；二、以宗教为中心的民族认同特征；三、以社会运动为中心的政治参与特征；四、以政教关系为中心的信仰自由特征；五、以世俗化为中心的教俗关系特征。

世界的祛魅：西方宗教精神（当代学术文丛）
高春常著
江西人民出版社　2009年8月　266千字　315页

　　早期基督教始兴于虔敬主义，而中世纪给它戴上沉重的理性和权力镣铐，原先超越世俗的灵性精神受到一定程度的压抑，"巫魅"被系统化了；宗教改革则予以打碎，从神学的枷锁中解放出理性主义，从理性那里解放了信仰本身；但直到北美大觉醒运动时期，福音主义的诞生才标志着西方宗教回归到耶稣本人的最初出发点，与此同时启蒙运动则在世俗领域完成了祛魅化的工作。在这里，基督教演化过程中的"施魅"和"祛魅"过程是个不容回避的难点，也是《世界的祛魅：西方宗教精神》一书的主要研究对象。本书为"当代学术文丛"之一，作者以马克斯·韦伯有关"祛魅"（disenchantment）之命题为中心线索，首先综述了宗教的早期起源论，继而追溯了古埃及宗教的演变，探讨了希腊神话和神学，评述了犹太一神教的演变，最后对西方基督教演进的主要轮廓予以归纳，大体上勾勒出西方一神信仰的渊源、流变以及世界逐渐祛魅化的过程。全书共8章。书中力求从整体上揭示西方宗教演化的内在规律，发现其内在的精神气质，理解欧美文化的起源和真谛，更深刻地体悟文明间互相渗透、融合而非简单地由冲突所主导的道理，同时启发人们对东西方文化气质的异同问题产生更深入的思考。

20世纪西方文化危机宗教哲学批判
陈树林等著
人民出版社　2013年10月　360千字　375页

宗教哲学批判是20世纪西方文化危机批判思潮中的一道奇异风景。其批判主体既有职业的神学家，也有带有神学倾向的历史学家、社会学家和哲学家，他们以基督教神学和哲学为理论基础，以人的现实生存处境为理论主题，以实现人格革命、心灵革命或给人提供终极关怀为理论旨趣。这种神学视角下的文化批判和文化重建工作，在一定程度上弥补了单纯理性主义视域内文化批判的某些缺憾和不足，具有重要的理论价值。然而，国内对宗教哲学批判维度的研究相对较少。本书系统地分析和论述了以蒂利希为代表的文化神学，以别尔嘉耶夫和弗兰克为代表的俄国宗教唯心主义哲学、以马里坦为代表的新托马斯主义、以莫尔特曼为代表的生态神学、以古铁雷斯为代表的拉美解放神学、以尼布尔为代表的政治伦理批判等流派的理论学说，力求从学理上对20世纪西方主要的宗教哲学家、神学家们所建构的思想的理论来源、历史背景、批判主题等做深入的发掘，从文化深层阐释这些流派的学术价值和现实意义。全书共8章。作者认为，在理性主义特别是技术理性主义占绝对统治地位的时代，宗教哲学批判向人们指出了摆脱20世纪文化危机的另一条道路：宗教神学路线，因为它抓住了文化危机的核心，即人的生存意义的危机。就此而言，宗教哲学批判以其独特的理论视角，为人类精神家园的重建进行了有益尝试。

（二）中国

今日中国宗教（宗教文化丛书/王志远主编）
朱越利主编
今日中国出版社　1994年12月　1160千字　1119页

本书为"宗教文化丛书"之一，是一部由多位专家学者分头执笔撰写的"以全面介绍大陆佛教、道教、伊斯兰教、天主教和基督教等五大宗教的现状为主"的学术成果。全书共分18章。书中依据广泛的社会调查和大量文献资料，首先叙述了宗教学的基本理论、中国共产党的宗教政策、建国以来的宗教工作、中国宗教团体与国际宗教组织、宗教界代表人物传记与宗教学者、宗教的义化活动与活动场所等，其中对马克思主义的宗教观、经典著作，中国共产党领袖的宗教观作了全面总结与理论阐释，对社会主义时期一些重要的宗教法律条文和部分具体的宗教政策、建国以来历届全国宗教工作会议、各宗教团体的代表人物、各宗教的各种文化工作、研究学者与学术现状等予以说明。在此基础上，本书对世界五大宗教的信仰、经典、历史、派别、教团、礼仪与节日，以及中国的少数民族宗教、港澳台地区的宗教发展及信仰和分布状况等进行了理论上深入的剖析，介绍和分析了世界五大宗教的历史与现状、本质与特点以及重要的国际宗教组织，研究了现当代中国以及国外的宗教存在状况等。

现代性与中国宗教
戴立勇著
中国社会科学出版社　2008年3月　463千字　567页

本书系根据戴立勇的博士论文《现代性背景下的中国宗教》修改、润色而成，是一部在"现代性"语境下探讨中国宗教的专著。书中围绕"现代性"概念进行多方位考察,在此基础上,提出了一个生存论逻辑模型,并由此出发,来诠释和理解现代性背景下的宗教现象,进而构绘了一个完整的、针对中国宗教现象的类型学图景;在对中国宗教的可能性(超越性品格)的论述方面,作者从生存论和符号学的角度,进行了特殊的诠释与探讨,创造性地提出了"长期现代性"、"共和国现代性"、"全球现代性"三个范畴,借以描绘全球化动态现象以及关于宗教的理论问题,指明了中国"多元"宗教的历史事实和"多元主义"的发展趋向。全书包括"现代性论题"、"中国宗教与现代性"两个部分,共11章。第一部分(第1-6章)主要针对"现代性"、"后现代性"、"全球性"、"宗教的可能性"等问题展开讨论,揭示了宗教当下的社会情境、哲学语境和生存处境。第二部分(第7-11章)是利用现代性理论对中国宗教进行的考察,内容涉及中国宗教的品格与问题、中国宗教的可能性、中国宗教的社会形式等方面。

当代中国宗教学研究(1949-2009)(中国哲学社会科学学科发展报告/王伟光主编)
卓新平主编
中国社会科学出版社 2011年12月 460千字 415页

在当代中国学术进程中,宗教学属于发展最快、备受关注却多有争议的学科之一。这种处境在于宗教学本身的背景复杂、定位困难、领域广泛以及问题敏感。因此,宗教学属于仍在形成中的学科,对其内涵的理解需要不断深化,对其外延的审视也需不断扩大。宗教学作为学科的成熟,也将标志着我国宗教研究实现了真正的飞跃。本书为"中国哲学社会科学学科发展报告"之一,是一部"由宗教学各分支学科国内学术领头人集体完成"的博采众长之作,旨在对建国60年来我国学术界在马克思主义宗教学、宗教学基本理论、宗教社会研究、当代宗教研究、佛教研究、道教研究等学科领域所取得的成就进行总结和梳理,以便抓住当代中国宗教学发展历程的研究重点和特点。全书由15篇文章组成。内容包括:《马克思主义宗教观研究60年》(龚学增);《宗教学基本理论研究》(金泽);《宗教哲学研究》(张志刚);《当代宗教研究》(罗伟虹);《宗教与当代国际关系:趋势与研究》(徐以骅);《古代基督教思想文化背景及其历史影响研究》(王晓朝)等。

(三)亚洲

1. 东亚

"神体儒用"的辨析:儒学在日本历史上的文化命运(海外汉学研究丛书)
王健著
大象出版社 2002年9月 203千字 241页

日本传统文化的主干或核心是神道信仰系统,其中所包含的大和魂(大和精神)长久渗透在日本文化和日本人的心理之中。正因为神道信仰在日本民族中从未丧失终极价值的本体地位,所以在历史发展的过程中,尤其是转折的关键时期,天皇作为天照大神在民间的代表就必然成为凝聚人心、动员社会的合法象征。故此,"和魂汉才"及"和魂洋才"的功用性定位,便是造就日本文化命运的最终选项。本书为"海外汉学研究丛书"之一,以中国现代社会之转型为问题关注点,提出"神体儒用"这一传统的精神结构是日本社会从传统向现代过渡的重要精神资源,然而它在现代人文价值和普世价值上的明显缺陷,又提醒人类,保持工具理性与价值理性之间的合理张力,应是全球性的现代化运动的精神方向。全书共分5章,首章从发生学的角度考量日本民族心理形成的历史源头,述及日本的历史地理环境、绳纹文化与弥生文化、世神与天神等问题,其后各章重点论述儒学在日本历史上的不同转折阶段所发挥的关键性作用,间而阐述西方近代价值观(兰学)对日本社会转型的强大推动力,以及日本现代军国主义的成因。

宗教体制与日本的近现代化
张大柘著

宗教文化出版社　2006年9月　249千字　331页

国家神道体制是一种兼具政治与宗教双重性的国教制度,亦是君权与神权、政权与教权合二为一的政治制度。自明治维新直至日本军国主义战败,国家神道体制笼罩日本约80年之久,在其肆虐的80年中,对日本宗教的扼杀与扭曲自不待言,对整个国家生活都产生了广泛而深远的影响。本书是一部研究"国家神道体制的形成与演变及其与日本近现代化的关系"的史论结合的专著。全书共分5章。作者从日本国家宗教体制的变迁及其对日本宗教影响的角度切入,密切结合日本的社会政治背景,以1949年日本战败投降为分水岭,对前后两个时期不同的宗教体制的形成与运转情况进行动态考察,解析了明治维新之后神道教如何从长期以来依附于佛教的地位一跃而成为国教的原因和经过,对以神道教为国教的宗教体制的核心内容、实施情况及恶劣作用,作了概要而清晰的说明;并以神道教、佛教和诸种流派的新兴宗教为重点,介绍这些宗教在战前与战后的发展情况,分析论述了战后政教分离体制下日本宗教所形成的新特点和新气象。

2. 东南亚

东南亚宗教与社会
姜永仁　傅增有等著

国际文化出版公司　2012年8月　460千字　476页

宗教文化元素体现在东南亚各国人民的现实生活当中,成为东南亚各国人民普遍信守的价值观、判断是非的标准和衡量伦理道德的准则。宗教反映在东南亚各国的政治、经济、社会、文化、音乐舞蹈、文学艺术、传统节日和风俗习惯之中,体现在东南亚各国文化的每一个层面和东南亚社会的每一个角落,与东南亚社会紧密相连,密不可分。本书是一部研究性与资料性相结合的书籍,也是一部以国别为单位分别论述东南亚宗教与社会方面情况的综合性著作。全书共分12章。书中记述了缅甸、泰国、老挝、柬埔寨、越南、菲律宾、马来西亚、新加坡、印度尼西亚等国家的宗教政策,探讨了世界四大宗教在东南亚地区的传入与发展及其与该地区各国原始宗教信仰的碰撞与融合,分析了当代东南亚各国宗教信仰的最终形成以及对该国政治、经济、文化、艺术、绘画建筑、传统节日、风俗习惯的影响;同时尝试对中国传统儒、道二教在东南亚各国的传播与发展进行深入挖掘,从而"为我们展示了一幅幅东南亚国家宗教和社会发展的真实而生动的图像"。

东南亚宗教与社会发展研究
郑筱筠主编

中国社会科学出版社　2013 年 1 月　430 千字　385 页

　　东南亚地区的地理位置使东南亚各国在世界政治、经济、文化、军事格局中的地位非常重要。美国亦随之调整自己的全球发展战略，高调重返亚太，其他国家也纷纷调整自己的发展战略，凸显自己在东南亚地区的影响力。由于该地区宗教多样性非常突出，世界性宗教基督教、伊斯兰教、佛教等在不同的国家和地区有着不同的作用和影响；因此，研究宗教在东南亚社会、政治、经济、文化发展中的地位和作用就显得尤为必要。本书是一部以"东南亚宗教与区域社会发展"为主题的论文集，汇集了国内外学界和宗教界专门研究东南亚宗教的学者的最新成果。全书包括：宗教·东南亚·社会发展；佛教·本土化·改革运动；伊斯兰教·道教·民间宗教；华人宗教·东南亚社会；跨境民族·宗教·区域文化五编，共收论文 31 篇。这些论文从宗教与东南亚地区社会结构、社会发展之间的关系入手，深度探讨了宗教在当代东南亚社会、政治、经济和文化变迁中的作用，以期为我国社会和文化发展战略提供重要的参考和建议。

东南亚宗教研究报告：东南亚宗教的复兴与变革
郑筱筠主编

中国社会科学出版社　2014 年 11 月　439 千字　406 页

　　宗教作为一种变量，极大地影响着东南亚国家的政治、经济、文化和社会发展进程。本书是有关"东南亚宗教发展的复兴与变革"的研究文集，汇集了国内外学术界专家学者的最新研究成果。书中以东南亚宗教的复兴与变革为主线，围绕东南亚宗教的总体趋势、东南亚伊斯兰教、佛教、华人宗教的传承与变迁以及东南亚—中国南传佛教文化圈的互动关系等专题展开深入研究，深度探讨了宗教在当代东南亚社会、政治、经济和文化变迁中的作用。全书分六编，共收录文章 31 篇。其中既有前沿性发展战略的研究报告，又有理论分析的学术论文；既有历史回顾，也有现实研究。内容包括：《东南亚宗教情势研究报告》、《东南亚与西亚北非教缘关系世界影响比较》、《论中国传统佛教信仰在东南亚华人社会与故国文化联结方面的作用》、《瑶族宗教文书在东南亚的流布研究》、《何氏九仙信仰与琼瑶教在东南亚华人社会中的传播及扩散初探》、《马来西亚伊斯兰复兴运动与现代化》、《加强中国南传佛教自身建设，建立中国与东盟佛教黄金纽带》等，具有很强的学术性和实用性，是我国学术界在东南亚宗教研究领域取得的最新进展。

东南亚宗教研究报告：全球化时代的东南亚宗教
郑筱筠主编

中国社会科学出版社　2015 年 10 月　445 千字　400 页

　　全球化是东南亚宗教必须要面对的一个现实，全球化也是东南亚宗教发展的机遇和挑战。这是东南亚宗教在全球政治和经济格局进行调整过程中必须要面临的双刃剑。对之进行研究、正确了解全球化时代的东南亚宗教发展的特点和规律，对我们认识东南亚宗教在当代的变化有着重要的现实意义和理论价值。本书是以东南亚宗教为主要研究对象的专题性前沿理论研究著作，汇集了国内外学术界权威专家和青年学者的最新研究成果。全书包括：前沿报告、理论研究、研究评述三部分；下设"全球化视野下东南亚宗教的总体趋势研究"、"全球化时代东南亚佛教发展的新特点"、"全球化时代东南亚宗教的发展与传播"、"全球化时代的南传佛教发展"、"印中孟缅经济走廊之跨境民族宗教文化交流"、"全球化时代的东南亚宗教研究动态"六编。书中围绕全球化时代东南亚宗教的总体趋势,力图对东南亚地区的宗教进行全方位的思考,具体研究东南亚佛教、伊斯兰教、跨境民族宗教、东南亚华侨华人宗教实践的特点及其发展规律,指出在全球化和现代化不断加剧的现实中,东南亚宗教与国际政治、经济、社会发展之间的张力及其应对的新特点,进而阐明在未来的世界全球化格局中,东南亚宗教的发展方向。

东南亚宗教研究报告:东南亚宗教的转型与创新
郑筱筠主编
中国社会科学出版社　2016年10月　579千字　536页

东南亚是世界上宗教多样性非常突出的地区,也是我国实施"一带一路"战略布局的重心之一。在国际格局愈加复杂的今天,东南亚地区由宗教引发的各种问题已渗透到该地区的社会、政治、经济等方面,影响极为广泛。因此,厘清东南亚宗教在现代社会的转型与变迁过程,不仅有利于我们更好地处理国内的宗教问题、构建和谐的周边环境,对我国"一带一路"战略有着重要的现实意义。本书是以东南亚宗教为主要研究对象的专题性前沿理论研究著作,汇集了国内外学术界权威专家和青年学者的最新研究成果。全书主体包括:前沿报告、理论研究和研究动态三部分;下设"转型时期东南亚宗教研究报告"、"东南亚天主教研究"、"南亚、东南亚佛教研究"、"东南亚伊斯兰教研究"、"中国-东南亚跨境民族与宗教文化交流研究"、"东南亚儒学研究"、"'一带一路'与中国佛教研究"、"转型时期东南亚宗教研究动态"八编。书中结合我国"一带一路"战略的现实需要,对处于转型时期的东南亚宗教进行了全方位的综合研究,研究成果既加深了我们对于全球化时代东南亚宗教的转型与创新的认识,同时也为"21世纪海上丝绸之路"建设提供了有益参考。

3. 南亚

南亚宗教发展态势研究
邱永辉等著
社会科学文献出版社　2014年12月　229千字　297页

南亚次大陆是一个历经岁月磨砺、人口众多、宗教文化多元、民族文化多样的地区,也是一个充满生机活力且十分复杂的地区。作为中国的重要近邻,南亚国家发展稳定,对中国争取和谐的周边环境以及良好的国际环境极其重要。因此,了解和研究南亚国家应当是我们长期的任务。本书是中国社会科学重大课题"南亚宗教发展态势研究及其对我国的影响"的系列成果之一,旨在以文化战略意义为基础,从历史和现实的角度,探究南亚宗教的发展趋势:一方面立足南亚宗教文化的历史传统,寻求当代变革的可能性;另一方面通过对南亚宗教发展态势的深入分析,以印度和巴基斯坦为镜,观照中国和世界的宗教问题。全书共6章。第1章主要关注印度宗教与印度宪法和民法问题。第2章探讨印度政教关系的历史与现实。第3章针对教派冲突这一印度社会有机体的痼疾进行梳理和剖析。第4章从政治、宗教和极端主义三个方面对巴基斯坦的宗教态势展开研究。第5章以印度和巴基斯坦为例,对南亚伊斯兰教当中逊尼派和什叶派的关系予以述评。第6章考察和论述"巴阿反恐战争"背景下的南亚宗教与地区安全。

(1) 印度

当代印度宗教研究
吴永年　季平著

上海外语教育出版社　1998年10月　281千字　339页

印度是个宗教国家,几乎人人笃信宗教。印度也是个世界上宗教派别最多的国家,繁杂的宗教派系,时常引起教派之间的纷争,此起彼伏的教派斗争,影响着印度各个时期的历史、政治、经济、文化与艺术的发展和繁荣。本书全面介绍了当代印度各主要宗教的历史与现状,重点论述了印度教、佛教和锡克教三大原生宗教对今日印度社会的影响,深入讲解了宗教因素在印度社会世俗化和现代化进程中的作用。全书共分8章:第1章概述印度成为宗教派别最多的宗教国家的几个因素、印度宗教的历史沿革与特点、印度独立后教派间的矛盾与冲突以及产生纷争的政治、经济与文化根源等。第2-4章分别论述印度教、伊斯兰教和佛教在当代印度文化和社会发展中的地位与作用。其中特别介绍了印度的种姓制度、印度人民党与印度教派主义的关系,分析了佛教产生的社会背景及其在印度消亡的原因等。第5-7章介绍印度锡克教从产生到发展的历史过程及其在世界各地的传播与影响。第8章介绍耆那教、基督教、袄教和巴哈伊教在印度的基本情况,描述了这些非主流宗教的大体轮廓及其在当今印度社会生活中的影响。

印度宗教哲学概论（博雅大学堂·哲学）
姚卫群著

北京大学出版社　2006年9月　351千字　384页

印度的宗教哲学是印度文化的基本组成部分,它具有较强的系统性和思辨性,蕴藏着极其丰富的智慧,源远流长,影响广泛,在人类思想发展史上占有显要地位。本书为"博雅大学堂·哲学"丛书之一,作者以印度宗教与哲学二者之间的紧密关系为主线,全面介绍了印度古代宗教哲学的产生背景、部门流派、源流演变和发展过程。全书分三编,共25章。第一编（第1-4章）论述了印度宗教哲学的发展线索与思想渊源,除了勾画出它的主要发展阶段之外,还侧重分析了吠陀、奥义书和六师的基本思想。这部分的主要内容构成了印度宗教哲学的发展起点及其后世思想的形成基础。第二编（第5-18章）论述了印度宗教与哲学的主要流派,内容涉及婆罗门教系统的六派哲学（数论派、瑜伽派、胜论派、正理派、弥曼差派、吠檀多派）、佛教（早期佛教、小乘部派佛教、早期大乘佛教、中后期大乘佛教、后期佛教）、耆那教、顺世论,以及近现代宗教哲学。第三编（第19-25章）对印度宗教哲学发展史上的一些重要观念或基本问题进行了专门探讨,如实有与空无、事物形态类别、轮回、解脱、神、思维方式、伦理等观念或理论。

存在·自我·神性：印度哲学与宗教思想研究
吴学国著

中国社会科学出版社　2006年11月　1140千字　1028页

存在、自我、神性三条线索相互交织,而且最终汇聚到一点,构成印度哲学思想发展的基本框架。其中应以自我概念为主线，人类思想只有达到了彻底的自我理解，才能真正理解存在和神的本质。本书是一部关于印度哲学与宗教思想研究的理论专著，作者采取问题史和人物、学派史相结合的叙述方式，从丰富而深邃的印度哲学中抽象出存在、自我与神性这三个概念，将其纳入对西方哲学的相关主题的讨论，然后从一种比较意识出发，试图通过对这三个概念的各自演变及其相互影响、相互交织的动态过程的阐释，来描述印度哲学史的全貌，省视我们民族自身的精神传统，并找出差异的根源。全书共分三篇。上篇"存在论"（4章）介绍了吠陀和奥义书的存在概念，阐述了耆那教、胜论派、正理派、大乘佛学和乔荼波陀的体系。中篇"自我论"（4章）介绍了吠陀和早期奥义书中的"自我与自然"思想，阐述了商羯罗和数论、瑜伽的体系。下篇"神性论"（4章）介绍了黎俱吠陀的宗教思想、吠陀以后神的衰败命运，以及奥义书与《薄伽梵歌》的神性概念，阐述了罗曼努阇的体系。本书指出，存在、自我、神性这三个概念，不仅是印度哲学也是西方思想最根本的概念，通过比较不仅对人类精神发展中普遍的必然的东西有了深刻的理解，而且也对中西印各文化传统有了更清楚的理解和准确的定位。

印度宗教多元文化
邱永辉著

社会科学文献出版社　2009年7月　421千字　382页

印度宗教文化是当今人类社会多元宗教文化中的一元，但其本身这一元中，实又包含着多元；由印度教文化、伊斯兰文化、基督教文化、佛教文化、耆那教文化、部落宗教文化等等结合而成。本书依据扎实的史料，在尝试提出"印度宗教多元主义"的三种含义（一、印度社会的宗教多元性；二、印度宗教、宗教思想家、宗教哲学家的多元宗教观；三、印度的宗教多元主义）的基础上，综合运用比较研究、社会调查和哲学分析的方法，对丰富多姿的印度多元宗教与多元民族文化长期共生共存的壮阔景象作了全景扫描，为世界宗教多元化研究提供了一些有益的思考。全书共分7章。第1章介绍印度宗教多元化的信仰格局，以及这种多元格局的形成及其特点。第2章探讨在印度占主流地位的印度教的多元性、多元观和多元论。第3章探讨锡克教和佛教在印度宗教多元化中遇到的各种问题。第4章探讨伊斯兰教在南亚所走过的艰难、曲折道路，在寻求多元主义中所面临的复杂局面。第5章探讨印度宗教与基督教矛盾，以及在寻求多元宗教和平共存进程中的困境。第6章探讨印度的宗教多元主义实践，反思西方学者提出的宗教多元论。第7章对印度宗教多元主义进行理论总结，对其实践成果作出评述。

印度婆罗门教哲学与佛教哲学比较研究（南亚研究丛书／薛克翘主编）
姚卫群著

中国大百科全书出版社　2015年1月　342千字　313页

婆罗门教和佛教是古代印度的两大主要宗教。两教中的哲学思想构成了印度古代哲学的基本内容。本书为"南亚研究丛书"之一，作者选取有关两教哲学的重要历史文献进行认真梳理，并对婆罗门教哲学和佛教哲学中的主要思想作了专题性的比较研究。研究中涉及婆罗门教哲学的主要文献是吠陀奥义书、婆罗门教六派哲学中的根本经典及古代的相关注释等；佛教哲学涉及的主要文献是印度早期佛教、部派佛教、大乘佛教和后期佛教中的有关经论等。全书分六编，共25章。第一编"发展线索与远古圣典"（第1-2章），首先介绍了婆罗门教与佛教在古印度的发展线索及在思想史上的作用、吠陀奥义书对婆罗门教与佛教的影响。第二编"事物根本与基本构成"(第3-9章),分别解析了因果观念、极微理论、心识理论、我的观念、神观念等。第三编"思维方法与逻辑推理"(第10-15章),分别解析了真理观念、虚妄观念、同异观念、逻辑与辩论理论等。第四编"伦理观念与修行理论"(第16-19章),分别解析了苦乐观念、善恶观念、禅定思想和修行理论。第五编"恒常变化与轮回解脱"(第20-22章),分别解析了常与无常观念、轮回观念和解脱观念。第六编"思想交锋与文献记述"(第23-25章),比较研究了婆罗门教和佛教基于哲学思想交锋而产生的对立与相互批判,并对两教文献中有关对方思想的记述加以评析。

亚洲的精神性:印度与中国的灵性和世俗
[德]范笔德著　金泽译
社会科学文献出版社　2016年9月　216千字　266页

中国文化与印度文化的复杂性及其现代转型都极其巨大,中国和印度两国的民族主义都包括进步、理性、平等和反对帝国主义的共同观念,两国都具有全球化现代化的特征,但她们所走的路是完全不同的,这些差异必须通过比较才能说明和理解。本书以印度与中国现代性中所包含的灵性、世俗、宗教及巫术之间的关系为主旨,着重讨论了近现代中国与印度民族主义之间的差异。通过对上述关系因素的考察研究,本书指出,印度与中国社会展现的形态表明,这些关系正在塑造现代民族;并且认为,社会学与政治意识形态有助于将现代民族国家及其治理的民主形态概念化为世俗的,它的形成依赖于替代共同体的宗教态度,而现在的研究并不想给民族主义与宗教假定一种既定的关系。与此相似,在现代化社会学理论和西方现代性之本质的意识形态观念中的关于世俗化与世俗主义的假设,是无法根据其表面价值来进行判断的。全书共9章。内容包括:现代社会中的灵性、东方宗教的形成、印度与中国向现代性的转变、世俗主义的巫术、比较印度与中国的世俗主义等。

(2)斯里兰卡

斯里兰卡的民族宗教与文化(东方文化集成·南亚文化编/黄宝生主编)
王兰著
昆仑出版社　2005年8月　240千字　295页

斯里兰卡的民族发展史与印度有着极为密切的关系。厘清印度次大陆的居民向南迁徙到斯里兰卡的历史过程,论证佛教文化传入斯里兰卡后对当地民族信仰所产生的深刻影响,对于准确认识和把握"斯里兰卡民族宗教与文化"的特性至关重要。本书为"东方文化集成·南亚文化编"丛书之一,是迄今为止我国关于斯里兰卡民族宗教与文化研究的唯一著作。书中从历史的角度出发,探讨了斯里兰卡的民族形成过程,这个岛国自古以来存在的社会体制以及岛上的民族的宗教信仰和传统文化,分析了佛教的历史影响及其在斯里兰卡所处的特殊地位;并通过追寻僧伽罗人和泰米尔人民族矛盾的历史根源,回顾了独立以后民族矛盾不断变化的历史过程。全书共6章。第1-3章主要介绍斯里兰卡的民族历史发展过程、斯里兰卡的民族构成,以及斯里兰卡的传统社会组织形式。第4-5章主要介绍斯里兰卡的宗教与文化概况,包括斯里兰卡的佛教、印度教及其文学、艺术和民俗文化。第6章重点论述僧伽罗人和泰米尔人民族矛盾的历史由来。

4. 中亚

中亚宗教极端势力研究
苏畅著

社会科学文献出版社　2009年6月　300千字　279页

　　中亚宗教极端势力是中亚研究领域中的一个极为重要的问题，形成了独特的复杂性、顽固性和普遍性特征。其产生的根源来自于内部因素，包括中亚国家独立后的经济危机，政府治理的失误、腐败问题，伊斯兰原教旨主义的思想意识影响，持续数年难以解决的贫困问题等等。本书在较全面地综合已有相关研究成果的基础上，将"中亚宗教极端势力"这一敏感问题放到复杂多变的国际形势中加以梳理和阐释，从历史中，特别是从伊斯兰教在中亚的发展路径中寻找中亚宗教极端势力产生的历史根源，客观分析了中亚宗教极端势力对地区安全形势的重大影响，以及国际合作打击宗教极端势力存在的问题等，从而构建起关于中亚宗教极端势力研究的较为完整、系统的理论框架，具有重要的学术价值和应用价值。全书共分10章。书中所探讨的问题主要围绕四个方面展开：一、中亚宗教极端势力产生的国际背景、历史、社会经济与政治根源；二、中亚宗教极端势力的发展脉络；三、打击中亚宗教极端势力的措施；四、中国应对宗教极端势力的策略。

5. 西亚

当代中东热点问题的历史探索：宗教与世俗
杨灏城　朱克柔主编

人民出版社　2000年9月　348千字　457页

　　中东地区位置险要，资源丰富，历来是兵家必争之地，加之民族众多，宗教信仰和教派不尽相同，矛盾与冲突是难免的。该地区发生的一系列事件受世人瞩目，成了国内外学者关注的热点。本书试图从中东地区的热点问题着手，选择一些社会各界所共同关心的课题，结合历史，进行分析和研究，将其提升到一定的理论高度，总结出一些规律性的东西。全书共分13章。书中以沙特阿拉伯、苏丹、土耳其、伊朗和埃及五国为例，着重探讨了伊斯兰原教旨主义与世俗主义的关系问题，分别叙述了上述五国的历史及现状，探讨了其中宗教与世俗的关系的由来、发展与演变及其现实的状况，还阐述了犹太教正统派与犹太复国主义运动同以色列世俗政权的关系。内容包括：瓦哈比运动与早期的沙特王国、马赫迪主义与马赫迪国家、凯末尔的世俗改革与土耳其宗教力量、伊朗伊斯兰宗教力量的发展与巴列维王朝的世俗化政策、哈桑·班纳与世俗思想和世俗政权、20世纪下半期埃及穆斯林兄弟会与世俗主义、犹太教正统派与犹太复国主义运动等。

中东城市民族社团与宗教社团研究
车效梅　续亚彤著

中国社会科学出版社　2015年2月　355千字　322页

　　中东城市民族社团与宗教社团研究既是一个具有深厚底蕴的历史问题，也是一个与当前中东热点问题有千丝万缕联系的现实课题，同时还是国内中东研究中一个新的命题。本书运用丰富的外文资料，从全景与个案的不同角度为我们展示了中东主要国家的城市民族社团与宗教社团的历史演变过程。研究范围限定于以下几个方面：一、在时间跨度上，从希腊罗马时期的中东城市民族和宗教社团到当今；二、从地理范围上，涵盖中东的大城市和具有特殊意义之城市；三、在研究领域上，重点探讨不同时期中东城市民族社团和宗教社团在中东城市的地位和本质，城市民族社团和宗教社团发展与嬗变的轨迹、走向、原因和影响。全书分上、下两篇，共11章。上篇（第1-4章），主要从宏观上考察中东与中东城市民族社团和宗教社团的来龙去脉。下篇（第5-11章），从不同层面、不同时段对亚历山大里亚、巴格达、伊斯坦布尔的犹太人社团，耶路撒冷的基督教社团，新朱尔法和耶路撒冷的亚美尼亚人社团、阿勒颇民族宗教社团进行个案研究。

王权与神祇：作为自然与社会结合体的古代近东宗教研究（上、下册）（上海三联人文经典书库）

[美]亨利·富兰克弗特著　郭子林　李岩　李凤伟译

上海三联书店　2007年1月　540千字　585页

在美索不达米亚，与在埃及一样，王权出现在历史时代伊始。但是它的根源却更加深入地根植于非洲，而非西亚。在法老的后面，我们能够辨别出有关一位首领的原始观念，这位首领被赋予了超越自然力的力量，是一位"翻云覆雨的国王"。但是，在美索不达米亚，君主制统治没有这样的基础，王权在某种程度上是成问题的。它产生于社会环境的压力，这个社会最初并没有认可赋予单一个人的权威。本书为"上海三联人文经典书库"之一，作者在书中以其所掌握的大量史料为依据，通过对古代近东宗教原始形态的考察，析解出古埃及和两河流域乃至巴勒斯坦王权与神祇之间密切联系的不同特点和具体表现，揭示了隐匿其中的众多细节。全书分两卷，共七部分。第一卷专门论述埃及，包括四部分：王权的基础、王权的作用、王权的传递、王权与自然界中的神圣力量。第二卷专门论述美索不达米亚，包括三部分：分王权的基础、国王的职能、王权与自然界中的神圣力量。本书卷首有一篇简短的引言，主要是比较在两个社会中艺术所表达出来的王权观念：在埃及，国王被描绘为神世界不可缺少的一分子，并且是整个人类社会具有象征意义的代表；而美索不达米亚的国王则被看作是一位英雄人物，是其民族的首领，与他的伙伴们没有本质的区别。

（四）非洲

古代埃及宗教与政治关系研究（当代中国学术文库）

李模著

线装书局　2013年1月　243千字　205页

在古代埃及漫长的历史长河中，荷鲁斯神、普塔赫神、拉神、奥西里斯神、阿蒙神、阿吞神等均在不同时期影响过埃及的政治，在埃及的政治演进过程中同样也留下了这些神的深刻印迹，尽管宗教与政治紧密联系在古代世界普遍存在，但像古代埃及这种紧密是绝无仅有的。因此，深入探讨古代埃及宗教与政治的关系，剖析宗教集团对埃及政治特别是王权的深刻影响，对于把握古代埃及文明的特征，深刻认识古代埃及社会意义重大。本书为"当代中国学术文库"丛书之一，作者立足于"狭义的政教关系"角度，细致梳理和研究了古代埃及国家的宗教组织与政权的关系问题。全书共9章。书中从古埃及宗教的特点、宗教的国家化与埃及政治之统一、普塔赫与埃及古王国初期之政治、拉与埃及古王国后期之政治、奥西里斯与古埃及之政治、阿蒙与埃及新王国之政治、阿吞与埃及新王国初期之政治变革等几个方面，对古埃及宗教与政治的关系进行了深入解读，重点探讨了埃及宗教在国家意识形态中的位置，在此基础上揭示了古埃及宗教与政治关系的基本类型和总体特征。

（五）欧洲

1. 东欧

俄国革命前后的宗教（二十世纪俄国新精神哲学精选系列／刘小枫主编）
[俄] 赫克著　高骅　杨缤译　杨德友　贺照田校
学林出版社　1999年1月　255千字　367页

本书为"二十世纪俄国新精神哲学精选系列"丛书之一，是俄国莫斯科神学院社会学及社会伦理学教授赫克（Julius F. Hecker）于20世纪前期撰写的"对俄国东正教与俄国社会主义革命之关系"提供历史社会学考察的两本专书的合刊。全书分上、下两篇。上篇"俄罗斯的宗教"，原书名为《苏维埃制度中的宗教》（Religion under the Soviets），写于1926年，次年在美国出版。赫克的写作目的是：向欧美学界介绍俄国东正教的历史和现状。在书中，作者以一位社会学家的身份描述俄国东正教的历史及其宗教特征，致力于分析俄国东正教传统与俄国向现代社会转型的关联，重点在俄国东正教的现代变迁，实际上是对俄国共产主义改制革命之前的东正教状况之历史研究。下篇"苏联的宗教与无神论"，原书名为《宗教与共产主义：苏俄的宗教与无神论之研究》（Religion and Communism: A Study of Religion and Atheism in Soviet Russia），写成于20世纪30年代。在这部书里，赫克把共产主义视为一种新的宗教类型，注重分析无神论信仰的兴起，与东正教会的冲突，以及俄国革命后的道德和宗教重建，认为俄国革命是无神论信仰的社会行动。上、下篇合观，可以看到俄国革命前后两种宗教的消长。

俄罗斯宗教哲学（博雅大学堂·哲学）
徐凤林著
北京大学出版社　2006年6月　283千字　314页

俄罗斯宗教哲学的一般哲学意义在于，它提供了独特的思维角度和方式，使无论是否信基督教的人都可能得到一定启发，具体表现在以下三方面：一、人文性。俄罗斯宗教哲学充满了对人的深切关怀；二、完整性。相较于西方哲学认识论，俄罗斯宗教哲学特别注重的不是认识的系统概念，而是完整的生活真理；三、理想性。俄罗斯宗教哲学贯穿着对世界和人的"应有状态"的追求。本书为"博雅大学堂·哲学"丛书之一，书中选取了19世纪和20世纪的12位最有代表性的哲学家和思想家，包括在俄罗斯宗教哲学思想史上有重要地位的陀思妥耶夫斯基和托尔斯泰的相关思想，通过对这些人物在有关宗教哲学的某些重要观点上的深入挖掘，具体展现俄罗斯哲学思维的独特风格。全书共12章。内容包括：基列耶夫斯基的"哲学新原理"、霍米亚科夫的聚和性学说、陀思妥耶夫斯基对人性的拷问、托尔斯泰的道德哲学、费奥多罗夫的"共同事业"哲学、索洛维约夫的"万物统一"哲学等。

俄罗斯宗教哲学之路（世纪文库·世纪人文系列丛书 / 陈昕主编）
[俄罗斯] 格奥尔基·弗洛罗夫斯基著　吴安迪　徐凤林　隋淑芬译　张百春校
上海人民出版社　2006年8月　464千字　593页

　　本书为"世纪文库·世纪人文系列丛书"之一，是格奥尔基神父在临战之前（第二次世界大战）几年里在巴黎写就的关于俄罗斯宗教哲学思想的理论专著，也是检索俄罗斯宗教文化史的主要文献指南。在这部涵纳渊博学识的"纪念碑式"的著作里，作者并未局限于研究纯粹的神学著作，而是包容了所有同东正教有关的文献，特别是对旧礼仪派危机、17世纪拉丁化的基辅神学校、彼得大帝以后笼罩整个官方教会的"迷恋西方"、以及对革命前俄罗斯神学和宗教思想，都作了"惟一的、不可替代的、价值很多的"透彻分析；同时，作者将其从古代教父的著述中所获取和接受的"评判的标准和尺度"，运用于俄罗斯东正教研究活生生的现实生活中，"运用在他自己和我们大家所从属的那种文化经验上"，藉此完整表达了他的教会史观，使本书成为一部"无与伦比的和不可作其他评价的具有指导意义的著作"。全书共9章。内容包括：俄罗斯拜占庭主义的危机、17世纪的诸多矛盾、彼得堡的根本转变、为神学而斗争、哲学的觉醒、历史学派等。

走向真理的探索：白银时代俄罗斯宗教文化批评理论研究（文学论丛）
张杰著
北京大学出版社　2012年5月　220千字　235页

　　白银时代（19世纪末与20世纪初）的俄罗斯宗教文化批评理论十分活跃，成为俄罗斯文学批评理论的主要派别之一。在白银时代，俄罗斯宗教文化批评理论家们努力把"理性化"与"非理性化"有机地结合起来，以实现对真理的探索；同时，他们对世界的认识范式也由"二位一体"走向"三位一体"，亦通过对"宗教与艺术关系的重新认识"来达成审美理想的变更。本书为"文学论丛"之一，系统介绍了索洛维约夫、罗赞诺夫、特鲁别茨科伊兄弟、梅列日科夫斯基、舍斯托夫、伊凡诺夫、洛斯基、布尔加科夫、别尔嘉耶夫、弗兰克、弗洛连斯基等一大批白银时代俄罗斯宗教文化批评理论家、哲学家、思想家，使得被尘封了数十年的白银时代俄罗斯宗教文化批评理论重见天日。在此基础之上，本书探讨他们之间的学术联系，揭示白银时代俄罗斯宗教文化批评理论的基本特征，进一步阐明这一理论对文艺理论发展所做出的贡献。全书共12章。书中涉及的第一手材料大多鲜为人知，具有很高的学术价值。

2. 南欧

希腊宗教概论
王晓朝著
上海人民出版社　1997年7月　205千字　249页

　　本书是迄今国内系统、详尽介绍希腊宗教的第一部专著。作者依据对众多相关希腊考古资料和古籍的收集、整理、归类和分析，力求对希腊宗教有比较全面的把握，并力图说明希腊宗教与哲学之间存在的渊源关系，揭示希腊哲学的神学底蕴，阐明希腊宗教思想与希腊哲学之间的冲突与调和。全书共分5章。第1章详细介绍西方史学界对希腊远古文明的考察成果，以及对希腊远古分期的各种见解。在此基础上，作者对米诺斯—迈锡尼宗教进行了系统的研究，对这种宗教的祭所、祭仪、宗教符号、神灵和信仰进行了梳理和思考。第2章深入考察希腊宗教的神灵世界,并将各种纷繁复杂的神灵分为旧神系统、新神系统、奥林帕斯神族、冥神系统,藉此揭示希腊神灵的本质。第3章通过希腊宗教的重要层面——礼仪,研究希腊宗教与社会生活的关系,阐释各种宗教仪式的社会功能。第4章主要分析希腊城邦社会的正统宗教和民间宗教的特征,论述希腊宗教观念对后世哲学的影响。第5章为"结语",指出希腊宗教在哲学产生之前是希腊民族精神的代表,在哲学产生以后则是希腊民族精神的底蕴,直至基督教兴起以后逐渐消亡。

3. 西欧

欧洲的宗教与虔诚:1215—1515(上海三联人文经典书库/陈恒 黄韬主编)
[英]罗伯特·诺布尔·斯旺森著 龙秀清 张日元译
上海三联书店 2012年5月 400千字 456页

在中世纪的欧洲,那些坚信天主教的区域的确组成了一个宗教与虔诚在其中担当重要角色的社会,也许更恰当地说,他们组成了一个社会集团(a group of societies),这个集团拥有共同的宗教看法与虔诚外观(即令它具有诸多的地方性差异),对于宗教如何影响与指导社会安排有着广泛的共识。因此,要充分理解中世纪欧洲,不仅需要将天主教理解为一种基督教,更要将之视为一种信仰与实践的聚合体。本书为"上海三联人文经典书库"丛书之一,作者主要援引英格兰天主教的具体事例,通过将其上升为"欧洲视野"而对1215—1515年间欧洲天主教信仰与实践做一导引性概述,并藉此阐明这种宗教作为一种力量如何发挥作用:因为它影响到人们如何生活,并为他们的社会结构与社会关系奠定了基础,也提出了挑战;同时,通过构建他们的世界观与道德秩序而使他们认识了自己在此世的位置以及他们与来世生活的关系。全书共9章。内容包括:信仰与要求;信仰的路径;宗教生活;虔诚;朝圣;教士、民众与权力;接纳与排拒;宗教的真相等。

宗教改革与英国民族国家建构
李韦著
人民出版社 2015年3月 250千字 192页

宗教改革对近代世界政治实践中的最重要现象——民族国家的产生起着不可忽视的重要作用。本书选择英国这样一个最早完成了典型的民族国家初创工作的国家作为研究对象,旨在分析宗教改革在早期英国民族国家形成过程中充当了何种角色,探究宗教改革如何推动英国民族国家建构的实践与理论发展,进而探索宗教改革与英国民族国家的互构关系机制。全书共分6章。书中综合了"宗教改革"和"民族国家"这两个近现代最为重要的西方学术研究焦点,介绍了英格兰向民族国家转型的背景和历史任务,并从实践和理论两个方面深入探析了宗教改革和英国主权国家建构的互动以及宗教改革与英国民族国家构建的互动。作者通过宗教改革这一视角,进一步更正了人们对于英国民族国家建构过程的认识,为关于宗教和现代性关系等更为开放性的论题的探讨奠定了基础,对于中国建立现代民族国家具有极大的借鉴意义。

（六）美洲

20世纪美国宗教与政治（东北师范大学世界文明史研究丛书）
董小川著
人民出版社　2002年2月　211千字　250页

　　宗教是美国民族的精神源泉，世俗化了的宗教是美国国家政治的基本依托。宗教与政治相融合，是美国政治的突出特征。美国宗教与政治的关系过去是、现在是、将来一定还是密不可分的。研究和探索美国宗教与政治及其相互关系是我们了解美国文化和美国文明的基础和钥匙。本书为"东北师范大学世界文明史研究丛书"之一，是一部"试图从一个中国人的视角来论述20世纪美国宗教与政治"的学术著作。全书共分7章。作者在书中以历史为基本线索，以马克思主义的基本原理为指导，分别从政府首脑与精神领袖、世俗民众与宗教信徒、政治精英与宗教立法、宗教民族主义与世俗国家利益等多个角度考察了美国宗教与国家政治的关系，重点讨论了宗教在美国社会政治生活中的作用以及宗教对政治的影响，特别说明了美国政教关系的历史嬗变以及总统、公民、国会及国会议员、宗教利益集团、法院及其成员等不同层次、不同政治经济地位的人与宗教的关系或不解之缘。本书对于我国学术界深入研究美国历史、宗教和政治制度等问题具有一定的参考价值。

西方宗教文化视角下的19世纪美国浪漫主义思潮
王林著
中央民族大学出版社　2010年11月　170千字　193页

　　本书在西方宗教文化的视角下考察了19世纪美国浪漫主义思潮问题，对19世纪美国浪漫主义思潮的渊源、形成、发展和表现做出回顾与评价，以求梳理和认识西方宗教文化与19世纪美国浪漫主义思潮之间的关系。全书共4章。第1章通过对近代西方宗教文化的演变历程的回顾，分析了西方宗教文化的形成和浪漫主义思潮在欧洲兴起的历史原因，论述了美国宗教文化特点的形成、浪漫主义思潮在美国的兴起与表现、欧洲浪漫主义思潮对美国的影响，美国浪漫主义思潮在美国政治、哲学、文学和艺术上的表现。第2章考察了19世纪美国浪漫主义文学思潮的欧洲文化渊源、美国本土意识和表现意识等方面，得出清教主义及其信条是美国浪漫主义文学思潮的思想源泉和宗教是19世纪美国浪漫主义文学思潮表现的重要内容和形式等结论。第3章考察了19世纪美国浪漫主义政治、哲学和艺术思潮，对西方宗教文化在19世纪美国浪漫主义政治、哲学和艺术思潮中的地位进行了初步定位和归纳总结。第4章通过对宗教、政治、哲学、文学以及艺术思潮关系的历史省察，认识了西方思想文化史中宗教影响的巨大作用，并从西方文化扩散的角度解释了欧洲浪漫主义思潮对美国浪漫主义思潮的影响，评述了西方文化扩散的原因、动力、特点、途径和后果等问题。

信仰与秩序：法律与宗教的复合（美国宪政与历史文化丛书）
[美]伯尔曼著　姚剑波译
中央编译出版社　2010年12月　337千字　397页

　　法律赋予宗教以社会维度，宗教赋予法律以精神、方向和法律博得尊重所需的神圣。若二者彼此脱节，法律容易沦为教条（legalism，即律法主义），宗教容易落入狂热。本书为"美国宪政与历史文化丛书"之一，是根据美国著名的比较法学家、法与宗教关系研究领域最具代表性的学者哈罗德·伯尔曼（Harold·J-Berman，1918-2007）的演讲补充、完善而成的一部探讨"宗教信仰与法律秩序"之关系的专著。全书的主要论题是法律的宗教之维和宗教的法律之维，包括"历史篇"、"社会学与哲学篇"、"神学、预言与教育篇"、"俄罗斯与苏联篇"四个部分，共22章。第一部分从历史的角度叙述了宗教信仰如何塑造了西方的宪法、刑法和合同法，内容涉及12至15世纪宗教信仰与教会法律制度在西方法律传统形成过程中的重要影响，16世纪路德主义（Lutheranism）对西方法律哲学的影响，17世纪英国清教主义（Puritanism）以及美国宗教自由宪法保障的宗教渊源和蕴涵等。第二部分从社会学和哲学角度阐明了忽视宗教维度的法律理论所犯的错误。第三部分从神学和教育的角度讨论法律和宗教对于新世界秩序所具有的意义。第四部分主要探讨苏联时期的宗教和法律问题。

信仰的构建与解读：宗教与美国外交
杨正东著
中国社会科学出版社　2011年7月　339千字　326页

　　信仰观不仅决定着美国社会伦理道德基础和利益集团的形成，在一定程度上支配着美国与世界其它地区的文化冲突，牵涉到美国的外交理念，并对美国对外政策产生一定的消极影响。本书从宗教这一独特视角深入分析了美利坚民族文化观中信仰的多样性，以及美利坚民族的宗教观对美国外交政策的影响，解读了美国宗教伦理道德观、宗教使命观、宗教信仰自由观和宗教保守主义等信仰形态与美国内外政策的互动关系，从而有助于国内读者从所谓非世俗化的角度理解一些有关美国方面的国际政治问题。全书共分7章。第1章从宏观上介绍宗教与美国政治"分而不离"的关系。第2章重点解析"宗教伦理道德"对美国外交理念的塑造。第3章从宗教使命感的角度分析了宗教使命与美国外交之间的关系。第4章分析了宗教自由观与美国人权外交之间的内在逻辑。第5章分析了宗教保守主义对美国外交的影响。第6章以犹太教、犹太人在美国社会中的独特地位为基础，探讨了美—以国家关系中的犹太教因素。第7章论述宗教文化因素在美国与伊斯兰世界关系中扮演的角色。

当代美国宗教（修订版）（当代美国丛书／黄平主编）
刘澎著
社会科学文献出版社　2012年8月　313千字　346页

　　宗教始终与美国历史的进程紧密交织，对美国上层建筑与社会生活的各个方面发挥着巨大的影响。本书为"当代美国丛书"之一，作者以丰富翔实的第一手资料为依托，对美国宗教的社会作用，美国人的宗教观，美国人与宗教组织的关系，美国宗教与主要教派的历史渊源、成员构成、组织体系、信仰特点与发展现状，以及美国的政教关系、美国政府的宗教政策，美国宗教的社会服务与慈善事业，宗教与美国教育，美国建国前后的基督教，基督教新教主要教派等方面进行了全面、系统的介绍，揭示了美国宗教演变的基本脉络。全书共分8章。作者认为，美国社会的道德基础是"犹太—基督教道德"。这是美国"国情"的一大特色。正是由于存在着这样一种强大的宗教道德基础，美国才得以在由来自世界各地各种背景的移民及其后裔组成的社会里，形成自己的价值观和凝聚力,美国人在看待自己和外部社会时才会有一种特殊的"使命感",一种基于宗教道德的理想主义,美国社会才可能产生出一种能够在世俗化进程中保持精神平衡的自我调节机制。

宗教与美国社会：宗教与变化中的美国和世界（第8辑）
徐以骅主编

时事出版社　2013年12月　340千字　460页

作为全球移民的主要目的地,美国是世界上拥有最多宗教的国家,世界上的大多数宗教在美国有栖身之地,而美国宗教在形塑来自世界各地宗教的同时,也为所有这些外来宗教所形塑。因此,美国宗教研究不仅要着力探讨美国本土宗教发展的社会环境和境外宗教的美国化,而且要研究美国宗教发展的国际环境和美国宗教的海外扩张,促进与美国宗教国际化相对应的美国宗教研究的国际化。本书共收录国内学者研讨有关"宗教与变化中的美国和世界"的论文18篇。其中部分论文重点关注宗教与美国的内政外交,另有部分论文则广泛探讨了涉及伊斯兰教与国际关系、宗教与国家安全、国际宗教非政府组织以及基督教传教运动史在内的国际宗教问题。内容包括：《宗教因素与当前美国—沙特关系》（涂怡超）、《自由主义与犹太复国主义之辩：美国犹太社团面临的挑战》（孙晓玲）、《保守力量的合流：茶党运动中的宗教保守派》（章志萍）、《宗教与美国人权外交政策：以〈朝鲜人权法案〉的制定和实施为例》（赵姗姗）、《国际关系理论的"宗教转向"与中东国际关系研究》（钮松）等。

宗教与美国社会：宗教与美国政治和外交（第10辑）
徐以骅主编

时事出版社　2014年12月　300千字　409页

宗教是美国传统价值观的主要载体和美国社会文化的基本组成部分,美国宗教研究对美国研究和中美关系研究有着重要意义。本书主要出版了国内外学者对宗教与美国政治和外交以及当代国际宗教问题的研究成果,反映了相关研究领域的学术动态和最新见解。全书共收论文14篇。内容包括：《美国基督宗教与当代美国移民政策》（涂怡超）；《政策变迁中的议题演化与策略调适：基于美国"反进化论"政策的变迁过程》（董阳　李婧茹　汪伟良）；《宗教与医疗在美国司法实践中的争议与评析：以基于宗教原因的抗拒医疗为分析对象》（刘祎　李珍）；《论冷战初期美苏宗教外交战略及其差异：基于美苏档案的解读》（贾付强）；《马克·吐温的宗教观》（王传顺）；《从教派冲突的视角看美国在伊拉克的困局》（潘旭明）；《灵魂之剑,信仰之盾：美国战争与外交中的宗教》（［英］安德鲁·普雷斯顿著　罗辉译）；《美国是一个世俗社会吗》（［美］肯尼斯·D沃尔德［美］阿利森·卡尔洪—布朗著　徐以骅译）等。

宗教美国,世俗欧洲：主题与变奏
［美］彼得·伯格、［英］格瑞斯·戴维、［英］埃菲·霍卡斯著　曹义昆译

商务印书馆　2015年5月　215千字　248页

对于20世纪末世界版图上宗教环境的剧变：与欧洲迥然不同的美国宗教生活、基督教在南半球的快速发展、伊斯兰教在全球事务中的作用的凸显等等,"世俗化"理论已不再具有解释力。宗教的话题经过长久的沉寂,又回到公共讨论和社会科学研究中来。本书是波士顿大学文化、宗

教和世界事务研究所（the Institute on Culture, Religion and World Affairs at Boston University）从事的欧洲世俗性研究项目的一项成果。三位作者均是西方宗教社会学领域的权威，他们围绕"欧洲世俗性"（Eurosecularity）主题，通过引入与美国情境的详细对比视角，具体阐释了美国的相对宗教性和欧洲的世俗性，重新厘定宗教与现代性二者之间的关系，以使读者更准确地理解和把握欧洲当代宗教生活的特殊本质。全书共7章。书中依托大量跨学科经验数据，从历史、智识传统、制度、宗教组织与社会差异的多项"变奏"角度展开论述。内容涉及宪法和合宪性的争议，启蒙运动的理解版本，司法、教育和福利体系，阶级、族群、性别和出生年代问题等许多和宗教有关的重大议题。

当代美国宗教社会学理论研究（宗教文化研究书系）
李向平等著
中西书局　2015年8月　600千字　655页

　　本书为"宗教文化研究书系"之一，是华东师范大学教授李向平等人撰写的对于当代美国宗教社会学理论的综述和研究成果。书中以宗教作为社会学研究的一扇窗口，选取了8位在美国宗教社会学领域成就突出的著名学者，分别介绍、梳理、分析其相关的学术演变脉络和学术理论，探讨了宗教与社会、宗教与现代化、世俗化理论、全球化理论以及宗教市场理论等宗教社会学的前沿问题及其理论、方法论等问题，考察和评价了这些学者的学术思想的理论贡献与学术意义，从他们学术思想的承继与转换之中展示出一幅当代美国宗教社会学理论思潮变迁的多样化图录。全书共8章。第1章评述帕森斯宗教社会学的理论渊源、价值体系及其社会影响。第2章评述罗伯特·贝拉的宗教社会学思想，着重研究其宗教进化与公民宗教理论。第3章评述赵文词的宗教社会学，阐明赵文词研究的中国意义。第4章评述罗伯特·伍斯诺的宗教社会学，探究当代美国宗教的结构重组、宗教多样化的挑战、宗教在美国经济生活中的模糊影响等问题。第5章主要从宗教文化、宗教与全球化两个方面对罗伯逊的宗教社会学作出梳理和反思。第6章着眼于"世俗化"和"去世俗化"的双重视角探讨彼得·伯格宗教社会学的基本主题及理论归宿。第7章以劳伦斯·艾纳孔为主线讨论其基于"理性选择理论"的宗教社会学。第8章评述罗德尼·斯达克的宗教市场论。

思想的锁链：宗教与世俗右翼如何改变美国人的思维（国际文化版图研究文库/颜子悦主编）
[法]苏珊·乔治著　蓝胤淇译
商务印书馆　2016年8月　300千字　277页

　　在当今时代，美国世俗主义者与宗教右翼抱着敏锐的使命感，凭借四个"M"，即金钱（money）、媒体（media）、营销（marketing）、管理（management）进行了"经过机构与制度的长征"，从而改变了美国人的思维方式。当自以为其政策、纲领和计划会一直占据上风的左翼仍然按照惯性行事之际，新自由派、新保守派与宗教权利的广泛联盟成功造了一个新的共识，他们攻击启蒙价值观，以社会顶层为目标，因为他们知道理念可能产生的影响，而且这种影响不只局限于美国。本书为"国际文化版图研究文库"丛书之一，作者苏珊·乔治以其清晰而优雅的文笔对"美国社会和政治文化长达数十年的转变进行了引人入胜的、彻底而又令人胆战心惊的论述"，同时也为政治、文化、宗教和国际关系研究领域的学者提供了翔实的资料。全书包括：为初学者制造常识或文化霸权、外交事务、美国宗教右翼及其经过机构与制度的长征等5章。书中所做的研究不仅严谨而且具有探索性,清晰地揭示出一直在"绑架美国"的这些力量无疑是强大而不祥的,除非那些力量得以遏制并被逆转,否则将难以看到一个体面且文明世界的光明前景。

三、宗教与文学艺术
(一) 文学

宗教与文学(宗教文化大系/赖永海主编)
周群著
译林出版社　2009年12月　195千字　280页

宗教与文学在其产生时起即存在着一体共生、托体同根的关系,宗教为文学的发展提供了重要的题材并为文学增添了别样的审美风格,文学又以审美的形态为宗教的弘传起到了重要的作用,因此,揭示两者之间的关系对于理解宗教以及文学产生、发展的历史无疑是有益的。本书为"宗教文化大系"丛书之一,作者着眼于"宗教与文学的共通性",力图以基督教、伊斯兰教、佛教以及道教等世界主要宗教为考察对象,结合宗教与文学的具体演进过程,综合分析二者之间的互动与异同。全书分为"概论·宗教与文学"、"专论·佛教与诗歌"上、下两篇。上篇(4章),首先从总体上论述宗教与文学"托体同根"之关系,其后分别探讨佛教、道教、基督教、伊斯兰教与诗歌、小说、戏剧的关系。下篇(5章),对体现宗教与文学中最玄妙精微的典型:佛学与中国古典诗歌的关系进行了全新探索及追问,剖析出僧诗、佛禅对中国古典诗歌的诸多影响,从这一独特视角领悟其中机趣与神韵。

中西宗教与文学
马焯荣著
岳麓书社　1991年10月　580千字　780页

宗教与文学的关系,真可以说是剪不断、理还乱;对这种关系的理论探讨,无论对宗教研究还是文学研究来说,又都不可能置若罔闻。在进行这类探讨的浩繁卷帙之中,自不乏各种深邃而精湛的真知灼见;但运用历史唯物主义的观点和方法,对中西宗教的历史及其与文学的联系,作一番全面概括的比较考察的著作尚不多见。有鉴于此,本书以丰富的资料为依据,以历史唯物主义的观点和方法为指导,对中西宗教的历史及其与文学的联系作了深入系统的比较、考察,框定了中西宗教与文学的概念范畴,揭示了其内涵,进而勾勒出二者关系的整体轮廓。全书分为"宗教·文学·意识形态"、"自发宗教与文学"、"人为宗教与文学"、"宗教史与文学"、"宗教文化与文学传统"五编,共17章。作者在弗莱五分法的基础上,将"宗教文学"分为三类:一是弘扬宗教的文学、二是批判宗教的文学、三是客观描述宗教的文学,以此为参照展开论述,内容涉及准宗教与中西文学、自然宗教与中西文学、图腾崇拜与中西文学、中西古代宗教与文学、儒佛道与基督教及其相关的文学、中西古代宗教神话之比较等方面。

中西文学与哲学宗教：兼评刘小枫以基督教对中国人的归化（文学论丛）
高旭东著
北京大学出版社　2004年5月　316千字　345页

　　本书为"文学论丛"之一，是一部全面系统地论述文学与哲学宗教关系的专著。作者在探讨文学与哲学宗教关系的同时，积极参与到当代文学与文化研究的热点讨论之中，对于文艺学、中国现代文学和鲁迅研究等相关学科都提出了新颖独到的见解。全书分为"文学与哲学的跨学科与跨文化研究"、"儒教与基督教对话与融会中的中西文学"上、下两编，共9章。上编（第1-5章），在中外学者关于文学与哲学研究的基础上，重点讨论了文学与哲学的一般关系及其在中西文化中的不同表现，比较文学的诞生与哲学的关系，主题学、比较诗学与哲学的关系。下编（第6-9章），由探讨文学与哲学的关系，转向探讨文学与宗教的关系，重点讨论了儒教与基督教的差异，中西文学与儒教、道教、基督教的关系。尤其是第9章，作者从中西文学与哲学宗教的角度对刘小枫以基督精神拯救人类之观点提出了自己的看法。本书的上编和下编都设立了文学与哲学、文学与宗教的个案研究，上编以鲁迅与卡夫卡、加缪的关系，展开文学与哲学的个案研究；下编以鲁迅与佛教、基督教以及林语堂、巴金与基督教的关系，展开文学与宗教的个案研究。

（二）艺术

艺术与宗教（文化生活译丛）
[苏] 德·莫·乌格里诺维奇著　王先睿　李鹏增译
生活·读书·新知三联书店　1987年8月　140千字　275页

　　艺术和宗教的相互关系问题，可以从不同的角度来考察。本书为"文化生活译丛"之一，作者主要择取历史学和艺术学的研究视域，对艺术和宗教二者在各个历史时代、各种民族文化以及各种社会意识形态领域中的相互关系展开探讨。全书分为"艺术和宗教的起源"、"宗教艺术及其矛盾"、"艺术和无神论"3章。第1章，说明艺术的社会根源、巫术的社会根源、艺术和宗教在原始社会里的相互关系；第2章，阐述膜拜艺术的特点，揭示其中的内在矛盾；第3章，通过厘清艺术和个人发展、民间创作和基督教会的相互关系，探察以往时代艺术中的反教权主义倾向和无神论倾向，总结社会主义艺术中处理无神论主题的经验。

宗教艺术论（艺术馆丛书／丁亚平主编）
蒋述卓著
文化艺术出版社　2005年6月　257千字　334页

　　宗教艺术是随着宗教本身的发展而发展的一种文化现象，在漫长的历史演变过程中，在表现形态上显示出不同的面貌。本书为"艺术馆丛书"之一，作者运用宗教人类学、文化学的研究方法，将宗教艺术置于人类文化发展的历史坐标中加以定位，全面介绍了宗教艺术的涵义及其审美价值、宗教艺术产生的奥秘、宗教艺术中的生死意识与自然观、宗教艺术中的理想人格与道德箴规，并对宗教艺术的世俗化倾向、宗教艺术的想象和特征、宗教艺术的叙述角色等方面作了较为详尽地考察和论述，最后对宗教艺术的未来路向进行了预测与展望。全书共11章。书中涉及到宗教艺术起源学以及宗教艺术主题学、形象学、叙述学的研究，对佛教、道教、基督教等宗教艺术也进行了比较研究，从崭新的角度给我们提供了看待艺术的立场与方法。

四、世界宗教史
(一) 总论

宗教史话
张文建著
吉林人民出版社　1981年10月　235千字　335页

宗教史，总是同民族史和社会发展史密切相关，并充满许多神话传说。因此，宗教里的人物，大都是些抽象的人，但是他们又是人类社会中许多现实人物的精华。本书以通俗的语言讲述了犹太教、基督教和伊斯兰教这三大一神教的发展史，指明一神教信仰的出现乃阶级社会的必然产物。全书根据三大一神教产生的历史先后，按三部史话作分述介绍，共计8章。书中不仅对远古氏族社会的嬗变情形作出细致描述，还对近现代"犹太复国主义"的思想根源予以点评。作者强调，宗教里的斗争，是社会阶级斗争的一种实际的反映。

宗教史（上、下卷）
[苏]约·阿·克雷维列夫著　王先睿　冯加方　李文厚　郑天星等译
中国社会科学出版社　1984年12月　713千字　877页

在人类历史的全过程中，宗教始终处于一种特殊地位，此种地位使之既不同于所有其他意识形态，又不同于其他社会行为方式；亦即宗教在人类历史上绝非一种偶然现象，而是一种合乎规律的现象，或是一种必然现象。本书以马列主义为指导原则，对宗教史及一般哲学问题作出系统解答；上卷（6章）论述了"宗教的产生"、"地中海区域古代社会的宗教"、"基督教的开端"等宗教信仰的共性问题及基督教在欧洲大陆的发展史；下卷（8章）除接续论述近现代基督教在西、东欧国家的分化演变外，还阐释了阿拉伯半岛的伊斯兰教、东方佛教在各自地域内产生和发展的历史背景及其信仰特征，从宏观上构绘出世界三大宗教发展史的全景轮廓。

世界各民族历史上的宗教
[苏]谢·亚·托卡列夫著　魏庆征译
中国社会科学出版社　1985年10月　617千字　740页

思想家和学者致力于宗教本质，起源和历史沿革的求索，已历千年之久。早在古希腊罗马时期，著作家和思想家们对宗教的根源认识即不乏真知灼见；迨至中世纪，资本主义萌生和资产阶级革命初期，曾乍现宗教批判的曙光，后因宗教卫道士的发难复又陷入窘境。19世纪中叶以来，虽然万物有灵论、弗洛伊德主义、社会学派以及现代兴起的种种新说渐趋丰实，但是均无法求得宗教诸问题的彻底解决。直到马克思列宁主义的奠基人创立唯物主义的社会生活观，始有可能采取真正的科学态度，揭开宗教的神秘面纱。本书是苏联著名民族志学家、历史学家托卡列夫撰写的一部全面介绍和论述世界各民族宗教的普及性著作（根据莫斯科政治书籍出版社1976年增订版翻译），自问世以来，曾多次再版，并被翻译成西班牙文、匈牙利文、德文、罗马尼亚文、斯洛文尼亚文等欧洲文字。全书包括：绪论；前阶级社会及向阶级社会过渡时期的宗教（部落崇拜）；阶级社会的宗教：民族—国家宗教；阶级社会的宗教：世界宗教；结束语五大部分，共24章。作者在书中力求将宗教的演化置于人类历史发展的总进程之中加以阐释，对世界各地宗教自萌生迄今诸重要阶段作了概略介绍，并对宗教演化与人类历史发展的关联作了深入解读。在绪论和结语部分，作者系统讲述了前马克思主义的以及资产阶级的学术界对宗教起源的探考之历史概况，精辟论述了马列主义关于宗教本质与起源之学说及其针对现实社会的指导意义。

宗教起源纵横谈
卓新平著

湖南人民出版社　1988年12月　156千字　241页

关于宗教的起源，有着各种理论和假说。人类在其理性的发展中，总不忘对远古之梦的追寻，想从中窥探人类智慧之谜。本书穿梭古希腊罗马直至近现代欧洲的时空路径，从哲学、人类学、心理学、社会学四个维度概观了宗教起源的多种学说，并予适当的中西宗教理论比较研究。全书分为"哲学史上的思辨"、"人类学的崛起"、"宗教起源心理说"、"宗教起源社会说"等5章；述及缪勒、泰勒、弗雷泽、施密特、弗洛伊德、马克思、杜尔凯姆等十余位西方著名学者、神学家有关宗教起源的经典论断。作者指出，洞观西方思想史上关于宗教起源的诸种理论，对其进行反思和剖析，正是为了能从人类文化整体这一高度来重新认识宗教现象。

宗教的起源与发展（西方学术译丛）
［英］麦克斯·缪勒著　金泽译　陈观胜校

上海人民出版社　1989年6月　208千字　277页

本书为"西方学术译丛"之一，是宗教学奠基人缪勒的重要代表作。著者运用比较研究和语言学的方法探考了神灵意识与哲学思维产生的根源。书中不仅描述神灵观念发展的三个重要阶段（从单一神教到多神教，最后演变为唯一神教），而且指出唯一神教的结局必然是无神论，即否定一切神祇或诸天；以以《吠陀》和《奥义书》的思想转换为例，阐述宗教与哲学的关系。全书共分7章，附录《专有名词译名对照表》。缪勒认为原始人是从三类自然对象中形成神灵和上帝观念的：一、原始人完全能够把握的物体，如石头、甲壳之类；二、能部分把握的物体，如树木、山河等；三、可见不可及，完全不能触知的物体，如苍天、太阳、星辰等。第一类物体不可能直接产生宗教观念，这些东西被赋予某种神秘性，成为拜物教的对象，乃是后来宗教发展的结果。关键在于第二类和第三类物体，因为第二类事物提供了可称之为半神之物的材料，而在第三类物体中，人们可以找到用神的名字称呼的那种东西的萌芽。宗教观念的历史起点，是在半触知事物中把握无限，后来又在不可触知的东西中寻找它，最后在不可见的物体中寻找它。人们尽管越来越不可能直接地把握它，却总是真切感到它的存在，并经由对无限之物的追逐，形成神的观念。

宗教通史简编
罗竹风主编　陈泽民副主编

华东师范大学出版社　1990年11月　480千字　555页

宗教现象只能体现在各个具体宗教的历史和现实活动之中，离开具体宗教现象也就无所谓宗教现象。从这个角度来看，宗教史应当是、也只能是由具体宗教史构成的。各个宗教在长期的历史发展中具有一定的共性表征，但它们在种族性、民族性和区域性等方面又表现出鲜明的个性特色。只有在尽可能全面了解各个宗教历史演变的基础上,才能深刻把握宗教史的一般规律。编者秉承上述认识,力求把宗教史置于宏观的社会发展史中加以考察,从中探索并发现能够反映宗教本质属性的规律原素。本书共分七编;除首编"史前宗教与古代宗教"外,其余各编逐一对世界三大宗教及中国道教、希伯来犹太教作通史简论;末编"其它宗教",还对琐罗亚斯德教、摩尼教、耆那教、印度教、神道教五种世界不同地区的知名宗教分章叙述。编者强调,本书的编写立场并非基于无神论对宗教这种特殊信仰形态的简单僵化的揭露或批判,而是站在历史唯物主义的角度,还原宗教的真实面目,正确理解宗教现象在人类社会生活中长期存在的合理性基础;认识到宗教信仰的必然性既不是来自上帝,也不能为一些外在因素所抹灭的根由;因为它是人类自身活动的结果,它的全部秘密就蕴藏于社会历史发展的客观进程中。

宗教思想史

[美]米尔恰·伊利亚德(Mircea Eliade)著　晏可佳　吴晓群　姚蓓琴译

上海社会科学院出版社　2004年6月　1330千字　1285页

对于宗教史家来说,每一种神圣事物的表现形式都是非常重要的:每一次仪式、每一个神话、每一种信仰或神灵的形象,都是对于神圣的体验(experience of the sacred)的各种反应,因而蕴含着关于存在、意义和真理的观念。本书是美国著名宗教史学家米尔恰·伊利亚德(1907—1986)的代表作之一,书中采用"编年史"时间观的方法,大量吸收和融合20世纪西方宗教的研究成果,全方位地展示了人类历史上各种纷繁复杂的宗教现象的发展过程,试图透过神圣的各种表现形式来深入挖掘和阐释对宗教观念与信仰史有重大贡献的事件。同时,本书还特别关注对人类发展产生重要作用的宗教思想的创新,以及一些被以往宗教史家所忽视的宗教思想,突出了人民在遭遇深层危机之际是如何通过宗教的创新来解释、摆脱和化解这些危机的。作者强调,任何宗教思想的创新都不是凭空而起的,都是以一定的传统宗教思想为基础的,因而极大地丰富了人们对于宗教多样性和复杂性的认识。全书分为三卷,共39章。第一卷"从石器时代到厄琉西斯秘仪"(第1-15章),勾勒了旧石器时代、包括美索不达米亚、埃及、印度、希腊、小亚细亚、巴勒斯坦以及伊朗在内的古代文明的宗教观念。第二卷"从乔达摩·悉达多到基督教的胜利"(第16-30章),叙述了中国宗教、印度教、佛教、犹太教、基督教的发展历程。第三卷"从穆罕默德到宗教改革"(第31-39章),讲述了伊斯兰教的产生和发展、基督教宗教改革时期的思想激荡、中世纪犹太教神学思想的演进、中国西藏宗教的基本发展等。每一卷附有一个长篇"研究现状:问题与进展。评论性书目",罗列了相关宗教专题的书目和原始材料,并且做了精辟扼要的评论,既可供读者做进一步的研究参考之用,又可以对西方20世纪宗教研究成果和发展趋势有一个大致的了解。

宗教的自然史

[英]休谟著　曾晓平译

商务印书馆　2014年8月　121页

休谟所著《宗教的自然史》一书开启了近代西方"宗教哲学"的研究领域,标志着对宗教的科学研究的开端,被人们视为一部关于宗教的历史学、哲学、心理学、社会学和人类学的开山之作。在这部著作中,休谟明确区分宗教在理性中的基础问题和在人的本性中的起源问题,并把后者作为探讨的根本问题。他从人类对不可见的理智力量的信念入手,通过诉诸经验事实和古典作家神话学和传说、历史学、文学和哲学等方面著作中的实例,揭示出宗教信念在人的本性中的产生原则和活动规律。《宗教的自然史》首次出版之后,休谟曾先后九次对其做了修订和再版。本书系根据1826年爱丁堡版《休谟哲学著作集》第四卷收录的1777年版为底本译出(最后版本),共分15章。此版本与其它版本虽然有很多差异,但它们之间的实质性的思想观点的改变并不多。其思想内容直接影响了此后宗教学术研究的两个不同方向:一、促进了"比较宗教学"的发展;二、19世纪末给心理学带来了一次巨大的推动,促进了"宗教心理学"的研究。

世界历史上的宗教(专题文明史译丛/苏智良　陈恒主编)
[美]约翰·C.舒佩尔(John　C.Super)　[美]布莱恩·K.特里(Briane　K.Turley)著　李腾译
商务印书馆　2015年1月　210页

　　在漫长的人类文明发展史上,团体和个人都在通过宗教和集体表达来寻求认同和凝结集体主义意义。本书为"专题文明史译丛"之一,John　C.　Super和Briane　K.　Turley两位作者通过考察世界历史上宗教的价值,解释了过去和现在的人类经验,探讨了宗教对世界历史产生的影响并与文化和政治动态最为相关的因素,认为宗教元素是文化和政治影响历史的最好动力。全书分为"宗教的语言"、"通往极点的路径"、"神圣经典与口述传统"、"圣地"、"帝国的进程"、"镇压和反抗"等11章。书中借助三个主题阐述了作者对历史上的宗教认识:一、正式和非正式的宗教信仰之间的关系,其在历史中的变化,以及这些变化是如何在历史中演变并且在不同的文化中反映出来的;二、教会与国家之间的关系,从政教合一政体到对宗教的压迫;三、人类对精神确定性不断地追寻,以及随之而来的宗教信仰核心的分裂,进而产生新的信仰。本书的独特研究视角,有助于读者进一步理解宗教行为及其对人类进步产生的纷繁、复杂的不同影响。

世界宗教史(民国专题史丛书/周蓓主编)
[日]加藤玄智著　铁铮译
河南人民出版社　2016年4月　190千字　204页

　　本书为"民国专题史丛书"之一,是日本神学家加藤玄智(1873-1965)撰写的一部系统梳理、全面总结世界宗教发展历史的著作,其汉译本曾于1933年由商务印书馆出版。书中叙述了世界不同民族宗教的兴起、传播及演变,所涉及范围不仅限于世界三大宗教,而是囊括了世界各主要文明区域的有代表性的宗教。作者以这些宗教为例证,集中阐释了宗教的本质、社会作用和文化内涵等一系列问题。全书分为"各国民宗教之孤立的发达"、"闪族之宗教"、"雅利安民族之宗教"三编;每编下设若干章节,内含:巴比伦尼亚及亚述之宗教,中国之宗教,埃及之宗教,迦甫人与腓尼基人之宗教,回教,基督教,雅利安民族之宗教,古代日尔曼族之宗教,希腊、罗马、印度、波斯之宗教等。

宗教学学术史问题研究（人文日新学术文丛）
朱东华著
清华大学出版社　2016年6月　340千字　443页

　　本书为"人文日新学术文丛"之一，主要探讨宗教学学术史研究中的两个相对薄弱的环节：一、宗教现象学的学术史及其基本问题与方法；二、宗教伦理学学术史的若干关键环节及相关伦理立场的反思。全书共分15章。第1—7章首先探讨了宗教现象学的一些具有里程碑意义的概念，在此基础上又进一步分析了宗教现象学家如何探寻宗教的"原现象"和普遍的现象学结构、如何构建现象学的宗教类型学、如何阐述宗教语言的基本特征及其现象学功能，以及如何探索宗教现象学的方法论基础；同时还分析了舍勒宗教现象学的独特气质，探讨了"以奥托、列欧为代表的宗教现象学家"与"以胡塞尔、海德格尔为代表的哲学现象学家"之间的思想关系，阐明了舍勒、奥托、列欧、伊利亚德等人在宗教现象学发展史上的贡献和地位。第8—15章试图将宗教现象学的"诠释学形势"概念用于宗教伦理学的学术史研究。作者分别探讨了狄奥多若、奥古斯丁、波爱修、阿奎那等古典宗教思想家以及施特劳斯、桑德尔等当代政治哲学家在宗教伦理方面的理论贡献；同时还结合比较宗教学的对话理论，以审慎和尊重他者的对话伦理为立足点，反思了中西学者在"译名之争"和"佛耶对话"中的伦理立场。

（二）中国

中国与欧洲早期宗教和哲学交流史（大航海时代丛书/张西平　方鸣主编）
张西平著
东方出版社　2001年8月　404千字　522页

　　无论是在国内学术界还是在西方学术界，16—18世纪中西文化交流史都成为研究者关注的一个热点。本书为"大航海时代丛书"之一，作者立足于16—18世纪中国与欧洲在"宗教与哲学层面"的交流与融合，力图将欧洲文化史的变迁与中国文化史的变迁放在同一世界历史进程中加以考察，阐明作者本人有关中西文化传播与文化转型的见解，以求在世界近代史的范围内重新审视中国文化的价值。全书分为"欧洲宗教和哲学在中国早期的传播"（6章）、"中国宗教和哲学在欧洲早期的传播"（8章）上、下二编。书中以双向互动与文化转型的眼光来描述明末清初的中西文化交流，通过对"明清间入华耶稣会士究竟传入了哪些西方宗教和哲学思想，这些西方思想从理论本身与中国的传统思想构成了什么关系"、"从中国文化在欧洲文化的影响中，反观中国文化的价值"这两个题域的深入探究，为学术界提供了一幅较为完整的明末清初中西文化交流的全景图，指明了该阶段中西文化交流具有平等交流的性质，由此可以对以往研究倾向起纠偏作用。

（三）亚洲

韩国宗教史（韩国精神史大系第二集）
［韩］金得榥著　柳雪峰译
社会科学文献出版社　1992年5月　296千字　408页

　　本书为"韩国精神史大系第二集"（根据韩国白岩社1978年第7版译出），是韩国著名学者、东方思想研究院院长金得榥博士撰写的一部全面讲述"韩国宗教信仰史"的学术著作，颇受韩国学术界的推崇。书中以时间为线索，描述了韩国宗教发展的历史轮廓，分别按照不同的时代，从宗教、人物、教义、典籍、寺塔、制度、宗教政策和宗教活动等方面作了介绍，体现了作者对韩国宗教及其历史发展的看法。全书分为"概论"、"神教"、"佛教"、"基督教"等七编，共48章，内容涉及韩国神教、佛教、基督教、天道教、日本神道及其他类似宗教或新兴宗教等多方面。作者从自己的立场出发，详尽地阐述了韩国宗教发展的轨迹，相当充分地反映了中韩两国宗教的历史关系。本书资料丰富，信息量大，对于我们认识韩国宗教的历史面貌很有帮助，特别是对于我们了解两国历史上宗教文化的频繁交流和紧密联系尤有裨益。

日本宗教史（阅读日本书系）
［日］末木文美士著　周以量译
社会科学文献出版社　2016年6月　129千字　260页

丸山提出的"古层论"（原形论），深刻地揭示了日本深层文化中的奥秘。据此，日本宗教史学家末木文美士明确指出，"思想史、宗教史最主要的课题是：挖掘隐藏于表层之下的、蓄积已久的'古层'，让它呈现出来，并验证这个'古层'究竟是如何形成的。"本书为"阅读日本书系"丛书之一，作者末木文美士紧扣"古层说"的主线，言简意赅地勾勒出日本宗教各个历史阶段的特征，堪称一部"大家小书"的典范之作。全书分为"佛教的渗透与诸神（古代）"、"神佛论的发展（中世）"、"世俗与宗教（近世）"、"现代化与宗教（近代）"四大部分。内容包括：诸神的世界、复合信仰的发展、镰仓佛教的世界、基督教与权力崇拜、国家神道与各种宗教等。书中文字虽然不多，但史料极其丰富，学术界的最新研究成果也被充分吸纳进行文之中，展现了作者作为日本宗教史家的风范。

（四）欧洲

1. 东欧

俄国宗教史（上、下卷）（中国社会科学院文库·哲学宗教研究系列）
乐峰主编
社会科学文献出版社　2008年1月　1172千字　1151页

俄国不仅是一个多民族的国家，而且是一个多宗教的国家。在当代俄国，有多神教、基督教（东正教、天主教和基督新教）、伊斯兰教、犹太教、佛教、萨满教以及其他70多个教派，其中影响最大的是东正教和伊斯兰教（其信徒各占全国人口的74%和19%）。此外，还有新兴宗教。通过考察和研究俄国宗教史，对于我们深入了解和认识俄罗斯宗教问题的社会历史根源和现实原因，借以加强同俄国和人民的友好往来，乃至我国民族与宗教政策的制订，都具有重要的参考价值和现实意义。本书为"中国社会科学院文库·哲学宗教研究系列"丛书之一，也是目前国内一部研究俄国宗教历史与现状，史论相结合的综合性著作。书中以马克思主义宗教观为指导思想，对俄国社会和人民有影响的诸多宗教的历史和现状做了较全面而又系统的阐述，有针对性地探讨了在今天中国深入改革开放的形势下，正确认识俄国的宗教作用和政教关系以及俄国宗教与民族关系的重要性和复杂性，并着重研究了俄国宗教的多元化、宗教的地位和作用、宗教与国家和民族的关系，宗教与科学、文化、艺术的关系，新兴宗教、东正教、基督教、犹太教、佛教在俄国的传播等问题。全书分上、下卷,共九编。作者强调指出:苏联解体后,在俄国,社会制度由社会主义变成了资本主义,国家的意识形态发生了根本性变化,宗教教育取代了无神论教育,出现了信仰危机。随之,邪教组织乘隙而入,从而危害了国家和人民的利益。这就要求我们必须从理论和实践上更加重视俄国宗教问题的研究,从而为我们党和国家制定有关政策,提供科学依据。

论德国宗教和哲学的历史
[德]H·海涅著 海安译
商务印书馆 1972年2月 104千字 150页

本书是19世纪德国著名的民主主义革命诗人海涅向法国读者介绍德国精神文化的著作之一,写于1833—1834年间。海涅在这部著作中以对宗教的批判为开端,主要论证了从马丁·路德以来德国宗教和哲学的发展是德国社会革命的一种准备。他不但指出康德以来德国古典哲学里隐藏着革命,而且把路德以来的一系列思想家和社会革命结合起来,作出他自己的解释,从而在客观上反映和宣传了当时资产阶级革命的要求。全书分三篇。第一篇论述从基督教的产生到路德宗教改革运动时的德国宗教;第二篇论述德国古典哲学的来源,介绍了笛卡尔、斯宾诺莎、莱布尼茨等人的哲学和影响;第三篇论述从康德到黑格尔的德国古典哲学的发展,偏重于表述它的革命意义。恩格斯在《路德维希·费尔巴哈和德国古典哲学的终结》里说海涅早在1833年就看到了德国古典哲学尤其是黑格尔哲学的革命意义,所指的就是海涅在这本书里的一些论点。这也是本书对于哲学史研究方面的意义所在。

2. 南欧、西欧

西方宗教学说史
吕大吉著
中国社会科学出版社 1994年11月 730千字 961页

本书是我国著名宗教学学者吕大吉先生集几十年研究于一书的心血之作。书中以西方各历史时期的思想家、哲学家及宗教学者对宗教问题所做的一系列理智性、学术性的探讨为研究对象,全面论述了西方宗教学说的诞生与发展;通过对大量思想资料的爬梳及透辟的理论分析,辩证地揭示了西方种种宗教学说的启蒙性质、内在逻辑结构及其发生发展的历史轨迹,构建起西方宗教学说史的范畴系统和逻辑体系,填补了我国宗教学学科体系的空白,为我国宗教学术研究的发展提供了更为坚实的基础。全书共16章。内容涵盖整个西方宗教学说史,涉及古希腊的启蒙宗教观、古罗马的无神论、中世纪的正统神学和异端神学、文艺复兴时期的人文主义宗教观、17世纪的泛神论和机械自然观、18世纪的自然神论、法国的启蒙运动和战斗的无神论,以至休谟、康德的宗教哲学,费尔巴哈的人本主义宗教观,及马克思、恩格斯的历史唯物主义宗教观等多个方面;此外,作者还对20世纪盛行于西方的比较宗教学、宗教人类学、宗教社会学,予以详尽的介绍和评论。诚如作者所言:"搞哲学的人,如果不懂哲学史上各派哲学的性质、意义及其相互之间的关系,而只知道其中某一种哲学,那实际上是对哲学'一无所知'。同样道理,搞宗教学研究而不知道宗教学说史,那实质上也是对宗教学的'一无所知'。"正是基于此种认识,作者才能写出其另一名作《宗教学通论新编》。

贰、宗教学研究

欧洲文艺复兴史·宗教卷
刘明翰主编　刘新利　陈志强著
人民出版社　2008年3月　444千字　433页

　　欧洲文艺复兴运动一直以其思想和文化的恢弘灿烂而备受世人瞩目。文艺复兴发生在欧洲从中世纪向近代转型的过渡时代，是欧洲在意识形态层面开启的一场与封建文明决裂，在知识、科技、人文和社会诸领域中展开的一场新思想和精英文化的运动。它是以反封建、反天主教会、反对神学蒙昧主义为主要内容的伟大的思想解放运动。研究这段历史，有助于我们更深地理解资产阶级革命的发生以及西方科学技术的迅速兴起和繁荣的根本原因，有助于我们在分析西方现代化道路的发展模式的基础上，为我国现代化建设提供参考和借鉴。本书为《欧洲文艺复兴史·宗教卷》（全书共十二卷，即：总论卷、经济卷、政治卷、哲学卷、科学技术卷、文学卷、艺术卷、教育卷、法学卷、宗教卷、史学卷、城市与社会生活卷）之一。作者基于宗教中立的立场，并以改革开放20余年来各种宗教问题之研究成果为基础，全面探讨了文艺复兴运动与各相关宗教信仰之间的关系，力图通过对所掌握历史资料进行以时间为序的分析叙述，向读者呈现文艺复兴时期在欧洲出现的重大宗教事件的整体与细节景貌。本书分为8章，依次论述了文艺复兴以前的基督教会、人文主义宗教观、罗马教会与文艺复兴运动、宗教改革运动、文艺复兴时期的东正教、文艺复兴时期的犹太人等方面内容。

（五）美洲

美国宗教史研究（学术之星文库）
董小川著
中国文史出版社　2014年9月　245千字　228页

　　20世纪80年代以来，国内学界对美国宗教和宗教史的研究呈现逐渐增多的趋势，研究内容也愈加广泛，泛及众多学科领域，其中包括宗教学、历史学、社会学、外国文学、伦理学、人类学、哲学等。此一时期，人们从不同学科领域的研究视角也出现许多不同：有宗教理论研究、宗教史研究、政治与宗教关系研究、美国宗教现状介绍，还有学者对某一时段某一教派进行了专题研究。总体来说，国内学界对美国宗教和宗教史的研究已经进入一个比较繁荣和相对深入的阶段。本书为"学术之星文库"丛书之一，是一部全面系统地介绍我国学界有关美国宗教和宗教史的研究现状及其主要成果的专著，分为序言和正文两部分。序言部分是国内学界对美国宗教和宗教史的研究综述，分别从"美国宗教和宗教史的分类研究"、"美国宗教和宗教史研究特点分析"、"美国宗教和宗教史研究评价与尚存在的问题"三个方面介绍了相关情况。正文部分（9章），分别介绍了美国基督新教、天主教、东正教、犹太教、摩门教、伊斯兰教、印第安人宗教、亚裔人宗教、膜拜团体的历史与现状。

五、传记（人名传记按笔画排序）

巴布宗教思想研究
许宏著
人民出版社　2010年10月　251千字　238页

　　巴布（the Bab，1819—1850），也译作巴孛，是19世纪四五十年代伊朗巴布运动的精神领袖，还是巴比教（即巴布教派）和巴哈伊教的创始人。目前国内外学界对巴布的研究，屈指可数。本书是在作者的博士学位论文《巴布宗教思想研究》的基础上修改而成的，也是国内第一部系统研究巴布宗教思想的专著。书中全面考察了巴布思想的宗教文化背景和理论来源，紧紧抓住"渐进性天启"论这一理解巴布思想的关键，从上帝观、宗教人生哲学、正义王国等方面系统论述了巴布的宗教思想，分析和阐述巴布思想对人类文明发展的价值。全书共7章。第1章介绍巴布的生平事迹、巴布运动、其主要宗教著作及特点。第2章介绍巴布思想的宗教文化背景和理论来源。第3章考察"渐进性天启"论，指出"渐进性天启"论是巴布宗教思想的理论基础。第4章论述巴布的上帝观。第5章阐述巴布的宗教人生哲学思想。第6章论述巴布有关"正义王国"的思想。第7章是对巴布宗教思想的总体评析，讨论其思想意义。

信仰的内在超越与多元统一：史密斯宗教学思想研究（世界宗教研究丛书/卓新平主编）
李林著

社会科学文献出版社　2012年2月　508千字　438页

威尔弗雷德·坎特韦尔·史密斯是20世纪下半叶西方最杰出的比较宗教学家与伊斯兰教研究权威，也是当代宗教对话与宗教多元论的主要倡导者。史密斯的著作与思想以"博学且艰深"而闻名。本书为"世界宗教研究丛书"之一，作者紧扣史密斯思想的核心概念"信仰"，以"信仰"自身内蕴的"内在超越"与"多元统一"的辩证关系为线索展开，从而使史密斯宗教学思想的主要概念"信仰"、"累积的传统"、"批判的共同自我意识"、"比较宗教学"以及"世界神学"成为一以贯之的有机整体。全书分五编，共15章。第一编"信仰的理想与现实"（第1-3章），通过史密斯的学术成就以及独特的个人经历来解读他的思想主旨所在，并从中找到解读其思想的一个最佳切入点，即对信仰的关注。第二编"信仰的传统与现代"（第4-5章），通过评析史密斯在伊斯兰教研究领域取得的非凡成就，揭示伊斯兰教研究促使他认识到现代性引起的古今之争、东西之争与圣俗之争是现代社会深刻危机的根源所在，而解决现代性危机的关键就在于信仰。第三编"信仰的内在与超越"（第6-9章），旨在分析在史密斯的理论中，信仰如何克服现代性的精神危机，使个人的生命重新焕发意义。第四编"信仰的多元与统一"（第10-12章），旨在阐释信仰如何克服现代性的社会危机，使人类社会从自我走向大同。第五编"信仰的自由与平等"（第13-15章），指出史密斯倡导宗教对话与宗教多元论，为实现人与人的平等、宗教与宗教的平等所作的贡献。

尼采的启示：尼采哲学宗教研究（宗教学理论研究丛书/金泽主编）
赵广明著

社会科学文献出版社　2012年10月　355千字　284页

尼采的哲学和宗教信仰皆寓托于道德之中，一种超越善恶的道德，通过价值重估和创造所实现的道德。尼采的哲学、宗教和道德，皆归于精神。"精神（der Geist）"概念是《查拉图斯特拉如是说》的开始，是《善与恶的彼岸》的终结，是尼采始终在悉心塑造的生命形象。精神是生命的根本和全部，意味着生命的状态和力量，精神的意义在于精神的自我创造与变形。本书为"宗教学理论研究丛书"之一，作者透过对尼采在其《查拉图斯特拉如是说》、《善与恶的彼岸》等著作中有关道德、精神、善恶及生命意志之"异教性表达"等思想元素的提炼和萃取，精辟论述了尼采建构于"反基督教"之上的宗教哲学考量及其"哲学宗教"观念体系，进而揭示出尼采"通过哲学的思考和创造，来确立生命的意义、价值和信念，并通过这种哲学来确立关于生命信念的宗教"的目标指向。全书分为"查拉图斯特拉的启示"和"超善恶"两卷，内容包括：查拉图斯特拉的开场白、自己的道德、自己超越之路、信仰与政治、"整体"哲学、从精神的自然哲学到爱的宗教等。

弗洛伊德的宗教思想
陆丽青著
中国社会科学出版社　2011年9月　322千字　376页

弗洛伊德是深层精神分析心理学的创建者。他对诸多文化现象进行了考察，特别是从人类思想和行为的最深层的动机出发，对宗教现象进行了不遗余力的研究。他研究的视角和观点不论在宗教学领域，还是在心理学领域，都给后人许多启发，有深远的意义。目前，除了他在宗教起源问题上的研究引起众人的关注之外，其他方面却被学术界普遍忽视。本书在梳理前人研究成果的基础上，依据弗洛伊德的原著，对其全部宗教思想进行了系统梳理、概括和分类，并以历史唯物主义为指导思想，抛弃了西方那些弗洛伊德批判家们的偏见，对其作出客观中立的评价。全书共5章。第1章简要介绍了弗洛伊德的生平和著作。第2章主要从思想渊源、理论前提和发展脉络三个方面对弗洛伊德宗教思想的形成和发展进行阐述。第3章主要介绍弗洛伊德在宗教起源和发展问题上的观点。第4章以我国宗教学家吕大吉教授的"宗教四要素说"为框架，分别对弗洛伊德在宗教观念、宗教经验、宗教行为和教会组织等问题上的观点做了深入探讨。第5章重点介绍了弗洛伊德的宗教文化观，并对其在宗教和道德、宗教和科学的关系问题的观点做了进一步的分析和评价。

一个历史学家的宗教观（世纪人文系列丛书／陈昕主编）
［英］阿诺德·汤因比著　晏可佳　张龙华译　刘建荣校
上海人民出版社　2014年8月　317千字　331页

在汤因比的历史观中，宗教占据着特殊的地位。他认为宗教对于认识人类本性、纠正人类的自我中心是必不可少的，只有高级宗教才能完美地揭示终极存在、解除痛苦，最终推动人类社会的发展。本书为"世纪人文系列丛书"之一，系根据汤因比1952年和1953年在爱丁堡大学吉福德讲座的讲稿写成的一部论述宗教与社会关系的著作（首次发表于1956年），可以说集中概述了作者基于历史哲学的全部宗教思想。全书分为"高级宗教的萌芽"和"宗教在西方化的世界"两部分，共20章。书中将"宗教叙事"置于人类文明的宏大视野，探讨了宗教的起源、本质及其与其他意识形态的关系，揭示了宗教在世界历史及文明史中的重要作用，同时着重从基督教文明的角度对西方文化进行了反思，认为可以用高级宗教的振兴来解决西方社会的危机。

宗教、解释与和平：对约翰·希克宗教多元论哲学的建设性研究
王志成著
四川人民出版社　1999年5月　233千字　312页

人性必须有归处，那就是灵性。灵性原则本质上包含了人性原则和理性原则，理性原则包含

了人性原则，而不是相反。本书以人性—理性—灵性的三元结构理论作为观察和处理宗教间关系、宗教与世俗社会关系的准则，针对当代著名宗教哲学家、基督教神学家约翰·希克（John Hick）"宗教多元论"思想中有关宗教对话、宗教伦理、宗教与和平，以及宗教间关系等命题展开了深入探究和思考，展现了作者独树一帜的学术风格。全书共分 10 章。第 1 章讨论人类对所在宇宙的解释是否具有明晰性。第 2 章论述宗教信念之合理性问题。第 3 章论述世界各大宗教传统是否具有共同的救赎论结构。第 4 章论述世界各大宗教传统是否具有普遍的宇宙乐观主义精神。第 5 章论述终极实体。第 6 章论述宗教伦理准则问题。第 7 章论述宗教语言作为人的存在状态。第 8 章论述相互抵触的真理宣称。第 9 章探讨基督论问题。第 10 章试图从更高的视角推进宗教多元论，提出了灵性多元论思想。

罗斯金美学思想中的宗教观
魏怡著

知识产权出版社　2014 年 4 月　156 千字　166 页

罗斯金的美学思想至少存在两个主要向度，一是强调上帝是世间万物的本源，亦是一切美的形式的根源。二是强调人类的主观能动性、创造性与想象力。本书试图从这两个维度入手，阐发约翰·罗斯金绘画美学和建筑美学思想中的宗教观，探讨他深厚的宗教观念、强烈的人文关怀与持久的道德诉求。全书共分 4 章。第 1 章简要论述了罗斯金宗教思想的变化历程。第 2 章主要以宗教思想变化为切入点，论述罗斯金所谓的两种形态的美：典型美和活力美，指出典型美包括无限性、统一性、对称性、静穆性、纯粹性和适度性六种范式，每一个范式都对应一个神性特征。活力美是指上帝对植物、动物和人类所赋予的生命力之美，以及它们的各种道德美德。第 3 章主要将罗斯金有关崇高的论断分为几类，列举并评述各著作中的具体表现。其中，作者最为强调的是崇高与宗教性敬畏的关系，以及人在凝照崇高时的主观情绪反应。第 4 章依据罗斯金《建筑的七盏明灯》中所述的奉献明灯、真实明灯、气势明灯、优美明灯、生命明灯、记忆明灯和服从明灯之原则，探讨其宗教信仰对于其美学思想形成的重要性。结语部分：从罗斯金的宗教观出发，总结概括了其绘画和建筑美学思想。

信仰的精神性进路：荣格的宗教心理观（宗教学理论研究丛书／金泽主编）
梁恒豪著

社会科学文献出版社　2014 年 3 月　214 千字　257 页

卡尔·古斯塔夫·荣格（Carl Gustav Jung, 1875-1961）是瑞士著名的心理学家，精神分析学派的代表人物之一，分析心理学派的创始人。他所提出心理结构整体论的方法及其所引入的相关概念，对心理学、宗教学、文学、艺术等领域都产生了深远影响。目前，国内学者对荣格的研究主要集中在心理学领域，对荣格宗教观的研究则非常少见。本书为"宗教学理论研究丛书"之一，主要介绍了荣格的生平和著作，总结了他的分析心理学体系和宗教观，在此基础上分别从上帝的形象和对三位一体教义的心理分析两个方面探讨了他的基督教心理观及其内涵，同时也评价了他的理论所带来的贡献以及它的局限性。最后，本书论述了荣格的信仰进路对"精神性"概念的阐释，荣格的"精神性"与心理治疗的关系，并且概括了荣格在宗教心理学领域的贡献，对宗教心理学未来发展趋向以及超越东西方文化差异的影响。全书分为"荣格论'心理学与宗教'"、"荣格的基督教心理观"、"总结与反思"三编，共7章。作者指出，荣格的宗教心理观很好地阐释了"精神性"的含义。他非常重视宗教与"精神性"对心理治疗的积极意义。从心理学自身的发展来说，荣格的宗教心理观启示我们要加强对个体心理的社会和集体层面的关注，尤其是对个体心理的精神维度的关注，要从方法上重视定性的研究。

哈贝马斯宗教哲学思想研究（宗教、哲学与科学书系 / 傅永军总主编）
铁省林著
山东大学出版社　2009年3月　326千字　256页

　　哈贝马斯是当代西方最重要的社会哲学家之一，他的理论研究不仅涵盖诸多学科理论与广泛的社会现实领域，而且包含着丰富的宗教哲学思想。其中宗教神学问题是他自始至终重点关注的问题，构成其哲学思想的一个有机组成部分，在他的哲学思想中具有不可或缺的作用。本书为"'宗教、哲学与科学'书系"之一，作者以前人研究成果为基础，力图通过对哈贝马斯宗教哲学思想的立场、观点和方法的深入分析和梳理，展现其宗教哲学思想的全貌，阐明宗教神学问题在哈贝马斯整个哲学中的地位、作用和意义。全书共6章。书中评析了哈贝马斯基于理性的宗教态度及主要观点，指出其宗教观发展的基本线索是：神圣维度的出位和归位。前期，哈贝马斯把宗教神学看成是与理性相对立的，认为两者之间存在着明确的界限，宗教世界观在现代社会已经被理性世界观所代替，人类解放的一个重要标志就是解神秘化或世俗化。后期，哈贝马斯则将神圣的维度纳入到他的理论体系之中，他认识到交往理性事实上与宗教并不相互对立和排斥，交往理性的解放旨趣离不开犹太教—基督教传统的语义内涵；不仅如此，宗教神学思想中所包含着的丰富的、不可替代的语义内涵，也成为现代社会可资利用的资源，因而现代社会可以包容宗教，宗教与交往理性可以和平相处，平等对话，共同走向合理化的解放之途。

费希特的宗教哲学
谢地坤著
中国社会科学出版社　1993年3月　141千字　174页

　　费希特既是德国古典哲学的重要代表，也是近代宣传道德宗教的主要代表人物之一。作为康德哲学的直接继承者，费希特年轻时因以批判哲学的精神撰写《试评一切天启》而一举成名。在这部著作里，费希特根据自己初步确立的先验哲学原理，以康德的道德法则为出发点，试图对天启信仰作出合乎理性、增进道德目的的解释。到了耶拿时期，费希特则担负起发展康德开创的、建立在理性主义基础之上的道德宗教哲学的任务。他把道德理想提高到与宗教相统一的高度，明确指出先验哲学所信仰的道德世界秩序乃是宗教的本质所在。本书联系德国的社会历史背景及康德道德宗教观的主要思想，论述了费希特宗教哲学从早期到晚期的发展过程，给予科学的历史分析和评价。全书共5章。内容包括：康德对上帝存在的传统证明的批判、从宗教神学到宗教哲学、道德规律与天启信仰、无神论事件的主要过程、费希特的泛神论宗教观、知识学与基督教、同时代人对费希特宗教哲学的评论等。

神人之际：索洛维约夫宗教哲学研究（第二轴心时代文丛）
孙雄著
宗教文化出版社　2009年6月　240千字　307页

俄罗斯宗教哲学是俄罗斯哲学中最具独创性和民族特色的，是俄罗斯哲学对世界哲学的重要贡献，也是我们理解俄罗斯民族的精神世界的钥匙。俄罗斯宗教哲学的最杰出代表无疑就是索洛维约夫。他的宗教哲学是在东正教的土壤中产生和发展的，其整个哲学体系带有浓厚的东正教色彩，反映了俄罗斯现代化过程中的文化困境。因此，想要深入地理解俄罗斯哲学，理解俄罗斯文化及俄罗斯民族精神，索洛维约夫的宗教哲学是无法绕过的。本书为"第二轴心时代文丛"之一，作者以俄罗斯近代以来现代化的曲折历程及俄罗斯与西方的文化冲突为背景，对俄罗斯著名哲学家索洛维约夫的宗教哲学思想，包括索洛维约夫对西方理性主义的批判、完整知识理论、神人类学说、神权政治社会理论等进行了全面的梳理。全书共5章。书中阐述了索洛维约夫宗教哲学追求改变世界的分裂状态，实现人与神、人与人、人与社会、人与自然的和解的基本理念，并从当今世界全球"文明冲突"和文明对话的语境中揭示了索洛维约夫宗教哲学所蕴涵的价值资源。

斯宾诺莎的宗教批判（西方传统：经典与解释 / 刘小枫主编）
［美］列奥·施特劳斯（Leo Strauss）著　李永晶译
华夏出版社　2013年1月　436千字　508页

施特劳斯的学问以复兴苏格拉底问题为基本取向，倡导回归古典政治哲学，深刻影响了西方文教和学界的未来走向。本书为"西方传统：经典与解释"丛书之一，是20世纪著名犹太裔德国政治哲学家施特劳斯在完成博士论文之后发表的第一部论著。书名原题"斯宾诺莎的宗教批判作为其圣经学的基础：斯宾诺莎《神学－政治论》研究"（Die Religionskritik Spinozas als Grundlage seiner Bibelwissenschaft: Untersuchungen zu Spinozas Theologisch-Politischem Traktat）。该书正式出版于1930年，其撰写动机源于作者对当时"神学－政治学的困境"的思索。这一困境的现实根源就是所谓的"犹太人问题"以及"现代性问题"；而问题的复杂性在于，这两个问题因现代理性主义与自由主义的成立而必然联系在一起。在施特劳斯看来，现代"犹太人问题"已经不再是单纯的个别问题；作为所谓"人的问题"，它得到了重新的界定。这样，斯宾诺莎的宗教批判以及施特劳斯的再批判都获得了新的定位：它们在根本上皆是政治哲学的问题。全书分为"宗教批判的传统"和"斯宾诺沙的宗教批判"两部分，共10章。内容涉及圣经批判、正统批判、迈蒙尼德批判、加尔文批判、对启示宗教的分析、斯宾诺莎对圣经与圣经学的构想等方面。

黑格尔的宗教哲学
赵林著
武汉大学出版社　2005年4月　255千字　289页

宗教哲学是黑格尔哲学体系的有机组成部分，在黑格尔哲学中占有重要的地位和不可跳越的位置。然而长期以来，由于政治意识形态方面的原因，国内学术界对黑格尔的研究多局限于狭义的哲学范围，即以思维与存在的关系问题为核心的本体论和认识论领域，旨在说明黑格尔哲学对于马克思主义的理论渊源意义，对于黑格尔的宗教哲学以及整个黑格尔思辨哲学的宗教意蕴却很少论及。本书是在作者的博士论文《理性的神秘化历程：黑格尔宗教哲学研究》的基础上完善而成的，也是国内第一部对黑格尔宗教哲学进行微观性探究的学术专著。全书分为"前黑格尔时代神学思想的发展"、"黑格尔早期神学思想的发展"、"黑格尔宗教哲学体系的形成"等5章。书中从中世纪和近代西欧神学思想发展的逻辑线索入手，历史地考察了黑格尔宗教哲学的发生、发展和演变过程，深刻地揭示了黑格尔宗教哲学的精神实质，说明了理性与神秘主义、知识与信仰在黑格尔宗教哲学中的辩证关系，为更加全面准确地理解黑格尔哲学提供了一个新视角。

黑格尔早期神学著作
[德] 黑格尔（Hegel, G.W.F）著　贺麟译
商务印书馆　1988年12月　347千字　473页

宗教的概念本身内即包含宗教不仅仅是关于神的知识，关于神的特性的知识，以及关于人与神的关系、世界与神的关系和人的灵魂不灭等等的知识，这类知识总是或者通过单纯的理性可以得到，或者也可以在别的方式下为我们所知悉。换言之，宗教不仅只是历史性的或者理性化的知识，而乃是一种令我们的心灵感兴趣，并深深地影响我们的情感，决定我们意志的东西。本书是一部集中反映黑格尔早期宗教思想的著作，系根据Minerva Gmbh, Frankfurt/main 1966年版译出，书名原文：Theologische Jugendschriften。书中收辑黑格尔早期神学著作《民众宗教和基督教》、《耶稣传》、《基督教的权威性》、《基督教的精神及其命运》、《1800年体系残篇》五篇论文，是了解和研究黑格尔早期神学思想的第一手资料。译者贺麟先生在本书序言中指出，《耶稣传》是"黑格尔在康德的伦理思想基础上改造耶稣，人道化、人本化耶稣，把耶稣看成是'实践理性'的化身"的成果，与马丁·路德开创新教的道路相一致。正是在这部名篇中，黑格尔认识到宗教是随时代而发展的过程。

普兰丁格的宗教认识论（宗教学研究文库）
梁骏著
中国社会科学出版社　2006年6月　248千字　356页

阿尔文·普兰丁格（Alvin plantinga, 1932-）是当代美国著名的宗教哲学家。他在继承和批判传统认识论的基础之上，积极构建了以担保为核心范式的新的认知模型，被西方学界概括为"改革宗的认识论"。本书为"宗教学研究文库"之一，作者以普兰丁格认识论的主要观点为素材，重点研究了其宗教认识思想。全书分为：导论、批判、建立、回应、评价五个部分，其中主体部分包括10章内容。导论部分回顾了国内外有关普兰丁格认识论研究的总体情况，指出国内研究的不足之处，并且概要介绍了本书研究的意义、思路和框架。批判部分（第1-3章），主要论述了普兰丁格对以"确证"为核心范式的传统认识的分析与批判。建立部分（第4-7章），重点阐述普兰丁格的以"担保"为中心要领的宗教认识论，论证了构成担保的四个必要条件，即"恰当功能"、"设计蓝图"、"认知环境"和"朝向真理"。回应部分（第8-10章），着重分析了普兰丁格面对当今诸多认识论学派的批评所做的回应。评价部分，主要从普兰丁格的思想演变过程、理论渊源、基本路径、主要特色和个人局限的角度，全面考察和分析了普兰丁格宗教认识的主要贡献与欠缺。

六、工具书

西方宗教学名著提要
孙亦平主编　洪修平副主编
江西人民出版社　2002年5月　850千字　1005页

　　以宗教为独立研究对象的宗教学是一门比较年轻的学科，至今才有100多年的历史。然而在这不长的时间里，西方宗教学者们以极大的责任感和使命感，借鉴吸收了现代自然科学和社会科学的方法来研究宗教，创作出一本本宗教学著作，促使宗教学在西方文化的沃土中萌芽，并在不长的时间里发展成为一门名家辈出、流派众多的显学。本书对自1873年麦克斯·缪勒出版《宗教学导论》以来的近50本代表性宗教学名著进行了一次较为全面和系统的梳理，并以"提要"的形式对每一部收录的著作的主要内容加以概括，以呈现该部著作的理论精华及学术价值所在。具体包括：《宗教的起源与发展》、《原始文化》、《宗教经验之种种》、《宗教生活的基本形式》、《宗教人类学》、《生存人类学》、《生存神学与末世论》、《论基督徒》、《过程神学》等。为了能够比较准确地反映西方宗教学创立以来所走过的道路和所取得的理论成就，本书做了如下安排：一、本书收录的是西方宗教学创立以来的著名学者具有代表性的著作，编者在解析每部著作之前，首先对原书作者的生平、著作和思想进行简要的介绍，以方便读者更好地把握原著的精神，并通过对这些著作的连贯来从整体上反映西方宗教学的大致风貌。二、本书以中译本的西方宗教学名著为主，同时也适当地收入了少量十分重要而尚未译成中文的外文原著，以使本书的内容更加丰满。三、本书从已译成中文的当代基督教神学著作中选择了少量比较有代表性的著作，放在宗教学名著之后，供读者参阅，以便从更广阔的背景或领域来了解当代西方宗教学的发展态势以及与基督教神学互动发展的进路与特色。

宗教词典（修订本）
任继愈主编
上海辞书出版社　2009年12月　783千字　1201页

　　《宗教词典》是一部中型专科词典，以其规模适中实用，收词系统精要，释文简练通俗为特点。本词典初版于1981年，为新中国成立后编写的第一部宗教词典，由中国社科院世界宗教研究所组织北京、上海、四川、内蒙古、新疆、甘肃、云南、吉林等地学术界、宗教界有关人士，历时三年编写而成，著名哲学家、宗教学家任继愈先生担任主编。本词典的出版，填补了我国宗教词典的空白，提供了宗教研究的丰富资料，受到国内外学术界和宗教界的重视，满足了当时社会需要；此后，本词典又经过两次大的修订扩充。2007年，为解决初版中的不足和错误，吸收新的研究成果，任继愈先生提出在保持原有体例、特点的前提下修订再版。《宗教词典》（修订本）共收词目约7000条。包括宗教一般、史前和原始宗教、古代宗教、佛教（包括藏传佛教）、基督教（包括天主教、东正教、新教）、伊斯兰教、道教、中国部分少数民族宗教、中国民间宗教、其他宗教（包括犹太教、琐罗亚斯德教、摩尼教、印度教、耆那教、锡克教、神道教等）十类。正文按词目笔画顺序编排。正文前有词目笔画检字表、词目表。正文后有外文译名对照表、汉语拼音索引和分类词目索引，可满足读者不同的查阅习惯。

叁、无神论与宗教政策

一、无神论

宗教索谈（无神论丛书之一）
孙云　于恩滋主编
黑龙江人民出版社　1987年3月　148千字　228页

　　宗教是有神论的集中表现。有神论和无神论相比较而存在、相斗争而发展，有神论者研究宗教，在于使人们更加虔诚地相信宗教的神圣；无神论者研究宗教，在于使人们更好地坚持无神论。本书为"无神论丛书"之一，作者运用马克思主义的观点，分析宗教的本质、产生根源和社会作用，指出宗教是相信和崇拜超自然、超人间的社会意识形态；把宗教的发展看作是一个历史过程，依此考察世界性宗教体系的发展及其在中国的传播。全书按宗教之属性和世界三大宗教及中国本土道教的不同类别分为6章。在末章具体分析了社会主义时期宗教仍然存在的原因、宗教的特点以及正确对待宗教的态度、政策；指明宗教消亡的历史必然性和宗教消亡的条件和途径。

马克思主义科学无神论的当代阐释
李士菊著
人民出版社　2006年12月　340千字　443页

　　马克思主义科学无神论是无神论发展的最高阶段，是对宗教现象和宗教问题的真理性认识。其精髓是用历史唯物主义的方法揭示了宗教现象和宗教问题的规律性，其正确性是通过自然科学和社会科学发展的新成果和实践而不断的、持续的得到证明；马克思主义科学无神论不仅是对以往无神论理论的批判继承，也是对无神论的创新和发展，它本身是一个开放的体系，发展的体系，批判的体系，不断创新和与时俱进的体系。本书的主题是研究马克思主义科学无神论面对的时代课题以及在解决这些课题时所表现出来的时代精神、理论品格和当代价值，特别是对马克思主义宗教学体系的基本问题和基本理论内涵的挖掘，研究宗教问题的基本方法的概括，提出了构建马克思主义科学无神论当代形态的设想，论述了马克思主义科学无神论的实现形式。全书分上、中、下三篇，共9章。内容包括：马克思主义科学无神论理论的内在逻辑力量、马克思主义科学无神论对宗教发展规律的揭示、19世纪马克思主义科学无神论的诞生、列宁对马克思主义科学无神论的继承和发展、中国共产党人对马克思主义科学无神论的新贡献、马克思主义科学无神论的返本归真与拨乱反正、马克思主义科学无神论的时代意义和当代价值、尝试构建马克思主义科学无神论的当代形态等。

科学无神论与宗教研究（科学与无神论研究丛书／习五一主编）
习五一著
中国社会科学出版社　2012年6月　512千字　479页

  本书为"科学与无神论研究丛书"之一，是中国社科院"科学与无神论研究中心"主任习五一女士以"坚持真理，深入真理，传播真理"的态度从事宗教学术研究的成果，也是近年来科学无神论与宗教研究领域中有代表性的一部力作。全书分为"科学无神论"、"宗教研究"、"邪教与膜拜团体研究"三编，内容涉及科学无神论、自然科学与无神论、西方新无神论思潮、北京的传统宗教文化、近代中国与宗教、西藏问题与宗教、当代中国的民间信仰、当代世界宗教、当代中国邪教演变的历史轨迹、当代中国邪教问题的学术思考等多个方面。作者指出，近年来，随着"宗教热"的兴起，一些人士极力推崇某种宗教文化，积极推动这种"文化神学"成为国家研究机构和高等院校的学术方向，这种思潮已经开始影响政策制定和舆论导向。在社会主义核心价值体系中，科学无神论的唯物主义世界观和积极人生观，占有重要地位。党中央一再指出：要巩固马克思主义的指导地位，要增强社会主义意识形态的吸引力和凝聚力，科学无神论的作用不容忽视。一个时期以来，有种舆论，力图把科学无神论从马克思主义宗教观和社会主义意识形态中剔除出去，这是危险的，既不符合人类历史的发展趋势和当代社会的世俗化潮流，也与中国的人本主义传统相悖。

中国无神论与政治（中国无神论史论丛／王友三　徐小跃主编）
陈林著
江苏人民出版社　2014年3月　180千字　598页

  本书为"中国无神论史论丛"之一，作者围绕中国政治与无神论这一主题，试图探讨以下几个方面的问题：在中国历史上的政治思想与实践中，"无神论"的实质、体现方式及表现形态，中国政治与无神论之间的内在关联。全书共6章。第1章"引言"，主要从思想史意义、理论意义和现实意义三个层面阐述本书撰作意图，在前人研究的成果之上，对本书的核心概念"无神论"进行界定。第2-3章阐述中国轴心时代的"人文化转向"的历史进程，考察作为奠定中国古代帝国政治基本格局的主要思想根源的儒、道、法三家中的无神论思想，在基督教神权政治观的参照下，从政治理想、政治合法性以及政治理论建构的出发点等方面阐述儒、道、法无神论思想对于中国政治现世性的塑造。第4-5章探讨中国古代经过人文化洗礼之后的"神"在中国古代政治中的基本定位：即神的工具化，揭示以"神道"作为政治教化工具的"消极无神论"本质，并通过对中国政教关系历史实情的梳理，进一步凸显这种"消极无神论"对于中国政治的深刻影响，辨析中国古代"实践无神论"的实质所在。第6章从西方世界的现代转型入手，探讨科学、民主以及民族国家等现代性观念对于中国政治领域无神论转型的深刻影响，指出建立在科学理性之上的"积极无神论"正是在此时才成为中国无神论的主流形态。

无神论与中国佛学（中国无神论史论丛／王友三　徐小跃主编）
王月清　梁徐宁著
江苏人民出版社　2014年3月　180千字　442页

  "无神论与中国佛学"是一个理论难题，也是一个有价值的理论难题。作为一个非常复杂的理论难题，其复杂的程度和研究的难度，不仅体现在历史发展形态的复杂性，更在于阐释的理论背景的复杂性。作为一个特别有价值的理论难题，其重要意义不仅是研究与理解中国佛教和无神论的发展历史及其内在精神气质的理论需要，更是把握与推动中国佛教和无神论在现代社会进一步发展的现实需要。本书为"中国无神论史论丛"之一，作者以无神论与佛学的思想关联为主线，循着"无神论—有神论—宗教—佛教"这样一个逻辑链条，对中国无神论思想和中国佛教思想进行了深入研究，使读者在中国文化背景之下从另一个侧面加深对中国佛教的理解。全书共5章。书中分别从"中国无神论思想资源与佛法源流特质"、"佛法东传与无神论的挑战"、"佛教中国化与无神论思想的融合"、"无神论反佛的立场与两者的共鸣"、"无神论与中国佛教的近现代走向"五个方面将无神论与中国佛学的关系梳理得清晰分明，呈现了一幅"无神论与中国佛学"相互辉映的历史画卷。

儒学与中国无神论（中国无神论史论丛／王友三 徐小跃主编）
徐长安 刘光育著
江苏人民出版社 2014年3月 180千字 400页

儒学在战国时期即成为影响巨大的显学。自汉武帝"罢黜百家，独尊儒术"以后，儒学一直被历代封建王朝奉为官方统治思想，延续了2000年之久。直到今天，儒学仍在海内外有着重大影响。作为中国传统文化的主体，儒学与中国无神论有着极其密切的联系，我们研究中国无神论，必须研究无神论与儒学的关系。本书为"中国无神论史论丛"之一，作者从学界争论已久的"儒学是不是宗教"这个重要问题入手，介绍了中国儒学的思想内核及其生成与演变轨迹，描绘了建基于儒学"理性精神"之上的中国无神论思想的发展脉络，并在总结儒学与中国古代无神论的主要特点的前提下，阐述了儒学对于中国近代无神论发展的历史贡献。全书共8章。内容包括：儒学——轴心时代的理性之花；孔子人本思想——中国无神论的奠基石；经学之争与中国无神论体系的建构；宋明理学与中国无神论阵地的拓展；启蒙思潮对中国古代无神论的总结等。

王友三与中国无神论研究（中国无神论史论丛／王友三 徐小跃主编）
苏南著
江苏人民出版社 2014年3月 180千字 340页

中国传统文化重"明心性"的价值取向和主"一天人"的思维方式皆是以"无神"为其本质特征的。构成中国传统文化主体的儒道佛，就其思想实质皆是取向"无神"的。中国无神论所昭示的诸多精神亦是中国传统文化的优秀精神。"无神"是符合人性地对待且是幸福的生活方式，这是中国传统文化、马克思主义和中国特色社会主义所欲共同昭示的精神。本书为"中国无神论史论丛"之一，作者在详细解读南京大学哲学系王友三教授研究中国无神论的主要著作的基础上，全面梳理和评析了王教授学术思路的转折过程及其针对某些理论问题的独到见解，客观评价了王教授在中国无神论研究领域所取得的学术成就。全书分为"从中国无神论史研究到中国宗教史研究"、"关于中国无神论史研究的若干理论问题"上、下两编。上编（4章），依次解读了王教授《中国无神论史资料选编》、《中国无神论史纲》、《中国无神论史论集》、《中国宗教史》四部著作。下编（4章），结合王教授的论著，分别对其在"中国无神论史的范畴体系与基本命题"、"中国无神论理论形态形成"、"中国无神论史发展阶段"、"中国无神论史发展规律"等理论问题上的看法予以讨论与说明。

中西无神论比较研究（中国无神论史论丛／王友三　徐小跃主编）
丁郁著

江苏人民出版社　2014年3月　180千字　384页

　　无神论在中西方都有悠久的传统，为人类历史从野蛮、蒙昧走向文明、智慧做出了思想上的巨大贡献。进行中西无神论比较，考察中西无神论之异同，发掘其共同的文化底蕴，总结无神论发展的客观规律与经验教训，对于发展马克思主义无神论、促进当代先进文化的构建以及人的发展，具有重要意义。本书为"中国无神论史论丛"之一，作者以马克思主义宗教观为指导，对中西无神论的产生机制、发展进程、共同规律、差异及其原因，中西无神论的价值取向、价值主体和价值判断，中西无神论的思维方式，中西无神论的基本理论等进行了全方位的比较研究，阐述了中西无神论比较的当代启示。全书共6章。作者指出，无神论作为一种进步的世界观，一种引导人类积极向上的精神力量，对社会发展有着重要的推动作用。它使人类摆脱自己制造出来的虚幻权威，把命运掌握在自己手里，激发人们对现世幸福的追求和肯定，同时也极大地激发了人的创造能力，不仅促进了文化的发展，也促进了经济和政治的发展。

二、社会主义时期宗教问题研究

中国社会主义时期的宗教问题（哲学社会科学"六五"期间国家重点项目）
罗竹风主编

上海社会科学院出版社　1987年4月　198千字　268页

　　中国社会主义时期的宗教问题是一个全新的课题。对其展开深入研究，必须坚持马克思主义，以辩证唯物主义和历史唯物主义的科学世界观作为指导思想和方法，认清新中国宗教的"五性"特征，把宗教放在社会主义社会的一定层次内作具体分析，才能得出较为客观、准确的结论。本书密切结合当前我国各宗教的现状，采取动态调查和静态研究相结合的方法，通过深入中国城市与农村进行实地调研掌握的大量第一手"活"的资料，探讨了宗教与我国文化的关系，论证了宗教是客观存在；回顾总结了新中国成立后，各宗教组织的政治状况、宗教界人士的思想状况，宗教神学的变化，以及党在贯彻执行宗教信仰自由政策过程中的成就与经验教训，力图在理论上对我国社会主义时期的宗教问题这一具有现实意义的课题有所突破。全书共分7章（附调查报告9篇）。主要观点为：宗教这种历史社会现象并不伴随阶级根源的消失而立即消亡，它有本身内在的独特规律在起作用。在社会主义的新中国，所有真正的宗教徒是完全可以在爱国主义的基础上，求同存异，同广大的非教徒团结起来，为祖国的四化建设，各自在不同的工作岗位上同心协力，为现世幸福而共同奋斗。

社会主义与中国宗教（科学社会主义研究系列丛书／江流主编）
戴康生　彭耀著

江西人民出版社　1996年8月　120千字　146页

　　宗教工作关系到广大群众的切身利益与国家的长治久安，如何对待和处理宗教问题是我国社会主义建设事业的一个重要课题，也是建设有中国特色社会主义的一个重要内容。本书为"科学社会主义研究系列丛书"之一，作者从建设有中国特色社会主义的大目标出发，运用马克思主义的宗教观考察了中国宗教的历史、特点与现实宗教理论，阐明了中国制度性宗教与西方政教关系

叁、无神论与宗教政策

的明显差异，指出了宗教与社会主义社会相协调、相适应的可行性及其发展路径。全书共分4章。内容包括：中国宗教的历史与特点、社会主义社会与中国宗教、改革开放后的中国宗教、中国宗教的展望与思考等。

社会主义与宗教
龚学增著

宗教文化出版社　2003年6月　242千字　325页

社会主义与宗教的关系问题，是一个十分重大的理论和实践问题。本书努力以马克思主义的立场、观点和方法为指导，在吸收前人一些成果基础上选取了一个新的角度和新的研究方法，表达作者对这一重大问题的理解。全书共分8章。第1章对什么是社会主义，什么是宗教，以及二者的关系从理论层面上加以科学界定。第2章简要说明空想社会主义与宗教的关系，评述了空想社会主义的合理因素及其在宗教上的局限性。第3章阐述19世纪下半叶的欧洲社会主义运动与宗教的关系，论述马克思、恩格斯的历史唯物主义宗教观，以及他们对社会主义运动中的宗教问题如何认识、如何加以处理等一系列问题。第4章论述19世纪末20世纪初俄国社会主义运动与宗教的关系，以及列宁在新的历史条件下所提出的无产阶级政党如何解决好社会主义与宗教相互关系的方针和政策。第5章论述苏联及东欧一些社会主义国家处理宗教问题的理论和实践，总结了这些国家处理宗教问题的教训。第6-8章从历史与现实、政策与国情等多个角度，集中阐明了中国的社会主义与宗教的关系。

宗教问题怎么看怎么办
叶小文著

宗教文化出版社　2007年6月　400千字　594页

1995至2007这12年间，世界风云变幻。一方面，科技进步日新月异，经济全球化进程加快发展，世界格局多极化趋势不可逆转；另一方面，冷战刚过，单边主义与恐怖主义的争斗又起，国与国之间的竞争日趋激烈。在这个充满希望又很不安宁的世界，宗教也分外活跃起来，宗教问题成为世界性热点问题，对当代世界的经济发展、政治运动、社会变迁、人类生活，产生重大影响。在某些势力的利用、推动下，宗教甚至成为引起或加剧世界不安宁的重要因素。本书是叶小文先生近12年来从事我国宗教工作的思考结晶，也是作者在担任国家宗教事务局局长期间的工作总结。全书由"中国宗教的百年回顾与前瞻"、"世界宗教问题及其对我国的影响"、"宗教信仰自由与宗教事务管理"、"探索与求真"、"务实与创新"、"民族与宗教"等十一个专题组成，共辑录文章54篇。这些文章立足于中国与世界、历史与现实、理论与实践、继承与创新，内容涉及宗教历史、哲学思想、邪教的成因与对策、民族宗教问题、无神论、宗教政策、宗教文化等多个方面，展现了作者开阔的学术视野和求真务实的治学态度。

引导宗教与社会主义相适应的理论与实践
冯今源主编

中国社会科学出版社　2009年8月　708千字　688页

如何积极引导"宗教与社会主义社会相适应"，并且从全球化发展的现状和趋势出发来准确把握当今世界宗教与政治的关系,特别是透过国际共运的历史教训检讨其意识形态和宗教政策的误区,既是我国社会主义现代化建设中一个重大的理论与实践课题,也是宗教事务管理者和宗教学者需要共同关注和应对的现实问题。本书在全面系统梳理中国传统宗教以及民间信仰发展脉络、国际共运史上相关理论与实践的基础上,以马克思主义宗教观的中国化进程为视角,结合对新中国宗教政策的历史发展、对50年来我国宗教的发展历程以及各种错误宗教观的回顾与反思,对典型地区基督教、藏传佛教、伊斯兰教的田野调研,对新时期宗教领域面临的新情况、新问题的总结与分析,系统提出引导宗教与社会主义社会相适应的理论依据、实践基础、表现形式、具体内容以及对引导主体的要求,并对"构建社会主义和谐社会"事业中的宗教问题提出相应的意见与建议。全书由五个部分组成。内容包括:解放以前至解放初期中国共产党的宗教政策;1957年至"文革"期间的宗教政策;"文革"结束后宗教信仰自由政策的重新确立;党的第二代领导集体对马克思主义宗教理论的进一步深化;党的第三代领导集体对马克思主义宗教观的理论创新;新世纪、新阶段党对马克思主义宗教观的新概括;新中国佛教史(1949-2000);中国道教在当代社会的传承和适应;新中国伊斯兰教的50年;50年来中国天主教历史等。

宗教之和·合之宗教:中国宗教之和谐刍议(世界宗教研究丛书/卓新平主编)
韩秉方　李维建　唐晓峰等著
社会科学文献出版社　2009年11月　229千字　273页

　　正确认识和对待宗教问题和现象是我国社会主义和谐社会建设的重要组成部分。如何促进宗教与社会之间的良性互动,维护信教群众与不信教群众之间的团结,调动和发挥信教群众建设社会主义、促进社会和谐的积极性,如何协调各宗教之间的关系等一系列理论与实践命题,需要宗教问题研究者、宗教界人士以及宗教事物管理者做出积极的解读与回应。本书为"世界宗教研究丛书"之一,是由数位专家学者分头执笔撰写的一部"旨在发掘诸宗教中'和'的因素在经典、理论、历史及现实中的表现,并主张通过发掘诸宗教之'和',营造社会和谐之宗教氛围,进而为中国社会之和谐构建贡献力量"的专著。全书共分5章。书中结合理论与实践,分别探讨了民间信仰、佛教、道教、伊斯兰教与基督宗教中有关和谐的基本理论,并对各宗教在中国历史及现实中的和谐实践进行了梳理和总结;对各宗教的现实存在状况,以及如何更好地处理各宗教与中国社会和谐之间的关系等作了细致分析,提出了较为独到的见解。

论积极引导宗教(中国民族宗教高端学术文库)
卓新平著
甘肃民族出版社　2016年12月　278千字

　　能否积极引导宗教与社会主义社会相适应,成为当前中国社会的一个重要理论问题和实践问题。对此,理论界、学术界和社会上仍然存有很大的分歧,观点也很不一致。基于这一现实,我们认为有必要正本清源、科学分析,对这一迫在眉睫的现实问题做出正确的回答。本书为"中国民族宗教高端学术文库"丛书之一,是中国社会科学院学部委员、中国社会科学院世界宗教研究所所长卓新平结合当前形势,站在"确保中国社会民族团结、宗教和谐、长治久安"的政治全局高度来分析和讨论"积极引导宗教"这一重要理论和现实问题的专著。书中以"全面贯彻党的宗教信仰自由政策"、"依法管理宗教事务"、"坚持独立自主自办的原则"、"积极引导宗教与社会主义社会相适应"为指导方针，从如何"积极引导宗教"和"依法管理宗教"、怎样"坚持中国化方向"，以及"一带一路"与宗教的历史与现实关系这几个方面对上述问题作出了切合实际地回应与解答。全书分四编。内容包括：积极引导宗教，做好四个"必须"；发展中国特色社会主义宗教理论；推动宗教法治首先需要正确的宗教理解；保护公民信仰自由，促进宗教服务社会；丁光训主教与基督教的中国化探索；关注伊斯兰教与中国社会；"一带一路"战略与两岸宗教文化纽带等。

三、宗教政策研究

宗教工作基础知识
国务院宗教事务管理局编
中国旅游出版社　1990年12月　400千字　586页

　　中国是一个有多种民族、多种宗教的国家，历史上，宗教曾对我国社会生活的诸多方面产生了极其深刻的影响。考察和认识国情，绝不能对此忽视。信教群众虽然占全国人口总数的比例不算大，但绝对数字不算小；其中20多个少数民族几乎全民信仰某种宗教。宗教与民族问题往往复杂交织，互相影响。我国的几种主要宗教，除道教外均由国外传入，至今仍存在较为广泛的国际联系。尽管宗教属思想信仰范畴，但是在一定条件和一定情况下，也可能被国内外敌对势力所利用，从而使某些矛盾激化，甚至成为对抗性矛盾。鉴此，为健全各级政府宗教工作机构职能、加强宗教工作干部队伍培养，普及基本宗教知识甚为必要。全书分宗教知识篇、宗教理论篇、宗教政策篇、当代视野篇四大部分；不仅囊括我国四大宗教和众多少数民族宗教，而且对中国历史上的无神论思想、新中国成立后的宗教政策、当代世界三大宗教的演变趋向予以系统阐述。

中国的宗教问题和宗教政策
王作安著
宗教文化出版社　2002年11月　280千字　406页

　　本书结合作者多年从事宗教工作的实践经验，试图在当前国际国内的大背景下，在对政策性文件以及这种政策付诸实施过程中所产生的社会效应的研究基础之上，比较全面、真实、准确地介绍我国的宗教问题和宗教政策。全书共分17章。书中系统阐述了马克思主义宗教观的内涵与外延、社会主义初级阶段宗教存在的根源，以及正确处理宗教问题、尊重和保护宗教信仰自由、依法管理宗教事务、积极引导宗教与社会主义社会相适应的重要意义，简要说明了我国各主要宗教的历史和现阶段我国的宗教政策，并对少数民族中的宗教问题、爱国宗教团体的作用、党同宗教界的爱国统一战线、宗教方面两类不同性质的矛盾、全球化进程对我国宗教的影响等方面问题做了深入研究，提出了一些建议和结论。

中国共产党的宗教政策研究
何虎生著
宗教文化出版社　2004年10月　180千字　283页

　　宗教问题既是历史问题，又是现实问题，既是个人信仰问题，也是事关全局的重要政治问题。为解决中国的宗教问题，中国共产党根据各个时期的具体情况，制定了一系列方针和政策，并进行了贯彻落实,取得了巨大的成就,有成功的经验,也有深刻的教训和可贵的启示。本书主要从"与新民主主义革命总路线和总政策相适应的中国共产党的宗教政策"、"从确立国家基本政策、宗教制度民主改革到'文化大革命'时期的极'左'政策"、"中国共产党正确的宗教政策的恢复、发展和完善"三个方面阐述了中国共产党从成立初期到目前正在执行中的宗教政策,深入总结了其形成与发展过程中的经验和教训,为制定出更加符合中国实际的宗教政策提供理论参考。全书共分3章。第1章研究新民主主义革命时期党的宗教政策。第2章研究新中国建立到文革结束(1978年)之间的宗教政策。第3章研究新时期以来的宗教政策。

新中国宗教工作史
段德智著

人民出版社　2013年5月　440千字　384页

新中国宗教工作的发展是一个充满曲折的历史进程,自1949年至今,经历了"积极探索"、"蒙受挫折"、"拨乱反正"和"稳步推进"四个阶段,有着丰富的正反两方面的经验教训。本书依据马克思主义的宗教观,从维护国家主权和国家安全、防范和抵制境外宗教渗透、积极引导宗教与社会主义社会相适应的高度,在对新中国宗教工作的曲折历程作出详尽考察的基础上,系统阐述了新中国宗教工作60余年的历史。全书分为"过渡时期的宗教工作与反宗教渗透(1949—1957)"、"新中国宗教工作的曲折发展(1957-1978)"、"新中国宗教工作的拨乱反正(1978-1991)"等5章。作者在书中不仅将反对、防范和抵制境外宗教渗透、维护社会主义意识形态安全和国家安全作为主要线索,认为苏东剧变的深层原因是未能有效地防范和抵制美国—梵蒂冈的"神圣同盟"所实施的宗教渗透,而且强调指出,"60多年的历史告诉我们,为要贯彻执行正确的宗教工作路线和方针,最重要的一条就是要坚持同时在两条战线作战:既要反对'右'的倾向,又要反对'左'的倾向"。

社会中的宗教:观察与研究(宗教与中国国家安全和对外战略论丛/徐以骅主编)
张化著

上海人民出版社　2015年1月　545千字　633页

本书为"宗教与中国国家安全和对外战略论丛"之一,收录了作者于1992年至2013年间发表的宗教研究类文章40篇。这些文章记载了作者对中国宗教,尤其是上海宗教古今现象的观察、描述、归纳、分析,以及对规律的探索,包括工作中形成、公开发表过的调研报告,编修《上海宗教志》和《上海通志·民族宗教卷》的中间产品,参加学术研讨会提交的论文,为我们展现了一个真实的、立体的、内在的中国宗教的发展历程。全书分为"中国宗教政策背景"、"中国宗教管理"、"基督教自立运动"、"基督教三自运动"、"上海宗教:历史·现状"五个部分。收录的文章有:《新中国成立以来宗教政策的微调和宗教工作的渐进》、《改革开放以来宗教工作领域执政理念与施政方式的演进》、《试析"团结信教群众"问题》、《对宗教和迷信关系的思考》、《上海民间信仰活动研究:概况、认识和管理》、《中国耶稣教自立会述评》、《中国耶稣教自立会发起原因研究》、《中国基督教早期"三自"的历史考察》、《从司徒雷登看传教士和传教活动》、《吴耀宗与非基督教运动》、《上海宗教史概论》、《上海宗教和上海社会近代化》等。

肆、原始宗教与神话

一、原始宗教
（一）总论

论原始宗教
蔡家麒著
云南民族出版社　1988年9月　199页

　　了解和研究原始宗教，即从上层建筑领域来考察原始社会意识形态的特征和演变，不仅对整个宗教范畴的科学认识具有理论意义，而且对正确理解和执行我国的民族宗教政策具有不容忽视的现实意义。本书是一部研究原始宗教的专著，收录论文8篇。这些文章探讨了宗教起源的历史时期和认识根源，从信仰与崇拜两个方面阐述了原始宗教发展的阶段及其演变的历史条件与规律，提出深入调查研究的途径与方法。作者结合多年的工作经历，分别详述了我国南方独龙族、景颇族的原始宗教及北方以鄂伦春族为主的几个少数民族萨满教的内容、特征及其变迁或消亡的情况，并作了比较研究；此外，还论述了保存在汉族各历史时期中的原始宗教残迹。

原始宗教论（"云南宗教文化研究"丛书/杨学政　杨仲录　杨世光主编）
杨学政著
云南人民出版社　1991年12月　177千字　262页

　　原始宗教包罗万象，几乎覆盖原始先民的所有物质与精神生活，可谓宗教领域中最复杂的现象。本书为"云南宗教文化研究"丛书之一，以云南少数民族现存的丰富的原始宗教现象即"活的资料"为依据，运用比较宗教学原理，系统阐述了法术、巫术、万物有灵观、灵魂崇拜、天地日月山川崇拜、动物崇拜等等原始宗教的诸形态的产生、发展与演变之规律。全书分为"物活感与原始法术"、"宗教萌芽：巫术"、"天地间的生灵叹息"等12章。作者认为，法术不同于巫术，法术是一种物活感的表现形式，巫术则是原始宗教的萌芽；原始宗教从一开始就同整个人类社会的演化一起不断演化，演化的具体形式是思想的、经济的、社会的多方原因形成的。

原始宗教与神话（民俗、民间文学影印资料之二十二）
［德］W.施密特著　萧师毅　陈祥春译
上海文艺出版社　1987年12月　362页

　　本书原名《比较宗教史》，系根据辅仁书局1948年版本影印。作者在书中系统阐述了西方比较宗教史学的各种派别与学说发生发展的顺序,藉此说明各宗教本身在历史上的衍生顺序。全书共五编。第一编(3章),阐明宗教史的定义,宗教史学与宗教心理学、宗教哲学等周边学科的关系,解说比较宗教史在古希腊、罗马等不同历史时期的萌芽状态;第二编(4章),介绍19世纪产生的自然神话论、实物崇拜论、鬼神崇拜论和万物有灵论及其各种学说;第三编(3章),研讨20世纪产生的星辰神话与泛巴伦论、图腾论、法术论与动力论之宗教理论内涵;第四编(3章),论述19至20世纪关于人类最高神(天帝)之民族学、宗教学的解读与承认;第五编(4章),阐释文化史学方法论及其在民族学、宗教学上的成果,原始民族对于高级神信仰的内容。

(二)世界原始宗教研究

1. 总论

巫与巫术
宋兆麟著
四川民族出版社　1989年5月　270千字　397页

巫教是一种古老的宗教,因以巫师为核心展开宗教活动而得名。巫教思想则是人类幼年时代的世界观,溯其根本,可为探索人类文明的起源和发展规律开辟一条新的路径。本书着眼于巫教的"意识形态方面",综合运用历史学、民族学、考古学等研究方法,纵向探讨了巫与巫术的起源、发展和演变的历史过程,横向分析描述了巫师,巫师的信仰、预言、征兆和占卜,祭祀,巫医等有关我国各民族巫教的整体与局部特征,并从神判和法律,巫和文学艺术,巫和自然科学三个方面论述了巫教对于民族与民俗思想文化的影响。全书包括十个部分。作者指出,巫教在思想领域中的影响,绝不限于人为宗教本身,而是涉及我国古代哲学的起源和发展,关乎远古先民早期文明的形成。因之,本书的用意即在于让人们认识到巫的产生、发展以及必然消亡的趋势,破除人们对巫教的神秘感,阐明"现在的巫教早已失去了原生形态巫教和次生形态巫教中朴素性、客观性的一方面,而纯粹是愚弄骗人的勾当,从而能自觉地抵制其影响"。

巫术与宗教:公众信仰的政治学(宗教文化丛书)
[美]克里斯蒂纳·拉娜著　刘靖华　周晓慧译
今日中国出版社　1992年6月　140千字　186页

公元16世纪晚期,巫术开始在英格兰和苏格兰盛行,进而欧洲大陆为之迷狂。这种极富异端色彩的魔鬼信仰无疑对作为官方意识形态的基督教神学产生了很大冲击,威胁王权稳定。英格兰君主和基督教巫术理论家们于是把"恶魔盟约"观念于反巫术理论的核心,标定巫术是邪恶的力量,巫士凭借同魔鬼达成私人契约行使巫术,从而为欧洲大陆长达一个多世纪的巫士迫害和大规模审判提供法理依据。本书为"宗教文化丛书"之一,作者拉娜借助于原始的法律记录,对16-17世纪欧洲(特别是英格兰和苏格兰)的巫术迷狂、巫术诉讼以及官方对巫士迫害等情况作了细致分析,阐述了许多与巫术有关的政治文化问题。全书包括两个部分。第一部分(5章),介绍16-17世纪英格兰、苏格兰的巫术、巫术信仰及欧洲的巫术犯罪。第二部分(5章),主要从社会学、政治学角度对欧洲前工业社会时代的信仰问题进行追问和反思。作者指出,欧洲宗教改革之前的基督教作为一种政治意识形态,控摄着人们的政治行为,并且使政权获得合法性。巫士因否定上帝而逾越信仰范畴,成为意识形态罪犯,属欧洲中世纪文化的典型特征。随着宗教改革和基督教逐渐与政治分离,"律师们再也无法规定意识形态领域中的持异端行为之人就是巫士了"。而进入工业社会后,巫术只受到"道德上"的责难,不过是因为西方社会的政治意识形态内容和政治文化发生了变化。

古代世界的巫术
[瑞士]弗里茨·格拉夫(Fritz Graf)著 王伟译
华东师范大学出版社 2013年7月 240千字 280页

  巫术是人类古老的社会文化现象,在古代世界里,巫术和宗教密不可分,并且巫术活动无处不在。了解古代的巫术是如何形成理论并加以实践的,对于我们认识古人的宗教视野和思想方式,具有重要的意义。但是长期以来学界却忽视了对于古代巫术的研究。本书主要利用文学作品、纸莎草和铭文材料对古希腊罗马世界的巫术进行了介绍。其原作之雏形是巴黎社会科学高等研究院(宗教学部)的一系列讨论班课程的讲稿,后增订成为一部法语著作,在经过重大修改后,推出了德语版和英语版(本书译自英文版)。全书分为"导论"、"命名巫师"、"外界视野中的巫师形象"、"怎样成为一名巫师:奥义传授仪式"等7章。书中综合了历史学、宗教学、神话学、考古学、人类学、社会学、文化学、语言学等诸方面的研究成果,通过回顾古希腊罗马的巫术活动,既对巫术、巫师等术语的源流进行了仔细考辨从而具有一定的理论深度,在具体的社会文化环境中深入浅出地呈现并分析了古人对于巫术所持的态度,从多个侧面揭示了巫术这一特殊文化现象在古代世界中所具有的深远影响。

巫术科学宗教与神话
[英]布罗尼斯拉夫·马林诺夫斯基著 李安宅译
上海社会科学院出版社 2016年5月 102千字 193页

  本书是英国著名社会人类学家(功能学派创始人之一,也是我国著名社会人类学家费孝通的老师)马林诺夫斯基(B. Malinowski)完成于20世纪20年代,有关巫术与科学宗教及神话之关系的人类学研究论著。作为其重要代表作,本书由中国著名社会学、人类学、民族学家李安宅翻译,堪称公认的权威译本(著作原文是独立的两篇文章,后经著者同意,由译者合订为一)。书中着眼于著者的田野调查资料,从客位视角出发,重新阐释了原始信仰,采用功能主义理论解构并重组了巫术、科学、宗教、神话之概念体系,同时以联系的眼光来看待它们之间的辩证关系。全书分上、下两编,共10章。上编"巫术科学与宗教"(Magic Science and Religion)是一篇论文,1925年由麦克米兰公司出版。下编"原始心理与神话"(Myth in Primitive Psychology)是一个单行本,为英国"心理杂志小丛书"之一,1926年出版。

2. 萨满教研究

萨满教研究
秋浦主编
上海人民出版社 1985年5月 135千字 180页

  本书系中国社会科学院民族研究所组织集体力量编写而成。书中对我国北方阿尔泰语系各少数民族普遍信仰的萨满教,以及中原汉族和南方民族中的原始宗教信仰现象进行了对比研究。全书共8章。第1章,运用马克思主义原理阐释宗教起源问题;第2-4章,讲述北方先民之自然崇拜、图腾崇拜与祖先崇拜,原始宗教的表现形式及禁忌;第5章,言明萨满产生于母系氏族社会,介绍了萨满的承袭和职能;第6章,论述萨满教的阶级属性;第7-8章,分别概述黄河流域汉民族和南方民族之原始宗教信仰特征,并将二者与萨满教作比较分析,如汉族巫术、西南纳西族万物有灵崇拜与萨满教的异同。

神秘的萨满世界:中国原始文化根基(中国本土文化丛书)
乌丙安著

上海三联书店　1989年6月　218千字　286页

本书为"中国本土文化丛书"之一,素有"活化石"之称的萨满教是北半球独具的古老文化现象,绵延近万年。这个崇尚自然、多神的原始宗教,因各地区、民族的不同而各有所异。我国北方某些地区,至今仍存在萨满教。信仰特征为"天地多层"的原始宇宙观,即宇宙分"三界",至高无上的天神如支撑苍穹的顶盖,隔开了神与人的世界;栖居三界的万物皆赋灵性,涵括日月星辰、雷风水火、生魂亡灵及动物家族等。中国东北各民族之所以存在这种原始神灵崇拜现象,重要原因在于被称作"萨满"的各类巫师们发挥了世代传播萨满教的作用,最本质的功能是为人间沟通和联络神灵、祖灵、精灵、鬼灵诸界,以期借助超人的形式说明并解脱人间的痛苦和灾难。萨满是萨满教的支柱,也是萨满文化的传承人。萨满的存亡很难孤立地从政治上完全分析清楚。萨满教活动在现代的遗存,从来都无缘被列入宗教信仰自由的范围,而仅成为一种世代传承的自发信仰。

萨满教与神话(满学与清史研究书系)
富育光著

辽宁大学出版社　1990年10月　250千字　341页

萨满教不论其地域或民族有别,最核心最活跃最基本的观念,便是将人类赖以生息的客观广宇间所存在的众生物和无生物乃至人自身客体外的一切存在都认为是寓神之所。本书为"满学与清史研究书系"之一,作者通过对萨满教的剖析、了解,旨在探索北方诸民族先民的原始思维形态,求索古人在遥远的氏族部落时代的生活掠影,从而洞窥人类文化之源。全书分为"萨满教神论""萨满教多神崇拜"、"萨满教的祭类祭程"等6章。作者比较重视"北方萨满教"概念的界定,着力于跨国诸民族(与我国相邻的西伯利亚、远东一带的诸民族)萨满教文化遗存的整体性研究,以溯寻北方文化萌生过程中逐渐形成的共同观念意识。

神秘的清宫萨满祭祀(萨满教文化研究丛书)
姜相顺著

辽宁人民出版社　1995年11月　174千字　234页

从古代契丹族的辽帝国、古女真人的金王朝到古蒙古人的元帝国,直至满族崛起后的后金与清王朝,萨满教进入官廷前后共约有740多年的历史。这样漫长的帝国皇朝官方的萨满教发展史,特别是这些民族的古老的氏族萨满祭祀究竟是如何被沿袭、发展而上升到皇朝宫廷,以及宫廷萨满的动向和祭祀仪式等问题,在史书典籍中的记述却十分有限。因此,历代宫廷萨满活动便被蒙上了一层神秘的纱幕，令人难识其本来面貌。本书为"萨满教文化研究丛书"之一，作者以丰实而珍贵的清宫萨满祭祀史料为依据，对清宫萨满祭祀的全过程，祭祀场所的全方位，清宫萨满在历朝发展中的全部线路，祭仪的全部、局部和细部，做了详尽的介绍和论析，填补了萨满文化史研究的空白。全书共11章。内容包括：奇特的清宫萨满祭祀地点，清宫萨满祭祀种类和程序，幽冥的清宫萨满祭祀神灵，清宫萨满祭祀祝辞及浅释，清宫萨满及其职员，清宫萨满神具及祭神器物，牺牲、祭品和歌舞的供献等。

尘封的偶像：萨满教观念研究（中国少数民族文化探索丛书 / 苑利主编）
孟慧英著
北京出版社　2000年8月　274千字　425页

萨满教观念是其宗教体系中最核心、最本质的因素。萨满教通过具体、形象、物态的信仰实物、仪式、禁忌行为、神话和故事等来表达其信仰观念；并且借用偶像、萨满仪式行为、萨满器具、神话和传说去认识事物，去思考世界，比较完整地传达了人们信仰的神圣事物的本质，展现了它们的属性和力量，也表现出它们相互之间的联系以及同世俗事物的联系。本书为"中国少数民族文化探索丛书"之一，作者以"萨满教形象的文化含义"为研究对象，深入细致地探察和论述了萨满教的观念形态及其体系构成，进而勾勒出萨满教信仰的发展在观念上留下的几种典型图式。全书共8章。书中具体分析了各种象征形式的含义及其灵魂观、神灵观、神性观三方面的观念体系，梳理了不同形象类别的民间信仰逻辑，考察了动物神、自然神、生育神等主要信仰对象，解释了神话的文化功能，以各民族生产生活方式和社会政治体制的发展为基础，阐述各种观念的发展线索和萨满教信仰体系的演变规律。

萨满论（萨满教文化研究丛书）
富育光著
辽宁人民出版社　2000年9月　293千字　416页

萨满，这在世界人类文化史上颇享盛誉而又令人敬畏、崇仰的神秘称呼，已日益为世人所熟知。萨满教文化现象，不论其存在时限、所传播地域，或者所包容的人类文化内容以及对历史和社会所构成的重大影响，在世界人类文化发展史上都具有不可以轻视的丰富性、突出性和独特的人文地位。本书为"萨满教文化研究丛书"之一，作者基于国内外学界已有的研究成果及自己潜心经年，反复鉴考所征得的诸民族手抄文字、绘画与实物等大量第一手资料，深入细致地考察了萨满教的历史影迹及文化现象，着重分析和论述了萨满原始神论及"迷痴"形态心理、萨满造型艺术及象征内涵、萨满原始声动观念及象征特征等的关系，就萨满对原始天象、地理以及医药的探索与贡献作了简要说明。全书共6章。作者指出，萨满文化是昨天的"文化化石"，是一定经济基础和生产关系下的产物。所有原始萨满教一切观念、意识、心理和行为态势的表露，如果不从众多萨满独有的内外表象和自我心灵倾诉中仔细鉴别和分析，是无法释解清楚原始萨满教的真谛的，当然也得不出真正令人信服的答案。

原始活态文化：萨满教透视
郭淑云著
上海人民出版社　2001年8月　483千字　662页

　　萨满教文化属于原始宗教文化范畴。萨满教的功能不仅表现为对原始文化的透视，它还是一种现实存在的信仰，是一种活态文化。本书以作者深入我国萨满教信仰较为普遍的满族、鄂伦春族、鄂温克族、锡伯族等地区展开田野调查获取的第一手资料为基础，以相关研究成果为参考，并综合运用考古学、文献学、民族学等方法，对萨满的思想观念、文化样态以及在前人研究中不曾涉猎或涉及较少的论题进行了专门的分析探讨，力求揭示中国萨满教丰富的文化内涵。全书共7章。书中主要围绕萨满教观念体系与哲学思想、萨满教对自然科学的萌芽、萨满预测、萨满治病、萨满神判、萨满教世界的符号形态、萨满教造型艺术等七个方面的内容对萨满教文化进行梳理和讨论。这些内容是萨满教文化中最重要的方面，也是原始文化的主要内容，对这些问题的探讨，有助于人们从更深广的角度和层面探究萨满教的文化内涵及其价值，为原始文化诸知识门类的发生学之探讨提供了实证资料，并可据此洞悉原始文化的基本面貌。

萨满教图说（民族文化丛书）
黄强　色音著
民族出版社　2002年2月　220千字　282页

　　中国除儒教、道教文明之外，还有一种萨满式文明的观点，是由美国哈佛大学张光直教授最早提出来的。他在《考古学专题六讲》中提出："萨满式的文明是中国古代文明最主要的一个特征"。这一观点在中国考古学界和历史学界具有"名人效应"。20世纪80年代中后期，在中国大陆考古学界、历史学界兴起的"萨满教文化热"便是这名人效应的产物。在国外，有的学者将这一观点引伸到整个世界文明史的研究中，提出整个世界古代文明就是一种萨满式文明的看法。本书为"民族文化丛书"之一，作者以张光直教授提出的"萨满式文明"为出发点，以"广义的萨满教"定义为分析框架，对中国北方民间以神灵附体为特征的民俗宗教现象作了较为深入细致地考察研究。全书由五个部分组成。内容包括：北方民族萨满教的神灵世界、蒙古族萨满教的文化人类学考察、关于东北地区巫觋的"胡仙"信仰之考察等。

萨满教舞蹈及其象征（萨满教文化研究丛书）
王宏刚　荆文礼　于国华著
辽宁人民出版社　2002年4月　307千字　406页

　　象征语言是原始艺术的一种最普遍的语言形式。萨满舞蹈通过其独特的象征方式，创造了一个历史与现实、人与神、世俗与神话世界融为一体的文化景观，而使其具有一般舞蹈所难以达到的文化魅力。本书为"萨满教文化研究丛书"之一，作者依据自己20余年来在东北满、蒙古、朝鲜、达斡尔、锡伯、赫哲、鄂温克、鄂伦春等民族地区进行实地调研获取的相关资料，对东北各少数民族萨满舞蹈及其历史文化内涵作了颇有开拓意义的探索研究，使读者不仅能够从中看到一个如诗如画的神奇的舞蹈世界，也能看到波起浪涌的东北阿尔泰语系诸民族的心灵世界。全书包括"神话时代萨满教舞蹈及其象征"、"史诗时代的萨满教象征艺术"、"关于萨满教舞蹈的理论思考"

肆、原始宗教与神话

三个部分。书中在再现萨满教舞蹈在祭礼中的生动形态的同时,还提供足够丰富的相关的民俗背景,重点揭示了萨满教舞蹈及相关服饰、神器所表达的象征意义的文化内涵。

萨满造型艺术(中国少数民族非物质文化遗产研究系列·中国萨满文化丛书/文日焕主编)
李宏复著
民族出版社　2006年10月　165千字　164页

　　萨满的造型艺术,是指与萨满巫仪过程中有关的各种形象艺术。这些造型艺术,是艺术化的物态符号,包括萨满佩戴的面具,身着的服饰,供奉的神偶,使用的乐器、法器以及祭祀方式中的祭坛、祭品、祭器和所应用的符号文字。萨满把这些充满了诗性智慧的符号在有限的人间,扩展到无限的神世界,成为萨满沟通"人"与"神"之间的工具,萨满是这些意志作用的创造者。本书为"中国少数民族非物质文化遗产研究系列"丛书之一,旨在以萨满教的符号世界为基点,研究萨满教的造型艺术与象征文化,诠释萨满教造型艺术的象征文化内涵。全书共7章。第1章介绍萨满的历史、分布及类属。第2章介绍萨满面具及其社会文化功能。第3章介绍萨满服饰的造型和装饰艺术。第4章介绍萨满的神灵偶像。第5章介绍萨满的乐器、法器和其他用具。第6章介绍萨满的祭祀方式和艺术。第7章介绍萨满的原始文字艺术。结语论述了萨满"物化"的象征意义。

原始宗教与萨满教卷(当代中国宗教研究精选丛书)
孟慧英主编
民族出版社　2008年1月　500千字　539页

　　原始人的宗教信仰不但是整个人类宗教的发端,在一定意义上,也是人类社会各种文化形式的一种源泉。对原始人宗教信仰的研究,构成近现代比较宗教学的起点。本书为"当代中国宗教研究精选丛书"之一,是一部汇集国内有关原始宗教与萨满教研究优秀成果的论文集,由中国社会科学院民族研究所孟慧英教授主编,共收论文19篇。这部论文集充分考虑到中国原始宗教研究的多个领域,因此分别依据理论研究、考古研究、萨满教研究以及南方各个少数民族原始宗教研究来划分选题。具体包括:《原始宗教理论原始社会氏族——部落宗教的形成和演变》(吕大吉)、《简论原始宗教的形式、内容和分类》(于锦绣)、《我国新石器时代墓葬方向研究》(王仁湘)、《萨满敏知观探析》(富育光)、《萨满治病仪式的医学人类学阐释》(色音)、《通古斯语族民族的萨满教特点》(孟慧英)、《论彝族的原始社会和原始宗教》(何耀华)等。编者尽可能发掘各个研究领域的突出成果,书末并附作者简介,以期展现中国原始宗教研究水平的整体面貌。

中国萨满教(中国少数民族宗教文化丛书/梁庭望　赵志忠主编)
赵志忠著
青海人民出版社　2011年1月　185千字　241页

　　萨满教(shamanism)是一种历史悠久、流传广泛的国际性宗教。在当今世界的许多角落,我们仍可以看到萨满教的影子。中国应该是世界萨满教文化圈的中心。因为中国萨满教的历史渊远流长,一直有着萨满教信仰的传统,不论过去和现在,都仍然保存着比较完整的萨满教文化遗产。尤其是中国北方少数民族(主要是东北和西北的少数民族),是中国萨满教信仰的主体和保存者。

研究这些民族的萨满教，对于我们认识这些民族的历史与文化，形成一套自己的萨满教理论，推动国际萨满教研究，具有十分重要的意义。本书为"中国少数民族宗教文化丛书"之一，作者立足于实地考察和前人研究成果，在萨满教文化圈、萨满一词的来源与词义、中国的萨满教传统等方面提出了一些自己的看法，并且认定中国是世界萨满教文化圈的中心。全书共9章。内容包括：萨满教的起源，萨满教的神灵世界，萨满的职能、服饰和法器，萨满教遗存，萨满教文学和艺术等。

论原始信仰与萨满文化
孟慧英著
中国社会科学出版社　2014年3月　339千字　351页

本书是中国社会科学院民族研究所著名民族学人类学学者、研究员孟慧英多年来研究中国北方少数民族信仰的原始宗教：萨满教的论文汇集。本文集深入探讨萨满教的起源，萨满教在不同民族中的特点，萨满巫师是如何沟通人神的，萨满在原始宗教、民族社会中的地位和作用以及萨满教的历史作用和社会影响。全书包括：《再议原始宗教》、《关于中国原始宗教研究的思考》、《文化的产生与宗教的产生》、《论原始思维与原始宗教》、《论原始宗教与人类生活的互动》、《原始宗教的习俗性》、《原始宗教习俗的变迁》、《埃里亚德萨满教研究的基本特点及其影响》、《论萨满教的"兽主崇拜"》、《满族的萨满文本研究》、《近30年来中国北方民族萨满教的考察与研究》等17篇，内容涵盖原始信仰与萨满教研究的多个方面。

萨满的精神奥秘
高长江著
中国社会科学出版社　2015年7月　275千字　269页

作为人类最古老的原始信仰文化形态，萨满反映了人类最原始的宗教思想，一种万物有灵的观念。"神秘的萨满世界"几乎成为多年来学者们论说萨满教巫师和萨满教文化时所使用的公共语言。但是，这个物理宇宙并不存在神秘无解的事件。某些事件之所以令人感到神秘莫测，是因为迄今为止我们尚未找到与这类事件进行有效对话的模式与路径。本书即是与"神秘的萨满世界"展开的一次科学探索与对话。作者站在当代世界认知科学的前沿，从认知神经生物学、认知心理学、认知精神病学以及宗教心理学、意识现象学等不同学科的视窗对萨满神话、萨满梦、萨满昏迷、萨满灵魂治疗等萨满精神现象进行精到的分析与科学诠释，为人们呈现了这些神秘表象背后萨满师大脑的物理运动及心理认知过程。全书分为"诞生：萨满'神选'的精神分析"、"神话：萨满神话的生态心理学背景"、"灵性：'萨满梦'的意识神经生物学研究"等5章。书中围绕萨满的精神世界所做的分析研究，对于萨满文化、民俗学、人类学、心理学、认知科学具有十分重要的参考价值。

人类学视野中的萨满医疗研究（萨满文化研究丛书／孟慧英主编）
孟慧英　吴凤玲著
社会科学文献出版社　2015年9月　248千字　247页

从生物医学的角度看，萨满文化中的医疗方式是迷信的、落后的，不值得研究。而人类学者不这样看，他们认为不能简单地将一种文化中的治疗现象称作"迷信"、"骗人"的东西，作为观察者，不能站在与自己研究对象的对立立场，把另一种文化的知识直接地服从自己的知识判断。正基于此，人类学把萨满医生以及萨满治疗当作正当的研究对象，积极进行深入的发掘和理解。本书为"萨满文化研究丛书"之一，作者在萨满文化世界观的背景下，对人类疾病的复杂性和萨满文化中的疾病与治疗现象作了详尽地分析和探讨，以期对于人们认识医疗文化的多样性及其现实作用有所推动。全书共4章。书中主要通过以萨满神召疾病为主的疾病表现来揭示"患病"的生物的、心理的、社会的多维视角，在此基础上研究萨满文化的病因观念以及与此相关的疾病防御方法和治疗模式，探讨萨满—医者的特殊性和社会作用以及社会群体互动和公开的治疗仪式在治疗疾病方面的价值。

萨满·萨满（中国海洋萨满女神系列丛书）
尼阳尼雅·那丹珠著
上海社会科学院出版社　2016年7月　241千字　228页

萨满文化泛指遗存于世界各地的原始信仰及其文化，特指我国满通古斯语族各民族的原始信仰及其文化。产生于旧石器时代母系社会晚期的满族海洋女神萨满文化，原始地记录并开创了满通古斯先民璀璨的文明进程，成为人类黎明时期哲学、文学、艺术及社会思想精髓的记忆库。有鉴于此，中国少数民族女作家尼阳尼雅·那丹珠（白玉芳），历经10多年的时间，深入东北乡村和边地实地考察和学习萨满文化，将满族浩如烟海的原始传统文献资料整合和归类，叙写了中国海洋萨满女神三部曲：《萨满·萨满》、《生命·生命》、《八旗·八旗》，使之成为构架满族文化与各兄弟民族共同创造的中华民族文化之精神纽带，为彰显中国的多元文化作出了重要贡献。本书为"中国海洋萨满女神系列丛书"之一，系统地讲述了满族世传萨满文化的发轫、传承与沿袭。全书共12章。作者在书中描绘了中华各民族共有之精神家园：在母系社会的古老氏族里，是萨满带着蛮荒、野朴、朦胧的文明，以氏族圣哲的身份，带领着族众与天洪地火、灾难疫病顽强抗争；与飞禽地虫、虎豹狼熊相依相存，繁衍生息；是萨满为古老氏族构筑前行的路，建造起人类早期的原始崇拜——万物有灵，自然为神。这，就是人类社会文明的曙光初现：萨满文化。

萨满教与东北民族（中国少数民族文库／史筠主编）
刘小萌　定宜庄著
吉林教育出版社　1990年3月　109千字　197页

萨满教曾在我国东北、毗邻的西伯利亚乃至更大范围内的众多民族中广为流传，对这些民族的社会历史、文化风俗、心理素质等各方面产生过不可低估的影响。本书为"中国少数民族文库"丛书之一，是研究我国东北少数民族萨满教的一部专著，全面考察和揭示了以这些民族为载体的游牧、渔猎、狩猎三种文化类型的特色，以及它们在长期的经济、文化、血缘的交往中所形成的相互渗透的文化亲缘关系。全书共4章。作者运用历史学、文化学、宗教学的理论和方法，并结合东北诸民族（蒙古族、满族、鄂伦春、鄂温克、达斡尔等）的社会发展进程，说明萨满教由盛及衰的具体历史与规律，论证了民族文化的变迁与历史演进之间的内在关联。

中国北方民族萨满教（萨满文化丛书）

孟慧英 著

社会科学文献出版社　2000年12月　358千字　384页

　　北方民族的萨满教不是一个固定的共同信仰，而是不同民族、不同社会阶层在不同历史时期所创造的既千姿百态又发展各异的信仰总合。但是，在现今问世的有关萨满教研究的各种论著中，所涉足的内容，似乎基本上局限于某个民族或某个地区，某些局部问题和个别现象，而尚未把北方诸民族的传统萨满教信仰作为一个整体，对之作全局性的、综合性的把握，进行比较性的研究。本书为"萨满文化丛书"之一，作者立足于中国古籍的丰富史料和最新调查报告，特别是在国际萨满教研究的宏观背景下，从多个侧面对中国北方民族的萨满教体系和发展规律作了系统地分析研究。书中还借鉴吕大吉教授"宗教四要素说"的理论解释框架，以及西方宗教学的各派理论和方法，针对若干有待商榷的学术论点，阐发了一系列新的认识。全书分为"什么是萨满教"、"萨满教起源和演变"、"社会形态的演变与萨满教的历史形态"、"民族间宗教－文化的交流与萨满教的变化"等8章；书末附112幅实景图片。本书最突出的优点在于，作者把萨满教作为一种完整的成形的宗教形态，是本质与现象的统一，并将这种整合性的理论观点贯穿于整个研究过程，在众说纷纭和浩如烟海的史料中独辟蹊径，堪称一部极具开拓性的优秀论著。

中国北方民族萨满出神现象研究（中国少数民族非物质文化遗产研究系列·萨满文化丛书／文日焕主编）

郭淑云 著

民族出版社　2007年7月　270千字　275页

　　萨满出神现象是萨满教的核心问题之一，也是国外萨满教研究的前沿课题，具有重要的学术价值。本书为"中国少数民族非物质文化遗产研究系列·萨满文化丛书"之一，系国内外学术界首次对萨满出神问题展开系统研究的专著。作者以新的田野资料、研究视角和理论思路为基础，对萨满出神现象的基本问题进行系统的梳理和深入的研究，得出了一些有创见的观点，丰富了国际学术界对这个问题的思考。全书共6章。第1章考察萨满出神与萨满定义、萨满分类和萨满传承等萨满问题研究的关系。第2章根据中国北方民族萨满教的历史与现状，对中国北方民族萨满出神现象作学术分类，提出了适合北方民族萨满教实际的分类方法及类型。第3章在考察出神现象的诸种表现形式的基础上，讨论萨满出神的特征。第4章从萨满的个体因素、社会因素两个层面探究萨满出神的成因及其关系，考察萨满生理心理特质及其在脱魂、附体过程中的特殊作用。第5章从宗教功能的视角，对萨满出神与其所属氏族组织的关系作历时性考察，阐明其在不同的历史时期具有的不同的社会作用。第6章运用心理学、生理学、宗教学的方法，对萨满出神状态下的人格转变、能见鬼神、超常行为等现象作了较为全面的考察，并加以科学的解析，揭示了其中的原理和奥秘。

追太阳：萨满教与中国北方民族文化精神起源论（中国少数民族非物质文化遗产研究系列·萨满文化丛书／文日焕主编）

王宏刚　王海冬　张安巡 著

民族出版社　2011年10月　390千字　401页

　　萨满教萌生于人猿揖别后人类漫长的蒙昧时代，兴起并繁荣于母系氏族社会，绵续于父系氏族社会及相继的文明社会，其影响一直持续到今天。萨满教分布在如此广大的地域，又有如此悠长的文化生命，表明它对人类有重大的文化价值。本书为"中国少数民族非物质文化遗产研究系列·萨满文化丛书"之一，作者以北方阿尔泰语系诸民族的萨满教田野调查资料与相关的考古学成果、古籍记载为依据，勾勒出北方古人类在文明萌生时期，即母系氏族社会时期的部分文化形态中所表达的文化精神，以及这种文化精神在北方民族后来的社会发展中的演变及其历史作用。全书共16章。第1章介绍中国萨满教的田野调查及其文化史价值。第2章介绍人猿揖别的精神界碑：萨满教火崇拜。第3章介绍萨满教中的女性本位思想遗存。第4章介绍萨满沟通人与神的宗教器物。第5章从萨满教中探索北方先民社会性的萌生与形成。第6章介绍萨满教对初民性关系的初步规范。第7章介绍萨满教的氏族崇拜。第8章介绍萨满教的氏族演化。第9章介绍萨满教中"人类"观念的更新。第10章介绍萨满教文化观念的主旋律：英雄崇拜。第11章介绍萨满教的社会伦理哲学。第12章介绍萨满教拉开北方先民科学史的序幕。第13章介绍萨满教的原始自然哲学。第14章介绍萨满教女神神系及其神话的文化史地位。第15章介绍萨满教中的人本主义思想。第16章介绍萨满教对北方民族心理素质的历史性塑造。

现代东北文学与萨满教文化（暨南中文新知文丛 / 赵维江主编）
闫秋红著
暨南大学出版社　2012年8月　260千字　239页

　　萨满教文化赋予了东北文学特有的文化史意义，使其具有一种原始活化石的个性和风貌。现代东北作家身上仍然存在着萨满教文化赋予的潜在气质，并且不自觉地体现在具体的创作过程中。无论是人物的活动、主题的构成，还是文学体式和审美风格，都依稀可见萨满教文化对现代东北文学影响和浸润的痕迹。本书为"暨南中文新知文丛"之一，内容包括"萦绕在白山黑水之间的文化魔影"、"从心理对抗到文化审视和审美超越：萨满教文化影响现代东北文学的动态过程"、"主体的投影：萨满教文化与现代东北文学创作主体"等6章。作者在书中将现代东北文学界定为"五四"以来土生土长的东北作家所创作的文学作品，以此一时期的重点作家和重点作品为分析对象，剖析了萨满教文化在创作主体、主题和题材、人物形象、叙事技巧等方面对于现代东北文学的塑造作用，探讨了萨满教文化在这个过程中影响现代东北文学的艺术价值和审美意义。

满族萨满教研究
富育光　孟慧英著
北京大学出版社　1991年7月　220千字　274页

　　满族是在萨满教核心区域内诞生与成长起来的一个民族，有着丰富而又典型的萨满教传统，兼具历史阶段性或模式化的萨满形态及其发展轨迹。本书从民族学角度对满族萨满教进行了全方位考察，力图在各种文献资料和物质证据的基础上生动展现满族先民的文化个性与生活原貌，并得出合乎历史逻辑的研究结论。全书分为"满族的萨满教祭祀"、"满族的神偶"、"满族的神谕"、"祭神器具"等9章。作者长期深入实地调查，致力于满族萨满教遗留文化的抢救性发掘，为萨满文化研究提供了一个来自通古斯人的标本。

《尼山萨满》研究（萨满文化丛书）
宋和平著

社会科学文献出版社　1998年4月　216千字　292页

　　《尼山萨满》是一则古老的满族传说，记载了神通广大的女萨满尼山历尽艰辛夺魂救人的经历。这部作品篇幅虽然不长，但内容丰富，不仅从古到今被满族人民所喜爱，还广泛流传于我国东北和西北地区的赫哲、鄂温克、达斡尔、鄂伦春、锡伯等民族中；并且早已被世界满学者所重视，曾被译为俄、德、意、日、英、韩、汉七种文字，在国内外颇具影响力。本书为"萨满文化丛书"之一，是我国目前第一部系统研究《尼山萨满》的学术专著。作者依据在满族流传6种满文和4种汉文文本的《尼山萨满》，除对各文本之内容探讨异同外，同时又对传说所表现的诸如宗教、历史、民俗、经济、生活等方面的内容进行深入具体地剖析研究，又与我国北方各民族文化进行比较，探讨满族古代传统文化的特点，民族意识以及发展规律等文化现象。全书包括：《尼山萨满》版本异同、《尼山萨满》说唱文学考、《尼山萨满》的历史性质、《尼山萨满》的文学艺术成就和在文学史上的地位等十个部分；附录"海参崴本《尼山萨满》译文"1篇。

满族萨满神歌研究（中国少数民族非物质文化遗产研究系列·萨满文化丛书/文日焕主编）
赵志忠著

民族出版社　2010年3月　300千字　329页

　　萨满神歌是萨满们祭祀时演唱的歌，并且与音乐、舞蹈一起构成了"诗歌舞"一体的原始艺术形式。从内容上看，满族萨满神歌可分为家祭神歌和野祭神歌；从形式上看，可以分为满语神歌、满汉双语神歌和满音汉记神歌；从文学角度来看，萨满神歌应该是满族最早的民歌形式之一，反映出满族古歌的基本特点。研究满族萨满神歌，不仅可以促进萨满文化研究，而且可以为诗歌起源研究提供有力的证据。本书为"中国少数民族非物质文化遗产研究系列·萨满文化丛书"之一，是国内第一部有关萨满神歌研究的专著。作者通过田野调查以及对大量满文资料的搜集、整理与考证，从语言、文学、宗教、艺术等方面对满族萨满神歌展开了全方位分析研究，以期对萨满神歌这种"传承着众多原始诗歌信息"的程式化程度很高的"古歌"有更为清晰和准确的认识。全书共6章。内容包括：萨满仪式与神歌、萨满神歌的内容、萨满神歌的形式、萨满神歌的韵律、萨满神歌与原始艺术等。

满族萨满文化遗存调查（中国少数民族非物质文化遗产研究系列·萨满文化丛书/文日焕主编）
富育光　赵志忠编著

民族出版社　2010年6月　300千字　224页

　　满族是一个具有悠久历史的民族。满族先人可以追溯到先秦时期的肃慎，汉、三国时期的挹娄，南北朝时期的勿吉，隋唐时期的靺鞨，宋、辽、金、元、明时期的女真。满族及其先人一直信奉萨满教，从先秦时期的肃慎到清代的满族都是如此。在清代，不论是皇宫、王府，还是平民之家都保留着较为完整的萨满祭仪。至今，萨满文化在满族民间仍有遗存，萨满神本、祭祖仪式、祭天规则、祭祀仪式仍有保留。本书为"中国少数民族非物质文化遗产研究系列·萨满文化丛书"之一，作者基于对满族萨满文化进行长期田野调查所掌握的大量珍贵资料，全面介绍了满族萨满文化的历史渊源与遗存现状，以个案访谈形式对黑龙江和吉林两省的民间萨满文化作了走访记录，客观、真实地反映了满族萨满文化的遗存情况。全书包括：满族的历史与文化、满族萨满文化遗存、满族萨满文化实录三个部分。第一部分介绍满族概况和满族的萨满文化。第二部分介绍萨满、萨满信仰、萨满仪式、萨满神歌及萨满艺术。第三部分由萨满访谈录和萨满文本两部分组成。

满族穆昆与萨满教：以满族石姓为例（中国少数民族非物质文化遗产研究系列·萨满文化丛书 / 文日焕主编）

苑杰著

民族出版社　2012年7月　260千字　240页

满语"穆昆"，意为"家族、氏"。石姓穆昆的信仰体系是满族萨满教信仰观念的典型代表，基本上涵盖了满族不同姓氏的祭祀对象。同时，石姓穆昆的信仰体系又是古老的特殊现象，因为它保留了满族原始的野神祭祀神灵，这种信仰对象在其他满族姓氏中基本消失。因此，了解石姓穆昆的信仰体系有助于理解满族萨满教的完整历史和全面的形貌。本书为"中国少数民族非物质文化遗产研究系列·萨满文化丛书"之一，作者在田野调查的基础上，结合历史文献，对满族以血缘群体为基础传承萨满教的状况给予了深入描述，并以满族穆昆组织的演变过程为参照系，对满族萨满教在不同历史环境中曾经存在和发生过的情况进行考察和研究，从而使萨满教的发生、发展和演变过程呈现为一种可观察和可理解的历史过程。全书共4章。内容包括：穆昆与萨满教、满族石姓穆昆萨满教的个案考察、满族穆昆的历史演变、满族萨满教历史形态等。本书充分地记录了一个家族在当代如何记忆和保存萨满文化的情况，在萨满文化资料建设方面有着不可忽视的价值。

神圣的显现：宁古塔满族萨满祭祖仪式研究

关杰著

黑龙江大学出版社　2015年11月　254千字　276页

宁古塔（宁安市）是满族先人活动的地域。满族萨满教是从其先世肃慎人时期开始信奉的，分"家祭"与"野祭"两类。在其漫长的历史发展过程中，特别是从清朝乾隆十二年颁布《钦定满族祭天典礼》之后，野祭逐渐退出历史舞台，家祭遂成为满族萨满祭祀的主要部分。这种祭祖仪式主要通过察玛带领全体族人在天神及祖先面前的叙话交流，以及音乐舞蹈的形态表现来取悦神灵，通过仪式场域中的各类象征性的器物展现，营造一种同天神和祖先共融的特殊场景。本书采用宗教现象学的意向性分析方法研究"满族仪式"，重点围绕宁古塔满族萨满祭祖仪式展开讨论，试图阐释这些仪式显现神圣性的样态结构和深层的宗教意蕴，并最终从理论层面探讨普遍的人的宗教性存在根源。全书共10章。内容包括：本项研究的选题背景及其意义，胡塞尔、舍勒、海德格尔的意向性理论，"满族仪式""祭天"之意向，对"满族仪式"之"祖先神"的认识，"满族仪式"音乐研究等。

达斡尔族萨满文化传承：斯琴掛和她的弟子们

吕萍　邱时遇著

辽宁民族出版社　2009年5月　200千字　165页

达斡尔族是我国历史较为悠久的民族之一。自古以来，达斡尔人就有萨满文化信仰，其先人契丹族亦是信仰萨满文化的民族。达斡尔语属于阿尔泰语系蒙古语族。历史上，阿尔泰语系蒙古语族的其他民族，大部分都改信了现代宗教，或喇嘛教，或伊斯兰教，大多数的达斡尔人仍然保持着传统的萨满文化及其信仰。祭天、祭祖、占卜等一些萨满仪式，以及萨满文化的传统仍然影响着今天的达斡尔人。本书通过大量翔实的资料和图片，全面论述了达斡尔族的萨满信仰及其传统文化，详细介绍了当代达斡尔族著名的萨满文化传承人斯琴掛和她的弟子们的情况，以期向世人证明：中国的萨满还在，萨满文化仍有遗存，需要我们珍惜与保护。全书共8章。内容包括：达斡尔族的历史与文化、斯琴掛家族、萨满服饰、萨满神器、萨满仪式、萨满神歌、萨满治病、斯琴掛的弟子们等。

赫哲族萨满文化遗存调查（中国少数民族非物质文化遗产研究系列·萨满文化丛书／文日焕主编）

黄任远　黄永刚著

民族出版社　2009年6月　270千字　279页

赫哲族是我国人口较少的少数民族之一。在漫长的历史和社会生活中，萨满文化一直对赫哲人起着精神依托的作用。赫哲族信奉万物有灵，崇拜动植物以及自然界的一切。他们认为万物和人一样，都有灵魂，灵魂是不死的。他们还认为四周到处有神灵，自然万物都是有生命的。赫哲族信仰的萨满分为三派：河神派、江神派、独角龙派。本书为"中国少数民族非物质文化遗产研究系列·萨满文化丛书"之一，也是一部有关赫哲族萨满和萨满文化遗存情况的调查报告。全书包括三个部分。第一部分"民族生态环境"，简要叙述了中国北方赫哲族生存的自然环境、人文环境及民族宗教信仰（宇宙观、灵魂观、神灵观）。第二部分"萨满文化遗存"，分别介绍了赫哲族各类萨满，如：送魂萨满、专治瘟疫的萨满、专主祈祷的萨满；萨满信仰，如自然崇拜、动物崇拜、祖先崇拜；萨满仪式，如祭天神、祭吉星神、祭水神；萨满神歌，如：请神歌、驱魔歌；萨满艺术，如：萨满舞、萨满乐器、萨满服饰。第三部分"萨满文化实录"，主要是萨满访谈录、萨满文本和萨满传说。

科尔沁萨满神歌审美研究（中国少数民族非物质文化遗产研究系列·萨满文化丛书／文日焕主编）

陈永春著

民族出版社　2010年4月　410千字　463页

萨满教神歌作为萨满教文化及蒙古族传统文化的一部分，以其特有的诗歌、音乐、舞蹈结合的宗教仪式展现着萨满教的思想观念，以其独有的风格和韵味显示出蒙古族人民的审美情趣和鉴赏标准。就其本质而言，萨满教神歌是萨满教观念的文学表现形态，凝聚着蒙古族群体的情感、智慧和心血，具有一定的审美意义和审美价值。本书为"中国少数民族非物质文化遗产研究系列·萨满文化丛书"之一，是作者在其博士论文基础上修改而成的以科尔沁萨满神歌为研究对象的学术专著。全书分为"科尔沁萨满神歌概述"、"科尔沁萨满神歌审美特征"、"当代科尔沁萨满访谈录"、"科尔沁萨满神歌译注"4章。书中将科尔沁萨满神歌置于科尔沁萨满教仪式场景之内，以原始活态性质为突破口，采用文本分析与田野调查相结合的手法，从多学科多角度对科尔沁萨满神歌相关的文献资料进行科学、严谨的梳理和辨析，探讨其独特的文化传统及文学审美特征，力图剥离其表层上的迷信因素及其外来文化影响，还原科尔沁萨满神歌鲜活的原始特征，恢复科尔沁萨满神歌的艺术审美本色。

肆、原始宗教与神话

鄂伦春族萨满文化遗存调查（中国少数民族非物质文化遗产研究系列·萨满文化丛书／文日焕）
关小云　王宏纲编著
民族出版社　2010年9月　300千字　303页

　　萨满教萌生于人类漫长的蒙昧时代，兴起并繁荣于母系氏族社会，绵续于父系氏族社会及相继的文明社会，至今在我国某些地区，萨满文化及萨满的某些活动仍然遗存在人们的社会生活中。大兴安岭鄂伦春的萨满祭礼，因其具有浓郁的山林狩猎文化的原始意味，对萨满教的研究有独特的文化史价值。本书为"中国少数民族非物质文化遗产研究系列·萨满文化丛书"之一，是一部以"大、小兴安岭一带的鄂伦春族萨满文化遗存"为研究对象的专题调查报告。全书分为"萨满文化传承地的自然与人文背景"、"鄂伦春族萨满调查"、"鄂伦春族萨满神事活动调查"等6章。作者基于深入细致的田野考察，对鄂伦春族居住地遗存于社会生活方方面面的萨满文化现象，以及遗存于民族文化艺术（神话、歌曲、舞蹈、民间工艺）中的萨满文化因子做了较为全面的耙梳与整理，展示并发掘了植根于古代北方森林文化沃土之上的鄂伦春族萨满文化的独特魅力。

维吾尔族萨满文化遗存调查（中国少数民族非物质文化遗产研究系列·萨满文化丛书／文日焕）
阿地力·阿帕尔　迪木拉提·奥迈尔　刘明编著
民族出版社　2010年11月　532千字　576页

　　如今在几乎所有的现代维吾尔族生活的地区，都可以遇见以各种名义算卦、跳神或通过巫术向人们传达神鬼之意愿，并在它们的帮助下向人们预言吉凶、驱邪治病的人。这些人所进行的仪式和活动正是维吾尔人民信仰的最原始的宗教—萨满教遗留下来的仪式或活动。此类现象表明，古老的原始宗教—萨满教的信仰观念及活动在现代维吾尔民族中仍旧存在。本书为"中国少数民族非物质文化遗产研究系列·萨满文化丛书"之一，是一部"研究维吾尔民族中的萨满文化现象以何种状况存在，为何能在维吾尔民族中流转至今，与历史上相比产生了何种变化"的调研报告。为了回答上述问题，本书作者于2003年6月至2006年12月长达三年半的时间里，在南疆的1市5县维吾尔人聚居的偏远乡村或城镇，对维吾尔民族的萨满文化现象这一课题进行了深入的田野调查和材料分析，以期对萨满文化有进一步的认识。全书共分13章。内容包括：维吾尔族萨满的基本情况；维吾尔族萨满之路；维吾尔对萨满教的认识；维吾尔族民间中的萨满教习俗；维吾尔族萨满的占卜和算卦仪式等。

东北亚的萨满教：韩中日俄蒙萨满教比较研究（中央民族大学韩国文化研究所研究丛书）
色音著
中国社会科学出版社　1998年3月　211千字　260页

　　萨满教是流行比较普遍的世界性宗教现象。东北亚，特别是我国北方少数民族地区是萨满教的主要发源地之一。我国的阿尔泰语系各民族，在历史上都曾信奉过萨满教，在长期的社会历史发展过程中创造了各自的萨满文化。萨满文化一般主要由具体的宗教仪式和抽象的思想观念等两部分组成。本书为"中央民族大学韩国文化研究所研究丛书"之一，作者根据萨满文化的结构特征，以其所掌握的丰富的东北亚地区的萨满教资料为基础，综合运用人类学、宗教学、民俗学等研究方法，对东北亚各民族萨满教的行巫仪式和观念体系作了比较全面系统的分析和研究。全书共9章。第1章是萨满教研究史的回顾。第2章概述东北亚地区萨满教的历史与现状。第3章对萨满教的神灵体系作了概括。第4章主要从入巫动机、入巫条件、承袭方式等三个方面考察了萨满的成巫过程。第5章中分加入仪礼、治病仪礼、祭奠仪礼、祈愿仪礼和其他仪礼等五个部分来论述萨满教巫仪的内容和职能。第6章重点分析了萨满教的观念体系及其特征。第7章由萨满的神偶、萨满法服、萨满法具等三个部分所构成。第8章对东北萨满传说的类型和功能进行了归纳分析。第9章以蒙古萨满教为例论述了萨满文化的归向问题。

传统萨满教的复兴：对西伯利亚、东北亚和北美地区萨满教的考察（萨满文化研究丛书／孟慧英主编）

苑杰著

社会科学文献出版社　2014年1月　245千字　240页

　　萨满教文化正在当今全球范围内经历一场复兴。萨满教复兴这一课题在一定程度上引起了国际萨满教研究界的重视；同时，一些在其境内出现萨满教复兴现象的国家也纷纷在政府层面围绕这一现象采取诸多措施或者行动予以保护和扶持。本书为"萨满文化研究丛书"之一，作者针对"传统意义上的萨满教的复兴状况和相关问题"，以整个国际研究的大背景为依托，全面评述了世界上百余个族群里的萨满教仪式、世界观、象征系统等，并就萨满教这个领域所发生的重要事件和重大理论进展，以及西伯利亚、远东和北美地区萨满教在近几个世纪的衰落与复兴情况作了介绍和说明。全书共6章。其内容主要从以下几个方面展开：第一，对《保护非物质文化遗产公约》语境下的萨满教文化遗产及其存续状况进行较为全面的介绍，作为与学术界所掌握的萨满教复兴情况的参照和对话；第二，对传统萨满教在近几个世纪走向衰落的情况和原因予以介绍和说明；第三，对西伯利亚、北美、日韩等国家和民族萨满教复兴的具体情况进行分别介绍和说明：第四，对传统萨满教复兴的动力、类型和方向进行总结，同时为我国关于萨满教文化遗产保护困境的解决提出对策性建议。

3．中国
（1）总论

扶箕迷信底研究（民俗、民间文学影印资料二十五）

许地山著

上海文艺出版社　1988年12月　109页

　　原始民族对于事物底进展没有充分的知识，每藉自然界的征兆来指示行止。但是自然征兆不能常见，必得用人工来考验，于是占卜的方法便产生出来。占卜是藉外界事物底动静与常变向非人的灵体询问所要知道底事物。本书通过大量引证中国古代文献之记载（132则故事），深入分析扶箕的起源、存在形态以及扶箕之术在古代社会所担当的重要职能，逐步揭开了扶箕的神秘面纱。全书共分"扶箕底起源"、"箕仙及其降笔"、"扶箕底心灵学上的解释"3章。作者指出，扶箕不过是心灵作用底一种表现，并不是什么神灵的降示，只是自己心灵的作怪而已，从而揭露了操持扶箕者的虚伪性和欺骗性。

肆、原始宗教与神话

原始信仰和中国古神（文化春秋丛书）
王小盾著
上海古籍出版社　1989年10月　103千字　163页

　　神实际上代表了人面向自然物的一种看法。人类在创造属于自己的现实世界的同时，也创造了一个色彩斑斓的神的虚幻世界。本书为"文化春秋丛书"之一，是根据作者的讲课笔记改写而成的一部论述中国古神信仰的专著。全书分为"引言：人的世界和神的世界"、"社神和稷神"、"自然信仰"、"神秘的姓氏"、"图腾信仰"、"伏羲和女娲"等八个部分。书中以神话故事为载体，分别介绍了包括山崇拜和石崇拜、水崇拜和火崇拜、土地崇拜、天地崇拜在内的自然信仰情况，讲述了从自然神时代向兽神时代的过渡、从兽神和半人半兽神向人神时代的演进，生动描绘了殷周以前中国古神信仰和神灵世界的神秘景观。作者指出，古神和新神有明显的区别。古神代表着初民们真实地感觉到的那些虚幻的事物，代表一个个血缘团体共同认定的人类世界之外的亲人和朋友，代表原始人对于围绕自己的全部外在世界的解释。这些解释是在与自然自觉同化的状态下集体创作的，把实在的自然现象、实在的生活历程同关于精神活动能力的虚幻猜测浑然合为一体，饱含着人对自然的恐惧和殷望。

中国原始信仰研究
孟慧英著
中国社会科学出版社　2010年3月　643千字　592页

　　在原始文化中，原始的思维对于人们的语言、衣着、生活方式、文化体验和看法都产生模塑作用，作为无形的文化力量而深入到一种社会文化秩序之中，其中当然也包括原始信仰和原始宗教。本书系统论述了中国历史上诸民族原始宗教的形态、特征，与其他社会意识形态的关系，外来宗教与中国各民族原始宗教的关系等；通过原始社会背景下各个时期、各个民族的具体事实去分析原始宗教现象和它的发展过程，探讨它的发展规律；并在此基础上对原始宗教的一般理论进行了反思，对原始宗教的产生、原始宗教表现的习俗性及其变迁分别进行了讨论，提出了自己的见解。全书分五编，共12章。作者基于考古学发现和相关理论思考，把原始宗教理解为人类宗教的初始现实，在原始文化的历史形态范围内观察它的存在现象和演变体系，认为原始宗教在人类文化生活中提供了一种互动和沟通的媒介，因此需要在文化历史发展过程中探讨它的角色、地位和价值。作者还认为原始宗教不仅是宗教发生史或宗教概念的问题，也是文化原型问题，因而有必要解释原始宗教与各种不同时代文化群体需求结合在一起的历史事实。本书旨在探索一种适合研究中国原始宗教信仰的理论方法，以推动中国原始宗教学学科体系建设，具有较高的学术水准和理论价值。

楚辞与原始宗教（日晷文库·中国文学史研究系列/吴先宁主编）
过常宝著
东方出版社　1997年6月　182千字　240页

　　楚辞是中国文化史上最为奇特的文化现象，它以其悲壮激越的情感和独立不羁的人格力量大大冲击了温柔敦厚的诗教传统，生动体现了战国时期楚国有识之士的人格理想与时代精神。而楚辞的抒情方式和文学形式，在很大程度上受到楚国特殊的文化背景，尤其是原始宗教信仰的影响，这一观点正为越来越多的学者所接受。本书为"日晷文库·中国文学史研究系列"丛书之一，主要探讨了楚文化中的原始宗教信仰对楚辞生成的影响、楚辞的抒情方式和抒情效果,以及这些原始宗教因素在楚辞中的文化功能。全书分为"楚文化概述"、"屈原的职掌与《天问》的性质"、"《九歌》与南楚巫祭文化"等6章。作者通过对既有文献和考古材料的勾稽、比对、印证,得出如下结论:楚地宗教中的仪式、祭歌等,是楚辞诸文本的结构性根源;而宗教仪式、歌谣、意象中所包含的沉溺、倾诉、拯救等情感功能,赋予楚辞以深厚而悠远的抒情性特征。楚辞是从原始宗教的泥土中盛开的文学之花,"香草美人"是中国文学史上最著名的原型意象之一。

女巫与巫术
王贵元著

河北人民出版社　1991年6月　155千字　292页

"巫,祝也。女能事无形,以舞降神者也。"女巫之称谓始于原始社会早期的母系氏族社会,巫术仅作为控制自然的方式。从整体上看,巫术的产生早于宗教,最初的巫术是直接控制自然力,没有神灵作其中介;宗教的特征则是通过祈祷等手段求得神灵庇护,它是随着神灵观念的产生而产生的。神灵观念产生并侵入巫术之后,巫术信仰便与宗教信仰混杂在一起,但是神灵始终没有完全占据巫术。在整个中国古代社会中,女性的聪明才智在女巫身上得到了充分显示,女性在社会中的崇高地位、重要作用和深远影响也只有在女巫身上得到了全面实现。本书结合史料,对"巫术"这一伴行于人类早期文明的历史文化现象予以分析和探讨,并对兼具"神与神的使者"双重身份的中国女巫的沟通方式、施巫行为和职事种类等作了详细说明。全书共分11章。内容包括:生殖巫术;祷雨巫术;决疑巫术;驱邪巫术;巫术语言;神秘的巫舞与迷幻的巫乐;女巫职势的嬗变;女巫的危机与应变等。

从巫术到数术:上古信仰的历史嬗变
陶磊著

山东人民出版社　2008年6月　280千字　242页

本书是在山东省社科规划办基金成果《从巫术到数术:上古信仰的历史嬗变》的基础上扩充、修改而成的。书中以上古社会由对神灵的信仰转变为对数的信仰的变迁为背景,侧重讨论了数术的兴起,以及巫术与数术这两种信仰范式的转换过程。全书共8章。第1章借鉴萨满祭祀文化中存在的巫统与血统之分,考察上古宗教的变迁;第2章重点讨论了易占从巫到史的转变及易之象数化问题;第3章是从成物的角度讨论五行问题;第4章讨论数术的信仰内涵,即所谓新的天道观;第5章讨论宇宙论的问题。作者认为,宇宙论的实质是对天道的阐释,目前发现的大多数堪称宇宙论的文本,在叙述宇宙创生的同时,还要阐述天道;第6章讨论从巫术向数术转变中所出现的种种情况,如二者之间的连续性的问题、二者之间的差异等;第7章以杜维明先生关于关联性宇宙论有三个主题的论述为基础,探讨数术与关联性思维的问题;第8章讨论儒家的成神之道。结语部分论述了与关联性宇宙论的连续性特征有关的问题,主题是人与神、人与自然的连续性。其中对《山海经》中的人兽同体,从萨满文化的角度,给出了新的解释。

巫与祭司
宋兆麟著
商务印书馆　2013 年 7 月　381 页

说起巫觋、萨满，现代人很自然地把他们与装神弄鬼联系在一起，对他们的真实地位已经不知其详了。其实，他们也有过辉煌，只是被埋没在历史发展的长河中了。事实上，它也有产生、发展、没落的历史过程，而且它与人类的早期文明有着密切的关系。我们为了正确地认识人类的童年，研究人类的文明起源，有必要认真地讨论"巫觋"的问题，给它以历史的正确评论。本书在翔实的史料基础上，对中国传统社会的巫这个特殊人群，以及巫文化在中国传统文化中地位与作用进行了深入讨论。全书分为"巫之兴衰"、"鬼神世界"、"通神之巫"、"巫觋仪式"、"巫与文字"、"巫与文化艺术"等 9 章。作者带着远古文化史研究的有关问题，把研究的重点转向意识形态方面，从直观的民族学资料入手，再结合历史文献记载，对"巫教"作了一些新的讨论和研究，试图由此窥探巫教这一"刚刚从禁区中解脱出来的研究课题"的历史奥秘。

（2）各民族原始宗教研究

赫哲那乃阿伊努原始宗教研究
黄任远著
黑龙江人民出版社　2003 年 4 月　310 千字　448 页

中国北方的赫哲族（包括俄罗斯境内的那乃族）信仰原始宗教形式的萨满教，相信万物有灵，相信世界充满了"恩都力"和"色翁"（神灵）；日本阿伊努族同样信仰万物有灵，他们把自己生活周围的一切都称作"卡穆依"（神）。在赫哲族和阿伊努族中间，在漫长的历史和社会生活中，由"万物有灵"观念所生成的原始宗教文化一直是一种十分重要的精神文化现象，它渗透到精神领域的各个方面。本书根据大量第一手调查资料和前人的研究成果，运用多学科的理论知识，对赫哲族（那乃族）和阿伊努族这两个相邻民族的原始宗教文化进行多层次、多方位的研究，论述了萨满教和他们的原始信仰，揭示了民族与文化的关系，民族之间的文化交流和朴素影响，以及他们对本国文化和世界文化的贡献。全书共分 8 章。书中从自然崇拜、神灵崇拜、祖先崇拜和萨满崇拜四个方面入手，对居住在中国、俄罗斯和日本不同地域的两个民族进行原始文化比较，填补了萨满教研究领域的某些空白，有利于加强中日两国的学术文化交流，促进两国学者的相互了解和民间往来，增进两国人民的友谊。

突厥语民族的原始信仰研究（中国少数民族宗教与文化丛书／赵锦元　戴佩丽主编）
戴佩丽著
中央民族大学出版社　2002 年 9 月　854 千字　118 页

突厥语民族的原始信仰大致可以归纳出这样一个演进脉络，即早期的信仰—对自然物的崇拜、图腾崇拜、祖先崇拜—萨满教。进入阶级社会之后，突厥语民族又先后信奉过其它多种宗教，其中都夹杂着他们对古老的萨满教的眷恋之情，包含着他们对古老信仰的一份遐想。本书为"中国少数民族宗教与文化丛书"之一，作者以神话讨论为基础，集中探讨了突厥语民族原始信仰的若干问题，将影响着突厥语民族的精神生活的迷离世界展现到人们的面前。全书内容包括"古老的民族：突厥语民族"、"突厥语民族的宗教信仰"、"神话：原始文化的宝库"、"火种神话与火崇拜"、"树生甖神话与神树崇拜"、"狼祖神话与苍狼崇拜"、"创世神话与天神崇拜"、"雄鹰神话与神鹰崇拜"等十三个部分。作者认为，神话是突厥语民族之原始信仰得以保存和延续的重要基础，通过对这些神话资料的梳理，可使我们对突厥语民族的原始崇拜有一个较为全面而清晰的了解。

湘西原始宗教艺术研究
陆群著
民族出版社　2012年11月　320千字　362页

湘西原始宗教艺术是指湘西地区特定自然、历史与人文环境下原始宗教与原始艺术相结合的具有巫文化特色的艺术形式。它有两个必不可少的构成要素，一是原始宗教的要素，二是艺术形态的要素。湘西原始宗教的"巫教"特性，对导致实用性原始宗教艺术的产生具有重要作用。在今天的湘西民间，依然存在着大量仪式的遗存，彰显出湘西远古先民的宗教遗风和审美意趣。本书侧重于从艺术人类学的视角来审视湘西原始宗教艺术，关注湘西原始宗教艺术产生和发展的文化环境，深入探讨了湘西原始宗教艺术的产生过程，重点探究了湘西原始宗教艺术的基本形态和艺术特征，总结归纳了湘西原始宗教艺术的主要功能。全书共分8章。作者在书中针对学术界有关"原始艺术的起源问题"的争论提出了自己的看法，认为从发生学意义探讨原始艺术的产生与从艺术的"催动力"谈原始艺术的发展是两个不同层次的问题。"情感"观照下的劳动工具以及获得了意识的人因"基因遗传"这种纯粹生物繁衍本能而表现出来的肢体有节律的运动才是具有发生学意义的原始艺术起源的两大可能。顺着这一角度理解，我们可以判断，原始宗教从其诞生之日起就开始了与原始艺术相结合的历程，这一结论，构成了本书展开的基础。

信仰的灵光：彝族原始宗教与毕摩文化（中国原始宗教文化图文丛书／杨学政主编）
起国庆著
四川文艺出版社　2003年9月　176千字　210页

彝族是中国西南地区人口最多、分布较广的一个少数民族。由于受社会历史、自然地理等诸因素的制约，导致了各地彝族社会发展极不平衡，由此形成了彝族文化现象的多样性和复杂性。在彝族的原始文化中，原始宗教文化占有特殊的地位。原始宗教产生的思想基础是万物有灵观念，传承的载体是民俗活动，流传的主要渠道是固定的祭祀仪式。直到今天，原始宗教的自然崇拜、图腾崇拜、祖先崇拜、土主崇拜等在彝族的生产生活中都有不同程度的保留和存在，它们既相对独立又紧密联系，构成了彝族原始宗教信仰的系统性和统一性。本书为"中国原始宗教文化图文丛书"之一，作者以实地考察获取的第一手资料为依据，对我国彝族地区的原始宗教与毕摩文化进行了深入细致地分析研究，生动展示了彝族原始宗教文化的奇光异彩。全书分为九个部分。内容包括：彝族原始宗教的基本形态、毕摩及其文字经籍、神秘的原始巫术、无处不在的禁忌、祈愿丰收的生产祭祀、灵光普照日常生活等。

藏族原始宗教

周锡银　望潮著

四川人民出版社　1999年2月　330千字　454页

　　独具民族特色和地方特色的藏族原始宗教，也和西藏的自然、社会、习俗一样，颇有神秘色彩，长期以来一直等待着人们去揭开它的面纱。作为藏族地区固有的原始宗教，植根于古代原始社会时期。这一时期的藏族先民与祖国中原地区的远古先民同样创造了丰富多彩的物质文化和精神文化；青藏高原上的远古文化与中原地区同类文化具有许多相同或相似的特征。本书是我国第一部系统论述藏族原始宗教的学术专著。书中以大量历史文献和考古资料为依据，比较客观地评介了藏族原始崇拜与信仰、巫师与巫术、原始信仰活动方式、原始信仰礼仪、神话与传说、原始宗教的演变等，阐释了本教的产生、发展及其与藏族原始宗教的关系。全书共7章。内容涉及藏族原始宗教得以存在的社会背景，藏族的自然崇拜与灵魂崇拜，巫师的名称、传承、服饰、法器、神坛，巫术的种类，征兆与占卜，藏族原始宗教活动中的煨桑祭祀、血祭和祀神舞蹈等方面。

中国各民族原始宗教资料集成（9册）

吕大吉　何耀华总主编

中国社会科学出版社　1996年3月—2013年5月　11020千字　7823页

　　中国是人类发祥地之一。中华各民族的原始祖先都有自己的原始宗教信仰。其传统宗教至今也并未彻底除去原始祖先的印迹，其历史文献更大量保存有关于原始宗教生活的记述和历史追述；至于考古发现的原始宗教遗迹，则遍布长城内外、江河南北。所有这些，为我们研究中国各民族原始社会、原始宗教和原始文化提供了丰富的人类学、考古学、历史学和民族学的资料。本书是一部荟萃我国各民族原始宗教资料之精华的大型工具性丛书。该丛书系由以中国社会科学院为主的专门从事宗教学、民族学研究的数千名专家组成的课题组历时十数载，跋山涉水进入民族地区的偏远山寨，深入民家，考察中国各民族类型各异的原始宗教，并几次统编，方得以完成的鸿篇巨制。书中收录了中国中南、西南、东北、西北地区30余个民族的原始宗教资料，上起北京山顶洞人文化时期，下迄原始社会末期阶级社会初期。其资料来源于实地调查、考古发现、历史文献记录，以及口口相传的民族史和民间传说的原始记录，均属珍贵的第一手资料。全书以民族为单元，根据某些民族源的相似性或地域上的共同性集合而成，分为"考古卷"、"彝族卷·白族卷·基若族卷"、"土家族卷·瑶族卷·壮族卷·黎族卷"、"鄂伦春族卷·鄂温克族卷·赫哲族卷·达斡尔族卷·锡伯族卷·满族卷·蒙古族卷·藏族卷"、"傣族卷·哈尼族卷·景颇族卷·孟－高棉语族群体卷·普米族卷·珞巴族卷·阿昌族卷"、"纳西族卷·羌族卷·独龙族卷·傈僳族卷"等9册，约30余卷。其内容按宗教意义分为天体崇拜、自然崇拜、鬼魂观念、图腾崇拜、祖先崇拜、生殖崇拜、英雄崇拜、农业祭祀、占卜巫术、婚丧礼俗等。资料包括各种形式的原始墓葬，氏族村落、墓地、祭祀场所遗址；多姿多彩的岩画、石刻；各种随葬或出土的带有宗教意味的器具、物品；各种形式的祭神、驱鬼、占卜仪式；神话传说及古代文献等。书中还附有大量图片，是各民族进行宗教活动的真实记录。

中国少数民族原始宗教经籍汇编·东巴经卷（佟德富　巴莫阿依　苏鲁格总主编）
习煜华　赵世红本卷主编
中央民族大学出版社　2009年4月　1570千字　867页

"东巴"是纳西人对本民族宗教祭司的称呼，东巴教以祭司的称谓得名。纳西东巴教内容弘富，经籍篇目繁多，囊括了纳西古代社会的文化现象，反映出纳西人的民族性格和信仰观念。这种原始形态的文化现象、民族性格和信仰观念渗透于社会生活当中，风俗民情往往掺杂其间，道德习俗依附于祭祀过程，宗教行为贯穿在不同的文化层面。虽然东巴教经籍因尚处于原始阶段而没有细致的学科分类，无法分清宗教发展的阶梯式层次，但是研究者可以从宗教、历史、语言、文字、哲学、民俗和文学等学科多角度进行分析，了解古代社会发展情况和文化传承现象，理会原始初民的信仰体系和思维方式。本书是把流传在纳西族地区的传统东巴教仪式及使用的经籍内容加以整理汇编而成。汇编的目的是发掘人类社会的历史演变源头，展现丰富多彩的原始宗教文化。全书大体上按仪式类别作为编排顺序。第一为祈福类，第二为禳鬼类，第三为丧葬类，最后加上不属于仪式范畴的占卜类，并据此整理成祭天仪式、迎素神仪式、祭村寨神仪式、祭胜利神仪式、祭署仪式、延寿仪式、祭风仪式、禳垛鬼仪式、退送是非灾祸仪式等19种大仪式（实际仪式多于此数，但有些小仪式附在内容相近的大仪式里），另附占卜类经籍1篇，共计20篇。本书的一部分资料来源是《纳西族东巴教仪式资料汇编》及丽江市玉龙纳西族自治县鲁甸乡新主村东巴和开祥的口述记录；绝大部分资料来源则是《纳西东巴古籍译注全集》100卷（《东巴全集》）。这部书被学者们称为是透视古代纳西社会的百科全书，而本书是阅读和了解《东巴全集》的简易读本，读通这卷汇编，就等于掌握了进入《东巴全集》的钥匙。

中国少数民族原始宗教经籍汇编·毕摩经卷（佟德富　巴莫阿依　苏鲁格总主编）
黄建明　巴莫阿依本卷主编
中央民族大学出版社　2009年7月　1800千字　1120页

彝族主要居住在中国西南的云南、四川、贵州、广西四省区，是我国西南地区少数民族中人口最多的民族。在漫长的历史进程中，彝族人民创造了源远流长、丰富多彩的民族文化。其中，彝族的文字文献和彝族的宗教信仰不啻为两个最具有特色的部分。要了解彝族原始宗教经籍，就需要首先了解这些经籍的创造者、拥有者和使用者：彝族毕摩。作为彝族地区的最高统治者"鬼主"，同时也是唯一掌握文化的知识阶层、一个特殊的神职群体，毕摩创造、规范和传授了彝族文字，也创作、整理和传承着彝文文献。毕摩的地位与作用尽管随着社会历史的发展和彝族内部社会结构的变化而衍变，但他们始终是彝族传统文化活动中无可争议的核心人物。本书是迄今面世的第一部彝文原始宗教经籍汇编。其汇集的彝族宗教经籍来源广泛，囊括了拥有彝文文献的彝语四个方言区，堪称彝族原始宗教经籍中重点经籍的全面集成。收入本书的彝文经籍除部分已经翻译出版外，大部分是自1998年以来重新组织力量进行收集，并经过精心挑选后，整理与翻译的尚未出版面世的经籍。全书以方言区为单元，即按彝语北部方言（大小凉山彝区）、东部方言（贵州彝区和滇东北彝区）、南部方言（滇南彝区）、东南部方言（滇东南彝区）分为四类（四编），并在方言区的类别下，依循彝族毕摩以仪式为经书分类的惯制，将其按照仪式的类别划分为祭祖、丧葬、敬神、祈福、驱邪禳鬼、招魂、占卜、其他等8类，较为全面、真实、准确地反映了各彝族地区宗教经籍的地域特点和原生宗教面貌。

（3）图腾与各种崇拜研究

图腾文化与人类诸文化的起源（现代文化学术丛书）
何星亮著

中国文联出版公司　1991年7月　271千字　435页

　　"图腾"一词，虽为北美印第安语，由于它成为学术界的通用术语，故其涵义不能仅仅根据印第安语的意义来确定，而应依据世界各民族的图腾文化现象来考察。图腾文化是人类早期的混沌未分的一种文化现象。它包含宗教、法律、文学艺术、婚姻和社会组织制度等多方面的文化要素，这些要素后来各自发展成为自成一体的文化现象。例如，图腾仪式、图腾神话、图腾圣地等，是宗教信仰不可或缺的要素，没有这些便不成其为宗教。本书为"现代文化学术丛书"之一，是在作者硕士论文基础上修改而成的一部全面、系统地研究图腾文化的专著。全书共6章。书中综合了国内外学者的研究成果，并利用国内外大量资料，详细论述、研究了图腾体系，探讨了图腾的起源、发展和演变，填补了相关研究领域的空白。鉴于图腾与许多文化现象的起源有关，过去也没有人专门系统地研究过，本书在这方面作了有益的探讨，提出了许多新的见解，这对于研究人类文化的起源是很有意义的，有助于读者了解人类诸文化的源流。

熊图腾：中华祖先神话探源
叶舒宪著

上海文艺出版社　2007年8月　221页

　　文化人类学在20世纪90年代新兴的"物质文化"（Material Culture）研究潮流，可以说是相对地弥补和纠正了纯学院式的文本研究之偏失。从哲学认识论的角度看，从文本回到实物，对应的是现象学所说的"返回事物本身"。本书根据作者提出的"第四重证据"（强调古代的实物和图像资料对于研究古代文化所特有的"视觉说服力"）的研究方法，对"早于中华五千年文明至少三千年"的中华熊图腾神话的始末作了深入考察和探访，试图重构出一个失落已久的熊神崇拜传统的线索。全书分为"朝圣牛河梁，恍悟熊图腾"、"林西石熊再发现"、"北大—哈佛的神话会"、"图腾批判的是与非"、"鲧禹启化熊之谜"等九个部分。书中揭示了熊所独具的文化意蕴，特别是对"熊"这种来自大自然的生灵在何时进入到中国文化传统之中，被先民所赋予的信仰意义、宗教价值和神话想象作了精辟阐释；作者同时将熊图腾文化置于人类文明广阔背景中，解析了人类先民赋予熊这种动物以神圣品性的缘由、熊图腾信仰和相关神话背后的仿生学和生态学底蕴，以及它给日益远离大自然的现代人带来怎样的自我反思与批判的契机。

祖宗的神灵（文化探源丛书）
李向平著

广西人民出版社　1989年9月　195千字　290页

　　犹如西方基督教徒有上帝，中国人有自己的祖宗。祖宗对于中国人来说是一种具有绝对性、终极性、至上性的存在。崇拜祖神的中国宗教，自有其教义、教规以及由此而成型的伦理原则与社会设置。本书为"文化探原丛书"之一，书中着重论述了祖神崇拜与中国人的价值意向、人生态度、思想意识等诸方面的关系,阐明基于祖神信仰的血缘观念乃中国儒教形成的文化心理基础。全书分为"祖宗神灵的出现"、"中国人的上帝"、"被祖宗神左右而无超越价值的天道"等10章。作者认为,祖宗之神一直显灵在中国几千年的漫长历史中,中国儒教尽管有发展程度上的差异,却始终没有出现文化心理上与祖神崇拜方面的断层或隔绝现象。

生殖崇拜与死亡抗拒(中华本土文化丛书)

张铭远著

中国华侨出版公司　1991年3月　216千字　299页

  各民族的农事信仰在该民族的信仰文化中均处于古老的层次,针对农事仪礼、农事崇拜与信仰的研究早已成为文化人类学、民俗学研究的经典课题。本书为"中华本土文化丛书"之一,是中国第一部以民族节日仪礼与人生礼仪为对象,以实证的研究方法,印证中国人的"生生不已"之生命观、哲学观的文化人类学专著;分为"男女狂欢的春季节俗"、"春季节俗与生殖崇拜观念"、"夏季节俗与生命转换观念"等9章。作者善于发现看似无关却有深层内在联系的事物,善于从中国传统农耕文化区域内现存的、民间的、节日的习俗事象中拓掘新义。作者认为,中国民间信仰的世界观主要是从农事观中来的,其根本问题实际上属于生命观问题,因而农事仪礼中所蕴含的生命观的结构形态,遂成为解析此问题之关键。

门祭与门神崇拜(中华本土文化丛书)

王子今著

上海三联书店　1996年6月　240千字　304页

  从远古时代起,人们对"门"就产生了具有某种神秘主义特色的观念。以这种观念为基点,中国古代曾经出现过许多今人难以理解的文化现象,诸如殷商时代在建筑基址门下掩埋人骨,春秋时期埋首于门或磔狗于门,儒家经典更将有关"门祭"的繁琐规范确定为正统礼制的基本内容;至于岁时节庆礼俗中有关"门"的内容,有些至今还能在人们生活中找到它们的踪迹。本书为"中华本土文化丛书"之一,是我国首部深入研究门祭与门神崇拜这种社会文化现象及其历史演变的源与流的学术专著。作者通过对由早期门祭到后期门神崇拜的历史文化演进过程的全面考察,向读者展现了潜藏于"门神信仰"背后的中国民族传统的特殊情结与精神特质,揭示了中华本土文化的一个重要侧面。全书包括"神秘的界隔:'门'的原始文化意义"、"门祭礼俗的形成与流变"、"与'门'有关的岁时民俗"、"门神崇拜源流"、"传统婚丧礼仪中'门'的意义"等十个部分,所述内容透视了门神崇拜与"慎于交往、简于出行、相互忌避、人人自防"等中国传统心理定式的对应关系,有益于增进对中国民族文化史发展总趋势的全面认识。

诸神的起源：中国远古太阳神崇拜

何新著

光明日报出版社　1996年9月　440千字　469页

  太阳神崇拜,乃是远古时代遍及(包括美州在内的)东方和西方各大文明区的一种原始宗教形态。在中国,太古华夏的宗教观伴随着古人对天文现象认知的不断深化而演化,大致经历了从"以太阳神黄帝—伏羲为中心,以其配偶司月女神,即雷、电、雨之神嫘母(即雷母)女娲为副神,作为天文界的主要神灵的太阳神崇拜阶段",到"太古华夏宗教的中心宇宙神乃由单一的太阳神,发展成多方位的太阳神系列,即'九阳'或'十阳'",再到"北极神终于取代太阳神和月神,最终成为主持宇宙的中心大神"这样一个演化系列的轮廓。本书是我国著名学者何新先生以研究中国上古太阳神崇拜的问题为主纲,力图系统、深入地探求和追溯中国原始神话、宗教以及一些基本哲学观念之起源的力作。书中采用人类学、符号学、语言学、训诂学等多种研究方法,首次在学界大胆提出,"伏羲"及"黄帝"初义均是太阳神之名号,太古华夏曾存在以太阳神为天地主神的宗教,并以此为落脚点,试图通过对中国古代神话系统深层结构的探索,找到中国传统文化的根脉之所在。全书共18章。作者所述旨在证明,在中国上古时代(自新石器时代到早期殷商),曾经存在过日神信仰。虽然这种信仰在商周以后就逐渐沉没于较后起的对天神、地示、人鬼多神系统的信仰中了,但是其痕迹和遗俗,却仍然比比皆是。作者还指出,天文学对天体运动的观察与研究,在中国古代具有极其特殊的地位和意义。天文学深刻地影响了并渗透于古华夏之宗教、哲学和政治。

中国水崇拜（中华本土文化丛书）
向柏松著

上海三联书店　1999年9月　230千字　301页

水崇拜作为一种植根于农业社会生活土壤中的自然宗教,在中国这个以农业为本的国度里,延续了数千年,影响极为广泛,涉及到政治、经济、文艺、哲学、宗教、民俗等多种领域。由水与生命、与农作物生长的密切联系而产生的对水的种种神秘力量的崇拜,弥漫散布到了中国百姓生活的各个方面、各个角落,形成了与水有关的种种民俗事象。如诞生礼俗中的洗三、送水礼、冷水浴婴,婚俗中的泼水、喷床、喝子茶,葬俗中的浴尸、洗骨葬,节俗中的洗澡节、沐浴节、泼水节,巫俗中的符水禁咒等,数不胜数。本书为"中国本土文化丛书"之一,作者通过对水崇拜的产生、构成原素、发展演变以及水崇拜对中国历史文化的影响等研究,向读者打开了一扇传统文化之门。全书共16章。内容包括：水与水崇拜、水崇拜的原始内涵、水生神话群、原生水崇拜的对象、河川水神、动物水神、气象水神、人物水神、兼职司水神灵、水崇拜的仪式、水崇拜与古代政治等。

灵物与灵物崇拜新说
于锦绣　于静著

宗教文化出版社　2006年9月　220千字　296页

本书是中国原始宗教学研究领域的创新之作。书中以我国少数民族原始宗教"活化石"调查资料为依据,运用辩证唯物主义和历史唯物主义的观点、方法,并参考西方有关研究成果,全面论述了原始宗教的定义、本质特征、形式、内容、分类、起源、一般发展过程和规律、社会功能和历史作用等。全书分为"什么是灵物和灵物崇拜"、"原始宗教发展过程中的重点灵物"的上、下二篇(9章)。作者集数十年实地体验和比较研究之功,论证了灵物崇拜之真正宗教性质和地位,提出了许多新见解,并对之进行了科学分类以及发生、发展的历史探索;同时参照考古发现和民族学田野调查的实物(灵物),具体说明其宗教性质和社会功能,以之验证新说的真实性。

4. 亚洲

日本人的原始信仰（人文日本新书／王晓平主编）
王金林著
宁夏人民出版社　2005年2月　150千字　219页

　　自远古至纪元7世纪初古代日本人的原始信仰五色斑斓：从性神、鸟神、鹿神崇拜，到太阳神和灵山、河（海）的信仰；从"先天地后人（神）"及"海洋：万物之本源"的原始宇宙观、创生观，到"巫觋通神灵，卜筮求吉凶"的巫与巫术；从祈愿冥福、渴盼长生和死后成仙的殡丧仪礼，到"朝廷祭群神，岛国成'神州'"的原始信仰向早期神道的嬗变，无不显现出日本人原始信仰的多元性。本书为"人文日本新书"丛书之一，是中国学者第一次较为系统、翔实地对"日本人的原始信仰"这一课题进行专门研究的专著。全书共5章。书中主要研究和叙述了远古至7世纪后半期之间，日本人的原始信仰以及原始信仰向早期神道的转化过程。作者依凭大量的文献、考古和民俗资料，从中日比较文化研究的角度，对日本人原始信仰的形成及其影响作出了生动细致、令人信服的描述与分析，内容涉及生殖器和生殖神崇拜，太阳神信仰，动物神信仰，古代日本的巫、丧葬制及民间传说等方面，生动展现了日本人原始信仰的全貌。

5. 欧洲

西伯利亚埃文克人的原始宗教（古代氏族宗教和萨满教）：论原始宗教观念的起源
［苏］А.Ф.阿尼西莫夫著　于锦绣译　于静编校整理
中国社会科学出版社　2016年3月　267千字　273页

　　西伯利亚埃文克人是前苏联的一个少数民族，部族主要分布在苏维埃北方的广大区域，从鄂毕河一直到太平洋。由于经济发展的低下和普遍的文化落后，埃文克人在其家庭、生产和社会生活方面，一直到苏维埃时代前夕，广泛地存在着大量原始社会制度的遗迹。其中中通古斯卡河的埃文克人在民族学方面最引人注目，这就为后人研究人类原始宗教观念的起源提供了鲜活的范例和素材。本书是一部专题论述埃文克人的宗教形成问题的学术专著。作者在其以往所从事的埃文克民族学研究的基础上，深入地研讨了与宗教起源有关的诸问题，如埃文克人关于灵魂的观念、图腾宗教观念的演变、古代氏族宗教仪式（崇拜）的解体、萨满教起源等。全书共10章。书中不仅全面、详细、具体地记录了调查地区的大量埃文克人的各种宗教信念、传说、宗教仪式活动等情况，还引证了前人在当地和其他地区记录的以及考古发现的有关资料，并对其中某些关键问题进行了深刻、系统的论证。本书还附有作者收集的38幅埃文克图画，生动地展现出埃文克人原始宗教信念和活动的真切形象和情景。

图腾崇拜（原始文化经典译丛·第1辑／刘魁立主编）
［苏］Д.Е.海通著　何星亮译
广西师范大学出版社　2004年5月　172千字　236页

　　本书为"原始文化经典译丛"之一，是苏联专论图腾主义的专著。作者海通教授通过大量的资料分析与细致严谨的逻辑推演、理论评述，为我们提供了最基础也最完美的图腾研究文本。全书共4章。书中首先叙述了图腾主义的各种类型和成分，以大量的资料论证图腾主义是初生氏族的宗教，使读者对图腾主义的实质和内容有比较全面的了解。其次，本书广泛搜集了在世界各民族、部落中遗存的图腾主义现象，阐述了图腾主义是世界上所有部落和民族在一定社会发展阶段上所固有的文化现象，批驳了"文化圈"学派及其他学派的一些学者否定图腾主义具有普遍性的论调，以无可争辩的事实论证了图腾主义是世界性的普遍文化现象。书中还分析了旧石器时代中期和晚期的大量墓葬、岩画和雕像等，阐述了图腾主义发生的时间及其最初形式，认为图腾主义发生在旧石器时代的晚期。这使读者对图腾主义的起源和最古老的形式有了比较清楚的认识。此外，本书详细地介绍和批判了近100多年来各国学者关于图腾的各种理论，尤其是关于图腾起源的各种理论，从而为读者了解百年来图腾起源理论的演进脉络以及批判性地吸收前人研究成果提供了有益参考。

二、神话
（一）总论

神话学（西方学术译丛）

[美] 戴维·利明　埃德温·贝尔德著　李培茱　何其敏　金泽译

上海人民出版社　1990年6月　188千字　253页

只要有人类，就有神话。可以说，神话是一种理想、一种信念、一种崇拜、一种世界观和一种思维方式等。它绝不仅仅局限于人类童年的朦胧的梦幻之中，事实上，神话意识始终潜藏在人类心灵深处，或将伴随人类走向终结。本书为"西方学术译丛"之一，是一部系统论述神话学的专著。书中超越对神话学研究对象的表层理解，而把目光投射到人类深层的宗教意识领域，确有相当的创见性。尤为关键的是，作者不仅关注原始神话形态，还揭示了"当代神话"与"科学神话"的本相，认为"神话对当代文化的影响的另一个例证是国家主义。这是由19世纪欧洲浪漫主义发展而来的一种结果，它象任何其他神话力量一样，令千百万人付出了自己的忠诚和生命。"并且指出，客观意识的神话（科学神话），即客观性本身并非通达真理的道路，它不过是"道"的又一个面具而已。全书分三编。上编列举了古埃及、古希腊、古罗马、古印度等不同国家和地区不同历史阶段的古老的神话文明。中编主要从文化的角度考察神话，并对某些较为重要的民族神话作出有历史根据的评述。下编集中讲述《圣经》的创世神话。

神话学概论

王增永著

中国社会科学出版社　2007年2月　445千字　359页

"神话学"作为一个学科术语，人们对其概念构成众说纷纭，至今没有一个得到大家公认的标准定义。在欧美文化界，有关神话的定义达到百种之多。但是，神话学作为一门独立的学科，与其他众多学科一样，学术边界不可能与相关文化泾渭分明。事实上，它与相关文化有着纠缠不清的复杂关系。本书是我国第一部概论性的神话学教科书。书中以"神话的概念与范围"界定为理论支点，具体分析和论述了神话的起源与发展、神话的价值、中国神话及其在世界神话体系中的地位、神话起源的传统理论、关于初始神话的各种观点、神话的分类与分期、神话的基本特征、神话的思维特征、神话的原始宗教特征、神话的美学特征、神话的文化功能、神话与传统文化、世界远古神话等多方面问题。全书共16章。作者在书中将理论探讨与作品分析熔为一炉,资料翔实、论证充分、体系完整,观点严谨且多有创新之处,基本奠定了中国神话学的理论构架,是一部具有开拓性的教科书和学术著作。

文化神话学
鲁刚著
社会科学文献出版社　2009年7月　647千字　572页

神话,就其外显形式来说,是原始时代人类最早的综合性的文化创造。就其内显形式来说则是原始人类的意识形态。就其功能来说,是原始人类认识世界、把握世界的一种方式和维系人际关系的行为准则,是人类创造的最早的一个文化综合体。对我们现代人来说,神话是一种象征(符号)系统。神话研究已有2000多年的历史。古希腊的先贤和哲人已经注意到神话问题,对神话作出了自己的解释。此后2000多年来,对神话的探讨一直未断。本书以国内外先辈学者和现代学者的一些论述和资料为基础,综合运用"历史的方法"、"综合体的方法"和"比较的方法",对神话的产生、神话的本质、神话的范围以及神话与其他文化的关系等诸多问题展开全方位地分析、研究和探索;并对神话的各种类型(动物神话、植物神话、天神话、地神话、太阳神话、月亮神话等)作了细致地梳理和介绍。全书分为"方法篇"、"探索篇"和"神话篇"三篇,共17章。作者指出,研究神话必须研究产生神话的时代和产生神话的社会条件。社会是发展的,神话也会随着社会的发展而发生变化。在后期的神话中有许多时间和空间的积淀物,各个民族神话亦有许多相似之处。神话虽然"年代久远"、"幼稚可笑",但它的目标与现代科学所要求的却十分近似。

二十世纪的四种神话理论:卡西尔、伊利亚德、列维-斯特劳斯与马林诺夫斯基
(学术前沿)
[美]伊万·斯特伦斯基著　李创同　张经纬译
生活·读书·新知三联书店　2012年6月　220千字　331页

神话不单是文学的研究范畴,也是人类学的研究范畴。神话或许是唯一真实的故事,或许是精心编造的虚妄不实;它可能恰似某种神谕启示,亦可能是托名伪作;它有时貌似庄严神圣之天籁,有时又活脱野叟村妇之雌黄;它可能是真实情景的再现,亦可能是随意虚构的诗文;它可能是饱含象征意义的符号,亦可能是曲径通幽之向导;它常常传统素朴,但亦可现代时尚;等等。凡此种种,皆是神话。然而对于"神话"这一术语,许多权威理论家和当代学者使用得过于随意和模糊。本书为"学术前沿"丛书之一,作者伊万·斯特伦斯基以20世纪主要神话理论家们的学术生涯、工作经历与文化背景为视角,生动地展现了当代"神话"概念与理论的制造过程,并对20世纪的几种神话理论作了非常激烈的历史性批判。全书共8章。书中虽然极力鞭挞20世纪神话概念和理论的弊端,但并未试图将这一术语完全从我们的理论或分析语言中清除出去,而是指出:我们能够、或许仍可以继续用"神话"这一概念来思考,但与此同时,我们不应当停止对这一概念的思索,必须明了我们所讨论问题的意向与语境,必须面对我们如何、是否,以及为何应当使用这一术语的问题。

神话研究（上、下册）（世纪人文系列丛书·世纪文库/陈昕主编）
[德]汉斯·布鲁门伯格著　胡继华译
上海人民出版社　2012年9月—2014年6月　579千字　717页

按照尼采的观点，一切神话的显著特征在于将事件解释为行动。当这个命题出现在尼采提出因果律时，它本来就不是一个说明现象的问题。本书为"世纪人文系列丛书"之一，作者汉斯·布鲁门伯格系20世纪德国著名哲学家、现代正当性学说之奠基者，他以《现代的正当性》和《神话研究》两部巨著闻名于世，思想相当精深，在神学方面颇有造诣。此次由上海人民出版社首次汉译出版的《神话研究》一书，全面考量了荷马以来直到20世纪神话创作和神话研究的传统，力求发掘其中蕴含的西方思想资源，并特别重视呈现在文学与哲学之中的思想与想像的关系。全书包括"源始权力分封"、"故事向历史生成"、"盗火者不复亵渎神圣"、"惟有神自己才能反对神"和"泰坦英雄的百年历史"五个部分。布鲁门伯格在书中以"实在专制主义"作为解释神话起源的一种假设，作为与此相呼应而对立的极限状态，他提出了"终结神话"的命题，即个体在接受神话的过程之中通过"神话创作"让自己重新占据"终极神话"的位置。作者往返于古今上下，试图证明一个超越启蒙运动与浪漫主义对立的立场：神话与逻各斯并立，神话与教义同在，甚至还要限制理性的范围，为神话留出地盘。

比较神话学（原始文化名著译丛/刘魁立主编）
[英]麦克斯·缪勒著　金泽译
上海文艺出版社　1989年8月　122千字　153页

本书为"原始文化名著译丛"之一，是德国学者麦克斯·缪勒承继以雅各·格林为代表的欧洲"雅利安学说"的理论衣钵撰写而成的一部比较语言学著作。该书于1856年首次发表在《牛津论文集》上，反映了作者所处的那个时代以及作者本人对于"神话世界观"的基本认识。全书由"导言"、"比较神话学"和"附录：牛津的太阳神话"三个部分组成。在这部书中，缪勒通过对古印度梵语（《吠陀》）、拉丁语、希腊语、斯拉夫语等印欧语系之不同语族中有关神话故事的起源（辞源、词意、构词体系等）的细致探考，求证了雅利安神话世界观的共性特征及其语言学依据，指出"太阳"乃是远古神话的核心要素，神话语境的中枢或神的原初概念。尽管此说曾引起当时以及后世一些评论者的抨击，但缪勒的某些观点仍不失借鉴意义。作者坚信远古的艺术创作仅仅是"古代语言的模糊回音"，只有深刻地索解语言发展的历史，才能把人类思维一切现象中难以理解的部分（包括神话）说清楚。

（二）中国神话

中国神话史
袁珂著
上海文艺出版社　1988年10月　357千字　494页

研究神话，固然要看到神话的原始性，但也不宜过分强调。因为神话的发展及其传承演变的总趋势是由野而文的，必然要从原始的、复合的思想意识的总汇里逐渐分离出来，走向审美的文学艺术的途径。中国远古神话，起源于原始社会到奴隶制社会初期，主要描述开天辟地、化育苍生之类的壮美。随着阶级社会的产生，后世民间又创作出许多优美动人的新神话，只是内容凭添了更多的忧怨与凄美。自儒道释三教兴起，宗教观念便不断渗入神话语境，"人与神"的角色置换似乎更为便利，进一步催生所谓"仙话"。本书是中国第一部神话史，共计18章。著者概括了神话构成的基本要素和神话之定义，从史的角度深入细致地考察了中国神话（广义）流变的全貌，对历代记述的神话及有关资料，作了纵贯的系统的论述；此外还专章叙述了中国神话研究的历史状况、前人对神话的认识和所持的态度、神话对历代文学的种种影响；关于少数民族神话，著者则联系汉族神话，作了横面的分类介绍。本书叙事严谨、材料丰富，对神话的发展演变等有透彻的剖析。

中国上古神话通论
刘城淮著

云南人民出版社　1992年1月　555千字　661页

上古神话，是上古人民最重要的作品，是人类的百科特别是文学的源头。它自诞生之日起，就一直受到了人们的喜爱，因而，它也从很早的时候就引起了学者们进行多方面、多角度的探索、研究。本书所研究的"上古神话"，主要指的是旧石器时代晚期至阶级社会早期出现的神话。在此之前，旧石器时代早中期还没有神话；在此之后，阶级社会的神话已不同于上古神话。基于上古神话产生、发展的特定历史背景，作者力求"把马克思主义的普遍原理与我国神话的具体情况结合起来，博采各个神话学派、神话学家之长，更好地建立具有我国特色的神话学"。全书共16章。在绪言部分，作者首先介绍了世界神话学史上几乎所有的重要学派，对其主要观点加以阐释。在本书主体部分的各章节中，作者全面论述了中国上古神话的性质、特点、种类和上古神话的起源、发展、变化的原因等，并论述了上古神话的成就局限、优点特点及影响作用。内容涉及中国上古自然社会性神话（生产神话、除害神话）、中国上古社会性神话（人类诞生神话、婚恋神话、文化神话、群体神话）、中国上古综合性神话、中国上古神话的艺术风貌等多个方面。

中国神话的思维结构
邓启耀著

重庆出版社　1992年1月　238千字　265页

中国神话作为一种象征形态的原始文化现象及精神活动的产物，体现着一定历史条件下中国古代先民的文化心理及思维状况。神话是前综合思维符号化或语言化的外部显现，前综合思维是神话内在的设计者和建构者；前综合思维离不开神话世界，神话世界也离不开前综合思维；没有前综合思维就不会有口传神话的问世，没有口传神话也无从窥探前综合思维的奥秘。把思维的研究与神话的研究结合起来，这种尝试能使两者相得益彰。本书在借鉴前人成果的基础上，从文化人类学和思维学的角度对中国神话的思维模式、结构与功能等作了深入研究，提出了有关"前综合思维"及其形式结构的一些颇为独到的见解，试图透过对前综合思维（"浑沌"）在分化初期（"初开"）所形成的思维结晶体之一—"神话"的解析，揭示其可能影响各民族思维发展的某些征象。全书共12章。内容包括：中国神话与民族思维模式；神话、前综合思维及其思维结构关系；脑的功能结构与神话的思维结构；神话的思维结构中思维主体与思维对象的关系；神话思维结构中的自我中心意识和集体意识；中国神话的逻辑结构；神话的浑沌整体观与中国传统文化精神；等等。

肆、原始宗教与神话

中国神话通论
袁珂著
巴蜀书社　1993年4月　270千字　385页

　　神话固然不单纯属于审美范畴的文学，但神话的第一属性却是文学，然后才是宗教以及原始先民用神话思维去探讨的其他多种学科，如天文学、地理学、哲学、历史学、医药卫生学、动物学、植物学、人类学、民族学等。神话在其产生之初，即在原始社会前期的活物论时期，是以动植物和自然现象为题材而进行创作的，此时宗教的观念薄弱，文学的含意深厚，因而我们说神话的第一属性是文学，文学和神话与生俱来。本书是作者于1957年在商务印书馆出版的《中国古代神话》及之后所撰《中国神话漫谈》这两部著作基础之上的增补、删汰和完善。书中紧扣神话的文学本质，从《山海经》保存的神话材料着手，对中国神话故事作了系统梳理，展现和揭示了中国神话在整个历史行程中的发展状态。全书分为"概论之部"和"分论之部"两大部分，其中概论部分收录论文12篇，分论部分收录神话故事87篇，内容包括《神话的起源》、《中国神话的散亡与整理》、《女娲的功绩》、《黄炎之争》、《鲁班的传说》等。本书侧重于神话的文学属性研究，从整体上勾勒出中国神话的历史走向及现状轮廓，故而谓之"通论"。

神话考古
陆思贤著
文物出版社　1995年12月　370页

　　研究神话离不开考古学，考古学是神话学的重要源泉。只有把神话研究同历史学、考古学、民族学、宗教学等结合起来，才能真实再现历史的本来面貌。本书是从考古学角度研究神话的一部专著。作者在前人研究的基础上，根据考古实物资料和文献记载，对中国古代神话的起源进行了大胆的探索。全书分为"华山玫瑰与伏羲氏诞生神话"、"女神庙的发现和女娲神话"、"鸟形图画字记载远古东夷系神话"等9章。作者抓住了古代神话创作这一根主线，从普遍存在于世界上不同的民族中的图腾崇拜现象、祭祀和岁时观测活动入手，探讨了远古时代东西南北中方位的测定及其分配为四方、四季、年、岁、月等神话的内容，力图合理解释中国古代神话所包含的社会意义和科学内容，揭示神话传说和现实生活的必然联系。本书内容涉及历史学、考古学、民族学、地理学、天文学、宗教学、气像学、民俗学等许多领域，有较强的研究参考价值。

中国神话哲学（新世纪学人文萃）
叶舒宪著
陕西人民出版社　2005年5月　302千字　391页

　　神话哲学这个汉语合成词可以从两种角度去理解，一是指神话之中所蕴含的哲学观念内容，即神话中的哲学，二是指对神话所作的哲学研究，即神话的哲学。本书为"新世纪学人文萃"丛书之一，主要从"神话中的哲学"角度来研究神话本身，侧重探讨中国神话中的哲学蕴含以及中国哲学思维模式的神话基础问题。书中着眼于神话中的哲学胚胎和神话向哲学的发展演化过程，紧扣神话思维与哲学思维的渊源关系这一中心环节，力求通过人类神话思维的普遍规律来揭示中国式思想的神话基础、考察中国神话的哲学意义。全书分为"易有太极：神话哲学的元语言"、"黄帝四面：神话的时空哲学"、"九洲方圆：神话的生命哲学"的上、中、下三编，共8章。在其体论述中，作者特别注意引用当代文化人类学研究中的原型模式理论，并努力从这一角度出发重构出中国神话哲学的"元语言",据此揭密天子明堂与黄帝四面之谜,探究混沌七窍与七日创世观,以及息壤的创生与"神州"表象的由来等问题,以期超越目前国内神话研究和文化研究的无规范、无系统的状态。

中国创世神话（文化史·名家名著）
陶阳　牟钟秀著
上海人民出版社　2006 年 4 月　235 千字　251 页

"创世神话"是有关万物起源方面的神话,在神话中占有极为重要的地位。从现有的资料看,我国各少数民族都有创世神话,世界上大多数民族和国家都有创世神话。它的内容非常广泛,大到宇宙的形成、日月的创造、人类的起源,小到草木昆虫缘何而生,都包括在内。中国创世神话,自五四以来就有学者撰文进行过研究,总得来说比较零散,尚无专著问世。本书为"文化史·名家名著"丛书之一,是中国第一部全面探讨创世神话的专著。作者在广泛吸收已有研究成果的基础上,从西南创世史诗群、宇宙起源神话、日月星辰等天象起源神话、人类起源神话、氏族与民族起源神话、文化起源神话几方面对中国创世神话的总体状况和丰富内涵作了全方位的展现和解析,并对创世神话的社会功能与学术价值提出独到的看法。全书共 9 章。书中包容了我国 50 多个民族的文献与口头流传的创世神话,其中有些还是近年来新发现的珍贵资料,所述内容几乎囊括创世神话的所有问题,从创世神话的性质、定义、产生及其价值,到宇宙形成、人类诞生及万物的起源,都作了简明扼要的论述。

神话意象（美学散步丛书）
叶舒宪著
北京大学出版社　2007 年 11 月　242 千字　222 页

"意象"是中国古代文论最重要的关键词之一,也是当代美学研究关注的要点,属于具有十足的中国文化特色的符号范畴;"神话"一词则是 20 世纪初在西学东渐的历程中进入中国学术话语的。本书为"美学散步丛书"之一,作者采用"神话意象"这个合成词作为本书的标题,旨在突出一个世纪以来神话研究乃至文化研究的一个新动向:从书写文本到图像文本、从文字叙事到图像叙事的重心转移,并且指出"中国文化对象、意象和象征的特殊观照,给中国神话的研究提供了宝贵的视觉原型和形象资料"。全书共 11 章。在对"神话意象"的内涵及其表现形式所展开的具体论述中,作者结合热点文化问题,如《狼图腾》引发的中华祖先图腾辨析、"中国维纳斯"与龙之原型的考察、《哈利·波特》引发的巫术复兴讨论《达·芬奇密码》引发的异教想象与神话符号热潮等,充分利用考古材料,进行了打破学科界限的神话研究新实践。

中国神话学
潜明兹著
上海人民出版社　2008 年 5 月　521 千字　574 页

中国神话故事是古代先人们经过长期的社会实践,在劳动生活过程中创造出来的一种文学样式。它是人类幼年时期通过幻想对天地宇宙、人类起源、自然万物、生命探索、部族战争、劳动生活的稚拙的解说。我国神话学正式形成于 20 世纪 20—40 年代。五四运动冲开了封建闸门,在科学与民主精神的推动下，我国神话学有了长足的进展。目前，神话学在中国不但已成为很有影响的学科，而且出了一批很有成就的神话学家，他们有的有自成系统的神话学著作。本书是一部系统研究中国神话学史的专著，是作者已有的两本专论中国神话学的著作《神话学的历程》和《中国神话学》精华部分的合并。全书共16章，包含两个部分内容。第一部分（第1—7章）重在描述晚清以来百年间中国神话学的发展历程，书中以主要的神话学家为线索，分别对鲁迅、茅盾、闻一多、顾颉刚、钟敬文、袁珂等神话研究大家的神话学研究成果作了评述。第二部分（第8—16章）以专题的形式尝试性地构建了中国神话学的体系，包括多维视角的神话学、神话再建的复苏、中原神话研究的兴起、生殖文化与生殖神话、少数民族神话和台港神话学。

中国古代神话的文化观照
闫德亮著

人民出版社　2008年12月　300千字　328页

中国古代神话是中国文化的源头，是中国文化的精髓，它与民族精神、民族心理、民族传统、文学、哲学、历史、民俗等文化诸内涵文化诸因子有着千丝万缕的联系。本书以"中国古代神话与传统文化之间的关系"为主题，将中国古代神话放在中华文明史和中华民族传统文化形成过程这一大背景下加以考察，全方位阐释了神话与民族传统文化的密切关系。全书共19章。所述内容大致包括四个部分。第一部分（第1—2章）主要梳理中国古代神话谱系，追溯华夏民族形成的过程，打破传统的中华民族单一族源说，以此说明中华民族是经过不断排斥、融合从而形成的一个整体。第二部分（第3—6章）重点论述中国古代神话所体现出来的生命观念、宇宙观念、天文观念与地理观念。这是目前中国古代神话研究相对薄弱的环节，也是需要加强的领域。第三部分（第7—15章）通过解析神话与龙凤、上古历史、民俗、文学、道教、佛教、阴阳五行、明堂等之间的关系，从文化发展与成形的角度，说明中国古代神话对传统文化所产生的巨大影响，及传统文化对神话的改造与发展。第四部分（第16—19章）通过对中国古代神话的内涵精神及与希腊神话的比较与分析中，论述中国古代神话所蕴含的中华文明、民族文化心理、民族精神以及中西方文化特征及其差异。

中国神话研究（华夏英才基金学术文库）
吴天明著

中央编译出版社　2003年1月　280千字　382页

神话最根本的特征是幻想、是创造。它是人类童年时代对天地宇宙、人类种族、万事万物来源的探讨，和对祖先伟大功业、重大历史事件的叙述。神话与宗教密切相关。本书为"华夏英才基金学术文库"丛书之一，作者综合运用考古、文献、古文字、人类学、民族学等学科的研究方法，评析了原始文化研究中的"产食"、"生殖"、"食色"三大理论，提出并论证了"求生是全部神话的共同主题"这一基本观点，试图通过讨论几种影响特别重大的中国神话故事（创世神话、复活神话、爱神神话、太阳神话、月亮神话、门神神话等）及相关资料，证明如下假说：人和神并非源于"劳动"，因为所有的动物都要为生存而劳动，只有人类才有神话。全书共分9章。书中内容虽然以研究华夏诸族的原始神话为主，但是其所揭示的神话主题具有世界意义，大体上反映了初民认识问题的规律和神话发展的规律。本书认为，我们的祖先，因其生存本能有严重缺陷，为了活命，不得不作出比一般动物大得多的努力，因此而发展出了求生幻想和"万物有灵"的信仰，原始的宗教神话、法术巫术即由此而产生，光辉灿烂的人类文明即由此而产生。

中国神话研究初探（世纪文库·世纪人文系列丛书）
茅盾撰
上海古籍出版社　2011年8月　150千字　139页

著名小说家、文艺评论家茅盾，同时又是一位成就卓著的神话学者，是我国近代神话学研究领域里最早的探索者和开拓者之一。本书为"世纪人文系列丛书"之一，收录了茅盾于1928年撰写完成的有关神话研究的主要成果。作者在书中以批判的眼光，阐述了中国神话的本质、起源及发展，对他接触到的古今中外有关神话的典籍，各种学派、各家的见解一一加以检验，揭示和表达了关于神话的各种异化现象（历史化、文学藻饰化、哲学化、宗教化）导致神话的演变和消亡，以及神话创作的不自觉性与后人有意识地去修改神话是完全不同的两码事等观点，充分体现了"五四"新文化运动所特有的革命精神。全书共8章，大致包含三个部分内容。第一部分是关于中国古代神话、希腊神话和北欧神话的讨论；第二部分较为系统地概括了中国古代神话的基本脉络；第三部分是对北欧神话所作的简介。

中国古代神话
袁珂著
华夏出版社　2013年1月　343千字　344页

神话是人类社会童年时期的产物。它不是根据抽象的思想，而是根据在劳动过程中的具体的感受和欲求所萌发的，是产生在一定社会基础之上的上层建筑，是一种作为观念形态的艺术，反映了一定的社会生活，同时也在一定的程度上反映出了各个民族的特性。本书是我国第一部系统论述汉民族古代神话的专著。书中以唯物史观为指导，对神话的起源与劳动的关系、神话的演变和发展、神话的迷信、神话和传说、为什么要研究神话等方面问题作了深入解析，并把中国远古神话、传说、民间故事等文艺创作缀集起来，按时空线索加以分析梳理，写成了这部有系统的完整的神话集。全书共10章。作者指出，从我国保留下来的古代神话的片段如"夸父逐日"、"女娲补天"、"精卫填海"、"鲧禹治水"等所记述的事迹看，我们的民族，毋庸自愧地说，诚然是一个博大坚忍、自强不息、勇于开拓的民族，神话里祖先们伟大的立人立己的精神，实在是值得作为后代子孙的我们很好地去学习，去发扬的。研究神话，就能了解民族性的根源，这对于我们社会主义的建设事业，当然也还是有帮助的。本书虽然创作于上个世纪五六十年代，但是直至今天仍然具有权威性，由此奠定了袁珂先生的学术声望。

夏商周：从神话到史实
郭静云著
上海古籍出版社　2013年11月　741千字　537页

神话创造和理解史实，是历史研究中两种并存的趋势。古代社会留下了很多精彩动人的历史化的神话，成为汉代以来写作"神话化历史"的基础。传世文献描绘的华夏文明早期图景，如成汤克夏，武王克商等，兴衰情况都很相似，这显然是一种神话化的历史结构，代表了文化传承中对古史神秘化、神圣化的理解。本书运用不同的史料，主要围绕殷商上古帝国之前的历史、殷商集权政体的形成，以及殷商王族来源等几个问题，从各种角度考察了夏商周神话所隐藏及未予记录的史实。书中采用不同于以往先秦史研究以文献为主、考古为辅的方法，而更多的是从考古资料着手，将出土资料和传世史料相互对照，探究文献形成的根源与脉络，重新思考早期国家形成的历程。全书分上、中、下三编。上编"多元文明与集权之滥觞"（8章），由考古事实探求中国集权政体的形成，包括殷商之前的中国以及殷商建国的情形，并分析殷商王族的属性，以及他们的生活方式和信仰。中编"政权承前启后：殷周王室的关系"（3章），从考古与传世文献探讨商周王室和两国历史阶段之间的关系。下编"商周文献中历史观念形成脉络考"（3章），则着重讨论古代历史观念的形成脉络。本书的结论是五帝、尧舜、禹汤等早期神话，是由不同文明的故事及英雄传说整合而成。其中源自长江古文明的成分相当高。但因为在历史上商周政权是代表北方族群打败南方古老文明的事实，一切神话便是经过北方族群传给后世。

比较神话学在中国：反思与开拓
叶舒宪　谭佳著
社会科学文献出版社　2016年3月　460千字　435页

神话学是跨学科、跨文化，具有比较研究性质的学科。中国比较神话学的发展经历了一个多世纪的历程，尤其是近30年来的成果极为丰硕，如何总结其学术经验，在反思与超越的基础上继往开来，争取更大的学科开拓，已成为当今学界所应关注的问题。本书是首部全面总结中国比较神话学发展的专著。作者立足于本土视角，突破了中国神话学建立初期的"西来说"模式，积极尝试从比较的立场去研究该学术领域普遍与特殊的关系。全书分为"比较神话学反思"和"比较神话学的新开拓"上、下二篇，共10章。上篇（第1-3章）主要以追溯西方和中国比较神话学的发生为基点，系统总结改革开放后比较神话学研究的总体情况，从而探究作为交叉学科的"比较神话学"是如何、为何在中国发展起来，内容涉及西方比较神话学概观与反思、中国比较神话学的出现与潜行、中国比较神话学的发展与反思三个方面。下篇（第4-10章）重点围绕"中国比较神话学从一开始就亦步亦趋地追随西方学术范式，能否以及如何在中西对话中建立自己的理论范式"这一核心问题，从神话与文化符号学、女神文明、儒家神话、神话历史、新神话主义等七大国际前沿理论入手，探索中国比较神话学的范式开拓与创新。

神话与古史：中国现代学术的建构与认同（文明起源的神话学研究丛书）
谭佳著
社会科学文献出版社　2016年6月　271千字　242页

如何走近与理解上古，如何研究神话与古史，并非历史学、考古学、神话学或其他任何一门学科能单独处理的问题。神话与古史在根本上形塑与制约了今人对传统、历史、文化及价值认同等方面的理解。就学术意义而言，只有神话与古史联袂呈现及其内在话语实现完整统一建构，现代学术的整体转型才能有基石和土壤。本书为"文明起源的神话学研究丛书"之一，作者将"神话—古史"纳入同一研究范畴，旨在强调二者共生互补、一体两面的特殊关系，探寻"神话—古史"的演化过程，揭示二者交汇背后的思想因子及可反思之处，认为在晚清经学解体的大背景下，历史学和神话学的联袂产生,以及"神话—古史"之间一直不断缠绕交叉的种种现象,构成了中国神话学的独特面貌。全书分为"文化渊源:'神话'的土壤和引进"、"建构方式:神话—古史的对立交织"、"认同方式:中国神话学的现代性与民族主义"、"'神话—古史'研究的方法论反思"4章。书中所研究的"古史",大致从新石器时期至夏商周三代,尤其侧重从新石器晚期到夏商之际。尽管这段跨度一万余年的时间仅是先秦历史的一小段,但它决定性地形塑和造就了"中国"。

活态神话:中国少数民族神话研究
孟慧英著
南开大学出版社　1990年4月　205千字　300页

　　活态神话是一个具有跨学科性质、内涵丰富的学科,研究对象十分广泛,人类学、民族学、文化学、宗教学、艺术学、社会学、历史学等,均可从不同侧面为该学科提供可借鉴的理论。我国关于活态神话的考察研究,肇始于20世纪30-40年代的民族学的勃兴。前人的努力,为我国活态神话步入科研殿堂作了充分的理论与资料的准备,使我国民族学的发展逐步走向成熟。本书广泛利用不同时期各民族的考察资料,对活态神话的各种活动规律及一般理论进行了探讨。全书分为"神话:民族文化的特殊形态"、"神话:由民族需要所选择的观念体系"、"神话:载体历史层次制约着的活体"、"神话:民族形成与交流运动的见证"等11章。书中围绕神话载体、功能和口传规律等几个方面,在民族历史文化、民族宗教、民族原始艺术范围内,重点分析研究了西南、中南、东南、东北等地少数民族中的活态神话现象,真实反映了各民族曾经有过的社会存在。

古代神话与民族(商务印书馆文库)
丁山著
商务印书馆　2005年1月　489页

　　品读二十四史,可知华夏各民族的起源都充满神话意味。将这些完全摘录出来,再加以分析研究,可以形成神话大观。而且,这些神话从另一角度反映了各民族的宗教信仰和他们被熏染华化以前的原始生活形态。本书为"商务印书馆文库"丛书之一,系根据丁山先生的遗著整理编订而成。在丁山去世后,其夫人将书稿送交顾颉刚先生保存以期日后为之介绍出版,王煦华先生在整理顾先生遗著时发现了这部遗稿,后交由商务印书馆出版。全书包括"自序:从东西文化交流探索史前时代的帝王世系"、"由三代都邑论其民族文化"、"新殷本纪"、"卜辞所见先帝高祖六宗考"、"宗法考源"、"开国前周人文化与西域关系"等15个部分。书中记录了丁山对史前时代帝王世系的一些见解,讨论了中国上古史的一些重要问题,对三代都邑迁徙、殷商史、宗法制度起源、大禹治水、炎帝事迹、神农、九州方位等进行详细考证,论述了史前帝王的神话及其后裔民族的演变,同时从中西文化交通史的角度对史前神话的共性特征提出了自己的看法。本书的许多观点对上古史研究,尤其是古代神话及中外文化交流史,具有重要参考价值。

中国少数民族神话概论
文日焕　王宪昭著
民族出版社　2011年1月　410千字　436页

　　中国少数民族神话具有内容丰富、形式多样的特点。它不仅保存了完整而丰富的叙事,而且还保持了某种群体认同的功能,潜藏着深厚的民族文化底蕴。本书以目前我国现有的少数民族神话资料为基础,运用历史学、文献学、神话学等研究方法,对中国少数民族神话的诸多理论问题作出较为系统的阐释和评介。在撰写过程中,作者力求将神话的宏观研究与微观研究相结合,通过对我国少数民族神话的作品情况、文化内涵、艺术形式、研究方法等宏观问题的概述,展开对少数民族神话的共性、个性、民族性、地域性等某些规律性问题的系统阐述,突出各民族神话的整体对比和多方位比较,借以进一步发掘神话中蕴涵的民族精神和文化价值,并为中国神话乃至世界神话的整体研究提供有益的参考。全书分为"总论"和"分论"上、下两编,共12章。上编(第1-6章)是对中国少数民族神话的系统理论的研究与论述,重点解决了民族神话研究中的"母题"的界定、民族神话的基本内涵、共性与个性、积淀与流变等问题。下编(第7-12章)是对少数民族神话的分类阐释,重点介绍了少数民族的创世神话、人类起源神话、人类再生神话、图腾崇拜神话、文化英雄神话和现象释原神话,从少数民族神话文本的具体内容方面对"总论"部分的一些观念作出必要的印证,以增加读者对中国少数民族神话感性方面的了解。

中国少数民族人类起源神话研究
王宪昭著

中国社会科学出版社　2012年4月　430千字　376页

中国各少数民族的人类起源神话具有丰富的个性和复杂的共性,许多神话母题对后世的文化观念、生产生活习俗和文化创作产生了积极影响,成为当今共建多民族和谐文化的重要参考和文化依据。本书是作者在社科院博士后出站报告的基础上修订而成的,是一部"以我国少数民族人类起源神话为主要研究对象,以类型研究和母题研究为切入点,从宏观和微观两个方面展开论述和分析"的专著。全书共9章。书中根据我国少数民族人类起源神话母题统计数据,广泛借鉴国内外研究成果,结合我国神话研究的实际情况,阐述了人类起源神话的界定、生成、特征以及与之相关氏族、部落、民族、母题等基本问题,分别对"神或神性人物造人、孕生人、化生人、变形为人、婚配生人、感生人和人类再生"这七大神话类型的产生、主要表现形式、母题分布特点等进行了系统分析和重点解读,试图揭示人类神话创作思维的演进规律和文化艺术发展的内在逻辑。作者认为,"母题"是神话叙事过程中最自然的基本元素,人类起源神话母题具有流变性,特别是口头传承的母题,具有渠道多元和形态多样的特点,既可以在神话的各种传承渠道中独立存在,也能在其它文体或文化产品中再现或重新组合。神话母题的共性与个性相伴相生,在一定条件下可以相互转化。

东巴神话研究（云南文库·当代云南社会科学百人百部优秀学术著作丛书）
白庚胜著

云南大学出版社　云南人民出版社　2012年8月　526千字　506页

东巴神话,即保存于纳西族东巴教中的神话。其讲传者为东巴教祭师"东巴",其载体为东巴教经典"东巴经",其记录符号为古老的象形文字"东巴文",其语言形式为"韵文体",其传承授受全部在神坛道场进行。就内容而言,它既有泛灵论的玄秘、图腾崇拜的原始,又有创造天地的恢宏、争夺日月的浪漫,慷慨悲歌相闻于人类同大自然所进行的殊死搏斗,金戈铁马跃动在血染的河山之豪迈气象。远古人类对宇宙及生命的深沉思考,潜流于荒诞的表象之下,纳西民族丰富的生产知识及生活经验，积淀于鬼神世界的底层。本书为"当代云南社会科学百人百部优秀学术著作丛书"之一，是学术界首部对纳西族万卷东巴经典神话进行系统研究的专著。全书由作者早年出版的《东巴神话象征论》和《东巴神话研究》两部著作合并而成，分为"总论"、"神灵体系"、"内容研究"、"时间研究"、"空间研究"、"类型研究"、"形象比较研究"、"关系研究"、"象征研究"等10章。书中以实地考察获取的资料和国内外同类研究成果为依据，展示了东巴神话的丰富宝藏，勾勒出东巴神话的整体存在形态，对其神灵体系的产生、形成进行了神话性、历史性、文化性的阐释，同时从比较研究的角度对东巴神话与各民族神话进行了文化人类学和哲学范畴的探讨。

（三）外国神话

1. 亚洲
（1）东亚

韩国神话历史（神话历史丛书／叶舒宪主编）
林炳僖著
南方日报出版社　2012年5月　250千字　275页

　　神话可以融入历史，历史也可以混融为神话。重要的是神话的历史化和历史的神话化其实都从属于神话历史的领域，这里的神话绝非现代已经被狭义化的神怪故事。神话化为历史的是一种神话，同时历史化为神话的也是一种神话。本书为"神话历史丛书"之一，作者从创世神话、檀君神话、朱蒙神话、赫居世神话、铁匠王脱解神话等几个方面，对韩国历史神话的内容与特点进行了全面的阐述，从理论上探讨了神话与物质、神话与仪式的关系，从中呈现出时间与空间、产生与继承、过去与现在、社会与范式的关系，以及表现神话的各种各样的物质与非物质文化神的多元景象。全书共5章。内容包括：神话与创造，创世神话，神话与民族，檀君神话，神话与政治，建国神话的理论，神话与物质，以物质表现的神话，神话与仪式，韩国巫神话等。本书对于我们了解韩国历史与神话，甚至是世界历史与神话均有一定参考价值。

韩国坛君神话研究
张哲俊著
北京大学出版社　2013年8月　450千字　417页

　　坛君神话是大韩民族的始祖神话，也是世界各民族族源神话中问题最多的神话，在朝鲜半岛神话史上占有重要地位。坛君神话究竟生成于何时、经历了怎样的发展过程，坛君神话是历史还是神话，坛君神话与佛教的关系等诸如此类的问题，一直为学界所关注。本书汲取前人经验，以充分的史料为依据，采用"减法"的历史模拟研究方法，细致考证了作为韩国开国神话的坛君神话的历史起源与变迁过程，试图在还原其原始形态的基础上借助更广泛、更久远的文化符号和历史遗产，如韩国的历史文化、通古斯文化、佛教、中国文化等，对坛君神话进行全方位探究。全书共5章。内容主要涉及以下几方面：坛君神话研究的基本问题；坛君神话的人名、地名与佛教因素；坛君神话与王权、国家的起源；檀树的分布与坛树的历史；坛君神话中的三个天符印；三师与五主的渊源、时间；坛君神话中的灵艾、蒜与中医；坛君神话与熊神崇拜的源流。

日本神话的考古学（神话学文库／叶舒宪主编）
[日] 吉田敦彦著　唐卉　况铭译
陕西师范大学出版社　2013 年 12 月　182 千字　214 页

本书为"神话学文库"丛书之一，是神话考古学派关于文明起源的神话学研究的代表著作，由日本当代比较神话学杰出代表吉田敦彦先生的两部著作《日本神话的源流》、《神话的考古学》合并而成。书中试图从整合视野上进行正本清源的尝试，打破了传统的文本化的神话观念，将研究视野拓展到文字产生以前的时代，利用史前物质文化的实物，如神像、陶器图像、纹饰等，参照民族志的材料，对日本神话与世界其他民族的神话进行对照，归纳其中单个的传说或者是许多个传说，研究神话中所体现出来的思想，介绍比较神话学视点下日本神话的源流，从希腊神话以及欧洲其他神话与日本神话的相似之处，解读出其中所隐含的信息。作者指出，日本神话体系包含着起源不同的诸多要素：印欧神话经阿尔泰，以游牧民族为中介，将亚欧大陆草原游牧民族神话传至朝鲜半岛，又由朝鲜传至日本；与印欧神话并立，对日本神话有重大影响的是中国长江以南至东南亚等地区的农耕文化，其中的稻作神话在日本神话中有重要位置。

（2）西亚

二元神论：古波斯宗教神话研究
元文琪著
中国社会科学出版社　1997 年 11 月　320 千字　394 页

约产生于公元前 11 世纪的琐罗亚斯德教（拜火教），是古波斯历代王朝的主要宗教信仰。它所阐扬的基本教义"善恶二元论"，对古波斯上层建筑各个领域产生了极大的影响，对整个波斯文化的形成，发挥了不可取代的决定性作用。本书是一部依据波斯古经《阿维斯塔》和帕拉维语文献，对琐罗亚斯德教神话展开全面研究的专著。全书共 9 章。第 1-2 章详细介绍琐罗亚斯德教的圣书《阿维斯塔》及其帕拉维语文献的历史沿革和保存情况等。第 3-4 章从分析"琐罗亚斯德之歌"——《阿维斯塔》中最早形成的《伽萨》颂诗入手，着重阐述教主琐罗亚斯德在创教之初提出的"善恶二元论"，即善恶二元对立斗争的宇宙观、以阿胡拉·马兹达为主的"七位一体"的善神崇拜、抑恶扬善的"尘世说"、拯救世人的"三善"原则、善必胜恶的"来世说"等。第 5-7 章主要论述萨珊王朝时期琐罗亚斯德教及其神话的历史衍变过程，并通过《阿维斯塔》后出部分和帕拉维语文献与早期《伽萨》颂诗的比较，探讨其神话传说完整体系的形成的结构特点，继而深入解析"善恶二元神学目的论"。第 8 章专论摩尼教神话及其基本教义"二宗三际说"。第 9 章针对国内先前出版的《宗教学通论》一书的疏漏和失误，阐明二元神论的宗教学价值。

2. 欧洲
（1）东欧

阿·费·洛谢夫的神话学研究
王希悦著
商务印书馆　2014 年 8 月　282 页

本书较为系统地介绍了原苏联重要思想家洛谢夫的神话学研究思想和理论，阐明了神话研究在洛谢夫学术中的地位,并对洛谢夫神话学批判的路径与方法进行了深入分析,以清晰的线索展现了洛谢夫神话学研究全貌,弥补了国内洛谢夫研究的不足。作者在撰写过程中,有别于片段式的概括性描述,而是致力于系统研究洛谢夫的神话学,关注的是多维度视野下的洛谢夫神话学。内容既涉及神话理论研究,又包括古希腊神话解读;既有狭义的神话分析,又有广义的神话阐释。全书共5章。第1章介绍洛谢夫神话研究的时代背景及其对西方哲学思想的吸纳与借鉴、对俄罗斯哲学思想的继承与超越。第2章介绍洛谢夫神话研究的方法论,即否定的方法、辩证法的运用、社会—历史批评方法、文化类型学方法。第3章介绍洛谢夫的神话理论,包括:对神话的释义、对神话本质的界定、对神话关联要素的深层阐释等方面。第4章介绍洛谢夫的古希腊神话研究,述及洛谢夫早期对古希腊神话的收集和编撰,洛谢夫的神话"历史生成"观点、神话"历史综合"观点等。第5章从洛谢夫的文学神话观、音乐神话观、数的神话观之不同侧面窥测其神话思想。

(2)南欧

希腊人的神话和思想:历史心理分析研究(欧洲社会文化史译丛/高毅 陈丰主编)
[法]让-皮埃尔·维尔南著 黄艳红译
中国人民大学出版社 2007年3月 340千字 461页

在历史学有关空间的研究中,希腊对我们尤其具有启发意义。几何主义不仅是希腊科学思想的特点,也是其政治社会思想的特色。几何主义与其他神话和宗教习俗中体现出的古代空间观念形成了强烈的对比。我们相信,从希腊的实例中,可以辨析出哪些因素决定了空间观念的转变,即从一种宗教性的、说明性的、有等级差异的空间转向一种同质的、可逆的几何性的空间。本书为"欧洲社会文化史译丛"之一,是一部以希腊学家和古代史专家等学者所耕耘的文献为研究素材,运用独特的视角和新颖的方法论,深入探讨过去的创造者自身的状况,希腊人的神话和思想以及其中体现的历史心理因素等问题的论著。这部著作最初问世于1965年,自出版以来一直为学术界瞩目,被译为多种语言,很快便成为一部经典。全书包括:神话的结构、时间记忆的神话特征、空间组织、劳动和技术思想、形象的副本、宗教中的人物、从神话到理性七个部分。其中有大量篇幅是用来考察心理学及劳动和空间概念的,这是由于希腊学学者和心理学家之间缺少联系,这些概念尚不能成为历史学中的研究对象,如时空观念、记忆、劳动和技能、想象和模仿等。

20世纪希腊神话研究史略(神话学文库/叶舒宪主编)
王倩著
陕西师范大学出版社 2011年3月 382千字 364页

西方文明的两大源头是希伯来文化与希腊文化。"希腊神话"则是希腊文化的核心部分,是"希学"传统中不可或缺的部分。它催生了西方哲学的基本观念与思维模式,是西方语源、象征、隐喻及宇宙观的基本参考和架构。20世纪以来,希腊神话研究出现了各种理论与方法,唯有对过去一个世纪走过的研究道路进行深刻的反思与总结,我们才有可能在未来对"两希"文化的观照中取得更为深刻的认知。本书为"神话学文库"丛书之一,也是国内第一部系统梳理20世纪希腊神话研究成果的论著。书中围绕"究竟什么是希腊神话"这一核心话题,全面回顾了西方神话学在20世纪以来所走过的学术道路,重点探讨了希腊神话的起源,希腊神话的意义,希腊神话的结构与功能,希腊神话的传承等具体问题,对其理论与方法演变轨迹做出较为详细的介绍与阐释。此外,本书还深入剖析了神话与仪式之间具有怎样的关联、神话如何反映人类心理、神话与暴力之间存在何种共谋、神话怎样反映真实的历史事件等学术难点问题。全书共10章。其所述内容为国内神话研究者与爱好者了解国外新近研究趋势提供了一扇窗口,在提升中国神话研究的视野与水准方面具有积极借鉴作用,对中国神话学理论与方法的建设具有切实的参考价值。

(四) 工具书

中国神话传说词典
袁珂编著
上海辞书出版社　1985年6月　590千字　540页

中国神话传说,不仅内蕴丰富、流播古远,而且其外象色彩亦绚美绝伦。它们是中华民族辉煌璀灿的文化遗产的重要组成部分。但是,凡中国神话的原始素材均散见于整个传统文化领域,学科琐碎、难以规整。编者袁珂先生于1972年起,便着手从浩繁的文献典籍中觅致搜罗相关材料,采用书证作释文内容,经审慎考订,终于在1982年完成《中国神话传说词典》这部"变体"词典的定稿。本书正文收词目3006条,另附参考词目269条;设插图450幅,选自历代名家绘画、汉代画像石刻、明清木刻以及青铜器、瓷器、帛画等;有关《山海经》的词目插图,采自明王崇庆的《山海经释义》和清汪绂的《山海关存》、吴任臣的《山海经广注》等;书后附分类词目表。所选词目的性质大致可分六类:一、人:神性英雄,历史或传说人物、仙人、精灵鬼怪、国族等;二、物:具有神话性质的动物、植物、矿物、药物、武器、乐器等;三、天地:神话传说中的天界星、河、风、云和地界山川城池庙观等;四、书:研究神话的参考书,旧时分隶于经、史、子、集四部下面有关书籍,以及类书、丛书、辑存的佚亡古书等;五、事:神话传说中不以人为主而以事为主的,如"绝地天通"、"八仙过海"、"担山赶太阳"等;六、其他:无法归入以上五类的词目,统归此类。

伍、中国宗教、民族宗教、民间宗教

一、中国宗教研究
（一）总论

中国宗教纵览
周燮藩　牟钟鉴　潘桂明　王宜娥　韩秉芳著
江苏文艺出版社　1992年4月　350千字　441页

  中国古代社会的历史进程与西方不同，由此形成的传统文化及宗教理念必然存在特异之处。以血缘为纽带的宗法制的扩延，确立了中国古代社会人际关系的"天然"属性，继而"祖先崇拜"构成中国古代宗教信仰和制度体系的核心。围绕这一核心的是自然经济的高度分散与君主专制统治制度高度集中的互补结合（中国古代社会的基本结构），因此，中国传统宗教与政治形态的依存关系乃由古代社会的特殊条件所决定，实为中国古代传统宗教走向的定势。夏、商、周三代，人们认识到日月星辰和气象时序的变化有一定的规律和秩序，在此基础上形成"天道"观念，借"巫术"架构起这种"天人感应"的桥梁。古代祭祀中神灵与人之间的神秘契合就此演化成"天人合一"的宇宙图式。儒学继承了古代宗教传统，着眼于宗教的社会功能。历代统治者视祭祀典礼为教化手段，对各类鬼神崇拜、巫术迷信及外来宗教均抱以兼容并蓄的态度，用之"柔化人心"，故此中国从未产生"国教"，在宗教信仰的理论层面亦缺乏系统而固定的教义和教条。纵观历史，几乎所有宗教都曾传入中国，却难逃本土化融合的最终宿命，否则将销匿其间。以传入最早的佛教为例，汉代混迹于道术，魏晋比附于玄学，至隋唐形成中国化的宗派，演进脉络昭然。拥有久远历史的以氏族血缘为深厚基础的中国宗法制社会、伴之封建小农经济，决定了中国整体社会结构和意识氛围对外来宗教所必须采取的兼容性和拒斥性规则，使任何外来宗教皆不可能取代传统信仰。

宗教协调论：中国宗教的过去、现在和未来
顾伟康著
学林出版社　1992年3月　136千字　176页

  全书分"宗教一般"和"中国宗教"上下两篇，共计10章。作为一种既是信仰系统（社会意识形态）又是行为事实系统（社会存在）的文化现象，宗教的超越性一目了然，也是极为神秘和难以理解的。如果我们另辟蹊径，运用马克思主义基本理论，同时汲取结构主义、证伪主义等学说的有益成份，从新的视角解析宗教的结构和功能、重新探讨许多原来无法深入的课题，那么定会有所斩获。当具体宗教以政治为外在重心时，权威主义便融入其机体内部，表现于宗教形态之中，服从与等级就成为其特色；而具体宗教以学术为外在重心时，人道主义便融入其机体内部，表现于宗教形态之中，追求与超越就成为其特色。沿着静态抽象的本质分析、具体的结构分析、动态的实现分析之逻辑推想路线，可以得出如下结论：由于特殊的本质、结构和运动机制，所以在总体上，任何历史条件下，宗教对世俗社会的作用总是肯定的、维系的、而不是否定的、瓦解的。宗教功能的这种特异情状，宜用"协调"一词概括之。

权力的诺言：中国传统的政治宗教（中国政治文化丛书/刘泽华主编）
张荣明著
浙江人民出版社　2000年1月　220千字　283页

政治宗教是一种特殊的宗教形态，是政治与宗教的自然而有机的结合。它是以超现实的政治理想和最终的政治目标为政治理性和政治价值的信仰体系，以及为贯彻这一政治信仰而建立的一套组织、权力形态和仪式制度。本书为"中国政治文化丛书"之一，作者力求将"中国传统"的古和"政治宗教"的新进行有机结合，赋予中国传统政治宗教以全新的定义和阐释，进而创建一个具有现实意义和应用价值的话语系统。全书共分"中国传统政治信仰的发展历程"、"祖训与经义"、"神圣的统治者"、"祀与政：政教合一的制度"、"教徒及其组织"5章。作者由表及里，对中国传统政治宗教的内涵与外延作出全景性描述。

中国宗教通论
詹石窗　盖建民主编
高等教育出版社　2006年4月　490千字　413页

宗教观念和宗教行为在整个中华文明史上对中国社会的民众心理、性格、风俗、伦理道德乃至国家政治结构、经济生活都曾产生过或明或暗的深刻影响。当今信息时代，宗教在中国社会生活中的地位和所扮演的角色业已发生根本性的变化，对于拥有一亿宗教信徒的多民族国家来说，宗教作为社会主系统下面的一个子系统，仍有其不可替代的社会功能。了解与认识中国宗教，这不仅具有不容忽视的历史文化价值，而且有极强的现实意义。本书为普通高等教育"十五"国家级规划教材，按照历史与逻辑相统一的思路分为上中下二编，共18章。上编（第1-6章）主要介绍中国宗教的派别源流，分别叙述了汉代以前的中国传统宗教、中国儒教、中国佛教、中国道教、中国民间宗教信仰，同时考察了基督教新教、天主教、伊斯兰教的中国化过程。中编（第7-12章）论述中国宗教的构成要素与思想特点，从神灵谱系、思想体验、制度伦理、思维方式等不同角度分析了中国宗教的内在要素以及思想意蕴。下编（第13-18章）论述中国宗教的存在基础与基本功能，分别从农业生态环境、人口、移民、战争等不同侧面分析中国宗教与社会存在的关系，最后阐述了中国宗教的社会组织功能以及文化心理功能。

20世纪中国社会科学·宗教学卷（20世纪中国社会科学丛书/杨牧之总主编）
卓新平主编
广东教育出版社　2009年7月　1780千字　1319页

宗教学在世界学术史上为一门新兴学科，始于19世纪下半叶，通常以西方学者缪勒1873年发表《宗教学导论》、首先使用"宗教学"术语为开端。宗教学于20世纪初传入中国,逐渐发展成为一门独立学科,作为中国社会科学、人文科学的重要构成而在20世纪中国学术发展中发挥着越来越大的作用。本书为"20世纪中国社会科学丛书"之一,是一部旨在对中国宗教学的百年历程加以系统回顾、总结和梳理的工具书。书中按照中国宗教学的分类和各大宗教研究,将本卷内容分为七大部分来论述,其中绪论、宗教学理论研究、基督宗教研究和其他宗教研究这四部分由卓新平负责编写,佛教研究由黄夏年负责编写,道教研究由朱越利负责编写,伊斯兰教研究由秦惠彬负责组织编写。本卷主体部分包括"正编"和"副编"两大版块。正编(6章)分类概括了20世纪中国宗教学研究所取得的主要成果及其研究现状和发展趋势,介绍评述其重要学术思潮、流派及其代表人物的主要观点,并在每一部分之后附有相关研究的大事记。副编(6章)则搜集整理了有关论文和著作的重要章节,作为相关研究领域的代表之作出版,以供参阅和进一步研究之用。

中国宗教思想通论(国家哲学社会科学成果文库)
詹石窗主撰
人民出版社　2011年3月　630千字　607页

"中国宗教",从其范围而言,主要包括中国原始宗教、中国道教、中国佛教和中国民间宗教;同时也旁及中国基督教与天主教、中国伊斯兰教;从区域地理的角度看,中国宗教是世界宗教的一类形态;从逻辑上看,中国宗教是现存所有宗教中的一种类型,具有宗教的一般性质,也有自身的特征。中国宗教思想,则是以中国宗教的存在为前提的。本书为"国家哲学社会科学成果文库"丛书之一,是我国第一部以范畴为纽带、系统研究中国宗教思想的学术专著。作者在广泛搜集相关思想史料的基础上,遵循宏观与微观、整体与个案相结合的研究理路,并充分利用前人对宗教学基本理论与宗教思想史的研究成果,从纵横两个维度透视中国宗教思想,对中国宗教思想历史发展的多侧面动因、机制及正负面效应进行实事求是的评析,拓展了宗教学原理与中国宗教思想史研究相结合的新领域,体现了在当代中国宗教思想研究的一种新取向。全书分上、下两编,共8章。上编(第1-4章)从宇宙与生态、人生与伦理、心性与功夫、情感与体验四个方面考察中国宗教思想赖以发展的核心要素。下编(第5-8章)从系统与思维、范畴与规律、联袂与互动、语言与符号四个方面对中国宗教思想的历史发展作了纵深探索。余论探讨了中国宗教思想转型中的社会变革、地理环境因素、中国宗教思想发展与身国共治等问题。

宏观与微观视野里的中国宗教
严耀中著
华东师范大学出版社　2012年5月　318千字　242页

本书收录了严耀中教授研究宗教的36篇论文。这些文章以论述中国古代佛教为主,兼及儒家、道教与民间信仰等,旨在从宏观和微观的双重层面上,对中国宗教求证探源,以利于读者对有关宗教问题的深入思考与探索。其中"宏观"的文章包括两方面的内容:一是研究有关古代宗教的基本形态和社会作用,尤其是佛教与儒道两家的关系、二者观念上的异同和相互影响,如:《在佛法和礼法之间:一种体用一致观念的建立》、《佛教戒律与儒家礼制》、《他人在先:儒佛两家共同的人文情怀》;二是对佛学中阿赖耶识、禅境、律制等概念作新的诠释,如《从阿赖耶识之染、熏说生命现象：对中土唯识学的一点体会》、《试说"禅境"》、《试论中国佛教戒律的特点》。"微观"的文章，则主要是对古文献、碑铭、造像等进行具体的考据和论证。如：《试说谱牒对中国佛教文献的影响》、《关于华土石窟中弥勒和阿弥陀图像分布的一些解析》、《〈五岳真形图〉与道教五行思想》。作者认为，把宗教作为研究对象时，必须站在客观的立场上进行考察和描述，这是学术和信仰的不同之处。

宗教研究方法讲记（名师大讲堂系列）
楼宇烈著　法祇　陈探宇　熊江宁整理
北京大学出版社　2013年11月　175千字　247页

本书为"名师大讲堂系列"丛书之一，系根据楼宇烈先生在北大多年讲授"宗教学研究方法"的讲稿录音整理而成。全书分九讲，依次讲述了"宗教"概念及其意义的变迁、中国宗教的特点、宗教学研究的视角，从整体上讨论了宗教学研究的基本原则和方法，内容包括：资料、观点和方法的统一（资料问题、指导思想、一般方法）；历史与逻辑的统一（必然与偶然、因果关系、历史现象）；比较的方法（宗教间的比较、不同教派的"内比"、不同领域的"外比"、比较研究的目的与问题）；整体综合的研究方法（得意忘言的思维方式、佛经翻译的过程、交叉综合的整体思维）；批判和继承的问题（传统佛教的批判和继承、人间佛教的实践和反思、传统与现代、文化的原创性与累积性）。最后就当前研究中国宗教的实际问题，指出两种需要注意的关系（学术研究与宗教信仰、理论研究与宗教政策）。本书内容深入浅出，是一部难得的名家讲稿，对于宗教学者、宗教界人士具有一定启发意义。

（二）中国宗教与诸学科

1. 中国宗教与文化

宗教礼仪与文化（神州文化集成丛书 / 季羡林　汤一介　孙长江主编）
陈荣富著
新华出版社　1992年12月　116千字　162页

人和神的联系是通过一系列宗教礼仪来实现的。从广义上说，人对神的所有崇拜行为都是宗教礼仪；从狭义上说，宗教礼仪是被普通化和定型化的对神的崇拜形式。本书为"神州文化集成丛书"之一，系统论述了宗教礼仪与文化的关系、礼仪在宗教和各种文化形态中的重要地位，阐明宗教礼仪与文化所缔结的不解之缘。全书分为"宗教礼仪的产生和种类"、"宗教礼仪的文化功能"、"宗教礼仪的发展与文化进步"、"宗教礼仪与艺术"等7章。作者认为，宗教礼仪与许多国家的政治生活、经济生活和精神生活戚戚相关，因此，研究宗教礼仪与文化的关系是一个颇有意义的课题。

中国宗教与中国文化（卷1）概说中国宗教与传统文化（国家社科基金成果文库）
吕大吉　牟钟鉴著
中国社会科学出版社　2005年3月　230千字　225页

本书为"国家社科基金成果文库"丛书之一，旨在研究中国宗教与传统文化的关系。书中深入论述了中国历史上的原始宗教信仰，儒释道以及后来传入的伊斯兰教、基督教与中国文化发生的全面关系及其深刻影响,包括人生观、世界观、宇宙观、社会观、伦理观,文艺创作理论、审美观等,以及宗教与政治的关系,对工艺、科技等的影响。全书分为"泛论宗教与文化的关系"、"中国宗教与传统文化互动的历史脉络"上、下两篇。上篇首先对中国百年来探索宗教—文化关系的思路历程做了回顾与展望,其后介绍了西方历史上的一些著名思想家的有关论著,并对"宗教"与"文化"这两个范畴做了全新的阐释,指出中国传统文化的特质是以儒家伦理为准则而不是宗教。下篇则对从远古至近现代中国宗教与传统文化互动的历史脉络做了细致梳理。作者认为,宗教与其他上层建筑领域之间的关系是互动的,相互融摄,互相渗透,从而形成庞大的、色彩缤纷的中国文化系统。

中国宗教与中国文化(卷2)宗教·哲学·伦理(国家社科基金成果文库)
余敦康著
中国社会科学出版社　2005年3月　350千字　328页

本书为"国家社科基金成果文库"丛书之一,旨在研究中国宗教与哲学、中国宗教与伦理的关系。书中深入探讨了中国哲学思想的源头、中国哲学发生的三个阶段、先秦诸子对宗教传统的继承与转化、人文理性思潮的兴起、世俗文化的两种倾向、宗法伦理思想的发生与演变等,并提出了许多新的见解。全书分上、下两篇。上篇以"哲学起源于宗教"这一基本命题为出发点,对中国宗教与哲学的关系问题展开全面论述,内容涉及夏商周三代宗教、春秋思想史论(哲学突破的历史进程)、先秦诸子哲学对宗教传统的继承与转化、《易经》和《易传》(从宗教巫术到哲学理性的转化)、朱熹的天人合一思想五个方面。下篇主要探讨儒家伦理思想的结构、功能、特征及其与中国宗教和传统文化的关系,内容包括:论儒家伦理思想、儒家论知识与道德关系、易学与中国伦理思想三个部分。

中国宗教与中国文化(卷3)宗教·文艺·民俗(国家社科基金成果文库)
牟钟鉴著
中国社会科学出版社　2005年3月　220千字　185页

本书为"国家社科基金成果文库"丛书之一,旨在研究中国宗教与传统文化中文艺与民俗两个重要领域的关系。书中深入探讨了中国宗教与文化艺术的互动关系,论述了宗教与民俗相辅相成的深远关系,以理性和宽容的态度对中国宗教与文艺、民俗之间的关系做了条理清晰的界定和阐释。全书分上、下两篇。上篇首先讨论宗教与文艺的差别和亲缘性,并在阐明中国宗教和文艺的不同特点、二者如何相互影响之基础上,详细介绍了中国宗教与文艺互动的历史发展过程、总结了二者互动的特点。下篇首先从中国民俗的一般特征、中国宗教对民俗的影响、中国宗教民俗的特征、中国宗教民俗的历史发展四个方面探讨中国宗教与民俗的关系,其后对中国宗教民俗做分类简述,包括经济生活中的宗教民俗,节日岁时中的宗教民俗,日常生活中的禁忌等;最后介绍中国宗教民俗的社会功能。

中国宗教与中国文化(卷4)宗教·政治·民族(国家社科基金成果文库)
张践著
中国社会科学出版社　2005年3月　290千字　274页

本书为"国家社科基金成果文库"丛书之一,旨在研究中国宗教与国家政治和民族实体的关系。

伍、中国宗教、民族宗教、民间宗教

作者运用历史和逻辑,历时态与共时态相互交叉的方式,系统论述了中国历史上的政教关系的演变、中国宗法家族社会中的宗教与政治的关系,解析了中国原始宗教形态与中华民族多元一体的社会政治结构,探讨了宗教在民族形成和发展过程中的重要作用、宗教在中国各民族文化中的地位,以及中国宗教与民族关系的历史特征和发展趋势。全书分上、下两篇。上篇首先概述中国政教关系的基本走向,然后分门别类地探讨宗教与政治相互作用的过程与机制,内容涉及政治与宗教的理论思考、宗教与政治统治、宗教与政治管理、宗教与政治斗争四个方面。下篇则从中国原始宗教的基本特点入手,解释宗教与中国民族多元一体结构的关系,较为全面地阐述了宗教对民族的诸要素的影响。

中国宗教与文化战略（宗教与文化战略丛书/卓新平主编）
卓新平著

社会科学文献出版社　2013年11月　281千字　312页

在关注我国的文化发展和文化繁荣时,自然会思考什么是信仰、什么是宗教、什么是文化、什么是文明,中国宗教与中国文化及世界文化是什么样的关系,宗教在当前中国文化发展及文化繁荣中能起什么作用、扮演什么角色,这些问题不仅是人们非常关注的,也是必须面对的。当前,推动社会建设和文化建设,已不可能回避宗教问题,因此,思考宗教问题也自然应该与文化战略的构设结合起来。本书为"宗教与文化战略丛书"之一,是卓新平教授在其2008年完成的《"全球化"的宗教与当代中国》一书之后,从文化战略的角度深入探讨"宗教与中国当代社会文化"的又一重要著作,可以看成是作者就相关问题在理论及实践意义上的继续研讨和进一步完善。全书分为"信仰理解"、"文化理解"、"宗教理解"、"'全球化'与当代中国宗教"、"'全球化'的宗教与中国政教关系"、"立足文化战略来正确认识宗教问题"等11章。书中收录作者在2008年之后针对上述问题所发表的主要研究论文,即在这些论文的修改、整理、完善的基础上形成了本专著,其基本思路和方法可以说是《"全球化"的宗教与当代中国》的续篇,只是其问题意识及视域更为集中和具体,有着强烈的中华文化意识,同时结合党的十八大精神来对之进行理论深化和思想提高。

宗教文化战略中的地位和作用
卢国龙主编

中国社会科学出版社　2014年5月　905千字　839页

全面研究宗教在中国文化发展战略中的地位和作用,对于我国构建和谐社会、进一步在全球化进程中扩大对外开放、增强综合国力、巩固党的执政地位和维护国家的文化安全,具有重要的理论价值和现实意义。本书系统介绍了佛教、道教、基督教、伊斯兰教以及民间宗教在中国的发展现状,深入总结了改革开放以来这几大宗教发生的巨大变化,包括宗教职业者和普通信教人数的统计与区域分布、信教者职业与文化程度的变化,信仰的状况,宗教仪式仪轨的变化,经济发达地区与经济相对落后地区宗教信仰表现出的不同特点以及民族地区宗教信仰的变化等,着重探讨了宗教在国家文化战略中的地位和作用。全书由国内知名学者分头撰写,分四编,共8章。第一编包括"总报告:变革社会中的宗教角色"、"总报告的阶段成果及学术梳理"两部分。第二编(第1-3章),分别论述佛、道二教在当代中国社会的发展状况、趋势及转型意义,以及中国南传佛教在文化战略中的地位和作用。第三编（第4-5章），分别论述中国天主教、基督教在改革开放历史进程中的实体发展与文化主体性建设情况。第四编（第6-8章），分别论述当代中国伊斯兰教、民间宗教的社会实体发展与文化主体性建设情况，最后探讨了"儒教"问题及儒教发展的历史与现实。

2. 中国宗教与社会学

信仰、仪式与乡土社会：风水的历史人类学探索（上、下册）
陈进国著
中国社会科学出版社　2005年11月　757千字　819页

本书是中国社会科学院世界宗教研究所陈进国在其博士论文的基础上增改而成的一部学术价值很高的专著。作者从风水信仰入手，尝试借助"人类学式的历史学"方法，细致描绘了作为区域中国的福建的历史状况、社会生活与信仰世界，深入分析了风水文化事象与近世乡土社会的认同、分类意识，以及社会文化秩序整合的关联问题，真实"再现"了风水的知识与观念在长时段乡土变迁中所创造的文化图像和生活场景。全书共6章。第1章透过福建地区移民的开发进程的社会大背景，宏观考察风水信仰与近世以来的乡土社会历史发展的密切关系。第2章描述两大风水流派在近世以来的乡土社会的地域扩展进程中相抗而又兼容的总体态势，呈现风水在区域信仰情态中的文化意义。第3-4章从构成近世以来的乡土社会文化网络之环的通书、灵签、安镇符咒、竖造及丧葬仪式、扶示文本等入手，探寻普遍意义上的风水知识、观念的乡土社会记忆是何以可能的，即分析风水知识、观念如何借助相关的巫术—宗教仪式，逐步"深耕化"为一种民俗信仰，从而成为民众"生活世界"的一部分。第5章分析风水信仰与近世以来的乡土社会士绅阶层的文化空间构建的关系问题，重点考察了士绅之有意识的风水实践和风水表述，藉以省思风水知识、观念何以成为一种沟通精英与俗民、王朝（国家）与社会的文化桥梁，进而影响地方社会和经济变迁的方式。第6章借助契约文书及典型的家族个案，剖析风水观念、信仰与近世以来的乡土社会的秩序整合和家族发展的关联问题。

信仰、革命与权力秩序：中国宗教社会学研究
李向平著
上海人民出版社　2006年9月　726千字　751页

中国的宗教和信仰往往不是单纯的宗教和信仰，它们常常被镶嵌在权力和秩序之中而难以得到一种纯粹的呈现形式。因此，要把中国人的宗教及其信仰的问题或现象讲清楚，先要把中国社会的关系和结构弄清楚，然后把中国国家的权力秩序及其形成过程、合法性的证明方法给说明白，这样，中国人的宗教和信仰才会表现出来。本书是一部对中国宗教进行社会学解读的专著。作者试图在杨庆堃之制度宗教和扩散宗教的概念基础上，拓展为中国社会独特的公共宗教和私人信仰等概念，并把它们之间的对应或对立的关系，置于汤武革命、人心天命的信仰传统之中，进而讨论圣人正义与圣人信仰所建构起来的精神关怀方式、权力秩序的合法性证明方法等问题，最后认为中国社会的权力模式、信仰结构均为一元双向，在表面上过度整合，结构里却包含有相当严重的既相反相成、亦相生相克的双向关系。全书共分9章。书中围绕"信仰、革命与权力秩序"之概念，

从"中国人的关系及信仰模式"、"宗教社会学的中国语境"、"信仰与秩序的折叠"、"公共崇拜与权力秩序"、"圣人正义论及其内在冲突"、"宗教行动的集体逻辑"等九个方面展开论述,将这种对于中国传统宗教、信仰的研究,指向了当下中国社会的宗教、信仰研究,以期为深度把握其内涵与特质提供一个历史的宗教社会学诠释背景。

中国社会中的宗教:宗教的现代社会功能及其历史因素之研究(世纪人文系列丛书)
杨庆堃著　范丽珠等译
四川人民出版社　2007年6月　316千字　358页

　　超自然因素在我们的宗教定义中是一个非常重要的因素,因为它明显地存在于中国人的宗教生活中。忽略了超自然因素,没有任何一个宗教概念能够准确地反映中国民众宗教生活的客观内容。正基于此,在欧洲、印度和中国这世界三大文明体系中,惟有中国宗教在社会中的地位最为模糊。由于事实上存有各种矛盾的因素,宗教在中国社会中的地位始终是一个争论不休的话题。本书为"世纪人文系列丛书"之一,是华裔美籍社会学家杨庆堃研究中国宗教、社会和文化的经典作品,被誉为研究中国宗教的"圣经"。全书分为"导论"、"家族整合中的宗教"、"社会和经济团体中的宗教"、"历史视角下中国宗教的政治作用"等13章。书中以"制度型宗教"与"扩散型宗教"这组概念为标尺,对中国宗教进行了全面的分析与阐述,详细考察了中国社会中各种类型的信仰,以及国家政治、经济和儒家学说的关系,描述了中国社会与宗教的整合状况,解释了中国宗教的独特性质。本书试图回答,在中国社会生活和组织中,宗教承担了怎样的功能,从而成为社会生活和组织发展与存在的基础,而这些功能是以怎样的结构形式来实现的。

宗教与社会:华侨华人宗教、民间信仰与区域宗教文化
张禹东　刘素民等著
社会科学文献出版社　2008年11月　457千字　391页

　　海外华人是具有多重属性的特殊群体,这一特征决定了华人传统宗教文化同样具有多重特性。华人传统宗教不仅包括华人所信奉的源于中华文化传统的道教、儒教,也包括民间宗教信仰,而且还包括(汉化的)佛教。华人传统宗教既有受到中华传统文化的影响而在内容、对象、形式、价值取向等方面所呈现出来的浓厚的中华文化色彩,同时也具有在海外特定的自然、社会、人文环境中参与、吸收和认同居住地文化所发生的变异特性。本书主要以东南亚地区华人华侨社会的宗教文化为例,从传统与现代、理论与田野、大时空与小社区多维度出发,从华人传统宗教信仰的核心观念——祖先崇拜入手,用宗教学理论概括、总结宗教生活经验,用海内外民间信仰的实际材料丰富、刻画宗教学理论;融说华侨华人宗教与社会,并说闽台区域民间信仰与宗教文化,最后归落于宗教与社会和谐。全书分三编,共40章。书中着重讨论了东南亚华人传统宗教的二重特性、宗教特征、发展趋势及其与现代化的关联等方面问题,尤其关注宗教"宽容"与"和谐"对于海外华人华侨之生存实践及本土化融入的重要意义。本书指出,海外华人宗教是中华性和当地性之二重特性的统一,并且,华人的宗教信仰是一个动态的系统,它会随着社会的变迁、时代的发展而演变,世俗化即是其中的一个演变趋势。

中国与宗教的文化社会学
范丽珠等著
时事出版社　2012年10月　520千字　498页

在过去的几十年间，社会科学在宗教研究领域获得了巨大的进展。像佛教、伊斯兰教和基督教这种大规模制度性组织的宗教，不再被视为是社会的主导。相反的，不同领域的学者意识到宗教作为一种充满活力的象征系统——从其周围的文化借鉴表达和交流的方式，继续影响文化的价值和理想的追求。本书以"中英文对照"的写作形式指向双重目标：一、探讨中国人过去和现在经验中文化/宗教象征的角色；二、描述社会科学对当代中国社会宗教的学术性研究的作用，以期向读者介绍正在发展中的文化社会学领域及其对当代中国宗教进行学术性研究的价值。作者认为，文化社会学——连同文化心理学的相关学科——讨论了群体性的社会组织及其社区价值与道德理想之间的连带关系。这些共享的意义聚在一起形成了某个独特的文化，塑造了个人与社会的认同。全书包括"文化社会学"、"实践文化社会学"、"实践文化心理学"、"文化历史：社会与宗教中的变迁"四个部分，共14章。书中在极为强调"习惯、故事和象征符号"所构成的社会意义的同时，也关注文化心理学对宗教研究补充性作用的讨论；此外，本书还引述李泽厚有关"积淀"的理论分析，借助于千百年对影响中国社会个体成员心性的文化信仰和理想的历史进程。

宗教与可持续社区研究（巴哈伊研究丛书）
卓新平　邱永辉主编
社会科学文献出版社　2014年11月　408千字　406页

研究宗教与可持续社区的关系乃是一项系统工程，是联系理论与实践的跨越性甚至超越性探究。在各种宗教与可持续社区关系研究中，巴哈伊信仰的可持续社区理念值得我们特别关注。巴哈伊作为一种新兴宗教、一种新型社区实验模式，在全世界进行社会实践所积累的丰富经验，值得我们总结和借鉴。本书为"巴哈伊研究丛书"之一，其内容主要来自于2013年10月在澳门召开的"宗教与可持续社区"学术研讨会的成果，所展示的是宗教研究发生的"范式的转变"，即更多注意宗教在现代社会的意义与作用。全书分为"宗教与社区的关系"、"社区建设：各地巴哈伊的若干实践"、"儿童、青少年与社区建设"、"可持续发展理论与社区建设"、"宗教与慈善、公益事业"等八个部分，共收入论文30篇。这些论文在参照"巴哈伊教的社区建设经验"的基础上，以巴哈伊"对自身灵性资源的创造性运用"为着眼点，从不同的角度探讨了"宗教与可持续社区建设"这一中心议题，极大地拓宽了对于如何构建"可持续发展"的新型社区的理解与思路。

当代中国宗教禁忌
朱越利主编
民族出版社　2001年1月　230千字　282页

中国是一个多宗教并存的国家，部分信众信仰不同的宗教，保存着许多宗教禁忌。我国主要宗教包括佛教、道教、伊斯兰教、天主教、基督教。尊重宗教禁忌，是保持人际和谐与民族团结的一个条件。本书简要介绍了中国宗教禁忌的历史背景、发展变化、神学依据和基本特点，着重讲述了当代中国宗教信徒身体力行的宗教禁忌，力求比较全面、准确地解析中国宗教禁忌的各种疑问。全书共分5章。第1章阐释了佛教的起源及其在印度的发展、佛教教义的基本内容、佛教在中国的流传与发展等内容,分别叙述了汉传佛教、藏传佛教、云南上座部佛教的禁忌。第2章介绍道教的禁忌,认为戒律与禁忌有相同和不同之处:戒律较系统,禁忌较散乱;禁忌是否定性的行为规范;戒律数量多于禁忌;禁忌有不可触犯性,操作性较强。第3章阐释了伊斯兰教的概况和禁忌。《古兰经》将人的行为和人所接触的事物分为善与恶两类,指出安拉所禁止的一切不合法的恶的事物就是伊斯兰教的禁忌。第4章介绍天主教以"天主十诫"为核心的各方面的禁忌。第5章介绍基督教的禁忌,作者总结说,《圣经》所提出的要求信徒作为禁忌的项目非常有限。由于《新约圣经》强调从心灵出发的信仰特点,因此基督教现有的某些禁忌在具体实践上带有相对性。

中国宗教礼俗:传统中国人的信仰系统及其实态(中国民俗丛书)
高寿仙著
天津人民出版社 1992年12月 214千字 329页

对中国宗教的特质和精神的把握是理解传统中国文化的前提和基础。本书为"中国民俗丛书"之一,书中介绍了巫教礼俗之祭祀、占卜、巫术;儒教之儒学、祭天、祭孔、祭祖;道教之崇拜体系、宫观庙宇、道士生活、斋醮仪式、符箓咒术、神仙方术;佛教之来世与净土、寺院与僧伽、清规戒律、水陆道场;犹太教、基督教和伊斯兰教之教义、制度、仪节、五功五典等。全书分为"巫教礼俗:泛灵世界中人神的沟通"、"儒教礼俗:伦理的践履与敬天尊祖"、"道教礼俗:生命的热恋与成仙的憧憬"、"佛教礼俗:来世的期望与净土的追求"等7章。作者试图透过对中国宗教仪礼和习俗方面的研究从社会实践角度窥探中国人的信仰形态。

中国人的宗教心理:宗教认同的理论分析与实证研究
梁丽萍著
社会科学文献出版社 2004年3月 238千字 293页

宗教信仰既赋予宗教徒生活的意义,又削弱他们对于生活意义的认识;宗教信仰既启发他们的天性和潜力,又削弱他们融入社会生活的能力,宗教信仰之于个人的发展是一个复杂而又难以界定的过程。本书采用量化研究与质化研究两种实证工具,通过配对抽样、问卷调查和标准化开放式访谈的方式,对中国人宗教认同心理的生成过程及心理活动作了细致入微的分析描述,即:从宗教徒最初接触宗教信仰的动机与途径入手,探究其认同并皈依某一宗教的心灵状态和情感支持;从宗教徒的信仰认同面向和参与层次进入其信仰认同的形而上层面,探究宗教徒如何在当代中国社会与文化的背景之下,调节宗教信仰与现实生活的价值对应。全书分上、中、下三篇,共计13章。上篇"相关概念与基本理论"(第1-3章)界定了宗教、宗教心理学等概念,介绍了作者所采用的"系列三角检视"研究方法。中篇"量化结果与分析"(第4-7章)以佛教徒和基督教徒各50名为样本,对他们的宗教认同过程进行量化研究。下篇"质化研究结果与分析"(第8-11章)借助于个案访谈资料,对宗教心理活动中"无法概念化"的东西予以捕捉和揭示。(第12-13章)为本书综论与结论。

海洋神灵：中国海洋信仰与社会经济（海洋中国与世界丛书／杨国桢主编）
王荣国著
江西高校出版社　2003年8月　215千字　351页

  海洋神灵信仰既是一种宗教信仰现象，也是一种文化现象。它是人们受大海的诱惑与召唤而走向海洋和从事海洋性活动的过程中创造出来的，是人的观念的外化物，折射出人们走向海洋的"精神的与心灵的世界"。本书为"海洋中国与世界丛书"之一，作者以海洋神灵信仰文化为研究对象，透视了中国海洋文化与海洋社会经济史，探讨了我国历史上，渔民、海商、移民在走向大海的活动中，是如何创造神灵，又是如何凭借自己所创造的神灵的力量消除对海洋的恐惧，去向海洋索取经济利益，去拓展海外的生存空间，进而构筑起一个真实反映中国海洋先民信仰特色的海洋神灵谱系。全书共分8章。第1章阐述古人面对海洋自然现象时的种种思考。第2章探讨我国古代的海神结构体系。第3章探讨我国古代海神信仰演变和海神的区域分布特点。第4章探讨海洋渔民这个历史上最先走向海洋的群体。第5章探讨海洋商人的海神信仰情况。第6章探讨海洋移民群体的海神信仰形式。第7章探讨"海船"这一"准神灵性"载体的祭祀情况。第8章探讨妈祖等海神信仰在沿海一带的传播及其与佛、道二教的关系。

3. 中国宗教与科学、哲学

宗教与中医学发微
赵文著
宗教文化出版社　2008年12月　430千字　614页

  宗教融通了艺术，更发展了医学科学。无论何时，当我们凝视传统医学——这一古老而崭新的学科，无法回避人的精神情感的历史与现实。这种历史与现实的深处，是人自觉关注关爱人与人生所系生、老、病、死的种种情结。这种情结，既是宗教精神的滥觞，又是人对宗教精神无尽的祈祷与诉求。本书从上古文明主体的崭新视界入手，揭示了传统中医药学产生于原始宗教的秘密；由宗教与医学的交摄互动论证了宗教行为的生理与医学背景；依陶弘景的理论，对宗教行为中的行、住、坐、卧、眠诸途易患的百余种疾病，提出了防与治的选择；并对融通医道与宗教哲学思想的《周易》，作了精要的敷衍。全书分为"中医学的宗教渊薮"、"宗教修证的医学背景"、"宗教行为中相关疾病的防治"、"宗教与医学哲学的顶严：《周易》阐幽"四编。书中对传统医学起源、经络发现、方剂传承、祝由科渊源与流变、中医学的宗教特质、李仲愚先生杵针心法、性命双修的生理基础、佛教医通解析以及宗教行为中特殊疾患的防治等，都做了细致入微的发掘与阐释，进而揭示出医学支撑宗教的秘密，乃至与宗教行为联系的医道形而上哲学与形而下的方圆与规矩。

宗教：精神还乡的信仰系统（大学生知识丛书）
卢红　黄盛华　周金生著
南开大学出版社　1990年6月　213千字　313页

  宗教，作为人类文化有机整体的一个部分，体现了人类创造自己历史的活动。尽管它与人类文化的种种其它形式的目标、内容、形式和过程都存在着许多差别甚至对立，但结果必然都趋向于人类的真正本质。本书为"大学生知识丛书"之一，是一部面向"现代人的信仰危机"而力求"以较客观的态度重新探讨宗教信仰问题"的专著。书中运用一般系统论的理论和方法,在将宗教设定为一个具有动态性和有序性等特点的"开放系统"的前提下,对构成其主体信仰系统的能动部分,即人的"精神还乡活动"的运演过程作了历时性与共时性考察,揭示了人的这种"精神还乡方式"得以"取代神学宗教",进而生成"一种全新意义上的宗教"的内在逻辑。全书分为"静态视角:宗教系统的共时态结构"和"动态视角:宗教系统的时间维度"上、下两篇,共8章。作者指出:需要,作为宗教系统的基核,规定着宗教信仰的本质是主体的精神还乡活动。它体现为人类为了超越现实生活的有限、困乏,追寻在有限的生命中去把握永恒之死的人生本体意义,以求情感归属在心理维度上指向无限,抛向永恒;对于宗教信仰的主体来说,需要的实现就是价值的创生。

中国人的宗教信仰(理解中国丛书/王伟光主编)
卓新平著
中国社会科学出版社　2015年5月　225千字　245页

　　中国人有着悠久的宗教历史,丰富的宗教生活及多彩的宗教文化。宗教是中国社会结构的重要组成部分之一,也是中国传统文化的核心内容,这种传统延续至今,在当代又有了新的发展。本书为"理解中国丛书"之一,作者以文化哲学的意蕴和文化历史的视阈来体悟和诠释中国人的信仰及宗教理解,探究宗教的社会、政治、文化及精神意义,追溯中国人宗教信仰的历史发展和范式转变,分析中国本土宗教的特色和世界宗教在华本土化的历程,描述多种宗教在中国社会及中国人的精神生活中的多元共存、多元通和,展示中国宗教文化的绚丽多姿、异彩纷呈,反映当代中国社会宗教的真实存在,进而说明中国宗教的现实社会文化作用。全书共分6章。书中对我国历史上存在的儒、道、释、民间信仰,以及中国人对世界宗教的本土化发展演变做出了详细的勾勒,充分说明了中国人的宗教信仰自由状况和国家对宗教的政策。

易图考
李申著
北京大学出版社　2001年2月　245千字　297页

　　在易图学领域,无稽之谈从来就多。特别是在《周易》研究方面,无根据的空言、大言更是层出不穷,以致注重论证的科学精神被许多人遗忘。本书是一部考证性的著作。作者秉持科学严谨的治学态度,细致考察和辨析了历代方家、学者有关易图源流及其衍变的种种假设与论说,对诸多颇存争议的易图之谜作出言之有据的解答。全书共分5章。书中依次论及《周氏太极图》、《阴阳鱼太极图》、《河图》、《洛书》、《先天图》的史实真伪,另专章讨论了"陈抟"这位与易图之说渊源甚深的著名人物的本来面目。

《周易禅解》研究(儒道释博士论文丛书/卿希泰主编)
谢金良著
巴蜀书社　2006年12月　250千字　328页

　　易学与佛学的关系研究是中国哲学史上一个重要课题。智旭(1599-1655)作为明清之际的《周易禅解》,是晚明时期的学者援儒证佛、引禅解《易》的范本,也是迄今为止唯一一部运用佛学思想全面解注《周易》经传的著作,被公认为研究易学与佛学关系的最有代表性的作品。本书为

"儒道释博士论文丛书"之一，书中主要运用义理与考据相结合的传统治学方法，从考辨智旭的生平情况入手，在细致解读文本的基础上，对《周易禅解》的成书过程与流传、文本内容与特点、思想来源与蕴涵、思想倾向与创新、思想成就与影响等问题进行全面系统的研究，侧重阐发智旭对禅易关系的独到理解，力求从宗教哲学的高度和三教融合的视角揭开易学与佛学之间的隐秘联系。全书共分6章。作者指出，易学与佛学是中国学术理论中最具智慧的两门学问，易道广大与佛法无边共同组成中国乃至整个东方世界最富有神秘色彩和最具影响力的传统文化核心。从学术现代化和全球化的角度看，研究《周易禅解》中蕴藏的高深莫测的宇宙和人生问题，重新评价《周易禅解》在中国学术史上的地位和贡献，具有很高的哲学价值和现实意义。

4. 论文集

任继愈学术论著自选集
任继愈著
北京师范学院出版社　1991年11月　365千字　563页

　　本书是我国著名哲学家、宗教学家任继愈先生的一部学术论著自选集，分设为中国哲学研究、中国佛教研究、中国传统文化研究、人生杂感四个版块，共收录相关文章50篇。作者运用马克思主义世界观和方法论指导其理论研究，并以其宽广的历史视角和宏阔的哲学思维对儒教、佛教及中国哲学史等学术课题展开深入探讨，内容涉及先秦哲学、唐宋以后的三教合一、儒家与儒教、朱熹与宗教、佛教与儒教，佛教心性论等；所选部分文章还对中国传统文化如何与社会主义精神文明建设、社会主义现代化建设相适应等重大现实问题作出明确的回应与解答。

任继愈宗教论集
任继愈著
中国社会科学出版社　2010年7月　815千字　761页

　　任继愈先生是国学大师，海内外知名学者。他一生勤奋治学、勇于创新，始终坚持以科学无神论为思想基础的马克思主义宗教观，坚持宗教研究中的马克思立场、观点和方法。他既是我国坚持运用马克思主义原理进行学术研究的优秀代表、马克思主义宗教学的开创者和奠基人，也是站在中国哲学、中国宗教学领域最前沿的学术研究领导者和优秀的学术活动组织者。本书精选任先生数十年来有关宗教学基本理论、佛教、儒教、道教、基督教、无神论的讲义和研究文章52篇，编集成书，以供专业研究人员及广大读者参阅。全书分为"一般宗教理论研究部分"、"科学无神论部分"、"佛教研究部分"、"儒教研究部分"、"道教研究部分"和"书抄部分"六个部分，所收文章包括：《为发展马克思主义的宗教学而奋斗》、《哲学与宗教》、《宗教学讲义》、《用历史说明宗教》、《关于宗教与无神论问题》、《科学无神论给人真理和智慧》、《禅宗哲学思想略论》、《儒家与儒教》、《道家与道教》等。

体用论（"熊十力论著集"之二）
熊十力著
中华书局　1994年2月　535千字　768页

　　体者，具云宇宙本体；用者，本体之流行，至健无息，新新而起，其变万殊。世所见宇宙万象，其实皆在冥冥中变化密移,都无暂住。虽分,而体为用源,究不二。故曰,体用不二;心物不二;能质不二;吾人生命与宇宙大生命本来不二;本论谈体用,实推演易义。著者熊十力先生以"体用不二"、"翕辟成变"、"反求自识"之哲学思想为纲宗;批判"西哲实体与现象终欠圆融"、"非心非物,不穷变化之原";在近现代哲学史上自成一家之言。本书是新中国成立后,熊十力对于自己的哲学体系加以发挥、发展、修订、补充所著的论集(含《新唯识论》的《熊十力论著集》第一卷,已于1949年以前出版)。全书由《甲午存稿》(1954年)、《体用论》(1956—1957年)、《明心篇》(1958年)、《乾坤衍》(1959—1961年)、《存斋随笔》五部分构成;其"明变"、"佛法"、"成物"诸章,即依《新论》(语体文本)之"转变"、"功能"、"成物"诸章修改而成。本书基本思想仍沿承《新论》之体用、明心系统(著者另抱有"读经示要"之原儒系统),但《乾坤衍》一篇则把这两个既存区别又相关联的思想系统贯穿起来,论证愈益谨严。

中国宗教思想史新页（北大学术讲演丛书·汤用彤学术讲座之一/乐黛云 张文定主编）
饶宗颐讲演

北京大学出版社　2000年5月　200千字　202页

　　饶宗颐教授是我国当代著名的历史学家、考古学家、文学家、经学家、教育家,是国际公认的集学术与艺术于一身的一代巨匠、南派文化宗师。在60多年的学术生涯中,他潜心致力于学术研究,涉及文、史、哲、艺各个领域,精通诗、书、画、乐,造诣高深,学贯中西,著作等身;无论甲骨文、简帛学、敦煌学、佛学、道学、史学、哲学、古文字学乃及印度梵学、西亚史诗、艺术史、音乐、词学、书画及理论,学无不涉,涉无不精,都取得了卓越的成就。本书为"北大学术讲演丛书·汤用彤学术讲座之一",收录了饶宗颐教授探讨中国宗教思想的论文和演讲稿14篇,涉及儒道释三教研究及中国古代哲学等方面,反映了饶老在该学术领域的主要观点。内容包括:《首届汤用彤讲座演讲辞》、《先老学初探：〈传老子师〉容成遗说钩沉》、《梁僧祐论》、《宋学的渊源：后周复古与宋初学术》、《说营魄和魂魄二元观念及汉妆之宇宙生成论》、《道教与楚俗关系新证：楚文化的新认识》、《论道教创世纪及其与纬书关系》等。

从哲学到宗教学：吕大吉学术论文选集
吕大吉著

宗教文化出版社　2002年8月　670千字　843页

　　本书选辑了吕大吉先生在40余年学术生涯中写下的38篇论文。这些文章大体上再现了作者大半生走过的学术历程,以及他在这条路上留下的一些足迹。其中前几篇,如《王充的认识论的一个问题：与吴泽先生商榷》、《关于不可知论的实质》、《破滥的哲学,精巧的神学：巴克莱主观唯心主义哲学批判》、《为洛克"第二性质"学说所作的一些辩护：答陈启伟同志》等,系作者在北京大学哲学系学生时代,为参加一些纯哲学问题的论争,开始在《光明日报·哲学副刊》和《哲学研究》上发表一些学术论文的选编。此数篇文章,几乎都是论战之作。既有主动性的挑战,也有对别人挑战的答辩。其余文章则是自20世纪80年代以来,作者从哲学领域转向宗教学的建设和研究后所撰,大致反映了其在宗教学的基础理论研究和学科体系建设方面的主要成果。具体包括：《试论宗教在历史上的作用》、《马克思、恩格斯历史唯物主义宗教观的理论与历史概说》、《唯物史观与宗教研究方法论》、《中国传统宗教与传统道德的历史关联》、《从近代西方比较宗教学的发展谈马克思主义宗教学的性质和体系构成》、《唯物史观与宗教研究方法论》、《宗教是什么？—宗教的本质、基本要素及其逻辑结构》等。

宗教学理论卷（当代中国宗教研究精选丛书）
吕大吉主编
民族出版社　2008年1月　370千字　384页

中国学者对于宗教学进行现代学术意义的理智性的研究，是随着"戊戌变法"以后的"西学东渐"过程逐步开展起来的，至今已历110年之久。回顾我国宗教学研究所走过的百年历程，大致可分为三个阶段：一、从戊戌变法到民国时期："西学东渐"和现代意义的宗教学术研究的兴起；二、1949—1976年：马克思主义一元化指导下的宗教研究；三、1976年以后理论和方法的多元化与当前宗教学术研究的繁荣。为使国际国内文化学术界了解和认识中国宗教学理论研究的学术成就，吕大吉先生精选了19篇论文辑成此书。本书为"当代中国宗教研究精选丛书"之宗教学理论卷，是集中了中国当代宗教学理论成果的精华之作，也是我国宗教学界第一次对中国现代宗教学术发展史进行系统的理论探讨的专著。全书分为"基础理论与研究方法研究"、"宗教研究与文化发展战略"、"宗教与社会、伦理、政治的关系"、"宗教哲学与宗教对话"、"现代社会与宗教发展的趋势"五个部分。内容涉及宗教学理论领域的基本方面，包括：中国宗教学发展史研究、宗教文化学、宗教社会学、宗教伦理学、宗教政治学、宗教哲学等。论文作者是学术界公认的开创我国宗教学的第一代、第二代代表人物，入选的论文则是他们在宗教学理论研究中最具代表性的作品。

陈垣全集（全23册）
陈垣著　陈智超主编
安徽大学出版社　2009年12月　9155千字　10948页

陈垣先生是我国当代著名的教育家、国学大师，史学界泰斗级的学者。他在元史、历史文献学、宗教史等领域皆有精深造诣。特别是他的宗教史研究范围十分广泛，对已消亡的外来宗教，如火祆教、摩尼教、一赐乐业教做过专门研究；也就佛教、基督教、伊斯兰教等世界三大宗教在中国的兴起和流传写过不少论著；对中国本土的道教，撰有专书。陈垣先生的著作可分为两大部分：一是宗教史、元蒙史研究；一是历史文献学。其历史文献学包括目录学、校勘学、史讳学、年代学、史源学；其宗教史研究，也是中外文化交流史研究的重要内容。20世纪20年代，在中国国际地位还很低的时期，陈垣先生就被中外学者公认为世界级学者之一，与王国维齐名。上世纪30年代以后，又与陈寅恪并称为"史学二陈"。本书是陈垣先生最为全面的著作汇编，收录专著、文集、年表、目录、批注、教材、书信、诗稿等37种，共23册。其中《史讳举例》、《校勘学释例》、《中西回史日历》等为学人案头必备之书，解放前后已多次出版，为人们所熟知；而《四库书目考异》、《元秘史音译类纂》、《廿二史札记考正》、《日知录校注》等著述，以及陈垣先生编写的教材、教案、家书等都是首次刊出。首次刊出的篇幅约占全书的二分之一。本书的主要特点是：一、著述收集较为全面，基本囊括陈垣一生的作品，完整地体现了他的学术成果；二、按成书年代编排，同时兼及类别，所收录的一批未定稿，为我们深入认识陈垣学术研究的过程提供了丰富的第一手资料；三、编校精益求精，经加工和整理后的文字内容符合作者原来的本意。

伍、中国宗教、民族宗教、民间宗教

仰望崇高：方立天自选集（北京社科名家文库/常卫主编）
方立天著

首都师范大学出版社　2009年12月　468千字　607页

　　宗教不是社会上的孤立现象，也不是文化领域中的绝缘形态，宗教必然与影响它的相关因素联系起来研究，才能显现其独特的本质与价值。本书为"北京社科名家文库"丛书之一，是方立天教授在中国佛教和中国哲学"双耕"的基础上，为探求中华文化的核心问题而有所感悟和阐发的成果，真实反映了随着社会发展和时代前进步伐，作者的学术视野、研究领域的拓展趋向。全书选录作者自20世纪80年代改革开放以来撰写的40篇论文，分为佛教、宗教和文化三辑。第一辑全面探讨中国佛教及佛教哲学的形成与发展，包括《论隋唐佛教宗派的形成》、《中国佛教哲学的历史演变》、《中国佛教伦理思想论纲》等；第二辑主要讨论当代中国化马克思主义宗教观对于传统宗教观和马克思主义宗教观的创新与发展，以及现实宗教工作的指导意义，包括《论中国化马克思主义宗教观》、《从三个向度反思中国传统的宗教观》等；第三辑主要从民族精神层面对中华文化三大传统（人本主义、自然主义和解脱主义）进行探索性研究，认为人生价值观是中华传统文化的核心，自强不息是中华民族的主要精神，包括《民族精神的界定与中华民族精神的内涵》、《儒佛人生价值观之比较》、《论魏晋时代佛学和玄学的异同》等。概而言之，本书结集的文章有一个共同点，即指向中国传统文化的根本精神。

信仰探索：卓新平自选集（北京社科名家文库/崔耀中　韩凯主编）
卓新平著

首都师范大学出版社　2015年5月　390千字　514页

　　宗教学因其跨学科特色而领域很广，应研究的问题亦很多。在这一领域，我们应提倡"学术性"或"学问性"的研究与"社会性"或"政治性"的研究并驾齐驱、各有所长，彼此又应双向互动，相互补充和完善。中国是一个多种宗教信仰共存的国家，对于各种宗教现象的研究，无疑有助于各种宗教间的交流与对话，从而为社会主义和谐社会的构建贡献其特有的力量。本书为"北京社科名家文库"丛书之一，是我国著名宗教学者卓新平教授一生治学的学术结晶。全书分为"经典之探"、"世界视域"和"中国意识"三部分，共收录论文27篇。这些文章结合作者自身长期对精神信仰问题的探索历程，集中讨论了在当今时代的中国怎样研究宗教，用什么指导思想研究宗教，用什么态度看待宗教，全球化处境中的宗教文化，以及我们国家应该拥有怎么样的宗教政策等问题。具体包括：《马克思主义宗教观之探》、《研究马克思主义宗教观，发展中国宗教学：纪念毛泽东主席关于开展宗教研究重要批示50周年》、《对马克思主义宗教观在文化观上的基本思考》、《世界民族宗教发展趋势及对我国的影响》、《全球化的宗教与中国文化战略：对中国宗教问题的思考》、《信仰包容：全球化时代的精神共存》、《关注中国宗教的文化战略意义》、《中国宗教与文化战略》、《当代中国宗教之思》，等等。

宗教论稿
颜思久　马超群　吴继德　熊明昌等著

云南人民出版社　1986年3月　182千字　279页

　　本书辑录了云南省社会科学院宗教研究所和其他单位作者撰写的论文8篇。内容涉及宗教理论和政策、世界三大宗教以及原始宗教等方面。其中颜思久的《宗教政策略论》，在学术界较早地提出了"宗教问题往往与民族问题和国际问题相联系"的论点；杨学政的《达巴教和东巴教比较研究》，系统阐释了"摩梭人"（聚居在云南、四川两省的摩梭人分别被称为纳西族、蒙族）所固有的古老宗教（达巴教和东巴教）的源流、历史、教祖、经典、经典中的哲学思想萌芽等教义生成轨迹；龚友德、李绍恩所著《云南少数民族的石崇拜》，不仅描摹出独具地域特色的原始崇拜现象，如支锅石崇拜、石人石兽石畜崇拜、石生殖器崇拜等，也进一步揭示产生石崇拜之认识根源的基础为灵魂观念。

唐代宗教信仰与社会（北京大学盛唐研究丛书）
荣新江主编
上海辞书出版社　2003年8月　417千字　472页

在中古时期的唐朝，宗教和社会是密不可分的，大到国家的礼仪祭祀，小到百姓的日常生活，都与各种宗教仪式和信仰联系在一起，甚至我们今天放入科学技术史里讨论的一些问题，如天文、历法、印刷术，实际上当时都是和宗教有着千丝万缕的联系。在唐朝，宗教与社会不仅不是对立的，反而是统一的一个整体。本书为"北京大学盛唐研究丛书"之一，是一部以宗教为着眼点，从多学科和跨学科的角度出发，首次对唐代的宗教信仰及其与社会的关系问题展开全面探讨的论文集，涉及宗教史、思想史、艺术史、法制史、文化交流史等诸多层面。全书除"导言"外，共收论文13篇。书中运用历史学、宗教学、考古学、语言学等研究方法，就唐代社会流行的各种宗教和信仰的相关论题，从宗教和社会两个方面进行了深入剖析，试图与当时整个的社会结构相联系。在内容上，包含对多阶层、多地域、多民族的宗教与信仰形式的探讨；在社会结构上，不仅注意到了皇帝和上层贵族社会与宗教的关系，同时也考察了底层民众的信仰；在地理空间上，还兼顾了地方与中央；在社会活动形式上，更是关涉国家制度、仪礼、法律以及社会的生活习俗等。这些论文既充分显示了各位学者的问题意识和学术水准，也从另一角度分析了唐代社会与宗教的互动关系，代表了目前研究唐代宗教史和唐代社会史的最前沿水平。

先唐神话、宗教与文学论考（随园文史研究丛书）
王青著
中华书局　2007年5月　220千字　293页

本书为"随园文史研究丛书"之一，是作者集中探讨先唐时期神话、宗教与文学之本体特征及交互关系的论文集。全书由先秦、两汉、魏晋南北朝三编组成，共收录论文24篇（涉及宗教神话方面的论文有10篇）。先秦编收录论文9篇，大致方法是从商周时期的宗教巫术背景入手来理解相关神话及《周易》《九歌》的创作，并对《庄子》中的一些具体问题进行考证。两汉编收录论文7篇，主要论述两汉时期国家宗教与道教的建立过程，讨论了老子神话在这一过程中的演变与丰富，指出道教从东汉分散的区域性组织成为全国性宗教共同体时，老子作为共同崇奉核心所起的中枢作用，指出老子传经神话是道教清理典籍运动中的一个重要组成部分，在不同的历史阶段有着不同的意识形态功能。魏晋南北朝编收录论文8篇，或追溯魏晋齐梁时期诗歌景物描写的发展历程，或考察仙道小说的佛道背景，或研究志怪小说中的类型故事，或探讨陶渊明辞官的真正原因，在很多问题上均提出了一些不同于前人的见解。最后以《汉武帝内传》为例讨论了道教仪式与仙道小说的关系,指出此部小说利用传统的西王母会汉武传说,将它改造成了教团的传经神话。

中国民间信仰研究述评（民间信仰与中国社会研究系列 / 路遥主编）
路遥等著

上海人民出版社　2012 年 3 月　412 千字　393 页

民间信仰在我国历史极为悠久,内涵既丰富又芜杂,如何予以梳理和研究是一历史问题。20 世纪 80 年代以来,由于西方人类学和社会学理论的引进,学科整合探索已为研究者所关注,民间信仰兼具民俗性与宗教性之说渐为大陆研究者认同。海外学者对民间信仰、民间宗教、民俗宗教等诸如此类名称也有进一步讨论。本书为"民间信仰与中国社会研究系列"丛书之一,是由山东大学教授路遥、中国社会科学院世界宗教研究所研究员陈进国、佛光大学教授范纯武、南台科技大学教授王见川、香港大学饶宗颐研究中心主任郑炜明、澳门理工学院教授谭世宝、马来西亚大学教授苏庆华、新加坡大学教授苏瑞隆等国内外专家学者合力撰写的一部综述中国民间信仰研究现状的著作。全书共 3 章。书中主要就 20 世纪后半叶至 21 世纪初中国民间信仰的学术动态作了述评,视角不局限于中国大陆地区,亦分述中国台湾、香港、澳门以及海外地区的民间信仰研究成果,较为全面地反映了近半个世纪以来国内外学界有关中国民间信仰研究的整体面貌。

中国社会的宗教传统：巫术与伦理的对立和共存
吾淳著

上海三联书店　2009 年 3 月　500 千字　416 页

本书是作者近年来陆续发表的有关中国传统宗教问题研究的论文集,由八个既相对独立又相互联系的篇目组成,共收入 27 篇文章。"第一篇"包括 3 篇文章,主要基于亚斯贝斯理论的宗教定型问题,基于张光直理论的宗教连续性与突破性问题,来对宗教研究的一般问题展开思考；"第二篇"包括 2 篇文章,分别是以考古材料作为依据对中国宗教的神灵崇拜和巫术崇拜的源头加以考察,由此确定中国宗教的远古基础；"第三篇"包括 3 篇文章,第 1 篇是对从三代到两汉时期的中国信仰观念的成型作一般性的描述,后 2 篇分别考察了中国宗教生活中最基本的观念"命"以及知识与思想界在这一时期所"扮演"的"角色"；"第四篇"包括 3 篇文章,重点考察了儒、释、道三教及民间宗教的形态、关系以及相互之间的比较问题；"第五篇"包括 4 篇文章,主要是在上一篇目之基础上的概括；"第六篇"包括 3 篇文章,这是中国宗教类型或精神问题的展开之一,其内容均为有关巫术及其功利主义特点的考察和思考；"第七篇"包括 5 篇文章,这是中国宗教类型与精神问题在第二个向度的展开,其中前 3 篇思考中国宗教伦理的缺陷问题,后 2 篇思考中国宗教伦理的存在根源及其特点和意义问题；"第八篇"包括以犹太教为主的有关亚伯拉罕宗教系统的 4 篇论文,作者期望以此为参照使读者加深对中国宗教的种种现象以及其背后的连续性问题的理解。

古代中国民众的精神世界及社会运动（中国社会科学院学部委员专题文集/王伟光主编）
马西沙著
中国社会科学出版社　2013年8月　441千字　432页

　　本书为"中国社会科学院学部委员专题文集"之一，收录了中国社会科学院荣誉学部委员马西沙先生从事中国古代史、明清两代宗教史研究30余年的论文成果20篇。这些论文是作者研究的精华，主要从民间宗教的多个侧面展现了中国明清底层社会的生活状态和民众心理，广大人民群众与统治者之间的矛盾和斗争。虽然论文撰写的时间跨度较大，但其考论并举、前后连贯、内容丰富，构绘出一幅极具动感的中国古代民间宗教生成与演变的历史画卷，至今仍有深刻的社会价值和借鉴意义。具体包括《八卦教世袭传教家族的兴衰：清前期八卦教初探》《从罗教到青帮》《略论明清时代民间宗教的两种发展趋势》《林兆恩三教合一思想与三一教》《黄天教源流考略》《最早一部宝卷的研究》《清乾嘉时期八卦教案考》《离卦教考》《先天教与曹顺事件始末》《民间宗教基本教义的道德内涵剖析》、《白莲教辨证》、《宝卷与道教的炼养思想》、《台湾斋教：金幢教渊源史实辨证》、《明清时代的收元教、混元教源流》等。

中古艺术宗教与西域历史论稿（中山大学人类学文库）
姚崇新著
商务印书馆　2011年5月　499页

　　本书为"中山大学人类学文库"丛书之一，是作者在佛教考古与佛教社会史、中外文化交流考古与吐鲁番学、艺术史与艺术考古等研究领域经多年耕耘而成的一部论文集。全书分四编，共收录论文17篇。第一编"考古发现与中古佛教艺术"，主要是有关佛教造像等佛教艺术方面的论文，内容包括《青州北齐石造像考察》、《成都地区出土南朝造像中的外来风格渊源》、《观音与地藏：唐代佛教造像中的一种特殊组合》等；第二编"汉传佛教的周边考察"，所收文章以探讨高昌佛教为主，兼及吐谷浑和北凉的佛教，内容包括《北凉王族与高昌佛教》、《试论高昌国的佛教与佛教教团》、《在宗教与世俗之间：从新出吐鲁番文书看高昌国僧尼的社会角色》等；第三编"西域胡人及其宗教"，集中讨论了巴蜀地区的粟特、波斯人和祆教遗迹，内容包括《中古时期巴蜀地区的粟特人踪迹》、《唐宋时期巴蜀地区的火祆教遗痕》、《"火神庙"非祆庙辨》等；第四编"中古吐鲁番的历史与社会"，内容涉及高昌政治史、中外医药文化交流和唐代西州的地方教育。

中国民间海洋信仰与祭海文化研究（第一届中国民间海神信仰与祭海文化资源开发保护研讨会文集）
上海海事大学　中国太平洋学会　岱山县人民政府编
海洋出版社　2011年6月　270千字　234页

　　2010年6月18—19日，由中国太平洋学会、中国海洋学会、上海海事大学、浙江省海洋文化研究会和岱山县人民政府主办的"第一届中国民间海神信仰与祭海文化资源开发保护研讨会"在岱山举行。本次研讨会是2010舟山群岛·中国海洋文化节开幕式活动之一，目的是探讨祭海文化资源现状，不断深化和创新祭海文化内涵，推动全国祭海文化资源的交流与合作。来自北京、上海、山东、江苏、浙江、福建、广东等地代表30多人出席会议，提交20多篇学术论文，围绕中国的海神信仰及特点、各地祭海活动、祭海文化资源的保护和利用以及海洋历史等议题展开讨论。本书即为此次会议的论文集,分为"海洋社会:地域与海神崇拜"、"妈祖信仰与流传"、"祭海习俗、仪式与传统"、"祭海文化资源:多元性与综合利用"、"海洋史与海洋文化"五个部分,共收录论文29篇。书中所做的探索性讨论,对加强我国沿海地区普遍存在的祭海文化资源开发及利用的研究,突出海洋文化的社会性、特色性和实践性,进一步繁荣中国海洋文化,促进我国沿海经济社会和谐发展具有重要的现实意义。

中国民间海洋信仰研究（第二届中国民间海洋信仰与祭海文化资源开发保护研讨会文集）
上海海事大学　中国海洋学会编

海洋出版社　2013年7月　320千字　263页

　　海洋信仰属于人类社会的文化现象。人类生活的海洋环境孕育了人对海洋的信仰,从崇拜海洋的自然现象、图腾、海神,到海洋信仰中神灵的人格化、世俗化及社会化,都表现出人与海洋结合过程中不断演变的信仰形态。2011年7月11—13日,由中国海洋学会、中国太平洋学会、上海海事大学、浙江省海洋文化研究会和岱山县人民政府联合主办的"第二届中国民间海洋信仰与祭海文化资源开发保护研讨会"在舟山市岱山县秀山岛举行。此次会议以"文化·生态·交流——祭海文化的多元利用"为主题,来自北京、上海、浙江、福建、广东、香港及德国等地40多位专家学者提交了30余篇论文,围绕祭海文化、海洋信仰和祭海文化资源的利用等问题展开研讨。本书即为此次会议的论文集,分为"海洋社会现象:海洋信仰与海洋崇拜的传承"、"妈祖信仰的流传于地域特色"、"地域视域:海神的多元化与文化的记忆"、"祭海的习俗与传统礼制"、"祭海文化资源多元价值与利用"、"海洋文化:历史与文学"六个部分,共收录论文30篇。这次讨论旨在对海洋文化资源的多元价值进行更进一步的探讨,以继续推进对沿海社会文化资源的综合利用,繁荣我国的海洋文化。

渤海视野：宗教与文化战略（世界宗教研究丛书/卓新平主编）
刘国鹏执行主编

社会科学文献出版社　2014年6月　252千字　297页

　　2012年9月18—20日,中国社会科学院文哲学部、浙江大学全球化文明研究中心、中国社会科学院世界宗教研究所和中国宗教学会在渤海之滨天津举办了"渤海视野:宗教与文化战略"学术研讨会。此次会议旨在探讨关涉宗教与中国文化价值重建、文化战略塑造及文化自主性的深层关系等问题,经过与会嘉宾深入交流和讨论所发表之"渤海倡议",是中国宗教学界继2011年"泰山共识"后就中国传统文化当中所包含之深刻而普遍的宗教性问题的进一步思考,并对五四运动以来中国传统文化之命运和处境探讨,呼吁国人自觉纠偏百年来对于传统文化的过激反应和草率态度,倡导尊重传统与理性回归。本书为"世界宗教研究丛书"之一,收录了此次学术活动提交的19篇论文,分为"宗教、传统文化与中国文化战略"、"宗教共同体与人类文明"、"宗教、信仰复兴与中国社会转型"、"宗教信仰在中国社会的认知与认同"四编。论文包括《中国传统宗教在今日社会之合理定位在于老百姓的日常生活》(李刚)、《建构宗教共同体的伦理之径》(王晓朝)、《与中华文化构建精神共同体是马克思主义中国化的多赢途径》(安伦)、《南传佛教与中国对东南亚战略及公共外交》（郑筱筠）、《宗教与建构一个好社会的思考》（范丽珠、陈纳）等。

"一带一路"战略与宗教对外交流（中国社会科学论坛文集）
卓新平　蒋坚永主编
社会科学文献出版社　2016年3月　386千字　348页

　　宗教在人类文明的发生、发展与交流、互鉴中曾经发挥过特殊重要作用。同样，宗教在开辟"一带一路"、维系"一带一路"、繁荣"一带一路"中也将发挥特殊重要作用。本书为"中国社会科学论坛文集"之一，主要围绕"'一带一路'战略与宗教对外交流"这一时代课题展开深入研讨。书中深度发掘古老"丝绸之路"和今日"一带一路"中宗教所扮演的角色与所处的地位，展示了中国宗教与文明传统中多元统合、和而不同、多维和平相处模式的典范意义，旨在通过宗教与文明对话的模式提升中国的文化软实力，考察各种宗教与文明间的多维相处之道，分析当今国际诸宗教与世界文明对话的主要特点、途径及发展趋势，以期为国家战略、世界和平和文明的共享共荣提供借鉴和方案。全书共收录论文32篇，论文包括《"一带一路"与宗教文化交流及其现实意义》（卓新平）、《"一带一路"倡议开拓宗教对外交流新境界》（陈宗荣）、《关于"一带一路"战略中宗教因素的几点思考》（郑筱筠）、《顺势而为、发挥优势推进新时期中国宗教领域公共外交工作》（薛树琪）、《发挥宗教在"新丝绸之路经济带建设"大战略中的积极作用》（刘金光）等。

（三）中国古代宗教

1. 古代宗教研究

中国古代宗教初探
朱开顺著
上海人民出版社　1982年7月　195千字　312页

　　有关我国古代原始宗教的资料及遗物甚少。山顶洞人遗址和旧石器时代的某些遗迹，仅提供了古人葬礼的部分情况。西安半坡村、河南裴李岗等新石器遗址也是如此。继城子崖等龙山文化的发掘之后，方见占卜迷信方面的实据——卜骨，但原始占卜方法种类繁多，卜骨仅属其中的一种而已。中国古代宗教，除了鬼魂崇拜外，还涉及自然崇拜、图腾崇拜、祖先崇拜等，范围极其广泛。由于缺乏相关实证，关于我国古代宗教的探讨，只能依靠殷商以后的文字记载，故研究重点放在殷商以后，对以前的情况，不得不进行推论。先秦古籍记载的主要内容是远古各族历经兴亡与融合的漫长演进后所造成的古代宗教状况，没有记载其流变的历史过程。西汉以前的著作家和史料整理者，囿于历史原因，往往将古代不同部族的宗教迷信混淆起来，把不同地区、不同系统的神灵谱系，都说成是同一部族或同一系统的宗教信仰，因而造成记载上的各种矛盾和混乱。我国古代各族、以及群立的各国，在造神过程中都有一个共同倾向，即企图在群神中寻找或创造最强大且历史久远的神灵来充当本族或本国的祖神及保护神。这种倾向是为征服别族、别国，抑或为保护本族、本国不受侵犯的需要而产生的。我国记载古代宗教的古籍，确为各族群创建独立的国家政权后才得以出现。

中国古代国家宗教研究（国家社会科学基金项目）

邹昌林著

学习出版社　2004 年 11 月　555 千字　534 页

　　本书是作者独立承担的社会科学基金项目成果，也是其此前所著《中国古礼研究》（台湾文津出版社1992年版）一书的姊妹篇。相较前一著作，本书最具个性之处是企图把"礼学研究"与"宗教研究"这两者融为一体，重新建构一个对中国文化整体认识的理论框架系统，即以《周礼》为基础，侧重从宗教的角度，为中国文化的研究提供一个新的整体框架模式系统。全书分上、中、下三篇。上篇（3章），主要从文化史的角度探讨中国文化、文明与宗教的关系，考量中国宗教在中国文化中的地位，这是理解中国国家宗教的必要前提。中篇（7章），为本书重点和难点所在，作者首先考察关于《周礼》成书问题的各种说法，随之论述了中国古代国家宗教的起源和发展，即物魅的起源，天神、地祇的起源，人鬼、祖先神的起源，至上神——天帝的起源；最后探讨了巫的起源及其演变，揭示了从古代巫师到国家职官系统的形成过程。下篇（4章），重点考察和论述中国古代国家宗教的结构、功能价值系统，包括整个《周礼》制度系统的现实价值和理想价值。作者认为，《周礼》的整个结构系统，是从古代的明堂制演变而来，国家礼制系统亦结构于《周礼》六官的形式。

宗教伦理与中国上古祭歌形态研究

张树国著

人民出版社　2007 年 12 月　410 千字　499 页

　　本书以中国上古祭祀歌辞为研究对象，考察其与上古宗教伦理之间的密切关系，对诗歌起源及发展史、诗歌的文化内涵及美学内涵都作了认真研究，提出了"诗乐舞产生并发展于祭祀仪式"的文学艺术起源说。全书按照上古宗教形态的演变来安排具体章节，分为"上古诗歌艺术的起源与原始宗教"、"图腾祭仪及其在上古文学中的往事再现"、"上古巫祭仪式与与巫术歌舞"、"《楚辞·九歌》中的神话与祭仪"、"周初史诗与宗庙祭仪"、"公廷乐歌与贵族社会的仪式生活"等8章。作者将理论分析与文献考证紧密结合，力求在对原始材料深入考辨的基础上提出自己的观点。书中通过文献考古上的证据论证中国上古诗歌艺术与原始祭仪之间的密切关系，重点解决诗乐舞与诗歌艺术起源的理论问题，同时探讨了祭仪乐歌背后起决定作用的制度因素，包括乐官、乐悬制度的研究及与上古诗歌艺术之间的关系。在宗教伦理这一大的意识形态背景下揭示上古文艺美学的独特性，在钟器铭文、竹简帛书与传世文献史料中整理出上古诗歌艺术观念的主题和发展史。

中国早期思想与符号研究：关于四神的起源及其体系形成（上、下册）（历史人文专著）

王小盾著

上海人民出版社　2008 年 7 月　1068 千字　1049 页

　　"四神"又称"四灵"，指青龙、白虎、朱雀、玄武（龟蛇合体）或龙、麟、凤、龟等四种想象中的神奇动物。早在周代，它们就作为"动物神"和"天文神"，代表了鳞兽、毛兽、羽兽、介兽等四类动物，以及东、西、南、北等四方星空。到汉代，它们同五行观念相结合，成为对中国文化影响最大的宇宙论体系，此后也成为渗透在民众生活各方面的艺术符号。从它们发生的历程看，仍然属于中国早期的神灵。因为它们所包含的思想因素基本上植根于史前人的信仰，它们代表了在上古时期积累起来的一种深厚的文化。本书为"历史人文专著"丛书之一，作者利用大量考古学和民族学的图像资料，结合传世文献，全面论述了青龙、白虎、朱雀、玄武这一神秘主义思想体系的形成过程，深入探讨了中国上古时代各种动物崇拜在其发生时代的涵义，以及与图腾信仰的联系，阐明了龙、玄武等非现实动物的形象及其组合形象的产生原理。全书分为"汉藏语诸民族文化的古远联系"、"四神体系的宇宙论涵义"、"图腾时代的四神"、"商周时期的凤鸟符号"、"太阳和生命：古代四神神话的主题"等8章。书中每一对古文化问题都作出了合乎逻辑的全新解释，从而揭开了史前信仰的神秘面纱。在本书余论部分，作者还就中国上古历法的研究路径及龙信仰在朝鲜半岛的流传情况作了简要说明。

古代宗教与伦理：儒家思想的根源（陈来学术论著集）
陈来著

生活·读书·新知三联书店　2009年4月　296千字　396页

中国文化的理性化进程，它的价值理性的建立过程（最高存在与社会价值之间建立根本关联），是与对天神信仰的逐渐淡化和对人间性的文化和价值的关注增长联系在一起的。儒家注重文化教养，以求在道德上超离野蛮状态，强调控制情感、保持仪节风度、注重举止合宜，而排斥巫术，这样一种理性化的思想体系是中国文化史的漫长演进的结果。它是由夏以前的巫觋文化发展为祭祀文化，又由祭祀文化的殷商高峰而发展为周代的礼乐文化，才最终产生形成。本书为"陈来学术论著集"之一，是作者试图用西方学者的文化观念来观照和讨论中国文化之根源的理论专著。全书分为"导言"、"巫觋"、"卜筮"、"祭祀"、"天命"、"礼乐"、"德行"、"师儒"8章。书中运用人类学、考古学的研究方法，把巫术的研究作为考察原始文化的主要途径，通过解析夏商周三代的宗教活动，探究了先人对世界及其自身与世界的关系的理解，梳理了中国儒家思想的来龙去脉。内容涉及巫术与萨满、巫祝与巫史、巫术与占卜、筮法与筮辞、商书中的天帝观、周礼与周代的文化模式、周代的宗法文化、西周的师儒与教化、西周的国子教育等方面。

中国古代宗教与神话考（新原点丛书）
丁山著

上海书店出版社　2011年1月　500千字　622页

自然崇拜，是宗教的发轫，任何原始民族都有此共同的俗尚。按照宗教发展过程说，崇拜自然界的动植物是比较原始的，由"地母"崇拜到"天父"，到祖先的鬼魂也成为神灵之时，宗教的思想便告完全。回溯四五千年以前，中国人民所信仰的宗教，自发轫到完成，也是按照上述的规律一步步地进展,很少例外。本书为"新原点丛书"之一，是我国著名史学家、古文字学家丁山（1901—1952）撰写的一部《意在探寻中国文化的来源》的著作。丁山在传统考据基础上，运用比较语文学与比较神话学与宗教学的方法，对史前神话加以初步分析，其分析数量之广，考证程度之深，前所未有，从而使得这部著作具有巨大的学术价值。从文献学角度来说，作者在古神话的考辨、推原方面成绩卓著，显示了深厚的学术功底，其成就至今无人能出其右。全书除卷头语、总结和附录，分为33个部分。内容包括：自古代祭典说起、后稷与神农、后土为社、社稷五祀、月神与日神、四方之神与风神、五祀与五工正、五行思想之唯物辩证观、帝五丰臣与四中星、方帝与方望、天体、帝与上帝、洪水传说、尧与舜、颛顼与祝融、高阳与高祖汤、观象制物的文化史观等。

伍、中国宗教、民族宗教、民间宗教

中古宗教与自然审美
钟仕伦　刘敏等著
商务印书馆　2012年12月　574页

中古时期为中国古代美学发生重大转型的关键时期。道教的出现和佛教的传入，在改变中国本土固有文化范式的同时，改变了中国哲学的格局，宗教哲学正式登上中国哲学的殿堂，为中国古典美学的发展推波助澜。先秦两汉哲学追求理性过程中遗留的原始宗教，巫术宗教中的信仰、观念，新产生的道教，传进中土的佛教，宗教化了的儒家学说，加上黄老、五行、谶纬、民间信仰等思想，分别从不同的维度对中古时期自然审美观的形成产生了积极的促进作用。本书是关于中古美学的自然精神的一部研究著作，其所称"中古"，上起西汉、下迄梁陈，此一时期的宗教意识形态具有鲜明的"杂糅型"特征，使之在中古美学的审美意识层面上构造出独特的"自然审美观"。全书共8章。四川师范大学钟仕伦教授、刘敏教授等作者在尽可能地搜集、分析相关原典的基础上，吸收当代学界的研究成果，并借鉴新的研究方法，依次梳理了黄老、董仲舒、六家七宗、道教、绘画、《文心雕龙》里的美学观念，准确地概括了这一时期的美学思想的变迁，从整体上反映了中国中古时期宗教意识形态与自然审美观的交融过程。

中国傩文化（神州文化集成丛书／季羡林　汤一介　孙长江主编）
陈跃红　徐新建　钱荫榆著　乐黛云审定
新华出版社　1991年12月　99千字　138页

作为一种完整的活文化现象，傩不仅代表着某些戏剧现象或宗教祭祀活动，还体现着人与自然、人与未知世界（天、地、鬼、神）之间彼此呼应、相互往来的十分密切的关系。这一关系的结构即为被世俗之人所尊奉的"天道"和由此而产生的鬼神信仰。本书为"神州文化集成丛书"之一，书中共分"傩与鬼神世界"、"傩与世俗生活"、"傩与传统文化"、"傩与当代世界"、"永恒的傩"5章。作者指出，"鬼神活动"实乃傩文化结构内核中的恒定因素，并且这一因素不会因时因地和因人而异，而是牢固地存在于所有可称之为"傩"的文化现象里，同时，傩又是具有普遍意义的世界性文化，仍在继续以不同的方式影响着当代人的世俗生活。

中国民间美术与巫文化（神州文化集成丛书／季羡林　汤一介　孙长江主编）
陈瑞林著　叶朗审定
新华出版社　1991年12月　105千字　146页

巫文化是世界民族文化历史中普遍的现象，中国巫文化具有中华民族的历史特点。民众的巫术心理和巫术意识，借助民间美术这一特定载体在民俗活动中表现十分明显和强烈，成为巫俗活动不可缺少的组成部分，巫俗活动也因这些民间美术品而得到强化。本书为"神州文化集成丛书"之一，以中国民间美术为切入点，诠解了中国传统巫俗及现存的巫文化。揭示了古代艺术与巫术的关系。全书分为"民间美术与巫术"、"民间木刻版画与巫文化"、"民间剪纸、刺绣与巫文化"等7章。作者强调，在后代巫文化的长期传承过程中，除有巫术习俗、巫术行为动作、仪式规则等有形传承外，更多的属于民众内在巫术意识的无形传承。

仙话：神人之间的魔幻世界（中华本土文化丛书）
梅新林著
上海三联书店　1992年6月　170千字　222页

就文化创造的深层动力而言，仙话乃是生命意识觉醒的产物。中国仙话诞生于中国神话之母体，营构出一个交织着神的超凡魅力和人的世俗欲望、介乎神人之间的魔幻世界。本书为"中华本土文化丛书"之一，是海内外第一部系统研究仙话的学术专著。作者从人类生命意识发展的宏观途程上，以大量第一手资料，综合运用神话学、宗教学、民俗学、考古学等研究成果，对仙话这一特殊文化现象的远古渊源、发生过程、演化规律、谱系结构、故事类型、主题变奏、多重效应与深层意蕴诸方面进行了系统和深入的探讨。同时，又以此为窗口和范本，对中国文化的内在精神作一番新的透视和观照。全书分为"生命意识的觉醒"、"神仙方士的崛起"、"神话的仙话化"等8章。作者直面中国"仙话研究"的冷淡景况，率先以生命为题中要义将其纳入自己的学术视野，以期获得对中国文化精神及其内在矛盾冲突与深层意识的新的体语与认知。

中国巫术史（中华本土文化丛书）
高国藩著
上海三联书店　1999年11月　569千字　764页

巫术，作为中国一种特殊的文化形态，有着几千年的历史传承和非常丰富的内容。"巫文化"，是以巫与巫师的特有的视角来看待世界的一种独特的文化，在这个色彩斑斓的巫文化的领域中，自然的知识与社会的知识，男人的习俗与女人的习俗，各种的文字与各形的图画，古代的文化与现代的文化奇异地交织在一起，充分展示了巫文化的神秘性，巫文化的社会功能也得到充分地表现。本书为"中华本土文化丛书"之一，作者根据我国从古至今确凿的史料，以敦煌巫术为轴心，对我国原始时代商周、春秋战国，直至清朝民国至今的巫术流变史作了系统的考察和论述。全书共43章。第1—5章是总说巫术的概念，并对巫师的条件、类别、名称、装扮与乐器，以及贯穿中国巫术史的四大类巫术作了全面介绍。第6—43章为本书重点，作者以历代皇帝和宫廷里的人们对巫术的爱好，以及他们利用巫术所展开的惊心动魄的斗争为基本线索，深入探考了中国先秦至现代巫术史：一是着重对各朝皇帝、妃子、太子、皇族、大臣等的巫术作了论析；二是着重对各朝异族奴隶主统治者的纵巫与宠巫作了论析；三是着重对民间在各朝著名的巫术、各代巫术的特点、佛道宗教对各朝巫术的渗透作了论析；四是从比较文化的角度，与外国流行的巫术作了对比论析。本书指出，用巫与反巫成为宫廷内部权力斗争的一个突出的现象，成为历代封建王朝割不掉的毒瘤，巫术对中国古代政治、经济、文化的发展起了限制与调控的作用。

中国古代巫术
胡新生著
山东人民出版社　2005年6月　400千字　457页

中国古代巫术有着久远的历史和丰富的内容。巫术信仰和巫术活动在中国古代社会特别是下层人民中间一直保持着相当炽盛的态势，它对古代政治、军事、法律、文化、民俗以至中国人的思维方式和价值观念都曾发生深刻的影响。本书的研究旨趣是分类整理中国古代巫术标本，说明每种巫术的形态和源流,以求对中国古代曾经盛行的典型的巫术(即被用于直接控制自然、社会和个人生活的发展进程的那类巫术)作一次全面的梳理。全书分为"导论"、"古代巫术灵物与一般辟邪方法"、"控制自然与禁治病症的巫术"、"控制人类行为和情感的巫术"4章。书中所涉及的研究工作包括以下三方面:为中国古代形形色色的攻击性巫术划分类别和种属,揭示同类巫术中不同分支的形态差异及其内在联系;详细考察每种巫术形成、发展、演变和衰落的历史过程;对一种巫术能够盛行的文化背景以及它对中国古代社会生活所产生的影响作出说明,对某些具有典型意义的事件或案例作尽可能完整的引述和重点剖析。

谶纬与神秘文化(神州文化图典集成/季羡林总主编)
李中华著
中央编译出版社　2008年3月　160千字　166页

盛行于中国汉代的谶纬主要以古代河图、洛书神话、阴阳五行学、天人感应说理论为依据,将自然界的偶然现象神秘化,并视之为社会安定的决定因素。谶是秦汉时期巫师、方士预示吉凶的隐言;纬是附会儒家经典,以完成经书的义理和旨意。谶纬作为中国古代文化中的一种神学启示,对中国古代社会政治、经济、哲学、文学、道德、伦理、科学、艺术、宗教、神话产生了深刻的影响。本书为"神州文化图典集成"丛书之一,全面介绍了纬书的由来、演变及其历史文化蕴涵,着重探讨了纬书与汉代经学、哲学、伦理、科学、文学艺术及汉代神话的内在关系,从而透过"谶纬"这一独具中国特色的神秘文化现象,展现了中华传统文化的独特魅力。全书共7章。内容涉及纬书的名称及其义蕴、纬书的起源及其流裔、纬书与今文《尚书》、纬书与今文《春秋公羊传》及《春秋繁露》、天人感应论、宇宙创生论、神舍元气论、"八卦为体"的道德论、"三纲五伦"的尊卑论、"性本情末"的性情论、纬书与汉赋辞章、创世神话、历史人文神话、圣人神话等方面。

灰暗的想象:中国古代民间社会巫术信仰研究(上、下册)(俗文化研究丛书/项楚主编)
刘黎明著
巴蜀书社　2014年6月　970千字　1251页

巫术作为人类征服自然或克服生活难题的虚幻手段,有着极其悠久的历史和顽强的生命力,即使在科学已经发达的今日,我们依然可以在现实生活中觉察到这种古老信仰的蛛丝马迹。本书为"俗文化研究丛书"之一,亦是一部针对中国古代民间巫术信仰做通史性研究的专著。书中充分利用传统的文献学、文学、语言学的研究理论、方法和研究成果,努力吸收国内外宗教学的研究理论和研究成果,并采用多重比较法(汉民族与中国其他民族之比较、中国与外国之比较)、多重印证法(文献记载与出土文物相互印证、古代巫术信仰与现代习俗相互印证),将深入的个案与一般描述相结合,从多个角度对中国古代巫术信仰进行了全面系统地研究。全书共7章。第1章为导论,首先对巫术的定义、基本原理及其学术意义和研究现状作了详细介绍。第2章论述中国古代民间巫师的来源、巫师神通的方式与法器,中国古代民间巫师的社会地位,古代民间巫师与淫祠的关系等。第3章论述古代民间巫术活动中的咒语与符箓,内容涉及关于咒语和符箓的理论研究,古代民间咒语与佛教、道教的关系,符箓的形式和使用等方面。第4—5章是关于古代民间巫术的类型分析,包括农业巫术、婚姻与生育巫术、驱病巫术、驱鬼巫术、丧葬巫术、毒蛊巫术、偶像伤害术等。第 6 章论述古代巫术与社会政治的关系。第 7 章论述古代巫术与社会文化的关系。结语部分对古代民间巫术的社会角色、古代民间巫风与社会进步、皇权与民间巫权的根本分歧所在、古代民间巫术与古代宗教的双向渗透等方面问题作了整体性地概括、分析和总结。

籤占与中国社会文化
林国平著
人民出版社　2014 年 10 月　755 千字　763 页

籤占是中国古人预知未来的古老方法之一，是对中国影响最大的占卜形式，在中国，绝大多数宫庙寺院备有籤谱，供善男信女占卜。实际上，籤占的影响不但广泛，而且深远，至今在中国大陆、港澳台地区、东南亚华人华侨聚居地、日本、韩国、美国等地民间仍然流行。中外学者对籤占的关注开始于 20 世纪 30 年代，进入 21 世纪以来，籤占的研究方兴未艾，相对于籤占对中国及至日本、韩国、东南亚地区的巨大影响而言，无论是在深度上还是广度上都还很不够。本书是迄今最为详实的研究籤占与中国社会文化的专著。作者基于大量的历史文献、从民间收集的近两千套籤谱和丰富的社会调查资料，立足于历史学本位，吸收宗教社会学、文化人类学、民俗学的理论和方法，以闽台区域为中心，对籤占的源流、籤占的方式与仪式、籤占的兆象、解籤人与解籤方法、籤占与宗教信仰、籤占与古代社会、籤占与地域社会、籤占与当代社会、籤占在海外的传播和影响等问题进行全面而细致的研究，深入分析籤占的理论基础、文化内涵，进而揭示籤占长盛不衰的原因和特别"灵验"的奥秘，为观察中国社会文化提供了独特的视角。全书共 14 章。书中配有大量抽籤人、解籤人的调研数据和近三百张珍贵图片，用较大篇幅对鲜为人知的药籤进行了深入研究，使读者能对籤占与中国社会文化的密切关系有更直观的认识和了解。

天神与天地之道：巫觋信仰与传统思想渊源
郭静云著
上海古籍出版社　2016 年 4 月　1238 千字　919 页

中国传统思想奠基于战国时代的"百家争鸣"，而战国时代的思想，不仅代表了当时的社会思想，更可溯及三代乃至更早时代的天地与人生观念，滥觞于中国先民多元的巫觋文化信仰中。本书的主旨是透视中国青铜时代精神文化的源与流。作者以上古信仰和传统思想为主要研究对象，运用人类学、考古学、宗教学、古文字学等研究方法，结合大量传世文物和文献材料，对商代的天神信仰及其演变进行了全面系统地考察研究。内容涉及上古神龙形象的来源，商代双嘴龙的信仰，"申"字的演变，商代神纹的来源，凤、虎、鸟神的神能及崇拜，天帝的概念，商代礼器上的人面像，甲骨卜辞上下若的意义，先秦"神明"的概念，商代"五色"概念的形成，商周"道"的本义及演化等。全书分为"昊天充满神兽：商文明祈天的信仰结构"和"从天神到天地之道：易与道观念的先迹"上、下二编。上编（11 章）主要通过对与三代信仰有关的礼器造型纹饰的观察、分析和解读，来探索上古的神秘形象，包括神兽与非兽形的"祖"和"帝"及其在历史上的演化，以及巫师的身份及礼仪。其中前 5 章着重讨论"龙"之形象的由来，证明中国崇拜龙神的大文化传统滥觞于上古农民对昆虫幼虫的崇拜。下编（5 章）旨在探索商代无形体的信仰对象和相关概念，包括天地、四方、五色、神明以及若干易学和道家文化的关键概念在上古的信仰基础及其哲理化过程。作者一方面阐明战国百家所争鸣的命题，实际上都源自上古信仰的脉络；另一方面发现，信仰中的抽象概念与偶像崇拜毫无矛盾，两者表达同一脉络的文化观念。

方术与中国传统文化
张荣明著
学林出版社　2000年5月　339千字　444页

　　方术是中国传统文化重要的组成部分。自古以来，对于施政方略、用兵打仗、擢拔人才、赴考求官、货殖谋利，乃至婚姻嫁娶、造房筑坟，自帝王贵族至于黎民百姓，无不求助于方术而企图趋吉避凶。或许可以说，不了解各类方术的具体内涵与来龙去脉，就不可能深刻理解古代中国思想文化和社会风俗的独特面貌与内在涵义。本书主要从文化史及思想史的角度探究了方术在中国历史上的渊源、发展和演变，以及与政治、军事、宗教、哲学、中医学等中国思想文化暨社会风俗的种种关系。全书包括：命理术、相术、风水术、望气术四篇。"命理术篇"（3章）对命理术的起源、形成及中国思想史上探讨命运的六大流派作了考证和论述。"相术篇"（7章）介绍相术的渊源、发展与核心内容，并对相术在历史上的作用及其对古代政治的影响、相术与中国传统文化等加以阐释。"风水术篇"（8章）介绍风水术的渊源、发展、流派及历代名家，探讨风水术的两大类型、风水术与儒道释人物、风水术的古代批判与现代评价等。"望气术篇"（5章）介绍望气术的渊源、发展及其所谓预测功能，说明望气术与中国传统文化的关系以及古今人士对它的评价。

中国方术正考
李零著
中华书局　2006年5月　350千字　430页

　　方术，于《汉志》六类，属于其后三类。它的前三类是六艺、诸子、诗赋，属于人文，后三类是兵书、数术、方技，属于技术。方术就是数术、方技的统称。技术在当时还是学术之半，有一定地位。但隋唐以来，按传统的四部分类，数术、方技只是子部底下的一个小分支，地位就不行了。本书是李零教授的代表作之一，书中以战国秦汉时期流行的"数术方技"（而不是整个"方术史"）为研究主题，第一次结合考古材料（而不是传世文献），系统总结了中国早期的方术知识对中国科技史、中国思想史乃至中国文化的研究所具有的重要的启发意义，揭示了方术与"天人分裂"（而不是"天人合一"）观念产生的内在关系及其对中国早期宗教传统形成的影响。全书分为"数术考"和"方技考"上、下两篇，共8章。上篇（第1—4章），主要讲述占卜体系与有关发现、式与中国古代的宇宙模式、早期卜筮的新发现等。下篇（第5—8章），主要讲述炼丹术的起源和服食、祝由，马王堆帛书中有关"行气、导引"之术，以及马王堆房中书文献等。

中国方术续考
李零著
中华书局　2006年5月　400千字　381页

　　在中国的古书中，"方术"很特殊，说科学不像科学，说宗教不像宗教。只缘于其涉及两大问题，一大问题是宇宙，一大问题是生命。中国的"方术"当然不等于现代的科学技术，但也未必可以称之为"巫术"。就总体而言，它不但同民族志上习见的那种原始巫术（如所谓"萨满教"）

有相当距离，而且同战国秦汉时期的巫术也有很大区别。本书是李零教授的代表作之一，亦为其先前所著《中国方术正考》一书的续补。书中以考古材料为主，将"现代化"的古代思考作为贯穿整个研究过程的主线来讨论早期方术，结构虽然比较松散，但思路较前书更为开阔。全书分为"方术四题"、"咬文嚼字"、"究原竟委"、"礼仪为本"、"星官索隐"、"地书发微"、"数术丛谈"、"方技琐语"八个部分。具体内容包括：利玛窦与"三首巨怪"、卜赌同源、先秦两汉文字史料中的"巫"、战国秦汉方士流派考、秦汉礼仪中的宗教、"太一"崇拜的考古研究、"南龟北骨"说的再认识、东汉魏晋南北朝房中经典流派考等。

中国方数文化思想方法研究
马保平著
中国社会科学出版社　2007年12月　300千字　270页

冥冥之中有上帝，那么规律就是上帝。历史的谜，终究要靠历史的科学破译。在科学思想的指导下，中国传统方数文化有无限的"转用"空间，无论是古代的占卜术、星相术、易占、象占、梦占、式法、杂占，抑或相术、择吉、八字算命、长生术、养生术、气数、定数等，都有极大的破译、解读与"转用"的天地。本书是中国兰州商学院院长、统计学教授马保平先生对中国方数文化思想方法的研究专著。书中以现代科学为基本视角，系统阐述了中国古代方术中隐含的"天人合一"、"宇宙动态平衡"与"天地人相似法则"等重要思想，解析了古人的阴阳思辨、五行辩证、以数代象等哲学思想与辩证理念，介绍和说明了古人的生命回归观念、天人交接思想与天人交接的具体思路及方法技术体系，并对此作了认真评议。全书分为"方数文化概述"、"宇宙社会观的天人合一思想"、"古人的动态平衡思想"、"天地人相似法则的思想"、"古代方数文化的思辨方法与以数代象法"等8章，其所述内容揭示了中国古代方术中隐含着的古人的思想认识，提出了一些新观点，对于从现代科学的立场出发来探察中国方数文化的奥秘具有一定的指导意义。

王权与神权：周代政治与宗教研究（当代大学书林·历史学书系/贾非贤主编）
李向平著
辽宁教育出版社　1991年9月　190千字　256页

中国宗教的个性特征形成于古代周王朝时期。在这一时期，世俗政治首脑将"神道"置于"王道"之下，建构了以"敬天法祖"为内核的古代中国伦理政治的基本模式。宗教神权和世俗政治的交集与纠葛，于是演化为"天帝崇拜"逐步被"政权化"、"道德化"的动态过程。本书为"当代大学书林"丛书之一，是作者运用马克思主义政治学、宗教学原理和方法探讨"中国宗教与中国政治两者关系"的一篇博士论文。全书共分6章。书中通过对周代神权与王权、宗教与政治的关系的研究，确证了周代宗教体系由天神、地祇、人鬼三大主干构成，并以天帝崇拜为主体，形成了反映或象征周代神权政治伦理（祭祖配天）的政权神权化和神权政权化的宗教神权特征。本书指出，中国古代伦理政治模式正是在"王权神化、神权政治化"的交替过程中孕育、成长起来的，中国宗教以敬天法祖为价值导向的信仰结构也由此而铸定，并从此走上一条依附政治、王权以"庄严国土"的发展道路。

伍、中国宗教、民族宗教、民间宗教

中国的国教：从上古到东汉
张荣明著
中国社会科学出版社　2001年3月　326千字　410页

国家宗教是一种隐性的、入世的宗教。它强调社会等级和秩序，并为国家的存在提供集体道德、公共思想等终极价值依据。但是，国家宗教并未拥有像民间宗教一样的显性的教团组织和教会机构。在历史上民间宗教一元化的国家中，民间宗教的信仰体系、宗教道德、宗教教义诸方面往往与国家宗教相混合，这就容易引起二者在概念区分上的误解。而从国家宗教研究的立场看，"政教合一"乃一种古典形态，它与通常所指的国家宗教既有一致性，又有差异性。因此，国家宗教可理解为仅是针对具有政治属性、为政治秩序服务的宗教的规定和命名，是一种对社会功能属性的逻辑判断。本书围绕儒教成为中国的国教问题，论述了商周时代的国教信仰和汉代国家信仰的创立，计12章。作者通过对国家宗教、民间宗教、官定宗教、国民宗教和政治宗教的分析指出，国家宗教与民间宗教的本质差异在于儒教讲等级和天命纲常，道教讲修行长寿成仙；儒教讲结果的不平等，道教追求结果的平等。总体而言，国家宗教既是民间宗教之子，也是民间宗教之母，它是一个国家内各种民间宗教信仰的共同归属，是国民共同的政治伊甸园。

郊庙之外：隋唐国家祭祀与宗教（三联·哈佛燕京学术丛书）
雷闻著
生活·读书·新知三联书店　2009年5月　344千字　412页

国家祭祀反映了一个时代对于天、地、鬼神的观念，也反映了皇权在天、地、人中不同时期的不同定位。在漫长的发展历程中，国家祭祀逐步形成一个内涵丰富的文化传统，它不仅仅是一套仪式与象征系统，而且其背后隐含着一整套观念与信仰系统。本书为"三联·哈佛燕京学术丛书"之一，是作者在其博士论文基础上修订、增补而成的一部探讨"隋唐国家祭祀"问题的专著。书中打破了此前学者关于国家祭祀与民间社会相隔绝、与民众个人宗教信仰无关的看法，试图将隋唐国家祭祀与宗教信仰这两个领域贯通起来，从具体的实践层面及二者的互动关系入手展开深入研究，刷新我们对于国家礼制与宗教关系的认识。全书共分4章。第1章是对国家祭祀体系本身宗教性的研究。第2章主要探讨国家祭祀与道教、佛教这些制度性宗教的互动关系。第3章从礼制的角度出发，重点考察国家祭祀与各种地方祭祀的互动关系。第4章通过对"祈雨"这一祭祀行为的研究，考察唐代国家礼制的世俗化倾向及其与宗教的结合，并揭示其特点。附录中的《〈唐华岳真君碑〉考释》是对近年重新发现的一方道教石刻的详细研究，该碑是开元十九至二十年（731—732）唐玄宗在五岳二山建立真君祠的重要见证，反映了国家祭祀与道教的互动关系，弥足珍贵。

唐代女性与宗教
焦杰著
陕西人民教育出版社　2016年4月　350千字　316页

唐代女性与宗教的关系是一个值得深入探讨的课题，对我们更加全面地了解唐代宗教的传播及民众信仰的情况有着重要的意义。本书为"国家十二五规划重点图书"之一，作者以唐代宗教文化为切入点，以"宗教对女性生活的影响，以及女性对宗教的介入是如何促使唐代宗教产生细微的变化的"为考察重心，对唐代女性与佛教和道教的关系作了系统而客观地分析论述。全书包括"佛教卷"和"道教卷"两个部分。佛教卷由5章组成：第1章探讨唐代女性信仰佛教的原因，分别围绕着受家人影响、功利目的和心理需求三个方面进行；第2章考察唐代俗家女信徒的佛教生活与佛教活动，包括佛教俗家女信徒的种类、诵经写经和开窟造像及舍宅为寺三个方面；第3章研究佛教信仰对唐代女性生活的影响；第4章探讨唐代比丘尼的宗教活动与社会活动；第5章考察唐代女性与观音女性化过程中的互动关系。道教卷也由5章组成：第1章探讨唐代女性尊奉道教的形式及其宗教活动；第2章考察唐代女性遵奉道教的原因；第3章探讨奉道活动对唐代女性生活的影响；第4章以唐代公主为考察对象，内容涉及入道为冠的公主人数、公主入道的原因与年龄及其道观生活三个方面；第5章探讨唐代的女冠诗人与女冠诗的创作，重点是李冶、鱼玄机、薛涛三位女冠诗人的生命体验，及道教和道观生活与女冠诗创作之间的关系。

2. 儒道佛三教关系
（1）儒教研究

儒教问题争论集
任继愈主编
宗教文化出版社　2000年11月　383千字　482页

　　儒教是教非教问题，关系到对传统文化性质的理解，是传统文化研究中事关全局的重要问题。1978年"儒教是教"说被提出以后，在学术界引起了重大反响。从那时起至今，对这个问题的争论持续不断，近年来其争论范围更加扩大，反映着儒教是教非教问题引起学术界愈为广泛的关注。本书汇集了儒教相关问题研究的36篇论文，就儒教的性质、儒学与上帝观的比较研究、朱熹与宗教等具体议题展开讨论。其中任继愈《论儒教的形成》《儒家与儒教》二文可视为"儒教是教"说的代表，而《儒教不是宗教：试论利玛窦对儒教的看法》（林金水著）及《儒学非宗教论：与任继愈先生商榷》（周黎民、皮庆侯著）等文章则提出与之相反的主张。双方各抒己见，从更宽广的视域上将儒教问题研究推向深入。

中国儒教史（上、下册）
李申著
上海人民出版社　1999年12月—2000年2月　1474千字　2009页

　　儒教，是整个中国古代文化和统和宗。它不仅总统着一切方面，把它的精神贯彻到各个方面之中，构成了中国古代文化的大背景，其他一切文化建树，都须以儒教精神为出发点，也以儒教精神为归宿。"儒教是教"说则是中国大陆近20年来在宗教和传统文化研究领域最重要的创新学说。它否定了近百年来学术界认为中国古代是"非宗教国"的一致"定论"，真实地再现了中国传统文化的本貌，为理解中国传统文化的根本性质及一系列重大历史事件提供了全新视角。本书以丰富的资料、严密的论证、深刻的分析、流畅的语言叙述了儒教从产生到消亡的历史，揭示了儒教的神灵系统、祭祀制度、教义教理等从创立、不断完善到逐渐走向衰亡的过程。全书分上、下册，共13章。上册（第1—5章），首先介绍了由传统的宗教信仰，春秋和秦汉之际的祭祀活动，老庄、墨子、孔子及阴阳家的天人主张所构成的儒教前史，其后分别论述了西汉至隋唐时期儒教的诞生、发展和演变；下册（第6—13章），分别论述了宋代直至清后期儒教从复兴走向灭亡的历史过程，最后论述了儒教余波与科学的胜利。本书以"儒教是教"立论，旨在表明：在儒者们看来，他们所讲的仁义礼智、三纲五常，正是天即上帝的意志；儒者们可以反对礼制以外的淫祀，可以反对神人同形，但是不反对鬼神的存在，特别是不反对上帝的存在和它对世界的主宰、对人的赏善罚恶；所谓圣人，就是人神的中介，是天意的传达者。

儒教问题：争鸣与反思
韩星著
陕西人民出版社　2004年6月　265千字　377页

"儒教问题"狭义上说就是中国大陆20多年以来争论的儒教（儒学）是不是宗教的问题，构成了一段是与非的历史；广义的说就是围绕儒学与宗教相关方面的问题群，形成了广泛而多样的讨论。本书围绕中国大陆20年来对"儒教问题"的争论以及海外对儒教问题的探讨，对儒教大辩论所涉及的主要问题以及中国大陆的儒教派进行了全面的叙述和历史性反思。全书共4章。第1章是对20年来中国大陆关于儒教问题的争论的回溯性概述。第2章是对2001年至2002年发生在"孔子2000学术网站"上的儒教大辩论的综述。第3章介绍海外对于儒教问题的关注点和探讨情况，显示了这个问题的普遍意义。第4章是以1949年以来中国大陆学术思想发展的曲折道路为背景，对中国大陆的儒教派进行历史性反思。结论部分对人们现在所关注的儒学和宗教的几个问题作出回应。"附录"部分收入作者在参与"孔子2000学术网站"上的儒教大辩论的过程中所写的几篇针对李申先生的《中国儒教史》的商讨文章。

中国儒教论
李申著
河南人民出版社　2005年1月　367千字　474页

关于儒教是教非教的问题，首先牵涉到中国传统文化的性质问题，只有正确地认识了中国传统文化，才能正确地利用传统文化，才能正确认识中国的国情，才能正确处理有关中国传统文化的事务。其次，它也牵涉到宗教的本质问题，对于建立中国独立的宗教学有着重要的意义。本书在作者先前所著《中国儒教史》的基础上，展示了儒教问题的各个方面，并与其他公认的宗教进行比较研究，通过这种比较所揭示的宗教本质，阐明儒教的宗教性质。全书以问题为中心，对儒教性质、理论价值、社会作用、思维方式各方面作了全面解析，分为"儒教的彼岸世界"、"儒教的此岸组织"、"天人之际及其演改"、"天意的载体"、"天意与事天"、"儒者的事业和追求"等12章。内容涉及中国上古的神祇观念、儒教的上帝观念、儒教的神灵系统、儒教国家的祀神部门、天子及诸臣的使命、皇帝及各级官员的祭祀职能、天人感应说、天道自然说、天赋性理说、儒教占卜术、儒教哲学的心性论、儒教与诸文化领域的关系、儒教和其他宗教的交往等。

儒学与儒教（四川大学"儒藏"学术丛书）
李申著
四川大学出版社　2005年8月　426千字　579页

儒学，为孔子所创立，至孟子、荀子时又有所发展。到了汉代，董仲舒把孔子学说和传统宗教相结合，创立了儒教。宋代以后，儒教在理论上更加成熟。儒学，在汉代以后，是儒教中的理论部分。本书为"四川大学'儒藏'学术丛书"之一，收录了李申教授从事儒学与儒教研究20多年来所撰写的相关论文、书评及综论等40余篇。这些文章大多见诸于国内学术刊物或曾公开出过,集中反映了作者在该研究领域的主要观点和见解。全书分为"探索篇"、"论述篇"和"反思篇"三篇。探索篇包括《儒学、儒教与自然科学》、《辽代宗教》、《玉皇大天帝与儒教和道教的融合》、《中国古代宗教的思维方式》、《"儒教室"与儒教》、《中国上帝的起源》、《气质之性源于道教说》等。论述篇包括《关于儒教的几个问题》、《中国古代有一个儒教》、《儒教是宗教》、《三教关系论纲》、《儒教、儒学和儒者》等。反思篇包括《中国哲学的气论和儒教》、《对〈儒学宗教论若干问题论据的质疑〉一文的回答》、《儒教的正祀和淫祀》、《儒教的仁爱在当代》、《谁打倒了孔家店》等。

儒教研究(2009年卷总第1辑)
卢国龙著
社会科学文献出版社　2009年10月　451千字　445页

　　中国的百年现代史,是中国人在旷古未有的大变局中谱写的。伴随着政治经济层面的社会巨变,儒教也发生并且继续发生着深刻的变革。这个变革是隐性的,是蝉蜕式的。特别是从20世纪80年代以来,儒教的精神传统又在中国社会的各阶层自发地复苏。从儒教复苏的种种迹象来看,似乎可以说,中国的现代化百年,同时也是儒教完成一次蝉蜕的百年。本书由中国社会科学院儒教研究中心主办,是我国迄今为止正式出版的第一份专业儒教研究刊物。全书分为:儒教信仰、儒教研讨、儒家礼仪与道德生活、儒学天地、域外儒家、儒耶比较和书评书讯七个栏目,共收录我国大陆及港台有影响的儒教和儒家思想研究专家撰写的论文24篇。这些论文论证严谨,资料翔实,观点新颖,代表了当前我国儒教研究的水平。论文包括《重返孔子的信仰世界》(卢国龙)、《在泰山与鸿毛之间:儒家存生取死的价值观》(罗秉祥)、《论儒家的宗教精神及生活世界》(林安梧)、《儒教是中华民族凝聚的文化基础》(张践)、《儒教的"救世神学":论波儒对"礼"符号的"理"性解读》(张颖)、《宗教化、制度化与本土化:印度尼西亚孔教的百年发展》(王爱平)等。

儒教问题研究(尼山文库)
黄玉顺著
人民出版社　2012年8月　198千字　193页

　　自近现代以来,中国的命运问题始终是与儒家儒学的命运问题密切联系在一起的,儒家儒学的衰落与复兴,又始终是与围绕"儒教"问题的争论密切联系在一起的。因此,"儒教"问题始终是近代、现代和当代中国思想学术领域的一个重大问题,持续不断地出现争论高潮。本书为"尼山文库"丛书之一,是作者近10年来关于"儒教"问题的思考成果,共收录论文15篇,其中大多数文章曾公开发表过。全书包括五个部分,主要从四个方面对儒教问题进行了研究。"儒教问题与中国哲学"部分,是从一般哲学和一般宗教学的层面上研究宗教问题与"儒教"问题的理论成果。"儒教问题与当代'儒教'评论"部分,是对当代"儒教"问题的一场争论的著名代表人物的观点的分析评说。"儒教问题与生活儒学"部分,是根据作为当今重要儒学派别的"生活儒学"的观念,来对"儒教"问题进行的思想理论探索。"儒教问题与当前'儒教'批评"部分,可以说是当前最新一轮"儒教"问题争论的忠实记录。

伍、中国宗教、民族宗教、民间宗教

儒教重建：主张与回应（儒生文丛·第1辑/任重 刘明主编）
任重主编
中国政法大学出版社　2012年9月　310千字　295页

　　中国自古儒、释、道三教合一，儒教居三教之首。在传统向现代交替的过程中，儒教是否宗教、儒教是否该重建、儒教在今天应该是何种形态等命题成为学术思想界的热点，不断引发讨论。对儒教重建的关注，成为当代"大陆新儒家"的一大突出特点。本书为"儒生文丛"之一，选辑了当代儒家新锐对儒教重建问题的深入讨论和最新看法，为中国现代精神价值体系建设提供了新的思路。全书分四编，共收录相关论文、访谈、评论等26篇。具体包括《关于重建中国儒教的构想》（蒋庆）、《儒教之公民宗教说》（陈明）、《重建儒教的危险、必要及其中行路线》（张祥龙）、《当代中国儒学宗教新走向：杜维明先生访谈录》（宋元）、《儒教不是恢复而是重构：陈明先生访谈录》（刘敬文）、《历史的任务与儒教的自我主张》（唐文明）、《关于把儒家定义为"宗教"的现实意义》（陈勇）、《儒教建设十年扫描：理论方案、组织实践与未来趋势》（董琳利）、《儒教只能走民间化的道路：中国大陆关于儒教问题的最新讨论》（韩星）等。

儒学与人生（中国社会科学院老年学者文库）
钟肇鹏著
社会科学文献出版社　2014年1月　133千字　217页

　　儒学是中国传统文化的主流，从汉武帝定儒术于一尊直到清末2000多年的中国封建社会里，儒学居于统治地位，儒学不是宗教，却具有宗教的作用。儒学中有糟粕、有精华，核心是"仁体礼用"、"礼之用，和为贵"，倡导和而不同，各得其所，各尽其能，各安其位，各司其事，各尽其职，自强不息，和谐共进，日新又新，达于尽善尽美，臻于世界大同。如何去其糟粕、取其精华，是当代社会的重要课题。本书为"中国社会科学院老年学者文库"丛书之一，收录了作者从历史、哲学和宗教等多个角度探讨"儒学与人生"问题的文章15篇。全书分为"儒学"与"人生"两编。"儒学编"主要从儒家哲学史的方面，分别论述了先秦的孔子、孟子、荀子的思想，汉代大儒董仲舒及宋代道学的集大成者朱熹的思想。"人生编"讲对儒学要全面地理解，儒学以修身为本，修己安人，德行为先，贵在提高人的思想境界，给人一个安身立命之地。作者认为，儒学就是人学，就是教人学会做人。哲学不是空谈，要落实到实践上、行动上。

儒教与道教（凤凰文库·海外中国研究系列/刘东主编）
［德］马克斯·韦伯著　洪天富译
江苏人民出版社　2008年4月　250千字　256页

　　本书为"凤凰文库·海外中国研究系列"丛书之一，是韦伯宗教社会学的一个重要组成部分，也是海外研究中国文化和中国社会必须参考的重要著作之一。在本书中，韦伯以《新教伦理与资本主义精神》所提供的资本主义的"理想型"为参照系，对世界各主要文化的经济伦理原则进行了研究，着重对儒教和道教的社会伦理原则以及中国社会的各个方面进行了深入分析，指出中国传统社会没有生长出资本主义精神的内在原因，即"中国之所以没能成功地发展出像西方那样的理性的资产阶级资本主义，其主要原因在于缺乏一种特殊宗教伦理作为不可缺少的鼓舞力量"。全书由"社会学的基础"、"正统"和"道教"三篇组成，共8章。第一篇（第1—4章）为物质部分，韦伯重点考察了与他的主题密切相关的五个中国社会的物质层面：货币制度、城市与行会、家产制国家、氏族（血缘）组织以及法律。第二、三篇（第5—8章）为精神部分，韦伯集中考察了理性资本主义无法在中国出现的"心态"因素：儒教和道教。

（2）三教关系

中国传统文化中的儒道释（中国文化与文化中国丛书/庞朴主编）
汤一介著
中国和平出版社　1988年10月　215千字　302页

近现代中国为什么没有出现对全世界哲学有重大影响的思想家，这和中国文化能否现代化和世界化有着密切的联系。因此，如何认识中国传统文化就成为我们时代的重要课题。本书为"中国文化与文化中国丛书"之一，汇集了21篇有关儒道释研究的论文。作者对中国传统文化中的儒、道、释如何影响着中国文化的各个方面，原有文化传统在与外来文化接触后会发生什么问题，传统文化如何走向现代化，现代中国文化可能如何发展以及研究中国传统思想文化在方法上应注意哪些问题等，均作出相应解答。所选文章大多在国内各学术刊物上公开发表过。

儒道佛人物及传说
王彬　白沙主编
农村读物出版社　1992年12月　435千字　609页

中国传统文化的精髓，集中于儒、道、佛三家。而要厘清这三家思想的主旨、冲突与融合，自然离不开其各具代表性的重要人物。因为教派人物本身不仅是宗派理论的创始、实践或弘扬者，亦兼具独放异彩的迷人魅力。譬如"天师道"的创立者之一张角，既是道家思想的重要传承人，又是黄巾起义的农民领袖；再如晚清儒家学派的代表人物康有为，既糅杂西学，依托公羊学派，托古改制，又是戊戌变法的核心骨干。凡此种种，叙述这些人物的生平与思想，评说他们的心路历程，可以加深人们对中国传统文化的认知。本书简要介绍了中国儒道佛三家重要人物的生平、思想及其历史贡献，以这些人物的成长历程为线索，对支配了中国几千年的思想模式进行梳理和探讨。全书分为"儒"、"道"、"佛"三部分，并附"民间诸神"、"道教诸神"、"佛教诸神"3篇，意在通过"正史人物"与"神化人物"的对比式叙述，展示他们"如何从人转变为神"，进而印证"任何一种文化在民间的传布轨迹往往托庇于宗教"，即"人物的神化效应"的基本范式。

佛教与儒道的冲突与融合：以汉魏两晋时期为中心（儒道释博士论文丛书/汤伟侠　卿希泰等主编）
彭自强著
巴蜀书社　2000年8月　210千字　310页

儒、道对佛教的排斥、同化与利用，佛教对儒、道的依附、抗衡与渗透，构成了佛教与儒、道关系的主线，贯穿于佛教中国化的过程之中。本书为"儒道释博士论文丛书"之一，作者运用解释学和比较学的方法，对汉魏两晋时期儒、道、佛三教的冲突与融合的过程、内容和特点作了比较系统的论述，探究此一时期三者互动的规律。全书共7章。第1章从汉代一般人对佛教的理解和佛教界自身对佛教的理解两个方面来说明汉代佛教对儒、道的完全依附；第2章借助安世高和支谶所译佛经中几个概念的分析以及对康僧会佛教思想的归纳，来说明佛教独立性的初步体现；第3—4章着重厘清佛教般若学与魏晋玄学相互交融的线索，并对相关人物及思想作个案分析；第5章论述佛教对"老子化胡说"和《老子化胡经》的回应；第6章重点分析慧远《沙门不敬王者论》的内容及其意义；第7章主要探讨佛教因果报应论与反佛者的形神观之争。

神圣的突破：从世界文明视野看儒佛道三元一体格局的由来
钟国发著
四川人民出版社 2003年10月 610千字 784页

儒释道三教（三个文化场）所代表的中国传统文化构成了一个系统性的文化空间。三教虽各成一系，却彼此交融。然而它们所追求的价值中心是不同的：儒教尊崇现实性的理想，着重于集体秩序；释、道二教则在教义上张扬超越性精神，强调个人自由。正是由于三教的中心不同，才能够在不同的层面满足社会需求、发挥主导作用，且并行不悖。本书立足于世界文明和中国悠久历史的大视野，将中国社会、文化和宗教都视作包含着众多要素的复杂的结构体，以此为分析框架，考察了中国三教形成的过程以及"三教一体"格局的形成根据和发展轨迹，较为完整地叙述了这一格局对于中国国家变迁和民众性格形成的深远影响。全书包括"前提"、"始基"、"初形"、"周礼"、"突破"、"调适"等十二篇，共计43章。作者在书中以大量事实论证了中国民间民俗信仰是在长时段上影响文化空间变化的最主要因素，说明了中国宗教既有与世界其他宗教同样的共性，又具有世界其他宗教所没有的个性，并且出现了其他国家没有的各宗教既融合又对抗的局面，指出"三教一体"并非仅是统治者控制社会和利用宗教的谋略，而是中华文明发展的必然以及中国民众的生存需求、信仰内容和宗教情态，对于中国的未来仍将具有重要的影响力。

圆融之思：儒道佛及其关系研究
李霞著
安徽大学出版社 2005年1月 448千字 499页

儒、道、佛是中国传统文化的三大支柱，它们的思维方式均具有整体融合性特征，使得整个中国传统文化都表现出浓郁的融合性、整体性，这是中国文化不同于西方文化的显著特点。本书是一部从继承和弘扬儒、道、佛之精义的角度研究中国传统文化的学术著作，旨在研究其圆融性、融合性的思想特征，揭示三者关系由相互排斥、相互对立到相互交融、相互渗透的历史演变。作者指出，只有把握了儒、道、佛的思想旨趣和思维特征，才能从总体上把握中国传统文化、传统哲学的思想内核和基本特征；只有了解儒、道、佛三者之间相互关系的主流和基调，才能把握中国传统文化、传统哲学的总体走向和整体格局。全书包括"儒家思想研究"、"道家思想研究"、"佛教思想研究"和"儒道佛关系研究"四编，分别探讨了儒家仁道精神的内涵及其现代价值、程朱对孔孟仁学的改造与发展、阳明后学的以儒合佛道论、老庄道论的宇宙论内涵、从庄子和西方智者学派的比较看相对主义产生的历史必然性、佛教顿悟说与现代直觉思维、明代佛教的"三教合一"说、先秦道家修养论及其对儒墨修养论的否定、道家在宋明新儒学形成与演变中的作用、儒道生命观的理性精神及其历史影响等方面问题。

隋唐三教哲学
李申著
巴蜀书社　2007年5月　310千字　370页

　　隋唐以前的三教哲学，都曾经历过一段不断进行自我调适与完善以适应中国社会，彼此之间互有论争的渐进过程。至隋唐，由于各种社会历史因素的推动作用，而使得三教哲学呈现出相互融摄、殊途同归的趋向。本书按三条线索，阐述隋唐时代的儒佛道三教哲学。认为"安史之乱"是导致隋唐哲学发生根本转折的主要事件，这场转折使儒教哲学趋于建立自己的心性论，使佛教诸宗归禅，使道教丹术理论心性化。作者运用过去较少涉及的儒教经注、佛教北宗材料，把老庄等作为唐代道教的主流，深入分析和揭示了三教哲学发展趋势。全书包括"安史叛乱之前的隋唐哲学"和"安史叛乱之后的唐代哲学"上、下两个部分。上半部分述及安史叛乱之前儒教哲学的考文与制礼、《五经正义》中的哲学观念；佛教哲学中的天台宗哲学、法相宗哲学、华严宗哲学、禅宗哲学；道教哲学中的本体、心性哲学，道教经学中的哲学，道教方术中的哲学问题等。下半部分重点阐述唐代后期的新儒学与天人关系论，天台、华严等佛教宗派的衰落和趋向禅宗，以及唐代后期道教的特点、丹术和丹术理论。

中古时期儒释道整合研究
王洪军著
天津人民出版社　2009年1月　300千字　380页

　　中古时期（魏、晋、南北朝、隋、唐），在思想文化领域，是儒释道三家交流与对话、斗争与融合的时代。佛教与佛学，作为一种异域宗教文化，在中古时期与中国固有的传统文化进行了一次成功的对话与融合，这一过程决定着自汉代以来中国思想文化的发展方向。本书运用人类文化学之"整合"概念对中古时期儒释道三家关系展开研究，深入考察和论述了以儒学为主体的传统文化，对非主体文化的佛、道思想进行选择、淘汰、改制，使之形成一种新的思维范式的过程与本质。全书包括：汉魏两晋思想之域的异彩纷呈、南朝时期的儒佛道之争、北朝时期的儒佛道之争、隋朝统治者的宗教政策等11章。作者通过对中古时期儒释道"对话与融合"之过程的梳理，明确指出这一过程实为儒学调整内部结构、摒弃汉代以来儒学中神学目的论的内涵，并把佛教与佛学义理和道家与道教学说中有关宇宙论、心性论这些具有形上本体论性质的思辨内容，经选择、改变后整合到儒学中来，从而使儒学变成一种以社会伦理为宇宙万物本原的本体论哲学。

阳明学与佛道关系研究（儒道释博士论文丛书／汤伟侠　卿希泰等主编）
刘聪著
巴蜀书社　2009年11月　270千字　349页

　　三教融合是学术界对汉代以后中国哲学发展趋势的基本认识。明代大儒王阳明作为这种融合趋势的代表性人物，他的思想的形成与发展过程及其阳明后学的分化问题，成为学术界争论的焦点。本书为"儒道释博士论文丛书"之一，以王阳明为核心，以王畿、罗汝芳、聂豹、罗洪先四人为重点，经过审慎的论证，旨在辨清佛道在整个阳明学的形成和分化中的具体作用。全书共3章。作者将王阳明归宗儒学后的思想发展历程划分为前后两个阶段，通过考察王阳明在这两个阶段中的心路历程和思想特征，阐明王阳明本人之前期思想更多偏向于吸收道家道教思想资源，而中年以后的思想则转向了融摄佛学。在此基础上，作者进一步探讨了佛道思想在阳明后学分化过程中的作用，指出认同王阳明前期思想的弟子们形成了以融摄道家道教思想为重要特色的学派，而受其后期思想影响的弟子则形成了有着儒佛融合特征的学派。本书的特点在于：不是单纯地从义理角度分析阳明学与佛道的关系，而是将历史考证和逻辑论证相结合，将历史性的考察置于逻辑对比之前，以求全面地把握佛道与阳明学的关系。

中国儒佛道三教关系研究
洪修平著

中国社会科学出版社　2011年1月　380千字　327页

儒佛道是中国传统思想文化的三大重要组成部分，自汉代佛教传入，其与儒道构成的三教关系，成为汉代以后中国思想学术和文化发展的重要内容，而且在一定程度上决定着整个中华思想文化的特点及其发展的走向。时值今日，随着对儒佛道三家各自历史与思想的研究全面展开和日益深入，对三教之关系研究的重要性和迫切性也就越来越呈现出来。本书是洪修平教授近30年来潜心研究中国儒佛道三教关系的论文集，也是其长期以来关注与思考中国传统文化的历史与未来的具有代表性的学术成果。全书分为"总论篇"、"分论篇"、"比较篇"、"专论篇"、"访谈篇"和"附录篇"六个部分，共收论文29篇。作者在书中将儒佛道三教在思想、哲学上的互动关系作为其研究的基本内容，深化了对中国哲学史逻辑演变的认识，开阔了对传统文化的研究视野。他认为，中国传统文化是在儒佛道三教互动关系中成长、发展起来的，三家文化的共同特征在于注重现实人生、人世的人文精神，并指出这一人文特质在新文化传统的建设和新的中西文化交流中应起到一定的积极作用。

国学与儒道释文化发微
黄钊著

中国社会科学出版社　2011年12月　468千字　433页

中国学术同传统的儒、道、释文化有着极为亲密的关系。换言之，探索传统的儒学、道学、佛学，实质上都是在探索中国学术，亦即研讨国学。本书是黄钊教授近三十年来潜心研究中国传统文化的结晶，共收入作者自20世纪80年代初期以来撰写的30余篇论文，其中大多数已在相关刊物上公开发表。这些文章从"国学"与"儒道释文化"的视角，对中国传统文化中所涉及的一些学术问题，进行了较为系统、深入的哲理探讨。由于其内容既涉及国学，也涉及儒道释文化，故题名为《国学与儒道释文化发微》。全书分七编。第一编专门探讨了国学的现代价值，指出弘扬国学的现实意义；第二编深入挖掘了中国传统文化的活水源头《易经》；第三编重点探讨了儒家道德的现代价值；第四编探究了道家渊源，考论了若干《老子》版本；第五编对稷下道家与黄老道家若干著作进行考论；第六编集中探讨了道家的学术地位及其现实价值；第七编着重阐述了中国古代宗教伦理的现实价值。本书所选论文相互关联，构成一个相对完整的学术体系，全面清理与反思了作者所跨越的学术历程。

儒道释与中华人文精神
刘学智著

中国社会科学出版社　2012年12月　417千字　391页

汉魏以降，儒道释构成了中华传统文化的主流，中华人文精神也主要通过这三者得以承载、承传和发展。儒家的"仁爱"思想与济世情怀、"厚德载物"的文化精神、天地万物一体的生命意识、"民胞物与"的天人境界等，是其人文精神的集中体现。道家的"道法自然"境界、"以辅万物之自然而不敢为"的无为原则、以"万物齐一"反对绝对化的辩证思维、见素抱朴"长生久视"的生命意识以及道教在此基础上发展起来的养生理论、无欲守静的修养论等，是其人文精神的体现。佛教更以其玄妙的"缘起性空"、涅槃境界、"自心是佛"、"顿悟成佛"以及"涅槃即世间"的"不二法门"，彰显出强烈的人文性。从一定意义上说，对儒道释的文化自觉，就是对中华文化的自觉。本书力求通过儒、道、释不同的视角，呈现中华文化所蕴含的人文精神，发掘其对于民族精神家园重建的现实意义。全书分为"儒学与中华人文精神"和"道、佛与中华人文精神"两个部分。内容包括：关于"以德报怨"的几个问题、孔子"仁学"及其当代开展何以可能、黄帝文化与黄老之学、老子的"道法自然"与生态文明、简议《老子想尔注》对《老子》的诠释等。

儒道佛美学思想源流（云南文库·学术名家文丛/张瑞才主编）
张文勋著

云南人民出版社　云南大学出版社　2014年12月　411千字　404页

本书为"云南文库·学术名家文丛"之一，是作者于1988年出版的《儒道佛美学思想探索》一书的修订本。在这部"提倡对儒、道、佛美学思想作系统的、综合的研究"，从而"对我国古代美学作一番整体审视"的著作中，作者着意"把眼光聚焦于儒、道、佛三家美学思想的形成、发展和相互关系上，在它们之间既各自有独立体系又不断融合的并存互融的过程中，透视我国古代美学的基本特征"。全书共分6章。第1章综述儒、道、佛美学思想的文化背景和历史渊源。第2—4章分别论述儒、道、佛三家的美学思想，涉及孔子、孟子、荀子和老庄的美学思想，佛学的"神思"与"妙悟"、"六根"与"六境"说等。第5章通过我国古代美学中的几个比较重要的问题，如审美心理、意境理论等，去考察儒道佛美学思想的融合。第6章则以刘勰、胡应麟、王国维等人的美学思想为例，去透视儒、道、佛美学思想的综合影响。本书认为，从儒、道、佛美学思想的并存互融中，既可以看到中国古代美学的丰富多样性，也可以看到中国古代美学的整体包容性。儒道佛美学思想是多元美学思想融合的整体结构，是一个互融互补的美学大系统。它们之间既各自有独立体系又不断融合，再加上多民族的文化艺术的涵养，使得我国古代美学，无论是审美心理、审美观念，还是审美趣味等各个方面，都具有鲜明的民族特色。

寻找心灵的故乡：儒道佛三家学术旨趣论释（国学论丛/陈鼓应主编）
冯达文著

中华书局　2015年9月　247千字　377页

本书为"国学论丛"之一，对儒释道三家的学术理路和学术旨趣进行了探寻，揭示了儒家"入世承担"的基本价值取向、道家"反省批判"的价值立场和佛家"化去我执"的价值标引，得出了三家共有的愿景：守护心灵的纯真与洁净。全书共收集作者多年来撰写的文章30篇，分为三组。第一组（12篇）以"入世承担"为儒家的基本价值取向，从"世间日常情感"出发，探讨儒学的精神架构及其历史变迁，文章包括《儒家：入世承担之价值取向》、《孔孟原创儒学的生命智慧》、《作为人文教养的早期儒学：兼谈先秦社会历史演变中的贵族与平民》等。第二组（10篇）围绕"批判精神"来探寻道家的学术理路与学术旨趣，揭明道家的基本价值立场，文章包括《道家：反省批判之理论建构》、《老庄道家的批判精神》、《道家哲学的本源：本体论》等。第三组（8篇）以"化去我执"标识佛禅的价值指引，探寻中国佛家的学术理路与学术旨趣，文章包括《佛家：化去我执的心灵诉求》、《从"理性"到"觉性"：论慧能禅学在中国佛学发展史上之价值》、《再论从"理性"到"觉性"：中国佛学与宋明儒学的一个公共话题》等。

和而不同：儒释道与中国文化（华夏文库·儒学书系）
王春林著

中州古籍出版社　2015年10月　130页

儒释道三教思想作为中国文化的代表，在漫长的历史岁月中，从对立走向统一、从论争走向融合，构成了中国文化发展画卷的主轴，奠定了"三教归一"的基本格局。本书为"华夏文库·儒学书系"丛书之一，作者循着儒释道三教"和而不同"的发展脉络，全面叙述了三教融合历史以及代表人物，通过对三教思想之共性与个性的发掘、阐释，揭示了中国文化"兼收并蓄、开放包容"的内在品格。全书包括四个部分。第一部分从"排斥中的容纳"、"殊途中的论争"、"并立中的调和"、"共生中的归一"四个方面论述中国文化由"冲突"到"整合"的历史过程。第二部分从"和而不同的三教思想"、"完美结合的治国功用"、"进退自如的价值取向"、"通达圆融的处世法则"四个方面探讨三教的功用。第三部分从"天人合一的文化精神"、"自由超越的精神境界"、"行善修德的道德实践"、"静收节欲的修持方法"、"利己利他的奉献情操"五个方面讨论三教所蕴涵的智慧。第四部分探讨"三教合一"对中医、文学、艺术、武术、建筑与民俗的影响。

（四）宗教与文学艺术

1. 文学

魏晋玄学和文学
孔繁著

中国社会科学出版社　1987年12月　93千字　112页

玄学重在探求天地自然虚玄之体，完全摈弃了汉儒阴阳象数的浅陋神学，其玄远旷放的精神境界，使人形超神越，表现于文学，是由个性和天才证明风格之丰富多彩，文章成为情性风标。本书着眼于窥探玄学之重视精神、天才，如何影响到文学之重视个性、情性及其与风格的关系，玄学对于个性之尊重对于繁荣文学创作的意义，窥探玄学宇宙观方法论对于文学创作、文学理论以及音乐美术思想的影响。全书共分8章。作者受汤用彤先生《魏晋玄学和文学理论》一文之启发，力求在洞察魏晋玄学产生的社会历史背景之基础上，深度探析和把握玄学与文学二者之依存关系。

世俗的祭礼：中国戏曲的宗教精神（蓦然回首：对中国传统文化的反思丛书）
郭英德著
国际文化出版公司　1988年5月　130千字　194页

中国戏曲源于宗教祭祀活动，中国戏曲的发展始终与宗教祭祀活动相依存。因此，中国戏曲承受了宗教文化的先天秉赋和后天熏陶，并且将世俗的血液注入宗教文化肌体之中。本书为"蓦然回首：对中国传统文化的反思丛书"之一，分"中国戏曲的宗教渊源"、"中国戏曲的宗教精神"、"中国戏曲的宗教功能"的上、中、下三编。作者从中国戏曲的两个起源入手（上古、中古时期从宗教祭祀仪式与民间娱神活动中产生的古剧），对宗教文化催生和助长中国戏曲的演变历程与内在逻辑作一番巡礼，阐明宗教文化锻造中国戏曲的事实依据（叙事模式、审美情感和思维范式），指出中国戏曲所蕴含的浓郁的宗教精神，以及这种宗教精神在中国文化精神中所占的不可忽视的份量。

幻想的太阳：民族宗教与文学（云南宗教文化研究丛书）
蔡毅　尹相如著
云南人民出版社　1992年9月　185千字　279页

宗教与文学这两轮"幻想的太阳"，是人类文化孕育的孪胞，彼此之间存在着既相似又相异、既相容又相斥的复杂关系。它们拥有一个共同特征，即都是运用想象幻想去虚构一个美好的世界，以满足人类永不安宁的精神渴求。本书为"云南宗教文化研究丛书"之一，作者采用比较研究的方法，透过云南纷繁众多的宗教和文学现象，联系宏阔的中国乃至世界的文化背景，从宗教与文学的起源、发展、独立、分化及二者的存在形态、思维机制、情感方式、价值观念、价值取向、人的角色和位置、反映生活的意向，各自的演进嬗变等方面解析了二者之异同，论证了宗教与文学作为人类"高级思维活动的产物"在人的精神王国的创建过程中的隐秘关系与互动作用。全书由九个部分组成。内容包括"人类文化孕育的双生子：宗教里的文学与文学里的宗教"、"茫茫远古觅踪迹：宗教的起源与文学的起源"、"符号化动物的杰作：宗教的形态与文学的形态"、"创造者的角色和位置：宗教中的人与文学中的人"、"理想追求的极地：宗教的价值取向与文学的价值取向"等。

中国古代小说与宗教
孙逊著
复旦大学出版社　2000年7月　247千字　289页

中国古代小说与宗教的关系密不可分。本书试图以各种宗教现象为切入点，从全新角度梳理中国古代小说脉络，阐释其思想内涵与文化底蕴，为中国古代小说研究开启新思路以及新范型。全书分上、下两编。上编（7章）主要是按时代分述古代小说与宗教之关系，内容包括巫与古小说、先秦两汉小说与古代神仙方术、魏晋南北朝志怪和古代鬼神崇拜、唐人小说的仙妓合流现象、唐代佛道"论议"与古代争奇小说等。下编（6章）所选文章多属通论性质，内容包括中国古代的情僧传统、中国古代小说的胡僧形象及其文化背景、道教房中观与中国古代小说的性描写、中国古代小说的果报观念及其发展、中国古代遇仙小说的历史演变等。本书多数章节提出的命题都是富有新意的，在撰写时，既重材料的充分占有，又重思辨的缜密细致，尽可能做到材料和观点的统一。其中部分章节曾在《文学评论》、《文学遗产》等刊物上发表。

中国古代小说与民间宗教及帮会之关系研究（博雅文丛）
万晴川著

人民文学出版社　2010年5月　408千字　579页

　　古代小说、民间宗教和帮会文化一直以来被屏蔽于中国主流文化视野之外。所谓"民间宗教"是指不被统治者和正统文化权力认可、由底层民众组织和参与的宗教体系和组织。它有自己独特的组织系统和教义教规，又与正统宗教有着千丝万缕的联系。可以这样说，正统宗教脱胎于民间宗教，是民间宗教合法化、制度化的产物；民间宗教是正统宗教产生、发展和形成的资源，有时正统宗教也会沉潜为民间宗教。本书为"博雅文丛"之一，是国内首部系统研究中国古代小说与民间教门及帮会关系的专著，有着极为重要的学术价值。全书分为"绪论"、"古代小说家视野中的教门和帮会"、"民间教门、帮会与古代小说"、"古代小说对教门和帮会的影响"、"古代小说中的教门、帮会史影"5章。书中重新梳理了民间宗教与帮会的概念，采用综论与个案研究相互结合的方法，通过审视古代小说中的许多历史材料，全面考察了中国封建王朝与教门及帮会之间存在的此消彼长、彼消此长、循环往复的双向互动关系，揭示了民间教门屡禁不绝的原因、古代小说对民间宗教和帮会的影响等，使读者对教门和帮会的产生发展、统治者的禁教禁会有了更为感性的认识。

宗教文化与唐五代笔记小说
刘正平著

中国社会科学出版社　2014年12月　306千字　301页

　　笔记小说是以人物活动为中心，采用随事而记的形式叙述人事或变怪故事的篇幅短小的文言小说，是唐五代小说的基本类型之一，包括以鬼神精怪为题材的志怪小说和以人事活动为中心的轶事小说两大类。唐五代的宗法性传统宗教、巫术文化、佛教、道教、民间宗教等诸种宗教文化对笔记小说的创作产生了深刻的影响。本书是在作者的博士论文基础上完善而成的一部从宗教文化的角度对笔记小说展开研究的专著。全书分为"唐五代笔记小说创作的宗教情怀"、"宗法性传统宗教与唐五代笔记小说"、"巫术文化与唐五代笔记小说"、"道教与唐五代笔记小说"等7章。书中在深入考察笔记小说研究现状的基础上，对笔记小说的概念、收录范围、笔记小说研究史进行了系统梳理，并运用宗教学的方法，从宗教文化、宗教叙事的角度对唐五代的笔记小说进行了全面的阐释，揭示其创作的宗教心理机制，还原了小说宗教述写的本质，为多角度认识和把握唐五代笔记小说作出了积极有益的探索和尝试。

2. 艺术

奥秘的魅力：宗教文化艺术一瞥（宗教知识丛书）
知识出版社编

知识出版社　1989年12月　250千字　362页

　　宗教是人类文化艺术的最初源泉。经过千百万年的积累与发展，形成了独特的、灿烂的宗教文化艺术，其中包括哲学、神学、文学、音乐、美术、建筑以及崇拜礼仪、修持制度和风俗习尚等。

本书为"宗教知识丛书"之一，通过观览世界各地的著名宗教文化古迹，着重介绍了佛教、基督教、伊斯兰教、道教、犹太教等宗教艺术的特点，论述了它们对人类历史文化的影响及其美学价值。全书共分上、中、下三篇。上篇主要讲宗教文学艺术，中篇阐述宗教哲学、教义和神学，下篇为修持制度入崇拜礼仪。编者从历史的视角考察和思索"宗教对人类历史文化的发展具有的重要影响"，探讨了不同宗教形态在人类文化艺术中的各种具象反映。

中国宗教音乐
田青主编
宗教文化出版社　1997年5月　284千字　322页

宗教在音乐的起源及数千年的发展中所起的作用一直被人们所忽视。对中国的学术界而言，起码对许多中国学者而言，中国的宗教文化，是他们视野里最后的目标和唯一的荒原榛莽，而宗教音乐，则是这块处女地中最为偏僻的角落。本书是迄今为止中国乃至世界的第一部全面反映中国宗教音乐研究初步成果的著作。书中简要回顾了近50年来中国宗教音乐研究走过的历程，系统梳理和介绍了中国汉传佛教音乐、中国藏传佛教（喇嘛教）音乐、中国道教音乐、中国伊斯兰教音乐、中国基督教音乐和少数民族原始宗教音乐的基本形式、主要特点及宗教音乐对中国传统音乐的影响等方面，并以"谱例"形式生动展现了中国宗教音乐的瑰丽景象与深厚的人文内涵。全书按中国宗教音乐的不同类别分为六个部分。其中"中国佛教音乐"、"中国道教音乐"两部分内容编写于1988年，收入陈应时教授主编的《中国民族音乐大系·古代音乐卷》一书；后几部分内容完成于1991年，反映了作者当时对中国宗教音乐的研究水平。

宗教美术意象（云南宗教文化研究丛书）
邓启耀著
云南人民出版社　1991年12月　187千字　271页

绘画和雕刻是一种视觉艺术，但宗教美术不尽是"艺术"的，也不尽是"视觉"的。它所提供的"象"，不是视象的"反映"，而是心灵的幻象，并将这种幻象归诸于神灵启示。在宗教美术的诡奇的形式（象）上，积淀着宗教心理的种种神秘意象，投射出民族传统思维方式的许多隐秘之光（灵）。本书为"云南宗教文化研究丛书"之一，作者以云南少数民族民间美术为例，通过对云南民族宗教美术的形式结构、功能、文化环境等的综合考察，试图从思维学和宗教心理学的角度，探析"宗教美术"之"象"里所附的"灵"，透视其中映射出的宗教文化心理及其思维方式。全书包括六个部分，内容涉及云南神崖与崖画、神图巫符（甲马、神符与祭用绘画）、古滇青铜文化、雕刻与面具、梵象与灵塔等。

中国宗教美术史料辑要（中国本土宗教美术研究丛书／汪小洋主编）
汪小洋主编
上海大学出版社　2011年1月　449千字　457页

本土宗教美术对于中国美术与世界美术的发展都有着不容置疑的巨大贡献，关于本土宗教美术的研究因此而有着巨大的理论认识空间，其中，本土宗教美术的史料是一个重要的认识领域，涉及宗教、历史、地域文化等交叉性内容。但是，目前的本土宗教美术史料研究存在着一个令人尴尬的现象，即至今没有一个贯通性的完整梳理。这样的研究现状显然是与史料的重要性不相符合的。本书为"中国本土宗教美术研究丛书"之一，旨在从贯通性的角度出发梳理本土宗教美术史料，使之得以相对完整地呈现。全书由"史料文献"和"大事记文献"上、下两编组成，分别辑录了汉魏晋南北朝、隋唐五代、宋辽金、元代、明代、清代的宗教美术史料文献及宗教美术大事记文献。从理论研究角度看，这样的结构安排既是在宗教美术史料整理上的一个尝试，又突出了关于中国宗教美术发展与宗教发展、世俗社会发展有着特殊关系的思考。从史料编辑角度看，第一，所有史料文献都以当朝记载为准，无法确定时间的史料不录；第二，大事记文献都为原文，原文有所改动或不能确定的不录。因为是原文，所以史料提供的信息更加准确，更接近于史料原貌。

（五）中国宗教地域研究

北京宗教文化研究
佟洵等著

宗教文化出版社　2007年1月　400千字　375页

北京宗教文化历史悠久。从古至今，各种原始宗教，以及土生土长的道教都在北京繁衍和发展，外来的佛教、基督宗教、伊斯兰教等宗教亦相继在北京地区传布，并逐渐融入中华民族传统文化和北京历史文化之中，逐渐形成了颇具特色的北京宗教文化。本书在大量实地考察和翔实文献基础上，力求运用历史唯物主义和马克思主义宗教观对北京道教文化、佛教文化、天主教文化、基督教文化以及伊斯兰教文化展开分析研究，展示了北京宗教"多元体系"的形成过程，阐述了北京宗教文化之主体特征，即历史传承性、吸纳包容性、多元共存性、中心引领性、民众民俗性，读者在领略北京宗教文化独特魅力的同时，得以窥测北京城市文化发展的脉络。全书共分11章。书中以北京宗教物质文化和非物质文化为基本线索，探讨北京宗教文化现象的本质特征与实际状况，涉及北京寺观教堂文化、宗教礼仪节日文化、宗教婚丧文化、宗教艺术文化、宗教饮食文化、宗教服饰文化、宗教教育文化、宗教传媒文化、庙会民俗文化等九个方面的内容。

乡村都市化与宗教信仰变迁：张店镇个案研究（中山大学人类学文库）
刘志军著

社会科学文献出版社　2007年9月　259千字　340页

当今农村宗教的复兴与发展，是与我国的改革开放所带来的乡村都市化相伴相随的。然而，这种农村宗教信仰的变迁与乡村的都市化究竟有着什么样的关联，仍是一个有待深入探讨的社会现象。本书为"中山大学人类学文库"丛书之一，作者选取山西省运城地区平陆县张店镇进行田野调查，通过参与观察、深入访谈、问卷调查、文献收集等方法，对当地的宗教信仰变迁、乡村都市化作历史的考察，结合文化主位与文化客位的方法，对该社区的乡村都市化进程与宗教信仰现状作民族志式的描述。在此基础上，分析乡村都市化与宗教信仰变迁的内在关联，传统的"普泛化宗教"（Diffused Religion）中国民间信仰与西方"制度化宗教"（Institutional Religion）基督宗教在乡村都市化背景下的冲突、交融和互动，揭示出宗教信仰在乡土中国发生变迁的深层原因与未来走向。全书共分6章。书中撇开对宗教起源、宗教本质、宗教发展以及宗教神学等的理论探讨，而集中关注作为文化现象的宗教在具体社会环境中的动态演变过程及其社会—文化功能，从而为学术界有关"乡村都市化如何引发了当地宗教信仰的变迁"等方面问题的讨论提供了实证研究的案例。

甘南宗教演变与社会变迁
马晓军著

甘肃人民出版社　2007年12月　280千字　340页

甘南是甘肃省南部的一个藏族自治州。在以藏传佛教文化为主体的甘南地区，世界三大宗教汇集于此，伊斯兰教和基督教能够与藏传佛教同时共存，这种现象无疑具有很大的典型性。本书以马克思唯物主义原理为指导，在重视文献记载的基础上，充分利用实地调查资料和考古资料，广泛借鉴宗教学、民族学、人类学、社会学等学科的最新研究成果及不同学科的理论与方法，从纵横两个方面考察了甘南这个多民族杂居地区的宗教演变过程，综合研究了多种宗教在一个地区发展演变的规律以及这种演变对民族关系发生影响的途径，探讨了多民族杂居地区宗教文化的整体结构性变迁问题，以期为文化多元地区构建和谐社会提供理论支撑。全书共分8章。内容包括甘南的概况、甘南的苯教、甘南的藏传佛教、甘南的伊斯兰教、甘南的基督教、甘南的宗教与社会生活、多种宗教共存原因探析等。作者指出，多民族地区基本上都是多种宗教同时共存，各种宗教之间不断地发生互动，从而对信仰不同宗教的各民族的文化产生很大的影响，这就直接决定着民族关系的发展趋势。

宁夏吴忠宗教文化与当代社会发展研究（民族宗教学研究博士文库／牟钟鉴主编）
张建芳著

宗教文化出版社　2010年7月　250千字　286页

素有"塞北江南"之称的宁夏吴忠是一个多民族多宗教汇合的地方，也是西北回族聚居区，具有浓郁的回乡风情。深入研究以宁夏吴忠为代表的西部地区的民族、宗教问题，对于加强民族团结，促进宗教和睦，保持少数民族地区繁荣和稳定，对于西部开发战略的稳步实施，对于构建社会主义和谐社会，具有典型意义和现实意义。本书为中央民族大学"民族宗教学研究博士文库"丛书之一，是在作者的博士论文基础上修改、完善而成的一部"从历史、现状、理论三个维度考察宁夏吴忠宗教与社会发展的关系"的专著。全书共分8章。作者在书中以马克思主义唯物史观为指导，立足于"宗教是一种社会文化体系"这一基本理论框架，从宗教社会学和宗教文化学的双重视角探讨了吴忠伊斯兰教，并在综合运用田野调查材料的基础上，结合民族学、社会学多学科交叉的理论，用以揭示或印证吴忠宗教内涵的丰富性、生动性和它的社会功能的多样性与复杂性，从而为推进民族宗教学学科建设和民族宗教工作作出了有益的尝试。

新疆宗教问题研究
王文衡著

新疆人民出版社　1995年2月　150千字　195页

新疆维吾尔自治区地处祖国西北边陲，是一个多民族地区，也是一个多宗教地区，少数民族群众普遍信教，信教人数很多。认真贯彻党的宗教政策，正确处理宗教问题，对于增强民族团结

伍、中国宗教、民族宗教、民间宗教

和维护祖国统一,对于全面贯彻党的十四大和十四届三中全会精神,加快改革开放和现代化建设步伐,具有十分重要的意义。本书以马克思主义宗教观为指导,并结合新疆宗教及宗教工作的历史与现实,分别从"树立和坚持马列主义、毛泽东思想的宗教观"、"正确认识社会主义初级阶段的宗教问题"、"积极引导宗教与社会主义社会相适应"、"正确理解和贯彻党在社会主义初级阶段的宗教政策"等几个方面论述了新疆宗教问题,阐明了40多年来尤其是党的十一届三中全会以来宗教工作方面的成绩和经验。全书共分7章。作者长期在新疆统战、宗教部门从事具体工作,对宗教问题进行过比较广泛的调查研究,因而本书的观点和结论可为宗教工作者和宗教理论研究者提供有益借鉴。

新疆宗教演变史
李进新著
新疆人民出版社　2003年10月　500千字　573页

新疆自古以来就是宗教比较盛行、多宗教并存、宗教信仰比较复杂、宗教演变有其自身特点的地区。历史上,除自然崇拜和萨满教外,佛教、祆教、摩尼教、景教、天主教、道教和伊斯兰教等都曾流行于新疆地区。其中佛教和伊斯兰教传播时间最长、范围最广、影响最深。本书遵循历史唯物主义的原则,全面细致地介绍了新疆宗教从远古、古代至近现代的演变过程,力图从宗教演变中寻找社会历史根源,用历史说明宗教。全书分四编,共19章。第一编"远古"(第1—2章),介绍西域先民的原始崇拜和萨满信仰。第二编为"古代"上部分(第3—6章),介绍祆教、佛教、道教和景教在西域的传播与发展。第三编为"古代"下部分(第7—15章),介绍伊斯兰教、佛教、摩尼教和藏传佛教在新疆各民族地区的传播情况及清政府的宗教政策。第四编"近现代"(第16—19章),介绍新疆近代多宗教格局的特点及民国和新中国成立后新疆宗教的基本面貌。本书认为,多宗教信仰并存是从古至今新疆宗教演变最基本的特点,加之新疆流传的宗教多属"外来宗教",其兴衰消长的原因是多方面的。新疆在宗教信仰上的几次重要变化,与西域民族的迁徙运动有一定联系,这种变化的结果是促进了民族的融合发展。

泰山香社研究(山东大学文史哲研究院专刊)
叶涛著
上海古籍出版社　2009年5月　350千字　458页

泰山文化是以泰山为载体的中国传统文化的重要组成部分,其核心内容是山岳崇拜与神灵信仰。泰山香社,是指以泰山神灵为奉祀主神、以到泰山朝拜为结社目的的民间信仰组织。本书为"山东大学文史哲研究院专刊"丛书之一,是一部从民俗学角度对泰山民间信仰组织:泰山香社进行综合研究的专著。书中主要依据典籍文献和作者实地考察获取的第一手田野调查资料,对具有上千年历史的泰山香社进行系统梳理,以民俗志的方法和形式,具体描述泰山香社既往和当今活动的基本状况,将泰山香社置于中国传统文化的大背景下,审视国家与民众对民间信仰的不同态度,剖析中国民间信仰的内在特征,以期对民俗学的民间信仰理论建设有所贡献。全书分四编,共13章。第一编(第1—3章),重点考察泰山香社的兴起、繁盛直至近代的发展。第二编(第4—6章),以邹城西关泰山香社和王母池庙会上的香社为案例,解析当代泰山香社的活动情况。第三编(第7—10章),介绍泰山香社的内部组织结构及其集体进香、个人祈愿和日常祭拜仪式。第四编(第11—13章),探讨泰山香社的外部社会环境。

闽南宗教（闽南文化丛书/陈支平　徐泓总主编）
詹石窗　林安梧主编
福建人民出版社　2007年10月　236千字　310页

闽南宗教是按照区域划分而提出的一个概念。作为具有潜移默化影响的文化现象，闽南宗教不仅延续了一般宗教的特征，而且打上了独特的区域文化烙印，对于该区域的历史进程与人们现实生活而言都是不可忽略的。研究闽南宗教，无论就宗教自身来讲还是就宗教的社会关联而论都是很有意义的事。本书为"闽南文化丛书"之一，是第一部系统论述闽南区域宗教的专著。作者以丰富的文献资料为基础，采用文献查考与社会调研相结合的方法，分别考察了道教、佛教、基督宗教、伊斯兰教在闽南的传播历史与现状，审视了闽南宗教的流布状况，分析了闽南宗教的文化内涵，阐述了闽南区域宗教与台湾宗教的关系。全书共分4章。书中对每一种具体的宗教，既注重来龙去脉的稽考，又有对某个问题的集中阐述，诸如各宗教的派别组织、文化建树、慈善事业、社会影响等，以便展示其纵横交错的面貌。

传统与变迁：福建民众的信仰世界
刘大可著
社会科学文献出版社　2011年3月　284千字　318页

民间信仰是中国传统文化的重要组成部分，是认识、理解中国基层社会的重要视角。福建是全国民间信仰最为兴盛发达的地方，此地民间信仰的历史之久、门类之广、信众与官庙之多、活动之盛，在国内实属罕见，因而就全国范围的同类研究而言，对其展开深入研究可起到重点突破和典型示范的作用。本书在掌握大量文献与田野调查双重资料的基础上，采用宗教学、社会学、人类学、历史学等多学科综合研究的方法，对福建民间信仰活动进行了系统梳理和生动描述，总结了福建民间信仰的诸多特点，揭示了福建民间信仰活动的社会功能和发展趋势，并提出了相关对策建议。全书共分5章。作者力图将福建民间信仰放在中国历史与当代社会现实的背景下，从实证的角度进行系统全面考察，其所作出的对策建议对于正确、妥善地处理当前中国民间信仰普遍存在的散漫状况，将民间信仰活动纳入政府的管理轨道，具有重要的启迪作用和普遍的实用价值。

闽南与台湾民间神明庙宇源流
段凌平著
九州出版社　2012年9月　377千字　373页

闽南地区与台湾地区有着较为相似的生活习俗和神明信仰。长期以来，分别致力于闽南与台湾地区民间神明庙宇单项研究的学术著作较多，将二者加以比较的研究却很少。有鉴于此，本书将闽台两地民间信仰的比较作为研究课题，在大量搜寻相关研究成果并结合田野调查的基础上，考证了两地民间神明及庙宇的起源、发展和演变，论述了闽台文化信仰的差异，揭示出两地民间信仰的传承流变且互相交融的事实。全书共12章，主要内容分为三部分：第一部分主要介绍闽南与台湾民间庙宇神明文化的起源、发展、繁荣以及发展现状；第二部分以佛教、道教两大教派俗神为切入点，论述闽台之间庙宇文化的异同；第三部分则从民间神明的角度加以对比研究，分别列举了民间先贤、水神、财神、鬼魅等为模型，剖析闽台之间庙宇神明文化的异同。此外，书中还涉及女神崇拜、哪吒信仰、鬼魂俗信等方面，对闽南与台湾客家、闽南的畲族民间神庙等问题都加以关注，更凸显了本书所具有的地域特色以及作者的用心和功力。

台港澳宗教概况
李桂玲编著

东方出版社　1996年1月　372千字　481页

　　台湾、香港、澳门三个地区有着不同于大陆的地理与历史环境，不仅中国本土的佛教、道教及一些民间宗教信仰在这些地区广泛传播，而且来自异域的天主教、基督教、伊斯兰教等宗教也大多通过海路，经台、港、澳地区传播到大陆，使之成为16世纪以来东西方文化交流的重要基地。本书概述了台湾、香港、澳门三地宗教的历史与现状，考察了上述地区的宗教组织、宗教人物、主要寺观庙堂的不同特点以及宗教与当地政治、经济和文化的关系等，展示了浸染于多元宗教文化背景下的民俗风情。全书分上、中、下三篇。上篇"台湾宗教"（8章），论述台湾宗教对社会的影响、台湾的政教关系和台湾宗教的发展趋势，分别介绍佛教、道教与民间信仰、天主教、基督教新教各派、伊斯兰教及一贯道在台湾的历史与现状。中篇"香港宗教"（7章），论述香港政教关系和香港宗教的发展趋势，分别介绍佛教、道教、天主教、伊斯兰教、新兴宗教与其他教派在香港的历史与现状。下篇"澳门宗教"（5章），论述澳门的政教关系，分别介绍中国传统宗教、天主教、基督教新教、巴哈伊教、伊斯兰在澳门的历史与现状。

当代台湾宗教信仰与政治关系（台海研究丛书/陈支平主编）
林国平主编

福建人民出版社　2006年6月　250千字　330页

　　自古以来，台湾的宗教信仰与政治存在着复杂而密切的联系，无论是外来殖民者，还是封建统治者、国民党当局和民进党当局，都采取各种手段利用宗教信仰维护自己的统治，宗教信仰对台湾的社会历史产生不可磨灭的影响。特别是1987年台湾"解严"之后，台湾宗教界关心时事，介入政治成为潮流。本书为"台湾研究丛书"之一，作者着眼于中国海峡两岸传统文化与宗教信仰血脉相通的历史渊源，以闽台区域文化的互动性为支点，集中论述了1945—2004年间台湾宗教信仰与政治的关系，重点研究了1987年"解严"之后，台湾宗教信仰在台湾政治多元化的背景下积极介入政治的历史及其对岛内政局的影响。全书共分10章。第1—5章介绍战后至解严后台湾佛教界的政治表现，认为解严前，台湾当局与佛教的关系处于"以政领教"的模式；解严后，佛教界的自主性开始展现。第6—8章以国民党退踞台湾之后的政局变化为线索，考察了当代台湾民间宗教信仰与政治关系。第9—10章，探讨战后台湾基督教发展及其对台湾政局的影响，阐明台湾基督长老教会与台湾政局的关系。

隔岸观火：泛台海区域的信仰生活（厦门大学国学研究院资助出版丛书）
陈进国著

厦门大学出版社　2008年11月　450千字　472页

　　台湾、东南亚地区的华人世界里保存了中国大陆所未能保存的对祖先的认同以及对原乡的记忆。本书为"厦门大学国学研究院资助出版丛书"之一，作者结合文献和田野调查，细致地剖析了泛台海区域之信仰生活的某些截面，勾勒出台湾海峡两岸之多元共生的信仰文化景观，有助于阅者以"礼失求诸野"的视野和"文化自觉"的精神，反观中国人整体性的观念系谱和文化取向。全书分为"毋意"、"毋必"、"毋固"的上、中、下三篇及附录"毋我"四个部分，共12章。上篇（第1—4章）考察论述了以台湾为中心的东南亚区域的骨骸的替代物与祖先崇拜现象，福建、闽台买地券习俗以及宋明理学与东南家族社会经济变迁。中篇（第5—8章），考察论述了日本创价学会和巴哈教在台湾的早期布教活动、C县归根道（儒门）经卷及救劫劝善书和泰国华人空道教。下篇（第9—12章），考察论述了日据时期台湾佛教的日本化现象、人生佛教思潮与台湾佛教革新运动、胡适与《虚云和尚年谱》的一段公案、台湾当代佛教的入世转向。

长江三峡宗教文化概论（三峡文化与经济系列丛书）
胡绍华著
中国社会科学出版社　2010年3月　230千字　213页

长江三峡地区的地域、历史条件和民族因素使这里成为多种宗教文化的际会之地，既有远古流传下来的原始宗教信仰，又有土生土长的道教，还有逐渐中国化的佛教、基督教和伊斯兰教。复杂的宗教文化是三峡地区传统文化的重要组成部分，对本地区的经济、政治、军事，以及人们的礼仪、伦理、思维和民风习俗等方面都产生过深远的影响。本书为"三峡文化与经济系列丛书"之一，作者依据丰富的史料，纵向梳理了佛教、道教、天主教、基督新教与伊斯兰教等制度性宗教在三峡地区的传播历程、特点和复杂影响，以巫教为代表的三峡民间宗教信仰崇拜的形成、沿革和存留状态；横向描述了三峡地区宗教与民俗、艺术等非物质文化形态的渗透互融及各种宗教与宗教事像在现实三峡区域文化建设和经济社会发展中的特殊地位和作用。全书共分10章。内容包括：长江三峡宗教概况，长江三峡佛教、道教和天主教、基督教、伊斯兰教概论，长江三峡民间宗教信仰，长江三峡巫术信仰等。

澳门土生葡人的宗教信仰：从"单一"到"多元混融"的变迁（澳门研究丛书）
霍志创著
社会科学文献出版社　2009年12月　235千字　223页

澳门土生葡人的存在是澳门地区一个重要的人文特色，他们是澳门历史发展过程中的一个特殊群体，其存在与发展，既是中西多元血统混合的结晶，也是中西文化结合的产物。本书为"澳门研究丛书"之一，作者着眼于土生葡人的宗教信仰，通过人类学调查研究，在回顾历史的基础上，力图从"动态"、"变迁"、"多元"与"混融"的角度去把握土生葡人的族群和文化，进一步思索当前土生葡人的信仰变迁趋势，探究造成土生葡人宗教信仰变迁背后的动力学因素，借此揭示土生葡人整个族群在澳门的未来前景。全书共分6章。第1章为"导论"，介绍了本书的缘起、研究对象、研究的方法与思路等。第2—3章回顾了澳门土生葡人这一特殊族群的起源，借此了解他们文化与身份认同中的基本要素，进而限定了土生葡人的族群范畴。第4—5章围绕田野调查资料，展示了当前土生葡人从最初葡萄牙式的纯粹的天主教信仰向多元、混融化发展的趋势，以及这一趋势背后的深层动因。第6章为"结论"，对土生葡人的未来作出了预期。

伍、中国宗教、民族宗教、民间宗教

中国式宗教生态：青岩宗教多样性个案研究（中山大学人类学文库）
陈晓毅著

社会科学文献出版社　2008年4月　421千字　544页

"青岩"是贵州省贵阳市花溪区南郊的一个古镇，"宗教多样性"是指青岩儒释道耶及各种民俗宗教多元共存的现象。本书为"中山大学人类学文库"丛书之一，是一部采用"田野调查法"和"民族志叙述方式"对青岩宗教进行人类学考察和宗教多样性研究，以求"通过青岩的宗教现象透视当地社会运作和文化演进的规律"的学术专著。全书分为"青岩宗教生态系统的形成及嬗变"、"宗教生态论视野下的青岩教案及其现代影响"、"宗教生态论视野下的青岩宗教信徒纷争"等8章。作者依据田野调查和相关文献资料，生动描述了该地区儒教、佛教、道教、基督新教、天主教及汉族民俗宗教、苗族民俗宗教、布依族民俗宗教组成的宗教生态系统的历史演进和宗教内部各成员之间、教徒内心宗教元素之间互动交涉、混融共生的独特景观，明确提出了青岩宗教生态系统的"三层楼结构"，即底层（民俗宗教）、中层（儒释道等传统宗教）、第三层（基督教、天主教等一神教）。书中还通过建构"宗教生态范式"来解析青岩宗教的多样性现象，深入剖析了"宗教生态学"在宏观、中观和微观三个层面的含义，归纳出"宗教生态学"的三种学科分支及其研究对象，进而从宗教生态论角度描绘了中国宗教生态系统形成、嬗变的轮廓，并探讨构建中国特色社会主义宗教生态系统的若干问题。

宗教教化与西南边疆经略：以元明时期云南为中心的考察（西南边疆历史与现状综合研究项目·研究系列）
张广保　宋学立著

社会科学文献出版社　2014年12月　452千字　464页

元、明两朝，无论是蒙古统治者，还是汉族统治者对云南的管理都是采取一种综合治理的方略。元朝在经略云南时，有着诸多政制方面的创新，这无疑达到了中央对云南实施直接管理的目的，有助于加强云南与内地的政治、经济等方面的联系。然而，如果要稳固这种联系，真正使云南与内地形成牢固统一体，就还不能仅局限于政治、军事、经济层面，而需在更深层的文化信仰层面建构起两者之间的精神统一体。本书为"西南边疆历史与现状综合研究项目·研究系列"丛书之一，是一部试图从宗教教化的角度来探讨中国古代两大王朝对西南边疆实施经略的专著，主要讨论了中国文化儒、释、道三系如何在元明两朝政府经略云南的综合工程中，发挥其重要而独特的历史作用。全书分上、下两篇，共12章。上篇（第1—6章）重点关注以佛教禅宗为代表的中原文化如何配合元朝政府在云南首度建立行省之后，通过融合南诏、大理以来土著阿叱力教，在云南成功确立起以中原教化形式为主流的教化传统，进而增进云南对内地的精神认同。下篇（第7—12章）着重讨论明代在前期治滇基础上，全面推行以儒、释、道为主体的中原教化传统，并最终成功确立对中国文化的精神认同。而这对于清以后，直至现今，云南对祖国的统一认同都具有极为深远的影响。自此之后，无论政局如何动荡，云南都再也未见有割据政权出现。

(六) 宗教史

中国宗教通史（修订版）（上、下册）
牟钟鉴　张践著
中国社会科学出版社　2007年12月　1030千字　951页

　　中国宗教史是一个神奇微妙而又异彩纷呈的领域，中国的政治史、经济史、哲学史、艺术史、民族史、民俗史、科学史、道德史以及中外交流史，无一不与其血肉相连。本书在广泛吸收近几十年来中外宗教学研究成果的基础上，运用新的思路与方法，全面、深入地探讨了中国宗教的历史，建构起一个规模庞大、结构严谨、层次分明、脉络清晰的中国宗教通史学术体系。全书分上、下两卷，共13章。书中系统论述了上迄史前时代，下至20世纪曾经出现于中国历史舞台上的各种宗教的起源、发展或传入、传播的过程；各种宗教的教义、教派、仪式、仪轨等；各种宗教之间、各种思想文化之间的交锋、融会。内容涉及原始宗教和崇拜，传统宗法性宗教、道教、民间宗教，中国少数民族的宗教信仰，以及由国外传进来的佛教、伊斯兰教、基督教等。本书的主要特点在于：一、具有广博性，所述宗教的种类大致齐备，宗教的历史相对完整；二、具有整体性，注意不同宗教之间的相互冲突与融合，力求揭示每一历史时期宗教文化的综合性面貌；三、具有开拓性，除了叙述一般宗教史都要关照的佛教、道教、伊斯兰教和基督教以外，还着力开挖了中国的原始宗教和古代宗教，尤其发现并揭示了具有国家民族性质的宗法性传统宗教；四、它注意了宗教与哲学的关系，对于道家与道教的关系、宗法性宗教与儒学的关系，都作了动态的叙述；五、它注意了宗教文化的多侧面性和宗教功能的多样性，不仅从政治，也从哲学、道德、社会、文艺、民俗、科技等不同角度去历史地揭示宗教体系的多面立体性和正负两方面的作用。

中国宗教思想史大纲
王治心著
上海三联书店　1988年2月　160千字　228页

　　任何有制度有组织形式的物质宗教，均源于无形式的精神。这种无形式的精神，我们可称之"宗教思想"。即使极端的唯物主义者，也有对于某主义的信仰，这种信仰，也是宗教思想的别一体现。图腾崇拜、庶物崇拜、群神与天神崇拜，演变成有组织的宗教，中国自然也不例外。从远古的敬天和祀祖，到周代明堂制度与天道观念的变迁，可以看出中国的宗教思想充满着伦理精神。本书系根据王治心先生于20世纪20—30年代在沪闽两地大学授课的讲义修订扩充而成，堪称我国宗教史研究的一部奠基之作。全书共分6章。书中叙述了从上古迄至民国时期中国宗教思想演变的历史，试图探究其内在驱动因素。从内容选择上，作者特别注重周秦以后思想上的变迁，对于周秦以前所采取的史料，认为比较不可置信的，概不列入，间有引用古书之处，亦以怀疑态度出之。

中国宗教史（上、下册）
王友三主编
齐鲁书社　1991年11月　866千字　1210页

　　中国宗教在其起源、形成以及发展的各个历史阶段始终没有改变多神崇拜的特点，烙有深深的政治和伦理的印迹。如果说中国古代的君主专制政治对中国宗教的政治性特点的形成起了决定

伍、中国宗教、民族宗教、民间宗教

作用，那么，由原始时代的以父系家长制为核心的血缘组织演变而来的宗法制，又使中国传统宗教深陷在宗教伦理框架之中。本书以历史唯物主义为指导，以时间顺序为主轴，将中国宗教史放在华夏传统文化的大背景下作整体考察，全面阐述了各种宗教现象在其发展过程中相互冲突与交融的关系及其影响力，力求厘清所有本土宗教和外来宗教在中国产生（传入）、发展和演化的源与流，还原宗教在历史发展中的本来面目。全书分六编。第一编（5章）追溯原始宗教产生的根源，介绍各种原始崇拜现象的基本内容、主要特点和历史地位等。第二编（5章）论述三代秦汉时期华夏传统宗教信仰的形成。第三编（6章）论述汉魏两晋南北朝时期道教的创立与发展、佛教的传入与传播、佛道之间与佛道同传统文化的冲突和融合。第四编（7章）论述隋唐五代宋辽金元时期佛道的兴盛与宗派的确立、伊斯兰教与基督教的传入、各教之间的冲突与融合。第五编（10章）论述明清时期至20世纪上半叶佛、道的衰微，伊斯兰教的完善成形，基督教在华广泛传播，中西文化的冲突与交融。第六编（5章）论述其他外来宗教、中国少数民族宗教与民间宗教。

中国宗教哲学史（大学人文教材系列）
麻天祥著
人民出版社　2006年7月　312千字　432页

　　宗教、哲学的无限观念，哲学上的本体即无限，内在超越的心本体论，超二元对立的中道，宗教组织对无限观念的具体化而创建的各具特色的宗教哲学，以及沟通本体与现象的中介，是认识、研究宗教哲学的理论基础，也是中国宗教哲学理性思维的起点。本书为"大学人文教材系列"之一，作者着眼于哲学思想，力求通过历史和逻辑相结合的方式，对中国上至远古时期、下至近现代长达近5000年的宗教哲学思想进行系统梳理、阐述和分析，藉此探究中国制度化的宗教，或宗教组织对无限的认识与追求，对本体的思维与诠释，进而揭示非神圣形象异化的本质。全书共分10章。内容包括：宗教与宗教哲学，中国宗教哲学的传统模式与系统思维的总体趋势，中国宗教哲学的起源，先秦时期、两汉三国时期、魏晋南北朝时期、隋唐时期及宋金元明时期的宗教哲学等。作者指出，中国宗教哲学强调体用合一，即体即用的无差别之境，所以重超越的"中道"，而疏于中介。如此在哲学上既避免了"二重本体"（外在和心识本体）之过，也彰显了本心与本体合一的超然与绝对，这也是中国宗教哲学鲜明的特征。

信仰的考古：中国宗教思想史纲要（中国思想与社会文丛·第1辑／陈洪　李治安主编）
张荣明著
南开大学出版社　2010年6月　340千字　350页

　　中国宗教思想史是中国历史的非物质、非制度层面，是由一系列的宗教思想事件贯穿起来的一个脉络和过程。本书为"中国思想与社会文丛"之一，作者尝试借鉴考古学的方法研究中国信仰历史，确定特定信仰的个性特征，在此基础上定位不同信仰个案之间的逻辑关系和历史关系，揭示中国历史上人们信仰的真相以及不同时代信仰变迁的轨迹。全书除导言外，分为二十个部分。前三个部分是对相关理论问题的讨论，这些理论问题涉及中国宗教思想史的研究方法、宗教思想的历史变迁与人类心理变迁的关系、不同类型的宗教思想之间的关系；后面各部分则分别讨论了中国上古时代混合形态的宗教思想、春秋战国时代宗教思想的衰落、秦汉至明清政治神学和生命神学的兴起和发展、近代传统信仰的衰落、近年来宗教信仰的新趋向。其主体内容是对秦汉至明清时期生命神学的分析，主要考察了道教和佛教信仰的若干类型、这些不同类型信仰的基本特征以及各自在宗教思想史上的地位和意义。

中国全史百卷本·宗教卷（张岱年 季羡林名誉主编）
史仲文 胡晓林主编
中国书籍出版社 2011年8月 1559千字 1033页

百卷本《中国全史》是20世纪末由学术大师季羡林、张岱年领衔主持，数十位专家指导、百多位杰出学者倾力撰著的一部极富特色的中国通史巨著。全书包括十个专题卷，分别从政治、军事、经济、思想、教育、宗教、习俗、科技、文学、艺术十个方面展开论列，每专题又分十个分卷，共百卷。这部巨著全景式地展现了中国远自上古、下迄近世的历史发展进程，对中华5000余年历史上的重大事件、制度流变、风云人物、思想贡献、科技发明、宗教信仰、生活习俗以及文学艺术等，作了详尽的描述、精到的剖析、中肯的评断，并以现代的、前瞻的历史视野对万千历史现象背后的规律给予了多层面、多侧面的总结，提供了治史、治政、治国以及修身齐家等多方面、多角度的启迪，体现了很高的学术水平。本卷（宗教卷）为修订后的"中国全史百卷本"之一（原版《中国全史》主要是百卷分册印行的，此次修订合并精装为十册），下设：远古暨三代分卷、春秋战国分卷、秦汉分卷、魏晋南北朝分卷、隋唐五代分卷、宋辽金夏分卷、元代分卷、明代分卷、清代分卷、民国分卷十卷。各卷以不同历史时期不同宗教的产生、发展、冲突与融合为主轴，系统论述了从远古暨三代至民国时期中国宗教的演进历程，完整构绘了中国宗教波澜壮阔、异彩纷呈的历史画卷。内容涉及自然崇拜，图腾崇拜，祖先崇拜，生育崇拜，占卜、巫术和迷信，儒释道三教，伊斯兰教、犹太教、基督教、萨满教、祆教、摩尼教和中国少数民族宗教等。

中国宗教史（中国专门史文库/冯天瑜主编）
麻天祥 姚彬彬 沈庭著
武汉大学出版社 2012年1月 425千字 467页

本书为"中国专门史文库"丛书之一，三位作者基于麻天祥教授在中国宗教历史、哲学研究领域多年来形成并一直着力阐发的"制度化宗教与宗教哲学二律悖反"的理论架构，按照历史发展脉络，全面、深入地探讨了中国宗教的起源、发展的历史和各时期宗教发展的特点。全书共分9章。书中所涉及之宗教，概分为五部，为佛教、道教、儒教、外来宗教与民间宗教；时代之划分，以先民之原始社会时期、先秦时期、秦汉时期、魏晋南北朝时期、隋唐时期、宋元明时期、清代近世时期分段叙述；并设两节阐述藏传佛教与萨满教，以期尽可能全面地展现中国宗教发展的历史全貌。作者在介绍中国宗教的历史发展过程时将各时期的宗教皆分为两个部分进行阐发，即在每章中，第一部分先介绍该时段的制度化宗教，第二部分再论述与之相应的宗教哲学，这种体例也是对中国宗教史写作方式的一种新的尝试。"制度化宗教"部分，主要借鉴和援引了如牟钟鉴、张践所著的《中国宗教通史》，张岂之主编的《中国思想学说史》，任继愈主编的《中国佛教史》、《中国道教史》，马西沙、韩秉方所著的《中国民间宗教史》等著作；"宗教哲学"部分，则以历史和逻辑相结合的方法，深入剖析中国宗教哲学思想发展的进程。

伍、中国宗教、民族宗教、民间宗教

1. 断代史

中国古代政教关系史（上、下卷）
张践著
中国社会科学出版社　2012年11月　1322千字　1229页

　　宗教与政治的关系是一个重大的理论问题和实际问题，关乎社会的管理体制和宗教的生存方式，曾经成为历史上社会变迁的晴雨表，古今中外的国家政权都必须面对它而加以处理，因此历来受到政治家和思想家的高度关注。政教关系作为宗教学和政治学交叉领域的研究题目，在世界各国的学术界，都是一个极为重要的问题。本书利用丰富的文献资料对从原始社会至明清时期的中国古代政教关系史进行了综合考察，从公共管理的角度对古代政府的宗教管理作了深入研究，阐述了其中的经验和教训，探讨了中国政教关系的实质。全书分上、下卷，共10章。在第1章"绪论"部分，作者通过对中西政教关系的广泛比较，厘清了政治内部的三重结构，即政治权力、政治意识形态、政治文化，认为世界各国不同类型的宗教皆分别作用于政治的这三重结构。在第2—9章中，作者依次将中国的神权政治时代（夏商周三代），从"神治"走向"人治"（春秋战国时代），儒教地位的确立和佛、道教的生成（秦汉三国），儒佛道三教的冲突与融合（两晋南北朝、隋唐五代）等作为时间和理论变迁节点，阐述了不同历史时期的政教关系。最后1章总结了中国古代政教关系的历史特点与经验教训。本书指出，在中国古代历史上，宗教所发挥的政治作用，并不仅具有辅助统治的作用，而且还有和谐社会、安定人心、缓和矛盾、救济民生等方面的积极作用。这样就可以对宗教这种几乎与人类文明历史伴随始终的文化体系，作出恰如其分的评价。

神道人心：唐宋史及敦煌民生宗教社会史研究
余欣著
中华书局　2006年3月　400千字　419页

　　民生宗教是松散型宗教的一个类型，指围绕个人或家庭乃至某一地域的民生福祉而展开的信仰，尤其是与人的基本生存状态与生命历程相关联的衣食住行、生老病死等方面，包括思想与行为。其核心内涵包括神灵体系、仪式活动、象征结构三个层面。本书是一部关于唐宋之际敦煌宗教社会史研究的专著。作者在仔细清理宗教史、社会史研究的各种理论的前提下，大胆提出了"民生宗教"的概念，企图以此为主要线索，从社会生活实际的层面来研究敦煌的神灵谱系，诠释唐宋之际敦煌民众的信仰世界，揭示其丰富的内涵。全书分为"众神赴会：诸种信仰在敦煌的交融"、"卜宅安居：生活空间与民生宗教的交涉"、"游必有方：敦煌文献所见中古时代之出行信仰"三篇，每篇下设若干章节及篇末结语。作者翻阅了几乎所有相关敦煌文献，并有机会走访牛津、剑桥、伦敦、巴黎、莱顿、柏林、京都、台北等学术中心，亲自校核原卷，且于欧美、日本、港台的研究成果多有吸纳，使理论思考更趋成熟，文献考证更加缜密，扩张了敦煌研究的广度和深度，开拓了敦煌学的新领域，回应了敦煌学"从文献走向历史"的趋势。

近代中国宗教文化史研究（上、下册）（国家哲学社会科学成果文库）
何建明著
北京师范大学出版社　2015年6月　810千字　776页

　　近代中国宗教是在传统与现代、东方与西方的文明冲撞和文化交流中成长起来的，具有鲜明的现代文化特色。近代中国的各种宗教文化都是建立在现代知识文化体系之中的，任何宗教都不能无视或逃避现代知识体系和各种文化思潮的挑战与洗礼。离开了现代知识文化体系，宗教便无法获得其存在的合理性与合法性。因此，近代中国宗教已不仅仅是一种信仰体系，而是一种文化体系、一种有文化的信仰体系、一种有信仰的文化体系。本书为"国家哲学社会科学成果文库"丛书之一，作者着眼于历史与文化的视野，采用通行的文化史和思想史研究方法，以大量的第一手历史文献为基础，立足于现有的国内外学术研究成果，对近代中国宗教与文化之间的关系问题作了较为深入的专题阐释。全书分为"宗教与近代社会思潮"、"宗教与近代科学观念"、"宗教与近代文化论争"等7章。书中论述了中国传统的儒、释、道三家文化与外来的基督宗教、进化论、科学思潮、社会主义等近代主要西方文化和新生的三民主义等近代中国文化在特定时空场景中的互动关系。透过从相遇、冲突，到交流、对话，最后到融合与共存的历史路径，探寻了近代中国宗教文化的基本特点及其与当代中国宗教的直接或间接关系，揭示出近代中国宗教文化的内在根据和外在影响及其在不同社群精英中的多样性表现形式。

2．地域史

北京宗教史（北京专史集成/王岗主编）
郑永华主编
人民出版社　2011年1月　450千字　396页

　　北京宗教史是北京历史研究中不可或缺的重要组成部分。加强北京宗教史研究，对于我们进一步深化北京史的研究和全国宗教史的研究、挖掘首都传统文化内涵，甚至对建设东方特色的国际化大都市、充分展现北京独特的人文魅力，都会产生十分重要的作用。本书为"北京专史集成"丛书之一，是一部对北京地区历史上的各种宗教活动按照宗教派别进行系统的梳理、总结、分析与评价的史学专著，由北京社科院历史所科研人员集体撰写完成。全书分为"北京佛教史"、"北京道教史"、"北京伊斯兰教史"、"北京基督教史"和"北京其他信仰史"五篇。每篇之下各设若干章节，分别对每种宗教内部的思想流变、和其他宗教之间的衍生或亲缘关系以及该宗教与当时社会、政治、文化环境的互动作了详细介绍，力图较为全面地反映北京历史上宗教生活的各个层面，对目前正在兴起的学术热点有所回应。书中所涉时间范围始于先秦时期，迄于中华人民共和国建立，基本涵盖中国古代、近现代社会各个阶段各种在北京发生、发展、演变与传播的重要宗教现象的历史过程。所述地域，以目前的北京行政区范围为基本参照，兼顾各个朝代的政区沿革，适当扩大。

天津宗教史（天津通史专题研究丛书/万新平主编）
李新建　濮文起主编
天津人民出版社　2013年5月　650千字　456页

　　作为中国宗教组成部分的天津地区宗教，除了具有中国宗教的一般规律之外，还表现出自己的鲜明特点：门类齐全；历史悠久；宗教精英辈出；著名寺观教堂林立。上述结论可视为天津宗教有别于国内其他地区宗教的基本特征。本书为"天津通史专题研究丛书"之一，是第一部天津地区宗教通史，主要对各种宗教在天津流传的历史进行系统阐述和学术解读。编者借鉴《上海宗教史》之撰写体例，结合天津宗教的历史实际，将佛教、道教、伊斯兰教、天主教、基督教五大宗教在天津的流传历史融入天津宗教史研究的整体框架内。其时空界定是：时间，以魏晋之际佛教在蓟州的流传为上限，以2009年的天津宗教活动为下限；空间，凡是历史上属于天津管辖的州县和现在归属天津的区县，均纳入本书研究范围。全书共分6章。书中不仅专章论述了明清时期天津的民间教派和民间信仰，还附录东正教、犹太教、锡克教在天津的流传情况。编者史论兼顾，注重探究天津宗教的发展规律和自身特色。

上海宗教史
阮仁泽　高振农主编
上海人民出版社　1992年7月　740千字　1019页

五大宗教传入上海的时间有早有晚，发展的规模和程度也各不相同，但有一点却是相同的，即各教在近代都得到了空前而迅速的发展，由于特定的历史条件，上海各种宗教同社会政治的关系密切，同民众生活的联系密切，明显地带有上海城市宗教的一些特点。本书是一部以史志形式介绍上海宗教全貌的著作，除绪论（含4篇文章）外，按"上海佛教史"、"上海道教史"、"上海伊斯兰教史"、"上海天主教史"、"上海基督教史"五个部分编排，共计25章。书中以大量篇幅论述了近代上海宗教，尤以民国年间的史实记述较为详尽，涉及五大宗教在上海落地生根的历史沿革、经典教规、组织结构、传统习惯、名胜古迹、宗教团体等，揭示了上海地区宗教传入与发展的总体脉络及区域性特征。本书的基本观点主要有：上海宗教得到统治阶级的支持并受控制和利用；上海宗教的发展是民众在自然和社会压迫下的精神需要；近代上海宗教界曾涌现出一批爱国人士；近代上海宗教在适应都市社会生活中形成了一些特点，从而使其具有较强的适应性。

福建宗教史（福建思想文化史丛书／许怀中主编）
陈支平著
福建教育出版社　1996年11月　429千字　554页

福建是中国历史上的晚开发地区，自汉晋以来北方士民不断南迁，把中原先进的政治、经济制度以及文化技术等带到福建，促进了福建的经济人文开发。而佛、道等宗教，大多沿着这条自北而南的路线在福建广为传播。但在另一方面，福建地处东南沿海，对外交通自古以来都比较发达，外来宗教的传入和中国宗教的对外交流，福建是一个重要地点。特别是明清以来福建宗教的对外辐射，更对台湾、东南亚地区的宗教文化产生重要影响。福建优越的地理环境以及北方士民入闽所形成的移民社会的文化背景，不能不使福建的宗教，带上了福建社会文化的显著标志。本书为"福建思想文化史丛书"之一，是一部既能反映福建社会文化特色而又简明扼要的福建宗教史专著。书中就福建几种主要宗教和传播发展演变史及其与福建社会文化的相互联系，进行了区域性的探讨，并对福建宗教的地域文化特质及福建宗教信仰的发展趋向等作了说明。全书共分五编。内容包括：福建道教与三一教的形成和演变，西晋至近现代福建佛教的传播、发展与复兴，摩尼教与伊斯兰教在福建的传播，鸦片战争以前至近代以来基督教在福建的传播、扩张和发展等。

国家祭祀与海上丝路遗迹：广州南海神庙研究
王元林著
中华书局　2006年8月　375千字　516页

广州南海神庙既是我国现存规模最大、保存最完整、古迹史料最丰富的海神庙，也是我国古代"海上丝绸之路"的重要史迹，其独特而丰富的祭祀文化在国家礼制和中外交通史上占有重要地位。本书以南海神庙研究为中心，以南海神庙与国家礼制、海上丝绸之路的关系为重点，通过爬梳和整理大量的历史文献和碑刻、考古等资料，全面叙述了南海神庙的兴衰发展历史，探察了这一兴衰历程与广州海上丝绸之路发展、广州港变迁之间的关系，概括了南海神和神庙发展的几个不同阶段，分析了南海神庙和广州海上丝绸之路兴衰的原因、南海神与天妃等海上神仙的关系，以及海上崇拜这种特定的宗教信仰与国计民生之间的联结等，进而揭示出南海神庙与海上丝绸之路发展的本质特征。全书共分7章。作者力求突破以往将南海神庙与国家祭祀、海上丝绸之路割裂的弊端，在揭示历史文化遗迹本身价值的同时，全方位地展示南海神庙在国家礼制、中外交通史和地方史方面的重要作用，突出其在宗教崇拜中的地位，抓住南海神庙与海上丝绸之路变迁的时空特征，总结出以南海神庙为载体的中外经济、文化交流的特点，以期在国家礼制、海上丝绸之路的理论研究上有所创新。

云南宗教史（云南宗教文化研究丛书）
杨学政主编
云南人民出版社　1999年11月　550千字　694页

云南是我国民族种类最多的一个省，也是宗教种类最多的一个省。云南地处我国西南边陲，与缅甸、老挝、越南等国接壤，居住着26种民族，其中有16种民族跨国境居住。因此云南宗教与境外宗教有着千丝万缕的联系，尤其是佛教，不论历史和现实，它都是联结云南与南亚、东南亚诸国民族经济文化的桥梁和纽带。此外，云南有的宗教派别在国内乃至国际上都是十分独特的，如佛教中的密教阿吒力和南传上座部佛教等。这些不同类型宗教的历史及其蕴含的宗教文化构成了云南宗教的丰富内容和鲜明特色。本书为"云南宗教文化研究丛书"之一，可谓是迄今为止国内第一部省（区）宗教史。它以翔实的史料，全面介绍了云南宗教的整体景况，深刻的阐释了云南多民族宗教在不同社会历史阶段的传播、发展、演化过程及其鲜明的民族地域宗教特色。全书分四编。内容包括：唐初阿吒力密教传入云南，元明清至当代的阿吒力密教，汉传佛教、南传上座部佛教、藏传佛教传入云南年代考，天主教传入云南年代考，清末天主教在云南的扩张，清末基督教传入云南，中华民国时期基督教在云南的扩张和发展，伊斯兰教传入云南年代考，元明时期伊斯兰教在云南的传播及发展，清代的云南伊斯兰教，道教传入云南年代考，中华民国时期及当代的云南道教，等等。

伍、中国宗教、民族宗教、民间宗教

（七）传记（人名传记按笔画排序）

1. 古代人物传

教化与工夫：工夫论视阈中的阳明心学系统（儒道释博士论文丛书/汤伟侠 卿希泰等主编）
陈多旭著

巴蜀书社　2010年11月　225千字　282页

　　工夫，亦作功夫，作为一个儒学义理的范畴，它特指心性修养、德性培壅的方式、方法及其践履过程。本书为"儒道释博士论文丛书"之一，以王阳明的心学理论为研究对象，从工夫论的视角探讨儒学之倡导由道德工夫践履实现人性教化的价值取向和文化精神。全书共4章。书中首先叙述了王阳明如何经作圣工夫之践履形成其心学理论；其次从心性与义理、道德与知识等方面讨论阳明心学由工夫以成教化之旨趣；再次分析阳明心学基于对才质气性问题的独特见解而主张的实现人性教化之工夫进路；最后评述阳明心学讨论到的具体修养工夫。本书认为，中国古代大多数儒家学者的理论是源于他们自身的工夫体验和道德实践，阳明心学的产生过程尤其鲜明地体现了这一特点。

自然与政教：刘宗周慎独哲学研究（同济·中国思想与文化丛书）
陈畅著

上海人民出版社　2016年11月　260千字　369页

　　晚明大儒刘宗周之学以慎独为宗，其思想由"生气（欲）"论、"喜怒哀乐"说和"一万互统"说逐层奠基，具备独特的义理结构和政教义蕴；其慎独哲学体系以极具创造力的方式解决了中晚明时代一直困扰阳明心学发展的思想难题，意味着王阳明提出的个体性哲学的真正完成。本书为"同济·中国思想与文化丛书"之一，是作者在其博士论文基础上修改而成的一部以刘宗周慎独哲学为研究对象的专著。全书分上、下两篇，共9章。书中重点探讨了宋明理学与政教秩序的建构问题，通过疏理阳明学派"自然"思想及义理构架，指出阳明学派建立了一种个体性哲学，致力于探究由个体性奠基和生发的公共秩序问题，其思想背景则是宋明时代的重大社会政治问题（解决平民化社会"一盘散沙"的局面）。本书除了对刘宗周的慎独思想有精细的辨析，检讨的范围还广及管志道、顾宪成、孙慎行、陈献章、黄宗羲和现代新儒学大家牟宗三的相关论说，从而为读者提供了晚明学术研究的若干新视角。

林兆恩与三一教
林国平著

福建人民出版社　1992年2月　140千字　185页

　　三一教是一种产生于明代中后期，盛行于明末清初，至今仍在我国的福建、台湾省和东南亚一些国家和地区流传的民间宗教，因主张三教合一而得名。创始人为福建莆田的林兆恩（1517—1598），人称"三一教主"。本书以作者持续多年的实地调研为依据，论述了三一教的兴衰嬗变，对林兆恩的三教合一思想体系和"九序心法"作了深刻的分析，填补了该研究领域的学术空白。全书共分4章。第1章介绍林兆恩生平和著述。第2章探讨林兆恩三教合一思想，认为林兆恩的三教合一论是一种以阳明心学为基础，以儒学的纲常人伦为立本，以道教的修身炼性为入门，以佛教的虚空本体为极则，以世间法与出世间法一体化为立身处世的原则，以归儒宗孔为宗旨的三教同归于心的思想体系。第3章分析林兆恩发明的用于修身养性和祛病健身的"九序心法"，探讨其来源、形成、修持步骤、方法、特点等，揭开其神秘外衣。第4章探讨三一教的兴衰嬗变的历史，认为三一教的发展演变分为三个时期：形成和发展时期（明代中后期）、迅速发展和鼎盛时期（嘉靖四十五年至万历二十六年）、衰微和复兴时期（雍正至民国时期）。

柳宗元儒佛道三教观研究（安徽师范大学中国诗学研究中心学术丛书）
张勇著
黄山书社　2010年3月　260千字　242页

　　本书为"安徽师范大学中国诗学研究中心学术丛书"之一，是国内首部系统研究柳宗元儒佛道三教观及其关系的专著。作者以哲学为本，采用义理、考据与史论相结合的方法，在广阔的三教背景之下，对柳宗元眼中的儒佛道三观进行了全面考察，透过这一窗口，具体而细致地分析了中唐思想文化的转型及宋学的源头情况。全书共分6章。第1章分别介绍初唐以来的三教政策、三教各自的发展状况及三教鼎立的整体文化格局。第2章采用诠释学方法，先揭示柳宗元对儒道的诠释原则，再揭示其对儒道内涵的诠释，最后分析柳宗元对儒家"道统"的诠释。第3章重点分析柳宗元对禅宗、天台宗、净土宗、律宗四大宗派的理解与评价。第4章采取义理与考据相结合的方法，揭示了柳宗元对道教五部"真经"的考证与评价，及其对道家、道教理论的批评、改造与吸收。第5章先采取归纳法揭示柳宗元"三教融合"的总原则、总方向与纽结点，再通过背景分析法，分析柳宗元在三教关系张力下宇宙论与心性论的独特内容，最后用对比法，凸显柳宗元在唐代三教融合思潮中的独特地位。第6章用列举比较法先揭示柳宗元儒佛道三教观对宋代儒学的影响，再揭示其对宋以后三教关系的影响。

拒秦兴汉和应对佛教的儒家哲学：从董仲舒到陆象山
张祥龙著
广西师范大学出版社　2012年6月　347千字　350页

　　"秦"不仅是一朝之名，而是代表了一种生存文化和哲理形态。董仲舒使儒家在汉代发扬光大，成为王者之师。大约在两汉之际，佛教已经传入中国。佛家主宰中华哲学思想的论坛数百年，无以匹敌，领时代之风骚。它不但成为当时世界范围内佛教的创新前沿，同时深化和丰富了华夏的哲理，激发出宋明儒学，造成长久的和多方位的文化影响。佛教入华不只是一个历史事件，一次偶然邂逅的思想遭遇，而是一种哲理间的沟通。本书讲述了从秦汉起头的儒家哲理在重大历史阶段中遇到的重大问题和儒家的哲理应对，勾勒出中华古哲理传承与演变的历史图景。全书共十讲，内容可分为两个部分：其一，拒秦兴汉，讲解秦汉之际儒家与法家的哲理交锋，以董仲舒为代表，开出汉儒"王官学"的盛大气象；其二，应对佛教，讲解两汉之际佛教入华对儒家正统形成的挑战，中华佛学开出思想之花，与儒学相激荡，最终结出宋明儒学的果实。

2. 近现当代人物传

中国近代思想家的宗教和鬼神观
肖万源著

安徽人民出版社　1991年3月　290千字　368页

近代中国是古今中外各种神学思想的汇集地。除中国原有的天命论、君权神授说、世俗迷信等传统的有神论继续存在、泛滥，佛教、道教等神学思想的流布外，宣扬上帝的西方宗教神学，在不平等条约的庇护下得以生根、发展，局面复杂。本书从文化史角度，通过古与今、中与西的比较，较系统地评介了鸦片战争至五四运动前后十多位思想家的宗教和鬼神观，评估了他们的宗教和鬼神观的历史地位和理论价值，兼涉近代中国的政治变迁、自然科学状况、哲学思想等诸方面。全书共分三编，总计13章，依历史演进脉络客观分析了近代中国宗教和鬼神观的基本内容及其特点，它的演变、发展及其阶段性。

生命的层级：冯友兰人生境界说研究（儒道释博士论文丛书 / 汤伟侠　卿希泰等主编）
刘东超著

巴蜀书社　2002年10月　240千字　317页

人生境界说是冯友兰哲学思想的核心。本书为"儒道释博士论文丛书"之一，书中首先从文本真实及理论蕴涵两个层面考察了冯友兰的人生境界说，既阐明其中"符合人生真实的深刻、高明之处，也揭露其理论架构中存在的问题和矛盾"，同时"从今天的认识水平和现实需要出发，对冯氏的人生境界说进行了试验性的理论拓展与重阐"；其次，本书还对比了人生境界说与克尔凯郭尔的三种生活方式说，"不仅对二者的理论框架、结构进行了比较，指出冯氏人生境界说中的天地境界与克氏三种生活方式说中的宗教方式相对应，道德境界与伦理方式相对应，功利境界与美感方式的主要部分相对应，自然境界与美感方式的起始部分相对应；而且还对这两种学说中的一些重要观念进行了比较，指出二者概念上的异同"。作者试图通过这两种学说的比较、会通和整合工作，为从生命层级的角度来探讨和说明人的不同存在状态奠定更坚实的学理基础。全书共9章。内容包括：人生境界说的本体论基础、《新原人》之前有关人生境界的观念、论觉解和学养、论才命和死生等。

汤用彤卷（中国现代学术经典 / 刘梦溪主编）
孙尚扬编校

河北教育出版社　1996年8月　690千字　800页

汤用彤先生是现代中国学术史上少数几位能会通中西、接通华梵、熔铸古今的国学大师之一，举凡印度哲学、中国佛教史、中国哲学史、西方哲学史无不淹贯。他的传世之作《汉魏两晋南北朝佛教史》与《魏晋玄学论稿》更是堪称其著作之双璧。本书将这两部论著收于一秩，展示于今日之学人。其中《汉魏两晋南北朝佛教史》一书，清晰描绘了佛教在中国传播、发展之图画：由最初依附道术到依附玄学而成为佛玄，复由经论讲习而过渡至独立宗派之形成，最终完全中国化而成为中国文化之一部分。本书为"中国现代学术经典"丛书之一，编校者孙尚扬赞其"先之以古印度语之精熟、中印史地之旁通，辅之以西方语言科学之方法及宗教、哲学之涵养，广搜材料，又取地下之实物与纸上之遗文互相释证，其考据之精审，实不让乾嘉诸老半分"。《魏晋玄学论稿》一书，汤先生则以深入之探讨，描绘出汉魏学术变迁之迹：汉魏之际，学术思想中刑名较盛，正始年间老学较盛，东晋时期佛学较盛。由此展现了魏晋思想发展之清晰轮廓及其内在线索。

陈垣卷（中国现代学术经典／刘梦溪主编）

刘乃和编校

河北教育出版社　1996年8月　722千字　906页

史学大师陈垣是中国宗教史研究的开创者之一，他与陈寅恪并称"史学二陈"。在史学研究领域，陈垣对宗教史、历史文献学及元史用力最多，著作宏富，成就斐然。他一生撰写史学专著和论文近200篇，对各种宗教均有深入研究，并创始了史源学、史讳学、校勘学。其主要著作有《释氏疑年录》、《明季滇黔佛教考》、《中国佛教史籍概论》、《南宋初河北新大道教考》、《元也里可温考》等。本书为"中国现代学术经典"丛书之一，从陈垣平生所著20多部专著中，精心拣选论元代基督教各派的《元也里可温教考》、论中国文化对域外文化影响的《元西域人华化考》、史讳学发轫之作《史讳举例》、校勘学奠基之作《校勘学释例》、校勘学名作《旧五代史辑本发覆》、后期代表作《通鉴胡注表微》予以编排，并分别作出题解说明，主要介绍该部著作产生之背景、出版或发表之时间、版本演变以及翻译成其他语种的情况。

徐梵澄精神哲学入蹊

孙波著

华东师范大学出版社　2013年10月　185千字　316页

徐梵澄先生为上世纪中国学人中兼及中、西、印三大文化圈之人文学术的大家。他一生的思想进路，乃是沿着鲁迅（"立人"、"改造国民性"）和印度圣哲室利·阿罗频多（"变化气质，并终期转化社会与人生"）的精神方向拓展与深化的，并最终形成了自己独特的精神哲学神态。此学"实与各国家、民族之盛、衰、起、伏息息相关"（徐梵澄语），因其穿透制度设计与技术解决的重重扦格，直指人之"心体"，故而为人的"存在"之焦虑提出根质性的解决"方案"——在人类不断冲突的现实与历史中，"诚"是化解矛盾的唯一途径。本书是国内第一部研究徐梵澄（1909—2000）的专著，是作者在十余年间研究和介绍徐先生学术思想的初步成果。全书分为"序跋篇"、"读书篇"、"鞮译篇"、"温习篇"和"附录篇"五个部分，共辑录论文和述评28篇。内容包括：《徐梵澄传·绪言》、《由人而圣而希天》、《玄理一脉赖遥契》、《肇论·序》、《易大传：新儒家之入门》、《薄伽梵歌论·案语提示》、《略谈徐梵澄先生的学问人生》等。

鲁迅与宗教文化（中国新文学研究书系／袁良骏主编）

郑欣淼著

中国社会科学出版社　2004年12月　357千字　405页

宗教是人类文化重要成果的一部分。鲁迅作为中国现代伟大的思想家，毕生努力吸取中外优秀文化营养，他对宗教文化的批判具有深刻的思想性和强烈的现实性。本书为"中国新文学研究书系"之一，作者以丰富的材料为依据，全面梳理了鲁迅对中外宗教的论述，探讨了宗教研究对鲁迅思想发展的影响，系统阐发了鲁迅的宗教观，为我们勾画出一个"深深地受到中外宗教文化的熏陶与浸染"而又"大量地揭露和抨击宗教对中国文化的消极影响"的思想家的形象。全书分

伍、中国宗教、民族宗教、民间宗教

为"鲁迅宗教观概述"、"鲁迅与佛教"、"鲁迅与道教"、"鲁迅论'三教合流'"等7章。作者指出,鲁迅是把宗教研究、宗教批判作为中国文化批判与建设的一个重要方面来进行的,因而鲁迅总是紧密联系当时的实际,把宗教问题同中国的社会改革、同旧文化的改革结合起来,同尖锐、激烈的民族斗争、阶级斗争结合起来,同提倡科学、揭发和批判各种封建蒙昧思想和活动结合起来。鲁迅对宗教文化的批判不仅在当时发挥了战斗的作用,对今天的文化建设仍有重要的价值。

熊十力及其哲学
郭齐勇著
中国展望出版社　1985年12月　125千字　172页

辛亥革命战士、著名哲学家熊十力先生堪称20世纪之"国中奇人",其所标举的"新唯识学"融汇儒释道,创造性地构架了我国近现代哲学史上独特、庞大的哲学体系。这个体系的基石,就是所谓"体用不二"论。本书是国内研究熊十力生平和新唯识哲学的第一部专著,循其思想内涵分为"《新唯识论》哲学的特质"、"'境不离心'与主体的认识功能"、"'翕辟成变'与主体的实践功能"、"'冥悟证会'的创造性直觉"等7章。书中不仅细致描述了熊十力的传奇人生,还实事求是地评价了他所独创的博大思想体系及其在中国和世界文化思想史上的地位。

熊十力本体论哲学研究（儒道释博士论文丛书/汤伟侠　卿希泰等主编）
郭美华著
巴蜀书社　2004年11月　200千字　277页

熊十力哲学作为"本体论",以"求真见体"为鹄的。熊氏对于真实本体的寻求,贯穿着对于人自身存在的主观与客观、个体性与普遍性的紧张。总体上看,熊氏早期哲学有一个从关注个体性自我到倾向普遍性实体的发展变化;在哲学思考的成熟期,熊氏表现出对于普遍性实体的皈依;在其后期哲学中,熊氏表现出将超越的普遍性实体回归多样化、个别化的现实这一致思倾向,更为注重普遍性实体的个体性表现及其实现。本书为"儒道释博士论文丛书"之一,深入讨论了熊十力哲学以"新唯识论"为中心的本体论思想,认为熊氏所谓真实存在的本体,既是内在于主体自身的本质力量又是世界自身的自在根据;它既是每一个体自身存在的主观内在的个体性根据,又是所有主体乃至宇宙万物的存在的客观的、普遍性根据。全书共5章,述及熊十力哲学的总体脉络,"唯识"、"转变"与"反求"的意蕴,性智与量智等内容。作者指出,在对本体的进一步规定中,熊氏将本体夸大为脱离现实生活的超越物、孤零的存在,显露出普遍主义、客观主义的立场。

（八）工具书

中国伦理学百科全书（宗教伦理学卷）
于本源主编
吉林人民出版社　1993年12月　450千字　393页

1993年8—9月,在芝加哥召开的"世界宗教议会"上,各宗教团体与领袖讨论并签署了《走向全球伦理宣言》。此后,西方宗教界人士以及我国学者,都致力于探寻一种基于宗教对话的全球伦理构想,有力地推动了宗教伦理学的学科建设和发展。本书作为国内较早的一部系统介绍"宗教伦理学"的工具书,以伦理学的理论框架对不同宗教的伦理思想进行了梳理与整合,资料丰富、立论准确。书中共收录620条词条,总体分为原始宗教伦理、宗教道德伦理、佛教伦理、基督教伦理、伊斯兰教伦理、道教伦理六大类,每种宗教类别又分设代表人物、经典著作、戒律仪轨等多个子项,为构建适合中国国情的宗教伦理学研究体系奠定了基础。

中国学术名著提要·宗教卷（周谷城主编）
陈士强主编
复旦大学出版社　1997年4月　992千字　1204页

　　宗教,是社会意识形态的一个重要组成部分,也是一种历史现象和文化现象。翻开千百年以来流传于世的中国古代典籍,人们会不约而同地发现,中国古代的宗教(尤其是佛、道二教),与古代文化的各个领域有着千丝万缕的联系。从这个意义上说,若不了解宗教,也就无法了解中国的历史文化。与其他学科的学术名著一样,宗教类学术名著同样是中国古代文化的一大宝藏。本书为中国历代宗教类学术名著的提要,共收录古代至现代的相关名著305部(篇)。全书分为五大类。一为佛教编。始于东晋道安的《人本欲生经注》,终于现代印顺的《佛法概论》,凡163部。二为道教编。始于先秦佚名的《山海经》,终于现代王明的《黄庭经考》,凡115部。三为基督教编。始于明代徐光启的《增订徐文定公文集》,终于现代吴耀宗的《没有人看见过上帝》,凡13部。四为伊斯兰教编。始于元代吴鉴的《清凉寺记》,终于现代白寿彝的《中国伊斯兰史存稿》,凡11部。五为其他。始于近代王治心的《中国宗教思想史大纲》,终于现代丁山的《中国古代宗教与神话考》,凡3部。书中综录了佛教、道教、基督教和天主教、伊斯兰教等各教重要的有影响的丛书、类书、史传、文集、论著、注疏、游记、地志、谱录、杂纪、辞书、目录等,内容叙及各教的教理、修持、历史、流派、人物、事件、规制、仪式、经典、术语、寺观教堂、圣地古迹,以及朝廷的宗教法敕、各教之间的相互关系、中外宗教文化的交流等,为中国佛教史、道教史、基督教和天主教史、伊斯兰教史的研究,提供了大量的有价值的资料。

儒佛道哲学名著选编
洪修平主编
南京大学出版社　2006年12月　1006千字　886页

　　儒、佛、道作为中国传统思想文化的三大组成部分,在中国哲学史和宗教史上各有其特殊的理论贡献。研究中国哲学史和宗教史,不能不研究佛、道,即使仅就研究儒学而言,对佛、道的了解也是必不可少的。儒、佛、道三教关系,更是在一定意义上决定着汉代以来中国哲学与宗教思想的特点及其发展走向。因此,要了解中国哲学和宗教,不能对佛、道哲学有所偏废。本书精选了儒、佛、道三家哲学著作中最有代表性的名著,使读者一书在手便可观览全局,从而弥补了现有各种中国哲学原著选本对佛、道的资料收录得极少,有的对道教资料甚至没有涉及的不足。全书按儒、佛、道三大编予以分类,在每编前面先作"本编说明",以介绍本编的选目及选编意图。在入选的每一具体篇目前面,都对本篇资料作一提纲式的"简要介绍"以作为导读。选入的篇目,大致按历史年代的顺序编排。由于佛、道两部分内容的特殊性,佛学编又分印度和中国两部分,道学编则分道家和道教两部分。为了尽可能地增加本书的容量,以使读者在有限的篇幅里获得更多的资料，同时，由于本书主要是供专业学习和研究之用，故对所选编的资料只加新式标点，而不另作注解，个别地方也仅略作校勘说明。本书选编的原文，尽量选用了比较完善的版本，在文末都注明了出处，选编者据此作了校对。有的则参照不同的版本作了校勘，必要之处分别作了注释。

中华大典：宗教典·儒教分典（全6册）
任继愈主编
河北人民出版社　2012年10月　11643千字　5297页

《中华大典》是1949年以来，国务院批准的最大的一项文化出版工程，新闻出版总署成立专门工作委员会和编纂委员会统一负责组织实施，列为"十一五"国家重大出版工程规划之首、国家出版基金重点支持项目。它是在继承、弘扬我国类书优良传统的基础上，参照现代科学的图书分类法进行编纂的巨型类书，旨在为学术界及愿意了解中国古代珍贵文化典籍的人士提供准确详实、便于检索的汉文古籍分类数据。其所集资料，上起先秦，下迄辛亥革命，几乎囊括中国传统文化之精华。《中华大典》下含"典"24个，《宗教典》即为其中之一，下分《儒教分典》、《佛教分典》、《道教分典》和《伊斯兰基督与诸教分典》四个分典。《儒教分典》是《宗教典》中完成编纂任务、出版见书的第一部分典。此典共设释义称名、神祇、教职与设施、礼乐、教义、经籍、人物七个总部。"释义称名总部"主要收集关于儒教、孔教、圣教和圣经称名的材料，以展示儒教这个名称在古人观念中，乃是和佛教、道教、伊斯兰教、基督教同样性质的宗教。"神祇总部"设天神、地神、人神部，以相关材料展示儒教的神祇系统。"教职与设施总部"设教职教爵、设施部，展示儒教的组织系统和宗教设施状况。"礼乐总部"设礼部和乐部，展示儒教的礼仪制度。"教义总部"设天人之际、精神与鬼神、德行、修养、占验、报应、异端七部，展示儒教教义。"经籍总部"设经、史、子三部，分别介绍相关书籍。集部由于内容庞杂，不作专书介绍。一般说来，按经、史、子、集分类的中国古代文献中，除少数佛、道等诸教文献和个别诸子文献，都是儒教文献。本分典只挑选认为和儒教神祇、礼仪或教义直接相关的一部分加以介绍。

新编中国民间宗教辞典
濮文起主编
福建人民出版社　2015年5月　2184千字　984页

自古以来，中国就是民间宗教信仰的汪洋大海。它具有自身的特点，并对中国社会、中国历史和中国民间习俗等产生了不可忽视的影响。民间宗教的源头可以上溯到原始宗教的自然崇拜、祖先崇拜、天帝崇拜等。但是，作为一种成熟的民间宗教，即包括宗教教义、宗教仪式、宗教教规、宗教组织诸要素的民间宗教，始于东汉末年的五斗米道和太平道。近2000年的中国民间宗教发展史雄辩地证明：与世界上所有宗教一样，民间宗教也是人类掌握世界、认识人生的一种方式。探寻民间宗教的特殊品质，可以使人们明确民间宗教在中国宗教发展史中的重要地位，从中洞悉民间宗教在中国历史文化中的巨大作用与深远影响。本辞典是在濮文起教授主编的《中国民间秘密宗教辞典》（四川辞书出版社1996年版）的基础上进行修改、增订、编纂而成的一部大型工具书。全书以中国民间宗教发展史为主线，自东汉末年的五斗米道、太平道始，至中华人民共和国成立初期的民间宗教活动止，时间跨度近2000年；空间包括中国大陆、台湾、香港以及海外华人世界。书中收录词条4000多，内容包括：人物，教派，神灵，教义、仪式、规戒、术语，经卷、偈文、疏文、歌词、曲牌，组织，事件，文学作品，碑记，族谱，活动场所，出版机构、刊物，慈善事业，政府政策、官员建言，其他，共十五个部分，涵盖了中国民间宗教的方方面面。与《中国民间秘密宗教辞典》不同，本辞典有一个显著的特点，就是移录了大量20世纪90年代以来发现的民间宗教新资料，并且汲取了1996年以后中外学者的最新研究成果，反映了这一研究领域的前沿动态与学术水平。

二、民族宗教研究
（一）总论

中国少数民族宗教概览
覃光广　李民胜　马飙　郭辉　蒙宪编著
中央民族学院出版社　1988年8月　319千字　460页

　　少数民族同宗教有着密切的联系。要深入了解一个民族的生活习俗与精神气质，首先要对一个民族的宗教有一种科学的理解。本书以简明扼要的形式概述了中国各民族的宗教情况，通过对少数民族地区的原始信仰、民间信仰、外来宗教与传统宗教流布情况的全景式概览，展现了中国大地上异彩纷呈的宗教信仰形态。全书分为"东北、内蒙古地区"、"西北地区"、"西南地区"、"中南、东南地区"四个版块，述及中国55个少数民族宗教信仰的内容、形式与历史变迁。大致情况如下：维吾尔、回、哈萨克、柯尔克孜、塔塔尔、乌孜别克、塔吉克、东乡、撒拉、保安十个民族信奉伊斯兰教；藏、蒙古、土、裕等民族信仰喇嘛教；傣、布朗、德昂、阿昌、景颇、拉祜等民族的部分群体信仰小乘佛教；朝鲜、羌、彝、苗、瑶及滇西各少数民族中的一部分人信仰基督教或天主教；俄罗斯和鄂温克族中一部分人信仰东正教；达斡尔、鄂伦春和鄂温克的一部分人信仰萨满教；壮、瑶、白、彝、京、仫佬族中的一部分人信仰道教。此外，在有些少数民族中还残存或保留着一部分原始宗教。

少数民族宗教信仰与禁忌
朱越利　毛公宁　郑万庆主编
民族出版社　2007年6月　56千字　106页

　　本书介绍了我国55个少数民族不同的宗教信仰与禁忌，还选编了有关宗教方面的法律法规，以期为读者了解我国少数民族的宗教状况提供帮助。全书按中国五大宗教编排。内容包括：藏族、蒙古族、裕固族、土族、门巴族、纳西族、普米族、羌族的绝大多数或部分群众信仰藏传佛教；傣族、阿昌族、布朗族、德昂族、景颇族、佤族的绝大多数或部分群众信仰上座部佛教；回族、维吾尔族、塔塔尔族、塔吉克族、柯尔克孜族、哈萨克族、乌孜别克族、东乡族、保安族、撒拉族中的绝大多数人信仰伊斯兰教；傈僳族、怒族、独龙族、苗族、布依族、彝族、哈尼族、白族、佤族、拉祜族、景颇族、京族、朝鲜族、高山族等民族的部分群众信仰基督教或天主教；俄罗斯族大多数人信仰东正教，蒙古族、鄂温克族中也有一部分人信仰东正教；羌族、白族、壮族、瑶族、布依族、土家族、侗族、黎族、苗族、仫佬族、毛南族受道教的影响较深，有的民族将道教崇拜的神灵纳入了本民族的神灵系统之中；锡伯族、赫哲族、鄂伦春族、鄂温克族、达斡尔族和满族聚集的地方，萨满教的活动还少量存在；独龙族、珞巴族、基诺族、水族、仡佬族、黎族、畲族、高山族等民族，至今仍然保留一些以"巫术宗教"为表现形式的原始宗教遗迹。

伍、中国宗教、民族宗教、民间宗教

民族宗教学导论（民族宗教学研究成果丛书）
牟钟鉴主编
宗教文化出版社　2009年6月　410千字　398页

民族宗教学是民族学和宗教学的交叉学科，它研究民族与宗教的互动关系，重点是阐释宗教在民族形成、民族演变、民族国家、民族文化、民族关系中的地位和作用，基本上属于宗教学的分支。凡与民族宗教相关的问题，都在它的研究范围和视野之内。民族宗教学的核心理念是："族教和谐，多元互补"。在民族宗教关系上确立和而不同、平等对话、共生共荣的现代文明原则，建设和谐社会、和谐世界，这是民族宗教学的基本认知和宗旨所在。本书为"民族宗教学研究成果丛书"之一，是一部全面论述民族宗教学这一"新生的学科"之理论体系的学术专著。全书由牟钟鉴、张践、游斌、王志捷、曹兴、张咏六位作者合力撰写而成，共分为7章。各章内容围绕着"学科的主题"，在"统一的理论框架"之下，分别从多个角度对民族与宗教之间相互关系的不同侧面作了系统地分析和梳理，所述范围包括：民族与宗教的互动关系、多元社会视角下的民族宗教关系、宗教与民族文化、当代国际政治中的民族宗教问题、中国宗教文化的多元通和模式、世界各民族宗教的分类与分布等。

民族宗教关系的社会理论考察（民族宗教学研究成果丛书）
张践著
宗教文化出版社　2009年8月　320千字　311页

国家是民族的显性的政治组织形式，民族是国家隐性的文化实体内容，二者之间存在着密切的关系。在全球化时代，由宗教问题引发的民族冲突，已成为国际热点，对民族国家模式的影响与塑造亦显而易见。本书为"民族宗教学研究成果丛书"之一，作者以"民族与宗教关系、民族与国家关系"为研究对象，试图对民族、宗教两大范畴进行解析，从而解释不同宗教在不同历史时期的经济、政治环境下对民族关系的具体影响。全书共分5章。第1章解析影响民族宗教关系四大文明要素（民族、国家、宗教、意识形态）。第2章解析研究民族宗教关系的四个重要维度（民族、宗教、经济、政教关系）。第3章解析农牧经济时代不同宗教对民族关系的影响。第4章解析工商经济时代的民族宗教关系。第5章解析全球化时代的民族宗教问题。本书指出，在全球化时代形成的宗教民族主义中，有两股势力对人类的生存和发展所造成的影响与威胁最大，这就是霸权主义和恐怖主义。21世纪的民族宗教冲突，不能用一方战胜另一方的方法求得解决，出路只能在于各种宗教之间的充分对话。

宗教信仰与民族信仰的政治价值研究
彭时代著
民族出版社　2007年9月　200千字　216页

宗教是一种由诸多要素组成的社会实体。宗教的政治属性主要表现在它为政治统治服务、进行社会控制、稳定社会秩序、凝聚民族力量和为重要的政治运动鸣锣开道等方面。民族是指在长期的历史过程中所形成具有共同地域、共同经济生活和共同文化的稳定的共同体。民族的政治属性，蕴涵着民族所具有的带有政治意义的性质和特点，其核心是民族共同体与社会公共权力或政治权力之间的关系。本书既着眼于新的时代特点和国际局势，又立足当代中国国情，阐明了多民族国家的宗教信仰与民族文化之间的关系，以及我国宗教和民族问题的现实处境，并提出相应的理论对策。全书共分5章。第1章厘清宗教信仰和民族信仰的概念。第2章论述宗教与政治的内在联系。第3章论述民族与政治的内在联系。第4章论述宗教信仰与民族信仰的政治价值。第5章论述当前我国宗教信仰和民族信仰政治价值目标实现的途径。

当代中国民族宗教问题（修订本）
龚学增　胡岩主编
中共中央党校出版社　2010年4月　368千字　349页

当代民族宗教问题涉及到我国经济建设、政治建设、文化建设、和谐社会建设与对外关系各个方面，事关国家的长治久安、事关建设中国特色社会主义事业全局。本书是集体编撰而成，经由中共中央党校教材审定委员会审定出版的教材。书中主要针对我国进入新世纪新阶段，在全面建设小康社会，构建社会主义和谐社会进程中民族宗教问题的实际，展开专题性质的研究。全书分上、下二篇，共14章。上篇"民族问题"（第1—8章），在介绍我国民族问题状况的基础上，重点论述了：中国特色社会主义民族理论体系；全面建设小康社会民族工作的主题和基本任务；加快少数民族和民族地区经济社会发展；坚持和完善民族区域自治制度；推进少数民族地区社会主义文化建设；加强民族团结，维护祖国统一，促进社会和谐；加强民族地区人才和少数民族干部队伍建设等方面问题。下篇"宗教问题"（第9—14章），在介绍我国宗教问题状况的基础上，主要阐述了：中国特色社会主义宗教理论体系；社会主义时期宗教发展的规律性表现；全面把握党的宗教工作基本方针；妥善处理构建和谐社会的宗教关系；正确认识处理少数民族地区的宗教问题。本书集中体现了党和国家高度重视我国民族与宗教问题的历史使命和时代责任感，有助于各级党政领导干部正确认识民族宗教问题，提高正确处理民族宗教问题的执政能力。

（二）华北、东北地区民族宗教

鬼神的魔力：汉民族的鬼神信仰（中华文库）
王景琳著
生活·读书·新知三联书店　1992年6月　139千字　205页

最单纯、最幼稚的，往往就是最复杂、最艰深的。我们远古祖先的思维，即是如此。"盘古神话"对天地万物、宇宙及人类起源的解释虽然不免幼稚，却是人类童年时期以天真而又好幻想的大脑认真思考后的产物。它是严肃的、合理的、是无数代人智慧的结晶，这种对自然与人类的起源的"盘古"式的解释，决非华夏民族所特有，而是早期人类原始思维共通的一个特征。受梦的启发，先民像创造"神"那样创造了"鬼"，并且认为鬼的性质在根本上与神无甚两样。其实生者为死者所作的一切，都是为了自己活得更安稳。但大自然的慷慨与暴虐是并行的，在残害自己的强大的自然力面前，人类只能坚信这是神的意志，神所以显得强大，是因为人类在自己别无选择时选择了它，神的悲喜剧从人间开始，而人间的悲喜剧又始于造神。人类无法逃脱现实的苦难，便将目光转向"天堂"。于是被苦难的枷锁束缚得越紧，挣脱的愿望越无拘束，自我拯救的渴望也就越强烈，追求成仙的冲动和意志就越旺盛。佛道二教兴盛以后，他们顺着汉民族的这个心愿，在证实天堂存在的同时，进行了补充完善，使之更有体系、更完整，也更有魅力。从此，天堂的大门就由佛道二教把守，不断上演着人创造神、人受制于神、人利用神的神与人关系的三部曲。

汉族藏族蒙古族宗教思想文化交流研究

孙悟湖著

中央民族大学出版社　2006年7月　260千字　334页

　　汉族、藏族、蒙古族从文化上讲，都是中华民族多元一体文化格局中极富个性的子文化体，三个子文化体之间的碰撞、冲突、交流、融合在宗教领域中有着影响深广的演绎。本书是在作者博士论文的基础上精心补充拓展而成的一部专著。书中试图从中华民族多元一体文化格局形成和发展的高度，以哲学、宗教学、文化传播学为视角，以宗教思想文化交流的时间为线索，以宗教思想交流的内容为中心，以个体发生与系统发生相统一为方法，描述中国历史上汉、藏、蒙交流的盛事，力图再现汉族、藏族、蒙古族宗教思想文化交流的原貌。全书分上、中、下三篇。上篇"蒙藏宗教思想文化交流研究"（3章），主要从藏传佛教向蒙古族地区的传播，包括传播的背景、过程、意义，从藏传佛教的政治地位和藏传佛教在蒙古族地区的信仰状况上分析藏传佛教在蒙古族地区的发展、藏传佛教与蒙古萨满教的内在紧张。中篇"汉藏宗教思想文化交流"（6章），主要从汉藏民间层面、汉藏学者、僧侣层面等角度探讨汉藏宗教思想文化的交流。下篇"蒙汉宗教思想文化交流"（4章），主要分析蒙汉宗教政策、蒙汉宗教观念、蒙汉宗教礼制之间的交流。

蒙古族宗教史（中国蒙古学文库）

苏鲁格著

辽宁民族出版社　2006年8月　250千字　311页

　　蒙古族宗教史是一个时间跨度长、涉及面广、难度很大的课题。蒙古民族在漫长的历史中与突厥交流、融合最为频繁，孤立地研究蒙古民族的宗教是困难的，容易产生误差。因此，论述蒙古民族的宗教起源和宗教史，不得不涉及突厥人的图腾崇拜和突厥人的宗教。除了要涉及突厥人的宗教之外，在蒙古民族的历史上，各种宗教相互交叉、各民族文化相互冲击、融合，构成了蒙古族宗教的多元化。本书为"中国蒙古学文库"丛书之一，是作者所承担国家社会科学基金项目《蒙藏佛教比较研究》的上编，即蒙古族宗教史部分。书中以大量的藏、蒙文文献资料为依托，对蒙古民族在历史上曾信仰过的各种宗教作了全面的梳理和综合研究，试图通过历史的考察，来充分认识和把握蒙古宗教的特点及其历史进程中发生变化的内在必然性，为正确估量和引导宗教与社会主义相适应，提供历史背景，凝练出经验教益。全书共5章。内容包括：蒙古民族的本土宗教及其与突厥的渊源关系，蒙古民族对外来宗教思想的吸收，蒙藏佛教之异同，基督教、伊斯兰教在蒙古的传播及其元代穆斯林的宗教生活等。

蒙古语族诸民族宗教史（阿尔泰学研究丛书 / 毕桪主编）

佟德富主编

中央民族大学出版社　2007年4月　450千字　547页

　　阿尔泰语系蒙古语族包括蒙古语、达斡尔语、土语、东乡语、保安语和东部裕固语。这些民族在历史上曾经信仰多种宗教，各自有其宗教特色和发展历程。本书为"阿尔泰学研究丛书"之一，作者以蒙古语族的宗教信仰为主线，在查阅大量原始经籍和资料之基础上，试图将蒙古语族诸民族的宗教放在一个更广阔的文化背景下，进行一番科学的考察、描写、分析和研究，以求对蒙古语族诸民族宗教的产生、发展、流变的历史及其相关的宗教现象有更为全面、清晰、准确的认识，进而对宗教这一人类特殊的精神文化现象的奥秘有所揭示。全书共分10章。书中分别探讨了蒙古族图腾崇拜、蒙古族萨满教、藏传佛教在蒙古民族中的传播，伊斯兰教、基督教在蒙古民族和蒙古地区的传播，苯教、道教、摩尼教在蒙古语族的发展等，介绍了达斡尔族、土族、裕固族、东乡族和保安族的宗教概况，从多个角度阐释了宗教在蒙古社会中所处的地位和作用以及对于蒙古族文化的深远影响。

（三）西北地区民族宗教

宗教与西部少数民族现代化

王存河著

民族出版社　2012年7月　270千字　299页

宗教与西部少数民族有着非常紧密的联系，它深刻地影响着西部少数民族的价值观念和行为模式，构成了西部少数民族文化的精神内核。本书是在作者的博士论文基础上完善而成的一部探讨"宗教在西部少数民族现代化进程中发挥着什么样的作用"的专著。全书共分5章。书中综合运用宗教学、民族学和人类学等方法，从价值观、行为规范、经济生活和宗教群体与组织等不同方面揭示了宗教与现代化的关系，阐述了宗教价值观的变迁及其在现代社会中的地位、宗教对西部少数民族社会行为的调控作用、宗教经济伦理对西部少数民族经济生活的现实影响、现代化进程中的宗教群体与宗教组织的变迁等。本书指出，在现代化进程中，宗教的人生价值观念呈现出多元化趋势，能够为正确处理个人与集体的关系、人与自然的关系提供某种借鉴，宗教群体与宗教组织随之发生了适应性变化。但在现代化进程中也存在一些诸如利益分配不公、少数民族政治参与还不太理想、宗教分裂势力之类问题，会影响西部和少数民族的进一步发展。

甘肃民族与宗教

杨明前　范鹏　张世海著

甘肃人民出版社　1996年1月　237千字　377页

甘肃是一个多民族聚居、多宗教并存的省份，文化源远流长，具有浓厚的地域风情和民族特色。省内除了伊斯兰教、藏传佛教这两种信众多、历史久、影响大的宗教外，尚有基督教、道教、汉传佛教等在此广为传布。因此，要搞好甘肃的工作，民族宗教问题是很重要的一个方面。本书全面系统地阐述了马克思主义民族宗教理论的基本观点和党的民族宗教政策的主要精神，对甘肃主要民族的历史渊源、基本情况以及伊斯兰教、藏传佛教等主要宗教的基本情况和主要特点进行详尽的介绍和分析说明。全书共分12章。第1—2章介绍甘肃的民族概况和历史渊源。第3—6章论述中国共产党对待民族问题的基本观点、原则和党的民族区域自治政策，阐释加快少数民族地区的经济文化建设，实现各民族大团结的重要性。第7—8章论述宗教的起源、本质和作用，以及宗教与其他社会意识形式的关系。第9—11章概述伊斯兰教、藏传佛教和其他宗教在甘肃的传播与现状。第12章讨论社会主义社会的宗教现象与宗教政策，重点阐述了"宗教与社会主义社会相适应"的问题。

伍、中国宗教、民族宗教、民间宗教

锡伯族民间信仰与社会（新疆少数民族民间信仰与民族社会研究丛书/迪木拉提·奥迈尔主编）
仲高　迪木拉提·奥迈尔　贺灵　佟克力著
民族出版社　2008年7月　268千字　293页

　　锡伯族作为我国北方东胡文化系统的少数民族，在东胡鲜卑—室韦—锡伯的漫长演变过程中，先后与契丹、女真、蒙古、满、汉、维吾尔、俄罗斯、哈萨克等民族进行文化交流，形成了既有本民族特色，又具上述民族文化成分的民间信仰文化系统。此信仰系统内容丰富而且庞杂，其中既包含人与自然、人与人之间在信仰上的依存关系，又涵盖人与神鬼以及民间信仰与巫术、禁忌、原始宗教、创生宗教等关系方面。长期以来，它们以自己的表现方式和丰富的内涵，向世人展示着锡伯民族的思想观念、精神风貌和价值取向，成为其重要的文化标志。本书为"新疆少数民族民间信仰与民族社会研究丛书"之一，是一部全面记述锡伯族的民间信仰、神灵观念及其社会历史文化的专著。全书共分14章。书中所辑，既合已消失的信仰事象，又有现代人继续奉行的信仰现象。辑录已经消失的，意在保存资料，为后人留作遗产；记述现存现象，旨在阐明文化发展、变化的规律，引起人们珍惜传统文化，为现在的精神文明建设服务。本书指出，锡伯族的萨满教将历史上形成的形形色色的信仰事象均纳入其中，成为较全面反映本民族民间信仰文化的"万花筒"和"活的文化化石"。

新疆史前宗教研究（新疆少数民族民间信仰与民族社会研究丛书/迪木拉提·奥迈尔主编）
刘学堂著
民族出版社　2009年7月　320千字　377页

　　史前文化从本质上讲就是宗教文化。在史前时期，宗教信仰是一种社会化的意识，在社会生活中，宗教性、世俗性或者政治性的活动，常常融为一体。所以，研究史前宗教是正确认识史前社会的重要途径。新疆作为我国多民族共同聚居、多文化交汇融合的区域，堪称民族学研究的沃土，特别是近年来新疆史前宗教遗存的一系列重要发现，为我们利用考古材料研究原始宗教提供了条件，考古学材料与民族志材料的有机结合，在这里具有得天独厚的优势。本书为"新疆少数民族民间信仰与民族社会研究丛书"之一，作者在介绍考古材料的基础上，试图通过对民族志材料与考古学材料的整合，探寻两者之间的结合点，为新疆史前宗教研究开辟新的思路、方法和途径。全书共分7章。其研究对象是新疆史前时期的各类宗教遗存，包括两部分内容，一部分是考古发掘的地下遗迹和遗物，如史前墓葬及随葬品等；一部分是存在于地表以上的各类遗存，如岩画、石人及其他建筑等，涉及萨满巫师的神器、自然崇拜遗存、灵魂崇拜遗存、生殖崇拜遗存等几方面。作者研究时主要循着由早至晚的线索，系统论述新疆史前宗教考古的重要发现，关注不同类型的宗教遗存在史前社会中的发展与变化。

新疆蒙古族民间信仰与社会田野调查（新疆少数民族民间信仰与民族社会研究丛书/迪木
　拉提·奥迈尔主编）
李媛著
民族出版社　2011年1月　180千字　200页

　　新疆有卫拉特、察哈尔、阿尔泰乌梁海等蒙古部支，其中卫拉特蒙古占绝大多数。人们习惯上认为新疆蒙古就是卫拉特蒙古。目前，由东归后的土尔扈特和一部分和硕特以及准噶尔后裔、阿尔泰乌梁海人和后迁来的察哈尔蒙古人共同组成了一个新的地域群体，应该被称为新疆蒙古。本书为"新疆少数民族民间信仰与民族社会研究丛书"之一，是一部针对"新疆蒙古"这个"新的蒙古族群体的萨满遗存情况"展开调查研究的专著。作者通过对博尔塔拉蒙古自治州和塔城地区的和布克赛尔蒙古自治县的田野调查，同时借鉴前人资料，结合萨满信仰的发展和现状，对新疆蒙古族的社会历史、宗教信仰、萨满教遗存等情况作了分析说明。田野调查阶段主要采用民族学的传统方法，即跟踪调查、非结构式访谈、观察与参与观察及网络调查等。全书分两编。第一编"萨满文化遗存"（5章），介绍新疆蒙古族的民族生态环境、萨满文化遗存、萨满的神器及扮相，蒙古人的萨满教观念、萨满信仰、萨满仪式、萨满神歌等。第二编，以非结构访谈的方式对于蒙古族萨满的身世，特别是萨满入法过程作了详细记录。

（四）中南地区民族宗教

土家族民间信仰与文化（土家族问题研究丛书／彭英明主编）
向柏松著
民族出版社　2001年10月　179千字　217页

　　土家族民间信仰历史悠久，文化积层厚重，从远古巴人的白虎图腾崇拜，到元明清时期的土司王崇拜，经历了漫长演变发展的历程。在土家族地区，由于文化传统、社会形态、地域环境等方面的原因，直到晚近，民间信仰仍广泛地影响着土家人生活的方方面面，人为宗教如道教、佛教则影响甚微。民间信仰是土家族文化的深层根基，也是土家族传统文化中最富有特色的部分。本书为"土家族问题研究丛书"之一，作者以时间为序，详细介绍了土家族各种民间信仰与民俗禁忌，阐释了土家族民间信仰在传承、发展过程中形成的基本特点。全书共分12章。内容包括：图腾崇拜、洞穴崇拜、蛋崇拜、女神崇拜、向王天子崇拜、八部大王崇拜、白帝天王崇拜、土王崇拜、巫师崇拜、傩神崇拜、吉祥物崇拜、土家禁忌等。本书认为，土家族民间信仰最显著的特点是具有历史性，同时还具有渗透性、氏族性和兼容性之特点。

众神之域：贵州当代民族民间信仰文化调查与研究
吴秋林著
民族出版社　2007年6月　360千字　480页

　　"贵州民族民间信仰文化"是一个有着深厚蕴涵的"文化空间和地理空间"概念，主要包含两层意思：一是指贵州民族的信仰文化，即一切在贵州民族文化中出现的信仰文化；二是贵州民族中属于民间的信仰文化。本书运用人类文化学的研究方法，以"当代"为时间坐标，把贵州当代民族民间信仰文化，作为一个预设性主题来展开对它的调查和研究，在完成大量田野作业的基础上，系统论述了贵州苗族、彝族、侗族、布依族、仡佬族、土家族、水族、瑶族的民间信仰文化的源和流及其祭祀仪式等，用以揭示潜行于民族民间信仰文化中的"根性"内蕴，表明作为实体性质的信仰文化在人类普遍性质的文化中的重要意义。全书共分11章。作者认为，没有哲学这样的关于世界观的"学问"的引导，人们照样可以在自在的文化中生存；没有宗教这样的情感形式，人们也照样可以在自在的文化中拥有自己的情感形式，这几乎是被我们今天所面对的许多民族文化生存状态和民族文化情感形式所完全证实了的现实。形成这种现实的内核性的构建，就是"信仰"。

壮族布洛陀信仰研究：以广西田阳县为个例（宗教与民族研究丛书）
时国轻著
宗教文化出版社 2008年4月 165千字 208页

壮族布洛陀信仰有广义和狭义之分，广义的布洛陀信仰亦即以布洛陀、米洛甲为主神的麽教信仰，狭义的布洛陀信仰是指以布洛陀为壮族始祖神的壮族民族信仰。本书为中央民族大学"宗教与民族研究丛书"之一，系根据作者的博士论文修订而成的一部"具有十分鲜明的民族宗教学的学科特点"的专著。书中参照民族学、民俗学、社会学、历史学的理念与方法，从历时性和共时性角度对广西田阳布洛陀信仰重建的全过程作了较为完整的追踪和深入的调查，以"更适合的语言表述"、"更契合的理论框架"和"大量的事实"阐明了有关布洛陀神话传说及信仰重建方面的诸多问题。全书共分6章。第1章介绍本项研究的缘起与意义、现状、方法、难点和论文的表述和框架。第2章主要论述广义布洛陀信仰：麽教信仰的内涵和现状。第3章主要论述专家学者和政府对狭义布洛陀信仰的重建。第4章主要从民间的视角论述壮族民族民间信仰的恢复和重建。第5章主要对布洛陀信仰重建现象进行理论上的分析。第6章简述中国民间信仰研究的历程，针对当前某些代表性观点提出看法。

壮族原生型民间宗教调查研究（上、下册）（民族宗教学研究成果丛书）
梁庭望主编
宗教文化出版社 2009年3月 800千字 764页

壮族的宗教包括原始宗教、原生型民间宗教和外来创生型宗教三个层次，其中原生型民间宗教：麽教和师公教具有代表性。它们是由越巫演化而成的准宗教，也是由原始宗教到创生宗教之间的过渡性宗教。其内部结构比较完整，基本具备了宗教的构成元素。本书为中央民族大学"民族宗教学研究成果丛书"之一，是国内首部全面调查研究壮族宗教的著作。书中在系统收集文献资料、广泛进行田野调查和认真吸收神话学、民俗学、社会学研究成果的基础上，梳理出壮族宗教的主要类型，概括出壮族宗教的八大特色，即原生性、业余性、松散性、完整性、兼容性、民间性、民俗性和功利性。全书分上、下册，共5章。第1章论述原始宗教；第2章论述麽教；第3章论述师公教；第4章论述壮化道教；第5章论述佛教和天主教、基督教。其中麽教、师公教和壮化道教为本书重点，对这些宗教的调查研究主要包括三个部分：厘清各个宗教的渊源、历史演化、流派、分布和现状；逐一阐述其结构元素，涉及每一种宗教的神职人员、组织结构、传承方式、教义、教规、神灵系统、经书、服饰、法器、神像、法事类型和特点等；分析每种宗教与壮族文化的关系，及其内涵、功能和价值。本书资料翔实、内容丰富，弥补了壮族文化研究的薄弱环节，为民族宗教学学科建设提供了"壮族模式"和"壮族经验"。

壮族社会民间信仰研究
黄桂秋著
中国社会科学出版社 2010年4月 528千字 471页

本书在田野调查的基础上，运用宗教社会学、民族志、田野调查、信仰生态学和比较宗教学等研究方法，就壮族巫觋信仰，麽教信仰，师公、道公信仰和龙母信仰，以及现当代壮族社会尚传承的各种宗教信仰现象，进行了专题性和综合性的考察与研究，跟踪到最近数年的新动态。全书分三编，共25章。书中既有壮族社会民间信仰的历史考察，也有某类宗教中心地区与辐射地区的综合概述、某州某镇某乡某村的个案调查，还有家庭、个人的典型资料。作者力图把一般与个别结合起来，以展示壮族社会不同宗教信仰之间的互涵关系。内容包括：巫信仰的历史渊源，壮族巫事的主要类型与巫歌文本，壮族巫信仰的民族特征与文化价值，百色右江区百兰乡壮族巫师群体考察，壮族麽教与巫觋的渊源关系，壮族麽教的分布、教派与活动概况，壮族麽教从业者、组织结构及传承方式，以布洛陀为主神的壮族麽教神灵系统，平果凤梧壮族师公受戒仪式，钦州壮族跳岭头的师公信仰渊源与社会功能等。本书对于探讨当代中国各民族多元宗教信仰融合的现状与发展规律，构建当代中国民族宗教学理论体系有较高的学术价值。为各级政府进一步贯彻落实党和国家的民族宗教政策，引导民族宗教信仰为构建民族地区和谐社会服务，维护民族地区社会稳定，增进各民族团结，促进民族地区社会发展等方面提出了建设性意见。

（五）西南地区民族宗教

祭坛与讲坛：西南民族宗教教育比较研究（西南研究书系/张诗亚主编）
张诗亚著
云南教育出版社 1992年10月 275千字 398页

有宗教便有宗教教育，研究宗教是理解民族文化的关键，研究宗教教育则是全面认识传承民族文化的民族教育的关键。本书为"西南研究书系"之一，书中运用"问题比较法"展开对西南少数民族宗教文化之导入、传承或教授的全向研究，通过深入阐析西南民族地区宗教教育的起源、演变及其动力机制，宗教教育的内容、制度与方法，以及宗教教育与现代教育的关系等方面，力图对回答民族文化的传承与扬弃、民族现代化进程与民族文化变迁、从情景教育到教育制度的形成等普遍性的问题作出一些有启发意义的思索。全书共分7章。作者强调必须把宗教教育摆进整个民族的文化生态中加以探讨，即是把文化的诸方面看作是生态系统，借用生态学的原理来说明文化的内部结构的相互关系。

文化传播与仪式象征：中国西南少数民族宗教与道教祭祀仪式比较研究（宗教与社会研究丛书）
张泽洪著
巴蜀书社 2008年1月 420千字 540页

中国西南少数民族传统宗教，有着丰富的神灵信仰与祭祀仪式。西南少数民族宗教受道教影响，是历史上道教在西南少数民族地区传播所致，是华夏文化在多元一体的中国社会辐射的结果。本书为四川大学"宗教与社会研究丛书"之一，作者以宗教研究中两个重要的范畴：信仰与仪式为中心，以中华民族多元一体的文化观为指导，吸取比较宗教学的理论方法，运用西方人类学的文化传播理论、象征理论，对中国文化大传统与小传统相互结合的路径、中国西南少数民族宗教与道教的祭祀仪式、道教在西南少数民族的传播影响等问题进行实证研究，比较分析了原始宗教与神学宗教融摄互补的文化意义，从宗教文化角度论证了少数民族文化与中国传统文化的构成关系。全书共分9章。内容包括：中国西南少数民族与道教祭祀仪式比较研究的意义；早期道教的创立与西南少数民族；中国西南少数民族的神仙信仰；中国西南少数民族宗教的坛场科仪；中国西南少数民族祭祀的科仪格式；中国西南少数民族传度仪式的道教色彩；等等。

民族宗教经济透视（云南宗教文化研究丛书／杨学政　杨仲录　杨世光主编）
徐亚非　温宁军　杨先明著
云南人民出版社　1991年12月　126千字　189页

宗教离不开"人间烟火"，离不开社会再生产过程。宗教与经济之间既存在作用与反作用力，彼此又保持独立性，需用辩证的观点来看待。本书为"云南宗教文化研究丛书"之一，以云南少数民族为背景，从经济学的角度系统研究了宗教与经济的相互关系，探讨了受宗教浸染的民族群体意识或群体素质对民族经济的影响等问题。全书分为"九耕火种中的神灵崇拜"、"经济基础的变迁与宗教的兴衰"、"宗教活动与财富消费"、"寺院经济"等10章。作者围绕民族宗教与民族经济的特定属性，把宗教置于生产、交换、分配和消费等社会再生产的动态环节中加以考察，由此推导相对客观和科学的结论。

火塘文化录（云南宗教文化研究丛书／杨学政　杨仲录　杨世光主编）
杨福泉　郑晓云著
云南人民出版社　1991年12月　127千字　190页

火塘作为中外许多民族都有过的一种生活方式，至今在中国部分地区特别是西南少数民族中留有印记，形成了内容丰富，充满奇情异趣的火塘文化。本书为"云南宗教文化研究丛书"之一，是迄今为止国内第一部阐示火塘文化的专著。作者依据大量的民族学史料（以云南少数民族为主），论述了火塘在人们的社会生活和宗教信仰中的重要作用和象征意义，以及火塘文化与人们物质生活和精神生活千丝万缕的联系。全书分为"火塘的类型和基本功能"、"火塘的神灵群"、"火塘祭祀与禁忌"等8章，涉及原始宗教之自然崇拜、祖先崇拜、巫术心理、多种神灵崇拜，民族传统与血缘传承等内容。

宗教人类学：云南少数民族原始宗教考察研究
张桥贵　陈麟书著
四川大学出版社　1993年6月　140千字　179页

原始宗教现象是在原始社会特定的社会需要的基础上应运而生的，这种需要有来自人与自然之间的生态调节适应，有来自人与人之间的社会人际关系的协调，还有来自血亲集团成员内部的伦理关系调整等诸多方面需求。本书采用宗教人类学的视角和研究方法，以云南省滇西、滇西北、滇东、滇东北和滇东南等后进民族地区的大量田野调研资料为依据，深入论析了原始宗教的起源、发展和演变，是一部极具创新意识的学术专著。全书分为"宗教人类学概略"、"原始宗教的产生与人类文明的兴起"、"原始宗教概念辨析"等13章。作者力图藉由云南少数民族现存原始宗教的鲜活案例，开掘"无文字民族宗教"的深层内蕴。

中国少数民族宗教音乐研究·云南卷
张兴荣主编

宗教文化出版社　2007年4月　1000千字　917页

　　云南民族众多，由于其民族历史渊源和社会发展程度的不同，因而传承并保留了诸多不同的宗教信仰。从原始的到现代的各种宗教信仰形式都可以在云南找到，云南民族的宗教文化堪称一所宗教文化博物馆。概言之，云南民族宗教大致包括三种主要类型：一是云南本土产生的，与云南各民族的原初生存状态密切相连的自然（原始）宗教；二是从中原或国外传入云南，在云南各民族中流传，并产生深刻影响的人为宗教：佛教、道教、伊斯兰教、基督教等；三是多形混融的"中间型"宗教（如"东巴教"、"洞经会"）。宗教音乐文化（含自然宗教、人为宗教、中间型宗教）作为一种"宗教与艺术"相结合的产物，由此不同程度地散布于云南各族群的民众阶层中，成为各民族传统文化或地域文化的核心内容之一。在云南的不少庙宇和民族宗教信仰中，往往是佛教、道教、儒教、原始宗教数教合一，因而出现了多元并存、多形混融的宗教文化格局。本书是由张兴荣教授主持的云南艺术学院音乐学院"云南少数民族音乐研究基地"的教师研究生们共同完成的项目成果，也是国家教育部的重大规划课题"中国少数民族宗教音乐"之子课题，书中详细介绍了云南25个民族的宗教音乐的历史与现状，全面展示了该地区民族宗教音乐"炫焕的异彩"。全书分六编，内容涉及云南的佛教音乐、道教音乐、基督教音乐、伊斯兰教音乐、中间型宗教和云南少数民族自然宗教音乐的基本情况等。

流动中的传统：云南多民族多宗教共处的历程和主要经验（民族宗教研究成果丛书）
何其敏　张桥贵主编

宗教文化出版社　2011年8月　500千字　389页

　　传统是历史的，也是现代的。彩云之南的多元文化、多元宗教和谐共处的现状和历史演变，向我们呈现的既是多文化交融、交汇、运动不息的传统，也是蕴藏于多元民族——宗教文化中的内在关系和调适机制、认识理念、政策因素和实际运作的历史与现实。本书为中央民族大学"民族宗教研究成果丛书"之一，作者立足于文献整理、理论探索和实地调研相结合的研究方法，从社会学、历史学、人类学、文化学等不同学科的视角，探讨了云南省各宗教之间共处传统的形成和运作的社会机制、宗教生活和组织结构的功能性基础，展示了宗教与社会秩序的关系模式，总结了云南地区多元文化共融的经验。全书分为"多元通和的历史见证"、"固守与改变张力中的伊斯兰教"、"富于地方特色的基督教"、"社会转型中传统与现代的重新整合"四编，共收录文章11篇。内容包括：《云南多元文化、多元宗教共处的历史回顾和现状分析》（张庆松）、《云南多民族多宗教共处的历程和主要经验：以怒江州丙中洛为个案》（李萍）、《纳家营的文化生态圈》（肖芒）、《多元文化和谐相处中的云南少数民族基督教》（官玉宽）、《从中国南传上座部佛教节庆活动看文化习俗的变迁：以泼水节为例》（郑筱筠）等。

纳西东巴文化（中国少数民族文库／史筠主编）
和志武著

吉林教育出版社　1989年4月　136千字　246页

　　纳西族是我国西南地区具有悠久历史的一个民族，以保留古老独特的东巴文化而闻名于世。

东巴教产生于纳西族的原始社会,源于自发的原始巫教,是纳西族原始古文化的创造者和传播者。本书为"中国少数民族文库"丛书之一,该书比较系统地介绍了纳西东巴文化的全貌,摹写出一种别具风采的民族文化类型。全书分为"历史文化综述"、"东巴教和纳西古文化"、"东巴象形文和哥巴文"、"东巴经:古代纳西百科全书"等6章。作者(纳西族)长期从事少数民族文化的教学实践和调查研究,书中有关宗教、文字、经书、文学等章节,对进一步考察纳西族的历史文化和古代文明,对深入探究我国西北古羌文化和大西南藏彝走廊文化,都具有重要意义。

滇川纳西族地区民俗宗教调查(云南省社会科学院丽江分院·丽江市东巴文化研究院·社科研究系列丛书/赵世红主编)

和发源　王世英　和力民著

云南民族出版社　2008年10月　400千字　198页

纳西族原是中国西北古羌人的一个支系,主要聚居在云南省丽江,其余分布在维西、中甸、德钦和四川盐边、盐源、木里及西藏的芝康等县。远离城区的纳西族大多信仰本民族的原始宗教东巴教,接近藏区的纳西族居民人多信仰本教和喇嘛教,而丽江城区的纳西居民受汉文化的影响,一部分信仰佛教、道教等,故此形成了一种独具特色的民间宗教形态。此外,由于封建社会时期对纳西族实行汉化政策的影响,加之历史上纳西族曾是茶马古道中汉藏贸易的中间商,汉族的主要节日像春节、清明节、端阳节、中秋节等在丽江纳西族普遍流行,使其民俗习惯也打上了深深的汉文化烙印。本书为"云南省社会科学院丽江分院·丽江市东巴文化研究院·社科研究系列丛书"之一,收录了和发源、王世英、和力民三位东巴文化学者撰写的有关滇川纳西族地区民俗与宗教问题的专题调研报告10篇,从不同角度展示了滇川纳西族的民间习俗及民间宗教信仰情况。内容包括:《四川木里县俄亚纳西族乡大村调查》(王世英)、《滇川交界纳西族宗教调查》(和力民)、《四川省木里县俄亚大村纳西族祭崩鬼仪式调查》(和力民)、《俄亚纳西族的婚俗》(和发源)、《永宁纳西族的丧葬习俗》(和发源)、《中甸县三坝乡白地纳西族的婚嫁习俗》(和发源)等。

象征的来历:叶青村纳西族东巴教仪式研究(人文田野丛书/王铭铭主编)

鲍江著

民族出版社　2008年10月　360千字　379页

神祖、人、"史"、鬼魅这四类超越存在体,共同构成东巴教宇宙论的基本图景。本书为"人文田野丛书"之一,是纳西族学者鲍江在其博士学位论文基础上修改而成的一部关于东巴教仪式的民族志研究专著,阐释了作为一种信仰体系的东巴教文化的概貌。全书共分3章。书中凭借"对作为今日叶青村生活一部分的、丰富的东巴教仪式的观察与学习"、"东巴教经典"、"用来记录东巴教经典的象形文字"这三条主要线索,尝试建构起客观与主观之间互通的桥梁,提出构拟象征动力学的初步思路。为此,作者还引入了一个与符号构成对立的概念:实在,以求进一步挖掘东巴教仪式具有内在一致性的观念内核,藉此展开与纳西文化祖先跨越时空的对话。作者认为,符号实在化、实在符号化是文化史中的两股趋势性的力量。在符号与实在的对立轴上,符号偏向作为表达的手段,它的价值受语境的制约;实在则指被看作自身具有内在价值的自足体,它的价值取决于所在的系统。

东巴教通论（国家哲学社会科学成果文库）
杨福泉著
中华书局　2012年3月　680千字　677页

纳西族东巴教（也多称为"东巴文化"）是一种古老的少数民族民间信仰与文化，起源于原始巫教，同时具有原始巫教和宗教的特征。本书为"国家哲学社会科学成果文库"丛书之一，是国内外迄今为止对纳西族东巴教进行论述的最全面的专著。它向学术界展示了中国少数民族传统宗教的多样性和复杂性，丰富了宗教学特别是中国少数民族宗教研究，对于准确解读东巴文化及其当代变迁，东巴文化在民间的传承、保护和开发等，都有十分重要的理论与现实意义。全书共分23章。作者在书中有意识地将东巴教置于社会经济文化的动态发展中加以考察，突破了过去国内不少学者研究东巴教常常围限在纳西族本身的历史文化、社会和宗教来进行研究的狭窄之弊，广泛地将东巴教和与其有密切关系的藏族本教、羌族原始宗教、藏传佛教、道教等作了比较研究，剖析了东巴教对纳西族社会、民俗等的影响以及二者互动的关系。本书对横断山区域即"藏彝走廊"地区纳西族、纳西族群以及藏族、羌族等民族的本土宗教现象也进行了深入探讨，并提出如下观点：从其文化内涵看，纳西族的东巴教明显是一种具有多元宗教因素的民族宗教，在它的历史发展过程中，由单纯的自然宗教形态逐渐融汇百川，最终成为一种具有多元文化特质的宗教，只有梳理清楚它的源与流，它在历史进程中的发展变异，我们才可能对它有正确的认识。

仪式、信仰与村落生活：邦协布朗族的民间信仰研究（云南民族大学学术文库/甄朝党　张英杰主编）
黄彩文著
民族出版社　2011年12月　274千字　239页

本书为"云南民族大学学术文库"丛书之一，作者以云南省西南部一个布朗族村寨的民间信仰为个案，运用民族学、人类学等相关理论与方法，在对民间信仰及其仪式活动如何在一个布朗族社区的反复操演进行描述的基础上，重点考察了布朗族集体记忆中的民间信仰是如何影响其历史及当下的社会生活，以及面对社会变迁，社区民众是如何通过他们的民间仪式与地方政府发生互动，争取民间信仰的生存和发展空间的。全书共分5章。第1章为"导论"，作者首先对当前学术界关于民间信仰的概念及内涵的不同观点进行了梳理和辨析，继而回顾了国内外关于民间信仰以及布朗族的研究现状，阐述了选题的缘由，介绍了田野点的地理位置、历史沿革、生计方式等情况。第2章是对邦协布朗族民间信仰的历史考察。第3章对布朗族民间信仰的现实图景进行了论述。第4—5章，分别探讨了布朗族人生礼仪中的民间信仰以及民间信仰中的禁忌与功能。第6章继续以实证的方法对作为文化象征符号的民间信仰及其仪式的现代变迁作了较为深入的探讨。

非遗视野下的少数民族民间信仰研究：基于云南大理、楚雄白族彝族的调查
安学斌等著
中国社会科学出版社　2013年10月　216千字　219页

本书以保护少数民族非物质文化遗产为基本视角，以云南大理、楚雄的白族、彝族的民间信仰为主要研究对象，介绍了两地民间信仰的非物质文化遗产形态、属性、价值体系，进一步分析探讨了对少数民族民间信仰的保护和利用的现状、原则、抢救与保护、开发与利用等各个方面，

为这一领域的研究提供了开阔的视野。全书共分5章。第1章简要说明少数民族民间信仰研究的价值与意义、国内外研究现状、相关概念界定,以及本书的基本论点与研究方法。第2—3章运用大量事实材料,分别解析云南大理、楚雄白族彝族民间信仰的生境、源流及表现形式,探讨该地区白族彝族民间信仰的价值、功能与作用。第4章主要界定云南大理、楚雄白族彝族民间信仰的非物质文化遗产属性。第5章立足于非物质文化遗产视野,针对当前少数民族民间信仰的保护现状、保护原则、开发与利用等方面问题予以思考和回应。

中国普米族宗教研究(联大学术文库)
熊永翔著
中国社会科学出版社　2015年8月　380千字　347页

普米族历史悠久,是我国具有古老文化传统的民族之一。和世界上各个民族一样,普米族也有和自己历史发展过程相应的宗教观念与活动。普米族宗教是原始宗教向制度宗教发展的过渡形态,构成比较复杂,既有浓厚原始宗教成分的释毕(雅毕)教,也有高度人文化的藏传佛教,还有原始宗教与藏传佛教结合而成的韩规教,体现了多民族多宗教聚合的文化特点。本书为"联大学术文库"丛书之一,是迄今普米族宗教研究中内容最为丰富、运用资料最为完整、论述最为深刻的一部专著。全书共分5章。作者在吸取国内外普米族(含普米藏族)宗教研究最新成果基础上,结合充分的田野调查,着重论述了滇西北地区普米族人的社会历史环境、普米族宗教文化现象、普米族宗教祭司与经籍、普米族宗教价值取向的本土文化根基、多元文化的适应与变迁中的普米族宗教文化等,对包括"释毕戎肯"仪式场域在内的各种宗教实践活动,及受儒道及"藏彝走廊"民族文化影响的历史演变脉络予以系统的阐述和研究。书中还以普米族宗教为蓝本,对普米族的哲学思想进行了总结与分析,同时特别关注到了新时期"宗教和谐"的时代命题,从而为更加全面和深入地认识普米族文化开辟了新的方向。

神秘的白石崇拜:羌族的信仰和礼俗
王康　李鉴踪　汪青玉著
四川民族出版社　1992年8月　173千字　248页

羌族的信仰习俗是其传统文化中最为深邃的部分之一,所表现的宗教形态、思维方式及民俗礼仪都是相当原始而古老的,包含着羌族对世间万物所持的特殊认识,较之普通的物质民俗而言,具有更为丰富的文化内涵。羌族的固有宗教为原始多神教,崇拜对象主要是自然崇拜和祖先崇拜,如天神、地神、火神、山神、树林神、牲畜神等,其中天神阿爸木比塔是至高无上的,他按自己的模样创造了人类和天地万物,并统驭宇宙所有神灵。然而,民间祭奉的神灵却多达数十种,人们可随其需要来选择不同神灵加以膜拜,这种多神崇拜现象当始于原始社会后期。本书是国内首部系统研究羌族信仰习俗的专著。由于内容涉及的社会生活面十分广泛,故将其分为羌族的诸神、羌族的端公、羌族的人生礼俗、羌族的占卜和民间禁忌等五大部分来编排,计5章。作者全面评述了羌族从游牧民族转而栖息于大山深处的古老族群独具朴野韵味的原始信仰形态,设专章探讨羌族的巫师,即端公的社会职能、端公与萨满的异同及其产生的历史文化背景等。本书之特色,就是把历史、神话、宗教、民俗熔为一炉,史论相间、夹叙夹议。

羌族宗教文化研究（国家"985工程"四川大学宗教、哲学与社会研究创新基地丛书/卿希泰主编）
邓宏烈著
巴蜀书社　2013年12月　360千字　431页

　　羌族宗教文化作为羌族人民集体智慧的结晶，具有十分广泛的内容，蕴含大量丰富、珍贵的思想，有些项目已被列入国家级非物质文化遗产保护名录，羌族宗教文化在中华民族光辉灿烂文化宝库中的地位得以彰显。就岷江上游羌族宗教文化变迁的历史演变脉络予以系统的阐述和研究，对于人们进一步全面、深入地认识和了解羌族宗教文化，把握其整体风貌，领会其精神实质，弘扬民族宗教文化，促进社会和谐进步都具有潜在的研究价值。本书为"四川大学宗教、哲学与社会研究创新基地丛书"之一，是邓宏烈博士近年来潜心研究羌族宗教文化的成果。全书共分6章。作者从羌族宗教文化的源头梳理，阐述了岷江上游羌族的历史及其原始宗教萌芽、"羌戈大战"传说的天神信仰、图腾崇拜以及由此形成的社会生活习俗、宗教信仰观念、人生礼仪等，论证了羌族以白石崇拜为表征的多神信仰体系，展示了羌族宗教祭司释比及其法事和经文，阐明了羌族宗教受道教、佛教、基督教等影响的情形以及受现代文明冲击的趋势。本书既有文献研究之实，又具田野调查之风；既有作者本人的创新之处，又不乏对前人研究之借鉴，在中国少数民族宗教研究领域具有创新价值。

西部现代化境域中的四川少数民族宗教问题研究（宗教与社会研究丛书/卿希泰主编）
闵丽等著
巴蜀书社　2008年3月　180千字　172页

　　世纪之交，中国开始实施规模空前的西部开发战略，以加速我国少数民族较为集中的西部地区现代化进程。在民族传统文化与现代文明对话、交流的过程中，必然产生一系列亟需研究和解决的问题。其中，包括四川在内的西部众多少数民族的宗教文化与现代化的关系问题，即属一个具有重大现实意义和理论意义的敏感问题。本书为四川大学"宗教与社会研究丛书"之一，是一部由多位学者共同撰写的"力图从整体而非局部、从系统而非零散的层面把握四川少数民族传统宗教在西部开发中所受的影响及其发展走势问题"的专著。全书共分4章。书中以宗教学和民族学为理论基础，采用田野调查与文本分析相结合的研究方法，在全面论述民族与宗教文化之间内在关系的基础上，介绍了四川主要少数民族的传统宗教与习俗，并将西部开发对四川地区少数民族传统宗教文化的影响视为全球化境域中多元文化交汇的一个典型案例，从文化发生学和人类文化发展史两个视角详细地阐释了民族宗教文化在现代化进程中演变的现状、路径和趋向，提出了正确处理民族传统宗教文化与现代化关系的原则与对策。

麝香之路上的西藏宗教文化（世界文化丛书）
常霞青著
浙江人民出版社　1988年6月　224千字　319页

　　所谓麝香之路，比较确切地表述应是"麝香—丝绸之路"。这条在古代享有盛誉的交通线开辟于公元7世纪以前（吐蕃运往西方的主要物品是麝香）。从当时象雄王国控制的疆域看，此结论成立，并已得到苯教传播历史的进一步确证。本书为"世界文化丛书"之一，是作者据其在西藏生活多年的"文化"体验，以及广泛搜集获得的种种资料，对藏族的族源问题、西藏的独特文化，特别是西藏的宗教文化所作的探讨。全书共分7章。作者在书中沿着藏文化起源与发展的足迹穿越历史时空，认为藏族是具有共同文化心理的不同的种族集团凝聚而成的，藏传佛教则是西藏固有的文化与佛教文化交融的产物，并提出存在第四条东西文化交流之路，即"麝香之路"的论点。基于此种认识，作者讲解了象雄之谜，分析了苯教在藏文化深层结构中的沉淀，叙述了佛教文化在西藏地区的传入、发展以及藏传佛教所独具的特色和教派构成，论证了麝香之路在东西文化交流史上的重要地位，进而揭开了西藏宗教文化的神秘纱幕。

藏族神灵论
丹珠昂奔著
中国社会科学出版社　1990年8月　114千字　166页

宗教是通过神灵来凝聚教民的。教民对宗教教义的信仰和对宗教仪式的虔诚敬奉，都是通过神灵这些具体的形象实现的。在现今的社会条件下，神灵观念仍然普遍存在于藏族民众的精神文化生活中，对信众群体的宗教行为产生重要影响。因此，研究一个民族的神灵系统确乎十分必要。本书以马克思主义的无神论观点为指导，以青海、西藏等地藏民族信奉的神灵为线索，全面叙述了藏族人民信奉的教、藏传佛教的起源和发展，剖析了藏族各大神灵家族形成、出现的社会原因、历史背景。全书共分3章。第1章介绍原始神灵，包括龙神、年神、赞神、土主、家神、灶神、帐篷神、阳神、战神等。第2章介绍苯教神灵，包括辛饶·米沃且、最初四尊与塞喀五神等。第3章介绍佛教神灵，包括外来诸佛、本土诸佛和活佛等。作者认为，藏族原始神灵的产生，大约在公元前3世纪至公元前20世纪左右，上限甚至更早。苯教产生之后，原始神灵虽然又都归入苯教之神灵家族，但还是应该将它们从现有的苯教神灵圈内析离出去。而佛教神灵在藏区势力的扩展，是与偶像、灵物、寺院、僧人联系在一起的，除了当时的政治经济等条件外，有赖于译经。

藏区宗教文化生态（世界宗教研究丛书/卓新平主编）
尕藏加著
社会科学文献出版社　2010年5月　294千字　300页

青藏高原博大神奇的自然地理环境与独具匠心的藏传佛教之间有着密不可分的亲缘关系。本书为"世界宗教研究丛书"之一，是一部力图"从整体上认识青藏高原这一人文地理环境，深层次了解藏传佛教这一宗教文化内涵，从而探究宗教文化在构建区域性和谐社会以及在社会经济与生态环境协调发展的过程中所发挥的功能或作用"的论著。在这部揉合了历史与理论、个案与实证的著作中，作者以马克思主义唯物史观为指导思想，以丰富的有关藏汉文献和实地调查研究所获得的第一手资料或个案实例作为重要依据，借鉴或运用宗教学、人类学、社会学、经济学、环境学、生态学等多种学科的理论与方法，从全方位、多层次对藏传佛教与藏区自然、经济和社会等之间业已存在的错综复杂的互动关系进行了综合论述和个案分析。全书分上、下两编，共8章。上编（第1—3章），主要借助多种学科的理论与方法，广泛利用历史文献资料和先贤研究成果的基础上，从历史与理论的层面分别对藏传佛教与自然、经济、社会之关系进行综合研究和论述。下编（第4—8章），主要借助文化人类学和宗教社会学等多学科的理论与方法，并在深入藏区有选择田野调查所获取的第一手资料的基础上，以个案和实证的角度对当前藏族地区的生态环境、多元文化、多元宗教以及寺院功能、宗教信仰等诸多现实问题进行深度分析和归纳。

西藏中部农区民间宗教的信仰类型与祭祀仪式（宗教与社会研究丛书）
孙林著
中国藏学出版社　2010年5月　640千字　791页

　　西藏民间宗教是藏民族所信仰的各宗教教派体系和民俗文化的集中体现，也是藏民族宗教文化的一个重要表现形式。本书为"宗教与社会研究丛书"之一，作者主要依据国内外藏学界最新研究成果，结合其深入的田野调查，着重对西藏中部农区民间宗教的信仰、宗教类型、包括仪式在内的各种宗教实践活动及其历史演变脉络予以系统的阐述和研究。全书共分9章。第1章探讨苯教与民间宗教的关系，提出古代西藏苯教的制度化是伴随着吐蕃王朝的确立而得以实现的，其历史下限至少在7世纪左右。第2章主要研究佛教与民间宗教的关系，重点分析藏传佛教同西藏民间宗教之间的关系。第3章主要基于田野作业材料而对西藏中部地区农村的民间宗教活动场所和民间信仰中的神魔分类加以阐述。第4章对于西藏民间宗教最突出的表现：地域神崇拜及其相关民间宗教仪式进行分类、归纳和研究。第5章重点探讨民间宗教信仰的核心观念：藏族灵魂观念及其相关仪式，并根据苯教和藏传佛教的相关仪轨文本进行讨论。第6章对于民间宗教中使用的御邪术及其护身符、咒符进行研究，重点解析了各类由寺院印行的纸本或纺织物本护身符。第7章主要研究和分析西藏民间组织类型和宗教权威，特别研究了民间宗教组织"却卓"（教友会）、"几都"的性质和社会作用。第8章重点讨论西藏巫师的身份、类别、社会等级以及社会作用，并以实例说明藏族巫师在现代都市生活中对于社会如何发生其影响和作用。第9章概述西藏流行的占卜术，并对其中三类占卜术鸟鸣占卜、骰子占卜和西藏九宫占进行详细的讨论和分析。

20世纪50年代西藏的政治与宗教（世界宗教研究丛书/卓新平主编）
曾传辉著
社会科学文献出版社　2011年11月　596千字　549页

　　西藏地方政权自从元代归顺中央朝廷以来，一直从属于中央，实行着不同形式的政教合一僧侣政治。1951年5月23日中国中央人民政府与西藏地方政府之间签定的《关于和平解放西藏办法的协议》规定了在条件成熟时进行改革。自此以后到上个世纪60年代初民主改革基本完成，西藏政治制度由渐进到突变，实现了翻天覆地的社会转型。至此，这种政体统治之下的封建农奴制在推行社会主义制度的中国境内存续了8年之久，成为我国首次"一国两制"的社会实验。本书为"世界宗教研究丛书"之一，作者以唯物史观为指导，在充分利用中央有关部门和西藏地方的档案资料、当事人的回忆录和传记，以及通过实地采访获得的第一手材料的基础上，借鉴已有研究成果，对20世纪50年代西藏政治与宗教领域所发生的重大历史事件进行了全面系统地分析和梳理，并对这一在"中国当代史上绝无仅有"的民族宗教政策的历史实践作出经验总结与理论探讨。全书共分8章。第1—2章描述民主改革前西藏政体的基本属性及近现代民族心理状况。第3—6章旨在弄清20世纪50年代中国大陆主体社会主义制度和西藏地区封建农奴制度并行这段历史插曲形成的前因后果。第7章讲述西藏民主改革在政教两个方面的措施及其结果。第8章是对全书内容的反思和总结，主要回答历史阶段划分及其性质，渐进式改革中断的根源，以及这段历史的后续影响。

文化时空与信仰人生（青藏人文与思想丛书）
尕藏加著

西藏人民出版社　2014 年 12 月　255 千字　315 页

　　藏族传统文化是中华民族传统文化的重要组成部分，藏族传统文化在很大程度上又深受藏传佛教的熏陶和影响，甚至从内涵到外延渗透到了藏族人的整个生存方式之中和文化知识领域。所以，要从整体上认识藏族传统文化，就不得不解读藏传佛教。本书为"青藏人文与思想丛书"之一，作者着眼于"文化时空"之大视野，选取藏区的几个典型地区，通过田野调查方法来说明藏民族在现代社会变革下发生的一些积极变化，尤其注重从信仰层面来发掘和展示藏族人的精神世界，同时，结合我国生态保护的相关法律法规及藏族民俗文化的发展，来论述藏传佛教。全书分三编，共 11 章。上编"文化与人类社会"（第 1—4 章），主要讲述藏区多元文化背景之中的宗教文化历史、现实与信仰生态，指出藏传佛教对于生态保护的重要作用。中编"僧侣与宗教人生"（第 5—9 章），分别介绍藏传佛教的大众僧尼与宗教生活、当代僧侣与宗教职业、寺院教育与文化传承、显宗教理与密宗实践、高僧大德与宗教人生。下编"百姓与宗教信仰"（第 10—11 章），分别从寺院、村落、圣地、高僧等不同角度探讨藏族民众的宗教信仰、文化理念与生活模式。

神圣的文化建构：土族民间信仰源流（青藏高原民族宗教与社会历史丛书 / 杜常顺主编）
文忠祥著

人民出版社　2012 年 10 月　347 千字　323 页

　　土族民间信仰是在万物有灵观念基础上产生的没有至上神的自然崇拜、祖先崇拜、鬼灵信仰的综合体，具有较为松散的组织体系和一定的宗教性，是区别于正式宗教的一种较低层次的信仰方式。本书为"青藏高原民族宗教与社会历史丛书"之一，作者在大量田野调查资料与文献资料有机结合基础上，深入解析土族民间信仰的文化语境；在建构村落研究的全新时空框架基础上，纵向系统梳理土族民间信仰源流，横向系统介绍土族民间信仰的内容与形式。通过对土族民间信仰典型仪式的内容和各种象征的深入分析，探析土族民间信仰背后更为深刻的观念和意识，寻找隐藏在具体表现形式背后的内在逻辑，说明民间信仰在土族社会中的影响和发展趋势。全书共分 6 章。内容包括土族及其社会环境概况、土族民间信仰的发生空间、土族民间信仰发展史略、土族民间信仰图景、土族民间信仰仪式与象征分析等。

三、民间宗教

（一）民间宗教研究

1. 民间宗教典籍研究

中国宝卷总目
车锡伦编著

北京燕山出版社　2000 年 5 月　430 千字　520 页

　　中国宝卷是至今尚未被充分发掘、整理、研究的一宗遗产，也是继敦煌文献之后，研究宋元以来中国宗教（特别是民间宗教）、民间信仰、农民战争、俗文学、民间语文等多方面课题的重要文献。宝卷渊源于唐代佛教的俗讲,经宋至元末明初,逐渐演变而形成为一种广泛流传于寺院和民间的说唱文学,至清盛极而衰。直到20世纪80年代,宝卷的宣讲和辗转传抄活动还盛行于我国部分地区。其主要内容是宣讲佛道经书和劝善故事,也包括了大量世俗内容的民间传说,具有很强的宗教性和广泛的群众性。六七百年来,中国宝卷在特殊的民俗文化背景中产生、流传、演化及至逐渐消亡。因此,宝卷文献的整理、研究,便同一般古代文献有许多不同之处。本书收录了中国国内及海外公私收藏宝卷1585种、版本5000余种(包括现当代校点印刷、影印出版的流通本)、宝卷异名1100余个;每种宝卷设简单的"题解",列出可考知的编纂者、宗教归属、异名及可供"参见"的宝卷名;每种宝卷版本,均注明其收藏者。此书的初稿,曾由台北"中央研究院"在1998年夏季印行一次。本书系补订本,所录较台北本的条目又有所增加,编排方式及索引也作了调整。研究者在已知宝卷卷名的情况下,均可通过本书查出其流传版本及收藏等情形。书末附录明清及现代12种文献中著录的宝卷目,可供了解已佚或未被收藏宝卷的情况。

中国宝卷研究(中国俗文学研究丛书)
车锡伦著
广西师范大学出版社 2009年12月 457千字 704页

  中国宝卷是在宗教(佛教和明清各民间教派)和民间信仰活动中,按照一定仪轨演唱的一种说唱文本,演唱宝卷称作"宣卷"(或作"念卷"、"讲经")。宝卷及其演唱活动,既是古老的,也是现实的,在中国民间文化史上,已经延续发展了近800年。本书为"中国俗文学研究丛书"之一,作者通过文献考索和田野调查,对中国宝卷的渊源、演变过程、发展特点,以及部分宝卷的体例、内容、流传等作了研究和记录。全书分五编。第一编"中国宝卷概述"(2章),简要介绍了宝卷历史发展过程、分类及民间宝卷的信仰特征和教化娱乐作用等,并就宝卷文献的几个问题作了解答。第二编"中国宝卷的历史发展"(8章)为本书主体部分,分阶段探讨了宝卷的渊源和形成、早期的佛教宝卷、明清的教派宝卷、清及近现代各地区民间宣卷(念卷)和宝卷的发展过程,它们同宗教和民间信仰活动的关系,它们的演唱形态及同各个时期民间演唱文艺的关系,以及当代遗存的民间宣卷(念卷)活动存在和发展的空间。第三编"田野调查研究报告"(6章),是作者20多年来调查各地民间宣卷和宝卷的调查研究报告。第四编"专题研究"(3章),其中有两篇关于"泰山老奶奶"和"刘猛将"两位民间信仰神的调研论文,另有一文探讨了宝卷和白蛇传故事历史发展中的几个问题。第五编"宝卷漫录",是作者读宝卷的笔记。

宝卷:十六至十七世纪中国宗教经卷导论(国家清史编纂委员会·编译丛刊)
[美]欧大年(Daniel L.Overmyer)著 马睿译 郑须弥审校
中央编译出版社 2012年1月 314千字 431页

  本书为"国家清史编纂委员会·编译丛刊"之一,介绍和探讨了中国明代(1368—1644)和清代(1644—1911)最初数十年期间,中国各民间宗教教派撰写的各类书籍文本的起源、内容和结构。这些书籍通称为宝卷。16世纪和17世纪是这些文本的形成时期,包括关于教义和仪式的训导,据信都是神透露给教派教祖的,因此被认定是宗教经卷。作者主要基于可以有根据地追溯至16世纪和17世纪的三十四种教派经卷文本,同时还参考了在这些文本前后出现的若干其他书籍来加以考察。全书共分8章。第1章首先研究了公元4世纪至8世纪间中国本土教派书写的早期文本对后世宝卷的影响，讨论了在中国宗教文本的历史长河中，宝卷还可能有哪些其他先例。第2—4章分别论述了两派早期宝卷教义，即弥勒佛神话的教义和罗清的教义及其各自现存的最早文本，并且专章介绍了罗清的著作，以及保存和重印这些著作的教派传统。第5—6章讨论了一些16世纪至17世纪文本的主题，它们包括：一般认为是传播这些文本的教祖所著的自述文本；这些书籍自诩为神授文本；所提到的教派名称和法会；关于创世、救赎和末世的神话。第7章讨论了《龙华经》。第8章为"结语"，提出了作者的考证结论，以及进一步研究的建议。

中华珍本宝卷（第1—3辑）
马西沙主编
社会科学文献出版社 2012年12月—2015年8月 22900页

　　所谓宝卷，是唐、五代、宋变文、讲经文所演化的一种传播宗教思想的艺术形式，至少到明代初年，宝卷已经开始与民间宗教相结合，成为民间宗教、民间道教、民间佛教传播宗教思想的一种形式。现存宝卷有1500余种，不同版本达5000种，绝大多数是清代中后期及民国时期的劝善书，对研究中国的宗教史、民俗史、艺术史等以及底层社会文化都有极大之助力。《中华珍本宝卷》是中国社会科学院世界宗教研究所道教与民间宗教研究室主任马西沙先生及其合作者、学生经过长达30余年收集、整理的宝卷精品，是继敦煌文书、中华大藏经、中华道藏之后，最重要的宗教典籍整理项目。它从1500余种宝卷中，搜集了一两百部珍稀的元、明、清宝卷，内中孤本、善本达数十部，且这些宝卷多数未曾面世，更未曾出版。它不但具有宗教的经典性，而且具有古代绘画、书法、版刻的艺术性。而宝卷版式的多样，卷中文化因素的丰富，也是其与佛经、道藏的不同之处，具有较高的学术价值。《中华珍本宝卷》计划共出五辑，每辑各十册。目前已出三辑，分三十卷影印出版。第一辑（2012年12月），共收录宝卷37部；第二辑（2014年6月），共收录宝卷60部，内中未见著录或见著录之孤本达半数，余皆善本；第三辑（2015年8月），共收录宝卷44部。宝卷遴选的标准是：年代久远者；有研究价值者；海内外之孤本者；版本稀有者；品相佳、文字精妙者；内容丰富、卷帙较大者。

2．民间宗教研究

（1）总论

中国民间宗教教派研究（海外汉学丛书/王元化主编）
［美］欧大年（Overmyer, Daniel L.） 刘心勇 严耀中等译 周育民 刘昶校
上海古籍出版社 1993年7月 209千字 287页

　　宣称普渡众生的民间教派存在于许多文化中。其教主自称秉承天意，倡导以地方语言布道，简化仪式、经文以及集会组织制度，从而形成了各个民间教派的独特风貌。本书为"海外汉学丛书"之一，系美籍加拿大学者欧大年的学术代表作，1976年由哈佛大学出版，得到了西方学术界的高度评价。全书共分9章。书中纵观了从汉代到本世纪上半叶民间宗教教派的历史以及其与佛教各宗、道教、儒教、秘密结社、农民战争、印度教的历史关系等。其基本论点是明清两代中国确实存在着与其他文化中所存在着的类似的民间宗教教派。为了消病解灾、互相帮助和希望死后升天，人们加入了这些自愿的宗教组织。虽然这些组织中有些或曾参与反抗政府的武装起义，比如19世纪初的八卦教，但大多数仍和平地处于民间。它们是由普通人所创立和领导的一种有组织的民间宗教形式。

民间宗教与结社（中华文化风情探秘丛书/刘心武主编）
濮文起著
国际文化出版公司　1994年4月　100千字　160页

民间宗教与结社属于"下位层次文化"范畴。作为一种对中国历史产生过巨大影响而为主流文化所拒斥的传统文化，民间宗教与结社虽与儒、释、道三教同样根植于封建社会土壤，但从其诞生之日始，就以封建统治阶级思想文化的异端和叛逆的姿态出现，反映了下层民众的人生理想与现实要求，因而受到占社会人口大多数的乡村农民与城市下层人民的欢迎，成为广大劳动人民抒发宗教情感与反抗苦难现实的思想源泉。本书为"中华文化风情探秘丛书"之一，作者从历史的角度叙述了民间宗教与结社这种传统文化的产生、发展及蜕变过程，探讨了这种传统文化为何会在当代中国仍产生着持续影响的深层原因。全书分上、下两篇。上篇讲述从太平道、天师道到白莲教的演变过程，即"白莲花开遍神州"的历史发展脉络，论析了"现世解救"理论的形成与神化、白莲教与农民战争。下篇讲述青帮的源流与蜕变（从漕运水手的互助组织到无恶不作的社会黑帮），以及有"反清斗士、革命先锋"之称的"洪门"的兴起与没落。

秘密教门：中国民间秘密宗教溯源（中国秘密社会丛书/蔡少卿主编）
濮文起著
江苏人民出版社　2000年8月　285千字　386页

中国民间秘密宗教不仅是一种客观存在的社会现象，而且是一种与正统的儒释道上层文化相对立的教门文化。这种文化古朴、率真，反映与代表了下层民众的宗教情感与理想追求，也曾动员起千百万群众奋起反抗封建专制和近代西方资本主义列强的疯狂侵略，因此具有历史意义上的合理性与正义性，亦不可避免地带有历史局限性。本书为"中国秘密社会丛书"之一，作者汲取前人与同仁研究成果，全面叙述了从汉末至民国绵延千年的民间秘密宗教发展史，并以各个历史时期的主要教派为重点，通过对不同教派及其宗支派系的介绍与分析，勾勒出一幅脉络清晰的民间秘密宗教图景。全书共5章。第1章简述汉末至五代中国土生土长的五斗米道、太平道，以及由古印度、古波斯传入的大乘教、弥勒教和摩尼教的萌生情况。第2章介绍宋元时期的明教与白莲教。第3章阐释明代无为教、黄天道、大乘教、弘阳教等教门、支派及宝卷。第4章概述清代天地门教、八卦教、在理教、江南斋教等教门、支派与流裔。第5章评述民国同善社、一贯道、红枪会等秘密教门的特征和历史命运。

中国民间信仰（中国民间文化丛书/刘魁立主编）
金泽著
浙江教育出版社　1990年11月　146千字　257页

中国民间信仰是深植于中国底层民众中的宗教信仰，有着不同于体制化宗教的行为表现。它属于"潜文化"或"隐文化"的范畴，历史古远、神祇庞杂，构成大众精神生活与民俗文化的重要组成部分。本书为"中国民间文化丛书"之一，系统研究了中国民间信仰的形成与发展、特点与功能等问题，阐明民间信仰在民族文化塑造中的作用。全书共5章。第1章论述民间信仰最核心的观念（灵魂信仰）和最朴素的崇拜（自然崇拜）。第2章探讨与每个人一生密切相关的一些宗教礼仪。第3章分析群体性的民间信仰，诸如图腾崇拜、祖先崇拜、行业神崇拜等。第4章考察纵贯于诸宗教形态之中的巫术与禁忌。第5章探索民间信仰与传统文化之互动关系。

伍、中国宗教、民族宗教、民间宗教

中国民间信仰（中国文化史丛书/周谷城主编）
乌丙安著

上海人民出版社　1996年1月　208千字　304页

　　中国民间信仰，从古至今未曾享有过官方认可的"宗教自由"的权利而受到礼遇。但是它们从来也没有失去固有的自发、自然、自在的本色，尤其是在广袤国土上世代生息的众多少数民族的宗教信仰，始终以它们的氏族部落宗教风俗的特色，保持着无法遏止的流传趋势。中国多民族的民间信仰，深深地植根于中华本土文化的沃壤之中，广泛地影响或支配着民众日常生活的方方面面，占据着异常突出的位置。本书为"中国文化史丛书"之一，是我国第一部全面论述中国民间信仰的专著。全书分为"中国民间信仰的特征"、"对自然物、自然力的崇拜"、"对幻想物的崇拜"等5章。书中广泛搜集有关我国各民族万灵崇拜与万神崇拜的文献资料，深入挖掘其文化蕴涵，并对其进行了理论上的分析和概括，力图揭示"中国的普罗大众是怎样采取超人间力量的形式来支配他们的日常生活的"，以及"他们如何遵照诸神众灵的旨意和天意注定的运命在安排自己的日常生活和采取他们的行动。"

民间信仰文化探踪（贵州民族学院学术文库/吴大华主编）
王继英著

民族出版社　2007年11月　380千字　418页

　　中国的民间信仰文化极其丰富。日月星辰、山川河流、各种人物等都可以成为人们的崇拜对象，而且崇拜方式多种多样，纷繁复杂。作为一种重要的信仰文化，民间信仰与宗教的起源关系密切，因为民间信仰某种意义上就是原初形态的宗教。本书为"贵州民族学院学术文库"丛书之一，作者从"至今仍百家争鸣的宗教起源问题"入手，围绕巫术、葬礼和由巫术萌生的神的崇拜这三条主线探讨了宗教的起源和发展，着重分析和研究了宗教在产生和发展中，三种宗教形态的相互关系，勾勒出民间信仰文化的发展线索与历史脉络。全书共分14章。内容包括：由观念说起、宗教因素的孕育、巫术与神的萌生、各宗教因素的初步形成、宗教的转型、各宗教因素自成体系地发展、各宗教因素的相互关系等。本书的主要观点是，宗教产生的最初形态有二：巫术和葬礼。其中巫术来自人们的生产实践；葬礼是生者在处理死者尸体的过程中形成的。后来巫术在发展中出现了对神的崇拜，最初的宗教形态就变成了三个方面，以后的宗教就是沿着这三条线发展，它们常常交织在一起，相互作用、相互影响，并且各自形成了自己的系统。

神话与民间信仰研究
向柏松著

人民出版社　2010年6月　241千字　306页

　　神话一词源出古希腊语mythos，原意为关于神与英雄的传说与故事。它是一种以民间信仰的对象、观念和仪式为基本原型、借助于民间信仰活动而传承的神圣的叙事。从民间信仰的视角考察神话，在神话学界由来已久，但迄今仍停留在局部或粗略的研究层面。本书充分利用已有研究成果，以水生型创世神话和土家族神话为例证，着重探讨了神话与民族、民间信仰的关系，认为神话是以民间信仰为前提而产生的关于神的故事，不仅是口头传承或典籍记载的文学作品，而且是存活于民族生活中的实体。全书分七篇。书中系统梳理了水生型创世神话多姿多彩的形态、整饬有序的结构，考察了水生型创世神话在人生礼俗、岁时节俗、生产习俗、衣食住行习俗等社会实体中的遗存，揭示出这些习俗的成因以及对中国历史文化的影响，论述了水生型创世神话的母题在历史上的一系列演变以及由这些演变所导致的风俗的变迁、水生型创世神话与其他创世神话的融合，并对中外水生型创世神话进行了比较研究。此外，本书还对土家族神话传说与土家族历史文化的关系、民间信仰与现代生活的关系进行了深入地分析和探讨，对至今仍有存活的以民间信仰为内核的诸多民俗事象作出新的解释。

传统民间信仰与现代生活
向柏松著
中国社会科学出版社　2011年7月　270千字　250页

民间信仰是一种产生于原始社会，历经漫长岁月的传承、发展、演变并延续至今的文化现象，也是一种与人为宗教既相似又有根本区别的存在。在现代化进程中，我们一方面要考察传统民间信仰在现代社会的兴衰消长，另一方面要考察传统民间信仰如何被改造、重铸为新的民族文化的组成部分。本书主要从宏观的角度对民间信仰的含义、特点、分类、演变及与现代生活的关系等诸多方面进行了深入研究，通过对云南大姚县昙华乡彝族村落、鲁中大广尧村、山西阳泉煤矿的煤窑神信仰及中国嫦娥文化之乡咸安四个样板区域民间信仰的实况调研，全景式地展现了中国传统民间信仰的历史轨迹与现代走向。全书共分8章。内容包括：民间信仰的含义与特点，民间信仰的分类，中国古代民间信仰，近现代民间信仰的变迁，传统民间信仰在当代社会的演变，民间信仰的功能，民间信仰视域中的龙神，民间信仰田野调查。

民间信仰与社会生活（民间信仰与中国社会研究系列／路遥主编）
【日】酒井忠夫　胡小伟等著
上海人民出版社　2011年12月　458千字　438页

本书为"民间信仰与中国社会研究系列"丛书之一，主要对民间信仰与大众社会生活的关系进行了分析梳理。全书由四篇文章组成。其中《善书的流传以及新儒教、新道教和民间信仰（民间宗教结社）》由日本东京筑波大学荣誉教授酒井忠夫撰写，《关公信仰与大中华文化》由中国社会科学院文学研究所研究员胡小伟撰写，《济公信仰与社会生活》由天台山济公研究会会长许尚枢撰写，《会馆与民间信仰》由厦门大学教授王日根撰写。书中择取关公信仰与善书劝化金箴作为研究重点，兼及其它民间信仰形式。关公信仰源起于隋唐时期，宋代始为理学所推崇，道教纳之为祈雨神，至元明清成为护国佑民神。千百年来，关公不仅为汉族人民所崇拜，亦为元明清以来蒙、藏、满各民族所敬奉，具有典型的大中华文化特质。至于善书劝化金箴，始于宋代道教之道德教化，至明清时期吸纳了儒释道思想及民间信仰的内容。它将中国悠久的道德传统观念与日常生活相联系，在中国历史上起过稳定社会的重大作用。

多元文化空间中的湫神信仰仪式及其口头传统（云南民族大学学术文库／甄朝党　张英杰主编）
王淑英著
民族出版社　2011年12月　272千字　243页

本书为"云南民族大学学术文库"丛书之一，作者主要使用文献法与田野调查法，深入考察

伍、中国宗教、民族宗教、民间宗教

了洮岷地区受到汉族、藏族、土族等各族群众共同膜拜的18位湫神（即龙神）信仰仪式及其口头传统的展演、运作方式与社会功能，指出洮岷地区的湫神信仰仪式和口头传统打破了家庭、宗族、村落和族群的边界，在汉族、藏族、土族、回族等多族群共存的时空中实现了不同层次上的文化交流与认同，从而为多元文化空间中的人类学、民俗学口头传统和民间信仰研究提供了一个新的研究视角和地方性的民间经验。全书共5章。第1章着重介绍洮岷地区恶劣的生态环境、多样化的生存方式及多元化的民间信仰。第2章主要从历史角度考察洮岷地区18位湫神信仰的形成过程。第3章从洮岷地区的庙会与演剧活动中考察湫神信仰仪式与观念的综合展演。第4章描述分析洮岷地区湫神信仰的仪式专家、祭祀组织与仪式实践。第5章对与湫神信仰相关的传说故事、神奇叙事、"神花儿"、神词等口头传统系统进行了系统梳理和分析，认为上述传说、故事、神奇叙事的讲述，起到了解释、维系、强化湫神信仰体系的作用；在仪式上使用的神词和祭文则是一种沟通人神、显示湫神权威的仪式语言，保证了仪式展演的神圣性。

民间宗教卷（当代中国宗教研究精选丛书）
马西沙主编

民族出版社　2008年1月　340千字　381页

　　民间宗教，是指流行于社会中下层、未经当局认可的多种宗教的统称。由于这类宗教大都秘密流传，因此有的研究者称之为秘密宗教、民间秘密宗教或民间秘密宗教结社。本书为"当代中国宗教研究精选丛书"之民间宗教卷，是一部数十年来首次就民间宗教问题汇集多名一线专家学者精选之作的论文集。全书分三篇，共收入论文15篇。这些文章全面讨论了从汉代至清末多种民间宗教教派的嬗变，大教派在历史变局中的角色，及它们与道教、佛教之间相互影响及演化关系，文中所述涉及正统宗教、异端教派、教门之间的理论及概念辨析等。还有部分文章考析了各教派的经典、教义、仪轨，并对两宋以后从变文讲经文衍化出的宝卷作了出色的研究。内容包括：《历史上的弥勒教与摩尼教的融合》（马西沙）、《摩尼教华名辨异》（林悟殊）、《〈香山宝卷〉与佛教的中国化》（韩秉方）、《论三一教的兴衰嬗变》（林国平）、《关于八卦教内部的一个传说》（路遥）、《清代民间宗教的民俗性与乡土性》（梁景之）、《明清时期民间秘密宗教中的女性》（喻松青）等。

（2）断代研究

白莲教探奥（中国社会史文库／周天游主编）
王兆祥著

陕西人民教育出版社　1993年2月　150千字　208页

　　人们往往把白莲教与异端邪说相提并论。它不仅为正统宗教所不容，更遭到宋以后历代官府的取缔与镇压。作为一种宗教概念，白莲教的起源和流派复杂。元明之际，白莲教在北方得到很大发展。虽受统治者明令禁止，但并未影响其组织兴旺；入清以后，各种支流派别多达百余种。本书详细介绍了白莲教发生、发展的情况，分为"白莲教源流考略"、"白莲教宝卷的变迁"、"白莲教的社会结构及其阶级阶层分析"等7章。本书为"中国社会史文库"丛书之一，作者认为，白莲教吸收了佛教、道教、摩尼教的宗教成份，承袭了南朝傅大士弥勒教，揉杂各种巫觋方术，最终形成自己的一套宗教哲学体系；它植根于社会下层，最容易为破产农民和破产手工业者尤其秘密会社所崇奉和利用，酝酿并发展为一场场披着宗教外衣的农民起义运动。

元代白莲教研究
杨讷著

上海古籍出版社　2004年6月　160千字　198页

　　白莲教产生于南宋初年，渊源于佛教净土宗，入元大盛，甚至传入高丽和日本。遍布各地的堂庵，人数众多的教徒，元廷对它的扶掖与禁止，它对元廷的依附与冲击，说明白莲教是元代社会生活中一个不可忽视的佛教派别，有认真加以研究的必要。本书基于作者多年来的研究和考证，对白莲教的产生、渊源和教义、传播和演变、被禁和复教，以及与明教和弥勒净土信仰的关系、与元末农民战争天完红巾军、大宋红巾军的关系，与大明国号的关系等问题皆作了精辟的分析和论述，并对著名史学家吴晗《朱元璋传》、《读史札记》中的相关观点提出了中肯的批评。全书共分13章。书中的主要观点均源自作者于1983年发表的论文《元代的白莲教》（载于中华书局出版的《元史论丛》第二辑），所引用的白莲教资料则大部分出自作者于1989年编写的《元代白莲教汇编》（中华书局出版）一书。本书将上述论文扩充为专著，旨在修正一些错误，补充一些资料，进一步申述作者的某些看法，对不同意见作比较细致的讨论。

明清白莲教研究
喻松青著

四川人民出版社　1987年4月　240千字　331页

　　明清时期的白莲教，包括罗教、黄天教、弘阳教、闻香教、圆顿教、八卦教以及它们所派生衍变的各种教派。白莲教从元末明初开始就十分活跃，它不仅在推翻元朝统治的武装斗争中起了重要的作用，入明以后，又活跃于民间，把反元的矛头转向明朝统治者。嘉靖、万历以后，其他教派纷纷出现，滋生林立。尤其是明末，教派之间互相吸取融合，各自的特色，多相混淆，虽然教派名目繁多，达百余种，而其间差别日小，并日趋泯灭，已很难分辨它们的差异所在。本书收录作者自1980年以来陆续写成的研究明清秘密宗教的论文12篇，研究重点在于民间秘密宗教中那些对社会政治产生较大影响的教派，注意它们在政治、思想方面的特点和倾向。内容包括：《明清白莲教研究》，《明代黄天道新探》，《清茶门教考析》，《天理教探研》，《江浙长生教和〈众喜宝卷〉》，《新发现的〈佛说利生了义宝卷〉》，《八卦教刘照魁所供的理条及其他》，《明清时期民间秘密宗教中的女性》，《明清时期民间秘密宗教中的孝亲观》，《关于明清时期民间秘密宗教研究中的几个问题》等。

清代八卦教（清史研究丛书／戴逸主编）
马西沙著

中国人民大学出版社　1989年9月　290千字　367页

　　八卦教深深扎根于历史传统和千百万群众信仰的肥沃土壤之中，不仅是清代影响最大的民间教派之一，而且在整个民间宗教史上占有重要地位。本书为"清史研究丛书"之一，系根据清代档案和作者在各地发掘的八卦教的传教经书撰写而成，详述了明清之际活跃于中国北方的八卦教的诡奇多变的兴衰史，揭示了一个神秘的地下宗教王国的内部结构，剖析了其生成生长的深层的

伍、中国宗教、民族宗教、民间宗教

社会历史根源。全书分为"明末清初华北地区民间宗教活动概况"、"八卦教的信仰与风习"、"八卦教的重新统一与'癸酉之变'"、"八卦教与近代中国社会"等8章。作者认为，八卦教的历史构成清代史的一个侧面，搞清这个教门的来龙去脉，有助于深入理解中华民族在封建时代的品格特性及民间宗教的本质。

清代弘阳教研究（中国社会科学院青年学者文库·文史系列）
宋军著
社会科学文献出版社　2002年2月　240千字　324页

　　明清两朝社会的一大特色就是各种名目的民间宗教结社纷纷涌现，遍及全国各地，活动频繁，对中国社会各个层面都产生了一定的影响。弘阳教是明清民间宗教中传播甚广、影响较大的教派之一，对其展开专题研究，在明清民间宗教研究中具有典型意义。本书为"中国社会科学院青年学者文库·文史系列"丛书之一，可以说是继马西沙先生《清代八卦教》之后在明清民间宗教研究领域的第二部专著，填补了该项研究的学术空白，标志着民间宗教结社研究在深度、广度上的发展和突破。全书分为"有关弘阳教的先行研究"、"弘阳教教祖考"、"韩太湖的修行经历"、"弘阳教的创立"、"弘阳教的支派及传承"等11章。作者在书中借助大量相关档案、宝卷，并利用日文文献，不仅对以弘阳教为中心的清代民间宗教结社的源流、经卷、教义教规、教案、起事等普遍关注的问题做了较完整的描述和理论探索，而且将弘阳教的活动作为观察特定条件下的基层社会的窗口，了解和分析基层民众的物质生活和精神生活，追寻它所折射的特殊的社会文化意义，澄清了以往的一些历史疑点。

清代民间宗教与乡土社会（中国社会科学院青年学者文库·哲学系列）
梁景之著
社会科学文献出版社　2004年5月　286千字　353页

　　民间宗教各教派在不同的历史时期，不同程度地融摄习合各宗教的信仰及丹道思想、民间习俗的基础上，形成了一种以无老母或无生父母为最高神，以"还乡"为根本理念，以诸佛仙圣临凡救劫为核心内容，具有多神崇拜特色的动态的信仰体系。清代民间宗教的信仰体系，是中国乡土社会长期"动而不变"的历史产物。本书为"中国社会科学院青年学者文库·哲学系列"之一，作者运用史学、人类学、民俗学等多学科的理论和方法，尝试从新的角度关注清代民间宗教的结构性研究，力图在信仰体系构成、宗教群体构成、宗教修持和体验、民间宗教与乡土社会关系四方面，通过共时性的、构造性的研究，勾勒出一幅全景式的清代民间宗教的实态相。全书共分5章。书中将文献作为"田野"，着力突出史学研究中易被忽略的"主位研究法"，揭示了贯穿于宝卷中的、即以宝卷为载体的民间宗教信仰体系的内在逻辑结构关系；同时为了究明坐功运气的本质特征及其在民间宗教中的作用，本书还特别关注民间宗教中的气功修持即内丹修炼与神秘体验的关系问题，并以此为主题，对民间宗教气功修持的理论与实践以及其他相关问题做了较系统的考察。

清末民初秘密社会的蜕变（19世纪中国社会研究／张研主编）
秦宝琦著
中国人民大学出版社　2004年4月　331千字　386页

　　清末民初，中国开始了从传统社会向近代工业化社会迈进的艰难历程，科学与民主的启蒙思潮冲击着内忧外患的中国社会。而此一时期中国秘密教会的流传和造反活动，却是同这个历史发展趋势相背离的，经济上它们仍然要求实行小农的平均主义乌托邦，政治上希望保持君主专制政体，思想上仍囿于被它们所理解和改造的儒释道三教合一，特别是儒家的纲常名教。因此，随着中国近代进程的发展，秘密社会必然发生蜕变：秘密教门从下层群众中带有宗教色彩的秘密结社，蜕变为封建专制主义的卫道士和失意政客为主体的会道门；秘密会党也从下层群众中为了互济互助或自卫抗暴的帮会组织，大多蜕变为军阀官僚角逐政坛的工具或危害社会的黑社会组织。本书为"19世纪中国社会研究"丛书之一，作者以大量史料为依据，详细介绍了清末民初（19世纪六七十年代至20世纪二三十年代）中国秘密社会的历史渊源、社会根源及蜕变情况，探讨了其与当代黑社会和"邪教"组织的本质区别。全书共分12章。内容包括：清末民初三大秘密会党的基本状况、晚清三大帮会的造反活动、晚清主要秘密教门的流传及其造反活动、拜上帝会和太平天国的神权统治、清末民初秘密会党的蜕变、民初秘密教门蜕变的政治与文化背景、清末民初秘密教门蜕变为会道门等。

现代华北秘密宗教（民俗、民间文学影印资料之五十九）
李世瑜著

上海文艺出版社　1990年7月　175页

秘密宗教是一种秘密流传在我国民间的非知识阶级之间的宗教，民间俗称"教门"或"道门"。它的产生和流传情形非常复杂，与"秘密社会"（帮会或Secret Society）完全不是一回事，而是流传在民间的一种纯粹的"宗教"。本书是根据李世瑜先生于1948年在北平辅仁大学人类学研究所完成的硕士论文缩编而成，原稿正文分上、下两篇：上篇为"历代秘密宗教史料钞"，内容分7章，系抄录自汉迄清的有关秘密宗教的史料；下篇为"现代华北秘密宗教"，内容分4章，系当时华北各地正在流行的四种秘密宗教的调查报告。此文下篇部分于1948年由华西协合大学中国文化研究所、国立四川大学史学系联合印行，未公开出版（陈垣题写书名，16开本）。本书为据此缩版影印。书中以田野和文献法为主，对华北流行的黄天道、一贯道、皈一道、一心天道龙华圣教会这四种秘密宗教的源流、传说、教义、仪规、分布情况等进行了调研和考证，并对各教派经典作了详细介绍，为民国秘密宗教研究提供了大量鲜活的第一手民俗资料。

中国民间信仰的当代变迁与社会适应研究
张祝平著

中国社会科学出版社　2014年7月　200千字　160页

本书基于广泛的田野调查和实证研究，比较完整地展现了传统信仰习俗与现代乡村社会变迁之间的关系，探寻了民间信仰当代复苏的逻辑，从文化和谐的视角对现代文明中的文化观念进行反思。在此基础上，分析了当代民间信仰文化重塑的若干路径，以及发展趋向，提出了加强民间信仰事务社会化管理的政策思路和若干具体对策建议。全书共6章。书中采取田野调查与文献研究相结合的方法，通过对浙江的丽水、温州、金华、杭州，福建的莆田、漳州、宁德、厦门、南平、龙岩，山东的烟台、青岛、枣庄、淄博、潍坊、滨州、日照、临沂、济宁、菏泽、泰安，及关中、桂北、鄂西等传统信仰习俗保存较好地区的30多个传统乡村和民间信仰中心在新中国成立之后的变迁的考察，主要对村庙管委会成员、一般村民进行访谈、对村庙建筑及信仰仪式进行参与式观察（如：村庙的游神巡境活动、酬神演戏活动，信众的聚餐活动等），对村庙内墙上所张贴的各类通知及有价值的碑文进行记录等,掌握了大量第一手资料,并据此形成了自身的理论观点和思想体系,以期为政府有关部门在研究制定民间信仰管理相关规范性制度时提供理论依据与实证资料。

(3) 地域研究

庙宇·仪式·群体:上党民间信仰研究(太行学人丛书)
朱文广著
中国社会科学出版社　2015年12月　405千字　381页

民间信仰是理解中国民众思想、生活的一面镜子。本书为"太行学人丛书"之一,是作者以其博士论文为基础修改而成的一部研究"山西上党地区的民间信仰"的学术专著。书中选用大量的庙宇、碑刻、祭祀仪式的图像资料以及弥足珍贵的口述访谈资料,从庙宇、仪式与信仰群体有机结合的角度,真实呈现了上党地区民间信仰的鲜活状况,用事实说明了民间信仰在中国乡村社会中的广泛影响与特殊作用。全书共分5章。第1章探讨民众建庙立祀的目的、组织与参与群体、社会变迁下庙宇与祭祀的命运。第2章探讨庙宇分布的原则、集体祭祀活动的类型、庙宇祭祀的宗教派别。第3章探讨集体祭祀仪式的流程及其体现的民众历史观、人物观。第4章探讨在信仰活动中起关键作用的群体的源流演变。第5章探讨在男性因素占据主导的信仰活动中,女性因素是如何进行反限制活动并实现"阴阳和合"的。本书认为,上党民间信仰内容丰富又有内在逻辑,同时具有相当强的适应能力,故而能历经时代变迁而存在。

辽宁地区妈祖文化调查研究:以东港市孤山镇为例
孙晓天著
中央民族大学出版社　2011年12月　188千字　223页

妈祖是中国最有影响力的海神。妈祖信仰在我国分布地域十分广泛,但近代以来有关妈祖的科学文化研究却出现了"南热北冷"的现象,即对闽粤台港澳等地区的妈祖信仰研究格外重视,对广大北方的妈祖信仰研究则相对较少,对东北沿海地区:辽宁省的妈祖研究则基本处于空白状态。本书是第一部全面系统研究辽东妈祖文化的专著,作者在吸取前人研究成果的基础上,比较全面地梳理出妈祖信仰在辽东传播的历史脉络。全书共分6章。书中将妈祖信俗放在辽宁省东港市孤山镇的人文生态环境中加以观察和思考,通过考察妈祖信俗文化在该地的传播途径、历史沿革、地方化过程及特征,以及该地妈祖信俗在当代的保护和传承形式,探析妈祖信俗所栖居的当地文化生态,探索民间信俗文化在基层社会的生存发展逻辑。然后,在个案研究的基础上,延伸考察整个辽宁地区的妈祖信俗的基本情况,尝试分析以妈祖信俗为代表的非物质文化保护和传承模式。

青海民间信仰:以多民族文化为视角(西北民俗文化研究丛书/赵宗福主编)
鄂崇荣著
中国社会科学出版社　2016年3月　309千字　270页

民间信仰不仅在汉族社会中广泛传播,而且在少数民族中也比较盛行,集中反映了中华文化的多元性、层叠性、辐射性和融汇性等特征。青海民间信仰是青海各民族和睦相处,多元文化和谐共存的润滑剂。共通的自然古朴生态伦理观、道德价值观以及基于万物有灵的"神圣"观念,是青海多民族文化认同与共享的核心基础。本书为"西北民俗文化研究丛书"之一,作者运用文化人类学、宗教学等跨学科理论与方法,对青海地区多民族民间信仰种种事象作了较为系统的探讨。全书共分8章。第1章介绍青海多民族民间信仰的生存语境。第2章介绍青海多民族民间信仰的源头与现实图景。第3章分别论述国家正祀在青海及其周边地区的推行、青海多民族民间信仰与国家力量的互动。第4章分别论述青海多民族民间信仰与佛教、道教、伊斯兰教、基督教和天主教的相互渗透、排斥与融摄。第5章论述青海多民族民间信仰与社会控制的关系。第6章论述青海多民族民间信仰与历史记忆及社群认同。第7章是对青海多民族民间信仰互动与共享的专题研究。第8章论述当代青海多民族民间信仰的变迁及其与多元文化和谐共享的基础。

山东民间秘密教门
路遥著　张东海　孔祥涛　吴松龄调查
当代中国出版社　2000年4月　455千字　576页

山东民间秘密教门在近300年中国秘密社会史中占有重要地位并具有典型性。自清代以来,华北地区出现许多重要教门,其中大部分产生在山东而且在全国具有影响,如清代八卦教、民国时期一贯道,都是全国最大的秘密社会组织,均起于山东而扩展至全国。通过山东民间秘密教门考察可以窥视华北秘密社会之一斑。本书主要从历史学与社会学的角度勾勒出山东民间秘密教门的整体轮廓,重点介绍了八卦教、离卦教、圣贤道、九宫道、皈一道、一贯道、一心天道龙华圣教会、红枪会九个山东民间秘密教门的历史渊源及其演变概况。全书共分11章。书中所引用的文献资料,多是作者从1960年开始研究义和团以来不断积累起来的,尤其对山东民间秘密教门所制订的许多灵文、咒语或法语做了细致耙梳和考证,因而使本书的内容较为充实,对于了解与研究山东民间文化有很大的意义。

泰山信仰与中国社会（民间信仰与中国社会研究系列／路遥主编）
刘慧著
上海人民出版社　2011年12月　434千字　414页

泰山信仰起源于原始宗教基本形态之一的山岳崇拜,是一种特定形态的宗教表达。也可以说,自然崇拜是泰山信仰的基础。早在史前时期,泰山已成为人们崇拜的对象,在山顶上烧柴以祭天,在先民那里似乎已是约定俗成。泰山信仰的宗教体系一直延续到整个封建社会的解体。泰山祭祀的宗法性与伦理性,构成了其宗教信仰的基本内核。泰山的宗教祭祀以天地崇拜为核心,辅之以祖先崇拜,曾一度成为维系国家统一、凝聚民族力量的精神源泉。本书为"民间信仰与中国社会研究系列"丛书之一,作者利用各种相关文献、遗存及作者的调查研究,系统论述了泰山信仰的发生、发展及对中国社会生活的影响,对泰山信仰的宗教体系及其社会功能和现实意义做了较为全面的学术梳理。全书共分5章。内容包括:泰山信仰的缘起,天地崇拜,泰山信仰中的神祇,泰山信仰与道教、佛教,泰山信仰民俗的历史发展及影响。

吴越民间信仰民俗：吴越地区民间信仰与民间文艺关系的考察和研究（中国民俗文化研究丛书）

姜彬主编

上海文艺出版社　1992 年 7 月　537 千字　685 页

　　一定的文化形态与一定区域的地理生态条件和人文历史分不开，它是在特定的地理环境和社会发展中逐渐形成的。吴越之山区、水域广大及历史悠久等特点，内蕴丰富，极具考察和研究价值。本书为"中国民俗文化研究丛书"之一，从诗歌、仪式歌、舞蹈、美术、迷信语、灯会、传统故事诸方面，对吴越地区民间信仰的产生、发展、变迁，乃至衰亡的全过程，进行了历史的考察，揭示了吴越地区民间信仰与民间生活、民间文化之间的内在联系。全书分为"神坛上的歌"、"仪式中的歌"、"宣卷和民间信仰"、"酬神祀鬼的戏曲"等 10 章。编者着眼于吴越地区民间信仰习俗的活态调研，力图在现状中窥探其文化源头。

生态文明视阈中的民间信仰：浙西南传统信仰习俗考察

张祝平著

暨南大学出版社　2013 年 6 月　207 千字　260 页

　　当历史将人类带入新千年的征程，人类社会文明形态的演进也走到了向新的文明形态跨越的历史转折点，即人类社会将进入一个新的文明阶段："后现代"的生态文明时代。严格地说，人类文明的发展出现这一"历史性转折"，与世纪的更迭并无干系，也非完全出自人类的理性思考。换言之，这既是人类历史发展的被迫之举，是人类面对严酷的全球生态环境必须作出的唯一选择，也是人类社会由"自在"走向"自为"的明智之举。本书立足于生态文明视角，以浙西南地区（丽水）为考察对象，探析了民间信仰与生态文明、迷信及宗教的关系，论述了民间信仰的生态性本源，详述了浙西南地区民间信仰的概况，阐明其基本功能与自然生态以及生态文明与民间信仰的现实价值观意义。全书分四编。内容包括：先民的自然崇拜与信仰文化的起源，民间信仰建构的生态基础，浙西南的民间俗神信仰、集体性仪式活动、禁忌习俗、畲族信仰习俗，民间信仰文化的生态内质，民间信仰的法约性效力、深生态学理念，民间信仰文化反思，生态文明时代的文化精神，等等。

福建民间信仰（福建文化丛书）

林国平　彭文宇著

福建人民出版社　1993 年 12 月　271 千字　387 页

　　福建民间信仰源远流长，至迟在 4000 年以前就产生了原始宗教。此后，福建民间信仰不断发展，逐渐形成了"好巫尚鬼"的传统，不但神灵众多，宫庙林立，影响着福建人民的日常生产和生活，而且还辐射到台湾省和东南亚一些国家和地区。本书为"福建文化丛书"之一，作者在中华文化的大背景下，对福建民间信仰进行比较深入、系统的探讨。全书共分 7 章。书中首先把福建民间信仰的产生和发展，放在福建特定的自然地埋条件和社会历史条件中加以考察，比较清晰地再现了福建民间信仰的历史面貌，认为福建民间信仰具有功能性和实用功利性、多神教和融合性、区域性和宗族性等基本特征。随后，作者把十分复杂的福建民间诸神归结为自然崇拜、祖先与行业祖师崇拜、女神崇拜、道教俗神崇拜、佛教俗神崇拜等几个类型，分别加以介绍；从史料的考据出发，着重分析各种神灵从人到神的演化过程，主要有动物崇拜、植物崇拜、生殖崇拜、风雨雷电崇拜、祖先崇拜、畲族祖先崇拜、行业祖师崇拜、天后妈祖、临水夫人、二徐真人、保生大帝、三平祖师、定光古佛、清水祖师等。最后，探讨福建民间信仰对福建文化的影响、福建民间信仰在台湾省和东南亚传播和影响。

福建民间信仰源流（福建思想文化史丛书 / 许怀中主编）
徐晓望著
福建教育出版社　1993年12月　357千字　462页

民间信仰是一种社会现象，它的发展建筑在社会变迁的基础上。因此，研究福建民间信仰的发展脉络，应该从人类社会变化的角度去把握。即，从人与自然的关系去探索人与神灵的关系，从闽人社会的特点去理解闽人信仰文化的特点。本书为"福建思想文化史丛书"之一，主要介绍了闽台民间信仰的种种类型，包括图腾崇拜、精灵崇拜、祖先崇拜、巫道仙灵崇拜、行业崇拜、俗神崇拜等等，对民间崇拜的方式及相关的仪式规则做了分析比较，最后探究了福建民间信仰与闽人思维特征之间的关系。全书共分6章。作者在书中将闽人的民间信仰分为两类：动物神崇拜与人格神崇拜，认为闽人对动物神的态度是闽人对大自然态度的折射；作者还指出，闽人的人格神崇拜可分为秦汉六朝、隋唐宋、元明清三大阶段。在每个阶段，闽人对神灵的认识都有不同，这与生产力的发展有关系。至于每个阶段闽人所显示出来的信仰特征，都与闽人特殊的社会结构有关。

闽台民间信仰源流（闽台文化关系研究丛书）
林国平著
福建人民出版社　2003年7月　373千字　514页

台湾与祖国的文化亲缘关系，最先、最直接的就体现为台湾与福建的关系。追索闽台文化的来路，必然寻根到中华文化的源头，由此而涉及闽台民间信仰的源流。自古以来，闽台民间信仰特别发达，林立的宫庙、成百上千的神灵、频繁的宗教活动、众多的信徒构成闽台民间信仰的基本内容。闽台民间信仰的产生和发展，在深受中华文化传统影响的同时，与闽台地区的自然、社会、历史等密切相关。闽越族的"好巫尚鬼"的传统，与陆续从中原传来的巫术相结合，相沿成习，为闽台地区民间信仰的滋生提供了肥沃的土壤。本书为"闽台文化关系研究丛书"之一，作者以大量史料和遗存为依据，系统研究了福建、台湾两地民间信仰的关系及其相互作用和影响。全书共分12章。书中分别探讨了闽台民间信仰的由来与社会基础，闽台两地的自然崇拜，闽台祖先与行业祖先崇拜，闽台医药神与瘟神崇拜、海神与功臣圣贤崇拜、道教与佛教俗神崇拜等，并对海峡两岸的符咒与民俗疗法，扶乩、跳神与灵签，风水术与民间禁忌等作了详细说明，最后客观分析和评价了闽台民间信仰的特征与社会历史作用。

妈祖信仰史研究
徐晓望著
海风出版社　2007年4月　345千字　341页

自宋朝迄于清代，常有妈祖信众汇集妈祖灵迹的载记问世，构成了研究妈祖信仰的基本史料。

迄至20世纪，近代学者的研究成果陆续问世，妈祖研究进入了一个新的阶段。近20年以来，妈祖研究更成为学术界的一个热点。本书是一部研究妈祖信仰史的专著，旨在通过新史料的发掘、新方法的使用，简明扼要地描述妈祖信仰发展的历程，并且以新的视角观察以往纠缠不清的问题，回答有关妈祖历史研究的基本争议。全书分为"唐宋妈祖故乡文化的发展"、"宋代妈祖信仰的起源"、"宋代湄洲神女庙及其受封"、"元朝的天妃崇拜与封赐"、"明代官府与天妃信仰"、"清康熙、雍正朝的天妃崇拜"等9章，内容涉及晚唐五代莆仙文化的崛起、宋代莆仙经济文化的兴盛、有关妈祖身世的研究、妈祖与福建古代的巫觋文化、宋宁宗时期湄洲神女的封赐、湄洲神女信仰在广南与两浙路的传播、蒲师文与天妃封号的降赐、元代的漕运与天妃的赐号、陈瑄与大运河流域的天妃信仰、郑和远航与天妃信仰、清初福建水师的天妃信仰、乾隆年间清廷给天后的封赐、佛教与妈祖信仰、道教与天妃信仰、明清儒者关于天妃神性的定位等多个方面。

妈祖史迹研究
李玉昆著

中国文联出版社　2009年1月　220千字　280页

妈祖文化是中华民族优秀传统文化的组成部分。其内核既葆有儒释道"三教合一"的兼容思想，又蕴含海洋文化的进取意识，颇具独特性。本书作者在1985年参加泉州海外交通史博物馆（全国）"天妃史迹调查"和为撰写《海神妈祖》进行田野调查搜集资料的基础上撰写而成的，书中依据充足的史料介绍了妈祖这位诞生于湄州的民间神祇的煌煌史迹，就其现状论述了保护、开发、利用妈祖文化的重要意义。全书共13章。内容包括：略论妈祖文化和妈祖其人、妈祖的传说、历代褒封、妈祖信仰的传播、妈祖的宗教属性、妈祖与航海、妈祖与古代商业、妈祖与地名、妈祖与戏曲、妈祖与古代战争、闽台妈祖信仰民俗、妈祖庙宇研究、妈祖文物的价值及其保护。本书认为：福建海外交通的发展促进妈祖文化的形成，妈祖史迹是妈祖文化形成的基础、妈祖文化具有海洋文化的特色，蕴藏着丰富的爱国主义教育资源；妈祖信仰在世界上的影响非常广泛，是联结海峡两岸人民以及海外侨胞的重要精神纽带。

泉州民间信仰
李玉昆著

大众文艺出版社　2009年12月　280千字　349页

泉州文化具有多元文化的特质，实为汉文化与闽越文化、大陆文化与海洋文化的高度融合；体现在宗教方面，就是本土宗教与外来宗教并存，不同宗教和谐共处。概言之，民间信仰的多元化是泉州多元文化格局形成的社会基础。本书依托于丰富的史料，结合田野调研的结果，全景展示了泉州民间信仰的历史与现状，其主要观点是：民间信仰是自发在民间流行的非制度化、非组织化的准宗教，民间信仰的神祇大多是历史上忠臣义士，为人民做过好事，有扶危济困、助人为乐为己任的精神，发扬这种精神，对于今天构建和谐社会有积极作用。全书共分10章，内容涉及自然崇拜、祖先崇拜、移民神祇、圣贤乡贤崇拜、行业神崇拜、海神与王爷、女神崇拜、道教俗神、佛教俗神和民间禁忌等，几乎囊括泉州民间信仰的各个方面。作者在处理一些似佛非佛、似道非道的民间信仰神明时，既照顾到民间信仰理论的系统性，又照顾到民间信仰的现实性，以求无误。

闽台客家宗教与文化
刘海燕　郭丹著
福建人民出版社　2009年10月　242千字　333页

　　客家文化是中国传统文化中的重要一支，在历史长河中辗转迁徙的客家人经过重重艰难险阻，最后扎根于闽粤赣边区，把中原文化带到这里。客家文化于是成为传统文化的深沉积淀，集中反映在其宗教信仰、文化民俗等方面。在海峡两岸的文化渊源中，客家文化也可谓其中的重要部分，成为联系闽台的纽带之一。本书以闽台地区一些方志、史志中的乡情介绍为依据，在吸收整合前人客家研究的成果以及近年来一些学者在相关领域的研究成果的基础上，对海峡两岸客家文化形成的源与流，客家人的宗教信仰和民间信仰，闽台客家的岁时习俗、饮食习俗及其文化内涵等作了较为全面的分析和描述，清晰勾勒出闽台客家人千年辗转的历史轨迹及其丰富多姿而又"贴近乡土"的精神世界。全书共8章。内容包括：闽台佛教信仰、闽台道教信仰、闽台客家基督教信仰、闽台客家民间信仰、闽台客家建筑与音乐文化、闽台客家饮食习俗与服饰文化等。

客家民间信仰与民俗文化
林晓平著
中国社会科学出版社　2012年12月　282千字　243页

　　客家是我国目前在世界范围内分布最广、人数最多的汉族支系。客家民间信仰的对象范围十分广泛，既有日月、风雨等自然神，也有玉帝、王母、八仙等人格神；还有以祖先为核心的宗族神灵系统，以孔圣为核心的文化神灵系统，以及历史上圣贤、英雄为代表的政治神和保护神；又有佛家的菩萨、道家的天师，乃至从西洋输入的基督教与天主教等等。这些民间信仰与客家人的生活息息相关，深深融入到其民俗文化之中。本书系2006年获批的教育部人文社科规划项目成果，被学界同行"认为是全面系统研究客家民间信仰与宗教文化的第一部著作，且观点和论述上有不少创见及新意"。全书共7章。作者在书中立足于田野调查实践并结合文献资料，对赣闽粤客家区域民间信仰进行了综合考察和理论探讨，既对客家人的神明祭祀、祖先崇拜、风水信仰、巫术与禁忌等予以系统的描述，还用一定的篇幅，考证了与民间信仰相对应的制度化宗教（佛教、道教、天主教、基督教等）在客家主要区域的历史沿革。在历史考证和现状描述的基础上，作者结合当代社会转型期的特点，还对客家民间信仰的开发与利用及保护等问题提出了自己的思考。

漳州民间信仰与闽南社会（上、下册）（闽南文化研究院学术文库）
林国平　钟建华主编
中国社会科学出版社　2016年3月　792千字　738页

　　在闽南文化中，民间信仰是其中重要组成部分。漳州作为闽南文化生成、传播与兴盛的核心区域，其独特的地理位置、深厚的历史文脉和长盛不衰的民间信仰，使之具有闽南文化的突出特色。本书为"闽南文化研究院学术文库"丛书之一，作者以历史学为本位，结合人类学、宗教学的研究方法，围绕着"漳州民间信仰与闽南社会"这一主题，分别从漳州都市民间信仰、漳州内陆民间信仰、漳州海岛民间信仰、漳州福佬与客家民间信仰、漳州畲族民间信仰、漳州民间信仰的海外联系、漳州民间信仰宫庙管理等不同侧面，剖析漳州民间信仰与闽南社会的关系，为全面、深入观察闽南民间信仰、闽南社会、闽南文化提供大量新资料和新思考。全书共分七篇。第一篇（2章）考察明清至近现代以来浦头港及其民间宫庙群的历史变迁。第二篇（2章）考察华安县仙都镇社区的历史背景和村落的信仰空间建构。第三篇（3章）分别叙述浯屿岛、东山岛和古雷半岛这三座漳州海岛的民间信仰情况。第四篇（3章）分别叙述漳州福佬、客家源流及民间信仰情况。第五篇（3章）以个案研究形式探讨了漳州畲族民间信仰。第六篇（3章）介绍漳州各种民间信仰的海外联系。第七篇（3章）介绍漳州民间信仰宫庙管理的历史与现状。

闽粤台民间信仰论丛
谢重光著
海洋出版社　2012年3月　350千字　284页

闽、粤、台是民间信仰最为盛行的地区，对于民间信仰的研究，以闽、粤、台学界最为活跃，研究成果也最为丰富。比较两岸学者的研究状况，总的说，台湾学者比较注重小传统，较多采用人类学的方法；大陆学者比较注重大传统，较多采用历史学的方法。本书是一部"以大传统为本位，借助小传统的研究成果"来探讨闽、粤、台三地民间信仰的文集，主要考察了妈祖、保生大帝、开漳圣王、定光古佛、三山国王等神明的源流，以及相关信仰的历史与现状。全书由五个部分组成，共辑录文章25篇。内容包括：《佛教的外衣，道教的内容：福建民俗佛教论略》、《从吴卒的神化看福建民间宗教信仰的特点》、《妈祖世谱考论》、《妈祖信仰起源与传播的不同历史背景》、《"开漳圣王"陈元光论略》、《陈元光家族遗迹杂考》、《闽台定光佛信仰研究》、《闽台定光佛信仰宗教性质辨析》、《三山国王信仰考略》、《明郑集团与天地会关系考》、《旧时武平县万安镇魏公庙庙会情况调查报告》等。

澳门土地神庙研究（澳门丛书）
童乔慧著
广东人民出版社　2010年7月　180千字　200页

土地神庙是澳门城市景观中最为常见的宗教建筑形式，是澳门多元建筑文化中的一个支流。它见证了澳门的历史变迁，反映了澳门对于不同宗教信仰的包容精神，具有最朴实的人文历史气息。本书为"澳门丛书"之一，作者通过实地考察澳门土地神庙和广泛参阅相关文献，透过不同的文化视角和各个土地神庙的建筑实例，全面地探讨了澳门土地神庙的历史缘起、文化内涵、空间坐落和建筑样式等。在此基础上，作者还就澳门的民间信仰问题、澳门文化与中华文化的关系、澳门的城市建设与土地信仰、澳门土地神庙在现代化建设中如何发展等展开论述，颇具现实意义。全书共5章。其基本思路如下：一、空间。澳门土地神庙遍布澳门的大街小巷，从空间的视角建立观察模型是本书的一条主要线索，以此可以探询土地神庙与华人传统居住空间格局的关系；二、时间。澳门土地神庙的发展见证着城市的历史变迁，其历史事实可以推动澳门传统文化的深入研究；三、比较。澳门城市中土地神庙分布广泛，形式多样，本书既涉及澳门城市不同地区土地神庙风格的比较、澳门土地神庙与其他中式宗教建筑的比较，也有澳门与其他地区土地神庙的比较。在现有文献基础上，进行资料间的对比、印证等交叉研究。

信仰与秩序：广西客家民间信仰研究
刘道超著

广西师范大学出版社　2009年10月　380千字　288页

客家是汉民族独具文化特色的重要民系之一，主要分布于闽、粤、赣、桂、湘、川、台、港等地。元朝以前，就有部分客家人陆续远徙至广西各地。从元朝末年至明清时期的四五百年间，已在闽、粤等地定居的部分客家人开始成批地迁入相对地广人稀的广西，散居于广西东南、东部及中部各地，有些甚至深入到桂西民族聚居地区。这些在不同时期、从不同地域迁入广西的客家人，由于来源的不同和复杂的居住环境，广西客家民风民俗呈现出与迁出地同中有异的独特风味。本书结合文献资料和田野调查，试图通过广西客家民间信仰的几个侧面，探讨广西客家民间信仰的特色与社会作用，以广西客家民间信仰相关问题的研究为路径，探索民间信仰混乱中的结构，无秩中的秩序，窥析中国民间信仰的本质、特征、内在结构与秩序、传承与流变的规律。同时，以此为起点，研究民间信仰与制度化宗教的关系，民间信仰与国家以及大文化传统的互动，民间信仰的社会适应性及其对社会稳定和发展的实际作用，从而深入认识民间信仰在中国传统文化空间中的位置以及中国传统社会与文化，追寻中国社会乃至人类社会所以能够生生不息的社会动力之源泉。全书共分6章．内容包括：民居建筑及秩序；水上客家人的婚姻生活与信仰；民居中的神灵与祭祀；土地崇拜；土地神尊卑辨析等。

国家正祀与地方民间信仰互动研究：宋以后海洋神灵的地域分布与社会空间
王元林著

中国社会科学出版社　2016年3月　548千字　509页

海洋神灵是古代神灵谱系中的重要一支，是中国海洋文化的具象载体，与国家祭祀之间有着不可分割的内在联系。本书是第一部完整意义上海洋神灵的历史地理著作。作者以中国海洋神灵为研究对象，以宋以后国家正祀与民间信仰的互动关系为主旨，以国家信仰逐渐被地方神祇信仰接受、沿海不同地域祠神信仰的"国家化"与"儒家化"为线索，探讨国家不同层次正祀系统与民间信仰系统的互动关系。力图利用民间信仰长期积淀的社会文化内涵，揭示沿海不同地域的"社会空间"，展现国家与沿海地方海洋神灵互动关系。全书共分9章。内容包括：宋以前国家礼制与地方神灵的关系，宋、元、明、清四代国家正祀与地方海神信仰的互动，广东海神信仰的地域与社会空间，福建、台湾、浙江、江苏等省的海神类型与地域空间，龙母、伏波将军、萧公、谭公、水部尚书之信仰的形成、地域扩展与官民互动等。本书有助于研究国家层面与区域文化的关系，检讨沿海区域文化的互动关系，为今天合理利用民众的信仰，为国家权力在民间的认同和维护地方的稳定作一定的诠释。

（二）民间宗教史

中国民间宗教史
马西沙　韩秉方著

上海人民出版社　1992年12月　1069千字　1453页

中国的民间宗教与正统道教有着同生共长的连体关系。我国历史上第一个成形的民间宗教，就是东汉末叶出现的民间道教。一言蔽之，中国道教从民间道教逐渐演化为正统道教的路径，也是世界三大宗教，即佛教、基督教和伊斯兰教所共同走过的路径。因此，索骥中国民间宗教史，须首先辨察民间宗教的最早形态——民间道教。本书指称的民间宗教，属于下层文化系统的一个方面，又与上层统治思想关联颇深。有着近2000年历史的民间宗教，始终是一个动荡的、充满活力、充满矛盾的世界，并最终化生为中华民族漫长而纷繁复杂的文化体系的有机组成部分；同时，作为封建社会意识形态和国家制度的副产品，民间宗教也映射出世袭传承的伦理征象，具有浓厚的等级制色彩。其不仅在组织、教仪、戒律诸方面与正统宗教密切相关、自成系统，而且在反映教义的经典方面更是逐渐脱离正统轨道而形成蔚为大观的气候。民间宗教教义的体系化构建始于"宝卷"问世之后。迄今所见最早的宝卷系明初宣德五年（1430）孟春吉日刻行的《佛说皇极结果宝卷》。明正德四年罗教五部六册宝卷的问世，在中国民间宗教史上享有划时代的意义。此后宝卷如洪水猛兽，不可遏绝。至清代，专制统治愈加酷烈，宝卷遂成为"邪说"、"妖书"的同义语。本书是国内第一部中国民间宗教通史，行文纵横两千载，涉及从汉代至晚清民间道教、民间佛教、摩尼教、罗教、黄天教、弘阳教、闻香教、江南斋教之大乘、龙华教、金幢教等数十种流行于底层社会的民间宗教，填补了中国民间宗教史研究的空白，创建了中国民间宗教研究学科。由于历代统治者视民间宗教若仇寇，必欲剿灭而后快，造成历代史料多寡有别且粗精各异，故将研究重点指向明清。全书共计23章、6份书评，大量征引第一手的明清档案及作者历经大江南北收集的宝卷、劝善书、家谱、本行纪略及罕见之善本、孤本经书，加之以官书、方志、笔记杂录等文献，经缜密钩沉考证而成。

河北民间宗教史（河北宗教史丛书/鞠志强主编）
濮文起著

宗教文化出版社　2016年6月　400千字　387页

　　河北既是中国民间宗教的发祥地之一，也是中国民间宗教的盛行地之一，特别是明中叶以无为教为代表的新兴教派在河北的迅速崛起，引领了中国民间宗教的发展方向，在全国兴起了一场汹涌澎湃的下层民众宗教运动。本书为"河北宗教史丛书"之一，作者从宗教学、历史学、人类学、文化学等学科视角，对河北民间宗教信仰进行了全景式阐述，为人们描绘了一幅生机勃勃、色彩斑斓的地域民间宗教信仰史画卷。全书共分5章。作者指出，河北民间宗教曾在历史上发挥了抒发下层民众宗教情感，寄托下层民众理想追求和策动、组织与领导农民暴动、农民起义的历史作用与社会功能。正因为如此，河北民间宗教绝对不见容于封建统治者及其主流意识形态儒、释、道。河北民间宗教中的教首、骨干乃至一般信众不断惨遭封建统治者的杀戮、放逐，河北民间宗教所宣扬的宗教思想经常受到儒、释、道主流意识形态的挞伐、诋毁，因而使这场从宗教信仰领域到世俗社会生活领域的激烈而残酷的斗争，贯穿了整个河北民间宗教发展史。

民国山东教门史
梁家贵著

人民出版社　2008年12月　290千字　242页

　　"教门"是一种具有准宗教性质的封建迷信色彩很浓的秘密结社组织，被历代统治者称为"异端"、"左道"、"邪教"。本书从社会史的角度，采用实证史学与跨学科研究的方法，主要对民国时期山东教门的发展概况、演变过程，以及组织结构、教理教仪和社会政治活动进行梳理和论述，完整地再现了不为正常社会所熟知的"教门社会"。全书共分4章。第1章分别梳理山东早期、辛亥革命前十年间、民国初年的教门的发展概况，阐释了山东教门产生发展的社会政治背景及其社会政治活动。第2章介绍20世纪20-30年代山东教门发展的历史背景，梳理了其发展概况、组织形式、主要种类，剖析了其组织结构、教理教仪，论述了其社会政治活动。第3章介绍抗日战争时期山东教门发展的社会政治背景，梳理了它们的发展概况、组织形式、主要种类，重点剖析了山东教门在这一时期的组织结构、教理教仪，论述了其社会政治活动。第4章介绍民国后期山东教门发展的社会政治背景，梳理了其发展概况、组织形式、主要种类，剖析了其组织结构、教理教仪，重点论述了山东教门在这一时期的社会政治活动。

陆、道教

一、道教典籍研究

道藏源流考（上、下册）
陈国符著
中华书局　1963年12月　284千字　504页

　　道经纂集，凡历三期。综兹三期，历时绵邈。徒以记载缺略，卷帙浩繁，儒者畏难，羽士鲜学。虽或撷其古本诸子，据以校勘；而于道经科条，道教宗派，鲜能挈其纲维，穷源竟委。至于撦拾日人余绪，迻译成书，疏舛百出，尤难凭依。本书是世界上第一部对道藏经书进行系统研究的学术专著，初稿形成于1943年。此后数年间，著者陈国符先生又耗费大量精力反复斟酌，并亲赴龙虎山、茅山、当涂、武进、吴县调查收集资料，续加补苴，终于使本书成为一部《道藏》研究领域的开山之作。全书内容分为"道藏源流考序"、"三洞四辅经之渊源及传授"、"历代道书目及道藏之纂修与镂板"三个部分。书中厘清了《道藏》"三洞四辅"的脉络，考察了历代道藏的修纂、刊刻、流传情况，书后附有七篇附录，涉及道教音乐、南北朝天师道、外丹黄白术、《周易参同契》、《道学传》等重大学术问题的研究。

道藏分类解题
朱越利著
华夏出版社　1996年1月　336千字539页

　　本书是朱越利教授秉承我国目录学之优良传统，融合现代学科要素，对明代《道藏》进行分类和题解的专著。书中按照现代学科类别，将道藏分为15部33类。其中哲学部有易与诸子、伦理学、佛教、道论、斋醮、法术、数术等7类；法律部有法制史1类；军事部有军事史1类；文化部有图书学1类；体育部有体操1类；语言文字部有语言和特种文字2类；文学部有作品综合集、戏剧、神话等3类；艺术部有各种用途画和乐曲2类；历史部有历史事件与史料和传记2类；地理部有名胜古迹1类；化学部有外丹黄白术1类；天文学部有天气预报1类；医药卫生部有中医基础理论、其他疗法、气功、草药方术、性科学等5类；工业技术部有铸造仪器1类；综合性图书部有丛书、类书、词典、目录等4类。类下又分有细类。作者在每一子目下均标明各经书在六种版本《道藏》中的类别、函目、册码和页码，针对各书特点分别采用不同风格进行解题，简介其版本、作者和经书内容，重点考证经书作者的年代。书后附"解题篇目汉语拼音索引"、"解题篇目笔画索引"、"解题提要引得对照表"、"子书作者姓名汉语拼音索引"、"引得提要解题对照表"等。本书由世界著名学者、澳大利亚教授柳存仁先生作序。

道藏索引：五种版本道藏通检
[法] 施舟人原编　陈耀庭改编
上海书店出版社　1996年10月　530千字　363页

　　法国著名道教学者施舟人先生，于1975年在巴黎出版了《道藏通检》。这本通检采用一字索引的编排方法，读者在对《道藏》内经书子目的名称所知不详的情况下都能迅速查找到自己要找的经书，即"任何人只要记得经名中的任何一个字都可以迅速查到经名的全称以及该经在经夹板中的字号和涵芬楼石印本的册数"，极大地方便了对《道藏》的使用。这本通检在1977年经编者施舟人同意由台湾艺文印书馆将其配编于《正统道藏》60册之后，得到了普遍推广和流传使用。正如有的外国学者指出的，由于该索引的广泛使用，上世纪70年代后期起国际学术界才出现了前所未有的研究道教的高涨局面。本书系以《道藏》和《续道藏》的五种版本为依托，并经由改编者陈耀庭将施舟人《道藏通检》和翁独健《道藏子目引得》、任继愈《道藏提要》、白云霁《道藏目录详注》以及文物出版社、上海书店、天津古籍出版社联合出版的《道藏》（世称"三家本"）的目录做过详细的比较对照后改编而成的工具书。其改编工作主要依据三项原则：一是充分保留施舟人《道藏通检》的一字索引的内容，只是对其某些印刷错误和不规范字体作出修正；二是按施舟人编定的子目顺序，新编《五种版本道藏经书子目联合目录》，目录中分列五种版本的字号、册数和页码；三是根据中国读者使用习惯，新编《音序检字》；四是新编两个附录，以方便使用。

新编道藏目录（全2册）
钟肇鹏编著
北京图书馆出版社　1999年11月　260页

　　《道藏》之名，始于唐代，它作为道教书籍集成，是一部囊括道教经典的大丛书，内容极为丰富。但是由于道书隐晦奥秘，过去师徒之间往往口耳相传，受经有严格的仪节，所以能读道书已殊为不易，见到全藏更是难上加难，因之从事这方面研究的人历来不多。同时，因为《道藏》旧来的编目古奥繁复、混乱错杂，既缺乏系统，也无规律可循，查阅和使用都很不方便，故其流传历来不广。鉴此，本书针对《道藏》的研究和整理情况重新对其进行编目。书中前言部分详述了道藏结集及编目的来龙去脉，以及过去分类及编目的利弊，是对道藏编目的一次重新审视和校勘。在总结既往经验的基础上，编者用更加科学、便于理解使用的方法，将道藏中千余种书籍重新做了分类，使新编目录与目前流行的道藏的三种版本（涵芬楼本、台湾缩印本、上海书店等三家本）一一对应，并作索引两种，以促其更加实用。

道藏书目提要
潘雨廷著
上海古籍出版社　2003年12月　320千字　369页

　　《道藏》今指明《正统道藏》及《万历续道藏》，可名《明道藏》。在明代前的唐宋金元各时代，道教皆得统治者支持而汇编其文献成藏。有关道教的书目，自《汉书·艺文志》起早有著录，汉末魏晋后数量激增。辑成《道藏》则始于唐玄宗，名《开元道藏》，共3744卷，分为三洞十二部；北宋末，又增至5481卷，名《万寿道藏》，《道藏》始有刻本。《道藏书目提要》系根据潘雨廷夫人金德仪保存的潘氏遗稿整理而成。潘雨廷先生是当代著名易学家，他毕生潜心研究宇宙与古今事物的变化规律，并有志于贯通东西方文化之间的联系，他对《周易》和道教有极深入的研究体验和心得。本书择取《道藏》286种文献分别撰写提要，每篇提要不仅介绍了该文献的史实和内容，而且重视每部文献写作时的历史背景及其承前启后的作用，并阐明其意义。因而本书为编撰道教史和研习道教文献者提供了大量有用的线索，是一部实用的工具书。

道藏提要
任继愈主编　钟肇鹏副主编
中国社会科学出版社　2005年12月　1289千字　915页

道教在中国已有两千年的历史，溯其根源，历史更长。历代的教主、宗教思想家、注疏家著述不绝，留下了浩如烟海的典籍，并最终汇编为《道藏》。明《正统道藏》以及《万历续道藏》作为我国古代编纂的大型宗教丛书，卷帙浩瀚，网罗繁富，内容博杂，是研究道教的主要资料库。然而其中许多典籍的编撰者不明，成书时代不详，分类也不太合理，使研习者检索颇感不便。有鉴于此，本书以明代《正统道藏》及《万历续道藏》为底本，仿照《四库全书提要》体例，并参考前人研究成果，对《道藏》中每一部书的时代、作者、内容作了详细考订。编撰者除了采用传统考订、训诂方法，充分利用佛道二教相互影响、相互渗透的关系，与佛教发展的情况进行对比，还利用中国哲学发展思潮的总趋势来判断某一经书的时代，力求把一些难以确定年代的典籍给它找出比较接近实际的时代断限。书末附有道书"编撰人简介"、"新编道藏分类目录"、"正续道藏经目录"、"编撰人索引"、"道藏书名索引"。本书由著名学者任继愈主持，社科院十数名专家携手，积数年之功完成，是一部为广大读者阅览《道藏》和专业人士研究道教提供方便的大型工具书，于1991年首次出版后得到学术界好评，1995年再版，此次为第三次修订印刷。

陈国符道藏研究论文集
陈国符著
上海古籍出版社　2004年4月　303千字　404页

陈国符先生是一位卓越的自然科学家，他早年留学德国，专攻纤维化学，回国后在西南联合大学、北京大学、天津大学等高校长期从事化学方面的教学和研究，道藏研究只是他的副业。从20世纪40年代起，他在本职工作之余，即开始关注《道藏》。由于他是自然科学家，能够用严格的自然科学思维方法审视《道藏》，排除那些浓厚的宗教蒙昧成份，且其家学渊源，有深厚的中国文史知识功底，故此他对于道教的理解较常人更为通透。他于1949年初版、1963年修订再版的《道藏源流考》，被学界公认为《道藏》研究的开山之作，饮誉海内外。本书收入陈国符先生关于道藏研究的论文12篇，并附其生前未曾发表的一些札记、手稿、信函，汇成一册。内容包括《〈道藏〉经中外丹黄白术材料的研究法》、《〈道藏〉经中若干可供研究中国古代自然科学与技术之史料》、《〈道藏〉经中外丹黄白法经诀出世朝代考》，集中反映了陈国符在《道藏》研究领域的治学之道和学术成就。

增注新修道藏目录（宗教与社会研究丛书 / 卿希泰主编）
丁培仁编著
巴蜀书社　2008年3月　580千字　728页

　　道经是道教徒尊奉的道、经、师三宝之一，是道教传播的重要载体。人们通过道书接触、了解、接受、传扬道教，可以说，一部道教兴衰史就是道书创作、传承、扩充的历史。因而收集、整理和研究道教典籍，对于道教研究始终具有基础性的重要意义。本书为"宗教与社会研究丛书"之一，是一部"系统考证道书流变"，从而为道教学术研究服务的工具书，特以目录之学为主，而以版本之学次之。全书将道书分为教理教义类、戒律清规类、科范礼仪类、符箓道法类、术数图象类、修炼摄养类、仙境宫观类、神谱仙传类、文学艺术类、总类十大类。编著者参考历代书目，从现存与道教相关的文献及其称引中，爬梳剔抉，录出近6000种道书（其中有丛书约80种，目录、索引133种，也包括明道藏书目近1500种、5485卷），悉数纳入本书的"道书分类法"体系之中，并对大多数道书加以断代，系统地考证主要道书的著者、编著年代、内容、传承、流变情况，以起到传统目录学"辨章学术，考镜源流"之功用。此外，本书还以类为经，以时代、流派和人物为纬，并以"存目"一例酌情收入已佚或编者未见的道书，旨在给研究者提供一幅关于道书流变的草图。书末附"参考文献"和丁培仁所著《道书分类法之我见》一文，供研究者参考。

道藏说略（上、下册）
朱越利主编
北京燕山出版社　2009年6月　965千字　816页

　　《道藏》是中国传统文化的重要承载者，蕴含着丰富的人文精华，对于研究中国文史哲、中医药学、中国古代科技而言，堪称宝贵的资料库。本书为"北京燕山出版社说略系列图书"之一，是一部以《道藏》研究为主旨，兼具"普及道经知识"和"学术入门向导"双重目标要求的国学基础读物。本书撰写所邀请的30余位作者，绝大多数是活跃在科研和教学第一线的道教学者，他们站在学术研究的前沿，力求"把复杂的知识和深奥的道理用几句大众语言讲出来"，而不失其学术水准。全书分上、下册，包括三十篇文章。上册包括《〈道藏〉总说》、《敦煌道经说略》、《藏外道书说略》、《洞真部经说略》、《洞玄部道经说略》、《洞神部道经说略》、《太玄部道经说略》、《太平部道经说略》、《太清部道经说略》、《正一部道经说略》、《符图类道经说略》、《仙传类道经说略》、《名山宫观志说略》、《戒律类道经说略》和《科仪类道经说略》；下册包括《法术类道经说略》、《易学类道经说略》、《数术类道经说略》、《医药养生类道经说略》、《内丹经说略》、《外丹经说略》、《科技类道经说略》、《道教善书说略》、《神霄经说略》、《明经说略》、《全真道经说略》、《〈道藏〉中的佛经说略》、《道教类书说略》、《道教碑文说略》和《禁毁道经说略》。

道教科技思想史料举要：以《道藏》为中心的考察（中国科技思想研究文库 / 郭金彬　徐梦秋主编）
蒋朝君著
科学出版社　2012年5月　408千字　505页

　　道教在近代中国之被批判、被指责，其原因只在于某些人想当然地认为它与现代科学精神之背道而驰。具有讽刺意味的是，当今科技史学界对道教的重视却恰恰因为它在对待自然物、现象的态度和思维方式上所表现出来的那种天生所具有的科学精神与独特气质。本书为"中国科技思想研究文库"丛书之一，作者从科技思想史的角度对道教主要的大型文献汇编：《道藏》和《道外藏书》进行了深入系统地研究，兼及《敦煌道经》之考释。全书共分7章。书中收录作者从《道藏》中精心搜集整理的与科技思想相关的大量史料，包括：《道藏》的科技与科学思想史料；《道藏》天学、历法和地学思想史料；《道藏》物理学和化学思想史料；《道藏》医学、药物学及养生思想史料。作者基于科学技术思想视域，对这些史料的成书年代，所属道经之性质，所体现出来的科技思想意蕴及其编撰者的相关情况做了分门别类的梳理和阐释，充分展示了道家、道教所具有的科学精神气质和品格，及其在科学技术上所达到的高度和成就。

中华道藏（全49册）

张继禹主编

华夏出版社 2004年1月 49册

《道藏》者，道教一切经书之总集也。自南北朝道士创立"三洞四辅"七部名目，始为后世《道藏》编修者所沿用。然而自明代编修《道藏》之后，迄今400余年间，官方及道门均未续修新藏。现今国内外道士学者所编道教丛书，其中虽不乏古籍佚本，新出经诰，篇卷数亦已逾明《道藏》，但仍未汇集成篇。《中华道藏》的编纂是继明代《道藏》之后，近500年来中国首次对道教经书进行系统规范的整理重修，实为21世纪道教文化继承发扬之盛事，被列入"十一五"国家重点图书出版规划项目。该藏以明代《正统道藏》、《万历续道藏》为底本，在保持三洞四辅基本框架的基础上，采纳当代道教学术研究之成果，并按现代人阅读习惯和图书整理规则进行了重新编修，分为三洞真经、四辅真经、道教论集、道教众术、道教科仪、仙传道史和目录索引七大部类。全藏引用两种体例：一为点校，即对保存完整的藏书加以新式标点并进行必要的校勘；二为合校和补缺，即在点校的基础上，对残缺的藏书以数种残卷相互校补，以合成完整的版本，同时增补了数十种原藏未收的明代以前的道经。这部《中华道藏》，基本上囊括了自唐初至明代所编《道藏》之精华部分，其中既承载着丰富的道教历史和信仰内容，也包含了中国传统哲学思想、科学技术、社会风俗、伦理道德、医疗保健等方面的文献资源。

三洞拾遗（全20册）（中国宗教历史文献集成/周燮藩主编）

王卡 汪桂平主编

黄山书社 2005年10月 15569页

自明代编修《道藏》之后，四百余年间，官方及道门并未续修新藏。但明清以来，民间编辑道书的活动仍有不少，如清嘉庆中蒋元庭编刻《道藏辑要》、民国年间丁福保编辑《道藏精华录》，以及明清至民国时期编成的许多道教丛书，都收录了不少藏外道书。进入20世纪以后，大陆及海外学者亦编成多部相关著作，所收道书全为明《道藏》未收的明清新出道经、古佚道书等，具有较高的文献价值。本书为"中国宗教历史文献集成"丛书之一，编者在汲取前辈学者搜集整理道教古书秘籍之经验的基础上，本着"拾遗补缺"的态度，编成这部大型古籍丛书。书中收集了明清以来新出的道教经典、文集、劝善书、科戒书等共200余种，700余卷。所收版本有木刻本、石印本、手抄本、铅印本等，其中有不少珍本秘籍是首次面世。本书的编纂体例未采用传统的三洞四辅分类法，而是按照现代人的阅读习惯分为：经典善书类、性命修炼类、道法科仪类、道史仙传类、丛刊类五大部类。每个部类下的道经按时代先后顺序编排。

藏外道书（全36册）
胡道静　陈耀庭　段文桂　林万清主编
巴蜀书社　1994年12月　36册

　　《藏外道书》，顾名思义，就是《道藏》以外之道教典籍总集。自古以来，《道藏》均为官方敕命，道士编修。不过，《藏外道书》却是由民间主办，依靠学术界、出版界、图书馆界和道教界共同努力，在不耗费国帑的前提下完成的规模较大的一种道教丛书。它为我国道教研究者及时提供了大量明清时期便已难以搜集的珍贵材料，为我国学术界在道教研究领域的国际竞争中争得了领先地位。这部《藏外道书》，荟粹了明代正统和万历年间编成的《道藏》和《续道藏》未收的道书，以及明万历以后至1949年以前的各种道书。更为可贵的是，书中收编了一些道书中之稀世孤本和海内珍本，如：《太清风露经》、《天罡玄秘都雷法》、《大成金书》、《玉笈金箱》等。全书汇集的道教典籍，包括六类：一、新发现的明代以前成书而《道藏》未收道书；二、明代以后产生的道教经籍；三、明代以后只在道教内部秘传的经籍；四、明清时期成书的大量道教宫观山志和道教文艺作品；五、明清时期曾经广泛流传的一些内丹养生典籍；六、民国以后产生的道教书籍和重要的道家研究书注。其分类方式不再依循《道藏》三洞四辅十二类的传统，而是分为古佚道书类、经典类、教理教义类、摄养类、戒律善书类、仪范类、传记神仙类、宫观地志类、文艺类、目录类、其他等十一类。全书还编有经籍子目的一字索引，以方便读者检索使用。

道经总论（国学丛书／张岱年主编）
朱越利著
辽宁教育出版社　1991年12月　358千字　488页

　　本书是国学大师张岱年先生主编的《国学丛书》第一辑之一种，其写作目标是关于我国道教经籍的总论。全书共8章。第1章梳理道教思想来源，揭示道经内容广博、形式多样等特点。第2章介绍产生于不同历史时期的三十多类道经的创作过程及主要内容，展现道经多元化特征。第3章详细介绍从"郑隐藏书"到明《道藏》等数十部道经总集，再现道经编纂、结集、增辑成为《道藏》的悠久历史，力图证明文化事业发展与国家治乱息息相关。第4章介绍道经三洞四辅（七部）、十二类分类方法的形成与内容及相关神学问题，并对七部十二类法的局限作了分析及补救建议。第5章勾画各时期道经目录的发展轨迹并分析其得失。第6章阐述《敦煌道经》的概况、史学价值及其对明《道藏》的补充和校勘作用。第7章主要对失收道经、明清以来新出道经、续《道藏》等藏外道经作举例说明。第8章对道经的传播、版本价值、史料价值及其对古代哲学、文学艺术、自然科学等的影响分别作了评价。书前有张岱年所作《〈国学丛书〉序》，书后附进一步阅读书目、参考书目、后记、综合索引等。

道教要籍概论（道教文化丛书 / 李养正主编）
朱越利著
北京燕山出版社　1992年12月　206千字　264页

作为一般了解道教或涉及道教文化的某一方面的读者，并非必须通读《道藏》和《道藏》外道经不可。若能有选择地阅读一部分重要的道经即道教要籍，问题即可解决。本书为"道教文化丛书"之一，是一部旨在帮助广大读者更深入地了解道文化而择选"经籍之要"予以概述的著作。其对道教要籍的选定标准如下：第一，在道教史中具有重要地位；第二，在某一类道经中具有代表性；第三，具有较高的资料价值。全书共论述了159种要籍。书中按照要籍的内容，依时间顺序分为两汉、魏晋、南北朝、隋、唐、五代、宋辽金、元、明、清等10卷。作者因经制宜，不循定规，根据要籍的内容和研究的程度，采取自由灵活的方式展开论述，即能详则详，当略则略，或叙述大意，或移录篇目，或条分缕析，或构玄稽要，或略作发挥，或寥寥数语。

道教典籍
陈敏编著
北京出版社　1993年1月　160千字　240页

本书为中国逻辑与语言函授大学宗教系教材，全面讲解了道教典籍的编纂历史、分类方法、道经的主要内容及其在宫观中的持诵方式等方面情况，对道教典籍的历史地位及人文价值作出评价。全书共7章。第1章为"道藏的编纂"，叙述了《道藏》编纂的历史，介绍了三个时期编纂的22部《道藏》。第2章为"道教典籍的分类"，阐述了道教典籍的分类法，指出旧分类法的缺陷。第3章为"敦煌遗书中的道经"，叙述了"敦煌道经"的概况及其重要的资料价值。第4章为"藏外道经概说"，介绍了失收道经、新出道经和再续《道藏》。第5章为"道经导读"，对15种最重要的道经作了导读，阐明其核心思想。第6章为"常诵道经"，介绍了宫观中11种早晚功课经和道士日常奉诵的4种道经。第7章为"道教典籍的价值"，介绍了历代对道经的尊崇、道经的版本价值、哲学价值、史学价值、文学艺术价值和自然科学价值。

杜光庭《道德真经广圣义》的道教哲学研究（儒道释博士论文丛书 / 汤伟侠　卿希泰等主编）
金兑勇著
巴蜀书社　2005年12月　170千字　223页

唐末杜光庭撰《道德真经广圣义》实为唐玄宗《道德经》注疏之后近一个半世纪几于绝响的道教《道德经》注疏学的复兴。本书为"儒道释博士论文丛书"之一，作者通过对杜光庭主要代表作《道德真经广圣义》的细致解读，从道本论、道性论、成仙论、理国理身论四个方面揭示了杜光庭道教哲学的思想内涵。全书共3章。第1章说明杜光庭其人和《道德真经广圣义》其书。第2章讨论《道德真经广圣义》所论的《道德经》其书及老子其人。第3章讨论《道德真经广圣义》的哲学思想。作者指出，杜光庭在道本论中，认为大道以虚无为体，以通生为用，道为体用相资而生万物；在道性论中，认为道以清静为性，而人之本性来源于道，故人的本性清静，只是为情所牵累，只有心境俱忘，才能超脱成仙；在成仙论中，主张以修心为本的形神双修，神形俱全方可得道成仙；在理国理身论中，认为神仙并不一定要出世，而是可入世的，在世间，得道的圣人经世治民则其世可为仙界，其民可为仙人。

溯源·论道：走近道教圣典《道德经》（石竹山道院文丛）
周高德著
宗教文化出版社　2008年月6月　141千字　193页

综观《道德经》一书，其主要内容不外是阐发"道"和"德"所包含的哲学思想，实为道家学派关于宇宙观、社会政治、人生处事和修养原则的哲学著作。本书为"石竹山道院文丛"之一，作者通过追本溯源，比较全面地论述了道教圣典《道德经》对道教形成与发展的深远影响，并从道教的宇宙观、人生观、修持学说、道教象征符号、道教诗词、道教的善恶报应说等方面探讨了道教与《道德经》的关系。全书共9章。书中阐释了道教思想主要来源于《道德经》，是对《道德经》的继承和发挥，是以道教的宗教观点对《道德经》的理解、阐发和运用这一学术命题，分析了《道德经》和道教和谐思想的当代价值，认为弘扬《道德经》，发掘《道德经》中所蕴涵的有益于社会进步的思想精华，对于提高全社会的道德素养大有益处。

道经图像研究（儒道释博士论文丛书／汤伟侠　卿希泰主编）
许宜兰著
巴蜀书社　2009年11月　250千字　341页

道经图像作为中国美术的重要组成部分，有其自身的特色和发展规律，对于人们全面了解我国的传统文化艺术及其渊源，保护、传承和弘扬我国的传统文化艺术具有重要的现实意义。本书为"儒道释博士论文丛书"之一，作者结合中国美术史中大量相关的美术作品及资料记载，对道经中具有代表性的道经图像按神仙图像、修炼图像、洞天福地图像三部分进行分类研究，阐释了道经图像与中国传统绘画之间互为影响的联动关系。全书共3章。书中综合运用宗教学、文献学、美学与艺术研究的维度与方法，并采取整体叙事与个案分析相结合的推论方式，纵向考察了道经与图像的历史渊源，横向归纳整理了道经中的神仙、修炼、洞天的图像内容，从而勾勒出道经图像的演变线索及其思想文化内涵。

历变不衰路线图：道德经大发现
翁君奕著
上海财经大学出版社　2010年11月　218千字　272页

《道德经》蕴藏着古老深邃的中国传统智慧，是一部虽跨越千年时空而历久弥新的不朽经典。这部经典区分了大自然守恒和变化的两种根本力量，指出生生不息的变化之道在源源不断地给我们提供着创造的机遇。本书揭示了隐含在5000余字《道德经》中的一条逻辑极其严密的线索，提供了一条依照这条逻辑线索画出的审视自然万物的路线图。作者认为，沿着这个路线图来解读和品味《道德经》所建构的对于世界本来面目的规律性认识，就可以环环相扣、酣畅淋漓地领略到关于实现逆境崛起直至历变不衰的一整套建言。全书分为"世界为何如此多变"、"人们应当如何选择"、"如何思考历变不衰"、"如何开展永续创造"、"如何能够善于创造"等七篇，共20讲。内容包括：道提供创造机遇；道存在生命周期；历变不衰之道；永续创造之德；创造者人格特质；创造者身心修养、创造性思考之方法。

陆、道教

太平经合校（附长幅插图一袋）
王明编

中华书局　1960年2月　383千字　760页

《太平经》，乃东汉原始道教重要经典，最早记载于范晔的《后汉书·襄楷传》，号曰《太平清领书》。此经原本分甲乙丙丁戊己庚辛壬癸十部，每部一十七卷，总计一百七十卷；现存只有明朝《道藏》的一个残本，仅余五十七卷。本书（170卷）系根据《太平经钞》及其它二十七种引书编校补遗而成，并将与《太平经》有关的几个问题，略加考订和说明，基本上反映了原经本之旧貌。书中按《太平经》的卷次顺序分别予以校订（部分不分卷），更正了许多疏漏与讹误；序章列出"凡例"及"引用书目"；书末附录《太平经佚文》、《太平经复文序》、《太平经注录考》、《太平经校后杂记》补缀4篇。

《太平经》正读（中国古典文献学研究丛书／项楚主编）
俞理明著

巴蜀书社　2001年4月　475千字　593页

《太平经》又名《太平清领书》，是初期道教的代表性经典之一，成书于东汉安帝、顺帝时期，为于吉、宫崇等人的集体创作。《太平经》原书一百七十卷，按天干分成十部，每部各十七卷。主要内容是讲解阴阳五行、神仙鬼物、符箓禁咒，也讲述了政治伦理、忠孝仁德、周济救穷等，是研究汉代道教和汉代哲学、历史、语言、风俗等社会各方面的重要文献。本书为"中国古典文献学研究丛书"之一，汇集了作者研读《太平经》语言文字的绝大部分成果。全书包括"序"、"例言"和"附录"三个部分。书中以《太平经》本经为基础（本经缺处采用《钞》补入），参以《敦煌目录》和其他文献中所保存的异文和佚文，不仅对《太平经》经文作了重新编排，以恢复汉代道书之旧貌，而且着意解决了《太平经》阅读理解中存在的语言文字方面的障碍，尤其是其中的文字夺衍讹误。书末附有《太平经佚文正读》、《太平经疑误文字正读》、《敦煌经卷太平经目录序》等文章及附图七篇，另附与本书的语言文字研究整理关系比较密切的部分文献。

《太平经》研究：以生命为中心的综合考察（哲学新视界系列丛书／詹石窗主编）
姜守诚著

社会科学文献出版社　2007年10月　492千字　527页

《太平经》是早期道教的重要典籍，也是阴阳家、五行家、方技家的文化遗存和秦汉方仙道、黄老道的总汇和渊薮。研究该文献有助于我们精准把握中国道教史尤其是道团初创时的理论水平和发展脉络，并可追溯道门方技的源头。本书为"哲学新视界系列丛书"之一，作者在充分吸收前人研究成果之基础上，从生命学角度深入分析了《太平经》中隐含的丰富内涵，并对汉代的政治背景及民俗等方面给予梳理和展示。全书共7章。书中以《太平经合校》（王明编，1960年版）为研究底本，参校《道藏》本《太平经》残卷、《太平经钞》等，同时结合先秦、两汉及魏晋时社会文化及道家道教的发展历史，分别从成书过程、命论思想、房中观念、生育礼俗、有关疾病的认识与治疗、死后世界等角度，对《太平经》所蕴涵的"生命意识"进行全面揭示。这一研究方法既抓住了《太平经》的精要，也紧扣道教文化的主旨，使我们能更准确地认识道教与中国文化的关系。

《周易参同契》新探
周士一　潘启明著

湖南人民出版社　1981年9月　57千字　108页

东汉魏伯阳所撰《周易参同契》，词韵古奥、晦雅难通，向为后人揣摩。而蕴含其间的科学思想，更属鲜为人知。本书是一部运用现代科学观点研究《周易参同契》的学术专著，共收8篇论文。书中论证了《参同契》之理论体系与当前在世界范围内引起广泛兴趣的生物场能量的研究、人工智能的模拟设计、人体特异功能及中医脉学、针灸、气功、五运六气学说等科学学科的直接联系，对计算机的运算方法来源于《参同契》这一问题提供了大量论据。作者认为，《参同契》的基本内容是关于人类身体内在奥秘的探索、是具有某种特异功能的人对人身元气运行轨迹所作的记录、是对人体生物场能量运动所作的数学描述。

《周易参同契》考辨
孟乃昌著

上海古籍出版社　1993年8月　238千字　303页

本书著者于20世纪50年代始，即注重从"化学史"角度研读《周易参同契》，后在系统阅览《道藏》的过程中，凡见炼丹原著引《参同契》的句子都摘抄下来，经年积累，收获尤丰；并按《契》文顺序编排所摘文字，且与几种"道藏"及藏外注本的正文相互校勘。本书乃基此厚学撰写而成，合8章。第1章"《参同契》通考"，从正统《道藏》所收唐宋炼丹原著二十六条，摘出《参同契》引句一百五十七条，归纳为六十一例，对勘今本，就此弄清前人未解的若干问题，如彭晓《通真义·序》和《四库全书总目》所主张的意见，虽似成定论，实为混淆之源。第2章"《参同契》通解"，指出汉代经学今古文派之争，已波及道家炼丹术，考证《参同契》四言句、五言句之作者派系。第3章"《参同契》通释"，回顾成书以来的历史际遇，提出诸家注解（唐以前均属外丹方面），后来愈侧重于内丹观点，成为内丹理论依据。第4章依据化学原理分析了主要炼丹过程为铅汞原料制备还丹，认为《参同契》没有硫与汞反应的知识。第5章介绍汞齐的制备，特别是金汞齐和铅汞齐。第6章指明中国炼丹术的基本理论是铅汞论。第7章探讨铅汞论的由来，认为其派别之分为主铅论或主汞论，二者争议颇大。第8章探讨中国炼丹术三大时期的内外丹特点及二者的抑扬消长和相辅相成。

朱熹与《参同契》文本（儒道释博士论文丛书/汤伟侠　卿希泰主编）
钦伟刚著

巴蜀书社　2004年11月　100千字　120页

朱熹用"先天易学"去解释和把握《参同契》注释者，对宋元以后道教内修思想的演变和发展，影响甚深。到目前为止的《参同契》研究，对朱熹《参同契考异》对《参同契》文献演变史和道教内修思想演变史所产生的显著影响，并未给予重视。本书为"儒道释博士论文丛书"之一，作者通过对南宋《道枢》所收《参同契》诸本的考察，力图探究唐宋时期《参同契》文本的原始形态，论证和阐明朱子校勘、整理《参同契》文本后撰成的《参同契考异》等文本逐渐取代这些文本而衍生的理论问题。全书分上、下二编。作者认为，朱熹从互相混同的众多的《参同契》文献中，挑选出彭晓《参同契分章能真义》注本，又从他提出的"先天易学"起源于丹经《参同契》的思想角度，把五代、北宋的"先天易学"导入到《参同契》的思想解释中去，并从"先天易学"的解释方向，删改了《参同契》经文，在此基础上完成了他的校勘、注释书《参同契考异》。

魏晋神仙道教《抱朴子内篇》研究
胡孚琛著

人民出版社　1989年6月　262千字　340页

　　魏晋神仙道教在我国道教史上占有重要地位，它是从汉末早期道教结社到南北朝时期新天师道和上清派等成熟的教会道教之间必不可少的过渡桥梁，在道教史上具有承前启后的特点。葛洪的《抱朴子内篇》，作为魏晋神仙道教理论体系和修炼方式的奠基之作，集燕齐"方仙道"和两汉神仙思想之大成，为中国道教史、哲学史、科技史乃至民俗学的研究提供了宝贵的史料。本书以中国道教形成发展的历史为线索，以《抱朴子内篇》的研究为中心，着重对魏晋时期葛洪的神仙道教进行剖析，试图通过对《内篇》的研究来揭示魏晋时期神仙道教的内容及其历史特点。全书共分6章。第1章讲解中国道教的缘起和发展。第2章在全面叙述魏晋社会的政治、经济、文化背景，以及道教在魏晋时的发展形势、魏晋时期的天师道和其他道派的基础上，论述神仙道教的形成及其主要特点。第3章介绍葛洪其人和《抱朴子内篇》。第4-5章介绍魏晋时期的道教神学和葛洪的道教哲学。第6章阐述《内篇》中的道教科学。

《道教义枢》研究（道家文化研究丛书／汤一介　陈鼓应主编）
王宗昱著

上海文化出版社　2001年1月　247千字　359页

　　《道教义枢》现存于《正统道藏》太平部，原题"青溪道士孟安排集"，为唐孟安排剪辑《玄门大义》和集103种道经而成，约成书于唐武则天时代。本书为"道家文化研究丛书"之一，作者将《道教义枢》放在唐初的历史背景中加以考察，对这部道书作了校点，并从"道体论"、"道典论"、"修道论"三个方面对《道教义枢》进行了剖析，勾勒出道教从南北朝到唐初的发展轨迹。全书共4章。第1章介绍《道教义枢》的研究现状、《道教义枢》成书的时代背景、《道教义枢》与《玄门大义》之关系等。第2章为"道体论"，首先论述道教教义的体系结构，其后分别从"道德义"、"法身义"、"三宝义"和"混元义"四个方面对《道教义枢》所包含的道体论观点予以探讨。第3章为"道典论"，通过《道教义枢》与其它道书作比较，从"三洞缘起"、"道教经典体系的神学基础"、"三皇文之讼"等五个方面展开论述；第4章为"修道论"，阐述"三一义"、"两半义"、"道性义"和"位业义"四种修道理论。

神仙信仰现象学引论：对几部早期道经的思想性读解
余平著

四川大学出版社　2015年6月　262千字　227页

　　本书运用现代西方哲学中的现象学研究方法，对几部早期重要道教经典进行解读，分别探讨了《老子道德经河上公章句》对道教神仙信仰的奠基作用，考察了《太平经》中有关"太平气"的信仰理论，分析了从《周易参同契》到《老子想尔注》所建立的神仙信仰方式，总结了由《抱朴子内篇》和《神仙传》所开启的独特的道教信仰生存方式,揭示了作为道教之开端的汉魏晋神仙信仰所经历的,从信仰位格到宗教位格再到神学位格的酝酿成形过程。全书共5章。内容包括:"跪着感恩"与"站着证明"的生存论区别;神仙观念与神仙信仰的现象学分野;秦皇汉武的神仙迷狂与《老子河上公章句》;《周易参同契》信仰域的技术;《老子想尔注》的现象学定位;"道诫"的生存论意境;《神仙传》的神学位格;神仙信仰神学形态的生存性意义及其边界。

敦煌古灵宝经与晋唐道教(华林博士文库/季羡林主编)
王承文著
中华书局 2002年11月 647千字 856页

古灵宝经是指敦煌本陆修静《灵宝经目》所著录的一批早期灵宝经。古灵宝经始于东晋末年葛巢甫"造构灵宝",构成了道教"三洞经书"中洞玄部的最初内容。相较于同时代的其他道教经典,它更突出地反映了道教本身规范化、经教化以及建立统一的道教经教体系的要求,同时又对南北朝隋唐以及整个中古后期道教的发展产生了极为深远的影响,因而在中古道教这一关键性的发展时期更具有代表性和突出的时代意义。本书为"华林博士文库"丛书之一,作者结合出土文献、碑刻资料与传世文献,从评述20世纪国内对敦煌古灵宝经的研究入手,探讨了东晋末年古灵宝经的思想来源、教义特点,分析了古灵宝经与佛教、道教其他宗派的关系及其对南北朝唐宋道教的影响,论述了晋唐道教整合与中古道教统一的经教体系确立的具体过程。全书共6章。内容包括:绪论;从敦煌本古灵宝经两部佚经论中古早期道佛关系;古灵宝经的"三洞"思想与东晋南朝之际道教的整合;古灵宝经对汉晋天师道教法的整合及其分界。

敦煌道教文献研究:综述·目录·索引(世界宗教研究所文库)
王卡著
中国社会科学出版社 2004年10月 288千字 314页

敦煌典籍文献写本是我国进入刻本时代之前现存的最大一批文化典藏,是中华传统文化的瑰宝。道教文献在其中占有重要部分,但在相当长的时间里,国内敦煌学界对它的关注不够。本书为"世界宗教研究所文库"丛书之一,作者从目录学角度,按照三洞四辅七部分类,针对敦煌道教的道经和敦煌遗书展开文献综合研究。书中共著录各类敦煌道典达800件,对所著录的被割裂的420多篇残片进行了缀合,复原出140件相对完整的道经。同时为敦煌道教文献分别编制简明目录、分类序录、编号索引,全面介绍了各部敦煌道经的收藏情况和抄经、授经等活动的基本信息。全书分为"综述篇"和"目录篇"两篇。综述篇简要叙述了敦煌道教的历史概况,考察了敦煌文献与唐代所编《道藏经》的关系,论述了隋唐至宋初敦煌地区道教的宗教活动、修持方法,以及佛道二教的相互影响。目录篇除了对敦煌道教文献分别编制简明目录和分类序录外,另将英藏、法藏、俄藏、国家图书馆藏敦煌道经及各地已知散藏道典悉数收入其中。

敦煌道经写本与词汇研究
叶贵良著
巴蜀书社 2007年9月 580千字 815页

敦煌文献中保存着大量的宗教文献,其中有许多道教经书。道经是道教义理的载体,又是道教文化的重要表现形式。道经高度浓缩了道教文化,是中华民族宝贵的文化遗产,也是研究汉民族语言的宝藏。本书以敦煌道经为语料,以词义研究为核心,从文字、词汇、文化、历史等角度对敦煌道经语词进行了综合考察,分析和展示了敦煌道经的词语特色以及道教对汉语发展的影响和突出贡献。全书分为"绪论"、"敦煌道经写本叙录"、"敦煌道经的研究价值"、"敦煌道经词汇的研究方法"、"敦煌道经文字与词汇考释"、"敦煌道经词汇对传统文化的吸收"等10章。书中所引敦煌文献,主要出自《英藏敦煌文献》(汉文佛经以外部分)、《法藏敦煌西域文献》、《俄藏敦煌文献》、《中国国家图书馆藏敦煌文献》、《敦煌宝藏》、《上海图书馆藏敦煌吐鲁番文献》、《上海博物馆藏敦煌吐鲁番文献》、《天津艺术博物馆藏敦煌文献》、《北京大学藏敦煌文献》、《浙藏敦煌文献》、《甘肃藏敦煌文献》、《大谷文书集成》。

敦煌道经词语考释
叶贵良著

巴蜀书社　2009年10月　360千字　485页

　　敦煌道经的语词和俗字研究是敦煌语言文字研究的重要组成部分。本书以敦煌道经中有道教特色的宗教语词和疑难俗字为研究对象,考释未释词、已释而义项缺漏词等,对提高敦煌道教文献的研究水平颇有助益。书中所引敦煌文献主要出自《英藏敦煌文献》(汉文佛经以外部分)、《法藏敦煌西域文献》、《俄藏敦煌文献》、《中国国家图书馆藏敦煌文献》、《敦煌宝藏》、《天津艺术博物馆藏敦煌文献》、《北京大学藏敦煌文献》、《浙藏敦煌文献》,内容涉及敦煌上清经、灵宝经、杂道经、道教齐文、道教愿文、道经题记等。本书以释词为主,以补漏、补证为辅。其考释对象不仅是有道教特色的宗教语词和疑难俗字,包括少量口语词和方言词,还有部分词句取源于佛教用语。作者既考释与今义不同或有差别的词语,也考释与今义相同但为敦煌文中所始见的词语;既考释未经前人释义的疑难词语,也考释前人已释或已被辞书收载但具有敦煌道教特色的词语,较为清晰地诠释了敦煌道经词语的本义。

经典与历史:敦煌道经研究论集
刘屹著

人民出版社　2011年9月　340千字　343页

　　道经是敦煌文献的一个重要组成部分。但长期以来,国内外学者对敦煌道经的研究,主要停留在搜集和公布图版、释录个别经典的文本等基础性工作层面。虽有对几部重点道经的专门研究,但大都是从哲学史的角度探究其思想和教义,根据敦煌道经来探寻道教史背景的论著甚少。本书侧重于从历史学的角度梳理和阐释敦煌道经,将看似荒诞无稽的道经文本,当作有用的史料来研究中古经教道教的历史。这在目前的道教界和敦煌学界都属于有特色和个性化的研究。全书共4章。书中围绕《化胡经》、《昇玄经》、《本相经》这三部敦煌道经展开研讨。关于《化胡经》,作者探讨了"罽宾说"和"于阗说"进入《化胡经》的时间、唐代《化胡经》与摩尼教的关系、"化胡经说"在融合佛道二教方面的作用。关于《昇玄经》,作者着眼于对敦煌残本卷次的考定、对其中经箓传授仪式的分析、对《昇玄经》教义的重新认识。关于《本相经》,重在确定其为北朝末年新作道经,为了解南北朝后期南北道教传统的异同,提供了新的重要资料。最后是对敦煌道教文献研究状况的综述,评价了四部有关敦煌道经的著作。

敦煌道经与中古道教（敦煌讲座书系）
刘屹著
甘肃教育出版社　2013年11月　355千字　418页

敦煌道书是中古道教从北朝至宋初在敦煌这一特定历史时空中留存的文化遗迹，反映了道教在特定时期、特定地域条件下的存在形式。本书为"敦煌讲座书系"丛书之一，作者通过研究敦煌莫高窟发现的各个历史时期的主要道书，对其内容、体系、特点、历史地位等进行了详细分析与解读，使读者对于汉晋早期的道教、六朝经教道教，特别是唐朝前期经教道教的思想和组织制度有了较为全面的了解和认识，由此可以窥见中国本土宗教文化在当时中外文化交融情况下所起到的作用。全书共15章。内容包括：《太平经》与"太平传统"；《老子想尔注》与《老子变化经》；敦煌上清经写本的特点；古灵宝经研究的基础问题；仙公系灵宝经；元始系灵宝经；神鬼信仰的经教化：十卷本《洞渊神咒经》与江南地方信仰；公元7世纪初道教经教思想的代表作：《太上洞玄灵宝业报因缘经》。

二、道家理论、教义研究
（一）教义研究

道教义理综论（上、下编）
李养正著
宗教文化出版社　2009年12月　950千字　770页

道教教理教义的内容十分广泛而庞杂。其要义即在于从道教的视角出发，采用"神启示"的神秘方式，为树立、维护、扩大至尊之"道"而创立起意图主宰宇宙一切的神圣权威，以回应人们在现实生活中所提出的有关自然、社会、人生的问题。道教义理之学可分为五大部类，即："道"为本根，主干纲条为天道、地道、人道、神道、仙道。本书是一部从历史和当代现实的角度深入探讨"道教义理"的专著。主要特点是"此书立足于道教，又超越道教，在广泛的比较中展现道教义理的有容乃大及其与中国各种文化的互动互渗，论述了道教与先秦道家、与诸子百家、与儒佛两家、与古代方技术数的关系，展示出中国文化的宗教与人文、体悟与理性、出世与入世、本土与外域之间的多元通和的一幅幅生动画面，使读者能在更广阔的文化背景下去理解道教义理的形成与特质，理解中国文化博厚悠远、仁爱包容、向道贵诚、重生尚德的精神与传统。"全书分两编，共11章。上编（第1—4章），讲解了道教义理的基础、结构、特征与亮点，阐述了道体及修道养生之诸说，着重分析了道教义理与《周易》的关系，道教义理的思想根源与形成、发展的突出业绩及当代趋势；下编（第5—11章），分别就道教义理与先秦道家学说，道教义理与诸子百家，道教义理与汉以后杂家，道教义理与古代方技、术数等的关系展开探讨，详细介绍了道教基本教义及其主要经籍载体，最后收录作者有关道教义理探讨的11篇旧作。

道教戒律研究（儒道释博士论文丛书／汤伟侠　卿希泰等主编）
唐怡著
巴蜀书社　2008年12月　180千字　206页

道教戒律是道教教义思想的重要组成部分，对于维系道教的生存发展至关紧要。本书为"儒道释博士论文丛书"之一，作者以1911年之前的道教戒律（戒、律、清规）为研究对象，论析了道教戒律的发展沿革、内部结构、外部环境、社会功用等。全书共6章。第1章考察道教戒律的发展沿革，认为道教戒律的发展大致分为"雏形、制订，充实、完善"四个阶段。第2章介绍收录道教戒律的典籍与道教戒律的授受。第3章探讨道教戒律与道教成仙理想的关系，亦即道教戒律在道教生命哲学中的作用。第4章分析道教戒律中的伦理思想，指出伦理道德是道教戒律的内核、道教戒律是道教道德原则的具体体现，剖析道教戒律中的伦理思想各层面。第5章分析道教戒律与外部环境的关系，即道教戒律与儒家礼制、佛教戒律、政府对道教的管理的关系。第6章探讨道教戒律的社会控制功能，指出道教戒律在伦理道德建设和社会控制方面的现代意义。

（二）道家与道教

道家和道教思想研究
王明著

中国社会科学出版社　1984年6月　302千字　380页

　　道家和道教，有联系又有区别。前者属诸子的学派之一，是一种哲学的派别，产生于先秦；后者是一个与道家学说有着思想渊源的宗教组织，产生于东汉。道家的思想跟后来道教的理论虽然存在某些相似或相通之处，但也有根本不同和相反的情况。本书选辑了作者从20世纪40年代到80年代撰写的有关道家和道教思想研究的论文共17篇，其中属于考证性质的有《论〈太平经〉的成书时代和作者》、《论〈太平经钞〉甲部之伪》、《敦煌古写本〈太平经〉文字残页》、《〈周易参同契〉考证》《〈老子河上公章句〉考》等7篇；属于论述性质的有《论老聃》、《论老子兵书》、《论庄周》、《论葛洪》、《论陶弘景》、《论〈太平经〉的思想》、《试论〈阴符经〉及其唯物主义思想》等10篇，大致反映了作者对道家和道教的主要人物、经典的探讨历程。本书的特点是，作者在分析研究某个具体问题时，擅长运用比较的方法，将所触及的问题放在相互联系和发展的动态视野中加以考察，因而使其结论更具有说服力。

道家文化与现代文明（人文丛书/李文海主编）
葛荣晋主编

中国人民大学出版社　1991年4月　234千字　349页

　　本书为"人文丛书"之一，作者通过道家文化与人类文明之关系的探讨，对道家思想及其在当代社会中的价值这一重要课题作出分析和说明。全书共15章。第1章旨在说明老子对人生奥秘的深刻揭示，以及由他所提出的"身重于物"、"少私寡欲"、"柔弱胜刚强"、"上德若谷"等处世之道在现代社会中的作用。第2-4章论述中国传统的中医学、养生学以及当今中国乃至世界人们赖以保健的气功学与道家思想的深厚渊源。第5章揭示中国文学之魂特别是现代文学与老子思想的某些历史联系。第6章论述老子的"道体论"、"正反相成"、"返朴归真"等思想对中国书画艺术的独特贡献。第7章论述老子的"自然无为"、"有生于无"等思想与企业文化、企业管理之间的联系。第8章阐释现代战争中的"用兵之道"与老子的"柔弱胜刚强"思想之间的联系。第9章论述在老子思想指导下，农学正在进行一场伟大的变革。第10章揭示老子哲学与当代环保意识之间的某些联系。第11-15章分别从《老子》与建筑、科学，老庄与西方诗人哲学家等方面阐释道家思想的当代价值及其对于未来世界的意义。

道家与传统文化研究
王明著

中国社会科学出版社　1995年4月　240千字　305页

道家思想文化与传统的思想文化密切相关，作为一种宗教的意识形态，道教的内容杂而多端，牵涉的问题很广。道教除了有它自己的特点外，它的发生、发展及其影响，都是与中国社会传统文化分不开的。本书辑录"道教研究领域的拓荒者"王明先生探讨"道教与传统文化"的论文28篇。这些文章围绕中国传统思想文化和道家道教的发展演变这两条交相辉映的历史线索，以道教与传统文化的关系为主轴，从不同角度和侧面论述了道家思想的主要内容和特征，阐明了道教文化在中国思想文化史上的重要地位和作用。全书分上、下二编。上编着重探讨中国道家等传统思想；下编专谈道家文化，二者彼此相互沟通。附录"王明教授学术年谱"和"王明先生学术传略"2篇。

道家与民族性格
吕锡琛著

湖南大学出版社　1996年6月　218千字　278页

民族性格实为民族传统文化积淀的结果。道家思想作为中国传统文化主干之一，是特定的经济基础和政治背景的产物，对中华民族性格的形成和塑造无疑具有显著影响。本书主要围绕道家思想对中华民族的思维方式、行为原则、价值取向、生活信条、处世之道、人生追求这六个方面的深刻影响及其正负效应展开探讨，以期"弘扬道家思想中的优良传统，开掘其中蕴含的有益于民族性格的优化、有助于人类完善和发展的精华，并摒弃其中的消极因素"。全书共6章。作者在书中力图贯彻多维发展的文化史观和矛盾两分的评价原则，既着力阐发道家思想文化在培育中华民族性格中所发挥的独特作用、在改善民族性格方面可能发挥的多重功能，也注意揭示道家思想对民族性格的历史铸造和现实投影时的正、负作用，以及儒、道两家作为两大文化主潮的互补机制和协调作用。

道家道教教育研究
陈德安　齐峰主编

教育科学出版社　1997年9月　399千字　463页

道家道教的教育和教育思想，是中国传统教育和教育思想的重要组成部分，有着丰富的内涵和鲜明的特色，对中华民族心理、社会风尚乃至科技发展均起过重要影响作用。本书是陈德安教授主持的全国教育科学"八五"规划国家教委重点研究课题"道家教育与教育思想研究"的主要成果，汇集国内多位专家学者撰写的29篇专题论文。这些论文"深入研究了自古代至近代各历史时期主要道家道教代表人物或著述的教育与教育思想"。作者们"在占有翔实的资料基础上，力图以马克思主义的历史唯物论为指导，运用现代教育理论和心理科学理论，对道家的教育目的、教育内容、教育原则与方法、道德教育、审美教育、健康教育、养生教育、医学教育、科学教育以及师道等方面，进行较为系统的总结和剖析，在揭示道家与道教教育活动和教育思想的特殊的封建政治功能的同时，重点挖掘道家在教育理论上的独特成就。"此外，本书还专题研究了道家和道教在国外的传播和影响，从而有助于对道家、道教的政治功能和人文价值的全面理解。

陆、道教

道家思想的历史转折（桂苑书丛）
何建明著
华中师范大学出版社　1997年12月　410千字　486页

唐代是中国社会思想文化从"中国古代历史的最后阶段"过渡到中国历史的"近代早期阶段"的关键时期，道家思想构成了这一时期中国思想文化转变的重要标志。本书为"桂苑书丛"之一，作者把唐代道家思想放在中国古代社会政治、经济、文化在唐中叶的历史性转型和道家思想历时性发展的总态势之中加以考察，指出道家思想的逻辑结构主要包含着哲学思辨、政治关怀、修炼养生之道这三个基础层面，中国道家思想的历史发展，主要是这三个层面的历时性展开与深化。全书分为"重玄思辨走向现实关怀"、"外丹炼气术走向内丹学"、"道本儒末走向儒最尊"上、中、下三编，共10章。书中通过对唐代道家和道教思想的深入研究，勾勒出道家思想在唐代（尤其是中后期）自觉适应社会转型与文化变迁的过程中所呈现的从重玄思辨走向现实关怀、从炼气存神及外丹学走向性命双修的内丹学、从"道本儒末"走向"儒最尊"的历史轨迹，分析了唐代道家和道教在哲学思辨、心性修养、养生学和社会政治关怀等方面的独特贡献及其在中国后期宗法社会思想文化传统形成中的特殊地位，对唐代道家关切现实人生、批评积弊和时病、追求精神自由的文化品质，以及在祈望政通人和、五谷丰登、延年益寿等方面的宝贵精神资源及其现代意义进行了积极的发掘和合理的肯定。

道学通论：道家·道教·仙学（宗教学文库）
胡孚琛　吕锡深著
社会科学文献出版社　1999年1月　564千字　691页

本书为"宗教学文库"丛书之一，作者将"道学"的概念范畴定义为以老子的道的学说为理论支柱的整个文化系统，包括道家的哲学文化、道教的宗教文化、仙学的生命科学文化。这样就把自古以来便众说纷纭的有关"道"的阐扬和释义予以高度容括，展拓出"新道学"此一具有前瞻性的新的研究领域。全书共分6篇：通论篇、道家篇、道教篇、方术篇、仙学篇、道藏篇。通论篇首先界定道学范畴，考察道学渊源及其与中国诸子文化的伴生特征，辨析道学"身国同构"与儒学"家国同构"之间的理论差异；道家篇考察道家从先秦时期的老庄哲学、秦汉时期的黄老之学、魏晋时期的玄学、隋唐时期的重玄学到宋元明清时期的内丹心性学的思想转换；道教篇综述道教义理，分析道教产生的历史文化条件，藉此展望发展前景；方术篇根据道学"生道合一"、"寓道于术"之理，介绍道学的养生方术和方技术数，关注其科学内涵；仙学篇依循现代科学视角观察内丹学的生成、演化、门派，分别对清净孤修派丹功、阴阳双修派丹功和女子金丹术的入门功夫、修炼步骤及行功法诀进行阐述；道藏篇则以考据学的方法，考证了历代道书的规模，道经出世情况和《道藏》编纂史。作者独辟蹊径的学术创新，主要体现在对仙学（内丹学）或丹道学试作现代科学和哲学的比较研究方面，指出内丹学是一项"凝炼常意识、净化潜意识、开发元意识的系统工程"，无论各派丹法的修练要诀如何，只有在自然科学能够充分地解释人的大脑神经的奥秘时，才可能从实证层面获得突破，进而揭示内丹学的千古之秘。

生命存在与境界超越（道家文化研究丛书／汤一介　陈鼓应主编）
李大华著
上海文化出版社　2001年1月　203千字　287页

道教在教理上承袭了道家学说，其对生命本体的构设以道家自然哲学为基础，故而其自然本体皆以道家自然本体为依据。本书为"道家文化研究丛书"之一，作者基于道家以高度抽象的"道"为最高原则的宇宙本体观，采撷西方理性主义哲学及人本主义之情感、意志与超越性理念，界定了道教的生命哲学范畴，指出生命哲学的形成不仅标志着道教理论的成熟，而且道教生命哲学在本体存在论上实现了双向思维的互换，即可从现象的丰富多样性中寻索出某种根源性（根源之意义在于具有衍生多样性与实在性的特质）以及能够通过个体的存在发掘出普遍的存在（从具体的存在者中找寻本质的存在）。在此基础上，作者论述了"本体即现象"、"精神生命与肉体生命不分离"、"有中存无"、"融合个体生命与宇宙生命"等道教生命哲学的基本特征。全书分为"生命本体论"与"修炼论"上、下二篇，共6章；上篇为作者的博士论文，下篇是继本体论之后有关生命结构的阐释，指出道教修炼既承扬了传统的医学与脏腑学说，又从中引发并深化了脏腑关系学说及脏腑人格化和神话学说，进而把外部世界的泛神观念引向生命内部，导源出"关窍"、"经脉"、"三田"、"玄窍"等系统性的生命结构概念和道教修炼论所讲求的"炼精化气"、"炼气化神"、"炼神还虚"的性命双修理论。

道教本论：黄老道家即道教论（道家文化研究丛书／汤一介　陈鼓应主编）
李申著
上海文化出版社　2001年11月　213千字　311页

厘清黄老、道家、道教这三个概念的本义及其历史真实，乃是道教研究的基础。本书为"道家文化研究丛书"之一，作者通过对大量史料和前人研究成果的梳理与总结，解析了黄老、道家、道教这三个概念的内涵及外延，经由"道家前史"、"黄老道教的失势及汉代宗教观念的发展"、"汉代的社会危机和黄老道教的复兴"、"黄老道教与方术"、"魏晋方术与道教"、"唐以后丹术理论的变化"等问题的深入探讨，为读者展示了道教作为一种宗教的发展脉络以及道教理论的历史转向与演变。全书共10章。作者认为，东晋及其以前的"道教"概念，所指乃是今人所说的儒家或儒教；汉末到东晋，"道家"一词已经明确用来指称今人所说的道教；葛洪之后，人们才逐渐用"道教"一词指称我们现时称谓的道教，同时仍然使用黄老、道家之称。黄老、道家、道教三者成为异名同实的概念。

道家道教与中国古代政治：道家道教政治伦理阐幽（学海一牛鸣）
吕锡琛著
湖南人民出版社　2002年6月　404千字　543千字

道家道教在王朝政治舞台上曾扮演重要角色，文景之治、贞观之治和开元之治等盛世的出现与统治者推崇道家道教存在着很大的相关性。本书是海内外第一部系统研究道家道教与封建王朝政治关系的学术专著（原名为"道家、方士与王朝政治"，1991年初版），此次修订再版，吸收了作者近10年来的科研成果，在立意、结构和内容上相较于过往的研究均有很大突破。全书分为"理论篇"和"史鉴篇"两部分，共26章。"理论篇"（第1-9章）从宏观角度概述了道家道教政治理论和宗教神学的主要观点、理论价值及其影响中国古代政治的内在机制和现代启示，剖析其历史局限性。"史鉴篇"（第10-26章）则依据历史事件或发展线索分为17个专题，运用案例分析的方法对道学政治思想与古代政治的互动关系进行深入解读。作者充分利用历史资料，精辟阐述了道家道教所倡导的自然无为、因顺民心、轻徭薄赋、抑奢崇俭、谦下宽容、去诈守朴等主张在治国安民活动中的积极作用，批判了封建皇帝沉溺于道教神仙方术而祸国误政的危害，指出这些正反两方面历史经验教训对于当前社会治理的借鉴意义。

道家道教与中土佛教初期经义发展（香港道教学院丛书）
萧登福著
上海古籍出版社　2003年9月　450千字　567页

在佛道交流问题上，学者大都以为道教抄袭佛教，其实那是指六朝后的道教，六朝之前并非如此；相反的，中土的佛教，自始至终都是在袭取儒道之思想发展自己、壮大自己的声势。本书为"香港道教学院丛书"之一，作者以佛道关系为着眼点，旨在探讨汉魏六朝佛教传入中国时，佛经受到中国思想及本土哲学（道家）、本土宗教（道教）的影响，从而使佛教逐渐走向汉化、本土化的历史过程。全书分为"道家道教的本体论、方术及其对汉魏六朝佛典、佛教哲学发展之影响"、"从安世高禅法看道佛交流及二教对'淫'与'生'之态度"、"魏晋玄学与佛教般若学"、"格义佛教"等10章。作者透过对道家道教哲理及方术的论述来展示其在本土的深耕程度，转而论述中土道家道教对汉魏六朝佛教译经及哲理发展的影响，指出道家道教对于佛教在中土的传扬与发展有着不可或缺的重要作用。

生死智慧：道家生命观研究
李霞著
人民出版社　2004年5月　317千字　411页

生命哲学是道家哲学的本质属性，生命观是道家生命哲学的核心观念。本书运用时空坐标法等研究方法，从理论渊源、文化背景和现实根源三个方面对道家生命观之思想内核与成因进行了定位研究，从生命与自然、生命与社会、生命与自由三个环节揭示了道家生命观从老庄到黄老再到玄学的主题嬗变过程。全书共11章。书中剖析了道家生命观的三大思想特征，即生命本位、自然关怀和超越意向；考察了道家生命观的构成要素，包括道生德成的生命本源观、阴阳气化的生命机制观、形神相依的生命结构观、生死更替的生命过程观、重人贵生的生命价值观、自然朴真的生命本质观、无为之为的生命存在观、形神兼养的生命修养观和身心超越的生命境界观。在对道家生命观的发展历程及思想内容进行系统考察的基础上，作者以辩证的思维方法论述了道家生命观的理性精神、历史影响和现代价值等，主张在新的历史条件下对道家生命观进行理性的扬弃。

道家与中国哲学（明清卷/孙以楷主编）
李霞著
人民出版社　2004年6月　330千字　508页

明清思想学术发展的一个突出现象是儒释道三家学说的交融互动，三教合流成为时代趋势。

此一时期道教呈现明显的世俗化倾向。其影响的泛化方面主要表现在民间，其影响的深化方面则主要表现在当时的理学、心学等哲学思潮中。本书以明清"三教合一"的时代背景为依托，在细致研读和考察典籍文本的基础上，探究了道家思想在明清哲学由理学向心学、考据学转换过程中所具有的作用和影响，剖析了王守仁、李贽、黄宗羲、罗钦顺、王夫之、戴震等学者的理论特质及其与道家思想的关系，阐释了明清以后儒佛道交融中产生的新教派及民间秘密宗教。全书共9章。作者指出，正是在三教合一思潮盛行的思想背景下，正是在道家道教，当然也包括佛禅思想的影响下，明代哲学以儒学为基本价值取向和思想内核，经历了由理学→心学→心学分化→心学解体这样一个发展演变历程，在经过戴震、王夫之等人的反思、批判与总结之后，其学术地位便由清代考据学所取代。

从道家到道教（文化寻根丛书）
孔令宏著
中华书局　2004年9月　312千字　429页

　　道家与道教的关系是一个长期困扰中国哲学乃至中国传统文化相关学科的重大问题。学者们就此问题已作了不少探讨，但这些探讨或偏于综合性而失之于空泛，或只涉及问题的某一个侧面而失之于狭隘。本书为"文化寻根丛书"之一，作者以道和术的双向关系为核心，在儒释道三教关系的视野中对汉代和三国时期众术并竞阶段、两晋南北朝时期援道入术阶段这两个重大历史时期道教之道与术的关系作了深入研究，分析了这二者之间的异同和相互影响因素，梳理了《太平经》、《周易参同契》、葛洪、上清派、灵宝派、寇谦之、陆修静、陶弘景、楼观派等重要典籍和人物的思想，描绘了"从道家到道教"的历史衍变过程。全书共4章。作者指出，如果说在葛洪之前，道家与道教还是各自独立存在的话，那么从葛洪开始，情况发生了显著的变化，二者开始融通；到了南朝齐梁时期，二者完全融为一体。由于道教把道与术结合起来，二者之间由于双向交通而有了学的雏形，这样，有道而少术、无学的道家自然失去了独立存在的价值，不得不融会到道教中去。

当代道家与道教
宫哲兵主编　陈明性副主编
湖北人民出版社　2005年1月　666千字　521页

　　道家与道教有五个特点：第一，它与自然关系密切；第二，它与经济发展的关系密切；第三，它与民主自由的关系密切；第四，它与自然生态关系密切；第五，它与人类自身的健康长寿与回归人性关系密切。上述特点决定它必将为当代社会和谐与发展作出独特的贡献。本书为首届海峡两岸当代道家研讨会论文集。这些论文从道家道教的思想特性及其理论延伸的历史特点出发，主要围绕"道家和道教学说在当代的发展与传承方面的一些问题"展开研讨。全书分为当代篇、科学篇、哲学篇和道教篇四个部分，共收录论文61篇。内容包括：《"理"范畴理论模式的道家诠释》（陈鼓应）；《全球化浪潮下的民族文化：再论21世纪的新道学文化战略》（胡孚琛）；《唯道论的创立》（宫哲兵）；《古代道家与当代物理学：以诺贝尔奖获得者汤川秀树为例》（徐永生）；《天人合一与自然和精神的统一》（周祝红）；《道教医学养生思想的现代价值》（盖建民）；《老子之人文自然论纲》（刘笑敢）；《当代道家简论》（周锡山）；

《道教文化在 21 世纪的角色功能》（李刚）；等等。

道治与自由（政治哲学与政治文化系列之一）
商原李刚著

社会科学文献出版社　2005 年 7 月　397 千字　524 页

　　道治文化是离"家"出走的政治文化，往往与政治分权及社会动荡相联系，是中国古代比较典型的自由政治理念和民主政治文化的思想萌芽，有鲜明的现代性。当代中国的改革，亦与"道治文化"传统有着密切的渊源关系。因此，道治文化研究，具有重要的理论和现实意义，特别是对 21 世纪的政治文明和政治文化建设，有重要的参考价值。本书为"政治哲学与政治文化系列"丛书之一，作者从政治文化的视角切入，以"道治文化"这一新概念的提出为落脚点，系统研究了道家政治行为及其价值取向，从渊源、理念、实践及影响等方面揭示了道治文化的逻辑结构，概括出道治文化以"道法自然"为宗旨、以清静自治为内在机制、以无为而治为政治设计的理论框架，构设了道治文化的现代化空间。全书共 5 章。作者在紧扣道家的政治不服从行为，来分析道治文化的自然主义政治信仰、民本主义政治伦理、"民自治"的策略、真人政治人格、游世主义境界等方面问题的同时，还通过汉初和魏晋的政治实践及与儒家、法家等政治文化的比较，对道治文化的实际表现做了进一步深入地理论论述。

论道崇真集（道家道教文化研究书系）
唐明邦著

华中师范大学出版社　2006 年 2 月　306 千字　326 页

　　道家道教文化作为中华传统文化的重要组成部分，源远流长，博大精深，珍存文献，浩如烟海。本书为"道家道教文化研究书系"丛书之一，概括总结了作者数十年间学习、研究道家道教文化的心得体会与学术历程。全书分为"道教指要"、"道学弘旨"、"仙真风范"三编。内容包括：老子、《道德经》与道教；道家、道教与中国传统文化；道教金丹术及其科学价值；道教养生法则与古天文；道教之青词、符箓、印章；老子在中国思想史上的贡献；道家、道教注重直觉思维之真谛；《老子》思想的现代价值；道教与易学；《道德经》的和谐观；陈抟老祖评传；纯阳帝君与陈抟老祖；等等。作者取精用弘，擘肌分理，从多个方面对道家道教文化进行深度透视，提出了很多有益的见解。

道学健心智慧：道学与西方心理治疗学的互动研究
吕锡琛等著

中国社会科学出版社　2008 年 12 月　300 千字　313 页

　　道家哲学蕴含着十分丰富的心理保健和心理调治智慧。本书围绕"道学与西方心理治疗学的互动研究"这一主题，通过解析西方心理学家主动将道学运用于心理治疗实践这些事实凸显中国哲学的优长之处和普适价值，以图促进中西文化的融通互补，为当代人类提供修身健心之方。全书分上、中、下三篇，共 11 章。上篇（第 1—3 章），介绍西方心理治疗学与道家哲学互动的文化背景和哲学基础。中篇（第 4—7 章），分别探讨荣格、马斯洛、罗杰斯等西方心理学家与道家的深刻联系，论述荣格的分析心理学和以马斯洛为代表的人本心理学对道家道教哲学的吸收、运用及其对中国心理治疗和文化研究方面的启示。下篇（第8-11章），借鉴和运用意义治疗学、认知疗法和人本心理学、分析心理学等西方心理治疗理论和方法，针对浮躁、焦虑和自卑等负面心理或心理障碍的成因，阐发道家原典中"顺应自然"、"安时处顺"、"宽容不苛"、"祸福相倚"、"不与物迁"、"宠辱不惊"、"各当其分"等心理调治智慧，以求为陷入心理困扰、心理疾患以及精神空虚、意义失落的现代人类提供心理治疗方案。

中国道家之精神
詹石窗　谢清果著
复旦大学出版社　2009年9月　344千字　309页

　　道家精神是道家自身在孕育、形成、发展、流变过程中积淀而成的思想精粹。道家所崇尚的尊道贵德、自然无为、虚静守柔、大公无私、不争谦下、法天贵真等品格，不仅影响了古代帝王的施政理念和贤臣良将安民保国的行政方式，而且深深渗透于中国社会，成为中国人日常生活中一种潜在的价值取向。本书是一部专门讲述中国道家文化精神的国学教材，共设十五讲，每讲各分3章。作者充分运用近年来新出土的道家文献，汲取学界的相关研究成果，既从总体上把握道家文化的精神气质，探究道家文化的历史渊源、形成发展、精神原则，也进一步从哲学思想、生死关怀、人格修养、养生法门、艺术审美、治国方略、军事智慧、科技思想、生态思想以及道家独特的历史观、语言观等方面深入考量道家之精神，以期展现道家发生发展的清晰脉络和生动丰富的思想内容，构绘道家思想生成与演变的历史图景。

道家人格研究（国家"985工程"四川大学宗教与社会研究创新基地丛书/卿希泰主编）
杨玉辉著
巴蜀书社　2010年3月　300千字　347页

　　道家人格是指那种体现道家思想价值观和行为准则的人格。从广义的方面理解，道家人格包括作为思想和哲学的道家以及作为宗教的道教所主导下的人格，更确切地说，包括以老子和庄子为代表的道家思想以及由道家思想演化出来的道教思想主导下的人格。本书为"四川大学宗教与社会研究创新基地丛书"之一，是一部系统研究道家人格的著作，也是一部具有中国理论特色的人格研究论著。全书分为"道家人格的世界观"、"道家人格的人的本质观"、"道家人格的人性观与价值观基础"等10章。作者根据自己的理论探索，提出从人的本质存在出发来概括和阐述人格的特征，依循道家将人看成是命与性的统一体的观点，从命、性、性命关系、人天关系和人我关系这五个维度展开对道家人格的研究。书中透过人格的思想理论基础与具体表现，以及人格实现的原理和方法，考察了道家人格的各个方面。最后将道家人格与儒家人格、佛教人格和基督教人格做了系统地比较，为读者展示了一幅道家人格的鲜活画面，这对于理解传统中国人的思想和行为具有独到的价值。

理学与道家道教（理学学术丛书/向世陵主编）
傅凤英著
长春出版社　2011年1月　252千字　235页

　　儒家和道家是中国学术的两大堡垒。本书为"理学学术丛书"之一，作者以儒道关系为参照物，主要从思想理论方面，对儒家和道家、道教的学术关系在一些节点上作出梳理，重点探讨在几个重要的理论焦点上，二者的思想观点和处理问题的理论方法。比如，在本原论上对于"道"、"理"、"太极"的阐释及相互关系的处理；在气化论上道家的道气论与理学的理气论之间的关联；在天人观上二者对天人合一关系问题的处理；在心性修养论方面二者的异同。全书包括引言、本原论、气化论、天人观和心性修养论五个部分，共4章。作者指出，理学与道家、道教的关系，不仅受到特定历史时期社会政治、经济等因素的影响，更重要的还是思想本身发展的必然，是思想理论的一次大交锋，也是中国学术理论整体的一次空前深化。

当代新道家
许抗生著
社会科学文献出版社　2013年8月　288千字　320页

构建当代新道家思想，是作者多年来都在认真思考的问题，曾就此问题请教过著名学者张岱年先生。张先生主张不能仅在口头上提倡当代新道家，应要真正地提出一套符合现实要求的当代新道家的思想来。于是作者花费十多年时间对道家思想理论进行阐释与构造，建立起了一个当代新道家的思想体系，撰写而成《当代新道家》一书。全书由"传统道家思想概说"和"当代新道家思想的构建"上、下两篇组成。上篇（4章），分别介绍了构成传统道家思想主体的老子与道家学派、杨朱学派与列子学派、庄子学派和黄老学派。下篇（6章），综述了当代新道家思想的基本内容及其建构方法与意义，阐释了当代新道家的道论、德论、人性论、伦理价值观、修养论和人生境界论等，描绘了当代新道家理想社会之图景，即"自由王国"与世界大同。

道家思想与现代文明（国学论丛/陈鼓应主编）
许抗生著
中华书局　2015年8月　325千字　356页

道家（道家学派和道教）文化，在中华传统文化中占有不可或缺的重要地位。历史久远、体系严谨、思想深邃，对于中国社会具有广泛而深远的影响。本书为"国学论丛"之一，集合了作者已发表或未发表的有关道家文化的论文40篇。这些论文反映了作者对道家文化研究现状和前景的看法，其中部分文章阐述了作者近年来对构建当代新道家思想的一些见解。全书分为"先秦与汉代的道家"、"魏晋新道家（魏晋玄学）"、"道教"、"道家思想与现代文明"四个部分。内容包括《老子的逆反式思维与道论》、《老子的辩证否定式思维方法》、《老子论圣人之玄德》、《略谈魏晋玄学的自然主义思想》、《简论魏晋玄学是新道家》、《关于玄学哲学基本特征的再研讨》、《略论道教的几个思想特征》、《略论道教养生学思想》、《简述道教的伦理思想》、《简论道家的历史地位与现代价值》、《道家思想与现代文明》、《当代新道家的伦理价值观》等。

秦汉道家与道教（大长安书系/王子今　赵建黎主编）
刘玲娣　熊铁基著
三秦出版社　2012年1月　222千字　221页

秦汉时期的道家和道教是一个内容十分丰富的课题，它包含着整个秦汉时期道家思发展的内在逻辑，牵涉着道家与秦汉社会方方面面的关系。本书为"大长安书系"之一，详细介绍了秦汉道家道教发展、演变的历史轨迹,对道家与秦汉时期的思想整合、道家与秦汉时期的政治、秦汉新道家、黄老化的秦汉《老子》注等方面问题做了较为全面的解读,最后探析了秦汉道家向道教演变的方式和路径。全书共6章。内容包括:先秦道家概述;黄老与黄老道;道家与周秦之际的学术总结;道家与汉初思想的整合;黄老终结到儒术独尊;汉初黄老兴盛的原因;黄老政治与文景盛世;《吕氏春秋》与《淮南子》;黄老化的《老子》宇宙观;《老子》养生观;《老子》政治观;道术合一与道教的产生;《老于想尔注》及其道教化;等等。

汉代道家思想(国学论丛/陈鼓应主编)

陈丽桂著

中华书局 2015年8月 297千字 309页

汉代的"道家"承袭先秦老庄之说,尤其是战国以来的黄老思想,他们以《老子》的道学理论为核心依据,通过铺衍、推阐、解证、注释等不同手法,将《老子》学说作了显实的说解与入世的转化运用,开创出属于汉人的老学新风貌。本书为"国学论丛"之一,作者将司马谈《论六家要指》、齐学与黄老、气化宇宙论、《淮南子》、汉代养生观、《老子想尔注》等议题与传世文献作为论证对象,全面阐述了汉代黄老之道,解析了汉代重要典籍所体现的黄老学说,呈现道家思想在汉代发展与应用的状况。全书包括"汉代道家思维中的各家思想:《论六家要旨》论六家"、"黄老道家与齐学"、"汉代道家思想的演变与转化"、"汉代的气化宇宙论及其影响"、"道家养生观在汉代的演变与转化:以《淮南子》、《老子指归》、《老子河上公章句》、《老子想尔注》为核心"等十一个部分;附录"黄老与老子"、"黄老与黄帝"2篇。

隋唐道家与道教(上、下册)

李大华 李刚 何建明著

广东人民出版社 2003年4月 576千字 812页

隋唐五代道家相较先秦道家而言,经历了一个巨大的思想转变,即由关心自然物理的宇宙本体转向对生命现象及其个体存在的重视。这种思想转变盖因宗教超越引起,凡两种选项:其一,炼造和服用外部自然精华而得到超越;其二,在观省自己的身心现实中发现宇宙的真谛而得到超越。后者亦即外丹道教的转变:从单纯外练,转换为外练内修,以体悟生命的本质也就是宇宙的本质。促成转变的外因,还有佛教中观学说对道教理论的影响,从六朝到隋唐五代,道教"重玄"思潮始终挥之不去。本书是一部针对隋唐道家与道教之思想动态作断代研究的论著,分上、下二册,共15章。上册(1-6章),内容包括"隋至初唐王朝的崇道与道家思想之兴盛"、"论成玄英的重玄思想"、"玄览《玄珠录》解读"、"《道教义枢》以重玄为旨趣的哲学思想述评"、"司马承祯的道性论与修养论"、"唐玄宗的重玄道家思想"。下册(7-15章),分别讲述"吴筠的道治论与神仙可学论"、"张志和《玄真子外篇》的新庄学"、"强思齐的重玄思想与道论"、"杜光庭道教哲学思想"、"《无能子》、《化书》的自然论与社会批判"、"罗隐的道家社会历史观"、"隋唐重玄学说与内丹学说"、"《阴符经》与《常清静经》"等。作者主张道家和道教不可截然分开,这不仅缘于道教承传了先秦道家的人文精神,在隋唐五代时期,道家与道教的区分仅为职业道士、隐士,或出入禁中的官宦人士等各色徒众的身份差别,若从思想史的角度探察,他们最重要的共性乃是同怀长生久视的弘愿。

陆、道教

黄老道探源
金晟焕著

中国社会科学出版社　2008年1月　265千字　335页

黄老道是西汉初年的道家黄老学发展成东汉末年的宗教道教之间的中间环节，带有浓厚的神学宗教色彩，但又不同于道教。它是直接继承和发展西汉初年黄老道家而来的一个道家学术思潮，吸取了战国和汉代的神仙方术思想，所以它又不同于汉初的黄老学。本书从对两汉道学史上的几个问题的反思出发，考察和论证了自西汉末至东汉末的200余年间存在着一个有时代特色的黄老道家思潮，即史称"黄老道"的思想源流。全书共5章。书中深入研究了黄老道产生的社会历史背景，从宇宙观、性命观、养生观、治世观诸方面对黄老道思想进行全面的分析，并从先秦汉初的神仙学、方技学、道家哲学和养生学以及阴阳五行数术学等方面，对黄老道的思想渊源作了细致的探索。作者认为，在两汉时期，虽然儒家经学占据主导思想的地位，但专制皇权对方上之术仍予以深切的关注，并供养大批方士，于是方士阶层成为与儒生比肩的士族势力，形成黄老道学契合时代精神的新的学术思潮。儒家经学与黄老道，皆以天人感应的理论模式为基础，提出符合大一统的时代需要的哲学思想，从而确立了儒道二家对立、并存的局面。

道教政治管理之道研究：道教黄老传统考察（中国书籍文库）
吕有云著

中国书籍出版社　2012年7月　297千字　252页

道教政治管理之道是黄老道家的修身、治国之道的继续和发展，是道家思想在政治和社会生活领域的直观体现。道教的政治管理智慧在各封建王朝开国立业之初和拨乱反正的关键时期，发挥过不可替代的历史作用，是一种独具中国传统特色的生命（身体）政治学。本书为"中国书籍文库"丛书之一，是一部系统阐述道教政治管理之"道"的专著。全书分为"道教的前身：黄老道家政治管理之道概论"、"内以治身：道教关于管理者的自我管理"、"外以治国：管理者自我管理的进一步延伸"、"道教政治管理之道的实践、历史地位和现实意义"4章。作者立足道教经典文献，通过对道教黄老传统的考察与梳理，阐述了道教理身理国之道的历史发展脉络，揭示了为治者治身之道与治国之道的基本原理和原则要求，说明了道教理身理国之道在历史上的作用，对儒、道、政治哲学的互补性价值也做了比较中肯的分析评价，最后论及道教政治管理之道对于当前我国政府职能转变的借鉴意义。

北宋《老子》注研究（儒道释博士论文丛书/汤伟侠　卿希泰等主编）
尹志华著

巴蜀书社　2004年11月　252千字　359页

本书为"儒道释博士论文丛书"之一，作者基于对"北宋《老子》注"在"中国老学研究"中之地位的精准把握，绘了北宋老学思想生成的全景图，填补了道教思想史研究的一项空白。全书共8章。包括"道论"、"有无论"、"性命论"、"无为论"、"三教融通论"、"诠释方法论"6个专题和单项论题"从西方诠释学看北宋《老子》注"。作者通过文献资料考证，基本认定北宋有记载的《老子》注有24家，指出蒙文通、容肇祖等人辑录王安石《老子注》时遗漏的一大段注文，补缀了前人的缺憾。书中重点论述了王安石父子、苏辙、陈景元、司马光、宋徽宗等人在各自的《老子》注里所体现的老学思想，并将这种思想与其政治主张、思想信仰联系起来考察，揭示出北宋老学具有儒道融通、有无并重、突出心性和对"理"的重视等理论特征，论证各种老学思想背后不同的社会意义及《老子》注之经典诠释所折射的北宋时代精神。本书观点另有诸多创新，如《道论》判定"说不可说的道"是一种语言功能性的悖论；《有无论》中指明北宋《老子》注家的有无并重论既克服了魏晋玄学"贵无"、"崇有"的偏颇，又恢复了被隋唐佛道之学所忽略的有无之辨原本具有的政治哲学意义等。作者还结合西方诠释学理论，对中西诠释传统作了初步探究。

老子新说
牟钟鉴著

金城出版社　2009年7月　280千字　338页

老子是人类的智慧大师，《道德经》是人类文化史上最具原创精神的宝典之一。《道德经》对于中国文化的滋润涵养，其功至伟，对于当代人类的文明进阶亦将有所贡献。《道德经》以至简的文字积藏着至富的精思，不断孕育出丰富的社会人生哲理，其妙化之潜力，令人叹为观止。本书是著名学者牟钟鉴先生根据自己多年来讲解《老子》81章积累的心得笔记加工整理而成。作者在书中以全新的视角来解读和阐释老子，感悟老子的智慧。恰如其所感言"老子的学问是生命的学问，老子的智慧早已在滋润着我的文化生命，它使我生活得更加清醒，更为从容。我希望通过自己的解读，使更多的人，特别是青年人，喜欢老子、品读老子，从中获取生活的大智慧，使社会和人生变得更加美好。"全书分为"正篇"和"附篇"两部分。其中正篇共81章，内容几乎涵盖老子哲学思想的各个方面；附篇"老子评说"收录5篇论文，对以"道"为核心的老子思想和其人其说进行了总体评价。

老子研究（宗教与社会研究丛书／卿希泰主编）
张松辉著

人民出版社　2009年11月　354千字　306页

老子是道家创始人。囿于老子其人生平资料留下甚少以及《老子》一书过于简略，故而老子生平及思想成为千百年来争论不休的问题。本书为"宗教与社会研究丛书"之一，作者结合老子研究的实际情况，主要针对学界所关注而目前尚未厘清的有关其"生平及思想"的具体问题作了系统地考察研究，并在涉及老子思想的重大问题上，提出了不少新的观点。全书分为"老子身世及《老子》孤本"、"老子思想研究"、"老子对后世的影响"上、中、下三编，共24章。上篇（第1-5章），主要介绍有关老子身世的各种传说，老子的出身及师承，老子是陈人及其与陈文化的关系，流行本《老子》与竹简《老子》、帛书《老子》的关系。中篇（第6-20章），重点研究老子思想，提出诸如"道不能直接生出万物"、"先秦道家属中原文化"、"老子的循环论是正确理论"、"老子是第一位主张性善论的人"、"老子的'小国寡民'主张应该基本肯定"、"老子是首创私学的人"等新观点。下篇（第21-24章），从老子与政治、老子与儒家、老子与道教、老子与佛教四个方面论述了老子对后世的影响。

老子及其遗著研究：关于战国楚简《老子》、《太一生水》、《恒先》的考察
（儒道释博士论文丛书／汤伟侠　卿希泰等主编）
谭宝刚著
巴蜀书社　2009年11月　340千字　447页

　　道家学派的开创者老子和道家的经典著作《老子》，在思想史、学术史、哲学史上，一直是无法破解的谜案。本书为"儒道释博士论文丛书"之一，作者在前人研究成果的基础上，通过对传世典籍和近来出土的竹简帛书等原始文献的综合梳理，选取战国楚简郭店《老子》、《太一生水》和上海博物馆藏楚竹书《恒先》为探讨对象，采用义理与考据相结合的方法，考察了老子生平、老子思想渊源与流变，以及《老子》称"经"的时间等；寻证《老子》一书形成的真相，寻找从简本到帛书本再到今本《老子》某些文句的变化所蕴涵的思想演变的轨迹，探讨老子的其他著作如《太一生水》和《恒先》，力图完整溯源老子思想之由来，解决目前学界对老子其人及老子著作悬而未决的问题。全书共4章。结论如下：老子实有其人，传世典籍或称老聃。老聃是《老子》一书的主要著作者。老子思想来源虽有夏、殷之道，但更多的是周礼。周公旦之思想是老子思想的主要来源。郭店楚简《太一生水》是老聃遗著，是我们没有见过的老子佚文；上博简《恒先》与《老子》所载思想、《庄子·天下》论述的老子思想及《文子》所载老子论道的思想言论一致。可以推断，竹书《恒先》出自老聃，是我们现今发现的老子又一珍贵佚文。

老子文本与道儒关系演变研究
刘晗著
人民出版社　2010年5月　235千字　229页

　　《老子》文本研究既是《老子》文献学研究的传统内容之一，也是《老子》思想研究的基础。关于《老子》的古本，已有很多研究个案，从文本变迁史角度予以历史的考察仍然罕见。本书以学术史的探寻为主旨，利用新发现的出土古文字材料，从《老子》的版本演变入手，紧扣传世《老子》文本与简帛《老子》文本的比勘对校这个主题，系统梳理郭店竹简本、马王堆帛书本和王弼注本的源流、体例、思想内涵、学术价值，并由之推论道儒关系的演变历程。全书分为"中国学术史上关于《老子》文本与道儒关系问题的研究"、"《老子》古本到今本的演变及其学术史定位"、"《老子》文本演变引起的差异及道儒关系的变化"、"相关学术问题的再研讨"4章。所述内容不仅使读者可以对《老子》一书的哲学思想、文本、与其他学派的关系等方面有更为准确的认识，同时也可以在文字学、文献学、音韵学、训诂学等学科层面获得新知。

老子与道家（上、下卷）
许抗生著
宗教文化出版社　2012年5月　1000千字　1100页

　　老子是我国历史上第一个伟大的反对文明异化的思想家。老子道家哲学如实地反映了当时的时代要求，是针对其所处那个时代的文明危机而宣扬的救世之说。在当前我们正处于工业文明危机的时代，老子道家思想能否吸取过来为我们克服工业文明的危机所用，进而建立起具有时代特色的当代新道家等问题，确实需要今人加以认真思考。本书为许抗生著作选集系列之一，共收录5篇有关老子道家哲学的研究论著，是作者在长期的科研和教学实践中的经验总结，深刻解读了

老子的思想行程及其与道家之间的关系，同时对佛教传入我国后所受道家的影响和启发，以及玄佛道思想的碰撞与交融等问题作了新的探讨和诠释。全书分上、下两卷。上卷包括《帛书老子注释与研究》（1982年）、《老子与道家》（1991年）、《老子评传》（1996年）3篇。下卷包括《三国两晋玄佛道思想简论》（1991年）和《魏晋南北朝哲学与宗教思想研究指南》（1991年）2篇。

知止与照旷（庄学通幽）
强昱著
宗教文化出版社　2004年10月　550千字　653页

庄子是道家学派的一位重要代表人物。庄子哲学的中心议题讨论的是人生的意义，人生的价值。庄子集中反映了人的本质，认为人生的价值就在于获得人的自由、逍遥、愉悦和快乐，人生的意义就在于人的自由、愉悦的实现。庄子从这一人生意义论出发来看待和观照人与外在世界的关系，构筑了以道为核心的意义形上学、价值形上学的宇宙本体论。本书旨在阐释老庄道家的独特认识和主张，是庄子哲学思想研究的专著。全书分为"正篇"和"附篇"两部分，共8章。作者在前6章中以意义论与功能分析的方法论为核心，以全新的思想概括与方法论归纳，阐释了道家的精神向往与独特主张，建构起符合庄学历史风貌的认识体系。后2章重点考察了战国以来其他道家流派的思想关怀，以期在比较对照中揭示庄学的思想贡献。本书"纠正了历来对老庄学的研究偏重于文献的梳理，而缺乏以哲学的观点立场说明其思想价值的不足"，开启了在现代哲学意识下观照老庄精神世界的新途径。

三、道教礼仪

道教仪范
闵智亭著
宗教文化出版社　2004年9月　200千字　305页

道教"仪范"是道教徒行为之准则、进德修业之径路。本书作为全国道教院校专业课教材，主要讲述了道教徒教务活动所必须掌握的宫观仪范、戒律、斋醮科仪这三部分基本知识，结合社会生活实际，探讨了有关道教徒道德品质方面的思想教育问题，以鼓励青年道教徒奋发向上，提高他们的社会主义道德观。全书包括"道教仪范概述"、"道教宫观仪范"、"玄科戒律"、"全真斋醮科仪"和"附录：略论道教徒修养"五个部分。第一部分讲述道德仪范的起始、道教仪范中的三大类，即戒律、章表、醮坛和斋设等。第二至四部分介绍道教庙宇称宫、观之由来，十方常住执事体制及管理办法，常住经理事务规范，戒律说，初真戒律，宫观常行科仪，诸真圣班（祝神）等。第五部分论述道教的宗教道德观、道教徒的社会道德准则、当代道教徒应具有的理想和精神文明。

道教仪式与戏剧表演形态研究（广东中华文化王季思学术基金丛书）
倪彩霞著
广东高等教育出版社　2005年6月　340千字　386页

宗教仪式在戏剧兴起过程中对其产生了不容忽视的影响，二者的关系可以说是一个"同源分流"的历史过程,都具有虚拟性与程式性的文化特征。本书为"广东中华文化王季思学术基金丛书"之一,作者首先从人类学的角度考察了宗教仪式与中国戏剧起源的关系,随后以"道教仪式"为例,分别从音乐、舞蹈、舞台、服饰化妆、演出习俗、仪式戏剧等角度探讨其对中国古代戏剧的影响。全书共5章。作者指出,从象征符号体系的角度分析,宗教仪式与戏剧表演采用了不少相同的符号形式,如语言、动作、表情、服饰、音乐等,不同但相对应的符号形式有文检与剧本、坛场与戏台、法器与道具等;从社会功能的角度来说,仪式戏剧具有明显的宗教功能,传统戏曲在广袤乡村的演出,仍然离不开宗教活动的环境;通过比较两个象征体系的符号形式,可以看到其象征意义、形式及结构的变化,并可从中管窥宗教仪式对戏剧艺术兴起的意义。

道教科仪研究
卢国龙　江桂平著

方志出版社　2009年11月　370千字　333页

科仪是道教习用的术语,常常与斋醮联用,称为斋醮科仪,用来笼统地指称道教的宗教仪式。科仪作为道教特有的外部形式与特征,有着相对独立的发展体系和发展机制。在漫长的历史发展过程中,道教科仪一方面因应民间礼俗而出现各种滋生漫衍,另一方面又对固有的巫俗信仰及活动进行规范化清整,从而实现文化引导与提升。这样的一种矛盾运动,贯穿于斋醮科仪的古今之变。本书采用历史文献学、宗教学、社会学、民俗学等的理论和方法,重点研究道教科仪的历史沿革及其与民俗社会的关系。全书分三编,共6章。上编"道教科仪的历史沿革"(第1—2章)通过对文献资料的全面梳理,完成对道教科仪的定义、分类和历史源流的总体描述。中编"道教科仪与民俗"(第3—5章)集中论述道教科仪与人生礼俗、社区祭典、岁时民俗等各类民俗事象的关系。下编"道教科仪与当代农村社会"(第6章)通过一个田野调查的实例(湖北省花湖乡的一场民间丧礼和民间道士举行的超度仪式),考察道教仪式传统在当代中国乡土社会的存在状态及其对民风民俗的深刻影响。

道教科仪概览
任宗权著

宗教文化出版社　2012年3月　350千字　367页

道教斋醮科仪见证了远古祭祀礼仪的变迁,有着悠久的历史和丰富的文化内涵。本书是任宗权道长在长期的教学实践中,通过阅读大量高道的手抄笔记,采用收集、对比、校对等方式编纂而成的一部道教工具书,具有较高的学术价值和实用价值。书中详细介绍了阳事道场、阴事道场的仪轨种类,包括诸神系列科仪、宫观常用科仪、其它外出科仪等。全书分三篇,收录共计115种道教科仪的程序和内容。其中参考了闵智亭道长的《道教仪范》24种科仪,其余除作者收藏的科仪资料以外,还参照了龙门洞王嗣林和陈法永、原上海白云观张理宽、云南魏宝山江永德、武当山龚金焕、华山邹通玄、兰州白云观王至全、西安八仙宫魏至仁、楼观台任法玖、湖南南岳南至安、黑龙江齐齐哈尔关帝庙王理硜、中国道教学院闵智亭等道长珍藏的相关资料。书末收录科仪中常用的《诸真宝诰》。

威仪庄严：道教科仪及其社会功能（上海城隍庙现代视野中的道教丛书/刘仲宇 吉宏忠主编）
史孝进著
上海辞书出版社　2012年4月　169千字　219页

道教科仪系指道教仪式的各种类型。它始终与道教的产生、兴盛、衰落与复兴相伴，至今已有2000多年的历史。本书为"上海城隍庙现代视野中的道教丛书"之一，作者结合道教科仪在当代社会的发展，主要从道教仪式的社会功能角度展示和论述了道教科仪的基本面貌、历史影响与现代功能等，通过探讨道教科仪，深入地了解道教在社会历史文化方面的影响，以及对现代社会宗教服务、人际关系调节、信众心态、文化传递的作用。全书共7章。内容包括：走进现代的古老科仪；科仪的规整对道教面貌的重大影响；科仪为信众提供宗教服务；科仪与现代社会人际关系的调节；科仪与信众心态的调节；当代科仪与文化传递；等等。

道教礼仪学（厦门朝天宫"道学教材丛书"/詹石窗　郭汉文主编）
张泽洪著
宗教文化出版社　2012年10月　358千字　246页

道教的斋醮祀神仪式，蕴含着道教的神学理论、哲学思想、祭祀观念、信仰习俗，涉及道教文化的诸多层面。研究道教斋醮仪式，既是道教学研究中较为棘手的问题，也是宗教仪式研究的一块宝地。本书为"厦门朝天宫'道学教材丛书'"之一，作者综合运用宗教仪式理论和文献解读的方法，将道经与史籍资料相互印证，据此诠释道教的仙信仰与祭祀文化，探讨"以道教斋醮仪式为中心"的道教礼仪学的特点，分析济生度死的黄箓斋和施食炼度科仪、投龙简仪式、礼灯科仪、道教传度的授箓传戒仪式的不同表现，认为道教斋醮科仪的仪式结构和象征意义具有鲜明的东方特色，斋醮是对《度人经》思想的仪式化演绎。全书分为"道教斋醮礼仪的源流"、"斋醮科仪经典的编撰"、"道教斋醮的历史考察"、"道教斋醮科仪的坛仪格式"等10章。书中力图从纵的历时性方面，把握1800多年斋醮发展的基本线索；在横的共时性结构方面，建构起斋醮仪式的理论框架，以求正确认知中华礼仪祭祀文化的完整形态及深刻内涵。

道教斋醮科仪研究（儒道释博士论文丛书/越镇东　卿希泰等主编）
张泽洪著
巴蜀书社　1999年9月　210千字　289页

中国道教丰富的斋醮仪式，凝聚着中华传统文化的精神，牵涉道教文化的诸多方面，并对中国民俗、少数民族祭祀文化产生了深刻影响。本书为"儒道释博士论文丛书"之一，是国内外第一部系统研究道教斋醮科仪的著作。全书共4章。第1章论述道教斋醮仪式的源流及其影响，认为道教斋醮是先秦宗法宗教祭祀仪式的继承发展，也是道教发展为神学宗教的重要标志。第2章介绍道教斋醮科仪的坛仪格式，内容涉及建坛、仪仗、法器、法师、清规等。第3章探讨道教斋醮常行的黄箓斋仪、施食炼度、投龙简仪、礼灯科仪，以揭示道教斋醮科仪蕴涵的文化意义，认为斋醮扎根于民众日常生活之中，斋醮活动蔚成民情风俗，从这一侧面可以清晰反映出道教确乎是中国土生土长的宗教。第4章具体分析斋醮体现的神仙思想、济度思想，斋醮济世度人的祈禳功能，藉此说明斋醮科仪是道教思想的仪式化演绎，是道教之"道"的生动体现。

陆、道教

道教天心正法研究（世界宗教研究丛书／卓新平主编）
李志鸿著

社会科学文献出版社　2011年8月　316千字　310页

　　天心正法作为兴盛于两宋时期的新符箓派，其所建立并阐扬的一套独特的道教法术及仪式传统，对后来诸多道派影响甚巨。对之进行研究，既能窥视道教由民间而正统、由正统而民间的发展轨迹，揭示道教法术仪式转变的内在逻辑与规律，也能由此对中国民众的信仰世界有一个更全面准确的认识。本书为"世界宗教研究丛书"之一，作者立足于天心正法派经典以及《道藏》之外的广阔史料，采用历史学、文献学、宗教学的研究方法，从教派与教法、民间信仰与民俗生活等多个层面入手来展现道教法术仪式传承与嬗变的内在理路及其多样化、地域化的特征，解读两宋之际新道派产生的原因与社会意义，从而进一步认识道教在中国民众信仰世界中的真实位置。全书分为"绪论"、"北宋时期的天心正法"、"两宋之际的玉堂大法"、"天心正法与宋元符箓派"等7章。书中将天心正法派的产生与教派的衍化设定为首要问题，通过分析天心正法的道派渊源与宗派分衍，来揭示天心正法本身的教派演变；通过分析天心正法的道法体系、斋醮仪式与民间社会的关系，来观照道教炼养术与符咒术结合的轨迹与规律；通过分析天心正法与地方的神明信仰、咒术的关系，来解释道教在不同区域的表现形态，以及道教本身与区域社会之间相互塑造的复杂关系。

道教授箓制度研究（国家哲学社会科学成果文库）
刘仲宇著

中国社会科学出版社　2014年4月　402千字　370页

　　符箓是道教的重要法器，授箓，或称授符箓，是道教最为基本的组织制度。然而，这样一个重要的课题，至今没有一个系统的研究成果出现。本书考察了授箓制度的形成原因和过程，概述了它在古代社会中的演变，以及当代授箓的情况；分析描述了授箓的仪式、制度与道教徒修行及道教法术科仪的密切关系；深入探讨了法箓的结构、特点，对于授箓活动在当前的发展走向，作了初步的探索。全书共7章。内容包括：符与箓的来历；道教授箓仪式的形成；早期正一盟威箓特点分析，正　符箓的改革与整顿，各新出符箓与南北朝时授箓制度的普及，在"正"名义下各派符箓的整合；三山授箓宗坛的确立与"正一教主"；"万法宗坛"与三山滴血派的出现；《正乙天坛玉格》与授箓的进一步规范；清中期以来道教的衰落与授箓仪的不正常情形；当代道教授箓活动的恢复和发展趋势；授箓仪式在道教仪式体系中的地位；授箓的仪式过程；等等。

中国符咒文化大观
刘晓明著

百花洲文艺出版社　1999年6月　500千字　607页

　　符咒有着深厚的中国文化底蕴，从中可以发现许多早已淹没在浩渺历史烟波中的文化遗迹，成为考究中国古文化的一个重要视点。尤其是符箓，越过秦汉儒家思想对先秦文化的净化而直承战国巫觋，许多早已失传的古文化之谜皆可在符箓中找到答案。本书堪称一部中国符咒文化的百科全书，详细介绍了符咒的由来及其基本理论和表现形式，关涉道教、原始信仰、民间信仰、民习民俗等方面。全书分"道符缘始"、"画符的理论、仪式、场地和道具"、"画符的材料、技法和禁忌"、"道教天文的破译"、"政治符箓解读"等16章。作者指出，巫道们不仅在画符中特别重视"炁"的通灵作用，而且在思维方法上，亦将象征物误认为是现实实体，因之其行为特征表现为非理性主义，即用信仰取代了理性思考，用情感取代了逻辑推理，用习俗取代了自觉意识。正因为如此，我们认为符咒是一种残缺理性的产物。

道教符咒大观
张振国　吴忠正著
宗教文化出版社　2014年5月　400千字　425页

道教咒语是笃信"咒在则神明在"的教徒用来自我勉励、祝告神灵、召神遣将、驱鬼治病、书符演法以及修炼者用于存想、指导修炼的口诀，大多由韵文构成。几乎所有的道教阴阳斋醮和祈禳法事活动，会大量使用符图咒语，它既是道教实现"人神沟通"的契印凭证和隐言秘诀，也是教徒践行其宗教体验必不可少的神圣程序或过程。本书从《道藏》和其他道教文献中筛选出有代表性的261条咒语，逐一作了讲解。其中第1-125条由张振国解释；第126-261条由吴忠正道长解释；书末附"六十甲子太岁上下符"、"雷部三十六天君（天将）符"、"辰州符咒"等，由张振国统稿。作者指出，"符是天仙役神之文，学者灵章之秘宝，符文于术无所不宗，因此宣称玄文垂象，王者当有衰盛，坤文兆灵，百姓所以存亡。符文已彰，鬼神何能隐伏。"符咒集文字、书法、运气、手诀、掌诀于一体，在道教中的地位不可动摇。

四、教派

天师道
郭树森主编
上海社会科学院出版社　1990年2月　165千字　208页

天师道是在汉代阶级矛盾激化，社会危机深重的历史条件下，依托和改造黄老学说而发展起来的宗教组织，属道教中创建最早、嗣教时间最长、影响最大的一个道派。东晋南北朝时期，天师道为了适应封建统治的需要，经过统治阶级的改造，其宗教性质发生了根本的变革，逐渐由民间道教转变为官方道教。本书运用马克思主义的基本原理和方法讨论了天师道的创立、变革、兴盛与衰亡问题，客观评价了天师道对皇权政治、历代政权和农民起义的影响，充分肯定了天师道对中国古代科技与文学艺术的独特贡献。全书共5章；附录"天师世家、房系、人物综述"、"天师印剑、宝物、署职考"图文资料2篇。

天师道史略
张继禹著
华文出版社　1990年11月　174千字　248页

史学界和道教界都公认，东汉顺帝年间（126-144）张道陵在巴蜀地区传道布道所创的天师道为道教正形化之始。然其渊源可追溯到中国古代殷商时期的鬼神崇拜，战国时期的方仙信仰，两汉时期的黄老道，并受到巴蜀地区原始宗教信仰的影响。本书详细记述了天师道的起源、形成以及天师道在历代的发展、演变、传播和兴盛，介绍了天师道的教理教义、斋醮符箓和道书典籍等方面情况。全书分为"魏晋南北朝天师发展与演变"、"隋唐宋元时期的天师道"、"明清天师道兴盛和式微"等5章；附录"历代张天师传略"、"天师正一道经箓义理略论"、"龙虎山名胜宫观"文献资料3篇。

天师道二十四治考
王纯五著

四川大学出版社　1996年9月　235千字　329页

"治"，是道教用以祀神、修道、传教以及举行斋醮等祝祷仪式的固定据点。天师道以二十四治方式建立政教合一的教区组织机构，所创建的二十四治有二十二个分布在四川省境内，距今已有1850多年，为研究道教历史及其组织特色提供了重要的实物参考。本书是近代以来海内外首部系统阐述天师道二十四治的学术专著，填补了我国宗教地理学的一项空白。全书分上、下两编，共30章。书中以大量历史文献资料为基础，以作者遍历四川、陕西、河南等省数十个县的实地考察为依托，详细介绍了天师道二十四治的历史由来、宗教功能和文化内涵，借助上述地区文物遗址的分析，对天师道创教期的社会背景、历史文化背景和地理分布，以及各个时期的道治流变及今貌作了细致地描述和考论，从而使道教二十四治研究更臻于清晰、具体和完善。正如当代著名学者王家祐先生在序言中所评价，本书"广搜博采、文献详备；明辩精考，纠误补缺，还治地流变之本来面目，立论周全，实此项研究之新开拓，功德无量。"

斋醮科仪　天师神韵：龙虎山天师道科仪音乐研究（儒道释博士论文丛书／汤伟侠　卿希泰等主编）
傅利民著

巴蜀书社　2003年10月　240千字　329页

龙虎山天师道科仪历史悠久、独具特色。其符箓斋醮科仪音乐形态完备、内涵深刻，在整个正一道教科仪音乐中具有一定的典型意义。本书为"儒道释博士论文丛书"之一，作者结合其他相邻学科（如音乐文化学、民族学、历史学、美学）的研究方法，在汲取前人成果的基础上，通过实地考察和广泛搜集相关资料，从历史、艺术、文化三个方面对江西龙虎山天师道科仪音乐进行了全方位的考证与分析，描绘了天师道科仪音乐的本体形态，探究了其音乐风格的成因和文化机制，阐述了天师道科仪音乐的表现形式及内在规律，力求从宏观上把握天师道符箓斋醮音乐之整体结构框架，从而形成一套完整的天师道音乐文化研究体系。全书分为"科仪程式及其音乐"、"音乐形态及艺术审美研究"上、下两篇，共6章。上篇（第1-3章）内容包括：启请（告歇）科仪及其音乐，灵宝济炼度孤科仪及其音乐，传度授箓科仪及其音乐。下篇（第4-6章）内容包括：天师道科仪音乐的宗教功能，音乐艺术构成及特征，天师道人的音乐价值观与美学观。

全真北宗思想史：王重阳、邱处机对教理之发展
邝国强撰

中山大学出版社　1993年6月　150千字　194页

本书以全真道传授的历史脉络为经、全真道教理思想的发展和演变为纬，对全真教的思想渊源以及王重阳、邱处机二祖在"教理的兴革"与"救世救人事功"上的成就进行了系统研究，对全真教理思想中的几个哲学性范畴做了深入探讨，以期了解道教在中国传统文化哲学上的基本作

用。关于全真教典籍之考证与分析，本书试图对吕纯阳与王重阳二祖著述作全面性查考，同时比较王、邱二祖在教理主张上的异同，揭示全真教相应于传统道教的突破性改革。全书共7章。第1章论述从传统道教驳杂之思想模式演化为宋元时之简朴清纯而充满理学智慧的宗教情态的转换过程。第2-5章查考全真教传授系统之言行思想，重点介绍吕纯阳、王重阳、邱处机三真的生平与著述。第6章主要对全真教几个重要的义理范畴作哲学性分析。第7章为全书的总结，充分肯定了全真教在中国道教史上的伟大成就。

金元全真道内丹心性学（三联·哈佛燕京学术丛书）
张广保著
生活·读书·新知三联书店　1995年4月　218千字　309页

　　心性问题是唐宋以后儒、释、道三家共同讨论的时代大课题。此间，对禅宗心性论的挑战反应最为迅速的是理学。直到北宋后期和金朝初年，张伯端（紫阳）、王嚞（重阳）才分别创立新道教南北二宗，以心性范畴解释、会通传统道教的神、道诸范畴；以身心、性命双修、双合来对应和反驳禅宗的明心见性说，建立起具有道教形式和内容的心体、性体、神体、虚体理论，参与时代大讨论，一跃而与禅宗、理学比肩并列。本书为"三联·哈佛燕京学术丛书"之一，是以作者的博士学位论文为基础修订而成的一部全面探讨道教内丹心性学说的专著。全书分三篇。其一"历史篇"（4章），介绍全真教教主王嚞的创教与传道经历以及新道教南北二宗的合流情况。其二"心性篇"（4章），阐述道教内丹心性论的基本内容，对王重阳及全真以后各派心性论的特点分别予以说明。其三"比较篇"（2章），主要从"全真与理学的对峙"、"全真与禅宗对话"两个方面对儒释道三教的心性论作了比较分析。

金元全真道教史论（全真道研究中心丛书）
赵卫东著
齐鲁书社　2010年8月　384千字　464页

　　自上世纪90年代以来，全真道研究取得突破性进展，尤其是关于早期全真道的研究更是硕果累累。但对于此一时期的全真道教史，仍然有诸多问题尚未解决或存有争议。本书为"全真道研究中心丛书"之一，作者在综合运用文献资料、文化遗存和实地考察的基础上，采取史论结合的方式，全面叙述了全真道发生发展过程中最重要的历史事件和人物活动，阐释了早期全真道研究中世人关注或有争议的若干重大问题；其中对全真道在胶东建立"三州五会"、山东全真道活动中心的变迁、全真道走向全国之后留守山东的高道，以及山东全真道文化遗存等方面问题的重新解读与论述，弥补了一般道教史的欠缺。全书共12章。内容包括：王重阳与全真道的创立；全真七子拜师王重阳及其次序；"三州五会"的建立及其特征；马钰东归对山东全真道的影响；王处一五次被宣与全真道的发展；丘处机"一言止杀"辨正；等等。

心性灵明之阶：早期全真道情欲论思想研究（儒道释博士论文丛书／汤伟侠　卿希泰等主编）
刘恒著
巴蜀书社　2010年11月　270千字　366页

　　道教情欲论是其心性论的重要组成部分。调控情欲乃修道入门之基本功，是心性走向灵明的必由阶梯。本书为"儒道释博士论文丛书"之一，作者以王重阳与全真七子的思想为主线，以他们修炼过程中的心性变化历程为案例，详细探究全真道情欲论思想，结合现代生理学、心理学分析其合理性，为现代人如何安顿身心提供参考。全书共4章。第1章考察全真道情欲论与其教门主旨的关系，认为情欲论思想是实现"全真而仙"的重要保障。第2章结合现代心理学中的潜意识理论，探讨全真道具有东方特色的心性层次结构，说明去除情欲对保持心性灵明的意义，并从心神的选择性、独立性和内向性等方面透视克除情欲过程中心性的变化。第3章通过全真七子去欲炼心的案例分析，阐明全真道情欲思想中提及的情欲的种类以及对待各种情欲的态度，揭示阴阳思想与生理欲望的关系。第4章经由与马斯洛自我实现理论的比较与相互诠释，研究人的心理健康层次由普通人提升到高级层次的规律，凸显全真道情欲论作为超世俗的动机理论的地位。

中国传统社会宗教的世俗化研究：以金元时期全真教社会思想及传播为个案（儒道释博士论文丛书/汤伟侠　卿希泰等主编）

夏当英著

巴蜀书社　2010年11月　250千字　319页

中国传统社会宗教的世俗化主要体现为其世俗性特征的动态展现。全真教在强调超越世俗社会的同时，认同世俗世界的价值理念和道德伦理，其世俗化过程亦可理解为全真教的传播即是不断适应社会并将教义渗透到人们内心的过程。故而其兴衰与其所处社会结构的变迁有着必然的关联。本书为"儒道释博士论文丛书"之一，作者以"世俗化"这一宗教社会学概念为突破口，将全真教作为透视中国传统社会宗教世俗化的代表性个案，来重点分析和解答"全真教社会思想的世俗性和全真教如何被社会接纳并走向兴盛"这两大问题。全书共7章。书中通过对全真教传播过程中所体现的横向与纵向、静态与动态的运行状态考察，深入探寻了全真教与社会互动互为之关系，阐释了社会作为一个实体与一个教派兴衰之间的双向作用，认为全真教的传播表达了其世俗化的倾向，王重阳等代表人物的社会思想则是保证世俗化成功的内在推力。

早期全真道教哲学思想论纲

丁原明　白如祥　李延仓著

齐鲁书社　2011年5月　254千字　326页

哲学思想是王重阳及其七位全真弟子所创立的道教思想中最具特色的部分。他们的哲学思想不仅决定着早期全真道教的理论建构，而且规约着以后全真道教乃至整个中国道教理论演化的走向。本书是一部研究早期全真道教哲学思想的专著。书中结合齐鲁文化的特点分析全真道的思想性格，紧扣其"生命哲学"主题，论述了全真道哲学思想的产生、性质及其内在逻辑结构，指出全真道教的思维方式相较于中国传统哲学和传统道教所具有的"多元综合"的特点，即：超越性思维、否定性思维、中和性思维；以此为理论视角，考察了早期全真道教创建于山东的社会文化背景，分别研讨了王重阳、马钰、丘处机、谭处端、刘处玄、王处一、郝大通、孙不二的全真哲学思想，揭示了全真道哲学的现代价值。全书共9章。作者认为，王重阳及其七位全真弟子所代表的早期全真道教的哲学思想，含摄了以道本论和气化论为依恃的宇宙观、以"精""气""神"为要素而合练身心的生命观、以"明心见性"为指向而觉悟其"本心真性"的心性观以及以真功真行为意旨的宗教伦理观、身国同治的政治观，等等；这些观点在合一、平等三教的旗帜下，最大可能地吸纳和整合了道、释、儒各家各派的哲学资料，从而把整个道教哲学推进到一个新高度。

道教科范：全真派斋醮科仪纵览（上、下册）
彭理福著
宗教文化出版社　2011年8月　650千字　821页

斋醮科范是伴随着道教的创立而产生的，已有2000年的历史，在道学中是一个庞大、复杂的斋醮经籍体系，更是道教文化的一个重要组成部分。本书系彭理福道长从道教的立场出发，集他本人多年做道场的经历与经验撰写而成的一部以全真科仪为主的资料性专著。这部著作将教门内许多密传的口诀昭之于众，对于推进道教斋醮科仪研究和弘扬中华文化大有裨益。全书分为"阳事道场"、"阴事道场"、"诰号礼请"和"补遗"四编，包含三部分内容。第一部分为作者对道教科范的历史梳理，显示了其丰厚的学养；第二部分为作者记载、整理并阐释的承自师傅及教门的全真派科仪，共收辑各样科仪137篇，宝诰近300篇，多以王至全大师所收藏《斋醮科仪集》、《全真斋醮秘旨》等资料为底本，并以已故中国道教协会会长闵智亭著《道教仪范》、武汉任宗权道长著《道教科仪概览》，楼观台任法久大师、华山邹通玄监院的科仪、秘旨为参校本；又从四川二仙庵刊本，全真科仪集成《广成仪制》，任宗权道长著《道教科仪概览》中选常行科仪若干种加以补缀；第三部分附录了一些在教门内传承的本子和作者的学道笔记。

道教全真派宫观、造像与祖师
景安宁著
中华书局　2012年7月　310千字　349页

道教"宫观形制"指宫观的形状、造型、总体结构，主要建筑的等级、数目、关系和位置安排等；"造像设置"指宫观内所供奉的主像，以及造像的整体安放布局。全真祖师的"金莲正宗"地位是全真教宣教和宫观造像的经典主题。本书以全真教宋德方派系的宫观系统为中心，着重探讨了全真道教的宫观形制、造像设置和全真祖师的关系，揭示了全真派宫观、造像的特点，认为全真派特别强调祖师的地位，把祖师续接在传统道教主神之后，以此宣示全真祖师是道教正传的继承者和全真教在道教内的正统地位。全书共5章。第1章介绍王重阳和全真教的兴起。第2章讨论全真列祖谱系的形成。第3章考察宋德方派系的宫观及其它一些全真宫观。第4章探讨全真教石窟。第5章分析永乐宫建筑、雕塑和壁画所体现的全真列祖思想。作者将现存宫观和文献记录的宫观结合起来研究，把它们放到特定历史、宗派的环境中观察，并把宋德方派系的宫观与其它全真宫观比较，力图找出全真宫观在形制和造像设置方面的主要特点。

多重视野下的西方全真教研究（道教学译丛／朱越利主编）
张广保编　宋学立译
齐鲁书社　2013年1月　516千字　634页

全真教研究发展到今天，已经成为一门国际性的学问。自老一辈学者开拓全真教研究学术园地之后，西方汉学界对全真教的研究一直薪火相传，绵延不绝。除继承老辈学者对全真教经典的翻译、注释传统之外，继之而起的一代学者还从各个不同角度，展开对全真教的专题研究，呈现出多视角、多学科综合研究的特点。本书为"道教学译丛"之一，共收录西方学者有关全真教研究的14篇专论，时间跨度为自上世纪80年代至今。所收论文均为西方全真教研究的代表作，无论在西方全真教研究的历史过程中抑或今日，都具有一定的学术影响。全书依照论文所涉论题的不同，将其分成四编，即"全真教宗教认同研究"、"全真教与国家、社会"、"清代以来的全真教"、"全真教与文化艺术"四大主题。为了兼顾不同题材和研究进路，以全面反映西方全真教研究的多层次、多视角传统，本书在编选时尽可能广泛地包容不同的研究风格和方法，同时为了体现西方全真教研究的历史性，本书在选择时也兼顾老、中、青三代学者入选的比例。

东北全真道研究
汪桂平著
中国社会科学出版社　2014年4月　352千字　323页

全真道是金元明清以来流传地域最广的道教门派，曾对我国东北地区在文化上融入华夏文明进程产生过积极影响，然而相关的研究成果较少。本书采用历史学、文献学、宗教学和社会学等研究方法，首次厘清金元明清至民国约700年间全真道在东北全地域传播的历史线索，填补了学术界对于东北地区全真道研究的空白。全书共6章。内容包括：金代全真道初传东北考，蒙元时期东北全真道的发展与繁荣，明代东北全真道的沉寂，清代民国东北全真道的复兴与繁荣等。作者通过对比研究，着重分析了东北全真道的地域性特征，包括道派分布、宫观类型、十方丛林的特色等，认为东北全真道作为中国道教文化的一部分，无论其历史发展，还是其宗教内涵、宗教制度诸层面，都与关内道教同步而行，并表现出一定的地域性差异。其中，对于金元时期全真道传入东北地区的考察，以及全真龙门派郭守真门下十四支传承谱系的考证，尤具开创性意义。

全真教的创立与历史传承（国学论丛／陈鼓应主编）
张广保著
中华书局　2015年8月　410千字　457页

金代中期，王重阳在中国北方创立了一种有别于传统道教的新道教：全真教。全真教以三教合一为宗，以性命双修、功行并重为修炼门径，汲取禅宗的心性理论、修行方式等因素，对传统道教从教义、戒律，到宫观组织、修炼方式、修行境界等方面都进行了全面革新，并在元以后分领道教的半壁江山，开创了北全真、南正一的道教宗派新格局。本书为"国学论丛"之一，是作者在其《金元全真道教史新研究》（香港青松出版社，2008年）基础上增补明代全真道的发展等内容修订而成的一部具有开拓意义的学术专著。全书共12章。书中广泛利用正史、地方志、金石碑刻以及域外和教内文献，详细介绍了全真教在金元明时期的历史变迁过程，探讨了许多学术界尚未关注的问题，内容涉及全真教的派系整合、全真祖庭的缘起与兴盛、全真大宗师的传承、蒙元时期全真宗祖谱系的形成、金元全真教的修炼生活、全真教性命双修的内丹学、元代相容并包的道教管理政策、全真教与蒙元皇室诸系的关涉、明代全真教的宗系分化与派字谱的形成，以及有关全真教研究的128年的学术史等。

净明道研究（儒道释博士论文丛书／越镇东　卿希泰等主编）
黄小石著
巴蜀书社　1999年9月　170千字　221页

本书为"儒道释博士论文丛书"之一，作者结合相关史料，以净明道主要人物为纲，以历史先后为序，运用历史与逻辑相统一的研究方法，分四个阶段（从初期许逊崇拜开始，经许逊崇拜的发展,到宋元时期净明道的初创和成熟)对其历史演变过程和思想发展脉络进行了梳理,对净明道"三教合一"的思想倾向作了认真分析,从中找出该道派的发展规律及其内在逻辑。全书共4章。第1章首先通过《孝道吴许二真君传》、《太平广记》、《许真君传》、《净明忠孝全书》等文献资料对许逊其人进行考证,随后介绍了初期许逊崇拜的主要内容和随之产生的民间祭祀活动。第2章围绕"胡慧超其人"和"许逊身世的改变"两条线索探讨许逊崇拜的发展。第3章从道书的造作、神系的形成、教义体系的确立、修炼方式以及内容、符箓法术等方面描述了净明道的初创过程。第4章重点讲解刘玉生平及其对净明道的发展成熟所做的巨大贡献,简述了元代净明道的余绪。附录部分论述了宋元新道教的主要特征。

中国近世道教的形成:净明道的基础研究(海外道教学译丛/朱越利主编)
[日]秋月观暎著　丁培仁译
中国社会科学出版社　2005年8月　230千字　297页

净明道又称"净明忠孝道",创立于宋元年间,系由道教灵宝派分衍而成。该道派尊许逊为始祖,强调忠孝,调和儒道,被视为仙家最正的教派。有关净明道的研究,直到20世纪后半期才为部分学者所重视。本书为"海外道教学译丛"之一,是日本弘前大学教授秋月观暎在道教及净明道研究领域长期耕耘的成果汇编。书中通过对净明道的祖师许逊及其教团的形成、发展和传承的演变,以及许逊信仰发祥地西山和玉隆万寿宫、净明道与太微信仰的关系等问题的考察,厘清了净明道的起源及发展的整体轮廓,揭示了净明道的思想学说对于后世功过格的影响,剖析了净明道在中国宗教史上的作用和地位,提高了学界对净明道的认识和关注度。全书共10章。内容包括:许真君传考,许逊教团的形成及其发展,宋代的许逊教团与许逊信仰的实态,净明道教学考,道藏本功过格与许逊教团,关于近世中国宗教史上净明道的使命等。

神霄雷法:道教神霄派沿革与思想(山东大学宗教、科学与社会问题研究所成果系列之二)
李远国著
四川人民出版社　2003年7月　400千字　472页

雷神崇拜和雷法的修持与运用,是中华道教中最重要的一门信仰及一门法术。它源自中国最古老的原始宗教,既包含着人类文明中最早最本质的自然崇拜,亦保持着人类企图控制造化、主宰天地的胆略与努力,从而形成了一种非常独特的文化现象。本书为"山东大学宗教、科学与社会问题研究所成果系列"丛书之一,是一部深入探考神霄道派及其法术奥义的拓荒之作。全书分为"神霄派肇始期:唐代"、"神霄派形成期:北宋"、"神霄派兴盛期:南宋"、"神霄派延续期:元明清"等8章。书中依循历史时序,论述了道教神霄派之起源、发展与流变,阐释了神霄雷法之渊源、内奥与影响,对道教神系之层次结构和神学理论展开研讨。作者指出,神霄雷法融摄内丹之学、符咒之术、儒佛之理;其内涵丰富、功诀多端,是为宋元时期最精妙之道术。

上清派修道思想研究(儒道释博士论文丛书/汤伟侠　卿希泰等主编)
张崇富著
巴蜀书社　2004年11月　165千字　221页

上清派素有"道门华阳亦儒门洙泗"和"茅山为天下道学之所宗"之美誉,并被标举为道教的代表,其法术体系和修道思想几乎融贯于道教史各个时期,因而极具典型。本书为"儒道释博士论文丛书"之一，主要从"修道思想"、"修道方法"和"修道理论"三个方面对道教上清派进行了分析研究。全书共3章。书中通过对上清派思想及其法术系统的探讨，得出如下结论：上清派的修道思想是道教从外丹到内丹的漫长演变历程中的重要里程碑；上清派对灵宝斋法和雷法思想的吸收，使其修道思想经历了由一己圆满的小乘思想到济人利物的大乘精神的转变；重玄学思想和心性论的成分汇入，使上清派思想由偏于炼形到性命双修并重，理论思想空前提升。作者指出，宇宙观、人体观、末世论和道术论既是上清派修道思想和法术体系的根基，也是上清派修道理论水平的重要保证。上清派芜杂不堪的种种法术也由此而得以统摄。

六朝道教上清派研究（山东大学人文社会科学青年成长基金项目文库）
宇汝松著
山东文艺出版社　2009年3月　268千字　341页

　　上清派是道教与江南文化双赢结合的产物，也是早期道教由边缘化成功实现后世复兴的关键转机，在整个道教历史发展过程中曾发挥重大作用。本书试图以历史和逻辑相结合的原则对道教上清派展开系统研究，力求将上清派务虚的神秘文化与务实的理性精神、客观的历史背景与主观的文人心理等多种因素综合起来考量，通过动态的纵向考察与静态的横向比较，揭示六朝上清派外在的历史进程及其内在的理论推演。全书共8章。书中简要叙述了上清派孕育、产生、直至初步成熟的历史概况，深入探究了上清派产生的历史动因、机遇及基本发展阶段等，并通过解读上清派主要经典来阐释其系统化理论的内在逻辑线索，展示六朝上清派与同门异道之间的互动互摄及其在兼容并包、取长补短的兴教战略下所取得的丰硕成果。

混元仙派研究
李显光著
中国社会科学出版社　2007年10月　436千字　368页

　　混元仙派是明代较为重要的民间宗教派别，它发源于道教，同时吸纳了儒释二教的元素，自成体系，在民间有很大的影响。它所提出的仙人—祖师传法世系，为道教、民间宗教各支派所接受，广为应用。因此，对混元仙派的研究其意义不仅限于对某一教派的研究，从中可以看出道教与各民间宗教的传承关系，各种思想、文化的交融。本书以"混元仙派"这一衍生于道教的民间教派为研究样本，通过对其创立的时代背景、法脉源头、道教南北宗合流的历史趋势，以及正阳真人与其弟子、吕洞宾、刘海蟾、张伯端等混元仙派主要人物及其传法谱系的考察，深入剖析了混元仙派与道教紧密相依的关系，展现了该教派与民间思想文化多元融合的景象。全书包括"关于南北宗"、"吕洞宾传说"、"刘海蟾传说"、"张伯端的传承体系"等十三个部分。作者在书中注意剥离后人附着在创教祖师身上的神圣光环，力图恢复各祖师人间凡夫的真实面目。

道教金丹派南宗考论：道派、历史、文献与思想综合研究（道教南宗研究系列）（上、下册）
盖建民著
社会科学文献出版社　2013年6月　1176千字　1114页

　　道教金丹派南宗以张伯端《悟真篇》为立宗创派的基本经典，尊奉张伯端、石泰、薛道光、陈楠、白玉蟾为南宗五祖，外加白玉蟾之徒彭耜、萧廷之为南宗七真。南宗的经典与修道思想十分宏富，所涉内容极为广博,在道教思想发展史上有深远的影响。本书为"道教南宗研究系列"丛书之一,是国内外第一部系统研究道教金丹派南宗的学术专著。作者以南宗文献稽考为中心,以地域道教研究为视阈,对白玉蟾所创立的道教金丹派南宗进行道派、文献、历史、思想的综合性考察。在道教金丹派南宗的历史发展、文献稽考、道脉传承、谱系、修道思想和南宗宗教遗存田野调查诸多方面,弥补了相关学术盲点,最大限度地破解了长期以来的学术纷争与谜团,拓宽了道教南宗研究的深度与广度。全书分上、下册,共9章。内容包括:道教金丹派南宗形成的区域社会历史之维,南宗典籍文献史料厘正与辑存,南宗祖师生平系年,南宗道士及传法谱系考订,金丹派南宗与儒释关系等。余论部分另对道教南宗与其他道派的关系做了新的探索,并提出自己的见解。

五、道教道观与文学艺术研究

(一)山志

中国武当山道教音乐

史新民主编

中国文联出版公司　1987年8月　190千字　246页

湖北武当道乐既包含中国道教音乐"以表达神仙信仰为主要内容"的共性因素,也具有反映武当山独特地域风貌、民间习俗和历史人文特色的内在品质。本书是武汉音乐学院采录组成员深入武当山宫观及地方民间,在广泛搜集、整理和研究道教音乐素材的基础上,集体撰写的专题探讨武当山道乐的成果。书中梳理了武当山道教及道乐的沿革、分布和流派,介绍了法事活动与音乐的关系,以及武当山道乐的典型唱腔及音乐分类情况,对其"独具道教神韵的音乐品类"作了详细说明。全书分为"武当山道教音乐"、"谷城伙居道音乐"和"道人小传"三大部分,内容包括:玄门日诵早晚课(曲选和全套),上祖师表(曲选),玉皇本行集经(曲选),萨祖铁罐施食祭炼科范(全套),玄门应用荐亡科(曲选)等。本书指出,武当道乐构成的主要成分是古代音乐、宫廷音乐和艺术性较为成熟的民间音乐,其表现形态偏重于我国南方尤其是江南一带的风格色彩。其中伙居道音乐则更多地融合了当地民间音乐元素。

自然·历史·道教:武当山研究论文集(武当文化研究丛书)

杨立志主编

社会科学文献出版社　2006年12月　628千字　779页

武当山是中国道教四大名山之一,其自然景观与文化氛围堪称双绝,享誉海内外。武当山古建筑群于1994年被联合国教科文组织确定为世界文化遗产,历史文化遗存非常丰富。本书为"武当文化研究丛书"之一,辑录了有关武当山及武当文化研究的论文80余篇,分为"道教思想与武当道教研究"、"武当山历史与文化研究"、"武当山建筑与考古研究"、"武当山水文学与道教文学研究"、"武当武术与民间文化研究"、"武当山旅游开发及其他"六个专题。这些论文的作者大多长期从事武当地方历史文化及道家道教研究,所述范围涵盖武当文化的地理背景和基本精神、道教发展史、建筑艺术、斋醮科仪与音乐、神仙信仰与美术、武当武术、朝山进香民俗等多个方面,是20多年来武当文化研究成果的集中展现。文章包括:《荆楚道教论纲》,《张三丰内丹思想溯源》,《道教的生态观与可持续发展简析》,《试论武当道教文化的特质》,《武当道教养生文化的表现特性》,《明清时期武当宫观经济收入初探》,《元明正一天师与武当道》,

《三山滴血派与武当清微派》,《徐本善与武当道教》,《明成祖大修武当道宫述论》,《以形驭神 天人合一:试论武当道教建筑的艺术美》,《论武当武术中的玄武》,等等。

茅山道院历代碑铭录("茅山文化丛书"之一/杨世华主编)
杨世华主编
上海科学技术文献出版社　2000年12月　114千字　202页

　　茅山是我国道教上清派的发源地,道法昌隆、历史悠久。千百年来,茅山的高道大德先辈前哲留下大量的文物碑刻。这些碑刻饱经风雨侵蚀,屡遭历代兵燹和人为破坏,现已留存无多。本书为"茅山文化丛书"之一,系根据史料和存世的碑铭文字编录而成的一部文献集成之作,为今后系统地研究茅山道教文化提供了史实参照。书中将茅山道院1500年的历史按"六朝"、"唐"、"宋"、"金元"、"明"等次序进行编排,共收碑铭111通,其中价值较高的有《陶先生朱阳馆碑》(梁元帝)、《茅山长沙馆铭》(陶弘景)、《汉东紫阳先生碑铭》(李白)、《李玄靖先生碑》(颜真卿)等。编者在辑录过程中,已将繁体字改为简体字,并加上标点符号,对有些碑铭还作了注释。

茅山道院简史("茅山文化丛书"之二/杨世华主编)
潘一德编著
上海科学技术文献出版社　2001年7月　213千字　232页

　　茅山道院在历史上曾数易其名。早在西汉时,句曲山三茅真君成道后,为纪念其功德,立庙奉祠,时称"白鹤庙",句曲山改称茅山。本书为"茅山文化丛书"之一,主要从理论的角度叙述了茅山道教神仙信仰的历史背景、思想渊源、形成、演变与文化内涵,钩稽了茅山道院从起初的白鹤庙到民国时的三宫五观直至今日的变迁轨迹,浓缩了自茅山开山立庙以来2000多年的发展史。全书共11章,书末附《金元之际王重阳创立全真道与七真简史》、《重阳全真集》的教义等4篇文献。编者以史言理,依次考察秦汉方仙道的踪迹、三茅真君的事迹,历代帝王、著名道士在茅山的崇道与传道活动,以及茅山上清派的主要典籍等各方面情况,并对道教教义进行一些探索。

茅山道教志(道家道教文化研究书系/熊铁基　杨世华主编)
杨世华　潘一德编著
华中师范大学出版社　2007年11月　375千字　423页

　　茅山在道教史上有着极重要的地位,被称为第八洞天、第一福地。茅山古称句曲山,位于江苏省西南部句容市境内,又名金陵地肺名山,因三茅真君于此得道成仙而名为茅山。茅山道教在2000年的历史发展中,奉三茅真君为开山祖师,逐渐形成以茅山为中心且对后来江南数省的道教发展有着重要影响的上清派兴盛之地。本书为"道家道教文化研究书系"丛书之一,是一部全面记述茅山道教之起源与发展的道教志书。与元代刘大彬和清代笪蟾光所编纂的两种《茅山志》不同的是,本书对茅山的历史,神仙、真人、宗师等人,神,道经志书,以及宫观和科仪等,进行了重新梳理,既利用了原来志书的资料,又做了许多新的补充,使之成为清代以来最新最完整的一部茅山道教志书。全书共18章。内容包括:历史沿革,神仙地祇,圣师高真,宗师名道,道经志书,茅山宫观,斋醮科仪,茅山授箓,茅山养生,茅山道术,历代管理,茅山文物等。

崂山道教史
任颖卮著
中央编译出版社 2009年12月 280千字 279页

秦汉是崂山道教的孕育与萌芽时期，表现为方仙道的活动与灵宝派的传说。唐宋时期，崂山道教才刚刚发端。唐末，道士李哲玄将内丹术传到崂山。宋初，刘若拙甚得太祖器重，这是崂山道教发展的第一个高潮。金元之际，邱处机、刘处玄等将全真教传到崂山，崂山从此归属全真教门下。明清时期虽是道教的整体衰落时期，但崂山道教却呈现出自己的发展特点。明代，崂山新创立了三个龙门支派，道观和经籍建设也获得了空前发展。清代，崂山道教在内忧外患的社会背景下，不可避免地走向了衰落。十一届三中全会后，崂山道教逐步走向发展繁荣之路。本书在前人研究成果的基础上，全面梳理了崂山道教孕育、发端、兴盛、衰落，直至重焕生机的历史发展脉络，对崂山道士的宗教生活、道观经济与崂山宫观管理、灵宝派与崂山的传说、崂山道教文化与道术等方面问题也作了细致剖析。全书共6章。作者指出，僻处一隅的自然条件给崂山道教的发展与传播带来了一定不利影响，加之内部缺乏有重要影响的高道大德，理论建树不多，使得崂山道教的整体成就无法与龙虎山、武当山等道教名山相媲美；但是，崂山道教的发展与道教的整体浮沉大体一致，其自身也展现出与众不同的发展特点。

崂山道教与《崂山志》研究
苑秀丽　刘怀荣著
中国社会科学出版社 2011年8月 305千字 296页

崂山道教，素称"道教全真天下第二丛林"，在海内外久负盛名。自明末迄今，为崂山作志者不乏其人，唯有黄宗昌（1588-1646）、周至元（1910-1962）二氏所撰之《崂山志》，为其中之翘楚。然而无论是对崂山道教，还是对这两位作者及其《崂山志》，均很少有人做专门、系统的探讨。本书即以此为研究对象，在整合以往学术成果的基础上，对上述问题进行了较为深入的分析和探讨，对黄宗昌《崂山志》和周至元《游崂指南》做了详细的整理校注。全书分为"崂山道教研究"和"《崂山志》研究"上、下两编，共16章。上编（第1-8章）主要是对崂山道教文化的研究概况、道教与齐地的关系、崂山道教发展分期及各期的基本特征、20世纪以来崂山道教的现状等专题进行了初步的考察，对当代崂山道士的状况给予了关注。下篇（第9-16章）主要是对黄宗昌、周至元两位作者的家世、生平和两部《崂山志》的版本、续书、研究历史与现状等问题进行了系统的考证，并从创作缘由、思想倾向、体例、内容、写作特点及文化价值等方面，对两部《崂山志》做了细致的比较。

龙虎山天师道音乐研究（中国仪式音乐研究丛书）
曹本冶　刘红著
文化艺术出版社 2011年4月 341页

龙虎山位于江西省鹰潭市南郊，属武夷山支脉，乃道教天师正一道的祖庭、天师张道陵最初修道炼丹之所，素有道教"第三十二福地"之称。自东汉中期道教第一代天师张道陵在龙虎山肇基炼丹到1949年止，前后共有六十三代天师在此传承道业，历1900年。因此，龙虎山作为历代天师的活动中心，构建起相当完整的天师道音乐体系，对整个道教音乐乃至中国传统民间音乐文化都产生了深远的影响。本书为"中国仪式音乐研究丛书"之一，也是"中国主要道教宫观传统仪式音乐的地域性及跨地域性比较研究"之项目成果。全书分为"概述"、"龙虎山天师道科仪音乐及类别"、"龙虎山天师道音乐形态分析"、"龙虎山天师道弋阳腔与天师道上清腔之比较研究"等6章。作者采用多层次多角度的研究方法，在实地考察和系统地分析描述龙虎山现存天师道科仪音乐的基础上，全面探讨了龙虎山天师道音乐的源流、本体风格、形态与结构，道教音乐在仪式中的运用和功能，以及影响天师道音乐的各种社会文化因素，进而从整体上勾勒出龙虎山天师道音乐的面貌轮廓。

武夷山道教文化（武夷山世界文化遗产监测与研究／李晓红　邱旺土总主编）
黄永锋主编
厦门大学出版社　2014年5月　320千字　226页

武夷山道教文化源远流长，以"升真元化洞天"之名享誉于世。早在先秦时期，原始神仙信仰和传说已在武夷山盛行，此后随着道教的兴起，进山修炼的道士渐多；至唐宋，宫观、道士活动更趋活跃，武夷山道教步入发展和鼎盛阶段。据北宋道教名篇《云笈七签》记载：武夷山荣列道教三十六洞天之一，称"第十六洞天"，至今仍留有大量道教遗迹，如止止庵、三清殿、投龙洞、凝云道院、天花岩道观、复古观、升真观、莲花山道院、养恬庵、武仁庙等。当代武夷山道教文化又有新的发展，不断传扬。2012年，厦门大学人文学院与武夷山风景名胜区管委会世界遗产监测中心合作，广泛搜集相关史志文献资料，开展田野调研，首次对武夷山道教文化之历史、现状、神仙、人物、宫观、科仪、音乐等，做了比较完整的介绍和阐述，附录许多相关的研究资料。本书即为此次武夷山道教文化考察的成果汇总，除附录外，共收录考察报告及论文17篇，主要包括五个部分内容：监测报告、名山宫观、神仙信仰、高道人物、道通诸镜。

齐云山志（附二种）
（明）鲁点编　汪桂平点校　王卡审订
社会科学文献出版社　2015年4月　293千字　427页

齐云山又名白岳，位于古徽州休宁县境，山灵水秀。唐宋以来因奉祀真武大帝而扬名，曾列为中国道教四大名山之一。明代曾撰有多部齐云山山志，流传至今的有三部：一为明嘉靖年间休宁县丞方万有等编《齐云山志》，二为明万历午间休宁知县鲁点编《齐云山志》，三为明崇祯年间黄九如编《齐云山桃源洞天志》。此三部山志保存了关于齐云山的道教活动、道士人物、朝廷敕赠、观宇道院等方面的文献史料，是研究道教文化和齐云山地方文化的重要参考。本书以明鲁点编、明万历二十七年刻本《齐云山志》为底本，以明末重印本、清康熙五年本、清道光十年本为补校本，对上述三种明代山志进行了点校整理，形成一种《齐云山志》（合校本）。此外增补两种以供参考，一为明嘉靖版《齐云山志》节选，录自天一阁博物馆藏本；二为《齐云山桃源洞天志》，以清道光十三年刻本为底本，参校以各版本之《齐云山志》。总之，《齐云山志》（附二种）的整理出版，使得历代记录齐云山的山志资料，在这本书里珠联璧合，书中记载的徽州地方文化、明清道教史事，均具有独特而珍贵的史料价值，成为相关研究者必备的一部基本资料书。

（二）道教宫观

中国道教宫观文化
朱越利主编　袁志鸿副主编
宗教文化出版社　1996年11月　240千字　291页

　　宫观是道教活动的主要场所。宫观所承载的综合性文化，称为宫观文化。本书是一部集中展示和探讨中国道教宫观文化的文集，共收录17位各宫观道长及道教学者（包括著名学者王家祐、樊光春等）撰写的相关文章16篇。这些文章运用大量史料和多种研究方法，描述了全国有代表性的道教圣地的风貌，分析了各地道教文化的表现形式和发展状况，总结了道教宫观文化所独具的现实性、形象性、辐射性、持续性等重要特征。全书包括：北京白云观文化，辽宁千山文化，上海城隍庙文化，江苏茅山文化，苏州玄妙观文化，江西龙虎山文化，河南嵩山文化，四川青城山文化，山东崂山文化，西安宫观文化，广东罗浮山文化，陕西华山文化和台湾宫观文化等。内容涉及道教宫观的风物景观、建筑特色、历史源流、信仰仪式、民间风俗、典故传说，以及道教南北诸派的教义、斋醮科仪、丹法修持、音乐书画、诗词园林、饮食养生等各个方面。其中一些文章记载了不少此前未曾公开的近现代宫观史料，弥足珍贵。

道教宫观文化概论（宗教与社会研究丛书/卿希泰主编）
胡锐著
巴蜀书社　2008年5月　190千字　192页

　　道教宫观是道教神圣宗教理念的屋化空间，呈现了道教文化的物化形式，集中反映了道教的宗教思维意象。本书为"宗教与社会研究丛书"之一，作者以"神圣的屋化建筑空间"为内涵，以"组织机构、管理机构、社会经济实体"为外延，以"单纯的宗教文化"、"社会化的宗教文化"和"世俗化的宗教文化"为可标度的文化表征，对道教宫观、宫观文化及其现代价值进行分析和解构。全书共5章。第1章主要探讨道教宫观"神圣空间"之内核与社会化外延的构成因素及其历史演变，从而奠定宫观文化的研究基础。第2章主要探讨道宫观内神仙信仰在当时的政府及社会文化的影响下产生、发展、形成的过程，神仙信仰的特点，以及人神交通的斋醮仪式。第3章主要介绍宫观的神职人员：道士的产生与发展、清规戒律、组织制度以及经济生活。第4章主要探讨道教宫观的建筑、美术以及音乐艺术的起源和发展，解读其艺术表象下的神学思维和世俗情怀。第5章主要探讨道教宫观文化的世俗化样态：道教庙会。结语部分重点分析了宫观传统文化和现代文化结合的典型：道教宫观文化旅游的利弊以及可持续发展等问题。

金元时期全真道宫观研究（全真道研究中心丛书）
程越著
齐鲁书社　2012年9月　203千字　252页

　　全真道宫观制度的基石是严格的道士出家制度。伴随着全真道的创立与兴盛、挫折与后弘以及信徒的增加和宫观分布的广泛，道士由于师承而产生宗派，宫观由于财富的积累而出现了各种经济形式，政府亦随之建立起各级管理机构。本书为"全真道研究中心丛书"之一，作者综合利用各种文献史料，开创性的构建了一个金元时期全真道宫观数据库（收录宫观1200多座，统计了从全真道创立到元朝灭亡200年间，宫观创建的变化），并将其发展划分为四个阶段：初创期（1167-1222）、全盛期（1223-1255）、抑制期（1256-1308）和后弘期（1309-1368），据此对全真道从宫观到掌教做了全面深入的考察和研究。全书分为"导言"、"从宫观创建分析金元全真道的发展分期"、"后弘期掌教研究"、"宫观分布的地域特征"等8章。作者指出，宫观的地域分布较为准确地反映了全真道的传播范围，并且在宫观建筑样式、宫观经济和宫观管理机构的职权设置等方面，也都体现出全真道所独具的一些特点。

道教与北京宫观文化
佟洵编著
宗教文化出版社　2008年1月　440千字　439页

道教宫观在北京这座历史文化名城中占有极为重要的地位。它不仅是宗教活动的场所与建筑，而且是社会历史变化发展的产物，是中国辉煌建筑艺术的生动体现和民族传统文化的展示平台，具有鲜明的地域特色和历史文化特征。本书以北京地区道教宫观为切入点，利用大量史料介绍了北京城历史上几十座有代表性的道教宫观的文化风貌与历史变迁，从北京道教演进历程、北京道教宫观、京城著名道士以及道教碑刻四个方面，详尽描述了北京宫观文化的悠久历史与独特魅力。全书共3章。书中首先概述北京道教近2000年的发展史，继而对北京道教种种独具京城韵味的文化、民俗事象，如各种节日、丧葬、饮食、服饰、庙会等进行了翔实而生动的描述，最后对北京历史上著名的道观及道士做了详细说明。

新编北京白云观志
李养正编著
宗教文化出版社　2003年1月　535千字　766页

北京白云观始建于唐玄宗开元二十九年（741），距今已有1260多年历史。它初名十方大天长观，后易为太极宫、长春宫、白云观，享有道教全真派"天下第一丛林"之美誉。本书依据史料和前人研究成果，重点介绍了近百年来白云观之沧桑变化，并结合作者45年来在白云观中的所见所闻，记述了近50年来白云观的历史变迁以及闻之于老道长们远及清代的史话。全书共13章。第1章讲述白云观从唐至民国期间（741-1948）的历史沿革、当代白云观的坎坷历程与发展情况（1949-2000），认为白云观尊居全国道教宫观之首，考察其千年盛衰之变，既可以观道教兴衰史，亦可以观国家及京都之治乱。第2-3章分别介绍白云观殿堂庭院的总体规模与布局、兴建时间与修缮情况，现白云观殿堂奉祀之神像及其仪状、历略、建旨。第4-5章分别介绍白云观的戒律、醮仪与庆典，述及白云观现行《经坛管理制度》、传戒仪典、升座盛典、神仙节日仪典等。第6章分别介绍白云观的道范清规、历代执事榜文及现行管理制度，述及《规矩须知》、《学道须知》、《戒食铭》、《教主重阳帝君责罚榜》、《长春真人执事榜》、《清咸丰六年白云观执事榜》等。第7章分别介绍白云观历代方丈、监院、著名宗师和高道等。第8章介绍全真道诸宗派之源流。第9-10章讲述白云观珍闻及对外交往轶事。第11-13章分别介绍白云观的文物、景物、民俗活动，白云观的道教音乐、诗词、楹联及历代碑铭。

长安道教与道观（古都西安丛书 / 崔林涛主编）
樊光春著
西安出版社　2002年2月　175千字　226页

在中国道教发展史上，长安道教具有不可忽视的地位。长安地区优越的自然地理环境和悠久的历史文化积淀，为道教提供了理想的教事活动空间、充足的经济来源和丰富的人文资源。长安道教与道观由此呈现出独具地方特色的繁荣景象。本书为"古都西安丛书"之一，作者依据大量史料，以时间轴为主线，从道教与道观两个方面展示了长安道教的历史风貌和文化特征，有助于读者加深对西安这座历史文化名城及中国道教文化之源流的理解。全书共8章。书中详细介绍了长安道教形成的历史渊源，对黄老之学与道教祖庭、汉武帝与长安道教的关系，以及楼观道派的萌生与发展情况作了全面的阐述和说明；同时，对唐王朝道教政策产生的缘由，唐代长安"仙风道气"的兴起，内丹学在长安的传播，王重阳、马丹阳在长安的传道活动，以及唐、宋、元时期长安著名道观的兴衰等进行了细致地分析描述，最后论述了明清以后长安道教及宫观的发展趋势。

钦赐仰殿与东岳信仰：一个宗教人类学视角的考察
丁常云　刘仲宇　叶有贵著
上海辞书出版社　2004年2月　161千字　176页

钦赐仰殿，又名东岳行宫，是上海地区供奉东岳大帝的主要道观，具有悠久的历史。本书以钦赐仰殿、东岳信仰和民间习俗的内在联系为关注点，从宗教人类社会学的角度出发，深入揭示了东岳信仰的历史演变过程、社会影响及其文化内涵。全书分为"东岳行宫望浦江"、"追根寻源说泰山"、"和顺阴阳建道场"、"乡风民俗渗信仰"、"古庙逢时开新篇"5章。作者通过对钦赐仰殿这一植根于民间土壤、历史久远且香火依然旺盛的道观的研究，展现了当代道教与市井生活相依相存的若干文化特性。因此，本书不仅仅是一所道观历史的介绍，而是以一所道观的历史现象和一位神灵之信仰内涵为研究视角，管窥中国道教宫观文化，藉此认识和了解深深扎根于民众社会生活中的道教的拓新之作。

护城兴市：城隍信仰的人类学考察（上海城隍庙现代视野中的道教丛书 / 刘仲宇 史孝进主编）
郑土有　刘巧林著
上海辞书出版社　2005年12月　155千字　200页

城隍庙，是中国唯一只有在城市中才立的神庙，是中国唯一由皇帝颁布命令每一座县级以上城市必须建造的庙宇。城隍信仰，与中国古代城市发展、城市经济、城市居民之间有着密切的关系，构成中国城市文化不可或缺的组成部分。本书为"上海城隍庙现代视野中的道教丛书"之一，作者结合文献史料和考古发现，运用人类学的基本理论和方法，对"城隍神"这位"中国唯一的城市守护神灵"、"城隍庙"这种"中国唯一的每座县城必有的庙宇"做了专题考察研究。全书分为"城隍：中国古代城市的守护神"、"城隍庙：中国古代城市的象征符号"、"城隍信仰与城市居民的精神文化生活"等6章。书中全面介绍了城隍神的来历、类型、职能及其与城市生活之间的关系，讲解了松江府城隍庙、安徽绩溪县城隍庙、福建建宁府城隍庙等不同地区城隍庙建筑形态及庙宇空间布局的象征意义，分析了城隍庙与城市经济、城隍信仰与市民的道德体系等方面的内部联系，最后运用人类学观点对近几年城隍庙修复及信仰活动恢复情况进行评估和审视。

玉宇琼楼：道教宫观的规制与信仰内涵（蓬瀛仙馆·道教文化丛书艺术精华系列之二）
王宜峨编著

五洲传播出版社　2013年1月　315页

　　道教建筑作为中国古代建筑的一个分支，其本身的发展与道教的发展处于一个同步的历史过程：从早期简单的"静室""茅室"发展到后来称为"宫观"的大规模建筑群。道教宫观沿用了中国古代建筑的木结构技术和院落布局，但在选址、设计和建造时，添注了道教信仰和独有的文化理念，极力营造出一个庄严神圣的空间，这个空间必须严格依照道教的神仙体系布局，从而发展出一套特定的规制。同时，道教宫观作为道士供奉神明、修炼和起居的宗教场所，当中的神像、壁画、楹联、匾额等，无不展现道教信仰和文化。本书为"蓬瀛仙馆道教文化丛书"之一，作者引用大量图片，以唐、宋、元、明、清遗存的著名道教宫观为实例，介绍了中国道教建筑的主要特点以及相关知识，并就道教宫观的选址、设置、规制等做了详细叙述，以期达到弘扬道教优秀文化传统之目的。全书共3章。第1章概述道教宫观的起源与功用、建筑思想、建筑结构和艺术特点等。第2章通过对道教宫观建筑的历史沿革与现存实例考察，展现其独特的形态景观与文化内涵。第3章介绍道教园林、塔、石窟和碑林。

（三）文学、艺术

1. 文学

道教文学史（中国民俗文化研究丛书）
詹石窗著

上海文艺出版社　1992年5月　460千字　581页

　　道教与文学相互融摄所生成的道教文学，自有其内在的运行与发展规律。本书为"中国民俗文化研究丛书"之一，是我国第一部以道教文学为研究对象的史论著作。全书分为"汉魏两晋南北朝的道教文学"和"隋唐五代北宋的道教文学"二编。第一编（5章），分析论述了原始符箓派典籍，魏晋道教炼丹诗，魏晋南北朝的咒语系统、游仙诗、步虚词、神仙传记与志怪小说等文体形式及其审美价值。第二编（8）章，深入研讨了隋至中晚唐、北宋时期的道人诗、文人诗，传奇小说与道教神仙传记，道人诗词与仙歌道曲等多种道教文学体裁的历史渊源、表现手法及个中神韵。作者将汉代至北宋期间具有典型意义的道教文学作品以史的顺序兼收并蓄，揭示了一种独特的文学现象，即道教文学的产生、发展和繁荣，伴随着汉以降中国文学史的发展历程。

道家与道家文学
李炳海著

东北师范大学出版社　1992年5月　400千字　434页

　　道家是带有神秘色彩的中华思想宝库，道家文学是拥有巨大魅力的华夏美学瑰宝。如果能从宏观上把握住道家及其文学，也就在很大程度上认识了中国古典美学的根本特征及运动规律。本书从道家与道家文学的关系入手，论述了道家思想的存在根据、表现方式及深远影响，剖析了道家文学的泛神论观念与崇尚自然的理想，以及由此生成的幽妙的玄感、空灵的境界、严峻的风格等内容和形式特征，进而阐发道家与道家文学在中国文化思想史上所扬散的美学韵味。全书按中国历史和思想史的进路分为"思想裂变的产儿"、"齐物的观照方式"、"超然的处世哲学"等10章。作者寻根探幽，以翔实的材料和畅达的语言表述了道家思想的深邃、道家文学的唯美。

道教文学十讲
孙昌武著
中华书局　2014年10月　395千字　397页

　　道教文学是以宣扬道教教义、得道成仙思想，以及反映其宗教生活为主要内容的各种文学作品。此类作品将道教义理与文学艺术有机融合，具有鲜明的风格特色和独到的艺术魅力。历代道教活动积累起来的属于道教文学的作品数量相当可观，其中优秀作品不少，在文学史上占有重要位置。本书系依据孙昌武先生于2009年在香港中文大学开设"道教文学"课程时所用讲义修订而成，是作者此前已出版的《佛教文学十讲》（中华书局，2013年）的姊妹篇。全书共分十讲。书中首先探讨了道教文学的内容、性质与艺术价值，然后分别对仙传、仙道类志怪与传奇，女仙与谪仙传说，仙歌、游仙诗、道士诗文，古代文人的仙道类诗歌，宋金时期的新道教诗词，神仙道化剧等各类道教文学体裁加以介绍并选取创作成就突出、影响巨大而又历来受到重视的作品，分析其思想与艺术内涵，揭示道教与文学的密切关联及其相互影响。作者认为，道教文学是道教活动在文学领域拓展出的一个相当开阔的新领域，它自身作品丰富，尤其在语言的创造和运用方面特点突出，对于整个文学和文化的发展贡献显著。

六朝南方神仙道教与文学（中国典籍与文化研究丛书/安平秋主编）
赵益著
上海古籍出版社　2006年4月　345千字　395页

　　汉魏六朝是思想多元的时代，也是文学"自觉"的时代。渊源有自的道家学说、挣脱经学牢笼而生发的玄学思潮，以及域外传入的佛教，对文学产生了极大的影响。本书为"中国典籍与文化研究丛书"之一，作者以丰富的文献资料为依据，选取六朝南方"神仙道教与文学的关系"作为研究视角，从文化史的角度，对此一历史时期和地域条件下的道教文学的基本内容、表现形式及主要特征作了有益的探索和阐释。全书分为"内篇"和"外篇"两部分，涉及两方面内容：一是六朝南方神仙道教的史料、名实及其源流演变的辨析论证；二是南方神仙道教在其发展演变过程中与文学（传记、小说、诗歌）之对应关系的考察和论述。书中解答了文学如何被神仙道教所影响，这种影响是如何发生的，在物质层面与意识层面上分别留有哪些痕迹，以及在六朝文化史的具体情境下，神仙道教与文学的关系如何从先前的阶段中成长起来，如何形成特色，又如何在后来为新的特性所代替等问题，并给出相应结论。

忧与游：六朝隋唐仙道文学
李丰楙著
中华书局　2010年10月　340千字　414页

　　道教游仙文学的中心思想，贯串其中的即为"游"（一种神游、想象之游所形成的奇幻之趣）的特质，包含游历仙境、与仙人偕游等升仙思想，具体表现仙说中的乐园情境。至于如何实现"解我忧",即希企成仙之"忧"(求仙动机),则构成仙道文学的另一种思想特质。本书是一部以道教仙道文学的"忧与游"之思为题,来分析阐述六朝隋唐游仙诗之发展与创新的道教文学论集,共收录相关论文12篇。内容包括:《六朝道教与游仙诗的发展》《唐人游仙诗的传承与创新》《郭璞〈游仙诗〉变创说之提出及其意义》《六朝乐府与仙道传说》《曹唐〈大游仙诗〉与道教传说》《严肃与游戏:六朝诗人的两种精神面向》等。作者指出,文人忧愤于"士之不遇"、时局困厄,奉道者忧惧于人生苦短、生命无常,因而生发出舍离现世、度脱成仙,从而悠游于仙界的冀望。所以,"忧"和"游"是文人和奉道者进入他界的动机和目的,成为游仙(仙道)文学永恒的主题。

道教与唐代文学(中国古典文学研究丛书)
孙昌武著
人民文学出版社 2001年3月 450千字 551页

唐代既是道教发展的全盛期,也是中国历史上道教和文学二者的发展同臻于极盛的时代,这就使得道教对于文学的影响,无论在内容或表现形式上,都显现出迥异于以往的鲜明特征。本书为"中国古典文学研究丛书"之一,主要对道教影响唐代文学的几个侧面进行专题探讨。全书分为"炼丹术与唐代文学"、"神仙术与唐代文学"、"唐代长安道观及其社会文化活动"、"'三教调和'思潮与唐代文学"四个部分。书中分别以炼丹术、神仙术、长安道观,以及三教合流的趋势为典型,考察了当时道教的发展形态及其在文化、文学活动中的作用和影响。内容包括:唐代炼丹术的发展与兴盛;唐代文人间炼丹和服丹药之风;唐代文人对丹药危害的批判;唐代道教神仙思想的新发展;唐代"入道"、"学仙"的文人;唐代文人的"羡仙"意识;神仙信仰的破灭与神仙"美学"的发展;长安道观对道观和道士的管理;道观的文化性质和文化活动;唐代文人中的"三教调和"潮流及其对文学创作的影响;等等。

南宋金元道教文学研究(道家文化研究丛书/汤一介 陈鼓应主编)
詹石窗著
上海文化出版社 2001年1月 247千字 348页

南宋金元时期的道教文学与道教组织及其传教活动密不可分。在这充满动荡,时间相对短促的三个朝代,太一道、全真道、真大道教、净明忠孝道等新道派日见壮大,涌现出一大批"受过较好的教育,有较深的文化素养"的著名道教人物,以及由他们创作的反映道教活动的文学作品。本书为"道家文化研究丛书"之一,作者"根据一定的尺度"(作家在道教中的思想归属程度),对南宋、金、元三个朝代比较有代表性的道教文学作家作品进行了专门的探讨,是道教文学总体研究中的一项阶段性成果。全书分上、下两篇,共6章。上篇(第1—3章)侧重于从道教组织派别方面进行考察,内容包括"金元全真道之诗词"、"南宋元代金丹派南宗之诗词"、"南宋金元的道教散文"。下篇(第4—6章)主要讨论那些具有一定崇道倾向或谙熟道教事务的著名文人反映道教活动的作品,内容包括"南宋初中叶文人诗词仙道内涵"、"南宋遗民与金元著名文人的玄门情结"、"元代神仙道化剧及其艺术特征"。书中所选作品涉及诗词、散文、道话剧三种主要的文学形式,人物涉及王重阳、白玉蟾、李光、陆游、杨时、朱熹、陈淳、文天祥、郑思肖、汪元量、元好问、耶律楚材、揭傒斯等。

金元时期道教文学研究：以全真教王重阳和全真七子诗词为中心
左洪涛著
人民出版社　2008年12月　306千字　337页

道教诸派别中与文学关系最为密切的全真道在金元时期的创建、发展和极盛，绝非偶然，而是有着深刻的社会历史背景和学术文化渊源。本书从文献、历史和宗教的角度，在金元时期文化的大背景下，以全真教王重阳和全真七子诗词为中心，对金元道教文学（尤其是道士诗词）展开系统地考察研究。全书共6章。第1章综合考察金元时期全真教兴盛以及大批文人弃儒从道的深层动因。第2章主要介绍全真教创始人王重阳及其创教经历，全真教的发展过程及教义教制。第3章从总体上分析金元时期全真教道教词，内容涉及金元道教词兴盛的原因、与道教神仙有密切关系的词牌、全真道教词人在词曲史上的贡献等。第4章主要介绍王重阳的作品，侧重从思想内容和艺术形式上对其词作的独到之处进行分析论述。第5章分别考察马钰、谭处端、刘处玄、王处一、郝大通、孙不二各自充满传奇色彩的人生经历与宗教活动，分析他们个人词集的内容和风格特征。第6章主要介绍丘处机生平及其道教词，分析他的词作的内容和艺术特点。

道教与明清文学（宗教与社会研究丛书／卿希泰主编）
苟波著
巴蜀书社　2010年10月　430千字　510页

明清时期是中国数千年封建社会由盛转衰的特殊时期。在这一时期，道教与儒释二教融合更加充分，道教的世俗化进程大大加快，道教对道德伦理的强调和普及达到前所未有的程度。研究此一时期道教与文学的关系，特别是反映道教世俗化进程的通俗文学与道教之间的紧密联系，对于深入研究明清道教的特征和发展趋势具有重要的参考意义。本书为"宗教与社会研究丛书"之一，作者在道教文化研究的学术范畴内，以道教的世俗化为基本线索，以道教与明清文学的相互影响为侧重点，运用比较研究的方法全面考察了道教在明清时期的主要特征，论述了道教与当时社会的关系及其对社会心理和民众宗教意识的影响。全书共8章。作者将研究重点置于宗教与社会的互动层面，分别从"道教神仙境界"、"道教神仙体系"、"神仙人物形象"、"道教法术体系"和"道教伦理"等方面考察和评述道教宗教观念在明清时期的变化，探讨这种变化背后的社会意义和宗教意义、这种变化对这一时期的文学的影响等，认为正是由于明显的世俗化倾向，才使明清道教呈现出与此前道教截然不同的宗教特征，使之对世俗社会的影响得到巨大扩展。而道教也正是在这一时代背景之下才与明清文学形成了密切的联系。

敦煌道教文学研究
李小荣著
巴蜀书社　2009年3月　390千字　496页

本书的研究对象是敦煌所出的全部道教文献（包括经典文献和世俗文献），同时参以传世文献，统一进行比较、归类与分析，力求还原出汉—宋之间的道教史，特别是道教文学史的某些实相。在研究目标和方法上，作者结合道教史、社会史、艺术史、文化史等多学科的知识，以文献考辨为中心，对敦煌道教文献涉及的具体文学问题作全面的清理，通过个案研究来审视敦煌道教文献的文学价值。全书共7章。第1章"从敦煌本宋文明《通门论》论道经文体"，旨在弄清道教三洞十二部经典分类法的来源和特色，揭示道教活动的本质及其对文学形式的利用。第2-4章分别是"敦煌道教讲经仪式考论"、"敦煌道教'唱导'考"、"敦煌道教斋文愿文考"，着重探讨道教行仪与文学的关系。第5章"敦煌道教之音乐文学"，主要从"音乐运用"角度对敦煌道教音乐文学这一为敦煌学界有所忽视的课题予以概述。第6章"敦煌道教之譬喻文学"，基于敦煌道典及道教在具体的弘法宣教中，对譬喻的运用较为普遍，且与佛典关系密切之历史事实来考察敦煌道教譬喻文学的思想表现及影响。第7章"敦煌道经小说举隅"，择选敦煌道典中的一些重要而有趣的故事作个案分析。

杜光庭道教小说研究（儒道释博士论文丛书／汤伟侠　卿希泰等主编）
罗争鸣著
巴蜀书社　2005年12月　285千字　394页

　　道教小说属于比较典型的宗教文学，兼具宗教与文学的双重特质。唐五代道教小说在李唐王朝前所未有的崇道背景下，得到了充分发展，而曾经依仕前蜀的杜光庭，恰是道教小说在唐五代发展近三个半世纪的集大成者，具有重要的学术价值。本书为"儒道释博士论文丛书"之一，作者根据道教小说文本分类的具体情况，在明确的遴选标准下，对唐五代道教小说发展、演变的脉络和特征做了较全面的钩稽和描述；以此为前提，考证了杜光庭的生平及思想，分别对其撰写的几部重要的道教小说作品，从宗教、文学、历史、文献等角度进行个案探讨，试图由此揭示宗教与文学之间的隐秘关系。全书共7章。内容包括：杜光庭其人及其道教小说，杜光庭道教小说的创作背景，《墉城集仙录》研究，《神仙感遇传》研究，《仙传拾遗》研究，《录异记》研究，《道教灵验记》研究。

道心人情：中国小说中的神仙道士（上海城隍庙现代视野中的道教丛书／刘仲宇　吉宏忠主编）
黄景春　李纪著
上海辞书出版社　2005年12月　201千字　262页

　　道教神仙传说和历代道士的修炼故事是古代小说创作的重要素材来源。道教仙境为古代小说提供了神奇的环境，仙道故事丰富的想象和曲折的情节对于塑造人物形象、表达主题思想具有重要意义。本书为"上海城隍庙现代视野中的道教丛书"之一，作者以道教信仰在文学创作中的艺术表现为立足点，对中国小说中的神仙道士形象展开系统考察，对古代小说与道教的关系、神仙道士故事产生的文化渊源、神仙道士的类别、神仙道士的生活方式以及神仙道士形象的历史演变等问题进行全面探讨。全书共6章。书中首先阐明道教仙道小说的浪漫主义艺术特征，接着对古代小说中神仙道士的类型、生活方式与人物形象作了细致地分析，并以元明清小说名著中的神仙道士为例进行具体说明，最后论述了小说人物对民间信仰、道教信仰的影响。

八仙故事系统考论：内丹道宗教神话的建构及其流变（中华文史新刊）
吴光正著
中华书局　2006年8月　400千字　419页

　　八仙一词，最早见于东汉牟融的《理惑论》，此后相关典籍中先后出现了一系列八仙组合记载，其中尤以钟吕八仙最为著名。关于八仙的研究，自宋以后未曾断过，但迄今为止，对于八仙故事的全面研究远远不够。本书为"中华文史新刊"丛书之一，作者遵循"文本文献、考古文献和田野作业相互参证"、"文献、文本和文化三位一体"的多学科交叉之原则,从宗教史、文学史和文化史相结合的角度切入,对八仙过海、八仙庆寿、吕洞宾戏白牡丹、黄粱梦故事、钟离权故事等十三个故事系统的源流与演变作了全方位梳理,进一步拓展了八仙故事研究的内涵与外延。全书共13章。作者认为,八仙故事系统是内丹道最著名的三大宗教神话群落之一,它的形成史实际上就是内丹道宗教神话的构建史,是内丹道教教理、仪式与法术的神话再现。它的建构和流变从一定程度上反映了宋代以来的文艺变迁轨迹,这个典型的世代累积型故事渗透到了宋代以来的各种文体中,并在长期的演变过程中形成了自身的文学传统。它的建构和流变展示了道教宗教理念与儒家文化、佛教文化以及民间宗教文化发生了冲突和交融,其文本意蕴随道教背景的淡化而程度不同地走向世俗化。在上述认识的基础上,作者试图对以往的文化研究和文学史叙事范式进行反思,提出了一些独到的见解。

道教与戏剧(厦门大学戏剧影视丛书/陈世雄 周宁等主编)
詹石窗著
厦门大学出版社 2004年4月 186千字 231页

  本书为"厦门大学戏剧影视丛书"之一,是一部全面探讨道教与戏剧之关系的专著(曾于1997年5月由台湾文津出版社出版繁体字版,后经作者授权,由厦门大学出版社于2004年出版简体字版)。全书共8章。书中将道教与戏剧的关系放在文化发展的历史长河加以考察,从宏观与微观、理论与实践、历史与现实等多个角度,对彼此的联系展开综合研究,剖析了道教对旧时戏班的思想支配方式,论述了道教与戏剧关系的媒体及渊源,分别介绍了元代神仙道化剧的主要题材、艺术特征,以及道教对元代非神仙题材杂剧及散曲的思想渗透等,最后对道情弹词与传奇戏曲的思想内容和审美情趣进行探讨。作者认为,研究道教与戏剧的关系,必须将宏观把握与微观发掘结合起来,把历史考察与"心史"探索结合起来,把审美意义与伦理分析结合起来,把本原认识与现实评估结合起来,通过具体对应点的探寻,显示彼此联系的深层底蕴。

道教神仙戏曲研究
王汉民著
人民文学出版社 2007年2月 230千字 294页

  在中国古典戏曲中,有大量的宗教故事剧,这些宗教故事剧以艺术化的形式达成"宗教世俗化"的转换,与伦理道德、社会规范等相结合共同影响了中国古代社会。其中尤以道教神仙故事为题材的剧作内容广泛,数量多,影响大。本书运用多元化的研究方法,第一次对中国道教神仙戏曲作了较为全面、系统和科学的考察,生动展现了其独特的表现手法和艺术风貌,揭示了道教神仙戏曲所蕴藏的深厚的文化内涵。全书共9章。作者依据道教神仙戏曲内容丰富的实况,将其分为神仙度脱剧、驱邪除魔剧、庆寿喜庆剧、神仙爱情剧四大类来分别进行探讨和研究。首先,从戏曲史研究的角度,以时间线索为经,以历史事件、剧作家的人生际遇为纬,采用实证的方法对道教神仙戏曲剧目及故事流变进行考述;其次,从宗教文化研究的角度,采用文化大背景的研究方法,把道教神仙戏曲放到当时的文化大环境中,结合宗教理论、民俗信仰等探讨其深层的文化意蕴;再次,从文艺学的角度,探讨神仙戏剧的独特艺术魅力。

中国道教与戏曲（蓬瀛仙馆道教文化丛书）
童翊汉著

宗教文化出版社　2009年7月　180千字　269页

　　中国戏曲是包容古今的综合性民族艺术，而中国道教是囊括万方的民族宗教。此二者互相渗透、互相借鉴，有着深厚的历史渊源。本书为"蓬瀛仙馆道教文化丛书"之一，主要从纵横两个方面分析论述中国戏曲与中国道教之间的关系。纵的方面，跨跃从西汉到当代的漫长历史；横的方面，包括思想、政治、经济、文化、宗教等诸因素。全书共8章。书中首先梳理了汉唐以来直至现今的道教戏曲历史脉络，从道教文学入手，通过对仙诗、仙话、神仙故事、道偈、道情、步虚词以及青词等道教艺术的描述，揭示了道教文化与传统戏曲之间血脉相连的紧密联系，对传统戏曲的道教渊源做了有益的探索与研究。其次，作者对历朝道教题材的剧作搜集较全面，特别是用较大篇幅叙述了元、明、清三朝神仙信仰和道教教义随着戏曲表演，深入皇家、渗透民间、散布社会的历史实情，由此初步论证了道教观念通过戏曲艺术形式广行于社会、民间的传播趋向。

明清道教与戏剧研究（儒道释博士论文丛书／汤伟侠　卿希泰等主编）
李艳著

巴蜀书社　2006年12月　163千字　208页

　　道教与戏剧的关系源远流长。神仙方术孕育了中国戏剧的雏形，道教则为传统戏剧提供了人物、题材、主题的基本来源和范式。元代诞生的神仙道化剧，创作极其繁荣，这是道教对戏剧产生的最大、最直接的影响。明清时期，道教与戏剧的关系较之于元代呈现出纷繁复杂的局面。本书为"儒道释博士论文丛书"之一，旨在从总体上探讨明清时期道教重要的文化现象，即透过三教合一、劝善书的传播、道教法术等具体问题解析道教与戏剧的关系。全书共6章。书中对重点剧作家、作品作了深入而全新的阐释，如朱权、朱有燉、汤显祖、徐渭、叶小纨等，尤其以汤显祖为代表，揭示道教思想对其戏剧创作的深刻影响。此外，作者还对一些专题，如八仙戏剧、戏神和道情艺术等进行了探讨。本书对于深刻认识明清道教发展流变的内在特点、正确评价传统宗教中的优良传统，以及全面把握明清戏剧作品风貌和人物性格特征等，从而为现代戏剧创作提供借鉴，具有一定积极意义。

秦汉魏晋游仙诗的渊源流变论略（蓬瀛仙馆道教文化丛书）
张宏著

宗教文化出版社　2009年3月　330千字　449页

　　游仙诗，是以神仙传说和神仙思想为题材的诗歌，表现了中国人的神仙思想观念及其审美情趣，在汉魏两晋隋唐诗歌中占有相当重要的地位。本书为"蓬瀛仙馆道教文化丛书"之一，是国内首部系统研究游仙诗的产生和发展历史的专著。作者立足于游仙诗创作主体的审美体验，将游仙诗分为文人游仙诗和方士道人等神仙家游仙诗两大类，对秦汉魏晋游仙诗的发展脉络、不同历史时期游仙诗的审美趋向和风格特征进行总体性地分析描述；同时，分别从求仙、游仙和游玄游道三条发展线索着手，深入挖掘游仙诗创作的主旨情趣及艺术表现方式。全书包括"渊源篇"和"流变篇"上、下两篇，共19章。上篇（第1—6章）主要探讨游仙思想和游仙精神的产生和形成,及其对文学创作的影响,考察游仙诗创作的演进脉络及灵感源泉之所在。下篇(第7-19章)重点论述秦汉魏晋游仙诗的思想内容和艺术风貌。鉴于魏晋时期是游仙诗创作的高峰期,几乎每一位留下作品的作家都有游仙诗作,出现了像郭璞这样以游仙组诗的创作成就而跻身古代优秀作家行列的杰出代表,故在本书的下篇,主要采用专题专论的形式探讨了游仙诗创作的发展流变,以及数位著名诗家在反映时代主题和社会精神风貌方面的重要艺术成就。

隋唐五代道教诗歌的审美管窥(儒道释博士论文丛书/汤伟侠 卿希泰等主编)
田晓膺著

巴蜀书社 2008年12月 200千字 256页

隋唐五代是道教极为兴盛的时期,在其379年漫长的历史时期里,道教审美文化呈现出异彩夺目、辉煌灿烂的繁荣局面。此一时期的道教诗歌作为道教审美文化的一个重要组成部分,展现了独特的风采与气质。本书为"儒道释博士论文丛书"之一,作者选取隋唐五代这样一个特定历史阶段,从道教审美文化的角度切入,探究了游仙体道诗、山水悟道诗、丹术证道诗、女性向道诗与道教思想的深厚渊源,重点论述了这四类道教诗歌在不同角度与层面上所显现的别具一格的宗教意蕴与审美特征,深入发掘了诸如许宣平、许坚、张令问、舒道纪、张辞、女冠元淳、女仙崔少玄等从未进入过美学与审美文化研究视野的道教徒之诗歌,从而弥补了道教徒诗歌研究中的空白、拓展了道教学研究领域。全书共5章。内容涉及道教学、哲学、美学、文学、史学、诗学诸多方面,无论是对道教研究,还是对中国古代审美文化研究具有重要的意义和价值。

2. 艺术

道教音乐(道教文化丛书/李养正主编)
周振锡 史新民等著

北京燕山出版社 1994年1月 177千字 224页

道教与音乐密不可分,凡有醮仪便有音乐。由于道教科仪名目繁多,与之密切相连的道教音乐亦极为丰瞻,形成独具特色的道教音乐。本书为"道教文化丛书"之一,作者依循道教文化发展线索,以道教科仪音乐为研究对象,全面介绍了道教音乐的种类与形态、法器与曲牌,道教经韵乐章与宫廷祭祀乐章,民间曲艺中的道教音乐元素等,论述并揭示了道教音乐的广博外延及其充盈"玄天之韵"的丰富内涵。全书分为"道教音乐的历史梗概"、"道教经典、道家著作中的音乐理论"、"道教宗派与道教音乐流派"、"我国近现代主要宫观的道教音乐"等10章;附录"道教音乐韵腔、曲牌选曲",以供参考。

神圣礼乐:正统道教科仪音乐研究(儒道释博士论文丛书/汤伟侠 卿希泰等主编)
蒲亨强著

巴蜀书社 2000年8月 220千字 281页

道教科仪音乐完全服务于宗教信仰,最能反映纯正的道教音乐本质。本书为"儒道释博士论文丛书"之一,作者聚焦于"宗教神圣性、礼仪性、延续性最突出的道士集团",将"正统"和"科仪"限定为道教音乐学研究的主要对象,采用史论结合、跨学科多角度的研究方法,从历史、艺术形态与文化背景三个方面构绘和揭示了正统科仪音乐的整体面貌与特殊本质。全书分为"历史与现状"、"艺术、审美及其文化基础"上、下两篇，共10章。上篇（第1-5章）为纵向的历史研究。作者依据原始道经追踪科仪音乐的起源与发展，摸清了当代科仪音乐的历史渊源。下篇（第6-10章）为横向的综合研究，首先从多个角度和侧面研究道教科仪音乐的艺术、审美特点，然后透过道教音乐审美现象探讨其文化基础和成因。

道乐论：道教仪式的"信仰、行为、音声"三元理论结构研究
曹本冶　刘红著
宗教文化出版社　2003年12月　307千字　391页

道教传统科仪音乐产生、发展、传承和积累于不同的时空环境。在此过程中，它与中国民俗音乐、士大夫音乐、宫廷音乐以及其他宗教音乐相互竞争、相互吸收，使之成为具有多层次意涵的综合体。本书运用"地域性风格、跨地域性风格"概念，对道教科仪音乐进行宏观研究，以求从总体上概括和描述道教音乐的本来面貌。全书共5章。第1章回顾学术界对20世纪以来道教科仪音乐研究的现状，提出适合于中国传统仪式音乐研究的理论概念、定位与方法。第2章概述各地主要道观的科仪音乐，介绍现存道教科仪音乐的整体格局及地理分布。第3章将道教科仪传统的两大传承系统（全真道与正一道）分门别类，宏观考察其文化生态环境以及派系与道乐之间的关系。第4章从多个角度讨论道乐自身形态在整体道教仪式结构中的意义，揭示道乐彰显程度与道教理念近疏之关系。第5章梳理道教科仪音乐的风格类型。

道乐通论
蒲亨强著
中央音乐学院出版社　2004年12月　393页

道乐是中国音乐的重要组成部分。它与中国音乐其他成员在相互依存和相互影响的状态中结伴而行，成为一项保存古代音乐资料最多、延续时间最长的特殊音乐品种。本书是作者在中国传统音乐和道教音乐研究领域所获心得的提炼和总结，旨在从历史脉络、形态特征、审美风格和历史价值四个方面论述道教音乐的基本面貌和本质特点，展现中国道乐的完整印象。全书分为"历史考"、"形态论"、"风格论"和"关系论"四篇。第一篇（7章）着重分析描述道乐的渊源和产生、形成、发展的历史全程，通过厘清道乐演变的历史线索以及隐含其中的某些规律，准确把握其历史意义所在。第二篇（5章）从基本特点、音乐形态、音乐曲目、仪式类型等角度考察论述道乐作为一种"区别于一般民族民间音乐"的宗教音乐的本质特征。第三篇（3章）主要探讨道教的音乐观念和整体风格，以加深对道乐品质和道乐审美体验的理解。第四篇（7章）将道乐置于华夏音乐谱系中进行综合考察，进一步审视它在中国传统音乐大家庭中的角色和地位。

道教音乐（20世纪中国音乐史论研究文献综录·宗教音乐卷/袁静芳　王耀华主编）
史新民编著
人民音乐出版社　2005年9月　383页

道教作为一种文化现象，它必须借助于一定的艺术形式来显示自身的力量，而音乐则成了表达其宗教信仰、宣传教理教义的重要手段。凡有醮仪便有音乐，道教音乐集宫廷音乐、文人音乐和民间音乐之大成，具有浓郁的宗教色彩，展现强大的社会功能。本书为"20世纪中国音乐史论

研究文献综录"丛书之一，是一部有关道教音乐研究的文献资料书。书中选辑（1901—2000年在全国主要报刊上已发表的文章及已出版的书籍若干篇（部），以及大量有价值的雕版及抄本，特别是中华人民共和国成立前后未正式出版的油印本和手抄本等重要的文献资料。全书分为"综述"、"论文"和"著作"三部分。综述部分介绍了道教音乐学术领域的历史，20世纪的发展、成就和新课题，内容涉及道教音乐的历史沿革、道教音乐研究的几个特点、道教音乐的现今概况、道教音乐的研究趋向等。论文部分含论文目录、论文提要和论文选登三项内容。著作部分亦包括著作目录、著作提要和著作选登三项。

中国道教音乐之现状研究（随园文库）

蒲亨强著

南京师范大学出版社　2012年1月　595千字　377页

　　道教音乐博大精深、丰富复杂。它是我国延续时间最为漫长的非物质音乐文化遗产，至今在中国社会的信仰生活与审美活动中仍广为应用，葆有良好的生存环境，完全称得上是中国音乐的活文物、活化石。本书为"随园文库"丛书之一，作者基于长期的学术耕耘，主要从四个角度展示中国道乐研究的现状：一、从"经韵曲目"角度考察其现状、特点及源流；二、从仪式角度考察当代常用仪式音乐的特点及传承轨迹；三、从道派角度考察当代道乐的内部状况；四、从地域角度考察当代道乐的分布情况及特点。作者选取这四个角度，意在从历史的、整体的把握中精确辨识当代道乐的面貌和特点，并从音乐本体的研究，逐渐扩展到其与神学仪式、宗教派别和地缘文化要素相结合的复杂场景，从而为认识当代道乐的价值、意义和发展方向，提供一个新的研究视角。全书分为"现状与历史：经韵研究"、"现状与历史：仪式研究"、"全真道音乐"和"正一道音乐"四篇。内容包括：东晋南北朝及唐、北宋、南宋金元时期产生的经韵；道教"施食"、"上表"和"课诵"仪式；全真道音乐的类型、经韵、法器、音乐风格、生态背景；正一道音乐的类型及风格特点、传承与生态背景、地域分布实例；等等。

道教音乐学（厦门朝天宫"道学教材丛书"／詹石窗　郭汉文主编）

蒲亨强著

宗教文化出版社　2013年4月　300千字　234页

　　道教音乐学是系统研究道教音乐全貌和本质特点的一门新兴学科。本书为"厦门朝天宫'道学教材丛书'"之一，作者结合多年教学与研究之实践经验，运用历史学、文献学、音乐学和美学等多学科研究方法，从多个角度和侧面论述了道教音乐的整体架构与丰富内涵，尤其是道教仪式音乐之现状、历史、风格、价值及功能，构绘出一幅道教音乐的立体画面。全书共15章。第1-3章为历史研究，分别从萌芽、变革与正式形成传统，继承发展并走向社会，转型与定型这三个历史阶段来概述道教音乐产生发展的历史过程。第4-6章为仪式音乐类型及音乐运用的研究，分别从古今最常用的"诵课"、"祈禳"和"度亡"三种基本仪式类型入手，逐一介绍各类仪式的运用程序和音乐形式特点。第7-10章为道派研究，首先从审美形态、审美风格和生态背景这三个方面论述当代两大主要道派（全真、正一）的音乐面貌、特点和文化背景，接着从古今联系的角度论述古老的灵宝派仪式音乐是统一三大道派并承载仪式音乐传统的主体。第11-14章为综论，分别从音乐观及审美风格、教育传承、曲目系统和养生功能等方面论述道教音乐的一般特点。第

15章分析道乐与中国民族音乐品种的相互关系，论述中国道教音乐的历史地位。

诸天隐韵：道曲概述与鉴赏（上海城隍庙现代视野中的道教丛书／刘仲宇　吉宏忠主编）
张兰花　张振国著
上海辞书出版社　2008年6月　212千字　268页

　　道教自创立以来就十分注重借助多种艺术形式表达神仙信仰、宣传教义教理、显示其宗教力量。其中道曲是贯穿于各种宣教活动中表现最活跃、内容最丰富的重要艺术形式。本书为"上海城隍庙现代视野中的道教丛书"之一，是一部以道曲（音乐歌词）为研究对象的专著。书中所谓道曲之"道"，特指以道家思想代表人物老子为教祖的、以吸取神仙方术内容和神秘主义思想的黄老道为核心而创立的道之"道"。"曲"则有多种涵义：一是指乐曲、歌谱；二是指杂散方士琴歌传唱、道士诵经歌吟及道教斋醮科仪中所使用的步虚、祝、颂、赞、偈、韵、咒、诰，以及玄歌、仙歌、变文、道情的总称，是一种具有声、辞属性，能合乐演唱的道教韵文，属道教音乐文学范畴。全书共5章。作者采用大量例证，对由道士参与创作的道曲的概念、组成元素、分类等情况进行界定和概述，并且从历史发展的角度梳理了道曲的发展脉络及演变轨迹，剖析了蕴含其中的宗教思想，透析了它作为诗词形式的文学风貌，最后从理论上初步探讨了道曲这一特殊艺术样式的社会功用，提出了发掘其文化价值的现实意义。

天府天籁：成都道教音乐研究
刘红主编
人民出版社　2009年8月　372千字　428页

　　音乐在道教的斋醮科仪、宣道布教、修身养性等活动中具有重要的作用，由道教活动需要而衍生的道教音乐，历史悠久、特色鲜明、传播广泛、内涵丰富、流派众多，在中国音乐文化史上占有很高的地位。本书以中国道教音乐的概念范畴为研究起点，在完整叙述其起源与发展、基本特色、分类、流派、形式的前提下，对"成都道教音乐"这一具有浓郁地方特色的道教音乐流派进行了专题研究。全书由刘红博士、甘绍成教授、王忠人教授、任宗权道长合力撰写，分为"道教音乐概论"、"成都道教音乐概论"、"成都道教音乐与《全真正韵》"等9章。书中不仅介绍了成都道教音乐的概念及地理分布、历史及文化背景、音乐形态及其隐含的"宗教文化"与"音乐文化"因素，讨论了成都道教音乐与《全真正韵》的关系，而且对成都道教音乐与其他地区道教音乐的异同作了比较、对当今的成都道教音乐进行了考察，从而发掘和展示出成都道教音乐的整体风貌及主要特征。本书填补了道教音乐研究领域的一些空白，对于拓展和深化该领域的学术研究有所助益，具有较高的学术价值。

道教仪式音乐：香港道观之"盂兰盆会"个案研究（中国仪式音乐研究丛书）
曹本冶著　吴艳　秦思译
文化艺术出版社　2011年12月　281页

　　道教仪式中的音乐是整个仪式活动不可分割的构成要素，只有将此"音乐"置于仪式信仰的语境中进行分析研究，才能深切理解其特定含义。本书为"中国仪式音乐研究丛书"之一，是根据作者于1987-1988年在香港圆玄学院（全真派道观）做实地考察时所收集的相关音响、口述和文献资料撰写而成的一部探讨道教仪式音乐的专著。书中整理和分析了香港圆玄学院举行"盂兰盆会"所用曲目的风格结构，探讨其在仪式中的作用，揭示音乐与仪式环境之间的互动。全书分为"仪式环境"和"仪式中的音乐"上、下两篇，共7章。上篇（第1-3章）介绍近现代道教全真派在香港发展的历史背景，香港圆玄学院的地理环境、观史、建筑等方面情况，在实地考察基础上，以仪式执行者（经生、醮师）的视角，描述"盂兰盆会"仪式过程。下篇（第4-7章）首先叙述为期七天的"盂兰盆会"所运用的声乐和器乐，尤其关注仪式活动中固定与非固定因素的运行机制；再以"盂兰盆会"的四个重要科仪环节为案例，将音乐置于仪式框架内加以观察，探究音乐是如何在仪式环境中展现的；最后研讨了道教科仪音乐与世俗民间音乐之间的关系，以显示道教信仰体系中的"神圣"与"世俗"的内在统一性。

明代彩绘全真宗祖图研究（全真道研究中心丛书）
王育成著
中国社会科学出版社　2003年12月　217千字　311页

本书为"全真道研究中心丛书"之一，是国内外首部关于全真派祖师图像研究的专著。作者利用中国社会科学院历史所收藏的明皇太后功德书《宝善卷》全真宗祖图，配合明宪宗编订的《群仙集》全真祖师彩绘和大量元、明、清版画以及史书、笔记、道书等文献资料，从图像内容入手对全真宗祖师彩绘的历史文化内涵进行了开创性研究。全书包括"明代皇家写本古籍中的全真祖师彩绘"、"老子与道门全真前四子彩绘研究"、"全真北南五祖彩绘与相关问题研究"等五个部分。书中论证了全真宗祖图这种系谱性祖师图（包括被学术界认为已经失传的明代宫廷绘制的全真道宗祖图）的存在和流传的真实性，确认我国古代宗教组织曾非常盛行祖师崇拜（当时全真道这类非血缘集团，协调、加强、凝聚和发展自己团体力量的最常用的手段）。本书指出，全真宗祖图的老子、文子、亢仓子、庄子、列子、东华帝君、钟离子、吕洞宾、刘海蟾、王重阳、张伯端、丘处机等人画像的造型，绝非凭空捏造，都是有所来历和表示特定宗教含义的。全真宗祖图中的22位祖师的具体情况，各自有很大差异，与全真派的实际关系非常复杂，不能一概而论。

中国道教石刻艺术史（上、下册）
胡文和著
高等教育出版社　2004年8月　960千字　767页

道教造像美术作品至今留传下来的主要是石刻。它们是中国本土宗教的产物，为我们提供了研究某个特定历史时期的社会文化、民俗、宗教传播和信仰、审美情趣的实物资料。本书依据作者持续20余年的实地考察，以及通过不同渠道收集的一大批中国各时代各种形式的道教石刻的实物图片、拓片和文字资料，采用历史学、石刻学、石窟学、图像学等研究方法，将北朝至隋唐的道（佛）教造像碑、石，巴蜀隋唐至宋的道教造像龛窟，宋元之际的山西太原龙门道教石窟有机地结合起来，对这些具有某种内在联系的石刻作品进行综合研究，以求为海内外读者提供一份较为完整的有关中国道教石刻艺术史的文献。全书分上、下册，共三卷。内容包括：中国早期祭祀神像产生的历史；北魏至隋唐道教造像碑、石的类型；道（佛）造像碑、石在北地兴起的历史背景和社会基础；北朝道（佛）教造像的宗教内容；巴蜀道教石窟遗址的分布；巴蜀道教造像的艺术特色；龙山石窟的形制、形象造型及服饰特征；道教教义对其艺术造型的制约性；等等。

道教与明清文人画研究（儒道释博士论文丛书/汤伟侠 卿希泰等主编）
张明学著
巴蜀书社 2008年12月 200千字 242页

明清时期的文人画不论是绘画理论还是绘画作品都达到了鼎盛阶段。明清道教世俗化、民间化特点也在大量文人画作品题材中显露出来。明清文人画中的神仙内容为中国美术史涂抹下精彩的一笔，留下不少传世佳作。本书为"儒道释博士论文丛书"之一，是一部针对"道教与明清文人画"之关系进行跨学科研究的专著。全书分为"道教哲学思想与明清文人画的艺术精神"、"文人画神仙题材历史溯源"、"明清文人画中的神仙意蕴"等5章。作者横跨宗教学与艺术学，将明清文人画与道教哲学思想联系起来考察其艺术精神，探讨了道教哲学思想和道教神仙信仰对明清文人画理论、绘画题材的影响及其心理映射，认为宇宙本体之道体现于绘画之中就是画道，它内化于画家的笔墨之间，在文人画的创作思想、技法形式、审美观念中呈现。作者还指出，神仙是"道"的意象化，得道成仙的修道思想是道教有别于其他宗教的显著特征。神仙世界和众多的神仙人物传说，极大地丰富了传统文人画的创作题材。

瑰奇清雅：道教对中国绘画的影响（上海城隍庙现代视野中的道教丛书/刘仲宇 吉宏忠主编）
胡知凡著
上海辞书出版社 2011年8月 204千字 271页

道教是在中国传统文化基础上产生的，中国古代绘画作为中国传统文化中的一部分，必然会深受道教思想的影响，道教也必然会利用绘画的艺术形式宣传其教理教义。本书为"上海城隍庙现代视野中的道教丛书"之一，作者以中国绘画艺术为切入点，通过具体的绘画作品来展示道教所独具的内在品格与精神气韵，论证道教文化在中国传统文化中的重要地位。全书共4章。书中按照中国山水画、人物画、壁画和民间绘画的门类划分方式，结合反映道教思想和审美的历代名家作品，分别论述了道教之"凝神遐想、妙悟自然"对中国古代山水画艺术的影响；道教之"仙神灵怪、神韵气象"对中国古代人物画艺术的影响；道教之"天尊仙真、满壁生辉"对中国古代壁画艺术的影响；道教之"消灾纳福、驱邪逐疫"对中国古代民间绘画艺术的影响。

道教与书法
聂清著
中央编译出版社 2012年10月 307千字 342页

很多道教泰斗都擅长书法，很多书法家也醉心于老庄的思想，这是因为中国的道教与书法在先天上就有内在的关联。这种关联使得书法艺术具有了深刻的思想内涵，因此才能用最为简单的黑白，表达最为深刻的世界本原。本书在全面考察中国本土宗教与早期艺术、早期宗教与文字艺术之渊源的基础上，深入探讨了道教书法艺术的内在本质及发展历史，藉由书法家和书法作品的案例分析，演示道教对中国艺术发展的不可忽视的推动作用，特别是它的"神仙境界"对于改变书法家的思维方式，打破传统书法艺术模式，创造新的艺术表现方法所具有的启示意义。全书共9章。作者指出，中国的书法同时跨跃了表现艺术和造型艺术两个领域，在表现艺术方面深受主动的、带有非理性的、突破性的、追求洒脱自由的原始巫觋（萨满）精神的强烈影响；在造型艺术方面则渗透着主静的、注重规范、程序的原始祭司精神和风格的影响；书法艺术天生就具有萨满和祭司两种精神气质，它在每个时期的变化都可以表现出两种宗教精神的消长与离合。

中国道教美术史（第1卷）
李凇著

湖南美术出版社　2012年11月　420页

　　道教美术史是美术史之一种，它聚焦于与道教有关的人工"视觉材料"的解读，强调对道教文化的重新思考、审视与发掘。就其性质而言，道教美术史是道教史、中国美术史、中国考古史这三个学科相重叠的部分，它们构成一个交叉的学科领域。本书为三卷本《中国道教美术史》之第一卷，包括"前道教美术"和"借鉴与互动：南北朝至隋代的道教石刻"2章。书中以历史发展为顺序，以实物材料（主要指以固态的视觉形式存在的有关道教史的材料）为中心（区别于以概念范畴为中心），在大量实地调查的基础上，对材料重新进行了详细检索（许多作品和材料为首次刊布或完整发表），所述内容涵盖从先秦到隋代的道教美术。有别于一般的美术通史的写作方式，本书立足于具体作品和个案分析，凸现资料性、学术史和学术深度的统一，并且将有关道教的视觉材料纳入中国文化的背景之中观察讨论，论述时尽量考虑到其整体性和相互联系，编排时尽量显示出其完整性、独立性，如一个石窟、一座道观，其下再以自然状态和逻辑关联作切分（如某个大殿），而不是简单按照视觉形式作切分（壁画和雕塑分作两处）。

真武图像研究（全真道研究中心丛书）
肖海明著

文物出版社　2007年6月　474页

　　《真武灵应图册》（简称灵应本），是描述真武大帝出生、修道、成仙和灵应故事的一批纸本彩绘工笔画，也是一批十分珍贵的能与明正统《道藏》所收道书相互对照、校补的民间道教美术资料。本书为"全真道研究中心丛书"之一，作者以首次公布的明代《真武灵应图册》和广泛收集的历代真武图像资料为基础，以学界较少涉及的真武图像为选题，运用图像学、文献学和人类学相结合的研究方法，对历代真武图像进行了初步的梳理，对灵应本故事的分布与传播、灵应本图像排序的宗教象征意义、灵应本与蔚县壁画的南北差异等具体问题做了分析，第一次较全面地整理出了从玄武到真武大帝的图像学系谱。全书分为"导论"、"真武信仰与真武图像的综合考察"、"灵应本的分类与研究"、"灵应本与《武当嘉庆图》的比较分析"、"灵应本与河北省蔚县真武壁画的比较研究"等8章；书末附《真武灵应图册》图版、题记及主要参考文献。本书对于理解民间信仰的文化创造过程，探索图像学、人类学相结合以进行"读图"式研究等，都有一定的启示意义。

形神俱妙：道教造像艺术探索（上海城隍庙现代视野中的道教丛书/刘仲宇　吉宏忠主编）
胡知凡著

上海辞书出版社　2008年6月　197千字　249页

　　道教造像是道教诸神的化身，是宗教哲学的艺术化形式，是我国艺术宝库中的瑰宝，凝结着历代艺术匠人的创造和智慧。本书为"上海城隍庙现代视野中的道教丛书"之一，全面回顾了中国道教造像艺术起源与发展的历史，对各时期道教造像的规范、艺术特点，及其继承与发展等都有精辟的论述，涉及石窟、摩崖造像、碑刻，以及宫观雕塑和不同材质工艺的各类道教造像。全书共5章。内容贯穿"中国史前宗教造像艺术、先秦时期的宗教造像艺术、秦汉时期的神仙造像艺术；东汉末年道教的产生与道教造像艺术的萌发、魏晋南北朝时期道教与造像艺术的兴起、隋唐时期道教造像艺术的鼎盛，以及宋元时期道教的造像艺术走向世俗化，明清时期趋向衰微"这一历史主线。作者指出，道教造像在长期的历史发展过程中，形成如下特色：一、早期道教造像艺术借鉴了佛教造像的造型手法；二、道教造像艺术虽然受到佛教造像艺术很大影响，但其在发展过程中，始终有别于佛教造像艺术体系。

中国道教造像研究（中国本土宗教美术研究丛书）
汪小洋　李彧　张婷婷著
上海大学出版社　2010年5月　354千字　359页

　　道教造像是道教神仙谱系最直接和完整的形象体现，是数量最大的道教艺术类型，充分显示出宗教美术的本体特征，在我国道教美术史上占有特别重要的地位。本书为"中国本土宗教美术研究丛书"之一，作者以中国道教造像发展所经历的"神秘化阶段、世俗化阶段以及最终的民间化阶段"这三个发展阶段（它们分别对应于我国历史发展的汉魏两晋南北朝时期、隋唐五代宋时期和元明清时期）为主线，通过对道教造像遗存和相关文献的细致搜集、梳理与研究，为道教造像艺术提出了轮廓性的理论描述，以期建立一个具有基础性的道教造像研究结构，据此探讨我国各朝代道教造像的艺术价值和历史贡献。全书共4章。内容包括：宗教仪式意义的理解；石窟造像与宫观造像的辨析；魏晋南北朝石窟、造像碑、宫观造像遗存梳理；隋唐石窟、造像碑、宫观造像遗存梳理，五代、宋石窟与宫观造像遗存梳理；元明清石窟、宫观造像遗存梳理；道教主位神与神仙系统考释；等等。

金元道教信仰与图像表现：以永乐宫壁画为中心（儒道释博士论文丛书 / 汤伟侠 卿希泰等主编）
刘科著
巴蜀书社　2013年12月　270千字　331页

　　永乐宫壁画是宋元时期最为重要的道教遗存，其神系、图像对各个时期的相关作品都具有关键性的参照意义。本书为"儒道释博士论文丛书"之一，作者围绕永乐宫纯阳殿、重阳殿壁画中的道教神祇图像，采用壁画图像和文献资料相互释证、图像分析和文本分析相结合的方法，将壁画图像置于整个永乐宫的建筑空间、社会历史背景、绘画发展史的语境中加以审视，对壁画图像与其产生的政治、宗教背景之间进行关联性考察，探究其产生、变化的客观原因，以及建构祖师信仰图像系统的内在动力，分析阐述全真祖师信仰的谱系构成及奉神特点。全书共4章。研究主题如下：一、考订纯阳殿、重阳殿壁画内容；二、从文献记录方面检索有关吕洞宾、王重阳图像的记载和使用情况；三、讨论永乐宫整套壁画中的图义对应，就图像的榜题文字与图像之间的具体关系作详细说明；四、在金元佛道关系的背景下探讨道教祖师信仰建构及道教故事画的产生与发展，揭示其在图像特征、叙事方式等方面与佛教故事画之间的密切联系，进而对元代道教祖师信仰问题提出概括性结论。

道像庄严：壁画水陆画版画的神仙世界（蓬瀛仙馆·道教文化丛书艺术精华系列之四）
王宜峨编著

五洲传播出版社　2016年5月　310页

中国的壁画与上古时代的岩画一样，自古就与神仙故事结下了不解之缘。道教创立后，充分发挥了壁画宣教、弘教的作用，画史上许多著名画家都从事道教壁画的创作和绘制，留下了不少成就辉煌的道教壁画作品，被尊为世界绘画艺术珍品。道教水陆画也称黄箓画，是道教法事活动中的重要法物，它是供奉于法坛上可以移动的神像，起着替代寺观殿堂内造像的作用。道教版画则是与雕版印刷同时出现的一种绘画艺术，宋元以后呈蓬勃发展之势，不仅数量繁多，而且非常生动，包括扉画、插图、民间神祃等。本书为"蓬瀛仙馆道教文化丛书"之一，是一部全面梳理道教绘画艺术从道教壁画、道教水陆画发展到道教版画之演变历程的专著。书中探究了道教绘画艺术在不同历史时期与中国传统艺术的关系，以及由此引发的创作思想和绘画技法的转变，论述了植根于中国社会民间生活的道教在绘画表现上的主要特点，展现了道教绘画艺术的历史文化成就，使读者对道教在中国人心目中的影响之"广"和"深"，有一个更深切的体会。全书分上中下三篇。上篇介绍道教壁画的起源及其在魏晋南北朝、唐宋、金元和明清时期的发展。中篇介绍道教水陆画的主要艺术特征及其在五代宋元和明清时期的演变。下篇介绍道教版画艺术的由来。

道教图像艺术的意象与思想研究
李俊涛著

四川教育出版社　2016年7月　384页

承载着道教思想、演化大"道"意象的道教图像是一个巨大的图像艺术宝库，尤其是道教所创建的庞大而神秘的符咒和神真图像系统，是世界宗教文化和图像艺术中的奇葩。符咒图像以"云篆天书"结合图形符号的表现形式，成为中国道教最鲜明、独一无二的文化符号；神真图像隐喻深远的神仙信仰反映了先民超越生存局限的生命律动，推动了道教文化的发展。本书是在作者的博士学位论文基础上修订而成的一部研究道教图像艺术的专著。书中采用历史学、图像学、文献学、年代学、类型学等研究方法，通过对道教重要典籍中的经文原载、图像的搜集整理以及大量存世的道教石刻、造像、绘画和艺术资料的分析，沿纵横两条主线对道教图像按照符箓、咒语、灵修、法印和神真五个大类展开论证，发掘并展现出道教图像的艺术特征和潜藏其中的意象和思想。全书共7章。第1章从宏观角度讨论道教图像的历史沿革，阐释其现代研究价值。第2章从中国原始纹饰、玉器和彩陶纹样等方面探讨道教符箓造型和意象的渊源及蕴涵。第3章从道教经典"三十二天内音自然玉字"图像研究的视角切入，揭示道教经咒图像与卦易、内丹思想的联系。第4章结合道教灵宝"五篇玉章"和《上清大洞真经》图像的研究，揭示道教灵修图像中神真秘讳、存神内炼和医学养生的奥秘。第5章分析三类法印印式图像中的代表性作品，探讨道教法印图像的意象与思想，尤其是北斗意象的运用。第6章以道教神谱体系中重要的几组神真图像在不同时期的造型特征变化为依据，梳理道教神真图像造型和思想的历史变迁，解读魏晋、宋、元、明、清道教神系发展中的经典图像，探讨道教十大元帅、护法图像的意象与思想。第7章利用作者对于道教文化产品创新设计的实践经验，探讨道教图像的现代应用。

六、道教研究

（一）总论

道教概说
李养正著
中华书局　1989年2月　316千字　418页

　　道教乃是以我国古代社会的鬼神崇拜为基础，以神仙存在、神仙可求论和诱使人们用方术修持以追求长生不死、登仙享乐和用祭祀醮仪以祈福免灾为主体内容和特征；又文饰以道家、阴阳五行家、儒家谶纬学说中的神秘主义成分为宗教理论，带有浓厚的万物有灵论和泛神论性质的本土宗教。它的形成与发展，固然受社会哲学思想等多方面的影响，但始终保持其独特的以神仙信仰为中心的神秘主义宗教体系。本书围绕"鬼神崇拜"、"神仙之说与方术"、"黄老学说中之神秘主义成分"这三条主线来阐述道教发展史，考察和论述道教宗派及其神仙谱系之来历、道教斋戒及醮仪、道教经典、道教著名宫观等，清晰构绘出道教生成与演变的历史全貌。全书分上下二编，共15章。上编"道教史纲要"（第1-7章），描述道教从远古起源至近代衰微的历史发展过程；下编"教理教义及其它"（第8-15章），分别介绍道教的教程教义、神仙崇拜、主要经书作者，还有道教的宗派及宫观、我国近代及现代的道教发展概况等，论述道教理论形成的哲学与神学思想基础及外延表现形式。

道教学（中国现代科学全书·宗教学／吴云贵主编）
朱越利　陈敏著
当代世界出版社　2000年6月　325千字　398页

　　"道教学"是一个复杂的学术概念。本书为"中国现代科学全书·宗教学"丛书之一，旨在全面介绍道教学的理论和内容，以及中国和世界道教学研究的主要成果，展望道教和道教学的发展前景。全书共12章。第1章明确道教学的定义，阐述从事道教学研究的基本条件和道教学的研究方法，对中国道教学史和世界道教学史做了脉络梳理。第2章介绍道教的产生、发展以及港澳台与海外道教的情况。第3章介绍道经的产生、分类，各个朝代的道经目录、用途与价值，系统分析了《道藏》的编撰历史、敦煌道经和藏外道经的传布。第4章介绍"道士"的内涵及著名宫观的道士执事情况。第5章介绍道经中"道"的含义及道教中的"老子"崇拜现象。第6章分析道教的神仙信仰，阐述道教的神仙世界和成仙理论的特色；第7章解析道教济度思想的演变。第8章介绍道教的养生术、内外丹术以及斋醮杂术等。第9章介绍道教戒律、科仪与节日。第10章分析论述道教与中国传统哲学、文学、医学、音乐、美术、建筑、民俗等的关系。第11-12章介绍中国与世界道教学所取得的丰硕成果。

道教概论
谢路军著
中央民族大学出版社　2006年8月　380千字　454页

　　道教深深扎根于中国封建社会的文化土壤中，它的创立与发展是"一个多源汇聚、水到渠成、瓜熟蒂落，宗教素质不断提高的演变过程。"本书以史实为基础，运用历史唯物主义观点对道教进行分析研究，简要介绍了道教产生和发展的历史，阐述了道教对中国传统文化、美术、建筑及民间信仰和生活习俗的影响。全书共7章。第1章概述道教从其孕育与诞生，到明清民国时期的发展演变历程。第2章介绍道教在台湾、香港、澳门地区的流布，道教在世界各地的传播，以及道教与少数民族的关系、道教研究的最新进展。第3章讲解道教的教理教义、神仙谱系、重要典籍和道教信仰的主要特征。第4章介绍外丹道、内丹道、吐纳与辟谷、符箓与祈禳、导引与胎息等道术。第5章介绍戒律、斋醮科仪、宫观管理制度、节日与重大宗教活动的道教仪规。第6章介绍北京白云观、蓬莱山、崂山、青城山、武当山等名山道场及道教宫观。第7章依次论述道教与中国思想、文学艺术、中国艺术、古代科技、中国民俗等方面的关系。

道教卷（当代中国宗教研究精选丛书）
牟钟鉴主编
民族出版社　2008年1月　500千字　562页

道教是根植于中国古代文化的民族性宗教，它源远流长，已有1800多年的历史，是中华民族传统文化的重要组成部分，是中国传统社会三大精神支柱（儒、佛、道）之一，也是当前世界五大合法宗教（佛教、道教、伊斯兰教、天主教、基督教）中唯一土生土长的宗教。道教正式信徒历来不多，但它对于中国的哲学、伦理、政治、文学、艺术、民俗、医药学、健身养生学等却有着深刻而持久的影响。道教尤其与民间信仰有着千丝万缕的联系，具有极强的草根性，广泛渗透到民众日常生活和心理结构之中，成为塑造中国人性格的文化要素。本书为"当代中国宗教研究精选丛书"之道教卷，共选辑道教研究论文32篇，分为"道教研究综述"、"道教经典"、"道教义理"、"道教历史与人物"、"道教的科仪与法术"等七个部分。论文作者来自重要学术研究机构和国内知名大学，均为中国道教研究领域有成就、有影响的学者，地区分布上涵盖全国各主要研究基地，在道教学术论坛上有相当高的代表性。本书向国内外学术界展示了中国道教研究空前活跃的状态，呈现了中国道教文化景观的多姿多彩。

道教新论（龚鹏程"三教论衡"系列）
龚鹏程著
北京大学出版社　2009年1月　395千字　363页

道，本来是指道路。道路虽然曲折，但总是有条理的，否则就会走不通。因此，"道"又引申有条理之意。道教之性质，随历史的发展，时移世异，变革甚多。以今人习见之道教状况去推想古代，实在有很大的差距。本书为"龚鹏程'三教论衡'系列"丛书之一，是作者执着于"不与人同的意味"，力求从"新"的角度来重新审视和阐述道教的论著。全书共17章。内容可分四个部分：第一部分为道教通论，侧重道教基本知识之辨析，如道教概说、道教性质、道家、道门文字教、身体观；第二部分为道教史及各道派之理论研究，对天师道、灵宝道、上清道、内丹学等都有说明；第三部分为道教文化研究，以晚唐的禅宗与道教、宋代陈师道论诗禅与学仙、明代焦竑摄道归佛、清代黄宗羲论三教等为重点讲述三教关系；第四部分探析道教与医学、旅游、书法之关系。本书较之其他道教研究著作，论述较全面，观点及方法亦较新颖，对道教发展脉络的梳理，对道、道家、道教等概念的诠释尤为独到，体现了作者深厚的国学根柢。

陆、道教

道教概论
孔令宏编著

浙江大学出版社　2013年7月　362千字　326页

　　道教是"道"与"术"的结合体。道家思想是道教最重要的灵感源泉。本书是作者以先前所著《中国道教史话》（河北大学出版社，1999年）为底本修订而成的一部中国道教史论著，系统讲解了道教产生的思想渊源及其在不同历史时期的表现特点，介绍了现代道教在世界各地的传播与发展情况，探讨了道教与中国传统文化的关系，论述了道教对中国传统民俗和古代科学技术的影响与贡献。全书共8章。第1-7章概述道教的渊源、产生及发展，重在作思想史的阐发；第8章从多个角度解读道教与中国传统文化的关系。书中汲取道教学术研究的最新成果，通过综合考察，对道教的独特性表现作出如下结论：一、道教不是一神教，而是多神教，这是它与其他宗教最大的不同；二、道教主张肉体飞升成仙，人应该当下就快乐逍遥，不老不死，这是道教与世界上其他大的宗教的另一不同；三、道教最大限度地容纳了科学技术，将技术的实用性探索视为自己的重要内容，这是它与其他宗教只是关注社会、政治问题截然不同的又一个特点；四、道教在精神境界方面的思想和实践有其他宗教所不具有的独到之处；五、道教固然有信仰的因素在内，但单纯信仰是不可能达到道教的终极目标的。道教的根本特征是修炼。

考古发现与早期道教研究
刘昭瑞著

文物出版社　2007年6月　552页

　　考古发现的新材料已经成为众多人文学科研究获得新突破的起点。近年来，随着考古材料的较多出土和公布以及道教研究领域的深入和扩展，利用考古材料对道教特别是早期道教的研究已越来越受到海内外学者的重视。本书是作者近20年来将考古发现与道教学结合起来进行研究的阶段性成果，重点讨论了东汉至南北朝时期的道教考古材料及其相关内容。全书共10章。书中涉及考古材料的鉴别、道教观念、道教典籍、道教法器、道教造像、道教科仪、道教传播、道教史乃至道教社会文化背景的探讨等，可以说是对道教考古研究工作的一次检视。作者指出，道教初创时期的东汉，由于传世的可以利用的可靠文献不多，而考古发现的材料所反映的早期道教内容多为传世文献所不载，所以这一时期的考古材料显得格外重要。尤其值得重视的是，考古发现的相关资料，不仅仅是文字方面的，还有实物材料，这些道教文物对了解早期道教斋醮科仪的起源及流变尤为重要。隋、唐及其以后的考古材料，其反映的内容大多可以和文献相印证并能够弥补文献记载的某些不足。

出土文献与早期道教（中国社会科学院文库·哲学宗教研究系列）
姜守诚著

中国社会科学出版社　2016年3月　482千字　432页

　　早期道教（汉魏南北朝时期形成的教团组织）与民间信仰、方术及丧葬礼俗的关系，是一个重要且颇具难度的前沿性课题。当前学界虽已取得初步成果，因所涉内容庞杂，尚存不少空白领域有待系统梳理和深入考察。本书为"中国社会科学院文库·哲学宗教研究系列"丛书之一，作者立足于考古新材料，结合有关传世文献，广泛借鉴前人成果，通过翔实的文献梳理和考证，就某些重要议题加以论述和概括，揭示出早期道教与方术、民俗的互动融合。书中提出的若干新看法和新观点，对以往研究做出较大推进，丰富和发展了早期道教史的理论建构，在某种程度上推动了出土文献领域的发展和认识，并为今后的研究提供新思路。全书分上、下两篇，共8章。上篇（第1-4章），讨论方术与道术的问题；下篇（第5-8章），讨论葬俗与信仰的问题。每章均独立成篇，针对某项议题展开探讨。在具体的研究方法上，作者援入多种手法进行跨学科、立体式的综合研究，遵循"二重证据法"的原则和精神，注重收集出土文献及考古实物，发掘材料背后蕴含的丰富信息，将实物资料与传世文献相互比对和参证，拓宽了研究视野，有力佐证了早期道教对世俗社会的深远影响及其与中华传统文化的密切联系。

东亚道教研究（国家哲学社会科学成果文库）

孙亦平著

人民出版社　2014年4月　1015千字　973页

东亚道教系指以中国道教的神仙信仰为核心，融合东亚传统中的多元宗教、多种民俗、多样思想和多款艺术而形成的一种历史文化形态和内涵丰富的信仰系统。本书是关于东亚道教研究的开山之作，第一次以"学术性建构"的方式提出"东亚道教"的概念。将此作为立论基础和思考起点，作者运用比较宗教学的方法，以道教在中国大陆、朝鲜半岛、日本列岛、越南半岛的传播历史为经，以神灵信仰、道教文献、教义思想、养生修道术、医学成就和文化形式为纬，以历史上东亚各国人士对道文化的解读与选择为突破口，将道教置于"东亚文化圈"的宏观视野中详加考察，对东亚道教进行系统深入地研究。全书共10章。书中既有对东亚道教的内涵与外延、中心与边缘、传统与现代的探讨，对道教与天皇制、律令制、神道教、武士道、花郎道、青鹤派、高台道、母道教等关系的比较，也从多个侧面分析阐释了东亚道教以得道成仙为核心，以太上老君为教祖，以三清、玉皇为至上神，由众多神仙组成仙界的多神崇拜特色。此外，本书不仅列数了东亚道教文献中的道书、老庄著作、诗词歌赋、神仙传记、文学小说及劝善书，厘清了东亚道教养生文化中的外丹、内丹、气功及其他修道之术，探索了东亚道教的医学成就，而且用实例论证了东亚道教在宫观建筑、雕塑绘画、斋醮科仪、绿章青词等文化形式创作上的业绩。

（二）道教与诸学科

1. 道教与文化

道教与中国文化（中国文化史丛书）

葛兆光著

上海人民出版社　1987年9月　280千字　419页

在中国古代，科学常常以玄学或迷信的面貌出现，迷信也往往借助于经验的形式。道教似乎正是如此，它既沿袭关于"道"与自然、社会、人的"同源同构互感"的朴素唯物观，又以神鬼谱系与之拼合；既承接原始方术建立自己的斋醮符箓法术，又根据人的感觉与体验设计了一套养生术等；总之，其内部构造充斥着矛盾。本书为"中国文化史丛书"之一，作者从中国传统文化的源流入手，解析道教及其神仙信仰的特点和生成过程，阐说道教与中国文化的依存关系。全书分三编。上编（5章）讲述在中国文化土壤中道教之哲理、神谱、仪式和方法的系统成因，续而说明道教最终成型的积淀与整合过程。中编（6章）按朝代序列解读道教发展史，认为中唐到北宋乃是中国文化史上一个极其重要的转折时代，在这个时代里，不仅道教呈现三种发展趋向，而且儒、道、佛三大文化思潮亦都处在一种蜕变之中，即儒学转化为理学、佛教衍生出禅宗、道教也分化出"向老庄佛禅靠拢的士大夫道教"。下编（3章）分类概述道教对士大夫文化、俗文化及中国古典文学的影响。

道教文化新探
卿希泰著

四川人民出版社　1988年10月　220千字　291页

本书是中国著名道教学者卿希泰先生的一部论文集，辑录了作者于"文革"后撰写的道教论文23篇和1篇哲学论文（《谈谈两点论》，1962年著）。这些论文以辩证唯物史观为指导，从多个角度分析探讨了道教哲学、道教组织及其世俗实践对中国历史社会的影响力与塑造力，阐述了马克思主义宗教学的价值内涵和毛泽东对马克思主义宗教理论发展的历史贡献，并且就鲁迅所说"中国根柢全在道教"之名言展开论述，得出"鲁迅的这个论断，无疑是科学的。有史实根据"之结论。书中还探考了《周易》、《太平经》、《太上洞渊神咒经》、《灵宝经》四部道家与道教典籍，对葛洪、王玄览、陈景元三位道教领袖人物和五斗米道、净阳道、紫阳道等不同道派及斋醮仪轨作出解释。其史学论据和理论成果曾被国内外许多专家学者广为援引。著者治学严谨、考据精微、立场鲜明，理解道教亦颇为透辟，正如其在《试论道教劝善书》一文中所说："道教宗教道德本质上和儒家正统一致，而给儒家的三纲五常穿上太上老君的道袍，更有利于把地主阶级对农民阶级的压迫剥削关系神圣化，更容易为愚昧迷信的农民接受。"

中国道教文化透视（人文丛书／张志国　曹维劲主编）
刘仲宇著

学林出版社　1990年3月　236千字　413页

离开了道教固然难以认识中国文化，而离开了中国文化这样一个宏阔精深的大背景，同样难以辨识道教的本来面目。本书为"人文丛书"之一，作者以文化概念的界定为前提，将道教视为中国文化系统的一个子系统，从政治、哲学、艺术、军事、科技、风俗等方面透视了道教与中国文化各个部门之间错综复杂的关系。全书分为"道教：中国古代文化的产儿"、"道教发展与中国古代文化的演变"、"道教的特点和文化背景"等8章。书中不仅深入研讨了道教与中国文化同行并举之现象，对二者关系进行了广域透视，而且注重考察道教在中国社会和中国文化中辐射的范围、渗透的程度及结果，分析道教所携带的中国文化的基因，从而在更深层次上论证了道教对于中国文化的巨大影响和贡献。

道教与中国传统文化
卿希泰主编

福建人民出版社　1990年9月　384千字　507页

道教的思想渊源杂而多端，它对诸子百家和中国古代的许多传统文化都采取了兼收并蓄的态度，如发端于先秦道家的黄老之学、西汉董仲舒的宗天神学等。此外，道教还从不同程度上消纳和汲取了华夏远古的鬼神观念、巫觋方术，祖先信仰以及源于天地自然万物之自然崇拜、图腾崇拜等信仰要素。本书全面讨论了道教与中国传统文化之伴生关系，阐述了道教在中国传统文化中的地位及其对中国社会生活的广泛而深刻的影响。全书共11章。书中分别对道教的基本信仰与教义、道教的神与仙、道教与中国哲学、道教与儒释、道教与文学艺术、道教炼丹术与古化学、道教与医学、道教与养生、道教与气功等多项问题展开探讨，并在附录《道教在国外》一文中介绍了中国道教文化在世界多国的传播、发展概况及道教研究的国际化趋势。

众妙之门：道教文化之谜探微
萧萐父　罗炽主编
湖南教育出版社　1991年8月　270千字　352页

本书是在全国"道家、道教文化与当代文化建设"学术研讨会基础上，集数十位专家学者的研究成果编成的一部论文集。书中既有通史、断代的全局考察，也有专人、专书的个案剖析，或纵向以观其流变，或横向以比较其异同，内容涉及道教思想文化与道家思想文化的许多层面。全书分上、中、下三编，共收论文34篇。上篇对中国道教文化之渊源论进行了探溯。中篇从道教人物、流派、著作以及道教与中国自然科学、文学艺术之内在联系对道教文化进行了多棱透视。下编着重探讨了道教文化在社会主义精神文明建设中的作用，从古为今用的角度对道家、道教文化进行了分析、批判，对其现实意义进行了慎重的价值判断。

道教文化新典
卿希泰主编　詹石窗执行主编
上海文艺出版社　1999年5月　791千字　1085页

任何一种文化现象或文化类型都是特定的民族的生产方式和生活方式的结晶。道教文化同样如此。它吸取了以往中国文化中的诸多养分，但又反过来对中国文化的其他门类发生广泛的影响。本书在框定"道教文化"的概念范畴、道教文化研究的必要性及其学术原则与方法之前提下，全面考察了构成道教文化这一有机整体的各个基本要素以及各要素之间的紧密联系，对道教文化与中国历史、政治、科技、民俗及传统文化艺术等的关系进行了梳理与贯通，以期打开一扇洞悉道教文化"玄妙"之门。全书包括神仙、道派、金丹、医药、气功、符咒、占卜、辨兆、堪舆、禁忌、科仪、艺术十二编；内容涉及道教神仙体系、道教组织的建立与发展、道教金丹术理论和方法之脉络、道教医学思想和医学成就、道教气功的影响与价值、道教符咒及其历史演变、道教占卜的渊源、道教征兆思想体系的形成、道教堪舆实践与学说、道教禁忌与民俗、道教科仪的语言符号学研究、道教艺术的美学阐释等。

道教文化与生活
周高德著
宗教文化出版社　1999年11月　180千字　254页

博大精深的道教文化是中华传统文化的重要组成部分。道教文化与道教生活互为表里，相辅相成。本书将道文化划定为三个层次，即精神文化、制度文化和器物文化，依此论述并揭示"道教文化与道教生活浑然一体"的丰富内涵。全书分上、中、下三篇。上篇"道教与道教徒",介绍了道教精神文化,述及道教的起源、形成和发展,道教的宇宙观和人生观,从精神文化层面探讨了怎样成为一名合格的道教徒的问题。中篇"道教生活及其内涵"为全书主体,介绍了道教制度文化,述及道教宫观里的执事体制、管理办法、日诵功课、斋醮法会、修真养性、饮食习俗、服饰特色、道门禁忌、清规戒律、教徒学习、道门行医、道教礼仪、道教节日、道士羽化后的丧葬等,力求全面反映道教徒的生活。下篇"道教文化的载体",介绍了道教的器物文化,述及道教宫观的建筑特点和全国主要名山宫观、宫观里奉祀的圣像、宫观里的陈设与法器,以及道教经籍总集:《道藏》,以展示道教器物文化的繁盛景象。

道教文化十五讲(大学素质教育通识课系列教材/温儒敏主编)
詹石窗著
北京大学出版社　2003年1月　314千字　383页

　　道教是扎根国土的宗教。道教文化就广义而言,是凝结了道教精神的一切存在,是以道教精神为指导而进行的生产活动及其结果。道教文化具有强烈生命意识,这是其有别于他种宗教文化的鲜明特色;道教文化自觉地运用象征符号来传递生命意识,这是其基本形式特征。本书为"大学素质教育通识课系列教材"丛书之一,是一部以"道教文化"为主题,从道教渊源、派别、神仙信仰、道门经籍、伦理思想、医学法脉、养生精神、炼养方技等角度对道教文化作详细介绍的综合性读物。全书共十五讲。内容包括:道教与道教文化的定义,道教文化的基本特色,道教文化研究的学术原则与方法,道家黄老之学与方仙道,兵家与道教修炼法门,《周易参同契》与金丹派道教,魏晋南北朝社会政治与道教,道教组织与神仙体系的互动,道教神仙谱系的结构,道经目录与编纂体制,道教哲学的认识论与思维方法,道教伦理形成的历史根据,道教医学的实践精神,道教养生的主体意义,以男女俱仙为目标的房中术,道教法术的理性审视,道教科仪系统的符号性,道教舞蹈与戏剧神韵,洞天福地与宫观圣地等。

恍兮惚兮:中国道教文化象征(中国象征文化丛书/白庚胜　居阅时　瞿明安主编)
钟国发　龙飞俊著
四川人民出版社　2007年1月　273千字　271页

　　中国传统文化的一个特点,即是意象思维和象征表达方式比较发达。现代中国学术界过度惯用西方科学理性,导致对自家文化传统的隔膜和误解,以致道教当年曾遭新文化人痛斥。近些年道教研究渐趋成熟,但至今偏重理性论证,对道教的活体样态、意象符号、象征意义,仍然了解不够。本书为"中国象征文化丛书"之一,作者循着中国传统意象思维的思考路径,试图从神仙、仙境、法术、科仪、风俗、神秘数字等方面,对道教的象征符号体系加以扫描,以更为具象的方式勾勒出道教文化面貌。全书共6章。第1章解析三清尊神、神界帝皇、顺俗增奉之神等道教各色神仙的人格化象征。第2章解析仙山、洞府、宫观等道教神仙境界的空间化象征。第3章解析服食与外丹、炼养与内丹、符箓禁咒、雷法等道教法术的功能化象征。第4章解析进表仪、炼度仪、灯仪、度桥仪、召符仪等道教科仪的表演化象征。第5章解析人生礼俗、岁时节令、神诞纪念等有关道教风俗的生活化象征。第6章通过神秘数字来解析道的模式化象征,包括混沌一元、是生两仪、五行生克、七日来复、八卦九宫等数字概念。

玄门探珠（道教与宗教文化研究丛书/李刚　张钦主编）
赵宗诚著

巴蜀书社　2007年8月　200千字　285页

　　道教以中华本土传统信仰为根脉，广泛地吸收、融合诸家文化之精华，表现出一种有容乃大的文化性格，成为中华文化的一个优良传统。这种传统精神的陶冶和积淀，铸成中华民族文化心理素质具有开放性和善于吸纳的多元文化特点。本书为"道教与宗教文化研究丛书"之一，是赵宗诚先生多年研究道教的成果汇总，反映了作者对丰富多彩、神秘莫测的道教文化的心得体会与独特理解。全书共15章。内容包括：修身处世之术，万物生成之道，先秦的神仙思想，崇尚黄老的社会思潮与黄老道，关于长生久寿的理论和方术，"重玄之道"的否定式宇宙观，杜光庭关于仙道非一的思想，谭峭《化书》的"化化不间"说，唐代道教内丹术的兴起等。

道教文化与现代社会生活研究（宗教与社会研究丛书/卿希泰主编）
卿希泰著

巴蜀书社　2007年9月　430千字　550页

　　在当今全球化浪潮滚滚向前之际，不同文化之间的竞争是非常激烈的。要实现中华民族的振兴，在加强社会主义物质文明建设的同时，应加强社会主义精神文明建设。为此，就需要大力弘扬包括道教文化在内的中华民族的传统文化。本书为四川大学"宗教与社会研究丛书"之一，是卿希泰先生将近年来已发表的部分文章分类整理而成的一部文集。这些文章均为因应不同需要而写作，着重探索了道教文化在当代社会的价值及发展方向，旁涉地方道教史研究、道教人物、道派研究等内容，从理论上系统阐释了传统道教文化在当代社会生活中的现实意义，表明了作者近年来在道教文化研究方面的思想认识。全书分"立足当前"和"历史回眸"上、下二编，共设10个栏目。上编（五个栏目）主要对道教文化的现实与未来，以及如何承前启后、弘扬道教文化等问题进行思考，提出一些总体的构想。下编（五个栏目）集中探讨了地方道教史和不同道派、道教人物，以及道教与封建统治者的关系等问题，对道教研究作了历史性的回顾和展望。

中国道教文化
谢路军著

九州出版社　2008年5月　348千字　309页

　　道教形成于东汉时期，至今已有近2000年的悠久历史。道教的教理教义，承继了东方圣人老子的道家学说，蕴含着睿智的哲学思想。千百年来，道教对中国传统文化的诸方面产生了广泛而深远的影响，至今仍在人们的精神世界占有重要位置。本书着眼于中华文化的整体格局，首先明确了道教在中国哲学中的地位，阐述了道教与儒、佛的关系及其思想特色，在此基础上，对道教与中国哲学、文学、音乐、美术、书法、建筑、武术、医学、养生、化学、民俗等方面的关系进行深入浅出、条分缕析的说明，继而论述道教对中国传统文化的深刻影响，剖析中国道教文化的历史与现实价值。全书共15章。内容包括：道教哲学本体论；道教对文学本体论、审美论和艺术想象的影响；李白的游仙诗；道经中的文学作品及体裁；道教音乐的民族特点；道教思想对绘画的影响；张旭的书法艺术；道教建筑的用途、种类和风格特点；道教哲理与中华武术；炼丹术的实践和化学成就；道教医学的渊源及特色；道教神仙信仰的历史发展及特点；等等。

陆、道教

中国道教文化典藏
黄信阳　王春景主编
中国文史出版社　2009 年 1 月　300 千字　380 页

　　道教作为我国土生土长的宗教，不但同我国传统文化的关系极为密切，同时又是中华各民族同胞文化交流的一个重要载体，为人类留下了十分丰富的文化遗产。时至今日，道教所推崇的宗教理想，对于现代人类社会的可持续发展仍具有重要的借鉴意义。可以说，没有道教文化，就没有中华民族传统文化的丰富性和多面性，不了解中国道教文化，就不能全面、正确地了解和认识中国古代历史和文化。本书契合现代社会发展需要，在深入总结前人研究成果的基础上，全面系统地介绍了中国道教文化，力求挖掘和弘扬其中有利于社会进步的积极内容，使其为促进社会和谐服务。全书包括十三部分。主要内容有道教简史、道教通论、道教信仰与华夏文化、道教的基本教理教义、道教经典、道教书典、道教斋醮、道家与先秦诸子之学术关系等。

道教文化（中华传统文化丛书 / 卞孝萱　周群主编）
孙亦平著
南京大学出版社　2009 年 11 月　365 千字　501 页

　　道教源自上古时期的原始宗教、战国方仙道和秦汉黄老道，经由先秦老庄思想的浸染，又融会吸收儒、道、墨、阴阳、神仙、方技、养生等诸家的思想，借助神化老子以及有关"道"的学说建立起理论体系和修道方法，参照古代民间巫术和先秦宗法祭祀仪式创立了斋醮科仪活动，逐步形成自己的道团组织。本书为"中华传统文化丛书"之一，作者从道教的形成与发展入手，以道教思想与文化为主要研究对象，系统阐述了道教信仰的基本特点，道教活动的文化形式、哲学观点、主要经典和道教思想文化之现代意义等方面。全书共 11 章。书中通过深入讲解道教文化的源与流，特别表达了对传统道教思想文化之合理成分的认同感，认为道教文化中蕴藏的关于人与自然和谐相处的主张对于今天的新文化建设具有一定的启示意义。

中国道教文化
李刚著
长春出版社　2011 年 1 月　299 千字　244 页

　　道教是中国文化的土特产，具有典型的民族特征和独特的个性魅力，近 2000 年来对中国古代的政治、思想、文化、民俗等都产生了重要影响。研究中国哲学思想史、文学艺术史、科学技术史不能置道教于不顾，否则就是片面的。本书将道教文化视作中国人精神世界的底层结构，分别从生命道教、生活道教、文艺道教、科技道教、古代道教、当代道教六个方面逐层论述了道教对中国文化的深刻影响，剖析了其合理之处和不合理之处，并以发展的眼光指出道教文化对于促进社会和谐、推动生态文明建设的时代意义。全书共 6 章。第 1 章介绍道教神仙信仰的具体内容及其对"生死问题"的解决之道。第 2 章介绍道教和道教的宗教节日与中国人的日常生活和人生礼仪的关系。第 3 章介绍道教对中国古代诗词、戏曲、建筑、音乐与绘画等方面的影响。第 4 章介绍外丹与化学、医药养生学、气功内丹学、道教与天文历法。第 5 章介绍道教发生的历史渊源及其从汉魏至民国的演变历程。第 6 章论述道教在当代社会的价值及其在海外的传播与研究情况。

道教唱道情与中国民间文化研究
张泽洪著
人民出版社　2011 年 8 月　400 千字　420 页

中国民间文化中的唱道情，是宋元明清时期流行于民间社会的亦道亦俗的说唱艺术，也是道教与民间信仰结合的产物。本书以中国传统文化及道教史发展的大视野为参照，在充分汲取前人成果的基础上，采用宗教学、历史学、人类学、民俗学等多学科研究方法，纵向考察了 1000 多年来唱道情产生与发展的历史，横向探讨了唱道情这种植根于中国民间的"小传统"文化现象，针对道情在全国各地的流播及其地方化、民间化趋势，道情演唱与宋代鼓子词、元代散曲、明清小说等的关系，以及道情乐器的特色与象征意义、中国北方的皮影戏曲道情、中国南方的诗赞体道情等问题的分析和阐释，揭示出唱道情的历史内涵与文化韵味。全书共 8 章。内容包括：道情的起源及时代背景，宋元明清道情的发展，近代以来道情的传播及其演变，赵令畤《元微之崔莺莺商调蝶恋花》鼓子词，元代杂剧中道士的唱道情，明清小说弹词中道士的唱道情，清代文士的道情创作，明朱权《太和正音谱》的唱论，唱道情的演唱方式及道家色彩，河南坠子与道情的关系等。

凝眸云水
袁志鸿著
中国青年出版社　2012 年 7 月　450 千字　464 页

道教是中华民族固有的传统宗教形式，经历了悠久漫长的发展历程，度过了明末、清朝、民国衰微的艰难。面对当代社会，道教既有现代新文化冲击的诸多困惑和危难，也迎来新时代赋予的机遇和进步发展的巨大空间。本书是袁志鸿道长基于信仰者和研究者的双重视角，从历史与现实、传承与发展、理论与实践等多个维度着手，潜心撰写的一部全面介绍道教与道教文化的著作，是其"通过对道教的教义和文化精神学习、思考、理解、认识、实践的一个过程体现。"字里行间流露着作者对道教未来发展走向的深度关切、对中华传统文化的挚爱之情。全书共 13 章。书中探考了道教之源流，品读了道教之经典，评价了道教在当代中国社会的传承和适应现状，论述了宗教与文化、道教与社会伦理、道教与和谐社会、道教与文化遗产等理论和现实问题。所述内容不仅从宏观上阐释了道教同中国文化的血脉关系，还分别介绍了道教仪规、节日、典故等具体事象，特别说明了宫观在道教传承中的地位和作用，指出宫观是道教沟通社会的重要渠道、是向社会展示道教教义和文化精神的窗口，从而把道教文明建设提升到首要位置。

道教文化与宋代诗歌
张振谦著
人民文学出版社　2015 年 1 月　600 千字　504 页

本书是作者在其博士学位论文《道教与北宋诗歌》基础上扩展而成的一部探讨道教对宋代诗人、诗歌的影响的专著。书中以《全宋诗》为主要文献来源，结合《全宋文》、《全宋词》及宋代笔记小说等相关文献，采取理论阐释和实证研究并重的方法，从文人崇道的政治文化背景、诗人对道教经典的接受、诗人与道士的交往、诗歌与道教宫观文化等不同方面分析了道教文化与宋代诗歌之间的紧密关系，从道教文化元素（道教官职、道服、道教称谓、道典、道士等）角度考察了道教对宋代诗人的生活方式、人生态度、思维形态、心态、诗学思想产生的影响，以及对宋诗的生成、传播、繁荣所起的重要作用。全书共9章。第1章论述宋代的道教政策及士大夫阶层的崇道现象。第2章从"穿道服"和宋代诗人中的"谪仙"称谓两个方面论述道教世俗化与宋代文人生活。第3章论述道教经典对宋代诗人、诗歌的影响。第4章论述宋代诗人与道士交往的方式及原因。第5章论述道教宫观与宋诗生成、传播，指出宋代宫观题材诗歌对宣传道教和繁荣道观的实用价值。第6章论述宋代道士的文学素养、道士诗歌的主题分类及艺术成就。第7章通过"游仙诗"和"步虚词"这两种诗体论述宋代道教诗歌的主要特征。第8章论述道教对宋代诗论及诗人心态的影响。第9章分别讨论苏轼、郭祥正、周邦彦、陆游与道家道教的关系。

道教法印令牌探奥
王育成编著

宗教文化出版社　2000年12月　230千字　361页

　　道教法印令牌作为施用于道教符箓斋醮活动中的重要法物，历来为道教中人所重视。本书是国内外学术界第一部系统研究道教法令印牌的专著。作者将历史文献与实物考古、田野调查有机结合，全面考察和论述了道教法印令牌的历史沿革、宗教价值及社会影响，深入挖掘了法印令牌本身所蕴含的历史价值和文化魅力。全书分为"道教印和法印概况"、"汉代道教特征和法印的施用"、"两晋时期的道教法印"、"隋唐道教法印和对佛教的影响"、"道教经藏系统中的法印印式"等8章。书中展示了一批非常珍贵的法印印图，包括法印样式、印文数百枚，黑白图896幅（详考其出处与用途），又附723幅彩色图。其中既有常见的方型法印、圆形法印，又有极为罕见的八棱形法印、六面形法印、六面式子母印、牌式法印等，可以说这是道教立教以来最完美的一次呈现与研究，为人们认识、理解道教法印令牌提供了实物参照。

道教章表符印文化研究
任宗权著

宗教文化出版社　2006年6月　280千字　386页

　　道教章表符箓印文化是道教斋醮文化中的瑰宝，蕴含着道教贵生重生，向往太平、热爱和平、崇尚医学保健等思想。本书是任宗权道长继先前所著《道教手印研究》（宗教文化出版社，2002年）之后又一部探讨道教文化的专著，二者可称姊妹篇。全书共6章。书中依据作者近10余年寻访高道所收集的各种文献资料，从章表文化、符箓文化、印篆文化三个方面对道教神秘文化及其与传统文化之间的相互影响进行研究与论证，展示了道教章表文化的多姿风采，介绍了道教符箓文化中的书法与绘画的独特艺术魅力，描绘了受道教符箓文化正面影响的绚丽多彩的印篆文化。本书为研究由清末至当代150多年间道教章表符箓文化提供了宝贵的第一手资料，使读者得以从中了解道教斋醮科仪文化之渊源与流变。

道教手印研究（香港道教学院丛书）
任宗权著

宗教文化出版社　2013年10月　450千字　435页

　　道教手印文化是早期巫文化在道教斋醮文化中的延续，是道教的法事活动、诵经礼忏、斋醮仪式中的必要环节，主要由道教历代祖师口传心授而来，在道教徒中秘密传承和运用，其思想义蕴只有道教人士才能深刻理解。本书为"香港道教学院丛书"之一，是任宗权道长在广泛占有大量第一手资料的基础上，精心总结、编撰的一部探讨中国道教手印（诀窍）文化的专著。书中通过对手印这一古老道术的介绍与研究，将秘密传授的手印文化改变为公开传述，结束了千余年来道教手印师徒口耳相传的历史，开始了对中国道教手印文化进行理性探索的新尝试。全书分为"道教手印的来历与演变"、"我国传统手指文化的富贵遗产"、"道教手印与养生"、"道教手印与法术"四编。内容包括：手指文化中的手指文明与手印；早期巫文化与手印；图腾崇拜与手印的形成；礼乐思想与道教手印；全真道教手印图解；现行天师道手诀；《道藏》中有关诀、印的记载；《万法归宗》历史源流及其手印；闾山派法术与手印；道教九字护咒法与手印；等等。本书对道教手印的集结，图文并茂、引人入胜，填补了道书中的一大空白。

道教法术（道家文化研究丛书／汤一介　陈鼓应主编）
刘仲宇著
上海文化出版社　2002年1月　331千字　480页

　　道教法术是道教文化中最为神秘的部分，是一种客观存在的社会现象，也可以说是中国神秘主义的代表。它在中国社会已经存在了将近2000年，并且延续到今。本书为"道家文化研究丛书"之一，作者把道教法术当作客观的社会现象来加以系统性的描述和分析，在广泛引用各种文献和现实材料的基础上，力求完整反映、准确把握其表现形态，揭示其内涵和发展规律；同时借鉴国内外学术界的方法和成果，为道教法术概括出适合解释其自身情形的理论框架。全书分为"道教法术的形成"、"道教法术的理论原则"、"道教法术的方法与手段"、"法师"、"道法的行持"等8章。作者指出，道教法术在长期的实践中形成了庞大的体系。它是企图借助于种种神秘手段控制鬼神世界，以造成施法者本身和外物变化的方法。它的前提是相信鬼神世界的存在，相信有超自然的力量和掌握超自然力量的方法。它所针对的对象，主要有拟想中的鬼神、人本身，目的是想突破人的现实的自然与社会的能力，突破生存环境的局限，帮助克服生活中的困难、灾祸。

2．道教与生态学

道法自然与环境保护：兼论道教济世贵生思想
张继禹主编
华夏出版社　1998年7月　165千字　210页

　　道法自然，这是先秦道家及后来的道教共同宗奉的中心理念，是道家、道教整个思想体系的核心。道教又是重生乐生的宗教，正由于其重生乐生，所以对生存的社会环境、自然环境也就特别重视。本书着眼于当前人类社会普遍面临的生存困境和生态危机，主要从"道法自然"、"仙道贵生"两个方面论述和阐发了道教自然伦理观与生态伦理观的深层意蕴，提出以中国道教之传统贵生思想来唤醒人们的生命与环保意识的新主张，展现了道家道教的自然之道理论的内核价值及其与现代文明相融的时代意义。全书共4章。第1章论述道教"天人合一"的环境观。第2章论述道教"身心并重"的健康观。第3章论述道教"济世利物"的宗教生活。第4章论述道教对环境保护的贡献。作者认为，以老子为代表的道家道教思想，在人类新文明的重建与新文化的复兴中,自有其不可替代的价值。这是历史的必然,也是现实的需要。

道教生态学（哲学新视界系列丛书／詹石窗主编）
乐爱国著
社会科学文献出版社　2005年5月　252千字　315页

　　道教生态学是根据现代生态学的基本观点,对道教思想中蕴含的生态思想或生态智慧进行全方位研究,为建构新的生态理念提供思想资源的一门边缘学科。本书为"哲学新视界系列丛书"之一,作者立足于道教与科学的双重视野,从自然哲学、生态学理论、生态伦理学和生活实践四个层面解析了道教生态理论,试图建立起"道教生态学"体系。全书共5章。第1章介绍道教生态智慧的历史渊源。第2章探究道教生态学的哲学基础。第3章探究道教生态学的理论要素。第4章探究道教生态学的伦理建构。第5章探究道教生态学的现实延伸。作者认为,道教的天地万物与人同源、同构,建基于"道性"之上的"天人整体观"既是道教生态学的自然哲学基础,也是道教解决人与自然关系的出发点;道教提出的"天人合一"、"天父地母"、"道法自然"是道教生态学的基本理论要素;道教提出"慈心于物"的道德认知,倡导"仙道贵生"的道德情怀,建立"守道而行"的道德准则,构成了以普遍生命为中心的道教生态伦理。

道教生态伦理思想研究（国学新知文库／詹石窗主编）
蒋朝君著
东方出版社　2006年12月　426千字　492页

　　道教生态伦理是指以西方生态伦理作为考察道教的基本视域而发掘出来的,以"道"为哲学和信仰基础,观照由历代道门中人确立起来的对宇宙、天地（自然生态环境）、生物、人体生命本身那些与道教生命哲学相契合的态度、情感、道德关系、原则规范及其实践形态的总和。本书为"国学新知文库"丛书之一,作者参照泰勒"生命平等论"的生态伦理逻辑论证体系,从道教生态伦理的哲学和宗教信仰基础、道教生态伦理的规范和准则、道教生态伦理在实践中的表现样态三方面展开研究,提出了道教生态伦理的研究范式和理论框架。全书分上、中、下三编,共9章。上编（第1-3章）,探讨"道"本体及"道生万物"的宇宙生成模式对建构道教生态伦理哲学的基础性作用,分析论述历代高道和阴阳五行学说对"道生万物"生成模式的理解、继承、诠释中所蕴含的生态伦理观、道教神仙世界的生态伦理思想。中编（第4-6章）,讲解道教生态伦理的规范、准则及其态度和情感皈依,指出"道法自然"、"清虚自守"、"天地父母"等观念在道教中的哲学含义及地位。下编（第7-9章）,从道教在生态环境保护方面作出的实际贡献、宗教活动和世俗生活中的道教生态伦理实践、道教文学对道教生态伦理精神的艺术化展现三个方面考察道教生态伦理在实践中的具体应用。

助天生物：道教生态观与现代文明（上海城隍庙现代视野中的道教丛书）
蔡林波著
上海辞书出版社　2007年8月 198千字　262页

　　大自然本身的生命现象及运动规律,对于人类具有天然的精神启蒙和教化功能。道教作为基于对森林环境的规律性认识而生发出来的古老思想和信仰,在人与大自然之间建立起了一种较为和谐、亲密的精神联结与实践关系。本书为"上海城隍庙现代视野中的道教丛书"之一，主要从现代生态学的视角出发，介绍了古代道人对于山林、水草、珍禽、猛兽等自然现象的关注，探讨了中国道教文化"符合生态规律之行为的信仰机制"及其生态思想，呼唤在物质文明高度发达的今天，热爱自然、珍视生命。全书分为"天地之思：道教生态观的历史生成"、"学生之道：道教的生态知识与技术"、"和为人经：道教生态伦理及其践履"等5章。作者指出，正是由于道教思想核心来自于对"森林"生态运动规律的深切觉知，使得道教的教义和实践方式天然地具有生态学的内涵及意义。道教生态思想对现代文明的发展前景极具精神启示价值。

衣养万物：道家道教生态文化论
李远国　陈云著
巴蜀书社　2009年11月　300千字　363页

近现代社会的思想支柱：西方的价值观与哲学体系，在相当长的一个时期曾是照耀人类生命方舟航行之旅的灯塔，将人类引出了黑暗蒙昧的中世纪。但迈入20世纪之后，这种机械的、唯利是图的思想体系，日益暴露出狭隘的局限性，以至于可以说它正是现代社会所面临的全面危机的根源。本书基于对现代西方所谓"合理主义的哲学和实证主义的科学"的深刻认知与反省，从人类生存的大环境观的立场出发，将生态问题放入人天和谐、天人互法的文化背景中进行解读，通过对富有中国文化特色的道家道教哲学思想、天人理论、健康观念、宗教生活方式与宗教行为等的探讨，重视审视和评估了道家道教生态文化所蕴涵的生态智慧与生态价值，提出了立足于当代社会的生态文化建设思路。全书共12章。书中既有对道家道教生态文化的全景式介绍，也有精微入里的具体分析，内容涉及先秦道家传统、秦汉之际的道家学说、老子之道的哲学理解、道法自然的生态理念、衣养万物的宇宙法则、天人和合的生养体系、三才相盗的生态系统、生态女权主义中的"道"、身心并重的健康观念和返朴归真的生活方式，以及老子、庄子、列子、葛洪、孙思邈、董奉、陈抟、边洞玄、刘一明等众多古圣先贤关爱生命、热爱自然的道家风范。

道教生态思想研究（宗教与社会研究丛书／卿希泰主编）
陈霞主编　陈云　陈杰副主编
巴蜀书社　2010年6月　490千字　594页

道教自古就有着医治天地疾病、维护自然生态、呵护个人身心、创造和谐生命、追求长生成仙的文化传统。它不把希望托付给彼岸和未来，尤其关照我们身处其中的自然。其典籍戒律、科仪法事、修身养性、艺术创作蕴涵着丰富的生态思想；其道法自然、贵人重生、返朴归真、无为而治、贵柔守雌等理念提供了独特的生态智慧。本书为"宗教与社会研究丛书"之一，旨在对道教生态思想进行宗教生态学意义上的基础性研究，内容涉及道教生态哲学、道教宗教实践的生态学意义、道教整体观与资源保护、道教环境伦理的基础、道教生态关怀与生态女性主义、道教与其他宗教生态思想比较等。全书分为"道教教义中的生态思想"、"道教实践中的生态思想"和"道教与佛教、基督教生态思想比较"上、中、下三篇。上篇（7章）主要围绕道教天人观、道教身体观、道教整体观、道教神仙世界四个方面探讨道教教义中的生态思想在现当代社会中的构建与应用。中篇（8章）集中论述道教生态思想在实践中的具体体现，包括道教医学中的生态思想、道教斋醮科仪和法术中的生态思想、道教劝善对环境保护的启示、道教音乐与心灵生态。下篇（3

章）分别对道教与佛教生态思想、道教与基督教生态神学和生态实践进行比较研究。

3. 道教与伦理学

劝善成仙：道教生命伦理（中华道学文化系列/王家祐 谭洛非主编）
李刚著

四川人民出版社　1994年7月　190千字　340页

　　道教生命伦理以个人的生命价值和存在意义为出发点，以心性论为中心去寻找善恶产生的根源。它企望人通过为善去恶，提高生命的内在质量，延长生命的外在时间，最终为人的生命寻找到一个光明的归宿。本书为"中华道学文化系列"丛书之一，作者遵循"历史与逻辑相统一"之原则，从道教"劝善成仙"思想入手，以历史为经，纵向考察了道教伦理学的历史演变线索；以特性为纬，横向分析了道教劝善成仙学说的理论内涵；力求发掘出道教生命伦理学中所蕴藏的传统美德，为当代社会的道德伦理建设提供参考。全书共5章。内容包括：汉魏两晋劝善成仙思想的萌芽和初步形成、南北朝隋唐五代劝善成仙思想的分化与发展、宋元明清劝善成仙思想的系统化趋势、道教生命伦理学的主体性与可操作性等。

汉魏两晋南北朝道教伦理论稿
姜生著

四川大学出版社　1995年12月　170千字　218页

　　道教伦理是中国道教思想体系中以"得道成仙"为理想，关注道德现象与生命现象的一种信仰化哲学。它内在于道教体系之中，成为道教之宗教理想最重要的理论与实践基础。本书在广泛搜集整理第一手资料的基础上，运用辩证唯物主义、历史唯物主义的观点和方法，对汉魏两晋南北朝道教伦理思想的发端、形成、特质及表现形态等进行客观的分析和评价，归纳总结出道教伦理的理论要点、思想特征及其发展规律，从而构成一个较为完整的研究体系。全书共5章。第1章介绍前道教时期中国思想文化对道家伦理的影响，言明上古传统、诸子学说、神仙信仰三种文化元素对道家伦理思想的孕育孵化作用。第2章介绍道教伦理之社会历史起源，指出秦汉社会世俗伦理信仰的全局性危机，乃道教神学伦理思想生成与勃兴的先决条件和必然结果。第3-5章分别探讨汉魏两晋两北朝道教的生命伦理思想、社会伦理思想和神学伦理形态，以期从哲学高度论证中国道教神仙思想的伦理本质和道教伦理修行所规制的"把人的主体自我修养，同个人的生死以至家国命运相联结"的功能价值与社会意义。

宗教与人类自我控制：中国道教伦理研究
姜生著

巴蜀书社　1996年6月　230千字　295页

　　自古以来的人类传统文化有一个十分相近的特点，这就是各地区、各民族均重视宗教信仰对人们心灵的控制，即通过神灵对人类自身终极利益的控制，引导人们自觉接受和履行特定的社会伦理规范，以实现社会控制向自我控制的转变。道教伦理在这方面就有十分独特的表现。本书是一部以马克思主义哲学为指导研究宗教控制理论的专著，首次运用社会学方法对中国道教的伦理控制功能进行理论探讨，开辟了道教研究的新领域。全书分为"宗教的社会控制功能"和"道教伦理与社会控制向自我控制的转换"上、下二篇，共8章。书中首先讨论了宗教与人类自我控制的基本理论问题，然后以道教为研究对象，系统论述了道教伦理的社会控制功能，以及这种功能赖以实现的信仰结构与文化载体，指出道教首要的社会历史功能，就是使外在的社会控制转换为内在的自我控制（守诚即意味着信仰），从而对中国封建社会秩序产生了强大的稳定作用。这就从根本上揭示了道教伦理的功能属性及其在维护封建社会秩序方面的重要意义。

道教劝善书研究（儒道释博士论文丛书／汤伟侠 卿希泰等主编）
陈霞著
巴蜀书社　1999年9月　170千字　209页

　　道教劝善书属于传统民间劝善书的范畴。它以《感应篇》和《太微仙群》功过格等道教善书的出现为分水岭，实际上是宗教伦理化和世俗伦理宗教化的产物，代表着道教逐渐由神学宗教向道德宗教转化的趋势。本书为"儒道释博士论文丛书"之一，作者结合相关史料，将道教劝善书的发展演变划分为三个阶段：酝酿时期（汉魏两晋南北朝和隋唐）、形成时期（宋金元）、盛行发展时期（明清），以此为引线，探讨了道教劝善书的概念内涵及其历史流变，论述了道教劝善书在不同发展阶段的特点、流通方式及其在民间的接受与传播情况，揭示了道教劝善书的宗教伦理特色、教化功能和现实意义。全书共5章。内容包括：汉魏两晋、南北朝隋唐时期的道教劝善成仙思想；道教劝善书形成的社会背景；说理性道教善书《太上感应篇》的出现；惩恶性道教善书《玉历钞传》；道教劝善书的善恶伦理观，道教善书对明清小说和其他善书的影响；等等。

中国道教伦理思想史稿（香港道教学院丛书）
乐爱国著
齐鲁书社　2010年10月　504千字　584页

　　中国传统文化以伦理思想最为重要。在以伦理思想为主导的中国传统文化背景中产生的道教及其思想，不可能不渗透着伦理精神。本书为"香港道教学院丛书"之一，是一部从"史"的角度深入研究中国道教伦理思想生成、发展和演变的专著，充分展示了道教伦理思想在中国伦理思想史上的重要地位。全书分为"道教伦理思想产生的历史渊源"、"东汉魏晋时期道教伦理思想的形成"、"南北朝时期道教伦理思想的发展"、"隋唐时期道教伦理思想的成熟"等6章。书中将道教伦理思想的发展贯穿于先秦两汉至明清的各个历史时期，将中国历代道士及重要道书的伦理思想几乎全部网罗在内，使本书内容具有"通史性和完整性"特征。作者指出，道教在中国古代伦理思想上所发挥的重要作用，主要表现为三个方面：其一，道教对伦理道德作了宗教的诠释，使之得以强化；其二，道教对伦理思想作了重要的补充，使之更加完善；其三，道教为道德教化提供了可行的方法，使之广泛深入。正是基于上述原因，道教伦理思想呈现如下特点：第一，它具有明显的神学特征；第二，它融合了道家、儒家以及佛教的伦理思想；第三，它以道性论为理论基础；第四，它具有生命伦理的特征。

道教社会伦理思想之研究（儒道释博士论文丛书／汤伟侠 卿希泰等主编）
何立芳著
巴蜀书社　2010年11月　200千字　228页

　　本书为"儒道释博士论文丛书"之一，主要围绕道教神仙思想的演变，从政治伦理、社群伦理和人际伦理三个方面探讨了道教以神仙信仰为基础的人伦准则、社会行为规范及其实现渠道和取得的一些实践性成果,揭示了不同时期相对突出的道教伦理思想的特点,探索了道教社会伦理研究的新范式。全书共5章。第1章研究道教伦理思想"从仙道到人道"即逐渐社会化、政治化的演变趋势,重点论述道教神仙思想的伦理化过程以及从仙道到人道的社会化转变过程。第2章讨论道教政治伦理,着重于道教"无为而治"政治伦理核心理念,"爱民则国安"、"修身与治国同"、"民为国之本"等政治伦理思想。第3章分析道教"天道助弱"的社群伦理思想。第4章研讨道教内容丰富的以"和"为核心的人际伦理思想,认为"和谐"思想原则之确立是道教长期以来作为国教不断适应社会需求的结果。第5章专门评价道教社会伦理思想的实践性特点,阐述其历史影响和现实意义。

道教的道德教化研究
伍成泉著

知识产权出版社　2013年8月　305千字　246页

宗教教化是中国传统文化的重要组成部分,然而长期以来有关道教"道德教化"问题的研究却是一个薄弱环节。本书是迄今为止全面系统地研究道教道德教化问题的第一部专著。书中采取文献研究和历史研究相结合的方法,从离析"道教"、"道德"、"教化"和"道德教化"等概念入手,对道教道德教化的基本原理进行探讨;通过分阶段考察早期道教"治"、"靖"的道德教化作用,南朝的"道馆"、北朝的道观,以及唐代以后的"宫观"所涉道德教化问题,对道教道德教化的主要场景加以解说;同时从道教的戒律规范、道教文学、道教医学三个方面,对道教实施道德教化的其他一些具体途径和方式作出论证;最后试图从道教的道德教化中为现代社会道德建设寻求某些经验借鉴。全书共5章。内容包括:道教的道德教化的基本内涵和特点;北朝寇氏天师道道坛和楼观的道德教化剖析;道教禁戒、科律、清规的道德教化剖析;道教诗词的道德教化;道教戏剧曲艺的道德教化作用;道教符咒治病的道德教化作用;道医在医方药理上的贡献及其医德的道德教化作用;等等。

道教与女性（厦门朝天宫道教文丛）
詹石窗著

宗教文化出版社　2010年8月　100千字　196页

道教重视生命、尊重女性的教理教义,使之具有不同于其他宗教的鲜明特色。道教与女性关系之研究,对于认清道教的性质、明瞭中国文化史的发展脉络,都有不可忽略的意义。本书为"厦门朝天宫道教文丛"丛书之一,是第一部研究道教与女性之关系问题的论著。作者以大量史实和独到分析,考察了女性崇拜的起源及其在道教中的沿袭和发展,解读了《女丹合编》等书中有关女性气功及美容术的来源、特点、思想义蕴和具体实施过程,探讨了女性修行的理论内涵和现实意义。全书分为"道教与女性崇拜"、"道教与女性修行"上、下二编,共6章。作者认为,先秦时期即存在女神崇拜与女仙崇拜两种表现形式。后来由于神话传说的模糊性和心理、伦理、审美的种种原因,女神崇拜与女仙崇拜发生了融合。道教不仅继承了带有融合特征的女性崇拜的观念和仪式,而且对此有了很大发展。这既表现为女性神仙形象的变化,又表现为女性神仙队伍的扩大。而这一切又在中国文化史上发生广泛影响,尤其是民间传说和文学艺术更受到深刻的渗透。

4. 道教与社会学

道教与中国社会（中华本土文化丛书）
李养正著
中国华侨出版公司　1989年12月　90千字　127页

神秘色彩为中华文化增添了特殊的魅力。无论是玄妙的哲学、韵味无穷的艺术，还是谜一样的古代化学、秘密宗教，几乎全部的中国文化史，离不开道教的深刻影响。了解道教及其对中国社会的千年浸润，可以使中国文化的许多问题迎刃而解。本书为"中华本土文化丛书"之一，作者以道教与中国社会的关系问题为核心，从道教与传统文化、道教与民俗、道教与秘密宗教、道教与术数诸方面进行了纵向讲述与横向剖析，为人们解开中国文化的神秘性之谜，提供了一个学术视角。全书包括12个论题，内容覆盖中国社会生活的各个方面。作者在末篇还总结了新中国成立后道教及中国道教协会的发展与建设情况，强调了落实宗教信仰自由政策的重要性。

生死超越与人间关怀：神仙信仰在道教与民间的互动（儒道释博士论文丛书／汤伟侠　卿希泰等主编）
李小光著
巴蜀书社　2002年9月　200千字　284页

道教神仙信仰，蕴含着中国人文精神所追求的对生命本身及其生存境遇的超越意识。本书为"儒道释博士论文丛书"之一，作者采用历史唯物主义的方法，全面深入地考察了道家、道教神仙信仰的来源和演变，并结合宗教学、民族学、历史学探讨了神仙信仰在道教与民间的不同内涵，分析了神仙信仰在不同社会阶层之间的互动原因和方式，揭示出道教神仙信仰的理论发展一直与中国哲学主题思潮的变化密切相关。全书共6章。书中不囿于前人之说，第一次对道家的原始乐园思想、道教神仙信仰在历史发展中所呈现出的信仰分层现象进行了理论透视，认为在中国传统社会中，道家的原始乐园思想其实是对人间社会的一种政治秩序的设计，道教作为一种普遍的文化现象，其神仙信仰在知识型道士阶层和一般民众阶层的表现形式和真正内涵都出现了相当大的差异。作者指出，道教最早的神仙信仰着重点在于对仙境的信仰上，这既是对道家原始乐园的继承，同时也可以用来解释早期道教无神像的原因。

道教人学研究
杨玉辉著
人民出版社　2004年12月　310千字　319页

道教人学即道教关于人的学问，更确切地说是道教关于人的系统的理论。本书是在作者的博士学位论文基础上扩充、修订的一部探讨道教人学的专著。书中以"道教人"的本质概念的描述为起点，细致审勘了人的"精、气、神"，"命与性"之相互关系，从社会属性角度探讨了道教对于人生存在的看法以及修道的意义，阐述了道教修道的基本原则和修道的具体方法，并将道教人学观与儒家及佛教的人学观进行比较研究，藉此勾画出一套完整的道教人学思想体系。全书分为"人的本质结构"、"人体的脏腑"、"人体的经络"、"人的生活历程"、"世界的层次结构与人的最终归宿"、"人生存在的特性"、"修道的意义、价值与修道的素质"等12章。

作者认为，道教通过形气神理论和性命理论以及脏腑经络理论完成对人的纵横各部分及其相互关系的完整把握，提出了一套从先天一气到胎儿、婴儿、孩儿、成年并最终死亡成鬼或修道成仙的完整过程的理论及修行方法。这些原理和方法从根本上揭示了人的本质结构及其运动变化规律，对于今天的人们认识和研究人体具有不可多得的理论借鉴意义。

宗教律法与社会秩序：以道教戒律为例的研究（儒道释博士论文丛书 / 汤伟侠 卿希泰等主编）
刘绍云著

巴蜀书社　2009 年 11 月　200 千字　248 页

宗教伦理的主要载体是戒律。戒律的思想、戒律化的自我约束方式随着宗教社会化进程的逐步深入而为其他社会成员所广泛接受，进而影响到传统伦理、社会秩序及相关制度的构建。本书为"儒道释博士论文丛书"之一，作者运用宗教社会学、宗教伦理学、历史学的理论和方法，就"宗教律法对中国传统社会秩序起着何种影响"这一具体问题展开讨论，揭示了作为一种制度化宗教伦理体系的道教戒律，在历史上是以何种途径、何种方式，在何种广度与深度上参与到社会秩序的建构及其动态调节过程中的，以期透过宗教戒律的视角观测和探究中国传统社会秩序结构的特征及其形成机制。全书共 6 章。作者认为，戒律的历史乃是宗教史、社会史、思想史、风俗史的一体化发展。与戒律的发展、变化、流布和传承相伴随的，正是一个文化传统自我生长、嬗变的过程。循此，可以从一种角度认识和把握传统思想文化发展的内在理路，明瞭中国人的思维与生活方式，更深刻地理解传统社会秩序结构的实质。

晓望洞天福地：中国的神仙和神仙信仰（羊角丛书 / 赵喜民 孙晓主编）
郑土有著

陕西人民出版社　1991 年 9 月　180 千字　338 页

神仙信仰起源于春秋战国时期，是中国特有的信仰现象。神仙，经千年文化浸润，构成中国人心目中最完美、最理想的价值形态和人格追求。本书为"羊角丛书"之一，作者将神仙和神仙信仰作为独立且独特的中国传统信仰模式加以系统研究，阐述了神仙信仰与巫觋、道家、道教的关系，摹写了中国神仙世界的仙官谱系及其衍化脉络，揭示了潜藏于"神与仙"光环背后的中国文化心理属性。全书分为"神仙世界：一个独特的'第二世界'"、"神仙世界的建构"、"神仙信仰在中国民间信仰体系中的地位"等 6 章。作者指出，神仙家之所谓神仙就是精神与肉体的高度统一的结果，满足了中国人的生存欲望并契合务实的民族性格；同时，周期性的社会变更也为神仙信仰的长期、广泛流传创造了良好的社会环境。

道教神仙信仰
张兴发编著

中国社会科学出版社　2001 年 8 月　535 千字　662 页

道教神仙信仰作为中国传统信仰体系的重要组成部分，源远流长，博大精深，牵涉民族文化的诸多方面。本书是张兴发道长从其信仰的角度出发，借鉴现代学术研究的理论与方法，网罗古今神仙典籍和研究资料纂集而成的一部全面阐释道教神仙信仰的专著。全书分为"信仰篇"、"诸神篇"、"经籍篇"三篇。书中深入细致地讲解了道教神仙信仰在历史、哲学、文学等方面的深刻影响，论述了"神与仙"的不同内涵和特点，较为全面地介绍了有关的道教神仙典籍。内容涉及道教神仙信仰的历史背景、思想渊源、文化内涵、社会功能，以及道教神仙的属性、外貌特征与品位、洞府，道教修道成仙之理论、方术和阶次等，可谓道教神仙信仰全方位之阐述。作者身为教内人士，本着对道教神仙的虔敬之心，广纳博采，纂集成书，以达宣道宏教之目的。

洞经乐仪与神马图像
王卡　汪桂平著
社会科学文献出版社　2016年12月　236千字　264页

宗教礼仪、音乐及图像学的研究，是国际宗教学界的一门显学。最近10余年来，对中国民间道教暨村社信仰仪式活动的田野调查，以及与此相关的科仪文本、音像资料的搜集和研究，在国内外道教学界已成为一项时兴的课题。本书是作者于2007年4月应邀参加中国社会科学院世界宗教研究所在云南省腾冲县（隶属于云南省保山市，古称永昌郡）举办的有关"滇西道教及民间宗教文化遗产调研"项目的成果总结。此次实地调研期间，项目课题组成员发现了该县与道教相关的两项颇有意思的民间习俗，即神马雕版和洞经音乐，遂对其进行了专题考察和论述，形成此项报告。全书包括"洞经篇"、"神马篇"和"资料篇"三个部分，各部分内容由郭朝庭、汪桂平、王卡等学者和当地官员分头撰写。书中从宗教社会学的视角，描述了洞经乐仪、神马图像这两项民俗文化在当地民众生活和礼仪中的实际状况，从个别案例入手分析了其普遍性的信仰特征和意义；从宗教文献学的视角，探索了民间仪式所用经书抄本和音像的历史渊源，并与现存道教典籍中的经书、科仪做了比较分析，为我们构绘出一个立体的民间俗祀的全景图。

5. 道教与科学

道教医学（宗教学博士文库/黄心川　陈红星主编）
盖建民著
宗教文化出版社　2001年4月　328千字　412页

道教医学属中国传统医学的一个重要流派，占据着道教学研究领域的前沿位置，其研究价值近年来已获得国内外学术界的普遍认同。本书为"宗教学博士文库"丛书之一，是我国第一部系统研究道教医学的学术专著。全书分为"以医传道：道教医学流派的肇始和初步形成"、"道医辈出：道教医学流派的发展与兴盛"、"汇入大海：明清道教医学流派的新走向"等5章。作者运用史料稽考和统计分析相结合的研究方法，考察了道教医学流派产生的渊源及其演变，对道教医学的概念、宗教神学色彩、独特的医学模式以及符咒治病术的医学底蕴从理论上进行了系统性地分析梳理；从哲学研究的高度，探讨了道教与中国传统医学发生关联的内在逻辑，论述了道教医学对中国传统医学发展的历史贡献及其现代价值，阐明了道教"尚医"的原因及道教医学形成的宗教哲学基础，对传统医学思想、思维模式在道教义理、修仙方法论的建构和发展中的作用进行了独特阐释，认为道教医学与传统医学在长期的历史发展中形成了一种互融互摄、相互促动的双向作用机制。书中还对学术界过去长期忽视乃至否认道教医学流派存在的学术是非予以辨析和澄清，拓展了道教学研究的新领域。

道教科技与文化养生（中国科技思想研究文库）
詹石窗著
科学出版社　2004年3月　276千字　329页

在传统养生学中，道教的贡献尤其突出，因为道教的基本宗旨是延年益寿，为了达到延年益寿的目标，进而实现"羽化登仙"的理想，道门中人努力探讨生命的奥秘，思考养生主体与养生客体之间的关系，建立了系统的养生理论。本书为"中国科技思想研究文库"丛书之一，作者以"文化养生"为中心概念，选择历史上一些与道教文化存在密切关系的儒家人物、经典以及民间宗教作为考察对象，从古代科技和传统养生术两个方面探讨了以道教文化为基本内涵的养生技术体系的形成机制和主要特点，揭示了由人文文化、科学文化向技术转化的内在逻辑。全书分为"道教科技与伦理养生"、"道教修炼与符号养生"上、下两编。上篇（10章）为理论概括，分别论述了科技哲学视野中的道教、道教科技哲学与现代化、道教术数与科技哲学、玄武信仰与古代科技思想、道教生命伦理与现代社会健康等问题。下篇（10章）为技术分析，内容涉及长生之道的符号隐喻、明堂思想与道教符号养生、《参同契》的"纳甲法"与符号养生、陈抟《无极图》的符号养生、张伯端《悟真篇》的易学象数符号意蕴、白玉蟾及其传人的符号养生理念等。

道教科学思想发凡（哲学新视界系列丛书 / 詹石窗主编）
盖建民著
社会科学文献出版社　2005年3月　532页

道教科学思想研究是道教思想史的一个重要领域，也是中国传统科学思想研究不可或缺的组成部分。本书为"哲学新视界系列丛书"之一，是国内外学术界第一部以道教科学思想研究为主题的学术专著。书中运用文献考证和哲学论证相结合的方法，从宏观角度对道教思想与古代科技的关系作了描述，客观评价了道教在中国古代科技思想文化史上的地位和影响，剖析了道教思想中有利于推动古代科技进步的积极因素，以及不利于古代科技进步的消极因素；从微观角度探讨了道教科学思想的内涵、体系特征，整理发掘了道教科技文献、道教徒宗教修行活动中载录的古代化学、医学、药物学、养生学、天文历法、环境地理、数学、物理、农学等方面知识，对其中具有现实意义的部分，如思维方法、医药养生、地理环境思想等进行科学总结和现代诠释。全书共9章。内容包括：道教天学思想，道教术数与传统数学思想，道教物理思想，道教外丹黄白术与古代建筑思想，道教科学思维方法等八个专题。作者从表层的史实还原入手，渐次深入到中国道教科学思想的意义诠释和系统解读，力求在思想凝炼方面有所创新。

道教与科学
李崇高著
宗教文化出版社　2008年6月　240千字　351页

道教与科学有着千丝万缕的联系。道教科技在中国科技史上占有极为重要的地位，对中国传统科技的发展曾经做出过积极贡献。本书是李崇高道长"本着实事求是的理性态度和大胆探索的学术精神"撰写的一部全面系统地研究中国道教科技思想的专著。全书分为"道教的兴起和历史发展"、"道教中的科学活动"、"道教中的炼丹术与古代化学"、"道教中的天文地理"、"道教中的数学与物理学"等12章。书中以道教历史为经、以道教与古代科学的关系为纬，一方面从宏观角度概述了道教思想与古代科技的关系，另一方面从微观分析入手，结合道教与科学关系的典型个案，考察了道教科技思想的应用实例，发掘了道教原典中的相关记录，对其中蕴含的科学原理及其现代价值进行总结和诠释，内容涉及古代化学、中西方炼丹术的比较、医药养生、数学与地理学、建筑学、天气预报和天文观测、道教中的风水学等。

道教与传统兵学关系研究（国学新知文库／詹石窗主编）
于国庆著
东方出版社　2009年9月　312千字　375页

　　道教思想来源之中含有丰富的兵学思想。研究道教与传统兵学的关系，意义非常重大。它既可以加深我们对道教之兵学思想、哲学思想、医学思想、神仙思想、法术与科仪等的理解，从而有利于道教思想史的研究，亦可让我们更加了解道教与传统兵学在历史演变过程中所发生的千丝万缕的关系，在这个基础上深入理解中国传统兵学的特色和价值。本书为"国学新知文库"丛书之一，作者以"道教与传统兵学关系"为研究对象，采用系统分析法、比较分析法、符号学研究法等多种方法，从传统兵学对道教的影响及其表现、道教对传统兵学的影响及其表现，以及道教与传统兵学双向互动关系三个层次展开探讨，以求透过对道教"兵道"思想的分析和把握，来重新审视道教发展的历史过程及中国传统兵学思想的演化动力。全书共5章。书中首先梳理教内部之兵学思想的主要原始资料，详细阐述道教兵学思想的主要内容及其主要特征，接着从道教神仙理论、科仪法术、哲学、医学等方面就道教对传统兵学的变通和化用进行探讨，从战争观、战略战术原则以及社会理想和个人理想等角度论述道教对传统兵学的影响，最后分析道教与传统兵学双向互动关系的历史表现、文学展现和内在原因。

6. 道教与哲学

道教哲学
卢国龙著
华夏出版社　2007年1月　509千字　468页

　　道教哲学是中国传统哲学的一个有机组成部分，是传统哲学大系统中的一个子系统。中国传统哲学作为人类一大文明体系的理论性凝结，有其独特的思想主题，道教则是推阐这个思想主题的一种理论形态，同时也是致思于这个主题的一段探索历程。本书将道教哲学界定为"推阐性与天道相统一理念"的理论形式，运用抽象的逻辑方法勾玄勒要，阐示了道教"杂而多端"形态背后的思想蕴涵，试图通过道教的宗教表现形式和理论表现形式，发掘其天人合一或性与天道相统一的精神理念，求索出这门古老宗教之所以源远流长、之所以恒古而常新的真正生命力。全书分上中下三篇。上篇"从'神道设教'到'道教'"（4章），围绕"儒道合流"这一视角论述"神道设教"中的人文精神、礼俗之间的"统同"与"辨异"、斋醮科仪的古今之变等。中篇"从'玄道'到'重玄之道'"（5章），主要讲解南北朝道教义学与重玄学、隋唐重玄的精神哲学、重玄思潮下的道德性命之学。下篇"从方仙道到内丹道"（4章），分别阐述方仙道的精神旨趣与道家的贵生思想,《参同契》与唐宋之际道教的内外丹理论,内丹道中的心性学等议题。

道教与美学（宗教与美学丛书）

高楠著

辽宁人民出版社　1989年9月　330千字　473页

　　道教思维实现了现世生活与宗教境界的融合、主体与对象的融合。这种融合的独特性也正是我国古代美学范畴所具有的独特性。本书为"宗教与美学丛书"之一,作者将道教与美学的关系置于中国古代文化的大背景中加以考察,在断定道教是审美型宗教的前提下,探究道教审美型的深层依据：文化依据和思维依据,并从整个传统文化的结构中寻索出道教审美型生发之根。全书共4章。第1章论述道教"所建构的宗教世界,是融铸着彼岸理想的此岸世界。"第2章论述"美是自然人与社会人的自由实现",明确指认"道教是审美型宗教"。第3章概括了道教思维的四个特征：基于经验的物我相融、以经验为中介的并接互应、收发于极则的双向互逆推演、守致中和的流转变化。第4章为本书重点,作者在分析"中国古代文化结构"之基础上,提出了一个"阴影结构"的概念,认为道教之根就扎在这"阴影结构"之中。

道教与超越（中华本土文化丛书）

徐兆仁著

中国华侨出版公司　1991年7月　350千字　517页

　　道教超越理论是中国古典哲学中最为深奥、神秘和独特的内涵之一,是中国古代文学、艺术创作意境、灵感和浪漫主义思想的重要源泉,也是人类探索精神的伟大成果。本书为"中华本土文化丛书"之一,作者从大量文献出发,勾勒了道教超越思想发展和演变的历史轮廓,描述了数千年来道教宗师巨匠的生平、学识、思想、成就、师承渊源和流派分支的真实面貌,剖析并揭示超越理论的结构、体系、特色、价值等。全书分为历史、理论和方法三篇。"历史篇"主要梳理道教超越思想发展和演变的历史脉络,以及历史上众多道教学者的师承渊源关系、道教各大派奠基者生平、思想及其流派分支等情况。"理论篇"主要从哲学和现代科学的角度对道教各派超越理论的结构、体系、特点、价值进行探讨,破译密码、揭露实质。"方法篇"依据大量的道教内修秘笈,概括出一整套由浅入深、体系完备的上乘内修方法,尽可能对此作出形象的、科学的阐述。

易学与道教文化

詹石窗　连镇标著

福建人民出版社　1995年12月　303千字　401页

　　易学与道教文化融合的最高境界,乃"易道合一"理论的产生。它以《周易》之象数和义理为主干,以老庄哲学为核心内容,以人类生存为宗旨,开启了道教文化的衍扩和伸展之路。本书是国内第一部系统探索易学与道教生命哲学、医药丹方、符图秘文之奥妙关系的专著。书中秉持文献性与逻辑性相统一、历史性与时代性相一致、整体把握与局部具体分析相结合之原则,将易学与道教文化的相互关联、相互渗透、相互促进问题编织为一条叙事主线来贯彻始终,倚靠严谨的推演和扎实的资料论证了易道融通对于中华传统思维模式之发展的巨大作用。全书分四编,共8章。作者指出,一部道教文化史,可以说就是《周易》象征哲学的应用、演变、发展、衍扩的历史;

没有《周易》的象征哲学,也就没有道教那些富有多层意蕴的概念体系。

玄通之妙:易学与道教符号揭秘(易学文化丛书/张其成主编)
詹石窗著
中国书店出版社　2001年2月　310千字　401页

在源远流长的中国传统文化中,易学与道教符号的融通发展造就了奇特的象征思维模式,闪烁着生存智慧的灵光。本书为"易学文化丛书"之一,作者以现代符号学为研究工具,将传统易学与道教文化联系起来展开讨论,对道教基本理论及其错综复杂的符号体系作了深入考察,揭开了道教文化殿堂中的符号秘密。全书共8章。书中首先从道教的基本信仰、道教符号特征、易学与道教符号相关研究的意义三个方面指出道教与易学之间的同源关系;随后通过对道教的神仙意象、天地学说、金丹养生、符咒法术、斋醮科仪、占卜活动、灵棋课法、奇门遁甲、太乙六壬等道教奇术进行符号解读,进一步探讨道教与易学的密切关联。作者认为,易学与道教符号关系这个课题的研究,其意义主要体现在如下层面:从文化发展史的角度看,能更全面地了解中国传统文化各个层面的互相沟通问题;从道教思想体系的研讨角度看,能更好地从广度与深度上揭示道教符号体系的本质;从提高个体思维能力的角度看,能有效提升个体象征性思维能力,增加审美情趣和对文化典籍的理解能力。

易学与道教思想关系研究(厦门大学南强丛书/陈传鸿主编)
詹石窗著
厦门大学出版社　2001年3月　268千字　295页

本书为"厦门大学南强丛书"之一,是詹石窗教授根据其博士学位论文补充修订而成的一部"全面揭示易学与道教在历史进程中相互融合、相互渗透、相互影响关系"的专著。书中循着"易道合一"的思考路径,从学科交错的视角阐释了易学和道教的复杂关系,"从易学体系结构的整体把握入手,追溯了道教产生之前道家学派、祖国传统医学与《易》之关联,在此基础上,对易学象数派、义理派对道教思想的影响以及道门中人对易学基本原理的应用和发挥等问题,进行多方辨析"(卿希泰语)。全书分为"易学与道教思想关系之基础"、"易学与道教思想关系之建立"、"易学与道教思想关系之衍扩"上、中、下三编,共7章。在导论中,作者详述了易学及其研究状况、易学与道教思想关系研究的必要性、易学与道教思想关系研究的原则方法这三方面问题。上编(第1-2章)论述了易学体系的建立,以及与道家及传统医学理论的关联。中编(第3-5章)以时间为序,梳理了易学象数派和易学义理派与道教思想的互动关系。下编(第6-7章)阐述了易学体系的大变迁以及道教养生学对易学的进一步应用和发挥。

道教自然观研究(儒道释博士论文丛书/汤伟侠　卿希泰等主编)
赵芃著
巴蜀书社　2007年11月　350千字　469页

道教自然观是建立在以"道"为本体基础之上的认识论,是在继承道家人文自然观思想基础上而形成的宗教化的宇宙观、天人观、生命观,以及具有自然和社会双重属性的人之行为观等方面的综合观念。本书为"儒道释博士论文丛书"之一,作者通过对大量的道经、史料、文献的分析梳理,第一次系统地阐明了道教自然观的基本内容、特点及其逻辑体系框架,展现了道教自然观作为辩证的世界观和方法论所蕴含的丰富思想,开辟了道教哲学研究的新路径。全书共8章。书中将道教自然观归入到哲学的视角与范畴之中,分别考察了"宇宙生成论"、"道之本体论"、"生命之道"、"生死之道"、"天人感应"、"生活观"、"治政观"等基本概念,以求准确把握"自然"的内涵,洞察道教自然观的本质属性、表现形式及内在的辩证关系。作者认为,道教的"自然"所体现的是事物自身的本质本性以及内在根据和"本真"状态,是一切事物的存在和演化的原则和规律。"道不违自然,乃得其性,法自然也",由此形成了道教具有道本性、系统性、民族性和实践性等中国民族宗教特点的自然观。

7. 比较研究

道教与基督教生态思想比较研究(儒道释博士论文丛书 /汤伟侠 卿希泰等主编)
毛丽娅著

巴蜀书社 2007年11月 350千字 376页

本书为"儒道释博士论文丛书"之一,作者根据比较宗教学、生态伦理学、深层生态学的基本观点、理论和方法,首次系统地对道教和基督教思想中所蕴含的生态思想进行全方位的比较研究和当代审视,旨在梳理出道教与基督教生态思想的脉络,看到某种更深层的价值相通,为增强现代人的生态意识提供一些思想资源。全书共5章。第1章主要从生态神圣观、生态整体观等方面比较了道教与基督教生态思想的异同。第2章从自然的价值和权利的讨论出发,重点探讨了道教与基督教的生命观与自然环境的关系,对道教的"洞天福地"与基督教的"新天新地"进行了比较,对道教与基督教的生态伦理思想进行了分析。第3章主要讨论了道教与基督教的社会生态思想,认为人、社会、自然是一个高度复合的生态系统。第4章主要讨论了道教与基督教在各自生态观指导下的环保实践活动。第5章全面概括道教与基督教生态思想的异同,强调在全球化背景下,道教和基督教所负载的生态伦理思想的现代价值。

《庄子》与道教文化及武文化的比较研究:民间演绎　身体转向　天人互证
李赫宇著

首都师范大学出版社 2014年9月 302千字 295页

《庄子》、道教文化、武文化具有共同的思维背景和思想文化源头。它们以天人互证思维模式下的"身体"与"民间"两种原始的核心元素为源起、根基、思维工具和知识生产路径,在共同具有的具象性、在场性、主体实践操作性、身心运动与体验性的基础上,呈现出错综复杂的互动关系。本书采用文本细读与跨学科、跨文化研究的方法,围绕《庄子》中具有内在联系的两个核心问题,即宇宙生化模式与"气"论思想,对《庄子》、道教文化、武文化三者的内在联系与互动关系进行了综合性地比较研究。全书共4章。书中立足于《庄子》文本、道教文化典籍、武文化文本,以及武文化与道教文化中非文本的各种身心实炼内容,以身体运动转向、民间演绎和天人互证之思维模式、认知途径及阐释方式为统摄,采取平行结构,通过两两之间的互动比较和三者的综合考察,最终形成《庄子》与道教文化及武文化在理论与实践中的会通。其中包含五个方面的内容:《庄子》分别对道教文化和武文化之理论与实践体系所产生的影响;早期武文化对《庄子》的影响;道教文化和武文化分别对《庄子》的演绎改造和创造性阐释;道教文化和武文化在早期华夏文化思维的统摄及《庄子》的重要影响下的彼此互渗互动;《庄子》的文本与思想在道教文化和武文化的演绎下,在身体动作和民间传播层面的呈现、印证与实践转化。

8. 论文集

道教论稿
王家祐著
巴蜀书社　1987年8月　200千字　299页

本书是我国著名考古学者王家祐先生结合其考古特长和对道教造像、宫观等的田野调查研究撰写而成一部的探讨道教文化的论文集。书中运用考古学与民族学方法,重点论述了古代巴蜀地区的道教演化历史,以及西南民族与道教、区域民间信仰与道教的互动关系;另通过文献资料和实地考证方式,讲述四川省内道教宫观和道教摩崖造像的建筑特色及分布形态。其中针对大足道教石刻的研究,有助于弄清道教神系的演变、道教石刻造像的艺术特点,寻觅到我国民间信仰发展的线索,填补了宗教史与艺术史目前存在的一些空白。全书由16篇论文组成。内容包括:《窦圌山道教转轮藏雕像初探》,《巍山祠庙记》,《大足石刻道教造像渊源初探》,《四川省道教摩崖造像》,《炳灵王与西南民族》,《梓潼神历史探微》,《夜郎与巴蜀》,《白马族人的宗教信仰》,《张陵五斗米道与西南民族》,《陈抟生平大事考》,《读蒙文通先师论道教札记》等。

道教（第1卷）（海外汉学丛书/王元化主编）
[日]福井康顺　山崎宏　木村英一　酒井忠夫监修　朱越利译
上海古籍出版社　1990年6月　222千字　309页

道教同儒教一样,是中国固有的传统文化的代表,是中国文化各种要素和领域的复合体。道教内容随着时代的发展而变化,作为中国人或中国民众的一般文化,道教比儒教更具代表性。本书为"海外汉学丛书"之一,是日本道教学者因应20世纪中后期"国内外道教研究的新动向"而合力撰写的论文集之第1卷(原著日文《道教第一卷道教とは何か》,日本平和出版社1983年初版)。全书由3卷组成。本卷辑录8篇论文,围绕"什么是道教"展开探讨,涉及道教历史和道教文化的各种要素问题。内容包括:《什么是道教》(酒井忠夫、福井文雅执笔);《道教史》(秋月观瑛执笔);《道教经典》(尾崎正治执笔);《道教的神》(石井昌子执笔);《道教和宗教礼仪》(松本浩一执笔);《长生术》(坂出祥伸执笔);《炼金术》(村上嘉实执笔)和《神仙道》(山田利明执笔);等等。

道教（第2卷）（海外汉学丛书/王元化主编）
[日]福井康顺　山崎宏　木村英一　酒井忠夫监修　朱越利　徐远和等译
上海古籍出版社　1992年11月　230千字　335页

本书为"海外汉学丛书"之一,是日本道教学者因应20世纪中后期"国内外道教研究的新动向"而合力撰写的论文集之第2卷(原著日文《道教第二卷道教の展開》,日本平和出版社1982年初版)。全书由3卷组成。本卷辑录9篇论文,以"道教的展开"为主线,重点阐述了道教与中国其它传统宗教及学科的关系。内容包括:《道教与老子》(砂山稔执笔);《道教与儒教》(南山椿树执笔);《道教与佛教》(福井文雅执笔);《民众道教》(奥崎裕司执笔);《社神与道教》（金井德幸执笔）；《道教与民众宗教结社》（野口铁郎执笔）；《道教与中国医学》（吉元昭治执笔）；《道教和文学》（游佐昇执笔）和《道教和岁时节日》（中村裕一执笔）；等等。

道教（第3卷）（海外汉学丛书/王元化主编）
[日]福井康顺　山崎宏　木村英一　酒井忠夫监修　朱越利　冯佐哲等译
上海古籍出版社　1992年11月　191千字　272页

本书为"海外汉学丛书"之一，是日本道教学者因应20世纪中后期"国内外道教研究的新动向"而合力撰写的论文集之第3卷（原著日文《道教第三卷道教の伝播》，日本平和出版社1983年初版）。全书由3卷组成。本卷辑录6篇论文，从比较研究的角度论述了道教在中国本土和东亚地区的流布与传播情况，评述了日本、欧美道教研究的主要特点和学术动态。内容包括：《日本的道教》（中村樟八执笔）；《韩国的道教》（都珖淳执笔）；《台湾的道教》（刘枝万执笔）；《敦煌与道教》（金冈照光执笔）；《最近日本的道教研究》（野口铁郎、松本浩一执笔）；《欧美的道教研究》（福井文雅执笔）。书前有台湾道教法器图和刘枝万撰写的《台湾道教的法器（图示）》。

道教通论：兼论道家学说
牟钟鉴　胡孚琛　王葆玹
齐鲁书社　1991年11月　551千字　773页

本书是一部全面介绍道教的综合性大型著作，由来自全国各地的10余位道教学者共同撰写而成，因而也是一部具有多样性的统一的道教学术著作。它包括道教史，又不限于道教史；既有按阶段划分的关于中国道教发生、发展和演变的历时性的论述，又有按专题划分的关于道教学重要分支的共时性的剖析；在对道教作系统阐发的同时，相当深入地研究了与道教密切相关的老庄和道家学说，对道教文化作了一定的探讨，试图多角度多层面地揭示道教，向读者提供关于道教的立体化形象。全书分上、中、下三编，由18篇专题论文组成。上编旨在"溯源"，从先秦两汉道家，一直追溯到原始文化，把道教的出现放在整个中国古代文化演变的大背景下考察，又对道家作鸟瞰式的俯视。中编旨在"寻流"，以概说道教为总纲，分次论述汉末道教的发生，和它在魏晋、南北朝、唐宋、金元、明清各代的发展和演化，内含重要经典、教派、人物的介绍，具有道教简史的规模。下编旨在"探术"，系统阐述了道教外丹与内丹两大道术，同时解析道教学术对于文艺的影响，以及道术中透露出来的道教精神。

道教与人生
叶至明主编
宗教文化出版社　2002年6月　370千字　478页

道教有着博大精深的文化体系，对我国传统文化乃至民族特质影响甚巨。正是由于这种深厚的社会历史根基和文化价值，道教文化在当代受到了国内外研究者的普遍重视。本书收录中国道协主要领导及道教研究专家学者围绕"道教的当代议题"撰写的论文50余篇。这些论文从多个角度讨论了"道教文化与当代人类生活"之关系，表述了对"生活道教"之思考，探索了如何使"道教文化与当今时代精神文明相结合"之途径。全书分为"道教文化与现代社会生活"、"道教文化与现代文明"、"道家道教思想研究"、"新世纪道教展望"四部分。内容包括：《德臻人间仙境：关于道教与现实社会生活的探讨》，《经国理身：论道教的终极理想及其现代意义》，《道教命运观的主体精神及其现代启示》，《道教济世利人学说的理想价值》，《道教法术的社会功能和时代转换》，《道教教义中的环境保护思初探》，《新世纪的道教文化》等。

道教史发微（社会科学文库·史丛）
潘雨廷著
上海社会科学院出版社　2003年6月　202千字　282页

凡研究任何一门学问，必先了解其史。能有正确的史地时空坐标，方可说明具体人物的思想及其承前启后的作用。然而，迄今尚未见内容较充实的道教史，可见今日中国的学术界对道教的研究，犹未踏上最基础的第一级。本书为"社会科学文库"丛书之一，是著名道教学者潘雨廷先生所撰《道教史》中的主题论文汇编，由张文江依据潘先生家属保存的遗稿整理而成。书中表明了作者对于道教史研究的态度，论述了先秦至近代道教史的核心内容，介绍了仙与道各种流派的修行方法。全书共收录论文29篇。内容包括：《论仙与道》，《论尚黄地老与〈淮南子〉》，《〈参同契〉作者及成书年代考》，《论五斗米道、天师道、正一道之同异》，《论南北天师道与净土禅机》，《论司马承祯〈天隐子〉》，《南宋初全真道的创教过程》，《香港圆玄学院教义释》等；附录"道书释要"四篇及《天师道》序。

中华道学与道教（中华文化研究集刊）
吴光主编
上海古籍出版社　2004年12月　272千字　374页

"道学"与"道教"之"同"，源于两者都以《老子》的"道"论作为其理论指南或信仰基础，都尊崇"清静自然"、"无为自化"的思想宗旨。两者之"异"，在于"道学"是指道家各学派及道教各流派的学说与义理，"道教"是指以道为教的宗教的教义、教派、教规和仪礼。本书为"中华文化研究集刊"之一，是一部有关"道学与道教"研究的论文专辑，包括《21世纪的新道学文化战略》、《道教的性质》、《论道教神学》、《权威的消解与民主的构建：论老子政治哲学中的社会批判思想》、《再论道家黄老之学的源流、特点与历史作用》等22篇论文。收入这个专辑的论文作者，除了有二、三位资深道家、道教研究者之外，大多数是中青年骨干学者及道学界的后起之秀。他们的论文在各自的研究领域里均属精品之作，在相当程度上反映了现阶段海峡两岸道学界对于道家与道教研究的理论水平。

重玄之道开启众妙之门：道教哲学论稿（中青年学者道教研究自选集／李刚　汤伟侠主编）
李刚著
巴蜀书社　2005年4月　400千字　538页

道教给人一种安身立命的智慧。它教人知道生命的价值意义在于归真返朴，在于以豁达平静的心态对待失败、维系人生的平衡，并且告诉众人，要安顿我们的生命，须持守一种清静无为的生活态度。道家道教这套大智大慧的人生哲学，对于当代人正确处理人生的成败得失，保持和谐平衡的生命情调，开启智慧思考，重振生命活力，不无启示意义。本书为"中青年学者道教研究自选集"之一，收录国内学者有关"道教哲学研究"的论文12篇，其中以重玄学研究为主体，表明了学界对这一学科探索的最新成果，为宗教哲学各领域的发展提供了翔实的资料。内容包括：

《道教哲学与中国哲学》，《葛洪神仙学中的哲学思想》，《道教重玄学之界定及其所讨论的主要理论课题》，《李荣重玄思想管窥》，《论吴筠的道教哲学思想》，《司马承祯坐忘服气的哲学思想探析》，《张宇初究天人之际的哲学思想发微》等。

道教经史论丛（中青年学者道教研究自选集／李刚 汤伟侠主编）
王卡著
巴蜀书社 2007年6月 400千字 530页

中国传统文化向以儒释道三教著称。道教作为中华民族固有的传统宗教，具有自己独特的个性和魅力。近现代中国学术界对道教的研究，从20世纪初至今已近百年。然而其真正进入蓬勃发展的新时期，始自1978年改革开放以来的30余年间。此一时期，道教研究在学科建设、人才培养、研究课题，以及国内外学术交流等领域进步显著，取得了某些富有创见的成果。本书为"中青年学者道教研究自选集"之一，辑录了王卡教授自上世纪80年代以来陆续发表的一些研究道教文献和历史的论文35篇。这些论文是作者"亲眼目睹了中国内地道教研究从寂寞走向繁荣的历程"的见证，其中有些资料和尚待进一步研究的问题至今仍具有参考价值。全书分为"经史篇"、"敦煌篇"、"域外篇"和"现代篇"四个部分，所涉题材广泛。内容包括：《两汉之际的儒生与老庄学》，《〈老子河上公章句〉点校序言》，《读〈上清经秘诀〉所见》，《唐前嵩山道教发展及其遗迹》，《敦煌本〈正一经〉残卷研究》，《〈老子化胡经序〉校跋》，《敦煌本〈太上济众经〉考释》，《敦煌本〈灵宝生神章经疏〉考释》，《古螺城的传说及其祠庙》，《道教的生命观与和平思想》，《道教思想与现代社会伦理》等。

道教与生态：宇宙景观的内在之道（宗教与生态丛书／安乐哲主编）
N.J.Girardot　James Miller　刘笑敢编　陈霞　陈杰　岳齐琼等译
江苏教育出版社 2008年5月 348千字 359页

生态危机已经成为当今世界各个国家和民族都要认真对待的重大问题。本书为"宗教与生态丛书"之一，是在1998年6月由哈佛大学世界宗教研究中心举行的"道教与生态"会议的基础上形成的一部论文集。这次会议由玛丽·伊芙琳·塔克尔（Mary Evelyn Tucker）和约翰·格理姆（John Grim）这两位独具开拓性和慧眼的学者组织，主要围绕道教生态思想及道教对于生态学的贡献等问题展开探讨。全书包括五个部分，共收录论文26篇。第一部分"框定问题"，专门挑选了有关道教在解决环境问题上作出理论性和历史性解读的文章。第二部分"对道教经典的生态阅读"，收录一系列从生态思想角度分析道教经典的重要文章。第三部分"文化背景中的道教与生态"，由几篇将道教与各种与道教有关的文化现象、民间信仰进行比较，藉此探讨道教生态思想的文章组成。第四部分"走向道教环境哲学"，收录一系列以早期经典回应当代生态哲学的思辨性文章。第五部分"当代道教对生态的关注"，集中论述了如何从理论和实践上将道教传统的各个方面应用到生态问题中来。

学步集：曾召南道教研究论稿（道教与宗教文化研究论丛／李刚 张钦主编）
曾召南著
巴蜀书社 2008年8月 250千字 332页

本书为"道教与宗教文化研究论丛"之一，是曾召南先生有关道教研究的论文集。这些论文是作者自1980年开始研究道教以来陆续撰写的，均曾发表在相关学术刊物上，内容涉及道教研究领域的各个方面，大致反映了作者参与道教学术研究的治学进路和心得体会。全书由19篇论文组成。内容包括：《尹轨和〈楼观先师传〉考辨》，《道教学者陶弘景评介》，《白玉蟾生卒年及事迹考略》，《道士傅金铨思想述略》，《〈阴符经〉思想浅析》，《试析〈度人经内义〉的内丹思想》，《〈南宋初河北新道教考〉的几点补正》，《净明道的理学特色》，《元代道教龙虎宗支派玄教》，《纪略明清茅山宗寻踪》，《娄近垣及其与正乙支派的关系》，《汉魏两晋儒释道关系简论》，《隋唐至明清时期道教与儒释的关系》，《佛、道兼融的王畿理学》，《宋元明皇室崇信真武缘由刍议》等。

无名集：石衍丰宗教研究论稿（道教与宗教文化研究论丛 / 李刚　张钦主编）
石衍丰著
巴蜀书社　2008年8月　270千字　361页

本书为"道教与宗教文化研究论丛"之一，收录石衍丰先生关于宗教学、道教研究的论文37篇。这些论文以道教研究为主，兼涉传统文化与宗教学理论，研究范围较广。内容包括：《浅析宗教和迷信的关系》、《社会主义国家在政教关系上经历的三种类型》、《中国传统文化中的宗教信仰和道教》、《浅谈道教神学与传统文化》、《唐君毅先生宗教思想的初识》、《道教"三清"源流探微》、《道教"三洞"源流识微》、《关于原始天尊的命名及其确立》、《道教的元始天尊和盘古神话》、《道教奉神的演变与神系的形成》、《道教的三清尊神和玉皇大帝》、《道教神仙及其由来》、《道教神仙谱系构建历程中的三大制约因素》、《略谈道教"三官"》、《"方仙道"解》、《明世宗崇尚道教之特点》、《明世宗宠信的道士邵元节与陶仲文》、《藏外道书〈太上老君实录〉》、《近现代宫观情况初探》等。

何以"中国根柢全在道教"（道教研究自选集丛书 / 李刚　汤伟侠主编）
李刚著
巴蜀书社　2008年11月　460千字　559页

道教是以长生不老之"道"为最高信仰的中国本土固有的宗教，它用神仙不死之"道"来教化信仰者，劝人们通过养生修炼和道德品行的修养而长生成仙。道教生命哲学，构成了道教哲学的核心内容，是道教重人贵生的思想主张在哲学领域的集中体现，对华夏子孙民族性格的养成影响甚深。要了解中国文化，就不能不了解道教，否则很多问题就不得其解。本书为"道教研究自选集丛书"之一，收录李刚教授近几年已发表的道教学术研究论文10篇。这些论文以"中国根柢何以全在道教"为中心议题，深入探讨了道教生命哲学、道教伦理学的内涵及价值。内容包括：《何以"中国根柢全在道教"：以道教神仙信仰为例》、《道教生命哲学的现代化转型及其对当代人的启迪》、《汉魏两晋道教生命哲学的发生形成》、《南北朝隋唐五代道教生命哲学的分化发展》、《论早期全真道的生命哲学》、《论道教生命哲学的主体性》、《道教生命哲学超越生死的理论依据》等。

水穷云起集：道教文献研究的旧学新知
郑开主编
社会科学文献出版社　2009年9月　283千字　281页

本书系根据2007年9月在北京举行的"道教与民间宗教资料的认知与编撰"学术研讨会论文

编写而成，也是目前第一部以道教文献研究为主题的论文专辑。此次研讨会由中国社会科学院亚洲研究中心资助，中国社会科学院世界宗教研究所、中国社会科学院亚洲研究中心主办，中国社会科学院道家道教研究中心承办。来自全国各地的道教与民间宗教领域的专家学者20余人，发表了不少极具专业特色和学术价值的论文，反映了当前道教文献乃至整个道教研究领域内的新的方法和新的旨趣。正如卓新平在序言中所强调，本书"大体上包含了两种不同类型的著述，因而也就体现出了两种研究旨趣：一方面是传统意义上的道教与民间宗教的文献学研究，及其相关的历史与理论探讨；另一方面则拓宽了文献资料的范围，更加注重田野材料，具有关注并运用新的研究方法论的趋势。"全书由10篇论文组成。内容包括：《排拒与容纳：六朝天师道与《太平经》关系的考察》，《南朝道教从"三洞经书"向"七部经书"转变原因考察》，《托名吕洞宾作诗造经小史》，《西北道教金石文献概述》，《西北道教金石文献概述》等。

潘雨廷学术文集（思勉文库/杨国荣主编）
潘雨廷著 张文江编
上海人民出版社 2011年12月 293千字 305页

当代著名易学家潘雨廷（1925-1991），生前曾担任国内多家学术和教育机构要职，潜心治学数十载，融贯中西，自成一家，在国内外有相当的影响。他毕生研究的重点是宇宙与古今事物的变化，有志于贯通东西方文化之间的联系，对中华文化中的《周易》和道教有深入的体验和心得。本书为"思勉文库"丛书之一，系张文江根据潘雨廷夫人金德仪女士保存的遗稿编选而成。编者在文稿择定过程中，以易学史和道教史为主要线索，尝试给出潘雨廷学术的初步轮廓，突出其思想结构，作为进一步研究潘先生著述和学问的引导。全书共收论文19篇。内容包括：《文王数字卦初探》，《论〈道德经〉的"执今之道"》，《卦爻辞的原始意义》，《〈参同契〉的易学与服气之道》，《论陈抟先天易与禅机的关系》，《论〈周易〉四百五十节文献与密宗的三密》，《论王船山以易学为核心的思想结构》等。书末另选入潘雨廷未完成的两篇作品作为附录，以启发读者思路。

道教与民间信仰（民间信仰与中国社会研究系列/路遥主编）
李远国 刘仲宇 许尚枢著
上海人民出版社 2011年12月 408千字 389页

道教与民间信仰有着千丝万缕的关系，二者相互影响、相互吸收，同时在信仰内容和崇拜方式等方面又表现出较大差异性。本书为"民间信仰与中国社会研究系列"丛书之一，是山东大学路遥主持完成的"民间信仰与中国社会研究"课题成果。书中通过理论、史料与典型地区神明的综合考察，对道教典籍中的民间信仰神祇、二者的关系以及浙江地区的民间信仰与道教，还有西王母、文昌帝等神明信仰做了阐述与分析。在理论分析方面，着重探讨了道教神仙在民间信仰中的核心地位及其如何提高民间的信仰层次；在史料方面，对《道藏》中的民间信仰神祇与文献做了全面梳理；在典型地区神明研究方面，择东部沿海之福建、浙江省作区域性分析，西部内陆则以始于西北之西王母与西南之文昌帝君作个案评析，以窥探其对民间社会之广泛影响。全书由5篇文章组成，其中《〈道藏〉中的民间信仰神祇与文献》、《西王母信仰研究》、《文昌帝君信仰研究》由四川省社会科学院研究员李远国撰写；《民间信仰与道教之关系》由华东师范大学教授刘仲宇撰写;《浙江民间信仰与道教》由浙江天台山济公研究会会长许尚枢撰写。

道教史丛论（火凤凰学术遗产丛书）
潘雨廷著
复旦大学出版社　2012年1月　308千字　432页

　　中国是一个有漫长历史的古老国家,中国地域上的各民族各自有其基本相似而不全同的原始宗教。道教的产生由各民族的原始宗教而来,经历时间的流逝、民族的迁移,以及各民族间的相吸与相斥,逐步形成中华民族的宗教。自三代秦汉以降,对道教的认识历代有所变化,皆缘于其生长和变化过程的复杂性。本书为"火凤凰学术遗产丛书"之一,系由张文江根据潘雨廷夫人金德仪女士保存的遗稿整理而成的一部道教史论文集。这些论文涵盖道教从上古至今的起源、生发和演变过程,保存了潘先生关于道教及道教史研究的重要认识,如果和作者的另一部著作《道教史发微》合观,已然勾勒出中华道教史的整体面貌。全书由30余篇论文组成。内容包括:《由今推古,略述主要的道教教派》,《由古迄今,略论中国地区的原始宗教》,《由原始宗教而来的道教中心内容》,《道教中心内容的发展与三教合一》,《原始宗教和易学初创》等。

鸿爪雪泥：袁志鸿修道文集
袁志鸿著
社会科学文献出版社　2013年4月　344千字　361页

　　本书是袁志鸿道长根据其多年工作经历和修道感悟著成的一部论文集。这些论文全面记述了作者入道后的点点滴滴,反映了其作为一名"爱国爱教的道士"对于"鸿爪雪泥的过程"之体悟。其中既有对名山宫观的考察、道友之间的交往,也有作者对各地道教发展的调研与思考以及对海外道参访的记录等,涉及面比较广。全书由81篇文章组成。内容包括:《茅山道教今昔》、《茅山香期庙会考》、《铅山玉虚观传承》、《祖天师整合道教》、《张继先以心喻道》、《仙境福地三清山》、《湘潭散居正一派道士情况调查》等。20世纪80、90年代是当代中国道教恢复与发展的重要阶段,作者此时正在中国道教协会工作,参与全国道教事务比较多,成为了很多事件的见证人,所以他的文字记载也就具有了一定的史料价值,如"正一派授箓简介"和"今日龙虎山嗣汉天师府"2篇,就是对改革开放后首次授箓情况的记载。

理论·视角·方法：海外道教学研究
朱越利主编
齐鲁书社　2013年6月　611千字　683页

　　近现代海外道教学是海外汉学(Sinology)的一个组成部分,是随着海外汉学的开展而形成与发展的,已有百年历史。海外道教学进行跨文化的研究,为中国道教学研究提供了可资借鉴的理论、视角、方法。本书主要对法国、日本、德国、英国、荷兰、加拿大、俄罗斯、韩国、美国九国的道教学进行研究,全面叙述了海外道教学的历史、特点、现状及发展趋势,展现了各国道教研究的差异性与多元性。全书由9篇论文、7篇述评组成。内容包括:《借镜与对话:汉语视野中的法国道教研究法国道教研究的"道教观"》,《微观研究、前沿性和思辨性:德国道教学的历史发展及其特点》,《科学道和生活道:英国道教学的历史发展及其特点》,《发明阙疑痕印台闽:

荷兰道教研究的成就与特色》、《探索新的研究领域：北美道教研究趋势概览》等。

道教考信集
朱越利著
齐鲁书社　2014年5月　614千字　802页

　　本书是著名学者朱越利教授从事道教研究30余年的论文集，集中展示了作者在道教文献考证方面的成果。全书由七个部分组成，共收录论文40篇。第一部分为"经籍考"，包括《〈黄书〉考》、《〈养性延命录〉考》、《〈坐忘论〉作者考》、《吴筠于茅山受〈南统大君内丹九章经〉考》、《〈悟真篇〉的文本及丹法》、《〈太上感应篇〉与北宋末南宋初的道教改革》等10篇。第二部分为"辨释"，包括《炁气二字异同辨》、《"天符"词义之诠释》、《何谓庙会：〈辞海〉"庙会"条释文辨证》3篇。第三部分为"解读"，包括《王屋真人的阴丹术》、《禅宗思想对〈悟真篇〉的影响》、《王志坦的道禅》等10篇。第四部分为"神仙"，包括《天老考》、《房中女神的沉寂及原因》、《宋元士人、士大夫与吕洞宾形象》等6篇。第五部分为"派别"，包括《原始道教寺院补考》、《钟吕金丹派的形成年代考》、《白玉蟾创立了钟吕金丹派南宗》等4篇。第六部分为"人物"，包括《陶弘景与传统梦文化之关系：以〈真诰〉为例》、《唐气功师百岁道人赴日考：以〈金液还丹百问诀〉为据》、《北宋何仙姑与曹仙姑》等5篇。第七部分为"其他宗教"，包括《藏传佛教和道教》、《净明道与摩尼教》2篇。

回首集（道教研究自选集 / 李刚　汤伟侠主编）
朱越利著
四川大学出版社　2014年6月　435千字　515页

　　本书为"道教研究自选集"之一，汇集了朱越利教授在国内杂志、书籍上公开发表的道家道教研究的学术论文30篇。这些论文从多个角度和侧面阐示了作者对道家道教的独特理解，记述了作者多年来从事道教学术研究的心得体会，内容涉及道教史、道教与传统文化、道经研读、史料研究等领域，也略涉宗教理论、儒家、佛教、基督教、民间宗教、神道教、三教关系、中日关系等其他方面的研究。内容包括：《"参同"易学小史》，《〈道藏〉的编纂、研究和整理》，《道经中的郁仪和结璘》，《试析"弃儒从道"》，《基督教神学中国化刍议：从三位一体谈起》，《从与徐福有关的神仙故事看中日古代文化交流》，《张伯端生平和丹法流传》，《吉冈义丰与道教研究及中日关系》，《安徽萧县瑞云寺史料辑录与冬岭和尚》等。

（三）中国道教研究

1. 总论

中国道教（全4册）
卿希泰主编　丁贻庄等撰稿
知识出版社　1994年1月　1446页

　　本书全面介绍和阐述了中国道教，内容涉及道教的历史概要、宗派源流、人物传略、教义规戒、经籍书文、神仙谱系、科仪方术、文化艺术、名山宫观诸方面，是20世纪80-90年代道教研究成果的总结。全书分四册，共十编。第一册（第一至三编）包含三部分内容：一、在论述道教产生的历史背景和思想渊源之基础上，历述汉魏两晋南北朝、隋唐五代北宋、南宋金元以至明清民国各个时期道教的历史进程，勾勒出中国道教发生、发展和演化的脉络与全貌；二、概述中国道教宗派的兴衰和嬗替，分别对二十多个派别作了介绍；三、综述历代道士、道教学者在古代哲学、医药养生、文化艺术等领域的贡献，对近百位著名人物的生平和思想进行介绍和剖析。第二册（第四至五编）包含两部分内容：经籍书文和教义规戒。前者除介绍道书总集和类书外，还分门别类地介绍了近百种有关教理教义、戒律劝善、方术科仪、神仙道士传、宫观名山等的重要典籍；后者介绍了道教教义的历史渊源、历史演变、主要内容、各派观点等。第三册（第六至七编）包含两部分内容：神仙谱系和科仪方术。前者探讨了中国道教神仙谱系的构成，后者介绍了科仪方术的种类、内容和形式。第四册（第八至十编）包含两部分内容：文化艺术与仙境宫观。前者涵盖哲学、文学、散文、歌词、戏曲、小说、音乐、美术、建筑、医药学，养生学以及服饰、节期等内容。后者介绍了道教指称的仙境和名山以及全国著名的宫观。书末有附录一编，其中《中国道教大事年表》既与各卷正文互相参照，也可作独立资料使用；《国际道教研究概况》则可帮助读者了解当今国际道教研究的概况。

当代道教（当代世界宗教丛书）
李养正主编
东方出版社　2000年8月　414千字　548页

新中国成立后，道教在党和政府积极引导下循着与社会主义社会相适应的道路，正不断作顺应历史洪流的变通与演进。同时还要看到，道教已走向了世界，在亚洲、美洲、欧洲、非洲、大洋洲都已有道教宫观、道坛，"步虚"之声已飘绕于全球五大洲空际。本书为"当代世界宗教丛书"之一，是一部详细记述"当代道教的动态和变迁"，特别是对"近50年来在风雨历史中传承发展的道教业绩"予以客观评价的论著，由李养正、张兴发、郑天星三位作者共同撰写。书中热情赞扬了当代道教发扬优良传统与革新精神所取得的成就，揭示了当代道教发展的走向，提出了道教应加强自身建设的意见。全书包括三个部分。第一部分（10章），概述了道教历史，分阶段阐释了1949-1998年中国大陆地区道教从革除旧弊、遭遇挫折走向繁荣与发展的曲折历程，探讨了道教宫观管理和道教与社会主义社会相适应等方面问题。第二部分（3章），分别介绍台港澳地区道教的历史沿革、组织形式、信奉的神仙、主要道观和代表人物等。第三部分（2章），分别介绍道教在国外的传播和国际汉学中的道教研究。

二十世纪中国道教学术的新开展（儒道释博士论文丛书／汤伟侠卿　卿希泰等主编）
傅凤英著
巴蜀书社　2007年11月　220千字　288页

20世纪风云变幻的历史背景，决定了20世纪的中国道教研究呈现出多种复杂而难以把握的特点。本书为"儒道释博士论文丛书"之一，作者在深入考察20世纪中国思想界发生根本性改变的历史成因的基础上，以四位典型学者陈撄宁、萧天石、陈国符、王明为例，全面梳理了以中国内地道教为主（兼及港台）的道教研究的基本脉络和时代特征，分析讨论了20世纪道教研究的若干特点以及道教研究的定位问题。全书共6章。书中将20世纪中国道教学术的研究者归纳为四种类型,通过人物的个案研究来把握他们各自在道教研究中的不同向度,即陈撄宁从仙学角度对科学做出回应(仙学的倡导者);萧天石从养生学角度对道教思想资源进行发掘(养生学的弘扬者);王明从文化学角度在弱势背景下寻求道教研究的空间(道教文化研究的开拓者);陈国符从文献学角度开展道教经典的基础性研究(《道藏》学研究的奠基者)。这几个向度,体现了20世纪学界在道教研究几个重要方面的探索,开辟了道教研究的新方向。

中国的道教(道教学译丛/朱越利主编)
[日]小林正美著　王皓月译
齐鲁书社　2010年1月　240千字　296页

　　道教在过去是被中国人长期信仰的宗教,现在也是中国大陆、香港、台湾以及东南亚地区的中国人所信仰的宗教。然而,世界道教学者对其展开学术研究的历史并不长,在广为流传的通说之中,依然存在着种种谬误。本书为"道教学译丛"之一,是日本早稻田大学教授小林正美研究道教教理、教团及其历史的概论性著作和成果总结。全书共3章。书中针对道教研究尚存争议的问题,提出了崭新的道教史观,用大量的佐证和详尽的分析否定了学术界长期以来的一些通说,具有较高的学术价值。作者认为,儒教、佛教与道教合称为三教,是因为它们都拥有"教"这种思想形态。由于"道教"也具备"教"这种思想形态,所以被称为"道教"。只有将道教这个概念的对象界定为历史上真实存在的"道教",才可以具体把握道教这个宗教的构造、教理、教团组织和信徒的宗教意识,以及上述内容的历史变迁。此外,依据这个定义,道教与道教以外的思想及宗教的区别也变得明确,也可更为正确地探明道教与道教以外思想及宗教之间的交流。

道教在当代中国的阐扬(国学新知文库/詹石窗主编)
黄永锋著
东方山版社　2011年5月　336千字　385页

　　"宗教如何与社会主义社会相适应"是当前中国宗教理论与实践研究面临的最根本、最重要课题。近些年来,这一课题已引起社会各界高度重视。本书为"国学新知文库"丛书之一,作者着眼于中国道教的现实处境,研究了"道教与当代中国社会相适应"问题。全书分为"道教在社会主义中国的角色定位"、"中国道教在当代的发展"和"当代中国道教的部分调查研究"上、中、下三篇,共11章。书中采取理论研究、实地调研和人物访谈并举的方式,对道教在当今中国社会的发展现状及未来趋势做了专题考察,阐明了道教在新时代的社会作用,论述了当代道教与社会主义社会相适应之必要性与可能性、历程与实质等理论问题,肯定了当代道教在义理研究、道风建设、人才培养、道场规范、方技开发、对外交流等方面之革新与业绩,指出影响当代道教健康发展之症结所在及应对思路。

道教在海外
陈耀庭著
福建人民出版社　2000年1月　218千字　288页

　　道教传播到海外已经有千年之久。海外道教同中国本土的道教相比较,由于它产生、发展和赖以生存的条件并不相同，因此具有自己的特点：一、道教派别有多寡之分；二、道教庙观奉祀的神祇也有杂纯之分；三、道教组织形式有繁简之分；四、道教科仪形式有详略不同。本书依托海内外文献资料，详细记述了道教在朝鲜、日本、新加坡、马来西亚等国的传播情况，同时对国际道学界的研究动态予以追踪和评述。全书分为"道教在海外的传播"和"海外学界对道教的研究"两编，共7章。上编（第1-4章），主要讲解道教在东亚和东南亚地区的传播，涉及新罗的花郎道和丹学仙派、昭格殿和福源观、天道教和关帝庙，道教与日本社会、日本神道教和天皇制的关系等。下编（第5-7章），分别介绍日本、法国、欧美和其他国家的道教研究情况，以及有关道教研究的国际性会议。

2. 断代研究

敬天与崇道：中古经教道教形成的思想史背景（华林博士文库 / 季羡林主编）
刘屹著

中华书局　2005年4月　540千字　741页

古人所说的"道教"，系指真理（道）对人的教化（教），而非我们今天从西方学术界搬来的"宗教"之意。圣人的塑造和神化，反映了中古经教化的宗教（含佛教和道教）与中国上古传统宗教及歌舞祠神的民间信仰之间的首要区别。这是目前道教研究中比较欠缺的一环。本书为"华林博士文库"丛书之一，作者以"敬天与崇道"为基本线索，考察了东汉至晋宋之际影响经教道教形成的某些重要因素，力图揭示早期道教历史上的一次重大转折，即强调"对天的礼敬"和"对道的崇拜"是两种信仰基础和核心，据此阐明二者之间的并存与递进关系，论述道教是在"敬天"的基础上更强调"崇道"。全书分为上、中、下三篇，共5章。上篇"'天'、'道'之变"（第1-2章），主要对目前已知的汉魏六朝时期墓券材料进行编年处理，寻索古人对于天、道概念的理解。中篇"敬天：汉代信仰世界的核心观念"（第3-4章），分别对汉代老子的神格化和仙道传统观念进行分析阐述。下篇"崇道：经教道教信仰核心的确立"（第5章），重点讨论汉末太平道和五斗米道的历史源流及其对后世道教的影响。

道教与封建王权政治交流研究
周德全著

人民出版社　2015年4月　735千字　657页

中国传统社会中的道教与王权的政治关系（"政—道"），属于中国传统社会"政—教"问题的一个方面。本书立足于道教与中国封建王权政治互动的历史实际，以"世俗性为中国道教文化的主要特征"为视角，以"神圣性"与"合法性"这一对范畴为核心，考察道教与中国封建王权之间的政治关系及其历史演变，揭示其发展的基本特点和规律。全书共8章。作者通过对中国封建社会"政—道"关系模式的细致梳理与解析，认为中国传统社会中的"政—道"关系的基本格局经历了一个从"君权神授"为主到"神权君授"为主的历史性变化过程。道教与王权的政治交流对中国传统政治的影响具有突出的以世俗王权为主导的兼容性特征，这一特征使中国传统文化整体上呈现出"神圣即世俗，世俗即神圣"而以世俗性为主的混融性状态。概而言之，道教的神道观、"人神合一"论与尊王敬孔礼佛的政治与文化实践，为大一统社会构筑了共同政治文化心理、为中国传统的自给自足的农耕文明，提供了信仰与精神硬核；对以君权至上为核心，儒释道三足鼎立构成的中国传统社会政治与文化基本格局的形成，作出了独特的历史贡献。

陆、道教

汉代道教哲学
李刚著

巴蜀书社　1995 年 5 月　190 千字　291 页

两汉是道教哲学的发生时期。这一时期的主要特征是把"天"作为人格化的统御宇宙的最高力量，作为人类命运的预定者，是以天道统人道，最终化为神道的宗教神学做统治思想的。宗教神学成为时代精神，笼罩和影响着哲学，神学化的经学和黄老神仙学说充斥汉代社会。正是在这样的时代背景下，道教哲学具备了产生所需要的适宜的精神气候和土壤。本书从"道教哲学能否成立"、"怎样界定道教哲学"、"道教哲学与道家哲学的联系和区别是什么"、"道教哲学的个性特征怎样"等基本问题入手，通过研读道教典籍文献，考察了汉代道教哲学的产生背景、思想渊源、主要内容及特征，勾勒出其发生与发展的整体脉络。全书包括"汉代道教哲学的发端：《太平经》"、"道教老学的孕育和发生：《老子河上公章句》与《老子想尔注》"、"道教易学的滥觞：《周易参同契》"三个部分。作者指出，汉代道教哲学基本上以宇宙论为主，只在个别地方接触到本体论问题；从宏观上审视汉代道教哲学对宇宙创生的论述，可以看出它把道家抽象的"道"具体化为"一"、"元气"、"阴阳"等形态来展示宇宙万物的化生历程，其中即有宗教神学的因子，又包含汉代一些朴素唯物主义的气息，精华与糟粕交织在一起。

汉魏六朝道教教育思想研究（儒道释博士论文丛书 / 汤伟侠　卿希泰等主编）
汤伟侠著

巴蜀书社　2001 年 11 月　200 千字　160 页

中国道教文化的传递过程，称为"道化"。汉魏六朝道教"道化教育"思想的产生，是在中国古代文化传递过程中逐步建立起来的。本书为"儒道释博士论文丛书"之一，作者以美国分析派哲学家法兰根纳的教育哲学分析模式及方法为指导，结合文献资料考证，论述了汉魏六朝的道教教育思想，指出所谓"道化教育"就是以自然为法，"道生之，德蓄之，物形之，势成之。是以万物莫不尊道而贵德"乃其思想要旨，由此归纳出道化教育的认知观念、价值观念、教育方法和教育目标等内容。全书分为"汉魏六朝道教教育思想之渊源及其历史背景研究"、"汉魏六朝道教教育思想之演进及其研究"上、下两篇，共 5 章。书中通过具体分析先秦诸子、汉魏六朝道教典籍中道教教育思想的产生、发展及演进的历程，挖掘了历代道教教育的内涵，总结了前人认识道教教育现象及其指导道教教育实践的经验教训，揭示了道教教育思想发展的客观规律。

道教生态思想的现代解读：两汉魏晋南北朝道教研究（东方古代哲学系列）
白才儒著

社会科学文献出版社　2007 年 4 月　339 页

道教生态思想发源于上古神道传统，吸纳了春秋战国时期理性革命的成果。道教教义则把神格化的自然和理性符号化的自然结合起来：道教生态宇宙观展示了宇宙自然的有机性和内在的神圣秩序，道教生态伦理思想阐明了道教修炼必须遵循的生态伦理规范，道教生态控制思想论证了如何去维护、恢复和控制自然秩序和社会秩序。因而，秩序是道教生态思想的核心概念。本书为"东方古代哲学系列"丛书之一，旨在通过解读两汉魏晋南北朝大量道经来探索道教生态的思想渊源和内在逻辑，揭示其对于现代社会的价值意义。全书共 5 章。第 1 章介绍生态学、生态思想和道教生态思想，以及生态宇宙观、生态价值观、生态技术观的基本概念。第 2 章探讨道教生态思想的原生性问题，剖析神道设教、道家、儒家和鬼神信仰与道教生态思想的关联。第3-5章分别论述道教生态宇宙观、道教生态伦理思想和道教的生态控制思想。

汉末魏晋南北朝道教戒律规范研究（儒道释博士论文丛书／汤伟侠　卿希泰等主编）
伍成泉著
巴蜀书社　2006年12月　200千字　376页

道教戒律属于宗教伦理道德范畴。本书为"儒道释博士论文丛书"之一，作者以《道藏》戒律类文献为依据、以汉末魏晋南北朝时代文化背景为依托、以此一时期的道教戒律规范（主要是禁、戒、律、科）为研究对象，采用文献研究与哲学思辩相结合的方法，在考察道教戒律规范的思想渊源及其形成过程的基础上，对汉魏六朝道教戒律规范的具体内容做了分析论述，对其中某些难以确定的问题进行了考证。全书分为"道教戒律规范的起源和初步形成"、"魏晋南北朝道教戒律规范的经典文献"、"魏晋南北朝道教戒律规范对儒道释思想的融摄"、"魏晋南北朝道教戒律规范的表现形式、基本原理和实际持行状况"4章。书中从儒道释三教相互融摄的角度出发考量道教戒律问题，揭示汉魏六朝道教戒律规范获得重大发展的原因，分析汉魏六朝时期道教戒律规范的具体形式及其基本原理等，藉由道教戒律的发展特点来把握这些戒律所反映出的特定历史阶段的道教思想文化内涵，展现出与以往研究不同的创新思路和学术特色。

汉末魏晋南北朝道教与社会分层关系研究（四川大学哲学社会科学学术著作出版基金丛书／杨泉明　谢和平主编）
钟玉英著
四川大学出版社　2008年10月　201千字　247页

社会资源和权力分配不均等必然导致社会分层。研究道教与社会分层的关系问题不仅有助于探求社会结构、社会秩序对道教的影响和制约，也有助于透视道教对社会结构和社会变迁过程的形塑和整合。本书为"四川大学哲学社会科学学术著作出版基金丛书"之一，作者以相关历史文献为依据，利用宗教社会学的理论和方法，对汉末魏晋南北朝时期道教与社会分层的互动关系问题展开探讨，以期为转型期社会妥善处理宗教与社会的关系、增进社会和谐和深度整合提供理论参考和经验启示。全书分上、中、下三篇，共6章。第1章论述汉末魏晋南北朝时期社会等级秩序的构成因素。第2-4章从微观角度分别对源自社会上等、中等、下等的道教信徒的信仰特点及其对道教发展的作用进行讨论。第5-6章将社会分层与道教视作两个复杂系统，从宏观角度分析二者的相互作用。作者认为，社会分层对道教的影响就是现实社会秩序对道教的制约和影响；道教对社会分层的反作用，表现为道教教团的资源整合能力及其组织行为对现实社会秩序、资源分配规则的巩固或干预。

魏晋神仙道教
胡孚琛著
人民出版社　1989年6月　262千字　340页

葛洪的《抱朴子内篇》是魏晋神仙道教理论的重要典籍，在中国道教发展史上地位显赫。本书以中国道教形成和发展的历史为线索，以《抱朴子内篇》的研究为中心，着重对魏晋时期葛洪的神仙道教进行剖析。全书共6章。第1-2章分别从"中国道教的缘起和发展"、"魏晋社会的道教"两个角度对魏晋神仙道教形成的思想渊源和时代背景作了介绍。第3-6章详加阐释了"葛洪和《抱朴子内篇》"、"魏晋时期的道教神学"、"葛洪的道教哲学"、"《内篇》中的道教科学"四个方面问题,充分肯定了《内篇》承前启后的历史价值和葛洪金丹术的科学意义,认为它的出现为向南北朝成熟的教会道教过渡准备了条件。书中还对神仙世界和现实世界的关联问题作出评价:道教神仙世界作为现实世界的互补结构,其间经过了一个宗教理想的美学转换;中国君权专制的封建宗法社会是世界上最压抑人性的社会制度,中国道教却是世界上最迎合人欲的宗教,两者并行不悖,这种现象的出现绝非偶然。

魏晋南北朝社会生活与道教文化（儒释道博士论文丛书 / 汤伟侠　卿希泰等主编）
刘志著
巴蜀书社　2013年12月　190千字　228页

魏晋南北朝时期,集中体现社会生活文化特点的民间信仰和风俗活动深受道教文化影响。研究道教文化如何具体影响古人的现实生活或者满足人们求福祛灾的心理需求,是道教研究领域不容忽视的一个重要问题。本书为"儒释道博士论文丛书"之一,作者以魏晋南北朝墓葬考古的有关成果为基础,同时与历史文献、志怪小说、文人笔记、道教经典相印证,主要从自然信仰、墓葬风俗、节日习俗这三个方面探讨了魏晋南北朝社会生活与道教文化的关系,对其所反映出的古人衣,食,住,行等日常生活的诸多方面进行初步梳理,以便更全面地展示魏晋南北朝社会生活受道教文化影响的情况。全书共3章。内容包括:魏晋南北朝社会生活与道教文化的相关研究及论述、魏晋南北朝自然信仰与道教文化的相关研究、魏晋南北朝节日风俗与道教文化的相关研究等。

中国重玄学：理想与现实的殊途同归
卢国龙著
人民中国出版社　1993年8月　380千字　504页

玄学的理论特质,是站在儒家议政的立场上援引道家的思想学说,思考如何解决历史现实中的各种矛盾。重玄学则是站在道教与政治若即若离的立场上吸收玄学的理论成果,对佛教中观宗的思想方法也多有借鉴,在自我心性中实现精神超越的思想特质进而影响于禅宗。本书基于丰富的史料,采用史论交融的研述方法,较为详细地论述了道教重玄学派的历史脉络及其成果,从总体上勾勒出重玄学由吸收佛教中观思想转合于老庄哲学之本旨的演进路线。全书共7章。书中将道教重玄学视作中国思想史上一个重要的逻辑环节,并以其所经历的四个阶段、三次宗趣转变为依据（第一阶段是南北朝时期,宗趣在于经教体系的建立;第二阶段是隋及唐初,宗趣在于重玄的精神超越;第三阶段是高宗武周朝,宗趣复由精神超越转变为道性论和心性修养;第四阶段是盛唐时期,重玄宗趣最终由体道修性复归于修仙,开导了唐宋内丹道之风气）,集中论述了重玄学在这个逻辑环节的历史发展。作者指出,重玄学者所追求的理想,是通过精神上的不断超越获得精神上的绝对自由;而不断超越本来是永远无法完成的,绝对的精神自由又必须以泯除理想与现实的冲突为前提,于是,重玄学者以"不滞"为超越的旨归,以"双遣"泯除理想与现实的冲突。

魏晋玄学人格美研究（儒道释博士论文丛书／汤伟侠 卿希泰等主编）
高华平著

巴蜀书社 2000年8月 180千字 303页

魏晋玄学是发生于汉魏之际士人在灵与肉的痛苦和折磨中从心底升起的希望，其根本主题是要继承、吸取、熔铸中国以往的哲学文化传统中的精华，重新塑造出那个时代的理想人格或美的人格。本书为"儒道释博士论文丛书"之一，作者在广泛涉猎六朝文史的基础上，从本体论、实践论和境界论三个层面对魏晋玄学的人格美问题展开论述，试图重新审视玄学思潮的产生背景和时代主题，剖析玄学所追求的理想人格的形上义蕴和实现的途径，并归结到个体人格生命中一系列矛盾如何实现和谐统一，以达到人格美的最高精神境界。全书共5章。作者认为，玄学的时代主题，乃是中国传统哲学主流对当时苦难的逆向升华，上承秦汉，下开宋明，追求实现个体人格生命中性与情、有与无、形与神、名教与自然等一系列矛盾和谐统一的人格美精神境界的问题。

从魏晋玄学到初唐重玄学（道家文化研究丛书／汤一介 陈鼓应主编）
强昱著

上海文化出版社 2002年5月 308千字 410页

重玄学诞生于支遁批评郭象玄学的时代背景中，从其孕育之初，就与佛学、玄学、道教思想有割不断的联系。本书为"道家文化研究丛书"之一，作者借助于具体的文献分析，从纯哲学的层面讨论了魏晋至初唐时期重玄学发生发展的逻辑演变过程及其逻辑建构，考察了重玄学在中国思想史上的功绩与意义。全书分上、下两篇，共6章。上篇（第1-4章）介绍和阐释重玄学思想构成的一般线索、道教哲学的玄学化（重玄学的起步）、玄学向重玄学过渡的中介（三一论）和重玄学的建立。下篇（第5-6章）论述了成玄英前期、后期的重玄学思想。本书注重哲学问题与方法论问题的说明解决，因而具有与一般思想史研究不同的特色，即准确把握了成玄英思想的历史走向，合理说明了成玄英重玄学是对魏晋玄学与佛教中观学的扬弃的根由，充分肯定了重玄学作为道教最为精深的形上学体系的历史地位，精辟指出了重玄学终为内丹学所超越的深层内因。

魏晋南北朝时期的道教（中国文化书院文库·论著集／魏晋南北朝思想文化史丛书）
汤一介著

陕西师范大学出版社 1988年4月 253千字 391页

本书为中国文化书院文库"魏晋南北朝思想文化史丛书"之一，是汤一介教授"着眼于哲学史自身演变的轨迹"来探讨"魏晋南北朝道教的起源、发展及其表现特征"的专著，被称作"研究道教不可多得的佳作"。全书共14章。书中力图破除唯物与唯心二元框架的教条束缚，特别强调要把"宗教"与"迷信"区别开来，提出了一种完整意义上的宗教团体的发展规律：宗教必须有其宗教教义的理论体系，有其较为严密的教会组织和一定数量的信徒，有一套较为固定的教规教仪和阐发其教义的经典，有其固定崇拜的神灵和其教派传授的历史等。建基于此种认识，作者肯定了宗教对人类社会生活的重要意义，并以历史材料的认真考证为依据，溯寻了《太平经》、《老子想尔注》与《老子河上公注》的成书与流传过程，论述了道教的产生、三国两晋时期对道教的限制以及道教在南北朝的发展，评述了当时的佛道之争，介绍了葛洪、寇谦之、陆修静、陶弘景四位道教思想家的生平、思想及其在道教发展史上的突出贡献。

汉唐道教修炼方式与道教女性观之变化研究（儒道释博士论文丛书／汤伟侠 卿希泰等主编）
岳齐琼著
巴蜀书社 2009年11月 160千字 199页

道教"贵柔守雌"的女性观念独具魅力，而与之相对应的道教女修制度同样是一个值得探究的重要课题。本书为"儒道释博士论文丛书"之一，作者以汉魏晋南北朝隋唐道教修炼方式的演变为出发点，结合当时社会历史的大背景，探讨了由汉至唐这一时期道教修炼方式的演变与道教女性观的变化这两者之间的相关性，揭示了这一变化导致的道教女性地位的变化以及它对该时期道教女性生存状态的影响。全书共5章。书中围绕道教修炼方式从双修向清修转化这一主线，分析早期道教以"合气"为主的修炼方术的宗教神圣性和正当性，探窥隐含其中的奉道女性与男性基本平等的主体地位，于此折射出道教女性观的演变以及它所呈现的女性与道教的互动关系。作者认为，道教女性观有其复杂性和矛盾性，在崇拜女性的同时又受歧视女性观念的深刻影响。故相对于其他宗教而言，道教在对待女性方面，表现出更为宽容的情怀。

神格与地域：汉唐间道教信仰世界研究
刘屹著
上海人民出版社 2011年3月 320千字 359页

古代"信仰世界"是一个与现实的历史世界平行存在的世界。本书以观察历史世界的态度和方法来观察道教信仰世界，从不同角度集中讨论了中国古代信仰世界中神格和地域两大问题，清晰描述了汉唐间道教信仰世界的形成与演变轨迹。书中对每一个专题所涉及的史料，均进行史源学辨析，尽可能深入地探寻史料中所蕴含的历史信息。全书分为"主神与辅神：汉唐信仰世界的神格研究"和"东西与南北：中古道教历史的地域视野"上、下二编，共4章。上编（第1-2章）首先围绕曾经作为天帝之一的"太一"来探讨传统宗教的主神，考察汉代太一信仰与盘古神话的关系；随后探讨了中古经教道教的主神和辅神，重点论述了在道教经教传统中比较固定化的主神元始天尊的神格，以及天师张道陵和道教仙人"子明"如何被神化的过程，藉此反映中古道教史的变迁。下编（第3-4章），分别讨论了早期道教史上的东部传统和西部传统问题、道教史上的南方传统和北方传统问题。此两项问题均为作者正式提出来的道教史上新命题。

六朝隋唐道教文献研究（古典文献新视野丛书）
赵益著
凤凰出版社 2012年12月 172千字 225页

魏晋南北朝时期至唐初，在某种意义上可以认为是道教"形成"的阶段，其主要标志是经文的大量创制和"经藏"的形成。此一阶段创撰的道经至今仍遗存有数百种之多，在很多方面保留了当时经藏整合的历史痕迹，成为道教史和中古社会文化史研究的文献宝库。本书为"古典文献新视野丛书"之一，是作者在已发表的与六朝隋唐时期道教有关的论文基础上进一步思考而形成的道教文献研究专著。书中采用多学科综合的方法，对六朝隋唐道教史上最为重要的五种道书进行了较为系统地研究，对当时道教的"宗教性"问题展开有针对性地探讨。全书分为"导论"、"《上清大洞真经三十九章》研究"、"《汉武帝内传》研究"、"《真诰》研究"、"《三天内解经》

研究"、"《三洞奉道科诫经》研究"5章。书中以重要道经的基本属性考察为起点，对其涉及的经群、经系乃至经藏进行某个方面的还原和重构，由此对六朝至隋唐这个关键的道教史阶段的种种问题，提出了自己的结论。

隋唐五代道教美学思想研究（儒道释博士论文丛书／汤伟侠 卿希泰等主编）
李裴著

巴蜀书社　2005年12月　190千字　248页

道教美学思想源远流长，它继承先秦道家美学思想，自汉代以来，一直以宗教文化形态影响着中国人的美学思想、美学意识和美学趣味。本书为"儒道释博士论文丛书"之一，作者选择隋及初唐、盛唐、唐末五代时期作为道教美学研究的切入点，整理和论证了道教美学在这三个不同时期的发展概况、基本内容及特色，拓展了道教学研究的视野。全书共3章。书中通过对文献资料的分析研究，确定了可以反映隋唐五代时期道教美学思想的代表人物，以这些人物为纲，纵论其美学思想，涉及到美的本质、美感、审美心态、美丑辩证观、人格美学、生态美学、美育等重要问题，大体展现了不同时期道教美学思想的基本面貌。本书认为，从初唐、盛唐到唐末五代这一漫长的历史时期里，道教经历了从振兴到隆盛，再到衰落的过程。在这个过程中，大量的道教学者从宗教理论、人格修养、文学创作及斋醮科仪、音乐、绘画等方面提出了他们的美学思想。这既是道教史上的一大奇观，也是研究中国古典美学史不可或缺的宝贵资料。

唐代道教管理制度研究（儒道释博士论文丛书／汤伟侠 卿希泰等主编）
林西朗著

巴蜀书社　2006年12月　220千字　289页

道教在唐代进入了"成熟期"。这种成熟的显著标志是，道教一方面被李氏王朝崇奉为国教之首，别一方面是道教的国家管理体制和道教内部管理体制，走向制度化和规范化。本书为"儒道释博士论文丛书"之一，作者采用历史考证与历史分析相结合的方法，从管理制度的角度对唐代政府管理道教和道教内部的自我管理作了较为全面的研究，着重探讨了唐代的道教政策、唐政府建立的管理道教的机构以及道官制度的创立问题，用大量史实凸显了浓郁的唐代道教特色、论证了唐代道教管理制度的有效性。全书分上、下篇，共8章。上篇（第1—4章）主要介绍唐代政府管理道教的有关制度，包括度牒制度和簿籍制度、国家斋醮制度、唐代创行的道举制度、道士的组织制度、道士日常生活制度、道教丧葬制度、道教经戒法箓传授制度等。下篇（第5—8章）对唐代道教内部的管理制度进行了细致的分析研究。最后探讨了唐代道教的宫观常住，考察了宫观常住赖以生存和发展的经济基础。

唐代道教：中国历史上黄金时期的宗教与帝国（道教学译丛／朱越利主编）
[英]巴瑞特著　曾维加译

齐鲁书社　2012年9月　169千字　186页

有唐一代，道教与政治的关系极为密切。本书为"道教学译丛"之一，是英国学者巴瑞特教授于20世纪80年代撰写的一部具有"史论性质"的道教研究的代表性著作。书中立足于西方文化视角，通过对唐代著名道观的源流、嵩山以及上清派在唐朝道教中的重要作用、天师道和地方民间道派在社会中的影响、唐朝教育制度中独特的道教教育体系，以及道经在科考中的地位等具体问题的考证，阐释了唐代道教与李唐政权之间的复杂关系，得出一个历史哲学的结论：宗教与政治的关系是推动中国这段黄金时期历史发展的主要动力。全书共9章。内容包括：历史背景以及初唐道教，唐高宗和武则天时期的道教与政治，中唐中兴与道教的复兴，开元中期的道教，天宝年间的道教，安史之乱到九世纪早期的道教与帝国，九世纪早期的道教与政治，九世纪中期的道教与政治，晚唐的道教与政治等。

唐代的道教与天师道（道教学译丛／朱越利主编）
[日] 小林正美著　王皓月　李之美译
齐鲁书社　2013年7月　200千字　223页

唐代的道教也被称为"老教"，敕令和史书之中也多以"道教"或"老教"之语表示。唐代的"道教"和"老教"继承了刘宋天师道所创立的"道教"和"老教"。而传统的道教研究对此问题却有所忽略。本书为"道教学译丛"之一，是日本学者小林正美以文献稽考为据撰写而成的一部论述唐代道教的专著。全书共4章。书中考察了唐代的道教教团、道士的位阶制度、受法教程等，力求从这些方面证明唐代的道教教团是由天师道道士、天师道士居住的道观、居住道观的天师道道士所具备的独立的受法教程和基于其受法教程的位阶制度构成的，由此明确唐代的道教教团是天师道的"道教"。此外，作者还介绍了《洞玄灵宝三师记》中上清大法的传授谱系，讲述了上清派"大洞三景弟子"与"大洞法师"成为天师道道士法位的经过，考证了《昇玄经》的编纂者、成书年代以及《昇玄经》的传授与昇玄法师等问题。

道教与唐代科技
刘芳著
中国社会科学出版社　2016年1月　178千字　153页

唐代奉老子为祖先，尊道教为国教，使道教获得较快发展。道教的勃兴也对唐代的化学、医药学、矿物学、天文学、物理学、生物学、农学等领域产生了重要影响。本书通过爬梳唐代各种文献材料，从多学科的角度对隋末唐初至唐末五代的道教与科技的关系进行了全面考察，从道教徒的宗教信仰与其取得科技成就的关系这一视角，对唐代科学家的学科分布、职业状况、宗教信仰状况及其在各自领域所作的贡献作了详细说明，正面评价了唐朝时期的道教徒在自然科学领域取得的成就。全书共8章。作者认为，道教是科技思想的重要文化载体，正是由于道教徒的终极理想追求使得道教与中国古代科技成为天然盟友。就此而言，中国古代的科技成就抑或科技思想是道教徒实现其终极目标的手段、工具。

唐宋道教与世俗礼仪互动研究
吴羽著
中国社会科学出版社　2013年7月　241千字　221页

礼占据了中国古代文化的核心位置，道教对中古以降的中国礼文化亦有极深的影响。礼制与道教之间的互动关系成为考察中国文明建构与演变的一条重要线索。本书在前贤研究的基础上，秉持"详人所略、略人所详"的原则，主要从以下两个方面推进关于唐宋道教与世俗礼仪关系的研究。一方面，重点考察宋代的三所国家礼仪宫观：太一宫、玉清昭应宫、璇玑观，既关注国家礼仪中的道教因素，也审视国家礼制对道教的制约，探究国家礼仪吸纳道教因素背后的社会、政治动因，以及在这个过程中国家对道教进行的改造与影响；另一方面，致力于从道教内部与国家法律两个视角，借助通观和专题两种形式，来观察道教与世俗礼仪互动中各自在理论和实践上的调整与变迁。全书共3章。作者通过对唐宋时期道教与国家礼制、世俗礼仪互动的细节描述，呈现出世俗礼仪、宗教、信仰、法律诸文明要素在唐宋社会与文化持续演进过程中的整合之路。

南宋初河北新道教考
陈垣著
中华书局　1962年7月　80千字　154页

南宋金元是道教发展史上的一个重大转折时期。此间，为了反抗金人统治，"宋遗民义不仕金，聚徒训众，自谋生活，先后创立全真、大道、太一三教，因不属以前道教，故名之为新道教，当时在河北一带，有很大影响。"新道教各派，均设有掌教之职，以统领各派的大政。研究新道教各派掌教的生平和传承，是了解那段时期教派历史的重要课题。本书是我国已故著名史学家陈垣先生关于民间宗教史方面的开创之作，系作者在抗日战争时期继《明季滇黔佛教考》之后撰写的一部考论南宋初河北新道教的专著。全书分四卷。作者以丰富的碑刻、文献资料为依据，经过深入地梳爬整理，对南宋初新出现的全真、大道、太一等教派的起源、发展历史，作了较为系统的描述，特别是对全真道掌教生平和传承予以细致考察，提出了许多创造性的论断，从而把南宋金元时期道教史的一个重要侧面展现在人们面前。

宋代理学与道家、道教（上、下册）
孔令宏著
中华书局　2006年8月　540千字　841页

理学为宋代影响最大、最深远的哲学思潮。有关宋代理学的研究一直是学者关注的热点。但前人对宋代理学与佛学、佛教的关联注意较多，对理学与道家、道教的关系认识不够，缺乏系统的论述。本书采用系统性的研究方法，从大量哲学史料中发掘出周敦颐、邵雍、张载、二程、朱熹、陆九渊等理学名家与道家、道教的关系，以充分的史实和细致的分析说明了两宋儒道二家相互影响与演进的历史过程。关于道家，作者不以老庄为道家思想的全部，而将它视为一个由多个阶段构成的发展中的学派，既追溯老庄思想之源，研究作为老庄思想之流的稷下道家、黄老道家、魏晋玄学，还探讨与它共通性多于差异性的道教及其在不同阶段的典型体现，强调道家与道教的共同性和思想上的继承。全书分上、下两编。上编"理学诸家与道家、道教"（6章），重点论述理学的兴起与道家、道教的关系，尤其是在周敦颐《太极图》与道家、道教的关系上作了细致的考证和分析。此外，介绍了王安石学派、邵雍、张载、二程与道家、道教的关系，论述了他们对朱熹的影响。下编"朱熹哲学与道家、道教"（9章），运用大量文献资料梳理了道家、道教哲学思想的演变，考察了朱熹纳道入儒的表现和手法。在具体考察朱熹哲学对道家、道教义理的吸收与改造时，作者着眼于结构解析，梳理出朱熹哲学由理体论、物体论、性体论、心体论、境界论五大部分构成的思想理论体系。

两宋道教与政治关系研究（青年学术丛书·哲学）
向仲敏 著
人民出版社　2011 年 11 月　190 千字　203 页

　　两宋是继盛唐之后中国道教发展史上的又一个"黄金时代"，也是中国传统社会颇具特色的历史时期。本书为"青年学术丛书"之一，作者着眼于两宋时期道教蓬勃发展的历史动因，着重对世俗政权的主导因素即决定性力量（君王）、重要支撑力量（官僚）及世俗政权组织（政府）等同道教的政治关系进行梳理，从道教的基本元素如道教观念与思想、制度与仪轨、著名道冠等切入，分析道教与政治之互动，描绘两宋道教与政治关系的内部图景。全书分为"两宋君王崇道历史勾勒"、"两宋道教与政权"、"两宋道教主要管理制度及其政治意义"、"两宋道教与政治伦理"4 章。作者运用历史唯物主义观点，试图通过对两宋道教与政治关系之剖析，揭示出中国传统社会政教关系的一般性规律，为当代中国宗教与政治的关系处理提供一些有益的启示。

南宋金元的道教
詹石窗 著
上海古籍出版社　1989 年 12 月　163 千字　189 页

　　南宋金元是中国道教发展史上的鼎盛时期。在这个特定的历史时期内，新道派相继行世且日臻壮大、著名道士辈出、解经畅玄成风，道教教义自身的改造及其同儒释两家的融合与斗争愈益突出，统治者也对道教加以扶持和利用，局面纷繁复杂。本书以南宋金元的时代背景为依托，基于前人研究成果对道教在此一时期的发展走向进行了新的检视，考察了全真道、太一道、净明道三大新道派的产生，论述了道教学者在《易》、《老》学方面的新成就，分析了各道派的渊源及特征，以新的角度逐一作了论证。最后以"《灵宝经》源流略探"、"'遁甲'之学符箓化"、"洞天福地遗迹略考"三篇附文作结。全书共 3 章。作者把对经典的分析和史实考察有机结合，以比较的眼光相互印证，从纵横两个方面阐述南宋金元时期的道教与北宋之前的道教、与同时代其他教派或学派的联系和区别，从而勾勒出它的基本轮廓。

《净明忠孝全书》研究：以宋、元社会为背景的考察（香港道教学院丛书）
郭武 著
中国社会科学出版社　2005 年 8 月　321 千字　403 页

　　本书为"香港道教学院丛书"之一，主要围绕净明道的重要经典：《净明忠孝全书》，对元代净明道团的历史渊源、兴起原因、发展过程及思想学说等进行探讨。书中介绍了《净明忠孝全书》的编纂情况，梳理了唐－明间道教学说发展的内在逻辑，分析了彼时道学所受儒、释二教学说的影响；以此为前提，说明了元代净明道团在江西西山地区之兴起的过程和原因，揭示了宗教组织发展与各种社会因素的关系。全书共 4 章。第 1 章叙述《净明忠孝全书》的结构与编纂，重点考证《净明忠孝全书》的编纂过程，提出了一些与其他学者不同的看法。第 2 章通过考察蒙元时期中国的社会与文化、江西的状况与西山的环境，对刘玉净明道团的兴起及原因予以探究。第 3 章通过考证《净明忠孝全书》中有关许逊、胡慧超等净明道祖师的传纪材料，对该教团在元代以前的发展和演变展开论述。第 4 章讨论《净明忠孝全书》的思想内容，认为其主旨在于结合"人道"与"仙道"、兼摄"出世"与"入世"。

宋元道教易学初探（儒道释博士论文丛书／汤伟侠　卿希泰等主编）
章伟文著
巴蜀书社　2005年12月　280千字　390页

　　本书为"儒道释博士论文丛书"之一，作者通过对道教易学的概念、内容及研究方法的初步审定，建构了一个较为系统的理论框架；以此为基础，重点介绍了宋元道教易学八位代表人物的思想，梳理了整个道教易学的发展史。全书分上、中、下三篇，共8章。上篇（第1-4章）主要论述以陈显微、储华谷、俞琰为代表的"以个体为单位，对天道之理进行切身体悟"的宋元易学内丹学。中篇（第5-7章）主要论述以陈抟、郝大通、雷思齐、张理为代表的"以易图的形式探问天道之理，为道教内丹修炼提供理论指导"的宋元道教易图学。下篇（第8章）主要论述以李道纯为代表的"以体用的方式来贯通天与人、道体与器用，沟通形上与形下"的宋元道教易老学，作者指出，道教易学重在对自然天道及人与自然天道的合一等进行研究，藉此弥补道家哲学偏重形而上学的弱点，开辟了道教从人事通向天道的实践之路。

道与庶道：宋代以来的道教、民间信仰和神灵模式（海外中国研究丛书／刘东主编）
[美]韩明士著　皮庆生译
江苏人民出版社　2007年10月　390千字　364页

　　中国人眼中的神祇有两种模式，神祇是官僚还是个人化的保护者，一直取决于信奉者、陈述者在何种语境，以及出于何种目的。本书为"海外中国研究丛书"之一，作者以宋元时期源于江西抚州华盖山的三仙信仰、道教天心派这两种新宗教传统为例，运用历史学、宗教学、人类学等方法，考察了宋代以来中国神祇信仰的兴起与演变，研究了个人和官僚的两种信仰模式。全书共9章。书中所述虽为道教史学性质，但作者的研究颇受文化人类学之影响，着意"把文化（宗教包括在文化之内）看成一套剧目，不是均匀连贯的体系，而是一大堆、多样化的模式、系统、规则，以及其他象征资源的历史积累物，各式各样，且分布不均。人们根据其经验、社会地位、目标相关的方式，利用、借助这套模式，在生活中相互协调。"缘于此种观点，本书既为读者提供了一幅宋元时期抚州地方宗教实践的真实图景，又令人信服地指出，中国人眼中的神祇有两种竞争性模式：官僚模式与个人模式，即"道"（Way）与"庶道"（Byway）。

宋元三教融合与道教发展研究（儒道释博士论文丛书／汤伟侠　卿希泰等主编）
杨军著
巴蜀书社　2009年11月　220千字　287页

　　宋元时期是道教发展的鼎盛时期。研究这一时期的三教关系及其对道教的影响，有助于从宗教史的角度认识三教关系发展的逻辑环节，厘清道教在融摄儒、佛二家思想充实发展自己而至于高峰阶段之后，最终却不敌儒、佛并先于儒、佛二家衰落的原因，对于从整体上把握三教关系状态对中国思想文化发展的影响具有积极意义。本书为"儒道释博士论文丛书"之一，作者从道教的视角出发，回顾了魏晋南北朝以来的三教关系，分析了宋元统治者的宗教和文化政策，探讨了宋元三教关系形成的背景及特点；选取首开宋朝"三教合一"先河的陈抟、将内丹道教发展完善臻于成熟的张伯端、金丹南宗的实际创始人白玉蟾、全真道的王重阳、元初倡导"三教合一"的李道纯等几位宋元道教的代表人物，对他们的思想加以剖析。全书共4章。作者认为，宋元儒佛道在理论上的高度融合对道教的发展产生了重要影响。不论是宋金时期产生的新道派,还是在天师道基础上发展起来的正一道,在三教融合的历史背景下,其吸儒纳佛的特征非常突出。道教受儒家思想的影响,不断地向伦理化与世俗化的方向发展;受佛教义理的影响,哲理化水平得到极大的提高。

宋明道教思想研究(宗教学博士文库)
孔令宏著
宗教文化出版社　2002年4月　390千字　455页

　　目前有关道教的研究,多为外部的、描述性的,缺乏对道教内部的、哲学性的、思想性的系统探讨。本书为"宗教学博士文库"丛书之一,作者汲取国内外道教史研究的最新成果,针对以往道教研究中存在的弊端,从哲学考察的角度,对唐末至宋明时期的道教发展作内部的、思想性的研究。全书共4章。书中客观描述了道教哲学的本源论、本体论、心性论等,公正评价了它们与宋明理学的相互影响和对中国思想史、哲学史的贡献。经过深入研究,作者提出,道、学、术的三重结构及其互动关系是道教在历史上演变、发展的动力。以此为线索并抓准它,能够把道教的内史研究与外史考察有机地结合起来,弄清道教演变的规律。基于此方法,本书重点考察了宋明时期道教的思想,认为"术为先,道为后,以道统术,以术得道的道术关系是道家和道教思想发展演变的内在动力和逻辑,宋明时期是道与术达到圆融的时期,是道教哲学思想的最高峰。"

元代参同学:以俞琰、陈致虚为例
曾传辉著
宗教文化出版社　2004年9月　230千字　292页

　　后汉方士魏伯阳所著《周易参同契》,自古被誉为"万古丹经王",历代诠注者形成内丹说和外丹说两大派系,而以内丹说为主流,对后期丹道思想发展产生极大影响。本书是在作者的博士学位论文基础上修订而成的一部以元代参同学为研究对象的专著。书中基于对《参同契》和参同学史的多年研磨,把《参同契》及其思想在历史上的演变发展当作一个专门的学问来看待,率先提出了"参同学"这一新概念,针对《参同契》的成书年代、作者、版本、题解等做了比较细致的考证、辨析,对俞琰、陈致虚二人的生平、著述和《周易参同契》注本的特色做了深入的解析和表述,概括出"参同学"五大方面的主要内容,即仙性论、金丹论、顺逆论、药火论和化升论五论。全书分为"参同学概述"和"元代参同学"上、下两篇,共8章。上篇(第1-2章)从总体上介绍了参同学的概念、历史和研究现状。下篇(第3-8章)分别介绍了仙性论、顺逆论等元代参同学的主要课题,综述了元代参同学的基本特点和对后世的影响。

明清道教伦理及其历史流变
姜生　郭武著
四川人民出版社　1999年5月　250千字　369页

　　道教社会伦理是道教所主张的用以协调现实社会人与人之间关系的行为规范及思想。本书立足于中国道教伦理思想史的视角,以中国封建社会的衰落期(明清)为观测点,对此一时期道教伦理思想的主要内容、特征和变迁状况等进行了全面地考察研究,指出这种历史流变对中国近代社会伦理塑造的深刻影响及其对于当今社会思想文化重建的启示意义。全书分为"明清以前道教伦理形成和发展的历史线索"和"明清道教伦理的形成、主要内容及其思想形态的流变"上、下两篇，共8章。上篇（第1-4章）论述了汉魏两晋南北朝道教伦理的形成与初步发展，隋唐五代北宋时期道教伦理的发展变化，以及南宋金元时期道教伦理的主要特征。下篇（第5-8章）论述了明清思想文化与道教发展状况，明清道教生命伦理、社会伦理、神学伦理，以及明清道教伦理的衰落。余论部分专题探讨了近代以来中国伦理诸问题。

明清之际道教"三教合一"思想论（宗教学博士文库／黄心川 陈红星主编）
唐大潮著
宗教文化出版社 2000年6月 125千字 172页

中国学术思想发展的普遍性规律是融汇各家各派的思想，作为中国学术、文化思想三大支柱的儒释道相互间的吸取、融合就比较典型地反映了这种规律，"三教合一"思想正可谓是中国学术思想发展规律的最具特色的表现。本书为"宗教学博士文库"丛书之一，作者以明清之际道教三教合一思想为切入点，考察了道教及道教思想在封建社会发生重大历史转折的这一特殊时期的总体情况和具体表现，分析了道教各派理论家的生平行迹和主要思想，对三教合一思想的历史渊源及其所引发的社会思潮等作了论述，以期对中国学术思想的发展规律和道教文化在传统文化中的地位和作用有更为清晰的认识。全书共3章。内容包括：明清之际的道教衰落，明清之际的道教"三教合一"思想的表现及特点，明清之际道教"三教合一"思想的成因等。

明清全真教论稿（儒道释博士论文丛书／汤伟侠 卿希泰等主编）
王志忠著
巴蜀书社 2004年8月 120千字 147页

明清之际道教整体的"颓波日下"，是整个中国封建制度"天崩地解"的一个缩影。全真教在这一历史时期亦经历萧条、整合到中兴的复杂过程，这一历史现象不仅说明了全真教自身的适应性和兼容性，而且体现了全真教作为中华民族传统文化有机整体一部分所蕴含的勃勃生机。本书为"儒道释博士论文丛书"之一，作者以明清时期（1840年以前）的经济、文化、政治和宗教政策为背景，对全真教的这段历史进行了深入的断代研究。全书共4章。书中探讨了全真教在明清的中兴、传播和宗派的繁衍，对明清全真教思想的主要特点进行了总结，试图探寻明清全真教演变历程中的偶然因素与必然规律。作者强调，研究明清时期全真教从沉寂到复兴的历史，对于我们弄清中国宗教的发展与社会政治、经济、文化的相互关系，弄清中国传统的思想、文化发展的特殊规律，都具有不可低估的意义。

3、地域研究

扬州道教音乐考
朱瑞云编著
江苏文艺出版社 2007年5月 200千字 358页

扬州道教音乐源自明室宫廷音乐，它继承并保存了自汉唐至元明以来历代宫廷音乐的部分乐曲，具有浓厚的宫廷雅乐风格。本书系统深入地整理和考证了扬州道教音乐，在对其进行寻根求源的同时，阐述了扬州道教音乐的曲式结构、句法、旋法、配器法、演奏风格等艺术特色。全书共4章。书中所辑录的扬州道教音乐曲谱，系作者根据道教徒孙归源老先生的口述和组成乐队的演奏记录和整理而成（主要取材于扬州道教圣庙城隍庙《清吹笛谱·十番鼓》），该曲作为我国宫廷音乐的珍贵遗存，属典型的古代雅乐乐种，包括清吹笛谱、打击乐器谱、道情和赞经的全套曲谱，填补了道乐研究的空白。

台州道教考
任林豪　马曙明著

中国社会科学出版社　2009年2月　430千字　374页

　　台州地区是中国道教的重镇，在道教史上占有重要地位。本书是一部比较完整的地域道教通史，系统讲述了台州道教从东汉至民国的曲折历程，细致考证了仙居道教仙人蔡经、临海巾子山皇华真人等民间传说，以及东晋孙恩五斗米道起义、隐居天台山的顾欢引发的"夷夏之争"、洞天福地的归属、宋代南宗创始人张伯端的籍贯等具体问题，对台州上清派、南宗和龙门派等重要流派、著名道教人物在台州地区的活动，天台山道藏，台州道教戏曲等方面也作了详细介绍。全书共8章。作者从历史文化的大视角出发，来深入探寻台州道教的发展脉络与实物遗存，挖掘其历史内涵和文化价值，既弘扬了台州传统文化，亦生动展现了台州道教以天台山为中心的"夫其峻极之状，嘉祥之美，穷山海之瑰富，尽人神之壮丽矣"的旖旎风光。

江南全真道教（修订本）（上海太清宫道教文化丛书）
吴亚魁著

上海古籍出版社　2012年10月　315千字　382页

　　有元以来640多年的江南全真道教史，既是一部全真道教在江南的传播史，也是一部全真道教在江南的兴衰史，更是一部全真道教在江南的变异史。置身于南宗传统和符箓道教的重重裹挟之中，江南全真道教一直在不断地融合、调整和嬗变，由此形成其独有特征。本书为"上海太清宫道教文化丛书"之一，作者以时空线索为主轴，对江南全真道教展开立体性研究。时间上，上推全真道教南行之始，下迄1912年中华民国肇建，凡640余年，历元、明、清三代；空间上（考量了文化地理和宗教地理等因素），截取苏州府、松江府、常州府、太仓州、杭州府、嘉兴府和湖州府等"原本是符箓道教繁盛之地"的江南六府一州。作为地方教派史的研究，本书主要处理江南六府一州地区的全真道教这一问题，旨在透过道观的兴衰、多寡，概见江南全真道教的盛衰景况。全书共6章。内容包括：全真道教在江南的初传，全真道教在江南的盛衰，清代江南的全真道观（举要），江南全真道教的流布与特征等。

道教思想（岭南文化通志／张磊主编）
李大华著

广东人民出版社　1996年12月　200千字　282页

　　岭南文化与道教思想的传承和衍扩渊源极深。两晋之际葛洪、鲍靓所致力的从民间道教改造为神仙道教，隋唐时期苏元朗所倡导的由外丹道教向内丹道教的转变，均发轫于岭南。本书为"岭南文化通志"丛书之一，作者将道教文化放置于岭南文化的时空场景中，侧重从"思想"层面对岭南道教的历史演化展开探讨，论述了外丹道教转向内丹道教的学脉关系和革新意义，阐示了这种修炼途径的革新对于中国人文精神塑造的深远影响。全书分为"外丹道教思想"与"内丹道教思想"上、下二篇（14章）。作者指出，岭南道教人文精神的影响主要表现为"自由精神"和"自然精神"。前者为世人树立了一种轻世傲俗的风范、培育了一种"跣蹯为服"的道家民风；后者则强调人的终极诉求应趋向自然本性的回归，此种自然精神已被后世宋明理学所融收。

南岭走廊民族宗教研究：道教文化融合的视角（上、下册）
王建新主编
宗教文化出版社　2011年12月　650千字　715页

本书以道教文化在南岭走廊地区传播的历史过程及现状为切入点，通过对湘赣、两广、云贵等道教南传地区的山地少数民族宗教文化的调查研究，分析道教的传播状态和作用途径，探讨南方各民族宗教文化互相融合的内部机理和规律。全书分为"道教的传播及其结果：文化融合的历史及现状"、"粤桂黔滇民族宗教调查：文化融合的类型及差异"两大部分，由15篇论文和调研报告组成。内容包括：《考古资料与早期道教的南传研究》，《湘中族群变迁与文化融合：信仰民俗调查》，《湘黔界邻地区的飞山公信仰：一个基于田野和文献的考察报告》，《论瑶传道教的形成与发展》，《滇西巍山民间道教法事用雕版木刻纸印符箓考察》，《桂东北壮族的丧葬仪式研究》，《桂西壮族师公信仰调查》，《桂东北壮寨的师公及其仪式活动》，《粤北瑶族宗教文化的延续与变迁》等。书末附录《琼东南黎族信仰习俗田野调查报告》。

道教与岭南俗信关系研究（广州大学·广府文化系列）
王丽英著
社会科学文献出版社　2015年4月　311千字　296页

岭南地处我国南疆地区，素有"化外"之称，民间俗信积淀深厚。由于地缘、亲缘和人缘的联动因素，岭南俗信与南传道教之间产生了"互化"效应，即道教受到岭南俗信的影响，出现"南化"现象的同时，岭南俗信也受道教的影响，呈现出"道化"品格。透过岭南俗信，可以窥见道教的意味深蕴其中。本书为广州大学"广府文化系列"丛书之一，作者在充分借鉴前人和时贤已有成果的基础上，从宗教学、民俗学、历史学和文化传播学的角度，利用正史、方志、道典、碑记石刻和出土文物等资料，采取田野考察与文本研究、个案分析与综合举证相结合的研究方法，着力解决以下几个问题：一、道教南传的缘由；二、道教的南传；三、道教的南化；四、岭南俗信的道化；五、岭南俗信与道教互动的作用与影响。全书共5章。书中通过对道教与岭南俗信亲密关系的分析和考证，再现了道教与岭南俗信的互动互化过程，展示了岭南俗信的概貌，揭示其作用和影响，最后指明岭南俗信今后的发展路径和方法，以期为推动当今岭南地方文化建设和为促进岭南民俗旅游资源开发提供资政之用。

道教与中国少数民族关系研究
张桥贵著
四川大学出版社　1998年3月　145千字　220页

道教在边疆少数民族地区的传播，客观上发挥了宗教共同性的作用，促进了周边少数民族对中华民族大家庭的向心力，推动了民族融合进程。本书采用历史文献分析和民族学田野调查资料相结合的方法，论述了道教在各个历史阶段、不同社会层面对中国少数民族的影响，以及少数民族在道教发生和发展过程中对道教的补充和促进作用，分析二者产生紧密联系的历史原因、途径、过程和意义，阐明宗教文化交流在中华各民族多元一体文化格局形成过程中的历史贡献。全书共6章。作者认为，少数民族信奉文化形态相对较高的道教，有助于推动自身社会经济文化的发展，并在信仰的层面上缩小了各民族相互之间思想观念的差异。针对道教与少数民族关系的研究，不应停留在一般性的描述和介绍上，而是要深入考察这些关系在特定历史背景下所依赖的多方面的原因和条件，探索发生联系的具体途径。

道教与土家族文化（土家族问题研究丛书／彭英明主编）
邓红蕾著
民族出版社　2000年9月　228千字　282页

土家族文化属于深受道教思想影响的一种区域性世俗文化。道教与土家族文化的关系，既表现为"土家道教化"的倾向，又呈现出"道教土家化"的趋势。本书为"土家族问题研究丛书"之一，作者将中国传统文化、土家族文化和道教文化三者联结起来进行考察，梳理了土家族信仰与道教的源流关系，剖析了富有道教特色的土家族习俗和文学艺术，得出了"土家道教化"和"道教土家化"两个新论点，为土家族文化的现代化研究提供了学术依据。全书共6章。第1章对土家族"巫"的原始宗教性进行历史的考察，通过发掘土家族"巫"的文化意蕴，揭示"从巫到道教"的流变规律。第2章探讨土家族从"巫"过渡到"傩"的宗教学意义，揭示"土家道教化"的发展规律。第3章通过探究土家族"哭嫁"、"跳丧"等民间习俗，发掘深藏其中的民族文化精神及其与道教文化的内在联系。第4章侧重研究土家人在庆贺、纪念、祭祀、禁忌等活动中的文化特色与信仰类型，建构起"道教土家化"的信仰模式。第5章研讨道教的文学艺术化和土家的文化艺术道教化的倾向。第6章旨在对土家族文化的前景作出展望。

香港道教（香港宗教丛书）
钟国发著
宗教文化出版社　2010年4月　240千字　248页

道教是中国传统文化的重要载体。香港道教是中国道教的有机组成部分。香港华人社会基本上承袭了"道教的本土性"这样一个宗教传统，又形成了一些与中国内地不同的特点。本书为"香港宗教丛书"之一，作者在消化吸收新的研究成果的基础上，纵向梳理了香港道教的历史渊源以及香港道教联合会的形成与发展过程，横向介绍了香港道教的组织结构：道堂、道派、著名的四大宫观、信仰对象和崇拜活动，以及教团参与的社会慈善福利活动和道教联合体制的社会服务功能等，全面展示了香港道教的历史与现实。全书共8章。书中所述"香港道教"，以客观上大致符合道教的传统为标准，主观上认同道教的机构和成员为条件，主要不出香港道教联合会的组织范围，另有道联会以外的一些众所公认的道教内容。作者指出，香港道教的显著特点是，它与中国传统道教主流的关系比较淡，而与晚清民间新兴宗教运动及传统信仰民俗的关系比较深，与儒佛二教相融混的情况比较突出。

道教与云南文化：道教在云南的传播、演变及影响（当代云南社会科学百人百部优秀学术著作丛书）

郭武著

云南大学出版社　云南人民出版社　2011年7月　352千字　339页

　　云南地处祖国西南边陲，自古以来就有着独具特色的地域文化。道教对这种地域文化的发展曾经产生过深刻的影响，云南文化也为道教的跨地区传播涂抹上浓郁的地方色彩。本书为"当代云南社会科学百人百部优秀学术著作丛书"之一，作者以中国道教史在不同历史阶段的主要特点为背景，以云南地方史料的考证辨伪为依托，全面探讨了"道教与云南文化"二者的联系，展示了道教在云南传播、演变的历史及其对云南文化的影响，填补了云南地方道教史和云南文化史研究的空白。全书共8章。第1章叙述道教传入云南的条件、渠道及其对早期云南文化的影响。第2章考察南诏、大理时期道教不断流入云南的几种渠道及其在云南的活动情况。第3章分析元代云南道教相对沉寂及明代道教再传云南的原因。第4章论述明清以来道教的发展趋势及其与云南儒、释二教和民间宗教的融合情况。第5章以彝族、瑶族、白族、纳西族、阿昌族为例，探讨道教在云南少数民族地区的演变。第6章探讨道教与云南民俗的关系。第7章探讨道教与云南文学艺术的关系。第8章介绍云南昆明、大理和其他地区与道教有关的名胜古迹。

七、道教史

（一）总论

道教史

[日]窪德忠著　萧坤华译

上海译文出版社　1987年7月　206千字　327页

　　本书是日本立教大学窪德忠教授于1977年出版的一部道教史专著，吸取了近半个世纪以来日本学者研究道教的主要成果，具有较高的学术价值。全书共7章。"序章"部分首先从总的方面介绍了中国道教的信仰、神仙、组织状态、修持方术等，提出不少有待继续研究的问题。第1章"道教前史"，论述道教产生的思想渊源。第2-7章分别从东汉道教的萌芽、魏晋南北朝道教的确立、隋唐五代北宋道教的发展、道教的新发展与旧道教（南宋、金、元）以及道教的停滞（明清）和近现代道教等不同阶段概述了道教的兴起与盛衰的历史全景；间而论述道教在各个历史时期的具体表现，涉及封建皇室与道教的关系、道教神学、道派、主要经典、人物、道教的礼仪和佛道关系等。对于如何区别正统道教与民间道教、民间信仰的关系问题，作者通过实地调研，得出难以界定、仍需研究的结论。本书还就老子化胡说的起源、道教是否为中国的民族宗教等问题提出见解，认为应将道教与普遍公认的世界性宗教（如佛教）和民族性宗教（如日本神道教）之主体特征与传播范围作对比研究，来判明道教的民族宗教属性问题。

中国道教史（第1-4卷）

卿希泰主编

四川人民出版社　1988年4月-1995年12月　2029千字　2895页

　　道教的内容，杂而多端、涉猎广远。自从原始道教形成到神仙道教的发展，不仅各种道派孳乳很多，教义教理、科仪斋醮、方技方术等名目也是十分繁富，且著述颇丰。这就为后世学者研究中国道教史、中国思想史提供了史料宝藏。本书是一部具有通史性质的道教史学著作，按照道教发生、发展和衰微的程式，择其要略、史论结合，系统阐述了道教之萌生与衍化的过程，介绍了道教史上的一些道派、人物和经典，诠解了道教与儒、释之间的关系等问题。全书分四卷，共14章。第一卷（1988年出版，含第1-4章），追溯道教产生的历史条件和思想渊源，讨论早期道教经书的来历、神学特征及汉末太平道的兴起；讲述道教在魏晋、南北朝时期的分化、发展、改造和充实，言及民间道教与农民起义，道教与士族阶级，著名道派人物、道教宫观制度等。第二卷（1992年出版，含第5-7章），介绍隋至盛唐时期道教的兴盛与教理大发展的情况，论述道教在安史之乱以后至五代十国时期之曲折历程，续而讲解道教在北宋的复兴和发展。第三卷（1993年出版，含第8-10章），列述道教在金与南宋、元至明中叶以前这一历史时段内自我更新、相互承传的动态过程，阐释了全真道之勃兴及"三教融合"的趋向与意义。第四卷（1995年出版，含第11-14章），概述明中后期至清嘉道年间道教步入衰微的景象，综论道教在鸦片战争以后至民国时期的进一步衰落及其在民间的日益活跃，阐明道教在新中国建立后的新生及其在港、澳、台地区的传播和发展，最后从弘扬中国传统文化的视角俯瞰道教在世界各地的传播和影响。

中国道教史（中国文化史丛书·第二辑）
傅勤家著

上海书店出版社　1984年3月　242页

　　本书为"中国文化史丛书"之一，是民国学者傅勤家于1934年出版《道教史概论》一书之后撰写的一部中国道教史专著（本书根据商务印书馆1937年版复印）。这部堪称"中国第一部真正意义上全面系统论述道教史"的著作，立足于人类宗教之共同点，探究了道教史之分期，系统梳理和考辨了道教之源流、神祇、炼养、戒律、经典、儒道关系、释道关系等有关道教本义的多方面问题，深入剖析了隐匿于道教"杂而多端"表象背后的道学主旨及其混融过程，并以东西方文化交流和比较之眼光描绘了中国本土道教的历史风貌，揭示了道教所承载的中国文化底蕴，阐释了道教对中国古代科学的重要贡献。全书共20章。内容包括：道教之形成，道教之神，道教之方术，道教之修养，道教之规律，道教之流传海外，道教经典之编纂与焚毁，道教之分派等。

中国道教史
任继愈主编

上海人民出版社　1990年6月　592千字　811页

　　本书是由北京图书馆馆长任继愈先生主编、中国社会科学院道教研究室主任马西沙教授具体组织（各章节分由牟钟鉴、王卡、金正耀、羊化荣、马晓宏、韩秉方等学者撰写），历时3年完成的中国道教史著作。编者尽量利用中外前辈学者已有成果，对"上溯远古自然崇拜、鬼神崇拜及先秦老庄哲学，下抵清代民间道教的两种衍生形式"的中国道教发展历程作了系统梳理。全书分为"汉魏晋南北朝道教"、"隋唐道教"、"宋元道教"、"明清道教"、"明清民间宗教与道教"五编，共19章。书中以史为经、以论为纬、史论结合，全面、系统地分析和阐述了道教自创立以来2000余年的历史，考察了道教在不同历史时期的主要特点，揭示了道教与儒释二教及王朝政治和民间社会的互动关系。任继愈在本书"序"中指出，历史上道教似不及佛教机巧，自身更具有中国封建社会农民型的朴素意识。道教虽生长于中国本土，但命运多舛，2000年来一直未能超过佛教。故而，研究道教，亦需观审佛、儒二教。它们相为表里，交互融摄，构成唐宋以降中国近1000多年来的文化总体。编者认为，道教文化是中国古代文化遗产中的重要组成部分，渗入于民族文化的诸多方面。道教文化中精华与糟粕混融，不乏值得批判地继承发扬者。道教的宇宙论、本体论以及对人体生命的解释，均属极具启发性的古代思想资料，颇得中外科学家青睐。

中国道教史话（三教史话丛书／李振纲主编）
孔令宏著
河北大学出版社　1999年10月　267千字　382页

道家、道教思想中，最核心的部分就是道与术两个方面。以道统术，以术得道，是道家、道教思想发展、衍变的内在逻辑和根本动力。本书为"三教史话丛书"之一，作者以道与术的关系为主线，对先秦道家、黄老道家、稷下道家、魏晋玄学，以及汉代至清末的道教发展史，尤其是道教思想史进行了系统梳理和重点陈述，对道与术结合的各个发展阶段，不同历史时期的道教代表人物、流派及其各种理论和社会价值等都作了介绍。全书共8章。书中把中国道教史概括为汉代至三国时期众术并竞、魏晋南北朝时期援道入术、隋至中唐时期道与术结合、晚唐至北宋时期道与术汇聚、南宋至明代中期道与术圆融、明代中期以后循道化术、未来道教的诠道改术等几个阶段，根据对各个阶段道与术关系的考察，阐释了道教思想的独特性及其走向衰落的原因，认为道教思想的精髓是"热爱生命，崇尚科学，追求实证，向往自由，讴歌太平，追求通畅无碍和整体完善"；"道的创新，术的改弃，诠道改术"是道教未来的发展方向。

中国道教源流
谢路军著
九州出版社　2004年11月　150千字　278页

道家与道教都是有关"道"的阐发，虽有诸多相似之处，但它们也存在着不同。本书从"道家"与"道教"的关系梳理入手，考察了道教产生的历史背景和思想渊源，探究了道教的理论内核及信仰特征，对当代道教在我国港、澳、台地区以及世界各地的传播作了介绍。全书共4章。第1章"道家及其文化精髓"，介绍道家创始人老子、道家集大成者庄子和道家的演变发展。第2章"道教的产生及其历史发展"，在明确道教产生的历史背景的前提下，讲述了道教从东汉至民国的发展史。第3章"道教的理论构成及信仰特征"，通过考论《道藏》和道教经典，探讨道教仙神与仙境及其信仰特征。第4章"当代道教"，主要介绍当代道教的"新生"及传播情况。

道家道教史略论稿（深圳大学人文社科文丛／章必功主编）
游建西著
光明日报出版社　2006年8月　240千字　225页

关于什么是道家，什么是道教，以及二者的关系如何界定等问题，学术界向有争论。本书为"深圳大学人文社科文丛"之一，针对道家道教研究领域的一些关键性问题，作出了较为全面、客观的解答，同时对历史上道家著名学者的观点，以及学术界对道家道教的不同看法和权威讨论等予以介绍。全书分上、下两篇，共15章。上篇（第1—6章），首先从道家与老子、庄子的关系角度探讨了道家的起源,再从"出世道与入世道"、"自然道与科技道"、"上品道、中品道、下品道"三个方面审视学术界关于道家道教的讨论,最后从道教与王权的互动入手,考察历史上道教在社会政治文化中所起到的作用及所担当的角色。下篇(第 7-15 章),分别讨论了老子《道德经》中的几个重要概念、魏晋道家要籍《西升经》养生哲学、道家道教内丹学源流与传承、道家道教内外景与物自身、道家道教与医学、道家道教与文字传播、中国近代化转型期道家实业型人物等问题。

中国道家道教教育思想史(先秦至隋唐卷)
陈德安主编
社会科学文献出版社　2008 年 9 月　1084 千字　1000 页

　　中国古代教育和教育思想极为丰富,是一个庞大复杂的文化系统。道家道教思想作为中华民族文化源头之一,不仅其思想与实践在中国历史上具有深远的影响,它的教育理念对于促进现代教育的发展,仍然具有重要的启示意义。本书为山西省教育科学"十五"规划课题《中国道家道教思想史》之第一卷,是迄今为止研究中国先秦至隋唐道家道教教育思想最系统、最全面、最深入的一部专著。书中运用现代教育理论和心理科学研究方法,对先秦至隋唐时期具有 3000 多年历史的道家道教教育思想史进行了全面系统的梳理,归纳、总结和论述了道家道教的教育作用、教育目的、教育对象、教育内容、教学原则和方法,以及道德教育、审美教育、健康养生教育、医学教育、科技教育和尊师重教等方面,其中涉及 21 位人物和 27 篇经籍,彰显了道家道教教育在理论和实践上的独特成就及其对中国古代教育的贡献。全书共五编。内容包括:先秦时期的道家教育思想,两汉时期的道家道教教育思想,魏晋时期的道家道教教育思想,南北朝时期的道家道教教育思想,隋唐时期的道家道教教育思想等。

中国道教思想史(国家社会科学基金成果文库)(全 4 卷)
卿希泰主编　詹石窗副主编
人民出版社　2009 年 12 月　2359 千字　2700 页

　　本书是第一部全面系统论述道教思想发展历史的学术专著(系国家"985 工程"四川大学宗教与社会研究创新基地重大项目成果、教育部人文社会科学重点研究基地重大项目成果,入选"国家社会科学基金成果文库")。它的最大创新是开拓了道教思想研究的新领域,梳理了道教思想的渊源、形成过程和发展脉络,阐明了道教思想的历史影响,并从当代社会的视角审视道教思想内涵和价值。全书分四卷,共六编 38 章。第一编"道教思想渊源"(第 1-4 章),从上古宗教思想观念与易学、阴阳家思想的考察入手,阐述道家、神仙家思想、儒家、墨家思想与谶纬神学、医学养生与术数学思想的由来、变迁以及它们在道教思想体系形成过程中的作用。第二编"魏晋南北朝的道教思想"(第 5-10 章),着重探讨汉魏南北朝时期道教的不同派别、重点人物和重要经典的思想特点,以及儒佛道的融合与冲突,道教的科技、文学思想等。第三编"隋唐至北宋的道教思想"(第 11-20 章),此一阶段是道教兴盛时期,作者着眼于"重玄学"、"心性说"、"服气论"、"修养观"内涵的解读,对《易》、《老》、《庄》等道教经典予以诠释学梳理,发掘其深层意蕴。第四编"南宋金元至明代中叶的道教思想"(第 21-32 章),考察金丹派南宗、净明道、清微派、神霄派、天心派、东华派、全真道、真大道、太一道等南宋以来新道派的理论建树和时代特质，并对此时道教斋醮科仪的救度思想、劝善思想、科技思想等进行阐述和评估。第五编"明代末叶以来的道教思想"（第33-36章），考察全真龙门派的内丹性命学和三教合一思想，论述东、西、中派的丹功理论及其特色，同时对明代末叶至民国道教劝善书的思想变迁、民国以来的道教思想及研究成果予以介绍和阐发。第六编"道教思想的历史影响与现代价值"（第37-38章），从民间结社、少数民族宗教信仰、明清小说三个领域展示道教思想的影响，从哲学、伦理、医学养生、文学艺术等领域对道教思想进行系统总结，对其现代价值作了新的评估。

道教史：外一种·中国道教史（民国学术文化名著）
许地山　傅勤家著
岳麓书社　2010年1月　304页

道家道教思想是中华民族伟大的产物，历代史家对其曾多有涉及。近代以来，有关道教史的研究，尤以许地山之《道教史》、傅勤家之《中国道教史》殊为显赫，后者曾被视为我国"现代学术框架下的第一部道教史"。著名学者葛兆光谈论近百年道教史研究时，曾把傅勤家与许地山、陈垣、陈国符等名家并举，认为他们共同构建了中国道教史研究的"第一次历史性的变化"。杨慧林则以"绝后之作"加以评价："这一时期的两部道教史，也几乎成为绝后之作，一部是许地山的《道教史》（1934）。一部是傅勤家的《中国道教史》（1937）。而《中国道教史》则在分析和介绍道教发展以及教理教义的基础上，对外来宗教和本土宗教作了种种对比，显示出宗教学成之前的种种宗教书籍所难以具备的物色。"本书为"民国学术文化名著"丛书之一，是民国时期两部道教史名著的合集，全面系统地介绍了道教产生、发展和流传的历史；所记时限始于道教产生前的秦汉时期，止于当代道教在世界各地的传播；所记内容涉及道教及各支派的经籍、教义、人物、教制、教职等，兼及道教的节日、礼俗、圣地、遗迹、建筑、文学、艺术等。在对道教作全面考察的同时，书中还对道教与中国古代政治、社会、经济、文化、思想的关系，作了深刻的分析，对一些重要史事和学术问题也提出了不少新的见解。

道教老学史（道家道教文化研究书系/熊铁基　杨世华主编）
刘固盛著
华中师范大学出版社　2008年12月　330千字　360页

道教老学系指道教人士对本教最高经典《老子》的注解与发挥。道教老学不仅是中国老学史的一个重要环节，也是道教思想文化中十分重要的内容。上世纪90年代以来，学术界对老学的研究逐渐重视，由熊铁基先生主持撰著的《中国老学史》（1995）即为此研究领域的奠基之作。本书为"道家道教文化研究书系"之一，作者遵循《中国老学史》所倡导的研究思想，即特别注意时代条件下尤其是一个时代的思想学术对老学发展的影响，重点论述了二十多位不同时期的道教老学代表人物的思想研究；同时以道教史为基本参照，对道教老学的发展历程予以全面梳理，在考察现有道教老学文献的基础上，分别对汉魏六朝、隋唐、宋元、明清四个历史阶段的道教老学成就进行总结，揭示出道教学者群体在诠释《老子》时所呈现出来的思想创见与精神特质，以及道教老学对道教思想史的贡献。全书共6章。书中采取分宗派研究老学史的学术进路，既从道教信仰、道教思想的层面考察老学的发展，又从老学的角度探讨道教思想的渊源及其发展演变，以期丰富中国老学史研究的基本内容，为道家道教思想史的研究提供一个新的途径。

道教美学思想史研究（国家社科基金成果文库）
潘显一　李裴　申喜萍等著
商务印书馆　2010年5月　716页

　　道教美学思想研究是一个新的领域，目前尚未形成一个可以依傍的比较成熟的理论框架。本书为四川大学潘显一教授主持的国家社科基金项目"道教美学思想通史研究"的最终成果，入选"国家社科基金成果文库"。作者紧扣道教美学思想的核心问题，沿时间线索勾勒出2000年间道教美学思想的产生和发展脉络，弥补了一般中国美学史著作对葛洪之后的道教美学思想涉及较少的缺憾。全书共11章，包括六个部分内容：第一部分是前道教美学思想史，探讨了道家美学思想衍变为道教美学思想的原因和路向。第二部分是早期道教美学思想史，揭示了五斗米道、太平道等民间道教富于民众性、民间性的美学思想特征，论述了学者化的"玄学"派美学思想及其所受到的道家道教美学思想的重大影响。第三部分是隋唐五代时期的道教美学思想史，描绘了这一时期道教美学的兴盛景象，认为此时的道教美学思想进入成熟阶段。第四部分是北宋时期的道教美学思想史，讲解了"三教融合"背景下非道教人士对道教美学思想的阐发与贡献。第五部分是南宋金元时期的道教美学思想史，重点介绍了全真教、正一派的美学思想，认为这一时期的道教美学进入深入与分化阶段，呈现出明显的"非官方"、"民间化"的倾向，是以一种暗流形式存在的美学思想，上承隋唐、下启明清。第六部分是明清时期的道教美学思想史，阐述了这一时期道教美学思想的世俗化变化和发展。

道教：历史宗教的试述（道教学译丛）
[俄]陶奇夫著　邱凤侠译
齐鲁书社　2011年2月　323千字　414页

　　本书为"道教学译丛"之一，是俄罗斯著名汉学家陶奇夫教授融汇东西方学者的观点，结合个人见解，对中国道教的基本问题展开历史性研究的专著，被誉为"俄罗斯道教学研究新里程中的一本代表作"。书中围绕东西方学界关注的道教研究中的十大基本问题，从"世界各国道教学者的研究成果和走向"、"道教历史"两个方面进行探讨，综述了道教思想的主要特点及道教发展的历史规律。全书共2章。第1章集中分析道教研究所涉基本问题：道教的一致性问题、道教作为中国民族宗教的问题、道教和中国民间信仰及崇拜的关系问题、道教和国家传统制度的关系问题、道教的宗教方面和哲学方面的关系问题、道教的长生学说、传统中国的道教和炼丹术、道教学说总评、道教思想中的"玄学"的哲学和伦理学、道教的宇宙生成学和宇宙学。第2章概述自道教产生直至现代道教的发展历史，以及各时期道教的特点等。

新范式道教史的构建
[日]小林正美著　王皓月译
齐鲁书社　2014年5月　200千字　256页

　　道教史的传统的范式并非像科学研究的范式那样牢固，但是多数的研究者在研究道教史问题的时候都基于该传统的范式进行研究。本书是日本著名道教学者小林正美多年研究的集大成者之作品，主要依据"历史的事实"和在传统道教研究中遇到的"反常事例"，从出土资料与文献两个角度分析指明了旧范式道教史中的不妥之处，提出了"新范式"的道教史观，试图由此"来重新建构和书写中国道教的历史。"全书共6章。书中首次验证了信奉"三天"思想的南朝天师道改革派创造"道教",整理经典、教理、教团组织和仪礼等的经过,认为道教的经典"三洞"是信奉"三天"思想的刘宋天师道基于天界说而创立的。历史上真正存在的"道教"始于刘宋孝武帝时期的天师道改革派。在天师道改革派之前都属于"道流",不能称之为"道教"。

西方道教研究编年史(世界汉学论丛)
[法]索安(Anna Seidel)著　吕鹏志　陈平等译
中华书局　2002年11月　203千字　291页

近现代意义上的道教学术研究发端于西方。若从上个世纪初涉足道教的法国汉学大师沙畹(EdouardChavannes,1865-1918)算起,外国的道教研究已有近百年的历史。自20世纪70年代后期开始,国际学术界出现了一股如火如荼的道教研究热潮,形成了法国、日本和美国三个道教研究中心。本书为"世界汉学论丛"之一,是根据法国远东学院研究员索安的长篇研究报告《西方道教研究编年史(1950-1990)》(原题为 A chronicle of Taoist studies in the west 1950-1990,曾载于法国远东学院京都分院院刊《远东亚洲丛刊》)编译而成的一部介绍当代西方道教研究进展情况的著作。全书包括十个部分。书中采用共时性叙事方式,首次对1950-1990年间西方道教研究做了全景描述,概括总结了近几十年来西方学者对道教的理解和领会,涉及七个道教专题:道教和道家的关系、道教文献和藏外文献、道教史、道教的基本要素、道教与中国传统文化的关系、道教与佛教、中国域外道教,使国内读者得以从另外一种角度对"杂而多端"的道教获取新的认识。

(二)断代史

早期道教史(东方文化集成·中华文化编／季羡林主编)
汤一介著
昆仑出版社　2006年3月　260千字　418页

道教是适应东汉末期中国本民族(主要是汉族)的社会、政治、经济、道德以及人们的心理需要而产生的。道教发展成一种完整意义的有重大影响的宗教的过程表明了一种完整意义上的宗教团体发展的一般规律。道教哲学作为一种宗教哲学有着它明显的特点,其特点只能在和其它宗教对比中加以揭示。本书为"东方文化集成"丛书之一,是著名学者汤一介先生立足于宗教学视野对早期道教史展开研讨的专著。书中通过考察道教自汉至唐初的发展,勾画出道教在这一时期如何逐渐形成一种具有完备意义的宗教的过程,并对这一时期佛道之争的相关问题进行了对比研究。全书共15章。作者认为,道教作为一种宗教,虽然不同于儒家与道家,但其思想源流却又离不开这两家,它从一开始就是以儒道互补为特征的。道教在东汉已经具备了形成一种中国自身宗教的社会条件,同时《太平经》又为道教的建立提供了一定的思想基础。经过魏晋南北朝,道教逐渐完善了其道教组织、思想和炼养方法、经典体系、仪规制度、神仙谱系和历史传承,至唐初有了道教的哲学。一般宗教大体上都是应具备这些条件的。本书还根据史料对"老子化胡"、"生死"、"神形"、"轮回与承负"、"出世与入世"等方面进行了分析考证,结合当时这两种宗教的特点及其文化背景,指出这一时期佛道二教的不同。

中国道教思想史纲：第一卷　汉魏两晋南北朝时期
卿希泰著

四川人民出版社　1980年9月　177千字　345页

本书为著名学者卿希泰所著《中国道教思想史纲》之第一卷，具体论述了汉魏两晋南北朝时期道教的起源、兴起以及民间道教逐步演变为官方政治工具的历史过程。本卷由4章组成。第1章"引论"，主要就"为什么要研究马克思主义宗教学"和"为什么要研究中国道教思想史"等问题予以解答。第2章"道教的起源和民间道教的兴起"，对魏伯阳的《参同契》和符箓派的《太平清领书》（《太平经》）这两部道教典籍进行查考，解析东汉年间"三张和五斗米道"、"张角和太平道"、"于吉和南方道教活动"三大农民起义运动与《太平经》的乌托邦思想及民间道教的托附关系。第3章"封建统治阶级的两面政策、民间道教逐步演变成官方的政治工具"，讲述曹魏政权对道教的镇压和笼络方式，以及"葛洪和《抱朴子》"、"孙恩和卢循的起义"、"寇谦之和天师道"、"陆修静和陶弘景"数位道长和农民领袖带有不同倾向性的道教改造运动，阐发这种运动使道教呈现的官方政治工具化与民间反抗旗帜化的历史分野。第4章"汉魏两晋南北朝的道派和道教与儒、释的关系"，探析儒、道、释三方互相吸收，又相互斗争的史实及其对道教派系的催生作用。

中国道教科学技术史·汉魏两晋卷
姜生　汤伟侠主编

科学出版社　2002年4月　1408千字　862页

道家和道教的思想及其思维方法，是中国古代科技发展的源泉。汉魏两晋的道教处于与佛教抗衡的初始阶段，许多科学思想、方法和实践正在讨论和探索之中，产生了魏伯阳、葛洪、陶弘景等数位对后世产生持久影响的集大成者，为道教科学技术的进一步发展奠定了坚实基础。本书是第一部系统阐述道教科学思想和技术成果的多卷本《中国道教科学技术史》之分卷，由数十名海内外知名学者共同编撰完成。书中参阅大量历史文献资料，立足于多学科的视角，从探索科学发展一般规律的角度切入，全面论述了汉魏两晋时期的道教科学思想与实践，内容囊括中国古代科学技术的各个领域。本卷包括"导论"、"汉魏两晋的道教"、"科学思想篇"、"炼丹术与化学篇"、"医学篇"、"养生学篇"、"天学与地学篇"等八个部分组成。编者认为，道教文化是一个巨大的动态的思想库，它在漫长的历史上广泛吸收、改造和发展了众多的文化要素，这本身就是道家思想的反映。可以说，没有道家哲学这个基础，就没有道教哲学及其科学文化成就。

中国道教科学技术史·南北朝隋唐五代卷
姜生　汤伟侠主编

科学出版社　2010年5月　1971千字　1207页

南北朝隋唐五代时期，道教以外丹信仰为主。在修道成仙思想的驱动下，道教发展进入鼎盛阶段，在科学思想、炼丹术与化学、医学、养生学、天学、地学、物理学与技术、生物学等多个方面，取得了世人瞩目的重要成就，且化及域外，其传播轨迹于今多有可考者。本书是第一部系统阐述道教科学思想和技术成果的多卷本《中国道教科学技术史》之分卷，由数十名海内外知名学者共同编撰完成。书中借助大量的图表、研究数据和模拟实验,主要介绍了南北朝隋唐五代中国道教科学技术的发展历程,生动展现了此一时期道教在科学技术领域的辉煌成就,以及对中国历史和世界科技发展的重要影响。本卷包括"导论"、"南北朝隋唐五代的道教"、"科学思想篇"、"炼丹术与化学篇"、"医学篇"、"养生学篇"、"天学与地学篇"等九个部分,共39章。其撰写思路是按学科论述南北朝隋唐五代道教在特定时代及其特有的思想文化生态中发生、发展的科学思想及实践,旨在展现道教的科学精神与思想智慧,揭示中国古代科学创造和发展的文化基础。

六朝道教史研究

[日]小林正美著　李庆译

四川人民出版社　2001年3月　500千字　537页

六朝时代江南道教存在着天师道、葛氏道和上清派三大道流。这三派的道流,从东晋初开始到刘宋末,在江南吴地并存,既相互交流,又保持着各自作为独立道流的特色而不断发展,此间作成了《上清经》、《灵宝经》、《三皇经》,还有《女青鬼律》、《太上洞渊神咒经》、《老君说一百八十戒》、《玄都律文》等道教的主要经典。本书围绕"道流"这一中心视角,从道典的文献学研究出发,对东晋、刘宋时期江南地区的葛氏道、上清派、从北方移到南方的天师道等做了独特的探索和研究,并对与上述道流有关的主要经典进行了分析考证。全书共三编。第一编"葛氏道和《灵宝经》"(3章),序章中概述了葛洪神仙思想的特色和葛氏道教法的变迁,随后分析葛氏道编纂的《太上灵宝五符经》、《灵宝赤书五篇真文》和《灵宝经》。第二编"天师道及其道典"(5章),序章中概述了从后汉到刘宋末的天师道教团和教徒的活动状况,以及天师道教理的历史变迁,随后考察《九天生神章经》、《河上真人章句》和作为其补论的《老子道德经序诀》、《老子想尔注》、《大道家令戒》、《上清黄书过渡仪》这些天师道系主要道典的述作年代及其思想。第三编"道教教理的形成"(2章),分别考察东晋、刘宋时期道教徒倡言的终末论和天师道创导的"三天"思想。

唐前道教仪式史纲

吕鹏志著

中华书局　2008年12月　250千字　314页

2006年12月,法国高等研究学院劳格文(John Lagerwey)教授在巴黎主持召开了题为"仪式、诸神和技术:唐以前的中国宗教史"(Rituals, Pantheons and Teehniques: A History of Chinese Religion before the Tang)的国际学术会议。本书的初稿即是作者向此次会议提交的论文,后经补充修订而成为一部探讨唐代以前道教仪式的专著。书中以唐前道教仪式史的细节内容和论证为主线,在广泛利用和分析相关原始资料的基础上,较为完整地概括论述了道教仪式在唐代以前的历史演变过程(这一过程基本上是围绕天师道仪式、方士仪式和灵宝科仪这三种仪式传统展开的),揭示了佛教对早期道教的影响。全书共15章。作者认为,在5世纪以前,天师道仪式与南方方士仪式各自发展,到东晋时期互相产生影响。自5世纪以降,融摄南方方士传统、天师道和佛教的灵宝科仪兴起,且因刘宋陆修静加工整理而变得更加成熟完善,新旧各种道教传统大都借鉴或仿效灵宝科仪,道教仪式向灵宝化的方向发展。南方和北方的道教仪式原有较大差异，至北朝后期，北方道教几乎全盘采纳南方灵宝化的道教仪式，南北道教仪式基本上趋于一致。

元代道教史籍研究
刘永海著
人民出版社　2010年4月　270千字　254页

　　道教史上有重视道经编纂的优良传统。道教史籍在道经中占有相当大的比重，其中尤以元代道教史籍最为典型。元代道教史籍对涉及道教自身嬗递流变的内容，如各教派的发展、历代仙真的行迹灵异、宫观殿宇的规制沿革等，都有相当充实的记载，为准确把握道教发展的历史内涵提供了较为丰富的史料来源。本书以马克思主义宗教理论为指导，通过对前人成果和现存史料的考察研究，全面系统地总结了元代道教史籍编撰流传的总成就及发展特点，揭示了元代道教史籍所蕴涵的史学价值和思想文化价值，同时为元史及其他阶段的社会史研究提供有益的参考。全书共5章。书中将研究范围划定在蒙古汗国建立伊始（1206）直至元朝结束（1368），约160年间所产生的道教史籍，重点考察了元代道教史籍的产生背景及其编纂、刊刻、损毁、传播情况，论述了元代道教立足于自身，吸收儒家、佛教思想精华而形成的平等思想、向善思想、重生思想，从元代道教史籍与正史的比勘，与前世道教史籍的校勘，以及文献散佚价值等方面，分析了元代道教史籍的历史文献学价值。内容涉及道教史籍与元代政治、元代史官观经济与元代、道教与元代民间信仰的关系等问题。

（三）地域史

河北道教史（河北宗教史丛书/鞠志强主编）
刘庆文　高丽杨著
宗教文化出版社　2016年6月　500千字　491页

　　本书为"河北宗教史丛书"之一，是一部全面介绍和研究河北道教的历史与现状的专著，内容涵盖燕赵道教的方方面面。全书共17章。书中首先介绍作为道教思想渊源的商周原始宗教、先秦方仙道和秦汉黄老道，指出河北是道教的发祥地之一，重要标志是东汉末午诞生于河北地区的太平道，阐述了太平道的流风余韵，即太平道对道教形成的深远影响。随后叙述了道教在河北的三个发展阶段：一、曹魏南北朝时期，先是五斗米道自汉中迁徙河北、聚集邺城，继续从事传道活动；继之，由于北魏统治者对道教的提倡，遂使道教在河北社会各阶层中的影响与日俱增，因此在河北兴起了新天师道。二、隋唐至北宋时期，在李唐王朝崇道思想的引领下，道教追求长生久视的理论与实践，风行整个河北社会，其流风所及，一直延续到北宋时期。三、金、元时期，道教在河北持续发展，孕育出道教的新道派，即太一教、真大道教、全真道相继产生。其中，全真道的出现，为道教的发展带来了新的生机，将道教带入了一个新的信仰境界。接着，作者以明清两朝和民国时期道教在河北日趋衰微的种种实证，说明并论证了道教衰微的内因。最后，重点叙述了当代河北道教、特别是改革开放以来河北道教的重大变化。此外，本书还介绍了河北道教的著名道士、著名宫观与道教医药、道教音乐、道教武术、道教书画艺术等。

西北道教史
樊光春著
商务印书馆　2010年3月　789页

　　西北地区是中国原始宗教的主要起源地。西北道教的历史，在中国道教史上占有极重要的地位。不仅早期道教正式形成于今西北境内，道教思想的主要成分、道教史上的一些重要事件和知名人物亦发生或活动于西北大地，近世道教的主要宗派更是源于西北。在当代道教界，西北地区保存的全真道原始风范对全国道教仍具有重大影响力。本书以翔实的文献考证和深入的田野调查为基础，采用历史学、文献学、历史地理学和人类学等研究方法，系统梳理了西北道教发展的历史脉络和特点，介绍了道教宫观在西北广阔地域中的分布状态，展示了西北道教的历史风貌和地域特色。全书分为"西北道教地理"、"早期西北道教"、"隋唐西北道教"、"宋—西夏西北道教"、"金元西北道教"等八卷，每卷之下分设若干章节。书中沿着早期道教、民间道教、义理道教和宫观道教这一时空线索，根据作者在调查过程中所掌握的新材料，对诸如楼观道的形成与影响、老子化胡说、通道观与"田谷十老"等问题提出了许多新的看法。这对于充实和完善中国道教史研究，加深社会层面对道教的正确认识，都具有一定的参考价值。

陕西道教两千年
樊光春著
三秦出版社　2001年6月　270千字　326页

　　陕西自古就有极具浓厚地方色彩的神灵崇拜与民间祭祀传统，这为道教在三秦大地的传播与发展奠定了坚实的社会文化基础。早在东汉年间，华北地区的太平道在关中已经有了传布，汉中巴蜀地区亦兴起了天师道；魏晋南北朝时期，随着曹魏政权的变迁，天师道道众由陕南迁移到关中一带，关中世族大多信仰道教；隋唐五代时期，受益于王朝统治者对道教的扶持，道教和道教学术在陕西地区得到了进一步发展，开元年间出现了我国历史上的第一部道藏《三洞琼纲》，涌现出一批著名高道和道教学者；宋元时期，金朝和蒙古的入侵对陕西道教有很大的破坏，同时也促发了全真道的产生和发展；明清两代，道教由停滞走向衰落，正一道在陕西发展较大，但全真道在陕西仍然占据主要地位。本书全面系统地介绍了陕西道教2000年以来的发展历程，对活跃于当地的不同道教教派、教团，具有本地特色的道教仪轨和道教艺术，以及陕西地区的主要宫观也都作了详解。全书分六篇。内容涉及先秦原始道教信仰、历史上的佛道之争、当代道教现状、道教教派宫观仪范艺术等研究领域。

宁夏道教史
张宗奇著
宗教文化出版社　2006年1月　230千字　297页

　　宁夏自古就是多民族和睦相处、共同居住的区域。道教在宁夏地区的广泛传播，曾起到中原文化与少数民族文化交流与融通的纽带作用。可以说，中国道教的历史有多长，有多悠久，宁夏道教的历史就有多长，有多悠久。中国道教历史上的重大事件，有些直接与宁夏地区的道教活动联系在一起。本书运用民族学的调查和研究方法，在深入挖掘和考证历史文献及当代考古资料的基础上，从中国道教史的大视角出发，对宁夏道教史进行了缜密地考察研究，既补充了中国道教史的宁夏篇章，也描绘了宁夏道教史有别于其他地域道教史的独特之处，直接或间接地阐明学仙修真的部分门径和道教养生的一些理论。全书共7章。内容包括：宁夏道教史略，教派、教理教义和经典，道场的历史和现状，宁夏道教众神，宗教活动和民俗事象，宁夏道教学术和艺术等。

山东道教史（上、下卷）（四川大学道教与宗教文化研究所·宗教、哲学与社会研究丛书/卿希泰主编）

赵芃著

中国社会科学出版社　2015年12月　880千字　800页

本书为四川大学道教与宗教文化研究所"宗教、哲学与社会研究丛书"之一，是首部系统研究山东地区道教历史的学术专著。全书分上、下两卷，共9章。书中将山东道教的形成、演变与发展置于中国道教发展的大背景下进行研究，以实地考察为前提，通过对正史、文物史志以及《道藏》和其他道书的认真爬梳，全面梳理和论述了先秦时期山东道教的文化渊源、秦汉时期山东道教的形成、魏晋南北朝时期山东道教的演变、隋唐北宋时期山东道教的兴盛与繁荣、金元时期山东道教的鼎盛，以及明清时期在中国道教整体式微的条件下，山东泰山、崂山、沂山、云翠山、锦屏山、博山等地呈现的局部繁荣与活跃的局面；尤其对金元时期北方三大道教教派（全真道、真大道、太一道）在山东的交织发展作了较为清晰的描述。此外，作者对早期道教（方仙道、黄老道）组织和早期道教著作（《太平经》）在山东地区的传播也予以梳理，着重分析了这些早期道教派别与后来的义理化道教教团的渊源关系，论证了山东是中国道教发源地之一的观点。本书在论析山东道教的历史走向的同时，还记述了儒、道、释在山东的融合与发展，使中国长期存在的"三教会通"的历史现象得以形象地展示于区域道教史之中。

杭州道教史（杭州历史文化研究丛书/辛薇主编）

林正秋著

中国社会科学出版社　2011年12月　363千字　276页

杭州道教因其历史久远、内涵丰富且踞有江南地利之便，在中国道教史上占有重要地位，但目前学术界对杭州道教历史文化的研究比较薄弱。本书为"杭州历史文化研究丛书"之一，是迄今为止有关杭州道教的唯一部专史（根据作者先前所著《杭州道教史稿》修订而成），堪称"杭州道教通史的开山之作"。全书共22章。书中广泛搜集第一手资料，采用考论结合的方式，对杭州道教历史文化的发展情况做了全面梳理和考证，同时将杭州道教历史划分为五个阶段：一、秦汉之前的神仙传说是早期道教，此时杭州地区已经有道教神仙传说流行；二、汉、晋、南北朝为杭州道教发展初期，作者通过文献考证，确定张天师的诞生地是杭州临安天目山；三、隋唐五代及北宋是杭州道教发展及兴盛时期，道观林立、名道辈出，官员士绅信道者日众。官修道书《大宋天宫宝藏》、《政和万寿道藏》均与杭州有关；四、南宋是杭州道教最为繁盛的时期。南宋定都杭州后，京城道观得到大发展，皇帝大多崇道。元代延续了南宋的盛况；五、明代杭州道教进一步发展，至清乾隆后渐趋衰落。此外，本书还考证了杭州本籍及外来名道踪迹、南宋京城御前十大道观、南宋京城的民间宫观、道家食谱《饮馔服食笺》、玉皇山福星观、民国成立的杭州市道教协会等，丰富了中国道教史研究内容。

江西道教史（国家社科基金后期资助项目）
孔令宏　韩松涛著
中华书局　2011年8月　430千字　395页

　　江西位处"吴头楚尾"之地，深受吴楚文化的影响，自古就有敬天崇道的传统。龙虎山张天师一系虽然勃兴于魏晋时期，但张道陵在修道十年后才西入蜀地传道，他在东部的事迹，确有许多值得追寻的地方。本书是关于江西道教1800年发展史的通史性著作，"堪称是中国迄今为止最详实的地方道教史之一"。书中选用大量原始资料，通过田野考察以及对现有研究成果、地方志和历朝史料的耙梳整理、去粗存精，为读者展现了江西道教跨跃千年的传承历史，即从道教作为中国本土宗教信仰的产生时期，中间经过江西作为天师道传统圣地的极盛时期和作为内丹传承世系的中国封建社会晚期，直至今日江西道教走向复兴的历史。全书分为"汉代三国时期江西道教的酝酿"、"魏晋南北朝时期江西道教的起源"、"隋唐五代时期江西道教的发展"、"五代十国和宋代江西道教的转型"等9章。内容涉及道教宗派、人物、事件、思想等，体现了当今道教研究中地方性转向的新模式，具有较高的学术价值。

云南道教史（云南宗教系列专史／杨学政主编）
萧霁虹　董允著
云南大学出版社　2007年11月　304千字　380页

　　云南地处西南一隅，是一个多民族聚居区。云南又与"五斗米道"的发源地四川毗邻，使道教在云南的传播发展独具地域性和民族性特色。本书为"云南宗教系列专史"丛书之一，作者汲取近年来国内学者研究云南道教历史文化、民族文化的新成果，坚持客观求实的原则，记述了道教在云南传播发展的悠久历史，展现了当代云南道教的繁荣景象及文化特色。关于道教传入云南的年代，以往论著虽有"东汉入滇说"和"三国入滇说"，但目前文献资料尚不足为证，故本书仍沿袭"道教在东汉末年传入云南"之说。全书分为"唐以前云南道教的初传"、"南昭、大理国时期的云南道教"、"元代、明初的云南道教"、"明清云南道教的兴盛"、"民国时期的云南道教"等7章。内容涉及道教与云南各少数民族的关系、云南民间道教与云南道士、中原高道入滇传道的历史传说、云南道教官职的设置和地方官署的官观兴造等多个方面，有助于读者更深刻地认识云南道教的独特魅力，理解中国道教的丰富内涵及其在维护民族团结中的历史作用，从而继承和发扬道教文化的优秀成果，促进社会主义和谐社会的建设。

八、传记（人名传记按笔画排序）

（一）神仙传

中国民间诸神（中国神祇文化全书）
马书田著
团结出版社　1997年1月　280千字　422页

　　诸神信仰作为人类文化灵性思维，是中华民族生存心理和民俗习惯的一种具象反映。中国的民间俗神芜杂广泛，构成一套功能完整、千姿百态、包罗万象的神仙谱系。其中既有中华民族的

陆、道教

始祖神、保护神，也有爱神、婚姻神、生育神、福禄神、寿神、财神、生产保护神、生活保护神等各类民间神祇，俨然一个完美的天界宗族。本书为"中国神祇文化全书"之一，是作者在其先前所著《华夏诸神》之第二部分《民间俗神》的基础上，增补、修订而成的一部介绍中国民间诸神信仰的专著。全书分为"中华始祖神"、"爱情与婚姻神"、"生育神"、"福禄神"、"寿神"等8章。书中以诸神信仰产生的历史时序为经、诸神在世俗生活中担当的职能为纬，将诸神信仰置于中国社会生活的大环境中进行梳理和探考，研究了诸神的由来始末、发展衍变以及诸神在中国民间的影响和作用，得出如下结论：既然"神"是人，与其把诸神当作主宰和救世主，不如把他们当作一种吉祥的象征。

八仙与中国文化
王汉民著

中国社会科学出版社　2000年11月　186千字　234页

八仙既是中国神仙文化发展的产物，也是中国传统"和合文化"的产物。本书是作者在其博士学位论文的基础上加工而成的一部探讨八仙文化的起源、发展、表现形式及其与中国传统文化之关系的专著。全书共7章。书中着眼于唐宋至元明清时期的社会生活，结合宗教学、民俗学、历史学、文艺学等学科，全方位考察研究了八仙文化的来历，揭示了八仙组合从单个到群体的演变轨迹，分析指出八仙是传统的"和合文化"的产物、"八"字是民俗信仰中"和合精神"的浓缩。关于民间八仙信仰的形成以及八仙与民俗文化的关系，作者从《道藏》及道家金石资料入手，对八仙与元代全真教、明清道教诸宗派的关系及三教合一的情况进行了全面探讨，并从世俗特征的层面对八仙这种"历代民众群体审美意识的体现"予以论证。此外，作者还研究了八仙与中国戏曲、小说的关系，在考述八仙戏和八仙小说之作品名目的前提下，从理论上对八仙度世剧的不同意识进行了深入剖析，对八仙系列小说的文化底蕴进行了深层发掘。

唐宋时期城市保护神研究：以毗沙门天王和城隍神为中心
王涛著

中国社会科学出版社　2012年11月　262千字　241页

中国古代城市保护神的起源和城市的起源与形成有着密切的关系。源于水墉神的城隍神是产生于中国本土的城市保护神，到春秋战国时期基本形成。起源于印度的毗沙门天王则是在南北朝时期才以佛教神灵的面孔来到中国，二神在唐宋以前都取得了一定程度的发展。本书是在作者的博士学位论文基础上修订而成的一部探讨"唐宋时期的城市保护神"的专著。书中采用历史学和文献学以及人类学相结合的方法，以中国古代城市保护神的起源和城市的起源与形成关系为逻辑起点，重点考察了唐代中期至北宋初年（部分论段上溯至史前文明，下探到南宋元明清时期）城市保护神的发展、流变过程，探讨了毗沙门天王与城隍神盛行于唐宋之际的形式与成因。全书共6章。作者认为，毗沙门天王和原有的城隍神共同构成唐宋时期的城市保护神。毗沙门天王主要存在于北方城市之中，而城隍神大范围存在于南方城市。在二神演变的过程中，其神性和职能也发生了明显的变化：毗沙门天王的一部分转换为中国的民间信仰，另一部分又回归到寺院，成为护法、护院的守护神，部分地回归于佛教；城隍神则渐渐向道教靠拢。

(二)古代人物传

全真七子与齐鲁文化（齐鲁文化学术文库）

牟钟鉴　白奚　常大群　白如祥　赵卫东　叶桂桐著

齐鲁书社　2005年7月　408千字　387页

  金元之际在北方兴起的全真道，发端于陕西的关中，创立于山东的胶东（古称东莱），是关陇文化和齐鲁文化共同的产物。本书为"齐鲁文化学术文库"丛书之一，作者着眼于齐鲁文化的历史传统及其固有的特质和精神，侧重研究了全真教和齐鲁文化的关系，细致分析了全真七子的思想特色，认为全真道在山东的兴起乃至流布全国，是齐鲁文化在新的历史条件下又一次的生机创发和对中国文化的新贡献。全书共7章。概论部分介绍了全真道祖师王重阳悟道后在胶东创教的过程，说明胶东是全真道真正的发祥地，丘处机是全真道兴旺发达的扛鼎人物。第1章介绍齐鲁文化中道教文化的深厚传统。第2章介绍金元之际山东社会的政治、文化态势。第3章介绍王重阳在胶东传教的成功和全真道的兴起。第4章介绍全真七子在山东的修道与传教活动。第5章介绍全真七子的思想特色。第6章介绍全真道由山东走向全国。第7章介绍明清山东全真道概况。

金元四大医家与道家道教

程雅君著

巴蜀书社　2006年12月　200千字　273页

  道医，是指医家所依托的哲学思想以道家道教文化为主，基本特征为"以道论医，追求长生久视，成仙证真"。金元时期属"道医"发展为"儒医"阶段的转折点，主要体现于著名的金元四大医家：刘完素、张从正、李东垣、朱丹溪。有关金元四大医家的研究很多，绝大多数是研究其医学思想，尤以临床为重，少数研究其生平和著述。而根据金元四大医家的生平、著述、学术思想，研究其内在的文化渊源，国内外迄今未见有成果报道。本书试图另辟蹊径，对金元四大医家与道家道教的内在联系进行探究。全书共4章。序论部分首先厘清了道教医学、道家医学与传统医学的关系由来，明确了道医学概念、研究范围、方法与意义，介绍了金元四大医家的思想背景；其后各章分别论述了"纯正道医刘完素"、"援儒革道张从正"、"根儒向道李东垣"、"融摄儒道朱丹溪"的生平、著述和主要学术思想，以及他们方药举隅及临证治验等内容。

道士（古代社会群落文化丛书／康保成主编）

李跃忠　曹冠英编著

中国社会出版社　2009年3月　250千字　239页

  道士是以从事道教活动为职业的道教神职人员的统称。女性道士称"坤道"，又称女冠，俗称道姑；男性道士称"乾道"，也称道人、羽士、羽客、黄冠等，尊称道长。现代道士有两种：全真教的道士是出家的，头发和胡须都要蓄起来，头顶还要挽髻，大部分吃素，强调清修；正一道的道士一般不蓄发，修炼特别强调符箓，可以结婚，吃荤，大部分为不出家的道士，也称火居道士，少部分为出家道士，主要从事道教仪式活动。现代正一派弟子须经过授箓才成为有资格的道士，全真派弟子则需受戒。本书为"古代社会群落文化丛书"之一，作者通过大量参引史料，对"道士"这一道教信仰和修行群体作了全景式描述。全书共8章。第1-7章分别介绍道士的称谓、道士资格的获得、道士的宗教信仰与教派、道士的日常生活习俗、道士的修炼、道士的戒律和清规等。第8章讲述道教创始人张道陵、王重阳，著名道士理论家葛洪、陶弘景等人的历史趣话。

马丹阳学案（全真学案·第一辑 / 张广保主编）
卢国龙著
齐鲁书社　2010年1月　340千字　405页

马丹阳（1123-1183），金代著名道士，"北七真"之一，金真道遇仙派的创立者。他的人生转折起始于与王重阳的结识，使其由"一个温和的乡绅、平庸的富家翁，经过王重阳的一番激发砥砺，兀然变成意志坚定的求道者，并最终成为全真教的第二代掌教。"这个转变过程，既是马丹阳个人的人生经历，是他从混浊的世俗社会中振拔而出，以出家修道的方式在宗教的意义世界里获得心身安顿的心路历程，也是一次重要的历史事件，是全真教派从酝酿到创建的缩影。本书为"全真学案"系列丛书之一，主要以相关历史材料为考察对象，全面介绍了马丹阳富有传奇色彩的人生经历、著作及其全真思想，具有较高的文献价值。全书分为"丹阳评传"、"丹阳著作辑录"和"传记资料"三个部分。内容包括：马丹阳出家事件，马丹阳的传教事业，丹阳著作考略，渐悟集，洞玄金玉集，全真第二代丹阳抱一无为真人马宗师道行碑，丹阳真人归葬记，丹阳马真人，清静散人等。

王阳明与道家道教（阳明学研究丛书 / 吴光主编）
朱晓鹏著
中国人民大学出版社　2009年10月　223千字　257页

本书为"阳明学研究丛书"之一，作者通过史料爬梳与实事求是的思想研究，较为全面地论述了王阳明的"道缘"及其对道家道教思想、方法的吸纳与批判，析出阳明学在产生发展过程中与道家道教的思想关联，重新评价其作为一种全新的思想范式所具有的重大价值和意义。全书分为"出入佛老：王阳明早期的道缘"、"摄道入儒：王阳明中后期的道家道教情结"上、下两篇，共8章。书中突出表现王阳明"儒道杂糅"、"遍求百家"、"出入佛老"的人生经历与思想特征，阐示阳明学在中国思想史上的重要地位。创新之处主要体现为：一是将阳明学与道家道教的关系放在儒佛道二教合流，尤其是儒道互补以及明代中后期的社会变迁等内外因素的相互作用过程中予以全面系统的考察。二是以考察辨析一些核心概念、主要理念的基本内涵和具体的运用特点为基础，揭示其与道家道教思想的异同和王学对道家道教的思想、方法的吸纳改造的作用和意义。三是总结有关的研究，澄清一些误解和模糊之处，借此具体地说明阳明学的思想及方法论特质，以及作为一种新的思想范式所具有的重要意义。

金代道教研究：王重阳与马丹阳（海外道教学译丛 / 朱越利主编）
[日] 蜂屋邦夫著　钦伟刚译
中国社会科学出版社　2007年6月　756千字　798页

本书为"海外道教学译丛"之一，是日本著名道教学者、中国思想史专家蜂屋邦夫在东京大学东洋文化研究所任职期间提交的研究报告《金代道教の研究：王重阳と马丹阳》（《东洋文化研究所纪要》别册，汲古书院刊行，1992年3月）的中译本。作者从解读王重阳和马丹阳留下的2000多首诗词入手，通过对这些"充满了内丹学特殊用语，充满了隐语和比喻"的悟道诗词的考证和辨析，并以之与出自后人所编年谱、传记资料的相互参证，来复原早期全真教领袖的思想历程，考察全真教的开祖王重阳和他的弟子二祖马丹阳的生涯和教说，进而探究他们的宗教精神本身。全书分为"论考"和"资料"上、下两篇。上篇包括"序论"和"王重阳的生涯和全真教的创立"、"马丹阳的生涯与全真教的确立"，分别介绍了王重阳、马丹阳的生平、修道及创教活动。下篇分别介绍了王重阳的《重阳全真集》、《重阳分梨十化集》、《重阳教化集》，马丹阳的《渐悟集》、《洞玄金玉集》、《丹阳神光灿》等主要著述和文献资料。本书在人物传记资料以外，把诗词当成第一手资料，对王重阳和马丹阳的生平和教说展开研究，是这部著作的主要特点。正如蜂屋邦夫先生所云：资料部分"不仅是相关史料的荟集，同时也含有批注的意思"，实际上可以看作是一份经过校勘的总集，与它之前的论说部分互为经纬。

王重阳学案（全真学案·第二辑 / 张广保主编）
郭武著
齐鲁书社　2016年6月　454千字　550页

王重阳（1112—1170），原名中孚，字允卿，入道后改名喆，道号重阳子。金代中期，王重阳在中国北方创立了一种有别于传统道教的新道教：全真教。全真教以三教合一为宗，汲取禅宗的心性理论、修行方式等因素，对传统道教从教义、戒律到宫观组织、修行方式，以及终极超越境界等方面都进行了全面革新，并在元以后分领道教的半壁江山。本书为香港青松观全真道研究中心"全真学案"丛书之一，是在作者早年所著《全真道祖王重阳传》的基础上修改、补充而成的一部研究王重阳及其创立的全真教的专著。全书由"王重阳评传"、"王重阳著述选录"和"王重阳传记资料选编"三部分组成。书中以王重阳的生平为线索，将王重阳的行为及思想发展置于宋金元社会变革的大背景下进行介绍和分析，清晰地展示了王重阳的生平事迹，探究了王重阳全真思想的形成依据和特征，以及全真教在宋金元时代的北方战乱之地如何克服"传统道教自身发展出现的危机"而勃然大兴，最终形成北全真、南正一道教新格局的历史过程与内因。

驯服自我：王常月修道思想研究（儒道释博士论文丛书 / 汤伟侠　卿希泰等主编）
朱展炎著
巴蜀书社　2009年11月　290千字　381页

王常月乃清初全真道龙门派重要人物。他是继元代丘处机之后将全真教推向制度化宗教的又一后继者，也是把丘处机时代"立观度人"思想加以完善和付诸行动的宗教实践者，为全真道团修行丛林化和戒律化的发展奠定了良好的政治、教义和物质基础。目前学界对王常月的研究还缺乏系统性。本书为"儒道释博士论文丛书"之一。作者借鉴西方精神分析学理论，从"驯服人的自我及自我冲突"之角度切入，对王常月的生平、著述、思想渊源及侧重，与龙门派的传承关系以及戒律思想的深度心理背景等问题作了全面细致的梳理和研究，以哲学和精神分析学的眼光揭示了道门人士在求道、入道、修道和得道过程中所经历的自我冲突与自我驯服的心理过程；作者还通过对清初王常月所处时代的思想主题与金元全真道时期的对比研究，阐明清初全真道修道主题的时代变化，分析了龙门律宗在理论建构方面的特征和不足之处。全书共5章。书中述及王常月修道思想中所包含的驯服自我的诱因、驯服自我的方法、驯服自我的内容及驯服自我的深层指向等方面，兼涉王常月修道思想当中所蕴含的人生存于世的艰难与抗争等非神圣性因素。

王常月学案（全真学案·第一辑 / 张广保主编）
尹志华著

齐鲁书社 2011 年 9 月 172 千字 226 页

　　王常月（？-1680），俗名平，法名常月，号昆阳，山西长治人，明末清初著名道士，为全真道龙门支派律宗的第七代律师。他最大的贡献在于让本已衰落的龙门派复兴，可以说也是令全真教的复兴，甚至可以说是他促成了整个道教离现今时代最近一次的复兴。本书为香港青松观全真道研究中心"全真学案"丛书之一，作者以王常月的生平、著述和思想为考察对象，在广泛搜阅各类道书的基础上，全面介绍了王常月的求道经历及修道思想，具有较高的文献价值。全书分为"评传"、"年谱"、"弟子规"、"著作录"、"传记资料"、"研究专著和论文目录"六个部分。内容包括：王常月的生平和传戒活动、王常月著作考、王常月的修道思想、王常月所传三坛大戒略述、王常月传戒的历史影响等。作者认为，王常月修道思想的核心是依戒修行，他把道教的衰微归因于无人阐扬戒律，同时也继承了全真道祖师们的真性成仙说、全真道北宗重心性修炼的传统，以及王重阳"心离凡世即出世"的主张等，从而形成了基于"戒律"的修道思想。

王契真《上清灵宝大法》研究（香港道教学院丛书）
陈文龙著

齐鲁书社 2015 年 5 月 340 千字 413 页

　　本书为"香港道教学院丛书"之一，作者以南宋道教经典王契真《上清灵宝大法》为研究对象，通过稽考该经典的主要内容（仪式所涉及的宗教与社会的关系），梳理中国道教仪式发展历史上影响很大的上清灵宝大法及其主要传承者东华派的发展脉络，复原了东华派早期经典《天台四十九品》的部分内容；随后，循着上清灵宝大法的思想路线，确定了现存《道藏》中几部属于该道法系列的经典，分析了东华派科仪对传统的继承和改革，揭示了该道法科仪的主要特点及其对宋元道教的影响。全书共 8 章。第 1 章回溯隐含于道教历史中的上清、灵宝两派思想脉络的交叉融合，认为东华派是宋元道教变革的一个典型。第 2 章考述上清灵宝大法一系的重要经典。第 3 章介绍上清灵宝东华派的发展史。第 4 章论述上清灵宝大法的道法内容、特点及传度。第 5 章介绍上清灵宝大法的斋醮仪式。第 6 章以宋代出现的炼度仪式为核心，展示这类仪式的类型、内容和过程。第 7 章从肢体表演、仪式文书和存思三个层次分析上清灵宝大法的仪式过程。第 8 章为结语，认为上清灵宝大法以仪式为重心的改革奠定此后道派科仪的基本模式，为道教在民间的生存提供了一个理想的模式。

王嚞丘处机评传（中国思想家评传丛书 / 匡亚明主编）
唐代剑著

南京大学出版社 2000 年 6 月 254 千字 359 页

　　全真教是在宋辽金元之际，民族与阶级矛盾尖锐复杂的特殊背景下产生的道教新教派。然而以往的相关研究，主要侧重于全真教整体，对于王嚞、丘处机这两位全真教"传主"，只看到他们创建和发展全真教的贡献,也把他们的活动置于历史社会中加以考察,认识到王、丘二人及全真教在社会动荡时期为保护人民的生命、维护汉文化所做的努力,并未把他们作为思想家而置于整个社会发展过程中来加以认识,因而无法看到他们在中国哲学史、文化史乃至中国道教史上的地位与影响。本书为"中国思想家评传丛书"之一,作者以宗教改革为关注点,系统评述了著名宗教思想家、全真教创始人王嚞、丘处机三教圆融思想、内丹心性理论、教义教制观、伦理道德、教育思想及其对中国社会深刻的影响,第一次完整勾勒出全真教"传主"的思想架构,进而展示了全真教思想主要来源和基本内容。全书共12章。内容包括:王嚞生平概略,王嚞三教圆融的宗教指导思想,王嚞识心见性的内丹心性理论,丘处机生平概略,丘处机以仁慈为核心的和平思想,丘处机无为即有为的入世观,丘处机性命双修的内丹思想等。

全真脊梁:丘处机大传(蓬瀛仙馆道教文化丛书)

常大群著

宗教文化出版社　2011年5月　250千字　315页

丘处机是中国历史上少有的伟大的道教大师,他对道教的发展,对中国神仙修炼文化的发展,对当时社会历史的发展都作出了不可磨灭的贡献。如果说是王重阳开创了全真道,那么丘处机则掀开了把全真道传播至长江以北广大地区的历史新篇章。作为"北七真"中最为出色的一位弟子,丘处机将全真道推上了顶峰,开创了一个时代。本书为"蓬瀛仙馆道教文化丛书"之一,作者采用"传记"形式,细致描绘了全真道龙门派创始人丘处机颇具传奇色彩的一生,对明清直至近现代全真龙门派的传承与发展、丘处机的著述及内丹思想、金莲正宗的道观遗迹、文艺作品与民间习俗中的丘祖,以及民间传说中的丘祖等作了较为详尽的介绍和论述。全书共9章。内容包括:孤贫乐道　拜师宁海;洞居磻溪　山潜龙门;东归栖霞阐道九流;西行万里雪山论道;全真法脉龙门传承;长春真人的著述及其内丹思想;等等

丘处机学案(全真学案·第一辑/张广保主编)

郭武著

齐鲁书社　2011年9月　383千字　464页

本书为香港青松观全真道研究中心"全真学案"丛书之一,是一部以"学案"形式论述早期全真道领袖丘处机之生平事迹、思想学说、承传影响的著作。全书分为"丘处机评传"、"丘处机著述辑录"、"参考文献"三个部分。第一部分评述了丘处机入道、修行、济世、度人的人生历程,考订、辨析了其著述和思想学说,讨论了他所传下的法嗣及支流,包括入道与修行、济世与度人、丘处机年谱等。第二部分对丘处机的主要著作及相关文献进行了整理、辑录和标点,包括《磻溪集》、《长春真人西游记》、《玄风庆会录》(附《西游录》卷下)、《大丹直指》(附《丘祖秘传大丹直指》)、《摄生消息论》及"丘处机著述辑佚"等。第三部分涉及"史志文集"与"研究成果"两类参考文献,后一类文献含中、日、英三种文字,大致反映了中外学界对于丘处机研究的最新成果。本书相较于其它一些运用平铺直叙、随意想象的方法来描述丘处机之生平事迹、思想学说的作品有所不同,主要特点是严格地按照宋元史料和丘处机著述来铺陈内容,并多在叙述过程中加以议论,同时注意对一些重要的问题进行考证。

重玄之思：成玄英的重玄方法和认识论研究（宗教与社会研究丛书 / 卿希泰主编）
罗中枢著

巴蜀书社　2010 年 10 月　200 千字　253 页

　　本书为四川大学宗教与社会研究创新基地"宗教与社会研究丛书"之一，作者在参考已有研究成果的基础上，以初唐著名道士成玄英的《道德经义疏》和《南华真经疏》为依据，从重玄学产生的思想背景开始分析，全面探讨了成玄英之重玄方法论和认识思想，介绍了隋唐时期道教由玄学转向重玄学的发展脉络，解析了成玄英之境智观，阐述了道、理、性、心、德、自然等概念及其相互联系，并以成玄英的重玄方法和认识思想的理论价值为着眼点，讨论了宗教信仰与认知的思维特点和意义，述及纯粹玄思的思想、主体客体同一的思想、穷理尽性的思想、破执或遣滞的思想、真理绝于言知的思想等。全书共 6 章。书中特别注意把握道家思想、魏晋玄学、佛教和道教思想的变化以及哲学思潮的演变和发展，结合当代认识论和方法论问题的思考来分析成玄英对老庄的诠释，揭示其真实用意，展示其精神境界，关注其理论指向，并从中引出一些对当代意识理论和认知理论有价值的观点。

成玄英评传（全 2 册）（中国思想家评传丛书 / 匡亚明主编）
强昱著

南京大学出版社　2011 年 4 月　432 千字　600 页

　　成玄英是初唐时期著名的道教理论家，是重玄学最主要的思想代表。重玄学继承了魏晋玄学与佛教中观学等认识成就，通过严密的理论分析，自觉运用本体论哲学获得的精神成就解释主体自我存在问题，合乎逻辑地将中国哲学推进至心性论的新时代，建立了中国哲学史上第一个包含本体论、存在论、方法论、修养论、心性论、意义论的完整哲学体系，实现了相当于先秦老庄学与魏晋玄学的老庄学的第三期发展。不仅为道教教义的成熟做出了划时代的伟大贡献，而且为日后道教内丹学的发展奠定了坚实的形上学基础。本书为"中国思想家评传丛书"之一，作者以成玄英重玄学为主导，以对哲学问题与方法论的说明为重心，考察了不同时代哲学家对不同哲学问题的认识理解以及成败得失，逆推其思想之源，藉此说明成玄英重玄学在坚持中国哲学本位的原则下，广泛吸收外来文化的有益成分使重玄学成为中国哲学认识的重大收获，进而对成玄英重玄学思想的历史地位予以恰当的评价。全书分上、下册，共 7 章。内容包括：在历史演变中认识成玄英重玄学；天地阴阳、相对而有；大中之道；止名会实；成玄英对郭象的赞扬与批判等。

朱熹哲学与道家、道教（河北大学博士文库）
孔令宏著

河北大学出版社　2001 年 4 月　275 千字　328 页

　　道家、道教与儒家之间的影响是相互的。前人对朱熹与道家、道教的关系虽多有关注，却无人对此作过系统的论述。本书为"河北大学博士文库"丛书之一，作者侧重于考镜源流，力图从整体入手，着眼于类型、结构、关系的比较，通过对时代背景的框定把道家、道教的哲学思想与朱熹哲学思想纳入共时态的分析框架，寻绎出道家、道教与朱熹思想形成和演变的事实特征，为朱熹思想与道家道教的关系构绘一个立体的透视图景。全书分为"朱熹与道家、道教关系的史料及其分析"、"朱熹哲学对道家、道教义理的吸收与改造"上、下两篇，共 7 章。书中利用大量史料，发掘出周敦颐、邵雍、张载、二程与道家、道教的关系及其对朱熹的影响，以雄辩的史实说明了朱熹与道家道教的关系。作者认为，朱熹哲学的体系结构是：以形而上的理体论为本，贯彻到形而下，涉及到人与自然的关系、人与社会的关系。对前者有物理论，对后者有性体论。为处理这两方面的关系而最终落实到心，故有心体论。基于心的实践功夫最后归趋于境界论。在此基础上，本书得出结论，朱熹哲学在形而上层次的思辨框架、思维方式、思辨逻辑、提出和解决哲学问题的理路等方面，都深受道家、道教哲学的影响。这既是朱熹构建哲学体系的手法，也是朱熹哲学的本质特征。此外，本书还论述了朱熹哲学对后世道教义理的深远影响。这说明，朱熹思想不只是源于儒，也源于道，它的影响不只及于儒，也及于道。

伍守阳内丹思想研究（儒道释博士论文丛书 / 汤伟侠 卿希泰等主编）
丁常春著

巴蜀书社　2007年11月　220千字　281页

明末著名内丹家伍守阳（1574-1644），原名阳，字端阳，自号"冲虚子"，内丹清修理论的集大成者。本书为"儒道释博士论文丛书"之一，作者采用文献学和比较研究的方法，对伍守阳的生平、师承和著作进行了较为全面的考察研究，通过对伍守阳内丹思想与之前和之后的丹家思想的对比分析，揭示了伍守阳内丹思想的渊源、特点、历史地位及其对前人的继承和对后世的影响，认为伍守阳内丹思想既是内丹学惯性发展的产物，又是时代的产物。全书共7章。第1章借助《重刊道藏辑要》毕集《伍真人修仙歌》、《伍真事实及授受源流略》以及《金盖心灯》卷二《伍冲虚律师考》等资料，对伍守阳的生平、师承授受、著作进行考察。第2章探讨伍守阳内丹理论的思想渊源（内丹清修派自唐宋至伍守阳之前的基本理论）。第3章从人道与丹道、内丹三要、法财侣地等方面，剖析了伍守阳内丹思想之奥秘。第4章对伍守阳丹法之炼己筑基、炼精化气、炼气化神、炼神还虚以及丹道等方面作出解析。第5章探讨伍守阳三教合一思想。第6章对伍守阳与柳华阳之丹法进行比较。第7章重点分析伍守阳内丹思想的特质及其对后世的影响。

刘一明修道思想（儒道释博士论文丛书 / 汤伟侠 卿希泰等主编）
刘宁著

巴蜀书社　2001年8月　200千字　291页

清代著名道教思想家、活动家刘一明（1734-1821），号悟元子，别号素朴散人，全真道龙门派第十一代宗师，也是继王常月之后乾隆、嘉庆年间全真龙门派最有影响的人物之一。刘一明深研《易》学，兼通医术，是当时著名的医学家、内丹家，对内丹学的阐发颇为全面。本书为"儒道释博士论文丛书"之一，作者基于"刘一明是有宗教实证体悟的宗教理论家，其所追求的是既不可证实也不可证伪的天仙境界"这样一种认识，旨在"以理性的眼光去透视、剖析刘一明修道理论的逻辑体系，从其表面无形式系统的刘一明修道理论中去寻找、建构其内在的实质系统，厘清其内在的学理脉络和逻辑框架。"全书共6章。书中论述了刘一明以发生学为主干的先后天二重化的宇宙观和先后天二元（性命）的生命观，以及他对"先天真一之气与先天阴阳五行"的独特理解，探讨了刘一明的修道价值论、金丹修炼论、天人合一论与三教合一论等，透过刘一明内丹学之龙虎铅汞、姹女婴儿等神秘隐语，揭示出内丹学与儒、佛二家一样，是生命的大学问，追求的是生命在终极层面上的通达无碍、自在永恒。

杜光庭思想与唐宋道教的转型（南京大学博士文丛 / 蒋树声主编）
孙亦平著
南京大学出版社　2004 年 7 月　280 千字　331 页

本书为"南京大学博士文丛"之一，是第一部从哲学角度系统研究唐末道教思想家杜光庭的学术著作。作者以《道藏》等典籍中保存的杜光庭著作，尤其是其代表作《道德真经广圣义》为主要研究资料，借鉴国内外道教研究的最新成果，从宇宙论、本体论、重玄学、心性论、修道论等方面，对唐末五代著名的"道门领袖"、宋元道教新发展的重要开拓者杜光庭进行研究，将其思想放到唐宋道教的转型中进行动态考察，提出了许多新观点，同时对学术界争论的一些问题也表明了自己的看法。全书共 7 章。作者认为，杜光庭在前人的《道德经》注疏的基础上，通过"以理说经"的方式而建构起一个精致的、着意探究事物本体的思想体系，从而为人的存在提供意义世界，为道教的进一步发展提供理论基础。杜光庭上承唐代道教思想的传统，下开宋代道教内丹心性学之先河，他的思想在唐宋道教的转型中起到了承上启下的重要作用。杜光庭对三教合一思想的宣扬，对经国理身思想的重视，对即世而超越的人生理想的发挥，又为宋代以后的道教神仙思想与民间信仰的进一步结合，与民众生活打成一片开辟了道路。

杜光庭评传（中国思想家评传丛书 / 匡亚明主编）
孙亦平著
南京大学出版社　2005 年 3 月　421 千字　584 页

本书为"中国思想家评传丛书"之一，作者以《道藏》及其它有关资料典籍中保存的杜光庭著作为基本材料，对唐末五代时期的"道门领袖"杜光庭（850–933）的生平事迹、主要著作、思想学说、文学作品等进行了系统研究。全书共 11 章。主要内容如下：一、通过史料记载，对杜光庭的生平事迹进行了梳理，描述杜光庭一生的求道经历。二、对杜光庭留下的二十余种著作进行了整理，尤其是以其代表作《道德真经广圣义》为基础，从宇宙论、重玄学、心性论、修道论等角度进行了分析阐述，以展示杜光庭在道教理论上的贡献。三、以《洞天福地岳渎名山记》、《墉城集仙录》为例，来展现杜光庭道教理论所建构的天人合一的神仙世界，通过对杜光庭修订、编集的十多种二百多卷斋醮科仪著作的研究，来说明杜光庭对道教斋醮科仪的总结与发展。四、通过对《道教灵验记》、《录异记》、《神仙感遇传》、《仙传拾遗》、《虬须客》等的研究，来展示这些亦真亦幻的神仙故事集在道教小说上的贡献，并通过对杜光庭诗词的研究，说明其思想意蕴和艺术特色。最后，本书将杜光庭思想放到唐宋道教的历史发展中加以考察，以无可辩驳的史实来论证杜光庭既是唐代道教思想的集大成者，也是宋元道教新发展的重要开拓者，他对推动道教思想文化的发展作出了重要的贡献。

内丹解码：李西月西派内丹学研究（宗教与民族研究丛书）
霍克功著
人民出版社　2008 年 3 月　410 千字　544 页

清代道教西派丹法创始人李西月（1806–1856），是内丹学的大家。他所开创的西派内丹理论和实践方法，汲取了南、北、中、东诸派的长处，将三家四派丹诀融会为一，对近代中国道教产生了深远的影响。本书为"宗教与民族研究丛书"之一，是第一部以李西月西派内丹学为研究对象的专著。作者采用文献学、阐释学、历史学、比较学等多学科方法，追述了内丹清修派和双修派的发展历程，对内丹学基本理论作了全面梳理，对西派内丹双修理论作了深入剖析，试图发掘出西派内丹学的理论精萃。全书共12章。书中首先介绍了李西月的生平及其思想背景。然后从哲学、神学、中医学、心理学等方面阐释了西派内丹学的根据，认为道的信仰、神仙信仰分别是内丹学的生理学基础，感知论、情欲论、驱识神唤元神论是内丹学的心理学基础。性命双修乃修炼成仙的必要保证。续而从性命论、阴阳论、药物论、炉鼎论、火候论、功夫论入手，全面探讨西派内丹学的内涵和外延，比较了西派与东派丹法的异同，阐述了李西月创建的层次分明、结构完整的内丹双修理论体系，内容涉及炼功五关论；先天、后天与结丹、还丹对应理论；李西月西派内丹学的两种用鼎方法、凝神于虚空的独特下手功夫、钻杳冥或称开关展窍、两孔穴法、玄关一窍有死有活论、九层炼心贯穿于内丹修炼始终、三件河车功法等。

李道纯学案（全真学案·第一辑/张广保主编）

李大华著

齐鲁书社　2010年1月　170千字　197页

李道纯，生卒年不详，字元素，号清庵，别号莹蟾子，宋末元初著名道士，道教理论家。李道纯的学说主要关注内修内炼的宗教实践体验，著有《三天易髓》、《清庵莹蟾子语录》、《全真集玄秘要》、《道德会元》、《中和集》、《周易尚占》、《太上昇玄消灾护命妙经注》、《无上赤文古洞真经注》等。其中除了《周易尚占》，其他著作均收录于《道藏》、《道藏精华》和《藏外道书》。本书为香港青松观全真道研究中心"全真学案"丛书之一，作者以史为据，深入考察了李道纯的生平、著述及其学术思想等，客观评价了李道纯在内丹学发展史上的学术成就和历史地位，具有较高的文献价值。全书分为"生平与学术思想"、"著作选要"、"生平资料"三个部分。内容包括：李道纯的修炼学说、论生死问题、论三教关系、中和集、三天易髓、全真集玄秘要、道德会元等。

李道纯中和思想及其丹道阐真

岑孝清著

宗教文化出版社　2010年3月　250千字　305页

李道纯是元代江南全真道著名学者，杰出的内丹学大家。他以道为主，熔冶儒、佛、道三教理论于一炉，创造性地发展了道教义理之学，把中国哲学思想推向一个新的高度。李道纯中和思想包括玄学、易学、丹学、通学四大内容。玄学的相应理论为"虚静通和"的宇宙论，核心是宇宙的整体性问题；丹学的相应理论为"守中致和"的丹道论，实际是关于人的生命境界问题；通学的相应理论为"通变致和"的三教论，提供了文化多样性的思考。本书是作者在其博士学位论文基础上修订而成的一部"将李道纯的中和思想与丹道结合起来进行综合研究"的专著。全书共5章。书中吸收民族宗教学的最新成果，从中国思想史，以及宗教与民族文化关系的角度，把李道纯的哲学思想提升到中华民族"多元通和"宗教文化进程的大背景中加以考察，放置在宋元时期儒、佛、道三教合流的新格局中予以审视，介绍了李道纯的生平及其哲学思想的主要特点，揭示了李氏丹道理法的内容及其中和思想的文化精神，勾勒出中国中和思想史与中国道教易学史的发展线索，从而填补和开拓李氏中和哲学思想的学术研究空间。本书尝试提出内丹学研究的"五要素三理法"与"两阶段四形态"学术平台，并给予运用，有助于当今道教理性发展及民族宗教文化研究的拓展，对当代中国特色社会主义的和谐文化建设亦有积极意义。

丹经之祖：张伯端传（浙江名人研究大系·浙江文化名人传记丛书/万斌主编）
孔令宏　韩松涛著
浙江人民出版社　2007年8月　203千字　271页

　　本书为"浙江文化名人传记丛书"之一，作者采用传记体的形式，通过广泛搜集和研读散布在各种文献资料中有关张伯端后世派系及弟子的记载，从张伯端著作的序言、后人撰写的张伯端事迹、各地对张伯端事迹的传说、以及《道藏》中索解出一些有价值的线索，藉此叙述了张伯端的生平和著述，从道教内丹学的角度对张伯端的思想做了全面研究，既探讨了他的哲学思想，也对其内丹的功理、功法进行了细致的描述，从中可以看出张伯端及其创立的南宗对后世道教流派的影响。全书共8章。主要观点如下：一、张伯端是浙江历史文化名人，也是中国道教史上的重要学者、思想家。他提倡的三教合一的思想，经由他的著作和弟子的传播，对后世产生了深远的影响。二、张伯端开创的南宗是道教内丹学的五大宗派之一，对全真道的理论建设起到了较大的推动作用，在道教史上占有重要的地位。三、《悟真篇》是内丹史上的不朽著作，是道教内丹学的经典性文献，具有多学科、多领域的重大的学术价值和实用价值。

陈抟道教思想研究（宗教与社会研究丛书/卿希泰主编）
孔又专著
巴蜀书社　2009年10月　200千字　236页

　　陈抟道教思想，以象数易学演绎的"无极—太极"宇宙生成论为基础，以融合三教、冥心凝神，强调心性炼养、性命双修的道教内丹生命哲学为核心，建立一套以虚静无为、主静去欲、精神解脱为炼养方法论的道教主体超越体系，摒弃了传统道教追求肉体长生不死的神仙学说，完成了道教哲学由外向内的转轨，使道教内丹生命哲学和主体超越理论具有新的内涵和气质。本书为四川大学宗教与社会研究创新基地"宗教与社会研究丛书"之一，是在作者的博士学位论文基础上修订而成的一部探讨陈抟道教思想的专著。全书共5章。书中汲取前辈研究成果，总结了陈抟由儒而道的历史文化背景，介绍了陈抟著作及其思想传播情况，重点论述了陈抟易学思想、内丹学思想和老学思想，以及陈抟诗文中的道教思想，认为陈抟学派正是继承了唐代的重玄学，以心性论为缘起，极力整合三教，经陈景元、李道纯对心性理论的深入阐发而开启宋代道教新的学风。

三教关系视野中的陈景元思想研究（儒道释博士论文丛书/汤伟侠　卿希泰等主编）
隋思喜著
巴蜀书社　2011年11月　340千字　439页

　　陈景元是北宋中期著名的道教学者。他师从陈抟弟子张无梦，系统地学习道教义理和修道方法，融合儒释道三教思想构建起一套独特的道教学说，继承和发展了陈抟学思想。本书为"儒道释博士论文丛书"之一，作者基于"陈景元的思想具有典型的三教合一特征"、"作为陈抟后学的陈景元，其思想具有宋明理学之'先觉'的地位"、"陈景元所处的时代是道教思想理论的转型时期，他的思想带有鲜明的转型期特征"这三点考虑，将陈景元放在北宋时期"三教合一"的历史视野中，从三教关系的研究视角出发，围绕"思想整合"与"理论转型"两个方面对陈景元思想进行了深入探讨，指出陈景元思想的形成和出现具有"文化整合"的特点。全书共6章。书中借鉴诠释学的具体方法，通过分析陈景元生平、著作及所处时代背景，阐述了陈景元思想中三教融通的特点，从道论、性命理论、修道治国以及儒佛关系等方面解析了陈景元的思想观点，完整地研究和呈现了陈景元思想的基本内容、主要特征以及理论意义等问题。

即神即心：真人之诰与陶弘景的信仰世界（哲学文库）
程乐松著
中国人民大学出版社　2010年5月　270千字　268页

神秘经验与神圣启示是宗教研究中的两难课题，同情的理解神秘经验和神圣启示是宗教研究的责任。然而，神秘经验与神圣启示却从根本上拒斥坚定信仰和私人体验之外的理性分析。本书为"哲学文库"丛书之一，以魏晋六朝时期道教上清派神圣启示的经典化及体系化为主题，通过重构诠释者陶弘景的神秘经验及"即神即心"的信仰世界，从生命体验的视角入手，梳理上清派启示文本在两个世纪的流转和变化中从神圣启示到神学体系的变迁，展示上清派"真人之诰"从启示到经典的历史跨越。全书共7章。书中首先经由史籍对陶弘景的生平作了考索，随后分别对六朝时期志怪小说中的感遇故事、陶弘景之前的杨许手书，陶弘景的梦与神秘经验、"玄中之师"与"真人之诰"，以及杨许手书文本历史中的《真迹》与《真诰》、陶弘景注释的文献学、《冥通记》与"真人之诰"等方面进行了考述，最后从"真人之诰"的内涵出发，对陶弘景的道教学予以阐释。

茅山宗师陶弘景的道与术
刘永霞著
社会科学文献出版社　2010年10月　269千字　280页

道教上清派茅山宗的开创者陶弘景（456-536），曾以道术著称于世，历史上享有"山中宰相"之美誉。他以道教兼容儒释，对道教的发展产生了重要的影响。本书以南北朝时期的社会文化背景为依托，采用历史学、哲学等学科的研究方法，同时注重历史文献与文物相对照的二重证据法，在参引史料对陶弘景的求道经历作全面介绍的基础上，将关注点落在对陶弘景道术的整理与研究上，对包括医药、养生、炼丹、房中、避邪、梦通等在内的上清派主要道术进行了梳理和解读，揭示出陶弘景作为一个"兼容并蓄儒释道三教"的宗教领袖所具有的精英意识与人文情怀。全书共7章。内容包括：陶弘景的三教因缘，茅山创宗修道，服食与养生，炼丹与房中术，避除外邪术等。

葛洪评传（中国思想家评传丛书／匡亚明主编）
卢央著
南京大学出版社　2006年8月　204千字　287页

东晋时期道教思想家葛洪（283-？），字稚川，自号抱朴子，晋朝丹阳句容人。其所著《抱朴子》内外篇总结了战国以来的神仙方术理论，提出以神仙养生为内、儒术应世为外的主张，将道教的神仙方术与儒家的纲常名教相结合，建立了一套长生成仙的理论体系，对后世道教的发展产生较大的影响,在道教史、自然科学史和哲学史上都占有重要地位。本书为"中国思想家评传丛书"之一,作者从葛洪的生平和葛洪前的道教神仙理论的发展线索入手,讨论了葛洪的长生成仙理论和他的学术思想,以及葛洪为修炼者建构的教学系统和主要的教学内容,同时注意到葛洪与汉代扬雄、王充、张衡等在思想上前后相承,探讨他与儒家思想的关联,指出葛洪思想追求理性而又讲求实效,与同时代主流玄学格格不入的特点。全书共5章。内容包括:葛洪的生平和时代,葛洪前的长生不死和神仙理论,葛洪的长生不死和神仙理论,葛洪的政治思想和学术思想等。

葛洪《抱朴子外篇》研究（光明学术文库·当代浙江学术文丛）
武峰著

光明日报出版社　2010年8月　422千字　378页

葛洪的《抱朴子外篇》是两晋时期南中国区域非常突出的一部了书,为研究江南学术风尚保存了珍贵的资料,在中国道教史、中国思想史上均占有相当重要的地位。本书为光明学术文库"当代浙江学术文丛"之一,是在作者的博士学位论文基础上修订而成的一部"旨在补充葛洪《抱朴子外篇》研究中的不足"的专著。书中采用历史探讨与文本分析的方法,将《抱朴子外篇》置于两晋时期的历史文化环境中详加考述,依次对葛洪家世、《抱朴子外篇》的文本、思想及其与时代思潮的关系等展开探讨,试图对葛洪其人其书所蕴含的思想内容进行一定程度地梳理,以阐明其时历史与思想迁延、变化的实迹。全书共5章。第1章主要探讨葛洪的家世。第2章主要探讨《抱朴子外篇》的文本情况。第3章重点论述《抱朴子外篇》的政治和社会思想。第4章主要探讨《抱朴子外篇》的士人精神、学术思想以及历史人物评价问题。第5章主要探讨《抱朴子外篇》与《抱朴子内篇》的关系。作者认为,葛洪同时著有《抱朴子》内外篇,这绝不是简单的篇目划分,也并非是思想的断裂,而实是葛洪思想一致的贯穿。

傅金铨内丹思想研究（儒道释博士论文丛书／汤伟侠　卿希泰等主编）
谢正强著

巴蜀书社　2005年12月　200千字　256页

清嘉、道年间著名道士傅金铨,号济一子,江西金溪珊城人,精于道教阴阳双修派道法,晚年在巴、渝地区传道授徒,影响很大。傅金铨著有《道书十七种》,收录于藏外道书第11册。其中包括傅金铨自撰的几部著作和一些内丹典籍以及部分明、清时人的著作,内容以道教阴阳丹法为主。从研究清代道教史和内丹理论特别是阴阳双修派的内丹理论等角度来说,对傅金铨内丹思想作全面深入的个案研究具有重要意义。本书为"儒道释博士论文丛书"之一,作者以傅金铨《道书十七种》、各类方志、明清道教内丹相关典籍为基础资料,采用文献学方法、系统研究法、分析法等,第一次较为全面地对傅金铨生平、师承和著作进行了专题研究,对宋明以来内丹双修派的理论脉络加以梳理,对学术界流行已久的傅金铨内丹属于"东派"丹法的观点作出辨析,从丹道理论、丹法结构、丹经隐语等各个方面揭示了傅金铨双修丹法之奥秘,并和与之时代相近的道教双修、房中术、清修等等炼养学说进行了比较研究。全书共6章。书中借鉴荣格分析心理学的相关理论,指出道教内丹术本质上是一种心理——生理调节机制,道教清修、双修的差别,表明了二者对待"性"这一心理机制在方法上的分野。

谭处端学案（全真学案·第一辑／张广保主编）
赵卫东著
齐鲁书社　2010年1月　140千字　160页

金代著名道士谭处端（1123—1185），原名玉，字伯玉，山东宁海人，号"长真子"，全真道"北七真"之一，南无派创立者。他自幼聪颖，有神童之称，年少时所习皆为儒业；后因身染疾患，拜王重阳为师求道，多得玄旨，终成全真教草创时期的核心成员。本书为香港青松观全真道研究中心"全真学案"丛书之一，作者在前人研究成果的基础上，以史料为依据，全面介绍了谭处端的生平、著述、思想和传承等，透过分析谭处端以"三教合一"为主要特点的修道思想勾勒出早期全真道思想发展的历史轨迹。全书分为"评传"、"年谱"、"著作辑录"和"传记资料"四个部分，述及谭处端成长的社会文化背景及其出家、修道、传承的具体过程，以及谭处端的主要著作《水云集》、《长真谭先生示门人语录》和谭真人碑铭等。

（三）当代人物传

生命的追求：陈撄宁与近现代中国道教（上海钦赐仰殿道观道教文化丛书）
吴亚魁著
上海辞书出版社　2005年9月　220千字　361页

陈撄宁（1880—1969）是近现代中国道教史上神仙学术的集大成者和仙学大师。他把毕生精力奉献于仙道之学，独具慧眼地发现了中国道教所独有的精神价值和学术精粹，为保存和发扬道教学术传统，特别是建立适合于现时代的仙学理论作出了巨大贡献。探索陈撄宁的人生道路和思想轨迹，对于当代中国道教的建设和发展，对于中国道教的未来走向，有着重要的现实意义。本书为"上海钦赐仰殿道观道教文化丛书"之一，是一部介绍陈撄宁的生平以及他对于20世纪道家和道教文化发展的历史贡献的专著。全书分上、下两篇。书中根据史料对陈撄宁的生平事迹作了全面考评和描述，通过爬梳陈撄宁的各种著述对他的思想进行了系统的介绍和分析，对其人格魅力与远见卓识予以充分肯定和评价，具有较高的学术价值。

陈撄宁与道教文化的现代转型（儒道释博士论文丛书／汤伟侠　卿希泰等主编）
刘延刚著
巴蜀书社　2006年12月　220千字　311页

清末民初，特别是辛亥革命和五四运动以来，中国传统的儒释道文化都开始了现代转型的文化重构工作。这种转型曾受到各家文化巨匠的深刻影响，经历了十分复杂的过程。本书为"儒道释博士论文丛书"之一，是第一部关于陈撄宁与道教的现代化转型问题的专著。作者将陈撄宁放在儒释道三教传统文化的现代转型的大背景中进行历史和逻辑的考察，对陈撄宁仙学思想现代性的特点和理论贡献、陈撄宁在近现代道教组织和媒体中之地位和作用进行了分析阐释；并将陈撄宁的仙学理论与新儒家大师冯友兰和新佛学大师太虚的思想进行了初步的对比研究，展示了陈撄宁所开创的道教文化的现代化之路。全书共4章。内容涉及陈撄宁生平、著述、师承关系及其仙学产生的时代文化背景，陈撄宁与传统道教大师的思想差异，陈撄宁为道教文化现代转型而进行的社会活动，陈撄宁学派对当代道学和现当代道教文化的影响等方面。

陆、道教

陈撄宁卷（中国近代思想家文库 / 戴逸主编）
郭武编
中国人民大学出版社　2015年1月　688千字　651页

陈撄宁（1880—1969）是中国近现代道教的杰出人物，原名"志祥"，字"子修"，后因喜好仙道，而借用《庄子·大宗师》中"撄宁也者，撄而后成者也"句改名"撄宁"。他曾于民国时期在上海创办《扬善半月刊》及《仙道月报》，极力提倡"仙学"，主张"将仙术从三教圈套中单提出来，扶助其自由独立"。为此，陈撄宁编纂出版了"翼化堂道学小丛书"与"女子道学小丛书"等，宣扬"仙学"修炼功夫，创立"仙学院"并参与筹办"上海市道教会"，试图在组织上振兴道教。1949年以后，陈撄宁担任中国道教协会副会长兼秘书长、会长，创办中国道教协会研究室、《道协会刊》（《中国道教》）、道教徒进修班（中国道教学院）等，为中国道教的发展做出了巨大贡献。本书为"中国近代思想家文库"丛书之一，收录了"仙学巨子"陈撄宁在1949年以前撰写和发表的论著、讲义、书信、评注、序跋、按语、随笔、诗词等200余篇。书中按时间顺序编排，较为全面地反映了陈撄宁在1949年以前的思想发展轨迹，从中可窥见民国时期的道教学说及其与儒释二教的关系之一斑。本书的特色在于，严格以陈撄宁本人撰写的作品为收录标准，同时补录了一些罕见的陈撄宁作品。此外，本书还对所收各篇作品进行了校勘，并撰写了题注，以方便读者查阅和引用。

九、炼丹、修炼

道教与中国炼丹术（道教文化丛书）
孟乃昌著
北京燕山出版社　1993年6月　170千字　205页

在世界养生文化中，中国炼丹术发端最早，源远流长。它以贵生思想为指导，发展为两个分支，一为呼吸、吐纳、导引、周天运转等的心理生理型炼丹术；一为金石药物烧炼金丹、黄白的实验型炼丹术。炼丹术随着道教的兴盛而发扬光大，取得了至今仍为国内外学术界所瞩目、所探索的成就。本书为"道教文化丛书"之一，是国内较早系统探究道教与中国炼丹术的关系，阐释丹经和丹法著作在《道藏》中之地位的专著。全书共6章。书中简述了中国炼丹史，评介了《道藏》的编纂和《道藏》外丹术的重要著作，总结了中国炼丹家的理论观点，最后以作者在国内院校化学实验室里组织实施的现代模拟实验为依据，论证了中国炼丹术的主要化学成就十二大项，藉此说明实验型炼丹术是中国道教对人类文化的重要贡献。

帝王与炼丹（中国宫廷文化丛书 / 王树卿主编）
李国荣著
中央民族大学出版社　1994年4月　300千字　483页

炼丹是道教企求长生不老的一种方术。炼丹术从它产生之日起，便得到帝王的特殊关心。历数各朝各代的帝王，几乎都有征召炼养术士、垂问长生之道的事情。宫闱禁地常常出现丹家方士的身影。本书为"中国宫廷文化丛书"之一，作者依据翔实的史料和宫廷档案，采撷出2000年来帝王炼丹求仙之秘史珍闻，从炼丹与帝王的关系的角度，对中国炼丹术的历史发展进行了系统的总结和梳理。全书分为"从黄帝炼丹到秦皇汉武求仙：丹术的孕育萌发"、"乱世帝王崇仙好丹尽百态：丹术扎根帝王家"、"服丹升天的李唐六帝：发生在炼丹的'黄金时期'"等5章。书中详解了丹与道、内丹与外丹、炼丹术、历代帝王与丹家的瓜葛、帝王与黄老仙学的关系等，指出丹道仙学对宫廷政治和帝王生活的神幻影响，以及炼丹术促进中国古代化学、医学、冶金学及人体科学发展的历史贡献。

中国外丹黄白法考（中国传统文化研究丛书）
陈国符著

上海古籍出版社　1997年12月　305千字　417页

中国的炼丹活动起源于公元前3世纪。炼丹术在道教中包括金丹术和黄白术两种传统。作为一种制药方法，炼丹术无论是用做药物想长生不老，或者是制造假金银，被实践证明是难以成功的，但它却积累了很多有益的化学知识，对世界科学的发展产生了深远的影响。本书为"中国传统文化研究丛书"之一，是我国著名道教学者陈国符先生"利用自己广博的知识和文史与理工兼通的特点"深入考证道教丹经丹诀及炼丹术语、词谊的专著，也是作者晚年对道教炼丹术研究的结集。全书包括三个部分：一、中国外丹黄白法考；二、中国外丹黄白法拟设部分若干条；三、石药尔雅补注（增订本）。书中引用道书目、历代艺文志、宋代书目等文献资料，考明了40余种丹经丹诀的出世朝代，内容涉及炼丹术语、词谊及丹经丹诀等数百项。本书集陈国符先生考释"外丹黄白法"之大成，实为中国道教外丹研究和中国古代化学研究的必备参考资料。

中国炼丹术考略（中华本土文化丛书）
容志毅著

上海三联书店　1998年5月　197千字　276页

中国炼丹术从其产生伊始，便融汇了服食成仙、长生不死的神仙思想，催化着神仙方士和道士去努力寻找各种炼丹方法，直接促进了中国古代自然哲学和科学思想的发展，造就了一大批著名的炼丹家。本书为"中华本土文化丛书"之一，是一部透过现代科学的视角来介绍和阐释中国炼丹术起源、发展和演变的著作。全书包括"炼丹术及其发展脉络"、"神仙传说及求仙仙药与炼丹术"、"炼丹家与炼丹术"、"唐宋炼丹术的盛行"、"炼丹术主要药物考释"、"炼丹术实施要略"等8章。作者在大致厘清中国炼丹术之渊源和发展脉络的基础上，对各类丹药的炼制方法和临床应用作了说明，对丹药的炼制过程和丹药的成分进行了分析研究，对炼丹术在古代化学领域所取得的成就、魏晋的服散之盛及丹药的失败与理性的崛起等问题予以探讨，较为全面地展示了中国炼丹术的历史面貌和历代丹家的精神风貌。

道教与炼丹术论
金正耀著

宗教文化出版社　2001年2月　205千字　242页

中国历史上的炼丹术活动，早于道教的成立，后来成为道教的主要修炼方术之一。秦汉之际的炼丹术，主要是外丹活动。外丹在唐代达到鼎盛，随后盛极而衰，内丹代之成为道教修炼方术的主流。外丹与内丹在义理和操作两个层面都与古代金属矿物学的知识、理论和技术有关，也与医学养生学说有关。与前者关系更密切的，叫外丹；与后者更靠近的，叫内丹。本书收录作者已发表的有关道教和炼丹术研究的论文12篇。这些论文融合作者早年在中国科学技术大学研究古代金属史的经验，以及后来师从任继愈先生研究道教的经历，围绕道教炼丹术产生与发展的某些关键性问题，从义理和操作两个方面进行了分析考证，简要介绍了20世纪中国外丹术研究的进展情况。内容包括：《东汉道教的救世学说与医学》，《魏晋"服散"颓风与道教信仰》，《〈金碧五相类参同契〉宋代别本之发现与研究》，《外丹黄白术》，《道教外丹中的几种矿物金属》等。

中国炼丹术与丹药
张觉人著　张居能整理
学苑出版社　2009年1月　193千字　308页

　　本书是我国近代著名中医科学家、药物学家张觉人先生于晚年撰述的一部专门探讨丹药制作与应用的著作。书中以作者"七十年的临床经验和研究心得"为依据，对中国炼丹术的起源、发展以及丹药制备、方剂和"丹道医家"用药等方面问题作了细致解读，具有较高的文献价值和临床实用价值。全书分上、下篇及附篇三部分。上篇"总论"，扼要介绍了中国炼丹术的发生与发展情况、中国古代炼丹家的炼丹目的、古代炼丹场所的一般状况、古代文献中有关炼丹及丹药的最早记载、古代道家炼丹术与医药的合流过程、中国炼丹术的术语等。下篇"各论"，分别介绍了氧化汞类丹药、氯化汞类丹药、硫化汞类丹药、升丹类方剂、降丹类方剂、烧丹类方剂，均举例说明各类丹药的临炉前的准备工作和临炉须知，把师传、友授及各有关文献中较有实用价值的丹药方剂分门别类地归纳起来，在每一类型丹药方后附简表以资参考。附篇"编后琐言"，把前章未述及或有必要强调的一些琐碎问题集中起来予以交代，包括龙虎太乙丹、六合回春丹、阳春白雪丹三个常用的有效丹药等，使读者可以更为深入地了解到丹药的制法和运用。

道教炼丹术与中外文化交流
韩吉绍著
中华书局　2015年5月　260千字　256页

　　本书利用中外炼丹文献及相关资料，采用纵向梳理和横向比较相结合的方法，勾勒出道教视角下炼丹术与中外文化交流的一些重要图景。作者的研究范围并不囿于中外炼丹技术或思想本身的交流，而是试图通过炼丹术这条中外文化交流纽带，考察古代中国与印度、波斯、阿拉伯、东南亚、欧洲等文明所发生的文化、科技、医学等交往情况，探寻这些交往所引起的文化效应及其历史贡献。全书共4章。书中基于道教炼丹术的发展史，主要探讨了四个论题：一、中国炼丹术的起源，认为中国炼丹术一定程度上是中外文化交流和融合的产物，以本土文化为主，外来文化起到催化作用。二、炼丹术与中印文化交流，重点探讨了印度长年方在唐代的传播和道教炼丹术传入印度的情况，尤其是后者表明，古代中国并非被动地接受印度文化，也反向对印度文化产生了重要影响。三、炼丹药物与外来文化，揭示出道教炼丹术大量使用外来药物的历史，对70余种异域药物进行了详细考释，旁及中外文化交流史的几个重要问题。四、西安何家村窖藏唐代药物药具，将药物用途和药具功能结合起来整体审视，发现它们并非纯粹用于炼制金丹或医药，而是炼丹服石，实际上是唐代炼丹服石与外来文化结合的生动写照。

道教内丹学探微（儒道释博士论文丛书 / 汤伟侠 卿希泰等主编）
戈国龙著

巴蜀书社 2001年8月 200千字 258页

　　道教内丹学是隋唐以后道教修炼方式的实践归宿和理论完成。它以道家哲学为宇宙观，吸收了儒释两家修炼理论的精华，总结了自古以来的修炼方式，形成了一套以人体科学为核心的修道思想体系。本书为"儒道释博士论文丛书"之一，作者从哲学思考的角度出发，将内丹学原理本身作为研究重心，着力挖掘内丹学机理构成中的内核智慧，由此开展创造性的现代诠释。全书共4章。序论部分首先阐述了"修道现象学"和"创造的诠释学"两个概念，以表明作者较以往的内丹学研究有"完全不同的进路"。正文内容则紧扣"顺逆"、"性命"、"阴阳"和"有无"四大论题对道教内丹学展开探讨，提出了一整套基于作者内在体验的系统诠释道教内丹学的理论架构，使道教内丹学的研究由表面进入到深层、由文献考证转向智慧思索，从而为中国哲学的创造性研究提供了方法上的启迪。

道教内丹学溯源：修道·方术·炼丹·佛学
戈国龙著

宗教文化出版社 2004年6月 173千字 251页

　　道教内丹学是后期道教主流的修炼理论与方术，繁兴于唐宋之际。近年来，对内丹学的研究逐渐成为道教研究的热点。本书以问题为中心对内丹学的源流进行了专题考察，并在这种探索性的研究过程中，回答了内丹学溯源的诸多问题。全书共4章，分别由"内丹与修道"、"内丹与方术"、"内丹与外丹"和"内丹与佛学"四个专题组成。作者在详加辨析"内丹术与一般的内养方术"、"早期初级意义的内丹学与晚期成熟意义的内丹学"这两种概念的内在联系与区别的基础上，论述了内丹学理论与道家修道、内丹学与各种修炼方术、内丹学与外丹烧炼、内丹学与佛学等的历史渊源和贯串其中的理论关联，提出了对内丹学源流的一个系统的理解，据此对学术界的一些片面的说法作出了合乎逻辑的考辨。

匿名的拼接：内丹观念下道教长生技术的开展
杨立华著

北京大学出版社 2002年4月 237千字 260页

　　道教史主要经由两条线索展开：一条是以劫运和救赎以及与之相关的仪轨为主轴；另一条则以对道教传统中的各种长生术的整合为轴线。内丹观念的产生和演变与后者密切相关。本书以道教传统中技术性因素的历史整合为背景，对内丹观念的生成轨迹及其与"以长生技术为主轴的道教传统"之间的关系作了全面而深入地考察，重点探索了内丹作为一种"技术性观念"如何拼接成一个"完整的世界图景"的历史进程。全书共7章。作者指出，由各种长生技术拼接而成的单一的技术，构成了内丹观念的起点。作为一种技术性实践的内丹观念，与作为一种生活方式的内丹观念之间，有着明显的分别。唐宋之际，内丹观念恰恰经历了这样一种从技术性实践到生活方式的转变。到了宋初，一次巨大的思想断裂发生了，我们称之为禁欲时代，此后内丹观念发生了质的改变。在宋代的金丹南宗那里，内丹观念开始转变为一种由某种统一的世界图景支撑的生活方式。这样一种转变，最终导致了一种迥异于传统道教的新道教传统的出现，即全真道教。

道教与丹道（神州文化图典集成/季羡林总主编）
胡孚琛著
中央编译出版社　2008年3月　280千字　284页

　　道教的根本信仰是"道"的信仰。道家是道教的哲学支柱，道教是道家的宗教形式。丹道作为道家养生的中心内容，是唐末五代以来道教修炼的正宗功法，宋元之际道派和丹派合一，内丹修炼遂成为道士终极的修持方术，其他各种炼养方法皆被斥为旁门小术。本书为"神州文化图典集成"丛书之一，作者以中华道学的文化渊源和思想内涵为主线，对道教和丹道的起源、发展及其主要特征进行了详尽的阐述，揭开了道家和丹道的神秘面纱。全书共10章。第1章探讨道教的定义、渊源和成因。第2章介绍道教的发展过程。第3章介绍道教的现状。第4章介绍道教的神仙信仰及修道成仙的方法。第5章介绍内丹学的概念与源流。第6章介绍内丹各派丹法要诀。第7章介绍内丹学的基本理论。第8章介绍丹道修持的功效与具体要求。第9章介绍丹道修炼的基本步骤。第10章介绍道教女子丹法。

神药之殇：道教丹术转型的文化阐释
蔡林波著
巴蜀书社　2008年11月　260千字　349页

　　中古时期道教由外丹向内丹信仰的转变，不仅直接触及了当时道教信仰者自身在价值趋向、思维与行为方式上的深层内在矛盾，而且深刻地反映出此一阶段中国文化演进的普遍特征。本书为GPSS-MAP国际大奖计划"科学、道家与再启蒙"项目（STAR: Science, Taoism and Re-enlightenment; Grantref: GPSSMAP04-06）成果之一，是以作者的博士学位论文为基础改编而成的一部探究中古道教丹术转型的学术专著。书中所谓"炼丹术"，属于道教领域内的一种宗教修炼方式；所谓"中古道教丹术转型"，主要是指唐末五代时期道教内部之思想、信仰与实践模式的一种质的转换。全书共6章。作者把道教丹术视为一种特定的文化载体，试图运用多学科交叉方法，提炼出一个理论解释模型，对之进行考察并厘清其文化本质；随之结合与其相关联的背景要素，来分析它们之间的相互作用过程对丹术观念本身发生的影响，以求为中国文化和历史变迁问题研究，提供基于道教视角的观察和分析方法。本书认为，尽管道教丹术作为一种历史的旧物已经失去了其存在的价值，但它过去曾经凝练出的中国人特有的思想、精神资源，无疑仍然是促使我们探究其历史演化轨迹，借以更清醒地审视自身传统文化的动力。

长生久视：中华传统内丹学的现代转化
于德润著
光明日报出版社　2010年6月　150千字　237页

　　传统内丹学，堪称中华生命文化的大道绝学，玄妙而深奥，系统而庞大。本书以探索中华主流生命文化中的生命智慧为旨要，从黄老养生思想本源出发，针对现代人的养生误区，首次提出传统内丹学的现代转化之命题。全书包括"中华传统养生体系之大道绝学：内丹养生"、"传统内丹学的现代转化"和"内丹学现代修炼指要"三个部分，共9章。作者在深入揭示内丹养生学延年益寿的奥秘、以辩证哲学思想阐述内丹学的基本养生理念和修炼方法的基础上，系统论述了从修炼宗旨到修炼方法等方面的转化思路，特别是对现代人日常修炼要点以及内丹修炼生活化问题提出了相应的参考意见。同时，作者基于内丹古法承传和30年实修经验，从大生命观的角度对传统内丹养生思想的现代认知价值、生命智慧及现代启示作了初步探讨，提醒现代人不要在物欲横流、浮华躁动的人生旅途中迷失本性，使读者进一步加深对生命境界的理解和认识。

道教性命学概论
丁常春著
社会科学文献出版社　2013年12月　302千字　310页

　　道教性命学，即内丹学，亦称丹道性命学。它以"性命"二字为内丹学的纲领，是唐末五代以来道教体证生命的主要方法。本书从道教生命哲学角度切入，采用文献学与比较宗教学、宗教社会学、宗教现象学、宗教心理学相结合的方法，通过对道教性命的功夫论的深入分析、道教性命学与儒佛性命学的比较研究，以及道教性命学对当代养生学、心理学、心灵哲学、人体生理学的启示，全面揭示了道教性命学的内容、特点、价值和影响，指出内丹理论是道教对时代课题的回答和自身改革的产物，为构建当代和谐社会提供了可资借鉴的宝贵思想资源。全书共8章。第1章讲解以内丹为代表的道教性命学兴起的时代背景和思想渊源。第2章剖析道教性命学之性命内涵。第3章探讨道教性命学之前行、入手和初关炼精化炁功夫。第4章探讨丹道性命功夫之炼炁化神与炼神还虚。第5章解答丹道性命功夫的一些细节问题，如鼎器、药物、火候、调息、冲和等。第6章探讨丹道性命学的三教合一思想。第7章对道教与儒佛的性命学进行比较研究。第8章探讨道教生命学的现实意义。

道家内丹丹法要义
孔德著
中央编译出版社　2014年8月　226千字　281页

　　内丹养生学是中华传统养生学宝库中一颗最为璀璨的明珠，凝结了历代先师对于生命奥秘的探索和在长期的内丹修炼实践过程中形成的经验共识。它的学问可归纳为"理"、"法"两大方面：理者，道也，体也；法者，用也，效也。本书系根据作者从事内丹养生修炼30余年之经验撰写而成的一部介绍道家内丹丹法的著作。全书分为"穷理悟道"、"尽性炼己"、"天人一贯"、"内丹复命"、"隐语明说"五篇。书中逐一逐条解读了数百则内丹法诀，从实修实证的角度揭示出五千载中华仙学秘奥。作者认为，每一位在内丹修炼实践中有着显著收获的人，一定会灵活变通地找出某些解决自己问题的诀窍和方法。这些诀窍和方法又会丰富整体的内丹养生法诀，为内丹养生学的完善做出贡献。

道教内丹学（厦门三官道院文库 / 詹石窗　郭汉文主编）
霍克功著
宗教文化出版社　2015年6月　250千字　185页

　　内丹学也称性命之学，它以道教宇宙观、神仙信仰、人体生成观、天人合一、天人感应、阴阳五行学说为哲学基础，以传统医学的气血、经络、穴位和脏腑学说为生理基础，以心性论为心理基础，以性命为修炼对象，以人体先天精、气、神为药物（原料），以人体为丹房，丹田为炉鼎，意念呼吸为火候，借用外丹术语、易学符号系统来描述修炼火候及成丹过程，最终目标为得道成仙的修炼理论和实践体系。本书为"厦门三官道院文库"丛书之一，作者着眼于现实生活中的"人"的需要，从多个角度深入研究了道教内丹学，揭示了丹道性命理论的当代价值。全书共11章。第1章为导论，以"当代社会人的生存状态及其常见问题"为中心，阐述了道教内丹学对处理当代社会问题的作用，介绍了内丹学的概念、源流和派别。第2-5章分别从哲学基础、神学基础、生理学基础和心理学基础四个方面对内丹学理法之根源进行了解析。第6-10章依次讨论了性命、阴阳、药物、炉鼎、火候问题。第11章介绍内丹实修功法。

道教气功养生学
李远国著
四川省社会科学出版社　1988年6月　403千字　582页

　　道教气功养生学是指我国古代气功史上别具特色和风格的一家气功学说。它的理论基础是类比宇宙论的人体生命哲学，这种哲学可用内丹学常用的"人身小天地"一语加以概括。本书系统论述了延续两千余年（先秦至明清）的有关道教及道教气功养生学的源与流，精确表述了道教气功养生学的思想内涵、理论价值、功法特征、社会影响等，依照现代科学的观点确认其应有的历史地位。全书分为"道教气功养生学概述"、"早期史上重要人物及其内炼学说"、"隋唐五代时期的重要人物及其内炼学说"等6章。作者认为，道教气功养生学的出现并非偶然，而是先秦神仙家思想与老庄道家练养学说发展的必然结果，其重人贵生的人本主义倾向，确系此学说得以存在发展的基本前提。

道教与养生
陈撄宁著
华文出版社　1989年7月　413千字　478页

　　本书系为纪念近代著名道教学者陈撄宁先生逝世20周年而结集出版的著作，荟萃了陈撄宁生前撰述的大量文章，反映了作者深厚的道学根柢及其对仙道养生术的深刻认识与理解。全书分四编。第一编"道家与道教"，重点探讨道教学术理论，涉及老庄哲学思想、道教起源、道教典籍及知识等。第二编"仙道养生学"，讲授各派养生修炼之法，致力于科学养生之道，糅合仙道养生学之精髓，如"灵源大道歌白话注解"、"黄庭经讲义"、"外丹黄白术各家序跋"等。第三编"书信"，辑录陈撄宁回复诸方家道友的各类信函，言语广涉性命双修与仙道之学，如"众妙居回答"、"答覆浦东李道善问修仙"、"与朱昌亚医师论仙学书"等。第四编"诗词及讲话"，选取陈撄宁诗作以及他在全国政协和道教徒进修班的讲话若干，以彰其志、表其意。

内丹养生功法指要
王沐著
东方出版社　2008年3月　349千字　377页

　　中国的内丹学自古号称绝学。它汲取我国古代医学及儒释道各家的养生理论，是传统文化中的精华。本书结合作者持续50余年的炼功体会和经验教训，从人体科学的角度阐发了对道教内丹学理论与实践的认识,讲授了极具实用价值的内丹功法和个人修习心得。全书分三编。上编,探讨道教与道家的渊源、道教丹功宗派、李道纯之道统与张伯端的《悟真篇》。中编,介绍和分析内丹功法的衍变、道教丹功四秘窍的体和用、内丹功法纲要及女丹。下编,分别论述了《楚辞通释·远游》、《大成捷要》等五部古籍中所蕴藏的丹功要领。作者从1936年始即拜道门高人为师受丹法秘诀,专炼全真道丹法,研习不辍,以求从丹学源头上辨伪扬真,洞窥人体的内在奥秘。

道家养生术
陈耀庭　李子微　刘仲宇编
复旦大学出版社　1992年8月　551千字　666页

道教的养生,以长生不老,羽化登仙为最终目标。这种对于长生不老之境界的向往,早在老庄的著作中即已有所阐述。道教在东汉形成后,其追求长生久视的养生道术便随着教义思想的发展而逐渐系统化,再经隋唐时期改造、吸收部分佛教和医家的内容,以及宋元时期内丹术逐渐占据主流地位,使道教养生术成为完善的理论和实践体系。本书是一部分类介绍并辑录道家(尤其是道教)有关养生的理论与方法的著作。资料选自先秦近现代的近200种书籍,以道家为主,兼及医家和其它养生流派。全书分上、下二编,共12章。上编含"守一类"、"存思类"、"导引类"、"吐纳服气类"、"胎息类"、"服食类"等7章。下篇含"内丹类"、"房中类"、"起居类"等5章。每一大类之首,都冠有综述,介绍本类养生术的内容、源流、发展与变化等;所录的每一段原文,均设有提示内容大意的小标题,文末注有出处。

道藏养生(全8册)
张继禹编撰
华夏出版社　2003年1月　666页

道教贵重生命,热情洋溢地关注养生之道。道家养生之术,虽然方法众多,流派纷呈,但杂而不乱,大抵皆以保养元神精气为宗旨。道教养生方法,历代皆有文献传世。21世纪初,继中国道教协会副会长张继禹发起、组织并主持编修了可以纳入现代文明规范体系的《中华道藏》(其中专论"养生"的经书,主要收载于第四部类"道法众术"内)之后,主编张继禹有鉴于现存道教文献卷帙浩繁,养生资料散存其中甚多,读者检阅不易、应用尤难,乃又组织专家学者专门从道教典籍中遴选出历代养生资料,撷拾珠英,加以校对和标点,串联而编成一部介绍道教养生的著作,冠名《道藏养生》。全书分8册。书中依据《道藏》所载养生文献,首先提出了关于道教养生的八大论题:天真论、天年论、养生论、养形论、养气论、养心论、养寿论、补养论,以揭示道教养生文化的根本原理;随后介绍和阐释了道家以保养元神精气为宗旨,"内炼形神,外服丹药"的养身方法,包括脏腑养生、环境养生、四时养生、饮食养生、起居养生、精神养生、形体养生、呼吸养生、服饵养生等九大类,以阐发道教性命双修、理法结合、重在生活的精神旨趣。

道教与中国养生智慧(国学新知文库／詹石窗主编)
詹石窗主撰
东方出版社　2007年12月　513千字　581页

在中国历史上,道教是对生命最为关注的传统宗教和文化团体,秉持着对生命奥秘的积极探索精神。本书为"国学新知文库"丛书之一,作者将道教养生学置于中国传统养生思想的沃土之上进行梳理,首次提出"养生智慧"的概念,藉此分析了"养生智慧"与"养生文化"的联系与区别,从多重维度考察了道教与中国养生智慧的关系,展示了道教徒为追求长生久视所进行的各种养生实践,开辟了中国养生文化研究的新视野。全书分四编,共20章。第一编(第1-5章)追溯道教养生智慧的思想源流,认为道教汲取先秦诸子百家的养生文化而生成自己的养生理论,涉及上古神话与《周易》、先秦道家、先秦儒家、先秦至汉代医家、秦汉黄老学派等道教养生智慧的源头。第二编(第6-10章)探讨道教养生智慧的传承与发展,涉及道教神仙体系养生底蕴、道教经书解说的养生智慧、道教与儒佛养生智慧的互动等。第三编(第11-15章)介绍道教养生智慧的实践体现,涉及道教气法与导引、道教静功与房中术、道教服食与内丹术、道教符咒、道教雷法等道教养生技艺所具有的旨趣。第四编(第17-20章)论述道教养生智慧的理论积淀,涉及道教养生智慧与大文化法、自然环境、自然哲学、生命意识、社会认知等的关系。

道教服食技术研究(国学新知文库/詹石窗主编)
黄永锋著

东方出版社 2008年4月 278千字 306页

　　道教服食养生术是道教中人通过摄取食物、药物、气、符等来防治疾病、养护身心,以求长生成仙的过程中所应用的一切手段、方法、知识等活动方式的总和。它包括道教服药技术、道教服气技术、道教辟谷技术、道教饮食技术、道教服符技术五种类型,是一类富有特色的道教养生技术。本书为"国学新知文库"丛书之一,作者运用技术哲学的理论与方法,首次提出"道教服食技术"的概念,围绕道教服食技术本体论、价值论和认识论三个方面,对道教服食技术体系作了完整的阐释。全书共4章。第1章紧扣道教服食技术本体论,系统探讨了道教服食技术的内涵与外延、主体要素与客体要素、个体结构和群体结构。第2章从服药技术、服气技术、辟谷技术、饮食技术、道教服符技术五个方面解析道教服食技术规程。第3章理性评价道教服食技术的养生功能、社会影响和伦理价值。第4章从技术目的与技术功效的矛盾运动、技术继承与技术创新的相互促动,社会需求变迁的作用、科技整体进步等内外因素剖析道教服食技术发展的动力机制,揭示道教服食技术的适应性和生命力。

武当丹道修炼(上、下册)
陈禾塬 陈凌著

社会科学文献出版社 2011年7月 576千字 669页

　　武当丹道是武当山道士们为了健康益寿、长生久视、修仙成真,通过自身的体悟、体证,求得"金丹",最终通往"大罗仙境"而总结出的一种具有深刻文化内涵的修行方法。武当丹道的精髓集中反映在《心性图》、《修真图》、《内景图》三张丹道修炼挂图上。这三张图生动形象地展示了人体经络穴位、五脏六腑以及人体真气运行规律与外在自然规律的关系,描述了武当丹道修炼的基本原理、行功规则、方法步骤等,形成了一整套养生延寿的理法原则和方法体系。本书结合作者多年的自我修炼及学术经验,以武当山"修真三图"为核心,运用现代科学知识对"武当丹道"这一门古老性命学说进行了系统地阐释和研究。全书分上、下册,共9章。书中首先解析了《心性图》、《修真图》、《内景图》三张丹道修炼挂图的内容和原理,对吕洞宾、陈抟、张三丰的内丹修炼学说加以论述,随后讲解了武当养生功功法演示图,即《太乙采气法》、《太乙五行桩》动作示范图,使本书体现出实用性强、可操作性强的特点。因此,本书既是"一部揭示武当山道士养生延寿最核心,最隐秘技术的科学著作",也是"一部关于道家丹道理法原理与掌握一般内丹修炼方法真修实炼的实用手册"。

《修真图》:道教与人体(道教学译丛/朱越利主编)
[法]戴思博著　李国强译
齐鲁书社　2012年8月　180千字　193页

道教《修真图》最早出现于10世纪中叶。这些图中都夹杂着注文和简略的图式,在程式上表现出一种世界有机论和仪式化的视角,即事物的秩序、隐性的内在结构以及演变的进程。它们所展示的人体,具有一种物我相忘的特征,构成了内丹修炼、转化过程的有机组成部分。本书为"道教学译丛"之一,作者以《修真图》的主体图像所体现的内丹修炼思想为研究对象,从作为内丹修炼的人体、作为神祇与妖魔世界的人体及内丹修炼的程序三个方面,对现今留存的各类《修真图》和其他相关图卷的构件、标注文字和说明文字进行了全面考察。全书包括"道教人体图"、"《修真图》中身体的主要部位"、"《修真图》中的人体、天界与地狱"和"《修真图》中所表现的道教法术"四个部分。书中通过对以《修真图》为外在标志物的内丹修炼的研究,阐述了道教修真理论的主要特点及其在内丹术中的运用,揭示了这些人体图所蕴的人体奥秘、宇宙和神灵的相互关系及中国古老的哲学思想,总结了几千年来,人类与宇宙的相互关系作用下的系统内容。

仙道贵生:道教与养生(中华道文化丛书/林锐　何天谷主编)
张钦著
四川人民出版社　2012年9月　150千字　219页

自人类从自然界脱胎而开始用智慧领悟到生命是有限的这一铁则以来,无数代的人们都或朴素或系统地思考着这一令人困惑的生存缺憾。东方中国的道家道教以其深邃的智慧和挚爱生命的热忱,发展出一套养生、摄生的理论与操作系统,以拽住生命之索,抚平因理性而产生的忧伤和失望,在灵魂深处寻到回归自然、回归永恒的精神家园。本书为"中华道文化丛书"之一,作者从历史、理论与众术三个方面,简要介绍了道教的养生理念和具体功法,探究了仙道贵生的思想渊源,以帮助现代人运用优秀的道教传统养生理法,获得身心灵三个层面的健康与成长。全书分为"仙道养生之源"、"道教心理与灵性炼养论"、"道教养生术概说"、"道教养生经典举要"4章。作者认为,由生理觉识、心理觉识到精神觉识的开发,无论古今,都是人类一项最为艰巨也最为迷人的事业。从人之生命的内部,从人之心理的深层结构中来理解宗教的奇迹、理解道教炼养的最高阶段,这当是我们研究道教修炼的必由之路。

道教修炼养生学
陈兵著
陕西师范大学出版社　2015年3月　325千字　365页

道教在先秦道家学说的基础上,广收博采佛、儒、墨、易、医、阴阳五行等诸家之学及古代天文学、化学、冶金学、军事学等方面的知识，建立起独树一帜的炼养理论。其说以"人身一小天地"的天人合一论为基本立场，以形神、形气、神气精的关系为中心，对天人关系、人体生命诸问题提出自己的观察方法与见解。本书是陈兵教授有关道教养生学研究的论著合编，主要对《道藏》文献中的炼养学、道教修炼养生之道的历史和理论问题予以介绍和讨论。全书由上、下两篇组成。上篇"炼养学之问"（原名《道教气功百问》，1989年由今日中国出版社出版），探讨道教炼养学的源流、基本原理及修炼方法，涉及炼神、服气、存思、守窍、内丹、动功、养生、辟谷等问题的介绍与解答。下篇"道教之道"，是作者发表在《哲学研究》和《世界宗教研究》等学刊上的论文集（《道教之道》，1995年由今日中国出版社出版），主要内容是对道教基本教义和理论的阐述，及对与道教修炼养生理论密切相关的教派历史与理论的介绍。

百年道学精华集成·第五辑·道医养生（8卷）（百年国学研究文献大系·百年道学精华集成）
詹石窗总主编
巴蜀书社　2014年5月　4800千字　2923页

道学作为中华文化的重要组成部分，不仅具有悠久的历史，而且积累了相当丰富的内容。近百年来，随着文化交流的不断开展，道学越来越受到海内外学术界的重视，其成果如雨后春笋破土而出。整理这批文献，是一项具有重大学术价值和社会意义的工作。本书为"百年国学研究文献大系·百年道学精华集成"大型学术丛书之一，是由我国著名学者詹石窗教授组织海内外一批学术精英，耗时8年完成的荟萃百年道学精华的丛书之一种。这部堪称"当代道藏"的丛书，广泛搜集1900-2010年间关于道家与道教文化研究的学术论文，经过严格挑选和科学分类，精心编纂而成，具有很高的学术价值。全书分十二辑：历史脉络、神仙信仰、人物门派、思想大要、道医养生、经籍考古、道门科技、礼仪法术、文艺审美、道法旁通、著作提要、海外道学。2014年度推出的是第五辑"道医养生"。本辑（8卷）选编的是论述道家与道教在传统医学养生理论与实践方面的文章，内容涉及道医养生的文化渊源、发展轨迹、道医养生的哲学思考、道医养生的基本原则与重要理念，病理诊断、偏方奇药的经验总结以及导引、行气、丹法、房中、胎息等技术进路的探讨，对于疾病预防、生命健康颇多裨益。

道教气论学说研究（儒道释博士论文丛书／卿希泰　吉宏忠等主编）
路永照著
巴蜀书社　2015年2月　210千字　535页

在中国的传统文化体系中，对于"气"这一范畴极端重视的莫过于道教。道教以长生久视为目标，他们的整个学说体系是围绕气一元论、气化论为中心构建的。厘清道教对气的认识、了解道教炼养者对气的运用，于道教研究而言至关重要。本书为"儒道释博士论文丛书"之一，作者以宗教哲学的范畴体系构建为内在理路，坚持运用文献材料综合法和哲学解释学的方法，从整体上构建、丰富和完善了气论学的理论体系，厘清了道教在气论学说的大背景下其养生理念的发展变化，对"气"这一道教哲学范畴在道教的进入、嬗变进行了系统归纳和整理。全书共7章。第1章从理论、信仰和实践三个层面对道教气论学说予以综述，概括出道教气论重生、重化、重神的三个基本特征。第2-6章分别探讨道教气论的理论源流、主要内容与发生的影响等方面,涉及道教的玄理之气、长生之气、自然之气、水谷之气、人体之炁、时间之气、空间之气,以及存思意守类、符箓雷法类、服气辟谷类、内丹炼养类等道教各家各派气论学说。第7章立足于现代科学的视角对道教气论进行现实性的思考。

十、工具书

道教大辞典
闵智亭　李养正主编
华夏出版社　1994年6月　2780千字　1009页

道教乃中华本土宗教,与儒学、佛教鼎足而立,并称为"三教"。它以独特的宗教形式映现了中国历史文化状况,同时又与我国社会生活和社会发展有着相当密切的联系,产生广泛而深远的影响。道教经书,涵三洞妙旨,贯四辅玄言,寻之者知真,之者悟理。对道教徒来说,了达妙旨则上仙可登,晓悟玄理则高真斯陟。对广大读者而言,阅览道书可以了解道教义理和汲取道教文化宝藏中有现实价值的资料。可是,读经而能解畅经旨则非易事,不论教内教外,每以缺乏可以帮助读经解经之专门的、较为全面的道教辞典为憾事,其中尤以信道者最为关切。中国道教协会有感于此,早在1962年,在当时的中国道教协会会长、著名道教学者陈撄宁的倡议下,便已有组织力量编写《道教大辞典》的意愿,后因接连不断政治运动的影响,无暇顾及此事。迨至1989年中国道教学院成立,第一期进修班师生又重议此事,于1990年开始,部分师生在读经过程中分头摘选词目约2万条,随即分头起草词目释文。到1992年底,中国道教协会和苏州道教协会的研究室组织汇总词目释文初稿,着手审改、编辑,撰写有关条目。1994年正式出版。本辞典因而成为一部主要由道教界自己编写的专门性较强的工具书,编纂原则是:词目务必出自经书,释义亦必尊重道经原旨;既要遵依国家宗教信仰自由政策,又要着眼于辞书的社会使用价值;既要考虑到各类词目的系统性,也要考虑各类词目中的交叉性;既要力求释义准确,又要力求文字简明。编者从道教经书中摘选道教常用词、术语、短句近2万个词条,对道教不同时代、流派的学说均有收载,包括教理教义、仙籍语论、道经道书、神仙人物、道派组织、斋醮科仪、清规戒律、道功道术、洞天福地、灵图符箓、仪典节日、仙道禁忌、方技术数、执事称谓、文化艺术等各项内容。

中华道教大辞典
胡孚琛主编
中国社会科学出版社　1995年8月　5460千字　2207页

中国道家与道教文化源远流长,总汇百家,包罗万象,与整个中国社会的历史文化息息相关,是一座有待开发的文化资源宝库。改革开放以来,受学术繁荣的影响,社会各界也越来越关心道家和道教,渴望得到更多的知识,迫切需要有权威的工具书作为凭借和参考,以往的道教辞典或年代较早,或收词不全,不能令人满意。有鉴于此,先是有中国道协以教内学者为主编辑出版了《道教大辞典》(1994年),其典以解畅经旨为重,带有宗教学术的色彩。接着便是《中华道教大辞典》的问世,它以教外学者为主,重在全面介绍道教文化知识,具有人文社会科学的性质。本辞典是我国第一部全面系统介绍道教文化诸多门类的大型工具书,共有16大门类、收录辞目15000

余条,内容包括:道家;道教门派、人物;道教典籍,教理、教义及基础知识;斋醮、科仪及戒律;符箓、法术与占验术数;道教医药学;道教养生功法及武术;内丹学;房中养生;外丹黄白术;道教神仙和民俗信仰;道教文学艺术;洞天福地与宫观;附录道士人名、字号索引等。有些门类内又含有小分科,辞义相近的条目尽量排在一起。辞典正文皆是按门类分科编排的,在各门类中有些实在不便细分的辞目,按笔画顺序排列。这种按辞目内容编排的方法汲取了"百科全书"的长处,具有大而全的特点,读者能从中获得有关道教的全方位知识,学者亦可将本辞典作为"道教知识大全"来阅读。本辞典在各门类中同名而实异的辞目,分别作出解释。这部辞典的编撰是近年来道教研究领域一项重大工程,由中国社会科学院哲学研究所胡孚琛任主编,包括一批资深著名学者在内的100多位海内外学者参加了编写工作。本辞典同时在台湾地区出版发行。

中华大典:宗教典·道教分典(全2册)

王卡主编　汪桂平副主编

河北人民出版社　2015年3月　3516千字　1031页

《中华大典》是国务院批准的重大文化出版工程,是国家人文社会科学领域级别最高、规模最大的科学研究项目之一,被新闻出版署列为"十一五"国家重大工程出版规划之首。这是一部中国历代汉文字古籍的新型类书。编者在继承、弘扬我国类书优良传统的基础上,参照现代科学的图书分类法,对先秦至1911年中国优秀文化典籍进行梳理汇编,涵纳了儒家、诸子百家、佛道诸教以及志书等优秀文献资料。其规模之大,为明代大型类书《永乐大典》的2倍、清代大型类书《古今图书集成》的4倍,预计超过中国所有古代类书字数的总和。《中华大典》下含"典"24个,《宗教典》即为其中之一,下分《儒教分典》、《佛教分典》、《道教分典》和《伊斯兰基督与诸教分典》。其中,由王卡主编、汪桂平副主编的《道教分典》于2015年3月由河北人民出版社出版发行。该分典共设神仙、教史人物、经籍、教义、科戒、符咒法术、医药养生、金丹、宫观仙境九个总部,是对《道藏》及藏外资料重新进行分类整理而形成的一部大型道教文献集成,不仅为道教学研究提供了基本资料,亦为医药学、地理学、科技史等领域的研究者提供了文献参考。

柒、佛教

一、佛教典籍研究
（一）总论
1. 大藏经辑要序跋及目录研究

新编汉文大藏经目录
吕澂编
齐鲁书社　1980年5月　119千字　154页

　　旧有汉文大藏经（我国历代刻印及1923-1928年日本编印的《大正新修大藏经》），存在着一些缺点，如区分部类不恰当、弄错了经本之失译与有译、译撰不分而误收疑伪之书等。这就使佛学的研究走入歧途。为解决大乘经部类区分的合理性以及个别经籍有译失译的覈实等问题，吕澂先生于20世纪60年代重新梳理了汉文大藏经目录。新编记略如下。①本目录书将佛藏区分为五大类：经藏，律藏，论藏，密藏，撰述。前四类收译本，后一类收中国撰述。②四类译本均依佛学之体系而编次。经藏先列大乘通论之经为宝积部，次列大乘别详道果之经为般若、华严、涅槃三部，后列小乘共依之经为阿含部。此五部又各以根本经典居先，支分经典次后。其问法、记别功德经之于宝积部，三昧、陀罗尼经之于般若部，佛名、佛土经之于华严部，佛身经之于涅槃部，杂藏经之于阿含部，均以义类相从，编为各部之眷属，列于部末。③律藏合大小乘为一部，先列大乘律，后列小乘律，又各先戒经而后经释。④论藏分释经、宗经两部。释经论依所释经典之次序，宗经论依大乘中观、瑜伽、小乘有部、余部之次第列之。并以印度撰述附载其末。⑤密藏综合经轨，别为金刚顶、胎藏、苏悉地、杂咒四部。金刚顶部经轨依十八会次第排列，晚出及通论之书则汇编于部末。杂咒依诸佛、佛顶、诸经、菩萨、观音、文殊、明王、诸天、陀罗尼等顺序编次。

中华大藏经（汉文部分）·正编
《中华大藏经》编辑局主编
中华书局　1985-1997年　106册

　　中华大藏经包含汉、藏、满与蒙古四种文字的佛教文献。其中汉译佛教典籍，绝大部分是东汉至唐代译出的。从两晋南北朝开始，中国僧人及佛教信众已撰写不少著作，既有经序、注疏、论文、工具书、史料编辑，也有一些假托译出的佛经，正统佛教徒称之"伪经"。这些中土著述，极大地丰富和发展了佛教传统的"三藏"（经律论）的内容，使大藏经成为一部具有中国特色的佛教百科全书。《中华大藏经》"汉文部分"（简称《中华藏》），是1982年在国务院古籍整理规划小组支持下立项起步，委托时任中国社会科学院世界宗教研究所所长的著名学者任继愈教授主持编纂的一部新版汉文大藏经。为避免过去刊印的许多种大藏经的缺失，《中华藏》力求做到版本"精"、内容"全"。该藏以1149-1173年在山西刻印、20世纪30年代在山西赵城县广胜寺发现的稀世孤本《赵城金藏》为蓝本，总汇了历代大藏经有"千字文"帙号部分，对勘了包括《房山石经》、《资福藏》、《影宋碛砂藏》、《普宁藏》、《高丽藏》等8种版本的大藏经，共收典籍1939种（1万余卷），总数106000千字。编纂工作历时13年，先后动员了约160人参与，最终于1994年底完稿，1997年由中华书局出齐全部106册，2004年又出版了《总目》。至此，《中华大藏经（汉文部分）·正编》方告圆满。这部新版汉文大藏经，集历代刊刻大藏经之大成，是新中国成立后我国学术界对浩繁的佛教文献进行集中整理出版的一个重大成果，在汉文大藏经发展史上，树立起自己独特的地位。

中国汉文大藏经补编
《中国汉文大藏经补编》编委会主编
文物出版社　2013年11月　100册

　　各版本大藏经在收录佛教典籍方面各有其时代特征。作为我国最后一部官刻大藏经，《乾隆大藏经》（又名《龙藏》、《清藏》）虽然距今相对晚近，但由于时代条件限制，并非是历史上各版本大藏经的集大成者；同时，因雍正、乾隆两朝帝王个人价值取向的掣肘，甚至还删掉了很多重要的经论，故有相当数量的佛教经典未予纳入。有鉴于此，《中国汉文大藏经补编》（又名《龙藏补编》）旨在将《乾隆大藏经》中没有收录而散见于其他各种大藏经中的重要经论进行一次全方位梳理和编辑，使之与《乾隆大藏经》相互配合、互为补充、完美合璧。该藏遴选出《龙藏》中所未收入的佛教经论648部，总计近6万页，合编为《龙藏补编》百册本。全书按照中国历代大藏经刻造时间顺序编选，即《开宝藏》—《辽藏》—《崇宁藏》—《房山石经》—《毗卢藏》—《赵城金藏》（《宋藏遗珍》）—《思溪藏》（《圆觉藏》、《资福藏》）—《碛砂藏》—《普宁藏》—《洪武南藏》—《永乐南藏》—《永乐北藏》—《嘉兴藏》—《频伽藏》—《普慧藏》。《龙藏》本身收录佛教典籍1669种，此次补编又收录佛教典籍648种，两者相加，合计有2317种。几乎涵盖了佛所说一切经，所制定一切律，以及有史以来高僧古德全部论著。

大藏经总目提要·经藏（全3册）
陈士强著
上海古籍出版社　2007年8月　1650千字　2218页

　　汉文《大藏经》是佛教经典的总汇，卷帙浩繁而内容赡博，是中国古代文化的一大宝藏，也是整个人类文明的一大遗产。然而，由于佛经文句艰涩，义理幽奥，术语独特而且繁多，这给阅读和使用带来了一定的困难。本书是汉文《大藏经》之总目解说，系由佛经研究专家、复旦大学教授陈士强先生历时23年写成。它立足于原典的解析，收录齐备，释义详尽，考订缜密，是迄今为止该研究领域最新、最全的知识密集型工具书。全书分3册。书中对《大藏经》

收录的各种典籍，按"藏"（经藏、律藏、论藏、文史藏等）、"部"（长阿含部、中阿含部、杂阿含部、增一阿含部等）、"门"（相当于"章"）、"品"（相当于"节"）、"类"（子类）、"附"（附录）六级分类法编制，并予详释，涉及《经藏》之五大部，共收录汉译小乘经352部811卷。内容包括：（1）经名（包括全称、略称、异名）；（2）卷数（包括不同分卷）；（3）译撰者；（4）译撰时间；（5）著录情况；（6）主要版本；（7）译撰者事迹；（8）序跋题记；（9）篇目结构；（10）内容大意；（11）思想插点；（12）资料来源（或同本异译）；（13）研究状况；等等。此外，本书还有经典源流的叙述、不同文本的对勘、史实的辨正和补充等。

大藏经总目提要·文史藏（全2册）
陈士强著

上海古籍出版社　2008年4月　951千字　1276页

汉文《大藏经》载录了大量汉译佛教经典与中国历代高僧大德撰写的佛教著作，被誉为中华文明乃至整个人类文化之宝藏。本书系国内著名佛学专家陈士强先生所撰《大藏经总目提要》之文史藏部分。书中详尽考释了中国佛教文史类典籍的源流及大略，堪称当今国内佛教经籍类著作中最全面、最系统的佛学工具书。全书分2册，摄入经录、教史、传记、宗系、纂集、护法、地志、杂记八大部，共收佛教文史类典籍230部2458卷。各册内容均按"部"、"门"、"品"、"类"、"附"逐级分类，以便检索。作者积数十年佛学研究之功，尤擅佛教经籍整理和对佛典信息、内容的全方位解读，对不同文本进行对勘，史实的辨正和补充等。与一般解题类著作不同的是，本部文史藏《提要》采用"随文作释"的方式来解说佛典。其中，对内容大意的介绍，分为定义性概说和原文广解两部分。前者概括性地说明它的主要内容，后者依顺原典的叙次，对各个篇章和层次分别予以诠释。对于难读难解的佛教术语，以及具有特定含义的概念和命题，尽量用通俗的语言加以阐释，以利学人理解原文；在用白话文讲解原典的同时，择要引证和辑录重要的论述与史料，借此保存大量珍贵的原始资料。

北宋《开宝大藏经》雕印考释及目录还原
童玮编著

北京书目文献出版社　1991年8月　141千字　180页

北宋《开宝大藏经》是我国第一部官刻本汉文大藏经。因为开雕于宋太祖赵匡胤开宝四年（971），故简称《开宝藏》；又由于这部藏经是在当时益州（今四川成都）雕造的，亦称之为"蜀本大藏经"。现存有关《开宝藏》的雕印经过及其内容的记载均甚简略，难以窥其全貌。本书详细介绍和考释了北宋《开宝大藏经》的雕印情况，通过对历史上出现的数种藏经版本的耙梳整理和比勘校订，以千字文为序编次了《开宝大藏经》的目录，以期真实呈现该藏雕版、刷印和流通的经过以及数次修订、增减之本相。全书分为"北宋《开宝大藏经》雕印考释"和"《开宝大藏经》还原目录（按千字文编次，天—洞共1550部6604卷639帙）"两个部分。作者根据考释，认为《开宝藏》较《开元录》入经的部、卷、帙等，两两相销，总计《开宝藏》较《开元录》增加5部，20卷；此外，蜀刻本《开宝藏》部分，完全是以《开元录》为底本雕造的。

高丽大藏经初刻本辑刊（全81册）（域外汉籍珍本文库）

《域外汉籍珍本文库》编委会编

西南师范大学出版社　人民出版社　2012年11月　49890页

　　初刻本高丽大藏经是高丽朝前期（相当于我国北宋时期）的佛教版刻经典，其内容完全覆刻于《开宝藏》（宋版大藏经）初雕本，距今已有一千多年历史。高丽朝显宗二年（1011），为抵抗契丹军的入侵，显宗发愿刻造大藏经，此时所刻大藏经版本即《高丽藏》初刻本的初雕部分。其后四十余年间，高丽王朝又曾两次请印过《开宝藏》，增补了1000多卷。续刻《高丽藏》较之初刻更为全面完备，在原来5048卷的初雕基础上续雕了大宋新译经论、宋太宗御制著述、《开元录》未入藏经等内容。至此，初雕部分与续雕部分合为《高丽藏》初刻本，共计5700余帙，6000余卷，堪称煌煌巨制。初刻本高丽大藏经是《开宝藏》的仿刻本，保存了《开宝藏》的旧貌，文献版本价值极高。而《开宝藏》早在元代就已散佚，国内今存者，仅有两种宋本残卷。目前高丽初雕本尚存2040卷，分布于15家博物馆（合211卷）、2家寺院（韩国救仁寺3卷、日本南禅寺1823卷），以及民间收藏（3卷）。本书是初刻高丽大藏经籍搜集最全的一次大规模出版，属海内外最全初刻本汇集。初刻本《高丽大藏经》卷藏本，纸墨精好，历经千年，仍色泽不褪，栩栩如生。此次《高丽大藏经初刻本辑刊》之残卷汇聚，囊括了全部2040卷的内容；原图影印，字大清晰，便于阅读。本书《御制秘藏诠》各卷中所见的五六种版画与赋歌，就属于长幅插画之难得一见的精品，属稀世珍本，只有在初刻《高丽大藏经》中方可一窥其详。

赵城金藏（全122册）

佚名著

北京图书馆出版社　2008年1月　30000千字

　　《赵城金藏》是中国金代由山西、陕西等地的民间人士募资雕版，在山西解州（运城西南）静林山天宁寺刻成的佛教大藏经。这部佛藏采用宋代我国第一部木刻版汉文大藏经《开宝藏》的版式，于金皇统九年（1149）前后开雕，大定十三年（1173）前后工毕。因其刻于金代，后于1933年在山西省赵城县（今洪洞县赵城镇）广胜寺被发现，故名"赵城金藏"。全藏为卷轴装，以千字文编排次第，自"天"字号至"几"字号，共有6980卷，六千多万字。现存4800余卷，是当今孤本藏经中卷帙最多，保存最完整的一部，被视为稀世瑰宝。其中国家图书馆存有4813卷，上海图书馆存有17卷，南京图书馆存有6卷，北京大学图书馆、广西博物馆、崇善寺各存2卷，广胜寺、山西图书馆、山西博物馆、苏州西园、台湾中央研究院各存1卷。该藏印刷清晰，字体劲拔，每卷首均有精美的佛陀说法图，其刀法线条和宋版佛经相比，具有豪放严整和生气有力的特点。这部佛教全书，既保存着数千卷开宝蜀本、辽藏仿刻本的历史原貌，也是涉及哲学、历史、语言、文学等领域的古籍善本，被佛教界誉为"天壤间的孤本秘笈"。本书系《赵城金藏》自金代面世以来首次原版影印出版。它的整体原样复制，成为21世纪前期中国佛教界最为殊胜的出版活动，对于研究印刷史、佛教文化及其流传等均有重要的史料价值。

金藏：目录还原及研究（繁体版）
李富华主编
中西书局　2012年2月　400千字　361页

《赵城金藏》收录佛教经籍多达6980卷，这是我国宋元版大藏经中所仅见的。它用实物再现了我国第一部木刻本大藏经《开宝藏》的原貌，成为我国历史上最古老、最珍贵的大藏经版本。然而，当《金藏》于1933年在山西省赵城县广胜寺被发现之时，却未见"目录卷"，因此还原金藏目录就成为学者们十分关注的课题。1934年，蒋唯心受支那内学院欧阳竟无的委派赴广胜寺考察，撰写了名闻海内外的《金藏雕印始末考》一文，该文附有《广胜寺大藏经简目》；另有日本学者小野玄妙于1936年撰写《北宋官版覆刻金版大藏经目录》。但这两个目录都据《高丽藏》目录补缺，虽有一定的依据，但又可能产生差错。本书第一次搜集有关金藏研究的最新成果，编者以蒋唯心和小野玄妙的目录作为主要参考，依据《开元录》和《指要录》纠正它们的偏差，编写出《金藏》的新还原目录。全书包括"目录还原篇"和"研究篇"两部分，内容涉及《金藏》的发现及收经内容的历史记载、前辈学者关于《金藏》目录的整理、《金藏》目录还原的基本思路等。本书的出版，填补了建国以来尚未出版过与金藏相关的目录及研究专著这一空白，对金藏的整理研究、版本还原以及大藏经的研究等颇有助益。

二十二种大藏经通检
童玮编
中华书局　1997年7月　1283千字　866页

本书以明刻《嘉兴藏》为底本，参照日本南条文雄《英译大明三藏圣教目录》编制而成，共收入2种经录和现存20种不同版本汉文大藏经中的佛教典籍4175种。其中有些经卷本来是前代译著，后来却增入了序、跋之类的文章，为了便于参阅，未予删除，仍列在经名之后。如姚秦时代（384-417）鸠摩罗什所译的七卷本《妙法莲花经》，明代的《南、北藏》和《嘉兴藏》都增入了明太宗朱棣的"御制序"，在此以前所增的唐代（618-907）道宣的"弘传序"，明代各藏中也同样地保留下来。全书分为"正编"和"附录"两部分。正编录入《开元释教录》、《至元法宝勘同总录》和其他历代20种版本大藏经所收的典籍共4175种；附录部分为《大正藏》56-85卷和图像1-12卷经像名称及《昭和法宝总目录》三卷1091号简明目录。所列佛教经籍名称，除依次用阿拉伯数字编号外，还分别列有卷册数目，译著人姓名、时代，该经的异名，经名的汉语注音，梵文或英文的译名及简略的英文题释等，后为各版藏经中该经的千字文编次及函册数目，并附有《经籍名称首字汉语拼音音节索引》、《经籍名称首字笔画索引》、《同经异名首字汉语拼音音节索引》等六种索引。

汉文佛籍目录（宿白未刊讲稿系列）
宿白著
文物出版社　2009年6月　111页

汉文佛籍量大类多，如何择取所需，进行快速、准确、有效的查寻，那就要有汉文佛籍的目录学常识。本书为"宿白未刊讲稿系列"丛书之一，是作者于1979年春季为北京大学考古系中国佛教考古研究生班开设必修课所拟的讲稿。这篇讲稿围绕"汉文佛籍对研究佛教考古的用途"和"如何检查汉文佛籍"这两个核心论题，展开对"佛籍有哪些重要目录"、"这些重要目录是怎样编排的"、"历代目录的编排是什么发展顺序"、"今天我们着重的应是什么目录"这几组问题的探讨，作出有针对性的回复与解答。全书共设 4 个讲题。第 1 讲"汉文佛籍的版本问题"，着重叙述"大藏经"这种以丛书面目出现的汉文佛典结集之后的历代佛籍版本的系统构成。第 2 讲"汉文佛籍目录（上）"，介绍《出三藏记集》、《历代三宝记》、《大唐内典录》。第 3 讲"汉文佛籍目录（下）"，介绍《开元释教录》、《至元法宝勘同总录》、《阅藏知津》和《大正藏》。第 4 讲"汉文佛籍目录以外的工具书"，讲述汉文佛籍以外的东土撰述，涉及大藏音义阶段、字书与类书阶段、新式词典阶段三个方面。

中国佛教经论序跋记集（全 5 册）

许明编著

上海辞书出版社　2002 年 9 月　2116 千字　2600 页

佛教自东汉传入中国以来，随着译经事业的发展，加之历代高僧大德不懈地著述，逐渐形成了浩瀚的、系统的经律论三藏。佛教序跋则是后人了解当时译经著述情况，最有效、最直接、最可信的文献资料。事实显示，古代有相当多的经论序跋，是在译经现场所写，与译经的历史息息相关。它们详尽地记录了经论梵本的来源，主持译经的译师、笔受者、赞助人，以及时间、地点等信息。这些佛教序跋还提纲挈领地阐述了所译经论的宗旨义理，甚至连译师译经的思路，也都纤毫无遗地呈现出来，为今人考释汉文佛经的内蕴提供了重要的历史线索。本书是中国古代佛教典籍之序引跋记的汇集，系统梳理了上自后汉，下至清末中国佛教思想发展的基本脉络，重新定位和诠释了"序跋"在中国佛教典籍中的价值和光彩。全书按历史年代及内容分为"东汉魏晋南北朝隋唐五代卷"、"宋辽金元卷"、"明卷"、"清卷"和"索引"5 册，共收佛典序跋题记约 2500 篇左右，填补了我国自南朝梁僧祐著《出三藏记集》后的 1500 年来，在佛教经论序跋文献资料方面的空白，对于研究我国古代佛教的传播、佛教宗派的兴衰、佛教典籍的翻译，以及当时的历史背景、人物往来、统治阶级的态度等都有极高的文献参考价值。

历代大藏经序跋略疏（全 2 册）

苏志雄编撰　刘福娟　苏杭　韩谨忆助编

宗教文化出版社　2012 年 1 月　1800 千字　1098 页

闻法学佛，乃至证果成佛，决离不开三藏十二部的指引。三藏所包含之经、律、论，分别匹应于定、戒、慧三学。阅藏，首先遇到的难点、重点便是三藏序跋。本书共收录历代大藏经中的序文 402 篇、跋文 19 篇，予以归类整理后，作了资料翔实的疏注。疏文按如下层次编排：一是"经典提要"，作者简明扼要地介绍了各部经典的内容，包括经名、卷数、面世时间、经典主题、历史影响、译作者的简历及经典收录等方面情况。由此，为读者理解经序要意作了铺垫；二是"序跋段意"，作者将序文分段，叙其大意，逐段逐句加以注解。注文广征博引，十分详尽，务求将所涉及的历史典故、名相术语解说清楚，同时将序跋全文译成白话文，用通俗的话语将序文全文展示在读者眼前；三是"引用经证"，注示翻译序跋的根据。各篇疏解均以原文内容为准，未敢妄加测度。著名学者李富华认为，这部历代大藏经序跋巨著一定会对中国佛教及佛教学术事业产生深远影响，特别是那些有志于佛学的信众，他们一定会从书中受益，此书一定会成为他们学佛道路上常备的工具书。

藏传佛教众神：乾隆满文大藏经绘画（上、下册）
故宫博物院编

紫禁城出版社　2003年5月　540页

乾隆《满文大藏经》是清代继《四库全书》之后的又一巨大传世文化工程，也是目前存世的唯一满文大藏经，共翻译佛教经典699种，计2535卷，分为108函。此工程始于乾隆三十八年（1773），完成于乾隆五十五年（1790），历时18年之久，共刷印出12套，分藏各处，具有重要的历史价值和文物价值。该藏装帧极精美，为贝叶夹装，经页长73厘米，宽24.5厘米。双面朱印，在上下经夹板上裱有纸本彩画。在上经夹板上沥金书经名等内容的两侧各绘一尊佛像，下为束腰仰覆莲座，以佛菩萨等尊神为主；下经夹板分绘四或五个尖楣圆拱形佛龛，龛内各绘一尊佛像，或立或坐，下为覆莲座，以护法、女尊和本地神为主。诸像造型生动，色彩浓重艳丽，重细部描绘，手印、体姿及衣饰法器均精致明晰，四周边饰为红地泥金番草纹，构图庄重富丽。上经夹板中沥金书大字经名用满文阿礼嘎礼字书写，其余小字经名为满汉蒙藏四体，佛教尊像分别标注藏满名号。这些造像型态明显表现出藏传佛教尊像的特征。据统计，经夹板上所绘尊像计709尊，除去其中重复的内容，各种尊神的数量仍超过500尊之多，确是清乾隆时藏传佛教造像艺术之瑰宝。本书将《满文大藏经》108函经夹板上所绘造像彩图全部重新刊印出来，旨在为藏传佛教图像学研究者，以及佛学、满学等相关领域的专家学者提供准确的图像资料。

乾隆版大藏经
《乾隆大藏经》编委会

中国书店出版社　2007年8月　168册

佛法东来的2000年间，其经典经过历代的翻译、流通，虽然数量日益增多，但是最后汇编成"藏"的却屈指可数。国内可考的有十余次（宋及辽金八次、元二次、明四次、清一次）；国外可考的，高丽三次，日本七次。《乾隆版大藏经》（亦称《清藏》，因经页边栏饰以龙纹又名《龙藏》），作为中国官刻藏经的最后一部，它不但是我国现存具有极高历史、科学和艺术价值的唯一一部印本完整的大藏经，在世界佛教史上也占有极重要的地位，深受各国佛教信众的关心和重视。该藏始刻于清雍正十一年（1733），竣工于乾隆三年（1738），系在明朝《永乐北藏》之基础上编校而成，汇集了佛教传入中国后1700多年间的译著和论著，包括历代流传下来的佛教经典著作和佛学研究著述，其中蕴藏了研究佛学、哲学、历史、文学、艺术、翻译工作所需的重要文献资料。全藏分为"正藏"和"续藏"两类，以《千字文》编号，自"天"字起至"机"字止，共724字，每字一函，共724函，每函10卷，共7240卷，雕成经版79036块，共计5600多万字。正藏（485函），千字文编号从"天"至"漆"，分为大乘五大部经、五大部外重单译经、小乘《阿含经》及重单译经、宋元入藏诸大小乘经、大小乘律和续入藏诸律、大小乘论、宋元续入藏诸论、西土圣贤撰集八个部门；续藏（239函），千字文编号从'书'至'机'，是"此土著述"一部分；以上正续两藏共收录元、明、清三代高僧大师的经、律、论、杂著等1670种（另有全藏目录五卷）。

柒、佛教

历代汉文大藏经目录新考（全2册）（中国社会科学院文库·哲学宗教研究系列）
何梅著
社会科学文献出版社 2014年2月 2567千字 1713页

　　汉文佛教大藏经是存世的汉文佛教经籍的总集，是我国历代佛教目录学家和史学家收集整理及研究佛教典籍的最终成果，是佛教的百科全书，是取之不尽的佛教文化资源，也是中国古代僧人对世界文化的贡献。近代以来，尤其是进入20世纪后，汉文佛教经籍的收集整理以及研究工作逐步迈向一个更深广的层面，如何比对、考订历代诸种大藏经的版本与内容，再将它们按照科学的分类法进行重新编排，已成为佛教研究领域的基础性课题。本书为中国社会科学院文库"哲学宗教研究系列"丛书之一，系何梅女士在充分尊重和利用前辈学者研究成果的基础上而有所延展的大藏经"新考"之作。书中在收录汉文大藏经的种数上，做到尽可能周全，既包括中外历代的古版大藏经，又涵盖了近代以来，以至近期中外学者编辑的新版大藏经，其总数达31种。作者将已收录于大藏经的内容，全部作为其考释的对象，故其收经总数，包括附目达到5495部，超越了之前同类著作所收经目的数量。全书分上、下册，包括校释、校勘记、对照表、附录及经目索引五大部分。本书堪称同类著作中规模最大的一部，收录的佛教经籍最多，考释也最为详尽，倾注了作者十余年的心血。这本完整的佛教典籍的信息资源，有益于佛教及相关学科的研究者，其学术价值与资料价值不言而喻。

佛典精解
陈士强撰
上海古籍出版社 1992年11月 916千字 1438页

　　佛典卷帙浩瀚，文辞艰深、名相繁多、义理幽奥，需撰专书以指导阅览。本书是一部系统考释中国佛教文史类典籍之源流及大意的佛学工具书，共汇集历代佛典226部2453卷，为研究中国佛教历史发展的整体面貌（涉及宗派、人物、教理、典制、译述、寺塔、事件、术语等），以及中外文化交流、释儒道三教关系提供了大量经过详解的史料。全书分上、下二卷，各卷内容按部（大部）、门（章）、品（节）、类（子类）、附（附见）五级分类法编制；"大部"依照各部所录典籍之体裁和性质，分为经录、教史、传记、宗系、纂集、护法、地志、杂记八大部类；每部之首设"总叙"（综述此一部类之典籍的性质、历史、门类、存佚、收录状况和备考书目）。书中对所录每一部佛教典籍的解说，含名称、卷数、撰作年代、序跋题记、学术价值等项；书末附人名索引和典籍索引，以笔画为序编排。

佛典辑要（中国文化精华文库/编纂委员会编）
赖永海本册主编
山东人民出版社 1992年11月 244千字 324页

　　本书为"中国文化精华文库"丛书之一，是一部简要介绍中国佛教史和佛典文献的普及性读物。全书共8章。每章正文前有导读，用以概述该章节所要阐明之观点及其背景成因；所选文献均出自能反映中国佛教演进脉络的各家宗派，如天台宗、华严宗、禅宗、净土宗等，且原文与译述对比刊印。书中记述了从"佛法东传与西天取经"到"中国佛教的衰微与净土信仰的盛行"的数百年时间范围内的中国佛教发展概况，重点讨论了佛教与中国本土文化的互动关系及佛教对中国民族文化的广泛影响。主编赖永海在本书总论中就"佛教与中国文化"问题展开系统论述，指出"佛教的中国化，在一定意义上说，是从它传入中国的第一天就开始的"、"除了表现为般若学与玄学的交融汇合外，还表现在受中国传统的'灵魂不死'观念的影响，汉魏南北朝时期的中国佛教以'神不灭'为佛法根本义"、"禅宗的许多思想已远远超出印度佛教的范围，而在相当程度上糅合了儒家的人性、心性理论和道家的自然学说"等。本书认为，中国哲学、理学等学说以及中国传统诗、书、画的艺术创作手法，无不受到佛教哲学思维与佛学审美观的浸染。

中国佛典通论
刘保金著
河北教育出版社　1997年5月　586千字　745页

　　中国佛教的发展，起始于各种外来佛经的翻译，勃兴于本土各家学说的兴起及各个宗派的建成。其中原始小乘教典和大乘《法华》、《华严》、《涅槃》、《般若》以及律、论的迻译，早期《成实》、《俱舍》、《地论》、《摄论》的师承，及至后来天台、三论、慈恩、贤首、禅、密、律、净土各宗的阐扬，使中国佛教盛极一时。这些宗派的大量著作，保存在不同版本的大藏经和续藏经中，藏外还存有典籍多种，真可谓汗牛充栋。本书撷取东汉至清代的各类佛典500余种，按时序和类别加以编排和阐释，全面展示了2000年来中国佛典的精彩华章。内容所涉极为广泛，凡重要的佛经译著，都摄取在内；各家各派有名的解释，大致齐备；各宗的典籍，择要收录；史地名著，也有所掇拾。全书分三卷。第一卷"汉魏两晋南北朝"（13章），首先介绍了《四十二章经》和《牟子理惑论》这两部最初的佛典译著，然后依次叙述了禅法，阿含部与本缘部，戒律，毗昙师、成实师、俱舍师，三论师与四论师，瑜伽学系，涅槃师，密教，净土，般若，法华、大集、宝积、华严诸部之典籍等。第二卷"隋唐五代"（11章），主要介绍佛教兴盛时期天台、三论、法相、华严以及禅、密、律等各宗派的典籍。第三卷"宋元明清"（10章），先是介绍此一时期禅宗、净土宗、天台宗、华严宗等各宗之典籍，兼述史传及佛儒道交涉，最后综述了经录、历代大藏经和类书。

中华佛学通典（中华传统文化通典系列）
吴枫　宋一夫主编
南海出版公司　1998年12月　3600千字　2072页

　　佛学文化博大精深，是中国传统文化的重要组成部分。就广义而言，佛教是一种宗教，包括经典、教法、仪式、制度、习惯、教团组织等；狭义地说，它就是佛所说的"言教"。如果用佛教固有的术语来讲，应当叫做"佛法"。佛法东传的近2000年间，其思想体系发展演变成十多个派别，学术成果灿烂辉煌，对中国思想、文化、哲学、艺术及社会生活等各方面发挥了重大的影响和作用。本书为"中华传统文化通典系列"丛书之一，作者以佛教与中国传统文化的交融为导向，全面讲解了中华佛学文化，涉及佛学经典、佛学思想、佛教人物、佛教著作、各地佛寺等内容。全书包括三个部分。第一部分"佛学经典释读"，编选《四十二章经》、《妙法莲华经》、《大般涅槃经》、《华严经》、《大宝积经》等十四部佛经详加阐释，对所收经典先列简说，记其成书缘起、内容提要及版本流传，后采取"通说"或"一说"之法释其要义。第二部分"佛家人物学说",分别介绍了中国佛教史上数百位高僧的小传、数百部佛教著述、汉传佛教和藏传佛教的数十个教派,以及全国各地的数百座佛寺。第三部分"佛学观点承传",分别介绍了佛教的自然观、认识论、人生观和教育观。书末附录大事年表,收录与佛学有关的史事。

初唐佛典词汇研究(社科博士论丛)
王绍峰著

安徽教育出版社　2004年8月　240千字　294页

唐代的佛典文献达到了一个鼎盛时期,大量的翻译佛经纷纷涌现,本土高僧的撰述、经文注疏亦不胜枚举。佛经翻译史上的四位大师,在初唐就出现了两位:玄奘和义净。本书为"社科博士论丛"之一,作者以唐代求法高僧义净翻译的"律藏"和《大唐西域求法高僧传》、《南海寄归内法传》等传记作品为主要材料,首次对初唐佛经词汇进行比较全面的研究,初步揭示了初唐佛典的面貌。书中考释了佛典中一批口语词、佛源词和新词新义,论述了初唐佛典是研究唐代词汇值得注意的语料,为深入研究初唐乃至整个唐代的语言词汇提供了参考。全书共4章。第1章介绍唐代佛典存世情况,并进行校读研究。第2章论述初唐佛典的训诂学价值、初唐佛典词汇在汉语史上的地位,并对初唐佛典词汇研究与辞书编纂、古籍整理等方面问题作了介绍。第3章主要为初唐佛典词汇考释。第4章重点解读初唐佛典词汇的构词理据和词义变化的基本规律。

中国佛典翻译史稿(中央编译文库·论著系列)
王铁钧著

中央编译出版社　2006年12月　250千字　293页

西土佛教虽传布中国近两千年,然其佛典译事却未见有完整著述。本书为中央编译文库"论著系列"丛书之一,作者"借资于诸典籍",详细讲解了佛教传入中国近两千来有关佛教经典翻译的重要史事,并对其翻译背景、流传情况等作了介绍。全书共5章。第1章叙述汉、魏时期的译经,包括摄摩腾、竺法兰与《四十二章经》,安世高、支娄迦谶与大、小乘经系,支谦、康僧会与三国译经等。第2章叙述两晋、南北朝时期的译经,包括竺法护与西晋译经,晋室南渡与东晋译经,竺法念与前秦译经,道安与长安译经,鸠摩罗什与后秦译经等。第3章叙述隋、唐时期的译经,包括初唐崇佛与唐初译经、高宗奉佛与玄奘三藏、则天当国与新译时代等。第4章叙述宋、元时期的译经,包括宋代译经,辽、金、元佛教弘传与译经,西藏后弘期佛教复兴与译经等。第5章叙述明、清时期的译经,包括明代佛教与智光译经、清代佛教与"国语翻译译经"。

汉译佛典文体及其影响研究(文史哲研究丛刊)
李小荣著

上海古籍出版社　2010年8月　480千字　606页

汉译佛典之文体学,乃是文学理论或宗教文学学的研究范畴,但不管从佛学研究还是从语言学、文学、文体学研究的层面看,成果都相对较少。本书为"文史哲研究丛刊"之一,作者对汉译佛典之十二部经这一自成体系的佛经文体进行了比较系统的梳理,对在中国文学史上产生过较大影响的偈颂、本生、譬喻、因缘、论议、未曾有、授记诸经之文体性质、功能作了较为全面的探讨，进而以个案形式查勘和检讨了它们对中国各体文学的具体影响。全书分为"佛典汉译文体理论概说"、"汉译佛典之'契经'及其影响"、"汉译佛典之'偈颂'及其影响"、"汉译佛典之'本事'及其影响"等11章。书中除了深入剖析佛经文体外，还特别关注佛教仪式中的应用文体，对佛教仪式性文体与汉译佛典之关系加以甄别，极大拓展了佛教文学的研究视域。本书引用例证较为丰富，对古代文学、比较文学和宗教文体学的研究，皆有一定的参考价值，是佛教文献与佛教文学研究领域有创新意义的学术成果。

唐五代佛典音义研究
黄仁瑄著
中华书局　2011年3月　417千字　344页

佛典音义是对佛经中的字词进行注音释义的作品，在汉语史研究中有重要的价值。佛典音义的产生有时代（外因）和宗教（内因）两方面的原因。在其持续编纂的1600余年间，涌现了大量的音义著作。汉文大藏经中即有许多音义类作品，它们主要针对佛经典籍中难读、难解的字、词注音释义，兼及校勘。本书是根据作者的博士学位论文扩充、修改而成的一部研究佛典音义的基础性著作，也是一部相关研究的集大成之作。书中采用文献学的研究方法，对唐五代时期的佛典音义进行了全方位、多角度的探索，内容涉及唐五代佛典音义的体例和价值、术语、引书、音系等方面。全书共8章。书中既利用梵汉对音对玄应、慧苑、慧琳、可洪、希麟这五种佛典音义书的语言系统分别作了共时描写，也将五种书贯穿起来对汉语语音演变进行了历时研究，并对唐五代汉语语音史的分期提出了自己的意见，因而为佛典音义构建起一种新的研究模式。

原始佛教圣典之集成（全2册）（印顺法师佛学著作系列）
释印顺著
中华书局　2011年10月　469千字　701页

探究"原始佛教"，首先要对原始佛教时代集成的圣典进行一番历史的考察，理解其先后成立的过程，这才能作为确当评述的客观基础。本书为"印顺法师佛学著作系列"丛书之一，是印顺法师研究佛典成立史的专著。书中结合文献资料，对原始佛教时期经典集成的过程做了梳理和探讨，深入到原始圣典一再结集的历史中考察了佛法形成的细节。全书分上、下册，共12章。上册（第1-6章）讨论有关结集的种种问题，介绍经部、律部与杂藏的研究资料和参考书，以及波罗提木叉经、摩得勒伽与犍度等。下册（第7-12章）讨论经典的部类、九分教与十二分教，原始集成之相应教、四部阿含、小部与杂藏。末章对以经律为主的圣典结集作出结论。作者认为，惟有能理解圣典集成的实际情形，才能理解巴利圣典及与之相当的华文圣典的真正意义。而代表不同部派的经律：华文圣典，比之单一的属于一派的巴利圣典，应有更多的比较价值和意义。此观点对西方学界"巴利圣典为佛教原始圣典说"的提法作出了强有力的回应，奠定了华文圣典在佛学研究中的地位和价值。

译以载道：佛典的传译与佛教的中国化
张志芳　张彬著
厦门大学出版社　2012年12月　250千字　300页

佛教传入中国后，从依附会通到碰撞融合，乃至独立发展，与儒道鼎足而行，成为中国文化之有机组成部分,其过程是艰难的,其原因是复杂的。然而,成功的佛典传译无疑是一个非常重要的因素。本书立足于文化学视角,以佛典汉译历史为主干,以佛教在中国的传播为横断面,按时序对中国汉地的佛经翻译活动进行了系统的梳理,详细论述了中华固有的文化意识如何影响了佛典翻译的文本抉择、翻译策略,以及佛典汉译如何促使佛教传入中国并使之成为中华文化的有机组成部分。全书共6章。内容涉及"佛教在印度的创立与世界传播"、"佛典初译与中国佛教初具规模"、"东晋时期佛典传译与佛教的独立发展",直至会昌法难后的"译事式微与佛教的转型发展"等方面。作者指出,佛教在中国的传播与佛教的中国化进程,即是佛教经典的传译过程。在此过程中,译以载道的翻译精神、译者的智慧、翻译能力和文化交际能力,译籍的内容、译典的质量、译籍的种类和数量等,都与佛教在中国发展的不同态势息息相关。

梵文佛典研究
韩廷杰著
宗教文化出版社　2012年4月　300千字　451页

梵语最初是雅利安人的吠陀经典使用的语言,故又称"吠陀梵语"。原始佛教时期,佛教并无用文字记载的方式形成的佛经。早期佛教大多使用俗语记录经典,随着佛教在印度社会中地位的上升,一些部派以及大乘佛教开始采用混合梵语(掺有俗语语法成分的梵语)或标准的古典梵语来书写经典,大批佛教论师也以古典梵语著书立说。而多数汉译佛典均译自梵语。本书选取梵文佛典的二经三论(二经是《般若心经》和《阿弥陀经》,三论是世亲《五蕴论》、安慧《唯识三十颂释》和商羯罗主《因明入正理论》),以"新译"与"梵文"对比研究的方式对这些佛经展开逐字逐句的讲解,指出在原典翻译和版本刊印、流传过程中可能出现的疏漏与讹误。本书对于希望了解梵文佛典与汉译佛典之本来面貌的读者有一定参考价值。

梵语佛经读本
黄宝生主编
中国社会科学出版社　2014年5月　1040千字　945页

本书是作者在继承和发扬季羡林、金克木二位先生梵语教学理念的同时,亲身授课的实践结晶,也是梵语人才队伍培养及梵语学科基础建设的阶段性成果。书中根据佛教的历史发展脉络和语言特色,选取流行广泛和可读性强的佛教文献,比较详细地提供了现代汉语译文和梵语语法解析,使读者通过逐字逐句细读梵语佛典,实现语言学习与文本鉴赏、学术研究与宗教信仰、中印文化纵深比较与平行研究的完美结合。全书选材于梵语佛经原著,包括《心经》、《金刚经》、《药师经》、《神通游戏》、《大事》、《维摩诘经》、《法华经》、《十地经》、《金光明经》、《美难陀传》、《撰集百缘经》和《本生鬘》等重要经典;其他佛经从原著中选取一品或几品,选文基本囊括佛经的各种文体,内容涉及通俗梵语、混合梵语和古典梵语等多种语言;体例则仿照《梵语文学读本》,每篇读物的编排方式是:分段列出梵语原文,提供现代汉语今译,然后分别进行语法解析。本书由梵文中心成员撰稿,经黄宝生先生审核,具有极高的学术价值。鉴于目前国内尚无一部依据佛教原典而编订的梵汉词典,本书另提供约1万字的梵汉词汇表,以现代汉语解释梵语词汇的词条,兼顾如今仍通行的佛教惯用译词,为以后编订梵汉词典奠定坚实的基础。

佛经释词
李维琦著
岳麓书社 1993年2月 210千字 306页

出于传教之需，佛典汉译用的都是当时的白话。中国佛典的文本翻译由此形成了自己的语言风格，为后世开辟出独具特色的汉语词汇史研究领域。本书运用现代语义学的研究方法，通过考释东汉至隋56部汉译佛经中的148个汉语词语，来探析和究微蕴藏于佛经词汇中的"史"的意义及其形、音、义与具体语境、语法的关联。全书分为"前言"和"正文"两个部分；附录"佛经常用名词解释"和"词语音序索引"。正文引用的56部佛经集中在《大正藏》"本缘部"，多半说的是佛及其弟子过去世和现在世的事迹，故事性较强，阐述佛教哲理的内容不多。包括《大方便佛报恩经》、《太子慕魄经》、《一切智光明仙人慈心因缘不食肉经》、《修行本起经》、《中本起经》、《兴起行经》、《六度集经》、《旧杂譬喻经》、《菩萨本缘经》、《长寿王经》、《德光太子经》、《异出菩萨本起经》等，涉及后汉至隋的各朝代。

佛经续释词（古文献研究丛书）
李维琦著
岳麓书社 1999年1月 200千字 247页

佛典文献浩如烟海。以往人们在编词书的时候，除了热衷于探究佛典阐述的教义本身及其文学意义外，常常忽略佛典文本之构成要素，即佛经中一般词语的研究。本书为"古文献研究丛书"之一，系作者先前所著《佛经释词》之续编。作者承袭前书门径，仍以东汉至隋的汉译佛作作为词语研究的对象，参照《康熙字典》、《汉语大字典》和近100部佛典，重新考释出"新"词语228个。这些新语词绝大多数是前人未发掘而词书也未收列的，其中极少数词语或同义词虽前人已发掘或词书已载，作者均另作补缀，或从"史"的角度提出佛典中更早的用例，借以证明佛经这个语料宝库的深邃。全书包含9个部分，附录"参考、检索书目"和"词语音序索引"。书中内容丰富了佛典语义学的研究成果，呈现如下特点：认识了几个新字；发现了一批新词（新词100个左右）；挖掘出一些新义（求得的新义约50余处）；形成了某些新说；提供了书证（提供的书证不到10条）；提早了书证（提早书证在20条以上）。

佛教十三经
赖永海主编
中华书局 2010年5月 12册

佛教有三藏十二部经、八万四千法门，典籍浩瀚，博大精深，即便是专业研究者，用其一生的精力，恐也难阅尽所有经典。加之，佛典有经律论、大小乘之分，每部佛经又有节译或别译等多种版本，因此，大藏经中所收录的典籍，也不是每一部佛典、每一种译本都非读不可。故而古人有"阅藏知津"一说，意谓阅读佛典，要先找准方向，才能顺利抵达彼岸或避免走弯路。举凡欲学佛或研究佛教者，均可从"十三经"入手，再循序渐进，对整个中国佛教作进一步深入的了解与研究。本书精心挑选对中国佛教影响最大、最能体现中国佛教基本精神的十三部佛经：《金刚经》、《心经》、《无量寿经》、《圆觉经》、《梵网经》、《坛经》、《楞严经》、《解深密经》、《维摩诘经》、《楞伽经》、《金光明经》、《法华经》和《四十二章经》，将它们结集成册，函套推出，并对这十三部佛典分别进行了诠释、注译工作，以追求整体效应。具体编排如下：一是在每部佛经之首均置一"前言"，简要介绍该经之版本源流、内容结构、核心思想及历史价值；二是在每一品目之前，都撰写了一个"题解"，对该品目之内容和主题思想进行简明扼要的提炼和揭示；三是采取义译与意译相结合的原则，对所选译的经文进行现代汉语的译述。

白话佛教十三经（上、下册）
赖永海主编
中华书局　2010年9月　700千字　761页

佛教典籍浩如烟海，哪些堪称经典，哪些经论最能体现佛教思想要素和基本精神，哪些为研究佛教的必读书，这些问题实乃研修佛学之士比较关注的根本性问题。鉴此，中华书局约请著名佛教研究专家赖永海教授担任主编，精心选择了对中国佛教影响最大、最能体现中国佛教基本精神的十三部佛经，编成一部面向普通大众的谨严而流畅的白话译本。本书采取义译与意译相结合的原则，对佛教十三经的经文进行了现代汉语的译述。书中对佛教十三经的解读，力求做到从每部经典在中国佛教史上的地位、经典的流布和译注者的基本情况、经题的含义及本经的纲要等方面入手，深入阐析每部经的宏旨和要义，随之以凝炼、易懂的语言向读者展示佛教十三经的深邃与华美。全书分上、下册，上册包括《心经》、《金刚经》、《无量寿经》、《圆觉经》、《梵网经》、《坛经》、《楞严经》。下册包括《解深密经》、《维摩诘经》、《楞伽经》、《金光明经》、《法华经》、《四十二章经》。

一切经音义三种校本合刊（全4册）
徐时仪校注
上海古籍出版社　2012年8月　3300千字　2714页

佛教大藏经卷帙浩繁，由梵本、胡本转译为汉语，新词异义层出不穷，"音义"之学于是应运而生。《玄应音义》25卷、《慧琳音义》100卷和《希麟音义》10卷是中古时期佛教音义著作的集大成者，总计135卷。这三部《一切经音义》前后相承，广泛收集汉译佛经中的词语（其中普通语词占九成以上），析字、辨音、释义，所引古代文献及字书、韵书甚多，诠释了1400多部佛经中难读难解的字词，其中不乏佚书及有校勘价值者。本书是上海师范大学古籍研究所徐时仪教授在20多年从事佛经音义研究的基础上，针对《一切经音义》的三种校本进行考释的专著。书中采用文献学和语言学研究相结合的方法，以高丽藏本为底本，以碛砂藏、金藏、丽藏、敦煌和吐鲁番写卷及日本藏圣语藏本、石山寺本、金刚寺本、七寺本、西方寺本、东京大学和京都大学所藏写卷及大治本等为参校本，比勘玄应《一切经音义》的异同；并以赵城金藏本、狮谷白莲社本、频伽精舍本和大正藏本为参校本，比勘慧琳《一切经音义》和希麟《续一切经音义》的异同；同时还就点校中的一些疏失和印刷中的讹误作了补正，并加以标点和注释，使之成为一部比较完善的合刊校本。全书分4册（含《索引》）。书前撰有"绪论"，体现了校注者对佛经音义研究的精深见解。本书俗字材料丰富，使用价值极高，是汉语俗字研究的重要工具书。

藏要
欧阳竟无编
上海书店出版社　1991年6月　10册

  公元1922年，由欧阳竟无、章太炎、梁启超等人发起筹建的"支那内学院"在南京正式成立（"支那"乃古印度对中国的称呼；"内学"即佛学，是相对于佛教以外的各种"外学"而言）。支那内学院主要从事佛学的研究、教学和佛教经典的编校出版等工作。其对历代佛典的挖掘与整理，打破了过去在研究中国佛教时局限于以汉译佛典为唯一依据的方法，把能搜集到的梵文、藏文、巴利文等各种资料，互相对比，补缺拾遗，取得了显著成绩。本书是欧阳竟无在卷帙浩繁的佛教典籍中悉心采撷精华，详加校勘、编辑而成的一部"集佛典之要"的著作（根据支那内学院本影印）。书中选择经律论三藏极为重要的73种加以诠释，每一种经前，都附有欧阳竟无撰写的提要、导读，提纲挈领。所收经文均加句读，经后附校勘说明。全编分三辑（10册）。第一辑25种，包括经藏11种、律藏3种、论藏11种；第二辑27种，包括经藏8种、律藏6种、论藏13种；第三辑21种，包括经藏10种、律藏2种、论藏9种。《藏要》所收佛典，可作讲经定本和学术研究参考之用。

佛藏与道藏
罗伟国著
上海书店出版社　2014年4月　200千字　222页

  佛藏（佛教经籍文献）是东方文化的重要组成部分，有巴利语、藏语和汉语之分。道藏（道教经籍文献）是中华传统文化的重要组成部分。唐代有《开元道藏》，宋代有《宝文统录》、《大宋天宫宝藏》、《政和万寿道藏》，金代有《大金玄都宝藏》，元代有《玄都道藏》，明代有《正统道藏》、《万历续道藏》，清代有《道藏辑要》。本书采用史论结合的方式，分别介绍了佛藏与道藏的历史渊源、分类、编纂和版本、流传方式和过程，以及阅读这些宗教典籍的方法、注意事项等。全书分上、下二编。上编"佛藏"（12章），介绍佛经的结集过程，传播路线，佛经翻译家，佛教的注疏、分类与扩展等。下编"道藏"（8章），介绍道经的思想源头、早期道教及所奉主要经典、道经的传授、道经的分类与编纂、道经的搜访与道教兴衰的关系等。

2. 佛经研究

佛教大藏经史（八—十世纪）
方广锠著
中国社会科学出版社　1991年3月　370千字　518页

  我国的汉文大藏经史可分作手写本、刻印本两大阶段。写本阶段又大体可分为四个时期：酝酿时期、形成时期、结构体系化时期和全国统一化时期。本书是作者以其博士学位论文《八—十世纪的中国汉文写本大藏经》（1988年发表）为基础修订、增补而成一部佛教大藏经史研究专著。书中把研究的重点放在汉文大藏经写本的第四个时期，即全国统一化时期大藏经的传播、流通与演化特征，同时兼顾第三个时期（结构体系化时期）和第二个时期（形成时期）的一些内容。作者虽然着手于敦煌千佛洞所藏佛经文本的耙梳，但其着眼范围则不受敦煌一隅的局限，而是将敦煌资料与传世资料、金石资料结合起来，系统地考察了公元8至10世纪写本汉文大藏经的形成、发展过程，为中国大藏经的历史原貌勾画出一个基本的轮廓，进而对世俗信仰、功德思想与大藏经形成的关系，大藏经编纂的宗派特点，皇家官藏的形成及其地位，大藏经的各种表现形态等问题进行了较为全面的叙述。全书分为"《开元录》对汉文大藏经结构的贡献"、"从《开元录》到'会昌废佛'的汉文大藏经"、"'会昌废佛'后的汉文大藏经"、"汉文大藏经轶号考"4章。这部著作的出版，强化了敦煌学薄弱环节的研究，赓续了我国前辈学者中断的事业，为学术界提供了可信的第一手资料。

佛经知识宝典（宗教经书宝典系列/雷镇闇主编）
韩廷杰著
四川人民出版社　1995年9月　350千字　562页

　　佛教创始人释迦牟尼佛在世弘法时，主要靠口授相传，没有文字记载。由于佛教针对婆罗门教等级森严的"种姓制度"提出了"众生平等"的主张，得到下层民众的拥护，他们纷纷加入佛教教团。这些下层民众没有受教育的权利，很多是文盲。释迦牟尼佛面对这些人弘法，不能讲雅语（梵文），只能讲俗语（摩揭陀方言）。佛陀涅槃后，佛弟子们为了使佛法长期流传下去，就举行结集，由听过佛说法的人当众说明时间、地点、何人在场，以及佛说法的内容。得到大家承认后，这就形成文字佛经。此后，佛教徒觉得方言俗语局限性太大，又把俗语改成雅语，最终形成俗语、雅语的共存形式，即佛经语言的特殊形式：混合梵文。本书为"宗教经书宝典系列"丛书之一，作者运用生动平实的语言讲述了佛教原典的形成过程，介绍了中国的佛经翻译及佛教经典对中国传统文化的渗透和影响，解读了佛典的奥义。全书分为"总论篇"、"经典篇"、"名言警句篇"、"佛经故事篇"四篇。书中还编选节译了重要佛典《圆觉经》、《中论》、《摄大乘论》等，并对佛教专有名词作了详细解释。

汉文佛教大藏经研究
李富华　何梅著
宗教文化出版社　2003年12月　605千字　750页

　　汉文佛教大藏经是经过中外历代僧人们长达千余年精心的创作、发展、甄别、校正、整理而成的，它有着悠久的历史和丰富的内容，严格的序列和精细的结构。本书主要针对汉文佛教大藏经的概念及研究范围进行诠释，论述了汉文佛教入藏经形成的具体过程及其历史文化价值，对始自北宋的《开宝藏》，迄今为止的《中华藏》等近30种汉文佛教大藏经版本逐部予以考察，探讨了它们的雕刊始末、社会背景、收录内容及特点与优劣，揭示了许多鲜为人知的重要史实。全书共14章。内容特点如下：一，本书将当前已知的，可以搜集到和查阅到的历代所有不同版本佛教藏经，细致地梳理、过滤和对勘了一遍。书中所使用的资料，不论是原始程度和完备程度，均为首屈一指。二，本书对历代大藏经的编辑和雕刻特点，都作出了长短比较，分析评述，使读者能全面把握这些藏经版本的演化以及每部大藏经的个性。三，本书以大藏的雕印史为主线，旁涉当时的政治、思想以及有关人群的信仰趋向等方面。两位作者集13年参与《中华大藏经》汉文部分的编辑和校勘之功，纠正了前人在大藏经核校领域的颇多失误。可以说，本书是迄今汉文佛教大藏经研究的一部最完备，也是最系统的论著，堪称一项具有总结意义的研究成果。

西望梵天：汉译佛经中的天文学源流（科学人文丛书）
钮卫星著

上海交通大学出版社　2004年1月　382千字　311页

汉译佛经是中外天文学交流与比较研究的一种重要原始文献。本书为"科学人文丛书"之一，作者采用内史研究与外史研究相结合的方法，简要介绍了印度古代天文学、佛教东传与佛经翻译和编撰的过程，并通过对汉译佛经中天文学资料的分布情况、保存方式、可靠性和局限性进行的分析和评估，以及对汉译佛经中的数与度量、宇宙学、星宿体系、日月知识、时节与历法等古代天文学架构的解释和考证，阐明了汉译佛经是一种保存古代印度天文学资料的重要原始文献。在此基础上，作者进一步比较了汉译佛经中的天文学与中国古代的天文学的异同，深入、具体地探讨了汉译佛经中的天文学对中国本土天文学的影响，最后对印度天文学入华的时间、路径、分布地域等方面作了纵向的考察，追溯了汉译佛经天文学中的希腊化巴比伦成分，从而勾勒出一幅天文学在古代从西向东逐渐传播的图景。全书共11章。作者认为，汉译佛经中大部分天文学资料是以与星占学相结合的形式被保存下来的。虽然佛教原则上禁止教众习学星占学，但是星占学还是常常被作为一种手段来扩大佛教的影响和加速佛教的传播。本书之论域开拓了汉译佛经的研究视野，为中外古代文化交流提供了一个生动具体的个案，具有的意义显然超出天文学史的范畴。

佛经音义研究（首届佛经音义研究国际学术研讨会论文集）
徐时仪　陈五云　梁晓虹编

上海古籍出版社　2006年7月　264千字　364页

佛经音义是解释佛经中字词音义的训诂学著作，也是我国传统古典文献中的瑰宝，内容包涵甚广，保存了其时所传古代典籍的原貌，涉及宗教、哲学、语言、文学、艺术、中外交往史等社会文化的方方面面，在文献学、语言学和传统文化研究等领域都具有重要的学术价值。近年来佛经的文献研究和语言研究已取得较多成果，佛经音义的研究日益受到学术界的重视。本书是上海师范大学举办的首届"佛经音义研究国际学术研讨会"论文集，共收录中外学者撰著的有关佛教音义研究的论文24篇。内容包括：《玄应音系辨析》，《汉文佛典之梵字音义研究》，《从玄应〈一切经音义〉看汉语佛教翻译中的俗语语音成分》，《〈可洪音义〉碎拾》，《〈慧琳音义〉与佛经中的名词重叠现象》，《佛经中AABB式叠音词语例释》，《六朝石刻与佛经音义资源》，《日本现存佛经音义及其史料价值》，《〈华严音义〉版本考》，《〈六度集经〉音义考校》，《〈祖堂集〉校录勘误补》，《构筑五大音义书综合检索系统的校勘方案研究》等。这些论文通过对汉文佛典的深入挖掘，从多个层面阐释了佛经音义之内涵，拓展了以实证研究为基础的佛经音义研究。

中国写本大藏经研究
方广锠著

上海古籍出版社　2006年12月　504千字　659页

写本大藏经是佛教大藏经的源头，在佛教研究中占有重要地位。本书是作者在其先前出版的《佛教大藏经史》（八—十世纪）之基础上增补、修订而成的研究中国写本大藏经的专著。书中利用丰富的历史材料，采用文献学的方法，对佛教初传到会昌灭佛这一历史时期内的佛教写本大藏经的酝酿、发展、成熟及至系统化做了严谨详实的探讨，并对其功能形态进行了分类和考证，从而为汉文写本大藏经史研究建立起一个相当完整的架构。全书共6章。第1章介绍智升的生平及其所撰《开元录》的内容，通过对历代经录的比较分析，评述汉文大藏经结构的演化与得失。第2章研讨从《开元录》到会昌废佛之前大藏经的编撰与流通情况。第3章叙述会昌废佛后大藏经的受损程度，以及废佛后各地重造大藏，使之逐渐统一到《开元录·入藏录》的历程。第4章追溯大藏经由经名标志法、经名帙号法、定格存贮法、颂偈帙号法转向千字文帙号的发展过程，指出千字文帙号产生于晚唐，到五代时已在全国流行。第5章以俄藏《大乘入藏录卷上》为个案，探讨古今大藏经的功能形态及其演变、相互关系，指出中国古代的佛教大藏经，有义理型大藏经与信仰型大藏经之分。第6章为《开元录·入藏录》复原拟目，旨在恢复智升审定的1076部、5048卷、480帙的《开元录·入藏录》原貌，以说明后代大藏经中所收的《开元释教录略出》只是它的一个变种，并作为讨论和鉴定晚唐五代佛教写本大藏经流传过程中分化演变的依据。

佛教大藏经研究论稿（中国佛教学者文集·宝庆讲寺丛书 / 朗宇法师主编）
李际宁著
宗教文化出版社　2007年8月　180千字　237页

　　大藏经研究是佛教研究的基础性领域。其主要特征是注重"实证性研究"，即研究者所需掌握的资料要"实"，学风要"实"。李际宁长期在国家图书馆善本部工作，他充分利用这一有利条件，搜集了大量的馆藏大藏经文献资料，并在此基础上有所阐发，加之其治学谨严，故而论证扎实，结论可靠。本书为"宝庆讲寺丛书"之一，是李际宁关于大藏经研究的论文结集，集合了作者近年来在大藏经研究领域的重要成果。全书包括：《"崇宁万岁寺"或"崇宁万寿寺"考》、《〈金藏〉新资料考》、《敦煌莫高窟北区B53窟出土汉文〈华严经〉版本考》等14篇。各篇论文均从"实际材料"出发，做到言之有物。不但解决了以往大藏经研究中悬而未决的问题，纠正了一些错误的观点，而且提出了一些开拓性的课题。特别是作者在大藏经研究史上首次提出，研究大藏经既要关注它的系统与版本，也要从收藏经版的寺院、负责刷印的经坊、请经供养的施主三者的互动关系中去考察与把握不同藏经、相同藏经的不同印本的特点，可谓见解独到，为大藏经研究作了很好的学术积累。

藏文《大藏经》概论（藏学文库 / 王尧主编）
扎呷著
青海人民出版社　2008年3月　170千字　214页

　　藏文《大藏经》与汉文《大藏经》相比，有译语统一和忠实原文的特点。藏传佛教最神圣的经典藏文《大藏经》的大部分内容均译自于梵文经论，其准确性和忠实于原文的精神，远远超过其他文种的译本，甚至不少藏文译本已还原为梵文。本书为"藏学文库"丛书之一，是当前藏学研究领域唯一一部全面介绍藏文《大藏经》的专著。全书共9章。书中将藏文《大藏经》的起源与发展置于藏族宗教文化的历史背景中进行考察，从藏传佛教的兴起和初期译经编目状况、藏文《大藏经》的版本、藏文《大藏经》与历届政府的关系、藏文雕版印刷与藏纸、著名的印经院、藏文《大藏经》的其他流传形式、新时期藏文《大藏经》的对勘和整理、苯教的《大藏经》，以及藏文《大藏经》在国外的研究等方面，系统介绍和论述了藏文《大藏经》的特点及其与藏民族信仰、传统文化的关系，具有较高的学术价值和资料价值。

汉译佛教经典哲学（上、下册）（凤凰文库·宗教研究系列／赖永海 何光沪主编）
杜继文著
江苏人民出版社 2008年11月 1150千字 1367页

  佛教哲学蕴藏于内容庞杂的佛教经典中，探究佛教的哲学内涵，也只能依赖佛教经典自身的陈述。作为一种来自域外的宗教，佛教思想在中国的传播，主要是借助汉译佛典实现的。这些经典累世而积，构成卷帙浩繁的汉译大藏经。本书为凤凰文库"宗教研究系列"丛书之一，是作者长期考辨和研究汉译佛教经典、着力厘清繁杂佛教哲学的专著，被评定为国家社科基金项目中"在研究思路和方法上完全是创新的，是迄今为止此类研究中最有分量的一项成果"。书中重点考察了"对中国思想和佛教哲学影响重大的经论"和"经论中具有普遍哲学意义的部分"，深究了"汉文译籍承载的意识与中国固有意识间的一些交涉"，通过解析中国佛教对于佛典译籍的传译和扬弃情况，揭示了中国佛教与域外佛教在观念上的异同与沿革。全书分上、下两卷。上卷"原始佛教与部派佛教的基本教义和经典"（6章），主要分析早期佛教形成的"因缘"、"无常"、"业报"、"涅槃"等基础教义、概念及四部《阿含经》等经典。下卷"大乘佛教思潮和大乘佛教经典"（8章），主要分析"菩萨行"等大乘佛教思潮及《维摩诘经》、《妙法莲华经》、《华严经》、《大乘起信论》、《楞严经》和《圆觉经》等大乘经典。本书在研究方法上有如下特点：一是坚持"以历史说明宗教，而非以宗教说明历史"，努力挖掘各种佛学思潮形成及发展的历史根源；二是努力把佛学作为一个整体，并从佛学本身出发，勾勒佛学思想的内在逻辑关系；三是以丰富的文本为基础，努力还佛学之真面目。

佛经音义研究通论
徐时仪 梁晓红 陈五云著
凤凰出版社 2009年2月 420千字 494页

  佛经音义旨在解释佛经中难读难懂的字词音义。它的问世和兴盛，不仅促进了佛经的发掘和阐释，而且为语言、宗教、哲学、文学、艺术和中外交流史等的研究提供了丰富的佐证资料。本书是迄今第一部系统研究佛经音义的通论性著作，作者以"实学实证研究"为基础，从文本解析和理论阐发两个角度对佛经音义的起源、宗旨、体例、特色及其与佛经文本研究、语言研究、古籍整理研究、辞书学研究、文化史研究的关系等进行了深入研讨。全书分为"佛经音义概述"和"佛经音义研究"上、下二编，共12章。上篇（第1-5章），概述佛经音义的兴起、编纂历史、编纂宗旨、编纂体例和佛经音义之特色。下篇（第6-12章），考证佛经音义在整理校订佛经文本中的作用，叙述了佛藏传承概况，着重探讨了佛经音义在语言研究、古籍整理研究、辞书学研究和文化史研究等方面的学术价值。

慧琳一切经音义反切考（黄淬伯文集）
黄淬伯著
中华书局 2010年6月 442千字 440页

  唐释慧琳的《一切经音义》是一部佛经音义的集大成之作，也是在诸家字、韵书的基础上充分吸收前唐释玄应等的音义成果而加以整理改造的古辞书，堪称汉语言文字学的一大宝库。由于慧琳精通印度声明学和华夏文字、音韵、训诂之学，故其在《一切经音义》中为汉译佛经辨析字形、审定字音、解释字义时均详备而有据,且所引的群籍书证亦极为丰富,为后世学者研究中古汉语词汇音义提供了珍贵的史料。本书系现代著名汉语言学家黄淬伯教授撰著的一部有关慧琳《一切经音义》考证的音韵学著作,原书由中央研究院历史语言研究所于1931年6月出版。作者采用反切系联法考订唐僧慧琳《一切经音义》的反切,得到其声类和韵类系统,认为慧琳反切反映了跟《切韵》音系不同的语音系统。全书共七卷,内容包括:慧琳经音义所据之韵书说;声类考、声类与切韵声类比较表;韵类考、韵类与切韵韵类比较表;反切四声表(阴韵上、阴韵下、阳韵上、阳韵下)和勘误表等。

汉魏六朝汉文佛经标志被动句研究
安俊丽著

凤凰出版社　2010年11月　166千字　216页

被动句作为人类语言的基本句式,普遍存在于各种语言中,成为一种不可或缺的语言表达形式,汉语也不例外。汉语被动句式的表现形式更为复杂,大体说来可分为有标志被动句和无标志被动句,标志被动句在不同历史时期又有不同表现。本书对以《大正新修大藏经》为代表的佛教典籍中汉魏六朝时期标志被动句语料作了全面考察,对其中各类标志被动句的句法结构、语义特征、语义指向、语用效果等作了细致梳理,是一部功底扎实、论证严密的语言学专著。全书共5章。第1章综述古代汉语典型标志被动句研究成果。第2章介绍《大正新修大藏经》的语料价值及研究预期价值。第3章从"共时平面研究"和"历时考察"两个方面讲解汉魏六朝标志被动句句法结构。第4章分析标志被动句各句法成分的语义特点和语用效果。第5章论述汉魏六朝汉文佛经中标志被动句的特点及形成原因。

语言接触和文化互动:汉译佛经词汇的生成与演变研究——以支谦译经复音词为中心
杨同军著

中华书局　2011年1月　253千字　243页

支谦译经开创了汉译佛经由"质"译到"意"译的翻译文风,是语言接触和文化互动影响下的极好语料,影响颇为深远。本书是在作者的博士学位论文基础上修改、加工而成的一部探讨汉译佛经词汇构成要素的专著。全书分为"早期汉梵语言、文化接触与汉译佛经的出现"、"支谦译经在汉译佛经史和汉语研究史上的重要作用"、"支谦译经复音词的词汇构成"等8章。书中以最能体现支谦译经词汇特点的复音词为研究对象,从语言接触和文化互动的角度,结合历史文献和数据统计,考察了汉译佛经词汇的生成与演变;同时运用词法模式、词汇场理论分析了汉译佛经的词汇系统和特点,并就汉译佛经语言对汉语词汇发展的影响进行了探讨,对汉语词典的编纂也提出了参考性意见,以期使读者对汉语词汇史的共时和历时研究方面有所了解。

早期汉译佛经的来源与翻译方法初探
李炜著

中华书局　2011年10月　190千字　207页

汉译佛经是宝贵的文化遗产,现存汉译佛经的数量远远超过了流传至今的印度佛经原文的数量,内容也更丰富。汉译佛经与原典的对比研究,对于佛教研究具有重要意义。本书采用梵汉佛经对比的研究方法，通过对印度和西域多种古代语言、欧美学者对佛经原文的研究成果和中国古代佛教文献的考察，以及季羡林先生以个别音译词为依据进行推论的方法的分析，对早期汉译佛经的来源和它的翻译方法进行了初步探讨。全书共4章。第1章介绍印度佛经在中国古代的流传情况。第2章根据欧美印度学家对印度古代语言学、特别是佛教文献语言的研究成果，说明传承佛教的语言是印度佛教混合梵文和巴利文，同时讨论了列维和季羡林的论据、观点。第3章考察汉语佛教文献中的"胡语"，断定胡语在佛教文献中指梵文，早期汉译佛经来源于印度佛教混合梵文文本。第4章借助古代僧人的记录，通过梵汉对照，论证早期汉译佛经的翻译方法是略译，早期汉译佛教与原文不完全对称。

如来藏经典与中国佛教（上、下册）（凤凰文库·宗教研究系列/赖永海　何光沪主编）
杨维中著
江苏人民出版社　2012年1月　820千字　1003页

如来藏思想是中国佛教宗派构建自己教义体系的重要思想来源。研究如来藏思想主要依靠经典的内容，按照经典出现的顺序来进行判别。本书为凤凰文库"宗教研究系列"丛书之一，作者从如来藏经典的形成与流传过程入手，论述了如来藏思想对于中国佛教发展的影响，通过对历史上出现的如来藏的十一部佛经和三部论典，如《如来藏经》、《央掘摩罗经》、《不增不减经》、《大法鼓经》、《胜鬘经》、《无上依经》、《大云经》、《大般涅槃经》、《圆觉经》、《楞伽经》、《佛性论》、《大乘起信论》等经论的梳理和解析，找出如来藏思想的演变特点，借以反驳近代以来对于如来藏思想的各种曲解和"恶意"攻击。全书分上、下册，共5章。书中着力于全面的文本解读与文本诠释方法的应用，从四个层面对如来藏经典与中国佛教的关系展开考辨分析：一、通过对如来藏经典汉译的史实研究，展示佛教传入中土的过程；二、通过对经论内容和结构的文本分析，揭示经论的基本主题，特别是与如来藏思想有关的论述的出现语境；三、通过对经论中与如来藏思想有关的章句的集中分析，凸现其内在理路以及在整个如来藏经典和思想体系中的独特地位与理论贡献；四、通过对中土文献对如来藏经论引用情况的考辨，凸现如来藏思想对于中国佛学的影响。作者认为，如来藏的十四部经论全部不存在"伪经"或"伪论"的问题；如来藏经典并非可与中观、瑜伽行派并列的大乘佛教独立的派系；如来藏思想并不存在近代以来学术界所指责的与"大梵"说没有区别等问题。

文本与语言：出土文献与早期佛经比较研究（欧亚历史文化文库/余太山主编）
陈明著
兰州大学出版社　2013年7月　344千字　401页

梵语随着佛教的传入，直接促进了中古汉语的转折及音韵学的产生与发展。本书为"欧亚历史文化文库"丛书之一，作者针对最近的（新出土或者新校订的）非汉语（以梵语为主）的佛经写本材料，将它们与相应的汉语译本进行了深入细致的语言学对勘研究，一方面分析了梵本与汉译本之间的关系，另一方面，对二者做了精细的梵汉词汇比对，并对汉译佛经中的一些词汇进行解说，讨论佛经翻译的若干特点。全书包括五个部分。序章部分回顾和展望了"早期佛经翻译及其语言研究的新趋势"，其余部分则从"新出犍陀罗语佛教写卷及其平行汉译本的对比研究"、"出土文献与汉译佛经的对勘研究"、"新刊梵本《迦叶品》与《佛说遗日摩尼宝经》诸译本的词汇对勘"、

"汉译佛经语言研究与梵汉对勘方法的运用"四个方面对出土文献与早期佛经展开比较研究。本书不仅为传统意义上的佛教文献学提供了新的资料,而且向中古汉语史研究的深化做出努力。

汉文大藏经异文研究（弘法文库 / 印顺主编）
［韩］柳富铉著
宗教文化出版社　2014 年 6 月　200 千字　233 页

　　大藏经起初被中国人叫作"众经"、"一切经",后来定名为"大藏经"。目前国内可考的编藏次数不过十余次（宋及辽金八次、元二次、明四次、清一次）;国外可考的,高丽三次,日本七次。自中国第一部刻本汉文大藏经《开宝藏》于宋开宝四年（971）面世以降,先后出现各种官刻、私刻版本二十余种。本书为"弘法文库"丛书之一,是韩国学者柳富铉有关大藏经研究的集成之作。书中以《高丽藏》为研究核心,通过对敦煌写本、《开宝藏》、《崇宁藏》、《契丹藏》、《初雕藏》等版本和行文部分逐字逐句进行比对,考辨了诸种藏经的不同,分析了汉文大藏经的异文现象、异文类型与产生原因,揭示了《高丽藏》及中原系诸种藏经的历史发展轨迹。全书共 5 章。内容包括：佛典的翻译,刻本大藏经的系统,以《开宝藏》残本为中心看大藏经的异文,以《崇宁藏》残本为中心看大藏经的异文,以《契丹藏》残本为中心看大藏经的异文等。

云南阿吒力教经典研究（云南省社会科学研究文库 / 纳麒主编）
侯冲著
中国书籍出版社　2008 年 3 月　553 千字　417 页

　　阿吒力教并非云南自成体系的地方化佛教,而是明初朱元璋"全依宋制"整顿佛教并将佛教三分为禅、讲、教后传入云南的"教"。阿吒力教经典和法会科仪,作为汉地佛教经典的重要组成部分,大都流行于明清时期,对于解读宋代佛教著作,研究唐宋以来的瑜伽教乃至明之际流行的民间宗教经典来说,无疑提供了新的材料和视角。本书为"云南省社会科学研究文库"丛书之一,系国家社科基金青年项目"云南阿吒力教经典研究"结项报告的一部分。书中采用双重证据法,依托大量原始资料考辨了近 200 种云南阿吒力教经典和科仪,阐释了阿吒力教经典作为瑜伽教僧或阿吒力僧举行法事活动所必用之工具的重要性,论证了阿吒力教经典的文献价值,首次建构了中国古代佛教法会科仪研究的基本体系。全书分为"阿吒力教经典的调查和著录"、"阿吒力教经典叙录"、"阿吒力教经典的应用"等 5 章。作者指出,研究阿吒力教经典,是研究唐代以降中国佛教史、佛教与道教关系,乃至研究中国民俗佛教、敦煌佛教文仪和俗讲文献、中国民间宗教宝卷的"活石",对这些领域的深入系统研究将起到不可低估的促进作用。

西夏新译佛经陀罗尼的对音研究
孙伯君著
中国社会科学出版社　2010 年 5 月　210 千字　196 页

　　西夏时期遗存的佛经大致可分为两个系统,一类是汉传的,另一类是西夏时期根据梵文或藏文新译的。最近二十几年,随着西夏遗存佛经的刊布和解读的不断深入,人们逐渐认识到,要搞清西夏语的语音系统,必须首先明确当时的汉语河西发音,并在西夏遗存的大量佛教文献中找到一些能够反映汉语或西夏语的表音材料。而包含丰富的梵汉对音和梵夏对音的佛教咒语显然可以满足这种需要。本书广搜西夏时期新译的梵汉、梵夏对音资料,在对这些材料进行文本考察的基础上,运用译音对勘法,通过汉文、西夏文佛经咒语与相应梵文咒语的对比,归纳对音规律,由此推知汉字的河西方音的读音和西夏字的读音。全书共4章。作者认为,借助西夏时期遗存的韵书和《番汉合时掌中珠》,我们可以建立汉字和西夏字音的对应关系,而同时的梵汉对音资料无疑为我们提供了了解汉字音值的直接材料,两方面材料互相参证,不仅可以帮助我们建构西夏语音系统,而且可以帮助我们了解12世纪前后西夏地区流行的汉语河西方音。

蒙古文佛教文献研究
宝力高著
人民出版社　2012年1月　330千字　351页

蒙古文佛教文献是以翻译佛教文献为主,原创蒙古文佛教文献为辅的文献系统。本书运用文献学理论和版本学研究方法,将整个蒙古文佛教文献的研究纳入到中国特色宗教文献的理论体系中,以互动融合的观点来看待蒙古文佛教文献与蒙古社会政治、经济、文化的关系,展现了独到的学术眼光与创新意识。全书共8章。内容大致可分为以下几个方面:从历史学和宗教史学的角度阐述了佛教传入蒙古地区的历史;从文献学角度论述了国内外蒙古文佛教文献的收藏和研究概况;对蒙古文佛教文献的发展进行了萌芽、成熟和鼎盛三个阶段的划分;从版本学角度分类阐释了蒙古文佛教文献的载体、写本和刻本;从文献学和版本学角度具体分析了蒙古文《大藏经》的翻译、雕版刊行、版本特点及内容等,论述了蒙古文佛教文献对蒙古佛教史学、文学的影响,以及蒙古佛教史籍的版本、流传、内容特点等;分类介绍了对蒙古文佛教文献的产生和发展有过影响和贡献的26名僧俗活动家、翻译家和学者的生平和业绩。

(二) 经藏

1. 大乘经

般若智慧论:妙灵法师《金刚经》二十七疑释(真如丛书/妙灵主编)
妙灵著
中国社会科学出版社　2002年12月　183千字　263页

在中国佛教历史上,《金刚经》的注释书,数量之多是其他经典所难以比拟的,刊本大藏经所收此经之注释书共有68种。如果加上历代分散各处及现代注释,其数量估计有几百部乃至上千部。《金刚经》也是现存历代写经中的一部重要经典。敦煌千佛洞所藏的汉文本佛经之中,《金刚经》与《大般若》、《金光明》、《法华》、《维摩》同为隋唐时代写卷最多的五部大经。本书为"真如丛书"之一,系根据妙灵法师自少年出家后长期持诵、研读《金刚经》所撰写讲义修订而成的一部"释疑"之作。全书共3章,附"《金刚经》六种译本对照"。书中针对堪称"般若类经典的总纲"的《金刚经》中的"断求佛果行施住相疑"、"断因果俱深无信疑"、"断声闻得果是取疑"、"断释迦于燃灯佛所有取有说疑"、"断庄严净土相违于不取疑"等二十七"疑"提出自己的见解,指出"依此经修持,能生起深广无边的般若智慧,扫相破执,洞见宇宙万物的真实相状,契入世界的实相,得到真正的解脱"。

《大般涅槃经》异文研究
景盛轩著
巴蜀书社　2009年2月　260千字　361页

《大般涅槃经》（亦称《大本涅槃经》或《大涅槃经》），北凉昙无谶译，40卷。佛教经录家把它列为大乘五大部之一。从汉藏文译本及有关文献看，北传《大般涅槃经》全文有三万五千颂，分为"三分"。中土所传唯有初中二分。此经入中土前后八译，四缺四存。目前所见汉译《大般涅槃经》最早的版本为敦煌写本（1300余件），抄写时间为南北朝至隋唐，其次是宋元明清各代的刻本。不同时代的版本，形成了丰富的异文。本书根据版本的不同，旨在从"文字学"和"校勘学"两个方面对《大般涅槃经》的异文展开探讨。全书分上、下二编。上编"敦煌本的《大般涅槃经》异文"（4章），主要从文字学角度阐释敦煌写本《大般涅槃经》中异文的类型、成因、价值及意义。下篇"南、北本《大般涅槃经》的异文"（3章），主要从校勘学角度阐释传世刻本中的异文（主要以《大正藏》为材料），通过调查和比勘南、北两本《大般涅槃经》之间的异文类型，考察南、北本《大般涅槃经》在语言上的差异。

涅槃思想研究（中国佛学经典宝藏/赖永海主编）
张曼涛著
东方出版社　2016年8月　122千字　224页

"涅槃"的定义，在学派兴起时代的印度，涵括了所有思想的总体、价值、目的，以及人最后的归宿、宇宙的实在等种种含义。它是一切生因，亦是一切灭因，真正永恒的所在。佛教涅槃学说虽然继承了古印度思想传统，但在内容上与古代的《吠陀》和《奥义书》等之涅槃观念，大异其趣。佛陀的涅槃思想，乃在于现实人生、众生痛苦的根源处找寻一安身立命之所，摒斥异端邪说，以人本身为发掘理境的中心问题，把人从平凡转到超越，由超越再到完成。亦即由凡夫到四果，由四果到佛地。本书为"中国佛学经典宝藏"丛书之一，作者在对前佛教涅槃观念，以及佛陀同时代诸家各派的涅槃观念进行全面考察的基础上，重点探究了佛教的涅槃思想，进而展示了整个涅槃思想的演变过程。全书共4章。第1章讲述涅槃思想的起源，涉及印度传统各学派的涅槃观。第2章讲述涅槃思想的展开，涉及原始佛教、部派佛教的涅槃观、中观与唯识的涅槃思想等。第3章讲述初期大乘涅槃思想：般若经的涅槃观念。第4章总汇《大般涅槃经》的涅槃思想。

《撰集百缘经》语法研究（中古译经语法研究丛书）
遇笑容著
商务印书馆　2010年9月　276页

《撰集百缘经》（梵文名Avadanasataka），收录于《大正藏》第四册"本缘部"，三国支谦译。该经分十品，每品包括十缘，一共一百缘，内容是通过"百缘"来说明善恶因缘的因果报应。作为故事类佛经中较早的，也是很重要的一部典籍，《撰集百缘经》充分体现了早期汉译佛经的语法特点。本书为"中古译经语法研究丛书"之一，旨在通过归纳《撰集百缘经》这部译经的语法（主要是句法）系统，来探窥古语法，特别是中古译经特殊语法的本来面貌；同时从语言接触的角度对中古译经的语言性质，中古译经特殊语言现象产生的动因、机制、具体方式，以及从语言角度确定译经、译者与时代的方法等方面进行一些比较深入的探讨。全书共10章。内容包括：《撰集百缘经》的译者、流传、版本,译经句法的动补式、处置式、被动式、判断句、疑问句,从《撰集百缘经》看梵汉对勘与佛经语法研究,从《撰集百缘经》看译经语言与汉语语法史研究,从《撰集百缘经》看语言接触与语法改变等。

基于梵汉对勘的《法华经》语法研究(中国语言学文库第3辑)
姜南著
商务印书馆 2011年11月 466页

汉译佛典作为翻译作品,其语言无论在词汇上,还是在语法上,都混杂着外来的、非汉语的成分,或者说原典语言在语汇、语法上异于汉语的成分被披上汉语的外衣移植到译经活动中。《法华经》便是中古时期影响最大的汉译佛典之一,包括西晋竺法护译《正法华经》和姚秦鸠摩罗什译《妙法莲华经》两部,语料价值较高。本书为"中国语言学文库"丛书之一,是作者在其博士学位论文基础上修改而成的一部佛典语法研究专著。全书共6章。书中基于梵汉对勘的方式,力图厘清《法华经》原典与译文在语法上的联系,揭示汉译《法华经》特殊语法现象的来源和性质,尤其是受到原典影响而形成的不同于汉语固有语法的特点,藉此进一步探讨译经语法与汉语语法发展的可能关系。具体路径是通过《法华经》1-10品进行全面细致的梵汉对勘和同经异译的比较,从名词格范畴、动词时体范畴、特殊构式、复句与句法关联词以及篇章衔接策略等诸多层面展示汉译《法华经》语言的语法面貌;并在与中土重要传世文献的对比中发掘中古译经的语法特点,溯其根源及其在汉语中的表达形式。

妙法莲华经文句(佛教基本典籍)
(后秦)鸠摩罗什译经 (隋)智者大师说 (唐)章安大师记 朱封鳌点校
宗教文化出版社 2013年10月 360千字 549页

《妙法莲华经》(《法华经》)是大乘佛教中宣说"三乘归一"和"一切众生皆能成佛"思想的重要经典,为天台宗立宗的主要依据。这部佛经在历史上曾出现过六种译本,现存的只有《正法华经》、《妙法莲华经》和《添品法华经》三种。三种译本中,文词旨趣,互有不同,被人们推崇的是鸠摩罗什译的《妙法莲华经》。《妙法莲华经文句》十卷则是智者大师于陈后主祯明元年(587)在金陵光宅寺开讲《法华经》,就经中的字句及意义加以解说,由门人灌顶(世称章安大师)笔录。该经从天台宗的观点出发,继承了东晋道生有关因、果二门的思想,将《法华经》二十八品分为本、迹二门,提出了"二门三分法"。本书为"佛教基本典籍"丛书之一,经文内容系参照日本《大正藏》、《中华大藏经》及香港佛教经典倡印社的版本校勘而成。《妙法莲华经文句》以台湾湛然寺所藏明万历间木刻本《妙法莲华经文句》(《湛然寺本》)为底本,用日本大正藏本对校,又以明释圣会刊的《妙法莲华经文句记》(《会刊本》)参校。

2. 小乘经

巴利语佛教经典:经集
郭良鋆译
中国社会科学出版社 1998年5月 142千字 256页

巴利语佛教经典属于上座部佛教。《经集》是巴利文三藏中的一部重要经典,列在经藏《小尼迦耶》的第五部,汇集了部分早期佛教甚至是最古老的经文,阐发了早期佛教的基本思想和教义,反映了最接近原始佛教的早期佛教状况:重伦理修养,轻抽象思辨。它不仅是研究早期佛教的重要资料,对于研究以后佛教的发展与变化也有重要参考价值,历来为东西方学者所重视。本书系印度古代梵语巴利语学者郭良鋆教授于1983—1985年在斯里兰卡进修巴利语期间研习《经集》的成果[根据安德森(D. Andersen)和史密斯(H. Smith)1913年版的校刊本译出],凝聚了中斯两国学者的智慧和心血。全书分为"蛇品"、"小品"、"大品"、"八颂经品"和"彼岸道品"五个部分;书末附录译者撰写的研究心得《〈经集〉浅析》一文,供读者参阅。

佛陀和原始佛教思想（依据巴利文原典资料的南传佛教研究）
郭良鋆著
中国社会科学出版社　2011年3月　256千字　310页

巴利语(pāli)是南传佛教经典使用的语言。自19世纪以来,西方学者普遍用巴利语指称南传上座部使用的语言。在南传上座部三藏经典中,并没有这个名称。本书主要依据巴利文原典资料对南传佛教的基本思想展开研究。作者在依据巴利语三藏原典描述佛陀生平传记的同时,与后期佛陀生平传说作了比较,清晰地揭示了佛陀形象的历史演变和神化过程;在论述原始佛教思想时,作者依据巴利语三藏原典,对沙门思潮中"六十二见"(即二见、十论、六十二理由)和原始佛教基本教义"四谛说"进行了梳理,对佛陀社会观中两个闪光点:"种姓平等思想"和"转轮王治国理想",以及对佛陀神话观的两大特色:"恶魔在心中"和"天神在禅定中"等作出富有学术新意的阐发。全书分为"巴利语文献概述"、"佛陀"和"原始佛教思想"3章,附录"巴利语三藏提要"。本书对于国内学者研究佛陀和原始佛教思想具有一定参考价值。

阿含经校注（全9册）
恒强校注　梁跬继主编
线装书局　2012年12月　3821千字　3634页

汉译四部《阿含经》:《杂阿含经》、《中阿含经》、《长阿含经》与《增一阿含经》,是由佛陀的弟子于佛陀涅槃的当年结集而成的,比较忠实地记载了释迦牟尼佛日常生活、应机说法及一生行迹,讲述了佛陀的有情观、世界观、生死观、解脱观,解说了佛陀的三学、四谛、十二缘起、二十七道品等修行原理与方法,同时如实地记录了原始僧团的重大事件、诸大弟子的日常行迹,与印度当时的政治现状、经济生活、风俗文化、地理气候,各种宗教思想、哲学思潮及相互的交涉。在汉传佛教的三藏典籍中,《阿含经》代表着原始佛教,也是印度部派佛教时期所公认的"根本佛法",说明了《阿含经》这部经典的原始性、根本性与权威性。本书以方便读者更为精准地把握佛教根本教义与修行原理为宗旨,对汉译四部《阿含经》进行了校注和整理,并在前人研究成果的基础上,参考《南传大藏经》、《碛砂藏》、《大正新修大藏经》、《正仓院圣语藏本》等不同藏经,纠正原经文部分错漏之处,就经中出现的地名、人名、法相名词、艰涩文句及其他译本的不同翻译作出注释。全书共9册:《杂阿含经》3册、《中阿含经》3册、《长阿含经》1册和《增一阿含经》2册。校注者以高丽藏为底本,尽量保持原本整体风貌,将四部阿含经文转为简体字,加上现代标点及分段,具有较高的学术、实用、版本和收藏价值,是广大佛教信徒与佛学研究者的重要参考书。

（三）律藏

中华律藏
传印法师主编
国家图书馆出版社　2009年1月　60册

　　戒律，指佛教徒在日常生活和修行中应该遵守的规定和对行为的限制。戒律起源于佛住世日，随弟子所犯而制定，相为持守。释尊说，佛灭度后，以戒为师。戒是所不为，律是所当为，戒和律放在一起使用，合称为"戒律"。此为佛教学说的重要内容之一，也是佛教徒安身立命、修行解脱的基础。本书汇聚了中国历代大藏经之律部精粹，其底本采集范围甚广，不仅包含历代刊行的大藏经中的律部文献，还收入了藏外文献、本土僧团多年来形成的各具特色的清规，民国期间出版的期刊、书籍中与戒律有关的文章，以及部分当代大德的戒律专著等。全书共60册。第1-32册，载录历代大藏经律部文献之"印度撰述"和"中国撰述"；第33-34册，载录藏外律宗文献"敦煌遗书"；第35-41册，为"清规部"；第42-59册，为"近现代高僧学者讲律"；第60册，为"戒律实用文献"，包括同戒录、各时代戒牒和佛教日用文件等。本书由于资料来源复杂，导致版面排式差别很大，为保留原貌均注明出处，但基本未作版面之调整。

晋隋之际佛教戒律的两次变革：《梵网经》菩萨戒与智顗注疏研究
夏德美著
中国社会科学出版社　2015年10月　291千字　280页

　　《梵网经》大乘菩萨戒在汉传佛教史上影响深远，曾引起跨地区、跨时代、跨宗派僧人的广泛关注，为之注疏的高僧大德代不乏人。其中天台宗创立者智顗的注疏尤为重要。本书从通览中国佛教戒律发展总趋势的视角出发，以《梵网经》菩萨戒和天台智顗对《梵网经》的注疏（《菩萨戒义疏》）为研究对象，力图展现菩萨戒在汉传佛教中遇到的问题及解决的方式，揭示佛教戒律中国化在特定历史阶段的具体进程、特定方式和运行机制，以期为现代佛教进行戒律改革，形成契理契机的戒律规范，提供历史借鉴。全书共4章。书中围绕晋隋之际佛教戒律经历的两次重大变革，通过对历史文献的详细解读，分析了智顗注疏《梵网经》菩萨戒的历史背景，梳理了《梵网经》在戒律史上的地位，肯定了《梵网经》在佛教史尤其是汉传佛教史上的价值，剖析了智顗《菩萨戒义疏》的特点、价值，比较了《梵网经》与《菩萨戒义疏》的异同，论述了两部经典在中国佛教戒律史上的独特地位、重要作用及其对现实的启示。

（四）论藏

1. 大乘论

境界与言诠：唯识的存有论向语言层面的转化（当代中国哲学丛书）
吴学国著
上海人民出版社　2003年9月　283千字　424页

　　大乘佛教中，中观以一切诸法皆无实体，惟有"假名"的存在；唯识以言诠分别为世界开显之原理，以世俗说为实有之一切境相为言说相，此实以为世间万有唯依言说方有，一切事物之存有皆是语言性的。这种结论与现代西方的语言存有论没有什么不同,因此我们也称唯识哲学为一种语言存有论。本书为"当代中国哲学丛书"之一,是作者在其博士学位论文基础上修订而成的一部探讨唯识哲学的专著。全书共5章。书中运用比较研究的方法对西方哲学中的语言存在论和佛教中的唯识宗存有论进行诠释,分别阐述了语言与自我、名言与物器、境与相等问题,详尽分析了唯识宗的渊源和概念,解读了唯识学中语言的存有论意义的重新获得、存有概念的演变,以及"阿赖耶识"、"种子说"、"四分说"等理论。作者指出,远古时代的思想,都体现出对事物与语言之存有论关联的体悟。唯识哲学在一定程度上包含了对远古语言思想的回归。在唯识学看来,本体无相,一切存有(境相)皆依言诠而建立。因此言外无相、言外无物,一切境界本质上都是言说相,惟有语言性(名言)的存在,在这个意义上说,唯识学与当今西方语言存有论立志是完全一致的,唯识就是唯语言。

唯心与了别:根本唯识思想研究(真如丛书/妙灵主编)
周贵华著
中国社会科学出版社　2004年5月　373千字　458页

　　瑜伽行派亦称唯识派或有宗,它以唯识思想为纲构造其境、行、果三学的思想结构,故瑜伽行派的学说经常被冠以"唯识学"之名。本书为"真如丛书"之一,作者在梵文、藏文、汉文三种唯识学史料对比的基础上,对印度佛教瑜伽行派三大师弥勒、无著、世亲著述的唯识思想(根本唯识论)进行了研究,特别是对根本唯识的思想结构作了考察与透视,并将其略分为三,即本体论、识境论、缘起论,重点从"唯识体论"与"唯识相论"两个对应方面予以探讨。全书包括三个部分,共12章。第一部分(第1-4章),主要分析根本唯识学的基本结构,将其区分为"有为依唯识学"和"无为依唯识学"两支,分别解析这两支思想的提出、发展与传承。第二部分(第5-7章),首先揭示根本唯识学的存在论的两种有无思想模式,讨论无为依唯识学和有为依唯识学的本体论思想(唯识体论),再进一步在有为依唯识学中区分出本识的一元与二元结构。第三部分(第8-12章),首先从缘起和显现两个角度说明根本唯识学的识境论的发展路线,进而以"显现"为中心概念、"分别"为辅助概念详细分析识境论的各种不同表现形式。

唯识、心性与如来藏
周贵华著
宗教文化出版社　2006年3月　280千字　328页

　　中国乃至整个东亚佛教的核心思想是心性如来藏思想。心性如来藏思想的印度形态是以佛性如来藏说为基本因素,而与唯识思想、心性思想相融合的结果。心性思想在其中所起的重要作用已有定论,但唯识学的铸造作用则罕有所识。唯识学的无为依唯识思想结合唯心意义上之心性说,将法性如来藏说改造为心性如来藏说,构建了印度晚期如来藏思想的基本思想模式。再经过《大乘起信论》的"一心二门"及真如缘起二说的发挥,形成中国化佛教的核心思想形态。本书针对如来藏问题,围绕唯识、心性、如来藏三者及其相互关系展开深入思考。全书共5章。主要内容有三:一是对中印的唯识思想、心性思想、如来藏思想的辨析与梳理;二是对三者间互动关系的分析和揭示;三是以中国支那内学院与日本"批判佛教"为例,考察中国、日本对如来藏思想甚至唯识思想的一些批判。作者认为,心性如来藏思想在形式上具有明显的梵化色彩,这一特征使其在东南亚佛教圈屡遭诟病。现代中国的欧阳竟无、吕澂、印顺等，以及日本"批判佛教"思潮的松本史郎、袴谷宪昭等对之的批判，即是其近期的表现，但他们的批判都失之偏颇。

认识与存在：《唯识三十论》解析（戒幢佛学论丛）

济群著

上海古籍出版社　2006年11月　210千字　382页

世界虽然复杂，但归纳起来，不外乎"认识"与"存在"两个方面。《唯识三十论》作为佛教法相唯识宗的核心论著，从唯识学的角度阐述了认识与存在的关系问题。它由唐代玄奘大师译成汉文，然其名相浩繁、义理艰深，读者多望而生畏。本书为"戒幢佛学论丛"之一，是济群法师于20世纪90年代教学唯识期间写就的"关于唯识典藉研究"的论著。书中着眼于佛法修学体系建设，从哲学上的重大范畴：认识与存在的关系角度出发，解析了唯识经典《唯识三十论》的哲学内涵，提出"唯识学九大要义"，并通过对菩提心、三性三无性、八识、种子、种性、菩萨行等基本概念的梳理，探讨了存在的各种形态及实质，揭示了人类认识的内在规律性以及认识与存在的相互依托关系，考辨了诸法唯识理论的成立依据和价值意义。全书分为"唯识总论"、"关于本论"和"正论"3章；附录8篇论文。作者认为，唯识学考察认识与存在的目的，是为了帮助我们获得唯识的中道正见，然后落实于空性禅修，完成生命品质的转化。

唯识学概论·因明大疏删注（十力丛书）

熊十力著

上海书店出版社　2008年1月　191千字　304页

唯识学者，昔人以为即法相学，于内学（内证之学）诸宗最为晚出。宜黄欧阳先生作《瑜伽师地论序》，始别出此学于法相之中。余杭章氏谓其识足以独步千祀，可谓知言。本书为"十力丛书"之一，收录了熊十力的《唯识学概论》和《因明大疏删注》两部著作。《唯识学概论》是作者在北京大学讲授唯识学的第一部讲义，包括题记、绪言、部甲、境论、识相篇五个部分，1923年由北大印制。本书依据佛家本义概括唯识学体系，忠实于作者此前在南京支那内学院所学。因讲义本难以觅获，此据湖北教育出版社《熊十力全集》本（全集本依熊氏自存北大讲义本整理）重行点校。另一著作《因明大疏删注》是熊先生在北京大学讲授因明学的讲义，删注窥基《因明入正理论疏》，为治因明之津梁，包括题记、揭旨、凡例、因明大疏删注四个部分，1926年由北大印成讲义，并于同年7月经熊十力稍加修订后由商务印书馆出版发行。本书据商务印书馆本点校。

唯识通论：瑜伽行学义诠（上、下册）（中国社会科学院文库·哲学宗教研究系列）

周贵华著

中国社会科学出版社　2009年7月　868千字　803页

本书为中国社会科学院文库"哲学宗教研究系列"丛书之一，是印度大乘佛教瑜伽行学（又称唯识学）的通论，亦是从瑜伽行派立场出发对佛教教理作全面梳理、比较、整合与重建的大乘佛教通论。著者的基本思想脉络是有为依唯识思想，并以此通贯全篇，统摄大小乘教理。在此意义上，本书可称一部新唯识论。全书分五编。序论编（2章），从整体上勾勒并阐释了瑜伽行派学说的思想特质、分流及其兴起与展开的教史。第一编教义学（8章），重点论述佛教教理的基本原则、认知标准、诠释原则，以及乘宗的安立与判教思想。第二编法相学（6章），重点论述瑜伽行学义境中所摄的一切法的种种事体、性相及其差别，其中所述之三性说是瑜伽行学的代表性学说之一，与唯识说一道构成瑜伽行学之理论基础。第三编唯识学（7章），主要叙述狭义唯识学的基本内容（本体论、识境论和缘起论），从唯识体论、唯识相论、唯识用论角度叙述唯识学的本体思想、唯识观以及种子与现行间生、熏的因果道理。第四编道行学（7章），重点说明大乘五位十地之道次第以及以六度为纲之一切菩萨行，表明菩萨诸行以无分别智为本、为导。第五编果位学（4章），重点阐述转依学说与涅槃思想及其所摄解脱、菩提和佛身土学说。

唯识学概论
弘学著
巴蜀书社　2009年10月　340千字　447页

　　瑜伽行派的理论，一般称其为唯识学。唯识学的思想理论，在全部佛学的体系中，是最具条理最具组织的一门学说。本书从历史、理论两方面对佛教唯识学作了深入浅出的分析与描述，溯寻了唯识学思想产生的根源，剖析了唯识学理论体系的构成要素，讲解了唯识学的哲学原理。全书分为"唯识史要"和"唯识要义"上、下二篇，共10章。上篇（第1—5章），介绍唯识学的产生及其史略，唯识思想在印度的演变，唯识学在中国的传播，玄奘大师和他的弟子，以及唯识学所依之经论，即六经、瑜伽师地论和十支论等。下篇（第6—10章），首先介绍五位百法、蕴处界三科、唯识五法与三性之学说、唯识义等基础知识，继而探讨转识成智、转依义、唯识观、唯识修行之根基及次第等唯识学的实践理论。

唯识要义探究
胡晓光著
宗教文化出版社　2011年6月　220千字　305页

　　唯识思想根源于《阿含经》之观心，其主旨就是讲"转识成智、唯识无境"。本书是作者近10余年来研究唯识学的论文结集，也是一部以佛教瑜伽行派思想为专题的学术论著，较为系统地探讨了唯识学的基本问题，反映了作者关于唯识学研究的整体观：唯识学基本观念与立场、唯识学研究问题与结论、唯识学研究方法与原则。全书包括：唯识学基本观念概述，唯识学重要范畴分析，唯识学相关问题论解，唯识学历史人物述评四个部分，共收文章30篇。书中通过从纯哲学维度所进行的逻辑论证，提出了一些新的研究方法与学术观点。作者认为，唯识学不是一种本体论哲学、宇宙论科学，也不是一种世间性的精神科学和心理科学，更不是一种世间性的逻辑原理之学，而是一种出世间法，是一种彻底的主体内在性的自我超越方法与原理。

唯识明论（大乘佛教思想丛书/周贵华主编）
周贵华著
宗教文化出版社　2011年7月　250千字　353页

　　《唯识明论》之"明"表三义，即明意、明义与明理，旨在以明意开示唯识学之意，以明义阐显唯识学之义，以明理说明唯识学之理。本书为"大乘佛教思想丛书"之一，作为系统阐释唯识学之论的学术著作,主要从机理角度展开,最终说明转依问题。也就是说,本书从以唯识观为核心的识境论、以本体观为核心的本体论和以因果观为核心的缘起论到最后的转依思想的叙述次第,形成了一部简明的唯识学概论。全书分为"前编"和"正编"两个部分。前编包括3章,重点介绍了唯识学在印度与中国的思想展开与流变。正编是本书的主要内容,分有12章,可略分为三部分:前6章为第一部分,主要是以唯识观为中心的识境论内容;中间2章为第二部分,主要是以三性说与本体观为中心的本体论内容;最后4章为第三部分,主要是以因果观与转依说为中心的缘起论内容。如果从境行果角度看,前十一章属于境,而最后一章属于行、果。

新唯识论(十力丛书)
熊十力著
上海书店出版社　2008年1月　208千字　334页

《新唯识论》(文言文本)是熊十力精思10年的结晶,是熊十力哲学思想完全成熟的标志,于1932年问世。此后,经过破新唯识论与破破新唯识论的论战,作者进一步扩充和发展了自己的唯识学思想,最终形成了《新唯识论》(语体文本)的各种版本。本书为"十力丛书"之一,是熊十力最主要的哲学著作,标志着其哲学思想体系的最终确立与完全成熟。全书分为"新唯识论(文言文本)"和"新唯识论(语体文删定本)"两个部分,主要内容有明宗、唯识、转变、功能、成色上下、明心上下等8章。在书中,作者借评判佛学而对唯识宗加以改造,接受了唯识宗的"万法唯识"思想,认为"识"或"本心"乃宇宙之本体、万化之根源。同时,在对唯识宗的阿赖耶识和种子说的层层破斥的基础上,又建立了自己"体用不二"的本体论,并由此出发建构了独具创意的"翕辟成变"的宇宙论和"性量分殊"的认识论,从而构成了"新唯识论"哲学思想体系的理论框架。

破破新唯识论·摧惑显宗记(十力丛书)
熊十力著
上海书店出版社　2008年1月　173千字　272页

《新唯识论》(文言文本)1932年出版后,南京支那内学院刘定权于同年12月在内院年刊《内学》第六辑发表《破新唯识论》予以驳难,欧阳竟无(渐)为之作序。熊十力随后于1933年2月出版《破破新唯识论》反驳刘著,由北平斌兴印书局代印,北京大学出版部等处代售。《摧惑显宗记》则是熊十力针对印顺法师1948年发表的《评熊十力的新唯识论》一文撰写的又一部反批评著作。原稿以黄艮庸(庆)名义发表于1949年《学原》杂志二卷第十一、十二期合刊上,又收入《十力语要初续》。1950年,熊十力改写此稿,并于前增写约万言,概述《新唯识论》要旨,又于后附录两篇长文,由大众书店印行单行本,题曰《摧惑显宗记》,署为"黄庆述"。本书为"十力丛书"之一,是熊十力针对佛教界人士关于其哲学著作《新唯识论》的批评文章的反批评论著的合辑,收录了《破破新唯识论》(此次出版以1933年北大出版部代售的版本为底本,并参考中华书局1985年本点校)和《摧惑显宗记》(此次出版以大众书店1950年印本为底本,并参考湖北教育出版社《熊十力全集》本点校)两部著作,并附刘定权的"破新唯识论"和印顺的"评熊十力的《新唯识论》"等文,以供参照。

中国佛教与唯识学（中国佛教学者文集·宝庆讲寺丛书/朗宇法师主编）
王恩洋著

宗教文化出版社　2003年10月　450千字　617页

　　心不缘外境故，诸法不离识故，由斯理趣，唯识安立。本书为"宝庆讲寺丛书"之一，收录了王恩洋研究唯识学的论著18篇，反映了作者"一生忠于唯识，始终未超越唯识范围"的治学态度和佛学特点。包括：《佛法真义》，《大乘起信论料简》，《大乘起信论料简驳议答辩》，《大乘非佛说辩》，《书缪风林君阐性篇后》，《真如作疏所缘缘义：内院第五次研究会陈证如君提出讨论》，《掌珍论二量真似义：内院第四次研究会王恩洋君提出讨论》等。王恩洋毕生致力于唯识修习，所撰唯识论著，不仅引经据典，并给予详解，体现了作者精研唯识学的独到之处。本书择取王恩洋唯识著作的精要部分，以代表的年代先后顺序为例编排，尽可能反映出王先生唯识学研究的历程，为读者和研究者提供一个历史线索。书中对汉藏佛教教理的比较研究，同样具有重要的参考价值，为当代唯识学的发展作出新的贡献。

法相唯识学（中华现代学术名著丛书）
太虚著

商务印书馆　2011年11月　907页

　　法相谓所知一切法之相貌、义相及体相。一切法无穷无尽，不可胜说。本书为"中华现代学术名著丛书"之一，收入释太虚大师阐述法相唯识学的重要讲演和文章57篇，被认为是"融贯了西方哲学思想与佛教思想、对佛家经典的通俗性的、也是全面的阐释性作品"。全书包括：唯识教释类，唯识理论类，唯识答辩类，唯识学通疏释类，应用理论类等七个部分。书前有王恩洋、张化声、唐大圆等为其中《法相唯识学概论》所作的10篇序。太虚在书中表达了他对世界的根本看法，认为诸法众缘生唯识现，极力主张法相唯识不可分，法相必归宗于唯识，断定一切事物现象皆依各种关系、条件而产生而存在，同是识所变现，否认有独立于识之外的客观实在。太虚还从无我、唯心的宇宙观引申出平等、自由的人生观，认为宇宙万物的产生和发展，都以心理为中心点、出发点和归宿点，只有唯识论才是最高的真理。本书内容全面，条理清晰，结构严谨，具有较强的系统性和思辨性。

《成唯识论》识变问题研究（中国佛教学者文集·宝庆讲寺丛书/朗宇法师　清修法师主编）
张利文著

宗教文化出版社　2013年9月　200千字　202页

　　《成唯识论》是世亲晚年所造《唯识三十论颂》的释论，也是玄奘、窥基创立的唯识宗所依之根本论书。本书为"宝庆讲寺丛书"之一，是作者在其博士学位论文基础上修订而成的一部唯识学研究专著。书中以唯识今学"八识现行"与唯识古学"一种七现"的分别为理据，以《成唯识论》为主要文本，对唯识今学中一些晦涩难解的术语进行了卓有成效的解释，如把"因能变"、"果能变"还原为"因变"与"果变"，将种子的新熏放入种子流变中进行解读，对"影像相分"与"本质相分"作出界定等，从而拓宽了唯识学研究的概念范围。全书共4章。第1章在印顺法师提出的两种唯识学体系的分类下，作者构绘了唯识古学与唯识今学两种不同的识变逻辑结构，指出"三重能所"的对应关系。第2章总释因变涵义,讨论"阿赖耶识之现行四义"、"种子六义"、"能所熏各四义"等具体问题。第3章分析论述唯识今学三重能所结构中的第二重:果变。第4章对识变模式中诸如二变、三类境、二种熏习等唯识今学特有的概念给予梳理。

"辩中边论"思想研究（觉群佛学博士文库/觉醒 赖永海主编）
杨东著

宗教文化出版社　2011年8月　250千字　273页

《辩中边论》是大乘瑜伽行派的基本典籍,其主旨在于辩明两边、正显中道,使修习佛法者远离边见,如实通达诸法中道实相,从而修行对治,破障得果。本书为"觉群佛学博士文库"丛书之一,作者以《辩中边论》的文本研究为基础,全面阐述了该论在虚妄分别、三性、中道和心识结构上的理论特色,指出该论的非空非有中道说是唯识中道的核心理论,所宣讲的心摄一切有为法、有染净转变,心性是无为法、本性清净的思想亦成为瑜伽行派阐释心性的基本学说。全书包括"《辩中边论》的基本内容及其形成发展背景"、"《辩中边论》的主要思想"、"《辩中边论》与相关大乘思想的理论关联"三个部分,共9章。书中通过对《辩中边论》与其他经论的比较分析,从六个方面阐述了唯识与中观在佛学要义上各有宗趣却又殊途同归的特色,并对唯识古学与今学的异同从四个方面加以总结,指出二者异议的根源在于对心识结构、三性等要义的不同理解和诠释,具有极高的参考价值。

大乘般若智:《大智度论》菩萨思想研究
杨航著

齐鲁书社　2014年4月　230千字　302页

《大智度论》是古印度高僧龙树所著的一部百科全书式的著作。本书运用宗教学、历史学、哲学、文化学、诠释学等方法,通过考察印度早期大乘典籍《大智度论》的菩萨思想,探讨了大乘佛教初期菩萨观念的深化与演变,以及佛教由小乘转向大乘的核心问题,解释了菩萨思想在中印佛教史上的重要作用和影响。全书共10章。第1章为绪论,对《大智度论》的内容、价值和研究现状等作了介绍。第2章论述《大智度论》轮回、涅槃与大乘"堕顶"的基本概念。第3章论述大乘佛教的佛崇拜与成佛观。第4章论述《大智度论》大小乘佛教的法印观与语言观。第5章论述《大智度论》中菩萨、声闻阿罗汉与独觉乘的概念。第6章论述菩萨思想的众生观与无我观（我空观）。第7章论述《大智度论》菩萨般若的实相观。第8章论述菩萨的波罗蜜思想。第9章论述菩萨的地阶思想与成佛观。第10章论述《大智度论》菩萨思想的基本特征及深远影响。

2. 小乘论

《阿毗达磨俱舍论》研究:以缘起、有情与解脱为中心（觉群佛学博士文库/觉醒 赖永海主编）
何石彬著

宗教文化出版社　2009年7月　240千字　252页

世亲所著《阿毗达磨俱舍论》,是印度部派佛教发展成熟期的顶峰之作。本书为"觉群佛学博士文库"丛书之一,作者围绕缘起论、有情论与解脱论三个论题,对《阿毗达磨俱舍论》这部经典的思想构成、理论性质及历史地位等展开研究,详细分析了小乘佛学的核心问题:诸法假实问题,得出了较为独到的结论,并进一步对印度佛学的发展路向、大小乘佛教的关系等重要理论问题进行了反思与辨析。全书分为"《俱舍论》的产生及其宗趣"、"缘起论:法相、法体与因果法则"、"有情论:众生情状与流转之因"、"解脱论:修行次第与涅槃之果"等5章。书中采用义理阐释与文本结构分析相结合的方法,将阐释的准确性与有效性的内在统一作为一个重要目标;同时,作者还特意援引一些佛教界尚未正式出版的研究资料和理论成果,以作有益之补充。

说一切有部之禅定论研究:以梵文《俱舍论》及其梵汉注释为基础（哲学文库）
惟善著
中国人民大学出版社　2011年5月　404千字　407页

　　说一切有部是整个佛教理论体系的重要支柱,其禅定论对于大乘佛教的发展,特别是对我国佛教禅学理论的发展深具影响力。佛教传入中国之初,曾经对该部经典做了大量的汉译工作,前后多达数十种,其中以《俱舍论》最为出名。本书为"哲学文库"丛书之一,是惟善法师留学斯里兰卡期间撰写的以一切有部禅定论为研究对象的博士论文。书中以梵文原典《俱舍论》第八定品为基础,参考其梵汉注释以及汉、法、英等各种译本,并辅以巴利文经典,以及近现代西方和日本的研究成果,对四禅、四无色、等持、等至、金刚喻定以及四无量、八解脱、八胜处、十遍处等理论作了系统的分析和论述,并对一些重要的梵文术语从翻译和历史演化等角度作了考证和辨析。全书共14章。第1章为绪论,概述了古印度前佛教时期的禅、主流禅修和佛教禅修、有部及相关部派等。第2-11章讨论了各种类型禅定的性质、作用,以及相关术语的界定等。第12-14章讨论了四无量、八解脱、八胜处等修习方法。本书从禅学的角度研究一切有部学说,这与其他从有为法与无为法的哲学角度来进行研究具有明显不同,可以说开辟了另一种研究视角。

说一切有部为主的论书与论师之研究（全2册）（印顺法师佛学著作系列）
释印顺著
中华书局　2011年10月　414千字　618页

　　在佛法的延续扩展中,部派佛教是有重要意义的。部派的显著分化,约在西元前300年。前为佛法的一味和合时代,后为佛法的部派时代（上承一味和合的佛法,下启大乘佛法）。论书是部派时代的产物,对此承先启后的发展过程,应有其重要的贡献与价值。从论书去理解部派佛教,就会知道每一部派教义的次第发展性。本书为"印顺法师佛学著作系列"丛书之一,是作者针对部派时代上座阿毗达磨的根本论题与最初论书进行深入探究的论著（原名为《西北印度的论典与论师》）,写成于20世纪60年代。书中以经论的记载和历代传记为依据,集中探讨了部派佛教的发展谱系、经典内容与特色、各派学风与主要论题,对于"佛法时代"的印度佛教,从五个方面展开论述:佛陀及其弟子;圣典之结集;佛法之次第开展;说一切有部为主的论书与论师;部派佛教。全书共14章。内容包括:论书在全体佛教中的意义,部派佛教与论书,阿毗达磨的起源与成立,说一切有部及其论书,六分阿毗达磨论,《发智论》与《大毗婆沙论》,说一切有部的四大论师,《大毗婆沙论》的诸大论师,说一切有部的譬喻师,上座别系分别论者,阿毗达磨论的新猷等。

（五）密藏

藏密修法秘典（全5册）
吕铁钢主编

华夏出版社　1995年1月　4668页

　　蒙藏喇嘛自20世纪初常有来内地传法，汉僧亦有西行求法者，因而西藏佛教在汉地传播较前为广。北京菩提学会，北京密藏院、大勇法师领导的入藏学法团等，曾为藏传佛教的传播起过重要的作用。西藏宁玛派的诺那呼图克图，噶举派的贡嘎呼图克图，格鲁派的安钦呼图克图，蒙古译师古冼里·哀却多吉，汉族翻译家法尊法师、观空法师、能海法师、汤菊铭、孙景风等，他们学通显密，整理和翻译了一批重要典籍。中国佛教图书文物馆于此收藏较为丰富，半个世纪过去了，已经成为珍贵的藏密法本。为了适应佛学研究和藏学研究的需要，本书精选藏密修法重要文本，保持原书原貌，影印出版。全书分5册。前4册为修法，广收宁玛派、噶举派、格鲁派修行法要，内容涵盖四加行、阿弥陀佛、文殊菩萨、大威德、二十一度母、往生法、供上师法、大手印、大圆满等60余种密宗修炼秘法；第5册为图像，收纳图像逾千幅。书中所收密宗修法，为安钦呼图克图、诺那呼图克图、贡嘎呼图克图、法尊法师、观空法师等密宗大师传授和整理，讲述晓畅明白，译文言简意赅。所选版本皆为中国佛教图书文物馆珍藏的善本、孤本、秘本，以往秘不示人。此次整理出版，为广大读者提供了一部大型、珍贵的藏密法本精品集。

西藏密教史
索南才让（许得存）著

中国社会科学出版社　1998年11月　550千字　693页

　　佛教是随着松赞干布统一青藏高原各部落，建立吐蕃王朝后正式传入西藏的。及至赤松德赞继立王位，佛教始兴，密典翻译隆盛。朗达玛灭佛至后弘期初期的近百年间，密教文化与西藏本土的苯教文化进一步融合，相得益彰。10世纪中叶后，外出求法和进藏传教者络绎不绝，所学所传的密教以无上瑜伽密法为重，密教经籍的翻译渐臻完善，独具高原文化特色的西藏密教：藏密至此完全形成。本书在广泛参阅国内外最新研究成果的基础上，系统讲述了西藏密教的创立、传播与发展历史。书中对金刚乘密法的兴起，无上瑜伽部密法的几部主要经典及其思想特点、发展脉络，密教传入西藏的年代，密典翻译，藏密的形成，大圆满、道果、大手印、六支瑜伽、止观双运思想等作了较全面的叙述。具体分析了每一类密法的思想特点和修持方法，以及在藏族传统文化中的地位，对重要人物和国内外藏密研究现状也作了介绍。全书共10章。作者在论述西藏密教史及重要的佛学思想家的学说和修持方法时，抱着谨慎、科学的态度，注重发掘弘扬密教文化中的积极内容，尽量从他们本人的著作出发来加以论证，使本书兼具学术性与史料性价值。

佛学原理研究：论藏传佛教显宗五部大论
洲塔著

青海人民出版社　2001年8月　300千字　354页

　　藏传佛教在整个佛教史上，虽然形成时间较晚，但它有着庞大的教学体系、完备的教学内容和严密的教育制度。尤其是藏传佛教所蕴含的深邃的哲学思想、逻辑思维，博大精深，在世界哲学史上也占据着举足轻重的地位。其核心内容是藏传佛教显宗五部大论。本书简要介绍了藏传佛教寺院教育体系的形成、发展与主要特点,详细论述了藏传佛教显宗五部大论:《释量论》、《现观庄严论》、《中观论》、《俱舍论》、《律宗论》的译传历史、师承关系、基本思想等,解析了藏族早期哲学思想的形成以及重要的哲学内容。全书共7章。作者认为,藏传佛教五论中最重要的是《般若论》(亦称《现观庄严论》),其中又以般若中观思想为其主干内容,其它各论围绕般若缘起性空之理,层层诠释,环环紧扣,融合形成完整的藏传佛教哲学思想体系:即应成中观之性空缘起说和自空中观见。

密宗甘露精要·传世《大藏经》秘密部(全26册)
《密宗甘露精要》编委会主编
北京图书馆出版社 2007年11月 19200千字 12800页

  佛教密宗,亦称"密教"、"秘密教"、"瑜珈密教"、"真言乘"、"金刚乘"等,自称受法身佛大日如来深奥秘密教旨传授。佛灭八百年后,印度龙树菩萨持诵大日如来真言,开南天铁塔,从金刚萨埵受法,传《金刚顶经》、《大日经》,并撰《发菩提心论》,后世大德便据此"两经一论"建立"密教"或"密宗"。其间多有梵僧东来中国传授密典,但多属杂咒密述,史称"杂密"。唐开元年间(713-714),印度密教大师善无畏、金刚智、不空带来《金刚顶经》,始开正宗"汉密"之源;此后密宗流传于日本,史称"东密"。公元8世纪初,印度僧人莲花生等先后入藏传播密法,遂成"藏密"。由于历代汉文密宗经典并非自成体系,而是散见于各朝代不同版本的大藏经中,且显密杂部并举,所辑内容浩如烟海。这就给后世学者、研修者及供奉者带来诸多不便。1988年5月,由时任中国佛教协会会长赵朴初先生提议,成立编辑委员会编修《密宗甘露精要·传世大藏经秘密部》。该编委会组织了近百位佛学专家、学者、高僧大德和宗教研究工作者,历经20个寒暑的呕心沥血,精雕细琢,以乾隆版《大藏经》秘密部为蓝本,摄取数种大藏经咒中的密宗部分,集纳藏密各派经典之汉译精萃,首次含英咀华而成密典。这是佛教历史上第一部全面系统汇集的汉文版佛学密典,填补了自有佛典以来没有系统分类的缺憾。全书共26卷,其中1至20卷为汉密部分,21至26卷为藏密(汉译)部分;两者以佛典为根脉,浑然一体,多元融合,充分彰显出中华文化之博大精深。

走进中国佛教:《宝藏论》解读(觉群佛学译丛/觉醒主编)
[美]罗伯特·沙夫著 夏志前 夏少伟译
上海古籍出版社 2009年12月 420千字 379页

  《宝藏论》是托名东晋著名佛教哲学家僧肇的佛学著作,收在《大正藏》第45卷,页面仅占数页,篇幅不大,且文体松散、思想庞杂,表面看缺乏学理上的严谨,似无哲学价值。然在中国佛教界,该部经论却经常被唐宋间许多佛学大师所征引。正是这个意味独特的现象,引起了本书作者的学术敏感,看到了蕴藏其中的思想文化史上的价值。本书为"觉群佛学译丛"之一,是美国学者罗伯特·沙夫基于其深厚的学术功底和对汉文献的熟稔,运用释经学的某些原则考释和探究《宝藏论》及中国佛教主要特点的专著。书中通过对《宝藏论》文本的深入研究,梳理出内中儒道佛思想的共同来源,并由此形成中国佛教史"三家合一"之结论。全书分为"历史与宇宙论背景"和"《宝藏论》译注"两个部分,共5章。第一部分(第1-2章),讲解《宝藏论》的年代和来源,中国佛教和感应宇宙论。第二部分（第3-5章），分别译述和注释《宝藏论》广照空有品（第一品）、离微体静品（第二品）、本际虚玄品（第三品）。

乐空无别：甘丹耳传上师瑜伽法之不共导引口传诀要（密乘法宗·钦则仁波切佛学译丛卷二）

钦则·阿旺索巴嘉措译著

宗教文化出版社　2010年2月　510千字　828页

世法之变幻，如海面波涛，汹涌澎湃；真如之法性，如无垠深海，恒久沉寂。本书为密乘法宗"钦则仁波切佛学译丛"之一，示以"乐空无别"之名，盖因藏文论著中"叠东耶美"（乐空无别）四字俯拾皆是，似已成甘丹法流在描述无上部妙旨时之专有、贴切用词。书中所述，实为依教而说，乃译著者钦则·阿旺索巴嘉措对近年讲授"上师瑜伽法"之归拢和总结。全书分上、中、下三篇。上篇"上师无上乐空无别供养法导引"，主要参照云增·益希坚参大师之释论，增补基础法相之阐述等，所涉义理极为广博，几乎囊括三乘显密佛法。中篇"兜率上师相应法"和下篇"六座上师瑜伽"，理论上是《上师无上乐空无别供养法》之中略修法，然而由色举派祖师传出之《兜率上师瑜伽》于资粮田、智慧刹土之观修法等处均有许多不共殊胜之传统，尤其对七种教勒智慧及"弥子玛"之观修等秘密诀窍作有明白开示。《六座瑜伽》观修法则以极简明之观修法令行者能圆满六座上师誓言，尤其所解释之各条三昧耶律仪，是所有已得密乘灌顶之行者皆必需了知并恪守之准则。以上三种上师瑜伽法，虽然详略、侧重各有不同，然归类合册能起到互补参照的作用，方便掌握修行扼要。

曼荼罗之研究（上、下册）

[日]栂尾祥云著　吴信如主编

中国藏学出版社　2011年6月　400千字　720页

佛教之曼荼罗，大致可分为金胎两部及别尊部三类，即依《大日经》建立之胎藏曼荼罗，依《金刚顶经》建立之金刚界曼荼罗，以及依余经所立之别尊曼荼罗。其中，金胎两部曼荼罗系主干。然而，历来对此两部大经之研究，极不完善。直到20世纪初，日本佛教学者栂尾祥云发现，在藏文《大藏经》中，不但有两部大经之藏译本，更有佛陀瞿咽耶对《大日经》所作广略二释，以及释迦弥恒罗、庆喜藏对《初会金刚顶经》所作之疏释，于是潜心钻研十余载，对两部经疏的汉藏译本作了大量对比研究，完成了具有权威性的《曼荼罗之研究》一书，就此厘清许多困惑学人已久的问题。20世纪末，吴信如先生又根据原著重新作了校正，增加部分标题、注释及图示，终将本书更加系统完整地呈现在世人面前。全书共五篇。第一篇"曼荼罗通说"，主要对曼荼罗历史进行考察。第二篇"胎藏曼荼罗"和第三篇"金刚界曼荼罗"，依据作者所集得之材料分别对曼荼罗之组织加以说明。第四篇"别尊部会之曼荼罗"，乃是对诸经轨所说之各种曼荼罗作出解答。第五篇"曼荼罗余论"，系作者基于自身研究体会对曼荼罗根干之教义予以阐说。

中观庄严论释（藏传佛教"五部大论"系列·中观）（上、下册）

全知麦彭仁波切著　索达吉堪布译讲

中国文史出版社　2014年2月　785千字　1304页

静命论师所造《中观庄严论》是中观自续派和中观应成派总的庄严的一部大论典，注释由全知麦彭仁波切撰著。所谓"中观",有文字中观、基中观、道中观、果中观,或者将其解释为"般若波罗蜜多"。这里的"庄严",有自性庄严、装饰庄严(美观庄严)、开显庄严几种。本书为藏传佛教五部大论之中观学,由索达吉堪布经多年精心翻译、细致讲解而成,具有重要价值。书中所言旨在开显一切法无自性,揭示中观与唯识互不相违的密意,指明"在名言中唯识最胜,在胜义中中观为尊"的观点,使之成为欲具备智慧者必不可少的殊胜宝典。全书分上、下册,含"所说支分"和"所说论义"两部分内容。索达吉堪布强调:在佛教历史上,真正成为开创者或者创始人并不是很容易的。通过阅读《中观庄严论》以及圣解脱军等所造的论典,可知中观瑜伽派的开宗祖师应该是静命论师,不是解脱军尊者。麦彭仁波切对此特别说明的原因也在于此。因此,人们普遍共称:龙猛师徒是开创原本中观的鼻祖,"龙猛师徒"是指龙猛菩萨和圣天论师,但圣天论师不是真正的开创者,真正的开创者就是龙猛菩萨。

量理宝藏论释(藏传佛教"五部大论"系列·因明)(上、下册)
萨迦班智达根嘎嘉村(造颂)　索达吉堪布译讲
中国文史出版社　2014年2月　788千字　1314页

　　因明中《量理宝藏论》的篇幅虽然不是特别大,但对藏传佛教来讲,它是一部具有重大理论意义的代表作。因明肇始于印度陈那论师,其后不久,这些正法就传到了法称论师的手中。陈那论师根据佛经,首先造了许多因明方面的论典,然后又在世间弘扬。故人们称陈那论师为因明的创始人,或者是因明最初的造论者。如今在藏地的寺院中,还经常可以看到僧人们热火朝天的辩经场面,他们所辩论的内容、这样做的利益,以及这种传统的起源,其实都与因明有关。本书为藏传佛教五大部论之因明学,是索达吉堪布讲授佛教因明,阐示量理真谛的论著。对于渴望了解因明真相、寻求真理的人来说,这是一本完整汇集正理的宝典;对于妄念纷飞、浮躁难定的现代人群来说,这是一双开启慧眼,引人踏上智慧之道的著作。全书包括十三个部分。主要内容有观境(第一品)、观识(第二品)、观总别(第三品)、观建立遣余(第四品)、观所诠能诠(第五品)、观相属(第六品)、观相违(第七品)、观法相(第八品)、观现量(第九品)、观自利比量(第十品)、观他利比量(第十一品)等。索达吉堪布为使更多人深入了解佛法,将《量理宝藏论》这一藏地殊胜宝典翻译成汉文,并以其精深的佛学造诣逐一讲解因明,思路清晰,论证准确。如此珍贵教言,在汉地极为罕见。

菩提道次第广论四家合注(上、下册)(佛学译丛/夏坝·降央克珠　魏德东主编)
跋梭天王·曲吉坚参　卡若堪钦·阿旺饶丹　嘉木样协巴　阿旺尊哲
扎底格西·仁钦顿珠注　宗峰　缘宗译
中国社会科学出版社　2014年10月　1125千字　1112页

　　宗喀巴大师《菩提道次第广论》总摄三藏十二部经之要义。它遵循龙树、无著两大论师所开辟的轨道,结合中观学派的空性见解与瑜伽行派的修行方法,按"三士道"的次第,全面系统地阐述了佛教基本义理,由浅入深地引导行者渐次修习,求证果位。对于钻研大论的学者而言,《广论》更被视为将大论学习转化为实修的蓝图,其重要性不言而喻。自《广论》问世以来,不仅格鲁派学人研修不辍,而且也受到了其他教派的广泛重视。历来有诸多大德为之作注、作释、作讲义、作提要,不下二百余种。其中四种最重要的注疏,被后人合为一编,分上下二函,即所谓《菩提道次第广论四家合注》。四家分别是：跋梭化身拉旺曲吉坚参的墨注；达陇扎巴道次黄注；嘉木样协巴·阿旺尊哲的道次科判（红注）；扎底格西·仁钦顿珠《毗钵舍那章》注。本书为"佛学译丛"之一，是依据隆务册页本与拉朴椤木刻版印本两部藏文原本对《四家合注》进行汉文翻译的译著。在翻译过程中，译者既相互比对了两书，又考订和注释了《广论》所引经目和经文在《大正藏》中所对应的汉语，以求译文详实、准确和完整。全书分上、下册。上册包括道前基础、共下士道、共中士道、上士道等。下册包括奢摩他、毗钵舍那、《札底格西注》跋和《嘉木样协巴·阿旺尊哲注》跋等。此次对于《四家合注》的汉译尚属藏传佛教典籍翻译史上的首次，有助于进一步促进藏汉文化互动，深化佛教学术研究的拓展与交流。

（六）疑伪经

中国佛教疑伪经综录
曹凌编
上海古籍出版社　2011年12月　478千字　549页

伪经，相传是非佛所说、没有梵文原本而冠以"经"的名义的佛教著作。中国佛教疑伪经的撰造起于东晋以前，东晋释道安始在其所撰佛经目录中设立"疑经录"一类以著录这些经典。从东晋到隋唐，中国佛教疑伪经不断涌现。这一时期编撰的佛教经录著录了大量的疑伪经典，其目的是将这些经典排斥在正藏佛经之外，加之资料的分散、历来遭到禁毁和不受重视等原因，大量的疑伪经因此亡佚。然而，中国佛教的民间信仰，在很大程度上依赖于疑伪经的传播，使之成为中国佛教不可或缺的重要组成部分。本书综录了300余部见载于中国历代佛教经录疑伪录中的经典，对各部疑伪经的存佚、内容、文本流传过程等进行了考察，编制索引以便学人检索。这部书不仅为学术界提供了一本研究疑伪经的基础性文献，而且在佛教文献学上建立起一个新门类，也为其他学科比如民间信仰、仪轨、民俗研究提供了资料导向。对于考释民间信仰的集体记忆，疑伪经的意义甚至超过了正藏佛经。

东汉疑伪佛经的语言学考辨研究（国家哲学社会科学成果文库）
方一新　高列过著
中华书局　2012年3月　493千字　481页

汉译佛经是汉语史研究的重要语料，堪称世界佛教史、中国文化史的奇葩。作为佛经汉译的开端，东汉译经，尤其是东汉疑伪经的考辨研究无疑为中国佛教史、中国文学史、中国历史等学科的拓展提供了新的视角和研究依据。本书为"国家哲学社会科学成果文库"丛书之一，是东汉疑伪经研究领域具有开创性意义的学术成果。全书分为"疑伪佛经考辨概说"、"译经题署有误的译经考辨"和"失译经考辨"上、中、下三编，共10章。书中采用文献学和语言学考察相结合的方式，在梳理前人研究成果和总结译经语料特征的基础上，从语言学角度论述了鉴别中古早期可疑经的方法、步骤及其鉴别标准，通过对佛教经录、相关类书以及译经的词汇和语法现象的考察，对"旧题安世高译经"、"旧题支娄迦谶译经"、"旧题康孟祥译经"等译者题署可疑的译经展开了研究，对《大方便佛报恩经》、《分别功德论》两部失译佛经进行了考辨。这部著作较之单纯利用语法或词汇来鉴定，增加了可信度，初步建立了一套从语言学的角度对疑伪佛经进行鉴别的方法，具有较强的概括性、指导性和可操作性。

（七）撰述

《弘明集》《广弘明集》述论稿
李小荣著
巴蜀书社　2005年10月　500千字　643页

　　梁僧佑《弘明集》与唐初道宣《广弘明集》是中国佛教史上两部极为重要的典籍，它们为研究汉唐之际的三教关系提供了大量的文献资料。本书系根据作者2002-2004年在福建师范大学文学院所作的第二站博士后出站报告修订而成。书中针对《弘明集》、《广弘明集》二书中所共同关注的思想史问题进行了探源性研究，并对历来争论不休的《牟子理惑论》、永平求法说之真伪以及《弘明集》的撰成经过，进行了一些文献学的考证。全书共8章。主体内容属于思想史研究的范畴（第3-7章），依次讨论了《弘明集》和《广弘明集》所对应的共同课题：（1）化胡说，（2）夷夏论，（3）因果报应论，（4）形神论，（5）道教《灵宝经》与相关佛典之关系。在这五个问题中，前四个关涉儒释道三教的冲突与融合，故成为作者的重点研究对象，所著笔墨也最多，举凡问题的由来、三教各自的态度及各思想观点在后世的影响，都有穷原竟委的论述。另一部分内容则属于历史文献学研究的范畴（第1章、第2章和第8章），分别探讨了三大问题：（1）《牟子理惑论》（或称《牟子》）之真伪，（2）永平求法说平议，（3）《弘明集》撰集方面的两个问题（一是材料来源，二是撰集经过）。

弘明集校笺（佛门典要）
(南朝梁)僧祐撰　李小荣校笺
上海古籍出版社　2013年11月　525千字　830页

　　僧祐《弘明集》保存了东汉末至南朝梁时期的大量佛教资料，具有重要的文献价值。本书为"佛门典要"丛书之一，是李小荣教授参阅多种文献资料，对《弘明集》进行全面细致的考订，并对各版本中的大量俗字作出校正的著作，在校勘、语言考释方面体现了较高的学术水准，是目前《弘明集》文献整理方面最为完善、最有代表性的成果。书中以碛砂藏本《弘明集》为底本，以《永乐北藏》本、《频伽藏》本、金陵刻经处刻本、《四部丛刊》影印明汪道昆刻本《弘明集》为参校本，充分吸收《大正藏》本《弘明集》及《中华大藏经》本《弘明集》所作校勘记；所涉及的版本，除藏内诸本外，还有日本宽永十四年活字本、吴惟明刻本等；所收内容复见它书者，亦适当参校。本书体例完备、标点准确、文本可靠、校勘精准、注释雅驯，凡所涉历史人物、历史事件、重要佛道经典等，均广引儒、释、道文献笺注之。

《坛经》对勘
郭朋著
齐鲁书社　1981年6月　129千字　178页

　　慧能之后，先后出现四本《坛经》，即《南宗顿教最上大乘摩诃般若波罗密经六祖惠能大师于韶州大梵寺施法坛经》一卷（法海本）、《六祖坛经》二卷（惠昕本）、《六祖大师法宝坛经曹溪原本》一卷（契嵩本）和《六祖大师法宝坛经》一卷（宗宝本）。本书以法海本为准，按照法海本的文字顺序，对四本《坛经》加以对勘，并略加评按（部分引入日本学者的观点），其间是非、真伪，当可概见。全书包括"说明"、"法海、惠昕本坛经五十七节的题目"（表格）、"惠昕、契嵩、宗宝本坛经的品目"（表格）、"内容对勘"四部分；附录"六祖大师缘起外纪"（门人法海等集）、"六祖慧能禅师碑铭"（王维）、"赐谥大鉴禅师碑"（柳宗元）等6篇古文。

《坛经》禅学新探
潘蒙孩著
宗教文化出版社　2012年8月　250千字　233页

　　《坛经》不仅革新了传统佛教的思想观念，而且构建起一个全新、完整的禅学思想体系。在此体系中，"不二法门"是禅学思想的方法论，"佛性论"是禅学思想的理论基础，"心性"学说是《坛经》禅学思想的理论根据，"心行"是《坛经》倡导的修行的实践原则，"顿悟"是《坛经》指出的最终解脱的唯一途径。本书在充分借鉴已有成果的基础上，针对学术界在《坛经》禅学思想研究方面存在的一些不足，以考察《坛经》禅学思想的整体性为前提，探究了《坛经》不同版本的源流，《坛经》禅学体系的理论路径、整体框架、基本内容、本质特征和历史影响。全书分为"导论"、"《坛经》版本源流略辨"、"不二法门与《坛经》禅学体系"等7章。作者尤其重视探索《坛经》如何借用传统佛学的概念、范畴和命题，来建构不同于传统佛学的新思想和新观念，据此提出了许多具有启发意义的新观点和新见解。

神会和尚禅话录（中国佛教典籍选刊）
杨曾文编校
中华书局　1996年7月　169千字　246页

　　1930年上海亚东图书馆出版了胡适校编的《神会和尚遗集》，收载了他从英国大英博物馆收藏的敦煌遗书中查找到的记录唐代神会和尚语录的《南阳和上顿教解脱禅门直了性坛语》、《菩提达摩南宗定是非论》、《南阳和问答杂征义》等文献的校本，然而原写本残缺不全，故校本中不少地方难以读通，也有混淆排列的情形。本书为"中国佛教典籍选刊"之一，是以敦煌博物馆收藏的写本（077号）为底本，参校胡适校本及日本铃木大拙据日本人收藏本所校《荷泽神会禅师语录》等，重新编校的一部神会宣说南宗"顿教"禅法的谈话和讲演的语录。全书由三部分组成：正编，收有《南阳和上顿教解脱禅门直了性坛语》、《菩提达摩南宗定是非论》、《顿悟无生般若颂》、《南阳和尚问答杂征义》等；附编，收有从《宋高僧传》及《景德传灯录》史书上抄录的记载神会生平和禅法的8种文献资料；研究，收有作者已发表的2篇研究论文。

临济录（中国禅宗典籍丛刊）
（唐）慧然集　杨曾文编校
中州古籍出版社　2001年10月　158千字　199页

　　《临济录》有不同版本。明版《四家语录·临济录》比较接近原本，但流传不广。最流行的版本是源自北宋云门宗禅僧宗演重编的刻印本，常见的为明版《古尊宿语录》卷四、卷五所载的《临济录》，内容稍有增加。日本《大正藏》卷四十七所载《临济录》是源自元朝大德二年（1298）的刻本，与宗演本一致。在中国一直不见《临济录》单行本，更无简体字的《临济录》。本书为"中国禅宗典籍丛刊"之一,是一部用简体字将《临济录》校订出版,以便于学人研究和读者阅读的文献资料书,收录了临济慧照玄公大宗师语录序、镇州临济慧照禅师语录序、镇州临济慧照禅师语录等内容。全书包括三部分:一、《临济录》,以《大正藏》本《临济录》为底本,校之以明版《四家语录》、《古尊宿语录》本的《临济录》等,对全文进行校订、标点和分段;二、附编(一)是从《祖堂集》、《宋高僧传》和《景德传灯录》等佛教史书中选录的义玄传记和有关他的禅法的资料;三、附编(二)收录了作者的研究论文《临济义玄和〈临济录〉》,对义玄的生平、《临济录》的编排结构、义玄的禅法思想作了比较全面的介绍。

菩提达摩四行论（少林学史料丛书）
杨曾文主编
少林书局　2006年10月　80千字　106页

　　记载禅宗初祖菩提达摩语录的《二入四行论》现有多种版本,其中以敦煌本、日本天理大学图书馆收藏的朝鲜在明天顺八年(1464)刊印的《二入四行论》最为完整。本书为"少林学史料丛书"之一,是以发表在《驹泽大学佛教学部研究纪要》第54号(1996年)上的《天顺本菩提达摩四行论》(椎名宏雄校录)为底本,参校铃木大拙《校刊少室逸书及解说》之第一篇《达摩大师二入四行论及略序等》,并参考《中国禅学》第二卷程正所翻译的椎名宏雄教授的两篇论文及第一篇译文中所附简体《天顺本菩提达摩二入四行论》编校而成的一部记录菩提达摩言行的著作。内容包括永信法师的序、法缘校《菩提达摩四行论（天顺本)》,杨曾文校《菩提达摩传》（道宣)、《魏朝三藏法师菩提达摩传》（释净觉)、《东魏嵩山少林寺释菩提达摩传》（杜朏)及其撰著的《关于〈二入四行论〉的版本》等。《菩提达摩传》收录自唐至宋七种佛教史书中所载录的菩提达摩传记的点校本。杨曾文所著《唐至宋初的达摩传记》对此作了介绍,其另一篇《达摩禅法〈二入四行论〉》则对《二入四行论》中所阐释的禅法思想进行论述。

《景德传灯录》研究（浙江大学古籍研究所·中国古典文献学研究丛书）
冯国栋著
中华书局　2014年9月　340千字　524页

　　《景德传灯录》为北宋真宗朝,吴僧道原所撰之禅宗灯史。此书集录自七佛至禅宗历代诸祖五十二世,一千七百零一人之传灯法系,为宋代"五灯"之首。书成之后,道原诣阙上进,真宗特命杨亿诸人加以刊定,敕准编入大藏流通。《景德传灯录》在宋、元、明各代流行极广,对教界文坛俱影响甚深,"读《传灯》"几成参禅之同义语。然受近世禅宗研究重前期禅史研究之风气影响,学界对此书的关注有限,故很有切实研究之必要。本书为浙江大学古籍研究所"中国古典文献学研究丛书"之一,作者采用文献学的研究方法,立足于宗教传播和宗教文学之视角,对《景德传灯录》的成书背景与学术渊源、作者生平与成书过程、刻印与版本源流等问题展开了深入细致的研讨,并得出相应结论。全书共6章。前为引言,后为附录。引言部分对近世禅宗研究及《景德传灯录》研究状况进行了回顾,阐明本书所采用之方法及所持之视角;附录部分则对近世禅宗研究的历史作进一步讨论。正文6章分别对《景德传灯录》的成书背景、《景德传灯录》之前的灯史撰作、《景德传灯录》的注文、《景德传灯录》的文学性研究、《景德传灯录》对宋人之影响等进行研究。

二、佛教律仪研究

佛教戒律学
劳政武著

宗教文化出版社　1999年9月　320千字　424页

佛教戒律为"三藏"之一，在佛学领域至关重要。戒律传来中国，与中华文化融合，乃有"律宗"及禅门"清规"的产生，影响深远。但律学自南宋即衰微，产生种种问题，迄今愈甚。本书是台湾学者劳政武先生运用各种相关学理对佛教戒律学之"规范"问题作深入探讨的专著。作者借鉴法制史学、法律学、法律哲学及西方伦理学的观点与方法，对佛教规范从史、法、体、用四个层面展开系统分析和论述，这也是戒律学研究的基础。全书共13章。第1章为绪论，介绍了本书研究对象之概念范畴、研究目的与方法等。第2-4章属于"史的探讨"，从法制史的观点，探讨佛门内外规范之流变。第5-9章为"法的探讨"，运用现代法学观点分析戒律有关问题；第10-11章为"体的探讨"，从"本体"层次去分析戒律的原理原则。第12-13章为"用的探讨"，从相关思想的会通，到实际的戒行问题，作广泛的检讨，提出具体的实践意见。

干戈化玉帛：五戒现代观（上）（觉群丛书·第3辑/觉醒主编）
愚子著

宗教文化出版社　2004年11月　110千字　199页

五戒（不杀生、不偷盗、不淫邪、不妄语与不饮酒）乃佛教徒必须坚守的戒律。其中前四戒为"性戒"（根本戒），不仅是佛教中诸戒之母，也是其他各大宗教设定的基本要求和非宗教徒做人的行为准则。本书为"觉群丛书"之一，作者结合今人的现实生活与道德规范，主要对佛教五戒中的不杀生、不偷盗和不妄语三戒展开论述，探讨了五戒在当今社会的时空适应性，阐述了今人守五戒之必要性、可行性及其现实意义。全书包括"尊重生命　慈悲不杀"、"大悲度众生　正命不偷盗"和"尊重真理　诚信不妄"三部分。作者在详细介绍三项戒条的制戒因缘、定义、特征等具体内容的基础上，表达了守持五戒所具有的护持生命的功能和价值，使人们认识到五戒是快乐生活的基石，是通往开悟、解脱、幸福的大门。

佛教忏悔观（普隐心灵丛书）
圣凯著

宗教文化出版社　2012年12月　100千字　152页

佛教"忏悔"来源于印度的宗教与文明。佛陀将其引入僧团的戒律生活中，使忏悔成为持戒清净的保证与前提。佛教传入中国后，中国的"礼"文化亦对佛教忏悔给予重要的影响。汉地高僧根据各种经论，编集了各种忏法，对印度佛教原有的忏悔思想与仪式做了进一步的融合、提升与创新，及至在当代佛教的宗教生活中，仍然发挥着重要的作用。本书为"普隐心灵丛书"之一，主要从"悔过宽容与忏悔仪式"、"持戒清净与忏悔业障"、"取相忏悔与无生忏悔"、"忏悔理念与忏仪制作"四个方面论述了佛教忏悔观的核心思想与践行方式，并对忏法的历史及忏仪制作等作了简要介绍。全书共5章。作者指出，忏法具有中国佛教的特色，更可以说是近现代中国佛教最为活跃的一面。忏悔作为佛教对罪恶的自觉，从内心里升起一种向上升华的力量，是对自身所处的时代、世界的一种自觉的反省。

三、教派

（一）总论

佛家宗派
谈锡永著
华夏出版社　2008年6月　225千字　361页

　　大乘佛学在印度没有发展得那么复杂，大别而言只有两派：空宗和有宗，亦称"中观宗"与"唯识宗"。此外，还有一系"如来藏"思想，按印度佛学传统，可以归入"中观宗"之内，称之"大中观"。可是佛学传播到汉土，却发展繁衍为十个宗派，即小乘的成实宗与俱舍宗，大乘的净土宗、禅宗、律宗、华严宗、天台宗、法相宗（慈恩宗）、三论宗和密宗。各宗的宗义因其根据的经论不同而有所差异。本书主要介绍了中国佛教各宗派的来龙去脉，不仅对佛家宗派成立的历史源流进行了追溯，点出各派的宗义、所依据的经论、修习的要诀和须知，也阐明各派的名相、特点与区别，同时对佛经故事作了全新的编写。全书包括佛家宗派、佛经故事新编两部分。书中用"中观宗"代替了"三论宗"，盖因"三论宗"研究的是"中观"思想，而汉土佛家研究中观不如印度佛学之精，是故不谈"三论宗"，改为介绍印度的"中观"学说。

佛教各宗大意（近代佛学丛刊/曾学文主编）
黄忏华著
广陵书社　2009年3月　270千字　278页

　　佛教之典籍，浩如渊海；敷词既极古奥，陈义又至深赜；大、小乘各经论乃至梵、华二土各家之撰述，其立说复甚纷歧。然佛学乃有统绪有条贯之学，苟得其要领，则二藏十二部，若网在纲，不难迎刃而解，而佛法之全体大用，无不明矣。本书为"近代佛学丛刊"之一，是我国近代著名佛学理论家黄忏华先生倾十数年心力，编撰而成的一部介绍佛教各宗大意的专著。此书脱稿于1931年，出版于1934年，"其主旨即在将佛教各宗之教义，提要钩玄，并加整理，使成体系"，以便让学佛者能够"由此粗疏之轮廓，得各宗之大概，然后以之为阶梯，讲而为精密之研究，庶不至颠顶佛法，儱侗真知"。全书包括释迦牟尼佛略传、印度佛教史纲、中国佛教史纲、俱舍宗大意、唯识宗大意、律宗大意、成实宗大意、三论宗大意、禅宗大意等13个部分，内容涵盖中国佛教十大宗派及佛教史、教义探究、佛经译释、人物传记等，其中对唯识一宗的陈述最为细致。

隋唐佛教各宗与美学
王耘著
上海古籍出版社　2010年8月　361千字　366页

　　自隋唐以来，中国大乘佛教兀然自立，中国式的佛教艺术大放异彩。随着隋唐佛教各宗的成熟，世界佛教的重心从印度、西域移至中土，承袭了本土艺术品质的隋唐佛教艺术更是创造出中国宗教艺术的奇迹。本书旨在同时拓展"佛教"与"美学"的"疆界"，发掘和阐释中国佛教美学的深层内涵。全书分为"圆融：天台宗与佛教造像"、"法界：华严宗与审美图式"、"性空：三论宗与审美形态"等8章。书中从分析隋唐佛教天台、华严、三论、唯识、禅、律、密、净土诸宗的思想及其特点入手，统合隋唐的造像、绘画、音乐等艺术形式以及墓葬、乐仪、律仪等所反映的社会风俗心理，以期构建佛教与艺术之间的美学联系、重新确立佛教美学的研究视角。作者强调，本书使用的"美学"一词，更多地涵盖着审美学、审美理论等维度，具有审美活动多元对话的性质，给予我们一种全息而立体的视野，以最终印证佛教与宇宙大化，活泼、生动、愉悦的生命体验性关联。

（二）大乘佛教

大乘佛学：佛教的涅槃概念（汉译世界佛学名著）
[俄]舍尔巴茨基著　立人译
中国社会科学出版社　1994年1月　150千字　251页

《大乘佛学》与《小乘佛学》是俄国著名佛教学者舍尔巴茨基（1866-1942）的代表作，最初由英文写成。出版70余年来一直被西方的佛学研究者、东方学学者视为不朽名著，代表了以西方比较语言学、比较哲学方法研究东方佛教的成果，舍氏本人也因此被认为是独辟蹊径的开拓性哲学史家。本书为"汉译世界佛学名著"丛书之一，是舍氏所著《大乘佛学》的汉译本。书中以公元2世纪佛教思想家龙树为研究对象，围绕涅槃概念考察了大乘佛学的绝对观，揭示了这一流行于东亚和蒙藏地区以及前苏联布利亚特、喀尔梅克地区的大乘佛教运动的思想底蕴。全书分为"序论"、"佛教与瑜伽"、"神秘的直观"、"佛陀相信个体之我的永恒性吗"、"佛陀是不可知论者吗"等21章。舍氏的大乘佛学观着眼于佛教核心观念的发展趋势，从哲学角度概括和描述了佛教在整个印度思想体系中的地位，指出涅槃概念在从小乘到大乘的历史变迁过程中，获得了根本相反的性质。

大乘佛学与终极关怀（佛学小丛书）
王路平著
巴蜀书社　2001年3月　330千字　433页

大乘佛学关怀的是生命本身的终极意义，即生命的终极存在和终极意义如何可能的问题。本书为"佛学小丛书"之一，作者以大乘佛学为纲，全面阐述了它的历史渊源、庞大体系及各大宗派的思想要义和逻辑发展，重点剖析了大乘佛学的思想义蕴、终极关怀及其现实意义，深入发掘了大乘佛学的丰富的精神资源及社会价值。全书分上、中、下三篇。上篇（3章）论述作为大乘佛学创立源头的原始佛学思想，其中包括对佛教缘起的历史、佛陀的生平及其创教过程、原始佛教的基本教义、哲学基础等方面的介绍和分析，目的在于从源流上把握大乘佛学的初始状态。中篇（5章）为本书之重点，系统阐述了大乘佛学的思想体系及各大宗派的思想要义，勾勒出中印大乘佛学的发展线索，通过考察大乘佛学的三大系统：中观之学、唯识之学和真常之学，论述了三大系统之间的相互关系，以及中国大乘佛学的律宗、净土宗、三论宗、唯识宗、天台宗、华严宗和禅宗七大宗。下篇（4章）为本书之结论，作者结合自己的体会，着重阐述了大乘佛学的终极关怀,力图探寻大乘佛学在现代社会中的应用价值,发掘现代文明建设可资利用的佛教思想资源。

初期大乘佛教之起源与开展（全3册）（印顺法师佛学著作系列）
释印顺著
中华书局　2011年10月　794千字　1206页

　　大乘佛法的渊源，大乘初期的开展情形，大乘是否佛说，在佛教发展史、思想史上，是一个互相关联的，根本而又重要的大问题。"原始佛教"经"部派佛教"而开展为"大乘佛教"，"初期大乘"经"后期大乘"而演化为"秘密大乘佛教"，推动的主力，正是"佛涅槃以后，佛弟子对佛的永恒怀念"。本书为"印顺法师佛学著作系列"丛书之一，是作者依托佛典研究初期大乘佛教的专著。书中探究了初期大乘佛法之源，论述了大乘佛教兴起的背景和动力、大乘佛教初期法门的发展情形、初期大乘经典的集出与持宏等，并对平川彰《初期大乘佛教之研究》的论点作出评价。全书分三册，共15章。第一册（第1-7章），介绍大乘非佛说和初期大乘经，分别论述了佛陀遗体、遗物和遗迹之崇敬，本生、譬喻、因缘之流传，律制与教内对立之倾向，法之施设与发展趋势，部派分化与大乘，边地佛教之发展等问题。第二册（第8-12章）首先探讨了以佛菩萨信仰、净土信仰和神秘力护持信仰为基础的宗教意识之新适应，随后解说了部派佛教和大乘佛教之大乘经、般若波罗蜜法门、净土与念佛法门、文殊师利法门。第三册（第13-15章）先是对华严法门和其它法门所包含的内容予以介绍，最后从初期大乘的持宏者和集出者等方面展现大乘初期法门的实况，进而论证大乘是佛说。

中国大乘佛学（全2册）（方东美作品系列）
方东美著
中华书局　2012年6月　500千字　584页

　　佛学之难，不仅在于卷帙浩繁，而且在丁名相深奥。佛教自东汉传入中国后，原只是抚慰人心的宗教团体，然后逐步扩展其理论基础，开始与知识阶层往还。本书为"方东美作品系列"丛书之一，系根据当代哲学大师方东美先生于1974年9月、1975年5月在台湾辅仁大学讲授"中国大乘佛学"的录音笔记修订而成，共21讲。此一部讲学笔记，首先概述了中国大乘佛学的前奏：六家七宗，尔后分别介绍了中国大乘佛教的三论宗、天台宗、唯识宗和华严宗四宗，重点论述了前述三宗。全书分上、下册。内容包括：僧肇三论；道生的"佛性论"；天台宗的判教方法；法相唯识宗的判教方法；华严宗的判教方法；三论宗的哲学；泛论三论宗的中道思想；从分析哲学观点评述三论宗与康德哲学、天台宗、华严宗之异同；论天台宗思想体系的特点；从唯识宗的思想理路可解决本文存在主义的困惑问题；等等。作者以浅显的口语表述深奥的佛学，以中西印比较文化的观点随处阐发，毫无晦涩窒碍之感，尤显其学术功底之深。

三宗论：华严宗　天台宗　牛头宗
曾其海著
上海社会科学院出版社　2006年8月　210千字　221页

　　本书以华严宗（唐代中国佛教的一个重要宗派）、天台宗（中国佛教的第一个宗派）、牛头宗（代表了南朝结束后江东佛教的特色）为研究对象，运用文本考证与学理阐发互补的方法，对三宗的思想特色、教义旨趣、历史沿革、互动关系等进行了探讨。全书由四部分组成。第一部分"华严宗佛学导论",遵循逻辑与历史相一致的原则,从《华严经》旨趣开始,叙述华严宗的创立过程,剖析华严宗的佛教思想、判教思想和哲学思想。第二部分"天台宗佛学散论",将天台宗的"无情有性"说、"三身相即"理论与西方的生态伦理观、基督教的"三位一体"观作了文化学意义上的比较研究,探讨了天台宗的"舍报"、教育思想特色、天台宗与华严宗的交涉等问题。第三部分"牛头禅综论",综述了牛头禅应时势而创立,其间经六传,以及它信奉的经典、教义旨趣、史料勘误、与江南天台宗之交涉、在印度禅向中国禅转位中的作用,最后六祖门人移居天台山佛窟岩创立佛窟学。第四部分为附录"佛教文化论",从文化视角对佛学作了解读。

1. 三论宗

三论宗源流考
杨永泉著

江苏古籍出版社　1998年12月　418千字　544页

三论宗是隋唐时期中国佛教的一个重要派别,为隋朝吉藏所创。三论宗主要宣讲佛教的般若思想,有古三论和新三论之分,新三论引进了如来藏、佛性思想,对后来的天台宗、禅宗、华严宗影响甚深。虽然三论宗在中国没有传播下去,但在日本却是盛极一时,成为日本佛教史上的第一个宗派。本书采用史论结合的方法,从三论宗的初祖龙树写起,详尽考释了龙树中观学思想的历史源流,对罗什、僧肇用龙树正统的中观般若思想纠正六家七宗般若思想的"偏而不即",三论学形成,与成实学的论战,三论学在论战中获胜,最终正式形成宗派的整个历史过程亦作了全面介绍,同时深入考察了三论宗在日本的传承、三论宗祖庭栖霞寺的形成和历史兴衰,客观评价了摄山学系在中国佛教史上的地位和影响等。全书共5章。内容"搜罗广博,既丰且详","既综合了前人的论议,也提出了自己的观点",堪称一部经过深入研究而有学术价值的著作。

三论宗佛学思想研究（觉群佛学博士文库/觉醒　赖永海主编）
李勇著

宗教文化出版社　2007年6月　240千字　274页

形成于隋代的三论宗,由于传世时间很短,唐以后很少为佛教界所关注,至近代"佛教复兴运动"兴起,始逐渐为教内外的学者所注意。但时至今日,三论宗仍然没有得到足够的重视。本书为"觉群佛学博士文库"丛书之一,作者在借鉴前人成果的基础上,以三论宗创始人嘉祥吉藏的著述为中心,对三论宗佛学思想的基本框架,三论宗的缘起性空、二谛、中道、二智、佛性等思想的形成与主要内容,以及三论宗的语言观,修行、解脱与判教理论等,进行了深入细致的分析和研究,条分缕析地阐释了三论宗佛学思想中各概念、命题之间的内在关联,试图纠正学界有关吉藏思想的某些观点。全书共10章。作者认为,控制"理"（"不二之理"、"缘起性空"之理）、"教"（对"理"的言说）、"境"（与"理"的意思基本相同）、"智"（修行主体或说法的主体所达到的智慧）这几个主要问题,不厌其烦地向上讲,是三论宗佛学的根本特征。上述几个主要问题之间是密切相关的,就三论宗佛学的究极处而言,它们又是平等的,反映出三论宗佛学体系的统一性、严密性。

中国三论宗通史（凤凰文库·宗教研究系列）
董群著
凤凰出版社　2008年7月　373千字　424页

　　三论宗由隋代吉藏创立，因依龙树的《中论》、《十二门论》和提婆的《百论》等三论立宗而命名。三论宗发扬了大乘佛教的般若思想，推动了中国大乘佛教思想的形成，促进了佛教文化与中国传统文化的共同发展。本书为凤凰文库"宗教研究系列"丛书之一，作者积多年研究三论宗之经验与心得，系统考察了三论宗的兴盛与沉寂历程、代表人物与重要典籍、重大事件与文化影响等，论述了三论宗义学思想的基本内容，特别是"关河三论"和"嘉祥三论"这两个重要阶段的思想内容，揭示了三论宗与中国思想文化的关系，阐述了三论宗在中国思想史上的地位。全书共9章。内容包括：般若类经的翻译及思想，般若学派六家七宗的人物及思想，关河三论学派的主要人物及思想，摄山三论学派的主要人物和思想，南北朝至隋朝时期南方三论义学的其他重要人物及思想，北方四论学派重要人物及思想，嘉祥吉藏及其思想，《肇论》研究史，三论宗章疏的回传等。

2. 天台宗

中华天台宗通史
朱封鳌　韦彦铎著
宗教文化出版社　2001年9月　289千字　482页

　　天台宗是中国佛教史上最早形成的一个宗派。其源流远承释迦如来的大觉心海，近接印度龙树菩萨的中道学说。北齐慧文大师依龙树的《中观论》而发明一心三观的妙理，以授南岳慧思大师（515-577），慧思以传智顗大师。因此，他们遥尊龙树为始祖。智顗大师则是天台宗的实际创造者。他的理论思想，主要反映在由他讲述、弟子灌顶记录的《法华玄义》、《法华文句》和《摩诃止观》中。本书系朱封鳌、韦彦铎两位天台宗学者合力撰写的一部介绍天台宗历史和主要理论思想的集大成之作。书中不但对天台宗源流、思想、特色和贡献，以及古今中外有关天台宗及其研究的事迹作了细致梳理，而且在"继承古籍、旧作的基础上，又有极大创新、提高"，对天台宗思想的一些精微之处，亦有独到见解。全书共7章，内容包括：《法华经》的传入及法华经学的形成，天台宗的源流及其创立，章安灌顶与初唐天台宗，天台宗的盛大时期，两宋天台宗对禅净的融摄，元明清天台宗的沉浮，近代天台宗的复兴等。

天台宗史迹考察与典籍研究（赤城楼天台宗文丛）
朱封鳌著
上海辞书出版社　2002年12月　284千字　359页

　　天台宗是我国佛教史上成立最早，具有民族特点的佛教宗派。它的理论体系、思辨水平和组织规模在中国佛教史上无出其右，至今影响犹存。本书为"赤城楼天台宗文丛"之一，是我国著名天台佛学研究专家朱封鳌先生有关"天台宗史迹考察与典籍研究"的专著。书中充分利用作者发掘和积累的大量历史和现实资料，详细考述和研究了天台宗的历史遗迹与文献典章，厘清了天台宗的历史发展线索。全书分上、下二编。上编的13篇天台宗史迹考察散记中，除1篇记述湖北当阳玉泉寺外，其余均通过对天台宗名刹、古迹、史实等的细致描绘，倾述了天台宗在浙江走过的辉煌与沧桑。下篇的7篇论文中，作者又以研读天台宗典籍的心得与发现，进行了一系列有益的探索。本书的明显特点是资料的丰富性和多样性，举凡寺院殿堂、亭台的分布和变迁，佛像的类型和意义、碑铭的树立和意义、天台大师们的行迹和住锡等等，都有所交代和说明；其次，本书根据实物与资料所作对比和考证，肯定了很多翔实的史迹。

无明即法性：天台宗止观思想研究
陈坚著
宗教文化出版社　2004年7月　350千字　413页

中国佛教有三大禅修体系：一是观清净心的神秀北宗禅，二是观烦恼心的智顗天台禅，三是观当下心的慧能南宗禅。其中，观烦恼心的智顗天台禅即是所谓的止观。本书深入原典，探究了天台止观修行法门的思想渊源及其在天台宗的核心地位，通过对止观与天台宗其他教理之关系的分析和辨察，阐明天台宗所倡导的"无明即法性"、"烦恼即菩提"的实践基础与思想实质，弥补了学界在天台止观研究方面的不足。全书共7章。第1章概述止观与天台宗、止观的经典文本和止观的含义。第2章讨论《大乘止观法门》中的止观依止、止观境界与止观体状、止观断得和止观作用等思想。第3章介绍止观修行的阶梯。第4章分别讲解智顗对渐次止观（禅波罗蜜）所作的概念分析、相状分析和修行证果。第5章介绍修证"六妙门"的不定止观。第6-7章论述圆顿止观的"圆"、"三法观"和"十乘观法"。

天台判教论（儒道释博士论文丛书 / 汤伟侠　卿希泰等主编）
韩焕忠著
巴蜀书社　2005年11月　200千字　279页

判教是佛教中国化的思想成果，也是进一步促动佛教中国化的学术方法。天台智者大师以"五时八教"为能判之法，以全部佛教经典和理论为所判之教，对此前佛教在中国的发展作了一个总结，建构了天台宗一家的教理思想体系。本书为"儒道释博士论文丛书"之一，作者以智顗的教相判释为纲，以智顗判教思想最丰富的《法华玄义》为主要的解读文本，参照《摩诃止观》、《法华文句》、《四教义》以及灌顶、湛然等天台宗后继者的著作，对天台宗境界论、智慧说、修行论、修行次位论、佛教本迹论等作了全面梳理，揭示了智顗对内外教有区别的判释，阐述了天台宗判教的后续发展与历史影响，表明了天台宗判教在佛教中国化进程中的历史意义。全书共10章。作者将整个天台教学说纳入到判教的框架里加以分析和论述，已超出以往学者一般所关注的"五时八教"和"法华三教相"的范围，拓展了判教的研究视野和解释系统，颇有新意。

中国天台宗通史（上、下册）（凤凰文库·宗教研究系列 / 赖永海　何光沪主编）
潘桂明　吴忠伟著
凤凰出版社　2008年7月　632千字　752页

天台宗又名"法华宗"、"性宗"，是中国佛教史上最早出现的本土宗派，影响甚大。天台宗实际创始人智顗（538—597），因住锡浙江天台山，宗《法华经》，并因讲经论法，以反省观心为主，而有诸名称。本书为凤凰文库"宗教研究系列"丛书之一，作者基于天台宗历史演变的特殊性，以天台宗哲学思想为考察对象，对天台宗思想渊源、所依经典、流变及学术纷争，与佛教其他宗派的关系、与中国传统文化的相互融合与影响等方面进行了研究和阐述，展示了天台宗学术思想与历史发展的复杂性及其文化哲理的丰富性。全书共19章。书中依据天台佛学在印度佛教中国化过程中所起到的特殊作用，对其概念、命题的确立以及发展、演变作了重点解析，指出天台佛学为中国哲学从朴素的伦理道德学说向精致的思辨哲学、本体论哲学的转向提供了重要思想资料。故此，本书亦可将称之为"天台思想史"或"天台哲学史"。

天台宗与佛教史研究（中国佛教学者文集·宝庆讲寺丛书/朗宇法师 清修法师主编）
李四龙著
宗教文化出版社 2011年3月 350千字 414页

本书为"宝庆讲寺丛书"之一，选编了李四龙教授探讨中国佛教史和天台宗哲学思想的26篇文章，主要涉及天台宗哲学研究、佛教史批判两大方面。全书分上、下二编。上编重点讨论了天台宗的止观思想，包括：《"止观相即"的两种方式》、《天台智者的"秘教"思想》、《智𫖯"一念心"的解脱论内涵》、《以"一行三昧"为中心的台禅两宗观心论比较》、《天台智𫖯的如来藏思想述评》、《如来藏与中印佛学的分歧》、《现象学视野中的佛教世界观》、《谛闲长老与现代天台宗复兴》等11篇文章。下编主要是反思中国佛教史的学术论文，反映了近年来作者所关心的佛教史上若干重要问题，包括：《佛教征服了什么？》、《慧远的"心无义"与"不敬论"》、《法显西行求法的目的与意义》、《论中国佛教的民族融合功能》、《论宗派佛教成立的三要素》、《现代中国佛教的批判与反批判》等15篇文章。

天台宗佛学流派研究（上、下册）
文海编著
宗教文化出版社 2012年6月 250千字 370页

明代是一个佛教大融合时代：佛教内部有显教、密教融合，有宗、空宗融合，禅、教、律诸宗融合；外部有佛、儒、道融合。在这个时代大背景下，天台宗式微。本书选取明代天台宗两位代表人物智旭（1599-1655）、传灯（1554-1628）的思想和著述作为研究对象，透过他们承上启下的思想轨迹，探窥天台宗佛学的历史流变。全书分上、下二册。上册"灵峰派佛学"，从"儒佛合一、禅易合一、台净合一"三个方面论述了智旭思想，讲解了智旭与天台宗的关系。下册"幽溪佛学"，以传灯有代表性的《性善恶论》和《净土生无生论》两书为引线，从"评判外典人性论"、"阐述天台性具说"、"发展天台净土法门"三方面介绍了传灯的基本思想，指出传灯思想所彰显的"文化的自觉"的佛教特性。

3. 华严宗

华严宗哲学（全2册）（方东美作品系列）
方东美著
中华书局 2012年6月 720千字 834页

华严哲学是最能彰显佛教圆融特色和广大和谐精神的佛教哲学体系，是一种树立于宗教基础上的超越哲学体系，具有高度的宗教情操和哲学智慧。本书为"方东美作品系列"丛书之一，系根据当代哲学大师方东美先生于1975—1976年在台湾辅仁大学的讲课录音整理校订而成的探讨华严宗哲学的论著,是方东美思想体系的重要组成部分。全书分上、下册,由29篇讲稿组成。各篇标题、各篇中之小标题、附注部分以及各括弧内译语,均系校订者所附加。内容包括:《〈华严经〉的内涵》,《〈华严经〉的大科:四分说明全经之大旨》,《〈华严经〉所诠之义理:五周因果周》,《研读探究〈华严经〉之层次及意见》,《广大和谐的华严哲学》,《从比较宗教观点来说明华严宗与其他宗教之异同》,《华严宗的宗教精神》,《〈华严经〉中的宗教内容》,《检讨〈华严经〉的宗教内容暨〈华严五教止观〉之内涵》,《检讨佛学在中国传续的困惑问题及华严宗对此问题之解决》等。作者立足于现代世界哲学的宏观视野,运用现代西方哲学的逻辑方法对华严哲学进行、重新诠释与发挥,展现了一代哲学大师的宽广视野与精神风采。

华严哲学研究（中国地方社会科学院学术精品文库·浙江系列）
吴可为著

社会科学文献出版社　2014年6月　304千字　376页

严华宗哲学思想是印度大乘中观、唯识和如来藏思想的集大成者,代表着大乘佛教思想发展史上的一个巅峰。对华严哲学的现代诠释,正适合于为佛教思想研究提供一种整体性的佛教本位的诠释。本书为中国地方社会科学院学术精品文库"浙江系列"丛书之一,是国内首部在现代哲学语境下系统研究和阐释华严哲学思想的专著。书中以华严宗哲学的现代诠释为中心议题,提出一种有别于以西学为本位的现代佛教诠释方法,通过考察华严哲学的理论资源和心理基础,着重分析和论证了印度大乘中观、唯识及如来藏思想对华严哲学的决定性奠基意义,澄清了现代研究对华严哲学的一些常见和根本性的误解,指出产生此类误解的根本原因在于割裂了华严哲学与印度大乘佛教之间深刻的内在关联。全书共4章。作者认为,华严哲学通过地论、摄论学派的理论前导与印度大乘唯识古学之间存在着密切的渊源,是印度大乘中观学派的真正继承者。华严哲学实以般若中观的"空性"为思想内核,其根本特征在于以中观融摄大乘的唯识唯心教门,将全部佛教整合为一个次第严谨而又有机统一的思想体系。

中国华严宗通史（凤凰文库·宗教研究系列）
魏道儒著

凤凰出版社　2008年7月　314千字　359页

华严宗因依《华严经》立宗而称"华严宗",又称"贤首宗"、"法界宗",曾以"法界缘起"、"性起缘起"、"无尽缘起"、"四法界"等概括其全部理论。创始人是唐代法藏。本书为凤凰文库"宗教研究系列"丛书之一,是国内学者撰写的第一部系统研究中国华严宗通史的专著。书中围绕从"华严经学"到"华严宗学",再到"禅宗中的华严学"的转变过程这条主线,全面梳理了华严宗历史和理论形成、发展、演变、衰微和终结的脉络,重点分析了制约和诱导中国华严学兴衰变化的政治、经济、民族和文化等因素,深入考察了华严宗名词术语、重要典籍和历代高僧,以及华严学与般若学、唯识学、天台学、净土、密宗等的多方面交流和整合,揭示了华严宗所负载的中国文化精神及其独具的理论面貌。全书共8章。内容包括:华严典籍与华严经学,华严学的理论转型与学派建立,诸派融合与华严宗创立,华严新说与分支,华严哲学的终结与禅化过程等。

4. 禅宗

禅宗与中国文化（中国文化史丛书／周谷城主编）
葛兆光著

上海人民出版社　1986年6月　153千字　225页

  中国禅宗是在印度禅学的基础上成长起来的一株结着无花果的智慧树，融汇了印度佛教其他方面的种种理论，与中国土生土长的老庄思想及魏晋玄学相结合，构成一个既具有精致的世界观理论，又具有相应的解脱方式和认识方法的宗教流派。本书为"中国文化史丛书"之一，是一部从中国文化史的角度探讨禅宗精神志趣的著作。全书共4章。书中着眼于禅宗与中国文化的深层互动关系，从"禅宗的兴起及其与中国士大夫的交往"、"禅宗与中国士大夫的人生哲学与审美情趣"、"禅宗与中国士大夫的艺术思维"三个方面论述了禅宗对中国古代文人士大夫阶层之人格心理、审美心理和艺术思维方式的塑造与影响，阐释了禅宗的思想结构及理论特质。

禅宗：文化交融与历史选择
顾伟康著

知识出版社　1990年6月　179千字　228页

  印度佛教传入中国后如何在这片土地上生根、成长，乃是中国佛教史与中国文化史上一个饶有意义的研究课题。本书面对南禅禅师们编排的"教外别传"，不拘泥于前人考据，力图从被掩盖和伪造的历史背后钩索出真实的法相精髓。全书分为"禅宗缘起"、"禅宗祖师"、"南禅"、"坛经"、"总说南禅"5章。书中紧扣禅、禅宗、南禅递相嬗变的关键环节，对中国文化如何选择、消融印度文化这一重要层面作了专门性的论述与阐发，对禅宗史上许多争论不休的问题，如达摩其人其事、东山宗与牛头宗、慧能与神秀、《坛经》的真伪及其思想等提出了自己的见解，阐明顿悟的妙义。作者认为，南禅的出现，使昔日佛门弟子古寺青灯、灰身灭智、坐禅持戒的凄惨与寂寞，为友佛友祖、神交天地的自由所取代。南禅的解脱，则是刹那间的对生命的秘密、世界的本源、佛法的真谛的直接把握，是"我"与"世界"与"佛"的直接融合。

中国禅宗思想历程（宗教文化丛书／王志远主编）
潘桂明著

今日中国出版社　1992年11月　400千字　627页

  禅宗的成立，是以士族政治经济的削弱和传统佛教思想的挫折为背景的。在唐末五代的政治历史条件和社会环境下，禅宗借助《楞严经》、《金刚经》、《维摩经》等佛教经典学说，结合中国固有思维方式和老庄哲学思想，提倡心性"本觉"，于棒喝声中超佛越祖，开创了佛教中国化的新时代。本书为"宗教文化丛书"之一，全面讲述了中国禅宗思想产生、发展及传衍的历史过程。全书共16章。书中从达摩来华，论及"东山法门"、"北宗禅"、"顿悟说"、"五家七宗禅"、"元明丛林禅学"、"晚明士大夫禅学"和"清代禅宗思想"等，通观了中国禅宗思想发展史。作者认为，禅宗是中国佛教创造与革新运动的产物，乃依循中国人特有的思想和行为方式而创建，烙有鲜明的中国式思维的印记。

禅宗思想渊源（禅学三书之一）
吴言生著
中华书局　2001年6月　305千字　436页

　　禅宗的境界论，既是开悟论的推展，又是向本心论的回归，阐示了明心见性回归本心时的禅悟体验与精神境界，主要有一切现成的现量境、无住生心的直觉境、涵容互摄的圆觉境和随缘任运的日用境。本书为吴氏所著"禅学三书"之一，作者以探究禅宗思想渊源为目的，逐次论析了《楞伽经》、《起信论》、《心经》、《金刚经》、《楞严经》、《维摩经》、《华严经》、《法华经》、《圆觉经》、《涅槃经》这十部佛教经典对禅宗思想的影响。全书共10章。书中在分析各部佛典对禅宗思想的具体影响时，根据佛经文本所处语境的侧重点不同进行分类，同时对禅宗诗歌予以特别关注，解读了大量的禅宗诗歌，藉此说明大乘佛典是怎样经由禅宗的创造性继承，而转化为灵动通脱的禅学感悟。作者认为，强调一切众生皆有佛性的如来藏思想影响了禅宗的本心论、揭示自性沉迷缘由的唯识思想影响了禅宗的迷失论、以遣除扫荡的不二法门为特色的般若思想影响了禅宗的开悟论、主张事事无碍的华严圆融思想，对禅宗思想产生了重大影响。

禅宗哲学象征（禅学三书之二）
吴言生著
中华书局　2001年6月　275千字　391页

　　"颂古"是禅诗园苑的奇葩，与"公案"紧紧联系在一起；公案是禅的灵魂，没有公案，整部禅宗史便会轰然倒塌。本书为吴氏所著"禅学三书"之二，旨在从公案和颂古的角度探讨禅宗哲学象征、从诗学话语层面发掘禅宗哲学之意蕴。书中选取公案与颂古的合璧《碧岩录》进行分类研究，通过解读大量的诗意化的禅宗语言，探究了公案的意旨，分析了颂古的禅悟境界、运思特点、取象方式、美感质性，阐释了禅宗诗学喻象的独特意义。全书分上、下二编，共9章。上编（第1-4章）分别从本原心性、不二法门、禅门机锋、禅悟境界四个方面解析《碧岩录》。下编（第5-9章）分别从本心论、迷失论、开悟论、境界论四个方面阐述禅宗的意象群，即禅宗的哲学象征问题。本书对受大乘经典影响的象征意象的溯源、对雪窦《颂古百则》的条分缕析，体现了作者在品评禅韵时对佛教思想、诗情的关注，为禅宗研究作出了有益的尝试。作者认为，禅宗哲学象征意象，在汲取大乘经典精华的基础上，形成了自己的特色。尤其是禅宗哲学象征所新创的意象，超越了逻辑知性的范畴，是本色当行的禅定直觉意象。

禅宗的智慧
单纯著
宗教文化出版社　2006年2月　280千字　319页

　　禅在本质上是极其简单的，只要放下知见分别，远离价值判断取舍贪著，浑然一片地指认事物本身，切入本然法尔如是，就可以明心见性。本书从纵、横两个方面讲述了印度与中国佛教的历史轮廓，探讨了佛教哲学、佛教典籍、祖师禅的重要人物，以及中国禅宗的创立；从中印两种不同的文化传统及文化交流的视角来解释佛禅的奥义，以对佛教哲学之宇宙论、知识论、人生论的分析为基础,梳理禅宗典籍、人物及禅宗各派的修行特色,立足于禅宗关于佛性论与解脱论的阐说揭示出禅宗的智慧所在。全书共19章。作者认为,禅宗的产生,其情况与隋唐其他佛教宗派的产生情况颇不一样。它既不是延续印度佛教已有的某个宗派,也不完全信奉某部已有的教典,而是建立自己的宗经,标榜自己独特的修持方法。从这个意义上看,禅宗的形成就是中国佛教的一次革命。

禅宗美学(爱智文丛)
张节末著
北京大学出版社　2006年7月　274千字　299页

　　禅宗美学(关于禅宗哲学、伦理学和心理学之哲学形态的美学)是指在佛教禅宗影响下产生和发展的美学思想。中国古代美学在历史上曾有过从庄子到魏晋玄学的两次突破。此后,禅宗美学则为魏晋美学所接引而堂皇进入中国的文化系统。其特点是道家美学与禅宗哲学相结合,借助神秘的直观以证成自身的佛性。本书为"爱智文丛"之一,作者将研究定位于哲学美学而非文艺美学,提出中国美学史发展遵循审美优先而非艺术优先的规律,通过对中国美学史上从庄、玄到禅的历史转换的全景考察,从比较美学的角度论述了印度佛教被中国玄学所接纳的过程,阐明了禅宗审美经验的特质,认为在空观熏染之下的禅宗审美经验在本质上不同于庄子以及玄学的审美经验,并采取还原式描述的方法,提出运用现象学尤其是胡塞尔所创本质直观方法来启发对禅的空观的研究,从最基础的禅的感性经验入手,勾画了禅宗思想的哲学史、美学史转换线索,揭示了禅的感性经验与其背后的哲学思辨、价值体系和心理特征之关系。全书共6章。内容包括:禅宗美学前史,谛观与顿悟,禅宗自然观的变迁,禅化与诗化等。

寻觅性灵:从文化到禅宗(当代中国哲学家文库)
方立天著
北京师范大学出版社　2007年6月　480千字　453页

　　儒道佛三家的不同传统,各有所见,也各有所蔽,各有所得,也各有所失,如何根据现代社会的要求,加以创造性地阐发与运用,将是时代对我们的呼唤和赋予我们的任务。本书为"当代中国哲学家文库"丛书之一,作者从中华文化的三大传统入手,以扎实的资料和极具思辨性的哲学眼光,分别讨论了民族精神的界定与中国民族精神的内涵、儒佛人生价值之比较、佛教与中国文化、中国古代形神论发展的基本规律、禅宗的理论要旨、禅宗与念佛的历史演变、真性与自觉、性净自悟等问题,通过对儒道佛三家关系史及其哲学思想交涉、互动的各种线索的梳理,精确描绘了中华文化由"哲思"跃升到"禅思"的转换路径。全书分上中下三篇。在上篇"文化自觉"中,作者就中华文化的传统、核心以及传统文化与儒佛道的关系进行了说明,可视为文化层面上的总的概括。在中篇"哲学沉思"中,作者进入传统文化的哲学层面,集中探讨了先秦哲学、汉代经学与魏晋玄学、形与神、理与欲等问题,从思辨角度对中华文化的运行机理作了整体性的检视。在下篇"禅宗精神"中,作者经由哲学思考转向对"心性"的关注,分别介绍了汉晋禅法、南北朝禅法、南顿与北渐、如来禅与祖师禅等,试图透过对中国禅学思想之嬗变的分析,来探究中华文化"寻觅性灵"的融合趋势与内在逻辑。

中国佛教与禅宗（中国佛教学者文集·宝庆讲寺丛书／朗宇法师　清修法师主编）
纪华传著
宗教文化出版社　2008年5月　280千字　418页

　　本书为"宝庆讲寺丛书"之一，是作者从不同角度探讨中国佛教与禅宗的文集。书中结合传世的佛教文献、早期禅宗的敦煌文献以及地方史志、寺志和碑刻等资料，对禅宗思想的特质及其与中国佛教的关系做了全面的研究，涉及中国禅宗的历史及文物考古、禅宗与其他佛教宗派思想的互动与融合、禅宗一些代表性人物的主要思想、中日禅学文化交流及当前佛教慈善事业的发展等方面。全书精选论文20篇。内容包括：《菩提达摩碑文考释》，《马祖"即心即佛"说的思想渊源及禅法特色》，《明本的看话禅与工夫论》，《明末的禅净融合与禅教会通思想》，《玄鉴与元代云南禅宗》，《赵孟頫与中峰明本的佛学因缘》，《李贽佛学思想初探》、《20世纪以来的清代汉传佛教研究》，《慈航法师与南洋佛教》。

解脱论：禅宗解脱哲学研究
韩凤鸣著
宗教文化出版社　2008年7月　450千字　609页

　　佛教的根本宗旨在于助人实现解脱，解脱是佛教理论和实践的指归。禅宗所言"修心"和"心的解脱"概括了其全部理论、方法和目标，因而禅宗也称"心宗"，传禅也称"传心"，解脱的境界就是新的开悟。本书是作者在博士学位论文基础上修订而成的对禅宗解脱论展开全面研究的专著。书中以禅宗解脱观的目标景象与修行路径为导向，从哲学角度阐释了禅宗之基于解脱诉求的"心性感悟"问题，探索了哲学层面上的"清净"意涵、生命本体的追问与禅修实践之间的契合关系，以及禅悟的过程和解脱境界等。全书分三篇，共8章。第一篇"解脱主体的'清净'性考察"（第1-2章）论述了本来无一物的"清净"体的性相及其"体"的呈现。第二篇"回归清净的历程"（第3-5章）论述了对禅修的新规定，禅修的新法门，"悟"的过程、实质和悟后的境界。第三篇"无修之修和解脱者的生存"（第6-8章）论述了无修之修和清净功夫、平常之道和解脱者的实际、自然的法则与自在心灵的交汇等问题。

中国禅宗清规（弘法文库）
黄奎著
宗教文化出版社　2008年8月　220千字　265页

　　禅宗清规是以佛教戒律为思想渊源并对佛教戒律起重要补充作用的禅宗僧团制度，是禅宗僧团关于僧职设置、法事仪轨、行为规范和惩戒措施等的制度汇编，是佛教中国化在制度层面的经验总结和理论结晶，为禅宗僧团协和外部环境、整合内部资源、实现可持续发展提供了不可或缺的制度保障。本书为"弘法文库"丛书之一，是国内第一部以禅宗清规为研究对象的专著。书中将中国僧制史的发展划分为三个时代：从两汉之际佛教传入至唐代马祖道一弟子百丈怀海"别立禅居"以前，称为"前怀海时代"，其标志是道安的"僧尼轨范"、智顗的"御众制法"、道宣的南山律学和"东山法门"的农禅并举；从唐代百丈怀海"别立禅居"至五代末，称为"怀海时代"，其标志是百丈怀海创制《禅门规式》（即"百丈清规"）；从宋代至清末，称为"后怀海时代"，其标志是北宋《禅苑清规》、元《敕修百丈清规》和清《百丈清规证义记》。全书共7章。书中结合中国佛教史、禅宗史和僧制史的相关史料，考察了古代清规文本，概括其主要内容和时代特点，彰显其历史作用和现代价值，揭示出禅宗清规的思想渊源和形态流变，认为禅宗僧团因生存方式迥异于世俗主流生存方式，故可视为一宗教性亚文化群体。与怀海时代古清规相比，后怀海时代禅宗清规具有更为丰富的内容。

智慧与解脱：禅宗心性思想研究
牟永生著
中国社会科学出版社　2008年10月　210千字　259页

　　修禅即修心，禅悟即心悟。解脱的境界亦即心之开悟。本书以智慧与解脱为主线，以禅宗心性思想的发展为脉络，透过中国传统文化（儒道佛三教为主）对心、性、心性的一般理解，探寻了禅宗心性思想的文化资源。全书共5章。书中在追索禅宗心性思想之成因的同时，对禅宗心性思想的形成与演变过程作了梳理，分别从心性空无观、本体观、价值观、修养观、觉悟观、解脱观和境界观等方面展开对禅宗心性论丰富内涵之挖掘，阐明禅宗心性思想作为一种基于心性本体的智慧解脱论之思维本质。作者认为，研究禅宗心性思想，有助于人们进一步理解中国传统思想文化"有容乃大"的开放性特征，有助于人们为修复自己的心灵家园提供一种智慧参照，从而有利于弘扬本民族的优秀文化，实现人际和谐，共建和谐世界。

禅宗概要
方立天著
中华书局　2011年1月　316千字　333页

　　禅宗是佛教中一种独特的信仰取向和修持方式，是深受儒、道传统文化熏习的中国人在接触印度大乘佛教义理后，体认到自己心灵深处的奥秘，进而开发出的人生价值新天地。禅宗也由此成为佛教研究的热点。本书是著名学者方立天教授近年来在禅宗研究领域重要成果的结集，乃择取禅宗研究的基本方面和某些要点的概要性著作。全书分四编，共收录论文25篇。第一部分"历史编"，介绍中国禅宗实际创始人，解说如来禅与祖师禅，并就禅宗的平民化和融合教门的转型现象作了历史的说明。第二部分"理论编"，论述禅宗的理论要旨、思想结构与核心观念，探讨禅宗对语言功能的看法及其语言游戏规则。第三部分"心性编"，叙述菩提达摩、神秀、慧能等人的心性思想，着重分析慧能南宗各重要流派，主要是荷泽宗、石头宗、洪州宗和临济宗的心性思想。第四部分"禅法编"，首先介绍汉晋、南北朝禅法和东山法门，随后分析南顿与北渐的歧异以及南宗禅法的类型与演变。

中国禅宗通史（凤凰文库·宗教研究系列）
杜继文　魏道儒著
江苏人民出版社　2008年4月　535千字　636页

　　禅宗曾以其独有的方式在中国历史上发生过特殊的影响。作为一个宗教派别，禅宗不崇拜任何偶像，不信仰任何外在的神和天国；作为一个佛教派别，禅宗自称"教外别传"，既否认佛教经典和佛祖权威，也否认佛菩萨以至净土的真实存在。它的生成情况极为罕见，具有鲜明的中国气质和文化个性。本书为凤凰文库"宗教研究系列"丛书之一，是迄今为止中国学者撰写的唯

——部禅宗通史著作。书中以系统阐述禅学思潮，禅宗派系、典籍和人物为主，深入分析了禅学与戒律学、般若学、唯识学、华严学、天台学、净土、密教的多方面交流和整合，全面叙述了从印度禅学到清末禅宗的流变历史，时间跨度2000多年；完整记述了禅学与道教、儒教为主体的中国固有思想文化的冲突、融合和互动过程。全书分为"禅宗前史：禅学和禅僧团"、"禅宗的形成及其分布（隋与唐代初期）"、"禅宗的南北对立和诸家态势（中唐之一）"、"诸家竞起和它们的分布（中唐之二）"等9章。作者既注重揭示制约禅宗兴衰的政治、经济、民族和文化等因素，也着力考察禅宗在推动中国传统文化发展和对外传播中的作用，在探讨诸多重要历史和理论问题方面，提出了不少新观点。

中国禅宗史
印顺著
上海书店出版社　1992年3月　427页

本书是印顺法师继《中国佛教史略》后撰写的第二部史书，也是当代中国人创作的第一部禅宗正史著作。书中抛开门户之见，秉持"以史论史"的客观态度，对印度禅到中国禅的发展、禅学的中国化、牛头宗在中国禅学发展中的重要地位等问题作了系统的考察，勾勒出从印度禅向中国禅转化的历史和逻辑线索，更新了禅宗研究上的旧有观念，显示了作者精深的佛学造诣。全书共9章。第1-2章考察中国禅宗初期的形成状况，分析从六、七世纪达摩东来，到东山弘忍、曹溪慧能的禅法演变。第3章通过对"什么是南宗"的论述和反思，认为"南顿北渐"之说乃后世所传，指出中国南禅"牛头宗"的真实由来。第4章列举道信、弘忍、慧能等各流派所发挥禅风之种种相，探究其分化的原因，言明《楞伽经》在各派传承中的作用。第5-6章讲论慧能行历及《坛经》思想法脉。第7-8章阐述荷泽神会与南宗的关系、曹溪禅的弘布，诠解禅宗发展到8世纪时所呈现的"越祖分灯"之盛况。第9章综述书中所提之观点，对中华禅宗特色作出总结。

中国禅宗思想史略（朗朗书房·禅意思想丛书）
麻天祥著
中国人民大学出版社　2007年3月　294千字　488页

以往的禅宗史，笔墨多集中在隋唐五代时期，这也是禅宗发展的鼎盛期。但禅宗发展的鼎盛期过去以后，余波激荡不已，影响也十分巨大而深远。造就此种文化现象的一个重要原因是佛教在中国发展的千余年间积累了十分丰厚的文化和精神资源，其主体部分是彻底"中国化"的佛教宗派禅宗。本书为朗朗书房"禅意思想丛书"之一，作者以对禅宗思想的"中国本原"的深度发掘为主旨，清晰梳理了禅宗在思想理论方面的历史演进脉络，特别是对宋之后的佛教和禅宗作了重点阐释，指出宋以降的禅宗并未衰落，而是转化为居高临下的全面渗透：禅宗重铸了中华民族的人生哲学，丰富了知识阶层的理性思维，陶冶了中国知识分子的审美观念。全书分为"禅宗思想的形成与分流"、"宋代禅宗思想的综合与渗透"、"元明禅宗思想之变异"、"清代禅宗思想的入世转向"四编，共17章。内容包括：禅宗思想的奠基与形成，禅宗思想的分流，禅史与禅学研究，禅学的张力与外向渗透，念佛禅之滥觞与流布，混融三教的文字禅，阳明禅与士大夫之逃禅等。编末部分收入《胡适对禅宗研究的贡献》一文。

柒、佛教

禅宗思想的形成与发展（凤凰文库·宗教研究系列）
洪修平著
江苏人民出版社　2011年3月　305千字　360页

本书为凤凰文库"宗教研究系列"丛书之一，是改革开放后国内学者撰写的首部禅宗思想研究专著，在学术界有较大的影响。书中参考近代以来新发现的敦煌文献等史料，从佛教中国化的角度，对中国禅宗思想之源、东土五祖禅法之展开、禅宗的创立与南北禅宗之分化、六祖惠能的禅学思想特色、五家七宗禅禅宗与中国哲学的关系等问题作了深入辨析与探讨，全面阐述了禅宗的中国化特色及其中国哲学思想史上的地位与影响，特别是对惠能禅宗以空融有、空有相摄的禅学心论以及在佛教基点上形成的三教合一思想，提出了独到的见解。全书共7章。第1章分别就早期禅学的特点、魏晋般若学对禅学的改造以及南北朝心性学说对禅宗的影响等作了研究说明。第2章着重论述由禅学到禅宗的过渡，具体分析菩提达摩系禅学在中土的展开及其在传统文化影响下形成的种种特点。第3章主要对弘忍以后禅宗的分化演变及各禅系的思想作了探讨。第4-5章以《坛经》为主要依据，全面研究了代表中国禅学主流的惠能南宗的禅学思想及其特点，重点分析了南宗禅对前人思想的继承与变革。第6章依次介绍惠能门下荷泽、南岳与青原三系的思想特点。第7章从组织形式与修行生活等方面探讨禅宗的中国化特色，对禅宗在中国哲学思想发展史上的地位与影响作了分析评价。

中国禅宗思想发展史
麻天祥著
湖南教育出版社　2011年10月　520千字　544页

禅宗思想是纯粹中国化的，又是大众化的老庄哲学。禅宗思想的形成，是以佛经的创造性翻译为前提，不断且广泛地汲取庄、老思想，由道生、僧肇奠基，终至《坛经》而成为系统化、大众化的哲人之慧。本书力图以历史和逻辑相结合的方法，集中探讨"禅宗思想是大众化的庄、老哲学，以及'禅'这种大众化的老庄哲学是如何形成并发展起来的"等基础性问题。书中辨析了禅宗思想的理论渊源和发展脉络，特别是对禅宗思想在宋代的全方位渗透、元明时期的变异、清代的入世转向，以及近现代禅宗思想的研究和跨文化对话等方面，进行了较为系统、翔实地梳理和论述。全书分为"禅宗思想的形成与分流"、"宋代禅宗思想的综合与渗透"、"元明禅宗思想之变异"、"清代禅宗思想的入世转向"和"近世禅宗研究之比较与禅的现代诠释"五编，共21章。本书突破了单纯的禅宗思想史框架，将整个中国文化，或者文化中的禅的思想史纳入其思考范畴。所述内容贯通历史、哲学、文学、艺术诸领域，填补了以往禅宗史研究的诸多阙佚，是禅学与禅宗思想研究，尤其是宋以后禅文化研究的创新之作和重要参考。

荷泽宗研究（儒道释博士论文丛书/汤伟侠　卿希泰等主编）
聂清著
巴蜀书社　2003年10月　180千字　184页

荷泽宗是南派禅宗在慧能之后形成的第一个派别，因其传承短暂而被人忽视。直到20世纪敦煌遗书面世，荷泽宗的重要性才为人所知。本书为"儒道释博士论文丛书"之一，作者以荷泽宗研究为中心，将初期禅宗史作为一个整体来考察，通过对荷泽宗内部思想的梳理以及外部思想的比较，展现了荷泽宗的发展背景和脉络，并对禅宗初期的思想传承、南北之争和南宗内部对立等问题作出解释，勾勒出初期禅宗演化的历史轨迹。全书共5章。第1章概述从神会到宗密的荷泽宗历史。第2章论述以神会为代表的慧能学派与达摩学派的关联问题。第3章考察禅宗南北两派的思想差异，指出南北之争实质上是真妄心系两种思想派别之争。第4章考察神会同达摩学派和北宗的关系。第5章通过对洪州宗几个关键命题的考察，解析荷泽宗与洪州宗思想上的关联。

唐五代禅宗史
杨曾文著
中国社会科学出版社　1999年5月　500千字　616页

中国禅宗史大体上可划分为三个时期：一、禅宗兴起时期（隋唐至五代）；二、禅宗兴盛时期（两宋）；三、禅宗与佛教诸宗会通融合时期（元明清）。本书是国内第一部全面系统介绍唐五代禅宗形成和发展情况的断代史专著。作者以贯彻唯物史观为旨要，重点考察了禅宗兴起所依托的历史环境和社会背景，结合对重要人物与流派、禅法思想等的论述，揭示了禅宗的成立和迅速兴起实为佛教适应中国社会的民族化进程的具体表现。全书共9章。第1章介绍禅宗正式形成之前的禅经翻译和主要禅法。第2章介绍禅宗"史前"酝酿期从菩提达摩至僧璨的事迹和对后世禅宗有较大影响的禅法思想。此后各章介绍禅宗初创期、南北宗并立期和南宗独盛期的历史。书中援引史料极为丰富，除充分利用佛教史书、文史等传统材料外，还尽可能利用最新发现的文献和实物资料，如敦煌禅籍、碑文、地方志、考古发掘文物等；此外，作者注重搜集与整理国外最新研究成果，特别是作者比较熟悉的日本的禅宗研究成果，因而在许多具体问题上见解独到，如作者认为禅宗在形成与发展过程中得到藩镇节度使、中央委派的观察使、州刺史为首的地方军政官员的支持，五代时得到某些割据王国的优遇等。本书廓清了唐五代禅宗与当时社会政治文化的关系，为研究唐五代时期的哲学、宗教、文化等提供了参考和借鉴。

黄檗禅哲学思想研究
刘泽亮著
湖北人民出版社　1999年10月　339千字　432页

唐代晚期著名的禅学思想家黄檗（？—855）是中国禅宗盛期发展中由洪州宗向临济宗发展过渡的一个重要理论环节，在禅学思想史上具有承前启后的特殊地位。本书在详尽占有原始资料的基础上，遵循逻辑与历史相统一、史论结合、中西参照、古今贯通的方法论原则，立足于"四说"（转型说、智慧说、互动说、过渡说）对黄檗禅学进行全方位、多侧面研究，对黄檗宗的产生与发展源流进行系统的清理，并对其在当今社会的地位与影响进行哲学的分析与透视。书中将黄檗禅作为一个中介环节放置到中晚唐社会历史、思想文化转型的宏阔背景下，分析探讨其理论特点与历史定位，尤其注意参照近现代西方心智科学与哲学理论的方法，站在现代社会的立场上对黄檗禅学进行理性思考、站在黄檗禅学的立场上对现代社会进行批判性的审视，进而对黄檗禅学进行切合其历史与逻辑的阐释与评析，还黄檗禅学以本来的面目，还黄檗禅学以本来的历史地位。全书分"黄檗禅哲学思想研究"和"《传法心要·宛陵录》校释"上、下二编。上编共10章，前2章梳理禅宗发展及黄檗禅学的历史，后8章将黄檗禅学分为整体智慧、禅悟智慧、传释智慧和解脱智慧四个逻辑层次进行讨论，探讨黄檗禅学与现代哲学文化的会通。下篇分别对《筠州黄檗山断际禅师传心法要》和《宛陵录》予以校释。作者认为，研究黄檗禅学的历史发展与学理，对于洪州宗向临济宗的转化及临济宗的宗风特色及其以后的历史发展，从而对于促进和推动中国禅宗思想发展史的学科建设，深化对禅宗思想发展逻辑的认识和理解，具有重要的理论意义。

宋代禅宗文化（佛教文化丛书）
魏道儒著

中州古籍出版社　1993年9月　184千字　243页

禅宗兴起于初唐，盛行于两宋，是中国佛教长期发展和演变的必然结果。本书为"佛教文化丛书"之一，作者依据大量史料，重点考察了禅宗在宋代的传播和发展，研究了"文字禅"的形成和代表人物、文字禅的各种表现形式。对宋代禅宗的两大流派（以宗杲为代表的"看话禅"和以正觉为代表的"默照禅"），对契嵩的三教一致论，以禅宗的心性论为基础吸收儒家伦常名教思想的理论等，都作了比较细致的论述，从宏观上描绘出宋代禅宗的发展趋势。全书共7章。内容包括：宋代社会与禅宗，宋代禅宗发展诸阶段，文字禅的发展历程，宗杲的看话禅，正觉的默照禅，契嵩儒释整合理论及其影响等。

宋元禅宗史
杨曾文著

中国社会科学出版社　2006年10月　800千字　730页

本书是一部全面系统地论述两宋和元代禅宗传播与发展情况的禅宗断代史著作。作者依据大量文献资料，结合宋元时期特定的历史文化环境，对佛教禅宗史、文化史上有影响力的人物、著作和思想进行了考察和评述；既重视纵向梳理禅宗代表人物的传承关系，又重视横向介绍他们的社会交往情况；同时对宋元禅宗的代表性禅法，如"看话禅"、"默照禅"，以及各种形式的文字禅作了重点介绍和点评。全书共8章。第1章讲述宋元时期的社会和佛教、禅宗。第2章介绍宋初著名法眼宗禅师、学者延寿的生平、著作及心性论、禅教会通思想等。第3章介绍北宋云门宗的地理分布、著名禅僧的生平、著作及思想。第4章对云门宗之后迅速兴起的临济宗的代表人物延昭、省念、蕴聪、汾阳善昭、石霜楚圆等的经历、著作和思想进行考察。第5章对同属圆悟门下的大慧宗杲及其法系的大慧派、虎丘绍隆及其法系的虎丘派进行考察。第6章对北宋中期开始缓慢兴起的曹洞宗的代表人物投子义青、芙蓉道楷等人的生平和思想，特别是对宏智正觉提倡的"默照禅"进行考察。第7章介绍宋代儒者士大夫出入禅宗，与禅僧的交游情况。第8章介绍金末元初及正式建"元"以后的临济宗、曹洞宗代表人物的事迹和禅法。

宋元禅宗清规研究（弘法文库/印顺主编）
王大伟著

宗教文化出版社　2013年9月　400千字　353页

宋元时期是中国禅宗清规的成熟和完备期，佛教寺院随之步入"清规式"管理时代，其影响延续至今。本书为"弘法文库"丛书之一，作者运用历史学、社会学和人类学的理论和方法，从微观角度切入，考察了宋元禅宗清规中值得注意的各种名相，探讨了这些名相所指向的禅宗清规中的制度、礼仪、秩序等方面的问题。全书共12章。第1-2章分别从"丛林"和"戒律的神圣性与清规的世俗性"两个角度论述禅宗清规如何能在中国佛教中占有一定地位这一基础性问题。第 2 章通过对比戒律与清规特征之异同，讨论禅宗对这两者需求的差异。第 3 章探讨宋元禅宗清规中的礼仪问题。第 4-5 章对禅寺住持的象征与权力，以及职事僧群体的职责问题展开研究。第 6 章以宋元禅寺僧众参与活动时必不可少的图、牌、榜、状等为研究内容，探讨仪式生活中的行事秩序问题。第 7 章对禅寺中的建筑和器物展开研究。第 8 章探讨禅宗清规中的"嚫"的问题。第 9 章重点研究禅寺的慈善体制。第 10 章介绍禅寺中的葬礼。第 11 章主要从宋元禅宗清规中常出现的"祝圣护国"及《敕修百丈清规》的制定这两个角度，讨论清规与政治的关系。第 12 章为余论部分，在逐项分析梳理清规中的一些现象后，阐述禅寺中的神圣秩序。

中国曹洞宗通史（江西社会科学研究文库 / 陈东有主编）
毛忠贤著
江西人民出版社　2006 年 11 月　500 千字　605 页

本书为"江西社会科学研究文库"丛书之一，是作者基于禅宗与江西深厚的历史渊源撰写而成的中国禅宗宗派史专著（原名《曹洞宗源流通史》，因曹洞宗在日本、高丽、新罗等国传习的历史资料无法解决，故在书名前冠以"中国"二字，以示曹洞宗除中国本土外，尚有日本及其他国家的法系存在）。书中以曹洞宗的三次衰落和三次中兴为主框架，既溯其源流，又阐释其哲学思想，完整再现了曹洞宗的历史全貌。全书共 13 章。第 1 章为导论，介绍佛教本体思维产生、演变和定型的历史，指出大乘佛教的本体概念定型于中国的"圆教"。第 2-3 章介绍曹洞宗先驱的禅法思想，时间跨度从青原、南岳分立，石头、马祖开法江西、湖南至曹洞立宗之前。第 4-6 章为本书重点，讲述曹洞宗的创立经过及禅法的哲学内涵。第 7-13 章主要论述曹洞宗的"流"。作者以"三落三起"为主干来描绘曹洞宗的传承史，包括道膺之举唱及曹洞危机、曹洞少林禅系的建立及其南北弘传、明清常润法系、明清寿昌禅系等内容，廓清了临济、曹洞两家之门户界限的树立与泯灭，以及禅法的畛域被逐步打破的历史。

唐五代曹洞宗研究（哲学与文化丛书 / 江怡主编）
徐文明著
中国社会科学出版社　2012 年 12 月　570 千字　479 页

洞山系曹洞宗的正式名称，应该从清凉文益《宗门十规论》开始。曹洞宗的机锋公案，属其最有创造力的成分，更须极意参究。本书为"哲学与文化丛书"之一，作者围绕"药山惟俨为马祖门人"这一核心观点，全面考察了"实指整个药山系"的曹洞宗的历史发展脉络。书中针对唐五代时期曹洞宗的理论建设、宗派形成及其法脉传续作了系统的梳理与展示，述及从药山惟俨到石门慧彻 200 多年间曹洞宗的所有重要人物，细致考证了他们的生卒年、宗派归属及得法传禅之业绩。全书共 12 章。内容包括：药山惟俨与曹洞宗的起源，药山系的扩展与曹洞宗的孕育，夹山善会及其宗系，石霜庆诸及其宗系，洞山良价与曹洞宗的创建，云居道膺及其法系，疏山匡仁及其法系，龙牙居遁及其法系等。作者认为，曹洞宗虽然只是经过洞山这一短暂的黄金时代，便遭逢唐末五代之纷乱，然其在禅宗五家之中，理论最为精密，把握起来相当困难。因此对其理论有关的重要文献，不仅需要进行辨伪，而且应将之放在时空坐标中加以研究。

南宋元明清初曹洞禅
蔡日新著
甘肃民族出版社　2009年5月　325千字　318页

　　曹洞与临济两宗同时创立于中唐时期。然入宋以来，临济一宗自楚园南传之后，法脉格外兴旺，几乎占尽天下名山。而曹洞宗在五代至北宋时的弘传却不十分理想，甚至陷入了法脉如同悬丝的艰难境地，直到进入南宋才得以法嗣渐兴，传至元代乃出现中兴之局面，至明末清初则勃兴起来，最终把法脉延续到了清末。本书广泛参阅史料，详细记述了曹洞一宗的弘传历程，透过对南宋以降曹洞宗法嗣及禅法传承情况的考察，构绘了此宗成立、发展、变迁的历史图景，总结了此宗在弘传中的得失，从而为禅法的研习与传承提供某些借鉴。全书分为"南宋以前的曹洞宗"、"南宋曹洞禅"、"金元曹洞禅"等6章。作者指出，曹洞宗的宗风作略以细密圆融著称，它不但要求学人于事上离执，而且还要求学人在理上出离。曹洞与临济两宗在中国禅林中并弘，互为辅弼，使得禅宗在追求顿悟的同时不会忽视尘沙惑业的了断，也使得禅悟在力图达到圆满境地时不至于落入迟滞之中。

明清鼓山曹洞宗文献研究（中国社会科学院佛教研究中心丛书）
纪华传著
社会科学文献出版社　2014年4月　327千字　320页

　　明清时期鼓山禅宗文献，以永觉元贤、为霖道霈为代表的鼓山法系，在明清佛教史上极具研究价值。由于鼓山涌泉寺从明清以来得到了很好的保护，故而保存了很多明末清初刊刻的曹洞宗文献及其他佛教文献，有的文献未被传世大藏经收录，本身即可归入善本之列，不少文献在国内外图书馆也未收藏，属于孤本。本书为"中国社会科学院佛教研究中心丛书"之一，是对刊刻于明清时期的鼓山佛经目录、经版和现存文献情况进行专题调研的著作。全书共6章。主要内容有鼓山的禅宗传承与明清时期曹洞宗法脉，永觉元贤著述研究，为霖道霈著述研究，鼓山刻木禅宗著述及语录，鼓山刊刻净土类著作，鼓山刊刻戒律、忏法及其他著述。书末附录"从鼓山刻经目录看鼓山文献的刊刻与流传"、"文献篇：珍稀鼓山文献选"和"永觉元贤《鼓山志》及其文献价值"3篇。本书所引文献丰富，考证精密、叙述详实、总结精审。

红土·禅床：江西禅宗文化研究
段晓华　刘松来著
中国社会科学出版社　2000年5月　240千字　306页

　　中国禅宗文化主要依赖江西法系才得以绵延流布。禅宗后期的历史，实际上就是曹洞宗、临济宗杨岐方会法系的历史。此外，中国禅宗得以流传海外，成为世界性的宗教文化，同样得力于江西法系。本书以"江西禅宗文化源流"为主题，试图厘清佛教在江西的早期传播、禅宗入赣前的发育分化，以及兴禅于赣的地域文化因素，并将中国禅在江西的发展进程置于实际的生存环境与文化背景下进行考察和评述，触摸禅文化与江西地域文化交汇的汩汩奔突的脉搏，揭开禅宗文化宝贵厚重而尘封的一角。全书共6章。内容包括：青原行思、马祖道一、曹洞宗祖、临济宗祖等江西禅宗各派轨迹，江西禅宗特点的文化透视，江西禅宗与江西文学，江西禅宗与宋明理学等。

禅宗与精神分析（当代大学书林·哲学书系）
［日］铃木大拙　［美］E.弗洛姆　R.德马蒂诺著　洪修平译　褚平校
辽宁教育出版社　1988年6月　140千字　205页

  本书为当代大学书林"哲学书系"之一，其写作缘起于1957年8月在墨西哥召开的一次"禅宗与精神分析"专题讨论会（这次会议有世界各国50多位精神病学家与心理学家参加，其中大多数是精神分析学家），集中反映了20世纪中叶以来包括一些自然科学家在内的欧美人士对东方佛教宗派：禅宗日益增长的兴趣和看法。全书由"禅宗讲座"、"精神分析与禅宗"和"人类的处境与禅宗"三个部分组成。第一部分是日本禅学大师铃木大拙在这次会议上的禅宗讲座，由于听众是一些心理学家与精神分析学家，所以他在深入浅出地介绍禅宗的生活与思想的同时，特别谈到了禅宗中的无意识、禅宗中的自我概念等心理学问题。第二部分为美国著名精神分析学家弗洛姆所作，他主要对"人道主义的精神分析"与禅宗这两者作了比较研究。他的结论是，禅宗对今日西方有着重要的意义，因为禅宗能帮助人去找到他生存问题的答案，帮助人摆脱现代社会带来的精神危机。第三部分为德马蒂诺博士所作，他主要从哲学上论述了人之为人的完全实现，认为禅宗可以帮助人克服内外分裂、摆脱自我的困境，获得人的充分实现。

正统性的意欲：北宗禅之批判系谱（觉群佛学译丛/觉醒主编）
［法］伯兰特·佛尔著　蒋海怒译
上海古籍出版社　2010年12月　341千字　330页

  传统意义上的北宗研究强烈受到其批评者神会的影响。通过"顿渐"范式的论战，北宗被界定为"渐教"而在禅史中隐遁，南宗则以其"顿教"流行于世。面对这种历史定论，域外禅学研究标志性人物伯兰特·佛尔提出了自己的看法。本书为"觉群佛学译丛"之一，也是佛尔禅学三大"批判"的第一部。书中立足于对中唐时期政治、经济和知识语境的把握，在东亚佛教视野这一宽广背景下，借助敦煌写本和碑铭文献，以及当代西方前沿性学术思潮所给予的视角，跳出传统宗派系谱叙事的话语框架，对北宗教义及其祖师世系进行批判性的考察和读解，发现了许多被遗忘或改写的北宗禅历史和思想的踪迹，探讨了学界未曾留意或研究不够深入的多项课题，并将之与天台宗、华严宗、密宗等的关系予以梳理，作出新的阐述。全书包括三个部分，共7章。第一部分阐述神会的人生经历和思想，及其与佛教经院主义之间的密切关系。第二部分阐述神会之后的北宗试图适应新环境的进路。这些新环境包括：帝国政治的变化、对抗宗派的兴起、继承者个性特征的改变。第三部分阐述《楞伽师资记》及其作者净觉，着力挖掘史料背后的宗教意识形态和权力的关联。

禅宗自由观研究（佛学与人文学术文丛/刘泽亮主编）
贾应生著
宗教文化出版社　2012年10月　250千字　337页

  禅宗是最具自由气韵的大乘佛教宗派，其自由观的主旨是"证悟心性本来自由"。本书为"佛学与人文学术文丛"之一，作者从禅宗"不立文字，教外别传，直指人心，见性成佛"的根本宗旨出发，运用心性论诠释范型和哲学逻辑的研究方法，展开对禅宗自由观的研究，力求从三个层面揭示出禅宗自由观的基本内涵：心性本来自由、心性当下自由和心性究竟自由。全书分为"自由与禅宗自由观"、"绝诸对待的心性：禅宗自由的证悟指向"、"'自由清净'：心性的本来自由"等5章。作者借助禅宗义理与公案分析，精辟阐释了禅宗自由观以"一心"为万法本源和自由主体，以禅师直指和学人顿悟的相互契合为自由证取的外在方式，以学人"消解对立"和"明心见性"为自由证取的内在目标，于师学心心相印的当下，促成学人的最终开悟，解脱生死的束缚和烦恼，契入"全体独露"之自由境界的证悟过程。

禅宗与道家
南怀瑾著
复旦大学出版社　2002年2月　227千字　311页

　　魏晋以降，儒、佛、道三家鼎足而立，并称显学。它们既互相排斥，又彼此吸收，融通变易，争雄于世，从各个方面推进了中国思想文化的发展。本书是台湾著名学者南怀瑾先生撰写的一部介绍禅宗与道家的专著（原名《禅与道概论》，台湾老古文化事业公司出版，1968年）。书中以专题研究的方式，从历史发展和学术思想两个方面，系统阐述了禅宗与道家的宗旨、源流、修持和影响，剖析了佛学与中国文化历史的因缘。全书分为"禅宗与禅学"和"道家与道教"上、下两编。上编（4章）讲述佛教产生的历史背景，大小乘佛教的基本教义，禅宗的法脉传承，奠定后世禅宗思想基础的六祖慧能的事迹，禅宗语录、公案、机锋和棒喝，参禅的方法，禅学与理学的关系，禅宗对唐诗、宋词、元曲、明清小说的影响，以及闻名遐迩的丛林制度等。下编（9章）对道家与道教的隐士和方士的由来，道家与道教祖人物思想，道家与道教的学术思想，道教的形成与演化，老庄之学，齐燕之风，阴阳五行，神仙丹道等进行了颇有见地的讲解。

中国禅宗大全
李淼编著
长春出版社　1991年8月　2030千字　1263页

　　曾经风靡于我国古代社会五个朝代、十余个世纪、拥有信众最多的中国佛教禅宗，是一个独具异彩、神奇奥秘的佛教宗派，也是一个极富智慧与活力的佛教宗派。这个被视作中国佛教代名词的宗派自唐代创建以后，就对中国政治、文化、社会产生重大影响，并从唐宋开始就从中国传播到朝鲜和日本，在20世纪初又由日本学者传到欧美，引起西方学者的广泛兴趣，成为代表东方文化的显学。本书汇编了中国禅宗典籍和现、当代国内外研究中国禅宗具有理论深度和学术价值的论著，旨在荟萃禅宗思想精华，为研究者提供一部全面、系统而又精要的中国禅宗思想文献资料专集。全书共四辑。第一辑"中国禅宗名著汇要"，精选从南梁至清代的50余部禅宗典籍，尽量以最好的版本为底本，按撰写年代先后顺序排列，不做校勘，只加标点。第二辑"中国禅宗研究论著汇要"，精选现当代中外知名学者撰写的10余篇禅宗研究论著，按大陆、港台、国外序列编排。第三辑"中国禅宗名僧谱（内含居士）"，按生卒年、名号、行实、著述等对入选名僧作简介，涉及达摩至弘忍、牛头系名僧、北宗系名僧、南宗系名僧等10多个谱系。第四辑"中国禅宗书目提要"，分为史传部和宗义、语录部两个部分，主要就卷数、内容、出处等作提要，所撰提要书目达500余种。

禅宗与全真道美学思想比较研究（中华文史新刊）
余虹著
中华书局　2008年8月　200千字　224页

禅宗和全真道分别是佛教和道教具有代表性的流派，通过对二者美学思想的比较研究，可以管窥中国宗教审美化的特点，揭示中国宗教与中国人生活方式、思维方式以及审美方式等的内在关联。本书为"中华文史新刊"丛书之一，作者从禅宗和全真道两种宗教的审美本体入手，阐明了"禅"与"道"美学思想的共性与差异，指出禅和道审美的共同指向是人自身的心性之美，而心性之美实质上就是生命之美，据此进一步分析和论述了二者所展现的不同特征，即禅宗注重明心见性、全真讲究性命双修，以及禅宗"禅悟境界"和全真"仙道境界"的不同追求，禅宗和全真在审美意象、境界上的异同，禅宗和全真审美人格的相似相异等。全书共5章。书中所述对于禅宗和全真道美学思想的发掘与诠释，丰富了中国传统美学思想的内容，加深了我们对中国文化不同侧面的认识，见解颇具新意。

5.密宗

中国密宗大典（全10册）
赵晓梅主编
中国藏学出版社　1993年8月　8500千字　8642页

中国佛教密宗传自印度瑜伽密教。传入中国西藏者谓之藏密，传入中国内地者谓之纯密。唐代以前传入中国者多为杂咒（杂密）。据统计，现存汉译密藏经轨有400部，681卷；经疏14部，81卷；共计414部，762卷。日本《大正藏》收入密宗典籍193部，1109卷。这些密宗汉文译本对于今人研究印度、中国密宗历史，是极为珍贵的史料，受到国内外宗教界和学术界的重视，日本和一些西方国家已经刊印了很多密宗典籍校本，利用存世密宗典籍从事相关研究日趋活跃。鉴于有关密宗的汉文经典卷帙浩繁，本书主要收录唐宋时期西域僧侣所译汉文经咒，力求反映中国佛教密宗正式在唐代建立以后所经历的兴衰和发展过程；关于"杂咒"部分，本书破例收录《佛说摩邓女经》。因其年代早于竺律炎所译，故置于《摩登伽经》之前。书中所收诸经，多取日字正续藏为蓝本。字正续藏所无者，则补以日本大正藏。本书只收录有确当传人的著作，同一译著者之作，则力求依年代顺序排列，以便译经史家对比研究。首选善无畏、金刚智、一行三位大士的著作，依其译述年代的先后顺序排列，以便学者明晰译经源流，瞭解和比较诸家对弘传密法所作的具体贡献。继开元三大士之后，则选不空及诸家门弟子的著作，亦依年代顺序排列。

中国密宗大典补编（全10册）
赵晓梅　土登班玛主编
中国藏学出版社　1993年12月　10册

本书主要收录佛教诸经别本异译、与宗密有关佛典以及宋元明清四朝中国名僧就密宗经典所作注疏、仪轨等。后附日本入唐学僧（空海等）就学于善无畏、金刚智、不空嫡传弟子门下归国建立东密、台密所撰经疏、仪轨、法式等，反映了唐代汉地密宗发展全貌。全书共10册。第一册有苏悉地羯罗经、苏悉地羯罗供养法、苏磨呼童子请问经等。第二册有大毗卢遮那成佛经疏住心品（附诸家会释续一）。第三册有大毗卢遮那成佛经疏住心品（附诸家会释续二）。第四册有大毗遮那成佛经疏住心品（附诸家会释续三）。第五册有大毗遮那成佛经疏住心品（附诸家会释续四）等。第六册有佛顶尊胜陀罗尼经教足迹义记、增慧陀罗尼经、妙吉祥平等瑜伽秘密观身成佛仪轨等。第七册有修设瑜伽集要施食坛仪、修设瑜伽集要施食坛仪（补注）等。第八册有大方等大集经。第九册有金光明经疏、大乘大方等日藏经、千眼千臂观世音菩萨陀罗尼神咒经等。第十册有金光明最胜王经疏、十一面神咒心经义疏、佛说安宅神咒经、佛说华聚陀罗尼咒经等。

中国密宗宝典（全10册）
黄振华主编

民族出版社　1998年10月　10册

　　密宗起源于公元2世纪流行于印度的大乘佛教，是大乘佛教进一步神秘化、通俗化、世俗化的结果，在世界许多国家深有影响。密宗自称受法身佛大日如来深奥秘密教旨的传授，为"真实"言教。其主要特征是：高度组织化的咒术、神秘化的仪轨、世俗信仰和"三密为用"的独特义理。早在三国时期，印度密教的思想和实践便传入中国。此后600年间，中国本土高僧和译师汉译了不少密教典籍，一些域外来华高僧和译师精通咒术和密仪，他们所译佛籍，基本上属于"杂密"。近几十年来，随着藏密在欧美的传播，以及印度瑜伽术在西方大行其道，失传多年的汉密也越来越被海内外的僧侣学人所重视。本书将汉文密宗最重要的典籍汇为一编，按纯密、杂密分期排列，共收译经近500种。全书分10册。书中首选善无畏、金刚智、一行、不空等唐代所译纯密经典，次及宋代名僧天息灾（法贤）、法灭、施护、法天及元明清三代译经。杂密阶段译经重要者也一一收入。如此编排，有利于研究者系统地掌握汉密义理和行证，于今人对汉密的研究具有重要意义。

密宗名相
谈锡永著

华夏出版社　2008年5月　180千字　279页

　　密乘名相，多具外、内、密三重意义。今人阅读佛家经论，每每都感到困难，主要原因即在于有大量佛家名相成为障碍。本书以密宗名相为题，围绕密宗的义理和修持之学，解释了100多个密宗专有名词，以增进对密宗的正确认识、领悟密宗的理论精粹。全书包括"密宗名相"和"佛家名相"两个部分，下设序篇、义理篇、修持篇、有宗名相、空宗名相等若干章节。作者因"盖今伪师伪法充斥，若不提内义密义，则易为其鱼目混珠"之故，"不愿专以外义诠释"，而是以浅近的文字，精辟的义理分析，"时兼提及内义密义"，来解说密宗各个名相的奥义，并配以"佛家名相"研读，更有助于读者理解佛密经论。

中国古代民间密宗信仰研究（俗文化研究丛书／项楚主编）
刘黎明著

巴蜀书社　2010年1月　360千字　457页

　　密宗流行于不同的地区，有着不同的内涵和外延。关于密宗在中土的流传历史、敦煌文献中的密宗材料以及密宗与道教的相互影响等问题，已经有了比较丰硕的研究成果。本书为"俗文化研究丛书"之一，作者以密宗咒语与巫术在古代民间生活中的表现以及丧葬习俗中的密宗信仰表现为关注点，对中国古代民间密宗信仰的内容、形式，传播途径和特点等进行了探讨，以使读者在结合有关研究的前提下，能够对中国古代密宗信仰有一个较全面的把握。全书共5章。主要内容有密宗文献的翻译、密宗咒语与民间密宗信仰、密宗信仰与民间巫术、唐代至明清时期的陀罗尼经幢、墓葬中的《佛顶尊胜陀罗尼经》、经幢所刻佛经研究、陀罗尼经幢"启请"研究、水陆法会、密宗神灵系统等。作者认为，近年来，密宗的研究价值被更多的人所注意，重要原因在于密宗与民间生活关系密切，而民间对神秘的密宗教义并不感兴趣，只是关注其实用价值。故而本书采取"人详我略"的方式，将研究重心转向密宗的民间信仰方面，可视为本书之主要特色。

中国密教史（修订版）

吕建福著

中国社会科学出版社　1995年8月　993千字　879页

密教在历史上不同的时期有不同的称谓，同一个派别也有不同的名称，从不同的角度也有不同的叫法，而学术界也各取所好，称名各异，用法颇不一致，这也从一个侧面反映了密教历史发展过程的复杂性。本书是吕建福教授长期研究中国密教问题和参与社会实践的成果，也是目前我国比较深入和系统地论述中国密教史的专著。全书分为"导论"、"魏晋南北朝时期陀罗尼密教的传入与流行"、"隋唐之际持明密教的传译及其影响"等7章。作者在导论中首先明确了密教的定义，主张把密教的用法限制在佛教的范围之内，把怛特罗教同密教在概念上区分开来，认为密教与小乘佛教、大乘佛教相对应，是佛教一个教派的名称，完全是个佛教学的概念。而怛特罗教只是印度宗教发展到一定阶段后，在佛教和印度教以及耆那教、民间宗教中出现的一种具有共同特征的神秘主义宗教文化现象，即"怛特罗现象"。依据此定义，作者从纵的方向将密教划分为陀罗尼密教、持明密教、真言密教、瑜伽密教、无上瑜伽密教五大流派。书中遵循文化地理上的习惯用法，以中国密教来指称中国内地的密教（汉传密教），针对中国内地流行的一般密教信仰和形成的密教宗派，从历史、理论、派别、礼仪、生活行事以及与密教有关的种种文化现象入手进行全方位阐述。最后对近代日本密教的回传、藏传密教在内地的弘传，以及密教复兴运动中的显密之争展开讨论。

密宗的源流：密法传承的内在密意（中华禅密乘宝海系列）

洪启嵩著

华夏出版社　2011年6月　94千字　174页

密宗在唐朝时经开元三大士传播到中国，逐渐发展出金胎两部大法。后期的密法则流传至中国藏地，成为藏传佛教的主流。本书为"中华禅密乘宝海系列"丛书之一，作者结合自幼研习和修持显密教各派禅法的经验，讲述了密法的形成因缘、密法的发展和修证体系，以及显密教的异同等，介绍了密教各派的经纶、源流、见地、传承，以帮助修行者通过体悟密宗内在的密意来得到完整的密法传承、圆满成就。全书共4章。作者认为，密教以大乘的"如幻三昧"为根本，积极地现观一切如幻的万相；而一切的如幻就是现前的如实，每一个缘生的现象都具足缘起与法性的双重秘密。因为一切如幻，所以能现前如幻，而具足缘起与法性的威力，即能现证如实。

汉传密教
严耀中著

学林出版社　1999年11月　224千字　321页

　　密教进入中国有二大流，一支传向西藏，与当地原有的本教相融合，称之为藏密；另一支更早进入中国的密教流向内地，主要在汉族居住或有汉族杂居的地域内流传，与汉文化交融，称之为汉传密教。本书是严耀中教授在广泛采集史料之基础上，撰写的一部全面探讨汉地密教发展历史的专著。书中对汉地密教的起源与发展、社会影响、重要寺院、僧人和经典、密教诸神与民间信仰的关系等都作了详尽的考证和论述，提供了大量的新资料和可靠的证据，同时探讨了汉地密教在传播过程中与佛教显教各派的关系，即持咒、参禅与教观之间的关系，以及密教与历代帝王的关系。作者除了深入考察"护教"与"护国"的关系外，还关注密教在中国农民战争和"反叛作乱"中的种种事实与表现，另对于密教传入云南后是否存在着"滇密"的问题，也提出了自己的看法。全书共20章。内容包括：密教和汉传密教，密寺三题，五代北宋的密教高潮，明清时代的汉传密教，密教与戒律，自残和供养，密教与丧葬祭祀，滇密源流之探索等

密教论考（中国佛教学者文集·宝庆讲寺丛书/朗宇法师　清修法师主编）
吕建福著

宗教文化出版社　2008年6月　380千字　537页

　　密教是佛教在印度发展到最后一个阶段出现的流派。近代以来，密教引起了各国学者的广泛兴趣，它不仅成为佛教研究者注意的对象，而且成为进行印度教、民间宗教、藏学以及其他有关学科研究者所涉略的领域。本书为"宝庆讲寺丛书"之一，选取作者数十年来撰写的有关密教研究的论文23篇，分为八类：密教总论、密教信仰考论、密教文物释证、密教思想专论、密教与其他教派关系、中日韩密教关系、佛教经籍考略、佛教与中国传统观念。内容包括：《论密教的起源与形成》，《五台山文殊信仰与密宗》，《千钵文殊的产生及其影响》，《法门寺出土文物中有关密教内容考释》，《密教哲学的基本论题及其重要概念》，《禅宗北宗与密教的关系》，《高丽王朝的祈禳佛教与东传之密教》，《佛教世界观对中国古代地理中心观念的影响》等。

密宗信仰与修持（李居明密宗系列）
李居明著

华龄出版社　2010年1月　160千字　282页

　　密教是佛陀说法时不加任何迁就，据相实说，将宇宙的秘密真理和盘托出的说教。本书为"李居明密宗系列"丛书之一，作者结合自身修佛体悟，全方位、多角度地探索了佛陀在菩提树下的自内证智慧，将密宗五大系予以透彻的展现。全书由五部分组成。第一部分"密宗导读"，讲述密宗旨及其哲理性思考，包括：密宗是什么，生命的诞生，转世投胎的动力等问题。第二部分"密宗概探"，讲述密宗基本内容，包括：真言密教的特色，结缘谈药师琉璃光如来，密谈观音及其修持法，密谈虚空藏菩萨。第三部分"密宗大义"，讲述密宗义理，包括：密宗传承简述，两部大经大意，十住心论，即身成义，大日如来与五佛五智等。第四部分"密宗历史"，讲述古代印度密教、中国古代密教和日本密教传承。第五部分"密宗理趣"，解说《般若理趣经》。

密教的思想与密法（陕西师范大学宗教学集刊·密宗研究第1辑）
吕建福主编
中国社会科学出版社　2012年12月　396千字　400页

　　密教以其神秘主义、祭仪主义、象征主义以及性力崇拜为主要特点，表现出浓厚的神学色彩和宗教实践特性。它既是佛教的两大教法（显密）、三大教派（小乘、大乘和密乘）之一，也是佛教最后一个历史发展时期，还是佛教与印度教共用的一个名称（怛陀罗教）。本书作为"陕西师范大学宗教学集刊"之一，是密教研究的专题性学术集刊，集中展现了中国学术界研究密教的最新成果。本辑主题是密教的思想与密法，分为"思想信仰"、"修行密法"和"经轨著述"三个部分，按类别及论题时代先后顺序编排，共收录24篇论文。这些论文均选自首届中国密教国际学术研讨会。内容包括：《论阿字本不生思想》，《空海的结构式成佛论》，《论密教早期之曼荼罗法》，《真言识小》，《密教咒术述论》，《出相大悲咒源流》，《〈胜乐根本续〉及其注疏研究》，《近代以来中国密教研究综述》等。

日本密宗大典（全10册）
《日本密宗大典》编委会
中国书店　2008年1月　7200页

　　日本密宗在唐代由中国传向日本，故又称唐密，后分为东密和台密两支。自唐贞元二十年（804）起，日本先后派遣最澄、空海、圆行、常晓、圆仁、慧运、圆珍、宗叡八名学僧入唐求法，世称日本入唐八大家。其中以最澄（传教大师）、空海（弘法大师）为首。据日本典籍记载，入唐八大家曾携归大量汉文佛典：最澄230部、460卷；空海216部、454卷；圆行69部、123卷；常晓21卷、63卷；圆仁584部、802卷；慧运170卷；圆珍441部、1000卷；宗叡134部、143卷。其中多为密教经典。日本密宗不但已得唐密真传，而且据有大量日本古本经典，对于唐密的学习和研究极具价值。除了大量的汉文经典，日本密宗的高僧大德也著述颇丰，其数量之多居各国密宗之首。内容包括汉文论疏、抄记等，是总结和阐述唐密教义、仪轨、修法的最佳记录。本书精选日本入唐八大家及其历代传法弟子所撰有关密宗经典论疏及各种修习仪轨方法等文献。全书分10册，所载内容极为丰富，是研习日本密宗、了解唐密全貌和恢复唐密修习次第的重要参考资料。同时，作为日本文化的重要组成部分，日本密宗典籍对于今人研究中日文化交流史、佛教交流史具有重要的史料价值，对于深入了解今日之日本文化亦有所帮助。

台密东密与唐密
吴信如编著
中国藏学出版社　2011年6月　180千字　310页

　　印度密教于8世纪初由唐开元三大士传入中国后，经一行、惠果等密教大阿阇梨继承发扬，使之与中国传统文化相结合，成为中国化的密教，后称之为唐密。其间，日本入唐学密教者，有以最澄、空海为代表的"入唐八家"，归国后分别创立了台密和东密，持弘不绝。本书分别讲述了台密、东密与唐密的起源和发展演变的历史，内容涉及密教传承人物、基本教义及其内在的联系和区别。全书由《台密概要》、《台密与东密之比较》、《唐密概述》三篇组成。首篇《台密概要》，原著日本清水谷恭顺，曾连载于《威音》佛刊（本次出版经吴信如等重新编校，在标题及文字上作了适当调整,并增加注释);后二篇为吴信如先生所著,其中《唐密概述》一篇乃阐明唐密之力作。

印度—西藏的佛教密宗
[法]罗伯尔·萨耶著　耿昇译
中国藏学出版社　2013年3月　200千字　329页

"金刚乘"(Vajrayāna)又叫"真言乘"(Mantrayānā),它是佛教的末劫形式,人们经常称之为"密宗"。密宗在印度几乎是被彻底根除之前,曾是佛教在该国呈现的最高形态。但后来主要由吐蕃(西藏)接受了这份文化遗产。本书是法国学者罗伯尔·萨耶撰写的一部研究藏传佛教的重要著作,该书于1980年在法国的锡斯泰龙(Sisteron)市,由"存在"(Présence)出版社出版,自其面世后在西方藏学界颇受好评。全书共5章。书中简要介绍了印度—西藏密教的历史、教法基础、仪轨、象征物、修习与解脱之"受",对"密教"这一神秘的内容,作了深入浅出的论述。其中的每一小节,均可以作为一部辞书的大条目。本书资料翔实、内容丰富、评价公正,既有很高的学术水平,又有一定的可读性。

6. 律宗

中国律宗思想研究（儒道释博士论文丛书/汤伟侠　卿希泰等主编）
王建光著
巴蜀书社　2004年11月　260千字　345页

律宗是隋唐时期出现的一个重要的中国佛教宗派,以研习及传持戒律为主而得名。本书为"儒道释博士论文丛书"之一,作者将中国律宗思想发展的历程分为两个阶段,即前律宗时期和律宗时期,从律宗的历史发展及其思想体系构建两条线索入手,考察了从律学到律宗的发展轨迹,对中国律学和律宗思想的演进脉络和整体趋势进行梳理,对以南山宗的戒法、戒体、戒行和戒相为代表的律宗"四科"的基本思想和命题进行哲学的分析和评价。书中还对律宗与中国佛教其他宗派的关系、律宗在中国佛教史中的地位作出了说明,指出了律教互动的历史意义,并对律学在当代的发展作出了初步的探索。全书共9章。作者认为,律宗是建立在经过大乘思想诠释的小乘律之上。这正是律宗繁荣的社会心理基础。以道宣为代表的律宗学者们从佛陀制戒的本怀和各本广律中抽象出了其共性的东西是为律宗四科:戒法、戒体、戒行和戒相,并以之来统合、整理从部派佛教时期即形成的诸部广律间的樊篱,四科因此得以成为后世律宗的基本框架和理论范式而贯穿其发展史。

中国律宗通史（凤凰文库·宗教研究系列）
王建光著
凤凰出版社　2008年7月　505千字　595页

中国律学的繁荣是以唐代律宗的形成为标志的。作为中国佛教宗派中的重要一支,律学和律宗在中国的形成发展有着自己的特点。本书为凤凰文库"宗教研究系列"丛书之一,作者按照历史的顺序,首先将律学在中国的发展和律宗的形成分为律学种子的传入、律学的萌芽和展开、律宗的形成和繁荣三个阶段,然后根据律宗的发展轨迹,归纳了律宗在唐以后各个历史时期的主要特征：五代时期是律宗"延续的辉煌"；北宋时期是"律宗的中兴"；辽金元时期律宗表现出"异样的色彩"；明代的律宗是在"融合中发展"；清代的律宗得到"挺立"；民国时期的律宗则属历史转折时期的"复兴"。全书共15章。书中采取"以时带人，以人带事"的叙事方式，通过对各个时期律学经典、律学高僧、律学流派的记载和叙述，对律学和律宗在中国的发展进行了全面梳理，试图用较有力的史实说明律学理论形成和发展的内在逻辑性，揭示律宗不仅是中国佛教的主要特色和理论成果，而且是中国佛教在理论上比印度佛教更为丰富的重要标志。本书虽然重点考察了汉传佛教或汉地佛教的律学和律宗发展史，但对于藏传佛教及其戒律和戒律观亦有所提及。

明清之际律宗中兴运动考察
刘晓玉著
河南人民出版社　2014年10月　250千字　269页

明清之际的律宗中兴，既是在明末佛教复兴背景下展开的宗派复兴运动，也是明末佛教复兴的结果和体现。作为上承宋元，下启清末、民国戒律学复兴思潮之绵延不绝的律宗法脉，其宗派余绪一直颇有影响。最为重要的是，该宗律师于明清之际创立的"三坛传戒"制度，已成为中国佛教传戒制度的定式而沿袭至今，其制度建设意义远超宋时律祖单向度的理论构建，因此以明清律宗中兴为课题展开深入研究，具有一定的理论和现实意义。本书将明末戒律思想置于整个中国戒律思想发展流变以及明末佛学复兴的时代背景中加以审视，运用历史学、文献学和思想史等研究方法，对明清之际律宗复兴的发展过程、核心人物，律宗传戒制度的改革和确立、律宗宗派与其他宗派的融合与建构等进行了考察和研究，厘定了明末至清中叶律宗传承谱系，解读了"三坛大戒"传戒戒本，判明了明清佛教戒律思想的发展阶段及其特质。全书共4章。内容包括：明末的佛教环境，明末至清中叶律宗法脉的接续与开衍，明清之际佛教传戒制度的再创制，明末至清中叶律宗中兴运动的历史反思等。

7．净土宗

中国净土宗通史（中国佛教宗派史丛书）
陈扬炯著
江苏古籍出版社　2000年1月　471千字　613页

净土宗又称念佛宗，因为信仰弥勒菩萨，通过修行愿求死后往生其兜率净土者，也属于净土信仰。本书为"中国佛教宗派史丛书"之一，是一部全面记述佛教净土思想之起源，弥陀净土信仰在中国生根、发芽、开花、结果，蔚然而成净土宗的通史著作。全书分为"净土宗之渊源"、"净土宗之酝酿"、"弥勒信仰的兴衰"、"净土宗之成熟"、"净土三流"等8章。书中以净土宗的历史传承与衍变为基本线索，详细介绍了净土宗主要代表人物的生平、思想和著述，完整勾画了净土宗从萌芽期、发展期直至走向衰落的历史轮廓，专章论述了净土宗在日本的传播、发展及分化情况，内容涉及大乘佛教初兴时的本生故事与本愿，阿弥陀佛净土的要义，慧远、昙鸾、道安、智顗在净土宗史上的作用与地位，禅净合流、台净合流与贤净合流等。作者指出，历代的净土宗高僧大德创建或丰富了净土宗的教义，把难信之法变为广大民众深信之法，从其论述内容之广度而言，胜过中国佛教的任何一宗。唯其如此博大深刻，才探索出一句"南无阿弥陀佛"或"阿弥陀佛"这种简易修行之法，论证了"八万四千法藏，六字全收"的道理。

晋唐弥陀净土信仰研究（中国古典文献学研究丛书/项楚主编）
刘长东著

巴蜀书社　2000年5月　378千字　526页

净土信仰是随大乘佛教的兴盛而产生的，可谓与空宗之兴起同步。佛教的净土很多，充满着十方上下，主要有弥勒净土、药师佛净土、阿閦佛净土、弥陀净土等。弥陀净土信仰于晋唐时期呈现不断发展壮大之势，它在宋代以前的传播大致可划分为三个时期：萌芽期（后汉到两晋）、发展期（南北朝）和鼎盛期（隋唐）。本书为"中国古典文献学研究丛书"之一，作者以历史唯物主义的基本原理为指导，运用文献学、宗教学、史学等研究方法，力图展示晋唐时期弥陀净土信仰流行的历史全貌。全书共5章。书中厘清了净土宗教理、行仪的发展线索，梳理了净土信仰与其他佛教宗派间的关系，揭示了其广泛的社会影响，论及中国南、北方不同地域弥陀净土信仰的异同和晋唐时众多弥陀信徒的思想特征等。作者认为，唐以后弥陀净土信仰已融入各宗派的修行实践之中，其教派性日益淡化，与此过程同步，它在中国社会的根则愈来愈深固，最终在中国出现了"家家观音，户户弥陀"的局面。

清代净土宗著述研究（儒道释博士论文丛书/汤伟侠　卿希泰等主编）
于海波著

巴蜀书社　2009年11月　280千字　320页

清代前、中、后期的净土宗著述各有特色，前期是繁荣期，以台净著述为主，禅净、贤净著述为辅；中期是停滞期，禅净、贤净著述有所发展；后期是回归期，沉寂了多年的本愿净著述重放光辉。本书为"儒道释博士论文丛书"之一，作者针对清代净土宗研究相对薄弱的现状，通过对大量原始文献材料的收集整理和多种净土念佛方法的实践调查，得出了清代净土宗著述"三期四类说"的结论，并以此为框架，对清代30余部重要的净土宗著述展开全面、系统的研究。全书共6章。内容创新如下：一、重点研究清代净土宗的著述情况，填补了此领域的空白；二、针对佛教文献学存在重书本理论、轻实地考察的弊病，作者提出净土宗著述研究"内外结合法"之新方法；三、作者依据清代前、中、后三个时期的净土宗著述的不同特色，提出清代净土宗著述"三期四类说"，在此基础上，梳理了清代净土宗著述的演变脉络，揭示了其发展规律，归纳了清代净土宗著述的宏观发展特征。

净土信仰与中古社会（山西大学建校110周年学术文库）
贾发义著

中国社会科学出版社　2012年6月　286千字　276页

中古时期是中国佛教从初传到极盛的转折阶段。净土宗对于中古时期佛教在中土的普及和传播有直接的推动作用，对中古社会的孝文化、丧葬文化产生了深远的影响，为佛教理论的儒家化提供了新的途径。本书为"山西大学建校110周年学术文库"丛书之一，是作者在其博士学位论文基础上修改而成的探讨佛教净土信仰与中古社会互动关系的专著。书中选取弥陀净土信仰为切入点，运用历史学、宗教学、社会学等多学科理论，对中古社会佛教净土信仰作一梳理，从儒家与净土宗相互比较的角度论述了弥陀净土信仰对中古社会的影响，试图沟通宗教史和社会史的研究路径。全书共4章。第1章考察弥陀净土信仰的渊源、思想及性质。第2章分阶段讨论中古时期弥陀净土信仰的社会表现及地域分布特点。第3章论述中古时期弥陀净土信仰的特点及其中国化的条件。第4章论述弥陀净土信仰对中古社会的影响。

8. 唯识宗

摄论学派研究（上、下册）（南北朝佛教学派研究系列）
圣凯著
宗教文化出版社　2006年9月　680千字　687页

真谛思想被定位为"从始入终之密意"，在虚妄与经验层面，是纯正的瑜伽行派的"阿黎耶识缘起"，属于"始教"；在转依的果位上，其主张"相性融即"、"智如不二"与护法—玄奘系所主张"相性永别"、"智如为二"明显不同，具有"终教"的特点。真谛的思想可谓妄心派向真心派的过渡，是一种"中间路线"，但是其基本立场仍然是瑜伽行派。真谛的"识界"并非是《起信论》的真妄和合识，然真谛的佛学思想最终必定能够走向《起信论》，这是其思想发展的内在趋势。本书为"南北朝佛教学派研究系列"丛书之一，系根据圣凯法师的博士学位论文编撰而成的探讨摄论学派思想要义的专著。书中以真谛（499-569）所传之唯识学衍生的摄论学派为研究对象，运用"综合式研究方法"和"解脱诠释学"，以阿黎耶识缘起、影像门唯识、三性三无性、一乘、三乘等思想为中心，对摄论学派的理论体系进行了整体性的分析和研讨。全书分上下册，共8章。作者的创新之处在于：整理并发现了一批摄论师的著作与零星资料，考察了摄论学派的发展史迹，对唯识古学与唯识今学作了细致的比较研究，指出真谛思想的属性；同时，作者还以语言哲学、存在哲学、现象学对唯识思想进行现代诠释，对"批判佛教"作出适当地回应。

中国唯识宗通史（上、下册）（凤凰文库·宗教研究系列）
杨维中著
凤凰出版社　2008年7月　732千字　882页

唯识宗为唐代玄奘及其弟子窥基所创，又称法相唯识宗、法相宗、慈恩宗等。其理论渊源为印度瑜伽行派，所依经典为"六经十一论"，基本命题是"万法唯识"、"唯识无境"。唯识宗以系统深刻的思想、缜密的逻辑分析以及切实可行的修证方法著称。本书为凤凰文库"宗教研究系列"丛书之一，作者凭藉多年从事唯识史研究的深厚积淀，在遵循马克思主义关于"以历史来说明宗教而不是以宗教来说明历史"的方法论原则的前提下，更多地吸收了古代史传的写法，以人物传记的叙述方法，考察了中国法相唯识宗酝酿、形成、发展和衰微的历程，刻画了构成唯识宗形成背景的地论师、摄论师的"事件"影像，以及唯识宗僧人生活、弘法和修行的具体状况，展现了唯识宗由"学派"到"宗派"再到"唯识学"的历史演变图景，揭示了唯识宗与中国思想文化的关系。全书分上、下册，由"地论学派与唯识学的传播"、"摄论学派及《大乘起信论》的传播"、"玄奘西行及其翻译活动"等7章组成。书中经过大量考证，除了对唯识宗教义体系进行分析归纳之外，还在唯识宗的地论学派、摄论学派、弥勒信仰与唯识师的联系，以及唯识宗的创立和玄奘的历史贡献等方面提出了独到见解，认为在汉传佛教面临前所未有的发展和复兴之机遇的形势下，纠正并消除造成昔日中国佛教衰败之因的可能选择之一，就是呼唤真正意义上的法相唯识宗的重建和复兴。

9. 藏传佛教

西藏佛教诸派宗义（宗教文化丛书／王志远主编）
李冀诚　许得存（藏族）编著
今日中国出版社　1995年11月　183千字　263页

　　西藏佛教属北传佛教的一支，包括大乘佛教显密二宗，共有20余个教派和教派支系，弘传衍化已逾1300多年。它既不同于印度佛教，又不同于中国汉地佛教，有着自己浓郁的特点。本书为"宗教文化丛书"之一，扼要介绍了西藏佛教诸派之教义。由于它们之间都是互不统属的相对独立与平等关系，且彼此无相续性，故本书内容按论文体裁编排。全书分为"藏传佛教概述"、"藏传佛教宁玛派及其'大圆融法'"、"《菩提道灯论》及其'三士道'：兼谈噶举派教义"、"西藏佛教萨迦派及其'道果教授'"、"藏传佛教格鲁派及其'缘起性空'义"等11部分，涉及西藏佛教各主要派别。书末附"阿底峡《菩提道灯论》"和"宗喀巴《中论广释·因缘品》经论2篇。

藏传佛教各派教义及密宗漫谈（刘立千藏学著译文集／戴贤王编）
刘立千著
民族出版社　2000年2月　150千字　224页

　　藏传佛教大多系密法，故称之为"藏密"。但是藏密中不是只讲密教，也很注重显教，认为显教是藏密的基础，显教中的许多基本原则，都贯彻在密教的实践中。本书为"刘立千藏学著译文集"丛书之一，收录作者研究藏密各派的5篇论文。这些论文按各派弘传的先后顺序编排，分别探讨了藏传佛教宁玛派、噶举派、萨迦派、觉囊派、格鲁派这五大教派的传承、经典、教义和人物等方面问题，展现了藏传佛教各教派的发展线索。书末所录《西藏密宗漫谈：破瓦法》、《〈米拉日巴传〉述评》和《读〈实相宝藏论释〉笔记：关于大圆满的思想》"等4篇文章，则以漫谈形式讲述了作者对密宗及其两部典籍的某些看法。藏传佛教旧称八大派，现存的只有本书所谈的五家，其余三家如噶当、觉宇、希解早已并入他宗，已不能单独成派，故未作介绍。

土观宗派源流：讲述一切宗派源流和教义善说晶镜史（刘立千藏学著译文集／戴贤主编）
土观·罗桑却吉尼玛著　刘立千译注
民族出版社　2000年6月　280千字　356页

　　土观·罗桑却吉尼玛，生于清乾隆二年丁巳（1737），卒于嘉庆七年壬戌（1802），是青海佑宁寺土观活佛第二辈。土观于乾隆二十七年（1762）应召入京，次年敕封静修禅师，受到无比荣宠，大大加强了黄教在甘肃、青海的地位。本书为"刘立千藏学著译文集"丛书之一，系刘立千先生根据德格藏文版于1947年译出的介绍佛教宗派源流和教义的著作（土观著，原书写成于嘉庆六年辛酉（1801），嘉庆七年壬戌（1802）刊版传播）。这部著作面世近200年来，一直受到藏族学者的推崇与重视，不仅对于藏传佛教的法脉源流和教义学说等，博取此前诸家之所长，而且对于藏族历史、文化和教派等，对于内地、蒙古、新疆以及印度邻邦之间关系的叙述，亦较他书完备详尽。全书共5章。书中全面记述了印度的外道和佛教，西藏的苯教和佛教，内地的儒、释、道三教及蒙古、于阗等地的佛教，介绍了佛教各教派的法脉源流和教义学说，反映了著者土观的派别倾向：虽然是谈各教派的历史，但其重点仍然偏重宣扬黄教。

宗通与说通：吐蕃宗论的影响与汉藏佛教亲缘关系（佛教史研究文库）
尹邦志著

社会科学文献出版社　2014年3月　525千字　495页

  吐蕃宗论所涉及的问题博大精深，千余年来一直引人瞩目。本书为"佛教史研究文库"丛书之一，作者在元代藏传佛教宁玛派大师隆钦巴所论述的"自然智"的启迪下，致力于破解"吐蕃宗论"及其在后弘期引起千年争辩的教理之谜。书中通过对比大量经论和后弘期经典著作，以"宗通与说通"的路线选择为视角，探讨了唐代汉藏两地"顿渐之争"的不同，分析了吐蕃宗论对藏传佛教"次第思想"以及前弘期和后弘期宗教格局形成的历史作用，解释了禅宗、宁玛派、噶举派、中观瑜伽行派、萨迦派与格鲁派等分别依据"自然智"、"后得智"和"根本智"建立教法、分宗立派而引起的前弘期、后弘期在教义上的往复辩难，及其对汉藏佛教交流与融通的影响。全书包括"吐蕃宗论与藏传佛教的形成"、"吐蕃宗论与后弘期佛教的格局"、"吐蕃宗论与宗派运动"三个部分，共8章。作者认为，贯穿于藏传佛教史的这场"分宗立派的戏剧"，有佛性、佛语等教理依据，不是无谓的误读，而是严肃的"正理之辩"。多方的批判和辩解，是各自建立宗派的需要，同时具有现实针对性。至于汉藏亲缘关系，除了有相互影响的具体事实，还有共同的核心理念、修持方法、经典依据。汉藏佛教的亲缘关系可以表述为：血脉相连，相哺相资。

西藏佛教·密宗（宗教文化丛书／王志远主编）
李冀诚著

今日中国出版社　1989年12月　143千字　210页

  西藏密教具有比较完整的思想理论体系、仪式仪轨、修行次序、组织制度、传承关系和实践方法，已成为藏传佛教乃至藏族传统文化的重要组成部分。本书为"宗教文化丛书"之一，作者以历史唯物主义观点为指导，对西藏密宗的起源和发展，藏密典籍、藏密义理、修习组织、制度等作了整体性的描述，认为藏密发展了印度密教，在所重经典、修习次第、仪轨、制度等方面都形成鲜明特色。全书包含三个部分。第一部分讨论"7-9世纪中叶佛教在西藏的早期历史"，涉及佛教传入前的本教和从松赞干布至朗达玛时期的佛教历史。第二部分讨论"10世纪后的西藏佛教"，涉及佛教在西藏的复兴、西藏佛教诸教派的产生和发展、黄教的寺院和僧侣组织、西藏寺院建筑和佛教艺术等。第三部分概述西藏佛教密宗的源流及主要特征。

密宗：藏传佛教神秘文化
尕藏加著

中国藏学出版社　2007年1月　320千字　349页

  密宗是藏传佛教中最发达、最辉煌、最精彩的核心部分，也是当今社会最具魅力的一种宗教文化。它拥有精深博大的理论体系和奇特的修持奥义，提供了实现人类进入自我精神境界的一种宗教智慧。本书依据大量第一手藏文资料，并利用已掌握的前人研究成果，对藏传佛教及其密宗的历史渊源，各派代表人物、著作、教义和修持仪轨等进行了概要叙述，同时对藏传佛教影响下形成的文化习俗和建筑、艺术等作了介绍。全书共9章。书中首先回顾了藏传佛教形成与发展的历史，随后对佛教密宗的由来及其特点，藏传密宗的兴起、发展及其现状等予以描述。作者除了特别对藏密文化中最奥妙、最核心的部分，比如藏密四级独立门户之金刚大法、藏密三位一体之秘密修持法、藏密人佛合一法等进行重点剖析外，还对宁玛派的"大圆满法"、噶举派的"大手印法"、萨迦派的"道果法"等秘密修持法，从理论和实践双重角度作了详细的说明，旁及藏密丰富多彩、蕴含深长的教规礼仪，以及超常的宗教艺术或文化智慧等方面。

藏传佛教密宗与曼荼罗艺术（人民·联盟文库）

昂巴著

人民出版社　2011年9月　250千字　280页

曼荼罗是藏传佛教密宗的组成部分，离开了藏传佛教密宗无从谈及曼荼罗及其艺术。本书为人民"联盟文库"丛书之一，作者以金刚密乘的教理教义为开端，将曼荼罗艺术的起源发展与佛教密宗产生、发展的大背景联系起来，对曼荼罗与密宗之间的关系，曼荼罗艺术雏形、发展，密宗曼荼罗在密法活动中的作用，不同曼荼罗的意蕴、内涵等进行了较为系统的解读和阐释，并对曼荼罗唐卡中所涉及到的人物、器物、色彩、山水、花鸟、草木等的宗教意义作了说明。全书共17章，内容包括：金刚密乘的产生及发展，无上瑜伽密法在印度的传播，金刚密乘的修行程序和仪轨，金刚密乘曼荼罗雏形与初期发展等。本书逻辑严密，表述准确，较通俗而又不失学术著作应有的严肃性，具有较高的学术价值。

觉囊派教法史

阿旺洛追扎巴著　许得存译　陈庆英校

西藏人民出版社　1993年1月　180千字　245页

随顺末次转法轮的中观师在西藏出现后，在吉祥森林王修行处建立法基寺院，从此发展出的执持了义修行传承的教法即是觉囊派，或者说在西藏弘传的大手印、大圆满、中观三派之中，觉囊派执持中观自空、他空中的他空见。本书是觉囊派前法王阿旺洛追扎巴讲授觉囊派教法史的著作（原藏文译名《吉祥觉囊派教法史佛法明月灯》，根据壤塘寺活佛提供的版本翻译）。书中以翔实的资料介绍了藏传佛教觉囊派的创立过程、教法传承、师徒关系和各大名僧的生平事迹，述及觉囊派从后藏到壤塘和康区其他地方的发展，以及觉囊派历史上的寺院和支持觉囊派发展的各大施主等。全书分为"他空思想在印度的兴起"、"他空见在西藏的传播发展"、"觉囊派在多康多麦地区的传播发展"3章。书末附录多罗那他撰著的《金刚乘密法概论》、《中观他空思想要论》。

觉囊派通论

蒲文成　拉毛扎西著

青海人民出版社　1993年12月　233千字　328页

觉囊派始于宋代，形成于元初。在元代，该派寺院遍布卫藏，曾盛极一时；明初，其主要宗见中观他空见受到其他教派的非议，加之缺乏地方世俗政治势力的支持，一度衰落；清初，随着格鲁派在藏区跃居统治地位，觉囊派寺院及其他空见学说在卫藏地区基本绝迹。本书依据作者对川青藏区现存觉囊派寺院的实地调研和有关文献记载，叙述了觉囊派教法渊源、教派的形成，觉囊派在西藏的传播、在朵麦藏区的初传和中壤塘三大寺的创立，以及寺院组织、修学制度、法事活动和现存觉囊派寺院的分布情况等。全书共8章。鉴于文献资料匮缺，本书对于现今鲜为人知的觉囊派历史及其仅存寺院之考察研究，就显得尤为珍贵，为学界对觉囊派展开深入研究提供了鲜活的素材。

藏传佛教格鲁派史略
唐景福著
甘肃人民出版社　2006年6月　195千字　239页

格鲁派（黄教）是宗喀巴大师于15世纪初在藏传佛教改革中创立的一个"强调严守戒律"的教派。该派成立后，在统治阶级大力支持下，其势力发展之快、影响之深、传播之广，是其他各派所不能比拟的。本书主要介绍藏传佛教格鲁派的起源、发展和宗规。全书共5章。第1章介绍宗喀巴的"宗教改革"和格鲁派的创立、黄教寺院集团的形成及其在藏区地位的确立、格鲁派的教义等。第2章介绍格鲁派寺院经济和寺院对藏族文化教育的影响，述及寺院经济占有制度、剥削形式与程度、格鲁派在西北其他少数民族地区的传播等。第3章介绍格鲁派在蒙古族、土族和裕固族地区的传播。第4章介绍满清政府入关前后对格鲁派的政策及其历史影响。第5章介绍中华民国政府对藏传佛教格鲁派的政策及治藏措施。

藏传佛教格鲁派（西藏宗教文化知识丛书）
项智多杰著
西藏人民出版社　2007年5月　81千字　118页

格鲁派大约在15世纪初由宗喀巴大师创立。该派最初称为日窝甘丹巴，是藏传佛教各教派中形成最晚的一个教派。公元1409年甘丹寺的建立，标志着该派的正式形成。宗喀巴大师创建格鲁派后晚年常住于甘丹寺讲经说法，因此大师所建宗派称为甘鲁派，后改称格鲁派。本书为"西藏宗教文化知识丛书"之一，简要介绍了藏传佛教格鲁派的历史、教义、人物、道场胜迹及其发展路径等。全书共6章。书中首先叙述宗喀巴生平事迹及宗喀巴创立格鲁派的过程，尔后介绍格鲁派以拉萨为中心，延续传播发展到安多、康区、阿里等藏区和中国内地的历史，并对格鲁教派的教义教规，学经制度，该教派的重要人物及重要遗迹等方面作了说明。

吐蕃佛教：宁玛派前史与密宗传承研究（中国社会科学院文库·哲学宗教研究系列）
尕藏加著
社会科学文献出版社　2007年5月　283千字　276页

本书为中国社会科学院文库"哲学宗教研究系列"丛书之一，作者以考察吐蕃时期宁玛派的形成与发展为中心内容，对宁玛派与密宗传承作了全面梳理与论证。全书共7章。第1章以吐蕃与宁玛派为题，对吐蕃时期的历史文化背景、宁玛派之命名和宁玛派的立宗过程进行考述。第2章以吐蕃赞普与外来佛教为题，对拉托脱日年赞与天降佛法之说、松赞干布与佛教正式传入吐蕃的特质、赤松德赞与佛教在吐蕃建立正统地位、朗达玛灭法及其后果进行论证。第3章以吐蕃外籍僧侣及其传教活动为题，对外籍僧侣及其佛经翻译、寂护及其显宗理论、莲花生及其密宗思想等进行论述。第4章以吐蕃本土僧侣队伍的形成与发展为题，对吐蕃出家僧侣团体、在家居士队伍以及吐蕃名僧毗茹札那等作了考证。第5章以主要宗教派别及彼此间的矛盾为题，对苯波教与佛教之间的排斥与融合、佛教内部学派之间的对立与辩论等进行探讨。第6章以重要教法仪轨及其特质为题，对厘订译经及其初期编目、《丹噶目录》及其吐蕃佛教经论概况、宁玛派九乘判教及其大圆满法、宁玛派八大仪轨的内容及形式作了介绍。第7章以后期宁玛派的发展为题，对后期宁玛派教法传承与更迭的历史，以及宁玛派的主要寺院及其现状进行考察。

柒、佛教

宁玛派源流
堪珠·贡党丹增仁波切著　克珠群佩译
宗教文化出版社　2008年1月　700千字　600页

　　本书全面考察了藏传佛教宁玛派源流，重点介绍了别解脱戒及其律统、菩萨戒及其传承、心滴法传承、经幻心三部传承、莲花生师徒及百名伏藏师等。正如白珠·白玛诺布法王所言，本书"忠实地叙述了在贤劫千佛中特别赞颂的无比释迦牟尼佛降临数亿三千大千世界中的南赡部洲及佛教如何兴起的情况，记载了诸班智达和成就者的历史，尤其是详细介绍了对雪域藏区具有比其他佛更大恩典的集三世诸佛慈悲于一身的莲花生大师在雪域藏土如何弘扬总的佛法，如何传播密咒金刚乘佛教的内续三瑜伽等大圆满教法的历史，以及莲花生大师本人的三密事业，还介绍了佛及菩萨的化身诸伏藏师历史等。"全书共6章。内容涉及佛陀出世的情器世界、本师释迦牟尼佛十二宏化、大圆满九乘、密法在西藏流传情况等方面。作者善于领会"前译宁玛派佛法顶饰遍主金刚持珠旺·白玛诺布等印藏诸贤哲加持"，为读者了解总的佛法及大密前译宁玛派教法开启了智慧之门，对于藏传佛教的弘传亦具有很大利益。

藏传佛教噶举派（西藏宗教文化知识丛书）
古格·次仁加布著
西藏人民出版社　2007年5月　70千字　102页

　　噶举派旧译迦举派，创始人是米拉日巴的弟子达布拉杰，本名索南仁钦，其教法源于印度著名佛学大师帝罗巴、纳若巴和西藏著名译师玛尔巴。由于该派的玛尔巴、米拉日巴等大师及其后辈弟子们通常穿白色僧衣、僧裙，故又俗称为"白教"。噶举派强调传教以师徒相承，修行秘诀以口语传授，耳听心会，注重密法，不重经典。本书为"西藏宗教文化知识丛书"之一，主要讲述了藏传佛教噶举派所承载的历史文化信息。全书共5章。内容包括：达布噶举派传承系统，高僧传记，道场胜迹，教理和现状，楚布寺噶钦仪轨等。

藏传佛教觉域流派探究
德吉卓玛著
中国藏学出版社　2014年6月　438千字　476页

　　觉域派源于南印度著名僧人帕丹巴桑杰，由藏族著名的女密宗大师玛久拉仲于公元11世纪创立，是藏传佛教史上唯一由女性创立的一个宗派。本书以大量的文献资料为基础，运用宗教人类学的田野调查方法，从藏传佛教发展史的角度，分析了觉域派与藏传佛教宁玛派、噶举派、萨迦派、觉囊派、格鲁派以及苯教等其他教派的关系，考察了觉域派教法伴随藏传佛教各宗派的形成，逐渐深入各宗派，与各宗派教法合流并存，或作为旁支传承，或以个人修持流传，从而在"历史和传播空域中，或者说不同宗派传承中协调、延续和发展"的历史过程。全书共7章。内容涉及觉域教法在宁玛派道场的行持、噶玛噶举觉域教法脉络、觉囊派的觉域教法实践、觉域教法在格鲁派寺院的修持、苯教之觉域教法经典觉域派教法的民间表达与实践。作者认为，觉域派教法在传承过程中，始终是一种独立教法，并没有依其他宗派之张力而彻底"湮没"，不论是经典还是传承，始终没有脱离觉域派之宗派范畴，则冠以觉域教法和传承流传而延续着。

藏传佛教觉域派通论：一个藏族女性创立的宗派
德吉卓玛著

中国藏学出版社　2014年6月　317千字　333页

觉域派是藏传佛教重要宗派之一。公元11世纪，由藏族著名女佛学家、密宗大师玛久拉仲创立，是藏传佛教史上唯一由女性创立的宗派。在藏传佛教诸多宗派中，觉域派虽然算不上拥有一定势力的大教派，但以其独特的教法义理和别具风格的修行样态定于一尊，构筑了该宗派与众不同的特点。直至今日，觉域派的教法义理仍在流传，与藏传佛教其他宗派合流并存，成为藏族地区僧俗信徒共同修持的一个法门。本书以历史唯物主义观点为指导，倚重第一手藏文原始资料并结合田野考察，采用宗教学、宗教人类学、宗教社会学、宗教文化学、宗教心理学等多学科理论和研究方法，对藏传佛教觉域派的缘起、流派传承、思想体系、修行理论与特点等作了开创性学术研究。全书共5章。书中所涉藏文文献包括觉域派祖师玛久拉仲的重要显密经典，各流派传承的经典及苯教和民间流传的经典，大多数为首次公之于众。本书内容总括为四个方面：一为觉域派的源流与教法经典及其传承；二为觉域派的教法义理与思想内涵；三为觉域派的修行理念与特点；四为觉域派教法仪轨及其文化功能。

10．其他

中国三阶教史：一个佛教史上湮灭的教派（国家哲学社会科学成果文库）
张总著

社会科学文献出版社　2013年3月　788千字　725页

三阶教在隋唐时期流行一时，由于其思想与实践同传统佛教、传统文化产生摩擦，自创立之初即被视为异端邪说，屡遭排斥，亦因学说上的非难和政治上的禁断而走向衰亡。长期以来，囿于资料缺乏等原因，中国佛教史领域关于三阶教的研究比较薄弱。本书为"国家哲学社会科学成果文库"丛书之一，作者在国内外已有研究基础上，充分利用敦煌遗书文献和近年来新发现的考古资料，以及作者本人田野调查搜集到的宗教艺术资料，将三阶教之发展流变回归于佛教史本身加以审视，探讨了自北朝至隋代三阶教创立与初禁的史实，分析了唐代三阶教屡禁屡起的现象和原因，梳理了三阶教历代传承的谱系与著名人物行实，考察了三阶教的基本教义、僧俗信徒的修行实践、三阶教的典籍与思想等。全书分为"迷雾现身：研究史与本缘旨"、"入京立教：北朝至隋三阶教的创立与初禁"、"屡禁屡起：唐代的纠禁与复兴"等6章。书中所述拓宽了中国佛教史的研究视域，弥补了我国学术界长期以来三阶教系统研究的不足，使国内的佛教史和宗派史研究更加完整和齐备，具有重要的学术价值和资料价值。

佛教法缘宗族研究：中国宗教组织模式探析（哲学文库）
张雪松著

中国人民大学出版社　2015年11月　229千字　244页

禅净关系：有之以为利，无之以为用。宋以降，中国佛教逐渐形成以"禅"与"净"为主流的信仰团体和组织结构。禅宗又称"宗门"，讲求师徒之间"以心传心"，通过剃度、受戒、传法等制度建立起庞大的派系网络，并以祭祀祖师、编辑"族谱"和派辈诗等方式巩固这一模拟的宗族制度。本书为"哲学文库"丛书之一，作者运用历史人类学的研究成果和方法，将宗族概念引入明清以来中国佛教传统宗派的研究之中，在血缘宗族、地缘宗族之外，提出了"法缘宗族"这一学术命题，并以此为中心，探讨了模拟宗法制度在中国佛教的宗派组织、寺院管理、经济文化诸方面的重要作用和意义。全书共3章。书中通过论述中国佛教"法缘宗族"的"开"与"合"，说明了中国佛教本身真实的组织制度和实践方式，从而摆脱以往常常用西方教会科层制度（Bureaucracy）来评价中国传统宗教无组织性的偏差。作者认为，以派辈谱系编制为典型特征的禅宗与"遍利三根"的净土宗之间的"禅净关系"，并非并列的两个教派团体的关系，而是"有之以为利，无之以为用"的互补关系，前者维护了中国佛教僧侣的正统性，后者则成为正统佛教与民间信仰之间交流的重要中介。

（三）小乘佛教

小乘佛学：佛教的中心概念及法的意义（汉译世界佛学名著）
[俄罗斯] 舍尔巴茨基著　立人译
中国社会科学出版社　1994年1月　150千字　226页

　　本书为"汉译世界佛学名著"丛书之一，是世所公认的世界佛学名著（原书名为《佛教的中心概念和法的意义》），与原著者的另一重要作品《大乘佛学》同为姊妹篇。书中依据印度世亲菩萨的《俱舍论》和世友菩萨的注释本，以一切有部的五位七十五法为中心，按西方哲学的理路追溯了不同概念范畴在印度思想史上的渊源，对比研究了佛教与婆罗门教尤其是其中数论瑜伽派的思想联系，分别讨论了部派佛教时期的基本哲学问题：色心、业、轮回等等。最终，作者从佛教根本上仍属于解脱宗教的角度，考察了一切存在诸法在修行者由染而净的过程中，或在认识上或在实际上可能发生的转换，从而揭示了佛教存在论与解脱论的内在联系。全书共16章。译者立人先生在序言中指出，舍尔巴茨基运用的语言学分析和哲学概念比较研究的方法，对于我国目前的佛教学研究，提示了一个更高的标准，即我们不应仅局限于说明佛教某一宗派、某一思想家的主张是什么，而更应该说明这一主张的背景，说明其基本哲学观念和宗教观点的发展史。

四、佛教寺院与文学艺术研究

（一）寺院

梵宫：中国佛教建筑艺术
赵朴初倡　周绍良主编
上海辞书出版社　2006年8月　200千字　270页

　　中国佛教建筑艺术源远流长。它既融合了印度佛教文化的主要特点，又浓缩了中国传统建筑艺术的精华，因而具有可识别于其它建筑样式的独特魅力。本书由原中国佛教协会会长赵朴初倡议编写。书中引用大量实物例证，探讨了汉传佛教、藏传佛教和我国南传佛教的建筑艺术及其历史演变，介绍了中国历代佛教建筑的布局与造型特点，着重就印度佛教建筑艺术对中国佛教建筑的影响，以及对朝鲜、日本、越南等国佛教建筑的影响作了展示和梳理。全书共8章。第1章探讨东汉至隋代的佛寺布局情况。第2章探讨中国佛寺中的佛殿建筑。第3章探讨中国早期佛教建筑布局演变及殿内像设的布置。第4章探讨中国古代佛教石窟的窟前建筑。第5章探讨佛塔。第6章探讨经幢。第7章探讨我国南传佛教建筑。第8章探讨藏传佛教建筑。

中国佛教寺院建筑讲座
张驭寰著
当代中国出版社　2008年1月　336千字　344页

中国佛教寺院建筑精美、壮丽，不仅具有佛教的特征，还体现出中国古代建筑的特色，是中华文化宝藏的重要组成部分。本书是我国著名古建筑专家、建筑史学家张驭寰教授几十年积累和研究的成果。书中采用文献查阅与实地考察并举的方式，从佛寺的历史演变、建筑空间布局、建筑艺术审美等多个角度，对中国佛教寺院建筑作了系统的阐述和探讨，涉及佛教寺院与礼制制度的关系、佛教寺院建设选取景观的方式、历朝历代佛寺建筑的特征、寺院总平面布局的式样、寺院中的单座建筑与附属建筑、寺院的选址及其奇异之设计、佛教宗派祖庭寺院、寺院的塔林、中国各地有代表性的寺院、中国石窟寺、中国佛教寺院对世界各国之影响等方面。全书共15章。作者长期从事中国古代建筑史的研究，注重野外考察，跑遍中国名山大川，对古建筑尤其中国佛教寺院建筑进行实地测绘、现场分析，因而使本书具有很高的学术价值。

图解中国佛教建筑
张驭寰著
当代中国出版社　2012年7月　163千字　259页

中国佛教建筑遍布大江南北，它是宗教信仰与建筑艺术相融合的产物，是中国传统建筑中的瑰宝。本书结合作者数十年来实地考察的研究成果，全面阐述了中国佛教寺院建筑形成与演变的历史，对中国佛寺的布局、结构、附属建筑、选址与分类、建筑规制与传统礼制的关系、塔林等都作了系统的讲解，揭示了宗教建筑的丰富内涵和文化底蕴。全书共12章。主要内容虽然是展示中国佛教建筑文化的奇光异彩，但对中国历史、山川地理、名人轶事、佛教派别、佛教义理、石窟艺术、造像艺术、壁画艺术，甚至对于中国与世界各国的文化交流都有不同程度的涉及。本书不仅仅是一部佛教建筑的专著，也是一部佛教知识的大百科全书。

1. 山志

九华山志（安徽山水志丛书）
九华山志编纂委员会编
黄山书社　1990年9月　400千字　525页

九华山以佛教文化和奇丽的自然风光而蜚声海内外。千百年来，九华佛地虽香火不绝，但也历经兴废和磨难，建国后法炬复燃。九华寺庙建筑颇具特色，现存78座寺宇中，化城寺等9座名刹被列为全国重点保护寺院，小天台等30座被列为省级重点保护寺院。这些金碧辉煌的梵宫玉宇和玲珑别致的茅蓬精舍，或雄踞在峰崖陡壁之上，或散布于山谷丛林之间，把九华山装点成"佛国圣境"。本书为"安徽山水志丛书"之一，是一部重点记述九华山佛教历史与现状的志书。全书包括篇首、专志、篇末三个部分。主体部分为"专志",下设自然环境、胜景、佛教、文物、建筑、艺文、旅游、管理、杂记10篇。志中所录"名道名僧"、"乡贤名士",按"由远而近"、"生不立传"、"功过并书"等原则记述其人事迹;庙宇部分,依建筑式样分类,选择有代表性的寺庙名刹,记述建筑风格、特点等。编者认为,九华名山的形成与佛教的兴起密切相关,更因地藏大愿的感召力而名闻遐迩。在历代名僧的主持、弘扬和文人学士、民间工匠的经营下,不仅开发和建设了这座佛教名山,而且给后人留下一大批珍贵的文化遗产,以致形成了佛教与儒家文化共荣之局面。

五台山佛教音乐总论(中国佛教音乐文化文库/袁静芳主编)
韩军著
宗教文化出版社　2012年12月　500千字　523页

五台山居我国佛教四大名山之首,是我国唯一兼容汉传佛教和藏传佛教的佛教圣地。五台山佛教音乐,千百年来渊源流长,博大似海,是中国音乐文化的宝贵遗产。本书为"中国佛教音乐文化文库"丛书之一,是作者历经20余年学术积累撰写而成的一部"以音乐学者的眼光探寻佛经中所涉及的佛教音乐理念"的著作。书中对博大精深的佛教音乐历史文献进行了系统梳理,涉及300多册佛教经典(包含藏文大藏中的经典),内容涵盖阿含、本缘、般若、法华、华严、密教等经文中的音乐资料;在此基础上,作者介绍了五台山佛教音乐从开山之日起延续至今的发展历史,分析了五台山佛教中汉传佛教和藏传佛教的佛事与音乐、赞呗体系、佛经唱诵形式及其与音乐的关系,描述了五台山佛教音乐的形式、音阶、调系统、板式、曲体类型及曲体结构。全书分为"五台山佛教音乐概论"、"五台山佛教音乐曲谱"上、下二篇。上篇(5章),介绍五台山佛教音乐的基本理论、音乐体系与形态特征。下篇收录五台山汉传佛教音乐"北方赞调呗"、"南方赞调呗"和"密宗赞呗",藏传佛教音乐"仍在应用的小曲"和"已知的部分失传小曲"等几种曲谱。

2. 寺院

中国寺庙文化论(中国当代中青年学者学术精华书系)
段玉明著
吉林教育出版社　1999年3月　267千字　445页

"寺庙"一词来源于"寺"、"庙"二词的组合。"寺"在先秦原指官署;"庙"者系指奉祀祖先的祖庙。自白马寺开启佛教以"寺"命名活动场所的先例以来,"寺"即成为佛教活动场所的专称。隋唐而下,摩尼教、伊斯兰教、基督教先后传入中国,比照佛教,纷纷以"寺"命名活动场所,"寺"于是泛称所有外来宗教场所。"庙"则用以泛称所有本土信仰的活动场所。本书为"中国当代中青年学者学术精华书系"丛书之一,是一部以寺庙为切入点探讨宗教学理论的专著。全书共5章。书中将"寺庙文化"定义为一种"世界性的文化现象",按不同的研究视角分设五个专题,主要介绍了中国民间信仰的本质与寺庙类型、中国寺庙的建筑特点及其在社会中的角色、中国寺庙经济的运作机制与生存适应、中国寺庙的文学观照及其文本传统、中国寺庙寻乐与节祭的文化取向等。作者认为,寺庙作为用于从事宗教仪式或活动的公开性屋化建筑,必须具有宗教的意义及社会群体可参与的公众性和开放性,且必具有"屋"的性质,或为宅院,或为组群。只有如此,才能将寺庙与其他宗教性建筑加以区别。

汉化佛教与寺院生活
白化文著

天津人民出版社　1989年12月　138千字　191页

　　佛教从传入中国开始，就朝着汉化的方向前进。它经过近2000年与中国传统文化冲突与整合的长期过程，渗入全社会各个角落，形成自己的独特系统，有自己的特点。这些特点有机地融合在汉化佛寺的建筑、造型艺术、图籍、仪礼轨制等具体的事物与行事之中。本书将"中原一带汉族为主的佛教派系"，即"本土化的佛教"定义为"汉化佛教"，以此为主导思想钩沉了佛教汉化史、细述了汉地寺院的存在形态，述及佛像、前殿、大雄宝殿、观世音菩萨、塔与经幢、佛门弟子等方面。全书共13章。书中通过对佛教汉化的历史以及寺院生活之描摹，勾勒出汉地佛教的整体面貌与细节特征，认为"人间佛教"的正途就是佛教与当代中国的现实生活相适应、相协调。

锄下菩提：佛教农禅观（觉群丛书·第6辑/觉醒主编）
邱环著

宗教文化出版社　2007年1月　110千字　177页

　　农禅制度的产生，凝聚了禅宗在禅学思想、禅修方式和生存制度等方面的革新成果，是禅宗完成其中国化转型的重要标志。本书为"觉群丛书"之一，作者以农禅制度在时间空间上的产生与发展为线索，以其特点和意义为核心，勾画出农禅制度产生和发展的历史渊源和过程、创新点与独特处及其理论和实践上的意义。全书共5章。书中通过对中国佛教农禅观的系统性考察，概括出如下特征：农禅制度是中国丛林的一种新型修持方式、是中国丛林的一种新型生存方式、是中国僧众的一种新型生活方式、是中国寺院的一种新型管理方式。作者认为，农禅之所以在中国可行，一方面适应了中国文化和中国制度的固有习俗，另一方面也是最主要的方面，是禅宗在提倡生产劳动的同时，将参禅与生产劳动相结合，既实现了生活上的自力更生、独立自主，又不耽误禅僧修行，这是禅宗的最显目的特色与贡献。

都市佛寺的社会交换研究（儒道释博士论文丛书/汤伟侠　卿希泰等主编）
肖尧中著

巴蜀书社　2009年11月　230千字　301页

　　时代变革促使都市佛寺成为人间佛教最主要的践行者和建设者、重塑佛教之社会形象和声誉的任务担当者。本书为"儒道释博士论文丛书"之一，作者选择以都市为生存和发展土壤的都市佛寺为考察对象，以社会交换理论为依据，兼采斯达克的宗教经济理论和组织理论，将佛寺的社会交换活动视为一个资源投入、转化、产出、调适的动态过程，将其所举办的各种社会活动视为一个法人行动者的社会交换行为，在动态分析都市佛寺所举办的一些社会活动的基础上，系统考察和探讨了都市佛寺正在形成亦或正在变迁的社会生存和发展模式。全书共6章。作者认为，社会交换是都市佛寺获得自身之生存及发展所必须的社会支持和社会信任的根本途径，是佛寺体现宗教之社会性和实现宗教之社会功能的根本途径。社会交换促进了佛寺内部以及佛寺与佛寺之间的分工和分化，进而从整体上促进了佛寺的专业化和佛教整体性的社会发展。在社会交换的导向性引领下，都市佛寺内部从组织结构、组织观念到人才构成都在发生前所未有的变化，佛教组织与佛教类非营利组织的历史性分工正在悄然启幕。

柒、佛教

中国五—十世纪的寺院经济
[法] 谢和耐著　耿昇译
甘肃人民出版社　1987年5月　350千字　382页

养活一个庞大的僧侣阶层和为宗教活动兴建豪华的寺院，所引起的最为肯定的经济效果是经常会给农民阶级造成可怕的灾难。供物、土地、寺户、收税权等诸多经济要素被移交给寺院，大量金属也用于铸造佛像，导致贵重金属和铜的匮缺。此类追求奢华的作风在中国贵族成员中具有传统性，并且他们与新富翁阶层囤积财富的那种非常强烈的倾向也是相吻合的。统治集团对经商的偏好、腐化和唯利是图实乃亲佛教界的典型特征。本书是法国学者谢和耐于1956年在西贡法兰西远东学院发表的一篇探讨"公元5-10世纪中国寺院经济"的博士论文，至今仍属法国研究敦煌经济文书的唯一重要著作。全书共5章。书中运用社会学理论和方法，根据汉籍、印度经文、敦煌和其他西域文书，分析了南北朝和五代时期的中国寺院经济，对佛图户、寺户、僧祇户、常住百姓、碾户、梁户、长生库、社邑、斋供、三阶教无尽藏都作了深入探讨。作者认为，若对有关僧侣和寺庙数字的僧籍和寺籍作细致研究，就可以使我们勾勒出中国佛教发展的粗线条：由信徒和国家所供养的僧侣界肯定曾是中国经济的一种经常性负担。

五十年来汉唐佛教寺院经济研究（1934-1984）
何兹全主编
北京师范大学出版社　1986年12月　290千字　363页

汉唐佛教寺院经济，是中国寺院经济史上的标本，是中国经济史研究的一个重要方面。僧侣世界看似超然世外，实则与普通民众构成的世俗世界具有诸多共通的属性。从这个意义讲，针对汉唐时期社会经济面貌及特性的研究，如果从寺院经济（僧侣世界的经济结构）角度入手，远比单向研究当时的世俗经济更能切实地反映时代景观。著名历史学家何兹全先生于1934年开拓了汉唐佛寺经济研究领域。本书精选其后50年间（1934-1984）国内学者公开发表的论著17篇，对该领域的研究成果进行了集中展示，涉及佛教教团与封建国家、地主的关系，教团内部的阶级结构和经济结构，寺院经济在不同历史阶段的盛衰变化等一系列问题；书末附有日本及港台、东南亚学者研究中国汉唐寺院经济的论著目录，以反映该领域的研究动态。何兹全认为，要全面考察中古（3-9世纪）中国社会的构造，彻底了解中古中国社会的性质，寺院一定要拿来作一个主要的研究对象。且因寺院披着宗教外衣，所以在封建关系的表现上也特别显著。如政权的分割，人口的影占等，在寺院便非常显著。学者简修炜和夏毅辉指出，魏晋南北朝时期的寺庄，即是寺院大土地所有者以庄园形式经营土地，从事农业生产的场所。它的出现，标志着寺院已由单纯的宗教组织蜕变成以宗教关系为纽带的封建经济组织。

汉唐佛寺文化史（上、下册）（唐研究基金会丛书／罗杰伟主编）
张弓著
中国社会科学出版社　1997年12月　814千字　1044页

汉唐佛寺，是佛文化的载体和传媒，本身又是融汇华梵的熔炉。考察佛文化的中国化过程以及汉传佛教文化史，佛寺是一孔更富具象的天然窗口。本书为"唐研究基金会丛书"之一，作者以汉传佛教上升时期的汉唐佛寺为聚焦点，从宗教、历史、地理、考古、经济、文学、艺术、民俗等多学科的角度，透过寺院这一重要的宗教活动场所，对汉唐时期的佛教发展及其衍生的各种文化现象进行了巡视和探考，揭示了汉唐佛寺所承载的人文内涵。全书分上、下卷，共9篇。第1篇"寻蓝篇"，介绍伽蓝分布与型制演变。第2篇"造设篇"，介绍施主层群、造寺心理及营寺发愿，寺等、寺名、佛寺景观的文化意韵。第3篇"基壤篇"，介绍寺院土地制度、经济结构、教团阶级关系。第4篇"僧伽篇"，介绍僧尼仪制、寺院规约、佛寺管理、僧官僧职。第5篇"科门篇"，介绍译场、义林、禅窟、律镇、声业及诸宗祖庭。第6篇"妙相篇"，介绍寺院与窟寺绘画雕塑区群、艺术风格类型。第7篇"文苑篇"，介绍释门人文撰述与文学创作。第8篇"艺技篇"，介绍佛寺乐舞、戏弄、书法、茶道、医药、历算。第9篇"辅世篇"，介绍寺院的岁节、教育、庋藏、寄宿、悲田养病、造林环保等社会文化功能。

隋唐长安城佛寺研究（考古新视野丛书）

龚国强著

文物出版社　2006年10月　293页

佛寺是佛教在建筑形式上的具体体现。隋唐是中国佛教发展史上极其重要的时期。都城长安作为当时中国最重要的佛教中心，对全国乃至整个东亚地区佛教的发展都产生了巨大影响。隋唐长安佛寺研究这一课题，对中国古代都城考古、中国古代佛教考古等具有重要的学术意义。本书为"考古新视野丛书"之一，作者采用历史学和考古学相结合的方法，系统整合了有关文献和考古资料，集中探讨了隋唐长安城佛寺与城市布局的关系，佛寺的分布规律、形制类别和渊源等考古学重要问题。全书共6章。书中首先简述隋唐长安城佛寺的地理、历史背景和考古发现等，然后以此为基础分几个不同时期论述了城内佛寺的建寺情况和分布状态，考察了佛寺与都城的相互关系；同时，对隋唐长安城佛寺形制布局的不同类型、寺内单体建筑和附属建筑尽可能地进行复原性的研究，初步划分了长安佛寺形制布局的几个发展阶段；最后，主要从城中佛寺分布、佛寺的形制布局两个方面，对隋唐长安佛寺与早期都城佛寺和古印度佛寺的渊源关系，以及对同时代朝鲜半岛和日本都城佛寺的影响等问题进行纵向和横向的比较研究。

宋代寺院经济史稿

游彪著

河北大学出版社　2003年3月　240千字　261页

佛教寺院经济的研究是中国社会经济史研究的重要课题之一，自上世纪30年代以来国内已有不少学者参与其中。但中国大陆学者的研究多集中在隋唐以前，宋以后的佛教寺院经济很少有人问津。本书以唯物史观为指导，将宋代寺院经济作为主要研究对象，从佛教寺院管理制度、宋代佛教寺院的经济状况、寺院田产的来源、寺院土地的数量及其经营模式、寺院农业经济领域的生产诸关系、寺院经济的地域差异等方面，对宋代寺院经济的发展态势与基本特点进行了较为全面的考察和论述，并从佛寺内部阶级结构的角度，对宋代寺院经济组织的利益结构予以揭示。全书共9章。作者认为，寺院经济力量的扩张严重影响了国家的财政收入。入宋以后，统治者继承并进一步发展了唐朝以来对寺院经济进行严格控制的政策，打破了历代统治者赋予佛教寺院的种种特权，大大压缩了寺院经济的宗教性和特殊性，使寺院经济与世俗封建经济接轨，从而达到了国家控制和有效管理寺院的目的。

明代南京寺院研究（中国社会历史研究丛书）
何孝荣著

中国社会科学出版社　2000年12月　374千字　447页

　　明代的佛教政策以整顿、限制为主，但是统治者又大力提倡、保护佛教，这是南京寺院兴盛的重要原因。加之南京历史上一直是重要的佛学中心，修建寺院较多、民众佛教信仰浓厚等，在很大程度上影响着明代南京佛寺的发展趋势。本书为"中国社会历史研究丛书"之一，是在作者的博士学位论文基础上修订而成的一部针对明代南京佛教寺院进行个案研究的专著。书中运用历史学、宗教学、政治学、经济学、文化学等多学科的研究方法，从不同的角度考察和探讨了明代南京佛教寺院的背景、兴废和分布，各类建筑的配置，僧人的来源和等级结构、经济部门和财政收支、管理制度和佛事活动，对国家和民众生活的影响等，完整展现了明代南京佛寺的整体面貌与细节特征。全书共7章。第1章分析明代南京寺院的存在背景，包括明代佛教政策、明代南京社会状况、东吴至元代南京的佛教和寺院。第2章考察明代南京寺院的兴废、分布以及总数。第3章探讨明代南京寺院的建筑特征。第4章介绍寺院僧人的活动情况。第5章论述寺院经济，主要以南京八大寺院的公田经营为例，说明寺院农业的经济实力及其在明代的发展和变化。第6章剖析寺院的各种管理制度。第7章阐发明代南京寺院的作用和影响。

明代北京佛教寺院修建研究（上、下册）（"中国思想与社会"文丛·第一辑/陈洪　李治安主编）
何孝荣著

南开大学出版社　2007年12月　751千字　792页

　　本书为"中国思想与社会"丛书之一，作者以明代北京佛教寺院为研究对象，参考最新的考古发掘资料、金石碑刻资料，综合运用历史学、文献学、宗教学、地理学、社会学、统计学等知识和方法，全面考察了西晋至元代北京的佛教发展及明代北京佛寺修建情况，分析了明代迁都北京和当代京城政治、经济、文化的发展动态，揭示了明代北京佛教寺院修建的历史背景；结合明朝中央政府的佛教政策，以及明代北京各阶层人士，包括帝王、后妃、宦官、僧人、士庶人等对佛教信仰和佛教传承的态度，探析了明代北京佛寺修建的政策因素和信仰动因；书中还通过考索明代北京新建、重建、重修的佛教寺院的空间分布状况，对其总数加以统计，归纳总结出明代北京佛教寺院修建的特点、原因及相关启示。全书分上、下册，共7章。上册（第1-3章），讲述"明代以前北京佛教寺院的修建"、"明代建都北京与北京的发展"、"明代帝王、后妃与北京佛教寺院的修建"，指出明代北京的农业、商业和手工业的显著发展，为明代北京佛寺的修建提供了坚实的经济基础，明代帝王、后妃是北京佛教寺院修建的决定力量。下册（第4-7章），包括"明代宦官与北京佛教寺院的修建"、"明代僧人、士庶人等与北京佛教寺院的修建"、"明代北京佛教寺院的分布和统计"等，深入总结了明代北京佛教寺院的修建特点及历史经验教训。

北京佛寺遗迹考（全3册）（北京佛教文献集成丛书/传印主编）
彭兴林著

宗教文化出版社　2012年10月　850千字　1033页

　　千年的寺庙，承载着千年的历史，是人文、艺术、道德、政治的重要载体。保护和研究现存的寺庙建筑，对弘扬传统文化、提升社会道德、净化人心及保护文物等方面具有重要作用。基于上述认识，北京佛教文化研究所研究员彭兴林利用10年时间对北京地区2000多座佛教寺院及其遗址进行了细致考察，拍摄了数万张照片，查阅了100多种史料，因而在北京佛寺研究领域积累了相当丰富的经验和实物素材。本书为"北京佛教文献集成丛书"之一，是作者对北京佛教寺院及现存遗址所作考察和梳理的成果。全书分上、中、下三卷，共18章。内容涉及北京地区现有保存完好且经修缮、复建而基本恢复原貌的佛教寺院，以及绝大多数或不存、已废、已毁，或仅存基址、山门、寺塔、殿宇残垣、残碑、建筑构件、佛像等遗留物的寺院遗迹，由此可以窥见北京佛教历史的深厚渊源，以及古都文化保护之现实任务的紧迫性。

山西寺庙大全

白清才主编　崔正森　刘俊贤副主编

山西经济出版社　1995年3月　3190千字　1617页

山西三教寺庙的分布情况，反映了三教历史活动的实况。考察山西省的寺庙文物，不限于它的艺术成就，亦可从中认识中国古代社会的内在的精神所在。本书是由原山西省副省长、今陕西省省长白清才同志主编的一部全面介绍山西寺庙的大型工具书。书中将所有的山西宗教名胜古建悉数搜罗，以翔实的资料记述了山西名胜古建、旅游资源、儒佛道三教传统文化、宗教艺术、风土人情，以至历代政治、经济、军事、民族关系等，既反映了山西作为文物之乡的特点，又抓住了现存古建的重点，较好地表现了山西宗教建筑在国内现存古文化遗址中的重要性，说明了其不可忽视的历史地位。全书分为上编"儒教"、中编"佛教"和下编"道教"三编（卷），收录包括坛、台、社、园、庙、祠、宫、亭、堂、楼、庵等在内的宗教名胜古建11900余处，可谓三教融汇、数量惊人。本书不仅保存了珍贵的文化遗产，奠定了研究古代祠神文化的坚实基础，而且为山西省三教寺庙文物作了开拓性的工作，为今后国内外研究者进一步研究提供了第一手原始资料，具有重要的史料价值、学术价值和深远的现实意义。

内蒙古佛教与寺院教育

嘉木扬·凯朝著

中国社会科学出版社　2013年4月　443千字　400页

佛教传入蒙古族地区后，与该地区的原生性宗教经历了调适、互渗、融合的过程，形成了蒙古族地区特有的佛教文化和寺院教育体系。本书以蒙、藏、汉、日、巴利、梵文等第一手文献资料为研究基础，结合田野调查、个案分析的方法，对蒙古族地区佛教文化和寺院教育体系的历史脉络、发展演变、内涵特质、功能作用以及社会影响等方面进行了宏观展示和微观剖析。全书共12章。内容包括：蒙古族地区佛教的弥勒信仰，唐卡艺术的起源及内蒙古五当召唐卡绘画，蒙古族地区佛教寺院的吉祥天母研究，现代佛教密宗传播的理念与方式，华严密法之《圣普贤菩萨行愿王经》中的阿弥陀佛信仰，蒙藏地区佛教活佛转世的由来，蒙藏地区佛教的护国爱民思想，蒙古地区佛教的清规，阿葛旺丹达尔大德的佛学思想，北京雍和宫的寺院管理理念，内蒙古阿拉善佛教寺院调研等。本书的独到之处在于：作者以其熟知多种语言的优势，利用文献发掘出过去人们所忽略的蛛丝马迹，从而使研究豁然开朗，营造出一片新的天地。书中对诸如蒙藏地区佛教活佛转世制度的由来、佛教的护国利民思想，十世班禅大师关于如何做活佛等方面问题的分析和探讨，在学术方面可以说是取得了一个历史性的突破。

人间佛教的都市发展模式：以上海玉佛寺为例
潘德荣　张晓林主编

宗教文化出版社　2009年9月　300千字　254页

上海玉佛寺以"文化建寺，教育兴寺"为宗旨，践行着传统丛林制度与当代社会组织管理方法的结合，从而在人间佛教的体系建构上，开辟出一种"文化型"都市寺院的发展路径，构成了当代中国社会人间佛教变迁与发展的新模式。本书运用宗教社会学的理论和方法，以上海玉佛寺的都市佛教发展形态及其实践经验为例，将玉佛寺近30年来的文化型佛寺建构历程，分解为现代寺庙的制度设置、都市佛教的组织形态、都市寺庙的宗教礼仪服务、文化建寺的制度支持、寺院经济的现代功能及其公益慈善事业等不同层面进行细致入微地考察，比较全面地总结了玉佛寺在文化、教育、学术事业、寺庙制度建设、对外交往活动诸方面所取得的经验与成就，同时对都市宗教作为现代都市社会组织，可能呈现的若干社会特征加以论述。全书分为"文化型佛寺的都市发展模式"、"都市佛教的佛学理论探索"、"都市佛教的文教活动与弘法模式"等5章。作者指出，人间佛教的真正发展，无法限制在佛教寺庙的架构之中。缺乏了社会基础，人间佛教与社会之殊胜的关系，就无法被真正地建构起来。

相国寺：帝国的神圣与凡俗之间（儒道释博士论文丛书／卿希泰主编）
段玉明著

巴蜀书社　2004年11月　220千字　316页

开封相国寺是中国古代具有较强影响力的皇家寺院，在唐宋时期的宗教与社会生活中扮演了十分重要的角色。本书为"儒道释博士论文丛书"之一，作者运用历史学、宗教学、社会学、人类学以及后现代文化研究的理论和方法，分别就相国寺的兴建、历代维修扩建、造像和壁画、圣显，大德高僧及其与帝国政治生活的关系，寺址空间与都城经济生活的关系，寺院商业文化在都城士庶文化娱乐生活中的地位等方面进行探考，揭示了作为一处"特殊的屋化建筑"的相国寺的深层历史文化蕴涵，为中国寺庙研究提供了一种可资借鉴的模式。全书共9章。书中跳出既往寺庙研究的藩篱（把寺庙理解为文物式的建筑艺术品），而是将寺院视为承载"神圣与凡俗"之间多重力量互动且极富空间建构意义的灵动"活体"，认为在寺院这个活体之中，既容含了宗教与王权的纠葛，又演绎着市井百象，以致相国寺与"妓馆毗邻"、"四方珍异之物，悉萃其间"、"芸芸众生往复不疲"，弥漫着一种僧众生活世俗化的浓烈气息。这些事象生动体现了在佛教中国化的过程中（向上与向下的双向运动），其持续向下的运动已被逐渐嵌入世俗社会生活的轨范。

西南寺庙文化（西南研究书系／张诗亚主编）
段玉明著

云南教育出版社　1992年1月　265千字　351页

中国西南地区处于多元宗教文化交融碰撞的重要地带，域内少数民族众多，世界三大宗教及原始宗教、道教等多种宗教云集，为寺庙文化的繁盛提供了适宜的社会生活土壤。本书为"西南研究书系"之一，作者透过中华文化的大视野观览西南寺庙文化独有之盛况，将不同宗教所营造的不同类型的寺庙文化作有机整合，分别从"民族信仰"、"民族建筑"、"民族艺术"、"民族经济"和"民族旅游"五种角度论述西南寺庙文化的功能、特色、艺术与审美，展示其独特的文化内涵。全书共5章。书中不仅关注西南寺庙文化现象本身，还特别考察了寺庙僧侣，指出西南地区的古代寺僧与中原僧侣在文化修养方面的同质性，验证了"西南寺庙文化代表着西南古代文化的最高成就，在西南古代文化中最具魅力"之说的深层原因。

云南佛教寺院建筑研究
杨大禹著
东南大学出版社　2011年9月　420千字　320页

云南地区的佛教信仰相当普遍，在社会生活中的影响极为深远，伴随而生的佛教寺院类型也特别丰富。其中既有汉传佛教寺院，又有藏传佛教的喇嘛寺，还有南传上座部佛教独特的缅寺和奘房。研究佛教寺院建筑及其文化，显然以云南地区最具典型性。本书选取云南佛教寺院建筑作为研究对象，试图从建筑学、园林学、景观环境学、建筑文化学、类型学、宗教学等多学科交叉与融贯的多重角度，对云南境内现存具有典型代表性的佛教建筑及其建筑文化进行较为系统的分析研究，以期对云南佛教寺院建筑的发展历史、演变规律、建筑空间形态、建筑类型、地区性技艺特征有一个全面的认识。全书共7章。书中致力解决三个关键问题：一是考察和梳理云南各地现存不同类型佛教寺院建筑的历史与现状；二是从现存的各类佛教寺院建筑遗构中，追溯其历史源头，探究其发展规律，分类比较云南佛教寺院建筑与中原内地和周边国家的交流情况，总结分析其物质与空间构成形态、地方建构特色、各种历史价值和文化艺术价值；三是通过个案分析研究，掌握不同类型佛教建筑的建筑空间形态与建构行为的关系（隐性行为和显性行为）。内容包括：云南佛教信仰的文化景观，佛教寺院在云南的发展流布，云南佛教寺院的类型特点，云南佛教寺院的建筑技艺，云南佛教寺塔的形式与文化等。

中国佛寺道观
段启明　戴晨京　何虎生著
中共中央党校出版社　1993年8月　568千字　770页

汉地佛教、藏传佛教和云南上座部佛教寺院在构建中大多汲取地域及民族文化元素，形成各具特色的建筑程式，是研究中华民族建筑艺术的宝库。佛寺绘画、雕刻、造像、音乐和佛经刊印等艺术形式，同样对中国文化的品性塑造产生过重要影响。佛教的主要宗教活动，如僧尼的日常行事、忏法、法会等，通常都在寺院内举行。汉地佛寺拥有一整套严格的丛林制度，藏传佛教寺院和云南上座部佛教寺院，亦有管理佛事的严格等级制度。道教宫观多由神殿、膳堂、宿舍、园林四部分组成。总体采取中国传统的院落式布局，即以木结构为主体，以"间"为单位构成单体建筑，再以单体建筑组合庭院，进而以庭院为单元组成各种形式的建筑群。道教宫观的组织和管理体制，一般可分为两类：一是子孙丛林，庙产公有，师徒代代相传；二是十方丛林，又称十方常住。本书是国内第一部系统介绍全国重点佛寺道观的著作，共收录佛教寺院168座、道教宫观21座，其中包括163座汉族地区佛道教全国重点寺观和藏语系佛教、巴利语系佛教部分寺院。全书由"佛教寺院"和"道教宫观"两部分组成。编著者对每座寺观的建筑年代、建筑特色、历史沿革、古迹文物、风景园林、重要人物及其在佛道教发展史上的地位都作了详细的记述，以帮助人们了解近年来中国落实宗教信仰自由政策所取得的成就、了解重点寺观历史和现状，为进一步研究佛道教，学习祖国优秀传统文化提供了重要的参考资料。

柒、佛教

中国佛道教寺观经济形态研究
罗莉著

中央民族大学出版社　2007年10月　280千字　340页

　　宗教在任何时候首先要依赖于社会经济，受社会经济本身状况的制约。无论从历史还是从现实的角度来观察宗教与经济的关系，均可看出寺庙经济这种特殊的经济形态是伴随着宗教的发展而发展的，构成宗教进一步发展的经济基础。这种经济现象具有明显的交叉特征，它既是宗教的物质基础，又是经济领域的一种特殊现象。本书以"宗教与经济"的互动关系为主线，从历史考察与现实分析的角度，系统研究了我国佛道教寺观经济的发展形态与主要特征，全面探讨了寺院地主经济、"农禅合一"的经济形态、金融性的"无尽藏"经济、"政教合一"制下的寺院经济以及社会主义条件下的寺观经济。全书共13章。第1-2章介绍中国佛道教的形成及佛寺、道观的建立。第3章论述佛道教财富观与寺观经济特征。第4-7章论述历史上的汉传佛教寺院的主要经济形态。第8-11章论述当代汉传佛教、藏传佛教和南传佛教的寺院"自养"经济。第12-13章分别论述道教宫观"自养"经济和寺观经济的特种产品。

中国佛寺志丛刊（影印本）
白化文　张智主编

广陵书社　2011年12月　130册

　　中国佛教的发展与寺院建设有着密切关系。传道送法、刊刻佛经、创宗立派都是以寺院为中心进行的。寺院，梵语称为伽蓝，汉语寺的本义是官署、府衙。东汉明帝时，佛教初入中土，明帝为从西域迎来的两位高僧竺法兰、摄摩腾，于洛阳郊外建一伽蓝，供二僧居住译经，因二僧初住于鸿胪寺，遂以"寺"命名伽蓝，这是中国历史上第一所寺院：白马寺。之后，历朝历代所建寺院数以万计，然而流传至今则是很少了。附着于寺院的佛教文化，包括雕塑、壁画、经像、高僧遗迹等也随之湮灭。正因如此，现存的佛寺志对于佛教历史的记录才显得弥足珍贵。本书由《中国佛寺志丛刊》（江苏广陵古籍刻印社，1996年，120册）和《中国佛寺志丛刊续编》（江苏古籍出版社，2001年，10册）两书合编而成，充分体现了寺志的史料价值，为中国佛教文化及佛教史研究提供了重要参考。全书共130册。书中汇集北京、河南、陕西、湖北、江苏、浙江、上海等八省市现存的数百种佛教寺志与山志。其中不乏明、清两代善本，有些是稿本、抄本，也有各大图书馆馆藏孤本。这套丛刊将众多寺志与山志进行有序组合，从志书角度呈现了中国佛教的历史发展，可以从中窥见中国历代政治、经济、文化，乃至各地民风、民俗与佛教文化之密切关联。

3. 石窟

（1）石窟寺研究

中国石窟与文化艺术
温玉成著

上海人民美术出版社　1993年8月　480页

　　石窟寺艺术起源于古代印度。在历史长河中，它们逐渐发展成融汇建筑、雕塑和壁画艺术的综合体，成为人类文明史上光彩夺目的珍品。本书是作者结合自身多年从事佛教艺术考古的工作经验，吸收学术界最新成果撰写而成的一部探讨中国佛教石窟艺术的专著。全书共18章。书中扼要介绍了印度及中亚石窟艺术的表现形式、主要特点及历史渊源，全面阐述了我国18个省、区的140处大、中、小型石窟的内容与特征，重点论述了其中30多处典型石窟的历史、宗教、文化背景和艺术成就等，随之探讨了相关的学术问题，涉及印度早期的佛教石窟，犍陀罗佛教艺术，龟兹国的石窟艺术，高昌国石窟艺术，敦煌壁画、彩塑与装饰艺术，龙门雕刻艺术，邺下佛教与邺都周围的石窟，南诏与大理国的佛教艺术等多个方面；此外还探讨了道教和摩尼教石窟。本书是目前国内考察和论述中国石窟艺术最为系统、深入的专著，对于历史、考古、宗教、艺术等专业研究者而言都有重要的参考价值。

中国石窟寺研究
宿白著
文物出版社　1996年8月　481页

本书收录著名考古学家宿白先生自1951年迄至1989年陆续写就和发表的论文23篇。这些论文既是作者从事中国石窟寺研究50年来（1947-1996）的集大成之作，也是他如何进行中国石窟寺考古的一个真实写照，更是中国石窟寺考古学创建历程的完整记录。书中所收文章，除第1篇是概论中国石窟寺之外，其余22篇，依据内容可分作六组。第一组2篇，探讨中国现存两处最早的石窟遗迹：新疆克孜尔石窟和甘肃凉州石窟。前者侧重对洞窟类型和年代进行探讨、后者着重特征的分析。第二组5篇，包括《〈大金西京武州山重修大石窟寺碑〉校注》、《云岗石窟分期试论》、《恒安镇与恒安石窟》等，都是关于5世纪后期开凿的云岗石窟的讨论文章。第三组2篇，研讨了沿袭云冈石窟开凿的洛阳地区北朝石窟和南京栖霞山与新昌宝相寺的南朝龛像。第四组9篇，主要是探讨敦煌莫高窟现存早期和晚期部分洞窟的论文。第五组2篇，论述了西藏拉萨和浙江杭州的藏传密教石窟。第六组为2篇附录。全书材料丰富、条理清晰、论证严谨，展现了宿白先生的学术功底，确立了历史考古学方法在石窟寺研究中的地位。

中国石窟艺术总论
阎文儒著
广西师范大学出版社　2003年8月　350千字　390页

石窟艺术反映了佛教思想及其发生、发展的过程。我国的石窟艺术源远流长，分布广阔，遍及全国。本书是我国首部综合介绍全国各地石窟寺的专著，作者依据多年实地考察经验，将历史文献、考古发掘、民间传说三者结合，对中国石窟艺术进行了一次大梳理，从中剔析出中国古代佛教艺术以及其他艺术形式的兴衰，对不同历史时期的佛教艺术审美进行了独到的解析。全书共7章。第1章为序论，概述中国石窟艺术之渊源。第2章叙述石窟在全国的分布情况，以及各地石窟的开创年代、遗存状况。第3章论述自汉至南北朝石窟造像的不同特点，述及佛本行像、本生故事像、八大护法像、供养人像以及南北朝各期的造像题材等。第4章论述隋至初唐时期的石窟艺术，对经变画、造像壁画的特征与风格等作了论证。第5章论述盛唐的石窟艺术；此期，窟形有所变化，经变画也趋向复杂多变。第6章论述中、晚唐的石窟艺术，这一时期是佛教最为发达的时期，其主要特点是出现了密宗造像。第7章论述五代、宋初的石窟艺术。这个时期的佛教造像，较前更趋复杂。佛教造像多为密宗像。

柒、佛教

中国佛教石窟考古概要（佛教美术全集）
马世长　丁明夷著
文物出版社　2009年1月　303页

　　两汉之际传入中国的佛教，经过200年的蔓延与发展，魏晋以后，才在一般民众中得到广泛的传播。有关佛教的历史遗迹，以寺院建筑、石窟寺遗迹最为丰富，成为中国佛教考古的重点研究对象。其中对石窟寺遗迹的调查研究，成果非常显著。本书为"佛教美术全集"丛书之一，系根据北京大学考古学系教授马世长、中国社会科学院世界宗教所研究员丁明夷为国家文物局举办的佛教石窟考古培训班所编教材整理、修订而成（收录佛教石窟雕刻彩色图版300多幅，线描图数十幅），原书名为《佛教石窟考古概要》，曾在海峡两岸三次出版。全书共5章。书中将考古学方法应用于中国石窟寺的分期以及石窟美术演变的探索与归纳，对我国西北、华北、中原、西南等地石窟的开凿背景、发展、顶峰和衰落进行了全面的考察和梳理，同时结合相关文献，对石窟的历史文化价值进行了发掘，使佛教石窟美术的研究迈上了一个新的台阶。

中国佛教石窟寺遗迹：3至8世纪中国佛教考古学（宿白未刊讲稿系列）
宿白著
文物出版社　2010年7月　75页

　　本书为"宿白未刊讲稿系列"之一，是宿白教授于1982年8月迄11月间为美国加州大学洛杉矶分校美术史系研究生授课时所编写，重点讲授了公元3-8世纪的"中国佛教石窟寺遗迹"的考古学问题。全书由"中国佛教石窟寺遗迹研究简史和参考书简介"、"早期佛教遗迹与石窟寺遗迹的分布"、"云冈石窟的分期"、"云冈、河西地区以外的早期石窟寺"、"敦煌莫高窟现存早期洞窟的年代问题"、"新疆克孜尔石窟的初步探索"、"中国佛教石窟寺的尾声"七篇讲稿组成。作者在"前言"中把中国佛教考古学的主要课题归结为三项：一、最重要的一项是石窟寺遗迹；二、其次是一般寺院遗迹，这项数量虽然多，但9世纪以前的或已发掘的古寺院遗址却很少，其重要性远不如第一项；三、传世的零散佛教遗物，这一项以零散的佛教造像和佛经数量较多，前者收藏分散且大部分未加整理，更没有系统研究，而后者又应属于古文献范围。

新疆石窟艺术
常书鸿著
中共中央党校出版社　1996年2月　114千字　208页

　　新疆石窟艺术是古代聚居我国新疆地区的各族劳动人民在固有的民族文化传统上接受外来影响生成的智慧花朵，亦是汉唐时期中国与印度、波斯、希腊、罗马各国人民沿着"丝绸之路"展开文化交往的历史见证。从中国石窟艺术的发展历程来说，新疆与敦煌是不可分割的，新疆的石窟是敦煌石窟的先驱。本书是我国著名的敦煌学前辈专家常书鸿先生探讨新疆石窟艺术渊源及特点的著作。书中详细介绍了古龟兹国石窟、古焉耆国石窟、古高昌国石窟的分布、创造年代及其艺术特点等方面情况，作者在承认佛教文化艺术受外来影响的前提下，努力探究了新疆石窟艺术的本土性和接受中原艺术的影响。全书共3章。内容包括：克孜尔石窟、库木吐拉石窟、克孜尔尕哈石窟、森木塞姆石窟、雅尔崖石窟、吐峪沟石窟、伯孜克里克石窟、胜金口石窟等。

龙门石窟研究（中国传统文化丛书/徐自强主编）
阎文儒　常青著
书目文献出版社　1995年8月　240千字　138页

中国石窟群开窟之历史，任何一处没有像龙门这样完整。龙门石窟的最大特点，是自北魏至宋历代都有造像题记。本书为"中国传统文化丛书"之一，作者引用日本中田勇次郎《龙门造像题记·二十品·五十品》（中央公论社，昭和四十九年六月）和日本水野清一、长广敏雄《龙门石窟的研究》（座右宝刊行会，昭和十六年刊）中的《龙门石刻录》，结合实地考察成果，对龙门石窟各窟群的历史与现状进行了较为全面的介绍、探究和梳理；在对造像题记与洞窟题材作考证之余，又对各洞窟的客观面貌作了描述，并在部分章节中简略叙述了龙门石窟与其他地区石窟的关系。全书共10章。内容包括：龙门石窟创建之历史及概况，古阳洞、宾阳三洞与潜溪寺，敬善寺、万佛洞至莲花洞，石牛溪南之主要五窟，奉先寺等。本书配置插图与照片多幅，以使读者对龙门石窟有更为直观的认识。

大足石窟艺术
黎方银著
重庆出版社　1990年11月　180千字　296页

大足石窟以大佛湾为中心，于纵横五里之内，形成一个庞大的佛教密宗曼荼罗。石窟的主体是佛教造像，兼有道教和儒、释、道"三教合一"造像，以及历史人物的纪念性雕刻。其造像题材多取自密宗、如北山佛湾石窟，晚唐、五代与宋的密宗造像都各占50%左右。大足石窟虽古称"凡释典所释，无不备列"，但实为一座完备且极具特色的石窟密宗道场，在密宗最为昌隆的时代亦属罕见，这从一个侧面反映了四川地区晚唐至宋代密宗的兴盛景况。尤为关键的是，在大足宝顶石窟中至今还存有两位在密教史上举足轻重的传灯弘法的大阿阇梨的造像和碑史。本书以历史文献和实物材料为基础，详细介绍了位于四川省大足县境内的大足石窟艺术，分别对大足石窟的起源及艺术价值、佛教与道教造像、艺术表现特征等方面进行了考察研究，述及从初唐至明清千余年间大足石窟艺术的演化史。全书共7章。作者认为，大足石窟在艺术上所取得的成就，堪称中国石窟艺术史上的最后一座丰碑。它既有异于前期石窟艺术，又为后期造像所不及。在雕刻技法上表现出一整套创新的、独特的雕刻艺术的语言形式。

巴蜀佛教石窟造像初步研究：以川北地区为中心（华林博士文库/季羡林　饶宗颐主编）
姚崇新著
中华书局　2011年1月　390千字　435页

四川广元是研究我国盛唐至两宋时期石窟造像艺术发展走向的关键区域。对于广元石窟造像的研究与认识程度，决定了四川腹地一大批唐代石窟造像研究工作的开展与深入。本书为"华林博士文库"丛书之一，作者在对广元石窟造像作全面调研的基础上，以调查所获大量的第一手资料为主要依据，运用考古类型学和宗教图像学的方法，对广元石窟造像进行了年代学和综合分期研究；并利用分期研究的成果，依托宏观的历史背景，对以广元石窟为中心的川北石窟进行了综合研究，内容涉及窟龛形制、造像题材以及广元石窟与周边地区石窟造像的关系等，由此着力探讨了不同历史时期川北石窟与中原北方石窟造像的渊源，以及川北石窟造像对巴蜀腹地石窟造像的影响。全书共9章。书中除了重点调研川北地区的石窟遗迹外,还采用整体研究与个案考察相结合的方法,将关注点进一步推进到巴蜀腹地,对大足地区晚唐五代窟龛进行了专题研究。

中国佛教石窟考古文集(欧亚备要丛书/佘太山　李锦绣主编)
马世长著
商务印书馆　2014年9月　666页

　　来自异域的佛教,两汉之际已传入中国。在其近2000年的中国化进程中,保存下数量巨大且种类繁多的佛教遗迹和遗物。其中的佛教遗迹当以寺院、石窟寺最为丰富,成为中国佛教考古的重点研究对象。本书为"欧亚备要丛书"之一,是作者考察和研究我国西北地区佛教石窟遗迹的论文集,主要关注龟兹石窟和敦煌石窟两个方面,共收论文26篇。这些论文将考古学方法准确运用到中国石窟的年代分析,以及石窟美术演变的探索与归纳,同时结合相关历史文献,论述了佛教石窟艺术的历史、文化与美学价值,使佛教石窟美术的研究迈上了一个新的台阶。全书按佛教石窟的地域分布划设为四组。第一组以龟兹石窟为中心,对新疆石窟作介绍和论述,包括《拜城克孜尔石窟》、《库木吐喇的汉风洞窟》、《新疆石窟中的汉风洞窟和壁画》等5篇。第二和第三两组论文为本书之主体内容,记录了敦煌莫高窟的情况和藏经洞出土文物,包括《关于敦煌藏经洞的几个问题》、《藏经洞的封闭与发现》、《莫高窟第323窟佛教感应故事画》、《敦煌石窟考古的回顾与反思》等14篇。第四组未设集中的主题,包括《龙门皇甫公窟》、《隋唐佛教寺院与石窟》、《炳灵寺石窟》和《麦积山石窟》等7篇。

(2) 敦煌研究

敦煌五台山文献校录研究
杜斗城著
山西人民出版社　1991年5月　230千字　288页

　　敦煌遗书中的五台山文献,既是研究五台山历史地理、宗教风情、宗教古迹的珍贵资料,也是研究"国赞类"作品起源及中国"曲子词"的重要证据。本书在归纳整理敦煌遗书中有关五台山之文献资料的基础上,考辨了《五台山赞》、《五台山曲子》和《往五台山行记》这3篇录文的创作年代、主要内容及史料价值,提出了一些新观点和有待深入研究的问题。全书分上、下二编,每编各设"录文校注"与"研究考辨"两部分;附录《〈诸山圣迹志〉中的五台山史料》、《诸道山河地名要略第二》、《礼五台山偈四首》、《入山赞》等14篇与五台山及山西史地相关的敦煌资料。作者认为,在整个敦煌遗书中,五台山文献虽然所占比较小,但对于研究佛教圣地之一的五台山来说,则显得异常珍贵。

敦煌佛教经录辑校(上、下册)(敦煌文献分类录校丛刊/周绍良主编)
方广锠辑校
江苏古籍出版社　1997年8月　1231页

　　敦煌文献的主体部分是与佛教相关的典籍,包括一大批经录。其中既有全国流通的各种综合性目录,也有敦煌本地寺庙编纂的目录,大部分未被历代大藏经所收。这些新资料大大开拓了我们对佛教经录的认识,解决了佛教文献学研究中一些长期悬而未决的问题,为佛教经录研究乃至佛教研究开辟了新的天地。本书为"敦煌文献分类录校丛刊"之一，是敦煌文献中诸佛教经录的集成，共收录敦煌遗书中的佛教经录380余号。全书按佛教经录的流传情况与实际功用分为十个部分：全国性经录（全国范围内流通的经录）；品次录（主要是某些经典的品名录、卷次录、卷品开阖对照、纲目举要录等）；藏经录（敦煌寺庙的佛藏目录）；点检录（敦煌诸寺院点检佛经时的工作目录）；流通录（反映敦煌诸寺院之间或寺院与个人之间佛典流通情况的经录）；转经录（记述敦煌地区经常性的转经活动的各种经录）；配补录（敦煌寺院配补寺藏大藏经的配补录）；抄经录（反映敦煌教团抄写佛经的情况）；主要收入诸种杂录乃至签条等（反映当时所用的各种帙皮情况和寺院管理的实际状况）；包括《大乘入藏录卷上》和十六卷本《佛说佛名经》两种附录。编校者对绝大部分敦煌遗书之佛教经录都作了研究性或介绍性的题解，为古代佛教典籍研究提供了更加丰富与直观的素材。

敦煌密教文献论稿（中国典籍与文化研究丛书·第一辑/安平秋主编）
李小荣著
人民文学出版社　2003年7月　400千字　387页

在整个中国佛教史的研究中，密教史的研究，尤其是汉传密教最为薄弱。这固然与它在宋元明清时期消歇不振的历史背景有关，更主要的原因是人们对敦煌出土的文献利用不够。本书为"中国典籍与文化研究丛书"之一，是根据作者于2000-2001年在浙江大学古籍研究所撰写的博士后出站报告修订而成的一部探讨敦煌密教文献的专著。书中以敦煌汉文密教文献整理为基础，剔除了那些不是出自敦煌藏经洞（莫高窟第17窟）的写本。作者指出，敦煌所见的密教文献，真正属于纯密者数量并不多，大多是杂密写本，这一事实表明，隋唐五代至宋初的密教信仰中，占主导地位的仍是杂密，而不是唐开元三大士所弘传之密宗。全书共9章，包括三部分内容。第一部分（第1章）主要是对密宗文献在整个敦煌佛教文献中的分布特点，抄存方式，辑佚价值、校勘价值和史料价值略作介绍。第二部分（第2-8章）重点叙述和研究了敦煌密教文献中的佛顶尊胜陀罗尼信仰、观音信仰、毗沙门信仰、药师信仰、启请仪式、焰口施食仪、水陆法会以及陀罗尼密教的表现形态。第三部分（第9章）从个案研究出发，揭示《陀罗尼集经》的密教音乐与中土传统清乐之关系，密教图像与韩、孟怪奇诗风之关系，哪吒形象、沙僧形象的密教渊源以及著名的"狸猫换太子"故事的密教来源，认为密教东传在中国文学艺术史的研究上，也应占有一席之地。

敦煌文献与佛教研究
李德龙著
中央民族大学出版社　2010年5月　225千字　272页

本书辑录李德龙教授近20年来有关敦煌文献与佛教的研究成果，共有论文10篇，其中的大部分都曾在国内外的书刊上公开发表。此次结集出版，文章内容未作修改，基本上保持了最初发表时的原貌。内容包括：《敦煌写本〈授戒牒〉初探》；《敦煌遗书所反映的寺院僧尼财产世俗化》；《唐代佛教宗派与社会经济》；《试论唐后期寺院经济的特点》；《敦煌遗书S8444号研究》；《兼论唐末回鹘与唐的朝贡贸易》；《论日本学者对敦煌古藏文禅宗文献的研究》；《日本龙谷大学所藏十三件敦煌古写经》；《敦煌遗书〈茶酒论〉与藏族寓言故事〈茶酒仙女〉》；等等。李德龙教授长期从事敦煌学研究，是国内较少的几位通读过英、法和中国国家图书馆馆藏全部汉文敦煌文献缩印胶片的学者之一，因此，作者对敦煌文献的了解是比较全面的，特别是对于唐代寺院经济以及佛教与民族关系等方面的研究颇有独到之处，不少学者深受启发。

方广锠敦煌遗书散论（当代敦煌学者自选集）
方广锠著

上海古籍出版社　2010年12月　305千字　407页

　　公元1900年，敦煌藏经洞被发现。藏经洞内有汉文、藏文、回鹘文、梵文、吐火罗文等各种文字的古代遗书数万件，还有佛画幡幢等各种文物。遗书中，以汉文、藏文遗书为最大宗，其中汉文遗书的总数约为58000号。近百年来，在世界各国学者的共同努力下，虽然以研究敦煌遗书为基础发展起来的敦煌学取得骄人的成果，然而绝大部分遗书至今仍未被人们利用，甚至不少重要遗书至今尚无人关注。本书为"当代敦煌学者自选集"丛书之一，收录了方广锠教授关于敦煌学研究的论文19篇。内容包括：《敦煌藏经洞封闭年代之我见：兼论"敦煌遗书"与"藏经洞遗书"之界定》；《从"敦煌学"的词源谈起：兼为王冀青先生补白》；《敦煌经帙》；《关于敦煌遗书的流散、回归、保护与编目》；《斯坦因敦煌特藏所附数码著录考》；《略谈敦煌遗书的二次加工及句读》；《关于〈禅藏〉与敦煌禅籍的若干问题》；等等。这些论文从多个角度阐释了敦煌学的发展演变及特点，述及日本对敦煌佛教文献之研究现况，对敦煌宗教文献的内容和价值分别作了介绍；其中，尤其详细地介绍了敦煌遗书的流散、回归、保护、时限和形态等方面情况，论述了敦煌遗书中的佛教文献及价值，以及它在佛教研究方面所发挥的作用。另外，作者还提出了关于"敦煌遗书库"的构想。

敦煌新本六祖坛经
杨曾文校写

宗教文化出版社　2011年5月　240千字　371页

　　禅宗是极富民族特色的中国佛教宗派。记述慧能（638-713）生平事迹和语录的《六祖坛经》，是中国人撰写的佛教著作中唯一被奉为"经"的文献，是禅宗阐说"识心见性，自成佛道"所依据的重要经典。历史上《坛经》曾出现过数种版本，20世纪20年代从敦煌遗书中发现的敦煌写本《坛经》（现藏于英国伦敦大英博物馆：编号S—5475）是比较接近原始《坛经》的本子，最早由日本铃木大拙校勘出版，受到学术界重视。然而由于原写本错讹较多，虽经校勘仍有不少地方难以读通。鉴此，本书校写的敦煌新本《六祖坛经》所依据的原写本藏于敦煌市博物馆（编号077），与旧敦煌本虽为同源异抄本，然而字迹清晰，错讹较少。杨曾文教授以此为底本，参校旧敦煌本和宋代流行的惠昕本编校而成。全书包括三个部分：一是敦煌新本《坛经》的校勘本；二是附录发现于日本大乘寺的宋代惠昕本《坛经》及多种有关慧能与《坛经》的重要文献资料；三是论述《坛经》及其思想的长篇论文。本书廓清了以往由于没有敦博本可作对勘，在校读和使用敦煌本《坛经》时，对某些难解之处所作的种种误猜，为研究的深入提供了新的资料和新的成果。

郑阿财敦煌佛教文献与文学研究（当代敦煌学者自选集／郑炳林主编）
郑阿财著

上海古籍出版社　2011年10月　326千字　434页

敦煌佛教文献与文学的关系颇为密切。本书为"当代敦煌学者自选集"丛书之一，收录了郑阿财教授研究敦煌学的16篇论文。这些论文致力于"敦煌佛教文献与文学研究"之主题，着重探讨了敦煌吐鲁番文献中佛教经卷与世俗文化、文学之紧密关联，反映了中古时期敦煌佛教融入社会现实生活的方式与特点。全书按论文内容分为四组。第一组（5篇），主要结合敦煌文献与敦煌石窟、壁画的考察，论证佛教传播的中国化与世俗化。第二组（4篇），通过耙梳敦煌文献以进行有关佛教讲经文的理论、讲经活动，职司与遗存资料的考论。第三组（5篇），关注唐五代佛教中国化、世俗化最为成功的禅宗与净土宗，透过其所运用的《十二时》、《五更转》、《行路难》、《归去来》等佛教文学作品，展开对佛教传布通俗化的研讨。第四组（2篇），综论佛教弘传文学，以《持诵金刚经灵验功德记》为例，探究敦煌灵应小说的史学价值。

敦煌石窟艺术研究
段文杰著

甘肃人民出版社　2007年8月　405千字　424页

本书收录段文杰先生研究敦煌石窟艺术的代表性论文19篇。段先生是敦煌研究院的开创者之一，早在1946年就来到敦煌莫高窟，从事敦煌壁画临摹和研究工作。他在长期临摹敦煌壁画的同时，从美术史和美学的角度对敦煌艺术进行了深入考察，取得了丰硕的成果。其所著论文不仅对不同历史时期敦煌石窟艺术的风格与艺术特色作出精确描述，而且对壁画中的服饰、飞天以及唐僧取经图等问题予以符合美学逻辑的分析和解释，对于认识敦煌艺术及其在中国美术发展史上的地位和作用具有重要的参考价值。内容包括：《十六国、北朝时期的敦煌石窟艺术》；《早期的莫高窟艺术》；《唐代前期的莫高窟艺术》；《晚期的莫高窟艺术》；《敦煌彩塑艺术》；《榆林窟的壁画艺术》；《敦煌早期壁画的风格特点和艺术成就》；《试论敦煌壁画的传神艺术》；《敦煌壁画中的衣冠服饰》；《玄奘取经图研究》；等等。

敦煌石窟寺研究
宁强著

甘肃人民美术出版社　2012年2月　300千字　267页

敦煌石窟是汉唐以来敦煌郡沙州管辖地区内的石窟总称，包括敦煌的莫高窟、西千佛洞，瓜州的榆林窟、东千佛洞、旱峡石窟，肃北的五个庙石窟以及玉门的昌马石窟等。本书是作者任兰州大学"长江学者"讲座教授期间的科研成果，全方位展示了各个历史时期敦煌石窟寺的历史沿革及艺术特色。全书共6章。第1章综述敦煌石窟寺发现史和敦煌石窟艺术的总体格局。第2章探讨敦煌艺术的起源与历史分期，对石窟寺诞生前的敦煌艺术及莫高窟第一个洞窟的开凿情况等作了具体介绍。第3章讨论前秦至北周的敦煌早期艺术，述及北凉、北魏、西魏等不同时期敦煌艺术风格的演变。第4章讨论隋至盛唐的敦煌盛期艺术，梳理了敦煌模式、敦煌风格的形成和确立过程。第5章讨论中唐至宋的敦煌中期艺术，分析论述了异族统治和世俗力量对敦煌艺术风格与形式转变的影响。第6章讨论西夏至元代深受藏传佛教影响的敦煌末期艺术。

敦煌佛教律仪制度研究（华林博士文库/季羡林主编）
湛如著

中华书局　2003年8月　350千字　429页

印度佛教的中国化，首先体现为教团形态的中国化。而教团中国化的核心则取决于律制的中国化。印度佛教律制在中国的流传，既有稳定的一面，又有流变的一面。如《四分律》、《天台菩萨戒疏》等是稳定一面的代表；"方等戒坛"、"斋会"则是流变的象征。本书为"华林博士文库"丛书之一，作者通过对敦煌遗存小乘律典、大乘律典及相关佛教文书的文本分析，着重从教制史研究的视角，探讨了国际佛教学界所关注的律仪制度问题，对佛教中国化，印度佛教与中国文化、思想的关系等重大问题，提出了许多富有启发性的观点。全书共8章。内容包括：敦煌佛寺禅窟兰若的组织和性质，戒坛的流变与敦煌方等道场，敦煌所出戒牒·戒仪·度牒研究，敦煌佛教布萨文与布萨次第等。书中阐明了如何从佛教史和教制史的视角对敦煌文书进行深入研究的具体方法与路径，进而引发对国际佛学史、印度佛学史、中国佛学史上"有待于深入"的课题和"根本没有人涉及"的问题的探索与思考。

唐五代敦煌寺户制度（增订版）（当代中国人文大系）
姜伯勤著

中国人民大学出版社　2011年2月　354千字　360页

1937年，国史编纂者许国霖在其《敦煌石室写经题记与敦煌杂录》下辑中，首次公布了臧字59号背面的六件寺户文书。此后数十年间，中外学者依据敦煌史料对在中国佛教经济史上产生过重要影响的敦煌寺户制度展开广泛探讨，提出了诸多见解。本书为"当代中国人文大系"丛书之一，作者在前人研究之基础上，运用中国传统的历史学方法，以敦煌文书为基本材料，以马克思关于经济史的理论为指导，结合佛教内律与世俗法典的相关规定，借鉴柯斯明斯基研究英国庄园史的经验，追溯了敦煌寺户制度的历史由来，考证了吐蕃管辖时期的敦煌寺户制，探究了归义军时期寺户制的没落，分析了寺户制崩溃中寺院经济结构的变迁及生产者地位的变动情况，阐明了唐宋之际生产力发展和社会经济变化的趋势。全书共5章。书中通过对唐五代敦煌寺户制度的研究，得出如下结论：敦煌寺户是从印度传来的内律中的"净人"制度与中国晋唐间田客荫户部曲制相结合的产物，是中国化了的采取内地田客荫户部曲制度内容的中国式"净人"，是生长在中国土地上的农奴式人口。

敦煌艺术宗教与礼乐文明：敦煌心史散论（唐研究基金会丛书）
姜伯勤著

中国社会科学出版社　1996年11月　494千字　627页

本书为"唐研究基金会丛书"之一，作者将学术思想植根于以陈寅恪为代表的文化史研究的中国文化土壤之中，以解读敦煌文本及其上下文、图像及其上下文为中心，通过对于敦煌艺术宗教与礼乐文明之意义、象征和隐喻的阐释，找寻探究中国心史的途径。全书分为"艺术篇"、"宗教篇"和"礼乐篇"三篇。艺术篇包括敦煌的"画行"与"画院"、"天"的解释与图像、敦煌的写真邈真与肖像艺术，论咀密石窟寺与西域佛教美术中的乌浒河流派等。宗教篇包括敦煌本《本际经》的道性论、敦煌毗尼藏主考、敦煌戒坛与大乘佛教、论禅宗在敦煌僧俗中的流传、敦煌本乘恩贴考证等。礼乐篇包括唐礼与敦煌发现的书仪、沙州傩礼考、敦煌音声人略论、敦煌悉磨遮为苏摩遮乐舞考等。作者在继承传统人文科学方法进行专题研究的同时，亦关注当代学术界所思考的问题：从心史方法到图像学方法，从"文本"的解读到"意义"的解释；从道释相激中，探讨中国超越智慧的追寻；从"变文"、"令舞"、"傩礼"的新解中，探讨雅俗文化的互动。

丝绸之路敦煌研究（丝绸之路研究丛书/李屺主编）
刘进宝著
新疆人民出版社　2010年12月　600千字　488页

　　丝绸之路学是一门诞生于20世纪的新学问，横跨自然与社会科学，汇聚了众多学科。本书为"丝绸之路研究丛书"之一，作者以历史发展顺序为线索，从历史学、考古学、社会学、宗教学和文献学等多个角度对以"丝绸之路"为文化纽带的敦煌学展开分析和探讨，拓宽了国内敦煌学研究的新视野。全书分为"敦煌的历史地位"、"敦煌的艺术与文献"、"敦煌学研究"上中下三编，共27章。上编（第1—7章），首先概述敦煌的自然地理、历史地位和敦煌地区的早期人类活动，随后全面梳理了从秦汉至元明清不同历史时期敦煌政治、经济、文化及佛教艺术的兴衰情况，其中特别就吐蕃对敦煌的统治与经营，以及归义军时期敦煌莫高窟艺术和佛教的进一步发展作了专门论述。中编（第8—23章），分别对敦煌莫高窟的创建、敦煌的壁画艺术、敦煌的彩塑艺术、敦煌的建筑艺术、斯坦因与英藏敦煌文书、敦煌寺院生活、敦煌文书中的宗教材料、敦煌艺术的浩劫等问题作了讨论，重点考察和研究了敦煌文献的历史、文化及其学术价值。下编（第24—27章），主要讲述敦煌学的产生与发展过程，并对新世纪的敦煌学作出展望。

敦煌学与佛教杂稿
白化文著
中华书局　2013年4月　320千字　436页

　　白化文先生多年来从事佛教、敦煌学、目录学等学科的研究工作，对佛经、佛寺与佛像、敦煌遗书目录和敦煌变文以及佛经目录问题的研究有深厚造诣。本书是白化文先生在敦煌学与佛教方面研究成果的总结，收录了五部分的论文内容：第一部分是有关敦煌学的，共20篇，主要是敦煌俗文学与敦煌遗书资料及其编目工作方面的探索，包括《什么是变文》、《变文与俗讲》、《敦煌汉文遗书中雕版印刷资料综述》等。第二部分是环绕"汉文大藏经"的7篇论文，重点研究了佛经目录问题，包括《〈开宝遗珍〉弁言》、《对影印〈赵城金藏〉的一些建议》、《〈补刻清敕修汉文版大藏经〉解题》等。第三部分是5篇有关汉化佛教的论述。第四部分是4篇序言。第五部分是5篇纪念性的文章，这9篇均用文言文特别是骈体文写成。最后还有1篇与儒释道三教均有关联的文章。

回鹘与敦煌（敦煌讲座书系/荣新江　柴剑虹等主编）
杨富学著
甘肃教育出版社　2013年11月　385千字　454页

　　位于河西走廊的敦煌，曾经是游牧民族驰骋的舞台，后来成为中原王朝的边镇和经营西域的基地，更是东西文化交往的丝路重镇，蕴含着多元文化。本书为"敦煌讲座书系"之一，作者以回鹘在中古敦煌地区的活动轨迹为主线，利用在敦煌发现的丰富的古代回鹘文文献，研究了回鹘语文、佛教状况、哲学思想和文学成就、古代回鹘佛教与佛教艺术，甘州回鹘、西州回鹘与敦煌的关系，敦煌回鹘文化等问题。全书共6章。第1章论述回鹘源流及漠北回鹘汗国的变迁。第2章论述高昌回鹘王国的形成及其与敦煌佛教艺术之关系。第3章论述甘州回鹘国的兴衰及其与张氏归义军、曹氏归义军的关系。第4章论述沙州回鹘沙州回鹘国的出现、建立与消亡。第5章论述敦煌回鹘文文献及其价值、回鹘文石窟题记及相关问题等。第6章论述敦煌回鹘文化。

从于阗到敦煌：以唐宋时期图像的东传为中心（中国社会科学博士后文库／李杨　王晓初主编）
陈粟裕著
方志出版社　2014年12月　337千字　297页

新疆和田市古称于阗，4世纪至11世纪时为西域大乘佛法兴盛之处。特殊的地理位置使其在印度、中亚与汉地之间起到纽带作用，是中亚图像传往汉地的重要中间环节。佛教从于阗向汉地传播过程中，商人、使臣、僧侣们将于阗的佛教经典与图像带入汉地，潜移默化地影响了汉地的佛教艺术。这些受到于阗影响而产生的图像被保存下来，集中于敦煌石窟。本书为"中国社会科学博士后文库"丛书之一，作者通过对唐宋时期（7-10世纪）具有代表性的九组佛教图像个案的研究，连缀起从于阗到敦煌、中原地区间图像的传播脉络，循着这一线路展示和讨论了于阗绘画的风格样式、于阗艺术对敦煌唐宋时期洞窟的影响，以及于阗本地图像中的汉文化特质，阐明于阗在佛教图像上的地位与意义。全书分为"于阗本土的图像研究"和"敦煌石窟中的于阗因素研究"上、下两编，共11章。作者指出，在佛教与图像艺术的传播过程中，汉地对于阗的艺术和图像更偏重于选择性的吸收，而不是全盘接纳，用于阗因素来指代这些图像具有的于阗特点更为合适。它包括两种类型，一类是从于阗传入的固有图像，这类图像在于阗是有原型存在的，本身与于阗本土的艺术、风俗存在着密切的联系；另一类是依附于佛教经典或者其他文献资料而产生的图像，这类图像源自民众对佛经的诠释或是对于阗的遐想，体现在民众对于从于阗传入的造像样式所进行的改造上，使之符合汉地的审美习惯与时代风格。

敦煌佛教图像研究（浙江学者丝路敦煌学术书系／柴剑虹　张涌泉等主编）
王惠民著
浙江大学出版社　2016年3月　326千字　426页

20世纪初因敦煌莫高窟藏经洞文献流散而兴起的敦煌学，成为世界学术之新潮流。上世纪80年代初，我国的敦煌学研究蓬勃开展，至今成果丰硕，其中尤以浙江学者取得的学术成就最为引人瞩目。本书为"浙江学者丝路敦煌学术书系"丛书之一，收录了敦煌研究院研究员王惠民关于敦煌佛教造像、壁画等的研究论文16篇。这些论文在前人研究的基础上，以敦煌现存佛教图像为依据，从"传统佛教图像"和"经变画图像"两个方面对敦煌佛教图像进行了专题研究，为读者提供了大量第一手资料，解决了长久以来敦煌佛教图像研究领域许多令人费解的问题，也通过实地勘察和引用佛经文献，纠正了学术界对某些图像解读的偏差。内容包括：《如来卍字相与如来心相》，《鹿头梵志与尼乾子》，《毗那夜迦像》，《一佛五十菩萨图》，《传法高僧图》，《行脚僧图》，《十六罗汉图与十六罗汉图榜题底稿》，《〈水月观音经〉与水月观音像》，《地藏图像各章》等；并附《天请问经变楞伽经变》，《密严经变》，《思益经变》，《尊胜经变》等。

4. 塔

佛教寺塔
张驭寰著

宗教文化出版社　2007年12月　150千字　255页

　　佛教寺塔分布于中国各地，集中反映了中国佛教文化艺术的发展成就。本书是以张驭寰教授应美国万佛圣城法界佛教大学之邀讲学时的讲稿为基础，增补修订而成的一部介绍中国佛教寺塔的专著。全书共12章。书中从建筑与佛教义理相结合的角度，配合寺塔实例和文献记载，对中国各地有代表性的寺院、佛塔，特别是寺塔的存在形态予以全面的分析、归纳和论证，探讨了寺院的起源、发展、规模制度、单座殿堂、小型设施、奇妙的设计手法，名僧名寺等方面问题；尤其是对佛塔与寺院的关系、塔本身的分类、外观各部的处理、历史上建塔大事记，以及全国寺塔的部分实例，都作了介绍，并对重要的塔绘出了复原图。张驭寰教授多年在野外从事古代建筑考察工作，收集了大量佛教寺院、佛塔的材料，对文物界、考古界、佛学界、建筑史界、科学技术史界的相关工作均有一定参考价值。

释迦塔与中国佛教
温金玉主编

宗教文化出版社　2009年8月　350千字　494页

　　应县木塔始建于辽道宗清宁二年，距今已有950多年历史，是中国现存唯一的木塔。该塔塔高67.31米，底层直径30.27米，总重约7400吨，是当今世界最为高大的木结构建筑物。全塔没用一颗铁钉，全靠构件铆榫咬合，雷击不焚、强震不倒，堪称将建筑技艺与佛教塔艺术融为一体的成功典范。2008年5月，来自全国各地的50多位专家学者和高僧大德在山西应县召开"释迦塔与中国佛教"学术研讨会，对这一地区的佛塔文化、舍利崇拜等特色文化进行专题研讨。本书收录此次会议的论文36篇，分为"舍利崇拜研究"、"佛塔文化研究"、"辽金佛教研究"和"中国佛教研究"四部分。所收论文以"释迦塔"为中心议题，从佛舍利在佛教信仰中的地位、佛塔与舍利的关系、藏传佛教中佛塔的历史传承、应县释迦塔的建造年代等多个角度阐述了舍利信仰及中国佛塔文化，并对辽金佛教政策与律学发展、佛教造像和建筑，以及中国佛教的历史和现实等问题作了具体研究。

5. 藏传佛教寺庙

藏传佛教寺院考古
宿白著

文物出版社　1996年10月　398页

　　本书运用文献学、考古学等方法，全面考察和论述了藏传佛教寺院及其建筑遗址、文物和文书残本在西藏、青海、甘肃等地的历史分布与遗存情况。全书按区域范围划分为三个部分。第一部分"西藏寺院调查"，包括拉萨、山南、日喀则三个地区的调查记录和《阿里地区札达县境的寺院遗迹》、《西藏寺庙建筑分期试论》等9个题目。第二部分"甘青内蒙古寺院调查",藏传佛教于甘青渊源久远,宁夏、内蒙古元明遗迹分布亦多,此部分内容偏重于明末以前的兴建,包括《榆林、莫高两窟的藏传佛教遗迹》、《张掖河流域13—14世纪的藏传佛教遗迹》、《武威蒙元时期的藏传佛教遗迹》等6个题目。第三部分"内地藏传佛教遗迹",辑录了蒙元时期在大都(今北京)修建的两处佛塔史料和对南宋旧都临安(今杭州)的一些元代遗迹的考察报告,包括《元大都〈圣旨特建释迦舍利灵通之塔碑文〉校注》、《居庸关过街塔考稿》和《元代杭州的藏传密教及其有关遗迹》3个题目。

卫藏道场胜迹志
钦则旺布著　刘立千译注
西藏人民出版社　1987年9月　170千字　297页

号称藏土三区之一的卫藏圣法地区,乃持莲花手圣观音菩萨广行净化之土,为吉祥雪山环绕之区,是雪域境中的唯一庄严。著者钦则活佛(1820-1892)曾发愿将雪域藏地所有寺庙塔像珍贵遗物、所有清净正法和大善知识在何时住于何地的种种事迹写成志书。本书即为钦则活佛所著藏地殊胜的道场圣迹志,也是著者不畏风尘云游的成果。全书以"卫藏四茹"为纲,按钦则活佛的巡游路线展开叙述:第1至5段,从伍茹的北部热振起经彭域回到中心拉萨,再循拉萨河上行到伍茹东部,回转走伍茹南部甘丹至玛拉拉举山脉;第6至14段,从甘丹翻山到桑耶进入约茹,桑耶是伍茹和约茹的分界处;第15至17段,从洛扎过普玛江塘进入叶茹南部地区,经江孜、康玛到叶茹中心日喀则;第18至21段,从日喀则西行到萨迦(茹拉范围),又从萨迦到夏格丁再进入叶茹;第22段,从藏布江东岸的白朗、仁布等叶茹东部地区,到与约茹交界的羊卓雍湖;第23至24段,从约茹西部的羊卓雍湖回到曲水、堆隆等所在的伍茹西部。钦则活佛对上述藏地路线中不同宗派的神山道场均作介绍,且不抱派别成见。此书有两种版本,拉萨木刻版和德格木刻版。原木刻版全书共40页,译注者先后参照两种版本审定,翻译了其中有关圣地游记部分的28页,并作大量注释和卫藏道场胜迹志地名索引(汉藏文),其余12页为宗教祈祷文。

甘青藏传佛教寺院
蒲文成主编
青海人民出版社　1990年7月　432千字　566页

公元7世纪吐蕃王朝初期,佛教传入藏族地区,甘青藏区便有了佛塔和佛像。9世纪中叶,吐蕃赞普达磨禁佛,一部分西藏僧人逃至青海(今玉树藏族自治州、黄南藏族自治州),这里遂现小规模的佛寺;11世纪,宁玛、噶丹、萨迦、噶举、觉囊诸派相继形成,藏传佛教进入空前活跃时期,西藏各派系的不少创始人及其弟子曾来今玉树藏族自治州等地传教,青海地区随之出现一大批藏传佛教寺院;15世纪,宗喀巴大师创立格鲁派,其弟子首先在今青海东部和甘肃藏区建立早期的格鲁派寺院;明万历年间,第三世达赖喇嘛索南嘉措两次来青海活动,使格鲁派突破民族界限,迅速传播到广大蒙古族和土族中,原有寺院进一步巩固并得以扩建;17世纪,第五世达赖喇嘛阿旺罗桑嘉措受清政府册封,被尊为西藏佛教领袖,甘青地区黄教寺院之兴盛自此达到历史顶峰。本书是来自甘青两省的多位专家学者在实地考察的基础上,以藏汉文献和相关档案材料为依据，全面介绍甘青藏传佛教寺院的专著。全书由"青海"和"甘肃"两个部分组成。书中详细记述了甘青地区近800座寺院的名称、区位、沿革、派属、规模、组织、经济、文物等，并对重要寺院的学经制度、宗教活动、建筑艺术、主要活佛系统及其事迹以及部分寺院在历史上进行政教合一统治的基本情况，乃至青海本教寺院的分布等作了扼要叙述，清晰展现了甘青藏传佛教寺院的历史与现实风貌。

西藏佛教寺庙
杨辉麟著

四川人民出版社　2003年3月　385千字　424页

综观西藏寺庙，无论是建筑艺术、雕塑艺术，还是绘画艺术，无不显示出丰富的藏传佛教内涵和悠久独特的西藏地方风情及民俗特点，也反映了藏族人民的思想感情以及能工巧匠的审美观念和艺术情趣。本书以藏传佛教寺庙为主要研究对象，详细介绍了西藏各地数百座寺庙及其宗教派别、地域分布、历史沿革、建筑特点和供奉的神灵系统等，使读者在全面了解藏传佛教各主要派别及西藏苯教历史背景的基础上，对西藏各地寺庙的形态与特点有更加清晰而完整的认识。全书包括宁玛派寺庙、噶当派寺庙、萨迦派寺庙、噶举派寺庙、格鲁派寺庙、夏鲁派寺庙、觉囊派寺庙和苯教寺庙八个部分。各部分之下均详述各教派寺庙分布的具体情况；附录"西藏各地主要寺庙一览表"、"西藏佛教寺庙供奉的主要造像表"、"西藏佛教神秘符号分类表"和"西藏佛教各派著名高僧一览表"。

佛界：神秘的西藏寺院
杨辉麟编著

青海人民出版社　2007年5月　230千字　306页

西藏寺院是西藏文化荟萃之地，发端于藏民族历史的深处，从发展到完善经历了漫长而艰苦的岁月。它们犹如绽放在雪域高原上的圣洁花朵，蕴藉着雪域佛教的内涵，凝聚着藏族人民的深厚感情、心理意识和审美观念。本书以翔实的资料为依托，分别介绍了西藏地区50座大大小小不同规模和不同教派的寺院，为读者讲述了在这片广袤的土地上由西藏寺院所构成的一幅奇特壮丽的画卷，揭示了蕴含其中的人类与自然、历史与文化、宗教与传说等深层的内涵。内容包括：强巴林寺（历世帕巴拉呼图克图的驻锡寺）；噶玛寺（西藏佛教噶玛噶举派的祖寺）；巴嘎寺（西藏工布达江县巴嘎山中的寺院）；仁钦崩寺（西藏墨脱县最大的宁玛派寺院）；岗布寺（西藏佛教塔布噶举派的祖寺）；朗真寺（西藏雅砻地区的重要寺院）；甲域寺（西藏佛教噶当教授派京俄巴系统的教派）；昌珠寺（松赞干布与文成公主联姻时修建的寺院）；雅桑寺（西藏佛教雅桑噶举派的祖寺）；唐波且寺（西藏佛教"唐系"的重要道场）；等等。

塔尔寺志（塔尔寺丛书）
色多·罗桑崔臣嘉措著　郭和卿译

青海人民出版社　1986年1月　250千字　322页

塔尔寺，藏语称"姑绷绛上岭"（亿佛身像慈洲寺），系宗喀巴大师诞生之地，自古以来即为黄教中心及佛教圣地，威名远播。本书为"塔尔寺丛书"之一，作者围绕塔尔寺的历史，以"志"

的形式记述了塔尔寺历任法台和显宗、密宗、时轮、曼巴等各个扎仓历任堪布的事迹,可以看作是拉卜楞寺和塔尔寺高僧之合传。全书分为"经典中所说往昔劫中前关宗喀巴大师的悬记"、"宗喀巴大师诞生以后其事业符合悬记的情况"、"略说因何广引诸圣者所示悬记的缘由"、"塔尔寺各种法会时节纪要"、"塔尔寺中设供的情况"等18章。书中不仅对各僧院历代所出主座活佛胜士大德所作诸事业以及新建或培修以大金塔为首的诸佛像、经、塔等进行了描述,而且对至尊大师诞生地生出的"白檀妙香树"和"狮子吼佛"画像的因缘作了解说,在历史、古迹、文物诸方面具有重要的参考价值。

(二) 佛教文学艺术

1. 佛教文学

中国佛教文学(宗教文化丛书/王志远主编)

[日] 加地哲定著 刘卫星译

今日中国出版社 1990年12月 210千字 282页

魏晋六朝时期,佛教逐渐被中国人所理解。对佛教的功德力、神奇力的皈依和对人世罪恶的反思所产生的忏悔誓愿之信仰、对佛菩萨慈悲的报恩感谢之念,这样的心境在不知不觉中萌芽并生长。由佛教所哺育的这种心境,在佛典翻译之时,把含有创新佛教意义的言论作为素材,以文学形式表现出来。这是佛教文学在中国兴起的标志。本书为"宗教文化丛书"之一,是日本学者加地哲定于1965年出版的《中国佛教文学研究》一书的修订版,也是日本第一部研究佛教与中国文学之关系的专著。全书分为"佛教文学的曙光"、"佛教与中国文化的融合"、"中国佛教文学的兴起与文体"、"正统文学中的佛教文学"、"俗文学中的佛教文学"等11章。书中较为全面地勾勒了六朝隋唐佛教文学的面貌,剔除了那些为数众多的、为解释说明教理而把追求形式美作为目的的作品,阐析了自唐以来佛教文学的演进脉络,主要涉及禅宗门派与文人的诗论,指出真正的佛教文学应当是为揭示或鼓吹佛教教理而有意识地创作的文学作品。

佛教与中国文学(名家名著)

孙昌武著

上海人民出版社 2007年6月 360千字 302页

中国文学接受佛教的影响,体现了佛教中国化的重要方面。不了解佛教,不探讨佛教与中国文学的关系,就不能准确认识和客观评价中国文学的历史。本书为"名家名著"丛书之一,是作者在其先前所著《佛教与中国文学》(1988年出版)一书基础上修订而成的探讨"佛教对于中国文学发展影响"的专著。全书共4章。书中汲取最新学术成果,对佛教信仰、佛教思想如何作用于中国文人的文学理论与创作实践进行了历史的、概括的描述,具体讨论了佛典的文学性质、佛典翻译与译经文体、佛典的文学表现、两晋南北朝至晚清的佛教与文人、俗讲与变文、六朝佛教义学与文学创作新观念等问题,涉及佛教与中国文人、佛教与中国文学创作、佛教与中国文学思想这四大领域。作者认为,文学是宗教宣传的重要手段之一,历朝许多文人参与僧团,僧团本身即进行多种多样的文学创作活动;僧团的活动由于吸引文人参与,儒、释交流成为中国历史上久远的传统;僧团生活体现的组织、伦理原则又树立起一种榜样,如此等等,佛教僧团对于文学领域也必然发挥巨大的影响。

文以载道：佛教文学观（觉群丛书·第 8 辑／觉醒主编）
阿莲著

宗教文化出版社　2009 年 5 月　130 千字　263 页

佛教文学是以阐释佛理，讲说佛教故事，以启发大众对佛教的信仰和理解为主要内容的文学作品。它具有劝世说理、化世导俗、启发心智、破迷开悟、净化人心等多种功能，已经成为中国文学的重要组成部分。本书为"觉群丛书"之一，作者从佛教文学的起源入手，试图从不同的角度来阐释佛教对中国文学的影响与融合，探讨佛教文学的思想内涵和社会功用，剖析佛教文学与中国文学的关系以及佛教文学对传播佛教文化的作用，力求对佛教文学有个全新的展现。全书共 7 章。内容涉及僧人佛教文学作品，文人佛教文学作品，禅宗语录的特色与内涵，佛经翻译文学的思想特色，佛经文学作品的艺术手法，僧人与文人的诗歌、词作、佛理文、佛理诗，禅宗公案的哲理内涵，佛教楹联的文学性等方面。

佛教文学概论
吴正荣著

云南大学出版社　2010 年 6 月　395 千字　329 页

佛教有意采用文学形式传教，广泛吸纳了文学的精华，积极创造了文学的精彩，可谓文学精粹的汇总。佛教视角之独特，更形成了文学不可超越的高妙，垒成了人类文学的巨峰，产生了无穷的智慧性、原创性和审美性。本书是目前佛教文学领域里第一部自成体例、理论构架完备的学术专著。书中首次明确地将佛教文学定性为生命文学，围绕佛教生命文学所体现出的人文关怀和人性高度，从佛教经典的文学性入手，着力探究了一般文学想象无法超越的精彩世界，深入剖析了佛教典籍中的内在生命意蕴，从文学自身来品味佛教所展示的生命实相，以及超越世俗的生命状态和悲天悯人情怀，使其主题的深度、人性的高度得到了重视和发展。全书共 8 章。创新之处在于：明确地提出了佛教文学是生命文学的定论；从文学的角度切入，极力探索佛教内在深层的人性本质、人文关怀及生命的终极追求；首次将傣族的佛教文学、现当代佛教文学和台湾佛教文学纳入视野；专题研究了以僧人为主体所创作的"山居诗"，首次提出了"山居诗"应作为一个被忽略了的，又是中国文学史上历时最长久、创作者人数最多、作品最丰富的重要文学流派的观点。

佛教与中国文学
张中行著

北方文艺出版社　2011 年 8 月　52 千字　140 页

佛教是庞大而复杂的历史事实，中国文学也是庞大而复杂的历史事实。本书用个"与"字把两者联系起来，集中讲述了佛教传入中国近 2000 年来对于中国文学的深刻影响，并从广义的"正统文学"和"俗文学"的角度，对受佛教影响的文学作品进行了分类介绍。全书分为"汉译的佛教文学"、"佛教与中国正统文学"和"佛教与中国俗文学"3 章。第 1 章着眼于宣传佛教教义的汉译佛典的文体类型，论述了译文创造的独特风格及佛典译文的文学成就。第 2 章介绍佛教对中国诗、文、诗文评这三种正统文学的影响。第 3 章介绍佛教俗文学创作中"变文"的特点，以及其他俗文学作品所受佛教的影响。

中华佛教史·佛教文学卷（季羡林　汤一介主编）
孙昌武著
山西教育出版社　2013年7月　509千字　469页

　　佛教对于中华学术最明显的影响有两方面，一是思想的转变，一是文字的表现。这两方面都关系到文学。佛教文学带给中国文坛一种全然不同于传统的作品与文风，引起了中国人意识形态的巨大改变，其中也包括一系列有关文学的观念的变化。本书为《中华佛教史》之第五卷，是新中国成立以来第一部系统研究佛教如何对中国文学产生影响的专著，在中国文学史、佛教史研究领域具有填补空白的意义。书中从"史"的角度出发，围绕佛教与文学所共同关注的"人"与"神"的话题，深入探讨了佛教与中国文人及文学艺术的关系，所涉内容和题材相当广泛，几乎涵盖了佛教文学的各个方面，如从人到神的艺术形象分析、从寓言神话到天堂地狱的故事类型研究、从生轮回到因果报应的宗教伦理型文学研究等。全书共13章。内容包括：佛典翻译文学；魏晋南北朝文人与佛教；六朝僧人的文学创作；释氏辅教传说；隋唐文人与佛教；唐、宋的禅文学；唐五代佛教通俗文学；佛教对古典小说、戏曲的影响；明清佛教民间文学；等等。

中古佛教文学研究（中古文学研究／范子烨主编）
普慧著
世界图书西安出版公司　2014年6月　420千字　430页

　　中古时期是佛教传入、生根、长枝、开花、结果的时期，也是佛教由初传、适应走向鼎盛的关键时期。此间，佛教由一个外来的宗教文化渐浸为中国本土的宗教文化，对精英思想和民间文化产生了至深至远的影响。佛教典籍的汉译，产生了有异于本土文学的汉译佛典文学。汉译佛典文学的通俗化，打破了长期以来本土精英文学追求唯美的倾向，开辟了佛教讲唱叙事文学通俗化的新途径。本书为"中古文学研究"丛书之一，是作者在其原先所著《南朝佛教与文学》（中华书局，2002年2月）的基础上修改、增补而成的一部探讨中古时期佛教与文学之关系的专著。书中从纵横两个方面，对南朝佛教的发展、佛教思想的衍变，以及南朝几个重要的文学现象与佛教的密切关系等进行了系统深入的挖掘，描述了佛教与中古文学的互动，揭示了佛教对南朝文学多方面的影响。全书共11章。内容包括：佛教的发展与晋宋思想文化的特质，佛教哲学与晋宋山水文学，齐梁文人的佛教活动及其佛学思想，梁陈宫体文学与佛教，南朝文论思想与佛教，佛教与汉魏六朝文学，佛典文学及其影响下的本土文学变化等。

唐代文学与佛教（唐代文学研究丛书）
孙昌武著
陕西人民出版社　1985年8月　189千字　253页

　　佛教对唐代文学发展的影响广泛而深刻，主要表现为五个方面：传统文人的世界观与人生观；认识论；创作题材和主题；文学体裁；语言与修辞方法。本书为"唐代文学研究丛书"之一，收录了作者探讨佛教如何影响于唐代诗文创作和文学理论的论文7篇。这些论文旨在"通过典型事例分析，提出些问题，借以使人得窥唐代文学受佛教影响的概貌"。全书由三组论文组成。第一组包括《唐代"古文运动"与佛教》、《韩愈与佛教》、《试论柳宗元的"统合儒释"的思想》3篇，讨论佛教与唐代散文的关系。第二组包括《王维的佛教信仰与诗歌创作》、《白居易的佛教信仰与生活态度》、《唐五代的诗僧》3篇，讨论佛教与唐代诗人和诗歌创作的关系。第三组包括《论皎然"诗式"》1篇，是关于唐代皎然所作《诗式》的文学理论探讨。书末附录作者的读书笔记十余篇，统称为《读藏杂识》。

明代宗教小说中的佛教"修行"观念（中华女子学院学术文库）
宋珂君著
中国社会科学出版社　2005年10月　287千字　350页

明清宗教小说的思想内涵，无论是宗教性的修行主题，还是世俗性的人文主题，都与佛教"修行解脱"观念大有关联。本书为"中华女子学院学术文库"丛书之一，作者从佛教"修行"观念影响小说创作这一角度，对有明一代近20部宗教小说的思想内涵、人物类型与情节结构模式进行了系统研究，既考察了佛教修行观念的文学演变过程，又对明代宗教小说中的佛教修行因素作了分析，揭示出宗教小说与"宣教"之间的内在联系。全书共4章。作者认为，佛教修行观念在佛经中有其文学化的表述形式：佛传故事。这种以传记体式记录人物修行经历的方法，被中国僧人所继承，编写了大量的高僧传记和禅宗灯录。到了明代，随着佛教修行观念的社会化，出现了宗教小说的繁荣期。明代宗教小说中的各类人物形象，都可以在佛经和佛教文献中找到原型，从这些宗教小说的叙事结构中，可以看出佛教视涅槃为解脱的修行思路所留下的痕迹。

佛经文学与古代小说母题比较研究（东方文化集成·中华文化编/季羡林总主编）
王立著
昆仑出版社　2006年3月　358千字　548页

佛经文学对于中国古代小说之母题塑造具有相当影响，反观之，亦可从中发现汉语文化对外来文明容纳与改造的鲜明印记。本书为"东方文化集成"丛书之一，作者着眼于文学主题学的母题研究，从汉译佛经文献、印度民间故事、巴利文佛本生故事出发，从古代小说中外影响的比较研究入手，在中国古代小说、史传、野史笔记中寻索出21个母题、类型与佛经文学相对应，勾勒出一条以小说为核心的中国叙事文学所受印度佛经文学影响的线索。全书分四编，共21章。第一编"武技与幻术编"（第1-4章），分别介绍古代小说赌技服人母题的外域渊源、佛经故事与小说"比武斗智"母题、佛经文献与古代小说"照影称干"母题、古代小说种植槟长母题的佛经文学渊源。第二编"性别与情爱编"（第5-9章），分别对相思病题材、冯燕侠义母题、男人生涯母题、妇女保贞术母题等的佛教文献及文化来源进行考述。第三编"动物与人兽关系编"（第10-15章），分别对通达禽兽语母题、变羊惩妒妇故事、禽兽义感母题、逐兔见宝母题等做佛经文献和跨文化的探寻。第四编"医术及其他神秘崇拜编"（第16-21章），分别讨论腹中生虫母题及神秘信仰的佛经文献渊源、射箭反向母题的佛经文化渊源、古代小说中的闻音预见母题、中国古代冥游题材类型及佛教溯源等。

禅与中国文学
张锡坤　吴作桥　王树海　张石著
吉林文史出版社　1992年7月　354千字　497页

中国禅是中国文化与印度禅学相嫁接的产物，是印度禅学的深化和发展。本书紧扣"禅"之命题，全面论述了禅在佛教中的特殊意义，以及"印度禅"转向"中国禅"对于中国哲学、美学与艺术思维的重要影响,集中探讨了禅与中国文学的密切关系。全书分为"中国的禅文化"、"禅学与唐文学"、"禅学与宋明文学"、"中国诗僧艺术"四编。书中首先对禅的缘起、种类及中国禅的"心性观"进行探讨,表明"禅"是"习心以外的觉性",既指未受表层意识干扰的深层无意识,又指本然、真实的自我,人的原本性,认为禅连着心,是本体之心的无穷妙用;然后就中国艺术思维的特性问题展开论述,指出禅之思维方式趋向意念审美的因由,在于崇尚一种"静默的观照"。而静默的观照虽为禅家所用,却非禅家独创,它从一个侧面反映了禅对中国传统艺术思维的承续性。在此基础上,作者对禅宗兴盛时代的唐文学、禅风萦绕的宋明文学,以及自东晋至明清的诗僧艺术予以"穿透尘雾的灵光"的观览,试图通过捕捉中国历代诗仙词圣及诗僧禅友独具个性的心境构思亮点,探寻禅定思维指引下的中国古代文学艺术创作之规律。

中国禅宗与诗歌
周裕锴著

上海人民出版社　1992年7月　249千字　326页

中国是诗歌的国度,禅宗是中国化的佛教。佛教的中国化在很大程度上指向佛教的诗化,禅宗发展史的种种事例清晰地表明这一诗化过程:由"背境观心"的闭目冥想到"对境观心"的凝神观照;由"孤峰顶上"的避世苦行到"十字街头"的随缘适意;由枯燥烦琐的经典教义到活泼隽永的公案机锋,无论静观顿悟还是宣法传教,基于中国诗文化的熏染,禅宗日益抛弃了宗教的戒律而问询诗意的审美。因禅宗意识潜入,中国诗人从观照、欣赏到构思、表达的方式都发生深刻的变化,艺术思维由浅直粗糙转向深微精美,中国古典诗歌由此开辟出不同于儒家传统诗教的新境界。本书是一部系统研究中国禅宗史和诗歌关系史的专著,作者着眼于禅宗对艺术思维和中国诗学发展的积极影响,以"诗禅相通"为参照系,勾勒禅宗的嬗变轨迹,探讨诗人和禅、禅僧与诗的联系,追寻偈颂的诗化过程,描述在不同禅风影响下中国诗歌各个历史时期、不同流派诗人的风格特点,揭示诗禅契合的各个层面,阐释以禅喻诗的各种形态及其美学内涵,展示中国诗学的演进规律和民族特征。全书共9章。内容包括:禅学的诗意,习诗的禅僧,习禅的诗人,空灵的意境追求,机智的语言选择,自由的性灵抒发,以禅入诗的意义等。

禅与诗学（禅学丛书／赖永海主编）
张伯伟著

浙江人民出版社　1996年4月　195千字　280页

禅学与诗学交融颇深,绵远悠长,早已为学界所关注。本书为"禅学丛书"之一,作者从中国古代文学思想史的角度切入,考察了"禅与诗"互动关系的某些具体问题,探讨了禅学志趣与诗境勾画的思维共性及其美学指向。全书分为"理论篇"和"创作篇"两篇,共设8个论题。理论篇主要论述禅学与唐宋诗歌理论的关系,涉及到诗格、诗话、论诗诗及意象批评等方面,既分析了佛教典籍的结构、文体对诗歌理论形式的影响,又窥探了佛学义理对诗学义理的启示。创作篇主要论述禅学与诗歌创作的关系,尤其关注魏晋六朝时期诗歌创作思潮,即玄言诗、山水诗和宫体诗如何受到佛教影响,以及唐代诗僧寒山诗与禅宗的关联。作者在对具体问题进行细分的基础上,注重从宏观上把握诗人与佛教、禅与诗学的关系,抽绎出某些具有方法论意义的创作原则。

禅宗诗歌境界（禅学三书）
吴言生著
中华书局　2001年6月　275千字　392页

　　禅宗诗歌的终极关怀是明心见性。禅宗所有公案、机锋、诗偈，都指向本心自性，即彻见"本来面目"。本书为"禅学三书"之一，作者汲取中国佛教史、禅宗思想史、中国诗歌史领域的最新成果，着重论析了禅宗诗歌的禅悟内涵、运思特点、取象方式、美感质性，试图体现出禅诗研究的基本框架、批评理念、美学范式，以填补禅宗诗歌研究的空白。全书共11章。书中阐明了禅宗"本来面目"（涵摄禅宗本心论、迷失论、开悟论、境界论四个层面）之哲学内蕴，论述了青原惟信禅师"见山三阶段"禅语所表达的禅宗审美感悟机制，继而从对禅诗文本、禅宗宗风、禅宗哲学、佛典与禅思之联系等的体证与理解出发，对五家七宗禅诗进行了具体分析，对禅宗诗歌的审美境界，以及李商隐诗歌中的佛学意趣作出总结和评价。作者指出，禅宗的终极关怀是明心见性，彻见心性的本源，是清纯无染的自性，也就是说体会"本来面目"乃领悟禅宗诗歌境界的起点。书末附录《近百年禅诗研究论文要目》，反映了近百年来禅诗研究的轮廓。

曹溪禅学与诗学（暨南国学丛书）
张海沙著
中国社会科学出版社　2009年6月　300千字　339页

　　禅宗是最具中国特色的佛教宗派，岭南是佛教中国化最彻底的禅宗兴起的一个文化基点。本书为"暨南国学丛书"之一，作者以唐宋两代禅学与诗学发生剧变的时代为背景，以具有代表性的人物和作品、流派为研究对象，对岭南独特的历史地理特征和人文传统展开探讨，并从禅门两位领袖人物达摩、慧能与岭南的关系入手，对具有岭南特色的禅学思想进行了深入研究，着重讨论了《金刚经》、《维摩诘经》和《法华经》这三部佛教经典对南宗禅思想形成及唐宋诗歌创作的影响，特别是对诞生于岭南的禅宗六祖慧能的南宗禅思想予以解析，力图找到岭南精神与慧能宗教革命精神的内在关联。全书共10章。作者认为，南宗禅在中晚唐宗教界引发革命的同时，也给诗学理论的革新提供了思想武器。从审美观念、审美范畴、诗学体系到诗歌表现手法，佛教禅学都给诗学和诗歌创作领域注入了新的活力和生机。此外，作者还对岭南的贬谪诗人及生长于岭南的唐代名臣张九龄的诗歌特征及诗学思想进行了探讨。在试图揭示南宗禅的几个主要派别的思维特征及其诗学影响之后，亦对宋代禅喻诗的代表性诗话著作《沧浪诗话》展开讨论。

佛教五经与唐宋诗学（中华文史新刊）
张海沙著
中华书局　2012年11月　400千字　418页

　　佛教经典是佛教传播的重要途径和载体。阅读、抄写、研习佛经改变了唐宋文人士大夫传统的生活方式、思维习惯与精神诉求等，亦对唐宋文学产生了广泛而深刻的影响。本书为"中华文史新刊"丛书之一，作者从至唐代为止的2278部共七千余卷佛教经典中选取了流传广泛、影响深远且具代表性的《般若心经》、《金刚经》、《法华经》、《维摩诘经》、《坛经》五部经典作为主要研究对象，采用平行研究和影响研究相结合的方法，分别对五经的版本与文本作了注释和解读，并对佛经与诗歌、诗论的关系，以及佛经翻译、传播、美学蕴涵及其在唐宋文人中的影响进行了初步的梳理和研究。全书共5章。书中全面介绍了作为"经教"的佛教，其经典与教义传播的关系，佛经在中国古代目录学著作和史书中的著录情况等，重点分析了唐宋文人接受佛经的立场、汲取佛经养料及在诗歌创作中的具体表现，内容涉及《般若心经》对张说的佛学活动及诗歌创作的影响，苏轼对《金刚经》"梦幻"、"无住所"和"灵异"思想的接受，宋代文人对《法华经》的批评，《维摩诘经》与王维诗歌表现方式，《坛经》传法机缘与宋诗机趣等。

佛诗三百首
洪丕谟编著

江苏文艺出版社　1993年8月　330千字　385页

　　举凡哲理、人生、山水、游历、怀古、医药、禅趣等，无不在佛诗之中有着相当的展现，非唯咏佛颂佛而已。诗者，抒发情感、吟咏言志；而以佛理入诗，更于熹兴处凭添妙胜之神韵。魏晋以来是我国佛诗的萌芽时期，其时僧人慧远所作《庐山东林杂诗》，便于清净佛地、幽闲林泉的留连咏叹中，透出几许悟道的法味。受佛家偈词的影响，特别是中国禅宗勃兴之后，对空灵的"禅境"与"诗境"的孜孜探求成为众多诗人的笔端格调。我国古代佛诗，虽始于魏晋，却以唐宋之作最为繁郁可观，并且足以形成气候，名垂万古。原因是唐宋时期，我国佛教获得空前发展，本土化的禅宗普遍沁入文人墨客心中，这对于终日浮沉于儒家经书的寒窗学子来说，无疑乃一泓澄碧活灵的清泉，大开其闭塞的灵感法门。元明清以降，伴随中国禅佛弘法的相对低落，佛诗创作也渐入萧条，但仍俯拾可见些许佛诗散落的断瓣零叶。本书蒐集了上至晋朝、下至当代的300首佛诗，每篇诗文均设统一的"诗人略历"、"注释"、"阐说"细目，以便阅读和品鉴。作者借佛论诗，借诗喻佛，佛诗兼顾、相得益彰，诠释了诗歌艺术的美感与佛门义理的哲蕴，并对历代著名诗人的佛缘及其对诗歌创作的影响，及至诗与佛、诗人与僧人的互动关系等作出客观评述。

佛教与藏族文学
丹珠昂奔著

中央民族学院出版社　1988年12月　148千字　172页

　　藏族文学是高海拔地区的独特文学。自公元8世纪始，藏族人民逐步接受了印度佛教，许多印度古典文学作品被译成藏文。多种文化交流和互渗，使藏族文学的内涵不断丰富，因之诞生了一些用较重笔墨来颂扬佛陀及佛理的文学作品，如《萨迦格言》、《米拉日巴道歌集》、《吐蕃王统世系鉴》，以及文史名著《西藏王统记》、《贤者喜宴》、《西藏王臣记》等，反映了"具有世界性内涵"的藏族文化精神，引起东西方学者的广泛关注和各国人民的喜爱。本书是藏族学者丹珠昂奔探讨"佛教对藏族文学诸方面的影响"的专著。书中通过对佛教传入藏地前后情况的比较，全面地论述了藏传佛教对藏族历代诗歌、小说、传记文学、民间文学和文学理论的渗透与影响。全书共7章。第1章论述佛教浸入前的藏族文学。第2章论述佛教诸教派的形成是佛教浸入藏族文学的必然原因。第3章论述佛国印度文学对藏族文学的历史性影响，涉及藏区蓬勃发展的翻译事业与藏文《大藏经》，印度文学对藏族文学影响。第4章论述藏族文学中的神佛及宗教者形象，涉及藏族文学中"死去的佛"、"活着的佛"和其他类型的佛等。第5章论述藏族文学与寺院组织及其经济和教育。第6章论述如何科学评价藏族文学中的佛教思想。第7章论述佛教与当代文学，着重点评了以佛教为主导的藏族文化的个性弊症，呼吁藏族作者的历史责任。

2. 佛教艺术

佛教与佛教艺术
李涛著

西安交通大学出版社　1989年7月　220千字　330页

　　佛教艺术是人类文明史上的一个奇观，在建筑、雕塑、绘画和乐舞等各个方面都取得了辉煌的成就，至今令人惊羡。本书结合历史文献和考古学资料，详细介绍了佛教及佛教艺术，梳理了佛教的起源、创立过程及其在中国的弘传，探讨了佛教寺院制度、仪轨、节日等，并对印度佛教艺术的特点、中国佛教寺院建筑和造像题材、中国佛教石窟艺术进行分析和讲解。全书分为"佛教篇"（5章）和"佛教艺术篇"（3章）二篇。前者讲述佛教，论及佛教形成的历史背景，佛教的基本教义及其发展，印度佛教的全盛和衰落，以及佛教在中国的初传、极盛和衰微等。后者讲述佛教艺术，论及石窟佛寺、塔院殿堂、绘画造像等印度及中国佛教艺术的各类载体和主要表现形式等。书中配多幅插图和照片，为佛教艺术研究提供了较为丰富的素材。

佛教与东方艺术
张锡坤主编

吉林教育出版社　1989年8月　730千字　922页

　　佛教发源于东方，流布于东方，充满了东方民族的智慧，为东方诸国共有的精神财富。佛教与艺术的关系问题，牵涉宗教思想、宗教体验、宗教组织、文化审美、民族信仰、民族传统等多种要素。早在五四运动前后就已引起王国维、陈寅恪、郑振铎等一批睿智学者的密切关注，20世纪80年代因民族意识的反思带来的"文化热"，终于启开了探求者的心智，把佛教与艺术作为重大研究课题推到世人瞩目的位置。本书是一部集中探讨佛教与东方艺术关系的论文集，收录了"属于不同国籍，对宗教的态度和认识也判然有别"的中外学者撰写的学术论文50余篇。其中除少数篇章外，大部分名篇均非国内出版。全书分为"佛教要览"、"佛教与印度艺术"、"佛教与中国艺术"、"佛教与日本艺术"四辑。各辑所收论文虽学术研究角度有所不同，但是将关注点共同指向了"禅"之心性、意境与情趣，由此展开外化的"艺术思维"的逻辑推演，不失为求索佛教与东方艺术之经络关系的有效途径。编者指出，佛教与艺术的连接点是一个"禅"字，围绕禅而形成的宗教心理与审美心理的交织，浸润着东方不同国别的古代艺术。禅的种类甚多，就其影响深远的程度看，应属印度大小乘禅和中国禅宗之禅。如何把握它们之间的联系和区别，是佛教与东方艺术研究所面临的一个突出难题。

佛教东传与中国佛教艺术（世界文化丛书／周谷城　田汝康主编）
吴焯著

浙江人民出版社　1991年6月　284千字　390页

　　印度佛教于两汉之际传入汉地，此后历经魏、晋、南北朝，完成于唐代。在佛教东传的几百年中，对中国的文学、哲学和艺术诸方面都产生了极其深远的影响，特别是佛教对于艺术方面的影响，有着更为直观的表现。本书为"世界文化丛书"之一，作者试图从艺术史的角度考察和探究佛教这种外来文化被中国本土文化吸收、整合和改造的一系列过程，就此阐发中国文化与世界文化的联系。全书分为"佛教与象教"、"佛教艺术在印度及其周边地区的发展"、"佛教输入中国的传说"、"丝路交通与佛法东渐"、"从文献记载看佛教艺术在中国的传播"等7章。书中紧扣"佛教艺术"主题,以中国文化如何创造性地"吸收外来和改造外来文化"为叙事主线,讲述了印度和中国佛教艺术的历史发展,梳理了佛教的产生、演变、逐步东渐及其最终融入中国本土文化的过程,介绍了展现佛世尊英雄主题及其象征意义的各类艺术作品与流派(包括泛地域特色的中国佛教艺术,如鄯善地区的佛教艺术、于阗地区的佛教艺术、龟兹地区的佛教艺术、莫高窟千佛洞文化等),阐明了印度佛教与佛教艺术对中国佛教思想及艺术创作的示范效应。

禅的人生与艺术
李哲良著
四川美术出版社　1992年2月　463千字　633页

　　禅(梵语Dhtāna,冥想)的概念起源于印度,意指冥想之人以纯真的意念拥抱大自然、获取天地万物的滋养,凭此激发人的生命潜能、益于身心健康。在中国,"禅"之意蕴远在释迦和老庄之前便已孕育形成。原始的儒道哲学虽未直接言明"禅"的词义涵括,但其内蕴却早已弥漫于市井坊间,尤其在文学艺术中,"禅"显得尤为活跃。至六祖慧能时代,中国禅宗完全打破佛教传统教规和繁琐的宗教仪式约束,实现了中国禅对印度禅的改造。佛禅与道禅合流,使中国人的审美观和文艺观向佛禅靠拢。本书从禅与美、禅学与玄学、禅与禅宗、禅学与理学、禅学与心学等多个角度,解析了"禅"的奥秘,论述了禅文化与中国社会生活的紧密关联,透视了"禅境之美"对于中国人精神世界的塑造与重构。作者认为,禅境之美,美在"妙不可言",不仅妙在有尽之言,更妙在无穷之意。无穷之意达之以有尽之言,所以有许多意就尽在不言之中,意接无言之美。全书分上、下两篇,共12章。上篇(第1-6章),讲解禅的缘起及其与民族宗教、文化和审美心理的冲撞、涵化、交锋与纠缠。下篇(第7-12章),分别介绍禅在气功、艺术、生命科学、佛教建筑与造像等方面的表达形式,探讨禅的精神和思维方式对于世界文化生活,特别是在日本文化生活中的渗透与影响。

中国佛教表现艺术
王杰远著
中国社会科学出版社　2006年11月　301千字　271页

　　宗教艺术分为造型艺术和表现艺术两大门类,前者基本以静止的形态出现,需要受众具备主观的审美要求;后者基本以运动的形态出现,对受众具有主动的审美感召。本书是在作者的博士学位论文基础上修订完成的探讨中国佛教表现艺术的专著。书中站在佛教自身发展的角度,以对佛教理论的深入研究为基础,率先提出"佛教表现艺术"这一新概念,重点研究了"佛教与其表现艺术的关系"和"佛教表现的形态"这两个问题,力图建立佛教表现艺术的理论体系。全书共4章。第1章探讨佛教表现艺术的基本范畴,对宗教的表现艺术与世俗的表现主义及行为艺术的区别与联系进行了分析对比,总结了中国佛教表现艺术的三种特殊形式。第2章论述印度佛教从对世俗表现艺术的排斥转变为推崇佛教表现艺术并取得高度艺术成就,为中国佛教产生和发展表现艺术的可能性设置了潜在的前提。第3章论述中国佛教表现艺术的早期形态。第4章论述杂密经典和以《梁皇忏》为代表的经忏活动对中国佛教表现艺术之推进和发展的影响。

关中隋唐佛教艺术研究
白文著

陕西师范大学出版社　2012年12月　450千字　413页

佛教东传最初是经西域进入中土，其间必经关中地区。关中隋唐佛教艺术形成、发展得宜于长安文化的大环境。本书主要论述了隋唐时期关中佛教艺术的成因及主要特色，对于佛教历史上"长安模式"的内涵与外延作出准确的分析和评价。全书共5章。第1章介绍陕西关中地区在古代中国的重要地位，探讨隋唐关中佛教地域格局的形成及佛教艺术的范围分布和遗存现状。第2章研究隋唐关中地区的石窟艺术，这些石窟大部分位于西出长安的丝绸之路沿线上，按照图像志研究方法，对石窟图像进行辨认与记录，注意类型与样式，结合图像产生的时代背景，分析图像风格的特征及其产生、发展和变化的原因。第3章是对关中隋唐佛教艺术中的佛塔与图像之间关系的研究，分析象征佛陀法身的佛塔的独具特色的涅槃图像，以慈恩寺大雁塔、光宅寺七宝台配套的石刻图像为例，确认佛塔佛像产生的原因等。第4章考察关中隋唐石刻造像艺术，以药师、地藏石刻造像为例分析这些图像艺术样式的由来及其源流，并对关中隋唐石刻各类图像内容、内涵进行了考证。第五章是对关中隋唐佛教艺术与长安模式的探讨。

唐音佛教辨思录
陈允吉著

上海古籍出版社　1988年9月　216千字　286页

唐代佛教盛行，促成了宗教文化艺术的高度繁荣，对诗歌、绘画、造像、音乐、民间说唱等各类文艺形式影响甚巨。如唐代寺庙内体制宏大的经变壁画，内容虽然荒诞不经，但其根据佛经故事刻画的"奇踪异状"，篇幅宏阔，结构严密，在铺展恢张之中不乏细部雕琢，体现着恣纵豪放与法度森严的统一。如此表现技巧，往往使人于荧煌乱眼中领会画面的恐怖和荒幻，具有一种攫人心弦的魅力。这些图像大量出现在佛殿神廊，成为中国绘画史上的一朵奇葩。就连当时号称攘斥佛教不遗余力的散文家韩愈，在趣味情感上亦不由得与之忻合无间。至于佛学义理对唐代诗歌创作的熏染，更是深入诗家情境构思的骨髓。如王维表现禅宗哲蕴的山水诗，将抽象之理念寓托在自然美的感性范畴，赋予作品某种契合主观禅悟的意味，竭力筑造离尘绝世的空灵妙境。本书收辑作者研究唐代佛教艺术的论文14篇。这些论文从佛教对文化艺术影响的角度出发，全面论述了唐代著名诗人王维、杜甫、白居易、李贺及散文家韩愈、刘禹锡的佛学与诗学思想，证辨了佛教唐音的时代美感，间涉华梵人文之转递形迹。其中《佛像之踪迹与审美》一篇，重点探讨了佛教造像艺术的起源与审美诉求，指出其感召力量和宣传效果，往往为一般玄妙难懂的佛教经典所无可比拟：诸佛菩萨造像之恬静的仪容、庄严的法相，甚或某种手相与姿式，都可能同他的膜拜者发生灵魂感动的交流。此情境下与其说是拜佛，不如说是崇拜人的创造。

藏传佛教艺术
尕藏才旦编著

甘肃民族出版社　2009年7月　300千字　250页

本书将藏传佛教艺术划分为三种类型：第一类是直接以佛教故事或者以佛教思想为主题的完全自创的艺术。有藏戏剧本、剧目表演，唐卡、壁画、堆秀、剪纸、酥油花、修饰花卉，也包括建筑艺术（寺院、王宫、佛邸、佛塔、修行研习场院）、书法、道歌、格言诗、赞辞、颂歌及歌舞法乐等；第二类是在古印度佛教艺术的基础上进一步加工、革新而成的艺术表现形式，既保留了佛教的原生风格，又蕴有雪域民族气息。主要集中在佛像石雕、泥塑法器等，如吉祥八宝、轮回法图、曼荼罗图案、法器等供养工艺品；第三类是来自于民间而艺术主题是张扬佛教，表达对佛教的体验、理解、信仰、感恩及其他民歌民谣、抒情长诗、史诗、舞蹈等民间艺术。书中围绕上述三种类型，从"藏戏，风雪中的奇葩"、"歌舞音乐"、"精美绝伦的绘画艺术"、"雕塑艺术"等七个方面，描绘了绚丽多彩而又独具一格的藏传佛教艺术世界，展示了生活在雪域高原上的藏民族千百年来所创造的艺术奇迹。

（1）音乐

变文讲唱与华梵宗教艺术（三联文博论丛）
李小荣著

上海三联书店　2002年6月　220千字　321页

　　艺术与宗教之关系密不可分。变文作为一种讲唱艺术，继承并融合了中印有关艺术的成份而有所发展。本书为"三联文博论丛"之一，是根据作者的博士学位论文修改而成的一部研究"变文讲唱与华梵宗教艺术"的专著。书中从中印文化交流的历史背景出发，具体地讨论了变文的生成与衍变，变文讲唱与中印美术、音乐、戏剧之关系，揭示了儒、道、释三教思想对变文讲唱的影响。全书共5章。第1章考察变文的演变史，深究了五个问题：（1）变文的含义；（2）讲经的展开；（3）唱导与变文；（4）俗讲与转变；（5）变文的消亡。第2章讲述变文与变相，主要从变相入华及其在东土的发展、变相的创作方法及用途入手，具体地阐述了变相的含义，从而推定变文与变相并非同一之关系。第3章讲述变文讲唱与华梵音乐，重点讨论了四个问题：（1）佛教音乐的性质及其东传的途径；（2）中国佛教音乐的发展与类型；（3）变文讲唱中本土音乐的运用；（4）变文讲唱中"平"、"侧"、"断"诸音声符号的含义。第5章研究的是变文中的三教思想，即业报轮回的佛教思想，以孝为本的儒家思想及道教之长生思想。与此同时，本章也充分注意到了三教融合与变文世俗化之关系。

中国汉传佛教音乐文化（现代远程音乐教育丛书／袁静芳主编）
袁静芳著

中央民族大学出版社　2003年10月　560千字　653页

　　本书为"现代远程音乐教育丛书"之一，是我国第一部论述"中国汉传佛教音乐文化"的教材与专著。全书分上、下两篇。绪论部分围绕佛教中国化进程的基本脉络，概述了中国佛教音乐的历史沿革与中国佛教的主要派系。上篇"中国汉传佛教音乐文化概述"，主要论述了汉传佛教音乐的类别（梵呗、音乐、法器）与艺术特征，探讨了佛教法事与音乐以及佛教音乐与社会文化的关系。下篇"中国汉传佛教音乐文化专题研究"，包括中国北方佛曲"十大韵"、中国佛教京音乐中堂曲研究、焰口套曲《料峭》乐目家族研究、中国佛教京音乐《瑜伽焰口》佛事仪轨考察四个专题，从视角、方法论和研究的深度上对汉传佛教音乐文化进行了全方位描述，展示了一个富有研究个性与研究参照价值的学术园地。附录有中国汉传佛教音乐曲目选、《中国民族民间器乐曲集成》各省（市）卷所载汉传佛教音乐曲目目录，内容极为丰富。

敦煌佛教音乐文学研究
李小荣著
福建人民出版社　2007年9月　630千字　819页

　　本书在全面梳理敦煌佛教音乐文学文献的基础上，借鉴著名民族音乐史学家曹本治先生以信仰、仪式行为和仪式中的音乐三者互动关系为特征的理论分析模式，紧扣佛教音乐和佛教文学之间的天然联系，运用动态比较的研究方法论述了敦煌佛教音乐文学的主体内容、表演形态（特别是音乐运用）、历史成因以及它们和具体的佛教行仪互融互摄之关系等重要问题，改变了过去较为单一的研究模式，贯通了敦煌佛教学、敦煌音乐学与敦煌文学的综合研究。全书共8章。第1章讲述敦煌净土文献中的音乐文学，分析了净土宗音乐文学的内容与体制。第2章讲述敦煌禅宗文献中的音乐文学，讨论了禅宗各派在音乐文学创作上的共性。第3章讲述敦煌密教文献中的音乐文学，特别关注密教行仪中的音乐文学之构成、分类。第4章讲述敦煌佛赞音乐文学，介绍了赞颂佛、法、僧三宝的音乐文学的内容。第5章讲述敦煌佛教劝化音乐文学，探讨了佛教音乐文学中对世俗大众的宣教作品，旨在揭示宗教文学之世俗性与神圣性的统一。第6章讲述敦煌佛教行事中的音乐文学，解析了佛教行事与音乐文学密不可分之关系。第7章讲述敦煌佛教音乐文学的表演主体和文本类型。第8章以个案研究的形式，对佛教音乐中的"契"与"上、下"等几个术语进行了考源，指出"一契"之"契"的两种含义。

曼妙和谐：佛教音乐观（觉群丛书·第9辑/觉醒主编）
周耘著
宗教文化出版社　2011年10月　150千字　272页

　　佛教音乐有狭义和广义之分。狭义的佛教音乐，指佛教寺院法事仪轨和出家僧侣日常修行活动中使用的梵呗音乐；广义的佛教音乐，包括一切与佛教活动相关，或具有佛教内容，或带有佛教色彩的音乐。本书为"觉群丛书"之一，作者从佛教与音乐的关系入手，追溯了佛教音乐的发展历史，介绍了"转读"这种用一定的声韵腔调来唱诵经文，以及"唱导"这种以歌唱非经文的事缘来宣唱佛理的佛教音乐样式，探讨了寺院梵呗所承载的庄严与神圣，透过佛教音乐这种特殊的载体描绘出"曼妙和谐"的佛法世界。全书共4章。作者认为，佛教音乐的美学趣味对中国传统音乐曾产生深远的影响，尤其是对中国传统音乐中的文人音乐影响深刻。佛教空寂、虚无、禅定的理念与实践，梵呗佛教清、净、定、远、肃、和的美学趣味一旦为文人士大夫接受，文人音乐更出现哀而不淫、乐而不伤的美学趣味与追求，极大地丰富了中国传统音乐的美学内涵。

禅与乐
田青著
文化艺术出版社　2012年1月　269千字　253页

　　禅与中国音乐的密切关系，尚未引起人们的足够重视。本书是作者积多年治学之功撰写的国内首部系统研究禅与音乐的专著。书中以"禅与乐"二者相生相依的深层次关系为视角，将对中国音乐出路的寻找与哲思贯穿于"禅"、"乐"之中，透过佛学、美学、音乐学的各个层面，梳理了禅与中国音乐的因缘，展示了禅和禅宗影响中国音乐的发展历程，"发现"了中国传统音乐中深蕴的禅意，为中国音乐的未来开出一剂良方。全书分为"中国人的宗教观和音乐观"、"白马东来"、"活泼的禅心与流动的音符：禅与音乐的相似性"等7章。作者认为，当今中国音乐发展中暴露出的主要问题，是背离了中国传统音乐的本性和传统，而盲目、全面地照搬西方音乐的一切。只有在透彻了解中国音乐与禅近似的本质之后，才能突破"弱势文化"的困境，找回中国音乐独特的意境。

中国佛教京音乐研究（中国佛教音乐文化文库/袁静芳主编）
袁静芳著
宗教文化出版社　2012年12月　600千字　748页

　　中国佛教京音乐（亦称"北京智化寺京音乐"，简称"京音乐"），指流传于北京东城、南城20余座寺院的佛事音乐，至今已有500多年的传承历史。本书为"中国佛教音乐文化文库"丛书之一，主要对佛教京音乐的历史、曲谱、乐器、音乐理论和文化遗存等方面问题进行了总休性的考察和研究。全书分上、下两篇。上篇"中国佛教京音乐概论"，集中探讨了佛教京音乐的物质构成，即京音乐的乐器与法器、乐队编制与乐队组合、乐谱与曲牌、乐僧与寺院传承等一些基本问题。下篇"中国佛教京音乐专论研究"，主要以专题形式讨论京音乐具有典型性、代表性和疑难性的诸问题，并运用实地考察、文献研究、音乐形态分析中的模式分析法以及图像学有关方法等，对京音乐的"十大韵"、"中堂曲"、"焰口套曲《料峭》"等从历史源流、人文背景与音乐艺术特征等角度进行较深入的分析研究。书末附有完整的京音乐《瑜伽焰口施食》法事仪轨考察实录及四部智化寺传承的京音乐古谱抄本。

汉文佛经音乐史料类编
王小盾　何剑平　周广荣　王皓编著
凤凰出版社　2014年12月　837千字　806页

　　佛教音乐有着非常丰富的内涵与特质，其音乐环境、传播方式以及音乐观与音乐政策，都是使佛教这一古老宗教得以千年传承的重要保证。本书是国内第一部系统梳理佛教音乐文献的史料性著作，旨在将分散在各部汉文《大藏经》中的佛教音乐史料予以整合归纳，分类编排，以反映佛教音乐的发生、传播及流变。全书包括：音乐神话；佛国世界的音乐；音乐中的哲学；早期佛教与俗乐；供养佛僧的音乐；方音与一音（诵经、说法音声之一）；声才和辩才（诵经、说法音声之二）；如来音声（诵经、说法音声之二）；菩萨音声（诵经、说法音声之四）；体裁和悟义；佛教音乐传入中土；中土佛教音乐：唱颂音乐；中土佛教音乐：歌舞杂戏；日本僧侣所记录的音乐14个部分，下设神话、体裁、乐器、哲学、音声、记录等项目，基本涵盖了佛教音乐的各个方面。本书在初版的基础上增补了一批《大正新修大藏经》、《中华大藏经》中遗录的资料，且增收了《卍新纂续藏经》中的音乐史料，将汉译佛典中的音乐资料，作了穷尽的搜罗辑录。

（2）美术、绘画等

中国佛教美术史
戴蕃豫著
书目文献出版社　1995年12月　300千字　1004页

　　中国佛教美术是源于古印度而在中国发扬光大的佛教绘画、雕塑、石窟造像、寺塔建筑等的总称。它的发展历史与佛教中国化进程结伴而行，最终形成为一种独具中国民族风格、气韵和特色的艺术形式。本书是戴蕃豫先生涉略佛学领域的研究成果之一，也是作者在前期作品基础上增补而成的一部讲述中国佛教美术的专著，完稿于20世纪60年代。书中按照中国历史朝代更替顺序介绍了不同历史时期的佛教美术状况，描述了契合于本土文化的中国佛教美术的整体面貌与基本特点。全书分为"佛教美术之起源"、"东汉"、"三国"、"晋"、"南朝"、"北朝"、"隋"、"唐"等16章，内容涉及各历史时期佛教美术的主要载体、表现形式及特征等，反映了作者对中国佛教美术发展历史的探索意识和思考成果。本书为作者手稿影印出版，对于中国佛学和美术史研究者而言，都具有一定的阅读和参考价值。

中国佛教美术源流
范瑞华著
国际文化出版公司　1996年10月　150千字　179页

关于佛教美术的起源，学界有两种说法：一种认为佛教美术起源于释迦牟尼时代；另一种认为佛教美术是从释迦牟尼灭度200年后，在孔雀王朝第三位君主阿育王时期才开始兴起。对于这两种说法，目前各家学者各持己见，有待进一步考证。本书较为全面地叙述了佛教绘画等艺术从印度起源至传入中国后的发展及演变过程，论述了佛教美术在不同历史时期的表现特征，并对谢赫"六法"的来龙去脉提出了新的佐证，对佛教画发展过程中出现的佛门法像、经像图、禅僧顶像画、禅门机缘画、禅机画及欢喜佛像之来由等都作了介绍。全书共13章。内容涉及佛教美术传入中国之路线，佛画家与作品，历代帝王与佛教美术的关系，外国画家对中国佛教画的影响，石窟雕塑、造像艺术与佛教美术之内在关联，信仰对佛教美术的促进作用等方面。

中国佛教美术本土化研究（中国本土宗教美术研究丛书）
汪小洋主编
上海大学出版社　2010年5月　296千字　298页

佛教美术本土化是在佛教中国化的历史进程中实现的，其中禅宗、净土宗的本土化特色有着特别的影响。中国佛教美术的许多重要现象都与本土化有关。本书为"中国本土宗教美术研究丛书"之一，作者结合文献和实例分析，对佛教美术本土化的形式、路径与特点进行了专题研究。全书共7章。书中致力于从下述三个视角来讨论本土化的佛教美术及其艺术价值：一、从佛教仪式场所而考虑的艺术载体的本土化；二、从佛国供奉系统而考虑的艺术形象的本土化；三、从佛教美术的象征体系而考虑的艺术审美的本土化。涉及佛教建筑的本土化、多教合窟的造像、观音菩萨的女性化、本土化的地狱造像、敦煌石窟中的屏风式变相、水陆法会与水陆画、佛教造像的帝王化等具体问题的探讨。作者指出，佛教美术是一种有宗教行为性质的艺术创作，而宗教行为与信徒们的日常生活和精神需要紧密联系，所以，我国佛教美术的发展过程和艺术成就应当特别注意到本土化的趋势。

中华佛教史·佛教美术卷（季羡林　汤一介总主编）
金维诺著
山西教育出版社　2013年7月　433千字　408页

本书为《中华佛教史》之第六卷，作者以历史发展为线索，以佛教美术作品的地理空间分布为依凭，通过细致分析汉代、两晋、十六国、南北朝、隋唐、五代、宋代、辽金、元、明、清时期佛像、石窟、寺院、造像、壁画等佛教美术在中国流传情况，对古代佛教艺术的发展历程进行了颇有建树的阐释，从佛教艺术性的方面说明了我国佛教壁画、石窟造像、重要典籍以及佛学思想和佛学高僧的情况，揭示出中国佛教美术传播和演进的脉络。本卷共18章，包括佛教美术在中国的开始流传、两晋时期的佛像塑绘名家、十六国时期的佛教石窟、北朝佛教与佛教造像、北朝石窟彩塑艺术、北朝石窟造像艺术、南北朝时期的寺院造像与塑绘名家、隋唐时期的名手巨匠与佛教图像典范等内容。其中雕塑造型的优美生动、壁画的宏伟壮丽、线条的虚实变化、色彩的丰富明快，不仅为今天的艺术创作积累了丰富的经验，也为佛教艺术相关领域的研究提供了有益参考。

北周佛教美术研究：以长安造像为中心（中国社会科学博士后文库／李扬 王晓初主编）

王敏庆著

社会科学文献出版社　2013年7月　326千字　284页

敦煌莫高窟北周窟中的造像风格、洞窟布局与前代石窟相比呈现两个显著特点：一是西魏时的"秀骨清像"式造像风格为一种"面相浑圆、身体丰壮"的风格所取代；二是千佛图像面积明显增大，佛传、本生故事等原本放在重要位置（墙中部）的佛画内容被移到次要位置的窟顶。要解释这些现象，就必须廓清北周都城长安的佛教艺术面貌，然而至今关于长安佛教艺术的面貌仍然模糊不清。本书为"中国社会科学博士后文库"丛书之一，作者以长安造像为中心，运用图像分析法、文献分析法以及考古类型学方法，通过对北周长安佛教美术种种"关系"的考察，探讨了长安造像的艺术特点、成因、形成时间及影响等，解决了北周佛教艺术的历史地位问题，兼涉对长安周边及敦煌石窟艺术的分析论述，使学界对北朝晚期的佛教艺术有一个更为完整、清晰的认识。全书分上、下两篇，共9章。上篇（第1-6章）以长安为中心在时间轴上从横纵两个方向对北周佛教美术展开考察。横向更多体现在北周时其他地域的佛教美术与长安的关系上；纵向主要是考察北周佛教美术与隋唐的关系。下篇（第7-9章）通过个案研究，透视了北周文化对佛教艺术的影响、北朝晚期佛教艺术的发展倾向，以及中国佛教逐渐走向成熟，并向周边辐射的趋势。

佛法与书法

田光烈著

河北人民出版社　1991年5月　228千字　380页

自东汉魏晋隋唐以来，随着佛法的弘布，出家人越来越多。寺庙中的高僧大德，虽不能"五明"咸通，而从事"工业明处"之书法艺术者大有人在。华梵双方皆对书法"加之以玄妙"，遂生"翰墨之道"。从魏晋始，佛法与"三玄"结下不解之缘。如王羲之深解"随法身则万象俱寂，随智用则万象齐生"的妙意，并之以儒道，思想境界极高，自成"意前说"（意在笔前）；后世如虞世南的"心悟说"（事相与理性）、黄庭坚的"解息说"（破法我执，解除束缚）、董其昌的"八还说"（《楞严》八还义），均从佛法中参悟出书法之善巧。本书是一部系统阐述佛教对中国传统书法艺术之影响及其所起作用的专著，作者围绕"佛法与书法"之关系这一主题，择重分析了历史上深受佛法影响的四大名家（王羲之、虞世南、黄庭坚、董其昌）的书法理论，具体探讨了中国古典书论及佛法关于书论的典据、以禅学论书法、以书法为心学等议题，深入考察了历代僧侣染指书法的思想动因及其在中国书法艺术上的贡献，全面钩描了佛法影响中国书法理论与实践的历史轨迹。作者指出，唐宋以后，由于禅佛思想盛行，理学家被迫阳儒而阴释，书法家则坦然以释氏之旗帜而大张。

佛教与民族绘画精神（中国绘画研究丛书）
徐建融著
上海书画出版社　1991年6月　160千字　244页

一切宗教的最重要的功能，就是在神灵中发现并揭示人的因素。宗教需要艺术的花朵来装饰它的锁链，需要自身审美潜在力的艺术展示；但是，宗教艺术的本质毕竟是服从于宗教而不是服从于审美。因此，对佛教和中国传统绘画民族精神的契机，引起我们浓厚兴趣的不仅仅在于中国佛教美术所蕴涵的艺术性和思想性，更在于佛教思想对于中国非佛教美术——主要是作为传统绘画精英的"文人画"及其创作主体，即文人士大夫的心态演变所具有的结构意义和价值意义。本书为"中国绘画研究丛书"之一，作者立足于宗教与审美的双重视角，以主体的、批判性的史学方法，探讨了佛教与中国士大夫文人画精神内涵的关系、佛教美术从内容到形式的中国化变迁及其与中国民间画工画精神内涵的关系，以及佛教密宗与兄弟民族绘画精神的内在关系，展示了不同历史时期的主体心理构造与艺术思想样式。全书共10章。书中所述内容从某种意义上说堪称一部"中国佛教美术史"，但它的史法或体例不是"叙述性"的，而是"批判性"的；意即它不是线型叙述中国佛教美术发生、发展的编年史，诸如画家的师承、画迹的流传等；而是侧重于从文化的角度批判佛教和佛教美术在中国美术、主要是中国绘画的心理结构和民族精神的价值内涵上所投下的深远影响。

苏轼书画艺术与佛教
陈中浙著
商务印书馆　2004年11月　473页

苏轼是宋代文人士大夫中与佛教关系最密切的典型人物。他在书法史上直接参与和领导了宋代注重"尚意"书风的书法活动，在绘画史上首次明确提出了"士人画"（文人画）的概念，并进行了理论阐释与创作实践，代表了当时文化的最高成就。本书是作者在其博士学位论文基础上修订而成的研究佛教对苏轼（1036-1101）书画艺术影响的专著。全书共4章。书中以宋代浓厚的佛教文化氛围为背景，通过考察苏轼的家庭环境、成长经历以及他本人与佛教的因缘、与禅僧的交往等，挖掘了佛教义理与苏轼世界观、人生观及其书画观形成之间的内在联系，重点阐述了佛教对苏轼的书画欣赏、书画功用认识，以及对苏轼书画创作理论等方面的影响，最后从佛教对苏轼书画作品产生的实际影响展开分析论述，从而使抽象的问题具体化、清晰化，为准确把握佛教影响书画艺术提供较为可靠的信息。作者认为，苏轼主要是通过对大乘佛教般若思想的汲取来认识佛教。除了身体力行地把佛教中的这些哲理贯彻到自己的实际生活中之外，更重要的是还把受佛理启发而来的心得成功地转化到了他的诗、词、文上。苏轼在书画方面受佛教影响主要有两个方面，一是理论，二是作品本身。

佛教水陆画研究（真如丛书/妙灵主编）
戴晓云著
中国社会科学出版社　2009年5月　250千字　184页

水陆法会是佛教追荐亡魂的仪式。举行法会时，祭奉的神祇图像，统称为《水陆法会图》（简称《水陆画》)。水陆画在唐代就形成比较完整的体系，但元代以前的水陆画未见传世，现存水陆画基本是明清时期作品，分布在北方广大地区。本书为"真如丛书"之一，作者从考察水陆法会的起源和流变着手，梳理出南水陆法会、北水陆法会、南水陆法会图、北水陆法会图、南水陆修斋仪轨、北水陆修斋仪轨等几组概念，通过考证作者所发现的散逸在藏外的有关北水陆修斋仪轨的佛教文献：《天地冥阳水陆仪文》，来释读明清水陆画图像，重新考订《北水陆法会图》的内容和题材，指出水陆画的题材是佛教题材而非儒、释、道三教题材，据此对现行出版画册中水陆画的内容考释、排列顺序和神祇名称提出新的看法。全书共5章。经过本书的研究，使现存北方地区的水陆画（均为北水陆图像）与《天地冥阳水陆仪文》的对应关系得以确证，这为解读现存图像提供了文献依据。水陆画研究中许多悬而未决的问题因此可以得到解决，纠正了学术界很多关于水陆画的误读。

天女散花：佛教艺术观（绘画篇）（觉群丛书·第6辑/觉醒主编）
童焱著
宗教文化出版社　2007年1月　120千字　219页

佛教绘画是佛教美术的一个重要内容，在中国，这部分内容在敦煌石窟中有着最为集中和突出的表现。特别是在佛教壁画艺术方面，它的地位更是无法撼动。本书为"觉群丛书"之一，作者将中国佛教绘画艺术的内容分为"佛教壁画、佛教书籍插图版画和佛教性绘画"三大类，简要介绍了佛教和佛教艺术的起源，重点说明了中国佛教绘画的基本面貌和特征，以及佛教绘画对中国传统绘画艺术的影响。全书共4章。第1章讲述佛教的肇兴、佛教思想和文化传播、佛教与佛教艺术的关系。第2章讲述佛教绘画的起源和中国佛教绘画艺术的图景。第3章主要就佛教绘画对于中国传统绘画艺术创作的"技术性"和"观念性"的影响方式，分别作了说明。第4章依次从"形式上的多样性"、"创作观念上的综合性"和"影响范围上的广泛性"三个方面论述了中国佛教绘画艺术的特点。

妙相庄严：佛教艺术观（雕塑篇）（觉群丛书·第6辑/觉醒主编）
傅小凡著
宗教文化出版社　2007年1月　130千字　236页

本书为"觉群丛书"之一，作者以时间为经，空间为纬，将遍布于中华大地上的佛教造像艺术珍品联缀起来，在比较中揭示它们的价值和美学意义。全书共12章。书中从石窟艺术和佛教造像的起源讲起，沿着丝绸之路和佛教东传的路线，全景描述了"从古代印度的阿旃陀，到古代西域的于阗、龟兹、高昌；从以敦煌为代表的河西走廊诸窟，到甘肃中部的炳灵寺；从麦积山石窟到云冈、龙门、响堂山等中原诸石窟；从中原诸石窟走向衰落，到四川大足石窟的异峰突起"的壮美景观。作者一方面将石窟佛教造像艺术放在中华民族发展的大背景中进行考察分析，试图通过其审美风格的变化，说明中华民族在一千多年的历史中，政治、经济、文化、审美和民俗风情的沿革；另一方面，作者又将历代文人的学术思想，贵族统治者的审美追求与工匠的技艺和民间的审美风尚结合起来，试图以佛教石窟造像艺术为实证材料，以其艺术风格的演变为线索，重新勾勒佛教造像艺术在中国传播的历史轨迹，以期让读者进一步认识佛教造像的美学价值，也使中国古代美学史的研究提升到一个新的角度。

北京佛教石刻（北京宗教史系列丛书/佟洵主编）
孙勐编著
宗教文化出版社　2012年6月　300千字　405页

　　北京现存的佛教文物古迹众多。其中石刻文字资料记载了大量有关北京地区佛教事业的历史信息，是我们了解、研究北京佛教历史的珍贵文献。本书为"北京宗教史系列丛书"之一，作者通过有选择性的收集、整理和研究历代北京佛教石刻资料，力求准确反映不同历史时期北京佛教传播的内容与特点。全书共6章。书中收录隋唐至明清时期北京地区佛教石刻文字433篇（隋唐至五代时期石刻25篇、辽代石刻96篇、金代石刻37篇、元代石刻56篇、明代石刻79篇、清代石刻140篇），包括石碑、墓志、石塔、经幢、石函、造像、摩崖题刻等多种石质文物，这些石刻均与佛教历史、文化密切相关，且不同历史时期的石刻文字的数量大体与当时佛教在北京地区的社会地位及发展程度相对应，涉及寺庙、高僧、教派、教理、教义以及世俗人众的思想、行为等诸多方面。

中国佛教瑞像崇拜研究：古代造像艺术的宗教性阐释
蒋家华著
齐鲁书社　2016年1月　410千字　392页

　　佛教瑞像是中国佛教圣像中的特殊造像品类，是印度"神秘化的佛像崇拜"在中土的发展与延续。相比于不计其数的一般佛教造像而言，其数量相对稀少而固定，每一尊瑞像具有自身独有的特征。本书主要针对以瑞像为题材的佛教造像展开研究，确认和评估了佛教瑞像对造像艺术的影响力，揭示了佛教瑞像崇拜现象蕴藏的宗教信仰和动机。全书共6章。第1章首先从东西方词源学的角度对"瑞像"一词进行考溯，以认识瑞像的内涵；其次阐释不同学者对瑞像的定义。第2章从"古印度考古遗存研究"和"中土社会文化环境"两个方面讨论瑞像的生成机制。第3章在详细介绍相关社会背景的前提下，论述中土瑞像崇拜兴起的原因与过程。第4章从时间和地理空间上考察印度和中土瑞像的流布情况。第5章先是介绍瑞像的先天灵验与神显性，再对瑞像灵验叙事文本进行考察，探讨了瑞像泛化时期对佛像的祝圣，最后以个案研究形式介绍了观音瑞像的圣显及其灵验。第6章讨论瑞像对社会政治与造型艺术的影响，以菩提瑞像与武周朝的关系为个案，论述了菩提瑞像在武周朝与宗教朝圣、造型艺术以及国家政治三者之间的相互渗透和互动。

五、佛教研究
（一）总论

佛学概论
姚卫群著
宗教文化出版社　2002年11月　380千字　477页

　　佛教有所谓"三学"之说，即戒学、定学、慧学。本书以佛教三学为研究对象，重点论述了传统佛教中的慧学部分。作为姚卫群教授多年从事佛教研究和教学经验之成果总结，本书不仅对佛教在印度和中国创立、传播和发展的历史，以及佛教基本教义、思想、经典等都作了十分简要精到的介绍，而且在佛教基本概念的专题研究方面，也进行了卓有成效的探讨。全书共18章。前2章为佛教基础知识部分，概述了印度和中国佛教发展史，所述内容和观点多为学术界已达成的共识。后16章分别阐析了佛典、戒律论、禅思想、空观念、心识观念、中道观念、二谛理论、无分别观念、佛性观念、因果观念等，论及早期佛教思想与婆罗门教的理论交涉，这部分内容在学术界或许尚存争议，却也真实体现了作者的学术功力与研究心得。

佛教研究法·佛学概论（近代佛学丛刊/曾学文主编）

吕澂著　黄忏华著

江苏广陵书社　2009年3月　182千字　196页

　　本书为"近代佛学丛刊"之一，是近现代著名佛学家吕澂和黄忏华所撰著作的合辑，由《佛教研究法》和《佛学概论》两部书组成。编者以民国原刊本作底本，对原本中明显的排印错误作了订正，以便读者参阅。《佛教研究法》（吕澂著）一书，如著者所言：此书"大体以文献资料为主，区分藏经、佛传、教史、教理四部。各疏解其概略，列举参考典籍名目并释题。俾读者知研究某项则应读何书。前三部多据日域深浦正文氏之说。最后教理部则为吕澂先生自抒其意，以知见之所系，不容疑似之说也。"《佛学概论》（黄忏华著）一书，从"何谓佛"讲起，旨在讲论佛及佛法要义，分为7篇。内容包括：佛学之概念、佛学之略史、佛学之分类、宇宙万有之区分及其解释、因果之理法、佛家之根本学理和佛家之枝末学说。

佛学大纲（谢无量文集·第4卷）

谢无量著

中国人民大学出版社　2011年5月　197千字　304页

　　谢无量，近代著名学者、书法家和古体诗人。其人学养深厚，著述颇丰，不仅对中国古典文化有着深刻的体认，而且借鉴西方研究方法，重新审视了中国佛教理论，具有强烈的现实感。本书为"谢无量文集"之一，是谢无量研究佛教历史及佛学理论的专著。书中收集了大量佛教经典材料，全面介绍了佛教的渊源、传播、流派，以及各个理论支派等，并对佛学的体系概况，佛教伦理学、心理学等作了论述。全书分上、下两卷，共13章。内容包括：释迦本行记，释迦灰度后佛教之传播及其教义之分判，东土佛教流传之十宗，二支因明论，因明学与论理学之比较，法相宗之心理学，般若宗之心理学，理论之佛教伦理等。本书思路清晰，条理分明，史料详尽，是研究谢无量学术思想的重要材料。

（二）佛教与诸学科

1. 佛教与文化

东方佛教文化

罗照辉　江亦丽著

山西人民出版社　1986年10月　205千字　282页

　　佛教文化在东方流传甚广，对东方各国的政治、经济、文化及民族心理结构，都起过不可忽视的影响。本书遵循历史唯物主义原则，按照时间和地域的顺序，扼要介绍了印度佛教产生、发展和衰亡的历史及其原因，重点描述了佛教在中国、日本等东亚国家的传播与演化过程，并以此为出发点，从文化交流、艺术影响、文学风俗等方面分析了佛教对东方文化的影响，探讨了显扬佛教哲学与美学思想，渗入东方民族审美意识及思维情趣与特点的佛教造像、佛教建筑、佛教绘画、佛教石窟与雕塑等各类文化现象。全书分为"佛陀传奇"、"印度佛教艺术"、"中国佛教艺术"等9章。作者运用文化传播学的研究方法，审视和思考佛教在东亚各国播撒、扩延所激荡的"涟漪效应"，指出佛教艺术对佛教理论、佛教美学思想的承载作用，以及佛教文化渗入东方各民族的审美观念、思维和行为模式的类型与路径。

佛教与中国文化（影印出版）
张曼涛主编
上海书店　1987年10月　383页

佛教自东汉传入中国后，经魏晋南北朝数百年的吸收与消纳，渐渐与中国文化融为一体，至隋唐之际，大肆开花结果，其时中国文化与佛教文化面目，已无法再分。在一般国民心中，佛教的观念，成为大众日常生活中的价值支柱，喻之为水乳交融，或骨肉连体已不足以形容，简直就如灵魂与肉体一般，两者绝不可分。在此情景之下，佛教对后代中国影响如何，已不言可喻。本书以"佛教与中国文化"为题，辑选了海内外学者撰写的论文23篇。这些论文从不同角度就佛教对于中国文化的影响进行了广泛而深入地探讨，剖析了佛学与儒学的理论关联，内容涉及佛教与儒家、佛教与宋明理学，以及佛教与中国绘画、雕刻、幻术、音韵学等多个方面。具体包括：《佛教在中国》（伯乐里德）；《古代中国文化与佛教》（吴仲行）；《佛教对于中国文化之影响》（太虚）；《论中印佛教与中印文化》（巴宙）；《印度佛教艺术与中国早期佛教画》（凌空）；《大乘思想影响中国佛教艺术》（蒋勳）；《佛教对中国幻术的影响初探》（傅天正）；《印度梵文对中国声韵学的影响》（李子日）；《唐代以前儒佛两家之关系》（高观如）；《理学家与佛教之关系及其排佛原因》（杨胜南）；《宋明理学与禅宗文化》（东初）；等等。

中国佛教与传统文化
方立天著
上海人民出版社　1988年4月　311千字　461页

本书采取纵横交错的叙述方法，围绕"佛教之诸要素"和"佛教与中国文化的内在关联"两个方面，探寻了佛教文化在人们传统观念中生存的种种因素，分析了佛教文化在人们心灵中积淀的种种影响。全书共15章。第1-7章分别从佛教的历史、经典、教理、仪轨制度和寺院五个侧面对佛教诸要素加以论述。内容包括：印度佛教的创立、意义、历史和对外传播；印度佛教在中国的流传、变化及其中国化、民族化的过程；卷帙浩繁的各类佛典，尤其是中印两国佛学者的作品的形成、类别和结构；佛教宗教实践的主要仪式，确定教徒宗教生活与维护僧团组织秩序的管理制度；佛教寺院、殿堂和名胜古迹。第8-13章分别从政治意识、伦理、哲学、文学、艺术和民俗六个方面揭示佛教与中国文化的横向联系。作者从历史实际出发，力图认清佛教与中国政治关系的复杂性，客观把握佛教和历代封建统治阶级利益一致性这个基本事实，剖析佛教和封建统治者的矛盾关系，认为佛教在长期为封建统治阶级作为麻痹人民革命斗志的工具的同时，也曾在特定的历史时期为进步的人们所利用，表现出佛教社会功能的多重性质。第14-15章论述中国佛教的基本特点及对外影响，辨识中国佛教与印度佛教的异同。

佛教与中国文化（文史知识文库）
文史知识编辑部编
中华书局　1988年10月　291千字　448页

本书为"文史知识文库"丛书之一，辑录了中外当代多位知名学者撰写的有关"佛教与中国文化"的论文60余篇，基本涵盖中国佛教文化的各个方面。全书包括：佛学论坛、佛教史略、佛教与文化、佛籍谈丛、佛教与诗文、佛祖信仰、佛教人物、佛学源流、佛教常识、名山圣迹10个部分。卷首"佛学论坛"部分，选录当代中国佛教界领袖人物、著名学者的6篇大作：《佛教与中国文化的关系》（赵朴初）；《佛教与儒教》（任继愈）；《我和佛教研究》（季羡林）；《怎样认识佛教徒的人生观和道德观》（杜继文）；《佛教为什么能战胜道教》（黄永年）；《略论中国佛教的特质》（方立天）。其余部分的论文亦着眼于佛教与中国文化的关联性，力图以多维视角回顾中国佛教文化曾有的辉煌，展望其未来。如《佛教和中国古代哲学》、《中国佛学四大宗派的主要学说》、《中国古代佛教寺院的音乐活动》、《漫谈塔的来源及演变》、《佛教与中国绘画》、《佛经目录杂谈》、《清世宗的崇佛和用佛》、《中国佛学的东传与日本民俗》、《藏传佛教密宗》、《中国佛教寺院殿堂典型配置》、《彩塑·壁画·藏经洞》等。

佛道诗禅：中国佛教文化论（传统文化与现代生活丛书／龚书铎　刘志琴主编）
赖永海著
中国青年出版社　1990年10月　134千字　202页

佛教虽然是一种外来宗教，但自印度传入中国之后，受中国古代的经济、政治和思想文化的影响，逐步走上中国化的道路。同时，当佛教广泛传播之后，又反过来对中国古代的政治、社会和思想文化产生巨大和深刻的影响。本书为"传统文化与现代生活丛书"之一，作者通过佛教与道教、佛教与人性、王道政治、人生伦理、诗文书画、雕塑建筑等各个侧面考察了佛教对中国传统文化的影响，探讨了佛教与中国传统文化的相互关系。既致力于剖析佛教如何受中国传统文化的影响而实现中国化转型，更注重研究佛教在中国扎根之后，怎样反过来影响中国传统文化并与传统文化相融合，演变为中国古代文化的一个重要组成部分。全书共8章。第1-2章论述佛教的发端、创立及传入中土的过程。第3章评述佛教与中国本土道教相互融合与斗争的情形。第4章讨论佛教的人生观与中国古代人生哲学的关系。第5章探讨佛教与中国古代王道政治如何相互利用和相互影响。第6-8章解读禅与诗、书画，佛教与小说及其它文学艺术形式的关联性，阐释佛教对中国古代文学艺术的巨大影响。

中国佛教文化论稿
魏承思著
上海人民出版社　1991年9月　318千字　403页

佛教是一种特殊的文化形态。它和中国本土文化相接触，经历了一个由依附、冲突到相互融合的过程。在佛教中国化的过程中，中国佛教文化逐渐形成了适应性、世俗性、调和性和简易性的特点。这既是中国佛教区别于印度佛教的显著标志，也是印度佛教在中国长期演变的结果，构成了中国佛教最根本的民族特色，在中国佛教的哲学、道德、教育、史学、文学、艺术以及风俗习惯等方面普遍反映出来。本书是魏承思教授于20世纪80年代撰写的一部介绍中国佛教文化的"拓荒之作"。书中立足于前修与时贤丰硕成果之上，从佛教思想、翻译、道德、教育、史学、文学艺术和风俗等多个角度论述了佛教中国化过程中的"选择、改造和重构"，第一次系统地研究了中国古代佛教翻译理论、佛教史学传统和佛教风俗史等，展示了中国佛教文化的思想内涵及其鲜明的民族文化特色。全书共10章。作者认为，中国佛教是印度佛教在中国文化圈内的移植。中国佛教在某种意义上说是一种世俗化的宗教，而且自晚唐五代以后，中国佛教一切新的思想只是在禅宗内部发展，儒家的忠孝观和宗法思想亦为佛教所认同和摄取，由此成为中国佛教道德的主要特征。伴随佛教中国化过程的是佛教道德的儒家化。

传统佛教与中国近代化：百年文化冲撞与交流
邓子美著

华东师范大学出版社　1994年4月　250千字　304页

近代中国社会遭遇了亘古未有的剧烈震荡，在外来文化的巨大冲击下，文化传统的基本框架分崩离析。各种救国思潮风起云涌，佛教在其中也扮演了令各方瞩目的角色。本书基于近代中西文化交流与冲突的大背景，以"传统中国佛教在儒学的衰落与西学的撞击下产生的蜕变、自我改造及近代佛教内部分化"为中心线索，结合近代志士仁人曾借重佛法冲击儒学的史实，探究了近代佛教改革的历史文化缘由，描述了中国佛教各宗派在近代的流变衍传，力图再现被狭隘视角所遮蔽的中国佛教近代化过程。全书按近代佛教的盛衰期分为"顺流而下（1830—1919）"、"新潮勃兴（1919—1931）"、"回旋往复（1931—1947）"三编，共13章。书中审慎思考佛教的历史处境，从比较宗教的角度出发，对近代学者高僧在佛教人生观、价值观、伦理观及宇宙论、认识论、方法论等方面的新阐发，以及近代佛教在组织教育、文学艺术、社会慈善、心理调节等领域所发挥的社会作用给予客观的分析评价，构绘出一幅较为清晰的近代中国佛教的历史图景。

佛学与中国文化
祁志祥著

学林出版社　2000年12月　291千字　386页

本书以"作为佛教文化思想基础或价值判断标准的佛教世界观、人生观和伦理观等"为研究重点，广泛引用佛典及历史文献资料，从儒家思想、道家思想、宗教思想、哲学思想、伦理思想等方面，对佛教义学与中国固有思想的相互联系进行了深入阐释，分析了佛教与儒、道和玄学之间的交融和互补，揭示了它们的共同性和不同性，以求对佛教文化与传统文化有更为全面、簇新的认识。全书分上、中、下三编，共14章。上编（第1-3章）概述中印佛教史，剖析中国佛教的特点。中编（第4-10章）分别从佛教世界观、宇宙观、人生观、本体论、认识论、方法论和修养论诸方面，探讨佛教与中国文化之契合。下编（第11-14章）论述佛教与儒学、道学、玄学和伦理学的关系。作者认为，儒家文化是一种入世用世、讲等级、重道德修养、讲究文饰的文化，而佛教则是一种出世遁世、主张众生平等、否定或超越世俗道德、禁欲和质朴的文化。但儒、释在世界观上都主张唯心论，宣传心性本善的人性论、相互交叉的道德论和反对极端的方法论，因而它们之间可以互补、交融，甚至可以浑如一体。

空境：佛学与中国文化（传统与人文丛书）
张立文主编
人民出版社　2005年7月　298千字　378页

佛学博大精深，自汉代传入中国，已有2000余年。它在与中国传统思想的依附、融合、冲突、发展中，逐渐中国化，演变为一种新的理论形态：中国佛学。本书为"传统与人文丛书"之一，是由多位学者合力撰写的一部探讨佛学与中国文化之关系的专著。全书共14章。书中从中国传统文化的大视域着眼，依据经、史、子、集中的历史资料与佛学典籍，以佛学与中国传统学术的互渗融合为中心，以佛学文化与中国本土文化的结伴而行为向导，既从形而上层面剖析和揭示了佛学在中国传统文化中的精髓所在，又从形而下层面勾勒和阐发了佛学与中国传统文化诸方面之间的互动互融关系，还从社会功能、经济伦理、现代平等观等角度分析和论述了佛学在中国人的世俗生活、人生价值取向上的强大影响力，内容涉及佛学与道教、儒学、玄学、逻辑学、伦理学、社会学、经济学、生态学、文学、艺术、民俗、现代化等方面。

中国佛教文化历程（增订版）（人文学术经典）
洪修平著
江苏教育出版社　2005年11月　514页

中国佛教文化是整个中华文化的有机组成部分。其涵盖面几乎涉及中国的政治、经济、哲学、宗教、伦理、文学、史学、艺术、教育乃至民风民俗等社会文化的一切领域，对中华民族的发展以及民族心理、民族精神的铸就，都产生了并继续产生着广泛而深刻的影响。本书为"人文学术经典"丛书之一，作者以中国佛教文化自身的发展为经，以其与别种文化形态（特别是儒道）的相互关系为纬，对中国佛教文化（包括汉传、藏传和南传）的丰富内涵作了系统的梳理和深刻的揭示，从佛教中国化的角度，对中国佛教文化的印度之源、中土之流、宗教特点、思想底蕴、理论基础、文化精神、中外佛教文化的交流，以及佛教与中国社会和文化的关系等进行了深入的探讨和详细的论述，全方位再现了中国佛教文化的历程。全书共12章。书中注重结合现代社会人生来研究佛教文化，具体讨论了佛教与中国哲学、文学、艺术、政治、伦理和民间信仰与习俗等的关系，认为中国佛教既继承了佛陀创教的基本精神，同时又在传统文化的氛围中形成了它鲜明的不同于印度佛教的特色，其突出的表现之一就是把印度佛教中蕴含着的对人或人生的关注及肯定作了充分的发挥与发展，形成了它特有的重现实社会和人生的特点。

佛教与中国文化（东方文化集成·中华文化编／吴同瑞　刘烜等主编）
薛克翘著
昆仑出版社　2006年3月　268千字　420页

佛教与中国文化的关系，既有其相对的独立性，又有其相互影响和相互融合。本书为"东方文化集成"丛书之一，作者在辨明中国佛教主要特点的基础上，重点介绍和探讨了佛教对中国哲学思想、文学艺术、科学技术、民俗及卫生体育等方面的影响，试图通过一系列的实例证明这种影响的发生过程、发生范围及其深远意义。全书共9章。第1章为"叙言",从总的方面概述佛教对中国文化的影响。第2章讨论佛教对中国传统的宇宙观、人生观和道德观的影响。第3-4章讨论佛教对魏晋南北朝以后历代中国小说、诗歌创作的影响。第5章讨论佛教对中国艺术领域(建筑、雕塑、绘画、乐舞与戏剧)的影响。第6章讨论佛教对中国民间信仰、岁时节日、人生礼仪及其他民风民俗的影响。第7章讨论佛教对中国古代天文历算和医药学的影响。第8章讨论佛教对中国古代工农业技术、建筑技术的影响。第9章讨论佛教禅法对古代健身养生观念的影响。

中国佛教文化论(朗朗书房·禅意思想丛书)

赖永海著

中国人民大学出版社　2007年7月　200千字　333页

　　佛教作为一种外来的异质文化,自传入中国后,便持续受到中国古代政治、经济和思想文化的影响,逐步走上中国化的道路。同时,当佛教广泛传播之后,又反过来对中国古代的政治、社会和思想文化产生巨大而深远的影响,丰富了中国人的精神世界。本书为朗朗书房"禅意思想丛书"之一,是作者在其先前所著《佛道诗禅:中国佛教文化论》(中国青年出版社,1990年10月)基础上扩充而成的探讨中国佛教文化的专著。全书共8章。书中从佛教与道教、儒学、王道政治既斗争又融合的互动关系,以及佛教对文学艺术尤其是禅学思想对诗书画的熏染等方面入手,考察了佛教与中国传统文化之间如何相互影响和渗透,进而使佛教衍变为中国古代文化的一个重要组成部分的复杂关系,剖析了佛教的中国化进程和佛教对中国传统文化的影响,清晰展现了佛教完成中国化转型的历史细节。

佛教思想与文化(北京大学宗教学文库)

姚卫群著

北京大学出版社　2009年10月　325千字　407页

　　本书为"北京大学宗教学文库"丛书之一,是著名佛教学者姚卫群教授关于佛教文化和思想的研究文集。全书由"佛教的基本义理"、"佛教在中国"、"佛教与其他思想派别"、"佛教与社会"、"综合"5个部分组成,共收文章32篇。书中立足于印度与中国文化的历史背景,对佛教思想与文化的内容、形式和特点等展开探讨,所收文章虽然包括中国佛教的内容,但主要篇幅集中于印度佛教。研究的侧重点是佛教教义或哲理,有些则偏重于佛教的历史、文献等,对有关问题的考察一般都注意追根溯源,使用资料翔实可靠、评述概括客观平实。作者在深入研究佛教思想的同时,还联系印度历史上的其他思想流派,如婆罗门教或印度教中的哲学思想等加以对比论述,对佛教与基督教等宗教的思想及其他问题也进行了比较分析。本书涉及内容广泛,学术性和知识性较强,具有很高的学术价值。

中国佛教文化

谢路军　潘飞著

长春出版社　2011年1月　350千字　294页

　　佛教在中国文化中占有极其重要的地位。自公元1世纪中叶,佛教传入中国后,逐渐与中国固有的文化相融合,发展演变为中国化的佛教。本书沿着佛教创立与发展的时空线索,全面介绍和阐述了佛教在印度的兴起，佛教传入中国，中国佛教的主要派别，佛教与世俗社会的关系，藏传佛教与南传佛教，佛教寺院、僧人、仪式，以及佛教对中国哲学、伦理、文学、音乐、美术等的作用和影响，力求以简洁的语言将佛教在中国发展的脉络梳理清楚，以学术的眼光来审视中国佛教文化的特色。全书共9章。作者认为，无论象征着佛教之圣洁品格与理想境界的莲花，还是佛学的思辨性的智慧散发出的无穷的精神魅力，佛教文化均以其独特价值深刻影响着中国社会的历史与现实。由是观之，弘扬中国传统文化、服务于和谐社会建设，佛教中的"利他"精神无疑是可以帮助这个社会渡过难关的一剂良药。

禅与东方文化（中国禅学丛书/季羡林主编）
季羡林　吴亨根等著
商务印书馆国际有限公司　1996年2月　260千字　452页

禅是东方文化宝库中的瑰宝。历史上中国禅宗的诞生，使中国佛教有了大的革新和发展。禅在古代中国影响于诗歌、绘画、园林、书法、风俗等广泛的文化领域，给中国文化打上了富有奇幻色彩的"禅文化"的印记。本书为"中国禅学丛书"之一，是中韩两国知名学者围绕"禅"在东方社会的传播与发展而进行专题探讨的一部文集，重点研究了禅文化在中国和朝鲜半岛的流传情况，论及禅的历史、思想和修持方法，以及禅对中韩两国传统文化的深刻影响等。全书共收文章20篇。内容包括：《作诗与参禅》，《神秀北宗禅法》，《禅宗与禅定》，《论禅宗思想中的内在性和超越性问题》，《早期禅学与中国石窟艺术》，《新罗前期的禅思想》，《高丽中期的禅思想》，《朝鲜前期禅的系统及其特征》，《朝鲜后期禅佛教流考》，《韩中禅画比较研究》等。

禅与文化（中国禅学丛书/季羡林主编）
季羡林著
中国言实出版社　2006年12月　410千字　444页

禅是中国文化的重要组成部分。本书为"中国禅学丛书"之一，是季羡林先生讨论"禅与中国文化"的一部漫谈式文集。书中从季羡林先生最初接触佛教的经历讲起，客观叙述了他对佛教作为一种宗教的总体看法，全面探讨了佛教的起源、教义的发展与宗派的形成，佛教典籍与著名人物，东方文化和西方文化，中印文化交流史，以及禅学对于中国文化的影响等方面问题。全书共收文章30余篇。内容包括：《我和佛教研究》，《原始佛教的历史起源问题》，《研究佛教史的意义和方法》，《论释迦牟尼》，《佛教的倒流》，《中国佛教史上的〈六祖坛经〉》，《佛教对于宋代理学影响之一例》，《佛典中的"黑"与"白"》，《再谈"浮屠"与"佛"》，《作诗与参禅》，《"天人合一"新解》，《中国文化发展战略问题》等。

慈悲喜舍：佛教菩萨观（觉群丛书·第8辑/觉醒主编）
李利安著
宗教文化出版社　2009年5月　120千字　218页

佛教是一种内涵极其丰富的文化体系。其中菩萨信仰就是佛教庞大体系中最重要的一个信仰体系，也是整个大乘佛教主要的外在表现形态。观音信仰则是菩萨信仰体系之中最典型、最普及的一种信仰。本书为"觉群丛书"之一，作者以观音宗教文化为研究对象，重点介绍了佛教菩萨信仰中观音信仰的一些最基本的方面，在解析观音信仰世俗化现象的同时，探讨其与东方传统文化的深度契合关系，揭示观音信仰所承载的"慈悲喜舍"的宗教品格与济世精神。全书分为"名称的意趣"、"最初的形态"、"多重的身世"等8章。作者认为，观音宗教文化是中国佛教的有机组成部分。观音信仰在两千年的发展历史中，与宗教、哲学、艺术、民俗、伦理、文学等文化形态相互交织，彼此影响，构成一种厚重而复杂的宗教文化现象，既在佛教理论体系与实践体系中占据着很重要的地位，也对人类社会特别是人类文化的各个方面产生了巨大的影响。

2. 佛教与心理学

五蕴心理学：佛家自我觉醒自我超越的学说（上、下册）
惟海著
宗教文化出版社　2006年2月　754千字　923页

　　五蕴心理学是佛教用以指导现实修行的根本依据。五蕴的概念，不仅蕴涵着建构关系，也带有对心理功能进行价值批判的意义。本书运用现代心理学的观念和方法，将释迦牟尼佛视为发现心理机能结构和缘起规律并创立五蕴心理学范式的心理学家（本书对范式的理解是：与对象的自然物理结构和规律相符合的知识体系），叙述了一种由"佛家"而非"佛教"所创立并传承下来的基础心理学，阐释了佛教五蕴说中丰富的心理学资源及其独特的古典心理学范式。书中对心理哲学的基本问题按两个层面来理解：在心理现象的层面上，同意世俗谛中心理意义上的存在，即以觉知为存在，肯定心理意义上的"实有"；在心理存在的本体论上，观点是"业即是有"（"存在即作用效能"）。全书分上、下册，共8章。上册（第1-5章）为五蕴基础知识，以通俗性介绍五蕴心理学范式为主，说明心理系统的时空逻辑结构。其中，第3-5章具体解说五蕴缘起，是全书的核心。下册（第6-8章）以新研究为主，但仅为结论的叙述。其中，第6章略示佛家心理学的特殊理论，分别为五蕴心理学在人生宗教中的应用和最具佛家特色的内明理论，重点说明佛家自我觉醒自我超越的原理；第7章选择了四个课题探索五蕴范式在现代心理学中的运用；第8章为展望，主要讨论与心理哲学相关的问题，侧重于一些人文学科的心理底蕴，多属前瞻性研究。

禅与心理分析（铃木大拙神学经典·第一辑）
［日］铃木大拙　［美］弗洛姆等著　孟祥森译
海南出版社　2012年8月　200千字　275页

　　禅与心理分析都是关乎人的本性的理论，并且是导致人的泰然状态的实践方法，两者各自代表东方与西方的典型思想。本书为"铃木大拙神学经典"丛书之一，系根据日本禅学大师铃木大拙与美国著名心理分析学家弗洛姆等于1957年8月在墨西哥展开的东西方思想对话整理而成。在这次主题为"禅与心理分析"国际学术会议上，他们都发表了各自对禅宗的心得体会和东西方思想的比较。铃木大拙对禅与心理分析所作的精辟论述，令人拍案叫绝。弗洛姆则总结了铃木大拙阐明的禅宗要点："视野是了解人的存在之本性的艺术；禅是从束缚到自由的道路，禅解放我们的自然能力；禅使我们免于疯狂或颓废；禅促使我们表现出对幸福和爱的追求的能力。"通过对禅与心理分析的比较，认为两者在拯救心灵创伤，寻求人生诸多答案，充分把握世界，超越自我迈向心身健康之路等方面，具有异曲同工之妙。全书包括三个部分。第一部分"禅学讲座"，由铃木大拙讲论东西方思维方式的比较、禅中的无意识与自我概念等。第二部分"心理分析与禅佛教",由弗洛姆讲论今日的精神危机与心理分析的任务、人的精神进化、禅之原理等。第三部分"人类处境与禅",由马蒂诺讲论人类现实处境与禅的关系。

自由人生:佛教解脱观(觉群丛书·第6辑/觉醒主编)
韩凤鸣著
宗教文化出版社　2007年1月　125千字　214页

佛教的解脱理论具有最广泛的适应能力,实现了最大的理论圆融。佛教发现了"心"解脱的秘密:解脱不是不分青红皂白的使人免祸得福,而是要人先在认识上改变,让心灵清净自在,是由舍而得,是"舍得"的。本书为"觉群丛书"之一,作者从佛教缘起论切入,全面探讨了基于人生"苦惑"而必然指向心灵的自我净化的解脱之道,以及佛教解脱观对于当下社会的现实指导意义。全书分为"作茧自缚的人生"、"本来清净的心灵"、"解脱的八条大道"、"定慧法门和日常修行"、"现世解脱和当下解脱"、"自我解脱与众生解脱"6章。作者认为,佛教的"解脱"具有超越世俗生活经验的更高的认识能力,心的解脱解除了人们对老、病、死的忧患,使人摆脱对不可解决的问题的不恰当的黏着,达到对宇宙人生如此这般"本来"的洞察,在根本上使人达到清净完美。

染净与能所:佛教心性观(觉群丛书·第7辑/觉醒主编)
徐清祥著
宗教文化出版社　2008年1月　120千字　213页

心性本净,客尘所染。众生的心识是清净的,由于烦恼的污染众生心识则为不净。本书为"觉群丛书"之一,作者围绕佛教心性本净观,介绍了印度大乘佛教初期和中期的心性思想的起源与发展,探讨了佛教心性观传入中土后的历史转向、中国心性论的形成,以及中国天台宗、华严宗和禅宗心性观的理论与实践。全书分为"心性本净思想溯源"、"印度大乘中期的心性思想"、"东晋南北朝心性论在中国的转向"、"《起信论》:中国心性论的奠基之作"、"天台宗的观心实践"等7章。书中从探究"心"这个非常重要、非常复杂的概念入手,来解析中印佛教文化对于心性"染、净"的认识与理解上的差别,揭示心性本净思想的实质,指出相异于说一切有部所认定的"众生污染心"之外的"本有的净心",乃是中国佛教的产物。

3. 佛教与伦理学

中国佛教伦理研究(南京大学博士文丛/蒋树声主编)
王月清著
南京大学出版社　1999年6月　210千字　256页

印度佛教的中国化过程,主要体现在与中土纲常名教(儒家伦理)的冲突与融合中。佛法与名教之争是佛教中国化的主线,将佛教伦理作为问题研究,最能体现佛教中国化的特征。本书为"南京大学博士文丛"之一,作者以佛教伦理的中国化进程为纵向线索,以佛教伦理和儒家伦理的相互关系为横向线索,通过考察善恶观、戒律观、修行观、人生观、孝亲观等问题,对中国佛教伦理思想的范畴体系及其丰富内涵进行了深入的剖析和系统阐发,对佛教传入中国后,佛教伦理如何与传统伦理相结合，进而衍化为中国伦理思想的有机组成部分等问题作了有益的探索。全书共7章。作者指出，虽然中国佛教伦理是中国伦理思想的重要部分，但是还必须看到中国佛教伦理与世俗伦理（主要是儒家伦理）相比所独具的宗教伦理特色，必须看到它与印度佛教伦理精神的源流关系。尽管中国佛教伦理能够体现印度佛教的中国化，但就中国佛教本身而言，很大程度上又表现为伦理化。对这一分属不同层次的问题，作者辟专章讨论了中国佛教伦理化的契机。

中国佛教伦理思想
业露华著
上海社会科学院出版社　2000年6月　206千字　272页

中国佛教伦理道德学说，是佛教中国化进程中融合了中国传统文化思想、道德学说、道德规范乃至民间习俗各方面而形成。它以佛教的善恶观为理论基础，以佛性论为主要依据，以业报轮回和善恶报应说为具体落脚点，终与中国传统伦理思想达成一种高度契合。本书着眼于佛教伦理与儒家思想的互动关系，简要介绍了佛教伦理思想在中国文化土壤中落地生根、开花结果的历史过程，通过解析善恶心理与超越善恶、业报轮回与因果报应、佛性论等佛教伦理观在中国的演变及发展，进一步论述了中国佛教与传统伦理发生契合后所生成的孝道观，及其符合菩萨精神的修行实践与道德理想。全书共10章。作者认为，中国佛教伦理思想涉及的领域极为广泛，而且十分复杂。它既同佛教的教义密切相关，又同中国传统的文化思想和伦理学说互相交错，因此研究中国佛教伦理思想，必须将其放在更为广泛深刻的历史背景和人文环境中加以考察。

佛教伦理与中国禅学（宝庆讲寺丛书/朗宇法师主编）
董群著
宗教文化出版社　2007年6月　330千字　470页

要了解佛教伦理在当代社会中的积极作用，有必要首先了解佛教伦理自身的特点。本书为"宝庆讲寺丛书"之一，是作者1993年博士毕业后所撰论文的结集。书中试图将中国佛教伦理概括为诸种"统一"说，即世俗性和超越性的统一、自利和利他的统一、自力和他力的统一、自律和他律的统一、修行与智慧的统一、理论教化和典型示范的统一、层次性和超越层次的统一、三业规范的统一以及禁止、鼓励和承诺的统一等，由此对相关问题进行全面探讨。全书分为"佛教伦理研究"和"中国禅学研究"上、下两篇。上篇以宗教道德哲学的基本原则为始端，阐释了佛教伦理的基本特点、佛教伦理学的研究方法、缘起论对于佛教道德哲学的基础意义、佛教戒律的伦理特征及其对当代社会的积极影响等，进而针对禅宗的善恶观、禅宗的道德关系论、达摩二入四行的伦理意义等展开论述。下篇主要讨论"中国禅学"，研究重点是六祖慧能和圭峰宗密。作者通过对"如来禅"与"祖师禅"、道宣所揭示的中国佛教之禅观、菩提达摩对中国佛教的影响、慧能禅学的经论依据等禅学发展脉络的梳理，检视了中国禅学的思想特色及其演变历程。

道洽六亲：佛教孝道观（觉群丛书·第8辑/觉醒主编）
业露华著
宗教文化出版社　2009年5月　100千字　183页

佛教孝道观是中国佛教伦理思想极为重要的组成部分。本书为"觉群丛书"之一，作者从历史的角度考察了中国佛教孝亲思想的形成和发展,从佛教与中国传统伦理思想的区别,佛教孝道观对中国传统伦理思想的融合与吸收,佛教经典中有关孝道观的论述以及中国佛教孝道观的特点等方面叙述了中国佛教孝道观的内容、影响和作用。全书分为"绪论"、"百善孝为先:中国的传统孝道观"、"父母恩重:佛教孝道思想之基础"、"佛教关于孝道思想的经典"等7章。作者认为,佛教作为一种外来宗教,其学说教义、戒律规范和道德理论的某些方面并不符合中国传统思想和道德理论,仅就孝道观而言,印度佛教伦理与中国传统的孝道观念有很大区别,两者之间对孝道本身的理解,关于孝的具体内容和行为实践等各方面,都有很大不同,有些地方甚至存在着天壤之别。

佛教伦理学导论:基础、价值与问题(觉群佛学译丛/觉醒主编)(全2册)
[英]彼得·哈维著　李建欣　周广荣译
上海古籍出版社　2012年12月　580千字　537页

　　本书为"觉群佛学译丛"之一,是英国学者彼得·哈维透过"基础、价值与问题"三个层面系统论述佛教伦理学的专著,"其搜集材料之丰富、涉及面之广阔为近年来罕见",在英语世界里被视为开启佛教伦理学研究新纪元的学术杰作。全书分为"佛教伦理学的共同基础"、"佛教的核心价值"、"大乘佛教的重点与适应"、"如何对待自然界"等10章。书中以清新简洁的风格对佛教伦理学的性质及其演变进行了细致而深入的分析和描述,既考虑到各个佛教传统之间共同的主题,同时也不忽视它们各自的特色。作者在对佛教伦理学的共同基础和核心理念进行详细分疏的基础上,不惜把大量笔墨放在佛教伦理学对当前全球所关注问题的分析上,诸如人类与自然的关系、经济、战争与和平、安乐死、流产、男女平等和同性恋等。作者还利用佛教经典和有关佛教徒行为的历史记载以及当代记录,描述了现今的佛教伦理学并对其各种观点进行评述,同时把佛教伦理学应用到一些新的领域中去。

4. 佛教与社会学

和合为尚:佛教和平观(觉群丛书/觉醒主编)
李向平著
宗教文化出版社　2003年12月　110千字　152页

　　佛教是崇尚和平的宗教。自其创立伊始,就积极主张并努力实践着人世间的和平宗旨。它的和平观,对于促进人类社会的繁荣与进步具有重要的现实意义。本书为"觉群丛书"之一,作者以"宗教的和平问题"为切入点,分别从"世间的和平"、"心灵的和平"、"究竟的和平"三个层面探讨了建构于因缘、慈悲、平等、智慧等佛教义理基础上的和平观,以及佛教"空"之境界的"事事无碍真和平"的彻底的和平主义精神。全书包括四个部分。作者认为,佛教的和平教义既着重于出世,亦注重于入世,更强调世出世入的相互圆融。关于和平的愿景,实际上可分为三个理论层面,这就是台湾印顺法师曾经说过的佛教"三和原则",即重于事缘的人间和平,重于心因的心地和平,事理兼容的究竟和平。

月映万川:佛教平等观(觉群丛书/觉醒主编)
唐中毛著
宗教文化出版社　2003年12月　108千字　175页

　　平等观是佛教的一个非常重要的观照法门,同时又是悟道的一种真实体验。本书为"觉群丛书"之一,作者将人类追求"和平与平等"的理想与佛教关于平等的主张结合起来,介绍了佛教平等观的思想根源和表达形式,具体讲解了佛教平等观在不同历史时期、不同教派之间所呈现的不同的理论特点,特别强调了佛教平等观对于我们构建国与国、民族与民族、人与人之间平等相待的人间秩序的启迪价值。全书分为"一切众生悉皆平等"、"佛性平等"、"怨亲平等"、"性相平等"、"出世入世不二"、"凡圣不二"和"生死不二"7个部分。作者指出,佛教的平等观是从超越的层面上确立的一种超越有无的绝对的平等,其中蕴藏着深刻的智慧。它的作用在于破除人们对世间种种假象的谬见以及对自我的偏执,从而获得彻底的觉悟。

超越与顺应:现代宗教社会学观照下的佛教(真如丛书/妙灵主编)
邓子美著

中国社会科学出版社　2004年5月　288千字　353页

佛教在近现代中国社会大变革中的角色、地位、价值和作用,以及同时作为变革对象之一的自我体认和自我调适等问题,无论在理论上,还是在实践上都具有重要的现实意义。本书为"真如丛书"之一,是一部"将马克斯·韦伯的宗教社会学理论和方法导入对近现代中国佛教社会文化功能的历史考察和逻辑推演",使读者"逐步领悟蕴涵于近现代中国佛教当中的某些精义"的学术论著。全书共12章。书中首先考察了佛教诞生时的印度与全球文化背景以及由此衍生的佛教基本原理、观点的特点,随后依次与史实对照,考察了韦伯对部派佛教、大乘佛教、中国佛教的某些论断。针对宗教社会学中的西方中心论倾向,以充分的史实说明了佛教,特别是人间佛教理论与实践的社会意义和极其深远的历史意义,论证了面对西方强势文化的冲击,保持与昂扬东方文化慧命,进而与西方文化、宗教进行对话,解决人类各种问题的根本途径不是回到古代,而是进一步实现自身传统的更新。最后,从现代佛教社会学角度,阐释了佛教的社会功能、佛教与巫术的关系、21世纪中国佛教之社会文化定位和佛教信仰的理性特征等。

佛教戒律与中国社会(社会·经济·观念史丛书)
严耀中著

上海古籍出版社　2007年11月　434千字　507页

佛教戒律在中国社会中的种种表现与作用,体现了外来文化与中国社会的结合,展现了建筑在不同人生价值基础上的约束规范如何交流和冲突,最后达到调和与统一。本书为"社会·经济·观念史丛书"之一,作者运用宗教社会学理论和方法,围绕佛教戒律与中国社会世俗道德和法律的关系,以及戒律与僧制、戒律与欲望、戒律与教义、戒律文本与戒律实践等关系展开论述,重点探讨了佛教伦理道德规范与儒家伦理和礼制的交流、互动,揭示了中国佛教与中国社会关系的重要侧面,以较全面更真实地合成佛教戒律与中国社会之间相互关系的历史面貌,从中得出宗教如何在社会和谐的构建中起应有作用的智慧。作者认为,中国古代社会对佛教戒律进行了方向性的改造,使之成为从属于官方的制度化的约束体系,进而使之成为社会的一个稳定因素。全书分四篇,共31章。第一篇(第1-8章)主要介绍佛教戒律在华传播的过程和特点。第二篇(第9-16章)主要介绍官方、世俗社会和寺院本身对戒律的约束与监察。第三篇(第17-23章)论述佛教戒律在法律与司法、礼制、民间崇拜等社会生活层面的反映,以及宗教异端和社会异端等。第四篇(第24-31章)论述佛教戒律与社会的多重关系,包括居士戒律学、寺院经济和戒律、僧兵与戒律等。

佛行人间：佛教社会观（觉群丛书·第7辑/觉醒主编）
陈永革著
宗教文化出版社　2008年1月　120千字　206页

　　佛教的社会观主要是以佛教如法行证解脱、如理思维观照为导向，以佛教择法智慧判释、反思社会现象，以佛教义理认知、剖析社会面相，通过教法弘化的社会实践，确立佛法之于社会现实人心秩序的信行意义。本书为"觉群丛书"之一，作者基于"佛的社会观既是在教理与教法圆融统规之下对种种社会现象的佛法解释，同时更具有适应现代根机处境下如何真正契理契机地确立当代佛法信仰秩序的建构意义"的主导观念和主题结构，对佛教社会观所含摄的"如何契理契机、如义如法地处理佛教信、解、行、证与社会人心之间的关系问题"进行了富有现代意识的系统阐释，从而为当今人间佛教运动注入现代知识经验下的普世内容作了初步探索。全书分为"业感缘起与社会构成"、"六度万行与社会行为"、"觉他利人与社会交往"、"正业福德与社会生活"4章。作者指出，佛教社会观决不是出于建构某种社会体系的外在目的，而是出于为观照社会提供如理如法思维的契机愿望。

和乐人生：佛教婚姻观（觉群丛书·第7辑/觉醒主编）
了幻著
宗教文化出版社　2008年1月　130千字　231页

　　佛陀的智慧法语，是全人类的一笔巨大精神财富。其中有关居家生活的开示，无论对佛教信奉者，还是非信仰者，均是一剂清凉剂，足以熄灭红尘的爱欲烦恼，提供居家生活、和乐人生的现实指导。本书为"觉群丛书"之一，作者针对现实生活中的人们面对"禁欲"的佛教时所产生的误解与困惑作了比较详细的说明，从家庭与婚姻、修行与婚姻、环境与婚姻、菩萨道与婚姻等几个方面，对佛教婚姻观进行了全面解答。全书包括六个部分。第一部分立足于佛教观点论述婚姻家庭问题。第二至四部分主要探讨在现实生活中如何妥善处理学佛与婚姻家庭的关系。第五部分讲述学佛的婚姻误区。第六部分讨论在日常婚姻生活中"行菩萨道"的正当性与可行性。作者认为，虽然人类生存的目的不是为了佛教，而佛教的目的却是为了人类。佛陀出世，其本义即是为了教导人们合理地过好人间生活，完善道德，从而渐次超越人生，趋向佛道，走向解脱。

众缘和合：佛教和谐观（觉群丛书·第8辑/觉醒主编）
启明著
宗教文化出版社　2009年5月　130千字　241页

　　佛教具有兼容的眼光，自传入中土以来，不仅与本土宗教合流，而且在融合的基础上，更推崇于治心的"和平"与"和谐"。这种"和"的思想，源于佛教对生命与自然的尊重。本书为"觉群丛书"之一，作者依据佛教"清净和谐"的宗教理想与"中道正观"的实践理论，针对当今世界充斥的战争、对立、环境污染等种种乱象及其发生的根源进行了透辟的论析与批判，并以"众缘和合"为主旨，阐述了佛教和谐观对于实现"家睦国兴，世界和谐"之社会理想，乃至"和谐极致"的华藏世界的指导意义。全书分为"世界和谐：矛盾和谐"、"净化人心：庄严国土"、"有情众生：殊形一体"、"无情表法：法身般若"等七个部分。书中大量引述佛经中有关"净化人心"的经典语句，借以论证"内心清净"则"整个娑婆世界也就清净了"的转承关系。

慎勿放逸：佛教进取观（觉群丛书·第8辑/觉醒主编）
张朋著
宗教文化出版社　2009年5月　100千字　190页

　　佛教具有丰富的进取思想，在理论上其进取思想直接体现为经论中对"慎勿放逸"或"勤修精进"的系统表述。本书为"觉群丛书"之一，作者以佛教"慎勿放逸"的进取意识为题，试图廓清长久以来世人对佛教所抱有的"消极"看法与误解，从理论、实践和现代意义三个层面对佛教进取观作出全新的解读，揭示出佛教"昂然向上"的精神底蕴。全书包括三个部分。第一部分按照"为什么进取"、"怎样进取"、"佛教进取思想的特质"这样的逻辑顺序论述了佛教的进取思想，或者说是进取观、进取理论，认为佛教的进取是大智大慧大觉悟，而世俗的进取是小智小慧小聪明，两者不可同日而语。第二部分论述了佛教的进取实践，主要是对禅宗的修行进取实践进行了比较详细的讨论。第三部分论述了佛教进取思想的现代意义，重点探讨了现代社会里佛教进取观如何更好地发挥作用，解决现代社会中的突出问题，为建设社会主义和谐社会作贡献。

佛教与管理（人间佛教研究丛书/学愚　赖品超等主编）
学愚主编
社会科学文献出版社　2012年7月　383千字　377页

　　佛教的思想和实践中有许多科学的管理理论和方法，既有有形的制度，也有无形的伦理；既有"理"的指导，又有"事"的规范。本书为"人间佛教研究丛书"之一，收录了香港中文大学人间佛教研究中心的青年学者（来自两岸三地的高等学府和研究机构）以"佛教与管理"为中心议题撰写的22篇论文。这些论文从管理学、社会学、史学、诠释学等多学科的角度探讨了佛教传统的内涵，论述了当代佛教团体与管理的整体面貌，并对人间佛教的社会角色及社会承担、人间佛教与当代伦理、佛教的生态环保与心灵环保以及佛教的管理制度等方面作了介绍，精辟阐释了开发传统佛教的现代意义。内容包括：《原始佛教经典中的管理思想述评》，《大陆尼寺管理方式探讨：以北京通教寺与梅州千佛塔寺为中心》，《唐代国家对僧尼的管理：以僧尼籍帐与度牒为中心》，《论清代的汉传佛教管理制度》，《佛学观点下的身心管理：以《杂阿含经》之戒定慧三学为中心》，《论明太祖管理佛教之思想及政策》，《僧团与教团之间：以皖省B寺的研究为中心》，《近30年中国大陆佛教医学问题研究述评》，《佛教慈善与政府善治》等。

5．佛教与科学

佛教与科学：基于佛藏文献的研究（聊城大学博士文库）
马忠庚著
社会科学文献出版社　2007年7月　283千字　379页

　　佛教从外来宗教逐渐演化为中华文化的基本构成部分，对中国原有文化的冲击与影响是巨大的，对中国古代科学技术的影响也在其中。本书为"聊城大学博士文库"丛书之一，是作者本着实事求是的科学态度，从多学科的角度全面探讨佛教与中国传统科学、科学思想以及传统文化之间相互关系的专著。全书共8章。书中采用历史学的方法，通过对汉文佛藏文献的系统考察和对所掌握的资料作分析、加工处理，介绍了佛教中的数学、佛教中的物理学、佛教中的化学、佛教中的天文学、佛教中的医学、佛教中的生物学、佛教与印刷术的发明等，并以新的视角论述了"作为古代中国人认知和解释世界的一种思维与行为方式而存在"的佛教与中国古代科学技术的关系及其历史贡献,寻索出一些具有普遍性和启示性的结论。

楞严学与人类生命健康之研究（国学新知文库 / 詹石窗主编）
黎文松著
东方出版社　2008年4月　325千字　361页

　　本书为"国学新知文库"丛书之一,作者以"楞严学与人类生命健康"为研究对象,将《楞严经》的研究与医学、心理学、物理学、社会环境学等现代学科相结合,提出了"楞严学"与"究竟健康"两个全新的课题,为佛教与人类生命科学的关系研究开辟了新的路径。全书共8章。书中采用多学科逻辑推理和分析、归纳的方法,考察了楞严学中的五蕴、根尘识、戒、定、慧、素食及咒与健康之间的关系,论证了楞严学中的戒、定、慧三学有自控其心、开发智慧的能力,认为人的心识不仅包括现代医学模式中人的精神、心理、思维层面的内容,也包括目前人类以自然科学手段研究的还未认识到的更深层次的意识结构。同时,作者还将楞严学中的身心修养思想与道教的身心修养思想进行对比研究,分析了它们的异同。最后对相对健康与究竟健康进行分析对比,在以往"健康"与"修行"关系的基础上提出了诸如"相对健康"与"究竟健康"的划分、"修行的过程也是实现健康的过程"等新观点。

佛教与科学：从融摄到对话
王萌著
中国社会科学出版社　2010年10月　230千字　217页

　　宗教与科学是人类社会中两种重要的文化现象,它们的对话是处于分裂状态的人类文化寻求自我融合的一个必要途径。本书选择民国以来佛教与科学之间的关系作为研究主题,将这一时期的信教科学家、佛教教内学者以及一些出于种种原因对佛教与科学的关系作出评论的人士作为研究群体,全面论述了现当代国内外佛教与科学的交涉议题,通过对这一"代表佛教与科学关系的现代图景"之历史时期的"佛教融摄科学并与科学展开对话"的历史现象的探讨,发现并认识到佛教融摄科学的话语特征、表现形式、思维的倾向性,以及它们与具体概念提出者的宗教观、科学观之间的内在关系,进而揭示宗教与科学之关系的辩证性。全书共6章。作者认为,佛教对科学的融摄、佛教与科学的跨文化对话属于佛教与科学关系的两种表现形态,它们都体现了佛教义化与科学可以互为补充、彼此增进的关系。佛教与现代科学的跨文化对话,是以文化间的平等对话为基础的,它的目的是通过文化间的对话、协作与整合致力于解决人类发展所面临的共同问题。

6. 佛教与哲学（含因明学）

三千大千世界：关于佛教宇宙观的对话（宗教文化丛书 / 王志远主编）
王海林著
今日中国出版社　1992年8月　160千字　231页

　　佛教的三千大千世界、十方微尘数世界是均匀性与非均匀性的统一,这种宇宙模型远优于科学史上的地心、日心学说。佛教设想在他们的大宇宙中的任何一个世界上观想其他的世界,结果都是一样的。所以佛教言说的佛刹是等值等价的,一佛即诸佛,诸佛即一佛。本书为"宗教文化丛书"之一，是一部以对话形式解析佛学义理、阐释佛教"三千大千世界"的学术著作。全书包括15个部分。作者广征博引现代哲学、现代物理学、现代宇宙学等现代实证科学之观点，与佛家形而上学场景中所描述的"比恒河沙数还要多得多的"无垠宇宙试作比较研究，将佛家构设的须弥山四大洲（一小世界）、三界六道（一微尘世界）、二十重华藏世界（微尘数世界）、华藏玄门毗卢性海（十方微尘数种世界）、三世十方佛（佛国净土世界）逐级扩展、宏化而至无穷的宇宙图式予以条分缕析、渐进阐明，描摹出从小乘佛教的朴素唯物论走向大乘佛学的唯心主义人生宇宙的演绎脉络，颇有启发性和趣味性。

佛教美学
王海林著
安徽文艺出版社　1992年9月　235千字　350页

佛教美学的概念有广义和狭义之分。前者指一切与佛教相关的审美现象的学说，后者指佛教本身关于审美现象的学说。目前学界对于佛教美学的研究，主要拘泥于外围研究、局部研究、佛教美学史研究和佛教美学的比较研究等，上述研究尽管日益繁茂，但毕竟不是对佛教美学的基础性的、整态性的、系统性的研究。有鉴于此，本书将唯物辩证论、历史唯物论作为指导思想，结合心理学（心灵学）研究方法，遵循思辨与实证、阐释与参悟相统一的原则，试图构建起一种有别于传统西方美学研究的新型理论框架，创造性地提出了建立以"佛教元美学"为研究对象的佛教美学。全书分为"人生本位的唯心美学"、"特殊的美学范畴"、"佛教审美功利观"、"神灵的美化奥蕴"、"佛教审美心学"等7章。书中针对佛教美学的宗教性、浑然性、思辨性和操作性等主要特征，以及佛教美学与相邻学科和佛教诸宗派的关系，系统阐释了佛教美学的内涵与外延，精确框定了佛教美学"出世无为、涅槃清净"的审美指向。

映彻琉璃：魏晋般若与美学
赵建军著
中国社会科学出版社　2009年9月　315千字　376页

魏晋般若学与中国美学的历史交遇，是促成中国美学发生深刻转型的重要动因。魏晋般若与美学的融合和统一，谱写了中国美学史上极富光彩的篇章。本书以魏晋般若学与美学的触遇、对话、交融、统一为研究对象，系统梳理了般若学的"中国化"及般若的价值观念和思想方法"内化"于中国美学的历史过程，重点探讨了两晋之际基于般若学范畴展开的佛玄美学对话，深入揭示了中观般若体系生成的美学意义及其对中国美学的渗透和影响。全书分为"印度般若与美学"、"般若初传与本土美学迎拒"、"般若学本体论与佛玄美学建构"、"中观般若与佛学美学的体系化"4章。书中将般若范畴的文化渊源、美学蕴涵作为理论探讨的逻辑基础，以中观般若体具有的深在美学蕴涵及其对中国美学构造的范型意义为归结，通过历史地再现般若学与玄学两面展开的理论境遇，凸现它们各自不同的美学品格与内在矛盾，指出正是中观般若体系实现了般若美学蕴涵与中国美学蕴涵的真正交融，这种交融从体系型态上把中国美学引向了新的生成之路。作者还对魏晋般若学与美学的内在关系作出描述，认为佛玄对话体现了本体论建构的深度意图，在深层价值本体的厘定上，美学蕴涵偏向于"有"或"无"，且限于形上思考，是一种思性美学，因而佛玄并没有实现般若蕴涵彻底地内化于中国美学。

柒、佛教

佛光禅髓：东方哲学的圆融精神
卢升法　何青著
华夏出版社　1995 年 10 月　141 千字　192 页

中国禅宗之"禅"是最高等级的精神解脱和生活实践，即由"大我至无我"的小乘禅，修度到破除空执无明碍障的"法无我"大自在境界，进入无限智慧领域的大乘禅。中国佛教把佛性归结为心性，盖因深受儒家心性论的影响。本书将融通儒佛两家的心性问题作为研究对象，梳理了中国禅宗的源与流，对以禅宗为代表的东方哲学的圆融思想进行了理论探讨。全书分上、下两编。上编"古禅举粹"，总括禅的定义和中国禅宗的主要派别，分"传统禅学"、"南北禅宗"、"五家七宗禅"3 章。下编"禅理窥豹"，对禅宗要义和心性法门作哲学解说，分"佛语心为宗"、"无门为法门"、"禅的光辉"3 章。作者认为，禅宗思想确实蕴藏着玄奥的哲理，但其却以消解哲学的姿态出现；顿悟思维从本质上讲是一种"非哲学的哲学"，支撑这一判断的理论基础即"般若智慧"或称"般若直观"，反映到心性论的层面，即"本心"、"本性"。禅的意义显示为"本心"、"本性"的发露或般若智慧与生命实践自觉融合的过程和结果：涅槃境界的实现。它以"非思量"的方式和途径，使得奉行此说的人去解放自己的心性，达成修佛之目的。

佛教逻辑（汉译佛学译丛）
[俄] 舍尔巴茨基著　宋立道译
中国社会科学出版社　2009 年 5 月　520 千字　617 页

据俄国著名学者舍尔巴茨基所代表的彼得堡学派的意见，佛教哲学的全部历程分为三期：始自小乘，走向大乘，最终在瑜伽行派的唯识哲学上达到圆成具足。佛教逻辑是佛教哲学发展最高阶段（三期）的成果，它从佛教的认识论出发，以其概念论和逻辑学追求和把握作为真如实相的本体，最终实现涅槃解脱。本书为"汉译佛学译丛"之一，是舍氏晚年撰写的最后一部佛学巨著（两卷本，出版于 1930-1932 年间，最初由英文写成），问世以来一直被国内外学者视为因明研究的最高水平，有"佛学和因明研究的权威著作"之美誉。书中坚持采用比较哲学研究的方法，综合当时的佛教史、佛教哲学和梵藏文献研究的重要成果，选择陈那、法称、法上三位佛教思想家作为研究对象，详细叙述了佛教逻辑的发展史，通过东西方逻辑的比较，对晚期大乘佛教的认识论逻辑作了充分估价，重点探讨了因果律和现量、比量的理论，精辟阐释了佛教哲学之认识、实践与解脱三者彼此贯通，互融互具的原理。全书包括 5 个部分，涉及佛教逻辑的范围和目的、实在论与佛教的经验观、刹那存在论、因果关系、感觉认识（现量）、比量、为他比量（三段论式）、否定性的判断、矛盾律、终极的一元论等问题的讨论。

佛教逻辑学之研究（真如·因明学丛书 / 释妙灵主编）
[日] 武邑尚邦著　顺真　何放译
中华书局　2010 年 9 月　210 千字　324 页

佛教逻辑学通常是指经由公元 5 世纪的陈那所改造的所谓新因明。古因明的情形则不同，亦即在正理派中被传承而被佛教所采用且在佛教内部而展开的陈那以前的逻辑学。本书为真如"因明学丛书"之一，是日本学者武邑尚邦于 1950 年出版的研究佛教逻辑学方法论的名著（据京都百花苑昭和六十年五月一日二刷译出），在当今学术界享誉甚高。书中以比较逻辑学为切入点，以印度佛教的内部结构为基础，通过对梵汉藏相关材料的重新梳理，着重阐释了佛教量论因明学中那些不能够被西洋数理逻辑所描摹的部分，从而向读者展示了更为接近量论本真的佛教量论因明学的历史风貌与核心内涵。全书分为"序论"和"本论"两个部分。序论"逻辑学基础论与佛教逻辑学"，可视为在比较逻辑学视域中的"印度逻辑学简史"，揭示了佛教量论以解脱道为终极教义内涵的本地风光。本论（3章），分别论述了"量论"、"现量"和"比量"，准确、深刻地阐明了量论所关的基本问题。

佛教逻辑研究
沈剑英著
上海古籍出版社　2013年4月　727千字　720页

　　佛教逻辑即因明，主要是在足目（亦称乔答摩 Gautama，约公元 50-100 年间人）所创立的正理论的基础上发展起来的。所以窥基《因明入正理论疏》卷一云："劫初足目，创标真似；爰暨世亲，咸陈规式"。其所言"真似"即指真假，这正是逻辑的核心问题。足目创标的正理逻辑后来为大乘佛教所吸取并加以发展，演化成了佛家逻辑（古因明和新因明）。本书是沈剑英教授系统阐述因明学史及其基本范畴的专著，凝结了作者数十年精研因明的真知灼见。书中比较既有的同类研究成果，并在材料运用上引入了敦煌古文献，使之在体系结构上更趋完美、在语言表述上更平实易懂、在论证推理上愈加严谨，是为佛教逻辑专业领域少有之佳作。全书分二编。第一编"起源、变迁与东渐"（9章），阐述了从印度古因明、新因明到中国玄奘、窥基、慧沼以及藏传因明的宗门派别、传承教习的发展过程，包括佛教逻辑的渊源与嬗递、佛教的传入与古因明论典之迻译、三藏法师玄奘与唐代的因明研究、神泰与文轨的因明疏记、唐代诸家关于因明的歧见与论难等。第二编"佛教逻辑学"（14章），分析论述了因理学基本理论和历代讨论辨析之重点范畴，包括立宗、辨因、引喻、有体与无体、三种比量与简别方法等。

天台哲学的基础：二谛论在中国佛教中的成熟（觉群佛学译丛/觉醒主编）
［美］保罗·L.史万森著　史文　罗同兵译
上海古籍出版社　2009年2月　240千字　205页

　　真、俗二谛论历来为中国佛教学者所重视。尤其是印度佛教般若中观学东传后，二谛论经过历代高僧的研究与阐发，逐渐形成一套成熟的观念体系。其中天台宗创始人智顗"将各异的佛教因素整合成一套内凝的教、证体系"的三谛思想，不仅丰富并发展了二谛论，且对以后的中国佛教思想及整个中国哲学影响深远。本书为"觉群佛学译丛"之一，是日本南山大学研究员史万森藉由三谛思想探究天台义理的专著，也是西方佛教学术界第一部尝试对三谛教义进行综合研究的作品。书中通过对智顗的著作《法华玄义》的文本解读与哲学分析，考察了智顗以三谛（空、假、中）结构来解释佛法的天台思想，梳理了三谛说"这一概念如何贯穿于天台佛教的各个方面"的路径，揭示了二谛论在中国佛教哲学史上的接受、诠释、发展的过程。全书共8章。内容包括：天台哲学的真理观，中国早期中观学说，早期中国伪经，隋慧远的大乘佛教百科全书，成实论师，三论宗评议等。作者认为，智顗的三谛论是可以解释中观哲学，特别是二谛论的"非常有用的理论工具"，它为智顗的思想和实践提供了一种结构，更准确地反映了天台哲学的旨趣。

佛教诠释学（中国哲学与诠释学丛书）
赖贤宗著
北京大学出版社　2009年10月　257千字　262页

　　本体诠释学是当代哲学界颇为普遍的研究进路。本书为"中国哲学与诠释学丛书"之一，作者从本体诠释的立场出发，阐明佛教诠释学之理论构建的意义（理论基础主要是海德格尔、天台佛学与京都学派的哲学），随后展开对大乘佛学所蕴含的本体诠释学意涵的探讨，兼论其根源之印度大乘佛学本体诠释学原初模型及其中国转化。全书包括三个部分。第一部分（2章）是"佛教诠释学"的背景说明，重省佛教诠释学的成立根据、意义与相关研究，同时反思当代中文佛学界关于如来藏思想的争议，这是本书最具批判性和论战性质的部分。第二部分（3章）分别从佛教存有学、知识论和实践论三个环节来探讨天台、禅与净土思想，藉此厘清东亚佛教的思想基盘之有机构成。第三部分（4章）以佛教诠释学为参考点，分别探讨佛教基督教宗教对话、人间佛教与现代性问题、佛教心灵治疗学、佛教与科学的对话等应用课题。

如是我闻：麻天祥佛学与宗教哲学研究（珞珈中国哲学）
麻天祥著
中华书局　2010年1月　357千字　408页

　　宗教的本质在于超越。有限与无限是我们对宗教及宗教哲学思考的起点。本书为"珞珈中国哲学"丛书之一，作者立足于跨学科的哲学视角，在比较宗教学的框架中对佛学与宗教哲学的相关问题进行了比较研究，从而尝试为佛学的现代诠释奠定思维基础，开拓出近现代佛学研究的新领域。全书共5章。书中致力于对宗教哲学、佛教哲学、佛学的比较宗教学、禅与禅学，佛学的现代诠释等方面展开全方位探索，涉及许多重大命题。在禅和禅宗哲学研究方面，作者更多地表现出对历史反思的科学性和实践理性，凸显禅的庄老化、中国化，及其对中国文化的再创造：对中国人生哲学的重铸、理性思维的丰富、审美观念和审美情趣的陶冶；有关近代文化哲学的研究和史料的考据，试图为中西印文化的融会贯通提供一个新的视角，反映了作者在佛学与宗教哲学研究领域多年来探索思考的深度和广度。

佛学反对对象性思维
常峥嵘著
宗教文化出版社　2011年6月　400千字　453页

　　任何真正开创了未来的思想者，都是他的传统的异类。释迦牟尼之所以成为思想者中的思想者，是因为他自觉地在方法上与一般思想对立，他倡导一种新的思想方法：反对对象性思维，并给予它较对象性思维更根本的意义。本书是一部围绕"自证概念"来研究唯识学的专著。书中以对象性思维与反对象性思维的张力为主线，考察了自然、巫术、实体等思维中的对象性思维根源及佛学反对它们的合理性，同时提请重视"现在"概念，以突出唯识学的反对象性思维主张。全书分为"对象性思维"、"二谛义的反对象性"、"有部的法体实有"、"《回诤论》批判法体实有"、"经部的功能主义"等9章。作者指出，唯识学主要在能所对立中展开其思想，实现"超越性的精神自身批判"，这是因为精神的对象化，以及从对象返回自身正是精神自身展开的必然途径。唯识学的成就即在于明确意识到了这一点，并由此意识到"精神无特定内容"，它以自身批判从而自身成就为使命。

言诠与意趣：佛教义学研究
周贵华著

中国社会科学出版社　2012年4月　273千字　253页

佛教义学研究有别于一般的佛教学术研究，是随顺佛教意趣的研究。这比同情性理解要更进一步，相当于将佛教研究从学术研究，通过文化研究，推向道学研究。本书在将佛教研究区分为学术研究与义学研究的基础上，对印度佛教义理的一些重要方面展开深度探索，对唯识学的义理结构、基本概念及核心思想进行了精细辨析，对佛教的基本观念与思想进行了义理阐明，从而为佛教义学研究提供了一个范例，体现了"新"与"深"的特点。全书分上、下两编，共10章。上编"唯识明义论"（第1-6章）首先分析唯识学的义理结构，而后根据梵文原典、藏文与汉文译著的比较，对唯识学的核心概念"唯识"与"唯了别"，以及唯识学的基本理路和中心思想作了辨析与阐明，藉此讨论唯识思想的复杂性。下编"佛教思想明论"（第7-10章）是对佛教的基本教理的诠显，涉及佛教的佛陀观、信仰观和愿行观三个方面。书中还依据佛教从传统形态转变为现代形态的背景，对其中最具理论性的形态即印顺的人间佛教思想作出反思和评析。

妙法无碍：佛教圆融观（觉群丛书·第6辑/觉醒主编）
于东辉著

宗教文化出版社　2007年1月　90千字　168页

圆融寓示佛法的精髓。一切的理论与方法，如果不能统一在圆融的境界里，给生命带来新的生长，那么都不属于真正的佛法。本书为"觉群丛书"之一，简要介绍了佛教圆融观的思想基础与核心要素，以及中国佛教三个主要宗派（禅宗、天台宗、华严宗）对圆融观的不同见解，揭示了"从圆融的态度来观佛学的纲要，学佛法的精深"之重要性，指出修行者"如果仅仅只是寻找到世间万象的一个最终核心与共同的起源，那并不是圆融之法的目标所在"，实则"任何真相的观看，真相的体验，其最终的结果，就在于应用"。全书共4章。作者认为，人只有"圆满融通于万事万物之中"，才可达到"妙法无碍"之大境界。

人人升进：佛教发展观（觉群丛书·第7辑/觉醒主编）
刘亚明著

宗教文化出版社　2008年1月　130千字　208页

佛教没有发展的概念，却显然有谋求发展的思想实质。其发展内容亦极为丰富，符合人类社会应有的发展方向。可以认为，整个佛法系统就是在讲述人的进化发展，而一个个佛经故事就是在用现实生活的生动事例解说人的发展。本书为"觉群丛书"之一，作者以"人人升进"为目标指向，首先探讨了佛教发展观的哲学基础：缘起思想，继之以佛法实践的观点论述了人实现自身发展的多种路径，强调"在佛教所提倡的生命进化过程中，处处都贯穿着智慧"，指出"生命的进化在净化，而生命的进化就是道德的升进"。全书包括"缘起有生灭：发展的源泉"、"大行无尽行：发展的实践"、"层层而升进：生命进化之路"、"大智善巧行：发展的智慧"4个部分。作者认为，佛教将人的发展置于宇宙大环境中，崇尚以生命为本，主张人与其赖以生存的环境相谐调，当今的有识之士应注目佛教文化，并从历久弥新的佛教智慧中找到人类全面发展的道路。

集量论略解
陈那造　法尊译编
中国社会科学出版社　1982年3月　79千字　150页

《集量论》是古代印度著名的因明学家、佛教大论师陈那（Dignaga）的代表著作，为唯识学派主要依据的十一部论典之一。本书是法尊法师应西藏佛教研究会之邀译编《集量论》的成果（另外还译有《集量论颂》，载《世界宗教研究》1981年第二期）。书中依据德格版的持财护与雅玛参贾译本，对陈那的释文详加串解，并参照《因明正理门论》等汉文佛典，随处附注。全书共分六品（章），各品皆分"先自宗"（著者阐述的主张）、"破异执"（批驳其他派别的主张）两部分。第一品为现量品，概说"现量和比量"、"自相与共相"，指出正理派以及其他派别所宣扬之圣教量和譬喻量的讹误，批驳《论轨》、正理派、胜论、观行派关于现量的主张。第二品为自义比量品，界说因明论式（三支作法）中的前二支（宗、因），依据具足"三相"之因推导量果，阐明宗与因、所比与能比之间的逻辑关系。第三为他义比量品，基于自义比量，把思维中的推理用语言表述出来，然后进一步辨析所立与能立（宗与因），框设"似宗"的条件。第四品为观喻似喻品，说明三支作法中的第三支：喻（同法喻显示同品定有性、异法喻显示异品遍无性）。第五品为观遣他品，剖析"声"（语言）的本质，认为语言由假设而立、系通过排除其他性质来表达对象自身的性质，提出"遮诠"说，以揭示概念的种、属关系。第六品为观反断品，列举14种"相似"过失，聚类分析正确的推论（真能立）和各种错误驳论（似能破）。

因明论文集
刘培育　周云之　董志铁编
甘肃人民出版社　1982年2月　255千字　357页

逻辑是一种思维艺术。因明即佛家逻辑，是公元4-5世纪由印度瑜伽行学派的大师们在正理学派有关逻辑的思想基础上发展起来的。它与古希腊逻辑学、中国先秦的名辩学殊途同归，俱为世界逻辑史上的典范。早在南北朝时期，因明的火种就已播撒中土，至唐高僧玄奘将印度陈那的理论（译名《因明入正论》）传译中国后，因明便作为一门科学在我国传扬，大放异彩。玄奘及其弟子们对译注、研习和传播因明所作的贡献无可磨灭，特别是其译作中有不少因明的原著在印度已亡佚，愈显珍贵。中国由是被誉为因明的第二故乡。本书是新中国成立后出版的第一部因明论文集，共收录国内学者的论文19篇（另附国外学者的论文2篇），代表了中国近30年因明研究成果。其中部分论文曾刊载于建国以来的各种报刊上，涉及到因明的各个方面，主要有：因明产生和发展的历史，研究因明的意义，对因明的评价和专题研究，著名因明学者的思想评述、因明在中国的传播和演化情况等。虽然在因明产生的年代、如何评价因明的价值和局限、以及因明对中国逻辑思想史的影响等具体问题上，学者们各抒己见，发表了不同看法，但有一点得到学界公认：逻辑本属一种认识真理的工具，离开实践的逻辑易堕入空谈而意义全失。研究整理因明这份逻辑学遗产，就是要在跳出古今中外因明家窠臼的前提下，采撷其智慧的花瓣。

因明学说史纲要（上海三联学术文库）
姚南强著
上海三联书店　2000年8月　320千字　476页

因明就其发展的全过程而言，大致可以分为四期：一是从纪元初的正理派足目开始，中经佛家的中观、瑜伽到陈那之前，这是印度的古因明阶段，又称之为古师因明。二是从陈那开始，中经天主、法称及法称后学直至在印度本土的衰亡，此为新因明阶段。三是公元6-7世纪以后，因明传入中土，分为汉、藏两支，汉传因明又东渐朝鲜、日本，藏传因明则传入蒙古，绵延千年而不绝。四是从上世纪末到本世纪初开始，因明研究成为一门国际性学术的起伏过程。本书为"上海三联学术文库"丛书之一，是海内外第一部因明全史。全书按因明发生发展的历史脉络分为"印度因明"、"藏传因明"、"汉传因明"、"二十世纪的因明研究"四编，共18章。书中综合分析了因明自身发展的逻辑线索，探讨了因明的知识论、逻辑学、论辩学，分别对印度的新、古因明以及印度因明与汉传因明、藏传因明作横向的比较，以探究因明学说的佛理化进程。

因明学研究（修订本）（中国学术丛书）
沈剑英著
东方出版中心　2002年10月　275千字　352页

因明学原是古印度一种关于逻辑推理的学说。随着唐僧玄奘取经东归，印度的新因明也一并传入，对中国古代逻辑学及佛教文化发展均产生了较大影响。本书为"中国学术丛书"之一，是一部研究因明学的起源及其在中国发展变化的专著。书中以佛教逻辑为主体，全面介绍了古因明的缘起及陈那所开创的新因明，兼及印度正理论等哲学派别的逻辑体系，详细记述了因明学产生发展过程中涉及的一些重要人物、学派、概念、术语、方式、方法等，重点讨论了唐玄奘及其高徒窥基、文轨、神泰等大师传述和发展因明学的杰出贡献。全书分引论、立宗、辨因、引喻、有体与无体、三种比量与简别方法、宗九过、因十四过、喻十过9章，书末附《正理经》中文译本（系作者据日译本转译）。本书论证谨严，征引广博。著者不拘泥古说，在许多重要问题上提出了自己的见解，既充分吸收前人的研究成果，又敢于指出前人之不足，故成一家之言。

因明大疏蠡测（真如·因明学丛书/释妙灵主编）
陈大齐著
中华书局　2006年10月　170千字　278页

《因明入正理论》（商羯罗主造、玄奘译）自古以来广为世人研习，后世注疏多种，尤以玄奘法师弟子窥基所作《因明入正理论疏》（世称《因明大疏》）最为详尽，对中国、日本因明研究影响甚巨。本书为真如"因明学丛书"之一，是一部《因明大疏》研究的经典之作，由42个专题组成。书中论述了"宗等多言名为能立"的含义，纠正了《大疏》关于宗只能是所立而不属能立的错误，第一次直接对新因明中的表诠、遮诠作出正确的解释，指出因明中的遮诠近似于逻辑之负概念，纠正了遮诠相当于逻辑否定命题的观点，并对《大疏》"紊者理之，似者正之，晦者显之，缺者足之，散者备之，违者通之"，注重"参证其他疏记，间亦旁证逻辑，其得正解，以释其疑"。本书被认为是近代研究《因明大疏》之冠，作者娴熟运用逻辑工具，探幽发微，阐发宏富，其因明研究指导思想及研究方法在今天仍值得借鉴。

柒、佛教

因明纲要·因明学（真如·因明学丛书/释妙灵主编）
吕澂　虞愚著
中华书局　2006年12月　150千字　231页

　　因明者，察事辨理之学。辨察据因，以判真似，故研其法要在研因。本书为真如"因明学丛书"之一，是已故著名佛学家、因明学家吕澂先生和虞愚先生有关因明学研究的著作合辑，收录《因明纲要》和《因明学》两部论著。《因明纲要》是吕澂先生研究因明学的重要著作，提出了许多打破陈规的观点，如把因明的发展史概括为五期共1500年，因明研究要"宜宗论而简疏"，认为九句因系陈那所创等。该书于1926年由商务印书馆初版，共分8章，主要特色是例举了佛经中的62个论证例式，既有助于说明因明义理，又体现了因明在佛学中的重要作用。《因明学》是已故虞愚先生的代表作，1936年由中华书局出版，并被列为中华大学用书，至今仍然是学习因明的必备读物。该书首次用英文的逻辑术语标注因明概念，使之与西方逻辑学贯通。日本因明学家林彦明对此给予高度评价，太虚法师亦称其"根据古论疏而采择近人最明确之说，以相发明，并进而与西洋逻辑及名辩归纳诸术互资参证"。

佛教因明论（中国佛教学者文集·宝庆讲寺丛书/朗宇法师主编）
刚晓著
宗教文化出版社　2007年3月　270千字　384页

　　从1896年窥基《因明大疏》回归中土之后，因明在近代复苏。特别是1919年至1949年三十年间（因明研究现代时期），在佛教居士、法师、佛教哲学家、语言学家、逻辑学家的共同参与下，因明研究在汉地出现自唐以来的第二次高潮。突出的贡献主要表现在两个方面：一是对相关佛教和其他外宗思想体系的基本概念、哲学思想、宗教思想的阐发；二是运用准确的逻辑知识正确地阐明因明的概念和体系。前者以吕澂和熊十力为代表，后者由陈大齐独占鳌头。他们各领风骚，形成互补。正由于这两个方面的贡献，使现代的因明研究延续了唐代正脉，达到了新的高度。若将刚晓法师之因明研究放在这样的大背景下来考察，就会发现其研究成果不同凡响。本书为"宝庆讲寺丛书"之一，是刚晓法师因明研究的论文集。全书分两篇，收录19篇论文，重点讲解了量论学说的各方面问题。内容包括：《玄奘真唯识量》，《真唯识量古疏释》，《〈宗镜录〉三量说》、《因明支分》，《因明开展》，《佛为定量》，《佛教现量说》等。

因明正理门论研究（真如·因明学丛书/释妙灵主编）
巫寿康著
中华书局　2007年9月　117千字　179页

　　本书为真如"因明学丛书"之一，是已故著名逻辑学者巫寿康先生的博士学位论文，完稿于1987年9月。书中运用现代逻辑方法辨析了《因明正理门论》的基本理论，并以数理逻辑语言阐释了"隐藏在自然语言里面的一些含义"，揭示了该论思想体系的一致性。正如巫寿康博士论文答辩委员会的专家评语所言：本文发现《因明正理门论》是世界上最早能处理主词不存在命题的逻辑，又揭示了三支论式和三段论两者是互不包含的相对独立的两种推理模式，最后用数理逻辑公式揭示《因明正理门论》思想体系的一致性，从而论证了1500多年前的陈那学说已经具有比较高的逻辑理论水平。此外，作者还对当代美国及日本学者在这方面有代表性的研究成果进行了具体分析,并作出了相应的批评。全书共10章。内容包括:论《理门论》体系内部的矛盾,陈那学说是因明史上从或然性推理向必然性推理发展的中间形态,从理论系统一致性的角度分析"相违决定",《理门论》的理论体系等。

因明蠡测
张忠义著

人民出版社　2008年3月　420千字　383页

因明是一门古老而艰深的学问,它与中国名辩学、西方亚里士多德逻辑并称为人类有史以来最经典的三大逻辑体系。然而多年以来,学界对因明的研究少之又少,尤其以世界三大逻辑比较的视野解析因明的成果更是屈指可数。本书是张忠义教授长期从事逻辑教学和因明研究的学术心得与总结,全面介绍和梳理了因明思想。首先,试图厘清因明的学科性质、功用、价值等,对百年来的争议提出新的看法,判别正误,总结得失;其次,把因明放在比较逻辑的视野中进行具体的研究,试图在已有比较逻辑学成果之上更向前推进一步,实现从宏观比较向微观比较转变,通过因明与中西逻辑的比较研究,找出因明自己的特色;再次,从语用逻辑的角度,发掘因明的现代价值,包括因明在法律逻辑中的应用价值。全书分为"因明理论争鸣与探索"、"因明与中西逻辑比较研究"、"因明应用研究"上、中、下三编,共14章。作者重视谬误的比较研究,尝试运用二分法,从形式和非形式的角度将因明的过划分为形式谬误和非形式谬误。本书对学习和研究逻辑学、佛教史、论辩学、认识论、藏学、敦煌学等都大有裨益。

因明学的起源与发展（真如·因明学丛书／释妙灵主编）
[日]武邑尚邦著　杨金萍　肖平译

中华书局　2008年8月　270千字　335页

日本因明文献对建构中国因明历史的贡献主要有两方面:一是日本对中国古代因明文献的保存;二是日本僧人根据古代中国因明撰述又撰写出一批新的因明论著,这些论著对于国内学者了解玄奘以后中国因明的研究状况有极大帮助。本书为真如"因明学丛书"之一,是日本佛教净土真宗本愿寺派僧侣兼学者武邑尚邦(1914-2005)在广泛搜集日本古代因明文献的基础上,撰写的有关因明学研究的集成之作,其中部分成果曾陆续发表于日本国内的重要期刊上。作者以丰富的史料为依据,全面梳理和研究了自玄奘以来因明学在中国的发展脉络,以及因明传入日本之后的承袭演变和学派分野,是迄今为止日本首部因明学学术史。全书由"因明研究史"和"敦煌出土因明著述的研究"两部分构成。第一部分(2章)从印度因明传统讲起,叙述了因明产生及其在中日两国的传播和发展情况,评介了中日僧侣学者有关因明学注疏的传世文献。第二部分收录作者此前撰写的3篇有关敦煌出土因明写本的校注和解说。

因明论稿
姚南强著

上海人民出版社　2013年10月　275千字　335页

因明融逻辑学、知识论、论辩学三位于一体,故因明是世界三大逻辑起源之一,其知识论又成为当代哲学、佛学的研究热点,亦为中国古代逻辑思想的重要组成部分。本书收录姚南强先生在海内外发表的因明论文28篇,是作者从事因明研究20多年的思想结晶。这些论文在因明研究的诸多议题上均有独特见解，涉及印度因明、汉传因明、藏传因明、当代因明研究、因明史、因明论诤等方面。例如：在法称因明的研究中，认为法称论式并未删除喻依，不同意传统的"因喻合一"的说法；在汉传因明研究中，对前人较少涉及的慧沼、智周的因明思想作了专题研究；在藏传因明方面，除了从逻辑、哲学的角度分析外，还重视对藏、汉因明做比较研究。本书还包含了《因明学说史纲要》中的学术成果，能对当前的因明学术研究起到一定的参鉴价值和积极作用。

汉传佛教因明研究（真如·因明学丛书／释妙灵主编）
郑伟宏著
中华书局　2007 年 10 月　350 千字　514 页

汉传因明以古因明为先导，以陈那新因明为主体，以"立破"为中心，把量论（认识论）放在从属的地位，体现了中国佛教自身的特点。本书为真如"因明学丛书"之一，作者运用历史分析方法、逻辑与因明比较研究方法和整体论方法，对汉传佛教因明在我国各个历史时期的兴衰变化作出客观描述，对现代国内外因明学者的学术成就进行了评论，纠正了因明学研究中的一系列错误。全书分六编，大致包括"关于古因明的产生和初次输入"和"关于新因明的研究"两部分内容。书中主要围绕诠释陈那新因明三支作法和原理、三种比量理论以及玄奘的"唯识比量"来展开对因明理论的探讨，有关"史"的叙述相对简略，而把重点放在玄奘因明译讲所注重的"立破"方面，因此，因明与逻辑的比较研究是本书的主要特色。作者认为，从释迦牟尼的讲经说法到龙树的《方便心论》、《回诤论》、《精研论》，对待论辩逻辑的看法是一以贯之的，那就是"真空假有"。从世俗的眼光看，它很有用，是证得真谛的重要方法。

藏传因明学通论
祁顺来著
青海民族出版社　2006 年 6 月　350 千字　399 页

藏传因明将因明学说完全融化于藏民族文化之中，是在全面继承法称因明思想的基础上，结合藏族文化需求，改进并发展了印度因明而形成的一种独具特色的因明理论体系。千百年来，藏族先辈孜孜不息，探求因明，论师辈出，论著无数，世代相传。当今世界，研习因明，其学者之众，论著之多，研究之精，莫过于藏传因明。本书尝试从整体上描绘藏传因明的发展轮廓，用现代术语诠解藏传因明量理学说。作者尊重法尊法师之观点，参阅杨化群先生译文，对因明经典的所有术语进行了核对，并以个人理解作了修订。全书分五编，共 14 章。书中系统讲述了因明的历史发展过程（印度因明、藏传因明），内容涉及《摄类学》的哲学思想、逻辑思想，量学认识论（识的识相与分类、识的二分法、识的其它分类法），因明推理论（为自比量、正因的分类、论式宗因喻的功能与过失、似因），为他比量（为他比量推论语、为他比量应成驳论式）等方面。

藏传因明思维逻辑形式研究
达哇著
青海人民出版社　2008 年 1 月　160 千字　186 页

研究法称因明思想最深刻、最系统、最全面者莫过于藏传因明。这个因明体系不但经典齐全，而且注疏、论证的因明专著达数百部之多。这些著述在继承法称因明思想的同时，发展和理顺了法称因明学说，提出诸多关于哲学和逻辑领域值得探讨的新问题。本书是在作者的博士学位论文基础上修订而成的研究藏传佛教因明思维逻辑形式的专著，旨在准确定位藏传因明学说在研究人类思维形式和规律方面的意义和价值，阐述藏传因明的学术成就和理论特质。全书共9章。书中探讨了"存在"的涵义及其"存在"的诸对偶概念范畴，论述了概念与概念之间的逻辑关系，并对充足理由的定义、划分、特点等作了重点分析，揭示了藏传因明在推理论证方面的逻辑意义和理论突破。本书避免使用因明固有术语，尽量将其转化为现代哲学和逻辑语言进行阐述，倾向于对基本逻辑范畴给予深度解析，而非仅停留在藏传因明框架介绍的广度层面，在研究风格和思维趋向上不同于以往的汉藏因明论著，为进一步深层次研究藏传因明提供了线索和理论依据。

藏传因明（真如·因明学丛书／释妙灵主编）

王森著

中华书局　2009年8月　150千字　239页

藏传因明和汉传因明，同是以翻译梵文因明书籍为起点。不过藏人传译梵文因明，时代较汉人传译为晚。从玄奘贞观二十一年（647）译出《因明入正理论》，贞观二十三年（649）译出《正理门论》起，到西藏开始译梵文因明书籍，相隔约130余年。在此期间，印度的因明学风已不再是玄奘在印时佛教学者以传习陈那因明著作为主的风气，而是完全变为以传习法称著作为主的风气。本书为真如"因明学丛书"之一，是已故著名因明学家王森先生的遗作。全书由《藏传因明简史》、《因明》、《关于因明的一篇资料》、《玄奘法师所传之因明》、《〈因明入正理论〉讲义》、《正理滴论》、《七句义论》、《因真实论》8篇文章组成。其中6篇作者生前曾发表过，其余2篇为新发现旧稿。这部书虽未包括王森先生全部的因明著译作品，但是较为系统地反映了作者对于藏传因明生成、演变与发展的整体理解及主要观点。

藏传因明学（真如·因明学丛书／释妙灵主编）

杨化群著译

中华书局　2009年11月　260千字　395页

因明在藏族文化中被列入五大名处之一，它与其它大明处都有非常密切的关系，尤其是一个理论的创立与分析，离不开因明的辩证方法去进行辨析。研究佛学的深层观点和实践方法，更离不开因明：逻辑规律的推论形式。本书为真如"因明学丛书"之一，是一部关于藏传佛教因明学理论的著、译文集，荟萃了杨化群先生数十年潜心钻研藏传因明学之主要成果。书中精辟阐述了印度因明和藏传因明学的发生、发展和传播等问题，并对藏族学者有关因明研究的著述情况作了介绍。全书分"论著"和"译著"上、下二编。论著部分重点论述藏传因明学的历史和发展，包括《藏传因明学提纲》、《藏传因明学发展概况》、《藏族学者的因明著作初探》3篇论著，涉及藏传因明学科形成的特点、古代印度因明学与藏传因明学的关系、因明学与逻辑学的关系、因明学在佛教哲学中的地位、因明学与哲学的关系等问题。译著部分（由藏文译出）翻译了五种因明学基础入门、概念解析和辩论程序方面的名著，包括《因明七论入门》、《因明学启蒙》、《因明学名义略集》、《量学》和《正理滴论》5篇译著，皆是藏传佛教因明理论的基本著作。

敦煌因明文献研究
沈剑英著

上海古籍出版社　2008年6月　366千字　393页

敦煌因明写卷虽然为数不多，却具有重要的意义。本书是著名佛教学者沈剑英先生历经多年耙梳，"全面考察敦煌遗书中之因明写卷并择其要者而论之"的专著。书中整理了藏于法国、英国敦煌遗书中的文轨、净眼的论疏，对其进行了完整的录文、校订和研究，涉及汉传因明、藏传因明及近现代的因明研究，系统地阐述了中国佛教逻辑的历史。全书分为考论篇、释文篇、校补篇三个部分。内容包括：文轨及其《因明入正理论疏》，净眼因明疏抄的敦煌写卷，《因明入正理论略抄》研究，《因明入正理论后疏》研究，文轨《因明入正理论疏》卷上写卷释文，文轨《十四过类疏》写卷断片释文，净眼《因明入正理论略抄》写卷释文，净眼《因明入正理论后疏》写卷原件图版，《因明入正理论文轨疏》校补等。书末附敦煌写卷草书原文。本书资料翔实，见解深刻独到，可视之为启迪诱进的锁钥。

印度因明学纲要
［印］阿特里雅著　杨国宾译

华东师范大学出版社　2007年1月　55千字　99页

印度因明学是古典逻辑学的一个重要分支，其独特的理论出自古老的印度经典，有别于希腊逻辑学（亚里士多德）、中国逻辑学（墨子名学）等。本书是班拿勒斯印度大学教授阿特里雅（B.L.Atreya）讲述印度因明学概念体系的著作。书中围绕因明学各种概念的定义、概念之间的逻辑关系及推理方法，论述了印度古典逻辑学的基本要义，其篇幅虽然短小，然主题鲜明、条分缕析、阐论精当，从整体上把印度逻辑哲学方面的思想收集无余，曾被印度大学预科当作印度逻辑课之课本。全书共12章。内容包括：知识，知识的来源，感觉量，推理量，圣教量，因果，确定因果关系的方法，真确原因的要件，非正确知识，谬误推理，观点说与或然说等。

7. 比较研究

禅学与玄学（禅学丛书）
洪修平　吴永和著

浙江人民出版社　1992年10月　167千字　239页

在中国传统文化发展史上，魏晋玄学第一次力图把儒道结合在一起，禅宗则首次构建了比较完整的三教合流的思想体系，二者对中国传统文化的塑造均产生过举足轻重的影响。本书为"禅学丛书"之一，作者以历史叙述和比较研究相结合的方法，对禅学与玄学的源流、特征、异同及其相互融摄、相互渗透作了全面的分析，通过研究禅学与玄学在回答宇宙自然和人生问题的过程中所表现的差异与共性，揭示了中国传统思维方式、民族文化心理与社会习俗等的传承、特质及演变。全书共6章。第1章叙述禅学的印度之源与中土之流、玄禅相逢的历史机遇与效应。第2章着重对道与禅作概念分析及心灵解悟。第3章从禅玄视角探讨人生真谛。第4章透过圣人品格与佛陀精神的共同志趣来阐示禅玄二学在追逐"理想与超越"时的境界指向。第5章讲解禅玄的相异与互补、相通与相摄。第6章以"百川归海"之譬喻阐述禅玄与中国传统思想文化走向融合的历史进程。

中国佛教与儒道思想（中国佛教学者文集·宝庆讲寺丛书 / 朗宇法师主编）

洪修平著

宗教文化出版社　2004 年 8 月　291 千字　393 页

本书为"宝庆讲寺丛书"之一，精选了作者在《世界宗教研究》、《中国哲学史研究》和《中华佛学研究》等海内外学术期刊上发表的有关佛教与中国思想文化，特别是佛教与儒道思想关系的研究论文 22 篇。主要涉及以下内容：一是魏晋佛教般若学及其与魏晋玄学的关系；二是魏晋玄佛合流与僧肇思想；三是印度禅学与中国禅宗思想；四是外来佛教的中国化问题；五是中国佛教的特点与精神；六是儒佛道三教关系与中国佛教的发展。这几个方面的内容贯穿着一条主线，即从印度佛教与中国传统思想文化的关系中研究中国佛教的传播、发展及其特点，并通过对中国佛教的发展及其特点的研究来加深对整个中国思想文化的发展与特点的理解。这种研究最终落实在现实社会和人生的当下及未来，即如何使现实的社会更加和谐，使现实的人生更加美好；如何在中国现代化过程中建设具有中国特色的社会主义新文化；如何在全球化到来的新时代，使包括佛教在内的中华传统文化中的优秀精华在文化多元并存的当今之世更好地为人类做出新的贡献。本书论文提出了许多新见解，具有较高的理论意义和学术价值。

中国佛教教育：儒佛道教育比较研究

丁钢著

四川教育出版社　2010 年 4 月　280 千字　216 页

中国传统文化是一个由儒家文化，道教文化和佛教文化构成的多元结构。与此相对应，中国传统教育也是由儒家教育、道家教育和佛教教育所构成。长期以来，佛教教育由于它的宗教性质而甚少有人注意。本书是国内较早提出以跨文化的研究方法，对中国佛教教育史展开系统性研究的专著。作者突破原有中国教育史一元论（重点关注儒家教育）的研究路线，全面阐述了中国佛教教育发生、发展的历史源流和主要特点，并从中外文化交流与融合的角度，对儒佛道三家的教育思想、制度和方法进行比较研究，力图通过对中国佛教教育发展史的纵向考察，以及与中国传统儒道教育的横向比较，为中国教育史的研究提供一个新的视角，进而为确立中国传统教育多元互补结构的发展理论奠定基础。全书共 7 章。内容包括：佛教教育的兴起、融合与分离以及全面确立时期，禅林讲学制度，中国少数民族的佛教教育等。本书自 1988 年出版后，引起了海内外的良好反响，且多为国内外学界所评论和引用。

精神分析与佛学的比较研究（儒道释博士论文丛书 / 汤伟侠　卿希泰等主编）

尹立著

巴蜀书社　2003 年 10 月　170 千字　218 页

发掘人类深层意识结构，是佛教与精神分析最明显的相似之处。本书为"儒道释博士论文丛书"之一，作者试图将中国佛教传统心灵体验与现代精神分析对深层心理的研究进行对比、沟通，着重讨论了精神分析理论的无意识、性、语言、自我等基本问题，并对佛教与精神分析在实践和理论方面的结合进行了初步探索。全书包括沟通篇、应用篇两个部分，共 7 章。书中借助个案事例，对比研究了精神分析实践与佛教在风格上的相似性，指出精神分析与佛教相结合的可能性，最后从精神分析角度对传统宗教的基本文本进行解读，对邪教产生的基本心态予以剖析，揭示出邪教与传统宗教在深层心理上的根本不同。本书的主旨在于，"一方面利用精神分析的成果，为深受西方观念影响的当代国人理解佛教及其它传统文化尝试一种新的手段；另一方面，也可利用传统佛教的精髓消化吸收西方精神分析，使之中国化、本土化。"

无分别的分别：比较宗教学视野下的佛教（宗教对话与比较研究丛书）
陈坚著

山东大学出版社　2010年5月　400千字　321页

佛教与其他宗教是有"分别"的，但这种分别并不单单意味着佛教与其他宗教的不同，同时还包括在这种不同基础上的佛教与其他宗教的同。本书为"宗教对话与比较研究丛书"之一，是陈坚教授多年从事宗教比较研究的论文集。全书分为"宗教比较概说"、"显性比较研究"和"隐性比较研究"三个部分，共收论文23篇。作者以佛教为中心，以"无分别"的态度对多种宗教观念之间的"分别"作了由浅入深、由表及里的分析和阐释，尤其对佛教、儒学、犹太教和基督教典型概念上的异同进行了透彻而独到的比较性论述，通过佛教与其他宗教的比较来凸显佛教的特征，并且按不同的比较关系分别展开探讨。内容包括：《宗教比较概说》，《"似则恰似，是即未是"：比较研究在中国》，《显性比较研究与隐性比较研究》，《儒佛"孝"道观的比较》，《犹太教与佛教的"家族相似"》，《弥勒信仰与"希望佛学"》，《论佛的教育思想》，《多元佛教与佛教的人本主义》，《"照顾"听众的中国佛教解经实践》等。

两种思想视域中的意识与对象问题：佛教唯识学与胡塞尔现象学比较研究（岳麓书院国学文库／朱汉民主编）
陈鑫著

中国社会科学出版社　2014年12月　226千字　206页

本书为"岳麓书院国学文库"丛书之一，作者将两种思想视域中的"意识与对象"问题设置为中心议题，开展一场佛教唯识学与胡塞尔现象学的对话，以期在正视二者差异的基础上，通过对话而实现互补，展望意识哲学的未来。全书共5章。第1章介绍唯识学在印度和中国的渊源和流变，描述现象学的脉络，揭示唯识学与现象学的共同问题域，即意识和对象问题。第2章探讨佛教唯识学与胡塞尔现象学的两对核心概念，即"心识"与"意识"、"境相"与"对象"，比较二者对于意识与对象的关系的论述。第3章探讨意识的功能不能离开时间之维。第4章探讨对象的自我的解构与建构、他者的"变现"与"构成"、缘起世界与生活世界。第5章探讨意识哲学的两条道路，认为佛教唯识学与胡塞尔现象学作为意识哲学的两种样式，其主要差异在于视域不同，并对唯识学与现象学的兴衰予以反思。

西方动物解放论与中国佛教护生观比较研究（青年学术丛书·哲学）
曹文斌著

人民出版社　2010年10月　210千字　258页

西方动物解放论与中国佛教护生观在理论和实践上存在一些共同和差异之处。本书为"青年学术丛书"之一，作者从比较研究的视野出发，首先透视、剖析和梳理了中西动物保护伦理的思想根基和理论脉络,然后从平等思想、人道主义、素食主义和生态伦理比较的角度建构起一个较为清晰的逻辑框架,继而分析了西方动物解放论的矛盾与中国佛教护生观的现实困境,并据此提出了"走向中西动物保护伦理的融合"的四大法宝理论:动物保护的科技手段、动物保护的法律保障、动物保护的情感基础、动物保护的信仰支柱。全书共7章。作者认为,生态伦理是西方动物解放论与中国佛教护生观中最突出的思想理论。动物解放论和中国佛教都蕴含了丰富的生态伦理思想和实践。两者的理论契合点在于:只有科技和法律有机统一,情感和信仰并驾齐驱,在符合人类利益的道德框架内才能有效地保护动物。

中印佛学比较研究
李志夫著

中国社会科学出版社　2001年1月　630千字　819页

　　本书是台湾著名学者李志夫先生完成于20世纪80年代的作品,曾收入台湾中华文化运动推动促进会主编的"中华文化丛书"(台湾中央文物供应社,1986年11月出版)。书中着眼中印佛教思想的比较研究,从纵、横两个方面对中印佛学之源流和异同等进行了缜密地考察,对中印佛学的思想特性作了较为全面的分析论述。全书分三篇。第一篇"印度佛学"(2章),介绍印度佛教产生的历史和人文背景、佛教教化之流布、佛陀的本怀思想、部派佛学之异鸣、大乘佛学之发生、大乘佛学之分期等。第二篇"中国佛学"(4章),主要叙述三论宗、天台宗、华严宗和禅宗之思想、传承、衍变、重要著述及人物等。第三篇"比较研究"(2章),包括"思想之影响与传承"、"纵横思想之比较研究"两部分内容。第一部分论述佛陀所受传统和非传统思想之影响,传统与非传统思想对部派之影响、传统与非传统思想对大乘佛学之影响、传统对中国佛学之影响;第二部分从佛陀思想与传统非传统之比较、上座部本部与传统非传统之比较、印度佛学之比较、中国佛学之比较、中印佛学之比较等方面对中印佛学进行了系统性的比较研究。

8. 佛教研究论文集、文汇等（按编著者笔画排序）

神圣与世俗：藏传佛教研究论集（民族宗教研究丛书）
才让主编

上海古籍出版社　2011年9月　344千字　472页

　　藏传佛教与其信仰民族之间的关系是多层面的,影响到了信仰民族的深层心理,积淀为民族传统文化的组成部分。西北地区的藏族、蒙古族、土族、裕固族等民族的历史文化,无不受到藏传佛教的深刻影响。本书为"民族宗教研究丛书"之一,选编了西北民族大学藏传佛教研究者撰写的26篇论文。这些论文均在国内的公开刊物上发表过,其中有已故学者才旦夏茸用藏文撰写的3篇论文的汉译文,另有才让、唐景福、多识、牛宏、夏春峰、唐吉思等撰写的部分文章。全书包括五个部分,分别从历史传播、思想教义、伦理道德、文献解读和文化影响等角度,对藏传佛教进行了全方位的研究和探讨。所收论文有:《喀的喀寺院的宗喀巴大师圣像》,《藏传佛教各宗派名称辨析》,《蒙元统治者选择藏传佛教信仰的历史背景及内在原因》,《明宣宗与藏传佛教关系考述》,《论宁玛派大圆满法心性论的实质》,《藏传佛教的伦理道德与实践》,《藏传佛教慈悲伦理观与生态保护》,《藏传佛教对蒙古族民间宗教的影响》等。

柒、佛教

长安佛教史论（中国佛教学者文集·宝庆讲寺丛书／朗宇法师主编）
王亚荣著

宗教文化出版社　2005年8月　230千字　345页

　　长安佛教有着悠久的历史和极为丰富的文化内涵。作为中国第一古都，长安不仅是北传佛教的译传中心，也是发源于印度的佛教融入中国传统文化、完成中国化进程的所在地。本书为"宝庆讲寺丛书"之一，辑选作者自1984年以来陆续发表的文章20篇。这些文章主要从史的角度研究佛教在长安地区的流传与发展情况，从廓清外围、抓具体史料、史实入手，论述了长安佛教产生的历史人文背景和人物、宗派、经典、寺院，评介了佛教文化在西安历史文化名城建设中的地位与作用。全书按时序编排。内容包括：《鸠摩罗什译场与"长安文化"》，《鸠摩罗什译场所出典籍考略》，《论法显与秦地佛教之关系》，《隋唐佛教的文化环境和政治环境：以长安地区为研究的出发点》，《南北朝之后义学僧的聚集及律学与禅学的发展》，《公元七世纪中印僧伽的衣食与戒制》，《长安大荐福寺与"周唐、革命"》，《虚云法师终南山行迹辨述》等。

藏传佛教丛谈
王尧著

中国藏学出版社　2011年12月　202千字　236页

　　本书辑录著名藏学家王尧先生有关藏传佛教研究方面的讲演、谈话等13篇，多方位展示了藏传佛教的深刻内涵和历史发展脉络。其中既有对藏传佛教高屋建瓴的概论，又有诸多细节方面的探索。内容包括：《喇嘛教对藏族文化的影响》，《藏传佛教经典丛谈》，《吐蕃佛教述略》，《〈萨迦班智达致蕃人书〉译注》，《元廷所传西藏秘法考叙》，《藏族四大诗人（米拉日巴、萨迦班智达、宗喀巴、仓央嘉措）合论》，《诗人、圣者米拉日巴的自然雅趣与性瑜伽观》，《宗喀巴思想的历史渊源》，《萨迦班智达致蕃人书》译注等。作者长期从事藏族文化尤其是藏传佛教文化的研究，对其精深细微之处颇有独到感悟，且评论准确精当，能够开启读者的视野，启迪多角度的思索。

中国佛教史论（中国佛教学者文集·宝庆讲寺丛书／朗宇法师　清修法师主编）
王荣国著

宗教文化出版社　2008年5月　230千字　343页

　　本书为"宝庆讲寺丛书"之一，是一部从历史发展的角度探讨中国佛教传布及其本土化过程的论文集。作者以中国禅宗的生成与演进为中心线索，以两晋南北朝、隋唐五代为时间节点，对禅宗著名人物的生平事迹作了系统地考证和研究，对历史上中国禅宗及其法派在江南各地的分布状态进行了深入调研，同时检视了近现代以太虚法师为代表的人间佛教思想的发展情况。全书由26篇论文组成。内容包括：《两晋南朝佛教传布与广州港的历史考察：以〈出三藏记集〉、〈高僧传〉、〈续高僧传〉为考察对象》，《提达摩来华事迹考：兼与胡适、孙述圻先生对话》，《慧可生平的几个问题》，《马祖道一传法活动考论》，《曹山本寂禅师出家地考》，《唐大安禅师生平考》，《唐志勤禅师生平考》等。另有《慈航法师的生平及其弘法活动》、《慈航法师与台湾佛教》、《慈航法师在台湾创办僧伽教育及其影响》3篇，重点阐述了闽台佛教的内在渊源。

内学丛论（中国佛教学者文集·宝庆讲寺丛书／朗宇法师　清修法师主编）
王孺童著

宗教文化出版社　2014年3月　330千字　420页

　　本书为"宝庆讲寺丛书"之一，收录作者关于佛教义理及佛教人物、文物和经典等方面研究的15篇论文，反映了当代中外佛教研究的理论动态和学术进展情况。内容包括：《辽行均〈龙龛手镜〉杂考》，《〈六离合释法式〉述义》，《金陵刻经处："中国雕版印刷术"的守护者》，《一次从"向死"到"准涅槃"的论证尝试：舍勒〈死与永生〉之内学辨析》，《倓虚〈念佛论〉之天台净土观》，《古代和中世纪的尼泊尔佛教》，《日本真言宗南山进流声明述略》，《佛顶骨舍利源流考》，《以正信之心供养佛舍利》，《慧思〈四十二字门〉探佚》，《吕澂〈关于六离合释的解释〉》，《刘净密与〈应用唯识学决定生净土论〉》，《龙树〈七十空性论〉述义》，《日僧贞庆〈弥勒讲式〉述义》等。书末附有作者关于"雪峰义存法师法嗣"的专题研究报告。

随缘做去　直道行之：方广锠序跋杂文集
方广锠著

国家图书馆出版社　2011年11月　409页

　　"随缘做去，直道行之"，此一箴言乃是我国著名佛教文献学和敦煌学学者方广锠教授的座右铭，其立意取自作者本人历经数十载学海泛舟后的人生感悟。正如方广锠教授引用佛教之观点所言："一个'缘'字，真是说尽了人间一切事物的精华"、"直道行之就是循正道而行；唯其能行直道，才能行恕道；唯其能弃媚道，才能行直道"。本书收录方广锠教授自1982年以来所写的序、跋、书评、随笔、博文、通讯等共100余篇，内容涉及追忆悼念、佛教文献研究、敦煌遗书研究、印度文化研究、印度佛教与中国佛教研究及学术研究方法、规范等，也有少量杂文。这部文集对我国当代佛教研究的发展面貌进行了整体性的梳理和总结。书中透过对学界前辈治学言行的追述、重要佛教典籍序跋的展示以及佛教文献学方面的论述等，真切描述了作者"学而后知不足"的心路之途，具有重要学术价值。

魏晋南北朝佛教论丛
方立天著

中华书局　1982年4月　232千字　308页

　　本书辑录方立天教授自20世纪60年代以来先后发表在《新建设》、《哲学研究》、《中国社会科学》、《世界宗教研究》、《百科知识》几本刊物和《中国古代著名哲学家评传》一书中的佛教论文10篇。这些论文旨在研究我国魏晋南北朝时期的佛教思想，尤其是佛教哲学思想，剖析了佛教的宇宙观、方法论和认识论，探寻了佛家思想和儒家、道家思想的关系，总结了佛教哲学的理论思维教训，并对佛教学说作出历史的评价。作者在"前言"中明确指出，魏晋南北朝佛教哲学是当时整个唯心主义思潮的一个组成部分。佛教唯心主义和一般唯心主义虽然在思想路线上是一致的，但又有其独自的特点，它和僧侣主义、神秘主义不可分割地内在地交织在一起。从哲学理论上深刻揭示佛教学说的实质，使广大群众认识其真正面目，是符合历史的发展、社会的进步和人民的利益的；同时，对佛教哲学思想中的某些辩证法颗粒和唯物主义因素，尤其是某些体现人类智慧的范畴和命题，也应努力发掘、批判地继承。

中国佛教散论（中国佛教学者文集·宝庆讲寺丛书 / 朗宇法师主编）
方立天著
宗教文化出版社　2003年10月　300千字　414页

　　本书为"宝庆讲寺丛书"之一，辑选方立天教授自20世纪60年代初至21世纪初发表的佛教论文20篇，在一定程度上反映了作者数十年来从事佛教研究的兴趣与重点、态度与方法，也反映了作者随着环境的变迁、研究的深化、学术的积累、体悟的增长，而对佛教的看法所发生的某些变化。全书内容大致可分为人物、宗派、佛教与中国传统文化、中国佛教的特点四个方面。佛教人物方面，本书收集了有关研究道安、慧远、僧肇和竺道生四位著名佛教学者思想的作品，包括《道安的佛教哲学思想》、《慧远的政教离即论》、《论竺道生的佛学思想》等。研究佛教宗派问题的论文有6篇，包括《试析华严宗哲学范畴体系》、《从中国佛教净土思想的演变看传统与现代的转换》、《禅宗精神：禅宗思想的核心、本质及特点》等。探索佛教与中国传统文化的关系，是作者长期研究佛教的一个兴奋点，收录《论佛教文化体系》、《佛教和中国传统文化的冲突与融合》等论文5篇。探讨中国佛教文化特点的论文，共收入4篇。其中有论述佛教中国化历程的，比较中印佛教思维方式之异同的，也有比较全面总结中国佛教之特点的，最后一篇文章《中国佛教的过去与未来：为纪念中国佛教两千年而作》，总结了中国佛教的三条历史经验，并对其未来走向作了展望。

中国佛教（方立天文集·第一卷）
方立天著
中国人民大学出版社　2012年7月　442千字　500页

　　中国佛教是印度佛教的重大延伸和发展。本书为"方立天文集"第一卷，收录了作者研究中国佛教的近60篇文章。这些文章从宏观到微观上对佛教中国化的历程作了全景式扫描，系统论述了佛教的历史演变、佛教中国化与中国化佛教，以及佛教特质和历史经验，深入总结了隋唐佛教宗派的形成及其特点，尤其是对禅宗多有考辩，深刻阐述了弥勒信仰在中国的流传和弥陀净土理念的影响。全书按发表时间先后排列，以展现中国佛教的丰富内涵。内容包括：《试论中国佛教之特点》，《佛教与中国社会》，《如何全面认识玄奘的形象与思想》，《佛学研究的现代化和佛教中国化》，《弥勒信仰在中国》，《从中国佛教净土思想的演变看传统与现代的转换》，《南岳禅系的佛教平民化倾向》，《佛教论坛与佛学研究》，《禅宗精神》，《佛教与宗教学理论研究的回顾与展望》，《当代佛教要重视阐扬佛教核心思想"缘起论"》等。此外，书中还论及如长安（西安）、少林寺、正定、台湾、香港等地佛教之发展状况与路向。

魏晋南北朝佛教（方立天文集·第二卷）
方立天著
中国人民大学出版社　2012年7月　331千字　372页

　　魏晋南北朝是佛教传入中国后迅速发展的重要时期。本书为"方立天文集"之第二卷，收录作者研究魏晋南北朝佛教的论文15篇。书中通过对此一时期佛教代表人物的个案研究，充分展示了当时佛教的基本面貌与思想风采，叙述了弥勒信仰与弥陀信仰两大思潮，描摹出早期佛教中国化的历史轨迹、价值取向与文化特色，并对佛教中国化之历程、中国佛教之特点予以评述，以求从整体上把握魏晋南北朝佛教的实质。内容包括:《道安评传》,《支遁的佛教思想》,《慧远及其佛学》,《慧远的政教离即论》,《慧远与佛教中国化》,《慧远大师座像缘起》,《论竺道生的佛学思想》,《僧肇的形而上学》,《梁武帝萧衍与佛教》、《法显在中外文化交流史上的贡献》,《菩提达摩禅法略论》等。

佛教哲学(方立天文集·第四卷)
方立天著
中国人民大学出版社 2012年7月 294千字 331页

　　佛教是独断的说教,虔诚的信仰,哲学是智慧的追求,理性的思索。佛教不等于哲学,哲学也不足以概括宗教。但是,佛教中包含了哲理,以哲理为理论基础。宗教信仰和哲学思索奇异地结合于佛教之中。本书为"方立天文集"之第四卷,作者以佛教哲学问题为纲,按照佛教历史的发展进程,叙述佛教哲学的演变,从而简略地勾勒出佛教哲学的传统体系。全书共10章。书中首先论述了佛教哲学的构成、流派、历史和著作,尔后阐述了原始佛教的基本理论,侧重于介绍原始佛教的人生观,也兼论部派佛教和大乘佛教对这些理论的发展,涉及四圣谛说、三法印说、五位七十五法和五位百法、三界与佛土、因果论、性具实相论等佛教基本概念的梳理与讨论。最后着重探讨了佛教宇宙要素论、宇宙结构论、宇宙生成论、本体论和认识论的丰富内涵,力图立足于当代社会背景,发掘和评判佛教的价值与弊端、贡献与缺陷。此外,作者还就佛教"空"义的思想历史演变、"空"义的类别、内涵及其理论思辨价值作了集中述评,以利于从整体上了解和把握大乘佛教哲学的思想内核。

中国佛教哲学要义(上、下册)(方立天文集·第五卷)
方立天著
中国人民大学出版社 2012年7月 994千字 1010页

　　中国佛教哲学反映了中国佛教学者、学派和宗派的代表人物对宇宙人生的看法,以及修持实践的主张。本书为"方立天文集"之第五卷,是作者从中国哲学史发展的脉络来解读、诠释中国佛教哲学的思想,并采用问题解析体来展现中国佛教哲学的基本内容,进而对中国佛教哲学思想体系进行系统性、整体性研究的成果。全书分总论、人生论、心性论、宇宙论和实践论五编,共32章。书中依据中国佛教学者的著作,尤其是富有哲学意蕴的理论性著作,结合现代的人学、宇宙论、认识-实践论等方法,着重叙述了中国佛教哲学各方面重要问题的基本要义,阐明了中国佛教哲学问题的滥觞、论辩、演变与发展的历史轨迹,并与印度佛教哲学以及中国固有的儒、道哲学思想加以比较,以显示不同观点之间的互动进程,总结中国佛教哲学思维的基本特点和发展规律。在本书"绪论"中,作者分述了研究中国佛教哲学思想的具体方法:1.结合现代哲学发展的要求,筛选、归结中国佛教的重大哲学问题,构筑中国佛教哲学的思想体系;2.运用现代语言来表述和诠释中国佛教哲学的概念、范畴;3.寻究中国佛教哲学思想的原来意义;4.体会中国佛教某些哲学语言的言外之意;5.探索中国佛教哲学思想的发展规律;6.总结中国佛教哲学理论思维成果;7.进行比较研究,以把握中国佛教哲学的思想特色;8.阐发中国佛教哲学的现代价值与意义。这些方法有助于将中国佛教哲学问题的研究向更深领域推进。

中国佛教与传统文化（方立天文集·第六卷）
方立天著
中国人民大学出版社　2012年7月　452千字　511页

本书为"方立天文集"之第六卷，主要围绕两个方面展开对中国佛教与传统文化之互动关系的研究：其一，提炼佛教构成之诸要素；其二，揭示佛教与中国文化的内在关联。全书分为"印度佛教的创立、演变和外传"、"佛教传入中国及其变化和发展"、"佛教的各类典籍"、"佛教的基本教义"、"佛教的制度和仪轨"、"佛教的寺院殿堂"等15章。书中依次论述了佛教与中国政治、伦理、哲学、文学、艺术、民俗等的关系，探讨了佛教与儒、道的冲突与融合，以及中国佛教的基本特点和对外影响。作者在揭示佛教与中国文化的横向联系方面，通过从政治到民俗这六个层级的阐释，将佛教中国化界定为"三化"，即民族化、本土化和时代化，叙述了佛教中国化的不同阶段、途径和方式，总结出中国佛教有别于印度佛教的六个重要特点：重自性、重现实、重禅修、重顿悟、重简易、重圆融。在阐述佛教与政治、哲学、伦理三者的关系时，着重跟踪历史的发展进程，从不同时代的历史实际出发，力求客观地揭示彼此之间的真实关系，窥测中国佛教在思想文化方面的特殊性格。

中国佛教文化（方立天文集·第七卷）
方立天著
中国人民大学出版社　2012年7月　341千字　385页

本书为"方立天文集"之第七卷，作者在深入总结中国佛教文化的发展样式、内外联系、演变根源和内在特质的基础上，重点阐释了佛教文化诸要素：佛教缘起、平等、慈悲理念，人生理想理论，伦理思想，心性学说，生态哲学等的丰富内涵，初步探究了中国华严宗佛教哲学的理论架构和范畴体系，特别强调中国佛学思想之精华对于世界文明建设的现代意义。全书由30篇论文组成。内容包括：《佛性述评》，《佛教、佛法、佛学与佛教哲学》，《略谈华严学与五台山》，《禅悟思维简论》，《般若思维简论》，《中国佛教哲学思维方式的类型和特点》，《佛教哲学与世界伦理构想》，《中印佛教思维方式之比较》，《论佛教文化体系》，《中国佛教哲学研究的方法论问题》等。此外，本书还收录《不立文字，见性成佛》、《中国佛教哲学的现代意义》2篇访谈和《在〈虚云和尚全集〉首发式暨虚云和尚圆寂五十周年纪念活动上的讲话》等演讲稿3篇。

中国文化与中国宗教（方立天文集·第八卷）
方立天著
中国人民大学出版社　2012年7月　298千字　337页

本书为"方立天文集"之第八卷，由"中国文化"与"中国宗教"两部分组成。前一部分辑录27篇论文，旨在探求中国文化精神，着重论述了中华文化三大传统，指出人生价值观是中华传统文化的核心，人文精神是中国国学之魂，自强不息是中华民族的主要精神。内容包括：《儒学与佛教》，《积极投身于开创当代新文化运动》，《早期儒家人格建构及其现代意义》，《传统文化的寻踪与阐扬》，《儒道的人格价值观及其会通》，《传统人生价值观与现代化》，《儒家对佛教心性论的影响》，《佛道的人生价值观及其现代意义》等。后一部分辑录26篇论文，主要探讨宗教与社会、科学、文化的关系，分析和总结了中国传统的宗教观，尤其是中国化马克思主义宗教观：本质观、价值观、历史观和适应观。内容包括：《中国宗教十年》，《积极开展宗教学的研究》，《宗教与当代中国社会》，《对当今世界宗教发展趋势的一些看法》，《中国特色马克思主义宗教观略论》，《从三个向度反思中国传统的宗教观》等。作者强调，遵循中国化马克思主义宗教观的指导，是做好中国宗教工作的关键，并且提倡走文化宗教之路，以大力发挥宗教在当代文化建设中的积极作用。

中国古代哲学（上、下册）（方立天文集·第九卷）
方立天著
中国人民大学出版社　2012年7月　922千字　1012页

  中国古代哲学始自先秦，迄于清，绵延数千年。其间除了占统治地位的意识形态，即先秦诸子学、两汉经学、魏晋玄学、隋唐佛学和宋明理学所包含的哲学思想，还包括各个历史阶段其他的大量的哲学理论。本书为"方立天文集"之第九卷，作者试图从中国古代传统哲学中选取若干重要问题，对其进行历史的纵向叙述，着重介绍历代有关哲学家对于哲学问题的基本论点，重要哲学问题的历史演变，借以厘清中国古代哲学的基本线索和发展轨迹，并初步作出若干带有规律性的理论概括。全书分上、下册，共12章。上册（第1-9章）为本书的主架构，主要讨论中国古代哲学的基础问题：宇宙生成论、本体论、时空观、常变观、矛盾观、形神观、人性论、人生理想观和历史观。作者经由对这些问题的论述，深刻揭示了中国古代哲学发展的根本原因。下册（第10-12章）重点论述了中国古代的名实观、知行观和真理观。作者认为，中国古代哲学问题并非彼此互不相干，而是密切关联在一起的，其中有些问题的内容甚至是互相交叉的，且各个哲学问题均有其思想发展的继承性、连续性，有相对独立性，同时又不是哲学思想自身的孤立发展、逻辑范畴自身的抽象推演，它有着深厚的物质根源和客观根据。

杂著（方立天文集·第十卷）
方立天著
中国人民大学出版社　2012年7月　345千字　387页

  本书为"方立天文集"之第十卷，辑录作者从事佛教学术研究数十年来撰写的各类文章杂记87篇。全书包括序言、前言和创刊词，书评，追念前贤，治学和其他五个部分。第一部分是作者为20世纪90年代以来部分中国佛教与中国哲学论著所作的序言和评论，从一个侧面反映了中国佛教和中国哲学研究的进展情况，包括《〈禅者的思索〉序》、《〈超凡世界〉序》、《〈佛藏辑要〉序》等31篇。第二部分是作者为近年来出版的重要学术著作撰写的书评，包括《读〈汉-唐中国佛教思想论集〉》、《良好的开端：介绍〈中国哲学史研究〉创刊号》、《祝贺〈藏外佛教文献〉第一辑出版》等17篇。第三部分主要记录了几位老师对作者的教育、扶持和恩德，包括《石峻与中国哲学研究》、《深切怀念周叔迦先生》、《一代觉者　百世风范：深切悼念赵朴老》等12篇。第四部分主要记录了作者50多年来的治学体会及其从事佛学研究的心路历程，包括《把握自我，勤奋开拓：治学漫谈》、《我和中国佛学研究》、《方立天教授访谈录》等15篇。第五部分因所涉议题较为广泛，不易归属，故列入"其他"之中，包括《发挥中坚和桥梁作用：在民盟中央召开的中年知识分子座谈会上的发言》、《宣扬"世界末日"就是反人类》等12篇。

东亚佛教研究（全5册）
方立天 [日]末木文美士主编
宗教文化出版社 2014年3月 800千字 1063页

中日佛教交流是中日两国千百年来民间友好交流极为重要的组成部分。1985年11月，日本《中外日报》社为纪念创刊90周年，经与中国社会科学院世界宗教研究所协商，在日本京都举办了第一次"中日佛教学术会议"，取得圆满成功。此后，日本《中外日报》社同中国社会科学院世界宗教研究所商定，每两年轮流在两国合作召开会议一次，迄今已召开过8次，为促进两国佛教研究成果的交流和学术发展作出了重大贡献。本书是中日佛教会议论文集，按每届会议所探讨的不同主题分为五册。分别是：《佛教本觉思想研究》、《佛教的本土化研究》、《佛教的论争与佛教发展》、《佛教制度与实践》和《佛教的现代性》）。其中《佛教本觉思想研究》一书收录10篇论文，主要探讨了佛教本觉思想的内涵、争论及其概念展开。内容包括：《天台智者大师对"生法论"的批判》，《梁译〈大乘起信论〉的本觉论思想分析》，《空与现代性：对两种佛教争论的回顾》，《天台智颛的如来藏思想述评》，《〈大乘止观法门〉中的"本觉"和"不觉"概念》等。

佛教史地考论（印顺法师佛学著作系列）
释印顺著
中华书局 2011年10月 178千字 270页

中国佛教因其源本于印度，故印度佛教思潮之演化，与中国佛教有密切之影响。又因其流行于中国，故中国民族之动态，与中国佛教有相互之关涉。本书为"印顺法师佛学著作系列"丛书之一，辑选印顺法师有关佛教史地考证的重要文章20篇。这些文章以古为鉴，辨伪存真，对中印佛教的历史与流变等问题作了认真细致的梳理和考证，力求准确再现佛教中国化的历史，探窥中国佛教发展的源与流。内容包括：《中国佛教史略》、《印度佛教流变概观》、《佛灭纪年抉择谈》、《论佛灭的年代》、《北印度之教难》、《世亲的年代》、《龙树龙官取经考》、《楞伽经编集时地考》、《文殊与普贤》、《护法韦驮考》、《大乘经所见的中国》、《汉明帝与四十二章经》、《玄奘大师年代之论定》等。

以佛法研究佛法（印顺法师佛学著作系列）
释印顺著
中华书局 2011年10月 172千字 257页

真正的学佛者应具备真理的探求、解脱的实现的信念。研究佛法，既不是学点谈话资料，又不是为自己的名誉利养作工具，而是要从修学中把握真理。本书为"印顺法师佛学著作系列"丛书之一，收录印顺法师阐述佛教研究方法的重要文章1篇，并以开篇《以佛法研究佛法》一文为本书命名。作者在文中强调指出："依缘起三法印去研究佛法，也就是依一实相印：法空性去研究。我以为这才是以佛法研究佛法，这才能把握合于佛法的佛法"。此外，书中还收录了《佛教之兴起与东方印度》、《法之研究》、《密教之兴与佛教之灭》、《大乘是佛说论》、《中国佛教与印度佛教之关系》、《华译圣典在世界佛教中的地位》、《论真谛三藏所传的阿摩罗识》、《阿陀那与末那》、《欲与离欲》等10余篇重要著述。

无诤之辩（印顺法师佛学著作系列）
释印顺著
中华书局　2011年10月　110千字　167页

现代佛教的研究，不是宗派主义的。需要从佛教前后的发展中，彼此同异中发掘出释迦的真谛。吐弃不适时代的附着物，净化佛教，接受各部派的积极成果，让它适应新的时代而复兴，实现释迦化世的本怀。本书为"印顺法师佛学著作系列"丛书之一，汇集了印顺法师关于佛教学术批评与讨论的文章11篇。这些文章主要针对现代佛教所涉的一些重要问题与当代学者、法师展开论辩和探讨，突显印顺法师的思想特色所在。内容包括：《评熊十力的〈新唯识论〉》，《神会与〈坛经〉》，《评〈精刻大藏缘起〉》，《敬答〈议印度之佛教〉》，《大乘三系之商榷》，《读〈大乘三系概观以后〉》，《佛法有无"共同佛心"与"绝对精神"》，《与巴利文系学者论大乘》，《禅宗是否真常唯心论》等。本书以《无诤之辩》为书名，表明了作者对学术批评和讨论的根本态度。

佛教文献与佛教文学（中国佛教学者文集·宝庆讲寺丛书/朗宇法师　清修法师主编）
冯国栋著
宗教文化出版社　2011年9月　300千字　372页

本书为"宝庆讲寺丛书"之一，是冯国栋教授"十年来学习佛教文学、佛教文献痴顽心境的记录"。全书分"文献编"与"文学编"两编，共收录文章21篇（这些文章大部分在国内刊物上发表过）。文献编所录的15篇文章，主要对汉文佛教文献、经录及考证与研究情况作了较为细致地分析、说明，包括《汉文佛教文献学引论》、《佛教目录研究八十年（1926-2006）述评：以中国大陆地区为中心的考察》、《唐宋亡佚佛教经录丛考》、《近现代汉文佛教目录述要》、《〈宋史·艺文志〉释氏别集、总集考》、《〈五灯会元〉校点疏失类举》、《雪峰语录编次考》、《〈俄藏黑水城文献〉通理大师著作考》等。文学编所录的6篇文章，主要通过具体的案例分析，就佛教对中国文学的影响进行探讨，包括《刘勰的虚静说与佛家的禅学》、《钱谦益塔铭体论略》、《书〈居士佛教与居士词论略〉后：关于佛教与中国文学研究的一点看法》、《河东狮吼考源》等。

佛学义理研究（中国佛教学者文集·宝庆讲寺丛书/朗宇法师　清修法师主编）
成建华著
宗教文化出版社　2012年8月　260千字　355页

本书为"宝庆讲寺丛书"之一，是成建华教授专门研究佛学义理的文集。书中沿着佛教历史发展的基本线索，以佛学义理的深度挖掘为关注点，对原始佛教、部派佛教、汉传佛教、南传佛教和近代人间佛教的思想内涵与演化过程进行了较为系统的梳理，重点论述了大乘中观学说之要义及其在汉地的传播与发展；最后从社会学的角度，对人间佛教的意趣及内涵、佛教对重构东方哲学的意义、佛教护国利民思想的当代价值等进行了阐释。全书分为"早期佛教研究"、"中观佛教研究"、"南传佛教研究"、"佛教与社会研究"四个部分，共收文章19篇。内容包括：《佛教的成立及其基本哲学主张》，《龙树思想的基本特色及其哲学内涵》，《提婆及其中观学的继承与发展》，《罗什对中观学的译传及其思想特色》，《僧肇的佛学思想及其理论特色》，《三论宗、天台宗的思想及其理论特色》，《从"人间佛教"看佛教的俗化问题》等。

柒、佛教

吕澂佛学论著选集（全5卷）
吕澂著

齐鲁书社　1991年7月　1447千字　3007页

　　吕澂先生专力佛学数十年，著作宏富，持论谨严，多孤明先发之见。他不仅在佛经版本及辨伪、印度原典的研究与翻译、因明与声明、戒律、中国佛学、西藏佛学、印度佛教史等方面有着极高的造诣和成就，而且对中国近代佛学教育事业、佛学人才培养以及佛经出版等方面作出了不可磨灭的功绩。吕澂还是学术和信仰兼备的佛学者，这就使得他的论述在学术史、思想史和信仰史上都具有重要的文本价值。本书是吕澂先生从事佛学研究数十年的论著选编，共分五卷。整理者李安对本书的选编过程作了如下介绍："先生年逾九旬，精神尚好，目录编次及文章之取舍，仍先生自行选择审定，全部整理稿则不克详阅"；并且对书中的文稿收录情况予以说明："惜十年动乱中，文稿大部散失。劫后寻访搜集，渐得多数旧稿。承先生嘱为编次，计裒辑文稿六十七种及有关文章之附录二十八篇。草编初具，定名为《吕澂佛学论著选集》。其中同门谈壮飞整理的《印度佛学源流略讲》、《中国佛学源流略讲》及张春波整理的《因明入正理论讲解》等文，此前已分别由上海人民出版社、中华书局出版了单行本，遵先生之嘱，均收入本集；大部文稿付梓问世。"

汉唐佛教思想论集
任继愈著

人民出版社　1981年12月　231千字　379页

　　本书是任继愈先生运用马克思主义的立场、观点和方法深入研究汉唐时期中国佛教哲学思想的名著，原名《汉—唐中国佛教思想论集》，为该书首次面世后的第三版（初版于1963年，此后于1964、1972年再版）。书中收录了任继愈先生于1955-1962年发表的《汉唐时期佛教哲学思想在中国的传播和发展》、《南朝晋宋间佛教"般若"、"涅槃"学说的政治作用》（与汤用彤先生合著）、《天台宗哲学思想略论》、《华严宗哲学思想略论》、《禅宗哲学思想略论》等重要论文7篇（另收录任先生所作序言2篇）。文中论述了汉唐时期佛教般若、涅槃学说的理论特质以及天台宗、华严宗、禅宗、法相宗的宗教哲学思想体系，探讨了汉唐时期中国佛教哲学思想的演变特征，通过对佛教世界观与现实社会、经济和政治生活之联系的考察，深刻揭示了中国佛教历史发展的内在规律。书末附录有关僧肇《物不迁论》、《不真空论》、《般若无知论》的3篇论文和范缜《神灭论》的原文与今译。本书诸多见解具有理论奠基意义，提供了中国佛教研究的新视点，为中国宗教学的发展开辟了新的方向。

任继愈禅学论集
任继愈著

商务印书馆　2005年8月　377页

　　中华文化根深叶茂，源远流长，大致可以举出以下几种特点和品格：不失自我的兼容性；与时俱进的应变性；取之有节的开发性；刚柔相济的进取性；和而不同的自主性。佛教传入中国及其发展道路，也充分体现了这些特色。本书收录任继愈先生发表在不同时期、涉及不同研究主题的43篇文章，可以看作是佛教论文，也可以看作是中国哲学史的论文。它们记述了作者在不同时期的某些论点，体现了作者从事宗教研究多年来一贯坚持的思想方法。书中始终围绕"中华文化圆融无碍、海纳百川的特点",从多个角度综合考量,全面论述了佛教与儒、道两家的相会,形成独具特色的中国禅学,进而实现儒释道三家合流之问题。内容包括:《神秀北宗禅法》,《南北禅宗异同》,《超脱与成仁》,《敦煌〈坛经〉写本跋》,《禅宗哲学思想略论》,《农民禅到文人禅》,《唐代三教中的佛教》,《禅学与儒学》,《佛教向儒教的靠拢》等。

中国佛教与般若中观学说（中国佛教学者文集·宝庆讲寺丛书/朗宇法师主编）
华方田著
宗教文化出版社　2005年9月　350千字　471页

大乘佛教中观学派及其在中国继承并加以发展的三论宗,是佛教中极具理论性、哲学性、思辨性和原创性的派别,开展中观派和三论宗的学术研究,乃是佛教研究的一个重要方面。本书为"宝庆讲寺丛书"之一,是华方田教授研究中国佛教与般若中观学说的论文集。全书分为"中观与三论宗"、"中国佛教泛论"和"敦煌佛教文献整理"三个部分,共收论文25篇。第一部分(10篇)着重论述了大乘中观派的思维方法,探讨了中观学说对般若学说的继承与发展,以及中国三论宗创始人吉藏在二谛论、中道论、判教论、佛性说、方法论、真理观、心性论等方面的概念解释与思想建树。其中对吉藏佛学思想之哲学意蕴、吉藏与中观派和般若学的关系等的阐述尤为出色。第二部分(10篇)收录作者研究中国佛教一般方面的论文,包括《澳门佛教与民间宗教概述》、《关于峨眉山普贤菩萨信仰的哲学诠释》、《隋净影慧远的判教说》、《觉悟与奉献:新世纪佛教的修行与社会理念》、《赵朴初的人间佛教及其特点》等,表明了作者对佛教学术研究所涉层面之广泛、成果之显著。第三部分收录作者曾在《藏外佛教文献》中发表的5篇有关般若、中观和禅宗的重要敦煌文献。

刘立千藏学著译文集·杂集（刘立千藏学著译文集/戴贤主编）
刘立千著译
民族出版社　2000年6月　180千字　222页

本书为"刘立千藏学著译文集"之杂集卷,选编现代著名藏学家刘立千先生有关藏学研究的10篇译文和论著。这些著译文章以独特的视角、详实的考证,精辟论述了藏传佛教及其文化显现的不同侧面,展示了作者扎实的汉藏文功底和严谨的治学态度。因题域广,故称之"杂集",内容包括:《吐蕃赞普生卒年代重考》,《西藏密宗漫谈:破瓦法》,《〈米拉日巴传〉述评》,《读〈实相宝藏论释〉笔记:关于大圆满的思想》,《〈格萨尔王传〉中的林·格萨尔》,《从〈格萨尔史诗〉看古代青藏高原上的部落社会》,《雍仲苯教甘珠尔大藏经目录》,《佛祖三十七实行颂(译)》,《三大约噶(译)》等。

全球化下的佛教与民族:第三届两岸四地佛教学术研讨会论文集
刘成有　学愚主编
光明日报出版社　2011年12月　512千字　551页

全球化为佛教思想文化绽放光彩提供了历史性的契机。本书是"第三届两岸四地佛教学术研讨会"论文集,收录了数十位专家学者以研究和探讨"全球化背景下的佛教如何参与社会主义和谐社会建设、推动和谐社会发展"为主题的论文50余篇。全书由两部分组成。一是全球化背景下的佛教，主要讨论人间佛教及其相关问题。这部分收录有中国人民大学方立天教授、香港中文大学学愚教授等专家学者的论文 24 篇，包括《当代佛教要重视阐扬佛教核心思想"缘起论"》、《佛学模式转换："无我"与"如来藏"》、《管窥人间佛教的多元化理解》、《文化全球化与中国佛教对现代科学及基督宗教的回应》、《当代台湾人间佛教全球化论述的一个侧面》、《内敛与外显：全球化语境下的当代中国南传佛教》等。二是全球背景下佛教与民族的关系。这部分收录有中央民族大学耿世民教授、班班多杰教授等 28 位专家学者的论文，包括《回鹘文佛教〈十业道譬喻故事花环〉》、《藏传佛教的综合创新特质论纲》、《试论藏族地区的关帝崇拜》等。本书所涉内容较为广泛，对于积极引导佛教与社会主义社会相适应、构建社会主义和谐社会具有积极的理论意义和现实意义。

佛教与中国文化
汤一介著
宗教文化出版社　1999 年 9 月　200 千字　267 页

中国文化曾受惠于印度佛教，印度佛教又在中国得到发扬光大。本书是中国当代著名学者汤一介先生探讨佛教与中国文化的论文集。作者结合自身对中国文化的深刻理解，从中华民族对外来文化所持的态度、儒释道三教关系、佛教的自我调适等方面着手，论述了佛教给中国文化带来的影响与发展。全书分为"佛教在中国"、"佛教与儒道"、"禅宗的超越"、"佛教文献考"四个部分，共收文章 22 篇。内容包括：《文化的双向选择：印度佛教输入中国的考察》，《佛道关于老子化胡问题的争论》，《佛教在"出世"与道教的"入世"》，《论禅宗思想中的内在性与超越性》，《禅宗的觉与迷》等。作者认为，自西汉末以来，印度佛教曾对中国文化的各个方面，如哲学、文学、艺术、建筑以至民间风俗都有深刻的影响。而到 7、8 世纪以后，佛教在印度衰落了，至 13 世纪基本湮灭。但正是隋唐以来，佛教在与中国文化结合的情况下形成了若干影响极大的佛教宗派，使佛教得到了重大发展，并由中国传到朝鲜半岛和日本以及越南等地。这个历史发展过程说明，不同文化之间的交流是人类文明发展的里程碑。

理学·佛学·玄学
汤用彤著
北京大学出版社　1991 年 2 月　267 千字　374 页

本书汇集汤用彤先生于 1914-1964 年在各种报刊上发表的关于理学、佛学和玄学方面的论文及讲稿、手稿 24 篇。这些文章集中反映了作者在 20 世纪三个不同时期的学术历程：1914 至 1918 在清华学堂时期，作者出于对国家民族的关心，希望昌明国学，而开始研究理学，认为理学才是"中国之良药，中国之针砭，中国四千年之真文化真精神也"；1922 年后，作者把主要精力放在中国佛教史的研究上，于 1937 年写成传世名著《汉魏两晋南北朝佛教史》，本书所收有关佛教史论文即是为这部著作所作的准备；20 世纪 40 年代后，作者开始研究魏晋玄学，本书亦根据他的讲课提纲和笔记整理出数篇文章。内容包括：《理学谵言》、《理论之功用》、《新不朽论》、《印度哲学之起源》、《读慧皎〈高僧传〉札记》、《竺道生与涅槃学》、《释道安时代之般若学述略》、《汉魏佛学的两大系统》、《关于肇论》、《中国佛史零篇》、《论晋宋间佛教》、《魏晋玄学和文学理论》等。

汤用彤佛学与哲学思想论集（南雍学术经典／张一兵　周宪主编）
汤用彤著　沈伟华　杨维中编
南京大学出版社　2009年10月　403千字　429页

　　汤用彤先生是20世纪初民族危难之际践行"文化救国"思想的杰出人物。他早年曾积极倡导"理学救国"思想，留学归来之后，又融摄西学，将研究视域从理学拓展到更广阔的范围，兼及民间信仰、玄学、佛学、印度哲学和西方哲学等等，同时参照中印不同文化及佛教与中国传统的儒道文化对中国佛教进行文献上的考订；在此基础上，进一步总结归纳出各种佛教理论。本书为"南雍学术经典"丛书之一，是汤用彤先生有关"佛学与哲学"研究的论文集，全面反映出作者博采儒道、兼通梵汉的学术功底及其纵览古今、学贯中西的大师风范。全书由文化研究编、佛教研究编、哲学编、魏晋玄学编、汤用彤学术年谱五部分组成，共收文章23篇。内容包括：《理学谵言》，《理论之功用》，《评近人之文化研究》，《佛教上座部九心轮略释》，《竺道生与涅槃学》，《南传〈念安般经〉译解》，《摄山之三论宗史略考》，《释迦时代之外道》，《叔本华之天才主义》，《印度哲学之起源》，《玄学与中华佛学》等。

往日杂稿　康复札记
汤用彤著
生活·读书·新知三联书店　2011年5月　240千字　362页

　　本书收录的《往日杂稿》、《康复札记》两部著作，均由汤用彤先生的短篇论文和书评汇集而成。《往日杂稿》大多为抗日战争前的作品，主要探讨了哲学和宗教史方面的问题，包括《隋唐佛学之特点》、《唐太宗与佛教》、《读慧皎〈高僧传〉札记》、《与胡适论禅宗史书》、《评日译〈梁高僧传〉》、《读〈太平经〉书所见》、《大林书评》、《王维成老子化胡说考证》、《亚里士多德哲学大纲》等14篇。《康复札记》是作者于50年代病中所写的作品，涉及面较广，包括《康复札记四则》、《针灸·印度古书》、《佛与菩萨》、《关于东汉佛教的几个问题》、《论中国宗教无"十宗"》、《读〈道藏〉札记》等9篇。两书写作年代不同，但在学术思想上具有统一性，侧重于宋明理学、佛教史、道教研究和文化研究，也涉及对西方哲学的研究心得。既可从中了解汤用彤先生的学术文化思考，亦可于此感受并学习他的治学态度与方法。

佛教的中国化（中国佛教学者文集·宝庆讲寺丛书／朗宇法师　清修法师主编）
许抗生著
宗教文化出版社　2008年8月　245千字　358页

　　佛教中国化的过程，是印度佛学逐步成为具有中国特色的佛学，即中国佛学的过程，构成我国古代中外文化交流的一个重要方面。本书为"宝庆讲寺丛书"之一，作者以佛教的中国化问题为主要研究对象，从中国佛教思想史的角度全面探讨了汉魏、三国、两晋、南北朝、隋唐，直至近现代人间佛教的发展脉络和历史变迁，重点阐述了各历史时期中国佛教思想的特色及其与本土文化或融合、或相争的趋势。全书共收论文22篇。首篇《简论佛教的中国化》一文，在指认中国佛学所具有的两重特性，即"具有与印度佛学的共同性、具有与印度佛学不同的中国特性"之前提下，明确提出中国佛学是印度佛教与中国传统这两种文化有机结合（或融合）的产物，因此中国佛学具有"融合性"。在末篇《中国佛教伦理思想与当代社会道德文明之建设》一文中，作者阐明了中国儒家的"仁爱"观与佛教"慈悲"思想的暗合及相通之处，指出以"般若"为导向的佛教道德伦理对于构建当代社会"道德智慧"的积极作用。其余各篇则针对佛教中国化的不同方面展开探讨，包括《汉代佛教与黄老方术思想的结合》、《魏晋玄学与佛教》、《简论天台宗和华严宗的佛教思想》、《禅宗与老庄思想》、《从唐代人士的信佛看佛教的社会作用》等。

藏传佛教研究（中国佛教学者文集·宝庆讲寺丛书 / 朗宇法师　清修法师主编）
许德存著
宗教文化出版社　2008年11月　460千字　583页

本书为"宝庆讲寺丛书"之一，是藏族学者许德存（又名索南才让）多年从事藏传佛教研究的论文集。这些论文着眼于藏传佛教的历史沿革、重要人物、基本教义和主要特色，重点论述了藏传佛教格鲁派、觉囊派、宁玛派，以及著名高僧宗喀巴、莲花生等人的思想，介绍了藏传佛教的方方面面。全书共收录论文36篇。内容包括：《略论宗喀巴的缘起思想》，《宗喀巴关于中观应成派八大的论述》，《藏传佛教格鲁派的判教》，《觉囊派他空思想浅论》，《宁玛派三根九乘的判教理论》，《大圆满法及其与禅宗的关系》，《莲花生及其对藏传佛教的贡献》，《西藏佛教史上的三次大法会》，《西藏佛教寺院内部的等级结构》，《藏译佛典中的疑伪经》，《藏密的形成及其特点》，《西藏传统寺院教育及其对现代教育的影响》，《西藏密教研究综述》，《川青两省藏区觉囊派寺院考察》，《20世纪的藏传佛教历史研究综述》等。

佛性与般若（上、下册）（牟宗三文集）
牟宗三著
吉林出版集团有限责任公司　2010年8月　956页

牟宗三先生（1909-1995），一位从圣贤之乡走出来的大哲学家，被认为是当代新儒家的重量级人物。本书为"牟宗三文集"之一，是牟宗三先生于20世纪70年代完成的"诠表南北朝隋唐一阶段的佛学"的重要著作。书中以佛性与般若两种观念为纲领，且以大台圆教为发挥中国佛教哲学最极致之思想，来阐述二者之要义，探究彼此之关系。虽亦述及般若、涅槃及龙树菩萨诸论义理，然重点则在中国南北朝及隋唐佛教之义学思想，尤重天台宗。全书分为上、下二册。上册包含"纲领"和"前后期唯识学以及《起信论》与华严宗"二部；第一部（4章）讲述《大智度论》与《大般若经》、《中观》之观法与八不、龙树之辩破数与时，《大涅槃经》之佛性义。第二部（6章）讲述《地论》、《摄论》、《成唯识论》、《楞严经》、《起信论》与华严宗等。下册包含"天台宗之性具圆教"一部，下设"圆教义理之系统的陈述"（4章）和"天台宗之故事"（5章）二部分；依次讲述天台宗之判教、从无住本立一切法、《十不二门指要钞》之精简等。附录"分别说与非分别说"之讲解4篇。

中国佛教的多民族性与诸宗派的个性
杜继文著
中国社会科学出版社　2008年7月　300千字　253页

佛教是历史上首次向中国固有传统作强烈冲击的外来文化，它的传入引起中国社会经济文化以至人们思维模式的变化。佛教有一套独特的思想体系和文化形态。它的被接受，从根本上改变了秦汉两代力图划一的文化结构，另外竖起了一个"道统"。本书是杜继文教授自20世纪80年代以来有关佛教史研究的论文集,集中探讨了中国佛教的多民族性及佛教诸宗派的历史个性等问题,认为中国佛教不只是汉民族的创造,也是包括侨民在内的少数民族的创造,是融合多民族思想文化形态于一身的宗教。作者指出,两宋以后佛教的停滞与衰微,与诸宗混杂、个性消失有很大关系。全书共收论文26篇。内容包括:《中国佛教的多民族性与诸宗派的个性》《佛教哲学中的自由与必然问题》《有关佛教哲学的本体论问题》《洪州系的农禅学和农业乌托邦》等。

经典诠释与中国佛学（中国佛教学者文集·宝庆讲寺丛书/朗宇法师主编）
杨维中著

宗教文化出版社　2006年8月　410千字　549页

本书为"宝庆讲寺丛书"之一,收录杨维中教授从宗派、经典、心性观等不同角度解读和诠释中国佛学的17篇论文。其中,第一篇论文《唐初三阶教大德惠恭行历及其佛学思想》写于1996年攻博期间,内容与作者工作时所获得的资料有关。其他论文大致反映了作者近十年来的学术研究范围,主要涵盖"佛教经典诠释"、"佛教心性论"、"佛道思想比较"几个方面,另有数篇涉及近代佛教。内容包括:《法显与〈佛国记〉》,《论〈楞严经〉的真伪之争》,《佛学思想及其对中国佛教的影响》,《〈华严经〉的形成、汉译、基本思想及其修行论意义》;《〈华严经·入法界品〉的思想内容及其对中国佛教的影响》,《论〈华严经·十地品〉的佛学思想及其对中国佛学的影响》,《论中国佛教的"心"、"性"概念与"心性问题"》,《中国佛教心性论的四种范式及其比较》,《论新罗顺之禅师对沩仰禅法的发展》等。

中国佛教史论（杨曾文佛学文集·真如丛书/妙灵主编）
杨曾文著

中国社会科学出版社　2002年12月　273千字　343页

本书为"真如丛书"之一,收录杨曾文教授结合中国佛教的现实情况,探讨佛教两千多年在华传播史的论文20篇。这些论文立足于本土文化视角,侧重从佛教宗派创立和传衍的角度论述了佛教中国化的发展进程。其中纪念佛教传入中国2000年的《佛教中国化历程之回顾》、《佛教中国化的回顾与思考》2篇,首先论述了佛教传入中国后如何适应中国社会环境,契合中国传统思想文化所发生的自我调适和转变,揭示了中国佛教的民族特色;述有7篇论述早期天台宗代表人物慧思、慧文及智顗的事迹和著作,以及2篇论述华严宗法藏、澄观的法界思想的论文。另有8篇禅宗论文,对敦煌本《坛经》、新发现的神会的资料《神会塔铭》、《慧坚碑铭》及临济宗等作了详尽考证和论述;最后2篇《共书佛教黄金纽带的新篇章》、《为新时期的中日文化交流史书新篇》,分别以中国佛教协会为中心介绍新中国成立以来中国佛教界与日本佛教界的友好交往的事迹、以"中日佛教学术会议"为中心介绍改革开放后中日两国佛教学术交流的情况。

佛教与中国历史文化（汉传佛教研究论丛/怡学主编）
杨曾文著

金城出版社　2013年11月　400千字　528页

本书为"汉传佛教研究论丛"之一,是杨曾文教授近年来关于佛教研究的成果总结,共收入论文近40篇。在首篇《致力国家发展进步是当代人间佛教的基本要求》一文中,作者结合自身多年从事佛教研究的心得体会,对佛教如何与当代中国社会相适应的问题提出积极倡议;其余各篇文章,则从"佛教与中国历史文化"相融合的角度,重点论述了禅宗在中国佛教史上的地位、禅宗在历史上传播的地域分布、著名禅师及禅法,以及近代高僧大德的主要思想等,涉及禅宗文化研究、中国佛教史研究、地方佛教史研究、中日佛教文化交流等方面。内容包括:《中国禅宗的迅速兴起及其主要特色》,《中国禅宗的传统及其时代精神》,《黄梅与中国禅宗》,《江西佛教的回顾与展望》,《山东与佛教略说》,《唐代禅宗史上几个问题的考证》,《菩提达摩经广州来华及其在中国佛教史上的地位》,《隐元东渡和日本黄檗宗》,《浙江的禅宗祖庭和中日佛教文化交流》,《中日佛教学者应为实现两国世代友好多做贡献》等。

佛教与中日两国历史文化（中国社会科学院学部委员专题文集）
杨曾文著
中国社会科学出版社　2015 年 9 月　572 千字　567 页

　　本书为"中国社会科学院学部委员专题文集"之一,收录杨曾文教授在佛教研究领域辛勤耕耘数十载的重要成果,以及最新的研究论文 33 篇。这些论文围绕中日佛教历史文化及其互动关系展开探讨,涉及中国佛教史、日本佛教史、中日文化交流、中日佛教人物等方面,代表了该研究领域的前沿水准。内容包括:《佛教从印度向西域的传播》,《佛教中国化的回顾与思考:中国古代佛教的三个问题》,《〈牟子理惑论〉及其对佛教的理解》,《佛图澄及其在中国佛教史上的地位》,《释道安及其在中国佛教史上的地位》,《为协调佛法与王法立论:慧远〈沙门不敬王者论〉析》,《东晋佛经翻译家法显及其在中国文化史上的贡献》,《〈佛国记〉中求法僧考述》,《竺道生及其佛性顿悟学说》,《观世音信仰的传入和早期流行情况》,《鉴真大和尚东渡和日本律宗》,《隋唐的佛舍利供养和法门寺》,《临济义玄河北传法考》,《大觉道钦禅师和径山寺》,《圆仁和日本天台宗》,《唐代密宗和〈日本弘法大师空海著述辑要〉》,《唐代禅宗史上几个问题的考证》,《唐五代禅宗在今山西地区的传播》,《弥勒信仰的民族化》等。

佛法与自由（中国佛教学者文集·宝庆讲寺丛书/朗宇法师　清修法师主编）
李广良著
宗教文化出版社　2008 年 9 月　340 千字　438 页

　　佛教的自由精神内在于佛教的理论与实践体系之中,贯穿于从"根本佛教"、部派佛教到大乘佛教的整个佛史。自由佛学既是佛教精神的自我开显、佛教自由精神的自为形式,也是佛教历史自我发展的必然结果。本书为"宝庆讲寺丛书"之一,是李广良教授有关佛教自由精神（自由佛学）的探索之作。成书意图主要基于两点考虑:一、探讨佛教的自由思想,从佛教理论的内部说明佛教自由思想的起源与发展,解析佛教自由思想的内部结构,阐明佛教自由之道的工夫论体系;二、探讨佛教与其他思想体系的关系,阐述佛教的社会、政治、历史理论和佛教的审美与艺术理论,力图建构佛教与世俗社会和世俗思想文化之间的合理关系。全书分上、下篇,共收文章 31 篇。内容包括:《存在与无明:佛教无明观的现代诠释》,《禅宗的自由精神》,《论佛法的出世性:兼及佛法的道德教化功能》,《中国近代居士佛学略论》,《中国近代三系唯识学的比较》,《佛法与自由太虚:大师佛学思想中的自由观念》,《中国美学思想中的"韵"》,《凝视人性的荒野:荀子思想简论》,《中国现代文学与宗教文化》等。

佛教信仰与社会变迁（中国佛教学者文集·宝庆讲寺丛书/朗宇法师主编）
李向平著

宗教文化出版社　2007年9月　410千字　608页

本书为"宝庆讲寺丛书"之一，收录李向平教授运用宗教社会学方法考察研究佛教信仰与中国社会变迁的论文20余篇。在首篇《当代中国佛教社会学研究现状述评》一文中，作者全面总结了近20年来中国大陆与台湾学者在佛教社会学领域的学术成果和研究动态，指出开展佛教社会学研究，既是佛教在当代社会得以生存和健康发展的内在要求，也是社会转型进程中佛教与社会主义相适应、促进社会和谐发展和国家稳定繁荣的需要。其后数篇论文对当代佛教的宗教社会学问题作了个案研究，如《"少林寺现象"及其引发的宗教社会学问题：传统佛教的认同方式与神圣资源配置方式的变革》、《社会化，还是世俗化：中国当代佛教发展的基本问题》、《"信仰但不归属"的佛教信仰形式：以浙、闽地区佛教徒的宗教生活为中心》等。此外，作者还针对中国佛教的和平观、和谐观，法相唯识宗的中国命运，近世耶佛冲突与对话，以及20世纪中国佛教的"革命"走向等问题进行了研讨。最后数篇论述了佛教在近代日本社会的发展情况。

中西丝路文化史（中国佛教学者文集·宝庆讲寺丛书/朗宇法师　清修法师主编）
李志夫编著

宗教文化出版社　2010年9月　435千字　485页

本书为"宝庆讲寺丛书"之一，是台湾著名佛教学者李志夫有关西域学方面的研究文集。书中以中国古代北方草原部落移居中亚为中心，根据大量史料，尤其是佛教文献资料，全面论述了从远古至近代中国与中亚及印度各民族之间，通过丝绸之路进行文化交流的历史，重点探讨了包括佛教、伊斯兰教在内的宗教文化交流活动及其作用和影响。全书分为"中国北方草原部落在中西（印）文化交流上之历史地位"、"现代西域民族之溯源"、"中印史前先民交通初探"、"月氏在中印文化交流上之影响"等12章。作者紧扣"民族与宗教"主题，在仔细梳理西域各民族交流的历史、佛教高僧和西行求法人士往来轨迹的同时，也特别注意对古希腊、古罗马、古波斯与印度关系的溯源，以求真实展现西域宗教的源流变化和交往盛况。本书有利于读者对西域历史文化整体的认识与把握，也有助于我国西域学研究的扩展与推进。

正智与生活：30年闻思佛学的心力路堤
李尚全著

东方出版中心　2010年2月　263千字　260页

正智在佛学里有两层含义：一是扩大自己的知识域，超越有限的知识境界，进入无限的智慧境界，这叫破"所知障"；二是从自我的私欲中解脱出来，让自己的心胸一天天开阔起来，能够宽恕他人，包容社会，这叫破"烦恼障"。本书是李尚全教授先前所著《人本佛教：现代化语境里的佛教话语》（甘肃人民出版社，2009年9月出版）的姊妹篇，收集了作者在1989—2010年间发表的有关佛教研究的部分学术论文和译文，反映了作者自1979年接触佛教以来所闻所思的心路历程。全书分"论文"和"译文"上、下二篇，共收录文章19篇。上篇包括三个部分：第一部分"理论探索"，主要对佛教概念的形成、佛教伦理的思想内核、佛教的中国化、佛教与道教和基督教的比较研究等问题进行了探讨；第二部分"敦煌佛学"，主要对敦煌出土文献和新疆克孜尔石窟加以论述；第三部分"区域佛学"，主要对台湾佛教和苏州佛教进行了较深入的研究。下篇收入作者所译《陆象山与佛教》和《王阳明与佛教》2篇文章（［日］常盘大定著）。

佛教考古：从印度到中国（全2册）
李崇峰著

上海古籍出版社　2014年1月　1062千字　934页

本书运用佛教考古学方法，对以天竺佛教史迹为开端的佛教石窟寺壁画、塑像等文物遗存作了全面考察，结合佛典分析研究了丝绸之路上的天竺、新疆、北方、南方佛教史迹中有关佛教考古的问题，藉此探寻佛典和石窟之间的内在联系，透视中印佛教交流的历史，以及中印佛教石窟中各因素的发展、演变和流传过程。全书分五组，共收文章26篇。第一组探讨古代天竺佛教艺术发源地的寺塔遗迹及石窟寺。包括《塔与塔庙窟》、《西印度塔庙窟的分期与年代》、《阿旃陀石窟参观记》3篇。第二组是关于古代龟兹（今新疆库车、拜城地区）佛教石窟寺的论文。包括《克孜尔中心柱窟主室正壁画塑题材及有关问题》、《克孜尔石窟的本生故事》、《克孜尔中心柱窟的涅槃再现》等6篇。第三组主要研究中原北方地区现存的寺院遗址和石窟寺。包括《从犍陀罗到平城：以寺院布局为中心》、《鸠摩罗什与中土早期石窟：以禅经为例》等9篇。第四组探讨西南地区佛教遗迹。包括《安岳圆觉洞调查记》、《剑川石窟：1999年考古调查简报》2篇。第五组主要研究印、巴、中三国的古代文化交流。包括《汉文史料所见罽宾与中国》、《西行求法与罽宾道》、《犍陀罗、秣菟罗与中土早期佛像》、《中国出土的阿育王像》等6篇。

西藏佛教研究（中国佛教学者文集·宝庆讲寺丛书/清修法师　朗宇法师主编）
克珠群佩著

宗教文化出版社　2009年10月　375千字　556页

藏传佛教以其庞大的思想体系、丰富的文化内涵、独特的宗教形式、严密的组织结构而受到世人瞩目。活佛转世制度、政教合一制度、无上瑜伽密法所形成的神灵系统，以及名目繁多、丰富多彩的宗教仪轨和自成体系、各具特色的众多教派，构成了藏传佛教与众不同的鲜明特征。本书为"宝庆讲寺丛书"之一，是克珠群佩教授从多个角度研究藏传佛教的论文集，涉及藏传佛教的历史传承、修行次第、教派兴衰、佛教艺术、人物传记、僧尼素质和党的宗教政策在西藏的贯彻执行等问题。全书共收论文35篇。内容包括：《佛教止观法略述》，《佛教四圣谛与藏族古代文学》，《西藏佛教艺术概述》，《藏僧尼素质亟待提高》，《噶举派"四教诲"诸师传略》，《"大手印"与"那若六法"记述》，《玛尔巴与噶举派》，《塔波拉杰及其〈解脱道庄严论〉》，《拔绒噶举及其主寺拔绒寺》，《帕珠噶举兴衰史论》，《西藏佛教噶当派》等。

中国佛教述论（中国佛教学者文集·宝庆讲寺丛书/朗宇法师主编）
存德著

宗教文化出版社　2011年3月　400千字　483页

佛教学术研究的根本意义，不仅是了解存在于一定时空中的佛教发展形态，而且是从现存的文献、文物中去伪存真，去粗取精，探索其前后延续，彼此关联的因果性，从而更清楚地认识到佛法的本质。本书为"宝庆讲寺丛书"之一，收录作者探讨中国佛教问题的论文21篇。其中有关于佛教历史上重要事件的记述，如《北魏太武法难述论》、《北周周武法难述论》、《唐会昌法难述论》、《后周世宗法难述论》等；有佛教教义和宗派的探微，如《佛教的黑白观》、《六家七宗述论》、《二程辟佛述论》等；有佛教高僧的思想解析，如《虚云和尚禅学思想述论》、《傅山的佛教观》、《佛日契嵩的孝论思想》、《莲池袾宏的孝论思想》等，还有佛教与中国传统文化之关系的探讨，如《大孝论：佛教对儒家责难的回应之路》、《从〈牟子理惑论〉看中国排佛思想的形成》等。本书论证严谨，条理清楚，是研究中国佛教很有价值的资料。

佛教内外学（中国佛教学者文集·宝庆讲寺丛书/朗宇法师 清修法师主编）
肖永明著
宗教文化出版社　2012年8月　350千字　478页

本书为"宝庆讲寺丛书"之一，收录作者阐述中国佛教历史上重要人物、典籍和主要思想的论文35篇。书中循着佛教内外学的发展线索探寻了佛教中国化的历史走向，特别是对中国近现代人间佛教思想产生的缘由及其开展、建设情况作了细致考察，并对中国佛教在当今社会的价值与意义进行了认真思考。内容包括：《支那内学院内学思想略论》；《论唯识学建立的意趣》；《法相唯识学中的"无我唯法"论》；《中观瑜伽两轮并驰：从法尊法师与欧阳竟无居士之间的一段公案说起》；《论近现代唯识学系佛学思想的中国意蕴》；《禅与唯识关系论辨》；《试论近现代中国佛教的思想深度》；《中国佛教的近代歧变》；《佛教禅密双解》；《抉择与融会：人间佛教建设探索》；《谁识渊源出深柳：太虚大师志业与杨仁山居士关系》；《试论太虚法师"真现实"思想的现代意义》；《人间佛教的人文关怀》；《人间净土的社会意义》；《作为内学的佛学：唯识学与现象学的双向考察》；《现代性危机与佛教的心性超越》；等等。

中国禅学（第1—7卷）
吴言生　黄夏年主编
中华书局　大象出版社　2002年6月—2014年1月　5311千字　3708页

中国佛教的特质在禅，东方文化的底蕴在禅。由净慧长老创办、河北禅学研究所主办的大型学术刊物《中国禅学》，以"传承祖师心法、光大禅宗文化、促进禅学研究"为主旨，致力于成为海内外禅学研究者交流切磋的园地，成为有志于禅学研究而欲一窥堂奥者的门径。本刊自2002年6月首次出版以来，每年一卷。前五卷由吴言生教授主编，从第六卷起由黄夏年教授主编，至2014年1月已经出版7卷。各卷刊出的文章以禅学研究为主，按"分栏"方式编排，包括理论探讨，综合研究，佛耶对话，古佛道场，学术会议，热点透视，禅宗语言、文学、美学，专著评介等；各卷还分设不同专题，如：道元与中国禅、西方禅学翻译、日本禅宗研究等。凡与禅学研究有关的文章，如与禅学及禅宗有关的历史、地理、人物、寺院、典籍、书评和综述等，包括与现代学科有关的研究成果，均可在本刊刊载。内容涉及禅学研究各个领域，学术价值较高，呈现出丰富多彩的面貌。主编吴言生强调，《中国禅学》今后在加强基础理论研究的同时，将注重以下三个方面的研究：发表日本等地学者在早期禅宗史研究方面的先进成果；增加禅宗与其他宗教的比较研究，以与国际学术界关注的宗教对话相接轨，为建立具有学理性、规范性、普世性的全球伦理而努力；体现禅学研究的现实关怀，增强对现当代禅学的研究力度。

柒、佛教

布袋和尚与弥勒文化
何劲松主编

宗教文化出版社　2003年4月　200千字　255页

弥勒菩萨是根据奉化布袋和尚的形象塑造的。布袋和尚被奉为弥勒化身以后，逐渐由人演变成"神"，成为无所不知、无所不能的超人。他的经历极富传奇色彩。本书收录2000年在浙江奉化召开的全国首次弥勒文化学术研讨会的论文19篇。这些论文围绕"弥勒文化"现象，从多个角度论述了弥勒信仰在中国民间的传播轨迹及弥勒造象形态的演变，生动讲解了布袋和尚富有哲理的成佛故事。全书分为"布袋和尚与弥勒文化研究"、"布袋和尚的传闻逸事"上、下两篇。内容包括：《弥勒："乐"的表征》，《"布袋和尚"与"布袋"》，《弥勒下生成佛的几个译本的异同》，《略谈佛教造像中弥勒形象的演变》，《从庄严未来佛到布袋和尚：一个佛教中国化的典型》，《弥勒信仰的民族化》，《论弥勒礼忏仪的演变与发展》，《弥勒造像形态探胜》，《〈阿含经〉中的弥勒佛：兼论中国佛教的弥勒崇拜》，《弥勒形象的定型与中国人的民族性格》等。

闽台佛教论（中国佛教学者文集·宝庆讲寺丛书／朗宇法师　清修法师主编）
何绵山著

宗教文化出版社　2010年10月　250千字　346页

闽台佛教一脉相承，同根同源，密不可分。数百年来，两地佛教一直保持着水乳交融的血脉关系。众多福建僧侣的入台传教和众多福建祖庭在台的廨院分炉，构成了闽台佛教交流史上绵延不断的生命线。本书为"宝庆讲寺丛书"之一，是作者针对闽台两地佛教发展史、近现代著名高僧与闽台佛教的关系、闽台佛教建筑艺术、台湾解严后佛教的多元化走向等具体问题所作的一些尝试性探讨，共收相关论文13篇。内容包括：《福建佛教的发展与传播》，《弘一大师与近代闽南佛教》，《虚云法师与福州鼓山涌泉寺》，《圆瑛法师与闽台佛教》，《日据时期福州鼓山涌泉寺与台湾五大法派》，《台湾"人间佛教"初探》，《试论当代台湾佛教界对青少年教育的介入与影响》，《当代台湾佛教界对资金的吸纳》等。

何谓密教：关于密教的定义、修习、符号和历史的诠释与争论
沈卫荣主编

中国藏学出版社　2013年12月　380千字　415页

"密教"在西方大多数宗教学者的语境里是一个基本的、常见的词汇，并且已经成为一个在大众想象中十分有魅力的东西，充斥于西方的流行文化之中。从这个角度看，今天众说纷纭的密教实际上并不是一个历史的、客观的存在，而是某种形式的西方思维的产物，是一个西方思维发展出来的错误概念。本书是一部有关密教研究的译文集，收录当今国际学术界著名佛教学者撰著的文章11篇。这些文章围绕"何谓密教"这一主题，分别从密教的定义、修习、符号和历史等角度对密教这一充满东方神秘色彩的宗教与历史现象进行阐述，代表了目前国际学界对该领域的认知程度和研究水平。内容包括：《关于密教的定义、历史建构和象征意义的诠释和争论：对晚近西方密教研究中几篇重要论文的评述》，《〈实践中的怛特罗：勾勒一部教派传统〉导论》，《金刚乘：来源与功能》，《极端的东方：东方学家想象中"密教"范畴的构建》，《修辞、分类学与转向：简论佛教密宗历史编纂源流》等。

曲肱斋全集（全10册）
陈健民著　陈相攸主编
中国社会科学出版社　2002年9月　2000千字　3695页

　　旅美华人陈健民先生（1906-1987），作为汉地学者去研究藏传佛教，在海内外被公认为是把藏传密教与汉传禅宗成功地介绍到西方英语世界的重要推动者。他苦修藏密数十年，曾经克服种种艰苦的条件与恶劣的环境，投入全部精力从理论与实践两方面对藏传佛教进行了认真学习与深入研究，在海外华人世界中享有盛誉。本书是陈健民一生著、译成果的总集，是他辛勤劳作的结晶，其中包含与陈氏有关的他人著述若干种。由于作者苦修藏密且兼研教理之密教，故其所有著述以西藏密教为主，兼及其他各派佛教。全书分10册。第1-2册包括曲肱斋文初编至四编；第3册包括密宗灌顶论、护摩仪轨集、事业手印教授抉微；第4册包括光明法藏、恩海遥波集、法界大定教授汇总；第5册包括中黄督脊辨、玛儿脑准祖师、大手印教授抉微；第6册包括禅海塔灯、华严五论集、汉译佛法精要原理实修之体系表；第7册包括曲肱斋尺牍集、曲肱斋近譬集、曲肱斋塔鬘集；第8册包括曲肱斋知恩集、曲肱斋推思集、曲肱斋沐恩录、曲肱斋反省录；第9册包括曲肱斋短笛集；第10册包括曲肱斋赞颂集、韵文杂译剩稿。陈健民的著述几乎都与修行或佛法的实践有关，亦可称之为佛教内部的信仰式研究。他在书中以一个现代学者的客观精神对藏传密教的许多过去隐藏秘不传的法理、仪轨等进行了有别于传统的现代讲解，使读者明确感受到陈健民在治学态度方面，与一般学术界的研佛态度有显著的不同。

原始佛教的语言问题
季羡林著
中国社会科学出版社　1985年1月　78千字　100页

　　本书辑录季羡林先生于1954-1984年间研究原始佛教语言的4篇论文，分别是《原始佛教的语言问题》、《再论原始佛教的语言问题》、《三论原始佛教的语言问题》、《中世纪印度雅利安语二题》。季先生在文中指出，佛在世时宣扬教义所用的语言，可能是摩揭陀语。佛灭后，佛徒们根据口头流传下来的一些零碎经典编纂佛典，编定时所用的语言也就会是摩揭陀语（非纯粹的摩揭陀语）。既然佛陀本人、佛教初期的那些大师都是东部人，说东部的话，最初佛典，也就是我们所谓的原始佛典，也就应该是用东部方言写成的。因之，其他比较晚出的佛典，无论用巴利文，其他印度世俗、混合梵文，或用梵文写成的，都来自同一部原始佛典。只有这样推论，佛典表述中同源而又互有冲突等现象才能解释得通。

佛教十五题
季羡林著
中华书局　2007年1月　200千字　262页

　　本书是季羡林先生研究佛教史和中印关系史的著作。书中以佛教在印度的起源与发展，如何传入中国、对中国产生何种影响，以及佛教在中国进一步发展后再倒流回印度为基本线索，对佛教弘传的历史进行了全面梳理，使读者能够条理清晰地阅读和领会季先生对于佛教史和中印关系史上某些重要问题的论述。全书按历史时序编排为15个题目。内容包括：《原始佛教的历史起源问题》，《论释迦牟尼；论原始佛教的语言问题》，《佛教开创时期的一场被歪曲被遗忘了的"路线斗争":提婆达多问题》《浮屠与佛》《再谈"浮屠"与"佛"》《法显》《中国佛教史上的〈六祖坛经〉》《佛经的翻译与翻译组织》《佛教教义的发展与宗派的形成》《佛教与儒家和道教的关系》等。本书既从语言学的角度研究佛教,又从佛教的传播和发展的角度揭示中印两国的文化交流,作者的思路体现了中国及至东方文化善于综合和联系的特点。

季羡林谈佛
季羡林著

武汉出版社　2011年8月　420千字　359页

季羡林先生是国内外公认的佛教权威,他曾以一个语言研究者的身份研究佛教,通过原始佛典的语言现象来探讨佛教的传布与发展,以求从中找出佛教演变的规律。他一生对佛教研究倾注了大量心血,著述甚丰。本书精选季羡林先生在长达半世纪的佛教研究生涯里撰写的25篇经典论著,以纪念其百年诞辰。内容包括:《原始佛教的历史起源问题》《释迦牟尼》《佛教开创时期的一场被歪曲被遗忘的"线路斗争":婆达多问题》《原始佛教的语言问题》《印度佛教的发展与衍变》《关于大乘上座部的问题》《佛教教义的发展与宗派的形成》《佛典中的"黑"与"白"》《禅宗是佛教中国化的产物》《作诗与参禅》《关于中国弥勒信仰的几点感想》等。本书是季羡林先生去世后由其子季承首次授权出版的精选集,集中反映了季先生作为一代佛学大师的智慧与风采,极具学术参考价值。

中华佛教史·佛教史论集（季羡林　汤一介总主编）
季羡林著

山西教育出版社　2013年7月　373千字　344页

本书为"中华佛教史丛书"之佛教史论集卷,选取季羡林先生研究佛教史的论文24篇。前2篇概述了作者本人参与佛教研究数十年来的心得体会,阐释了研究佛教史的意义和方法。其余各篇,以佛教在印度产生、发展、传播,如何传入中国、对中国的影响,以及在中国进一步发展后再倒流回印度为主线,分析和论述了中国佛教发展进程中的某些关键性节点及其在中印文化交流史上的重要地位,涉及汉传佛教、藏传佛教、西域佛教、敦煌佛教以及佛教艺术等方面。内容包括:《浮屠与佛》《再谈"浮屠"与"佛"》《〈列子〉与佛典:对于〈列子〉成书时代和著者的一个推测》《关于中国弥勒信仰的几点感想》《玄奘与〈大唐西域记〉中"四十七言"问题》《中印文化交流史·同化问题》《佛教对于宋代理学影响之一例》《西域在文化交流中的地位》《敦煌学、吐鲁番学在中国文化史上的地位和作用》等。

法海佛意窥豹：金易明佛学论述丛稿（中国佛教学者文集·宝庆讲寺丛书／朗宇法师　清修法师主编）
金易明著

宗教文化出版社　2014年12月　360千字　449页

本书为"宝庆讲寺丛书"之一,收录上海佛学院金易明教授论述佛教义理的文章14篇。这些文章论证严谨,既有般若、唯识、华严等佛教思想的探微,亦有针对都市佛教、人间佛教所作的有现实意义的研讨,可谓"般若、唯识上下求索,华严密乘皆得介入,古今纵横捭阖,探佛理之幽，掬法水之味，其几十年研究心理，跃乎纸上矣"。内容包括：《寻觅世尊的真意》，《密乘佛教蠡测及对汉传显宗佛教的影响浅论》，《弥勒菩萨〈现观庄严论〉思想体系略述》，《玄奘大师佚失三论典之义理推测》，《鸠摩罗什译经事业对中国佛教义学风格的影响浅论》，《"华严十地"修行体系与"华严禅"境界窥豹》，《佛教知行观的关键命题》，《格义佛教与道安法师般若思想刍议》，《都市条件下人间佛教具体形态窥豹》等。

释家艺文提要
周叔迦著

北京古籍出版社　2004年4月　490千字　606页

周叔迦（1899-1970）是当代佛教著名学者，学贯古今、会通华梵。早在20世纪30年代，他就开始了佛学研究生涯，任教于北大、清华、辅仁大学，主讲中国佛教史、唯识学、因明学、成实论、佛教文学等课程。其人平生著书多种，有《周叔迦佛学论著集》、《最上云音法汇》、《牟子丛残新编》、《清代佛教史料辑稿》、《法苑珠林校注》等著作传世。本书收入周叔迦有关佛教典籍研究的提要521篇，内容涉及魏晋南北朝、隋唐五代高僧之主要著述。全书分7卷。每卷辑录提要若干篇，各篇提要均包括著者简介、版本流传、主要思想等，较全面地反映了周叔迦先生对于佛学研究的独特理解。

周叔迦佛学论著全集（全7册）
周叔迦著

中华书局　2006年12月　3000千字　3615页

周叔迦先生是我国现代著名佛教居士、佛教学者、佛教活动家和佛学教育家。其人"文史知识渊博，佛教信仰坚定，学术研究范围开阔，深造自得，不拘一格，妙然天成，在20世纪中国佛教学术知识谱系中独树一帜"。他对于现代中国佛教学术主要有以下贡献：一是佛教史研究；二是撰写《佛教艺文提要》；三是敦煌佛教文献研究；四是房山石经整理、维护、研究。本书收录周叔迦先生有关佛学研究的论著60余种。书中将作者历年来发表于各报刊杂志上的文章、已刊行的专著及未发表的手稿汇集在一起，重新辑录、整理而成一部《周叔迦佛学论著全集》。所收论著虽未能囊括作者的全部著作，但规模已远胜于从前，基本上可以反映一代佛教文史大家周叔迦先生学思的全貌。全书分7册。内容包括：《印度佛教史》，《中国佛教史》，《八宗概要》，《唯识研究》，《新唯识哲学》，《因明入正理论释》，《法苑谈丛》，《虫叶集》，《杌人集》，《佛经研究法》，《佛学程序集》，《释家艺文提要》，《云音法汇》，《清代佛教史料辑稿》等。

中国佛教与生活禅（中国佛教学者文集·宝庆讲寺丛书／朗宇法师主编）
净慧法师著

宗教文化出版社　2005年7月　320千字　448页

当今佛教发展的种种疑难和缺陷都集中在契机这个问题上。如何使佛教更好地契合现代人的根性，适应时代的环境而又能发挥改善现代环境的作用，这就是佛教现代化的内涵。本书为"宝庆讲寺丛书"之一，收录净慧法师近10余年来发表的有关佛教与生活禅的55篇论文，其中既有作者参加国内各种佛教会议的讲话、纪念文，也有学术随笔、对话访谈录。这些文章主要围绕佛教如何在当代语境和社会生活中把握时代脉博、实现创新性发展进行探讨，内容包括：《当代佛教契理契机的思考》；《促进人类自身完善的三个回归》；《人间佛教与以戒为师：学习太虚大师关于人间佛教思想的体会》；《佛教的道德与实践能为公民道德建设服务》；《生活禅是个大法门》；《虚云老和尚的禅风》；《与法国红衣大主教吕斯蒂杰的对话》；等等。作者提出，佛教现代化是契机，是随缘；佛教化现代，是契理，是不变。佛教始终应有深远超越的目光，慈悲摄受现代人；立足现代，立足当下，这应该是佛教永恒的价值目标。

佛教与中国传统文化：杨曾文先生七秩贺寿文集
宗性　道坚主编
中国社会科学出版社　2009年3月　1080千字　927页

　　杨曾文教授是新中国成立以来自己培养的佛教史专家。他专注于佛教研究已经40余年，学术成果丰硕，涉足中日佛教研究的大部分领域。本书汇集中外学界有关佛教与中国传统文化研究的论文66篇，内容可分为三个部分：第一部分是杨曾文的生平与著作介绍；第二部分是有关禅宗的研究；第三部分是有关佛教史的研究。这三部分内容与杨曾文教授的研究成果是吻合的，由此可以作为其七十寿诞的最好贺礼之一。所收论文有：《杨曾文先生和〈六祖坛经〉研究》（田中良昭）；《荣誉学部委员杨曾文先生访谈》（纪华传）；《杨曾文与中日佛教学术会议》（高洪）；《关于禅宗牧牛图的两个问题：从〈增一阿含经·牧牛品〉说起》（李志夫）；《关于真字〈正法眼藏〉诸问题》（石井修道）；《略说中国佛教南北禅宗的异同》（邢东风）；《中国对〈法华经〉思想的接受》（菅野博史）；《"空"与"无"：从佛教思想史角度的审视》（木村清孝）；《中印文化互动与隋唐的佛教创宗及学术文化》（洪修平）；等等。

赵朴初文集（上、下卷）
赵朴初著　《赵朴初文集》编辑委员会主编
华文出版社　2007年10月　1060千字　1450页

　　赵朴初曾任全国政协副主席、民进中央名誉主席、中国佛教协会会长，是中国共产党的亲密朋友、著名的社会活动家、杰出的爱国宗教领袖。赵朴初同志的一生，是不断探索真理，追求进步的一生，是在中国共产党的领导下，对国家和人民事业忠心耿耿、奋斗不息的一生。本书是为纪念赵朴初诞辰100周年，由中央统战部、全国政协民宗委、国家宗教局、民进中央和中国佛教协会编辑并组织出版的文集。全书分上、下两卷。书中收录赵朴初1942年12月至1999年9月这段时间内的报告、讲话、谈话、文章、信件等共297篇，其中部分文章为首次公开发表，反映了他在各个时期的社会活动和主要思想，对于今天做好统一战线工作、民主党派工作和宗教工作具有重要的参考价值。

云南与巴蜀佛教研究论稿（中国佛教学者文集·宝庆讲寺丛书／朗宇法师主编）
侯冲著
宗教文化出版社　2006年7月　420千字　513页

　　本书为"宝庆讲寺丛书"之一，收录作者于1994至2005年间撰写的有关云南与巴蜀佛教研究的论文20余篇。全书分为南诏大理佛教、云南阿吒力教、大足石刻与宋代巴蜀佛教、元明云南佛教史志四大类。作者为达正本清源、求真务实之目的,不仅对与民族意识形成有关的古代文献作了切实的考辨,而且对现代人编撰的伪书也予以辨伪。尽管讨论的主要是云南佛教,但也较多论及巴蜀佛教,兼及佛教史、佛史经典、佛教历史文献、佛教艺术和佛教人物等方面。内容包括:《南诏观音佛王信仰的确立及其影响》,《大理国写经〈护理司南抄〉及其学术价值》,《云南阿吒力经典发现与认识》,《宗赜〈孝行录〉及其与大足宝顶石刻的关系》,《论大足宝顶为佛教水陆道场》,《云南鸡足山的崛起及其主要禅系》,《〈论傣族诗歌〉是伪书》等。

人间佛教的理论与实践（人间佛教研究丛书/学愚　赖品超　谭伟伦主编）
觉继　学愚主编
中华书局　2007年9月　335千字　390页

佛法致力于建设人间社会的和谐共处,这是人间佛教的存在契机与先决条件。如何使佛教文化在新时代焕发出生机与活力,契应当前社会人生的需要,创造人间佛教的文明历史,已成为关心和热爱佛教文化者所深思的课题。本书为"人间佛教研究丛书"之一,选编2006年7月在香港召开的第一届青年佛教学者学术研讨会的论文27篇。这些论文以"人间佛教的理论、实践与伦理价值"为主题,从经典、历史、实地考察等多个方面分析和论证人间佛教的理念,关注佛教在当代社会的实践,探讨佛教的未来发展走向,较集中地反映了人间佛教研究的新成果,体现了来自两岸三地著名大学的青年学者锲而不舍的探索精神。全书由"人间佛教的理论与实践"、"人间佛教的经典与传统"、"人间佛教的伦理与价值"三个部分组成。内容包括:《星云大师对"人间佛教"的实践智慧》,《文化佛教是弘扬人间佛教的有效途径:佛光山教团模式研究综述》,《人间佛教的"人间化"与"化人间"》,《道器思维与佛教的中国化及人间化》,《从寺院僧规及和尚家风探讨禅茶关系》,《"文字禅"非"以文字为禅":慧洪禅学研究相关之几点澄清》,《近代人间佛教与社会性别研究:以印光大师为中心》等。

中国佛教哲学（中国佛教学者文集·宝庆讲寺丛书/朗宇法师　清修法师主编）
徐文明著
宗教文化出版社　2008年10月　240千字　353页

佛法大海,非俗人所能知;般若无底,岂陋智所能测。本书为"宝庆讲寺丛书"之一,是徐文明教授有关中国佛教史与佛教哲学的论文集,反映了作者多年来潜心研修佛学的一些见解和体会。书中所选录的18篇论文,大致以发表时间为序,其中大部分都公开发表过,如《出世之教与治世之道:试论儒佛两家的根本分际》,载于《北京师范大学学报》1997年第3期;梁译《〈大乘起信论〉序考证》,载于《国学研究》第四卷（97）;《〈金刚三昧经〉作者辨》,载于《中国文化研究》1997年第4期;《唐代诗僧皎然的宗系和思想》,收入《佛教与中国传统文化》一书等。其余各篇也曾刊登于国内多家刊物。内容包括:《慈恩宗衰亡的原因探析》,《玄高从学佛陀跋陀罗的一桩公案》,《六家七宗与般若性空论》,《僧叡的生卒年代与思想》,《〈涅槃无名论〉真伪辨弥勒形的定型与中国人的民族性格》,《僧叡慧叡非一人辨》,《早期法华信仰与普贤感应》,《鱼山梵呗与早期梵呗传承的几个问题》,《玄奘大师早期师承略考》,《简论佛教的灵魂观》,《轮回的文化渊源与精神意蕴》等。

近现代中国佛教论（高振农佛学文集·真如丛书/妙灵主编）
高振农著
中国社会科学出版社　2002年12月　256千字　321页

　　佛教自印度传来中国后，经过魏晋南北朝时期的弘传，隋唐时发展到了极盛，形成了各个不同的宗派。宋明以后则逐渐趋向衰落。到了近代却又出现新的转机，呈现出复苏的迹象。反映这一时期佛学复兴状况的主要标志是：一、佛教文化迅速发展；二、汉藏佛学的沟通和中外佛学的交流；三、唯识思想的流行。本书为"真如丛书"之一，收录高振农教授研究近现代中国佛学的论文24篇，这些论文从多个角度论述了近现代中国佛学复兴运动的时代特征和理论特色、著名佛教学者和历史人物在重大历史事件中的作用与影响，并对近现代区域佛教发展的主要特点、儒学与佛学、唐代佛典翻译、台湾佛教与我国大陆佛教的关系等问题展开探讨。内容包括：《中国佛学与近代哲学》，《关于佛教研究方法论的几个问题》，《关于佛教在社会主义时期作用问题的探讨》，《吕澂对汉文大藏经的研究》，《试论谭嗣同在维新运动中的佛学思想》，《论章太炎佛学思想在辛亥革命中的作用》，《试论熊十力对印度佛学思想的批判与改造》等。

郭朋佛学论文选集
郭朋著
社会科学文献出版社　2011年8月　395千字　456页

　　郭朋先生是我国当代著名佛学研究专家，在中国佛教史研究领域取得了突出成就。本书收辑郭朋先生自20世纪80年代以来发表在多种学术刊物上的论文24篇。这些论文虽不足以表明郭朋先生在佛教及佛教哲学思想研究方面的全貌，但也清楚地表明作者严谨求实的治学态度及其以唯物史观为指导的学术理念。正如辛冠洁在"序"中所言，"郭兄是一位坚持用唯物史观对待佛教的学者，他承认佛教存在的客观必然性，他欣赏佛教之能够适应社会历史发展的灵活性和思辨能力，但他始终坚持认为佛教毕竟是宗教，它有一个不可逾越的彼岸世界"。内容包括：《佛教思想泛论》、《中国汉传佛教简论》、《佛教与中国思想文化》，《佛教思想与中国文化》，《宋译〈楞伽〉思想略述》、《三阶教略论》，《南朝"佛性"论思想略述》，《神会思想简论》，《〈坛经〉校释序言》，《从宋僧契嵩看佛教儒化》，《宋代禅宗与程朱理学》，《鸠摩罗什》等。

历史学视野中的佛教（中国佛教学者文集·宝庆讲寺丛书/朗宇法师　清修法师主编）
郭绍林著
宗教文化出版社　2012年5月　270千字　367页

　　佛教在唐代进入鼎盛时期，为社会各界所信奉，对当时社会生活的渗透既广且深，成为社会文化习俗的重要组成部分，几乎到了不可或缺的地步。本书为"宝庆讲寺丛书"之一，是一部从史学角度剖析隋唐佛教演变与发展历程的文集，集中讨论了著名佛教人物的典籍和成就、帝王与佛教的关系、佛教对世俗文化的影响、佛教的教育艺术和教化作用等，生动再现了隋唐佛教繁荣兴盛的历史景貌。全书共收文章26篇。内容包括：《唐宣宗复兴佛教再认识》，《论唐代的观音崇拜》，《龙门卢舍那佛雕像造型依据武则天说纠谬》，《说弥勒形象的演变》，《唐太宗与佛教》，《玄奘与佛道名位》，《也谈"黄坑"葬俗的宗教属性》，《〈大唐西域记〉对唐代中原文化的影响》，《玄奘法师才是唐代古文运动的先驱者》，《汉唐间中原佛教的发展轨迹》等。

佛教解释学（觉群佛学译丛/觉醒主编）

[美]唐纳德·洛佩兹编　周广荣　常蕾　李建欣译

上海古籍出版社　2009 年 12 月　320 千字　275 页

　　解释学是一门兼具古典传统与现代新知的学科。将这门学科应用于佛教研究，可供探讨的话题与具体方法必然是丰富多彩、颇具启发性的。尤其是这一学科自身历史的特性，对于深入理解宗教的神圣性与隐密性具有独特的效果。本书为"觉群佛学译丛"之一，收录以 1984 年 5 月 31 日至 6 月 3 日在美国洛杉矶玄田学院召开的以佛教解释学为主题的会议论文 10 篇。这些论文在宽泛意义上的解释学框架内，对不同形态的佛教及其经典的解释传统予以探讨，涵盖印度佛教、南传上座部佛教、汉传佛教及藏传佛教等不同语系的佛教，涉及印度、锡兰、中国、日本、朝鲜等历史上佛教盛行的多个国家。编者将已故著名佛教研究者拉莫特的《对佛教文本解释的评价》置于首篇，使本书完整呈现了当代美国佛教解释学研究的基本状况。内容包括：《渐悟：领悟佛法的一条解释学进路》，《对大乘经的解释》，《杀戮、诳语、偷盗与淫乱：关于怛特罗解释中的一个问题》，《金刚解释学》，《密彭的解释理论》，《中国佛教的解释阶段》，《"圆教"到哪里去了》，《朝鲜视角下的禅宗解释学》等。

佛教文化与佛教教育（中国佛教学者文集·宝庆讲寺丛书/朗宇法师主编）

理净法师著

宗教文化出版社　2007 年 11 月　280 千字　360 页

　　佛教教育由早期的经院式转向学堂式教育以来，已经与现代教育接轨，走向了正规化的教育阶段。但随着社会文化的不断发展，佛教现有的教育体制已经存在不适合今天的教育方式。本书为"宝庆讲寺丛书"之一，是理净法师有关"佛教文化与佛教教育"专题研究的论文集，着重讨论了如何完善和健全佛教文化教育体制，使佛教文化教育与社会发展进步相适应。全书分为"三论专著篇"、"佛教教理篇"、"佛教文化篇"和"佛教教育篇"四个部分，共收文章 26 篇。在前两个部分中，作者主要就"三论宗"的判教、典籍及其在中国的发展，以及佛教教理和戒律对于古今中国社会的顺应与调适展开论述。后两个部分，则围绕"佛教与社会主义社会相适应"之主题，从佛学与理学、佛学与玄学、儒教与儒学、佛教的服装、佛教的饮食等几个方面来具体阐示中国佛教文化的特征，继而针对当前中国佛教教育的现状、大乘佛教精神与当前社会伦理建设等重大现实问题进行分析与思考。

东方佛教论（黄心川佛教文集·真如丛书/妙灵主编）

黄心川著

中国社会科学出版社　2002 年 12 月　263 千字　332 页

　　东亚最重要的文化传统是起源于印度，繁荣于中日韩三国的佛教，以及起源于中国，发展于东亚和东南亚诸国的儒教。在东亚地区进入近代以后，佛教文化与儒教文化虽然不能说完全融合了起来，但已形成混合的基础，此种融合在中日韩流行的很多佛教宗派和儒家的某些思想体系中可以清晰地看到。本书为"真如丛书"之一，收录黄心川教授有关东方佛教的论文 31 篇。这些论文从不同侧面探讨了印度佛教及其哲学思想对包括东亚、南亚在内的整个东方传统文化的塑造与影响，论述了佛教在东方各国，特别是在中国落地生根后的历史表现与发展轨迹，揭示了佛教在东方各民族中存在形态的差异性与共通性特征。内容包括：《释迦牟尼的哲学和社会思想》、《论龙树的中观哲学和辩证法》、《中国密教的印度渊源》、《密教与道教》、《印度吠檀多哲学与中国佛道思想的交流》、《印度瑜伽与中国佛教、道教、民间气功关系》、《印度、中国佛教造像艺术的发展过程及其特点》、《尼泊尔佛教及其对我国的影响》等。

中外佛教人物论（中国佛教学者文集·宝庆讲寺丛书/朗宇法师主编）
黄夏年著

宗教文化出版社　2005年8月　410千字　599页

　　本书为"宝庆讲寺丛书"之一，收录黄夏年教授评介中外佛教人物的论文31篇。这些人物就其佛学造诣和所处的时代而言均具有一定代表性，而学术界鲜有涉及。书中分别介绍了他们的生平，各自突出的佛教理论、思想及其弘法事业等；同时结合佛教发展的历史和人物生活的时代背景，依次对他们作出科学的分析和实事求是的评论，对于佛教如何摆脱困境，从恢复走向振兴亦较为关注。全书分为"中国篇"和"外国篇"两个部分，其中有关近现代中国佛教人物的研究占据了较多篇幅。内容包括：《道安"本无"思想初探》、《僧肇是怎样解"空"的》、《僧肇为什么要评论"六家七宗"》、《弘一法师与念佛法门》、《"四朝高僧传"与法门寺》、《欧阳竟无与王恩洋（1922-1927）》、《印顺法师与王恩洋先生：以〈印度之佛教〉为中心》、《应慈法师禅学思想漫议》、《太虚"人生佛教"思想初探》、《圆瑛大师的社会伦理思想》、《慈运法师评传》、《溥常法师的振兴佛教与佛教教育思想》等。

西来东去：中外古代佛教史论集（真如丛书/妙灵主编）
黄夏年著

中国社会科学出版社　2006年12月　302千字　375页

　　本书为"真如丛书"之一，是黄夏年教授围绕中外古代佛教史作整体性研究的论文集，内容涉及佛教思想史、人物史、地方史、碑刻史、典籍史和学说史等多个方面，填补了相关学术领域的某些空白，也为我国佛教研究提供了新思路和新观点。全书由中国篇、外国篇和比较篇三个部分组成，共收论文19篇。第一部分主要探讨佛教在中国传播与发展过程中如何应对"本土化"的问题，包括《中国佛教理论思想发展史纲》、《浅论中国民间佛教传说》、《北魏儒释道三教关系当议》等9篇。第二部分主要探讨印度佛教及南传佛教思想的现代性问题，包括《印度佛教的人间佛教思想初探》、《〈阿含经〉念佛理论研究》、《成实论二题》等7篇。第三部分主要针对"宗教对话"这一议题展开探讨，包括《巴利佛典"十四行相"与汉译佛典"九心轮"的比较研究》、《唐代景教四则》、《景经〈一神论〉之"魂魄"讨论》3篇。

中国禅学研究（上、下册）（第二届黄梅禅宗文化高峰论坛论文集）
黄夏年主编

中州古籍出版社　2012年4月　640千字　801页

　　黄梅在中国禅宗发展史上地位显赫。在这里，四祖道信建立了禅宗第一座道场；五祖弘忍开创了盛极一时的东山法门，培育了大批佛门巨擘，成就了南北两宗法系；六祖慧能从黄梅将禅的顿悟法门普传天下，使佛教迈出了中国化最坚实的一步。2011年10月，来自世界各地的近两百位专家学者、佛教界的法师和学问僧云集禅宗发祥地湖北黄梅,共同参加"第二届黄梅禅宗文化高峰论坛"。此次论坛以"弘扬禅宗文化,促进和谐发展"为主题,共收到论文163篇。本书结集了其中有关中国禅学研究的论文53篇,分上、下两册。内容包括:《拈花微笑的思想史》,《禅宗"不立文字"说意涵探究》,《敦煌本〈坛经〉校释疏义第十二章》,《明心见性的现代意义与修学次第》,《"禅法"在现代生活中的价值观》,《论禅宗偈颂与诗歌的融合与界限》,《四川遂宁禅门人物录》,《略论禅宗义理与教育方式的关系》,《赵州从谂生平研究》,《赫尔曼·黑塞对禅宗的研究与评价》等。这些文章论域广阔,侧重各不相同,不仅深入阐析了湖北黄梅的禅宗文化,而且对于中国禅宗思想史的研究亦有所掘进。

佛学百年(武汉大学百年名典)
麻天祥主编

武汉大学出版社　2008年6月　814千字　529页

2006年10月,武汉大学哲学院举办了以"佛学百年"为主题的国际学术研讨会,来自中国各地高校、研究机构和澳大利亚、印度、日本、波兰等国的60多位专家学者出席了这次会议。本书是与会人士的论文结集,比较全面地反映和总结了近百年来中外佛教学术界在佛学研究领域所取得的巨大进展和重要成果。全书分为"佛学百年的综合性研究"、"当代生活禅研究"、"唯识学研究"、"学者和佛教人物的专题研究"等9个部分,共收论文48篇。内容包括:《科学与理性的佛学百年》,《20世纪的华严学研究》,《中国近代文化思潮中的佛教复兴》,《百年清代藏传佛教研究》,《论欧美佛教研究的分期与转型》,《生活禅和生活禅夏令营》,《论熊十力对佛教唯识学的批评》,《民国年间新旧唯识之论争》,《中国晚清、民国初期哲学与政治思想接受唯识学的基础与动机》,《对百年来华人学者对唯识学研究之初步分析》等。杨曾文教授在序言中指出,"在这百年期间,中国教内外的学者对中国佛教历史、教理、哲学、文学、艺术等领域的研究,取得前所未有的丰硕成果,发表了数量庞大的专著和论文;在对佛教文献,特别是对敦煌佛教文献和各种大藏经、佛教典籍的研究和整理方面也取得巨大的成果。"同时,他还对未来中国佛学研究的发展方向进行了展望。

佛学研究十八篇(百年经典学术丛刊)
梁启超撰　陈士强导读

上海古籍出版社　2011年12月　322千字　437页

本书为"百年经典学术丛刊"之一,是梁启超拟撰《中国佛教史》一书的未定稿,收录作者于1920-1925年间撰写的各类佛学研究文章18篇。这些文章基本上是梁启超接受了新的研究方法后的学术成果,反映了清末民初知识分子从传统佛学向现代佛学研究转型的时代风貌。主要特点是从史学的角度出发,将佛学概括为一种心理学,对中国佛教的兴衰流变及相关事项予以扼要的阐述,对佛学认识论的因缘观、生死不灭的业力和轮回观、无常与无我的变化观、解脱与涅盘的智慧修养观提出独到见解。内容包括:《中国佛法兴衰沿革说略》,《佛教之初输入》,《印度佛教概观》,《佛陀时代及原始佛教教理纲要》,《佛教与西域》,《中国印度之交通》,《佛教教理在中国之发展》,《翻译文学与佛典》,《佛家经录在中国目录学之位置》,《见于〈高僧传〉中之支那著述》等。本书是《佛学十八篇》的第一个校点本,校点工作由陈士强和宋道发两位学者共同完成，并由陈士强先生作精彩导读。书中有不少精辟见解和论述，以今人之眼光来看仍不失其精深，具有长久的参考价值。

中国佛教与考古（中国佛教学者文集·宝庆讲寺丛书/朗宇法师　清修法师主编）
温玉成著
宗教文化出版社　2009年7月　519千字　655页

佛教考古对于佛教学术研究而言至关重要。20世纪佛教考古的最新发现，无疑改写了部分佛教史。本书为"宝庆讲寺丛书"之一，是我国佛教考古学专家温玉成先生的论文集。书中运用考古学方法，就中国佛教史上尚存争议的诸如"西天诸神"怎样来到中国、密教遗址、早期佛教初传中国南方之路，以及全国各省区的主要佛教史迹等若干问题展开广泛探讨，得出有理有据的结论。全书分为"综论"、"佛教传入路线及早期佛教图像问题"、"少林寺研究"、"龙门石窟及洛阳寺院研究"、"河南省佛教史迹研究"、"其他省（区）佛教史迹"和"经典研究"7个部分，共收文章60篇。内容涉及佛教人物、佛寺遗址、石窟寺、经幢、碑刻、摩崖造像、佛教绘画等方面。最后3篇则对《首罗比丘经》、敦煌本《第七组大照和尚寂灭日斋文》和《大慈如来告疏》三部佛典分别作了考释研究。

佛道散论（中华现代学术名著丛书）
蒙文通著
商务印书馆　2011年12月　257页

蒙文通（1894-1968）在中国古代史及古代学术文化研究领域造诣很深，成就甚高。他早年受业于清末国学大师廖平与刘师培，从研究传统的经学开始其学术生涯，后来又向近代佛学大师欧阳竟无先生学习佛学与古代学术思想，博通经史、诸子，旁及佛道二藏。本书为"中华现代学术名著丛书"之一，收录蒙文通研究佛道哲学思想的论文17篇。其中有深受近代唯识派大师欧阳渐推崇并在当时产生重大影响的2篇佛教论文，以及道教、道家研究的若干篇文章，可以看作是蒙文通宗教研究的论文总集和代表性成果。内容包括：《中国禅学考》，《唯识新罗学》，《杨朱学派考》，《略论黄老学》，《〈严君平《道德指归论》佚文〉序言》，《致汤锡予论〈魏晋玄学论稿〉书》，《道教史琐谈》，《晚周仙道分三派考》，《治佛道杂语》等。

佛教卷（当代中国宗教研究精选丛书）
楼宇烈主编
民族出版社　2008年1月　500千字　565页

本书为"当代中国宗教研究精选丛书"之佛教卷，是一部力图汇聚"改革开放以来佛教研究成果"的论文集。书中选编大致能代表当前大陆佛教研究领域中老、中、青三代中较有成就、有影响学者撰写的28篇论文，内容涉及佛教研究的各个方面，从中可以看到我国佛教学术的发展动态和主要成就。全书分为"中国佛教宗派研究"、"佛教经典研究"、"佛教图像研究"、"藏传佛教研究"、"印度佛教交流"、"中外佛教交流"等8个部分。收入论文有：《中国佛教宗派研究》，《如来禅与祖师禅》，《惠能南宗禅学思想辨义与新探》，《〈入不二法门品〉梵本新译及其相关问题的研究》，《孔望山摩崖造像研究总论》，《藏传佛教觉朗派的独特教义"他空见"考》，《佛教与婆罗门教的"虚妄"观念比较》、《印度大乘的心性本净论》、《中国佛教的多民族性与诸宗派的个性》、《船山先生的佛学现量观》等。

民间佛教研究
谭伟伦主编
中华书局　2007年10月　270千字　309页

　　民间佛教是一个较新的研究领域。它不同于以往着重于义理与精英方面的研究，而是关注佛教在平民大众中的发展与流布，采取新的方法（田野考察与文献分析的双轨研究法）与新的态度（非认信性与批判性）来扩阔中国佛教的研究视野。本书是香港中文大学的重点研究项目之一，主要从地方佛教、宗派佛教和仪式佛教三个方面探讨佛教在中国民间社会当中的开展，反映了海内外学者对于民间佛教的最新研究成果。全书分总论篇、民间佛教篇、香花和尚篇、普庵祖师篇和斋公斋婆篇五个部分，共收文章12篇，其中有较大篇幅论述了闽台粤地区的民间佛教发展情况。内容包括《台湾观音信仰的主要形态：兼论民间佛教与民间信仰的关系》、《粤东的香花和尚与香花佛事科仪传统》、《闽西定光佛信仰研究：以其身世、宗教属性、形成传播情况及相关民俗活动为中心》、《福建泰宁的普庵教追修科仪及与瑜伽教关系考》等。

考证与辩析：西域佛教文化论稿
霍旭初著
新疆美术摄影出版社　2002年7月　280千字　378页

　　佛教大约在公元前2世纪或者稍迟一些的时候传入西域。当时龟兹是西域佛教弘传和佛学研究的中心，佛寺栉比，僧尼众多，葱岭以东、塔里木盆地边缘诸国的王孙贵族、佛教信徒都来此受戒学法。龟兹佛教文化、艺术随之兴盛，集中表现为石窟寺的大规模修建。本书辑选霍旭初先生多年来研究西域佛教文化和龟兹石窟艺术的论文12篇，包含两个部分内容。前半部分是对西域佛教文化新课题的考证和研究，如《鸠摩罗什大乘思想的发展及其对龟兹石窟的影响》、《克孜尔〈优陀羡王缘〉壁画与敦煌〈欢喜国王缘〉变文》、《印度、龟兹、敦煌降魔变之比较：佛教哲理向通俗化的衍变》、《敦煌佛教艺术的西传：从新发现的新疆阿艾石窟谈起》等。后半部分是对西域佛教文化研究中存在的史据失当和不实之词等问题的辨析研究，如《克孜尔"唢呐"的真相：兼谈研究龟兹乐资料上的应注意的几个问题》、《米兰"有翼天使"问题的再探讨：兼谈鄯善佛教艺术的有关问题》、《柏孜克里克"奏乐婆罗门"壁画新考》等。书末附录有关克孜尔石窟的分期、石窟内容等资料。

西域佛教考论（中国佛教学者文集·宝庆讲寺丛书／朗宇法师　清修法师主编）
霍旭初著
宗教文化出版社　2009年6月　400千字　597页

　　新疆现存600多个佛教石窟，是中国早期佛教艺术宝库。本书为"宝庆讲寺丛书"之一，收录霍旭初先生从佛教艺术的角度考论西域佛教的文章26篇。这些文章以石窟寺研究为主线，运用考古学、艺术学、历史学等方法，全面探讨了西域佛教、石窟艺术的源流和发展，通过考察佛教义理与佛教艺术的关系，发掘佛教艺术的深邃内涵。内容包括：《"无遮大会"考略》，《唐代龟兹僧勿提提犀鱼汉译〈十力经〉及相关问题》，《对龟兹流行密教几个论说的辨析》，《鸠摩罗什大乘思想的发展及其对龟兹石窟的影响》，《鸠摩罗什"破戒"问题琐议》，《西域石窟寺音乐造型概论》，《〈梁高僧传·经师论〉解读：西域与中原佛教音乐关系之析考》，《丝路音乐与佛教文化》，《善导与唐西州阿弥陀净土信仰》，《龟兹金刚力士图像研究》，《克孜尔石窟故事壁画与龟兹本土文化》，《克孜尔石窟壁画裸体形象问题辩真》，《阿艾石窟题记考识》等。

华严学与禅学（中国佛教学者文集·宝庆讲寺丛书 / 朗宇法师　清修法师主编）
魏道儒著
宗教文化出版社　2011 年 5 月　300 千字　373 页

本书为"宝庆讲寺丛书"之一，辑录著名学者魏道儒教授曾公开发表在国内报刊上的佛教论文 27 篇。这些论文从"宗教融合"的视角出发，依次对华严学和禅学的核心内容及义理特点进行了深入研讨，探究此二者在佛教中国化进程中的历史地位和重要作用。全书由两部分组成。第一部分"华严学"（13 篇），内容包括：《〈兜沙经〉与华严学的开端》，《竺法护华严译籍的学说体系及特点》，《东晋南北朝华严学的发展趋向》，《华严宗的圆融思想及其实践价值》，《华严宗与中国文化》等。第二部分"禅学"（14 篇），内容包括：《祖师崇拜中的菩提达摩：以宋代禅学为中心》，《灵祐与沩仰宗的禅学特点》，《元代禅宗与高峰原妙的禅思想》，《明本禅师的禅学思想》，《破山海明与峨眉地区禅学》，《圆瑛大师的禅学》。

佛教护国思想与实践（世界宗教研究丛书）
魏道儒主编
社会科学文献出版社　2012 年 6 月　322 千字　301 页

佛教护国思想起源于释迦牟尼创教弘法时期，伴随着佛教的兴起而不断得到充实丰富。佛法东传后，佛教护国思想获得进一步发展，逐渐生发出深刻的宗教情感和政治智慧。本书为"世界宗教研究丛书"之一，收录国内学者探讨"佛国护国思想与实践"的论文 28 篇。这些论文广泛结合佛典和史实记述，对汉传佛教、藏传佛教和南传佛教之护国理念的产生与发展、历史上僧众的护国事迹，以及佛教护国传统之现实意义等方面作了比较全面的考察和论述。内容包括：《汉译经典中的"护国"》，《从〈仁王经〉看佛教的护国观念与般若思想》，《佛教的护国利民思想及其现实意义》，《从护国思想到爱国爱教思想的发展历程》，《抗战时期中国佛教的护国思想与实践》，《救国与救教：20 世纪 30-40 年代的中国佛教与政治》，《关于蒙藏地区佛教护国思想的思考》，《中国南传佛教的护国思想与实践》，《日本佛教的护国思想与实践》等。

达摩禅学研究（上、下册）（中国禅学研究系列丛书 / 释光明主编）
广州华林寺编
中国大百科全书出版社　2003 年 11 月　500 千字　943 页

近代佛教泰斗太虚大师曾言，中国佛教的特质在禅。禅宗一花开五叶，异彩纷呈，已成为中国佛教的代表，也是当今人类心灵历练的门径。本书为"中国禅学研究系列丛书"之一，是由广州华林寺光明法师主持编辑的达摩禅学研究文集。全书分上、下两册，汇集了近80年来国内外著名专家、学者和高僧大德有关达摩研究的文章50篇。这些文章对达摩的生平事迹、禅法特点、历史贡献和影响等方面作了广泛深入的研究和评析，有利于禅学研究向更深层次拓展，也有利于中国传统文化的继承与弘扬。内容包括：《西来初地华林寺考访记》，《禅宗初祖菩提达摩考》，《谈谈有关初期禅宗思想的几个问题》，《中土禅宗之导源与发展》，《中国禅学考》，《宋译楞伽与达摩禅》，《菩提达摩的生平和禅法》，《达摩禅与般舟三味》，《菩提达摩考》，《菩提达摩禅法〈二入四行论〉》，《达摩祖师西来意》，《菩提达摩石碑碑文并参考资料》，《达摩事迹与达摩图像》，《真性与自觉：达摩、慧可、僧璨心性论略述》等。

佛教史研究的方法与前景（复旦文史专刊之七）
复旦大学文史研究院编
中华书局　2013年6月　370千字　297页

19世纪以来，运用现代学术方法进行佛教研究已经在国际学界取得相当程度的进展，同时也留下了许多新的有待开发和深化的学术议题。为了进一步推动中国佛教史的研究，加强东西方在佛教史研究方法上的交流，复旦大学文史研究院于2010年9月在上海召开以"佛教史研究的方法与前景"为主题的学术讨论会。本书即为此次专题会议的论文集，共收入中外学者提交的论文9篇。这些论文围绕"对中国佛教史研究传统的反思"、"欧美、日本对中国佛教史研究的新进展与新取向"、"重新检讨佛教史与政治史、艺术史、社会史等领域的综合研究方法"三项议题从多个角度展开探讨。内容包括：《2008年中国大陆佛教研究方法论讨论》，《德国佛教艺术史研究方法举隅：以九色鹿故事为例》，《叙事、隐喻与象征：中国佛教中的动物》，《明代汉译藏传密教文献和西域僧团：兼谈汉藏佛教史研究的语文学方法》，《在佛教研究之边界上：东亚佛教研究中概念和方法论的转型》，《日本的禅学研究和禅宗思想史的课题》等。

丁福保大德文汇（百年佛教高僧大德丛书／王志远主编）
丁福保著
华夏出版社　2012年4月　370千字　508页

丁福保（1874-1952），字仲祜，号畴隐居士，江苏无锡人。自幼入家塾就读国学，曾受学于江阴南菁书院，后乃潜心医学，师从赵元益。其人学贯中西，著述颇丰。1904年，丁福保偶读《释氏语录》，开始接触佛教，后从杨仁山居士学习佛教；1910年创办《中西医学报》，致力于编译日文西医书，向我国医界介绍西医知识。1914年起信奉佛教，宣扬佛学，编写了一系列佛学入门读物，笺注了《金刚经》、《六祖坛经》等十多种佛经，合辑为《佛学丛书》出版。此外，丁福保从1912年起开始编纂《佛学大辞典》，历时八载方告竣工。这是中国第一部新式佛学辞典，辑录佛学词条3万余，360多万字，内容广泛，基本上囊括了佛教各种专门名词、术语、典故、典籍、专著、名僧、史迹。丁福保的佛学著作，已成为中国学术界、佛教界共同的宝贵财产，有极高的学术研究价值。本书为"百年佛教高僧大德丛书"之一，是丁福保居士著作的精选集，收录有《六祖坛经笺注》、《佛经精华录笺注》、《静坐法精义》三部著述，主要介绍了六祖大师的禅法和作者对于静坐修行之法的体会，表达了作者领悟中国禅学的独到见解。

广钦大师文汇（百年佛教高僧大德丛书／王志远主编）
广钦大师著
华夏出版社　2012年4月　378千字　483页

广钦（1892-1986），福建惠安县人，现代著名苦行僧。因其生活俭朴，日常以水果为食，故有"水果师"之称。广钦提倡在实际生活中修习、体验佛法，终其一生以平实无奇的苦行、忍辱、念佛来度化世人。广钦去世后，弟子们将他平时的训诫，辑为《广钦老和尚开示法语录》行世。后人评价广钦曰："综师一生，贫苦孤露，坚毅笃朴；宿慧萌芽潜修百苦卒致彻悟。渡海来台，冥阳双度。禽兽驯归。更以禅悦代替火食，历半生岁月，诚为百年来所罕见。"本书为"百年佛教高僧大德丛书"之一，是广钦大师语录的精选集，包括开示录、语录、追思录、附录、金刚经集注5部分。其中开示录分为综合开示和对寺众开示，语录为行持语录；后人对广钦的追思，包括《广钦老和尚云水记》、《记广钦菩萨二三事》、《广钦老和尚访问记》等11篇。因广钦生前推崇《金刚经》，书末附以《金刚经》集注。

太虚大师文汇（百年佛教高僧大德丛书／王志远主编）
太虚大师著
华夏出版社　2012年4月　454千字　598页

太虚大师（1889-1947），著名佛教理论家，现代中国佛教爱国、爱教的僧伽楷模。他以改革佛教为己任，提出了在近代佛教史上具有里程碑意义的"三大革命"（教理革命、教制革命和教产革命），强调把传统佛教的"出世"和"神本"转化成"入世"和"人本"，高扬起"人间佛教"的旗帜。太虚一生著作等身，后由弟子印顺等编辑为《太虚大师全书》，约700万字。本书为"百年佛教高僧大德丛书"之一，是太虚大师著述的精选集，准确概括、提炼了太虚所宣说的佛学理论及主要思想。全书包括三个部分。第一部分"佛学源流"，收录《中国佛学》、《佛教各宗派源流》2篇论著，讲述中国佛教及各宗派之源流。第二部分"佛学通论"，收录《佛学概论》、《佛理要略》、《佛法导言》、《佛乘宗要论》等10余篇论著，讲述佛学的学史、学理、佛理、佛法及法相唯识学、律禅密净四行论、诸法众缘生唯识观、诸法有无自性问题等基本理论。第三部分收录《整理僧伽制度论》1篇，讲述僧依品、宗依品、整理制度品和筹备进行品。

白圣大师文汇（百年佛教高僧大德丛书／王志远主编）
白圣大师著
华夏出版社　2012年4月　437千字　578页

白圣大师（1904-1989），法名东富。1921年落发于九华山，后到祇园寺受具足戒；1937年传法授记于圆瑛，因此继承了圆瑛七塔、崇圣两寺的法脉，成为临济正宗四十一世及曹洞宗四十七世法嗣。白圣一生弘法，倾心于公益事业，对医院、学校、救济机构常有捐助。他潜心研读佛经，颇具造诣，主要著述有《禅宗史论集》、《学禅方便谈》、《维摩经讲录》、《楞严经表解》、《金刚经表解》、《起信论表解》、《云水梦忆》等书行世。本书为"百年佛教高僧大德丛书"之一，收录白圣大师所著《学禅方便谭》、《佛教是什么》、《出家十要》、《善导和尚答》、《弘法半月记》、《经论讲记》6篇论著。前4篇主要从"学禅"的角度解释了中国禅宗的发展脉络，回答了佛教是什么、出家人的修行准则等问题。后2篇记述了白圣大师在台湾弘法的体验与心得，以及寺院住持手册、十普寺常住职司分配暨共住规约，佛垂般涅槃略说教诫经讲记和佛说梵网经菩萨戒戒本讲记等内容。

印光大师文汇（百年佛教高僧大德丛书／王志远主编）
印光大师著
华夏出版社　2012年4月　466千字　632页

　　印光法师（1861-1940），法名圣量，自称常惭愧僧，在当代净土宗的地位至今无人能及。他由儒入释，儒佛兼容，既秉承儒家"孝悌为本"的传统，又崇信佛教因果报应理念，故其佛学思想以因果报应、老实念佛为弘化原则，又特别强调敦伦尽分，克尽人道，从而为传统的中国佛教注入了新的生机。印光58岁时离开普陀山，专注于弘法利生的工作，其主要方法是刻印善书、佛经，印行各种《文钞》（正编、续临、三编）、《嘉言录》、《文钞菁华录》、《法语》等，文字在百万言以上，言言见谛，深入显出。遗著有《印光法师文钞》四卷、续编《文钞》二卷、《增广印光法师文钞》。本书为"百年佛教高僧大德丛书"之一，精选印光大师有关净土的论疏和部分书信、杂著、序跋，有很高的学术和史料价值。内容包括：《净土决疑论》，《净土法门普被三根论》，《宗教不宜混滥论》，《佛教以孝为本论》，《持经利益随心论》等。

印顺大师文汇（百年佛教高僧大德丛书／王志远主编）
印顺大师著
华夏出版社　2012年4月　426千字　570页

　　印顺大师（1906-2005），当代著名高僧，以智慧深广、学识渊博、著述宏富而享誉于世。他数十年来著述研学，直接从原始佛教之阿含、毗昙及印度之空、有、真常三系之经论出发，探究佛陀及后代大师之精义。尤其对龙树中观之学曾作深入探讨，对原始佛教、部派佛教、中国禅宗史等亦有精深研究，于印度佛学之厘清与判摄，于中国禅宗史之疏解，见解独到，迥异流俗，无论内修、外弘，目的就是希望抉发纯正的佛法，并以纯正的佛法净化人心。印顺大师提倡人间佛教，认为这是适应现代，更能适应未来进步时代的佛法，著有《中观今论》、《唯识学探源》、《性空学探源》、《原始佛教圣典之集成》、《说一切有部为主的论书与论师之研究》、《初期大乘佛教之起源与开展》等书。其大部分著述，辑为《妙云集》行世。本书为"百年佛教高僧大德丛书"之一，是从印顺大师《华雨集》中精选出的论述人间净土思想的文本，分为"方便之道"和"佛学研究"两部分。内容包括：《方便之道》，《中道正法》，《方便道之施设》，《方便道之发展趋向》，《泛论普及而又深入的大乘》，《中国佛教琐谈》等。

弘一大师文汇（百年佛教高僧大德丛书／王志远主编）
弘一大师著
华夏出版社　2012年4月　450千字　619页

　　弘一大师（1880-1942），是民国时期才气横溢的哲学家、思想家、艺术家、教育家，也是中国现代佛教界绚丽一时的典型人物。他集诗、词、书画、篆刻、音乐、戏剧、文学于一身，出家后读《梵网经合注》、《灵峰综论》，即发愿学律，生活至简，治学至勤，修头陀苦行，为世人留下了咀嚼不尽的精神财富。著有《四分律比丘戒相表记》、《四分律含注戒本讲义》、《戒本羯磨随讲别录》、《在家律要》、《南山道祖略谱》及音乐作品《清凉歌》等。本书为"百年佛教高僧大德丛书"之一，辑录了弘一大师撰写的辞赋楹联、论说、传记、题记、序跋、书信、杂志和诗偈。内容包括：《为性常法师掩关笔示法则》，《慈说》，《悲智颂》，《持非时食戒者应注意日中之时》，《人生之最后》，《关于女性异说讨论致竺摩法师书》等。

圣严大师文汇（百年佛教高僧大德丛书／王志远主编）
圣严大师著
华夏出版社　2012年4月　450千字　630页

圣严大师（1930-2009），禅宗曹洞宗的第五十代传人，临济宗的第五十七代传人，台湾法鼓山的创办人，是我国第一位获得博士学位的比丘。他一生致力于推动"心灵环保"之理念，冀望由此提升人的精神品质，建设人间净土，以教育完成关怀任务，以关怀达到教育目的。大师平生著述甚丰，曾以中、日、英三种语文在亚、美、欧各洲出版的著作近百种。本书为"百年佛教高僧大德丛书"之一，辑录圣严大师所撰《菩萨戒指要》、《印度佛教史》和《学术论考》三部重要论著，具有较高的学术价值。第一部论述了传统戒律与现代世界、从三聚净戒论菩萨戒的时空适应、明末中国的戒律复兴等内容。第二部论述了从原始佛教的发端到初期的大乘佛教、龙树系的大乘佛教、无著系的大乘佛教以至从密教盛行到近代佛教的整部佛教史。第三部分为上、下二篇，上篇主要探讨天台、密教、禅宗及净土思想之教理，下篇主要探讨近现代佛教学视野中的大陆与台湾佛教的多方面问题。

吕澂大德文汇（百年佛教高僧大德丛书／王志远主编）
吕澂著
华夏出版社　2012年4月　400千字　561页

吕澂（1896-1989），现代中国佛教学者，1956年任中国科学院哲学社会科学部委员，在印度佛学及藏传佛学领域颇有造诣。他深谙英、日、梵、藏、巴利等语，对梵藏佛典的校勘及版本目录等文献学极为精审，对于19世纪以来欧美所盛行的佛学研究法有完整而深入的理解，在文献考据上开"义据批评法"研究佛学思想之先河，在佛典版本及辨伪、印度原典的研究与迻译、因明与声明、戒律、印度佛教、中国汉传佛教、中国藏传佛教等方面亦成果斐然，是20世纪中国佛教研究的主要奠基者。本书为"百年佛教高僧大德丛书"之一，精选吕澂先生研究佛学的论文和讲义10余篇，具有极高的学术价值。全书分"佛学论文"和"经论讲要"两部分。内容包括：《论奘译〈观所缘释论〉之特征》，《论庄严经论与唯识古学》，《〈起信〉与〈楞伽〉》，《〈大乘起信论〉考证》，《〈显扬圣教论〉大意》，《〈楞伽·如来藏章〉讲义》，《〈胜鬘夫人狮子吼经〉讲要》，《〈法句经〉讲要》，等。

汤用彤大德文汇（百年佛教高僧大德丛书／王志远主编）
汤用彤著
华夏出版社　2012年4月　420千字　583页

汤用彤（1893-1964），字锡予，中国著名哲学史家、佛教史家、教育家，曾在北大教授中国佛教史、魏晋玄学、印度哲学史、西方哲学史、逻辑学等30余年。作为现代中国学术史上少数几位能会通中西、接通华梵、融铸古今的国学大师之一，汤用彤先生由于精通内外经典，又接受过严格的外国哲学、语言和治学方法的训练，且认真求实、治学严谨，使其学术著作如《汉魏两晋南北朝佛教史》、《印度哲学史略》、《魏晋玄学论稿》等在出版几十年后，仍然被国内外学术界公认为最权威的经典之作。本书为"百年佛教高僧大德丛书"之一，是汤用彤先生各种佛学著作的精选集。全书分论文选、佛教史专题、著者年谱三个部分。第一部分收入作者论述中国佛教哲学以及原始佛教、印度佛教的文章，包括《印度佛教之发展》、《释迦时代之外道》、《佛教上座部九心轮略释》、《南传〈念安般经〉译解》、《〈胜宗十句义论〉解说》等。第二部分为《汉魏两晋南北朝佛教史》的主要内容，系统阐述了佛教从印度传入到南北朝时期的历史发展过程及其特点、佛学思想与中国传统思想的相互关系，详细考察了中国佛教各个学派、宗派的兴起和衰落过程及其原委。第三部分为汤用彤先生年谱简编。

杨仁山大德文汇（百年佛教高僧大德丛书／王志远主编）

杨仁山著

华夏出版社　2012年4月　387千字　528页

　　杨文会（1837-1911），字仁山，中国近代著名的居士佛学家，清代末年中国佛教复兴的关键人物。在中国近代思想史上，杨仁山以居士佛学的开拓者和佛学教育家著称。他一生为弘扬佛教事业而尽心尽力，从1866年创办"金陵刻经处"起，不断地进行佛经的搜求、整理和刻印流通（刻印经典两千余卷，流通经书百万余卷，佛像十余万顿），策划各种振兴佛教的方案，在中国近现代佛教思想史上产生了深远的影响。本书为"百年佛教高僧大德丛书"之一，为杨仁山大德的精选文集。内容包括：《佛教初学课本》，《十宗略说》，《〈大宗地玄文本论〉略注》，《等不等观杂录》，《〈佛说观无量寿佛经〉略论》，《〈无量寿经优波提舍愿生偈〉略释》，《评〈真宗教旨〉》，《评〈选择本愿念佛集〉》等。这些文章史料性与学术性俱佳，较全面地反映了杨仁山作为一个佛教复兴领袖、佛学家、思想家、学者对佛学的巨大贡献。

来果大师文汇（百年佛教高僧大德丛书／王志远主编）

来果大师著

华夏出版社　2012年4月　400千字　580页

　　释来果（1881-1953），法名妙树，号净如，近现代著名高僧。幼年即学诵《心经》，光绪三十一年（1905）行脚到在波宝华山剃度出家。此后潜修终南，承法高旻，为临济正宗法脉。他持戒精严，棒喝双举，钟鼓交参，宗说兼通，广弘佛法于大江南北。1949年后，僧侣斋粮，顿感缺乏，他实行农禅合一，于是"禅堂内坐禅，院落中编织，竹篦与香板声相应"；1950年，卸任住持，移锡上海崇德会，辟茅蓬，建净七道场，信众云集。著有《来果禅师语录》、《来果禅师开示录》、《来果禅师自行录》等行世。本书为"百年佛教高僧大德丛书"之一，收录来果大师的数十篇禅宗文。全书由解谤扶宗浅说、参禅普说、十界因果浅录、法语、千字偈、大悲缘起六个部分组成。内容包括：《宗门谤教》，《教谤宗》，《宗谤净》，《净谤宗》，《扶宗说》，《参禅》，《救心》，《不懂》，《放得下》，《放不下》，《莫发急》，《三科》，《十大章》，《住持法席警语十则》，《临济钟板》，《千字偈文》，《朝夕发愿文》等。

欧阳渐大德文汇（百年佛教高僧大德丛书／王志远主编）
欧阳渐著
华夏出版社　2012 年 4 月　405 千字　520 页

　　欧阳渐（1871-1943），字竟无，近代著名佛学居士。1912 年后潜心佛法研究、佛典整理和佛教教育等事业，为近代中国培养了一大批著名的佛教学者，如在中国近代思想史、学术史上卓有成就的梁漱溟、熊十力、吕澂、汤用彤等。欧阳渐在瑜伽唯识学方面，上继玄奘、窥基，远承弥勒、无著、世亲；在中观般若学方面，直循龙树、提婆旧轨，力求厘清伪经异说之谬；在佛学理论上，推崇法相唯识学，力图会通佛儒，以佛学融摄《大学》、《中庸》格物诚明之理。他一生埋首佛典，著述丰富，晚年自编所存著作为《竟无内外学》，共 26 种，30 余卷。本书为"百年佛教高僧大德丛书"之一，是欧阳渐著作的精选集。全书分佛学论说、经论发隐、儒学杂谈及书函四个部分。内容包括：《心学大意》，《唯识抉择谈》，《谈内学研究》，《佛法非宗教非哲学而为今时所》，《今日之佛法研究》，《〈大般若波罗蜜多经〉叙》等。

周叔迦大德文汇（百年佛教高僧大德丛书／王志远主编）
周叔迦著
华夏出版社　2012 年 4 月　460 千字　635 页

　　周叔迦（1899-1970），现代著名佛教居士、佛教学者、佛教活动家、佛教教育家。因偶遇佛门大德，发心学佛。1927 年隐居青岛，研读佛教三藏；1929 年在青岛创办佛学研究社；1930 年到北平讲授佛学；1940 年于北平创办中国佛教学院。翌年成立中国佛学研究会，主编《微妙声》和《佛学月刊》等六种佛教刊物。1953 年参与成立中国佛教协会，致力于佛教教育，培养了一批僧才。他好学深思，勤于笔耕，撰写了大量著作。本书为"百年佛教高僧大德丛书"之一，是周叔迦佛教研究的精选集。全书分法苑丛谈、八宗概要、佛经研究法、唯识研究、虫叶集、修行讲话六个部分。内容包括：《寺院殿堂佛像释名》，《佛教文化艺术》，《漫谈大藏经》，《八宗概要》，《〈般若经〉之研究法》，《〈法华经〉之研究法》，《阿含经研究法与禅观》等。

法尊大师文汇（百年佛教高僧大德丛书／王志远主编）
法尊大师著
华夏出版社　2012 年 4 月　370 千字　510 页

　　法尊大师（1902-1980），俗姓温，字妙贵。曾师从太虚大师和大勇法师，1972 年任中国佛学院院长，有"汉藏文化一肩挑的高僧"之称，为汉藏文化交流作出巨大贡献。法尊所译藏文经主要有《菩提道次第广论》、《菩提道次第略论》、《密宗道次第广论》、《密宗道次第略论》、《现观庄严论》、《辨法法性论》、《入中论》；此外，将汉译的《大毗婆娑论》译为藏文，晚年又将藏译陈那的《集量论》、法称的《释量论》、僧成的《释量论释》译为汉文。本书为"百年佛教高僧大德丛书"之一，汇集了法尊大师的重要佛学论文和一部译著。全书分论说、杂著、藏传佛教概要、书函、经论译释、附录六部分。内容包括：《〈唯识三十颂〉悬论》，《中观宗关于"安立业果"与"名言中许有外境"的问题》，《龙树菩萨的六部论》，《甘肃噶登协主却稞寺学习五部大论的课程》，《驳欧阳渐辨虚妄分别》，《龙树菩萨的六部论》，《宗喀巴大师的〈菩提道次第论〉》，《评〈藏密答问〉》，《论学僧之成绩》等。

赵朴初大德文汇（百年佛教高僧大德丛书／王志远主编）

赵朴初著

华夏出版社 2012年4月 400千字 562页

赵朴初先生（1907—2000）是我国卓越的佛教领袖、杰出的社会活动家、伟大的爱国主义者和诗人书法家。他的一生以弘扬佛法为己任，把人才培养作为振兴佛教的第一要务，倡导和实践"人间佛教"，使中国佛教既能因应时代需求、促进和谐社会的建设，自身又不断得到提升和发展，为中国佛教的复兴作出了巨大贡献。本书为"百年佛教高僧大德丛书"之一，系根据赵朴初先生的《佛教常识答问》、《赵朴初文集》、《赵朴初韵文集》编选而成，全面反映了赵朴初先生在各个历史时期的主要活动，体现了他的佛学思想。全书分三部分。第一部分为"佛教常识问答"，以对谈的形式阐述了佛教基本知识和历史源流。第二部分为"文选"，记述了赵朴初先生所参与的重大佛教活动及其与各国佛教界的友好交往，是珍贵的历史资料，体现了作者圆融的爱国、爱社会主义事业及促进睦邻邦交、促进世界和平事业的理想。第三部分为"诗词"，收录了赵朴初先生所撰的300余篇言物、抒情、咏志等各类诗词作品。

圆瑛大师文汇（百年佛教高僧大德丛书／王志远主编）

圆瑛大师著

华夏出版社 2012年4月 442千字 607页

圆瑛（1878—1953），法名宏悟，别号韬光，中国近代爱国佛教领袖，1953年被推选为新中国第一任佛教协会会长。大师佛学造诣高深，以《楞严经》为核心，沟通天台、贤首、禅宗、净土四宗，熔各宗于一炉、会禅净于一体，破除门户之见，消灭宗派争端，对于禅净两门都有深刻的解悟与实践。20世纪30年代末，圆瑛于圆明讲堂闭门谢客，专心著述，写下《发菩提心讲义》、《劝修念佛法门》、《弥陀经要解讲义》、《楞严经讲义》等大量论著。此后他将这些经论与前期所写的《一吼堂诗集》、《一吼堂文集》、《圆瑛讲演录》、《住持禅宗语录》等著作，一并汇编成《圆瑛法汇》付梓刊行。本书为"百年佛教高僧大德丛书"之一，收录圆瑛大师的《禅宗语录》、《一吼堂文集》、《讲演录》、《一吼堂诗集》，以及《金刚般若波罗蜜经讲义》和《大方广圆觉经讲义》6篇论著，以畅述百年佛教之衰而兴，追忆先贤理行之艰以韧，感国家之昌明，证佛法之广被。

倓虚大师文汇（百年佛教高僧大德丛书／王志远主编）

倓虚大师著

华夏出版社 2012年4月 400千字 556页

倓虚大师（1875—1963），法号隆衔，俗名王福庭，近代佛教天台宗传人。早年曾随近代天台宗高僧谛闲法师修学，毕生致力于弘扬佛法，主张丛林学院化、学院丛林化，在兴办佛教教育，建设佛教道场方面有突出贡献。倓虚大师虚怀若谷、谦恭礼让、自律极严，常谦称自己"无超人之言，过人之行"，出家后"不别众食，不蓄钱财"，"食不求精美，住不求舒适"。其人一生著述甚丰，力主少说多做，认为"佛学真义重在行"，"说一丈不如行一寸"。著有《阴阳妙常说》、《金刚经讲义》、《般若波罗蜜多心经讲义》、《大乘起信论讲义》、《天台传佛心印记注释要》、《僧璨大师信心铭略解》等。本书为"百年佛教高僧大德丛书"之一，精选倓虚大师的代表作《影尘回忆录》及经论讲义数篇，生动记述了作者矢志求佛的曲折历程。内容包括：《倓虚法师影尘回忆录简引》，《倓虚大师传》，《〈金刚般若波罗蜜经〉讲义》，《〈大乘起信论〉讲义》等。

高鹤年大德文汇（百年佛教高僧大德丛书 / 王志远主编）
高鹤年著

华夏出版社　2012年4月　386千字　493页

高鹤年（1872-1962），近现代著名居士、慈善家、佛教学者。他为了朝山访道，年仅19岁便踏上漫漫的行脚之路，遍参大德，如谒普陀天台，参礼敏曦、镜融二法师；登宝华山，参叩大霖禅师；金山受五戒，亲近大定老人与融通上人。在终南山礼参虚云老和尚，到翠微茅蓬亲近法忍上人，在普陀山参见印光法帅。谛闲、兴慈、来果、霜亭法师，都是曾经参访的善知识。历时35年，将沿途之见闻汇集成《名山游访记》。本书为"百年佛教高僧大德丛书"之一，是高鹤年《名山游访记》、《方外来鸿》二书的合辑。前者记录了高鹤年一生参访见闻行实，共7卷，内容涉及光绪十六年至民国八年高鹤年遍访全国名山大川及佛教道场的行程记录。后者是作者与诸高僧的往来书信，包括印光法师致书、虚云老和尚致书、谛闲法师致书等12篇"方外尺素"，有很高的阅读及史料价值。

虚云大师文汇（百年佛教高僧大德丛书 / 王志远主编）
虚云大师著

华夏出版社　2012年4月　446千字　610页

虚云大师（1840-1959）是中国近代禅门宗师，慈悲济世，爱国爱教。他历经四朝五帝，坐拥十五道场，中兴六大祖庭，兼承禅门五宗，被誉为"禅宗泰斗"。虚云大师在禅修上的杰出成就和在继承中国佛教传统方面的巨大贡献，为后人留下宝贵的精神财富，备受历代政要、学者和佛教领袖推崇。著有《楞严经玄要》、《法华经略疏》、《遗教经注释》、《圆觉经玄义》及《心经解》等，悉遭世变散佚。留存的著述，由后人辑为《虚云和尚法汇》等行世。本书为"百年佛教高僧大德丛书"之一，收录虚云大师自述年谱和各体裁的文章、开示、法汇，包括书问、诗歌偈赞、规约等多篇，凝聚了作者毕生的佛学思想。书中所集《法语》、《散文》、《诗集》、《宗源》、《祖赞》等篇，可窥大师一生之化迹；另收各家《赞颂》、《追思》、《纪念》等文，《整体巨观》、《纲宗灿列》、《读法语启示》诸篇。

谛闲大师文汇（百年佛教高僧大德丛书 / 王志远主编）
谛闲大师著

华夏出版社　2012年4月　430千字　593页

谛闲大师（1858-1932），20岁到临海县白云山从成道法师出家，24岁在天台山国清寺受具足戒，29岁在上海龙华寺听瑞芳法师讲《禅林宝训》，并由龙华寺方丈端融和尚授记付法，传持天台教观第43世，32岁讲授《法华》，听者云集。他毕生辛勤弘法，诲人不倦，教通三藏，学究一乘，梵行高尚，学子甚众，被誉为中国近代天台宗的祖师。谛闲一生讲经说法40余年，岁无虚日。他先后修缮或重建的寺院，计有天台山的万年寺、永嘉的头陀寺、绍兴的戒珠寺、黄岩的常寂寺与海门的西方寺。大师言传身教，自行化他，且著述宏丰。著有《圆觉经讲义》、《圆觉经亲闻记》、《大乘止观述记》、《教观纲宗讲义》、《金刚经新述》、《楞严经叙指味疏》、《始终心要略解》、《念佛三昧宝王论义疏》、《八识规矩颂讲义》、《水忏申义疏》等，后来由弟子倓虚等辑为《谛闲大师遗集》行世。本书为"百年佛教高僧大德丛书"之一，辑选谛闲大师的精华之作，编排为别传、论说、开示、答问、演辞、书函、要述、讲义、赞颂、联语、疏释等17个部分，有很高的文化和学术价值。

寄禅大师文汇（百年佛教高僧大德丛书／王志远主编）
寄禅大师著
华夏出版社　2012年4月　387千字　506页

　　寄禅大师（1851-1912），俗姓黄，名读山，字福馀，湖南湘潭人，近代著名禅师。1868年投湘阴法华寺出家，法名敬安，字寄禅，是年到南岳祝圣寺受具足戒。后赴浙江宁波阿育王寺礼佛舍利，曾剜臂肉如钱大者数块燃之供佛，又燃去左手两指供佛，自号八指头陀。1902年住持宁波天童寺，选贤任能，百废俱兴，夏讲冬禅，使"丛林得以悠久，海众得以安宁"。根据《百丈清规》，制订了《万年规约》和《日行便览》，上自方丈，下至各寮，均奉以为法。数次开讲《楞严经》、《禅林宝训》，续佛慧命，绍隆佛种。他因痛感世间苦难而寄身佛门，希望从此摆脱凡尘种种欲望，求得自身清静。即使在出家后，仍能冷眼热肠，关注众生疾苦。深切的慧照中，贯彻着同情的慈悲。著有《八指头陀诗集》十卷、《八指头陀诗续集》八卷、《语录》二卷、《文集》二卷等。本书为"百年佛教高僧大德丛书"之一，收录寄禅大师的诗作数百首及法语、杂著和书信若干篇。大师的诗是经过刻苦思索而成的，各种诗体都有佳句，自成风格、意境和格调，藉此可窥见大师的人格、学问、心性、开悟达道的独特体验及其超凡脱俗的精神风貌。

隆莲大师文汇（百年佛教高僧大德丛书／王志远主编）
隆莲大师著
华夏出版社　2012年4月　425千字　589页

　　隆莲法师（1909-2006），是位极富传奇色彩的大德高僧。她于1921年皈依三宝，1941年悄然遁迹空门，到成都爱道禅堂削发为尼，同年腊月八日受具足戒。1942年获聘为四川莲宗尼众部教务长，同年住近慈寺女众茅棚，师事能海上师，自此开始佛教比丘尼教学事业。1984年，隆莲大师出任中国当时唯一国家级培养佛门女弟子的四川尼众佛学院的院长。她为佛门弟子讲经说法数十年，堪称中国现代比丘尼史上第一位佛学教育大家。著有《三皈依观初修略法》、《四分比丘尼戒本讲义》、《能海法师弘法业绩述略》、《能海法师年谱》、《佛教道德观》等。本书为"百年佛教高僧大德丛书"之一，收录隆莲大师讲授佛学的精品之作，包括论、疏，诗词选和译著三个部分。第一部分为关于佛教道德观、佛教的优良传统及其发展、《百法明门论》及《心经》的论与疏。第二部分收录大师的200余首旧体诗词。第三部分收录大师的入菩萨行论广解、汉译入菩萨行论广解序、入菩萨行论3篇译著。

(三) 世界佛教研究

1. 总论

当代佛教（当代世界宗教丛书／冯嘉芳主编）
杨曾文主编
东方出版社　1993年7月　322千字　416页

佛教发源于公元前6、5世纪的古印度，距今已有2500多年的历史。大约从公元前3世纪开始，佛教从印度向周围国家和地区传播，逐渐发展为世界性的宗教。在佛教向各国和各地区的传播过程中，由于受到当地历史环境、传统文化思想和宗教习俗的影响，在教义理论、教团组织以及传教方式等方面都发生了很多变化，同时它又反过来对当地的历史文化产生了深远的影响。本书为"当代世界宗教丛书"之一，是一部以"历史为经，事实为纬"，详细介绍当代世界各国佛教发展情况的著作。书中有些内容为国内较少涉及，如佛教民族主义、佛教社会主义、佛教改革思潮、属佛教系统的新兴宗教、现代中外佛教文化交流等，都作了比较系统的考察和论述，完整展示了20世纪后半叶世界各国佛教发展动态。全书由中国社会科学院世界宗教研究所杨曾文、黄夏年、张大柘、郑天星、黄陵渝共同撰写，共分7章。第1章介绍佛教的起源和发展、基本教义等。第2章介绍当代南亚和东南亚各国的佛教及其影响。第3章介绍战后日本佛教的发展与演变。第4章介绍朝鲜、蒙古和前苏联的佛教现状。第5章介绍欧美各国的佛教和佛教研究情况。第6章介绍世界佛教徒联谊会、摩诃菩提会、巴利圣典会、西方佛教僧团之友、亚洲佛教和平会等国际佛教组织及其活动情况。第7章介绍佛教节日和纪念活动。

2. 中国
（1）总论

中国佛性论（人文研究丛书／"文化：中国与世界"编委会编）
赖永海著
上海人民出版社　1988年4月　252千字　342页

佛教的最终目标是"成佛"。佛性乃谈论众生能否成佛及怎样成佛的问题，因此佛性为佛教的核心位次。佛性思想在中国佛教史上占有特殊地位。晋宋之后佛教各宗派以妙有为主的"涅槃佛性说"，多持"六经注我"的态度表述"已心中所行法门"，成就了中国佛学的特点。由此可知佛教中国化是通过一系列佛性理论的创立与发挥来实现的。本书"人文研究丛书"之一，作者采用以范畴为线索的研究方法，试图把佛教史上的佛性思想作为一个整体来考量，在比较研究佛性思想的不同范畴、各个侧面的基础上，揭示中国佛性思想的各种内在联系及其历史发展。全书分为"印度佛性义略览与中土佛性论概观"、"法相与真神"、"众生有性与一分无性"、"本有与始有"等9章，涉及释迦时代的佛性思考及至晋宋之后中国佛性思想的衍化行程，以及中国佛教所特有的理论思维方式。作者认为，禅宗思想几乎等同于佛性思想。佛性问题本属纯粹的宗教范畴，但是与其他宗教完全以信仰为基础的解脱观不同，中国佛教的解脱（成佛途径），除信仰外，还可靠智慧来获得，这将引发更为深刻的理论思维。

国学举要·佛学卷（国学举要/汤一介主编）
洪修平著

湖北教育出版社　2002年9月　350千字　499页

  中国佛学是国学百花园中一枝独特而绚丽的奇葩。本书为"国学举要"丛书之佛学卷，作者在占有大量佛学原典资料的基础上，将中国佛学作为"国学"来加以研究，全面介绍了佛学的基础知识，并对中国佛学的思想内涵、基本特点和精神风貌作了独特阐释，提炼总结出中国佛教思想的八大特点及其关注现世现生的人文倾向，极大拓展了佛学研究的广度与深度。全书包括三个部分。第一部分"历史概要"（9章），首先解析佛教与佛学、中国佛教的三大系，以及印度佛学的中国化、中国化的佛学等概念，然后对中国佛学的印度之源、汉代佛学的两大系统、魏晋佛学与玄学、南北朝佛教学派等作了论述，全景展现了佛教中国化之路。第二部分"思想精要"（5章）为本书重点，主要讨论五方面内容：（1）作为中印佛学之基础的缘起论、无我说、四谛、八正道、五蕴、十二因缘、三法印、三学六度等基本学说；（2）作为中国佛教主要学派的小乘禅数学、大乘般若学、涅槃佛性论和毗昙学、摄论学、成论学、地论学等理论；（3）作为中国佛教主要宗派的性具实相说、诸法性空论、法相唯识学、法界缘起论、修心见性论等理论；（4）作为中国佛学重要组成部分的藏传佛教与云南上座部佛教的主要思想及其特点；（5）中国佛教思想的基本特点和精神。第三部分"知识辑要"（2章），主要对中国佛教的重要人物和经典作了介绍。

佛教本觉思想论争的现代性考察（中国的现代性与人文学术丛书/高瑞泉　王晓明主编）
唐忠毛著

上海古籍出版社　2006年3月　227千字　298页

  佛教本觉思想是中国佛学心性论的核心概念，是印度佛教与中国本土文化碰撞、交融、混合的产物。它首倡于《起信论》，深播于台、贤、禅等中国化大乘佛学中，并在台、贤、禅等中国佛学中得到了进一步丰富和发展。本书为"中国的现代性与人文学术丛书"之一，是作者在其博士学位论文《现代性视域中的佛教本觉思想批判与论争》之基础上修改、完善而成的专著。书中探讨了佛教本觉思想的义理渊源及其结构特征，试图透过现代性视域和思想史视野来审视20世纪两场围绕佛教本觉思想的批判与论争，并以佛教本觉思想批判为线索来反观中国（东亚）近现代思想史的一个切面，进而反思中国（东亚）的现代性问题。全书共6章。作者认为，20世纪以来的中国佛学批判与论争，除了纯粹的佛学义理之辨外，其实也是在"现代性语境"中展开的中国佛学与现代性的对话。这种对话，一方面反映了现代性因素对传统中国佛学的影响，另一方面也折射出东方文化面对现代性挑战时的复杂处境。

中国佛教的复兴（觉群佛学译丛/觉醒主编）
[美]霍姆斯·维慈著　王雷泉　包胜勇　林倩等译

上海古籍出版社　2006年12月　254千字　250页

  本书为"觉群佛学译丛"之一，是美国学者霍姆斯·维慈三卷本"现代中国佛教丛书"中的第二部。第一部着重探讨了现代中国佛教的体系制度、教会组织体制和制度；第三部从制度和历史两个方面论述在共产党治理下中国佛教所发生的变化。《中国佛教的复兴》一书则立足于佛教在现代中国的发展史，集中于1949年共产党胜利之前30年间中国佛教的急速变迁。作者采用宗教社会学的方法解释中国近代佛教问题，文献整理和田野调查并重。尤其可贵的是，作者具有比较宗教学的视野，对中国佛教在适应现代化过程中神圣性资源的缺失，作了鞭辟入里的剖析。全书共12章。书中将关注焦点始终投射于人员、组织和佛教大事上，只是偶尔述及教义演化和思想史，对某些人物和事件的品评，未必符合中国佛教界和学术界的定论，但或许是旁观者清，亦能为深化近现代中国佛教研究，提供另一种视角。本书对中国佛教"复兴"意义的界定，对于当前中国佛教的复兴，具有一定的借鉴意义。

佛学问答（朗朗书房）

洪修平　许颖著

中国人民大学出版社　2009年6月　470千字　547页

　　本书为"朗朗书房"丛书之一，主要以问答的形式，从佛学源流与佛教宗派、佛教基本理论与教义学说、佛教经典与著作、佛教人物与思想、佛教仪轨与修持、佛教与文化六个方面对佛教和佛学作了全面系统的介绍，兼具学术性和普及性，从而"为佛学祛魅，让佛教通俗"。全书由六个部分组成，共设182个问题。第一部分讲解佛教的产生、核心思想、主要流派及其中国化的进程，包括释迦牟尼是怎样成佛的、佛教是怎样创立的、佛教在印度经历了哪些重要的发展阶段等问题。第二部分对佛教义理和基本教义学说予以阐释，包括什么是缘起论、什么是无我说、什么是十二因缘、什么是三科、什么是三法印、什么是五位百法等问题。第三部分介绍佛学经典的成书背景和内容旨要，包括《大藏经》是怎样编纂的、《四十二章经》是怎样一部经、《阿含经》是怎样一部经、《大般若经》是怎样一部经等问题。第四部分叙述中印佛教史上著名人物的活动与思想，包括马鸣是一个怎样的人、龙树和提婆有哪些重要思想和论著、无著和世亲有哪些重要思想和论著等问题。第五部分介绍佛教仪轨与修持方法，包括什么是三皈依、什么是四众、什么是课诵、什么是忏悔等问题。第六部分介绍印度、斯里兰卡和中国佛教文化的主要特点及其对中国哲学、政治、伦理、文学等社会与人文精神领域的重要影响。

中国佛学之精神

洪修平　陈红兵著

复旦大学出版社　2009年8月　400千字　361页

　　中国佛教既继承了佛陀创教的基本精神，同时又吸收了中国传统思想文化的内容和方法，为适应中国社会的需要而有所发展、有所创新。在漫长的中国化的历史过程中，中国佛教形成了它鲜明的不同于印度佛教的思想特点与文化精神。本书是一部带有专著性质的国学教材，主要针对中国佛教之精神的内涵与外延展开探讨。书中沿着历史发展的时空路线，追溯了中国佛学精神的印度文化之源、中土文化之根，并对中国佛学精神的形成与发展、中国佛教宗派的理论学说、中国佛学精神在不同理论学说中的体现，以及中国佛学的圆融精神、伦理精神和人文精神等进行了全面系统的探索和分析，为进一步研究中国佛学的历史演变过程、中国佛学基本理论学说、中国佛学的精神特质等提供了清晰线索。全书共12讲。作者认为，中国佛学一方面继承了印度佛教的出世精神、思辨精神和文化宽容精神，另一方面又融合吸收了以儒道为主要代表的中国传统文化的伦理精神、人文精神、自然精神等，从而形成了富有特色的中国佛学精神。

作为佛教的佛教
周贵华著
宗教文化出版社　2010年2月　250千字　345页

"作为佛教的佛教"意味对一切相似佛教的厘清与遮遣，以及对非佛教与真正的佛教的凸显与揭阐，从而提倡回复、坚守真正的佛教。本书是依据作者于2009年所作"大乘佛教思想系列讲座"整理而成的一部佛教思想论著。书中以中国佛教为背景，对佛教的性质、意义与基本思想予以了深入的分析与阐发，试图表明佛陀的言教作为圣教量，以及依止于佛陀言教的正闻熏习对佛教的弘传与发展的根本重要性。全书分为"佛陀"、"佛陀之教"、"意趣与方便"、"佛教的义理特质"、"佛教的义理特征"等9章。书名以"作为佛教的佛教"为题，反映了作者意旨：前一个"佛教"是指佛陀所说之教，所谓圣教量，表征了佛教的性质、意义与思想特质，即作为依据与量准的佛教；后一个"佛教"既指佛陀之教的本身，又指相应于、含摄于、根植于、随顺于佛陀之教的一切言教，即真正的佛教，纯正的佛教。作者强调，缺乏系统的正闻熏习，就不能形成佛教义理学传统，佛教流布的如法性、佛教徒在见上的如理性也就不能得到保证。

梵国俗世原一家：汉传佛教与民俗
李林著
学苑出版社　2003年7月　240千字　247页

民间信仰在中国一直有其根深蒂固的传统势力。当一系列外来神明传入本土以后，还在人们熟悉它的教义之前，普通百姓便用自己对神灵的固有观念去理解这些新面孔。本书立足于"汉传佛教世俗化"的视角，分别从神灵信仰、时令年节、生活礼仪、民间文艺及社团组织五个方面探讨了佛教与民俗的互动关系。全书共5章。作者通过对汉传佛教民俗化的具体事例和动态行程的考察，展现了佛教中国化的另一侧面，得出令人信服的结论：在中国宗教文化史上，所谓"正信佛教"向"民间佛教"的转型，是在宋代完成的。汉传佛教对民间风俗的影响，以及由于受汉地民风的"反影响"而发生了种种变化的佛教本身，在宋代经历了一次脱胎换骨式的转型：佛教逐渐脱离了它的正统观念和宗教精神而被庶民信仰。对于佛教系列的神明：佛、菩萨、罗汉，民众不是将他当作佛教本义上的"得道者"，而是将他当作一系列有法力的神明。

梵语《悉昙章》在中国的传播与影响（世界宗教研究所文库）
周广荣著
宗教文化出版社　2004年11月　305千字　425页

悉昙学是梵汉两种语言文化相互交流的产物，也是佛学的一个重要分支。从佛教传入中国到近代，以讲授梵文字母及字母拼合法的《悉昙章》为基础，探讨梵文字母知识和佛教义理两方面内容的悉昙学，对中国的语言、文学、宗教等多领域产生过广泛影响。本书为"世界宗教研究所文库"丛书之一，是以作者的博士学位论文为基础修订而成的全面论述悉昙学在中国流传、演变的专著。书中分别讨论了唐代法相、华严、天台、密、禅诸宗对《悉昙章》的传习情况，论证了各宗传习《悉昙章》的不同情形与方式，介绍了这部印度语言学典籍在中国的传播和影响，为当代学者解决四声的起源、诗文声律理论与十四音的关系、敦煌悉昙章的作者与时代等重要学术问题提供了新的思路。全书共5章。主要特点如下：本书收集资料范围之广、数量之多、考辨之精细，在该研究领域前所未有；作者提出了颇有新意的结论，并且对学界聚讼已久的诸多问题提出了有资料支撑的新观点。

汉传佛教概论
李尚全著
东方出版中心　2008年1月　350千字　332页

汉传佛教是印度、中亚大乘佛教的中国化，起始于公元前2年，至今已有两千多年历史。它蔓延到东亚和东北亚，深刻影响了中国人的社会生活和精神世界。本书是为配合扬州大学的教学及科研需要，以提高佛教教职人员的学历为目的而编订的教材，重点突出了知识性、资料性和学术性。全书共10章。书中采用哲学与史学辩证统一的写作方法，将汉传佛教视为一个完整的文化体系，对其传播与发展过程，以及汉译佛典、汉传佛教八大宗及其主要思想、修持方式等进行了系统的介绍与论述，并对汉传佛教思想体系的结构框架作了明细化处理，如天台宗：典型的唯教思维方式；华严宗：唯教思维方式的另类经验；三论宗：佛教信仰理论的中国化；唯识宗：佛教知识体系的中国化；律宗：汉僧生活方式的规范化等。这样就把汉传佛教八大宗作为一个整体来研修，消除了门户之见，达到佛教教职人员学修一体化的目的。就修证方法而言，本书主张知行合一的实证方法。在诠释以唯识宗为代表的佛教基本知识时，与普通心理学、社会心理学、犯罪心理学进行了比较说明。

汉传佛教（宗教文明品析丛书/刘成有主编）
刘成有　伊岚　吴小丽著
中国民主法制出版社　2015年9月　216千字　219页

佛教源远流长，丰富多彩，历经2500多年的灿烂历史，演化成巴利语、汉语、藏语三大语系的表现形态。这三大语系的佛教，又根据其传播区域的不同，一般被称为南传佛教、汉传佛教和藏传佛教。可以毫不夸张地说，佛教虽然源自印度，花开却在中国，而且在中国文化的深厚土壤中生长得枝繁叶茂、硕果累累。本书为"宗教文明品析丛书"之一，作者以佛教的起源与发展为背景，对汉传佛教的历史脉络、基本内容与主要特色，以及佛教在中国的普及和现代转型等作了细致描述，揭示出汉传佛教的魅力所在。全书共5章。主要特点如下：在汉传佛教史实叙述方面，作者把宗派史与人物传记结合在一起，于史实之后再论思想要点，呈现出鲜活的佛教中国化的历史画面；本书尤其注重对禅宗历史特别是南北之争的分析阐述；书中对三阶教等宗派的介绍弥补了以往同类著作之不足。

反观人生的玄览之路：近现代中国佛学研究（20世纪中国文化研究文库）
麻天祥著
贵州人民出版社　1994年4月　180千字　266页

中国佛学是中国文化的结晶，近世佛学是中国佛学的特殊阶段。此一阶段的佛学保持原始佛教的否定精神，由出世而入世、变超越为参与，促成了佛学的自我革命；加之20世纪的中国思想界推波助澜，把晚清佛学伏流汇成了佛教文化的大潮，为斑驳陆离的近代文化增添了一抹发人深思的色彩。如果说晚清佛学是一支经世致用通向未来的伏流，那么近世佛学便是一条由本体反观人生的玄览之路。本书为"20世纪中国文化研究文库"丛书之一,作者以佛教所主张的"一切反求诸己"之觉悟为旨要,通过对中国佛教发展进路和近世佛学"入世转向"的深入考察,以及梁启超、章太炎、熊十力、汤用彤、胡适等近现代名家佛教学术思想的比较研究,勾勒出"因内在的逻辑发展和时代的需要"而铺就的近世佛学演进之路。全书共6章。内容包括:近代佛教文化勃兴的原因和特点;近世佛学的形态和内容;佛教哲学研究与思想体系的建立;佛学经世致用与佛教救世主义;佛教文化纯学术研究和不同意见之争;等等。

佛法观念的近代调适（现代与传统丛书）
何建明著
广东人民出版社　1998年10月　310千字　474页

近代中国（约1840—1949年）佛教文化的新变化,是继隋唐以来中国佛教文化的又一次重要发展。它是中国传统佛教文化在自觉地适应近代中国社会与文化发生巨变的过程中,艰难而曲折的蜕变与更新,既继承和发扬了中国古代佛教的优良传统,同时也富有成效地进行创造性建设中国佛教现代新形象的历史性尝试。本书为"现代与传统丛书"之一,是以作者的博士学位论文为基础补充、修订而成的一部依托于近现代历史文化场景来探讨"中国佛法观念近代转变"的专著。全书共4章。书中以历史唯物主义原理为指导,运用现代解释学方法,对中国近代佛教从传统的出世主义走向"人生佛教"、"人间佛教"的具体路径,佛教在20世纪初期崛起的资产阶级革命运动、20年代兴起的新民主主义革命运动,以及西方科学化运动浪潮冲击后所受到的影响和出现的种种问题,作了全面深入地探索与研究,认为佛教教义中的积极内容曾被资产阶级某些民主主义者和改良主义者们用作鼓吹他们革命和改良的理论依据,从而构绘出中国佛法观念近代调适的两种趋向:一、佛法融入世法,逐渐丧失佛法的主体形象;二、融世法入佛法,重塑佛法主体新形象。

二十世纪中国佛教
陈兵　邓子美著
民族出版社　2000年11月　400千字　608页

近百年来,中国大陆经历了从半封建半殖民地向民主主义、社会主义演进的巨大变革。这场社会变革以摧枯拉朽之势连续冲击着在长期封建社会中久已成型、业已衰迈不堪的佛教,向佛教提出种种挑战,使佛教几经挫折厄难,推动了佛教的转型更新,使其赢得了复兴的机遇。本书采用不同于一般佛教史的"专题史论"的方式,对20世纪中国佛教发展之成败得失与经验教训作了全面总结,揭示了近百年来中国传统佛教所面临的有别于以往历史时期的挑战:西方资本主义文明的挑战;新的政教关系的挑战;传统佛教经济基础的崩溃;科学、无神论等新思潮的挑战;基督教等"外道"的挑战。认为正是由于上述挑战,使中国佛教的积弊尽皆显露,同时也为其在20世纪的复兴提供了历史机遇。全书共12章。书中言明,中国佛教要彻底实现从传统向现代的转型,须从禅宗的振兴着手。内容包括:佛教教会社团的组建;佛教文教事业的开拓;佛教社会基础的调整;佛教社会功能的转型;人间佛教的理论建构与动作;法相唯识学的复兴;禅宗的振作;净土信仰的高扬;求法新潮与密教热;天台、华严、南山律的传续;等等。

20世纪中国佛学问题（20世纪中国学术问题研究丛书）
麻天祥著
湖南教育出版社　2001年2月　330千字　399页

　　晚清佛学是中国佛学在近代复兴的特殊形态。佛学的双相二重否定，双向价值取向，为晚清和20世纪佛学的涉世精神提供了理论依据。它反对科学却包孕科学，崇尚信仰又长于思辨，追求出世而又呼唤入世，否定理性却又在构建自己的玄理。20世纪中国佛学正是在上述有关宗教与科学、信仰与理性、思辨与直觉、出世与入世的矛盾冲突中，实现其入世转向的。这场由"超越转向参与"的佛学革命，是中国文化现代转型中佛学问题的滥觞与核心。本书为"20世纪中国学术问题研究丛书"之一，作者围绕超越和参与的出世入世观，从佛教的入世转向、佛教哲学研究与思想体系的建立、佛教与科学、禅学及禅宗史研究，尤其是绝而复兴的唯识学研究等方面解析了20世纪的中国佛学问题。全书共6章。第1章为导论，重点介绍近代思想家的宗教向度和近代佛学复兴的原因。第2章主要从太虚与佛教的三大革命、弘一导俗砭世的近代律学两个方面介绍佛教的入世转向。第3章分别介绍梁启超、章太炎、熊十力、汤用彤的佛教哲学思想。第4章介绍近现代唯识学研究的进展。第5章介绍佛学与儒学及科学的对话与回应。第6章介绍20世纪的禅学与禅宗史研究。

退回释尊之侧：当代佛学思考片段（紫泉文库）
李林著
华夏出版社　2009年1月　175千字　278页

　　在汉语佛学发展史上，两千年来人们在阐述佛教信仰时，对"根本佛法"产生了逐步的误读和在误读基础上的失当诠释，使得佛学的面目越来越偏离它的真相，有些提法甚至与佛陀的教诲相悖。本书为"紫泉文库"丛书之一，是作者基于百年来佛学成果的一次基要性总结。书中主要借鉴19世纪以来世界佛学界的一些最新研究成果，意在借助文献、方法论、信仰三重领域的并同努力，揭示佛法的根本特质和佛学的核心意义，并通过对这些研究成果的综合对比，以及佛法中那些核心概念的分析，对汉语佛学的一些关键思想重新进行梳理，尤其是对佛学中的一些重要观念的误读、误释作出校正。全书共11章。内容包括：佛法不是什么，佛法是什么；佛法之所以为佛法；此佛法原非彼佛法；汉语佛学的历史遗留问题；关于禅宗；关于净土宗；等等。

佛教禅学与东方文明
陈兵著
上海人民出版社　1992年8月　446千字　654页

　　禅的影响，深深渗透于东方文化，与东方其他传统文化一起，组成东方文明的基调，对东方各国的社会历史和人文文化，产生过不可忽视的作用，是酿成中国、印度中世纪繁荣鼎盛的重要因素。本书主要从人体科学的角度着眼，从东方文明的背景上纵观俯瞰，系统研究了佛教禅学及其与东方文化、现代"人学"的关系，论析了禅学在整个东方文明体系中的特殊地位与价值。全书共5章。第1章讲佛教禅学源流，分述禅在印度、中国、西藏文化圈内衍扩的情况。第2章讲佛教禅学对身心世界的哲学论述，亦即禅定的基本原理。第3章讲佛教禅定的基本方法。第4章讲佛教禅学与东方文化（如印度教瑜伽、道教炼养学、儒学、耶回等教及文艺、武术、民族文化心理学等）的交涉关系。第5章讲佛教禅学与现代医学、气功、心理学、伦理学等的关系。

禅与中国（新知文库）
［日］柳田圣山著　毛丹青译
生活·读书·新知三联书店　1988年11月　102千字　220页

　　禅的实践目标，不在苦行，而在于极其乐天的"乐道"生活，由此可以认出它与其它宗教不同的特色。中国的禅僧只视思想和哲学为游戏，其间接的原因也在于此。本书为"新知文库"丛书之一，是日本学者柳田圣山依托丰富的第一手资料，尝试把"充溢着当今时代色彩的禅，暂时放回博物馆的展柜里，重新加以冷静地鉴赏"的著作。书中将禅的思想"当作过去的东西"，集中思考了它的历史来源和变迁，在充分把握"乐道"和"神通"信仰中所蕴含的那些原始佛教的禅特色之基础上，探寻其对中国早期佛教的影响，同时探究大乘佛教的禅思想，指出这种源于印度又批判过原始佛教的禅思想，由中国佛教徒继承下来，考察他们的思想特征可以发现禅宗形成的契机。全书分为"佛陀的瞑想"、"乐道颂歌"、"奇迹的魅力"等11章。作者认为，理解禅的思想本质是最困难的。我们要了解中国禅宗的形成及其历史意义，特别要追寻中国禅宗的新瞑想法"公案"的产生和发展轨迹，尽可能地阐明所谓"无"的意义。

禅与中国园林（中国禅学丛书/季羡林主编）
任晓红著
商务印书馆国际有限公司　1994年8月　185千字　296页

　　禅宗的精神渗透于现实社会生活中，参与塑造了中国文化的许多方面，如诗、画、园林等艺术领域的收获。它通过营造我们民族独特的心理结构、情趣取向和性情范式，把它的影响难以觉察地延续至今，甚至在我们的潜意识层面刻上了印痕。本书为"中国禅学丛书"之一，作者选择园林这一独特的文化形态作为考察对象，旨在探讨禅对中国古典园林艺术的影响，描绘中国禅文化的精神内涵与独特气韵，及其在具体的园林景观营构中所展现的美感力量，试图透过对园林物理空间的解析来探窥中国人的心理空间与审美意象，寻索出中国文化血液中的禅的因素。全书共7章。内容包括：禅与园林风格的演变，禅的精神与寺庙园林，禅的情趣与文人园林，禅理与园林的"妙造自然"，禅境与园林意境，禅的"公案"与园林空间处理的妙趣等。

禅与中国艺术精神的嬗变（中国禅学丛书/季羡林主编）
黄河涛著
商务印书馆国际有限公司　1994年8月　200千字　365页

　　中国艺术精神是从三个相互独立的点即儒、道、释三种思想文化出发，相互冲突、相互完善的过程，亦即融汇与建构的过程。本书为"中国禅学丛书"之一，作者将禅与中国艺术精神的内在关系放置在佛教与中国本土文化相互冲突与交融的历史框架中加以考量，论述了以禅学为代表的中国化佛教对于艺术精神生成的深刻影响，力图从这一观点出发，通过对中国艺术形式演变的考察，探寻艺术精神的建构脉络，勾勒其整体轮廓。全书分为"佛教的中国化与士大夫心理"、"中国艺术精神的演进"、"禅与石窟艺术的盛衰"等5章。作者指出，中国艺术精神建构的文化心理基础，决非仅限于儒家思想或老庄思想，而是儒、释、道三种思想的不断组合与融汇。正是这三者的不断建构，影响和决定着中国文化心理结构以及艺术思想、审美情趣的不断变迁和发展。

如来禅（禅学丛书）
洪修平　孙亦平著
浙江人民出版社　1997年12月　188千字　259页

如来禅出自印度佛教典籍《楞伽经》，是与如来联系在一起的禅。印度禅学传入中土后，经历了一个不断中国化的过程。如来禅就是这个过程中非常重要的一个发展阶段，它不仅是惠能南宗禅基本思想和方法的主要来源，而且是禅学向禅宗的过渡，实际上也是印度禅向中华禅演变发展的重要环节。本书为"禅学丛书"之一，作者将人们约定俗成的"如来禅"一词作为一个历史概念（本书所说如来禅主要是指从菩提达摩到惠能以前的禅，其中包括神秀北宗等禅系），在中印文化交流的大背景下，对如来禅在中土的展开以及向祖师禅的过渡、如来禅主要代表人物的思想和实践、如来禅对宇宙自然和人生的体悟、如来禅对中国佛教乃至中国传统思想文化发展的影响等作了深入分析和探讨，并对如来禅与楞伽禅、祖师禅的异同等提出了看法，认为"如来"称号从一个侧面表达了佛教对真理和理想人格的追求，"如来禅"的涵义在中国佛教史和中国禅宗史上是不断发展变化的，从而为人们反思传统文化、比较中外文化开启了一扇特殊的窗口。全书共8章。内容包括：如来与如来禅，如来禅与禅在中土的早期形态，如来禅与禅的中国化等。

禅通向绝对本体
岳明著
陕西师范大学出版社　2007年7月　359页

禅是在中国的文化环境中经历1500多年发展起来的具有浓烈中国特色的佛教。佛教禅宗的根本理路是"成佛"，禅思想是中国人智慧的结晶。本书针对"现当代学者竭其所能地将禅思想纳入'人性'和'人间'的范畴"，以及"当前的佛学及禅学研究完全背离了佛教和禅宗追求成佛这一'终极目标'"的"禅外谈禅"现象，试图以最直接简单的方法阐明禅思想的真谛，揭示中国禅"不立言说"、千古"成佛"的奥秘。全书分为"禅的意识形态"、"禅的真谛"、"当代禅学批判"、"《碧岩录》公案试解"4章。书中结合大量禅宗公案的解读，重新梳理了禅的如来藏绝对本体思想与成佛的关系，并从学术讨论的角度对某些学者关于禅思想的错误理解进行了严肃批评，希望借此正确地恢复禅的"本来面目"。作者认为，佛教和禅宗思想是"超越人间俗世"的"出世"的思想体系，是超越"人间"的一切价值观念、价值判断的"终极关怀"。中国禅宗特殊地抓住了佛教中的如来藏思想，并相对独立地对其加以发展和完善，最终使得如来藏本体思想成为中国禅宗的核心思想和根本的成佛依据。

禅学指归
胡适著
陕西师范大学出版社　2008年7月　242千字　266页

禅完全超越人类理解的限域之外。我们对于禅所能说明的只是：它的独一无二在于它的非理性或非人类逻辑理解所到之处。本书收录胡适先生论述中国佛教及禅宗的25篇文章，分为"禅海钩沉"、"寻本溯源"和"论禅札记"三篇。虽然作者本人不信仰任何宗教，然而其对于中国佛教和禅宗的认识、理解与研究,在近代思想史上首屈一指。他的开创之功,至今仍然影响着世界各地的佛教学者。内容包括:《中国禅学之发展》,《从译本里研究佛教的禅法》,《白居易时代的禅宗世系》,《禅学古史考》,《荷泽大师神会传》,《〈坛经〉考》,《论禅宗史的纲领》,《朱子论禅的方法》,《所谓"六祖呈心偈"的演变》等。本书选编之文章,对于佛教禅宗的传播、流布,以及中国历史上各个时代思想、文化、艺术的影响等方面均作了细致入微的论析和考证,足以表明胡适先生在中国佛教和禅学研究领域的深刻洞察力。

禅偈百则（禅的智慧）
洪修平　张勇著
中华书局　2008年7月　110千字　205页

禅是宗教,禅是思想,禅是生活,禅是艺术;禅,也是智慧。禅宗作为彻底"本土化"的中国佛教宗派,具有丰富的理论内涵和浓厚的文化色彩,长期在佛教诸宗里居于主导地位,对于唐宋及其以后的中国思想文化产生了巨大而深远的影响。本书为"禅的智慧"丛书之一,收录中国历代禅门高僧(如达摩、慧可、僧璨、道信、弘忍、惠能等)所作的禅偈百则,通过逐一解说各篇禅偈的创作背景、思想要点、历史意义等,从不同的方面向人们展示了禅的内容与精神。全书分传法偈、示法偈、开悟偈、颂古和宗纲偈5章。每章开篇均对其名下禅偈作引导性说明,以彰示各类型偈语的魅力所在。内容包括:《吾本来兹土》(达摩);《本来缘有地》(慧可);《华种虽因地》(僧璨);《华种有生性》(道信);《有情来下种》(弘忍);《心地含诸种》(慧能);《沿流不止问如何》(义玄);《身是菩提树》(神秀);《菩提本无树》(慧能);《从来共住不知名》(希迁);《吾心似秋月》(寒山);《无来无去本湛然》(拾得);《切忌随他觅》(良价);《三种生颂》(显忠);三照语颂(智闲);等等。

中国禅学研究入门（研究生·学术入门手册）
龚隽　陈继东著
复旦大学出版社　2009年10月　216千字　310页

本书为"学术入门手册"丛书之一,旨在为禅学研究领域的研究生及广大读者提供"一部系统介绍国内外同行研究的入门书籍"。谓之"入门","并不是要对近代以来禅史研究作一全面的综述性报道,而是本着辨章学术、考镜源流的宗旨,试图把禅史写作放到具体的思想史和学术史书写的脉络中去分析其流变。"作者将研究主题设定为"中国禅学史"范畴,依次论述了近现代中、日、英三大语系禅学研究的不同表现。所选择讨论的内容,并不表示它们都是最有质量和学术史价值的成果,盖因其在汉语禅学研究领域里产生过一定的效应。全书包括三部分。第一部分"中国近现代禅学史研究述评:从胡适到现代汉语世界禅学史的书写",主要探讨胡适与近代形态禅学史研究的诞生、20世纪30-40年代中国学界对胡适禅学研究的冷讽与热议,以及胡适禅学对50年代以后中国大陆学界的影响。第二部分"日本近代以来的中国禅宗研究",主要探讨中国禅宗史的建构和日本的中国禅宗断代史研究。第三部分"禅学书写西方世界",主要探讨禅学西渐、铃木禅的衰微与西方禅史研究之嬗变、禅的东方学和佛尔与马克瑞的禅学研究方法。书末附录禅学史研究的参考书目。

近现代禅净合流研究（儒道释博士论文丛书/汤伟侠 卿希泰等主编）
许颖著

巴蜀书社　2010年11月　240千字　319页

禅宗与净土宗是流传最广、影响最大的两个中国化佛教的代表，禅净合流是宋明以来中国佛教发展的大势。特别是近现代以来，禅净合流具有承上启下、继往开来的历史意义。本书为"儒道释博士论文丛书"之一，是对近现代中国佛教禅净合流的综合性研究。作者采取历史与逻辑相统一、资料和观点相结合的方法，通过对相关宗派、代表人物及其思想的梳理与述评，揭示了禅净合流在近现代的具体表现，包括对历史经验的继承与新兴模式的探索，与其他佛教宗派的交涉与互动，及其在中国佛教发展史上的地位与意义。全书共6章。书中将历史上的禅净合流概括为以禅摄净、导禅归净、以净统禅三种模式，探讨了这三种模式在近现代的承续与演变，介绍了近现代中国佛教所处的特殊的历史文化背景，禅净二宗所面临的危机与复兴的契机，以及居士佛教在近现代禅净合流当中的表现与影响，指出禅宗的自贵其心与净土的平等普度为近现代中国社会之所需，太虚所倡导的建设"人间净土"是对近现代禅净合流新兴模式的探索，即以禅的自立与入世精神去作净土的圆满的事业。最后归纳了近现代禅净合流的四个特点：传统模式与新兴模式一时并起；个体性修持向社会性弘化转变；从禅净合流到诸宗圆融；"教"再度成为禅净振兴的关键。

禅定与苦修：关于佛传原初梵本的发现和研究（复旦文史丛刊）
刘震著

上海古籍出版社　2010年12月　300千字　299页

佛教经典一般被划分为经、律、论三藏，经部以《长阿含》为首。长期以来，学界普遍认为完整的《长阿含》只有存于汉文和巴利文中。直到上世纪末，在巴基斯坦发现了书写在桦树皮上的梵文本《长阿含》残卷，这一固有观念才被彻底打破。一时间，这部断代为公元7-8世纪的《长阿含》写本研究成了国际印度学和佛学界的最新热点。本书为"复旦文史丛刊"之一，系根据作者在德国留学期间的博士学位论文修订而成的以原初梵本《长阿含》的第20部经：《修身经》为研究对象的专著，试图从中寻索出佛教史中苦行观念的发展和演变。这部《修身经》没有汉文和藏文的译本，只有在巴利文的《中部》中有对应的文本，讲述的是佛陀和一位名为萨遮的耆那教信徒谈论有关修身和修心的问题，其间插入佛陀传记的片段，构成整部经的核心内容。全书包含"引言"、"转写"、"文本翻译"等7部分。作者在完成《修身经》文本对勘工作的同时，也对《出家经》作了一次全新的检视，其中包括目前国际学界尚未系统研究的藏文《出家经》；此外还涉及国际上有关耆那教研究的一些新成果。

禅与老庄（凤凰文库·宗教研究系列）
徐小跃著

江苏人民出版社　2012年6月　237千字　233页

印度佛教禅学传入中土以后，以其自身的价值取向和思维方式在诸多层面与中国固有传统文化发生着关系。本书为凤凰文库"宗教研究系列"丛书之一，作者以禅与老庄关系的历史发展为主线，运用比较研究的方法，全面探讨了禅与老庄思想在心性论、本体论、思维方法、民族心理及审美情趣等方面的异同，具体考察了老庄与禅宗渊源、互补及互用诸重关系，对楞伽禅、慧能禅及后期禅宗与老庄思想之不同关系亦有精当论述与阐发，从一个侧面揭示了佛教禅学的思想特质及其在中国文化史上的地位。全书共5章。作者指出，老庄与佛教是要以"道"与"实相"去观照和彻见万物、诸行、诸法的相待性、相对性、有限性。在揭示万物的有二性后，老庄与佛教共同运用他们的否定性的思维方式，竭力主张要破除和超越万物的相待分别的状态，并在这一超越中实现他们共同的"大肯定"，最终形成他们共同的价值取向，即"破假显真"。

（2）断代研究

汉魏两晋南北朝佛教
郭朋著

齐鲁书社　1986年6月　619千字　881页

汉魏两晋南北朝是佛教传入中土并得以向纵深发展的起步阶段，也是佛教中国化的雏形初现时期，在中国佛教史上占有重要地位。本书在前人研究的基础上，以马克思主义宗教观为指导重新解读了汉魏两晋南北朝佛教的历史，通过对这一时期佛经传译和僧人活动等的描述，全面阐释了佛教在华早期传播发展的主要事件及其时代特征。全书分上、中、下三编，共21章。上编"汉代佛教"（第1-4章），介绍佛教传入前后的时代背景、初入中土后"人地两生"的汉代佛教所面临的时局及时人对于佛教的理解、汉代译师和译经事业，论述安世高的译经及其禅学思想、支娄迦谶的译经及其《般若》学思想。中编"魏晋佛教"（第5-13章），介绍世乱时艰的魏晋之世及魏晋玄学的产生，论述魏世（三国）译经、两晋译经、鸠摩罗什及其译经、晋代《般若学》与六家七宗、玄学化的名僧、道安及其思想、慧远及其思想、法显的求法。下编"南北朝佛教"（第14-21章），介绍动荡不安的南朝与北朝、佛教的南统与北统，论述南朝诸帝与佛教、南朝佛教、僧祐与慧皎、北朝诸帝与佛教、北朝佛教、北方的禅学、南北朝时期律学的弘传。

五、六世纪北方民众佛教信仰：以造像记为中心的考察（东方历史学术文库/沈志华主编）
侯旭东著

中国社会科学出版社　1998年10月　298千字　379页

信仰乃是佛教存在发展之基础，民众构成信仰的主体。考察民众佛教信仰有利于从另一个角度理解佛教教义的演进。本书为"东方历史学术文库"丛书之一，作者以造像记为中心对公元5-6世纪（魏晋南北朝时期）北方民众的佛教信仰进行了系统的研究。造像记题中出现官吏、僧尼与庶民，系当时社会中除名僧大德、知识阶层佛教徒以外的佛教信众的主体，他们构成了本书所说的"民众"。作者采取历时性与共时性相结合的分析方法，通过考察当时社会一般民众的价值观念和信仰趋向，包括他们对佛教教义的认识与理解，他们的愿望与追求，民间信仰活动的内容与特点，以及民众佛教信仰的社会影响等，来把握这一激变时代的思想脉搏。全书分为"佛教流行北方社会的历史背景"、"造像记所见民众信仰研究"和"民众佛教修持方式的特点与佛教信仰的社会影响"上、中、下三篇。书中注重历史文献、佛教文献与造像记三者之关系的处理，主要依据是造像记，基本不涉及造像本身的造型、风格等。此种学术进路，为佛教思想研究由偏重名僧大德、知识精英转向民众思想并重，开辟了新途径，新领域。

柒、佛教

魏晋南北朝时期的佛教信仰与神话
王青著

中国社会科学出版社　2001年　225千字　287页

　　魏晋南北朝时期，中国佛教一直在进行着一场普遍的民众化运动。这场运动是围绕人格化、偶像化的神祇崇拜而展开的，展示了民众精神史上极其活跃、生动的一页。本书选择魏晋南北朝时期影响极为广泛的阿弥陀、弥勒、观世音等神祇，对相关神话、信仰的来源、流播及弘传过程作了详细的考察，并对内迁月氏族人在佛教弘传过程中所起的作用进行了初步的探讨。全书共5章。第1章论述民俗佛教及其弘教手段与阶层特点。第2章论述阿弥陀信仰的产生及其流播。第3章论述弥勒信仰的流播及其相关的神话。第4章论述世音信仰与相关神话的源起与发展。第5章论述内迁月氏族的宗教及其影响。作者认为，中国佛教在接受与传播过程中，信徒的宗教行为存在着侧重教义理论和侧重信仰实践两种不同的发展趋向，并将前者称之为教理佛教、后者称之为民俗佛教。

魏晋南北朝佛教地理稿（严耕望史学著作集）
严耕望撰

上海古籍出版社　2007年3月　273页

　　严耕望（1918-1996），安徽桐城人，早年毕业于武汉大学历史系，初任职于齐鲁大学国学研究所，继而转入中央研究院历史语言研究所，60年代应聘到香港中文大学任教，70年代初当选为台湾"中央研究院"院士。著作等身，尤以中国古代行政制度史与交通史为长，富有开创性。本书为"严耕望史学著作集"之一，系严耕望先生讲述魏晋南北朝时期佛教地理的未完稿之作。全书共9章。书中从历史地理的角度出发，对佛教东传及其早期流布地域，东晋南北朝高僧弘佛地域及其驻锡、游锡分布，以及这一时期产生的佛教城市与山林进行了系统研究，并对佛教教风之地理分布、五台山佛教之盛、佛教石刻之地理分布展开探讨，认为北方讲论也盛，不似一般人误解北方只有禅诵，北方也重讲说。作者的诸多观点颇具新见，为读者观察这一时期的佛教提供了一个崭新的视角，对于佛教历史地理的研究亦具有启示意义。

道体·心体·审美：魏晋玄佛及其对魏晋审美风尚的影响（中华文史新刊）
韩国良著

中华书局　2009年12月　480千字　534页

　　魏晋是中国继"周秦诸子以后第二度的哲学时代"，无论在哲学和美学，还是文学和艺术上都取得了丰硕的成果。本书为"中华文史新刊"之一，作者在前人研究的基础上，力求进一步回复到就学术史意义而言的魏晋玄佛的内在理路上，对魏晋玄佛的发展历程、各派特征及其与魏晋审美风尚的关系，作了比较深入的探索。初步摆脱了"本质现象"、"一般与特殊"等西方思维模式的影响，为重新认识中国文化特别是魏晋文化的本土化特征提供了新的借鉴。全书分上中下三编。上编"道体论"（4章）和中编"心体论"（4章），分别以"道之体"、"心之体"为研究对象，依次阐述了正始贵无派、竹林自然派、西晋崇有派和东晋佛学的道体论与心体论，指出二者在魏晋玄佛理论体系中的共性与差异。下编"审美论"（6章），主要就魏晋玄佛对魏晋审美风尚的影响展开探讨，既涉及审美理论，也涉及审美实践（包括文本欣赏、文本制作，魏晋士人的清谈、游览、容止等各种审美生活)。作者认为,纵观魏晋玄佛的发展变化,它始终都是和士权与皇权间的力量消长相呼应的。但是不管它怎样改变,都是以对宇宙大道的探索为前提,以对人心的探索为核心,以自然与名教的关系以及圣人人格的确立为目的。

魏晋南北朝佛教经学
任继愈著
国家图书馆出版社　2013年8月　150千字　198页

佛教传入中原数百年间,中国僧人对其经学有过长期研究和各种解释。至南北朝时期,形成了可与儒家经学争衡的佛教经学。这标志着佛教理论更加符合中国封建社会需要,已取得中国封建社会上层建筑的资格。它主要表现在注疏、论著、译著纂集、佛教史传的编辑四个方面。本书主要讨论了魏晋南北朝佛教哲学,原为《中国哲学发展史(魏晋南北朝卷)》中关于魏晋南北朝佛教经学的部分。全书共8章。书中以唯物史观为指导,分别论述了佛教的输入与早期传播、魏晋玄学与佛教般若学、鸠摩罗什与中观学派、慧远的佛教思想体系、魏晋南北朝流行的佛教主要经典、魏晋南北朝流行的佛教主要经论、佛教经学的中心议题:心性论等,是任继愈先生对于中国马克思主义宗教学的重要贡献之一。

六朝佛教思想研究
[日]小林正美著　王皓月译
齐鲁书社　2013年1月　260千字　315页

佛教与道教流行的六朝时代,传统的儒教和老庄思想已无法克服人们的苦恼与不安,于是在中国历史上首次出现了作为文人的士大夫向宗教寻求精神寄托的现象。本书是日本学者小林正美围绕"六朝时代的文人关注佛教的哪些问题"和"他们是怎样看待这些问题的"两个方面来讨论六朝佛教思想的专著。书中通过分析佛教与传统的儒教、道家思想,或者刘宋中期之后确立的道教之间的关系,阐明了东晋、南朝的文人贵族对佛教思想的理解方式。全书共6章。第1章探讨六朝文人由小乘佛教的解脱论转向关注大乘佛教的救济论的理由,经此问题入手,讨论中国接受大乘佛教的原因。第2章探讨慧远(334-416)佛教思想中的轮回报应观与《沙门不敬王者论》的思想。第3章探讨东晋、刘宋时期在当时的佛教界不断创立新学说的竺道生(355-434)的佛教思想。第4章探讨在家佛教信徒宗炳(375-443)的神不灭思想。第5章探讨颜延之(384-456)的儒佛融合论。第6章探讨天台智顗(538-597)的忏法思想。

隋唐佛教
郭朋著
齐鲁书社　1980年8月　452千字　642页

隋唐是中国封建社会的鼎盛时期,佛教的发展,在中国佛教史上达到了顶峰;中唐以后,中国封建社会走上了由盛而衰的下坡路,中国佛教也相应地进入了每况愈下的境地。本书是我国第一部运用马列主义观点研究隋唐时期佛教的学术专著。书中依托丰富的第一手资料,从中国思想史的层面对隋唐佛教的演变进行了历史性的分析研究,描述了佛教如何"扎根于封建经济的基础之上的"的事实,以批判的视角揭示了佛教同当时封建统治阶级之间的关系,以及佛教作为压迫阶级所具有的一种"牧师职能"的实质和特点,既有对具体宗派典型思想观点的深刻剖析,又有对宗派源流世系的简要考察以及宗派的比较,展示出佛教产生、发展和消亡的规律性。全书分"隋代佛教"与"唐代佛教"上下二篇,共4章。作者指出,在中国思想史上,历来对佛教有截然不同的两种态度,一种是信仰主义者的无条件吹捧,一种是无神论者不加分析地排斥;若按马克思主义的观点衡量,两者均抱有非客观与非科学的态度。

隋唐佛教判教思想研究
王仲尧著
巴蜀书社　2000年9月　180千字　218页

判教是中国佛教发展过程中,南北朝各学派,隋唐各宗派普遍采用的一种认识和批判的思想理论建构方式,也可以说是支撑整个中国佛教教理思想的内在的价值评判体系。本书是迄今国内较为系统地研究隋唐佛教判教思想的重要成果,具有较高的学术价值。书中将中国佛教判教的起因和目的归纳为"整理佛经使之系统化",从"判教标准"、"判教结构"和"价值意义"三个方面,展开对隋唐佛教诸家判教理论的探讨,溯其源头、辨其经络,述及天台、三论、律宗、华严宗、三阶教和密宗等各大宗派之判教理论与实践,较前人更深入地揭示了中国佛教判教的特色和时代意义。全书共6章。作者认为,中国佛教之价值本体在于"佛性",它既是所有佛教理论的价值标准,也是判教的标准。中国佛教判教思想的成熟,意味着中国佛教的佛性(心性论)思想的提出、建立、论证及其在深层次上与中国传统文化的日益会通。

佛学与隋唐社会（中国传统学术与社会丛书）
张国刚著
河北人民出版社　2002年8月　281千字　380页

佛教自传入中土之日起,就一直处于与中国传统文化既斗争又融合的磨合之中,隋唐时期这种磨合进入了一个新的阶段。本书为"中国传统学术与社会丛书"之一,主要从佛学学术史的角度论述佛教与隋唐社会生活的关系。书中不仅对复杂的佛教宗派谱系与要旨作了介绍,而且对佛教与世俗王权的纠葛、寺院的清规和僧侣的戒律、民众佛教信仰的实态和佛教世俗化与本土化的诸路,以及佛教对于隋唐社会文化生活的影响,都作了较为精到的阐述,从而使义理佛学与世俗佛教在隋唐社会的存在样态得以清晰展现。全书共8章。前3章叙述佛教学说的创立与传播、隋唐佛学的繁荣及其特点,以及隋唐佛学经典与宗派、隋唐佛教与寺院僧尼等;后5章以隋唐佛教对世俗王权的依附关系为起点,分别讨论这一时期佛教的宣教方式与策略、佛教的世俗化与社会化运动对民众信仰的影响,以及隋唐佛教对于当时整个社会文化生活的塑造及其本土化回应。

缘起　佛性　成佛：隋唐佛学三大核心理论的争议之研究（宗教学博士文库／黄心川　陈红星主编）
夏金华著
宗教文化出版社　2003年3月　200千字　275页

释迦牟尼在菩提树下成佛的主要标志,就是体证了缘起法则的深刻道理。而对于缘起法则的不同认知,促成了大乘佛教诸种缘起说的形成,以及隋唐二朝佛学界由此问题而引发的争议。本书为"宗教学博士文库"丛书之一，作者以佛教所追求的"成佛"目标为关注点，试图通过对隋唐佛学中关于缘起法则、佛性依据、修行方法与途径这三大核心理论的争辩之研究，来展现这一时期佛学界宗派迭起、百家争鸣的时代景象与精神风貌。全书分上、中、下三篇，共12章。上篇（第1-4章）是关于佛学的基本理论：缘起法则的不同认知之争，主要讲解隋唐各大宗派如唯识宗的赖耶缘起、华严宗的法界缘起、天台"一念三千"、三论宗的"八不"缘起等相互之间的争论。中篇（第5-8章）是关于成佛的根本依据：众生佛性的有无之争，主要讨论"一性皆成"与"五姓各别"的争议，兼论与此内容相关的"慈恩"与"西明"以及湛然的"无情有性"说。下篇（第9-12章）是关于成佛的最终实现：修行的方法与途径之争，内容包括天台、法相与华严三家围绕菩萨阶位而展开的辩论，以及禅宗与净土、禅宗内部的"顿悟"与"渐悟"之辩。

晋唐弥陀净土的思想与信仰（真如丛书／妙灵主编）
圣凯著
中国社会科学出版社　2009年12月　236千字　285页

在中国佛教净土信仰中，唯有弥陀净土信仰最为流行。本书为"真如丛书"之一，是一部关于中国早期净土信仰和净土宗若干问题的研究成果集编。书中充分利用当今国际学术界在弥陀净土信仰方面的成果，尤其是日本学术界的成果，以及敦煌文献、金石、碑刻等文献，集中阐述了晋唐时期净土信仰的思想性（如心性、忏悔、念佛、禅观）和社会性（仪轨）等问题，探讨了净土宗主要人物，如慧远、善导、承远、慈愍、法照等人的作用，无论从引证资料、论述角度、得出结论及提出的问题等皆有创新之处。全书共6章。第1章以梁慧皎《高僧传》记载内容为主要依据，对公元1-5世纪初中国佛教早期净土信仰和修行的代表人物、修持方式、经典及特色、影响等进行介绍评述。第2章围绕净土经典中的心性思想进行阐释，认为净土宗以如来藏为中心的心性思想，是吸引禅宗、天台、华严等宗派与它接近和会通的内因。第3章为本书的重点，对唐代以倡导口称念佛著称的善导的弥陀净土念佛和忏悔的思想、著作等作了深入的考察和阐释。第4-6章主要对唐代承远、慈愍慧日、法照等人的净土思想和修行作了介绍，其中对承远生平事迹和思想的详细考证，国内外对法照净土著作及思想研究的介绍等，观点颇为独到。

唐代佛教地理研究
李映辉著
湖南大学出版社　2004年4月　270千字　334页

唐代许多人文地理现象的形成、发展，都与佛教有很大关系。研究唐代佛教地理，有助于对唐代政治、经济、文化及社会生活各方面状况的了解。本书是根据作者的博士学位论文修订而成的国内第一部历史佛教地理学专著。作者借助大量的佛教史籍、金石文字和考古资料，运用历史统计学的方法，对唐代佛教诸要素在各地的分布状况和地域特征，作了系统深入的研究，并运用相关文献资料进行综合考察，对唐代各地区佛教发展的水平层次及其前后变化进行了探讨，在历史宗教地理学研究领域具有一定的开创性。全书分为"唐代高僧籍贯分布"、"唐代高僧驻锡地分布"、"唐代佛教寺院的地理分布"、"唐代佛教石刻的区域分布"等7章。书中阐述了唐代佛教发展的区位差异，剖析了自然地理、经济、人口、交通、政治及历史条件等因素对唐代佛教地理分布的影响，讨论了唐代佛教地区分布及其变迁的总体特征，较为清晰地勾勒出唐代各地区佛教发展的时空轮廓。

唐代西方净土礼忏法研究：以敦煌莫高窟西方净土信仰为中心（敦煌学博士文库／郑炳林　樊锦诗主编）

杨明芬（释觉旻）著

民族出版社　2007年4月　310千字　344页

　　西方净土信仰在中国的传播源远流长，所形成的论述和修持行仪相当丰富。唐代敦煌莫高窟的经变图像，亦以西方净土变数量最多。本书为"敦煌学博士文库"丛书之一，作者在前人研究的基础上，结合文献资料与石窟图像，对以敦煌莫高窟西方净土信仰为中心的唐代西方净土礼忏法进行了全方位解读。全书共6章。前3章着重对文献进行整理和分析，后3章旨在探讨敦煌石窟西方净土变的发展，以及经变与净土礼忏法结合的运作。在西方净土礼忏文的部分，作者首先作溯源的整理，耙梳出西方净土礼忏法在形成的过程中，吸收了北魏昙鸾和隋代彦琮的西方净土礼赞文，并参考其他礼忏法及净土行仪的内容，终于在唐代由净土大师善导完成仪轨完备的西方净土礼忏仪。善导的礼忏行仪有4部，本书以《大正藏》及敦煌相关文献为主要资料，对善导的4部行仪作了整理与分析。敦煌石窟造像的部分，是从纵轴和横向两方面进行研究，纵轴意在说明敦煌净土信仰及西方净土变的演进过程。书中主要是以西方净土变的发展为主轴，描述从石窟初期所表现的净土思想，至阿弥陀佛说法图的出现，至隋代简单的西方净土变，最后到唐代华丽壮观的西方净土变之过程。横向方面首先讨论西方净土礼忏法与西方净土变的结合，再从各种经变的信仰性质，探讨西方净土变与其他经变搭配的原因与意义。其间并以相关仪轨在石窟的运作为贯穿，就石窟图像来解读石窟的宗教功能，完成文献结合石窟造像的研究目的。

密教传持与唐代社会（人文社科新论丛书）

夏广兴著

上海人民出版社　2008年4月　327千字　419页

　　密教传入中国及其流变的过程，大致可分为三个时期。第一期是印度古密教传入的初期；第二期是印度纯粹的瑜伽密教传入，即中国密宗正式建立时期，也是中国密教史的黄金时期；第三期为印度晚期密教输入时期，在汉地则属北宋初期。本书为"人文社科新论丛书"之一，主要论述了唐五代（中国密教的黄金时期）密宗在中土的流播及对当时社会、政治、文化与生活领域的广泛影响。全书共9章。书中以时间为序，首先说明了密宗形成前唐代佛教的状况，论述了"开元三大士"与密教传持、密教经典的传译与弘通，然后分别从密宗与唐代民俗风情、密宗与唐代社会生活、密宗与唐代文学创作及密宗与唐代宗教艺术等方面，探讨密宗对唐五代时期中土社会的普遍影响。作者认为，汉传密教在唐土的传播虽然仅一百多年即告式微，但影响甚巨。而密教的流布又渗透到民风习俗中，这就与密教本身的特殊功效有关。

唐代佛教

范文澜著

重庆出版社　2008年11月　250千字　256页

　　佛教在西汉末年传入中国，正当农民大起义的前夕。此后，东汉、三国、两晋、南北朝以至隋朝，阶级斗争和民族斗争非常尖锐、剧烈，统治阶级迫切需要维护统治的有效工具，佛教就是在这种社会历史背景下受到大力提倡,因而兴旺发达。本书是著名历史学家范文澜先生撰写于20世纪60年代的批判唐代佛教的著作,分为"引言"、"佛教各宗派"和"禅宗:适合中国士大夫口味的佛教"三个部分,并附张遵骝《隋唐五代佛教大事年表》。作者运用马克思主义的阶级分析方法,以批判和否定的态度,重点论述了唐代佛教的剥削本质,同时列举了佛教"显而易见的大祸害":一、寺庙林立,宣扬迷信;二、多立宗派,广收徒众;三、麻痹农民,阻碍起义。范先生认为"特别是第三条,尤其有辞而辟之的必要",指出"佛教在唐朝是社会的大祸害",尽管"它在文化领域内曾作出不少成绩","艺术方面有许多值得保护的不朽作品",但是"佛教利用艺术作贩毒广告,艺术性愈大,流毒也愈大"。

唐代法律与佛教(中国法律史研究丛书/王立民主编)
张海峰著

上海人民出版社　2014年10月　283千字　345页

佛教的慈悲平等观念与法律的公平正义理念有共通之处。佛教因其对生命世界的终极拷问而获得永久的意义,法律因其对世俗社会的维护而获得存在的价值。佛教在宏观、微观两个层面影响到唐代的立法、司法和守法;唐代统治者则利用法律规范佛教的有序发展。本书为"中国法律史研究丛书"之一,是根据作者的博士学位论文修订而成的探讨唐代法律与佛教关系的专著。全书共4章。书中运用文献学、宗教史学和个案研究等方法,以佛教影响法律为主线、法律对佛教的规范为辅线,从立法、司法、守法三个方面讨论了唐代佛教与法律之间的互动关系,通过分析佛教对唐代法律发生的影响,挖掘唐代法律中的佛教因素,论证和揭示法律对佛教这一社会现象的具体应对。作者指出,佛教中国化的成功和佛教与法律之间的互动有很大关系。两者的有益互动可以为今天在法制现代化过程中如何正确应对西方的法律制度和法律思想提供借鉴。

宋代华严思想研究
王颂著

宗教文化出版社　2008年1月　250千字　298页

宋代华严思想的研究起步较晚,目前的研究主要集中在史实考察和文献梳理方面。该研究领域仍然属于宋代佛教研究的薄弱环节。本书是在作者的博士学位论文《宋代华严宗的研究:以净源的华严思想研究为中心》基础上修订而成的以宋代华严思想为研究对象的专著,旨在阐述与华严宗相关的宋代佛教界的思想与实践特点。全书共7章。书中采用思想史研究方法,充分吸收以往的研究成果,既重视对宋代华严僧传记的梳理,以及江南地区华严教团的考察,又着力开掘"宋代佛教内外调和思想与华严宗的关系"之内涵,指出"三教融合"观念在宋代佛教中反映出的思想倾向。内容包括:华严祖师的传记研究,华严宗传承谱系的确立,教团的展开,修行方式,教理著作的解读,华严与净土的结合,三教融合,礼忏仪轨等。本书堪称当今学界所能期待的有关宋代华严方面最新、最好的研究,可视为学界涉入宋代华严思想研究层面的一次有益探索。

南宋佛教制度文化研究(上、下册)
王仲尧著

商务印书馆　2012年12月　757页

南宋佛教以特有的制度文化特色,在特定时代的文化环境、制度环境及地域环境等多方面社会历史条件作用下体现了自身的强势影响。本书提出南宋佛教"制度文化"概念并以此作为研究对象,旨在认识南宋佛教制度文化在保证自身的彼岸性价值诉求的同时,与体现行政性价值诉求的社会制度达到了使双方高度满意的适应性,进而探究南宋佛教制度文化的基本规律,概括其历史贡献,总结其历史经验,揭示其近千年来对中国文化及国际文化发展的重要影响。书中采用制度文化研究法、案例分析法、数据统计法、比较研究法等实证方法,在时间关系上以宋代佛教大框架中的南宋时期为主线、空间关系上以南宋行在(首都)临安为中心的江南地域为平台;研究内容以南宋佛教制度文化及其在政治、文化、宗教、经济、商贸、财会、法制、官制、刑律等社会生活领域的影响,以及佛教文化与其他文化的互动关系为主。全书分上、下册,共三编。上编(第1-4章)围绕南宋政府的佛教政策、佛教管理行政机制与寺院体制的关系角度展开。中篇(第5-8章)从南宋宁宗嘉定年间创建的五山十刹制度及制度文化影响角度,围绕寺院体制及作为其外在的物质制度形式的寺院建筑形式、建筑功能展开。下篇(第9-12章)从寺院体制的内部结构关系角度,围绕寺院体制内涵的经营性质并因而体现的寺院经济经营模式,及其与社会经济系统互动的和谐程度,以及相应制度安排展开。

宋元佛教
郭朋著

福建人民出版社　1981年8月　128千字　205页

观宋元佛教史,虽然佛教没能保佑宋王朝免除灾难,但宋王朝对于佛教还是尽力保护并给予完全可资享用的实惠。而佛教给予宋王朝的,只是一种根本不能兑现的虚幻的祝福。至元,王朝统治者"崇尚释氏",究其用意,无非是想为王朝祈福、求佛护佑,最后却也是难逃衰亡。本书沿袭作者"以实言史"的一贯风格,试图从历史的角度,侧重于某些思想方面,对宋元佛教(主要是宋代佛教)作一些概略的探索和剖析。全书分为"宋代佛教"与"元代佛教"2章。书中以唯物史观为指导,耙梳了宋元佛教史,并就宋元时期颇具特色的"度牒制度"、"帝师制度"作了细致描绘。篇幅虽显"单薄",然言之有物。

元明时期藏传佛教在内地的发展及影响
赵改萍著

中国社会科学出版社　2009年11月　372千字　323页

元明时期藏传佛教在内地的传播与发展,使得西藏文化日益呈现内向性的特征,这种内向性不仅成为汉藏民族互信的基础,也是维护中华民族大团结的基础。本书着眼于"宗教文化的交流融合",利用丰富的汉藏文献和实地考察资料,从历史学、宗教学、文献学、考古学等角度,系统论述了元明时期藏传佛教在内地发展的背景、教派、思想教义、历史演进、分布地域、人物及寺院建筑等,集中探讨了藏传佛教在内地政治、经济及文化等方面所产生的影响,试图比较两个时期藏传佛教向内地传播的差异,以此展现元明时期藏传佛教在内地发展的历史概况,揭示藏传佛教在促进民族团结和社会稳定中特殊的历史作用。全书共3章。第1章概述元代以前藏传佛教在西藏的兴起和发展及其在内地的早期传播。第2章论述元朝借以藏传佛教实现对吐蕃的统一与管理、藏传佛教在蒙古上层中的传播及原因,廓清了元代藏传佛教在内地传播的诸多史实。第3章分析明代藏传佛教在内地发展的历史基础,论述其在南京、北京及五台山的发展,重在从微观上详细阐述藏传佛教萨迦派、噶举派及格鲁派僧人在内地的实践活动及其思想的传播等，并对元明两朝藏传佛教在内地发展的不同特征进行对比研究。

明代佛教与政治文化
周齐著

人民出版社　2005年8月　206千字　292页

　　明代的政治文化延承着积淀厚重的中国政治文化传统，其主流的政治态度、宗教认识、价值取向等，无不既关联着传统又展现了丰富的现实样貌。本书是以政治文化为考察视角来系统研究明代佛教的学术专著。作者依据文献史料和佛教典籍，在确认明代政治文化环境所塑造的特有社会氛围之前提下，对明朝各代帝王提出的佛教政策、朝廷与佛教的关系进行了梳理和探讨，对明代佛教与社会政治文化相互交织的诸问题进行了归纳总结，并通过一些典型个案，具体分析了处于明代君主极权和文化专制体制下的士人对于佛教的态度及其社会影响，特别是对在明代佛教日益世俗化的趋势中佛门高僧所表现的处世之道作了介绍和阐释，从而生动展示了中国佛教与传统政治文化的密切关系。全书共5章。内容包括：明代佛教与帝王及其政治文化环境，明代佛教政策的基本模式与传统政治文化认识，明代宿儒士大夫之儒释观及其政治文化意义等。

明朝宫廷与佛教关系研究
杜常顺著

中国社会科学出版社　2013年4月　243千字　237页

　　本书所研究的"明朝宫廷与佛教关系"是一个介于明史和佛教史之间的课题。作者参照已有研究成果，进一步收集史料，详细考察了以皇室为主体的明朝宫廷与佛教之间的关系，分阶段论述了此种关系的演进脉络以及佛教影响在明朝宫廷的消长变化，探讨了佛教对于帝后及宫廷内宦的意义，阐明了包括帝后和宦官在内的宫廷力量对明代佛教发展的作用与影响。全书共5章。第1章论述明太祖对佛教既推崇倡导又约束统制的政策和实践，考察明太祖与江南佛教上层的关系及相关重大的佛事活动。第2章论述明成祖崇信佛教的种种表现及其原由，分析成祖靖难夺位与佛教（包括藏传佛教）之间的复杂关系。第3章论述明中期后"祈福祝釐"的奉佛诉求、耽溺之态及其消极影响，探讨此一时期"番僧"（藏传佛教喇嘛）、"西天僧"等密教势力与宫廷间的结纳。第4章论述晚明孝定皇太后与万历时期的皇室奉佛活动、明思宗与佛教的关系。第5章论述明朝宦官的佛教倾向，在皇室奉佛和营寺活动中的角色担当及其与僧人的关系。

阳明学派与晚明佛教（阳明学研究丛书／吴光主编）
陈永革著

中国人民大学出版社　2009年11月　259　千字　300页

　　晚明时期的隆庆、万历、崇祯三朝（1567-1644），时间虽不足90年，但包括佛教思潮在内的各种社会思潮却遭逢一个前所未有的裂变时代。本书为"阳明学研究丛书"之一，作者以阳明学派与晚明佛教的关系为论题，结合晚明社会思潮变迁，借助大量第一手文献资料，介绍了阳明士子所展开的丛林交游，探讨了阳明学派的儒佛调和论及其佛教观的形成与演进，阐述了晚明佛门的阳明心学论，最后以专题形式研究了晚明佛门的儒释互阐与良知析解，以及"阳明禅"与晚明"狂禅"之间的思想关联。全书共5章。书中始终关注"阳明学派及其思想与晚明佛教的互动关系",并以此为切入点,着重评述阳明士子不同类型的佛教观之内容及其影响、晚明儒佛交涉的内容及其广泛的思想效应。结语部分直接落实到晚明东林学派、蕺山学派对阳明学派儒佛交涉现象的评议及其对晚明思潮、学风的影响方面,涉及如何评价阳明学者与晚明佛教之交涉史对于晚明社会思想文化的影响、作用及其地位。

朱陆·孔佛·现代思想:佛学与晚明以来中国思想的现代转换
张志强著

中国社会科学出版社　2012年12月　325千字　300页

在晚明以来的学术思想大师看来,佛教从来都是解决中国问题的重要资源。佛教不断内在化于中国学术思想传统的过程,其实也正是中国文明在精神文化层次和社会体制方面不断调适自我的过程。中国的学术和思想在佛教的刺激下不断加深和拓宽着自身形而上学的思维,丰富和充实着固有成德之学的实践内涵。本书围绕"佛学与晚明以来中国思想的现代转换"这一主题,探讨了如下几个贯穿了晚明以来中国思想史的重要议题:一、孔佛会通是否成为一种新文化;二、现代条件下成德之学如何讲;三、共和之后,教化任务由谁承担;四、客观的学术是否也可能具有价值的关涉。全书共10章。书中尝试以"源流互质"的方法来处理晚明以来的思想史与现代思想的关系,重点探究了彭绍升、章太炎、欧阳竟无等思想人物,特别是对近代唯识学复兴的思想史脉络进行了深入解析,其中大多数篇章都曾以学术论文的形式在多种期刊和书籍中发表。

明清佛教
郭朋著

福建人民出版社　1982年12月　257千字　340页

处于日益衰微趋势中的明代佛教,由于得到明王朝的扶植,在下坡路上产生一些起伏性的演变,呈现"营构寺宇,遍满京邑"的壮观景象,僧尼人数有增无减。在政治上,明代的上层僧人依然颇有地位。清以降,儒学虽然成为钦定的御用思想,但统治阶级仍不忘"加惠"于佛教,使之为己所用。从表面上看,清代佛教各宗(特别是禅、净二宗)都还在勉强活动着,但是,从思想史角度来说,它们只不过是前代佛教的一种微弱的历史回声和即将干涸了的历史河流中的余湿而已。本书以历史唯物主义者的眼光描绘了中国佛教由古代转向近代的生动画卷,审视了明清佛教的演变历程,剖析了佛教与中国封建社会紧密依存的特殊关系。全书分为"明代佛教"与"清代佛教"上、下二篇,共4章。上篇(第1-2章)讲述明王朝与佛教的关系,介绍明代佛教诸宗及佛教四大家(袾宏、真可、德清、智旭)。下篇(第3-4章)讲述清王朝与佛教的关系,介绍清初佛教的两新贵(通琇与道忞)和清代佛教各宗概况。

明末清初的思想与佛教(觉群佛学译丛/觉醒主编)
[日]荒木见悟著　廖肇亨译

上海古籍出版社　2010年6月　239千字　209页

明代中后期儒家士人与佛教的关系,尤其禅宗和净土宗,都非常密切。当时的晚明四大师与士人交往相当频繁,一些僧人也与士人过往甚密,影响的层面已不限于思想范畴,就连社会、生活等方面都互有纠葛。本书为"觉群佛学译丛"之一，是日本学者荒木见悟从儒释关系的角度重新解释明清佛教思想的专著。作者抛开儒教为先的教条主义，以一种新的眼光审视了明末清初儒佛思想的特点及两家的对应和交涉，由个案到整体予以深入的考察并给出独到的结论，对两家思想传统给予同情的理解及恰当的评判，同时对大陆学界教条式的研究套路作出极中肯的批评。全书由8篇论文组成，分为三大主题：一、明末清初儒学思想史的再省思；二、晚明狂禅评价的再检讨，如赵大洲与邓豁渠；三、佛教在明末清初时期的发展。荒木先生既能对思想观念内涵的厘清与演变有清晰的勾勒，亦能对当时的历史情境脉络有完整的掌握，甚至对当今学界的研究方法与趋势提出有针对性的看法，本书可谓深具启发、别开生面之作。

清王朝佛教事务管理
杨健著

社会科学文献出版社　2008年7月　549千字　636页

佛教事务管理是整个清王朝宗教管理事务中的重要内容。本书在收集、整理和辨析第一手资料的基础上，借鉴已有研究成果，首次对清王朝的佛教事务管理进行了比较全面、深入的贯通性研究，涵盖清政府为了达到特定目的而对佛教采取的控制原则、策略和措施。全书共6章。第1章讲解僧官制度，包括僧录司及其僧官设置、"八座"的选补、地方僧官的选补、僧司印信及其管理、僧官的职责等。第2章讲解度僧、僧籍、度牒制度及其对汉传佛教的影响。第3章讲解僧众管理方式的演变，包括明末清初的遗民逃禅、清朝诸帝与上层僧侣、法律制度与僧众管理、保甲制度与基层僧众管理等。第4章讲解佛教典籍、教义及教派管理，论及函可文字狱案、清王朝刊印《龙藏》、澹归《徧行堂集》案、收缴御书及禁毁僧人的其他著述等。第5章讲解佛教寺院管理，包括寺院的分类、寺院修造和寺院经济的管理等，认为清王朝对佛事活动的管理，主要体现在查禁民间赛会和禁止妇女入寺两个方面。第6章讲解佛教事务管理的延伸，包括佛教与儒教和民间宗教的关系的管理，以及藏传佛教僧官制度和度牒制度。

（3）地域研究

中国蒙古族地区佛教文化
嘉木杨·凯朝著

民族出版社　2009年12月　400千字　525页

蒙古文化主要是以佛教文化为中心发展起来的。由于种种原因，蒙古佛教文化的研究迄今仍处于薄弱环节。本书借助于作者通晓蒙、藏、汉、日、巴利、梵文语言的能力，在充分利用原始资料的基础上，结合作者多次亲赴内蒙古地区和其他省市蒙古族聚居区的佛教寺院进行走访调研（涉及蒙古佛教寺院70多座）所掌握的第一手素材，重点论述了蒙古族地区佛教文化的历史发展过程及其与蒙古族艺术、蒙古族民俗文化的关系，并且对蒙古族地区的净土思想与汉地佛教、日本的净土思想进行了系统性的比较研究。这些研究成果可以说在学术方面是一个历史性的突破，对我国蒙古族地区传统佛教文化艺术的保护、挖掘与研究起到参考作用，为研究我国其他少数民族地区的宗教文化在理论和实践方面提供了学术路标。全书共4章。第1章论述元朝时期蒙古族地区佛教寺院的艺术风格。第2章论述明清时期蒙古族地区佛教的表现艺术及其与蒙古族地区民间文化的关系。第3章研究和阐明佛教文化艺术在蒙古族地区的传播过程和弥勒佛造像的缘由。第4章主要以田野调研的形式考察中国蒙古族地区各佛教寺院的历史沿革以及近几十年恢复重建的情况。

蒙古族佛教文化调查研究（中国蒙古学文库/包祥格·孟和援朝等主编）
唐吉思著
辽宁民族出版社　2010年12月　550千字　702页

  蒙古族佛教文化是整个蒙古族文化体系的重要组成部分，与蒙古文化体系内的各个部分之间构成双向选择、动态互补的关系。本书为"中国蒙古学文库"丛书之一，作者以在蒙古族地区对佛教寺院所作的实地调研为依据，全面介绍了蒙古族佛教文化的历史与现状，力图"从一个非常重要的方面去透视蒙古族近千年的历史和文化的同时，更好地面对近50年的历史，特别是改革开放以来的蒙古族地区佛教文化的一切美好的东西"。全书分上、下两篇。上篇（5章）为蒙古族佛教文化现状调查研究。第1章概述佛教在蒙古族文化发展中的地位和意义，从三个方面论述了藏传佛教与蒙古文化的关系。第2章论述佛教对蒙古族文化的充实与丰富。第3章描述蒙古族佛教文化的历史与现状。第4章通过对青海海西州蒙古族村落和新疆精河县蒙古族藏传佛教信仰现状的调查，解析现代生活中的佛教信仰特点。第5章概述蒙古族佛教寺院的历史演进、艺术风格和佛塔建筑等。下篇（14章）是对蒙古族地区各盟、市、州80多座佛教寺院的考察报告，涉及寺院的历史沿革、历代著名活佛、寺的现状（殿、堂、佛像、建筑布局、佛塔），寺庙的管理机构、宗教活动、寺院的恢复过程和壁画、唐卡、法器等。

西北佛教历史文化地理研究
介永强著
人民出版社　2008年4月　300千字　340页

  本书采用历史宗教地理学的理论和方法，旨在说明作为佛教文化主要载体的寺院和石窟在西北地区的地理分布及其地域特色，揭示上起汉代、下迄清末西北地区佛教学术文化传布的空间演变规律。全书共5章。书中首先界定了历史宗教地理学的理论建构，回顾了中国佛教地理研究的概况，随后依据史书和地方志记载，将汉魏至明清的西北地区佛教寺院划分为五个时期，逐一分析了各个时期佛教寺院的分布状况及其中心区域；又根据考古资料勾勒了西北地区佛教石窟的区域分布形态，划分出七个区域，着重论述了各个区域石窟形制和造像的地域特色。其次，作者以译场、律肆和义林对佛教经、律、论三藏的传译和讲习为据，探讨了佛学在中古西北地区的发展状况，展示了佛学在中古西北地区以关中最为发达、河西和西域次之、其他地区又次之的三级格局；续而阐述了佛教主要流派在西北地区的传播，涉及魏晋南北朝时期的大、小乘佛教，隋唐时期的天台宗、三论宗、三阶教、法相宗、华严宗、禅宗、律宗、净土宗、密宗，宋元明清时期的藏传佛教各派。最后对不同时期的西北佛教文化区域进行了科学划分，解析了西北地区佛教文化重心的历史变迁，阐明了当今西北地区佛教文化区的历史成因。

丝绸之路佛教文化研究（丝绸之路研究丛书/李维青　张田主编）
周菁葆著
新疆人民出版社　2009年9月　420千字　350页

  佛教自公元前1世纪从印度传入西域地区后，经过100多年的发展，到东汉时期，佛教在西域得到了普遍传播，开始出现佛教图像和寺庙、石窟寺等佛教建筑。至魏晋南北朝时期，西域佛教发展到鼎盛时期。特别是公元4世纪中叶，著名的佛学大师、翻译大师之一的鸠摩罗什在龟兹诞生，对西域佛教乃至整个中古佛教都产生了深远影响。本书为"丝绸之路研究丛书"之一，作者沿着丝绸之路由西向东延伸的空间路线，论述了佛教在西域的传播与发展，展示了鲜为人知的西域文化特色，涉及佛教的兴起与东传、佛教的基本教义、于阗佛教、龟兹佛教、高昌佛教、佛教文学、佛教戏剧、佛教建筑、佛教雕塑等方面。全书共13章。书中不仅对佛教义理及其东进的形式、路径与特点作了准确的叙述，更以史论结合的方式对比研究了中原佛教文化，生动描绘出丝绸之路上佛教文化所展现的奇光异彩。

新疆佛教壁画的历史学研究（西域历史语言研究丛书/沈卫荣主编）
贾应逸著

中国人民大学出版社　2010年7月　492千字　461页

佛教及其艺术沿丝绸之路传入我国，首先在新疆盛行，遗存至今的佛寺遗址和石窟中的佛教壁画已成为新疆历史文化的瑰宝。本书为"西域历史语言研究丛书"之一，收录作者研究新疆佛教壁画及佛教建筑的论文25篇。这些论文运用历史学方法，深入考察了古代于阗、龟兹、高昌这三大佛教中心壁画所反映的历史问题以及画面中人物衣冠服饰、物质文化与艺术风格，探讨了佛教壁画所承载的时代、社会经济文化发展状况等方面的历史信息，尤其是聚居在新疆的各民族文化的发展和演变特征。全书分为"新疆壁画研究的回顾与思考"、"于阗佛寺与佛教发展"、"龟兹壁画与社会变迁"、"高昌石窟与历史考察"四个部分。内容包括：《新疆石窟和寺院遗址研究50年的回顾与思考》、《和田热瓦克佛塔建筑和造像的艺术因素》、《克孜尔中心柱窟菱格因缘故事画探析》、《鸠摩罗什译经和北凉时期的高昌佛教》等。文中所引史料及主要观点，对研究新疆史、佛教艺术史和民族史等有着重要参考价值。

新疆古代佛教研究（新疆研究丛书）
才吾加甫著

社会科学文献出版社　2011年1月　278千字　270页

新疆佛教既是区域佛教文化的代表，也是中外佛教文化的交汇，展现了独具地域特色的多元文化魅力。本书为"新疆研究丛书"之一，作者汲取前人研究成果，全面考察了佛教传入新疆近2000年以来与汉传和藏传佛教同台共舞的兴衰历史，介绍了新疆各个历史时期、不同地区佛教发展的历史轨迹与主要特点，论述了佛教在新疆的重大历史事件、著名佛教人物与佛经翻译，以及新疆佛教对中原佛教的影响。全书共7章。书中除了系统梳理新疆佛教的历史，还论及新疆佛教文化艺术、佛经翻译、寺院建筑和石窟佛像等方面内容。通过本书，可以使读者进一步认识东西方文化交流和融合的历史过程，窥视世界人类文明的演进轨迹。

于阗·佛教·古卷（华夏英才基金学术文库）
段晴著

中西书局　2013年12月　350页

20世纪初期，西方探险队在新疆地区以及敦煌藏经洞内发现了大量于阗佛教文献，其规模之庞大,仅次于汉语、藏语文献。虽然国内外学者对于阗语文献的整理已经进行了一个世纪,但仍存在诸多未开垦的领域。本书为"华夏英才基金学术文库"丛书之一,是作者在"从于阗语文献入手而梳理古代于阗佛教的发展脉络"的过程中,由于新的于阗语写卷的被发现而变更原有的课题名称和研究框架,针对新材料进行"新"的研究和揭示的专著。全书共收文章12篇。内容包括:《梵语〈贤劫经〉残卷》,《于阗僧提云般若》,《大方广佛华严经修慈分》,《〈造像功德经〉所体现的佛教神话模式》,《〈造像功德经〉于阗语、汉语今译及古译刊本》,《义净与实叉难陀》,《新发现的于阗语〈金光明最胜王经〉》等。前3篇体现了本书撰写的最初设想,即利用已知于阗语文献,对佛教在于阗的发展进行梳理,探寻于阗佛教独自的发展脉络。然而第1篇也已经因新的材料的出现而转向,使阐释的重点随新的材料而投入对《贤劫经》的关注。其余各篇,均更多地倾向对于阗语佛教古卷之新意的发掘。

回鹘之佛教(西域佛教研究丛书)
杨富学著
新疆人民出版社　1998年8月　280千字　345页

　　本书为"西域佛教研究丛书"之一,是目前国内外系统研究回鹘佛教的拓荒之作。作者利用自身的语言学、文献学优势和对回鹘艺术、回鹘佛教的准确把握,注重对汉文史乘和敦煌、吐鲁番出土文献中相关记载的搜集和整理,同时又充分利用西域、敦煌诸地佛教石窟与遗址中的相关绘画与文物,多角度地对回鹘佛教的传播历史、译经情况、功德思想、寺院的兴建、寺院经济及佛教对回鹘文明的影响等问题作了比较全面和系统的探索,填补了佛教学术领域的一项空白。全书分为"佛教在回鹘中的传播及其特点"、"回鹘之佛典翻译"、"回鹘佛教之功德思想:从回鹘文《七星经》回向文谈起"等6章。书中以唯物史观为指导,运用比较研究的方法重新建构了回鹘佛教的解释框架,不仅在于从民族的角度对回鹘的佛教历史作了阐述,而且也对受到佛教影响的回鹘文明(文学、哲学、美术、书法和语言文字等)作了相当有意义的描绘,认为回鹘佛教的形成与发展主要是由汉传佛教决定的,且与藏传佛教、印度佛教和龟兹佛教不无关系。随着回鹘文化的繁荣与外传,其佛教在西夏、辽、金、元诸王朝中也有所传播。因此,本书既是一部回鹘佛教史,也是一部回鹘文明史。

佛教与回鹘社会(敦煌学研究文库 / 郑炳林　樊锦诗主编)
[德]茨默著　桂林　杨富学译
民族出版社　2007年4月　226千字　228页

　　本书为"敦煌学研究文库"之一,是德国著名学者茨默博士于近年推出的一部颇受学界重视的回鹘佛教专著。书中以回鹘文、梵文和藏语史料为依据,深入解析了回鹘佛教历史及佛教与回鹘社会的关系。全书共5章。第1章概述回鹘历史、宗教(主要是佛教)与文化的发展历程。第2章参照西域、敦煌诸地发现的以写本为主的回鹘文文献,就回鹘译经所据底本进行论述,认为回鹘佛教译经之来源可大致归纳为四个系统:中亚系统、汉传系统、藏传系统和印度系统。第3章为本书的重点,通过回鹘文题跋以研究各经典之时代,指出回鹘功德主涉及社会各个阶层,有蒙古皇帝、回鹘亦都护,有各级官僚、贵族,有僧侣,有俗人,经由身份识别探讨了回鹘功德主布施的动机、愿望与目的,对回鹘文写本跋尾所使用的套语进行了研究。第4章专题探讨了敦煌莫高窟出土的元代回鹘文写本《观音经相应譬喻》(编号为Or.8212-75A)之长篇跋尾。第5章为结论,指出回鹘文佛教文献题跋对研究回鹘社会、历史、文化的重要性。

回鹘佛教文献:佛典总论及巴黎所藏敦煌回鹘文佛教文献
牛汝极著
新疆大学出版社　2000年9月　340千字　424页

敦煌和吐鲁番是回鹘文文献发现最丰富的地方。敦煌文献数万卷自发现后几十年间,精品大多流落异邦。其中回鹘文文献现藏于英国、法国、德国、俄罗斯、日本、瑞典、芬兰等国。本书对西域、敦煌等地出土的回鹘文文献进行了系统整理,概览了各国收藏、整理和研究回鹘佛教文献的成果,介绍了回鹘佛教文献的来源、分类、翻译,世界各地所藏回鹘佛典的分类、编号、整理研究情况,并对巴黎所藏出自敦煌的回鹘文佛教文献作了细致的描述。全书分为"回鹘佛教文献总论"和"巴黎藏回鹘文佛教文献"上、下二篇,共13章。上篇(第1-7章)内容包括:回鹘佛教文献与回鹘语大藏经,回鹘非大乘佛教文献,回鹘大乘佛教文献,回鹘藏传密教文献,回鹘佛教论藏文献等。下篇(第8-13章)内容包括:敦煌藏经洞的发现及其珍贵文献的流失,巴黎藏回鹘文文献描述及主要研究情况,回鹘文皈依佛教三宝愿文研究等。

南京国民政府时期的政教关系:以佛教为中心的考察
陈金龙著
中国社会科学出版社　2011年1月　320千字　324页

南京国民政府时期的政教关系,是海内外学术界较少涉足的课题。现有研究成果尚未将南京国民政府时期的政教关系作为专门的问题来考察。本书是根据作者的博士学位论文修订而成的探讨佛教与南京国民政府之关系的专著。书中以"冲突与调适"为主线,运用历史文献法、比较研究法、宏观研究和微观研究相结合等方法,对1927-1937年间南京国民政府与佛教的关系进行了深入分析和论证,试图为"如何解决政教之间的张力关系"这一"极其复杂而又重要的问题"提供借鉴。全书共7章。书中通过考察南京国民政府与佛教关系中所涉及的庙产管理、中国佛教会成立及分化改组、僧伽制度管理、佛教文化复兴、佛教界对民国政治的参与等具体问题,勾勒出二者之间关系互动的历史轨迹,说明了南京国民政府与佛教界冲突的表现、成因和调适的方法与效果,概括了南京国民政府时期政教关系的主要特点。

佛教弘化的现代转型:民国浙江佛教研究(1912-1949)
陈永革著
宗教文化出版社　2003年10月　300千字　372页

民国时期浙江佛教的弘化转型是当时中国社会转型的必然反映。本书通过再现民国时期38年间浙地佛教的弘化展开,以代表僧人的弘法活动为纵轴,以其佛理阐论、佛法修持、弘法教化的思想脉络为横轴,对此一时期浙江佛教僧人的佛法修学及其弘化活动进行了全面阐述,分别介绍了佛教组织建构、僧教育展开、徒众修学活动、居士佛教及其广泛的社会效应,综合评述了民国佛教弘化基于"政教并进"与"政教分立"这一时势判断,在"宗教化"与"社会化"的结构张力中达成现代转型的特点。全书共9章。作者指出,民国浙江佛教弘化的转型向度有二,即"宗教化"

向度和"社会化"向度;前者表现为对传统佛教的继承,意在"固本";后者则表现为对传统佛教的变革,意在"开新";在民国浙江佛教的弘化转型过程中,二者已较好地统一了起来。

当代中国汉传佛教信仰方式的变迁：以浙江佛教在台湾的流变为例
李尚全著

甘肃人民出版社　2006年1月　280千字　336页

台湾是当代江渐佛教盛行和大放异彩的地区。自光复以来,江浙佛教对台湾佛教的发展产生了深刻影响。本书是根据作者的博士学位论文修订而成的"以台湾近50年佛教为样本,研究当代中国汉传佛教信仰方式变迁"的学术专著。书中将中国汉传佛教当代区域史作为学术进路,运用多学科综合研究的理论与方法,对近半个世纪以来台湾佛教的发展走向与面貌特色作了细致入微的探究和审视。全书共4章。第1章运用宗教史学和宗教人类学比较方法,论证岛内佛教主体仍然是江浙佛教的历史事实。第2章运用宗教现象学的同时性比较方法分析中国佛教会与寺院社区的二元体制,论证在"戒严体制"下,江浙佛教在台湾的重建过程。第3章论述台湾企业化佛教的运营形态和信仰方式,揭示其形成的政治背景与社会变迁之根源。第4章分析"解严"以后岛内政治生态环境的剧烈变化而引发的佛教形态多元化,探究当局刻意制造"台独"语境对僧尼群体结构的分化所产生的复杂影响。

浙江净缘：净土法门在浙江（浙江文化研究工程成果文库·浙江宗教研究）
黄公元著

宗教文化出版社　2006年3月　365千字　481页

净土法门是佛教诸法门中殊特超胜的法门,它与"东南佛国"浙江之间有着深厚因缘,使浙江在相当长的历史时期里（唐中后期之后千余年）成为中国净土宗与净土法门的一大中心。本书为"浙江文化研究工程成果文库"丛书之一,首次对佛教净土法门与浙江的渊源作了客观公正的叙述与探析,同时细致描绘了历代净土宗祖师、高僧、名流在浙江的活动轨迹,指出浙江在历史上相当长的时期里处于中国佛教净土法门的中心地位。与一般的净土宗史研究有所不同,本书着眼于整个净土法门进行探讨,而不局限于净土宗一宗孤立的研究,故更能契合实际地反映浙江佛教净土法门的历史风貌与浙地佛教的显著特色。全书除"序论：净土胜缘数浙江"和"余话：让浙江净缘更加殊胜"外,主体部分由"净宗祖师辈出浙江"、"净业高僧云集浙江"、"净业名流荟萃浙江"三篇构成。第一篇（8章）分别介绍净宗五祖至十三祖这八位在浙地出生的净宗祖师的生平、特色、贡献和影响等。第二篇（10章）分别介绍上自东晋、下至近代在浙地弘净修净的著名高僧的事迹。第三篇（6章）讲解东晋至近代浙江本地名流与净土法门的交往历史。

台湾佛教
何绵山著

九州出版社　2010年5月　465千字　472页

佛教在台湾社会的现代化转型中展现了特有的活力,由此引发出一系列令人深省的课题。尤其是在台湾的社会政治生态、思想文化生态面临前所未有的裂解与整合、重构与复归的今天,台湾宗教研究课题的现实意义就显得更加突出。本书是中国大陆宗教学界第一部全面研究当代台湾佛教生态的专著。作者利用其多次赴台湾调查走访所获取的大量第一手资料,运用宗教学、社会学的理论方法，对台湾佛教的现状与发展走向进行了全方位分析和描述，揭示出当代台湾佛教诸方面的特点，有力阐明了台湾佛教的多元化变迁及其与台湾社会的互动关系。全书共9章。书中对台湾佛教的僧才培养、寺院经济、社会弘法、法师特点、佛教艺术、学术研究、四大道场及佛教教育等问题作了详实的说明和理论分析。其中关于台湾佛教人才教育和社会教育、台湾佛教寺院经济运作模式、台湾佛教艺术创作情况的系统描述和研究，是以往大陆学界很少乃至几乎不曾触及的内容，为我们详尽了解台湾佛教的面貌开辟了新的途径。

南传上座部佛教与傣族村社经济：对中国西南西双版纳的比较研究（云南大学民族学文库／尹绍亭　施惟达　瞿明安主编）

谭乐山著　赵效牛译
云南大学出版社　2005年10月　130千字　146页

云南西双版纳地区的上座部佛教，由于自1950年以来一直受诸如政治运动、汉文化的进入和市场经济的影响，形成了上座部佛教在该地区傣泐社会中的一个独特变种。与东南亚上座部佛教相比较，傣泐版本的南传上座部佛教的主要特征可以说是很大程度的世俗化。本书为"云南大学民族学文库"丛书之一，作者利用有关东南亚上座部佛教社会的几部民族志和作者在西双版纳多年从事田野调查所取得的第一手资料，以人类学的方法为指导，从"日常实践"的角度对西双版纳Tai语民族和东南亚上座部佛教的存在状况进行了比较研究。全书共7章。第1-2章简要介绍西双版纳地区和傣泐人民的政治、经济、文化、宗教和生活习俗等方面的背景情况。第3-5章分别叙述傣泐社会中南传上座部佛教的仪式、意识形态和僧侣。第6-7章讨论佛教信仰、佛教价值观以及佛教实践与村社经济行动和经济发展的关系，并就作者所观察到的傣泐村社宗教生活新近的变化和傣泐佛教的世俗化作出解释。

圣俗之间：西双版纳傣族赕佛世俗化的人类学研究（当代中国人类学民族学文库／尹绍亭　夏代忠主编）

龚锐著
云南人民出版社　2008年6月　350千字　331页

在全球性宗教世俗化的大背景下，上帝和佛祖似乎已不复存在。神和佛的远去，带走了人们的精神童话，留给人们的是一个巨大的惊叹号和在这个惊叹号面前的无序与精神恐慌。本书为"当代中国人类学民族学文库"丛书之一，作者以扎实深入的田野调查为依据，运用人类学的解析方法，由南传佛教的中心"赕"入手，从"赕佛消费的类型及赕佛的功能"、"赕佛消费与佛寺"、"赕佛消费的时间与空间"、"赕佛消费的主体与客体"、"赕佛消费中的行为与仪式"、"赕佛消费体系的运作机制"等几个方面，对南传佛教的历史和西双版纳傣族的赕佛现象进行了人类学研究，集中探讨了中国南传佛教的世俗化倾向。全书共12章。书中"把世俗化置于社会发展变迁的动态中进行考察，得出的世俗化不同程度的表现，既是宗教神圣化的淡化，也是宗教自我调整与自觉的结论，显然就比以往在此方面的研究更加深刻和全面。"作者认为，世俗化乃是世界理性化的过程，这一漫长过程既导致宗教象征、思想、实践和制度的社会重要性的贬值甚至丧失。使得社会生活的诸多领域逐渐摆脱宗教的影响，从而产生结构性的社会变化，也导致宗教本身不得不适应世俗的价值。本书不仅是有关南传佛教史的出色研究成果，亦为"迄今南传佛教赕佛研究的具有标志意义的论著"。

贝叶上的傣族文明：云南西双版纳南传上座部佛教社会研究
吴之清著

人民出版社　2008年11月　280千字　259页

　　中国是世界上唯一具足梵巴利语系、汉语系和藏语系三大语系佛教的国家。其中巴利语系南传上座部佛教，至今仍在中国云南边陲傣族、德昂族、布朗族等聚居区广为流传，成为这些民族文化的主体，而学界对之研究甚少。本书从文化学的角度，运用社会学的方法，以西双版纳地区为切入点，对云南傣族的南传上座部佛教进行了全面的考察研究，旨在阐明南传佛教对云南傣族社会的重要影响。全书共12章。书中首先介绍了南传佛教的主要特点及云南傣族的历史、地理与人文状况，考察了南传佛教传入云南德宏的时间、路线、方式，探究了西双版纳傣族统治者及普通民众信奉佛教的社会文化原因，描述了西双版纳佛教寺庙、戒律、管理、佛事活动、佛教徒的日常生活等；继而从社会伦理道德、法律、文字、建筑、绘画、习俗、医学、天文历法等多个方面论述了佛教对西双版纳傣族文化的全方位影响，说明佛教促进了傣族文化的发展，同时也在"化傣族"的过程中适应傣族社会而被"傣族化"。本书针对西双版纳地区南传佛教的历史、现状所作的专题研究，填补了中国佛教史研究的空白，对于正确认识和管理云南上座部佛教，对于云南西双版纳地区的经济文化建设，具有一定参考意义。

中国南传佛教研究（中国社会科学院文库·哲学宗教研究系列）
郑筱筠著

中国社会科学出版社　2012年9月　338千字　284页

　　南传佛教研究历来是国内佛教研究领域的薄弱环节，目前仍未形成系统的课题规划和大的学术突破。本书为中国社会科学院文库"哲学宗教研究系列"丛书之一，作者利用丰富的历史文献和长期进行田野调查获取的大量第一手资料，采取跨学科研究的理方法，系统梳理了中国南传佛教的历史，探讨了南传佛教的经典和教义、教派的形成和演变、寺院经济、僧阶制度、僧团管理模式、寺院教育、宗教艺术、南传佛教的社会功能和现实意义等问题，提出了鲜明的观点，力图填补此一研究领域的空白。全书分四编，共12章。第一编（第1-2章）讲述南传佛教传入云南的时间及其历史发展脉络。第二编（第3-4章）总结中国南传佛教四个主要派别的情况，建构了中国南传佛教分布图，研究了各个派别之间的区别和异同。第三编（第5-8章）论述中国南传佛教独特的政教关系模式，金字塔型的佛寺、佛塔及波章组织管理模式，这也是本书最大的亮点。第四编（第9-12章）针对中国南传佛教参与社会实践的不同系统（寺院教育、寺院经济、节庆活动的社会记忆、慈善事业等）来展开相关领域的研究。

跨界与融合：佛教与民族文化的云南叙事
郑筱筠著

中国社会科学出版社　2015年8月　358千字　320页

　　云南是一个民族文化资源丰富的大省，也是一个活态的宗教文化博物馆。在长期的历史发展过程中，佛教与民族文化都以不同方式参与了云南民族文化体系的建构。佛教经由不同路线和地点传入了不同的流派，它们与云南固有的民族文化冲突、斗争、融合，最终沉淀下来，与民族文化融为一体，形成了云南文化结构体系的一个特殊底色。而宗教文化则在不同的历史阶段与民族文化相互交织、互相影响，最终形成以"跨界与融合"为典型特征的内生性关系，完成佛教与民族文化在云南的实践经验与历史叙事。本书采取"跨界"方式探索了佛教与云南民族文化之互动与融合关系，作者深入云南民族地区进行调查，透过实态案例研究了白族、傣族等民族的原生文化与后来传入的佛教的交融，在佛教影响下形成的民俗、民间文学等，展示了多元宗教文化背景下的"立体多样性完美融合的七彩云南"。全书分为"佛教　文学　民族文化"、"南传佛教　社会　民族文化"上、下两篇，共6章。上篇（第1-4章）考察佛教与云南龙文化、云南观音形象、傣族民间故事、白族本主崇拜及其传说的关系。下篇（第5-6章）从"社会视域"和"文化场域"两个维度对南传佛教展开活态研究。

（4）藏传佛教

藏传佛教源流及社会影响

丁汉儒　温华等著

民族出版社　1991年2月　116千字　144页

藏传佛学渊源于印度，但它的根基是西藏。本书是丁汉儒教授偕同其他作者亲赴藏区做实地调研后撰著的一部"概要而较为系统"地论述藏传佛教的著作，以供研究者参考之用。该书原名题为《西藏佛教述略》，1978年12月曾以"未定稿"的名义排印并用于内部交流，此次出版时作了修改和补充。书中运用马克思主义宗教学的基本观点，对藏传佛教的历史发展、它的本质和历史作用进行了概括性阐述，试图还原藏传佛教的本来面目。全书共9章。第1章为导论，介绍佛教的产生及佛教传入藏地的整体进程。第2章论述佛教在吐蕃时期的弘传情况。第3章论述佛教在西藏的发展及其教派。第4章论述格鲁派及其寺庙集团。第5章论述藏传佛教在蒙古等地区的传播。第6章论述"政教合一"制度和寺庙僧伽组织。第7章论述藏传佛教的寺庙经济。第8章论述藏传佛教对藏民族社会思想文化的影响。第9章论述解放后的藏传佛教。

拈花微笑：藏传佛教哲学境界（藏传佛教文化现象丛书）

班班多杰著

青海人民出版社　1996年9月　230千字　319页

本书为"藏传佛教文化现象丛书"之一，作者以丰富翔实的汉、藏文资料为依据，以唯物史观为指导，立足于宗教学、文化学、哲学等多维视角，对藏传佛教哲学思想的主干：宁玛派、萨迦派、噶举派、觉朗派、格鲁派这五大宗派教义思想的基本内容、体系构架、不同特点、价值取向、境界坐标、思潮转向、理论渊源等进行了系统的阐释和理性的检讨，对各宗派教义思想之间的异同进行了比较，提出藏传佛教诸宗派的义理思想是由般若中观、瑜伽唯识、如来藏佛性、密宗等重构融合而形成的，其思想支柱是般若中观和如来藏佛性。全书共8章。前5章分别介绍了藏传佛教五大宗派教义思想的内容与特色。后3章采用西方现代哲学的存在主义与理性主义观点，独辟蹊径地注释了藏传佛教史上的"他空唯识中观见"与"自空中观见"两大思潮的基本内涵，指出"他空见"蕴涵着存在主义的哲学意味并体现着"无"的境界取向，"自空见"包含着理性主义的思想底蕴，它表现着"有"的境界取向，并用"有"、"无"之互动乃至融合的哲学命题来概括藏传佛教思想发展的历史轨迹，总结了藏传佛教哲学的最高境界。

柒、佛教

藏传佛教
弘学编著

四川人民出版社　2015 年 6 月　290 千字　388 页

　　本书详细讲解了藏传佛教的源流及其主要特色，借以系统而较为准确地介绍藏传佛教，特别是藏传佛教密教那部分独特的内容。书中追溯了佛教在西藏的弘传历程，介绍了宁玛、萨迦、噶当、噶举等藏传佛教各个教派的基本情况，对格鲁教派的建立和宗喀巴的宗教改革进行了分析评价，对西藏"政教合一"制度、寺庙僧伽教育作了简要说明，探究了活佛转世制度的由来、程序及方式，藏传佛教的仪式仪轨和密法，并对藏传佛教文化作了概括论述。全书共 10 章。第 1 章为导论，概述藏族的来源和形成历史、西藏的本教、佛教化的"白本"之宗教生活等。第 2 章以"藏文的创造"作为佛教最初传入吐蕃的标志为起点，概述佛教在西藏的弘传，包括前弘时期和后弘时期的佛教，重点叙述朗达磨的灭佛过程。第 3 章介绍藏传佛教各教派。第 4 章介绍格鲁派产生的历史背景和宗喀巴的宗教改革、格鲁派寺院集团的形成及格鲁派教义的殊胜等。第 5 章介绍西藏的"政教合一"制度、寺庙僧伽组织和藏传佛教寺院管理现状。第 6 章介绍僧伽教育体制及教学管理、僧伽教育的过程及课程设置。第 7 章介绍活佛转世制的由来、程序和方式，活佛的世系。第 8 章介绍藏传佛教的仪式、仪轨及法器，包括皈依与灌顶、蔓荼罗、真言与手印等。第 9 章介绍藏传佛教密法，包括四加行法、七支坐法、大手印四瑜伽法、那洛六法、大圆满法、道果法等。第 10 章介绍藏传佛教文化。

雪域的宗教（上、下册）
尕藏加著

宗教文化出版社　2003 年 9 月　570 千字　1004 页

　　本书全面论述了藏传佛教这一盛开于高原雪域的宗教之花的根脉与风采。全书分上、下册，由四编组成，共 26 章。第一编（第 1-3 章）专论藏族宗教史，对藏族地区的宗教发展历程作了系统考述，揭示了苯波教、印度佛教与藏传佛教之间的文化传承关系，凸现了它们三者的共性与差异，探讨了宗教与藏族传统文化的密切联系。第二编（第 4-10 章）专论藏传佛教之宗派史，对宁玛派、噶当派、萨迦派、噶举派、觉囊派、格鲁派五大宗派，以及希解派、觉域派、布鲁派和噶举派内部的八小支派等藏传佛教近 20 个宗派的兴衰历史作了系统考述，同时对各个宗派的教法仪轨进行分析和阐释，充分展示了藏传佛教各个宗派的历史、现况、不共教法义理和实践修持方法。第三编（第 11-18 章）为藏传佛教密宗概论，从不同角度论述了藏传密宗的理论内涵和修持方法或实践步骤，特别对事续、行续、瑜伽续和无上瑜伽续即藏密四续之义理，以及身、语、意三密之含义、密宗礼仪之象征意义、本尊佛和护法神在密宗修持实践中所发挥的宗教神秘功能等进行了重点揭示，并对藏传佛教密宗主要经论作了解读，对藏传佛教关怀生命、探索死亡过程的成果作了评判。第四编（第 19-26 章）为藏传佛教信仰文化概论，主要对藏传密宗的特异信仰、高僧大德的脱俗人生、僧尼日常宗教生活，以及宗教艺术智慧、宗教政治文化、寺院教育文化等领域作了全景式的描述和对重点问题进行了微观论证。

神奇之由：探究雪域佛教（《中国西藏》视点丛书／朱维群主编）

朱越利著

鹭江出版社　2004年12月　232千字　270页

　　藏传佛教有自己独特的教义和修法，它不是印度佛教的简单延续，而是与雪域高原相依相伴的有机体。本书为"《中国西藏》视点丛书"之一，作者根据宗教产生和发展的普遍规律，按照时间顺序客观回顾了藏传佛教内在的四方面的历史，论述了藏传佛教的三种独具特色的制度，以探究潜藏于其神奇表象下的谜底。全书共4章。第1章介绍藏传佛教在青藏高原形成、流传的历史过程，分析佛苯辩论与顿渐之争，力图说明藏传佛教是印度佛教、青藏高原本教、汉地佛教以及藏族传统文化融合的产物。第2章介绍活佛在雪域文化中的象征性地位和等级差别，论述活佛转世制度创立的文化背景、宗教依据和仪轨，讲解现代活佛转世活动。第3章介绍西藏政教合一制度形成、发展和终结的历史过程，论述其产生的必要条件和最终结束的必然性。第4章介绍藏传佛教寺院教育的开端、形成、学制、课程、背经、辩经、学位制度和历史作用等。作者指出，"三种制度"作为旧时藏传佛教之"内在的内容"，呈现如下特征：一、藏传佛教把人变成神，创造了活佛及其转世，几朝中央政府将之完善为制度；二、西藏地方政权曾经长期实行中央政权管辖下的政教合一制度，维护了祖国统一，也造成农奴制社会的超常稳定；三、藏传佛教的大寺院兼有学校的功能，能够授予格西学位，对藏族、蒙古族、门巴族、珞巴族、土族、裕固族等民族的文化作出了积极贡献，但过去对社会和藏传佛教本身也带来过负面影响。

藏传佛教与青藏高原

尕藏加著

江苏教育出版社　西藏人民出版社　2004年12月　294千字　375页

　　藏传佛教与青藏高原环境及其发展等关系问题的研究，是一项正在开始探索的新课题。本书以辩证唯物主义和历史唯物主义为指导、以邓小平具有中国特色社会主义理论为出发点，借鉴或运用宗教学、人类学、社会学、经济学、环境学等多学科的研究方法，秉持历史与现实联系、理论与实践结合的科学态度，以丰富的藏文文献和实地调研所获取的第一手资料为依据，从多角度多层面对藏传佛教与青藏高原即中国藏区发展之间业已存在的错综复杂的关系或相互影响进行了综合研究。全书分上、下二编，共6章。主要内容包括四个部分：介绍藏传佛教在青藏高原形成的人文地理等历史大背景，梳理苯波教的历史渊源和文化演进过程，叙述印度佛教的发展进程以及藏传佛教的形成与发展；从九个方面探讨了藏传佛教与自然环境之间业已建立的因缘关系，重点论述藏传佛教在保护自然环境方面所起到的积极作用；从八个方面剖析了藏传佛教与社会经济之间的互动关系，重点论述藏传佛教对社会经济发展产生的影响；从五个方面讨论了藏传佛教与藏区未来社会发展之间的协调问题，主要从理论与实践相结合的角度，大胆探索了如何引导藏传佛教与社会主义社会相适应的途径。本书在当前藏传佛教研究理论上有所突破或创新，不仅在藏学研究领域开了一个跨学科综合研究的先河，而且从整体上认识藏传佛教及其社会文化功能提供重要的具体实例和理论依据。

藏传佛教出家女性研究（中国社会科学院青年学者文库／哲学系列）
德吉卓玛著

社会科学文献出版社　2003年2月　346千字　426页

　　藏族出家女性作为藏传佛教另一主要载体，为藏传佛教的继承和发展，作出了不可磨灭的历史贡献。她们创造的藏传佛教出家女性文化，为藏传佛教注入了新的文化元素。本书为"中国社会科学院青年学者文库"丛书之一，作者依托其耗费十余年心力所采集的原始素材，运用历史唯物主义观点以及宗教人类学、社会学等理论和方法，对藏传佛教出家女性进行了专题研究。全书共5章。书中以藏传佛教的历史发展为向导，将吐蕃王室贵妃这样一个新的视角作为切入点，通过历史考证和实地调研，探讨了藏传佛教出家女性的产生、发展、变迁过程及其结构形态，厘清了藏传佛教尼僧与尼众僧团的发展线索，第一次揭示了藏传佛教女活佛的理论学说和古往今来藏传佛教女性信仰群体的文化内涵，首次介绍了目前仍在承传相延的贡日卡卓玛女活佛等，并通过列表、统计等社会学的方法，统计了分布在国内外的藏传佛教尼寺，为藏传佛教出家女性研究提供了分析依据、重要数据和一种学术范式，从而开拓了藏传佛教研究的新领域。

西藏政教合一制研究（博士文丛・第一辑）
王献军著

兰州大学出版社　2004年7月　208千字　227页

　　政教合一制度是人类历史上比较独特的一种政治制度。在我国，政教合一制度表现得最为典型的乃是西藏地区。本书为"博士文丛"之一，是作者在原来博士学位论文的基础上，进一步加以补充、修改和完善，又融入了自己多年来的研究成果后形成的一部全面系统地阐述西藏政教合一制的学术专著。全书包括"通论"和"专论"上、下两编。上编（4章）是对西藏政教合一制的通论。第1章论述西藏政教合一制萌芽阶段（西藏分裂割据时期）的六个政教合一体地方势力的形成过程。第2章论述西藏早期的家族式政教合一制的两种典型模式。第3章论述西藏晚期政教合一制。第4章论述西藏政教合一制的覆亡。下编由6篇文章组成，就西藏政教合一制的某些问题展开讨论。第1、第2篇分别对西藏政教合一制的形成及存在千年之久的原因进行分析。第3篇针对目前学术界在何谓政教合一制问题上产生的分歧，重新给政教合一制作了界定。第4篇把甘、青、川、滇藏区的政教合一制与西藏的政教合一制作了比较，总结出二者的异同。第5篇综述藏区政教合一制的研究现状。第6篇通过审视世界政教合一制的历史，来清晰认识西藏政教合一制的重要地位。

西藏的文化与宗教哲学
乔根锁著

高等教育出版社　2004年10月　230千字　282页

　　西藏文化是以宗教为主体精神的文化，孕育于浓厚宗教氛围中的西藏哲学，以宗教性为其基本特征。本书以马克思主义宗教观为指导，从哲学的角度对藏族的宗教文化、宗教哲学予以概括和审视，通过对藏汉传统文化的比较展现了西藏文化的独特意蕴，揭示了西藏文化及其哲学的内在结构与主体特征。全书分为"文化卷"和"哲学卷"两个部分，共12章。

第一部分（第1-6章），从宏观视角对西藏文化的发展流变、主要特征、思维方式、价值取向作了整体把握。第二部分（第7-12章），以西藏宗教文化的核心，即宗教哲学为焦点，对藏传佛教的基本理论和各主要哲学流派的思想进行分析和论证。作者认为，宗教是西藏传统文化的灵魂，是西藏各种文化因素结构整合的枢纽。藏传佛教哲学虽以宗教性为主要特点，但在藏传佛教浩如烟海的经典中，仍包含有较多的朴素辩证法因素和合理的认识论思想。

藏族宗教史之实地研究（世纪人文系列丛书·世纪文库/陈昕主编）
李安宅著

上海人民出版社　2005年5月　219千字　224页

本书为"世纪人文系列丛书"之一，是李安宅教授在抗战期间深入甘南藏区，通过历时三载对藏传佛教格鲁派六大寺院之一的拉卜楞寺的实地考察和社会调研，撰写而成的一部有关藏族宗教史的著作，具有填补藏史研究空白的开拓意义。书中依据史料和实地见闻，概述了藏族文化的历史和主要特色，论述了从藏族原始信仰之本教（黑教）、早期藏传佛教宁玛派（红教）、半革新的藏传佛教萨迦派（花教）到藏传佛教格鲁派（黄教）的发展过程，重点介绍了格鲁派拉卜楞寺的寺院组织、主要神佛、训练和课程、拉卜楞人民等。全书分为"绪论"、"佛教以前的信仰和早期佛教"、"格鲁派（黄教）：革新或当权的佛教"、"格鲁派寺院：拉卜楞寺"四编，共15章，内附反映20世纪30年代藏地信仰习俗的十余幅实景照片及名称索引。这部著作虽然成书于半个世纪以前，但它是我国对藏传佛教进行实地考察的一个开端，标志着一个时代的学术水平。

藏传佛教中观哲学（宗教学译丛）
［美］伊丽莎白·纳珀著　刘宇光译

中国人民大学出版社　2006年12月　269千字　251页

明代著名藏族宗教学家、哲学家宗喀巴·罗桑札巴是蒙藏佛教史上的灵魂人物，其重要性尤其深刻地表现在他对佛教中观哲学的独有诠释上。《菩提道次第广论》中的"毗钵舍那"品是他五部中观论著当中最早的一部。本书为"宗教学译丛"之一，是美国学者伊丽莎白·纳珀博士于20世纪80年代以该品为主题完成的博士学位论文（本书主体部分即为这篇博士论文修订后的《分析篇》的中文版），深入探讨了宗喀巴中观哲学的基本特质，分为"导论"、"《广论》总览"、"经籍诠释"、"宗喀巴的论证"等8章。书末附录译者刘宇光的文章《当代西方的藏传佛教哲学研究1980-2005》及英国学者保罗·威廉斯的文章《迦举派八世噶玛巴·弥觉多杰与格鲁派的中观诤论》。

圣殿中的莲花·度母信仰解析
德吉卓玛著

中国藏学出版社　2007年1月　205千字　242页

度母最早产生于古代印度，她的原型是古印度一位美丽善良的公主。度母以一个终极实体的永恒力量，一个慈悲美丽、利益众生的崇拜偶像，存在于广大信仰者的内心世界和精神生活之中。本书是国内首部专门探讨和解析度母信仰的学术专著。作者依据大量的藏、汉原始资料，运用宗教学和心理学等方法，梳理了度母在古代印度的起源及如何从一位普通的印度女性被尊为救度之母（度母），成为佛教"万神殿"中的一员之来龙去脉，厘清了度母信仰传入藏地的确切年代，以及藏传佛教中形成的各种度母流派之脉络和传承，为辨其源与流及其类型，提供了可资佐证的重要依据；同时对度母的修持法、仪轨等进行了深层次的分析和解读，具有很高的学术价值。全书共8章。作者在充分阐释度母的类别、名号、法相及其特征和文化内涵之基础上，还诠释了流传广泛的《度母礼赞经》等重要佛经，从不同层面对度母的基本思想、文化特性和存在方式等作了深入的探讨，认为度母的存在有她的基本精神和具体表现，度母崇拜之所以能够长期存在，自然有其内在的理由和自身的特点。

藏传佛教象征符号与器物图解
[英]罗伯特·比尔著　向红笳译
中国藏学出版社　2007年4月　387千字　274页

器物对于藏传佛教的传播和传承具有举足轻重的作用，它们也是西藏绘画、雕塑等艺术的重要题材。本书是英国艺术家罗伯特·比尔长期从事藏传佛教艺术研究的成果。书中以200余幅附带文字说明的白描插图为媒介，全方位地展示、描述了藏传佛教的法器、礼器和神器等器物，揭示出藏传佛教器物所蕴藏的深邃的宗教内涵。全书共16章。第1—5章介绍几大组吉祥符号、供物及标识，其中许多是早期印度佛教第一批具有象征意义的主题。第6章介绍出现在佛教艺术中的自然动物和神话动物之起源。第7章主要谈及星象符号（太阳和月亮）、五大要素、须弥山和坛城供物。第8章介绍金刚乘中的金刚杵、金刚铃、十字金刚杵及金刚橛主要法器及天杖、达玛茹（手鼓）、胫骨号筒、颅器及钺刀等其他密宗法器。第9—10章介绍传统的、更具有神力的武器，主要为半怒相本尊和怒相护法神所持。第11章描述神灵所持的更具降魔功力的替代物。第12—13章包括不同神灵和法师的手持法器与植物替代物。第14—15章涉及金刚乘佛教中更为神秘的符号，包括"法源"、"朵玛"及"内供"。第16章描述多种手印、手印的功能及结法。

雪域众神（廖东凡西藏民间文化丛书）
廖东凡著
中国藏学出版社　2008年6月　230千字　303页

西藏是人与神的世界，神灵数量之多，世所罕见。不仅作为宗教活动场所的寺院殿堂中充满了各种神像，农牧民的家中也有数量不等的有形和无形的神灵，乃至高山峻岭、河流湖泊、城镇乡村的各个角落，也往往存在着一个个独特的神灵世界。本书为"廖东凡西藏民间文化丛书"之一，作者以雪域高原西藏充满神奇色彩的神灵为主题，介绍了雪域藏土大约一百位神佛的造型、容貌、形成过程、宗教地位、作用和影响，以及西藏民间崇信的地方神灵的分布情况，对于外来神佛进入西藏的历史，及其西藏化、本土化的过程也作了介绍，论述了西藏神灵谱系所承载的宗教、历史和文化内涵。全书分为"佛、菩萨"、"本尊"、"出世间护法神"、"世间护法神"、"乡土神"、"雪山神"等八个部分。作者曾在西藏基层长期工作和生活，与农牧民朝夕相处，故而本书取材鲜活，相比一般的学术专著具有更浓烈的生活气息，是西藏人传统的生存观、生死观、幸福观的生动教材。

中国藏传佛教（中国少数民族宗教文化丛书／梁庭望　赵志忠主编）
赵学东　朱丽霞著
青海人民出版社　2009年7月　240千字　313页

　　研究宗教的最终目的在于巩固祖国的统一和民族团结。对藏传佛教的研究尤其具有特殊的历史和现实意义。本书为"中国少数民族宗教文化丛书"之一，作者运用历史唯物主义的观点和方法研究宗教问题，全局概览了中国藏传佛教产生、发展和演变的历史景貌，并从文学、艺术、医药、因明、寺院教育、典籍等多个方面，深入探讨了藏传佛教文化的特征及其历史价值。全书共11章。第1-3章介绍佛教产生的历史背景、佛陀释迦牟尼和原始佛教教义、藏族本教的历史渊源及其发展演变、佛教在西藏的早期传播等。第4-5章介绍佛教在藏区的中兴、藏传佛教的教派及教义。第6章介绍格鲁派兴起的社会背景、宗喀巴大师及其"宗教改革"、格鲁派的主要教义等。第7-10章介绍藏传佛教在蒙古族地区、其他少数民族地区，以及在汉族地区和国外的传播。第11章介绍藏传佛教文化。

藏传佛教文化
尕藏才旦著
甘肃民族出版社　2009年7月　290千字　252页

　　藏传佛教是中国独有的文化形态，凝聚了藏民族及信仰藏传佛教诸民族对美好生活的向往和追求，体现了他们的价值观、人生观、世界观和审美观，折射出他们对生命哲理的深沉思索。本书是作者根据其先前所著《中国藏传佛教》一书修订而成的探讨藏传佛教文化的专著，在阐述藏传佛教的思想理论方面糅合进了不少自己的"新发现"、"新观点"。全书共9章。书中围绕藏传佛教文化的基本内容与特色，深入剖析了藏传佛教有别于印度佛教、汉传佛教、南传佛教的本质特征和创新之处，并从藏传佛教成型的历程、创立活佛转世制度、藏传佛教伴侣生活、寺院组织政教合一经济来源、玄奥的"藏密"，以及象征主义的主宰者：佛菩萨护法神祗、法图法器民间信仰、译经译师译场等不同侧面展示了藏传佛教文化的独特魅力。

藏传佛教直观主义认识论研究
李元光　刘俊哲等著
民族出版社　2009年11月　300千字　310页

　　藏传佛教研究目前已成为一门显学，但研究重点大多集中在历史和教义义理上，对其哲学的研究尚不够充分，更不用说对认识论作专门的探讨。本书是在总结前人成果之基础上完成的一部系统阐述藏传佛教认识论的专著。作者以辩证唯物主义为思想武器，本着与时俱进的精神，力图发掘直观主义认识的本质、特征及其实现途径，揭示藏传佛教所包含的科学的辩证思维，主张批判地继承其合理内核，这对于弘扬藏民族优秀传统文化，填补藏传佛教哲学思想研究的缺失具有积极意义。全书分为"绪论"、"认识的主体与对象"、"宁玛派'大圆满'认识学说"、"萨迦派'道果法'认识论"等8章。书中将藏传佛教认识论的基本特征概括为直观主义认识，考察了直观主义认识同经验主义认识、神秘主义认识、感性认识和理性认识的区别和联系，介绍了藏传佛教各派直观主义认识论的基本内容和主要特征，探讨了直观主义认识论思想形成的逻辑学基础－量论，最后形成藏传佛学、认识论、逻辑学三位一体的藏传佛教认识论体系。

柒、佛教

吐蕃佛教
黄明信著
中国藏学出版社　2010 年 1 月　205 千字　240 页

吐蕃时期的佛教从公元 7 世纪中期到 9 世纪中期持续约有 200 年，藏文佛教史书称之为"前弘期"，大致相当于唐太宗到唐德宗期间。此一时期，先后经历佛苯斗争、佛教取得优势、赤德松赞建立僧伽制度、达玛继位后在吐蕃腹地强烈地打击佛教，以及佛教在敦煌等边远地区延续的曲折过程。本书主要讲述"前弘期"吐蕃佛教的历史，介绍佛教初传藏地时的种种际遇及其深远的历史影响。全书共 7 章。第 1 章讲述吐蕃早期诸王与苯教。第 2 章讲述佛教传入吐蕃的开始（7 世纪中叶）。第 3 章讲述佛教在吐蕃的正式建立（8 世纪）。第 4 章讲述赤德松赞以后佛教的兴衰（9 世纪上半期）。第 5 章讲述吐蕃佛教在敦煌的发展。第 6 章讲述吐蕃时期的社会性质、对唐朝的和战政策与佛教兴衰的关系。第 7 章讲述吐蕃时期的译经事业。

藏汉佛教哲学思想比较研究
乔根锁　魏冬　徐东明著
上海古籍出版社　2012 年 8 月　232 千字　450 页

目前国内学术界对汉传佛教的研究成果较多，而有关藏传佛教的研究相对来说显得薄弱，至于藏汉佛教之间的比较研究更是缺乏。本书通过对佛教哲学最核心的几个方面，如宇宙观、因果报应论、缘起论与中观思想、心性论、修行实践论及汉密（唐密）与藏密等问题在汉传佛教与藏传佛教中呈现的不同特点进行比较研究，探索了两种哲学思想的基本特征及其共性与差异，分析了其背景和成因。全书共 9 章。书中经由对藏汉佛教哲学思想形成的历史与文化背景的考察，揭示了两者间的异同及各自的面向，以展现两大佛教系统的丰富性，通过对藏汉佛教哲学思想的比较研究，究明两者间各自发展的逻辑特点与规律，为认识理解藏汉佛教文化提供了一种方法论的理路与学术基础，进而探究了藏汉佛教文化之间互相的影响，以期为现代社会背景下各民族文化间的交流与互动，促进共同的发展提供历史的经验与思路。

知识与解脱：促成宗教转依体验的藏传佛教知识论（觉群佛学译丛 / 觉醒主编）
［美］安妮·克莱因著　刘宇光译注
上海古籍出版社　2012 年 12 月　306 千字　223 页

佛教是以生命解脱为核心的学问。佛教的一切知识，即起源于这种围绕生命解脱的内证的实践活动，随着实践过程的展开与深入及相应的生命境界的证得，建立起一个完整的理论系统。具体而言，这个解脱知识，即是指佛陀实践证悟的智慧所流出的言教以及之后的大菩萨们的学佛体验与心得。本书为"觉群佛学译丛"之一，是美国学者安妮·克莱因从"知识与解脱"角度探讨藏传佛教知识论的专著。全书共 9 章。书中结合藏传佛教格鲁派所主张"修观前的准备及修观过程中的智性努力，皆有助于成就直接的、离概念的密契体验"，系统阐述了藏传佛教格鲁派的经量部哲学，并就它与中观宗义之间的哲学及解脱论联系作出说明，详细论述了格鲁派对知识与解脱关系的立场与观点，深刻阐释了具有更广泛意义的佛教知识观对此问题的"正见"，指出格鲁派修学由假入真，转俗成真，由表相而入真实的逻辑次第与理论来源。

走近藏传佛教
王尧著

中华书局　2013年3月　170千字　308页

西藏文化让许多人感到神秘的重要原因之一，就是藏传佛教的存在。只有走近藏传佛教，才能真正读懂西藏，了解藏民内心。本书是根据我国著名藏学家王尧先生应四川大学中国藏学研究之邀而以"走近藏传佛教"为题的系列讲座整理而成的著作。包括：全民信仰宗教，藏传佛教各教派，活佛转世制度，经院教育与严格的学阶制度，藏文《大藏经》，藏传佛教的名寺、佛教大师及其名作介绍，藏传佛教的东传运动，藏传佛教的社会化，封建农奴制下政教合一与藏传佛教9讲。内容涉及藏传佛教的方方面面，其中既有对雪域高原上藏传佛教各种外部标志的介绍，也有对藏传佛教独树一帜的活佛转世制度，显、密兼修的修行次第和读经制度等的解析，还有对浩如烟海的经典文书以及壁画、塑像、唐卡等佛教艺术之丰富内涵的发掘。

清政府与喇嘛教（西藏学汉文文献丛书第二辑 / 陈家琎主编）
张羽新著

西藏人民出版社　1988年9月　240千字　510页

利用喇嘛教统治蒙藏民族，是清政府的一项传统政策，早在入关前即已开始推行（最初由努尔哈赤倡导和推行，主要针对蒙古族，皇太极将其系统化和制度化）。这项政策的制订与实施，不仅对清代蒙藏地区的政治、经济、文化的发展有着重要的影响，也影响着清代前期统一多民族国家的历史进程。本书为"西藏学汉文文献丛书"之一，作者依托丰富的文献史料，以清王朝入关前后推行喇嘛教政策的原因、主要内容和措施及其历史影响为中心线索，全面论述了清朝统治者与喇嘛教这一"巨大的政治力量"之间错综复杂的关系，深入解析了清政府希图通过"喇嘛化导"销蚀蒙古族骁勇善战的传统，使蒙藏民族成为驯服的奴隶的统治策略。全书由"清政府与喇嘛教"、"清代喇嘛教碑刻录"两部分组成。第一部分探讨了清政府与喇嘛教的关系，包括清入关前后金（清）政权的喇嘛教政策、清代前期的历史特点和清政府对蒙藏民族的统治政策、清政策对喇嘛教的尊崇与扶植等。第二部分为资料集，辑录清代有关喇嘛教的碑刻资料等140种。

清代治藏要论（现代中国藏学文库 / 拉巴平措主编）
张羽新著

中国藏学出版社　2004年12月　380千字　513页

满清政府的治藏政策，是清朝统治全国政策的重要组成部分，是在清朝历史发展进程中逐步形成和变化的。本书为"现代中国藏学文库"丛书之一，辑选作者从20世纪80年代中期至21世纪初撰写的藏学论文28篇，大体包括三部分内容：一是有关清代前期治藏政策的研究与评说，重点考察了驻藏大臣政治地位和职权的历史变迁，这是清朝治藏政策的核心；二是清朝藏传佛教政策的考察与评论，此部分内容为本书的研究重点，主要探究这项政策在当时特定历史条件下，对于治理西藏和统一多民族国家的巩固与加强所起的作用，及其得失和深远历史影响等；三是有关史料的考证与序跋。这些论文按历史时序，依次论述了清朝前期统治蒙藏民族的宗教政策，努尔哈赤与喇嘛教，皇太极时期后金（清）政权的喇嘛教政策，康熙对西藏的宗教政策，乾隆与喇嘛教的纠葛，以及达赖、班禅的由来及转世制度等，清晰描绘出清代藏传佛教的历史全貌及其与清朝治藏政策的互动关系。此外，本书还收录了《〈卫藏通志〉的著者是和宁》《〈西藏志〉即萧腾麟所著〈西藏见闻录〉考》等数篇曾在藏学界广受好评的考证文章。

清代藏传佛教研究
尕藏加著
中国社会科学出版社　2014年9月　449千字　360页

20世纪以来，清代藏传佛教研究取得丰项成果，尤其是在清代藏传佛教政策、活佛转世与"金瓶掣签"制度、清代大活佛世系传承和格鲁派在内地及蒙古地区兴盛等专题研究方面，都有相当程度的进展。然而，从总体上看，以往清代藏传佛教研究中尚有许多不足或欠缺之处。本书根据丰富的藏文和汉文资料，在汲取前人经验的基础上，系统论述了清王朝统治时期中国藏传佛教的发展、流布、演变，对清代藏传佛教的仪轨制度、政教合一制度、活佛转世制度、金瓶掣签制度、册封赏赐制度、度牒制度、僧团管理方式等进行了细致的阐述，还原了各教派重要人物活动的历史背景。全书分上、下二编，共11章。在卷首"研究文献综述"部分，作者首先肯定了20世纪以来清代藏传佛教研究成果的学术价值和现实意义，同时提出在清代藏传佛教的派系传承、典籍教义、寺院制度和僧伽教育等薄弱环节亟待加强研究的观点。上编（第1-5章）主要介绍藏传佛教的各宗派支系的传承、经典文献、教理学说和仪轨制度等。下编（第6-11章）分别论述了清政府对于藏传佛教的管理制度。书中新见迭出，既对前人研究作了必要的补充，也纠正了过去一些因史料不足带来的错误判断。本书不仅对藏传佛教研究具有重要意义，对于地方史、政治学、民族学等的研究也有参考价值。

关帝信仰与格萨尔崇拜：以藏传佛教为视域的文化现象解析（西藏历史与现状综合研究项目）
加央平措著
社会科学文献出版社　2016年6月　277千字　245页

清代以降，汉民族的关帝信仰逐渐传播到了蒙古族、满族、甘青川藏地区以及西藏各地，形成了内容丰富、形式多样的关帝信仰文化。在信仰藏传佛教的蒙藏地区，关帝信仰与藏传佛教文化有机融合，关帝戴上格萨尔的面具、以格萨尔的称谓流传至今，体现了汉、满、蒙、藏等民族通过宗教文化这一特殊纽带相互联结、彼此交流的血脉关系。本书为"西藏历史与现状综合研究项目"成果之一，作者以宗教学、文化学、人类学等多维视角，通过对大量的藏文文献资料，尤其是格萨尔拉康、功德林白度母殿所藏签文的解读，考察了关帝信仰与格萨尔崇拜互动融摄的历史文化现象，揭示了关帝信仰转化为格萨尔崇拜的传播历程及其意义，总结了以北京为中心的关帝信仰向蒙藏地区传播、以拉萨为中心的关帝被格萨尔化的信仰向蒙古地区传播这两种具有不同风格特点的路线模式。全书共6章。作者指出，关帝信仰在藏传佛教文化圈演化为格萨尔崇拜的宗教文化现象，既非关帝误读成了格萨尔，亦非格萨尔混淆为了关帝。而是汉、满、蒙、藏等民族文化在深入交流的过程中，藏传佛教高僧大德与僧俗百姓以本民族文化自身内在逻辑发展的认知之思对外来文化内在性交融的典型个案。

3. 亚洲
（1）总论

神圣与世俗：南传佛教国家的宗教与政治（宗教学博士文库/黄心川 陈红星主编）
宋立道著
宗教文化出版社 2000年5月 200千字 310页

  宗教与政治相互渗透的现象总是与国家世俗化进程相伴而行。本书为"宗教学博士文库"丛书之一，作者以伊斯兰卡、缅甸和泰国这三个分属于南亚和东南亚的南传佛教国家的佛教与政治的关系为研究对象，从"社会中的佛教"、"佛教与国家政治观念"、"佛教与民族主义"、"佛教与社会主义思潮"、"佛教与现代化"五个方面探讨了佛教如何给南亚、东南亚的国家观念以及政党与群众的政治行为提供合法性论证，阐述了南传佛教如何在西方文化思潮冲击下，给社会经济的发展要求作出解释，从而实现传统宗教的社会存在价值。全书共6章。作者认为，宗教有信条、象征、实践几个基本成分。它们同现代化的作用关系是不一样的。宗教象征可以用作政治动员的工具，宗教信条支配着人们的社会行为，宗教实践可以转化为对社会发展有利的因素。南传佛教在国家现代化的进程中仍然发挥着它的影响，表现出某种适应性，因而不会轻易退出南亚和东南亚地区的社会生活。

传统与现代：变化中的南传佛教世界
宋立道著
中国社会科学出版社 2002年8月 418千字 526页

  南传佛教研究是我国佛教学术领域的薄弱环节，而近现代的南传佛教研究，特别是有关近现代南传佛教与各国政治、经济的互动研究，更是一大空白。本书以唯物史观为指导，采用历史比较和社会学等研究方法，从佛教与当地政治、经济和文化之互动关系的角度，对南亚和东南亚各国的上座部佛教如何在特定的政治历史条件下与现代社会及现代化过程相调适，作了较为系统的论述，考察了政治、经济及文化的变动对佛教存在状态的影响，以及佛教对于社会经济、政治与文化采取什么样的态度与回应，介绍了泰国、缅甸、斯里兰卡、柬埔寨等国的僧伽在20世纪重大历史事件中的表现。全书共5章。作者指出，佛教与社会经济、政治和文化之间的互动关系，主要体现在僧伽集体的、僧人们各别的行为上，同时又体现在信奉佛教的在家众的行为上。作为现代社会中参与历史行动之一分子，无论是国家领导人还是民族政治活动家，或者仅仅是参与社会经济交换的平民百姓，实际上都不会事先把宗教的理想放在第一位置来考虑。换句话说，宗教的价值观在社会政治或经济生活中都只能潜在地、曲折地发生影响和作用。

（2）东亚

创价学会的理念与实践
何劲松著
中国社会科学出版社 1995年12月 210千字 267页

  创价学会源自日本，是一个以佛教的生命尊严思想为根本，希望推进人类永久和平的世界性宗教团体，也是受到联合国承认的非政府组织。它以镰仓时代的著名高僧日莲为宗祖，以日莲的高足日兴为派祖,以《法华经》为信奉的最高教典,以日莲的法华思想为根本教义,以祈愿人类幸福为宗旨,期望建成以日莲所追求的"立正安国"为标志的和平乐土。本书全面介绍了日本创价学会的核心理念、建立过程及其在不同历史时期的发展情况,客观评价了创价学会之思想和实践对于促进人类和平与进步的积极意义。全书共5章。第1章"理论的滥觞",介绍日莲宗的基本教义和日莲宗的法脉传承。第2章"牧口常三朗时期",介绍牧口常三郎创办创价学会的情况及其价值论思想。第3章"户田城圣时期",介绍创价学会在二次世界大战后的重建以及户田城圣的生命论思想。第4-5章"池田大作时期",介绍创价学会在新形势下的大发展以及池田大作的中道政治思想。

近代东亚佛教：以日本军国主义侵略战争为线索（中国社会科学院中日历史研究中心文库 / 何秉孟主编）

何劲松著

社会科学文献出版社　2002年4月　250千字　322页

日本佛教自传入之日起就表现出浓烈的"镇护国家"的政治色彩。侵略战争中日本佛教的所作所为更能促发后人思索。本书为"中国社会科学院中日历史研究中心文库"丛书之一,作者以史为据,着重论述了20世纪上半叶日本佛教在法西斯政府大力推行侵略战争这一特殊历史背景下的形态变化,如组织结构、传教方式、传教内容等；探讨了战时体制下的日本净土真宗、日莲宗等佛教宗派在占领区传教的具体经过和为侵略战争服务的具体罪行,以及日本佛教在占领区的传教活动对这些地区佛教的发展所造成的影响和后遗症,亦对部分佛教宗派反对军国主义和侵略战争的善举作出积极评价。全书共5章。第1章介绍古代日本佛教与政治之间的关系。第2章探讨战时体制下日本佛教的各种表现。第3章探讨日本佛教诸宗在韩国的传教及殖民统治下的韩国佛教等。第4章探讨日本佛教与日本军国主义者在中国台湾的殖民统治。第5章叙述日本佛教诸宗在中国东北地区的传教情况、佛教与石原莞尔的"最终战争论"、中国佛教界的正义呼声等。

佛教与汉语史研究：以日本资料为中心（南山大学学术丛书）

梁晓红著

上海古籍出版社　2008年3月　378千字　490页

数量不菲的日本古写本佛经,其价值不让于中国敦煌佛经写本,国人难以寓目。本书为"南山大学学术丛书"之一,是梁晓红博士多年来从事佛教与汉语史研究的论文集,也是作者运用域外文献资料进行汉语史研究的重要论著。全书共收论文20篇。主要内容包括：以名古屋七寺部分疑伪经为材料,考察汉语史中的一些文字词汇语法现象,对所谓的"疑经"或"伪经",特别是与佛教用语有关的汉语史进行比较研究；根据日本现存资料,对古汉语音义,以及日本僧人所撰述的一些单经写本音义中出现的"俗"字（与"正"字相对）进行分析研究；对中世和近世日本以无着道忠（1653—1744）为代表的禅僧的著作,以及"禅林句集"一类日本禅宗辞书所进行的研究；对近代汉语语法,主要是通过附加后缀"子"而形成的二音节现象,如二音节副词和量词所进行的研究；佛教文化现象的考探,针对"东岳主冥"的泰山信仰、佛教的比喻以及其它与佛教有关的重要文化术语所进行的文化研究。

禅学影响下的日本古典造型艺术（美术文化研究丛书/肖丰主编）

易阳著

华中师范大学出版社 2011年12月 160千字 176页

宗教艺术作为物态化的宗教形式，是宗教情感的艺术表达，是赋有艺术美外型的宗教精神的直观体现。本书为"美术文化研究丛书"之一，作者从美学的视角出发，透过禅学审美观的社会功能（对日本民族文化心理和民族精神的影响）及其在文化与艺术上的具体表现，来阐述禅宗美学观念与日本民族文化审美意识的交融与互渗，禅学的自然观和生命美学观念与日本古典造型艺术的关系，揭示出禅学语境熏染下的日本古典造型艺术美感之所在。全书共6章。书中依循佛学东渐的时空线索，论述了禅宗、禅学自公元12世纪从中国传入日本之后，对日本古典造型艺术的审美观的影响，分析了禅学与日本民族审美意识交融碰撞后产生的遗传与变异，依次介绍了禅学对日本古典绘画、日本书道、日本古典佛寺建筑和庭园艺术、日本古典工艺美术、日本茶道陶艺艺术的影响，论证了日本古典美学思想及古典造型艺术的主要特点是"禅意文化"的显现，以及日本禅学是对中国禅学的历史性继承和日本式创新的观点。

禅与日本文化

[日]铃木大拙著 钱爱琴 张志芳译

译林出版社 2014年11月 187千字 244页

禅宗在日本人的性格塑造方面起着极其重要的作用。可以说，整个大和民族的性格都与禅息息相关。本书是根据日本著名佛教学者铃木大拙于1936年在英、美两国一些不同场合的演讲辑录而成的论述禅与日本文化之关系的著作，原书名为《佛教禅宗及其对日本文化的影响》，1938年在日本出版。全书分为"禅学入门"、"禅与日本的艺术文化"、"禅与儒教"等11章。书中简要介绍了禅宗的缘起及其传入日本的过程，重点讲述了禅是如何影响日本人的道德、修养以及精神生活的，内容涉及代表日本民族文化特点的武士道、剑道、儒学、茶道与俳句等。铃木大拙基本上贯彻了一个观点：就是悟，禅是悟的哲学，认为禅完全依靠个人的体验，而不诉诸于理智作用或系统的学说；科学和哲学需要语言，而语言却是禅的障碍。

"批判佛教"的批判

张文良著

人民出版社 2013年3月 350千字 360页

"批判佛教"是肇始于20世纪80年代日本曹洞宗的理论思潮。本书立足于日本佛教和日本文化语境，从时间维度对批判佛教的历史演进作了概述，从批判佛教所牵涉的问题出发，对松本史朗等人的思想进行了考察，并结合海内外学者有关批判佛教的各种回应，对其理论得失作出评价。全书共7章。第1章以日本主义、场所哲学在日本的展开为横向线索，以日本近代佛教的范式转换为纵向线索，对批判佛教出现的思想史背景进行考察。第2章以缘起、解脱、涅槃等基本概念为中心，考察批判佛教对原始佛教的批判。第3章以批判佛教对《胜鬘经》、《般若经》、《维摩诘所说经》等大乘经论的解读为中心，考察"如来藏思想不是佛教"的深层内涵。第4章以松本史朗的禅批判为中心，考察批判佛教关于禅、禅宗的主要观点。第5章以袴谷宪昭的本觉思想批判为中心，考察批判佛教对日本的批判。第6章以批判佛教对社会歧视现象、日本主义及战争等的批判为中心，探讨其社会批判思想的内容、价值及其局限性。第7章以松本史朗与津田真一的争论为中心，考察日本学界构建新的佛教体系的尝试。

（3）东南亚

马来西亚华人佛教信仰研究（儒道释博士论文丛书 / 汤伟侠　卿希泰等主编）
白玉国著
巴蜀书社　2008年12月　300千字　402页

马来西亚华人所信仰的佛教，既不同于印度或中国的佛教，也不同于所在国其他民族信仰的佛教。无论是北传佛教还是南传佛教，对马来西亚华人而言，必须是要进行消化和改造的。这种消化和改造过程具有某种典型意义，对于我们理解宗教文化的变迁大有裨益。本书为"儒道释博士论文丛书"之一，作者运用宗教社会学、华侨华人历史学的相关理论和知识来探讨马来西亚华人社会的佛教信仰，全面阐述了马来西亚华人佛教的发展演变及当代马来西亚华人佛教信仰之诸多特征，通过探寻多元文化背景下的佛教与华人社会的自我组织与身份认同之关系，揭示佛教对华人社会生存和发展的意义。全书共11章。书中首先考察了马来西亚的社会人文环境，对佛教在不同历史时期的发展特点进行了探讨，随之分别以佛教僧尼、寺院、团体，佛教教育、佛教与民间信仰、佛教与政治、经济、佛教与华人社会等为题，对佛教与华人社会的关系、佛教在海外华人社会的发展作了综合分析，完整呈现了马来西亚华人佛教信仰的特色。

（4）南亚

印度禅（禅学丛书）
方广锠著
浙江人民出版社　1998年11月　230千字　303页

中国的禅定理论与实践起源于印度。在印度，禅定被视为源远流长的瑜伽修持术的一个组成部分，而瑜伽修持从其产生之初就与宗教结下不解之缘，成为印度各种宗教哲学派别共同采用的修持方法。本书为"禅学丛书"之一，作者以"由古代印度人所创造，并流传至今的印度瑜伽修持术"为研究对象，对印度瑜伽产生与发展的历史作了鸟瞰式的全景介绍，为深入理解中国禅的由来与特点提供了更为广阔的历史背景。全书共5章。第1章介绍原始瑜伽，说明印度土著文化和雅利安人进入印度，建立种姓社会的概况。第2章介绍初期瑜伽，着重论述正统派思潮中的奥义书瑜伽理论、非正统派思潮中的小乘佛教与初期大乘佛教的禅定修持与理论，以及也属于正统派系统的《薄伽梵歌》的瑜伽理论。第3章主要介绍《瑜伽经》的瑜伽理论与修持方法，简要说明中期大乘及晚期大乘（即密教）的瑜伽修持。第4章主要介绍诃陀瑜伽的修持理论与方法。第5章论述近代瑜伽的发展。

渊源与流变：印度初期佛教研究（真如丛书 / 妙灵主编）
方广锠著
中国社会科学出版社　2004年5月　196千字　271页

"初期佛教"与"早期佛教"这两个名词，都是从事物发展的阶段性的角度来定义这一时期的佛教，两者基本等同。本书为"真如丛书"之一，作者从初期佛教的"宗教性"和"践行性"这两个基本特征入手,论述了初期佛教产生的历史根源、年代和分期及其主要典籍、思想、教团和代表人物等,认为追求涅槃是初期佛教全部教义最精华的部分,也是初期佛教宗教性的集中反映,整个佛教教团的存在与运作,完全是为着保证比丘个人的修习与最终的解脱,即成佛实践能够顺利进行而服务的。全书共8章。内容涉及古印度的两种文化传统、佛教起源的政治经济和思想文化背景、初期佛教的理论基础、初期佛教的灵魂观及其对后代的影响等。作者指出,虽然初期佛教的宗教性与践行性保证了比丘个人解脱的"实现",但带来的问题是使比丘与教团脱离社会,脱离群众。所以后来大乘批评小乘"只知自利、不知利他",大乘菩萨运动以"普度众生"为口号,掀开了佛教史上新的一页。

印度宗教文化与回鹘民间文学（敦煌学研究文库/郑炳林　樊锦诗主编）
杨富学著
民族出版社　2007年9月　394千字　421页

印度宗教文化对回鹘民间文学的影响既深且巨,其中佛教的影响最为显著。佛经中极富民间文学特色的故事类作品和来自印度的民间文学著作,都曾被译入回鹘文,得到广泛传播,对后世的维吾尔族民间文学产生了深远影响。本书为"敦煌学研究文库"丛书之一,是我国首部系统研究回鹘佛教文学的专著。作者以扎实的回鹘文文献研究为基础,对印度宗教文化在回鹘社会的传播与影响,佛传故事和灵应故事在回鹘中的传译,回鹘译佛本生故事及其影响,回鹘文佛教譬喻故事及其特色,《罗摩衍那》、《五卷书》在回鹘中的流传及其对后世的影响,回鹘讲唱文学与印度佛教之关联等方面问题进行了细致的考评。全书共8章。书中所引回鹘文文献由题解（注明出处、保存状况与研究现状等）、原文转写、疏证（内容考证与词汇注解）及全文汉译四个部分组成,其中大部分是首次被译成中文发表,为后人的研究提供了丰富而可信的资料。书末附录《回鹘佛教徒礼忏文研究》和《回鹘文佛教愿文研究》2篇。

印度佛教净土思想研究（儒道释博士论文丛书/卿希泰主编）
汪志强著
巴蜀书社　2010年11月　210千字　285页

究竟净土是大小乘佛教所共同追慕的,佛教的两大使命"解脱的要求"和"完成更好的世界的建设"的结合点也是净土。净土思想在整个佛教思想体系中具有特殊重要的地位。本书为"儒道释博士论文丛书"之一,作者以原始经典和龙树、世亲等印度菩萨所作的论典（汉译本）为研究对象,藉此分析佛教净土的成立、类别、状况,说明求生净土的方法,比较各经典中往生方法之不同,着力探索净土思想的初期形态,较为全面地研究了印度佛教净土思想,对印度佛教中的各种净土世界及其相关思想的形成和发展作了系统的论述和梳理。全书共10章。内容包括：原始佛教中的净土思想,阿閦佛东方妙喜世界,阿弥陀佛西方极乐世界,弥勒菩萨兜率天净土,印度重要论师的净土思想等。

印度之佛教（印顺法师佛学著作系列）
释印顺著
中华书局　2011年4月　172千字　246页

佛教乃释尊本其独特之深见,应人类之共欲,陶冶印度文化而树立。其在印度,凡流行1600年而斩。因地而异,因人而异,因时而异,离合错综极其变。本书为"印顺法师佛学著作系列"

丛书之一，作者秉承其所持"从源头去探究佛法的本质与演化"之主张，从释迦牟尼佛所处的印度传统宗教文明谈起，一直到印度佛教走向衰灭为止，寻其宗本，明其流变，对印度佛教各时期各宗各派的思想渊源与发展、流变及相互关系进行了系统的考察和梳理，使得头绪繁多、复杂难解的印度佛教史呈现出清晰的面貌，彰示了印顺法师有关印度佛学的主要思想。全书共18章。内容包括：释尊略传，佛理要略，圣典之结集，阿恕迦王与佛教，学派之分裂，阿毗达磨之发达等。

印度瑜伽经与佛教
王慕龄著
宗教文化出版社　2012年1月　250千字　265页

《瑜伽经》是一部最早将印度远古流传下来的各种瑜伽修行术进行理论归纳，构建成一个较完整思想体系的文献。它也是古印度婆罗门教哲学系统中瑜伽派的最早根本经典，在印度文化发展史上占有重要地位。本书以《瑜伽经》为核心，针对瑜伽的定义、心的作用、瑜伽三昧、禅定境界、八支行法、神通力、解脱观等与佛教修行相关的内容作了详细梳理和比较，涉及印度数论派思想研究，对般若智慧觉性的提升很有启发。全书共7章。书中对于印度瑜伽经与佛教关系的研究，主要着眼于以下几个方面：阐明瑜伽修行的特色，认识瑜伽的全貌，借以澄清时下对瑜伽的一些误解；厘清数论与瑜伽在根本理论上的差异；佛由《瑜伽经》与佛教之间三昧的比较，疏理三昧的层次与境界，深入对修行次第的认识；揭开神通的神秘面纱，使人对禅修中出现的各种幻象以及力量有清醒的认识；通过比较研究，认识瑜伽与佛教在修行上各自的特色，使禅修者在理论上与实践上互融互通。

印度宗教与佛教（中国佛教学者文集·宝庆讲寺丛书/朗宇法师　清修法师主编）
李建欣著
宗教文化出版社　2013年10月　330千字　434页

本书为"宝庆讲寺丛书"之一，是李建欣教授多年来研究印度宗教与佛教的成果汇总。全书由论文、短章、书评和附录四个部分组成，共收文章27篇。内容包括：《论印度古典瑜伽哲学中"神"的概念》，《论印度古典瑜伽行法》，《论印度古典瑜伽的伦理思想》，《楚山绍琦禅师的山居诗简论》，《巨赞法师佛教改革思想初探》，《宗教史家米业科·伊利业德》，《从佛教的处境化视域看都市佛教》，《从憨山德清的相关著述看伏牛山佛教文化的特色》，《关于宗教与战争的一些思考》等。本书取材丰富，论述精当，题域比较广泛，涉及印度瑜伽哲学思想的发展及重要概念、重要经典如《奥义书》等的思想，印度耆那教的哲学思想，佛教在印度兴起的思想文化背景，中国禅学的印度渊源，佛教与当代西方环境伦理学的对话等议题的探讨。

印度逻辑和原子论：对正理派和胜论的一种解说（现代世界佛学文库）
[英]亚瑟·伯林戴尔·凯思著　宋立道译
贵州大学出版社　2014年4月　310千字　398页

印度正理与胜论的哲学基础及理论兴趣大致相同。胜论派讲本体论，正理派讲逻辑。前者感兴趣的是宇宙构成论或者形而上学；后者则留意认识发生的过程与依据等。本书为"现代世界佛学文库"丛书之一，是英国学者凯思采用西方哲学思维来阐述和命名印度宗教哲学的著作（原名为《印度逻辑与原子论》，初版于1921年）。书中所谓原子论，也就是极微说，因之被比附于古希腊的原子说。作者以古印度思想当中最重要的两个宗教哲学派别"正理派"和"胜论派"为研究对象，集中探讨了这两个同属于古印度吠陀六派哲学、理论立场非常接近的派别的历史发展及主要思想，重点研究了与佛教相对立的正理—胜论派的逻辑学与本体论作品，并且从"逻辑"与"本体论"这两个方面的联系与区别上来讨论从古代到中世纪晚期的作为印度逻辑的和实在论的哲学体系。全书分为"正理—胜论派的文献"、"正理—胜论的认识论体系"、"正理—胜论的形而上学理论"三编，共10章。译者宋立道先生在本书引言中指出：就印度的哲学言，孤立地看，学者会从其中抽演出逻辑学、本体论、解脱论。但若从内在地联系看，印度哲学首先是宗教解脱的理论—实践体系。凯思先生就抓住了正理—胜论的这一本质特性。他对印度哲学中的宗教情结的批判，也是从此出发的。

佛教与印度哲学研究（南亚研究丛书 / 薛克翘主编）
姚卫群著
中国大百科全书出版社　2016年1月　422千字　413页

本书为"南亚研究丛书"之一，辑录姚卫群教授近年来发表的有关佛教与印度哲学研究的40篇文章。全书由六个部分组成。第一部分"印度佛教哲学"，论述了印度佛教义理思想的主要观念和理论，包括《印度佛教的历史发展及论述的主要问题》，《佛教中的"无我"与"我"的观念》，《部派佛教中关于"三世法"本质的观念》，《部派佛教的"法"与"我"的实有与空无观念》等。第二部分"中国佛教文化"，主要介绍了中国禅学思想，包括《佛教的"出世"与"入世"观念及禅宗特色》，《禅宗思想与印度佛典的关联》，《〈坛经〉思想的理论渊源与现实意义》，《禅宗倡导的思维方式与东方智慧》等。第三部分"佛教与社会"，主要记述了作者对当代佛教发展方向及佛教修持的社会作用等问题的一些看法，包括《佛教的忏悔及其社会作用》，《佛教的发展与改革》，《佛教与现代社会的和谐发展》等。此外，还有"印度佛教外宗教哲学"，"印度宗教哲学思想比较"和"其他"三个部分，从多个角度比较研究了佛教与印度哲学，包括《古印度六派哲学的基本理论模式及其解脱之道》，《印度古代哲学中的"同"、"异"观念》，《佛教与古印度其他宗教哲学派别之间的理论异同及关系》，《佛教与婆罗门教的伦理思想》，《佛教的"五位说"与婆罗门教的"句义论"》等。

印度和锡兰佛教哲学：从小乘佛教到大乘佛教（现代世界佛学文库）
[英]亚瑟·伯林戴尔·凯思著　宋立道　舒晓炜译
贵州大学出版社　2014年4月　310千字　403页

佛教作为一种启示性的宗教，自然要求它的皈依者有信仰心；在某种程度上，它甚至也要求研究者也要有同情心。本书为"现代世界佛学文库"丛书之一，是英国学者凯思运用西方哲学方法考察研究印度佛教哲学产生与发展的专著。书中以佛教的历史演进为线索，着重探讨了佛陀创教与当时印度社会宗教思想的联系、佛教思想的深化与部派的分裂及其相互的关联，由小乘到大乘的内在逻辑与各自的特点、龙树的中观哲学与商羯罗的关系。全书分四编，共18章。第一编"巴利文经典中的佛教"（第1-7章），依据巴利文经典，介绍佛陀的身份及其学说、知识的来源和极限、存在的基本特性、精神的和自然的哲学等，论述了佛教在早期印度思想中的地位。第二编"小乘佛学的发展"（第8-11章），分别从部派、教理、意识心理学和业的理论四个方面论述了小乘佛学的发展过程。第三编"大乘佛教哲学"（第12-17章），分别讲述大乘佛教哲学思想的起源和根据、中观派的否定主义、唯识论者的唯心否定主义、佛教和吠檀多关于绝对的教义、佛教三身学说等。第四编"佛教的逻辑学"（第18章），简要说明佛教逻辑的起源和发展。

暴力的诱惑：佛教与斯里兰卡政治变迁
宋立道著
中国社会科学出版社　2009年9月　300千字　364页

斯里兰卡的僧伽罗人基本信奉佛教，泰米尔人多为印度教徒。他们之间的差异，并非纯粹人种学意义上的，主要是历史宗教文化上的。本书将注意力集中在僧伽罗族与泰米尔族这两者的关系上，通过研究岛国斯里兰卡的宗教、种族冲突与社会安全，力图说明这样一个基本事实：在当前斯里兰卡的这场冲突中，宗教是非常重要的动力因素；宗教的关怀作为一种动机，是外部世界理解斯里兰卡冲突的一个重要视角。全书分为"绪论"、"斯里兰卡国内冲突的历史与现状"、"最初的民族分裂与隔阂"、"斯里兰卡国内种族隔阂的加深"等8章。作者指出，宗教的关怀以及宗教的力量都会对斯里兰卡种族冲突的严酷现实产生积极或消极的影响：一方面，佛教的行动主义对于种族问题的严重化起着推波助澜的作用；另一方面，佛教传统当中有许多积极因素，尤其是佛教超尘出世的理论有助于和平气氛的创造。

4. 美洲

美国佛教：亚洲佛教在西方社会的传播与转型
李四龙著
人民出版社　2014年12月　293千字　269页

美国佛教具有鲜明的"族群性"和"移民性"特征，突出地表现为汉传佛教、藏传佛教与南传佛教多元并存。时至今日，随着美国一跃成为佛教发展的新天地，它又呈现出一种混合而融通的趋势，甚至有学者称之为"第四乘佛教"。本书是汉语世界首部系统介绍佛教在美国的传播与转型的著作。书中简要评述了美国佛教的传播历史、主要派别及其特点，诠释了全球化时代的"新佛教"理念，并以佛教的"美国化"为主线，重点讨论了禅在美国的演绎与特色、移民社会的佛教徒身份、美国特色的僧团生活、美国佛教的传播经验。全书共8章。第1-4章介绍亚洲佛教在美国的传播史，内容包括1893年世界宗教大会前的佛教印象、1965年移民法前佛教徒在美国的艰难历程、亚洲佛教的美国梦。第5-8章为本书的重点，论及禅宗的西方解读、居士地位与网络僧团、华裔佛教徒的身份认同、多样化的佛学教育等，展现了极具现代感的美国佛教特色。

六、佛教史
（一）总论

佛教的起源（宗教文化丛书/王志远主编）
杨曾文著
今日中国出版社　1989年12月　87千字　124页

佛教发源于公元前6-5世纪，至今已有2500多年的历史。探究其产生的缘由、考察其早期传播的情况，这既是佛教史研究的课题，也是印度古代文化研究的课题。本书为"宗教文化丛书"之一，作者以汉译《阿含经》为主要资料，参考国内外相关研究成果，对佛教的起源和早期发展进行了考察，对原始佛教、部派佛教的教义思想及在印度的传播概况作了介绍。全书共4章。第1章"佛教的起源"，介绍佛教产生的历史背景、释迦牟尼的生平和创教传说。第2章"原始佛教的基本教义"，介绍佛经的最早结集和《阿含经》、原始佛教的基本教义。第3章"佛教的早期发展：部派佛教"，介绍部派佛教的产生及其基本主张。第4章"小乘和大乘"，介绍佛教创立时期婆罗门和诸外道情况、原始佛教的基本教义、部派佛教。

佛教史（任继愈总主编）
杜继文本书主编
中国社会科学出版社　1991年12月　512千字　707页

佛教属沙门思潮之一脉，起始于古印度王权争霸时期。早在佛陀在世时，佛教内部就出现了纷争；随着佛陀的逝世，僧侣间的意见分歧愈益严重；到阿育王为止，相传佛教已三次结集。佛教的分裂，从上座部和大众部分派开始，又经300多年演变，到大月氏贵霜王朝建立（公元1世纪中叶）时，形成诸多独立派别，分属"大乘"和"小乘"两大佛教体系。在门派纷立、各执其说的同时，佛教传播也区划出两条路线：以斯里兰卡为基地向东南亚传播（南传佛教）；以克什米尔、白沙瓦为中心，向大月氏、康居、大夏、安息和我国的于阗、龟兹传播（北传佛教）。学界一般认为，汉哀帝元寿元年（公元前2年），大月氏王使臣伊存口授浮屠经，当属佛教传入汉地之始。至公元4-6世纪，佛教在其海路传播的印度半岛、南洋群岛以及陆路传播的中国本土的广大疆域落地生根，开启了佛教发展的黄金时代。本书是一部立足于"佛教多中心、多系统"之特点的佛教通史著作，兼顾"史实和教理、上层信仰和民间流布"，着重从佛教自身的历史发展上考察它在不同国度和民族中的特点及消长状况，记述了佛教之起源、发展、传播、消长变化乃至成为世界性宗教的整个历史行程。全书由7位学者合力撰写，共11章。其中第1章"佛教的起源与早期的发展"由魏道儒撰写；第2章"佛教大乘和小乘的确立"和其余各章的印度佛教部分由杜继文撰写；业露华撰写中国佛教初传到南北朝佛教；潘桂明撰写中国隋唐以至明清佛教；李冀诚撰写藏传佛教；杨曾文撰写日本及朝鲜佛教；宋立道撰写斯里兰卡、东南亚诸国及欧美佛教。

世界佛教通史（全15册）（中国社会科学院文库·哲学宗教研究系列／魏道儒主编）
周贵华、周广荣、魏道儒、李利安、纪华传、尕藏加、郑筱筠、梁晓芬、王颂、何劲松、
［越］释清决、杨健、夏德美等著
中国社会科学出版社　2015年12月　8366千字　7717页

本书为中国社会科学院文库"哲学宗教研究系列"丛书之一，是一部由中国社会科学院学部委员魏道儒主编、国内外20多位学者参与撰写，历时8年完成的世界佛教通史，也是中国社会科学院创新工程重大科研成果。书中坚持历史与逻辑相统一的原则，以史学和哲学方法为主，借鉴考古学、文献学、宗教社会学、宗教人类学、宗教心理学、宗教比较学、文化传播学等相关学科的理论和方法，在收集、整理、辨析第一手资料（个别部分除外）的基础上，围绕"佛教的和平传播"、"佛教的本土化"、"佛教教义体系、礼仪制度和文化艺术的关系"、"中国佛教在世界佛教中的地位"这四个方面问题对世界范围内的佛教历史进行了深入考察和研究，系统论述了

佛教从起源到20世纪在世界各地的兴衰演变，完整构绘出佛教创立2000多年来"与时俱进"的历史发展图景。全书分14卷，共15册。第1-2卷（周贵华、周广荣著）主要叙述佛教在印度的起源、发展、兴盛、衰亡，以及中国佛教在近现代复兴的过程。第3-8卷（魏道儒、李利安、纪华传、尕藏加、郑筱筠、梁晓芬等著）是对中国汉传、藏传和南传佛教的全面论述，其中汉传佛教分四卷，藏传佛教为一卷两册，南传佛教独立成卷。第9-11卷（王颂、何劲松、[越]释清决著）分别叙述日本、朝鲜、越南的佛教通史。第12卷（郑筱筠著）集中阐述斯里兰卡和东南亚佛教的历史。第13卷（杨健著）是对亚洲之外的五大洲佛教作全景式描述，涉及欧洲、北美洲、南美洲、大洋洲、非洲主要国家的佛教。第14卷（夏德美著）是世界佛教大事年表。

（二）世界佛教史

1. 中国
（1）总论

中国佛学源流略讲

吕澂著

中华书局　1979年8月　277千字　396页

中国佛学是伴随印度佛教的传入而产生的一种宗教哲学。在其发展变化过程中，一方面，印度发展着的佛教思想仍在不断传来，给予它持续的影响；另一方面，已经形成的中国佛学思想逐步成熟，构成了如天台、贤首、禅宗等各种思想体系。因此，所谓中国佛学，既不同于中国的传统思想，也不同于印度的思想，而是吸取了印度学说所构成的一种新说。本书汇集吕澂先生有关中国佛学的精彩论述，是根据作者于20世纪60年代举办的一个佛学研究班的部分讲稿修改而成的偏重佛学知识讲解的论著。全书共有9讲，分别对中国佛学的传译、典籍、师说、宗派、传播区域及思想渊源等作了比较全面、系统的介绍，为后继学者了解中国佛学思想发展的来龙去脉指出了一条线索；同时，作者还根据自己长期从事佛教研究的心得，对中国佛学史料和学术源流上的一些疑难问题，如某些典籍和史实的真伪、佛学初传的时间、佛学与中国思想的关系、研究各宗派应采用哪些资料等提出了独到的见解，为深入拓展佛学研究提供了重要参考。本书强调，研究中国佛学，须采用一般哲学史和一般佛教史的研究方法，基本原则是实事求是，分析批判。要以印度佛学的发展为尺子，用来衡量中国佛学发展的各阶段，借以看出两者之间的异同以及中国佛学的实质。

中国佛教史（全3卷）

任继愈主编

中国社会科学出版社　1985年6月–1988年4月　1381千字　2209页

中国佛教的传播与发展，主要是在封建社会的前期汉唐和封建社会的后期宋元明清两大历史阶段进行的。中国佛教与中国封建社会的经济发展、政治斗争的关系至为密切。本书是一部运用马克思主义的基本原理和方法来解析处于封建社会鼎盛期的中国佛教发展史的专著。作者立足于主流社会"从佛教开始传入，就把它放在中国本土传统文化的附属地位"的研究视角，对两汉至南北朝时期中国佛教的发展历程做了详尽、系统地考察和论述，认为东汉三国时期的佛教，属于佛、道融合时期,依附于方术、道士;两晋、南北朝时期的佛教,属于佛、玄融合时期,依附于玄学,并在依附的情形下逐渐得到滋长。全书分三卷。第一卷(5章)介绍佛教传入以前,秦汉时期中国社会上流行的宗教迷信和方术,考证了佛教输入中国的一些传说、佛教从印度向西域传播和两汉之际进入内地的过程,叙述了东汉三国时期佛教传播的社会条件及时人对重要佛经的翻译和理解。第二卷(3章)介绍包括西晋、十六国、东晋的汉族及北方其他各族的佛教,重点论述了般若学说,佛图澄、释道安等人的活动和思想。第三卷(6章)介绍南北朝时期的社会与佛教以及当时的佛经翻译、译经及重要佛籍、佛教著述,著名人物与佛教学派等,论述了南北朝时期佛教信仰在民间的流行情况及南北方地区的佛教艺术。

简明中国佛教史
[日]鎌田茂雄著　郑彭年译　力生校
上海译文出版社　1986年10月　216千字　327页

佛教起源于印度,经中亚细亚传到中国,并以中国为中心,传到渤海国、朝鲜、日本、越南等广大地区,形成一个东亚佛教文化圈。本书是日本当代著名佛教史家鎌田茂雄于20世纪70年代撰写的一部"提纲挈领地对中国佛教的整个历史发展过程作了较为系统的叙述"的著作(根据日本岩波书店1980年第三版译出)。书中鉴于日本国内"自昭和12年(1937)出版《中国佛教史学》,进行中国佛教的学术性研究以来,还只经过40余年的岁月,可以说,研究佛教尚属一门极其年轻的学问"的状况,强调本书"既不偏重教理史,也不偏重教团史,而是采取通史的形式加以叙述,旨在阐明印度佛教传入中国后如何变成中国式佛教,以及为了适应汉民族的特点,在其精神生活中究竟产生何种影响";同时根据"佛教在中国的变迁带有浓厚的政治色彩,国家权力与佛教教团的关系非常密切"的特点,着重阐述了政治与佛教、社会与佛教的关系。全书按作者对中国佛教史的独特理解区划四个部分,共14章。第一部分(第1-2章)"传入和容受",讲述后汉、三国时期的佛教。第二部分(第3-7章)"佛教的发展和巩固",讲述东晋南北朝时期的佛教。第三部分(第8-11章)"完成和昌盛",讲述隋唐佛教。第四部分(第12-14章)"实践和渗透",讲述宋元以后的佛教。书末附中国佛教史题解、中国佛教史年表、中国佛教各宗系谱。

中国佛教研究史(近代名籍重刊)
梁启超著
上海三联书店　1988年2月　300千字　351页

中国佛学思想的演变,从本质上讲,是中国传统文化和"求法精神"摄受外来思想并将其本土化的过程。梁启超关于佛教在中国的输入、佛典汉译与中国文体风格的形成、佛教经典对中国学术思潮的影响,以及由于佛教传入路线和南北方思维方式差异所产生的"南方尚理解,北方重迷信"之地域信仰特色等问题的论述,大致揭示出佛教中国化的演进规律及其特点。本书为"近代名籍重刊"丛书之一,辑录梁启超研究中国佛教史的论文12篇。这些论文既统合为一,又独立成篇,包括《佛教之初输入》、《千五百年前之中国留学生》、《翻译文学与佛典》、《佛教与西域》、《佛典之翻译》、《读异部宗轮论述记》、《说四阿含》、《说六足发智》、《说大毗婆沙》、《大乘起信论考证序》等。在具体论述中,梁启超汲取日本佛学家的一些研究方法和理论成就,把佛典从繁琐的经义中解放出来,不仅解答了中国佛教史的许多疑难问题,而且拓宽了研究视野，体现了著者"从总体上加以宏观考量、微观上填密细分的思路，堪称中国佛教史研究之方法论的突破"。

中国佛教逻辑史
沈剑英主编
华东师范大学出版社　2001年12月　355千字　423页

佛教逻辑源于印度，它的正式名称冠以"因明"。因明译传入我国可分为三个阶段：第一阶段在公元5-6世纪，即东晋末以迄南北朝时期，这期间传入的主要是古因明，对当时思想界的影响并不大；第二阶段在7世纪上半叶，即初唐时期，传入的是陈那创立的新因明，由于玄奘的译传和倡导，对佛门弟子和思想界都产生了一定的影响；第三阶段在公元8世纪以降，即中唐以后西藏地区传入的法称一系的新因明，它对藏传佛教和思想界均产生很大的影响。本书是由沈剑英教授联袂三位专家学者合力撰写的一部阐说中国佛教逻辑全史的专著，主要从汉传因明、藏传因明和近现代的因明研究三个方面考察了中国佛教逻辑传承与发展的历史，介绍了玄奘、窥基、义净、萨班·贡噶坚赞、宗喀巴等中国汉藏两地著名高僧的逻辑思想和因明著述，并对近现代以来因明学研究的复兴作了回顾与总结。全书分三编，共19章。第一编（第1-9章）讲述汉传因明的历史，包括佛教的传入与古因明之东渐、三藏法师玄奘与唐代的因明研究、神泰和文轨的逻辑贡献等。第二编（第10-15章）介绍藏传因明的形成、发展及其主要代表人物的著述和思想。第三编（第16-19章）重点讲解近现代"汉传因明之复苏"和"因明研究之再兴"，述及台港地区的因明研究概况。

中国佛教史籍概论（世纪文库）
陈垣著
上海书店出版社　2005年4月　85千字　128页

中国佛教史籍，恒与列朝史事有关，不参稽而旁者之，则每有窒碍难通之史迹。本书为"世纪文库"丛书之一，是陈垣先生早年介绍佛教重要史籍的讲稿，论述了中国佛教史籍对一般历史研究的史料价值，是目录学方面的重要著作。全书分六卷。书中将六朝以来研究历史所常参考的佛教史籍，按成书年代，分类介绍。关于每书的名目、略名、异名、撰人略历、卷数异同、版本源流和各书的内容体制，以及与历史有关的其他问题等，作者都运用丰富的历史材料，实事求是地加以分析，并对《四库提要》有关佛教史籍的错误予以纠正。内容包括：《出三藏记集》，《高僧传》，《弘明集》，《慧琳一切经音义》，《宝林传》，《禅林僧宝传》等30余部。诚如作者所言："此论将六朝以来史学必需之佛教史籍，分类述其大意，以为史学研究之助，非敢言佛教史也。"

中国佛教源流
高振农著
九州出版社　2006年6月　260千字　269页

佛教起源于印度，传入中国后，与中国固有的传统思想相融合，不断变化、发展，逐渐成为具有中国特色的宗教。本书原名《中国佛教》，是高振农教授从事佛教研究后发表的第一部系统讲解中国佛教的著作，最初由上海社会科学院出版社于1986年出版。全书共6章。书中不仅从文化史的角度简要地阐述了佛教的产生、发展及其在中国所形成的各派佛教哲学，介绍了作为中国古代灿烂文化之有机组成部分的佛教寺塔、佛教石窟、佛教名胜、佛教因明等，而且专章论述了近代中国佛教的复兴和建国后佛教发展的现状。作者在重点介绍汉传佛教的同时，也对藏语系佛教和巴利语系佛教作了专章叙述，并对中外佛教文化的交流，特别是建国后中外佛教的交往情况进行了详细说明。本书融学术性和普及性于一身，内容丰富、资料翔实、可资参考。

中国佛教史（民国学术经典·中国史系列丛书）
黄忏华著
东方出版社　2008年1月　266千字　290页

　　本书为民国学术经典"中国史系列丛书"之一，是现代中国人撰写的第一部系统的中国佛教通史。其写作背景是1923年中国思想文化领域爆发的"科玄论战"，在那场论战中，丁文江所代表的"科学派"胜出，张君劢所代表的"玄学派"显得有些"弱不禁风"。但"科学派"的胜出只是表面的，在"科学"外衣下，有一股潜流涌动于论战之后的中国学界，这股潜流就是所谓"宗教学热"。《中国佛教史》一书，乃此股热潮的殿后之作。全书共4章。第1章"中国佛教之肇始时代"，讲述了东汉、三国、西晋之佛教，涉及汉明帝以前之佛教东来说、汉明帝遣使西域访求佛道说、汉末西域译经师之相继东来等问题的讨论。第2章"中国佛教之进展时代"，讲述了东晋和南北朝之佛教，包括佛图澄、道安、慧远、鸠摩罗什等东晋高僧的生平与著述，兼及汉地沙门之西行求法、佛道二教之论争、律部之翻译及弘通等南北朝时期的佛教动态。第3章"中国佛教之光大时代"，讲述了隋唐佛教，分别介绍了三论宗、天台宗、华严宗、法相宗、律宗、净土宗、禅宗、密宗八大佛教宗派。第4章"中国佛教之保守时代"，讲述了五代及宋元明清四朝之佛教，兼述诸宗（禅宗、天台宗、律宗、华严宗、净土宗）在此一时期之演变。

佛教史观研究
宋道发著
宗教文化出版社　2009年5月　280千字　343页

　　在悠久的中国佛教史学传统中，历代佛教史家们借鉴和改造传统史学的修史体例与方法，拣择史料和记述佛教的事迹，对有关史事进行评论，表现出颇为独特的佛教史观。本书以"中国佛教史观"为研究对象，在系统考察中国佛教史籍的基础上，从中抽绎出六种典型的佛教史观：本迹史观、感应史观、神通史观、业报史观、末法史观、正统史观，分别加以阐释。最后，作者把佛教的缘起论视为一种最为根本的历史观，用以统摄上述六种史观，构成一个相对完整、严密的佛教史观体系，称为"一本六支"。全书共8章。书中对佛教史籍中的丰富内容，尤其是被人们视为神秘、虚诞的感应、神通、业报等记载，给出了合乎佛教教理的理性化解释，肯定了这类记载的真实性及其在佛教历史发展中的重大作用；对佛教历史的源流、发生的动力与机制，佛教历史现象中的因果关系，以及佛教历史的分期等重大的佛教历史理论问题作出非常明确的回答。作者率先用佛教史观把全部佛教史籍统一起来，视佛教史籍为一个严整的系统，这就为中国佛教史学史的系统研究提供了必不可少的理论铺垫，纠正了一般佛教史研究者以先入为主之见对佛教史籍有关内容进行过滤与筛选的武断做法，从而为佛教历史研究另辟蹊径，为更加如实地研究佛教历史提供有益的理论借鉴与方法论的启示。

柒、佛教

中国历史中的佛教（海外中国哲学丛书/安乐哲 温海明主编）
[美]芮沃寿著 常蕾译
北京大学出版社 2009年6月 98千字 122页

本书为"海外中国哲学丛书"之一，是美国学者芮沃寿以1958年在芝加哥大学所做有关"中国历史中的佛教"的演讲稿为基础撰写而成的通论性著作，其英文原版自1959年印行伊始，久盛不衰，至今仍是西方世界了解中国佛教历史的重要读本。全书共6章。书中广泛利用中国、西方和日本的各种研究资料，试图展示从佛教进入中国至6世纪，佛教如何适应中国文化，减少与中国本土文化的摩擦与碰撞，从而为儒释道三教融合打下统一的思想基础的历史进程；同时关注佛教在具体历史时空中与中华文明的互动，提出了许多重要问题，如汉代秩序的瓦解如何为佛教进入中国作好各方面的准备、携带有浓重印度色彩的佛教对于中国文化的适应方式，以及中国本土思想对佛教的挪用嫁接等，并对此作了十分精彩的解答。作者还将研究视野进一步延伸至近代中国社会，检讨佛教如何在近代社会继续发挥其作用和影响。

中国佛教思想史稿（第1-3卷）（凤凰文库·宗教研究系列）
潘桂明著
江苏人民出版社 2009年11月 2260千字 2786页

本书为凤凰文库"宗教研究系列"丛书之一，主要围绕两个目的展开对中国佛教思想史的考察研究：一是对中国佛教思想发展演变的过程作全面追踪和具体描述，指出在这个漫长过程中佛教思想产生与发展的基本线索，解答佛教"中国化"中出现的各种疑难问题；二是通过对佛教诸多概念、范畴和命题的揭示、辨析，指出它们如何对儒、道两家思想产生深远影响，从而为学术界提供佛教思想研究的必备知识，为深化中国思想史、哲学史的研究提供新视角、新思路。书中强调对中国佛教思想进行综合考察和全面论述，自佛教传入至近代，时间跨度约2000年之久，涵盖佛教思想史上的主要人物、学派和宗派，及其相关的重要哲学范畴和命题。作者阐述并分析了这些范畴、命题的演变过程，揭示了在这个过程中体现的文化内涵、思维特征和价值取向。全书由汉魏两晋南北朝、隋唐五代、宋元明清近代三卷组成（每卷各分上、下二册）。第一卷（4章）深入考察中观学派的中道实相原理及其思维方式向涅槃佛性系统的心性学说转化的内在依据、文化背景，描述这种转化的具体过程及其表现形态。第二卷（10章）对隋唐五代佛教宗派思想的形成及其发展、变化予以重点阐释，指出各宗派之间的思想联系以及矛盾差别。第二卷（6章）着重研究和阐明衰退时期中国佛教思想的基本形态，辨析产生这些形态的文化前提，推及传统佛教思想向近代过渡和转化的必要性和艰巨性。本书资料广博而详实，内容周全而厚重，述论严密而深刻，具有很高的理论水平和学术价值，是一部严格意义上的中国佛教思想通史专著。

中国佛教美学史
祁志祥著
北京大学出版社 2010年4月 409千字 391页

佛教的世界观、人生观及其美学观对中国社会影响至深。本书是国内首部系统研究中国佛教美学思想史的专著，作者立足于"美是普遍快感及其对象、美学是感觉学"的观察视角，爬梳汉译佛典中有关愉快情感及其对象的形态、特征、本质、价值评判的思想要素，对历代僧俗两界佛学大师的美学思想条分缕析，对佛教竭力追求清静无染的道德美、真实无妄的本体美的美学理论进行了详细论证，发掘出中国佛教美学思想的生成理路、演变规律与价值蕴涵。全书共6章。书中通过对佛教美学观的独特建构的洞察和把握，展开了中国佛教美学思想的历史巡礼，认为东汉佛教美学莲花初开，奠定了大小乘美学思想的基石；六朝佛教美学繁花似锦，佛典的翻译和著述催生了佛教美学的繁荣；隋唐中国化佛教宗派的创构将美学世界装点得琳琅满目；宋元禅宗美学一枝独秀；明清佛教美学余音缭绕；近代太虚法师宣告了佛教美学走向自觉。

中国佛教文化史（全5册）
孙昌武著
中华书局　2010年4月　1800千字　2857页

在世界宗教史上，佛教传入中国、中国接受佛教乃是一个卓越的特例。本书旨在探讨佛教在中国长期发展过程中与本土文化诸多领域相互影响、相互作用、得到发展、取得成果的历史，是迄今为止有关这一题目论述最为全面、说明最为翔实、资料最为丰富的著作。书中将中国佛教文化的发展历史划分为四个时期，阐发了佛教对中国文化的影响与贡献，总结了中国佛教文化的发展规律。全书分5册，共三编。第一编（30章）讲述中国佛教草创阶段的历史，即佛教在两汉之际传入中土，至东晋后期道安、慧远奠定了中国佛教与佛教文化的基本规模，此为第一期。第二编（30章）讲述佛教在中国大发展，逐步实现"中国化"这一阶段的历史，即佛教在魏晋南北朝时期得到更大的发展机缘，广泛地影响到诸多文化领域，取得多方面成就，此为第二期。第三编（23章）讲述佛教"中国化"完成阶段的历史，即隋初天台宗形成，接着唐初出现一系列佛教宗派，标志着中国佛教自此开始至两宋之际进入了自主发展的鼎盛时期，此为第三期；后来理学兴起，佛教走向衰微，在思想理论方面已少有建树，但是对于思想、文化的发展仍继续发挥不可忽视的影响；在信仰上则走上与儒、道和民间宗教相融合的道路，并延续至今，此为第四期。本书所述基本限于有关汉传佛教的情况，对藏传佛教和南传佛教之内容略有涉及。

中国佛教通史（全15册）（凤凰文库·宗教研究系列／赖永海　何光沪主编）
赖永海主编
江苏人民出版社　2010年11月　7000千字　8640页

本书为凤凰文库"宗教研究系列"丛书之一，是南京大学中华文化研究院院长赖永海教授组织数十位专家、学者，历时5年多的集体攻关，编撰而成的一部佛教史学巨著。该书在遵循"史实为本"的"通史"编写"通例"的基础上，适度强调了教与理兼容、史与论并重的原则，同时注重对某些尚存争议的问题的把握，故而堪称迄今为止国内外第一部完整的"学术版"中国佛教通史，填补了佛教通史研究的空白。书中以时序为经，根据中国佛教思想的发展变化特点，结合中国社会历史和思想文化的发展进程，分四个时期对中国佛教的历史发展进行整体的论述，涵盖中国佛教（包括汉传、藏传、南传三大系统）的人物、典籍、教义、制度、仪轨、礼俗、艺术乃至三教关系、对外交流等方方面面，记录了佛教从两汉至1949年的历史全貌。全书共15册。第1-4册，讲述汉魏两晋南北朝时期佛教的整体风貌与历史发展，介绍、论述与评析了此一时期佛典的翻译、义理的传播和僧团的组建，以及佛教与王道政治的相互关系、佛教与传统宗教、儒道思想的碰撞与交融等。第5-8册的主体内容是对产生于隋唐时期的佛教天台宗、三论宗、三阶教、唯识宗、华严宗、禅宗、净土宗、律宗、密宗等宗派的思想分宗进行了较为系统的评述。第9—11册主要论述宋辽金元时期的佛教。第12—15册主要论述明清民国时期的佛教。

中国佛学史稿（国学基本文库）
梁启超著　汤仁泽　唐文权编

中国人民大学出版社　2012年4月　399千字　511页

梁启超融合中外佛学史研究的新方法，在晚年写出了一批研究佛学的学术著作，涉及中国佛学史的沿革、佛经的翻译和传播、佛学理论等方面，在佛学研究史上是划时代的优秀成果。本书为"国学基本文库"丛书之一，辑录梁启超关于中国佛学的相关论著，对于人物、观念与文本，都有深入的分析，并结合社会、思想文化等客观环境，精彩论述了佛教在中国兴起、发展、兴盛和衰落的原因、过程及规律，诸多观点颇有见地，反映了梁启超佛学造诣之深厚，堪称近代中国佛学研究的一流著作。全书分为"中国佛学史论"和"读佛经札记"上、下二卷，共收文章51篇。上卷包括《印度史迹与佛教之关系》、《中国佛法兴衰沿革说略》、《中国佛学兴衰之沿革说略修改稿》、《中国古代之翻译事业》、《佛教教理在中国之发展》、《佛教之初输入》等。下卷包括《研究佛经者应有四个观念以为前提》、《各经输入之次第》、《研究〈阿含〉之必要及其方法》、《佛灭度后印度史事》等。本书是首次从报刊、档案上全面辑录梁氏的佛学论述，编者对相关文献与论说进行了仔细的校勘，有助于学界了解梁启超及其佛学研究。

中国佛教思想史（上、中、下卷）
郭朋著

社会科学文献出版社　2012年8月　1607千字　1553页

本书是郭朋先生在修订已出版的《汉魏两晋南北朝佛教》、《隋唐佛教》、《宋元佛教》和《明清佛教》这4部断代史的基础上编纂而成的"一部摄要精华，突出重点的学术专著"，也是作者运用马克思主义的观点来研究佛教的总结性成果。书中透过特定的历史环境和时代背景，考察了佛教思想的发展轨迹，揭示了佛教的思想特点、阶级实质和社会作用，对历史上的重要事件、主要人物、重要派别、主要观点进行了介绍和评析，例如中国佛教初传时的思想，两晋玄学和佛教般若学的关系，各学派和宗派的思想主张，重要的经典学说，译经家、注疏家、思想家在中国佛教思想史上的地位，儒释道三教的关系等都作了梳理和介绍，以恢复它的本来面目。全书分为上、中、下三卷。上卷《汉魏两晋南北朝佛教思想》（21章），包括佛教传入前后的时代背景，汉代、三国、两晋之译经，鸠摩罗什及其译经，道安、慧远及其思想，南北朝诸帝与佛教。中卷《隋唐佛教思想》（4章），包括隋、唐王朝与佛教，隋代佛教思想及唐代佛教各宗派思想。下卷《宋元明清佛教思想》（6章），包括宋、元时期的佛教思想，明、清王朝与佛教，明、清时期的佛教思想。

中国佛教史
蒋维乔著

金城出版社　2014年3月　260千字　300页

本书是中国近代教育家、佛教家蒋维乔以日本学者境野哲《支那佛教史纲》为依据，在参阅《正续藏经》对《史纲》作严格校勘的基础上撰写而成的著作（初版于1928年），被公认为中国近代最早出版的一部系统的中国佛教通史。全书共18章。书中讲解了佛教从初传东土直至近世各宗的整体发展脉络，记述了影响佛教中国化进程的主要思想、宗派及重大历史事件，内容涉及佛经传译之初期、南北佛教之中心、隋唐以前之二大系、禅之由来、天台宗之起源及其开创、嘉祥之三论宗、造像与石经、唐之诸宗等，对民国以后的中国佛教研究曾起过积极的作用。

般若思想史（觉群佛学译丛/觉醒主编）
[日]山口益著　肖平　杨金萍译
上海古籍出版社　2006年7月　100千字　85页

本书为"觉群佛学译丛"之一，是20世纪日本著名佛教学者山口益在深入研究原典文献的基础上，从大乘般若思想的角度出发，旨在揭示印度中观和唯识两派之思想内涵的总结性著作。书中立足于哲学视角，阐释了佛教"般若"观念及其理论延展，试图由此打破佛教中观、唯识及如来藏之间的思想壁垒，并从历史实践的角度就如来藏思想的产生背景作了深入探讨，进而从《究竟一乘宝性论》（又名《大乘无上续论》）中挖掘出"缘起即是如来藏"的核心思想。在作者看来，《宝性论》中提及的"如来藏"一词指的就是"缘起"，这对于解决近年来国际上围绕"如来藏思想"所发生的种种争端有着极其重要的参考价值。全书共10章。内容包括：印度古代精神文化的轮廓，佛陀及其觉证，佛教阿毗达磨的展开，龙树的中观说，无著、世亲的瑜伽唯识等。

中国禅学思想史（全2册）
[日]忽滑谷快天著　朱谦之译　杨曾文导读
上海古籍出版社　2002年4月　698千字　890页

本书是日本近代著名佛教学者忽滑谷快天有关禅学和禅宗研究的博士学位论文的一部分（原名《禅学思想史》，分上、下卷，包括"印度部"和"中国部"两大部分；上卷1923年出版，下卷1925年出版），由中国近代著名学者朱谦之翻译。因译者在本书中略去"印度部"未译，故改题《中国禅学思想史》。此书根据汉译佛教经典和中国佛教著述资料，从论述印度禅学入手，系统考察了作为佛教组成部分之一的禅学在中国的传播过程，论述了禅宗从南北朝至清初的逐渐形成、盛行和衰落的演变历史，以及禅宗形成后在不同历史阶段的流传情况和禅法特点，对"日本旧时期的禅学研究作了总结"。全书分2册，共六编。第一编（13章）介绍从东汉末年安世高翻译小乘佛经到南北朝梁武帝时达摩来华的各方面情况。第二编（12章）论说从达摩至禅宗六祖慧能为止的禅宗酝酿和形成的"纯禅"时期。第三编（31章）论说从慧能去世至五代之末禅宗分成五家的禅宗史。第四编（26章）论说北宋的禅宗。第五编（6章）论说南宋的禅宗。第六编（30章）论说元代至清乾隆时期的禅宗。本书结构严整，详略分明，虽所涉内容十分广博，然其对中国禅学发展线索的把握令人一目了然。

中土前期禅学思想史
徐文明著
北京师范大学出版社　2004年1月　392千字　420页

中土禅学渊源于印度佛学。它的流入是一个自然的连续的过程，是印度禅学及整个佛学的一种自然延伸。本书选取中土禅学前期（东汉安世高到中唐马祖道一和石头希迁）传入的几部代表佛教各派禅法的禅经进行了细致剖析，耙梳了由小乘禅到大乘禅再到禅宗最上乘禅的禅法与禅理的发展线索,力求反映禅学发展的全貌并揭示其内在规律,内容涉及历史上主要的禅宗人物、禅学宗派,以及《大乘起信论》和《金刚三昧经》这两部对禅宗最上乘禅有极大影响的佛典的考证和论述。全书分为"早期禅经的传译"、"禅法的系统传承之始:佛陀跋陀罗一系的禅法"、"最上乘禅法的传入:菩提达摩与中土禅宗"、"最上乘禅法逐步植根中土时期:慧可、僧璨对中土禅宗的承继、发展"等8章。作者采取历史与逻辑、禅法与禅理相结合的研究方法,试图依照一定的次第,从禅的类别(小乘禅、大乘禅等)、宗派(包括译经集团)、经典、人物等多个角度透视早期中土禅学的特点,其中既有一般的历史叙述,又有一定深度的理论分析,还有一些掌故公案的介绍、评判;既有宏观方面的简明概括,又有细节方面的详细考辨。

中国禅学通史
高令印著

宗教文化出版社　2004年7月　420千字　529页

中国禅最初由慧能确立,经过神会、道一、怀海等的充实和发挥,宗密对当时盛行的各种禅学理论整合,使中国禅在理论和实践上更加系统完善,此后,禅宗之五宗七家呈现繁荣景象。入宋后又出现文字禅、看话禅、默照禅等,其中默照禅为近现代禅净结合之禅学所发扬,余绪至今仍有绵延之势。本书紧扣中国禅之意境及其文化价值,系统论述了中国禅学的历史进程,叙说了中国禅的流变。全书共11章。书中所述旨在贯彻下列观点:达摩禅学是中国禅的先驱,中国禅的正式出现是道生禅学,慧能禅学标志着中国禅的真正形成,而从理论和实践上形成完整的思想体系和践履规范则是圭峰禅学和百丈禅学,此后中国禅只是在如何体悟上兜圈子,在世界观上了无新意,只是向儒、释、道三教融会的方向发展。到了近代,其主体人间禅学,是三教融会的最后归宿,为中国禅在未来社会的发展开辟出方向。内容包括:中国禅之根源,中国禅之习禅期,中国禅正式出现,中国禅之公案化,中国禅之文字化,中国禅之文化化,中国禅之现代化等。

禅史钩沉:以问题为中心的思想史论述（三联·哈佛燕京学术丛书）
龚隽著

生活·读书·新知三联书店　2006年8月　388千字　476页

思想史并不都是处理经验时空中所发生的事情,它时常要面对哲学上的形而上学的问题。在这一问题上,禅的思想史与哲学史之间的分离几乎是不可能的。本书为三联"哈佛燕京学术丛书"之一,作者针对20世纪80年代以来国内外禅史和禅学理论研究方面的问题,提出了许多中肯的批评和建议。全书分为"重提'印度禅'与'中国禅':以4-5世纪为例"、"尊戒与慢戒:略论禅风中的'游戏三昧'与内外法度"、"《肇论》思想辩证及其与石头宗的关联"等10章。书中援引当代西方禅学研究的观点,为汉语禅学界重新认识当前禅学研究领域司空见惯的问题提供了新的理论视角与思考方向。这些新见解对于目下相对比较沉闷的佛教学界,无疑具有一定的冲击作用。作者指出,禅的"道"或经验尽管存在某种程度的不可描述性,但是它作为禅的意义的"基本处境"又是必须加以了解的。应该承认,这正是包括禅思想解释在内的宗教思想史研究中不能回避而又不得不面对的难题。

中国禅学思想史（朗朗书房·禅意思想丛书）

洪修平著

中国人民大学出版社　2007年3月　196千字　324页

本书为朗朗书房"禅意思想丛书"之一，是国内学者撰写的第一部中国禅学思想史（1994年由南京大学出版社和台湾文津出版社在海峡两岸同时出版）。全书共10章。书中简要叙述了禅学思想在中土发展演变的全部历史，逻辑地再现了中国禅学思想在汉魏两晋南北朝至宋元明清等不同历史时期走过的曲折路程，分析了中国禅学思想的特点及其对传统思想文化的深远影响，探讨了中国禅学的繁兴以及由盛而衰的内在必然性，包括中国禅学思想之源、禅学在中土的展开、从禅学到禅宗、禅宗的分化等，内容涵盖外道禅、佛教小乘禅、大乘般若禅、北宗禅、南宗禅、天台禅、华严禅、超佛祖师禅、越祖分灯禅以及禅宗五家七宗的宗风、禅净教的融合、帝王与士大夫的参禅等广泛的领域，全面展现了中国禅学思想发展的历史风貌。

增订本中国禅思想史：从六世纪到十世纪（中华学术丛书）

葛兆光著

上海古籍出版社　2008年12月　380千字　473页

禅宗历史和思想的研究，现在已经是一个国际化的领域。在这个领域里面，既有从内在体验出发的禅思想探讨，立足于后现代理论的禅思想阐发，坚持文献考据学的研究，也有对禅宗历史进行艺术演绎和意义发挥。本书为"中华学术丛书"之一，作者试图突破既有禅学研究范式，重新建构中国禅宗思想史的解释框架。书中依据各种文献梳理了禅学发展脉络，把禅宗的演变放置在公元6—10世纪的时代背景中加以审视，将其划分为几个阶段，总结出每一个阶段的特征。此种安排，可让读者对于禅宗的理解不再停留于几个宗派的简单认识，而是关注于不同时期的禅宗发展的不同特征与形态。全书分为"从达摩到弘忍的时代"、"7世纪末8世纪初禅宗的分化"、"北宗禅再认识"等5章。内容涉及6至7世纪的禅史考察、7世纪末8世纪初禅门的分布、北宗禅思想的重新审视、荷泽宗在禅思想史转型期中的意义、中唐南宗禅史实考辨，9至10世纪禅思想史的转型等。

五家禅源流

蔡日新著

甘肃民族出版社　2009年9月　840千字　544页

佛教最具中国特色者为禅宗，中国禅宗最为绚烂者乃五家禅。本书主要就五家禅赖以产生的宗教思想源头及其形成、发展的各个历史阶段进行分析和探讨，其中包含文献的考证、历史事件的核实，尤其是宗教思想与哲学思辨等内涵的把握。全书共9章。第1—3章采用编年与分类归纳相结合的方式，着重讨论了中国禅宗的思想源头及其产生、发展的历程，同时也是五家禅所产生的宗教与思想理论基础。第4—9章按照纪事本末体的方式，分别讨论了禅宗中五家七宗的形成与弘传经过，对于其中的宗派思想与宗门作略，均逐一予以恰当的解释。作者认为，禅宗在中国产生的宗教思想基础，一是得力于禅学典籍的不断译介与禅修实践的不断提升、二是得力于大乘佛学研习的不断向纵深领域发展，尤其是对般若学的研习与对涅槃佛性思想的讨论，这两个方面的成果奠定了后世禅宗思想的理论基础。

（2）断代史

中国古代汉传佛教传播史论
陈文英著

天津古籍出版社　2007年8月　200千字　315页

　　佛教在中国汉地的传播，已成为世界文化传播交流史上的成功范例。本书力求从文化传播的视角分析和阐释"佛教何以在中国汉地传播"这一为世人所关注的问题，作者采取以史为经、以论为纬、史论结合的方式，按照学术界公认的历史分期，从纵横两方面系统阐述了印度佛教在中国汉地的传播历史、传播方式及传播策略，揭示了佛教得以成功传播的各种内外部因素，以期为当今不同地域文化的传播与交流带来一定的启迪和借鉴作用。全书共7章。书中所述旨在表明不同文化间只有互相尊重、互相理解，才能创造出一个和谐交融的文化传播环境；同时，传受双方只有互相适应，换位思考，才会在文化传播中达到共同发展。内容涉及印度佛教的历史演变、阿育王与印度佛教的对外传播、佛教在中国汉地初传期的传播概况、南北朝佛教的传播与发展、隋唐时期帝王对佛教的态度对佛教传播的影响、佛教在中国汉地实施的艺术传播方式等多个方面。

中国中古佛教史论（中国佛教学者文集·宝庆讲寺丛书／朗宇法师　清修法师主编）
颜尚文著

宗教文化出版社　2010年12月　330千字　482页

　　佛教学术研究的根本意义，既是深入了解存在于一定时空中的佛教发展形态，亦是从现存的文献、文物中，去伪存真，去粗取精，探索其前后延续，彼此关联的因果性，从而更清楚地认识到佛法的本质及其因时、因地的适应。本书为"宝庆讲寺丛书"之一，是台湾中正大学颜尚文教授研究我国中古佛教史的文集，共辑录论文10篇。第1篇《汤用彤的汉唐佛教史研究》，作者不仅全曲回顾了现代国学大师汤用彤的生平及主要学术成就，而且指出汤氏之理论精髓在于对汉唐佛教史的研究（汤氏认为五代以后佛教精神已失），在褒扬其治学态度和研究方法的同时，阐明自身的学术立场。第2篇《后汉三国西晋时代佛教寺院之分布》，讲述后汉三国西晋时期佛寺的传入、地理分布、佛寺发展等方面情况。第3至6篇，分别从"断酒肉文"、"皇帝菩萨"、"舍身同泰"、"佛教国家"等佛学实践角度阐述梁武帝的君权思想与其信仰的关系问题。第7篇《后秦姚兴的政治与佛教》，论述崇佛国王姚兴的政教制度对中国佛教发展的影响。第8至10篇，依序对隋代定州地区与国家佛教政策关系之背景《〈龙藏寺碑〉考》、5—6世纪的法华思想与佛教小区共同体《东魏〈李氏合邑造像碑〉考》、沈约的《宋书》与史学三项论题进行探讨。

佛教与三至十三世纪中国史（中国佛教学者文集·宝庆讲寺丛书／朗宇法师主编）
严耀中著

宗教文化出版社　2007年6月　220千字　332页

　　本书为"宝庆讲寺丛书"之一，收录严耀中教授历年来发表的佛学论文21篇，内容都和魏晋至两宋千余年的历史有关。在这些论文中，作者主要对佛教道德观念对中国社会的作用、佛教史学、六朝的神通禅、隋以前"法华经"的流传、唐开业寺、朱熹与密庵等方面问题，从佛学和史学相结合的角度进行了新颖的分析和探讨，以揭示佛教在上千年历史发展中对我国社会文化潜移默化的巨大影响。作者指出,探讨佛教道德观念对中国曾起着何种作用,即使在今天,对了解中国的国情也是有好处的,因为历史与当代原是一个不可分割的整体。内容包括:《佛教道德观念对中国社会的作用》,《试论佛教史学》,《论"三教"到"三教合一"》,《试论中国古代宗教与民族的关联》,《论六朝的神通禅》,《魏晋南北朝时期的占卜谶言与佛教》,《陈朝崇佛与般若三论的复兴》,《麴氏高昌王国寺院研究》等。

汉魏两晋南北朝佛教史（北大名家名著文丛）
汤用彤著
北京大学出版社　2011年1月　625千字　561页

本书为"北大名家名著文丛"之一,是汤用彤先生"积十余年教学与研究的成果",于抗战爆发初期完成的一部叙述佛教在汉代传入中国,并在魏晋南北朝时期的发展的佛教史著作(成于1938年,同年由商务印书馆在长沙印行。1955年由中华书局再版,1962年重印。1983年中华书局将它改为横排简体的新版出版)。书中根据大量史料、经过认真翔实的考证,详细记述了汉魏两晋南北朝时期印度佛教传入中国的历史,着重阐述了外来佛教文化从最初不得不依附于中国本土文化,由于文化之不同而发生矛盾和融合,到逐渐为中国文化所吸收,成为中国文化之重要组成部分的过程和原因。全书分为"汉代之佛教"、"魏晋南北朝佛教"两个部分,共20章。第一部分(第1-5章),细致分析和考证了佛教入华诸传说、《四十二章经》诸问题、汉代佛法之流布和佛道关系等。第二部分(第6-20章),详述了魏晋南北朝时期佛教的传播与演化,即佛教如何由最初依附道术到依附玄学而成为佛玄,再由经论讲习而过渡到独立的宗派形式,最终完全走上中国化道路的历史进程。本书自问世以来,驰誉海内外,成为汤用彤全部著述中影响最为巨大的一部名著。凡是研究中国佛教史、佛教哲学史的人莫不视之为瑰宝。

中华佛教史·汉魏两晋南北朝佛教史卷（季羡林　汤一介总主编）
张雪松著
山西教育出版社　2014年3月　423千字　382页

汉魏两晋南北朝佛教史属断代佛教史。近百年来,中外学者在此方面多有贡献。本书为《中华佛教史》丛书之第一卷,作者充分吸纳前人研究成果,以时间为顺序,以汉魏两晋南北朝时期与佛教发展相关的重要人物及重大历史事件为经纬,以佛教思想史、制度与民众信仰实践为主要内容,对此一时期佛教发展的基本脉络作了详尽梳理,力图彰显佛教思想史本身的内在逻辑。全书共15章。内容包括：佛教入华早期史实阐微,后汉三国时期的佛教,东晋义学的勃兴,不顺化以求宗的庐山慧远,谢灵运《辨宗论》发微,东晋南朝的僧人学风的转变,晋宋之际般若学向涅槃学发展的多元化路径,北魏的佛教与政治,南朝佛教的发展与政治文化的冲突等。

隋唐佛教史稿（博雅英华·汤用彤学术精选集）
汤用彤著
北京大学出版社　2010年11月　245千字　258页

隋唐佛教,承汉魏以来数百年发展之结果,五花八门,演为宗派。且理解渐精,能融会印度之学说,自立门户,如天台宗、禅宗,盖可谓为纯粹之中国佛教也。本书为博雅英华"汤用彤学术精选集"之一，是汤用彤先生于20世纪20年代末至30年代初的授课讲义，70年代经汤一介先生整理后，由中华书局在80年代初出版，本次排印又经汤一介先生重新刊定。书中详细叙述了隋唐佛教势力之消长、佛经传译之情形、佛教义理之撰述、宗派之发展以及佛法之传布等，勾勒出隋唐佛教衍变之过程及其宗派纷呈并逐步中国化的整体轮廓。全书共5章。作者认为，佛教入华约在西汉末，势力始盛在东晋初。自晋以后，南北佛学风格，确有殊异，亦系在陈隋之际，始相综合，因而其后我国佛教势力乃达极度。隋唐佛教，因或可称为极盛时期。书末附《隋唐佛教大事年表》、《五代宋元明佛教事略》和《隋唐佛学之特点：在西南联大的讲演》3篇，以使读者对隋唐时期中国佛教之转化特征有更为清晰而准确的认识。

隋唐佛教史
杨曾文著

中国社会科学出版社 2014年5月 533千字 491页

隋唐佛教在中国佛教史上占有显著地位。本书借助大量史料和各种示例，全面讲解了隋唐时期的佛教史，系统梳理了隋、唐两代中国社会政治文化演变与佛教发展之关系，介绍了隋唐高僧之译经、著述和弘法活动，以及隋唐佛教各宗派之创立过程等，生动展示了处于鼎盛时期的隋唐佛教的历史图景。全书分为"隋朝佛教"和"唐朝佛教"两编。第一编（2章）主要讲述隋朝社会与佛教的关系，介绍隋朝的佛教宗派，内容包括隋朝的译经和经录，隋朝著名学僧及其研究和弘法活动，天台宗、三论宗的创立、教义和经论，三阶教的兴起和衰亡等。第二编（2章）主要讲述唐朝社会与佛教的关系，介绍唐朝的佛教宗派，内容包括唐王朝的宗教政策和佛教，唐初佛道二教之争论，武则天与佛教，僧尼制度，唐武宗灭佛，佛经翻译，法相宗、律宗、净土宗、华严宗、禅宗的成立与发展，禅门五宗中临济宗、沩仰宗、曹洞宗的禅法特征等。

中华佛教史：隋唐五代佛教史卷（季羡林 汤一介总主编）
洪修平等著

山西教育出版社 2013年7月 511千字 472页

中华佛教的发展，隋唐是其鼎盛时期，天台、华严、禅宗等中国化佛教宗派的创立是其重要的标志。本书为《中华佛教史》丛书之第二卷，详细记述了我国隋唐五代时期佛教的发展，宗派的创建，主要高僧的著述、相关的佛教思想以及佛教对我国古代的社会生活、传统文化、政治政策的影响。全书共12章。第1章论述隋唐多元文化格局与儒佛道三教关系，重点探讨了三教关系下的儒道两教的发展，以及佛教在三教关系中的新发展。第2章论述中国佛教的空前兴盛与宗派的创立，揭示了帝王的三教政策对于佛教文化繁荣及宗派创立的促进作用。第3-11章分别介绍天台宗、三论宗、法相唯识宗、华严宗、禅宗、净土宗、律宗、三阶教的形成、建立、分化和思想特点等。第12章论述佛教与隋唐社会文化的关系。作者特别关注隋唐时期多民族融合和多元文化并存的社会历史文化背景，以及中印文化交流、佛教与儒道等中国固有文化之间的交涉，把隋唐五代佛教的传播发展放在中外文化交融、儒佛道三教关系下来进行具体的考察和研究；同时关注佛教与隋唐社会文化的互动，包括佛教的社会性活动、佛教文学艺术与哲学伦理的成果、中国佛教的对外交流等，以期透过这种互动关系来观测和审视佛教对中国社会文化的深刻影响。

唐前中国佛教史论稿（文化中国书系）
张雪松著
中国财富出版社　2013年5月　484千字　479页

　　本书为"文化中国书系"之一，主要围绕唐前佛教史的相关问题展开论述，大体按照时间顺序探讨了佛教入华至南朝中后期汉地佛教的历史、制度与思想。全书分为"华夷之辨：佛教与中华文明的相遇"、"魏晋佛教思想论纲"、"魏晋南北朝佛教制度与政策举隅"、"魏晋南北朝民间佛教探析"、"南北朝佛学思想：以三教关系为主要视角"五编，每编各5章。书中首先区划了前人研究汉魏两晋南北朝佛教史的三种坐标，归纳总结了1949年以来大陆地区汉魏两晋南北朝佛教史的研究范式。在此基础上，作者依据史料和对六朝"释氏辅教之书"的考订，以晋宋为断代，重新审视了唐前佛教的不同历史侧面，内容涉及老子化胡说、对格义佛教的重新认识、东晋般若学的兴盛、魏晋南北朝佛教讲经制度、佛学义理研究与佛教信仰研究、魏晋南北朝易学与佛学比较研究等。作者在"序论"中提出，"汉魏两晋南北朝佛教史研究，首先应将当时的佛教人物、思想、事件、制度，尽量予以历史化"，进而"在历史化的基础上，更高一步的要求是将这个时代和历史再进一步理论化和问题化"。这就构成本书将佛教史料"历史化"，并将部分历史过程"问题化"之研究进路与特色。

宋代佛教史（上、下册）（河北大学历史学丛书·第三辑）
闫孟祥著
人民出版社　2013年12月　829千字　754页

　　宋代佛教的发展历程，大体与宋代历史演变相呼应，但各宗因特殊原因，起落与宋代政治经济关联的程度有所差异。本书为"河北大学历史学丛书"之一，作者以宋代的社会背景和重要宗派为关注对象，寓佛教宗派的发展变化于社会变迁和人物的活动中，对当时各个宗派的发展变化及原因作了说明，对宋代佛教的发展特征作了总结，着重从思想史和社会生活史的角度对宋代佛教的传承与演变作了梳理。全书分上、下册，共12章。第1章介绍宋代佛教的历史背景，重点研究了太祖、太宗、仁宗、宋徽宗与佛教的关系。第2章探讨宋代的佛教政策。第3章讲解佛教在宋朝的社会地位。其余各章按照宋代佛教派别，分别立章，编排如下：每章首先梳理派系传承和宗派特征，然后根据人物的重要性、学界研究的状况、记载多寡等方面，安排内容的详略。从宗派来说，重点研究了天台宗、临济宗、曹洞宗、净土宗等，篇幅相对较多。如：天台宗的山家山外之"争"；临济宗汾阳善昭、黄龙慧南、大慧宗杲等禅师的禅思想；宏智正觉的禅思想、默照禅的问题；净土思想对各宗的渗透等。沩仰宗、密宗安排内容较少。

中国佛教史：元代
任宜敏著
人民出版社　2005年5月　332千字　456页

　　元代佛教，主要指自元世祖忽必烈登基，至元顺帝妥懽帖睦尔退出大都这百余年间佛教在全国范围内的传播发展。为了更清晰地展示某些宗派发达变迁的脉络，有时亦上溯或兼及大蒙古汗国立国前后之法灯慧炬。本书是一部全面阐述元代蒙古族统治时期佛教的传播与发展的论著，共分7章。第1章为导论，分别从宗教政策、僧官制度、刻经与著述、造像艺术和寺院经济几方面概述了元代佛教的整体情况。第2章论述元代藏传佛教的复兴及宁玛派、噶当派、萨迦派、噶举派、希解派、觉域派等后弘诸派在此一时期的发展。第3章对萨迦派的特殊地位、其他各派与蒙元皇室的关系，以及藏传佛教在元代的发展特色作了重点介绍。第4章论述元代临济宗的展开和曹洞宗诸尊宿的化迹。第5章论述天台、贤首、慈恩和律宗在元代的表现。第6章论述白云宗、白莲宗在元代的兴衰，简要介绍白莲宗与白莲教的区别。第7章论述元代佛教文化与日本、朝鲜和印度诸国的交往。

中国佛教史：明代
任宜敏著

人民出版社　2009年4月　533千字　728页

明代佛教，主要指明太祖朱元璋洪武元年（1368）至明思宗朱由检崇祯十七年（1644）前后共276年间，佛教在全国范围承续衍变之史实。本书结合朱明王朝的政制与社会特点，全面讲述了明代佛教的历史，深入总结了此一时期佛教文化的发展特征及其在对外交往中的作用。全书共8章。第1章为导论，首先介绍明代的佛教政策、僧官制度、佛教艺术、刻经与著述，其后论述明代教界的运行态势。第2章介绍临济宗之善系、居简系、松源系和祖先系的发展情况。第3章介绍曹洞宗少林系、寿昌系和云门系。第4章介绍明末四大高僧：莲池袾宏、紫柏真可、憨山德清和蕅益智旭。第5章介绍明代天台宗、贤首宗、慈恩宗、净土宗和律宗的境况。第6章介绍明代西藏地方政权的更迭、格鲁派之繁兴和其余各派之传承。第7章介绍宋濂、袁了凡、袁宏道等明代辅教居士。第8章介绍明代以佛教文化为纽带的国际交往。

明代佛教方志研究（国家哲学社会科学成果文库）
曹刚华著

中国人民大学出版社　2011年3月　282千字　266页

明代是中国佛教方志发展的黄金时代。在此期间，佛教方志人才辈出，著述颇丰，无论在撰述数量，还是在内容、体裁的拓展上，都发展到了一个繁荣阶段，奠定中国佛教方志的格局。本书为"国家哲学社会科学成果文库"丛书之一，作者运用文献整理与学术研究相结合的方法，以近百本珍贵的明代佛教方志为研究对象，在文献研读、整理的基础上，首次对明代佛教方志繁盛的原因，编撰、刊刻与流传的状况，以及它的体裁、体例与修志认识，佛学价值与文献学价值等作了综合研究。全书共5章。作者指出，明代佛教方志的编纂，经历了明前中期的起步、发展和明后期的繁荣两个阶段，由于地域和编纂人员素质等因素而使其具有鲜明的地域性和宗派性。书中以此为依据，论证了编纂群体的文化素质和修志认识；有关明代佛教方志的佛学价值及文献学价值方面，作者亦根据其所查阅的资料发现了不少新线索，提出了许多新观点。

晚明佛教改革史
江灿腾著

广西师范大学出版社　2006年9月　300千字　387页

本书是台湾佛教史学者江灿腾先生从"改革"的角度审视晚明佛教史的专著，也是"一部实验性很浓的关于明清新禅宗社会文化史研究的精心作品"。书中尝试运用现代管理学的思维和新文化史的多元视角,对晚明佛教禅宗社会的发展形态、著名丛林(寺庙)的改革个案以及各家禅思观点的相互争辩等进行了精细解读。全书共四篇。第一篇"导论:明代佛教社会长期发展的历史环境",主要描述晚明新禅学变革的时代大背景。第二篇"改革者德清中兴明末曹溪祖庭的经验透视",以明末高僧德清改革曹溪祖庭经验为例,探讨其失败的原因及意义。第三篇"其他著名佛教人物的时代机遇及其与论敌交涉时的思想诸面相之考察",以姚广孝与李卓吾为例,论述二者弘法路径选择的差异,前者为结合国家权力进行佛教事业运作,后者为应合民众欢迎,趋向"世俗化"。第四篇"明末丛林出现的禅徒抉择正法大争辩全貌:以德清和镇澄引爆《驳物不迁论》的明末丛林择法大辩论为中心的思想考察",以镇澄《驳物不迁论》为基础,总结理智辨析与经验派各家对其的反驳。本篇涉及大量因明分析,颇显作者的佛学功力。

中华佛教史·宋元明清佛教史卷(季羡林 汤一介总主编)
魏道儒著
山西教育出版社 2013年7月 477千字 440页

中国佛教经过唐末、五代两次法难,以及朝代更迭的战乱,几乎到了衰萎凋落的地步。直至宋代始现复苏迹象,然已不如隋唐时代的弘盛。宋元以后的中国佛教,逐渐走向与儒、道二家调和及禅、净、教、戒融合的路线,佛教完全融入中国本土文化。本书为《中华佛教史》丛书之第三卷,详细记述了我国宋元明清时期佛教的发展,流派的创建,主要高僧的著述、相关的佛教思想以及佛教对我国古代的社会生活、传统文化、政治政策的影响等。全书共7章。第1章讲述宋代社会的佛教管理制度及佛教文化事业的开展。第2-3章讲述宋代佛教诸宗活动及学说发展的新趋向,分别介绍了云门宗的多头开拓、曹洞宗复起及其禅学特色、华严宗与华严学的演变等。第4章讲述辽代和金代的佛教。第5章讲述元代社会中佛教的地位、教门三派实况和临济宗的北南两支。第6章讲述明代社会与佛教政策、明代前中期的禅学和义学以及明末的佛教复兴。第7章讲述清代社会与佛教、清代禅宗四系及其弘教诸师、教门义学概况及特点。

中国近代佛学思想史稿
郭朋 廖自力 张新鹰著
巴蜀书社 1989年10月 250千字 392页

中国近代佛学思想虽然仍有继承以往的佛学思想的一面,但更为重要的,是它具有明显的不同于以往佛学思想的新的时代特征。在这些新的时代特征里,既有某些目睹时艰、忧心国事的志士仁人从佛学思想中寻求"救国救民"之道的苦心探索,又有"西风东渐"、因而"西学"影响于佛学的若干反映,还有某些不甘平庸的佛学大师,基于紧迫的时代感,以"改革者"的姿态力图赋予佛学思想以新意。本书从中国近代佛学思想的时代特征入手,选取清末至新中国成立之前具有代表性的14位佛教信仰者和佛学研究者,分别对他们的生平、著述及主要思想等进行了介绍和阐释。全书分上、下编,共14章。上编(第1-7章)的叙述对象既是佛教信仰者,又是专治佛学者,包括杨文会、敬安、月霞、谛闲、欧阳渐等人的佛学思想。下编(第8-14章)的叙述对象虽然也有信仰佛教者,但都不是专治佛学者,包括龚自珍、魏源、康有为、谭嗣同、梁启超等人的佛学思想。

中华佛教史·近代佛教史卷（季羡林 汤一介总主编）

麻天祥著

山西教育出版社　2014年5月　567千字　532页

本书为《中华佛教史》丛书之第四卷，作者通过对近代佛教文化研究之滥觞、清末民初居士佛学与佛学的经世致用、寺僧的入世转向与人间佛教的崛起、佛教哲学研究与科学分析、佛学科学的比较研究等方面问题的系统梳理和阐释，以及近代著名人物有关佛学思想的研究、理解和认识的考察，全面总结了佛教在近代中国的发展历程、近代中国佛教研究的思想动态，清晰展示了近代中国佛教之发展变化的脉络。全书共8章。第1章探讨龚自珍的佛教文化研究和魏源的净土思想。第2章探讨庙产兴学提出后僧人们的回应，以及由此而促发的现代僧学和佛教革新运动之兴起。第3章探讨清末民初的居士佛学，如杨仁山、康有为、梁启超、杨度、欧阳竟无等人的佛学思想。第4章探讨清末民初佛教界的入世转向思潮。第5章探讨梁启超、汤用彤、胡适、蒋维乔等人在佛教史研究领域的贡献。第6章探讨谭嗣同的经世佛学、梁启超的佛教哲学研究与心理分析、章太炎的法相唯识哲学、熊十力《破破新唯识论》的本心本体论。第7章探讨宁汉两系的对立与法相唯识学研究。第8章探讨王小徐的佛学科学之比较研究、尤智表的佛学科学分析。

（3）地域史

北京汉传佛教史（北京宗教史丛书／佟洵主编）

徐威著

宗教文化出版社　2010年11月　410千字　470页

佛教自4世纪初期至中叶传入北京地区以来，伴随了中国佛教史发展的全部进程。本书为"北京宗教史丛书"之一，作者采用编年与纪事本末结合体，系统论述了从佛教初传北京地区（东晋十六国时期）至新中国成立之前，大约1600年间汉传佛教在北京传播发展的历史，多角度展示了北京汉传佛教的深厚内涵，填补了中国佛教史中无北京佛教史的空白，为深入研究中国佛教史和北京佛教文化提供了不可替代的切入点。全书共9章。书中侧重从社会历史和文化传播的视角对汉传佛教在北京地区的弘传情况进行综合研究，把北京汉传佛教放到特定的历史时空条件下进行动态观测，以各时期统治者对佛教的政策和北京政治地位的不断变化作为宏观背景，通过对不同时期僧侣的宗教活动、社会各阶层佛教信仰的实态、佛教寺院的修建、佛教经典的刊印和佛教文化的积淀，以及佛教的对外交往的考察等，梳理汉传佛教在北京地区传播和发展的脉络，揭示北京汉传佛教传播的规律和特点及其在中国佛教史上的重要地位。

北京藏传佛教史（北京宗教史丛书／佟洵主编）

于洪著

宗教文化出版社　2011年12月　200千字　249页

藏传佛教在北京有悠久的历史和深远的影响。本书为"北京宗教史丛书"之一，作者以藏传佛教在北京地区传播发展的历史为主线，以大量文献史料和实物遗存为依托，全面介绍了自元代以来不同朝代对藏传佛教的政策、高僧和寺庙的情况，以及经书刻译和佛像造型艺术等，重点论述了上始元代、下迄民国北京藏传佛教的发展脉络、社会作用和文化特点。全书共5章。第1章概述藏传佛教"前弘期"和"后弘期"的历史。第2章介绍元代北京地区藏传佛教的传播，内容包括藏传佛教的传入与帝师制度的建立,大都的藏传佛教高僧、寺院和佛事活动,藏传佛教经典的译勘与佛经刊刻等。第3-4章叙述明清时期藏传佛教在北京的发展,内容包括明清两朝的藏传佛教政策、寺院状况和佛事活动、译经刻经事业与佛像艺术等。第5章讲解民国时期北京藏传佛教的转型及其民俗化特征。

河北佛教史(河北宗教史丛书/鞠志强主编)
张志军著
宗教文化出版社　2016年6月　650千字　664页

本书为"河北宗教史丛书"之一,作者依据文献、方志的记载和考古材料的发掘,采用历时性叙述的方式,对佛教在河北地区近2000年的传播史进行了细致耙梳,展示了河北佛教的鲜明特点及其对中国佛教发展进程的深刻影响。全书共16章。书中以佛教在河北的初传为开篇,依次叙述了曹魏的邺都佛风,西晋的河北居士群落、般若名僧于法兰和康法朗西行求法,东晋的河北籍高僧道安对中国佛教的杰出贡献,北朝的道生佛学思想、慧光的义学佛教,隋朝的灵裕、昙迁等高僧及静琬开刻房山石经,唐朝的河北籍高僧慧能对中国佛教的划时代贡献与诞生在滹沱河畔的临济宗,北宋的洪济宗赜与《禅苑清规》,辽、金的一代宗师万松行秀与文坛领袖屏山居士,元朝的缁衣丞相刘秉忠,明朝的佛门诸葛道衍,清朝的承德寺院与净土宗第十二代祖师,民国佛教复兴运动中的河北三时学会、重振南山律宗与天台法嗣的河北籍高僧弘一与倓虚,当代特别是改革开放以来河北佛教的重新崛起。最后,该部专史介绍了河北佛教的建筑艺术、石窟艺术、壁画艺术、造像、碑刻、音乐、艺术。

山西佛教史:五台山卷
赵改萍著
中国社会科学出版社　2014年11月　262千字　241页

五台山佛教是山西佛教史上发展最为兴盛、影响最为深远、最具特色的区域性佛教。关于五台山佛教史的研究,国内学者多有论述。本书为《山西佛教史》之五台山卷,作者在充分吸收前人研究成果的基础上,主要对元代以来的五台山佛教史进行补充研究,重点考察了五台山藏传佛教的历史脉络及各阶段的特征,填补了相关研究领域的空白。全书共6章。第1章论述藏传佛教在吐蕃的发展及其在五台山的初传。第2章论述元代统治者对五台山佛教的支持、藏传佛教在五台山的正式传播。第3章论述明朝诸帝与五台山的关系、藏传佛教在五台山的传承与发展。第4章论述清朝对藏传佛教的尊崇及藏传佛教格鲁派在五台山的活动情况。第5章论述民国时期藏传佛教在五台山的传播。第6章论述新中国成立以来的五台山藏传佛教。

河西佛教史
杜斗城等著
中国社会科学出版社　2009年12月　813千字　688页

古代河西泛指黄河以西之地,扼守丝绸之路中段,连接青藏高原、蒙古高原和黄土高原。它既是中西文化交流的孔道,也是中国西北部各民族文化相互交融碰撞的地区。大乘佛教主要是经由河西进入内地。河西佛教在中国区域佛教史上占有特殊地位,许多具有划时代意义的佛教事件皆在此上演。本书全面介绍了河西佛教的历史,所述范围不局限于河西走廊,部分章节的内容涵盖今甘肃、宁夏、青海以及新疆东部地区的佛教分布。书中根据河西历史的实际情况,将佛教在该地区传播、发展与兴衰的演进过程分为"两晋时期"、"后秦西秦"、"北凉时期"、"北朝时期"、"隋唐时期"、"吐蕃时期"、"归义军时期"等11章来编排叙述,以凸显其地域特色和时代景象。内容包括:敦煌菩萨竺法护、前凉张天锡时期的译经;麦积山早期三佛窟与姚兴的《通三世论》、炳灵寺石窟与西秦佛教;北凉译经、北凉的石窟与石塔;元太荣与敦煌莫高窟、敦煌北朝晚期的写经活动;隋唐时期河西寺院石窟的分布状况及民众佛教生活;吐蕃占领时期的河西佛教及其社会影响;归义军和回鹘时期河西佛教的发展及世俗化倾向;西夏、蒙元和明清时期的河西佛教;等等。

西夏佛教史略
史金波著
宁夏人民出版社　1988年8月　279千字　424页

西夏佛教兴起于中原佛教衰落之时,不仅在我国传播佛教较早的河西地区使佛教再一次广为流传,而且在与宋、辽、金、回鹘、吐蕃的佛事交往中,相互影响,使中国佛教在新的历史条件下得以延续。本书讲述了佛教在西夏的发展、西夏的寺庙和僧人、西夏佛教的宗派和艺术、西夏佛经的翻译印施和流传及西夏灭亡后党项人的佛教活动等内容,对于西夏佛教发展的历史背景和佛教在西夏文化中的地位也作了具体分析,并对敦煌、榆林两窟群中西夏时重修或新修的一百多眼洞窟及内蒙古额济纳旗黑水城出土西夏文物中的佛经、佛画等都有详细的介绍和论述。全书共10章。作者自20世纪70年代初即开始注意西夏佛教史料的搜集和整理,从中发现一些有重要价值的西夏佛教文献;对流散于国外的有关西夏佛教的资料,作者也尽量积累和了解,这就为本书之结论提供了较为可靠的资料基础。

青海佛教史
蒲文成著
青海人民出版社　2001年8月　308千字　390页

青海历史悠久,是一个多民族聚居地,也是藏传佛教的重要传播区。早在东汉末年,青海东部湟水地区已有僧人活动,并建有佛塔。唐代,随着唐文成、金城公主进藏和吐蕃势力东扩,佛教由内地和吐蕃两个渠道不断传入青海。公元9世纪中叶,吐蕃达玛赞普禁佛,西藏部分僧人避居于此,延续佛教律仪,使青海成为西藏佛教后弘的发祥地。本书是蒲文成先生多年来研究青海佛教文化的结晶。书中以基本史料为依据,采用史论结合的方式,全面系统地论述了藏传佛教各教派在青海传播与发展的历史,介绍了有关寺院、人物和重大历史事件,藉此展示藏传佛教在青海弘传的主要特征及其别具一格的地域文化特色,同时对青海汉传佛教的传播、宗派、传人、寺院及宗教团体等也予以说明。全书分为"藏传佛教篇"和"汉传佛教篇"两个部分,共10章。内容包括:佛教最早传入青海;西藏佛教后弘的发祥地;唃厮啰政权时期的佛教和宁玛派;元朝以来萨迦、噶丹派的弘传;明代以来格鲁派的弘传;等等。本书取材丰富,内容翔实,对于藏传佛教和青海宗教问题均作出有理有据的解答。

中国东南佛教史（专题史系列丛书）
严耀中著

上海人民出版社　2005年8月　326千字　402页

宗教的形态和功能是在同整个社会紧密地联系起来的时候才会被充分显示出来的，所以要准确描绘佛教在历史上的区域形态，就必须把佛教和当地政治、经济、文化习俗等各个方面联系起来看。本书为"专题史系列丛书"之一，是一部尝试运用纪事本末体的方式来审视和记述佛教在中国东南（江南）地区传播、发展及其演变历史的专题著作。书中以江南自然人文背景的不同方面为观测点，阐释佛教在此地所发生的种种变化，系统讲述了自三国至明清时期，佛教在东南地区初播、立足、兴起、演变的历史轨迹，介绍了江南寺庙的社会功能和寺院经济，佛教如何融入民间，与淫祠杂神等地方崇拜相处，僧侣参与政治，以及在这个过程中佛教自身的异化等，揭示了东南民俗、魏晋玄学等对于佛教在这一地区兴盛的影响，东南佛教与江南地域的各种关系。全书共18章。内容包括："江南"定义和区域佛教；东吴之国与佛教初播；东晋：佛教在中国立足的关键时期；分庭抗礼的时代；反佛与自律；梅开二度的三论宗；奇峰突起在天台；密宗的流入和演变；江南禅风；北学南下和天台宗分裂；净土在江南；等等。

浙江佛教史
陈荣富著

华夏出版社　2001年6月　650千字　729页

佛教在东汉末传入浙江，经历了三国两晋南朝的传播和学派纷争；隋唐的兴盛和宗派并立；五代和宋代的极盛与江东佛教风格的形成；元以后的衰微与佛教的进一步社会化、世俗化；近代的求索与复兴；现代的劫难与盛世兴衰六个阶段。本书在充分占有史料的基础上，采用史论结合的方法，全面叙述了浙江佛教传播和发展的历史，特别是对浙江佛教鲜明的地域特点和重要人物的生平、佛学思想，以及近现代浙江佛教各宗派和寺院等情况作了研究考证，力图在中国佛教发展的大背景上展现浙江佛教发展的个性。全书共9章。书中首先从整体上概观了浙江佛教，其余各章则以年代为序厘清了浙江佛教的发展脉络，内容涉及不同历史时期佛教发展的政治经济、思想文化背景，历代兴建的主要寺庙，佛教各宗派发展的状况，主要高僧及其佛学思想，重要佛学著作的评述，居士佛教，中外佛教文化交流等。作者对于佛教何时传入浙江以及传入路线、浙江历史上数以千计的寺庙、"五家七宗"在浙江的传承关系等几方面的论证较为精细，这是作者在经过繁复的考证和钻研的基础上首次完成的。

福建佛教史
王荣国著

厦门大学出版社　1997年9月　386千字　486页

本书旨在探寻福建佛教发展的历史轨迹，比较全面地反映历史上福建佛教的基本面貌。作者在考察佛教各宗派在福建的弘传，特别是禅宗在福建的传布时，适当地变换了写作角度，采取分派别、支系阐述其师资承传，尽可能地以佛教史籍与正史记载相印证、补充，通过考证确定某位禅师在闽传法的确切地点、大致年代，订正了佛教史籍或地方史籍的疏忽。全书共6章。第1—3章记述汉东吴两晋南朝至隋唐、五代时期福建佛教及其诸派和寺院的发展情况，介绍彼时福建与日本、朝鲜、西域的佛教文化交流，解读《诸祖颂》与《祖堂集》，对桂琛、行传、慧忠、文益等的生平活动也作了简要的考证。第4—5章记述两宋和元明清时期福建佛教，重点阐述杨亿与《景德传灯录》、《大中祥符法宝录》的编纂以及《古尊宿语录》的编辑、《崇宁万寿大藏经》与《毗卢大藏经》的雕造等。第6章主要探讨近代福建的僧伽教育、居士佛教，介绍佛教界领袖圆瑛与在闽南弘法的弘一以及近代福建佛教向东南亚的传布。

新视野下的台湾近现代佛教史
江灿腾著
中国社会科学出版社　2006年9月　459千字　429页

本书是台湾学者江灿腾博士的论文集，按"台湾近现代佛教发展史"的架构编排，分为"近代以前篇"、"日治时期篇"、"战后现代篇"三个部分，共收录论文8篇。这些论文通过钩沉与考索历史资料，对1895年以来台湾佛教的传播与变革及其学术史进行了探索，并以台湾台南开元寺为个案讨论了近代以前台湾佛教的源流与特征，分析论述了日本殖民时期台湾佛教的发展与转型、殖民当局对台湾海峡两岸汉传佛教互动的操控、台湾光复后的"重建大陆佛教"、70余年来中国禅宗研究史一些问题的争辩，以及当代台湾地区的四大佛教事业道场的经营与转型等，从而将丰富的台湾佛教历史展现在人们面前。内容包括：《近代以前台湾第一佛教丛林：台南开元寺的变革史新探》，《二十世纪前期日本帝国主义操控下的台湾海峡两岸汉传佛教互动与新旧思潮的冲击》，《当代台湾"人间佛教"思想的溯源与纠葛》等。

台湾佛教史论（中国佛教学者文集·宝庆讲寺丛书/朗宇法师　清修法师主编）
阚正宗著
宗教文化出版社　2008年6月　320千字　454页

台湾佛教主要是赓续闽、粤两省的佛教传统。郑成功来台后，大批汉人拓殖垦荒，佛教的信仰渐次朝向组织化。本书为"宝庆讲寺丛书"之一，辑录台湾学者阚正宗教授研究台湾佛教史的论文17篇。全书包括"通论、清代篇"、"日据时期篇"、"战后人物、史料篇"三个部分。第一部分（3篇），论述了台湾佛教与大陆佛教之间的历史渊源、新竹市的斋教与斋堂，以及清代台湾府、县佛教僧侣的活动。第二部分（7篇），论述了日本殖民时期台湾佛教的生存状况，内容包括殖民初期日僧来台转赴福建的活动、殖民后期日本临济宗的在台布教、台湾佛教僧侣在战争时期的角色等。第三部分（6篇），论述了战后台湾佛教界几位高僧的传教情况，并对台湾当代"婴灵"供养的历史与争辩、战后台湾佛教史料的查找与运用等问题作了探讨。本书虽不能涵盖台湾佛教史的全部内容，但已勾勒出其轮廓，更重要的是对过去史料史著缺失的部分，有了相应的弥补。

澳门佛教：澳门与内地佛教文化关系史
何建明著
宗教文化出版社　1999年10月　220千字　265页

澳门的佛教文化与中国内地，尤其是广东地区的岭南佛教文化有着极为密切的历史关系。这既表现在近400年来内地高僧对于澳门佛教文化的重要影响，也明显地表现为近百年来澳门佛教文化的盛衰与转变，与内地中华佛教文化的盛衰与转变之间的对应关系。本书在掌握丰富的文献资料的基础上，从纵横两个方面探讨了有始以来澳门与内地佛教的密切关联和法缘血脉，试图揭示澳门佛教与内地佛教发展的一致性和特殊性，指出内地佛教在澳门佛教发展过程中所起的决定性作用，以及澳门佛教在依托内地佛教的情势下所独具的特点。全书分为"澳门佛教盼回归"、"源头活水何处寻"、"民国肇兴法缘盛"、"近代禅净观本传"、"澳岸两年甘露遍：竺摩法师与澳门佛教文化"等9章。作者认为，在澳门文化、尤其是澳门的民间文化中，兼容了中国传统民间信仰的佛教文化，实际上扮演着主要的角色。澳门与内地佛教文化关系史，构成澳门佛教文化史的主体内容，离开了内地佛教文化的影响，澳门佛教文化必然走向式微。

明季滇黔佛教考（外宗教史论著八种）（上、下册）（二十世纪中国史学名著）
陈垣著
河北教育出版社　2000年12月　565千字　835页

本书为"二十世纪中国史学名著"丛书之一，是史学大师陈垣先生有关宗教史研究的开创性著作，成书于抗日战争时期。这部著作以语录入史，资料翔实、见解高超、结论精当、体制优良，在中国佛教史学著作中极具典型性。书中记述了明末清初云、贵两省的佛教发展情况，以及明末知识分子怀念故国、抗争不仕的精神，特别关注嘉兴藏和续藏中所载遗民逃禅的语录，此外还广泛收集藏经遗漏未收的散文、写本语录，故而于纷杂的材料中，钩稽出明末清初滇黔知识分子的爱国思想和民族气节。全书分上、下册，共六卷十八篇。卷一讲明末清初滇黔佛教发展的背景和起点。卷二讲明末清初滇黔佛教法门振兴的状况。卷三讲僧徒在佛学以外的文化生活、僧徒与士大夫的密切关系。卷四讲僧徒拓展佛教势力的事迹。卷五讲遗民与佛教的密切关系。卷六讲当时滇黔佛教与遗民以外的社会联系、佛教与南明政权的关系。除《明季滇黔佛教考》外，本书还收录陈垣所著《元也里可温教考》、《开封一赐乐业教考》、《火祆教入中国考》、《摩尼教入中国考》、《回回教入中国史略》、《清初僧诤记》、《南宋初河北新道教考》、《中国佛教史籍概论》8种宗教史论著。

云南佛教史
王海涛著
云南美术出版社　2001年1月　500千字　655页

云南佛教以其历史绵长、二乘显密齐备著称，加之独特的地方性、民族性和神秘性，在世界佛教史上占有重要的一页。本书广泛搜罗文献资料，借助大量地面佛教遗存和地下出土文物，全面叙述了云南佛教发生发展的历史，佛教与云南各少数民族的关系及其对云南文化的影响，介绍了三大语系佛教在云南传播、演化及其发展的现状等，即流行于洱海、滇池地区的云南密教（古称阿咤力教）和大乘显教（亦称北传佛教），流行于滇西北地区的藏传佛教，以及流行于滇西及滇西南地区的上座部佛教（又称南传佛教），分别对其在云南的弘传进行讲解。全书共5章。第1章讲解巫术、土主和本主等云南原始宗教。第2章讲解佛教传入云南的通道：天竺道、吐蕃道和内地通道。第3章论述汉爨时期、南诏时期、大理时期、元明清三朝直至近代云南大乘佛教的传播与发展，内容涉及显教高僧、著名居士、佛塔寺庙、写经与刻经等。第4章论述云南南传上座部佛教的传入、制度、经典、教义、寺塔等。第5章论述云南和西藏在历史上的关系、云南藏传佛教教派及源流、云南藏传佛教活佛转世制度、云南藏传佛教寺院与圣地等。

中华佛教史·云南上座部佛教史卷（季羡林　汤一介总主编）
张公瑾　杨民康　戴红亮著
山西教育出版社　2014年5月　392千字　360页

南传佛教在地区意识形态上的共通性、在当地的独尊地位、对原始宗教的包容以及内部的凝聚力和保守性，是东南亚和我国南传佛教地区所显现的共同特征。本书为《中华佛教史》丛书之第八卷，细致梳理了佛教的起源和传播，上座部佛教进入中国云南地区，在云南传播、发展的历史过程，南传佛教的戒律、仪式、供养习俗，以及傣族南传佛教经典，南传佛教和傣族教育、文学，傣族佛教装饰、建筑、音乐，现代生活中的南传佛教等内容。全书共13章。第1-4章主要从史的角度叙述佛教传入前后傣族社会的原始信仰情况、佛教与原始宗教的斗争与融合，以及宋元明清至近代南传佛教在云南的传播、发展与流变。第5-12章介绍南传佛教的教规和戒律、体制和供养习俗、节庆法会仪式和民俗、傣文的南传佛教经典、南传佛教与傣族的天文历法、南传佛教与傣族教育、南传佛教与傣族文学等。第13章重点讲述20世纪50年代以来南传佛教对内对外的交流与发展、中国南传佛教文化研究现状。

（4）藏传佛教史

西藏佛教史略
王辅仁编著
青海人民出版社　1982年7月　200千字　315页

本书是根据作者于1979至1980年间在中央民族学院研究生班讲授"西藏佛教史"的教案编撰而成的著作。书中运用马克思主义之观点和方法，从历史的角度，以简明的语言把西藏佛教的发展过程勾勒出一个轮廓，内容涉及西藏佛教的教理、教义、师承源流以及学程、仪规等。全书共10讲。第1讲为绪论。第2讲主要介绍佛教传入吐蕃，佛教和本教的早期斗争。第3讲主要介绍印度佛教战胜本教的过程、印度佛教与汉地佛教的斗争。第4讲主要介绍佛教势力的持续、高度发展及第二次禁佛运动。第5讲主要介绍佛教复兴势力进入卫藏的路径和其他活动。第6讲主要介绍宁玛派、噶当派、萨迦派、噶举派四大教派。第7讲主要介绍宗喀巴早期的宗教活动以及格鲁派的创立、发展与壮大过程。第8讲主要介绍格鲁派的基本教义：缘起性空说、止住修和观察修。第9主要介绍格鲁派的活佛系统、僧侣组织和学经僧人的学位制度。第10讲为结束语。

佛教史大宝藏论
布顿大师著　郭和卿译
民族出版社　1986年3月　350千字　453页

元代著名高僧布顿所著《佛教史大宝藏论》，又名《善逝教法史》、《布顿佛教史》，为世界古典名著，曾被译成多国文字出版。著者萃取佛典要义，以详实的史料和精湛笔法，透辟论述了印度佛教和西藏佛教的历史，厘清来藏的印度高僧和西藏译师名单及所译经典目录，具有很高的学术与史料价值。书中所记显密教乘，言简意赅、行文古奥，后来学者多引以为据，较之其他佛教史书更显重要。以佛教史料来说，其卷帙之宏阔、名目之浩繁，颇难撰著；而布顿大师却能于纷芜繁杂中标举显密纲要,明辨各宗经脉,见解独到,诚属弥足珍贵。全书分四总纲。第一总纲"明闻、说正法的功德",下设"总述闻、说正法的功德"和"分说闻、说大乘正法的功德"甲目二节,阐述闻、说正法之殊胜意义。第二总纲"明所闻、说之法",下设甲目"法字声行境的区别"、"法之字义"、"法之性能"、"详细辨析"四节及乙目果法、修法、讲说法和丙目经论等,诠释佛法正解及相关论典。第三总纲"如何闻、说及修学法",下设"所说法的差别"、"阿阇梨说法的差别"、"弟子闻法的差别"、"师徒修学'法义'的教授"甲目四节和展开论述的乙丙分目,意在言明佛教各宗派解法及佛弟子闻法的差别。第四总纲"所修之法如何而来的情况",下设"总说世间中佛法如何而来的情况"、"分说西藏佛教如何而来的情况"甲目二节和乙目"总说在何劫中有佛出现于世的情况"、"分说在贤劫中有佛出现于世的情况"、"特别是在此娑婆世界中释迦牟尼王佛出现于世的情况"和"前弘时期西藏佛教的情况"、"后弘时期西藏佛教的情况"等,讲论印度佛教和藏传佛教发展史。本书条目清晰,罗列严整,纲举目张,证悟深妙。

西藏佛教发展史略
王森著

中国社会科学出版社　1987年6月　258千字　318页

本书是著名藏学家王森先生于20世纪60年代接受民族研究所的任务而完成的《关于西藏佛教史的十篇资料》的修订稿,可以说是特殊历史条件下的特殊产物。虽以"史略"命名,但未能着重阐明当时社会的经济和政治背景,时代下限也仅设在明末清初,未延及近代,且未能涉及蒙古和青海地区的佛教。尽管如此,本书仍有其无法湮没的史料价值。自首版以来,成为藏学研究工作者案头必备的权威读本。全书分10篇。书中根据藏文、汉文和外文资料,全面系统地阐述了藏传佛教发展演变的历史,体现了藏学大家的思想方法。其中对于吐蕃末期至萨迦政权建立前400余年分治时期背景的概括,以及对元代西藏的十三万户所进行的开创性研究,在当时具有填补这一时段历史研究之空白的意义。作者另外撰写的《宗喀巴传论》、《宗喀巴年谱》等文,较早论述了格鲁派创始人宗喀巴推行的藏传佛教改革,是迄今为止研究宗喀巴的代表作之一。这两篇文章均以附录形式收入。

藏传佛教思想史纲
班班多杰著

上海三联书店　1992年4月　294千字　390页

佛教自印度和汉地传入藏区后,便在青康藏高原这样一个特定的地理气候环境、政治经济条件和思想文化氛围里孕育滋长和兴盛起来,这就决定了藏传佛教从内容到形式都迥异于印度佛教和汉传佛教。本书运用宗教学、文化学及哲学的多维视野,以史论结合的方式,围绕"苯教和佛教的对立统一关系"和"藏传佛教各教派的思想"两个方面,展开对藏传佛教思想史的探讨,全面分析和论述了佛教传入藏地的经济基础和文化背景,重点探究了佛教传入藏区的思想条件及理论路径,揭示了苯教和佛教的关系。全书共9章。书中从对藏族苯教的产生、发展的历史考察中寻索出藏族传统认识史的逻辑起点和发展轨迹,认为藏族传统的认识发展史经历了万物有灵、原始的宇宙发生论、天神观念、本无空寂这四个不同的阶段,到本无空寂阶段时,藏族的世界观就以哲学理论的形态出现了。作者指出,如果没有藏族传统思想文化的浸润和铺垫,藏民族便进入不了佛教思辨哲学的殿堂。

明清之际藏传佛教在蒙古地区的传播（东方历史学术文库/沈志华主编）
[韩]金成修著
社会科学文献出版社　2006年9月　279千字　341页

　　佛教在蒙古地区的传播，尤其是16世纪中后期以后的传播，与16世纪末17世纪初蒙古主要汗王及其政治势力的发展有着非常密切的关系。本书为"东方历史学术文库"丛书之一，是韩国学者金成修在其博士学位论文基础上修订而成的，以"明末清初蒙古历史发展与藏传佛教之间的关系"为研究对象的专著。全书共4章。书中利用汉文、蒙古文、藏文，以及英文、日文、满文原始资料和研究成果，综合运用民族学、历史学、语言学等多学科的研究理论和方法，考察了蒙古土默特俺答汗、喀尔喀阿巴岱汗的神圣化过程，探讨其后裔建立新政治中心的策略，以及藏传佛教在"恢复理想化古代秩序"的旗帜下，与蒙古"政治改革论"的合作与竞争关系，针对为什么16世纪末蒙古人再度接受藏传佛教，藏传佛教对于清朝在藏传佛教地区建立牢固政权的作用等问题作了解答，指出藏传佛教在蒙古传播的本质是政治改革工具，而不仅是一种文化现象。本书对于处理当代中国边疆地区的民族宗教问题具有历史参考价值和积极的现实意义。

西藏佛教及历史问题研究：一次从本体到跨文化理念的穿越（西藏社会经济文化论丛/周炜主编）
周炜著
中国藏学出版社　2007年6月　427千字　565页

　　本书为"西藏社会经济文化论丛"之一，辑录周炜博士在近20年的时间里撰写的有关藏传佛教和西藏历史研究的学术论文27篇。这些论文从藏传佛教的跨文化研究、活佛转世、藏传佛教经典的传播，以及藏传佛教历史上一些重要的经典和高僧传记的释读等方面，对西藏佛教及其历史问题进行了广泛讨论，展现了作者独到的研究视野和学术水准。全书由三个部分组成。第一部分"西藏佛教的本体研究"，包括《有关宗喀巴佛典传授年代的几个问题》、《活佛转世灵童的培养和教育》、《昌都强巴林寺与帕巴拉转世系统》、《往生夺舍法及其神秘传说》、《萨迦派显密派系、教义及佛学观念》等。第二部分"西藏佛教的跨文化研究"，包括《西藏苯教的巫咒仪轨及藏族古老的灵魂观念》、《化身理论与格萨尔的本生》、《活佛转世的理论基础及相关问题研究》、《藏族古典小说的宗教观念》等。第三部分"西藏历史与灾异档案研究"，包括《西藏19世纪以来的水灾：西藏水灾档案研究》、《西藏近代雪灾档案研究》等。

西藏佛教史
克珠群佩主编
宗教文化出版社　2009年10月　950千字　799页

　　西藏佛教的活佛转世制度、政教合一制度、无上瑜伽密法、佛苯相融所带来的庞杂的神灵系统以及名目繁多、丰富多彩的宗教仪轨和自成体系、各具特色的众多教派，都构成了西藏佛教与众不同的鲜明特征。而见行修方面的井然次第，是西藏佛教最根本、最本质、最内在且最起决定作用的特点，也是西藏佛教深受当今信徒青睐和欢迎的根本原因。本书依据大量史料，从佛教传入吐蕃开始写起，直到当代，对藏传佛教传播和发展的详细历史进行了深入的介绍，是迄今为止较为完善的一部藏传佛教史书专著。全书共22章。书中以中国通史、西藏地方史为大背景，对佛教在西藏流传的进程作了理性的总结，论述了藏传佛教各教派的教义教制，介绍了当代西藏佛教的发展以及党的宗教政策在西藏的贯彻执行情况，揭示了佛教与西藏社会、政治、经济、文化等的密切关系。内容包括佛教在吐蕃的早期传播、吐蕃佛教发展的登峰造极与迅疾衰落、噶当派的创立及其历史沿革、宁玛派的创立及大圆满法的译传、萨迦派的创立及发展等。本书对处理好西藏佛教问题和西藏传统文化与现代化的关系问题；对加强祖国统一、民族团结，促进西藏佛教的现代调适和自身建设等方面，都有重要的参考价值和现实意义。

藏传佛教艺术发展史（上、下册）

谢继胜主编　谢继胜　熊文彬　罗文华　廖旸等著

上海书画出版社　2010年12月　1200千字　1055页

　　本书是由首都师范大学藏学研究中心谢继胜教授领衔的研究团队历时10年撰写完成的藏传佛教艺术发展史专著，系统梳理了藏传佛教艺术发生、发展的过程，对整理、积累和传播中华民族文化具有重大的现实意义，被学界誉为"目前国内第一部具有重大学术价值的藏传佛教艺术通史性著作，不仅填补了藏传佛教艺术研究的一项空白，而且代表了迄今为止中国学者在此研究领域的最高水准，即使在国际西藏艺术研究领域也属高水平之作"。这部著作将藏传佛教艺术放在我国多民族文化相互依存、共同发展交融的背景下加以总体把握，将个案研究的结果按风格发展的历史线索串联起来，以图文并茂的形式展现了7世纪至18世纪藏传佛教艺术的瑰丽画卷，深刻揭示了中华民族文化自古以来多元一体，水乳交融的格局。在研究进路上，作者采用横、纵交错的演绎方式：横向上考察不同时期藏传佛教艺术作品本身的特点，分析其风格成分；纵向上着力探寻藏传佛教艺术在汉地的传播轨迹，尤其是将汉藏艺风的相互影响作为艺术史发展的主线；同时兼顾藏传佛教艺术本身在西藏腹地的发展规律及印度、尼泊尔纽瓦尔艺术对西藏的影响。全书共9章。书中个案研究所涉及的问题，许多是学界论述不深或尚未关注的问题，如藏传佛教造像的正确辨识，题记、铭文的解读，文物遗址的考察报告等，由此彰显了本书的学术价值。

藏传佛教史（藏传佛教文化丛书）

尕藏才旦著

甘肃民族出版社　2012年10月　200千字　210页

　　藏传佛教既全面继承了佛教教义的精髓，又有机融合了藏族传统文化中的优秀元素，形成自己独一无二的文化形态。本书为"藏传佛教文化丛书"之一，作者立足于文化的视角，讲述了从佛教的传入到格鲁派确立主导地位的藏传佛教史，内容涉及印度佛教在青藏高原传承过程中与苯教的冲突，藏传佛教对印度佛教的改革及意义，后弘期藏传佛教战胜苯教的原因，最初的藏传佛教流派宁玛派的表现形式、经典、仪轨，萨迦派与政教合一制度的最初形成，宗喀巴对藏传佛教的改革，历世达赖、班禅及高僧大德对藏传佛教文化建设的贡献，藏传佛教对藏族社会生活的影响等。全书分为"认识论巅峰的诱惑"、"以经典翻译为前导继承佛教精髓"、"宁玛派艰辛探索的轨迹"等8章。书中追寻着雪域藏人的信仰之路，精细探究了佛教的智慧之花盛开于藏土的精神本源，构绘出藏传佛教完整的文化形态。

中华佛教史·西藏佛教史卷（季羡林 汤一介总主编）
王尧著
山西教育出版社 2013年7月 365千字 336页

本书为《中华佛教史》丛书之第七卷，作者循着历史时间轴，系统梳理了藏传佛教的起源与发展。全书共9章。书中首先介绍了佛教传入前吐蕃社会的原始信仰情况，随后叙述了佛教传入吐蕃的历程，以及佛教在吐蕃经过漫长的民间传承逐渐实现社会化、本土化，形成自身文化特点及不同部派的具体细节，着重阐述了藏传佛教的东传及其与汉文化不断交流，从而在中国多民族国家统一事业的进程中所发挥的重大历史作用，最后探讨了在新的历史条件下，藏传佛教如何与社会主义社会相适应的问题。本书条理清晰、资料丰富、论述严谨，内容涉及佛苯斗争与吐蕃佛教的初步建立、赤松德赞之后藏传佛教的兴起、朗达玛灭佛的历史背景及其影响、藏传佛教的传承方式、藏传佛教部派的形成和发展、藏传佛教之活佛转世制度、藏文《大藏经》的形成过程与内容、藏传佛教之经院教育与学阶制度、藏传佛教社会化的文学艺术表现等方面，用史实进一步说明西藏是中国领土不可分割的一部分。

文本与历史：藏传佛教历史叙事的形成和汉藏佛学研究的建构
沈卫荣 侯浩然著
中国藏学出版社 北京大学出版社 2016年7月 320千字 470页

藏学研究的基础是对藏文文本的研究。本书以对藏文文献的介绍和研究入手，通过对各种类型的藏传佛教文献分别在不同时期的出现、形成和发展的描述，深入讨论了藏传佛教之各种历史叙事的内容及其建构和变化的过程，藉此说明藏传佛教文本的形成与藏传佛教历史的建构之间的紧密关系。全书共5章。第1章通过对一世达赖喇嘛根敦珠的几种藏文传记的介绍，来举例说明我们应当如何有效利用藏传佛教文献，并把它们转化为研究西藏历史的第一手资料。第2章对近年来国际藏学界就敦煌古藏文佛教文献的研究成果作了介绍和评述，展示了国内外学者如何通过对敦煌古藏文文本所作的精细研究来逐一解构那些在西藏和藏传佛教历史上早已被人们长期接受了的历史叙事和历史传统。第3章对以敦煌古藏文文献为主的早期藏文文献和藏文大藏经以外的佛教类文本及其对它们的研究作了比较全面的介绍。第4-5章运用以多语种佛教文本的对勘和分析来构建历史的学术方法，对藏传佛教在西域和中原的传播历史，以及源自西夏、元、明时代的汉译藏传密教文本展开研究，成功地构建了藏传密教于西夏、元、明三代传播的历史。本书对国际藏学界于近二三十年来对藏文文献和藏传佛教历史的研究及其成果所作的全面梳理和介绍，可以为藏学研究者开辟新的领域提供一个详实的参考和明确的起点。

（5）中外关系史

中朝佛教文化交流史（中央民族学院韩国文化研究所研究丛书）
黄有福 陈景富著
中国社会科学出版社 1993年12月 396千字 544页

中朝两国的佛教文化交流，始自公元4世纪后半期，截止于14世纪末15世纪初，历时达10个世纪之久。交流的内容几乎关涉到中国佛教的全部学派和宗派，这在世界文化交流史上都是罕见的。本书为"中央民族学院韩国文化研究所研究丛书"之一，作者侧重于从"历史"的维度阐述中朝佛教文化交流的具体内容、形态和过程，高度概括了中国佛教东渐朝鲜半岛及其发展的历史，详细论述了天台教、律学、华严学说、密教、唯识学说、禅法在朝鲜的传播，特别介绍了入华求法或弘法的朝鲜僧在中国佛教发展史上的贡献，以及两国佛教文化艺术的交流，总结了中朝佛教文化交流的主要特点。全书共13章。书中依托于大量文献史料，把中朝佛教文化交流放置在两国政治、经济、文化交流这一大背景、大形势下加以考察，同时又将这种交流作为相对独立的部分来探究其自身存在和发展的规律，从而使中朝佛教文化交流的内涵变得更加充实和丰富。

中韩佛教关系一千年
陈景富著
宗教文化出版社　1999年3月　650千字　649页

中韩两国在佛教领域里展开的全方位交流活动，包括两国僧人的往来传法、求法活动，经籍的流通、学说的研传，建寺、立塔、绘画、造像、梵呗以及铸钟、书法与雕版印刷技术的传播交流等。本书结合作者多年来的研究成果，全面叙述了上起公元4世纪前半叶、下迄14世纪中后期这1000年间中韩两国佛教界交往的历史，对历史事件或人物，以及中韩佛教的"源流"问题作出客观分析与评价，指出中韩佛教交流的"双向性"和"互补性"特征。全书分佛法求法篇、佛法流通篇、宗派研传篇、弥陀与菩萨信仰篇、佛舍利崇奉篇、名僧专题篇、僧俗杂论篇、佛教艺术篇和求法遗迹篇9篇，共17章。第1-4章介绍中韩佛教的渊源，公元4-14世纪韩僧的入华求法请益活动，中国佛典的翻译、入藏与东传等。第5-11章论述韩国入学僧对中国佛教三论学、天台教观、律学、华严学、密教、唯识学和禅学的研传。第12-15章讲解中韩两国的弥陀净土与诸菩萨信仰、佛舍利崇奉及其对海东佛教的影响、义天入宋求法活动及其弘法业绩、韩国其他僧俗在中韩佛教关系史上的作用与地位。第16-17章介绍中韩佛教艺术的交流和韩僧在华求法之遗迹。

中华佛教史·中韩佛教交流史卷（季羡林　汤一介总主编）
魏常海著
山西教育出版社　2014年5月　297千字　276页

中韩两国的文化交流自古以来就十分频繁和深入。自前秦佛教东传高句丽后，中韩佛教文化交流日益成为两国文化交流史上最重要、最核心的内容，对两国政治经济、社会文化等都产生了深远的影响。本书为《中华佛教史》丛书之第九卷，作者从中韩两国文化交流的大背景说起，详尽论述了中韩佛教交流史，考证了中韩佛教源流的同异，并对唐五代至宋元中韩两国佛教界的密切交往，以及高丽求法僧的事迹作了介绍。全书共12章。内容包括：中韩文化交流概说；东晋时期中国佛教初传海东；南北朝、隋时期海东三国僧人入华请益；唐朝与新罗的佛教交流；新罗在唐名僧圆测的唯识学；新罗名僧元晓与中国佛教；新罗名僧义湘入唐学华严；唐五代禅宗与新罗禅门；等等。本书论述翔实、脉络清晰，史料性较强。

日中佛教友好二千年史
［日］道端良秀著　徐明　何燕生译　王一凡校
商务印书馆　1992年6月　274千字　222页

中日两国是一衣带水的近邻，自古以来就有长期友好交往的历史。佛教传入中国后，融合了中国的本土文化，形成独特的"中国佛教"。中国佛教东渡日本的同时，也将中国文化、艺术及工农业生产技术、天文、地理、医药等一并传入了日本，使佛教成为两国友好交往的核心。本书是日本学者道端良秀撰写的一部全面介绍日中佛教交往史的知识性读物（据日本东京大东出版社1987年版译出）。作者以前人研究成果为基础，着力突出"日中友好两千年历史的核心，不折不扣地是佛教"这一主题，系统讲述了上自佛教传入日本之前，下至中日邦交正常化以后两国佛教界的交往情况，重点论述了从近代到现代日中佛教交流的坎坷经历。全书共12章。内容包括：佛教传入日本以前的日中交流；佛教传入日本；圣德太子的兴隆三宝和组派遣隋使；奈良、平安时期的日中交流；宋代文化和入宋僧；镰仓时期的渡日僧侣；等等。

佛教东渐
刘建著
社会科学文献出版社　1997年8月　190千字　240页

在中日两国长达2000余年的文化交流史上，步儒教后尘而来的佛教的东渐和引进，对于推动日本文明化进程曾发挥过举足轻重的作用。学界通常认为日本是一个深受中国儒学影响的儒教社会，或根据日本宗教信仰的重叠、复合性而显示的"神道系"宗教统计人口的相对优势，延称日本为神道国家。但是，如果体察日本文化的深层内核，明晰佛教在历史上和今日日本社会中的作用及地位，则可以确切地说：从古至今，佛教对于日本民族的影响，远远超出了外来的儒教和土生的神道教。本书基于佛教史学的框架，通过考察中日佛教的关联与异同，追寻曾经活跃于中日佛教文化交流历史舞台上的中日僧侣的往来足迹，运用比较研究的方法，阐述了东亚汉译佛教文化圈的形成轨迹和发展规律，论证了佛教日本化的历史过程及其民族、时代特色，以及佛教东渐的各个历史阶段的发展特征，揭示了佛教东渐对日本民族的精神、思想、文学、艺术、社会习俗的形成、发展的影响和作用。全书共8章。内容包括：佛教东渐的轨迹，古代佛教的奠基，奈良佛教的发展，平安佛教的兴隆，镰仓佛教的创新，近世佛教的成立等。

中日佛教交流史：战后五十年
[日]额贺章友著　刘建译
宗教文化出版社　2007年5月　280千字　394页

战后的中日佛教交流始于1952年，即中日两国实现邦交正常化的20年前。这一年，在北京召开了亚洲暨太平洋地区和平大会。借此机缘，中国佛教协会向日本佛教界赠送了一尊象征和平友好的佛像。日本佛教界为此举行了隆重的奉迎仪式，同时致函中国佛教协会表示谢意。中日两国佛教界自此恢复了友好往来，开启了相互交流的大门。本书是日本学者额贺章友全面回顾战后50余年来（1952-2002）中日佛教交流之曲折历程的专著，体现了作者本人对"如何继承、发扬和实践鉴真精神"的深沉思索，以及日本佛教界友人对中日两国实现永久和平的美好期盼。全书按时间顺序编排，分为"寻求和平友好"、"经历严峻考验"、"发展交流往来"、"巩固黄金纽带"4章。内容包括：满载和平友好心愿的佛像东渡扶桑，中国佛教协会宣告成立，日中佛教界恢复往来与交流，新兴宗教团代表初次访华，中国佛教协会代表团访问日本，赵会长获日本佛教传道功劳奖，日中佛教友好交流纪念大会，一诚法师就任中国佛协会会长等。

中华佛教史：中国佛教东传日本史卷（季羡林　汤一介总主编）
杨曾文著

山西教育出版社　2013年7月　393千字　362页

　　日本佛教是中国佛教的移植和发展。6世纪中期日本从朝鲜半岛的百济传入佛教，此后大量日本僧人到中国学习佛法，回国后将汉译佛经和富有中国民族特色的佛教宗派介绍到日本，同时有越来越多的中国僧人到日本传法。日本奈良时代（710-794）六个佛教宗派，平安时代（794-1192）天台、真言二宗，皆是从中国直接传入的。日本佛教进入镰仓时代（1192-1333）以后，在吸收和继承中国佛教的基础上，形成带有日本民族特色的宗派：净土宗、真宗、时宗、日莲宗。这些佛教宗派的创始人是参照并发挥汉译经典和中国佛教著述建立教义理论和宗派的，是中日佛教文化交流的特殊形态。此一时期也从宋元传入禅宗临济宗、曹洞宗。本书为《中华佛教史》丛书之第十卷，作者以时间为序，从史的角度系统而完整地介绍了佛教东传日本的历程，论述了中国佛教在传入并经历日本民族化的具体过程中，对中国文化在日本的传播和日本社会的发展所起到的巨大推动作用和重要影响。全书共6章。内容包括：日本古代的社会和佛教传入日本，隋代中日佛教文化交流和日本圣德太子"兴隆三宝"，唐代中日佛教交流及中国佛教在日本的传播，宋元时期中日佛教文化交流和中国净土宗禅宗传入日本等。本书资料丰富详实，论证清晰，是研究中日佛史的重要参考材料。

印藏佛教史（刘立千藏学著译文集／戴贤主编）
刘立千著

民族出版社　2000年2月　100千字　184页

　　印度佛法，灭亡已久，然其教理实践，迄今尚住世间，即今西藏之佛教是也。故欲明印度佛法之真相，可从西藏佛教中推之。然研究西藏佛教之渊源，法脉之系统，又非先考印度往期之佛史不可。本书为"刘立千藏学著译文集"之一，是刘立千先生藏学研究成果的结晶。书中分别介绍了印度佛教、西藏佛教的历史、学说和教派等，体现了我国老一辈藏学家对藏学事业所作出的重要贡献。全书分前后二编，共12章。前编（第1-6章）专述印度佛教史，介绍了佛寂后的三次结集和部派佛教出现的经过，以及小乘、大乘佛教的建立与发展，论述了大乘学说至法称而造其极后的密法之宏扬，概述了大小乘显教诸学说。后编（第7-12章）专述西藏佛教中，介绍了佛教传入西藏的过程、译师及论师、西藏佛教之分派、显密教法之宏布，论述了显密教法之理趣，阐明其学说及实践。

2. 亚洲
（1）总论

南传佛教史
净海著

宗教文化出版社　2002年2月　296千字　365页

　　南传佛教因其三藏及注释使用巴利语，故又称巴利佛教，也有人称南方佛教。主要是指以早期斯里兰卡大寺派为传承的上座部佛教。传播范围包括斯里兰卡、缅甸、泰国、柬埔寨、老挝五国及我国云南傣族地区。本书是一部以"斯里兰卡之上座部佛教"为中心视角，在广泛搜集南传佛教各种文献的基础上，考察佛教在东南亚五国流传情况的南传佛教史专著，写作于1965-1974年间。全书共5篇。第1篇"斯里兰卡佛教史"（8章），讲述佛教传入前斯里兰卡的社会与宗教情形、佛教初传时的状况、佛教被立为国教后的发展、公元10-15世纪和外部势力入侵斯里兰卡时期的佛教等。第2篇"缅甸佛教史"（7章），讲述老挝古代、蒲甘王朝、缅甸掸族统治时期的佛教，东固王朝、贡榜王朝等历史时期的佛教，以及英国殖民时期和缅甸独立后的佛教。第3篇"泰国佛教史"（5章），讲述泰族立国前的佛教，素可泰王朝、大城王朝、吞武里王朝和曼谷王朝的佛教。第4篇"柬埔寨佛教史"（5章），讲述扶南时期、真腊时期、安哥时期及柬埔寨近代的佛教。第5篇"老挝佛教史"（3章），讲老挝早期、中期和近代的佛教。

（2）东亚

韩国佛教史（韩国研究文库）
何劲松著
社会科学文献出版社　2008年2月　603千字　542页

韩国佛教源自中国佛教。中韩佛教交流是整个中韩文化交流史长河中的一朵浪花。本书为"韩国研究文库"丛书之一，作者尝试从中国人的视角来探索韩国佛教史，详细记述了韩国自4世纪三国时期直至近代以来佛教的传入、传播、演变和发展的历史过程，论述了佛教在韩国不同历史时期的消长变化、教派的兴衰及其与政治、社会和文化的关系，着重说明了韩国历史上的佛教事件与重要人物，对作出贡献的韩国僧人的生平、经历、佛学思想和理论特色进行了梳理、辨正和分析，特别介绍了入华求法的代表人物。全书共15章。内容包括：佛教的初传；三国佛教势力的消长；佛教的新罗化过程；统一新罗佛教概况；元晓、义湘与华严宗教学；密教与法相宗；统一新罗中期以后的禅宗；高丽前期活跃的佛教各宗派；等等。本书广引典籍史料，脉络清晰，阐释深入，有助于读者加深对韩国佛教起始与兴盛及韩国佛教思想特征的认识。

日本佛教史纲（日本文化名著选）
［日］村上专精著　杨曾文译　汪向荣校
商务印书馆　1981年11月　247千字　330页

日本佛教史的变迁可以说是相伴于日本政治的变迁而发展到现代的，大体分为五个时期：第一期是三论宗和法相宗时代（552-784）；第二期是天台宗和真言宗时代（784-1192）；第三期是净土宗、禅宗、日莲宗时代（1192-1603）；第四期是诸宗持续时代（1603-1867）；第五期是明治维新以后的佛教（1868-1898）。本书为"日本文化名著选"丛书之一，是日本明治时期著名佛教学者村上专精（1851-1929）撰写的日本佛教史著作（本书据日本创元社1939年列为"日本文化名著选"之版本译出。原著日文版分上下两卷，上卷出版于1898年，下卷出版于1899年，此后几经再版）。书中对日本佛教史实、时代、教理、制度、变迁等作了周密安排，梳理了日本佛教史的纲要和主要内容，注重考察日本各个佛教宗派产生和发展的源流，对所依据的佛教理论在印度、中国和日本的差别进行对比说明，论述了佛教在日本社会和文化发展史上的贡献，对日本历代佛教制度，如僧官、僧律、度牒等也作了比较概括的介绍。全书按日本佛教史的变迁时期分为五个部分，每部分下设若干章节。因原书下限到"明治维新"，为展现日本佛教史全貌，译者在书末附有战后日本佛教史年表。

日本佛教史（新版）

杨曾文著

人民出版社　2008年6月　550千字　649页

　　本书密切结合日本社会历史的背景来考察佛教在日本的传播、发展和演变，着重论述了镰仓时代（1192—1333）日本民族佛教的形成与发展，认为镰仓时代的武士阶层在社会经济、政治等领域占据支配地位，新成立的佛教宗派与旧有的主要宗派构成日本民族佛教的基本格局，强调指出禅宗和以禅僧为媒介的宋学（理学）的传入，为确立朝廷（"公家"）、幕府（"武家"）和佛教（"寺家"）的伦理观念，发展日本民族文化，发挥了无可替代的重要作用。此外，作者对日本明治维新（1868）以后扶持神道教为实际上的国教，在压抑佛教的同时又支持和利用佛教的宗教政策作了分析介绍；对日本佛教适应资本主义制度而进行的一系列改革作了概述，对日本佛教后来在日本帝国主义向外侵略扩张过程中为日本侵略政策服务等行为进行了揭露与批判；同时对明治维新以后佛教界的思想动向、日本佛教在战后重新组合与新兴宗教的迅速兴起，也有概要介绍。全书共6章。作者的研究方向主要突出以下几方面：一、佛教在传入日本早期所发挥的重要历史作用；二、对佛教传入日本后的民族化过程作了全面考察与论述，重视对在中日文化交流史上作出重大贡献的人物的介绍，注意介绍日本历代有重大影响的佛教制度，考察日本原有的神道教与佛教的互相影响、吸收的关系；三、归纳日本古代佛教的五大民族特色。

日本近现代佛教史

杨曾文主编　杨曾文　张大柘　高洪编著

浙江人民出版社　1996年3月　360千字　481页

　　佛教在源远流长的中日文化交流史上占有重要地位，至今仍是连接中日两国人民友谊和沟通两国文化的纽带之一。本书主要论述了从明治维新到二战以后的日本佛教历史，对日本近现代佛教的重要人物与事件，佛教在日本对外侵略战争中的表现，战后日本佛教的重新组合和适应时代的改革，当代日本佛教的宗派和组织（包括创价学会、灵友会、佛所护念会、立正佼成会等在内的日本新兴佛教团体），佛教与日本的政治文化的关系，中日佛教文化交流，日本百年来佛教研究所取得的成绩，日本佛教在国外的传教情况等，都作了比较深入系统的介绍。全书共8章。第1章为绪论，概述了古代日本佛教及其民族特色；此后各章分别探讨了明治维新与佛教、大正昭和前期的佛教、战后佛教的重建和发展、新兴佛教宗派的兴起、当代佛教与政治文化、日本佛教研究、日本佛教在国外等方面问题。

（3）南亚

印度佛学源流略讲

吕澂著

上海人民出版社　1979年10月　253千字　346页

　　1961年，吕澂先生受原中国科学院哲学社会科学部的委托，举办了一次为期5年的佛学研讨班。本书即该班讲稿之一，分为6讲，后附8篇作者自撰的研究印度佛学的论文。吕澂先生在讲稿中将印度佛学分为"原始佛学"、"部派佛学"、"初期大乘佛学"、"小乘佛学"、"中期大乘佛学"、"晚期大乘佛学"六个阶段，依据汉、藏文文献，对勘巴利文三藏以及现存的有关梵文原典，按照各阶段出现的典籍先后顺序，说明其各自的学说特点和变化，从历史和社会根源来分析大乘学说的起因，对印度佛学1500年的历史嬗变勾勒出一个清晰的轮廓。作者指出，印度佛学总的发展，应从哲学史角度窥探：佛学的实践部分，宗教意味很浓。这就规定了佛学的唯心主义的本质。

印度佛教史概说
[日]佐佐木教悟　高崎直道　井野口泰淳　塚本启祥著　杨曾文　姚长寿译
复旦大学出版社　1989年10月　114千字　150页

　　日本明治维新以后，积极引进西方文化，佛教研究方面也发生了新的变化。主要体现为佛教基础性研究和开创性工作的同步推进。本书是日本学者佐佐木教悟概述印度佛教史的著作（根据日本平乐寺书店1966年版译出）。书中依据日本百年来研究印度佛教的成果，从整体上介绍了印度佛教的起源、发展和衰落的历史过程，重点考察了不同历史时期的佛教与印度社会的关系。全书共15章。内容包括：古代印度的社会和宗教，乔达摩·佛陀，初期的佛教教团，孔雀王朝时代佛教的发展，塞种·帕赫拉瓦时代佛教诸部派的动向，印度教的形成和大乘佛教等。书末所附《印度佛教美术的发展》和《印度佛教向周围地区的传播》两篇文章实为本书的补充，最后列出各章参考的文献目录，具有重要的参考价值。

净法与佛塔：印度早期佛教史研究
湛如著
中华书局　2006年12月　250千字　377页

　　净法与佛塔问题与印度早期佛教史密切相关。本书依据翔实的文献资料和碑铭材料，对印度早期佛教僧团的净法与佛塔信仰作了梳理与研究，指出所谓净法是佛教僧侣的行为准则，主要涉及衣食两方面，印度佛教的部派分裂导源于对净法理解掌握上的诸多歧异。书中还通过对有关佛塔信仰问题的深入探讨，言明在传统习俗影响下，佛塔信仰演化为佛教的信仰形态，日渐成为理解部派佛教的途径之一，它对大乘佛教的产生有一定的影响。全书分为"早期佛教净法研究"和"印度早期佛塔信仰研究"上、下二篇。上篇（7章）集中讨论了四大广说、五净法、七净法、十事非法及衣食等净法问题，认为净法信仰的出现缓解了戒条的僵持与尴尬，使条文得以不断地丰富与完善，也使僧伽制度的原则得到体现。下篇（11章）以律藏、碑铭及初期大乘经典中的资料为中心，对佛塔信仰与支提的关联、过去佛塔信仰、辟支佛塔信仰、佛塔的供具、佛塔的图像学及佛塔的信仰功德等展开全面研究。

3. 欧美洲

欧美佛教学术史：西方的佛教形象与学术源流（北京大学宗教学文库/张志刚主编）
李四龙著
北京大学出版社　2009年11月　616千字　582页

　　佛教在欧美地区的传播方式很特别，因为它既有东方移民将原住国的宗教带进去的事实，也与西方学者研究东方宗教之后，其学术成果影响了世人的思想有关，这在佛教传入欧美的历史过程中表现得尤其明显。本书为"北京大学宗教学文库"丛书之一，作者从梳理西方的佛教形象与学术源流的关系入手，归纳总结了欧美佛教研究的五个学术传统，即印度学、巴利语、汉学与藏学传统，以及头绪繁多的中亚西域研究传统。这种归纳几乎涵盖佛教研究的所有领域，既扼要介绍世界佛教的分布及学术研究的梗概，又给国内的研究者提供了资讯，使大家能在有限的时间内大致了解西方已有的学术成果。全书共8章。书中通过对欧美佛教学术史的细致考察，及对西方佛教学术的方法论的反思，清晰展现了佛教在西方学界的形象演变：19世纪末，西方人眼里的佛教是异教，学术研究上附庸于印度学。但是到了20世纪60年代，佛教研究在欧美各国都有了独立的学术地位，成为克服西方现代性危机的思想资源；而且，欧美佛教团体积极入世，出现了"参与佛教"的新形态。

七、传记（人名传记按笔画排序）
（一）佛传、菩萨传

人间佛陀：历史佛陀观（觉群丛书·第4辑/觉醒主编）
广兴著
宗教文化出版社　2005年12月　120千字　231页

释迦牟尼既不是神话中的人物，也不是传说中的神，而是实实在在的历史人物。本书为"觉群丛书"之一，作者根据《阿含经》等佛教主要经典的记载，对佛陀的事迹和弘法生涯，以及佛陀基于"智信"的闪光的思想，作了全面的描述和解答，力图还原佛教历史中"人间佛陀"的真实形象与传奇经历。全书共6章。第1章讲述佛陀人格，认为佛陀仅是人们的"导师"，从不搞个人崇拜，最终由人而成佛。第2章讲述佛陀思想，指出佛陀强调"智信"而非"迷信"；主张中道，没有教条；重视实践，反对无用的闲谈与诤论；提倡思想自由，注重现世等思想特质。第3章讲述佛陀"认识如来"的弘法生涯。第4章讲述佛陀说法所用的语言与他的语言政策，讨论巴利语与摩揭陀语的关系、原始佛典与原始佛典所使用的语言等。第5章介绍佛陀出世的社会历史背景，概述佛陀从诞生到建立比丘尼僧团的曲折经历。第6章介绍佛陀的晚年生活。

释迦牟尼佛传
星云大师著
海南出版社　2007年10月　220千字　294页

佛陀是三界导师，四生慈父，从佛陀的言行中，可以知道佛教的道范。在中国，能够代表佛陀的圣格、深邃的思想智慧，和救人救世热心悲愿的白话文佛陀传记不多，《释迦牟尼佛传》乃为其一。本书是星云大师于1955年撰写完成的白话文佛陀传记。作者以虔敬、庄严的心，循着佛陀住世时出家修行、开显佛教、度化众生的足迹，描绘了佛陀一生历劫成道的过程，讲述了佛陀深厚的同情心、慈悲心、智慧心，彰显了佛陀应化在世间的觉人救世的精神，以引导读者深入思考佛陀的言教，迈向光明解脱的大道。内容包括：佛陀住世时的印度社会、佛陀住世时的印度思想界、佛陀的家谱、净饭大王与摩耶夫人、蓝毗尼园中太子降诞、相者的预言、太子少年时的教育、美丽的耶输陀罗妃、太子出城去郊游、最大的诱惑、太子立志去出家、车匿和犍陟、苦行林中劝谏仙人、都城中的悲哀、王师追至苦行林、频婆娑罗王俗利劝诱、访问阿罗逻迦蓝仙人、伽耶山太子修行、降伏魔军与魔女、成就无上正觉的佛陀、初转法轮教团成立等。

四大菩萨与民间信仰（民间信仰与中国社会研究系列 / 路遥主编）

李利安　张子开　张总　李海波著

上海人民出版社　2011年12月　538千字　516页

佛教东传的过程，也是佛教中国化的过程，在漫长的历史文化交融过程中，佛教与中国民间信仰之间如何相互吸纳、互为影响，值得学界关注。本书为"民间信仰与中国社会研究系列"丛书之一，作者择取最为人们所熟知的观音、地藏、文殊、普贤四大菩萨，从最初佛典的传译开始考察，对四大菩萨的有关典籍和版本作了耙梳，对佛典和教义的衍变、菩萨形象的变异、菩萨信仰的流行和推广及其与民间信仰的关系进行了深入探讨。全书由四篇文章组成。第一篇《文殊菩萨与民间信仰》由西北大学副教授李海波撰写。第二篇《普贤菩萨与民间信仰》由四川大学教授张子开撰写。第三篇《观音菩萨与民间信仰》由西北大学教授李利安撰写。第四篇《地藏菩萨与民间信仰》由中国社会科学院世界宗教研究所研究员张总撰写。本书认为，四大菩萨信在民间发展出一种不同于正统佛教的新的信仰形态。由于民间没有经典的束缚，缺乏职业佛教人员的指导和限制，加之民间有不同于正统文化圈的特殊文化传统和思维习惯，以及民间文化的随意性、松散性、通俗性、功利性、实用性等特点，逐渐塑造出一种既不同于印度佛教信仰，也不同于汉传佛教信仰的民间佛教信仰。这种产生于民间土壤的信仰形态，包含佛教文化的因素，同时受到中国传统儒道文化的影响，因而形成多种文化因素相互影响、彼此综合的民俗文化。

观音信仰的渊源与传播

李利安著

宗教文化出版社　2008年6月　400千字　460页

菩萨信仰是中印大乘佛教的核心，观音信仰是菩萨信仰中最流行的一种信仰形态。本书将观音信仰纳入到整个佛教信仰体系之中加以考察，通过对经典和史料的分析发掘，论述了观音信仰在印度的产生、发展、演变及其向中国传播的历史进程，探讨了观音信仰这种极其普遍的宗教文化现象的源流与特性，总结了中国观音信仰基本特征，即普及性、渗透性、融摄性、简易性、调和性、适应性、世俗性、亲和性，揭示了观音信仰中国化所包含的人类文明交往的各种信息，以期"从理论上为中国宗教学、历史学、哲学、民俗学、社会学、心理学等学科的不断丰富与进步提供具体的素材和理论的滋养；从实践上为中国佛教的现代化、生活化等正在发生的变革提供历史的借鉴和把握未来走向的参考，为所有外来文化入华及其中国化问题研究提供具体可靠的范例"。全书共10章。内容包括：古代印度观音信仰的起源、发展与变革，古代印度观音灵验信仰及其基本特征，观音名称在中国的历史演变与争论，古代印度观音信仰向中国的最初输入及其在中国引起的共鸣，古代印度观音信仰向中国的全面输入及中国人的选择接受等。

观音：菩萨中国化的演变

于君方著　陈怀宇　姚崇新　林佩莹译

商务印书馆　2012年8月　574页

观音菩萨是佛教中慈悲的化身、普门示现的救度者，在印度、东南亚等地，是象征神圣王权的男性神祇。在中国，观音的形象却由"他"变成了"她"，成为循声救苦的"慈悲女神"，拥有截然不同的历史与身世，深刻地影响了国人的生活与信仰。本书是一部深入研究印度观音信仰如何在中国文化土壤中发生"戏剧性演变"的专著,作者结合文化、艺术、社会、历史等跨学科研究办法,集中探讨了观音信仰"本土化"之过程和"转变"之结果,系统论述了观音信仰的佛典出处、中国本土经典与观音信仰、感应故事与观音的本土化、神异僧与观音的本土化、本土图像与观音的本土化、大悲忏仪与千手千眼观音在宋代的本土化、妙善公主与观音的女性化等。全书共12章。书中除了参引佛经之外,还将感应录、朝圣故事、寺志与山志、田野调查,以及反映观音形象变化的艺术造型等纳入讨论范围,力图准确把握、清晰透视"中国观音信仰"这一具有典型意义的佛教中国化个案。

文殊智慧哲学精义(忻州师范学院五台山文化丛书)
肖黎民　秦亚红著
宗教文化出版社　2005年8月　160千字　200页

文殊智慧是佛教文化中的奇葩和精华。其"般若空慧"和"不二中道"思想中融涵着深刻的有机整体观、辩证思维及超越精神和圆融精神,对疗治如主客、人我"二元对立"所引发的各种"现代病",不啻是一剂良药。本书为"忻州师范学院五台山文化丛书"之一,主要从"内外"两个方面对文殊智慧本身所包孕的底蕴和内涵及其对中国传统文化的影响,以及文殊智慧对于化解现代性危机所独具的启发意义,作了比较全面的分析阐释,以求为现代文明的修葺与重构提供一个价值参照。全书分为"内篇·绝学无忧"和"外篇·圣怀游意"两个部分。内篇部分(10章)立足于哲学视角,对文殊智慧的内蕴及其现代转型进行了深入发掘和整理,内容包括:妙达"第一义谛":在否定中显示肯定;　妙圆"不二法门":在语言中超越语言;妙入"自在三味":在自在中实现自由;等等。外篇部分由25篇文章组成,从不同角度论述了文殊智慧的外延显现,内容包括:游意释名;表征观;表述观;义理基础;智慧精神;圆融;中道;等等。

普贤与中国文化
魏道儒主编
中华书局　2006年11月　350千字　450页

普贤、观音、文殊、地藏这四大菩萨信仰在我国佛教史上影响广泛、深入民心,构成中国佛教文化景观中的一道亮丽风景。本书是中国社会科学院佛教研究中心组织国内知名学者撰写的探讨普贤信仰与中国文化的专著,收录"普贤与中国文化学术研讨会"(此次会议由中国社会科学院佛教研究中心与云南省保山市人民政府联合主办、保山市民宗局与腾冲县人民政府承办,于2006年3月20日-24日在云南腾冲召开)提交的25篇专题论文。这些论文紧扣会议主题,集中探讨了《华严经》与普贤信仰,中印普贤信仰的起源、发展及特点,对普贤信仰的历史演变、经论典籍、理论体系、实践落实以及现代价值等方面进行了比较深入的整理与检讨,澄清了一些历史疑案,解决了许多学术难题。内容包括:《简说〈华严经〉中的卢舍那佛》(杜继文);《普贤的实践品格及其现代价值》(方立天);《普贤行愿与大乘佛教的修证》(楼宇烈);《普贤菩萨行愿智慧之我见》(尹誉霖);《华严系统中的普贤》(魏道儒);《印度佛教的普贤菩萨信仰初探:兼谈普贤菩萨与如来藏的关系》(黄夏年);《试析普贤十大行愿的结构、特征与现代意义》(李利安);《宁玛派与普贤法身之说》(尕藏加);等等。

地藏信仰研究
张总著
宗教文化出版社　2003 年 3 月　370 千字　462 页

地藏法门以地藏王菩萨的愿力为基础，普度一切有情众生。《地藏菩萨本愿经》乃佛教基本经典，阐明孝亲尊师、集福修善的重要性，其"因果报应"说深刻影响着东方文化，渗入日常的民风民俗，凝结成中华民族心理文化的特有组成部分。地藏菩萨信仰在中国及至于多半个亚洲久有深远的传统。有关地藏菩萨的经典，在浩如烟海的佛教典籍中所占数量比例虽不算很大，但影响甚为炽盛。地藏菩萨的造形、立像等遗存亦以其精美绝伦著称于世。本书是国内首部系统研究地藏菩萨信仰的专著。作者将佛典文献与艺术考古联结起来，细致梳理了石窟造像、绘卷画轴等种种雕塑与绘画等图像，借助于经典文字与造型视像二者的有机契合，以更为直观的方式表达和解析了地藏信仰及其民俗传统，拟构出形蕴兼备的地藏信仰模态。全书共 6 章。作者强调，要想深入掌握地藏菩萨的种种情况，了解地藏菩萨的悲行壮举，就必须钩稽沉史，寻迹展图，甚至要膜拜顶礼，将目光漂洋过海去索求、披阅域外所藏的地藏经典与图像；唯此才能对地藏菩萨的博大深伟以及数千年来广大民众对地藏的悠深信重，通过民风民俗映射出民族心理中内蕴的地藏形象，有所知晓和感悟。

（二）中国古代僧传、人物传

十大名僧（"十大"系列丛刊）
洪修平　孙亦平著
上海古籍出版社　1990 年 8 月　113 千字　216 页

中国佛教的发展离不开一个个具体人物的弘法活动和思想创造活动，在一定意义上说，正是这些佛教徒和佛教学者的活动与思想构成了一部中国佛教史。因此，通过对中国佛教史上一些重要人物的生平事迹和思想学说的了解，就能概要地把握佛教中国化的过程与阶段，勾画出中国化佛教发展的基本轨迹。本书为"'十大'系列丛刊"之一，作者选取在中国佛教史上具有典型意义和代表性的十大高僧：道安、支遁、慧远、僧肇、道生、僧祐、智𫖮、玄奘、法藏、惠能，分别对他们的生平事迹、著述和主要思想进行了介绍和分析，展示了中国佛教及其思想理论的曲折发展。书中所列举的佛教人物，或为某一佛教学派的开创者、或为佛学造诣精深的大师、或为对佛教的本土化传播及中印文化的交融作出巨大贡献者。

中国历代名僧
何兹全主编
河南人民出版社　1995 年 1 月　529 千字　718 页

佛教在中国传播与发展的主要成果，均为历代僧侣所创造。本书采用传记体形式，选取自佛教传入中国 2000 年来活跃在中国佛教各个领域，对于中国社会和文化的发展作出了重要贡献的 142 位著名僧人，为之立传。他们中有的是译经大师、有的是学派和教派的创始人，也有名垂青史的佛教思想家、科学家和不辞辛苦前往他乡取经或传经的僧人等，时间跨度从东汉"佛经汉译的创始人安世高"，直到现代的"藏传佛教杰出领袖班禅·确吉坚赞"。作者通过对这些名僧的浓墨重彩的描述，为读者提供了一部由人物形象说话，简明生动的佛教史著作。

中国古代僧尼名籍制度
白文固　赵春娥著
青海人民出版社　2002年12月　190千字　262页

　　自南北朝以来，历朝都设有一整套社会僧团的管理制度。其中僧尼名籍制度，是中国古代政府对入寺人口的口籍管理制度。本书依据第一手史料，运用计量比较的方法，主要围绕"僧尼公贯问题"、"僧尼公度问题"、"卖度问题"、"僧尼身份证件管理问题"、"寺院管理制度"、"寺院僧尼的赋役问题"这六个重点问题展开对中国古代僧尼名籍制度的探讨，真实反映了历代社会僧团势力的消长及与之对应的管理制度的变迁。全书由12个部分组成。内容包括：魏晋南北朝传戒制度的完善、僧团仪轨的建立、公度制度确立时间的考察、公贯僧尼的冲突；对历代僧尼统计数字的考订意见，从僧、道人数对比看僧强道弱的格局，从"僧众尼亦众"到"僧众尼寡"的变化看妇女地位的下降；唐代僧尼管理机构的因革、僧尼籍簿的管理、僧尼剃度制度；唐宋时期度牒、戒牒、六念文书的管理制度；宋代的僧籍管理制度；宋元明时期僧道免丁钱问题；金代官卖寺观名额和僧道官政策；元代寺院僧尼的赋役问题；明清两代的僧籍管理制度；等等。

中国僧官制度史
谢重光　白文固著
青海人民出版社　1990年8月　233千字　318页

　　中国佛教僧官制度是宗教与政治错综运动的产物，初创于两晋十六国时期。其后历代王朝均设有中央僧署及地方、基层的僧官管理机构，形成各自的"诠选、任免、俸秩和政绩考核"等制度细则，如隋唐的学官、监寺和十大德、宋代的僧录司等。明清之际，从中央到地方，建立了与行政体制相对应的四级僧官体系，按等级规定品阶俸禄，表现出专制主义中央集权制的强化和对僧官制度的渗透。在西藏地区，明朝沿袭元代帝师制度，依次封授了三大法王和教区五王；清乾隆年间，确立"金瓶掣签"制度，标志着活佛转世政策已被列入国家法典。本书是国内第一部系统论述僧官制度产生、发展和演变的专题通史，作者充分吸收古今中外的有关研究成果，在详尽占有第一手资料的基础上，从佛教中国化和中国社会内部政治、经济与制度变迁的角度，叙述了各个历史时期僧官制度的具体内容，探析了僧官制度演变的社会根源、内在规律及其动因。全书共10章。内容包括：僧官制度的产生，南朝的僧官制度，北朝的僧官制度，隋唐的僧官制度，吐蕃占领期与归义军时期的敦煌僧官制度，宋代的僧官制度等。

中古佛教僧官制度和社会生活（中国中古社会和政治研究丛书／何兹全主编）
谢重光著
商务印书馆　2009年6月　526页

　　源于古代印度的佛教，传入中国不久后便适应中国社会的特点，发生了性质变化，从纯粹的宗教组织逐步演变为既有宗教性质，又有政治和经济性质的社会组织。为了统制和管理好这个社会组织、恰当地处理世俗政权与这个带有特殊性的社会组织的关系，必须建立一套有效的统制和管理机构。支撑这套机构的便是佛教僧官制度，它是宗教与政治错综运动的产物，也可以说是佛教中国化的产物。本书为"中国中古社会和政治研究丛书"之一，系统研究了魏晋南北朝至唐代的佛教僧官制度和社会生活，探讨了这种具有特殊性的宗教管理制度在特定历史时期的主要表现形式及其广泛的社会影响。全书分上、中、下三篇。上篇"僧官制度"，主要论述僧官制度的酝酿与产生、南北朝和隋唐时期的僧官制度，以及吐蕃占领期与归义军时期的敦煌僧官制度。中篇"寺院经济"，主要论述晋—唐时期的寺院庄园经济，寺院的园辅种植业、商业和借贷业，吐蕃时期与归义军时期的沙州寺院经济等。下篇"佛教与世俗社会的关系"，主要论述汉唐时期佛教特权的盛衰、晋—唐时期士族与寺院的关系、中古佛教寺院为社会文化中心说等。本书为佛学院重要教材和参考资料，也适合佛教史专业师生阅读。

门阀信仰：东晋士族与佛教（真如丛书/妙灵主编）
徐清祥著
中国社会科学出版社　2010年9月　295千字　363页

士族是中国中古时期建立在门阀制度基础之上的社会等级制度和身份制度。三国时期乃门阀制度最为兴盛的时期，也是中国哲学思想得到较大发展的时期。本书为"真如丛书"之一，作者选择"东晋士族与佛教"的相互交涉作为研究对象，以三国两晋尤其是东晋时期中国哲学的发展为线索，依据"整体研究，立体展开，多角度深入"的基本原则，全面探讨了门阀制度及其信仰对外来文化的吸收和对中国思想的影响。全书共9章。书中由三个层次、八个方面构成一个有机的整体，藉此对东晋时期儒佛二教的关系进行分析和把握，对二者关系的内涵及规律作出恰当地评判。所谓三个层次是：一东晋士族与佛教的交涉，研究士族在交涉中所发生的变化；二、东晋佛教与士族的交涉，研究东晋佛教在交涉中的变化；三、以问题为中心，总结东晋士族与佛教之间的关系。所谓八个方面是：身份、信仰、责任、政治、经济、僧团、共生性与异质性。

东晋南朝文人接受佛教研究
高文强著
中国社会科学出版社　2012年9月　240千字　283页

六朝文人与佛教的关系极为密切。而以往的研究多是将文人作为一个被动角色，即从佛教传播的角度来探讨佛教文化通过何种途径对六朝文学和文人产生影响，极少将文人视为一个自觉的文化主体。本书从接受学的视角切入，运用统计学、文献学、宗教学、阐释学的研究方法，对东晋南朝文人如何主动接受佛教的群体特征、基本方式、基本内容和主要原因等进行了较为深入的探讨，并对这一时期文人接受佛教的代表性个案作了分析，揭示出东晋南朝文人接受佛教的不同特点及其对文学创作产生的不同影响。全书分上、下两编。上编（6章）主要从接受视角探讨东晋南朝文人与佛教的基本关系，重点论述了东晋南朝文人接受佛教的方式、内容、原因和特征等方面的规律，对接受佛教的代表文人孙绰、谢灵运、刘勰、沈约、萧统等展开个案研究。下编是对《高僧传》中所见东晋南朝文人接受佛教事迹的辑录。

晋唐时期南海求法高僧群体研究（广州史志丛书）
何方耀著
宗教文化出版社　2008年3月　252千字　244页

佛教入华是古代中印文化交流的主体，海路僧人的活动构成佛教传播的一个重要方面。本书为"广州史志丛书"之一，作者在前人研究的基础上，主要针对晋唐时期海路佛教僧人的传教活动展开专题探讨，通过解读、研判相关史料和少量其他资料，对晋唐时期往来于南海道的中、西佛教僧人及其宗教传播活动进行群体研究。全书共6章。第1章从宏观的角度对晋唐500年间往来于南海道的中、西僧人作了群体结构分析和前后变化情况研究。第2章分析南海道僧人与商人之间的相互关系。第3章考察中国赴印求法僧梵语文学习活动背后的文化心理，即晋唐中国佛门的"边地意识"。第4章探讨由中国求法僧发起的梵语学习活动对中国文化及中国社会所产生的影响。第5章分析求法僧赴印途中携带汉本佛典的原因、作用及其文化意义。第6章从经典传译的角度对整个海路佛僧的传教活动作一总体评述。

儒士视域中的佛教：宋代儒士佛教观研究（觉群佛学博士文库/觉醒　赖永海主编）
李承贵著
宗教文化出版社　2007年10月　500千字　595页

宋代儒士所展开的对佛教的认知、理解和评价，其基调是批判的、否定的，其目标则是儒学的复兴。所以，宋代儒士佛教观的展开过程，在很大程度上也是新儒学的构建过程，在一定程度上暴露了佛教的不足，为佛教界检讨佛教在中国传播和发展中出现的问题、评估佛教教理系统的长短优劣、修正佛教发展中的错误、理顺佛教与儒学之间的关系，提供了极有价值的参考。本书为"觉群佛学博士文库"丛书之一，作者以宋代儒士视域中的佛教观为研究对象，剖析了两宋主流儒家学者在处理儒学与佛教关系上的真实心态，探究了此种"真实心态"形成的复杂因缘，揭示了两宋之际佛教走向"伦理化"的历史必然性。全书共8章。书中选择两宋时期的欧阳修、王安石、李觏、张载、程颢、程颐、胡宏、张栻、张九成、陆九渊、陈亮、叶适、朱熹等13位儒家学者，对他们关于佛教的认知、理解和评价方面的文献进行分辨、整理和研读。在此基础上，对宋代儒士佛教观的总体特征进行描摹，总结出宋代儒士佛教观具有"儒学本位"、"实用性"、"隔膜性"、"否定性"、"多样性"五大特征。作者认为，宋代儒士对佛教的认知有着相当的广度和深度。但这并不能掩盖他们在佛教认识上的偏执和无知。若加仔细考量就不难发现，宋儒对佛教的认知、理解和评价存在太多不尽如人意的地方，我们称之"失真的理解"。

唐宋八大家与佛教
刘金柱著
人民出版社　2004年12月　200千字　265页

佛教的进入，给中国的知识界带来一种全新的思辨模式和从未有过的生命感悟。佛教对唐宋八大家的影响，是学术界一直在探讨的课题。以往的研究，或从单体入手，作个案研究，或只是将涉佛部分作为文学和政治的附属，综合系统性的研究尚显不足。本书针对上述情况，试图从宏观层面对佛教与唐宋八大家之关系作一全面梳理和把握，以说明唐宋佛教对士大夫思想和生活的巨大影响。全书共7章。前3章是对唐宋八大家传世文集按文体分类与辨析，并把涉佛文体归类观察，在共性的基础上，将特点显著的部分按人物划分章节，如韩愈以文为诗与佛教偈颂、柳宗元动物寓言与佛经故事、欧阳修之斋文及碑志、曾巩之寺庙祈文及寺院建筑记、王安石与苏辙之唱佛词、苏轼之故作迦语等。后4章论述了抄写佛经与规范文字及练习书法的关系、八大家与方外友人的交往、佛门演绎的皈依故事，以及寺院游历中"寺壁诗"与"寺壁画"及"寺壁书"构成的所谓"三绝文化"等问题。

宋代士大夫佛学与文学（礼佛文丛）
张培锋著
宗教文化出版社　2007年4月　320千字　300页

宋代是古代中国发展的关键时期，也是佛教从极盛走向衰败的转折时期。这一时期的佛教承载着千余年发展的文化积累，对于宋代文化繁荣局面的形成仍起到巨大的惯性推动作用，身处其中的士大夫佛学因而成为中国佛教史上的独特现象。本书为"礼佛文丛"之一，作者力求在较为广阔的历史文化背景下，描述宋代士大夫接受和信仰佛教的状况，分析这一局面形成的历史和社会原因，探究文人士大夫的信仰生活以及由此形成的独特文化风貌和文化人格，运用大量实例阐述宋代文学与佛教的互动关系，论证士大夫佛学对宋代文学产生的深刻影响。全书共5章。作者指出，宋代士大夫佛学并非一种单一的思潮，而是呈现出极端复杂的多元化和个体化倾向。宋代佛教的这一发展状况，其原因是多方面的，最重要的应为以下两点：其一是佛教思想资源中本来就包含着诸多积极因素，通过士大夫与儒、道两教特别是与儒家的心性修养学说相融合，形成三教都非常注重内心省察、强调个人修养和道德操守的共同倾向；其二是士大夫居士承担了传承佛教的重要职责，他们的参与，直接促成了宋代佛教儒学化的局面，并使士大夫佛学成为宋代佛教最具活力的因素。

心性与诗禅：北宋文人与佛教论稿
张煜著
华东师范大学出版社　2012年4月　400千字　426页

佛教作为一种异质文化，自两汉之际传入中国，历经魏晋南北朝的发展巩固阶段，隋唐的完成昌盛阶段，至两宋之后，已进入其实践和渗透阶段。宋代士大夫鲜有不受佛教之影响者。本书采用哲学与文学，宏观与微观，说理、考订与艺术分析相结合的研究方法，试图打开宗教与文学的互渗通道，研讨北宋文人在思想与文学上尤其是诗歌方面与佛教的种种迎拒和互动关系。全书分上、中、下三篇，共9章。上篇（第1-3章），作者除了对北宋文人与佛教的关系进行俯瞰式的概述外，主要在思想领域，引出心性论的主线，以此为核心阐述宋代的三教合一倾向；在文学领域，则以北宋中期的欧阳修、梅尧臣为重点，来论述佛教特别是禅宗对宋诗面貌形成的影响及可能起到的催化作用。中篇（第4-6章），首先从学术与交游这两个方面来探讨佛教对王安石的影响，尔后对王安石《三经新义》与《字说》作了专题研究，续而讨论了王安石的诗歌与佛教的关系。下篇（第7-9章），以元祐时代苏轼、苏辙、苏门与江西诗派为中心，以元祐诗坛的代表人物苏轼与黄庭坚为主要研究对象，探讨佛教对他们的思想、文艺观与文学创作的影响。

江南古佛：中峰明本与元代禅宗（真如丛书／妙灵主编）
纪华传著
中国社会科学出版社　2006年11月　305千字　366页

中峰明本禅师（1263-1323）是元代临济宗一代祖师，生前被尊称为"江南古佛"，逝后又被帝王尊为国师。本书为"真如丛书"之一，作者运用历史学、文献学等方法，将元代禅宗最有影响的人物中峰明本置于中国禅宗发展史的大背景中加以考察，通过对明本与元代禅宗的综合研究，揭示出蒙古统治下江南禅宗的特点，描绘了元代佛教史的基本面貌。全书共7章。第1章从社会政治文化等方面，对元代佛教的历史背景进行探讨。第2章从明本早年的佛法因缘，讲到其晚年于天目山弘法，并得到帝王士大夫的尊崇等经历，对明本的生平作详细介绍。第3章讲解明本主要著作《中峰和尚广录》、《明本禅师杂录》、《幻住庵清规》等的内容与文献价值。第4章讲解明本的看话禅与工夫论，对明本看话禅中的几个核心观点作深入解析。第5章讲解明本"禅净融合与禅教会通"的思想，指出其禅法思想的时代特点。第6章论述明本禅师的法脉传承及其影响。第7章论述明本与元代士大夫及高丽忠宣王等人的关系。

一代巨匠　两宗祖师：永明延寿大师及其影响研究（浙江文化研究工程成果文库）
黄公元著
宗教文化出版社　2009年11月　450千字　350页

永明延寿大师（904—976），一身兼祧中国佛教最有影响的禅、净两宗祖师：法眼宗三祖和净土宗六祖，在中国佛教史上占有极其重要的地位。他的百卷《宗镜录》和《万善同归集》等千余万言的著述是中国佛教史上重要典籍，堪称佛学巨擘，一代僧范。本书为"浙江文化研究工程成果文库"丛书之一，系统研究了永明延寿的生平、著述、思想与行持特色，论述了他的历史贡献和影响。全书分四篇，共13章。第一篇"传奇的人生，恢宏的著述"（第1-3章），在对有关史料进行系统梳理的基础上，完整叙述了延寿辉煌而传奇的一生行迹，以及延寿恢宏而精湛的等身著述。第二篇"融合的思想，精进的行持"（第4-7章），在分析延寿"融合会通"之历史背景及思想渊源的基础上，重点考察了延寿佛学思想之主要特色及其具体落实，探讨了延寿融合的思想与圆修的行持的开放性与普世性。第三篇"深远的影响，历久而弥显"（第8-11章），按历史发展时序，通过抓住自五代吴越直至现当代的一些重点人物与典型事例，来论述延寿思想与行持所产生的深远影响。第四篇"余论"（第12-13章），主要阐述弘扬延寿思想的现实意义。

永明延寿心学研究（儒道释博士论文丛书／汤伟侠　卿希泰等主编）
田青青著
巴蜀书社　2010年11月　310千字　425页

永明延寿是中国佛教史上继天台智者大师之后，最为典型的佛学集大成者，也是唐型佛教向宋型佛教转折过程中具有划时代意义的佛学思想家和哲学家，其融通宗教、和会禅净的思想为佛教心学实践开辟出新的道路。本书为"儒道释博士论文丛书"之一，作者以延寿《宗镜录》、《万善同归集》、《唯心诀》、《观心枢要》等为基础，通过文本解读，从"举一心为宗"、"照万法如镜"、"一心生万行"和"道法一心成"四个层面，对延寿心学的心体论、心相论、心用论和心境论进行系统研究，相对完整地呈现了延寿心学的全貌。全书分四编。第一编是永明延寿心体论（4章），诠释了延寿心学的本体论，厘清了延寿以真心缘起融通赖耶缘起、一心二门、一心三观和法界缘起的理路，揭示了其心学立足心宗折中教下的圆融性。第二编是永明延寿心相论（3章），理顺了延寿以真心不觉而起妄心来会通阿赖耶识生起现行的逻辑关联，总结了延寿的真心唯识观。第三编是永明延寿心用论（4章），通过对延寿的观心思想，菩萨戒思想，万善同归思想的梳理，得出延寿心学实践论是心行论的结论。第四编是永明延寿心境论（2章），通过对妄心复归真心内证过程的分析，从转识成智的角度阐明了延寿心学的终极境界观。

永明延寿圆融观研究（佛学与人文学术文丛 / 刘泽亮主编）
陈全新著

宗教文化出版社　2012年3月　350千字　386页

　　圆融观是永明延寿佛学思想的精髓，"一心"和"中道"是其根本的哲学方法。本书为"佛学与人文学术文丛"之一，作者围绕"永明延寿圆融观"这一中心议题，开创性地提出其包含"一心圆融观"、"中道圆融观"和"诸教圆融观"三层内涵，进而从中发掘出"一心说"、"一体圆融观"、"三教圆融观"、"离言中道圆融观"和"即言中道圆融观"等丰富内容。全书共6章。第1章从延寿所处时代的社会政治文化条件、延寿著作的写作背景和目的两个方面考察延寿圆融观产生的原因。第2章论述延寿之一心圆融观的构成要素，即延寿一心说、延寿一体圆融观和延寿一心圆融理事观。第3章论述延寿之中道圆融观，包括延寿离言中道圆融观和延寿即言中道圆融观两个部分。第4章论述延寿之诸教圆融观，阐释了延寿诸教圆融观的理论基础，介绍了延寿禅教圆融、禅净圆融和禅戒圆融的圆融思想及其三教圆融观。第5章论述延寿圆融实践观及其落实方法。第6章论述延寿圆融观的理论与实践特色及其历史和现实意义。

永明延寿"一心"与中观思想的交涉（辽宁大学永惺佛学研究中心文库）
郭延成著

宗教文化出版社　2012年8月　250千字　385页

　　永明延寿大师的佛学思想博大精深，极富创新意义。他以"一心"为宗，统摄万法，倡导"禅教一致"、"禅净一致"的思想，对宋代以后的中国佛教发展影响甚巨。本书为"辽宁大学永惺佛学研究中心文库"丛书之一，是作者根据其博士学位论文修订而成的探讨延寿"一心"佛学思想的专著。全书共5章。书中运用文献综合与比较分析等方法，通过对延寿"一心"内涵的剖析来考察延寿将佛教各宗思想融于其"一心"理论体系的构建过程，从延寿"一心"与中观思想相关涉的角度，探讨了延寿"一心"的思想来源及理论构成，论述了延寿以"一心"为核心对大乘空宗中道思想的发展，以及延寿佛学思想的内在发展逻辑，同时讨论了延寿所处的时代背景、佛教发展态势，延寿的历史地位及延寿佛学思想的当代意义等问题。

融合的佛教：圭峰宗密的佛学思想研究（宗教学博士文库）
董群著

宗教文化出版社　2000年6月　260千字　359页

　　宗密（780-841）的佛学思想非常丰富，他精通内外之学，在中国佛教发展的鼎盛期撰写了大量的著作，主要想表达这样一个观点：融合，即中国佛教应该走融合会通之路。本书为"宗教学博士文库"丛书之一，作者以宗密"三教合一"、"禅教合一"、"顿渐合一"的融合论思想为中心，将其放在中唐的文化和历史背景中加以探讨，首先叙述了宗密的生平，试图说明对于中唐佛教而言，只有宗密有能力和水平提出融合的佛教发展观，继而论述了融合的本体论和方法论基础，最后对宗密的历史地位和影响作一个总结。全书共9章。作者认为，宗密提出融合论，有其深远的考虑，就是想改变中唐时期佛教发展的现状，为未来中国佛教的发展提供方案。宗密揭示了文化发展的融合律，虽然其思想体系存在着缺陷，但宗密的经验对于当代文化建设，仍具有启发意义。

鸠摩罗什传
龚斌著

上海古籍出版社　2013年8月　281千字　309页

　　鸠摩罗什（344—413，另一说350—409）是中国佛教史上极富传奇色彩的高僧。他不仅传播了印度佛学真髓、促进了中印文化交流，而且在引进新的思维方式，提升中国人的精神境界方面贡献巨大。本书是一部兼具学术性和可读性的鸠摩罗什传记，生动描绘了中古时期佛教东传的历史图景，忠实地记述了鸠摩罗什一生的经历。全书共22章。书中所述主要有以下特点：一、再现鸠摩罗什的传奇人生、再现他的苦难、译经活动及其佛学思想对中国佛教的深刻影响；二、作为一部纪实性的文学作品，力求还原历史，突出人物、重大事件和历史背景的真实性；三、在强调历史真实、人物思想真实的基础上，运用文学语言描写历史人物和历史场景，并予合理想象，涉及到的佛教哲学尽量用通俗语言表述；四、重现历史面貌，诸如古代的龟兹都城延城的风貌、凉州和长安的佛教面貌。

昙鸾集评注
陈扬炯　冯巧英评注

山西人民出版社　1992年12月　271千字　346页

　　印度的阿弥陀佛净土信仰传入中国后，影响不大。昙鸾按照中国国情，把印度的一套加以解释、发挥，创造出中国的净土理论，为创立净土宗奠定了理论基础。宋代，禅净合流；明代之后净土宗成为各宗信仰的中心，以至"人人阿弥陀，家家观世音"，佛门已是净土一宗的天下。日本的净土宗及净土真宗都奉昙鸾为中国净土宗的初祖，并非偶然。本书详细介绍了中国佛教净土宗创始人昙鸾（476—542）的生平及思想，客观分析了中日对昙鸾评价的分歧及其在净土宗史上的地位，并以日本《大正藏》（《大正新修大正藏经》）所收录昙鸾著述为底本，评述、注解了昙鸾的三部主要著作：《往生论注》（上下卷）、《赞阿弥陀佛偈》和《略论安乐净土义》。全书包括五个部分。原文为文言文，未分章且某些地方段落不清，本书则按原文顺序分章节并分清段落，以醒眉目；其中的非佛家典故及生僻字，也酌予注释。书末附《昙鸾传》8篇。

实相本体与涅槃境界：梳论竺道生开创的中国佛教本体理论（儒道释博士论文丛书 / 汤伟侠　卿希泰等主编）
余日昌著

巴蜀书社　2003年10月　260千字　365页

　　中国佛教的本体论观念是从印度佛教引进的，最初的理论形式并不纯粹，分别表现为格义和所谓"六家七宗"所代表的"般若"解释学形式。真正开创中国佛教本体论并形成思想体系的历史人物是晋末刘宋初时期的僧人竺道生（？—434）。所以，研究中国佛教本体论应当从研究竺道生开始。本书为"儒道释博士论文丛书"之一，作者通过整理现存的竺道生佛学言论，力图考索其本体论思想形成的内因与外因，比较竺道生本体思想与罗什本体思想的主要联系与区别，由此搭建起一种以实相为本体，以般若与涅槃为两种大用的六朝佛教本体理论的解释框架，描述其具体内容和彼此联系，揭示竺道生以实相本体论为基点的涅槃佛性解脱论的理论特点、历史影响及其对佛教中国化的深刻意义。全书共6章。作者认为，竺道生佛学思想的根本特征是站在"以人为本"的立场上谈论"以佛为本"的佛教教义,这也是本书的着墨重点所在。

东晋求法高僧法显和《佛国记》
杨曾文　温金玉　杨兵主编
宗教文化出版社　2010年4月　300千字　413页

　　东晋高僧法显大师(约337-422)立志到印度求取完备的戒律。为此,他以六十多岁的高龄从长安出发,过河西走廊,出阳关,涉戈壁,穿越塔克拉玛干大沙漠,横跨帕米尔高原,先后到达巴基斯坦、阿富汗、尼泊尔、印度,参礼佛迹、寻找经律,并从海路经斯里兰卡、印度尼西亚的苏门答腊,漂流到青岛崂山登陆,前后约15年,游历30余国,终于完成其"创辟荒途"的西行求法壮举。他由此而撰述的《佛国记》,详细记录了此行见闻,具有珍贵的历史文献价值。本书选编2007年及2009年在东晋高僧法显的故乡山西临汾举行的两次"法显与《佛国记》"学术研讨会的论文35篇。这些论文从不同角度论述了法显不惜身命赴印求法的事迹,及其不畏艰险勇往直前的气概和始终不忘自己祖国的爱国精神,并对法显《佛国记》内容及其学术价值进行了客观评述,其中部分论文达到当代法显和《佛国记》研究的前沿水平。书末附新校《佛国记》、《法显传》及《智严、宝云、慧嵬传》,以供参考。

法藏与《金师子章》(方立天文集·第三卷)
方立天著
中国人民大学出版社　2012年7月　363千字　411页

　　法藏(643—712),唐代佛教华严宗的实际创始人。他的宗教活动和哲学思想给当时和后世的佛教生活和文化思想带来极为深远的影响,代表了中国佛教哲学的最高水准。本书为"方立天文集"丛书之一,全面论述了唐代高僧法藏的生平、创宗活动、法界缘起论的思想内涵及其历史地位与影响,并对法藏为武则天讲经所撰《华严金师子章》作了校释、今译和评述,以利于深入认识和理解法藏华严宗义理。全书包括四个部分,共9章。第一部分(第1-2章)围绕法藏的创宗活动,详细介绍了法藏的生平事迹及其社会背景和学说渊源。第二部分(第3章)从历史哲学的角度探讨了法藏的判教学说,认为判教论是一种佛教文献次第观、佛教义理深浅观和佛教派别优劣观,并就法藏以前的判教诸说、法藏判教的具体内容和哲学意义等作出评论。第三部分(第4-8章)为本书的主体,主要从自然哲学、人生哲学和认识论三个方面剖析了法藏的哲学思想。作者在此把法藏的法界缘起论思想归结为宇宙生成论、宇宙圆融论和宇宙本体论三个层次,系统介绍了法藏的三性同异、因门六义、缘起十义等学说及其哲学意蕴,依次讲解了法藏的人生理想论及其法界观、十重唯识观和妄尽还源观等。第四部分(第9章)考察和评估法藏在佛教史、哲学史上的地位、作用与影响。

临济大师传(中国高僧传记丛书)
吴言生著
商务印书馆　2014年10月　253页

　　禅宗临济宗的开创者义玄大师,又被称为临济大师,是佛教历史上的著名人物。临济大师生活的唐代正是禅宗史上最繁荣的时期,他年青时皈依佛门,师承广泛,直接启发他大悟的是黄檗希运禅师。他所创立的禅学门庭施设,如"四料简"、"三玄三要"、"四喝"、"四宾主"、"四照用"等禅法,都是禅宗教学上的独创。其特点在于因人而异,根据学人的根器利钝、功夫深浅而应机接物,运用自如,针对语境临机施设,禅风独特,机锋峻烈。他主张求道之人,取诸自身,树立自信,不受外物所绊,消除崇拜,才能在精神上获得绝对自由和解脱。临济大师一生留下许多公案故事,为同时代及后世学佛者津津乐道。本书为"中国高僧传记丛书"之一,作者采用文学笔法把众多公案串联起来,讲述了临济大师的生平故事及其引导弟子觉悟佛学的方法,并将他博大精深的佛学思想贯穿其中。全书由10个部分组成。内容包括:悟空归佛法,印心黄檗山,临机不让师,游方走天涯,临河济往来,建黄檗宗旨,杀活两相宜,叨叨老婆心等。

释惠洪研究(中华文史新刊)
陈自力著
中华书局 2005年8月 310千字 419页

惠洪(1071-1128)为北宋一代名僧,也是禅宗史上不可多得的代表人物。作为黄龙派的重要传人,他顺应北宋以文字语言参禅的时代潮流,力倡文字禅,并首次对文字禅理论做出了全面的论述,在禅宗史学评论、文学批评、诗文创作等方面亦有所建树。本书为"中华文史新刊"丛书之一,是国内第一部系统研究惠洪的专著。作者将惠洪置于广阔的宋代文化背景下,采取文献考索与逻辑分析相结合、纵向考察与横向比较相结合的方法,对惠洪的生平事迹、禅学思想、僧史撰述、文学主张、诗文创作等进行全方位的综合考察,对惠洪的历史地位和意义做出了恰如其分的评价,力求在前人研究的基础上有所补充完善、有所开拓创新。全书分上、中、下三编。上编(3章)考述惠洪的名号、生平履历和交游等,介绍其存世著作。中编(2章)论述惠洪的禅学思想及其文字禅理论的宗教学意义,介绍惠洪的僧史观及其僧史著作的影响。下编(2章)讲解惠洪的文艺主张和诗文创作。

惠能评传(中国思想家评传丛书/匡亚明主编)
洪修平 孙亦平著
南京大学出版社 1998年12月 340千字 465页

惠能(638-713)是中国佛教思想史上影响巨大的重要人物,他所开创的禅宗南宗渊源于印度佛教而形成于传统思想文化之中,成为佛教中国化的典型。本书为"中国思想家评传丛书"之一,作者利用包括敦煌文献和碑铭石刻等在内的大量禅宗史料,借鉴国内外研究成果,对六祖惠能的生平事迹,《坛经》的形成流变,惠能六祖地位的确立过程,惠能禅学思想的理论渊源、主要内容与基本特色,惠能对传统佛教的变革与创新,惠能思想的历史地位与影响以及当代"禅宗热"现象等作了比较全面的研究,并对学术界争论的一些问题表明了自己的见解。全书共10章。第1章从佛教中国化的角度切入,分析中国禅宗形成的时代背景及社会思想文化根源。第2章讨论惠能的生平事迹,对有关史料进行考述与辨析。第3章追溯禅宗东土五祖的传承情况和惠能六祖地位的确立过程。第4章探讨惠能禅学思想的理论渊源。第5章研究《坛经》的形成与版本之流变等问题,梳理现存各版本《坛经》之间的关系及其与惠能禅宗发展的关联。第6-8章分别就"惠能的唯心禅学新论"、"惠能的解脱论"和"惠能的修行观"三个专题对惠能禅学思想作了较为系统而全面的研究。第9章分析惠能对传统佛教的变革与创新。第10章论述惠能思想的地位与影响。

惠能与《坛经》
李富华著
珠海出版社　1999年9月　200千字　260页

1959年10月22日，毛泽东在同第十世班禅额尔德尼·确吉坚赞谈话时说："从前释迦牟尼是个王子，他王子不做，却去出家，和老百姓混在一起，做了群众领袖。我不大懂佛经，但觉佛经也是有区别的。有上层的佛经，也有劳动人民的佛经，如唐朝时六祖的佛经《法宝坛经》就是老百姓的。"惠能主张佛性人人皆有，否定传统偶像和陈规，并把外来的宗教中国化。在他的影响下，印度佛教在中国至高无上的地位动摇了，甚至可以"呵佛骂祖"。本书介绍了中国禅宗的真正创始者惠能的生平事迹，《坛经》的经名、版本和内容等，论述了惠能在中国佛教史上的重要地位，以及同时代和后世的学界名流、高僧大德乃至领袖人物对其所作的高度评价。全书由六个部分组成。内容包括：毛泽东及当代著名学者、名僧论惠能与《坛经》；惠能：印度佛教中国化的奠基人；中国禅宗的奠基人：惠能其人；中国禅宗的根本经典：《坛经》其书；等等。

慧能与中国文化（大思想家与中国文化丛书／李宗桂主编）
董群著
贵州人民出版社　2001年10月　350千字　492页

慧能的禅文化在唐代出现有其内在的必然性，它是中国农业社会的思想与文化发展到顶峰的产物。慧能站在中国文化的立场上，对佛教的发展模式加以反省，提出自己独特的理论，完成其佛学的革命。本书为"大思想家与中国文化丛书"之一，主要从"慧能本身的禅文化内容"、"慧能对于中国传统文化的回应"、"慧能禅学对于中国文化的影响"三个方面，论述了慧能禅学既受儒道文化滋养，又秉承释道传统，从而独立成宗，实现佛学中国化的历史过程，剖析了慧能禅学的理论特质与文化内涵，从历史的角度重新阐释了慧能禅学对后世中国文化的深远影响。全书共10章。作者指出，慧能禅学虽然完成了形式上的三教合一，并没有成为一元文化的代表，这反映了慧能的宗教理念实现之困难以及客观存在着的中国宗教精神和中国社会之间的实际差距。

融会与贯通：蕅益智旭思想研究
龚晓康著
巴蜀书社　2009年1月　320千字　417页

明末高僧蕅益智旭（1599-1655）融通禅、教、律三学，倡导信愿为先、执持名号之说。他以念佛法门总摄释迦一代时教，认为禅教律诸宗所修皆是净土之因，皆是净土之果，而净土法门高超一切禅教律，又统摄一切禅教律。智旭以此法门为"了义中最了义，圆顿中极圆顿，方便中第一方便"，确实为究极之谈。本书是根据作者的博士学位论文《蕅益智旭净土思想研究》修订而成的研究蕅益智旭佛学思想的专著。书中以净土宗之教、理、行、果为基本架构，介绍了蕅益智旭生平及著述，论述了净土思想的演变与发展及净土行门之"念自佛"、"念他佛"、"双念自他佛"等，揭示了智旭融贯禅教律诸宗并汇归净土的修佛路径。全书共9章。作者指出，净土宗之所以能在义理高度发达的诸宗各派中脱颖而出，成为佛教修行的主要法门，一个重要的原因是智旭等人所倡导的净土法门建立在圆满融摄禅教律诸宗的基础之上。研究智旭的净土思想，能够使我们准确理解中国佛教圆融的特质。

智旭佛学易哲学研究（儒道释博士论文丛书/汤伟侠 卿希泰等主编）
张韶宇著
巴蜀书社 2012年12月 210千字 249页

　　智旭佛学易产生于历经宋明理学和心学洗礼后，受三教合流之大势影响的晚明时期，是佛学史和易学史上会通佛易的典范。本书为"儒道释博士论文丛书"之一，作者运用历史文献法、综合分析法、比较分析法和诠释学方法等研究方法，通过对智旭易学专著《周易禅解》等原典的分析研读，考察了三教合流背景下智旭佛学易的形成过程、体系架构及其特点，阐述了佛学易哲学在现实社会生活中的意义和价值。全书共6章。第1章介绍智旭佛学易产生的思想背景。第2章从智旭生平及其心学之路入手，剖析智旭佛学易的学理根源。第3章讨论智旭佛学易所倡导的三教合一之形上学。第4章讨论智旭佛学易关于"乾元"与"佛性"之圆融，认为智旭以善化恶的修行观和善恶同性的至善论哲学，导源于佛性与儒家人性论之契合。第5章讨论佛化中正说，认为智旭佛学易充分发挥《易传》"中正"解易体例，释易之"中正"即佛门"中道"，从而成就其佛学易之方法论哲学。第6章讨论从"尊德性而道问学"到"性修不二"的功夫哲学，认为智旭通过对朱陆关于"尊德性"和"道问学"之争的判释，开示佛易为一的"性修不二"济世功夫哲学，并以此功夫哲学为依托，智旭又开示了真俗相即的境界之思。

智顗评传（中国思想家评传丛书/匡亚明主编）
潘桂明著
南京大学出版社 1996年2月 418千字 574页

　　智顗是陈隋之际杰出的高僧，也是中国哲学史上屈指可数的伟大哲学家、中国佛教天台宗的实际创始人。本书为"中国思想家评传丛书"之一，作者以丰富翔实的原始资料为依据，系统考察和论述了智顗时代的佛学背景、智顗的生平和著述以及构成他止观学说体系主要内容的"一心三观"、"圆融三谛"、"一念三千"、"性具实相"、"性具善恶"等哲学命题，对智顗的政治态度、佛学渊源、哲学性质和特色，以及判教原则等问题，提出了许多新的学术观点，力图对智顗及其天台学说的历史地位作出客观、公正地评价。全书共11章。书中把智顗的思想放在中国思想史的广阔背景下加以考评，对其天台止观学说体系进行细致严密地阐述和辨析，明确指出天台佛学不仅在哲学思辨方面远远高于南北朝各家学派，而且在实际意义方面也大大超出同时代各派学说，体现了本书作为一部专门研究天台宗和智顗的评传体著作的创新意识与学术水准。

智顗净土思想之研究（上、下册）
王孺童著
宗教文化出版社 2007年12月 700千字 852页

　　我国汉传佛教主要信仰阿弥陀佛的西方极乐净土、阿閦佛的东方妙喜净土和弥勒菩萨的兜率内院净土，尤以弥勒净土与弥陀净土最盛。净土思想后来成为近现代中国佛教中影响最大，也最为深远的一种信仰。本书对中国佛教天台宗的实际创始人智顗（538—597）的四部有关净土思想的论著，即《阿弥陀经义记》、《五方便念佛门》、《净土十疑论》、《观无量寿佛经疏》，进行了缜密而系统的校注和研究。这种从别宗祖师角度来研究净土思想，本书还属首次，是集佛教天台宗和净土宗思想、文献校勘考证和理论研究为一体之重要学术研究成果，填补了天台宗及净土信仰综合研究之空白。全书分上、下册。书末设有两个附录：其一，收录智𫖮传记28篇，是目前有关智者大师生平资料最为完备而详尽的汇编整理；其二，收录智𫖮所撰4篇净土发愿文，在已知的智者大师净土发愿文，《大藏经》及《续藏》只存有3篇，此次之第四篇发愿文是流于海外的珍贵敦煌文献。

智𫖮实相论研究
张刚著

云南大学出版社　2010年4月　187千字　250页

智𫖮的实相论思想是一个充分展示中国佛教智慧的生动范例。它通过无明与法性、生死与涅槃的相互对待与相互贯通，打通了一切法的隔离与障碍，使实相（无相、如相）显现出来，从而真正地实现了生命的自由。本书在汲取前贤成果的基础上，从哲学、诠释学等角度对智𫖮实相论思想展开进一步研究，不仅阐明了实相与"因缘"即人类历史境遇的内在关联，揭示了智𫖮实相论的中国化特质和当代价值，而且明确指出智𫖮实相诠释学与当代西方诠释学对话的可能性。全书共7章。内容包括：智𫖮实相论的内在理路，对当代学者智𫖮实相论研究的检视，智𫖮实相论产生的理论渊源，智𫖮实相诠释学，智𫖮实相论内容的展现，智𫖮实相论与中西哲学，从儒佛关系谈智𫖮实相论的社会意义等。

道安研究（道安研究系列著述之一）
胡中才著

宗教文化出版社　2011年4月　250千字　315页

道安（312-385），东晋佛教高僧、佛学家。他既是印度佛教中国化的奠基者、依国主立佛法的倡导者、佛门释姓的统一者、中国僧制的首创者，也是中国第一部佛经目录的编纂者、净土信仰的倡导者、六家七宗之首"本无宗"的创立者、中国第一个佛经译场的组织者，为开辟佛教中国化之路作出了巨大的贡献。本书为"道安研究系列著述"丛书之一，主要从五个方面对涉及道安的研究课题展开系统分析和论述：道安的史迹考证，包括道安弘法路线、年谱、出生与圆寂、立寺情况、僧团形成、外貌与内涵、著作考析等；道安主要业绩，重点介绍了他在七个方面的创史之举；道安思想，包括般若思想、译经思想等。重点介绍他一生如何运用恰当的方式把印度佛教融入中国传统文化之中；争夺道安战争的内幕、经过与结局；历代名人学者对道安的评价。全书共9章。书中内容体现了作者在研读前人研究成果的基础上，所取得的一些新认识、悟出的一些新观点，以及对道安研究所持的新角度。

湛然研究：以唐代天台宗中兴问题为线索（真如丛书／妙灵主编）
俞学明著

中国社会科学出版社　2006年12月　303千字　374页

湛然（711-782）对天台宗在公元8世纪中叶的繁荣并无决定之功。但其对天台佛学思想的阐释和发挥，成为后世解读智者大师以及天台宗正统思想的标准，使其祖师得以地位确立，这也是理解唐代天台宗"中兴说"的基点。本书为"真如丛书"之一，作者以唐代天台宗中兴问题为线索，就已属学界共识的"湛然中兴天台说"进行考辨，用史料说明人们理解此说并支撑此说的两个命题"湛然之前唐代天台宗衰微"和"8世纪天台宗因湛然而繁荣"的不足自立之处及其合理性所在。通过对此问题的考辨，作者试图说明湛然中兴天台的真实涵义和形成过程，借以探讨佛教宗派法脉传承的准则和意义，揭示影响宗派发展的诸多因素和内在的张力，为进一步思考历史事实和历史解释之间的关系提供一个案例。全书分上、下两篇，共6章。上篇（2章）从"湛然中兴天台"命题不符合历史事实引入，考释了"中兴"说形成的历史和原因。下篇（4章）分疏了湛然对天台宗义理的阐释和发展，说明了湛然中兴地位形成的思想依据，并得出结论：学术界常说的"湛然中兴天台"，并非就8世纪前后发生的宗教事实而言，而是因湛然在佛教宗派史上的重大思想影响而确立。

僧肇评传（中国思想家评传丛书/匡亚明主编）
许抗生著
南京大学出版社　2006年3月　286千字　386页

僧肇（384，一说374-414），东晋高僧，被后人誉为我国"解空第一人"。僧肇所处的东晋十六国时代，正值我国佛教"始盛"时期，其时僧肇服膺鸠摩罗什所弘传的大乘中观佛学，撰写了我国佛学史上的名篇《不真空论》、《物不迁论》、《般若无知论》和《涅槃无名论》等佛学论文，从本体论与解脱论两个方面系统而又深刻地阐说了大乘中观佛教哲学思想，并将印度佛学与老庄思想和魏晋玄学有效嫁接，不仅使我国佛学思想的发展进入了一个新时期，而且也对整个中国哲学的发展起到了巨大的推动作用。本书为"中国思想家评传丛书"之一，全面介绍了僧肇的生平、著作、师承关系及其佛学思想等，对僧肇在中国佛学思想史上的地位与作用进行了客观评价。全书共7章。内容包括：僧肇所处时代的社会环境与文化思想氛围，僧肇的老师鸠摩罗什的大乘中观佛学思想，僧肇同学道生的佛学思想，僧肇佛学是印度中观佛学与中国老庄哲学相结合的产物等。

慧远及其佛学
方立天著
中国人民大学出版社　1984年11月　133千字　211页

慧远（334-416）是东晋时代继道安之后的佛教领袖。他提倡印度佛教空宗理论和弥陀净土信仰，把印度佛教理论与中国传统迷信结合起来，将宣扬出世的佛教教义与世俗的儒家、道家思想相沟通，体现了鲜明的中国化风格。研究慧远的佛教活动和思想，不仅是研究中国佛教史和中国佛教思想史的需要，而且对于研究中国思想史、中国哲学史和中国无神论史也是不容回避的重要环节。本书从现存的史料出发，以历史唯物主义为指导，对慧远的佛教事业及其佛学理论进行了历史的、辩证的分析、研究和批判，力图探窥隐含于慧远佛学中的佛教各种思潮，揭示慧远佛教活动的客观真相和佛学思想的发展规律。全书分为"慧远生活的历史时代"、"慧远的生平活动"、"慧远的法性本体论"、"慧远的形尽神不灭思想"、"慧远的因果报应说"等10章。作者认为，慧远的佛教思想是一个富含多方面内容的广博庞杂体系，它既包含哲学色彩的般若学"法性"本体论，又有纯宗教的弥陀净土信仰；既有精巧的神不灭说的唯心主义论证，又有粗俗的因果报应说教；既有一套宣扬成佛的理论，又有修持成佛的念佛三昧方法，对东晋以来我国佛教及其思想的发展起到重要作用。

回归本觉：净影寺慧远的真识心缘起思想研究（真如丛书／妙灵主编）
冯焕珍著
中国社会科学出版社　2006年12月　368千字　461页

　　慧远是与天台宗创立者智顗和三论宗开宗者吉藏齐名且较后者更早取得成就的佛学家，被著名史学家陈寅恪先生称为"南北朝时期佛学界最博学的佛学大师"，但对这样一位重要的佛教思想家，我国学术界却长期乏人问津。本书为"真如丛书"之一，作者以慧远思想中最核心的"真识心缘起"说为主轴，揭示出潜于慧远著作中的思想系统，即"在这圆融灵活的方法和曲尽其致的解说包裹中，存在着一个以真识心为所依体开展出来的比较谨严和一贯的系统"，进而证明慧远以及他所宗本的如来藏思想并非韩镜清等人所贬斥的伪佛教，阐示慧远思想在中国佛学中的价值。全书分为"慧远的思想背景、行持与著述"、"归宗真识心的判教观"、"如实空如实不空的真识心"等7章。作者指出，所谓的"真识心缘起"，就是指人的最终认识包含了世界宇宙所具有的全体与一般，成就与破坏等相对应的关系，以及它们之间相互圆融的特点。

中国净土思想的黎明：净影慧远的《观经义疏》（觉群佛学译丛／觉醒主编）
〔美〕肯尼斯·K.田中著　冯焕珍　宋婕译
上海古籍出版社　2008年11月　200千字　165页

　　被尊为隋代"三大师"之一的净影慧远，是中国佛教思想史上一位重要人物。慧远的一部《观经义疏》，对西方净土理论的阐述多有见地，产生相当的影响，但在中国净土宗的谱系里，慧远却未能配享祖师之位。导致这样的原因，是他的净土思想不为净土宗大师所接受，他的理论被历代净土宗行者所忽视或受到曲解。本书为"觉群佛学译丛"之一，是美国学者肯尼斯·K.田中以慧远《观经义疏》为研究对象，阐述中国净土思想的专著。全书共7章。书中通过细致的文献梳理与辨析，揭示了慧远净土思想的特点，指出慧远与善导的差异源于对往生净土的有效行的认识根本不同，即慧远提倡发"菩提心"、善导则提倡阿弥陀佛的愿力，进而对慧远在净土宗的地位予以重新评估。

慧皎《高僧传》研究（文史哲研究丛刊）
纪赟著
上海古籍出版社　2009年3月　360千字　370页

　　在隋唐以前的早期佛教史研究领域，最可依靠的、集中的材料就是慧皎（497-544）《高僧传》（《梁传》）。然而国内对于《梁传》的研究尚处于一个与其重要性不相符的地步。本书为"文史哲研究丛刊"之一，主要针对《梁传》及相关资料展开文献学研究，同时对《梁传》中的神异记述作一番社会学梳理。全书共7章。作者通过对《梁传》中比较重要的两种版本即《高丽藏》本与《金藏》本的校勘，发现在此二种《开宝藏》的复刻中，以前者较善；在此本的对勘中作者还发现了对于大藏经系统中的某些具有代表性的问题，比如在《金藏》本中就发现有人为改版的痕迹。此外，作者在校勘过程中运用了他校法，调动了大量的对勘资料，故而解决了很多《梁传》文本上的疑难问题。内容涉及对《梁传》的研究综述、作者研究、史学背景的分析，《梁传》与早期传记类资料之史源学研究、史地类史源研究以及《梁传》中的神异及其背后所反映的宗教人类学意义的研究等。本书围绕《梁传》的社会学、人类学研究，对于今后佛教史学自身的独立性建设作了某些有益探索。

憨山大师佛学思想研究
夏清瑕著
学林出版社　2007年8月　200千字　251页

　　憨山（1546-1623）是我国晚明佛教四大高僧之一，也是晚明佛教复兴运动的中坚人物。他的佛学思想及其行事风格与整个晚明佛教的振兴方向分不开，而晚明佛教之所以能够振兴又是和阳明心学的发展密不可分。本书是作者在其博士学位论文基础上修订而成的研究憨山大师佛学思想的专著。全书共6章。书中把憨山大师放在明代佛教已现"末法"气象的历史背景下，介绍了其生平、著述和佛学思想，对最能体现时代佛学特点之憨山大师的圆融思想进行了较为全面、系统地梳理与阐释，重在厘清其佛学思想与唐宋佛教的传承关系，以及与后来"人生佛教"、"人间佛教"主张的内在联系，揭示佛学与儒学、宋明理学相互吸收又各自为用的关系，乃至四大高僧在复兴佛教方面的思想认识、修持主张的差异等。本书在一定程度上填补了对憨山大师思想进行系统研究的空白，对于推进晚明佛学的研究具有积极的意义。

（三）中国近现当代僧传、人物传

中国近现代佛教人物志
于凌波著
宗教文化出版社　1995年9月　517千字　643页

　　本书是台湾学者于凌波先生继梁代慧皎《梁高僧传》、唐代道宣《续高僧传》、宋代赞宁《宋高僧传》、明代如惺《明高僧传》、近代道阶《新续高僧传》之后撰写的首部僧传著作（台湾慧炬出版社出版，原名为《中国近代佛门人物志》，在大陆出版时对书名及内容略作删改，并调整编排方式），填补了此项空白。全书分为"名僧篇"和"居士学者"上、下二篇。书中记述了中国近现代汉族地区佛教的主要人物和事件，反映了近现代中国佛教的整体轮廓和发展脉络，涉及1840-1992年间112位高僧大德和居士学者的情况。作者对所列人物生平事迹、宗教方面的成就及主要著述都作了详细介绍，牵涉中国佛教学术界一些至今争论不休的问题的探讨，如关于《大乘起信论》的真伪问题、法相唯识的区分问题、熊十力的《新唯识论》问题等。本书对于广大读者了解中国近现代佛教的历史事实，以及不同学术观点的交锋很有启发作用，是一部生动展现中国近现代佛教发展史的权威性著作。

中国居士佛教史（上、下册）
潘桂明著
中国社会科学出版社　2000年9月　700千字　900页

　　在中国佛教史上，居士佛教时而起到举足轻重的作用。通过结社、法会等佛教活动，以及译经、刻经、撰述等弘法事业，积极参与佛道之争、三教论辩，居士佛教不仅宣扬了佛教信仰和教义，推动了佛教文化，而且保护和发展了佛教文化。居士佛教与僧侣佛教相互依存、互为动力，使印度佛教的思想文化不断中国化，与本土儒、道文化融合，最终成为中国传统文化的组成部分。本书是2000年来中国佛教在家居士信众的信奉史研究。作者结合广大群众、社会思潮的大背景来观察佛教，详细梳理和论述了中国居士佛教2000年的发展历程及其在中国佛教史上的特殊地位、作用和意义。全书分上、下册，共12章。上册（第1-6章）介绍居士和居士佛教概念、居士佛教的源流、大乘经典中的居士佛教等，按照佛教传播与发展的时序，论述了中国居士佛教的发端（东汉三国时期）、滋长（两晋时期）、壮大（南北朝时期）和繁荣（隋唐五代时期）。下册（第7-12章）论述中国居士佛教的全盛（两宋时期）、三教融合思想的演进（辽金元时期）、中国居士佛教的反省时期（明代）、维系时期（清代）和中国居士佛教的改革时期（近代）。作者指出，将近2000年的中国佛教历史表明，如果没有居士佛教的活动，寺院的僧侣佛教的开展几乎是不可能的。居士佛教在某些特定的历史时期，既保证了中国佛教的存在，也决定了中国佛教的繁荣。

近现代居士佛学研究（儒道释博士论文丛书 / 汤伟侠　卿希泰等主编）
刘成有著
巴蜀书社　2002年9月　210千字　328页

居士佛学是中国近现代思想史上一颗十分耀眼的明星。其中，杨文会、欧阳渐和吕澂分别作为晚清、民国和新中国时期居士佛学的典型代表，占据着各自时代居士佛学研究的制高点，对佛学的发展作出了突出的贡献。本书为"儒道释博士论文丛书"之一，作者把近现代居士佛学的复兴置于中国近现代社会转型的大背景下予以考察，细致分析了杨文会、欧阳渐、吕澂三位代表人物的思想特征与历史贡献，揭示出居士佛学在近现代中西社会文化冲突与融合过程中所起到的沟通中西文化、重建中华民族主体信仰的特殊作用，以此为主线勾勒出近现代中国居士佛学发展的大致轮廓。全书共5章。第1章介绍中国佛教在近现代社会发展中所面临的种种挑战与机遇，以及寺僧与居士们对佛教出路的探求。第2-4章以近现代居士佛学的三位典型代表为例，分别就近现代居士佛学在不同历史阶段所展现的不同精神特质进行论述，旨在通过具体的个案分析彰显其时代特色。第5章为综论，即在宏观背景与个案分析的基础上，着力评判近现代中国居士佛学的得失，讨论居士佛学的现代价值，为新时期具有中国特色的文化建设提供一些有益的参考。

中国佛教僧团发展及其管理研究（儒道释博士论文丛书 / 汤伟侠　卿希泰等主编）
王永会著
巴蜀书社　2003年10月　270千字　360页

佛教传入中国的一个最重要的标志就是佛寺的形成与僧团：一种全新的社会实体与组织形态的出现。僧团作为"佛法僧"三宝之依托，是佛教传播的主体，也是佛教文化乃至我国传统文化的重要继承与发展主体。本书为"儒道释博士论文丛书"之一，作者以管理学的科学原理和方法为指导，以中国汉传佛教僧团为主要研究对象，对僧团及其管理体制的历史演变过程、不同时代的特点和规律作了系统梳理，在此基础上对我国佛教僧团及其管理模式的发展与变化作了全面的总结归纳，对当代僧团管理中存在的问题及已有的改革措施作了分析，提出未来佛教僧团管理的发展动态及其制度创新的可行方向。全书共5章。书中通过对中国佛教僧团管理的历史沿革及其当代处境的研究，为总结和继承古代的管理经验，发展现代管理科学提供了必要的借鉴，其学术价值和现实意义主要体现为以下三个方面：振兴中国传统文化，重建现代文化；探求佛教与时代的统整事例和适应之道，促使佛教的僧团在管理制度方面能因应时代机宜作出调整，从而促进佛教僧团在管理上的现代转型；弥补现代管理学缺陷和发展现代管理学。

太虚思想研究
郭朋著

中国社会科学出版社　1997年8月　450千字　588页

  太虚（1889-1947）是中国近现代佛教史上具有广泛影响和重要地位的人物。他的思想，内而诸宗融合，外而兼容并蓄，尤为擅长法相唯识一宗。他创办了多所现代风格的佛学院，大力开展僧伽教育，提倡僧制改革和教制改革，倡导"人生佛教"。太虚又是现代世界佛教复兴运动的著名活动家，其门下高僧大德辈出，许多佛学大家都曾受其教益。本书意在对太虚思想（不限于佛教思想）进行一些系统的研究，力图按照史料的原貌把太虚思想如实地、客观地表述出来，并尽可能沿用太虚的自我陈述来表达其人生经历与学术思想。全书共25章。书中详细介绍了太虚的生平、著述和主要贡献，细致讲解了太虚对于佛教的总看法与总态度，以及他对于佛法的判摄和对于学佛与做人之关系的认知，系统论述了太虚以"唯识学"为主导的佛教哲学思想，及其建构于新唯识学基础上的佛教改制理论和人生佛教观。

太虚对中国佛教现代化道路的抉择（儒道释博士论文丛书／汤伟侠　卿希泰等主编）
罗同兵著

巴蜀书社　2003年10月　170千字　225页

  太虚是近世中国佛教界较早睁眼看世界的先觉者。他力图把握社会变化的脉搏，驾驭人心思潮的涌动，使佛教与时俱进，成为现代化的宗教。在太虚看来，与时俱进的变化，是弘扬佛教必然遵守的原则。本书为"儒道释博士论文丛书"之一，作者分别从教典、教理、教制、净土、密教等方面，考察太虚在民国时期"僧俗之诤"、"显密之诤"、"移植与融摄之诤"、"起信唯识之诤"等重大争论中的思想表现，研究太虚对中国佛教现代化道路的抉择，揭示太虚之"人生佛教"中所蕴涵的圆融全体佛法而宗本法界圆觉的内在理性精神。全书共6章。作者指出，太虚的佛教现代化思想，是全面围绕佛教"理性化"而展开的。教典抉择，实为太虚对理性与信仰关系问题的解决；教理抉择，是从形上意义的"理性"亦即世界本具之"道"的角度确立"人生佛教的根据"；教制抉择，基于维护出家僧团禁欲伦理超然地位之需，而将在家人统摄为与之一贯之次第，是企图建立超越血缘纽带的人伦理性；净土抉择，则是高悬佛教的价值理性之目标；密宗抉择，是对以咒术为特征的适应天乘的教派"袪魅"并使返还人间。

心识的力量：太虚唯识学思想研究（20世纪中国哲学与文化研究丛书／方克立主编）
李广良著

华东师范大学出版社　2004年9月　267千字　323页

  太虚的唯识学思想是中国近代思想史的一个重要组成部分。他不但以"唯识教理"学说为基本资源，构造起一套植根于现观基础上的佛陀现实主义的哲学体系，从方法论和存在论上系统说明了掌握"真现实"的理论和实践途径，而且把唯识学当作具有广泛适应性的文化诠释工具和价值判断体系，用以解读中国传统典籍，论证自由与革命，从而为人间佛教建立心性论基础，使唯识学的工具价值得以充分发挥。本书为"20世纪中国哲学与文化研究丛书"之一，作者从唯识学入手，对高僧太虚的思想进行分析研究，将太虚的唯识学思想分为"融贯的唯识学"、"新的唯识学"和"应用的唯识学"，以期透过太虚的唯识学视角对中国近代佛教思想有一个更为合理的认识。全书共12章。作者指出，在太虚的佛教思想体系中，"传统化"与"近代化"的张力表现得特别明显：一方面，太虚的佛教背景是传统佛教的法系、学理和禅定训练，这使他始终保持了对传统的忠诚；另一方面，太虚又受到新思潮的深刻影响，对新生事物充满激情，对传统佛教的弊端有清醒的认识，因而坚定地推动中国佛教的近代化改革。

总持之智：太虚大师研究（儒道释博士论文丛书／汤伟侠 卿希泰等主编）
丁小平著
巴蜀书社 2011年11月 300千字 381页

太虚大师是近代中国佛教史上，依据超越性的总持智把握全体佛教的精义，契合当时中国以及世界的形势，希冀建立崭新的中国佛教的第一人。所谓总持智，意指佛教教理中所宣扬的，根据宗教实践所证得的根本无分别智所起的后得正分别智。太虚大师正是依据这种智慧，向内融贯全体佛教教理，综摄佛教的各种层次和宗派，向外摄导世间的一切思想学说，最终归结于以佛教救国救世和建立世界新文化的宏愿。本书为"儒道释博士论文丛书"之一，作者以太虚大师所践行的总持之智（总持出世间与世间的思想学说）为研究对象，主要从"佛教的综摄"、"佛教义理的融贯"、"佛教义理的整体构建"和"以佛教摄导科学"、"以佛教摄导哲学"、"以佛教摄导其他宗教"、"以佛教摄导国学"等方面对太虚大师"基之以努力奋斗，基之以实现其伟大心愿的超越性智慧"进行了系统论述，揭示了其博大精深的思想体系和致思路径。全书分为"佛法的总持"和"世间法的总持"二编，共7章。作者指出，太虚大师对佛法的融贯，侧重在对佛教进行综合简括的统一；而对世间法的摄导，侧重在对世间各种思想学说进行具体的批判和佛教方向的引导。其共同的依据，在其总持之智。

巨赞法师全集（共8卷）
朱哲主编
社会科学文献出版社 2008年5月 4519千字 3998页

巨赞法师（1908-1984）被誉为我国当代佛学界的泰斗、爱国爱教的楷模，曾任中国佛教协会副会长、中国佛学院副院长。他是近代佛教改革运动的践行者，毕生致力于佛教的复兴和改革事业。他的贡献主要表现在推动佛学研究和佛教改革两个方面：精研三藏，博通二乘，定慧双修，禅教并弘，世出世法，集其大乘；弘法倍勤，著作等身，创办学刊，哺育弟子，敦促尘世，启迪智慧，力主佛教改革。巨赞法师平生笃志好学，据不完全统计，他一生熟读佛经7000余卷，撰写了许多产生重大影响的佛学论著，有佛教史传、教制改革、法海春秋、时事经纬、读经笔记、书信、诗词、年谱等9大类，总计近500万字；其中包括多达300万字的读经笔记，所阅遍及《中论》、《十二门论》、《百论》、《大智度论》、《大般若经》、《华严经》、《涅槃经》等佛典，以及有关佛教名相的整理与解释等，为我国佛教界留下一笔宝贵的精神财富。本书是巨赞法师全部著述的汇编，分为8卷，内容涵括印度佛学研究、中国佛学研究、佛教现代化研究、佛学问题争鸣和佛教实践研究等方面，熔历史、文学、教义、禅机、修行、证悟、考据于一炉，可谓佛教证悟和修炼之瑰宝，对于佛学研究者而言亦为不可多得的参考资料。

印光"因果正信"居士观研究（觉群佛学博士文库/觉醒 赖永海主编）
李明著
宗教文化出版社　2012年8月　250千字　312页

印光大师（1861-1940）在民国时期扶三教于既倒，融雅俗而开新，对以儒释融通为文化底色的中国佛教居士阶层作出机理双契、影响深远的圆明开示。他以"因果正信"居士观为核心线索与评判依据，在学理上对儒道释大小文化传统作出了深刻省察，在实践上开拓出以儒释融通为基本特色的现代中国佛教居士家庭建设。本书为"觉群佛学博士文库"丛书之一，作者从印光大师生平事迹和历史地位的升格入手，详尽考察了印光大师因果正信居士观诞生的远因近缘，分析其理论体系、思想内容和主要特点，探讨了因果正信居士观与中国传统文化中大、小传统之间的关系，以及对当时社会大、小文化传统的影响等，并就因果正信居士观的现实意义和对当今佛教发展的启示展开讨论。全书共5章。作者指出，印光大师的因果正信居士观不仅是对明清以来儒释道文化融合和大众教化趋势的自觉接续，也是契合近现代中国教化时机的重大文化抉择，主要有两个基本特色：一个是以儒教伦常为基础而又内在融通儒道释三教优长，另一个则是对精英清净感应修证和大众善恶因果感报大小文化传统的自觉整合。

印光思想、净土信仰与终极关怀（世界宗教研究丛书/卓新平主编）
黄家章著
社会科学文献出版社　2013年12月　389千字　367页

净土宗弘扬"宗教观的宇宙乐观主义"，几近成为汉传佛教的代名词，成为对中国佛教尤其是民间佛教信仰最具深远影响的宗门。印光作为中国佛教净土宗的第十三祖和生活年代距今最近的一位祖师，其佛学思想因葆有"向死而生的终极关怀"、"达至慈悲的极致"而在中国佛教史上地位显赫。本书为"世界宗教研究丛书"之一，是作者在其博士学位论文基础上修订而成的以佛教"了生死"观为主题、以印光思想的横纵向定位为基准对净土信仰展开系统研究的专著。全书共10章。书中紧扣佛法教人了生死的意旨，从净土信仰"既有现实关怀，更有终极关怀"的视角出发，以印光思想在现代汉传佛教信众圈中的影响力为坐标，与慧远、善导、莲池和蕅益等净土宗古代祖师的净土思想作纵向比较研究，与杨仁山、虚云、弘一、太虚和欧阳竟无等现代佛学大家的净土思想作横向比较研究，发现净土信仰、净土宗与印光思想所蕴涵的现实关怀与终极关怀的诸种要义，发现其表达最深层的死亡恐惧与寻求解脱的终极愿望，解脱路径即往生阿弥陀佛的西方极乐世界，从而展示出净土信仰深沉的超越与解脱之蕴。

印顺佛学思想研究
郭朋著
中国社会科学出版社　1991年8月　270千字　331页

印顺（1906-2005）是中国当代著名佛教思想家。他早年追随太虚大师，后迁居台湾，多年来潜心佛学，在中印佛教思想与教派研究方面有很深造诣。本书系统介绍了印顺法师的生平、著作及其佛学思想和研究方法，并就"人性与佛性"、"佛教与道德"、"佛教与世界文化"等议题作了评论。全书分为"生平与著述"、"对于初期大乘的论述"、"对于'菩萨'的出现与佛陀观的演变的论述"、"对于弥陀净土与文殊、普贤的论述"、"对于唯识思想的论述"、"对于密教的批判"等12章。作者认为,在当代佛教学者中,能够像印公这样从历史的、思想的角度去探讨、研究佛教,并且建立起博大精深的思想体系者,并不多见。印公秉持的是一种科学的、历史主义的态度和方法。

杨文会与中国近代佛教思想转型：有音如雷，有气如霞
张华著

宗教文化出版社　2004年10月　330千字　447页

　　杨文会（1837-1911）在近代中国佛教历史上曾起到承前启后的作用。他一方面继承了中国佛教以融合见长的优秀思想传统，另一方面又启蒙了中国佛教的革新运动，对后世佛教的发展变化影响甚深。本书以被世人称誉为"中国近代佛教复兴之父"的杨文会为中心，立足于深入的历史角度和宽广的世界视野，在中外社会文化的广阔时空中，在中国近代佛教复兴的境遇中，以探讨佛教思想的近代变化为重心，系统分析和论述了杨文会佛学思想及其与中国近代佛教思想转型的关系问题，内容涉及杨文会的学佛历程与思想发展、杨文会与《大乘起信论》、建立马鸣宗的构想、杨文会与其门下弟子等。全书共5章。作者认为，近代佛教思想转型，源于其自身思想的逻辑发展，受到一些外部因素的刺激。这场转型既保持了传统佛教的某些思想特质，也受到世界佛教现代走向的影响；既是建立在对传统宗派佛教批判基础上而以融合佛教为标志，但又没有全然否定传统佛教而以融通创新为归趣。

陈健民传
陈浩望著

宗教文化出版社　2010年8月　300千字　343页

　　陈健民（1906-1987），湖南省攸县人，美国佛教协会主席，爱国佛学家。自他年轻时在湖南省立第一师范毕业后，除了曾经担任过为时不久的湖南省教育会、中学教员及短暂的北伐军旅生活外，近50多年来，几乎都生活在修行与弘法的生涯之中。从1929年皈依太虚法师起，他就开始深入经藏，精研净土经论，过着在家身份的出家生活。此后他又陆续拜学密宗、兼参禅宗的别传汉门。他一生翻译了许多佛教著作特别是密宗经典，因而具有真修实证的证量功行，被公认为"全世界现在修密宗的成就者"，著有《曲肱斋丛书》、《佛教禅法》、《净土五经会通》等佛学理论著作。本书记述了陈健民从降诞、童年、求学、参军、出离，到皈依太虚、诺那、贡噶大师等，乃至闭门苦修、著书立说数十年的生命历程，对其弘法业绩及修行实践作了全面客观地展示与评说。全书包括32个部分。书末附《陈健民行谊大事年表》、《陈健民著作统计表》（录自《曲肱斋全集》第十二卷）、《忆夫君》等文献资料多篇。

赵朴初宗教思想研究
萧秉权编著

上海交通大学出版社　2010年5月　142千字　193页

　　赵朴初（1907-2000）是杰出的爱国宗教领袖，在国内外享有崇高的声誉。他曾长期担任中国佛教协会的领导，兼任全国政协宗教方面的领导人，为促进中国佛教和宗教工作做出了重要的

贡献。本书是作者于赵朴初先生逝世5周年时所著《赵朴初与新中国佛教》一书的姊妹篇，旨在介绍赵朴初的马克思主义宗教观，呼请关注宗教，正确认识宗教，正确对待宗教。全书分为"宗教的再认识"、"正说佛教"、"重在自身建设"、"正确认识宗教"4章。书中依据赵朴初生前的许多重要讲话、重要文章等，介绍了赵朴初在长期的宗教工作实践中，坚持从实践出发，实事求是，把宗教的教理教义圆融到社会主义事业中。他直接从宗教的起源、宗教的思想和教理教义出发，论证了宗教、特别是佛教与社会主义"有通之处"。在长期的宗教活动中，他团结广大信教群众，积极投身到社会主义革命和建设中，真正做到爱国爱教。

云水日月：星云大师传
符芝瑛著
北京十月文艺出版社　2006年12月　420千字　405页

当代著名高僧星云大师从大陆到台湾，从宜兰雷音寺到高雄佛光山寺，致力于"艰难开创佛光山"、"教育僧才徒众"、"广设全球道场"、"弘扬人间佛教"。他积聚众人愿力，将佛门传统与现代生活相结合，厘定仪制，有破有立，入佛法于生活的喜怒哀乐之中，"给人信心、给人欢喜、给人希望、给人方便"，成就了不凡的志业。本书借助人物采访所获的第一手资料，运用生动的实例，真实记录了星云大师的成长经历、生活面貌、所思所感及其弘扬人间佛教的奋斗历程。全书分为"星云辉耀"、"善法缘起"、"传灯之旅"、"佛光世纪"等9个部分，包括"千载一时，一时千载"、"小小佛种降人间"、"割爱辞亲入栖霞"、"以佛教兴亡为己任"、"台湾，斯士斯人"、"宜兰，根本源头"、"现代与创意的佛教"等24章。本书融历史，哲学，励志与心灵成长等内容于一体，为学界认识和理解海峡两岸当代佛教的发展动态提供了丰富的素材。

（四）藏传佛教人物传

中国藏传佛教名僧录
唐景福编著
甘肃民族出版社　1991年6月　220千字　303页

藏传佛教在相当长的历史时期内与政治紧密结合，因之形成了独具特色的政教合一的农奴社会制度。正是这种特色，给藏传佛教的僧人立传问题提出了新的标准。本书是我国藏传佛学界的第一部汉文僧传，全面系统地介绍了藏传佛教123位著名僧人的生平、事迹、著作等。书中以史为经、以事为纬，撷取藏传佛教史乃至藏族史上起过重要作用的高僧硕德作为僧源，时限自公元8世纪西藏佛教前弘期名僧巴桑囊始，到十世班禅却吉坚赞圆寂止，前后长达1000多年。作者注重借鉴、吸纳古代僧人撰写僧史的经验和当今学者的成果，对每位僧人的生平事迹评价都做了概括性地总结和评价，指出其在藏传佛教史上的地位和所起的作用，以及对后世的影响，体现了藏传佛教的特点和现代学术界的观点，为中国僧传史开辟了新的领域，对繁荣宗教学术，沟通汉藏佛教文化等方面有着重要的现实意义。正如黄夏年教授所言，"书中所选收的既有前弘期、后弘期的名僧，又囊括了近现代的大德，古今兼备，前后俱通，表现了连续性，有通史的性质。特别是作者用编年顺序，把各位僧人前后串在一起，一来便利读者查找，二来读者阅后可以对藏传佛教得出总体地印象。"

柒、佛教

藏传佛教高僧传略
拉科·益西多杰编译
青海人民出版社　2007年4月　660千字　510页

　　藏传佛教有着广泛的信仰基础。它之所以能够深深扎根于藏族、蒙古族、土族、裕固族、纳西族等少数民族和部分汉族地区，除了佛教主张的"众生平等"、"诸恶莫作，众善奉行"、"慈悲为怀，普渡众生"等基本教义受到信众的欢迎外，至少还有这样几条不可忽视的原因：佛教的本土化；佛教理论体系的完备性；藏传佛教形成后教理、教法的传承性；藏传佛教传播中的多民族性特征；藏传佛教历代高僧所作的艰辛努力和卓越贡献功不可没。本书是兼具资料性与学术性的汉文藏传佛教高僧传记，详细记述了藏传佛教不同历史时期和不同派别的170余位高僧的传法、修身经历和历史贡献，通过人物行迹反映了藏传佛教的发展、演变，内容涉及前弘期、后弘期、宁玛派、噶当派、噶举派、萨迦派、息结派、觉囊派、夏鲁派、果札派及珀东学派、格鲁派等。本书对于世人了解藏传佛教、进一步研究藏传佛教和有关部门加强宗教管理，引导宗教与社会主义社会相适应均具有理论价值和实际意义。

活佛转世
蔡志纯　黄颢编著
中国社会科学出版社　1992年9月　193千字　255页

　　活佛转世（藏语称"朱古"），源自佛教三身学说，指佛为普渡众生，随三界六道的不同状况和需要而变现的种种身相。活佛是佛的化身，是特定政治环境下的产物。最早的活佛转世制度起始于噶举派的噶玛拔希（黑帽系）。本书以历史唯物主义观点为指导，叙述了转世佛在人间世界的活动，阐明了中央政府与活佛转世的关系。全书共10章。书中讲解了活佛的由来，活佛转世的过程、程序、方式，接受佛学教育，以及活佛在寺庙的生活、地位、等级、世系，接受中央政府的赐封，转世的纷争，圆寂、塔葬等问题，展示了活佛转世的历史全貌。作者指出，将佛与人结合，化身"活佛"，乃宗教史上的创举。转世制度的实质是利用佛教的化身理论对先期的家庭传承制（封建贵族世袭制）加以改造，拓宽宗教活动的社会面，继而减弱法缘关系对血缘关系的依附性。其发展历史表明：活佛本身必须依靠中央政府的力量，才能兴教，巩固活佛的地位。

拉卜楞寺活佛世系
扎扎著
甘肃民族出版社　2000年9月　380千字　469页

　　嘉木祥世系是统领一方的领袖型活佛，其历世活佛的作为及功果，构成拉卜楞寺的历史发展轨迹。拉卜楞寺其他活佛世系则是围绕以嘉木样为首的权力阶层的主观意志和客观需求开展政教活动的。数以百计的活佛世系的出现，从另一侧面反映了拉卜楞寺雄厚的经济实力和崇高的宗教地位，同时表明它在历史上治教治学取得的丰硕成果。本书列述了拉卜楞寺29个转世系统共148位活佛，包括赛赤活佛系、著名活佛系、堪布活佛系等，介绍了他们的生平事迹，为拉卜楞寺历史研究作了必要补充。全书按活佛世系分为4篇。其中，赛赤活佛世系4个计28名人物，著名活佛世系3个计16名人物，堪布活佛世系6个计33名人物，普通活佛世系16个计71名人物。书中所介绍的活佛就数量而言，虽然不足拉卜楞寺全部活佛的三分之一，但基本上反映了该寺活佛的整体情况，勾勒出拉卜楞寺活佛世系传承的主要线索。

佛界：活佛转世与西藏文明（西藏宗教文化历史丛书）
周炜著
光明日报出版社　2004年1月　381千字　402页

关于活佛的来历、转世依赖的灵魂和佛学观念、转世的实修和亡者的转生引导、活佛从圆寂到转世认定的种种程序和仪轨等问题，除了极少数有幸参与活佛转世寻记的高僧、摄政和著名神巫等知道外，对世人一直是永远不解的谜。本书为"西藏宗教文化历史丛书"之一，作者将活佛转世这一特有的制度与西藏文明纳入到整个中华民族文明发展中进行论述和叙说，详尽阐释了雪域佛教文化观念中神灵与苍生、生与死、转世与永生的关系，以利于对中华民族文明一元多支的历史和现实状况的理解。全书分"活佛转世的文化观念"、"圆寂转世与寻访仪轨"、"雪域转世灵童"、"活佛认定和坐床仪轨"、"转世活佛的培养教育"、"无量光佛的两世化身"六个部分，共22章。内容包括：古老的灵魂观念，转世化身与史诗的传说，轮回转世与度亡仪轨，活佛的圆寂，活佛的投胎转世，活佛转世方向的预兆，转世灵童，文殊菩萨的转世，初步确认灵童真身，金瓶掣签与最后认定权，走向智慧之门，执掌西藏政教事务等。

活佛转世及其历史定制
陈庆英　陈立健著
中国藏学出版社　2010年1月　165千字　191页

活佛转世是藏传佛教所独有的宗教首领的传承方式，不仅在其他宗教中没有这种传承方式和制度，而且在世界各地不同的佛教流派中，即使是与藏传佛教同属于大乘佛教的汉传佛教、朝鲜佛教、日本佛教中，都没有发展出这种首领传承方式。本书针对"什么是活佛转世"、"活佛转世制度的产生"、"格鲁派早期的师徒传承"、"早期的达赖喇嘛：根敦珠巴和根敦嘉措"、"达赖喇嘛活佛转世的发展：索南嘉措和云丹嘉措"、"五世达赖喇嘛的认定及其事迹"、"围绕认定六世达赖喇嘛的斗争"、"八世达赖喇嘛的寻访和认定"、"金瓶掣签制度的制定"等14个具体问题做了深入细致地探讨和解说，全面展示了西藏活佛转世制度的由来及其历史发展过程。

西藏的寺与僧（1940年代）
柳陞祺著
中国藏学出版社　2010年1月　141千字　163页

本书是著名藏学家柳陞祺先生于西藏和平解放前在拉萨实地调查与搜集资料后所作，反映了当时西藏宗教的真实面貌，系国内对1940年代藏传佛教寺院与僧侣情况进行全面介绍的较早的著作。全书分为"西藏宗教"和"西藏喇嘛教的寺庙和僧侣组织"两个部分。前部分首先通过对宁玛巴、噶当巴、噶举巴、希杰巴、萨迦巴等藏传佛教不同派别兴起过程的描述来具体展示佛教传布西藏的经过，然后重点讲述了格鲁巴的创教史、格鲁巴在理论与实践上的特点、西藏黄教三大寺及扎什伦布寺的几种寺庙等，并对密宗院之特色和喇嘛制度作了分析解说。后部分集中论述了西藏喇嘛教的寺庙和僧侣组织，从一个侧面揭示了西藏宗教制度的内部运行机制。

章嘉呼图克图研究（民族宗教学研究博士文库 / 牟钟鉴主编）
邓新建著
宗教文化出版社　2010年6月　250千字　359页

　　章嘉呼图克图是贯穿明朝、清朝及民国三个历史时期的藏传佛教活佛系统。该活佛系统与清王朝、民国政府的关系相当密切，发挥了重要的政治、宗教作用，在中国政教关系史上留下了浓墨重彩的一笔。本书为"民族宗教学研究博士文库"丛书之一，作者将章嘉呼图克图置于具体的历史、社会背景中，并以三世章嘉为重点，对章嘉活佛系统首次进行了深入的贯通性研究，使章嘉活佛系统的整体框架和发展脉络得以完整呈现。全书共6章。第1章考释"呼图克图"的词源来历，介绍一世章嘉的基本情况。第2章讲述清王朝册封二世章嘉的原因及他的政教活动。第3章介绍三世章嘉的政治成就。第4章介绍三世章嘉的文化贡献。第5章介绍四世至七世章嘉。第6章探讨清王朝恩威并施的管理措施以及章嘉系统与清王朝的特殊关系。

清代四大活佛（清史知识丛书 / 罗明主编）
张羽新著
中国人民大学出版社　1989年4月　73千字　146页

　　清王朝为了利用喇嘛教统治蒙藏民族，曾经敕封达赖喇嘛、班禅额尔德尼、哲布尊丹巴胡土克图、章嘉胡土克图为四大活佛，并对这些身披袈裟的僧侣贵族给予种种特殊优待。本书为"清史知识丛书"之一，作者运用历史唯物主义的观点和方法，审视了清廷的民族与宗教政策，讲解了清代四大活佛的来历和转世制度的实施情况，揭露了沙俄、英国等外国侵略者利用宗教问题及西藏僧俗统治集团与满清中央政府的矛盾而鲸吞中国领土的图谋。全书共3章。内容包括：喇嘛教和四大活佛的由来，四大活佛与清代历史风云，活佛的转世与日常生活等。

历辈达赖喇嘛与班禅额尔德尼年谱
丹珠昂奔主编
中央民族学院出版社　1998年2月　863千字　753页

　　活佛转世制度是具有鲜明的藏民族特色的佛教文化。用活佛转世的方法解决教派领袖的传承问题，乃藏人对佛教文化的一大创造，属当今世界藏学研究的热点问题之一。在藏传佛教不同教派的众多转世活佛中，达赖喇嘛、班禅额尔德尼无疑是当今世界公认的活佛，是近300年西藏社会政教运作的核心。本书是全面介绍活佛转世和举世皆知的达赖喇嘛和班禅额尔德尼两大活佛系统的重要史著，也是研究500多年来藏族社会历史、藏传佛教与文化、西藏地方与祖国关系以及藏族与蒙古族等民族关系历史的重要资料。全书按"历辈达赖喇嘛"和"历辈班禅额尔德尼"顺序编排。书中在考证和研究的基础上，以年谱的形式真实地记录了一世至十三世达赖喇嘛、一世至十世班禅额尔德尼从出生、学经、修行、弘法、施政，以至圆寂、转世等系列过程，全景再现了这23位谱主在宗教、政治、经济、文化等方面的特殊作用和历史功绩。

历辈达赖喇嘛生平形象历史（雪山中的转生丛书）
陈庆英等编著
中国藏学出版社　2006年1月　595千字　701页

　　藏传佛教格鲁派在15世纪末16世纪初陆续出现的众多的活佛转世系统中，最重要的是达赖喇嘛活佛转世系统。这一活佛转世系统开始于扎什伦布寺的创建者根敦珠巴（1391-1474），至今已有14位具有达赖喇嘛名号的人物。本书为"雪山中的转生丛书"之一，作者依据历史事实及相关资料，主要是历辈达赖喇嘛的藏文传记的记载，采用传记体形式记述了从达赖喇嘛一世到达赖十四世的生平事迹，力图准确说明历辈达赖喇嘛的弘法之路以及他们在历史上的地位和作用。全书按14位达赖喇嘛的转世顺序编排，由陈庆英、马林、星全成、冯智等几位作者分工撰写。

西藏的历代达赖喇嘛
[印度]英德·马利克著　尹建新等译
中国藏学出版社　1991年9月　115千字　168页

　　本书是印度外交官英德·马利克撰写的介绍西藏历代达赖喇嘛的"存有明显偏见"之作，当年被作为反面教材出版。该书作者长期出任印度政府与流亡藏人之间的联络官，与十四世达赖喇嘛以及西藏流亡政府的官员们有过20多年的亲密交往。此外，他还曾与丹增嘉措本人进行过无数次交谈。故而本书所提供的素材很有史料价值，相较其他外国人写下的关于十四世达赖喇嘛的书籍更具权威性。全书分为"达赖喇嘛体制"、"寻访方法"、"鲜为人知的一、二世以及获得尊号的三世"、"生在蒙古的四世达赖"、"西藏的缔造者－五世达赖"等21个部分。书中有选择性地评述了达赖喇嘛体制的涵义及传承方法，介绍了从达赖一世至达赖十三世的生平事迹，最后以大量篇幅叙述1959年出逃的十四世达赖喇嘛丹增嘉措及其追随者的情况。谈到班禅喇嘛，作者不仅着墨粗疏，而且多有贬抑。当代著名民族理论家牙含章先生在本书"前言"、译者尹建新在"译后"里，分别就书中所涉"西藏历史与民族宗教问题、十四世达赖问题"予以回应，指出由于作者对中国人民持不友善立场，常将西藏视为一个国家来看待，这实际上是与国内外一小撮闹西藏独立的人应声附和。

达赖喇嘛传
牙含章编著
人民出版社　1984年9月　261千字　358页

　　本书运用马克思主义的理论和方法，评述了历辈达赖喇嘛及西藏宗教问题（写作于1952至1953年，最初仅作为内部发行的参考资料）。1967年，西藏叛国分子夏格巴·汪秋德丹写了一本《西藏政治史》，肆意歪曲西藏历史，挑拨汉藏民族关系，污蔑党的民族和宗教政策。为有力驳斥夏格巴·汪秋德丹的反动言论，以正视听，作者决定将本书公开出版。全书分"一世至十二世诸达赖喇嘛"、"十三世达赖喇嘛土登嘉措"、"十四世达赖喇嘛丹增嘉措"上中下三编，重点讲述了西藏近代史，对西藏农奴制等问题提出了自己的看法。在引用史料方面，作者特别注意持批判的态度，纠正了满清、北洋政府及国民党政府统治时期涉及西藏人民的侮辱性文字，同时也对西藏地方史料中有关"中藏关系"的不恰当表述予以修正。

十四世达赖言行评析
益多著
人民出版社　2012年5月　191千字　286页

　　本书辑录了作者自2006年7月18日至2012年3月20日陆续发表在《人民日报》、《环球时报》、中国西藏网等国内主流媒体和网站上的有关十四世达赖言行的文章41篇。这些文章针对达赖的"中间道路"问题,达赖集团策划"314"拉萨打砸抢烧暴力犯罪事件,达赖集团封建农奴主阶级本性和政教合一专制本质,达赖操弄"退休"、"转世"等问题以及西藏历史和社会发展等方面的情况做了全面、清晰、透彻的论述。全书按文章发表的时间顺序编排,同时不作任何文字改动。内容包括:《达赖喇嘛"中间道路"之我见》,《达赖注定是可怜的失败者》,《活佛转世的宗教仪轨和历史定制》,《藏传佛教活佛转世管理步入法制化轨道》等。

历辈班禅额尔德尼
苏发祥著
青海人民出版社　2009年5月　150千字　216页

班禅的称号始于公元1645年,汉语意为"大学者、大宗教家"。硕特部首领固始汗管辖后藏地区后,宗喀巴的弟子克珠杰被追认为第一世班禅,索南确朗、罗桑丹珠为二、三世班禅。达赖喇嘛和班禅额尔德尼作为格鲁派最大的两个活佛转世系统,对17世纪以后西藏社会和历史的发展产生并正在继续产生着巨大的影响。因此,欲了解近现代藏传佛教发展史,必须先熟悉达赖喇嘛和班禅额尔德尼两大活佛转世系统的演变历史。实际上,达赖喇嘛和班禅额尔德尼活佛转世系统也一直是国内外藏学界研究的重点和热点。本书在汇总和梳理前人研究成果之基础上,细致讲述了一至十世班禅的生平、弘法历程和历史贡献等情况,开启了一扇理解西藏社会、历史和文化的窗口,也为专业人员研究藏传佛教历史提供了基本素材。

班禅额尔德尼传
牙含章编著
西藏人民出版社　1987年11月　280千字　386页

本书是著名藏学家牙含章先生于1985年完成的关于西藏历史、主要是西藏近现代史的学术性和资料性的著作。它与作者从事藏学研究后撰写的第一本专著《达赖喇嘛传》(1953)具有同样性质,都是采用传记体裁来论述西藏地区近600多年的历史,内容涉及自元末明初到西藏和平解放、十世班禅返回扎什伦布寺这段时期。全书共10章。书中将"反帝爱国和从属关系"这两个问题作为指导思想评析历代班禅,参考了60多部藏、汉专著和50多篇文献资料,大量引用《卫藏通志》、《清实录》、《西藏王臣记》、《明实录》、《班禅大师全集》、《班禅自传》等史书中的原文,梳理了达赖世系与班禅世系的历史渊源,阐明了班禅额尔德尼的历史地位,特别介绍了九世班禅的爱国壮举和十世班禅确吉坚赞促进西藏和平解放的历史功绩。这部著作曾对几代藏学研究者和涉藏实际工作者产生启蒙的作用,至今有着重要的学术价值和资料价值。

雪域圣僧:帝师八思巴传(藏族文化丛书)
陈庆英著
中国藏学出版社　2002年4月　157千字　212页

八思巴(1235-1280)是藏族杰出的历史人物,是藏传佛教的一派宗师。他成功地促使元朝皇室接受了藏传佛教,成为元朝帝师;促使西藏地方和广大藏区归附元朝中央政府,将西藏正式纳入中国版图。他创制了蒙古新字:八思巴文,丰富了祖国的文化遗产,并为藏、蒙、汉之间的文化、艺术、科技交流作出了贡献。本书为"藏族文化丛书"之一,作者通过对汉、藏文原始资料的收集、整理、翻译和对比,详细地介绍了八思巴的生平、传教历程及其多方面的成就。全书共7章。内容涉及八思巴的家世、出生和少年时代的成长经历,八思巴结交忽必烈、参与元朝政治并受封为国师、获得珍珠诏书,首次返回萨迦建立西藏行政体制、兴建萨迦南寺等的过程,以及八思巴再次来大都并再次回到萨迦后的活动情况。

宗喀巴大师宗教伦理思想研究(西南民族大学宗教学学科建设丛书)
李元光著

巴蜀书社　2006年9月　210千字　276页

　　宗喀巴大师(1357-1419)的宗教伦理,体现了人的终极关怀。他所开示的宇宙大融合的思想特质,首先表现在以缘起性空的智慧观察宇宙众生,彻底否定了人类自我中心主义,给"众生平等一体"以强有力的理论证明。本书为"西南民族大学宗教学学科建设丛书"之一,是根据作者的论文集结而成的探讨宗喀巴大师宗教伦理思想的专著。全书共6章。书中结合宗喀巴大师的生平,首次较系统地论述了宗喀巴伦理思想产生的基础,主要构成、特征及其现实意义等,试图梳理出它的体系框架。作者认为,纵观宗喀巴大师的伦理思想,他以出离心为出发点,以菩提心为宗旨,前者是出世以解脱个人的生死,后者是入世以度脱众生之轮回。空性正见则从理论上证明了为何要出世又入世,是他整个伦理思想体系的理论根基。宗喀巴大师的宗教伦理思想以及他的宗教改革实践,对弘扬藏族传统文化、克服现代文明的某些弊端,达成最低限度的全球伦理具有重要的理论意义和现实意义。

宗喀巴佛学思想研究
朱丽霞著

中国社会科学出版社　2007年4月　248千字　248页

　　本书从宗喀巴的佛学见地、实践观以及境界论入手,按照佛教所主张的境、行、果理论来构建宗喀巴的佛学体系。书中讲述了宗喀巴的师承和佛学思想渊源、宗喀巴的修行观和境地观,阐释了宗喀巴的显教思想,系统地结构出宗喀巴的整个宗教思想体系,并对宗喀巴的佛学思想作了整体定位,以凸显其思想特征及其在中国佛学中的地位。全书共6章。第1章介绍宗喀巴佛学思想的师承和渊源。第2章从"对缘起说的维护、对自性空的全面贯彻和二谛观"三个方面阐述宗喀巴的中观学观点。第3章主要围绕宗喀巴对唯识宗观点的批驳和清理来论述其判教立场和佛学思想。第4章从方法论层面解析宗喀巴对中观自续派和应成派之分歧的看法。第5章从"不许如来藏、实践论和因果说"三个方面阐明宗喀巴的修行观及境界论。第6章将宗喀巴佛学思想放在整个佛教的框架内加以考察,彰显其思想特性,兼论宗喀巴佛学对于整个中国佛学的价值之所在。

(五)其他人物传

中国近代佛教史学名家评述
周霞著

上海社会科学院出版社　2006年6月　310千字　379页

　　中国佛教史学研究在20世纪上半叶取得了重大成就。其时中国学术界涌现出一批杰出的人文学者,他们广取博收,融会中西,写出了具有很高参考价值的佛教史论著。他们的成就惠及当代而远未过时,他们的一些学术思想,今人仍未达其深度。本书汇集我国近代诸多佛教史学名家的精辟评述,作者采用个案研究、比较研究、跨学科研究等方法,以 20 世纪上半叶中国佛教史的研究状况为考察对象,从史学史、学术史的角度,探索这一时期佛教史研究兴起的背景和发展的进程,通过个案分析与综合归纳,考察有代表性的佛教史家的学术和思想,了解其文化观对佛教史研究乃至整个现代学术产生的影响,客观地评价他们在佛教史研究上的成就。全书共 8 章。书中从整体上展现了中国近代佛教史学在通史、断代史、专题史、宗派史和区域史等方面的进展情况和主要特点,以求在深层次上搜寻中国近代佛教史学发展的轨迹和内在规律,最后以历史的眼光评判了近代佛教史学的缺陷或不足。

现代新儒家与佛学(觉群佛学博士文库 / 觉醒 赖永海主编)
徐嘉著
宗教文化出版社　2007 年 5 月　250 千字　289 页

在中国思想史上,佛学与儒学的关系极为重要。近现代以来,儒学与佛学都发生了深刻的变化和转型。在这一过程中,儒、佛关系完全不同于历史上的"冲突—交融"关系,现代新儒学并不是在佛教的刺激下产生的,佛教的近现代调适也不是由于儒学的直接作用,儒与佛的新思潮都是在汹涌而入的西学浪潮的冲击下,在民族文化面临危亡的境遇下得以发生的。因此,从思想史而言,儒、佛关系在新的历史时期有着新的特点。本书为"觉群佛学博士文库"丛书之一,作者致力于研究在现代新儒学思潮中,佛学对于儒学的转型产生了何种影响,佛学对现代新儒家建立哲学体系在哪些方面发挥了影响、起着怎样的作用,以及这种影响就理论思维的角度说,其主要特点和意义何在等。书中通过对梁漱溟与佛学、熊十力与佛学、唐毅军与佛学、牟宗三与佛学诸问题的讨论,分析和阐释了现代新儒家与佛学的特定关系。全书共 4 章。作者指出,近现代佛学的复兴对现代新儒学的建立与新儒家的成长提供了非常重要的客观条件。近代思想家与佛教的关系不但是现代儒、佛关系的前奏,对新儒家思想的形成有相当程度的影响,而且对两者关系的考察也有助于说明现代新儒家与佛学关系的特征。

毛泽东与佛教
王兴国著
中共党史出版社　2009 年 10 月　220 千字　237 页

本书是目前国内出版的唯一一部专讲毛泽东与佛教关系之著作。书中介绍了少年毛泽东信仰佛教的原因、青年毛泽东游览佛教寺庙和对佛教哲学的钻研及其思想感触,分析了成为马克思主义者以后的毛泽东对待佛教的态度,包括:他对佛教在中国文化史上地位的评价、对宗教本质的认识及政策,他与佛教界人士的交往、对佛教故事及成语典故的运用,以及在革命生涯中与佛教寺庙的联系等。全书分为"少时曾信佛 稍长究其理"、"沩山访高僧 昭山述己志"、"一多可相容 三世是 时"、"众生要解放 传统应发扬"等 8 章。作者所选用的资料,一般都是毛泽东自己谈到过的事实,或是学术界公认确有根据的事实,或是若干回忆者共同承认的事实。在审核具体材料时,作者运用马克思主义的观点进行科学、辩证的分析,以求得出符合事实的结论。本书对于研究毛泽东思想、中国共产党的宗教政策、哲学和宗教学等,均有参考价值。

（六）外国人物传

日莲论（日本研究博士丛书）
何劲松著

东方出版社　1995年1月　240千字　318页

日莲（1222—1282）是日本日莲宗创始人，他的思想蕴涵着浓重的国家意识和入世情怀。在其逝世后的700多年里，他的思想为其后继者广为传承，至今仍然具有强大的生命力，发挥着某种指导作用。本书为"日本研究博士丛书"之一，作者在细致分析日本古代政治制度及岛国民情的基础上，深入考察和研究了日莲的生平、佛学思想及主要成就，介绍了日莲教团自创立至近现代在日本各地的发展情况。全书分为"以镰仓、伊豆为中心的时代"、"以佐渡、身延为中心的时代"、"日本历史上的日莲教团"上、中、下三编。上编（第1—4章），讲述日莲出生之前的日本社会和日本佛教、日莲求学与立教开宗的过程，日莲所著《守护国家论》对法然和镰仓佛教的批判，以及《立正安国论》的佛国主张。中编（第5—7章），讲述"龙口法难"后日莲命运多舛的退隐生活及其秘法思想的形成。下编（第8—10章），讲述日莲弟子的布教活动、日莲教团的武装化与法难、江户以降的日莲系诸教团等。书末补编《日莲系各宗派简介》。

池田大作的佛学思想
何劲松著

宗教文化出版社　2006年7月　200千字　243页

池田大作先生是当代日本著名宗教家，长期致力于增进中日两国人民的友好往来，曾任日本创价学会会长、国际创价学会会长。他以其佛教思想和智慧来推动各宗教、各文化之间的对话与交流，争取世界持久和平，有着很高的国际知名度和声誉。本书是作者多年来专题研究"池田大作的佛学思想"之结晶，既反映了作者本人的佛学见解，也代表了我国学术界对池田大作的研究所取得的最新成果。全书共5章。第1章回顾创价学会成立70余年来的发展历程，并将其划分为四个大的历史阶段。第2章论述了池田大作对佛教创始人释迦牟尼的基本看法。第3章解析了池田大作的印度佛教观，探讨了佛典结集的目的、部派分裂的各种原因以及大乘佛教兴起的社会基础等。第4章解析了池田大作的天台智𫖮观，说明了池田大作研究天台智𫖮的动机和智𫖮生活的时代背景。第5章探讨池田大作的"中道政治"思想和"人学"思想。

指空：最后一位来华的印度高僧（宗教与社会研究丛书 / 卿希泰主编）
段玉明著

巴蜀书社　2007年9月　220千字　274页

指空是一位元代来华的印度高僧，曾对中国与朝鲜佛教产生过影响。高丽学者李穑所撰《西天提纳薄陀尊者浮图铭并序》称指空本名"提纳薄陀"。"提纳"意译为"禅"，而"薄陀"则为"跋陀罗"（"十六罗汉"之一）。"提纳薄陀"意即"禅罗汉"，别译"禅贤"。本书为"宗教与社会研究丛书"之一，作者从指空研究最可依凭的材料《浮图铭》入手，运用历史地理学和古典文献学的研究方法，通过对指空生平及其佛学思想的考察，证实了指空佛学主要应是中国禅学的翻版，揭示了印度本土佛教作为一种文化资源，元明以降已不再对中国具有实质意义。全书分"指空行实发微"和"指空佛学辨宗"上、下二编,另有"申论"等。作者认为,指空作为中印佛教文化交流末期的重要人物,"他的来华多少还影响了中国佛教的发展,其在中国佛教史上的地位远非其后来华的印度僧人可比拟",但是"他的辞世,事实上标志了一个时代的结束,标志了印度作为中国佛教文化源头的终结"。

中国六世纪的心识哲学:真谛的《转识论》(觉群佛学译丛/觉醒主编)
[美]蒂安娜·保尔著 秦瑜 庞玮译
上海古籍出版社 2011年9月 195千字 173页

印度传法僧真谛(499-569)于公元546年来到中国,成为当时杰出的译经家。他所传入的义学思想激发了中国人的想象力,继而发展出伟大的隋唐佛教宗派。真谛的译作专攻唯识,集中于有关心识本性的探讨。本书为"觉群佛学译丛"之一,是美国学者蒂安娜·保尔运用西方语言学研究真谛佛教唯识思想的专著。全书共5章。书中介绍了真谛的生平,分析了真谛身处印度和中国南方时的历史和政治背景,揭示了真谛思想的精髓及其在思想史上的地位,以及他的主要弟子在传播其作品的过程中所起的作用,随之阐述了真谛对瑜伽行派关于语言和心识流转过程的思想体系的分析,最后介绍了《转识论》的形成历史以及主要内容,探讨了《转识论》与玄奘《成唯识论》的主要区别,并对《转识论》文本进行了翻译和注解,述及语言和真谛的关系、真谛对瑜伽行派心识内在结构的看法、瑜伽行派对语言哲学的贡献、心的造作与虚妄分别、阿梨耶识的空性等诸多具体问题。

大梵与自我:商羯罗研究(宗教学博士文库/黄心川 陈红星主编)
龙达瑞著
宗教文化出版社 2000年6月 180千字 243页

商羯罗(788-820)是印度中世纪最伟大的哲学家之一。他所建立的哲学体系,极大地丰富了印度哲学思想,把印度哲学提高到一个新的水平,对后世印度有着十分深远的影响。本书为"宗教学博士文库"丛书之一,重点探讨了商羯罗的哲学思想及其吠檀多不二论与佛教的关系,对其在历史上和世界范围内的影响作出评价。全书共5章。第1章介绍商羯罗所处的时代背景、生平活动与著述。第2章讨论吠檀多哲学的思想源流、理论构成及其与吠陀、奥义书的关系,涉及吠檀多哲学最重要的著作《梵经》和商羯罗的先师乔荼波陀的思想。第3章讨论商羯罗宗教哲学的主要特征,包括商羯罗不二论的哲学特征、上梵与下梵的关系、"梵"与"幻"的关系等。第4章讨论商羯罗与佛教的关系,比较不二论与佛教思想的异同。第5章介绍商羯罗的影响,探讨商羯罗以后的不二论的发展、商羯罗与正统派的关系等问题。

八、工具书

释氏疑年录(近代佛学丛刊/曾学文主编)
陈垣著
广陵书社 2008年11月 180千字 219页

本书为"近代佛学丛刊"之一,是陈援庵(垣)先生编纂的一部查检历史上僧人生卒年代的工具书,完成于1938年。此书所引资料,除了历代灯录、僧传等各类佛教文献外,还广泛采录各种文集、方志和金石的载记,共计700余种佛典和俗书。书中考订了僧人的生卒年代,纠正了常见史料上的一些疏误,对于推进佛教人物的研究具有重要的参考价值。全书分十二卷,所收僧人按生年(或卒年)编录,提供了2800多位佛教人物的活动线索。其收录之广泛,过目之宏富,考订之精审,影响之深远,至今仍无出其右者。正如本书《小引》所称:"始於康僧会,会以前至者无确年可纪也;终於清初,以生於明者为限也。按生年编录,无生年或年过一百三十年未可遽信者,则略以卒年为次,生卒年俱阙者,虽有岁数弗录也。凡得二千八百人,分十二卷,颜曰《释氏疑年录》。"

佛学大辞典（影印本）
丁福保编纂
文物出版社　1984年1月　1502页

　　佛教与我国传统思想相结合,经过适合我国国情的改造,形成了独具特色的中国佛教。它在我国漫长的封建社会中,以至近代半殖民地、半封建社会中,有着广泛的影响,成为我国古代文化的一个重要组成部分。然而由于佛教典籍浩瀚,宗派林立,名数繁多,文字艰涩,初学者既无从入手,有素者亦困于检索。本辞典是丁福保先生（1874-1952）从1912年起,历时8年编纂而成的,其间参考日本织田得能、望月信亨等人的《佛教大辞典》;1922年正式出版,至1939年先后印刷过4次,共计印刷3000部。书中收集辞目3万余条,包括佛教各种专门名词、术语、典故、典籍、专著、名僧、史迹等。编者对每条辞目均注明其词性、解释其辞义、徵引其出处。凡一词多义者,则依次列出,间亦作必要的考证;对翻译的重要专门名词、术语、人名、佛典等均注出梵文或巴利文,以便检索原书。此外,本辞典还编有详细的辞条索引,为学界的案头检索工作开启了方便之门。

佛教文化辞典
任道斌主编
浙江古籍出版社　1991年2月　990千字　683页

　　本辞典以介绍佛教文化为旨,汲取前人研究成果,试图以科学与实事求是的精神诠解中国佛教文化,兼及古印度、东南亚、朝鲜、日本、美国、加拿大等,涉及哲学、文学、历史、艺术、自然科学、中外文化交流等领域。书中共收辞目5386条,释文按流派,人物,事件,称谓,法物与制度,习俗,术语,佛,菩萨,罗汉,诸天等15类编排;辞目表的各类中分设若干组,或按时序（如人物、事件）、或按地域（如建筑与名胜,雕塑）、或按内容相近者（如大小乘佛教、汉地佛教、藏传佛教等）编排。释文中有学术争议者,或译名有出入者,以习惯说法为准,必要时注出他说;释文对宗派抑扬之见,尽力避免,以求科学与客观;历史纪年,凡辛亥革命前皆用旧纪年,夹注公元纪年;辛亥革命后用公元纪年。书末附佛教文化大事年表和辞目笔划索引。

佛教小辞典（宗教小词典丛书／任继愈总主编）
杜继文　黄明信主编
上海辞书出版社　2001年12月　822千字　758页

　　佛教是在反对婆罗门教运动中产生的新的宗教,创立于公元前6世纪至前5世纪,曾在公元前3世纪被阿育王定为国教。此后传入印度邻国,超出了国界,逐渐形成了世界性宗教。本辞典为"宗教小词典丛书"之一，选收佛教（包括南传佛教、北传佛教、藏传佛教）条目凡4199条，分为佛教总论，教派、组织、机构，人物，教义，因明，经籍书文，历史事项，佛、菩萨、鬼神、诸天，教职、教制、称谓，法衣、法器，礼仪、节日，圣地、寺院及其他共12大类，述及原始佛教、早期佛教、部派佛教、大乘佛教，及其整个教义、教理、教规和组织系统，厘清了世界三大语系佛教之根脉，内容涵盖极为广泛。全书正文按分类编排，一词多义的条目，以分项方式叙述；译名采用通行的译法；外国人名、教派、组织、经籍、圣地、寺院、名词等条目，一般按"名从主人"原则附注外文，越南、朝鲜、日本等国佛教条目则不注。藏传佛教条目为满足国内外读者的需要，一般也附注拉丁文对音。本辞典正文后附有词目笔画索引。

佛教大辞典（全3册）
任继愈主编
凤凰出版社　2002年12月　3200千字　1476页

佛教创立2500年来，经过不断地传播和发展，已位列世界三大宗教之一。据2010年不完全统计，全世界的佛教信徒已超过亿人，而对佛教抱有兴趣者，则远远超出这个数字。佛教思想和文化深刻影响了所传国家和地区的民众心理，从某种程度上塑造了受众人群的民族性格。中国是受佛教影响较早的地区之一。约在两汉之际，佛教经由西域传入内地。其后经过与中国本土思想的碰撞和交融，成为中国传统文化的重要组成部分。本书是任继愈先生主编的"一部真正意义上的佛教百科全书"，也是"一部最权威性和实用性的佛教工具书"。书中共收入佛教及与佛教有关的词条11899条，内容包括13大类：（1）教派、学派、宗派；（2）人物；（3）典籍；（4）教义；（5）因明；（6）佛、菩萨、罗汉、鬼神、诸天等；（7）称谓、教职、教制；（8）仪轨、礼俗、节日；（9）法物、法器；（10）圣地、遗迹、寺院、佛塔等；（11）组织、团体、机制；（12）历史事项；（13）建筑、文学、艺术及其他，几乎囊括传世的佛教典籍的各个方面，是迄今为止各种佛教辞典中收录内容最全的一种，凝聚了国内近百名专家学者长达12年的心血，体现了中国当代佛学研究的最新成果。本辞典全方位地满足了读者的需求，为佛教及相关学科的研究提供了一部更为接近完整的工具书。

实用佛学辞典（影印本）
佛学书局编纂
上海古籍出版社　2013年10月　860页

佛教传入中国已有2000多年的历史。其间经过中西文化碰撞与交流，又经过中土多民族文化的交融与发挥，逐步改造成具有世俗化倾向的中国佛教，对中国古代的政治、经济、哲学、文学艺术、语言文字以及社会风俗等方面产生了广泛而深远的影响。本辞典是以日本织田《佛教大辞典》为蓝本，参考《翻译名义集》、《一切经音义》、《三藏法数》、《教乘法数》和丁福保的《佛学大辞典》，选辑精要，不作冗长繁复之引证，经周密筹划而成（原书系1934年上海佛学书局编辑出版的《实用佛学辞典》）。全书共收词目约2万余条，均为佛教中最常见的词语，涵括经名、书名、界名、地名、人名、佛名、菩萨、术语、杂语、名物、流派、故事和传说等各个方面。尽管本辞典成书于20世纪前半叶，然其取精用宏、详略适中，释义简明，而无阙略不足之憾，至今仍不失为一部切于实用的佛学辞典。

法相辞典（民国文献资料丛编）（全2册）
朱芾煌编纂
国家图书馆出版社　2011年9月　1750页

　　《法相辞典》，又名《瑜伽法相辞典》，台湾版名为《法相大辞典》。本辞典为"民国文献资料丛编"之一，系玄奘所译佛典中，以论典为主的佛教用语辞典，由近代佛学家朱芾煌于1934年至1937年间编纂完成。全书共收条目14000多个，300余万字。书中对于各用语之诠释，完全引用玄奘译佛典中之旧有文句，不加私人解释，并从玄奘所译之大量的菩萨乘经论中，梳理、选择出释经必要而显明易解的名词，以辞条笔划通检，每条目均标示所出经论名称及卷页，故而本辞典亦可谓玄奘所译佛教论典之佛学辞汇索引。此等"以古书解释古代词汇"之方式，最突出的优点在于可避免今人由臆测所形成的误解，尤其对于研究小乘说一切有部、大乘瑜伽行派，以及玄奘译籍之学者而言，可以在搜辑材料方面省不少力气。

佛教手册
宽忍编著
中国文史出版社　1991年11月　343千字　416页

　　本书是中国佛教协会1988年编写计划之一，旨在介绍佛教的基本教义、教史、教规、胜迹、丛林生活、僧团组织等方面的知识，以利于社会主义初级阶段的文化建设之需。付梓之前，由中国文史出版社呈送国务院宗教事务局通审全文，并蒙批复，最后由赵朴初会长题写书名。全书共12章，按四大类属划分：一、佛教在印度的创立、传播及其基本教义；二、我国汉、藏、巴三大语系佛教各宗及其派系渊源；三、佛教常识、佛事仪规、丛林组织等；四、全国重点寺院、佛教胜迹、石窟造像、中国佛教协会历届会议、佛教院校、港台佛教、各国佛教界的友好交往。附录宗教政策和有关文件如宪法、刑法中有关宗教政策的条款及文件、讲话等。

中国禅诗鉴赏辞典
王洪　方广锠著
中国人民大学出版社　1992年6月　1276千字　1576页

　　禅诗的真正产生和成熟大约在宋代。它的标志是：一方面，"禅言诗"的大量涌现，特别是和尚、居士"说偈"中可称为禅言诗的"诗"；另一方面，"以禅喻诗"（包括以禅参诗、以禅衡诗和以禅论诗三种形式）在诗坛和诗评坛上以成熟的面貌出现。本辞典是中国禅诗选本与鉴赏合一的工具书，按朝代划分"六朝"、"唐"、"宋"、"元明清"四个版块。所选篇目，均为具有较高艺术水准且含有佛理禅思意味的诗，体例由诗人小传、原诗、鉴赏文章三部分组成；时间范围以唐至清为主体，也选了六朝的一些诗作。正文中作家的排列，以生年先后为序。书末附我国汉地佛教著名寺院简介。

中国佛教百科全书（全8册）
赖永海主编
上海古籍出版社　2000年12月－2001年1月　2445千字　3128页

　　佛法广大，号称八万四千法门；经典浩瀚，总有三藏十二部之众。这是一份极其宝贵的人类文化遗产和精神财富。本书是一部从经典、教义、人物、历史、宗派、仪轨、诗偈、书画等11个方面介绍中国佛教的著作，较完整地再现了中国佛教及中国佛教文化的总体面貌及历史发展。全书共8册，分11卷。第1册（经典卷），对所有重要佛教经典的结集、分类及撰译者、基本思想及其在佛教史上地位等进行评述。第2册（教义卷、人物卷），阐释佛教的基本教义、思想意蕴和哲学内涵，对中国佛教史上著名大德高僧的情况作出报道。第3册（历史卷），梳理佛教传入中国后的历史发展以及这种发展的历史根据、思想文化背景。第4册（宗派卷），论述中国佛教史上四大宗派的思想渊源、学术传承、基本义理及各派之间的互相联系及此消彼长。第5册（仪轨卷），概述中国佛教的寺院殿堂、教职教制、节日礼仪等。第6册（诗偈卷、书画卷），精选近200篇诗词偈句，探讨禅与中国古代诗歌之间的相互渗透和影响，采用个案分析与历史叙述相结合的方法，揭示出佛理禅趣与中国古代书画的相互关系。第7册（雕塑卷），展示佛教雕塑艺术的传入、流变及其形成中国特色的发展道路。第8册（建筑卷、名山名寺卷），对中国佛教建筑之历史发展、各派佛教寺院之布局、各种佛教殿堂之结构及其特征乃至典型佛教建筑进行专业评析，另对中国佛教四大名山及数百个寺院的综合信息作出介绍与点评。

中国佛教百科（全5册）
王志远主编
华龄出版社　2008年4月　630千字　640页

佛教文化作为中国传统文化的重要组成部分，源远流长、博大精深。数十年来，有关佛教文化知识的工具书并不少见，但是其中不乏东拼西凑、抄来抄去的滥竽充数者，许多辞条的观点或论述甚至自相矛盾。鉴于此种情况，本书以学术研究为基础，在吸收已有研究成果、准确把握佛教文化的内涵与外延的前提下，尝试以崭新的体例形式来打通专业研究与普通阅读的界限，全面系统地介绍和普及佛教知识。全书共5册，包括佛教概说、印度佛教、中国佛教、佛教人物、佛教典籍、佛教宗派、佛教建筑、佛教艺术等数十个部分。其主要特色是：一、着眼于中国佛教的整体状况，着力对佛教传播发展的内在逻辑性进行深入挖掘，特别是对中国佛教历史的剖析、对佛教历史分期的界定、对佛教艺术划分为表现艺术和造型艺术两大分支的新观点等方面的阐释尤为独到；二、本书强调"中国佛教"这个概念包涵三大语系佛教，即汉语系佛教、藏语系佛教和巴利语系佛教，力图纠正过去在提及中国佛教时只将其简单地等同于汉传佛教的旧概念；三、本书所收各目比较广泛，辞条内容比较好地把专业性、知识性和可读性结合起来，且其中许多观点均为编者研究心得，系属一家之言。

现代佛教学术丛刊（全101册）
张曼涛主编
北京图书馆出版社　2005年9月

佛教自东汉传入中国之后，经魏晋南北朝数百年的传播与翻译，至隋唐已呈鼎盛之势。然而进入18世纪，佛教渐渐走向了下坡，到19世纪中叶，更趋没落。近现代国人对此有所觉悟，各路研究者仍在默默耕耘，继续阐扬，使之重新焕发了新意。《现代佛教学术丛刊》一书，正是对近代以来佛教研究之成果进行全面汇总的力作。本书由台湾著名佛教学者张曼涛先生主编，出版于20世纪60、70年代；2005年，由北京图书馆出版社引进版权，首次在中国大陆地区正式出版发行。书中收集近现代823位佛教学者撰写的1776篇论文,集中展现了中国佛教近2000年来空前的视野和气度,内容涉及佛教流派、佛教义理、佛教研究等各个方面;其中相当一部分文章由佛教名僧、学界泰斗撰写,弥足珍贵,堪称现代佛学研究难得的精品学术丛刊。全书按禅宗、佛教史、唯识、华严、三论、天台、净土、密宗、律宗、印度佛教排列十辑,共101册。这部丛刊汇集的文章与观点,大多采用现代学术立场来探讨传统佛教,为后人揭示了佛教哲学的高深境界及佛学研究的根本意义之所在,同时阐明佛教与中国社会、中国文化,以及佛教与其他领域或学科发展的关系,为大陆佛学研究者提供了一部难得的教科书和珍贵的学术素材。此外,本书博而有序的编排体例,也为后来的图书编排提供了一种新颖而实用的范例。

新编世界佛学名著译丛(全151册)
蓝吉富等主编
中国书店出版社　2010年4月　60000页

《世界佛学名著译丛》一书自1978年在台湾问世以来,在佛教界、学术界反响热烈,对于台湾佛教学术研究与佛教文化的复兴起了重要作用。然该书只在台湾出版,大陆并未发行,大陆教界、学界无法一览此书之面貌,实为一大憾事。为实现两岸学术交流与共享,《世界佛学名著译丛》一书经北京版权代理有限责任公司代理,由中国书店在大陆编辑、整理出版,并且在原书(100册)之基础上又增添了53种译著(新增译著以学术界著名译者耿昇、宋立道、许建英等人的作品为主,加之冯承钧、演培法师、慧圆居士等人的翻译作品)。故此,本丛书命名为《新编世界佛学名著译丛》,共151册(含目录索引)。第1—97册由蓝吉富主编。第98—150册由南开大学宗教与文化研究中心主编。书中收入近200种海内外经典佛教学术著作,融汇了近百年来国际佛学研究的主要成果以及若干古代译师未译过的古典作品。这些著作涉及佛学研究的各个方面,对于国内学界拓展学术视野,提升佛学研究水准,极有裨益。全书包括日文、英文、法文、梵文、藏文、巴利文、蒙古文、西夏文、越南文9种原典语文(以日文、英文、法文居多)。其中有关印度、斯里兰卡、中南半岛、中亚、中国、日本、韩国等国的佛教教义,历史及文化的问题,大抵都有专著介绍,既有通俗作品,也有较尖端的专门性著作,做到"分门别类,有浅有深"。整套丛书在拣选古今中外的佛学及佛教文化名著的同时,还重点引进了某些专门性的典籍或重要工具书,以满足各类读者的需要。

中国佛教思想资料选编(套装共10册附索引)
石峻　楼宇烈　方立天等编
中华书局　2014年1月　3900千字　5256页

佛教能在中华大地上生根、开花、结果,经历了一个从与中华本土传统文化矛盾冲突,到与中华传统文化相互吸收融合的漫长历史过程。无论从研究我国历史、文化、宗教的需要来说,还是从世界文化与学术交流的需要来说,了解和研究佛教文化都是十分重要的。因此,编选一部实用的,又能较为系统地反映中国佛教发展的基本脉络,反映中国佛教各宗派的主要理论,以及对中国佛教思想影响最大的重要汉译佛典等的佛教资料选编就显得尤为必要。本书是关于中国佛教思想文献的精选、整理和汇编,旨在"为中国哲学史专业工作者研究或讲授中国哲学史,提供一部比较系统而简要的中国佛教思想的参考资料。同时也可供中国思想史、文学史、艺术史专业工

柒、佛教

作者参考"。这部选编原计划分四卷12册，从1981年到1992年，陆续出版了前面的10册。由于各种原因，最后两册未能完成，已经出版过的10册，目前亦难觅踪迹。中华书局现将前10册再度重印，整套推出。第1册为《汉魏六朝卷》，第2-5册为《隋唐五代卷》，第6-8册为《宋元明清卷》，第9册为《近代卷》，第10册为《汉译经论卷》。前9册大致按照时间顺序，上起汉魏，下迄民国，收录了历代重要的中国本土佛教文献。第10册收录了对中国佛教思想影响最大的一些重要汉译佛典。为方便读者利用和检索，还编制了《人名索引》和《文献索引》，涵盖《中国佛教思想资料选编》（套装共10册附索引）10册的正文内容，附于第10册的末尾。本书系统而简要，为各个领域的佛教研究者提供了很大的便利。

捌、伊斯兰教

一、伊斯兰教典籍研究

（一）古兰经

古兰经

马坚译

中国社会科学出版社　2003年6月　321千字　484页

　　《古兰经》是在回历23年（公元609-632年）的期间依照临时发生的事件和社会发展的需要而陆陆续续地零星启示的。穆斯林认为，《古兰经》是安拉神圣的语言，是真主传达给人类的永久性法典，是伊斯兰教信仰和教义的最高准则，是伊斯兰教法的渊源和立法的首要依据，是穆斯林社会生活、宗教生活和道德行为的准绳，也是伊斯兰教各学科和各派别学说赖以建立的理论基础。穆圣在世时，经文由弟子们背诵，并书写纪录在树叶、石片和兽皮上，由弟子们保存。后来，第一任哈里发阿布·拜克勒下令搜集整理；到第三任哈里发奥斯曼时，统一为《古兰经》定本，消除了各地穆斯林的不同版本，并将这个定本发往各地，同时毁掉了其他版本的古兰经。全部《古兰经》共计114章，穆圣在麦加传道期间启示了86章，他迁移到麦地那后启示了28章；每一章以一个阿拉伯语词作为名称。各章之下又分为若干节，共6236节，为方便在斋月（莱买丹月）诵读分为30卷，故在中国民间有"三十本古尔阿尼"的俗称。本书为马坚先生于1945年完成的《古兰经》白话文译本，后曾几经修改，1978年作最后一次润色。此译本由中国社会科学出版社于20世纪80年代初出版，影响远布海外，在国内外穆斯林中享有崇高的地位，被沙特阿拉伯定为国际汉文《古兰经》钦定本。此次新版重印，以全新的面貌面世。

古兰经韵译（汉文本）

林松译

中央民族学院出版社　1988年7月　824千字　1162页

　　《古兰经》原文内涵丰富、蕴意深刻，辞章典雅，音韵铿锵，节奏和谐。《古兰经》的翻译，20世纪以来在我国逐渐被重视。起初问世的全译本，是热衷于世界文化交流的人士从日译、英译本转译的。往后，一些穆斯林学者直接译自阿拉伯原文的几种版本便相继出现。这些译本，为适应各阶层读者的需要，同时为了反映原文的风貌神采，对《古兰经》的汉译工作作了种种尝试和探索，展现出不同的风格特色。本书是我国第八位译者奉献的第十种《古兰经》汉文通译本。这是新中国建立以来，继马坚译本之后在大陆出版的第二部译本。其所谓"韵译"，系以带韵散句表述原文内容，反映韵散凝结之语言特色，译文决非诗歌，仍属散文范畴，故以参差不齐、长短互异之散句译述，而不追求句法整齐，排偶对仗。全书以直译为主，意译为辅，对解说纷纭之语句，参照众说，酌情吸取，择善而从，偶尔亦附录他说于脚注，以供参考。书中各章均有题解，主要说明章名之由来、出处，或其他版本对该章之别称，有时简析章名之含义。题解或详或略，视需要而定。本书系根据埃及官印局1952年版本译出（中国伊斯兰教协会1980年全国印发本）；1988年7月，中央民族学院出版社同时发行阿、汉文对照（上下册）和汉文单行（全一册）两种版本。与原经全文对照编排，在国内还是第一次；用带韵散文体翻译，在国内也是首次尝试。

真主的语言：《古兰经》简介（伊斯兰文化丛书/吴云贵 秦惠彬等主编）
周燮藩著
中国社会科学出版社 1994年11月 72千字 127页

《古兰经》是伊斯兰教的根本经典。阿拉伯语称为"古兰"，旧译为"古尔阿尼"；中国穆斯林称为"天经"，用音义结合的方法，译为《古兰经》或《可兰经》。《古兰经》的内容是由穆罕默德宣告的真主启示的汇编。真主陆续降示的启示，通过其先知穆罕默德在不同时间和场合宣告时的诵读，组成了一部"诵读的经典"，即《古兰经》。它虽然有各种抄本，但在不同抄本和定本之间，经文的实际内容并无多大差异。本书为"伊斯兰文化丛书"之一，作者借助大量史料和前人已有的研究成果，全面、系统地介绍了《古兰经》这部"详解万事，向导信士"的经典。全书包括九个部分，内容涉及穆罕默德与启示，《古兰经》的成书、编排形式、风格、经文的历史分歧，启示名称的演变，《古兰经》的教诲，《古兰经》的注释、翻译和研究等方面。

《古兰经》哲学思想
杨启辰主编 杨耀苍副主编
宁夏人民出版社 1991年4月 218千字 321页

《古兰经》是伊斯兰教最基本的经典，它包含丰富的内容，不仅具有文学和历史方面的价值，而且具有社会价值和哲学上的价值；不仅是穆斯林国家的法律、司法和政治制度的基础，而且提供了范围广泛的哲学思想、伦理道德观念、行为规范的具体要求和日常生活的权威准则。本书围绕《古兰经》这部伊斯兰教经典展开深入探讨，在言明伊斯兰教核心教义和风俗礼制的基础上，从宗教信仰观、历史观、认识观、人生观、伦理道德观等6个方面系统阐析了《古兰经》中所蕴藏的深刻的哲学思想。全书共分8章。编者指出，伊斯兰教之所以能够转化为一种强大的有生命力的社会意识形式，主要归结于心理因素；实际上，伊斯兰教也是植根于人类的生存、发展以及美好愿望等共同的本性之中。

《古兰经》与伊斯兰文化
王新生著
宁夏人民出版社 2009年8月 450千字 416页

当今世界正处在多极化和全球化共存的时代，在这样一个充满变化和挑战的时代，加强世界不同文化之间的对话有助于消除偏见、无知和冲突，所以不同的社会和文明不仅要彼此容忍，而且要能够学会更好地相互理解。只有如此，我们才可能超越那些把人们分割开来的文化差异，把注意力集中到影响所有文化和群体的那些共同问题上面。要做到此点，首先必须要对作为每一种文化之核心的宗教有公正、全面地了解。而在消除不同的宗教和文化的误解从而跨越到文明冲突之彼岸方面，本书作者以为，在对人类文明作出了巨大贡献和当今发展最快的伊斯兰教的消除误解上有待做的工作尤其艰巨。正是基于上述认识，本书以"超越文明的冲突"为主旨，秉持客观、公正、严谨的学术态度，对以《古兰经》为核心的伊斯兰文化及其思想体系作了较为全面、系统地论述。全书共10章。第1章概述《古兰经》降示之前阿拉伯半岛的各方面情况；第2-4章介绍《古兰经》版本与翻译，《古兰经》义疏与简说，《古兰经》与"五功"、"六信"；第5-6章比较说明了《古兰经》与《圣经》和伊斯兰教法之间的关系；第7-9章分别论述《古兰经》与伊斯兰教圣地、《古兰经》与伊斯兰艺术、《古兰经》与妇女地位；第10章阐释《古兰经》之战争与和平观，指出伊斯兰极端民族主义有悖于伊斯兰教的本质。

经堂语汉译《古兰经》词汇语法研究（北方民族大学学术文库）
马辉芬著
宗教文化出版社　2011年9月　200千字　247页

经堂语是经堂教育中所使用的专门语言，是一种主要运用汉语语法规则将汉语词汇和来自阿拉伯语、波斯语的一些词汇或短语交互组合成句的独特的汉语表达方式。汉语的这一特殊变体，已有400多年的历史，至今仍在全国穆斯林中普遍流行。对其展开研究，不仅具有重要的社会意义，还具有很高的语言学学术价值。本书为"北方民族大学学术文库"丛书之一，作者选取马振武先生用经堂语汉译的《古兰经》为研究对象，采用语言调查、对比归纳等研究方法，对经常语的词汇、语法特点进行了深入研究。全书共4章。第1章"绪论"，主要介绍经堂教育及经堂语、经堂语的研究意义与现状、经堂语研究材料和研究方法。第2章"经堂语汉译《古兰经》词形研究"，分别讨论了经堂语中的音译词、汉语原形词和回族自创词。第3章"经堂语汉译《古兰经》词义研究"，重点研讨了经堂语中和汉语通语词形相同而意义有别的一些词语。第4章"经堂语汉译《古兰经》句法研究"，按语法单位由小到大的顺序，分别研讨了短语、句子成分、单句和复句中的若干专题。

《古兰经》注释研究
金忠杰著
中国社会科学出版社　2012年12月　660千字　629页

《古兰经》问世以来文本从未变化，变化的是对它的注释。本书旨在通过相对丰富的资料疏理和分析，较为系统而全面地展现《古兰经》注释的主要层面，挖掘《古兰经》注释的核心内容与潜在价值、透析《古兰经》注释承载的精神内涵与文化意义、反映《古兰经》注释蕴涵的文化价值和学术作用、揭示《古兰经》注释折射的经义宏旨。全书共8章。第1章从《古兰经》的成书、内容和影响三个层面，概要介绍《古兰经》。第2章概要介绍《古兰经》注释学，以求通过学科视角来了解《古兰经》注释在伊斯兰文化发展史上的学术地位和学科价值。第3章从史的角度，叙述《古兰经》注释的起源和发展。第4章归纳和阐述《古兰经》注释的五种类型：传闻注释、见解注释、专题注释、示意注释、科学注释。第5章分别阐述伊斯兰文化中具有代表性的几个传统学科，运用各自学科理论对《古兰经》所作的注释，成为《古兰经》注释的核心内容：语言学注释、法学注释、哲学注释、苏菲注释和古兰学式注释。第6章分别阐述伊斯兰教主体教派、重要学派和近现代学者对《古兰经》的不同注释：逊尼派注释、什叶派注释、哈瓦利吉派注释、穆尔太齐赖派注释、近现代注释。第7章重点介绍《古兰经》注释史上，具有代表性的33位著名注释家及其典籍与注释特点。第8章重点介绍《古兰经》注释在中国。

古兰经降示背景（历代伊斯兰教经典学术文库／康有玺主编）

［埃及］哲拉鲁丁·苏优蒂著　洪炉译

宗教文化出版社　2014年8月　300千字　429页

　　《古兰经》的降示背景，是"古兰学"和"古兰经注释学"的重要组成部分，它记述了每节经文降示时的历史事实，告诉我们先知穆罕默德和他的圣门弟子的故事。伴随着《古兰经》持续23年的降示，多神崇拜者逐渐放弃了原来的信仰，认识了伊斯兰教的真谛，成为一个个追求真知、文明上进、崇奉独一真主的信士。因此，通过对《古兰经》降示背景的探寻和研究，有助于我们了解先知在《古兰经》的昭示下，所度过的伟大而卓越的历程。本书为"历代伊斯兰教经典学术文库"丛书之一，由伊斯兰著名的经注学家、史学家和语言学家哲拉鲁丁·苏优蒂撰著，洪炉翻译的《古兰经降示背景》一书较为系统地介绍了《古兰经》降示的背景，以使读者更深入地领会《古兰经》的经文涵义和宗旨。该书引用国内通用的马坚《古兰经》译本，所记述经文的降示原因，是从各大圣训实录以及各种《古兰经》注搜集汇编而成，填补了国内《古兰经》降示背景研究的空白。

《古兰经》伦理思想研究（宁夏大学哲学学术文库／任军主编）

顾世群著

宁夏人民出版社　2016年1月　220千字　196页

　　扬善抑恶是三大宗教的共性。《古兰经》伦理思想的主旨是劝善戒恶、引人向善，穆斯林是"信道而且行善"的人，唯有通过现世的努力和奋斗，才能实现个体与社会、现世与来世的永恒和谐。本书为"宁夏大学哲学学术文库"之一，试图通过对《古兰经》伦理思想的梳理和分析，认识伊斯兰教伦理的本质和特点，以期为了解伊斯兰文化，寻求宗教对话、文化交流、经贸合作，甚或形成多元文化生态提供可资借鉴的材料。全书共5章。书中分别梳理了《古兰经》对于人、家庭、乌玛、自然的伦理规定和道德要求，讨论了《古兰经》伦理体系的形上结构及其本质和特点。作者指出，《古兰经》伦理思想具有信仰价值至上性、入世性、人性化倾向和超稳定性的特征。其中，作为宗教伦理，它坚持信仰本位，并以后世末日审判作为赏善罚恶，解决德福矛盾的终极手段；入世性和人性化倾向亦表现出鲜明的个性特征，即鼓励人们带着信仰的目的和意义积极入世，而在处理具体事务的过程中允许采取与人性及人的现实需要相符的灵活、弹性的处理措施。伊斯兰教法则是克服德性与幸福之间张力的制度手段，它与信仰心理的强大作用共同促成了伊斯兰教伦理思想的超稳定性特征。

《古兰经》在中国

林松著

宁夏人民出版社　2007年3月　465千字　470页

　　《古兰经》在全世界穆斯林心目中，是最有权威而又占绝对主导地位的经典，被尊称为"安拉的语言"、"造物主的启示"。它深邃丰富的内涵和优美奇妙的文采，曾使东西方渊博的学者、著名的文人墨客惊叹不已。然而长期以来,由于语言、文化及宗教等诸多因素的制约和影响,使得《古兰经》在非阿拉伯语地区一直未能广泛流通。在我国,对翻译《古兰经》的探索,亦曾有过漫长的历程,主要经历了从零星摘译,到重点选择,再到全文通译这几个阶段。本书全面、系统、客观地介绍了《古兰经》在中国传播、发展、翻译、研究的概况,重点突出地展示、评述了20世纪出版的所有汉文通译本,并旁及维吾尔、哈萨克、柯尔克孜文全译本,对有关研究《古兰经》的专著与重要译述,亦有所涉猎。全书分为"卷首群序"、"译坛巡礼"、"短篇拾零"、"书苑漫步"、"瑰宝鉴赏"和"大事编年"六个部分。其中"译坛巡礼"所辑录的十几篇文章,是本书的主体,曾以专栏特稿形式先后连载于朱威烈教授主编的《阿拉伯世界》杂志(原题为《汉译〈古兰经〉史话》);另有一篇,发表在西安的《伊斯兰文化研究》季刊上。本书兼顾专业性、学术性与知识性,从中既可了解伊斯兰教东传1350多年来西域文化与华夏文明交融之概貌,又可检视汉、回、维、哈、柯各民族翻译家的辉煌成果。

(二)圣训

圣训研究(上海外国语大学中东研究所基地丛书)
祁学义著
宗教文化出版社　2010年4月　250千字　280页

圣训是伊斯兰教先知穆罕默德的言行录,凡经先知认可的事,虽非他本人的言行,也被列为圣训范围。圣训是对《古兰经》原则精神的具体阐释和细化,是伊斯兰教法的第二立法依据,是穆斯林伦理道德和行为规范的基本准则。因此,圣训在伊斯兰教中的地位仅次于《古兰经》。作为伊斯兰文化的一门传统学科,圣训学与《古兰经》经注学、教法学、教义学等有十分密切的关系,成为伊斯兰经学的重要组成部分,历来受到穆斯林学者的高度重视,同时也引起西方学术界的广泛关注。本书为"上海外国语大学中东研究所基地丛书"之一,作者以圣训和圣训学为研究对象,运用历史研究与比较研究相结合的方法,在对圣训的学术概念、圣训的价值及其影响、圣训学的起源与发展、国内外圣训研究及其深化过程等进行全面梳理的基础上,力求对伊斯兰教世界、西方的东方学家以及中国圣训研究做出相应比较,评述并分析各自研究的主要成就和特点,藉此探察当代国际圣训研究的发展趋势。全书共7章。其主要内容从学科建设的角度看,具有一定的开拓性意义。

布哈里圣训实录全集(全4卷)
祁学义译　朱威烈　丁俊校
宗教文化出版社　2008年12月　2100千字　1604页

圣训是伊斯兰教的基本立法渊源,是对《古兰经》根本大纲和原则精神的具体阐释,它在伊斯兰教中的地位仅次于《古兰经》,在宗教学上的价值和意义举世公认。圣训忠实地记录了先知穆罕默德传播伊斯兰教的23年间发生的各种大大小小的历史事件及相关人物和地点等,同时包括先知所赞许和默认之事,内容不仅涉及伊斯兰教的教义、教律、教规、宗教功修等多个方面,而且生动地反映了古代阿拉伯人的生活面貌,可谓一部伊斯兰百科全书式的经籍。伊历3世纪(公元9世纪前后),圣训学作为一门独立学科应运而生,众多圣训学家随之纷纷涌现,历史上最著名的六大部圣训集都出自这一时期，其中首屈一指的当推布哈里（810-870）和穆斯林（821-874）两位圣训学大师。《布哈里圣训实录》是布哈里精心选编的先知言行录，原书全名为《真主的使者——求真主赐他喜庆与平安——的言行及其生平事迹实录大全》（Al-jami' As-sahih Al-musnad Min Hadith Rasul Allah Salla Allah A'Lih Wo Salam Wo Sunanih Wo Ayamih）。由于布哈里对圣训的考证和筛选工作非常细致，选录圣训的条件十分严格，因此，他选编的这部圣训实录被认为是众多圣训集中最知名、最具权威性的圣训集，历来受到东西方学术界的重视。本书为《布哈里圣训实录》全译本（主要根据沙特阿拉伯雅得和平出版社1997年的最新校订本译出），共收录圣训7563段，分为97个条目（章）；每一章又有多寡不同的若干节，共计7563节；每一章节前还引录与该章节内容相关的《古兰经》经文以明主旨，有些章节前加有作者简要说明。

（三）伊斯兰教法

伊斯兰教法概略
吴云贵著
中国社会科学出版社　1993年2月　243千字　335页

伊斯兰教法是以《古兰经》和圣训为基础的神圣律法，是以宗教名义规定的适用于全体穆斯林的教规，显现出强烈的宗教学说的格调，在伊斯兰教教义、社会生活中占有重要的地位。本书全面介绍了伊斯兰教法的起源，古典法学理论和教法学派的形成，关于婚姻、财产继承、瓦克夫法、刑法、商法等法律规定的基本内容，着重探讨了近现代伊斯兰国家的法制改革。全书分三编，共19章。第一编"伊斯兰教法的起源"（第1-6章），试图用历史唯物主义的观点来说明伊斯兰教法的起源问题，时间上大致从公元7世纪初至10世纪伊斯兰古典法学理论形成。第二编"实体法与法律程序"（第7-13章），以历史上影响广泛的哈乃斐教法学派为主线，分门别类地介绍传统伊斯兰教法的基本内容，同时兼顾到什叶派和逊尼派其余三个法学派的法律学说。第三编"近现代法制改革"（第14-19章），以19世纪下半叶为起点，评述近现代伊斯兰教的法制改革、由此而引起的变化及战后要求适当恢复传统法制的潮流。

伊斯兰法哲学
张秉民主编
宁夏人民出版社　2002年10月　320千字　389页

伊斯兰法和伊斯兰哲学，在国内都有不少著述和研究成果，而伊斯兰法哲学尚属一个全新的领域、一块"学术处女地"。因此，伊斯兰法哲学研究是一种颇具新颖性、开拓性、综合性和挑战性的学术思考。本书从法哲学具有的应用哲学和理论法学双重属性入手，剖析了伊斯兰法哲学的基本含义、内容和特点，研究了伊斯兰法哲学思想从古代到近现代的发展演变；同时从伊斯兰法的外在个性入手，探索蕴涵于其中的哲学共性，并从哲学的角度审视伊斯兰法在伊斯兰社会中的地位和作用。全书分为"伊斯兰法哲学概论"、"《古兰经》中的法哲学思想"、"圣训中的法哲学思想"、"早期伊斯兰社会的法哲学思想"、"近代伊斯兰学者的法哲学思想"、"伊斯兰法中的刑事法律观"等12章。编者将伊斯兰教、伊斯兰法和伊斯兰哲学结合起来进行综合研究，初步建立起伊斯兰法哲学的整体结构,包括反映伊斯兰法内部关系和外部关系的两大块理论内容,从而显现伊斯兰社会政教合一、文化一统的特点,以及伊斯兰法哲学涵盖面宽、影响力强的特点。此外,本书还从《古兰经》、圣训中的法哲学思想出发,勾勒出伊斯兰法哲学的发展轨迹和发展线索,对深刻认识伊斯兰法哲学所体现的时代精神亦有一定的启迪意义和参考价值。

当代伊斯兰教法
吴云贵著
中国社会科学出版社　2003年3月　310千字　406页

本书采用历时性与共时性相结合的原则,力图从历史、理论、现实三大层面探讨当代伊斯兰教法及影响。全书共10章。书中首先界定了伊斯兰教法、伊斯兰复兴和伊斯兰教法复兴的关系,尔后分别对传统伊斯兰教法、传统伊斯兰政治学说、伊斯兰教法的改革趋势、现代伊斯兰政治思想、原教旨主义与伊斯兰教法、国家政权与官方伊斯兰化、多元文化社会下的伊斯兰教法、宗教极端主义与伊斯兰教法等方面议题作出细致分析与论述。作者指出,历史与现实的联系,要求研究者必须以现实中的突出问题为出发点来回顾历史,这将涉及如何认识和看待中世纪狭义的伊斯兰教法以及作为广义伊斯兰教法中的传统伊斯兰政治学说、圣战思想等。理论对历史和现实的指导作用,要求叙述历史和描述现实者应当上升到理论认识的高度,特别是对近现代伊斯兰教法的改革和原教旨主义思潮产生的社会历史环境需要从理论思考和历史连续性两方面进行深入的研究。近代的复兴运动在很大程度上是对欧洲殖民统治这一政治现实所作的宗教回应,情况非常复杂。现实的复杂在于,不论伊斯兰教法还是伊斯兰复兴都有共性与个性两个方面,既要注意当代伊斯兰复兴运动某些共同性的趋势和特点,又不应忽视复兴运动在不同国家、不同层面的明显差异性。

伊斯兰法:传统与现代化(修订版)(比较法学丛书/高鸿钧　贺卫方主编)
高鸿钧著
清华大学出版社　2004年9月　332千字　458页

伊斯兰法是中世纪历史上和当今世界上具有广泛影响的法律制度之一,是源远流长的伊斯兰文化的基础,同时也是当今方兴未艾的伊斯兰原教旨主义的文化基础和政治纲领。这就与其他一些法律传统形成了鲜明对照。本书为"比较法学丛书"之一,作者侧重于从法律史、比较法学和法律社会学角度来系统地研究伊斯兰法的历史与现状,即从法律史的视角考察了伊斯兰法的基本内容,从比较法的视角概括了伊斯兰法的主要特点,从法理学的视角分析了伊斯兰法的理论与实践;书中还对近代以来伊斯兰法的改革和当代伊斯兰法的复兴等问题予以特别关注,并对一些热点问题如伊斯兰宪政与人权观问题分别设专章进行了讨论。全书分为"伊斯兰法与伊斯兰社会"、"伊斯兰法与法律现代化"上、下两篇,共12章。上篇(第1-6章)首先介绍伊斯兰法的起源和主要渊源、伊斯兰法学及其主要流派,其后分别从伊斯兰法与伊斯兰政府、习惯和习惯法与伊斯兰法等方面的关系入手,来观察和分析伊斯兰法的主要特征。下篇(第7-12章)主要从伊斯兰法对西方法律的接受过程与后果、伊斯兰社会的传统规则与现代生活,以及伊斯兰宪政理论与实践、伊斯兰人权观和当代伊斯兰法复兴等多个角度,论述伊斯兰世界在法律现代化进程中所面临的冲突与选择。

捌、伊斯兰教

伊斯兰教法：经典传统与现代诠释（西北民族研究丛书）
哈宝玉著
中国社会科学出版社　2011年10月　310千字　293页

　　本书为"西北民族研究丛书"之一，作者在占有大量阿拉伯文、英文和中文文献第一手资料的基础上，借鉴国内外学者的研究成果，以宗教学研究方法为主，历史学、法学和政治学等相关研究方法为辅，系统地论述了伊斯兰教法的起源、发展和演变，重点探讨了属广义法律范畴的宗教义务和伊斯兰教民法、刑法、和平与战争以及伊斯兰教法与所在国政治制度和文化传统之间的关系。全书共分7章。书中从历史事实和宗教义理角度，对"沙里亚"、"伊斯兰教法"、"伊斯兰法"或"伊斯兰法律"等概念进行了界定，认为"沙里亚"是广义上的宗教律例和礼法制度，不是严格意义上的狭义的"法律"。作者强调，传统教义是一种永远不能改变的定制，民法所包括的部分有灵活运用的巨大空间；同时还指出，应该正确客观地评价伊斯兰教法的吉哈德和人权思想，在坚持国际基本原则的前提下，允许各国依据自己的国情，逐步实现充分的人权；并且言明，不同国度或不同地域的伊斯兰教，在保持基本特质的前提下，灵活运用教法"创制"的原则和精神，使其在现代社会中发挥有效的积极进取精神，为人类社会的发展做更大更有益的贡献。

伊斯兰法：传统与衍新（法学文库/何勤华主编）
马明贤著
商务印书馆　2011年11月　277页

　　伊斯兰法对法律文明做出了极其重要的贡献，是人类制度文明中的鸿篇巨制、绚丽瑰宝和璀璨明珠，一直是国际学术界广泛研究的热门话题。本书为"法学文库"丛书之一，是作者在其博士论文基础上修订而成的一部"通过伊斯兰宗教学的视角来研究伊斯兰法"，主要探讨伊斯兰法的创立与形成、伊斯兰法的历史演变及其主要特征、伊斯兰法在伊斯兰国家适用状况的类型剖析和比较等方面论题的专著。全书共分16章。第1章探讨伊斯兰教兴起前阿拉伯半岛的社会与法律法。第2-8章主要叙述伊斯兰教先知穆罕默德时期、四大正统哈里发时期、伍麦叶王朝、阿巴斯王朝、中世纪、近代以及现代伊斯兰法的历史演进及主要表现特征，突出了伊斯兰法在伊斯兰国家的地位与作用。第9-10章从理论上探讨伊斯兰法的创制原则与法典化。第11-13章以伊朗伊斯兰共和国、沙特阿拉伯王国、阿拉伯埃及共和国为例，探讨伊斯兰法在这三个国家的表现形态和法律的现代化。第14-15章探讨伊斯兰人权的法律保护和伊斯兰民主协商制度，指出伊斯兰人权具有相对性和责任性，并受伊斯兰法的约束和规范。第16章探讨中国穆斯林传统法文化的形成基础，指出中国穆斯林民族传统法文化的范围较广，包括宗教礼仪、婚姻家庭、财产继承、经济行为、丧葬和饮食等。

简明伊斯兰教法
[印]穆罕默德·阿希格·艾勒哈·拜尔纳著　金忠杰　丁生伏编译
中国社会科学出版社　2014年4月　389千字　473页

　　教法学家艾布·侯赛因·古德拉瓦的《古杜尔教法摘要》，是伊斯兰教逊尼派艾布·哈尼法法学学派广为流传的一部权威著作，也是一本涵盖了其他教法典籍没有囊括的教法问题专著。自成书以来，南亚次大陆的学者们始终致力于对它的研究、注释和评注。但这部教法对初学者颇有难度，有鉴于此，本书作者穆罕默德·阿希格·艾勒哈·拜尔纳以问答形式著就了《简明伊斯兰教法》。书中不仅以问答形式解析了教法所涉及的诸多重要问题，而且在《古杜尔教法摘要》基础上，引证同时代教法典籍，增补了新的内容，使之更趋细腻和完善。全书分上、下两编。上编包括清洁篇、礼拜篇、天课篇、斋戒篇、朝觐篇、买卖篇、抵押篇、禁治产篇、承认篇、租赁篇等29篇；下编包括婚姻篇、哺乳篇、离婚篇、待婚期篇、起誓诅咒篇、赡养篇、失踪篇、释奴篇、订约赎身篇、逃奴篇、重罪篇等30篇；其中所附加的献牲篇，使伊斯兰教宗教功修部分独立成书。本书在伊斯兰世界具有广泛的影响力。

伊斯兰教法律史

[英] 诺·库尔森著　吴云贵译
中国社会科学出版社　1986年8月　159千字　211页

本书划设为"沙里亚法的起源"、"中世纪伊斯兰教的法律学说和实践"、"现代的伊斯兰教法"三部分，共计14章；第一部分，以《古兰经》立法为开端，概述了伊斯兰教法自古代阿拉伯部落习惯法，历经四代哈里发时期、倭马亚王朝时期、阿巴斯王朝前半期，直至四个古典法学派和古典法学理论形成的历史过程；第二部分，以10世纪古典法学理论形成为起点，介绍、评述了中世纪伊斯兰教法的理论和实践、教法的一致性和纷繁性、各宗派的法律体系，分析了国家政权与神圣法律的关系，伊斯兰社会与神圣法律的关系；第三部分，以19世纪殖民主义入侵为上限，介绍了近现代伊斯兰国家法制改革的理论和实践，并就伊斯兰教法的未来发展作了展望。

伊斯兰教法学史（历代伊斯兰教经典学术文库／康有玺主编）

[埃及] 胡祖利著　庞士谦译
宗教文化出版社　2014年11月　220千字　242页

法学史是叙述从穆圣到现在的伊斯兰教法发展的过程。伊斯兰教法学史的原理有：《古兰经》、圣训和法学家的见解。本书为"历代伊斯兰教经典学术文库"丛书之一，是一部在伊斯兰世界较有影响、并被一些伊斯兰国家的学校作为教法参考的法学史著作（由埃及学者胡祖利撰写，中国伊斯兰教学者、阿訇庞士谦早期翻译）。书中对伊斯兰教法中各门类的一些重要问题，分别作了重点阐述，对伊斯兰教法学的形成、完善和演变，各教法学派的产生和各派法学家的思想及其著作也有较深的探讨。全书将伊斯兰教法学史区划为六个时期来加以分段叙述，共分为20章。此六个时期是：一、穆圣时代的教法，这是后来的法学家所依据为立法原理的；二、四大哈里发时代的教法（伊历11-40年）；三、四大哈里发之后，直至第1世纪末叶的教法（伊历41-100年）；四、伊斯兰教法全盛时期（由伊历第2世纪初叶到第4世纪中叶）；五、诡辩时期（由伊历第4世纪中叶到蒙古人西征巴格达失陷）；六、盲从时期（由巴格达失陷直到现在）。

伊斯兰教法理学（历代伊斯兰教经典学术文库／康有玺主编）

陈玉峰编著
宗教文化出版社　2016年9月　280千字　365页

伊斯兰法理学亦称"教法原理学"，它是教法体系形成过程中产生的一门关于法的原理或渊源的传统宗教学科，属伊斯兰教法的分支学科之一。其研究对象是根据法自安拉启示而出的神圣立法原则，辨察《古兰经》教律、圣训教律、公议、类比四项基本原理及其相互关系，从而正确理解和阐释伊斯兰教法的渊源或理论基础，包括法的原理、准则、渊源、方法等。本书为"历代伊斯兰教经典学术文库"丛书之一，系由阿訇陈玉峰以伊玛目艾卜·宰海所著《法理学》（1997年版）为蓝本，并广采各派法理学家之专著编纂而成。全书分为"沙立尔法的立法者"、"沙立尔法统一性之根本证据原则"、"沙立尔法的辅助性基础证据"、"伊斯兰法理学的语言学原则"、"沙立尔法的断法"、"伊斯兰沙立尔法的对象"等9章。其重要意义，不仅在于它是中国第一部"以伊斯兰法理学家之言论为据而立言"的法学专业理论著作，填补了这项空白；更重要的是它将因此一改中国穆斯林一直不熟悉法理及现代年轻阿訇多未切实学习法理的状况，有利于提高中国穆斯林的整体素质，推动伊斯兰法理学在汉语世界的深入和发展。

伟嘎耶教法经解（伊斯兰文化丛书／马明良主编）
[伊拉克] 赛·沙·欧拜杜拉编著　丁秉全　师明学译
中国社会科学出版社　2008年4月　612千字　562页

本书为"伊斯兰文化丛书"之一，是一部伊斯兰教法学方面的学术名著，逊尼派穆斯林常用的传统教法教材之一。"伟嘎耶"系阿拉伯语音译，旧译"伟戛业"，意为"遵循"，即遵循伊斯兰教法传统。该书出版于公元14世纪，为中亚伊斯兰学者赛德尔·沙里亚特·欧拜杜拉（Sadral-Shari'at 'Ubaydullah, ?—1346）编著。此书是其祖父布尔汗·沙里亚特·马哈茂德（Burhanal-Shari'atMah-mud）所著《伟嘎耶教法经》（al-Wiqayah）的注释本，为学习和理解该书的基础著作。全书按教法题材分类编著，包括：清洁卷、婚姻法卷、贸易卷和签约奴隶卷四卷，内容极为丰富，涉及实体法各个领域，附有详尽的边注。其简本《伟嘎耶教法》亦称《穆赫泰赛尔·伟嘎耶》，也是逊尼派穆斯林常用教法著作之一，为印度及中亚一带穆斯林所推崇。有王静斋汉文选译本，名为《伟戛业》（1931年天津版本；只选译了1—2卷，共29章，删除原著中有关社会律例的各章节，保留了有关礼仪、斋戒、天课、朝觐等主题）。另有马赛北整理的新版本，名为《选译详解伟戛业》（1986年天津古籍出版社）。而这部《伟嘎耶教法经解》译著是迄今为止最完整的全译本，对于整理伊斯兰文化古籍，促进伊斯兰文化研究，具有重要学术价值。

（四）汉文典籍研究

早期汉文伊斯兰教典籍研究（南京大学民族与边疆研究丛书）
杨晓春著
上海古籍出版社　2011年9月　200千字　267页

早期汉文伊斯兰教典籍的考察与研究，不仅是伊斯兰教史研究的基础工作，更是解读明末清初中国回族穆斯林的历史、特别是其以伊斯兰文化为中心的文化发展的一个最重要的窗口。有关早期汉文伊斯兰典籍问题，以往国内外学术界只是略有涉及，未见专门研究。本书为"南京大学民族与边疆研究丛书"之一，作者以早期汉文伊斯兰典籍的文献学研究为侧重点，首先介绍了相关典籍的基本情况，特别是对几种为大家熟悉的典籍中的一些需要辨析的问题和几种不太为大家注意的典籍作了着重介绍，并在对这些典籍进行仔细的调查和辨析的基础上，总结其总体状况与基本特点；最后，则是以早期汉文伊斯兰教典籍为主要的史料进行一些中国伊斯兰教史和回族史的个案研究。全书共3章；章下之节，大抵是专题研究。具体专题的选择，主要考虑的是学界讨论较少或者是作者有不同意见的问题。

清真指南（中国回族古籍丛书/杨怀中主编）

（清）马注著　余振贵标点

宁夏人民出版社　1988年10月　250千字　439页

《清真指南》是中国伊斯兰教重要典籍之一，全书共十卷，康熙二十二年（1683）成书。该书未刊印以前，在各地穆斯林中已有传抄，刊印之后，曾风行一时，为各地伊斯兰寺院、经堂竞相采用，作为学习伊斯兰知识及汉语言文字的重要教材。该书卷一大部分是序文，辑入了著者好友的许多诗文，有助于后人对著者生平的了解。卷二和卷三主要阐述了伊斯兰的天人性命之说，这两卷的要义又概括为卷七的《人赞》。卷四和卷五则探讨了敬慎持身之道，这两卷的主要宗旨又略备于《宗戒》篇。卷六是杂论，约一百条，通过问答方式解释了疑难问题，对前四卷论述的内容进行了补充。卷八也是杂论，其中《登霄传》和《魔鬼传》篇，形象生动地刻划了天国地禁的种种奇境。全书原为八卷，清康熙四十八年（1709）著者增作《天宫赋》、《原道跋》，加上后来的《问答》三十一章及《遗珠序》、《补遗》、《天宫赋》等作为《清真指南》卷九。其中《遗珠序》别有见解，当为该书的重要组成部分。本书为"中国回族古籍丛书"之一，以清回治九年（1870）重镌的"粤东省城濠畔街清真寺藏版"刊本为蓝本，对《清真指南》进行了点校，并以简化汉字横排方式重新排版。编者在整理标点过程中，完全忠实于原作，基本保持了其本来体例、篇章、目次，以求为专业研究人员和广大穆斯林群众提供一部系统全面而真实可信的参考资料。

正教真诠·清真大学·希真正答：白话译著（中国回族古籍丛书/杨怀中主编）

（明）王岱舆著　余振贵　铁大钧译注　刘景隆审订

宁夏人民出版社　1999年11月　501千字　625页

王岱舆，又名"真回老人"，大约生活在公元1580—1660年期间。在明清之际新兴的译著伊斯兰教经籍的活动中，王岱舆和刘智、马注、马德新等人成为回族中最负盛名的四大宗教著作家，而王岱舆又被推为四人之首，因为他是中国回族穆斯林学者中第一位系统深入地论述伊斯兰教哲理并付之刊行的人。王岱舆一生留下了三部著作。其中最早问世的是《正教真诠》，其初版在崇祯十五年（1642）并在南京刻印，后来相继出版了广州刊本、成都刊本及中华书局排印本。《正教真诠》一书的篇名，标明该书着意对伊斯兰教教义进行全面和真切的解释、介绍。《清真大学》是王岱舆的第二部著作，此书的最早刊本已难考查，后来传世的有成都刊本、北平清真书报社石印本、太原伊斯兰布道会排印本及中华书局排印本。该书的篇名模仿《四书》中的《大学》，说明作者深受汉族儒学的影响，但中心意思则是讲授穆斯林在认主学方面应具备的理论知识。他的第三部著作《希真正答》，是王岱舆弟子伍连城根据同学们对先师生前言论的记载，进行整理编纂而归于王氏名下的一本书。该书在有清一代只有传抄本流行，至民国年间始由清真书报社和中华书局相继出了排印本。从本书篇名可知，这是关于伊斯兰教教义的一系列问答记实。本书为"中国回族古籍丛书"之一，以现代白话文的形式对王岱舆的《正教真诠·清真大学·希真正答》这三部书做了翻译、点校和注释。为了便于读者阅读，译者将书稿进行了分段处理，即将原作的长篇文章划分成若干段落，每段正文后加以注释，再附上译文，以使读者更准确地了解王岱舆的学术思想。

《清真释疑》研究
马占明著
中国社会科学出版社　2013年10月　235千字　249页

金天柱（约1650—1765年）是清初回族学者，曾在清翰林院任教习，期间著述《清真释疑》一书。这部"以儒诠伊"之作，与明末清初其他"回儒"相比，在同儒家的关系问题和对待释道的态度上，确有其独到之处，但却没有得到学界应有的重视。本书作者马占明在马来西亚攻读博士期间，选择金天柱唯一传世的作品《清真释疑》作为博士论文题目，本书即是据此修改完善而成，第一次将《清真释疑》这部清代文献完整地展现在读者面前。全书包括四个部分。其主要内容是以儒家经典为资料来源，以儒生们最熟悉的语言为工具，以比较、描述和批判为研究方法，对《清真释疑》产生的历史背景、作者生平、著述原因、论述方法以及版本做了比较深入的研究；对原著进行了点校、对原文进行了分段、断句、标点和今译；对一些人名、地名、书名以及生词做了注释；对金天柱的宗教哲学思想进行了梳理和分析，补充了前人研究中存在的一些疏漏，纠正了一些学术错误。

二、教义研究

伊斯兰教义学（伊斯兰文化丛书／吴云贵　秦惠彬等主编）
吴云贵著
中国社会科学出版社　1995年8月　69千字　125页

教义学以人主关系为基本框架，思考、讨论与内心信仰有关的广泛问题，旨在捍卫伊斯兰教正统信仰的前提下，从宗教文化知识的角度，对历史上发生过争论的重大问题作出系统的解答，据以指导穆斯林的精神生活。伊斯兰教义学约始自8世纪，以思辨教义学的形成为标志，其产生、演变与发展有多种不同的原因，素以"最尊贵的学问"引起穆斯林学者们的敬重。本书为"伊斯兰文化丛书"之一，是我国第一部系统论述伊斯兰教义学的专著。作者以历史发展为线索，扼要介绍了阿拉伯国家各个时期有代表性的教义学派及其信仰体系，并透过教义学的视角客观评述了伊斯兰现代主义运动和原教旨主义运动。全书共7章。内容包括：早期的教义争论、教义学的早期文献、艾什尔里与教义学、后期正统教育学派、思辨苏菲的认主学、近现代教义学发展趋势等。

伊斯兰教教义学大纲新解（青海省伊斯兰教经学院教材）
[伊拉克] 阿卜杜勒·麦立克·萨迪著　马文才　韩文清编译
宗教文化出版社　2010年10月　210千字　249页

伊斯兰教义学（音译"讨赫德"；词意为独一、单一等，意义为认主独一）为伊斯兰各学科的基础。其首要任务是依据《古兰经》、圣训中的教义思想，并运用逻辑推理和辩证方法，研究、论证诸如真主的本体与属性，世界的起源与归宿，真主与世界和人的关系，前定与意志自由，人的能力与行为，后世生活以及《古兰经》天启性等基本信仰及相关的理论问题。本书阿卜杜勒·麦立克·萨迪博士在几十年教学的基础上，针对《教义学》的多种注释，也为了适应现代教学而综括和整埋的成果。整理之后的教义学大纲新解，其层次关系更加分明，方法既科学又规范，且化繁为简，为教与学均提供了便利。所以，根据教学需要，青海省伊斯兰教经学院组织编译了这本教材。全书分为"认识论"、"独一论"、"后世"、"伊玛尼（正信）"、"众先知（列圣）与天仙"、

"继任者、领袖"6章。其主要内容是以逻辑学命题和思辨的方法，阐述伊斯兰教的基本信仰，论证教义主张，批驳对立观点，解答疑难问题，使人们正确认识伊斯兰教教义的信条。

三、礼仪研究

中国穆斯林的礼仪礼俗文化
杨启辰　杨华主编
宁夏人民出版社　1999年11月　276千字　341页

我国的回族、维吾尔族、哈萨克族、东乡族、柯尔克孜族、撒拉族、塔吉克族、乌孜别克族、保安族、塔塔尔族等十个少数民族，是信仰伊斯兰教的民族，伊斯兰教在这些民族的现实生活中有着重要影响。本书从上述十个民族的角度，分别对中国各族穆斯林在服饰、婚俗、饮食、丧葬、禁忌、节庆、行为、交际、民居、商贸等各个方面所形成的礼仪礼俗，作了全面、系统且富有特色的介绍，并对与"五功"礼制相联系的人伦关系、社会伦理关系作出概括和阐述。全书分为"礼仪礼俗在中国穆斯林各民族发展中的地位和作用"、"中国穆斯林各民族的风俗礼仪"、"中国穆斯林各民族的交际礼仪"、"中国穆斯林各民族的丧葬礼仪和民族禁忌"等9章。各章内容由宁夏大学东方哲学硕士研究生导师杨启辰教授和中国社科院民族研究所杨华全面主持，并组织多位作者分头撰写。本书对于加强各民族之间的相互了解和团结、从各方面正确贯彻党的民族政策和宗教政策，具有极为重要的意义。

四、教派

（一）总论

伊斯兰教教派（伊斯兰文化丛书／吴云贵　秦惠彬等主编）
王怀德著
中国社会科学出版社　1994年11月　61千字　110页

伊斯兰教究竟有多少教派，并无精确的统计，因为历史上有的教派逐渐消失，而新的教派又不断产生。现在有一些学者将伊斯兰教分为两大流派：逊尼派和什叶派；而另一些学者则将其分为三大流派：逊尼派、什叶派和哈瓦利吉派。本书主要针对上述三大流派及其支派作一简要而又系统的介绍。本书为"伊斯兰文化丛书"之一，作者以翔实的史料、科学的分类为基础，分门别类地讲述了各主要教派的历史沿革、教义主张、组织方式、礼俗习尚、现实影响等，根据各派赖以产生和存在的历史条件，说明它们的起源和发展。全书包括七个部分，内容包括：早期教派产生的背景、哈瓦利吉派、什叶派、穆尔太齐赖派、逊尼派、苏非派及中国伊斯兰教教派。

伊斯兰教的苏非神秘主义（伊斯兰文化丛书／吴云贵　秦惠彬等主编）
金宜久著
中国社会科学出版社　1995年8月　60千字　113页

神秘主义在不同的宗教那里或有不同的表现形式，但它们的共同点则是追求个人与所信仰的对象（如神灵）直接而又亲密的合一。伊斯兰教内的神秘主义者通常叫做"苏非"。共同的神秘主义主张和生活方式使他们有苏非派的称呼。本书为"伊斯兰文化丛书"之一，是我国第一部系统论述苏非主义的普及性读物。作者从"苏非"的含义入手，简要介绍了苏非派的历史沿革、发展趋势、基本教义、教理主张、教团组织形式、重要代表人物及其著作，比较说明了苏非派与逊尼派和什叶派的异同。全书包括六个部分，内容涉及苏非派的思想渊源、早期的苦行主义和禁欲主义、新苏非主义的发展、苏非派的神秘主张、苏非派的修炼道路与修行方式、教主的神圣性和绝对权威、对具体问题的神秘主义解释等。

苏非之道：伊斯兰教神秘主义研究（中国社会科学院文库·哲学宗教研究系列）
周燮藩　王俊荣　沙秋真　李维建　晏琼英著
中国社会科学出版社　2012年6月　480千字　472页

苏非主义是伊斯兰教神秘主义的主流。在历史上，苏非主义曾作为对奢侈时尚、权利斗争等世俗化倾向的抗议，并因对外在化和制度化的体制型宗教的反批判和反思而兴起。苏非精神修炼的目标，是通过道德升华、精神明澈、灵魂净化以达到人的完美，并视穆罕默德为功德最高的"完人"，发展"接近真主的精神旅程"或"心灵道路"，形成"证至圣而认真主"的道乘。苏非主义运动作为对宗教体制的补充，从内部为伊斯兰教滋生精神活力，对伊斯兰教的广泛传播和穆斯林社团的稳定起着不可替代的作用。本书为"中国社会科学院文库·哲学宗教研究系列"丛书之一，作者主要围绕伊斯兰神秘主义的"苏非之道"展开全面研究。书中系统论述了苏非主义的起源和发展、修持的道路和方法、苏非教团和思辨体系的演变，以及苏非主义在世界各地的传播及衰落，说明其不仅在历史上为伊斯兰教的传承注入精神活力，而且也对近代以来伊斯兰教的思潮和运动有持久影响力。全书共六编，每编下设若干章节。本书作为一部综合性和基础性学术著作，对伊斯兰教和宗教学研究均具有重要价值。

什叶派现代伊斯兰主义的兴起
吴冰冰著
中国社会科学出版社　2004年1月　290千字　370页

什叶派是伊斯兰教两大主要派别之一。现代伊斯兰主义，亦称伊斯兰原教旨主义、伊斯兰复兴运动，是当代国际政治中的热点问题。在近代以前，什叶派宗教学者中占主导地位的是政治无为主义。霍梅尼、穆罕默德·巴基尔·萨德尔和穆萨·萨德尔等人通过组织和领导政治运动，在一定程度上打破了早期的政治传统。1979年伊朗伊斯兰革命胜利，标志着什叶派现代伊斯兰主义进入新的发展阶段。本书以什叶派现代伊斯兰主义的兴起为核心，全面讨论了伊斯兰教什叶派的历史演变、基本信仰、基本制度以及当代热点问题，是国内有关什叶派问题的首部专著。全书共分6章。第1章主要探讨了什叶派十二伊玛目派的历史、信仰与制度。第2章论述了什叶派的政治思想及近代的政治运动。第3章论述了霍梅尼的政治活动及思想。第4章论述了穆罕默德·巴基尔·萨德尔的政治活动与思想。第5章论述了什叶派政治领袖穆萨·萨德尔的政治活动与思想。第6章总结了什叶派现代伊斯兰主义的发展。作者指出，什叶派现代伊斯兰主义借鉴逊尼派现代伊斯兰主义思想家的思想精华，而伊朗伊斯兰革命的胜利又推动了整个伊斯兰世界内部现代伊斯兰主义运动的发展。

宗教与国家：当代伊斯兰教什叶派研究（世界宗教研究丛书／卓新平主编）
王宇洁著

社会科学文献出版社　2012年1月　341千字　335页

宗教与国家的关系几乎是与伊斯兰教的产生同时出现的问题。本书为"世界宗教研究丛书"之一，作者选取自20世纪初以来，伊斯兰世界经历着重大的社会政治变革这一重要的历史时段，以生活在中东、南亚等地区的传统什叶派穆斯林社团，以及美国等地的新什叶派社团为研究对象，来分析伊斯兰教与政治之间的复杂关系，扩展对于伊斯兰教与现代民族国家关系更加多样化的理解。全书包括三个部分，共12章。第一部分（第1-4章）是"什叶派与现代民族国家的建立"，集中讨论了礼萨汗时期什叶派在伊朗的发展、逊尼派国家的阿拉伯什叶派、什叶派与黎巴嫩多宗教国家的建立、南亚政治变局中的什叶派。第二部分（第5-8章）是"什叶派政治运动的发展"，主要论述世俗化革命到伊斯兰革命、伊斯兰革命对伊斯兰复兴运动及海湾国家的影响、黎巴嫩什叶派社团与地区政治。第三部分（第9-12章）是"什叶派社团：新机遇还是困局"，主要论述伊朗伊斯兰共和国的发展与挑战、什叶派的复兴、伊斯兰国家中的少数派、多元宗教社会中的少数派。作者指出，在整个20世纪，由于国际政治格局、民族国家的政治体制等发生的巨大变化，不论是作为所在国家的主流派，还是少数派人群，什叶派穆斯林在宗教归属、民族认同和政治倾向等问题上均面临着挑战。处在不同环境中的人群做出了各自不同的选择，并对未来的发展提出了多种多样的可能。

（二）中国

中国伊斯兰教派与门宦制度史略
马通著

宁夏人民出版社　1983年1月　265千字　499页

伊斯兰教传入中国后，形成了独具特色的教派与门宦制度（教主兼地主），它标志着中国伊斯兰教已与封建地主和儒家思想紧密结合在一起。这种制度更适合于土地的集中与大地主的需要。本书简要叙述了世界伊斯兰教的创立、发展及其在我国的传入，主要介绍了中国伊斯兰教三大教派（格迪目、伊赫瓦尼、西道堂）、四大门宦（虎夫耶、嘎德忍耶、哲赫忍耶、库布忍耶）及其数十个支系的产生、发展的历史过程和现状，以及宗教思想和宗教礼仪方面的特点。全书共分4章，附录"中国伊斯兰教派与门宦传教世系谱"。书中所选资料以实际调查为主，作者在参考有关地方志的基础上，大量采用20世纪50年代一些教派、门宦负责人的口述和家史。

宁夏伊斯兰教派概要
勉维霖著

宁夏人民出版社　1981年7月　90千字　131页

伊斯兰教传入我国已有一千多年的历史，在我国回族、维吾尔等十个少数民族中，得到广泛的传播并有很深的影响。在我国的环境和历史条件下长期发展演变的过程中，伊斯兰教具有显著的民族特点和地域特点。本书是作者根据20世纪50年代末对宁夏伊斯兰教所作的调查材料拟就，由七个部分构成。书中简要叙述了世界伊斯兰教的教派分化运动及其主要派别，重点介绍了宁夏回族自治区伊斯兰的格迪目、虎夫耶、哲赫忍耶、嘎德忍耶、伊赫瓦尼五个派别的产生和发展演变的历史概要，以及宗教修持和礼仪方面的特点。这些内容对于研究中西文化交流、中国思想史、中国伊斯兰教史、回教史，搞好民族宗教工作都有一定的参考价值。

哲赫忍耶：中国伊斯兰教苏非学派史论之一
杨学林著
宁夏人民出版社　2010年4月　260千字　291页

明末清初，伊斯兰教苏非思想在我国西北地区广为传播，甘宁青穆斯林聚居区逐渐产生了具有中国特色的尕德林耶、虎夫耶、库布林耶和哲赫忍耶等派别，由此带来了中国伊斯兰教的全新变化。本书以哲赫忍耶在宁夏回族地区产生与发展的社会历史背景为依托，试图运用历史叙述和历史评论相结合的方法，从宗教与社会的互动角度，对哲赫忍耶的历史作出相对完整的论述，对哲赫忍耶历史上有争议的事件加以解读，以引导人们对苏非学派有一个新的认识。全书共4章。第1章"初创时期"（1728—1781），主要记录道祖马明心西行朝觐，系统接受了乃格什板迪耶学说，回国后创立哲赫忍耶学派；尔后因花寺教争、清廷偏袒处理、马明心被害而引发哲赫忍耶与清廷结下深仇的过程。第2章"转移时期"（1781—1849），主要记录石峰堡起事引起的清廷对哲赫忍耶的再次剿杀而被迫转移至灵州（今宁夏回族自治区）的过程。第3章"中兴时期"（1849—1920），主要记录马化龙领导的以金积堡为核心的西北回民起事过程。第4章"走向稳定发展时期"（1920—1979），主要记录三次海固事变的失败和哲赫忍耶教派选择了到陕甘宁边区投靠共产党、参与新民主主义革命并得以稳定发展的过程。

苏非主义在中国（中国社会科学院老年学者文库）
金宜久著
社会科学文献出版社　2013年4月　441千字　321页

苏非主义是伊斯兰教衍生的神秘主义，它的思想主张及其种种表现形式的影响，在伊斯兰世界，在中国，人们都能深切感受到它的活生生的存在。本书为"中国社会科学院老年学者文库"丛书之一，系中国社会科学院老年课题"中国伊斯兰教与苏非主义的关系研究"的最终成果，分为"导言：苏非主义在中国的流传"、"汉文经堂教育与苏非主义"、"汉文伊斯兰教著述与苏非主义"、"道门与苏非主义"4章。作者除在导言中对苏非主义兴起的社会历史条件、什么是苏非主义、苏非主义的发展及其思想分化、苏非主义在中国伊斯兰教的传播做一概略性的介绍外，其余部分着重探讨了中国伊斯兰教经堂教育兴起后，苏非主义对它的影响，经堂教育的苏非读本和参考用书的基本内容，它引发的礼仪之争和教理之争，经堂教育的基本特点以及苏非主义与经师和经生的关系；并在介绍从事汉文著述的著名学者、经师和阿訇的基础上，剖析了苏非主义对汉文著述的神秘教义、功修、"奇迹"和"非遵法派"的影响；最后对道门兴起的社会历史背景及其发展的基本阶段，道门的道统与教主的教权，教主教权的传承，道门的功修、祭祀和管理制度，当今道门的基本特点及其发展趋势等作了简要论述。

(三) 亚洲

1. 南亚

印度苏非派及其历史作用（东方文化集成·南亚文化编／黄宝生主编）
唐孟生著
经济日报出版社　2002年10月　240千字　303页

苏非派是伊斯兰教内的一个神秘主义派别，7世纪末8世纪初形成于阿拉伯半岛。11世纪初，信奉伊斯兰教的突厥人入侵印度，随之大批苏非纷至沓来。苏非派在印度的发展是其他任何地方的苏非派都无法比拟的，它不但确立了自己的宗教地位，还发展成为一支重要的社会力量。本书为"东方文化集成·南亚文化编"丛书之一，系根据唐孟生教授的博士论文编定而成，共分5章。书中探讨了苏非派传入印度后所经历的形成、兴盛、进一步发展和衰落的历史过程，揭示了印度苏非派从传入到衰落七个多世纪的漫长历史和苏非派神秘主义思潮及苏非派的活动在印度社会、政治、宗教和文化中的作用，分析了印度苏非各教团的哲学思想及它们之间的异同与相互影响，并试图从一个全新的角度对印度苏非派及其历史作用作出客观的评价。经过对大量史料的解读，作者认为苏非派进入印度是11世纪，而不是印度和巴基斯坦穆斯林学者提出的、我国部分学者认同的8世纪；关于莫卧儿王朝时期苏非派是发展还是衰败，作者也提出不同的看法，认为这一时期是苏非派进一步发展时期而不是衰落；在对苏非派历史作用的评述上，提出苏非派历史作用的两重性，对这两重性在不同时期的表现及变化作了系统探讨。

2. 西亚

"正统"观念与伊朗什叶派：从旭烈兀到阿巴斯一世之间的伊朗
程彤著
宗教文化出版社　2010年10月　220千字　298页

在伊朗历代的政治和宗教合法性的构建中，什叶派合法性的构建尤为重要。因为它最终导致伊朗伊斯兰共和国的建立，对当今整个世界的政治格局产生重要的影响。本书是作者在其原有博士论文的基础上，进行反复修改和充实而完成的一部有关伊朗在某个特定历史阶段的政教互动的论著。书中从政治与宗教的合法性的角度，系统阐述了伊利汗朝完者都前的伊朗宗教形势、完者都将什叶派教义确立为国教的前因后果、伊利汗国后期苏菲派与什叶派的关系、帖木儿时代的政教关系和萨法维时代什叶派最终被确立为国教的过程；力图揭示伊朗人选择什叶派为国教的根本原因，即：什叶派关于先知穆罕默德的继承人必须由先知的直系后裔来担任的观念与伊朗历史上自古笃信"君权神授"以及"嫡传正统"的信念相一致。此种历史认知连同当时社会各阶级或阶层怀着各自对政治与宗教合法性正统性理解而进行的互动，进而导致最终的结果。全书共7章。其内容的突出特点是，作者除了借鉴西方学者或阿拉伯学者的研究成果之外，更重要的是参考了大量的波斯文一手材料和借鉴了伊朗学者的研究成果。这在国内尚属首次；此外，作者在运用一些宗教学、政治学和社会学的理论对历史事件的解读方面做了有益的尝试。

五、伊斯兰教教育、清真寺与文学艺术
（一）教育

伊斯兰教育与科学（伊斯兰文化丛书／吴云贵　秦惠彬等主编）
周国黎著
中国社会科学出版社　1994年11月　65千字　117页

　　在伊斯兰文明的诸多领域中，教育与科学始终占有举足轻重的地位。宗教教育不仅是伊斯兰教传播的重要手段，也是穆斯林修身和培育后代的主要途径。穆斯林历来对教育极为重视，将其视为具有切身利益的日常生活内容，伊斯兰教育的公益事业也往往为穆斯林民众自发兴办。历史上伊斯兰教创建了以寺院教育为中心的、发达的宗教教育体系，穆斯林各族人民曾在数学、医学、天文学、物理学、地理学、生物学等领域做出过巨大贡献。伊斯兰科学由此构成伊斯兰教育的重要内容，特别是在近现代教育的发展中，教育与科学的关系更加密切。本书为"伊斯兰文化丛书"之一，作者简要介绍了伊斯兰教育与科学的发展盛况，它对全面理解伊斯兰文化有重要参考价值。全书共4章，内容涉及传统伊斯兰教育的体制、理论与方法，埃及和其他主要伊斯兰国家的近代教育，土耳其、埃及、伊朗等国的现代伊斯兰教育，伊斯兰的自然宇宙观、理论科学与应用科学等方面。

中国阿拉伯语教育史纲（伊斯兰文化丛书／马明良主编）
丁俊著
中国社会科学出版社　2006年9月　240千字　235页

　　本书为"伊斯兰文化丛书"之一，是在作者的博士论文《论20世纪的中国阿拉伯语教育》的基础上增补而成的，虽说篇幅不大，但对我国外国语言文学学科下属的二级学科阿拉伯语专业的建设而言，确实是填补了我国外语教育史的一个空白。书中全面论述了阿拉伯语及其它所承载的伊斯兰文化在中国传播发展的历程。作者运用翔实的资料证明，阿拉伯语是伊斯兰文化的主要载体，阿语教育是我国外语教育事业的一个重要组成部分，其持续发展和不断提升，只有始终与祖国的兴旺发达紧密相关，也只有这样，包括阿语教育在内的各类文化教育事业才会有起色，有提升，出现新面貌，新气象。同时，从中国阿语教育的特色看，必须充分肯定我国回族等穆斯林少数民族同胞曾做出过的突出贡献。全书分为"20世纪之前阿拉伯语教育的回顾"、"20世纪前半叶的阿拉伯语教育"、"20世纪后半叶的阿拉伯语教育"和"历史的总结与未来的展望"4章，所述内容不仅有助于我国阿拉伯语教育领域的学科建设，而且有助于构建中国特色的外语教育理论。

中国伊斯兰经堂教育（上）
丁士仁主编
甘肃人民出版社　2013年12月　396千字　336页

　　中国的经堂教育，是以传承和发扬伊斯兰文化为目的的具有浓厚宗教色彩的专业教育体系。长期以来，它以清真寺为依托，以学习伊斯兰经典为宗旨，培养了一代又一代传承伊斯兰文化和信仰的宗教专业人才，为伊斯兰文化的传播与延续做出了不可磨灭的贡献。经堂教育在中国已有

近千年的历史，迄今还是中国穆斯林培养宗教专业人员和传承民族文化的主要途径。本书是一部专门研究中国伊斯兰经堂教育的学术论文集，荟萃了自民国以来研究经堂教育最有价值的文章、最新发现的文献和史料30余篇。这些文章和资料集中展示了中国伊斯兰经堂教育的概貌及发展过程，全面梳理了中国经堂教育的历史、源流、体制、课程、教材、语言等重要问题，在理论上有较大的突破，堪称中国经堂教育研究的集大成之作。全书拟分上中下三卷；本书是上卷（理论卷），分设"历史溯源"、"学科制度"、"经堂语言"、"传播发展"和"调查思考"五个栏目，另有3篇附录资料。

（二）清真寺

1. 中国

中国伊斯兰教建筑
路秉杰　张广林编著
上海三联书店　2005年4月　268页

　　伊斯兰建筑是指以弘扬伊斯兰教为主要目的，其风格和形式可随宗教职能的多样化而发展变化，但始终严格遵循穆斯林基本宗教理念的各种建筑物。进而言之，伊斯兰教建筑不仅仅是水泥、金属、塑木材料的排列组合，而是深嵌在时代文化框架之中，包含着有关穆斯林民族深刻历史与宗教哲学意境的一种宗教艺术。中国伊斯兰建筑主要包括清真寺、宗教学校、苏非教堂和圣徒陵墓。本书是我国第一部较全面地论述中国伊斯兰建筑文化的学术专著。作者在吸收前人研究成果的基础上，综合运用实地考察、摄影、测绘和图片资料分析等方式，从整体与局部两个方面描绘了伊斯兰建筑的起源、分布、类型、特色及建筑美学上的影响，反映了中国伊斯兰教建筑艺术的新发展和新成就。全书共3章。内容包括：中国伊斯兰教的形成和发展、中外伊斯兰教建筑的比较、中国伊斯兰教建筑的历史发展、中国伊斯兰教清真寺的建筑组成和结构特点等。

中国伊斯兰建筑艺术
丁思俭主编
宁夏人民出版社　2010年10月　230千字　263页

　　伊斯兰建筑，是指由伊斯兰教清真寺、宗教学校、府邸、陵墓等组成的建筑体系。它是中世纪由阿拉伯帝国人民遵循伊斯兰教的理念，以阿拉伯传统建筑为基础，借鉴世界各地各民族的建筑精华，共同创造而形成的一种风格独特、形式多样的建筑体制。伊斯兰教传入中国后，接受了伊斯兰教的中国各少数民族人民，在移植、吸收阿拉伯、波斯等伊斯兰建筑风格的基础上，结合中国传统建筑风格及当地建筑形制，创造出了具有中国特色的伊斯兰建筑。其中以清真寺为主体的中国伊斯兰建筑，是中国伊斯兰文化的象征，是中国穆斯林智慧和创造力的结晶，是中国建筑和中国文化的重要而独特的组成部分。本书选取50座国内知名清真寺和10座陵墓，用几百余幅图片，附以中、英、阿拉伯文加以说明，较为系统地论述了阿拉伯伊斯兰建筑形成的背景及其特色，中国和阿拉伯伊斯兰建筑的渊源关系，并着重从建筑艺术的角度对各清真寺的结构特点、建筑年代以及它们的历史价值和文化特点进行了分析介绍，以使读者品味到清真寺建筑艺术之美。

中国伊斯兰教建筑
刘致平著
中国建筑工业出版社　2011年5月　358千字　229页

　　自唐代伊斯兰教传入中国后，在我国古代建筑宝库中就出现了伊斯兰教建筑这一新的建筑类型。随着时间的推移，伊斯兰教建筑也在不断发展，并逐步形成了我国伊斯兰教建筑特有的结构体系和艺术风格。本书根据作者所掌握的全国各地200余处伊斯兰教建筑的调查测绘资料，对伊斯兰教建筑的历史沿革、建筑原则、建筑样式和特点等问题，分别作了一些介绍和分析论述，较为全面地展示了我国伊斯兰教建筑特有的风貌。全书分为"绪论"、"建筑实例"和"各种建筑做法综论"三个部分。绪论部分概述了中国伊斯兰教建筑发展的历史特点，并将其划分为三个时期：伊斯兰教建筑的移植时期（651—1367）、伊斯兰教建筑发展的高潮时期（1368—1840）、从鸦片战争到新中国成立前（1840—1949）。建筑实例部分详细介绍了分布在全国各地的数十处清真寺建筑、伊斯兰教经堂建筑、道堂建筑和陵墓（或叫麻扎、拱北、圣墓）建筑。各种建筑做法综论部分讲解了伊斯兰建筑的总平面布局、各种建筑制度及施工工艺。

中国清真寺综览
吴建伟主编
宁夏人民出版社　1995年8月　608千字　490页

　　中国清真寺建筑历史悠久，它是我国穆斯林宗教信仰的集中体现，不仅反映着中国穆斯林历史、经济、教育、艺术等方面的文化内涵，是各伊斯兰民族辛勤劳动和智慧的结晶，也是中国建筑文化的重要组成部分之一。对各地清真寺的全面介绍和研究，是中国伊斯兰教史和各伊斯兰民族史研究的重要课题之一。本书根据实地调查和函件调查获取的材料，并揉合文献记载和前人研究成果，对全国各地1000余座清真寺的历史与现状作了整体性的巡览和介绍，藉此展示了中国清真寺的壮丽图景和文化内涵。全书采用通行的《全国邮政编码》的排列方式进行分省（市）排序，在介绍各寺时，以概括叙述清真寺现状为主要内容，并尽量配以相应的近期照片。本书对于中国伊斯兰教研究向更深广层次的拓展大有裨益，同时有助于学界在历史学、经济学、民族宗教学、教育学、民俗学、建筑学、文化艺术等学科中引发出新的研究领域。

中国清真寺综览续编
吴建伟主编
宁夏人民出版社　1998年7月　390千字　326页

　　中国清真寺建筑历史悠久，它是我国穆斯林宗教信仰的集中体现，不仅反映着中国穆斯林历史、经济、教育、艺术等方面的文化内涵，是各伊斯兰民族辛勤劳动和智慧的结晶，也是中国建筑文化的重要组成部分之一。对各地清真寺的全面介绍和研究，是中国伊斯兰教史和各伊斯兰民族史研究的重要课题之一。本书为《中国清真寺综览》之续编，其编写风格和体例与前书一致。书中以省、市为单位分别收录了各地具有一定知名度的清真寺近千座，详细介绍了每座清真寺的规模、建筑年代以及建筑特色，并配有相应的照片。两册书在手，基本能了解全国清真寺概况。全书图文并茂，资料翔实，全面反映了我国清真寺的发展状况及建筑风格，具有一定的权威性，以省市分类便于查询，对研究我国清真寺的发展及现状具有一定的帮助。

中国清真女寺史（三联·哈佛燕京学术丛书）
水镜君　[英]玛利亚·雅绍克著
生活·读书·新知三联书店　2002年5月　300千字　448页

　　由女阿訇主持的清真女寺是伊斯兰教在中国本土化的产物，是远离伊斯兰世界的中原穆斯林在适应主流社会文化过程中的一种集体创新。从女性中心的观点看，女寺概念的含义已不仅仅是穆斯林妇女学习宗教知识、在女性阿訇引导下礼拜的社会场所，女寺所具有的宗教价值和精神意义还在于它显示了一代代礼拜者和宗教领袖的精神印迹。本书为"三联·哈佛燕京学术丛书"之一，主要以尊奉哈乃斐教法学派的逊尼派回族穆斯林妇女的伊斯兰教实践为研究对象，采用实地调查、历史研究和文本分析等方法，首次追溯了中国清真女寺和女阿訇制度产生、发展的历史，考察分析了女寺文化及其对穆斯林妇女生活的影响，探讨了穆斯林妇女在民族宗教身份形成过程中的作用，揭示了造就女寺文化这种"世界独特的宗教文化现象"的精神力量源泉。全书分为"边缘记忆"、"女寺、女阿訇及女性宗教文化"、"要求天园"、"社区、选择和宗教皈依"四个部分，共12章。内容包括：女性宗教文化的兴起、女性宗教文化的发展、传统教规与女性的性健康、女寺的经济管理、安拉与现代性、皈依叙述和集体生存等。

中国回族金石录（中国回族古籍丛书）
余振贵　雷晓静主编
宁夏人民出版社　2001年7月　630千字　766页

　　回族碑石大多数建立在各地的清真寺内。它们记述和刻画着回族社会、政治、经济、文化、思想、教育、代表人物、宗教生活、伦理道德、风俗习惯、族际关系和重大事件等各个方面的历史信息，蕴藏着丰富的人文内涵，堪称一部刻在"石头上的历史"而弥足珍贵。本书为"中国回族古籍丛书"之一，选编了全国各地有代表性的回族碑记440篇，范围覆盖27个省、市、自治区；同时，又选编出一批回族匾额楹联，作为回族碑记的附录。全书包括十方面内容：一、创建重建维修清真寺碑记；二、圣旨敕谕碑记；三、教义教旨教理教史碑记；四、功德纪念碑记；五、捐资助学碑记；六、禁约议约契约告示碑记；七、建立社团及述事抒怀碑记；八、人物碑记；九、族规教争教案碑记；十、回民墓地碑记。编者在每一部分内首先按省区顺序依次编排，再按碑记题录年代早晚分先后排列，并将原碑记中的繁体字、异体字统一改为现代通用的简体字。本书所收录的碑记和匾额楹联，在一定程度上反映了回族的发展演变和主要特点，从而为研究和编写中国回族通史、回族伊斯兰教史提供了重要的参阅资料。

伊斯兰教与北京清真寺文化
佟洵编著
中央民族大学出版社　2003年9月　360千字　463页

　　清真寺，又名礼拜寺，是阿拉伯语"麦斯吉德"（Masdjid）的意译，是伊斯兰教徒举行宗教仪式、传播宗教知识的场所，也是伊斯兰教文化的具体体现与象征。北京清真寺文化具有悠久的历史和丰富的内涵。本书以北京地区的清真寺为载体，以北京地区伊斯兰教学者或阿訇的活动为线索,详细叙述了北京地区伊斯兰教的历史与现状;在内容安排上,突出了伊斯兰教在中国和北京地区的传播和发展,北京地区的清真寺和阿訇的活动,与此相关的重大历史事件,以及伊斯兰宗教文化的具体表现。全书除序论外,分为四个部分,主要讲解了三个方面内容:一、介绍北京地区清真寺的基本情况,使读者具体了解伊斯兰教的建筑艺术和风格;二、介绍北京地区伊斯兰教著名学者和阿訇的活动情况,使读者对伊斯兰教文化有清晰的认识;三、介绍北京地区伊斯兰教的历史事件,使读者对北京地区清真寺文化现象有更为直观的认识和了解,同时对执政者的宗教政策有更深刻的理解。

清真古韵:北京牛街礼拜寺
北京市宣武区伊斯兰教协会编著
文物出版社　2009年9月　327页

　　北京市宣武区广安门内牛街伊斯兰教清真寺,是北京规模最大、历史最悠久的清真寺。该寺始建于北宋至道二年(996),明宣德二年(1427)扩建,明正统七年(1442)整修。明成化十年(1474),都指挥詹升题请名号,奉敕赐名"礼拜寺",故有"明寺"之称。该寺建筑格局以中国官殿式的木结构形式为主,兼具浓郁的阿拉伯建筑风格特点,由礼拜殿、望月楼、宜礼楼、讲堂、碑亭、对厅、沐浴室等组成,现中外穆斯林经常到此进行宗教活动和参观访问。1988年列为国家重点文物保护单位。本书用5章篇幅详细介绍了牛街礼拜寺的历史沿革、建筑艺术、寺藏文物、宗教习俗、文化交流等,生动展现了北京牛街礼拜寺的古韵风采与勃勃生机。

北京清真寺调查记
梁欣立著
国家图书馆出版社　2014年4月　200千字　266页

　　北京地区的清真寺历史悠久,文化深厚。元代以后,随着北京穆斯林人口的增加,逐渐在穆斯林集中居住的地方建立起了清真寺。关于北京各座清真寺建筑的建造历史年代,史书记载比较少,一般以寺内石碑文字、史书或地方志记载为依据,也有根据相关资料或人授口传推算出来。其中最早有记载的是宋辽时期修建的牛街礼拜寺,已有千年历史。目前,北京地区现存70座清真寺建筑,还有4座未使用的清真寺。本书是一项重要的宗教文化考察成果。作者梁欣立为北京市民俗学会会员,他通过两年多的实地调查,将北京地区所有的清真寺做了梳理,详细介绍了北京地区每座清真寺的地理位置、历史沿革、建筑特点等,并附清真寺照片。全书以北京行政区(县)为序列分为十三个部分,全景式展现了北京市清真寺的分布和遗存现状,具有一定的实用价值和参考价值,为读者了解北京地区各座清真寺情况提供了翔实的资料。

清真寺的社会功能:兰州清真寺中的族群认同
高源著
中央民族大学出版社　2013年12月　200千字　211页

　　回族是一个信仰伊斯兰教的少数民族,其认同与宗教有着密切的关系。然而在当代都市多元文化的冲击下,其传统的以寺坊为核心的聚落型态逐渐被打破;同时,对于具有同一信仰且分散居住的城市回族来说，他们因为教育程度、经济能力、职业背景、年龄等方面的不同，产生了多元的利益诉求。这就使回族教众如何保持族群认同，也就是"我们是谁"的问题成为近30年来国际学界争论的焦点。本书以兰州清真寺的社会功能为主要研究对象，综合运用人类学实地调查的方法以及相关理论、文献资料的梳理与解读，对兰州清真寺的各种社会功能进行了历史性地考察分析，特别是对其在当代社会环境中的"群体认同功能"做了重点叙述和总结。全书共6章。内容包括：兰州回族社区历史概况；当代城市哲玛提；延续与变迁：宗教认同的表达；哲玛提与族群认同等。

西宁东关清真大寺志（西宁东关清真大寺志编纂委员会）
孔祥录　马生禄主编
甘肃文化出版社　2004年12月　267千字　402页

西宁东关清真大寺是我国西北地区四大清真寺之一，坐落在西宁市东关大街，相传始建于明洪武年间（1368—1644），历史上曾多次遭到破坏，又不断修建。现存建筑为1913年时重建，1946年时扩建，1979年又重修。该寺建造雄奇，具有我国古典建筑和民族风格的建筑特点，富有浓郁的伊斯兰特色，属省级文物保护单位。本书首次全面、系统、完整地记述了西宁东关清真大寺的历史和现状，重点介绍了其历史沿革、建筑特色、组织管理、宗教活动、寺院教育、著名人物、寺院经济、社会公益事业和国内外文化交流，是一部以"志"为主、贯通古今的志书。全书综合运用述、记、志、传、表等体裁，并采用横分门类，纵述事实的记述方法，真实反映了该寺的历史全貌；书前置序、大事记，中置专志10章，末设附录；其中大事记为全志之经，所载内容是西宁东关清真大寺历史上发生的大事件，以表明大寺历史发展的脉络。

泉州伊斯兰教石刻（福建省泉州海外交通史博物馆编）
陈达生主撰　陈恩明英译
文物出版社　1984年11月　458千字　234页

泉州位于我国福建省东南沿海的晋江下游，是中世纪驰名世界的对外贸易港口。当时数以万计的外国商人及各行各业人员来此侨居和定居，其中大部分是阿拉伯、波斯、中亚的穆斯林。他们与当地人和睦相处、联姻，为繁荣和发展泉州作出很大贡献；同时，他们还固守伊斯兰教的信仰和风俗习惯，在聚居区内建立礼拜寺，修建了公共墓地。泉州遗存的伊斯兰教石刻数量之多，内容之丰富，是国内其他地方所无法比拟的。本书收录泉州已发现的碑刻两百余方。对这些碑刻，编者提供了照片（或拓片），对其来源作了记录，对其造型作了描述，对碑上的外文作了全文翻译，并附原碑古阿拉伯文或波斯文的现代书写体，以利读者对照。书中对碑文所作的考证，澄清了一些历史事实，提出了一些独到见解。全书分为"伊斯兰教寺建筑石刻"和"伊斯兰教徒墓葬"两个部分，基本上反映了泉州伊斯兰教石刻的整体面貌。译文中涉及的专有名词以及引文资料出处等，均在注释中作了说明。

2. 亚洲
（1）西亚（西南亚）

中东国家的清真寺社会功能研究（教育部人文社会科学重点研究基地重大项目成果丛书）
马丽蓉著
时事出版社　2011年12月　381千字　396页

作为伊斯兰文化场域的清真寺，以其独特的话语系统、组织形式和服务方式动员、动用了特定社会人力及其资源，并提供了不同价值的社会资本，且导致自身功能发生了演变。本书为"教育部人文社会科学重点研究基地重大项目成果丛书"之一，作者运用宗教学、社会学、传播学、历史学等多学科交叉渗透的研究方法，从理论研究、政策研究和实证分析三个层面深入剖析了中东国家清真寺的社会功能，旨在对伊斯兰文明核心价值观、全球化中穆斯林现实境遇和利益诉求、国际热点问题等作深度解读，探索基于"中国经验"之上的"中国清真寺发展观"，以深化我国与伊斯兰世界交流与合作的决策依据，并推动"伊斯兰与国际关系"的研究。全书分上、中、下三篇，共10章。上篇（第1—2章）概述中东国家清真寺发展历史，介绍清真寺的基本功能：提供宗教礼拜场所。中篇（第3—6章）主要论述清真寺的衍生功能，即教育、经济、慈善、社区服务等。下篇（第7—10章）通过四个典型的"涉寺事件"，以实证研究的方式，就清真寺的"变异功能"作了生动的描述和说明。本书指出，清真寺的衍生功能影响了穆斯林社区发展和伊斯兰国家的社会建设，清真寺的变异功能又关涉地区和世界的和平与发展，而中东穆斯林"家寺同构"的特殊情怀则反映出其所特有的世界观和人生观。

耶路撒冷：伊斯兰激进派、西方及圣城的未来
［以］多尔·戈尔德著　王育伟　关媛译
世界知识出版社　2014年5月　300千字　291页

巴以冲突是中东问题的症结所在，是各种矛盾交错的核心病灶，自从美国势力在"二战"结束后进入中东，就一直被此困扰。而构成巴以冲突的诸多难解的矛盾之中，有关"耶路撒冷地位"的问题显然已成为世界关注的焦点之一。本书是国内首次引进以色列著名政治家阐述耶路撒冷问题的专著。作者多尔·戈尔德博士为前以色列驻联合国大使、现任耶路撒冷公共事务中心主席。他通过大量第一手的史料和文献，系统地回顾了犹太教、基督教和伊斯兰教与耶路撒冷的历史渊源，也前所未有地披露了2000年巴以戴维营谈判中关于耶路撒冷如何被分割的内幕和细节。全书分为"耶路撒冷的宗教"、"对耶路撒冷的外交争夺"和"伊斯兰教激进派与耶路撒冷"三个部分，共7章；书末附1922—2004年间阿拉伯各国与以色列签署的停战协定及联合国安理会决议等数篇。作者在书中带有自己的历史观念、民族情感和价值判断，有些并不为我们认同。但为了保证本书的完整性，也为了给研究者提供更多以色列犹太人的观点，本书尽可能保留原貌。

（三）文学、艺术

1. 文学
（1）总论

伊斯兰文学（伊斯兰文化丛书／吴云贵　秦惠彬等主编）
元文琪著
中国社会科学出版社　1995年8月　80千字　163页

　　伊斯兰文学是光辉灿烂的伊斯兰文化的重要组成部分，是信奉伊斯兰教的各族人民共同创造的精神财富。它与伊斯兰教的《古兰经》诠释、圣训学、教义学、教法学，各教派之间的斗争和发展演变的历史等关系极为密切。本书为"伊斯兰文化丛书"之一，作者运用丰富的史料，简要地介绍了阿拉伯、波斯、印度、土耳其等国家或地区穆斯林的文学艺术成果，内容包括小说、诗歌、散文等艺术作品，以及有代表性的文学家的文艺思想、创作风格及其对后世的影响。全书按伊斯兰文学的发展演变历程分为六个时期，即，初兴时期（7世纪上半叶—10世纪中叶）、波斯文学的崛起（9世纪中叶—11世纪上半叶）、发展时期（11世纪上半叶—13世纪中叶）、苏非文学的勃兴（12世纪—13世纪中叶）、鼎盛时期（13世纪中叶—15世纪末）、文学风格的嬗变（16世纪—18世纪）六个部分，并针对不同时期文学创作的主要特点予以说明。

（2）中国

20世纪中国文学与伊斯兰文化（20世纪中国文学研究丛书／严家炎主编）
马丽蓉著
安徽教育出版社　2000年12月　250千字　300页

　　伊斯兰作家的创作不仅在文化史上极具个案分析的价值，而且在文学史上，尤其是20世纪中国文学的历史长河中，填补了民间文学的某种空白，更强调了民间文化对人性的深刻铸塑作用。本书为"20世纪中国文学研究丛书"之一，以20世纪中国文学与伊斯兰文化的关系为研究对象，全面解析了中国伊斯兰作家复合型的文化人格及其多元化的创作资源，并从文学创作角度对伊斯兰作家基于宗教信仰而衍生的"人性主题"、"地域情结"、"清洁精神"等方面进行了深入探讨，最后着重论述了伊斯兰文学的体式创新。全书共9章。作者指出，伊斯兰文化对中国作家创作的影响既不同于佛教文化，也不同于基督教文化，就影响程度而言，也是因族而异、因地有别：伊斯兰文化对回族作家创作的影响远甚于维、哈等族作家；伊斯兰文化对维、哈、回族聚居区生长的作家的影响重于非聚居区的作家。因此可以肯定地说，回族作家的创作较之维、哈等族作家的创作更能体现"20世纪中国文学与伊斯兰文化"的关系。

（3）南欧

西班牙文学中的伊斯兰元素：自中世纪至当代
［波多黎各］路丝·洛佩斯－巴拉尔特著　宗笑飞译
中国社会科学出版社　2014年11月　321千字　281页

　　近几十年，与"全球化"结伴而生的东方学被一些西方学者重新提上了日程。地区问题国际化和现实问题历史化等研究方法迅速升温。这其中有不少问题值得国内学界关注。而伊斯兰文化及阿拉伯文学与西班牙及西方文化的交互影响，无疑是中国读者了解现实西方世界的一把钥匙。路丝·洛佩斯-巴拉尔特是这一研究领域的佼佼者。她的这部代表作首版于1985年（西班牙文原名：HuellasdelIslamenlaliteraturaespaola），此后不断再版。其英译本（英文书名：LslaminSpanishLiterature）于1992年问世以来也广受好评。全书分为"导言：关于西班牙的西方属性"、"伊塔大司铎的星座"、"从发生学看圣胡安·德·拉·克鲁斯的《孤鸟》"、"圣特雷莎与穆斯林神秘主义：灵魂七重堡意象"等8章。书中所述关乎中世纪至文艺复兴运动时期阿拉伯伊斯兰文学对西班牙及西方文学的影响，论述有理有据。诚如作者指出的那样，该影响曾被西方学者长期忽略，尽管谁都心知肚明，如果没有阿拉伯人的贡献（譬如针对古希腊罗马的"百年翻译运动"），西班牙、意大利乃至整个欧洲的文艺复兴运动便不可设想。总之，这是一部不可多得的当代学术名著，其在欧洲学术界的声誉正与日俱增，亦为我们了解阿拉伯伊斯兰文化与西班牙文学及文化的互动关系提供了不可多得的借鉴。

2. 艺术
（1）总论

伊斯兰艺术风格（东方美学译丛／牛枝惠　张潇华主编）
［埃及］穆罕默德·高特卜著　一虹译
中国人民大学出版社　1990年10月　113千字　167页

　　伊斯兰对人、生活和世界的全面认识是伊斯兰艺术创作的思想理论基础。它在客观真实地反映人性、生活和世界等方面有着自己独特的观点和方式。在伊斯兰看来，整个人类社会是和谐统一的，艺术应该全面而真实地反映这种统一，再现并且颂扬人类的高尚和纯洁。本书为"东方美学译丛"之一，书中依循《古兰经》之教义，详解了伊斯兰世界的艺术与美学思想，阐明了"伊斯兰艺术是宗教和艺术的完美结合"之观点。全书分为"艺术感觉的本质"、"伊斯兰世界观"、"伊斯兰艺术中对人的想象"、"伊斯兰艺术中的现实主义"、"伊斯兰艺术中的人类情感"等12章。作者认为，伊斯兰艺术的实质就是将伊斯兰信徒对存在万物的认识和感受真实、优美地表现出来，并教人肩负起伟大的使命。

伊斯兰艺术（世界艺术宝库）
郭西萌编著
河北教育出版社　2003年12月　269页

　　多元而统一是伊斯兰艺术最显著的特点，在伊斯兰世界演进的历史中，东西方各种早已高度复杂化的古代文明都成为后进社会的阿拉伯人不得不跨越的屏障。他们除妥协和调和之路外，别无选择。但是伊斯兰艺术的发展方向是相当明确的：在恪守朴素的伊斯兰基本信仰的基础上，对可调和的东西采取包容的态度。似乎这也正是伊斯兰艺术的本质。本书为"世界艺术宝库"丛书之一，作者简要介绍了伊斯兰教的创立和发展，论述了《古兰经》对伊斯兰艺术的深刻影响，并以图文并茂的形式展示了各历史时期世界各地伊斯兰建筑艺术，镶嵌画、壁画、细密画艺术，书法艺术，及织毯、陶瓷、金属工艺等。全书分为十三个部分，主要内容包括：早期清真寺和克尔白、倭马亚王朝的建筑、阿拔斯王朝的建筑、东方的伊斯兰建筑、奥斯曼帝国的建筑、埃及马木路克王朝和印度莫卧儿王朝的伊斯兰建筑、马赛克镶嵌画和壁画、细密画、伊斯兰书法艺术。

音乐的西流（伊斯兰经典文化译丛／康有玺主编）

[日] 岸边成雄著　朗樱译

宁夏人民出版社　2015年9月　100千字　108页

伊斯兰音乐采纳了阿拉伯半岛原始音乐的特点，同时兼蓄并包了波斯音乐、希腊音乐以及印度音乐中的某些因素，从而发展成为世界性的音乐体系。它对于中世纪欧洲音乐和古代东方音乐，特别是中国新疆地区各民族音乐的形成和发展都产生了深远的影响。本书为"伊斯兰经典文化译丛"之一，系根据1952年日本音乐之友社出版的《音乐的西流：从阿拉伯到欧洲》一书翻译而成。书中简要论述了伊斯兰音乐的起源和变迁，介绍了伊斯兰音乐的音乐理论以及流行于伊斯兰地域的几种主要乐器；并运用比较音乐学的研究方法，探索了阿拉伯音乐与希腊音乐、波斯音乐及印度音乐的渊源关系，阐述了伊斯兰音乐对欧洲音乐及东方各国音乐的影响。全书共5章。作者将书名冠之以《音乐的西流》，系针对日本自明治维新以来所出现的对西洋音乐颠倒的状况，借以告诫日本人不要忘记日本及亚洲的传统，让人们了解西洋音乐的发展也曾受到亚洲的影响，进而唤起日本人对于日本传统的认识。

（2）中国

回族经堂歌

马广德选注

宁夏人民出版社　2009年12月　210千字　326页

经堂歌是以清真寺为中心，广泛流传在回族群众中的普及有关伊斯兰文化和回族历史文化知识的各种体裁的诗词、民间歌谣和诗歌体传说。经堂歌由三部分组成：一是专业作者创作的诗词格律；二是民间歌谣；三是诗歌体传说。其内容可谓包罗万象，大到宇宙与人类的起源，小到穆斯林的日常生活等都有涉猎，基本形成了伊斯兰文化知识和回族历史文化知识的体系。因此，经堂歌是经堂教育的重要组成部分，是回族文化传播的重要载体，也是一种独特的民间教材。它的传播，对伊斯兰文化和回族文化的传播起到了巨大的推动作用。本书选编收录了一百多首经堂歌，分为"三字经篇"、"四字经篇"、"诗词格律篇"、"民间歌谣篇"、"诗歌传说篇"五个部分。内容涉及伊斯兰教的起源、教义、教法、功修、日常宗教生活以及民族历史、人物等。书中所选录的作品时间跨度大、地域分布广泛、种类与数量众多，是回族经堂歌的一次前所未有的集中展示，其中许多佳作还是第一次以简体横排并标点注释的形式出现，以利于读者更深入地了解伊斯兰文化。

六、伊斯兰教研究

（一）总论

伊斯兰教概论

金宜久主编

青海人民出版社　1987年11月　348千字　454页

伊斯兰教不是出世的宗教。它不仅被认为是一种宗教信仰、一种意识形态，而且被认为是一种社会制度、一种生活方式。就是说，它与穆斯林的日常社会生活有着紧密的联系。在伊斯兰世界，它的影响实际上渗透到穆斯林社会生活的各个领域。本书全面讲述了伊斯兰教的历史与现实、神学与教义、社会思潮与社会运动等多方面问题，分为"伊斯兰教的兴起与传播"、"伊斯兰的基础"、"伊斯兰教的信仰与制度"、"伊斯兰教法与教法学派"、"伊斯兰教与社会生活"等10章。书中还专章陈述了有关伊斯兰教何时传入中国的诸种解析，并介绍了中国伊斯兰的派别及其在中国的主要学术活动。

伊斯兰教
金宜久主编
宗教文化出版社　1997年10月　485千字　599页

　　伊斯兰教与佛教、基督教同为世界性的三大宗教。它对当代国际社会政治生活具有广泛而深刻的影响力，并在当今社会生活中受到国人的普遍重视。本书在充分吸收前人研究成果的基础上，全面、系统、客观地介绍了伊斯兰教，以满足当前国内学界及广大读者的需要。全书共12章。第1章对伊斯兰教起源的社会历史背景以及它的历史发展作了整体性的介绍；第2-3章分别介绍伊斯兰教的神圣经典和它的基础：《古兰经》、圣训；它的基本信仰、礼仪制度和宗教节日。第4-6章分别介绍伊斯兰教的教法、教派和教义学的形成、发展的社会历史条件。尤着重介伊斯兰教的宗教体制确立以来的教法学理论、教法学派别、教法的基本内容以及教法学的近现代和当代的发展，伊斯兰教的哈瓦利吉派和什叶派以及它们的分支派别，伊斯兰教各传统学科的基本内容以及教义学论辩的基本论题。第7章介绍伊斯兰教的神秘主义派别：苏非派。第8章对伊斯兰与社会生活的关系作一概略讨论。第9-10章分别介绍近现代伊斯兰社会思潮与社会运动、战后的伊斯兰复兴。第11章介绍伊斯兰教初传中国的不同主张及其在不同历史时期的发展和演变等。第12章为结束语，分别从伊斯兰教的基本结构、自我调节、政治活力、对诸种挑战的反应等不同侧面概述伊斯兰教发展和演变的规律性认识。

伊斯兰教学（中国现代科学全书·宗教学/吴云贵主编）
王俊荣　冯今源著
当代世界出版社　2000年6月　322千字　395页

　　伊斯兰教，一个震撼世界的宗教，一种具有独特精神活力的文明。自7世纪产生于阿拉伯半岛以来，它就与伊斯兰民族和伊斯兰世界的命运紧紧相连，走过了数世纪荣辱兴衰的漫漫历程；在未来世界的发展中，它仍将是一种不可忽视的力量和因素；因此，伊斯兰教研究已成为当代社会科学特别是国际政治学领域中的一大重要课题。本书为"中国现代科学全书·宗教学"之一，全面客观地论述了伊斯兰教的兴起与传播及其在当代世界的影响，涉及伊斯兰教信仰制度、节日圣地、传统学科，以及伊斯兰教与经济、妇女、伦理道德、科学文化的关系等。全书共16章。作者在细致描绘出伊斯兰教整体面貌的同时，还概括总结了中国伊斯兰教的研究史，对伊斯兰教学的对象、范围、研究方法、与相关学科的关系等问题提出了系统见解，是一部填补学术空白的专著。

伊斯兰教（宗教文明品析丛书/刘成有主编）
杨桂萍著
中国民主法制出版社　2015年10月　223千字　196页

　　伊斯兰教是普世宗教，是一种文明体系，也是一种生活方式。它包含着神学、政治、经济、道德、文学、艺术等方方面面；既有浓厚的宗教特色，又有很强的世俗性质，它对人们的宗教生活和世俗生活有丰富而详细的规定。伊斯兰教在欧洲以及美国文明的起源和发展过程中曾发挥过重要作用。本书为"宗教文明品析丛书"之一，书中全方位分析了伊斯兰教的多种存在形态、组成因素、核心概念、宗教哲学，伊斯兰教创立、传播的历史，探讨了近现代伊斯兰思潮与伊斯兰教现代化历程，当代伊斯兰教的散布情况，伊斯兰教法的内涵、规定、立法依据，主要学派、教派及其现代化问题，论述了伊斯兰教与中国主体文化的关系及在中国文化中的地位。全书共8章。作者力图从公正、客观的立场出发，透过对伊斯兰教的历史、现实及其信仰和生活体系本身的全景描述，来消除人们对伊斯兰教的误解，还原和展示真实的伊斯兰。

（二）伊斯兰教与诸学科

1. 伊斯兰教与人类学

田野中的洞察：人类学伊斯兰研究散论（西部边疆研究丛书／马强主编）
马强著
青海人民出版社　2015年6月　300千字　277页

　　本书为"西部边疆研究丛书"之一，作者运用人类学理论与方法，通过文本阅读和田野调查，讨论了中国城市穆斯林流动人口、外籍穆斯林、乡村寺坊组织、清真寺功能、开经礼仪等，分析和评介了马长寿先生对清代同治回民起义的调查研究价值、民间流行的消经文本，对贝鲁特、吉隆坡和广州三地的伊斯兰文化做了历史人类学反思，批评了国外未在中国做过深入田野调查的学者对中国回族伊斯兰教的误读；同时关注传统伊斯兰经学、域外穆斯林社区、伊斯兰宗教职业者、归信穆斯林、经学与汉学关系、伊斯兰教与基督教在中国的两种本土化路径等，并对近年来出版的部分作品进行了评论和推介。全书分为"城市根植"、"乡村寺坊"、"民间叙事"、"域外域内"、"坊间杂论"和"书序书评"六个部分。作者旨在通过人类学的视野研究宗教，挖掘田野资料的价值，关注大传统较为忽视的民间传统，拓宽视野关注域外和域内两种伊斯兰文化，以人类学多元文化、尊重他者、地方性知识、文化解释等理论，宣扬文化宽容和族群和谐理念。

2. 伊斯兰教与文化

伊斯兰文化新论
马明良著
宁夏人民出版社　2006年5月　233千字　304页

　　伊斯兰文化包罗万象，博大精深，是当今世界上最具有现实影响力的文化之一。本书试图通过对伊斯兰文化的几个重要层面，如宗教文化，经济文化，法文化，政治文化，伦理文化，教育文化，科技文化，婚姻家庭文化，衣食住行与性文化，节日、娱乐与丧葬文化的具体探讨来阐明伊斯兰文化的基本特征。全书共13章。作者将伊斯兰文化放在一个广阔的人类文化大背景之下，综合运用文化学、宗教学、社会学、哲学的相关理论，对其进行了全方位的考察和分析，并且在分析其特点时往往与其他文化如西方文化、中国文化等做比较，找出它们的异同，从而形成了自己的鲜明的学术风格。本书在相对意义上构建了伊斯兰文化研究的新框架和新体系，拓展了我国宗教学的领域，丰富了我国宗教学的内涵；其内容具有较强的系统性、科学性、理论性及史料性，有助于读者对伊斯兰文化的特征有一个较为系统全面的了解和认识。

伊斯兰文化哲学史
王家瑛著
宗教文化出版社　2007年5月　410千字　531页

伊斯兰文化及其哲学是阿拉伯人在继承其古代文化遗产与哲学思想的基础之上，经过淘汰、筛选，在《古兰经》宗教哲理引导之下，经过萌发、培育形成的一种新型文化，后来伴随着阿拉伯哈里发帝国版图不断扩大，与其他民族、国家的文化交流与对话日益增多，终于形成了伊斯兰文化体系；中世纪，伊斯兰哲学保存并发展了古希腊哲学，在世界哲学史上占有重要的地位；近、现代以来，伊斯兰哲学又有新的发展，出现了伊斯兰复兴运动先驱瓦哈比教派运动，反帝、反殖的北非赛奴西教派运动，19世纪的泛伊斯兰主义思潮，乃至20世纪的伊斯兰现代主义运动等。本书详细介绍了25位伊斯兰教文化与哲学史上的伟人或学派及其学说和著作，时间跨度从公元7世纪至19世纪。全书共26章，内容涉及穆尔太齐赖派宇宙论、肯迪的哲学与宗教、扎凯里亚·赖齐的宗教批判与道德哲学、精诚兄弟社、海亚姆的宗教观、伊本·巴嘉的理论哲学与实践哲学、阿威罗伊主义、中世纪伊斯兰哲学家的社会政治思想、中世纪伊斯兰美学思想等。

伊斯兰文化中的新柏拉图主义研究
吴雁著
宁夏人民出版社　2015年4月　100千字　119页

伊斯兰新柏拉图主义是同时具有哲学和宗教学特点的独特哲学或者说宗教哲学，其对于宗教学研究、伊斯兰教研究、中国伊斯兰教研究、其他宗教的研究，甚至心理学研究都具有启发性的理论意义。本书以新柏拉图主义思想的传入为线索，采用多学科综合研究的方法，着重分析了伊斯兰新柏拉图主义的产生、发展和思想特征以及对伊斯兰新柏拉图主义的重新定义，阐释了伊斯兰新柏拉图主义哲学、理论在中国及现当代世界的发展，最后对研究伊斯兰新柏拉图主义的重要意义作了总结性说明。全书共4章。作者指出，伊斯兰新柏拉图主义并不仅局限其自身为一种宗教哲学理论，它更是社会思维和实践文化。其宗教哲学理论在一个活生生的宗教，特别是在伊斯兰的宗教社会生活中实践、运作；与此同时再被自身的宗教社会实践所修正。它是宗教哲学的具象表达和现实化。可以说，自从伊斯兰新柏拉图主义诞生以来，伊斯兰教已不再是一个单纯的宗教，而成为了一种宗教社会思维和实践模式。

伊斯兰文明与中华文明的交往历程和前景（伊斯兰文化丛书／马明良主编）
马明良著
中国社会科学出版社　2006年8月　320千字　355页

伊斯兰文明与中华文明同中有异，异中有同，交相辉映，异彩纷呈，二者的交往有助于解决当今世界面临的一系列问题，有利于维护世界和平，有利于构建多元共存、和而不同的世界文明新秩序。本书为"伊斯兰文化丛书"之一，是作者在其博士论文基础上修改而成的一部全面回顾伊斯兰文明与中华文明"两大文明体系"之交往历程，展望二者合作前景的专著。全书包括上、中、下三篇。上篇分为2章，第1章是"伊斯兰文化的历史轨迹与现实走向"，主要将伊斯兰文明的历史分为奠基时期、巩固时期、发展时期、全盛时期、衰落时期和复兴时期，论述了各个时期的发展变化及特点。第2章是"中华文明的历史轨迹和现实走向"，主要将中华文明分为发生与定型时期、发展时期、全盛时期、继续发展时期、由盛而衰而兴时期，论述了各个时期的变化及特点。中篇分为4章，分别讨论了唐宋元时期伊斯兰文明与中国文明在政治、经贸、文化和军事方面的交往；明清时期的"以儒诠经"活动体现了两大文明的深层交往；近代的伊斯兰教界的新文化运动及其他所表现出近现代两大文明的广泛交往；当代两大文明在政治、经贸、文化交往中的优势及促进作用。下篇分为4章，第1章论述了全球化时代伊斯兰文化与中华文明交往的新视野，第2-4章分别探讨了伊斯兰文明与中华文明在生态环境问题、世界和平问题、全球伦理问题等领域对话的可能性和可行性。

伊斯兰与中国文化
杨怀中　余振贵主编
宁夏人民出版社　1995年1月　520千字　633页

中国伊斯兰文化源于阿拉伯伊斯兰文化，又在中华文明的土壤中扎根生长，它与中国社会历史相关联，尤其与中国10个穆斯林民族的社会历史紧密联系。本书是国家哲学社会科学"七五"规划重点课题，旨在探索伊斯兰文化渊源成就及其在中国的传播发展、内涵、特点，和它在中国文化史上的地位和影响。全书由数位专家学者分头撰写，由杨怀中先生设计提纲并总其成，共分10章。第1-3章介绍由唐代经宋代至元代时中国和阿拉伯帝国的交往，回回人的东迁，伊斯兰文化的形成和东传的历史大背景。第4章概述中国历史上伊斯兰文化的四次高潮。第5章介绍伊斯兰天文学的输入及对中国天文学的贡献，大致勾勒出千年回回天文学史，并以几何学原理解析了回回历法中日月位置及日月食。第6章介绍伊斯兰医学的输入，重点破译了尘封数百年的海内孤本《回回药方》一书，揭示了回回医学与希腊医学，阿拉伯医学一脉相承的渊源关系及其对中国医学的影响，这在回回医学的研究上是一个很大的突破。第7章题解了百余部中国伊斯兰教数百年来传习的阿拉伯文和波斯文典籍，开拓了伊斯兰教典籍研究。第8章介绍中国伊斯兰教的汉文译著，显示了伊斯兰文化与儒学文化的跨文化结合。第9章阐述《古兰经》的翻译，对14种《古兰经》中文译本逐一介绍作者，评析译文。第10章综述中国伊斯兰文化的特点。

中国伊斯兰传统文化研究
孙振玉著
甘肃民族出版社　1995年7月　260千字　332页

中国伊斯兰传统文化，即历史上的中国伊斯兰文化或中国伊斯兰教文化，是起源于阿拉伯半岛的伊斯兰文化或伊斯兰教文化之中国民族化、地域化的产物，为中华民族传统文化的一部分。它有着悠久的发展历史、丰富的内容体系、鲜明的文化特征，至今对中国各穆斯林民族乃至整个中国社会仍有着直接或间接的影响作用。本书以历史唯物主义为指导，同时运用民族学、宗教学、文化学等学科的研究方法，对中国伊斯兰传统文化作了深入地分析和探讨。全书由序篇、历史篇、体系篇和功能篇四部分组成，共16章。序篇（第1章），揭示了文化的内涵与实质，兼论了文化的研究现状及方法。历史篇（第2-4章），探讨了文化的起源、发展以及历史的继承过程和文化的类型特征；体系篇（第5-13章），探讨了传统思想文化、传统组织文化及礼仪文化的内容及其特征；功能篇（第14-16章），分析了文化的协调特色与思想特征，以及文化与中国伊斯兰民族精神的关系。

中国伊斯兰教与传统文化（伊斯兰文化丛书/吴云贵等主编）
秦惠彬著
中国社会科学出版社　1995年8月　68千字　126页

伊斯兰教从其传入的那一刻起，同中国传统文化的冲突与融合就开始了。在中国，伊斯兰教为了生存和发展，只能调整其自身而适应中国社会的整体文化氛围。伊斯兰教在中国的传播与发展过程，不是哲学史式的，而是社会史式的。中国伊斯兰教教义学体系的基本理论框架就是把伊斯兰教教义思想纳入中国传统思想之中，用中国传统思想阐发和解释伊斯兰教教义思想，创建属于自己的独特的教义学体系。本书为"伊斯兰文化丛书"之一，作者以翔实的资料，比较系统地介绍了伊斯兰教在唐宋元明清各个朝代融入中国的过程，对自身及对中国文化的影响，深入剖析了伊斯兰文化与中国文化的精神内核。全书共4章。内容包括：中国伊斯兰教特殊的发展道路、中国制度文化与伊斯兰教、在传统文化氛围中形成的中国伊斯兰教义学、中国伊斯兰教在科技方面的杰出贡献。

中国穆斯林民居文化
马平　赖存理著
宁夏人民出版社　1995年12月　185千字　252页

中国穆斯林民居建筑文化，是一个特有的概念。对它的研究，具有多学科、跨领域之特点，具有相当的难度。本书从"中国穆斯林民居的本质"探讨入手，透过"中国穆斯林民居的民族类型"、"中国穆斯林民居与地理气候自然环境的关系"、"中国穆斯林民居文化的经济与社会背景"、"中国穆斯林民居的民族宗教民俗生活禁忌和礼仪"等多维视角、不同侧面对中国穆斯林民居的整体情况与局部特征给予深入解析。全书共分9章。作者不拘泥于建筑本身的物象表征，而是注重从其自然环境、宗教信仰、民风民俗以及建筑营造、布局和装饰等各种设计要素出发，开掘中国穆斯林民居的美学内涵，展现伊斯兰教圣俗相生的哲学意蕴。

中国伊斯兰文化类型与民族特色
马启成　丁宏著
中央民族大学出版社　1998年6月　211千字　260页

伊斯兰教在中国流传、发展了一千多年，经过与中国穆斯林10个民族相互融合，深深地渗透到各民族文化之中，成为这些民族思想文化的重要内容，从而也成为中国文化的一部分。本书旨在为外界了解伊斯兰教与中国文化提供基础知识，既属于宗教研究的范畴，也涉及民族研究领域。全书共分8章。其内容主要围绕两个方面展开：一、简要地阐明伊斯兰教的诸要素，首先叙说伊斯兰教的兴起、意义和历史演变、对外传播；接着简述伊斯兰教的根本经典《古兰经》、圣训以及这两部经典在中国的翻译和各种版本；随后介绍伊斯兰教的基本信仰和宗教制度、节日和禁忌。二、揭示伊斯兰教与中国传统文化、中国穆斯林民族的内在关联，分别从文化属性、宗教属性、民族属性三个方面加以论述。作者指出，中国伊斯兰文化从来源上说是由国外传入的，是世界伊斯兰文化的部分，从形成发展来说，吸收了中国各民族固有的本土文化，是中国民族化的产物。从民族属性来看，可分为内地伊斯兰文化和新疆伊斯兰文化。作者认为伊斯兰教义与儒家思想文化的结合，形成了中国伊斯兰教的哲学思想和伦理道德观，并叙说了中国伊斯兰教各派别形成的历史、特点和影响。

丝绸之路上的穆斯林文化
马通著

宁夏人民出版社　2000年5月　180千字　227页

丝绸之路，是连接东亚、西亚和地中海的一条贸易古道，在世界贸易史上起着不可磨灭的作用。它不仅留下了往来商旅的足迹，更见证了中西方文化交流的历史。本书通过大量资料考证，详细介绍了丝绸之路上的穆斯林文化对于古道上的建筑、文化、教育等产生的深远影响；对于丝绸之路的两条主干道路，海路和陆路上的商旅往来、文化交流都有所记录，特别是对中国丝绸路段沿途穆斯林文化的各方面均有所涉及。全书分为"丝绸之路上的穆斯林及其文化"、"香料之道上的穆斯林文化"、"丝绸之路上的穆斯林商贸与钱币"、"丝绸之路上的伊斯兰教派与苏非主义学派"、"秦陇道上的穆斯林社会"等14章。本书作者从事伊斯兰教及其相关历史研究多年，经验丰富，见解独到，其所描述对于读者更深入地了解丝绸之路上的穆斯林文化，对于读者更深入地了解这条古代商路的文化内涵，具有一定参考价值。

伊斯兰文化在中国
丁明仁著

宗教文化出版社　2003年5月　185千字　222页

伊斯兰教传入中国主要有两种方式：一是阿拉伯哈里发遣使来华朝贡。我国史学界把"唐永徽二年（651）八月乙丑，大食国始遣使朝献"作为伊斯兰教传入中国的开端。从此，阿拉伯各位哈里发不断派使臣来华朝贡。二是穆斯林商人来华。自唐以来，阿拉伯、波斯的穆斯林商人陆路由丝绸之路上的驼队络绎不绝地来到中国，水路则由广州、泉州等港口登岸。这些穆斯林商人在华娶妻生子，繁衍生息，于是就有"土生蕃客"、"土生波斯"之称。他们是伊斯兰教的载体，也是回族的先民之一。本书简要介绍了伊斯兰教如何传入中国以及伊斯兰文化如何在中国传播的历史过程，着重介绍了中国穆斯林的语言文字、建筑风格、精神生活、服饰、饮食文化、工艺美术、音乐舞蹈艺术、体育活动等。全书共10章。作者是上海外国语大学教阿拉伯语的教师，曾去阿拉伯国家工作过。身为一名回族成员，他亲身感受到我国信奉伊斯兰教的少数民族在日常生活中所受伊斯兰文化的深刻影响，因而其书中所述更为直接地反映了"伊斯兰文化在中国"的历史与现实景貌。

伊斯兰文化与中国本土文化的整合
张宗奇著

东方出版社　2006年9月　176千字　208页

中国伊斯兰文化是中国本土文化与传入中国的阿拉伯－波斯伊斯兰文化在中国特定的社会、历史条件下整合的结果，也是一个由多种文化建构的综合体。本书从文化间相整合产生新文化这一角度出发，较为清晰地阐明了中国伊斯兰文化与中国本土文化这两个具有世界意义的文化体系于中国本土上，在中国社会、历史和文化的大环境中相整合而产生的一种全新文化；它是中国传统文化中有机的不可分割的一部分，同时又是中国人民，特别是中国穆斯林各民族人民对世界文化的一大贡献。全书分为"伊斯兰文化传入中国与怛逻斯战役前后中国突厥文化的伊斯兰化"、"从杜环《经行记》到吴鉴《清净寺记》：8世纪至14世纪教外中国人对伊斯兰文化的了解"、"伊斯兰文化与中国本土文化在意识深层中的融合"等8章。作者在多次深入民族地区实地调查和体验生活、多方面获取资料以及在中东地区对外国伊斯兰文化亲身考察的基础上，力求从多学科，特别是历史学、宗教学、民俗学和文学的角度，对中国伊斯兰文化作出宏观的整体分析和阐释，对前人没有研究或研究不足的问题，提出自己的研究心得，体现出较强的学术新意。

中国伊斯兰文化要略
张志华著
宁夏人民出版社　2010年8月　110千字　144页

伊斯兰教传入中国已有近1400年的历史。期间，伊斯兰同其载体中国穆斯林经历了漫长而艰难的历程，对祖国政治、经济、文化、文明、道德建设等做出了重要的历史贡献。本书侧重介绍了波斯穆斯林和波斯文化对阿拉伯—伊斯兰文化的贡献与影响，以及对中国穆斯林及传统文化的影响，旨在重温中国人民和中国穆斯林与阿拉伯各国（包括伊朗）人民之间历史上的友好往来，经济、贸易、文化领域内的合作、交流，并期盼在新的历史时期继续保持、发展这种传统友谊及良好的交流、合作关系，以造福于各国人民。全书包括：中国伊斯兰教史一瞥、中国伊斯兰经书和近代以来中国穆斯林杂志、期刊等三个部分。第一部分从史的角度讲述了伊斯兰教在中国传播与发展的历程，并简要介绍了中国伊斯兰教教派、中国10个民族穆斯林、中国伊斯兰史上最著名的人物及伊斯兰古迹等。第二、第三部分，收集了近400种主要的、在清真寺和穆斯林大众中比较流行的、或译成汉文的经典和著作，也收集了66种主要伊斯兰刊物。

伊斯兰文化（第1-6辑）
丁士仁主编
甘肃人民出版社　2008年2月–2013年7月　1612千字　1435页

伊斯兰文化是以穆斯林民众为传承者的文化。它既是一般意义上的文化，义是一种宗教文化。伊斯兰文化在与经济社会、民族宗教、政治文化的关系等方面都有自身的研究特色和学科方向。研究伊斯兰文化的历史演进、思想内涵、价值趋向，探索其与民族、社会发展的关系，不仅是对伊斯兰文化本身的思考，而且对于促进我国西部大开发，实现西部少数民族社会的现代化以及维护周边地区的稳定都具有重要的理论与现实意义。本书是由甘肃大学伊斯兰文化研究所精心编辑的伊斯兰文化研究论文集，也是近年来伊斯兰文化研究成果中比较有分量的学术佳作，作者大多是多年来在国外留学的穆斯林青年学者和国内各个研究机构的专家或任教于各个高校的穆斯林教师。该书现已出版6辑。第1辑包括文化纵论、义理研究、哲学宗教、前沿思潮四个部分。第2辑包括当代伊斯兰与中东研究，回族与现代化，穆斯林与多元社会，近现代中国伊斯兰教育，古兰经、圣训、教法研究，伊斯兰哲学研究和历史研究等八个部分。第3辑包括宗教义理、哲学思潮、社会调查、经堂教育等五个部分。第4辑包括历史文化、社会观察、回族文学等五个部分。第5辑包括宗教义理、哲学思潮、域外研究等五个部分。第6辑包括宗教义理、哲学思潮、历史文化等五个部分。所选论文主要从理论研究和社会调查角度对伊斯兰文化的历史与现状展开深入思考；既独立成篇，又联篇成册；既注重内容风格的延续性，又注重突出不同的学术特色；力求多角度、多层面地向读者展示伊斯兰文化的基本精神和丰富内容。

3. 伊斯兰教与生态学

中国穆斯林生态自然观研究
丁文广著

兰州大学出版社　2014年11月　429千字　394页

　　中国穆斯林的生态自然观内涵丰富，涉及水资源保护、土地资源保护、动物保护、植物保护、大气保护、严禁有毒有害物质等，对其思想与实践展开深入地调查研究，具有重要的理论和现实意义。本书是我国第一部以回族、维吾尔族、哈萨克族、东乡族、撒拉族、保安族等10个穆斯林民族为主体的生态自然观研究学术专著。作者运用文献研究法、人类社会学研究法，在探讨文化多样性与环境保护的深层次关系的基础上，系统阐释了伊斯兰文化中的生态自然观，进而通过对中国具有伊斯兰文化背景的回族、维吾尔族、哈萨克族等10个少数民族的生态自然观的具体考察，分析了各少数民族穆斯林生态自然观的异同之处，揭示了中国穆斯林生态自然观的基本特征、传承状况和核心价值，并为我国生态文明建设提供了一些对策建议。全书内容包括：文化多样性与环境保护、伊斯兰文化中的生态自然观、中国穆斯林生态自然观研究、结论与建议、附录五个部分，共22章。书中首次将中国穆斯林的生态自然观哲学思想概括为：人类是地球的代治者，人类与生物享有平等的权利，非人类中心主义，合理开发利用资源，节约资源、适度消费，人类与自然是统一整体等六个核心，填补了我国生态自然观与传统文化融合研究领域的空白。

4. 伊斯兰教与伦理学

伊斯兰伦理研究（宗教学博士文库）
杨捷生著

宗教文化出版社　2002年3月　169千字　224页

　　本书为"宗教学博士文库"之一，作者以"不同的伦理体系及各体系之间产生差异的原因"为着眼点，对伊斯兰伦理进行了全面、深入地研究，以利于加强民族团结、促进中华民族的伦理建设。全书共6章。第1章概论，介绍伦理、道德、禁忌、法律、伦理文化等基本概念，以及它们之间的相互关系；同时还介绍了作者在研究该课题时提出的关于伦理文化成熟期及伦理区间的概念。第2章伊斯兰伦理的起源，运用摩尔根的社会学观点分析、研究了伊斯兰教以前的贝都因人社会，并对伊斯兰教以前贝都因人的宗教、贝都因人的伦理、伦理区间、伦理体系进行了研究，得出如下结论：贝都因人伦理是伊斯兰伦理产生的基础。第3章伊斯兰伦理革命，阐述伊斯兰伦理革命的背景、伊斯兰伦理革命的大破大立、伊斯兰伦理观念的确立以及伊斯兰伦理体系。第4章伊斯兰伦理的哲学基础，介绍伊斯兰哲学对信仰和伦理观念的思辨。第5章伊斯兰伦理的构成，介绍伊斯兰伦理的特点以及伊斯兰日常生活伦理和伊斯兰公共生活伦理。第6章伊斯兰伦理的实践，介绍伊斯兰伦理的宗教实践及世俗实践，并介绍了伊斯兰伦理的层次性及伊斯兰伦理与现代化的关系。

伊斯兰伦理学
努尔曼·马贤　伊卜拉欣·马效智著
宗教文化出版社　2005年10月　370千字　479页

伊斯兰伦理学是以伊斯兰教思想为依据，研究人类道德原则及其规范的学说。其伦理原则和道德规范，主要反映在《古兰经》和先知穆罕默德的言行辑录之中。古往今来的伊斯兰学者虽然做了大量有关研究，也出版了不少伊斯兰伦理道德思想方面的著述，但以现代科学的研究方法，全面系统地阐述伊斯兰伦理学的著作较少，在国内更为鲜见。本书作为中国学者撰写的第一部伊斯兰伦理学专著，无论是论证伊斯兰伦理基本原则，还是阐述伊斯兰伦理规范；无论是介绍伊斯兰伦理思想历史，还是解析当今社会诸多伦理现象，均坚持以伊斯兰正统教义、教法为指导，每个重要论点几乎都有《古兰经》明文或先知及其弟子言行的依据，至少也以公认的伊斯兰著名学者的言论佐证，自始至终贯穿着伊斯兰正统思想不偏不激的中正精神。全书共19章。内容涉及伊斯兰伦理学概念、伊斯兰教与伦理道德的关系、伊斯兰伦理与教法、伊斯兰伦理渊源、伊斯兰伦理思想历程、伊斯兰伦理基本原则、伊斯兰伦理范畴和伦理规范等，突出体现了伊斯兰伦理学这门独立学科的理论系统性和全面性。书中对于当代伦理学前沿课题，例如生态伦理、科技伦理等，也依据伊斯兰基本经典精神予以积极的探索，提出了一系列明确具体的看法。

心灵的揭示（伊斯兰哲学译丛／马效佩总主编）
[古阿拉伯]安萨里著　金忠杰译
商务印书馆　2016年7月　300千字　521页

本书为"伊斯兰哲学译丛"之一，是阿拉伯哲学家、法学家、教育家安萨里关于伊斯兰伦理思想的专著，也是该领域的代表作。在书中，安萨里基于他对伊斯兰教的全面理解和深刻把握，本着信仰独一真主为核心、先知穆罕默德为使者、《古兰经》和圣训为依据、历代先知和先贤言行为佐证的基本思路，采取引经据典与案例分析、博采众长与叙议互动相结合的方法，用111章篇幅，分门别类地梳理了伊斯兰伦理思想的主要内容，如论敬畏真主、论忏悔、论克制私欲、论信托、论孝顺父母、论天课与吝啬、论死亡、论现世、论知足、论感恩、论骄傲、论禁止虐待孤儿、论施舍、论礼拜等。该书展现的伊斯兰经训教义，是伊斯兰伦理思想的基本内涵；伊斯兰经训教义法规约的行为准则，是它的外向延伸；穆斯林实践二元一体的教义教法，是它的综合显现；并透过伦理层面阐述了穆斯林的宗教世界观和人生价值观，探究了伦理与哲学、伦理与社会、伦理与经济、伦理与法律、伦理与教育、伦理与自然等的关系。由此从理论和实践两个层面论述了伊斯兰伦理思想的根本所在，由上而下地界定了伊斯兰伦理思想的起点与终点，由下而上地体现了它的价值目标，以求达到把对真主的彻悟作为伦理道德准则和人生终极归宿。

5. 伊斯兰教与社会学

伊斯兰教与中国穆斯林社会现代化进程
丁宏　敏俊卿著
中央民族大学出版社　2012年2月　180千字　221页

作为世界三大宗教之一的伊斯兰教，虽然在世界各地拥有十几亿信仰者，在中国也有2000多万穆斯林,但人们在研究、解读这种宗教的时候,更多地关注其信仰层面特别是"政治色彩",而对其文化的多样性及其社会功能等方面的探讨不足。本书基于宗教与现代化之间关系的框架内,对伊斯兰教及其信仰群体在中国社会的现代化进程的适应和融入进行研究,从理论和实践层面对该问题展开了深入探讨。全书共分7章。内容包括:伊斯兰教与中国穆斯林社会、伊斯兰教适应中国社会发展的基础、中国穆斯林走向现代化的发展历程、中国穆斯林的现代化实践、中国穆斯林现代化进程中所面临的问题等。作者认为,中国伊斯兰文化呈现出多样性的特点,且具有重要的社会功能,与此同时,伊斯兰教与中国穆斯林社会的现代化进程是一种协调关系,强调穆斯林主体性地位和传统文化的作用时实现其现代化的必要途径。

伊斯兰文化与社会现实问题的考察

刘月琴著

中国社会科学出版社　2012年8月　289千字　266页

本书是一部全面阐释伊斯兰文化,尤其是其政治文化的著作。作者以阿拉伯国家实地考察所得到的切身感悟为基本素材,选择伊斯兰文化作为切入点,全面系统地介绍了伊斯兰教义、理论、政治理念、和平理论、文化特征等,既从理论上厘清了伊斯兰教义与其政治理论之间的关联,以及政治理论产生的基础,论证了伊斯兰教对现实问题的关切,也从实践层面剖析了伊斯兰现实社会所涵盖的诸多问题,挖掘它们与社会之间的关系,从而拓宽了以往中东研究的视野,使之不仅有重要的学术价值,而且还有学科跟踪意义。全书共分6章。内容包括:伊斯兰文化理论及实践应用、伊斯兰文化的渊源和内容、伊斯兰政治文化与当代社会、伊斯兰文化的社会功能、伊斯兰伦理道德文化及其社会应用、清真寺文化及其价值等。

伊斯兰教与构建和谐回族社会（华夏英才基金学术文库）

孙振玉　孙嫱著

中央编译出版社　2012年12月　200千字　196页

本书为"华夏英才基金学术文库"丛书之一,作者以文本分析方法系统研究了回族伊斯兰教的和谐思想,以田野调查方法研究了现实社会中伊斯兰教与回族经济社会发展稳定的关系,并以理论与实践相结合的分析方法探讨了我国现行的宗教理论与政策,提出了构建政教和谐关系等思想。全书分三编,共10章。第一编"教义文本解读"（第1-5章）,采用文化解释（非社会文本解释）的方法,并把回族伊斯兰教当做一个发展的社会与文化现象,对其历史传统文本和当代现行文本分别进行了解读,旨在发掘其中的和谐思想,为我国构建和谐社会尤其是构建和谐回族社会服务。第二编"宗教实践调查"（第6-8章）,通过对以宁夏为主兼及其他地区回族伊斯兰教发展现状的调查,分别就"具有中国特色的宗教实践经验"、"宣讲新卧尔兹"、"构建和谐社会伊斯兰教需克服什么"这三大主题进行了研究。第三编"深度理论思考"（第9-10章）,主要探讨了我国社会主义的科学宗教观和政教关系两个问题。作者认为,科学发展观是当前我国经济社会发展的根本指导理论、世界观与方法论,科学宗教观则是对宗教和宗教问题的总的认识和看法;并且指出,在我国社会主义社会,仅仅认识到只有宗教和谐才有社会和谐是不够的,还必须强调只有政教和谐才有宗教和谐与社会和谐。

伊斯兰教与中国穆斯林社会现代化
高占福　李志坚主编
宗教文化出版社　2013年1月　300千字　360页

中国穆斯林社会的现代化是中华民族共同复兴与奔向现代化强国的重要组成部分，也是一项十分复杂的系统工程，牵扯到中国社会的各个层面。因此，解决好伊斯兰教与中国穆斯林社会现代化的关系问题是十分必要而又十分迫切的。本书从伊斯兰教文化的角度，通过总结与反思伊斯兰世界现代化历程的经验，对伊斯兰教与中国穆斯林社会现代化的相关问题进行了探讨，认为近代以来伊斯兰世界的现代化之路未取得成功的关键在于没有解决好传统信仰与现代化之间的协调与和谐，进而指出中国穆斯林社会具有现代化的历史基础与思想理论基础，如何在现代化的过程中培养人才，探索适合自身的现代化路径是个关键的问题。全书共分7章。内容包括：伊斯兰教倡导人类社会发展的思想、伊斯兰国家的近现代化之路、伊斯兰教在我国的本土化、中国伊斯兰教适应现代化发展的基础、伊斯兰教在我国现代化建设中的作用、中国各族穆斯林走向现代化的途径等。

调适与构建：引导伊斯兰教与社会主义社会相适应的理论与实践
庾荣著
中国社会科学出版社　2014年5月　251千字　243页

"伊斯兰教与社会主义社会相适应"这一命题，是理论界长期关注的焦点。本书以宗教与社会主义社会相适应、宗教与和谐社会的构建等理论为支撑，以大量文献资料和对西北四城市回族的实地调研笔记为基础，并充分借鉴其他学者的研究经验，运用文化人类学、民族学、政治学的相关知识和方法，在现代化视域下对伊斯兰教与西北城市回族社会相适应的问题进行学理和实证研究；通过对西北城市回族穆斯林与社会主义经济建设、政治建设、文化建设及社会建设等方面的系统梳理和分析，较深入地剖析了当前在伊斯兰教与现实社会相适应的过程中所存在的具体问题，并据此提出建议与对策，以期实现"相适应"、"和谐"的目标。全书共8章。作者指出：伊斯兰教与社会主义社会相适应，这既是社会主义社会对我国宗教的客观要求，也是宗教要适应所处社会和时代的客观规律的需要。新中国成立六十多年来社会主义宗教工作的理论与实践以及伊斯兰教自身发展的特点充分表明，伊斯兰教与社会主义社会相适应，不仅是必要的，而且也是可能的。

基于社会主义和谐社会视域下的伊斯兰和谐思想研究
马文祥著
宁夏人民出版社　2016年3月　254千字　227页

社会主义和谐社会思想是在总结改革开放和现代化建设经验的基础上，对构建社会主义和谐社会实践的具体认识及其对实践经验的理论概括，伊斯兰和谐思想，则是指在伊斯兰文化中所蕴含的和谐理念。本书以马克思主义学科为基点，用马克思主义的唯物辩证法为主要方法，在社会主义和谐社会视域下，对伊斯兰和谐思想的内容、理论体系以及伊斯兰和谐思想与社会主义和谐社会思想的相互关系等作了系统地研究。全书共6章。其内容主要由理论研究和实证研究两部分组成。理论研究部分重点探讨了四个方面问题：一是社会主义和谐社会思想与伊斯兰和谐思想的相互关系；二是伊斯兰和谐思想的主要内容；三是伊斯兰和谐思想与社会主义和谐社会思想相结合的依据；四是伊斯兰和谐思想在构建社会主义和谐社会中的地位和作用。实证研究主要是通过问卷调查和访谈来完成，作者以西北地区为例，通过随机抽样调查，以新疆、青海、甘肃、宁夏和陕西等省区的穆斯林为调研对象，了解穆斯林群众对伊斯兰和谐思想的认识，对构建社会主义和谐社会的理解。

伊斯兰教与穆斯林生活
夏瑰琦主编

河南人民出版社　1990 年 11 月　230 千字　368 页

伊斯兰教是氏族社会向阶级社会过渡时期政治经济变革的产物。穆罕默德顺应历史发展的需要，吸收、改造了犹太教、基督教的神学，于公元 610 年在麦加创立了伊斯兰教。此后不到一个世纪，伊斯兰教就席卷了亚洲、非洲和欧洲三大洲的部分地区，建立了政教合一的阿拉伯帝国。本书以丰富翔实的史料，通俗流畅的语言及简明精当的论析，全面讲述了伊斯兰教的历史与现状、传播与发展、教义与教规、学说与教派、伦理与法律、政治与经济、军事与社会、科学与教育、文化与艺术以及穆斯林的日常生活、习尚风俗等内容。全书分为 7 章，编者试图通过整体概观来表明伊斯兰不仅是一种宗教信仰、一种意识形态，而且是一种政治形式、一种社会制度，还是一种生活方式、一种富有活力的文化现象。

回族伊斯兰习惯法研究
杨经德著

宁夏人民出版社　2006 年 8 月　157 千字　199 页

法律是功能性的社会控制工具。回族伊斯兰习惯法作为社会结构要素之一，它在国家法原则的规范和约束之下存在，对其他社会结构要素的存在同样具有必要性和有效性。回族伊斯兰习惯法的功能发生根据和具体功能表现形式与国家法有所不同，主要表现为规范功能的内容和形式齐全，而公共功能的内容和形式残缺，在总体功能上弱于国家法，并且有变形的特征。而且，它的规范功能和公共功能的侧重方向也与国家法有着根本的区别。本书是根据作者的博士论文修订而成的一部"从回族伊斯兰习惯法来源及概念的认识着于"来探讨伊斯兰习惯法如何融入我国当代法治文明进程的专著。书中在对"伊斯兰法的中国本土化、回族化"趋势作出历史考察的前提下，着重论述了回族伊斯兰习惯法对国家法以及对其他社会结构要素的正功能问题，并对回族伊斯兰习惯法在特定条件下对其他社会结构要素的消解作用进行了初步探讨。全书共 6 章。其主要内容是强调在现实条件下，如何充分发挥回族伊斯兰习惯法的正功能，努力使其消解作用转化为正功能，并调适它与国家法之间的功能关系，使之为回族聚居区法治文明建设服务，进而为国家实现依法治国战略而服务，这也是本书的出发点和落脚点。

熟悉的陌生人：大城市流动穆斯林社会适应研究
白友涛　龙佳　季芳桐　白莉著

宁夏人民出版社　2011 年 1 月　240 千字　269 页

中国城市化大潮中有一个特殊群体，他们带着伊斯兰教信仰来到大城市，希望在城市生存发展,但遇到了较大的发展困境。本书作者采用实证研究的方法,通过对天津、南京、深圳、上海以及兰州、西安、银川、西宁等东西部城市流动穆斯林群体的经济、社会、文化生活实际状况,特别是对流动穆斯林的宗教信仰,以及宗教信仰对其本人社会适应(融入)的影响所做的深入调研和比较,从社会学的视角全面研究了大城市流动穆斯林群体的宗教信仰和社会适应,比较了东西部流动穆斯林和中外流动穆斯林的异同,分析了其适应中存在的问题以及政府应当采取的相关政策。全书共分9章。书中提出的关键命题是,制度障碍是根本的制约因素,也是制约流动穆斯林向城市社会适应其他方面拓展的根本原因,个人因素是重要的也是不可回避的问题;流动穆斯林的宗教信仰是其文化资本,流动穆斯林可以利用自己的文化资本,构建社会资本,以城市穆斯林社区为中心尽快实现社会适应。

一个信仰群体的移民实践:义乌穆斯林社会生活的民族志(民族发展与民族关系问题研究中心博士文库/白振声主编)

马艳著

中央民族大学出版社　2012年11月　290千字　361页

"义乌穆斯林现象"表现为典型的劳动力国际性流动及城市国际化的综合现象,是城市人类学研究移民族群的经典样本,也是发生在当下中国具有代表性的有宗教信仰的少数民族流动群体现象。本书为"民族发展与民族关系问题研究中心博士文库"丛书之一,作者从城市人类学的角度切入,试图深入义乌穆斯林羁留场所的内部,对其社会生活及其相关的"内外关系"展开民族志的深描。全书分为"中阿贸易与义乌穆斯林现象"、"日常实践与生存空间的构建"、"宗教实践与社会事实的整体关联"等6章。书中通过对"义乌穆斯林现象"进行民族学、人类学及社会学等的比较研究,从其羁留场所显现的空间维度及群体文化折射出的时间维度立体地去认知,并通过观察、体验、把握和揭示这一独具多元文化特质的穆斯林群体的形成、变迁及文化脉动,解读出义乌穆斯林这一信仰群体的移民实践在中国民族史及整个地域发展史中所具有的历史意义和社会意义。

伊斯兰教生活禁忌百问探源

王灵桂主编

社会科学文献出版社　2015年8月　150千字　283页

所谓禁忌,是人出于对权威对象的敬畏而产生的对自己行为的限制性规定。伊斯兰教也有对人类禁忌起源的描述,探讨其禁忌和戒律的形成及其背景,是研究伊斯兰教很好的途径和切入点,也有助于揭开历史蒙在伊斯兰教身上的神秘面纱,有助于人们了解伊斯兰教本源的基本面貌。本书在《伊斯兰教生活禁忌百问》一书的基础上,运用"宗教语言"和"学术视野",以通俗易懂的语言,对禁忌学的通用原理、伊斯兰教在确定禁忌时的原则,以及100个伊斯兰教生活禁忌的起源等进行了详细的阐述。全书包括:从乐园里说起、有助于正确理解伊斯兰禁忌的几个关键问题、伊斯兰禁忌的构成和确定原则、伊斯兰教的具体禁忌四篇。书中所涉及的内容和数字,俱来自准确可靠的资料;所引用的国外研究成果,俱来自对伊斯兰教至少持中立态度的知名专家和资深研究者,因而本书对于伊斯兰教生活禁忌的介绍和论述较为客观、全面和准确。

6. 伊斯兰教与经济学

伊斯兰教与经济
张永庆　马平　刘天明著
宁夏人民出版社　1994年1月　345千字　437页

　　伊斯兰教是不脱离世俗生活的世界宗教，具有推崇经商、重视市场的传统，尤为关注现实的社会经济问题。它的初生、发展，演进以及它在历史进程中所展现的巨大活力，无不与它的务实精神息息相关。本书以中外伊斯兰教相结合为立论的根据，以伊斯兰教与经济发展的关系为着眼点，试图对伊斯兰教的经济思想与经济制度，经济发展对伊斯兰教的影响与伊斯兰教对经济发展的作用，伊斯兰教的经济实体，以及社会主义时期伊斯兰教与经济发展相适应问题进行较深入的探讨，以期使伊斯兰教的研究能趋向深入，并力求对我国穆斯林聚居地区的经济建设有所裨益。全书分为"伊斯兰教经济思想"、"伊斯兰教经济制度"、"伊斯兰教的宗教经济"、"经济发展对伊斯兰教的影响"等6章。作者将伊斯兰教在经济层面的具体表现作为主要研究对象，跳出了以往伊斯兰文化研究只注重"精神现象"的认识误区，填补了我国学术界在这一领域里的空白。

伊斯兰经济思想
刘天明著
宁夏人民出版社　2001年1月　260千字　319页

　　将世界三大宗教的经典相比较，伊斯兰经典《古兰经》、《圣训经》中涉及经济问题的论述、命诫最多，而且独具特色。但是长期以来，伊斯兰经济思想研究在我国现代学术领域尚属薄弱环节。与伊斯兰哲学等方面的伊斯兰思想文化研究相比较，伊斯兰经济思想研究不但起步晚，而且成果也屈指可数。本书是我国第一部较为系统地探讨伊斯兰经济思想的学术专著。作者立足中华文化大背景下，运用马克思主义的观点、方法对伊斯兰经济思想进行深入、系统的研究，全面论述了伊斯兰经典经济思想、中世纪伊斯兰经济思想、近代伊斯兰经济思想、现代伊斯兰经济思想、中国伊斯兰经济思想的发展历程、基本内容、基本特点、主要代表人物等，揭示了伊斯兰经济思想对伊斯兰国家经济模式与现代化模式选择以及穆斯林群体的经济行为等方面的深刻影响。全书共5章。作者指出，伊斯兰教具有重商、崇商的价值观念，其经济思想的核心问题是财产权；研究伊斯兰经济思想对于了解穆斯林国家的消费市场、经济政策，促进我国同伊斯兰世界的经济贸易发展有着积极意义。

伊斯兰经济思想概论（上海社会科学院博士后文库）
马玉秀著
上海社会科学院出版社　2013年4月　350千字　318页

　　伊斯兰经济思想系伊斯兰教关于社会经济问题的理论和观点的统称。其渊源包括《古兰经》、圣训、早期阿拉伯哈里发国家的历史经验和伊斯兰学者著作中有关经济的表述等，在长期实践过程中形成为伊斯兰经济制度。伊斯兰经济思想涉及面很广，其基本特点是从宗教信仰和宗教道德规范出发来观察经济事务和经济活动，从信仰者对安拉的义务的角度作出原则规定。其理论观点虽因时代不同而互有差异,但皆以伊斯兰经典中的经济观为基础。本书为"上海社会科学院博士后文库"丛书之一,作者从伊斯兰经济思想史入手,运用马克思主义政治经济学的基本原理,并借鉴西方经济学研究的理论与方法,通过回顾中世纪及近现代40余位著名穆斯林学者在伊斯兰经济思想领域的杰出贡献,全面梳理了伊斯兰经济思想起源与发展的历史脉络,深入发掘了伊斯兰经济思想之内涵,进而阐明"伊斯兰经济思想是个动态的概念,因时空的变化而不断衍变"这一突出特点。全书分为"思想沿革"和"专题研究"上、下两编。上编(8章),主要从史的角度论述蒙昧时期阿拉伯半岛的经济、黎明时期的伊斯兰经济思想、倭马亚王朝及其改革(661—750);阿拔斯王朝黄金时期的伊斯兰经济思想(750—1000)等。下编(6章),分设伊斯兰税收、伊斯兰信用思想、伊斯兰银行、伊斯兰保险业、伊斯兰继承法、卧格夫六个专题。

伊斯兰金融:伊斯兰的金融资产与融资
[德]米歇尔·加斯纳　菲利普·瓦克贝克著　严霁帆　吴勇立译
民主与建设出版社　2012年7月　157千字　207页

　　伊斯兰金融产业在很多方面有别于常规的西方体系。作为常规金融的补充,伊斯兰金融在全球金融危机中的地位和作用已引起世人的广泛关注,影响日益深远。本书详细论述了伊斯兰金融产业的运行机制与原理,分析和展望了伊斯兰金融服务这一蓬勃兴起的"全球性业务"所面临的艰巨挑战及发展前景。全书共6章。第一章为导论,对"伊斯兰金融"之概念含义作整体描述。第2章介绍伊斯兰金融产业的基础知识,重点讲解伊斯兰教的经济伦理与社会伦理对于建构伊斯兰经济制度、社会制度及司法制度的基础性作用,并且阐释了具有宗教性质的董事会——沙里亚的角色职能。第3章主要论述伊斯兰投资技术和融资技术。第4章是本书的核心,以丰富的实践案例对伊斯兰的金融产品及服务作出细致分析,内容涉及伊斯兰账户和信用卡产品的特点、消费融资、房地产融资、项目融资和投资融资等。第5章从司法框架、企业操纵和资本市场收益三个方面来探讨伊斯兰金融服务商所面临的挑战。第6章展望伊斯兰金融的发展趋势。

伊斯兰金融和银行体系:理论、原则和实践
苏丁·哈伦　万·纳索非泽　万·阿兹米著　刚建华译
中国人民大学出版社　2012年8月　385千字　296页

　　在挑战四起、危机不断的全球金融环境下,伊斯兰世界的金融系统却表现出了更为强大的生命力,其递进式的稳定发展和积极转型如今已经延伸到国际舞台,并且在国际金融系统中成为日益重要的组成部分。本书从理论、概念和操作层面探讨了伊斯兰银行体系的法律法规、伊斯兰金融市场以及伊斯兰教体系,目的是为读者提供关于伊斯兰金融的基本知识并把当代伊斯兰金融体系在全球的发展呈现给读者。全书共9章。第1-4章重点介绍了伊斯兰银行业和金融体系的历史和发展,伊斯兰金融的目标、原理和原则,并且就诸如利息和高利贷等有关伊斯兰银行业和金融体系的理论基础和基本概念进行了深入讨论。第5-8章主要介绍伊斯兰银行业和伊斯兰资本市场,以及它们如何通过投资多元化而加速增长的,内容涉及伊斯兰银行法律法规、伊斯兰金融体系的业务状况与实践、伊斯兰保险体系等。第9章对伊斯兰金融系统中的一些特定部门的角色和发展做了介绍和分析。

伊斯兰金融理论与实践（伊斯兰金融学研究译丛/金忠杰主编）
[印度] 贾米尔·伊克巴尔　阿巴斯·米拉胡著　刘艳芬　贾文娟等编译
宁夏人民出版社　2015年10月　300千字　304页

全球对更具道德高度的投资要求，带来了伊斯兰金融和银行业的快速发展，也引发了国际金融投资者及学界的极大兴趣。本书为"伊斯兰金融学研究译丛"之一，是一部全面介绍伊斯兰金融与银行业理论与实践的专著，为中国与阿拉伯伊斯兰国家的金融合作提供了具有实践意义的理论指导。作为伊斯兰经济学、伊斯兰金融与银行领域的权威人士，两位作者结合当前伊斯兰银行、伊斯兰金融机构的实践案例和探索历程，解释了伊斯兰教法框架下运作的经济体系、银行业务和金融体系的基本原则和功能；讨论了关涉个人、社会与国家经济行为相关的各种伊斯兰教义——社会正义、平等、产权保护、合同的神圣不可侵犯性和禁息原则；并对伊斯兰金融机构的风险管理、监管特色与公司治理以及全球化对伊斯兰金融的挑战等方面予以系统地阐释和说明。全书共12章。内容包括：伊斯兰经济体制、伊斯兰视阈中的金融合同与利息、伊斯兰金融工具、金融中介、伊斯兰金融服务业与资本市场等。

伊斯兰所有权与合伙关系（伊斯兰经济百科全书/闫丽君主编）
[印] 穆罕默德·穆丁因·汗　[印] 赛义德著　王静译
宁夏人民出版社　2015年11月　280千字　255页

服务于全球16亿穆斯林，作为世俗金融补充的伊斯兰金融，其独特地位和作用在全球经济危机中异常抢眼。正如有些学者指出，伊斯兰法律不仅为金融业在伊斯兰世界的现实存在设立了宗教和法律道德的约束，而且确定了社会和伦理基础：允许通过贸易等经营活动获益，但不得以借贷获利；对不确定性、风险、赌博的理解则影响着金融衍生品交易和保险业的发展，既可能限制金融产品的创新，却也遏制了过度投机，避免了引发金融危机的利益诱导。本书为"伊斯兰经济百科全书"之一，由北方民族大学外国语学院的部分教师和学生合作翻译而成，旨在向国内读者全面系统地介绍与伊斯兰相关的金融知识和业务常识，以满足当前中阿经贸文化交流日益增长的需要。全书包括七个部分，主要从投资、共同所有权、合伙种类、合伙人责任、合伙问题、共同所有权和防范措施、资本的作用七个方面，讲述伊斯兰所有权与合伙关系。

7. 伊斯兰教与哲学

伊斯兰哲学（伊斯兰文化小丛书/吴云贵　秦惠彬等主编）
沙宗平著
中国社会科学出版社　2009年1月　75千字　129页

伊斯兰哲学，是宗教与哲学相融合的产物，是在伊斯兰教影响下产生的哲学思想与哲学体系，兼有宗教与哲学两方面的特征。早期的伊斯兰哲学是伴随着思辨教义学而兴起的，属于教义学范畴。其后随着伊斯兰教内部自然哲学的兴起，两种不同思想之争愈益激化，宗教与哲学的对立和论战也愈演愈烈，并且一直延续至今而未有结果。本书为"伊斯兰文化小丛书"之一，作者以准确的资料，从历史的角度逐次介绍了伊斯兰哲学各流派的起源、主要哲学思想、代表人物及其著作、历史影响等，对了解伊斯兰宇宙观、认识论有重要参考价值。全书分为"伊斯兰哲学的形成"、"伊斯兰哲学的发展"

和"近现代伊斯兰哲学"三个部分。内容包括：凯拉姆哲学的兴起、什叶派哲学、塔沙乌夫哲学、系统哲学著作的出现、伊斯兰哲学大厦的构建、精诚同志社宗教哲学、伊斯兰西方哲学等。

穆斯林与逻辑学
海默编著
宗教文化出版社　2012年10月　280千字　400页

穆斯林对西方近现代逻辑学的贡献是有目共睹的。西方逻辑学界公认，在世界逻辑学史上，穆斯林是连接古希腊逻辑与欧洲中世纪逻辑的重要环节。同时，穆斯林逻辑学家在运用亚里士多德以演绎理论为主要内容的逻辑学定律和规则的基础上，承继斯多噶派的逻辑学方法，在加深对其理解的同时，增添了逻辑归纳法命题与定理的内容，代表当时最先进的人类思维方法。本书在全面总结"逻辑"一词的来源和含义、逻辑学的研究对象及类型、穆斯林对逻辑学的贡献、穆斯林对逻辑学性质的争议等基本事实的前提下，着重论述了具有伊斯兰教特点的逻辑思想，具有一定的学理性。全书共12章，每章均据其所论设有练习题。内容包括：简单命题及直接推理、直言三段论、复合命题及其推理、二难推理、归纳推理、类比推理、模态命题及其推理等。作者从展现穆斯林民族、宗教特点的角度出发来具体讨论逻辑学的一般规律，对于穆斯林群众和广大逻辑学爱好者提高逻辑思维能力具有一定的参考价值，亦有助于加强不同文化之间思想方式的对话与沟通。

伊斯兰苏菲概论（伊斯兰哲学译丛／马效佩主编）
［埃及］艾布·卧法·伍奈米著　潘世昌译
商务印书馆　2013年9月　318页

本书为"伊斯兰哲学译丛"之一，作者艾布·卧法·伍奈米是埃及现代著名学者。他在书中以简洁的笔法，通俗易读的笔调梳理了伊斯兰苏菲的渊源、历史、发展、蜕变及其在不同历史时期的思想特征，并对某些苏菲人物的言论及某些时期所出现的消极影响做了公允的评价或严厉批评，清晰勾画出伊斯兰苏菲的本真面貌。全书共7章。第1章为绪论，简要介绍了各大宗教中苏菲的共同特点，伊斯兰对苏菲的认识。第2章就苏菲的根源进行讨论，否定了伊斯兰苏菲来源于其他宗教的说法。第3章对伊历一、二世纪的苦行潮流与苏菲的关系进行了分析，并介绍了当时著名的苦行派别：麦加派、麦地那派、埃及派，同时引证了一些著名人士的苦行事迹。第4章论述伊历三、四世纪苏菲的发展趋势，这两个世纪是伊斯兰苏菲发展的黄金时代，也是伊斯兰苏菲历史上最纯洁的时代。第5章介绍伊历第五世纪的苏菲大师的思想，包括哈拉智、古筛勒、海尔伟、伊玛目安萨里，主要论述了安萨里的苏菲思想及对正统派的影响。第6章主要论述受希腊哲学影响的一些苏菲大师的思想，作者创造性地把这一时期的苏菲称之为"哲学苏菲"。第7章主要介绍一些伊斯兰世界有影响的道统，如嘎底勒叶、里法伊叶、沙兹里叶、奈格什班迪叶、契什提叶等。

信仰与人生（伊斯兰经典文化译丛／康有玺主编）
［埃及］格尔达威著　马云福译
宁夏人民出版社　2015年9月　240千字　306页

本书为"伊斯兰经典文化译丛"之一，是伊斯兰世界当代著名学者格尔达威的名作。作者立足于伊斯兰信仰的角度，集中论述了信仰对人性的规范和对人生的指导等问题。全书共4章。第1章解析了信仰的实质和伊斯兰信仰的特点。第2章分别从信仰与尊严、幸福、宁静、知足、希望的关系等方面探讨信仰对个体生活的影响。第3章分别从信仰与道德、奉献与牺牲、信仰的力量、信仰的爱心等方面探讨信仰对社会生活的影响。第4章分别探讨了科学主义的迷信、对科学主义的反驳、心理学不能代替信仰等。作者指出，信仰问题绝非人生中无关紧要之事，我们不可以对它疏忽大意、掉以轻心或将其丢弃在被遗忘的角落。毋庸置疑，信仰不仅关乎人的生存及命运，而且，对人来说，它是生死攸关的终极问题，它决定着人永恒的归宿：幸福或不幸，天堂或火狱。因此，每一个有理性的人都必须思考信仰这一重大命题，最终找到真正的信仰。

8. 比较研究

中庸与调和：儒家和阿拉伯伊斯兰思想的比较研究（东方文化集成·西亚北非文化编／季羡林主编）

吴旻雁著

昆仑出版社　2015年1月　219千字　249页

本书为"东方文化集成丛书"之一，是在作者的博士论文基础上修改、完善而成。书中以儒家—中庸思想和阿拉伯调和思想的内容比较为基本线索，以中国和阿拉伯两个社会的地域、政治、经济、宗教和文化传统为背景，以互为视角的方法透视儒家中庸思想和阿拉伯调和思想的理论来源、主要内容以及精神意蕴，力图在比较中阐明这两种思想的长短得失，并试图进一步分析作为传统文化最核心内容的两种思想与现代性的整合与拒斥性。全书共5章。第1章，运用文化生态学的理论从自然环境、社会实践、历史背景和思想渊源四个方面考察儒家中庸思想和阿拉伯伊斯兰调和思想产生的根源，继而阐明儒家中庸思想和阿拉伯调和思想的内涵。第2章，梳理前现代社会中儒家中庸思想和阿拉伯伊斯兰调和思想的具体内容和发展历程，并在此基础上对二者进行比较。第3章，考察儒家中庸思想和阿拉伯伊斯兰调和思想在近现代社会中的具体表现和作用。第4章，考察儒家中庸思想和阿拉伯伊斯兰调和思想在现当代社会中的具体表现和作用。第5章，在比较的基础上，以现代化的发展理论考察中庸与调和、稳定与发展的关系，藉此分析评价儒家中庸思想和阿拉伯伊斯兰调和思想的得与失、利与弊。

9. 论文集

穆罕默德的宝剑

马坚著

天津进步日报社　1952年2月　94页

本书是我国现代杰出的穆斯林学者、阿拉伯语言学家和翻译家马坚先生（1906—1978）在新中国成立后的新著，收录作者曾发表于《进步日报》、《光明日报》、《世界知识》等杂志和报刊上的《穆罕默德的宝剑》、《回民为什么不吃猪肉》、《伊斯兰教婚姻制度与中华人民共和国婚姻法不相冲突》、《中国人民革命的成功对于回教各国人民的影响》、《回民同胞对于新时代应有的认识》、《回回天文学对于中国天文学的影响》、《阿拉伯语文的价值》7篇论文，并由马坚先生亲自将书名定为《穆罕默德的宝剑》。书中所选论文不仅探讨了与伊斯兰历史、文化相关的一些学术问题，而且结合社会现实，澄清了社会上一些人对伊斯兰教的糊涂认识。在当时的社会历史条件下，本书对于普及回族伊斯兰教知识、动员回民参加新中国建设、增进民族团结起到了积极作用。

中国伊斯兰教史参考资料选编（1911—1949）（上、下册）
李兴华　冯今源编
宁夏人民出版社　1985年8月　1070千字　1824页

伊斯兰教传入中国，已有一千多年的历史。搜集并整理中国伊斯兰教史的资料，对研究伊斯兰教在中国的传播、发展和演变，探索中国伊斯兰教思想发展的特点和规律，写好中国伊斯兰教史，以至于对写好中外文化交流史、中国思想史和中国民族史等都有不可忽视的意义。本书采取全文集录、部分节录和分类编排的形式，选编了1911—1949年全国各地中文报刊（含丛刊）所载有关伊斯兰教的论文、调查、散记、报导、译文等197篇，分为史略概述、寺院古迹、人物掌故、教派门宦、文化教育、经著学说、各地概况、其他等八类。书中凡涉及多方面内容的文章，均按其中某一主要方面归类。在史略概述中，编者不仅收录白寿彝、杨志玖、金吉堂等回族穆斯林学者关于中国伊斯兰教史的论著，还辑入了陈垣等汉族著名历史学家的有关论述；在寺院古迹中，搜集了广州、北京及新疆等地的清真古寺、陵墓及碑铭，保存了丰富的文化遗存；在人物掌故中，不仅有王岱舆、马复初、王浩然、哈德成等著名学者、阿訇的史略，还有《中国历代回教名贤事略汇编》；教派门宦类反映了清代与民国初西北地区的伊斯兰教派别；文化教育类反映了经堂教育的沿革与现代教育之兴起；经著学说类反映了中国伊斯兰教思想史。本书是迄今一部广博的中国伊斯兰教史论文资料选集，所选辑的文章内容丰富，学术价值较高，反映了民国时期中国伊斯兰教史的研究成果和水平，是研究中国伊斯兰教学术文化的重要资料。

西北伊斯兰教研究
甘肃省民族研究所编
甘肃民族出版社　1985年11月　310千字　367页

大西北是我国信仰伊斯兰教的少数民族的主要聚集区。从古至今，伊斯兰教在这里有着深厚的历史渊源。因此，探讨大西北的社会历史与现状，不能不对伊斯兰教所产生的广泛而深刻的社会影响予以应有重视和研究。本书辑录相关论著21篇，均系近几年国内研究西北伊斯兰教较有代表性的理论成果。主题鲜明、内容广泛，有对中国伊斯兰教的三大教派与四大门宦及其四十个支系的概述；中国伊斯兰教的历史分期问题；伊斯兰教法在中国穆斯林中的影响；明清之际中国伊斯兰教出现的新变化与新特点；伊斯兰教与回族、撒拉族、托茂人等的关系；中国伊斯兰教的教坊制度；教派在回民起义中的作用；宁夏穆斯林的变迁和宗教生活；当前我国伊斯兰教研究的情况和问题等。著名史学家白寿彝先生在其《关于回族史工作的几点意见》（代序）中指出：回族同伊斯兰教的关系是一个很古老的问题，在过去很长的历史时期，把这两个问题混同起来，认为回族就是伊斯兰教，伊斯兰教就是回族，这样的说法当然不对；要把伊斯兰教作为一个单独的宗教跟回族分开，也是不合适的。伊斯兰教的门宦问题，亦可重新考量。从西北情况看，门宦制度既存在封建属性，也有团结回族人民力量的一面；伊斯兰教在回族史上有它的重要意义，但不应将伊斯兰教说成是回族形成的唯一因素。除了伊斯兰教以外，回族的形成，还有其经济、政治和文化条件。

伊斯兰教与经济研究文集
张永庆主编

宁夏人民出版社　1991年5月　205千字　289页

  伊斯兰教与经济发展问题是一个值得研究的新课题。20世纪80年代以来，随着我国改革开放政策的不断推进和国内经济社会发展战略的实施，有不少学者已注意对伊斯兰教与经济发展关系的研究。宁夏社会科学院副院长张永庆和两位青年学者马平、刘天明，即为此做了大量的调查研究，掌握了丰富的资料。他们运用马克思主义的观点，依据党对宗教问题的长远战略思想，密切结合伊斯兰教发展的历史与当前的实际，先后撰写10余篇论文和调查报告，提出了不少有价值的见解，为研究伊斯兰教与经济问题做了一些开拓性工作。为了进一步推动这一问题的深入研究，他们又选编了数篇这方面的论文译文汇集成册，编成《伊斯兰教与经济研究文集》一书，以期较为系统全面地将近几年来对伊斯兰教与经济发展的研究成果呈现给广大读者。全书包括：《对社会主义时期我国伊斯兰教与经济发展关系的几点思考》、《伊斯兰教对临夏穆斯林商品经济行为的影响》、《伊斯兰经济理论及其实践》、《西北穆斯林社会经济的变动与伊斯兰教的兴衰》、《伊斯兰教的"均贫富"观对中国穆斯林社会的影响》等19篇文章。

回族伊斯兰教研究
李松茂著

宁夏人民出版社　1993年3月　241千字　399页

  本书辑录了作者于1981-1990年间研究回族伊斯兰教撰写的27篇文章，其中相当一部分系作者为参加在各地举行的回族伊斯兰教学术讨论会准备的论文。内容有理论性的、有综述性的、有人物评价、族教关系探讨和书评，涉及回族历史的诸多方面，从一个侧面反映了此一时期我国回族伊斯兰教研究取得的进展。如《伊斯兰教与回回民族的形成》，阐明了伊斯兰教在回回民族形成中的作用；《郑和研究琐谈》，着重解析了"郑和"这一著名的伊斯兰教徒融多种信仰于一身的特殊历史现象；《全面研究回民抗日的历史》一文，则指出回民抗战史在中国抗日战争史中的重要地位，认为全面研究这段历史，不仅可以发扬回族人民的优良传统，还有现实的政治意义。

伊斯兰文化与现代社会（东方文化与现代社会丛书/徐远和　信群主编）
秦惠彬主编

沈阳出版社　2001年8月　180千字　300页

  伊斯兰世界的范围是如此之广大。以至于在当今的地球上，伊斯兰教几乎无处不在。从塞内加尔到中国，从尼日利亚到俄国，从阿尔巴尼亚到印度尼西亚，从科威特到美国，从埃及到日本等，伊斯兰教确实伸展到地球上的大多数国家。而且，从教徒人类来说，除了基督教之外，伊斯兰教已成为当今世界教徒人数最多的宗教，具有全球性的影响力。本书为"东方文化与现代社会丛书"之一，是一部以现代视角解读伊斯兰文化与现代社会各方面之关系的论文集，由国内多位学者撰写而成。全书分为"教派论析"、"宗教与政治"、"宗教与经济"、"宗教与社会"、"宗教与科学"、"宗教习俗"六个部分，共收文章14篇。书中所论覆盖面甚为宽泛，既有对伊斯兰教教义教规的简单介绍，又有对其思想奥义的详细诠释；同时，从政治、经济、社会角度，阐述这一宗教所具有的适应当代及未来生活的教义宽容与实践弹性。本书内容丰富、立意新颖、视角独特，具有较高的学术价值。

捌、伊斯兰教

三元集：冯今源宗教学术论著文选（上、下册）
冯今源著
宗教文化出版社　2002年11月　680千字　916页

本书为冯今源教授在宗教学术领域辛勤耕耘24年的学术论文结集，分上下两册，共收入文章44篇；其中30篇是关于中国伊斯兰教研究的，涉及伊斯兰教的历史、现状和理论思想三大领域；其余14篇文章是作者考察、研究当代中国宗教问题的论文或调研报告。具体包括：《漫谈回族商业经济的历史变迁》、《中国伊斯兰教教坊制度初探》、《中国传统文化影响下的伊斯兰教》、《试论儒家思想对伊斯兰教的影响和渗透》、《从回族清真寺汉文匾联看中国伊斯兰文化的特色》、《关于门宦教派问题的刍议》、《中国清真寺建筑风格赏析》、《评杜文秀维护民族团结的历史作用》、《五大阿訇传略》等。从这些文章中，读者可以看到作者跑遍全国大小图书馆，搜集大批书面文献资料与口碑资料的艰辛，也可以看到作者远涉南疆，深入了解新疆伊斯兰教各种教派历史文化的辛劳；同时真实地反映出作者苦研数十载的心路历程及深厚扎实的学术功底。

人类学视野中的回族社会（宁夏社会科学院中国回族伊斯兰研究中心丛书）
马平主编
宁夏人民出版社　2004年5月　216千字　352页

本书为"中国回族伊斯兰研究中心丛书"之一，是关于回族社会发展研究的文集，辑录了18篇社会学、人类学论文，其中具有代表性的文章如《二十一世纪：世变方激，中国回族研究急需社会学/人类学的大视野》（郝苏民）、《回族现象观察的"点"与"面"：从三本回族调查资料的研究取向谈起》（张中复）、《"回回"：历史解释与文化表述》（周传斌、马梅萍）、《甘南藏区拉仁关回族"求索玛"群体研究》（马平）、《甘肃河州回族脚户习俗调查》（严梦春）、《谈回族研究中的性别意识》（丁宏）、《西海固伊斯兰教的宗教群体和宗教组织》（周传斌）、《清真寺与云南回族历史文化：对清真寺功能的文化人类学研究》（姚继德）等。此外，还包含数篇对当今回族学的研究方法进行探讨的文章，另有多篇对西海固、求索玛、生活在泰国北部的云南回族等特定回族群体进行人类学考察的论述。作者们将回族穆斯林群体置于当今全球化的时代背景下，对其宗教信仰、群体生活、习俗礼俗等方面问题进行全面考察，关注回族社会的现实问题，探讨其为了适应时代变化所作出的自我调适，对于了解当前回族社会的现实具有参考价值。

伊斯兰文化散论
丁俊著
甘肃人民出版社　2006年12月　194千字　248页

伊斯兰文化是世界穆斯林各族人民共同创造的文化，伊斯兰教是伊斯兰文化的核心价值观，阿拉伯语是伊斯兰文化最主要的学术媒介。由于这种文化具有鲜明的阿拉伯特征，故又称"阿拉伯—伊斯兰文化"。本书选录了作者近年来撰写的有关伊斯兰文化研究的19篇文章，按其所针对的不同问题分为五个部分。第一部分"伊斯兰典籍文献"（3篇），主要研究了《古兰经》和圣训。第二部分"伊斯兰文化与文明对话"（6篇），重点讨论了20世纪90年代以来国际学术界最热门的话题之一："文明冲突"和"文明对话"。第三部分"伊斯兰文化与中国穆斯林"（6篇），介绍了中国穆斯林为促进中华文化与伊斯兰文化的相互交流所做的贡献。第四部分"'东方学'与伊斯兰文化研究"（2篇），主要讨论了西方"东方学"长期以来对我们的影响以及如何建立具有中国特色的伊斯兰文化研究体系的问题。第五部分"伊斯兰文化常识"（2篇），介绍了阿拉伯穆斯林的一些常用名。

露露集：略谈伊斯兰教与中国的关系
王建平著
宁夏人民出版社　2007年12月　300千字　302页

伊斯兰教与中国有着无法解开的文化联结。如果说，在唐宋时期，穆斯林社团在中国史书中被称为"蕃坊"而作为"客体文化"存在过的话，那么到了元代以后，中国穆斯林群体和中国伊斯兰文化已经深入广泛地融入中华文化而作为主体文化的一部分生存并扎根于华夏大地上。中国伊斯兰文化所具有的包容性和并蓄兼收的特性、灵活应变的能力及适应时世的机智，令世人瞩目。本书汇聚了作者近几年来有关中国伊斯兰教的研究成果，是一部试图从"跨文化和跨社会的角度来研究伊斯兰教与中国的关系、研究中国伊斯兰教和中国穆斯林民族的历史、文化和社会特点"的论文集。全书分为"历史篇"、"礼仪组织篇"、"苏非篇"、"比较宗教篇"、"振兴篇"和"海外学者篇"6篇，收录有《波斯文化和中国穆斯林社会》、《明清时期云南地区清真寺的历史考察》、《马来迟和马明心：东西方资料的比较研究》、《试论马德新著作中的"天"和伊儒两教关系》、《当代中国伊斯兰文化刊物的兴起和发展》等论文21篇。其中绝大部分论文都是作者在过去几年中发表于国内各学术刊物的稿件，本书除了个别修改外，文章基本上保留了这些学术刊物发表的原稿面貌。

伊斯兰教卷（当代中国宗教研究精选丛书）
金宜久主编
民族出版社　2008年1月　430千字　476页

自改革开放以来，中国伊斯兰教的研究队伍不断壮大，研究领域不断扩展，研究成果不断涌现。随着研究的逐步深入，一个重要的可喜现象是，研究活动已从前一阶段的一般性研究，进展到目前的地区性的专题研究。本书为"当代中国宗教研究精选丛书"之伊斯兰教卷，是一部有关中国伊斯兰教研究的精品文集，选编了1978年改革开放以来的部分优秀成果。论文作者来自国内研究机构、高等院校、实际工作部门和有关宗教团体。全书分五个部分，共收论文24篇。所选论文从不同侧面反映了当前中国伊斯兰教研究所涉及的内容，以及这一时期从事该学科的学者们的辛勤劳作，主要包括：探析伊斯兰教文化与中国传统文化的互动，阐述伊斯兰教在中国流传过程中，明显的地区性和民族性的独特表现形式；研究中国伊斯兰教史的对象、范围、动向，挖掘中国伊斯兰教史的珍贵史料；研究苏非主义在中国的传播、与中国传统文化的互动以及它对中国伊斯兰教的影响；也有颇具现实意义的对地区伊斯兰教的个案研究，以及对中国伊斯兰教如何与社会主义社会相适应的探讨。

伊斯兰文化前沿研究论集（伊斯兰文化丛书／马明良主编）

马明良　丁俊编

中国社会科学出版社　2008年6月　680千字　632页

本书为"伊斯兰文化丛书"之一，是一部集中反映21世纪我国伊斯兰教研究领域前沿成果的论文集。这些论文以西北民族大学学者成果为主，同时也兼收了北京、上海、兰州、宁夏、云南等地科研院所、大学、研究单位中青年学者具有代表性的论文。全书由"伊斯兰文化与文明对话"、"伊斯兰哲学思想研究"、"文化比较研究"、"伊斯兰文化与和谐社会"、"伊斯兰文化与中国穆斯林"、"伊斯兰教法研究"、"伊斯兰教育"、"伊斯兰文献研究"八个专题组成，共收录论文46篇。书中所涉题材广泛，在研究广度和深度上亦有新的开掘和拓展，对于促进宗教学学科建设，完善宗教学理论，丰富宗教学内涵，都具有重要的学术价值；对于发挥宗教在促进社会和谐中的作用，具有较强的现实意义。内容包括：《文明对话与大中东改革》（朱威烈）、《伊斯兰视阈中的文明对话与全球伦理》（丁俊）、《"以儒诠经"活动及其对当代文明对话的启示意义》（马明良）、《伊斯兰文明中的人文思想》（吴云贵）、《伊斯兰法文化与中国法文化的比较研究》（马玉祥）、《构建社会主义和谐社会符合穆斯林的宗教信仰和根本利益》（喇敏智、喇延真）、《伊斯兰教传入西藏考》（周传斌）、《论伊斯兰教与"神圣律法"伊斯兰法的辩证统一》（马玉祥）、《20世纪河州经堂教育的两次重大突破》（丁士仁）等。

怀晴全真集：伊斯兰教与中国回族穆斯林社会

高占福著

宗教文化出版社　2009年6月　450千字　398页

中国伊斯兰文化，是伊斯兰教传入中国后，根据中国各穆斯林民族形成与发展的实际情况，在吸收博大精深的中国优秀传统文化基础上培植并形成自己特色的。在中国历史发展的长河中，中国伊斯兰教不断适应着中国社会的发展，中国穆斯林民族也为中华民族的经济发展与社会进步做出了杰出的贡献。本书是作者从事伊斯兰教研究20多年的成果辑录，原文内容最初分别发表于《世界宗教研究》、《世界宗教文化》、《回族研究》、《宁夏社会科学》、《西北民族研究》、《中国宗教》、《中国民族》、《中国穆斯林》、《中国宗教年鉴》、《甘肃社会科学》等刊物上，以及北京大学出版社、中华书局、宗教文化出版社、中国社会科学出版社等出版的文集中。据作者介绍，辑入本书的文章基本上保持了发表时的原貌，只是对有些文章的标题和文字做了必要的校订和修改。全书共分8章。书中主要探讨了中国穆斯林爱国爱教的优良传统、伊斯兰教与回族教育文化、回族商业经济的社会作用、伊斯兰文化的本土特征、回族伊斯兰文化的研究轨迹、记忆中的西道堂回族穆斯林社会、回族学术著作评议拾贝、伊斯兰文化的普世魅力等中国伊斯兰文化和回族穆斯林社会的相关问题。作者指出，近年来，学术界关于伊斯兰教表现描述或历史文化的研究较多，但对伊斯兰教本身的理性研究不多，原因是多方面的，就构建中国穆斯林和谐社会而言，真正起作用的还是要对伊斯兰教本身的研究。

中国伊斯兰教西道堂研究文集（全3册）

哈吉·穆罕默德·奴伦丁·敏生光主编

甘肃民族出版社　2010年10月　1060千字　983页

甘肃临潭马启西先生创始并倡导的伊斯兰教西道堂，是我国伊斯兰教诸多门宦和教派中出现最晚、人数最少的门宦之一。它自光绪二十八年正式挤入门宦之林，直至一九四九年全国解放前夕，教民已遍及甘、宁、新、青各省，包括了回、藏、汉、撒拉、东乡、保安等多个民族的群众，在我国西北地区拥有相当广泛的社会影响力。西道堂自创立以来，得到了国内外学界的持续关注，在专家学者的学术考察和深入报道下，西道堂的宗教思想、社会实践逐渐被社会所了解、熟知，研究队伍亦随之壮大，涌现出一批高质量的学术论文。由甘肃省政协常委、著名社会活动家、中国伊斯兰教西道堂教长敏生光主编的三卷本《中国伊斯兰教西道堂研究文集》，是近百年来西道堂研究成果之集锦，是对西道堂精神和文化的一次集大成式的总结。书中收录范长江、顾颉刚、张承志、杨怀中等数十名现当代专家学者公开发表并具有较高史料和学术价值的文章128篇，集中展现了中国伊斯兰教和回族历史文化研究方面专家学者的智慧。全书分"历史评述"、"教长传略"、"马启西思想研究"、"宗教思想研究"、"文化教育研究"、"经济模式研究"、"组织模式研究"、"活动记实"、"学术交流"等八辑；所收论文的时间跨度为20世纪20年代至2008年。这部《文集》的编辑出版，堪称西道堂发展史上的一座里程碑，对西道堂历史及中国伊斯兰教史的研究而言，意义非凡。

伊斯兰文化：探索与回顾
马云福著
宁夏人民出版社　2011年4月　400千字　384页

　　伊斯兰文化博大精深，内容极为丰富，它体现了伊斯兰教的真谛，传播了伊斯兰教的真知。随着伊斯兰教传入中国，伊斯兰文化也随之在中华大地上逐渐传播。本书汇集了作者马云福哈吉在不同阶段、不同场所撰写的论述伊斯兰教及伊斯兰文化，记录其亲身经历和内心感受的70余篇文章，这些文章展现了作者对伊斯兰教教义教规和伊斯兰哲学、道德、教育及伊斯兰教各种主张的深刻认识，是研究我国新时期伊斯兰教断代史不可缺少的重要文献资料。全书分为"朝觐盛典"、"探索·论述"、"译著举要"、"出访纪实"、"祝贺·企望"、"缅怀前贤"、"序言和题记"、"接待访谈"和"附录"九个板块；每个板块都有相当丰富的内容，介绍了作者对内、对外方方面面的活动。书中所收文章，或按内容性质归纳，或据篇幅长短编排，或依时间先后处理，将作者多年积累的成果、结晶汇编为文集，以探索其思想行踪、回顾其成长历程，对于读者了解新中国成立后中国伊斯兰教协会的一些工作情况，特别是体现党的民族宗教政策方面，具有不可低估的参考价值。

了解伊斯兰教（《回族研究》创刊二十周年精品书系/杨怀中主编）
杨怀中主编
宁夏人民出版社　2011年10月　487千字　449页

　　伊斯兰教，是回族的一种文化形式，是回族文化的基核。它为回族提供了彻底的一神论信仰、文化传统、生活方式。伊斯兰教与回族有着密切的联系。本书为"《回族研究》创刊二十周年精品书系"之一，精选了近20年来国内外学者发表在《回族研究》中有关伊斯兰教、阿拉伯文化及中国穆斯林的所有文章，内容十分广泛。具体包括：《新儒家视界下的伊斯兰文明：从唐君毅到杜维明》、《拨开西方话语霸权的迷雾探求伊斯兰的本真》、《伊斯兰天文学》、《欧洲文艺复兴时期的阿拉伯科学》、《元代东传回回地理学考述》、《论伊斯兰哲学与美学》、《略论伊斯兰教对回族艺术的影响》、《论研究中国伊斯兰门宦制度的民族学内涵与意义》、《元代回回人的宗教制度与伊斯兰教法》、《中国西北回族等穆斯林的门宦宗教教理》、《明清时期中国伊斯兰教汉文译著中的回族哲学思想》、《关于汉文伊斯兰教碑文搜集整理出版的问题》等35篇。

西部非洲伊斯兰教历史研究（世界宗教研究丛书／卓新平主编）
李维建著
社会科学文献出版社　2011年11月　375千字　336页

　　伊斯兰教是一个既统一又多样的文化系统。撒哈拉以南的西部非洲为世界穆斯林人口增长最快的地区（年增长率达3%），有2.4亿穆斯林（2009年），这里的伊斯兰教融合了浓郁的黑人文化色彩，展现出伊斯兰教的强大适应性和非洲文化的迷人魅力，因而备受东西方学者的关注。本书为"世界宗教研究丛书"之一，是目前国内学术界首次从宗教学角度对西非伊斯兰教所做的一项综合性研究和开拓性成果。书中充分利用国内外现有文献和数据统计资料，比较系统全面地介绍了古今东西方学者的研究成果及其观点、立场和方法，并对19世纪前后西非伊斯兰教的发展、殖民时期和当代西非伊斯兰教与政治的关系，以及西非伊斯兰教与奴隶制度问题，进行了历史的论证和现实的思考。全书大致按历史发展的逻辑顺序分为"研究综述"、"古代西非伊斯兰教"、"十九世纪西非'吉哈德'运动"、"西非苏非主义"、"殖民时期的西非伊斯兰教"、"当代西非伊斯兰教历史"六个部分，共收入相关文章15篇，其中重点探讨了古代西非伊斯兰教历史、"吉哈德"运动的发起人舍胡·奥斯曼·丹·弗迪奥的宗教思想和豪萨的"吉哈德"运动对西非伊斯兰教的影响、苏非教团在西非伊斯兰教中的主导作用、西非伊斯兰教与殖民主义的关系等方面问题。

伊斯兰文明的历史轨迹与现实走向
马明良著
中国社会科学出版社　2012年1月　553千字　567页

　　本书是马明良教授集二十多年研究成果之论文集，主要探讨的是处在多样性文明中的伊斯兰文明及其与其他文明的互动关系。虽说是论文集，但都是围绕这个主题展开的，各论文间有内在的关联，主体部分具有一定的系统性。其中既有对伊斯兰文明的宏观观照和整体把握，也有一些微观观察和个案研究；既有历史回顾，也有现实分析。全书分为"伊斯兰文化研究"、"伊斯兰文化与文明对话研究"、"伊斯兰文化与回族撒拉族研究"、"伊斯兰文化与中东问题研究"和"杂论"五个部分，共收论文49篇。这些论文有的学术味十足，曾在高层次的学术刊物发表或转载，如《论阿拉伯—伊斯兰文化的和谐理念》被收入人民日报社《内参》2006年第36期；《伊斯兰文明与西方文明主权观之比较》被收入《2004年中国学术年鉴》；有的则朴实无华，只在普通刊物刊行，在小范围内流传，如《学者论》、《穆斯林的生理卫生和心理卫生理念》、《敬业精神与穆斯林民族的兴衰》等。本书对于丰富伊斯兰研究内容，拓展宗教学研究领域，充实宗教学的内涵，提升宗教学研究水平，推动宗教学的发展，都具有重要的学术价值；对于促进民族关系的和谐与宗教关系的和谐，维护民族团结，维护社会稳定，构建和谐社会，都具有积极的现实意义。

宗教·社会与发展："穆斯林社会发展问题"研讨会论文集
丁宏主编
中央民族大学出版社　2012年12月　250千字　298页

创新，是"民族现状与发展研究"希望达到的又一目标。世纪之交，随着国家西部大开发战略的推出，主要聚居于西部地区的我国广大少数民族，又面临着发展的新形势、新机遇与新挑战。作为以重视应用研究为特征的与时俱进的民族学，也必须要有新视角、新思维和新理念。本书是中央民族大学"985工程"中国当代民族问题战略研究哲学社会科学创新基地所属"民族发展与民族关系问题研究中心"的首批课题研究成果。它是以中央民族大学民族学与社会学学院民族学专业的教学与科研人员为主，联合全国9省区15所高校和科研单位的相关专家，在部分硕士、博士研究生的参与下，在深入实地反复调研基础上完成的。书中收集学术论文21篇，分为"伊斯兰哲学宗教思想"、"伊斯兰教育"、"穆斯林社会与认同"和"穆斯林女性"四个部分。内容涉及回族穆斯林的开放心态与心理底线分析、湖北回族社会发展现状调查报告、回汉民族关系问题研究、临夏大拱北门宦形成与组织运行模式研究、中国信仰伊斯兰教少数民族特点分析、冬虫夏草与藏区回商的社会角色变迁、仪式·符号·互惠：清真寺与回族认同等方面。

追踪与溯源：当今世界伊斯兰教热点问题（中国社会科学院学部委员专题文库）
吴云贵著
中国社会科学出版社　2013年1月　337千字　329页

本书为"中国社会科学院学部委员专题文库"丛书之一，收录了作者多年来在伊斯兰教现状研究方面26篇论文。这些文章虽然发表于不同时期，但都从不同视角和层面讨论当今伊斯兰世界与宗教相关的热点问题，各部分之间在内容上既有区别又有内在联系。全书分四编。第一编"当代伊斯兰复兴运动"，收入论文5篇，从不同角度和层面解读了当代伊斯兰复兴运动所涉及的广泛内容。作者指出，始自20世纪70年代末80年代初开设的伊斯兰复兴运动，是从宗教文化传统角度对伊斯兰世界现代化、世俗化、西方化进程所做出的一种批判、抵制和回应，曾在西亚、北非、中亚、南亚、东南亚等地的穆斯林民众的宗教与社会生活中产生广泛的影响。第二编"伊斯兰教与国际政治"，收入论文7篇，主要从宗教与政治之间的密切关系为出发点，分析、论述、评估当代伊斯兰复兴主义思潮对地区政治、世界政治格局造成的影响和冲击。第三编"伊斯兰教法与伊斯兰文化"，收入论文8篇，所讨论的主题虽然在逻辑结构上并非直接与当代伊斯兰复兴主义思潮相联系，但从宗教文化传统视角来解读当代伊斯兰教的态势依然是宗教保守主义的基本理念。第四编"近当代伊斯兰教著名代表人物"，收入论文5篇，主要就近当代伊斯兰教知名度较高的宗教思想家阿富汗尼、阿布杜、毛杜迪、伊克巴尔的生平、著述和思想及社会影响的研究和评述。作者指出，了解宗教思想家们的思想是怎样传达到民众的，是宗教学研究不应忽视的一个内容。

伊斯兰与国际政治（中国社会科学院学部委员专题文集／王伟光主编）
金宜久著
中国社会科学出版社　2013年8月　393千字　386页

第二次世界大战结束以来，在当代国际政治生活中，随着中东巴以矛盾的尖锐化，宗教引发的冲突事件日趋明显，受到国际社会的普遍关注。特别是20世纪70年代末，伊朗"伊斯兰革命"

胜利后，伊斯兰世界的不同国家，都在不同程度上受其余波的冲击。伊斯兰复兴运动由此步入前所未有的高潮。本书为"中国社会科学院学部委员专题文集"之一，集中收录了中国社会科学院荣誉学部委员金宜久先生近年来研究伊斯兰教政治运动与国际政治的相互关系、伊斯兰教极端势力的来龙去脉，冷战后的宗教发展与国际政治等系列文章，对学术界和政府相关决策部门都有极大的参考价值。全书分四编。第一编首先探讨伊斯兰教的政治活力及其自我调节问题，随后重点讨论伊斯兰复兴运动问题。第二编除了从历史和文化层面，通过探究伊斯兰教、伊斯兰文化的发展轨迹，考察伊斯兰世界对外来影响的反应，以此作为阐述伊斯兰复兴过渡到伊斯兰政治化的铺垫外，着重探讨伊斯兰政治化问题。第三编分别探讨"伊斯兰因素"和"宗教因素"、宗教蜕变与宗教极端主义、宗教极端主义对国际政治的影响等方面问题。第四编着重探讨在伊斯兰名义下的宗教极端势力。

坚守传承与发展：《中国伊斯兰教西道堂研究文集》首发式暨学术研讨会文集
敏承喜主编
宗教文化出版社 2014年3月 160千字 260页

　　西道堂是我国伊斯兰教三个教派之一，20世纪初由我国著名回族知识分子马启西在甘肃临潭创建。一百二十多年来，西道堂顺应历史潮流，将伊斯兰教文化与中国传统文化融会贯通，深深扎根于祖国大西北，形成了具有中国特色的伊斯兰教重要教派。本书是2011年6月在兰州举行的《中国伊斯兰教西道堂研究文集》首发式暨学术研讨会系列活动的成果汇集。本次活动集中了甘肃省、兰州市、甘南州、临潭县等部门的领导和我国从事伊斯兰教研究的老、中、青三代专家学者代表，实现了学者、宗教人士和穆斯林群众的密切接触和良性互动，对社会主义社会中宗教相关多元主体之间的相互适应进行了深入的探索，其研究成果对西道堂宗教传统和社会实践进行了系统总结，为我国伊斯兰教研究开拓新的领域作了积极的努力。全书分为"首发式"、"学术研讨会"、"纪念马启西先贤归真九十七周年"、"附录"四个部分，共收入致辞、研讨会论文、纪念文章和相关资料41篇，完整记录和反映了本次活动的盛况。

伊斯兰教与中国穆斯林文化论集（民族宗教研究丛书）
丁俊　金云峰主编
上海古籍出版社 2014年6月 332千字 440页

　　本书为"民族宗教研究丛书"之一，共收入西北民族大学的回族、东乡族、汉族等民族学者关于伊斯兰教与中国穆斯林文化方面的学术论文24篇。他们之中既有业已退休的学术前辈，也有目前正在担当科研重任的中青年学术骨干，还有在学界崭露头角的后起之秀。所收论文基本上都是改革开放以来，特别是近年来在重要学术刊物上公开发表的上乘之作，涉及伊斯兰教教义、学理以及中国穆斯林历史文化的诸多方面，不少文章颇具原创价值，反映了西北民族大学的学术水平与特色。内容包括：《中国伊斯兰教门宦与西北穆斯林》、《试析中国伊斯兰哲学的"真一"论》、《伊斯兰法律中的婚姻家庭制度》、《中国伊斯兰教"爱国爱教"的理论与实践》、《浅析泛伊斯兰主义对我国穆斯林的影响》、《论法门门宦两份阿拉伯文苏菲传教凭证的文献价值及信息》、《回族历史文物的存世现状与抢救保护对策研究》、《元明回回人与妈祖文化述论》等。

伊儒会通研究

季芳桐著

宁夏人民出版社　2015年4月　320千字　271页

"伊儒会通"（或回儒会通），是指伊斯兰教与儒教（家）的交流、沟通与融合等，涉及哲学、修养论和习俗等诸领域。对伊儒会通展开跨宗教、跨文化的比较研究，可以使人们更深入地把握宗教的本质与底蕴。本书分别从伊斯兰教、儒教的不同角度集中探讨了宗教会通问题，侧重研究了江南地区的伊斯兰教学者，较为细致地分析和梳理了王岱舆、刘智、李贽等人的思想理念和学术体系，并主要围绕泰州学派人物阐释了儒教思想文化。全书分为"伊斯兰教篇"和"儒教（家）篇"两个部分，共收录作者已发表在国内多家学术刊物上的24篇文章。内容包括《正教真诠》《天方典礼》《天方性理》等书的研究、回族修养理论、回儒哲学对话、刘智的心性理论、元代儒家郝经夷夏观、泰州学派等。作者认为，中国的伊斯兰教与儒教是两种不同的文化，在探讨或研究比较不同民族宗教文化时，一方面应该是各美其美、美人之美、美美与共，另一方面应该容忍不同文化之间的质疑与批评，对于主流文化的批评也应如此。

伊斯兰新兴宗教运动：全球赛莱菲耶

［荷兰］罗伊·梅杰主编　杨桂萍　马文　田进宝译

民族出版社　2015年10月　310千字　380页

"赛莱菲耶"源于阿拉伯文 al—Salafiyyah 一词，意为"纯洁的先辈"，主要是指劝诫穆斯林回到伊斯兰教的原典中，严守先知穆罕默德时代、再传弟子时代及三传弟子时代的伊斯兰教。近年来，西方和穆斯林世界的学者，一起合作对赛莱菲耶及其全球发展进行了客观研究并出版研究论著。本书即为西方和穆斯林世界的政治科学家、历史学家、人类学家及从事安全问题研究的学者合作对当代伊斯兰教赛莱菲耶开展跨学科研究的成果，具体包括《赛莱菲耶的教义思想：论赛莱菲耶思想与行为的性质》、《在革命与非政治之间：纳斯尔丁·阿尔巴尼及其对当代赛莱菲耶的影响》、《激进观念的变化：阿布·穆罕默德·马克迪西的"效忠与拒绝"思想》、《吉哈德－赛莱菲耶与什叶派：反什叶派的思想根源》、《赛莱菲耶在巴基斯坦：新圣训运动》、《赛莱菲耶与政治：赛莱菲耶对伊斯兰主义的批判——当代苏丹伊斯兰政治运动的思想、分歧及其问题》等18篇论文。内容涉及当代伊斯兰教新兴思潮赛莱菲耶的思想渊源、基本主张、组织方式、传播特点、赛莱菲耶与政治之间的复杂互动关系及其在世界各地的传播与发展。

（三）世界伊斯兰教研究

1. 总论

伊斯兰教与穆斯林世界

［美］托马斯·李普曼著　陆文　岳英珊译　陈亮校

新华出版社　1985年9月　144千字　231页

伊斯兰教认为自己不仅是一种宗教，也是法律的源泉，是治国的指南和它的教徒的社会行为的仲裁者。穆斯林相信，人的一切努力都超脱不了信仰范围，因为任何活动的唯一目的是为了实现真主的意志。作为美国《华盛顿邮报》派驻中东的资深记者，托普斯·李普曼依据其对各国穆斯林之风俗习惯和日常生活的亲历，及其对伊斯兰教的起源、发展和现状所进行的实地考察和多方面研究，以独特的视角、鲜活的笔调描绘出穆斯林世界的概貌。全书分为"基本信仰与习俗"、"先知穆罕默德"、"《古兰经》"、"伊斯兰教法与政府"、"伊斯兰教的发展"等7章。作者秉持客观立场，较为公正地解读了伊斯兰教和穆斯林世界，在一定程度上纠正了西方社会对伊斯兰文化的某些误解与偏见。

简明伊斯兰世界百科全书
[叙利亚]穆瓦法格·贝尼·穆尔加著　吉益译
旅游教育出版社　1991年10月　400千字　559页

伊斯兰巨人曾经是真正的巨人，东西方都害怕它，尤其是在全世界领教了其所拥有的巨大力量之后。那种巨大的力量使它有资格出色而又公正地主宰世界前后达14世纪之久。自从巨人的帝国瓦解、势力与威严丧失以来，那些一门心思贬低被关进瓶子里的巨人的价值的人，连篇累牍地提供给人以巨人实为"侏儒"的统计和数字，企图破灭仅存的希望：巨人钻出瓶子，重振雄风。本书比较详细地介绍了伊斯兰世界的过去和现在，又憧憬着伊斯兰世界的美好未来；分为"伊斯兰一体化"、"伊斯兰国家"、"伊斯兰问题"3章，触及伊斯兰共同市场和伊斯兰复兴、伊斯兰国家首脑会议等诸多政治与宗教议题。作者以事实现状和精确的统计数字为依据，严肃指出了伊斯兰各国实现"政治统一"的紧迫性与必要性。

伊斯兰威胁：神话还是现实（国际政治论坛）
[美]J.L.埃斯波西托著　东方晓等译　吴云贵校订
社会科学文献出版社　1999年6月　294千字　344页

穆斯林世界和西方的重大事件，使"伊斯兰威胁"以及伊斯兰教在国际事务中的作用问题成为关注的焦点。在欧洲和美国，对输出"伊斯兰原教旨主义"及其对国内安全的威胁的恐惧，吸引了传媒的注意力，不时地在加深伊斯兰教作为人口威胁的形象。本书为"国际政治论坛"丛书之一，作者力图站在客观、公允的立场来认识和解读所谓"伊斯兰的威胁"的问题，以使更多的美国公众了解事实的真相，并促使美国政府将外事决策建立在事实和科学分析的基础之上。全书共6章。作者通过回顾伊斯兰教与西方的关系史，把历史与现实联系起来，指明只有正确的理解历史，才能正确地认识现实，制定符合实际、行之有效的对外政策；通过如实地陈诉和评价当今伊斯兰复兴运动错综复杂的状况，批驳了不加分析地把整个伊斯兰复兴和改革思潮一律看作是反西方的化约论观点；通过对亨廷顿的文明的冲突论的剖析，批评了用文明冲突来代替国际行为主体利益的谬误观点，抨击了美国政府在对外政策上的实用主义的"双重标准"，弘扬了多元文明互补的人文主义价值观。

伊斯兰文明（世界文明大系／汝信总主编）
秦惠彬主编
中国社会科学出版社　1999年10月　350千字　439页

伊斯兰文明在世界诸种文明中是比较晚出的一种人类文明。它以伊斯兰教为其文明价值观的基石，形成一个动态的、发展的、且具有开放性的宗教文明体系，曾为世界文明的发展做出了不可磨灭的贡献。当今世界对于伊斯兰教、伊斯兰文明日益关注。尤其是政治学界和舆论界对于伊斯兰文明表现出强烈而浓厚的兴趣。这同世界发展的总趋势、同伊斯兰国家在国际事务中所扮演的角色是相一致的。因此，一位世界著名的政治人物把伊斯兰文明称为现实国际舞台上的"举足轻重的文明"。本书为"世界文明大系"丛书之一，由中国社会科学院世界文明比较研究中心组织40多位著名学者历时多年编纂而成。它为我们展示了丰富多彩的伊斯兰文明，使我们对于不同地域的文化有了更加清晰、完整的认识，知道了如何借鉴和学习。全书共12章。书中简要介绍了伊斯兰文明的兴起、传播与发展，以及在近现代伊斯兰国家所兴起的民族解放运动的新形势下，出现的新文化模式的内容和特色；重点阐述了伊斯兰政治、经济、伦理道德及行为规范、妇女问题、文学艺术、教育科学等问题；最后专章论述了伊斯兰教文明的基本特性及对世界文明的贡献。

伊斯兰教与世界政治
金宜久主编

社会科学文献出版社　1996年11月　296千字　368页

　　第二次世界大战后，伊斯兰教除了在其传统流行地区（西亚、北非、南非、东南亚、中亚）得到巩固和发展外，在撒哈拉沙漠以南的非洲、西欧、北美以及其他地区也获得相应的传播和发展。本书是作者主持的国家社会科学基金项目《伊斯兰教与当代中东政治关系研究（1990-1992）》的最终成果，系统全面地探讨了伊斯兰教与当代的政治关系问题，即伊斯兰世界或伊斯兰国家的当代政治问题。全书共分9章。书中通过梳理历史上伊斯兰教与政治的关系，清晰展示出伊斯兰教在第二次世界大战以后近半个世纪的重大事件中是如何进行自我复苏、自我调整，进而达到自我复兴和自我发展的动态过程。作者认为，研究伊斯兰教与政治的关系问题，既要以科学的、客观的态度考察伊斯兰世界发生的事件的社会、政治、经济等因素外，还应从信仰伊斯兰教的一些民族特有的宗教感情、心理倾向、精神准则、价值观念、以至于思维方式等因素出发，考察这些事件与伊斯兰教的关系。作者预测，在今后很长一段时间内，伊斯兰教将处于继续发展的趋势是无可怀疑的。伊斯兰教将继续被伊斯兰世界各国的政治反对派所利用，以壮大他们的力量。同时各国当政者也很会继续利用并扶持伊斯兰教，以强化他们的统治，抵制国内反对派。最后作者指出，无论今后伊斯兰复兴的走向如何，泛伊斯兰主义和伊斯兰主义都将得到新的发展。

现代政治与伊斯兰教（中国社会科学院青年学者文库／胡绳主编）
刘靖华　东方晓著

社会科学文献出版社　2000年1月　268千字　329页

　　在伊斯兰教中，一个最大的特点即是表现为宗教、政治两个同构因素的相互作用：一方面表现为神职人员在国家权力中的地位举足轻重；另一方面则表现为宗教意识形态：伊斯兰教是一种"内化"的宗教，它与穆斯林的思维方式、行为方式和生活样式熔铸在一起，形成一种独特的认知定势，即以伊斯兰作为政治认同和价值体认的唯一对象和源泉。本书为"中国社会科学院青年学者文库"丛书之一，作者围绕"伊斯兰宗教－政治体系需要变革，以适应现代社会的挑战"这样一个具有重要的理论和现实意义的课题，在充分掌握国内外同学科最前沿的学术观点之前提下，全面分析了中东独特的"宗教—政治"社会结构，尤其是对"伊斯兰教在当代中东政治中的作用及其对中东局势发展的影响"、"伊斯兰复兴主义"、"伊斯兰原教旨主义运动"等热点问题进行了深入探讨，并提出新见解。全书共 10 章。内容涉及伊斯兰教与政治传统、政治文化、政治意识形态、政治合法性、政治体制等方面的关系等。

伊斯兰与国际热点（世界民族与宗教研究书系）
金宜久　吴云贵著
东方出版社　2001 年 8 月　650 千字　775 页

　　本书为"世界民族与宗教研究书系"丛书之一，旨在通过国际重大事件讨论当代国际政治中的"伊斯兰"问题。全书分五编，共 42 章。第一编（第 1-5 章）为"导言"，简述了伊斯兰与国际政治的概念、伊斯兰教的发展模式、伊斯兰世界、近现代伊斯兰教的发展与演变以及当代伊斯兰教与国际政治关系的理论。第二编（第 6-18 章）为"伊斯兰国家"，主要讨论了伊斯兰世界具有代表性的沙特阿拉伯、叙利亚、伊拉克、黎巴嫩、埃及、利比亚、阿尔及利亚、苏丹、伊朗、阿富汗、土耳其、巴基斯坦、印度尼西亚等国的政教关系问题，内容涉及伊斯兰教在上述国家传播，60 年代末 70 年代初以来各国伊斯兰复兴的情况以及 80 年代和 90 年代的政教关系等问题。第三编（第 19-26 章）为"冷战时期的伊斯兰世界：美苏争夺与战争和地区冲突"，述及四次中东战争、黎巴嫩内战与叙以冲突、两伊战争、印巴冲突、库尔德问题等。第四编（第 27-32 章）为"冷战时期的伊斯兰世界：当代的伊斯兰复兴"，重点讨论战后伊斯兰复兴的发展、新泛伊斯兰主义、70 年代的伊斯兰复兴运动、伊斯兰主义、80 年代的伊斯兰世界。第五编（第 33-42 章）为"冷战后的伊斯兰世界"，主要从不同侧面论述国际政治多极化与伊斯兰世界、海湾战争后的中东政局、塔利班的崛起与阿富汗局势、中东和平进程、伊斯兰政治反对派的发展、中亚地区与北约东扩、伊斯兰主义政权、伊斯兰世界以外地区的新热点、恐怖活动与反恐怖主义斗争、20 世纪末的伊斯兰世界。最后，作者总结了当代国际政治中带有伊斯兰因素的问题。

全球化背景下的伊斯兰极端主义
李群英著
中国政法大学出版社　2007 年 7 月　370 千字　445 页

　　当今世界对于伊斯兰教、伊斯兰文明日益关注。尤其是政治学界和舆论界对于伊斯兰文明表现出强烈而浓厚的兴趣。这同世界发展的总趋势、同伊斯兰国家在国际事务中所扮演的角色是相一致的。本书从国际政治的视角出发，梳理了伊斯兰极端主义发展的历史进程，总结了伊斯兰极端主义的兴盛规律和发展趋势，分析了伊斯兰极端主义兴起的理论特点和全球化对伊斯兰世界的冲击。全书共分 6 章。第 1 章论述了对宗教及伊斯兰教的认识。第 2 章从历史、社会、文化、政治等方面分析了伊斯兰极端主义兴起的渊源。第 3 章主要探讨了伊斯兰极端主义的理论与实践。第 4 章分析了当代伊斯兰极端主义蔓延背后的因素，指出美国是绕不开的因素之一。第 5 章探讨了全球化对伊斯兰极端主义产生的影响及穆斯林世界对极端主义的认识。第 6 章预测了伊斯兰极端主义未来的发展趋势，强调指出，未来还可能存在短期反弹和长期震动，提出国际合作遏制极端主义主要途径，同时也提及极端主义对我国的影响。作者最终期望以关注现实生活的热情，以探本寻源的沉静，在超越单一的国家冲突、地区冲突、宗教冲突、民族冲突的层面，从全球化与伊斯兰极端主义两者的截然对立之间看到冲突的走向，寻求平衡的可能性。然而，将所有的冲突的诱因全部指向伊斯兰极端主义也值得商榷。

报道伊斯兰
[美]爱德华·萨义德著　阎纪宇译
上海译文出版社　2009年5月　230千字　238页

从伊朗人质事件、波斯湾战争，到纽约世贸大楼爆炸案，西方世界一直被一个名叫"伊斯兰"的幽魂苦苦纠缠。在新闻媒体的描述，以及政府、学界与企业专家的应和下，"伊斯兰"竟沦为恐怖主义与宗教狂热的同义词。与此同时，一些国家也利用"伊斯兰"一词，来为其丧失民心的高压政权张目。本书为美国著名文学与文化批评家爱德华·萨义德所著"中东三部曲"之最后一部。在这部里程碑式的作品中，作者针对伊斯兰被西方媒体塑造出的僵固形象，检视了其渊源和影响。他结合政治评议与文化批评来揭示出，即便是对伊斯兰世界最"客观"的报道，其中也潜藏着隐而不显的假设和对事实的扭曲。全书分为"新闻中的伊斯兰教"、"伊朗事件"和"知识与权力"3章。第1章收录伊斯兰教与西方、诠释的共同体和公主事件的前前后后3篇报道，介绍了西方新闻中的伊斯兰形象。第2章从传播和媒介研究的角度出发，对西方新闻媒体所报道的"伊朗人质危机"进行考察和论述，借以说明美国在这一事件中反映的对于伊斯兰世界的偏见和误解。第3章重点探讨了对伊斯兰的政治学研究中有关知识与权力的关系。

谁为伊斯兰讲话：十几亿穆斯林的真实想法
[美]约翰·L.埃斯波西托　达丽亚·莫格海德著　晏琼英　王宇洁　李维建译
中国社会科学出版社　2010年6月　190千字　295页

近代以来，宗教解释主体呈现多元化的趋势，而世界伊斯兰教历来没有一个权威性的代表机构对此趋势作出应对，因此各种不同的解释主体（教派、学派、思潮、运动、宗教领袖、学者个体等等）实际上都有权对伊斯兰教进行解释，只是不能以自己的解释取代他人的解释。穆斯林大众的意见当然也非常重要，只是人们很难把它们的意见集中起来，反馈给更广大的人群。本书既是以盖洛甫全球民意测验为基础完成的一部调查报告，也是美国乔治敦年夜学宗教和国际事务方向以及伊斯兰研究方向教授约翰·L.埃斯波西托（John L. Esposito）对其10余年来经常讨论且难以明确回答的话题"谁代表伊斯兰"——即伊斯兰的话语权问题——所作的回应。全书共分5章。书中秉持西方话语权的基本立场，面向"伊斯兰教沉默的多数"，在抱持"对伊斯兰教和世界穆斯林充分的同情、理解和友善"态度的前提下，以民调的名义锁定了西方人集中关注的三大问题：一、伊斯兰教与西方民主制度是否相容；二、伊斯兰教是否与恐怖主义相关；三、伊斯兰世界的妇女地位问题。作者指出，穆斯林与西方国家的冲突并非不可避免，因为冲突的根源不是"原则分歧"而是西方不当的政策。

"伊斯兰世界"概念的形成（复旦文史丛刊）
[日]羽田正著　刘丽娇　朱莉丽译　朱莉丽校
上海古籍出版社　2012年12月　208千字　215页

本书为"复旦文史丛刊"之一，旨在阐明"伊斯兰世界"这个词语产生的历史背景，重新定义使之符合作为学术分析概念的使用要求；同时重新讨论以往"伊斯兰世界"历史的叙述方法，指出尤其在日本使用这个词语描述世界史所存在的问题。全书分为"近代以前穆斯林的世界观和世界史认识""近代欧洲和'伊斯兰世界'""'伊斯兰世界'概念在日本的受容和展开"三个部分。作者在序论中首先归纳了现今所用"伊斯兰世界"一词所包含的四种含义；随后在正文部分，通过考察、梳理近代以前阿拉伯语和波斯语的地理、历史著作以及近代以来欧洲学术著作中对伊斯兰文明的论述，说明了"伊斯兰世界"的概念和"伊斯兰世界"史的发生、发展过程；最后对日语中的"伊斯兰世界"一词的历史进行溯源并对其下明确的界定。本书的日文版于2005年出版，其写作背景是2001年"911"事件后日本媒体铺天盖地的反伊斯兰教、反穆斯林的报道。作者注意到，"伊斯兰世界"是一个包含着与其他世界有所区分、甚至有着二元对立意味的概念，为此，他广泛搜集整理阿拉伯语和波斯语的历史资料，并参考西方文献完成此著。

伊斯兰世界帝国（历史上的帝国）
[美]罗宾·多克著　王宇洁　李晓瞳译
商务印书馆　2015年4月　184页

公元7世纪，伊斯兰教的创立者穆罕默德统一了阿拉伯半岛。他的后继者在巩固政权的同时开始向外扩张，建立了伊斯兰帝国。此后在不到百年的时间里，它就从一个沙漠部落结成的松散联盟，成长为世界历史上最强大的帝国之一，有着当时最先进的文化。在其巅峰时期，伊斯兰帝国西及西班牙，东达印度边境，北始中亚，南到北非，比鼎盛时期的罗马帝国的势力范围还要大。穆斯林的征服导致了波斯和拜占庭两大帝国的倾覆。本书概述了伊斯兰帝国建立的社会文化背景以及伊斯兰帝国对于今天的深远影响，讲解了帝国形成及扩张的过程，介绍了帝国的社会、文化和日常生活，如建筑和艺术，天文学和数学，习俗、节日和饮食，政府机构，制造业和贸易，语言与文化，军队组织和战略战术，神话和宗教信仰。全书分为"历史"、"社会与文化"二篇，共6章。书中附有彩色照片和插图、地图，另有侧栏（Sidebars）对相关主题予以详细解释。

穆斯林与激进主义
方金英著
时事出版社　2016年11月　360千字

激进主义一直是一股穆斯林世界的破坏性力量，已成为伊斯兰教的肘腋之患，流毒千余年，今后还要和我们如影随形地伴下去。鉴此，我们有必要从理论与实践的双重维度，梳理漫长的穆斯林激进主义历史演进轨迹，探寻其背后实现不同时代传承的激进理论家和践行家的言行，目的不是渲染激进思想及其行为，而是力求提供一份能够正确把脉激进势力历史发展趋势的资料，让政府和社会了解这段激进历史，并以史为鉴，找到同激进势力作斗争的坚定信念和智慧，最终为实现国家的长治久安大局和世界和平添砖加瓦。本书是国内首部关于穆斯林激进主义研究的论著，作者以其亲赴印度尼西亚、巴基斯坦、阿富汗、乌兹别克斯坦、土耳其、埃及、苏丹、尼日利亚等30余个国家和国内20余省进行田野调研获取的第一手资料为基础，并结合其历时17年的研究心得，对世界范围内穆斯林激进主义的历史与现实问题作了全面、系统、扎实地考察和论述，以期为学界和相关政府部门提供参考。全书共6章。内容包括：穆斯林世界兴衰史的思考、当今穆斯林激进圈盛行的关键概念、穆斯林思想史上激进理论家和践行家、穆斯林演进史中的激进运动、21世纪穆斯林激进势力发展趋势等。

文明的交融与和平的未来：穆斯林"去激进化"理论与实践伊斯兰哲学与国际安全研究

方金英著

时事出版社　2016年11月　430千字　622页

若想铲除孕育穆斯林激进分子的激进意识形态，治本之策是，国际社会要大力推动穆斯林世界向温和主义迈进。而要做到这一点，就必须推动穆斯林世界重视汲取伊斯兰文化和谐观，伊斯兰教核心价值观是促进人与人之间以及人与大自然之间达成和谐的历史智慧，尤其是要汲取其精髓伊斯兰哲学兼收并蓄的智慧。本书系作者此前所著《穆斯林与激进主义》的姊妹篇，是一部立足于历史的视野和中华文明的语境下专门探讨伊斯兰哲学思想演进及其实践轨迹的论著。作者在书中以伊斯兰哲学兼收并蓄这一核心特性为切入点，力图从理论与实践两方面为当下全球暴恐乱象寻找一条从无解的"死结"到有解的"活结"之新出路，从而为穆斯林世界的"去激进化"寻求新智慧和新对策。全书分为"理论篇"、"实践篇"和"谋略篇"三个部分，共7章。第一部分（第1-3章）围绕"伊斯兰哲学兼收并蓄之道"的由来与演变这一中心线索，介绍和讨论了从中世纪至20世纪90年代以来伊斯兰哲学兼收并蓄的思想内核及其主要代表人物。第二部分（第4-6章）从实践角度论述了各伊斯兰国家和非伊斯兰国家为实现"去激进化"所采取的措施。第三部分（第7章）从当前东西方文明冲突与对话的角度，展望了人类文明的交融与和平的未来。

穆斯林民族的觉醒：近代伊斯兰运动（伊斯兰文化小丛书/吴云贵等主编）

吴云贵著

中国社会科学出版社　1994年11月　60千字　109页

近代伊斯兰教思潮和运动尽管千差万别，但它们皆有一个共同的倾向，就是企盼通过复兴信仰来达到民族的复兴。本书为"伊斯兰文化小丛书"之一，作者以近代西方的殖民扩张为历史背景，简要介绍了世界穆斯林民族为复兴信仰、争取民族独立而进行的英勇斗争。全书包括九个部分。第一部分是"瓦哈比运动"，主要介绍了瓦哈布其人、基本改革主张、瓦哈比运动的过程和影响。第二部分是"圣战运动"，主要介绍了印度的圣战者运动、印度尼西亚的巴德利运动、西非的圣战运动。第三部分是"赛奴西运动"，主要涉及新苏非主义的兴起、赛奴西运动的概况。第四部分是"苏丹的马赫迪运动"，主要介绍马赫迪运动的历史背景、兴起与发展。第五部分是"伊朗的巴布运动"，主要内容有谢赫学派的兴起、巴布运动的始末。第六部分是"阿赫默迪亚运动"，主要涉及该派的创传人阿赫默德及其总教思想和影响。第七部分是"泛伊斯兰运动"，主要交代了该运动兴起的社会历史背景、奥斯曼苏丹与泛伊斯兰运动、阿富汗尼与泛伊斯兰运动。第八部分是"伊斯兰现代主义运动"，主要介绍该运动的代表人物，诸如阿赫默德汗与阿利加尔运动、阿富汗尼与伊斯兰现代主义、穆罕默·阿布杜与赛莱斐耶运动、伊克巴尔与伊斯兰现代主义。第九部分为结束语。

近代伊斯兰思潮

张秉民主编

宁夏人民出版社　1998年9月　240千字　289页

本书是宁夏"八五"哲学社会科学规划项目"近代伊斯兰思潮研究"的最终成果，由宁夏大学政法系教授张秉民组织多位专家学者共同完成。书中以古代伊斯兰思潮为导引，分别就近代伊斯兰思潮的兴起原因、社会背景、代表人物、具体观点作了全面系统的研究和详尽的阐述，并就近代伊斯兰思潮与近代西方思潮的相互渗透、交融影响，作了多视角、多层面的深入研究与综合探讨。全书分为"近代伊斯兰思潮的历史渊源"、"近代伊斯兰思潮的兴起"、"首批近代伊斯兰学者的思想"、"哲马路丁·阿富汗尼的思想"等十一篇。本书提出：近代伊斯兰思潮开端于1798年，终结于1923年，开端的标志是拿破仑大军攻占埃及和奥斯曼帝国实质瓦解，终结的标志是土耳其凯末尔革命和奥斯曼帝国最终消亡，开端以前存在的是古代伊斯兰思潮，终结以后崛起的是现代伊斯兰思潮，从而解决了古代、近代、现代伊斯兰思潮时间界限模糊的难题，明确划分了伊斯兰思想史上的三个断代；同时，本书还肯定了近代伊斯兰思潮对近代伊斯兰国家经济、政治、文化发展的积极作用，展望了近代伊斯兰思潮的发展趋势，揭示了现代伊斯兰思潮的兴起背景和文化动因。

近现代伊斯兰教思潮与运动（国际政治论坛）
吴云贵　周燮藩著
社会科学文献出版社　2000年1月　395千字　493页

　　伊斯兰文明在历史上曾创造过辉煌业绩，中世纪臻于鼎盛，但近代日趋衰落，被迫寻求新的解困之道。而此时的欧洲大陆，经过文艺复兴、宗教改革和工业革命洗礼之后变得愈益强大起来，并在资本输出过程中走上殖民扩张的道路。奥斯曼帝国的大部分地区相继沦为欧洲列强的殖民地、半殖民地或保护领地，丧失了政治独立和民族尊严。伊斯兰世界陷入深重的危机。伊斯兰教作为一种传统文化，对世界穆斯林的认知方式具有重大影响。当民族的生存受到巨大威胁时，他们往往从宗教信仰的角度来回顾昔日的荣光、反思苦难的现实、展望穆斯林的未来，希冀从自身文化传统中寻求出路。近现代伊斯兰教思潮和运动，因产生的具体社会环境及其关注的具体问题不同，表现出明显的地域和时代差异性。但它们都有一个共同的倾向，就是企图通过宗教的复兴来达到国家和民族的复兴，这种"宗教兴则民族兴"的观念典型地反映了传统历史意识和文化心态。本书以全球视野综论了波澜壮阔的近现代伊斯兰教思潮与运动；通过"穆斯林社团、伊斯兰教的社会政治学说、伊斯兰教与社会"之背景概述，推展至伊斯兰世界的"近代开端的改革与复兴"，尔后分别就"伊斯兰现代主义与复兴运动"、"伊斯兰教与民族主义"、"伊斯兰教与社会主义"、"新泛伊斯兰主义"、"伊斯兰原教旨主义的兴起"、"原教旨主义的深入发展"等问题逐层论述。作者认为，伊斯兰教的各种思潮和运动总体上不外乎两大类：一种可称为"传统主义"，另一种可称为"现代主义"；前者在提倡复兴的同时，更为珍重和留恋传统伊斯兰文化的价值，拒斥外来思想观念，反馈出强烈的"复古主义"倾向；后者既呼唤复兴与改革，又强调宗教的形态、趋向和功能应与社会环境、社会发展潮流相趋同、相适应，对外来文化采取融合利用的功利主义态度。综而言之，植根于传统生产方式的伊斯兰文明、脱胎于奥斯曼帝国母体的近现代阿拉伯国家，在历经两次世界大战以及战后世界范围内的民族独立与民族解放运动、美苏冷战及至东欧巨变的历史沧桑后，却日渐陷入意识形态迷茫。回首近现代伊斯兰教思潮与运动的百年探索史，或可令当代人更准确、更深刻地把握现实。

现代伊斯兰主义（东方文化集成·西亚北非文化编/季羡林总主编）
陈嘉厚主编　陈嘉厚　安维华　罗国章等著
经济日报出版社　1998年3月　420千字　623页

  伊斯兰主义运动历史上早已有之，近代以来，几经兴衰与演变，才有了今天的现代伊斯兰主义大发展。这场几乎席卷整个伊斯兰世界的"伊斯兰原教旨主义运动"，形成一股强劲的国际宗教政治思潮和社会改革运动，已引起各国政府和人民的密切关注。本书为"东方文化集成"丛书之一，是我国迄今系统研究"伊斯兰教旨主义"的第一部专著，也是国家社科基金"八·五"规划的研究成果。书中以现代伊斯兰主义为主要关注对象，首先对运动的起因、组织、性质、特点、社会基础、理论观点、战略策略和发展前途等问题作全面的介绍和分析，时间跨度为上起公元610年，下迄1996年底；其次，对与运动有关的今日中东热点问题，如伊朗、苏丹、阿富汗、阿尔及利亚、埃及穆斯林兄弟会、巴勒斯坦"哈马斯"、黎巴嫩真主党、沙特阿拉伯的瓦哈比主义，以及中东和平进程，都作了较为详尽的论述。全书共14章。作者指出，伊斯兰主义运动与伊斯兰复兴运动不完全是一回事，两者从中世纪到近代初期曾经是一回事，但近代中期至今，伊斯兰复兴运动的内涵扩大了，伊斯兰主义运动就成了伊斯兰复兴运动的一部分，两者是部分与整体的关系；同时认为现代伊斯兰主义不等于暴力恐怖主义，两者既有联系又有区别。

现代化视野中的伊斯兰复兴运动
张铭著
中国社会科学出版社　1999年12月　240千字　315页

  伊斯兰复兴运动在当代的兴起是整个漫长的东西方文明结合历史进程中不断出现的"整合难产"的新结果。从世界历史进程的高度来看伊斯兰复兴运动，的确能发现它是一个矛盾的统一体，它所表现出来的对传统的回归实际上具有多层含义，而作为一个新的"轮回"周期的始点，伊斯兰复兴运动又昭示着伊斯兰世界在未来有着新的发展可能。本书将伊斯兰复兴运动放在世界现代化的历史进程中加以考察，试图通过剖析"伊斯兰复兴运动这一当代世界上现代化受挫"的最新表现形式，为"后发"现代化国家的转型之路提供一个观察视角和解释框架。全书共分6章。第1章主要探讨了伊斯兰教的兴起及伊斯兰文化传统。第2章探讨了伊斯兰复兴与变革的早期创始。第3章探讨了战后的伊斯兰思潮，重点突出伊朗伊斯兰革命和哈马斯运动。第4章主要探讨了苏丹、阿尔及利亚和土耳其伊斯兰复兴的新进展。第5章主要用现代化理论诠释伊斯兰复兴运动的现象和背后的因素。第6章主要探讨了伊斯兰复兴、文明冲突与国际政治三者的关系。

传统的回归：当代伊斯兰复兴运动（伊斯兰文化丛书/吴云贵等主编）
肖宪著
中国社会科学出版社　1994年11月　68千字　119页

  自20世纪80年代伊朗伊斯兰革命以来，伊斯兰复兴运动发展到一个新的历史阶段，对整个穆斯林世界都产生了深远的影响，也因此引起全球范围内政界、新闻界、学术界、宗教界的关注。本书为"伊斯兰文化丛书"之一，作者以翔实的资料为依据，系统论述了当代伊斯兰复兴运动的起源、本质特征、行为模式和发展趋势，对伊斯兰世界的衰败，伊斯兰复兴运动的兴起与发展，原教旨主义产生的历史背景及兴起的原因等都进行了较为深入的分析。全书包括"历史的回顾"、"伊斯兰的回归"、"伊斯兰原教旨主义"、"伊斯兰潮的冲击"、"对现在和未来的挑战"五个部分。作者指出,当代伊斯兰运动会长期存在,并将作为穆斯林群体对社会和政治发展道路的探索方式而发挥作用,会根据不同时期的历史特点,展现出不同的表现形式。

当代伊斯兰教（当代世界宗教丛书 / 冯嘉芳主编）
金宜久主编

东方出版社　1995年1月　306千字　401页

伴随着20世纪以来全球形势的急剧变化,伊斯兰世界兴起了一场以"大规模的社会政治运动"为主要表现形式的"宗教复兴"运动。特别是二战以后,受全球范围内的共产主义思潮影响,伊斯兰各国相继取得独立,埃及、叙利亚、伊拉克等阿拉伯国家相继推行了各自的社会主义政策。现代化、民族化和世俗化随之成为众多国家追求的目标。中东战争失败、阿拉伯世界现代化进程遭遇到反复和倒退,以及新兴价值观与传统精神的相互抵触,促使文化界又一次掀起了向伊斯兰教回归的热潮。本书为"当代世界宗教丛书"之一,较为全面地介绍了伊斯兰教的历史、教义、神学、信仰与礼仪等,重点讲述了在当代国际政治生活中,伊斯兰教作为一种政治因素,对人们起到的作用与影响,探讨了当代伊斯兰教在世界范围内的发展动态。全书共分9章。书中将研究重心指向当代伊斯兰复兴运动,认为这场始于20世纪初的复兴运动不仅仅是宗教信仰或传统文化的复兴,而且是大规模的社会政治运动,具有全面性的特征。尽管复兴运动的形式各异,但反对西方和反对西方文化是一个共同点,无论推进复兴的手段或和平或渐进或暴力,其目的均为抵御西方政治思想、价值观念及生活方式,以挽救日趋衰落的伊斯兰世界。

当代国际关系中的伊斯兰原教旨主义运动
蔡佳禾著

宁夏人民出版社　2003年8月　220千字　301页

伊斯兰原教旨主义是20世纪产生的一种重要意识形态,近年来它对西亚、北非、南亚和中亚地区的政治、经济、宗教文化和社会发展产生了很大的影响。本书从当代国际关系变迁的角度阐述了伊斯兰原教旨主义运动产生的基本原因,对伊斯兰原教旨主义概念和内容进行了探讨,在追溯其历史和宗教起源的基础上,对该运动发生的背景及表现形式进行了理论分析。全书共分9章。作者指出,作为当代的一种政治力量,伊斯兰原教旨主义运动是随着伊朗伊斯兰革命的成功而迅速引起世人注意的。从20世纪70年代末期到现在,这一以复兴伊斯兰为号召的运动不仅已超越了伊朗的疆界,而且也超越了世界各地的穆斯林国家,成为当前国际关系中的一种重要的政治力量,对许多地区和国家的政治、经济、安全和文化发展产生着深刻的影响。西方各国,尤其是美国把伊斯兰原教旨主义的兴起,把这种意识形态看作是与西方势不两立的新敌人。而在中东等地的穆斯林世界,众多的中下层群众则把这一运动看作是未来的希望,是伊斯兰在当代复兴的道路。

当代伊斯兰问题（民族工作学习文库 / 国家民委民族问题研究中心编）
金宜久著

民族出版社　2008年3月　60千字　128页

本书为"民族工作学习文库"丛书之一,是作者于2007年初应中央民族大学宗教研究所邀请,为国家民委干部学习班开设伊斯兰问题专题讲座之后而撰写的一本探讨"当代伊斯兰问题"的小册子。全书分为"当代伊斯兰问题"、"伊斯兰复兴的社会历史条件"、"什么是伊斯兰复兴"、"伊斯兰复兴的发展"、"伊斯兰复兴的形式及其对社会的影响"、"伊斯兰复兴与伊斯兰政治化"、"伊斯兰极端主义形成的社会思想基础"、"伊斯兰极端主义的发展"、"伊斯兰极端主义的不同类型及其严重危害"、"严格区分伊斯兰教与伊斯兰极端主义"10章。作者指出，伊斯兰问题与伊斯兰教有关，但它不是伊斯兰教。那种把两种视为同一的观念是不对的。同样，认为两者无关也是不妥的，因为所谓"伊斯兰问题"，特别是当代伊斯兰问题，是以"伊斯兰"而不是以其他的名目出现并从事政治活动的，说清这个问题很有必要。作者在该书中着力厘清该问题。

伊斯兰世界的今天和明天（中国社会科学院老年学者文库）
唐宝才主编

中国社会科学出版社　　2010年4月　　374千字　　325页

本书为"中国社会科学院老年学者文库"丛书之一，作者依托于21世纪以来国际环境的重大变化，全方位阐述了全球化时代伊斯兰国家在政治民主化、经济全球化、军事安全和伊斯兰复兴运动等方面所面临的挑战与发展趋势。全书共分9章。第1章主要探讨了9.11事件、伊拉克战争等政治事件对伊斯兰国家的影响。第2-4章主要分析了政治民主化、经济全球化、军事安全对中东、中亚、南亚、东亚难、非洲等伊斯兰国家的挑战和发展趋势，分析评估外界对这种挑战和发展的看法。第5章主要诠释了何谓伊斯兰复兴以及伊斯兰复兴运动所面临的挑战及走向。第6章分析评估了伊斯兰国家、美国的反恐斗争的现状及走向，同时回应了亨廷顿的"文明冲突论"观点。第7-9章分别探讨了美国、欧盟、日本、俄罗斯、中国等对伊斯兰国家的政策。本书作者不仅借鉴了国外专家学者和国内同行在伊斯兰国家研究领域内的成果，而且就相关问题论述提出了自己的见解和看法，为政府相关部门、学术界和广大读者了解和认识大国关系、国际政治以及伊斯兰世界的发展趋势具有重要的价值。

伊斯兰文明的反思与重构：当代伊斯兰中间主义思潮研究
丁俊著

中国社会科学出版社　　2016年8月　　328千字　　306页

当代伊斯兰"中间主义"思潮是伊斯兰世界日渐具有广泛影响的宗教文化思潮，该思潮的勃兴与发展，反映了伊斯兰世界立足现实，着眼未来，从自身的经历中对当今世界和平与发展大潮的理解、认同和积极参与，以及通过这种文化反思和应对，探索适合自身实际的发展道路、重建富有时代精神与民族特色的核心价值体系，实现自立与自强的积极努力。本书在追溯和考察有关历史背景与理论渊源的基础上，着重梳理和阐释了伊斯兰"中间主义"思潮的一系列思想主张，简要介绍了该思潮的代表性人物、重要研究机构与学术活动，评析了该思潮的发展态势及其对伊斯兰世界政治改革、社会变革、宗教维新以及文化创新与文明重构的现实意义与影响，并从跨文化研究的视野出发，就伊斯兰文明与中华文明的中正和谐之道作了相应的比照分析，认为蕴含于东方文明中的中正、中和之道，对于应对和化解当今人类社会面临的一系列危机，维护世界文明的多样性，推动不同文明间的交流互鉴，促进地区稳定与世界和平，营造共生共荣的人类命运共同体，均具有重要的现实意义和宝贵的借鉴价值。全书共6章。作者将目前尚不为我国学界所关注的当代伊斯兰"中间主义"问题作为研究对象，体现了其敏锐的学术眼光和独到视角，对于推进中国当代伊斯兰教研究大有裨益。

2. 中国

中国的伊斯兰教
冯今源编著
宁夏人民出版社　1991年7月　138千字　197页

在中国，有回族、维吾尔、哈萨克、柯尔克孜、塔吉克、乌孜别克、塔塔尔、撒拉等十个兄弟民族信仰伊斯兰教。其中九个民族，基本上以聚居的形式分布在新疆、青海、甘肃三省；唯有回族人民，以其特有的"大分散、小集中"的居住形式，遍布于祖国各地。本书详细介绍了伊斯兰教这一外来宗教扎根于中国的历史过程及其在儒道文化的土壤中大放异彩的现象与根由。全书共分"伊斯兰教的传入"、"中国的清真寺"、"中国的伊斯兰教派"、"中国穆斯林的文化"、"中国伊斯兰教的经堂教育"5章；作者认为，中国的伊斯兰教深受中华传统文化的浸染与熏陶，因而具有鲜明的中国风格和中国特色；同时伊斯兰教的传入也对中国文化产生过巨大影响，并作出了贡献。

伊斯兰教在中国
周燮藩　沙秋真著
华文出版社　2002年7月　170千字　252页

伊斯兰教的兴起是一件改变世界历史面貌的重大事件。公元7世纪后，阿拉伯人在伊斯兰教的旗帜下，迅速征服西亚、北非及欧洲部分地区，建立了横跨三洲的哈里发帝国，并促进伊斯兰教向世界各地传播。鼎盛一时的穆斯林世界，创造了繁荣的经济和辉煌的文化，带动了海陆两方面的商业和文化交往，对世界各地以及中国产生不可磨灭的影响。本书概述了伊斯兰教兴起与传播的历史过程，重点讲述了伊斯兰教在中国唐宋时期、蒙元时期、明清时期、民国时期以及中国当代的发展情况。全书包括九个部分，内容涉及伊斯兰教经典、教法及信仰礼仪，穆斯林来华路线，蒙古西征与东西交通，中国的穆斯林民族，苏非教团与中国门宦，民国时期中国内地伊斯兰教社团组织，中国伊斯兰教宗教制度的民主改革，中国穆斯林为两个文明建设发挥自身的作用等方面。

中国伊斯兰教（中国宗教基本情况丛书）
米寿江　尤佳著
五洲传播出版社　2004年1月　150页

早在公元7世纪中叶，伊斯兰教便传入中国。经过唐、宋、元、明、清及民国时期（618-1949年）1300多年的传播和发展，到现在，中国大约有2000多万穆斯林。历史上，伊斯兰教对中国的社会生活，尤其对群众普遍信仰伊斯兰教的10个少数民族的社会发展和民族传统产生过重要影响。中国的广大穆斯林对于中国政治、经济、文化、社会等发展也作出过许多重大贡献。本书为"中国宗教基本情况丛书"之一，较为全面地介绍了自公元7世纪中叶伊斯兰教传入我国以来的各方面情况，阐述其在中国的传播与发展、在中国的民族化进程，民国、新中国成立初期及新时期的伊斯兰教状况。全书共5章。内容涉及中国伊斯兰教的宗教制度和清真寺的发展，经堂教育与中国伊斯兰教民族化的成型，汉文译著活动与伊斯兰教的民族化，伊斯兰教新式学校和穆斯林社团的兴起，新中国成立初期伊斯兰教宗教制度的民主改革，新时期中国伊斯兰教积极参加社会主义"两个文明"建设等。

清真长明：中国伊斯兰教
杨桂萍　马晓英著
宗教文化出版社　2007年11月　320千字　372页

　　伊斯兰教自唐代传入我国以来，在漫长的岁月中，有回族、维吾尔族、哈萨克族、撒拉族、东乡族、柯尔克孜族、乌孜别克族、塔吉克族、塔塔尔族、保安族等十个民族先后信仰伊斯兰教，伊斯兰教的教义、思想、文化及习俗深深影响着中国的穆斯林。他们在中华大地上与其他民族一起参与政治、经济、文化活动，共同为中华文明的繁荣与发展贡献力量。本书从民族与宗教关系这一视角出发，来考察中国的伊斯兰教、多数群众信仰伊斯兰教的少数民族以及它们之间的关系，并对中国伊斯兰教的哲学、伦理思想以及伊斯兰教对中国穆斯林的影响等学界较少涉猎或尚存争议的问题，提出自己的见解。全书共8章。主要介绍了伊斯兰教在中国的传播与发展、伊斯兰教与中国少数民族、中国伊斯兰教教派、中国伊斯兰教文化与教育、中国伊斯兰教哲学和伦理思想、中国穆斯林文学和建筑艺术、中国穆斯林的信仰与习俗等内容。

中国伊斯兰教概论（阿拉伯文版）
冯今源著　侯赛因译
宁夏人民出版社　2013年3月　100千字　176页

　　伊斯兰教文明是世界文明之一，它在中国的形成与发展，大体经历了四个重要的发展时期，本书对此做了简要介绍，并对伊斯兰教教义进行了阐述。全书分为十个部分，主要包括以下几个方面内容：伊斯兰教在中国历史上的各种称谓，中国穆斯林的民族成分与人口，伊斯兰教传入中国，中国的清真寺，中国的伊斯兰教教派，中国的《古兰经》抄本、刻本、译本，中国的伊斯兰教教育，中国的伊斯兰教团体组织，中国伊斯兰教的教务活动，中国穆斯林的朝觐活动以及杰出人物。本书系作者应约为这套"精品阿拉伯文、波斯文图书系列"而作，译者是埃及学者侯赛因·易卜拉欣。

伊斯兰世界文物在中国的发现与研究
阿卜杜拉·马文宽著
宗教文化出版社　2006年7月　100千字　163页

　　中国与伊斯兰世界有着一千余年的交往历史。双方的人民世代友好往来，和睦相处，促进了双方文化、技术交流，从而共同提高了生产力的发展、促进了文化艺术的兴盛。本书运用大量考古文物资料，着重介绍了20世纪以来出土和发现的7世纪至15世纪从国外输入到中国的大量伊斯兰文物。述及玻璃、陶器、钱币、金属器等来自伊斯兰世界和从我国输出到伊斯兰世界的文物，反映了中国与伊斯兰世界文化交流的丰富内涵，为研究伊斯兰世界文化及其与中国的关系提供了极为珍贵的实物资料。全书共分6章。作者在叙述伊斯兰文物过程中，将伊斯兰文物与中国文物进行对比，从中找出伊斯兰文物中的中国文化因素抑或被中国文化所吸收的伊斯兰文化因素，进而展示出双方文化交流的独特意蕴。内容包括：中国出土唐五代时期进口的伊斯兰玻璃、中国出土辽宋时期进口的伊斯兰玻璃、中国传世的埃及和叙利亚马穆鲁克描金釉彩玻璃、中国出土的伊斯兰陶器、中国出土的伊斯兰钱币与金条、中国出土的伊斯兰金属器。

（1）断代研究

中国历代政权与伊斯兰教
余振贵著
宁夏人民出版社　2012年6月　400千字　394页

中国历代政权与伊斯兰教的关系，是一个值得深入研究的重要问题。本书首次从中国历史发展的广阔视野中，把伊斯兰教事务与各族穆斯林问题结合在一起做全面考察，对历代政权的伊斯兰教政策进行了大跨度的系统研究，依时间顺序阐述了唐、宋、元、明、清、民国等各个历史时期伊斯兰教与政治、经济等的关系，尤其是明末清初以来伊斯兰教与西北地区社会安定的密切关系。全书分四编，共11章。其主要内容包括以下几个方面：第一，历代政权的宗教观、民族观，对伊斯兰教和穆斯林的认识和态度，制定治理伊斯兰教事务策略的政治、经济、民族、社会依据及时代与文化背景。第二，历代政权处理伊斯兰教事务与其他宗教事务的不同政策、策略及原因。第三，历代政权对伊斯兰教扶植与利用、管理与限制的具体策略、管理办法或实施情况。第四，历代政权实施伊斯兰教政策的社会反应和影响。第五，新民主主义革命时期，中国共产党和陕甘宁革命根据地政权对伊斯兰教事务的重视和对穆斯林的尊重与保护。第六，中外反动势力对中国伊斯兰教事务的觊觎、利用与失败。

唐代中国与大食穆斯林
[法]张日铭著　姚继德　沙德珍译
宁夏人民出版社　2002年9月　210千字　249页

中国与伊斯兰的会合，乃世界史上一个值得深入研究的课题。而目前所出版的探讨大食（阿拉伯）与中国唐王朝在西域（中亚细亚）的政治关系诸著作，向人们提供的仅仅是不完整的视野，其表面性有时几乎使我们陷入错误。本书全面运用中国唐宋文献和古代阿拉伯，波斯文献，西方及日本学者的研究成果，系统论述了公元7-10世纪初近300年间（618-907）唐王朝与阿拉伯大食帝国、突骑施、吐蕃之间的政治、军事、外交，以及中国与波斯湾地区海上丝路为孔道的商贸文化交流关系。全书分为"穆斯林向东推进"、"突骑施苏禄可汗及唐与大食的军事联盟（713-741）"、"高仙芝与怛逻斯战役"、"怛逻斯战役的后果"、"南海及唐代（618-907）穆斯林的活动"5章。书中所论述的时期，正是穆斯林世界从北非和西班牙直到印度和中亚细亚，都曾显示出最强大活力的历史时期，对于研究西域史，唐代中国交通史，伊斯兰教在中国的最初传播，中国穆斯林的形成，以及唐代中国的对外贸易提供了重要学术参考。

元明时期汉文伊斯兰教文献研究（南京大学民族与边疆研究丛书）
杨晓春著
中华书局　2012年10月　330千字　415页

现存元明时期的汉文伊斯兰教文献主要包括两类：一、清真寺汉文碑刻文字，二、汉文伊斯兰教典籍。前者是有关中国回族—伊斯兰教历史的可贵的自身性资料，不但史料价值突出，而且数量相当可观。而汉文伊斯兰教典籍作为可以大量印刷的书籍形式的文献，信息量更大，内涵更为丰富，也更易于传播，则是回回人对于伊斯兰教以及伊斯兰教和汉文化关系的理解的最真切反映。本书为"南京大学民族与边疆研究丛书"之一，作者以汉文伊斯兰教文献为主要研究对象，对元明时期清真寺汉文碑刻、明代末年汉文伊斯兰教典籍进行了大量细致深入的考证与辨析，并在文献研究的基础上考察了元明时期回回人与汉文化的关系，从而恰当地估计这一关系对于中国回回民族形成的意义。全书除绪言、结论和附录外，分为"元明时期清真寺汉文碑刻初探"和"明代末年汉文伊斯兰教典籍摭探"上、下两篇。主要内容包括：清真寺碑刻史料的收集、整理和研究，明末清初汉文伊斯兰教典籍的利用，元代清真寺汉文碑刻辨析，明代清真寺汉文碑刻概览，明末回回士人纂集汉文伊斯兰教典籍拾遗等。

明清回族伊斯兰哲学范畴研究
朱国明著

宁夏人民出版社　2015年12月　300千字　314页

中国伊斯兰哲学是一个颇具特色的哲学体系，概念、范畴是支撑这个独特哲学系统的基本元素，是了解中国伊斯兰哲学的基本思维工具。这个不同于中国文化语境下的思维方式和理论眼界，开拓了中国哲学研究者的学术视野、拓宽了思考问题的广度和深度。研究中国伊斯兰哲学范畴，可以为我们搭建起一座联系儒家文化和伊斯兰文化的桥梁，可以帮助读者深入了解和认识伊斯兰文化。本书以明清时期回族伊斯兰哲学的主要范畴为研究对象，介绍了明清时期伊斯兰哲学基本范畴的本质与功能、内涵与特点及其与中国传统哲学知、行范畴的区别等，梳理了明清伊斯兰哲学的发展状况。作者通过研究每一个基本哲学范畴的内涵，以及这些范畴的内在本质以及它们之间的关系，以利于在整体上认识和把握明清回族伊斯兰哲学的实质。全书共7章，其内容包括：明清回族伊斯兰哲学范畴体系；本体论范畴；造物论范畴；认识论范畴；人性论范畴；伦理学的范畴；明清回族伊斯兰哲学范畴的特点。

民国时期伊斯兰教汉文译著研究（宗教学理论研究丛书）
马景著

社会科学文献出版社　2014年3月　640千字　623页

中国伊斯兰教文献著译的核心部分是明末清初至民国时期产生的各种史料、文件和用汉文写作的著译作品，其中包括在新疆地区流传并以各种少数民族文字写成的伊斯兰教文献著作。这些汉文译著，将伊斯兰教义和中国传统文化有机地结合起来，一方面丰富了伊斯兰教理论，另一方面也给中国思想史输入了新的观念，充实了中华文化宝库。本书为"宗教学理论研究丛书"之一，作者依据翔实的文献史料，首先列举了学术界之前未见到的珍贵文献或已经证实绝迹而再现的孤本或多种著作的不同版本，随后对民国时期伊斯兰教汉文译著兴起的历史文化背景进行详细梳理，考察了汉文译著者及其代表作，分析了汉文译著所蕴含的思想，在此基础上探讨了民国时期伊斯兰教汉文译著的出版事宜、特点、价值及相关思考。全书共6章。书中所述内容不仅填补了学术界对民国时期伊斯兰教汉文译著研究的空白，而且对于推动民国伊斯兰教史、伊斯兰思想史、穆斯林人物志、伊斯兰教与其他宗教的关系史等方面的研究具有重要的作用。

（2）地域研究

中国回族伊斯兰宗教制度概论
勉维霖主编

宁夏人民出版社　1997年5月　357千字　460页

　　伊斯兰教与回族，由于一种特殊的历史作用，它们的关系极为密切。在这个方面可以说这种关系甚于其他信奉伊斯兰教的民族。回族在形成和发展过程中，伊斯兰教作为回族全民尊崇的意识形态，对回族社会政治、经济、文化的发展产生了广泛的影响，使他们各自披上了一层宗教的外衣，甚至有些规定本身既是宗教制度，又是经济制度。本书全面系统地论述了回族伊斯兰宗教制度的历史演变和现状，尤其对回族伊斯兰教的民族特色，作了比较充分的探讨和研究；并对回族伊斯兰教的社会作用，进行了科学的分析和总结。内容涉及基本信仰和功修制度、教坊和掌教制度、寺院经堂教育、传统节日、婚丧礼仪和生活定制、苏非门宦、清真寺建制、近代回族伊斯兰教的维新运动，以及现阶段的新面貌等。全书分为"信仰和功修"、"社会和家族生活"、"组织和教育"、"苏非派"、"回族伊斯兰教维新运动"和"当代回族伊斯兰教"六个部分，共22章。通过本书的研究，可以看出回族伊斯兰教总体发展趋势，总是随着不同时代的发展而变化，力求与社会环境相适应。

中国边缘穆斯林族群的人类学考察
丁明俊著

宁夏人民出版社　2006年8月　350千字　366页

　　在特定历史原因和特殊地理环境下形成的边缘穆斯林族群，近年来引起学术界的普遍关注。蒙藏等民族地区作为我国穆斯林空间分布及文化交融的典型区域，为我们展开人类学跨文化族群研究提供了一个绝好案例。本书是作者以选点、调查、记录、取样、拍照、查阅地方史志等田野工作为基础，经过10多次累计4个多月深入调查，撰写完成的研究报告。书中采用人类学族群理论研究方法，通过对民族融合、民族交往、文化互动进行观察，深入探讨和分析"受相邻民族强势文化影响、处在异文化包围之中的中国南北方穆斯林民族在物质文化、精神文化、生活习俗、社会结构及语言方面的变化"。全书共分8章。内容包括：阿拉善草原的蒙古族穆斯林、托茂人族源与族群关系、卡力岗现象及其分析、云南迪庆藏回的形成及文化特征、帕西傣的伊斯兰文化与族群关系、云南省新平县彝回调查等。作者指出，我国穆斯林族群边界与族群认同具有双重性，首先以伊斯兰教信仰和源于伊斯兰教法规定的食物禁忌构成第一道族群边界，在这一边界内确定他们穆斯林身份是较为稳定的，如果穆斯林成员超越了这一边界，就有可能不被主体族群认同。另外以语言、服饰、生活生产方式构成第二道族群边界，这一边界是变动不拘的，随着族群变迁、交往对象不同，这一边界可能随时发生变动，它构成穆斯林民族文化的多样性。

中国名城名镇伊斯兰教研究（上、下册）（《回族研究》创刊二十周年精品书系／杨怀中主编）
李兴华著

宁夏人民出版社　2011年10月　970千字　934页

　　中国伊斯兰教的绝大多数历史文化名城，包括现存的和仅存遗址的，都同时也是中国的历史文化名城,这使中国意义上的不少历史文化名城名镇更具有厚重的文化魅力。本书系统论述了北京、济定、开封、朱仙镇、扬州、南京、昆明、纳古镇、河州、兰州、大同等23座中国名城名镇伊斯兰教的历史文化,以求为伊斯兰教的现代转型提供较多的历史借鉴和现实示范。作者李兴华是中国社会科学院世界宗教研究所研究员,多年来一直致力于中国伊斯兰教历史文化的研究,成果显著。近年来,李兴华先生专注于中国伊斯兰教历史碑刻、匾额的搜集整理,用力甚勤,收获颇丰,尤其在中国名城名镇伊斯兰教历史文化研究方面占有丰富的资料,作过深入的研究。他在书中将中国伊斯兰教集中从历史文化的层面与城市发展的角度,有重点的、有内容的突显出来,旨在发掘蕴含在中国伊斯兰历史文化中的优良传统,并试图用历史上伊斯兰教在中国的几次转型的历史事实说明,现在所提的伊斯兰教在中国的转型,只是伊斯兰教在中国具体表现形式的转变,只是伊斯兰教中国化总进程中的一种阶段性变化。它既不会改变伊斯兰教的基本信仰,也不会舍弃伊斯兰历史文化的资源部分;它既不会西化、汉化,也不会发生所谓的"世俗化"。

牛街:一个城市回族社区的变迁(民族学与社会学博士文库)
良警宇著
中央民族大学出版社　2006年5月　275千字　333页

本书为"民族学与社会学博士文库"之一,作者运用人类学、民族学、社会学等多学科的理论与方法,深入探讨了北京牛街回民聚居区的变迁历程,在充分展现中国国家与社会关系的变迁对牛街城市回民社区的影响的同时,相应地揭示了文化变迁对城市回民社区变迁趋势的影响力。全书共6章。第1章重点考察了以清真寺为象征的社区的民间权力和权威的形成与变迁过程。第2章重点考察了牛街回族经济生活的变迁历程。第3章考察了牛街回族的婚姻和家族变迁。第4章考察了在主体文化包围下的少数人群体的文化特征。第5章考察了正在进行的牛街危改拆迁。第6章探讨了牛街回民社区的前景。本书认为,牛街回族聚居区的变迁经历了由传统的互不隶属、相对独立的封闭性的传统寺坊社区,转变为开放性的对北京市乃至对中国穆斯林、来华的外国穆斯林有影响力的象征性社区以及北京市穆斯林民族的经济和文化服务中心的发展过程。对牛街这样的民族社区而言,在国家与社会关系变化的背景下,民族政策的目标和实施显然发挥了非同寻常的作用。

蒙古游牧文明与伊斯兰文明的交汇
敏贤麟著
宗教文化出版社　2010年4月　287千字　366页

蒙古西征曾掀起人类历史上草原游牧民族与农耕民族大迁徙和大融合的浪潮。这一历史事件历来受到国际学界,特别是史学界持久、广泛的关注。然而"西征"蒙古人的最后归属及其所建帝国对伊斯兰历史产生的影响,虽然也有中外史家进行研究,但未形成专著。本书从传统史学的角度,审视了由一代天骄成吉思汗及其后裔创建的蒙古帝国以及其继承者们对伊斯兰文明先排拒后接受的历史进程;重点阐述了蒙古人征服伊斯兰世界后所建立的四大汗国中,除短命的窝阔台汗国外,金帐汗国、察合台汗国和伊利汗国都以对伊斯兰文明由排拒到逐渐接纳,到最后被同化的历史过程;分析了汗王和蒙古臣民皈依了伊斯兰教,并成为伊斯兰事业的坚定信仰者和捍卫者,伊斯兰文化板块因为蒙古政权的强大而扩展到亚洲大部分地区和东南欧的历史性转折;进而通过对三大汗国兴亡历史的总结,说明了政治与宗教互相影响的辩证关系,并指出在宗教文化比较发达的国家,统治阶级只有正确引导和处理好宗教问题,才能确保社会的和谐稳定和国家的长治久安。全书共9章。作者以史实为依据,对蒙古人西征的具体问题展开分析探讨,是近年来专门探研蒙古帝国与伊斯兰教关系的一部开拓性著作,具有较高的学术价值。

西北穆斯林社会问题研究
高占福著
甘肃民族出版社　1991年5月　320千字　391页

本书选编了作者自80年代初期至90年代初近十年间所发表的学术文章33篇,是作者系统研究西北穆斯林社会问题的阶段性成果。书中编选的文章虽各自成章,但反映出作者全方位、多侧面研究西北穆斯林社会问题的基本思路。注重材料的搜集与合理安排、认真客观和准确地判断分析,是该论文集的主要特点。全书大体上包括以下内容:社会主义时期的教派团结问题;中国伊斯兰教派门宦的论述;回民起义;回族婚姻制度的研究;抗日战争时期中国共产党在甘肃的回族工作以及民国时期的甘肃回族教育;我国及西北地区对伊斯兰教的研究述评及其特点;甘肃、青海等省的回族商业经济;回族近代人物等。

伊斯兰教与西北穆斯林社会生活
南文渊著
青海人民出版社　1994年12月　204千字　282页

我国西北有回、撒拉、维吾尔、哈萨克等10个少数民族信仰伊斯兰教,形成了一个相对于世界伊斯兰文化圈的亚伊斯兰文化圈,即中国伊斯兰文化圈,亦可称之为独具中国特色的伊斯兰文化圈。它们在中华大地上形成发展,从而构成了一个以伊斯兰教为核心的独特的民族文化体系。本书是作者所承担的国家教委青年教师科研项目"伊斯兰教与西北穆斯林社会生活"的最终成果。书中从伊斯兰文化与穆斯林社会互为一体这个特点出发,具体研究了宗教文化和社会各个部分的相互关系,分析了伊斯兰文化存在的社会条件和它对社会的作用,正确认识伊斯兰文化和社会发展的关联,探讨了我国西北地区穆斯林社会、经济、文化与环境全面协调发展的途径。全书共分8章。内容包括:伊斯兰教与阿拉伯社会的发展,回族伊斯兰文化的价值观念,西北穆斯林民族与社区的形成,伊斯兰教与政治、经济、教育和生活习俗,伊斯兰教与人的社会化等。作者指出,伊斯兰社会包容了不同民族、不同地区的穆斯林,故各地穆斯林社区有本民族、本地区的色彩。但由于受到共同的伊斯兰教支配,伊斯兰社会又有其共同的特点。

伊斯兰文化与西北商业经济
刘成有著
兰州大学出版社　1997年5月　213千字　257页

伊斯兰教具有"两世并重"的显著特征,《古兰经》享有"商业手册"的美誉。在伊斯兰教进入中国的漫长岁月里,曾经对中国整个社会的进步和发展,尤其是对信仰伊斯兰教的10个民族的经济、政治、文化、思想观念和群众生活都有着巨大的作用和影响。因此,分析中国的伊斯兰文化和中国西北地区商业经济中间的相互关系,分析伊斯兰文化中的重商传统与中国10大伊斯兰信仰民族的商业态度和商业特点中间的相互关系，在我国确立社会主义经济体制的今天尤显迫切。本书从伊斯兰文化的角度切入，系统分析了伊斯兰文化与西北商业经济之间存在的内在联系，并在明确肯定伊斯兰教重商的传统和优势的前提下，指出这种过于注重在流通领域中经营小商品而缺乏大商业观念的局限性，最后又通过类型研究的方法对"中国西北伊斯兰文化社区的三大类型"进行了归纳总结，提出了自己的战略思考。全书共5章。书中所述内容有着很强的现实性、针对性和科学性，对西北各个伊斯兰教信仰民族聚居地区的经济发展和社会进步具有非常实际的指导意义。

中国西北伊斯兰教基本特征（修订本）
马通著
宁夏人民出版社　2000年5月　130千字　157页

伊斯兰教传入中国西北后，经过长期与当地汉文化的接触、吸收与融合，形成了中国伊斯兰文化，它是中华民族文化的一个组成部分。西北穆斯林是中华民族大家庭中的一员。本书是马通教授近年来从事伊斯兰教及回族史研究的成果汇编。作者以当前少数民族宗教工作为着眼点，以马克思主义的宗教理论为指导，细致分析了中国西北伊斯兰教的基本特征，全面介绍了伊斯兰教派门宦与研究方法，中国西北伊斯兰教什叶派，中国西北哲赫忍耶"束赫达伊"思想的起因，中国西北伊斯兰教著名经师、学者和社会活动家等，并对中国伊斯兰教研究所走过的历程、历史上宗教制度改革以及宗教研究与宗教工作的关系作了回顾、展望和总结。全书共10章。书末附有西北穆斯林学用阿拉伯语、波斯语和汉语专用语表，使读者对中国西北伊斯兰教有一个总体上的认识和了解。

西北伊斯兰教社会组织形态研究
丁明俊等著
中国社会科学出版社　2013年7月　371千字　372页

宗教组织是独立于政府之外的一种社会组织，往往与政府组织互动，演变为具有一定社会控制功能的社会群体组织。本书为作者主持的国家社会科学基金西部项目"中国伊斯兰教的社会构成及组织形态研究"最终成果。书中采用宗教人类学、社会学、民族学田野调查方法，通过实际考察、查阅资料，拜访门宦负责人，清真寺阿訇，道堂管理者，参与门宦宗教活动等形式，对我国甘、宁、青等伊斯兰教嘎德忍耶、哲赫忍耶、西道堂等门宦的组织形态与教权体制的形成与演变、拱北经济运行、清真寺组织管理制度的历史演变、宗教职业人员在宗教组织活动中的作用等内容进行了深入调查和研究。全书共分20章。作者发现，近年来西北伊斯兰教发生了一些变化，诸如各门宦修建拱北的积极性较高，门宦受到国外伊斯兰教思潮的冲击和影响较大，教派与门宦之间的认识不统一，新的教派门宦在不断衍生，旧的教派门宦也在发生分化，指出宗教组织作为一种社会组织，在国家与社会关系变迁中，逐步形成一套自我管理、自我服务以及能够与其他社会组织彼此协调的机制。在处理有关宗教的问题上，应当尊重规律，体现科学的精神与务实的态度，积极挖掘宗教的正能量，积极引导信教群众走与中国社会发展相适应的道路。

捌、伊斯兰教

回坊内外：城市现代化进程中的西安伊斯兰教研究（西北民族研究丛书）
马强著

中国社会科学出版社　2011年10月　355千字　246页

本书为"西北民族研究丛书"之一，作者从城市化和城市现代化的视角切入，选择历史悠久、伊斯兰文化传统深厚的西安回坊和回坊之外的穆斯林社区作为研究对象，重点探讨了城市化运动对宗教文化环境的影响、伊斯兰教育及其实践、清真女寺和女学、穆斯林迁移人口、经堂教育、宗教管理、清真饮食、教派观念、信仰认同等问题。全书共分5章。作者指出，城市改造和房屋拆迁已经影响到穆斯林传统的地理生活空间，大量流动穆斯林人口的出现，经堂教育的衰落，各种带有护教和救教性质的文化教育活动和民间组织的出现，寺坊结构和寺坊管理体系发生了较大变化。如何在城市现代化过程中传承信仰，恪守传统，保持寺坊结构的稳定，应对世俗化，成为民间各种变革赖以出现和存在的根本。政府的城市改造及民族宗教政策、民间文化复兴运动、传统观念、国际宗教思潮等对西安伊斯兰教的发展形成合力。宗教教育、寺院管理、清真饮食、教派问题、穆斯林公有财产的保护等问题在城市现代化进程中成为迫切和棘手的问题，从政府和民间的双向角度而言都应该予以重视。

甘肃临夏门宦调查
李维建　马景著

中国社会科学出版社　2011年8月　460千字　437页

临夏是中国伊斯兰教门宦的发源地，当前仍为中国门宦分布最为集中的地区。本书为中国社会科学院世界宗教研究所科研人员主持的"国情调研"项目成果，旨在对临夏州伊斯兰教各门宦进行田野调查，收集门宦的相关资料，掌握门宦的发展现状，并以此为基础对门宦的历史及未来发展进行思考。内容涉及门宦的信众、宗教思想、仪式、制度、建筑、门宦与门宦的关系、门宦与教派之间的关系、门宦的宗教与社会活动等多方面。全书共分3章。第1章是临夏伊斯兰教门宦调查报告，主要探讨了临夏门宦的历史、现状、存在问题和对策建议。第2章是临夏部分拱北现状情况的调查记录，主要以嘎德忍耶、虎夫耶、哲赫忍耶、格迪目、西道堂等教派门宦相关人士为主，兼顾政府干部、学者、大学生、社会人士等。第3章是对临夏主要门宦的历史、制度、书籍、照片、研究论著所作的提要。作者认为，中国伊斯兰教门宦是中国文化与伊斯兰文化兼备的宗教文化形式，是伊斯兰教中国化的重要表现形式，门宦的发展取决于它是否能继续汲取伊斯兰文化与中国传统文化的丰富营养。故此，本书提出传统门宦制度和现代门宦制度的概念，建议重新认识门宦及其制度，深入理解门宦发展的规律，跳出"扶老抑新"的思维，保护健康的新拱北群众的信教自由，依法切实监管门宦、拱北的财务制度，根除争夺财权的诱因。

伊斯兰教与平凉社会
张军利著

甘肃人民美术出版社　2012年8月　250千字　260页

在当今世界，宗教不仅具有存在和发展的广泛性，而且对世界思潮、政治、军事、文化以及人们生活的方方面面产生着深刻而又深远的影响。因此，研究宗教问题尤其是伊斯兰教问题，把握其规律和特点，是做好民族工作和社会管理工作不可或缺的一个方面，对于党的宗教民族政策制订以及如何正确应对和处理宗教领域出现的突发事件具有重要意义。本书是一部研究平凉伊斯兰教的专著。作者针对平凉地区民族宗教的特点，就伊斯兰教与平凉社会的关系问题做了专门的论述和探讨。全书共8章。书中从平凉社会及伊斯兰教传播与发展的历史背景、平凉伊斯兰教传入的源流概况及特点、伊斯兰教的基本社会主张、伊斯兰教的教派学派及门宦、平凉伊斯兰教的教派学派门宦特点及活动场所分布情况、平凉伊斯兰教人物及事件、宗教政策和法规等方面，分别进行了叙述和概括，尤其对平凉伊斯兰教工作所面临的现实问题进行了细致讲解，极具参考价值。

回族伊斯兰教与西部社会的协调发展：以宁夏吴忠市为研究个案（民族宗教学研究成果丛书）

杨桂萍主编

宗教文化出版社　2010年6月　400千字　402页

　　本书为"民族宗教学研究成果丛书"之一，是中央民族大学"中国当代民族问题战略研究哲学社会科学创新基地"的集体调研项目。作者以对宁夏吴忠市回族聚居区展开实地调查所获取的第一手资料为例，分析了回族群众与当地社会经济、文化、教育之互动关系，探讨了当代中国回族伊斯兰教的社会文化功能，展示了伊斯兰教与当代西部社会协调发展的现状与前景。全书共分5章。第1-3章分别对宁夏吴忠市同心县韦州镇、豫海镇、吴忠利通区进行调查，内容包括当地自然环境、伊斯兰教历史与现状、教育、经济、习俗等。第4章是调查基础上的研究，重点探讨了城市化进程对伊斯兰教派、文化、组织、穆斯林经济的影响和挑战，提出调适与发展是中国伊斯兰文化现代化的必由之路。第5章主要就伊斯兰教与西部社会的协调发展做了深入的研究，强调在现代化进程中，应当积极发挥阿訇在和谐社会建设中的积极作用。作者指出，对宁夏吴忠市"一市两镇"回族伊斯兰教与社会互动关系的调查研究表明，回族伊斯兰教在西部社会的城市化、城镇化进程中与当地经济、文化、教育形成了良性互动关系，对社会的和谐稳定具有积极作用。穆斯林是西部地区现代化发展的积极参与者，伊斯兰教的终极关怀、情感慰藉、道德教化、行为自律、文化交流等社会功能，是西部地区维护社会稳定、促进经济发展的重要文化资源。

青海伊斯兰教

喇秉德　马文慧著

宗教文化出版社　2009年6月　300千字　423页

　　由于伊斯兰教的作用与影响，青海回族、撒拉族以及分布在省内的信仰伊斯兰教的其他民族，在历史发展的过程中，形成了独具特色的信仰与生活习俗，构成了青海多民族地区多元文化的重要组成部分。本书以伊斯兰教在青海的传播与发展为基本线索，通过对青海伊斯兰教教派与门宦，经堂教育，清真寺和拱北，著名阿訇、经师和教主等方面情况的介绍，全面论述了伊斯兰教对于青海多民族地区社会生活的深刻影响，着力展示了该地区绚美多姿的多元文化景观。全书共分7章。作者强调，时至今日，伊斯兰教仍然是回族以及在河湟流域因其他种种社会历史条件形成的东乡、撒拉和保安族精神信仰的支柱。这些民族在长期生活中所形成的风俗习惯，构成了如今青海多元文化样貌中的重要一环。

捌、伊斯兰教

维吾尔族麻扎文化研究（新疆少数民族语言文学民俗研究丛书）
热依拉·达吾提著
新疆大学出版社　2001年5月　170千字　179页

麻扎即指圣人陵墓，是新疆信仰伊斯兰教人们普遍朝圣的去处。麻扎文化是广泛流行于维吾尔族中的宗教文化现象，具有深刻的历史意义和文化内涵。本书为"新疆少数民族语言文学民俗研究丛书"之一，作者根据田野调查资料与文献记载，详细介绍了新疆各个地方麻扎的具体地点和有关麻扎的民间传说，并对维吾尔族麻扎朝拜活动的产生、发展、演变及特质进行了专门研究，全方位展现了麻扎朝拜活动的风貌。全书共5章。第1章为绪论，简述本书的研究目的、资料和方法，以及维吾尔族麻扎研究概况。第2章考察维吾尔族麻扎朝拜产生的宗教和社会背景。第3章对维吾尔族麻扎朝拜活动诸事项进行文化学的分析。第4章从社会文化功能角度探讨麻扎与农业生活、麻扎与生育制度等的关系。第5章介绍麻扎附属物，包括麻扎与树、麻扎竿悬物习俗、麻扎与油灯、麻扎的瓦合甫制度。

西域古代伊斯兰教综论
高永久著
民族出版社　2001年7月　170千字　203页

伊斯兰教传入西域，既是古代西域地区及西域各民族社会历史及文化生活中的重大事件，也是对现代新疆及中亚地区各民族有重大影响的事件，它改变了古代西域民族和社会发展的进程，更新了古代西域民族社会、文化的结构，重铸了古代西域各民族、各地区之间的政治、社会和文化关系，使古代西域地区和各民族的历史掀开了新的一页。本书是作者此前所著《西域古代民族宗教综论》一书的姊妹篇，专门就清代以前伊斯兰教在西域的传播和发展，进行了系统研究。书中所综合论述的西域古代伊斯兰教包括三个层面：一是伊斯兰教在西域地理范围内的传播；二是伊斯兰教在西域历史上的横向、纵向的延续发展；三是西域古代伊斯兰教在西域历史上的地位。全书共5章，述及阿拔斯王朝时期的中亚伊斯兰教、喀喇汗王朝时期的伊斯兰教、花剌子模王朝时期的伊斯兰教、蒙古军队征服西域与蒙古统治者对伊斯兰教的政策、帖木儿帝国时期的西域伊斯兰教等方面内容。

长三角都市流动穆斯林与伊斯兰教研究
葛壮主编
上海社会科学院出版社　2015年8月　406千字　383页

目前上海及长三角地区是全国经济最为发达地区，除原有的穆斯林居民之外，外来穆斯林流动人口（以西北地区为主）大量涌入东部发达城市，成为都市穆斯林群体的一个非常重要的组成部分。对外来流动穆斯林群体融入长三角都市社会后的生存状况展开目标明确的社会田野调查和细化分析，将有助于我们对相关政策的制订和实施，提出前瞻性的建议，也有益于剖析相关社会问题的实质和设计解决问题的办法。本书以长三角区域的"应用导向性研究"为着眼点，对伊斯兰教及外来穆斯林流动人口在上海及长三角主要城市的发展状况进行了纵向与横向相结合的全方位探讨，着重关注城市中穆斯林群体的饮食、婚姻、文化适应以及生存等问题的探究，在详尽的第一手资料的基础上，对相关政策的制定和实施，提出了切实可行的建议。全书共7章。作者认为，

"中国梦"可以通过社会流动性,来很好地得到呈现。从这个意义上讲,外来流动穆斯林在长三角地区的发展,不啻为展现和诠释这种社会流动性的绝佳实例,从这个与地区社会经济发展紧密关联的社会群体的变动上,我们不难看到"中国梦"不断实现的侧影和历程。

近代上海伊斯兰文化存照:美国哈佛大学所藏相关资料及研究
王建平编著

上海古籍出版社　2008年12月　154千字　185页

　　美国传教士克劳德·毕敬士先生(Claude Pickens)于20世纪30—40年代在中国各地拍摄或收集了近千张照片。这些照片的大部分内容是有关中国伊斯兰教的,涉及的地域包括中国西北、华北、华中和华东等地区的穆斯林聚居点,反映了中国穆斯林的生活、清真寺情况和教职人员、苏非派拱北,伊斯兰教经济和政治、教育、文化、宗教礼仪,以及宗教出版刊物、宗教招贴画、风土人情和民俗等方面。本书的研究重点是如何理解克劳德·毕敬士先生的照片集所反映的上海伊斯兰文化和穆斯林社团的历史图像和真实记录,辨别社会背景和历史事件,分析照片反映的以清真寺为中心的上海伊斯兰教社会、教育文化、组织、活动和人物以及中国社会中的伊斯兰教与基督教的关系等专题。全书包括:哈佛大学图书馆中有关中国伊斯兰教历史资料的收藏情况、福佑路清真寺和寺门石匾、小桃园清真寺、浙江路清真寺等十四部分。作者通过对比和参照,形象地展现了上海伊斯兰教的多元特征,比如汉文化和其他宗教的影响、宗教建筑形式的风格糅合、异质文化和伊斯兰教文化的交融和互动,以及"伊斯兰内里,汉文化外表"的历史发展结果等。书中还联系到上海历史上伊斯兰教与基督教之间的宗教对话和文明冲撞这样的重大问题,指出它们对当代世界政治和经济发展的借鉴意义。

城市化进程中的中原回族伊斯兰教研究
马晓军著

甘肃人民出版社　2016年1月　295千字　250页

　　回族是中国少数民族中城市化率比较高的民族之一,中原地区回族城市化率比西北地区回族聚居区域城市化率也高。所以,中原地区城市回族人口数量相对比较多,中原地区城市伊斯兰教也因之更具典型性和代表性。本书将中原地区城市伊斯兰教作为研究对象,以当代城市化进程为背景,以具有中原地区城市典型特点的郑州、开封、洛阳为例,从中原地区伊斯兰教的历史、清真寺的功能及其演变、中原地区城市清真寺的经济活动、经堂教育的时代性变化、伊斯兰教职业群体及其文化传承的"卧尔兹"研究、伊斯兰教的发展与和谐社会的创建等方面,通过对历史文献的考证、实地调查研究以及综合分析和归纳推理等方法对中原地区伊斯兰教进行了初步的全面研究,指出目前面临的困难和问题,提出了解决这些困难和问题的路径,从而为中原地区伊斯兰教的和谐发展献言献策。全书共7章。作者强调,中原地区伊斯兰教的源头,实际上并不比中国其他地区伊斯兰教起源晚。但是,由于信仰伊斯兰教的回族在中原地区呈分散状态,回族和伊斯兰教与汉族和中国传统文化相较于其他地区的交往、交流更加频繁、密切。而中原地区又是中国传统文化积淀深厚的地区,因此,中原地区伊斯兰教表现出更多的中国化特点。

广州伊斯兰古迹研究
中元秀　马建钊　马逢达编
宁夏人民出版社　1989年10月　320千字　413页

　　广州是我国历史最悠久的对外贸易大港，唐代即被喻为"海上丝绸之路"。纷至沓来的外商有犹太教徒、景教徒、祆教徒、印度教徒、佛教徒和伊斯兰教徒。位于广州光塔路的怀圣光塔寺和位于桂花岗的先贤古墓，就是当年侨居广州的阿拉伯人留下的宗教遗迹，它们属于伊斯兰世界最古老的圣迹之一。本书详载了广州伊斯兰古迹的实况，共分"碑文"、"资料摘编"及"论文选"三个部分，并附图片20余幅。古寺的碑文记录着世界各地穆斯林前来瞻仰的历史（怀圣光塔寺、先贤古墓和东营寺现存的142方碑匾），其中包括阿拉伯文碑刻16方，中文、阿文碑刻17方，中文碑刻109方。所收碑文，均依原碑、匾或拓片移录（个别录自文献的资料均予标注）。

流动的精神社区：人类学视野下的广州穆斯林哲玛提研究（伊斯兰文化丛书／马明良主编）
马强著
中国社会科学出版社　2006年9月　500千字　577页

　　穆斯林建立的哲玛提，是一种以伊斯兰信仰为认同核心的社区意识。正是这种特殊社区的存在，才使穆斯林这一信仰群体能够长期浸染到知识补充和道德劝化，接受多种形式的伊斯兰文化教育，延续传统，传承信仰。本书为"伊斯兰文化丛书"之一，作者从人类学的视域出发，选取哲玛提这个关键性概念，对广州哲玛提的各方面情况作了详细介绍，认为哲玛提和社区的区别并不在于构成要素，而是社区内的行为规范和意识；进而重点探讨了广东穆斯林社区的历史变迁，包括社区边界、宗教崇拜仪式、宗教民俗、社区权力的运作方式、族群及族群认同等，在此基础上提出了"流动的精神社区"的观点，并对其管理提出建设性策略，同时以个案方式回应了中西方学者有关社区、族群、城市穆斯林社会与现代化、城市化的关系、文化变迁等学术问题。全书共分8章。作者指出，广州哲玛提的兴衰与国家的经济政策、商业活动、权力渗入、移民人口、族群构成、城市化、族际通婚、文化革新、时局动荡等息息相关。文化的变迁是不同文化接触的必然结果，伊斯兰教作为一种信仰体系和生活方式，群体构建的哲玛提在保存和维护信仰的过程中起到了社区教化、凝聚和服务功能，代表着群体的形象和利益与大传统展开互动。哲玛提监控力和凝聚力的强弱，直接关系到个体在大传统社会中的身份认同，从而决定着人们面对主流社会时何去何从，采取何种涵化态度和应对措施。

新月之光：贵州伊斯兰文化（贵州民族宗教文化研究丛书／何光渝主编）
优素福·纳光舜著
贵州人民出版社　2006年12月　143千字　158页

　　贵州伊斯兰文化是伊斯兰文化与中国传统文化及贵州地方文化交融的结晶，它既是世界伊斯兰文化的支脉，又是中国传统文化的一部分。本书为"贵州民族宗教文化研究丛书"之一，作者立足于贵州的地域与人文特色，从多个角度具体地发掘和展示了贵州伊斯兰文化生成与发展的脉络及其独特的表现形式和丰富内涵。全书共5章。第1章"贵州伊斯兰文化的思想渊源"，简要介绍《古兰经》、圣训的主要内容及其与贵州穆斯林"六大信仰"、"五项功课"的关系。第2章"贵州伊斯兰文化的形成和发展"，概述元、明、清、民国直至当代贵州伊斯兰文化的发展轨迹。第

3章"贵州伊斯兰文化的表现形式",分别介绍贵州伊斯兰文学、艺术、礼仪、习俗和饮食禁忌的主要特点。第4章"贵州伊斯兰文化的传播",从家庭教育、经堂教育、学校教育、伊斯兰社团活动等七个方面论述贵州伊斯兰文化的传播问题。第5章"贵州地方文化对伊斯兰文化的影响",主要从礼仪制度和生活习俗两个方面讲述贵州地方文化对伊斯兰文化的影响。

3. 亚洲
(1) 东南亚

当代东南亚伊斯兰发展与挑战
许利平等著
时事出版社 2008年8月 280千字 311页

南亚伊斯兰问题是当今学术界的一个难点,同时也是国际社会所关注的一个热点。处于世界伊斯兰边缘地区的东南亚,是我国的近邻,其伊斯兰的发展不仅影响当地,而且影响包括我国在内的国际社会。本书是国内第一部全面介绍和深入分析当代东南亚伊斯兰发展的学术著作,富有时代性和前瞻性。书中沿循东南亚伊斯兰教本土化和现代化这一主线,从历史学、宗教学、政治学等学科的视角,展开综合性研究,多层次、多视角地剖析了东南亚伊斯兰教发展历程、困境和现代化的挑战。全书共分7章。第1章主要探讨了东南亚伊斯兰教的历史与传统。第2章主要论述了东南亚各国政府的伊斯兰教政策。第3章分析了东南亚伊斯兰非政府组织与市民社会。第4章重点梳理东南亚伊斯兰教与政党、政治的关系。第5章主要论述了东南亚伊斯兰教面临的极端主义、穆斯林边缘化和难民问题。第6章是东南亚伊斯兰与现代化。第7章探讨国际热点问题对东南亚伊斯兰世界的影响。作者认为,作为一种外来文化,当代东南亚伊斯兰经历了一个本土化和现代化的过程,虽然面临一些极端主义的威胁,但是当代东南亚伊斯兰还是走向一条自我调节、自我发展的道路。

伊斯兰教与东南亚现代化进程
范若兰 孟庆顺 黄云静著
中国社会科学出版社 2009年4月 531千字 458页

东南亚是世界穆斯林人口最多的地区之一,其中印度尼西亚是世界上穆斯林人口最多的国家,占全国人口的比例高达88%,马来西亚穆斯林占全国人口的60%;文莱虽是个人口很少的小国,但穆斯林人口占67%。伊斯兰教在上述三国的政治、经济、社会发展和民族关系中占有重要地位。此外,泰国的马来人、菲律宾的摩洛人和新加坡的马来人作为穆斯林少数民族在各国现代化进程中也扮演了重要角色。然而目前国内学术界对中东地区伊斯兰教研究较多,对东南亚伊斯兰教较少关注。鉴此,本书重点研究了印度尼西亚、马来西亚和文莱这三个穆斯林占人口多数的国家,非重点研究了新加坡、泰国和菲律宾这三个穆斯林占人口少数的国家,在现代化进程中伊斯兰教与政治现代化、经济现代化和法律现代化的关系以及在民族关系中的作用,并对东南亚伊斯兰教与现代化关系的多样性与复杂性作出全面的分析和总结。全书共6章。作者认为,现代化进程对伊斯兰教从内容到形式都产生了深刻影响,面对现代化的冲击,伊斯兰教要调适和改革,使自己的教义、制度、法律适应现代化。但伊斯兰教并没有在现代化的冲击和挑战面前衰落,相反,它日益壮大,伊斯兰复兴运动就是伊斯兰教对现代化的积极回应。

捌、伊斯兰教

东南亚伊斯兰教与当代政治（云南省社会科学院研究文库）
贺圣达主编
中国书籍出版社　2010年1月　406千字　482页

　　东南亚伊斯兰教是伊斯兰教与东南亚海岛地区的民族文化传统相融合的产物，它兼具伊斯兰教与东南亚双重品格。本书为"云南省社会科学院研究文库"丛书之一，作者运用宗教学、文化学、历史学、政治学、经济学、民族学等相关学科的理论，采用整体研究与专题研究、基础研究与应用研究、文献研究与实地调查相结合的方法和途径，对东南亚伊斯兰教与当代政治的关系进行了全面系统地分析研究。全书分三编，共19章。第一编"历史上伊斯兰教在东南亚的传播和发展"（第1-6章），分别介绍了伊斯兰教传入前东南亚地区流行的宗教：婆罗门教、佛教和原始宗教，以及伊斯兰教在东南亚的早期传播、东南亚海岛地区的伊斯兰化和伊斯兰教的本地化、东南亚伊斯兰国家反抗西方殖民侵略的斗争、近代东南亚伊斯兰教的改革与发展变化、20世纪前期和中期的东南亚伊斯兰教。第二编"多维视野中的当代东南亚伊斯兰教"（第7-10章），分别介绍了东南亚各国的穆斯林、作为思想信仰和文化的东南亚伊斯兰教、作为社会力量的伊斯兰教、中东与东南亚的伊斯兰教之间的联系和影响。第三编"伊斯兰教与当代东南亚各国政治"（第11-19章），分别介绍了当代马来西亚、新加坡、印尼、菲律宾、文莱、泰国、缅甸、越南、柬埔寨的伊斯兰教与政治，东南亚伊斯兰势力的新发展，伊斯兰教对当地政治社会的影响等。

菲律宾穆斯林的"摩洛形象"研究（华中师范大学历史文化学院青年文库）
彭慧著
华中师范大学出版社　2015年1月　195千字　192页

　　摩洛人是西班牙殖民者对菲律宾穆斯林的蔑称，现已为当地穆斯林居民所接受，成为其代称。"摩洛问题"（MoroProblem），又称"穆斯林问题"，特指南部棉兰老岛、苏禄群岛等地的穆斯林分离倾向及由此引发的暴力冲突。本书为"华中师范大学历史文化学院青年文库"丛书之一，书中以东西方文化冲突为背景，以后殖民理论为依据，论述了菲律宾南部穆斯林"东方主义"式"摩洛形象"的形成过程，以及穆斯林群体自身对这一殖民话语消解的尝试，即"摩洛认同"的建构过程。全书共4章。第1章为绪论，主要介绍与本项研究相关的历史背景、理论基础、选题意义，以及近年来的国外研究概况、研究方法等。第2章主要以时间为线索来探讨"摩洛形象"的形成及变迁，即从殖民到后殖民东方主义式穆斯林形象的"施魅"过程。第3章则反转角度，以菲律宾南部穆斯林对"摩洛形象"的反动与消解，即"祛魅"过程为主要研究对象。第4章为结语，从哲学与心理学两个角度分析"摩洛形象"与"摩洛认同"的本质与关系。附录部分收入作者撰写的菲律宾南部考察报告及有关菲律宾国内政治环境下和伊斯兰世界中的菲律宾南部穆斯林状况的介绍。

（2）南亚

南亚伊斯兰现代进程
刘曙雄　晏琼英　雷武铃等著
北京大学出版社　2013年12月　290千字　292页

　　"南亚伊斯兰现代进程"是一项区域性宗教文化和社会历史进程相结合的研究。其所涉及的地区"南亚"，主要是印度和1947年"印巴分治"之后的巴基斯坦，也包括1972年从巴基斯坦分离的孟加拉国。在现代社会历史进程的驱动下,孕育于南亚伊斯兰文化之中的现代思想观念和社会变革理论显现了强劲的张力。本书旨在研究伊斯兰教和伊斯兰思想文化在南亚地区自身的演进、变化和发展,以及对当地社会发展尤其是政治发展的影响和关联。全书共6章。作者通过深入发掘赛义德·艾哈迈德·汗、穆罕默德·伊克巴尔、艾布·艾阿拉·毛杜迪等南亚著名的伊斯兰社会改革家、哲学家、宗教学者和政治家各自思想的个性化内涵,透视他们思想形成的时代因素、文化因素以及个人因素,并把他们的思想理论与社会矛盾结合起来分析,力图勾画出南亚伊斯兰现代进程的脉络。

(3) 中亚

中亚民族与宗教问题
陈联壁 刘庚岑 吴宏伟著
中央民族大学出版社 2002年12月 250千字 347页

中亚五国与中国为近邻,其中哈萨克人、乌兹别克人、吉尔吉斯人、塔吉克人以及当地主要少数民族维吾尔人、东干人、鞑靼人在中国新疆等地区均有跨境民族,而且他们又同为穆斯林,信仰伊斯兰教,从古到今与中国有着密切的经济和文化联系。源起苏联东欧国家剧变的民族主义运动,波及中东、北非、西亚和南亚等地区伊斯兰复兴运动,对中亚五国冲击很大。因此,系统研究中亚民族和宗教问题,对中国妥善处理民族和宗教问题、西北地区改革开放以及国家安全建设具有重要的现实意义。本书全面论述了中亚地区从历史到当前的民族宗教问题,特别是对苏联解体后新出现的哈萨克斯坦、乌兹别克斯坦、吉尔吉斯斯坦、塔吉克斯坦、土库曼斯坦五个独立国家所面临的民族复兴和伊斯兰教复兴、民族矛盾、民族关系理论和政策、宗教政策的调整和变化,以及极端民族主义、伊斯兰极端主义和恐怖主义对中亚地区安全的影响等方面问题进行了深入探讨。全书共8章。内容涉及苏联宗教政策对中亚的影响、民族自决权和单一民族国家理论、以民族区域自治为基础的联邦国家体制、公民权与民族权的关系、宗教是否为麻醉人们精神生活的鸦片或者是对净化人们精神文化生活起积极作用等重要理论和现实问题。

中亚费尔干纳:伊斯兰与现代民族国家(当代中国民族宗教热点问题研究丛书/禹宾熙主编)
石岚著
民族出版社 2008年3月 170千字 201页

费尔干纳是中亚南部一个不大的山间盆地,隔帕米尔与我国的新疆南部为邻。盆地为乌兹别克斯坦、吉尔吉斯斯坦和塔吉克斯坦三国分割。近十几年来,中亚的几次重大事件几乎都与狭小、封闭的费尔干纳盆地有着密不可分的关系。民族宗教问题成为这些事件爆发的主要诱因。本书作为"当代中国民族宗教热点问题研究丛书"之一,集中讨论了中亚费尔干纳的民族宗教问题,尤其是对近年来伊斯兰教在费尔干纳的政治局势和民族宗教情势中所发挥的巨大影响和作用进行了深入思考。全书共9章。书中所指称的"中亚",按照当代国际政治学者的一般说法,将之定义为从苏联独立出来的五个"斯坦",即哈萨克斯坦、乌兹别克斯坦、吉尔吉斯斯坦、塔吉克斯坦和土库曼斯坦。

（4）西亚（西南亚）

伊斯兰教与中东现代化进程
彭树智主编
西北大学出版社　1997 年 4 月　300 千字　382 页

　　伊斯兰教与中东现代化问题，既是发展中国家在现代化进程中所面临的共同问题，即传统与现代化的问题，也是一个具有深远的理论意义和现实实践意义的前沿性大课题。这一问题的动态多变性和涉及面广的复杂性，更增加了对其研究的难度。本书从解读伊斯兰教的基本教义与传统价值观入手，对伊斯兰教与中东早期的现代化改革、伊斯兰教与中东民族民主运动的新高潮、伊斯兰教与 70—80 年代初中东经济发展、伊斯兰教与中东现代化发展的前景等方面具体问题展开了富有新意的探讨，阐明了中东现代化的多种途径。全书共 6 章，各章内容由数位作者分头执笔。本书指出，中东后发型现代化由于丧失了历史机遇而必须从外引进先进思想、文化、科学技术以及制度，所以中东伊斯兰教国家的这种"外引型"特点必然同"伊斯兰性"宗教、政策和文化传统发生冲突。同时，中东国家的现代化的后发型和外引型特点，还表现为在外力驱动下的被迫选择。它由早期的西方挑战和被动的回应这种不平等的双向历史交往，转向后期的主动选择与内部驱动，并同西方的平等与主动历史交往，必然要经过许多发展阶段。

当代中东政治伊斯兰：观察与思考
曲洪著
中国社会科学出版社　2001 年 1 月　269 千字　348 页

　　20 世纪 70 年代末以来，以伊朗革命为重要标志、席卷中东乃至整个伊斯兰世界的伊斯兰潮，我国学者中性地称之为"伊斯兰复兴运动"。运动中占主导地位的一种宗教思想，称之为"伊斯兰原教旨主义"或"伊斯兰主义"。伊斯兰复兴运动所欲"复兴"的，主要是一度消沉的宗教的思想活力、社会活力和政治活力。它代表了一种新的潮流，反映了一种新的趋势，具有极为丰富的政治蕴涵。本书是在作者的博士论文基础上修改、扩充而成，书中把宗教视为影响中东政治的要素之一，并以"政治伊斯兰"作为讨论问题的视角，在全面回顾历史上的伊斯兰教与穆斯林社团，传统的伊斯兰政治制度、政治学说及近现代伊斯兰教思潮的基础上，着重对当今中东地区的政治伊斯兰现象进行了现实的观察、理论的思考和综合性的分析研究。全书分为"历史上的宗教与政治"和"伊斯兰教与中东宗教政治反对派"两个部分，共 13 章。第一部分（第 1-4 章），就中东伊斯兰政治的历史沿革作了一次全景式的巡览；第二部分（第 5-13 章），则对中东主要国家的政治反对派及其对各国家和地区政治造成的冲突和影响作了论述。本书具有较高的科学性、系统性、理论性，为我国的中东研究提供了有益参考。

西方霸权语境中的阿拉伯—伊斯兰问题研究（上海外国语大学中东研究所基地丛书）
马丽蓉著
时事出版社　2007 年 7 月　338 千字　420 页

　　拥有强势传媒的西方国家尤其是美国，以引导全球议题、设置传播框架及营造有利的舆论环境等方式掌控了国际传媒的话语霸权，我们所了解和接受的国际事件，亦多掺杂了西方霸权政治及其学术的立场和观点，臆造、妄论甚至"制造同意"在所难免。西方霸权语境中所臆造的阿拉伯—伊斯兰形象已成为西方文化霸权主义的杰作。本书为"上海外国语大学中东研究所基地丛书"之一，作者在正视西方传媒搅动国际问题研究这一现实背景下，将阿拉伯—伊斯兰问题置于全新语境中进行再诠释，以期达到辨析真伪、还原本我的研究目的。全书分为"西方传媒与阿拉伯—伊斯兰问题研究"、"美国与阿拉伯—伊斯兰国家媒体对阵概述"、"最敏感的传播话题：伊斯兰妇女问题文化辨析"、"最漫长的传播焦点：耶路撒冷问题文化探源"等12章，其中内容几乎涵盖当今西方霸权语境中有关阿拉伯—伊斯兰问题研究的所有领域。本书指出，以美国为首的西方国家与阿拉伯—伊斯兰国家在传媒方面存在着极为悬殊的力量失衡、物质落差，而这种非对称的媒体比拼既是严酷的话语现实，也是认识阿拉伯—伊斯兰世界的物质基础，更是进行理性思考的逻辑起点。

伊斯兰文化与阿拉伯国家对外关系
李伟建著

时事出版社　2007年7月　185千字　276页

　　无论从历史还是从现实看，文化的作用在阿拉伯国家对外关系中表现得非常突出：对阿拉伯世界的国际关系产生过重要影响并且至今仍发挥着一定作用的阿拉伯民族主义有着鲜明的伊斯兰文化烙印；旷日持久的阿以冲突蕴含着深刻的宗教文化背景；伊斯兰文化同西方资本主义文化的冲突与碰撞至今仍对阿拉伯国家与西方的关系产生重大影响，近年来围绕西方与阿拉伯世界发生的历次重大国际事件背后都有文化博弈的因素存在。本书从文化视角考察和分析了贯穿当代阿拉伯社会发展进程的若干重要政治事件和社会思潮演变中的伊斯兰文化因素及其对阿拉伯国家对外关系以及重大国际问题立场的影响。全书共分8章。第1章为引论。第2章探讨阿拉伯民族主义和阿拉伯国际关系理论中的宗教文化特性。第3章探讨当代伊斯兰社会思潮和伊斯兰复兴运动及其对国际关系的影响。第4章探讨阿拉伯国家与以色列及西方关系中的文化因素。第5章探讨"9·11"事件与阿拉伯社会思潮。第6章探讨美国中东民主化战略与中东政治体制变革。第7章探讨伊拉克的教派冲突及地区宗教文化影响力之争。第8章探讨美国中东政策和调整及阿拉伯世界的转型。

阿拉伯—伊斯兰文化研究：文化语言学视角
国少华著

时事出版社　2009年9月　530千字　475页

　　文化语言学是研究语言与民族文化关系的学科，其任务是对凝结在语言中的文化因素进行描写、分析和阐释。本书借助作者的语言优势，从文化语言学的视角，将语言与文化结合起来，进行历史的、系统的考证和比较研究，通过语言这个文化的核心要素，全面深入地探讨了阿拉伯语所蕴含的阿拉伯—伊斯兰文化的内涵，以及阿拉伯—伊斯兰文化对阿拉伯语的统一、生存、发展，对阿拉伯语的形式和意义、演变和使用等如何产生影响。全书分为"阿拉伯—伊斯兰文化"、"阿拉伯—伊斯兰文化与阿拉伯语"上、下两篇，共8章。作者一方面是以文化作为语言的参照系，相互参照比较；另一方面适当地在阿拉伯语、汉语，有时还包括英语及其各自文化的影响之间进行比较，藉此说明不同语言的差异，突出展示阿拉伯语独特的人文属性、鲜明的阿拉伯—伊斯兰文化特质。本书使学习、使用和研究阿拉伯语的人们能够跳出传统观念中的语言界限,以更开阔的视野、更深入的理解重新认识阿拉伯语,更好地驾驭阿拉伯语,使其能够在跨文化交际中发挥更主动的作用。

伊朗与伊斯兰世界关系研究
冀开运著
时事出版社　2012年9月　470千字　542页

伊朗意为"雅利安人的土地",自古以来就是一个战略地位重要的国家,具有一种强烈的大国和帝国心理。公元16-17世纪,伊朗是伊斯兰世界三大帝国之一,伊朗萨法维帝国与西邻奥斯曼帝国和东邻莫卧儿帝国鼎足而立,特别是什叶派十二伊玛目派成为伊朗国教,确立了伊朗在伊斯兰世界的特殊地位。伊朗由此成为什叶派的精神祖国和盟主,捍卫全世界什叶派的宗教利益和尊严似乎成为伊朗的责任和使命。本书以时间为经度,以国家和地区为纬度,第一次从历史纵深、地缘政治和国际格局角度透视伊朗、以色列、美国在伊斯兰世界的互动关系以及伊朗在伊斯兰世界的政治、文化与宗教影响力;全面论述了在伊朗与伊斯兰世界关系中意识形态与国家利益之间错综复杂的关系;第一次归纳总结了伊朗与伊斯兰国家与组织关系的各种类型,剖析了制约伊朗发挥影响的各种因素。全书分为"伊朗伊斯兰共和国的内政与外交"、"伊朗与伊拉克关系"、"伊朗与海湾合作委员会成员国的关系"、"伊朗与阿富汗关系"、"伊朗与土耳其关系"等9章。作者在具体论述到伊朗与伊斯兰世界的国家关系时,尽可能回顾伊朗与各个国家的交往历史,做到历史与现实、历史学与国际关系学的紧密结合。其中重点突出伊朗与周边国家的关系,特别是1979—2009年伊朗与中东各大国的关系。

伊朗伊斯兰共和国政治制度研究(1979-2012)(当代中东研究系列丛书/朱威烈
孙德刚主编)
王振容著
世界知识出版社　2015年12月　201千字　184页

伊朗是一个有着多元文化的文明古国,不能简单地根据该国采用政教合一的制度就将其定义为"原教旨主义"或"落后的制度"。本书为"当代中东研究系列丛书"之一,作者以新制度主义理论为基本研究理论,坚持以历史为依据、以理论为指导、具体问题具体分析的原则,对伊朗伊斯兰革命以后建立的具有伊朗特色的伊斯兰共和制度展开了系统深入地考察研究,旨在为读者提供一个对伊朗现政权更客观和全面的理解。全书共6章。书中首先通过对伊朗政治制度历史根源的分析,探究这一政治制度形成的内在逻辑;然后从"政治制度理论"和"政治制度框架"两条主线出发,对伊朗政治制度的建立、巩固和变革进行了梳理和研究;最后采用新制度主义理论的评价体系,从"合法性"和"有效性"两个方面对伊朗政治制度进行了总结。本书认为,伊朗政治制度建立至今尚处在一个发展和不断完善的过程中,就制度的合法性和有效性而言,伊斯兰政权目前在国内仍能维持政局的稳定,治国机构尚可应付来自于体制内外的挑战和威胁,但是面对公民社会对民主和现代化的诉求,为了促进政治制度的长久活力,在体制内进行制度理论的创新和制度框架的改革将成为伊朗政治未来的发展主线。

传统与现实：土耳其的伊斯兰教与穆斯林
孙振玉著
民族出版社　2001年10月　220千字　272页

　　伊斯兰教在历史上曾经是奥斯曼土耳其帝国的主要支柱之一。在土耳其伊斯兰教的各教派中，逊尼派在奥斯曼帝国时期是正统派，共和国建立后，它仍是主流派。因此，它既是世俗化的首要对象，同时又是二战后土耳其伊斯兰教新发展的基本推动者。本书全面解析了土耳其国家与社会的世俗化发展史，以及这种世俗化倾向对土耳其伊斯兰宗教传统影响的性质与程度，并对土耳其世俗共和国中穆斯林的现实状况予以说明。全书分为"伊斯兰教"和"穆斯林"上、下两篇，共11章。上篇（第1-7章），着重论述了土耳其伊斯兰教的历史与教派，内容涉及奥斯曼帝国后期世俗化进程及其成就（1808-1922）、凯末尔主义共和国时期世俗国家的建立（1923-1950）、世俗共和国政教分离体制下的逊尼派伊斯兰教、苏非派伊斯兰教在土耳其的发展过程及社会地位与影响、土耳其伊斯兰教育传统与改革、伊斯兰政党的形成与发展过程及其社会背景与原因、土耳其伊斯兰原教旨主义的理论形态等。下篇（第8-11章），从整体上勾勒出土耳其世俗共和国中穆斯林的多元特征、人格理想与现实的冲突，内容涉及穆斯林妇女、穆斯林知识分子和土耳其最大的穆斯林少数民族：库尔德民族。

4．欧　洲

穆斯林发现欧洲：天下大国的视野转换
[英]伯纳德·刘易斯著　李中文译
生活·读书·新知三联书店　2013年9月　303千字　346页

　　在中世纪时，伊斯兰世界的文明在很多方面都超越了欧洲，在数学、医学乃至各门科学上，学会阿拉伯文就意味着可以接触到当时最先进的知识。然而在西方传统中，"发现"的主体通常是欧洲人，比如哥伦布"发现"美洲。本书却不同，这里的欧洲人并非陌生、遥远蛮族的发现者，而是受到伊斯兰国家发现与观察的化外之民。作者以翻转西方学术传统的气势，讲述了穆斯林在历史上是如何曾以其强势文化的观点来看待欧洲的，探讨了穆斯林对西方认知的来源与性质，重述了图尔战役、十字军东征、勒班陀战役，和维也纳之围等广为人知的历史事件，从而勾勒出数世纪以来欧洲与伊斯兰种种彼此影响的微妙方式。同时，作者引述伊斯兰学者的史料，描述了他们对西方事物，诸如庭园、绘画、议会、卫生、仪态乃至妇女服饰的印象。全书分为"接触与冲击"、"穆斯林的世界观"、"语言和翻译"、"媒介及中间人"、"穆斯林学者看西洋"等12章。书中参考了包括阿拉伯语、波斯语、土耳其语、英语、法语在内的大量文献，特别是来自伊斯兰世界的文献资料，其中包括一些珍贵的手稿。虽然有些观点可能不为现代人所认同，但是反映了人类历史中某个时期的互相认知。

移民与融入：伊斯兰移民的融入与欧洲的文化边界（欧盟与世界丛书／陈志敏　戴炳然主编）
伍慧萍著
上海人民出版社　2015年3月　174千字　192页

　　第二次世界大战结束之后，欧洲社会为应对人口老龄化和劳动力紧缺的局面，从伊斯兰世界大规模移民。最晚自20世纪末以来,移民成为欧洲各国共同的现象。然而,伊斯兰移民的教育、就业、政治参与等方面的生存现状尚存在种种不尽人意之处,尤其是与世俗化欧洲社会的观念落差导致两者之间文化冲突不断。最近几年,来自伊斯兰世界的移民数量迅猛增长,给欧洲社会带来了巨大冲击,这在一定程度上再度引发本土舆论对于欧洲伊斯兰化的担忧,强化了欧洲人的自身认同,导致欧洲文化特征与基督教属性的回归。本书为"欧盟与世界丛书"之一,作者从国际政治领域对于文明研究关切日渐加深的背景出发,以穆斯林移民的融入引发的认同危机和欧洲本土意识的加强为前提性判断,全面探讨了伊斯兰移民的融入问题,审视了伊斯兰文明与欧洲基督教文明各自的内在发展逻辑及相互之间的交锋与冲突,以期管窥文明冲突的根源所在和实现跨文明沟通的可能。全书共5章。内容包括:欧盟各国的融入政策、欧洲移民融入状况、现代性视域下的文明、欧洲的文化边界、文化冲突的根源与欧洲的文化身份建构等。

5. 美洲

宗教与美国社会:美国与伊斯兰世界(第9辑)
徐以骅主编
时事出版社　2014年11月　228千字　320页

美国与伊斯兰世界关系是当前国际关系学界的热点问题之一,也是"9·11"事件后宗教与国际关系研究迅速发展的主要驱动力之一。本书收录国内外学者探讨有关"美国与伊斯兰世界关系"的论文12篇。这些文章分别从伊斯兰世界和美国国内的宗教、政治以及对外关系等视角,来审视这一影响当今世界政治格局与走向的重要关系。具体内容包括:《伊斯兰教与当代沙特外交》(刘中民)、《中东国家政治合法性中的宗教因素》(李意)、《美国的中东民主化政策:宗教与历史的视角》(钮松)、《试析伊斯兰教世界政治观的演进逻辑:基于认知视角的理解》(刘骞)、《叙利亚的宗教地缘政治分析》(潜旭明)、《美国与伊斯兰交往的"灵性主义"维度:美国苏菲主义的发展及其政治效应》(何建宇)、《意义和现代性:美国与世界》([美]罗伯特·N.贝拉著)等。书中还收录了部分涉及美国与世界其他国家和地区关系、包括中美关系中宗教因素的研究论文和译著。

七、伊斯兰教史

(一)总论

伊斯兰哲学史
[荷兰]第·博尔著　马坚译
中华书局　1958年4月　163千字　205页

伊斯兰哲学就是阿拉伯哲学,它主要是古希腊亚里士多德哲学的继续和发展。这些哲学家是在伊斯兰教政权之下成长起来的,而且绝大多数是信仰伊斯兰教的,因此,有人把他们叫做伊斯兰哲学家,把他们的哲学叫做伊斯兰哲学。本书概要介绍了伊斯兰哲学的起源、发展、流派,有重要影响力的伊斯兰哲学家及其主要思想等,其德文原本出版于1901年(曾于抗日战争时期由商务印书馆出版)。此次译者是根据1903年出版的英文译本和1938年出版的阿拉伯文重译出来的,并在书中加了诸多注释。全书分为"小引"、"哲学和阿拉伯的学问"、"毕达哥拉斯派哲学"、"受新柏拉图派影响的亚里士多德派哲学家"、"哲学在东方的结局"等7章。著者所用的观点和立场方法虽然都是旧的,但本书论述伊斯兰哲学的形成、演变和在各个时代中所受的影响,以及各学派的主要理论及其发展情况,颇为显明扼要,仍可供伊斯兰哲学史研究者的参考之用。

伊斯兰哲学史
[美] 马吉德·法赫里著　陈中耀译
上海外语教育出版社　1992年2月　344千字　402页

伊斯兰哲学是一个复杂的智力过程的产物。在这个过程中,叙利亚人、阿拉伯人、波斯人、土耳其人、柏柏尔人等等,都曾起过积极的作用。然而,其中阿拉伯的成分占压倒的优势,因此尽可以简便地称之为阿拉伯哲学。本书系统阐释了伊斯兰哲学的思想基础、核心理念及其作为联系古代哲学和中世纪哲学、东方哲学和西方哲学之"桥梁"的独特价值与特殊地位。全书分为"希腊、亚历山大和东方的遗产"、"早期政治的和宗教的紧张关系"、"九世纪系统的哲学写作的开始"、"伊斯兰新柏拉图主义的进一步发展"、"新毕达哥拉斯哲学及哲学科学的普及"等12章。为完成著述,作者曾赴西欧和一些阿拉伯国家进行学术旅行,参考了大量的第一手资料,填补了不少空白,并对近代和现代的阿拉伯伊斯兰哲学进行了初步研探,从而使本书具有相当高的学术价值。

伊斯兰宗教哲学史(上、中、下册)
王家瑛著
民族出版社　2003年4月　901千字　1061页

伊斯兰教作为一种社会—思想意识现象,是阿拉伯半岛社会发展的历史结果,是西亚国家开始从古代向中世纪过渡进程中的产物之一。作为宗教,它的诞生受在它之前的宗教基督教、犹太教、琐罗亚斯德教的影响,与阿拉伯半岛居民的宗教意识的进化以及阿拉伯半岛的混合一神主义的特殊形式有关。本书是国内第一部比较详细地阐述伊斯兰宗教哲学史的学术专著,弥补了我国学术界在伊斯兰宗教哲学研究领域的空白,具有较高的学术水平和较重要的学术意义。全书分为"先知穆罕默德与《古兰经》"、"圣训"、"伊斯兰教法学"、"伊斯兰教派"、"逊尼教义学派的兴起"、"伊斯兰经院哲学"、"什叶派"、"伊斯兰宗教哲学史文献"、"原教旨主义"等十四编,共60章。书中所述伊斯兰宗教整个历史发展过程中的哲学思想,上起伊斯兰教的创立及最权威文献《古兰经》,下至现代的各个伊斯兰教派的哲学思想,其中包括逊尼派、什叶派、穆太齐赖派、苏菲派及其所属的各支派及教团和代表人物。作者阐明了各个思想阶段、思想流派的主要哲学观点的特色和内容,在研究上具有严整和规范的优点。尤其对于苏菲派的神秘主义教义进行了过去的著作中很少见到的、有独特意义的论述,使该书更具学术创新特色。

简明伊斯兰哲学史
张秉民主编
宁夏人民出版社　2007年3月　300千字　363页

本书以时间为基本线索,上溯伊斯兰哲学产生以前的古代阿拉伯时期,下迄伊斯兰近现代哲学的发展和演变,从公元7世纪伊斯兰教经典《古兰经》问世,到伊斯兰哲学形成、发展直至今天的状况,完整地展现了伊斯兰哲学产生的整个历史过程,多角度多层次地透视了伊斯兰哲学在各个历史时期发展的主要特点和丰富内容。全书共8章。书中对错综复杂的伊斯兰哲学从历史演变、发展脉络、基本规律和特征的角度做了层次鲜明的梳理,特别注重从历史、社会、政治、文化等不同方面探讨伊斯兰哲学产生的背景,并把不同流派和代表人物的哲学思想都放到当时的历史背景下进行考察,既从横向角度阐述各个历史时期伊斯兰哲学本身所包含的多层面内容,又从纵向角度揭示其思想渊源、社会历史变迁和文化传统,实现了历时性和共时性的结合,从而描绘出一幅从古代到近现代伊斯兰哲学发展的完整画卷。

伊斯兰教简史
[法]昂里·马塞著　王怀德　周祯祥译
商务印书馆　1978年3月　162千字　249页

本书初版于1930年。此译本系根据1952年第六版的俄译本转译的,当时仅作为内部参考之用。全书共分"伊斯兰教的兴起"、"阿拉伯人的统治"、"穆斯林法的基础"、"教义和法律(宗教法)"、"宗教和哲学的进化"、"土耳其和伊朗的优势"6章;述及阿拉伯帝国的建立与扩张,伊斯兰教在世界各地的传播以及晚期亚洲三个伊斯兰国家的历史,伊斯兰教的教义、教法以及宗教和哲学思想等内容。作者昂里·马塞是法国巴黎大学教授,曾任巴黎现代东方语专科学校校长,长期从事伊朗中世纪和近代文学以及文化和民间创作的研究,为法国著名东方学家之一。其部分观点站在了西方殖民主义者的立场,同时把某些宗教教义同社会主义、共产主义扯在一起。

伊斯兰教简史
[巴基斯坦]赛义德·菲亚兹·马茂德著　吴云贵　金宜久　戴康生等译
中国社会科学出版社　1981年3月　500千字　711页

同许多古代原始人一样,阿拉伯人原来的宗教是精灵崇拜。早期,他们崇拜树木、石头和存在于其中的精灵;后来,他们的信仰逐渐集中到一些主要的神祇上。直到"纳比"穆罕默德降生,阿拉伯人期待和需要的伟大领导者终于出现了。本书采用编年史写法,以伊斯兰教的产生和发展为主线逐步展开,系统评述了伊斯兰世界的诸多重大历史事件;内容涉及政治、经济、军事、文化、艺术和统治阶级生活方式等各个方面;时间跨越一千四百年(六世纪至二十世纪);空间涵盖西亚、北非、东非、西南欧、中亚、南亚次大陆和东南亚。全书共分16章,附地图目录。作者是一位虔敬的穆斯林,其基本观点反映了正统派穆斯林的宗教观和历史观;故此,本书在东方穆斯林编著的伊斯兰教史著作中具有一定的代表性。

伊斯兰教史
任继愈总主编　金宜久本书主编
中国社会科学出版社　1990年8月　478千字　681页

穆罕默德的宗教革命顺应了由部落到民族和国家的历史进程。他借助传统宗教的一神观念,塑造了阿拉伯人的民族宗教,并突破氏族制的外壳,建立了以信仰为纽带的新型社会组织,皈依伊斯兰教成了政治统一的口号。本书系统讲述了伊斯兰教产生、发展与演变的历史全貌,分为"伊斯兰教的兴起"、"伊斯兰教的全面发展"、"伊斯兰教在各地的传播"、"近现代伊斯兰教"四编,总计14章。编者不仅从历史学、文化学的角度描绘了古代阿拉伯国家的信仰特征与文化特质，而且从社会学、政治学的观点出发，建构起伊斯兰教顺势而生、迅速成长、广泛传播的规律性认识；同时载录了近现代伊斯兰教的社会思潮和社会运动的发展动态。全书轮廓清晰、布局严整，构成一幅生动细腻的伊斯兰教史画卷。

伊斯兰简史

陈万里编著　陈中耀审校

上海外语教育出版社　1991年1月　129千字　180页

伊斯兰教的产生有着一定的历史和社会背景，其发展壮大，经历了艰难的历程；尤其穆罕默德早期的传教活动，更是历尽艰辛。本书简要论述了伊斯兰教产生的历史背景、社会原因、主要教派和伊斯兰早期的发展史，以及《古兰经》之要义等内容。全书分为"伊斯兰教出现前的阿拉伯人"、"伊斯兰教的兴起和传播"、"伊斯兰教的对外征服活动"、"阿拉伯帝国扩张活动的高潮"等8章。作者用通俗易懂的语言讲解了伊斯兰教创立前后阿拉伯帝国的兴衰起落、伊斯兰教内部的激烈论争和伊斯兰教之传播对阿拉伯语推广的重要作用。

伊斯兰教史

王怀德　郭宝华著

宁夏人民出版社　1992年10月　314千字　482页

大约公元570年，穆罕默德出生于麦加古莱氏部落哈希姆氏族的一个家庭里。然童年不幸，自幼多艰。当时的麦加，商业和高利贷经济繁盛，使金钱的亲疏关系正取代血缘亲属关系，这种变化加剧了贫富之间、统治者与被统治者之间的矛盾。穆罕默德勤奋睿智，常独处山洞静思和祈祷，有一天突然得悉真主安拉的启示（授权之夜，意为安拉授权穆罕默德将所得启示传达给他的同胞；直到公元632年穆罕默德逝世前，一直以安拉的名义针对各种情况和问题发布启示）。穆罕默德宣传安拉是唯一的神，认为一切偶像崇拜都是恶行。起初传教活动是秘密的，公元613年才得以公开，却遭到麦加多神教信徒们的强烈反对和攻击。穆罕默德被迫率众（穆斯林）分批迁徙至麦地那，在此号召穆斯林与贝都因人、犹太人、古莱氏人等部族势力展开多次激战，并最终征服麦加，确立了麦加的神圣地位，实现伊斯兰教的崛起。本书通过全局概览阿拉伯半岛的自然风貌、历史沿革、宗教信仰等宏大背景，以先知穆罕默德的诞生为导引，深入系统地记述了伊斯兰教发展史，包括近、现代伊斯兰教运动和伊斯兰教在中国的传布历程，也对伊斯兰教圣典《古兰经》和"圣训"作出讲解。

伊斯兰思想史纲

马通著

宁夏人民出版社　2003年2月　100千字　124页

本书是20世纪90年代以来作者讲给西北民族学院历史系研究生的论稿，分为9章，主要讲解了有关伊斯兰教思想史的"具有历史连续性"的九个问题。第一个问题是探源世界三大一神教的关系，指出"犹太教是一神教之母"，对伊斯兰教有影响，可以说是伊斯兰思想之源。第二个问题是论证穆罕默德在传播伊斯兰教之前，参加了"哈尼夫"运动或倾向于"哈尼夫"，认为穆罕默德在希拉山洞静修是一个伟大的起点。第三和第四个问题是叙述伊斯兰经训的搜集和定本，为完成一个永久不衰的正教奠定了基础。第五个问题是伊斯兰文化对世界文化的贡献，讲述以阿拔斯王朝的马蒙为中心而掀起的学习、翻译古希腊和东罗马帝国的古文化运动，为创建伊斯兰文化开辟了十分广阔的天地。第六个问题是"塔沙乌夫"为伊斯兰宗教理论奠定了基础。第七个问题是马赫迪思想与隐遁伊玛目。第八个问题是近现代伊斯兰主义。第九个问题是应当正确阐释伊斯兰的一些宗教术语。

剑桥插图伊斯兰世界史（剑桥插图世界历史系列）
［英］弗朗西斯·鲁宾逊主编　安维华　钱雪梅译
世界知识出版社　2005年5月　370千字　328页

在8—18世纪的大部分时间里，穆斯林世界无论是在地域的扩张还是在创造能力方面都首屈一指。在伊斯兰文明和西方文明漫长的较量过程中，仅仅是到了晚近时期西方世界才逐渐占据主导地位。如今，穆斯林在世界人口总数中已占到1/5，然而西方对于真实的穆斯林世界却普遍存在着误解。本书为"剑桥插图世界历史系列"丛书之一，作者秉持客观的学术立场，以十分精准的语言勾勒出伊斯兰文明的发展脉络，为读者展现了一个真实而完整的伊斯兰世界。书中对穆斯林社会的经济根基、社会规范、认知的形成与传承，艺术上的伟大成就等进行了全面的梳理，并着重探讨了伊斯兰世界与西方之间错综复杂的关系，以及它对东西方文化产生的广泛而深远的影响。全书分二编，共8章。第一编（第1—4章），讲述从先知穆罕默德7世纪在阿拉伯半岛的兴起，经过阿拉伯哈里发、奥斯曼、萨法维和莫卧儿等巅峰，直到19世纪和20世纪，伴随西方扩张，伊斯兰遇到的挑战与变革。第二编（第5—8章），考察的主题是：伊斯兰世界的经济根基、社会安排、知识及其传播、艺术表现。导言部分探讨了伊斯兰与西方相互理解的问题。结束语对伊斯兰世界的一些命题：宗教复兴、它对西方明显的敌视以及妇女地位等进行评估。所有各章都列出参考书目，以利于读者对该问题做进一步的了解。

伊斯兰的历程（世界文明图库/秦惠彬主编）
秦惠彬　沙秋真　王俊荣等著
上海文艺出版社　2008年8月　97千字　203页

当今世界对于伊斯兰教、伊斯兰文明越来越关注，尤其是政界和学界对于伊斯兰文明表现出强烈而深厚的兴趣。这同世界发展的总趋势、同伊斯兰国家在国际事务中所扮演的角色是相一致的。因此，一位世界著名的政治人物把伊斯兰文明称为当代国际舞台上的"举足轻重的文明"。本书为"世界文明图库"丛书之一，作者从人类文明的大视野出发，介绍了具有"世界性品格"的伊斯兰教及其所创造的辉煌灿烂的伊斯兰文明的发展历程，揭示了伊斯兰文化所蕴含的"伊斯兰精神"。全书共7章。内容包括：伊斯兰文明的兴起，伊斯兰教的传播与发展，传统哈里发制解体后的伊斯兰教，近代现代伊斯兰文明，伊斯兰政治、经济与社会生活，伊斯兰文学艺术，伊斯兰教育与科学。

伊斯兰教各民族与国家史

[德]卡尔·布罗克尔曼著　[英]乔尔·卡迈克尔　莫希·珀

　尔曼英译　孙硕人　诸长福等译　董乐山校

商务印书馆　1985年1月　499千字　650页

　　本书是西方著名闪语学家、伊斯兰文献学家和历史学家卡尔·布罗克尔曼所撰的伊斯兰教通史著作。原书初版于1939年（德文版），1947年出版英译本，共出8版，为西方学术界仅有的两部伊斯兰教通史著作之一，影响相当广泛。作者在书中从伊斯兰教兴起开始，一直叙述到第一次世界大战后各伊斯兰国家的情况。但本书的重点在近代史，其中土耳其奥斯曼帝国的兴衰史约占全书之半，十九世纪以后，特别是第一次世界大战后的历史也占有三分之一的篇幅。作者对伊斯兰教各教派间的矛盾介绍比较详细。全书分为"阿拉伯人与阿拉伯帝国"、"伊斯兰帝国及其瓦解"、"作为伊斯兰教领导力量的奥斯曼土耳其人"、"十九世纪的伊斯兰教"、"第一次世界大战之后的伊斯兰教国家"五卷，每卷下设若干章节；按历史顺序分别介绍了伊斯兰教以前的阿拉伯、先知穆罕默德和他的教义、最先的四个哈里发和伍麦叶王朝、哈里发帝国的衰微和诸小王国的兴起、帝国全盛时期奥斯曼人的文明、新波斯帝国的兴起和土波之间的冲突、十九世纪奥斯曼帝国和埃及的文化生活，以及第一次世界大战之后主要的伊斯兰教国家等方面内容。本书对研究伊斯兰教各民族与国家的历史、它们之间的关系有一定的参考价值。

（二）中国

中国伊斯兰教史存稿

白寿彝著

宁夏人民出版社　1983年8月　244千字　421页

　　中国回教史的研究，是一门很艰苦的学问。研究这门学问的人，须具备几种语言上的工具，须理解回教教义和教法，须熟悉中国史料以及阿拉伯文、波斯文、土耳其文中的有关记载，须明了欧美学者在这方面已有的成绩，更须足迹遍全国，见到过各处的回教社会，见到过各处的碑刻和私家记载，他不只要有这些言语文字上的资料，他更要懂得回教的精神，懂得中国回教人的心。本书主要收录白寿彝先生早期在中国伊斯兰教历史研究领域的11篇学术论文，每篇论文都几乎开创了一个方面的研究，大致勾勒出作者从事中国伊斯兰教史研究的总体框架与细节轮廓，具有一定的史料价值和学术参考价值。这些文章包括：《中国回教小史》、《中国穆斯林的历史传统》、《从怛逻斯战役说到伊斯兰教之最早的华文记录》、《宋时大食商人在中国的活动》、《元代回教人与回教》、《赛典赤赡思丁考》等。

中国伊斯兰教史

李兴华　秦惠彬　冯今源　沙秋真著

中国社会科学出版社　1998年5月　690千字　855页

　　伊斯兰教是怎样传入中国的，传入中国后发生了哪些变化，在中国传播的伊斯兰教都有什么特点，对从宗教和文化两方面确定中国伊斯兰教的地位，对今天和今后妥善地处理中国伊斯兰教问题有何意义，都是目前急需了解和认识的。本书用史实说明伊斯兰教传入中国后是因适应了中国社会才得以生存,是因同中国传统文化结合才得以发展,是因中国化才获得了较大的意义和价值。全书共22章。书中分别按唐、宋,明中叶至清末,民国等五个历史时期叙述了伊斯兰教在中国的初期传播、普遍传播、完善成型为具有中国特点的伊斯兰教以及随着中国社会性质的两次重大变化而继续衍变的整个历史过程。重点论述了伊斯兰教传入中国后在适应中国国情的本土化和民族化的同时,保持了它作为一种信仰和生活方式的基本特质。作者认为,伊斯兰教在中国与佛教不同,它的传播发展主要不是依靠教义的宣传、经典的流布,而是靠穆斯林的来华及在华的流动;伊斯兰教从来没有主宰过全体中国人,就是在十个有关民族内部,它也主要表现为一种信仰,一种精神文化生活方式,而不是一种政治制度、一种约束穆斯林全部行为的律法。

中国伊斯兰教的历史发展和现状
杨启辰　杨华主编
宁夏人民出版社　1999年10月　355千字　439页

本书是一部全面介绍伊斯兰教在中国的发展、变迁与现状等内容的著作,也是作者在其先前所著《〈古兰经〉哲学思想》一书出版之后进行开拓性研究的又一成果。书中围绕中国伊斯兰教思想的发展,探讨了伊斯兰教民族化、本土化的进程,以及中国传统文化对中国伊斯兰教的影响。全书共分10章。内容涉及中国信仰伊斯兰教的10个民族、中国伊斯兰教哲学思想的发展、中国伊斯兰教伦理道德思想的发展、中国伊斯兰文化思想的发展、中国伊斯兰教育思想的发展、中国伊斯兰经济思想的发展、中国伊斯兰教生活方式的发展、中国伊斯兰教与社会主义社会相适应的问题。作者认为,伊斯兰教自传入中国便开始了其本土化、民族化、中国化的过程,与中国传统文化互动交流,从而产生了独具特色的中国伊斯兰教思想文化体系和礼俗特征。如今,建立伊斯兰教与社会主义社会相适应的运行机制,积极引导中国伊斯兰教与社会主义社会相适应,是一个持续渐进和不断深化的过程,有利于少数民族地区社会主义现代化的健康发展。

中国伊斯兰教史
王灵桂著
中国友谊出版公司　2010年7月　330千字　359页

伊斯兰教在中国的嬗变和发展,是研究整个伊斯兰教发展和中华民族发展均难以回避的重大问题。本书力图站在国内外学者对"伊斯兰教及其历史的研究"、"中国回族研究"这两大领域已有研究成果的基础上,进行一次跨领域的探索性研究实践和尝试。书中全面介绍了伊斯兰教的产生、兴起和演变,以及伊斯兰教进入中国生根发芽的历史,并对中国历代封建统治者对国内伊斯兰教的政策、伊斯兰教与中国传统文化的融合、伊斯兰教在中国的民族化、伊斯兰教对中国科技文化的主要贡献、当前形势下如何正确对待伊斯兰教等方面问题进行了深入分析和阐述。全书共12章。作者认为,从历史的角度,以发展的眼光、客观的态度来审视伊斯兰教在中国的发展,更好地弘扬和激发中国穆斯林爱国爱教高度统一的优良传统,对新时期构建社会主义和谐社会,具有深远的战略意义和极其重要的现实意义。它将有助于我们巩固和发展同伊斯兰国家的传统友好关系,有助于团结国内10个信仰伊斯兰教的少数民族,投身于共同构建社会主义和谐社会的伟大时代工程。

中国伊斯兰教简志
中国伊斯兰教协会编
宗教文化出版社　2011年4月　1100千字　918页

　　本书是一部全面系统地介绍伊斯兰教知识的工具书，也是一部记载中国伊斯兰教风雨沧桑、发展演变的综合性著述，质而有文，统合古今。它真实地展示了伊斯兰文化和中国社会相适应的过程中凝聚的独特智慧，忠实地呈现了新时期中国伊斯兰教事业发生的深刻变化和取得的辉煌成就。全书采用图、表、记、传、志相结合的综合性体裁，由四个部分组成，即卷首图表序照部分、正文部分（共五编）、文献部分和资料部分。其中正文部分的主要内容包括：第一编（第1-3章），考察伊斯兰教传入中国的时间及其在内地、沿海和少数民族地区传播与发展的情况，提出伊斯兰教在中国是流而不是源的看法。第二编（第4-6章），阐述伊斯兰教信仰、经典与礼俗。第三编（第7-8章），介绍内地伊斯兰教派门宦与宗教活动场所。第四编（第9-12章），论述伊斯兰教务和社会公益事业，介绍与穆斯林生活息息相关的清真饮食和殡葬，以及中国穆斯林的朝觐工作。第五编（第13-16章），介绍中国伊斯兰教的团体、教育、文化与人物。主要对中国伊斯兰教协会及其在28个省、市、自治区级建立与发展分会的情况作了详细说明。此外，本书的文献部分和资料部分还收录了大量相关历史文献和统计资料等，具有重要的参考价值。

回回历史与伊斯兰文化
叶哈雅·林松　苏莱曼·和龑著
今日中国出版社　1992年7月　350千字　371页

　　回回民族，从其先民（唐代来自阿拉伯、小亚细亚的蕃客、胡商）侨居中华伊始，历经宋、元涌入之穆斯林色目人种，直至有明一代大量入附中原之西域回回，凭藉着伊斯兰文化的巨大凝聚力，终于形成一个独具特色的人们共同体，成为中华民族大家庭中不可分割的一个重要组成部分。回顾和总结回回民族走过的道路，是史学工作者义不容辞的责任。本书是中央民族学院的两位学者集数年之功合著的一部论文集，共辑录有关回族史、《古兰经》研究、回回民族在中华文化环境中的演变、阿拉伯文化在中国的传播等方面的论文25篇，颇为详实地反映了回回民族融入中华文明的历史全貌；其中某些议题对特定历史条件下回回民族的发展状况作了相当细致深入的探讨。

中国回教史鉴（增订本）（回族学丛书）
马以愚著
宁夏人民出版社　2000年6月　120千字　146页

　　本书为"回族学丛书"之一，是一部类似《通鉴纲目》式的中国伊斯兰教史籍辑要，系据据商务印书馆1948年上海修订第二版重排本编订。作者马以愚先生为纂编此书，除广泛搜集中国伊斯兰教史籍、实地考察各地名寺古墓外，还于1940年在香港专门阅读了15部有关典籍，最后选定272部为主要参考，经比较研究、反复考证后撰写而成。全书共8章。书中首先综述伊斯兰教简史，内容涉及穆罕默德创传伊斯兰教，四大哈里发继位、东大食、西大食、南大食等各个时期的历史；其次阐释伊斯兰教义、教法及宗教制度，并考证中国史籍关于伊斯兰教的记载，记述伊斯兰教传入中国的时间、路线、入华的民族及历代穆斯林的重要贡献及文化遗产；最后对中国早期著名清真寺与先贤墓作了考证与详细记载，特别是对东南沿海及西北地区的名寺均有考察记述，并通过对重庆十八梯清真寺碑石的考证，证明明代名臣马文升确系穆斯林。

捌、伊斯兰教

中国回教史（回族学丛书）
傅统先著

宁夏人民出版社　2000年6月　125千字　156页

　　本书为"回族学丛书"之一，是我国当代伊斯兰学者傅统先撰写的有关中国伊斯兰教史的专著，成书于1940年（商务印书馆出版）。作者在书中秉持"客观之态度"，根据正史及可靠之材料，首先提出穆罕默德是"社会改造家"、"复兴宗教之伟人"，并把中国伊斯兰教史发展的特征概括为，唐宋时期以穆斯林经济上之兴盛为特征，元明以穆斯林政治上之兴盛为特征，清代以经济、政治之衰落为特征，民国以来则以思想文化趋于复兴为特征。全书共7章。主要包含以下几方面内容：一、叙述伊斯兰教的兴起、穆罕默德的传教过程、伊斯兰教义以及中国伊斯兰教的传播与发展情况。二、对中国唐、宋、元、明、清及民国以来伊斯兰教史上的重大活动与事件，均作了详细介绍。三、记述中国伊斯兰教学者对学术文化的贡献。四、对清代各族穆斯林的起义和清廷对伊斯兰教的政策亦有评述。五、对辛亥革命后伊斯兰教育、学术文化组织、《古兰经》的翻译等，作了专门记述和较高评价。

中国回教史研究（回族学丛书）
金吉堂著

宁夏人民出版社　2000年6月　80千字　103页

　　本书为"回族学丛书"之一，也是民国时期回族学者研究中国伊斯兰教史的代表性成果之一。作者在书中直接采取资料约百种。而得之于张亮丞氏之《中西交通史料汇编》、陈援庵氏之《元西域人华化考》、桑原骘藏氏之《提举市舶元西域人蒲寿庚考》、李思纯氏之《元史学》等书之介绍，间接采用者，亦不下三四十种。凭藉这些翔实的资料，作者以通俗的语言、生动的叙述，深入浅出地介绍了中国回教的历史。全书分为"中国回教史学"和"中国回教史略"上、下两卷。上卷（3章）主要就作者的个人研究所得表达了自己的看法，内容涉及"中国回教史上应解决之各问题"、"中国回教史上应认识之各问题"和"中国回教史之构造"三个方面。下卷（3章）则为有关中国回教史的资料集锦和概略叙述，包括"回民在中国历史上之侨居时代"、"回民在中国历史上之同化时代"和"回民在中国历史上之普遍时代"三个部分。

河北伊斯兰教史（河北宗教史丛书／鞠志强主编）
吴丕清著

宗教文化出版社　2016年6月　600千字　604页

　　河北是伊斯兰教传入中国较早的省份之一，早在唐朝，伊斯兰教便通过丝绸之路、漕运水道和战争传入河北。自元朝始，河北又成为伊斯兰教的传播中心，形成了"回回之人遍天下，而此地犹多，朝夕不废礼，今近而京城，远而诸路，其寺万余"的兴盛局面。本书为"河北宗教史丛书"之一，作者以大量翔实的史料，记述了"大河北"地区（范围包括现河北省辖区及解放前的北京市和明确直辖市之前的大津地区）伊斯兰教的传播与发展史。全书共分17章。书中阐述了河北穆斯林由侨居到定居，由共同信仰到民族化的历史发展过程，以及河北穆斯林在元、明、清三代和民国时期备受封建统治阶级剥削与压迫的悲惨命运，介绍了河北穆斯林在伊斯兰教文化、中国武术、近代商业等方面的重要贡献，推介了一批著名的穆斯林武术家、商业家、教育家、经师与学者。此外，作者还以浓重笔墨讲述了河北穆斯林在辛亥革命、五四运动、抗日战争、解放战争中做出的巨大牺牲与杰出贡献，讴歌了一批著名的穆斯林革命家、抗日英雄，如郭隆真、刘清扬、刘格平、马本斋、刘震寰等。最后，介绍了当代河北伊斯兰教及其广大穆斯林，在构建社会主义和谐社会的伟大事业中，以自己特有的方式，谱写新的历史篇章。

中国新疆地区伊斯兰教史（全2册）
《中国新疆地区伊斯兰教史》编写组编著
新疆人民出版社　2000年1月　700千字　862页

本书是国家哲学社会科学重点研究项目。编者以马克思主义民族观、宗教观和历史观为指导，以历史事实为根据，力求按照国家宪法和党的宗教政策，坚持辩证唯物主义和历史唯物主义，揭示新疆伊斯兰教的历史特点和规律，旨在维护祖国统一和民族团结，宣传爱国主义，为建设有中国特色社会主义服务。全书共分二册，第一册（18章）是古代部分，上限为10世纪前后伊斯兰教传入新疆，下限到19世纪中叶（即鸦片战争前后）。这部分内容除了介绍伊斯兰教传入新疆前的宗教起源和当时流行的各种宗教，诸如原始宗教、萨满教、祆教、佛教、摩尼教、景教和道教等，以及历代统治阶级的宗教政策以外，还重点叙述了伊斯兰教和佛教相互斗争的历史发展过程，并对伊斯兰教内部各个教派之间的关系和斗争也做了较为详尽的阐述。第二册（30章）是近现代部分，上限与第一册衔接，下限到1949年。这部分内容主要叙述了新疆伊斯兰教在近现代109年历史中的演变过程，编者一方面论述了新疆穆斯林群众维护祖国统一、民族团结和反帝反封建的历史活动；另一方面，也重点介绍了清末和民国年间历代统治阶级的宗教政策。其中着重揭露和论述了泛伊斯兰主义这一政治思潮在新疆的缘起、传播和泛伊斯兰主义分子的活动，借以消除其影响，维护祖国统一和民族团结。本书不仅对新疆各族人民了解伊斯兰教在新疆的历史提供了方便，而且也为进一步研究新疆的民族关系和伊斯兰教问题提供了重要的理论参考。

杭州伊斯兰教史（杭州历史文化研究丛书／辛薇主编）
马建春著
中国社会科学出版社　2013年5月　216千字　167页

杭州自古就是中外文化交流的重要门户和枢纽，伊斯兰教的传播曾在杭州地区社会历史发展中产生过重要影响，以科学的态度研究伊斯兰教在杭州的历史发展，深入挖掘其文化内涵，对继承传统文化遗产，开展与伊斯兰世界的社会交往都有一定价值。本书为"杭州历史文化研究丛书"之一，作者以充分的文献史料及实物遗存为依据，详细介绍了伊斯兰教自唐宋元明清至民国时期在杭州传播与发展的历史过程，全面论述了历代穆斯林群体在杭州地方政治、经济和文化生活中的角色、地位和作用，着重说明了清代以来杭州伊斯兰教的政教关系、礼拜寺的修建与穆斯林人口、伊斯兰学术与教育活动等方面情况，最后对杭州伊斯兰教的信仰特征、伦理思想、礼仪风俗和重要遗迹作了综述。全书共7章。内容包括：伊斯兰教的兴起及入传中国、宋代伊斯兰教的发展及在杭州的传播、元代杭州伊斯兰教的兴盛、明代杭州伊斯兰教的发展、清代杭州的伊斯兰教、民国时期杭州的伊斯兰教等。

捌、伊斯兰教

云南伊斯兰教史（云南宗教系列专史/杨学政主编）
姚继德　李荣昆　张佐著
云南大学出版社　2005年6月　268千字　364页

云南地处我国西南边陲，与缅甸、老挝、越南等国接壤，境内居住着26种民族，其中有16种民族跨境居住，是我国民族种类最多、与境外宗教文化交流和宗教活动交往最频繁的省。同时，云南也是我国宗教种类最多的省份。境内除了各民族固有的形态丰富多样的原始宗教以外，佛教、道教、伊斯兰教、基督教、天主教都有传播和发展。历史上，各种宗教与云南的多种民族、多种社会、多种文化相融合，形成了宗教与各民族社会经济文化和思想观念紧密结合的特点，也构成了云南宗教形态的多样性和云南宗教文化的丰富性。本书为"云南宗教系列专史"丛书之一，是在《云南宗教概况》、《云南省志·宗教志》、《云南宗教史》伊斯兰教的专章上扩展、丰富、深化而成。作者吸收了近年国内外学者研究云南伊斯兰教历史文化的新成果，坚持客观纪实的原则，记述了伊斯兰教在云南的历史及特点。全书共14章。内容涉及伊斯兰教在中国及云南的传播，元、明、清时期的云南伊斯兰教，近现代及当代的云南伊斯兰教，云南其他少数民族地区的伊斯兰教，云南的伊斯兰教派，云南伊斯兰著名经师、学者及其主要著述等。

昆明伊斯兰教史（昆明宗教史系列丛书/纳文汇主编）
昆明市宗教事务局　昆明市伊斯兰教协会编著
云南大学出版社　2005年9月　220千字　259页

地处滇中的昆明地区，是云南省回族穆斯林较为集中的地区之一。昆明伊斯兰教在长期的发展过程中既反映出中国伊斯兰教的共同特点，又由于历史、地理环境、民族关系和边疆条件等多种因素，加之政治、经济和文化方面的原因，形成了伊斯兰教鲜明的地方特色。同时，昆明还是云南省最早建有清真寺的城市，城镇穆斯林分布在各个领域的各条战线，为全市的经济发展和社会全面发展作出了贡献。本书为"昆明宗教史系列丛书"之一，作者详细介绍了昆明伊斯兰教的各方面情况，追溯了伊斯兰教传入昆明的历史，论述了元、明、清至现当代以来伊斯兰教在昆明的传播与发展及其在历史上遭受的曲折，最后对昆明地区的主要清真寺及文物、昆明伊斯兰教著名经师和阿訇作了概要说明。全书共7章。书末附"昆明伊斯兰教大事记"和"昆明市各县区清真寺分布一览表"，藉此展现昆明伊斯兰教的历史景貌与现实状况。

（三）亚洲

1. 中亚

中亚苏非主义史（西北民族研究丛书）
张文德著
中国社会科学出版社　2002年9月　183千字　220页

本书为"西北民族研究丛书"之一，作者以苏非派如何推动中亚游牧民族伊斯兰化为研究对象，追溯了中亚苏非的渊源，论述了中亚苏非的早期思想与实践，着重探讨了中亚苏非派的三大教团亚萨维教团、库布拉围教团和纳合什班底教团在不同时期、不同地区与游牧民族或地方政权的关系，分析了苏非主义在中亚社会政治和思想文化方面的影响。全书共12章。内容涉及呼罗珊派成员转变为苏非,巴格达派的传播与哈拉智的"化人说",中亚苏非思想与逊尼派信仰的调和,苏非的精神功修,哈纳卡(道堂)的普及,希尔希拉(道统)的使用,中亚苏非在突厥人中传播,阿合马·亚萨维和他的《大智之书》,库布拉维教团的兴起、教义及其与花剌子模王朝的关系,察合台汗国的伊斯兰化,月即别汗与汗国伊斯兰化的完成,巴哈丁·纳合什班底与教团原则的确定,沙哈鲁和兀鲁伯统治时期的伊斯兰教,苏非派与乌兹别克人结盟,俄国扩张中亚时对伊斯兰教采取的策略等多个方面。

2. 西亚(西南亚)

中东史:610—2000(上、下册)
哈全安著

天津人民出版社 2010年1月 1100千字 970页

"中东"一词源于西方殖民扩张的时代背景,原本具有"欧洲中心论"的历史痕迹和政治色彩。自19世纪50年代开始,英属印度殖民当局将介于所谓"欧洲病夫"奥斯曼帝国与英属印度殖民地之间的伊朗以及与其毗邻的中亚和波斯湾沿岸称作中东,用于区别奥斯曼帝国统治下的近东和包括东亚诸国在内的远东。第一次世界大战结束后,奥斯曼帝国退出历史舞台,所谓近东与中东之间的政治界限不复存在,中东逐渐成为泛指西亚北非诸多区域的地缘政治学称谓,包括埃及、肥沃的新月地带、阿拉伯半岛在内的阿拉伯世界以及土耳其和伊朗则是中东的核心所在。本书以伊斯兰文明的诞生与发展为主线,勾勒了中东地区各国历史发展与演变的基本脉络,记述了包括埃及、新月地带、阿拉伯半岛在内的阿拉伯世界以及土耳其和伊朗等西亚北非诸多区域历史文明及中东各国的现代化文明进程,总结了伊斯兰传统文明的基本特征,并就伊斯兰教诞生以来对中东历史及社会生活所产生的深远影响,特别是现代民族国家兴起后伊斯兰世界所面临的诸多问题进行了深入思考。全书分上、下册,共10章。上册(第1-6章),分别介绍伊斯兰文明的诞生、哈里发国家的变迁、哈里发时代中东的经济与社会、哈里发时代中东的宗教与文化、奥斯曼帝国的兴衰等。下册(第7-10章),分别介绍埃及、新月地带诸国、阿拉伯半岛诸国、土耳其共和国的现代化进程。

阿拉伯伊斯兰文化史纲(东方文化集成·西亚北非文化编/赵国忠主编)
孙承熙著

昆仑出版社 2001年8月 232千字 313页

产生于中世纪的阿拉伯伊斯兰文化是一种宗教性的文化。本书为"东方文化集成"丛书之一,作者大致按历史进程来阐述该文化的产生、发展及其在中古时期所达到的成就。全书共7章。书中首先描述了伊斯兰教传播前阿拉伯半岛的文化概貌,并较详细地介绍了在半岛南部和北部阿拉伯人所建立的区域性城邦国家及其所创造的绚丽多彩的古代文化;随后对能较深刻地体现和反映伊斯兰文化的精髓和本质的内容诸如伊斯兰文化的发祥地——麦加和麦地那;阿拉伯人的先知——穆罕默德;《古兰经》和圣训;教义学派和教法学派;阿拉伯伊斯兰哲学和阿拉伯文学等进行了有重点的介绍和评价。本书认为,阿拉伯民族舍多神教而改信一神的伊斯兰教决非偶然,而是阿拉伯半岛社会制度发生巨大变革时期的产物,它是与阿拉伯人急需寻求一种新的生产关系和新的社会组织形式来替代行将崩溃和解体的氏族经济和氏族社会的客观形势相适应的。同样与此相关的伊斯兰文化的孕育、诞生和成长也不是偶然的,而是在阿拉伯半岛的经济、政治、文化、种族、语言、地域等诸多因素的制约和培植下脱胎成型的，是多种异域文化相辅相成、融会贯通、有机结合的产物。

阿拉伯—伊斯兰文化史（8册）
[埃及]艾哈迈德·爱敏著　史希同　吴旻雁　马学忠译　纳忠审校
商务印书馆　2007年9月　2464页

　　本书是埃及学者艾哈迈德·爱敏编撰于20世纪上半叶的一部全面、系统地介绍和阐述阿拉伯—伊斯兰文化史的巨著。书中所述范围甚广，内容涉及阿拉伯伊斯兰国家的政治、经济、社会、文化、学术活动、教派发展等方面，是为研究伊斯兰历史文化的重要史籍。其中文翻译本，自上世纪80年代起，由北京商务印书馆陆续出版至今。全书共八册。第一册（黎明时期），载述伊斯兰教产生前阿拉伯社会、文化、学术、宗教活动，以及伊斯兰初期的法律、教派及其与希腊、罗马、波斯文化的关系。第二册（近午时期）第一卷，阐述阿拔斯王朝前期（750—847）百年间的社会和文化的发展。第三册（近午时期）第二卷，介绍公元8世纪中叶至9世纪中叶百年间的清真寺教育及学术文化活动。第四册（近午时期）第三卷，阐述阿拔斯王朝前期，即公元8世纪中叶至9世纪中叶教义学的产生和发展，以及伊斯兰教各派系发展史。第五册（正午时期）第一卷，阐述公元9世纪中叶至11世纪初，阿拔斯王朝步入衰落阶段，而伊斯兰文化发展至鼎盛的历史。第六册（正午时期）第二卷，介绍9世纪中叶至11世纪初，经注学、圣训学、教法、历史学等方面的发展，以及各学科代表人物。第七册（正午时期）第三卷，是安德鲁斯（Al-Andalus，即伊比利半岛）的专辑，阐述倭马亚王朝征服安德鲁斯至阿拉伯人被逐的8个世纪（711—1492），安德鲁斯的学术发展、社会生活、宗教等方面的历史。第八册（正午时期）第四卷，介绍伊斯兰主要教派什叶派、逊尼派等在阿拔斯王朝后期的发展及分歧，以及它们的主要教义、名人及文学等。本册附录中还介绍了伊斯兰历6世纪（公元12、13世纪）至近代启蒙时期的学术及宗教活动等，并且探析阿拉伯—伊斯兰文化衰落的原因。

阿拉伯通史（上、下册）（第十版）
[美]菲利浦·希提（Philip K. Hitti）著　马坚译
新世界出版社　2015年5月　750千字　771页

　　阿拉比亚地域辽阔，阿拉伯人在历史上具有极大的意义和重要性。本书是一部具有里程碑意义的阿拉伯通史巨著，全面、系统地讲述了有关阿拉伯半岛的土著居民和所有操阿拉伯语的那些民族曾经走过的辉煌历程，即阿拉伯人从早期文明时代开始到16世纪初被奥斯曼人所征服为止这一时期的历史。全书分六编，共52章。其中前五编以大量篇幅介绍了阿拉伯人的祖先、阿拉伯人的先知穆罕默德的出现和伊斯兰教的兴起情况，以及早期的哈里发制度；追溯了伊斯兰教势力在几十年的时间里迅速扩张的过程；记录了伍麦叶王朝（661—750）和阿拔斯王朝（750—1258）这两个阿拉伯中央帝国的兴衰始末，二者曾分别定都于大马士革和巴格达，后者直到被蒙古的旭烈兀所率领的铁骑攻陷后而遭到毁坏；讲述了阿拉伯文明全盛时期的故事，还有它对欧洲文艺复兴所作的巨大贡献。最后一编则对从奥斯曼帝国征服阿拉伯世界时期政治、社会和文化的发展开始，至20世纪70年代来自西方的冲击这一阶段的阿拉伯历史作了一番鸟瞰式的浏览。本书不仅注重把握历史的全景式画面，而且十分关注东西方之间那种绵延不断的文化交融过程，它表现在哲学、自然科学、贸易、艺术和建筑等各个领域；同时，书中附有约 70 幅插图，其内容包括建筑、钱币、人物画像和手工艺品；还有 21 幅地图和 25 个历代王朝一览表及 2000 多个脚注等，为读者充分了解阿拉伯的历史全貌提供了便利。

阿拉伯伊斯兰国家的起源（中东国家史 610—2000）
哈全安著
天津人民出版社　2016 年 3 月　145 千字　169 页

　　伊斯兰国家脱胎于阿拉伯半岛濒临崩溃的野蛮秩序，先知穆罕默德在麦地那创立的温麦可谓伊斯兰国家的原生形态，伊斯兰教法至高无上的神圣地位和教俗合一的政治体制构成传统时代伊斯兰国家的显著特征。伴随着伊斯兰教的诞生，阿拉伯人悄然崛起于仿佛被喧嚣的文明社会所遗忘的角落，进而在神圣的旗帜下走出贫瘠的家园，作为崭新的统治民族登上中东的历史舞台。本书为"中东国家史（610-2000）"丛书之一，主要阐述了阿拉伯半岛的古代历史和公元 7 世纪伊斯兰教创立的过程，以及阿拉伯伊斯兰国家建立的过程，探讨了麦地那时期的政治、经济和社会情况。全书共 3 章。第 1 章讲述阿拉伯人的古代历史及前伊斯兰时代阿拉伯人的宗教习俗。第 2 章讲述先知穆罕默德的早年经历及其在麦加时期的启示和伊斯兰教的皈依与古莱西人的抵制等。第 3 章讲述先知穆罕默德在麦地那时的徙志、圣战和伊斯兰文明初步确立的情况。附录部分介绍了伊斯兰传统文明的基本特征。

伊朗伊斯兰教史（回族学丛书·博士论坛系列）
王宇洁著
宁夏人民出版社　2006 年 5 月　156 千字　192 页

　　伊朗地区是人类文明最早的发源地之一。公元 637 年，作为伊朗萨珊王朝首都的马道因被阿拉伯人攻克。伊朗的历史从此发生了改变，原来伊朗地区盛行的二元神论的琐罗亚斯德教，逐渐被严格的一神信仰—伊斯兰教所替代。伊朗成为阿拉伯帝国的一部分，伊斯兰教在伊朗的历史由此开始。本书为"回族学丛书"之一，重点讲述了 16 世纪以来的伊朗，也就是自萨法维人在伊朗确立什叶派伊斯兰教的国教地位以来，伊朗的伊斯兰教史。作者试图通过对 16 世纪以来伊朗伊斯兰教历史的追溯，展现其独特面貌背后的内容，并对今天在世界范围内观察伊斯兰教时产生的一系列问题作出解答。全书共 4 章。第 1 章讲什叶派在伊朗的确立以及萨法维王朝的宗教政策与宗教政治体制。第 2 章讲 18—20 世纪初什叶派伊斯兰教在伊朗的发展。第 3 章讲巴列维王朝的什叶派伊斯兰教。第 4 章讲伊斯兰革命与伊朗共和国的实践以及影响。

八、传记（人名传记按笔画排序）

（一）穆罕默德传

心灵的良丹：穆罕默德圣品大全（伊斯兰文化丛书 / 马明良主编）
［安达卢西亚］尕迪·安雅德著　马效佩译
中国社会科学出版社　2008 年 7 月　680 千字　568 页

　　本书为"伊斯兰文化丛书"之一，是一部在阿拉伯伊斯兰世界备受推崇的"阐明受真主钦选的穆圣之圣品的成熟之作,它是这方面写成的最全面的著作,它囊括了关于圣品的每个细节问题",这也是我国伊斯兰教原典汉译工作的最新成果。全书分为"真主亲自对穆圣的盛赞美誉"、"人类对至圣的义务"、"圣品的焦点与秘旨"、"诽谤圣人、诋毁圣品的教法律例"四编;每编下设若干"门"与"篇"。原作者尕迪·安雅德于伊斯兰教历476年(西历1078年)诞生在阿拉伯人统治时期的安达卢西亚。他是伊斯兰教四大法学派别马立克学派的著名法学家、圣训学权威,其传世著作有二十三部之多,其中最主要的就是《心灵的良丹:穆罕默德圣品大全》。这部著作站在伊斯兰教法学、圣训学、圣传学和认主学的传统立场上刻画了伊斯兰教先知穆罕默德的形象,解说了其圣品。自成书以来,它就是伊斯兰教关于其先知穆罕默德圣品的一部最有影响的权威之作;直到今天,这部名著在世界范围内仍有广泛影响,且被陆续翻译为英文、德文、乌尔都文、孟加拉文和马来文等多种译本。此次汉译本的出版,无疑会推动我国伊斯兰教研究工作。

(二) 中国人物传

马注思想研究
许淑杰著
人民出版社　2013年10月　260千字　241页

在中国伊斯兰文化史上,马注是与王岱舆、刘智以及晚出近百年的马德新并称的明清四大汉文伊斯兰译著家之一。马注终其一生致力于汉文伊斯兰译著活动,力图通过"公公理于天下"来实现"经世"理想,彰显了其超越狭隘民族主义和卫教主义的高尚人格精神,为中国伊斯兰文化的发展做出了重要贡献。特殊的生活时代,不平凡的人生经历等,使马注一生思想起伏较大,经历了一个从儒者到伊斯兰教学者的转变历程,其总体思想也呈现出明显的伊儒双重文化认同特征。本书即以马注思想"回儒兼修","回儒互补"之回儒双重文化特征为切入点,以其经世理想追求为主线,将其与明清之际中国社会文化大背景的变迁结合起来进行考察,力图在系统梳理、深入分析的基础上,对马注及其思想作出较为客观、中肯的定位与评价。全书共4章。作者指出,在伊斯兰教中国本土化的过程中,兴起于明清之际的汉文伊斯兰译著运动起了决定性作用,这场伊斯兰文化的"中国化"运动作为早期文明对话的代表形式,可为当前的文明对话提供一个鲜活的范本及可供借鉴的文本资源,而马注在明清四大汉文伊斯兰译著家中无疑是独具特色的。

中国伊斯兰先贤:马注思想研究(中国社会科学院文库·哲学宗教研究系列)
金宜久著
社会科学文献出版社　2016年9月　462千字　454页

在中国伊斯兰教研究中,有"回族四大著作家"(王岱舆、马注、刘智、马复初)的说法。马注思想之所以值得重视和研究,完全与他出生于回族世家,自幼受儒学教育从而在融合伊斯兰与儒家思想方面做出的重要贡献有关。可以说,他的《清真指南》堪称伊斯兰教中国化方面的杰出代表作。本书为"中国社会科学院文库·哲学宗教研究系列"丛书之一,作者立足于"坚持伊斯兰教中国化,总结并传播伊斯兰教在中国地方化和民族化的成就,乃是从思想、文化以至于宗教领域抵制赛莱菲耶的重要手段"这样一个基本观点,对马注(1640—1711)生平及思想作了深入研究,剖析了马注思想所蕴涵的中国传统文化精神,从理论上论证了马注在融合伊斯兰与儒家思想方面所做的重要贡献。全书共分10章。第1章简要介绍马注学术活动的时代背景、中国传统文化在马注之前的发展、马注活跃时期的中国伊斯兰教及其《清真指南》等。第2章论述马注与伊斯兰苏非主义。第3章论述马注与中国传统文化。第4-10章分别从本体论、宇宙论、认识论、命性观、天道观、人道观六个方面阐释马注思想。

王岱舆思想研究
金宜久著
民族出版社　2008年4月　400千字　448页

王岱舆的思想对于伊斯兰教在中国最终实现它的地方化和民族化进程，起到了至为关键的作用。明清以来的中国伊斯兰思想，是中国少数民族之一的回族思想的精华，也是中国文化思想不可分割的一个重要组成部分，而王岱舆在建立具有中国特有品性的伊斯兰宗教哲学思想方面，又居于开拓的地位。本书主要研究了中国伊斯兰教最早、也是最有成就的穆斯林学者王岱舆的思想内涵及其发展演变的轨迹，藉此表明王岱舆思想的源流关系；同时，也借以说明伊斯兰思想在中国的社会条件下，不可避免地会与中国传统思想相结合、特别是与中国儒家思想相结合，形成中国伊斯兰思想。全书共12章。第1章为导言。第2章探讨王岱舆从事学术活动的时代背景。第3章探讨王岱舆的生平和他的师承关系。第4章探讨王岱舆从事学术活动前夕伊斯兰教发展的一般状况，特别是苏非主义发展的一般状况；进而讨论伊斯兰思想（含逊尼派、什叶派和苏非派思想）对中国伊斯兰教的影响。第5章探讨中国传统文化对王岱舆思想的影响。第6章探讨王岱舆的著作及其思想结构。第7章讨论王岱舆的"真一论"。第8章讨论王岱舆的"数一论"。第9章讨论王岱舆的"体一论"。第10章讨论王岱舆的"三一论"。第11章讨论王岱舆的"论教道"。第12章讨论王岱舆的"论慎修"。

王岱舆　刘智评传（上、下册）（中国思想家评传丛书/匡亚明主编）
孙振玉著
南京大学出版社　2011年4月　380千字　506页

我国回族是由历史上的"回回"穆斯林移民演变而来的。明清之际，正值该民族经历了长期的中国化和本土化后其文化思想和民族意识处于发展的关键时期。这期间，该民族中涌现出了一些精通伊斯兰经典和儒家等多种文化并具有回汉双重文化气质的知识分子（"回儒"）。正是他们，在伊斯兰哲学的基础上，同时也在宋明儒家理学的全面影响下，创造了我国一个新的理学体系——"回回理学"。明清回回理学的创立，不仅是对其本民族的巨大贡献，也是对我们中华民族的极大贡献，从特殊意义上看，它也证明了回汉两族之间由来已久的密切关系。本书为"中国思想家评传丛书"之一，集中介绍了曾经为回回理学体系的创建做出过极大贡献的三位回回理学家。其中，王岱舆是这一学术体系的最主要的开拓者，是他创造性地探索了译著（伊斯兰汉文译著是回回理学的具体著述方式）的目的、任务、内容、形式和道路；刘智进而使其规范化、精致化，其更富思辨性质；马德新则以此为据推陈出新，为推动回回理学的进一步发展起到过积极作用。全书分为"序篇：明清回回理学概说"、"主传一：王岱舆评传"、"主传二：刘智评传"和"副传：马德新评传"四个部分，共18章。作者将这三位回族杰出历史人物的生平和思想及其贡献作为典型个案加以剖析研究，揭示了回回理学对于伊斯兰教融入中国本土文化的重要意义。

捌、伊斯兰教

中国伊斯兰探秘：刘智研究
金宜久著

东方出版社　1999年9月　280千字　349页

　　刘智（约1660—1730）是明清时期中国回族穆斯林的著名学者。本书探究了刘智的神秘思想，试图通过具体事例来说明：刘智思想乃伊斯兰教在中国地方化和民族化的一个典型表现，刘智本人则是中国伊斯兰教内的汉学派的重要代表。全书共12章。第1章介绍刘智生活的时代，有关的社会背景材料以及他的思想渊源；第2章介绍刘智的思想模式。这是他的神秘主义思想体系的基本框架；第3章探讨刘智的最高精神实体"真"的基本含义、特点，以及"真"在理化和形化过程中的内在关系；第4章探讨刘智关于光的思想。光在他的思想体系中具有特殊的地位；第5章探讨刘智的性理思想。性理思想在他的思想体系中具有中心的地位；第6章探讨刘智关于"世界"的思想，包括天体大世界和人身小世界；第7章探讨刘智的认识论，即其所主张的人的认识的根本目的在于认主的思想；第8章探讨刘智关于"四统"（世统、国统、道统和化统）的思想；第9章探讨刘智关于"复归"的思想，即返本还原、归根复命；第10章介绍刘智的宗教、伦理思想；第11章介绍刘智的神秘观；第12章介绍刘智的思想载体。

郑和与东南亚伊斯兰
陈达生著

海洋出版社　2008年10月　234千字　191页

　　本书是根据作者就读于印度尼西亚国立大学历史系所写的博士论文修改而成。书中围绕郑和与东南亚的伊斯兰这一主题，以"东文西武"两极化的文化交流模式以及不同文明之间冲突与融合的理论作为分析和论述的主要依据，着重探讨了印度教、佛教以及伊斯兰教在其向全球发展，成为世界性宗教的传教运动的动力、过程、机制和后果，并结合当时的历史背景、区域贸易网络与地缘政治来考察外来宗教的本土化（华化与爪哇化）过程，检视郑和下西洋在海洋东南亚伊斯兰教化以及伊斯兰教本土化（爪哇化）过程中所扮演的角色；藉此探索东文西武两极化文化交流模式的根源，以及其对21世纪国际关系的当代意义。全书分上、下两篇，共8章。导言（第1章）对缪尔·亨廷顿的文明冲突论及本书研究目的、范围和理论框架等作宏观概述。上篇（第2-3章），探讨佛教与伊斯兰教分别于汉朝和唐朝传入中国及其华化的历程。下篇（第4-8章），分析东南亚伊斯兰化、郑和在东南亚伊斯兰化过程中所扮演的角色以及爪哇的华裔穆斯林与东南亚本土化的关系。

世界华人穆斯林概观
刘宝军编著

宁夏人民出版社　2010年2月　120千字　130页

　　世界华人穆斯林，可大致分成两类。一类是分布在我国香港、澳门、台湾地区，以及泰国、缅甸、沙特阿拉伯、哈萨克斯坦、吉尔吉斯斯坦、乌兹别克斯坦和美国等国的回族；另一类是居住在东南亚的马来西亚、新加坡、印度尼西亚和文莱的一部分华人穆斯林，这几个国家的一些华人受政治、经济与文化的影响，多数通过和马来族通婚，成为华人穆斯林。本书（初版原名为《海外回族和华人穆斯林概况》，修订再版时改为现名）以作者常年旅居海外所搜集的大量第一手资料为主要依据，概括介绍了侨居海外的回族同胞和华人穆斯林的信息，为国内读者了解世界华人穆斯林开启了一扇视窗。全书包括"概论"、"世界华人穆斯林的发展状况"、"回族留学生在海外的发展变迁史"、"郑和下西洋对东南亚伊斯兰国家的影响"等七个部分，所述内容较为丰富，涉及世界华人穆斯林的概念解释，海外回族同胞与当地民族的关系，世界华人穆斯林在一些国家和地区的社群状况等多个方面。

（三）外国人物传

正统哈里发传

[埃及]穆罕默德·胡泽里著　孔德军　马明良译
宗教文化出版社　2008年11月　220千字　265页

正统哈里发艾布·伯克尔、欧麦尔、奥斯曼、阿里是伊斯兰教先知穆罕默德的四位继承人。正统哈里发时期（632—661）在伊斯兰历史上正好处于承先启后、继往开来的关键时期。公元632年，伊斯兰教先知穆罕默德归真，此时，外有周边两大帝国：波斯帝国和拜占庭帝国的虎视眈眈，内有一些叛乱部落的蠢蠢欲动，新生的伊斯兰政权面临着巨大的挑战。面对内忧外患，这四位哈里发不负重望，继承穆圣的遗志，开拓进取，不但平息了内部的叛乱，而且还摧毁了称霸几个世纪的波斯帝国，打垮了拜占庭帝国，建立了地域辽阔的伊斯兰国家，为以后伊斯兰教的进一步发展和伊斯兰文化的繁荣奠定了基础。本书系统记述了正统哈里发时期的伊斯兰历史，真实反映了四任哈里发在任时期的历史，是一部具有世界性影响的历史学术名著。全书除绪论外，包括两个部分。第一部分讲述首任哈里发·伯克尔和第二任哈里发欧麦尔时期，以及第三任哈里发奥斯曼在任初期的事迹。第二部分讲述第三任哈里发奥斯曼在任末期至第四任哈里发阿里被杀，阿里之子哈桑将哈里发大权交给穆阿维叶时期穆斯林内部产生分歧和骚乱的情况，以及这种内部冲突和分裂给穆斯林大众带来的不良后果。

艾布·伯克尔传（四大哈里发系列译丛）

[埃及]穆罕默德·侯赛因·海卡尔著　王永芳　王茂虎译
华文出版社　2015年11月　150千字　229页

艾布·伯克尔于632年6月8日在赛基法会议上被选为穆罕默德的继任者，是伊斯兰教历史上的第一任正统哈里发（632—634年在位）。他在极端艰难困苦的条件下，协助、支持穆罕默德，被赐以萨迪克（忠贞者）称号。在他的领导下，叛教的部落重返归顺，阿拉伯人也开始了对外征服之战。本书为"四大哈里发系列译丛"之一，记述了先知穆罕默德归真前艾布·伯克尔的表现及其当选首任正统哈里发、执掌阿拉伯伊斯兰国家政教大权后带领穆斯林信众走向"阿拉伯的开拓时代"的历史。全书共15章。内容包括：先知在世时的艾布·伯克尔；穆斯林们向艾布·伯克尔宣誓效忠；先知归真时阿拉伯人的状况；同拒缴天课者的斗争；为平息里达暴动所做的准备工作；图莱哈与巴扎赫之战；耶马迈战役；平息巴林、阿曼、麦海拉、也门、基恩代、哈达拉毛各地的里达暴乱；攻克伊拉克等。

欧麦尔传（四大哈里发系列译丛）

[埃及]穆罕默德·侯赛因·海卡尔著　王永芳译

华文出版社　2015年11月　360千字　472页

欧麦尔·本·哈塔布（634—644年在位）是继艾布·伯克尔之后的第二任正统哈里发。在伊斯兰历史上，除穆罕默德外，欧麦尔的名字被提到的最多。欧麦尔在其执政的短短10年间，先后将伊拉克、叙利亚、波斯、埃及等地区并入其国土，建立起一个幅员辽阔的哈里发国家，疆域范围、势力影响东至中国边界，西到非洲，北至里海，南达苏丹，创造了一个伟大的奇迹。本书为"四大哈里发系列译丛"之一，记述了欧麦尔恢弘而伟大的一生。为了给读者提供鲜明的人物形象，作者着重笔墨对欧麦尔的行为举止做了详细的解释，描写了这位伟人在世界历史上流芳千古及其遇难的原因，同时记述了他在短时间内建立起伊斯兰帝国的过程及其成立所带来的巨大影响。全书共25章。内容包括：蒙昧时期的欧麦尔、欧麦尔归信伊斯兰教、同先知在一起的时期、在艾布·伯克尔时代、欧麦尔开创新时代、艾布·欧拜岱及穆赛奈在伊拉克征战、攻克大马士革及扫荡约旦、卡迪西亚战役、攻克泰西封等。

奥斯曼传（四大哈里发系列译丛）

[利比亚]阿里·穆罕默德·萨拉比著　王永芳译

华文出版社　2016年1月　260千字　336页

奥斯曼·本·阿凡（644—656年在位）是先知穆罕默德的追随者和亲密战友之一。644年欧麦尔遇刺后，奥斯曼被六人组成的舒拉会议推举为第三任哈里发。在他执政期间，阿拉伯骑兵所向无敌，将伊朗高原等地划入伊斯兰版图。同时，由于其伟大的功绩：汇集《古兰经》定本，拥有"双层光明者"称号的奥斯曼在伊斯兰民族史上占有光辉的一页。本书为"四大哈里发系列译丛"之一，讲述了奥斯曼的生平事迹，详细介绍了他继任第三任哈里发后的施政情况及最终遇害的原因和过程。全书共7章。内容包括："双光者"奥斯曼在麦加和麦地那，奥斯曼任哈里发及其施政大纲和他的突出个性，奥斯曼时代的财政和立法机构，奥斯曼时代在东方和叙利亚、埃及的开拓工作，杀害奥斯曼暴乱的原因、奥斯曼遇害等。

阿里传（四大哈里发系列译丛）

[利比亚]阿里·穆罕默德·萨拉比著　王永芳译

华文出版社　2016年1月　320千字　424页

阿里·本·艾比·塔利卜（656—661年在位）出生于麦加古莱什部落哈希姆家族，其父艾布·塔利卜是穆罕默德的伯父。622年9月，为防止麦加贵族阴谋迫害穆罕默德，掩护他安全迁徙麦地那，阿里曾冒着生命危险睡在他的床上做替身。在穆罕默德领导的历次重大战役中，阿里冲锋陷阵，屡建战功，被誉为"安拉的雄狮"。656年6月奥斯曼遇害后，阿里被推举为第四任哈里发。本书为"四大哈里发系列译丛"之一，讲述了第四任哈里发阿里充满传奇色彩的人生经历，介绍了阿里的家庭背景、成长历程和主要思想，以及在其执政期间的施政策略、业绩乃至最后牺牲的过程。全书共7章。内容涉及阿里在归信及迁徙前后所从事的重要工作，《古兰经》对阿里的深刻影响，阿里在正统哈里发时代的表现，向阿里宣誓效忠及阿里最重要的特点和他的社会生活，阿里时代的财政、政法机构及阿里所进行的部分圣行类比事例，阿里时代的行政机构，阿里对哈瓦利吉派和什叶派穆斯林所持的立场等方面。

近当代伊斯兰宗教思想家评传（中国社会科学院文库·哲学宗教研究系列）
吴云贵著
中国社会科学出版社　2016年7月　299千字　280页

　　近代以来，伊斯兰教解释主体呈现多元化的趋势，但精通经训的宗教学者和密切关注现实的宗教思想家们依然是重要的解释主体。本书为"中国社会科学院文库·哲学宗教研究系列"丛书之一，结合相关史料，作者在以往研究的基础上，对哲马鲁丁·阿富汗尼、赛义德·阿赫默德汗、穆罕默德·阿布杜、阿布尔·阿拉·毛杜迪等六位有代表性的伊斯兰宗教思想家的生平、著述、思想、活动及其社会历史地位、作用和影响，做了全面、深入系统的论述和评价。全书共6章。作者强调，一个时代、一个国家、一个社团组织的宗教思想，在很大程度上就是宗教领袖和宗教思想家们的思想。了解他们在社会历史关键时刻的心路历程，有助于人们深入了解近现代伊斯兰教思潮与运动的发展态势、本质特征和历史影响，从而在总体上深化对伊斯兰文化社会政治功能的理解和认识。

马克斯·韦伯的伊斯兰教理论及其哲学之维（宁夏大学哲学学术文库）
冯璐璐著
社会科学文献出版社　2016年10月　184千字　200页

　　韦伯眼中的伊斯兰教是富有鲜明的现世伦理色彩的宗教，体现了权威与秩序的融合，经济与伦理的融合，信仰与社会的融合，神圣与世俗的融合，传统与现代的融合。他从诸宗教因素入手来分析伊斯兰教，进一步探讨了伊斯兰伦理与现世的关系以及伊斯兰社会之所以没有促成近代资本主义和理性经济发展的原因。他的理论被很多西方学者看作是东方主义而备受批判，他的关于伊斯兰教是一种武士宗教的观点引起许多质疑。本书为"宁夏大学哲学学术文库"之一，作者结合伊斯兰教在当今世界的发展现状，以哲学视角对马克斯·韦伯的伊斯兰教理论作了阐释和解读。全书共7章。作者指出，步入近现代以来，伊斯兰教正以两种截然相反的途径向前发展。一方面，伊斯兰教作为文化批判主义而向现代性发出挑战，表现为伊斯兰原教旨主义的兴起和对一切世俗事物的排斥。而另一方面，随着社会的发展，伊斯兰教的理性化和世俗化程度正在不断加深。从后一种发展倾向来看，伊斯兰教无疑持有一种融合的价值观。如果说新教和现代社会中的劳动分化促使了社会差异的产生，伊斯兰教则从一开始就表现为对社会差异的约束和消解。

近代伊斯兰复兴运动的先驱：瓦哈卜及其思想（伊斯兰文化丛书／马明良主编）
马福德著
中国社会科学出版社　2006年11月　210千字　218页

　　瓦哈卜教长因发起和领导宗教改革运动而被称为近现代伊斯兰复兴运动的先驱，瓦哈卜思想被认为是当代伊斯兰教原教旨主义最重要的宗教思想渊源之一。因此，深入研究瓦哈卜思想，有助于全面了解当代伊斯兰复兴思潮，并对此做出公正、客观的评价。本书为"伊斯兰文化丛书"之一，所讨论的是一个伊斯兰复兴运动的个案，也是一部系统探讨瓦哈卜思想来龙去脉、前因后果的新著，其中有许多鲜为人知的资料和独到的观点。全书分为"瓦哈卜宗教改革思想产生的时代背景"、"瓦哈卜及其宗教改革"、"瓦哈卜的思想渊源"、"瓦哈卜在信仰与法学领域改革思想的基本内涵"等6章。作者在国内外学者研究的基础上，通过吸收和融汇前人研究结果，从历史发展的角度，运用宗教学、社会学和政治学等理论方法对哈瓦卜思想进行了较为完整的展现和深入的分析与总结，并提高到一定的理论高度，总结出一些规律性的东西。

捌、伊斯兰教

艾布·哈尼法传（伊斯兰最有影响的四大法学家系列）
[埃及]穆斯塔法·舍肯阿著　马金鹏译
华文出版社　2015年6月　150千字　224页

艾布·哈尼法（700—767），著名学者、法学家，全名艾布·哈尼法·努尔曼·本·萨比特。伊斯兰教逊尼派哈乃斐教法学派创始人，居于四大教法学家之首。他的学说灵活、宽容、公正，受到人们的爱戴，系伊斯兰第一位且是最具影响力的法学家。本书为"伊斯兰最有影响的四大法学家系列"丛书之一，作者通过细腻的文学笔法描写了艾布·哈尼法不平凡的一生，讲述了他的出身、求学和走上讲坛的过程及其政治生涯。全书共5章。内容涉及艾布·哈尼法的求学之路和当时的社会学术环境、艾布·哈尼法的老师们，艾布·哈尼法的讲坛、艾布·哈尼法的品质与美德、艾布·哈尼法与王朝的关系等方面。本书已被译成多种文字出版，在阿拉伯各大高等院校被列为历史教科书，对研究伊斯兰教法学派的起源和发展极具参考价值。

天人合一物我还真：伊本·阿拉比存在论初探（世界宗教研究所文库）
于俊荣著
宗教文化出版社　2006年6月　200千字　280页

伊本·阿拉比（1165—1240）是中世纪伊斯兰教苏非神秘主义哲学家，他在伊斯兰思想史上的重要意义在于将苏非神秘主义学说系统化和理论化。他的思想代表思辨苏非主义的顶峰，其影响和地位无人可以企及。本书为"世界宗教研究所文库"丛书之一，是目前国内第一部根据阿拉伯文献系统研究伊斯兰苏非神秘主义哲学家伊本·阿拉比思想的专著，其主要特色是直接借助于伊本·阿拉比本人的代表作《麦加的启示》以及最具权威的阿卜杜·凯利姆·吉里所写对该书的注释这两部阿拉伯文原著，对自己的研究对象加以研究与评述，并在此基础上，对西方学者的研究成果、中国古代哲学思想成果、中国明清之际回族穆斯林学者的研究成果与苏非神秘主义思想进行比较研究，从而使这部著作立足于坚实的学术基础之上。全书共4章。书中首先对神秘主义的定义、特点以及世界各大宗教和哲学传统中的神秘主义作了全面总结和概括，尔后分别从本体论、造化论、认识论三个方面对伊本·阿拉比的思辨神学作了系统梳理和表述，并对阿拉比以前穆斯林哲学家的宇宙观和认识论作了概括和比较；同时将伊本·阿拉比的人生价值观与新柏拉图主义、印度教、中国儒家和道家思想进行比较，指出他们之间在伦理观方面的相似之处，从整体上肯定了苏非神秘主义思想的宗教价值及其实践意义。

安萨里思想研究
王希著
宗教文化出版社　2016年3月　326千字　275页

安萨里（1058—1111）是伊斯兰思想史和学术史上一个承上启下的重要人物。他学识渊博，著述等身，思想深刻且富于创见，在教法学、法源学、教义学（凯拉姆）、哲学和苏非灵知学等诸多领域都留下了众多传世之作，被认为是伊斯兰正统思想之集大成者。本书系依据作者的博士论文修改、润色而成，旨在对安萨里的主要思想及其内涵做整体性的评价。全书共7章。书中一方面借鉴知识社会学方法，通过考察安萨里思想形成的社会历史背景以及引发安萨里进行思考并促成其思想回应的那些个体性经验和社会性因素，来检视他在伊斯兰文化史和学术史上的作用及贡献；另一方面，则循着哲学史的理路，将安萨里之思想放置在整个伊斯兰教义学、哲学和苏非主义发展之内在逻辑中加以探析，来加深我们对伊斯兰文明精神内涵和本质特性的整体认识和把握。本书认为，安萨里在教义学、哲学和苏非主义方面的思想论述终与"信仰与理性之关系"这一主题息息相关，或者可以看作是对这一根本理论问题的具体回应。并据此指出，安萨里在伊斯兰历史发展的转折时期，通过自己的精神追求和学术努力对伊斯兰宗教共同体观念基础的调整和修正做出了自己应有的贡献。安萨里的思想对伊斯兰正统观念、乃至整个伊斯兰文化都产生了至为深远的影响。

九、工具书

中国伊斯兰文献著述提要
余振贵　杨怀中著
宁夏人民出版社　1993年6月　678千字　652页

　　本书是"七五"时期全国哲学社会科学研究重点项目《中国伊斯兰思想文化研究》的子课题，也是国内第一部系统介绍中国伊斯兰历史文献、研究著作与翻译作品的工具书。全书包括"前言"、"条目分类目录"、"附录"和"后记"四个部分。书中有针对性地选择和编写了在不同历史时期产生过影响的近580部文献著作的内容提要，以及160余部参考书目，并按其内容分成17个类别，即《古兰经》学、至圣言行、教义哲理、礼制仪规、民事刑律、教派门宦、论辩释疑、概论纵览、时势社会、述闻纪行、科技文化、丛谈论集、歌词故事、启蒙常识、史志研究、新疆古籍、中阿交通。这些作品上起唐宋、下至20世纪90年代，几乎囊括了中国伊斯兰教史上所有重要的汉文译著和其他少数民族语种的伊斯兰教古籍，从而具有丰富的史料价值和文化内涵。为了让读者把握各部著作的要义，了解不同类别下所收录不同作品的论述特点或时代背景，本书在每类作品前均加以简要说明，并交代撰写者在编排时的某些考虑。书末的几种附录，分别介绍了主要著译的问世年序、失传作品的目录、穆斯林译著家简历、中国伊斯兰教历史报刊及国内主要伊斯兰教书刊出版情况。

当代回族伊斯兰文化译著（中国当代回族文化研究丛书/孙振玉　潘忠宇主编）
冯杰文著
宁夏人民出版社　2014年7月　250千字　285页

　　伊斯兰文化译著，顾名思义，是指译著者以伊斯兰文化为依据，根据自身对文本所要传递的文化意义的筹划和预期，以伊斯兰经典文本为基本载体而展开的对文本的翻译、诠释和解读活动。本书为"中国当代回族文化研究丛书"之一，作者以当代回族伊斯兰文化译著为研究对象，通过走访陕西、甘肃、山西、河南、云南、宁夏等省区的38位回族民间译著者，并在对其所搜集的200多部伊斯兰文化译著进行文本研究的基础上，全面探讨和总结了当代回族伊斯兰文化译著的发展状况和发展动态。全书分上、下两篇，共6章。上篇"译著者"（第1-3章），旨在通过对译著者的人生经历、求学历程和译著经过的描述来反映他们的精神风貌，人物涉及传统经堂教育和伊斯兰学校培养的译著者、具有海外留学经历的译著者、在国内高校等部门任职及旅居海外的译著者。下篇"译著"（第4-6章），包括传统伊斯兰文化经典译著、当代伊斯兰文化经典译著、汉文伊斯兰文化著述，通过对译著的原著作者介绍、译著的篇章结构、译著的特色三方面内容的介绍来了解和把握当代回族民间伊斯兰文化译著的发展动态和主题呈现。附录收入了改革开放以来民间译著者出版的 200 多部译著的书目及作者通过本课题的研究撰写的两篇学术论文。

伊斯兰教词典
金宜久主编

上海辞书出版社　1997 年 10 月　817 千字　711 页

　　伊斯兰教（阿拉伯文 al-Islām）是世界三大宗教之一，由阿拉伯人穆罕默德于公元 7 世纪初在麦加创立。主要流传于西亚、北非、南亚、东南亚、中亚等地区；第二次世界大战以来，在欧洲、北美、黑非洲等地区也得到迅速传播。到 20 世纪 90 年代初止，约有 9 亿多信徒。特别是 20 世纪 60 年代末叶以来，伊斯兰世界的种种突发性事件令世人震惊，引起国际社会对伊斯兰教的普遍关注。本辞典是一部中型的专科辞典，总共搜集 3090 个词条，从 11 个不同侧面分别涉及伊斯兰教的历史、理论和现状，基本囊括了伊斯兰教的各个方面。其中包括信仰、礼仪、节日、制度；教法、经训；经籍书文；学说、思潮；教派、组织；历史事项；历史人物；古兰经人物、传说；称谓、教职；寺院、建筑、圣地；其他等，力求全面反映国内外伊斯兰教研究的成果。本辞典的词目表按分类编排，并注意各词条之间的关系，具有一定的系统性和完整性，检索也十分方便；书末附有穆斯林主要王朝年代表、穆斯林王朝世系表、什叶派世系表、伊斯兰教大事年表、词目笔画索引等，供参考和检索。

中国伊斯兰百科全书
宛耀宾主编　中国伊斯兰百科全书编辑委员会编

四川辞书出版社　2007 年 4 月　780 页

　　本书为国家"七·五"期间哲学社会科学重点研究项目之一，是我国学术界实行学际之间共同协作的产物，是集体智慧和辛勤劳动的结晶，也是国内编写的第一部全面系统地介绍伊斯兰教基本知识的大型专科工具书。全书以伊斯兰教基本知识体系为核心，兼收与伊斯兰文化有密切关系的学科知识，由"世界伊斯兰教"和"中国伊斯兰教"两大部分组成。书中共收条目约 3360 条，分经训典籍、教义学说、教法制度、宗教功修、教派学派、中外人物、历史事项、《古兰经》人物及传说、组织团体、教职称谓、圣地寺院、陵墓碑铭、著作文献、文化教育、各国伊斯兰教、传播地区、穆斯林民族、节日礼俗 18 类。编者参照当代世界编纂百科全书的通例和经验，在条目选择、知识结构体系、条目分类、编纂方式及检索系统等方面力求简明、完备和科学化。本书的主旨是突出反映中国伊斯兰教的特点和风格，故此对伊斯兰教传入中国的历史、派别与门宦、宗教制度、清真寺与道堂、代表人物、著述文献、文化教育、穆斯林民族、礼仪习俗以及伊斯兰文化与中国传统文化的关系等均作了介绍，释义时体现中国学者研究的新成果。凡世界伊斯兰教的共有条目，在释文中也注意了它在中国的运用、演变和发展，以及所赋予的新含义。力求用现代科学语言准确表述伊斯兰教的专用名词、术语、概念的语义及内涵。

玖、基督教

一、基督教典籍研究

圣经鉴赏
卓新平著
中国社会科学出版社　1992年2月　325千字　460页

《圣经》为基督教正式经典的总称，通常指《旧约全书》（39卷）和《新约全书》（27卷）。《旧约全书》包括的经卷，是从犹太教承袭而来；犹太教奉这些经典为《圣经》，但不承认基督教创立时编纂的《新约全书》。《圣经》产生的历史可追溯到位于地中海东岸的古老国度。在亚洲、非洲和欧洲交接的巴勒斯坦（迦南）这片神奇的土地上，孕育了一个古代游牧民族——古希伯来人。他们随着气候的变化和雨水的丰枯而迁徙流动，曾南抵埃及尼罗河流域、北达美索不达米亚两河流域，将古埃及文明和古巴比伦文明有机地结合起来，形成了古代世界一个极为独特的文化圈，并在这里孕育出令人瞩目的希伯来文明和基督教文明。本书以宏阔的视角、鉴赏的眼光、生动的语言、严谨的叙事讲述《圣经》这部彪炳千古的皇皇巨著，使观者既能从中知晓《圣经》所展示的人物、历史、故事、典故和内涵，也能了解《圣经》形成和产生重大影响的时空背景，从而获得丰富的知识、广远的视野和客观的评价，体会到复杂深刻的哲理和多棱立体的美感。全书分"圣经的历史"、"圣经的内容"和"圣经的影响"三编，并附有索引；行文既撷取哲学、史学、文献学等研究方法，又兼顾普及性。

圣经蠡测（宗教文化丛书/王志远主编）
文庸　王云桥　张德禄编
今日中国出版社　1992年3月　280千字　400页

本书为"宗教文化丛书"之一，是编者给北京大学哲学系宗教学专业学生讲课时编写的讲义，其中借鉴、引用许多别人的研究成果，同时适当揉入一些教会方面对《圣经》的看法，以求全面客观地介绍圣经知识。如果说，基督教是西方精神文明的主要支柱，那么，《圣经》无疑是这根支柱的柱心。它不仅是基督教教义、神学、教规、礼仪等知行轨范所遵循的依据，而且是一部学术巨著，是西方哲学、伦理、道德、文学、艺术、历史、地理、社会、民俗等范畴的丰富宝藏。一千多年来，西方各个上层建筑领域里的学者们，不论他是否基督徒，都经常从《圣经》中汲取人文养份和创作素材。因此，研究西方文化而对《圣经》一知半解，就很可能走上"盲人骑瞎马"的危途，这绝非危言耸听。据统计，《圣经》是世界上流传最广、出版量最大的书籍，共有1400多种文字的版本，其中《新约全书》曾先后被译成1848种语言和方言。目前，全球约有3亿册《圣经》在各国流通,每年销售量高达 1500 万册;不同版本的《圣经》诠释、故事等书,更是不计其数。由于历史原因和思维方式的差异,中国学者对《圣经》的理解多倾向其文学艺术性而较少注重其文献学价值和哲学思想等方面的研琢,且很少提出独到见解。若要根治此问题,就必须深入到《圣经》内部做精微细致的探察。

圣经密码
王少辉著

中央编译出版社　2009 年 3 月　415 千字　399 页

　　《圣经》是一部宗教经典,关系到两种宗教:犹太教和基督教,它是西方文化的源头之一,即人们所说的希伯来文化(实际上也有希腊文化的成分)。《圣经》同时也是一部关涉早期人类活动的历史。《圣经》的历史虽然以希伯来民族为主线,但实际上又旁及了两河流域、埃及、地中海东部等地区的各个民族,是一个历史的"富矿"。本书尝试运用人类学方法诠释《圣经》,借助"历史分析"与"结构分析"并重的研究方式,着意从"人性"的立场探析隐藏在《圣经》神圣光环背后的史实场景,复原人类祖先的原始文化与真实的心理形态,揭示其内蕴的宗教神学观念。全书共分 7 章。书中评述了关于伊甸园堕落的故事,认为这其实是一次弑父事件,它由俄狄浦斯情结这个历史发动机(元结构)驱动,并由此拉开了人类文明的序幕;随后,作者以弑父之后所形成的第一种社会制度(图腾制度)为起点,考察和研究了有关人类起源及历史的神话、一神教、三位一体以及宗教与神学观念的延展等问题,从而构绘出一幅围绕原始信仰与人伦关系之主题的宇宙论画面。

圣经关键词研究(圣经文化丛书/梁工主编)
邱业祥主编

宗教文化出版社　2009 年 6 月　330 千字　407 页

　　特定的关键词研究有助于我们准确把握某个特定学科的存在。对于圣经研究来讲,通过梳理出来的关键词,我们就应当可以比较迅捷地进入到那部经典内部,透视圣经神学观念的基本面貌。本书为"圣经文化丛书"之一,作者着眼于"作为神学经典的圣经"(The Bible as Sacred Canon),在《旧约》(必要时涉及次经、伪经、死海古卷等)与《新约》的比对分析中,逐一考辨了上帝、弥赛亚、基督、圣灵、约、启示、神迹、恩典、救赎、复活、律法、神国/天国、先知、信心、爱、智慧、公正、自由、罪、死亡、苦难、悔改、审判、魔鬼、末世等 30 个神学术语,意在透过这批关键词,展示出圣经神学乃至犹太—基督教神学的宏大图景。全书按所选关键词顺序分为三十个部分。书中汲取"若干部重要的圣经工具书及一些神学论著"里面的"普遍有效之观点",使这些"关键点"的神学内蕴与上帝论、基督论、人论、救赎论等神学理论构成一个有机整体,大体上涵盖了犹太—基督教神学的中心思想和基本观念。作者强调,作为关键词研究的规定性,本书并不刻意追求原创性或者论辩性的学术价值,而是尽量汲取普遍有效的观点,来加以整合研究。

圣经叙事艺术研究
梁工著

商务印书馆　2006年7月　404页

　　圣经是古犹太一基督教文化遗产的总汇，是带有百科全书性质的宗教神学经典。然而圣经作为一部"用特定文字并遵循一定规则写成的富于形象、饱含情感"的书面作品，它的文学属性却为世人忽视。长期以来，圣经阐释学之核心地带所关注的始终是神学及伦理意义问题，文学研究只在不起眼的边缘地带发出微弱之音。近代圣经文学研究兴起后，圣经作为一部历史文化经典和文学巨著的原貌渐渐有所显露；最近半个世纪，借助于20世纪文学和文化理论的有力支撑，一批当代学者终于使它的文学性质清晰地呈现出来，其中叙事批评学者的功劳特别值得称道。本书采用归纳分析的方法，在充分引用《圣经》例证、借鉴既有文学批评和叙事理论成果的基础上，对"作为文学的圣经"进行了整体研究，填补了我国在这个研究领域里的空白。全书共分7章。书中首先探究了圣经文学研究的源流，梳理了圣经叙事批评的理论构架，继而透过对圣经文本之"人物"、"情节"、"时间"、"背景"、"修辞"五项叙事特点的解析，阐述了圣经叙事艺术的构成要素及其规律，展望了圣经叙事批评的发展趋向。

圣经叙事研究
刘洪一著

商务印书馆　2011年7月　212页

　　希伯来圣经（The Hebrew Bible）是古代犹太民族历经千年积淀汇聚而成的正典要籍，是世界上最古老的一神教犹太教的神学圣典，也是一个内涵丰富、结构完整的叙事体系。学界惯从宗教、文学或历史的不同角度加以阐释；对圣经的文学研究也多以一般文学表征的例举为定式，往往未能真正揭示圣经叙事的整体机理。本书以叙事为研究界面和思想框架，摆脱了圣经考据学、圣经文本分析、传统释经法等的局限，融合了历史、文化、宗教、文学、诗学等要素，分别从希伯来圣经的叙事话语、叙事母题、叙事结构、叙事形态、叙事成规五个方面展开对圣经建构原理的整体性研究，阐明犹太一基督教文化的历史要点和发展脉络，首次系统地揭示了希伯来圣经叙事的内在体系和建构规则。全书共分5章。作者指出，圣经叙事不同于一般叙事的独特之处在于"上帝"对圣经叙事的全面介入并成为圣经叙事推演的驱动因素。因此，圣经形成了一个独特的叙事话语：上帝之道决定了叙事话语的属性，上帝的契约则是叙事话语的核心概念，上帝和人则是该叙事话语的中心内容。

基督教释经学（基督教文化译丛／游冠辉主编）
[美]W.W.克莱恩 C.L.布鲁姆伯格 R.L.哈伯德著　尹妙珍等译

上海人民出版社　2011年10月　728千字　712页

　　圣经是神的话语。它运用人的言语，记载了神对他们的命令，呈现了神期望他们聆听的信息。释经学（hermeneutics）包含解释或阐明的意思，描述的是解释圣经含义的工作。本书为"基督教文化译丛"之一，是美国学者W.W.克莱恩（William W. Klein）、C.L.布洛姆博格（Craig L. Blomberg）、R.L.哈伯德（Robert L. Hubbard Jr.）合作撰写的一部以认识和理解"圣经本来的面目"为主旨，系统阐述基督教释经学的著作。书中通过对不同的文化背景、语言（如希腊文和希伯来文）、时间差异、地域、历史等要素的解析，以及不同圣经版本的比较和许多释经实例的考察，全面介绍了基督教释经学的学科特征和基本任务，综述了基督教释经学的历史，力图"借助专家所积累的洞见和资料"，使读者深刻理解经文所阐发的信息。全书分为12章，主要包括五个部分内容：一、给释经学下定义，说明审慎而合理的释经原则的必要性，探讨历史上理解圣经的不同路径和方法。二、探讨释经者本身所需具备的资格，以及"释经的目标"（我们寻求的是什么）问题。三、圣经基本上是一部文学作品。作者试图确立基本而广受接纳的原则，去理解文学（包括散文和诗歌）是如何发挥作用的。四、介绍圣经中的各类文体，概览每类文体恰当的阅读方法。五、通过探讨圣经造就神子民的不同途径，思考现实中的个人实践问题，让人领悟研读圣经的实际好处。

错引耶稣：《圣经》传抄、更改的内幕（新知文库）
[美] 巴特·埃尔曼著　黄恩邻译
生活·读书·新知三联书店　2013年6月　180千字　249页

关于《圣经》中每段话语甚至每字每句都是出自于启示的说法，显然是有问题的；除非我们拥有当初所启示的原稿，否则我们现在拥有的，就只是那些原始稿件错误百出的抄本而已。既然《圣经》是启示的，而且我们没有原稿，在这种情况下，最迫切的问题就是要去确认原始版本的《圣经》到底说了些什么。本书为"新知文库"丛书之一，是美国基督教史专家埃尔曼通过对各种《圣经》版本、抄本历经30年的关注与思考，以确凿的证据和深入浅出的文字"来说明《圣经》的经文不是一成不变的神授本源"的学术论著。全书共分7章。书中围绕"关于《新约》的古代抄本、这些抄本之间的差异，以及抄写者如何复制甚至更动这些抄本"这一主题，运用经文鉴别学的方法，考证了《圣经》的缘起和"正典化"过程，探讨了多种原文翻译、古代抄写者笔误的可能性，指出《圣经》这部文学作品所蕴含的人的属性，并在爬梳千百种古籍抄本的基础上，选出其中最可靠、错误最少的抄本，据以还原和描摹出尽量贴近圣经启示的《新约》原始文字的真正样貌。

圣经汉译文化研究（中华翻译研究丛书）
任东升著
湖北教育出版社　2007年10月　350千字　450页

圣经汉译活动已有一千三百多年的历史，产生了丰富的翻译思想，呈现出独特而明晰的脉络，构成中国翻译史的有机组成部分。本书为"中华翻译研究丛书"之一，是以作者的博士论文为基础补充、完善而成的一部"旨在梳理中国翻译史上的圣经汉译传统，挖掘圣经汉译活动对于中国文化的特殊意义，探寻圣经汉译文化对于中国翻译研究的深刻启示"的学术专著。全书共分10章。书中引入翻译文化史的概念，将"翻译研究的科学性"作为方法论上的指导，广泛借鉴吸收《圣经》评断学、宗教学、历史学、文化学、比较文学，以及《圣经》汉译理论、《圣经》汉译主体研究等学科方法和相关理论成果，藉此探求《圣经》在中国社会文化语境下从宗教文本向翻译文学文本的演进过程。内容涉及圣经汉译文化研究的主要领域，包括对西方和中国圣经翻译史的钩沉，对重要《圣经》译本的考证，圣经汉译主体研究，圣经汉译理论研究，《圣经》翻译与《佛经》及《古兰经》翻译的对比研究，严复的圣经片断翻译个案研究，圣经诗歌翻译文体研究，《圣经》译本影响研究，《圣经》翻译与中国现代文学的关系研究等，由此构成"圣经汉译文化研究"的初步系统。

《圣经》汉译的文化资本解读
傅敬民著

复旦大学出版社　2009年10月　255千字　310页

　　中国社会历史上的《圣经》汉语翻译构成了一个特定的场域，具有基督宗教文化信仰习性的《圣经》翻译者，为了追求其各自的利益而在这一特定的场域中展开斗争，以获得基督宗教的表达形式（生产、积累、占据《圣经》汉译这一文化资本），并在此基础上进行传承和再生产，进而达到将基督宗教融入中国文化演变的最终目的。本书以"文化资本"理论为指导，以《圣经》汉译这一文化资本化的过程为主线，采用文本解读与历史解读相结合的方法，重点阐述了不同历史时期的社会行动者对不同时期文本产生的反应，并把社会行动者对不同时期的文本反应作为社会事实，研究不同时期与《圣经》译本相应的社会系统，再把不同时期的社会系统运用于行动者在身份认同与权威确认的社会表达，从而凸现意识形态和话语的文化资本化进程。全书共分7章。书中通过分析不同时期的《圣经》汉译文本产生的时代背景，特别是《圣经》汉译过程中对一些关键词的选用，展现出基督宗教与中国本土文化之间的文化冲击，力图透析《圣经》汉译作为一种文化资本在文化融合中的积累过程及其作用。其研究进路可以归结为：一、梳理《圣经》汉译与文化资本；二、分析《圣经》汉译文化资本的运作轨迹；三、符号权力的运演；四、宗教权威的建构；五、《圣经》汉译文化资本不同形态的分析以及对身份建构的探讨。

圣经的文化阐释（哲学社会科学创新基地研究成果·宗教文化大系 / 赖永海主编）
舒也著

江苏人民出版社　2011年1月　216千字　226页

　　本书为哲学社会科学创新基地研究成果"宗教文化大系"丛书之一，作者以圣经典籍为基础，从文化学角度对圣经中上帝的称谓及其谱系、圣经的价值结构、圣经的人类观、圣经的性别结构、圣经的生命价值观、圣经中的"约"之观念、圣经的律法观念、圣经与西方审美文化等方面进行了科学的、符合马克思主义的批判性思考，指出圣经中潜藏着一个深层的价值结构体系，其有关神的称谓和表述，表明圣经在神学谱系学上与古代近东及周边地区的宗教信仰有着不可分割的联系，并认为圣经在本体论阐释上有着一个价值的维度，即它把世界本体描述为一个类似于"善自体"的价值存在本体论。全书共分8章。第1章运用谱系学的方法考察和研究了希伯来圣经原文中雅威、埃尔、埃洛希姆、埃洛阿赫、埃拉、阿东乃等上帝的名字。第2章分析探讨圣经的价值结构。第3章分析探讨圣经的人类观，认为圣经的人类观有其内在的局限。第4章分析探讨圣经的性别结构，认为圣经对于性别并没有固定的一成不变的论述。第5章分析探讨圣经对于生命价值的朴素的理解。第6章分析探讨圣经中的"约"的观念。第7章对圣经中的律法书进行政治哲学解读。第8章分析探讨圣经与西方审美文化之间的关系。

圣经文明导论：希伯来与基督教文化（北京大学基督教文化研究系列 / 赵敦华主编）
[美] 杨克勤著

宗教文化出版社　2011年4月　150千字　221页

　　中西文化各自复杂多端，彼此之间的异同也是如此，但总体来说，犹太基督教与儒家思想之间的深刻差异，可以将西方的新教文化与中国的儒家文化区分开来。在西方历史上，没有任何文本比圣经具有更大的冲击力；而在中国历史上，没有任何文本比儒家的教导和传统更具影响力。本书为"北京大学基督教文化研究系列"丛书之一，是在北京大学长期任教的美籍客座教授杨克勤撰写的一部"以圣经为文本，以史实史料为基石，以系统或哲学神学为至真"来诠释西方文化的学术专著。全书共分7章。书中所处理的西方原始文本大多是用希伯来语、希腊语和拉丁语写成，很难用汉语进行重述。鉴此，作者采用"文史哲"作为研究进路，将每个章节的讨论都集中于某一主题或神学结论，如"神人的恩约：始源的意义与叙事的救赎"、"旧约的哲理：正典的意义与犹太的精神"、"耶稣的智慧：犹太与希罗正教文化下的圣爱"、"新约的诠释：信徒称义后爱邻舍的责任"等，旨在用作为"他者"语言的汉语编织出与西方原文不一样的意涵。

圣经文学
[美]勒兰德·莱肯著　徐钟　刘振江　杨平译
春风文艺出版社　1988年11月　310千字　420页

圣经文学在本质上是一种宗教性文学，它自始至终都显示出这样一种倾向：透过某一特定的表面，体会到它所蕴含的神灵意义或者看到它背后的神圣世界。圣经文学也是对历史事件的一种超验启示，它的创作者们不厌其烦地把自己描绘成为上帝的代言人和上帝在尘世的使者、超自然的真理通过他们传达给地上的人们。这一事实说明了它对世事的阐释常常依据一种调和性的认识原则。本书是基于作者在大学讲授圣经文学课的讲稿撰写而成的一部剖析和评价《圣经》文学价值的文学批评论著（根据美国The Zondervan Publishing House，1974版译出）。全书共分17章。书中运用现代文学批评方法，把圣经文学同西方文学中的名著联系起来加以考察，通过分层研讨基督教起源、英雄叙事、出埃及史诗、悲剧、《约伯记》、《诗篇》、颂词、雅歌、牧歌、福音书、使徒书，以及讽刺、比喻、象征等诸多文学形式，揭示了千百年来深刻影响西方文学、文化的诸多原型和要素。本书指出，圣经文学展示了一种鲜明的价值观念：善与恶，这种观念比其他文学作品都得到了更加强烈的强调和坚持，反映了作品的叙事者的主观态度。因此，理解和欣赏圣经文学的先决条件是要相信善与恶的最高存在，它们是生活中的最主要的问题。

圣经文学十二讲：圣经、次经、伪经、死海古卷
朱维之著
人民文学出版社　1989年10月　303千字　499页

希伯来人的"圣经"出于卓越的先知之手，他们把古老的口头文学中的神话、传说、感悟与现实而浪漫的创作紧密地贯穿在一起，形成神与人合一的精神纽带。"次经"为绝妙的文集，出现的时代较晚，二者被后来的基督教所继承，改名为"旧约"，用以和"新约"相对应。"伪经"非伪，不过时代更晚些，其中多卷托名古人所作。"死海古卷"则是1947年以后的十年间，在死海西北岸山洞中新发现的圣经古抄本，被称为文艺复兴以后最重要的文物发现。本书是著名学者朱维之先生对圣经文学研究的集大成之作，多年来已经成为外国文学研究与教学的必读学术经典。书中依托详实的资料、严谨的考证，系统介绍了圣经文学的有关情况，力求揭示先知作品的异象神性、西方人文精神之底蕴，指点圣经文学的精微玄奥。全书共分十二讲。第一至三讲，依次讲述了希伯来民族的历史，希伯来文学对西方和东方的影响，"圣经"、"次经"、"伪经"、"死海古经"的来历和内容。第四至六讲，叙述希伯来神话、传说和史诗等民间口头创作。第七讲，

重点剖析希伯来史传文学。第八至九讲，分别介绍希伯来文学中特有的"先知文学"和"启示文学"，这是圣经文学中最富有特色的部分。第十至十二讲，讲解希伯来圣经的诗文集，即哲理诗、抒情诗和小说。

圣经中的犹太行迹：圣经文学概论（犹太文化丛书/顾晓鸣主编）
J.B. 加百尔等著　梁工等译　顾晓鸣校
上海三联书店　1991年4月　236千字　300页

圣经文学研究的许多初步工作是清除信徒因神圣感而对圣经产生的诸多误解。这些错误的本质在于认为圣经是一部孤立的、完整的、有机联系的经典，未曾改动，也不会变化，并超越了现世生活的状况。"托拉"（亦称五经或律法书）乃犹太信仰的基石，犹太人一年到头在所有聚会中仪式化地朗诵它。犹太圣经三大部类的成书过程，也就是它们依次被确定为正典的过程：首先是"托拉"被定为正典，其次是先知书，最后是文集。《旧约》正典形成史上第一个有年代可考的事件发生于公元前622年犹大国王约西亚统治时代。前此一个世纪，撒玛利亚的要塞陷落于入侵的亚述人之手，北国以色列亡，犹大王国的弹丸之地成为上帝最初应许亚伯拉罕后裔所获土地的仅存部分。约西亚统治不久，耶路撒冷也遭入侵，所罗门圣殿毁于一旦。"托拉"从公元前400年时的宗教文学中独立出来，具有某种历史的偶然性。的确，它的统一性是人为的：为了使全书以摩西之死告终，《申命记》不得不从它业已述及的一系列历史事件中分离出来。事实上，摩西之死原先可能记述于现传《民数记》的末尾。倘若犹太历史上没有出现两次新危机，正典的成书或许会在数百年之后。到公元1世纪，犹太圣经终于形成正本。流俗的看法认为，圣经是宗教的源头。但历史事实并不如此，是宗教孕育了经卷，而非相反。本书为"犹太文化丛书"之一，书中谈到的希伯来圣经，与犹太圣经很容易混淆。简单地说，后者是犹太人承认的经典，是犹太教的圣卷。而希伯来圣经用希伯来语写成，是犹太圣经（即基督教《旧约》）的最早来源。

圣经视阈中的东西方文学
梁工等著
中华书局　2007年3月　300千字　474页

圣经在东西方的传播为学术界提供了对古代经典进行跨民族跨语言跨文化跨学科研究的极佳范例。仅就文学而言，圣经本身就是一部与众不同的文学巨著，以其为元典的希伯来文学与中国文学、印度文学、希腊文学共同构成世界文学殿堂的四根支柱。本书运用比较文学理论和影响研究、文本研究、平行研究等多种方法，既追踪圣经在东西方的流传线索，又揭示圣经传播与基督教传教运动的关系，以及圣经公会对于传播圣经的推动作用；在此基础上，客观分析了圣经的文化品质及其对东西方文学的深刻影响，并通过《论语》与《摩西五经》比较研究，旧约次经、伪经叙事文学研究，《天路历程》与《西游记》的历史类型学研究，莫尔的《乌托邦》与基督教思想、拜伦与基督教文化的个案研究等，阐释了圣经作为宗教正典的精神能量以及圣经研究的当代意义。全书共分9章。作者指出，圣经中富含意蕴精深的文化理念，能为后世文明的发展提供源源不断的促进力量；立足于当代，从圣经中寻索各种迄今仍有强大生命力的价值观念而取其精华，是圣经读者理应具备的科学态度，也是处于文化重建时代的中国学者理应采纳的学术立场。

圣经与中外文学名著（圣经文化丛书／梁工主编）
陈会亮主编
宗教文化出版社　2009年9月　330千字　398页

　　圣经是文学成长的源泉，是西方文学的最伟大的源头，对文学象征意义的形成发生了深远影响。探究圣经与中外文学的关系，既是一种审慎的知识考古，也是一项针对当下社会种种问题的寻方问药。本书为"圣经文化丛书"之一，是一部由陈会亮、姜宗强、陈莹、焦晓燕、顾新颖等十位作者共同执笔完成的以"作为文学源泉的圣经"（The Bible as Literary Source）为主要关注点的学术文集。这些作者运用比较文学的影响研究、平行研究和跨学科研究的理论与方法，对一批中外文学名著与圣经的关系加以考辨，抑或对二者的历史文化意义和审美价值判断予以权衡和比较，从多个角度揭示了圣经中的文学元素对于中外文学名著及其创作者的精神世界的深刻影响。全书共分9章。内容涉及《阿摩司书》与杜甫诗篇中"受苦者"主题的平行比较，圣经与弥尔顿诗歌、哈代小说、劳伦斯小说、《日瓦戈医生》、《荆棘鸟》、福克纳小说、《哈利·波特》诸作品的关系，以及圣经对中国新时期文学的影响。

当代文学理论与圣经批评
梁工著
人民出版社　2014年3月　847千字　834页

　　当代文学理论与圣经批评的互动研究是一项庞大而复杂的课题，涉及多种文学理论与圣经批评流派，既体现为文学理论促使圣经批评经历了从历史过程转向文本自身、从表层心理转向深层心理、从作者意图转向读者接受、从封闭思辨转向文化批判、从单一阅读转向综合解析的发展变化趋势；也体现在圣经研究孕育出某些文论、圣经为文论成长提供营养、释经规范转型为诗学原则、圣经研究施惠于文艺批评等方面。本书聚焦于当代圣经研究从历史批评向文学批评的范式转型，运用对话模式全面考察了当代文学理论与圣经批评的互动关系及其发展嬗变，并从比较文学的视域讨论了圣经批评的开放性、跨越性和综合性特征，揭示了圣经研究对文论建构的反哺和贡献，以求促进中国特色经学理论系统的构建和完善。全书共分9章。第1章从当代圣经批评范式转型赖以发生的学术传统、范式转型的具体表现等方面勾勒出西方文论发展嬗变的主线。第2章论述圣经的历史学—社会学批评。第3章论述圣经的文学品质。第4-7章分别考察当代圣经批评范式转型的具体范畴，包括圣经文本的文学批评、以读者为中心的圣经批评、心理学—精神分析圣经批评，神话—原型圣经批评。第8章从传统上的圣经内部研究转向外部的意识形态批评。第9章从以往对圣经的单一观察转向当代学者对它的综合考辨。

希伯来圣经的文本历史与思想世界
游斌著
宗教文化出版社　2007年3月　590千字　583页

　　希伯来圣经包含着之为上帝圣民的以色列人近二千年的历史。但是，对于希伯来思想来说，历史并非时间的自然流动，而是耶和华之启示自己意志的场所。希伯来圣经又是一个传统（traditions）不断汇聚的集合。在众多的传统中，耶和华呈现为多样的形像：出埃及传统中的解放者、西奈传统中的立法者、先祖传统中的应许者、锡安传统中的宇宙君王、先知传统中的审判主、流放传统中的安慰者和救赎主、智慧传统中的创造主、天启传统中的将来者等等,这使得希伯来宗教的历史、道德与神学整合于一位终极实在:耶和华之中。本书运用历史评断学、文学评断学、形式评断学、社会学评断学、编修评断学等多层次的圣经评断学方法(尤其倚重传统史方法和正典评断学),以以色列思想史为基本维度,分析和研判了希伯来圣经中蕴含着的文本与群体、群体与群体、文本与文本之间的丰富而复杂的关系,生动展现了其中的文学、史学与神学世界。全书共分21章。内容包括"希伯来圣经:概念与边界""学术史与研究方法""先祖宗教:以色列信仰的开端""出埃及:耶和华崇拜的起源""西奈立约:诫命""应许之地:信仰叙事与历史实景""王朝时期:国家及其政治神学""申命运动:约西亚改革与《申命记》"等。

圣经的历史:《圣经》成书过程及历史影响(图文馆·历史书)
[美] 斯蒂芬·米勒 罗伯特·休伯著 黄剑波 艾菊红译
中央编译出版社 2008年5月 424页

《圣经》共六十六卷,分别由四十多位不同时代的作者写成。令人惊奇的是,这些来自不同神学阵营的作者在跨越一千多年的时间长河里所写成的各个版本的书卷,是如此的前后一致。他们在叙述神是谁、神为帮助人类做了什么的故事时,衔接得竟然如此天衣无缝,浑然一体,成为人类文化的难解之谜。本书为"图文馆·历史书"丛书之一,是美国学者米勒和休伯经过多年的研究编写而成的一部"讲述圣经本身的故事:它如何成书、如何得以保存下来、如何在历史的长河中改变这个世界的故事"的著作。全书包括五个部分。书中把基督教经典文本《圣经》作为一份承载了"奇妙的故事"的历史文献进行考察,分别从"旧约的成书"、"新约的成书"、"圣经与迅速发展的教会"、"宗教改革时期的圣经"、"圣经与现代社会"五个方面展示了圣经的成书过程,介绍了圣经在不同历史时期的版本演化和印制、传播、批判与诠释情况,论述了圣经对西方社会乃至整个人类文明的深刻影响,完整再现了圣经本身的历史。

圣经历史哲学(上、下卷)(凤凰文库·宗教研究系列)
赵敦华著
江苏人民出版社 2011年7月 880千字 1065页

本书为凤凰文库"宗教研究系列"丛书之一,是赵敦华教授于1994年8月出版的《基督教哲学1500年》一书的后续之作,也是一部"关于圣经历史的哲学"(philosophy of the biblical history),或"对圣经历史的一种哲学解释"(a philosophical Interpretation of the biblical history)的学术论著。书中将基督教哲学的基本原则、核心观念及其发展的全过程归结为圣经哲学,运用哲学、神学、历史学等多学科交叉的研究方法,对圣经全书作了系统梳理,并以圣经批评为视角,讨论了圣经中启示与历史、拯救史与世界史、历史与真理的关系,解析了圣经的经书结构及其隐含的诸多疑义。全书分上、下二卷,共9章。上卷"旧约历史哲学"(第1-5章),立足于圣经批评的哲学前提,评述了《创世记》、《约伯记》、《申命记》、《士师记》等旧约典籍中所包含之耶和华一论的起源及其与多神论的最初论战,以及耶和华的产业、大卫之约和先知时代、祭司时代的圣经历史哲学。下卷"新约历史哲学"(第6-9章),按照新约历史的形成顺序和发展脉络解释《新约》各卷,从宗教哲学的视角纵向研究了"历史中的耶稣"、横向比较了四福音书、《使徒行传》、《罗马书》等新约典籍所载之内容,同时比照罗马史、犹太史,阐明新约历史较之二者所独具的真实性、连续性和预见性。

玖、基督教

历史与性别：儒家经典与《圣经》的历史与性别视域的研究
贺璋瑢著
人民出版社　2013年6月　400千字　383页

　　性别是超越时代、地域、种族、民族和宗教信仰的永恒话题。在当今这种全球化、各种文明正处在交汇融合和相互借鉴的时代和文化背景下，从历史与性别视域来考察最为悠久的两大文明传统，即中华文明与希伯来—犹太文明以及基督教文明系统的经典中相关的最早言说，对于我们理解不同时代境遇中的性别传统以及人们的生活方式是有意义的，同时儒家经典和《圣经》依然可以使生活在今天的人们得到两性之间"体面和有尊严的相处之道"的启示和智慧。本书主要关注的是儒家经典与《圣经》中关于"性别意识"即对性别的观念及看法的探讨，作者从"历史与性别"的视域出发，通过对先秦儒家经典和犹太—基督教圣经中有关经文的研读和解说，比较研究了古代中西性别文化的共性、差异及历史变化等，基本厘清了中西历史上性别观念和思想的发展轨迹，展现出作者对中西性别文化特质的理解与认知。全书按中西性别文化的历史源流与时间顺序分为4章，涉及殷周社会结构的变迁对性别关系的影响；《尚书》、《诗经》与《易经》的正统性别意识；春秋时期民风民俗的沿革与《易经》的生命意识；西周春秋时期与早期以色列社会性别关系的比较；孔子、孟子与荀子的性别意识；《礼记》、《易传》与郭店楚简《六德》中的性别意识；从《四福音书》看耶稣的性别意识；儒家经典和圣经中的智慧对于现代人类生活的"光照"等多项议题。

新约导读（宗教文化丛书／王志远主编）
蔡詠春著
今日中国出版社　1992年3月　270千字　371页

　　本书为"宗教文化丛书"之一，系蔡詠春先生的遗著，原稿经由其夫人黄秀英女士整理校勘后出版。书中所录的每卷经文之首均设简介，概述西方学者的考证成果；重点截取文史哲方面的内容，经卷排序亦有所更动。《新约全书》分四福音书、《使徒行传》、书信、《启示录》四部分．四福音书主要记载耶稣事迹和言论；《使徒行传》叙述耶稣门徒在他死后传教和成立教会的情况；书信是教会领袖写给各地教会和信徒的信札；《启示录》是以犹太教传统启示文学体裁写成的宗教典籍。四福音书为整部《新约》核心，其中《马可福音》成书最早；《马太福音》、《路加福音》较晚，并将《马可福音》所载耶稣事迹几乎全部引用到各自书中。《约翰福音》堪称最富有哲理的福音书，文辞精美，引人入胜；与前三部福音书相同，《约翰福音》也经历口头宣传、零散记录到编写成书、修订补充的过程；其所载耶稣生平事迹少，言论多，且言论往往联系事迹来发挥。至于是否为使徒约翰执笔，颇具争议。《新约全书》最早的一卷写于公元51年，最晚的写于公元2世纪中叶（重要经卷均作于公元50-110年）。这个时期，基督教还处在为生存而挣扎的阶段，时间虽短，却已建立了几个重要的传教中心，如巴勒斯坦的耶路撒冷、叙利亚的安提阿、小亚细亚的以弗所、罗马帝国首都罗马等。

圣经修辞学：希罗文化与新约诠释（基督教文化研究丛书／冀建中主编）
[美]杨克勤著
宗教文化出版社　2007年4月　300千字　440页

　　"修辞学"是希腊文 rhet- 或拉丁文 oratore 的汉语直译，较准确的翻译为演说术、雄辩术。

对西方学界来说，以修辞学解读圣经已是传统的方法，而对汉语学界来说，修辞学则只蕴含修饰用字和玩弄文采之意。故此，华人学者往往把修辞学与虚构文学混为一谈，进而担忧修辞学会将圣经这样一本包含启示与真理的经典降为虚构的探索。本书为"基督教文化研究丛书"之一，作者以古希腊和罗马修辞学的历史和理论研究为基础，集中探讨了新约圣经的修辞学和希罗文化，比照分析了古希罗修辞学与"新约为主、旧约为次"的圣经修辞学发展之异同。在对古修辞学的研究过程中，本书主要介绍新约圣经文本如何与古希腊、罗马以及旧约犹太文化各方面互为施受，并逐渐形成一股独特的经典诠释。全书分三篇，共16章。第一篇"文化背景篇：希罗修辞学"（第1-5章），属于修辞史料整理部分，论述古希罗修辞学的历史与文化，厘清"修辞学"之定义。第二篇"诠释概论篇：圣经修辞学"（第6-10章），介绍新约圣经修辞与古希罗修辞文化的关系。第三篇"诠释个案篇：保罗的修辞学"（第11-16章），属于修辞原理解经部分，旨在从修辞理论的层面解读保罗如何在不同的文化处境中传达神的信息。

圣经典故辞典（英汉对照）
谢金良　卢关泉主编
复旦大学出版社　1992年8月　837页　958千字

《圣经》是人类文化遗产的一部分，在世界文化宝库中占有重要地位。外文书籍，特别是西方文学名著，包含量大面广的典故，其中许多典故和妙言警句均取自《圣经》一书。对于中国广大读者而言，如果不熟悉这些典故的来历，难免会因望文生义而闹笑话。故本工具书确有极强的实用性。书中所摘录的典故，系根据基督教《圣经》的《旧约全书》和《新约全书》，择其精要编写而成；共收词目1000多条，内容丰富、条目齐全；译文中英对照，注有出处，词义确切，喻意精当。书末附圣经名词英汉对照表、圣经分类词目表、圣经新旧约全书篇名及其简称（英汉对照）、主要参考书目。

二、教义、神学
（一）教义

基督教要义（全3册）（基督教经典译丛／何光沪主编）
［法］约翰·加尔文著　钱曜诚等译　孙毅　游冠辉修订
生活·读书·新知三联书店　2010年3月　1363千字　1620页

我们所拥有的一切智慧，也就是那真实与可靠的智慧，包含了两个部分：认识神和认识自己。神既是创造者，同时也是救赎者。要认识人，不只是人要认识自己，同时人还要认识神。认识神是人认识自己的前提。本书为"基督教经典译丛"之一，是法国著名宗教改革家加尔文（John Calvin）神学思想的系统阐述（根据1559年拉丁文版译出），亦是基督徒敬虔生活的实用指南（信仰生活的指导书），在加尔文的思想体系中占着重要地位。书中以圣经、《罗马书》的注释和研读为引线，系统讲述了基督教之要义，其内容涵盖基督教神学几乎所有的领域，不仅为当时基督教会的改革及之后四百余年的教会发展奠定了神学基础，而且在很多方面塑造了现代西方文化形态。全书分四卷。第一卷"认识创造天地万物的神"（18章），论述人如何认识作为创造主的上帝，由"理性借着被造之物对神的认识"来仰观神的主权。第二卷"在基督里认识神是救赎者，这认识首先赐给律法时代的以色列人,其次是福音时代的我们"(17章),探讨人如何认识作为救赎主的上帝,以及人性中的"罪"、自由意志等问题。第三卷"我们领受基督之恩的方式:我们从这恩典获得何益处,以及这些益处所产生的结果如何"(25章),讨论基督徒生活的特征、称义与恩典的主题和基督救恩的方式、益处及其益处所产生的结果。第四卷"神采用外在方式吸引我们与基督交通,并保守我们在这交通里"(20章),讨论教会的性质、治理和圣礼,即基督徒领受神的恩典的外在方式。

论基督教教义的发展（基督教经典译丛 / 何光沪主编）
[英] 约翰·亨利·纽曼著　王雪迎译
生活·读书·新知三联书店　2014年9月　341千字　380页

内从各个宗教派别和团体的历史来看,并从圣经的比喻和例子而言,我们完全可以结论说基督宗教教义认可正式的、合理的和真正的发展,也就是说认可存留在神圣作者心目中的发展。本书为"基督教经典译丛"之一,是一部研讨基督教教义发展观的专著,全面考察了从使徒时代到19世纪的基督教教义发展史,探究了天主教、东正教和新教所持教义的异同,并藉此疏解英国国教与罗马天主教之间的教义分歧,对基督教义的发展与扭曲进行区分。全书共分"从教义自身看教义的发展"、"教义的发展与蜕变之对照"两个部分,总计12章。第一部分,纽曼提出了交易发展的概念;第二部分,纽曼对教义真正的发展与教义的蜕变或腐化作出辨别,提出教义真正发展的七个标准。作者的诠释和观点极富争议性,体现了纽曼自身思想变化的历程与特征。

基督教教义史
[美] 伯克富著　赵中辉译
宗教文化出版社　2000年9月　175千字　212页

基督教教义主要包括上帝论、三位一体论、基督论、拯救论、教会论、末世论等。其中基督论是核心,涉及在基督里神性和人性的关系,基督的位格和基督的事工在救赎人类中的作用等重大问题。对这些教义,不同时期的神学家都做出了有深度的阐释。本书原名为《改革宗教义神学的历史部分》,是教义神学(又称系统神学)的姊妹书。书中从教义史的角度追溯了基督教教义的起源,并根据历史的先后叙述了教义神学演变的脉络,探讨了耶稣基督教会的神学真理的发展历程。全书共分9章。第1章为绪论,首先介绍了教理史的主题、职责、分类与方法等。第2章介绍教义发展的预备期,内容涉及使徒时代的教父和他们的伦理观、异端的福音、教会中的改革运动、护教士与教会神学的发源、反神哲派的教父、亚历山大里亚的教父等。第3-9章分别阐释不同历史时期、不同神学家的基督教教义理论,包括三位一体论、基督论、人论、赎罪论、拯救论、教会论与圣礼论、末世论等。

历代基督教信条（基督教历代名著集成系列）
[美] 尼科斯（Nichols.J.H.）选编　汤清译
宗教文化出版社　2010年11月　620千字　585页

宗教有信条,犹如科学有定律,美术有准则,哲学有至理,社会有法规一样。信条最初是基督徒个人和团体对信仰和崇拜的对象所发自然和直接的宣认。这种宣认,在未记录下来,成为固定信条以前，早已口授慕道友，作为表记；并使之在受洗加入教会时宣认，一则作为公然对世人，尤其对教会给主作的见证，以为信守，二则作为同是基督徒的表记。它后来随着时代的演进，渐被采用于公共崇拜中，由会众歌颂，或宣读。本书为"基督教历代名著集成系列"丛书之一，收录了芝加哥大学神学教授尼克斯选定的"基督教自创立到近现代两千年来主要信经信条的全本或节译"。所选信条乃是由两种分类法合并而成：一、按照教会之分而分为大公教会的信经、希腊教会的信条、罗马教会的信条和复原教的信条；二、按照时代的演进而分为古代教会的信经、改教时期及改教后期的信条、近代的信条和20世纪的信条。这些信条思想缜密，文体严整，表现了二千年来基督教信仰的发展，揭示了各宗各派特殊的教理，并显示了基督徒心灵的生活。全书共分10章。内容包括：古代大公教会的信经，16世纪的信条，17世纪加尔文派及清教徒的信条，贵格会、莫拉维会、循道会、基督会和救世军的教义，东正教的信条，天特会议后天主教的信条，19—20世纪改革宗传统的发展等。

（二）神学

被钉十字架的上帝（基督教学术研究文库）

[德] 莫尔特曼著　阮炜等译

上海三联书店　1997年1月　308千字　422页

在基督教中，十字架是检验一切能被称为基督教事物的标准。理解历史性的上帝的身份的关键是从耶稣基督的十字架事件来理解三位一体学说。本书为"基督教学术研究文库"丛书之一，是德国图宾根大学系统神学教授约尔根·莫尔特曼（Jürgen Moltmann）继其成名作《希望神学：论基督教末世论的根据与含义》(1964)之后发表的另一部具有代表性的作品。书中以"十字架神学"为旨归，把十字架解释为圣父与圣子之间的三合一的事件。由此出发，他解释了上帝与世界的三合一的历史（trinitarian history），认为这一历史既是上帝与世界相互牵连，而且也是影响到上帝的历史；作为神圣位格的共同体的上帝自己的三合一联系，从十字架上产生的爱，则同力量和正义联系在一起。全书共分8章。第1章论述基督信仰的身份和现实相关性。第2章讲解教会里非宗教性的十字架、十字架崇拜、十字架神秘主义、十字架神学等。第3-5章论述耶稣问题、耶稣的历史审判和耶稣的末世论审判。第6章论述被钉十字架的上帝，包括有神论与十字架神学、十字架神学与无神论、神人两性论与基督的受苦等。第7-8章分别讨论人的心理解放之路和人的政治解放之路。

谈论上帝：神学的语言与逻辑之考察（宗教与世界丛书／何光沪主编）

[英] 约翰·麦奎利著　安庆国译　高师宁校

四川人民出版社　1997年11月　193千字　255页

我们若用盎格鲁－撒克逊语的词根替换希腊语的词根，那么"神学"一词几乎等同于"谈论上帝"；但是，并非所有关于上帝的谈论都有资格成为神学。因为谈论上帝全然不同于谈论我们在世上所遇的普通的事物和人类。本书为"宗教与世界丛书"之一，是英国神学家和哲学家约翰·麦奎利（John Macquarrie）为回应如何"谈论上帝"问题而撰写的一部"严肃地考察神学的语义和逻辑"的论著。全书共分12章。书中首先引用同神学对立的分析哲学和语言哲学的方式来提出问题并分析问题，认真地讨论了欧美主流哲学家和神学家有关语言的一般问题，续而透过神学的语义和逻辑，考察了神学的词汇、神学语言的各种类型，以及神话、象征、类比、悖论和经验语言等问题；此后在讨论有代表性的几位现代大神学家的语言观的基础上，考察了神学与逻辑经验主义的关系及其与海德格尔解释学的关系，并且从生存哲学走向存在哲学这两者的结合中推导出神学的基本逻辑："生存与存在的语言。"

上帝与理性（清华哲学翻译系列·北美宗教文化专集／王晓朝主编）

[英]托马斯·陶伦斯著　唐文明　邬波涛译　谢文郁校
中央编译出版社　2004年6月　162千字　199页

现代自然科学与现代神学所遇到的困境是共同的。二者在各自领域里遇到了关于人类主体性的不当要求，并为了努力追求知识的纯洁性与真实性而反对这种说法，即我们只能了解我们为自己所发明、所造就的东西。本书为清华哲学翻译系列"北美宗教文化专集"之一，是英国新教著名神学家托马斯·陶伦斯（Thomas F. Torrance）为"捍卫神学的科学性"、"呼吁回到神学理性中去"而撰的一部"旨在探讨在全球基督教中作为一种基督教运动的福音派所面临的一些最重要的问题"的论著。全书共分5章。作者在书中以信徒的身份批判性地研讨了福音派的历史和基督教神学的当代议题，反对那种陷入历史相对主义和文化表现主义的神学倾向，以及那种对科学本身的僵化理解，认为将科学的态度贯彻于神学探究之中，不仅可能、可行，而且必要；同时呼吁人们站在理性的立场上去重新认知神学使命，促使其在新的世纪里发挥决定性的和持续性的作用。正如作者所言：它是一个坚定的福音派信徒写给那些需要发现自己的历史、从过去的失误中吸取教训以面对未来挑战的福音派读者看的。

来临中的上帝：基督教的终末论（上海三联人文经典书库·基督教文化经典系列／查常平主编）

[德]于尔根·莫尔特曼著　曾念粤译
上海三联书店　2006年9月　300千字　316页

终末论被视为"有关末事的教义"或"有关万事终结的教义"。这是种恐怖末日论的想法，可是不符合基督教精神。在莫尔特曼看来，基督教终末论的基础是被钉十字架的基督的复活，其要义在于"致死的终结中的崭新开始"。本书为上海三联人文经典书库"基督教文化经典系列"丛书之一，是德国图宾根大学系统神学教授莫尔特曼围绕"一种确定的纲领"，呼应其三十年前所著《希望神学》（1964）而撰写的一部"深具启发性和开创性的神学巨著"。全书共分5章。书中整合了向来被拆得支离破碎的观点：个人的终末论、历史的终末论、宇宙的终末论和上帝的终末论，并为基督教终末的盼望提供了不同的远景：对上帝荣耀的盼望；对上帝为世界所作的崭新的创造的盼望；对上帝针对人类的历史和大地的盼望；对上帝为个人复活及得永生的盼望。据此，莫氏论证了基督从"死里复活"是一种"万有的崭新创造"，具有"开始就在终结中"的再生意义与复活价值，表明上帝将再度"来临"之神圣性。

现代语境中的上帝观念：耶稣基督的上帝（西方传统·经典与解释 / 刘小枫主编）
[德] 卡斯培著　罗选民译
华东师范大学出版社　2008年6月　380千字　518页

　　上帝问题是基督教神学的核心命题。面对现代性与世俗化的挑战，尤其是近代以来无神论对上帝观念的冲击，构成了人们言说上帝的一个难题。它不仅强调如何理解上帝，而且更多地体现为如何看待上帝与人类之间的关联，即上帝与人的同在。本书为"西方传统·经典与解释"丛书之一，是德国天主教神学家卡斯培（Walter Kasper）以"对话"的态度考察"现代语境中的上帝观念"的论著。书中围绕传统基督教"对于上帝－耶稣基督的上帝，因而还有三一论的认信"的理解，爬梳了自希腊化时代至中古末期重要的思想文献、中世纪神学和近现代有关上帝问题的各种哲学辩论，并从传统有神论和当代无神论的角度切入，阐述了上帝观念在西方思想文化传统中的演进。全书包括三个部分。第一部分"今日的上帝问题"（5章），回顾自启蒙运动以来，因人类以自主性名义拒绝上帝而导致的当代神学困境，检视这种困境迫使人们重新思考上帝之经验和认知的可能性，以及上帝之启示和隐匿性的意义，认为有神论与无神论的辩论所引发的问题，其所对应的唯一答案只能是上帝本身。第二部分"耶稣基督的上帝之信息"（3章），论述圣父、圣子、圣灵的神学解释与发展，并在救恩论和圣灵论的视域中回答上帝的问题。第三部分"上帝的三一奥秘"（2章），经由启示神学论述三一论的确立，回应现代社会对基督宗教的各种诘问。

上帝死了，神学何为：20世纪基督教神学基本问题（哲学文库）
张旭著
中国人民大学出版社　2010年4月　356千字　345页

　　卡尔·巴特（Karl Barth，1886-1968）是20世纪第一个完全站在基督教信仰的立场上回应尼采问题的神学家。在与整个18世纪和19世纪的现代神学的决裂时刻，巴特终结了哈纳克、特洛尔奇和赫尔曼的自由神学及其历史批判法；在20世纪神学的开端时刻，巴特与布尔特曼、布龙纳、戈嘉腾一道发动了辩证神学革命。本书为"哲学文库"丛书之一，作者基于从尼采的断言及其对现代性的批判而来的问题意识，以四大神学家（巴特的辩证神学、布尔特曼的生存神学、朋霍费尔的上帝之死神学、莫尔特曼的盼望神学）在20世纪掀起的四场革命性思想运动为主线，试图在德国新教神学"巴特－朋霍费尔－莫尔特曼"这个框架之中来描述和把握20世纪基督教神学的基本问题、基本范式和基本关切，理解20世纪基督教神学如何在面对基督教的现代危机和历史困境时重返自身根基以重建自己的努力。全书共分6章。内容包括：巴特为世纪神学重新奠基；巴特与布尔特曼之间的巨人之争；朋霍费尔神学的此世性方向；上帝之死神学；三位一体与上帝之国等。作者指出，德国新教神学不仅是基督教神学最有特色的，而且是最深刻的中心。这也是本书胆敢以德国新教神学的解释框架来处理20世纪基督教神学基本问题的理由。

上帝、关系与言说：批判神学与神学的批判（圣经图书馆 / 杨克勤　梁慧主编）
曾庆豹著
华东师范大学出版社　2011年7月　410千字　597页

　　圣经描述着这么一位上帝，是与人说话或交谈的上帝，而不是内心观照的意识活动或感性经验的东西。只有根据这项"关系"的前提，才能进而把握神学的关系范畴，并重新展开对上帝、罪、

玖、基督教

拯救、和好等神学观念的理解。本书为"圣经图书馆"丛书之一,是一部"尝试在中西方思想的语境中提出自己独立的主张和思想"的"神学提纲"(Theolegumena)式的学术论著。全书共分8章。在书中,作者从人与他者、人与自我、人与自然、人与上帝互动的"关系"范畴出发,将"批判的神学"划定为系于本体论的"倾听的神学"和系于行动论的"沟通的神学"两个部分,借以考察并把握当代各家思想学说的贡献及限制。为此,作者批判了以主体形而上学、意识哲学、宰制、同一性为原理的困境,反驳了那些将基督教信仰当成一种抽象的精神或彼岸的心灵之事物的看法,以及那种把人与上帝的交流仅仅理解为"内在于人的意识活动或心理状态"的"神学人类学"的观点;并依据这种现代性的认识和思考,分析了各家哲学和神学思想学说的贡献与局限,开启了以互为主体性、语言互动、社群性、解放、差异为意旨的思想出路,指出只有以语言作为一种符号互动的关系,才能真正摆脱神学人类化的陷阱,克服种种私人化信仰或主体主义的危机。

论隐秘的上帝(汉译世界学术名著丛书)
[德]库萨的尼古拉著 李秋零译
商务印书馆 2012年6月 133页

库萨(Nikolai de Cusa 1401-1464)是中世纪末期的基督神学家、罗马教会的高级神职人员,本名 Nicolaus Chrypffs,因生于摩塞尔的库萨,故通称库萨的尼古拉。其神学思想主要包含两大论题:一、关于上帝的谐致,即有差异的谐致;二、关于上帝的神秘思想,即人以何种方式思想上帝才与上帝的自性相适宜。本书为"汉译世界学术名著丛书"之一,收录了由李秋零博士据《尼古拉著作集》拉丁文版(Nikolaus von Kues: Werke, Neuausgabe des Strassburger Drucks von 1488)并参 E. Bohnenstfidt 之德译本 Drei Schriften vom verborgenen Gott(Hamburg 1967)、Von Gottes Schau(Leipzig 1944)译出的《论隐秘的上帝:一位异教徒与一位基督徒的对话》、《论寻觅上帝》、《论与上帝的父子关系》、《论上帝的观看》这四篇被公认是库萨之"否定神学"杰作的论文。在四文中,库萨依循否定的方式论述上帝的隐秘性,指称上帝"既非被称道,也非不被称道",认为"上帝是绝对的纯粹的永恒的不可言说的真自身",从而通过部分否定而具体肯定上帝的一些"真相"。

论三位一体(世纪人文系列丛书/陈昕主编)
[古罗马]奥古斯丁(Augustine, A.)著 周伟驰译
上海人民出版社 2005年5月 410千字 459页

奥古斯丁(354-430)是基督教教父哲学的集大成者,他在基督教思想史上的地位,只有托马斯·阿奎那(1224-1274)可以相比。如果说阿奎那的神学闪现的是理性的清澈和思辨的精微,那么奥古斯丁的神学体现的就是存在的丰富和思想的深刻。本书为"世纪人文系列丛书"之一,是奥古斯丁"神学三部曲"(另两部是《忏悔录》和《上帝之城》)中"理论水平最深"的一部著作,代表了奥古斯丁神哲学思想的最高成就,喻示着整个教父哲学的理论巅峰。与另两部著作相比,本书侧重于从上帝三位一体本身的角度来考察神与人的关系,因此它给人一种"高屋建瓴"的感觉。其"三位一体"之学说,包含丰富而深刻的神学、哲学和心理学思想,无论是在西方神学史上,还是在哲学史上,都占有极为重要的地位。全书共分十五卷。若以"二分法"框定其文本结构,则内容分布如下:前七卷是"经文分析",主要讨论圣经中与"三位一体"有关的经文,

考察圣父、圣子、圣灵三位格的内部关系，及其与"受造界"的关系等神学问题，并对其中的疑难之处，作出详尽的解释。后八卷是"神人类比"，作者遵循"信仰寻求理解"的理路，在坚持三位一体信仰的前提下，从"心灵对它自己的记忆、理解、爱"，以及"心灵对上帝的记忆、理解、爱"这两个类比中寻求上帝在人身上的固有"形象"及实在之永恒性，以此达成对上帝的感悟和理解。

上帝之城（上、下卷）（历代基督教思想经典文库）

[古罗马] 奥古斯丁著　王晓朝译

人民出版社　2006 年 12 月　988 千字　1231 页

"上帝之城"的说法源于圣经。正如奥古斯丁所指出："我们所称上天之城，是圣经上有证据的。"经文"告诉我们有一座上帝之城，它的创造者劝我们作它的子民。然而世俗之城的民众，却将他们的邪神放在本城的创造者之上，因为他们不知道他是众神之王"。本书为"历代基督教思想经典文库"丛书之一，是国内学者王晓朝"综合取舍英译本的注释文字"，且"所有圣经引文均结合奥古斯丁原文并参照和合本圣经'上帝版'译出"的一部"符合中国人文学界的习惯"的《上帝之城》译著。这部著作在神学的框架内阐释了奥古斯丁的政治哲学理念和基督教政治价值观，论述了神圣的照管及人类的历史，提醒神的国度是属灵及永垂不朽的，而并非是这世界任一国家能取代的。故此，本书被认为是第一部教会历史哲学，是融汇了奥古斯丁一生中主要思想的最著名、最具影响力的晚期著作之一，是"奥古斯丁思想的成熟之花"。全书共二十二卷，可以分为两大部分。第一部分包括前十卷，主要批驳异教徒对基督教的责难，重评罗马史，认为罗马的毁灭是咎由自取，与基督教无关。第二部分包括十一卷至第二十二卷，较为系统地涉及历史观。具体说来，第十一卷至第十四卷阐述了人类社会的起源，或"上帝之城"与"世俗之城"的来源；第十五卷至第十八卷阐述了人类历史的发展过程；第十九卷至第二十二卷阐述人类历史的结局。

奥古斯丁《上帝之城》中的社会生活神学（世界宗教研究译丛／卓新平主编）

[芬] 罗明嘉（Ruokanen, M.）著　张晓梅译

中国社会科学出版社　2008 年 11 月　198 千字　241 页

《上帝之城》是奥古斯丁晚年的巨著，奥古斯丁从社会生活的立场考察了基督教神学几乎所有的核心主题，它对西方社会思想的巨大影响或许胜过了任何别的著作。传统的奥古斯丁研究主要透过经院哲学来阐释他对社会生活概念的理解，但现代的解释趋势对传统范式提出质疑，主张在奥古斯丁自己的定义中寻求其对于社会生活的神学解释，即爱取代了正义成为社会生活概念的基础，应将正义视作一个超验概念，社会不能直接建立在正义理念上。本书为"世界宗教研究译丛"之一，是芬兰学者罗明嘉撰著的一部"集中于奥古斯丁晚年的神学思想"研究的专著，也是"对奥古斯丁在其巨著《上帝之城》中的神学思想做的第一次现代系统分析"。全书共分 6 章。作者试图表明，晚年奥古斯丁的思想以"社会生活"概念为主要特征：上帝的创造和救赎行动，最高目的是要造就一个由虔诚地爱上帝的理性存在者组成的社会。另外，人类生活最不幸的悲剧就在于堕落到一种强权社会，建立在统治欲之上；因其骄傲，人类企图统治同类，如上帝统治其被造物。作者同时指出，奥古斯丁在《上帝之城》中的论述相较于传统异教或基督教社会思想的理想化观点，更多了一份原创性和现实色彩。奥古斯丁对政治权力现象的现实主义的和动态的分析，其中包含了民主思想的萌芽，并且明显有别于古典哲学的社会理论。

玖、基督教

忏悔录
[古罗马]奥古斯丁著　周士良译
商务印书馆　2015 年 11 月　350 页

　　奥古斯丁的《忏悔录》原名"Confessiones"，古典拉丁文本作"承认、认罪"解，但在教会文学中，转为承认神的伟大，有歌颂的意义。这篇以"忏悔"命名的自传体祷文，把作者自己的灵魂搁置在上帝的祭坛上严肃拷问，毫不掩饰地贬斥自身的缺陷与弱点，反映了奥古斯丁最真实的情感和人格，被看作是迄今为止对罪恶、神的显现以及灵魂拯救表达最为真切、探索最为深入的著作之一。因此，我国过去都称此书为"忏悔录"，在欧洲则"忏悔录"已成为自传的另一名称。本书是天主教耶稣会中国籍会士周士良神父于 1962 年翻译完成的一部"较为完美"的《忏悔录》中文译著（根据 1926 年法国拉布利奥勒教授复据维也纳本出版的合校本译出）。全书共十三卷，以内容言，可分为两部分。第一部分（卷一至卷九），记述了奥氏从出生至三十三岁母亲病逝这段人生岁月的心路历程与灵性感悟；第二部分（卷十至卷十三），刻画了奥氏著述此书时的生活状态与感恩之情。通观全文，作者自始至终以上帝为谈话对象，陈述其内心挣扎及转变经历，颂扬神的伟大，倾诉自己一生所蒙受的天主的恩泽，发出对天主的赞美。

论原罪与恩典：驳佩拉纠派（汉译世界学术名著丛书）
[古罗马]奥古斯丁著　周伟驰译
商务印书馆　2012 年 12 月　494 页

　　在西方基督教思想史上，奥古斯丁的影响可以说是除《圣经》之外，无人能比。基督教的"原罪"、"恩典"、"预定"、"自由"、"两城"、"正义战争"等核心思想，都留下了很深层次的"奥古斯丁烙印"。而奥古斯丁关于"原罪与恩典"的释义，主要是在跟佩拉纠派的论战中提出来的。本书为"汉译世界学术名著丛书"之一，选译了由美国维拉诺瓦大学的奥古斯丁修会（The Augustinian Order at Villanova University）发起、由罗泰莱（John E. Rotelle）主编的《奥古斯丁全集》（The Complete Works of St. Augustine: A Translation for the 21 st Century; New York: New City Press, 1990– ）之《尼西亚会议前后教父著作集》奥古斯丁部分的反佩拉纠派著作一卷中的 7 篇主要书信：《论圣灵与仪文：致马色林》、《论本性与恩典，致提马修和雅谷》、《论佩拉纠决议：致迦太基主教奥勒留》、《论基督的恩典：致阿尔宾娜、平利安和素娜丽》、《论原罪》等。这些书信按照时间先后编排，完整映射了奥古斯丁"原罪与恩典"神学思想形成与发展的过程，为后人提供了进一步的探讨和判断的依据。

走向十字架上的真：20 世纪基督教神学引论（上海三联文库·学术系列）
刘小枫著
上海三联书店　1994 年 4 月　300 千字　462 页

　　十字架上的真不是人构造的真，而是上帝在爱的苦弱和受难中启示给我们的真。我们可以走向这启示，并见证这种真。十字架上的真是活的真、关怀个人的存在与非存在的真，对于这种真，需要个体从自身的存在和境遇出发去聆听和践行。本书为上海三联文库"学术系列"丛书之一，是作者立足于汉语的思想语境，采用纯思辨的理性形式来讨论 20 世纪最重要的几位天主教和新教神学家的思想，并对"十字架上的真与我们的存在真实和我们的文化存在论上的相遇"所伴生的一系列问题进行独到诠释的论著,被誉为国内第一部以东方文化和个体信仰立场解读20世纪西方主流神学思想的经典读物。全书包括:从绝望哲学到圣经哲学;上帝就是上帝;人是祈祷的X;神圣的相遇;分担上帝的苦弱;信仰的重负与上帝之爱;期待上帝的思;十字架上的普世挑战等12个议题,涉及俄国的舍斯托夫,瑞士的卡尔·巴特,德国的舍勒、布尔特曼、朋霍费尔、默茨、海德格尔、莫尔特曼,瑞士的汉斯·昆、巴尔塔萨,法国的西蒙娜·薇依,美国的尼布尔等人物及其思想,他们都是"本世纪对上帝之言的活的见证"。

过程神学:一个引导性的说明
[美]小约翰·B.科布　大卫·R.格里芬著　曲跃厚译
中央编译出版社　1999年1月　163千字　207页

过程神学是一种哲学神学,是一场深受英国哲学家阿尔弗雷德·诺斯·怀特海(Alfred North Whitehead)和美国哲学家查尔斯·哈茨霍恩(Charles Hartshorne)过程哲学思想影响的神学运动。自20世纪20年代迄今,过程神学已成为现代西方有别于新正统神学和自由主义神学等神学流派的一个重要派别,并成为建设性的后现代主义的重要组成部分。本书是关于怀特海、哈茨霍恩所开创和共同坚持的"过程哲学"而引发的具有"强烈影响的神学运动"的引导性说明。书中以怀特海哲学的基本概念及其宗教意义为切入点,通过具体的实证材料,探索和阐释了上帝、信仰、教会、人类存在和基督教运动等有关过程神学的各种问题。全书共分9章。第1-2章介绍来自怀特海哲学的概念并指出其宗教意义。第3-6章分别讨论作为创造和回应之爱的上帝、自然神学的进化过程、人类存在的结构、作为创造性改造的基督、作为基督肉身的教会等。第7-9章解释了过程神学视域中的末世论、创造性改造中的教会、全球危机与生存神学。

基督教神学思想导论
[加]许志伟著
中国社会科学出版社　2001年10月　283千字　355页

基督教神学作为对上帝的本性及其目的的分析与论说,在整个基督教的认知和诠释中有着极为独特的意义。本书是加拿大华人学者许志伟博士在其授课讲稿基础上修订、完善而成的一部表达自身对"基督教神学思想的总体理解和基本取向"的学术专著。书中把神学的基本观念放在历史的大视野中加以考察,突出强调了《圣经》原典的意义和"三位一体"之神学主题的重要性,并以此为前提,循着系统神学的进路,全面论述了基督教神学的起源和发展、基本范畴、学科分类、思维方式和语言特色,以及神学知识的各种来源,同时尽量让这些神学论题与现代文化思潮相互碰撞、切磋和对话,内容涵盖创世论、上帝论、人性论、原罪论、救赎论、基督论、圣灵论、末世论等。全书共分11章。作者指出,《圣经》是基督教的精髓所在,只有以经典为基础,才可能真正深入探讨基督教神学思想的内容以及它们的发展过程。本书对于神学思想的选取与辨别,"主要是看它们是否在神学思想史上具有重大意义,是否符合圣经传统,是否可以与当代思想文化接轨,以及对社会所产生的深远影响"。

玖、基督教

基督教神学范畴：历史的和文化比较的考察
张庆熊著
上海人民出版社　2003年2月　291千字　358页

在漫长的两千年的历史中，基督教的信仰基本上是不变的，它处于核心的地位；基督教的神学处于信仰的外围，为适应人类的社会和知识的发展，不断地从哲学等思想学说中吸纳论述的理论框架和解释的方法。可以说，基督教的神学是多种多样和不断发展的，而基督教的信仰则在这些变化中基本保持不变。本书运用历史的和文化比较的研究方法，一方面从神学观念史的角度对基督教神学体系及其重要概念的产生、发展和演变的过程作了纵向梳理和论述；另一方面从近代启蒙思想对基督教神学体系的挑战、冲击以及基督教神学家的回应等不同文化的互动关系角度进行了横向对话比较，其间穿插了以中国文化立场来审视基督教神学的观点、方法和结论，最后在对宗教的定义问题作出明确解释的前提下，从语用学、现象学、诠释学三个方面讲述了宗教理解之途径。全书共分10章。除首尾两章对基督教历史和教义、宗教定义与研究方法予以概述外，其余各章则对基督教神学核心观念的历史发展进行了有选择的介绍，包括圣经观、上帝观、启示观、创造论、人性论、原罪论、基督论和救赎论、末世论等。书中内容侧重于哲理方面的探讨，未涵盖传统的教义神学所涉及的关于教会生活的实用神学部分。

神学研究：一种百科全书式的定位（朗朗书屋·历代基督教经典思想文库/刘小枫主编）
[德]艾伯林著　李秋零译
中国人民大学出版社　2003年10月　183千字　283页

现代知识学的多元化趋势衍生了神学学科的定位危机，这主要见于内在的多元化（神学分科之间的区分）与外在的多元化（神学与其他学科之间的对话），表现为"由于通向构成神学事业的惟一性和整全性的道路受到阻挠，神学的对象领域和任务领域被分裂和瓦解为个别事物的一个混乱聚合体"。本书为朗朗书屋"历代基督教经典思想文库"丛书之一，是瑞士苏黎士大学神学系教授艾伯林（Gerhard Ebeling）在其授课讲稿基础上撰写的教本（后被德国的"大学基本丛书"采用）。全书共分12章。书中直面"神学体系在现代知识学的定位危机"，据此反思神学的本质、任务和方法，强调现代神学的多元性与分科性。基于上述缘由，作者将"神学的整体"纳入到现代学理与社会的广阔视域中，提出了"实质的百科全书"式的定位方案，透过《新约》学、《旧约》学、宗教学、哲学、教会史、自然科学与精神科学、人文科学等多学科视角结构出一个兼容多元性、分科性、确立性及统一性的体系链条，借以界定"神学的科学性"，重新确立基督教神学在现代知识学中的地位。

神学的科学（朗朗书屋·历代基督教经典思想文库/刘小枫主编）
[英]托伦斯著　阮炜译
中国人民大学出版社　2003年10月　348千字　459页

神学的科学与自然科学有着相同的基本问题，即如何将我们的思考和陈述真正归诸超越于我们的实在之源、如何获得这么一种对实在的认识，以及如何保持人类主体在这种认识活动中的充分而完整的地位。本书为朗朗书屋"历代基督教经典思想文库"丛书之一，是英国爱丁堡大学系统神学教授托伦斯（T.F.Torrance）于1969年完成的一部"有关上帝的科学的哲学"的著作（根据作者于1959以"神学与科学方法的本质"为题所作系列演讲的讲稿扩展而成）。全书共分6章。书中环绕着神学的客体性，对神学与科学发展的相互影响、科学活动的性质、真理的本质、特殊科学中的神学科学等议题进行了深入探讨，力图澄清神学中的科学活动的程序，阐示神学与科学寻求终极真理的目标一致性及其治学进路、理念和方法的共通性，进而在对上帝的思考中，重新恢复上帝作为这种思考的直接而适宜的至上对象的地位，从而服务于神学作为一种纯粹科学的自我检查这一目的，并且号召在神学科学的实证和建设性任务中保持客观性和理性。

基督教神学原理（上海三联人文经典书库）
[英]约翰·麦奎利著　何光沪译
上海三联书店　2007年1月　500千字　550页

神学可以定义为这样一种学问，它通过参与（participation）和反思（reflection）一种宗教信仰，力求用最明晰和最一致的语言来表达这种信仰的内容。本书为"上海三联人文经典书库"丛书之一，是英国神学家约翰·麦奎利（J. Macquarrie）于20世纪60年代完成的一部"极具综合性和兼容性的系统神学著作"（根据1979年修订第二版译出）。书中以一种"与现代世俗文化相通的语言"和体察时代精神的"开放"态度，重新解释了传统所谓"自然神学"、"教义神学"、"实用神学"或"实践神学"的各种理论，并对多元文化处境下的当代神学所面临的挑战作出回应。全书包括三个部分，共21章。第1章为导言，阐述了神学的构成因素、教义的发展和神学的方法等。第2-7章为"哲理神学"部分，作者从人生分析出发，引入现代人可以接受的"启示"概念和认识论、"上帝"概念和本体论、语言观念和神学逻辑，回答了关于"上帝是否存在"的问题。第8-15章为"象征神学"部分，主要对传统的三一论、创造论、基督论等所有的基本教义进行了既符合现代思想气候又符合传统教义精神的解释。第16-21章为"应用神学"部分，作者明确了应用神学的任务，提出了一套适应现代社会并与天主教调和的教会论，以及关于圣职、圣事、布道、崇拜和祈祷等等的理论。他还改造了陈旧的传教观，对当代世界面临的重大问题提出了基督教的解决办法。

汉语学术神学：作为学科体系的基督教研究（基督教文化丛书／卓新平主编）
黄保罗著
宗教文化出版社　2008年8月　410千字　563页

汉语学术神学（Sino-Christian Academic Theology）系指汉语的学术性基督神学。它既是汉语文化圈内的"关于上帝的理性言说"，也是以中国内地学术界为生存平台的"人文性神学"、"学院神学"或"大学神学"。本书为"基督教文化丛书"之一，是作者"为了建立和完善汉语学术神学的研究规范"、促进"汉语学术神学学科体系"建设，而"从基督教神学传统的视角来构建汉语学术神学的知识性结构规范"的著作。书中参照芬兰赫尔辛基大学的基督教神学研究体系，同时关注了当代西方大学里学术神学的教学和研究最新状况和成果。在此基础上，作者精心构设了汉语学术神学学科体系的理论框架、知识体系及其内在的逻辑结构。全书按基督教研究在神学传统中分成的五个分支学科编排，主要包括：圣经神学（Biblical Theology）；历史神学（Historical Theology）；系统神学（Systematic Theology）；实践神学（Practical Theology）；宗教学（Science of Religion）五个部分。各部下设若干章节，分门别类地讲解了这门学科的定义、派生来源与性质、研究对象、研究目标与任务、研究内容及研究方法论等。作者认为，基督教研究学科最根本的基础和评判标准是人类的理性,但汉语学术神学的规范和发展不可能忽视基督教神学的传统,而这个传统又是体现在某个具体语言神学之中的,西方悠久的神学传统就是此类神学的代表。

基督教神学导论(基督教文化译丛 / 游冠辉 孙毅主编)
[美]米拉德·J. 艾利克森著 L. 阿诺德·休斯塔德编 陈知纲译
上海人民出版社 2012年5月 632千字 617页

　　基督教神学寻求的是认识圣经启示的上帝,并为人们提供一种基督教关于上帝创造之工的认识,尤其是关于人类及其所处境况的认识,还有对上帝的救赎之工的认识。神学以圣经为自己的出发点,以上帝之道为核心,将关于上帝及其他实在的普遍、超时空的真理,通过一套明确的方法论最有效地阐述出来。本书为"基督教文化译丛"之一,是美国当代神学家艾利克森为神学院授课之用而撰写的三卷本教材《基督教神学》(Christian Theology)的缩写本,也是一部系统神学领域的经典之作,旨在为读者步入基督教神学的宏伟殿堂提供一把入门的钥匙。全书包括十二部分,共42章。在书中,作者基于福音派的立场,运用简明的语言讲解了基督教神学的任务、研究方法、中心思想与基本理论,并以圣经为基础,将神学的基本观念放在历史的人视野中去考察,讨论了上帝的启示、上帝的本质、上帝的计划、人性、罪、基督的位格、基督的工作、圣灵、救恩、教会、末世等神学问题。本书相较于原三卷本巨著,虽篇幅有所缩减,但无论是在体例上,还是在观点上,均与原书一致,其内容基本上涵盖基督教神学的各个方面,呈现出"主题鲜明、层次清晰"的特征。

神学与哲学:从它们共同的历史看它们的关系(汉译世界学术名著丛书)
[德]潘能伯格著 李秋零译
商务印书馆 2013年4月 433页

　　哲学的起源与宗教密切相关。哲学的产生不是不依赖于宗教,而是作为对宗教传统所断言的东西的批判性反思。没有对哲学的全面认知,人们就不能理解基督教学说如何历史地形成,也不能达到对基督教学说在当代的真理断言的一种独特的、有根据的判断。本书为"汉译世界学术名著丛书"之一,是当代著名德语基督新教思想家、学者潘能伯格(Wolfhart Pannenberg)站在基督教神学立场上撰写的一部"介绍和评析西方神学与哲学传统在其共同历史中的关系"的著作。全书共分12章。第1章总结了历史上哲学与神学之关系的四种类型:一、神学与哲学对立;二、基督教是真哲学;三、神学作为超自然启示的知识高于作为自然知识的最高形态的哲学;四、哲学关于上帝的自然知识高于神学。第2-4章讨论古代哲学(柏拉图主义、亚里士多德、斯多亚哲学)在基督教思维中的影响史。第5章讨论基督教对哲学的主题构成的贡献。第6章讨论近代文化产生的进程。第7章讨论17世纪两个突出表现为划时代的观点(笛卡尔对形而上学的更新和洛克所建立的经验论哲学)。第8章讨论康德及其思维对神学的影响。第9-10章讨论从费希特到黑格尔的德国唯心论。第11-12章讨论黑格尔之后的神学与哲学。

神学的奇异回归:基督教在后现代思想中的变迁(灵性与社会丛书 / 魏德东主编)
[英]唐·库比特(Don Cupitt)著 王志成 刘瑞青 李圆圆译
社会科学文献出版社 2013年5月 149千字 239页

　　两个世纪以来,西方文化变得世俗,没有哪种宗教教义像基督教这样在被认可的知识分支中扮演构成性的角色。教会基督教中的真理已被聪慧地、深深地埋葬了,以至于只有旧宗教的死亡和消解才能使它最后重见天日。然而，关于"上帝"的信仰的影子依然在我们的语言、环境、艺术和文学中。传统的基督教思想以一种崭新的伪装的方式回归了。本书为"灵性与社会丛书"之一，是英国当代杰出的后现代宗教哲学家、基督教神学家唐·库比特撰写的"一部独特的后现代基督教思想作品"。书中基于"宗教首先是由大规模的压抑行为创造的"这样一种认识，以神学的奇异回归（Theology's Strange Return）为题，阐述了近两个世纪以来西方文化的世俗化所掩盖的上帝真理，揭示了在"基督教日益被解构"的后现代性中，基督教传统的"永恒世界"的崩溃，以及关于"上帝"的信仰的影子在我们的语言、环境、艺术和文学中的复苏与回归。全书共分20章。内容包括："上帝"的永恒性在纯粹的短暂性中回归、在批判性思维中回归、在人文主义中回归，创造世界的圣经观念在现代诗歌和语言哲学中回归，上帝作为生命、光明与人类创造者的回归等。

意义：当代神学的公共性问题（人文学科关键词研究／杨慧林主编）

杨慧林著
北京大学出版社　2013年5月　326千字　231页

心悟心迷，仍有分别；打通尘障，方显究极彻尽的洞见。是以"公共性"之谓，在圣俗之间，在学科之间，也在中西之间。就神学而言，唯有当它借助更普遍的话语方式，就人类的共同处境发言之时；唯有当它更多地关注"公共性"问题，更多地进入"公共性"领域之时，才有理由在世俗社会和学术制度中立身，才可以成为人文学术的合法论题，也才有望使基督教的"信仰群体"实现"话语群体"的潜能，否则就只能"将宗教语言减损为自我封闭的语言游戏"。本书为"人文学科关键词研究"丛书之一，作者以对"意义"领域的概念解析为主旨，分别从"当代人文学术的'意义'问题"、"'意义'问题的跨文化读解"、"'诗性智慧'的'意义'同构"、"'意义'追寻的现实情境"四个维度，深入探究了宗教学与一般人文学术的相互关联和相互启发，并以汉语语境中的"意义"理解为枢纽展开与当代西方神学研究的直接对话，力图梳理出一种"关于基督教的'非宗教'诠释"，从"意义结构"的角度探讨宗教与神学的公共性问题，为宗教问题提供更为理性的理解途径。全书分四编。作者认为，在理解的基础上"破执"，不仅可以摆脱任何"中心话语"的束缚，也将在体制化的信仰形态之外，开辟出一条揭示宗教文化意蕴的新路。

二十世纪神学评介（基督教历史与思想译丛／章雪富主编）

[美] 葛伦斯（Stanley J. Grenz）　[美] 奥尔森（Roger E. Olson）著　刘良淑　任孝琦译
上海三联书店　2014年3月　480千字　483页

20世纪是一个过渡的时代，从以启蒙运动为始的现代文化，嬗递到后现代文化。20世纪神学亦随之展现出神学与文化纠结，迈过现代变迁到后现代的奋斗历程。本书为"基督教历史与思想译丛"之一，作者围绕上帝的超越性与临在性这两个主题，力图"透过神的超越性和临在性之二元真理所激发的张力"，来介绍自启蒙运动以来，特别是进入20世纪后西方各种主要的神学思潮，以及近数十年来的知名神学家与神学运动，诠释基督教神学度过变动时代的复杂历程，表明福音派神学的"瓜熟蒂落"，窥探20世纪神学分分合合之谜。全书共分10章。第1章回溯启蒙运动时期的神学思想。第2章论述重建超越性（19世纪神学的临在性）。第3章论述临在性的反叛（新正统派的超越性）。第4章论述向神的临在性进深（重建自由主义传统）。第5章论述世俗中的临在性（激进神学运动）。第6章论述"未来"带来的超越性（希望神学）。第7章论述在受压迫经历中复苏的临在性（解放神学）。第8章论述心灵的超越性（新天主教神学）。第9章论述在故事中的超越性（叙事神学）。第10章论述重新肯定平衡（成熟时代的福音派神学）。

当代中国的基督教神学方法
陈驯著
宗教文化出版社　2010年12月　250千字　304页

当代中国，基督宗教的研究和基督教神学的研究正在越来越多地被不同学者群体所关注。在"做什么神学"与"如何做神学"之间存在许多急于要做的工作和要讨论的问题。其中，神学方法论的讨论在当代中国严重缺席。本书原文为英文，题为Globalizationand Contextualization: A Study of Theological Methodology in Contemporary China（写于2004—2006年），2008年9月开始译成中文并重写。书中以当代中国在全球化影响下的基督教处境神学出路为理解对象；一方面，运用实践性的社会学分析去处理全球化和处境化的理论；另一方面，使用系统的分析去具体化神学方法论的探讨；进而在客观描述神学之当代处境的前提下，尝试构建起符合中国社会生态现实的基督教神学。全书共分7章。第1章给"全球化与处境化"作出明确定义。第2章回顾基督教在中国历史上的传播。第3章分析当代中国的经济、政治、社会、文化，以及宗教的发展变化。第4章讨论当前中国处境中的基督教宗教和基督教神学研究，不仅分析基督教新教内部的发展情况，而且试图理解教外的基督教研究兴趣和热潮。第5章从理论的角度去比较地分析全球化和处境化在概念上相关于社会学理论和基督教神学的融合。第6章讨论基督教神学的一些方法。第7章概述本书的总体结论。

当代西方天主教神学（当代基督宗教研究丛书/卓新平主编）
卓新平著
上海三联书店　1998年5月　350千字　468页

20世纪是西方天主教神学发展最快、变化最大的一个时代。它以其现代派调整天主教自身、旨在适应当代思想、道德和社会需求的努力而拉开了其发展序幕。经过半个多世纪的探索与徘徊，当代天主教神学在60年代"梵二"会议后获得突破，在其神学思辨理论和社会应用学说上均出现飞跃，并推出了一批引人注目的思想家，使之呈现出错综复杂的多样性特色，从而为我们认识其现代进程和整体状况提供了全新景观。本书为"当代基督宗教研究丛书"之一，是卓新平教授负责的国家社会科学基金重大研究项目和中国社会科学院重点研究课题"当代基督教现状与发展趋势"中理论探究的一部分。书中通过对20世纪以来西方天主教神学发展及其神学代表人物思想动态的追踪考察，系统分析和描述了当代天主教神学理论的百年历程。全书共分4章。第1章论及天主教"步入现代的曲折历程"，包括对现代派神学兴衰、新经院哲学发展和其他神学新探的分析。第2章论及"梵二会议及天主教的转折"，包括"梵二"会议全貌、革新精神对当代天主教神学发展走向之影响的描述。第3章论及"当代天主教思潮的多元发展"，包括对许多著名天主教神学家之理论体系及其思想特点的展示。第4章论及"走向第三个千年天主教神学"，包括对"范式转变"、"全球伦理"、"处境化"和"多元对话"等天主教神学新动因、新走向的捕捉和勾勒。此外，本书还对天主教神学走向其第三个千年的可能途径和理论特点进行了探索和展望。

当代西方新教神学（当代基督宗教研究丛书 / 卓新平主编）
卓新平著

上海三联书店　1998年5月　350千字　438页

　　基督宗教的思想理论发展在20世纪进入了思潮风涌、观念多变的时代，呈现出百家争鸣、百舸争流的复杂局面。这种多元性和多变性在当代西方新教神学的历程中得到了典型体现。本书为"当代基督宗教研究丛书"之一，是卓新平教授承担的国家社会科学研究青年基金项目"当代基督教思潮"的学术成果。书中通过追溯基督新教神学传统在19世纪的一些复杂发展，描绘出新教思潮自20世纪以来的变迁图景，内容涉及数百名西方新教神学家和思想家，其中有些思想流派或人物在国内乃首次探讨。全书共分4章。第1章"世纪初的巨变"，论及19世纪末、20世纪初西方新教神学发展上的剧变，如自由主义神学思潮的崩溃与嬗变，欧陆神学中危机意识的诞生，辩证神学的发展等。第2章"战火中的催化"，论及两次世界大战前后西方新教神学的发展演变，如对基督宗教的"非宗教性解释"，"上帝之死"神学的出现，新正统思潮的崛起等。第3章"解构后的重建"，论及在传统神学受到挑战或部分解体后当代新教重建其神学体系的种种努力，如对历史意义的新探讨，对西方文化史的反思，过程神学的创立等。第4章"时代末的深思"，论及当代新教神学对其思想发展的反思、梳理和展望，如人格主义神学、神学人类学、希望神学、革命神学、黑人神学、女权神学、生态神学对后现代主义思潮的回应等。

当代亚非拉美神学（当代基督宗教研究丛书 / 卓新平主编）
卓新平著

上海三联书店　2007年1月　500千字　661页

　　20世纪以来，基督宗教神学在亚洲、非洲以及拉丁美洲地区异军突起，打破了历史上以西方神学一统天下的局面，形成了各具特色的"本色化"和"处境化"意向。本书为"当代基督宗教研究丛书"之一，是卓新平教授负责的国家社会科学基金重大研究项目和中国社会科学院重点研究课题"当代基督教现状与发展趋势"中理论探究的一部分。书中以"当代基督宗教神学的全球印象"为着眼点，从宏观上考察了亚洲、非洲和拉丁美洲神学（第三世界神学）的现状及发展趋势，探析了基督宗教在亚非拉美地区的基本特点和演进姿态。全书共分5章。第1章对当代中国神学的本色之探进行了分析研究，以体现中国学者的"本土意识"及"文化自觉"。第2章对亚洲其它地区的神学发展加以梳理和介绍，尝试勾勒出基督宗教神学在亚洲文化传统中的适应、生存、重构和发展。第3章对非洲地区的神学思潮作出追踪和探究，以期捕捉到非洲大陆黑人神学家的崛起及其思想动向。第4章对拉丁美洲的神学尤其是"解放神学"展开讨论，考察其神学反映出的社会矛盾和现实冲突，揭示拉丁美洲神学的政治、经济关联。第5章对亚非拉美女权主义神学进行综合阐述，展示在"第三世界神学"的发展中妇女的"参与"和"闯入"。

当代美洲神学（宗教与世界丛书 / 何光沪主编）
[美]D.W.弗姆著　赵月瑟译

四川人民出版社　1990年7月　167千字　239页

　　现时代对神学思想的新的研究态度，其主要原因在于科学革命。这一运动对基督教信仰的基本断言，即一个人格化的上帝的存在、耶稣基督的神性、来世生活的保证等都提出了挑战。本书为"宗教与世界丛书"之一，是美国学者迪恩·威廉·弗姆教授于20世纪80年代出版的一部介绍"20世纪60年代以来美洲基督教神学发生的变化"的著作（根据纽约西伯里出版社1981年版译出）。全书共分8章。书中大量引用第一手资料，首先介绍了20世纪初到60年代在美洲新教神学中占支配地位的三大派：自由派、基要派和新正统派，指出从60年代初开始，神学的普世性已成大局；并由此分别论述了60年代的世俗神学、黑人神学、南美解放神学、女权主义神学、福音派神学和罗马天主教神学的内容、特点，以及这些派别一些代表人物的重要著作，最后对当代美洲基督教神学的发展趋势进行了探讨。作者认为，20世纪60年代后出现的各种神学都有弱点，只有打破现代基督教信徒的狭隘眼界、提倡独立思考、发展宗教多元化，才能帮助个人解决具有许多不同价值体系的世界中的种种复杂问题。

当代西方神学美学思想概览（民大中文研究书系）
宋旭红著
中国社会科学出版社　2012年11月 313千字　292页

　　自20世纪70—80年代以来，西方学界关于神学美学的讨论越来越多，进入新世纪后更是形成了一个国际性的专门的学术领域或准学科。"神学美学"研究热潮在当代的出现是一个非常值得关注的现象。人们一般将当代西方神学美学研究热潮的出现归功于20世纪美学大家汉斯·厄斯·冯·巴尔塔萨。不过在巴尔塔萨之后大量出现的西方学者关于神学美学的讨论范围及观点已远远超出巴尔塔萨的视域。本书为"民大中文研究书系"之一，其研究对象集中于丰富多彩的当代西方神学美学话语，旨在追踪、清理、剖析当代西方学术界出现的"神学美学"研究热门现象。全书分为"基督教神学美学之源流掠影"、"当代西方天主教神学美学"、"当代西方新教神学美学"三个部分，共12章。内容包括："偶像禁令"与中世纪艺术神学；新教神学美学范式的开创者：爱德华兹与施莱尔马赫；现代性危机与巴尔塔萨神学美学；梵蒂冈对艺术家如是说；艺术神学拓荒者范·德·略夫；当代新教艺术神学的范式转换；当代新教艺术神学的多元面貌等。

当代东正教神学思想：俄罗斯东正教神学（当代基督宗教研究丛书／卓新平主编）
张百春著
上海三联书店　2000年10月　460千字　603页

　　在东正教中心从拜占庭帝国转移至俄罗斯以后的漫长岁月里，其神学发展相对缓慢。只是到了19世纪，俄罗斯东正教神学才发出自己微弱的声音，开始证明自己的存在，20世纪逐渐走向成熟。然而，20世纪对它来说是个灾难性的世纪，世纪初的一场社会革命对它形成巨大冲击，但它仍然存活了下来，并创造了自己的独特理论学说。本书为"当代基督宗教研究丛书"之一，是卓新平教授承担的国家社会科学基金重大研究项目和中国社会科学院重点研究课题"当代基督教现状与发展趋势"中理论探究的一部分。书中以大量第一手资料为依据，对20世纪以来俄罗斯东正教神学、宗教哲学进行了开拓性研究，第一次系统地描述和分析了俄罗斯东正教思想发展的百年历程。全书共分4章。第1章为"导论"，概述的是俄罗斯东正教神学产生的历史背景，包括对它的界定以及独立的俄罗斯宗教神学思想的产生。第2章论述了索洛维约夫、别尔嘉耶夫、尼·洛斯基、弗兰克、维舍斯拉夫采夫等俄罗斯宗教哲学家的神学思想。第3章论述的是"神学院里的神学思想"，包括十月革命前俄罗斯神学院和流亡国外的俄罗斯东正教神学院里的神学家们的神学思想。

第4章概述的是俄罗斯东正教"独特的神学主题",这些主题使俄罗斯东正教神学具有了鲜明的特色,并在基督教神学里获得了相对独立的地位。

基督教神学发展史(全3册)(凤凰文库·宗教研究系列/赖永海 何光沪主编)
林荣洪著
译林出版社 2013年5月 1172千字 1422页

  基督教是本于上帝在耶稣基督里的启示。这启示是上帝借着他的话语和他的作为,将生命之道向人类显明,叫人因信耶稣是基督而获得永生。因此,基督教最终所关切的,就是世人如何在基督里领受上帝所启示的生命。神学教义是教会对这生命的各种诠释,在不同的时代,面对不同的处境,为生命之道作见证。本书为凤凰文库"宗教研究系列"丛书之一,是加拿大多伦多天道神学院教授林荣洪撰写的一部致力于历史神学研究的专著。书中广泛参考前人之作,综合分析教会历史的文献资料,以导论的形式分别探讨了初期教会、中世纪教会和改教运动前后的神学发展史。全书共三册。第一册(12章),探讨初期教会神学(亦称教父神学,约主后100—600)。这是神学发展史的必修课程,无论是基督教、天主教或东正教,均以教父神学作为重要的教义论据。包括:绪论;神学处境;神学问题;晚期发展四部分。第二册(27章),探讨西方教会神学在7世纪至14世纪中叶的变迁,按着不同时期教会领袖所面对的挑战,研究他们在神学上的反省及回应。包括:早期神学面貌(600—750);卡罗林朝代神学风云(750—900);经院神学初兴(1000—1200);经院神学全盛(1200—1300);经院神学改向(1300—1350);后期发展六部分。第三册(17章),探讨16世纪改教运动前后的神学动态,将此一时期的主要神学派别作导论式的介绍。包括:中世纪后期神学思潮;路德宗神学的本质与发展;改革宗神学的本质与发展;另类改教运动;天主教神学的复苏;路德宗神学的传统;改革宗神学的传统七部分。

三、礼仪、传教研究

(一)礼仪

基督教的礼仪
康志杰著
宗教文化出版社 2011年9月 320千字 265页

  基督教的礼仪节日是基督教文化中的重要组成部分,其发展流变在不断汲取古代多个民族宗教文化因子的过程中由自发性走向了制度化。尤其是16世纪宗教改革运动之后,天主教的传统礼仪受到了猛烈冲击,从罗马教廷控制之下分离而出的新教以"删繁就简"的态势出现;而工业化之后的基督教各派的礼仪则体现出逐渐远离神学,趋向世俗、趋向文化的多元意向。这种文化的变迁从一个侧面折射出基督教的礼仪文化由冲突碰撞走向沟通、融汇的大趋势。本书广泛引用古今中外的各类材料,以基督教礼仪的传承与嬗变为纽带,追溯了原始宗教仪式的起源,探察了人、仪式与教会在历史变革中的互动关系,介绍和讨论了包括新教、天主教和东正教在内的基督教礼仪节日,并从异化、心理、符号、功能、特点诸方面对基督教礼仪的形式、功效、意义和作用进行了归纳和提炼,指出仪式和教会对世俗文化所产生的深刻影响。全书共分8章。内容涉及七大圣事、节期中的礼仪、基督教节日的异化、近现代基督教礼仪的变革、基督教礼仪文化的特点等。

基督教仪式和礼文
谢炳国编著
宗教文化出版社　2013年5月　250千字　266页

宗教仪式是信徒表达宗教思想、观念和感情的象征性活动。作为世界三大宗教之一的基督教，不仅具有系统的神学理论，而且形成了一套完备的礼仪规范。本书从基督教礼仪的流变过程出发，详细介绍了基督教礼仪的形成、发展与演化，并就固定化的圣礼程序与规范在西方世界的神圣意义，以及基督教礼仪所寓托的深刻的宗教内涵进行了解读。全书共分10章。第1章介绍基督教最普遍的宗教仪式：主日礼拜礼仪，涉及礼拜堂的布置和诗班、主日礼拜的程序、主日礼拜的意义等。第2章介绍圣诞节、复活节等主要节日崇拜礼仪形成和意义，节日教堂的布置，教牧人员的服饰等。第3—4章介绍圣洗和圣餐礼仪的形成、发展、程序和意义。第5章介绍按立圣职礼仪，涉及祝圣主教礼仪程序、按立牧师长老仪式程序和派立执事仪式程序。第6章介绍结婚礼仪。第7章介绍追思礼仪。第8章介绍教堂奠基与落成礼仪及程序。第9章介绍各种聚会和节期的崇拜仪式，涉及祷告会仪式、查经聚会仪式、读经聚会仪式、布道会仪式、培灵会仪式等。第10章介绍基督教崇拜仪式中的有关礼文，涉及宣诏礼文、祝福文、随时祝文等。

中国礼仪之争：历史·文献和意义
李天纲著
上海古籍出版社　1998年12月　272千字　389页

中国礼仪之争（Chinese Rites Controversy）是发生在清代康熙时期的重大事件。这场超越了教会内部的"观念论战"，扩大到整个社会文化思想界，成为18世纪以来一个世界性的热门话题，可以说它是中外交流史上规模空前的"中西文化大讨论"。本书是以作者的博士学位论文为基础扩充、完善而成的一部探讨"中国礼仪之争"，"力求使这段历史以较为真实的面貌重现，并且力求从文化史角度较为准确地重估当年这场争论的历史意义"的专著。全书共分3章。书中运用比较研究的方法，从历史、文献和意义三个方面，批判性地考察了中国礼仪之争这一与后来历史上发生的其他"文化冲突"有很大不同的"大事变"的缘起、爆发、遭遇与余波，分析和论述了由耶稣会所引入的欧洲人文主义与中国儒家精神及传统礼仪所代表的人文主义的交流与碰撞，并以相关汉语文献为基础，将文化史意义上的"西学"与"汉学"摆置于具体的时代场景中加以审视，据此窥测缘于宗教伦理纷争而显现的中西文化的类同与差异，以及这场论战对中国近代历史走向的影响。

（二）传教

冲突的解释
陶飞亚著
广西师范大学出版社　2011年11月　120千字　145页

20世纪80年代以后，中国大陆史学界对近代基督教的研究发生了重要的范式转移。这种转变不仅包括了方法的转变和研究者背景的转变，也包括了研究主题的转变。学界关心的问题不光是以前帝国主义如何利用基督教侵略中国，也注意考察基督教在中国处境中的具体表现，以及基督徒和教会团体同周围的社会环境之间的关系。本书是一部较有新意的近代中国历史研究专著，试图从单纯的反洋教叙事转向对基督教与中国社会互动的探讨，并从多个维度阐释其在政治、社会、文化等方面对中国的影响。全书由七个专题组成：一、考察基督教"文化侵略"说的源与流；二、引用《牛津基督教史》中的一个观点，论述中国基督教乌托邦为什么会解体；三、论述抗战时期中共对基督教会的新政策；四、论述共产国际代表对中国非基督教运动的作用与影响；五、论述19世纪山东新教与民教关系；六、论述晚清知识分子非基督教倾向的文化原因；七、论述山东反教斗争与"扶清灭洋"思想。通过上述专题讨论，作者解释了近代基督教与中国传统文化的冲突根源及其在华互动、布道策略。

1. 天主教

中国天主教传教史概论（世纪文库·世纪人文系列丛书/陈昕主编）
（明）徐宗泽著
上海书店出版社　2010年8月　200千字　222页

　　徐宗泽（1886-1947）是卓有成就的中国天主教史研究专家，晚明著名科学家、中国早期天主教徒徐光启第十二代裔孙。本书为"世纪人文系列丛书"之一，是徐宗泽撰写的一部主要面向教友的著作（原系发表于《圣教杂志》上的一组短文，汇辑成书后，1938年交由教会内部的土山湾印书馆出版）。书中大量参引中、西天主教史料及著述，对天主教传入中国及迁沿发展的历史过程，罗马教会内部和教会与清政府之间的礼仪之争、百年禁教，及鸦片战争以来的天主教会，均做了简略而精当的叙述，其划分天主教在华历史的各阶段也得到多数学者的认同。全书共分11章。第1—5章概述犹太教、景教、元代聂斯脱利异教以及孟高维诺总主教在元大都传教的历史。第6—10章将明末清初直到近现代的天主教史划分为自利玛窦逝世至明末、自清入关至康熙朝、雍乾嘉道时之天主教、自鸦片战争至现代四个阶段加以评述，重点介绍了利玛窦、汤若望等著名传教士的传教方法和徐光启的保教之功，历朝教会、教士与教案。第11章"中国圣教掌故拾零"取自高龙磐神父的《江南传教史》，记载了中国天主教史上的许多名人轶事。

耶稣会与天主教进入中国史
[意]利玛窦著　文铮译　[意]梅欧金校
商务印书馆　2014年1月　370千字　523页

　　《耶稣会与天主教进入中国史》是利玛窦（MatteoRicci）用母语撰写的最为重要的汉学著作，具有较高的史学价值和学术地位。早在1983年，中华书局就出版了这部著作的完整中文译本：《利玛窦中国札记》（依据的母本是1953年出版的英译本）；1986年，中国台湾光启出版社又出版了从意大利原文翻译的《天主教传入中国史》。本书是"在经过十余年的翻译、审校、修改和等待后"而出版的"一个更加忠实于利玛窦手稿的中文译本"（根据罗马－意大利国家书店（La Libreria dello Stato）于1942年和1949年出版的三册《利玛窦史料》（Fonti Ricciane）前两册译出），真实反映了16—17世纪中国社会景貌、天主教耶稣会在中国传教的历史过程，全程记录了著名传教士利玛窦从准备进入中国直至其在中国去世前的所见所闻，力求以最接近利玛窦原文风貌的方式将那段历史呈现给读者。全书共分五卷。第一卷（10章），从整体上概观中国和中国人，内容涉及中国的疆域与物产，人文科学、自然科学和学位制度，政府机构、礼法、宗教派别及中国人的生活习俗等。第二卷（13章），叙述在肇庆寓所的传教经历。第三卷（14章），叙述在韶州和南昌寓所的见闻与遭遇。第四卷（20章），叙述利玛窦一行在南京和北京寓所与朝廷及地方官员的交往。第五卷（22章），叙述天主教在华传教事业的逐步发展以及各地教务情况。

耶稣会士与中国科学
樊洪业著
中国人民大学出版社　1992年12月　203千字　253页

　　天主教耶稣会士在西学东渐的前期一直居于主导地位。他们在将天主教传布中国的同时，也给中国带来了大量西方思想和西方科学，从而使中西文化交流出现一个前所未有的活跃局面。其中，以利玛窦为代表的传教士所带来的西方科学确实对当时的中国科学产生了很大的影响，可以说在一定程度上改变了中国近代科学发展的历史进程。本书是一部"从科学传播的角度考察宗教、科学与社会的关系"著作。书中以明清时期中国的政治与社会生活为背景，将耶稣会士在华的科学传播过程视为一种特定的社会现象和历史活动，或言"活动"的历史，并将耶稣会士在华活动划分为南京教案前后、康熙时代等几个历史时期，继而以教会人物的具体活动和文化事件为叙事线索，分述了每个时期的主要科学传播情况，窥探了西方传教士在世界科学发展史及中国近代科学史上所起的作用。全书共分7章。内容涉及地图说与世界地图、数学的变异、金尼阁与西书七千部、历法危机、汤若望与望远镜、西洋大炮的传入与制造、徐光启的"实学"之路、清初教案、南怀仁供职钦天监等。

传教士与中国科学
曹增友著
宗教文化出版社　1999年8月　350千字　410页

　　每个时期来华的传教士都涉足了中西科学的交流和传播，只是不同时期各自切入的方式、动机和产生的影响有所不同。了解不同时期的这些特点，有益于从总体上认识传教士在华的形象，从而为评价他们科学工作的作用和影响提供客观标度。本书是在"作者多年辛苦悉心蒐隼大量资料的基础之上锤炼出来的成果"，力求从纵的方面较为全面、准确地反映传教士在华科技活动的历史轨迹。全书共分12章。书中以天主教传教士，特别是耶稣会士将科学作为"布教手段"的传教策略为主线，重点考察了明末清初（16—18世纪），即中西文化交流的高潮时期的传教士与中国科学的关系，探讨了此一时期传教士在华科学工作的作用和影响，进而阐明传教士对中国科学的影响的双重性：一方面，他们在一定程度上诱发了中国科学文化的变革，同时又将中国古代科学文明介绍到西方，使中国科学文明参与并影响了西方社会文明科学文明的形成；另一方面，则是他们自身浓重保守的宗教观念和强烈的传教目的，影响了他们对科学的把握，甚至他们中的不少人成为近代西方殖民主义体系对华实施的侵略活动的工具。

早期西方传教士与北京（北京学研究书系）
余三乐著
北京出版社　2001年9月　297千字　400页

　　17—18世纪的"西学东渐"和"中学西传"在中西文化交流史上是一个重要时期，利玛窦、汤若望、南怀仁、白晋、张诚等许多耶稣会士相继来华，带来了西方哲学思想和科技文化，打开了中国学术界对另一种文化的眼界，而中国的灿烂文化，也于此时经由耶稣会士传到欧洲，使西方在政治、哲学、艺术等方面受到影响。这是耶稣会士的贡献，开启了两大文明之间的交流。本书为"北京学研究书系"之一，作者以埋葬在北京"滕公栅栏"墓地的耶稣会士为线索，以"中西初识的前三百年历史"为背景依托，通过对一些墓主生平故事的描绘，记述了从明万历到清乾隆二百年间在北京发生的中西文化交流的史实以及耶稣会士所起的作用和贡献，勾勒出一幅波澜壮阔的中外近代关系史画卷。全书共分17章。书中对北京传教士墓地的变迁，修复利玛窦墓地的经过和耶稣会士的碑文，均有详尽记载；同时，作者还曾对利玛窦所到之处进行了实地考察，并到国外访问了利玛窦、汤若望、南怀仁、戴进贤四人的故里，获得了第一手资料和图片，因而对以利玛窦为代表的采取"适应政策"和科学传教方式的耶稣会士叙述颇详。正如李申在序中所言，"本书既是一部中西文化交流史，也是一部耶稣会士传记，对于研究中外关系史、天主教史和中西文化交流的读者来说，是一部有用的书"。

十七、十八世纪天主教在江南的传播（社会史研究文库）
周萍萍著
社会科学文献出版社　2007年10月　223千字　297页

　　明清之际，在地理条件优越、经济发达的江南地区，天主教传播较为广泛。虽然自清顺治伊始，传教士逐渐把传教重心转移至京城，拥有一技之长的传教士多集中于北京，但江南仍是除北京外传教士主要的传教区域之一，因而在中国传教史上占有重要地位。本书为"社会史研究文库"丛书之一，是在作者的博士论文基础上修订、充实而成的一部以17—18世纪的江南地区为时空范围，"对天主教在该区域的传播分时段做一详细考察"的专著。书中将研究重点指向江南的信徒，特别是前人所忽视的弱势教众，详细分析了平民信徒和女性信徒这两个互有交叉却又不相统属的奉教群体，以求更全面地了解明清时期天主教在华传播及影响。全书共分5章。第1章论述明末天主教在江南的传播情形。第2章探讨顺治、康熙时期江南天主教的发展状况。第3章介绍雍正、乾隆禁教时期江南天主教的处境。第4章就当时构成信教主体的广大平民信教做了细致探究。第5章专论女性信徒，内容涉及传教士向妇女传教所遇到的困难、妇女信教的动机，以及一心侍奉天主的童贞女和天主教在华传播的"女柱石"四个方面。

清代中叶巴黎外方传教会在川活动研究
郭丽娜著
学苑出版社　2012年7月　200千字　317页

　　巴黎外方传教会成立于1664年，是历史上最早全力从事海外传教的天主教组织，隶属于罗马天主教会。其活动范围遍及亚、非、美各洲。在中国，西南地区、两广和东北，乃至西藏的边缘地带，都是巴黎外方传教会重要的传教区域。　清乾隆、嘉庆年间，法国巴黎外方传教会管理四川教会，否定中国礼仪，在下层群众中发展教徒，培养本土传教人员，实施管理，在清政府百余年的严厉禁教下，亦得以延存，但其无视文化差异的保守传教模式，也为后来激烈的民教冲突埋下导火线。本书在梳理大量第一手资料、广泛吸收国内外相关研究成果的基础上，对清乾隆嘉庆期间巴黎外方传教会在川活动进行了研究，还原了一段真实的中国地方教会发展史。全书共分6章。书中首先介绍了巴黎外方传教会和四川宗座代牧区的由来，而后对巴黎外方传教会于清代中叶在四川走社会底层的传教路线、传教人员本土化的传教策略和自我封闭式的教会管理体系，以及由此酿成的不断恶化的民教关系做了细致入微地考察，为深入认识和理解近代基督教在中国西南民族地区的传播提供了一个生动案例。作者认为，近代四川教案不断升级，固然有涉及中法两国的政治、军事和外交等因素，但实质上是清代中期民教对抗的延续，其根源在于中西两种异质文化的长期碰撞和对峙。

早期传教士进藏活动史
伍昆明著

中国藏学出版社　1992年11月　500千字　671页

17世纪初至18世纪中叶，伴随西欧殖民主义势力向东方扩张，有十多批罗马天主教耶稣会和卡普清修会的传教士，从印度北部进入我国西藏阿里、日喀则和拉萨等地进行传教活动。这是西方与西藏地方直接接触的开始。研究这一百多年间传教士在西藏地方断续活动的历史，对于了解西方殖民主义势力对我国西藏的觊觎和扩张意图，基督教与藏传佛教的矛盾和冲突，藏族人民反洋教的斗争，18世纪上半叶西藏发生的某些重大历史事件，以及中西交通和文化交流等问题，均有裨益。本书运用19世纪以前的西方传教士进藏活动的有关信件、报告、文集等大量第一手资料，对早期西方传教士进藏活动背景、经过及后果进行了叙述，客观分析和评价了西班牙和葡萄牙殖民主义势力、罗马教廷、耶稣会、卡普清修会以及传教士个人等在赴藏问题上的不同动机和效果。全书共分8章。书中除主要论述早期传教士在古格、日喀则和拉萨等三个地区的活动外，还论述了公元前5世纪至公元17世纪，西方古希腊罗马及中世纪的著作者对青藏高原山水系和西藏的认识的发展过程，在莫卧儿帝国的耶稣会士对西藏的调查研究，以及17世纪从印度去探查震旦（包括西藏）和从北京途经西藏返欧洲的传教士的活动情况，较为清晰地展现了西方与西藏地方关系早期阶段的历史。

2. 新教

教士东来：长江流域的基督教（中华长江文化大系·第六编·民族宗教／刘锡汉　李宗琦总主编）
康志杰著

武汉出版社　中国言实出版社　2006年4月　295千字　379页

基督教曾四次传入中土。在这绵延一千余年的四次"教士东来"中，除了唐朝景教受文献资料的局限，在长江流域活动的情况不甚明朗之外，其余二次都与长江文化发生了密切关系。特别是1840年鸦片战争后，占全国总面积18%的长江流域更是成为基督教传教会急需占领的地区，长江流域的基督教也最终演化成整个长江文化中的一个组成部分。基督教各派势力不仅在繁华的大都市生根，而且渗入到远离政治文化中心的穷乡僻壤。传教士们所从事的宗教传播和各种文化活动，与长江流域的本土文化呈现出交流和融汇、碰撞和冲突的复杂局面。但是，长江总归流向大海，长江流域的基督教在文化的"接榫"中表现的趋向是整合和更新。本书为"中华长江文化大系"丛书之一，作者以"十字架"向长江推进的轨迹为主线，对长江流域的基督教文化进行了一次全面的浏览和一番深刻的文化反思。全书共分8章。内容包括：西风乍起；著名教士在长江中下游的活动；明末至鸦片战争前长江流域的基督教；近代长江流域基督教；基督教与长江流域文化事业；教会学校；基督教青年会；基督教著名人物。

在宗教与世俗之间：基督教新教传教士在华南沿海的早期活动研究（荒原学术文丛／袁伟时主编）

吴义雄著

广东教育出版社　2000年3月　453千字　569页

　　1807至1851年，既是近代新教传教会在中国活动的初期阶段，也是新教传教士探索传教方法、积累经验和积蓄力量的时期。此一时期，发生了新教对华传教中心从广州到上海的转移过程，反映了中外关系演变的一种规律。本书为"荒原学术文丛"之一，作者选择"基督教新教传教士在华南沿海的早期活动"（地域范围以广州—澳门—香港地区为主）作为研究对象，旨在通过对这一课题的探讨，弄清鸦片战争前后40年间基督新教传教士在中国活动各方面的基本事实及其相互关系，以考察在中国近代历史的初期阶段，新教传教士这个特殊群体的活动特征，及其对近代中国社会和中西关系的诸方面所产生的独特影响，进而揭示这个时期新教传教士在华活动的一般规律。内容涉及新教传教士的宗教活动，他们在中外关系中的作用，他们从事的医疗和教育活动，传教士与西学的传播，传教士与近代西方的中国学等。全书共分6章。第1—2章，介绍1807—1851年间基督新教传教士在华南沿海的各种传教活动，讲述了传教活动中心的北移过程。第3章介绍新教传教士在鸦片战争前后的中西关系中所扮演的利益角色。第4—5章介绍新教传教士为传教事业所开展的医务、教育和中文著译活动。第6章介绍新教传教士对中国的认识与研究及其在早期中西交流中的媒介作用。

美国传教士与晚清中国现代化：近代基督新教传教士在华社会、文化与教育活动研究（中西文化交流）

王立新著

天津人民出版社　2008年6月　380千字　361页

　　美国基督新教在华传教活动肇始于1830年裨治文来华，是早期中美文化交流中最为显著的渠道。其过程大致经历了三个阶段：一、准备和开创阶段（1830-1860）；二、缓慢发展阶段（19世纪60年代至19世纪80年代下半叶）；三、迅速发展阶段（19世纪80年代下半叶至20世纪初）。本书为"中西文化交流"丛书之一，作者广泛参阅近代来华美国传教士的中西文论著（含传教士自己撰写的中英文著作、传教士会议记录、传教士在中国主办的中英文报刊、后人编辑的传教士传记、时人文集等），同时运用现代化理论，从基督教海外传教运动与中国现代化进程之互动角度，考察了西方主要是美国传教士在晚清中国从事宣教、出版、办报、办学、译书和慈善活动的情况，分析和讨论了这些活动对近代中国社会变迁，特别是以输入西学、学习西方、改革弊政、改良社会为取向的现代化运动的影响。全书共分8章。内容涉及传教运动与美国对华政策、传教士与美国商业扩张、传教士对中西文化的比较与批判、美国传教士与晚清中国新式大学的建立、第二次鸦片战争前美国传教士的在华出版活动、传教士与洋务派的合作、美国传教士与戊戌变法、传教士作为西学传播者的历史局限性、传教士对晚清中国现代化模式的设计等。

妇女与差传：19世纪美国圣公会女传教士在华差传研究
林美玫著

社会科学文献出版社　2011年3月　448千字　400页

美国圣公会是基督新教自1807年英国伦敦会马礼逊入华以来最早的九个传教团体中的一个，也是美国基督新教最早在华从事教务开拓的三个传教团体之一，这使圣公会女传教士在19世纪基督新教入华的宗教传播及其所造成的中西文化的冲击上，自有其特殊意义与代表性。本书是台湾学者林美玫女士历时多年完成的一部"旨在说明19世纪美国妇女愿意投入海外传教事业是与当时流行于美国社会的纯正妇女意识密切相关"的论著。正如陶飞亚在序言中所确认：林美玫有中国近代史和美国史的双重修养，又凭借对美国宗教及圣公会研究学术史的熟稔，对当时的美国社会背景与女传教士的宣教动机都交代得相当到位。全书共分8章。书中结合圣公会全国档案馆的"中国差传档案"、美国宗教史、美国妇女研究、中国妇女研究、基督宗教在华史、中国近现代史、社会学中的种族－性别－阶级的理念意涵和差传学中的宗教与文化的相互冲击理论，以19世纪美国圣公会中国差会女传教士和她们在华从事传教工作的单一型个案和集体性个案为研究主体，阐述了"纯正妇女意识"、"妇女性别空间"概念对于美国妇女投身海外传教事业的影响，研析了19世纪基督新教来华、入华和在华时妇女与宗教互动的意义，构绘了圣公会女传教士将19世纪建构中的美国女性主义（proto-feminism）导引给中国妇女，并由中国妇女在20世纪共和国新体制下继续探索和形塑"混合式或调和式的中国女性主义"（acculturated Chinese feminism）的历史图景。

没有终点的到达：美南浸信会在华南地区的传教活动
吴宁著

宗教文化出版社　2013年8月　363千字　436页

基督新教自19世纪进入中国以后，华南因其历史条件和地理位置的特殊性，成为基督新教最早向中国内陆扩展的基地。美南浸信会是较早来华传教的差会之一，其在华南的传教活动对两广地区的民间文化与社会生活产生了重要影响。本书是在作者的博士学位论文基础上修订、完善而成的一部抱持"以中国为中心"之研究取向，"动态考察美南浸信会华南区由澳门开始，香港立足，广州发展，广西延伸的传教历程"，并"将基督宗教与地域研究相结合"作典型个案研究的专著。书中采用实证主义和注重文本的研究方式，将重心放在两广地区，时间起自1836年，止于1912年。内容涉及差会派往中国的几位重要的传教士，教会的传教、医药、教育、出版、慈善事业的发展，教会领导权的变迁，教会对华人自立运动的推动，浸信会自己培养的著名华人牧师，以及基督教在传播过程中对中国近代社会的影响与冲击等方面。全书共分4章。第1章介绍美南浸信会的成立过程、信仰特色及其在中国四大区域的传播。第2章介绍美南浸信会传教士以广州为中心展开的传教活动。第3章介绍美南浸信会华南地区传教辅助事工，即医疗传道事工、教育传道事工、文字出版印刷事工和慈善事工。第4章论述美南浸信会在华南传教的终极目标，指出其自养、自传、自治的发展趋势。

3. 东正教

俄国传教团与清代中俄文化交流（中西文化交流）
肖玉秋著
天津人民出版社　2009年8月　440千字　310页

自1715年开始的二百多年里，俄国向中国一共派遣了二十届东正教传教团。由于东正教的特殊性以及俄国对华政策的需要，这个传教团实际上是一个兼有外交、商务和文化等多重职能的机构。尤其是19世纪60年代以前的中俄关系，无论外交、贸易，还是文化，几乎事事通过俄国东正教驻北京传教团。传教团一身而兼三任，而研究中国的政治、经济和文化一直是传教团的重要使命。本书为"中西文化交流"丛书之一，作者在结合苏联解体后俄罗斯学术界有关传教团沿革史研究的最新动向的基础上，依据大量中外文史料和前人研究成果，全面介绍和描述了俄国东正教驻北京传教团于清代来华期间的所作所为，深入探讨了其在华活动的内容、性质、特点以及在中俄关系史上的地位和作用。全书共分5章。第1章论述俄国传教团是中外关系史上的特殊历史现象。第2—4章介绍俄国东正教驻北京传教团之宗教活动、研究活动和教育活动。第5章介绍俄国东正教驻北京传教团与中俄在其他领域的文化交流。本书指出，中俄间举凡宗教、哲学、语言、文学、史地、教育等领域的所有文化交流无一不是以俄国东正教驻北京传教团为主要媒介。正是由于有了传教团，才使得18—19世纪中俄文化交流展现出比较丰富的图景。

四、教派

（一）天主教

当代天主教（当代世界宗教丛书／冯嘉芳主编）
傅乐安　主编
东方出版社　1996年6月　310千字　401页

梵蒂冈第二届大公会议（1962-1965）后，各地教会进行了"适应时代形势"的现代化工作。罗马天主教开始承认自己是由各地许多个别的教会组成，教皇是为各地教会服务的，并表示"不分信仰，同全人类对话，共同建设和平的世界"。这次大公会议开启了天主教会重大改革的序幕，首先教皇本人以身垂范，打破足不出梵蒂冈的与世隔绝的状态，各地教会也纷纷运用其自主权，推进多方面的改革，从而出现礼仪民族化、教会生活民主化和神学多元化等新气象。本书为"当代世界宗教丛书"之一，作者依据大量原始资料，评述了"梵二会议"以来天主教会的改革概况，剖析了天主教会内部围绕"新与旧、保与革"产生的矛盾纷争，论述了这场影响深远的教会改革的不可逆转性。其中既有各地教会在推进改革过程中所遇到的新问题，也有神学、哲学和伦理学等社会实践过程中所提出的新课题。全书共分6章。内容包括：梵蒂冈第二届大公会议、当代罗马天主教会的对话活动、梵二会议后的神学思想、当代天主教哲学、当代天主教伦理学等。

梵蒂冈内幕
[英]乔治·布尔著　郭文豹　程洁译　柴金如校
中国社会科学出版社　1988年4月　236千字　301页

梵蒂冈是历史最为悠久和地位最为重要的一个袖珍国度。它拥有基督教世界中最大的教堂，以及罗马天主教和梵蒂冈城国的中枢机构。其国民多数是单身男子和当权者,其行政机构多数是为宗教目的而设立。自教皇约翰·保罗二世登基以来,梵蒂冈在世人心目中所占的地位达到了前所未有的高度。本书是一部讲述教皇生活的著作,旨在介绍由教皇约翰·保罗二世继承下来的复杂的教会政府及其主要机构,以及协助教皇治理天主教会的助手们的态度和志向。全书共分9章。作者在书中凭借他"颇有影响的在俗天主教徒"身份和"观察梵蒂冈生活的得天独厚的条件",透过梵蒂冈富丽堂皇的城市景观和肃穆庄严的建筑表象,全面介绍了梵蒂冈城国的历史、宗教活动、外交政策、各种机构、教廷重要人物等,近距离审视了这个袖珍之国有形的威严与无形的神圣;并经由实地探寻隐藏在博物馆、秘密档案馆和修道院等建筑物的幽僻角落内的许多内幕,披露了梵蒂冈城内某些不为外人所知晓的事情及其相互之间的联系,由此揭示出梵蒂冈在现今世界中所发生的巨大变化。

梵蒂冈的乱世抉择(1922-1945)(中央民族大学宗教与民族研究丛书)
段琦著
金城出版社　2009年1月　290千字　308页

梵蒂冈城国是一个特殊形态的、政教合一的国家,它既是一个宗教性的权力中枢,又是一个享有主权的世俗国家。实际上梵蒂冈城国的建立也是墨索里尼的"功劳"。第二次世界大战期间,梵蒂冈曾先后与德国、意大利、日本签订了条约。针对这一时期罗马教宗和教廷对待德意日等法西斯国家的态度问题,国际史学界有相当大的争论。本书为中央民族大学"宗教与民族研究丛书"之一,是一部"从史学角度研究一个特定历史时期罗马天主教会在艰难处境中的选择"的论著。全书共分19章。作者在书中以大量鲜为人知的外文档案资料为依据,首先从梵蒂冈与意大利的关系入手,披露了梵蒂冈在二战期间出于宗教利益与世界各大政治集团进行的抗争与妥协,对当时语境中的梵蒂冈作了深入之理解和客观之分析,力图如实反映这一时期梵蒂冈与法西斯政权的关系、梵蒂冈与英美苏等国的关系,以及梵蒂冈对所发生的纳粹迫害犹太人事件的态度,同时对20世纪困扰着中梵关系的伪满洲国问题也进行了深入解答。

教宗制度的改革
[美]约翰·奎因著　周太良译　涂世华校
宗教文化出版社　2006年3月　131千字　198页

教宗若望保禄二世的通谕《愿他们合一》(Ut unum sint,缩写"UUS"),堪称天主教史上的一次"革命"。因为这是第一次由教宗自己提出教宗职务的改革和变动问题,并使这一问题合法化。正如教宗所指出,基督徒之间的分歧是福音的敌人。本书是美国旧金山总主教区荣休总主教约翰·奎因(John R. Quinn)为"教宗制度改革"而建言的著作,也是一位尽职的主教"为响应教宗若望保禄二世的邀请,让主教们和他一起耐心地、兄弟般地就教宗制进行对话,而尝试做出的回应"。书中循着教宗若望保禄二世在其通谕《愿他们合一》中所提出的"教宗制度与基督徒合一"问题,对罗马天主教会的体制改革,特别是教宗制度改革,教廷改革进行了深入透彻的分析和论述。全书共分6章。第1章结合教宗通谕《愿他们合一》之主要观点,陈述教宗制度与基督徒合一问题。第2-5章针对教宗制度改革所牵涉的教会内的改革和批评、教会内的伙伴关系、主教任命与基督徒之合一、枢机团的改革诸环节提出自己的看法。第6章集中讨论罗马教廷的改革史及对当前改革的启示。

（二）新教

当代基督新教（当代世界宗教丛书／冯嘉芳主编）
于可主编
东方出版社　1993年7月　280千字　364页

当代基督新教虽宗派林立，然追根溯源，多属路德宗、加尔文宗、圣公宗、公理宗、浸礼宗和卫斯理宗，西方称之"主流宗派"。本书为"当代世界宗教丛书"之一，作者循着16世纪以来欧洲宗教改革运动的发展轨迹，全面介绍了基督新教的历史和现状，重点讲解了当代新教神学的发展与派别，尤其是对20世纪中后期基督新教在西方国家的社会作用和主要活动、新建宗派和新崇拜团体的兴起、西方传教活动与第三世界、当代中国基督新教的发展与特色以及普世教会运动情况等予以解析和说明。全书共9章。作者认为，二战后的基督教神学，在很大程度上摒弃形而上学的空谈和抽象说教，转向以社会结构和社会问题为其神学思辨的出发点。20世纪60年代中叶以来，以新教为主体的倡导各宗派联合的普世教会运动促进了各民族国家教会体制、神学和礼仪的民族化，表现为在礼拜和宗教活动中融入更多的民族文艺形式，信众数量持续攀升。第三世界教会的本土创新意识渐趋成熟。

"好消息"里的"更新"：现代基督教福音派思想研究（维真基督教文化丛书／许志伟主编）
董江阳著
中国社会科学出版社　2004年4月　273千字　330页

现代基督教福音派乃20世纪后期以来在当代新教中发展最快、信众最多、宗教热情最高、宗教活动最为活跃的流派。此乃在全球化处境中在我们身边、我们当下可以感觉、接触到的现代基督教之生动存在与发展。本书为"维真基督教文化丛书"之一，是在作者的博士学位论文基础上补充、完善而成的一部"针对现当代盛行于西方的基督教福音派运动及其神学思想展开研究"的学术专著。全书共分6章。第1章论述福音派的性质与特征。第2章论述福音派在历史中的发展，并对福音派同宗教改革运动、宗教奋兴与大觉醒运动以及基要主义神学运动的历史渊源与纠葛进行了系统梳理。第3章探讨福音派格外强调的圣经权威学说。第4章探讨福音派的基督中心论。第5章探讨福音派在基督教各神学流派中最具特色的个体灵性皈依问题。第6章探讨强调历史的与超自然主义信仰的福音派对现代性形式与价值之挑战所做出的创造性回应。

福音派与基督教的未来（清华哲学翻译系列·北美宗教文化专集／王晓朝主编）
[英]阿利斯特·麦格拉斯（A. McCrath）著　董江阳译　姚西伊校
中央编译出版社　2004年5月　174千字　205页

福音派是个极其复杂的现象，在这个名号下聚集着形形色色的亚团体与支流派。就发展动态而言，福音派自20世纪后期以来已逐渐成为当代基督教新教中最为重要的一支力量。现代福音派自认为恪守的是以圣经为依据的正统基督教，它在社会形态上有三个特征：一、它是超宗派性的；二、它是存在于各主流宗派中的一种主要神学运动或趋势；三、它本身在某种意义上就代表着一种普世性运动倾向。本书为清华哲学翻译系列"北美宗教文化专集"丛书之一，是牛津大学历史神学教授阿利斯特·麦格拉斯以"一个坚定的福音派信徒"的身份写给"那些需要发现自己的历史、从过去的失误中吸取教训的福音派读者",力图"探讨在全球基督教中作为一种基督教运动的福音派所面临的一些最重要的问题"的论著。全书共分7章。书中以福音派神学所确认的耶稣的独一无二性及圣经的权威性为立论之基,通过逐层解析福音派的历史、灵性、自我批判、身份认同等事实要素,探讨了福音派神学运动与后现代主义、后自由主义及宗教多元主义的不同之处以及福音派运动与它们的接触所可能产生的后果,确信福音派神学将影响全球基督教的未来,并指出隐匿其后的种种弱点与缺憾。

认识美国基要派与福音派（清华哲学翻译系列·北美宗教文化专集 / 王晓朝主编）

[美] 乔治·马斯登（George M. Marsden）著 宋继杰译 陈佐人校

中央编译出版社 2004年5月 166千字 195页

美国基要派乃是福音派中的好战分子和保守主义者,他们反对教会中的自由主义神学或文化价值观的各种变化或那些与"世俗人本主义"相联系的东西的斗士。本书为清华哲学翻译系列"北美宗教文化专集"丛书之一,是美国杜克大学神学院美国基督教史教授乔治·马斯登于20世纪80年代为理解基要派和福音派这两个运动的晚近崛起而撰写的一部"对美国基要派和福音派提供一个历史的概览外加对某些重要主题的诠释"的著作。全书包括"历史概览"和"诠释"两个部分,共7章。第一部分（2章）,综述1870-1930年的新教危机与基要派的崛起,以及紧随其后的福音派的统一性与多样性特征。第二部分（5章）,审视福音派和基要派在美国政治传统与科学启蒙中的表现,在明辨二者所共享的同样显著的历史之基础上,考察潜行于历史传统中的两个极富争议的主题:科学观与政治观,阐释其各自的观点与论争,最后以对基要派的领袖人物格雷沙姆·马辛的理解为导引,讨论基要派与福音派对现代性的批判诸问题。本书认为,无论福音派还是基要派都是宗教运动。这两种运动,尽管其组织是非正式的,但每一种都是一个由具有某种共同历史和特质的团体和个人组成的可以辨识的集合体。

美国基督教福音派及对国际关系的影响：以葛培理为中心的考察（宗教与当代国际关系论丛 / 徐以骅主编）

涂怡超著

上海人民出版社 2010年3月 354千字 365页

美国基督教福音派在当代常被称作醒狮,它们以信仰为体、以组织为用,不仅在美国政治角力场叱咤风云,在国际政治舞台上也影响日深,其活跃的国际政治参与已成为当前国际关系研究难以忽视的现实。《时代》周刊称之为"新教教宗"的葛培理牧师则是当今世界最有影响和最具代表性的福音派领袖。本书为"宗教与当代国际关系论丛"之一,作者以20世纪50年代以来风云变幻的美国政治和国际政治为背景,以葛培理牧师为中心、福音派的活动为基本线索,对葛培理及其领导下的现代福音运动在国内和国际政治中所表现出来的特征、功能和作用进行分析,从而探讨基督教宗教性、政治性和社会性的表达形式及其政治结构和国际关系中的地位和作用。全书共分6章。书中采用社会资本理论来研究宗教的"使能",通过对嵌入社会关系网络的资源和社会网络的形式之研究,来演示福音派如何通过宗教资本的交换和接纳而不断丰富和扩展,最终形成全球网络,并全方位地嵌入到国际、国家和社会体系中,由草根跃升为美国社会乃至世界多个国家的主流宗派,并成为在国际关系中软硬兼施的重要力量的动态过程,进而分析基督教福音派这样一种兼具跨国意识形态和跨国行为体双重性质的社会运动对国家政治和国际政治的影响。

（三）东正教

东正教和东正教在中国（青年学者丛书）
张绥著
学林出版社　1986年10月　268千字　345页

公元1054年，基督教东西两派教会正式分裂。以君士坦丁堡为中心的大部分东派教会自称是维护正统教义，信守前七次公会议（主教公会议）决议，奉行七件圣事的"正教"（希腊文Orthodox-ia），意即正宗的基督教。又因其主要分布于地中海东部沿岸地区，故亦被称为"东正教"。本书为"青年学者丛书"之一，是国内第一部比较全面、系统地介绍"东正教和东正教在中国"的专著。书中考察了由"以希腊语地区为主的东派教会和以拉丁语地区为主的西派教会的尖锐矛盾"而引发的基督教东西两派教会的大分裂，论述了东正教的教义教理、组织形式、教会体系及其在中国的历史。全书分三编。第一编（4章），从共时性和历时性两个方面叙述东正教产生和发展的历史，讲解早期基督教走上历史舞台的成因和基督教东西两派争端的方式与根由。第二编（4章），详尽地介绍了东正教各自主教会和自治教会的情况，叙述了东正教的教义、礼仪和修院制度，以及俄罗斯正教会（包括该教会的分离派别）等内容。第三编（8章），集中阐述俄罗斯正教传入中国后的发展轨迹，涉及1860年以前的俄罗斯正教驻北京传道团、中国东正教会及国内各大教区建立的情况。

东正教：教会学说概要（宗教文化丛书）
[俄]C.H.布尔加科夫著　徐凤林译
商务印书馆　2001年8月　169千字　242页

基督的教会不是一个机构，而是由圣灵所推动的基督之体，是可见教会与不可见教会的统一。教会的本质是在受造物中揭示的神的生命；是依靠神成肉身和圣灵降临的力量所实现的受造物的神化。本书为"宗教文化丛书"之一，是现代俄国哲学家和东正教神学家布尔加科夫（1871-1944）于1933年在巴黎出版的一部简要阐释"东正教的基本特点"的著作（根据世界基督教青年会出版社巴黎1962年俄文版译出）。全书包括十八个部分。书中扼要说明了东正教的教义信条、教会传统、圣事礼仪、宗教伦理和神秘体验等有关东方教会学的诸多问题，具有概括性（对现代东方教会学作了系统而独到的阐述）、探讨性（既对东正教信仰进行教义解释，又对某些神学问题进行探讨和研究，有时也诉诸哲学思想，亦不回避神学所遇到的某些现代问题）和比较性（作者常把基督教三大派系的思想加以对比，力图维护东正教思想的"正信"性，指出西方两派的片面性）三项特点；同时，作者还关注"东正教在培养宗教意志和调节日常生活上的弱点"，承认"在对现代社会问题的实际解决方面，东正教不如西方教会更具有历史经验"。

东方基督教探索
乐峰著
宗教文化出版社　2008年7月　470千字　572页

东正教在人类思想史和基督教思想史上占有特殊的位置，忽视对它的认识和了解，就谈不上对整个基督教这种意识形态的把握。本书是中国社会科学院世界宗教研究所研究员乐峰先生撰著的一部专注于"东方基督教研究"的精品文集。书中综汇了作者多年研究东正教的成果,反映了作者"以马克思主义宗教观为指导思想,以历史唯物主义为指导原则"的学术取向,展示了作者深厚的外文功底及其扎实严谨的治学态度。全书包括:东方基督教;东正教的基本特点;东正教的意识形态;俄罗斯东正教;中国东正教;基督教与中国文化等七个部分,共收录文章35篇。这些文章详尽介绍了东正教形成、传布和发展的历史,深入剖析了东正教哲学、神学、伦理学、教堂艺术等颇具东方色彩的宗教精神世界,全面叙述了俄罗斯东正教在历史上的表现和特点、地位和作用,以及俄罗斯东正教与现代化、当代苏联东正教研究、苏联一些学者对宗教和无神论教育问题的反思等问题,同时还对东正教在中国的兴盛与衰落、东正教在中国传播的几个特点、东正教在中国的主要教会作了重点说明。本书旨在择取要义、博采众长,其内容以东方基督教研究成果为主,兼收有关天主教、基督新教和圣经方面的研究论文,均具有较高的学术水准。

东正教史
乐峰著

中国社会科学出版社　1999年6月　300千字　366页

东正教在基督教思想史和人类思想史上占有特殊的地位。作为富有东方文化色彩的宗教信仰,东正教一直影响着俄罗斯、东欧、近东和其他地区的广大人民群众,影响着这些地区的政治、经济、历史、文化等领域。忽视对它的认识和了解,就谈不上对整个基督教这种意识形态的把握。本书是在作者给北京大学哲学系宗教学专业学生讲课用的教材基础上增补与修订完成的,也是国内第一部系统讲述东正教史的专著。全书共分17章。书中以大量外文资料和国内相关研究成果为参考,从横纵两个方面介绍了东正教的起源、形成及其在世界各地的传播和发展,阐释了东正教的主要内容和特点,讨论了东正教哲学、神学、伦理学和教堂艺术等,探析了东正教与天主教和基督教新教的异同。本书极为重视对东正教在整个东方地区传布的历史与现状的描述,以较大篇幅讲解了东正教传入古罗斯后对俄罗斯帝国之"政教合一"体制确立、十月革命前后的俄国社会以及现代俄罗斯国家意识形态的深刻影响,同时论及近代以来东正教在中国的兴盛与衰落;此外,作者还特别关注20世纪苏联学界、俄罗斯学界和中国学界有关东正教的研究动态。

五、教会组织、教育及教堂
(一)教会组织

1. 总论

基督教会史
张绥著

上海三联书店　1992年7月　342千字　460页

本书以时间顺序为经,以基督教会在不同时期的发展与演变为纬,梳理了公元前4—17世纪的历史,探讨了原始基督教和早期基督教会产生的背景和原因,记述了基督教会发展史上的一系列重大事件。全书共分11章。第1章介绍基督教的诞生。第2章介绍基督教由"非法"到合法的过程,述及公元325年尼西亚主教公会议的召开。第3章介绍基督教东西两派教会间争端的明朗化，述及"三位一体论"的确立、公元431年以弗所主教公会议的"公案"。第4章介绍西罗马帝国灭亡和《赫诺肯提谕》，述及公元451年查尔西顿主教公会议的召开。第5章介绍公元520年后的东西两派教会，述及查士丁尼一世和罗马主教格列高里一世、"和子"句的争执和西派教会的中兴。第6章介绍东派教会的困扰和教皇格列高里七世的失算，述及公元1054年基督教东西两派教会的大分裂。第7章介绍罗马教皇权力极盛时期和拜占庭帝国的灭亡，述及佛罗伦萨会议和俄罗斯正教会的发展。第8章介绍天主教神学思想的发展，述及托马斯·阿奎那和《神学大全》。第9章介绍教皇权力的衰落和天主教会的腐化，述及博尼法斯八世和法王腓力四世的权力之争、"阿维尼翁"教皇和天主教会大分裂。第10章介绍基督教和西欧文化复兴。第11章介绍基督教的宗教改革，述及1672年东正教耶路撒冷宗教会议。

基督教会制度史（外国政体与官制史丛书）

罗衡林著

湖南师范大学出版社　2000年6月　219千字　272页

　　基督教会从其产生至今，逐步建立并完善了一整套的教会制度。本书为"外国政体与官制史丛书"之一，是一部叙述"基督教会怎样由原来那个在主耶稣面前彼此相爱、平等如弟兄的教会，演变成重重叠叠、等级森严的教会"的历史过程的著作。全书共分6章。书中按年代顺序考察了基督教会制度的发生、发展历程（尤其注重教阶制度、教会组织制度以及礼拜仪式的演变过程），分析了各个历史时期的教会管理体制、梵蒂冈城国的内部结构以及当今基督教的发展趋势，探讨了天主教、新教和东正教在教会制度上的差异，由此揭示出基督教的本质与特点。作者认为，基督教会每一时期的制度、教规、礼仪，都具有不同的时代特点：早期基督教组织被涂抹上浓厚的奴隶社会制度的色彩，反映了下层民众渴望得到平等生活的权利；罗马帝国时期教会被深深地打上罗马帝国时代的烙印；中世纪教会组织往往带有封建色彩；宗教改革时期各个新派教会的建立，或多或少地与资本主义产生分不开；近代基督教组织则更是与资本主义发展密不可分。

古代教会史

[德]毕尔麦尔（Bihlmeyer）等编著　[奥地利]雷立柏（L. Leeb）译

宗教文化出版社　2009年3月　450千字　413页

　　本书是德国学者毕尔麦尔（1874—1942）撰著的一部很完整的教会史教科书。原书名为《教会史》（Kirchengeschichte），由《古代教会史》、《中世纪教会史》、《近代教会史》三卷组成（其前身为德国历史学家傅恩克（Franz Xaver Funk）于1886年撰写的《教会史教科书》。该书曾在德国的大学和神学院中被广泛应用；1911年后，毕尔麦尔继续修补这本书，而在1942年后，另一德国的教会史学家提克肋（Tüchle），继续予以增补）。整部著作不仅仅叙述教会"内部"的发展，而且也从文化、社会道德和政治的角度来分析基督宗教在欧洲历史上的影响和发展。本书为原《教会史》之第一卷，分别从"教会的创立到官方的承认"、"君士坦丁大帝对教会的解放到君士坦丁堡692年的主教会议（313—692）两个阶段评述了古代教会史。第一阶段（5章），评述教会创立之初的景况，述及非基督教世界对救恩的准备、救世主和教会的奠基人、基督宗教广泛和快速传播的种种原因，以及教会的组织结构，礼仪、纪律和习俗，异端和分裂，著作和学术等。第二阶段（5章），评述313年米兰诏书颁布后至692年君士坦丁堡主教会议召开期间基督教会的传播与发展，述及罗马帝国中的外教传统的逐渐消失、基督宗教在亚细亚和 Africa（非洲/阿富利加）的传播、基督宗教受伊斯兰教的限制，以及教会的种种神学争论、异端和教会分裂，教会的组织结构，礼仪、纪律和习俗，著作和学术等。

中世纪"上帝"的文化：中世纪基督教会史（世界文化丛书/周谷城 田汝康主编）
张绥著
浙江人民出版社　1987年7月　208千字　296页

  基督教会史，有别于基督教史，它仅以基督教中教会的历史作为叙述和研究的对象。中世纪基督教会史又是基督教会史中的一个断代史，因为它要叙述的时间只是基督教存在至今的一千九百余年中的一千一百余年。本书为"世界文化丛书"之一，作者以公元325年尼西亚"主教公会议"的召开为起点，以关于"上帝"的不同认识为线索，以西罗马帝国灭亡至公元17世纪英国资产阶级革命之前一千余年的历史为背景，讲述了基督教西派教会（1054年以后自称罗马公教会）的活动和东派教会的演进，是一部较为全面地反映中世纪基督教会史的专著。全书共分8章。第1章讲述"拉丁化"教会和希腊教会的第一次分裂。第2章讲述从查士丁尼一世到查理曼时代的西派教会的中兴、两派教会的修院制度。第3章讲述基督教东西两派教会大分裂前后教会势力的动态。第4章讲述罗马教皇权力极盛时期的景象和拜占庭帝国的灭亡。第5章讲述天主教神学思想的发展。第6章讲述教皇权力的衰落和天主教会的腐化。第7-8章讲述宗教改革运动、文艺复兴和基督教新教的产生。

中世纪教会史
[德]毕尔麦尔（Bihlmeyer）等编著　[奥地利]雷立柏（L. Leeb）译
宗教文化出版社　2010年5月　500千字　504页

  本书是德国学者毕尔麦尔（1874-1942）撰著的一部很完整的教会史教科书。原书名为《教会史》（Kirchengeschichte），由《古代教会史》、《中世纪教会史》、《近代教会史》三卷组成［其前身为德国历史学家傅恩克（Franz Xaver Funk）于1886年撰写的《教会史教科书》。该书曾在德国的大学和神学院中被广泛应用；1911年后，毕尔麦尔继续修补这本书，而在1942年后，另一德国的教会史学家提克肋（Tüchle），继续予以增补］。整部著作不仅仅叙述教会"内部"的发展，而且也从文化、社会道德和政治的角度来分析基督宗教在欧洲历史上的影响和发展。本书为原《教会史》之第二卷，分别从"早期中世纪（692-1073）"、"中世纪的全盛时期（1073-1294）"和"中世纪的晚期（1294-1517）"三个阶段评述了中世纪教会史。第一阶段（4章），评述教会在欧洲大陆各民族（格尔曼、日耳曼、罗曼和斯拉夫等）中所开展的传教和文化工作，述及伊斯兰教对欧洲的冲击、西部的基督徒帝制，以及教会的教育和著作、各种神学论争、希腊教会和拉丁教会的分裂等。第二阶段下设两个部分（共6章），评述中世纪教会全盛时期的领导和管理制度、宗座的权势、宗教生活和教会文化的兴旺发达、教会指导下的学术和教育等。第三阶段（3章），评述13—16世纪宗座权力、教会和宗教生活的衰退趋势，教会在从中世纪到近代的过渡时期所产生的宗教危机和信仰分裂。

近代教会史
[德]毕尔麦尔（Bihlmeyer）等编著　[奥地利]雷立柏（L. Leeb）译
宗教文化出版社　2011年8月　600千字　585页

  本书是德国学者毕尔麦尔（1874—1942）撰著的一部很完整的教会史教科书。原书名为《教会史》（Kirchengeschichte），由《古代教会史》、《中世纪教会史》、《近代教会史》三卷组成［其前身为德国历史学家傅恩克（Franz Xaver Funk）于1886年撰写的《教会史教科书》。该书曾在德国的大学和神学院中被广泛应用；1911年后，毕尔麦尔继续修补这本书，而在1942年后，另一德国的教会史学家提克肋（Tüchle），继续予以增补］。整部著作不仅仅叙述教会"内部"的发展，而且也从文化、社会道德和政治的角度来分析基督宗教在欧洲历史上的影响和发展。本书为原《教会史》之第三卷，分别从四个阶段来评述近代教会史。第一阶段（3章），评述宗教改革和公教改革时期（1517—1648）马丁·路德神学的出现、《威斯特伐利亚和约》的订立及路德宗各国教会的创立、公教会在欧洲地区的改革历程。第二阶段（3章），评述君主专制主义、国家教会和启蒙运动时期（1648—1789）的教会发展，即《威斯特伐利亚和约》签订后的宗座和教会、路易十四统治下的法国天主教和启蒙运动时期的天主教与新教。第三阶段分成两段（共4章），依次评述从法国革命（1789）到19世纪中叶，从1850年后的比约九世到第一次世界大战开端的天主教会、新教、东正教教会在欧洲和美洲的传教活动。第四阶段，以专论的形式接续评述从第一次世界大战到第二次梵蒂冈大公会议（1914—1962）时期欧洲教会的应对，介绍了布尔什维克主义对东方教会的影响和第二届梵蒂冈大公会议的情况。

当代基督宗教教会发展（当代基督宗教研究丛书/卓新平主编）
卓新平著
上海三联书店　2007年1月　600千字　723页

  基督宗教在20世纪、21世纪之交既是世纪之交，亦是千纪之交。在步入其第三个千年的发展时，当代教会出现了许多令人关注、引人深思的变化。本书为"当代基督宗教研究丛书"之一，是卓新平教授负责的国家社会科学基金重大研究项目和中国社会科学院重点研究课题"当代基督教现状与发展趋势"中现实探究的一部分，侧重于对当代世界六大洲222个国家和地区基督教会的发展现状进行系统分析和宏观叙说，力图在全球视域下把握当代基督教会的整体架构，同时注重对重要地区和机构的细节观察和微观剖析，并运用大量图表和统计数字来分析、勾勒当代世界基督教会的运行实况和演进态势。全书按着当代教会的地域分布而分为7章。内容包括基督教会发展的历史回溯和目前世界各地基督教派分布情况，20世纪以来教会的"普世合一"运动，当代教会之间的"对话"运动，1960—2010年世纪人口与教会人数发展趋势，基督宗教各教派分布状况，当代福音派的教会发展，教会发展从西往东、由北到南的当代转移，20世纪东正教在俄罗斯的变迁与发展等；其中对一些重点国家和重点机构做了深入研究，如梵蒂冈天主教系统、英国圣公会系统和东正教君士坦丁堡普世牧首系列。此外，本书还辟专章探究了当代亚洲教会、当代非洲教会、当代欧洲教会、当代美洲教会和大洋洲各国教会的发展，由此完成对当代基督宗教全球分布之状况的总体描述。

多元主义中的教会（世界宗教研究译丛 / 卓新平主编）

[德] 卫弥夏著　瞿旭彤译

中国社会科学出版社　2010年1月　168千字　189页

在当今时代，由于古典有神论的破产、由于对现代位格观和平等观的潜在质疑、由于各种陈旧的可信说明和制度形式均告消解，教会若想不仅仅以政治的、意识形态的或以"神学历史的"态度作出回应，就必须提出新颖的、有实质内容的神学回应。本书为"世界宗教研究译丛"之一，是德国海德堡大学神学院系统神学教授卫弥夏（Prof. Dr. Dr. Michael Welker, 1947－）撰著的一部旨在探讨"教会所面对的时代问题"的论著。该书初版于1995年，由同为德国新教神学出版重镇的 Chr. Kaiser Verlag 和 Guesterloher Verlaghaus 一起发行，2000年重印再版。中文版译自1995年版。与德文版相较，中文版增补两篇相关论文。全书共分7章。作者将教会学摆置在"多元主义"的文化语境中加以评估和思考，试图通过理论方面的与神学方面的澄清，理顺与多元主义的错乱关系，加深对多元主义社会自身内在构造的理解。书中还特别关注"律法与圣灵"或"福音与律法"之间的关联，主张教会的基本任务在于清晰认识创造性的"圣灵的多元主义"，以及基督身体的"创造性的多元主义"，并落实和强化"多元主义中的教会"所具有的创造性的形式与力量。

2. 天主教

教会法研究：历史与理论（法学文库 / 何勤华主编）

彭小瑜著

商务印书馆　2011年11月　491页

教会法是西方历史、文化和法律的核心内容之一。教会法以"爱"作为控制原则的特点使它明显有别于历史上的许多世俗法体系，也使它高度警觉和严厉批评拘泥条文的法律实证主义。本书为"法学文库"丛书之一，是作者在其博士学位论文的基础上增补、完善而成的一部系统阐述"教会法的基本理论、制度演进和精神内核"的专著。书中通过对拉丁原始史料和相关研究成果的深入解读，考察了罗马天主教会法律制度的历史和理论，追溯了其起源和发展，对教会法的性质、教皇制度、教会法对异端和异教徒的处分、教会有关战争和国际法的观点等重要问题进行了研究和梳理，匡正了有关"黑暗中世纪"之陈旧范式下的某些不确切看法。全书共分8章。第1-2章概述教会法历史和理论，阐发"教会法之父"格兰西和其他教会法学家以基督教之爱统合正义与仁慈的法学思想，审视近现代不同学派的学者对教会法的批评、理解和理论总结。第3-4章分别论述教会法对教会内部管理机制和教会与国家关系的看法。第5章追溯了教会法对非基督徒和非基督教文化的传统观点及其演变，也涉及教会婚姻法的一些基本原则。第6-7章讨论在基督教之爱的控制原则下，教会如何绝罚等法律手段应对异端问题。第8章则试图在对基督教的宽容给予历史解读的同时，在教会学和末世论的层面上诠释教会法的精神和它在基督教生活中的地位。

远东耶稣会史研究

戚印平著

中华书局　2007年9月　500千字　705页

历史上从来就没有纯粹的文化与宗教，也没有纯粹的文化交流与宗教传播。在被称为"地理大发现"或"大航海时代"的16-17世纪,天主教世界范围内的传播,与西方列强的殖民扩张、势力范围的争夺以及全球市场的形成与发展息息相关。而传教士的所有行为,虽然更多是出自于相信"福音"的普世性质的宗教情感,但他们亦服从于葡萄牙国王"为了胡椒与灵魂的拯救"的海外政策。远东传教士所担当的历史角色,从某一侧面证明了宗教传播以及由此产生的文化冲突,并非一国一地的个别现象;其冲突范围和矛盾演变亦非孤立而封闭的自我体系,而是受到多种外部因素的影响,与之共同构成不断变化的历史过程。本书以16-17世纪西方列强的海外扩张为背景,以耶稣会士传教东方的行为表现为考察对象,主要研究了传教史及东西文化交流史中不太引人关注的"边缘问题",试图从远东、甚至更为广阔的视角来解读相关历史人物与事件。全书共分12章。内容涉及沙勿略与中国的关系、耶稣会士的商业活动、武力征服中国的计划、耶稣会内部的通信制度,以及西方传教士关于茶与茶道的若干记述与研究、范礼安与澳门当局签订的生丝贸易契约及相关问题、远东地区的主教任命问题、江户时代的"禁书制度"等。

日本早期耶稣会史研究(浙江大学学术精品文丛)
戚印平著
商务印书馆 2003年4月 492页

日本早期耶稣会史是日本思想史的一个转型期,大致可分为四个阶段:一、探索时期(从沙勿略于1549年8月进入日本到他1551年11月离开日本为止);二、成长时期(从1552年至1579年夏天止);三、高潮时期(从1579年视察员范礼安抵日至1587年丰臣秀吉发布传教士驱逐令为止);四、维持时期(从1587年6月传教士驱逐令发布,到1639年8月锁国令实施为止)。本书为"浙江大学学术精品文丛"之一,作者在认真研读、辩析大量原著的基础上,采用"传统-情境-需要-变异"的理论模式,探讨了16-17世纪耶稣会士在日本传教的经历与经验,展示了基督教这种异质文化能够轻易传入同属东亚文化圈的日本所折射的岛国社会和文化传统的开放性,进而寻索出蕴藏在这段历史中的文化意义。全书包括三个部分,共15章。第一部分"困境与出路"(第1-4章),介绍沙勿略的传教经历和策略、京畿地区的传教活动、幕府的禁教政策与传教士们的应对之策,并对"沙勿略方针"的性质、界限与利弊作了分析总结。第二部分"策略与目标"(第5-10章),介绍耶稣会士灵活多样的传教方式,以及教会的本土化趋势及其日本特色。第三部分"理性与信仰"(第11-15章),叙述基督教神学与日本文化及东方传统宗教之间的交流和碰撞。

英吉利教会史(汉译世界学术名著丛书)
[英]比德著 陈维振 周清民译
商务印书馆 1996年7月 319千字 456页

享有"可尊敬的"称号的比德是最早出现在英国历史上的卓越学者、历史家,被称为"英国历史之父"。他在中世纪早期极其艰难的条件下奋力撰述,著作等身,为英国留下珍贵的文化遗产。本书为"汉译世界学术名著丛书"之一,是比德于暮年撰写的一部"以罗马天主教会在不列颠的布教为主要内容,记述自奥古斯丁受命来不列颠布教开始直到罗马天主教在各国相继取得胜利前后一百余年的历史"的重要成果(根据美国麻省剑桥哈佛大学出版社伦敦威廉·海涅曼有限公司1979年版译出)。书中以英吉利教会发展史上不同阶段的一些重要事件为线索,述及公元5世纪中叶至 8 世纪前期英吉利社会各方面的情况；对于七国的政治史，叙述则较简单。全书分上、下集，共五卷。上集（第一至三卷），介绍了英吉利早期历史和奥古斯丁来到前的早期不列颠教会史、阐述了试图把不列颠和爱尔兰教会联合起来的尝试的失败，以及奥斯瓦尔德、奥斯维和以艾丹为首的来自苏格兰的传教团的历史，重点讲解了奥古斯丁来到不列颠后的布教过程、不列颠各位虔敬的国王和主教的事迹。下集（第四至五卷），叙述多斯德迪特死后西奥多、普塔、科尔曼等数十位主教及女修道院长的生平和传教活动，概览了教会在 731 年的状况，牵涉英吉利教会与罗马教廷、封建制度和教会资产等方面的关系，从而"为人们展示出一幅英国正在循着封建化道路行进的画卷"。

特兰特圣公会议教规教令集
[英]J.沃特沃斯英译　陈文海译注
商务印书馆　2012 年 10 月　347 页

在西欧社会由中世纪向近现代转变过程中，传统的天主教会亦经历了深刻的变革，其标志性事件之一便是于 16 世纪中叶在意大利半岛北方小城特兰特（Trent）召开的、断断续续长达 18 年之久的宗教会议（1545—1563），此即天主教会所说的"特兰特圣公会议"，而《特兰特圣公会议教规教令集》便是这次会议成果的集中体现。在"特兰特圣公会议"之后的大约四个世纪的时间里，这部教规教令集一直充当着天主教会的"根本大法"之角色。直到"梵蒂冈第二届大公会议"（简称"梵二会议"，1962-1965）召开以后，这部教规教令集的地位和影响才趋于式微。本书系根据英国学者沃特沃斯（J. Waterworth, 1806-1876）英译本的第三部分"特兰特圣公会议教规与教令"译出（J. Waterworth, ed., and trans., The Canons and Decrees of the Sacred and Oecumenical Council of Trent (London; Burns and Oates, Ld., 1848)。沃特沃斯的英译本是英语世界中最为流行的一个版本，其主体内容包括：特兰特会议背景述论；特兰特会议进程史；特兰特圣公会议教规与教令三个部分。译注者选取最后一个部分，除对原文添加大量注释外，还撰写和翻译了《关于特兰特会议及会议成果的几个问题》、《特兰特会议始末》（J.P.基尔希）等文章作为补充。书中按特兰特圣公会议（二十五次）召开的年份顺序及具体议程编排，所载文献对于历史学、宗教学、哲学乃至社会学等学科都具有重要参考价值。

3. 新教

基督教青年会在中国：本土和现代的探索
赵晓阳著
社会科学文献出版社　2008 年 10 月　372 千字　351 页

中国基督教青年会创建于 1885 年，是已有一百余年历史的社会和宗教团体，对近代中国的宗教和社会转型具有重要作用。本书充分借鉴国内外已有研究成果，在进一步挖掘多类型史料的前提下，将青年会置于中国近代社会的转型背景中加以考察，力图全面描述、分析青年会历史以及它在近代中国的历史作用和局限性。全书分上、下两编，共 13 章。上编（第 1-5 章），从历史演变的角度，叙述了基督教青年会的创建、发展，在基督教世界传教运动环境中创建的中国青年会以及它的基本构成和工作方式，青年会的两大组成部分：城市青年会和学校青年会在全国各地的创建和发展历史,介绍了基督教在华历史上青年会涌现的一些著名中外代表性人物。下编(第6—13章),集中讨论了作为基督教社会和宗教团体的青年会,积极促成北美地区的学生志愿传教运动,并以其为载体扩大了世界传教运动的力量,而且改变了传教士来源的性质,并以19世纪末美国兴起的社会福音思潮为神学依据,倡导面对资本主义社会发展下的新社会问题,从救灵发展为救人,以改造社会;同时在这种神学思想指导下,中国基督教青年会从中国社会现实出发,从"社会服务"发展为"社会改造"所做的努力,内容涉及一系列有助于中国近代社会现代化的活动和实践。

救赎与自救:中华基督教会边疆服务研究(三联·哈佛燕京学术丛书)
杨天宏著
生活·读书·新知三联书店　2010年10月　369千字　478页

　　20世纪30年代末,中国基督教会应抗战救国之需,组织发起了一场旨在推动中国西部少数民族地区的经济、文化与社会发展,促进基督教福音传播的"边疆服务"运动。边疆服务内容广泛,包括提高边民精神生活的基督教福音传播,增进边民智识水准的教育服务,改善边民物质生活的生计服务,以及解除边民疾病痛苦的医疗卫生服务。本书为"三联·哈佛燕京学术丛书"之一,作者在充分发掘原始档案文献的基础上,以实证性的研究为导向,致力于川西、西康两地边疆服务的历史事实的重建,强调把对历史现象的思考置于事实建构的过程中,利用鲜活的个案来描绘这段不应被忽略的中国教会和中国社会史,展现在华基督教对"边缘"地带、"边缘"社团及"边缘"人物所实施的"救赎"和"自救"行为。全书共分9章。内容包括:社会福音与在华基督教的本色化;抗战军兴与边疆服务运动的酝酿;边疆服务运动的全面展开(1939—1949);边疆服务与边地社会改良;边民的信仰状况与基督教福音传播;边疆服务运动中的边疆研究;边疆服务的社会认同及变化(1949年以前)等。

中国现代化视野下的教会与社会
李灵　曾庆豹主编
上海人民出版社　2011年10月　347千字　317页

　　基督教入华宣教已两百余年,其功过得失,各方争论不休,见解不一。其中有关基督教与中国文化的现代化问题,已成为当今国内学界关注的焦点。2010年10月,由台湾中原大学和美国洛杉矶恩福基金会"基督教与中国"研究中心共同举办的"中国现代化视野下的教会与社会"学术研讨会在中原大学举行。本书辑选了此次研讨会发表的22篇论文,主要研究了近现代以来基督教进入中国社会后所引起的碰撞与融合,并对其未来的发展做出了理性的展望。全书包括"理论思考"、"人物研究"和"历史回顾"三个部分。所收论文涉猎广泛,不仅论及早期耶稣会在日本长崎及澳门之贸易活动、明末清初天主教文字工作刊书传教、近三十年基督宗教出版状况及其前景等,还分别探讨了中国近百余年间基督教与中国现代化历程中所经历之文化社会事件的多个方面:如有关传教士在华从事鸦片戒治及反毒禁烟活动之关系、传教士或传教活动如何影响改变华人积极从事社会文化变迁改革行动;并专文讨论了赵紫宸的基督教社会哲学、吴耀宗与唯物主义基督教、19世纪台湾基督徒对现代化与基督徒身份的交结等问题。此外,还有数篇整合性论文集中论述了基督教传入中国后如何与中国文化相融合的问题。

宗教非营利组织的身份建构研究：以（上海）基督教青年会为例（上海社会科学院宗教研究所学术专著系列）

黄海波著

上海社会科学院出版社　2013年6月　295千字　266页

　　基督教青年会与宗教现实形态的诸构成要素之间有着复杂的关系。本书为"上海社会科学院宗教研究所学术专著系列"丛书之一，是作者在其博士学位论文基础上修订、完善而成的一部以上海基督教青年会为例，将"组织身份与组织合法性理论"作为分析框架，集中探讨"基督教青年会作为当代宗教对公益事业参与的组织化形式与合法性特征"的论著。全书共分6章。第1章通过分析人们对基督教青年会宗教背景的不同理解，以及由这些差异性的理解所导致的对基督教青年会组织身份略显混乱的界定，引出"宗教性非营利组织在合法性约束下的组织身份建构"这一研究主题。第2章考察20世纪上半期，基督教青年会自传入中国以后至新中国成立前的组织身份建构。第3章分析基督教青年会在新中国成立后，至"文革"爆发以前的组织身份建构状况。第4章考察改革以后上海基督教青年会的组织身份重建过程。第5章考察上海基督教青年会在经历组织及其身份重建，确立"现代非营利组织"的身份以后，基督教背景在组织中的要素化呈现方式及其对组织的影响。第6章重点探讨当代基督教参与我国社会公益事业的组织化路径。

西欧中世纪社会中的基督教教会

王亚平著

中央编译出版社　2011年11月　289千字　262页

　　中世纪的西欧是一个全面基督教化的社会。无论是在封建的政体方面，还是在封建经济体制方面，以及在封建社会的法律制度中，都深深地烙上了基督教的印记，甚至在人们的社会日常生活中基督教的影响也是无处不在。本书从社会史的角度叙述了中世纪基督教在西欧政治、商业、法律、教育、意识形态、社会生活诸方面所产生的广泛而深刻的影响，以期对其作出客观合理的评价。全书共分6章。第1章叙述社会经济活动中的基督教组织机构，包括：农业生产活动中的教会和修道院、朝圣与远程商贸的互为影响、集市与朝圣地的不谋而合等。第2章叙述政治生活中的基督教教会，包括：以神学为核心的政治理论、世俗政治与神学政治的结合、政教事务的纠葛等。第3章叙述中世纪社会中的教会法，包括：基督教教义确定的法理学、保存罗马法原则的教会法、经院哲学诠释的教会法等。第4章叙述统治社会意识形态的基督教，包括：对异教的排斥与冲突、中世纪的教育中心、神学争论中改变的理性概念等。第5章叙述中世纪的基督教文化，涉及基督教教堂、以《圣经》为主题的绘画雕塑艺术、世俗文化中的基督教元素等。第6章叙述日常生活中基督教的潜移默化，涉及基督教标注的社会等级、日常生活中的宗教仪式、社会中的民众宗教意识等方面。

4．东正教

俄国教会史（苏联丛书）

[苏] 尼·米·尼科利斯基著　丁士超　苑一博等译　丁士超校

商务印书馆　2000年12月　524页

　　俄罗斯正教会是东正教中最大的一个自主教会，是基督教于公元10世纪末从拜占庭传入基辅罗斯后建立起来的。最初，这一教会由君士坦丁堡牧首任命的都主教管理。都主教驻节地14世纪以前是在基辅，以后随着东北罗斯的强盛便于1299年迁到弗拉基米尔，1326年又迁到莫斯科。15世纪，俄罗斯正教会在莫斯科大公的支持下，利用希腊正教和罗马天主教在佛罗伦萨举行的宗教会议上通过东西教会合并的决议，拒绝服从君士坦丁堡牧首，并于1448年自行召开主教会议，选举俄罗斯人梁赞主教约纳为莫斯科和全罗斯都主教。这便是俄罗斯正教会事实上独立自主的开始。本书为"苏联丛书"之一，是前苏联著名学者尼古拉·米哈伊洛维奇·尼科利斯基（1877—1959）在20世纪30年代写成的一部"论述俄罗斯正教会、旧礼仪派和教派分化运动历史的比较全面系统的著作"，也是前苏联第一部以马克思列宁主义为指导来系统阐述俄国教会史的专著。全书包括十一个部分。书中运用丰富的史料，对东正教于公元10世纪侵入基辅罗斯，直到十月革命前的情况作了详细介绍，再现了古罗斯王公上层在群众中采用强制手段推行东正教的历史场景，展示了俄罗斯教会、旧礼仪派和教派分化运动的形成与发展过程，批驳了教会史学家及有神论者们关于俄国教会史的种种论断，指出俄罗斯正教会的思想和实际行动所暗含的反人民的性质。

俄国东正教会与国家（1917-1945）（纪实史学丛书）
傅树政　雷丽平著

社会科学文献出版社　2001年2月　158千字　199页

东正教在传入俄罗斯后的一千年中，经历了基辅罗斯时期、蒙古统治时期、莫斯科公国时期、帝国时期和苏维埃时期五个大阶段。其中苏维埃时期（苏联时期）的历史最为短暂，仅仅74年。但这74年的历史却与此前的历史有着明显的特殊性，尤其是对于东正教来说，是它传入俄罗斯后所经历的最为艰难、最为特殊的时期。本书为"纪实史学丛书"之一，作者以马克思主义观点为指导，以国际学术界近年来发表的文章和著作为依据，考察了十月革命以后至卫国战争时期（1917—1945）俄罗斯东正教会的历史，论述了早期苏维埃政权和战时苏联的宗教政策，以及俄罗斯东正教会在面对世界上第一个无产阶级专政国家政权时的处境与态度，探讨了从"革命后开始的宗教被剥夺、被镇压时期（1917—1941）"到"政教关系转入正常化时期（1941—1945）"东正教会与苏维埃国家的关系问题。全书共分6章。内容包括：东正教与俄罗斯；东正教会与1917年革命；俄国东正教与早期苏维埃国家；早期苏维埃政权下的俄国东正教会；战前斯大林时期的俄国东正教会与国家等。

俄国东正教会改革（1861-1917）（东方历史学术文库/沈志华主编）
戴桂菊著

社会科学文献出版社　2002年6月　272千字　343页

19世纪60年代至20世纪初，在俄罗斯国家改革大潮的推动下，东正教会问题引起了社会各界的思考。部分教会人士也意识到东正教会内部的危机，要求教会与社会对话，希望通过改革使教会摆脱危机状态。在教会改革派和社会各界对教会改革的强烈呼吁下，统治阶级上层制定并推行了有关改善白神品的社会地位、扩大教会管理的自主权、改革神学学校管理体制和教学内容等的一系列改革措施。本书为"东方历史学术文库"丛书之一，是作者在其博士学位论文基础上修改、补充而成的一部探讨"1861-1917年的俄国教会改革"问题的专著。全书共分5章。书中围绕"俄罗斯现代化进程中"的政教关系，运用马克思主义的基本观点和方法，全面阐述了19世纪60—

70年代东正教会改革的动因、内容和特点，80—90年代"反改革"时期政府教会政策的连续性和东正教会的"复兴"，20世纪初教会革新运动的性质、特点、作用和牧首制的恢复，揭示了官方教会和民间教派的斗争与消长，指出民间教派为俄国宗教文化注入了新鲜血液及其对资本主义经济发展的积极推动作用，强调俄国教会改革与革新是在政教合一前提下教会内部自主权的扩大，其本身存在很大的局限性，不能与具有革命意义的欧洲宗教改革等量齐观。

（二）教育

基督教教育与中国社会变迁（基督教教育与中国社会丛书·第三辑／吴梓明主编）
黄新宪著
福建教育出版社　1996年7月　257千字　332页

　　基督教教育与社会变迁之间的关系遵循一定的规律发展，这种规律是客观存在的，也是不以人们的意志为转移的。就中国基督教教育而言，其在华开展的各项事业并不总是常态地发挥积极作用，也存在着许多负面。有时能从积极方面影响变迁，有时也阻碍乃至延缓社会的变迁。本书为"基督教教育与中国社会丛书"之一，作者试图以现代意识来诠释和介绍基督教教育，通过具体史实的考察，揭示从唐代到新中国建立初期基督教教育与中国社会变迁的内在关系，并对之采取哲学意义上的扬弃，肯定其对社会变迁积极的一面，否定其消极的成分，还原其本来面目。全书共分8章。内容包括：早期基督教的宗教化与唐、元两代社会的变迁；耶稣会士的学术传教活动与明清之际社会的变迁；基督教的宣教事业与晚清社会的变迁；教会大学与民国时期社会的变迁等。本书指出，基督教教育本身难以对社会变迁产生直接作用，它是通过培养人来对社会变迁产生作用的，而人是社会变迁的中坚力量；在影响社会变迁的同时，基督教教育自身也处在变迁之中。

基督教教育与中国知识分子（基督教教育与中国社会丛书·第二辑／吴梓明主编）
史静寰　王立新著
福建教育出版社　1998年7月　250千字　326页

　　中国知识分子是"使社会主体意识形态能长期保持稳定"的特殊群体，他们在传统社会里发挥了"进则兼善天下，退则独善其身"的道德榜样力量。然而，随着明末清初"基督教又一次开始进入中国的尝试"，以及耶稣会士在华活动的陆续展开，中西知识分子的代表出于不同的需要开始与之建立起密切的联系，中国的儒学、西方的近代科学和宗教成为他们之间进行沟通与交流的工具，从此拉开了中西文化交流史上的重要一幕。本书为"基督教教育与中国社会丛书"之一，作者基于对信奉"儒学"的中国传统知识分子和信奉"福音"的西方传教士知识分子的不同理解，全面论述了福音奋兴运动与海外传教事业兴起后，西方传教士在华开展的基督教教育实践给中国传统知识分子带来的普遍影响，以及中国知识群体面对这场以基督教教育为排头兵的"西学东渐"潮流所持的立场和观点、所付诸的实际行动，透彻分析了中国知识分子直面基督教这种异质文明时的复杂心理和矛盾心态。全书共分11章。内容包括：早期基督教教育与教会学校的毕业生；西方传教士与译介西学的助手及合作者；基督教与太平天国时期的农民知识分子；基督教传教士与维新派思想家；教会大学与新知识分子群体的形成；基督教教育与学生运动；信奉马克思主义的知识分子论基督教及其教育等。

普遍主义的挑战：近代中国基督教教育研究（1877-1927）（近世文化论丛）
胡卫清著

上海人民出版社　2000年4月　363千字　474页

基督教教育是近代基督教在华传播运动的一个重要组成部分。目前，学术界评价近代中国基督教教育有两种基本的评价模式：一为"文化侵略论"，一为"现代化论"。然而在学术实践中，这两种貌似截然对立的理论不仅存在着相通之处，而且各有其无法自圆其说的地方。造成这种理论进退失据的根本原因在于近代中国所面临的文化挑战的特殊性，这是一场普遍主义的挑战。本书为"近世文化论丛"之一，作者采用论析与陈述相结合的框架，提出以"普遍主义"作为基本视角和范式来研究近代中国的基督教教育的教育哲学、教育模式及其与民族主义的复杂关系，由此对从晚清到民国年间的基督教教育进行了实证性的考察和论辩性的评析，从而为近代中国基督教教育史研究开拓了新思路。全书共分4章。第1章建构普遍主义的理论模型，批判对于中国基督教教育的两种评价模式。第2章透过"从人格的基督化到社会的基督化"、"理性宗教与科学"、"作为异端的儒学"三个维度阐释教会学校的教育哲学。第3章围绕"双语教育模式"、"基督化的公立教育模式"及教育体制的典型个案探讨"本土化与西化"的教育模式选择问题。第4章论述基督教教育与近代中国社会及政治转型的关系。

中国基督教教育史论
徐以骅著

广西师范大学出版社　2010年10月　270千字　271页

近年来，基督教史学研究的创新趋向愈加明显。继国内和国际学术界广泛开展关于基督教史从以西方为中心的"宣教史"，到以本地教会为中心的"教会史"的学术讨论和著述实践之后，以耶稣基督和普世教会为中心的"新宣教学"和"新基督教史学"研究已呈兴起之势。本书由12篇关于中国基督教神学和宗教教育史的专题论文组成。这些论文选取圣约翰大学、燕京大学、金陵神学院、纽约协和神学院等有代表性的教会大学及相关人物为研究个案，以教育和宗教的关系为聚焦点，讨论了有关中国基督教神学教育、在华基督教大学以及基督教传教运动的史学和宣教学的若干问题，分析描述了中国神学教育的历史面貌及基本特点，其中6篇关于中国基督教神学教育史的论文曾以"中国基督教神学教育史论"为题由台湾宇宙光全人关怀机构结集出版。全书分上、下二编。上编（5篇）主要涉及基督教人物如神学教育家赵紫宸、刘廷芳、卜舫济、王治心等。下编（7篇）主要围绕基督教机构如圣约翰大学、金陵神学院讨论基督教在华高等教育尤其是高等神学教育问题；结语部分论述了"当代国际传教运动的新趋势"。

狄考文与司徒雷登：西方新教传教士在华教育活动研究（中国教会大学史研究丛书／章开沅　马敏主编）
史静寰著

珠海出版社　1999年8月　195千字　321页

中国是狄考文及司徒雷登等人活动的主要场所，中国社会对西学表现出的兴趣和热情为传教士扩大教育活动提供了机会。传教士们所开办的教育机构，虽然具有宗教背景，但大多数毕业生都是服务于世俗社会各个层面，以多种形式为中国教育的近代化作出了贡献。本书为"中国教会大学史研究丛书"之一，作者以19世纪后半叶与20世纪前半叶两大阶段的历史进程为背景，通过考察狄考文这位第一代传教士教育家来华创办学校的经历，以及司徒雷登这位"现代派"传教士的教育思想对燕京大学办学宗旨的影响，分析了传教士这一特殊的社会群体与中国教育乃至社会近代化的关系，阐述了传教士的教育活动在中国近代教育发展中的历史地位和作用。全书共分12章。主要内容有：虔诚的基督徒和布道师—狄考文的早年生活；狄考文与19世纪末西方传教士在华教育活动的专业化；从司徒雷登的生活经历看现代派传教士教育的形成；司徒雷登与燕京大学的建立；从燕大的办学宗旨看司徒雷登的教育思想（燕大的宗教性、学术性、中国化和国际性）；近代西学东渐和传教士成为媒介的历史必然性；传教士教育活动的发展及与中国社会环境变化的历史联系等。

澳门圣保禄学院研究：兼谈耶稣会在东方的教育机构（澳门文化丛书）
戚印平著
社会科学文献出版社　2013年6月　280千字　301页

凡研究天主教东传史或中外文化交流史者，绝不可忽视澳门历史；而研究澳门历史，就无法回避圣保禄学院。该学院于1594年由耶稣会在葡萄牙人租用的土地上创办，不仅是澳门西式高等教育的肇始，也是中国土地上第一个西式高等教育的样本，而且还是远东最早的欧洲中世纪式的高等教育机构，培养了以利玛窦为代表的一大批东西方文化交流巨匠，对我国以至世界文化发展作出重要贡献。本书为"澳门文化丛书"之一，作者通过考察同时代欧洲大学以及远东耶稣会的同类学校及其教育模式，深入分析了澳门圣保禄学院的建立及相关争议、人员构成及其组织机制、教学体制、财务问题等，考证并论述了澳门圣保禄学院及其相关历史的重要意义。全书共分5章。第1章介绍同时代欧洲大学教育的基本特征以及耶稣会的教育理念与实践。第2章介绍圣保禄学院建立的最初设想、理由与动机，果阿教区的反对态度与理由，孟三德等内部人士的反对意见等。第3章介绍圣保禄学院的建筑工程及其资金来源、神学院学生和其他相关人员、学院院长的职责与基本使命等。第4章介绍圣保禄学院的教学体制，涉及《耶稣会会宪》中的相关规定、主要教学科目设置、不同科目的教学模式。第5章讨论圣保禄学院的财务问题。

中国教会大学史（1850-1950）
[美] 杰西·格·卢茨著　曾钜生译
浙江教育出版社　1987年6月　377千字　517页

1850—1950的一百年间，虽然有成千上万的基督新教传教士在中国工作，但是大多数中国人对基督教教义或者基督教会是不太感兴趣的。许多中国人与教会公开对立，把传教士和教会视为抗夷斗争的最好目标。然而中国连续的革命与新教传教士在高等教育方面的工作却是并行不悖的，尽管时有激烈对抗。传教士通过生活，通过建立学校、医院、出版机构和其它组织，传播西方文明的理想与习俗。为了抵抗西方人的权利、特权和教义，中国的知识分子开始探讨自己国家和民族的意义。到1949年后期，教会大学已经体会到共产党统治的直接结果：多数中国人对大学行政完全由中国人管理这一现实处之泰然。中国教徒要求那些学有专长、能够接受中国人对教会学校的管理以及接受共产党对中国统治的传教士留下继续工作；因为这些西方人能够作出贡献并将受到欢迎。那些与国民党有密切关系又不能接受在他们看来是低人一等的西方人则应该离去。随着政府每项新指示的提出,教会学校的特点与中国共产党提出的发展中的教育纲领显然越来越不能相容。本书以西方学者的眼光叙述新教传教士所创建并最终成为高等学校的各类教会学校的百年历史(省略罗马天主教学校),为中国教会学校史研究提供大量史实和资料。中国的教会大学,是一定历史阶段的产物、是我国近代史一个屈辱的标志。它象征着帝国主义对中国进行的宗教与文化侵略,也检视出西方教育模式对中国传统教育方式的严峻挑战;同时,它又在一定程度上促进了我国教育理念和水准的提升,尤其是大学教育的发展。

中国教会大学建筑研究:中西建筑文化的交汇与建筑形态的构成(中国教会大学史研究丛书/章开沅　马敏主编)

董黎著

珠海出版社　1998年5月　161千字　321页

中国教会大学建筑是近代中西文化交相流动的较成功的特例。其建筑形态突破了中国数千年以来的物以致用的狭隘建筑观念,使中国传统古典建筑具有了时代和民族文化的象征性意义,也从另一侧面表明了教会大学在中西方文化交流中的历史作用和社会文化效应。本书为"中国教会大学史研究丛书"之一,作者从建筑文化的角度,借助于对建筑实例的实地考察和对历史资料的广泛搜集整理,在近代广阔的社会背景和深刻的历史变迁的视域内,运用建筑语言学、建筑形态学及社会学、历史学的研究方法,追溯了教会大学中西合璧式建筑在演进过程中的文脉关系,分析了中西方建筑文化交汇中的异质关联,进而探讨了中国建筑文化在历史时空交汇中的涵化机制和离异与回归规律。全书共分5章。内容包括:失衡的中西建筑文化交汇;教会大学建筑的文化背景;相对温和的碰撞等。作者指出,从建筑文化的角度而言,教会大学建筑的存在价值远远超出自身的使用价值;教会大学建筑与民族主义形式之间存在着某种关系,显示出了中国建筑史上从来不曾有过的建筑文化观念的演变和进步。

基督教大学与国学研究(基督教教育与中国社会丛书·第一辑/吴梓明主编)

陶飞亚　吴梓明著

福建教育出版社　1998年5月　314千字　408页

近代史上,中国基督教大学不仅在介绍和传播西方文化方面有着突出地位,而且在中国语言文学、历史和哲学等方面的教学和研究中也曾起过重要作用。这一点,常常被它们在输入西方的宗教、科学知识和教授西方语言方面的成就所遮盖,也往往被后世学者所忽略。本书为"基督教教育与中国社会丛书"之一,作者以"国内13所新教大学和天主教会的辅仁大学在中国历史文化领域(国学)的教学和研究情况"为考察对象,大量引用这些大学的原始材料,旨在"讨论那些不太为人重视的、但却在其自身历史和中国学术史上占有一定地位的教会大学在中国文化方面的活动",以期能为全面认识教会大学的学术功能,认识教会大学里中外学者的努力提供一些新的内容。全书共分10章。书中首先考察早期传教士、教会学校到教会大学究竟如何对待中国文化,分析他们的教学和研究政策前后所发生的变化及其原因;继而探讨各个教会大学在国学研究方面所开展的活动,他们的成绩和他们的局限,以及一些著作学者的活动,论述以国学教研为重点的教会大学适应中国社会的努力及外在政治因素对学术发展的影响;最后回顾对教会大学学术遗产的评价。

教育与宗教：作为传教媒介的圣约翰大学（中国教会大学史研究 / 章开沅　马敏主编）
徐以骅著
珠海出版社　1999 年 8 月　256 千字　326 页

　　教会教育在近代中国社会产生了重要影响，促进了中国近代教育体制的开启和完善。上海圣约翰大学作为美国圣公会在华创办的首座将西方教学风格引入中国的教会学校，其办学宗旨和原则在中国教育近代化过程中起着某种程度的示范与导向作用。本书为"中国教会大学史研究"丛书之一，作者以档案材料为基础，主要从"教育"和"宗教"两个方面介绍了圣约翰大学的基本情况，探讨了圣约翰大学的宣教活动与宗教教育，论述了圣约翰大学在中国近现代史上所肩负的双重使命。全书共分 4 章。第 1 章介绍圣约翰大学的创建历程，国文、神学和英语教学的特色，介绍学校教员的宣教精神、专业水准及财务状况。第 2 章介绍圣约翰大学的行政体制，即差会、教区与大学的三角关系，并依托史实资料讲述了学生风潮与六三事件，旷日持久的立案争端等。第 3 章介绍圣约翰大学的宗教教育活动，论述该所学校的学生与教会、社会等的关系。第 4 章介绍圣约翰大学神学院参与基督教运动的情况，细致地剖析了圣约翰大学神学教育的影响与不足。

基督宗教与中国大学教育（宗教学研究文库）
吴梓明著
中国社会科学出版社　2003 年 9 月　274 千字　316 页

　　基督教大学作为中西文化交流的产品，足能展现出二者相遇、共融的具体案例；基督教大学"不应被视为是纯属于西方的东西"，而是"蕴藏着不少中国的元素"，并随着时间的推移这些元素还在不断地增加。本书为"宗教学研究文库"丛书之一，是香港中文大学宗教系吴梓明教授为"探寻中国基督教大学史研究新路向"而撰著的一部文集。书中致力发掘中国基督教大学的"中国元素"，以大量详实的资料考察了中国基督教大学的演变，论证了中国基督教大学在推动中国现代化进程、促进中西文化融通中所起的不可或缺的作用，从多个侧面反映了作者近 15 年来在该研究领域所做的努力与尝试。全书包括三个部分，共辑录文章 17 篇。第一部分"历史篇"，主要对近代早期教会学校的历史、义和团运动前后的中国基督教教育、燕京大学的宗教教育、岭南大学的办学思想以及香港崇基学院的办学历程等进行实证性研究。第二部分"师生篇"，重点论述了曾经在基督教大学执教研究和接受教育的师生如陈少白、谢扶雅等人的历史与思想。第三部分"现代篇"，旨在解答世俗化处境中现代基督教大学如何定位的问题。

（三）教堂

基督教与北京教堂文化（宗教与寺庙观堂文化丛书）
佟洵主编
中央民族大学出版社　1999 年 9 月　300 千字　370 页

　　北京的教堂文化，自唐朝景教的传入建寺立碑至明清天主教传教士建堂传教算起，已有长达一千多年的历史。每一座教堂的历史，就是中外文化交流的历史写照。北京教堂文化是北京传统文化的重要组成部分，它丰富了北京传统文化的知识宝库。本书为"宗教与寺庙观堂文化丛书"之一，是由数位专家学者在实地考察、查阅大量的文献考古资料，并吸收前人和今人的许多研究成果的基础上,共同撰写的一部记述基督教在中国和北京地区的传布情况及北京教堂文化的专著。全书包括"绪论"、"基督教在中国的传播与发展"、"著名的传教士与信徒在北京地区的活动"、"北京地区的教堂和传教士墓地"等六个部分。书中通过对教堂、墓地、传教士与教会学校活动的探查研究,比较详细地阐述了基督教传入北京的历史和北京教堂文化的发展过程及其特点,力图从一个非常重要的侧面解析中西文化交流的历史,寻索出基督教的传入和北京教堂文化形成与发展之间的规律。本书认为,北京的教堂在中西文化的沟通中起到了桥梁的作用;但同时也指出,近代时期北京地区的教堂不是传播福音的圣地,而是帝国主义侵略中国的营垒、掠夺中国的见证。

中西文化交流的历史见证:明末清初北京天主教堂
余三乐著
广东人民出版社 2006年7月 247千字 368页

历尽数百年沧桑变迁的北京的几座天主教堂,像历史老人一样,见证了那个时代中西文化交流的盛况,同时也见证了两种文明冲突与碰撞的悲剧。本书以利玛窦时代的南堂,汤若望时代的南堂与东堂,南怀仁和徐日升、张诚时代的南堂、东堂与北堂几座北京天主教堂的创建、扩建和灾后重建的线索为纲,在深入开掘文献资料、充分吸收前人研究成果的基础上,叙述了从1601年利玛窦进京,到18世纪末耶稣会被解散这170多年间发生在北京的中西文化交流与碰撞的历史,展现了"礼仪之争"与禁教时代的北京天主教堂的景况。全书共分5章。作者通过北京四座天主教教堂的历史变迁,以及在教堂中发生的生动故事的细致描绘,借以说明:北京的天主教堂,自1605年利玛窦创建南堂开始,就不仅仅是一个普通意义上的宗教场所;其特殊之处在于,它是在具有五千年历史传统的中华大地上,在几千年以儒家学说为主导的封建王朝的都城里播下的一颗小小的天主教文明的种子、西方文明的种子,是远在几万里之外的欧洲文明的一面镜子。

上海教堂建筑地图(城市行走书系)
周进著
同济大学出版社 2014年12月 180千字 215页

上海是中国建造教堂最多的城市,从1609年的圣母玛利亚祈祷所落成至今,曾经建造过771所教堂。其中许多教堂建筑由中外建筑名家参与设计,留下了一大批优秀的作品。目前列入632处上海优秀历史建筑的教堂建筑就有18处,这些教堂从多个侧面展示了上海教堂建筑鲜明的本土化倾向与时代风格。本书为"城市行走书系"之一,作者选出48座具有历史、人文、建筑、艺术价值的上海基督教教堂,按其所属街区进行编排,并以图文并茂的形式分别予以介绍。书中叙述了上海教堂建筑的历史,列举了上海教堂建筑形制的演变,解释了上海教堂建筑由于圣坛作用衰退、耳堂缺乏功能以及用地的关系而没有广泛采用西方教堂建筑通常的拉丁十字平面布局的原因,描述了上海教堂建筑在借鉴吸收西方教堂建筑样式的基础上呈现出的本土化特征,为解读上海的教堂建筑提供了重要的参照。

修道院的变迁
王亚平著
东方出版社 1998年6月 190千字 246页

修道院从埃及的荒漠走进动荡的西欧,得到基督教教父们的青睐,把这个松散的世俗基督徒的社团改造为有纪律约束的、不同于教会的宗教组织。修道院表现出的宗教精神和起到的经济效应适应于正在封建化和基督教化的西欧社会的需要,同时,也正是在西欧社会封建化的这片土壤上,修道院制度才得以滋生。本书沿着修道院制度西进的历史足迹,纵向考察了修道院产生、发展、兴盛、沉沦的过程,横向剖析了中世纪修道院与西欧封建制度紧密依存之关系,以及不同历史阶段社会对宗教信仰的要求,揭示出修道院作为一种融合多种功能的"宗教组织和经济实体"伴随西欧封建社会的变革而最终走向世俗化的历史宿命。全书共分 10 章。内容包括:走出埃及的修道院;规范修道院的院规;私有修道院;修道院改革运动;修道院的权势;白衣修士;无墙院的修士生活;佩剑修士;不谙世事的修女院等。

(四)文学、艺术

1. 文学

基督教与文学(民国学术丛刊 / 叶隽主编)
朱维之著
上海书店 2010 年 10 月 291 页

  伟大的文艺作品是基督教所结的果子,永久的果子。在公元前一千多年中所结的果子就是《旧约》这部灿烂的文学杰作集;初期基督教的果子,就是一部《新约》文学。本书为"民国学术丛刊"之一,是民国学者朱维之教授从文学艺术的角度对《圣经》这部宗教典籍作专题解读的论著。其写作对象是当时的"文学青年",为此,作者在"卷头语"中表达了他的期冀:"第一,希望基督徒青年多发生文学的兴趣,随时注意基督教本身的文学,使自己的宗教生活美化,深刻化;更能接受文学底新挑战,扩展基督教文学新的前程。第二,希望我国文学青年多发生对基督教的兴趣,多注意世界文学中基督教元素底重要性,更能接受基督教底新挑战,使我国文学发出新的光辉。"全书共分 7 章。第 1-5 章主要分析圣经文学的特质及其对后世文学的深刻影响,探讨《圣经》中的圣歌、祈祷、说教的文学形式,意即基督教本身所包含的文学要素。第 6-7 章叙述基督教在世界文学名著中所占的地位,通过对诗歌散文、小说戏剧与基督教的比较,阐释《圣经》文学的体裁演化。

基督教文化与中国小说叙事新质
陈伟华著
中国社会科学出版社 2007 年 4 月 282 千字 365 页

  基督教文化的渗入及其与中国文化发生的整合,既使中国小说叙事出现新的元素(基督教文化的物象化成了中国小说的叙事意象),也使中西小说开始拥有共同的时间参照,同时还加速了中国小说叙事符号层语体化的形成、革新了中国小说的叙事元始、改变了中国小说的传统意象格局、拓展了中国小说的叙事场,并由此促进了中国小说的现代转型。本书立足于文化学、叙事学的视角,以中国现当代最为发达的文体:小说为观察点,对基督教文化对中国文学文体的影响进行了全面而系统的梳理和论述,从宗教与文化的关系层面考察了宗教、文化与文学的互动,探寻了中国现代小说的变革因果。全书除第 1 章"绪论"外,分为上、中、下三篇,共 15 章。上篇"结构篇"(第 2-7 章),主要从叙事结构和叙事意象的角度讲论基督教文化对中国小说叙事符号体系的重塑。中篇"功能篇"(第8-10章),主要探讨基督教文化与中国小说的"母题"类型,即源自《圣经》的原罪、宽恕等母题被演化成特定的叙事类型,并催生了新的小说类型。下篇"源流篇"(第11-15章),主要探讨基督教文化与中国各种小说体裁及叙事模型之间的源流关系。

东正教精神与俄罗斯文学(教育部人文社会科学重点研究基地重大项目成果·俄罗斯人文精神与文学)

刘锟著

人民文学出版社　2009年5月　250千字　226页

　　东正教是俄罗斯宗教文化的核心因素,俄罗斯文学和宗教具有天然的、内在的联系。东正教的精神及价值观念在普遍具有虔敬心理和神秘思辨特征的俄罗斯作家和思想家的意识中得到充分的渗透、体现和发展,这就决定了整个俄罗斯文学的精神内涵和价值取向的大体相似性,也决定了其从形式到内容的独特性;同时,作家们的创作思考又丰富和发展了东正教哲学观念和价值体系。本书为教育部人文社会科学重点研究基地重大项目成果"俄罗斯人文精神与文学"丛书之一,是一部从宗教文化视角切入,"旨在对俄罗斯的文学经典进行重新解读,揭示俄罗斯文学文本以及作家的思想观念与其赖以生存的文化语境的有机联系"的学术专著。全书共分3章。书中透过"创作体裁、诗学隐喻和宗教观念"这三个维度,在列举俄罗斯经典文学作品中的长老、圣徒、魔鬼等具象符号,引证东正教语境中的罪与罚、苦难与救赎、怜悯观、弥赛亚观、恶的观念等神学要素的基础上,对俄罗斯经典文本进行了系统解读,深入分析了其中所体现的东正教观念、宗教隐喻以及相关的体裁和诗学特征,详细论证了东正教文化在俄罗斯文学作品的架构、意境、样态乃至作家的思维方式和精神探索中所起到的主导作用。

基督教文化与西方文学传统(文学论丛)

刘建军著

北京大学出版社　2005年8月　340千字　359页

　　人类社会经历了由血缘维系、信仰维系、理性维系和人权维系四个文化发展阶段。基督教文化的出现是用信仰方式对血缘维系方式的取代,而基督教文化的信仰维系方式又在社会和文化自身的作用下,发展出了近现代的理性维系方式和人权维系方式。而西方文学受此制约,在文化精神上体现出了人从自然人向社会的人乃至到今天文化意义上的人的转换,从而使西方文学成为一种独具特色的精神文化现象。本书为"文学论丛"之一,是一部以基督教文化的思想源流、基本构成、作用和影响及其在不同历史时期的发展特点为主线,"集中探讨西方文学的整体精神与基督教文化精神之间发展的关系"的专著。全书包括"欧洲基督教文化的来源和作用"、"基督教文化与中世纪文学"、"基督教文化与近代欧洲文学"、"基督教文化与现当代西方文学"四编,共12章。书中依托丰富的史料和前人研究成果,系统论述了基督教文化对西方作家的思维方式的影响以及西方文学与基督教文化密不可分的联系,重点探讨了中世纪"黑暗时代"、文艺复兴、宗教改革和启蒙运动时期基督教文化与西方文学的关系,深入剖析了西方文学精神古今演变的流程和基本特性、西方文化的共同性和各国文学的特殊性,内容涉及基督教文化自身的特质、基督教文化在欧洲被接受的原因、基督教文化的演进过程、基督教文化的思维模式等。

基督教与西方文学（中山大学学术丛书）
夏茵英著

中山大学出版社　2012年1月　300千字　271页

基督教历来是西方作家重要的精神资源，千百年来，它对西方作家的思维方式、价值判断、艺术理念等产生了巨大的潜移默化的影响。在历史上，有众多西方作家从《圣经》中汲取创作素材、结构框架和意象典故，表现出浓厚的宗教情怀；同时，西方作家对基督教也有过主动拒斥和反叛。西方文学对基督教各种观念或接受、宣扬，或批判、否定，或改造、发展而为己所用，抑或坚持与动摇、反叛与复归，贯穿西方文学的始终，直至今日。本书为"中山大学学术丛书"之一，是一部从基督教与西方文学的关系角度出发，"重点关注基督教经典《圣经》以其神学特质、文学原型模式影响西方文学"的学术专著。全书共分8章。书中大量引用原文，通过对西方经典文学作品的具体分析，详细阐述了《圣经》的神学特质、文学原型模式、信仰学说、盼望、爱、物欲观、性欲观等对西方文学创作主题和意境构成的种种影响，并以充分肯定基督教对西方文学具有深刻影响力为前提，采取客观、审慎的态度辨别两者之间的复杂关系，认为西方作家在自觉或被动地吸纳和接受基督教思想观念、伦理道德之际，亦存有心理排斥和价值冲突现象，由此展示了西方文学以基督教精神为价值轴心和思想源泉的发展轨变。

莎士比亚戏剧与基督教文化
肖四新著

巴蜀书社　2007年1月　250千字　324页

莎士比亚戏剧中渗透着基督教意识，莎士比亚人文主义中包含着基督教文化内涵。作为基督教教会的叛臣逆子，莎士比亚心仪人文主义思想，但作为一种经验和感觉结构的基督教文化，又以掩蔽的形式构成着他的主体性。所以，基督教文化内涵在不自觉中成为了莎士比亚人文主义的构成因子。本书试图从发生学角度，挖掘莎士比亚戏剧中具有基督教意识、莎士比亚人文主义中具有基督教文化内涵的根源，并从跨学科的影响比较的角度，探究莎士比亚戏剧中的基督教意识与莎士比亚人文主义中的基督教文化内涵，阐述莎士比亚人文主义的丰富性以及莎士比亚对传统文化的继承与发展。全书共分5章。书中着眼于莎士比亚戏剧与基督教文化关系的考察，分别从"文艺复兴人文主义与基督教文化"、"人的有限存在与悲剧性处境"、"莎士比亚戏剧中的上帝面影"、"人性在形而上的关怀下超越"、"莎士比亚戏剧与基督教艺术"五个方面对莎士比亚戏剧语境中所渗透的基督教意识，叙事结构中所套用的基督教仪式，艺术形式上所借鉴的基督教圣经元素等进行了细致分析，以求深化对莎士比亚戏剧和文艺复兴时期人文主义思潮的理解。

2. 艺术

基督教艺术纵横
何琦著

宗教文化出版社　2013年3月　400千字　348页

基督教产生于坚决排斥偶像崇拜的犹太教。在基督教两千年的历史长河中，曾经多次反复出现反偶像崇拜的思潮和运动。而与此同时，对图像和造像的热衷也近乎贯穿伴随于福传的历史岁月之中。本书是我国著名基督徒艺术家何琦教授"集美学研究与中国基督教艺术本色化的理论探索"的结晶，也是目前国内基督教艺术研究领域较具代表性的著作。全书共分5章。书中循着自基督教诞生以来至20世纪上半叶的历史足迹，从"基督教历史中的图像与偶像之争"、"朝圣与中世纪艺术的传播"、"欧洲中世纪艺术论"、"崇拜的空间：基督教堂建筑风格论"、"中国基督教艺术本土化的历史"五个方面对基督教艺术的渊源、特征、演化、主要表现形式及其在世界各地的发展状况等作了全景式介绍，其中对"圣雅各之路"的研究，以及它与东方圣地的关系，触及到文明成型的核心秘密。此外，本书还将中国基督教艺术本色化的理论探索与基督教的建筑、雕刻、音乐、绘画、圣器、服饰、礼仪等表达形式相融合，使之在不断揭示西方文明历史厚度的同时，呈现出基督教艺术与东方古代文明的内在关联。

基督宗教音乐史
陈小鲁著

宗教文化出版社　2006年2月　380千字　670页

音乐是基督教礼仪必不可少的组成部分。作为崇拜的一个部分，音乐从一开始就为教会礼仪服务并贯穿于整个礼仪过程。音乐被用来赞美神，其内容与礼仪内容相一致，相辅相成。对于弥撒礼仪（Mass）及以后的日课圣事（Officium）来说，音乐始终贯穿其中，并围绕礼仪的内容及其进程而展开。本书将西方音乐文化之源与古代基督教相联系，在特定的宗教文化情境下，发掘蕴藏于基督宗教音乐这一"神圣的表达方式"之中的历史、文化及神学意义，凸显其内含的"终极的真实，甚至表达人性"的宗教精神。全书共分12章。书中考察了犹太教音乐、早期东方教会音乐、古罗马时代的修道院与教堂的礼仪音乐、中世纪基督教音乐、文艺复兴时期的教会音乐、宗教改革时期的教会音乐，直至20世纪前半叶的基督宗教音乐发展的历史全程，梳理了不同时期基督宗教音乐的风格样式和人物流派的源流、种类及沿革，还将中国内地教会音乐与西方教会音乐融为一体，视中国内地的教会音乐为世界基督教音乐的一个分支展开平行研究，并对其作了中肯的评述。作者认为，从现有的中国人的作品来看，其旋律还欠优美，其艺术性与大多数的西方赞美诗相比差距甚远。《赞美诗（新编）》作为一个良好的开端，预示着中国圣诗圣乐的发展将会有更远大的前景。

本土化与现代性：云南少数民族基督教仪式音乐研究
杨民康著

宗教文化出版社　2008年5月　450千字　271页

云南少数民族基督教仪式音乐既是一个具体、微观的文化单元，也是一个来源庞杂而又充满整合性意味的群体文化事象。但国内学者在这个领域涉足甚少，特别是有关云南少数民族赞美诗、赞美诗音乐或唱词语言的专题性研究方面，更是鲜见拓新。本书以田野资料中的基督教赞美诗刊本、少数民族社会历史调查材料和广泛收集的各种教会文献资料、传教士档案为依据，以"本土化"与"现代性"为主题，对云南少数民族基督教音乐文化场域中所涉及的一些最关键的理论性和实践性问题予以分析、概括和说明。全书共分14章。书中详细介绍了基督教音乐文化的源流，基督教古今音乐观与云南少数民族音乐文化的关系，以及基督教仪式音乐活动的类型与特征，赞美诗的分类、记谱法、艺术形态、分布模式和音乐文化模式，并采用宏（或中观）微观研究与跨文化比较相结合的方法，对怒江地区傈僳族基督教音乐仪式文化，滇中、滇东北苗族、彝族基督教仪式音乐文化等覆盖云南少数民族地区的各类基督教音乐文化形式进行了个案考察，最后立足于后现代语境阐述了基督教仪式音乐的本土化与现代性问题。作者认为，无论是从世界的整体性范围还是从云南少数民族的局部范围来看，基督教音乐文化的风格分布，必然是同时存在着"多元"与"分层"的现象，而体现为某种"多元分层一体化格局"。

东正教圣像史（艺术史丛书）
徐凤林著
北京大学出版社　2012年1月　195千字　274页

圣像是东正教传统不可分割的一部分。它不仅作为东正教堂的室内装饰和东正教礼拜的必需之物，而且进入了东正教信徒的日常生活，成为一种独特的文化和艺术传统。本书为"艺术史丛书"之一，是汉语学术界第一部系统介绍东正教圣像的著作。书中以大量实例、文献和国外研究成果为基础，把对圣像宗教含义的理解与对其艺术特点的解释相结合，力图对东正教圣像这一特定宗教象征形式的历史发生、神学含义、表现方法、基本类型以及在主要国家的历史发展等进行比较全面的考察和概述。全书共分12章，包括三个部分内容：第一部分是关于早期基督教艺术形式、东正教会圣像学说的确立过程和圣像的一般方法和特点；第二部分是对各种圣像类型的分别叙述，如基督像、圣母像、三位一体像、圣徒像等；第三部分是对拜占庭、希腊和俄罗斯圣像发展史的简要描述。本书指出，圣像是宗教艺术品，兼有神学性和艺术性的双重特征，它的美从属于宗教信仰和体验。因此，圣像的内涵在东正教信仰之外，仅从艺术角度，是难以理解的。

六、基督教研究
（一）总论

基督教的本质（汉译世界学术名著丛书）
[德]费尔巴哈著　荣震华译
商务印书馆　1984年10月　291千字　432页

宗教是人心灵之梦，是人的本质的异化。宗教之真理或本质，就在于它们一种彻头彻尾属人的关系理解和肯定为属神的关系。本书为"汉译世界学术名著丛书"之一，是19世纪德国唯物主义哲学家L.费尔巴哈的重要宗教哲学著作。在这部书中，费尔巴哈从人本学唯物主义的立场出发，通过广征博引康德主义、怀疑论、有神论、唯物主义、泛神论等西方哲学与神学理论，以及有关宗教与基督教、神学与思辨宗教哲学等方面问题的论争，批驳了黑格尔思辨哲学关于基督教的错误观点，并对"宗教之属人（或非属人）的本质"作出了"肯定"或"否定"式的直接回应，藉此阐明基督教的本质、揭示宗教神学的秘密。全书除"导论"外，包括两个部分，共28章。第一部分（1—19章），主要以肯定的态度讨论了宗教的正确意义之所在，认为神学之真正意义是人本学。第二部分（20—28章），用"论战"的方式明确否定了存在于基督教神学体系中的诸多矛盾，从而反证了神学即为人本学的核心命题。本书指出，人的本质不仅是宗教的基础，也是宗教的对象。上帝的全知全能和无所不在等等特性，只是人的本质的虚幻反映。人对上帝的认识就是人对自己的认识；上帝的本质就是人的本质，神学就是人本学。

基督教学（中国现代科学全书·宗教学）

段琦　陈东风　文庸著

当代世界出版社　2000年6月　325千字　401页

　　"基督教"之称谓在中国比较混乱，有广义和狭义之分。本书为"中国现代科学全书·宗教学"丛书之一，书中沿袭中国学术界的原有用法，即基督教一词专指广义基督教，狭义基督教称"新教"。基督教与西方政治、经济、科学、艺术等社会核心领域关系密切。如中世纪时，只有僧侣掌握知识，因此一些科学和天文学研究都始于修道院，教会虽有压制科学的举动，但并非全然如此，而只是压制在他们看来违背其教义神学的科学活动；基督教与欧洲哲学史和思想史的关系也是不言自明的，中世纪经院哲学在对教义神学的论证过程中，已呈现"存在与思维"二者关系的这一哲学基本的思辨方法。本书共七章，分别简述基督教学的研究对象、范围、方法；基督教如何由一个半地下状态的地方性民族宗教发展成罗马帝国国教和世界性宗教以及东西方教会大分裂、教皇权势的盛衰、宗教改革运动、新教各派的形成与发展；基督教先后四次（唐、元、明、清）传入中国的历史；《圣经》的基本内容、时代背景、版本及当前国内的研究概况；天主教七件圣礼的规定及重要节日；当代基督教神学的主要流派及其发展趋势、当代中国教会神学的本色化；现代基督教社会运动（拉美解放神学运动、普世教会运动、基督教女性主义运动、基督教生态环境运动、现代福音运动）等内容，并对基督教的未来发展趋势作出展望。

早期基督教的演变及多元传统（中国社会科学院基督教研究中心思想文库·宗教与思想丛书／卓新平主编）

章雪富　石敏敏著

社会科学文献出版社　2003年10月　231千字　322页

　　早期基督教教会和教义的形成是相关宗教、历史事件与思想文化多元汇聚及交融的结果，主要体现为"多元性张力中的合一性内容"。本书为中国社会科学院基督教研究中心思想文库"宗教与思想丛书"之一，是一部立足于希腊主义和犹太传统的双重的文化背景，来描述早期基督教的历史，提供关于"历史神学"的"新的理解"的专著，其基本旨趣在于展示古典时代的基督徒的信仰历程，并从历史、文化和神学之间嫁接一种饶有趣味的关联。全书共分5章。书中试图将教会史与教义史放在基督教传统的视野内同时予以考量（教会历史本身隐藏着教义性的本质和神学的支撑），它涵盖了公元前4世纪马其顿帝国至公元381年康士坦丁堡会议近八百年的历史。以此作为背景和前提，作者论述了希腊化时期文化多元性、普世性对基督教形成的影响，阐释了早期基督教的三大传统：安提阿、罗马和亚里山大里亚及其教会追求"多元与合一"并举的努力，剖析了不同神学传统的三个层面，即基督教的"人观"、逻各斯基督论和三一神学。本书认为，早期基督教信仰之经历所表明的信仰在人性中的空间的限定性，那就是人类总要穿越漫长的幽暗，才能看见一缕真理的亮光。

基督教概论（基督教文化译丛／游冠辉　孙毅主编）

[英]阿利斯特·E.麦格拉思著　孙毅　马树林　李洪昌译　游冠辉校

上海人民出版社　2013年3月　500千字　488页

　　基督教不只是一套观念体系和一种生活方式，同时也是对一些问题的持续性回应，这些问题涉及耶稣基督的降生、受死和复活。基督教是一个历史性的宗教，是在回应以耶稣基督为中心的特定事件的过程中形成的，而神学的义务就是在思考和反思的过程中不断回归这些事件。本书为"基督教文化译丛"之一，是英国历史神学家（Me Grath, A. E.）撰写的一部旨在"为基督教研究奠定基础"的概论性著作。书中以基督教的核心人物耶稣为主线，从信仰体系和社会现实两个角度，对基督教的教义、基督教的历史、基督教的神学争论、基督教的生活方式，以及基督教思想在不同历史时期的演变、当代基督教在非西方世界的发展、基督教在全球化时代的实际表现等方面作了全面介绍，其中部分章节讨论了基督教的教派，基督教与伊斯兰教、基督教与现代西方科学和文化的关系。全书共分9章。内容包括：拿撒勒人耶稣、圣约简介、旧约与新约、基督教信念的背景、基督教核心信仰概览、基督教会及宗教改革史、全球视野下的基督教等。

（二）基督教与诸学科

1. 基督教与文化

基督教的底色与文化延伸（中国学术前沿性论题文存·京华学人卷/杨耕主编）
杨慧林著
黑龙江人民出版社 2002年1月 292千字 375页

　　基督教得之于犹太教，又迥异于其他欧洲宗教的一神论信仰，是其为欧洲建立起新的精神秩序的决定性因素。而伴随全球化的启幕，这种精神秩序的重建又遂行了一场新的世纪性的文化扩散与延伸。本书为中国学术前沿性论题文存"京华学人卷"丛书之一，是中国人民大学杨慧林教授运用跨学科比较研究的方法来探讨基督教人文现象的学术论著。书中立足于宗教人类学和文化学的宏阔视野，论述了基督教宇宙观、释经学、神学解释学、神学伦理学的本质、人文蕴涵与当代意义，探寻了"神学美学"的源头及其可能性，并从基督教与西方文学、基督教与中国文化和全球化的互动关系角度，对中世纪和20世纪基督教神学对西方文学的影响、中国文化语境中的基督教阐释、基督教在中国社会转型时期的文化功能及其局限等问题展开分析、批评与讨论。全书包括：基督教神学的人文视野；西方文学与基督教资源；文化论说中的基督教主题三个部分，共收录文章24篇。第一部分（8篇），主要以人文学观点审视基督教神学诸问题，少涉及圣经解读。第二部分（8篇），解析基督教精神与基督教文学和文学批评的关系。第三部分（8篇），研讨基督教主题在文化论说中的"全球化"、"伦理化"和"处境化"。

基督教思想文化的演进（赵林作品系列）
赵林著
人民出版社 2007年4月 257千字 273页

　　基督教之于西方文化，正如同儒家伦理之于中国文化一样，是一种水乳交融或者深入骨髓的关系。在中世纪，当入主西欧的蛮族们试图用从北方森林中带来的野蛮习俗替代罗马世界的文明制度时，是基督教会这个唯一有教养的教师，以上帝的名义把被扭曲了的古典文化因子注入到蛮族的体内，从而使后者逐渐放弃原始的野性，慢慢走上了文明化的道路。本书为"赵林作品系列"丛书之一，是武汉大学哲学学院赵林教授多年研究基督教的一个思想结晶。作者在书中运用历史学方法考察和研究了基督教文化产生的根源及其思想演进，介绍和评析了中世纪基督教哲学中的奥古斯丁主义、托马斯主义，以及欧洲文艺复兴和宗教改革之后的路德神学、自然神论等具有时代标志意义的著名人物及其理论成果，由此勾勒出基督教思想和文化发展的一个基本脉络。全书包括两个部分。第一部分"基督教的文化源流与思想脉络"，主要讲述基督教与犹太教的文化差异，古希罗文化传统对基督教精神的塑造、中世纪基督教信仰与道德意识对西欧文化生活的影响。第二部分"宗教改革与基督教思想的近代发展"，主要讲述文艺复兴与宗教改革之后基督教思想文化在西欧各国的变迁与发展，内容涉及路德神学的理性精神与自由思想、英国自然神论、休谟对自然神论和传统理性神学的批判、莱布尼茨的神正论等。

基督教与中国文化（基督教与中国研究书系）
吴雷川著
上海古籍出版社　2008年7月　190千字　183页

本书为"基督教与中国研究书系"丛书之一，是中国近代著名的教育家和中国基督教激进思想家吴雷川于1936年出版的一部"以本国文化为立场参合时代思潮来论述基督教"的专著。在作者看来，基督教与中国文化都乃博大精深、令人高山仰止的重要文化体系；就二者的时代角色论，"以具有四千年历史的中国文化，传播世界已经一千多年的基督教，它们的本身都是高明、博厚，而且悠久。"因而"当此世界一切正在大转变之中，基督教与中国文化将有同一的命运，它们必要同受自然规律的约束，同有绝大的演进，同在未来的新中国中有新的结合，这是可以预言的"。 全书共分10章。书中把基督教和中国文化，分作两部分来个别地叙述，通过对中国文化与基督教的社会理想的比较理解，即圣人与圣子的价值衡量，构划出基督信仰救国的现实路线，并对基督教在中国的发展进行了检讨。本书认为，基督教不是一般所谓精神的、个人的宗教，而是充分地表现着政治革命和经济改造的意义的宗教。而对于中国文化，本书则更多地采取反省和批评的态度，把中国文化过去许多的弱点指出来，否认中国有"复古"的可能，也不承认旧文化在今日中国的适用性。

基督教与中国文化处境（基督教中国化研究丛书／张志刚　卓新平主编）
卓新平著
宗教文化出版社　2013年7月　300千字　236页

基督教与中国、或者说基督教在中国既是两种伟大文化的相遇和对话，也是两种强势文化的接触和对比。二者各有所长，都强调其文化自觉和自我意识，并持守其基本精神理念和原则立场。故而，如何在当今的时代语境中为双方共构起一种全新的对话模式就显得尤为重要。本书为"基督教中国化研究丛书"之一，是在作者受邀参加香港第三届"庞万伦基督教与中国文化讲座"所撰讲稿（原题为《基督教与中国文化的相遇、求同与存异》，于2007年3月由香港中文大学崇基学院在香港以繁体字形式初版）的基础上补充、完善而成的一部探讨基督教与中国文化之"本土化"、"处境化"问题的专著。全书共分6章。书中围绕基督教与中国文化的"相遇"、"求同"和"存异"三个议题，从相遇的"无意识性"和"有意识性"、相遇的"文化性"和"跨文化性"、相遇的"政治性"和"非政治性"；求同中的翻译与解释、求同中的索隐与考证、求同中的对比与融贯；存异中的基督教特色、存异中的中国文化特色、存异中的中国基督教理解等层面进行了详尽阐释，并从基督教与中国文化的三次对话、基督教"中国化"的神学写照、基督教在当代中国社会的作用及影响等角度探究了彼此间如何寻求"文化共识"的问题。

中国与基督教：中西文化的首次撞击（商务印书馆海外汉学书系）
[法] 谢和耐著　耿昇译
商务印书馆　2013年2月　496页

　　明清间入华耶稣会士与中西文化的首次撞击，不但是法国汉学界，而且也是世界汉学界研究的一大课题，在欧美国家中始终居领先地位。本书为商务印书馆"海外汉学书系"丛书之一，是国际汉学界从事明清间入华耶稣会士与中西文化的撞击、交流和比较研究的权威人物谢和耐（Jacques Gernet, 1921）先生撰写的一部专门探讨"基督教文化与中国文化交流和比较"的代表性作品。全书共分5章。书中并未直叙基督教在中国传播的过程，而是把大量汉文典籍的译文和西文资料结合在一起，对基督教在明清鼎革之际传入中国后产生的撞击与回应进行了深入研究，并就诸如"上帝和皇帝"、"中国人的伦理与基督教的伦理"、"中国人的天和基督教的上帝"等横亘于东西方文明间的差异作了比较分析，由此展示出中国与西方基督教世界在政治、历史、社会、思想、文化，尤其是在世界观和伦理方面的殊同。作者指出，中国可以与西方基督教世界交流与接触；某些中国人，甚至是某些中国文人士大夫和精英分子，也可能从表面上被归化为基督徒；但是，中国永远不可能被"彻底基督教化"。

罪恶与救赎：基督教文化精神论（东方书林之旅·西江月书系）
杨慧林著
东方出版社　1995年8月　155千字　210页

　　文明的创造者，不可能摆脱创造文明的"罪感"。但是没有了文明的矛盾，也就没有了文明本身。人在创造中获罪，又在反省中赎罪；他们借助罪恶的力量完成有效的创造，又通过哲学、艺术或者宗教寻求灵魂的解脱。前者构成了人类物质文明的历史，后者则构成了人类的精神历程。本书为东方书林之旅"西江月书系"之一，作者将传统基督教信仰中的要素加以新的组合，从"罪恶"与"救赎"这两个神学主题入手，对由此生成并浸透于西方人精神世界的"罪感文化"与"救赎文化"进行了深入剖析，最后以"剥离神学"的姿态，论述了人的得救之道以及东西方对于"人"的拯救方式的差异。全书包括三个部分。第一部分"罪感文化的无罪感"，主要论述人类的情欲之罪、物欲之罪及赎罪之道。第二部分"不合理行为的合理性"，主要从信仰和理性、知识和德行、道德和堕落诸方面解释在罪感语境下人类不合理行为的合理性。第三部"拯救—剥离神学的外壳"，主要论述人类出于"自由"的渴望而寻求"善"和"理性"的回归，进而实现自我解放、自我救赎之道。

西方文化与宗教裁判所
董进泉著
上海社会科学院出版社　2004年5月　300千字　309页

　　宗教裁判所的兴起与衰落，演绎了人类历史上最卑鄙、最丑恶的一幕。这个在西方文化发展过程中象征着灾难和恐怖的罪恶机构，对西方各国人民的命运及精神生活和科学文化的发展，曾经起过难以估计的恶劣影响，也为世人留下了"文明与野蛮搏斗"的痛苦记忆。因此，了解捍卫"上帝"的神圣文化的宗教裁判所，是认识西方文化乃至世界文化的一个不可或缺的方面。本书是国内学界第一部比较全面地介绍宗教裁判所的历史著作。作者结合大量文献资料和国外相关研究成果，重点论述了发轫于13世纪20—30年代，以"神圣"法庭为主要表现形式的宗教裁判所的产生、发展及至走向衰亡的充斥着血腥气息的历史，详细介绍了宗教裁判所的制度体系及其在殖民地的活动，生动描绘了被宗教裁判所的"裁判员们"献祭于上帝神圣火堆上的苦难生灵的悲恸与叹息。全书共分10章。内容包括：天主教会选择了火与剑；宗教裁判所的大宗受难者；在"神圣"法庭上蒙难的民族英雄；西班牙的自由在火刑的凶焰下消失；拉丁美洲的灾星等。书中指出，宗教裁判所的产生有其具体的社会历史根源和思想根源，而决不是人类从他们的始祖起就注定要永世受到的惩罚。

基督教与西方文化（名师讲堂丛书）
赵林著
商务印书馆　2013年9月　351页

西方文化的发展演进与基督教有着千丝万缕的联系，可以说，基督教构成了西方文化的精神根基。特别是在漫长的中世纪，基督教作为西欧唯一的宗教信仰和绝对的意识形态，深深地渗透于社会生活的各个方面，既塑模了西方文化的基本精神和培养了西方人的心理习惯，又衍生出各种触目惊心的社会罪恶和导致了巨大的精神苦恼。后来的宗教改革，更是从根本上改变了西欧社会的政治、经济、文化格局，促进了自由精神的产生、民族国家的崛起和资本主义经济的发展，成为西方文化进行现代化转型的起点。时至今日，基督教仍然是具有良好科学素养的现代西方人所共同拥有的主流信仰。本书为"名师讲堂丛书"之一，系根据赵林教授在武汉大学的同名选修课"基督教与西方文化"的讲课录音整理而成。全书共分10讲。书中以平实的语言讲述了基督教与古希腊罗马文化传统的渊源关系，分析了基督宗教所独具的凝重深沉的"苦难观念"及"罪孽意识"的由来、中世纪基督教对西方社会文化生活的影响及其宗教文化自身的蜕变，评价了文艺复兴和宗教改革之后的西方人文主义思潮对基督教的冲击、天主教世界的分裂、基督新教的产生，以及近现代宗教宽容与理性精神的崛起。内容涉及基督教与希伯来文化、基督教与希腊哲学、基督教与中世纪西欧文化、宗教改革与西欧社会变动的关系等各个方面。

2. 基督教与伦理学

基督宗教伦理学（第一、二卷）（当代基督宗教研究译丛／卓新平主编）
［德］卡尔·白舍客（Karl H. Peschke）著　静也　常宏等译　雷立柏校
上海三联书店　2002年6月　800千字　1344页

基督教伦理神学是神学的一部分，它从基督信仰和人类理性的角度出发去研究人寻求人生目的（the final goal of man）时所遵循的一些原则。伦理神学分为基本伦理神学（general moral theology）和特殊伦理神学（special moral theology）。本书为"当代基督宗教研究译丛"之一，是德国学者卡尔·白舍客于1975年出版的代表作，亦是其长期研究并教授伦理神学的重要成果。这部被称作是"当代天主教自梵蒂冈第二届大公会议之后系统阐述基督宗教伦理学体系的一个范本"的著作，以"圣经的伦理道德观"为前提条件，采用内外对比和古今观照的方法，广泛而深入地介绍了基督宗教伦理学的基本概念和思想脉络，系统论述了现代欧美伦理学家的新思路和新观点，并对西方伦理道德与基督宗教信仰的关系，以及基督宗教伦理之理论体系作了透彻分析与系统说明。全书由《基本伦理神学》和《特殊伦理神学》两卷组成。第一卷分为"基督宗教伦理学的《圣经》基础"和"基本伦理神学"两个部分，讨论基督宗教伦理学的基础与特征、基本概念和思想依据，包括伦理道德的本质、伦理规则与自然律、良心、伦理行为与违背伦理原则的行为等问题。第二卷分为"基督徒在宗教领域中的责任"和"基督徒对被造世界的责任"两个部分，主要研究人的宗教方面的责任与义务，其论域包括信、望、爱三圣德和不同的朝拜敬礼方式，人际关系，身体健康，医学伦理，婚姻伦理，工作伦理，社会伦理和环保伦理等话题。

基督教旧约伦理学

[英]莱特（Christopher J. H. Wright）著　黄龙光译
中央编译出版社　2014年1月　520千字　655页

旧约的神学，是表现在以色列的信仰、故事、敬拜之中的世界观。唯有在这一基础的假设底下，旧约伦理学才有意义。此外，耶稣的第一批追随者，是透过他们的圣典（旧约）来诠释耶稣，因此，唯有把旧约世界观与其在新约中的发展联系起来，我们才有充分的根据，将旧约伦理学纳入基督教伦理学之中。本书是英国当代福音派旧约神学的翘楚莱特教授"积三十年研究旧约伦理的心得"撰写而成的一部"把圣经具体处境中的教导融会贯通，让经文所记载的血泪挣扎，成为今天严肃思考的启迪"的论著。全书分为"旧约伦理学架构"、"旧约伦理学主题"和"旧约伦理学研究"三个部分，共14章。作者在全方位研读旧约不同文体的文献（如律法书、历史叙事、先知书、敬拜诗歌与智慧文学等）的基础上，建构起以神学（上帝）、社会（以色列）、经济（土地）之三角关系为主干的诠释框架，据此论述了"生态与大地"、"经济学与贫穷"、"土地与基督教伦理"、"公平与正义"等八个旧约伦理学主题，以及一系列有关基督教伦理的当代议题，并对旧约伦理学研究的历史进路、现实动态与发展趋向作了总结。作者认定，在基督徒的伦理反省抉择过程中，旧约圣经有其不可或缺的应用意义。

基督教新约伦理学

[美]海斯著　白陈毓华译
中央编译出版社　2014年1月　620千字　756页

本书是美国顶尖新约学者海斯（Richard B.Hays）于20世纪90年代出版的一部"最广受赞誉"的探讨"新约伦理"的经典之作，其"目的不是要提出一套早期基督教伦理的发展史，而是要严谨地省思新约圣经的伦理要义"。全书分为"描述工作：新约中的伦理生活意境"、"综合工作：找出新约伦理意境的一贯性"、"诠释工作：把新约圣经用在基督教伦理学上"、"实践工作：活出经文－案例演练"四个部分，共18章。作者在确认新约圣经具有崇高的权威性之基础上，通过对新约各主要经卷的全局观览与细节描述，勾勒出新约伦理观的整体轮廓和独特面貌，寻索出新约神学与伦理观的一贯性，进而将新约伦理植入现实处境中，并以正义与暴力、离婚与再婚、种族冲突及堕胎等五个当代道德议题作示范，分析阐释了当代信仰群体（教会）的道德生活及其信仰实践，认为一个教会能否把新约的信息落实于教会生活，决定了该教会对新约圣经的领悟力和诠释能力。诚如新加坡浸信会神学院院长孙宝玲在序言中所说，"他不仅描述个别书卷的伦理教导，更提出整合任务（synthetic task），那就是梳理出贯穿新约正典的焦点（群体、十架、新造）和诠释任务（hermeneutical task），将新约伦理转化为基督徒伦理及实践任务（pragmatic task），将新约伦理的憧憬实践在当下的社会生活里"。

天主教经济伦理学（朗朗书屋·历代基督教经典思想文库/刘小枫主编）
[德]席林著　顾仁明译
中国人民大学出版社　2003年10月　266千字　384页

"对经济生活起最终决定性作用的原则，是仁爱"，而"通过爱的原则和被爱当做最低标准的公正"而形成的经济共同体，是现代唯一能确保秩序与和平的经济方向。为了给人类的生存提供和保障物质资料，人类必然从事经济活动，但是，经济活动不是目的本身；毋宁说，"最终的目的是上帝"。本书为朗朗书屋"历代基督教经典思想文库"丛书之一，是德国天主教神学家席林（1874—1956）于1933年发表的一部"具有明显的教科书特征"的天主教经济伦理学论著。该书出版时正值希特勒开始取得德国政权，建立其民族社会主义的极权主义统治的初期，仅就内容而言，实际上涉及的是德国第一次世界大战之后，魏玛共和国的社会经济生活现实。全书共分6章。书中系统讲解了经济伦理学的概念、任务、可能性、原则和源泉等问题；介绍了天主教经济伦理学的信仰基础、基本概念和要求及非经济的基本前提，并从现代国民经济的结构原理出发，论证了天主教经济伦理学基本原则的应用问题；最后表达了坚持"社会有机体制"的信念，确定了教会在经济领域内的权限和任务。本书所体现的天主教经济伦理学的原则与要求，至今仍然有效。

新教伦理与资本主义精神（罗克斯伯里第三版）（社科文献精品译库）
[德]马克斯·韦伯（Max Weber）著　[美]斯蒂芬·卡尔伯格
（Stephen Kalberg）英译　苏国勋　覃方明等中译
社会科学文献出版社　2010年8月　428千字　389页

德国著名社会学家马克斯·韦伯的成名作《新教伦理与资本主义精神》，反映了韦伯思想的总趋势，被西方学术界公认为世界名著。本书为"社科文献精品译库"丛书之一，是根据美国社会学家斯蒂芬·卡尔伯格2002年新版英文译本并参照德文原文翻译的面向更为广泛的"新译本"，其主要特点是卡氏译本尽可能地保留了韦伯的写作风格，并给出他自己的精密描述和因果推断，不仅对原著内容中涉及的一些重要学术概念、术语作出了比较详细的注释，而且对一些重大的历史事件或文化典故给出了解读，还对韦伯行文中简略提及的一些名不见经传的人物和地点做出了校勘和说明，从而促进了人们对韦伯作品的理解。全书由"问题"和"禁欲主义新教的职业伦理"上、下二篇组成，共分5章。在书中，韦伯从19世纪欧洲社会统计资料的经验现象入手，探寻了新教徒在社会分层上为什么比天主教徒占据较为优越位置的原因，分析了宗教观念对思想和行动方式的影响，论述了新教中加尔文宗的理性化程度和理性化过程，阐明了加尔文宗的伦理观念与资本主义精神之间的一种选择性亲和关系，指出加尔文宗的教义学和神学实践中所包含的促进资本主义精神发展的因素，进而建立起一套宗教观念与特定的经济伦理、社会结构之间具有相关性的理论框架。

3. 基督教与社会学

当代基督宗教社会关怀：理论与实践（当代基督宗教研究丛书/卓新平主编）
王美秀著
上海三联书店　2006年12月　320千字　399页

关心社会及其相关的社会伦理问题既是教会的重要使命，也是绝大多数信仰基督的教会尤其是教会领导层业已达成的共识。本书为"当代基督宗教研究丛书"之一,作者采取问题与回应这一理论框架,运用伦理学、社会学、历史学、文献学和神学等分析论述方法,从理论和实践两个方面考察了基督宗教尤其是罗马天主教和基督教社会关怀的思想资源,阐述了基督教、罗马天主教的伦理学特点,以及教会从事社会关怀的方法、范围和有限性,并且以反战和反种族主义为例,探讨了教会和基督徒对这两个重点社会问题的回应。全书共分7章。第1章介绍教会的责任与使命,探讨教会从事社会关怀的理论依据和实施路径。第2章考察基督教"主流教会"、罗马天主教会和基督教福音派教会从事社会关怀的基本思路与方法。第3章介绍社会训导文献的主要内容。第4章论述世界基督教会联合会成立以来其社会思想的发展与演变。第5章探讨和平与正义战争理论,概述罗马天主教会、基督教会和世界基督教会联合会的和平反战努力。第6章以20世纪后期南非教会和世界基督教会联合会为例,分析他们在反对和结束南非种族隔离制度过程中的不同应对。第7章比较分析基督教和罗马天主教伦理在历史上的差异,以改革宗为例介绍了基督教当代伦理及20世纪60年代以来天主教伦理的新变化。

基督宗教社会学说（基督宗教译丛/卓新平主编）

[德]何夫内尔著　宁玉译　雷立柏校

华东师范大学出版社　2010年6月　250千字　315页

　　基督宗教的社会学说主要为当代天主教的社会学说,在天主教范围内亦可汉译为"社会教导"或"社会误导"。这一社会学说不是一大堆解决社会问题的具体指导,也不是为进行教会-社会教育而精心挑选的现代社会学的某些知识,而是"基督宗教人学的一个有机组成部分"。本书为"基督宗教译丛"之一,是德国著名天主教神学家和社会活动家若瑟·何夫内尔（Joseph Höffner）于1962年首次出版的一部"有关教会社会训导方面"的权威性的教科书,它"反映了教会从最初到现代的社会教导和学说,同时也采纳了最新的通谕",在世界宗教学术界和教会中有着特殊的地位。全书包括"基础"和"社会秩序的结构"两个部分。作者在书中秉承基督教人学之传统观点,着力把"基督宗教所持的不变价值和秩序"与学术研究、社会教导、社会伦理等方面的现实考量有机结合起来,藉此讨论所有与基督宗教社会学说有关的普遍与特殊的问题。其立场是古典式的,带有中世纪的教会教导方式的明显特征,但同时也非常熟悉社会训导的现代传统及教会实践,为读者深入了解当代西方教会在社会教导领域有何言辞与训导提供了必要的参考。

社会中的宗教：一种宗教社会学（第八版）（宗教与世界丛书）

[美]罗纳德·L.约翰斯通著　袁亚愚　钟玉英译

四川人民出版社　2012年6月　500千字　678页

　　今天我们所处的全球性背景,以及宗教在这一背景的形成和改变中所一直发挥的重要作用,使那些用以阐明社会原则和社会理论的课题,现在比过去有了更多地选择。本书为"宗教与世界丛书"之一,是一部宗教社会学研究的教科书式的著作;共分"导论"、"宗教组织"、"社会中的宗教"和"美国的宗教"四个部分,总计15章。书中全面概括和综述了宗教社会学在西方发端以来的基本研究成果和各主要流派的理论见解,并整理形成了一个反映西方宗教社会学总的发展状况的系统知识体系。作者结合基督教信仰与组织的一般性特征,极其广泛地论述了宗教的历史起源、重要史实、组织类型、发展线索和当前状况,探讨了现实社会中所面临的宗教冲突、公民宗教、宗教原教旨主义等各种实际问题，分析了宗教与政治、经济、文化、各社会阶级等的互动关系以及这种关系对解决各种重大社会问题的影响，最后还简要介绍了美国宗教的历史进程、群体特征和未来走向。

基督教与近代中国社会（近代中国社会史丛书）
顾卫民著
上海人民出版社　1996年5月　412千字　558页

近代基督教入华，是在《黄埔条约》、《天津条约》和《北京条约》等一系列由西方列强迫使签订的不平等条约保护下进行的，它本身的活动也与西方殖民主义侵华扩张活动紧密结合在一起。这使得中国人因民族矛盾而排教，也使教会无法依靠宗教本身的力量与中国人进行心灵上的沟通。本书为"近代中国社会史丛书"之一，是一部"主要从社会史的角度阐述教会历史"的专著。全书共分12章。书中从西方传教士四次入华的历史线索入手，在对唐元明清的基督教传播进行概要介绍后，以一种比较的眼光讨论了古代与近代基督教传播所处历史境遇之不同，从而在近代语境中，对作为外来文化意识形态的基督教信仰，以及作为外来社会力量的基督教会，与中国传统文化和传统社会之间的歧异与趋同、冲突与调和，以及由此引起的对教会内部与中国社会之间的互动关系和相互影响，作了系统、深入的研究。本书指出，20世纪上半期中国的基督教会，无论在思想上或组织上，都出现了摆脱保教权的羁绊、培植本地的教牧人员，减杀西方差会的影响和建立本地化神学的倾向。这是基督教与中国社会之间互相沟通和理解的重大试验，从社会史的角度研究教会史，尤其不能不深加关注。

基督教与20世纪中国社会
姚伟钧　胡俊修主编
广西师范大学出版社　2014年3月　620千字　428页

本书是国内部分研究基督宗教学者共同撰写的一部论文集，全面梳理了从1900年义和团运动爆发到2000年百年来中国基督教的历史，真实反映了20世纪中国社会变迁及基督教本色化运动的趋向，内容题材广泛，涉及许多著名人物和历史事件，代表了中国基督宗教研究的较高水平。全书由"基督教与近代中国社会历程（1900—1949）"、"基督教与近代中国社会变迁（1900—1949）"、"基督教与当代中国社会生活（1949—2000）"上、中、下三编组成，共12章。其内容主要围绕四个阶段展开：在义和团的刀戈与八国联军的炮火中经历血与火的考验后，基督教开始了对自身全面的反省或改革，动荡中迎来机遇，开启了基督教传华的"黄金时代"（1901—1922）；随着1922年非基督教运动的兴起，基督教在华传播遭遇挫折，教会人士经过反思逐渐认识到，基督教被视为一种西方的宗教，不能很好地融入中国社会，是导致中国社会排教的重要原因，于是促进中国基督教的本色化成为这一时期的重点（1922—1937）；1937年爆发的日本侵华战争，无论对中国社会还是基督教会都是一场真正的劫难，中国基督教遭遇到巨大的挫折。支持抗战成为中国基督徒的选择，大批基督徒参加到抗日战争的大潮之中（1937—1949）；1949年新中国成立后，西方差会体制下的中国基督教传教运动终结，中国基督教开始了一个新的乐章（1949—2000）。

基督教与西方市场经济的互动与互补
陆耀明著
复旦大学出版社　2009年5月　311千字　405页

西方市场经济是在基督教文化背景下形成与发展起来的，是西方社会经济发展的必然产物，但西方市场经济形成以后，作为一种经济力量对基督教产生了重大的影响，推动了基督教的变化与发展。本书将基督教与西方市场经济作为二元结构来考察，系统论述了基督教对西方市场经济的影响、基督教在西方市场经济的背景下形成的新特点，试图通过研究基督教在西方市场经济中的变化与发展，揭示西方市场经济对思想文化的影响以及市场经济条件下宗教变化发展的规律，从而为我国制定正确的宗教政策、建立与发展社会主义市场经济提供有益的借鉴。全书共分10章。第1章论述基督教与西方市场经济的关系。第2章论述基督教与西方市场经济的世俗化及其相互影响。第3章论述基督教与西方市场经济的求利性。第4章论述基督教与西方市场经济中的个人主义。第5章论述基督教与西方市场经济的平等自由思想。第6章论述基督教与西方市场经济中的理性主义。第7章论述基督教与西方市场经济的竞争性、扩张性。第8章论述基督教与西方市场经济的发展及经济全球化。第9章论述基督教与西方市场经济的发展变化。第10章论述基督教与西方市场经济提出的新问题。

4. 基督教与科学

达尔文主义者可以是基督徒吗：科学与宗教的关系（科学与信仰译丛／傅有德　王善博主编）
[美]迈克尔·鲁斯著　董素华译
山东人民出版社　2011年3月　255千字　229页

本书为"科学与信仰译丛"之一，是美国佛罗里达州立大学教授迈克尔·鲁斯（Michael Ruse）撰写的一部为弥合"进化论与基督教之间有时白热化的争论"而以严肃、认真的态度寻求对话与沟通途径的论著。作者强调，其写作目的并非是来断定"成为一个达尔文主义者或者基督徒是否是件合情合理的事情"，而是"从最基本的着手，首先把达尔文主义者和基督徒的那些我认为比较标准、人们普遍接受的特征尽力描述出来，然后对两者进行比较和对照，发现他们之间观点一致的地方以及冲突的地方，包括那些可能完全相左的地方"。在作者看来，借助这些途径，达尔文主义者欣然接受基督教信仰绝对不是不可思议的事情，基督教信徒也应该毫无难度地接受一般进化论，尤其是达尔文主义。全书共分12章。书中所探讨的"达尔文主义"、"基督教"、"起源"、"人类"、"自然主义"等议题，是当今围绕科学与宗教之间关系的争论的关键性话题，尤其是进化生物学的某一形式（即人们所称的达尔文主义）与基督教信仰的基本教义之间的关系争论的核心。针对这些话题，迈克尔·鲁斯采取了一个平衡的视角，客观冷静地分析了当今科学与宗教之争中的代表人物及其主要观点，包括代表科学一方的理查德·道金斯、斯蒂芬·杰伊·古尔德和E.O.威尔逊以及代表宗教一方的阿瑟·皮科克、罗伯特、J.罗素和基思·沃德等人物的论断，并且揭示了达尔文主义唯物主义者与圣奥古斯丁等传统思想家之间某些令人惊讶的相似之处。

科学—神学论战史（全2卷）（汉译世界学术名著丛书）
[美] 安德鲁·迪克森·怀特著　鲁旭东译
商务印书馆　2011年8月　1332页

宗教与科学是相互关联的，它们都是对人类有益的事业。正如怀特所言：在所有现代史中，为了假设的宗教的利益而对科学的干预，无论这种干预的用意多么善良，都给宗教和科学带来了最可怕的灾难，而且这是不可避免的；反之，所有无拘无束的科学研究，无论其某些进程在一段时间内似乎会对宗教有多么大的威胁。它始终产生的都是对宗教和科学最有益的东西。本书为"汉译世界学术名著丛书"之一，是美国著名教育家、外交家、历史学家怀特（Andrew Dickson White, 1832-1918）于1896年出版的一部探讨"科学与宗教和神学之间的关系"的论著。在这部"无论是从其展现的宏大的历史画面，还是从其思想和产生的影响方面来看，都堪称是一部经典之作"的论著中，怀特从历史的角度，探讨了人类思想在科学和神学这两种强大力量的作用下的发展过程，追溯了人类思想在古代和近代一系列关于世界的理论的对立中的演化，引证了大量科学与神学冲突的实例，描绘了科学发展的艰难历程，展现了科学家为了真理与教条主义神学进行的艰苦的斗争，试图说明经验主义战胜了迷信，科学方法和理性战胜了过了时的圣经原教旨主义，同时还梳理了西方文化与宗教的关系，尤其是西方文化与古代东方文化的历史渊源、东方文化对西方文化的影响。怀特强调，科学将给宗教提供的东西，远远多于它将拿走的东西；真正的基督教精神与教条主义的神学之间的区别，与科学有冲突的是神学而不是宗教。全书分上、下二卷，共20章。内容涉及生物学、地理学、天文学、地质学、埃及学、亚述学、考古学、人类学、民族学、历史学、气象学、物理学、化学、医学、精神病学、卫生学、语言学、神话学、经济学和《圣经》研究等诸多领域。

5. 基督教与哲学

基督教哲学
尹大贻著
四川人民出版社　1988年5月　360千字　515页

宗教与哲学同样包涵世界观问题，基督教思想亦是人类对外部世界的一种认识论。因它与西方哲学联系紧密，故称"基督教哲学"。本书将研究重点指向基督教思想史，试图从"认识论"的视角探究基督教思想与西方哲学的紧密联系，即对基督教的教条教义进行哲学论证的理论和发展的研究，兼顾基督教历史上的一些社会政治思潮。全书包括"19世纪中叶以前基督教哲学的发展"和"现代西方基督教哲学"上、下二编，共21章。作者认为，基督教哲学一直处于变化中。尼西亚会议以前的基督教已借助了一些哲学思想，但缺乏严密的理论论证；奴隶制结束时期的基督教，把古希腊哲学的部分观点改造为神学理论；此后奥古斯丁提出了系统的基督教教义，并对之进行哲学论证；封建时期的基督教，大量借助古希腊罗马哲学来论证其教义，并将两者充分结合以巩固基督教的理论基础；近代基督教思想，则力图以理性神学达成信仰与理性的调和，进而将基督教推到人道主义的高峰。书中还解释了现代过程神学、希望神学以及解放神学等新基督教神学异军突起的原因，以求对宗教与哲学的本质及其发展有更深入透彻的理解。

玖、基督教

基督教哲学 1500 年（哲学史家文库）
赵敦华著

人民出版社　1994 年 8 月　536 千字　700 页

公元 2 至 16 世纪西方哲学的主流是基督教哲学，或者可以说"中世纪哲学是基督教哲学"。它包含两层意思：第一、中世纪哲学是基督教会的意识形态；第二、中世纪哲学是基督教文化的一部分。本书为"哲学史家文库"丛书之一，是作者"以一个中国人的视角记录了延续 1500 年的基督教哲学发展史"的论著，以期为我们全面地理解西方文化，从更深层次上展开对中西哲学、乃至中西文化的比较研究提供参考。全书共分 12 章。书中在确认基督教哲学的两个主要思想来源（古代希腊哲学的遗产、基督宗教《圣经》）的基础上，将中世纪哲学视为"在基督教文化的背景中改造、丰富和发展了古希腊哲学"的成果，并将其纳入到一个与基督教哲学等量齐观的理论框架，分别探讨了柏拉图主义、亚里士多德主义、新柏拉图主义、教父哲学、奥古斯丁主义、托马斯主义、司各脱主义等哲学理论，以及思维与存在、信仰与理性、实体与本质等哲学范畴的概念定义及其逻辑关系，指出基督教信仰与中世纪哲学的内在关联，着重强调了中世纪哲学在"形而上学、自然哲学、知识论、伦理学和社会政治学说等方面的特殊贡献"。本书认为，中世纪哲学是西方哲学中意识形态特征最明显的一部分，如果连中世纪哲学都不能被合法地认作基督教的意识形态，那么西方哲学中将再无意识形态的位置。

教父学研究：文化视野下的教父哲学（清华哲学研究系列 / 万俊人主编）
王晓朝著

河北大学出版社　2003 年 1 月　228 千字　273 页

20 世纪是文化研究热潮此起彼伏的世纪，也是基督教深深地卷入文化问题的世纪。各种文化理论的提出或多或少地影响着学者们对基督教的看法和基督教本身，而在文化视野下对基督教的方方面面进行考察和研究也在丰富着文化理论的具体内涵。本书为"清华哲学研究系列"丛书之一，作者依据文化互动转型论的基本立场，力图综合西方传统的教父学研究成果和由中国学者从事的西方哲学史范畴下的教父哲学研究成果，并将这些成果置于文化视野下作新的检视，使之成为"一部教父哲学史纲要性质"的著作。全书共分 7 章。书中采用纵向与横向相结合的研究方法，首先介绍了教父学在罗马帝国生成的历史文化背景，以及原始教会文献、教父著作的编纂与版本情况；然后，结合基督教思想发展史上的若干次重要的争论，阐述基督教神学和哲学的显现、成形和发展，并从原始资料出发，综述古代基督教神学和哲学的理论构架；最后，依据文化互动转型论的基本立场分析罗马帝国文化，在文化视野下对基督教古代教父的神哲学思想的作用与地位作出具体评价。

彼此内外：宗教哲学的新齐物论（第二轴心时代文丛 / 王志成　陈红星等主编）
周伟驰著

宗教文化出版社　2008 年 8 月　220 千字　278 页

每个宗教派别，都有其基本信念，由此基本信念出发，历代积累，便会形成或大或小的信念传承系统，具有内部合理性，形成判断事物的立场。但当立场各异的诸宗派相遇时，就会出现庄子所说的"辩无胜"局面。因为在它们背后并无一个普遍客观的"超级立场"能判断谁"是"谁"非"，宗教信念系统之"是非"要比以往认识到的更依赖于视角主义。本书为"第二轴心时代文丛"之一，是一部以庄子《齐物论》那样的"视角主义和生命主义"来辨析和巡览宗教哲学的前沿问题，并对西方基督教哲学进行"自内观之"的内窥式考察的学术专著。全书共10章。第1-6章主要对普兰丁格、希克、德科斯塔等人有关宗教多元论和认识论方面的"争辩与交锋"予以批判性反思，作者反驳了美国著名宗教哲学家普兰丁格的观点，指出其宗教认识论与宗教排他论之间的自相矛盾。第7-10章主要讨论基督教神哲学演变的内在逻辑，作者以奥古斯丁和阿奎那"形象观"为例，考察了阿奎那对奥古斯丁的基督教人学的传承转合，及现代阿奎那研究中不同学派之间的演变，认为任何神学思想，在其演变过程中，其思想的深化和细化跟思想的"偏离"和"歧出"是同步的，而缺乏判断真理性的标准，最终必然出现"齐物论"所指出的"辩无胜"局面。

自由精神哲学：基督教难题及其辩护（上海三联人文经典书库）
[俄]尼古拉·别尔嘉耶夫著　石衡潭译
上海三联书店　2009年11月　300千字　277页

　　宗教不可能依赖于哲学，哲学也不可能按照自己的方式限制和改变宗教。换言之，宗教总是有自己的哲学、自己的宗教形而上学，它表达的只是人精神道路的一个时期，而不是最后的与终极的宗教真理。"现代主义"的错误，就在于企图让宗教服从于现代理性、现代认识。本书为"上海三联人文经典书库"丛书之一，是20世纪对世界最具影响力的俄国宗教神学家别尔嘉耶夫（1874-1948）"用自由精神哲学和自由宗教灵知精神写成的"一部极富权威性的"自由的神学哲学书"（20世纪20年代出版），也是他成熟时期对其思想学说的高度总结。全书包括两个部分，共10章。书中融汇神学、哲学、人类学、文学、诠释学、神话学等20世纪前沿理论，"有意识地打破哲学、神学与神秘认识的界线"，精辟分析和论述了精神与自然，象征、神话与教义，精神与自由，恶与赎，神智学与灵知等有关宗教哲学的复杂命题，据此作出源自俄国东正教立场的独特回应，同时也对东正教的核心精神进行了独到的阐释。别尔嘉耶夫主要朝两个方向致思，一是重新诠释神，一是重新理解人，而将神与人连接与统一起来的是自由、精神与个性，耶稣基督则是这种连接与统一的完美代表，其中有关"自由概念"的解读曾经在20世纪神学研究领域产生过深远影响。

预定与自由意志：基督教阿米尼乌主义及其流变
董江阳著
中国社会科学出版社　2011年7月　426千字　402页

　　预定与自由意志历来都是一个极其重要的哲学问题。基督教教义与神学在其历史与逻辑的发展演进中，围绕这一核心问题逐步凝为所谓的"阿米尼乌主义之争"。本书以这一论题为中心，按照思想史探究的路径，主要研究了著名神学家阿米尼乌本人的生平、活动、思想与神学主张，随之探讨了16世纪后期至17世纪初期荷兰的宗教改革与教会独立、"抗辩派"与"反抗辩派"的争论、"多特会议"的召开，阿米尼乌思想追随者延续至今的对阿米尼乌主义的种种演化与推进。书中涉及其他一些重要人物（如尤腾鲍加特、普兰修斯、朱尼厄斯等），一些宗教派别和社团（如极端加尔文派、阿米尼乌派、布朗派、高教派、剑桥柏拉图派、福音派等），一些相关思想与学派（如堕落前预定论、堕落后预定论、自由意志有神论等）和一些重要历史事件（如西班牙人的宗教审查、荷兰的反抗与独立、莱顿大学的创立等）。全书共4章。第1章论述阿米尼乌主义的发端。第2章论述阿米尼乌在执教莱顿大学的六年间，对阿米尼乌主义思想的推进与完善。第3章论述阿米尼乌本人逝世以后，荷兰教会和全国围绕他的神学思想所发生的激烈争论与斗争。第4章论述多特会议以后阿米尼乌主义的流布、传播与发展。

自由与创造：别尔嘉耶夫宗教哲学导论（世界宗教研究丛书／卓新平主编）
石衡潭著
社会科学文献出版社　2011年11月　271千字　290页

　　恶的存在是人类生活中不容置疑的严峻事实。无论从历史还是从现状来看，人类生活都充满了各种各样的苦难与罪恶。在基督教神学中，上帝是至善全能的，道德的恶则被归结为罪的结果，常常用罪来解释。因之，恶的存在事实与全善、全能、全知的上帝观念之间产生极大的矛盾与冲突，构成对基督教教义和神学的严峻挑战。历代不少神学家试图解决这一难题，这就是神义论。本书为"世界宗教研究丛书"之一，作者运用俄、英、中等多种语言材料，从基督教神学所难以回避的"恶"的问题入手，展开对别尔嘉耶夫宗教哲学思想的分析研究。全书共分9章。书中通过对传统神义论的解释与探讨，交代了恶的问题的来龙去脉以及与基督教神观念的关联，重点阐释了埃克哈特、波墨以及尼采、陀思妥耶夫斯基等人的相关思想，敏锐地辨识出别尔嘉耶夫宗教哲学之"自由与创造"的思考方向：他提出神之外的自由的概念，试图卸去神对恶的责任，从而对神观念、对神与人的关系作了全新的诠释，同时对恶的意义也作了充分肯定。作者还指出了别尔嘉耶夫思想与中国思想的异同，揭示了别尔嘉耶夫著作在中国文化界广受欢迎的原因。这对于全球的别尔嘉耶夫研究以及俄罗斯东正教研究也是新贡献。

形上之路：基督宗教的哲学建构方法研究（北京大学外国哲学研究丛书·第二辑）
徐龙飞著
北京大学出版社　2013年2月　484千字　560页

　　哲学是提出思维的可能性，并且论证之。而作为生命内涵与形式的基督宗教哲学，它既可以成为一种"思维的可能性"，也是"一个真理成为可以触摸的事实"。本书为"北京大学外国哲学研究丛书"之一，作者运用大量希腊语、拉丁语材料，在一个全新的解析框架内，从方法论、概念及思想三大方面，系统研究了基督宗教哲学赖以产生的哲学、宗教和政治背景，深刻分析了基督宗教哲学诸如"位格"、"三位一体"等基本概念和程式，详尽阐述了以奥古斯丁为代表的理性神学和以伪狄奥尼修斯为代表的神秘神学、哲学神学两大流派的基本理论和思想，深入讨论了他们关于三位一体程式论和上帝论的思想，由此揭示了中世纪经院哲学与他们的紧密联系，以及他们的思想在当今的重要性和意义，进而推演出"基督教如何从一种社会思潮变成一门独立的学问、一种对后世产生深远影响的哲学思维"的建构过程：基督教文明并非两希文明（希伯来和希腊）的产物，而是具备三大思想来源：希伯来宗教哲学、希腊哲学（包括新柏拉图主义等）、以及罗马国家政治体系思维。全书由引论篇、方法篇、概念篇、思想篇、结语篇五个部分组成。内容包括：基督宗教哲学的哲学可能性与正当性；基督论与三位一体上帝论程式的形上基础与哲学建构；奥古斯丁研究；伪狄奥尼修斯哲学神学与神秘神学研究等。

生命与信仰：克尔凯郭尔假名写作时期基督教哲学思想研究（凤凰文库·纯粹哲学系列/叶秀山主编）

王齐著

江苏人民出版社　2010年10月　266千字　303页

"基督教哲学"是洞彻克尔凯郭尔假名著作的一条重要线索。克氏假名写作所构筑的"基督教哲学"，正如其名称所显示的那样，它首先是一种"哲学"形态，而不是作为教会的理论支柱"基督教神学"而存在。在此视域之下，克尔凯郭尔变化多端的假名著作表现为一种以基督教信仰为"价值导向"的、面向"生活世界"的"片断"哲学。本书为凤凰文库"纯粹哲学系列"丛书之一，作者立足于"基督教哲学"的视角和问题域，围绕着克氏最具哲学意味的三部作品《非此即彼》、《哲学片断》以及《最后的、非学术性的附言》，探讨了克氏在19世纪欧洲社会世俗化倾向日益严重、基督教信仰日渐式微的时代背景下，对于欧洲信仰困境之出路的思考与企望，以及基督教信仰之于个体生存的意义的理解，勾勒出克氏着眼于个体生命价值所构筑的非体系化的、且不同于基督教神学的"哲学"形态。全书分为"哲学批判：来自生命的追问"和"基督教信仰论"两个部分，共7章。作者指出，克尔凯郭尔完全有能力通过文字和思想的创造实现自我"救赎"，他有突破各种"界限"的能力，只是他在骨子里不相信人能够通过自己的力量"拯救"自己，不相信我们能够"创造自我"，而只相信要在"上帝"存在的前提下"选择自我"，故此非要将"拯救"任务交付给一个理性自身所"悬设"的"绝对他者"。

基督教与美学（宗教与美学丛书/王大路主编）

阎国忠著

辽宁人民出版社　1989年9月　340千字　524页

中世纪美学是近现代美学的第二个渊源，近现代美学的许多基本观念是在中世纪形成或成熟起来的。本书为"宗教与美学丛书"之一，作者从西方美学思想史的演衍角度入手，紧扣"基督教需要一种以赞美上帝和描写圣经故事为内容的艺术"之关键点，以美学伴随上帝信仰之主题的延伸而变幻出的各种"美"的释义、不同美学流派及其别具特色的艺术表现形式作例证，来探讨基督教与美学的逻辑范式及其历史演进，描述基督教与美学的关系："人通向上帝的中介"，指证"基督教神学给了美学以新的契机，新的生命"的信仰动力，揭示出"把超离了自然的上帝，或叫作人类总体，当作思维的主体，由这个主体出发去探求美的起源与归宿，去建构类似圣三位一体的思想框架，去影响和干预并不美的苦难人生"这一基督教美学的本质。全书共分8章。第1—7章耙梳了始自教父时代并绵延于整个中世纪，直至文艺复兴及宗教改革运动后的西方美学思想流变，重点阐述中世纪历史时空中流淌的美学气质与风韵。第8章着重论述了近代科学勃兴之后美学观念的嬗变及理性艺术的回归，指出现代西方美学思维的走向。

基督教与美学

孙津著

重庆出版社　1990年6月　330千字　448页

中世纪基督教神学在哲学和文艺学这两个方面中断了古希腊、罗马的美学传统，从而使美学获得某种独特的存在性质。这种独特的存在性质，即为"理论美学"。本书运用释义学的方法，以作者本人对美学自身性质的理解作为重新认识中世纪美学的前认识结构，发掘整理了大量的中世纪文献资料，摆脱了传统的西哲史、神学史、教义学、艺术史以及美学史的框套，转而以人的自由实现为主导，从人的安身立命和行为指归这两个层次上，深入考察了近现代美学何以绕过中世纪而直接古希腊、古罗马之美学传统的缘由，并对基督教美学的性质和特征、审美活动和现象的表现形态进行了再诠释，指出存在于基督教思想中的"理论美学"，实质是"以理论形态对有关人的自由的诸问题作抽象的探讨分析"，因而对整个基督教美学的再认识，必须通向对"以自由实现的完满形态为核心范畴来考察所有学科和所有活动的一种理论形态的参照系"的今日理论美学的建构。全书分上、中、下三篇，共8章。上篇（第1—3章），论述中世纪理论美学的主要内容、特征及其在中世纪基督教思想体系中得以诞生的必然性和依据。中篇（第4—6章），论述中世纪较有代表性的美学表现型态（诸种自由实现之完美型态），探讨这些型态所体现的理论美学含义。下篇（第7—8章），论述宗教与艺术的关系、中世纪理论美学的瓦解与再生之可能及意义。

冲突与互补：基督教哲学在中国（维真丛书·基督教思想与中国文化之二／许志伟主编）
许志伟　赵敦华主编
社会科学文献出版社　2000年10月　339千字　428页

　　基督教与中国文化进行对话，有一个理论难题，那就是可比性的问题。基督教在二千年的时间里形成了极为丰富的学说和文化，并不是任何一种基督教思想都能与中国思想相比较。本书为"维真丛书"之一，是一部收录了十八位中国学者"从理论、实践和历史、现实等各个方面和层面考察基督教哲学在中国的处境"的论文合集。这些论文选取"哲学"这样一个为中国人普遍接受和易于理解的角度来解读基督教哲学，比较基督教哲学与中国传统思想的异同，评估基督教文化对于中国现代社会的影响，进而从哲学高度反思现当代中国神学面临的主要问题，特别是"人性论"在中国的处境。全书共分8章。第1章首先考察了基督教哲学的历史和定义，然后说明了中国人研究基督教哲学的意义和方法。第2—3章讨论了基督教哲学的本体论、认识论和价值论这三个核心问题，并将之与中国传统的本体论思想、儒家内在超越思想及中国传统哲学的理性观作比较研究。第4章讨论基督教伦理学对于当代中国的现实意义。第5—6章研讨人性论，审视基督教哲学与中国传统哲学、基督教与儒学的比较对话。第7—8章考察从明末清初至现当代基督教哲学在中国的融入与发展。

基督教哲学在中国（20世纪西方哲学东渐史／汤一介主编）
孙尚扬　刘宗坤著
首都师范大学出版社　2002年9月　274千字　273页

　　基督教哲学不仅曾经是对基督教信仰寻求理解所产生的哲学，或是在对基督的认信中建构的哲学，也是从基督教的观点来对一般的哲学问题以及基督教特有的哲学问题的理论解答。本书为"20世纪西方哲学东渐史"丛书之一，作者分别以耶路撒冷和北京为基督教信仰与中国思想、哲学的象征，通过对基督教哲学这一概念中包含的各种问题的深入探析，将基督教哲学界定为对基督教信仰的哲学理解与言述，并将特殊境遇中的中国人文学者对基督教哲学问题的研究与阐发纳入这一范畴，重点讨论了20世纪中国基督教的自由派神学领袖们的社会哲学的神学渊源与特点，清晰地勾画了他们选择各种救国方案的思想历程。书中还将基督教本色化问题转化为现代境遇中基督教与儒学以及整个中国文化之间的互动问题,揭示了基督教在处理自身与本土文化之间的关系时所面对的各种理论与实践上的困难。全书分为"20世纪上半叶"和"20世纪下半叶"上、下二篇,共11章。上篇(第1-6章),考察20世纪上半叶中国基督教思想家和新文化运动前后的中国知识分子关于护教哲学和宗教问题的各种争论,展示了他们的运思路向对此后思想的示范意义。下篇(第7-11章),介绍当代中国学者在基督教哲学研究领域的理论贡献,内容涉及基督教哲学史研究、基督信仰与现代语境、汉语神学建构的思路等。

台湾新士林哲学研究(黑龙江大学博士文库)
樊志辉著
黑龙江人民出版社　2001年1月　397千字　526页

　　台湾新士林哲学是以天主教信仰为其精神取向的哲学,也是天主教信仰在学理上的说明与论证。20世纪60年代后,天主教新士林哲学在台湾逐渐发展成为一个重要哲学思潮。本书为"黑龙江大学博士文库"丛书之一,作者以马克思主义为指导,依据方克立教授所提出的"同情的理解、客观的分析、批判的超越"为方法论原则,完整而系统地疏释和分析了台湾新士林哲学的思想资料,并采取整体与个案研究相结合的方式,力图表明台湾新士林哲学是在近代以来中西文化碰撞的背景下形成的,是基于基督宗教中国化的传教需要和对当代中国生存困境和文化危机的把握两方面原因而确立的,因而这一哲学流派"具有使天主教信仰真正本土化,使基督信仰降生在中国文化之中,成为中国文化的精神质素,从而提升和超拔中国文化"的思想特质。全书分为"台湾新士林哲学的缘起和基本特质"、"台湾主要新士林哲学家的思想演进"上、下两编,共11章。上编(第1-6章),从台湾新士林哲学的缘起、形而上学、理性神学、理性与信仰的关系、有神论的人文主义、以及儒家思想与基督宗教的比较诸方面来把握和阐明台湾新士林哲学的思想特质和义理纲维,揭示台湾新士林哲学是通过何种途径谋求多马斯思想与中国传统思想的结合,进而建立中国的天主教哲学。下篇(第7-11章),具体分析了于斌、吴经熊、罗光、李霞、项退结、邬昆如、傅佩荣、沈青松等台湾主要新士林哲学家的思想演进和思想特质。

当代西方宗教哲学(未名译库·哲学与宗教系列)
[美]迈尔威利·斯图沃德编　周伟驰　胡自信　吴增定译　赵敦华审订
北京大学出版社　2001年8月　714千字　727页

　　当代西方哲学有两大传统,一为英美分析哲学,一为欧洲大陆哲学。前者是英语国家的主流。这两大传统都在当代宗教哲学的讨论中有所体现,只不过各自的议程均带有自身的特征:欧陆哲学家不甚关注上帝存在的证明,对解释学和宗教经验却青睐有加;分析传统的宗教哲学家们则不厌其烦地论证上帝的存在,以及与宗教信念相关的概念。本书为"未名译库·哲学与宗教系列"丛书之一,是美国巴塞尔学院(Bethel College)教授迈尔威利·斯图沃德(Melville Steward)编纂的一部集中讨论"当代以基督教哲学为主的宗教哲学"的论文集。这些论文的作者都是欧美宗教哲学的教授、学者,他们从多个角度、侧面,介绍和探讨了以基督教为根柢的宗教哲学的方法、理论及学科进展。全书包括:理性与信仰;关于上帝存在的证明;恶的问题和神正论的辩护;上帝的属性;神迹;死亡与不朽;宗教多元论七编,共收录论文40篇。其中部分论文基于"哲学"的立场,采取"不偏向某一宗教"的态度,来讨论当代宗教哲学的问题,但在其主题选择方式上,仍可看出从基督教传统脱胎而出的痕迹。另有部分文章则直接从基督教的立场出发,以分析哲学为手段,对于传统的基督教信念加以合理的说明和解释,纳入"信仰寻求理解"式的"基督教的宗教哲学",表现出更多的"宗教"倾向。

基督教在西方哲学中的浮沉（民族精神与哲学智慧文库 / 曹兴主编）
曹兴　刘海涛著
民族出版社　2005年1月　205千字　233页

在中世纪时代的西方,基督教在整个文明体系中占据着绝对主导地位,一方面阻碍了哲学与科学的发展,哲学和科学成了神学的"俾女",一时间哲学智慧步入了困惑与沉沦的低谷。另一方面,基督教为西方人提供了最佳的精神支柱。西方人类是如何走出这个文明低谷的,是用什么方法走出的,为什么西方近代的反神运动从文艺复兴运动走向法国的彻底无神论,其中包含了何种意义上的哲学智慧,意味着人类哲学智慧什么大发展,等等,值得当今学人关注和探讨。本书为"民族精神与哲学智慧文库"丛书之一,是一部"主要分析近代西方人怎样走出神学的困惑与羁绊","反思并提纯其中所包含的西方哲学的思想闪电与智慧光芒"的专著。全书共分11章。书中沿着西方文明发展的进路,即：古希腊神学、古希腊哲学、基督教神学、泛神论、无神论、基督教神学与西方哲学并存发展的历史轨迹作了全面梳理,并以别开生面的"三元文化说",向学界"两希文化论"的流行观点提出挑战：基督教不单是古希腊哲学与希伯来犹太教两种文化基因的合成,还隐含着古罗马人"尚武"、"征服"等民族精神的成分。据此,作者不仅释读了中世纪基督教成为西方社会一切文化底盘的密码,而且解开了当代世界宗教冲突的奥秘。

启示的理性：欧洲哲学与基督宗教思想
张宪著
巴蜀书社　2006年3月　400千字　535页

源自于犹太教启示的基督宗教思想,不仅在实践上继承和维护了古希腊罗马的哲学文化遗产,而且还在理论观念上进行了必要的补充。理解今天西方文明的形成,其关键在于理解基督宗教与古希腊罗马哲学思想文化之间盘根错节的历史关系。本书是一部研究欧洲哲学与基督宗教思想的专著。作者以宗教启示和哲学理性的关系为主线,以二者的历史展开为着眼点,串联起对古代宗教启示与哲学理性、启示的理性在中世纪、近代理性主义者对启示的接受、批判启示与人文主义理性、言说上帝与宗教经验等各种问题的分析探讨,其中包括对马克思主义与基督宗教思想做的比较研究。全书共分5章。第1章揭示古代哲学与宗教神话的渊源关系,指出哲学理性离不开宗教的启示。第2章界定"中世纪"和"中世纪精神"这两个概念,梳理中世纪基督教哲学的发展脉络。第3章讨论莱布尼茨、康德、黑格尔这三位德国古典理性主义哲学家的宗教哲学,特别是他们的上帝观。第4章联系黑格尔的宗教哲学来反思马克思主义的宗教批判,在考察马克思宗教批判和20世纪基督宗教人文主义思想之间关系的基础上,着重分析宗教异化及其异化的消除。第5章首先从解释学的进路来理解启示的言说本质,进而用现象学的认知科学加以补充,试图证明宗教信仰是人类的一种向着终极实在开放的认知自由活动。

基督教的柏拉图主义：亚历山大里亚学派的逻各斯基督论（当代中国哲学丛书 / 张汝伦　陈昕主编）

章雪富著

上海人民出版社　2001年3月　339千字　510页

在基督教思想史上，逻各斯是亚历山大里亚学派神学体系的概念基础，逻各斯基督论则是亚历山大里亚学派神学思想的基本脉络，它构成了审视公元1至4世纪各种神学思潮之相关性的主要界域。本书为"当代中国哲学丛书"之一，是国内第一部研究亚历山大里亚学派神学的著作，也是我国学者研究希腊化时期诸文明形态张力的首创之作。书中以希腊化背景为视域，以逻各斯基督论为中心议题，全面介绍了亚历山大里亚学派思想家群体及其思想轨迹，着重阐释了克莱门、奥利金的神学思想，以及亚历山大里亚学派对于两希文化结合的巨大贡献。全书共分6章。第1章阐述亚历山大里亚的希腊化程度和文化综合主义状况，力图表明柏拉图主义是整个这一时期的思想主流。第2章介绍亚历山大里亚学派主要成员的生平及其思想，阐述了亚历山大里亚学派确立的不同于犹太教的《圣经》释义学基础。第3章分析论述亚历山大里亚学派的开创者克莱门的神学思想。第4章从三一神论、救赎论、自由意志论，以及观念论的神秘主义四个方面讨论奥利金的神学理念。第5章将亚历山大里亚学派与诺斯底主义、新柏拉图主义和德尔图良进行比较分析，以期从基督教神学家内部来考察基督教对于希腊文化尤其是柏拉图主义的不同反映。第6章回顾亚历山大里亚学派对于西方文化的影响以及对于两希文化结合的巨大贡献。

6. 比较研究

中国宗教与基督教（海外学人丛书）

秦家懿　孔汉思著　吴华译

生活·读书·新知三联书店　1990年12月　190千字　267页

本书为"海外学人丛书"之一，是由在加拿大多伦多大学任教、研究中国思想与宗教史的秦家懿，与在西德杜宾根大学任教、研究西方基督教神学的孔汉思（Hans Küng，亦称汉斯·昆）合撰的一部"就中国宗教问题展开书面对谈"的著作（英文书名为"Christianity and Chineso Religions"。英文本在1989年由纽约的Doubleday出版）。此外另有德文版，在1988年由联邦德国的Piper出版。全书分为"中国古代宗教"、"儒学：'宗教'还是道德哲学"、"道：哲学与宗教"、"佛与耶：外来的宗教"4章。各章所发表的宗教对话由秦家懿负责介绍与解释中国宗教，再由孔汉思负责作神学方面的答复。在这场对话里，基督教和中国宗教是价值相当地位平等的参与者。书中围绕"中国的宗教思想"，逐层讨论了由儒学、道教和佛教所共同结构的中国宗教的产生、理论、现状和前途，同时以现代基督教神学的视角来观审它们的特点并作出相应的答复，特别是将之同西方基督教进行比较。主要观点如下：远东的第三大宗教河系源出中国，其中心形象既不是先知也不是神秘主义者，而是圣贤；中国宗教是一个"哲人宗教"。

儒家文化与美国基督新教文化（国家211工程重点项目·中外文明比较研究系列丛书）

董小川著

商务印书馆　1999年10月　201千字　333页

中国文化是以儒家为主流的文化，源远流长、博大精深，它是东方文化的象征；美国文化则是以基督新教为精神底蕴的文化，体用结合、包罗万象，它是西方文化的代表。在儒家文化和美国基督新教文化中，宗教、伦理和政治交织在一起并相互制约。它们都是传统文化的结晶，各自都曾经历危机并继续面临危机。本书为国家211工程重点项目"中外文明比较研究丛书"之一，作者以马克思主义理论为指导，在大量阅读原始资料和国内外最新研究成果的基础上，运用跨学科的比较研究方法，对儒家文化与美国基督新教文化这两种本来相隔甚远、彼此相对独立的文化系统分别加以归类，并从传统、宗教、伦理、政治和危机五个方面进行横向比较与纵向叙述，概括性地提炼和总结了两种文化的理论渊源、文化内涵、演化过程和现实危机，其中主要包括儒家文化的宗法渊源，儒家文化的发展脉络，美国基督新教文化的欧洲根基和变迁，美国政治神学的历史和现实表象等，力图在两种既有共性又有个性的文化中突出其个性。全书共分5章。书中所述涉及哲学、历史学、社会学、宗教学、伦理学、政治学、人类学等诸多学科领域，关系到文化、文明、宗教、伦理、政治等众多的学术概念，从而为儒家文化与美国基督新教文化的比较研究提供了全方位视角和动态画面。

诠释的圆环：明末清初传教士对儒家经典的解释及其本土回应（北京大学比较文学学术文库／严少璗主编）

刘耘华著

北京大学出版社　2005年7月　480千字　452页

　　明末清初天主教入华传教的历史，自方济各会士于明代正德年间踏足广州伊始，至清代嘉庆年间，历时两百多年。这次发生在中国与欧洲之间的大规模的交流与对撞，由于欧洲一方的代言人：传教士，在文化涵养方面相当出色，故其结果，既具有文化史价值，也蕴含着深刻的思想史意义。本书为"北京大学比较文学学术文库"丛书之一，作者以明末清初传教士对儒家经典的诠释及其本土回应为基本线索，择取若干重要的儒学范畴、命题及传教著述作为分析的个案，探讨了17-18世纪中西文化交往互动中的诠释与再诠释问题，藉此来揭示中西文化在相互遭遇之早期所发生的冲撞与反应的深层机理。全书共分7章。第1章讨论来华传教士赖以诠释儒家经典的知识架构与基本立场，指出其来华之前的精神背景是基督教人文主义。第2章讨论利玛窦等早期来华传教士对儒家经典的采用与诠释，认为传教士的"适应原则"始终受到其宗教立场的钳制。第3-5章选取儒学中的若干命题及三部传教著述作为个案，具体分析传教士对这些范畴的诠释与应用。第6-7章依循"科学的信仰"与"宗教的信仰"两种进路，分别讨论本土入教、反教儒士及佛教徒的再诠释及其对西人西学的处置与回应。

儒家与基督教利他主义比较研究

林滨著

人民出版社　2011年9月　250千字　338页

　　儒家以"仁"为核心的利他主义思想和基督教以"爱"为核心的利他主义思想均属中国和西方具有代表性的利他主义思想。然而，由于中西文化典型特征的不同，在一定程度上决定了儒家与基督教两种利他主义伦理思想的异质性。也可以说，儒家利他主义思想的产生是中国人伦文化合乎自然的产物，而基督教的利他主义思想的产生却是对西方自由文化特色的否定。本书运用马克思主义关于社会存在与社会意识的辩证关系原理，通过对儒家与基督教两种利他主义的比较分析，力求深入了解两种利他主义的异同，剖析隐藏其后的基督教文化传统与儒家文化传统对道德观的不同预制，并从理论层面对道德与政治、道德与宗教、道德与人等关系展开研究，以期重塑当代社会和谐发展中不可忽缺的利他主义伦理价值。全书共分6章。内容包括：儒家的"人之始"与基督教的"神之始"；儒家的"此在性"与基督教的"彼岸性"；儒家的"人性善"与基督教的"人性恶"；儒家的"人之本"与基督教的"神之本"；儒家的"政治化"与基督教的"宗教化"等。

儒、道、易与基督信仰（基督教中国化研究丛书/张志刚　卓新平主编）
梁燕城著
宗教文化出版社　2013年10月　480千字　326页

基督教之核心，是宇宙亲情对人的启示，不同儒道佛之为哲理和内修的宗教。基督教讲上帝的启示与救赎，不同于儒、道、佛的哲理与修为，然而三大教化均为圣人对宇宙的真实体悟，带来人生极高之境界，是极珍贵的文化价值，应加以尊重、爱护与欣赏，就像西方神学家尊重和吸纳柏拉图与亚里士多德一样。正因创造与启示分属不同境界层次，故基督信仰与各大教并无冲突。本书为"基督教中国化研究丛书"之一，是作者将自己多年研究儒道易与基督教的论文和讲稿整合而成的一部文集。全书包括：彩虹神学与易经和谐哲学；道体神学、游的神学与老庄哲学；恩情感通神学与儒家哲学；生态哲学与大地神学；中国上古典籍中的上帝观；基督教与中国社会文化相适应的问题六个部分，共收录文章23篇。这些文章立足于中国文化的立场，以建立"中华神学"为旨要，来探索儒学、道家及易学中的深刻哲理，找出可与基督教相通的理念：由儒家思路而提出"恩情感通神学"、由道家思路提出"道体神学"、由易学思路提出天地人的彩虹神学，并在此基础上建构"后现代中国文化"的理论范式，使"基督教与中国心灵会面"。

天道与政道：17世纪中国儒家思想与清教主义对比研究
高健龙著
中国社会科学出版社　2014年4月　280千字　266页

17世纪是世界历史走向近代的世纪，此间，中国儒家思想与英国清教主义都做出了积极的回应，但历史结局不同。这就需要从思想史与社会历史的相互印证中，考察儒家思想与清教主义克制封建王权、走向近代文明的观念体系与历史成效。本书围绕着儒家思想与清教主义对王权专制主义的回应这一主题，在中西文化对比的框架下，从思想史与社会史相互印证的角度，展开对二者政治思想的研究。全书共分8章。书中首先对中英两国在17世纪开端的专制主义进行论述，随之对17世纪的历史结局做了描述和总结，进而揭示了儒家思想与清教主义在"天道"与"政道"观上的理念差异。作者指出，在儒家思想与清教主义的彼此对照中，可以清楚地发现两者政治理念的不同源于它们各自不同的思想路径与路向，而这种不同又源于两者天道观的根本差异。它们的政治思想可以分作两个部分，其一是政治批判的思想，其二是限制王权的制度设计的思想。

近代传教士论中国宗教：以慕维廉《五教通考》为中心（世界宗教关系史文丛/谢文郁　刘新利主编）
陈怀宇著
上海人民出版社　2012年6月　252千字　223页

欧美中国研究提出的论题大多可追溯到基督教新教传教士的中国研究，而当代欧美中国研究学界提出的新论题亦多脱胎于传教士早已提出的旧论题。其中，英国伦敦会在华传教士慕维廉（1822-1900）用中文撰述的《五教通考》（1879年在日本出版）这部著作，就是有关儒、释、道、回、基督教五教研究的代表性作品，其观点至今仍具参考价值。本书为"世界宗教关系史文丛"之一，作者以《五教通考》为中心，集中探讨了19世纪基督教传教士的研究和论述对中国宗教研究的影响，追溯了中国宗教研究理论和术语的思想史起源，试图通过叙述和分析西方现代学术初兴时期的传教士的作品，"清理出一条近代传教士论述中国宗教的线索，提供一个他们对中国宗教认识和研究的学术史，以及这一学术史背后的思想史背景"。全书共分4章。第1章主要以伦敦会自己的著述来梳理该会的历史发展以及他们的在华事业。第2章讨论《五教通考》的文本、内容和其他传教士的中国诸宗教撰述。第3章主要从《五教通考》出发考察18世纪末以来传教士讨论中国诸宗教的中心议题，即创世论、一神论、永生论等，以及他们对偶像崇拜、多神教的立场。第4章总论世界近代史背景下传教士所认识的中国宗教与中国文明。

7. 论文集

基督宗教论（宗教与思想丛书/卓新平主编）
卓新平著
社会科学文献出版社　2000年9月　257千字　363页

　　宗教涉及人的信仰，信仰则与世界观、人生观、价值观、意识形态、政治、社会、民族等领域有着密切关联，而基督宗教更是不离中西对抗与对话、文明冲突与交融，其任何一个方面都无法回避其敏感、其微妙。本书为"宗教与思想丛书"之一，辑录了卓新平教授从事基督宗教研究二十余年来撰著的22篇论文，其中3篇系第一次公开发表，其余19篇均曾见诸于不同刊物。这些论文见证了20世纪的最后二十年我国基督教研究从艰难起步到拓展日深的曲折历程，展示了中国知识分子在理解基督宗教上的复杂变化和多元处境，观照了作者在特定社会历史情境下的学术志趣。全书由"神学思潮篇"、"思想家写照篇"和"基督教与中国篇"三部分组成。第一部分（含6篇论文），主要论述当代西方处境化神学的兴起、近现代欧洲基督教思想的发展及后现代神学理论之动向。第二部分（含4篇论文），分别论述卡尔·巴特、迪特里希·朋谔斐尔、莱因霍尔德·尼布尔、赵紫宸这四位基督教思想家的生平、著述及神学理论。第三部分（含12篇论文）为本书核心，从中西文化交流的角度阐述了基督教与中国文化的关系。

田野写真：调研集（卓新平学术散论）
卓新平著
中国社会科学出版社　2011年10月　180千字　158页

　　在目前中国社会环境和民众认知状况中，宗教参与社会服务和社会建设有着很大的活动空间，也在一定程度上得到了政府和社会舆论的认可和鼓励。所以，让宗教在这一领域作更大的开拓、有更大的作为，对于中国社会和宗教都有好处，而且时机也已基本成熟，在这种水到渠成的情况下，我们应该顺势推动宗教的社会服务等社会工作，使之能积极参加当代中国的社会建设。本书由《宗教界参与社会服务和公益事业的方法途径研究》、《当代云南民族和睦、宗教和谐发展战略研究》、《宗教学科"十二五"学科调研报告》、《当代中国宗教认知现状及宗教管理模式研究》4篇调研报告及相关学术课题设计规划、成果汇编构成。这些报告直面当代全球化与当代中国改革开放、和平崛起的现实，虽然彼此之间缺少连贯性、系统性，却为我们认识当代中国宗教等问题，重新反思宗教作为文化软实力在国家文化战略中的积极作用，正确理解并发挥宗教在和谐社会建设中的积极作用提供了极具启发性的思路；成果汇编部分，则展示了近年来作者在国内哲学和宗教学各个领域的代表性学术成就。

基督教与近代文化
朱维铮主编
上海人民出版社　1994年12月　373千字　489页

基督教来华传教士，作为步入近代化的西方世界面向远东文明的第一批观察者，他们对欧洲大陆和古老的中华帝国都产生了巨大而深远的影响。由于复杂的或未必复杂的原因，基督教和近代中国文化的关系，在我们的学术界仍属研究不足的一个领域。本书是1993年8月由上海复旦大学文博学院、旧金山大学利玛窦中西文化历史研究所、上海研究中心联合主办的"近代中西文化交流国际研讨会"的论文结集，共辑录中外学者撰著的有关基督教与近代中西文化的论文27篇。这些文章旨在通过多角度多侧面的陈述和"基督教与中国近代文化的若干历史事实的综合"，勾勒出明末清初至清末民初三百年间这段特殊岁月的剪迹和轮廓，描绘出这场近代"人类文化史上一笔智慧和知识的大交易"的历史景观。此外，本书还收录了介绍美、日、韩诸国有关宗教研究的四篇论文，以及所谓本土的或本土化的宗教对于由基督教挟持而来的西方思潮的回应的文章，以使读者深入了解环太平洋地区基督教传播的实际情形，也为本书的讨论提供一个参照。

基督教文化与现代化
高师宁　何光沪编
中国社会科学出版社　1996年6月　296千字　378页

基督教与文化的关系、基督教文化与西方文化及各民族文化的关系、现代化与历史和人性的关系、现代化与基督教和民族文化的关系等一系列值得讨论的重要问题，均可集中表述为"基督教文化与现代化"。1994年10月，由中国宗教学术界和基督教界第一次共同发起的"基督教文化与现代化"国际研讨会在北京召开，与会中外学者结合中国文化和中国现代化的现实处境展开严肃讨论，并从多个角度针对上述问题作了精彩阐述。本书即是这次研讨会的论文集，共收录相关稿件29篇。具体包括：《在"基督教文化与现代化"国际学术研讨会开幕式上的致词》（汝信）；《基督教与现代文明的危机》（加拿大，白理明）；《超越的循环：基督教、现代性和后现代性三种文化类型的互动关系》（赵敦华）；《基督教信仰与今日世界经济》（瑞士，罗伯特·范·德里默莱思）；《加尔文主义与人的现代化》（于可）；《当代天主教伦理学纪实》（傅乐安）；《基督教的奇迹故事与现代化》（美国，安托依内特·华尔）；《中国基督教改革开放十五年》（徐如雷）；《中国基督教（新教）面对现代化的挑战》（陈泽民）；《当代中国教会的处境化》（段琦）；《中国基督教历史回顾》（周燮藩）、《中西文化交流中的基督教原罪观》（卓新平）等。

玖、基督教

基督教与近代中西文化
罗秉祥　赵敦华主编
北京大学出版社　2000年9月　349千字　447页

　　文化发展既影响宗教运动，宗教运动也影响文化发展，双方互为因果。本书是一部从宗教与文化之关系的角度研究"基督教与近代中西文化"演变的论文集，主要就基督教与近代西方文化、基督教与近代中国文化之间的互动，作选择性的检讨；希望透过这些检讨，对明天的中国文化该如何建设，能够有所启发。书中所谓"近代"，在西方而言是指文艺复兴以降，在中国是指明末之后；而"选择性的检讨"则限于科学、道德伦理、社会历史、哲学宗教四大范畴。全书包括五个部分，共收载论文14篇。第一部分（2篇），论述基督教与科学的关联及其对近代科学发展的影响。第二部分（3篇），论述基督教对近代中西方伦理道德观的塑造，涉及西方启蒙工程的得与失、王明道的婚姻理论、赵紫宸的人格主义思想和道德神学。第三部分（3篇），论述基督教与中国文化的交流与撞击，以及基督宗教在拉丁美洲的贡献。第四部分（2篇），论述近代西方宗教与哲学的对话及理性宗教的形成。第五部分（4篇），论述儒释道与基督教的相遇、互动和对谈。

基督宗教与当代社会（汉德对照）（国际学术研讨会文集）
卓新平　萨耶尔主编
宗教文化出版社　2003年8月　390千字　484页

　　基督宗教与当代社会的关系问题已引起人们的普遍关注。这一关系尤其涉及到基督教会在当代社会中的地位、作用和意义。而且，二者的关系亦经历了历史的发展和变迁，是一种双向互动的结果。在处理二者的关系上，世界各国特别是西方许多国家有着曲折复杂的历史进程，由此而形成了种种经验教训。本书是2001年10月由中国社会科学院基督教研究中心和德国米索尔友爱团结基金会在北京温特莱酒店共同举办的"基督宗教与当代社会"国际学术研讨会的论文集（辑选了来自中国、德国、瑞士、拉美和非洲等国的与会学者用中德两种语言撰写的论文30篇）。这些论文旨在讨论基督教与当代社会的关系这一重大理论与现实课题，论题涉及到基督宗教信仰及其当代社会关注，基督教会的社会作用和意义，中国、德国、瑞士、拉美、非洲等国教会参与社会服务的比较研究，以及中欧教会与社会的发展合作等方面。文章包括：《教会与当代文化及社会的对话》（格·佛尔斯特）、《德国在克服贫穷上的变革》（希尔克特）、《天主教社会学说中的社会原则》（鲍姆加特纳）、《基督宗教研究对中国学术的意义》（何光沪）、《中国教会与中国社会》（卓新平）、《玻利维亚的教会与公民社会》（阿巴斯托夫洛）等。

基督教卷（当代中国宗教研究精选丛书）
卓新平主编
民族出版社　2008年1月　520千字　580页

　　基督教研究在当代中国的发展速度是前所未有的，已成为中国宗教学术研究的重要组成部分。自中国对外开放、实行改革以来，当代中国学术界对基督教的学术探究不断扩大、逐渐深入，取得了可喜的成就。而且，在中国思想文化氛围和当代社会处境中，这种研究既有外观、亦有内省，既有吸纳、更有奉献。它虽然正在融入国际学术研讨的发展之中，却也格外醒目地体现出其学术自我，有着与外界研究的明显不同和侧重。本书为"当代中国宗教研究精选丛书"之基督教卷，辑录了当代中国基督教研究者撰写的25篇代表性论文。这些论文立足于中国社会的现实处境，从多个角度展开对基督教在华存在及意义的论述和思考，并试图通过对中西两种文化的相遇和交流的历史性反思，找寻彼此在未来世界中"和谐共在"的交往之途。全书包括五个部分。第一部分（6篇），主要探讨当代中国基督教神学的发展趋势与理论构建。第二部分（9篇），主要探讨基督教与中国本土文化的关系。第三部分（3篇），主要从实证研究的角度探讨中国当代基督徒的伦理生活。第四部分（2篇），主要从圣经诠释学的角度探讨"宗教对话"的门径。第五部分（5篇），主要探讨基督教教育在中西文化交流中的作用和影响。

宗教与美国社会：当代传教运动（第6辑）
徐以骅　章远　朱晓黎主编
时事出版社　2009年12月　350千字　467页

从全球范围来看，20世纪下半叶以来的宗教复兴造成了包括基督宗教和伊斯兰教在内的各种宗教传教运动从全球处境、运动方向到传教战略等方面的具有颠覆性的变化。当代传教运动的国际化、政治化、多元化和网络化的发展，扩大了世界性宗教的花名册，加速了宗教的跨国流动，改变了国际宗教布局，并且增强了宗教对国际关系的影响。本书基于全球宗教复兴的理论视野，从不同侧面和各种宗教来解读当代宗教传教运动对国际关系的影响，并且讨论了宗教与国际冲突、宗教与国家安全、宗教与国际人权以及宗教在当代美国社会中的地位等问题。全书共收入由国内外专家学者撰写的论文16篇。具体包括:《当代基督教传教运动及其对国际关系的影响》(涂怡超);《向南移动：1945年以来的全球基督教》([美]达纳·L.罗伯特);《人道援助与信仰救赎：浅析基督教国际非政府组织的传教功能》(朱晓黎);《当代英国宣教状况概览》(孙艳燕);《另一类文化革命？：作为基督宗教第三支重要力量的五旬节派》(戴维·马丁);《试析暴力冲突格局下宗教活动场所的聚合功能性行为：以科索沃德卡尼修道院为例》(章远);《制服与动员：以佛教慈济基金会为研究对象》(黄平)等。

（三）世界基督教研究

1. 总论

现代基督教思想：从启蒙运动到第二届梵蒂冈公会议（上、下卷）（宗教与世界丛书/何光沪主编）
[英]詹姆斯·C·利文斯顿著　何光沪译　赛宁校
四川人民出版社　1992年2月　774千字　1042页

本书为"宗教与世界丛书"之一，是英国学者詹姆斯·C·利文斯顿（James C. Livingston）于20世纪70年代出版的一部重点研究18世纪启蒙运动以来"历史神学和哲学神学方面的发展"的著作。全书分上、下卷，共16章。书中采用大量第一手资料，概述了自启蒙运动至第二届梵蒂冈公会议期间的基督教思想史和理论动态，评介了近现代重要的基督教思想家（施莱尔马赫、纽曼、克尔凯郭尔、利奇尔、饶申布什、马塞尔、马里坦等），以及近现代重要的非基督教或反基督教思想家（伏尔泰、休谟、康德、黑格尔、费尔巴哈、马克思、施特劳斯、尼采等）的思想发展，使我们得以从正反两面去澄清这个问题；此外，作者还点评了莱辛和柯勒律治等文学家、巴特和蒂里希等神学家、达尔文和怀特海等科学家或哲学家的宗教思想及其影响，审视了基督教在经受现代思想解放运动洗礼后的情境，认为"基督教不是一种形而上学，它也不受任何世界观或文化图式所束缚。基督教是一个信仰团体和一种生活方式，它寻求着一种形而上学即具有内在一致性的哲学图景"。正如作者所言，本书"关注的不是神学学派或教义发展本身，也不是崇拜、修行和伦理神学的演化或教会结构"，而是"基督教思想与现代的哲学、历史和自然科学的接触"，这也是本书特别注意现代罗马天主教历史的现代主义和新托马斯主义之类思潮的原因。

全球责任与基督信仰（第二轴心时代文丛／王志成　陈红星等主编）

[美]保罗·尼特著　王志成译

宗教文化出版社　2007年10月　250千字　256页

　　任何宣称拥有"唯一的和仅有的"或者"最后的和优越的"真理的宗教，其危险性皆不言而喻。作为不同宗教道路的追随者，我们全都可以并且确实体验到一种共同的关切、共同的责任，即作为宗教人士对人类和生态普遍的苦难与非正义做出回应。本书为"第二轴心时代文丛"之一，是当代杰出的宗教思想家保罗·尼特（Paul Knitter, 1939-）撰写的一部有关全球宗教对话的重要论著。全书共分7章。在书中，尼特重申了他反对传统神学观的坚定立场，认为在一个宗教多元的世界里，基督教必须和其他宗教对话，必须修改基督教自身的神学模式。为此，尼特重点考察了他所提出的"相互关联的"和"全球负责"的宗教对话模式及其运用于若干领域的合适性，强调了"耶稣的独特性就是向上帝的普遍性开放"、"耶稣是向其他道路开放的道路"之主张，创造性地提出了建基于相互关联和全球负责层面的基督论、教会论、传道论。他试图证明：在履行耶稣的信息和使命以及在评价和严肃对待其他人的宗教观和使命之间没有矛盾，实际上他们具有一种自然的相容性。

2．中国

基督教在中国：处境化的智慧（上、下册）（中央民族大学·民族宗教学研究成果丛书／吕大吉等主编）

赵士林　段琦主编

宗教文化出版社　2009年6月　650千字　675页

　　近现代以来，中国基督徒对如何使基督教中国化作了许多可贵的探索，有些是从如何达到自立、自传、自养这方面着手，有些是从如何与中国文化和社会的结合上考虑，形成了各具特色的神学思想。本书为中央民族大学"民族宗教学研究成果丛书"之一，是一部由20世纪中国基督教的处境化历程入手，主要对其中的代表人物之处境化神学：赵紫宸伦理的神学、吴雷川折中的神学、谢扶雅辩证的神学、吴耀宗实践的神学、丁光训博爱的神学、陈泽民和好的神学逐一分述，进而从整体上展示"中国基督教处境化神学的面貌"的著作。全书共分7章。书中通过客观分析与评价上述六位"深受中国传统文化、基督教要义以及西方现代文化陶冶"的基督教代表人物的"神学理念及处境化选择"，探察了他们能为"基督教融入中国文化做出极富创造性、建设性的贡献"的深层原因，并对他们思想的共性方面给予归纳和肯定，如：大家都强调基督教爱的精神，都强调信徒个人的道德修养，都关注现实、重视实践，尊重中国的文化传统与价值观念等；同时也指出他们之间的分殊，如：吴耀宗和丁光训重实践，赵紫宸、吴雷川、谢扶雅、陈泽民重神学等，认为这些殊途同归的信仰实践本身,在某种程度已达成相当默契的一致性,据此阐示出中国基督徒以"爱"为支点的价值系统及其多元一体的信仰格局。

基督教的传承与变异
连东　张喜爱著
社会科学文献出版社　2012年6月　315千字　365页

基督教创立至今已有约2000年的历史,已经从一个脱胎于犹太教的小宗派发展为当今世界上信徒最多、传播范围最广的宗教。其间,虽然它的核心教义没有大的变化,但是却形成了诸多流派。可以说,传承与变异是基督教发展的两种基本形式,正统与异端只是两个相对的概念。本书是根据作者的教学讲义整理而成的一部主要"讲述基督教传承与变异的古老故事"的基督教史著作。书中以马克思主义为指导,以基督教教义、礼仪的传承与变异为主线,将教会发展史作为人类社会发展史的一部分,同时将世界基督教的变化与中国基督教的发展结合起来进行考察,通过对基督教发展史上的重大事件、教会发展与人类历史上一系列重大事件的因果关联的历时性阐述,力图揭示基督教的本质乃人类自身活动的产物,进而解开宗教的"历史之谜",使读者正确地看待基督教以及宗教在新形势下继续发展的问题。全书分上、下二篇,共15章。上篇(1-7章),分别讲述基督教的起源、大公基督教、罗马帝国的国教、中世纪的基督教、宗教改革与反改革、信仰自由与政教分离、世俗化浪潮中的教会七个方面内容。下篇(8-15章),简述基督教从唐代至民国的在华传承史,重点分析新中国成立后的基督教会的发展、宗教信仰自由政策的落实情况,以及当代台湾教会、基督教的"异端"等问题。

中国基督教田野考察（宗教与文化战略丛书/卓新平主编）
唐晓峰著
社会科学文献出版社　2014年4月　266千字　246页

改革开放以来,基督教在中国社会中的快速增长是不容否认的事实。主要体现在基督教的人数骤增、分布日趋广泛及其社会影响力逐步增大三个方面。本书为"宗教与文化战略丛书"之一,是作者根据其2007年以来在中国大陆地区十余个省区市所作调研而写成的一部力求"客观反映中国基督教现状"的专著。全书共分8章。书中结合中国基督教群体的特征分析,以及云南、福建、西藏、东北和内蒙古等地区基督教会的个案考察,探讨了基督教最近几年在中国的发展现状及热点问题,对基督教整体发展进行了评估及反省、对中国基督教会组织的多元存在格局及张力加以详尽解读,从中透视了基督教在中国民俗文化中的两难处境、中国基督教地域性差异和边疆少数民族的基督教信仰问题等。本书认为,相较于佛、道教等传统宗教,基督教的快速增长绝非改革开放后宗教热的个例。在某种程度上说,中国基督徒信仰的不是上帝,而是能解决其切身需求(民计民生问题)的力量,我们要站在这个立场上来看待基督徒及其信仰,很多问题也就迎刃而解。

中国与拜占庭帝国关系研究
张绪山著
中华书局　2012年4月　350千字　340页

本书是研究中国-拜占庭帝国关系的通史性著作,系以作者的博士论文《6世纪初至7世纪中叶中国与拜占庭帝国关系研究》为蓝本，补充、扩展而来，见证了作者历经大约"20个春秋"从事中外关系史研究的主要活动。书中充分借鉴国际学术界已有研究成果，将中国与拜占庭史料及相关辅助史料置于共时性的时空范围内互相参证，打通其隔阂，采用校勘比对、多语言互证、音韵勘同等研究方法，在许多关键点上取得了突破，呈现了中国－拜占庭帝国关系的新面貌。全书分为"拜占庭文献所见中国事物"、"中国文献与实物所见拜占庭帝国事物"及"中国－拜占庭关系中的中介族群"上、中、下三编，共11章。上编（第1-4章），以拜占庭史料为考察对象，通过对相关资料的具体研究展现拜占庭对中国的关系，主要探讨拜占庭作家记载中的中国历史、地理知识和拜占庭丝绸贸易，以及对拜占庭丝织业至关重要的养蚕术传入问题。中编（第5-8章），以中国文献资料为考察对象，通过汉籍记载的拜占庭事物展现中国与拜占庭帝国关系，主要研究对象包括拜占庭历史变迁，拜占庭的传说和外交，中国境内发现的拜占庭金币，景教传入中国的过程以及传入中国的希腊－拜占庭文化。下篇（第9-11章），主要探讨中介族群在两国关系中的作用，作者在这一领域的开拓性研究使中国－拜占庭帝国关系的内涵更为丰富、充实，面目更为清晰、真切，突破了以往的研究视野，将中国－拜占庭帝国关系研究提高到了一个新水平。

中国天主教的过去和现在
顾裕禄著
上海社会科学院出版社　1989年4月　139千字　185页

天主教是基督教几个大教派中的一个教派。元朝方济各会士来到中国，标志着天主教在华传播的开端。但必须指出，元朝在汉人中没有天主教徒。中国天主教是由意大利耶稣会士利玛窦传入的，主要在明万历年间。本书是一部以作者"曾较多接触天主教实际"而掌握的材料为依据，以史实为基础，来全面介绍"中国天主教的过去和现在"的普及性读物。全书包括十一个部分。书中按天主教在华传播的时间次序，分别讲述了从元朝方济各会士和明末罗明坚、利玛窦进入中国内地，至明末清初、康雍乾嘉道五朝（天主教发展的第一和第二阶段），民国及抗战，再至新中国成立后这几个不同历史时期天主教传布的真相和演变。作者认为，解放前的中国天主教完全沦为外国势力控制和支配的工具，广大教徒在教会内处于受压迫的地位；解放后，天主教爱国人士和广大教徒开展爱国运动，走独立自主自办教会的道路，终于把外国势力支配的中国天主教改变成为我国教徒自办的宗教事业。

中国天主教述评
顾裕禄著
上海社会科学院出版社　2005年1月　216千字　257页

天主教有2000年历史，在全球范围内，信徒人数已超过10亿，是世界上影响最大的宗教之一。从明末传入中国算起，也有400多年历史。随着社会历史的演进和中国革命建设的深入发展，天主教和中国社会、中国人民之间的关系早呈现出特殊复杂性，非常值得研究。本书站在"爱国爱教"的立场上，以作者长期从事"天主教爱国会"和宗教研究工作所掌握的大量第一手资料为依托，对中国天主教的历史与现状作了较为客观、细致地评述。全书共分14章。书中首先介绍了唐代景教和元代天主教来华的过程及特点，随后以浓重的笔墨论述了从明清直至新中国成立后近二十多年来天主教在中国的复杂历程，特别说明了建国初期及中国天主教爱国会成立后所发生的历史性大变化，述及许多重要历史人物和事件。正如作者所强调，本书的主要特点是"一方面对天主教的传入和明末以后至近代几个不同时期它所走过的道路和发生的若干大事，从学术角度作探索，同时用自己多年工作中的经历和见闻为当代中国天主教留下一份真实史料。"

基督的新娘：中国天主教贞女研究
康志杰著
中国社会科学出版社　2013年10月　435千字　392页

　　贞女群体出现于明清之际。她们是一群为了信仰而笃守贞洁，并为教会、为社会无偿服务的独身女性。随着守贞人数的增加，她们逐渐发展成为仿照西方修会生活的贞女团体。在长时段中国没有欧美女修会进入的形势下，贞女实际顶替了修女的位置和角色，承担起女修会应该完成的工作。对于这样一个有悖于中国传统礼制的女性群体，海内外学术界尚未引起充分关注。本书尝试突破"西方中心论"、"帝国主义侵华论"、"中西文化冲突"、"挑战与回应"、"地方观念"等种种框架和范式，转而从天主教贞女的视角，以特定的历史时空环境为依托，对贞女群体的兴起和发展、在教会和中国社会所处的地位、所作的贡献等方面进行评说，并结合性别史、身体史、心态史、生活史以及圣经、天主教神学、天主教灵修学等多学科的内容和方法，对贞女群体的历史角色进行综合性的分析考察。全书分上、下二篇，共12章。上篇"贞女群体发展的历史轨迹"（第1-6章），以历史为经，重点讲述了中国天主教贞女制度的缘起、发展及其在不同历史时期的特点。下篇"贞女群体面面观"（第7-12章），以制度为纬，从贞女制度所遇到的具体问题入手，剖析贞女的心态、生活及工作，试图从身体观、宗教经验、灵修生活等多角度审视贞女人生的方方面面。

奋进的历程：中国基督教的本色化
段琦著
商务印书馆　2004年5月　399千字　590页

　　基督教从传入中国的一开始就存在着与自身生存发展的"本色化"问题，这个问题也始终贯穿于中国基督教历史的进程中。本书是"中国基督教在本色化道路上彷徨、苦斗的历史记录"。作者在前人研究的基础上，运用大量原始资料，系统回顾了19世纪初至20世纪末基督教（新教）在中国传播的近两百年历史，对终于落脚的中国基督教曾经走过的"完全摆脱西方色彩，彻底与中国文化相融合，即建立自治、自养、自传的本色教会，并能建立起'藉着出于本土环境的文化范畴将基督教的道理表达出来'的本色神学"的曲折历程，以及本色化前途中可能遇到的困难与问题展开讨论。全书共分12章。书中将中国基督教本色化运动划设为四个连贯的历史时期分别加以叙述：第一个时期为1807年新教牧师马礼逊来华至19世纪中叶；第二个时期为19世纪中叶至1900年；第三个时期为1900年至1920年代初；第四个时期为1920年至1949年（细分为20世纪20年代、抗战前夕、抗战期间、解放战争期间等几个部分）；最后概述了1949年以后中国教会的三自运动。

（1）断代研究

中国景教：中国古代基督教研究
朱谦之著

东方出版社　1993年5月　336千字　256页

《中国景教》是中国当代著名历史学家、哲学家、东方学家和宗教学家朱谦之先生的遗著，也是朱先生晚年所写的最后一部学术著作；成书于1966年，时值"文革"，未得机会出版；捱至1982年，为满足学术研究之需，中国社会科学院世界宗教研究所曾出资铅印数百本在学术圈内散发。景教东传的历史，始自431年以弗所宗教会议以来，亚历山大城教会对安都城教会势力之争夺战，聂斯托尔惨败，被基督教法规与罗马帝国法律判为异端以后。聂斯托尔残党从罗马帝国最后之根据地以弗所流放，进入波斯领上，得到波斯皇帝卑路斯的保护，于498年前后成立一个独立基督教会，即景教会的时代。5-7世纪，景教从叙利亚传入波斯、阿拉伯、印度，公元635年由波斯东传中国。究其原因主要是经济因素。中国和波斯之间已经开辟交通路线，外交使臣或负贩商贾或传道僧徒能由西东行；最初为陆路，后来才发展到海上交通。景教文献资料的丰富，缘于汉文景教文献（文物）的新旧发现（1943年已发现汉译景教文书10种，内含伪作一种或二种）；其中最具特殊意义的，却是《大秦景教流行中国碑》。由于1623-1625年间景教碑之发现，各国学者才重新唤起景教的研究。当时在中国的天主教信徒纷纷著书立说，宣称天主教为"景教后学"；另有学者洪钧、钱念劬认为景教是基督教聂斯托尔派，则非常正确。鉴此，朱谦之得出结论"景教是东方封建社会的产物。中国之有基督教，实从异端的景教开始。"朱先生凭借深厚的文史学功底，系统论述了景教的起源、发展和在中国的传入及传播情况。本书所援引的材料极为丰富，既有国内外保存的原始文献，特别是敦煌新出土的资料，又包括了近百年来诸家的研究成果、甚至是看似矛盾的各派观点，因之有着十分重要的学术价值。

唐代景教再研究（唐研究基金会丛书）
林悟殊著

中国社会科学出版社　2003年1月　282千字　405页

本书为"唐研究基金会丛书"之一，其考察对象为在唐代中国传播的基督教聂斯脱里派（Nestorianism），即景教，但并非全面系统论述唐代景教，而是在既往研究的基础上，针对存在的一些有争议问题或误区，提出自己的见解。全书分为"传播篇"和"经文篇"两个部分。"传播篇"由《西安景教碑研究述评》、《西安景教碑有关教寺数量值句考释》、《唐代首所景教寺院考略》、《盩厔大秦寺为唐代景寺质疑》、《唐代景教传播成败评说》、《唐朝三夷教政策论略》6篇独立论文组成。"经文篇"共有论文6篇，即《敦煌景教写本P.3847再考察》、《敦煌本景教〈志玄安乐经〉佐伯录文质疑》、《所谓李氏旧藏敦煌景教文献二种辨伪》（与荣新江合撰）、《敦煌本〈大秦景教宣元本经〉考释》、《富冈谦藏氏藏景教〈一神论〉真伪存疑》、《高楠氏藏景教〈序听迷诗所经〉真伪存疑》、《景教富冈高楠文书辨伪补说》等。作者认为，对景士在唐代中国努力传教的精神及其所取得的业绩，应给予实事求是的评价；对其最后的失败，应以理解和同情的态度进行分析。作者把景教在唐代中国传播失败的根本原因，归咎于唐朝宗教政策的变化，亦对学界经常使用的一些唐代景教文献文物数据，或重新考察解读，或重新界定其宗教属性，或加以辨伪求真。

元代基督教研究
唐晓峰著

社会科学文献出版社　2015年5月　346千字　322页

元朝的基督教包括也里可温、罗马天主教会、东正教、亚美尼亚教会、雅各派等；其中也里可温无疑是元代基督教的主体。在蒙古高原各部落统一过程中，成吉思汗家族不断与信仰基督教的部落通婚，并重用各民族、各国家中的贤德人士，这些举措自然让蒙古帝国建立之初的统治集团内部拥有数量庞大的也里可温信徒。他们的社会影响力，不但表现在众多也里可温跻身统治集团这一事实，同时也表现在其人数及教区的分布上。此外，还有众多亚美尼亚派、雅各派信徒，天主教徒、正教徒以及其他东方教会信徒也在元朝统治的疆域内有着广泛分布，他们在元代的政治、军事和外交事务中占据着重要地位。本书是有关元代也里可温研究的系统之作，全面梳理了元代基督宗教这段乏人问津的历史。全书共分12章。书中参阅并引证大量一手文献资料，从也里可温名称考释、元代基督教的族群及构成、元代基督教徒的分布、元代基督教人物考、元代基督教与其他宗教之关系、元代属国之基督教、元代政教关系、元代与罗马教廷之往来、元代基督教之衰亡、元代基督教的遗迹遗物等若干层面对元代基督教群体及其信仰进行介绍、考察及评述，使我们得以从中了解元代中西文化交流的历史概况，把握基督宗教的传播和发展规律，借鉴元代对基督宗教的管理制度。

依天立义：清代前中期江南文人应对天主教文化研究（中西文学文化关系研究丛书/孙逊主编）
刘耘华著

上海古籍出版社　2014年9月　316千字　368页

发生在明末清初的中西文化互动过程大约持续了250年。在此期间，经传教士之手传入西洋的中国文化，出人意料地成为伏尔泰、莱布尼茨、卢梭、马勒伯朗士等启蒙思想家攻击基督教的有力武器；而远涉重洋而至的天主教传教士，依循附会儒家和学术传教两条主要路径进入中土，本意在传播"启示真理"，不料中国士大夫的主流却偏偏对其天文历算火炮舆地之术情有独钟。上述长时段的中西文化交流所包含的丰富的历史经验和教训，值得我们今天下大力气去重新发掘和反思。本书为"中西文学文化关系研究丛书"之一，作者将研究视域锁定为清代前中期（1644-1837）之江南（约指长江中游以南及下游南北岸）传统文人（儒士）与天主教文化的互动关系，并从思想史和文学史的双向视角来重新发掘和梳理这些传统文人的历史材料，探讨他们对于天主教文化的回应、处置及其肌理，介绍其各自的文化情感与信仰世界的嬗变、流播与影响，阐释在特定历史和地域条件下，传统文人在面对天主教文化、西方科技与器物文明时的不同反应，涉及当时名重一时的文士诸如徐光启、孙元化、许乐善、许三礼、陆世议、陈瑚、谢文洊等十余人。全书共分7章。书名之主标题定为"依天立义"，乃在于本书所研究之人物的思想及其独特蕴含都与对"天"的重新诠释密切相关。

边缘的历史：基督教与近代中国（晚清民国学术书系）
陶飞亚著

上海古籍出版社　2005年1月　295千字　359页

近代中国基督教史的研究是在研究西洋宗教与中国社会冲突的视野中出场的，因为它特殊的边缘性,而一直未受到主流史学界的关注。本书为"晚清民国学术书系"丛书之一,作者立足于跨文化研究的视角,主要从政治、社会与文化三个方面探讨了近代中国基督教与中国社会的关系,以使读者加深对近代中国基督教运动这段非主流的"边缘的历史"和活跃其中的边缘人群的认知与理解。全书共设四个专题。第一专题"基督教与近代政治",论述晚清以来中国民间的各种反洋教运动,同时基于档案材料,揭示了爆发于20世纪20年代的中国非基督教运动是在俄共(布)与共产国际远东局、青年国际的直接指导下,由中共发起并领导的政治斗争。第二专题"基督教与近代文化教育",重点考察晚清传教士和基督教大学在国学教育与研究方面的活动。第三专题"与近代社会",讨论基督教与乌托邦思想的内在联系,研究耶稣家庭的领袖人物敬奠瀛的宗教思想演变,描述这种宗教社团领导人在不同的历史情境下,对同一行为或事件给予的神圣性(宗教性)或世俗性的不同解释。第四专题"研究综述",从学术史的角度介绍了近代中国基督教史研究领域的演变及现状。

基督教与近代中国的不平等条约(中外条约与近代中国研究丛书/李育民主编)
李传斌著
湖南人民出版社　2011年2月　378千字　346页

基督教与近代中国的不平等条约发生关系是在鸦片战争之后。在1842-1908年的60余年间,英、法、美、俄等西方列强先后与中国签订了一系列的不平等条约。虽然这些不平等条约当中并没有内容完全是关乎传教的,但是在诸多不平等条约,甚至通商条约中都有与基督教直接相关的条款,它们与相关章程构建起传教特权制度,成为近代中国条约制度的重要组成部分。本书为"中外条约与近代中国研究丛书"之一,是一部透过政教关系的视角考察和研究"基督教与近代中国不平等条约关系的发展演变及其在中国政治、思想和社会领域所产生的影响"的论著。全书共分6章。第1章论述不平等条约与传教特权产生的背景、经过和传教特权制度的确立。第2章论述19世纪后期传教特权的扩展与执行,以及传教士、中国人对待传教特权的态度。第3章论述20世纪初的基督教与不平等条约,以及外国人、中国各界对待传教特权的态度。第4-5章论述非基督教运动时期、南京国民政府时期的基督教与不平等条约。第6章论述抗战时期和新中国成立后废除不平等条约与传教特权的终结。

百年禁教始末:清王朝对天主教的优容与历禁
胡建华著
中共中央党校出版社　2014年3月　248千字　268页

基督教在华传教史在中国历史上占有相当重要的位置。研究和了解清代历史、尤其是中国近代历史都绕不开传教问题。特别是清朝政府对于天主教政策的制定和执行,在其中起到主导作用,而禁教政策更属问题之关键。本书将清代中前期的禁教举措放在当时世界历史的大环境中加以考察和评估,并以大量珍贵文献、档案资料为依据,详细记述了中西礼仪之争的来龙去脉以及随其而至的"百年禁教"的历史境况。全书包括十五个部分。内容涉及清王朝不同历史时期(康熙、雍正、乾隆、嘉道)禁教政策的具体内容和特点、全国范围内的禁教活动、发生于不同地区的影响甚广的教案(如福安教案、两次江南教案、乾隆四十九年教案、德天教案、旗人习教案等)、传教士卷入宫廷斗争等方面。书中还对教皇遣特史来华疏通、废除禁教政策给中国社会带来的巨大影响、清廷禁教的原因及后续反应进行了描绘和阐述，从而揭示了"优容与历禁"乃至废除禁教政策的背景、成因与历史后果。

天国的陨落：太平天国宗教再研究（国家清史编纂委员会·研究丛刊 / 李文海主编）
夏春涛著
中国人民大学出版社　2006年1月　428　千字　480页

　　太平天国是中国历史上利用宗教掀起的规模最大的农民运动。它以宗教起事，以宗教行军理政，且与基督教有着千丝万缕的联系。因而不了解太平天国的宗教，不能透过宗教对太平天国政治、经济、文化、外交等方面的影响来厘清导致其兴起和失败的因果关系，就无法准确认识这场对近代中国社会产生剧烈影响的历史事件。本书为"国家清史编纂委员会·研究丛刊"之一，也是迄今为止对太平天国宗教所做研究最为详尽深入的学术论著。全书共分8章。作者从史料出发，不因袭旧说，全面考察了洪秀全创建上帝教的历史过程及其在太平军中和在民间的传播状况，剖析了上帝教的教义、经典、仪式、节日，论述了上帝教与西方基督教及中国旧有民间宗教的关系、上帝教对太平天国的意识形态及内外政策的影响，考证了太平天国邪教说之由来。书中对太平天国宗教是否为"邪教"的辩证分析，特别是对上帝教与太平天国兴亡之间的连带关系的探究，实则是将太平天国宗教的正反诸方面都纳入了研究的范围，显示出视野的宽广和研究的深度。

太平天国与启示录
周伟驰著
中国社会科学出版社　2013年6月　433千字　407页

　　太平天国运动是19世纪世界史上最大规模的内战，也是近代中国的第一场意识形态战争。本书立足于近代西方基督教全球传教史的视野，把"上帝教"与当时的世界基督宗教运动相联系，通过大量的文本对照、对比和分析，反驳了许多流行的看法，重新探讨了太平天国意识形态及行为方式的基督教来源，深刻揭示了太平天国跟千禧年主义和末世论，以及洪秀全跟启示录神学、洪仁玕跟新教传教士"基督教文明观"的密切关系，明确提出了太平天国运动的实质是一场"宗教革命"和"宗教战争"。全书共分5章。第1章回顾并反思一百年来太平天国研究中的三种范式：民族革命论、农民革命论和宗教革命论，认为太平天国首先是导源于新教传教运动的宗教革命。第2章反驳了以罗尔纲、简又文等人为代表的传统看法，即上帝教受到了广西本地宗教影响，乃"民间宗教化"之说，指出上帝教是基督教之内在逻辑在特定语境中的外在显现。第3章从文本上考察了洪秀全《太平天日》之关键部分"丁酉异梦"跟圣经《启示录》的对应关系，认为"丁酉异梦"有神学创作的成分。第4章追溯太平天国意识形态的新教来源，认为其基本神学来自18、19世纪英美基督教新教"大觉醒运动"。第5章讨论《资政新篇》所建构的理想社会，认为洪仁玕接受了西方传教士的"基督教文明观"，因此提出了"一个基督教国家的现代化方案"。

基督教与民国知识分子：1922-1927年中国非基督教运动研究
杨天宏著
人民出版社　2005年7月　400千字　435页

　　19世纪以来，随着进化论及科学与理性精神的张扬，一场以人文主义为宗旨的批判宗教神学运动在欧美勃然兴起，中国的非基督教运动也续其流、衍其波，发展成一场全国规模的思想文化及政治运动。这场在一定程度上受西方近代启蒙运动影响的运动以不同于晚清历史上传统士绅发起的"反洋教"运动的姿态及运作方式出现，是一场相对理性的以世俗人文化反对宗教神文化的运动，是新文化运动的延续，也是19世纪20年代中国民族主义运动的重要组成部分。本书以丰富的史料为依据，以具有"反帝"政治内涵的"民族主义"为认识非基运动的主要线索，对1922-1927年非基运动期间各种政治势力的应对策略与方式，以及民国各阶层知识分子的立场、态度和反应作了深入细致的考察研究。全书共分6章。书中首先回顾了晚清反教运动的历史，继而以反教运动中最活跃的三大政党（国民党、共产党及青年党）及其知识群体为考察对象，分析探讨了从"反孔"到"非耶"的逻辑发展、从非基督教学生同盟到非宗教大同盟、教会学校的学潮与收回教育权运动的兴起、中国基督徒卷入"反教"运动、北伐战争与非基督教运动的升级等一系列问题，并就各党对非基运动的策略及因应形势变化所作的调整，以及此后中国基督教的本色化作出独到的解释与评价，从而在揭示非基运动所具有的丰富文化义蕴的同时，也发掘了它复杂的思想政治内涵。

中国的基督教乌托邦研究：以民国时期耶稣家庭为例
陶飞亚著

人民出版社　2012年9月　315千字　353页

　　乌托邦思想在西方社会中源远流长。而犹太－基督教传统则为乌托邦思想提供了基本的要素：对一个美好社会的向往，以及这个社会必须以公有制度为基础的设想。本书以基督教乌托邦理想在中国社会的具体实践为主线，以新中国成立前山东泰安地区"耶稣家庭"所从事的社会改造运动为个案，全面研究和深入挖掘了耶稣家庭与基督教之间的直接联系，以及基督教与中国本土文化的关系，并以国人的视角阐释了中国基督教的本色化问题。全书共分8章。第1章讨论了跨文化中乌托邦理论与现象，着重考察了基督教教派与乌托邦的关系及中国古代与近代中的乌托邦理想。第2-7章从民国初年泰安的社会变动、基督教在泰安的发展和影响、敬奠瀛的早年坎坷与求仙访道、抗战时期的泰安时局、新经济措施的产生、宗教迎合政治等多个方面考察了耶稣家庭的起源、发展和终结的全部过程，展现了历史中的耶稣家庭。第8章比较分析了中外基督教乌托邦的情况，指出耶稣家庭所处的社会传统、经济条件及政教关系更使其表现出不同的个性，不仅在中国和世界基督教史上留下独特的一页，也为我们观察和思考包括基督教乌托邦运动在内的种种乌托邦主义的魅力、局限性及其历史意义提供了千载难逢的实例。

论基督之大与小：1900-1950年华人知识分子眼中的基督教（中国社会科学院基督教研究中心思想文库·宗教与思想丛书/卓新平主编）
[奥地利]雷立柏（Leopold Leeb）著

社会科学文献出版社　2000年11月　198千字　279页

　　基督教与中国文化的关系颇为复杂和敏感，中国知识分子眼中的基督教自然也大有区别。本书为中国社会科学院基督教研究中心思想文库"宗教与思想丛书"之一，是根据奥地利青年学者雷立柏博士"研究20世纪上半叶中国知识分子对待基督教之不同态度和选择的读书笔记、随感和评议"整理而成的一部文集。这部文集在参阅大量文献资料的基础上，针对"自19世纪末至20

世纪 50 年代有关中国知识分子论述宗教,尤其是基督教的著作和论文进行了梳理、分析,表达了自己的观点和评论",其涉及面包括对基督教有好感的知识分子、基督新教知识分子、天主教知识分子,以及相关著作。全书共分 7 章。第 1 章释义中国知识分子对基督教"大"与"小"的认识。第 2-4 章依次介绍清末和民国时期不同类型的 26 个华人知识分子,他们是对基督教有某种好感但没有加入教会、不明显地站在基督教立场的学者,以及倾向于新教或倾向于公教的学者。如清末的谭嗣同,民国时期亲近基督教的周作人、冯友兰,接近新教的朱友渔、谢颂羔,接近公教的李问渔、马相伯等。第 6 章收录十个中国知识分子关于基督教的论著或论文。第 7 章总结和评估基督教在中国知识分子群体中的传布与影响。

改革开放以来的中国基督教及研究(基督教中国化研究丛书 / 张志刚 卓新平主编)
唐晓峰著

宗教文化出版社　2013 年 7 月　300 千字　277 页

始于 20 世纪 70 年代后期的"思想解放"运动及随之而来的经济体制改革,为基督教信仰在中国社会中的复苏,甚至某种程度上的反弹提供了物质经济及间接的思想条件。宽松的政治、经济氛围及思想和信仰上的自主性孕育了中国基督教的新生,使其在之后的 30 多年的发展中,呈现快速增长态势。本书为"基督教中国化研究丛书"之一,作者以大量文献资料和统计数据为依据,全面、系统地介绍了自 1978 年 12 月党的"十一届三中全会"召开以来中国基督教的发展历程及巨大变化,并就此一时期大陆学界中国基督教现状研究、基督教在中国社会文化发展中应有的地位和作用等问题进行了理论概括与探讨。全书分三篇,共 7 章。上篇"改革开放以来的中国基督教"(第 1-2 章),介绍过去 30 余年中国教会实体的发展和神学建设、信徒数量、中国基督教教育及信徒文化素质、中国基督教的自我定位等方面情况。中篇"改革开放以来中国大陆基督教现状研究"(第 3-5 章),探讨 20 世纪 80 年代至 21 世纪初中国大陆学界基督教研究的现状及启示、特征,涉及整体研究,区域研究,群体研究,个案研究,与当代社会、文化之关系研究等。下篇"中国社会文化发展中的基督教"(第 6-7 章),从基督教在中国社会发展中应有的地位和作用、发挥作用的途径两个方面论述当代中国基督教的历史定位问题。

(2)地域研究

中国基督教乡村建设运动研究(1907-1950)(中西文化交流)
刘家峰著

天津人民出版社　2008 年 6 月　260 千字　233 页

本书为"中西文化交流"丛书之一,是在作者的博士论文基础上修订而成的一部"运用宗教社会学的基本方法,以基督教乡村建设为考察对象,对基督教与近代乡村建设运动的关系及基督教所从事的乡村建设活动进行全面而系统的研究"的专著。书中把基督教乡村建设运动置于"近代基督教运动"的整体架构中加以审视,力图透过宗教与社会的互动关系视角,完整呈现中国基督教乡村建设运动在 1907-1950 年间的历史画面。全书共分 7 章。第 1 章介绍中国乡村建设运动的思想源头与世界农业传教运动的兴起。第 2 章针对前人关注较少的农业传教士群体展开分析论述。第 3 章探讨了在基督教会面临挑战和作出回应的过程中基督教乡村建设理念的形成与发展。第 4 章概述中国基督教乡村建设实践的基本情况,辨析了中国基督教乡村建设的路线分歧问题。

第5章选取华北的樊家庄、华东的淳化镇和江西的黎川，对这三个当时较著名且属于不同类型的乡村建设实验区作了个案研究。第6章分析考察了战时和战后变动时代的基督教乡村建设情况。第7章为结语，阐述了基督教对中国乡村建设运动和中国基督教运动的历史意义、基督教乡村建设在世俗与宗教之间的两难处境等问题。

基督教与近现代北京社会
左芙蓉著
巴蜀书社　2009年5月　300千字　325页

基督教（新教）传入北京始于《北京条约》签订之后。如果以1863年清政府正式解除对新教传教士的禁令那一年算起，基督教在北京历史已有140多年，这期间又可以将1949年作为一大分界线，划分出两大阶段，即1949年以前为近代期，1949年以后为现代期。基督教在这两个时期有着截然不同的经历，对北京的影响也各不相同。本书尝试从历史学和宗教社会学的角度，考察基督教自传入至今的演变与发展脉络，论述基督教在近现代北京的发展轨迹及其原因，阐明基督教与近现代北京社会的互动。全书包括：近代篇和现代篇上、下二篇。上篇（7章），梳理基督教传入中国的基本线索，主要考察了基督教在近代北京的传播及其相关活动和社会影响，内容涉及传教士与近代中国政治、北京教会经济收入与经费来源、北京教会的文教卫生体育出版、北京人对基督教的反应等。下篇（7章），分别叙述新中国成立初期及改革开放时期北京基督教会的发展变化，重点探讨了基督教与社会主义社会相适应以及为构建社会主义和谐社会所做的努力。

近代河北乡村天主教会研究
李晓晨著
人民出版社　2012年9月　410千字　416页

河北省是天主教大省。自明末清初以来，河北作为畿辅重地，一直受到教会重视。近代特别是民国以来，河北天主教的教堂数目、教友及传教士人数等均居全国首位。其中，乡村天主教会就起了举足轻重的作用，他们在积极发展教民的同时，亦兴建一些教育文化、医疗卫生、慈善救济等世俗社会事业，从而在一定程度上提高了乡民的文化素质，促进了当地的文明进步和社会发展。本书依据原始资料，在吸收和借鉴相关研究成果的基础上，从区域社会史的角度，对近代直隶天主教乡村教会进行了系统研究。全书共分5章。书中通过对乡村教会发展历程、教民入教动机及教会社会事业、义和团运动与乡村教会的冲突等方面问题的考察，探讨了天主教会对直隶乡村社会造成的客观影响，揭示了天主教会在近代中国的发展演变规律，进而阐明天主教会在近代直隶乡村根植的关键。内容包括：天主教在河北乡村的传入与萌芽；河北乡村教会的建立；河北乡村社会对天主教的排斥；抗日战争时期的乡村教会；河北乡村教徒不同类型的皈依动机；河北乡村教会所从事的教育文化事业、医疗卫生事业、社会慈善事业等。

麦芒上的圣言：一个乡村天主教群体中的信仰和生活（基督教中国化研究丛书/张志刚卓新平主编）
吴飞著
宗教文化出版社　2013年7月　300千字　240页

华北武垣县段庄天主教会属于献县堂区。19世纪60年代献县教区成立之后实施了一系列主要包括经济、医疗和教育这三个方面在内的世俗治理技术,极大地影响了当地乡村天主教群体,乃至民间社会的信仰与生活方式。本书为"基督教中国化研究丛书"之一,作者在重新理解马克斯·韦伯宗教社会学命题的基础上,通过民间考察的形式,深入探讨了段庄天主教教友们的生活、记忆、叙事等,并对基督教在现代中国民间社会的历史与处境进行了分析论证,指出问题的症结并不是宗教能否促进现代化,而是宗教究竟是否可能影响到社会伦理生活,内容触及人们对"恶"与"受苦"的态度,以及与"义论"相关的一些问题。全书分为"教会内外"和"集体记忆"上、下二篇,共10章。上篇(5章),分别讨论了教会的世俗治理技术、宗教治理技术与梵二改革、瞻礼单、教友群体的集体技术、人生礼仪五个论题,借分析各种"集体技术"展示段庄人的宗教活动与伦理生活。下篇(5章),讲述作为集体技术的人物记忆、总堂话语与乡村叙事的形成、集体绵延苦感与叙事技术等五方面内容,藉此管窥天主教如何在另外一个层面上影响到人们的日常生活。

当代中国天主教本土化研究:以太原教区与石家庄教区为例(云南民族大学学术文库)
孙琥瑭著

民族出版社　2014年4月　256千字　213页

中国天主教本土化研究,是极具复杂性和敏感性的重大现实问题。本书为"云南民族大学学术文库"丛书之一,作者以中国内地天主教为研究对象,以天主教在当代中国本土化为主题,以两个有代表性的教区:山西太原教区与河北石家庄教区为主要研究区域,以天主教与当代中国社会互动中的调适与疏离为主线,以当代中国社会转型期为大的历史背景,在唯物史观指导下,运用宗教学、社会学、人类学等研究方法,从思想观念、政教关系、福传与服务、礼仪与庆典、教育与传承等多层面,总结民间教会本土化的智慧和经验,包括台湾天主教本土化的经验与成果,来展现当代中国天主教本土化的大致图景。全书共分9章。第1章为导论,介绍研究缘起、选题依据与研究经过等。第2章概述天主教太原教区和石家庄教区发展史。第3-7章,分别从神学伦理、社会服务、圣俗礼仪等方面介绍天主教本土化的实施情况。第8-9章,参照其它国家和地区天主教本土化的示例,总结反思中国天主教本土化的得与失。本书填补了从"当代中国"、"基层天主教群体"、"本土化"等维度对天主教的研究,深化了对当代中国天主教的认识,在基层天主教群体本土化实际状况和应然方面有独特而重要的创新价值。

基督教与陕西
王雪著

中国社会科学出版社　2007年5月　263千字　311页

本书重点研究了基督教在陕西的发展沿革及其对陕西地区教育、医药卫生、慈善福利事业和社会风气等各方面的影响,分为"唐元时期陕西的基督教"、"明末清初基督教的重新传入"、"礼仪之争与百年禁教"等7章;述及景教传华方略的得失,元代基督教在陕西的活动踪迹,耶稣会士的传教策略,明末清初陕西天主教民间传教的新路径,罗马教廷与清朝政府的冲突,雍乾嘉三朝的禁教政策、禁教措施以及对天主教的全面清剿,不平等条约开启基督教合法传播的大门,基督新教进入中国,基督教会与陕西地方政治,基督教与陕西社会的发展等从大唐景教的流传直至1949年前各历史王朝中基督教的生存状态、发展及兴衰的多个侧面,堪称一部全面记述基督教传入中国特别是在陕西发展历程的史诗性作品。

转型期的中国基督教：浙江基督教个案研究（哲学社会科学创新基地·宗教与文化/陈村富主编）

陈村富著

东方出版社　2005年12月　166千字　231页

"转型期的中国基督教"是浙江大学基督教研究中心于1995年提出的"市场经济条件下当代中国各宗教的走向"这一重要课题的理论成果。本书为哲学社会科学创新基地"宗教与文化"丛书之一，是作者根据上述课题的调研材料，在结题报告和会议论文的基础上修订而成的一部文集。书中以浙江省温州市和浙西地区的基督新教和天主教的生存实态为典型个案，通过问卷调查的方式，用大量真实可靠的第一手资料详尽介绍了在社会主义市场经济条件下，中国基督教的新特点和新趋势以及发展中所面临的新问题，并对城市化和世俗化潮流中的当代中国农村基督教进行了横向和纵向的剖析，重点研究了社会转型期对中国基督教的特殊影响，有力印证了世俗化、现代化对当代中国各宗教的挑战。全书由七个部分组成。内容包括：市场经济条件下浙江天主教研究报告；温州市平阳县基督新教研究报告；一个新的基督徒群体正在崛起；城市化过程中的当代农村基督教；寺庙经济与教会资产；Impact of China's Economic Development on Christian Communities in Zhejiang Province 等。

官府、宗族与天主教：17-19世纪福安乡村教会的历史叙事（香港中文大学·宗教与中国社会研究论丛）

张先清著

中华书局　2009年5月　390千字　344页

闽东福安天主教聚居区是西班牙多明我会在中国内地建立的第一个重要传教区，也是该修会在华活动中心，它见证了17世纪以降的许多重要事件，在中国天主教史上有着比较特殊的地位。本书为香港中文大学"宗教与中国社会研究论丛"之一，作者以福安天主教聚落为例，采用人类学的田野调查、历史学和社会学的文献分析等研究方法，从区域社会文化史的角度，将天主教的传播问题置于明清以来地方社会历史发展的脉络中加以考察，力图探析区域性地方权力网络中的宗族、教会与国家之间的复杂关系，重建17—19世纪天主教在闽东福安的传播历史。全书共分5章。第1章从环境、社会结构、灾害、寇乱与地方社会、早期宗教信仰等方面介绍福安的社会历史背景。第2章描述福安地方官府在天主教传播过程中的态度变化及其对乡村教会发展的影响。第3章从数量、构成和分布三方面对明清时期福安乡村天主教会群体内部结构进行考察。第4章通过顶头黄氏、穆洋缪氏、双峰冯氏、溪填赵氏等个案，分析研究地方宗族势力与天主教的关系。第5章经由村落信仰中心的重组、妇女守贞观念的移植、宗族通婚网络的变迁三个方面，探讨天主教信仰对乡村宗族日常生活的影响，展示天主教传入福安后当地社会所构成的一种异文化交织的生活景观。

晚清闽都文化之西传：以传教士汉学家卢公明为个案

林立强著

海洋出版社　2010年4月　330千字　263页

本书以美国新教传教士汉学家卢公明（Justus Doolittle 1824—1880）为个案，以其手稿、书信、著述等第一手外文原始资料为基础，探讨晚清时期中国与西方交通的重要区域文化：闽都文化之西传，以期为这种地域性的"东学西渐"研究添砖加瓦。全书共分7章。第1章主要论述18世纪以后来华基督教传教士的"东学西渐"，特别是在美国的汉学研究中和对晚清福州地区的记载方面所扮演的重要角色。第2章首先介绍卢公明在美国的成长历程和在福州传教过程中参与世俗事业的历程，接着论述卢公明在其丰富的著述中对晚清闽都文化的体察与叙述。第3章分别论述卢公明所记述有关晚清闽都政治文化之政治制度、官方仪式以及官场腐败等方面的情况。第4章分别论述卢公明所记述有关晚清闽都商业文化之茶叶贸易、城市商业以及传统产业等方面的情况。第5章分别论述卢公明所记述有关晚清闽都信仰文化之三教（儒、释、道）信徒、民间信仰、祖先崇拜、迷信活动等方面的情况。第6章分别论述卢公明所记述有关晚清闽都民俗文化之岁时节日、婚嫁丧葬、表演艺术、口碑文化等方面的情况。第7章分别论述卢公明就晚清闽都文化与早期犹太文化在民俗文化、信仰文化以及商业文化三大方面所作的比较，以进一步揭示晚清闽都文化及其西传的内涵和特色。作者指出，卢公明将晚清闽都文化与早期犹太文化放在中西对话的大背景下进行比较，使得晚清闽都文化的重要性得以凸显——闽都文化第一次作为中国传统文化的代表与来自西方的异质文化进行了对话。

众神喧哗中的十字架：基督教与福建民间信仰共处关系研究（华侨大学哲学社会科学文库·哲学系列/贾益民主编）

范正义著

社会科学文献出版社　2015年5月　278千字　265页

基督教到了中国这块土地后，不管传教士主观上是否愿意，客观上还是不自觉地出现了本土化的迹象。福建民间信仰盛行、内容丰富，尤以风水信仰、祖先崇拜和神祇信仰三者最为突出。自明末天主教再次传入，福建乡土社会中基督教与民间信仰共处的局面就一直延续至今。本书为"华侨大学哲学社会科学文库"丛书之一，作者采取新的研究视角，并参考大量史料和前人研究成果，对基督教在福建传播时，与福建风水信仰、祖先崇拜以及神祇信仰之间的冲突与融合现象进行了探讨。全书共分6章。其主要观点是：一、基督教与福建风水信仰的冲突，与传统社会突发危机的解决方式有着密切的关系；二、基督教与福建祖先崇拜的冲突，与中国祭祖习俗中祖产继承权与祭祖义务不可分的特点有着密切的关系；三、基督教传入乡土社会后，在破坏当地原有秩序的同时，也以其强大的实力在乡土社会中建构起新的秩序。而基督教与福建神祇信仰的冲突频发于迎神赛会的场合，则与中国"法不责众"的传统有很大关系。在关注历史状况的同时，作者还在泉州市惠安县净峰镇及其周边地区进行了大量的田野调查。在此基础上，作者认为，当前农村基督教与民间信仰共处的格局，既受双方力量对比的制约，也与信徒的理性选择行为有关。

乡村基督徒与儒家伦理：豫西李村教会个案研究

李华伟著

社会科学文献出版社　2013年4月　327千字　318页

儒家伦理是中国传统社会的伦理底色，乡土性则是中国农村转型的基点和难以摆脱的现实。在21世纪来临之际，中国农民对外来文化的吸纳与创造性转化能力，关乎中国民族文化的未来走向。因此，对市场经济境遇中乡村基督徒与儒家伦理互动关系的研究，具有重要的理论意义和现实意义。本书是根据作者的博士学位论文修订而成的一部"以豫西李村教会的典型事例为研究对象","旨在从基督徒自我观入手,研讨基督徒自我观与世俗伦理再造的可能性,从新的视角探究基督教是否为儒家伦理带来新的质素这一问题,进而探究儒家伦理在当今乡土社会中的命运与发展趋势"的专著。全书除绪论和结论外,包括三个部分,共15章。书中立足于市场经济的大视野考察小乡村的基督教,采用经验研究与理论探讨相结合的方法,从社会现代转型的高度研究最基层民间基督教的演变,把理论与实际、一般与个别结合起来,深刻揭示了基督教在农村发展的社会根源,向我们提供了认识当今被边缘化的农村社会面临困境的许多重要信息。本书认为,李村的基督教正在激活儒家伦理,有益于衰落中的孝道的重生和建设,以悖谬的方式接通了根植于中国百姓血液中的家庭伦理传统。这是一个重要的发现。

转型视野下的中国农村宗教:兼以乡村基督教为个案考察(宗教学研究文库)
欧阳肃通著
中国社会科学出版社　2009年1月　360千字　469页

宗教与中国农村的关系,其实是早在传统社会中就根深蒂固的。自改革开放以来,宗教在中国农村出现了明显复兴的势头,尤其是某些宗教如基督教更是获得了很大的发展。农村基督徒已经成为我国基督教庞大信众的主力。这些现象的出现,乃是和当今中国农村的社会转型处于同步,因此探究农村基督教教众的信仰历程,揭示其组织形式与运行特点,具有重要的理论与现实意义。本书为"宗教学研究文库"丛书之一,作者基于对"现代性"的理解与感悟,在全面透视中国传统宗教的起源,以及官僚制帝国的宗教形态的基础上,运用宗教社会学理论,对正处于剧烈转型期的中国乡村教会的真实状况进行了生动描述,并对当代中国农民的宗教意识与制度环境的关联予以阐释。全书分为"转型视野下的宗教社会学"和"转型社会中的乡村基督教:良心堡教会的考察"上、下二编。上编(4章)主要从理论方面探讨宗教社会学问题,涉及到如何理解宗教在传统及现代社会中的性质,同时结合中国历史诠释了马克斯·韦伯的理论。下编(5章)以湖南岳阳市良心堡教会为例,剖析了该教会的过去与现实、起源与发展、信仰与生活、社会关系与宗教市场等方面,使上编中的结论在下编的实证研究中得到具体应用。

基督教与近代岭南文化
赵春晨　雷雨田　何大进著
上海人民出版社　2002年8月　246千字　336页

近代基督教在中国岭南地区的传播过程中,对岭南社会、尤其是对岭南的思想文化产生了巨大的影响,同时基督教本身也在同岭南主流文化的碰撞中不断地调适自我,逐步融入当地社会与文化之中,实现了本色化的改造过程。因此,无论从认识岭南文化的历史发展轨迹与丰富内涵而言,还是从研究基督教在华传播史、中外文化交流史而言,都很有必要将基督教与近代岭南思想文化的这一相互碰撞与交融的历史过程加以研究,以从中获取知识和有益的启示。本书依据大量中外文资料,在实证性研究的基础上,深入考察了近代岭南文化与基督教文化的关系,提出了对近代岭南文化与基督教相互关系的整体性认识,力图达到对历史进程本质和规律的总结与前瞻。全书共分4章。第1章以鸦片战争为历史分界,介绍近代基督教在岭南的传播情况。第2章叙述传教士在岭南地区所从事的文化教育活动。第3章叙述基督教与岭南知识界的接触、互动和回应。第4章叙述基督教与岭南文化的冲突与交融。

宗教与近代广东社会（广州人文历史丛书／何大进主编）

赵春晨　郭华清　伍玉西著

宗教文化出版社　2008年3月　400千字　531页

广东北负五岭，南濒大海，居中外交通之要冲，在历史上一直是宗教活动比较盛行的地区。特别是近代以来，由于历史条件和社会环境的变化，广东的宗教活动在沿袭历史传统的同时，又呈现出新的特点，其同世俗社会的关系更加密切，影响也更为广泛。本书为"广州人文历史丛书"之一，作者针对当前华南地区宗教研究"所研究的时段一般侧重于古代，研究内容一般局限于宗教传播本身"等方面的缺憾，力求通过自己的努力，比较全面、系统地叙述近代广东（1840-1949）宗教活动的状况、特点及其与世俗社会的互动关系，总结近代广东历届政府的宗教对策与宗教管理上的利弊得失。全书共分9章。第1-3章从总体上概述了近代广东宗教活动的历史渊源与社会背景，近代佛教、道教在广东的活动与社会影响。第4章介绍晚清至民国时期广东的伊斯兰教与回民社会。第5章介绍天主教在近代广东的传播及其所参与的各项公益事业。第6章介绍近代基督新教在广东的传播与发展及其投身公益事业的情况。第7章介绍近代广东政府的宗教政策和管理对策。第8-9章介绍近代广东的涉教案件及其处理情况、广东非基督教社会运动及其社会影响。

圣经与枪炮：基督教与潮州社会（1860~1900）（国家清史编纂委员会·编译丛刊／于沛主编）

[美]李榭熙著　雷春芳译　[美]周翠珊审校

社会科学文献出版社　2010年10月　275千字　317页

基督教不是一个纯粹由西方列强和传教士强加于中国的宗教。近代基督教向内地的传播过程中，其中心在乡村而不在城市。它与中国地方社会存有千丝万缕的关系，它在中国的本土化过程极为复杂。本书为"国家清史编纂委员会·编译丛刊"之一，是根据作者在英国伦敦大学东方及非洲研究学院的博士论文修改而成的一部"试图打破'西方中心论'、'帝国主义侵华论'、'中西文化冲突'和'挑战与回应'等既有框架，重建一种'地方观点'，建立一个以中国基督教群体为中心的历史观"的学术专著（根据泰勒·弗兰西斯出版社2003年版译出）。全书共分10章。作者在书中结合传教士档案、中外官方文献、中国地方史料和田野调查资料，采取一种微观式的社会历史研究方法，把本土化意味十足的潮州乡村地区基督教的活态景象放置在1860-1900年间华南社会的历史处境中，以美国浸信会和英国长老会在潮州府辖区内的传教活动为起点，以潮州乡村社会的草根基督徒群体为考察对象，以基督教传教比较活跃的四个潮州乡村作为典型个案，细致入微地分析和描述了基督教在当地乡村落脚、生根、发芽的社会动员机制及其深层肌理，密切追踪了基督教在华传播过程中的"圣经与枪炮"之路。

广西基督宗教历史与现状研究（西南边疆历史与现状综合研究项目·研究系列／马大正主编）

颜小华著

社会科学文献出版社　2014年11月　325千字　330页

自古以来，广西以其特殊的区位优势造就了该地区特有的人文社会环境、民族民情和宗教文化，也使广西在近代以来的中西文化交往中显得特别活跃，为基督宗教的传入及发展奠定了基础。本书为"西南边疆历史与现状综合研究项目·研究系列"丛书之一，作者选取当前具有重要地缘政治、经济、文化的广西民族地区作为研究范围，从最基本的史实和实证考察出发，综合运用历史学、宗教学、社会学和人类学等几种研究方法，客观分析了广西民族地区的基督宗教历史与现状，探究其在历史惯性作用下，在自然和人为因素的双重影响、经济与文化交互作用、地缘政治与宗教文化互动背景下，广西民族地区基督宗教的历史发展脉络、宗教活动和社会影响，以及部分群众在维系传统民族信仰基础上，皈依基督宗教信仰的原因、方式、特点和表现，教会与地方社会的互动，宗教对地方社会经济文化的影响。全书共分 8 章。书中将宗教文化的历史、发展变化放在整个社会历史进程中进行分析和研究，具有一定的时代性、典型性和前瞻性，为广西基督宗教的地方史研究拓宽了视野。

3．亚洲

基督教与海外华人的文化适应：近代东南亚华人移民社区的个案研究（宗教与中国社会研究论丛 / 梁颂茵主编）

朱峰著

中华书局　2009 年 9 月　230 千字　205 页

基督教参与移民海外、帮助华人基督徒向外流动，以拓展新的生存空间的史实，证明基督教会为华人基督徒提供了一个世界性的横向流动网络。这既是华人迁移海外传统的一个片断，也是基督教在世界传播历程的一个缩影。本书为"宗教与中国社会研究论丛"之一，是作者在其博士论文基础上修订、完善而成的一部专门探讨海外华人基督教的论著，也是国家社科基金项目"海外华人宗教信仰研究：当代东南亚华人基督教与民间信仰的比较"的部分研究成果。全书共分 8 章。书中透过对近代中国基督教移民海外的个案考察，从文化适应的角度，赋予基督教一个新的学术身份："海外华人宗教"，并以此为观照，探讨近代华人基督徒在中西文化的交流与冲击中，在中国与海外的空间转移下，如何协调基督教信仰与中国文化，建立新的身份认同、宗教社区与族群传统，从而对中国基督教史上的文化适应问题寻求新的理解。本书认为，在具体而复杂的历史过程中实现基督教普世理想与华人文化身份认同之间的平衡，是海外华人基督教族群面对的现实问题；移民海外的基督教华人群体处在两个"边缘"、经历过两次"迁移"，在"边缘"与"迁移"之间华人基督教群体形成其独特的历史与经验，为"文化中国"与基督教传播史开辟出了新的传统。

近代新加坡华人基督教研究（1819-1949）

张钟鑫著

福建人民出版社　2015 年 11 月　211 千字　202 页

"新加坡华人基督教"是东南亚华人基督宗教"研究领域的重要组成部分，不仅"扮演着宏观史学中必要的关键角色"，而且还具有其独特的研究魅力。本书是在作者的博士论文基础上修改、充实而成的一部以新加坡华人基督教为研究对象的专著，试图藉此探察、揭示华人的"跨国性"与基督宗教的"跨文化性"相融汇的生动场景和丰富内涵。全书共分 5 章。第 1 章通过梳理 1819-1949 年新加坡华人基督教发展的历史脉络，将这一过程分为"酝酿"、"萌芽"、"丰收"以及"停滞与重建"四个阶段进行阐述，企望尽可能勾勒其历史全貌。第 2 章通过论述新加坡华人教会创办教育、医疗和印刷出版事业，探讨教会社会事业对于新加坡华人教会发展之功用。第 3 章通过阐述基督教在新加坡华人社会传播过程中所遇到的具体问题，观察新加坡华人基督教发展的独特性。第4章对新加坡华人基督教与各族群间的关系加以分析,从而折射族群差异对于基督教传播的影响。第5章在上述探索的基础之上,阐述新加坡与中国华南沿海教会的联系与互往,并通过华人教牧精英的个案研究以及分析华人基督徒的文化认同,讨论新加坡华人教会与中国的关系,进而找寻新加坡在教会网络中的应有位置。

4. 欧洲
(1) 东欧

东西文化碰撞中的人:东正教与俄罗斯人道主义(西方人道主义思想史丛书/雷永生主编)
雷永生著
华夏出版社　2007年6月　522千字　377页

19世纪至20世纪初是俄罗斯文化异常繁荣、人道主义思想达到历史高峰的时期。此一时期,源远流长的俄罗斯传统人道主义思想与西方的人道主义思想发生了深度的碰撞与交融,使之呈出各种不同的人道主义思想,特别是与俄国的宗教哲学相结合,创造了独特的俄罗斯宗教人道主义,为世界人道主义思想的发展做出了杰出的贡献。本书为"西方人道主义思想史丛书"之一,作者在东西方文化的长期碰撞和融合的分析框架内,将19世纪至20世纪初俄罗斯人道主义思想的传承与发展放到整个西方人道主义思想的历史发展进程中加以考察,从宗教、哲学、文学等多个角度描摹出俄罗斯人道主义的独特表现形态,进而阐释了俄罗斯人道主义之地位及其在整个西方人道主义思想史上所起到的承上启下的作用。全书共分5章。第1章概述19世纪20世纪初俄罗斯多元人道主义思想产生的历史渊源。第2章介绍19世纪俄罗斯著名作家及其文学作品中所蕴含的多元人道主义思想(普希金、莱蒙托夫、果戈里、屠格涅夫、陀思妥耶夫斯基等)。第3章介绍19世纪下半叶俄国民粹主义的世俗人道主义思想(赫尔岑、车尔尼雪夫斯基、拉甫罗夫等)。第4章介绍索洛维约夫的宗教人道主义思想。第5章介绍19世纪末至20世纪初俄国"新精神哲学"的人道主义思想。

东正教与俄罗斯社会(宗教与文化战略丛书/卓新平主编)
张雅平著
社会科学文献出版社　2013年11月　289千字　287页

俄罗斯东正教在民众中具有深厚的心理和感情基础,这是地域文化传统熏洗之使然,这是民族心理积淀之使然。在此前的国家意识形态失落以后,它已成为俄罗斯民众公认的精神纽带。更为有利的是,它的复兴与普京采取的借助东正教无可比拟的资源优势、恢复俄罗斯民族传统、建立强盛的新俄罗斯的政策不谋而合。本书为"宗教与文化战略丛书"之一,作者从文化战略的视角出发,考察、梳理、分析和评述了东正教在各个历史时期的具体背景中与俄罗斯社会的关联和作用,并以"历史经验的观察和表达"为着眼点,试图勾勒东正教在俄罗斯千年史上显、隐、起、伏的命运轨迹。全书共分4章。第1章记述俄罗斯与东正教的历史渊源(分为基辅时代的确立期、莫斯科公国时代的自立期和19世纪上半叶尼古拉一世推行"三信条"运动的卓立期三个阶段)。第2章记述苏联时期为抑制宗教采取的对策及其效果,以及教会是如何生存的。第3章记述苏联—俄罗斯社会转型期(1985-2000)东正教复兴的背景、过程、原因及特点。第4章记述21世纪十余年来俄罗斯东正教在继承传统与开创新局面过程中的作用与贡献。

（2）南欧

古希腊罗马与基督宗教（中国社会科学院基督教研究中心思想文库·宗教与思想丛书/卓新平主编）
[奥地利]雷立柏（Leopold Leed）著
社会科学文献出版社　2006年5月　190千字　288页

　　基督宗教对古希腊罗马思想文化的继承、改造、重构和发扬，曾被人们看作承上启下的壮举，由此形成不少人对西方世界两千年来文化传统和特色的基本认知和理解。然而，在这种"求同"的认识进程中，人们大多注意到基督宗教对古希腊罗马的精神继承与弘扬，却忽略了"存异"的必要和必须，更缺乏从批判、扬弃和超越的角度对二者关系进行系统性的分析研究。本书为中国社会科学院基督教研究中心思想文库"宗教与思想丛书"之一，是奥地利学者雷立柏博士"以另一种视域和观点参与对基督宗教与古希腊罗马传统之关系问题的讨论"的专著。全书共分10章。书中围绕"古希腊、古罗马的社会以及向现代社会突破"这一主题，刻意发掘了古代人生观和基督教信仰之间的分歧与差异性，重点展示了基督信仰对古希腊罗马文化的某种"否定"、突破及超越，进而经由二者之间的"不同和歧义"，彰显基督宗教所独具的"创新精神"和"扬弃意识"，揭示基督宗教信仰和《圣经》世界观在推动欧洲历史走向"现代性"与"现代化"上所发挥的独特作用。

希腊哲学的Being和早期基督教的上帝观
章雪富著
中国社会科学出版社　2005年10月　465千字　583页

　　关于Being（"在"）的探究是希腊形而上学之思的根基，三位一体的上帝观则体现着基督教信仰的特质。在西方哲学体系中，对"在"或"存在"的认知与辨识有着非常重要的地位，其衍化的现代存在主义思潮甚至对东方各国都产生了深远的影响，而"三位一体"这种与"Being"之本真（或本质的体悟）相融通的上帝观，亦作为基督教的正统信仰及神学理论保存至今，体现出不可动摇的权威性。本书旨在探讨希腊哲学的Being和早期基督教上帝观的关系。作者通过梳理Being观念从古希腊哲学到早期基督教神学思想的发展轨迹，阐述了基督教三位一体神学理论的内在构建及其蕴涵的希腊哲学因素，再现了古代教父思想家对这一上帝观的发展完善，剖析了他们围绕基督教上帝论核心观念及"三一"模式之基本架构所产生的分歧与争论，认为希腊基督教与拉丁基督教在上帝观问题上形成不同范式的原因，乃在于对希腊哲学的Being的不同解释。全书共分6章。第1章分析描述由希腊哲学的Being语义学发展出来的与Ousia的复杂关系，以及与hypostasis之间的关联。第2章分析描述三位一体神学的大公性品质及其整体性进路。第3-6章以大量的篇幅讲述三位一体神学的多元演进的特点以及和希腊哲学的Being的关系。

晚期希腊哲学和基督教神学：东西方文化的汇合
范明生著
上海人民出版社　1993年7月　375千字　511页

　　晚期希腊哲学，或者叫作希腊主义-罗马帝国时期的哲学，除了以伊壁鸠鲁和卢克莱修为代表的唯物主义原子论外，始终是柏拉图主义和斯多亚主义占统治地位；接着就由犹太哲学家斐洛，把它们和传统的犹太教融合起来,创立了希腊主义化的犹太神学,成为新柏拉图主义和基督教及其神学的先驱;其中,以普罗提诺为代表的新柏拉图主义,又给基督教神学的奠基人奥古斯丁以巨大影响。本书试图比较系统地探讨晚期希腊哲学,特别是它对基督教及其神学的形成的影响。全书共分 7 章。书中将晚期希腊哲学作为基督教神学形成的共同的思想背景来进行考察,研究的侧重点是放在新柏拉图学派和基督教及其神学的先驱、犹太神学家斐洛以及给基督教神学以巨大影响的普罗提诺上,并把斐洛看作是希腊哲学和犹太教相结合的典型,把普罗提诺看作是希腊哲学和异教相结合的典型,而把基督教神学的奠基人奥古斯丁,看作是这几股思潮的集大成者。内容涉及希腊主义、罗马帝国时期概况,柏拉图及其学园,亚里士多德和逍遥党派,斯多亚学派,理念－逻各斯说,保罗和基督教神学,希腊护教学者,异端和反异端的斗争,三位一体说等等,以期呈现晚期希腊哲学本身的完整性。

(3) 西欧

基督教笼罩下的西欧
安长春著

中央编译出版社　1995 年 1 月　320 千字　404 页

西欧是基督教获得最充分发展的地区之一。基督教自公元 1 世纪问世,随即从西亚传至西欧,继而生根开花,不仅成了生活在这片土地上居民的普遍信仰,而且其精神其势力渗透到社会各个方面,取得"万流归宗"的地位,并一度主宰整个社会。即使在现代化程度很高的今日西欧,仍旧弥漫着基督教精神。本书在借鉴前人成果的基础上,以重大历史事件和基督教教义与教会的形成和演化为主线,对近代以前一千多年的时间里,产生于巴勒斯坦犹太人中的基督教怎样在西欧落地生根,怎样使西欧人普遍接受为信仰,怎样成为主宰西欧社会的势力,以及在基督教笼罩下的西欧社会如何迟滞与进步、文明制度所具有的宗教特色、基督教神学等问题,进行了细致地描述与分析,比较全面地反映了基督教在西方社会无所不在的事实及其浸入社会肌体的深刻影响,从而架构起一个从宗教角度观察西欧社会的学术视角。全书共分 26 章。内容包括:基督教早期教义形成;基督教的早期传播;基督教战胜罗马帝国;罗马帝国独尊基督教;教父哲学;基督教会大分裂;天主教会在西欧中世纪早期的经济地位;以神化教皇为核心的天主教教义;修道院制度;十字军东征;教权与俗权;经院哲学;中世纪的宗教异端;十六世纪的宗教改革运动;西欧伴随宗教变动走向近代等。

英格兰精神与基督教文化:透视中华文明
马深著

知识产权出版社　2013 年 2 月　318 千字　321 页

在中英鸦片战争时期,中华帝国的对手是千年基督教文化孕育出来的融合商品经济、利他文化、民主政治为一体的"英吉利信徒国家",这个"信徒国家"依靠基督教神学衍生的科学技术创造出的坚船利炮,发动了一场旨在福音化中国的战争;中华民族和儒家文化在基督教文明的入侵之下惨遭厄运。探究其历史根源,对于今日及未来之中国重建具有十分重要的现实意义。本书脱胎于作者先前所著《利益与信仰:中国知识分子命运重述》一书的主要内容,是一部将"英格兰精神与基督教文化"作为参照物,来考察"知识分子"这一"中国社会的表率群体"的文化意识和行为表现，进而透视中华文明缘何走向近代"迷茫"与"失落"的学术专著。全书共分8章。书中通过对中英两国历史文化、宗教信仰与民族精神的比较研究，廓清了中国学术界对基督教文化长期存在的诸多误读，追问和反思了近代中国及其传统文化在基督教文明的入侵之下惨遭厄运的根本原因，剖析了中国知识分子和儒家思想自身的缺陷在这场民族灾难中所起的决定性作用，提出了寻找失落的东方智慧、重塑中华信仰的深层次命题。本书指出，以儒士为代表的中国知识分子信仰缺失并热衷于争权夺利，是儒家文化在西方基督教文明入侵之时迭遭失败的总根源。

世俗化与当代英国基督宗教（宗教与文化战略丛书/卓新平主编）
孙艳燕著
社会科学文献出版社　2013年12月　440千字　431页

　　世俗化是西方基督宗教自进入现代社会以来的重要发展趋势之一，也是当下欧洲各国基督教会所面临的最为严峻的挑战之一。在世俗化的背景下，基督宗教的发展在可被称为其大本营的欧洲出现了很多与以往不同的特点。本书为"宗教与文化战略丛书"之一，作者运用跨学科的综合研究方法，试图澄清"世俗化"的含义、表现形式及其形成原因，并对由此体现出的宗教与社会的互动关系作出较为客观的分析；在此基础上，作者以英国为标本，通过展现英国基督宗教的多元特色，具体探讨了当代英国基督宗教在世俗化冲击下所表现出的各方面的衰落趋势、导致英国世俗化的原因，以及英国基督教会内外对世俗化的回应。全书共分6章。第1章概述英国基督宗教的世俗化处境。第2章分析描述世俗化在英国历史上各个阶段的不同表现。第3章论述面对世俗化的挑战，英国基督教会内部以及英国社会所作出的种种回应。第4章根据作者在英国伯明翰地区的基层基督教会所做的实地考察，对其进行个案研究。第5章评述英国世俗化进程及与之相关的基督宗教发展趋势等问题，并对英国基督宗教之未来发展作出展望。第6章以全球性的视角比较研究世俗化在不同国家和地区发展模式的普遍性与差异性。

5. 美洲

上帝与美国人：基督教与美国社会
雷雨田著
上海人民出版社　1994年4月　239千字　383页

　　基督新教、天主教和犹太教，是美国上帝的三大方面军，三教的信徒，构成美国居民的主体。数百年来，源源不断的东西方移民，带来了世界多种宗教信仰，促成了美国多元化社会格局的形成，但三教鼎立，犹太-基督教传统，始终是美国文明的根基。本书从历史学和宗教社会学的角度，考察了美国"多姿多彩的上帝文化圈"，展示了"美国上帝"及其庞大阵营的阴阳善恶面面观，通过分析探讨"以上帝为核心的各种神学思潮"在美国立国进程中，以及美国国家生活层面的深刻影响，揭示了美国文化中宗教因素与社会生活的有机凝合。全书共分14章。内容涉及上帝与美国移民始祖，上帝与美国革命，上帝与殖民主义，上帝与共产主义，上帝与总统，上帝与黑奴，上帝与经济大亨，上帝与夏娃，上帝与美国教育，上帝与战争、和平等，几乎囊括美国国家政治、经济、文化和社会生活领域的各个方面。作者指出，手握天国钥匙的上帝使者及其信众构成了"上帝浩浩荡荡的十字军阵"。他们深入城乡，网络社会，主宰或影响着美利坚的世俗大千世界。

美国的本质：基督新教支配的国家和外交（修正文库）

于歌著

当代中国出版社　2006年12月　168千字　202页

美国是一个表面上世俗化，实质上非常宗教化的国家。美国人所推崇的生活理念、价值观和社会制度，起源于基督新教的价值观和宗教改革，体现着基督新教的信念。这些价值观与新教教义一起，构成了延续200年的美国式的价值观及社会体系，构成了美国的国家和社会本质。本书为"修正文库"丛书之一，作者以基督新教为视角，运用社会学、政治学、宗教学等多种研究方法，力图说明基督新教是如何构成美国的国家本质以及如何决定了美国的外交实质的，并且从美国作为基督新教国家的这一本质出发，结合现在国际上一些流行的观点和看法，对中美关系未来的演变进行了预测。全书共分8章。内容涉及美国宗教现状、美国基督教理念的社会实践、美国的意识形态外交、美国与欧洲基督教文明国家的区别、中美对立的原因等方面。本书认为，福音化中国是美国人的百年梦想。目前，美国对中国的围堵打压，与美国掌权的福音派视中国为异教徒甚至是反基督势力的异教徒情结有关；但是，也有部分美国人对中美宗教关系的改善持乐观态度。

皈信·同化·叠合身份认同：北美华人基督徒研究

[美]杨凤岗著　默言译

民族出版社　2008年10月　260千字　324页

北美华人基督徒的问题，既是一个宗教皈信和同化的问题，也是一个全球化背景下身份建构与身份认同的问题。在后现代多元文化场景中，如果没有基督教会这样的组织，北美华人想要保持传统中国文化可能会更加困难。因此，北美华人基督徒身份的建构，不仅仅是建构了伦理与宗教的互动关系，而且也建构了北美华人的社会团体的生活方式。本书旨在探讨北美华人移民教会内人们的身份认同与建构问题。作者以丰富的史料和扎实的田野调查为依据，运用民族志的深描法与社会学的实证分析，通过对美国华人基督徒的民族志考察和北美华人教会的象征符号（symbols）、话语系统（discourses）及其团契行为的个案调查，论证了华人基督徒由此而出现的"皈信、同化与叠合身份"，描摹了"具有世界性的华人文化身份认同"且"不断超越既定界限的世界主义者"形象，提出了基于身份意识的宗教信仰的"多元认同"概念。全书共分6章。作者指出，有关国籍认同、华人认同和宗教认同的"叠合身份认同"的理论探索，对于研究宗教皈信、散居国外华人的身份认同与建构以及少数民族研究等方面也是非常有价值的。它暗含着宗教皈依和认同建构之彼此叠合的逻辑。

留美青年的信仰追寻：北美中国基督教学生运动研究（1909-1951）（宗教与当代国际关系论丛/徐以骅主编）

梁冠霆著

上海人民出版社　2010年4月　222千字　239页

近代留美中国学生身兼双重身份：他们既是一名中国人，又是一名接受美国价值观的基督徒。同时，他们也肩负着双重使命：作为中国人，他们要振兴中华，使自己的国家摆脱贫穷落后的地位；而作为一名基督徒，他们又要把主的福音传播到中国，在中国建立起一个上帝的国度。在这种双重身份、双重使命的促使下，这些留美中国学生在面对当时所经历的种种历史事件时做出了自己的选择和判断。本书为"宗教与当代国际关系论丛"之一，作者以20世纪上半叶留美中国学生的信仰状况为主要研究对象，全面考察了自1909年起持续近半个世纪（期间发生了推翻清朝、建立民国，再由民国至中共建国等重要历史转折事件）的"中国第二次留美教育运动"的历史，记述了寻索现代信仰的"留美青年"与"基督教美国"相会后的处境、际遇和转向。全书共分6章。作者指出，留美青年在社会福音的塑造下，成为一群代表"社会良知"的知识分子，基督教理想主义精神为留美青年提供了一种在历史中抵抗专权和寻求公义的批判性和公共性，并一直驱使他们对中国和世界的社会政治状况保持着深刻的关怀与醒觉，从未在时局面前成为冷眼旁观者。

七、基督教史

（一）总论

基督教的起源
[英]罗伯逊著　宋桂煌译　俞荻校
北京三联书店　1958年6月　179千字　286页

依照基督教会的正式教义说来，基督教起源于一些奇特的事变，这些事变是在罗马皇帝奥古斯都和提庇留的统治之下在巴勒斯坦境内发生的。在奥古斯都统治时期，创造万有的上帝从一个童身母亲经过奇迹性的诞生而变成了人；到提庇留时代，这位神人耶稣·基督被罗马的犹太省太守彼拉多钉在十字架上处死。他的死并没有使罗马人得到什么好处，并且他复活起来，永不再死。一个殉难的弥赛亚战胜死亡而复活的希望，把弥赛亚和神秘崇奉的观念相融合。在犹太境内，大屠杀残留下来的人民纷纷逃往亚历山大里亚，施勒尼和其它地中海城市，他们心中充满对罗马复仇的各种幻想；而行动只能招致更多的屠杀、苦刑和钉上十字架。这些心怀恐惧的亡命客，也许便是后来形成福音故事的最早传播者。在这个传说中，耶稣描绘了关于将来弥赛亚天国盛世的一幅高度唯物主义的图景。本书以诙谐的笔调，激扬的革命史观论述了基督教的起源问题。作者推断，原始福音书是在犹太战争时期的巴勒斯坦用亚拉米语写出的，后经逃入地中海的革命宣传家在那里译成希腊语；并认为保罗宣讲的福音更能呼应群众——因为最近无数革命志士在罗马十字架上殉难了，都厉声要求报复。作者还认为，第二世纪将近结束之际，公教会已经成功地使可能革命的信徒由执行一种丧失革命性的政策的主教来担任领导。到现在为止，唯理教徒们虽然正确指出了正统信条中和支持这种信条的各种文献中存在着的矛盾，但并没有能够充分地解释这样的事实：早期的基督教是古代腐朽的奴隶社会所决定的一种群众运动。

古代基督教史（华东师范大学·思勉文库/杨国荣主编）
徐怀启著
上海人民出版社　2012年6月　331千字　340页

犹太民族是政教合一的民族，因此所产生的党派也具有着这种特性，即政教合一，既是政治的又是宗教的，既是政党又是教派。当时犹太民族的群众不是跟从这一宗，就是追随那一派，相互争论互相排挤。基督教就是在这种排挤和争论中产生和发展起来的。本书为华东师范大学"思勉文库"之一，系根据徐怀启教授的遗著《基督教史》之第一卷内容整理而成的一部学术性与知识性兼备的古代基督教史专著。徐怀启教授长期从事西方古典哲学（柏拉图与亚里士多德哲学）、神学,特别是基督教史的研究。其原计划编写的《基督教简史》分为古代、中世纪和改革后的基督教三个部分,生前仅完成古代部分,即为如今的《古代基督教史》一书。此书内容包括十二个部分。在书中,作者从史学角度出发,对基督教产生的年代、耶稣的生平、教会的建立、福音的传布、信经与教义、教会组织与宗教生活、古代的异端等,都作了比较全面的阐述,并对"原罪"和"意志自由"等哲学话题进行了讨论,可为国内读者深入了解早期基督教历史和西方文化传统之渊源提供参考。

基督教史纲(上册)
杨真著
生活·读书·新知三联书店　1979年10月　390千字　537页

　　基督教从本质上说,是一种意识形态体系;作为社会上层建筑的一部分,它还有与其意识形态体系相应的组织,就是基督教会。从研究的对象来说,尽管基督教思想史完全有理由成为一个独立的研究领域,但两者难以割裂。本书是作者于"文革"期间撰写的一部"力求把基督教的发展历史与它赖以存在的物质条件之间的联系弄清楚"的学术著作,也是改革开放后国内出版的首部研究基督教史的专著,在宗教学术界颇具影响。全书包括:奴隶社会的早期基督教、中世纪基督教、近代基督教三编,共9章。书中以辩证唯物主义、历史唯物主义观点为指导,以基督教历史上的重大事件为主线索,系统论述了自基督教产生到20世纪初在世界各地传播的演变历程,剖析了基督教发展史与它赖以存在的社会物质基础之间的内在联系,阐明了基督教对人类文化的深刻影响。关于基督教历史上的一些有争议的问题,如耶稣其人的历史性问题、原始基督教的性质问题、基督教《新旧约全书》各卷出现的年代问题、一些重要历史人物如马丁·路德的评价问题、基督教史分期问题等,本书作者亦提出了自己的看法。

基督教简史
[美]G.F.穆尔(George Foot Moore)著　郭舜平　郑德超　项星耀　林纪焘等译
商务印书馆　1981年6月　222千字　341页

　　本书是美国资产阶级圣经学者穆尔(1851-1931)撰写的一部有关"基督教本身的历史纲要"的著作(根据纽约查尔斯·斯克里布纳父子公司1920年版译出)。穆尔担任过美国东方学会主席,神学观点属于圣经考证学派。他撰著的《宗教史》共两卷,第一卷出版于1913年,第二卷于1919年出版。《基督教简史》就是第二卷中的一部分。在这部简史中,穆尔站在神学立场,依据圣经考证学派的观点,企图"用历史方法,解决整个宗教的起源和发展问题"。正如作者在书中所介绍的,这个学派是"历史学家把用在古籍研究上的批判的原则和方法,用到了圣经上来,并把属于近代史学基本概念的发展观点,应用于犹太教和基督教历史的研究上"。其内容包括:使徒时代;神学与教义;拉丁神学隐修生活;体制和崇拜等11章。作者秉持"谨严的史学动机",不仅讲述了基督教历史,阐论了新教改革与基督教近代发展的趋势,还就近代天文学、物理学、数学、哲学等自然与人文科学的兴起对基督神学的冲击提出了自己的看法。

玖、基督教

基督教二千年
马超群编著
中国青年出版社 1988年6月 147千字 247页

　　基督教是从犹太教衍生出来的一个新宗派。它继承犹太教的一神论传统，此后逐渐吸收各种东方神秘宗教和庸俗化的希腊哲学思潮，形成自己的教义体系和独立的教会组织，直至最后同犹太教决裂。在历史进程中，基督教又分离出三大主要派系：罗马公教、东正教、新教；此外还有一些较小的独立派别，如聂斯托里、科普特教会和亚美尼亚教会等。本书运用辩证唯物主义和历史唯物主义的基本观点，纵向考察了基督教从创教伊始至近现代近两千年的演变轨迹，描述了基督教由具有反抗精神的宗教转化为屈服于统治阶级的历史行程。全书共分3章。书中不仅对早期基督教"蜕变为奴隶主阶级的精神武器，并自觉地为其政治统治效劳"的历史进行鞭笞，而且对中世纪封建教会的反动性、近代天主教会与殖民侵略血肉相连的传教事业予以揭露和批判，同时还探讨了马丁·路德及加尔文的宗教改革与西方资产阶级革命之间的内在关系。

基督教史
唐逸主编
中国社会科学出版社 1993年5月 352千字 499页

　　本书系应国家教委委托，由中国社会科学院世界宗教研究所基督教室、北京外语学院和北京师范大学的数位同仁，在短期内编成的一本大学文科教材。全书分21章，述及基督教的起源、耶稣、基督教社团时期、早期教会、基督教的传播与东西方教会的分裂、中世纪罗马天主教会、十字军、修道制度的兴起与异端运动、东正教的传播、文艺复兴时期的西欧教会、宗教改革、罗马教会的反改革运动及其内部整顿、宗教改革后期的新教与天主教、近代传教运动等；范围涵括基督思想史、基督教神学、经院哲学、近现代基督教思潮、新教各派以及中国早期基督教和近现代基督教等，并附有"基督教人事年表"、"天主教来华部分传教士人名录"、"新教来华部分传教士人名"、"文献选读"、"索引"。本书以详尽的资料，介绍了基督教的形成、发展与现状。对耶稣其人，论证了史书和福音书中的不同记载，作出合理评介；对基督教历史的重大事件、教义教理的形成与演变、教会组织的形式与功能等亦有阐述。针对二十世纪以来基督教在世界各地的发展状况、近年来基督教内部出现的新思潮，如"解放神学"、"上帝已死"等新教派，则予侧重讲解。

基督教史（凤凰文库·宗教研究系列）
王美秀　段琦　文庸　乐峰著
江苏人民出版社 2008年5月 350千字 415页

　　本书为"凤凰文库·宗教研究系列"丛书之一，是新中国成立以来我国研究基督教的专家在改革开放的新时期，基于对宗教的新认识思想的指导下为高等院校撰写的第一部基督教世界通史教材。全书共分21章。书中依据欧美诸国有关基督教的史料和研究成果，以时间为经，以地区和国别为纬，全面而又概括地记述了两千年来世界基督教的发展历史，所记时限始于基督教产生前的犹太社会状况，止于基督教在近现代中国的流传；所记内容按教派分化展开，对各主要教派的形成、教会的组织建制、各自的教义和神学思想、重要会议和宗教运动等均按历史的先后顺序作了较为简明全面的介绍。内容包括：基督教与犹太教的分离而形成独立的世界性宗教、它的创始人耶稣的生平及活动、早期教会及经典的形成、基督教成为罗马国教的过程、中世纪时期教会、东西教会的分裂（东正教和天主教分立）、马丁·路德的宗教改革及新教的形成、近现代基督教以及基督教在华的传播和发展情况等等；在阐述每段历史时，都注意密切联系当时的时代背景，并且对基督教各支派的经籍、教义、神学、人物、组织、教制、教职，以及基督教的节日、礼俗、圣地、遗迹、建筑、文学、艺术等也予以兼顾说明。此外，本书还对基督教与政治、社会、经济、文化的关系作了深刻的分析，对一些重要史事和学术问题也提出了新的见解。

基督教思想史（全3卷）

[美] 胡斯都·L. 冈察雷斯著　陈泽民　孙汉书等注译

译林出版社　2010年10月　1018千字　1311页

　　本书是美国当代神学家冈察雷斯多年研究的成果和代表作，也是基督教思想研究领域的一部权威著作。作者在书中以"道成肉身"的教义为出发点，按时间顺序叙述了基督教两千年的思想发展，着重分析了基督教各种教义和各种流派的实质、历史背景和形成过程，并对基督教的三大分支（天主教、新教和东正教）在不同时期的神学发展状况予以描述。其观点公允，分析客观，文字通俗，历来为教内外研究人员所称道。本书原文用西班牙语写成，被作者在拉丁美洲多所大学及神学院教授基督教思想史时作为课本。此后冈察雷斯受聘于美国亚特兰大埃默里大学，将本书译为英语，在美国出版，被美国和其他英语国家的多所大学及神学院广为采用，作为教授基督教思想史的教科书或进行该学科研究的主要参考书。全书分三卷。第一卷（19章），叙述公元1世纪至公元451年的基督教思想发展史，涉及早期教会的几个重要教父的思想以及基督论与三位一体等教义理论。第二卷（14章），叙述公元5世纪至公元15世纪末，即中世纪神学思想的发展历程，分别介绍了奥古斯丁神学、中世纪经院哲学以及东方教会的神学。第三卷（16章），叙述公元16世纪至公元20世纪基督教思想的演变，以16世纪的宗教改革为重点，主要介绍了路德、加尔文等主要宗教改革家的思想及此后出现的各种神学流派，最后介绍了19世纪的新教神学和两次世界大战前后的神学发展轨迹。

基督教犹太教志（中华文化通志·宗教与民俗 / 汤一介主编）

卓新平著

上海人民出版社　1998年10月　355千字　451页

　　基督教与犹太教有着密切的历史渊源和神学继承关系。在宗教学意义上，这两种宗教均属人类信仰历史上流传久远的绝对一神教。但基督教以其开放性而更具世界宗教之特色，而犹太教则因强调其民族之独特而保持住其民族性。两者对中华文明历史的参与及影响，是当今学术界颇感兴趣的领域。本书为"中华文化通志"丛书之一，作者运用翔实的史料和透彻的分析来系统阐述基督教和犹太教对中华文明历史的参与及影响，以其在华传播和演变的历史为重点，勾勒了基督教自唐代以来四次入华传教的经历，考证了犹太教在河南开封和中国其他地区的传播及湮灭。书中通过对基督教、犹太教"入华"与"融华"之曲折、艰辛过程的考察，特别是对这两种宗教与中华文化在思想交流层面的剖析和研究，总结了其寻求沟通与理解的成功经验与失败教训，及其在华之"自我意识"与信仰本真的保留或消失，由此揭示出基督教和犹太教在华之文化命运所蕴涵的历史意义与现实启迪。全书分上、下二编，共7章。上编为基督教志，包括基督教的传入与历史沿革、教派组织和教义礼仪、重要经籍和汉译《圣经》、著名传教士和教会代表人物以及文物与教堂5章。下编为犹太教志，包括犹太教在中国的传播、中国犹太教石碑遗物及经典文献2章。

（二）世界基督教史

1. 总论

信仰与理性：中世纪基督教文化的兴衰（清华哲学研究系列／万俊人主编）
田薇著
河北大学出版社 2001年11月 208千字 225页

中世纪基督教文化是在古罗马帝国的废墟上成长起来的，而罗马黄金时代的文化，大部分又是从古希腊文化演变而来的。因此，希腊罗马文化成为中世纪的第一块文化土壤，从这块文化土壤中，中世纪获得了一份宝贵的理性资源。正是这份资源形成了中世纪基督教文化的一种独有的特质，即信仰和理性的结合，用理性手段来论证基督教信仰。本书为"清华哲学研究系列"丛书之一，作者围绕理性与信仰的关系追溯了中世纪基督教文化的兴衰过程，力图在前人研究基础上通过大量哲学例证"解蔽中世纪，剔除中世纪是一个黑暗时代的传统见解"，还原中世纪历史的本来面目。全书共分6章。第1章为"导言"，概述近代以来有关中世纪研究的"遮蔽"与"解蔽"的学术定位。第2章探讨中世纪基督教文化的三大构成要素：理性、信仰、习俗，内容涉及希腊罗马的古典文化、基督教上帝的文化和日耳曼人的原始文化。第3-5章从信仰与理性的关系角度探讨中世纪基督教文化之创立、繁荣、衰落的历史，内容涉及基督教的传播与文化的重建、修道制度与文化的保存、加洛林文化复兴、城市兴起的意义和修道主义改革运动、大学形成和学术复兴、教会分裂和道德危机、经院哲学的解体、人文主义思潮的兴起和自然科学精神的孕育等。第6章分别论述基督教文化对于现代科学、现代社会的兴起与发展的历史意义。

宗教改革史纲
郭振铎主编
河南大学出版社 1989年11月 346千字 431页

公元13—17世纪，欧洲爆发了新兴资产阶级在意识形态领域里反封建、反罗马教会专横统治的宗教改革运动。这既是一场广泛而且深入的宗教斗争，又是一场为资产阶级登上历史舞台而开辟道路的政治运动。他们在旗帜上书写着"信仰得救"，"廉价教会"、"先定论"、"市民阶级神权共和国"的响亮口号，以此发出号召，吸引广大群众，协同鏖战，向罗马基督教世界统治开展顽强的斗争，最终形成了以德国为中流砥柱的洪流，其蓬勃之势几乎波及整个欧洲，从而揭开了资产阶级革命的序幕。本书全面记述了持续几个世纪之久的欧洲宗教改革运动的整体历程，深入解析了从基督教的产生、变迁到欧洲诸国资本主义生产关系的逐步确立及其与宗教改革运动发生的必然关联，乃至各国神学家的思想动态、欧洲封建君主与贵族面对宗教改革运动的不同反应等多方面问题，并对路德、闵采尔、加尔文、兹温利等人的宗教学说及主张作了详细介绍。全书共分14章。编者指出，整个欧洲宗教改革的洪流，始终分为两大营垒，一为人民的宗教改革派，其代表人物是伟大的人民英雄约翰·保尔和闵采尔；一为市民阶级的宗教改革派，其代表人物是著名的路德和加尔文。这两派在反对罗马天主教会统治的斗争中曾携手攻坚，但随着历史的进展，他们则分道扬镳，各走维护本阶级利益的道路。

宗教改革运动思潮（历史与思想研究译丛/章雪富主编）
[英] 阿利斯特·麦格拉思（McGrath, A.）著　蔡锦图　陈佐人译
中国社会科学出版社　2009年1月　340千字　318页

  在研究宗教改革运动时，基督教神学永远有一个重要的位置。若是在某种程度上缺乏对神学的认识，就难以理解宗教改革运动时代的文化和自觉意识。在宗教改革运动的发展和扩展中，宗教观念主导了一个重要部分。本书为"历史与思想研究译丛"之一，是英国当代杰出的福音派神学家和教育家阿利斯特·麦格拉思于20世纪80年代撰写的一部经典宗教思想史著作，出版之后在思想史界引起了广泛的关注和讨论。全书共分14章。书中以影响16世纪欧洲的人文主义、经院哲学运动、极端宗教改革运动和罗马天主教等其他宗教意识形态为背景，以宗教观念为切入点，分别阐述了"因信称义"、"预定论"、"圣经论"、"圣礼教义"、"教会教义"等基督教神学思想，比较了著名改教家路德、茨温利、梅兰希顿、布塞、加尔文在上述教义上的异同，动态展现了宗教改革运动从改革的呼声到发生、发展、结束的整个过程及其对历史的影响。

宗教改革史（上、下册）（汉译世界学术名著丛书）
[英] 托马斯·马丁·林赛著　孔祥民　刘林海等译
商务印书馆　2016年7月　1245页

  编写这部宗教改革史的目的是要记述发生在当时社会环境中的一场伟大的宗教运动。本书为"汉译世界学术名著丛书"之一，系英国著名宗教改革史专家林赛的成名之作，至今被西方史学界誉为宗教改革史的权威著作。林赛在书中明确提出：宗教复兴肇始于政治、文化和经济结构的变化，它不可能脱离周围环境平平安安地产生。他主张研究宗教改革必须包括五个方面内容，即宗教改革发生的社会和宗教背景，路德派宗教，德国以外的非路德派宗教改革，再洗礼派、索齐尼派和反三位一体思潮，反宗教改革。全书分上、下册，共六编。第一编（6章），主要讲述宗教改革前夜的罗马教廷与西欧社会之间的矛盾，剖析文艺复兴与宗教改革的关系。第二编（8章），专门论述从1517年发布九十五条论纲到1555年签订奥格斯堡宗教和约这三十多年间路德派的宗教改革，集中分析了路德派提出的因信称义、众信徒皆教士、基督的位格和圣经、教会观。第三编（6章），分别介绍慈温利领导下的瑞士宗教改革、加尔文领导下的日内瓦宗教改革、尼德兰的宗教改革等欧洲改革派教会。第四编（4章），分别介绍爱德华六世至伊丽莎白在位时期的英格兰宗教改革与宗教和解。第五编（3章），重点叙述再洗礼派和索齐尼派的反教会理论。第六编（6章），论述反宗教改革，内容涉及西班牙宗教改革的观念、意大利自由主义的罗马天主教徒和他们的宗教改革观念、伊格纳修斯·罗耀拉和耶稣会、宗教裁判所和禁书目录等。

2．中国

中国基督教史纲（蓬莱阁丛书）
王治心撰　徐以骅导读
上海古籍出版社　2004年4月　248千字　325页

  本书为"蓬莱阁丛书"之一，是我国现代重要基督教学者王治心所撰的第一部也是影响最大的中国基督教通史或全史著作。该书于1940年出版以来，颇受教会内外欢迎，并迅速在学界引

起反响,其余温至今犹存。全书共分22章。书中采用当时普遍的四阶段法(唐代的景教、元代的也里可温教、明代的天主教、近代的新教),"一扫以前某宗某派零碎记述的缺点",全面讲述了基督教入华1300余年"或断或续"的历史,清晰勾勒出中国基督教传播、发展与演化的图景。在内容编排上,作者始终将下述四大问题作为贯穿全书的基本线索:一、基督教教义与中国固有的宗教习惯,是融合的还是冲突的;二、基督教输入后,其经过的情形在中国的文化上发生了什么影响;三、过去基督教的发展所引起的变动,究竟有功还是有过;四、基督教在中国所经营的事业与工作,于新中国的建设究竟有什么关系。依据上述前提,作者总结论证了基督教许多教义与中国传统文化精义的一致性,认为基督教与中国文化传统并不相悖,其在中国传播有着社会的基础和根源,只要教会今后加倍努力于本色化建设,完全能够"使教会的形式精神,得与中国固有的文化和习惯打成一片"。

当代中国基督宗教史研究(当代中国近代史研究系列/中国社会科学院近代史研究所主编)
赵晓阳著
中国社会科学出版社　2016年1月　408千字　359页

本书为"当代中国近代史研究系列"丛书之一,作者以中国大陆的报刊和出版物为材料依据,全面梳理和总结了当代中国的基督宗教史研究状况,内容涵盖基督宗教教会史、区域史,以及基督宗教同近代中国的政治、经济、社会、文化、教育、医学、艺术的关系等多个方面。全书共分10章。第1章分别介绍景教、天主教、东正教、基督新教在中国传播与发展的历史。第2章分别介绍基督宗教在华北、东北、华东、华中、华南、西北、西南以及港澳台和海外华人圈的传播。第3章分别论述基督宗教与中国儒学、佛教、伊斯兰教、民间宗教和道教的关系。第4章分别从教案与反洋教研究、基督宗教与太平天国、国共政治人物与基督教等方面阐释基督宗教与近代中国政治的关系。第5章分别从《圣经》翻译、基督宗教与出版事业、基督宗教与中国现代文学等方面阐释基督宗教与文化事业的关系。第6章分别介绍基督宗教教育、教会高等教育研究、教会大学与近代教育近代化、教会中小学教育研究等。第7章分别从基督宗教与近代医疗卫生、医学传教在民族区域、医学传教与近代医学教育和机构等方面阐释基督宗教与近代医学的关系。第8章分别从基督宗教与经济活动、社会服务、近代科技等方面阐释基督宗教与社会经济的关系。第9章分别论述基督宗教与建筑艺术、音乐艺术和美术绘画的关系。第10章分别从文史资料和基督宗教史研究、方志与基督宗教史研究、国家社科基金项目分析、重点期刊论文分析、活跃研究学者的分析等方面总结和评述"基督宗教史研究的学术史"现状。

中国与罗马教廷关系史略(大航海时代丛书)
顾卫民著
东方出版社　2000年9月　175千字　217页

本书为"大航海时代丛书"之一,作者广引丰富的史料,详细记述了中国与罗马教廷之关系的发展历程,着重分析了自17世纪"礼仪之争"直至20世纪中叶中国与罗马教廷的往来与纠葛,生动描绘了中国基督教逐步挣脱罗马教廷的操控和束缚而最终走向本土化的历史画卷。全书共分6章。第1章记述蒙古帝国西征后与罗马教廷的交往,涉及蒙王阿鲁浑遣巴扫马赴欧洲及教廷、蒙高维诺与中国第一个传教区、元顺帝与教廷互遣使节等。第2章记述明清之际中国的天主教,主要介绍了卜弥格以南明朝廷使节身份出使教廷、传信部与宗座代牧制的创设，以及罗文藻主教的任命情况。第3章记述中国"礼仪之争"及清王朝与教廷的回应。第4章记述晚清政府与罗马教廷的关系，涉及法国在华的保教权、罗马教廷对中国教务的态度、李鸿章拟与教廷通使等。第5章记述20世纪初期中国天主教的本地化进程，重点说明了中外天主教人士对教会积弊的反思、刚恒毅来华及中国籍主教的任命。第6章记述抗战与内战时期中国与教廷的关系。

中国基督教（新教）史
罗伟虹主编
上海人民出版社　2014年5月　811千字　888页

　　本书所称基督教（新教）即英语Protestantism，是指16世纪宗教改革运动以后同天主教脱离关系的各基督教派。新教在中国也被称为基督教、耶稣教。作为一部由集体撰写的中国基督教通史，本书立足于中国近现代和当代史的大背景，采取史学与宗教学相结合的研究方式，对基督教进入中国至今200年的历史作全方位、多领域、多角度考察，力图从中国社会发展和变迁的角度来探析基督教的发展，把握基督教在华历史的复杂演变和适应过程，区分不同时期基督教传教和中国教会成长的不同特点，并以实事求是的态度评价历史人物和历史事件。全书按基督教在华传播时所经历的时代变迁，分为清末时期（1807-1911）、民国时期（1911-1949）、社会主义时期（1949-2002）三编。这三个时期是中国社会体制发生根本转变的时期，基督教是在与中国社会互动中发展的，在每一大时代下，基督教都呈现不同的发展特点，有着不同的社会评价。作者通过对三个时期中国基督教史的阐述，特别是对其从初传时期与中国社会的对立和对抗，到后来教会力量的扩充，以及中国基督教人士逐步推行自立运动、本土化和最后走上"三自爱国"发展坦途的全过程扫描，全面揭示了中国基督教的历史轨迹，以及它在不同的历史时期里与中国社会发生的摩擦、碰撞或适应。

东正教在华两百年史（国家清史编纂委员会·编译丛刊）
[俄]尼古拉·阿多拉茨基著　阎国栋　肖玉秋译　陈开科校
广东人民出版社　2007年8月　280千字　320页

　　东正教在中国的存在具有天命使然般的意义。俄国东正教驻北京传教团（我国史称俄罗斯馆），则在中俄两国关系史上扮演了举足轻重的角色。本书为"国家清史编纂委员会·编译丛刊"之一，是俄国东正教第16、17届驻北京传教团修士阿多拉茨基（1849-1896）根据其亲身经历撰写的一部"真正将驻北京传教团历史作为学术研究对象而进行深入研究"的专著。该书自问世以后便以其丰富的征引文献而闻名学术界，其史料价值和学术价值不仅在当时受到关注，也得到当代学者的重视。全书分上、下两编，共12章。上编为"驻北京传教团历史之第一时期（1685-1745）"（第1-7章），介绍了俄国传教团的历史，叙述了中俄雅克萨战争的起因、经过以及俄国俘虏被解送至北京后的日常生活及宗教活动，总结了60年来（从1685年至1745年）传教团的工作：一是管理阿尔巴津人牧众；二是培养学生。下编为"驻北京传教团历史之第二时期（1745-1808）"（第8-12章），介绍了传教团活动（从1745年至1808年）的60年间，由于俄中关系出现障碍、某些传教团成员在知识与道德方面存在缺憾以及物质供给的不足，驻北京传教团陷入被遗忘和悲凉的境地。即使在这个时候，传教团依然没有放弃东正教的基本原则及为其确定的任务。

（1）断代史

明末天主教与儒学的互动：一种思想史的视角（基督教中国史研究丛书/张志纲 卓新平总主编）

孙尚扬著

宗教文化出版社 2013年7月 300千字 265页

　　明末以利玛窦为代表的适应中国文化思想的传教路线，以及他在理论、教义上所作的附儒、补儒、超儒的工作，成为彼时西方传教士在中国活动的主导路线。这与清末时西方列强借武力、鸦片和不平等条约强加于我国的情形很有不同。前者属正常对话，而后者则属极不正常的对抗。本书为"基督教中国史研究丛书"之一，作者运用比较、分析以及历史的考察等研究方法，旨在对明末天主教与正统儒学的交流和冲突之要害处进行讨论和阐发。在对利玛窦和徐光启、李之藻、杨廷筠这几位中心人物的具体分析中，有力揭示了各自思想核心中的优长及差异，进而阐明他们彼此尊重、吸取、互释与融通的原因和机制。全书分为"利玛窦研究"和"明末士大夫对'天学'的理解与反应"上、下二篇，共计7章。上篇（第1-3章），介绍利玛窦争取明末士大夫同情的传教策略，分析和论述其为适应中国文化思想而从理论上所作的"耶儒相合"的努力，以及他对儒学中与天主教的根本教义相违的观念、思想所给予的批判。下篇（第4-7章），叙述传教士与士大夫的交往情况，重点探讨徐光启、李之藻、杨廷筠等正统士大夫在面对"天学"时所抱有的"理解、接受与融汇"乃至"拒斥和批判"的复杂态度。

1901-1920中国基督教调查资料（原《中华归主》修订版）（上、下卷）

中华续行委办会调查特委会编　蔡詠春　文庸　段琦　杨周怀译

中国社会科学出版社　2007年9月　2183千字　1664页

　　本书是基督教（新教）1901-1920年在华传教事业的统计资料。由当时中国基督教会下辖的一级组织"中华续行委员会"出于传教及摸底等目的，而动员全国各基督教差会会长和干事，还有150多名通讯员历时三载完成（调查对象是全中国的基督教发展状况，调查年限是1900-1920年，调查开始于1918年）。该书英文版题名为"The Christian Occupation of China"（《基督教占领中国》），中文版题名为《中华归主》，曾分别于1922年和1987年在国内出版。全书分上、下二卷，共14章。上卷（第1-6章），主要叙述20世纪前20年中国基督教运动的改革和进步、各省基督教势力的概况、各省宣教事业的比较、各大宣教会宣教地及宣教事业的比较。下卷（第7-14章），主要叙述大宗派宣教地及工作、各国宣教师宣教工作、特殊阶层中的基督教事业、中国教会及其所开展的各项社会公益事业、罗马天主教会和俄罗斯正教会。书中内容丰富翔实，其广度和深度远远超出了宗教范围，涉及我国20世纪初期各省的行政区域、面积、边界、城市人口、地势、山川、民族、语言、气候、物产资源、经济状况、交通、邮电、教育、医疗设施等以及传教史和宗教活动情况等。因此，本书不但是研究中国近现代基督教史非常难得的珍贵文献，也是研究辛亥革命前后中国社会历史状况的第一手资料性工具书，为全面了解当时中国国情提供了重要参考。

（2）地域史

北京天主教史（北京宗教史系列丛书/佟洵主编）
杨靖筠著
宗教文化出版社　2009年6月　270千字　221页

北京天主教会在中国天主教的整体发展中，具有典型的示范作用。本书为"北京宗教史系列丛书"之一，作者在依托历史文献、档案资料以及前人和今人的研究成果，并且深入实地调研的基础上，以辩证唯物主义和历史唯物主义为指导原则，描绘了北京天主教演进的历史过程，揭示了北京天主教形成与发展的规律，同时记述了基督宗教各个派别在北京传布的历史，以及西方传教士在北京天主教形成中所起的历史作用，从而系统地勾勒出"北京天主教与文化"形成与发展的整体脉络。全书共5章。第1-4章主要记述天主教自元代初传北京后，经与北京地方传统文化持续数百年的相互碰撞、吸纳，直到清末才在北京取得长足的发展，并逐渐融入北京历史文化之中，形成颇具特色的北京天主教的历史过程。第5章记述北京天主教文化，内容涉及北京教堂和建筑艺术、北京天主教礼仪、北京天主教丧葬文化、北京天主教慈善事业、北京天主教教育等，展现了北京17座天主教教堂的历史全景。

北京地区基督教史迹研究
吴梦麟　熊鹰著
文物出版社　2010年9月　200页

北京是中国的首都，世界闻名的古都与历史文化名城。历史上的北京发生过许多重大历史事件，至今还在地面和地下保存了许多年代远、种类丰富、价值很高的遗迹遗物，基督教文物遗存是其中的重要内容之一。基督教史迹和文物，有它独特的历史背景和内容，抢救保护、整理研究此类文物已是刻不容缓。本书力图通过对基督教史迹文物的研究，向读者介绍基督教传教士在元明清时期来华进行中西文化交流的情况，使这些遗迹遗物在研究当年"西学东渐"、"东学西渐"过程中的作用得到科学的论证与评价。全书共分5章。书中收录涉及的时代从元朝景教、天主教传入北京的历史开始，历经明清至民国时期；在地域上除了收录城区外，还扩展到郊区县，甚至深山区，涉及项目达数百处；类别上主要收录不可移动文物中的遗址、墓葬、石刻（含石雕）、建筑（古代及近代），也有部分馆藏文物，较为全面、真实地反映了基督教（天主教、耶稣教、东正教）在北京地区发展的脉络和史迹遗存与现状。

北京基督教史（北京宗教史系列丛书/佟洵主编）
杨靖筠著
宗教文化出版社　2014年2月　250千字　265页

北京地区基督教历史悠久，内容十分丰富，在学术界，对于北京地区的基督教研究，已经有了一些成果。本书为"北京宗教史系列丛书"之一，作者在前人研究的基础上，力图将北京基督新教史放在整个近现代中国社会变革的大背景之下进行探讨，详细讲述了上起基督教传教士来到北京，下至20世纪40年代末的北京基督教历史。书中通过对既往史料的进一步挖掘，更为精确地梳理和研究北京地区基督教发展的总体脉络，总结其发展规律、特征及局部特点，使读者对北京基督新教史有一个全面、客观的了解。全书共分4章。第1章概述基督教的起源、发展及其在世界各地的传播。第2章介绍基督教传入北京的历史经过及北京地区基督教堂的兴建与分布情况。第3章介绍近代时期北京基督教（义和团运动时期和民国时期）的发展情况。第4章介绍北京基督教会兴办的教育、医疗、出版、慈善机构及各类文化事业。

基督教在华传播系年·河北卷
解成编著
天津古籍出版社　2008年1月　1000千字　561页

几千年来，基督教一直向外传播，遍及世界各个角落，而中国历史上的统治者又几乎都是主张宗教宽容的，然而由于中西文化存在着质的不同，基督教传入中国真正站稳脚跟竟花了差不多1000年，在这以后还用了200年左右来巩固它，其间不断出现反复。近代不平等条约则使基督教的"洋教"或曰"帝国主义侵略工具"的色彩凸显出来，原来基本上只属于文化层面的民教冲突迅速被政治化为侵略与反侵略的矛盾。由于晚清统治者在不同时期所采取宗教宽容的"度"的不同，当然也由于国际国内各种矛盾的表现形式和激化程度不同，相对孤立的天津教案和此伏彼起的义和拳教案在处理方案上便大相径庭，但结果竟都是使中国进一步殖民地化。第一次世界大战改变了世界的格局，中国也被动地开始同国际接轨，基督教终于走上了中国化之路。本书是一部秉持"述而不作"原则，全面记述公元635-1941年基督宗教在河北省传播历史的资料性著作。书中基于作者对中国基督教历史断代的认识，采取"编年体长摘"的形式，尽可能把有关史料编排起来，使之客观、准确、完整地呈现出自基督教传入中国伊始，至1941年日本侵华期间为止，在华基督教各派曾经上演的一幕幕历史活剧。全书分五编。内容包括：基督教的三次传入（635-1722）；清朝中叶基督教的传播与被禁（1723-1845）；清朝晚期基督教的传播与天津教案（1846-1890）；清朝末年基督教的传播与庚子教案（1891-1904）；民元前后基督教的传播与教会的本地化（1905-1941）等。

河北天主教史（河北宗教史/鞠志强主编）
任继远著
宗教文化出版社　2016年6月　700千字　709页

河北天主教于唐代、元代、明末清初三次传入，历经不断碰撞、变革、本地化。第一次为公元635年聂斯托里派（景教）的传入；第二次为元代景教的续传和罗马天主教（1294）的传入；第三次为明末清初（1601）天主教的传入。近代以来，由于天主教传播的殖民性质凸显，导致河北教案频发。新中国成立后，特别是改革开放以来，河北天主教与社会主义社会相适应，各项事业取得长足发展。本书为"河北宗教史"丛书之一，作者以详实的资料记述了河北天主教传入、发展的历史脉络以及各教区建立、变化的传承关系，同时对河北部分传教士在"西学东进"、把中国传统文化介绍给西方、扶贫济困、办学行医、泥河湾考古、发展印刷业以及在抗日战争中抗击日本侵略者等方面的贡献也给予了客观的评价，从而全方位地展现了河北天主教的特点。全书共分16章。内容涉及唐代景教传播的经验及教训、唐末及以后景教的境遇、元代的宗教政策与行政管理、元代河北景教续传与罗马天主教影响、天主教在北直隶地区的传播、"南京教案"中的河北天主教徒、雍乾嘉道朝天主教的境遇、禁教期间河北天主教发展的原因、河北义和团反洋教风暴、清政府与联军合力剿团纵教、清政府杀义军贬官屈洋保教、河北天主教人士的民族意识觉醒等多个方面。

河北基督教史（河北宗教史 / 鞠志强主编）
刘海涛著
宗教文化出版社　2016年6月　450千字　402页

　　河北是基督教重点传播省份。咸丰十年（1860）第二次鸦片战争后，基督教开始大举进入河北，很多教派都在河北建立了传教机构。由于基督教在河北的较快发展，激起了河北各阶层人士的反抗，爆发了诸如蔚州教案、清苑教案、固安教案、永清教案等一系列教案，最终汇成光绪二十六年（1900）的义和团运动，使河北基督教受到重创。抗日战争期间，河北广大基督徒和全省人民一起奋起抗击日寇侵略，为抗日战争的胜利，作出了积极贡献。新中国成立后，河北基督教人士广泛参与到河北的区域建设发展中，较早实现了基督教的中国化、河北化，直至改革开放新时期，河北的基督教与地方政府、区域文化、经济社会基本上处于融洽和谐之状态。本书为"河北宗教史"丛书之一，作者将河北基督教置于全国基督教和国家形势政策的大背景下，从长时段考察了基督教在河北（包括京津等相关区域）传播、发展的全过程，揭示了河北基督教史上发生的重大事件、主要环节以及重要影响，记述了当代河北基督教在社会主义建设和改革事业中所起到的特殊作用。全书共分9章。作者认为，河北基督教具有爱国爱教的传统，其"信徒众多，关爱社会"，"爱国爱教，一以贯之"，使河北基督教的本土化调适持续、稳步地迈上新的台阶。

蒙古民族基督宗教史（宗教与民族研究丛书 / 吕大吉　金宜久等主编）
宝贵贞　宋长宏著
宗教文化出版社　2008年8月　307千字　369页

　　蒙古民族基督宗教史，主要研究基督宗教在蒙古民族和蒙古地区传播的历史，也包括基督宗教与蒙古民族及蒙古统治者关系的历史。本书为"宗教与民族研究丛书"之一，是我国第一部系统研究蒙古民族和蒙古地区基督宗教传播发展情况的宗教史专著。书中以天主教为考察重心，在遍检古今中外大量零散而又丰富的蒙古族及蒙古地区宗教史料的基础上，采用历史研究和田野调查相结合的方法，兼顾宗教学、蒙古学、地方史学、基督宗教史等学科领域之互通，详尽叙述了从蒙元时期一直到新中国成立后的蒙古民族基督宗教史，对蒙元以来的基督宗教各派（如聂思脱里派、耶稣会、遣使会、圣母圣心会等）在蒙古民族和蒙古地区的传播、发展和流变情况，作了客观的分析和研究。全书共分14章。作者认为，蒙古的兴起，对基督教的普遍传播，特别是在中国的广泛传播，起了重要作用。蒙古军的西征，使东西方之间的陆路交通变得极为通畅，客观上推进了包括基督教在内的各种宗教文化的跨国交流。尽管基督宗教始终没有成为蒙古民族和蒙古地区的核心信仰，但其一直作为多元宗教信仰之一存在，并成为蒙古宗教文化中值得关注的独特现象。

台湾基督教史
林金水主编
九州出版社　2003年7月　437千字　459页

　　在海峡两岸基督教传播史上，荷兰新教传教士的入台，首次打开了基督教在华传播的大门，他们的传教的动机、策略、方法和手段与基督教19世纪传入大陆相比,没有根本上的差异。两者都要为殖民主义统治和列强侵略中国及其在华利益服务。本书以时间为经,以事件为纬,客观、详实地记录了1624至1662年荷据时期、1858至1895年清统治时期、1895至1945年日据时期、1945至2001年战后时期的台湾基督教史,剖析了西方传教士把"手术刀"当作敲门砖,将"十字架"插到台湾,至20世纪末叶长老会利用"乡土神学"和"出头天神学"来充当政治婢女的传教手法,客观上反映了祖国大陆与台湾不可分割的历史渊源与民族情感。全书包括四部分,共14章。第一部分(第1-2章),讲述荷兰侵台后基督教在当地开创、发展到衰落和终结的过程,分析其传教失败的原因及对台湾社会的影响。第二部分(第3-7章),讲述清统治时期英国、加拿大长老会在台湾的传播及民教冲突和教案案例。第三部分(第8-11章),讲述日据时期的殖民政策及此一时期基督教在台湾的传播特点。第四部分(第12-14章),讲述战后基督教在台湾的发展并参与社会服务的情况,以及神学思想的新潮流。

河南天主教编年史
刘芯庆　尚海丽著

宗教文化出版社　2012年10月　300千字　385页

　　天主教在河南传播的历史是天主教在中国传播的一个缩影。天主教与河南省发生联系最早可追溯到1605年,耶稣会士利玛窦在北京偶遇进京准备参加会试的河南开封府的犹太人艾田,此后天主教逐步传入河南,随之开设九大教区,广布宣教堂点,渐渐与当地社会文化环境相融合。20世纪50年代中期,在河南传教的外国传教士陆续离境回国,1962年,何春明、郗民援分别被祝圣为开封教区、洛阳教区主教,这是河南最早自选自圣的两位主教,从此开启了"独立自主、自办教会"的历史序幕。本书试图以编年史的方式,按时间先后顺序比较全面、公正、客观地描述1605—1962年间天主教会在河南的传播发展史。这段历史起自1605年耶稣会士利玛窦在北京偶遇进京准备参加会试的河南开封府的犹太人艾田,止于1962年河南出现最早的两位自选自圣主教,前后共历三百余年。为有助于读者了解史实原委,在许多重大历史事件年份之下,附原始文献,以备查考。这些文献来源广泛,包括历代中国朝廷及皇帝的谕旨,教史著作的序跋,重要的护教及反教文献,传教士报告,报刊杂志相关内容、教会人士回忆录、碑刻资料等,颇具史料价值。

基督宗教在四川传播史稿（西南民族大学宗教学建设丛书）
秦和平著

四川人民出版社　2006年10月　320千字　447页

　　四川是天主教（Roman Catholic Church）及基督教（Protestantism）的重要传播区域,然而目前国内学界对基督宗教在四川传播史的研究有所欠缺。本书为"西南民族大学宗教学建设丛书"之一,作者依据丰富的文献档案和持续十余年的追踪调研,对基督宗教传行于四川的历史,特别是清代至民国时期天主教和基督教在四川的传播史进行了全面梳理和考察,旨在客观描述基督宗教在四川的传入,当地民众对其抵制、正视及逐渐接受的全过程,即基督宗教由"洋"变"土"、从"他者"变为"我们",成为部分中国人信仰的宗教,植根于四川社会的历程。全书共分6章。第1章介绍天主教入川活动的历史及主要特点。第2章介绍基督教主要派别在川的传播史,比较分析了基督教与天主教传教方式的不同。第3章通过分析乾隆、嘉庆年间清政府的禁教措施，认识禁教政策对天主教活动的打击程度；第4章介绍清季基督宗教的活动及四川官绅士民对其的认识。第5章逐一剖析清季四川几个重大教案的原因、过程和结果。第6章介绍基督教、天主教的教育及医药事业。

云南天主教史（云南宗教系列专史 / 杨学政主编）
刘鼎寅　韩军学著
云南大学出版社　2005年6月　320千字　442页

　　天主教自元代传入云南后，历经了不同的朝代、不同的社会政治经济制度，面对不同的民族传统观念、传统宗教、传统文化、传统生活方式，因而产生了如何与之冲突、消融、调适并最终与之适应的问题。本书为"云南宗教系列专史"丛书之一，是在云南省社会科学院早期学术成果：《云南宗教概况》、《云南省志·宗教志》和《云南宗教史》的天主教专章基础上扩展、丰富、深化而成的一部《云南天主教史》专著。全书共分8章。作者在书中吸收近年来国内学者研究云南天主教历史文化的新成果，首先概述了天主教的形成、传播及其在云南的初传情况，继而分别讲解了清代、中华民国时期，直至当代云南天主教的发展与演变历程，论述了云南天主教在神学教育及社会事业方面的表现，阐释了天主教扎根于云南民族地区所必然形成的区域特色及未来走向，最后介绍了云南天主教教堂的历史沿革与分布现状。本书所载内容，有助于读者更深刻认识中国天主教的民族特色和区域特点，并有益于丰富天主教的世界宗教内涵，对东西方天主教文化的互补、融合、交流，继承和发扬天主教文化的优秀成果有重要作用。

云南基督教史（云南宗教系列专史 / 杨学政主编）
肖耀辉　刘鼎寅著
云南大学出版社　2007年11月　358千字　409页

　　基督教于19世纪70年代末期传入云南，主要集中在较为偏僻的少数民族山区农村，教徒多为傈僳族、苗族、拉祜族、景颇族、佤族、哈尼族、彝族等少数民族及部分汉族。基督教在云南的传播，对当地少数民族的社会生活和精神生活产生了深刻影响，形成了鲜明的地域特色。本书为"云南宗教系列专史"丛书之一，作者以云南省社会科学院宗教研究所之相关研究成果为基础，吸收了近年来国内外学者研究云南基督教历史文化的新成果，坚持客观纪实的原则，收入了较多的历史档案资料，较为详细的记述、探索和总结了基督教在云南的历史、现状及特点。全书共分9章。第1章记述基督教在云南的早期传播。第2章记述民国初期云南基督教的发展情况。第3章记述抗战时期的云南基督教。第4章记述解放战争时期的云南基督教。第5章记述民国时期基督教在云南少数民族地区的传播，以及对当地社会生活的影响。第6-7章分别从建国初期（1950-1978）、改革开放以来（1979-2004）两个历史阶段记述当代云南基督教的发展走向。第8章记述云南基督教教会所开展的文化教育与社会慈善事业。第9章记述主要教堂（昆明三一教堂、昆明锡安圣堂、昆明圣约翰堂）。

3. 欧洲

牛津基督教史（插图本）

[英] 约翰·麦克曼勒斯（John McManners）主编　张景龙　沙辰　陈祖洲等译　程亦赤　袁鹰校
贵州人民出版社　1995年3月　908千字　676页

　　本书是由英美学术界和宗教界的十多位专家教授及神职人员广征博引、精心编撰而成的一部"详实深入反映基督教历史的学术巨著"。书中采纳许多鲜为人知的素材以及从中概括出的新思想，一方面用编年史体例把早期基督教、中世纪西欧和东方基督教世界、基督教与伊斯兰教、基督教改革、启蒙和扩张的过程串联起来，另一方面平面地展开英国、欧洲、南北美洲、非洲、印度和远东基督教，包括东正教的历史画面，纵观横览，体现了基督教发展的连贯性、阶段性和区域性，以及诸种因素和各自特色的交互作用和有机结合。全书包括三个部分，共19章。第一部分"从起源到1800年"（第1-9章），叙述了早期基督教和中世纪基督教的历史，认为其创立者和救世主是一个实际的历史人物，基督教文明的发展和传播直接依赖于伟大的传教士及其支持者，起始于13世纪下半叶的宗教改革、启蒙运动和基督教的扩张构成了基督教发展承前启后的关键。第二部分"1800年以后的基督教"（第10-15章），叙述了1800年以后基督教"世界性"的"变化不定"的传播史，指出"尽管基督教逐渐分化，但仍富有生命力；它既不受制于某一个国家，也不为哪一个国家所厚爱；它既无须受命于罗马，也不要欧洲监督"的发展趋势。第三部分"基督教的今天和明天"（第16-19章），探讨了基督教今天所面临的挑战与威胁，以及明天将要承担的神圣任务，认为"在作为一个基督徒已失去了任何优越感的今天和明天，拯救这个世界毕竟是神圣的"。

4. 美洲

北美的中国基督教史研究述论（宗教与当代国际关系论丛／徐以骅主编）

王德硕著

上海人民出版社　2016年3月　370千字　398页

　　北美的中国基督教史研究主要形成了耶鲁和哈佛两大学统。耶鲁学统的创始人是卫三畏，至今已历七代学人，其主要特征是通史研究。哈佛学统的创始人是费正清，至今已历四代学人，其主要特征是理论阐释与代际转向。两大学统对北美的研究产生了深远的影响。北美的中国基督教史研究受到意识形态、学术制度、中美关系、传教运动等多方面的制约，也对中美关系产生了某种影响。本书为"宗教与当代国际关系论丛"之一，作者在阅读处理大量英文资料的基础上，建构了"学统"这个概念，试图以此作为分析框架系统地爬梳北美学界的中国基督教史的研究脉络和特点，并借鉴中国古代学术史的书写方法（学案体）构绘出北美关于中国基督教史研究的学术版图。全书共分5章。书中浓墨重彩地描述了中美学者在中国基督教史研究领域的合作与交流，并且从内外环境来审视北美的中国基督教史研究与北美学术体制、中美关系、中国基督教当前的发展等多方面的关系，对美、欧、日和其他海外中国基督教史的研究作了比较和展望，弥补了国内学界在这方面研究之不足。

八、传记（人名传记按笔画排序）
（一）耶稣、圣徒传

耶稣传（汉译世界学术名著丛书）
[法]欧内斯特·勒南著　梁工译
商务印书馆　2010年10月　324页

　　本书为"汉译世界学术名著丛书"之一，是19世纪法国著名哲学家、历史学家和宗教学家欧内斯特·勒南撰写的"一部既以现存史料为骨架，又由著者的感情和理想为零散素材注入血肉的纪传体著作"。勒南的《耶稣传》以"福音书和其他《新约》经卷、《旧约·次经》、犹太哲人斐洛的著作、犹太史家约瑟福斯的著作，以及犹太典籍《塔木德》"五种主要资料为依据，描绘了一个在许多方面与福音书记载迥异的故事，塑造了一个"毕备世俗情感和欲望的普通人，而非高居于凡人之上、不食人间烟火的上帝之子"的耶稣形象。该书于1863年首版于巴黎后，风靡欧洲，带来一场前所未有的批判风暴，然而真实反映了19世纪历史学者的见解。全书包括"耶稣在世界史上的地位"、"耶稣的童年和青年：他最初的印记"、"耶稣所受的教育"、"耶稣成长的思想环境"、"耶稣的初期教训，圣父和纯粹宗教的观念，初期门徒"。作者认为，耶稣是个真实而伟大的历史人物，功绩在于创造了人类历史上无与伦比的"纯粹宗教"（此说驳斥了神话学派对耶稣历史性的抹杀）；同时，耶稣又是个毫无神性的普通人，从未经历过神话式的降生、复活、升天等，也不具备施行奇迹的能力（这方面的观点反驳了教会对耶稣的神学解释）。

圣像的修辞：耶稣基督形象在明清民间社会的变迁
褚潇白著
中国社会科学出版社　2011年3月　320千字　295页

　　本书是在作者的博士学位论文基础上修订而成的一部"以符号人类学为主要方法，探讨明清时期基督教和反基督教绘画中耶稣基督形象的呈现形态及其人类学意识"的专著。书中将哲学、历史、艺术、宗教、民俗、政治等不同领域的问题揉为一体，细致分析了基督教绘画艺术所蕴含的符号形式，以及各种不同形式之耶稣基督形象的符号微调过程，尤其是基督形象要素变迁所折射出的民俗文化，展示了各种不同形态基督教绘画的特定修辞学含意，摹画了近代耶稣基督形象在中国社会的变迁所具有的人类学意义。全书共分6章。第1章论述明清之际天主教传教士的绘画艺术所呈现的耶稣基督形象及其符号微调过程。第2章探讨清代内地会传教士绘画艺术中耶稣基督形象的本土化形态。第3章探讨太平天国拜上帝教绘画艺术中的耶稣基督形象。第4章探讨19世纪反教漫画中的耶稣基督形象，从反教绘画运动妖魔化耶稣基督形象来分析基督信仰与本土性意识的巨大张力及其人类学根源。第5章从"门"这个符号入手，分析《天路历程》中文版所显示的耶稣基督的修辞学方式及其与民族志的关系。第6章探讨土山湾天主教绘画艺术中的耶稣基督形象。书末总结了耶稣基督形象历时三百年的变形过程，认为在这个复杂的充满张力的历史过程中，耶稣基督逐渐成为从明清之际到晚清期间民俗文化的一个新符号。

基督论：从圣经、历史和神学三个层面对耶稣的研究（天主教神哲学院统编教材/马英林主编）

申合修著

宗教文化出版社　2014年5月　350千字　314页

　　基督论（Christology）研究的平台和准则是耶稣基督。它是研究关于耶稣的身份、耶稣的工作以及耶稣与天主、人类、世界之关系的一门学问；一方面，它需要去探讨圣经中基督在世的生活、使命、死亡和复活，另外一方面它也必须兼顾历史中教会在信仰生活中对基督的经验和认识。本书为"天主教神哲学院统编教材"之一，是一部从圣经、历史和系统神学的角度对耶稣基督进行整体性研究，兼具"神学学术性"和"灵修实践性"的专著。全书共分4章。作者通过对圣经文本的考察，探讨了圣经新约中耶稣的身份与工作（历史人物"纳匝肋人耶稣"），梳理了古今教会在信仰实践中对耶稣的经验、认识与反省（系统神学发展史中的"救世主耶稣"），阐述了耶稣行迹中神性与人性的差异与统一的辩证关系（"道成肉身的耶稣"），从而解答了"耶稣是谁"这一令无数人困惑的千古难题。内容涉及圣经旧新约中有关"主"的身份之认定、传统救援论与现代救援论、耶稣的死亡与普世救恩、基督论两大主流学派以及早期教会的大公会议、女性神学中的基督论等方面。

使徒保罗和他的世界（宗教学理论研究丛书/金泽主编）

张晓梅著

社会科学文献出版社　2012年5月　341千字　271页

　　使徒保罗是新约的第二大作者，他的书信是新约中最早成文的文字，也是新约中为数不多的、我们可以确定其作者和大致写作时间的篇目。保罗书信为今天的读者保存下原始基督教最真实和自然的状态，是这个宗教初生时"本真态"的记录。本书为"宗教学理论研究丛书"之一，作者在深入讨论过去30年保罗研究中最重要的学术范式"保罗新视角"，以及现代犹太思想保罗研究的一些趋势的基础上，以保罗书信为依据，全面考察了使徒保罗的生活经历以及各篇文字的成文背景和写作意图，在分辨其神学思想的原意之外，更注重将它们作为最早的基督教文献来读，从而打开一个场域，让使徒的所思所言以一种更为自然的方式呈现。全书共分4章。作者指出，保罗并非一个纯思想的灵性造物，他首先是一个有其具体生活境遇的人。他的神学不是某次"皈依"经验一次塑成的产品，而是他内心的思想世界与他身外的生活世界相遭遇而渐渐形成的。保罗书信揭示了一个我们陌生、但还有可能用同情的理解去接近的生活世界。这个世界与我们生活的世界之间有一个解释学必须去跨越，同时又必须保留的距离，它使我们对保罗、以及对圣经全本的阅读和理解的努力成为可能。

（二）中国人物传

1. 天主教人物传

两头蛇：明末清初的第一代天主教徒（社会·经济·观念史丛书）

黄一农著

上海古籍出版社　2006年8月　496千字　545页

　　本书为"社会·经济·观念史丛书"之一，作者以中国传说中的"两头蛇"为譬喻，来形容

17世纪夹在中西两大传统之间的奉教人士，尝试探索这一代天主教徒奉教的因缘、心态与历程，并析究他们如何运用其人际网络以扩张西学和西教的影响力，及其在面对天、儒矛盾时如何自处。内容涉及明清之际一般士大夫（如成启元、瞿汝夔、许乐善、张赓、魏学濂、孙元化、韩霖、夏大常、鲍英齐等），皇亲内臣（如永历朝中之两宫太后、皇后、皇子慈炫、太监庞天寿等）与教会中人的交往情形，藉此窥探西学、西教在中国社会各层面的影响。全书共分13章。第1章介绍在大航海时代中，欧洲天主教国家往外拓疆和传教的历史背景。第2章介绍深刻影响在华天主教"补儒易佛"策略的瞿汝夔。第3章介绍利玛窦等早期耶稣会士与士绅之间的对话。第4-6章则分别以奉教的王徵、魏学濂和韩霖为个案，探索异文化间的冲突与融合。第7-8章探析韩霖的《铎书》，并以其家乡绛州为个案，揣摩200多年来天主教在中国的发展及其所引发的反弹。第9-10章从南明重臣和皇族对天主教的态度，追索耶稣会士如何争取统治阶层的认同。第11-12章讨论中国"礼仪之争"。第13章反省在近代这次中西文明的"第三类接触"中，我们究竟学习到何种历史经验。

中国天主教史人物传
方豪著
宗教文化出版社　2007年8月　580千字　698页

　　本书是20世纪中国天主教界著名史学家方豪神父撰写的一部人物传记集，也是他研究天主教史的代表作之一。全书共分三编。作者采取"以我有补人无"的治史方法，尽量补充已有书籍鲜见的事实，在按时间顺序进行排列的前提下，详细介绍了与中国天主教史有关的人物。书中所选人物上起唐代贞观年间、下迄20世纪中叶，时间跨越1500年之久，地域横跨欧亚大陆，涉及欧洲各国及中华各民族，实为一部中国天主教史。正如作者在本书"写在前面"一栏中所说，"我之所以取名为《中国天主教史人物传》，而不取名为'中国天主教人物传'，可见我重在'史'字。凡是对中国天主教史有重要关系的人，虽不属于天主教正宗，也是我笔下的对象"；此外，作者还强调自己"就是从中国天主教史上取出若干人，每人替他写一篇小传，作为叙述的中心，这样，从人物的活动中窥见当时教会的活动情形。但是，在一个主要的人物中，同时也可旁及到别的几个人，务使以人为经，以史事为纬；史以人显，人以史传"。通过天主教重要人物乃至下层的小人物与教友的"传"来反映天主教的"史"，从而展现中国天主教的整体面貌与特征，是为本书的主要特色，为中国天主教史研究开辟了一条崭新的思路。

超越东西方：吴经熊自传
吴经熊著　周伟驰译　雷立柏注
社会科学文献出版社　2013年7月　298千字　294页

　　吴经熊（1899-1986）是现代中国政治和法学界颇有影响的天主教学者，更是一位跨跃东西方文明的奇才。他一生兴趣广泛、学识渊博、著述甚丰，尤其撰写了大量英文著作，被誉为学贯中西、博古通今之天才学者。本书是吴经熊用英文撰写的一部自传体著作，1951年完稿于夏威夷，并在纽约初版，此后先后被译成法文、葡萄牙文、荷兰文、德文、韩文出版。全书分为"生命的礼物"、"我的父亲"、"我的小娘"、"我的大娘"、"幼儿园哲学"、"亚当和夏娃"、"我叫若望"等二十一个部分。作者在书中以一种灵性自白的笔触回顾了自己由新教徒转向怀疑论、多神论、虚无主义,最终皈依天主教的心路历程,表达了其打破中西界限的超越意识,内容涉及作者的出生、家庭、生活经历等关乎其灵性成长的各个方面。诚如卓新平在本书序言中所说,"吴经熊以一种信仰的虔诚叙述了其对基督宗教的体验、见证,同时亦以一种比较的视域论及其对儒、道、佛三教和中国传统文化以及中国精神之真谛精髓的体会、见解。"本书题材涉猎广泛、文笔优美典雅,多有惊人之见和神来之笔,堪称中国现代基督宗教灵修文学之杰作。

2. 新教人物传

吴雷川的基督教处境化思想研究（民族宗教学研究博士文库／牟钟鉴主编）
李韦著

宗教文化出版社　2010年3月　180千字　204页

　　吴雷川生活在19世纪末和20世纪上半叶,他的思想受当时中国社会思想和现状的影响甚深,而他接受基督教并且受其影响却主要是在20世纪上半叶。那时的中国,正处于多种思潮、多种主义滥觞,整个国家面临现代化转型的复杂时期,基督教在这段特殊历史时期的发展更是给后人留下许多宝贵的经验。本书为"民族宗教学研究博士文库"丛书之一,作者选取吴雷川这样一位在20世纪上半叶极为引人注目的基督徒知识分子作为研究对象,介绍了吴雷川的生平和著述,梳理了其思想历程的三个阶段（第一阶段是纯粹的儒家思想、第二阶段是自由主义思想、第三个阶段则带有明显的社会主义色彩）,分析了吴雷川之基督教处境化的思想内涵与形成基础,并从多个视角对其处境化思想作出评价,辨析其得失,以期为今后基督教在中国的进一步发展提供借鉴。全书包括两个部分,共7章。第一部分"吴雷川的基督教处境化思想"（第1-3章）,分析和论述吴雷川的基督教处境化思想的内涵、特征及其对当时中国社会和基督教与中国传统文化会通的影响。第二部分"吴雷川的基督教处境化思想基础"（第4-7章）,探讨吴雷川的基督教处境化思想形成之来源与基础,并从现实主义神学、还原主义和诠释学三个角度对其思想进行审视。

赵紫宸神学思想研究（基督教文化丛书／卓新平主编）
唐晓峰著

宗教文化出版社　2006年11月　290千字　423页

　　赵紫宸先生（1888-1979）在现代中国基督教思想发展史上是一位有着重要地位、非常值得研究的人物。他在探究基督教思想与中国文化的结合上作出了富有意义的成果,其独到见解迄今仍引人深思。本书为"基督教文化丛书"之一,是作者在其博士学位论文基础上修改、补充、完善而成的一部"侧重于对赵紫宸神学之伦理化特征的研讨,由此展开其相应解读和诠释"的专著。全书包括三个部分,共8章。第一部分（第1-2章）,考察赵紫宸神学思想的伦理化特征,认为它不仅体现于赵紫宸的上帝论、基督论和救赎论这三个神学的主要环节中,而且蕴含于他对教会、圣经、天国等问题的理解以及对三位一体、恶等神学范畴的阐释中,进而指出赵紫宸伦理化的神学是围绕着个体道德行为基础上的救赎这一观念建构起来的。第二部分（第3-5章）,结合20世纪的中国社会及文化处境来探讨赵紫宸对西方神学的理解与运用,认为中国社会的道德人格问题为赵紫宸的伦理化的神学提供了主题、中国儒家文化的伦理特征塑造了赵紫宸神学的伦理化面貌。第三部分（第6-8章）,分析评估赵紫宸伦理化神学思想的得与失,认为赵紫宸尝试建构的伦理化的基督教神学是一种"处境化神学",虽然在当时中国的社会现实中能够起到启发道德人格的作用,但是存在对于神学之社会功效的明显高估等不足。

谢扶雅的宗教思想(基督教文化丛书/卓新平主编)
唐晓峰著
宗教文化出版社　2007年10月　200千字　309页

　　谢扶雅先生(1892-1991)是中国当代著名的基督教思想家、哲学家、文学家。他熟谙中西文化,著译甚丰,涉猎广博,在中国现代基督教神学思想和宗教研究领域都颇有影响。本书为"基督教文化丛书"之一,作者通过全面考察谢扶雅的生平及著述,解读了其对于宗教哲学的概念及研究方法的界定以及他对宗教信仰作出的辩护,阐述了谢扶雅建基于"不偏不倚,执两用中"的新唯中论的宗教哲学体系,并对他提出的"以行体信"、"中和的逆证"等本色神学构想及其着力构建的中国化系统神学进行了分析与论证,藉此描摹了一个"基督徒君子"形象,深化了对基督教与中国文化之关系的讨论。全书分三篇,共10章。上篇"宗教哲学思想"(第1-4章),探讨谢扶雅的宗教哲学思想,包括宗教与哲学、理性和科学的关系等论题。中篇"神学思想"(第5-7章),探讨谢扶雅的神学思想,包括中国文化诠释基督教、基督教"成全"中国文化和中国基督教神学的特点三个方面。下篇"评论及反思"(第8-10章),表述了作者自己对于"本色神学在中国文化建设中的地位和作用"诸问题的看法。

(三) 外国人物传

1. 天主教人物传

明清间在华的天主教耶稣会士
江文汉著
知识出版社　1987年6月　113千字　144页

　　对中国的天主教来说,最大的收获还是1692年3月22日康熙帝所发表的那道著名的敕令,准许天主教在中国自由传教。这实际上是一项废除禁教的命令。它指出:天主教的教理大致与中国礼教相符。中国政府既容许人民信奉喇嘛教、佛教、回教等诸外来宗教,且准其在境内建立寺院,自无禁绝基督信仰的理由,云云。可以说,促使康熙皇帝允许公开传教的主要原因是由于西教士在科学上对清朝有所贡献。然好景不长,西教士内部发生了激烈的有关名词与礼仪问题的争论,激怒了康熙,1706年下令:凡不向清政府领取居留证并表示支持利玛窦尊重与适应中国文化的传教士,一律驱逐出境。从此清政府历经雍正、乾隆、嘉庆以至道光,对天主教的限制愈来愈紧,延续了一百多年,直至19世纪上半叶发生"鸦片战争"。本书以平实质朴的语言叙述了自16世纪下半期至清末,天主教传教士在中国各地的活动情况、传教背景及中国明清统治者的相关政策。尤其对一些知名传教士,如利玛窦、南怀仁等教会人物的事迹,包括耶稣会士所参与重大历史事件的作用均予细致描绘,如签订"中俄尼布楚条约"等,尽量做到实事求是,以还原历史本来面目。

玖、基督教

16—20世纪入华天主教传教士列传
[法]荣振华等著 耿昇译
广西师范大学出版社 2010年1月 1300千字 1068页

明末清初，随着基督教第三次传入中国，中西文化首次实现直接撞击与交流，由此形成了西学中渐与中学西渐的两股潮流。我们应客观地评价16—20世纪入华天主教传教士们的功过。他们不远万里并冒着死亡的危险来到中国，主要是为了传播天主教。但他们在中国既受到了博大精深的中国文化的吸引，又遇到了这种文化强有力的抵抗。为了传教，他们花费大量精力从事中西文化交流的工作。他们在中西文化交流中的作用，在西方汉学创建与发展中的贡献，都是不容置疑的。本书是一部研究中西文化交流史、基督教传播史和海外汉学发展史的重要工具书，基本上囊括了法国在长达5个世纪期间，被遣往中国的天主教传教士中的绝大多数传教士的传记。全书包括入华天主教修会和传教会入华会士的三部列传：一、法国前入华耶稣会士荣振华神父所著《1552—1800年在华耶稣会士列传》（罗马耶稣会研究所、巴黎拉杜宰和阿奈出版社联合出版，1973年）；二、原入华遣使会士方立中辑录的《1697—1935年在华遣使会士列传》（北平遣使会书局，1936年版）；三、遣使会士热拉尔·穆赛和布里吉特·阿帕乌主编的《1659—2004年入华巴黎外方传教会会士列传》（巴黎外方传教会档案馆2004年版）。此书原名"1659—2004年遣使会士列传"，包括赴远东的所有遣使会士的列传，译者只选择那些曾入华的遣使会士的列传，故更名为"1659—2004年入华巴黎外方传教会会士列传"。上述传记所录入华天主教传教士的汉名和事迹等颇难查考，因而具有一定的史料价值。

明清间耶稣会士入华与中西汇通
[法]谢和耐 戴密微等著 耿昇译
东方出版社 2011年1月 760千字 592页

明清间（大致从1582年起），自从耶稣会士们入华以来，掀起了历史上首次真正的中西文化交流与撞击。他们把欧洲的某些近代科学技术、哲学思想、文化艺术、治国理念、民俗精粹、宗教文化不完整地传入了中国；同时，他们也把源远流长和博大精深的中华文化，全面地而又比较系统地传入西方。虽然他们都是以"传教士"的身份来华的，但他们在16-18世纪所扮演的文化交流的积极而又活跃媒介作用，却是无人能取代的，因此也是值得我们肯定的。本书是一部集中探讨明清耶稣会士入华过程及中西文化交流等相关问题的译文集，主要论述了中国文化对西方文化各个领域的影响。全书按"耶稣会士的入华"、"入华耶稣会士与中西文化的首次撞击"、"入华耶稣会士与西方哲学家的中国观"、"入华耶稣会士与西方政治文化界的中国观"、"入华耶稣会士与西方科技界的中国观"、"入华耶稣会士与中国文明的西传"六个部分来编排，共收录由多位西方学者撰写的文章43篇。内容包括：《从西方发现中国到中西文化的首次撞击》（[法]雅克·布洛斯）；《中西文化首次撞击中的政治与宗教》（[法]谢和耐）；《礼仪之争及其对中西文化交流的影响》（[法]安田朴）；《入华耶稣会士与西方中国学的创建》（[法]戴密微）；《法国入华耶稣会士傅圣泽对中国的研究》（[美]魏若望）；《入华耶稣会士中的道教史学家》（[法]荣振华）；《18世纪中国与法国的科学触撞》（[法]詹嘉玲）等。

罗马教皇列传
刘明翰著

人民出版社　2013年10月　245千字　293页

教皇是天主教会的最高首脑，梵蒂冈的罗马教廷是天主教会的世界中心。罗马教皇历代相传，现今已是第266代，然而国内关于罗马教皇的历史和传记却是长期阙如。本书以唯物史观为指导、以历史时间为序，从266位教皇中选出30位典型教皇列传，对其生平和事迹做了介绍和评价。这30位教皇的共同点是：在位时间较长，观点主张和实践活动较多，影响广、作用大，也兼顾及每个世纪都有代表性的教皇。作者坚持还原历史真相，指出天主教会和教皇都是历史的产物、都有时代和社会烙印。书中强调，任何教皇都是人，不是神，教皇们的言行都离不开当时的政治、经济和文化背景，对任何一位教皇的作用都不能片面拔高或者笼统否定。本书还认为，任何教皇的政治观点和主张都有其阶级属性，历史上，有的教皇毕生从事和维护封建压榨，主宰异端法庭；而有些教皇支持过人文主义，对文艺复兴做出过贡献；也有的教皇热衷于从事资本主义商业活动，追逐金钱等等；总之，每个教皇性格不同，特点不一，须以历史的眼光、客观的态度来评判其是非功过。

尼撒的格列高利基督教哲学思想研究
罗跃军著

人民出版社　2013年11月　202千字　220页

尼撒的格列高利因其在罗马帝国统治下的卡帕多奇亚地区小城尼撒做过主教而得名。他既是卡帕多奇亚学派的三大教父之一，又是继希腊教父奥利金之后思想较为深邃的基督教哲学家之一，在基督教思想发展史上，他起到了承上启下的作用。本书在对中世纪早期教父哲学家尼撒的格列高利的生平、著述及其思想的总体特征进行考察和描述的基础上，试图从其所著《伟大的教义》、《论人的构成》、《论不是"三神"》、《创世六天注》等文本本身出发，来分析和论证尼撒的格列高利对基督教教义思想所作的理论证明或者说是使"信仰理性化"的一些尝试。全书共分6章。作者认为，尼斯的格列高利在早期教父哲学中是最有深度的"思想家"，因为他立足于自身所处的时代背景，以哲学思辨的方式对基督教教义进行理性化的思考和审视。这集中表现他对三位一体问题的论证、对道成肉身的合理性思考、对创世论的思辨和对人的整体研究四个方面上。尤其是他对于人所做的全面研究，不但探讨人的本性和心灵的特征，而且也对人的梦、睡眠、情感以及身体的构成给予了科学的分析。这既显示出他对人的问题的重视，又表现出他对当时科学文化知识的宽容精神。

吉尔松哲学研究（经院哲学与宗教文化研究丛书/段德智主编）
车桂著

人民出版社　2012年9月　420千字　676页

吉尔松（E. H. Gilson, 1884-1978）是国际著名的中世纪哲学史家和哲学家，新托马斯主义阵营中的核心人物之一。作为20世纪新托马斯学派著作等身的卓越学者，吉尔松在中世纪基督教经院哲学的研究中致力于阐述欧洲哲学史中上帝观念的兴衰，充分意识到自己阐述的中世纪基督教经院哲学和马塞尔阐述的基督教存在主义之间先验一致的真理道路。他透彻分析了基督教哲学的知识论根基及其原创精神，并为基督教哲学概念合法性提供了认真辩护。吉尔松断言中世纪经院哲学导师托马斯以"革命的方式"继承欧洲哲学的形而上学遗产，形而上学因此真正成为"关于作为存在的存在的形而上学"。本书为"经院哲学与宗教文化研究丛书"之一，是我国哲学界推出的第一部全面系统地介绍和阐述吉尔松哲学体系的学术专著。全书共分7章。书中以吉尔松的哲学三部曲《中世纪哲学精神》、《哲学经验的同一性》、《存在和诸哲学家》为基本文献，分别论述了吉尔松的经院哲学、存在论、创造学说、人类学说、灵魂学说、伦理学、目的论，深刻揭示了作为吉尔松哲学支柱的"中世纪哲学精神"，对于我国读者深入理解西方哲学的精髓，认识和更新中国哲学，具有重要的启迪意义。

刚恒毅与中国天主教的本地化（世界宗教研究丛书/卓新平主编）
刘国鹏著

社会科学文献出版社　2011年1月　669千字　545页

　　刚恒毅是天主教罗马教廷第一任驻华代表，可以说是"五四"运动后中国天主教"本地化"运动的重要推动者和见证者。本书为"世界宗教研究丛书"之一，作者以罗马天主教会首任驻华宗座代表刚恒毅（CelsoCostantini，1876-1958）的11年（1922-1933）履职经历为考察线索，以该时段内天主教会在华的"本地化"进程为研究对象，在充分利用最新教廷档案的基础上，尝试采纳如教会史研究、比较文献学、社会学统计方法、版本学、历史哲学等多种研究方法，力图详尽展现"本地化"：这一现代以来天主教最大、最无可回避的传教挑战如何在短短的11年间完成决定性的建基工作，并从刚恒毅与这一进程的具体关系来探讨在华外籍传教士、教廷、外籍修会、本地神职人员与信徒、对传教施加外交保护的欧美国家、中国政府、知识分子、普通民众、政党、社团，以及对中国社会带来巨大影响的各类政治、文化运动与事件是如何在其中配合、冲突、穿插与相互作用的，及其对"本地化"所施加的各种影响。全书共分五编。书中依据的多语种历史文献，除作者在意大利米兰圣心天主教大学攻读博士学位期间收集的中、西文资料以外，还来自于2007-2008年间作者先后两次前往梵蒂冈和多次前往法国耶稣会档案馆、巴黎外方传教会档案馆及其所属亚洲图书馆、遣使会档案馆、巴黎国家图书馆、比利时鲁汶大学东方图书馆的资料搜集，因而使本书具有如下"独树一帜"的特点：一、方法论上的创新；二、重大历史结论的修正；三、对历史细节的修复和新的历史地形图的绘制。

汤若望传
李兰琴著

东方出版社　1995年9月　150千字　193页

　　汤若望原名约翰·亚当·沙尔·冯·贝尔（Johann Adam Schall von Bell）。1592年生于德国莱茵河畔科隆城。年轻时到罗马修神学并加入耶稣会。17世纪20年代来中国传播他的信仰天主教。1666年在北京去世。永远长眠在中国的土地上。本书在充分借鉴中外学者研究成果的基础上，通过对汤若望曾经生活过的几个城市的寻踪考察（走访了学者、学术机构和汤氏家族的后代），以及相关历史文献（尽可能使用佚散于中外的历史资料）的搜集整理，从中西文化交流史的角度记述了汤若望这位早期来华传教士的人生历程。全书分为"欧洲岁月"、"造炮小吏"、"传播西学"、"交游中士"、"清天子与洋'玛法'"等8章。书中简要叙述了汤若望成长的时代背景及早年经历,重点介绍了其40余年在华传播西学并与中国朝野广泛建立密切而融洽之关系的复杂过程,重新探讨了汤若望在中西交通史中的价值,指出汤若望这个人物本身即是中西文化相融而产生的一枚果实。

利玛窦与中国（东方历史学术文库/沈志华主编）
林金水著
中国社会科学出版社　1996年4月　256千字　337页

明清之际中西交通史上的一件大事是西学东渐。它始于1582年利玛窦的来华,迄于1773年耶稣会的解散。在这一前后持续约200年的历史事件中,利玛窦担当了开创者的角色,起着相当重要的历史作用,是这一时期中外关系史、中国天主教史、中国古代科技史上的重要人物。本书为"东方历史学术文库"丛书之一,是一部从明清中西交通史的角度考察利玛窦的来华传教事业,透过利玛窦与中国士大夫之交流与互动来"研究利玛窦在华活动对中国产生的影响"的专著。全书共分8章。作者依据有关西文资料和明代古籍,遵循从历史事实出发这一原则,着重分析了利玛窦对中国天文学、数学、地理学、语言、美术、音乐等各方面的影响,特别强调了其对中国知识分子及中外学术交流的"至深且巨"的影响,充分肯定了利玛窦在开启西学东渐之历史大幕时所起到的关键性作用。

利玛窦中国札记
[意]利玛窦　[比]金尼阁著　何高济　王遵仲　李申译　何兆武校
中华书局　2010年4月　457千字　739页

意大利传教士利玛窦是16世纪末到17世纪初在中国传教的著名人物。他于1582年来华,此后28年一直在中国传教、工作和生活,足迹从澳门和肇庆到韶州、南昌和南京,又从南京到北京。在晚年的时候,他把在中国传教的经历记录下来,经后人整理成《利玛窦札记》(或称笔记、纪行、手稿、日记、记录、记事)这部著名的历史文献。本书手稿是利玛窦用意大利语写成的,"它的记述的真实性在于,撰写者本人是一个在中国生活了许多年而且熟悉中国生活的同时代的欧洲人",对于研究明代中西交通史、耶稣会入华传教史,乃至研究明史,都是颇有史料价值的。全书分五卷。第一卷(11章)企图概述当时的中国,内容涉及中国的名称、土地物产、政治制度、科学技术、风俗习惯等。第二卷(14章)主要记述沙勿略努力要进入中国,耶稣会士再度尝试远征中国,直到传教士被邀赴肇庆,开始向中国人传布基督教的曲折过程。第三卷(14章)主要记述利玛窦抵达皇都南京及如何被逐出南京,在南昌开辟传教事业的复杂经历。第四卷(20章)主要记述南京的地方势力交结利玛窦神父,南京最初一批新信徒受洗,然后他们启程去北京,朝廷终于批准了北京的传教会等传教经历;第五卷(21章)主要记述中国成为利玛窦神父主持下的独立传教区、利玛窦神父的中文著作、基督教在南昌的发展、中国第一个圣母会、利玛窦神父之死等方面情况。

利玛窦：紫禁城里的耶稣会士（复旦文史丛刊）
[美]夏伯嘉著　向红艳　李春园译　董少新校
上海古籍出版社　2012年4月　298千字　326页

意大利耶稣会士利玛窦是天主教中国传教区的奠基者,是中西文化交流史上最著名的传教士之一。作为将天主教带入中国的先驱,利玛窦在华传教28年,通过学习中国语言和文化,跨越了中西文化间的鸿沟。即使在400年后的今天,他在西学东渐和中学西传上的卓越贡献仍为世人所铭记。本书为"复旦文史丛刊"之一,是首部全面使用中西文相关文献的利玛窦(1552-1610)传记(2010年由牛津大学出版社出版)。全书共分12章。书中讲述了利玛窦沟通反宗教改革时期天主教欧洲与明代中国的不平凡的一生,追述了利玛窦在意大利中部城市马切拉塔的童年时光,在罗马接受教育的学生时代,在葡属印度地区的逗留,以及在大明帝国内自我发现与文化遭遇的漫长经历。作者以天主教在中国的传播为例,将目光重点投向早期耶稣会士在中西文化交流中所扮演的角色,突出了西方宗教与文化对近代中国知识转型的冲击,试图透过利玛窦的传教轨迹来考察和审视中西文化的交流与碰撞。

托马斯·阿奎那基督教哲学
傅乐安著

上海人民出版社　1990年12月　196千字　260页

中世纪早期经院哲学,主要运用柏拉图哲学替神学作论证,及至阿拉伯和犹太等思想家把亚里士多德的著作介绍到西欧,兴起自然哲学新思潮,揭露理性与信仰的矛盾,据此冲击以柏拉图式思想理论为基础的基督教哲学时,托马斯主义应运而生,并免除了奥古斯丁经院哲学的理论危机。公元13世纪中叶,托马斯率先援引亚里士多德哲学体系,修改了奥古斯丁主义的经验哲学,通过分析经验与先验、哲学与神学等区分和关联,调和理性与信仰的矛盾,论证它们的统一性。托马斯以革新的姿态出现,颇为成功地利用亚里士多德理论代替了过于陈旧而遭受批判的奥古斯丁主义;公元19世纪末,新经院哲学在中世纪托马斯哲学思想的基座上引进自然科学理论,协调当时突出的科学与宗教的矛盾,确认理性判断,再一次肯定理性与信仰的一致性,为基督教神学结构出所谓符合时代精神的新的哲学论证。在西欧哲学史上,就哲学体系来说,基督教哲学能够如此顽强地保存下来,确实是罕见的。它之所以与众不同地具有长时期的生命力,究其原因,除了罗马教会本身需要这一主要因素外,基督教哲学随着时代的发展在理论形式上作相应的变化也是至关重要的。那么托马斯主义无疑是为中世纪经院哲学的延续与发展作出巨大贡献,以至今日仍被罗马教会视为基督教哲学极具影响力的正统派别。本书详细介绍了意大利著名神学家兼哲学家托马斯·阿奎那的生平与论著,对其基本哲学思想作出简括,有助于中国学者全面了解欧洲哲学史,并就此进行综合分析和如实评判。

阿奎那自然神学思想研究(经院哲学与宗教文化研究丛书/段德智主编)
翟志宏著

人民出版社　2007年11月　300千字　426页

托马斯·阿奎那是西方历史上第一位系统全面地阐述自然神学的内容、特征和方法的思想家。他的自然神学学说以上帝为中心,以经验为基础,以哲学为手段,对无限和有限两个层面进行了深入探究。这种探究在相当大的程度上改变了早期基督教神学思想的进程,形成了不同于奥古斯丁主义的托马斯主义传统,在西方基督宗教哲学中产生了与本体论类型分庭抗礼的宇宙论类型。本书为"经院哲学与宗教文化研究丛书"之一,作者以阿奎那的《神学大全》第1集为文本依据,从自然神学的早期历史源流、阿奎那自然神学的基本特征、形而上学存在论、神圣本质与否定方法、属性论与类比方法、有限世界的本质与特征、人的本质理论等议题入手，对阿奎那的自然神学思想作了"历史的"和"哲学的"研究，客观评述了阿奎那自然神学的历史地位及其在当代的影响与意义。全书共分8章。作者指出，阿奎那的主要目的是在哲学－神学一体化的基础上探究神学的问题，他即使想要提出一种学说的独立意义，也是希望在神学中保持哲学的独立性，而不是在哲学中保持神学的独立性。哲学的神学化，对阿奎那来说还过分的遥远。

托马斯·阿奎那的灵魂学说探究：从基督教哲学角度的一种解释（维真基督教文化丛书／许志伟主编）

徐弢著

上海人民出版社　2007年12月　159千字　190页

圣托马斯·阿奎那（St. Thomas Aquinas, 1225—1274）的灵魂学说在西方哲学史上曾经产生过非常重要的影响，在基督教神学中也占据着相当突出的地位，故而对于它的哲学层面与神学层面之间究竟有没有必然的内在联系，历史上的研究者曾经进行过多次争论，但至今尚未得出定论。本书为"维真基督教文化丛书"之一，是一部以中世纪士林哲学之集大成者托马斯·阿奎那的灵魂学说为切入点，以"理性与信仰、哲学与神学的关系"这一"在基督教哲学家的著作中历来是一个处于核心地位的关键问题"为研究对象的学术专著。全书共分6章。书中详细论证了蕴含于托马斯神学思想中的两条基本原则：一、人是由肉体和灵魂构成的有形实体；二、人的灵魂是单一的精神实体，确认了托马斯灵魂学说的性质、意义与影响，指出信仰与理性并非两种截然不同的思想方式，神学与哲学也不是两个被无原则地掺和在一起的理论体系，而是两个相互渗透、包容的，有着必然的内在联系的构成要素，从而使读者进一步加深对"基督教哲学"概念的合法性问题的认识和理解。

阿奎那存在论研究：对波埃修《七公理论》的超越（经院哲学与宗教文化研究丛书／段德智主编）

董尚文著

人民出版社　2008年9月　300千字　476页

存在论是传统西方哲学的理论内核和深层基础。波埃修在推动希腊古典存在论向西方拉丁世界基督宗教存在论的转化过程中起到了承上启下的作用。托马斯·阿奎那的存在论作为其神哲学研究中的一个重要课题，不仅超越了波埃修的存在论，而且对希腊古典存在论实现了一场哥白尼式的革命。本书为"经院哲学与宗教文化研究丛书"之一，作者将阿奎那对波埃修的《七公理论》的评注作为文本基础和观察视角，根据其所提供的基本线索对阿奎那和波埃修的存在论进行了全面、系统的比较研究，并结合他们的其他相关作品加以确证，重点凸显了阿奎那在存在论以及以此为基础的分有学说、单纯体的形而上学、善的形而上学等方面对波埃修实现的思想超越。书中还将比较研究的结果置于整个西方哲学发展的宏大历史背景中予以定位和审视，简要评述了阿奎那存在论的历史地位与当代发展。全书共分6章。内容包括：波埃修的《七公理论》与阿奎那评注的背景；阿奎那对波埃修存在论的革新；阿奎那对波埃修实体类型学思想的修正；阿奎那的分有学说；阿奎那关于善的形而上学思想等。

玖、基督教

阿奎那变质说研究（经院哲学与宗教文化研究丛书／段德智主编）
濮荣健著

人民出版社　2011年8月　240千字　357页

　　圣餐的变质说在阿奎那之前已经被天主教会所确认。阿奎那关于圣餐的变质说是实在论哲学在神学的应用、信仰和理性的界限等讨论中具有代表性的例子。它是理性服务信仰的典型，因为阿奎那用哲学为神学建立了理性的基础，圣餐的变质说得到了巩固。本书为"经院哲学与宗教文化研究丛书"之一，作者结合《圣经》和阿奎那的《神学大全》等著作，运用本体论、神学认识论、语言分析等哲学方法，论述了存在和上帝观的各种可能的关系，以及存在、实体这些概念的意义，然后进入与变质说相关的存在和本质概念，探讨了阿奎那的变质说与基督论、灵魂观、恩典观、圣事观等的关系及其历史影响。全书共6章。第1章介绍圣餐变质说的《圣经》依据与理论渊源。第2章探讨阿奎那的变质说与以存在为中心的本体论的关系。第3章探讨阿奎那的变质说与以温和实在论为基础的认识论的关系。第4章探讨阿奎那的变质说与神学世界观的关系。第5章讨论阿奎那的变质说与圣事伦理的关系。第6章探讨阿奎那的变质说的历史影响，论证即使变质说不成立或不被天主教以外的基督徒所认可，"信仰寻求理解"仍然成立。

苦难与拯救：保罗·尼特的宗教多元论与宗教对话思想研究（第二轴心时代文丛／王志成主编）
王蓉著

宗教文化出版社　2011年12月　250千字　280页

　　保罗·尼特（PaulKnitter）是当今世界著名的天主教神学家、社会活动家、宗教多元论的杰出代表。作为佛教和基督教对话的长期实践者，他在跨文化对话领域，尤其是宗教间对话方面作出了重大理论贡献和实践上的努力。本书为"第二轴心时代文丛"之一，是国内学者第一次对保罗·尼特的宗教多元论和宗教对话思想进行全面、综合性研究，并就宗教信仰中存在的双重甚至多重归属问题予以反思的专著，几乎包括了尼特对话思想和神学思想的各个方面。全书共分8章。第1章首先交代了本书进入的时代语境，陈述诸宗教在当代面临的挑战，梳理尼特对当今时代之挑战的深刻觉察。第2章描述保罗·尼特的生平和他的对话奥德赛，述及尼特在过去30多年的宗教对话经历，以及他在信仰上的挣扎和超越。第3-4章探讨保罗·尼特提出的相互关联和全球负责的宗教对话思想，并对尼特的伦理实践及其存在的问题作出分析解答。第5章梳理保罗·尼特基于相互关联和全球负责模式发展出的基督教诸宗教神学，重点探讨了尼特的基督论。第6章针对耶稣独一性问题，选择几位主要的神学家为对象，整理了保罗·尼特就耶稣基督的独特性问题与他们展开的批评与回应。第7章探讨了保罗·尼特在宗教对话和信仰上的自我超越。第8章为结论部分，作者尝试提出自己对基督教回应时代之挑战的展望。

奥古斯丁的基督教思想（维真基督教文化丛书／许志伟主编）
周伟驰著

中国社会科学出版社　2005年5月　345千字　408页

　　奥古斯丁是教父哲学的集大成者。他建立了以"恩典"为核心的基督教哲学体系，极为深远地影响了天主教和新教思想。他在西方思想史上的地位，只有柏拉图、亚里士多德、阿奎那可以相比。

如果像怀特海所说西方哲学只是柏拉图对话录的一系列脚注，西方基督教哲学也可以说只是奥古斯丁著作的一系列脚注。本书为"维真基督教文化丛书"之一，是汉语学界第一部全面介绍奥古斯丁思想的著作。书中以奥古斯丁思想的根本特征"恩典论"为核心，详尽考察了奥古斯丁生平、著作及其基本思想的起源与发展，涉及"原罪论"、"预定论"、"自由意志论"、"两城说"、"正义战争论"等颇具奥古斯丁特色的范畴。全书共分6章。第1章介绍奥古斯丁的生平及著作。第2章从奥古斯丁个人的生存体验入手，对其思想中的"堕落"、"罪"、"恩典"、"爱"、"永生"等观念作了起源式的考察和阐释式的引申。第3章从"纵"的方面（时间）对奥古斯丁思想转变及调整的来龙去脉进行描述和说明。第4章从"横"的方面（概念网络）对奥古斯丁以恩典论为特征的思想加以描述和分析；第5章概述奥古斯丁对中世纪和现当代哲学家、神学家产生的重要影响。第6章介绍现代奥古斯丁研究的进展情况。

尘世的权威：奥古斯丁的社会政治思想（思想与社会研究系列）

夏洞奇著

上海三联书店　2007年6月　300千字　391页

奥古斯丁（Aurelius Augustinus，354—430）在西方的思想与学术中占有相当重要的地位。虽然他生活在大约1600年前的罗马北非，他的思想却早已渗入了西方基督教传统的深处，有"西方神学的典范"之誉。本书为"思想与社会研究系列"丛书之一，作者从奥古斯丁思想史研究的角度入手，循着"对奥古斯丁的社会与政治思想的考察"路径，并以其"权威观"为线索和焦点，着重分析了奥古斯丁担任希波主教以后的著述，特别是对其《上帝之城》、《布道辞》和《书信》等提出独到见解，从而重构了奥古斯丁以强调社会权威为根基的社会政治思想图景。全书共分5章。第1章概述奥古斯丁权威观的生成背景、基本骨架及其向基督教信仰的转变。第2章分析奥古斯丁《上帝之城》中著名的三阶段论和两城说，确认"尘世"在奥古斯丁历史神学中的理论位置。第3章讨论尘世语境中的婚姻与家庭的家主权威。第4章讨论国家层面的政治与人的自然本性，尘世神学中的政治伦理。第5章在强调教会就是"上帝之城"在尘世的代表的基础上，以上帝之城（教会）和地上之城（国家）为喻，探讨"相混之体"（尘世中的教会）树立治理权威的必要性，以及运用宗教强制手段行使权威的合法性问题。

宗教与哲学的相遇：奥古斯丁与托马斯·阿奎那的基督教哲学研究（凤凰文库·纯粹哲学系列 / 叶秀山主编）

黄裕生著

江苏人民出版社　2008年4月　324千字　363页

基督教与哲学的相遇，产生出了一种特殊的哲学形态，这就是所谓"基督教哲学"。它的产生意味着西方哲学进入了第二个时期。这是一个特殊的时期，因为它不像希腊哲学或者近代哲学那样完全由哲学本身规定自己的方向与进程，而是与基督教信仰一起塑造了一段持续逾千年之久的特殊哲学形态的历史。本书为凤凰文库"纯粹哲学系列"丛书之一，作者从研究奥古斯丁和阿奎那的基督教哲学入手，着重探讨了"通常以基督教神学的形态存在"的基督教哲学为哲学开辟出的新问题与新维度，即：绝对他者问题与绝对原则意识、自由意志问题与人格意识、历史原则与希望意识、普遍之爱与亲情的限度意识。书中指出，正是由于这些新问题的提出与讨论，改变了欧洲哲学的格局，也改变了人类自我理解的世界图景；而在现实里，还改变了整个世界。全书分为"奥古斯丁的基督教哲学"和"托马斯·阿奎那的证明之路"上、下二篇。上篇（6章）分别讨论奥古斯丁的时间观、自由意志与原罪说、历史哲学、关于上帝的现象学。下篇（4章）分别讨论托马斯对"存在者"、"本质"、"存在"、"本体"的理解，以及托马斯的真理观、"神圣学说"与通达上帝的五条道路。

自由、心灵与时间：奥古斯丁心灵转向问题的文本学研究（宗教文化大系／赖永海主编）
张荣著
江苏人民出版社　2010年9月　330千字　387页

"自由与时间"这两个概念作为奥古斯丁思想的核心，奠定了基督教哲学的基础，是理解奥古斯丁哲学的两大契机，本书为"宗教文化大系"丛书之一，主要围绕奥古斯丁提出的在西方哲学史上具有奠基意义的两个概念：自由和时间，以心灵转向为主题，对古罗马著名哲学家奥古斯丁两部重要文本《论自由决断》和《忏悔录》（卷11）进行了哲学阐释。作者认为，自由与时间这两个概念不仅是基督教哲学的基石，更为重要的是共同完成了心灵的转向。由此可以间接证明：善良意志的根据在于上帝，论证了上帝证明和自由决断之间的必然联系。全书分上、下两篇。上篇（5章），集中分析了奥古斯丁的神正论，特别是讨论了恶的起源、人的自由和上帝的正义这些问题。下篇（5章），是对奥古斯丁时间之问的全面考察，不仅考察了奥古斯丁对时间之存在（是）与时间之本质（是什么）的追问，而且考察了他关于时间存在的方式（怎样是）的追问。他关于"时间是心灵的伸展"这一回答，不仅使心灵之思和心灵之在合二为一，而且使他的时间之问走在存在论的途中。末章则考察了奥古斯丁时间之问的现象学效应。

俗世的朝圣者：奥古斯丁人性论探讨
张涵著
上海三联书店　2013年10月　250千字　309页

奥古斯丁在论述及思考其神学问题时，首先是基于这样一个立场，即"真正的爱智者就是爱神者"，同时，这一基本立场也贯穿于其对人性论问题的探讨和论述。在他看来，上帝作为天地万物的创造主，就是智慧本身和真理的源泉，因为《圣经》说："一切智慧皆来自耶和华"。本书系作者张涵在博士论文基础上修改而成的专著。书中以"朝圣者"为核心概念，通过对古罗马哲学家奥古斯丁的个人经历、哲学及宗教背景、对《圣经》以及早期教会的神学的承传、所涉及的神学争论，以及为基督教信仰的辩护等多个方面的考察，深入地研究了奥古斯丁人性论思想的缘起、发展和成熟，阐释了奥古斯丁人性思想与其基本哲学论点的内在关系及其特点和意义。全书共分6章。作者指出，在奥古斯丁的思想中，不仅肯定恩典与爱的先在性，更认为罪并非一种实体而是善的失去，更是确立一种动态的人性论，就是从"创造—堕落—拯救"此一过程或说救恩史的视角去看人性，相信人性是尚在发展中、上帝正在完成中的作品。

奥古斯丁选集（基督教历代名著集成）
[古罗马]奥古斯丁（Augustinus.A.）著　汤清　杨懋春　汤毅仁译
宗教文化出版社　2010年5月　390千字　362页

圣奥古斯丁（Aurelius Augustine, 354-430）是古代教会著述最丰富作家之一，他的名著中最伟大的当推《忏悔录》和《上帝之城》。可以这样说，在神学历史上，无论教父，经院学者，或改教家，无一人超乎奥氏之上者。可是原来奥氏不过是一个骄傲的知识分子。他虽追求真理，却彷徨于歧途，不知所之；虽自觉形污，却深沉于罪恶，不能自拔；虽蔑视基督教，却外强中干，心灵苦闷。幸而至终他在上帝面前自卑、哀求，乃得蒙感召，在耶稣基督里看见了真理，战胜了罪恶，找着了安息。本书为"基督教历代名著集成"丛书之一，由金陵神学院托事部主持编译了奥古斯丁的《三位一体论》（汤清译）、《论自由意志》（汤清译）、《论本性与恩典》（汤毅仁译）、《教义手册》（杨懋春译）四篇名著，以供中国读者研究历代基督教中这位最伟大神学家和哲学家思想之用。其中《三位一体论》这一教义杰作因篇幅甚长，故只将其中最重要的前半译出，而将他反摩尼教代表作《论自由意志》，反伯拉纠派代表作《论本性与恩典》和系统神学代表作《教义手册》列入。译者汤清博士于校核时，曾对照拉丁原作，希能将这位伟大圣徒的思想，尽量予以传达。

圣经和希腊主义的双重视野：奥利金其人及神学思想（维真基督教文化丛书／许志伟主编）
章雪富著
中国社会科学出版社　2004年4月　275千字　334页

奥利金（Origen，约185-254）是公元2-4世纪希腊基督教最伟大的神学家，也是东方教父中可以与奥古斯丁相提并论的杰出人物。他不仅塑造了希腊（东方）基督教神学，通过尼西亚-君士坦丁堡信经的确立，他的影响还扩展到拉丁（西方）基督教神学传统。然而由于教会史和教义史关于其正统性的各种争论，他的形象一直是模糊的、受曲解的，甚至被看成是一个负面的神学家。本书为"维真基督教文化丛书"之一，作者"抱着同情的态度来看待奥利金神学"，探讨奥利金思想的双重特征，即在希腊化背景下形成的解读圣经的奥利金神学视野及其信仰的品质，力图全面塑造一个"内心充满激情、生活充满苦难、神学充满创造的知识分子基督徒形象"。全书包括三个部分。第一部分"奥利金的一生"（4章），以奥利金的成长及著述为轴心，展示早期基督教与罗马帝国的复杂关系，叙述奥利金的著述和思想的处境性。第二部分"奥利金的神学思想"（5章），依据奥利金的《论首要原理》和《驳凯尔苏斯》这两部著作，讨论奥利金的三一神学、灵魂论和自由意志论，以及他与诺斯底主义的争论。第三部分"奥利金的思想遗产"（2章），简要分析奥利金思想与尼西亚会议及信经的关系。

2. 新教人物传

基督教大思想家（基督教学术译丛／刘小枫主编）
［瑞士］汉斯·昆著　包利民译
社会科学文献出版社　2001年5月　174千字　233页

汉斯·昆（Hans Kung，1928-），当代基督教著名思想家。他倡导一种崭新范式的基督教思想，致力于推动神学在所谓后现代处境中的范式转换。神学的典范转移，是时代的思想和社会处境变化的必然结果。昆的神学典范的转移方向是，建构能回应所谓"后现代"处境的神学模式。为了论证神学典范转移的必要性，昆除了神学论述外，也借助于思想史；按他的描述，神学思想史就是一部神学典范的转移史，考察神学思想的典范转移，就是昆的思想史重述的基本旨趣。本书为

玖、基督教

"基督教学术译丛"之一,是汉斯·昆撰写的唯一一部思想性的神学思想史著作。全书共分7章。书中依照作者设定的思想路线:"我将展示进行之中的神学,活生生的神学,由基督教史中典范型人物所反映出的神学—这些人物是代表了整个时代的大基督教思想家",循着神学思想史的转移轨迹,概述了保罗、俄里根、奥古斯丁、托马斯·阿奎那、马丁·路德、施莱尔马赫、卡尔·巴特这七位基督教思想家的思想要旨,展开了一场历代基督教大思想家之间的精彩对话。

改教家的神学思想(历史与思想研究译丛/章雪富主编)
[美]蒂莫西·乔治著　王丽译
中国社会科学出版社　2009年7月　333千字　342页

新教改革是一个复杂、多面的复兴运动,它成为基督教信仰在现代社会最具活力的发展因素。本书为"历史与思想研究译丛"之一,是美南浸信会神学院教授蒂莫西·乔治于20世纪80年代撰写的一部"讲述西方宗教改革运动的历史发展过程以及相关的神学思想"的专著。书中主要关注新教改革中的四个核心人物:路德(Martin Luther)、茨温利(Huld rych Zwingli)、加尔文John Calvin和门诺(Menno simmons)对于神学的自我理解,试图解释每一位改教家的思维模式及改教背景,从而避免了以现代的问题和标准来批评改教家的思想和动机的倾向,阐发了改教神学对于我们这个时代的意义。全书共分7章。第1章概述宗教改革运动研究的主要观点。第2章介绍中世纪晚期的神学和灵修状况。第3-6章分别讨论了四位主要改教家的神学。第7章从上帝的主权与基督论、圣经与教会论、崇拜与灵修、伦理学与末世论四个方面探讨改教神学持久的有效性。作为一个浸信会的神学家,作者跳出既往讨论宗教改革时多局限于"宪制的宗教改革"的窠臼,而将重洗派神学家门诺作为主要的改教家之一来讨论,有助于我们了解对今天教会影响深远的重洗派传统。

论基督徒(上、下册)(历代基督教学术文库)
[瑞士]　汉斯·昆著　杨德友译　房志荣校
生活·读书·新知三联书店　1995年8月　636千字　925页

基督徒应该知道自己需要什么。非基督徒应该知道基督徒需要什么。本书为"历代基督教学术文库"丛书之一,是当代著名的天主教神学家,杰出的基督教护教大师和改革神学家汉斯·昆(Hans kung 1928—)教授最有影响力的著作,被神学界称为当代的Summa theologica(神学大全)。该书初版于1974年,曾被译成英、法、意、西、韩、日等文字广为刊行。汉斯·昆教授在书中把传统的神学主题放在整个现代人文语境中来讨论,尽可能地搜罗了近代人本主义产生几百年来出现的种种批判基督宗教及其信仰的论点,以及百余年来神学在现代转变中出现的争论点,详加辨析。其中心论题可以概括为:基督信仰在现代的文化思想和社会生活中,是否还有生命力,如果回答是肯定的,那么根据是什么。全书分为"视野"、"区别"、"纲领"、"实践"四大部分,内容涉及现代人道主义的挑战、世界各宗教的挑战、基督教的特点、基督教与犹太教、上帝的事业、人的事业等有关基督教问题的各个方面。从神学的角度看,本书讨论了上帝论,基督学、信仰论、教会学、圣经学等神学的传统题域,几乎囊括基督信仰的全部基本信理。作者的思想具有的开放性和穿透力,得到思想界的称誉;本书展现出的学术严谨作风,亦为学界所称道。

明清时期西方传教士中国儒道释典籍之翻译与诠释
李新德著

商务印书馆　2015年12月　598千字　522页

明清时期西方来华传教士在中西文化"西学东渐"、"中学西传"的双向交流中曾经扮演过"摆渡者"的重要角色。他们是中国典籍西译的最初和最主要的译者，明清之际，以耶稣会士为代表。晚清时期，则以来自英国的新教传教士最为活跃。明清之际的耶稣会士，他们侧重于翻译介绍中国儒家经典，开启欧洲的早期汉学研究；晚清时期的新教传教士，尤其是以来自英国的伦敦会传教士为代表，他们从最初翻译介绍儒家经典，逐步延伸到对中国佛教、道教的研究与经典传译方面，这样到了清末民初，以传教士为译者主体的中国典籍西译工作几近完成。本书以第一手源语文献为依托，将比较文学研究、明清传教士研究、翻译研究、汉语本土的儒道释经典研究与西方汉学研究等研究领域纳入到一个分析框架中，对明清时期西方传教士翻译中国儒道释经典的实践以及他们对中国文化的认知与传播作了整合性思考。全书共分9章。书中对中国典籍西译的历史，西方传教士的翻译体例、翻译策略以及对他们塑造的中国儒道释之他者形象等问题所做的深入考察和分析，有助于我们重新认识当年传教士中国经典译本的历史价值，尤其是这些译本在西方世界所产生的影响，以及西方读者的接受方式，从而为中国基督教研究和中国译学理论建设提供了丰富的文本分析范例。

人的发现：马丁·路德与宗教改革（走向未来丛书/包遵信主编）
李平晔著

四川人民出版社　1983年11月　107千字　209页

宗教改革是1517年以德国维腾贝格大学的神学教授马丁·路德贴出九十五条论纲为导火线，继而迅速蔓延西欧各国的一场反封建的政治斗争。这场席卷欧洲、震撼教廷的宗教改革风潮，不仅是资产阶级反封建的政治大革命，而且是一场深刻的思想革命。本书为"走向未来丛书"之一，是一部以"15、16世纪欧洲由封建主义向资本主义过渡的伟大历史时期所发生的重大社会变革：宗教改革及其代表人物马丁·路德"为研究对象的专著。全书共分8章。作者立足于人的发现和解放的视角，力图通过对马丁·路德的宗教改革活动及他的新教学说的探讨，拨开15、16世纪笼罩在欧洲大陆的神权迷雾，揭示新兴资产阶级在资本主义发展初期对历史发展所起的进步作用和局限性，进而客观认识路德所处的这个时代的精神，评价马丁·路德思想在历史变革中的作用及其对欧洲社会发展的巨大影响。

马丁·路德的神学
[德]保罗·阿尔托依兹著　段琦　孙善玲译

译林出版社　1998年10月　415千字　474页

马丁·路德是16世纪最伟大的宗教改革家之一，他的全部神学思想的核心，就是以《圣经》为先决条件的对于"因信称义"教义的理解。据此，路德对教皇的权威及天主教传统思想进行了猛烈抨击。他指出，正是因为对这条教义的传统理解的错误，天主教会才采用了两极的方式：圣经和传统，而非唯有圣经。由于教皇代表传统，而且教皇有对圣经的解释的最终权威，这导致了对真理的认识以人为中心，而不是以圣经为中心。本书是德国神学教授阿尔托依兹（Paul

Althaus)观照"路德神学的整个视界"而撰写的一部"试图促进那种有益于现实的对路德神学的研究"的概论性著作,堪称研究马丁·路德神学思想的权威。全书包括"认识上帝"和"上帝的工作"两个部分,共28章。书中环绕路德以《圣经》作基础的神学立场,论述了路德对于《圣经》所包含的古老真理的非教条主义的解释,再循着路德"因信称义"的思想路线探问了"神学的主观内容"、"对上帝的一般的及正确的认识"、"自有的上帝与启示出来的上帝"、"十字架神学"、"上帝的道和上帝的灵"、"作为圣徒团体的教会"、"真正的教会与经验中的教会"等关涉圣经福音与教会使命的多方面论题,继而在确认路德所处那个时代的神学氛围及路德神学的思想特性的前提下,指出路德神学赋予其新的精神力量、时代意义的独创性及其相较于经院神学的理论贡献。

改教家路德（历史与思想研究译丛/章雪富主编）
[美]詹姆斯·基特尔森著　李瑞萍　郑小梅译
中国社会科学出版社　2009年1月　290千字　266页

马丁·路德拥有的是具有多面性的一生,他不仅因其成就也因其借以展开的内在逻辑而引人注目。有关他的著作充塞着世界各地的研究图书馆。本书为"历史与思想研究译丛"之一,是继罗兰·培登的名著《这是我的立场》之后最重要的路德传,堪称英语界迄今为止针对普通读者撰写的路德传记中最优秀的一部。全书分为"年轻时代思想之形成"、"改教家的产生"、"逃犯的工作"、"真教会"、"成熟的路德"五个部分,共计18章。作者在书中尽量使用学者对路德的最新研究成果,并结合对路德时代的宗教习俗、日常生活状况以及他受教于其中的神学和宗教传统的探究,以极大的准确性追溯了这位伟大的改教家的人生和思想经历,成功地刻画了路德的信仰和人格性情,指出"对灵魂不止息的关怀事实上是路德的神学以及由此展开的宗教改革的动力",并且强调"路德既拥有超越其自身时代并在今天仍具吸引力的公众生涯,也是一个具平常人性,生活在特定时间、特定地点的人,是一个可以被理解的历史伟人",从而向读者清晰地展现了路德其人及他完整人生历程的图景。

马丁·路德天职观研究
林纯洁著
人民出版社　2013年10月　286千字　265页

天职（Beruf）一词起源于希伯来文化,在基督教的发展过程中,神的召唤从基督徒个人转向整体;中世纪社会经济和劳动观念的发展,基督教神秘主义和一些教会神父的思想为马丁·路德天职观的产生奠定了基础。路德认为,上帝赋予基督徒在尘世各种不同的职业和身份,互相服务,继续上帝的创世的工作。天职具有世俗性、神圣性和平等性,并且不限于职业,人的各种身份及职责,都是上帝赋予的天职。本书运用历史学的方法,以路德的著作为主要史料,考察了路德对教会、家庭、政府三种秩序的划分,阐释了路德对三种秩序下不同身份的天职规范的具体研究。全书共分5章。书中通过研究发现,路德借助天职观对尘世理论达成了一个完整的构想,并据此重构他眼中的"被颠倒的世界":教会日益世俗化,世俗权力干涉信仰,家庭缺乏爱,婚姻制度松弛等,认为路德在作为一名神学家的同时,"被迫地"成为一名社会改革家。在此基础上,作者大胆提出:路德对世俗政府和教会各自天职的划分,尤其是认为自卫的正义战争是皇帝的天职,反对任何形式的宗教战争,有利于近代国家世俗化的发展,也体现了基督教政教二元主义的传统。

从马礼逊到司徒雷登：来华新教传教士评传
顾长声著

上海人民出版社　1985年8月　343千字　486页

　　本书评述了西方29名基督新教传教士在中国的行为履历、神学理念及其传教生涯，是一部传记体的介绍新教传教士来华情况的著作。时间跨度为19世纪初至20世纪中叶，展现了清末、民国直至解放战争后期的中国近现代历史的全貌和近现代中国社会宗教生活的真实景观。这些传教士在华活动范围甚广，涉及政治、军事、文化、教育、出版和慈善事业等各个领域。他们中有象郭实腊、李提摩太、梅子明等披着宗教外衣、明目张胆地干涉中国内政的侵略分子；也有像傅兰雅、乐灵生、文幼章等支持过中国人民进步事业的友好人士；更多的则是无意识地执行西方殖民主义侵华政策，只是在程度上有深有浅。事实表明，来华外国传教士的情况并不完全相同，只有根据他们自己留下的历史记录，来评价他们的生平，才能得出比较正确的结论。传教士问题是一个具有现实意义和带有普遍性的问题，国外有"传教学"这门学科，且已有数百年历史。西方各国从16世纪开始就陆续向亚洲、非洲、拉丁美洲派遣传教士，充当开拓殖民地的先锋。早在1550年，葡萄牙殖民当局就计划派遣传教士前来中国，到明末清初西方天主教传教士已经深入中国宫廷。进入近代以后，英、美等国基督教传教士相继踏上中国领土，帮助西方殖民主义者打开中国的大门，然后深入中国腹地发展外国教会势力。在中国近代社会的大变革中，他们从各方面对中国施加影响。对于这种特殊的历史现象，有必要进行系统和科学的研究，探索其来龙去脉，得出活动的规律。

卡尔·巴特神学研究
张旭著

上海人民出版社　2005年4月　357千字　353页

　　卡尔·巴特（Karl Bnrth，1886—1968）作为无可争议的"20世纪基督教教父"，其名位列于20世纪所有神学家之上。巴特不仅是20世纪欧陆基督教神学的主宰者，而且也是英美神学中的主角之一。本书是国内第一部系统研究巴特神学思想的导论性著作。书中首先介绍了巴特的地位、生平和思想，阐释了巴特神学概念之内涵，继而从"审判的上帝"、"启示的上帝"、"恩典的上帝"三个方面对巴特神学思想历程作了一次梳理和探讨，展示了巴特神学一以贯之之道，即上帝在耶稣基督身上具体地、独一地、一体地启示出来的"上帝之道"（创世之道、拣选之道、和解之道和救赎之道）在其神学思想中的建构与回应。全书分为"巴特神学概念"，"审判的上帝：巴特的危机神学"，"启示的上帝：上帝之道和三位一体论"，"恩典的上帝：拣选论、创世论与和解论"，"上帝、耶稣基督与教会：神学与政治"五个部分，共12章。作者指出，巴特之所以是"我们时代最伟大的神学家"，是因为他最深刻、最本己、最彻底、最清晰地重返到基督教的本质之上。没有一个基督教神学家能在全面、细致、深刻、自由地阐述基督教的基本福音信息上与巴特相比。就基督教福音信息的核心而言，可以说，巴特说尽了基督教教义的一切。

加尔文传：现代西方文化的塑造者（历史与思想研究译丛 / 章雪富主编）
[英] 阿利斯特·麦格拉思著　甘霖译

中国社会科学出版社　2009年7月　339千字　312页

　　加尔文是欧洲历史长河中影响深远的人物。在现代时期曙光初露之际，亦即西方文明开始形成自己特有的形式之时,加尔文的思想不仅奠定了新教神学的基本框架,而且塑造了现代西方文化。本书为"历史与思想研究译丛"之一,是英国当代杰出的福音派神学家和教育家阿利斯特·麦格拉思(Alister McGrath)撰写的一部关于加尔文的思想性传记。全书按时序编排,包括"巴黎:思想的形成"、"徘徊的岁月:奥尔良及邂逅人文主义"、"从人文主义者到宗教改革家:归信"等十二个部分。作者借助研究文艺复兴晚期的史学家所掌握的资料,尽可能如实描绘加尔文所处并随之改变的世界,力求还原出"建基于历史真实"的充满精神活力和志趣的加尔文形象。书中着重阐发了加尔文的神学思想,廓清了加尔文主义与加尔文思想的关联,还特别澄清了加尔文与塞尔维特事件的关系,纠正了茨威格等人对加尔文的歪曲。正如作者在序言里所说:"本书的主旨并不是要赞扬或谴责加尔文或他留下的文化遗产,而是要确立此文化遗产的性质与范围。它试图阐明这位不凡人物的精神,并探索其观点的起源与结构,以及这些观点对西方文化的影响"。

传教士与近代中国社会变革:李提摩太在华宗教与社会实践研究(1870-1916)
何菊著
中国社会科学出版社　2014年9月　245千字　220页

英国浸礼会传教士李提摩太在华生活长达40多年,有着突出的社会影响。根据他的实践活动,运用人类学理论与方法考察传教士与近代中国社会变革的关系是一种新的尝试。本书是国内外第一部运用人类学理论系统研究李提摩太在华宗教与社会活动的学术著作。书中以综合性眼光将其布道讲经、联结佛耶、传播西学、顾问改革、勾连世界的各种实践活动整合起来进行梳理、分类和解释,藉此探讨传教士与近代中国社会变革的关系问题。全书共分6章。作者指出,在批判西方中心主义的研究视角下,李提摩太作为传教士在中国社会中扮演"内部他者"的角色得到突显。他一方面将外部世界的要素带入中国社会,使之与中国内部的变革要素相结合;另一方面因为身处中国社会之中又使自己成为中国社会变革的一种内部力量。通过内外力量的转化,中国社会文化对传教士等外来要素进行包容和吸纳,整合之后激发新的社会力量促成社会发生巨大变革。因此,中国社会变革最终是精英和民众基于本土社会文化的积淀,包容和融合外来文化而实现的。

间接沟通:克尔凯郭尔的基督教思想(维真基督教文化丛书)
梁卫霞著
上海人民出版社　2009年12月　260千字　292页

克尔凯郭尔被称为至今最有影响力的19世纪思想家之一,他的思想具有强烈的现代气息。克氏思想孕育并产生的深厚背景和精神底蕴是基督教神学,他一生执着追求的目标以及全部著作的宗旨都围绕着基督教神学,而间接沟通既是他基督教神学的核心和本质,也是他全部生活、思想、思维方式和表达方式的一个最显著的特征或风格。克氏的几乎全部作品和思想都是与"基督教界"深陷幻象中的人们的一种间接沟通。这种"沟通"的本质在于:它是克氏在基督教界实施的一种苏格拉底式的"助产术"。他的作品和思想的目的就在于对人们进行苏格拉底式的间接引导、警醒、启发和暗示,帮助人们去除扎根于心中的幻象,选择和占有基督教的真理。本书为"维真基督教文化丛书"之一,是在作者的博士论文基础上形成的一部以克尔凯郭尔的"间接沟通"作为切入点,对其基督教思想的形成、演化、实质及其作品和多样化的语言风格进行深入解读和论述的专著。全书共分6章。内容包括：克尔凯郭尔的沟通学说、间接沟通学说的渊源和基督教思想背景、美学思想的间接沟通、哲学思想的间接沟通、宗教思想的间接沟通等。

生命的伦理：克尔凯郭尔宗教生存伦理观研究
王常柱著
中国社会科学出版社　2012年6月　235千字　298页

克尔凯郭尔（1813-1855）是西方近现代转型时期的一位开创性的哲学家，在哲学史上占据重要地位。他的伦理思想，乃基于启蒙运动以来所形成的理性主义氛围以及基督教信仰淡漠的事实。为此，他从生存论的立场出发，提出了精神人性论，断言人是精神，精神是自我，而人的生存乃是其本质的实现过程，是一个合目的、指向"永福"的精神运动过程。本书依据克尔凯郭尔的作品及其"作为宗教生存伦理思想家"的人生经历，试图对他的宗教生存伦理思想进行研究，以揭示其伦理观的理论价值与现实意义。全书共分6章。书中通过对克氏宗教生存伦理观的宗教基础：上帝权威论、个体原罪论、生存永福论的考察，进一步引申到其人性基础层面（人是精神、精神的运动、精神的类型与精神运动的归宿）的探讨，随之论述了克氏宗教生存伦理观的美学境界、伦理境界和宗教境界，以及他的伦理观的终极取向（宗教生存辩证法、生存三境界的关系及其宗教悬置伦理的逻辑必然性）等方面，从而建构起一个以基督教信仰为宗教基础，以精神人性论为人性基础，生存辩证法为理论支撑，以主观真理为价值基准，以永福为生存的终极目标，以八大主张为基本内容，以生存主体的意志和激情为动力的理论框架。

美国传教士伯驾在华活动研究（1834-1857）
谭树林著
群言出版社　2010年5月　300千字　328页

伯驾（Peter Parker，1804~1888）是早期入华美国新教传教士，也是第一位来华专职医药传教士。在华期间，他不仅行医传教，而且直接参与美国对华外交事务。可以说，他既是当时中国社会的旁观者，也是当时中国历史的参与者，集传教士、医生、外交官、汉学家于一身，是早期中外关系史、中西文化交流史上的典型缩影。对伯驾而言，他在中国基督教史上的地位，可以借用人们的一句评语来表达，即他"用手术刀把中国开放给基督福音"。本书是一部力图"对伯驾在华活动及其影响进行全面、系统深入研究、并在此基础上给以恰当评价的中文专著"。全书共分6章。作者通过对伯驾来华的历史背景及其在华期间从事的宣教活动、医疗事业、译介工作，乃至参与外交事务所做的全面考察与研究，揭示其对早期中美关系、美国对华政策以及在促进中美文化交流方面所发挥的影响及作用，为如何正确认识和客观评价19世纪来华新教传教士提供一个范例。

诗人的神学：柯勒律治的浪漫主义思想（中国社会科学院基督教研究中心·宗教与思想丛书/卓新平主编）
李枫著
社会科学文献出版社　2008年12月　368千字　466页

柯勒律治是19世纪英国浪漫主义文艺思潮的领军人物，英国"湖畔派"诗人群体中的佼佼者。

他以其诗歌来理解、诠释神学，从而以"诗化哲学"、"诗化神学"来构建其"诗人的神学"。本书为中国社会科学院基督教研究中心"宗教与思想丛书"之一，是一部以文学和神学的双重视角为导引，以"诗人的神学"为主题对柯勒律治的浪漫主义思想进行系统研究的学术专著。全书共分4章。第1章从欧洲浪漫主义神学思潮的兴起和发展、英国浪漫主义文学与浪漫主义神学的关联、"湖畔诗人"及其作品的宗教意趣及神学蕴涵三个方面考察柯勒律治浪漫主义神学的思想文化背景。第2章论述柯勒律治浪漫主义神学思想的形成过程，涉及他的童年经历、剑桥求学及对"理性"与"理解"的区分、德国浪漫派文学和德国古典哲学的影响等。第3章论述柯勒律治浪漫主义神学的基本建构，涉及浪漫主义神学与自然神学之张势、浪漫主义神学与"浪漫之美"、浪漫主义神学作为一种生活神学等有关"神学的诗化"的问题。第4章论述柯勒律治浪漫主义神学的核心观念：上帝论、创世论、人性论、自然论和情感论。

爱与正义：尼布尔基督教伦理思想研究（维真基督教文化丛书／许志伟主编）
刘时工著
中国社会科学出版社　2004年4月　216千字　263页

莱因霍尔德·尼布尔（Reinhold Niebuhr，1892—1971）是美国最著名的神学家，他的思想和活动深刻影响了20世纪的美国社会，是美国社会变革的推动力量。在思想方面，伦理学是尼布尔全部思想的核心，他通过重新唤起人们对基督教传统教义，尤其是原罪理论的注意而扭转了当时充斥美国神学界的乐观风气，使美国神学能够在随后到来的危机中得以继续发展。本书为"维真基督教文化丛书"之一，作者以尼布尔的伦理思想为关注对象，梳理了尼布尔思想观点的变迁，透过他在社会政治理论上的变化，探寻其思想内核，即他的伦理学说；在此基础上，作者分析比较了基督教伦理学和一般理性伦理学的异同，以期为中国道德重建提供思考线索。全书共分6章。第1章介绍尼布尔其人及其学术地位、思想渊源。第2-3章从人性论角度入手，解析尼布尔个人伦理学，指出个人伦理学是尼布尔社会伦理学的起点。第4章从社会群体（行为者）的结构和道德性质两方面，引申出行为者的道德规范即社会正义的思路。第5章讨论尼布尔正义理想的内涵和实现正义的路径。第6章讨论历史的道德意义，认为无论是个人还是社会，其道德意义的展开和完成必然存在于历史之中，因为历史是道德的舞台。

个人道德与群体政治：莱茵霍尔德·尼布尔的基督教现实主义思想研究（维真基督教文化丛书／许志伟主编）

任小鹏著
上海人民出版社　2013年3月 151千字　189页

基督教现实主义在20世纪最为重要的理论家和发言人是"以解释骄傲的罪性如何产生罪恶"而著称的美国神学家莱茵霍尔德·尼布尔。他认为个人道德与群体道德之间存在着区别，个人之爱一旦进入群体之中其效果就会大打折扣，他还反对用单纯的个人道德来解决政治问题，主张将个人之爱转化为正义的制度建构来化解爱在面对群体生活时出现的无力局面，进而实现信仰与政治之间的平衡。本书为"维真基督教文化丛书"之一，作者在前人研究的基础上，以思想史和处境化的方法，对尼布尔的基督教现实主义思想，特别是道德与政治之间关系的理论作出了更新的解释，试图打通其中神学和政治两大环节。书中还着重探讨了尼布尔理论与美国新保守主义外交政策的关系,并围绕"福音变革论"反思在中国以信仰提升道德,重塑精神结构,推动社会变化的可能性。全书共分5章。作者认为,尼布尔是开创思想范式的思想家,他在人类现代社会的处境中,重新思考了基督教现实主义,其理论一方面扎根于基督教传统对人性的看法中,另一方面又结合人类社会的现代处境,对道德和政治等问题作了具有现实意义的诠释。

十字架上的盼望:莫尔特曼神学的辩证解读(宗教与思想丛书/卓新平主编)
杨华明著
社会科学文献出版社　2010年11月　288千字　364页

当代德国神学家莫尔特曼是"盼望神学"的开创者。他的神学理论囊括传统基督教神学中的上帝论、创造论、三一论、基督论、圣灵论、终末论以及教会论等主题,具有开放的体系、辩证的特质,蕴涵着深刻的辩证法思想。本书为"宗教与思想丛书"之一,作者以"辩证法"为引线,从"结构辩证法"、"神圣辩证法"、"历史辩证法"和"对话辩证法"四个层面论证和揭示了当代德国神学家莫尔特曼与众不同的神学辩证思想,为读者呈现出一个全新的基督教神学景观。全书共分5章。书中通过对前人研究之考察以及对"辩证法"概念的历史分析,指明莫尔特曼神学的发展本身就是一个辩证的过程,莫尔特曼的神学发展结构是辩证的结构(结构辩证法);莫尔特曼神学在揭示神圣三一上帝内在之维的"纯神学"领域及其与世界相关联(上帝和历史相关联)的范畴内,潜行着神圣辩证法和历史辩证法的影迹;其中,从发端于犹太弥赛亚思想的终末史观,到源于上帝内在三一关系的上帝之国历史观,再由此发展出具有神秘主义色彩的历史观,三者共同构成了莫尔特曼神学史观的主要内容。最后,经由莫尔特曼的对话思想与对话实践(对话辩证法),引入到莫尔特曼与马克思主义宗教观之对话成果的探讨。

公共神学与全球化:斯塔克豪思的基督教伦理研究(基督教文化丛书/卓新平主编)
谢志斌著
宗教文化出版社　2008年4月　225千字　309页

本书为"基督教文化丛书"之一,作者以美国当代神学家斯塔克豪思为中心,通过考察斯塔克豪思公共神学的基本思想、主要方法、基本要素和主题,分析现代历史上几位重要神学家对斯塔克豪思的影响,探讨其从全球视野出发的公共神学思想的价值蕴涵。全书包括"斯塔克豪思的公共神学:思想与方法"、"斯塔克豪思与公共神学的传统:比较的与历史的研究"、"斯塔克豪思的公共神学:全球化中的上帝"三个部分,共7章。第一部分(第1-3章),主要从思想和方法两方面分析斯塔克豪思对基督教伦理与公共生活之关系的看法和他所理解的"公共"内涵。第二部分(第4-5章)追溯公共神学在西方发展的传统,分析现代历史上几位重要神学家对斯塔克豪思的影响,指出其公共神学的独特性即在于把全球化与神学的公共使命联系起来,其中恩典观具有核心的位置。第三部分(第6-7章),集中分析斯塔克豪思的全球公共神学的基本思路,即探讨神学可以为全球公民社会以及全球文明的内在道德结构提供的灵性资源,强调这种神学对于世界宗教和伦理的开放性,继而讨论斯塔克豪思的神学在两大全球公共议题"经济生活与人权思想"中的应用;最后,作者根据"道(上帝、基督教信仰)与世界、普遍性与多样性"两种思路来概述和反思斯塔克豪思全球的公共神学,并支持将这种神学理解为一种在全球处境中护教性的神学和"新的社会福音"。

3. 其他人物传

美国宪法的基督教背景：开国先父的信仰和选择（美国宪政与历史文化丛书）
[美]约翰·艾兹摩尔（Eidsmoe, J.）著　李婉玲　牛玥　杨光译　杨敏　牛玥校译
中央编译出版社　2011年1月　445千字　414页

  本书为"美国宪政与历史文化丛书"之一，是美国宪法法官兼历史学家艾兹摩尔围绕费城制宪会议而对美国宪法的基督教背景，即"开国先父的信仰和选择"展开追问与探讨的史学论著。全书包括：背景、认识国父们、宪法今与昔三个部分，共22章。在书中，作者始终将基督教信仰与美国宪法之制度设计、美国国父们的治国理念中所包含的圣经原则作为中心议题，从历史事实和思想两个角度深入解析了美国宪法的立法背景，重点讲述了美国历史上著名的13个开国之父所信奉的宗教理想，对于他们立宪与立国思想背后的个人信仰和学识背景作了细致入微的分析，并以大量手稿摘录的方式进行条分缕析地说明，以期再度认识和评判美国宪法的价值根源及未来走向，重新唤醒美国人对自己历史源头的审视。关于《美国宪法》缔造者"如何对罪和权力建立相应的制约和平衡机制"的问题，本书明确指认，"基于人有罪的观点，清教徒拒绝给予个人过多的权力。权力有腐败趋势，并且可以被用来打压别人。因此，统治者的权力必须予以妥善的监督"。

理念与神：柏拉图的理念思想及其神学意义（纯粹哲学丛书／叶秀山主编）
赵广明著
江苏人民出版社　2004年9月　200千字　220页

  理念与神的关系，或者说形而上学与宗教神学的关系，无论对于西方形而上学传统还是对于基督教传统，都是最为核心的问题。在古希腊哲学中，柏拉图的理念论，尤其是柏拉图的理念思想所代表的形而上学，奠定了西方形而上学的基础，确立了西方哲学的基本思路和模式，对基督教思想的形成和发展具有极其重要的意义。正是在这个意义上，此后的西方哲学都可看成柏拉图哲学的注解。本书为"纯粹哲学丛书"之一，作者通过对柏拉图理念哲学思想根脉的追问和解析，阐释了柏拉图的理念论哲学思想的内涵与外延及其神学意义，探寻了"如何从形而上学的角度，去理解终极问题，去领悟神圣"的思想路径。全书分为"善的理念"和"美的理念"两个部分。第一部分（3章），论述柏拉图的辩证法、理念论和有神论思想中的"善"的观念；第二部分（3章），论述柏拉图的《会饮篇》、《理想国》和《费德罗篇》三部作品中的"美"的理想。作者认为，柏拉图的理念论的精髓，即在于确立起纯粹自由心灵的存在，而这个纯粹的心灵、灵魂与绝对的理念是互证、互在、同在、永在的。在纯粹心灵和"绝对理念"之间的这种先验关系，塑造出西方纯粹、自由、独立、不朽的精神世界，并成为西方基督教信仰的核心。以柏拉图理念形而上学为代表的西方哲学精神及其影响下形成的基督教信仰，共同铸造了西方文明精神。

费尔巴哈论基督教
董兴杰　才华著
河北大学出版社　2012年6月　180千字　185页

  路德维希·费尔巴哈是德国杰出的唯物主义哲学家、人本唯物主义的创立者。在其撰著的《基

督教的本质》一书中，费尔巴哈深刻揭示了宗教和神学的秘密，指出上帝的本质就是人，宗教之秘密是上帝与人本质的统一，神学之秘密就是人本学。本书围绕"费尔巴哈论基督教"这一主题，从费尔巴哈坎坷的人生经历及其所处的时代背景入手，集中论述了费尔巴哈对基督教本质的阐释及对宗教神学的批判。全书共分4章。第1章介绍费尔巴哈的学术人生，概述其哲学思想及其在哲学思想史上的地位。第2章分析描述费尔巴哈写作《基督教的本质》的特定时代背景。第3章设立28个核心论题介绍费尔巴哈对基督教本质的阐说和对宗教神学的批判，表明了费尔巴哈"把宗教上的关系颠倒过来，打破幻象，求得真理"的主张。第4章介绍马克思、恩格斯、列宁等马克思主义经典作家，以及戴维·麦克莱伦、莱斯利·史蒂文森等国内外学者关于费尔巴哈宗教哲学思想的评论。

康德的信仰：康德的自由、自然和上帝理念批判（凤凰文库·纯粹哲学系列／叶秀山主编）
赵广明著
江苏人民出版社　2008年6月　200千字　215页

理性、自由与形而上学这三个范畴是康德批判哲学的核心概念，宗教信仰问题则是贯穿康德批判哲学的根本问题。本书为凤凰文库"纯粹哲学系列"丛书之一，作者以自由与自然的关系，即康德关于"自由与自然理念关系中的道德信仰"为主题，通过对康德三大批判的解读，探究康德哲学中的宗教理解与信仰诉求，并将鉴赏审美哲学视为康德审美判断力批判的基本考量，就此提出"美的存在论"之观点，以强调其在解决自由与自然关系方面的基础性、本体性哲学寓意，从而为深入理解康德三大批判及其宗教信仰开辟出新的路径。全书包括"康德的理念思想"、"康德的自由和自然概念"、"审美启示录"等五个部分。书中在康德研究方面首次提出"美的存在论"，其重点，在于拈出康德的情感思想，以自由情感作为其根本，并由此贯通康德的审美、实践理性、自然和社会历史，使至善概念得到更为合理的解释，使上帝隐喻成为整个批判哲学的无目的的合目的性。作者指出，康德的美，应该上升到哲学之本体论、存在论的高度；康德三大批判的主旨可归结为：人为自然立法，人为自己立法（自由者的自我立法），自然为人立法。

康德的理性神学
［美］艾伦·伍德著　邱文元译
商务印书馆　2014年8月　193页

康德通常不被看作一个神学家。事实上，由于他的富有深远意义的对公认的上帝存在证明的攻击，在人们记忆中，康德主要是一个自然神学传统批判者的形象。本书是20世纪西方康德宗教哲学研究奠基人艾伦·伍德撰写的一部从宗教角度探究康德思想的论著，重点考察了与理性神学内容有关的康德的著作：康德《纯粹理性批判》的"理性的理想"的有关章节和其他著作（特别是康德的《宗教哲学讲义》，判断力批判和一些前批判著作《上帝存在的唯一可能证明》）。全书分为"上帝的理念"和"三种有神论证明"两个部分。艾伦·伍德指出，康德的神学思考或一般宗教主题的思考，包含两个方面：一个是实践的或者说道德的，另一个是理论的或形而上学的，认为对于康德自己来说宗教问题的道德维度是最为重要的，在康德看来，上帝存在和其他宗教问题上的道德立场是唯一能获得积极成果的选择。因之，康德宗教思想的重要性在于其原创性和对后来的历史影响，以及它所提供的对于理解中世纪和现代理性神学的洞察力。

绝对视域中的康德宗教哲学：从伦理神学到道德宗教
傅永军著
社会科学文献出版社　2015年11月　384千字　385页

　　在康德那里，能够被称为"绝对"的就只能是作为最高理想的上帝理念和作为一切派生的善之根源的始源性的至善理想（指向未来的人和人类的绝对完满）。这种绝对只在意志的规则行动中是必然的，在道德应用中具有客观实在性，在实践的意图中获取宗教所需要的有效的证明根据。基于这种"绝对视域"，从道德入手论证宗教的必然性，寻求宗教的理性奠基，构成康德宗教哲学的第一个部分：伦理神学；而从基督教神义论（神正论）的立场出发作道德表达，论述在理想的状态下（上帝的正义与恩典）人类自我救赎的可能性（造就道德上的好人），则构成康德宗教哲学的第二个部分：道德宗教。本书旨在从"伦理神学"和"道德宗教"两个维度分析探讨康德"道德"地建构宗教的思想逻辑，阐释存在于纯然理性界限内的宗教信仰在何种意义上"可能"，又在何种意义上"可行"，并在绝对视域中检视康德宗教哲学的现代性效应，理性地诠证自由与至善、神圣、仁慈与正义、善与恶、道德救赎与上帝恩典、良知与信仰、法治与法权等价值理念。全书分为"伦理神学"和"道德宗教"两个部分，共7章。具体内容包括：从道德到宗教，伦理神学中的绝对，伦理的神义论，道德宗教的任务与实践取向，善、恶与人的自我救赎，回归真正的信仰等。

单纯理性限度内的宗教（汉译世界学术名著丛书）
[德] 康德著　李秋零译
商务印书馆　2012年7月　221页

　　世人研究康德，几乎无一例外地以"三大批判"，即《纯粹理性批判》、《实践理性批判》和《判断力批判》来概括康德的哲学体系。而康德的宗教哲学思想，则往往被人们所忽视或曲解。本书为"汉译世界学术名著丛书"之一，是著名哲学家康德的一部重要著作，也可以说是康德三大批判理论的进一步扩展。全书由《论恶的原则与善的原则的共居或论人性中的根本恶》、《论善的原则与恶的原则围绕对人类的统治权所进行的斗争》、《善的原则对恶的原则的胜利与上帝的国在地上的建立》、《论善的原则统治下的事奉和伪事奉，或论宗教与教权制》四篇论文组成（其中第一篇曾经刊登在1792年4月的《柏林月刊》上，由于其与后三篇的题材之间有着密切联系，故合为一书）。康德在这些论文中从理性限度的角度出发探讨了人类生活中的宗教现象，在不同的层次上对自己在宗教问题上的思想进行了全面的清理，反映了一位哲学家在科学至上、理性至上的启蒙时代的处境中的宗教体验。他意识到现实中的宗教和教会与他的理想的差距，因而对他们提出了殷切的期望和不客气的批判。

九、工具书

基督教词典
《基督教词典》编写组
北京语言学院出版社　1994年9月　1032千字　799页

　　本书系顺应我国社会主义文化事业的发展和改革开放的进一步深入，以及我国在国际上与西方各国人民友好往来和文化交流的广泛开展，而组织编写的一部融铸知识性的中型专科词典。书中共收词目近3000条，内容包括教义、经籍、神学、文献、礼仪、历史、教派、人物、教制、教职、组织机构、节日、教堂、修道院、圣地等，以供哲学社会科学工作者、基督教研究人员、宗教事务部门干部、高等院校文科各系师生和外交、新闻部门工作者以及对基督教感兴趣的读者参考之用。词典前面有词目表、词目音序检字表，后面附有词目分类索引、外文译名对照表、历任罗马教皇名号表、基督教历史大事记及主要参考资料。

明清间耶稣会士译著提要（世纪文库）
徐宗泽著
上海书店出版社　2010年7月　320千字　366页

明清之际，一些天主教耶稣会士来到中国。他们在传经布道、与朝廷大夫切磋学术的同时，还翻译了大量著作，为沟通中西文化作出巨大贡献。本书为"世纪文库"丛书之一，是徐宗泽神父（1886-1947）约编成于1940年前后的一部研究中西文化交流史、明清间耶稣会士著述及活动的重要工具书，自问世以来的半个多世纪里，在学界久享盛名。全书依仿《四库全书总目》提要编排，分十卷；卷一"绪言"为概说，卷九为"译著者传略"，卷十为"徐汇、巴黎、梵蒂冈图书馆书目"，其他七卷分"圣书"、"真教辩护"、"神哲学"、"教史"、"历算"、"科学"、"格言"等七类，介绍了明清间耶稣会士译著及本土有关著作200余种；每类之首有一总论，每类中一书有一提要，述译著者之名姓、刊印之时期、出版之地点等等，有序者直录其序，无序者则抄目录，以使读者探窥各书之精蕴。

拾、其他宗教

一、总论

当代新兴宗教（当代世界宗教丛书）
戴康生主编
东方出版社　1999年12月　314千字　409页

当代新兴宗教是各国现代化、世俗化转型过程中的产物。它力图通过共同的宗教体验与认知，崇拜新的卡里斯玛型的"先知"或"教长"，专注于自我，以"自我提升"或"灵魂治疗"等方式，吸引一部分人群并形成某种共识，同时利用其"新的观念"去解释世界与时代，提出某些要求重新构建社会或改造已过时宗教的口号，因此在某种程度上或某些方面迎合了在现代多元社会中，不同社会成员对新的人生观、价值观的探求欲望，填补了旧有价值观崩溃后所造成的内心空虚的需要。本书为"当代世界宗教丛书"之一，是由国内专家学者共同撰写的一部较为准确、客观地介绍"19世纪以后产生并传布于世界各地的不同于传统宗教的新的宗教团体和宗教运动"的著作。全书共分7章。书中以时间为纵线，以重点国家的某些有代表性的新兴宗教为内容，针对新兴宗教的形成、发展、神学教义、礼仪教规、信仰与活动特点及其自19世纪以来在世界各地的发展，特别是日本和美国等国一些影响较大或比较活跃的教团作了理论分析与情况说明；此外，作者还专门讨论了邪教问题，并对其中具有典型性的组织及事件进行剖析。本书认为，新兴宗教在多元社会、多元文化的现实世界中还有较大发展的总态势，在信仰多元的宗教市场上还会占有重要的一席之地。面对这种趋势，无论从加强对世界宗教现象的认识，从深化宗教学理论研究的需要，还是从我国涉及宗教的内政外交工作的需要出发，认真研究新兴宗教是必要的。

当代新兴巴哈伊教研究（修订本）
蔡德贵著
人民出版社　2006年4月　508千字　692页

巴哈伊教是世界九大宗教之一，也是世界宗教史上历史最短的大宗教。作为从伊朗什叶派中分化出来的独立为一种不同于伊斯兰教的新兴宗教，巴哈伊教自1844年创立到现在只有160多年历史。该教虽然保存了伊斯兰教的宇宙观和上帝观，但在其他方面却进行了较彻底的根本性变革，较早地完成了宗教向世俗化和现代化的转换。本书是国内出版的第一部从学术角度系统研究巴哈伊教的著作。书中针对巴哈伊教的创办历史，创教与护教人物，独特的基本教义、传教方式和教务行政体系等进行了全面、客观的评述，揭示了巴哈伊教与伊斯兰教、犹太教、基督教等其他宗教的联系和区别，展现了巴哈伊教在当代世界宗教中的地位以及在许多国际组织中的基本主张和所发挥的作用。全书共分9章。其内容主要围绕五个阶段展开：一、巴布运动阶段（1844-1853），是该教的奠基时期，评述巴哈伊教何以在伊朗这样一个传统的什叶派伊斯兰教国家产生的问题；二、巴哈欧拉正式创立巴哈伊教的阶段（1854-1892），评述同一宗教何以出现并立的两个创始人的问题；三、阿布杜巴哈把巴哈伊教推广到世界范围的阶段（1892-1921），评述新兴宗教如何世界化的问题；四、邵基·阿芬第把巴哈伊教在世界范围大力传播的阶段（1921-1963），总结其世界化成功的经验；五、世界正义院进一步把巴哈伊教的教义体系、行政体系完善的阶段（1963-现在），评述巴哈伊教何以迅速传播的问题。

新兴宗教初探（宗教学研究文库）
高师宁著

中国社会科学出版社　2006年10月　300千字　350页

新兴宗教是现代社会出现的某些新形式的精神运动和宗教团体，它的产生具有一定的自然性。目前，新兴宗教仍处于既可朝良性方向发展，也可朝恶性方面发展的动态过程中。在相当程度上，整个社会环境以及社会所有成员和所有部门的相关认识和相应行动，将决定它的变化方向。同时，对这些五花八门的新形式的研究，也经过了从站在自身宗教或信仰的立场去斥责批判，到用宗教社会学、宗教心理学等方法去描述分析的过程。本书为"宗教学研究文库"丛书之一，是作者从社会学角度"对已经成为全球现象的新兴宗教"进行初步探索的著作，也是作者曾经参与"国外新兴宗教研究"课题（1996年由戴康生主持）所取得的阶段性成果：《当代新兴宗教》一书的延伸、扩大与延续。全书共分7章。书中详细介绍了国外有关研究的理论成果及未来趋势，阐述了社会变迁与新兴宗教的关系，以及新兴宗教的构成因素，社会心理学因素等，特别是披露了大量的新兴宗教团体资料，指出在21世纪中新兴宗教仍将经历其第三个百年行程，且呈现"不断体制化"的发展态势，它还将面临与现代社会、与科学、与传统宗教三重关系的问题。

新兴宗教的传播及对国家安全的影响研究
许宏著

中国社会科学出版社　2015年5月　200千字　175页

新兴宗教的迅速发展，是当今世界宗教领域的新动向、新特点。近些年来，它已成为全球性的热点问题，也是中国宗教现象的重要组成部分，构成了当今中国宗教状况不应被忽视的一面。本书运用大量事实案例分析研究了新兴宗教在中国的传播及对国家安全的影响，试图以中国经验丰富人们对新兴宗教的认知，加深读者对新兴宗教的理解，并为建构有中国特色的新兴宗教研究体系提供有价值的事实和分析材料。全书共分5章。第1章界定什么是新兴宗教，分别探讨新兴宗教与传统宗教、民间宗教、准宗教现象、邪教的差异。第2章论述新兴宗教的传播现状、原因及发展趋势。第3章是以巴哈伊教在中国的传播为例对新兴宗教作个案研究。第4章论述新兴宗教在维护国家安全和社会稳定中的作用与影响。第5章主要以马克思主义宗教观为指导，总结国内外经验和教训，提出有效引导和管理新兴宗教传播的对策建议。

二、韩国新宗教

韩国新宗教源流与嬗变
金勋著
宗教文化出版社　2006年2月　300千字　445页

韩国素有"世界宗教博物馆"之称，除儒教、佛教、天主教、基督教等传统宗教外，还有名目繁多的各式各样的新宗教团体。它们以独具个性的教理主张，积极关注现世以及灵活多样的活动方式，在韩国宗教界异军突起，势力日趋膨胀。因此，新宗教研究是韩国宗教研究中不可或缺的重要一环，也是哲学、历史、社会学等相关人文社会学科所必须关注的研究领域。本书以韩国宗教的整体发展脉络和状况为基础，以现代韩国社会为背景，系统研究和介绍了"为回应现代韩国人的精神诉求而产生的新宗教"的"源流"与"嬗变"。全书共分8章。作者在书中通过基础资料采集和整理方式的创新，首先将伪宗教、修炼团体等混杂于韩国宗教界的各种非宗教社会团体逐一筛除，继而对韩国新宗教产生的原因、新宗教与传统宗教的关系、新宗教的主要教说及其思想来源、传统宗教派生的新宗教、传统民间信仰中滋生的新宗教、传入韩国的外来新宗教、新宗教的社会功能等众多理论和实践问题进行了深层次的系统研究，从而完整、清晰地勾勒出"纷繁复杂的韩国新宗教现象"及其未来走向。

三、日本新宗教等

当代神道教（当代世界宗教丛书）
张大柘著
东方出版社　1999年10月　275千字　356页

日本神道教已有一千余年的发展史。在这一漫长的历史进程中，神道教同所依赖的社会物质条件和精神条件交织在一起，从一种仅有实践仪礼单一表现形式的朴素信仰进化成为有仪礼、组织、教义的宗教实体，并逐步形成了既互相关联又独立存在的三大宗教体系：神社神道、教派神道、神道新宗教。本书为"当代世界宗教丛书"之一，作者着眼于制约和推动神道发展的诸多因素，概述了神道教从原始神道上升为国家神道的发展历程，重点评述了当代日本神道教的现状，内容涉及神道教的重要文献、教义、学派、祭祀等；在对战后神道教的介绍中，对于日本的社会环境、宗教政策，对神社神道和教派神道的教团和宗教活动，对属于神道教系统的文教事业和研究等等，都作了详细考察。全书共分6章。书中所解答的有关神道教对外来宗教文化的接受、消化、再创造的过程和运行机制、存在的形态等问题，揭示了日本国民的信仰特征，有助于人们加深对战后日本以神社神道为基本形态的民间宗教之演变的认识。

日本的神道（日本学术文库 / 王仲涛　刘迪主编）
[日]津田左右吉著　邓红译
商务印书馆　2011年9月　199千字　281页

神道是日本的民族宗教，系以原始神道崇拜为主干，通过吸收佛教、儒教和道教的教义与思想，而形成的比较完整的宗教体系。本书为"日本学术文库"丛书之一（原名"日本神道中的中国思想要素"),是日本近代著名思想史家、中国文化批判主义学者津田左右吉"从历史事实的角度出发,考察中国思想中的哪些因素,以何种方式为日本人所吸取,又在日本人的精神生活中起着什么作用"的学术专著,明确了日本神道理论的历史发展足迹和真实面貌。全书共分8章。书中首先对"神道"一词进行探源,然后运用全面而丰富的资料,分时代对神道这一日本固有的特殊宗教中所有方面的中国思想文化的因素、渗透和影响,做了全面的探索、梳理、批判和剥离,着重探讨了各个阶段、各种神道流派的思想以及这些神道和中国的各种思想,主要是中国佛教、儒教、道家和道教思想的关系,具有很高的学术价值。

现代日本的新宗教
金勋著

宗教文化出版社　2003年6月　194千字　232页

日本素有"宗教大百科"的称号,历史上就曾活跃着诸多宗教,而近代以来兴起的新宗教,其教派数量之多,社会影响之深广,世所罕见。因此,研究日本的新宗教,对研究世界新宗教具有重要的借鉴意义。本书是国内第一部研究现代日本新宗教的开拓性专著。作者利用赴日考察及学术交流的两年时间,收集了大量有关日本新宗教的原始资料和研究成果,并与多位研究新宗教的日本学者进行了深入交流和探讨,使得本书成为一部"既有丰富可靠史料,又有深入理论分析的高水平学术专著"。全书共分8章。书中不仅系统梳理了日本宗教史的整体脉络及其现代走向,而且渗入到日本人的精神信仰层面,从新宗教概念的界定、新宗教产生的原因、新宗教的基本特征、新宗教的社会功能、新宗教与传统宗教的关系、新宗教与民众宗教的关系等众多的理论问题入手,剖析"敏感地反映了现阶段日本社会民众的精神状况和生活态度"的现代日本的新宗教,从而为我们持续关注和探讨日本现代文化发展走向提供了不可多得的宝贵资料和新的研究视角。

战后日本的新宗教与政治
邵宏伟著

世界知识出版社　2013年3月　260千字　296页

宗教与政治的关系问题,既是一个理论问题,也是一个具有重大意义的现实问题。就具体情况而言,研究战后日本新宗教与政治的关系,有利于人们了解宗教团体对国家政权以及日本政党政治的影响与作用,有利于人们对当前日本社会演变的现状有更深入的理解,有利于人们进一步了解宗教在国际政治中的影响与作用。本书试图从这个理论视角出发,深入探讨战后以来日本新宗教团体参与政治活动及其所发挥的作用和影响,摸清两者之间的关系和内在规律,并借以揭示宗教与政治的关系的相关理论与规律。全书共分4章。书中以大量翔实丰富的资料,系统地介绍了战后日本新宗教产生的原因、特点及发展规律,剖析了日本新宗教的社会性和政治功能等。作者认为,与传统宗教不同的是,新宗教更加关心信徒的现实生活、政治地位和要求平等、要求变革的强烈愿望。这些特点决定了新宗教希望通过积极参与政治,吸引信徒、扩大教团势力,同时又通过扩大教团而提高其在政治中的地位,但其最终目的仍然是为了教团的发展,以及实现教团教主的政治理念。

四、印度教等

五十奥义书
徐梵澄译

中国社会科学出版社　1984年1月　866千字　1103页

　　《奥义书》是古印度婆罗门教的根本经典，也是印度古代精神哲学典籍之一大部，在印度哲学史和宗教史上占有重要地位。最早的《奥义书》大约产生于公元前7-6世纪左右。它将《韦陀》、《梵书》和《森林书》等所阐述的婆罗门教的理论和实践，提到高深哲理的探讨，印度学术界一般将它视作印度哲学史的真正开端，许多唯心主义学派尊它为印度正统哲学的代表。它对佛教和六派哲学的产生和发展也曾起过重要的作用。《奥义书》的思想内容十分丰富和庞杂，它汇集了韦檀多时代的许多派别的思想，记述了古代印度的祭祀活动和修行生活，反映着当时的种姓阶级制度以及教育文化、民间风俗等种种社会生活，同时，还着重探讨了人生与宇宙的根源和关系。16世纪后期，《奥义书》开始由梵文译成波斯文。从18世纪至20世纪初，又陆续译成拉丁、法、英、德、日、印地、孟加拉等文。在我国，随着佛经的翻译，《奥义书》的一些哲学和宗教观点也被介绍过来，但始终未被系统地译成汉文。本书所译的五十种《奥义书》，系中国社会科学院世界宗教研究所研究员、哲学家、翻译家徐梵澄用汉语古文体从印度古雅语梵文译出。其译文采用浅显的文言文，且每篇均加"引言"和"注"，力求再现原始《奥义书》的本来面貌。经译者同意，本书除繁体字改为简化字，标点符号改为现行习惯用的外，译文未作任何修改。此书的出版，有助于我国学术界对印度文化的了解，加强对印度哲学史和宗教史的研究。

印度哲学：吠陀经探义和奥义书解析
巫白慧著

东方出版社　2000年12月　420千字　533页

　　在印度正统和非正统两大哲学系统中，贯穿、支配着二者发展全过程的理论是两个最基本的哲学观点：一个是"永恒的观点"，一个是"断灭的观点"。佛家称前者为"常见"，后者为"断见"。这两种观点也是印度哲学史两条发展的基线。本书运用马克思主义的分析方法，对吠陀经和奥义书哲学、印度辩证思维理论、现代印度哲学主流吠檀多哲学，以及印度唯物主义和科学思想进行了深入探讨，并对植根于吠陀经和奥义书的印度佛教哲学、逻辑学的发展线索，以及国内外佛教因明学的研究现状作出细致的梳理和描述。全书分为"吠陀经探义"、"奥义书解析"、"印度佛教"和"正理逻辑"四个部分。第一部分主要研究《梨俱吠陀》美学和哲学内涵、吠陀神学系统和哲学等；第二部分主要研究印度吠檀多主义哲学、《奥义书》的禅理及其唯物论哲学、文殊菩萨与梵本《金钢针论》等；第三部分重点阐述龙树的中观论及其几个主要发展阶段、大乘佛教哲学空有二宗的理论实质、四句义的哲学内涵、佛教与中国当代文化；第四部分重点介绍佛教初期逻辑及其有关文献、国外因明学研究、梵本《因明入正理论》研究、陈那和他的新因明、印度逻辑史。

印度吠檀多不二论哲学（修订版）（社科学术文库）
孙晶著
中国社会科学出版社　2014年9月　553千字　501页

　　印度吠檀多不二论哲学是印度哲学史上的主流派，雏形为创立很早的婆罗门教哲学，发达于公元七、八世纪，主要代表人物为乔荼波陀和商羯罗；其哲学理论影响之深远，流传之广泛，在印度哲学史上是数一数二的，它的主要哲学理论至今还影响着占印度总人口70%的印度教徒。本书为"社科学术文库"丛书之一，是作者孙晶三十年来学习印度哲学的一个总结，也是他多年来潜心研究印度吠檀多哲学的一个成果。正如日本东京大学名誉教授前田专学在"序"中所言：孙先生由对吠檀多不二论理论渊源《圣教论》的研究开始，进一步深入到作为商羯罗不二一元论研究的出发点，也就是最能反映他思想的《示教千则》，取得了出色的成果；因此，"这部著作是对印度最大的哲学家商羯罗的最初的真正的研究"。全书分上、下两编。上编（3章）首先介绍了吠檀多不二一元论派的十余位哲学家，其后对乔荼波陀与《圣教论》、商羯罗的不二一元论理论作了专题研究。下编（19章）为商羯罗的梵文哲学经典《示教千则》的全本汉译和注释，同时也是对该书的第一次中文注释。

辉煌灿烂的印度文化的主流：印度教（兰州大学外国语言文学博士文库）
毛世昌　刘雪岚主编
中国社会科学出版社　2011年11月　379千字　327页

　　印度教在印度是宗教更是一种生活方式。在印度人的所有生活方式里，处处折射着印度教思想。一种宗教能够成为它所在国度的大多数人的生活方式，足见它对人们思想的影响达到了何种程度。本书为"兰州大学外国语言文学博士文库"丛书之一，是一部从文化视角全面观览和介绍印度教的专著，可谓印度文化的百科全书。全书共分19章。书中以时间为纵轴，以印度教自身的生成、发展、变迁及其与周边宗教的关系为横向线索，分别介绍了雅利安人进入印度之前的印度文化，吠陀教—婆罗门教—印度教的演变，印度教的经典、六派哲学、文学和法律，以及印度教的哲学家、仙人、神、英雄人物、女性典范、动植物崇拜、社会制度、艺术、节日、教派和组织、礼仪与人生、神秘符号、性文化，也介绍了印度其他本土宗教及其与印度教的冲突，此外还涉及暝思、瑜伽以及与佛教的关系等。作者认为，印度教是印度文化的主流和根基，是认识印度、把握印度文化的一把钥匙。本书正是基于此而构思写作的，为国内读者深入了解印度文化呈现了可供参考的具体形象。

印度教派冲突研究（云南大学中国边疆研究丛书/林文勋主编）
张高翔著
人民出版社　2012年2月　250千字　284页

　　印、穆教派冲突是印度社会生活有机体的一大痼疾，它周期性的发作给印度社会带来了巨大的人员和财产损失，直接影响到印度国内的政局稳定、民族团结，乃至国家统一，已成为印度现代化道路上的主要障碍，引起中外印度研究者的普遍关注。本书为云南大学"中国边疆研究丛书"之一，是根据作者的博士论文修订而成的一部以"印度国族构建过程中的认同困境"为视角，对印穆教派冲突的根源、现状及影响加以考察和探究的学术专著。全书共分5章。作者在前人研究的基础上，充分借鉴族群认同理论、社会冲突理论、当代民族主义理论及历史社会学的基本原理和研究方法，将印穆教派冲突问题置于印度国族构建进程的背景之中，追索教派主义产生的缘由，考评其核心理念，挖掘教派冲突的深层原因，清理其演变的脉络及走向，并对教派冲突的影响作了多方面的分析与概括。本书指出，印穆教派冲突代表了一种复杂的社会现象，是印度社会矛盾和社会结构的差异性、印度文化的宗教性和印度穆斯林的困境等多重因素叠加的突出表现。通过此项研究，既可洞悉印度社会各种因素互动的基本状况，亦可加深对当代世界范围内新一轮民族主义浪潮的理解。

印度教概论
邱永辉著
社会科学文献出版社　2012年4月　433千字　414页

印度教发源于印度次大陆，是全世界最古老的宗教传统之一，信众人数仅次于基督教和伊斯兰教。由于印度教有着悠久的历史、复杂多变的体系，印度教研究的学术流派同样也是十分庞大和复杂多样，世界各国的学者们对于涉及印度教的几乎所有的问题，大到印度教的定义，小至某部经典的写作时间，一直鲜有学术共识。在我国，印度教的研究直至目前尚处于起步阶段。本书是一部集"介绍"和"概论"于一体的学术专著，作者充分利用传统经典文献和最新资料，旨在对印度教进行一个简要的介绍和初步的研究。全书分"印度教的定义与写作"、"印度教史论"、"印度教理论"、"印度教实践"、"印度教与世界"五编，共12章。各编内容由浅及深，全面系统地讲解了印度教的定义、发展演变及其理论和实践，述及印度河流域文明时期的宗教、婆罗门教时期的宗教、伊斯兰教进入后的印度宗教、圣雄甘地的印度教、英属印度的印度教改革、天启经、圣传经、教派文献和大众文献、弥漫差仪式主义、瑜伽的形成与发展、印度教主要派别、迈向未来的印度教等各个方面，并提出一些创新性的学术观点，其中部分观点"堪称理解印度教的钥匙"。

印度教民族主义与独立后印度政治发展研究
陈小萍著
时事出版社　2015年7月　285千字　286页

宗教认同在近代印度政治生活中扮演了关键的角色。殖民晚期出现的印度教民族主义对独立后印度政治发展施加了深刻的影响。随着印度人民党逐渐从政治舞台边缘来到中心，团家族（印度教民族主义组织国民志愿服务团成员）得以在安全、经济和文化教育方面实施"印度教特性"方案。在全球化背景下，团家族加快了向海外扩散的步伐，极力彰显印度教文化魅力。印度教民族主义的海内外活动表明其力图在宗教和政治上振兴印度，建立印度教在国内乃至世界上的领导地位，实现基于印度教认同的大国梦。本书以时间为序探析了印度教民族主义从边缘到中心的政治化过程，印度教民族主义执政时期的民族主义政策，同时从国家整合的角度分析国内政治中的印度教民族主义因素，通过周边外交和印度教徒移民探讨印度教民族主义对国际政治的影响。全书共分6章。内容包括：印度教民族主义的产生、印度教民族主义政治化进程、印度教民族主义政治崛起的背景、印度人民党执政时期的民族主义政策、国内政治中的印度教民族主义等。

种姓与印度教社会（修订本）（世界政治研究丛书）

尚会鹏著

北京大学出版社　2016年1月　344千字　314页

　　种姓是印度特有的制度，它与印度教社会有着千丝万缕的联系，是理解印度社会和文化的一把钥匙。本书为"世界政治研究丛书"之一，作者充分利用社会人类学家的调查报告和大量的文献材料，并亲自到印度农村（南印度泰米尔纳德邦Thanjur县的kutoo村）进行访问调查，通过同村落中的高、低种姓以及贱民的交谈，获得了今日印度农村种姓制度的鲜活材料；在此基础上，对种姓制度的起源、概念、构造特点、变化、种姓与印度教社会的理论等作了深入系统的研究，为国内学术界了解印度社会、宗教和文化提供了重要参考。全书分为"种性及种性研究"、"种姓的社会构造"、"种姓制度的极端形式：不可接触制"、"'贱民'解放运动"、"种姓与村落社会的权力结构"等11章。其主要学术特色是：一、本书理论与实际相结合，宏观研究与微观研究相结合，对种姓制度既有"横"的方面（种姓制度与印度政治、印度教、"贱民"制度、教派和民族冲突之关系等）的分析，也有"纵"的方面（各主要时代的种姓制度，种姓制度的变化以及未来等）的研究，试图立体呈现种姓制度的全貌。

锡克教与锡克群体的变迁（国际问题文丛）

张占顺著

世界知识出版社　2008年6月　280千字　322页

　　本书为"国际问题文丛"之一，作者从宗教学的角度入手，对锡克教与锡克群体的变迁进行了比较系统的研究。全书共4章。第1章考察锡克教产生的地理环境和历史背景，介绍锡克教的创始人古鲁那纳克的创教经过，分析锡克教思想的来源及在锡克教起源问题上锡克教与印度教、锡克教与伊斯兰教的关系等，认为"锡克教是根源于印度教，却又不同于印度教，同时受到伊斯兰教的影响而发展起来的独立宗教"。第2章从教义、种姓、仪式、神庙等方面来分析锡克教对印度教的批判与继承，指出锡克教教义和特征是对印度教教义和特征的一种扬弃，锡克教的独特性促使锡克教与印度教分离而成为一个独立宗教。第3章从锡克教与伊斯兰教教义上的联系、锡克教与穆斯林的统治来论述伊斯兰教对锡克教（群体）的影响，随后探讨了锡克教与印度教的关系比锡克教与伊斯兰教关系亲近与融合的原因，进一步解释了在印巴分立、旁遮普一分为二等问题上锡克群体最终选择归属印度的原因。第4章从锡克教与锡克群体的经济发展、锡克教与锡克群体争取政治权利的斗争、西方社会影响下的锡克群体等三个方面来论述锡克群体的现代发展状况，考察了锡克教传统与文化在现代锡克群体发展和变化中的作用。

五、犹太教

犹太教概论

周燮藩　刘精忠著

中国社会科学出版社　2012年12月　515千字　495页

　　犹太教与基督教、伊斯兰教归属一类而并称世界三大一神教。从历史上看，三教都起源于世界上的同一地区：中东。最明显的例证是三教根据各自的宗教传说，都把耶路撒冷奉为圣地。但是，如果我们进一步将三者视为本质上同一的事物，那就会产生误解。本书是国内第一部系统研究"希伯来文化和犹太教"的专著，对于中国的犹太教研究乃至中西文化交流具有重要的学术价值与历史意义。全书共分11章。作者从比较宗教学的视域出发，对希伯来人与以色列宗教、希伯来圣经、犹太教律法和《塔木德》、拉比犹太教、犹太教基本信仰和礼仪、犹太教哲学、犹太教神秘主义、犹太教在中国等问题进行了专题讨论，并就近现代犹太教思潮和运动、犹太教与现代民族国家、当代犹太教的教派发展作了分析和说明。书中所述主要基于如下定义：世界各地犹太人的宗教，为古代世界的民族宗教之一。因信奉唯有一个上帝主宰自然和人类的命运，而追求普世性的道德价值；又由于与上帝立约而成为特选子民，遵奉天启律法，从而形成一整套教义信仰、律法伦理、生活方式、社会体制、民族文化和习俗。在不同的历史时期，曾有多种的自我表述和思想形态，但其目的仍是在坚持信奉一个上帝的基础上，通过精神思考的渗透，使人性的物质关注得到普遍升华，并获得民族生存的价值意义。

大众塔木德（汉译犹太文化名著丛书／傅有德主编）

[美]亚伯拉罕·柯恩著　盖逊译　傅有德校

山东大学出版社　1998年1月　430千字　453页

《塔木德》（Talmud）一书系根据犹太先哲们向其人民宣讲"上帝的律法"的内容汇编而成，对于犹太民族来说是继希伯来《圣经》（Hebrew Scripture）之后最重要的一部典籍。这部口述的著作由两部分组成：《密西拿》（Mishnah）和《革马拉》（Gemara）。前者由拉比犹大·哈拿西 Judah Hanassi），即犹大王子（Judah the Prince）于公元3世纪汇编成书，共计6卷63篇，主要内容是拉比和犹太民族的先哲们对希伯来《圣经》的律法所作的讲解和阐释；后者是其后的学者们对前者进行的评述和讨论，汇集成书于《密西拿》出现之后300年左右；两者共同构成了所谓的口传律法（Oral Law），以别于摩西在西奈山由上帝亲授的《托拉》（Mosaic Torah）。本书为"汉译犹太文化名著丛书"之一，是一部以"大众化"的语言阐述《塔木德》这一涉及犹太人生活之方方面面的宗教法典的论著。作者亚伯拉罕·柯恩（Abraham Cohen）在对卷帙浩繁、内容博杂的《塔木德》全面检阅、精心去取的基础上把其中的要旨通过清晰条理的纲目和通俗平实的语言展示了出来，从而使任何对《塔木德》和犹太教（Jndaism）怀有兴味的读者从中都可以了解到《塔木德》所关心和讨论的问题。全书共分11章。内容包括：上帝论、上帝与宇宙、人的教义、启示、家庭生活、社会生活、道德生活、肉体生活等。

世界犹太教与文化（世界民族宗教与文化系列丛书）

黄陵渝著

中央民族大学出版社　1999年1月　151千字　205页

犹太教是犹太民族的宗教，也是人类最古老的一神教，还是基督教与伊斯兰教之父。其自产生迄今已有3000多年的历史，经历了古代犹太教、拉比犹太教、中世纪犹太教、近现代犹太教和当代犹太教五个发展阶段。犹太教的核心是相信只有唯一的神耶和华存在，他是整个世界的造物者和统治者，是超越一切的、永久存在的。他看到一切、了解一切并将自己的律法《妥拉》启示给犹太民族，选择他们作为全人类的榜样。对犹太人而言，犹太教不仅是宗教信仰，也是民族文化的表现形式。它既表现为宗教文献、宗教观点和宗教仪式，也表现为社会体制和独特的文化。本书为"世界民族宗教与文化系列丛书"之一，作者以犹太经典为依据，从史学研究的角度对犹太教的历史发展脉络、思想体系及其文化表现形式作了较为全面的梳理和介绍。全书包括十个部分，内容涉及犹太教的历史、教义和经典文献，著名犹太教学者，犹太教教派及其组织、机构，犹太教习俗与礼仪，犹太教节日，犹太教圣地与名胜，犹太教会堂及其建制等方面。

犹太教神秘主义主流（宗教与世界丛书／何光沪主编）

[德] G.G.索伦（G.G.Scholem）著　涂笑非译

四川人民出版社　2000年1月　275千字　373页

犹太教神秘主义者的观念来自犹太教特有的概念和价值，就是说，首先来自对上帝统一性和他在托拉中启示的神圣律法的信仰。犹太神秘主义以不同形式体现了用神秘术语解释犹太教价值的尝试。它的全部注意力集中于"活的上帝"这一观念，这个上帝显现于创造、启示和救赎中。推到极致，对这一观念的神秘观照就产生了"神域"，即自足的神性领域的概念。本书为"宗教与世界丛书"之一，是以犹太教神秘主义研究的奠基人索伦教授的系列演讲为蓝本编订而成的一部学术经典。该书最初发表于1938年，后被译成法文、德文、西班牙文、意大利文，甚至瑞典文和波斯文等多国文字。其中文本的翻译出版（本书据美国Schooken Books 1960年版译出），为我国的犹太教研究和神秘主义研究，提供了一份极为重要的资料。全书共分九讲。书中概述了哈西德主义从其古代发端到近代最新的发展，讲解了犹太神秘主义的主要特征和发展阶段，使读者得以了解犹太神秘主义本身的意义，及其与犹太社会、政治、文化的关系。

犹太教学（中国现代科学全书·宗教学／吴云贵主编）

黄陵渝著

当代世界出版社　2000年6月　329千字　404页

犹太教既是一种意识形态、一种社会理想，也是一部分人十分具体的精神追求和信仰生活。犹太教有历史、经典、独特的教义教规体系和组织形式，是一种特殊的社会存在。"犹太教学"作为一个研究犹太教的专门学科，有着自己独特的研究对象、特点、指导原则和研究方法。本书为"中国现代科学全书"之一，是我国第一部犹太教学研究的学科性专著，对于创立我国的犹太教学学科意义重大。全书共分15章。书中全面系统地论述了此学科的研究对象、特点、指导思想、研究方法，记述了犹太教产生、发展、演变的历史，阐释了犹太教的基本教义、伦理道德、律法体系、经典文献、著名学者、教派组织、宗教制度、风俗礼仪、节日圣地、哲学思想、神秘主义、复国主义、中国的犹太人与犹太教，回顾了百年来国内犹太教学术研究的发展轨迹。作者指出，犹太教学作为宗教学研究的一个分支学科，应属于人文学科的一种，它与哲学、神学、史学、文学、考古学、语言文字学等有着极其密切的关系。但同时它又是一门社会学科，与民族学、民俗学、社会学、心理学乃至经济学、政治学都有着不可分割的关系。作为现实的一种宗教现象，犹太教对现实生活的关注，它的伦理思想、价值追求、律法制度、礼仪习俗，更无一不对现实的社会生活产生影响。因此，犹太教学是一个内容十分广泛的文化体系，涉及社会科学的各种门类。

犹太教的本质（汉译犹太文化名著丛书／傅有德主编）

[德]利奥·拜克著　傅永军　于健译

山东大学出版社　2002年2月　220千字　239页

本书为"汉译犹太文化名著丛书"之一，是著名的德国犹太社区及进步犹太教世界运动领导人、犹太教拉比和宗教哲学家利奥·拜克（Leo Baeck, 1873—1956）在宗教史与宗教哲学研究方面的代表性著作。该书撰写于1936年，拜克在书中以《圣经》、《塔木德》以及古代拉比的典籍为运思的泉源，以一个神学哲学家的眼光认真审视了犹太教本身，从实践理性角度详细分析了犹太教的本质与特征，论述了犹太教的基本观念，阐明了犹太教的主要任务，形成了自己独具特色的自由宗教神学思想。全书分为"犹太教的特征"、"犹太教的观念"和"犹太教的维护"三篇。作者指出，犹太人始终是一个少数民族，但却是一个被迫去思想的少数民族。命运赐予犹太人以思想。犹太人必须坚持与那种将成功与权力抚慰式地归之于统治者及其辅佐的真实意识进行精神上的斗争。无论人们如何评价犹太教，有一点是大家的共识，即犹太教是一种让伦理特征在宗教中凸现的一神论宗教。犹太教始终强调道德戒律的重要性。

论犹太教（汉译犹太文化名著丛书／傅有德主编）

[德]马丁·布伯著　刘杰等译

山东大学出版社　2002年2月　214千字　213页

本书为"汉译犹太文化名著丛书"之一，收录了德国著名犹太裔学者马丁·莫迪凯·布伯（Martin Mordechai Buber, 1878—1965）发表于不同时期的有关"复兴犹太教"问题的12篇演讲。其时间跨度长达40多年。这期间，布伯的哲学思想经历了从神秘主义到"对话哲学"的转变。布伯对犹太教的解释在很大程度上受他的哲学思想的影响，反过来，他的犹太教研究又极大地影响了他的哲学。布伯认为，复兴犹太教包括两方面的内容：一是对正统或官方犹太教的批判；二是确立犹太教的真正任务。他相信，犹太教的真正任务有三个：显示人与上帝之间的对话关系；确立精神生活和世俗生活的统一；使我们与万物的关系变得神圣和圣洁。全书由两个部分组成。第一部分"早期演讲（1909—1918）"收录8篇，其中前3篇发表于1909—1911年间，1911年在法克福以《论犹太教的三篇演讲》为题出版；第4—6篇发表于1912至1914年间，1916年在莱比锡以《犹太教的精神》为书名出版；第7篇演讲"神圣之路"1918年5月发表，1919年在法兰克福出版；第8篇演讲"自由：论青年和宗教"1919年在维也纳以《自由》为题出版。第二部分"后期演讲（1939—1951）"收录4篇，它们是1942—1952年间发表的《以色列的精神和今日世界》、《犹太教和文明》、《沉默的问题》和《天国与尘世的对话》。

古犹太教（韦伯作品集）

[德国]马克斯·韦伯（Max Weber）著　康乐　简惠美译

广西师范大学出版社　2010年9月　441千字　569页

犹太民族的宗教发展对于世界史的重要意义，特别是由于旧约圣经的创造。针对这一历史事实本身，韦伯指出，保罗的传道事业最重大的精神成就之一，便是将此一犹太人的圣书保留传承成为基督教的圣书；而另一方面，犹太教决定性地诱发了穆罕默德的预言，并且部分而言，成为其原型。本书为"韦伯作品集"之一,是德国著名社会学家、哲学家马克斯·韦伯从源头上探寻古犹太教及其演化过程的论著,韦伯在书中援引大量原始文献,从古犹太教处于西方和近东整个文化发展的交汇点这一角度,摒弃以往神学研究的保守主义原则和借外部条件探究此宗教从诞生到衰变的各种因素,首次从古犹太教历史发展过程的内在理路,揭示这一古老宗教衍生出伊斯兰教和基督教两大对立宗教文明之间的难解因由。全书分为"以色列誓约共同体与耶和华"、"犹太贱民民族的形成"和"附录:法利赛人"三篇。内容述及一般历史条件与气候条件,贝都因人,城市与吉伯林姆,以色列农民,格耳林姆与族长伦理,以色列法律集里的社会法,契约,耶和华同盟及其机关,非耶和华的崇拜,安息日,巴力与耶和华、偶像与约柜、牺牲与赎罪,利未人与律法书,俘囚期前的预言,记述先知的心理学与社会学特质,先知的伦理与神义论,末世论与先知,仪礼隔离的发展与对内对外道德的二元论,作为教派宗教性的法利赛主义,拉比,法利赛派犹太教的教说与伦理等方面。

古典时代犹太教导论（南京大学犹太文化研究所文丛/徐新主编）
[美] 沙亚·科亨（Shaye J. D. Cohen）著 郑阳译
中国社会科学出版社 2012年3月 310千字 313页

本书为"南京大学犹太文化研究所文丛"之一,也是国外学术界公认的经典作品。在这部研究犹太教（文明）的关键时期,即"古典时代犹太教"的著作中,科亨教授对第二圣殿时代（从公元前2世纪到公元2世纪的400年间）的犹太文明进行了全景式的分析,探究了第二圣殿时代犹太教向拉比犹太教的转变以及基督教与犹太教的分离。他综合考察了第二圣殿时代的宗教、文献、历史,对这一时期犹太文明的性质,包括犹太人与外邦人的关系、犹太宗教在更大社团中所发挥的功能、犹太宗派主义的发展等,提出了真知灼见。此外,科亨教授对圣经正典的形成过程和拉比犹太教的根源也提供了清晰的解释。全书分为"古代犹太教:年表与定义"、"犹太教与外邦人"、"犹太'宗教':习俗与信仰"、"社团及其机构"等7章。作者明确指出,犹太教之于基督教,不仅不是附属,且是它的生命之源,尽管两者早期相处并不融洽,但它们共同成为希腊-罗马文明的组成部分。犹太民族本质的游牧性,早期见诸出埃及前后的史实,圣殿被罗马人毁灭后,保存在圣书《密西拿》以及历代拉比对它的讲评和注释中,活在犹太祈祷堂以及对文本的学习观念之中。它"激动人心"的历史,对西方文明关键期——希腊化罗马时代,乃至今天的西方文明仍有不可忽略的重大影响。

现代犹太哲学
傅有德等著
人民出版社 1999年12月 245千字 322页

在20世纪,经过启蒙运动和犹太教改革的西方犹太人已经在很大程度上融入了他们所在的社会,从而在更广阔的文化氛围内确定了自己的坐标。与此相适应,犹太哲学也在很大程度上表现出和西方哲学整合的趋势。20世纪是现代犹太哲学的鼎盛时期,出现了许多影响深远的哲学家。本书是一部断代的犹太哲学史著作,作者通过对犹太哲学思想及犹太哲学家的本质特征的发掘与梳理,力求客观地把握并清楚地阐述历史上犹太哲学家的观点、原理和体系。全书共分7章。书中对18世纪以来的犹太哲学、特别是20世纪犹太哲学的主要代表科恩、拜克、罗森茨维格、布伯、海舍尔和开普兰的宗教哲学作了系统的介绍和深入的评析，重点阐释了这些犹太哲学家在上帝存在、宗教的本质、上帝与人生、宇宙的关系等问题上的论述和理解，勾勒出现代犹太哲学的清晰脉络，揭示了现代犹太哲学试图调和理性与信仰、科学和宗教的根本特征。

当代犹太教（当代世界宗教丛书 / 冯嘉芳主编）
黄陵渝著
东方出版社　2004年4月　311千字　410页

在当今世界，犹太教虽然教众不多，却是一个跨国界的宗教，这使之成为国际关系和世界政治、经济中的一个重要因素，突出体现在其对美国总统大选、阿以冲突、国际金融趋势等方面不可低估的影响，经常起到推波助澜的作用。本书为"当代世界宗教丛书"之一，是我国第一部研究当代犹太教状况的学术专著。书中以当代为主线，辅以纵向的历史线索，系统论述了二战后犹太教在世界各地的发展情况，重点评析了犹太教对美国、以色列等国内政外交及中东和平进程的影响，认真梳理了与犹太教相关的一些历史概念、事件和问题，纠正了以往的某些错误或模糊的解释。全书共分14章。第1—4章，分别介绍犹太教历史、教义、经典、教法、制度、节日等。第5—13章，分别介绍二战后各国犹太教的历史、现状、社会作用与影响、学术研究状况、名胜古迹等。第14章分别介绍犹太教派与犹太国际组织。

宗教与犹太复国主义
刘精忠著
中国社会科学出版社　2010年12月　469千字　445页

犹太复国主义运动产生于19世纪80—90年代，这个名词最早由犹太历史学家纳坦·比恩鲍姆于1892年1月在维也纳的一次讨论会上提出，并以1948年犹太国的建立为其重要转折标志。实际上，作为一种现代意义上的民族主义运动来说，犹太复国主义运动本身在具体的内涵和形式上都具有太多的复杂性、甚至含糊性；而就宗教与犹太复国主义运动的关系来说，二者始终是一种如影随形、显而易见的历史性存在。本书是在作者的博士论文基础上修改补充而成的一部研究"宗教和犹太复国主义"的专著。书中尝试从宗教的文化维度去诠释犹太教宗教哲学思想对于犹太复国主义的理解与回应，从宗教与文化间的这一内在关系维度上，特别是从宗教在这种规范性整合表现上所特有的一般性特征的角度，探析犹太宗教思想对于现代政治复国主义的复杂取向与反应，内容涉及历史上对于犹太教思想中相关弥赛亚信仰等重要观念及其影响的理解与认识。全书共分13章。作者指出，由于犹太教历史上在文化整合与规范上几近全方位的渗透和影响，无论是世俗的抑或传统的犹太人，都不可能回避犹太教与犹太复国主义之间的相关问题，也就是说在这一问题上并无绝对的世俗或传统意义上的身份差别。故而，犹太教作为一种"宗教—文化体系"显现的这一重要特征，决定了我们所关注的研究领域的对象选择标准。

犹太教与中国开封犹太人（希伯来文化与中国犹太人2）
张绥著

上海三联书店　1990年3月　148千字　187页

　　本书是《希伯来文化与中国犹太人》的第二卷，分《相识恨晚：犹太人到中国》、《元明清三朝的中国犹太人》、《今天的开封犹太人后裔和犹太人文物》、《我的见解》4个叙事部分及附录。古老的犹太教和苦难深重的希伯来民族，话题恒久且意蕴深邃。这个民族在国破家亡后的近1800年中，流落于世界各地，虽饱受挤压、排斥与欺凌，但其民族主体文化几乎从未被所居地区的其他民族文化驯服或同化。此现象表明，民族形成的主因并非地域和血缘等因素，而是民族文化按其生存和发展的需要逐步定向积淀的结果；宗教则乃达成这种文化定向的支点。那么，犹太教及其内聚力极强的民族主体文化，却在中国大地上演绎了另一番历史场景。本书记述了犹太人定居古都汴梁（河南开封）后八百多年间的演变行迹和心路历程。从最初经海路进入中国从事贸易活动的犹太人，述及宋元明清直至当代犹太人后裔的各方面境况。本书的写作，旨在通过犹太文化在犹太教的维系下所显示出的坚实性这样一个背景作比较，来认识中国儒教的内质特征及中国汉文化之活力，并深切感受中国古代科举制度对犹太文化价值认同的颠覆作用。作者以实地调研、入户采访、抄录碑刻等方式获取大量鲜活的第一手资料，为中国犹太教史、中国民间宗教史等史学研究提供佐证。

犹太教审判：中世纪犹太–基督两教大论争（汉译犹太文化名著丛书/傅有德主编）
[英] 马克比编著　黄福武译　傅有德校

山东大学出版社　1996年4月　280千字　317页

　　在中世纪的欧洲，犹太人任凭基督教庞大势力的蹂躏，饱受剥削、屠杀与驱逐之苦。诸多的针对他们的惯常传教方式之一就是强迫他们的代表出席公开论争。本书为"汉译犹太文化名著丛书"之一，是英国著名犹太学者海姆·马克比（Hyam Maccoby）撰写的一部集中论述发生于中世纪欧洲的犹太—基督教之间的重要论争：巴黎论争（1240）、巴塞罗那论争（1263）和托托萨论争（1413—1414）的专著。作者通过大量翔实原始的资料，详尽地阐述了这些神学上冲突的内容，再现了中世纪这一欧洲历史上最黑暗的时期两教对峙的戏剧场面和真正意义。全书分为"三大论争：概论"、"巴塞罗那论争：原文"、"巴黎论争与托托萨论争：原文"三个部分。第一部分提供了关于三大论争及其社会与历史背景的主题性概述；第二部分是纳曼尼德斯这位犹太学术史上最伟大的人物之一、犹太教一方在论争中的发言人所撰写的关于巴塞罗那论争的一篇完整译文；第三部分则包括了犹太教和基督教双方关于巴黎论争和托托萨论争的记述。

近现代犹太宗教运动：解放与调整的历史（汉译犹太文化名著丛书/傅有德主编）
[美] 大卫·鲁达夫斯基著　傅有德　李伟　刘平译

山东大学出版社　1996年12月　400千字　473页

　　18世纪法国大革命和由此而开始的犹太人的解放是犹太人历史上的大事件，也是决定近现代犹太教发展方向、形式和命运的关键因素。对于欧洲犹太人来说，革命催动了犹太启蒙运动（哈斯卡拉）的发生，并且促使德国犹太教内部率先实行了宗教改革。而改革的直接后果是犹太教的分裂。原来统一的传统犹太教逐渐分化出改革派、保守派，以及正统派；在20世纪的美国还从保守派中分化出了重建派。这些不同的宗教派别把犹太人划分成不同的阵营,导致了犹太人在宗教观念和生活习俗等诸方面的差别。这种局面一直持续到现在。本书为"汉译犹太文化名著丛书"之一,是一部在西方颇有影响的犹太教史书。其主旨在于阐述当代犹太教各派,主要是正统派、改革派和保守派及其分支的意识形成的起源、演化和壮大过程。全书包括三部分,共15章。第一部分"背景"(第1-4章),重点讲解中世纪犹太人所处的境况,他们遭受的痛苦和迫害,还阐述了形成犹太启蒙运动(Haskalah)以及最终导致"解放"即犹太人获得公民权的解放运动的诸要素。第二部分"在欧洲的根"(第5-10章),从阐述传统犹太教的本性入手,讨论了哈西德主义与新哈西德主义、德国犹太教改革运动,以及历史学派、德国新正统派和卢扎托的新正统观。第三部分"在美国的萌发"(第11-15章),作者将视角转向美洲大陆,追寻了犹太教正统派、改革派、保守派和重建派在美国土壤上的发展踪迹。

简明犹太民族史(汉译犹太文化名著丛书/傅有德主编)

[英]塞西尔·罗斯著　黄福武　王丽丽等译

山东大学出版社　1997年12月　500千字　587页

本书为"汉译犹太文化名著丛书"之一,是著名的英籍犹太史学家塞西尔·罗斯(Cecil Roth, 1899—1970)撰写的一部综合性的犹太史巨著。书中以名副其实的"简明"形式讲述了犹太民族在社会和文化的宏大背景下的发展历史,在时间上跨越了近四千年(公元前1900—公元1967),在空间上覆盖了整个世界,其内容丰富、脉络清晰、重点突出,事件描写生动鲜明,并注重对历史进行理性的分析。故此,该书在犹太文化研究中占有极其重要的地位,在西方一直有着非常广泛的影响,曾被誉为"是一部极具学术水平的抗鼎之作","是关于一个曾对世界文明产生过巨大而深远影响的伟大民族的一篇生动记述"。自1936年首次出版以来,该书曾被翻译成德、法、希伯来等多种文字,在西方各国广泛流传。第二次世界大战期间,该书甚至被分发到各作战部队,作为鼓舞士气的教育范本。全书按照犹太民族的起源、兴盛、流散、衰败、解放与复兴等各个特定的历史时期依次进行编排,分为"以色列:公元前1900—前586年"、"犹太人:公元前586年—公元425年"、"大流散:425—1492年"、"曙光初照:1492—1815年"、"新时代:1815—1918年"、"大灾难与大复兴:1918—1967年"六卷,共34章。作者在叙述历史的同时,还以浓重的笔墨充分展示了犹太民族的哲学思想、宗教观念、文学艺术和民间习俗以及与其他各种文明的相互依存关系;描绘和宣示了曾经遭受"神神宗教迫害、种族歧视、人格污辱和人身侵害"的犹太民族所特有的顽强生命力和强大凝聚力、坚定的民族意识和对人类进步做出的创造性贡献。

犹太哲学史(上、下卷)(中国当代学术思想文库)

傅有德等著

中国人民大学出版社　2008年3月　674千字　786页

3000年前,地中海沿岸的迦南地诞生了希伯来文明。曾几何时,巴比伦铁骑攻克了犹太王国,希腊大军马踏约旦河两岸,罗马军团进驻耶路撒冷,焚毁了圣殿。与此相伴,"流放"、"散居"也成了犹太人永久的宿命。然而,"散居"也为原本封闭的犹太文明打开了一扇扇窗户,使之直接面对形态各异的文明,不得不积极或消极地应对希腊罗马的哲学、伊斯兰教、基督教、文艺复兴,启蒙运动,以及现代哲学与科学、宗教的兴衰嬗变,等等。犹太哲学也应运而生。本书为"中国当代学术思想文库"丛书之一,也是国内第一部犹太哲学通史。全书分为"古代犹太哲学"、"中世纪犹太哲学"和"现代犹太哲学"三编,共19章。书中以犹太经典著述为依据,深入探讨了犹太哲学的定义、特征及其根源,阐述了各个哲学家的上帝观,神与世界、人的关系,灵魂观,神的预知与决定,神命论,神义论,神性律法与伦理,以及其他一般哲学与宗教学的问题和理论,内容涵盖希伯来《圣经》、《塔木德》中的哲学思想和各个时代的众多犹太哲学体系。读者可以从中领略到斐洛、萨阿底、哈列维、迈蒙尼德、本格森、克莱斯卡、科恩、罗森茨维格、布伯、海舍尔、莱维纳斯等众多犹太哲学家的风格各异的精神和博大精深的思想。

从众神崇拜到上帝观念的历史考察(上海社会科学院宗教研究所学术专著系列)
邱文平著
上海社会科学院出版社　2014年6月　230千字　214页

本书为"上海社会科学院宗教研究所学术专著系列"丛书之一,作者以前人的研究为基础,试图遵照历史资料,对作为基督教母体的犹太教的上帝观念的形成发展轨迹作一个详尽而清晰的梳理和复原。内容述及"从亚伯拉罕原初的留存着多神崇拜痕迹的一神崇拜,到希伯来人汲取了埃及阿顿一神教的教义,初步形成了独一神崇拜;再到摩西带领希伯来人出埃及,糅合着迦南地和米甸部落神及埃及阿顿神的摩西原始犹太独一神教的破茧而出,直至犹太国的灭亡,又经历了大流散时期,无尽的民族痛苦才最终塑造了犹太独一神教的原型"的整个历史过程。全书共分4章。第1章讲述希伯来民族的源头,分析独一神可能的中东、埃及起源。第2章探讨摩西出埃及和独一神教的确立。第3章分析王国时期的上帝观念。第4章回顾大流散期间的历史和后期先知们的伟大努力。在"余论"部分,还介绍了"熔炉"理论和美国犹太人的同化问题。

六、摩尼教、祆教等

摩尼教及其东渐
林悟殊著
中华书局　1987年8月　245千字　337页

摩尼教是公元3世纪中叶波斯人摩尼Mani(216-277)所创立的一个世界性宗教。中古时代,波斯的摩尼教曾在中国广为传播,并产生了巨大的影响,这已为20世纪来考古的发现及学者们的研究所证实。本书收录了林悟殊教授以"摩尼教及其东渐"为研究主题的论文18篇,这些论文既独立而彼此又有内在联系,除论述摩尼教的起源、主要义理外,重点考述了其由波斯经中亚传入中国的过程及传播过程发生的变化,更对分藏于北京、伦敦、巴黎的三部敦煌汉文摩尼教写经从研究史、文书学、文献学、宗教学等角度进行探讨,在前人录文的基础上,根据原件照片重新制作释文;此外,还整理国内外有关该教研究的详细论著目录。具体内容包括:《本世纪来摩尼教资料的新发现及其研究概况》、《摩尼的二宗三际论及其起源初探》、《早期摩尼教在中亚地区的成功传播》、《摩尼教入华年代质疑》、《唐代摩尼教与中亚摩尼教团》、《〈老子化胡经〉与摩尼教》,《回鹘奉摩尼教的社会历史根源》、《从考古发现看摩尼教在高昌回鹘的封建化》、《慕阇考》、《宋代明教与唐代摩尼教》、《喫菜事魔与摩尼教》等。

摩尼教与古代西域史研究（西域历史语言研究丛书 / 沈卫荣主编）
马小鹤著
人民大学出版社　2008年10月　648千字　633页

　　本书为"西域历史语言研究丛书"之一，汇集了作者关于摩尼教和内陆欧亚古代史研究的论文26篇。这些论文比较注重新材料的考释和分析，比如穆格山粟特文文书、阿富汗出土的巴克特里亚文文书、嚈哒钱币、隋唐支氏家族碑铭等，都是中国学者较少涉猎的。在摩尼教方面，作者对中外学者的西域史、摩尼教研究的最新成果相当熟悉，能综合利用语言学家们对粟特文、中古波斯文、帕提亚文、巴克特利亚文、婆罗谜文、回鹘文、科普特文、希腊文、拉丁文等多种语文资料的研究，深入分析汉文史料，超出传统史学研究的方法，侧重分析其义理。同时，本书还吸收符号学的理论，从摩尼教的宗教符号出发，与基督教、佛教进行比较研究，时有新见。全书分为"摩尼教研究"和"古代西域史研究"两部分。内容包括：《摩尼教宗教符号"妙衣"研究》、《摩尼教宗教符号"明珠"研究：帕提亚文mwrgryd(珍珠)考》、《摩尼教〈下部赞·初声赞文〉新考》、《摩尼教"十二大王"和"三大光明日"考》、《隋唐时代洛阳华化月支胡初探》、《米国钵息德城考》、《公元八世纪初的粟特》、《温那沙（αλχουοραυο）考》、《嚈哒族属伊朗说》等。

晋江草庵研究（厦门大学国学研究院资助出版丛书）
粘良图著
厦门大学出版社　2008年12月　200千字　187页

　　摩尼教发源于古波斯，在中国有个更让人耳熟的名字：明教，也就是华化的摩尼教。如今仍矗立于晋江市华表山南麓的"草庵"，始建于宋绍兴间，初为草筑故名，元顺帝至元五年（1399）改为石构歇山式建筑。这座石构寺宇，以其富有特色的摩尼教信仰和相关文物吸引世人的眼光，被誉为"世界唯一保存完整的摩尼教遗址"。庵内依山石刻一圆形浅龛，直径1.68米，圆龛内雕刻一尊摩尼光佛，趺坐在莲花坛上。据说这是目前世界仅存的一尊摩尼教石雕佛像。早在1987年，寺内的摩尼光佛就成了首届国际摩尼教学术研讨会的会徽。本书为"厦门大学国学研究院资助出版丛书"之一，作者由田野调查入手，通过走访晋江特别是草庵周遭的野老村叟，查阅相关的族谱、私乘笔记、签诗簿、墓志铭，对摩尼教在华史，尤其在晋江的晚期史，进行了钩沉考证和变迁勾勒，并从中发现了具有摩尼教遗存的民间宗教仍然鲜活的事实。全书共14章。内容包括：华表山和草庵十八景、《闽书》记载摩尼教、从摩尼教到明教、宋代"明教会"碗、摩尼光佛石雕像、族谱记载元代的明教活动、明朝初年对明教的打击等。

奥古斯丁论善恶与命定：摩尼教的影子作用（西方古典哲学研究丛书 / 包利民　章雪富主编）
[加拿大] 李锦纶著　石敏敏译
中国社会科学出版社　2012年3月　150千字　207页

　　关于奥古斯丁的研究，过去多从柏拉图思想传统切入问题，很少注意奥氏早年所接触的摩尼教带来的背景性影响，以及这些影响如何促进他在多个方面，而不只是在论辩方面形成自己的思考，所以这个领域仍是一块有待开发的处女地。与此关联又极具研究价值的是追踪奥古斯丁早期思想的发展轨迹，以理解摩尼教宇宙善恶二元观如何成为奥氏预定论形成的背景因素。本书为"西方古典哲学研究丛书"之一，作者专注于奥氏四十六岁前所撰的《论善的本质》、《论美与适度》、

《论真宗教》等著作,以"善"为主轴,分别探讨至善、个人的恶、与命定三个相关论题;它们分属于上帝论、罪恶论、与救赎论范畴;藉此发掘了奥古斯丁从摩尼教获得的印象。全书共分5章。具体内容包括:奥古斯丁的摩尼教徒时期、对摩尼教认识论的批判、奥古斯丁所理解的摩尼教的善观、奥古斯丁早期的善观、受摩尼教影响的踪迹、至善作为造物界的根据、情欲的概念、个人之恶的原则等。

从波斯到中国:摩尼教在中亚和中国的传播
王媛媛著
中华书局　2012年5月　300千字　297页

公元3世纪创建于波斯地区的摩尼教,从古代伊朗逐渐东传,在中亚地区获得了一定的发展,然后于唐代正式传入中原。8世纪后半期,它被回鹘立为国教,其势力在高昌回鹘时期发展至顶峰。相比之下,唐以后的中原摩尼教却逐渐转入民间,最终消亡于中国东南沿海地区。本书以波斯摩尼教东向传播的时间进程和几个重要教区为序,通过分析吐鲁番及敦煌等地出土的摩尼教文书,以及东西方史料中的相关记载,考察了3至11世纪摩尼教在波斯遭禁后,中亚教会中枢地位的确立,及其以中亚为早期据点继续向东传播,进入西域、中原并繁盛于高昌的教会历史,探讨了唐代中原摩尼教的初传、摩尼寺院的地位与作用、摩尼教的禁断,以及宗教文书的分类与功能、宗教仪式、教会人员的构成及教会与回鹘王族之间的关系等问题。全书共分3章。第1章主要介绍摩尼教在中亚和西域地区的传播。第2章主要论及摩尼教在唐代中原地区所走过的初期传播—开元禁断—大历复兴这样一个曲折的传教历程。第3章主要论述摩尼教在高昌地区的传播和发展,并结合高昌地区摩尼教寺院遗址的考古发现,来讨论高昌教会中的部分神职和教阶等级,以及他们与寺院之间的依存关系。

中古三夷教辨证（中外交流历史文丛/蔡鸿生主编）
林悟殊著
中华书局　2005年6月　370千字　480页

本书为"中外交流历史文丛"之一,作者以发源于古波斯,"在中古之世,经由中亚地区传入中土,在唐代曾一度盛行"的三个夷教,即摩尼教、景教、祆教为研究对象,对其展开多方位地考察和论述,涉及中古三夷教的方方面面,尤其是相关的文物、文献及其所反映的历史面貌。全书主体内容由"文物篇"、"文献篇"、"历史篇"、"附篇"四个部分组成。"文物篇"考释三夷教的一些实物遗存或疑似遗迹,包括《福建明教石刻十六字偈考释》、《泉州草庵摩尼雕像与吐鲁番摩尼画像的比较》、《泉州"摩尼教墓碑石"为景教碑石辨》等7篇论文。"文献篇"主要对敦煌汉文摩尼教、景经,从研究史、文书学、文献学和写本辨伪等方面进行探讨,另对传世文献元代《竹西楼记》所载摩尼教信息重行辨析。包括《敦煌汉文摩尼教写经研究回顾》、《英法藏敦煌汉文摩尼教写本原件考察》、《敦煌摩尼教〈下部赞〉经名考释:兼论该经三首音译诗》、《摩尼教"三常"考:兼论景教碑"启三常之门"一句之释读》等7篇论文。"历史篇"主要从传播史角度考察三夷教,共7篇论文,即《近百年国人有关西域祆教之研究》、《火祆教在唐代中国社会地位之考察》、《唐季"大秦穆护祆"考》、《波斯琐罗亚斯德教与中国古代的祆神崇拜》、《唐代三夷教的社会走向》、《泉州摩尼教渊源考》、《元代泉州摩尼教偶像崇拜探源》等。"附篇"包括四篇评论文章。

林悟殊敦煌文书与夷教研究（当代敦煌学者自选集／郑炳林主编）
林悟殊著

上海古籍出版社　2011年12月　392千字　523页

　　本书为"当代敦煌学者自选集"之一，收入了林悟殊教授以"敦煌文书与夷教研究"为题撰写的26篇文章。所选文章始自20世纪80年代迄于今，主要涉及两方面内容，其一是专门以敦煌夷教写本为考察对象，即探讨写本之真伪、内容或其产生之背景原因等；其二则是以夷教为研究对象，但文章之立论或论证均围绕敦煌文书。书中对文章内容作如是筛选整合，旨在彰显敦煌文书之发见与当代夷教研究之密切关系，管窥20世纪初敦煌大发现所带来的学术新潮流。具体包括：《〈摩尼教残经一〉原名之我见》、《〈摩尼光佛教法仪略〉残卷的缀合》、《敦煌本〈摩尼光佛教法仪略〉的产生》、《〈老子化胡经〉与摩尼教》、《摩尼教〈下部赞〉汉译年代之我见》、《敦煌摩尼教〈下部赞〉经名考释：兼论该经三首音译诗》、《摩尼的二宗三际论及其起源初探》、《"慕阇"考》、《摩尼教"三常"考：兼论景教碑"启三常之门"一句之释读》、《摩尼教入华年代质疑》、《唐代摩尼教与中亚摩尼教团》、《宋代明教与唐代摩尼教》、《〈摩尼光佛教法仪略〉的三圣同一论》等。

火坛与祭司鸟神：中国古代祆教美术考古手记（紫禁书系）
施安昌著

紫禁城出版社　2004年12月　150千字　227页

　　火坛和祭司鸟神是中国祆教艺术标志性的题材，有着神奇的艺术魅力。本书为"紫禁书系"之一，集结了作者十年来探索古代祆教遗迹和祆教美术的成果，主要对一千四百多年前的中国祆教遗存及其宗教图像系统进行了揭示与论证。内容涵盖地下墓葬和地上碑刻，涉及许多博物馆中保存已久的藏品和近期发掘的虞弘、安伽、史君三个萨宝墓的出土文物。全书包括六个部分，共收录文章16篇。第一部分"火祆教：琐罗亚斯德教在中国"（3篇）简要介绍祆教的历史和它在中亚、中国的传播。第二部分"碑志上的祆神世界"（3篇）谈墓志和墓碑。第三部分"火祆教的丧葬习俗"（4篇）谈作为葬具的盛骨瓮和围屏石床。第四部分"圣火、祭司和胡摩：火祆的标志"（3篇）探讨祆教艺术中两种标志性的图像。第五部分"柔然建立的造像碑"（2篇）论述作为宗教纪念物的造像碑。第六部分"祆教文物叙录"（1篇）对祆教遗存加以概述，并介绍研究方法。

中国祆教艺术史研究
姜伯勤著

生活·读书·新知三联书店　2004年4月　350千字　335页

　　中国祆教是发源于波斯的琐罗亚斯德教（Zoroastuanizm）之中国版，是中古时代入华的三夷教之一。在中古丝绸之路上，信奉祆教的中亚胡人、如栗特人、于阗人等，是东西方贸易及艺术交流的担当者。本书在广泛参阅近百年来俄国、日本和欧美相关文献、论著的基础上，针对发源于波斯的中国祆教，及在中古丝绸之路上充当东西方贸易及艺术交流者的祆教信徒，利用"图像证史"的方法，深入解析了中国最新考古发现与祆教有关的画像石、壁画、纺织品等艺术遗存，试图以实例说明在宗教性、纪念性的祆教丧葬艺术品中，是如何生动地表达了人的丰富情感与多彩的生活相，如何超越佛教和祆教的界限，而使其表达神话和引喻的图像互相渗透；并通过实例说明，中国文明历史上接纳其他文明的优容态度，以及中国人对保存人类文化遗产的特殊贡献。全书分为"萨宝体制下中国祆教画像石的西胡风格及其中国化"和"丝绸之路上祆教艺术与新疆及河西等地区艺术的互动"上、下两编，共20章。内容包括：中国祆教画像石的"语境"、安阳北齐石棺床画像石与入华粟特人的祆教美术、青州傅家北齐画像石祆教图像的象征意义、入华粟特人祆教艺术与中华礼制艺术的互动、西安北周萨宝安伽墓图像研究、河西陇右祆教与祆教图像的流传、新疆等地所出纳骨瓮图像与粟特纳骨瓮图像的比较研究、于阗木板画所见粟特祆教美术的影响、敦煌白画中的粟特神祇、中国祆教图像中的祆教万神殿与天宫建制等。

祆教史
龚方震　晏可佳著
上海社会科学院出版社　1988年8月　300千字　384页

祆教是古老的伊朗文明中一颗充满神秘魅力的明珠，起源于世界上最早一神教的先知苏鲁支（Zoroaster）的教义。其主要特征可归纳成三个时期来说明，即苏鲁支以前（苏鲁支改革以前的古代伊朗宗教）、苏鲁支时代（以《伽泰》的教义为依据，相传此经为苏鲁支本人所作）、苏鲁支以后（此指后期阿维斯陀及钵罗婆经典所说的教义要旨，其主要观点自然不能离开苏鲁支的教导，但有了新的发展）。本书是国家社科"八五"规划中华基金同名课题的最终成果，也是国内第一部祆教研究的专著。全书共分17章。作者在充分占有并且消化国内外学者的相关学术成果的基础上，比较系统地勾勒了祆教的教义、神学和仪式的产生与发展的历史，内容包括：祆教产生的社会和宗教背景、祆教的建立及其早期传布、米底王朝时代宗教、阿黑门王朝时代宗教、塞琉古王朝、大夏和贵霜、粟特和花剌子模、希腊语苏鲁支伪经等。书中还对祆教在古代中国的史况作了专题叙述，并以一定的篇幅介绍了帕尔西人的历史，强调自公元10世纪以来，世界上的祆教徒就分为印度祆教徒和伊朗祆教徒两大板块，迄今已有1000年的历史。同时，本书还就国史和碑铭中涉及一些祆教专名的考释，提出了不少新的看法。

伊朗琐罗亚斯德教村落
[英]玛丽·博伊斯著　张小贵　殷小平译
中华书局　2005年7月　240千字　343页

沙里发巴特村位于伊朗中部亚兹德地区，是虔诚而极端保守的琐罗亚斯德教村落。在穆斯林占主流的社会里，琐罗亚斯德教作为少数派宗教而在此地保存下来。本书采用人类学田野调查的方法，深入考察了伊朗西南亚兹德、克尔曼这两个古老的琐罗亚斯德教村落在当代伊朗的遗存，通过对这两个村落的民俗和信仰的活态展现，为我们提供了一个经历过伊斯兰教的强力压迫，在穆斯林的重重包围下，幸存下来的琐罗亚斯德教群体的现实面貌。全书共分10章。第1章简要介绍了伊朗琐罗亚斯德教的历史及其主要信条、道德准则等。第2章重点介绍琐罗亚斯德教的主要崇拜对象——奥尔马兹达及其造物，以及教徒的主要祭祀活动和礼拜仪式等。第3—10章则从多个侧面具体描述琐罗亚斯德教徒（尤其是传统最强大的沙里发巴特村村民）的日常生活及宗教仪式，展示此地居民的民俗和信仰，内容涉及个人祭祀与布施、圣火和空神祠、净规与净礼、春季新年与百日圣节、万灵节与宗教新年等方面。

索 引

A

a

阿·费·洛谢夫的神话学研究……………149
阿含经校注（全9册）……………………431
阿奎那变质说研究…………………………959
阿奎那存在论研究：对波埃修《七公理论》
　的超越……………………………………958
阿奎那自然神学思想研究…………………957
阿拉伯通史（上、下册）…………………815
阿拉伯伊斯兰国家的起源…………………816
阿拉伯—伊斯兰文化史（8册）…………815
阿拉伯伊斯兰文化史纲……………………814
阿拉伯—伊斯兰文化研究：文化语言学
　视角………………………………………800
阿里传………………………………………821
《阿毗达磨俱舍论》研究：以缘起、有情与
　解脱为中心………………………………438

ai

艾布·伯克尔传……………………………820
艾布·哈尼法传……………………………823
爱与正义：尼布尔基督教伦理思想研究…969

an

安萨里思想研究……………………………823

ao

奥古斯丁的基督教思想……………………959
奥古斯丁论善恶与命定：摩尼教的影子
　作用………………………………………991
奥古斯丁《上帝之城》中的社会生活
　神学………………………………………842

奥古斯丁选集………………………………961
奥秘的魅力：宗教文化艺术一瞥…………193
奥斯曼传……………………………………821
澳门佛教：澳门与内地佛教文化关系史…665
澳门圣保禄学院研究：兼谈耶稣会在东方的
　教育机构…………………………………877
澳门土地神庙研究…………………………249
澳门土生葡人的宗教信仰：从"单一"到
　"多元混融"的变迁……………………200

B

ba

八仙故事系统考论：内丹道宗教神话的建构
　及其流变…………………………………303
八仙与中国文化……………………………379
巴布宗教思想研究…………………………095
巴利语佛教经典：经集……………………430
巴蜀佛教石窟造像初步研究：以川北地区为
　中心………………………………………498

bai

白话佛教十三经（上、下册）……………419
白莲教探奥…………………………………239
白圣大师文汇………………………………589
百川归海：走向全球宗教哲学……………041
百年道学精华集成·第五辑·道医养生
　（全8册）………………………………403
百年禁教始末：清王朝对天主教的优容与
　历禁………………………………………917

ban

班禅额尔德尼传……………………………707

般若思想史·················· 652
般若智慧论：妙灵法师《金刚经》二十七
　疑释······················ 428

bao

宝卷：十六至十七世纪中国宗教经卷导论··· 234
报道伊斯兰·················· 776
暴力的诱惑：佛教与斯里兰卡政治变迁··· 643

bei

北京藏传佛教史················ 661
北京地区基督教史迹研究············ 942
北京佛教石刻·················· 526
北京佛寺遗迹考（全3册）··········· 491
北京汉传佛教史················ 661
北京基督教史·················· 942
北京清真寺调查记················ 739
北京天主教史·················· 942
北京宗教史··················· 206
北京宗教文化研究················ 195
北美的中国基督教史研究述论·········· 947
北宋《开宝大藏经》雕印考释及目录
　还原······················ 408
北宋《老子》注研究··············· 277
北周佛教美术研究：以长安造像为
　中心······················ 523
贝叶上的傣族文明：云南西双版纳南传上座
　部佛教社会研究················ 625
被钉十字架的上帝················ 838

ben

本土化与现代性：云南少数民族基督教仪式
　音乐研究···················· 884

bi

比较神话学··················· 139
比较神话学在中国：反思与开拓········ 145
比较宗教学··················· 051
比较宗教学史·················· 051
彼此内外：宗教哲学的新齐物论········ 897

bian

边缘的历史：基督教与近代中国········ 916
变文讲唱与华梵宗教艺术············ 519
"辩中边论"思想研究·············· 438

bo

渤海视野：宗教与文化战略··········· 171

bu

布袋和尚与弥勒文化··············· 575
布哈里圣训实录全集（全4卷）········ 722

C

cao

曹溪禅学与诗学················· 514

chan

禅的人生与艺术················· 517
禅定与苦修：关于佛传原初梵本的发现和
　研究······················ 607
禅偈百则····················· 606
禅史钩沉：以问题为中心的思想史论述··· 653
禅通向绝对本体················· 605
禅学影响下的日本古典造型艺术········ 638
禅学与玄学··················· 553
禅学指归···················· 605
禅与东方文化·················· 533
禅与老庄···················· 607
禅与乐····················· 520
禅与日本文化·················· 638
禅与诗学···················· 513
禅与文化···················· 533
禅与心理分析·················· 534
禅与中国文学·················· 512
禅与中国···················· 604
禅与中国艺术精神的嬗变············ 604
禅与中国园林·················· 604
禅宗的智慧··················· 458
禅宗概要···················· 461

禅宗美学……459
禅宗诗歌境界……514
禅宗思想的形成与发展……463
禅宗思想渊源……458
禅宗：文化交融与历史选择……457
禅宗与道家……469
禅宗与精神分析……468
禅宗与全真道美学思想比较研究……470
禅宗与中国文化……457
禅宗哲学象征……458
禅宗自由观研究……468
阐释神圣：多视角的宗教研究……059
忏悔录……843

Chang

长安道教与道观……298
长安佛教史论……557
长江三峡宗教文化概论……200
长三角都市流动穆斯林与伊斯兰教研究……793
长生久视：中华传统内丹学的现代转化……397

chao

超越东西方：吴经熊自传……950
超越与顺应：现代宗教社会学观照下的佛教……538

chen

尘封的偶像：萨满教观念研究……115
尘世的权威：奥古斯丁的社会政治思想……960
陈国符道藏研究论文集……255
陈健民传……701
陈抟道教思想研究……389
陈撄宁卷……393
陈撄宁与道教文化的现代转型……392
陈垣卷……212
陈垣全集（全23册）……166
谶纬与神秘文化……177

cheng

《成唯识论》识变问题研究……437

成玄英评传（全2册）……385
城市化进程中的中原回族伊斯兰教研究……794

chi

池田大作的佛学思想……710

chong

冲突的解释……853
冲突与互补：基督教哲学在中国……901

chu

出土文献与早期道教……317
初期大乘佛教之起源与开展（全3册）……451
初唐佛典词汇研究……415
锄下菩提：佛教农禅观……488
楚辞与原始宗教……127

chuan

传教士与近代中国社会变革：李提摩太在华宗教与社会实践研究（1870—1916）……967
传教士与中国科学……855
传统的回归：当代伊斯兰复兴运动……780
传统佛教与中国近代化：百年文化冲撞与交流……530
传统民间信仰与现代生活……238
传统萨满教的复兴：对西伯利亚、东北亚和北美地区萨满教的考察……126
传统与变迁：福建民众的信仰世界……198
传统与现代：变化中的南传佛教世界……636
传统与现实：土耳其的伊斯兰教与穆斯林……802

chuang

创价学会的理念与实践……636

ci

慈悲喜舍：佛教菩萨观……533

cong

从波斯到中国：摩尼教在中亚和中国的传播……992

从道家到道教·················· 272
从马礼逊到司徒雷登：来华新教传教士
　评传····················· 966
从魏晋玄学到初唐重玄学············ 354
从巫术到数术：上古信仰的历史嬗变······ 128
从于阗到敦煌：以唐宋时期图像的东传为
　中心····················· 505
从哲学到宗教学：吕大吉学术论文选集··· 165
从众神崇拜到上帝观念的历史考察······ 990

cun

存在·自我·神性：印度哲学与宗教思想
　研究····················· 074

cuo

错引耶稣：《圣经》传抄、更改的内幕··· 829

D

da

达尔文主义者可以是基督徒吗：科学与宗教
　的关系···················· 895
达赖喇嘛传··················· 706
达摩禅学研究（上、下册）··········· 587
达斡尔族萨满文化传承：斯琴掛和她的
　弟子们···················· 123
《大般涅槃经》异文研究············· 429
大藏经总目提要·经藏（全3册）······· 407
大藏经总目提要·文史藏（全2册）······ 408
大乘般若智：《大智度论》菩萨思想研究··· 438
大乘佛学：佛教的涅槃概念··········· 450
大乘佛学与终极关怀·············· 450
大梵与自我：商羯罗研究············ 711
大众塔木德··················· 983
大足石窟艺术·················· 498

dan

丹经之祖：张伯端传·············· 389
单纯理性限度内的宗教············· 973

dang

当代道家与道教················ 272
当代道教···················· 348
当代东南亚伊斯兰发展与挑战········· 796
当代东正教神学思想：俄罗斯东正教
　神学····················· 851
当代佛教···················· 597
当代国际关系中的伊斯兰原教旨主义
　运动····················· 781
当代回族伊斯兰文化译著············ 824
当代基督新教·················· 862
当代基督宗教教会发展············· 868
当代基督宗教社会关怀：理论与实践····· 892
当代美国宗教社会学理论研究········· 085
当代美国宗教·················· 083
当代美洲神学·················· 850
当代神道教··················· 977
当代世界民族宗教··············· 061
当代世界宗教学················ 066
当代视角下的宗教··············· 065
当代台湾宗教信仰与政治关系········· 199
当代天主教··················· 860
当代文学理论与圣经批评············ 833
当代西方神学美学思想概览··········· 851
当代西方天主教神学·············· 849
当代西方新教神学··············· 850
当代西方宗教哲学··············· 046
当代西方宗教哲学··············· 902
当代新道家··················· 275
当代新兴巴哈伊教研究············· 975
当代新兴宗教·················· 975
当代亚非拉美神学··············· 850
当代伊斯兰教·················· 781
当代伊斯兰教法················ 724
当代伊斯兰问题················ 781
当代印度宗教研究··············· 074
当代犹太教··················· 987

998

当代中东热点问题的历史探索：宗教与
　　世俗……………………………… 077
当代中东政治伊斯兰：观察与思考……… 799
当代中国的基督教神学方法…………… 849
当代中国汉传佛教信仰方式的变迁：以浙江
　　佛教在台湾的流变为例…………… 623
当代中国基督宗教史研究……………… 939
当代中国民族宗教问题………………… 218
当代中国天主教本土化研究：以太原教区与
　　石家庄教区为例…………………… 922
当代中国宗教禁忌……………………… 160
当代中国宗教学研究（1949—2009）…… 070
当代宗教冲突与对话研究……………… 053
当代宗教多元论………………………… 018
当今世界宗教热………………………… 065

dao

道安研究………………………………… 693
道藏分类解题…………………………… 253
道藏书目提要…………………………… 254
道藏说略（上、下册）………………… 256
道藏索引：五种版本道藏通检………… 254
道藏提要………………………………… 255
道藏养生（全8册）…………………… 400
道藏源流考（上、下册）……………… 253
道德与神圣：宗教与道德关系问题研究… 028
道法自然与环境保护：兼论道教济世贵生
　　思想………………………………… 326
道家道教教育研究……………………… 268
道家道教史略论稿……………………… 368
道家道教与中国古代政治：道家道教政治伦
　　理阐幽……………………………… 270
道家道教与中土佛教初期经义发展…… 271
道家和道教思想研究…………………… 267
道家内丹丹法要义……………………… 398
道家人格研究…………………………… 274
道家思想的历史转折…………………… 269
道家思想与现代文明…………………… 275

道家文化与现代文明…………………… 267
道家养生术……………………………… 400
道家与传统文化研究…………………… 268
道家与道家文学………………………… 299
道家与民族性格………………………… 268
道家与中国哲学………………………… 271
道教本论：黄老道家即道教论………… 270
道教唱道情与中国民间文化研究……… 324
道教大辞典……………………………… 404
道教的道德教化研究…………………… 331
道教（第1卷）………………………… 340
道教（第2卷）………………………… 340
道教（第3卷）………………………… 341
道教典籍………………………………… 259
道教法术………………………………… 326
道教法印令牌探奥……………………… 325
道教服食技术研究……………………… 401
道教符咒大观…………………………… 284
道教概论………………………………… 317
道教概论………………………………… 315
道教概说………………………………… 315
道教宫观文化概论……………………… 296
道教戒律研究…………………………… 266
道教金丹派南宗考论：道派、历史、文献与
　　思想综合研究（上、下册）……… 291
道教经史论丛…………………………… 343
道教卷…………………………………… 316
道教考信集……………………………… 347
道教科范：全真派斋醮科仪纵览
　　（上、下册）……………………… 288
道教科技思想史料举要：以《道藏》为中心
　　的考察……………………………… 256
道教科技与文化养生…………………… 335
道教科学思想发凡……………………… 335
道教科仪概览…………………………… 281
道教科仪研究…………………………… 281
道教老学史……………………………… 370

999

条目	页码
道教礼仪学	282
道教：历史宗教的试述	371
道教炼丹术与中外文化交流	395
道教论稿	340
道教美学思想史研究	371
道教内丹学溯源：修道·方术·炼丹·佛学	396
道教内丹学探微	396
道教内丹学	398
道教气功养生学	399
道教气论学说研究	403
道教全真派宫观、造像与祖师	288
道教劝善书研究	330
道教人学研究	332
道教社会伦理思想之研究	330
道教神仙戏曲研究	304
道教神仙信仰	333
道教生态伦理思想研究	327
道教生态思想的现代解读：两汉魏晋南北朝道教研究	351
道教生态思想研究	328
道教生态学	327
道教史	366
道教史丛论	346
道教史发微	342
道教史：外一种·中国道教史	370
道教手印研究	325
道教授箓制度研究	283
道教思想	363
道教天心正法研究	283
道教通论：兼论道家学说	341
道教图像艺术的意象与思想研究	314
道教文化十五讲	321
道教文化新典	320
道教文化新探	319
道教文化与生活	320
道教文化与宋代诗歌	324
道教文化与现代社会生活研究	322
道教文化	323
道教文学十讲	300
道教文学史	299
道教新论	316
道教性命学概论	398
道教修炼养生学	402
道教学	315
道教要籍概论	259
道教医学	334
道教仪范	280
道教仪式音乐：香港道观之"盂兰盆会"个案研究	309
道教仪式与戏剧表演形态研究	280
道教义理综论（上、下编）	266
《道教义枢》研究	263
道教音乐	306
道教音乐	307
道教音乐学	308
道教与北京宫观文化	297
道教与超越	337
道教与传统兵学关系研究	336
道教与丹道	397
道教与封建王权政治交流研究	350
道教与基督教生态思想比较研究	339
道教与科学	335
道教与炼丹术论	394
道教与岭南俗信关系研究	364
道教与美学	337
道教与民间信仰	345
道教与明清文人画研究	311
道教与明清文学	302
道教与女性	331
道教与人生	341
道教与生态：宇宙景观的内在之道	343
道教与书法	311
道教与唐代科技	357
道教与唐代文学	301
道教与土家族文化	365

道教与戏剧……………………………… 304
道教与养生……………………………… 399
道教与云南文化：道教在云南的传播、演变
　及影响………………………………… 366
道教与中国传统文化…………………… 319
道教与中国炼丹术……………………… 393
道教与中国少数民族关系研究………… 364
道教与中国社会………………………… 332
道教与中国文化………………………… 318
道教与中国养生智慧…………………… 400
道教在当代中国的阐扬………………… 349
道教在海外……………………………… 349
道教斋醮科仪研究……………………… 282
道教章表符印文化研究………………… 325
道教哲学………………………………… 336
道教政治管理之道研究：道教黄老传统
　考察…………………………………… 277
道教自然观研究………………………… 338
道经图像研究…………………………… 260
道经总论………………………………… 258
道乐论：道教仪式的"信仰、行为、音声"
　三元理论结构研究…………………… 307
道乐通论………………………………… 307
道治六亲：佛教孝道观………………… 536
道士……………………………………… 380
道体·心体·审美：魏晋玄佛及其对魏晋审
　美风尚的影响………………………… 609
道像庄严：壁画水陆画版画的神仙世界… 314
道心人情：中国小说中的神仙道士…… 303
道学健心智慧：道学与西方心理治疗学的互
　动研究………………………………… 273
道学通论：道家·道教·仙学………… 269
道与庶道：宋代以来的道教、民间信仰和神
　灵模式………………………………… 360
道治与自由……………………………… 273

di

狄考义与司徒雷登：西方新教传教士在华教
　育活动研究…………………………… 876
地藏信仰研究…………………………… 681
帝王与炼丹……………………………… 393
谛闲大师文汇…………………………… 595

dian

滇川纳西族地区民俗宗教调查………… 227

diao

调适与构建：引导伊斯兰教与社会主义社会
　相适应的理论与实践………………… 755

ding

丁福保大德文汇………………………… 588

dong

东巴教通论……………………………… 228
东巴神话研究…………………………… 147
东北全真道研究………………………… 289
东北亚的萨满教：韩中日俄蒙萨满教比较
　研究…………………………………… 125
东方佛教论……………………………… 582
东方佛教文化…………………………… 527
东方基督教探索………………………… 864
东方宗教与哲学………………………… 045
东汉疑伪佛经的语言学考辨研究……… 444
东晋南朝文人接受佛教研究…………… 683
东晋求法高僧法显和《佛国记》……… 689
东南亚伊斯兰教与当代政治…………… 797
东南业宗教研究报告：东南业宗教的复兴
　与变革………………………………… 072
东南亚宗教研究报告：东南亚宗教的转型
　与创新………………………………… 073
东南亚宗教研究报告：全球化时代的东南亚
　宗教…………………………………… 072
东南亚宗教与社会……………………… 071
东南亚宗教与社会发展研究…………… 072
东西文化碰撞中的人：东正教与俄罗斯人道
　主义…………………………………… 928
东亚道教研究…………………………… 318

1001

东亚佛教研究（全5册）……………563
东正教和东正教在中国……………864
东正教：教会学说概要……………864
东正教精神与俄罗斯文学…………882
东正教圣像史………………………885
东正教史……………………………865
东正教与俄罗斯社会………………928
东正教在华两百年史………………940
洞经乐仪与神马图像………………334

du

都市佛寺的社会交换研究…………488
杜光庭《道德真经广圣义》的道教哲学
　研究………………………………259
杜光庭道教小说研究………………303
杜光庭评传…………………………387
杜光庭思想与唐宋道教的转型……387

dun

敦煌道教文献研究：综述·目录·索引…264
敦煌道教文学研究…………………302
敦煌道经词语考释…………………265
敦煌道经写本与词汇研究…………264
敦煌道经与中古道教………………266
敦煌佛教经录辑校（上、下册）…499
敦煌佛教律仪制度研究……………503
敦煌佛教图像研究…………………505
敦煌佛教音乐文学研究……………520
敦煌古灵宝经与晋唐道教…………264
敦煌密教文献论稿…………………500
敦煌石窟寺研究……………………502
敦煌石窟艺术研究…………………502
敦煌文献与佛教研究………………500
敦煌五台山文献校录研究…………499
敦煌新本六祖坛经…………………501
敦煌学与佛教杂稿…………………504
敦煌艺术宗教与礼乐文明：敦煌心史散论…503
敦煌因明文献研究…………………553

duo

多元化的上帝观：20世纪西方宗教哲学
　概览………………………………045
多元文化空间中的湫神信仰仪式及其口
　头传统……………………………238
多元主义中的教会…………………869
多重视野下的西方全真教研究……288

E

e

俄国传教团与清代中俄文化交流…860
俄国东正教会改革（1861-1917）…874
俄国东正教会与国家（1917-1945）…874
俄国革命前后的宗教………………079
俄国教会史…………………………873
俄国宗教史（上、下卷）…………093
俄罗斯宗教哲学……………………079
俄罗斯宗教哲学之路………………080
鄂伦春族萨满文化遗存调查………125

er

20世纪美国宗教与政治……………082
20世纪50年代西藏的政治与宗教…232
20世纪西方文化危机宗教哲学批判…069
20世纪希腊神话研究史略…………150
20世纪中国佛学问题………………603
20世纪中国社会科学·宗教学卷…153
20世纪中国文学与伊斯兰文化……742
20世纪宗教观研究…………………049
二十二种大藏经通检………………410
二十世纪的四种神话理论：卡西尔、伊利亚德、
　列维-斯特劳斯与马林诺夫斯基…138
二十世纪神学评介…………………848
二十世纪中国道教学术的新开展…348
二十世纪中国佛教…………………602
二十世纪宗教思想…………………065
二十一世纪宗教与文明新探………033
二元神论：古波斯宗教神话研究…149

F

fa

法藏与《金师子章》	689
法海佛意窥豹：金易明佛学论述丛稿	577
法律文化视野下的宗教规范研究	026
法律与宗教	033
法相辞典（全2册）	714
法相唯识学	437
法尊大师文汇	593

fan

反观人生的玄览之路：近现代中国佛学研究	601
梵蒂冈的乱世抉择（1922–1945）	861
梵蒂冈内幕	860
梵宫：中国佛教建筑艺术	485
梵国俗世原一家：汉传佛教与民俗	600
梵文佛典研究	417
梵语佛经读本	417
梵语《悉昙章》在中国的传播与影响	600

fang

方广锠敦煌遗书散论	501
方术与中国传统文化	179

fei

非遗视野下的少数民族民间信仰研究：基于云南大理、楚雄白族彝族的调查	228
非宗教论	055
菲律宾穆斯林的"摩洛形象"研究	797
费尔巴哈论基督教	971
费希特的宗教哲学	099

fen

分析的宗教哲学	043
奋进的历程：中国基督教的本色化	914

fo

佛藏与道藏	420
佛道散论	585
佛道诗禅：中国佛教文化论	529
佛典辑要	413
佛典精解	413
佛法观念的近代调适	602
佛法与书法	523
佛法与自由	571
佛光禅髓：东方哲学的圆融精神	543
佛家宗派	449
佛教本觉思想论争的现代性考察	598
佛教禅学与东方文明	603
佛教忏悔观	448
佛教大藏经史（八—十世纪）	420
佛教大藏经研究论稿	423
佛教大辞典（全3册）	713
佛教的起源	643
佛教的中国化	568
佛教东传与中国佛教艺术	516
佛教东渐	673
佛教法缘宗族研究：中国宗教组织模式探析	484
佛教各宗大意	449
佛教弘化的现代转型：民国浙江佛教研究（1912–1949）	622
佛教护国思想与实践	587
佛教解释学	582
佛教戒律学	448
佛教戒律与中国社会	538
佛教卷	585
佛教考古：从印度到中国（全2册）	573
佛教伦理学导论：基础、价值与问题（全2册）	537
佛教伦理与中国禅学	536
佛教逻辑	543
佛教逻辑学之研究	543
佛教逻辑研究	544
佛教美学	542

1003

条目	页码
佛教内外学	574
佛教诠释学	545
佛教十三经	418
佛教十五题	576
佛教史大宝藏论	667
佛教史地考论	563
佛教史观研究	648
佛教史	644
佛教史研究的方法与前景	588
佛教手册	714
佛教水陆画研究	524
佛教思想与文化	532
佛教寺塔	506
佛教文化辞典	712
佛教文化与佛教教育	582
佛教文献与佛教文学	564
佛教文学概论	510
佛教五经与唐宋诗学	514
佛教小辞典	712
佛教信仰与社会变迁	572
佛教研究法·佛学概论	527
佛教因明论	549
佛教与藏族文学	515
佛教与东方艺术	516
佛教与佛教艺术	516
佛教与管理	540
佛教与汉语史研究：以日本资料为中心	637
佛教与回鹘社会	621
佛教与科学：从融摄到对话	541
佛教与科学：基于佛藏文献的研究	540
佛教与民族绘画精神	524
佛教与儒道的冲突与融合：以汉魏两晋时期为中心	186
佛教与三至十三世纪中国史	655
佛教与印度哲学研究	642
佛教与中国传统文化：杨曾文先生七秩贺寿文集	579
佛教与中国历史文化	570
佛教与中国文化	567
佛教与中国文化	531
佛教与中国文化	529
佛教与中国文化	528
佛教与中国文学	510
佛教与中国文学	509
佛教与中日两国历史文化	571
佛教哲学	560
佛界：活佛转世与西藏文明	704
佛界：神秘的西藏寺院	508
佛经释词	418
佛经续释词	418
佛经文学与古代小说母题比较研究	512
佛经音义研究	422
佛经音义研究通论	424
佛经知识宝典	421
佛诗三百首	515
佛陀和原始佛教思想	431
佛行人间：佛教社会观	539
佛性与般若（上、下册）	569
佛学百年	584
佛学大辞典	712
佛学大纲	527
佛学反对对象性思维	545
佛学概论	526
佛学问答	599
佛学研究十八篇	584
佛学义理研究	564
佛学与隋唐社会	611
佛学与中国文化	530
佛学原理研究：论藏传佛教显宗五部大论	440
弗洛伊德的宗教思想	097

fu

条目	页码
扶箕迷信底研究	126

福建佛教史⋯⋯⋯⋯⋯⋯⋯⋯⋯⋯ 664
福建民间信仰⋯⋯⋯⋯⋯⋯⋯⋯⋯⋯ 245
福建民间信仰源流⋯⋯⋯⋯⋯⋯⋯⋯ 246
福建宗教史⋯⋯⋯⋯⋯⋯⋯⋯⋯⋯⋯ 207
福音派与基督教的未来⋯⋯⋯⋯⋯⋯ 862
妇女与差传：19世纪美国圣公会女传教士在
　华差传研究⋯⋯⋯⋯⋯⋯⋯⋯⋯⋯ 859
复魅何须超自然主义：过程宗教
　哲学⋯⋯⋯⋯⋯⋯⋯⋯⋯⋯⋯⋯⋯ 044
傅金铨内丹思想研究⋯⋯⋯⋯⋯⋯⋯ 391

G

gai

改革开放以来的中国基督教及研究⋯⋯ 920
改教家的神学思想⋯⋯⋯⋯⋯⋯⋯⋯ 963
改教家路德⋯⋯⋯⋯⋯⋯⋯⋯⋯⋯⋯ 965

gan

干戈化玉帛：五戒现代观（上）⋯⋯ 448
甘南宗教演变与社会变迁⋯⋯⋯⋯⋯ 196
甘青藏传佛教寺院⋯⋯⋯⋯⋯⋯⋯⋯ 507
甘肃临夏门宦调查⋯⋯⋯⋯⋯⋯⋯⋯ 791
甘肃民族与宗教⋯⋯⋯⋯⋯⋯⋯⋯⋯ 220

gang

刚恒毅与中国天主教的本地化⋯⋯⋯ 955

gao

高鹤年大德文汇⋯⋯⋯⋯⋯⋯⋯⋯⋯ 595
高丽大藏经初刻本辑刊（全81册）⋯⋯ 409

ge

葛洪《抱朴子外篇》研究⋯⋯⋯⋯⋯ 391
葛洪评传⋯⋯⋯⋯⋯⋯⋯⋯⋯⋯⋯⋯ 390
隔岸观火：泛台海区域的信仰
　生活⋯⋯⋯⋯⋯⋯⋯⋯⋯⋯⋯⋯⋯ 199
个人道德与群体政治：莱茵霍尔德·尼布尔
　的基督教现实主义思想研究⋯⋯⋯ 969

gong

公共神学与全球化：斯塔克豪思的基督教
　伦理研究⋯⋯⋯⋯⋯⋯⋯⋯⋯⋯⋯ 970

gu

古代埃及宗教与政治关系研究⋯⋯⋯ 078
古代基督教史⋯⋯⋯⋯⋯⋯⋯⋯⋯⋯ 933
古代教会史⋯⋯⋯⋯⋯⋯⋯⋯⋯⋯⋯ 866
古代神话与民族⋯⋯⋯⋯⋯⋯⋯⋯⋯ 146
古代世界的巫术⋯⋯⋯⋯⋯⋯⋯⋯⋯ 113
古代中国民众的精神世界及
　社会运动⋯⋯⋯⋯⋯⋯⋯⋯⋯⋯⋯ 170
古代宗教与伦理：儒家思想的根源⋯⋯ 174
古典时代犹太教导论⋯⋯⋯⋯⋯⋯⋯ 986
古兰经⋯⋯⋯⋯⋯⋯⋯⋯⋯⋯⋯⋯⋯ 718
古兰经降示背景⋯⋯⋯⋯⋯⋯⋯⋯⋯ 721
《古兰经》伦理思想研究⋯⋯⋯⋯⋯ 721
《古兰经》与伊斯兰文化⋯⋯⋯⋯⋯ 719
《古兰经》在中国⋯⋯⋯⋯⋯⋯⋯⋯ 721
《古兰经》哲学思想⋯⋯⋯⋯⋯⋯⋯ 719
《古兰经》注释研究⋯⋯⋯⋯⋯⋯⋯ 720
古兰经韵译⋯⋯⋯⋯⋯⋯⋯⋯⋯⋯⋯ 718
古希腊罗马与基督宗教⋯⋯⋯⋯⋯⋯ 929
古犹太教⋯⋯⋯⋯⋯⋯⋯⋯⋯⋯⋯⋯ 985

guan

关帝信仰与格萨尔崇拜：以藏传佛教为视域
　的文化现象解析⋯⋯⋯⋯⋯⋯⋯⋯ 635
关中隋唐佛教艺术研究⋯⋯⋯⋯⋯⋯ 518
观音：菩萨中国化的演变⋯⋯⋯⋯⋯ 679
观音信仰的渊源与传播⋯⋯⋯⋯⋯⋯ 679
官府、宗族与天主教：17-19世纪福安乡村
　教会的历史叙事⋯⋯⋯⋯⋯⋯⋯⋯ 923

guang

广钦大师文汇⋯⋯⋯⋯⋯⋯⋯⋯⋯⋯ 589
广西基督宗教历史与现状研究⋯⋯⋯ 926
广州伊斯兰古迹研究⋯⋯⋯⋯⋯⋯⋯ 795

gui

皈信·同化·叠合身份认同：北美华人
　基督徒研究⋯⋯⋯⋯⋯⋯⋯⋯⋯⋯ 932

瑰奇清雅：道教对中国绘画的影响········ 311
鬼神的魔力：汉民族的鬼神信仰·········218

guo

郭朋佛学论文选集·················581
国家祭祀与海上丝路遗迹：广州南海神庙
　　研究······················208
国家正祀与地方民间信仰互动研究：宋以后
　　海洋神灵的地域分布与社会空间········250
国学举要·佛学卷················598
国学与儒道释文化发微··············189
过程神学：一个引导性的说明··········844

H

ha

哈贝马斯宗教哲学思想研究··········099

hai

海洋神灵：中国海洋信仰与社会经济······162

han

憨山大师佛学思想研究············696
韩国佛教史···················675
韩国神话历史··················148
韩国坛君神话研究···············148
韩国新宗教源流与嬗变············977
韩国宗教史···················092
汉传佛教概论··················601
汉传佛教因明研究···············551
汉传佛教·····················601
汉传密教·····················473
汉代道家思想··················276
汉代道教哲学··················351
汉化佛教与寺院生活··············488
汉末魏晋南北朝道教戒律规范研究········352
汉末魏晋南北朝道教与社会分层关系研究···352
汉唐道教修炼方式与道教女性观之变化
　　研究······················355
汉唐佛教思想论集···············565

汉唐佛寺文化史（上、下册）··········489
汉魏两晋南北朝道教伦理论稿··········329
汉魏两晋南北朝佛教···············608
汉魏两晋南北朝佛教史··············656
汉魏六朝道教教育思想研究···········351
汉魏六朝汉文佛经标志被动句研究·······425
汉文大藏经异文研究···············427
汉文佛籍目录··················410
汉文佛教大藏经研究··············421
汉文佛经音乐史料类编·············521
汉译佛典文体及其影响研究···········415
汉译佛教经典哲学（上、下册）·········424
汉语学术神学：作为学科体系的基督教
　　研究······················846
汉族藏族蒙古族宗教思想文化交流研究···219

hang

杭州道教史···················377
杭州伊斯兰教史················812

hao

"好消息"里的"更新"：现代基督教福音
　　派思想研究·················862

he

何谓密教：关于密教的定义、修习、符号和
　　历史的诠释与争论··············575
何以"中国根柢全在道教"············344
和合为尚：佛教和平观·············537
和而不同：儒释道与中国文化··········191
和乐人生：佛教婚姻观·············539
河北道教史···················375
河北佛教史···················662
河北基督教史··················944
河北民间宗教史················251
河北天主教史··················943
河北伊斯兰教史················811
河南天主教编年史···············945
河西佛教史···················662

索 引

荷泽宗研究·················· 463
赫哲那乃阿伊努原始宗教研究········· 129
赫哲族萨满文化遗存调查············ 124

hei

黑格尔的宗教哲学················ 100
黑格尔早期神学著作··············· 101

hong

《弘明集》《广弘明集》述论稿········· 445
弘明集校笺···················· 445
弘一大师文汇··················· 590
红土·禅床：江西禅宗文化研究······· 467
宏观与微观视野里的中国宗教········· 154
鸿爪雪泥：袁志鸿修道文集··········· 346

hu

护城兴市：城隍信仰的人类学考察······ 298

hua

华严学与禅学··················· 587
华严哲学研究··················· 456
华严宗哲学（全2册）·············· 455

huai

怀晴全真集：伊斯兰教与中国回族穆斯林
　　社会······················· 767

huan

幻想的太阳：民族宗教与文学········· 192

huang

黄檗禅哲学思想研究··············· 464
黄老道探源···················· 277
恍兮惚兮：中国道教文化象征········· 321

hui

灰暗的想象：中国古代民间社会巫术信仰
　　研究（上、下册）··············· 177
辉煌灿烂的印度文化的主流：印度教····· 980
回坊内外：城市现代化进程中的西安伊斯兰
　　教研究···················· 791
回鹘佛教文献：佛典总论及巴黎所藏敦煌回
　　鹘文佛教文献·················· 622
回鹘与敦煌···················· 504
回鹘之佛教···················· 621
回归本觉：净影寺慧远的真识心缘起思想
　　研究······················· 695
回回历史与伊斯兰文化·············· 810
回首集······················· 347
回族经堂歌···················· 744
回族伊斯兰教研究················ 764
回族伊斯兰教与西部社会的协调发展：以宁
　　夏吴忠市为研究个案············ 792
回族伊斯兰习惯法研究·············· 756
惠能评传····················· 690
惠能与《坛经》·················· 691
慧皎《高僧传》研究··············· 695
慧琳一切经音义反切考·············· 424
慧能与中国文化·················· 691
慧远及其佛学··················· 694

hun

混元仙派研究··················· 291

huo

活佛转世····················· 703
活佛转世及其历史定制·············· 704
活态神话：中国少数民族神话研究······ 146
火坛与祭司鸟神：中国古代祆教美术考古
　　手记······················· 993
火塘文化录···················· 225

J

ji

基督教的本质··················· 885
基督的新娘：中国天主教贞女研究······ 914
基督教词典···················· 973
基督教大思想家·················· 962

1007

基督教大学与国学研究 …………… 878	基督教要义（全3册） ……………… 836
基督教的柏拉图主义：亚历山大里亚学派的	基督教仪式和礼文 ………………… 853
逻各斯基督论 …………………… 904	基督教艺术纵横 …………………… 883
基督教的传承与变异 ……………… 912	基督教犹太教志 …………………… 936
基督教的底色与文化延伸 ………… 887	基督教与北京教堂文化 …………… 879
基督教的礼仪 ……………………… 852	基督教与海外华人的文化适应：近代东南亚
基督教的起源 ……………………… 933	华人移民社区的个案研究 ……… 927
基督教二千年 ……………………… 935	基督教与近代岭南文化 …………… 925
基督教概论 ………………………… 886	基督教与近代文化 ………………… 908
基督教会史 ………………………… 865	基督教与近代中国的不平等条约 … 917
基督教会制度史 …………………… 866	基督教与近代中国社会 …………… 894
基督教简史 ………………………… 934	基督教与近代中西文化 …………… 909
基督教教义史 ……………………… 837	基督教与近现代北京社会 ………… 921
基督教教育与中国社会变迁 ……… 875	基督教与美学 ……………………… 900
基督教教育与中国知识分子 ……… 875	基督教与美学 ……………………… 900
基督教旧约伦理学 ………………… 891	基督教与民国知识分子：1922-1927年中国
基督教卷 …………………………… 909	非基督教运动研究 ……………… 918
基督教笼罩下的西欧 ……………… 930	基督教与陕西 ……………………… 922
基督教青年会在中国：本土和现代的	基督教与20世纪中国社会 ………… 894
探索 ……………………………… 871	基督教与文学 ……………………… 881
基督教神学导论 …………………… 847	基督教与西方市场经济的互动与互补 … 895
基督教神学发展史（全3册） ……… 852	基督教与西方文化 ………………… 890
基督教神学范畴：历史的和文化比较的	基督教与西方文学 ………………… 883
考察 ……………………………… 845	基督教与中国文化处境 …………… 888
基督教神学思想导论 ……………… 844	基督教与中国文化 ………………… 888
基督教神学原理 …………………… 846	基督教在华传播系年·河北卷 …… 943
基督教史 …………………………… 935	基督教在西方哲学中的浮沉 ……… 903
基督教史 …………………………… 935	基督教在中国：处境化的智慧（上、下册） 911
基督教史纲（上册） ……………… 934	基督教哲学 ………………………… 896
基督教释经学 ……………………… 828	基督教哲学1500年 ………………… 897
基督教思想史（全3卷） …………… 936	基督教哲学在中国 ………………… 901
基督教思想文化的演进 …………… 887	基督论：从圣经、历史和神学三个层面对
基督教文化与西方文学传统 ……… 882	耶稣的研究 ……………………… 949
基督教文化与现代化 ……………… 908	基督宗教伦理学（第一、二卷） ………… 890
基督教文化与中国小说叙事新质 … 881	基督宗教论 ………………………… 907
基督教新约伦理学 ………………… 891	基督宗教社会学说 ………………… 893
基督教学 …………………………… 886	基督宗教音乐史 …………………… 884

基督宗教与当代社会……………………… 909
基督宗教与中国大学教育………………… 879
基督宗教在四川传播史稿………………… 945
基于梵汉对勘的《法华经》语法研究…… 430
基于社会主义和谐社会视域下的伊斯兰和谐
　思想研究…………………………………… 755
吉尔松哲学研究…………………………… 954
即神即心：真人之诰与陶弘景的信仰
　世界……………………………………… 390
集量论略解………………………………… 547
季羡林谈佛………………………………… 577
祭坛与讲坛：西南民族宗教教育比较
　研究……………………………………… 224
寄禅大师文汇……………………………… 596

jia
加尔文传：现代西方文化的塑造者……… 966

jian
坚守传承与发展：《中国伊斯兰教西道堂
　研究文集》首发式暨学术研讨会文集… 771
间接沟通：克尔凯郭尔的基督教思想…… 967
简明伊斯兰教法…………………………… 725
简明伊斯兰世界百科全书………………… 773
简明伊斯兰哲学史………………………… 804
简明犹太民族史…………………………… 989
简明中国佛教史…………………………… 646
剑桥插图伊斯兰世界史…………………… 807

jiang
江南古佛：中峰明本与元代禅宗………… 685
江南全真道教（修订本）………………… 363
江西道教史………………………………… 378

jiao
郊庙之外：隋唐国家祭祀与宗教………… 181
教父学研究：文化视野下的教父哲学…… 897
教化与工夫：工夫论视阈中的阳明心学系统… 209
教会法研究：历史与理论………………… 869
教士东来：长江流域的基督教…………… 857

教育与宗教：作为传教媒介的圣约翰
　大学……………………………………… 879
教宗制度的改革…………………………… 861

jie
解脱论：禅宗解脱哲学研究……………… 460

jin
今日中国宗教……………………………… 069
金藏：目录还原及研究…………………… 410
金代道教研究：王重阳与马丹阳………… 381
金元道教信仰与图像表现：以永乐宫壁画
　为中心…………………………………… 313
金元全真道教史论………………………… 286
金元全真道内丹心性学…………………… 286
金元时期道教文学研究：以全真教王重阳和
　全真七子诗词为中心…………………… 302
金元时期全真道宫观研究………………… 296
金元四大医家与道家道教………………… 380
近代传教士论中国宗教：以慕维廉《五教
　通考》为中心…………………………… 906
近代东亚佛教：以日本军国主义侵略战争
　为线索…………………………………… 637
近代河北乡村天主教会研究……………… 921
近代教会史………………………………… 868
近代上海伊斯兰文化存照：美国哈佛大学所
　藏相关资料及研究……………………… 794
近代新加坡华人基督教研究
　（1819-1949）…………………………… 927
近代伊斯兰复兴运动的先驱：瓦哈卜及其
　思想……………………………………… 822
近代伊斯兰思潮…………………………… 778
近代中国宗教文化史研究（上、下册）… 206
近当代伊斯兰宗教思想家评传…………… 822
近现代禅净合流研究……………………… 607
近现代居士佛学研究……………………… 697
近现代伊斯兰教思潮与运动……………… 779
近现代犹太宗教运动：解放与调整的
　历史……………………………………… 988

近现代中国佛教论……………… 581
晋江草庵研究…………………… 991
晋隋之际佛教戒律的两次变革：《梵网经》
　菩萨戒与智𫖮注疏研究……… 432
晋唐弥陀净土的思想与信仰…… 612
晋唐弥陀净土信仰研究………… 477
晋唐时期南海求法高僧群体研究…… 683

jing

经典诠释与中国佛学…………… 570
经典与历史：敦煌道经研究论集…… 265
经堂语汉译《古兰经》词汇语法研究…… 720
精神分析学派的宗教观………… 049
精神分析与佛学的比较研究…… 554
《景德传灯录》研究…………… 447
净法与佛塔：印度早期佛教史研究…… 677
净明道研究……………………… 289
《净明忠孝全书》研究：以宋、元社会为
　背景的考察…………………… 359
净土信仰与中古社会…………… 477
敬天与崇道：中古经教道教形成的思想史
　背景…………………………… 350
境界与言诠：唯识的存有论向语言层面的
　转化…………………………… 432

jiu

鸠摩罗什传……………………… 688
九华山志………………………… 486
救赎与自救：中华基督教会边疆
　服务研究……………………… 872

ju

巨赞法师全集（共8卷）……… 699
拒秦兴汉和应对佛教的儒家哲学：从董仲舒
　到陆象山……………………… 210

jue

觉囊派教法史…………………… 481
觉囊派通论……………………… 481
绝对视域中的康德宗教哲学：从伦理神学到
　道德宗教……………………… 973

K

ka

卡尔·巴特神学研究…………… 966

kang

康德的理性神学………………… 972
康德的信仰：康德的自由、自然和上帝理念
　批判…………………………… 972

kao

考古发现与早期道教研究……… 317
考证与辩析：西域佛教文化论稿…… 586

ke

科尔沁萨满神歌审美研究……… 124
科学—神学论战史（全2卷）… 896
科学无神论与宗教研究………… 104
科学与宗教：当前争论………… 037
科学与宗教的领地……………… 038
科学与宗教：21世纪的问题 … 037
科学·宗教·哲学：西方哲学中之科学与
　宗教两种思想方式研究……… 042
客家民间信仰与民俗文化……… 248

kong

空境：佛学与中国文化………… 531

ku

苦难与拯救：保罗·尼特的宗教多元论与宗
　教对话思想研究……………… 959

kua

跨界与融合：佛教与民族文化的云南叙事… 625

kun

昆明伊斯兰教史………………… 813

L

la

拉卜楞寺活佛世系……………… 703

lai

来果大师文汇 ………………………… 592
来临中的上帝：基督教的终末论 ………… 839

lao

崂山道教史 …………………………… 294
崂山道教与《崂山志》研究 …………… 294
老子及其遗著研究：关于战国楚简《老子》、
　《太一生水》、《恒先》的考察 ……… 279
老子文本与道儒关系演变研究 ………… 279
老子新说 ……………………………… 278
老子研究 ……………………………… 278
老子与道家（上、下卷）……………… 279

le

乐空无别：甘丹耳传上师瑜伽法之不共导
　引口传诀要 …………………………… 442

leng

楞严学与人类生命健康之研究 ………… 541

li

李道纯学案 …………………………… 388
李道纯中和思想及其丹道阐真 ………… 388
理论·视角·方法：海外道教学研究 … 346
理念与神：柏拉图的理念思想及其神学
　意义 ………………………………… 971
理性的彷徨：现代西方宗教哲学理性观
　比较 ………………………………… 046
理性信仰之道：人类宗教共同体 ……… 051
理性与宗教信念：宗教哲学导论 ……… 039
理学·佛学·玄学 …………………… 567
理学与道家道教 ……………………… 274
历辈班禅额尔德尼 …………………… 707
历辈达赖喇嘛生平形象历史 …………… 705
历辈达赖喇嘛与班禅额尔德尼年谱 …… 705
历变不衰路线图：道德经大发现 ……… 260
历代大藏经序跋略疏（全2册）……… 411
历代汉文大藏经目录新考（全2册）… 413
历代基督教信条 ……………………… 837
历史学视野中的佛教 ………………… 581
历史与逻辑：作为逻辑历史学的宗教
　哲学 ………………………………… 040
历史与性别：儒家经典与《圣经》的历史
　与性别视域的研究 ………………… 835
利玛窦与中国 ………………………… 956
利玛窦中国札记 ……………………… 956
利玛窦：紫禁城里的耶稣会士 ………… 956

liang

两宋道教与政治关系研究 ……………… 359
两头蛇：明末清初的第一代天主教徒 … 949
两种思想视域中的意识与对象问题：佛教
　唯识学与胡塞尔现象学比较研究 …… 555
量理宝藏论释（上、下册）…………… 443

liao

辽宁地区妈祖文化调查研究：以东港市孤
　山镇为例 …………………………… 243
了解伊斯兰教 ………………………… 768

lin

林悟殊敦煌文书与夷教研究 …………… 993
林兆恩与三一教 ……………………… 209
临济大师传 …………………………… 689
临济录 ………………………………… 446

ling

灵魂　自然　死亡：宗教与科学的
　接点 ………………………………… 035
灵物与灵物崇拜新说 ………………… 135

liu

刘立千藏学著译文集·杂集 …………… 566
刘一明修道思想 ……………………… 386
留美青年的信仰追寻：北美中国基督教学生
　运动研究（1909-1951）…………… 932
流动的精神社区：人类学视野下的广州穆斯
　林哲玛提研究 ……………………… 795
流动中的传统：云南多民族多宗教共处的
　历程和主要经验 …………………… 226

柳宗元儒佛道三教观研究⋯⋯⋯⋯⋯ 210
六朝道教上清派研究⋯⋯⋯⋯⋯⋯⋯ 291
六朝道教史研究⋯⋯⋯⋯⋯⋯⋯⋯⋯ 374
六朝佛教思想研究⋯⋯⋯⋯⋯⋯⋯⋯ 610
六朝南方神仙道教与文学⋯⋯⋯⋯⋯ 300
六朝隋唐道教文献研究⋯⋯⋯⋯⋯⋯ 355

long

龙虎山天师道音乐研究⋯⋯⋯⋯⋯⋯ 294
龙门石窟研究⋯⋯⋯⋯⋯⋯⋯⋯⋯⋯ 498
隆莲大师文汇⋯⋯⋯⋯⋯⋯⋯⋯⋯⋯ 596

lu

鲁迅与宗教文化⋯⋯⋯⋯⋯⋯⋯⋯⋯ 212
露露集：略谈伊斯兰教与中国的关系⋯⋯ 766

lü

吕澂大德文汇⋯⋯⋯⋯⋯⋯⋯⋯⋯⋯ 591
吕澂佛学论著选集（全5卷）⋯⋯⋯ 565

lun

论道崇真集⋯⋯⋯⋯⋯⋯⋯⋯⋯⋯⋯ 273
论德国宗教和哲学的历史⋯⋯⋯⋯⋯ 094
论积极引导宗教⋯⋯⋯⋯⋯⋯⋯⋯⋯ 108
论基督教教义的发展⋯⋯⋯⋯⋯⋯⋯ 837
论基督徒（上、下册）⋯⋯⋯⋯⋯⋯ 963
论基督之大与小：1900-1950年华人知识分子眼中的基督教⋯⋯⋯⋯⋯⋯⋯ 919
论马克思主义宗教观⋯⋯⋯⋯⋯⋯⋯ 003
论三位一体⋯⋯⋯⋯⋯⋯⋯⋯⋯⋯⋯ 841
论隐秘的上帝⋯⋯⋯⋯⋯⋯⋯⋯⋯⋯ 841
论犹太教⋯⋯⋯⋯⋯⋯⋯⋯⋯⋯⋯⋯ 985
论原始信仰与萨满文化⋯⋯⋯⋯⋯⋯ 118
论原始宗教⋯⋯⋯⋯⋯⋯⋯⋯⋯⋯⋯ 111
论原罪与恩典：驳佩拉纠派⋯⋯⋯⋯ 843

luo

罗马教皇列传⋯⋯⋯⋯⋯⋯⋯⋯⋯⋯ 954
罗斯金美学思想中的宗教观⋯⋯⋯⋯ 098

M

ma

妈祖史迹研究⋯⋯⋯⋯⋯⋯⋯⋯⋯⋯ 247
妈祖信仰史研究⋯⋯⋯⋯⋯⋯⋯⋯⋯ 246
马丹阳学案⋯⋯⋯⋯⋯⋯⋯⋯⋯⋯⋯ 381
马丁·路德的神学⋯⋯⋯⋯⋯⋯⋯⋯ 964
马丁·路德天职观研究⋯⋯⋯⋯⋯⋯ 965
马克思的宗教批判与现代性批判⋯⋯ 008
马克思 恩格斯 列宁 斯大林论宗教问题⋯⋯⋯⋯⋯⋯⋯⋯⋯⋯⋯⋯⋯ 006
马克思恩格斯宗教思想研究⋯⋯⋯⋯ 007
马克思主义科学无神论的当代阐释⋯⋯ 103
马克思主义宗教观的形成与变迁⋯⋯ 002
马克思主义宗教观及其相关动向⋯⋯ 001
马克思主义宗教观探究⋯⋯⋯⋯⋯⋯ 004
马克思主义宗教观研究⋯⋯⋯⋯⋯⋯ 002
马克思主义宗教观研究（第2辑·2012）⋯ 006
马克思主义宗教观研究（2010）⋯⋯ 004
马克思主义宗教观研究（2011）⋯⋯ 005
马克思主义宗教观研究（2012）⋯⋯ 005
马克思主义宗教观研究（2013）⋯⋯ 005
马克思主义宗教观与当代中国
　宗教卷⋯⋯⋯⋯⋯⋯⋯⋯⋯⋯⋯⋯ 001
马克思主义宗教观中国化研究⋯⋯⋯ 003
马克思主义宗教观⋯⋯⋯⋯⋯⋯⋯⋯ 004
马克思主义宗教理论研究⋯⋯⋯⋯⋯ 008
马克思宗教批判的革命变革：从理性的批判到实践的批判⋯⋯⋯⋯⋯⋯⋯ 007
马克思宗教批判思想研究及其当代意义⋯ 007
马克斯·韦伯的伊斯兰教理论及其哲学之维⋯⋯⋯⋯⋯⋯⋯⋯⋯⋯⋯⋯⋯ 822
马来西亚华人佛教信仰研究⋯⋯⋯⋯ 639
马注思想研究⋯⋯⋯⋯⋯⋯⋯⋯⋯⋯ 817

Mai

麦芒上的圣言：一个乡村天主教群体中的

信仰和生活……921

man

满族穆昆与萨满教：以满族石姓为例……123
满族萨满教研究……121
满族萨满神歌研究……122
满族萨满文化遗存调查……122
曼妙和谐：佛教音乐观……520
曼荼罗之研究（上、下册）……442

mao

毛泽东与佛教……709
茅山道教志……293
茅山道院简史……293
茅山道院历代碑铭录……293
茅山宗师陶弘景的道与术……390

mei

没有终点的到达：美南浸信会在华南地区的
　传教活动……859
美国传教士伯驾在华活动研究……968
美国传教士与晚清中国现代化：近代基督新
　教传教士在华社会、文化与教育活动
　研究……858
美国的本质：基督新教支配的国家和
　外交……932
美国佛教：亚洲佛教在西方社会的传播与
　转型……643
美国基督教福音派及对国际关系的影响：
　以葛培理为中心的考察……863
美国宪法的基督教背景：开国先父的信仰和
　选择……971
美国宗教史研究……095

men

门阀信仰：东晋士族与佛教……683
门祭与门神崇拜……134

meng

蒙古民族基督宗教史……944

蒙古文佛教文献研究……428
蒙古游牧文明与伊斯兰文明的交汇……788
蒙古语族诸民族宗教史……219
蒙古族佛教文化调查研究……619
蒙古族宗教史……219

mi

秘密教门：中国民间秘密宗教溯源……236
密教传持与唐代社会……613
密教的思想与密法……474
密教论考……473
密宗：藏传佛教神秘文化……480
密宗的源流：密法传承的内在密意……472
密宗甘露精要·传世《大藏经》秘密部
　（全26册）……441
密宗名相……471
密宗信仰与修持……473

miao

妙法莲华经文句……430
妙法无碍：佛教圆融观……546
妙相庄严：佛教艺术观（雕塑篇）……525
庙宇·仪式·群体：上党民间信仰研究……243

min

民国山东教门史……251
民国时期伊斯兰教汉文译著研究……786
民间佛教研究……586
民间信仰文化探踪……237
民间信仰与社会生活……238
民间宗教卷……239
民间宗教与结社……236
民族个性与民族兴衰：宗教改变的国家
　走向……062
民族宗教关系的社会理论考察……217
民族宗教和谐关系密码：宗教相通性精神
　中国启示录……062
民族宗教经济透视……225
民族宗教学导论……217

闽南与台湾民间神明庙宇源流……… 198
闽南宗教……… 198
闽台佛教论……… 575
闽台客家宗教与文化……… 248
闽台民间信仰源流……… 246
闽粤台民间信仰论丛……… 249

ming

明朝宫廷与佛教关系研究……… 616
明代北京佛教寺院修建研究（上、下册） 491
明代彩绘全真宗祖图研究……… 310
明代佛教方志研究……… 659
明代佛教与政治文化……… 616
明代南京寺院研究……… 491
明代宗教小说中的佛教"修行"观念…… 512
明季滇黔佛教考（上、下册）……… 666
明末清初的思想与佛教……… 617
明末天主教与儒学的互动：一种思想史的
　视角……… 941
明清白莲教研究……… 240
明清道教伦理及其历史流变……… 361
明清道教与戏剧研究……… 305
明清佛教……… 617
明清鼓山曹洞宗文献研究……… 467
明清回族伊斯兰哲学范畴研究……… 786
明清间耶稣会士入华与中西汇通……… 953
明清间耶稣会士译著提要……… 974
明清间在华的天主教耶稣会士……… 952
明清全真教论稿……… 362
明清时期西方传教士中国儒道释典籍之翻译
　与诠释……… 964
明清之际藏传佛教在蒙古地区的传播…… 669
明清之际道教"三教合一"思想论……… 362
明清之际律宗中兴运动考察……… 476

mo

摩尼教及其东渐……… 990
摩尼教与古代西域史研究……… 991

mu

穆罕默德的宝剑……… 762
穆斯林发现欧洲：天下大国的视野转换… 802
穆斯林民族的觉醒：近代伊斯兰运动…… 778
穆斯林与激进主义……… 777
穆斯林与逻辑学……… 761

N

na

纳西东巴文化……… 226

nan

南传佛教史……… 674
南传上座部佛教与傣族村社经济：对中国
　西南西双版纳的比较研究……… 624
南京国民政府时期的政教关系：以佛教为
　中心的考察……… 622
南岭走廊民族宗教研究：道教文化融合的
　视角（上、下册）……… 364
南宋初河北新道教考……… 358
南宋佛教制度文化研究（上、下册）…… 614
南宋金元道教文学研究……… 301
南宋金元的道教……… 359
南宋元明清初曹洞禅……… 467
南亚伊斯兰现代进程……… 797
南亚宗教发展态势研究……… 073

nei

内丹解码：李西月西派内丹学研究……… 387
内丹养生功法指要……… 399
内蒙古佛教与寺院教育……… 492
内学丛论……… 558

ni

尼采的启示：尼采哲学宗教研究……… 096
尼撒的格列高利基督教哲学思想研究…… 954
《尼山萨满》研究……… 122
匿名的拼接：内丹观念下道教长生技术的
　开展……… 396

索 引

nian
拈花微笑：藏传佛教哲学境界……………… 626

nie
涅槃思想研究…………………………………… 429

ning
宁玛派源流……………………………………… 483
宁夏道教史……………………………………… 376
宁夏吴忠宗教文化与当代社会发展研究…… 196
宁夏伊斯兰教派概要…………………………… 732
凝眸云水………………………………………… 324

nio
牛街：一个城市回族社区的变迁…………… 788
牛津基督教史…………………………………… 947

nü
女巫与巫术……………………………………… 128

O

ou
欧麦尔传………………………………………… 821
欧美佛教学术史：西方的佛教形象与学术
　源流…………………………………………… 677
欧阳渐大德文汇………………………………… 593
欧洲的宗教与虔诚：1215-1515 ……………… 081
欧洲文艺复兴史·宗教卷……………………… 095

P

pan
潘雨廷学术文集………………………………… 345

pi
"批判佛教"的批判……………………………… 638

po
破破新唯识论·摧惑显宗记…………………… 436

pu
菩提达摩四行论………………………………… 447
菩提道次第广论四家合注（上、下册）… 443
普遍主义的挑战：近代中国基督教教育
　研究（1877—1927）………………………… 876
普兰丁格的宗教认识论………………………… 101
普贤与中国文化………………………………… 680

Q

qi
齐云山志………………………………………… 295
启蒙时代的宗教哲学…………………………… 042
启示的理性：欧洲哲学与基督宗教思想…… 903

qian
箴占与中国社会文化…………………………… 178
乾隆版大藏经…………………………………… 412

qiang
羌族宗教文化研究……………………………… 230

qin
钦赐仰殿与东岳信仰：一个宗教人类学视角
　的考察………………………………………… 298
秦汉道家与道教………………………………… 275
秦汉魏晋游仙诗的渊源流变论略…………… 305

qing
青海佛教史……………………………………… 663
青海民间信仰：以多民族文化为视角……… 243
青海伊斯兰教…………………………………… 792
清代八卦教……………………………………… 240
清代藏传佛教研究……………………………… 635
清代弘阳教研究………………………………… 241
清代净土宗著述研究…………………………… 477
清代民间宗教与乡土社会……………………… 241
清代四大活佛…………………………………… 705
清代治藏要论…………………………………… 634
清代中叶巴黎外方传教会在川活动研究…… 856
清末民初秘密社会的蜕变……………………… 241
清王朝佛教事务管理…………………………… 618
清真长明：中国伊斯兰教…………………… 784

1015

清真古韵：北京牛街礼拜寺	739	人间佛教的都市发展模式：以上海玉佛寺为例	493
《清真释疑》研究	729	人间佛教的理论与实践	580
清真寺的社会功能：兰州清真寺中的族群认同	739	人间佛陀：历史佛陀观	678
清真指南	728	人类学视野中的回族社会	765
清政府与喇嘛教	634	人类学视野中的萨满医疗研究	118

qiu

丘处机学案 …… 384

qu

曲肱斋全集（全10册）…… 576

quan

权力的诺言：中国传统的政治宗教	153
全球对话时代的宗教学	054
全球化背景下的伊斯兰极端主义	775
全球化背景下的宗教与政治	060
全球化时代宗教的发展与未来	061
全球化下的佛教与民族：第三届两岸四地佛教学术研讨会论文集	566
全球责任与基督信仰	911
全球宗教哲学	039
全真北宗思想史：王重阳、邱处机对教理的发展	285
全真脊梁：丘处机大传	384
全真教的创立与历史传承	289
全真七子与齐鲁文化	380
诠释的圆环：明末清初传教士对儒家经典的解释及其本土回应	905
泉州民间信仰	247
泉州伊斯兰教石刻	740
劝善成仙：道教生命伦理	329

R

ran

染净与能所：佛教心性观 …… 535

ren

人道与神道 …… 027
人的发现：马丁·路德与宗教改革 …… 964

人人升进：佛教发展观	546
人与神：宗教生活的理解	029
人·社会·宗教	030
认识美国基要派与福音派	863
认识与存在：《唯识三十论》解析	434
任继愈禅学论集	565
任继愈学术论著自选集	164
任继愈宗教论集	164

ri

日本的神道	977
日本佛教史纲	675
日本佛教史	676
日本近现代佛教史	676
日本密宗大典（全10册）	474
日本人的原始信仰	136
日本神话的考古学	149
日本早期耶稣会史研究	870
日本宗教史	093
日莲论	710
日中佛教友好二千年史	672

rong

融合的佛教：圭峰宗密的佛学思想研究 …… 687
融会与贯通：蕅益智旭思想研究 …… 691

ru

如来藏经典与中国佛教（上、下册）	426
如来禅	605
如是我闻：麻天祥佛学与宗教哲学研究	545
儒道佛美学思想源流	190
儒道佛人物及传说	186

1016

儒道释与中华人文精神 …………… 190
儒、道、易与基督信仰 ……………… 906
儒佛道哲学名著选编 ………………… 214
儒家文化与美国基督新教文化 ……… 904
儒家与基督教利他主义比较研究 …… 905
儒教问题研究 ………………………… 184
儒教问题争论集 ……………………… 182
儒教问题：争鸣与反思 ……………… 183
儒教研究 ……………………………… 184
儒教与道教 …………………………… 185
儒教重建：主张与回应 ……………… 185
儒士视域中的佛教：宋代儒士佛教观
　研究 ………………………………… 684
儒学与巴哈伊信仰比较研究 ………… 052
儒学与人生 …………………………… 185
儒学与儒教 …………………………… 183
儒学与中国无神论 …………………… 105

S

sa

萨满的精神奥秘 ……………………… 118
萨满教图说 …………………………… 116
萨满教舞蹈及其象征 ………………… 116
萨满教研究 …………………………… 113
萨满教与东北民族 …………………… 119
萨满教与神话 ………………………… 114
萨满论 ………………………………… 115
萨满·萨满 …………………………… 119
萨满造型艺术 ………………………… 117

san

三洞拾遗（全20册） ………………… 257
三教关系视野中的陈景元思想研究 … 389
三论宗佛学思想研究 ………………… 452
三论宗源流考 ………………………… 452
三千大千世界：关于佛教宇宙观的
　对话 ………………………………… 541
三元集：冯今源宗教学术论著文选
　（上、下册） ………………………… 765
三宗论：华严宗　天台宗　牛头宗 …… 451

seng

僧肇评传 ……………………………… 694

sha

莎士比亚戏剧与基督教文化 ………… 883

shan

山东道教史（上、下卷） …………… 377
山东民间秘密教门 …………………… 244
山西佛教史：五台山卷 ……………… 662
山西寺庙大全 ………………………… 492
陕西道教两千年 ……………………… 376

shang

上帝、关系与言说：批判神学与神学的
　批判 ………………………………… 840
上帝死了，神学何为：20世纪基督教神学
　基本问题 …………………………… 840
上帝与理性 …………………………… 839
上帝与美国人：基督教与美国社会 … 931
上帝之城（上、下卷） ……………… 842
上海教堂建筑地图 …………………… 880
上海宗教史 …………………………… 207
上清派修道思想研究 ………………… 290

shao

少数民族宗教信仰与禁忌 …………… 216

she

社会中的宗教：观察与研究 ………… 110
社会中的宗教：一种宗教社会学 …… 893
社会主义与中国宗教 ………………… 106
社会主义与宗教 ……………………… 107
摄论学派研究（上、下册） ………… 478
麝香之路上的西藏宗教文化 ………… 230

shen

神道人心：唐宋史及敦煌民生宗教社会史
　研究 ………………………………… 205

1017

神格与地域：汉唐间道教信仰世界研究… 355
神话考古……………………………… 141
神话学概论……………………………… 137
神话学…………………………………… 137
神话研究（上、下册）………………… 139
神话意象………………………………… 142
神话与古史：中国现代学术的建构与
　认同…………………………………… 145
神话与民间信仰研究…………………… 237
神会和尚禅话录………………………… 446
神秘的白石崇拜：羌族的信仰和礼俗… 229
神秘的清宫萨满祭祀…………………… 114
神秘的萨满世界：中国原始文化根基… 114
神奇之由：探究雪域佛教……………… 628
神人之际：索洛维约夫宗教哲学研究… 100
神圣的突破：从世界文明视野看儒佛道三元
　一体格局的由来……………………… 187
神圣的文化建构：土族民间信仰源流… 233
神圣的显现：宁古塔满族萨满祭祖仪式
　研究…………………………………… 123
神圣礼乐：正统道教科仪音乐研究…… 306
神圣与世俗：藏传佛教研究论集……… 556
神圣与世俗：南传佛教国家的宗教与政治… 636
"神体儒用"的辨析：儒学在日本历史上的
　文化命运……………………………… 070
神仙信仰现象学引论：对几部早期道经的
　思想性读解…………………………… 263
神霄雷法：道教神霄派沿革与思想…… 290
神学的科学……………………………… 845
神学的奇异回归：基督教在后现代思想中的
　变迁…………………………………… 847
神学研究：一种百科全书式的定位…… 845
神学与哲学：从它们共同的历史看它们的
　关系…………………………………… 847
神药之殇：道教丹术转型的文化阐释… 397
神之简史：人类对终极真理的探寻…… 019
慎勿放逸：佛教进取观………………… 540

sheng

生命存在与境界超越…………………… 270
生命的层级：冯友兰人生境界说研究… 211
生命的伦理：克尔凯郭尔宗教生存伦理观
　研究…………………………………… 968
生命的追求：陈撄宁与近现代中国道教… 392
生命与信仰：克尔凯郭尔假名写作时期基
　督教哲学思想研究…………………… 900
生死超越与人间关怀：神仙信仰在道教与
　民间的互动…………………………… 332
生死智慧：道家生命观研究…………… 271
生态文明视阈中的民间信仰：浙西南传统
　信仰习俗考察………………………… 245
生殖崇拜与死亡抗拒…………………… 134
圣殿中的莲花·度母信仰解析………… 630
圣经的历史：《圣经》成书过程及历史
　影响…………………………………… 834
圣经的文化阐释………………………… 830
圣经典故辞典…………………………… 836
圣经关键词研究………………………… 827
《圣经》汉译的文化资本解读………… 830
圣经汉译文化研究……………………… 829
圣经和希腊主义的双重视野：奥利金其人
　及神学思想…………………………… 962
圣经鉴赏………………………………… 826
圣经蠡测………………………………… 826
圣经历史哲学（上、下卷）…………… 834
圣经密码………………………………… 827
圣经视阈中的东西方文学……………… 832
圣经文明导论：希伯来与基督教文化… 830
圣经文学………………………………… 831
圣经文学十二讲：圣经、次经、伪经、死海
　古卷…………………………………… 831
圣经修辞学：希罗文化与新约诠释…… 835
圣经叙事研究…………………………… 828
圣经叙事艺术研究……………………… 828

圣经与枪炮：基督教与潮州社会
　（1860—1900）……………… 926
圣经与中外文学名著……………… 833
圣经中的犹太行迹：圣经文学概论……… 832
圣俗之间：西双版纳傣族赕佛世俗化的人类
　学研究…………………………… 624
圣像的修辞：耶稣基督形象在明清民间社会
　的变迁…………………………… 948
圣训研究…………………………… 722
圣严大师文汇……………………… 591

shi

诗人的神学：柯勒律治的浪漫主义思想… 968
十大名僧…………………………… 681
十七、十八世纪天主教在江南的传播…… 856
十四世达赖言行评析……………… 706
十字架上的盼望：莫尔特曼神学的辩证
　解读……………………………… 970
什叶派现代伊斯兰主义的兴起……… 731
实相本体与涅槃境界：梳论竺道生开创的中
　国佛教本体理论………………… 688
实用佛学辞典……………………… 713
使徒保罗和他的世界……………… 949
世界的祛魅：西方宗教精神………… 068
世界佛教通史（全15册）………… 644
世界各民族历史上的宗教………… 088
世界华人穆斯林概观……………… 819
世界历史上的宗教………………… 091
世界民族与宗教…………………… 062
世界三大宗教及其流派…………… 057
世界十大宗教……………………… 059
世界犹太教与文化………………… 983
世界主要宗教系统纲要…………… 059
世界宗教…………………………… 058
世界宗教史………………………… 091
世界宗教与宗教学………………… 058
世俗的祭礼：中国戏曲的宗教精神… 192
世俗化与当代英国基督宗教……… 931

试析艾香德的耶佛对话观：基督教与佛教的
　相遇和互动……………………… 054
释惠洪研究………………………… 690
释迦牟尼佛传……………………… 678
释迦塔与中国佛教………………… 506
释家艺文提要……………………… 578
释氏疑年录………………………… 711

shu

熟悉的陌生人：大城市流动穆斯林社会适应
　研究……………………………… 756

shui

谁为伊斯兰讲话：十几亿穆斯林的真实
　想法……………………………… 776
水穷云起集：道教文献研究的旧学新知… 344

shuo

说一切有部为主的论书与论师之研究
　（全2册）……………………… 439
说一切有部之禅定论研究：以梵文《俱舍论》
　及其梵汉注释为基础…………… 439

si

丝绸之路敦煌研究………………… 504
丝绸之路佛教文化研究…………… 619
丝绸之路上的穆斯林文化………… 750
思想的锁链：宗教与世俗右翼如何改变
　美国人的思维…………………… 085
斯宾诺莎的宗教批判……………… 100
斯里兰卡的民族宗教与文化……… 076
四大菩萨与民间信仰……………… 679

song

宋代禅宗文化……………………… 465
宋代佛教史（上、下册）………… 658
宋代华严思想研究………………… 614
宋代理学与道家、道教（上、下册）…… 358
宋代士大夫佛学与文学…………… 685
宋代寺院经济史稿………………… 490
宋明道教思想研究………………… 361

宋元禅宗清规研究·················· 465
宋元禅宗史······················· 465
宋元道教易学初探·················· 360
宋元佛教························· 615
宋元三教融合与道教发展研究·········· 360

su

苏非之道：伊斯兰教神秘主义研究······ 731
苏非主义在中国···················· 733
苏轼书画艺术与佛教················ 524
俗世的朝圣者：奥古斯丁人性论探讨···· 961

suo

溯源·论道：走近道教圣典《道德经》··· 260

sui

隋唐长安城佛寺研究················ 490
隋唐道家与道教（上、下册）·········· 276
隋唐佛教························· 610
隋唐佛教各宗与美学················ 449
隋唐佛教判教思想研究·············· 611
隋唐佛教史······················· 657
隋唐佛教史稿····················· 656
隋唐三教哲学····················· 188
隋唐五代道教美学思想研究··········· 356
隋唐五代道教诗歌的审美管窥········· 306
随缘做去　直道行之：方广锠序跋
　　杂文集······················· 558

T

ta

塔尔寺志························· 508

tai

台港澳宗教概况··················· 199
台密东密与唐密··················· 474
台湾佛教························· 623
台湾佛教史论····················· 665
台湾基督教史····················· 944
台湾新士林哲学研究················ 902

台州道教考······················· 363
太平经合校······················· 261
《太平经》研究：以生命为中心的综合
　　考察························· 261
《太平经》正读··················· 261
太平天国与启示录·················· 918
太虚大师文汇····················· 589
太虚对中国佛教现代化道路的抉择····· 698
太虚思想研究····················· 698
泰山香社研究····················· 197
泰山信仰与中国社会················ 244

tan

《坛经》禅学新探·················· 446
《坛经》对勘····················· 445
昙鸾集评注······················· 688
倓虚大师文汇····················· 594
谈论上帝：神学的语言与逻辑之考察···· 838
谭处端学案······················· 392

tang

汤若望传························· 955
汤用彤大德文汇··················· 591
汤用彤佛学与哲学思想论集··········· 568
汤用彤卷························· 211
唐代道教管理制度研究·············· 356
唐代道教：中国历史上黄金时期的宗教与
　　帝国························· 356
唐代的道教与天师道················ 357
唐代法律与佛教··················· 614
唐代佛教························· 613
唐代佛教地理研究·················· 612
唐代景教再研究··················· 915
唐代女性与宗教··················· 181
唐代文学与佛教··················· 511
唐代西方净土礼忏法研究：以敦煌莫高窟
　　西方净土信仰为中心············· 613
唐代中国与大食穆斯林·············· 785
唐代宗教信仰与社会················ 168

唐前道教仪式史纲	374
唐前中国佛教史论稿	658
唐宋八大家与佛教	684
唐宋道教与世俗礼仪互动研究	357
唐宋时期城市保护神研究：以毗沙门天王和城隍神为中心	379
唐五代曹洞宗研究	466
唐五代禅宗史	464
唐五代敦煌寺户制度	503
唐五代佛典音义研究	416
唐音佛教辨思录	518

te

| 特兰特圣公会议教规教令集 | 871 |

ti

| 体用论 | 164 |

tian

天道与政道：17世纪中国儒家思想与清教主义对比研究	906
天府天籁：成都道教音乐研究	309
天国的陨落：太平天国宗教再研究	918
天津宗教史	206
天女散花：佛教艺术观（绘画篇）	525
天人合一物我还真：伊本·阿拉比存在论初探	823
天神与天地之道：巫觋信仰与传统思想渊源	178
天师道	284
天师道二十四治考	285
天师道史略	284
天使的和弦：全球化时代的宗教冲突与对话	064
天台判教论	454
天台哲学的基础：二谛论在中国佛教中的成熟	544
天台宗佛学流派研究（上、下册）	455
天台宗史迹考察与典籍研究	453
天台宗与佛教史研究	455

天主教经济伦理学	892
田野写真：调研集	907
田野中的洞察：人类学伊斯兰研究散论	746

tu

突厥语民族的原始信仰研究	129
图解中国佛教建筑	486
图腾崇拜	136
图腾文化与人类诸文化的起源	133
土观宗派源流：讲述一切宗派源流和教义善说晶镜史	479
土家族民间信仰与文化	222
吐蕃佛教	633
吐蕃佛教：宁玛派前史与密宗传承研究	482

tui

| 退回释尊之侧：当代佛学思考片段 | 603 |

tuo

| 托马斯·阿奎那的灵魂学说探究：从基督教哲学角度的一种解释 | 958 |
| 托马斯·阿奎那基督教哲学 | 957 |

W

wan

晚明佛教改革史	659
晚期希腊哲学和基督教神学：东西方文化的汇合	929
晚清闽都文化之西传：以传教士汉学家卢公明为个案	923

wang

王常月学案	383
王岱舆　刘智评传（上、下册）	818
王岱舆思想研究	818
王契真《上清灵宝大法》研究	383
王权与神祇：作为自然与社会结合体的古代近东宗教研究（上、下册）	078
王权与神权：周代政治与宗教研究	180
王阳明与道家道教	381

王友三与中国无神论研究	105
王嚞丘处机评传	383
王重阳学案	382
往日杂稿　康复札记	568

wei

威仪庄严：道教科仪及其社会功能	282
唯识明论	435
唯识通论：瑜伽行学义诠（上、下册）	434
唯识、心性与如来藏	433
唯识学概论	435
唯识学概论·因明大疏删注	434
唯识要义探究	435
唯心与了别：根本唯识思想研究	433
维吾尔族麻扎文化研究	793
维吾尔族萨满文化遗存调查	125
卫藏道场胜迹志	507
伟嘎耶教法经解	727
魏晋南北朝佛教地理稿	609
魏晋南北朝佛教	559
魏晋南北朝佛教经学	610
魏晋南北朝佛教论丛	558
魏晋南北朝社会生活与道教文化	353
魏晋南北朝时期的道教	354
魏晋南北朝时期的佛教信仰与神话	609
魏晋神仙道教	352
魏晋神仙道教《抱朴子内篇》研究	263
魏晋玄学和文学	191
魏晋玄学人格美研究	354

wen

文本与历史：藏传佛教历史叙事的形成和汉藏佛学研究的建构	671
文本与语言：出土文献与早期佛经比较研究	426
文化传播与仪式象征：中国西南少数民族宗教与道教祭祀仪式比较研究	224
文化的演进：宗教礼仪研究	025
文化神话学	138
文化时空与信仰人生	233
文明的交融与和平的未来：穆斯林"去激进化"理论与实践伊斯兰哲学与国际安全研究	778
文殊智慧哲学精义	680
文以载道：佛教文学观	510

wo

我们的头顶是天空：日常生活的宗教	040

wu

巫术科学宗教与神话	113
巫术与宗教：公众信仰的政治学	112
巫与祭司	129
巫与巫术	112
无分别的分别：比较宗教学视野下的佛教	555
无名集：石衍丰宗教研究论稿	344
无明即法性：天台宗止观思想研究	454
无神论与中国佛学	104
无诤之辩	564
吴雷川的基督教处境化思想研究	951
吴越民间信仰民俗：吴越地区民间信仰与民间文艺关系的考察和研究	245
五家禅源流	654
五、六世纪北方民众佛教信仰：以造像记为中心的考察	608
五十奥义书	979
五十年来汉唐佛教寺院经济研究（1934-1984）	489
五台山佛教音乐总论	487
五蕴心理学：佛家自我觉醒自我超越的学说（上、下册）	534
伍守阳内丹思想研究	386
武当丹道修炼（上、下册）	401
武夷山道教文化	295

X

xi

西班牙文学中的伊斯兰元素：自中世纪至
　当代…………………………………… 742
西北道教史……………………………… 376
西北佛教历史文化地理研究…………… 619
西北穆斯林社会问题研究……………… 789
西北伊斯兰教社会组织形态研究……… 790
西北伊斯兰教研究……………………… 763
西伯利亚埃文克人的原始宗教：论原始宗教
　观念的起源…………………………… 136
西部非洲伊斯兰教历史研究…………… 769
西部现代化境域中的四川少数民族宗教问
　题研究………………………………… 230
西藏的历代达赖喇嘛…………………… 706
西藏的寺与僧（1840年代）…………… 704
西藏的文化与宗教哲学………………… 629
西藏佛教发展史略……………………… 668
西藏佛教及历史问题研究：一次从本体到
　跨文化理念的穿越…………………… 669
西藏佛教·密宗………………………… 480
西藏佛教史……………………………… 669
西藏佛教史略…………………………… 667
西藏佛教寺庙…………………………… 508
西藏佛教研究…………………………… 573
西藏佛教诸派宗义……………………… 479
西藏密教史……………………………… 440
西藏政教合一制研究…………………… 629
西藏中部农区民间宗教的信仰类型与祭祀
　仪式…………………………………… 232
西方霸权语境中的阿拉伯-伊斯兰问题
　研究…………………………………… 799
西方道教研究编年史…………………… 372
西方动物解放论与中国佛教护生观比较
　研究…………………………………… 555
西方文化与宗教裁判所………………… 889

西方宗教文化…………………………… 067
西方宗教文化视角下的19世纪美国浪漫
　主义思潮……………………………… 082
西方宗教学名著提要…………………… 102
西方宗教学说史………………………… 094
西方宗教学研究导引…………………… 067
西来东去：中外古代佛教史论集……… 583
西南寺庙文化…………………………… 493
西宁东关清真大寺志…………………… 740
西欧中世纪社会中的基督教教会……… 873
西望梵天：汉译佛经中的天文学
　源流…………………………………… 422
西夏佛教史略…………………………… 663
西夏新译佛经陀罗尼的对音研究……… 427
西域佛教考论…………………………… 586
西域古代伊斯兰教综论………………… 793
希伯来圣经的文本历史与思想世界…… 833
希腊人的神话和思想：历史心理分析
　研究…………………………………… 150
希腊哲学的Being和早期基督教的
　上帝观………………………………… 929
希腊宗教概论…………………………… 080
锡伯族民间信仰与社会………………… 221
锡克教与锡克群体的变迁……………… 982

xia

夏商周：从神话到史实………………… 144

xian

仙道贵生：道教与养生………………… 402
仙话：神人之间的魔幻世界…………… 176
先唐神话、宗教与文学论考…………… 168
祆教史…………………………………… 994
现代东北文学与萨满教文化…………… 121
现代佛教学术丛刊（全101册）……… 715
现代华北秘密宗教……………………… 242
现代化视野中的伊斯兰复兴运动……… 780
现代基督教思想：从启蒙运动到第二届

梵蒂冈公会议（上、下卷）	910
现代欧美国家宗教多元化的历史与现实	068
现代日本的新宗教	978
现代新儒家与佛学	709
现代性与中国宗教	069
现代伊斯兰主义	780
现代犹太哲学	986
现代语境中的上帝观念：耶稣基督的上帝	840
现代政治与伊斯兰教	774

xiang

乡村都市化与宗教信仰变迁：张店镇个案研究	195
乡村基督徒与儒家伦理：豫西李村教会个案研究	924
相国寺：帝国的神圣与凡俗之间	493
香港道教	365
湘西原始宗教艺术研究	130
象征的来历：叶青村纳西族东巴教仪式研究	227

xiao

小乘佛学：佛教的中心概念及法的意义	485
晓望洞天福地：中国的神仙和神仙信仰	333

xie

谢扶雅的宗教思想	952

xin

心灵的揭示	753
心灵的良丹：穆罕默德圣品大全	816
心识的力量：太虚唯识学思想研究	698
心性灵明之阶：早期全真道情欲论思想研究	286
心性与诗禅：北宋文人与佛教论稿	685
新编北京白云观志	297
新编道藏目录（全2册）	254
新编汉文大藏经目录	406
新编世界佛学名著译丛（全151册）	716
新编中国民间宗教辞典	215
新编宗教学纲要	010
新范式道教史的构建	371
新疆佛教壁画的历史学研究	620
新疆古代佛教研究	620
新疆蒙古族民间信仰与社会田野调查	221
新疆石窟艺术	497
新疆史前宗教研究	221
新疆宗教问题研究	196
新疆宗教演变史	197
新教伦理与资本主义精神	892
新视野下的台湾近现代佛教史	665
新唯识论	436
新兴宗教初探	976
新兴宗教的传播及对国家安全的影响研究	976
新约导读	835
新月之光：贵州伊斯兰文化	795
新中国宗教工作史	110
信仰的构建与解读：宗教与美国外交	083
信仰的精神性进路：荣格的宗教心理观	098
信仰的考古：中国宗教思想史纲要	203
信仰的灵光：彝族原始宗教与毕摩文化	130
信仰的内在超越与多元统一：史密斯宗教学思想研究	096
信仰的智慧：信仰和科学信仰教育研究	050
信仰、革命与权力秩序：中国宗教社会学研究	158
信仰探索：卓新平自选集	167
信仰、仪式与乡土社会：风水的历史人类学探索（上、下册）	158
信仰与理性：中世纪基督教文化的兴衰	937
信仰与人生	761
信仰与秩序：法律与宗教的复合	082
信仰与秩序：广西客家民间信仰研究	250

xing

形上之路：基督宗教的哲学建构方法
　研究 899
形神俱妙：道教造像艺术探索 312

xiong

熊十力本体论哲学研究 213
熊十力及其哲学 213
熊图腾：中华祖先神话探源 133

xiu

修道院的变迁 880
《修真图》：道教与人体 402

xu

虚云大师文汇 595
徐梵澄精神哲学入蹊 212

xuan

玄门探珠 322
玄通之妙：易学与道教符号揭秘 338

xue

学步集：曾召南道教研究论稿 343
雪域的宗教（上、下册） 627
雪域圣僧：帝师八思巴传 707
雪域众神 631

xun

寻觅性灵：从文化到禅宗 459
寻找心灵的故乡：儒道佛三家学术旨趣
　论释 190
驯服自我：王常月修道思想研究 382

Y

ya

亚洲的精神性：印度与中国的灵性和
　世俗 076

yan

言诠与意趣：佛教义学研究 546

yang

扬州道教音乐考 362
阳明学派与晚明佛教 616
阳明学与佛道关系研究 188
杨仁山大德文汇 592
杨文会与中国近代佛教思想转型：有音如雷，
　有气如霞 701
仰望崇高：方立天自选集 167

ye

耶路撒冷：伊斯兰激进派、西方及圣城的
　未来 741
耶稣传 948
耶稣会士与中国科学 855
耶稣会与天主教进入中国史 854

yi

1901—1920 中国基督教调查资料
　（上、下卷） 941
16—20 世纪入华天主教传教士列传 953
一代巨匠　两宗祖师：永明延寿大师及其
　影响研究 686
"一带一路"战略与宗教对外交流 172
一个历史学家的宗教观 097
个信仰群体的移民实践：义乌穆斯林社会
　生活的民族志 757
一切经音义三种校本合刊（全4册） 419
伊朗琐罗亚斯德教村落 994
伊朗伊斯兰共和国政治制度研究 801
伊朗伊斯兰教史 816
伊朗与伊斯兰世界关系研究 801
伊儒会通研究 772
伊斯兰的历程 807
伊斯兰法：传统与现代化 724
伊斯兰法：传统与衍新 725

条目	页码	条目	页码
伊斯兰法哲学	723	伊斯兰教育与科学	735
伊斯兰简史	806	伊斯兰教在中国	783
伊斯兰教	745	伊斯兰金融和银行体系：理论、原则和实践	759
伊斯兰教	745	伊斯兰金融理论与实践	760
伊斯兰教词典	825	伊斯兰金融：伊斯兰的金融资产与融资	759
伊斯兰教的苏非神秘主义	730	伊斯兰经济思想	758
伊斯兰教法概略	723	伊斯兰经济思想概论	758
伊斯兰教法：经典传统与现代诠释	725	伊斯兰伦理学	753
伊斯兰教法理学	726	伊斯兰伦理研究	752
伊斯兰教法律史	726	伊斯兰世界的今天和明天	782
伊斯兰教法学史	726	伊斯兰世界帝国	777
伊斯兰教概论	744	"伊斯兰世界"概念的形成	776
伊斯兰教各民族与国家史	808	伊斯兰世界文物在中国的发现与研究	784
伊斯兰教简史	805	伊斯兰思想史纲	806
伊斯兰教简史	805	伊斯兰苏非概论	761
伊斯兰教教派	730	伊斯兰所有权与合伙关系	760
伊斯兰教教义学大纲新解	729	伊斯兰威胁：神话还是现实	773
伊斯兰教卷	766	伊斯兰文化（第1—6辑）	751
伊斯兰教生活禁忌百问探源	757	伊斯兰文化前沿研究论集	767
伊斯兰教史	806	伊斯兰文化散论	765
伊斯兰教史	805	伊斯兰文化：探索与回顾	768
伊斯兰教学	745	伊斯兰文化新论	746
伊斯兰教义学	729	伊斯兰文化与阿拉伯国家对外关系	800
伊斯兰教与北京清真寺文化	738	伊斯兰文化与社会现实问题的考察	754
伊斯兰教与东南亚现代化进程	796	伊斯兰文化与西北商业经济	789
伊斯兰教与构建和谐回族社会	754	伊斯兰文化与现代社会	764
伊斯兰教与经济	758	伊斯兰文化与中国本土文化的整合	750
伊斯兰教与经济研究文集	764	伊斯兰文化在中国	750
伊斯兰教与穆斯林生活	756	伊斯兰文化哲学史	747
伊斯兰教与穆斯林世界	772	伊斯兰文化中的新柏拉图主义研究	747
伊斯兰教与平凉社会	791	伊斯兰文明的反思与重构：当代伊斯兰中间主义思潮研究	782
伊斯兰教与世界政治	774	伊斯兰文明的历史轨迹与现实走向	769
伊斯兰教与西北穆斯林社会生活	789	伊斯兰文明	773
伊斯兰教与中东现代化进程	799	伊斯兰文明与中华文明的交往历程和前景	747
伊斯兰教与中国穆斯林社会现代化	755		
伊斯兰教与中国穆斯林社会现代化进程	753		
伊斯兰教与中国穆斯林文化论集	771		

伊斯兰文学	742
伊斯兰新兴宗教运动：全球赛莱菲耶	772
伊斯兰艺术风格	743
伊斯兰艺术	743
伊斯兰与国际热点	775
伊斯兰与国际政治	770
伊斯兰与中国文化	748
伊斯兰哲学史	804
伊斯兰哲学史	803
伊斯兰哲学	760
伊斯兰宗教哲学史（上、中、下册）	804
衣养万物：道家道教生态文化论	328
依天立义：清代前中期江南文人应对天主教文化研究	916
仪式过程：结构与反结构	019
仪式、信仰与村落生活：邦协布朗族的民间信仰研究	228
移民与融入：伊斯兰移民的融入与欧洲的文化边界	802
以佛法研究佛法	563
艺术与宗教	087
译以载道：佛典的传译与佛教的中国化	116
易图考	163
易学与道教思想关系研究	338
易学与道教文化	337
意义：当代神学的公共性问题	848

yin

因明大疏蠡测	548
因明纲要·因明学	549
因明蠡测	550
因明论稿	550
因明论文集	547
因明学的起源与发展	550
因明学说史纲要	548
因明学研究（修订本）	548
因明正理门论研究	549

音乐的西流	744
引导宗教与社会主义相适应的理论与实践	107
印藏佛教史	674
印度禅	639
印度吠檀多不二论哲学	980
印度佛教净土思想研究	640
印度佛教史概说	677
印度佛学源流略讲	676
印度和锡兰佛教哲学：从小乘佛教到大乘佛教	642
印度教概论	981
印度教民族主义与独立后印度政治发展研究	981
印度教派冲突研究	980
印度逻辑和原子论：对正理派和胜论的一种解说	641
印度婆罗门教哲学与佛教哲学比较研究	075
印度苏非派及其历史作用	734
印度—西藏的佛教密宗	475
印度因明学纲要	553
印度瑜伽经与佛教	641
印度哲学：吠陀经探义和奥义书解析	979
印度之佛教	640
印度宗教多元文化	075
印度宗教文化与回鹘民间文学	640
印度宗教与佛教	641
印度宗教哲学概论	074
印光大师文汇	590
印光思想、净土信仰与终极关怀	700
印光"因果正信"居士观研究	700
印顺大师文汇	590
印顺佛学思想研究	700

ying

英格兰精神与基督教文化：透视中华文明	930
英吉利教会史	870

1027

映彻琉璃：魏晋般若与美学⋯⋯⋯⋯⋯ 542

yong

永明延寿心学研究⋯⋯⋯⋯⋯⋯⋯⋯⋯ 686
永明延寿"一心"与中观思想的交涉⋯⋯ 687
永明延寿圆融观研究⋯⋯⋯⋯⋯⋯⋯⋯ 687

you

忧与游：六朝隋唐仙道文学⋯⋯⋯⋯⋯ 300
犹太教的本质⋯⋯⋯⋯⋯⋯⋯⋯⋯⋯⋯ 985
犹太教概论⋯⋯⋯⋯⋯⋯⋯⋯⋯⋯⋯⋯ 982
犹太教神秘主义主流⋯⋯⋯⋯⋯⋯⋯⋯ 984
犹太教审判：中世纪犹太－基督两教大
　论争⋯⋯⋯⋯⋯⋯⋯⋯⋯⋯⋯⋯⋯⋯ 988
犹太教学⋯⋯⋯⋯⋯⋯⋯⋯⋯⋯⋯⋯⋯ 984
犹太教与中国开封犹太人⋯⋯⋯⋯⋯⋯ 988
犹太哲学史（上、下卷）⋯⋯⋯⋯⋯⋯ 989

yu

于阗·佛教·古卷⋯⋯⋯⋯⋯⋯⋯⋯⋯ 620
语言接触和文化互动：汉译佛经词汇的生成
　与演变研究—以支谦译经复音词为
　中心⋯⋯⋯⋯⋯⋯⋯⋯⋯⋯⋯⋯⋯⋯ 425
玉宇琼楼：道教宫观的规制与信仰内涵⋯ 299
预定与自由意志：基督教阿米尼乌主义及其
　流变⋯⋯⋯⋯⋯⋯⋯⋯⋯⋯⋯⋯⋯⋯ 898

yuan

渊源与流变：印度初期佛教研究⋯⋯⋯ 639
元代白莲教研究⋯⋯⋯⋯⋯⋯⋯⋯⋯⋯ 240
元代参同学：以俞琰、陈致虚为例⋯⋯ 361
元代道教史籍研究⋯⋯⋯⋯⋯⋯⋯⋯⋯ 375
元代基督教研究⋯⋯⋯⋯⋯⋯⋯⋯⋯⋯ 916
元明时期藏传佛教在内地的发展及
　影响⋯⋯⋯⋯⋯⋯⋯⋯⋯⋯⋯⋯⋯⋯ 615
元明时期汉文伊斯兰教文献研究⋯⋯⋯ 785
原始佛教的语言问题⋯⋯⋯⋯⋯⋯⋯⋯ 576
原始佛教圣典之集成（全2册）⋯⋯⋯ 416
原始活态文化：萨满教透视⋯⋯⋯⋯⋯ 116
原始信仰和中国古神⋯⋯⋯⋯⋯⋯⋯⋯ 127

原始宗教论⋯⋯⋯⋯⋯⋯⋯⋯⋯⋯⋯⋯ 111
原始宗教与萨满教卷⋯⋯⋯⋯⋯⋯⋯⋯ 117
原始宗教与神话⋯⋯⋯⋯⋯⋯⋯⋯⋯⋯ 111
圆融之思：儒道佛及其关系研究⋯⋯⋯ 187
圆瑛大师文汇⋯⋯⋯⋯⋯⋯⋯⋯⋯⋯⋯ 594
缘起　佛性　成佛：隋唐佛学三大核心
　理论的争议之研究⋯⋯⋯⋯⋯⋯⋯⋯ 611
远东耶稣会史研究⋯⋯⋯⋯⋯⋯⋯⋯⋯ 869

yue

月映万川：佛教平等观⋯⋯⋯⋯⋯⋯⋯ 537
月映万川：宗教、社会与人生⋯⋯⋯⋯ 056

yun

云南阿吒力教经典研究⋯⋯⋯⋯⋯⋯⋯ 427
云南道教史⋯⋯⋯⋯⋯⋯⋯⋯⋯⋯⋯⋯ 378
云南佛教史⋯⋯⋯⋯⋯⋯⋯⋯⋯⋯⋯⋯ 666
云南佛教寺院建筑研究⋯⋯⋯⋯⋯⋯⋯ 494
云南基督教史⋯⋯⋯⋯⋯⋯⋯⋯⋯⋯⋯ 946
云南天主教史⋯⋯⋯⋯⋯⋯⋯⋯⋯⋯⋯ 946
云南伊斯兰教史⋯⋯⋯⋯⋯⋯⋯⋯⋯⋯ 813
云南与巴蜀佛教研究论稿⋯⋯⋯⋯⋯⋯ 579
云南宗教史⋯⋯⋯⋯⋯⋯⋯⋯⋯⋯⋯⋯ 208
云水日月：星云大师传⋯⋯⋯⋯⋯⋯⋯ 702

Z

za

杂著⋯⋯⋯⋯⋯⋯⋯⋯⋯⋯⋯⋯⋯⋯⋯ 562

zai

在上帝面具的背后：儒道与基督教⋯⋯ 054
在宗教与世俗之间：基督教新教传教士在
　华南沿海的早期活动研究⋯⋯⋯⋯⋯ 858

zang

藏传佛教⋯⋯⋯⋯⋯⋯⋯⋯⋯⋯⋯⋯⋯ 627
藏传佛教出家女性研究⋯⋯⋯⋯⋯⋯⋯ 629
藏传佛教丛谈⋯⋯⋯⋯⋯⋯⋯⋯⋯⋯⋯ 557
藏传佛教噶举派⋯⋯⋯⋯⋯⋯⋯⋯⋯⋯ 483
藏传佛教高僧传略⋯⋯⋯⋯⋯⋯⋯⋯⋯ 703

藏传佛教格鲁派史略……………………482
藏传佛教格鲁派……………………482
藏传佛教各派教义及密宗漫谈……………479
藏传佛教觉域流派探究……………………483
藏传佛教觉域派通论：一个藏族女性创立的
　宗派……………………484
藏传佛教密宗与曼荼罗艺术……………481
藏传佛教史……………………670
藏传佛教思想史纲……………………668
藏传佛教寺院考古……………………506
藏传佛教文化……………………632
藏传佛教象征符号与器物图解……………631
藏传佛教研究……………………569
藏传佛教艺术……………………518
藏传佛教艺术发展史（上、下册）………670
藏传佛教与青藏高原……………………628
藏传佛教源流及社会影响………………626
藏传佛教直观主义认识论研究……………632
藏传佛教中观哲学……………………630
藏传佛教众神：乾隆满文大藏经绘画
　（上、下册）……………………412
藏传因明思维逻辑形式研究……………551
藏传因明学通论……………………551
藏传因明学……………………552
藏传因明……………………552
藏汉佛教哲学思想比较研究……………633
藏密修法秘典（全5册）………………440
藏区宗教文化生态……………………231
藏外道书（全36册）……………………258
藏文《大藏经》概论……………………423
藏要……………………420
藏族神灵论……………………231
藏族原始宗教……………………131
藏族宗教史之实地研究……………………630

zao

早期传教士进藏活动史……………………857
早期道教史……………………372

早期汉文伊斯兰教典籍研究………………727
早期汉译佛经的来源与翻译方法
　初探……………………425
早期基督教的演变及多元传统……………886
早期全真道教哲学思想论纲……………287
早期西方传教士与北京……………………856

zeng

增订本中国禅思想史：从六世纪到十
　世纪……………………654
增注新修道藏目录……………………256

zhai

斋醮科仪　天师神韵：龙虎山天师道科仪
　音乐研究　　　　　　　　　285

zhan

战后日本的新宗教与政治…………………978
湛然研究：以唐代天台宗中兴问题为
　线索……………………693

zhang

章嘉呼图克图研究…………………………705
漳州民间信仰与闽南社会（上、下册）…248

zhao

赵城金藏（全122册）……………………409
赵朴初大德文汇……………………594
赵朴初文集（上、下卷）…………………579
赵朴初宗教思想研究………………………701
赵紫宸神学思想研究………………………951

zhe

哲赫忍耶：中国伊斯兰教苏非学派史论
　之一……………………733
哲学的宗教维度……………………043
哲学与宗教学研究……………………044
浙江佛教史……………………664
浙江净缘：净土法门在浙江………………623

zhen

真武图像研究……………………312

真主的语言：《古兰经》简介 ……………… 719

zheng

正教真诠·清真大学·希真正答：白话
　译著 …………………………………… 728
"正统"观念与伊朗什叶派：从旭烈兀到
　阿巴斯一世之间的伊朗 ……………… 734
正统哈里发传 ……………………………… 820
正统性的意欲：北宗禅之批判系谱 ……… 468
正智与生活：30年闻思佛学的心力
　路堤 …………………………………… 572
郑阿财敦煌佛教文献与文学研究 ………… 502
郑和与东南亚伊斯兰 ……………………… 819
政治哲学与启示宗教的挑战 ……………… 043

zhi

知识与解脱：促成宗教转依体验的藏传佛
　教知识论 ……………………………… 633
知止与照旷 ………………………………… 280
指空：最后一位来华的印度高僧 ………… 710
智慧与解脱：禅宗心性思想研究 ………… 461
智旭佛学易哲学研究 ……………………… 692
智顗净土思想之研究（上、下册） ……… 692
智顗评传 …………………………………… 692
智顗实相论研究 …………………………… 693

zhong

中朝佛教文化交流史 ……………………… 671
中东城市民族社团与宗教社团研究 ……… 077
中东国家的清真寺社会功能研究 ………… 741
中东史：610-2000（上、下册） ………… 814
中古佛教僧官制度和社会生活 …………… 682
中古佛教文学研究 ………………………… 511
中古三夷教辨证 …………………………… 992
中古时期儒释道整合研究 ………………… 188
中古艺术宗教与西域历史论稿 …………… 170
中古宗教与自然审美 ……………………… 175
中观庄严论释（上、下册） ……………… 442
中国阿拉伯语教育史纲 …………………… 735

中国宝卷研究 ……………………………… 234
中国宝卷总目 ……………………………… 233
中国北方民族萨满出神现象研究 ………… 120
中国北方民族萨满教 ……………………… 120
中国边缘穆斯林族群的人类学考察 ……… 787
中国藏传佛教名僧录 ……………………… 702
中国藏传佛教 ……………………………… 632
中国曹洞宗通史 …………………………… 466
中国禅诗鉴赏辞典 ………………………… 714
中国禅学（第1-7卷） …………………… 574
中国禅学思想史 …………………………… 654
中国禅学思想史（全2册） ……………… 652
中国禅学通史 ……………………………… 653
中国禅学研究（上、下册） ……………… 583
中国禅学研究入门 ………………………… 606
中国禅宗大全 ……………………………… 469
中国禅宗清规 ……………………………… 460
中国禅宗史 ………………………………… 462
中国禅宗思想发展史 ……………………… 463
中国禅宗思想历程 ………………………… 457
中国禅宗思想史略 ………………………… 462
中国禅宗通史 ……………………………… 461
中国禅宗与诗歌 …………………………… 513
中国传统社会宗教的世俗化研究：以金元
　时期全真教社会思想及传播为个案 …… 287
中国传统文化中的儒道释 ………………… 186
中国创世神话 ……………………………… 142
中国大乘佛学（全2册） ………………… 451
中国道家道教教育思想史 ………………… 369
中国道家之精神 …………………………… 274
中国道教（全4册） ……………………… 347
中国道教宫观文化 ………………………… 296
中国道教科学技术史·汉魏两晋卷 ……… 373
中国道教科学技术史·南北朝隋唐
　五代卷 ………………………………… 373
中国道教伦理思想史稿 …………………… 330
中国道教美术史（第1卷） ……………… 312

中国道教石刻艺术史（上、下册）……… 310	中国佛教京音乐研究…………………… 521
中国道教史…………………………………… 367	中国佛教经论序跋记集（全5册）……… 411
中国道教史（第1-4卷） ……… 366	中国佛教伦理思想…………………… 536
中国道教史…………………………………… 367	中国佛教伦理研究…………………… 535
中国道教史话………………………………… 368	中国佛教逻辑史……………………… 647
中国道教思想史纲：第一卷　汉魏两晋南	中国佛教美术本土化研究…………… 522
北朝时期 ……… 373	中国佛教美术史……………………… 521
中国道教思想史（全4卷）……… 369	中国佛教美术源流…………………… 522
中国道教文化………………………………… 323	中国佛教美学史……………………… 649
中国道教文化………………………………… 322	中国佛教瑞像崇拜研究：古代造像艺术的
中国道教文化典藏…………………………… 323	宗教性阐释……… 526
中国道教文化透视…………………………… 319	中国佛教散论………………………… 559
中国道教音乐之现状研究…………………… 308	中国佛教僧团发展及其管理研究…… 697
中国道教与戏曲……………………………… 305	中国佛教石窟考古概要……………… 497
中国道教源流………………………………… 368	中国佛教石窟考古文集……………… 499
中国道教造像研究…………………………… 313	中国佛教石窟寺遗迹：3至8世纪中国佛教
中国的道教…………………………………… 349	考古学 ……… 497
中国的国教：从上古到东汉………………… 181	中国佛教史…………………………… 648
中国的基督教乌托邦研究：以民国时期耶稣	中国佛教史…………………………… 651
家庭为例……… 919	中国佛教史论………………………… 557
中国的伊斯兰教……………………………… 783	中国佛教史论………………………… 570
中国的宗教问题和宗教政策………………… 109	中国佛教史（全3卷） ……… 645
中国东南佛教史……………………………… 664	中国佛教史：明代…………………… 659
中国方术正考………………………………… 179	中国佛教史：元代…………………… 658
中国方术续考………………………………… 179	中国佛教史籍概论…………………… 647
中国方数文化思想方法研究………………… 180	中国佛教述论………………………… 573
中国佛道教寺观经济形态研究……………… 495	中国佛教思想史稿（第1-3卷） ……… 649
中国佛典翻译史稿…………………………… 415	中国佛教思想史（上、中、下卷）… 651
中国佛典通论………………………………… 414	中国佛教思想资料选编……………… 716
中国佛教百科（全5册）……… 715	中国佛教寺院建筑讲座……………… 486
中国佛教百科全书（全8册）……… 714	中国佛教通史（全15册） ……… 650
中国佛教表现艺术…………………………… 517	中国佛教文化………………………… 532
中国佛教的多民族性与诸宗派的个性……… 569	中国佛教文化………………………… 561
中国佛教的复兴……………………………… 598	中国佛教文化历程…………………… 531
中国佛教……………………………………… 559	中国佛教文化论稿…………………… 529
中国佛教教育：儒佛道教育比较	中国佛教文化论……………………… 532
研究 ……… 554	中国佛教文化史（全5册）……… 650

条目	页码
中国佛教文学	509
中国佛教研究史	646
中国佛教疑伪经综录	444
中国佛教与般若中观学说	566
中国佛教与禅宗	460
中国佛教与传统文化	528
中国佛教与传统文化	561
中国佛教与考古	585
中国佛教与儒道思想	554
中国佛教与生活禅	578
中国佛教与唯识学	437
中国佛教源流	647
中国佛教哲学	580
中国佛教哲学要义（上、下册）	560
中国佛寺道观	494
中国佛寺志丛刊	495
中国佛性论	597
中国佛学史稿	651
中国佛学源流略讲	645
中国佛学之精神	599
中国符咒文化大观	283
中国各民族原始宗教资料集成（9册）	131
中国共产党的宗教政策研究	109
中国古代国家宗教研究	173
中国古代汉传佛教传播史论	655
中国古代民间密宗信仰研究	471
中国古代僧尼名籍制度	682
中国古代神话	144
中国古代神话的文化观照	143
中国古代巫术	176
中国古代小说与民间宗教及帮会之关系研究	193
中国古代小说与宗教	192
中国古代哲学（上、下册）	562
中国古代政教关系史（上、下卷）	205
中国古代宗教初探	172
中国古代宗教与神话考	174
中国汉传佛教音乐文化	519
中国汉文大藏经补编	407
中国华严宗通史	456
中国化马克思主义宗教观研究	002
中国回教史	811
中国回教史鉴	810
中国回教史研究	811
中国回族金石录	738
中国回族伊斯兰宗教制度概论	787
中国基督教教育史论	876
中国基督教史纲	938
中国基督教田野考察	912
中国基督教乡村建设运动研究（1907–1950）	920
中国基督教（新教）史	940
中国教会大学建筑研究：中西建筑文化的交汇与建筑形态的构成	878
中国教会大学史（1850—1950）	877
中国近代佛教史学名家评述	708
中国近代佛学思想史稿	660
中国近代思想家的宗教和鬼神观	211
中国近世道教的形成：净明道的基础研究	290
中国近现代佛教人物志	696
中国景教：中国古代基督教研究	915
中国净土思想的黎明：净影慧远的《观经义疏》	695
中国净土宗通史	476
中国居士佛教史（上、下册）	696
中国礼仪之争：历史·文献和意义	853
中国历代名僧	681
中国历代政权与伊斯兰教	785
中国历史中的佛教	649
中国炼丹术考略	394
中国炼丹术与丹药	395
中国六世纪的心识哲学：真谛的《转识论》	711

中国律宗思想研究	475
中国律宗通史	475
中国伦理学百科全书	213
中国蒙古族地区佛教文化	618
中国密教史	472
中国密宗大典（全10册）	470
中国密宗大典补编（全10册）	470
中国密宗宝典（全10册）	471
中国民间海洋信仰研究	171
中国民间海洋信仰与祭海文化研究	170
中国民间美术与巫文化	175
中国民间信仰的当代变迁与社会适应研究	242
中国民间信仰研究述评	169
中国民间信仰	236
中国民间信仰	237
中国民间诸神	378
中国民间宗教教派研究	235
中国民间宗教史	250
中国名城名镇伊斯兰教研究（上、下册）	787
中国穆斯林的礼仪礼俗文化	730
中国穆斯林民居文化	749
中国穆斯林生态自然观研究	752
中国南传佛教研究	625
中国傩文化	175
中国普米族宗教研究	229
中国清真女寺史	738
中国清真寺综览	737
中国清真寺综览续编	737
中国全史百卷本·宗教卷	204
中国人的宗教心理：宗教认同的理论分析与实证研究	161
中国人的宗教信仰	163
中国儒佛道三教关系研究	189
中国儒教论	183
中国儒教史（上、下册）	182
中国萨满教	117
中国三阶教史：一个佛教史上湮灭的教派	484
中国三论宗通史	453
中国僧官制度史	682
中国上古神话通论	140
中国少数民族人类起源神话研究	147
中国少数民族神话概论	146
中国少数民族原始宗教经籍汇编·毕摩经卷	132
中国少数民族原始宗教经籍汇编·东巴经卷	132
中国少数民族宗教概览	216
中国少数民族宗教音乐研究·云南卷	226
中国社会的宗教传统：巫术与伦理的对立和共存	169
中国社会中的宗教：宗教的现代社会功能及其历史因素之研究	159
中国社会主义时期的宗教问题	106
中国神话传说词典	151
中国神话的思维结构	140
中国神话史	139
中国神话通论	141
中国神话学	142
中国神话研究	143
中国神话研究初探	144
中国神话哲学	141
中国石窟寺研究	496
中国石窟艺术总论	496
中国石窟与文化艺术	495
中国式宗教生态：青岩宗教多样性个案研究	201
中国水崇拜	135
中国寺庙文化论	487
中国天台宗通史（上、下册）	454
中国天主教传教史概论	854
中国天主教的过去和现在	913
中国天主教史人物传	950

1033

中国天主教述评	913	中国伊斯兰先贤：马注思想研究	817
中国外丹黄白法考	394	中国与拜占庭帝国关系研究	912
中国唯识宗通史（上、下册）	478	中国与基督教：中西文化的首次撞击	889
中国文化与中国宗教	561	中国与罗马教廷关系史略	939
中国巫术史	176	中国与欧洲早期宗教和哲学交流史	092
中国无神论与政治	104	中国与宗教的文化社会学	160
中国五——十世纪的寺院经济	489	中国原始信仰研究	127
中国武当山道教音乐	292	中国早期思想与符号研究：关于四神的起源	
中国西北伊斯兰教基本特征（修订本）	790	及其体系形成（上、下册）	173
中国祆教艺术史研究	993	中国中古佛教史论	655
中国现代化视野下的教会与社会	872	中国重玄学：理想与现实的殊途同归	353
中国写本大藏经研究	422	中国宗教礼俗：传统中国人的信仰系统及	
中国新疆地区伊斯兰教史（全2册）	812	其实态	161
中国学术名著提要·宗教卷	214	中国宗教美术史料辑要	194
中国伊斯兰百科全书	825	中国宗教史（上、下册）	202
中国伊斯兰传统文化研究	748	中国宗教史	204
中国伊斯兰建筑艺术	736	中国宗教思想史大纲	202
中国伊斯兰教的历史发展和现状	809	中国宗教思想史新页	165
中国伊斯兰教概论	784	中国宗教思想通论	154
中国伊斯兰教简志	810	中国宗教通论	153
中国伊斯兰教建筑	737	中国宗教通史	202
中国伊斯兰教建筑	736	中国宗教音乐	194
中国伊斯兰教派与门宦制度史略	732	中国宗教与基督教	904
中国伊斯兰教史	809	中国宗教与文化战略	157
中国伊斯兰教史	808	中国宗教与中国文化（卷1）概说中国宗	
中国伊斯兰教史参考资料选编（1911-1949）		教与传统文化	155
（上、下册）	763	中国宗教与中国文化（卷2）宗教·哲学·	
中国伊斯兰教史存稿	808	伦理	156
中国伊斯兰教西道堂研究文集		中国宗教与中国文化（卷3）宗教·文艺·	
（全3册）	767	民俗	156
中国伊斯兰教与传统文化	749	中国宗教与中国文化（卷4）宗教·政治·	
中国伊斯兰教	783	民族	156
中国伊斯兰经堂教育（上）	735	中国宗教哲学史	203
中国伊斯兰探秘：刘智研究	819	中国宗教纵览	152
中国伊斯兰文化类型与民族特色	749	中韩佛教关系一千年	672
中国伊斯兰文化要略	751	中韩宗教思想比较研究	053
中国伊斯兰文献著述提要	824	中华大藏经（汉文部分）·正编	406

中华大典：宗教典·道教分典（全2册）… 405
中华大典：宗教典·儒教分典
　（全6册）……………………………… 215
中华道藏（全49册）……………………… 257
中华道教大辞典…………………………… 404
中华道学与道教…………………………… 342
中华佛教史·佛教美术卷………………… 522
中华佛教史·佛教史论集………………… 577
中华佛教史·佛教文学卷………………… 511
中华佛教史·汉魏两晋南北朝佛教史卷… 656
中华佛教史·近代佛教史卷……………… 661
中华佛教史·宋元明清佛教史卷………… 660
中华佛教史·隋唐五代佛教史卷………… 657
中华佛教史·西藏佛教史卷……………… 671
中华佛教史·云南上座部佛教史卷……… 667
中华佛教史·中国佛教东传日本史卷…… 674
中华佛教史·中韩佛教交流史卷………… 672
中华佛学通典……………………………… 414
中华律藏…………………………………… 432
中华天台宗通史…………………………… 453
中华珍本宝卷（第1—3辑）……………… 235
中日佛教交流史：战后五十年…………… 673
中世纪教会史……………………………… 867
中世纪"上帝"的文化：中世纪基督教
　会史……………………………………… 867
中土前期禅学思想史……………………… 652
中外佛教人物论…………………………… 583
中西丝路文化史…………………………… 572
中西文化交流的历史见证：明末清初北京
　天主教堂………………………………… 880
中西文学与哲学宗教：兼评刘小枫以基督
　教对中国人的归化……………………… 087
中西无神论比较研究……………………… 106
中西宗教与文学…………………………… 086
中亚费尔干纳：伊斯兰与现代民族国家… 798
中亚宗教极端势力研究…………………… 077
中亚民族与宗教问题……………………… 798

中亚苏非主义史…………………………… 813
中印佛学比较研究………………………… 556
中庸与调和：儒家和阿拉伯伊斯兰思想的
　比较研究………………………………… 762
种姓与印度教社会………………………… 982
众妙之门：道教文化之谜探微…………… 320
众神喧哗中的十字架：基督教与福建民间
　信仰共处关系研究……………………… 924
众神之域：贵州当代民族民间信仰文化调
　查与研究………………………………… 222
众缘和合：佛教和谐观…………………… 539
重玄之道开启众妙之门：道教哲学论稿… 342
重玄之思：成玄英的重玄方法和认识论
　研究……………………………………… 385

zhou

周边地区民族宗教问题透视……………… 061
周叔迦大德文汇…………………………… 593
周叔迦佛学论著全集（全7册）………… 578
《周易参同契》考辨……………………… 262
《周易参同契》新探……………………… 262
《周易禅解》研究………………………… 163
轴心时代：人类伟大宗教传统的开端…… 020

zhu

朱陆·孔佛·现代思想：佛学与晚明以来
　中国思想的现代转换…………………… 617
朱熹与《参同契》文本…………………… 262
朱熹哲学与道家、道教…………………… 385
诸神的起源：中国远古太阳神崇拜……… 134
诸神的争吵：国际冲突中的宗教根源…… 063
诸天隐韵：道曲概述与鉴赏……………… 309
助天生物：道教生态观与现代文明……… 327

zhuan

转型期的中国基督教：浙江基督教个案
　研究 …………………………………… 923
转型视野下的中国农村宗教：兼以乡村基
　督教为个案考察………………………… 925

《撰集百缘经》语法研究 …………… 429

zhuang

《庄子》与道教文化及武文化的比较研究：
　民间演绎　身体转向　天人互证 …… 339

壮族布洛陀信仰研究：以广西田阳县为
　个例 …………………………… 223
壮族社会民间信仰研究 ……………… 224
壮族原生型民间宗教调查研究（上、下册）223

zhui

追太阳：萨满教与中国北方民族文化精神起
　源论 …………………………… 120
追踪与溯源：当今世界伊斯兰教热点
　问题 …………………………… 770

zi

自然·历史·道教：武当山研究论文集 … 292
自然与政教：刘宗周慎独哲学研究 …… 209
自然宗教与启示宗教之类比 ………… 052
自由精神哲学：基督教难题及其辩护 … 898
自由人生：佛教解脱观 ……………… 535
自由、心灵与时间：奥古斯丁心灵转向问题
　的文本学研究 ………………… 961
自由与创造：别尔嘉耶夫宗教哲学导论 … 899

zong

宗教词典（修订本） ………………… 102
宗教慈善与社会发展 ………………… 056
宗教的奥秘 …………………………… 009
宗教的本质 …………………………… 009
宗教的科学研究（上、下册） ………… 036
宗教的七种理论 ……………………… 013
宗教的起源与发展 …………………… 089
宗教的未来 …………………………… 066
宗教的意义与终结 …………………… 013
宗教的自然史 ………………………… 090
宗教非营利组织的身份建构研究：以（上海）
　基督教青年会为例 …………… 873

宗教改革史纲 ………………………… 937
宗教改革史（上、下册） ……………… 938
宗教改革与西方近代社会思潮 ……… 067
宗教改革与英国民族国家建构 ……… 081
宗教改革运动思潮 …………………… 938
宗教概论 ……………………………… 013
宗教概论 ……………………………… 009
宗教工作基础知识 …………………… 109
宗教功能单位与地区暴力冲突：以科索沃
　冲突中的德卡尼修道院和希南帕夏清真寺
　为个案 ………………………… 064
宗教：关切世界和平 ………………… 055
宗教观的历史·理论·现实 …………… 049
宗教教化与西南边疆经略：以元明时期云南
　为中心的考察 ………………… 201
宗教、解释与和平：对约翰·希克宗教多
　元论哲学的建设性研究 ……… 097
宗教经典汉译研究 …………………… 057
宗教：精神还乡的信仰系统 ………… 162
宗教礼仪与文化 ……………………… 155
宗教理解 ……………………………… 058
宗教律法与社会秩序：以道教戒律为例的
　研究 …………………………… 333
宗教伦理学概论 ……………………… 027
宗教伦理学（上、下册） ……………… 027
宗教伦理与中国上古祭歌形态研究 … 173
宗教论 ………………………………… 012
宗教论（第一卷·神祇论） …………… 014
宗教论（第二卷·事神论） …………… 014
宗教论（第三卷·宗教的社会功能） … 015
宗教论稿 ……………………………… 167
宗教美国，世俗欧洲：主题与变奏 …… 084
宗教美术意象 ………………………… 194
宗教起源纵横谈 ……………………… 089
宗教人类学导论 ……………………… 018
宗教人类学导论 ……………………… 018
宗教人类学（第1辑） ………………… 021

宗教人类学（第2辑）……………… 021	宗教心理学（第2辑）……………… 024
宗教人类学（第3辑）……………… 021	宗教信仰与民族信仰的政治价值研究…… 217
宗教人类学（第4辑）……………… 022	宗教形态的心理学：宗教传统和研究的
宗教人类学（第5辑）……………… 022	心理学智慧 ……………………… 023
宗教人类学（第6辑）……………… 023	宗教学 ……………………………… 016
宗教人类学学说史纲要……………… 020	宗教学概论 ………………………… 015
宗教人类学：云南少数民族原始宗教考察	宗教学概论 ………………………… 011
研究 ………………………………… 225	宗教学概论 ………………………… 010
宗教人生哲学思想研究……………… 050	宗教学纲要 ………………………… 012
宗教社会学 ………………………… 029	宗教学讲义 ………………………… 017
宗教社会学 ………………………… 031	宗教学理论卷 ……………………… 166
宗教社会学 ………………………… 031	宗教学通论新编 …………………… 015
宗教社会学（第1辑）……………… 034	宗教学学术史问题研究……………… 092
宗教社会学（第2辑）……………… 034	宗教学引论 ………………………… 011
宗教社会学（第3辑）……………… 035	宗教学原理 ………………………… 012
宗教社会学（第4辑）……………… 035	宗教研究方法讲记…………………… 155
宗教社会学史 ……………………… 031	宗教研究新方法 …………………… 017
宗教社会学通论 …………………… 030	宗教艺术论 ………………………… 087
宗教·社会与发展："穆斯林社会发展问题"	宗教与当代国际关系………………… 063
研讨会论文集 ……………………… 770	宗教与国家：当代伊斯兰教什叶派研究… 732
宗教生活的基本形式………………… 032	宗教与近代广东社会………………… 926
宗教生活论 ………………………… 029	宗教与科学 ………………………… 036
宗教史话 …………………………… 088	宗教与科学 ………………………… 037
宗教史（上、下卷）………………… 088	宗教与可持续社区研究……………… 160
宗教思想史 ………………………… 090	宗教与伦理 ………………………… 028
宗教索谈 …………………………… 103	宗教与美国社会：当代传教运动
宗教体制与日本的近现代化………… 071	（第6辑）………………………… 910
宗教通史简编 ……………………… 089	宗教与美国社会：美国与伊斯兰世界
宗教文化学导论 …………………… 025	（第9辑）………………………… 803
宗教文化与经济发展………………… 026	宗教与美国社会：宗教与变化中的美国和
宗教文化与唐五代笔记小说………… 193	世界（第8辑）…………………… 084
宗教文化战略中的地位和作用……… 157	宗教与美国社会：宗教与美国政治和
宗教问题怎么看怎么办……………… 107	外交（第10辑）………………… 084
宗教协调论：中国宗教的过去、现在和	宗教与人类自我控制：中国道教伦理
未来 ………………………………… 152	研究 ………………………………… 329
宗教心理学导论 …………………… 023	宗教与社会：华侨华人宗教、民间信仰与区
宗教心理学（第1辑）……………… 024	域宗教文化………………………… 159

1037

宗教与文化⋯⋯⋯⋯⋯⋯⋯⋯⋯⋯ 025
宗教与文明⋯⋯⋯⋯⋯⋯⋯⋯⋯⋯ 033
宗教与文明⋯⋯⋯⋯⋯⋯⋯⋯⋯⋯ 032
宗教与文学⋯⋯⋯⋯⋯⋯⋯⋯⋯⋯ 086
宗教与西部少数民族现代化⋯⋯⋯⋯ 220
宗教与意识形态⋯⋯⋯⋯⋯⋯⋯⋯ 045
宗教与犹太复国主义⋯⋯⋯⋯⋯⋯ 987
宗教与哲学的相遇：奥古斯丁与托马斯·
　阿奎那的基督教哲学研究⋯⋯⋯⋯ 960
宗教与哲学⋯⋯⋯⋯⋯⋯⋯⋯⋯⋯ 041
宗教与哲学（第1辑）⋯⋯⋯⋯⋯⋯ 047
宗教与哲学（第2辑）⋯⋯⋯⋯⋯⋯ 047
宗教与哲学（第3辑）⋯⋯⋯⋯⋯⋯ 047
宗教与哲学（第4辑）⋯⋯⋯⋯⋯⋯ 048
宗教与哲学（第5辑）⋯⋯⋯⋯⋯⋯ 048
宗教与哲学：精神—文化生活图式的两重
　解读⋯⋯⋯⋯⋯⋯⋯⋯⋯⋯⋯⋯ 041
宗教与哲学⋯⋯⋯⋯⋯⋯⋯⋯⋯⋯ 041
宗教与政治⋯⋯⋯⋯⋯⋯⋯⋯⋯⋯ 060
宗教与中医学发微⋯⋯⋯⋯⋯⋯⋯ 162
宗教哲学（上、下册）⋯⋯⋯⋯⋯⋯ 039
宗教哲学研究：当代观念、关键环节及其
　方法论批判⋯⋯⋯⋯⋯⋯⋯⋯⋯ 038
宗教之和·合之宗教：中国宗教之和谐
　刍议⋯⋯⋯⋯⋯⋯⋯⋯⋯⋯⋯⋯ 108
宗喀巴大师宗教伦理思想研究⋯⋯⋯ 708
宗喀巴佛学思想研究⋯⋯⋯⋯⋯⋯ 708
宗通与说通：吐蕃宗论的影响与汉藏佛教
　亲缘关系⋯⋯⋯⋯⋯⋯⋯⋯⋯⋯ 480
总持之智：太虚大师研究⋯⋯⋯⋯ 699

ZOU

走进中国佛教：《宝藏论》解读⋯⋯⋯ 441
走近藏传佛教⋯⋯⋯⋯⋯⋯⋯⋯⋯ 634
走向第二轴心时代⋯⋯⋯⋯⋯⋯⋯ 056
走向神圣：现代宗教学的问题与方法⋯⋯ 017
走向十字架上的真：20世纪基督教神学
　引论⋯⋯⋯⋯⋯⋯⋯⋯⋯⋯⋯⋯ 843
走向真理的探索：白银时代俄罗斯宗教文化
　批评理论研究⋯⋯⋯⋯⋯⋯⋯⋯ 080

ZU

祖宗的神灵⋯⋯⋯⋯⋯⋯⋯⋯⋯⋯ 133

ZUI

罪恶与救赎：基督教文化精神论⋯⋯⋯ 889

ZUO

作为佛教的佛教⋯⋯⋯⋯⋯⋯⋯⋯ 600

后 记

　　2008年10月，由中国社会科学院世界宗教研究所副编审王子华主编的国内第一部宗教文献书目《中国宗教研究百年书目（1900-2000）》正式付梓出版。这部书是编者倾注数十年心力编纂而成的，然囿于体例所限，该目录书只记载了其所收宗教研究著作的书名，未言及书中内容，更未说明每部著作的研究思路与学术价值和特点。为此，编者于2004年在所里立项《新中国主要宗教研究论著提要（1949-2007）》，准备在编好"百年书目"一书基础上再编撰一部"提要"工具书，以使其在特定的体例框架内，通过划定时间界线、扩充信息容量和强化文本整合的形式，对新中国成立后的宗教研究情况及主要成就进行全面梳理和介绍。2009年伊始，编者即着手相关文献资料的搜集、整理并给著（译）者发函等前期准备工作。由于编撰工作量大、宗教资料繁复庞杂，为了更好地完成该项工作，编者王子华又邀请了一位合作者何险峰一起编撰此书。具体分工是，何险峰负责全书的提要撰写工作，王子华负责全书的统筹规划、资料遴选、分类归整、内容审核等工作。经过数年艰辛努力，我们于2016年在所里完成该书1949—2007年阶段的结项工作，所里评为优秀，又于当年申请社科院立项《中国主要宗教研究论著提要（1949 2016）》，在已结项部分的基础上继续扩增10年的补充写作。本书之编撰得到了中国社会科学院世界宗教研究所所领导和同志们的支持与鼓励，他们从不同角度提出了建设性意见，为本书增色不少。尤其是魏道儒先生和郑筱筠所长于百忙中主动热情地帮我们审读稿件、写鉴定并提出不少宝贵意见，如宗教所所长郑筱筠建议说，宗教分类"把第十类'迷信术数'取消，该类收集的著作分别根据内容放到民间宗教、原始宗教等类别下。同时，'马克思主义宗教观'单列一类，使本书保持十个大类"。这次本书的分类采纳了郑所长的建议。佛教分类的问题较多，我们每每请教李富华先生，他都不厌其烦地帮助解决佛教分类中的问题，让我们倍感欣慰。还有宗教所马景和汪桂平两位同志，他们在完成自身科研任务之余，为我们撰写了部分提要。其中，马景撰写伊斯兰教著作提要35篇，汪桂平撰写道教著作提要4篇。中国社科院图书馆馆员、方志部原主任赵嘉朱在图书分类等方面帮我们指导、把关；《诗词百家》杂志编辑王梓和王苗在排版方面协助主编做了不少工作、付出了心血；中国社科院审计室赵荔同志也为本书的出版给予了诸多帮助，在此一并表示衷心感谢。